DICTIONNAIRE
DE DROIT
ET DE PRATIQUE,

CONTENANT

L'EXPLICATION DES TERMES DE DROIT,
d'Ordonnances, de Coutumes & de Pratique.

AVEC LES JURISDICTIONS DE FRANCE,

Par M. CLAUDE-JOSEPH DE FERRIERE, *Doyen des Docteurs-Régens de la Faculté des Droits de Paris, & ancien Avocat en Parlement.*

NOUVELLE EDITION,

Revue, corrigée & augmentée.

Par M. ***

TOME SECOND.

A PARIS,

Chez la Veuve BRUNET, Imprimeur-Libraire, Grand'Salle du Palais ;
à la Providence & à l'Envie.

M. DCC. LXIX.

AVEC APPROBATION ET PRIVILEGE DU ROI.

DICTIONNAIRE
DE DROIT
ET DE PRATIQUE.

I

ACENT, fe dit d'une fucceffion dont l'héritier n'apparoît point ; & alors on fait créer un curateur à l'hérédité vacante, contre lequel les créanciers du défunt puiffent intenter leurs actions ; & ce curateur doit exercer les droits qui appartenoient au défunt contre fes débiteurs.

JALAGE, eft un droit que le Seigneur prend fur chaque piece de vin qui eft vendu en détail par fa permiffion. C'eft la même chofe que ce qu'on appelle ailleurs droit de forage.

JANVIER, eft le premier mois de l'année : ce qui a été établi dans ce Royaume par l'article 39. de l'Ordonnance de Charles IX, donnée à Rouffillon au mois de Janvier 1563.

Auparavant, l'année commençoit à Pâques, comme elle commence encore à Rome.

L'Ordonnance de Rouffillon ne fut enregiftrée au Parlement de Paris que le 19. Décembre 1564. Le premier jour de Janvier qui fuivit cette vérification, le Roi en fa Cour & en fa grande chancellerie, commença de compter 1565 ; ce que le Chancelier de l'Hôpital fit obferver à Touloufe, où le Roi étoit alors, & dans les lieux où il paffa. Les Secrétaires d'État commencerent au premier Janvier à dater de 1565. les Edits, Déclarations & lettres patentes. Les Secrétaires du Roi fuivi-

rent durant quelques mois l'ancien ufage ; & dans toutes les lettres qu'ils préfenterent pour être fcellées du grand fceau, ils les daterent de 1564. & ne commencerent qu'à Pâques de compter 1565.

Le premier Janvier fuivant, on commença en la Chancellerie de Paris de compter 1566. mais au Parlement de Paris, & dans tout fon reffort, on ne commença à dater de 1566. qu'au 14. Avril, & le premier Janvier fuivant on compta 1567. Depuis on a toujours commencé l'année au premier Janvier dans tout le Royaume.

Il eft important d'obferver ceci, pour entendre la date des anciennes Ordonnances, & celles des Actes qui nous viennent encore aujourd'hui de Rome. *Voyez* ci-devant au mot An.

I D

IDES. L'ufage introduit par les Romains, de compter les jours du mois des Calendes, Nones & Ides, eft encore obfervé en la Chancellerie Romaine. *Voyez* Calendes.

Nous remarquerons feulement ici, que dans les mois de Janvier, Février, Avril, Juin, Août, Septemb. Novemb. & Décembre, les Ides commencent le lendemain du jour des Nones, & durent huit jours : de forte que les Nones de Janvier étant le cinq de ce mois, il faut dater le fix de Janvier, *octavo idus Januarii*. Si c'eft dans les mois de Mars, Mai, Juillet & Octobre, où le jour des Nones n'eft que le fept, les Ides ne doivent commencer que le huitieme jour de ces mêmes mois, à cause que le jour qui leur est propre n'est que le quinze.

IDOINE, signifie propre, convenable.

J E

JECTISSE. *Voyez* Terres jectisses.

JET DE MARCHANDISES EN MER, POUR SAUVER LES AUTRES, *voyez* sur la lettre L, ce que j'ai dit de la Loi Rhodia, *de jactu*.

JEUX & BRELANDS, sont des amusemens pernicieux, qui font perdre le tems à ceux qui s'y adonnent, & causent souvent la ruine totale de leurs biens. Aussi sont-ils défendus par les Ordonnances royaux, sous peine d'amendes considérables.

Le mot de Breland dérive d'un jeu particulier de cartes qu'on appelle de cenom; mais il est pris ici pour le genre, & signifie toutes sortes de jeux de hazard.

Il est même souvent employé pour exprimer les Maisons & Académies uniquement destinées pour jouer. Ces retraites de fainéans & de joueurs de profession ont des suites funestes. Les peres de famille qui s'y laissent entraîner, s'y ruinent souvent; & les fils de famille y dissipent presque toujours, par anticipation, les biens qui ne leur sont pas encore échus.

Ce n'est pas sans beaucoup de raison que les Ordonnances de nos Rois ont défendu les jeux & les brelans. Sur quoi *voyez* le Code Henry, livre 8. titre 19. & le Traité de la police, tome 1. livre 3. titre 4. chap. 6.

Plusieurs Arrêts rendus au Parlement de Paris, ont, conformément aux Ordonnances de nos Rois, fait défenses à toutes personnes, de quelque qualité & condition qu'elles soient, de jouer, ni donner à jouer dans les maisons & boutiques, même dans les foires, à quelque jeu de hazard que ce puisse être, & particuliérement aux Dez & jeux appellés le Hoca, la Bassette, le Pharaon, le Lansquenet, la Dupe, sous quelque forme qu'ils puissent être déguisés.

M. Brillon, *verbo* Jeux, remarque deux de ces Arrêts, dont l'un est du 30. Avril 1717. & l'autre du premier Juillet de la même année.

Les promesses causées par jeux de hazard ne sont point exigibles, & celui qui a perdu de l'argent à un jeu de hazard ne peut être vablement poursuivi pour en faire le payement, comme il est décidé dans la Loi 2. §. 1. ff. de aleatorib. qui est observée parmi nous.

Ainsi, par Arrêt du Parlement de Bretagne du 12. Mai 1671. rapporté dans le Journal du Palais, une promesse que l'on prouvoit par témoins avoir été faite pour argent perdu au jeu, a été déclarée nulle; mais par cet Arrêt, celui qui avoit fait la promesse, a été condamné de donner deux tiers ou environ, de la somme qu'il s'étoit obligé de payer, à trois Hôpitaux.

Il résulte de cet Arrêt, I°. Que dans ces sortes de contestations, au moyen de ce que l'on adjuge à des Hôpitaux, une partie de l'argent perdu aux jeux de hazard, le gagnant & le perdant sont également privés de ces deniers, puisque le gagnant

n'en profite en aucune maniere, & que le perdant est obligé de payer aux Hôpitaux les deux tiers ou environ de ce qu'il a perdu, & cela pour punir ceux qui jouent à des jeux défendus.

II°. Que l'on est recevable à faire preuve par témoins, qu'un billet causé pour valeur reçue, excedant la somme de cent livres, a été véritablement fait pour argent gagné au jeu. C'est aussi ce qui a encore été depuis jugé par Arrêt du Parlement de Paris le 30. Juillet 1693. rapporté dans le Journal des Audiences, tom. 5. liv. 9. chap. 24.

Ainsi quand, une promesse a été faite, & marquée l'avoir été pour argent prêté, quoiqu'elle ait été pour argent perdu au jeu, elle doit avoir son plein & entier effet, à moins qu'il ne soit prouvé qu'elle l'a été pour argent perdu au jeu.

Les Juges n'écouteroient donc point la demande d'un Joueur qui actionneroit celui qui lui devroit pour une pareille cause. La raison est, que la Justice ne doit faire exécuter que les conventions qu'elle avoue, & s'il plaît aux Particuliers de s'engager pour choses qu'elle réprouve, c'est à eux à s'arranger de façon qu'ils n'ayent jamais besoin du secours des Loix qu'ils ont méprisées en contractant de semblables engagemens.

Aussi ne voit-on point de pareils créanciers poursuivre leurs débiteurs, qu'en dissimulant avec grand soin la véritable origine de leur créance, en faisant marquer dans leur billet qu'ils sont causés pour valeur reçue.

Mais on demande si, lorsque l'argent perdu au jeu a été payé par le perdant, il peut être par lui répété?

Lorsque celui, qui a perdu de l'argent à quelque jeu de hazard, l'a payé, il n'a point d'action pour le répéter, à moins que celui qui a perdu & payé ne soit mineur, suivant l'article 59. de l'Edit de Moulins.

Ce que nous avons dit jusqu'ici ne regarde que les Jeux de hazard; car on peut faire demande en jugement de ce qui a été perdu aux Jeux d'adresse, comme à celui de la Paulme. Ainsi jugé par Arrêt de la Cour, l'an 1603. rapporté par Mornac, *ad Legem* 2. §. 1. ff. de aleatorib.

Des obligations, promesses ou transactions qui se font à l'occasion du jeu, *voyez Julius Clarus, lib.* 5. *Sent.* & les observations qui sont à la fin de l'Ouvrage du même Auteur. *Voyez* Bouvot, dans son Recueil d'Arrêts, tome 1. partie 3. verbo Jeu de cartes, & tome 2. verbo Jeux, quest. 3. M. le Prêtre, cent. 4. chap. 81. *voyez* le septieme tome des Causes célébres, pag. 162. & suivantes.

I G

IGNORANCE, est un défaut de science. La faute dans laquelle on est tombé par ignorance, sur un fait qui concerne la profession dont on se mêle, donne lieu à une demande en dommages & intérêts; parce qu'on ne doit pas faire une profession, sans avoir acquis les connoissances requises pour s'en bien acquitter.

Cependant parmi nous cela ne s'observe pas à

la rigueur , sur-tout quand la faute n'a pas été causée par une ignorance crasse.

A l'égard de l'excuse que l'on tire de l'ignorance de quelque chose , si cette ignorance est de fait , elle excuse ; mais celle de droit n'excuse point. *Ignorance de fait ou de droit. Voyez* Erreur.

IGNORANCE DU DROIT NATUREL. Comme ce droit n'est autre chose que la raison & la justice naturelle , que Dieu a imprimé dans l'esprit des hommes pour régler leur conduite , l'ignorance de ce droit ne mérite point d'excuse. *Ignorans jus naturæ , ignorabitur à Deo , à Lege , à Magistratu , Cant. 1. in fine , dist.* 17. *Hæc ignorantia in religione ergà Deum , & in caritate ergà proximum , neminem ætatis & mentis compotem excusat.*

Par exemple , un homme coupable de vol , ne seroit pas reçu à s'en excuser , sous prétexte qu'il ignoroit qu'un tel fait fut défendu , *quia furtum jure naturali prohibitum est.*

IGNORANCE DE FAITS PUBLICS , est celle qui tombe sur des faits qui ne sont ignorés de personne , & qui par conséquent n'est pas excusable. *Leg.* 9. §. 2. *juris & facti ignorantia.*

IGNORANCE AFFECTÉE , est l'ignorance de son propre fait , laquelle n'est point excusable quand il s'agit d'en tirer quelque profit au préjudice d'un tiers. *Quod peccat ignarus , & quod peccatur per ignorantiam , excusabile est , ubi sola ignorantia errati causa est ; sed ubi non ignorantia , sed ignaria errati causa est , non excusat.*

En effet , qui pourroit souffrir qu'un homme voulu s'excuser par l'ignorance de ce qu'il auroit fait lui-même ? *Leg.* 6. *ff. de juris & facti ignorantia.* Quelle vraisemblance qu'une personne perde la mémoire de ce qu'elle auroit fait , à moins que le fait ne fut si ancien , que le tems en eût fait perdre le souvenir.

On peut néanmoins se servir de l'ignorance de son propre fait , quelque lourde qu'elle soit , lorsqu'il est question d'éviter quelque perte , comme si un homme faisoit si peu de réflexion sur ses affaires , que ne se souvenant pas d'avoir payé à son créancier ce qu'il lui devoit , il lui en fit encore une autre fois le payement : autrement ce créancier , contre toute équité , & par une mauvaise foi foi insupportable , profiteroit de la simplicité de son débiteur. *Leg.* 25. §. 1. *de probationib.*

IGNORANCE JOINTE A LA RUSTICITÉ , est excusable. *Leg. ult. cod. de testim. Leg.* 2. §. *pen. ff. si quis in jus vocat. non.*

Il faut dire le contraire de l'ignorance que les Paysans affectent souvent par malice ; car elle est impardonnable. C'est pourquoi Balde , après Aristote , dit qu'il les en falloit guérir , *non argumentis sed verberibus.*

I L

ILLEGITIME , se dit de tout ce qui est fait contre la disposition des Loix , ou qui n'y est pas conforme. Par exemple , on dit qu'un prêt usuraire est illégitime. On appelle celui qui est né d'une jonction reprouvée , & non autorisée par les Loix , un enfant illégitime.

ILLICO , est un mot latin qui signifie sur le champ. Comme selon l'ancienne pratique , on étoit obligé d'interjetter appel , aussi-tôt que la Sentence dont on se plaignoit avoir été signifiée , quand on ne l'avoit pas fait , on étoit obligé de prendre des Lettres en Chancellerie , pour être relevé de l'*illicò* , c'est-à-dire de n'avoir pas appelé sur le champ.

Il paroît que ce n'est que pour être relevé de l'*illicò* , qu'on a inventé les reliefs d'appel.

ILLUSOIRE , se rapporte quelquefois à un Acte simulé , quelquefois à un Jugement inutile.

I M

IMBECILLE. *Voyez* Démence.

IMMEMORIAL , est une épithete qu'on donne au tems , à la durée d'une chose dont on ne peut dire le commencement. *Voyez* Possession immémoriale.

IMMEUBLES , sont biens fixes , qui ont une assiette & situation certaine & assurée , & qui ne peuvent être transportés d'un lieu en un autre , comme sont les héritages & les maisons.

Les immeubles se divisent en véritables immeubles , & en immeubles par fiction.

Les véritables immeubles sont exprimés par la définition que nous venons de donner d'immeubles. Il y a d'autres immeubles qui ne le sont que par fiction , dont nous parlerons ci-après.

Il y a plusieurs différences entre les meubles & les immeubles.

La premiere est , que les meubles suivent la personne de celui à qui ils appartiennent , & se reglent par la coutume de son domicile , parce qu'ils n'ont point de situation assurée , certaine & permanente , d'autant qu'ils peuvent être facilement transportés d'un lieu dans un autre. Les immeubles au contraire se , reglent , tant pour les dispositions entre-vifs que testamentaires , & pour les successions , suivant les Coutumes des lieux où ils se trouvent situés : *Qui cum certam sedem habeant , certoque finiantur territorio , secundum ejusdem mores reguntur.*

La deuxieme , que le retrait lignager n'a lieu que pour les immeubles , suivant l'article 144. de la même Coutume.

La troisieme , que les meubles n'ont point de suite par hypotheque , article 170. & suivans.

La quatrieme , que les meubles ne se vendent point avec les solemnités des criées comme les immeubles , pas même les meubles précieux. *Voyez* ci-après Meubles précieux.

La cinquieme , que la lézion d'outre moitié du juste prix n'a point lieu en vente de meubles.

La sixieme , que les meubles se prescrivent par trois ans , & les immeubles par dix ans entre présens , & vingt ans entre absens.

La septieme est , que les meubles se reglent autrement dans les successions que les immeubles. *Voyez* ce que j'ai dit *verbo* Succession.

La huitieme , qu'en meubles il n'y a point de complainte , si ce n'est en universalité de meubles , suivant l'article 97. de la Coutume de Paris ; au lieu qu'on peut intenter complainte pour raison d'un feul immeuble dans la poffeffion duquel on eft troublé.

La neuvieme eft qu'une donation particuliere de meubles n'eft point fujette à infinuation : il faut au contraire faire infinuer toute donation d'immeubles, foit d'univerfalité d'immeubles, foit de quelque immeuble feulement.

‡ Enfin, il faut remarquer qu'avant l'Ordonnance de 1539. la difcuffion des meubles étoit nécef. faire avant que de pouvoir faifir les immeubles ; mais cet ufage eft aboli à l'égard des majeurs, & ne fubfifte plus qu'à l'égard des mineurs, comme je l'ai dit verbo Difcuffion.

IMMEUBLES PAR FICTION, font des meubles qui ont pris la qualité d'immeubles ; ce qui arrive par quatre caufes.

La premiere eft quand l'immeuble eft uni & incorporé à l'immeuble, en forte qu'il y foit attaché à fer & à clou ; ou bien quand par la feule deftination du pere de famille, un meuble prend la nature d'immeuble, & en tant que la chofe mobiliaire eft cenfée faire partie de l'immeuble auquel elle fert, & auquel elle eft jointe pour toujours. Voyez Uftenfiles d'Hôtel.

Ainfi dans ce cas deux chofes doivent concourir pour faire qu'un meuble foit reputé immeuble. I°. Qu'il foit attaché à fer & à chaux, ou fcellé en plâtre. II°. Qu'il foit mis pour perpétuelle demeure. D'où il réfulte que le locataire d'une maifon qui auroit fait fceller en plâtre quelque chofe mobiliaire, comme une garniture de cheminée, peut l'en féparer & la reprendre, en retabliffant les lieux en l'état qu'ils étoient auparavant, fans que le propriétaire puiffe prétendre que ce meuble faffe partie de fa maifon, parce que n'étant que locataire, on ne peut pas préfumer qu'il ait placé cette garniture pour perpétuelle demeure.

La deuxieme caufe qui fait prendre à un meuble la qualité d'immeuble, eft la ftipulation de propre, par laquelle une fomme de deniers ou autre chofe mobiliaire, comme meubles meublans ou marchandifes, prennent la qualité d'immeubles. Voyez Stipulation de propres.

La troifieme eft, quand le meuble repréfente l'immeuble. Ainfi les matériaux d'un édifice démoli font réputés immeubles.

La quatrieme eft la difpofition de la Coutume par laquelle certaines chofes mobiliaires de leur nature font cenfées immeubles, comme font les rentes conftituées à prix d'argent, fuivant l'article 98. de la coutume de Paris, ou les deniers provenant du rachat des rentes appartenantes à des mineurs. Sur quoi il faut remarquer que la difpofition de cet article 94. de la Coutume de Paris qui repute immeuble dans la fucceffion du mineur les deniers provenant du rachat d'une rente conftituée, n'a point d'application à un imbecile. Ainfi jugé au Parlement de Paris, par Arrêt du 18. Décembre 1702. Voyez le Traité de la Communauté de M. le Brun, liv. 3. chap. 3. fect. 2. nomb. 32.

IMMEUBLES REPUTÉS MEUBLES. De même que quelquefois les meubles font réputés immeubles, de même auffi les immeubles font quel-

quefois réputés meubles par une claufe particuliere, qui porte qu'une partie des immeubles qui compofent la dot, fera ameublie pour entrer dans la communauté. L'immeuble ainfi ameubli tombe dans la difpofition du mari, comme un autre effet mobilier.

Mais on demande fi cet immeuble ne reprend jamais fa nature, pour produire fon effet ordinaire?

Il faut dire que fi la femme décede avant que le mari ait difpofé de l'immeuble ameubli, & que l'enfant né du mariage décede enfuite, le pere héritier des meubles, acquêts & conquêts, ne prend rien dans l'immeuble ameubli : ce font les héritiers des propres qui y fuccédent.

La raifon eft, que l'héritage propre de la femme ameubli, doit être confidéré comme tous les autres conquêts, pour ce qui concerne l'intérêt du mari dans la communauté, fuivant la convention d'ameubliffement qu'il a faite ; mais quand il ne s'agit plus de l'intérêt du mari, la fiction ceffe, & l'héritage reprend la qualité qu'il avoit auparavant.

Les fictions des meubles, d'immeubles, de propres, &c. ne s'étendent jamais d'un cas à un autre ; ainfi l'ameubliffement ne change la nature de l'héritage qu'à l'égard de la communauté, envers laquelle il fert de caution de la fomme que l'on a promis d'y apporter ; mais à l'égard des fucceffions, l'heritage conferve toujours fa nature d'immeuble, nonobftant l'ameubliffement. Voyez Ameubliffement.

IMMEUBLES QUI DANS QUELQUES COUTUMES SONT RÉPUTÉS MEUBLES. Voyez ci-deffus Catel.

IMMUNITÉ, fignifie privilege, exemption, de quelque charge, devoir ou impofition.

IMMIXTION, eft le maniement des effets d'une fucceffion, que l'on fait en qualité d'héritier du défunt. S'immifcer. Se dit donc d'un préfomptif héritier, ou de celui qui eft habile à fe porter héritier, quand il a pris ou appréhendé des biens de la fucceffion, comme en étant le propriétaire.

Dans le Droit Romain, il y a différence entre addition d'hérédité & immixtion. S'immifcer fe dit feulement des héritiers fiens, c'eft-à-dire des defcendans étant dans la puiffance du défunt, en la fucceffion duquel ils s'immifcent en faifant acte d'héritier.

Mais l'addition d'hérédité ne fe dit que des héritiers étrangers, c'eft-à-dire de ceux qui ne font pas en la puiffance du défunt, dont ils font héritiers au jour de fon décès. Cependant ces termes s'être porté héritier & s'être immifcé, addition d'hérédité & l'immixtion, fe prennent dans une même fignification dans notre ufage.

IMPENSES, font les chofes qu'on a employées, ou les fommes qu'on a débourfées, pour faire rétablir, améliorer, ou entretenir une chofe qui appartient à autrui, ou qui ne nous appartient qu'en partie, ou qui n'appartient pas incommutablement, comme font les héritages de la femme, dans lefquelles le mari a fait des impenfes pendant le mariage.

On diftingue en Droit trois fortes d'impenfes ;

fçavoir, les néceſſaires, les utiles, & celles qu'on appelle voluptuaires.

Les néceſſaires, font celles fans leſquelles la choſe ne pourroit exiſter, ou fans leſquelles la cho-ſe feroit périe, ou entiérement détériorée, comme le rétabliſſement d'une maiſon qui ménace ruine; comme auſſi des lévées & chauſſées pour détour-ner la rapidité de l'eau, ou pour empêcher qu'elle n'endommage un héritage.

Les utiles, font celles qui ne font pas exiſter la choſe, & qui même ne ſervent pas à la conferver; mais qui en augmentent la valeur & le prix, comme la conſtruction de remiſes & d'écuries, & autres choſes ſemblables, qui ne font pas néceſ-faires pour la conſervation de la choſe, mais qui en augmente l'utilité & la valeur.

Les dépenſes voluptuaires, autrement appellées impenſes de plaiſir, font celles qui ne font point exiſter la choſe, & qui n'en augmentent ni la va-leur, ni l'utilité, mais qui ſervent à ſon embelliſ-ſement, comme font les parterres de fleurs, les peintures, & autres ſemblables décorations.

Le poſſeſſeur de bonne foi qui a fait des impenſes dans le fond d'autrui, peut, lorſque le propriétaire de cet héritage le revendique, ſe ſervir contre lui de la retention; c'eſt-à-dire, reſter en la poſſeſſion de cet héritage, & faire les fruits ſiens, juſqu'à ce que les impenſes néceſſaires, & mêmes les utiles qu'il y a faites, lui ayent été entiérement rembourſées.

Pour ce qui eſt des impenſes voluptuaires, elles ne font jamais rembourſées; elles tombent tou-jours ſur celui qui les a faites, quand même il au-roit poſſédé de bonne foi l'héritage dans lequel il les a faites. La raiſon eſt, qu'il n'étoit pas beſoin de les faire, & qu'elles n'apportent aucune utilité à l'héritage.

Toute la grace que peut eſpérer celui qui a bâti ſur le fond d'autrui qu'il poſſédoit de bonne foi, c'eſt de pouvoir retirer les impenſes néceſſaires; & que tout le profit qu'ont produit à ſon bâtiment les impenſes utiles qu'a faites lui rendu par eſtimation, afin que ſa dépouille n'enrichiſſe pas le propriétaire du fonds. *Leg.* 216. *ff. de reg. jur.*

Mais cette prétention doit ſe borner au profit réel, ne pas aller juſqu'au faſte & au luxe; car la Juſtice ne tient pas compte des ſuperfluités.

A l'égard de celui qui auroit bâti ſur le fonds d'autrui, ayant connoiſſance que ce fonds ne lui appartenoit pas, ſuivant la rigueur du Droit, le propriétaire de ce fonds pourroit rentrer dedans, ſans indemniſer ce poſſeſſeur de mauvaiſe foi des impenſes qu'il auroit faites.

La raiſon eſt, que le poſſeſſeur de mauvaiſe foi, qui bâtit ſur un fonds qu'il ſçait ne lui pas apparte-nir, ſemble demeurer d'accord, en cas d'éviction, de perdre ſon batiment: car, ou il a intention de donner, & alors c'eſt une donation irrevocable, *Leg.* 53. *ff. de reg. jur.* ou il prend ſur lui l'événe-ment, & alors lui-même fait ſa meſure de ſa per-te, *ſibi legem dicit;* ou enfin il veut faire ſervir ſon entrepriſe à l'oppreſſion de celui qu'il ſçait être le propriétaire de ce fonds; & alors il ne mérite pas d'être épargné, *hominum malitiis indulgendum non*

eſt. Leg. 38. *ff. de rei vindicat.* Ainſi, de quelque maniere qu'on regarde ſon procédé; la perte qu'il s'eſt lui-même procurée doit tomber ſur lui.

Cependant, comme nous préférons en ce cas l'équité à la rigueur du Droit le propriétaire qui rentre dans ſon fonds doit lui payer les impenſes néceſſaires qu'il y a faites; & à l'égard des utiles, le poſſeſſeur de mauvaiſe foi qui les a faites peut ſeulement les enlever, au cas qu'elles puiſſent être ſéparées du lieu où elles ont été faites ſans aucune déterioration, ou s'en faire rembourſer ſur l'eſti-mation qui en ſera faite par prud'hommes, au plus bas prix, en gros & non en détail.

Il faut encore remarquer que ſi l'édifice n'accom-modoit pas le propriétaire de ce fonds, il pourroit obliger le poſſeſſeur de mauvaiſe foi de remettre les lieux en l'état qu'ils étoient auparavant, comme il arrive lorſque dans l'an & jour l'acqué-reur a fait des édifices non néceſſaires dans le fonds qui lui eſt évincé par un parent lignager. *Voyez* ce que j'ai dit ſur le §. 30. du tit. 1. du ſecond livre des Inſtitutes, & ce que j'ai dit ſur l'art. 219. de la coutume de Paris, §. 4. nombre 6. & ſuivans.

Touchant les impenſes & ameliorations faites pendant le mariage ſur les propres héritages de l'un ou de l'autre des conjoints, *voyez* M. le Brun en ſon traité de la communauté, liv. 3. chap. 2. ſect. 1. diſt. 7. M. le Prêtre, ès Arrêts de la Cin-quieme, & deuxieme cent. chap. 89. le Veſt, Arrêt 17. Charondas, liv. 5. rép. 10. & Auzanet; ſur l'art. 244. de la Coutume de Paris.

IMPERITIE, eſt l'ignorance de l'art dont on fait profeſſion; & cette ignorance n'eſt pas excu-ſable lorſqu'elle eſt nuiſible à quelqu'un, ſur-tout quand le dommage eſt cauſé dans un fait qui con-cerne l'art dont on fait profeſſion. *Imprudentiæ artificis non ſuccurritur; quia unuſquiſque peritiam in arte ſuâ præſtare debet; quamobrem ſi quis per im-peritiam alicui nocuerit, tenebitur, ſi quidem imperi-tia culpæ adnumeratur; ſicque nemo debet ſuſcipere id in quo novit ſuam imperitiam vel imprudentiam alteri damnoſam fore. Leg.* 132. *ff. de reg. jur.*

Ainſi on condamne en Juſtice un Chirurgien à des dommages & intérêts envers celui qu'il aura eſtropié par impéritie.

Il en eſt des Apoticaires de même que des Chi-rurgiens, comme je l'ai dit dans ma Traduction des Inſtitutes de Juſtinien, ſur le §. 7. du troiſieme tit. du quatrieme livre: *Quia ſcilicet imperitia culpæ numeratur, & culpâ reus eſt, qui artem quam profi-tetur ignorat, dictâ Leg.* 132. *ff. de reg. jur.*

Mais pourquoi donc les fautes que commettent les Médecins, en ce qui regarde la Médecine qu'ils proſſedent, demeurent-elles impunies? C'eſt que ſuivant l'opinion de bien de gens, la Médecine eſt un art conjectural.

Pour ce qui eſt des Juges qui par empéritie ren-dent des Jugemens injuſtes, *voyez* ce que j'en ai dit dans ma Traduction des Inſtitutes de Juſti-nien, ſur le commencement du cinquieme titre du quatrieme livre.

IMPERTINENT, ſe dit au Palais de ce qui

n'appartient pas à la question dont il s'agît, & qui par conséquent ne peut point servir à sa décision.

Ce terme est opposé à celui de pertinent. Quand les faits dont on veut faire preuve, ou les reproches que l'on propose contre les témoins, ne paroissent pas admissibles, & qu'on les soutient, le Juge les déclare impertinens & inadmissibles.

IMPETRABLE, se dit d'une chose ou d'une grace qui se peut obtenir.

IMPÉTRANT, est celui à qui une grace a été accordée par le Prince, & qui en a obtenu des Lettres.

IMPETRER, signifie obtenir quelque grace, quelque faveur, quelque don ou privilege.

IMPOSITIONS. Ce terme se prend souvent dans le même sens que celui d'impôts, c'est-à-dire, pour les charges qui sont imposées sur le peuple & sur les denrées, pour subvenir aux nécessités de l'Etat. Mais nous allons parler ici des impositions, par rapport à la maniere dont les impôts ou autres charges se levent sur les habitans d'un lieu.

Voici quelques regles qui servent à faire connoître de quelle maniere les impositions doivent être faites.

Lorsqu'il s'agit de lever un impôt pour les affaires du Prince, l'on doit imposer les habitans du lieu à raison de ce qu'ils possedent, tant au lieu de la Province, qu'ailleurs. Mais quand l'impôt se fait pour la Ville où l'on demeure, il ne peut être fait que par rapport aux biens que l'on y possede. Papon, liv. 5. tit. 10. nomb. 2. Guy-Pape, quest. 5.

Il y a des Particuliers, qui, par privileges spécials sont exempts de certaines impositions; mais il se rencontre quelquefois de nécessités publiques si intéressantes pour tous les habitans d'une Ville, que la lévée de certains impôts se fait tant sur les privilégiés, que sur ceux qui ne le sont pas : par exemple, quand il s'agit de réparer, fortifier & munir une Ville. Voyez la Rocheflavin, liv. 6. tit. 73. & la Bibliotheque de Bouchel, lett. L, verbo Levée de deniers.

On excepte quelquefois les gens d'Eglise; mais ce n'est seulement que pour le regard des biens dépendans de leurs Bénéfices. Ainsi par Arrêt du 2. Mars 1558. il a été jugé qu'un Prêtre avoit été valablement cotisé pour la solde de 50000. hommes. Voyez du Fail, liv. 1. chap. 99.

Les Forains sont même tenus en tems de guerre, de contribuer aux frais des réparations des portes & murailles, & aux frais de la garde & garnison des lieux.

Par Arrêt de la Cour des Aydes de Paris, du 26. Avril 1681. il a été jugé qu'un habitant privilégié est tenu de contribuer aux deniers levés pour la rédemption de la Ville où il demeure, pour la garde & les fortifications. Mémorial alphabetique, verbo Privilégié.

Les Forains sont contribuables aux surtaux & impositions pour le logement des gens de guerre; mais non pas les Nobles, les Ecclésiastiques, ni les Officiers des Cours souveraines. Baffet, tome 1. livre 3. tit. 3. chap. 8.

A l'égard des anciennes dettes d'une Paroisse, les nouveaux habitans peuvent y être imposés pour leur quote-part. Papon, liv. 7. tit. 2. nomb. 1. M. le Bret, act. 43. Philippi, ès Arrêts de la Cour des Aydes de Montpellier, art. 146.

Touchant les impositions qui se font sur une Communauté d'habitans, voyez ce qui en est dit dans le Dictionnaire des Arrêts, verbo Communauté, & verbo Communaux.

IMPOST, est une charge imposée par le Souverain sur le peuple & sur les denrées, pour subvenir aux nécessités de l'Etat.

Je dis imposé par le Souverain; autrement ce n'est point un impôt, mais une maltote, c'est-à-dire, une exaction illégitime.

Autrefois que les Seigneurs avoient eu la témérité de vouloir s'ériger en Souverains, ils se mettoient que trop souvent des impôts sur leurs sujets & sur les denrées qui se vendoient ou achetoient dans leurs terres, & ils le faisoient le plus souvent sous de faux & mauvais prétextes.

Mais ces violences & abus ont été réprimé depuis plusieurs siecles; en sorte qu'aucun d'eux ne prétend aujourd'hui contre la regle, qui veut qu'il n'y ait que le Roi seul qui ait le droit d'imposer ces sortes de charges.

Cette Loi est marquée dans l'Evangile par Jesus-Christ même, en ces termes ; Reddite ergo quæ sunt Cæsaris Cæsari, &c. Matthæi, caput 22. versus. 21.

Nous la trouvons aussi dans le Digeste & dans le Code, où il est dit : Vectigalia constituere solius est Principis, & hujus solius est ea reformare, & iis addere, vel diminuere. Leg. 10. ff. de publicam. vestiga. lib. & commiss. Leg. 3. cod. nov. vectig. inst. non poss.

Nous avons plusieurs Edits qui sont conformes à cette regle, & qui sont défenses à toutes sortes de personnes de faire aucunes impositions ni levées de deniers sans le commandement exprès du Roi, d'autant qu'il n'y a que lui seul qui ait droit d'en imposer dans son Royaume, & d'en décharger qui bon lui semble.

Nullus potest in regno Franciæ subsidia imponere nisi Rex, quâcumque prærogativâ; vel dignitate, vel potentiâ fulciatur, absque consensu Regis, qui omnium est superior in suo regno; & hoc, teneas nec unquam contrarium dicas, ne crimine sacrilegii accuseris, & reus Majestatis. Joan. Gall. quæst. 60.

Voyez Fontanon, tom. 2. pag. 262. 866. Papon, livre 5. titre 11. nomb. 1. & du Fail, liv. 3. chap. 433.

IMPOSTEURS, sont ceux que pour en imposer avancent des faits qui ne sont pas, ou qui prennent un nom ou une qualité qu'ils n'ont point. Voyez Supposition de nom & Supposition de qualité.

IMPRESCRIPTIBLE, se dit de tout ce qui ne peut pas être prescrit. Voyez Prescription.

IMPRUDENCE, signifie inadvertence : sur quoi il faut remarquer qu'une faute commise par imprudence n'est pas excusable quand elle a causé du dommage à quelqu'un.

Voyez

IMP

Voyez ce que j'ai dit dans ma Traduction des Inftitutes, fur le titre 4. du quatrieme livre.

IMPUBERES, font ceux qui n'ont pas encore atteint l'âge de puberté, qui eft defini à quatorze ans accomplis pour les mâles, & à douze accomplis pour les femelles. *Voyez* Puberté.

Les impuberes font ou en enfance, ou proches de l'enfance, ou proches de la puberté.

Les impuberes font en enfance jufqu'à ce qu'ils ayent atteint fept ans ; ils font proches de l'enfance quand ils font plus éloignés de la puberté que de l'enfance ; & ils font proches de la puberté quand ils en font moins éloignés que de l'enfance.

Le Droit Romain diftingue entre les uns & les autres, quant aux obligations qui proviennent de contrat ; & décide que ceux qui font en enfance, ou proche de l'enfance, ne peuvent rien faire par eux-mêmes ; & enfin, que ceux qui font proches de la puberté, peuvent faire leur condition meilleure par eux-mêmes & fans l'autorité de leur tuteur ; mais que fans cette autorité ils ne peuvent pas faire leur condition détérieure, & qu'ainfi cette autorité leur eft néceffaire dans toutes les affaires dont ils pourroient recevoir quelque dommage par l'événement.

Nous ne fuivons pas en France cette difpofition des Loix Romaines ; & parmi nous, même au pays de Droit écrit, l'autorité des tuteurs n'eft point reçue : mais l'ufage eft que les tuteurs faffent eux-mêmes, fans faire intervenir leurs pupiles, tous les actes qui font néceffaires pour la confervation des biens de ceux dont on leur a confié la conduite, & dont ils font les défenfeurs.

Voyez ce que j'ai dit dans ma Traduction des Inftitutes, fur le tit. 11. du premier livre, où j'ai traité cette matiere amplement.

Pour ce qui eft des crimes qui font commis par des impuberes, nous fuivons à cet égard la difpofition des Loix Romaines. Elles diftinguent entre les impuberes, qui font en enfance, ou proches de l'enfance & ceux qui font proches de la puberté.

Les impuberes qui font en enfance, ou proches de l'enfance, n'étant pas capables d'entendement, ne font pas non plus foumis aux peines établies par les Loix contre ceux qui délinquent : *Quia fcilicet funt doli incapaces, delictum autem intelligi non poteft abfque dolo.*

A l'égard des impuberes qui font proches de la puberté, s'ils commettent quelque crime, ils en peuvent être punis, fuivant la Loi 7. au code, tit. *de pœnis*, dont voici les termes : *Impunitas delicti propter ætatem non datur, fi modo in eâ quis fit, in quam crimen quod intenditur cadere poteft.*

Il réfulte des termes dans lefquels cette Loix eft conçue, que les impuberes qui font *doli capaces*, peuvent délinquer, & être punis. Auffi tous les Arrêts qui ont été rendus à ce fujet n'ont point prononcé de peine, pas même des dommages & intérêts comme les impuberes qui étoient accufés de quelque crime ; à moins qu'ils ne fuffent proches de la puberté, & par conféquent capables d'entendement. *Voyez* la Peyrere, *verbo* Crime ; Peleus, queft. 16. & Soefve, tom. 1. cent. 3. chap. 58.

Tome II.

Il eft vrai que *publicè intereft omni ratione impuberibus fubveniri, ita ut ætati fit condonandum ; fed magis publicè intereft delicta non manere impunita, fi à doli capacibus admiffa fint, ne fcilicet fpe impunitatis alii invitentur ad deliquendum.*

Une obfervation qui refte à faire ici, c'eft que quoique les impuberes qui font proches de la puberté puiffent être punis pour raifon des crimes qu'ils commettent, les Juges doivent toujours avoir égard à la foibleffe de leur âge, & en conféquence adoucir la rigueur de la peine : *Itaque impuberes pubertati proximi, utpote doli capaces, puniri poffunt ex delictis, ita tamen, ut pœnæ atrocitas mitigetur ætatis commiferatione.*

C'eft auffi ce qui fait qu'ils ne font ordinairement point punis de mort, mais de quelque peine légere, comme du fouet, de la prifon, laquelle peut être perpétuelle, au cas que l'atrocité du crime l'exige.

IMPUISSANCE, eft un défaut naturel qui rend inhabile à la génération.

Le Sacrement de mariage n'a été inftitué que pour deux fins, fçavoir pour la procréation des enfans, & pour appaifer les feux de la concupifcence. Or comme l'impuiffance eft un obftacle à l'un & à l'autre, il s'enfuit que ceux qui font inhabiles & impuiffans, ne pouvant atteindre aux fins pour lefquelles le Sacrement de mariage a été inftitué, ne peuvent pas non plus fe marier valablement.

Ainfi quand ils fe marient, ils profanent la fainteté du Sacrement de mariage ; ils attentent à l'autorité de l'Eglife, qui défend aux impuiffans de fe marier, ayant mis l'impuiffance au rang des empêchemens dirimans. Si les deux fins du mariage font la génération des enfans & le foulagement des feux de la concupifcence, dont la premiere eft la plus noble, ils allument des feux qu'ils ne peuvent éteindre. Ainfi un impuiffant trompe la perfonne qu'il époufe, & même les parens qui la lui confient. Avec quelle horreur doit-on regarder ces infames, qui fe fervent du voile d'un Sacrement pour faire un commerce fouillé des proftitutions les plus honteufes ?

L'impuiffance vient de la part de l'homme, ou de la femme.

Celle qui vient de la part de l'homme eft caufée par l'un de ces trois défauts, *nimirum erectionis, intromiffionis & immiffionis feminis in vas fæmineum.* Du défaut de l'une de ces trois facultés vient *impotentia coeundi, quia tres illæ facultates ad coïtum neceffariò requiruntur.*

Celle qui vient de la part de la femme n'eft fondée que fur ce que, *adeò arcta eft, ut cum ea carnale commercium haberi nequeat* ; mais cela eft très-rare : auffi voit-on peu de procès qui foient intentés pour raifon de l'impuiffance qui vient de la part de la femme.

L'impuiffance eft ou perpétuelle & fans aucune efpérance de guérifon ; comme celle des ennuques ; ou temporelle, qui peut fe guérir par les remedes ordinaires, fans avoir recours aux enchantemens qui font défendus, ni à ces remedes extraordinaires & violens, que l'on ne peut pren-

9

B

dre fans courir rifque de perdre la vie.

L'impuiffance perpétuelle eft un empêchement dirimant ; c'eft à-dire, qu'elle ne met pas feulement obftacle à un futur mariage, mais qu'elle donne lieu à faire déclarer nul un mariage qui auroit été contracté.

La raifon eft, qu'elle eft contraire à la mutuelle tradition des corps, en quoi confifte l'obligation à laquelle s'engagent ceux qui fe marient. *Cap. laudubilem, extr. de frigidis & maleficiatis.*

A l'égard du mariage non contracté, l'impuiffance eft à plus forte raifon un obftacle qui l'empêche, quand même la femme confentiroit de fe marier avec un homme qu'elle fçauroit être impuiffant. *Voyez* le Journal des Audiences, qui rapporte un Arrêt du huit Janvier 1665. qui l'a jugé ainfi.

La raifon eft, qu'il ne convient pas de fe fier à la promeffe d'un homme & d'une femme, qui peuvent, habitant enfemble, s'abandonner à des violentes & vaines tentatives, d'autant plus criminelles, qu'elles ne font qu'allumer les feux de la concupifcence, fans les pouvoir éteindre. *Voyez* Chorier en fa Jurifprudence de Guy-Pape, pag. 231.

Il faut dire le contraire de l'impuiffance perpétuelle qui feroit furvenue à l'un des conjoints depuis le mariage ; car alors elle ne pourroit pas donner lieu à faire déclarer ce mariage nul, attendu que le mariage valablement contracté eft indiffoluble.

L'impuiffance temporelle n'eft pas un empêchement au mariage., *cap. fraternitatis , extr. de frigid. & maleficiat.* attendu que cette impuiffance n'empêche pas abfolument que le mariage n'ait un jour la fin pour laquelle il a été inftitué, puifque cet obftacle n'eft que temporel, & qu'il y a efpérance qu'il finira. *Voyez* ce que j'ai dit à ce fujet, *verbo* Eunuque.

Pour que l'impuiffance perpétuelle donne lieu à la caffation du mariage, c'eft-à-dire, à le faire déclarer nul, il faut premiérement que la demande en foit formée, & qu'enfuite fur cette demande il foit intervenu un Jugement interlocutoire, en conféquence duquel il ait été procédé à la preuve de l'impuiffance.

La demande en féparation pour caufe d'impuiffance, ne peut être formée que par la Partie intéreffée : ainfi quand le mariage eft une fois célébré, quoique l'impuiffance du mari foit conftante, néanmoins les plus proches parens du mari ne feroient pas admis à pourfuivre fa féparation d'avec celle qu'il auroit époufée.

En effet, il ne feroit pas jufte de permettre à des étrangers de troubler, pour leur intérêt particulier, une fociété contractée par un mariage entre deux perfonnes qui veulent bien y paffer leurs jours. Les parens du mari ne feroient pas même reçu à contefter à la femme qui auroit furvécu, les effets civils d'un tel mariage.

C'eft ce qui a été jugé par Arrêt rapporté par Charondas fur l'article 248. de la Coutume de Paris, par lequel le don mutuel fut confirmé dans un cas femblable.

De plus, les parens du mari font non-recevables; après qu'il eft décédé, à contefter l'état de l'enfant né, *conftante matrimonio*, fous prétexte que le pere de cet enfant étoit impuiffant ; parce que c'eft un droit acquis perfonnellement à la femme, de demander la diffolution du mariage pendant qu'il exifte, en offrant la preuve de l'impuiffance. Ainfi les parens & autres n'ont aucun droit de s'en plaindre pendant que le mariage fubfifte ; encore moins après la mort du mari. Maynard, liv. 3. chap. 29.

De ce que nous avons dit ci-deffus, il s'enfuit que quand le mariage eft contracté entre perfonnes dont il y en a une qui eft impuiffante, fi elles confentent de demeurer enfemble & de vivre comme frere & fœur, on ne peut les féparer. *Cap. confult. & cap. laudabilem, extr. de frigidis & malefic.*

Mais dans ces cas ils doivent vivre comme frere & fœur, s'abftenant *a tactibus impudicis*, & couchant féparément ; autrement l'Evêque pourroit les féparer, & même celui des conjoints qui auroit confenti d'abord de vivre de cette maniere avec l'autre, & qui trouveroit dans la fuite ne pouvoir s'accoutumer à une telle vie, pourroit demander la féparation, fans qu'on pût lui oppofer le paffage de l'Ecriture, *quos Deus conjunxit, homo non feparet* ; parce qu'il eft certain qu'il n'y a pas de véritable mariage où il ne peut y avoir de conjonction corporelle, au moyen de laquelle *conjuges fiant una caro.*

D'ailleurs fi on contraignoit celui des conjoints qui intente la demande en féparation de demeurer avec l'autre, fous prétexte qu'il y a confenti, lorfqu'il déclare après ne pouvoir garder la chafteté, ce feroit expofer l'union fainte du mariage aux horreurs du concubinage, & des abominations perpétuelles.

La demande en féparation pour caufe d'impuiffance, peut donc être feulement intentée par celui des conjoints que cette impuiffance intéreffe, & auquel elle préjudicie ; mais cette action ne paffe point aux héritiers de celui qui l'a intenté, quand il vient à décéder avant que l'affaire ait été terminée. Ainfi l'Arrêt du 31. Mai 1668. rapporté dans le Journal du Palais, a jugé que l'action d'impuiffance, intentée par une femme, ne paffoit point en la perfonne de fon héritier.

La raifon eft, que les accufations d'impuiffance ont toujours été extrêmement odieufes. D'ailleurs il n'y a que le mari & la femme qui s'y trouvent intéreffés, & en qui réfide le droit & la qualité légitime pour les pourfuivre.

Quand une femme qui eft mariée à un impuiffant ne fe plaint pas de l'impuiffance de fon mari, il ne feroit pas lui-même en droit de s'en plaindre ; *quia nemo odiendus eft propriam allegans turpitudinem.*

Le Juge d'Eglife pardevant lequel la demande en féparation pour caufe d'impuiffance doit être pourfuivie, ne doit rien décider définitivement, fans avoir pris au préalable connoiffance du fait, & s'être pleinement informé fi la demande en féparation pour caufe d'impuiffance eft jufte ou non.

Pour connoître fi l'impuiffance eft véritable &

conftante, on avoit autrefois recours au congrès, qui étoit une invention toute nouvelle, inconnue des Loix canoniques & civiles ; mais le congrès a été très-fagement aboli, comme contraire à la pudeur & à la bienféance, & même à la raifon.

Et il naturel qu'après que des perfonnes ont eu enfemble des conteftations auffi fâcheufes que le font celles qui précedent toujours la demande en féparation pour caufe d'impuiffance, foient portées à fe donner réciproquement des marques d'un tendre amour.

Le congrès a donc été aboli par Arrêt du Parlement de Paris, en date du 17. Février 1677. comme nous l'avons dit ci-deffus, verbo Congrès.

Depuis ce tems-là, lorfqu'une femme accufe fon mari d'impuiffance, le Juge ordonne que le mari fera vifité, pour être, fur le rapport des Experts ordonné ce que de raifon.

Si après que le mari a fouffert la vifite, le Juge ne trouve pas affez de quoi fonder fon Jugement, il faut qu'il ordonne la vifite de la femme. Ainfi quand la femme accufe fon mari d'impuiffance, c'eft toujours lui qui doit être vifité le premier. La raifon eft, que la femme peut n'être pas entiere, & le mari être impuiffant.

Mais avant que le Juge ordonne ces fortes de vifites, il y a des procédures, des préliminaires & des formalités qu'il faut néceffairement obferver.

On doit d'abord féparer les conjoints, & affigner une demeure à la femme chez une perfonne amie des deux, pour un certain tems, pendant lequel il fera libre au mari de voir fa femme, pour éprouver fi l'averfion & l'animofité qu'ils ont vraifemblablement l'un contre l'autre ne pourroit point ceffer.

Il faut enfuite les engager d'implorer par leurs pénitences & par leurs prieres, auprès de l'inftituteur du Sacrement de mariage, la grace d'être en état de le confommer, comme il eft marqué au chapitre litteræ, du titre des Décrétales de frigid. & maleficiat.

Enfin, fi toutes ces précautions ne font pas fuffifantes, & que la femme perfevere toujours à fe vouloir faire féparer de fon mari pour raifon de fon impuiffance, le Juge ordonne que le mari fera vifité, & enfuite la femme, pour être ordonné ce que de raifon.

Sur le rapport des experts, fi le mari eft déclaré puiffant, nonobftant les inftances que feroit la femme au contraire, le mariage eft déclaré bon & valable.

Mais lorfque fur le rapport des experts le mari eft déclaré impuiffant, & que fon impuiffance eft par eux atteftée certaine, & fans efpérance de guérifon, le Juge doit, en conformité de leur rapport, caffer le mariage, ou pour parler plus jufte, il doit déclarer nul celui que les Parties ont contracté.

Un tel Jugement, qui prononce la nullité d'un mariage pour caufe d'impuiffance, n'ordonne pas feulement la féparation de ceux qui avoient contracté mariage enfemble ; il contient encore les conféquences qui doivent néceffairement être la fuite d'une telle féparation.

La première eft, que la femme qui s'eft fait féparer à caufe de l'impuiffance de fon mari, peut valablement fe marier à un autre.

La deuxieme eft, que dans ce cas il doit être fait défenfe au mari de contracter mariage avec une autre perfonne, lorfqu'il eft jugé impuiffant indéfiniment & fans reftriction, tant à l'égard d'une fille, qu'à l'égard d'une veuve, parce qu'il eft abfolument incapable de mariage.

La troifieme eft, que le mariage étant déclaré nul pour caufe d'impuiffance, la conftitution de dot ne peut pas fubfifter.

La raifon eft, que la dot eft donnée au mari pour foutenir les charges du mariage : ainfi quand il n'y a point de mariage, il ne peut y avoir de dot.

De plus, celui qui fçachant être impuiffant a contracté mariage, ayant par ce moyen abufé du Sacrement, eft tenu, ob malam fidem, non-feulement de reftituer la dot à celle qu'il a trompée, avec les fruits qu'il en a perçus, mais encore ceux qu'il en a pû percevoir ; & ce à compter du jour de la citation qui lui a été faite en diffolution du mariage, & enfin il eft condamné en tous les dommages & intérêts de celle qu'il a abufée.

Voyez Charondas fur l'art. 247. de la Coutume de Paris ; Filleau, part. 4. queft. 144. Chenu, cent. 2. queft. 48. & Fevret, en fon traité de l'Abus, liv. 5. chap. 4. nomb. 13.

Mais comme ce qui concerne la reftitution de la dot & les dommages & intérêts, n'eft point de la compétence du Juge d'Eglife, il ne connoît que de fœdere matrimonii ; fauf aux Parties, pour tout ce qui regardent le temporel, à fe pourvoir pardevant le Juge laïc, à qui la connoiffance en appartient.

Lorfque le mariage eft réfolu à caufe de l'impuiffance du mari, provenant d'un vice qu'il a pû ignorer, il n'eft tenu que de rendre la dot, fans aucuns dommages & intérêts : au contraire, il peut répeter ce qu'il avoit donné à la femme en faveur de mariage, per conditionem caufa data, caufa non fecuta.

Mais fi le mari, étant impuiffant, & fçachant l'être, s'eft marié, & a par fon contrat de mariage fait une donation à fa femme en faveur de mariage, cette donation ne fera pas annullée en conféquence de la diffolution du mariage prononcée pour caufe d'impuiffance du mari ; pourvu toutefois que la femme, au tems de la célébration du mariage, ait ignoré que fon mari étoit impuiffant. Le Bret, liv. 1. décifion 11. rapporte un Arrêt qui l'a jugé ainfi.

Enfin, fi le mari étant impuiffant, & fçachant l'être, époufe une femme qui ait connoiffance que fon mari eft impuiffant, ils font tous deux amandables envers le fifc. D'Argentré, fur l'art. 429. de la coutume de Bretagne.

Il nous refte quelque obfervation à faire fur cette matiere.

La premiere, que la demande de la femme à fin de diffolution de mariage, pour caufe d'impuiffance de fon mari, n'empêche pas qu'elle ne puiffe être accufée d'adultere, à condition néanmoins que le mari ne pourra demeurer Partie civile, mais feulement fimple dénonciateur. Ainfi jugé par Arrêt du 18. Janvier, 1640. Bardet, tome 2. liv. 9. chap. 3. Soefve, tome 1. cent. 1. chap. 1.

La deuxieme eft, que l'enfant né pendant le mariage de celui que l'on prétendoit impuiffant, eft toujours dans le doute préfumé appartenir au mari lorfqu'il n'eft point intervenu de Jugement qui déclare que le mari eft impuiffant. *Voyez* l'Arrêt du 31. Mars 1678. qui eft rapporté dans le Journal du Palais.

Cela doit même avoir lieu quoique le mari eût reconnu être impuiffant, fuivant la regle, *pater eft quem nuptiæ demonftrant, quidquid in contrarium vir & uxor dixerint.* Ainfi jugé par Arrêt du 5. Juillet 1665. rapporté par Soefve, tome 1. centurie 4. chap. 95.

La troifieme eft, qu'une femme ne peut pas fe plaindre de l'impuiffance de fon mari, fous prétexte que fa fémence n'eft pas prolifique. Soefve, tome 1. cent. 3. chap. 2. rapporte un Arrêt qui l'a jugé ainfi.

La raifon eft, que c'eft un fecret que la nature ne releve à perfonne, & que la femme veut indécemment pénétrer. La conformation de l'homme, fes actes & opérations de virilité fuffifent pour la fin de non recevoir, contre la demande de la femme en diffolution de mariage, fous un tel prétexte.

Il faudroit dire le contraire, fi l'impuiffance provenoit *ex defectu partium,* ou fi le défaut de procréation & de génération étoit caufé *infufficientiâ & fterilitate feminis.*

La quatrieme eft, que fi un mariage eft déclaré nul pour caufe d'impuiffance, l'enfant qui feroit né avant la Sentence qui auroit déclaré nul le mariage, feroit adulterin, fuivant Henrys, tome 2. liv. 4. queft. 28.

La raifon qu'il en rend eft, que quoique le mari foit impuiffant, la femme ne laiffe pas jufqu'au tems de la Sentence de féparation de lui être jointe, *fi non vinculo naturæ, faltem vinculo juris :* ainfi elle ne peut pas elle-même fe faire droit, ni être juge en fa propre caufe, ni anticiper la Sentence de féparation, pendant le tems que le mariage eft *in fufpenfo.*

La cinquieme eft, que la femme qui a fait déclarer fon mari impuiffant, n'eft pas tenue de rendre les bagues & joyaux qu'elle auroit reçus en confidération de fon futur mariage. Filleau, part. 4. queft. 14.

Touchant la diffolution du mariage, pour caufe d'impuiffance & frigidité du mari, *voyez* d'Argentré fur la Coutume de Bretagne, article 419. glof. 4. Filleau, part. 4. queft. 14. Defpeiffes, tom. 1. part. 1. tit. 13. fect. 1. Tournet, lettre M, Arrêt 28. & le Récueil de Décombes, Greffier de l'Officialité de Paris, part. 1. chap. 5. pag. 675. & fuiv.

Voyez auffi les Mémoires qui ont été faits en l'année 1712. & fuivantes, dans l'affaire de M. le Marquis de Gefvres & de Madame Mafcarani fa femme, où tout ce qui fe peut dire de part & d'autre fur cette matiere, fe trouve rapporté très-exactement, & avec beaucoup d'art.

IMPUNITÉ NE DOIT PAS DÉPENDRE DU JUGE, quand le crime eft pleinement prouvé en Juftice.

Dans le doute il vaut mieux abfoudre un coupable que de condamner un homme qui peut être innocent. On peut même quelquefois, fuivant les circonftances, chercher un tempérament entre l'entiere impunité & la féverité tout-à-fait exacte; mais quand le crime eft pleinement prouvé en Juftice, il eft du devoir du Juge de ne le pas laiffer impuni.

C'eft l'efpérance de l'impunité qui excite les méchans à faire des crimes. Ainfi l'on n'eft pas feulement injufte en condamnant l'innocent, on l'eft encore en déchargeant le coupable. Pour en fauver un, on en perd plufieurs, parce qu'on caufe les maux qu'il fera probablement dans la fuite : d'ailleurs, on ôte au public un exemple capable de détourner de pareils crimes que l'on verroit punir.

Auffi les Rois d'Egypte, perfuadés qu'on ne peut pardonner à un criminel fans préjudicier à l'Etat & aux Particuliers, faifoient jurer leurs Juges, lorfqu'ils les inftalloient dans leurs Charges, que quand même ils leur commanderoient d'abfoudre un coupable, ou de juger contre les Loix, ils n'en feroient rien.

Nos Rois défendent par les Ordonnances à leurs Chanceliers, d'expédier des Lettres de grace pour certains crimes, & aux Juges d'y avoir égard, & ils marquent par-là qu'ils ne veulent pas que ce que leur bonté accorde aux prieres des Grands, déroge aux regles de la Juftice.

Les Juges qui ne font pas affez attentifs à condamner les criminels aux peines que les Loix ont prononcées contr'eux, trahiffent le public, & abandonnent les bons à la fureur des méchans. C'eft ce qui a fait dire à un grand politique, que les Royaumes ne périffent pas tant à caufe des crimes, qu'à caufe qu'on néglige de les punir. Et de fait l'Ecriture nous apprend que la Tribu de Benjamin ne fut entierement détruite, que parce qu'on n'avoit point châtié un homme qui avoit violé une femme.

L'exemple du Roi Achab, & les paroles que Dieu lui dit, pour n'avoir pas fait Juftice en la perfonne de Benedab, doivent donner de la terreur aux Juges qui fe relâchent par crainte, par molleffe, ou par complaifance. Voici comme Dieu lui parla : *Parce que tu as pardonné à un homme qui méritoit la mort, tu payeras de ta propre vie celle que tu lui as confervée.*

Concluons donc qu'un Juge ne peut fouftraire un criminel au fupplice qu'il mérite, fans trahir fa confcience, fans démentir fa profeffion, & fans fe rendre coupable d'un très-grand crime.

IMPUTATION, fignifie la déduction d'une fomme pour une autre ; & imputer, fignifie déduire ou tenir compte.

Quand un débiteur de plufieurs obligations envers le même créancier lui fait quelques payemens, c'eft d'abord au débiteur qu'appartient le droit d'imputer les menus payemens qu'il fait, fur telles des dettes qu'il veut choifir, pourvû qu'il en faſſe l'imputation à l'inſtant du payement. Faute par le débiteur de s'en expliquer, ce droit paſſe au créancier, qui peut ſur le champ imputer le payement qu'il reçoit ſur telle dette qu'il lui plaît.

Mais ce droit ne paſſe au créancier, qu'à la charge de faire l'imputation de la matiere qu'il la feroit lui-même s'il étoit le débiteur : *Nimirum in duriorem cauſam, quam magis debitori expediat extingui. Leg. 1. 2. & 3. ff. de ſolutionibus.*

Quand ni le créancier, ni le débiteur n'ont point fait l'imputation, le payement s'impute auſſi de droit ſur la dette qui eſt la plus onéreuſe au débiteur.

Ce que nous diſons n'a lieu que quand toutes les dettes dont il s'agit ſont principales. C'eſt pourquoi s'il y a une obligation principale, & une obligation d'intérêts provenans de la convention des Parties, l'imputation des payemens ſe fait d'abord ſur les intérêts, & enſuite ſur le ſort principal. *Leg. 1. cod. de ſolutionib.*

Cela ſe pratique ainſi dans tous les Parlemens de Droit écrit.

Au Parlement de Paris, on diſtingue ſi les intérêts ſont dûs *ex natura rei*, ou s'ils ſont dûs *ex officio Judicis.* Au premier cas, les payemens s'imputent d'abord ſur les intérêts, & enſuite ſur le principal.

Mais ſi les intérêts n'étoient dûs qu'en conſéquence d'une condamnation prononcée par le Juge à cauſe du rétard où a été le débiteur de payer la ſomme par lui dûe, il faudroit s'en tenir à la regle ordinaire; & l'imputation ſe feroit alors *in duriorem cauſam*, ſur la partie qui eſt la plus à charge au débiteur, c'eſt-à-dire ſur le principal.

Comme en cette rencontre les intérêts ne ſont adjugés par le Juge au créancier, que comme une peine contre le débiteur à cauſe de ſon retard, il eſt naturel pour faire ceſſer l'effet de cette peine, en faiſant ceſſer ſa cauſe d'anéantir autant que l'on peut cette ſomme principale, qui produit des intérêts qui n'ont point entré dans la convention des Parties.

Cette diſpoſition du droit Romain eſt obſervée parmi nous quant aux principes, mais non pas pour ce qui regarde l'exemple que nous venons de rapporter; car on ne peut pas en France ſtipuler des intérêts d'un argent prêté : nous en admettons que dans le cas du contrat de conſtitution, à cauſe de l'aliénation du ſort principal, qui ne peut être redemandé au débiteur; auquel cas, ſuivant les Loix Romaines, l'imputation des menus payemens ſe fait d'abord ſur les arrérages, & enſuite ſur le ſort principal.

Poſons pour exemple que Primus ait paſſé un contrat de conſtitution au profit de ſecundus. Primus en faiſant à ſon créancier des payemens, ne peut l'obliger à les imputer ſur le principal, que ſous les arrérages qu'il lui doit de la rente ne ſoient entierement acquittés; & il ne doit pas être permis à un débiteur de diminuer ou éteindre le principal, tant qu'il doit quelque choſe des arrérages.

Enfin, les quittances que le créancier auroit données à compte à ſon débiteur, ne peuvent jamais être imputées d'abord que ſur les arrérages.

Mais quand il s'agit parmi nous d'intérêts qui precedent d'une condamnation prononcée par le Juge *propter moram debitoris*, l'imputation ſe doit faire *in duriorem cauſam*, comme nous l'avons dit ci-deſſus.

Hors le cas d'une conſtitution de rente, & des arrérages dont nous avons parlé ci-deſſus, il eſt toujours au choix du débiteur de ſe libérer de la plus onéreuſe des dettes.

Ainſi un homme qui auroit conſtitué une rente au profit d'un autre, & qui lui devroit par obligation une pareille ſomme à celle qui fait le principal de la rente, peut, en payant à ſon créancier la ſomme à laquelle ſe monte ce principal, s'en fait décharger; & le créancier ne peut pas imputer ce premier payement ſur la ſomme qui lui eſt dûe par ce même débiteur par obligation.

Touchant cette matiere, *voyez* Papon, liv. 10. tit. 5. nomb. 6. Baſſet, tome 2. liv. 6. tit. 9. ch. 7. liv. 4. tit. 17. chap. 3. & liv. 6. tit. 9. chap. 4. M. Catelan, liv. 5. chap. 52. & 53. la Peyrere, lett. V, nomb. 30. Dumoulin, conſ. 28. Perchambault pag. 203. Bardet, tome 1. liv. 1. chap. 41. M. Augeard, tom. 2. Arrêt 76, & tom. 3. Arrêt 43. *Voyez* auſſi le Recueil alphabétique de M. Bretonnier, *verbo* Intérêt.

Mais voici une nouvelle queſtion qui s'eſt préſentée en 1707. que je crois devoir rapporter ici ; ſçavoir, ſi lorſqu'un débiteur n'a donné caution que pour moitié de la ſomme portée par ſon obligation, le premier payement par lui fait ſans imputation doit être ſenſé fait à la décharge de la caution ?

Par Sentence du 21. Juin 1707. rendue au Préſidial de la Rochelle, il a été jugé qu'au moyen du premier payement fait par le débiteur ſans imputation, la caution étoit déchargée. Cette affaire fut enſuite portée par appel au Parlement de Paris de la part du créancier.

On diſoit pour l'appellant, que les maximes de Droit, qui veulent que l'imputation ſe faſſe ſur la portion reputée la plus dure au débiteur, n'ont lieu que lorſqu'il doit pluſieurs ſommes à un créancier par différentes obligations, par exemple, l'un avec caution, & l'autre ſans caution; mais non pas lorſque la ſomme pour laquelle le débiteur a donné une caution, & celle pour laquelle il eſt ſeul obligé, ſont dûes en vertu d'un même tit. On ſoutenoit que dans ce dernier cas, l'imputation des payemens ſe devoit faire d'abord ſur la portion dont la caution n'eſt point tenue. On citoit, pour autoriſer cette prétention, la Loi 73. *ff. de ſolutionibus*, & la loi 68. §. *aurelio, ff. de fidejuſſorib.*

Pour les intimés, on ſoutenoit au contraire que lorſqu'une caution ne s'oblige qu'à une partie de la ſomme contenue dans une même obligation, le payement que fait le principal débiteur de cette partie, ſans en faire l'imputation, s'impute de droit ſur la portion qui eſt reputée la plus dure au débiteur, *leg. 3. ff. de ſolutionib.* Or la portion pour laquelle le débiteur a donné caution, eſt certainement réputée la plus dure, parce qu'il eft obligé non feulement envers fon créancier, mais encore envers celui qui a bien voulu répondre pour lui. *Leg. 4. & 5. ff. de folutionib.*

D'ailleurs, l'engagement d'une caution n'étant que pour certifier & garantir au créancier la folvabilité du débiteur à concurrence de la fomme pour laquelle il le cautionne, le payement fait à ce créancier de cette fomme, anéantit l'engagement de la caution, puifqu'il ne l'a certifié folvable que pour cette même fomme.

On difoit enfin, que les maximes qui doivent fervir de regle pour fixer l'imputation, lorfqu'elle n'a pas été faite du confentement des Parties intéreffées, font générales, & que par conféquent on ne doit pas les reftreindre au cas particulier que marque l'appellant.

Sur ces raifons, la Cour, par Arrêt du 3. Août 1709. a confirmé la Sentence, & a condamné l'appellant en l'amende & aux dépens. *Voyez* M. Augeard, tom. 2. Arrêt 89. où les raifons de part & d'autre, rapportées ci-deffus, font réduites plus au long.

I N

INADVERTANCE, fignifie méprife, manque de foin ou de réflexion.

INALIENABLE, fignifie ce qui ne fe peut valablement aliéner.

INCAPABLE, eft celui qui n'a pas les qualités & les difpofitions néceffaires pour faire ou pour recevoir quelque chofe.

Quoique les qualités d'incapables & d'indignes ayent à peu près les mêmes effets, ces termes ont une fignification différente, comme je l'ai remarqué *verbo* Indigne.

INCAPABLES DE SUCCEDER OU DE RECEVOIR A TITRE DE LEGS, font ceux qui n'ont pas les qualités requifes pour être héritiers & recueillir une fucceffion; ou bien recevoir à titre de legs, ou qui ont quelque défaut qui les en empêche.

Tels font, I°. tous ceux qui font incapables des effets civils, comme les Aubins, les Religieux profès, à moins qu'il ne s'agit de quelque legs modique, pour avoir des Livres, ou fournir à d'autres petits befoins; les condamnés à mort ou à d'autres peines qui emportent la mort civile.

II°. Les enfans exhérédés, ou qui ont renoncé par leur contrat de mariage à la fucceffion de leur peres & meres.

Voyez ci-après Renonciation à une fucceffion non échue.

III°. Les indignes, qui, pour avoir démérité de quelqu'un, font par la Loi privés des avantages qu'ils en auroient pu recueillir. *Voyez* Indignes. A l'égard de la différence qu'il y a entre l'héritier indigne, & l'héritier incapable de fucceder, *voyez* Baffet, tom. 2. liv. 8. tit. 1. chap. 8.

IV°. Ceux que l'infamie qui eft en eux rend incapables de recevoir dons ni legs, comme les adulteres, les concubinaires, qui ne fe peuvent point faire de dons ni legs. Cependant, lorfque les dons ou les legs font modiques, ou les leur

confirme quelquefois par forme d'alimens. Les bâtards, par rapport à leurs peres & meres, ne peuvent auffi recevoir que des dons & legs modiques par forme d'alimens.

V°. Les conjoints par mariage ne peuvent, fuivant notre Droit coutumier commun, fe faire l'un à l'autre aucun don ni legs, directement ni indirectement. Il n'y a que le don mutuel fait entr'eux qui puiffe être valable. *Voyez* ce que nous avons dit fur l'art. 280. de la coutume de Paris, & fur les deux fuivans.

VI°. Les tuteurs, curateurs & pedagogues font incapables de recevoir des dons & legs de la part de ceux qui font fous leur conduite, fuivant l'art. 131. de l'Ordonnance de François I. de l'année 1539. & la Déclaration de François II. de l'année 1549.

VII°. Les Procureurs, généralement parlant, ne peuvent non plus recevoir des donations ou de legs de leurs cliens, quand ils font actuellement leurs affaires. Cependant il y a quelquefois des circonftances qui font confirmer les legs & les donations à eux faites, comme il fe voit par l'Arrêt qui fut rendu en la Grand'Chambre le 22. Juin. 1700. au profit de M. Pillon, Procureur au Châtelet.

VIII°. Les Médecins, Chirurgiens & Apoticaires ne peuvent recevoir aucune chofe par teftament des malades dont ils prennent foin, parce qu'ils font cenfés avoir fur leur efprit un pouvoir abfolu.

IX°. Les confeffeurs & les Directeurs de confcience font pareillement dans le cas de la prohibition, parce qu'il n'y a perfonne qui ait plus d'empire fur l'efprit d'un homme, qu'un Confeffeur ou un Directeur.

Voyez ci-deffus Capacité de fuccéder, & ce que j'ai dit fur l'art. 276. de la Coutume de Paris, & les Arrêtés de M. le Premier Préfident de Lamoignon, recueillis dans le Commentaire d'Auzanet, fur la Coutume de Paris. *Voyez* auffi Hevin fur Frain, pag. 884. & ce que j'ai dit *verbo* Indigne.

INCENDIAIRES, font ceux qui par malice, & pour faire tort, mettent le feu à la maifon ou à la grange d'autrui. Ce crime eft puni de mort.

Mais pour ce qui regarde le genre dont on le punit, il faut faire diftinction de la qualité des perfonnes & de la quantité du feu, fuiv. Bouchel, *verbo* Incendie.

Si le feu a été grand & que la perfonne foit de qualité, elle eft décapitée. Si le feu a été petit, elle eft bannie à jamais du Royaume.

Si c'eft une perfonne de condition vile, & que le feu ait été grand, cette perfonne eft condamnée au feu. S'il a été petit, elle n'eft condamnée qu'au banniffement perpétuel hors du Royaume.

Ce crime n'eft pas un cas royal, quelque volontaire & prémédité qu'il foit: ainfi l'incendiaire ne fort point de la Jurifdiction de fon Juge naturel, à moins que l'incendie n'ait été fait avec éclat, & par gens attroupés enfemble. *Voyez* Expilly, part. 2. ch. 120. Chorier en fa Jurifprudence de Guy-Papé, pag. 268. Peyrere, lett. J. nom. 5. Albert, lett. J, *verbo* Incendie.

L'Ordonnance de 1570. art. 11. du tit. 1. regle les cas dont les Baillifs & Sénéchaux doivent

INC

15

connoître privativement aux Prévôts & Châtelains Royaux, & aux Juges des Seigneurs. Dans l'énumération de ces cas, celui de l'incendie n'est pas compris : d'où il résulte que les Juges des Seigneurs en peuvent connoître. Henrys tome 1. liv. 2. chap. 2. quest. 5.

Il est parlé des incendiaires dans la Loi *Capitalium*, §. *incendiarii*, *ff. de pœnis*; & dans M. Cujas, *libro 22. observationum, cap. 21.*

INCENDIE, est un embrasement ou une combustion, causée par la malice ou par la faute de quelqu'un ou par cas fortuit.

Au premier cas, les incendiaires sont punis de mort, comme nous l'avons dit ci-dessus.

Au second cas, celui qui a causé l'incendie par sa faute, est puni de faute pécuniaire, & condamné à la réparation du dommage qu'il a causé.

Cette peine pécuniaire doit être plus ou moins grande, suivant les circonstances, & que la faute qui a causé l'incendie a été lourde ou légere.

Mais à moins que le feu ne soit arrivé par cas fortuit, ou par une faute très-légere, celui qui a, par sa faute & par sa négligence, causé un incendie, est toujours tenu de la réparation de tout le dommage qu'il a causé.

Ainsi les locataires sont responsables des incendies, quand il y a de leur faute ou de la faute de leurs domestiques. Papon, liv. 22. tit. 11. Charondas, liv. 6. rep. 8. *in fin.*

Henrys, tom. 1. liv. 4. ch. 6. quest. 87. traitant cette question, dit que c'est au propriétaire à justifier que l'incendie est arrivé par la faute du locataire ou de ses gens. Mais je crois que cette décision ne doit pas être suivie, comme l'a remarqué M. Bretonnier sur cet endroit.

Aussi la plupart de nos Auteurs tiennent avec raison que le locataire est garant naturellement du dommage causé par le feu qui a pris dans la maison qu'il habite, parce qu'on présume que cela est arrivé par sa faute; & comme cette présomption est de droit, elle rejette l'embarras de la preuve sur le locataire, qui est obligé de prouver que l'incendie est arrivé par cas fortuit, ou autrement que par sa faute.

C'est le sentiment de d'Argentré, sur l'art. 598. de la coutume de Bretagne; de Chopin, sur l'art. 44. de la Coutume d'Anjou, nomb. 11. de le Brun de la Rochette, tit. des incendies; de Catelan, tom. 2. liv. 5. chap. 3. de la Peyrere, let. J.

Plerumque incendia culpa fiunt inhabitantium leg. 11, ff. de peric. & comm. rei vend. Ce qui se doit entendre des locataires plutôt que des propriétaires, parce que ceux-là sont présumés avoir toujours moins de soin & de précaution que ceux-ci. Henrys, tom. 1. liv. 5. chap. 6. quest. 49.

Quoique le locataire soit tenu de réparer le dommage qu'a causé à la maison l'incendie arrivé par sa légere faute, il n'en seroit pas tenu au cas d'un incendie qui seroit arrivé par sa faute très-légere : *Conductor enim non tenetur de levissima culpa.*

Voyez Albert, *verbo* incendie; Bouvot, tome 1. *verbo* brulement, quest. 1. & tome 2, *verbo* Société, Communauté, quest. 40. de la Peyrere, *verbo*

Incendie; Basset, tom. 1. liv. 4. tit. 15. chap. 2. le Journal des Audiences tom. 1. liv. 1. ch. 20 & tom. 2. liv. 5. chap. 9. tom. 5. liv. 3. chap. 6. Bardet, tom. 1. liv. 2. chap. 9. & liv. 3. chap. 17. & tom. 2. liv. 2. chap. 15. & chap. 43. Basnage, sur l'article 453. & 613. de la Coutume de Normandie, & Catelan, liv. 5. chap. 3.

Au troisieme cas, c'est-à-dire quand l'incendie est arrivé par accident, comme par le feu du ciel, personne n'en peut être tenu; & la perte des choses qui sont consumées ou endommagées, tombe sur ceux à qui elles appartiennent, suivant la maxime, *res sua domino perit.*

Mais il faut observer 1º. que quoique l'incendie soit mis au nombre des cas fortuits dans la Loi *Contractus, ff. de reg. jur.* néanmoins on en est tenu lorsque, par sa faute, ou par sa négligence, on y a contribué, ou que l'on est en retard de rendre la chose qui a été consumée par le feu.

IIº. Que celui sur qui tombe la perte de la maison où le feu a pris d'abord, est responsable du dommage que l'incendie a causé aux maisons voisines.

Quand il arrive quelque incendie, le Magistrat qui a la Police, doit s'y transporter sur le champ, & se faire donner du secours pour l'éteindre. S'il voit que le feu soit si allumé qu'on ne puisse approcher, & qu'il y ait un danger évident que le feu gagne plus loin, il peut, de son autorité, faire abattre les maisons voisines.

Ceux de qui les maisons auront été par ce moyen vraisemblablement sauvées, doivent contribuer au dédommagement des Particuliers dont les maisons ont été abattues.

Domus, si propter incendium destruatur, solvenda venit ab iis quorum Domus salvæ factæ sunt. Franc. Marc. tom. 1. quæst. 336. leg. 3. §. quod ait, ff. de incend. ruin. & naufr. leg. si alius, §. est & alia, ff. quod vi aut clam. leg. si quis fumo, §. 1. ff. ad legem Aquil. leg. 2. §. æquissimum, ff. ad leg. Rhodiam de jactu. Vide Gotoph. ad leg. 11. ff. de peric. & commod. rei vend.

C'est aussi la disposition de l'art. 604. de la Coutume de Bretagne. *Voyez* Coquille, en son Institut du Droit François, titre des Servitudes réelles.

Comme dans les incendies on se trouve obligé de confier ce qu'on a de plus précieux à ceux qui viennent pour secourir, quoiqu'on ne les connoisse point, ce dépôt nécessaire ne pouvant être justifié par écrit, on en reçoit la preuve par témoins, à quelque somme que la chose puisse monter; article 3. du titre 20. de l'Ordonnance de 1667.

INCENDIE FAIT AVEC ARMES, n'est pas mis au nombre des cas royaux.

L'Ordonnance de 1670. tit. 1. art. 11. regle les cas dont les Baillifs & les Sénéchaux doivent connoître, privativement aux Prévôts & Châtelains royaux, & aux Juges des Seigneurs. Dans l'énumeration de ces cas, celui de l'incendie n'y est pas compris; à l'exception de ceux qui sont faits de dessein prémédité, ou dans une assemblée illicite, ou dans une émotion populaire. Ainsi les Juges royaux subalternes en peuvent connoître, & même les Juges des Seigneurs. *Voyez* Henrys, tom. 1. liv. 2. chap. 2. queſt. 5.

I N C E S T E , eſt le crime qui ſe commet par la jonction de perſonnes qui ſont parentes dans un dégré prohibé.

Inceſte vient du mot latin *inceſtus*, au lieu de *non caſtus*. Quelques-uns cependant prétendent que ce mot *inceſtus* vient de ce que chez les Anciens *ceſtus* étoit la ceinture de Venus qu'on donnoit aux mariés ; & que quand il y avoit quelqu'empêchement au mariage, on la refuſoit à ceux qui le contractoient : de ſorte qu'un tel mariage étoit appellé inceſtueux, c'eſt-à-dire ſans ceinture.

L'inceſte en ligne directe eſt défendu par les Loix divines & humaines. La nature nous fait aſſez connoître que cette conjonction eſt une turpitude extrême, dont l'idée ſeule fait horreur. Le reſpect que les enfans doivent à leurs peres & meres, eſt une choſe entiérement oppoſée à l'amour conjugal, auquel le mari & la femme ſont naturellement obligé l'un envers l'autre : ce qui fait voir combien ſont incompatibles la qualité de fille & de femme, ou celle de fils & de mari.

In linea recta , non poſſunt ſine horrore confundi cognationis nomina , ita ut idem ſit pater & conjux.

Ceux qui ſont convaincus d'avoir commis inceſte en ligne directe, ſont ordinairement condamné à être brûlés vifs, comme il a été jugé par arrêt du 12. Février 1536. rapporté par la Rocheflavin, liv. 2. lettre J, titre 3.

Cet Arrêt a condamné la mere & le fils à être brûlés vifs ; & comme la mere étoit morte lors de la condamnation, il fut ordonné que ſes os ſeroient décharnés & brûlés.

Le même Auteur rapporte un autre Arrêt qui condamne un gendre & ſa belle-mere, pour avoir commis inceſte enſemble, le premier étant plein de vin, & n'ayant pas le ſoir trouvé ſa femme chez lui, à venir un jour d'audience au Parquet, & enſuite être mis entre les mains du Bourreau, pour être pendus & étranglés, & enſuite brûlés ; les deux tiers de leurs biens confiſqués & l'autre adjugé à la femme & à ſes enfans.

Voyez Papon, livre 22. titre 7. nombre 3. & 8.

Le mariage entre freres & ſœurs eſt défendu par les Loix Romaines & par les Loix canoniques ; mais la conjonction entre freres & ſœurs, ou autres collatéraux, n'eſt pas un inceſte du droit des gens, comme nous avons dit ſur le §. 2. du tit. 10. du premier livre des inſtitutes.

Cet inceſte en ligne collatérale eſt puni parmi nous plus ou moins rigoureuſement, ſuivant que le dégré de parenté eſt plus proche ou plus éloigné.

Pour ſçavoir juſqu'à quel degré le mariage eſt défendu parmi nous entre collatéraux, & en quels degrés le Pape diſpenſe, *voyez* ce que j'en ai dit ſur le §. 3. & 4. du titre 10. du premier livre des Inſtitutes.

INCESTE SPIRITUEL, eſt le crime qui ſe commet par la conjonction de perſonnes qui ont une alliance ſpirituelle, comme ſont le parrain & la fil-

leule, la marraine & le filleul, le compere & la mere de l'enfant qu'il a tenu ſur les fonts, la commere & le pere de l'enfant qu'elle a tenu ſur les fonts, le Confeſſeur & ſa penitente.

Enfin la conjonction qu'on a avec une Religieuſe , eſt auſſi une eſpece d'inceſte ſpirituel. La Rocheflavin, livre 2. lettre J, titre 3. rapporte un Arrêt du onze Janvier 1535. qui condamne un nommé Saleſſe, accuſé d'avoir abuſé d'une religieuſe du Monaſtere de Monaſtier, à être décapité, ſes membres affigés en pali ſur le chemin dudit monaſtere.

Cet Auteur rapporte que cet Arrêt enjoignit à l'Evêque de Caſtre de reformer le Monaſtere, & renvoya pardevant lui ladite Religieuſe, pour lui être fait ſon procès.

INCIDENT, eſt une conteſtation ſurvenue entre les Parties pendant la pourſuite de la cauſe principale.

Poſons pour exemple que deux créanciers d'un même débiteur ayent fait ſaiſir une même choſe à lui appartenante, & que ſur la conteſtation touchant la préference, le dernier ſaiſiſſant prétende que la ſaiſie faite par le premier ſaiſiſſant eſt nulle pour quelque défaut de formalité, c'eſt un incident préliminaire, qui doit être jugé avant le fonds.

Autre exemple d'un incident. Dans le cours d'un procès ou d'une inſtance, l'une des parties produit une Sentence ; l'autre Partie, qui croit que ce Jugement pourra lui nuire, en interjette appel : c'eſt un appel incident.

Enfin, toute Requête contenant une nouvelle demande, après que la conteſtation principale eſt liée, eſt une demande incidente ; & ſi cet e demande eſt un préliminaire de qui dépend l'affaire qui eſt à juger, on doit préalablement juger l'incident à l'Audience : ſinon on le joint au procès, pour y être fait droit en jugeant.

Comme la plupart des demandes ou appellations incidentes ſervent à retarder le jugement des affaires, ou à les embarraſſer, elles n'ont jamais été reçues favorablement. Auſſi les Ordonnances ont preſcrit la forme de les pourſuivre, afin que les Parties ne puſſent pas les faire ſervir à de mauvaiſes fins. *Voyez* ci-deſſus Demande incidente.

INCIDENTES, ſignifie chicanes, en faiſant naître des incidens pour embrouiller la cauſe principale, ou pour en retarder le Jugement.

INCLUSIVEMENT. Ce terme dénote que la choſe dont on parle eſt compriſe dans ce qu'on avance.

Quand on dit le mariage eſt défendu par le Droit canon juſqu'au quatriéme degré incluſivement, cela veut dire que le quatriéme degré eſt compris dans la prohibition. Ainſi ce terme d'incluſivement eſt oppoſé à celui d'excluſivement.

On dit auſſi que la Cour a renvoyé un criminel devant le Juge ordinaire, pour lui être fait ſon procès juſqu'à Sentence définitive incluſivement, ſauf l'exécution s'il en étoit appellé, pour dire que la Cour a renvoyé le Jugement entier du procès, y compris la Sentence définitive.

INCOMPATIBLE, ſe dit des Bénéfices & des
                    charges

Charges qu'il eft défendu de poſſéder en même tems.

La raifon eſt , qu'un ſeul ne peut pas ſuffire à
tout : d'ailleurs il eſt juſte que les Bénéfices & les
Emplois honorables ne ſoient par réunis en une
même perſonne, afin qu'étant la recompenſe de
la vertu & du travail, pluſieurs ſoient excités à
les mériter, dans l'eſpérance d'y parvenir. Mais ce
n'eſt pas ici le lieu de parler de l'incompatibilité
des Bénéfices.

A l'égard de l'incompatibilité des charges &
Offices, un Officier ne devroit exercer qu'un ſeul
Office; la Juſtice en ſeroit bien mieux adminiſtrée.
Voyez ce qu'en a dit Chenu en ſon Traité des Of-
fices de France, tit. 39. & l'Ordonnance de Mou-
lins, article 16. *Voyez* auſſi ce qui en eſt dit dans
Henrys, tom. 1. liv. 2. chap. 4. qu. 24.

INCOMPETENCE, eſt le manque de Juriſdiction de pouvoir connoître de certaines affaires qui
ne ſont pas de la compétence d'un Juge ordinaire,
ou dont il ne peut connoître entre perſonnes qui
ne ſont pas ſes juſticiables.

Généralement parlant, on appelle auſſi incompétence le manque de pouvoir connoître d'une affaire reſultant du privilege de celui qui eſt aſſigné
pardevant le Juge ordinaire, en vertu duquel il
demande ſon renvoi.

Il y a donc pluſieurs moyens d'incompétence.
I°. Si le défendeur n'eſt pas domicilié dans le reſ-
fort de la Juriſdiction où il eſt traduit.

II°. S'il s'agit de choſe dont la connoiſſance appartient par attribution particuliere à certains Juges , & que le défendeur ait été aſſigné pardevant
le Juge ordinaire.

III°. Si le défendeur a ſes cauſes commiſes aux
Requêtes ou en quelqu'autre Juriſdiction, il peut
demander ſon renvoi : ou ſi c'eſt aux Requêtes, y
faire renvoyer la cauſe.

IV°. Si un Juge veut connoître d'un crime qui
ait été commis hors ſes limites.

V°. Si en matiere réelle un Juge veut connoître
d'une conteſtation qui concerne des biens qui ne
ſont pas ſitués dans l'étendue de ſa Juriſdiction.

L'Ordonnance de 1667. tit. 6. art. 3. & 4. veut que
les incompétences ſoient jugées ſommairement
à l'Audience, & que les appellations comme de
Juges incompétens ſoient inceſſamment vuidées
par expédient au Parquet.

Il faut remarquer qu'il y a une très-grande différence entre l'incompétence de Juriſdiction, & le
privilege qu'on a d'être renvoyé pardevant un autre Juge; en ce que l'incompétence de Juriſdiction
peut être alléguée en tout état de cauſe, parce qu'il
n'eſt pas au pouvoir de la Partie de donner Juriſdiction à celui qui n'en a point. *L. 3. Cod. de Juriſ-
dict. omn. Jud.* quand l'incompétence eſt *ratione materiæ*, & non pas quand elle eſt *ratione perſonæ* &
que le défendeur a conſenti expreſſément ou tacitement à la Juriſdiction d'un autre Juge que le ſien.

C'eſt auſſi de cette incompétence *ratione materiæ*, dont ſe doit entendre l'article premier du tit.
6. de l'Ordonnance de 1667. qui porte, *Défendons à
tous nos Juges, comme auſſi aux Juges eccléſiaſtiques*

*& des Seigneurs, de retenir aucune cauſe, inſtance ou
procès, dont la connoiſſance ne leur appartient ; mais
leur enjoignons de renvoyer les Parties pardevant les
Juges qui doivent en connoître, ou ordonner qu'elles
ſe pourvoiront à peine de nullité des Jugemens ; & en
cas de contravention, pourront les Juges être intimés
& pris à partie.*

Mais ſi le Juge eſt compétent, & que néanmoins
le défendeur ait privilege pour être renvoyé à un
autre Juge, il doit dès le commencement de la cauſe propoſer ſon privilege ; autrement il en demeureroit déchu par le moindre acte par lequel il auroit approuvé la Juriſdiction. C'eſt le ſentiment de
Barthole , *L. ſi convenerit , ff. Juriſdictione , & L.
ſi quis in conſcribendo , Cod. de pactis.*

Le pouvoir des Juges *ratione materiæ* ne dépend
point du conſentement des Parties, comme nous
l'avons dit ; & cette regle a lieu non-ſeulement
pour les Juges établis dans le royaume, mais encore pour ceux qui ſont établis par-tout ailleurs. La
diſpoſition en eſt expreſſe dans les articles 31. 44.
& 45. des Libertés de l'Egliſe Gallicane, ſur leſquels les Arrêts ſont rapportés dans les Preuves
des Libertés.

INCORPOREL, ſe dit des choſes qu'on ne
peut toucher, & qui conſiſtent en droits & actions, *voyez* Choſes incorporelles. *Voyez* auſſi ce
que j'ai dit ſur le ſecond titre du ſecond Livre des
inſtitutes.

INDEFINIMENT, ſignifie ſans reſtriction.

INDEMNITÉ, eſt le droit que les gens de
main-morte payent aux Seigneurs de qui relevent
les héritages qu'ils acquierent, pour les indemnifer de ce que ces héritages ne ſont plus que dans le
commerce, & que les Seigneurs ſeront privés par
ce moyen des droits, qu'ils recevroient à chaque
mutation, & autres, ſi les héritages n'étoient
point acquis & poſſédés par eux.

C'eſt la définition que M. Charles Dumoulin
donne de l'indemnité, & qui ſe trouve dans ſon
Commentaire de la Coutume de Paris, ſur l'art.
61. de la nouvelle Coutume, gloſ. 11. nomb. 68.
*Indemnitas eſt illa præſtatio quæ fit & preſtatur do-
mino pro intereſſe ſuo, loco jurium utilium quæ veri-
ſimiliter percepturus erat, remanente ſe in privatorum manu, quæ ſæpè variis mutatur modis.*

Le droit d'indemnité eſt dû quoique les gens
de main-morte ayent payé au Roi le droit d'amortiſſement ; car quand les Communautés ont acquis des immeubles & les ont fait amortir, ces
immeubles ſont pour ainſi dire hors du commerce, attendu qu'elles ne les alienent que très-ra-
rement ; & que pour rendre valables ſes ſortes
d'aliénations, il faut qu'elles ſoient revêtues des
formalités requiſes.

Il eſt donc évident que le Seigneur qui laiſſe
jouir les gens de main-morte d'un héritage ſitué
dans l'étendue de ſa Seigneurie, diminue ſon Fief,
puiſqu'il éteint à l'égard de cet héritage les confiſcations, droits de desherence, bâtardiſe, & autres droits caſuels comme ſont les lods & ventes,
les quints, les rachats, qui ſont les revenus & profits feodaux : d'où il s'enfuit qu'il eſt juſte que ce

Seigneur retire d'eux quelque chofe qui l'indemnife ; & c'eſt ce qu'on appelle droit d'indemnité.

Ce droit eſt différent felon la diverſité des Coutumes. Celle de Paris & pluſieurs autres n'en parlent point ; cependant, comme c'eſt un droit commun & général il en eſt moins dû, & eſt défini ſuivant l'uſage des lieux.

Au Parlement de Paris ce droit eſt eſtimés au cinquieme denier du prix de l'héritage amorti, quand c'eſt un héritage tenu en roture ; & au tiers, quand c'eſt en fief : mais les gens de main-morte en compoſent ordinairement avant l'acquiſition avec les Seigneurs, & ils en tirent une meilleure condition.

La coutume de Sens en l'article 7. regle le droit d'indemnité à la valeur des fruits de trois années de la choſe acquiſe, ce qui ſe doit faire *arbitrio boni viri*, ou au ſixieme denier du prix de l'acquiſition, au choix & option des gens de main-morte : mais cela ſe doit entendre pourvû qu'ils n'en ayent pas compoſé autrement ; car après la compoſition par eux faite, ils ſont déchus de l'option.

Suivant l'Arrêté du Parlement du 28. Mars 1602. lorſque des gens de main-morte acquierent des héritages ſitués dans la cenſive d'un Seigneur cenſier, auquel la Juſtice n'appartient pas ; ſi le Seigneur demande l'indemnité, on doit lui adjuger la dixieme partie dans la ſomme à laquelle le droit d'indemnité qui eſt payé lors de l'acquiſition ſe trouve monter ; & cette portion peut être diminuée, lorſqu'il y a des diſpoſitions dans les Coutumes des lieux, ou des circonſtances particulieres dans les affaires qui donnent lieu de le faire.

A l'égard du droit d'indemnité dûe au Roi par les Eccléſiaſtiques & gens de main morte ; pour les acquiſitions qu'ils font dans l'étendue des Seigneuries & Juſtices royales, la Déclaration du 11 Novembre 1726 porte, article 2. que quand les biens acquis par les gens de main-morte ſeront dans la mouvance du Roi, le droit d'indemnité ſera ſur le pied fixé par les Coutumes & Uſages des lieux.

L'article 3. de la même Déclaration dit, que ſi les biens acquis font ſeulement dans l'étendue des Juſtices royales, l'indemnité ſera payée au dixieme de la ſomme qui ſeroit due au Roi, ſi les biens étoient auſſi dans ſa mouvance.

Pour ce qui eſt du droit d'indemnité que le Roi doit, lorſque ſa Majeſté fait des acquiſitions dans la mouvance de ſes Sujets, *voyez* l'Arrêt du Conſeil d'Etat du Roi du 9. Décembre 1727.

Outre le Droit d'indemnité, il eſt encore dû au Seigneur feodal la foi & hommage, & les profits utiles. C'eſt pourquoi les gens de main-morte ſont tenus, quand ils acquierent un fief, de bailler homme vivant & mourant, c'eſt-à-dire un homme qu'ils choiſiſſent pour prêter la foi & hommage après la mort duquel il y a ouverture & profit de fief.

A l'égard des héritages roturiers, le payement de l'indemnité fait par les gens de main-morte, pour les acquiſitions qu'ils en ont faites, ne les exempte pas de payer aux Seigneurs les cens, rentes & charges annuelles dont ces héritages

ſont déchargés envers lui. Bacquet, des Amortiſſemens, chap. 53. nomb. 14.

Cela paroît fondé ſur ce que l'indemnité ne ſe paye que pour dédommager le Seigneur des droits qui pourroient échoir pour les ventes qui ſeroient faites par les Particuliers auxquels les héritages appartiendroient. D'ailleurs le Roi n'eſt point cenſé accorder de graces, que ſauf le droit d'autrui, quand même cette clauſe auroit été omiſe dans les Lettres.

Quand un immeuble eſt légué par teſtament à gens de main-morte, c'eſt toujours à l'héritier à payer au Seigneur le droit d'indemnité comme nous avons dit ſur les préliminaires du tit. 1. de la Coutume de Paris.

Le droit d'indemnité eſt ſujet à preſcription par trente ans contre un Seigneur temporel, & quarante ans contre le Seigneur eccléſiaſtique. M. Dolive, liv. 2. chap. 12. & ſuivant. *Voyez* ce que j'ai dit à ce ſujet ſur la rubrique du premier titre de la Coutume de Paris §. 3. nombre 20.

Le Seigneur qui reçoit homme vivant & mourant à foi & hommage, ne préjudicie point à ſon droit d'indemnité.

Le Seigneur qui reçoit les arrérages de cens à lui dûs pour les héritages roturiers, ne préjudicie point non plus à ſon droit d'indemnité, parce que le cens eſt un droit ordinaire qui eſt dû par tout propriétaire ou poſſeſſeur ſans diſtinction, & qui n'a rien de commun avec le droit d'indemnité, puiſque ce droit ſe paye uniquement pour recompenſer le Seigneur des confiſcations, droits de deshérence, bâtardiſe & autres droits caſuels.

Le droit d'indemnité ne peut être demandé aux gens de main-morte par les Seigneurs, qu'après que les immeubles acquis par les gens de main-morte ont été amortis, parce que au moyen des Lettres d'amortiſſement, l'incapacité inhérente aux gens de main-morte eſt levée par ſa Majeſté & que les Seigneurs ne ſont pas en droit de contrevenir à ſa volonté ; c'eſt pourquoi ils ne peuvent plus agir contre les gens de main-morte, que pour ſe faire payer du droit d'indemnité, & ne ſont point en droit de les contraindre de vuider leurs mains des héritages amortis qu'ils poſſedent.

Mais avant que les héritages par eux acquis ayent été amortis, les Seigneurs de qui ces héritages relevent peuvent contraindre les gens de main-morte d'en vuider leurs mains dans l'an, à compter du jour de la ſommation ; à quoi les gens de main-morte peuvent être contraints de ſatisfaire, ou d'obtenir du Roi des Lettres d'amortiſſement.

Mais on demande ſi après les Lettres d'amortiſſement avant l'action intentée par les Seigneurs, les gens de main-morte aliénoient l'héritage ou le fief amorti, le Seigneur pourroit en ce cas exiger doubles droits ; les uns pour l'acquiſition de l'immeuble faite par les gens de main-morte ; & les autres pour la vente qu'ils en ont faite.

Il faut dire que dans ce cas ces doubles droits ſeroient dûs au Seigneur. La raiſon eſt que par le moyen de l'amortiſſement, les gens de main-morte ſont devenus capables de tenir l'héritage de même que les Particuliers qui ne sont pas gens de main-morte. Or il est certain qu'un Particulier qui auroit acheté un héritage, & qui le revendroit quelque tems après, seroit obligé de payer les droits dûs pour son acquisition, quoique lors de la poursuite du Seigneur il ne se trouvât plus en possession de l'héritage. Ainsi en regardant les gens de main-morte comme de simples Particuliers, & en le remettant dans le droit commun, il est sans difficulté que doubles droits sont dûs au Seigneur pour les deux mutations.

Mais en ce cas le droit d'indemnité cesseroit d'être dû au Seigneur, parce qu'il ne se paye que pour le futur, & en considération des pertes que pourroit faire dans la suite le Seigneur des droits de deshérence, de confiscation & autres.

Il me reste quelques observations à faire sur cette matiere.

La premiere est, que pour les héritages francs & allodiaux que les gens de main-morte acquierent, ils ne doivent aucun droit d'indemnité, *quia cessante causâ cessat effectus*. La Coutume d'Auxerre, art. 10. tit. des Justices, le décide en termes formels, & cette décision doit être générale pour tout le Royaume.

La deuxieme est, que le droit d'indemnité est réel, & étant dû à une terre qui est vendue par décret, il appartient au Seigneur adjudicataire entre les mains duquel il passe, comme une partie du fonds. Ainsi ce droit ne peut appartenir à celui sur qui la terre a été vendue, quoiqu'avant le bail judiciaire de ladite terre & avant l'adjudication, la main morte fut propriétaire des biens mouvans de la terre adjugée par décret. *Voyez* le Journal des Audiences, tom. 6. liv. 5. chap. 16.

La troisieme est, que les gens de main-morte qui acquierent de la main du Seigneur ou de son aveu, ne sont pas sujets au droit d'indemnité. *V.* Boniface, tôme 1. liv. 2. tit. 31. chap. 21.

La quatrieme est, que ce que nous avons dit qu'au Parlement de Paris ce Droit est estimé au cinquieme denier du prix de l'héritage amorti, quand c'est un héritage tenu en roture, & au tiers quand c'est un héritage tenu en fief, a lieu pour toutes les Coutumes qui ne parlent point du droit d'indemnité, & aussi pour celles qui en parlent, mais qui sont muettes à l'égard de la fixation de ce droit. Le Vest, Arrêt 78. & 171. Bacquet, en son Traité de l'amortissement, chap. 53. & 54. Montholon, Arrêt 131.

Mais ce droit est réglé autrement en quelques endroits du Royaume; par exemple en Normandie, l'indemnité est à la vérité un tiers denier pour les fiefs, mais il est réglé au quart pour les rotures. Basnage sur l'article 140. de la Coutume de Normandie.

En Dauphiné, l'indemnité est aujourd'hui évaluée à un droit de lods de vingt ans en vingt ans. *Voyez* Salvaing, de l'usage des fiefs, chap. 59.

Touchant le droit d'indemnité dans la Coutume de Bretagne, *voyez* Hevin sur Frain, pag. 259. Du Fail, liv. 1. chap. 241. & liv. 3. chap. 249.

Voyez Amortissement. *Voyez* Homme vivant & mourant.

INDEMNITÉ, se dit aussi d'une reconnois-sance ou acte, par lequel celui qui le fait, promet indemniser & dédommager celui au profit duquel il est fait, de toute la perte qu'il pourroit encourir.

Par exemple, deux personnes s'obligent solidairement pour prêt d'argent; il n'y en a qu'un des deux qui prend l'argent prêté, pour l'employer à ses besoins; en ce cas il doit bailler à l'autre un acte d'indemnité, par lequel il déclare qu'il a pris pour lui toute la somme prêtée, & que celui qui s'est obligé solidairement avec lui, ne l'a fait que pour lui faire plaisir, parce qu'autrement le prêt n'auroit pas été fait; & il promet l'indemniser de tout ce qui pourroit en arriver, comme s'il étoit poursuivi pour payer la somme, & des frais auxquels en conséquence de l'obligation solidaire il pourroit être condamné.

INDEMNITÉ, se dit encore du recours que la femme a sur les biens de son mari, pour les obligations auxquelles elle s'est obligée avec lui pendant le mariage, dont elle doit être entierement indemnisée par les héritiers de son mari, quand elle renonce à la communauté; mais quand elle l'accepte, elle n'a son recours que pour la moitié.

Touchant l'indemnité dûe à la femme pour les dettes auxquelles elle s'est obligée, & de quel jour court l'hypotheque qu'elle a pour raison de cette indemnité, *voyez* M. le Brun en son Traité de la Communauté, liv. 3. chapitre 2. section 2. dist. 6. le Journal des Audiences, tom. 2. liv. 3. chapitre 35. & tome 5. livre 13. chap. 7. M. le Prêtre, ès Arrêts de la cinquieme: le Journal du Palais in-folio, tome 1. page 577. & ce que j'ai dit sur l'article 227. de la Coutume de Paris, glos. 1. §. 1. nomb. 35. & §. 3. nomb. 13. & suivant.

INDEMNITÉ D'UN FERMIER, est la remise de la pension qu'un Fermier peut demander au propriétaire de la terre, pour le tems qu'a duré la stérilité. *Voyez* Stérilité.

INDEMNITÉ D'UN FERMIER, OU SOUFERMIER DU DOMAINE, est la diminution qu'il demande pour cause de non-jouissance sur le prix de leurs baux.

Cette demande ne peut être faite qu'au Conseil d'Etat, & tous autres Juges n'en peuvent connoître, comme nous avons dit, lett. F, en parlant des Fermes du Roi.

INDICATION, est la déclaration des biens d'un débiteur, que fait au créancier celui qui est poursuivi comme détenteur d'un héritage, afin que le créancier discute les biens de ce débiteur.

Pour entendre ce que c'est qu'indication, il faut sçavoir qu'en matiere de discussion d'un débiteur, celui qui a intérêt que la discussion soit faite, pour être possesseur ou détenteur d'un héritage ou rente affectée à une dette ou rente, doit indiquer les biens du débiteur à celui qui est obligé à la discussion.

La raison est, que le créancier qui est obligé à la discussion, n'est pas tenu de sçavoir les biens de son débiteur, il est même censé les ignorer; & puisque ce détenteur affirme que le débiteur commun a des biens, & qu'il est solvable, c'est à lui à les faire connoître au créancier pour les discuter ; & la difcuffion des biens indiqués fe fait aux périls & fortune de l'indiquant : en forte que fi les biens qu'il indique n'appartiennent pas au débiteur , il eft tenu des dommages & intérêts du créancier qui fait difcuffion, & qui pourfuit le décret des biens indiqués.

INDICES , font des conjectures defquelles on tire des conféquences pour établir des faits dont il s'agit ; comme fi une chofe qui a été volée, fe trouve entre les mains de quelqu'un qui ait une mauvaife réputation, & qui ait été déja accufé d'avoir commis quelque vol , c'eft un indice qu'il l'a volée. Si l'on a vû l'accufé , les armes à la main , fortir du lieu où le meurtre a été commis , c'eft un indice qui fait contre lui.

Tous les Docteurs qui ont parlé des preuves en matiere criminelle , ont regardé la crainte d'un accufé , fon changement de vifage , les tremblemens de fon corps, comme de conjectures qui marquoient le crime , & trahiffoient les fentimens du cœur.

Les contradictions que font des accufés fur des faits récens & précis , forment auffi un moyen important contr'eux. Les contradictions qui prouvent les faits qu'un accufé veut cacher, font connoître en même tèms fa mauvaife foi & l'injuftice de fes défenfes. Voyez Contradiction.

Les indices ne font pas , à proprement parler , des preuves, & le Juge ne peut pas condamner un accufé fur des indices ; mais ils font naître des foupçons : de forte que plufieurs indices qui concourent de différentes parts , font un commencement de preuve qui porte quelquefois le Juge à condamner l'accufé à la queftion , fi le crime eft capital ; mais il eft de la prudence du Juge de ne rien ordonner à cet égard, qu'après beaucoup de reflexions. L'affaire du Sieur le Brun en eft une preuve , auffi bien que celle du Sieur d'Anglade, dont l'hiftoire eft rapportée dans le premier tome des Caufes célebres.

Voyez auffi dans le troifieme tome l'hiftoire de la Pivardiere , à la fin de laquelle l'Auteur rapporte une autre hiftoire , tirée de Charondas, liv. 9. ch. 1. où la Cour , fur des indices, alloit condamner un mari à mort comme ayant tué fa femme, fi on ne l'eût repréfentée à la Cour.

INDIGNES , en termes de Jurifprudence, font ceux qui , pour avoir manqué à quelque devoir envers un défunt de fon vivant, ou après fa mort , ont démérité à fon égard.

La Loi les prive de fa fucceffion, ou des libéralités particulieres qu'il avoit exercées envers eux par dernière volonté.

Il y a une différence effentielle entre les incapables & les indignes. Les caufes qui rendent un homme incapable de fuccéder à quelqu'un, ou de recevoir de lui quelque chofe par dernière volonté n'ont aucun rapport à fes devoirs envers le défunt ; ce ne font que des manques de qualités , ou des défauts qui empêchent qu'un héritier ou un légataire puiffe recueillir une fucceffion , ou profiter d'un legs : en un mot, l'incapacité eft un vice réel dans la perfonne , une prohibition qui émane de la Loi ; au lieu que l'indignité eft un défaut accidentel , provenant des mœurs & de la conduite de celui qui a la capacité naturelle de fuccéder , mais qui trouve en lui, & par fon fait, un obftacle à l'exercice de cette capacité.

Ainfi les caufes qui rendent un homme indigne , proviennent toujours de quelque manque à certains devoirs que les Loix exigeoient de l'héritier ou du légataire envers le défunt ; faute de quoi les Loix Romaines leur ôtoient l'hérédité ou le legs, & en gratifioient le fifc.

Incapax nihil omninò capere poteft ; indignus verò rectè quidem acquirit , fed retinere acquifitum non poteft, udeòque ipfi aufertur tanquam indigno , Legibufque Romanis fifco addicitur. Voyez Bacquet en fon Traité du Droit d'aubaine, chap. 25. nomb. 7. & fuivans & en fon Traité du Droit de bâtardife, chap. 12. vers la fin.

Nous ne diftinguons point en France les indignes & les incapables. Ce qui eft ôté aux indignes, comme ce qui eft laiffé aux incapables, appartient à ceux auxquels les biens auroient appartenu, fi l'indigne ou incapable ne fe fût point rencontré : de forte que le fifc n'en profite jamais. La peine de l'héritier ou du légataire indigne ne doit tomber que fur lui ; & il n'eft pas jufte que le fifc en profite , comme il a été jugé par plufieurs Arrêts remarqués par M. Louet & fon Commentateur, lett. S. chap. 20. où il eft dit que l'indignité ne défere pas la fucceffion au fifc , mais au proche parent.

Voyez M. Louet, lett. H. fomm. 5. Pontanus fur l'art. de la Coutume de Blois ; & Papon, liv. 21. tit. 4.

Nous admettons cependant quant à l'effet en pays de Droit écrit, où l'inftitution d'héritier eft reçue, la différence qu'il y a entre l'héritier inftitué , qui eft indigne de recueillir la fucceffion du teftateur, & celui qui pour caufe d'incapacité ne le peut pas recueillir ; car fi l'héritier inftitué eft feulement indigne, comme il eft capable d'acquérir, & que fon indignité ne regarde que la retention & la confervation de la chofe à laquelle il eft appellé & qui lui eft ôtée après qu'il l'a acquife, celui qui profite de fa privation , eft tenu des mêmes charges qu'il auroit été obligé d'acquitter, fi la fucceffion lui fût reftée, c'eft-à-dire qu'il eft tenu d'acquitter les legs & les fidéicommis.

Il faut dire le contraire , lorfque l'héritier inftitué eft incapable. Ceux qui profitent de fon incapacité , ne font point tenus des legs & des fidéicommis dont il étoit chargé.

La raifon eft , que l'incapacité l'empêche , non pas de conferver, mais même d'acquérir. Ainfi fon inftitution étant abfolument inutile & comme non faite , il ne peut être rien dû de tout ce qui eft laiffé par le teftament du défunt fuivant la regle, que *hæredis inftitutio eft caput & fundamentum totius teftamenti , atque adeò eâ corruente , cætera omnia quæ in teftamento relicta funt , corruant neceffe eft.*

Il eft traité des indignes dans le tit. 9. du trentequatrieme livre du Digefte, & dans le tit. 35. du fixieme livre du Code.

Voici les cas où parmi nous les héritiers ou légataires font privés comme indignes , de la fucceff.

sion ou des legs qui leur sont laissés par testament.

I°. Ceux qui ont commis l'assassinat du défunt, sont exclus de sa succession, soit testamentaire, soit *ab intestat*, soit en ligne directe, soit en ligne collatérale, & cette peine se communique aux enfans du meurtrier. M. Louet & son Commentateur, lettre S. somm. 20.

II°. L'héritier, soit testamentaire, soit *ab intestat*, qui a négligé de poursuivre en Justice la punition des coupables de la mort de celui à qui il devoit succéder, c'est par-là rendu indigne de sa succession ; à moins que la foiblesse de l'âge, si cet héritier étoit mineur, ou quelqu'autre cause ne lui servit d'excuse.

Ainsi, par Arrêt du Parlement de Toulouse, en date du 7. Décembre 1639. il fut jugé qu'une sœur, pour n'avoir pas poursuivi sa sœur, meurtriere de leur tante, ne seroit pas privée de la succession de cette tante, parce que ce seroit acheter trop cher une succession, que de l'obtenir aux dépens de son propre sang ; & même que c'est un crime d'accuser son frere ou sa sœur, *leg.* 13. *cod. de his qui accus. poss.* Peleus, Actions forenses, liv. 7. art. 4. & Albert, *verbo* Indignité, art. 1.

Il faut dire aussi qu'un Particulier que sa trop grande pauvreté auroit empêché de poursuivre la vengeance de celui dont il seroit héritier, n'encourroit pas la privation de sa succession, comme il a été jugé par deux Arrêts des trente Juillet 1630. & quatre Avril 1637. rapportés dans le premier tome du Journal des Audiences.

III°. Celui qui auroit sçu le dessein qu'un Particulier avoit d'assassiner celui qui l'a été, & qui ne l'a par revelé & découvert, est indigne de succéder à celui dont il auroit pû sauver la vie, en lui déclarant le détestable dessein que le meurtrier avoit de le tuer. *Voy.* M. Servin, tom. 3. plaid. 24.

Il faut dire aussi que celui par la négligence de qui un particulier meurt, faute d'avoir été secouru, est indigne de lui succéder ; lorsque par sa négligence & son peu d'attention à le secourir, le pouvant faire, il lui a pour ainsi dire procuré la mort. *Voyez* ce qu'a dit Godefroi sur l'art. 244. de la Coutume de Normandie.

IV°. Celui qui auroit attenté à l'honneur du défunt, qui l'auroit accusé de quelque crime, ou qui lui auroit contesté sa qualité de noble ou de légitime, ou fait quelqu'autre injure atroce, seroit indigne de lui succéder, soit à titre de succession testamentaire, ou de succession *ab intestat*.

V°. Les inimitiés capitales survenues entre le défunt & celui qui devoit recueillir sa succession, le rendent indigne de lui succéder ; à moins qu'une reconciliation apparente & sincere n'ait détruit tout sentiment de haine avant la mort du défunt.

VI°. Celui-là indigne de rien recevoir de la libéralité d'un défunt, ou de sa succession *ab intestat*, qui a traité de son vivant de sa succession.

VII°. L'héritier présomptif qui a empêché le défunt de faire un testament, est indigne de recueillir sa succession. Il en est de même de celui qui sçachant être institué héritier, l'empêche de faire un autre testament.

VIII°. Celui qui a fait une poursuite inutile, pour faire déclarer faux le testament fait par un testateur, ou qui a prêté son nom pour un fidéicommis tacite, ne peut prétendre profiter en quelque maniere que ce soit des biens du défunt.

IX°. Celui qui a caché le testament d'un défunt, au préjudice des héritiers institués, est privé comme indigne de toutes les libéralités que le défunt lui auroit faites par disposition de derniere volonté.

X°. Celui que le défunt a nommé tuteur à ses enfans par son testament, & envers lequel il avoit exercé sa libéralité, s'en est rendu indigne, s'il a refusé d'accepter la tutelle.

INDIRECTEMENT, signifie tout ce qui se fait contre les regles par détours & voies obliques, au moyen desquelles on contrevient aux prohibitions portées par les Loix ou par les Coutumes.

Par exemple, il est defendu par la Coutume de Paris aux conjoints, de s'avantager directement ni indirectement ; directement, c'est-à-dire en donnant nommément par l'un des conjoints à l'autre ; indirectement, quand l'un des conjoints donne à une personne interposée, à condition secrette de restituer la chose donnée à l'autre des conjoints.

Dans tous les cas où il est justifié que l'on a voulu éluder la disposition de la Loi, tout ce qui est fait indirectement contre, est de nul effet.

INDISSOLUBLE, est ce qui ne peut être dissous. Le mariage contracté *inter fideles*, est un lien sacré & indissoluble.

INDIVIS, signifie conjointement, divis, au contraire, signifie séparément. Ainsi, jouir par indivis, n'est autre chose que jouir d'une même chose non séparée entre les copropriétaires, qui la possedent en commun, chacun pour leur part & portion.

Posséder par divis, c'est quand les parties & portions d'une chose qui étoit commune, ont été faites entre les parties pour en jouir chacun séparément.

INDUCTION, se dit des preuves, conséquences & avantages qu'on tire des pieces, à mesure qu'on les produit dans un inventaire, & les contredits se font pour débattre les pieces & les inductions qu'en tire la Partie adverse dans sa production.

INDULT, est une grace accordée aux Indultaires par le Pape Eugene IV. & par le Pape Paul III. d'être pourvus, chacun une fois en sa vie, d'un Bénéfice, sur la nomination du Roi, par le Collateur auquel la nomination du Roi est adressée.

Les Indultaires sont M. le Chancelier, Messieurs les Présidens du Parlement, Messieurs les Maîtres des Requêtes, les Conseillers & les Secrétaires du Parlement. Mais ceux qui ont droit d'indult, peuvent nommer une autre personne pour être pourvue du Bénéfice qui leur est dû.

Voyez le Traité de l'Indult qu'a fait Monsieur le Président Cochet de Saint-Vallier.

INFAMES, sont ceux qui sont déchus non-seulement des dignités & des Charges, mais encore de tout ce qui est fondé sur la réputation d'honneur & de probité.

Tous ceux qui font morts civilement font réputés infames. Il y a outre cela des peines qui rendent infames, quoiqu'elles n'emportent pas mort civile.

Tels font ceux qui font condamnés aux galeres ou au banniffement à tems, ou dont le banniffement n'eft que d'une Province ou d'une Jurifdiction.

Tels font auffi ceux qui font condamnés à faire amende honorable, au fouet, à la fleur de lis, à demander pardon à genoux, au blâme, ou à une amende pécuniaire en matiere criminelle.

Mais pour que les condamnations en matiere criminelle emportent infamie, il faut qu'elles ayent été prononcées par Arrêts ou par Sentences rendues après recollement & confrontation, & qu'il n'y ait point eu d'appel de ces Sentences, ou que s'il y en a eu, elles ayent été confirmées par Arrêt.

Les infames ne perdent aucun des droits & des avantages qui appartiennent aux Citoyens par les Loix de l'Etat. Ils peuvent faire teftament, & tous autres actes qui font interdits à ceux qui font morts civilement. Ils peuvent hériter, & font capables de toutes difpofitions entre-vifs ou à caufe de mort.

Mais comme ils font déchus de tout ce qui eft fondé fur la réputation d'honneur & de probité, ils font I°. incapables de toutes Charges de Judicature & autres, s'ils ne font réhabilités par Lettres du Prince.

II°. Ils ne peuvent poffeder aucuns Bénéfices eccléfiaftiques.

III°. Leur témoignage peut être rejetté, à caufe qu'ils font en quelque maniere retranchés de la fociété civile; car quoique l'infamie ne caufe pas la mort, néanmoins *infamia juris morti quodammodo æquiparatur.*

INFAMIE, eft la perte de l'honneur & de la réputation. Or cet honneur, qui nous rend recommandables dans la fociété civile, dépend d'une conduite conforme à de certaines regles que la raifon & les loix nous prefcrivent.

On diftingue deux fortes d'infamie, fçavoir celle de fait, & celle de droit.

L'infamie de fait, eft celle qui provient d'une action infamante par elle-même, & qui nous perd de réputation chez les gens d'honneur, quoiqu'il n'y ait aucune difpofition de droit qui y attache expreffement la peine d'infamie.

Hinc illi quorum fama facto turpi gravatur abfque juris autoritate, nonnunquam impropriè & abufivè dicuntur infames, quatenus eorum pudor, apud bonos & graves viros quodammodo fuggillatur.

Quoiqu'il n'y ait aucun Jugement qui déclare infames ceux qui font quelqu'action baffe & indigne d'un homme d'honneur, ils font toujours honnis & exclus du commerce des honnêtes gens, qui les regardent avec mépris, & comme exclus de la vie civile & politique, qui confifte dans l'intégrité de l'honneur & de la réputation, à laquelle toutes les atteintes font mortelles, ou du moins incurables.

Et pour me fervir des termes d'Ulpien : *Illi verbis quidem edicti non habentur infames, re tamen ipfa & opinione hominum, non effugiunt infamiæ notam. leg. 2. in princ. ff. de obfeq. parent. & patro. præft.*

On a cependant très-peu d'égard dans les Tribunaux à cette forte d'infamie, fi ce n'eft en certains cas finguliers; ce qui dépend de la prudence du Juge.

Il fe trouve néanmoins quelques occafions où ceux qui font notés de cette infamie, font femblables à ceux qui ont encouru l'infamie de droit, principalement en ce que leur témoignage en Juftice n'eft pas d'un grand poids.

Ceux qui font noitoirement ufuriers, font notés de cette infamie, & auffi ceux qui menent une vie fcandaleufe & infame, avec lefquels les perfonnes d'honneur ne peuvent lier aucun commerce fans fe deshonorer.

Celui qui eft renvoyé avec un plus amplement informé fur l'accufation d'un crime infamant, n'eft pas pour cela véritablement infame; mais il demeure toujours noté, jufqu'à ce qu'il ait obtenu un Jugement qui le renvoie abfous; & cette note eft une efpece d'infamie de fait.

Suivant les difpofitions des Loix Romaines, les infames de fait ne devoient point être reçus à porter témoignage en Juftice : cependant notre ufage eft qu'ils peuvent être dénonciateurs & témoins contre les autres; mais c'eft au Juge à ajouter plus ou moins de foi à leurs dépofitions, fuivant la qualité de l'affaire dont il s'agit, & felon qu'ils font plus ou moins fufpects.

Un effet certain & indubitable de l'infamie de fait, eft qu'elle fert d'obftacle à ceux qui en font notés, pour entrer dans les Charges de Judicature, ou parvenir à quelque rang honorable : c'eft ce qui fait qu'on ne reçoit aucun officier, qu'après une information exacte de fes vie & mœurs, encore cette information lui feroit-elle inutile, s'il étoit par la voix publique perdu d'honneur & de réputation, ou qu'il furvint enfuite des preuves qui juftifiaffent qu'il fut noté d'infamie.

Voici ce que dit Loyfeau, liv. 1. des Offices, chap. 13. nomb. 38. L'Office étant défini dignité & titre d'honneur, ne peut pas demeurer à ceux qui n'ont plus d'honneur. J'appelle l'honneur, ce que nos Loix nomment *integram famam*, & en un mot, *exiftimationem. Exiftimatio*, dit Califtrate en la Loi *Cognitionem ff. de extraordinar. cognitionib. eft dignitatis illæfæ ftatus, legibus aut moribus comprobatus, qui ex delicto noftro, aut confumitur, aut minuitur. Minuitur autem, quoties manente libertate circa ftatum dignitatis pœna plectimur, ficut cum relegatur quis; vel cum ordine movetur, vel cum prohibetur publicis honoribus fungi. Voyez* la Loi unique, *cod. de infamib.*

Infamie de droit, eft celle qui provient de la condamnation pour crime au banniffement, ou aux galeres à tems, ou à quelque peine corporelle, ainfi que nous avons dit ci-deffus, en parlant des infames.

Ces fortes de condamnations font infamantes, & rendent ceux contre qui elles font prononcées incapables des dignités & des charges publiques. *Leg. 1. ff. ad leg. Jul. de vi priv.* qui dit que, *condemnatus omni honore, quafi infamis carebit.*

L'interdiction perpétuelle de la fonction d'une Charge, & le décret d'ajournement perfonnel, ou de prife de corps, produifent le même effet, & rendent ceux qui font ainfi notés incapables des Dignités & des Charges publiques.

Enfin, ceux que la Loi nomme infames, encourent pareillement l'infamie de droit ; bien qu'ils ne foient pas condamnés, ils font infames de plein droit. C'eſt ce qui eſt décidé par la Loi première, au code *ex quibus cauſ. infam. irrog.*

Mais l'infamie de ceux qui font en décret, ceſſe par le Jugement d'abſolution, ou de condamnation à une peine legere & non infamante, comme quand celui qui eſt convaincu de quelque excès n'eſt qu'admoneſté.

On demande ſi un Jugement qui condamne quelqu'un en une aumône, ou en une demande, le rend infame ? *Voyez* Aumône.

On rejette ordinairement le témoignage des infames, comme nous l'avons dit ci-deſſus, *verbo* Infames. Il faut excepter le crime de leze-Majeſté, où la dénonciation & le témoignage de toutes fortes de perſonnes font reçues.

L'on reçoit même ſouvent dans les crimes ordinaires les dépoſitions de toutes fortes de témoins indiſtinctement, comme un ſurcroît de preuves : de forte que lorſqu'elles s'accordent avec d'autres, elles ne laiſſent pas d'être de quelque conſidération ; ce qui dépend de la prudence du Juge.

Il nous reſte à obſerver que chez les Romains, ceux qui étoient condamnés dans certaines actions, étoient infames.

Celles qui deſcendent du vol, de la rapine, de l'injure & du dol, notoient d'infamie, non-ſeulement ceux qui en étoient convaincus en Juſtice, mais auſſi ceux qui avoient tranſigé ſur ces ſortes de cauſes, *data pecunia.*

Il y avoit même quatre actions qui, quoiqu'elles deſcendent de contrats, étoient infamantes, en tant que ces actions font directes.

En France, il n'y a que les condamnations pour crimes ou pour délits, qui tendent à quelque peine corporelle ou infamante, comme nous l'avons dit ci-deſſus, qui emportent infamie.

Pour ce qui eſt des tranſactions faites pour crimes & délits, quand même il y auroit de l'argent donné de la part de celui qui ſeroit ſoupçonné d'avoir commis le crime ou le délit en queſtion, elles ne font point infamantes parmi nous.

A l'égard des contrats, ou quaſi-contrats, dont les actions directes étoient infamantes chez les Romains, cette Juriſprudence n'eſt point ſuivie en France ; & nous tenons pour maxime indubitable, qu'à procès civil, l'infamie n'eſt point encourue par quelque condamnation que ce ſoit. *Voyez* ce que j'ai dit à ce ſujet dans ma traduction des Inſtitutes, liv. 4. tit. 16. §. 2.

INFEODATION, ſe prend pour la poſſeſſion du Fief que l'acquéreur acquiert par la reception en foi & hommage ; car le Seigneur recevant en foi ſon Vaſſal, par l'acte qui lui en donne, il le met en poſſeſſion du Fief qui releve de lui, article 130. de la Coutume de Paris ; ce qu'on appelle inveſtiture.

Dans les rotures ; la priſe de poſſeſſion eſt appel-

lée ſaiſine ou enſaiſinement : d'où vient que la ſaiſine ſignifie poſſeſſion. *Voyez* Enſaiſinement.

Touchant l'inféodation des Fiefs il faut obſerver que le devoir fait, ſuivant l'article 63. de la Coutume de Paris, & l'acte pris de la foi & hommage ainſi faits, de même que celle qui eſt faite au refus du Seigneur, tient lieu d'inféodation : de forte que dès-lors l'année de retrait commence à courir.

Il en faut dire de même de la ſouffrance baillée, comme il eſt dit en l'art. 364. de la Coutume d'Orléans.

Enfin la réception par main ſouveraine a auſſi le même effet que l'inféodation : de forte que l'an & jour du retrait lignager commence à courir du jour qu'elle eſt ordonnée, comme je l'ai dit ſur l'article 60. de la Coutume de Paris.

INFEODATION DES RENTES, CHARGES OU HYPOTHEQUES, eſt une reconnoiſſance que le Seigneur féodal fait des rentes, charges & hypotheques que le Vaſſal a impoſées ſur le fief qu'il poſſede, & qui releve du Seigneur ſuzerain.

A l'égard des charges & rentes impoſées par le Vaſſal ſans le conſentement du Seigneur féodal, ce Seigneur, après qu'il a ſaiſi ou fait faiſir, & mettre en ſa main le fief tenu & mouvant de lui, par faute d'homme, droits & devoirs non faits pendant & durant le tems de ſadite main-miſe, & qu'il le tient en ſa main, n'eſt pas tenu de payer & acquitter les rentes, charges ou hypotheques non inféodées, conſtituées ſur icelui par ſon vaſſal, ſuivant l'art. 28. de la Coutume de Paris.

Mais, ſuivant ce même article, il eſt tenu d'acquitter pendant ſa jouiſſance celles qui font inféodées.

La raiſon eſt, que par le moyen de l'inféodation elles font partie du fief, & que l'inféodation eſt une approbation & conſentement donné de la part du Seigneur, ou de ſon prédéceſſeur, auquel il ne peut contrevenir : de forte que pendant ſa jouiſſance il eſt obligé de payer les arrérages des rentes foncieres conſtituées ſur le fief ſaiſi, & de ſouffrir les ſervitudes & autres charges impoſées ſur icelui. Cette inféodation ſe fait quand le Seigneur reçoit la foi & hommage, l'aveu & dénombrement, ſes droits & autres actes, par leſquels il approuve & agrée les charges & ſervitudes impoſées, ou les rentes & hypotheques conſtituées par le Vaſſal ſur ſon fief, ſans proteſtations contre leſdites charges ; auquel cas le Seigneur, ni ceux qui lui ſuccéderoient ou qui exerceroient ſes droits, ne pourroient pas les conteſter.

Mais une approbation tacite du Seigneur, telle que ſeroit celle qui ſeroit tirée de ſon ſilence, & de ce qu'il ne ſe ſeroit pas oppoſé à la conſtitution des charges que le Vaſſal auroit impoſées ſur ſon fief, en ayant eu connoiſſance, ne ſuffiroit pas pour tenir lieu d'inféodation.

Il n'eſt pas requis non plus qu'il les ait approuvées expreſſément ; il ſuffit qu'elles ayent été énoncées dans l'aveu & dénombrement, & que le Seigneur n'ait pas blâmé cet article, & n'ait fait aucune proteſtation contre, auquel cas il eſt cenſé les avoir allouées.

Voyez ce que j'ai dit fur l'art. 28. & fur l'article 59. nombre 14. & fuivans , de la Coutume de Paris , & fur l'article 87. nombre 15. de la même Coutume.

INFEODER, c'eft recevoir une terre , ou une rente , ou dénombrement d'un Fief.

INFIRMER , fignifie caffer , annuller une Sentence , un contrat.

INFORMATION , eft un acte judiciaire , qui contient les dépofitions des témoins touchant un crime qui a été commis ; & cette information fe fait en conféquence d'une permiffion d'informer accordée par le Juge , fur la Requête à lui préfentée par celui qui a formé fa plainte ; ou fans permiffion du Juge , lorfque le criminel a été pris en flagrant délit , ou que le crime eft conftaté au Juge par notoriété publique.

Il eft parlé des informations dans tout le titre 6. de l'Ordonnance de 1670. qu'il faut voir avec les notes de Bornier.

L'information qui eft le fondement du procès criminel , & qui doit précéder l'ajournement perfonnel ou le décret de prife de corps , fert à juftifier les faits contenus en la plainte , & n'eft en matiere criminelle que ce qu'eft l'enquête en matiere civile ; mais ces termes ne fe confondent point.

Cet acte eft très-important , & doit déterminer le Juge à abfoudre ou condamner celui qui eft accufé de quelque crime , indépendamment des mémoires qui pourroient lui être donnés.

L'information fe fait par le Juge , ou par quelque Officier à qui le droit de faire des informations a été fpécialement accordé , tels que font les Commiffaires au Châtelet.

Mais les Notaires , Huiffiers, Sergens & Archers , ne peuvent point recevoir de plaintes , ni faire d'information.

Dans les crimes publics , le Juge peut informer d'office à la Requête du Procureur du Roi ; mais dans les rixes & affaires legeres , le Juge ne doit point informer , s'il n'y a une Partie qui le requiere ; encore doit-il examiner fi les faits portés par la plainte le méritent.

Quand il y a lieu à l'information , le Juge y doit vaquer en perfonne , avec toute l'intégrité , toute la prudence & toute l'attention poffible. Dans un acte d'une fi grande importance , il ne fe doit propofer pour unique but que la recherche de la vérité. C'eft pourquoi il doit informer autant à charge qu'à décharge de l'accufé , pourvû que ce foit dans le même acte ; c'eft-à-dire par les mêmes informations qui fe font contre l'accufé.

L'Ordonnance défend d'en faire d'autres particulieres , à la requête & à la décharge d'un accufé , à moins qu'il ne foit reçu à faire preuve de fes faits juftificatifs, lors du Jugement & après l'examen du procès , fuivant l'article 1. du tit. 28. de l'Ordonnance de 1670.

L'on peut travailler à des informations , & procéder à l'inftruction des procès criminels en quelque tems que ce foit , même les jours de Fête , de crainte que les preuves ne dépériffent.

Le Juge ne doit recevoir que les dépofitions des témoins qui ont été produits par la Partie civile, ou par le Procureur du Roi , ou par le Procureur Fifcal. Les témoins qui viendroient volontairement & fans aucune affignation pour dépofer , font fufpects , & ne doivent pas être entendus.

Il faut excepter le cas de l'information qui eft faite contre un criminel pris en flagrant délit : le Juge peut alors entendre les témoins d'office & fans affignation ; autrement , pour parvenir par la Partie civile à faire informer fur la plainte par elle rendue , il faut qu'elle donne fa Requête au Juge , & qu'elle obtienne de lui une Ordonnance portant permiffion d'informer.

En conféquence de cette Ordonnance , la Partie civile fait affigner les témoins.

Ceux qui comparoiffent doivent repréfenter leurs Exploits d'affignation , & prêter le ferment avant que de dépofer ; & mention doit être faite dans le procès verbal , de la repréfentation de l'Exploit , & du ferment prêté par chaque témoin.

Il ne fuffit pas que le Juge ait fait mention dans l'intitulé des informations , que les témoins ont prêté le ferment avant que de dépofer ; il en doit être fait mention expreffe au commencement de chaque dépofition. La même chofe doit être pratiquée au recollement & à la confrontation.

Tous les témoins doivent être ouis par leur bouche , fecretement ou féparément la dépofition qu'ils voudroient faire par écrit ou par Procureur , ne doit point être reçue.

Les dépofitions des témoins doivent être écrites de la main du Greffier , & fignée du Juge , du Greffier & des Témoins.

Il y a une déclaration du Roi , donnée à Saint Germain en Laye le 21. Avril 1671. envoyée à tous les Parlemens & Cours , pour l'exécution des articles 6. & 7. & du titre 6. de l'Ordonnance de 1670. portant défenfes à tous Juges de commettre d'autres perfonnes que leurs Greffiers pour écrire les informations.

Il faut même , fuivant l'art. 9. du titre 6. de cette Ordonnance de 1670. que chaque page de l'information foit cottée & fignée par le Juge : ce qui a été ainfi ordonné pour éviter l'enlevement de quelques feuilles , qui pourroient contenir des dépofitions effentielles à l'affaire.

Le Juge , en recevant la dépofition des témoins , doit examiner foigneufement la perfonne qui dépofe le fait , & les circonftances que chaque témoin énonce dans fa dépofition ; enfin , s'ils dépofent avoir oui ou vû , & les circonftances qui aggravent ou affoibliffent les dépofitions.

Par l'article 15. du titre 6. de l'Ordonnance de 1670, il eft enjoint à tout Juge qui procède à une information , de s'enquérir des noms , furnoms , âges , qualités & demeures des témoins ; s'ils font ferviteurs ou domeftiques , parens ou alliés des Parties; &en quel degré; & du tout mention doit être faite à peine de nullité de la dépofition & des dépens, dommages & intérêts des Parties contre le Juge.

Si les témoins requierent falaire , il leur eft accordé , felon leur qualité & felon la diftance des lieux. *Voyez* Frais & falaires des témoins.

Après

Après que les témoins ont fait leur dépofition , ils la doivent figner , ou déclarer ne pouvoir figner ; mais il faut auparavant qu'on leur en ait fait lecture & qu'ils ayent déclaré y perfifter : de quoi le Greffier eft tenu de faire mention dans fon procès verbal fous les peines portées par le fufdit article 5. du tit. 6. de l'Ordonnance de 1670.

Quand un témoin eft malade , le Juge fe tranfporte chez lui pour prendre fa dépofition.

Si les témoins font éloignés du lieu de la Jurifdiction où la plainte a été faite , il faut obtenir une commiffion rogatoire adreffée au plus prochain Juge royal du lieu de leur demeure , pour faire l'information.

Par cette commiffion , ce Juge eft prié & requis d'ouïr les témoins qui lui feront produits par tel , & de procéder à l'information des faits contenus en fa plainte.

Lorfque la commiffion eft demandée à un Juge fupérieur , comme au Parlement , la Cour commet de plein droit dans icelle le Juge pour faire l'information , & permet au Suppliant de faire informer des faits contenus en fa plainte.

Après que l'information eft faite , le Commiffaire qui l'a faite la doit envoyer au Juge qui l'a commis & il la doit envoyer clofe & fcellée , fans en rien retenir par devers lui.

L'appel interjetté d'une commiffion octroyée pour informer , ne doit pas arrêter ni empêcher le Commiffaire de procéder à faire l'information , fauf l'appel , attendu qu'il eft de l'intérêt public qu'une information ne foit pas retardée , de crainte que par ce moyen les preuves du crime ne dépériffent.

Les enfans de l'un & de l'autre fexe , quoiqu'au deffous de la puberté , peuvent être reçus à dépofer ; fauf en jugeant à avoir par les Juges tel égard que de raifon à la néceffité & folidité de leur témoignage , ainfi qu'il eft porté en l'article 2. du titre 6. de l'Ordonnance criminelle.

Toutes perfonnes affignées pour être ouïes en témoignages, recollées ou confrontées, feront tenues de comparoir pour fatisfaire aux affignations : & pourront les Laïcs être contraints par amende fur le premier défaut , & par emprifonnement de leurs perfonnes en cas de contumace ; même les Eccléfiaftiques par amende , au payement de laquelle ils feront contraints par faifie de leur temporel.

A l'égard des Religieux , leurs Supérieurs peuvent être contraints de les faire comparoir , à peine de faifie de leur temporel , & de fufpenfion des privilèges à eux accordé par les Rois de France; article 3. du même titre.

Ainfi quand un témoin affigné pour dépofer ne comparoît pas , le Juge décerne une Ordonnance , portant que le témoin fera tenu de comparoir à une nouvelle affignation , à peine de dix liv. d'amende.

Si le témoin refufe encore de comparoir , le Juge prend une autre Ordonnance , portant l'amende encourue ; & qu'il fera tenu de comparoir , même par corps , à une troifieme affignation qui lui fera donnée à cet effet.

Ce que nous venons de dire , ne regarde que ceux qui font véritablement Juges. Ainfi les Commiffai-

res au Châtelet , qui font les informations , n'ont pas le pouvoir de prononcer de telles condamnations contre les témoins qui font refufans de comparoir à l'affignation qui leur eft donnée pour dépofer ; il faut qu'ils en referent à M. le Lieutenant criminel , qui feul eft compétent pour prononcer fur l'amende , & la déclarer encourue.

Tous Juges qui travaillent à des informations , ne les peuvent point antidater , pour faire paroître qu'elle eft la premiere faite , à peine d'être puni comme fauffaires , & de peine capitale.

Il eft permis à un mari d'informer contre fa femme , qui a pris & emporté fes meubles en fon abfence. Il eft auffi permis aux héritiers d'un mari d'informer contre la veuve qui a détourné , après la mort de fon mari , les effets de la fucceffion.

Il eft vrai que ces informations , & autres femblables , font toujours converties en enquêtes , quoiqu'un Juge n'ait jamais la liberté de convertir des enquêtes en informations.

Par l'article 15. du titre 6. de l'Ordonnance de 1670. défenfes font faites aux Greffiers de communiquer les informations & autres pieces fecrettes , ni de fe defaifir des minutes , finon ès mains du Procureur du Roi , ou du Procureur Fifcal qui s'en chargeront fur le Regiftre , & marqueront le jour & l'heure , pour les remettre inceffamment , & au plus tard dans trois jours , à peine d'interdiction contre le Greffier , & de cent livres d'amende, moitié envers le Roi , & moitié envers la Partie.

Ainfi , quoique l'information foit en matiere criminelle ce qu'eft l'enquête en matiere civile , l'information eft une piece fecrette qui fe fait entre le Juge , fon Greffier & les Témoins , qui ne fe communique point aux Parties ; à la différence de l'enquête , qui fe fait auffi en fecret , mais qui fe communique.

Lorfque des informations ne fe trouvent point , & que le Greffier affure par ferment ne les avoir point, l'accufé n'eft pas pour cela renvoyé de l'accufation ; il doit à la vérité être élargi par provifion jufqu'à certain tems , fi l'accufation n'eft pas capitale ; & pendant ce tems la Partie civile , ou le Procureur du Roi , doivent faire leurs diligences , pour trouver & rapporter les informations.

Ce tems préfix & déterminé étant écoulé fans que les informations ayent été rapportées , l'on donne un plus bref délai , lequel étant expiré , l'accufé eft élargi purement & fimplement , en cas que les informations n'ayent point été rapportées , & l'accufateur eft condamné aux dommages & intérêts , en tous les dépens.

Mais s'il eft conftant qu'il y ait un crime commis , & des informations faites qui ayent été perdues , on permet à la Partie d'en faire de nouvelles , pourvû que le crime ne foit point prefcrit.

Quoiqu'en matiere civile on ne puiffe faire entendre fur chaque fait plus de dix témoins , en matiere criminelle on en peut faire entendre autant que l'on en peut produire; ce qui eft fondé fur l'intérêt qu'a le Public que les crimes ne demeurent pas impunis.

INFORMER D'OFFICE , fignifie informer d'un

D

crime public à la requête du Procureur du Roi , sans qu'il y ait de dénonciateur.

INFORMER a la clameur publique , signifie faire une information sur le champ , d'un crime qui est constaté au Juge par la notoriété publique.

INFORMATION par addition , est celle qui se fait sur des preuves survenues après que l'information a été faite.

Pour faire informer par addition, il faut présenter Requête , dans laquelle on expose le fait & les nouvelles preuves qui sont survenues depuis l'information. Sur cette Requête, conformément aux conclusions, le Juge permet d'informer par addition , pour ce fait & communiqué au Procureur du Roi pour être ordonné ce que de raison.

INFORMATION de vie et moeurs , est celle qui se fait à la Requête de M. le Procureur général de la conduite & des moeurs d'une personne qui est pourvue par le Roi d'une Charge de Judicature.

Cette information se fait au lieu où l'Officier à fait sa résidence pendant les dernieres années.

INFRACTION est la rupture , le violement d'un Traité , d'une Loi , d'une Ordonnance , d'une Coutume , d'un Privilége.

INGÉNUS. Pour entendre ce que signifie ce mot , il faut sçavoir que chez les Romains les hommes étoient libres ou esclaves, & que les hommes libres étoient ingenus ou affranchis.

Les ingenus étoient ceux qui étant nés libres , n'avoient jamais été dans une juste & légitime servitude. Les affranchis, au contraire, étoient ceux qui avoient été affranchis d'une juste servitude & mis en liberté par leur maître.

Aujourd'hui que l'esclavage est aboli en France, il n'y a plus d'affranchis , & tous les hommes y sont tous libres & ingenus.

Voyez ce que j'ai dit dans ma Traduction des Institutes , sur le troisieme , quatrieme & cinquieme titre du premier livre.

INGRATITUDE , est la méconnoissance d'un bienfait qui nous en rend indignes ; c'est pour cette raison que quoiqu'une donation entre-vifs soit de sa nature irrévocable, l'ingratitude est une juste cause pour laquelle le donateur peut révoquer la donation qu'il a faite au donataire.

Les causes d'ingratitude pour lesquelles une donation entre-vifs peut être révoquée , sont énoncées en la Loi derniere, au code de revocandis donationibus.

La premiere est si le donataire a fait une injure considérable au donateur.

La deuxieme , si le donataire a battu & outragé le donateur.

La troisieme , s'il lui a procuré malicieusement , & de dessein prémédité , la perte de ses biens.

La quatrieme , s'il a attenté à sa vie , ou lui a fait dresser des embûches par d'autres.

La cinquieme , si le donataire n'a pas voulu, par une malice affectée & opiniâtre , satisfait aux clauses opposées à la donation.

Voyez ce que nous avons dit à ce sujet au commencement du titre des Donations de la Coutume de Paris , où cette matiere est traitée amplement.

Nous remarquerons seulement ici que le droit de révoquer une donation pour cause d'ingratitude du donataire , ne passe pas à l'héritier du donateur, si lui-même ayant connu l'ingratitude l'a dissimulée , & n'a point agi en Justice pour faire révoquer la donation.

Nulla licentia concedenda donatoris successoribus hujusmodi quærimoniarum primordium instituere. Etenim si ipse qui hoc passus est tacuerit , silentium ejus maneat semper ; & non à posteritate ejus suscitare concedatur , vel adversus eum qui ingratus esse dicitur, vel adversus ejus successores. Leg. ult. cod. de revocand. donation.

INGRATITUDE du Vassal envers son Seigneur , est parmi nous, à proprement parler, l'unique cause de la commise des Fiefs , au profit des Seigneurs.

Quoique l'ingratitude provienne de plusieurs causes , leg. ult. cod. de revocand. donat. néanmoins nos Coutumes ont réduit celles pour faire tomber par le Vassal son Fief en commise , à deux ; sçavoir , le désaveu , & la félonie.

INHABILES , sont ceux qui sont incapables de faire ou de recevoir quelque chose.

Un impuissant est inhabile au mariage ; un bâtard est inhabile à être admis à une succession ab intestat , & à posséder des Bénéfices sans dispense.

Les enfans qui sont exhérédés , justâ de causâ par leur pere, sont inhabiles à lui succéder. Ceux qui ont renoncé à la succession du défunt, sont inhabiles à lui succéder.

Il y a des parens qui sont inhabiles par la Coutume à succéder à de certains biens. Enfin , les parens plus proches du défunt, rendent les autres inhabiles à lui succéder.

INHIBITION, sont des défenses faites à quelqu'un par la Loi ou par le Juge, de faire quelque chose.

INJONCTION , signifie au contraire ordre & commandement fait à quelqu'un par la Loi, ou par le Juge de faire quelque chose.

INJURE en general , est tout ce qui est contraire au droit, quasi non jure factum. D'où vient que les bêtes n'étant pas capables de raison , ne le sont pas non plus du droit, ni par conséquent de ce qui est opposé au droit qui est appellé injure : ainsi le dommage qu'elles peuvent causer est appellé en droit pauperies ; c'est-à-dire, dommage ou dégât qui est fait sans qu'il puisse y avoir de l'injure , ou de l'injustice de la part de celui qui l'a causé.

Voyez ma Traduction des instituts , sur le titre 9. du quatrieme livre.

INJURE, dans une signification plus étroite , est un mépris que l'on fait de quelqu'un , à dessein de l'offenser & de donner atteinte à son honneur.

De cette définition, il s'ensuit que les insensés , ou ceux qui par démence ne sont pas capables de malice, ne sont pas censés commettre de délit.

On peut dire aussi que ceux qui sont yvres ne sont pas réputés capables de faire injure au cas qu'ils soient si pris de vin, qu'ils ne connoissent pas ce qu'ils font ; c'est pourquoi on n'y doit pas prendre garde quand ils sont en cet état ; ce qui s'entend feulement de l'injure verbale.

Mais fi c'étoit une injure de fait , la perfonne qui auroit été injuriée & bleffée , pourroit en demander une réparation convenable ; & fur cette demande le Juge devroit faire droit, fur le fondement que celui qui a fait une telle injure n'eft pas excufable : *Nam ibi quidem non eft culpa vini , fed culpa bibentis , quæ eft coercenda.*

On reçoit des injures , ou par foi-même , comme quand l'injure eft faite à quelqu'un directement ; ou par les perfonnes qui dépendent de nous , comme lorfque l'injure eft faite à la femme de quelqu'un , à fes enfans ou à fes domeftiques.

Un Abbé fe peut auffi fe plaindre de l'injure qui eft faite à un de fes Religieux.

Une Compagnie peut même fe plaindre d'une injure faite à quelqu'un du Corps , lorfqu'il a été offenfé à l'occafion des fonctions de fa Charge.

Des parens peuvent agir , pour action d'injures , contre celui qui a dit à une perfonne une injure qui intéreffe toute la parenté , comme s'il l'avoit appellé ladre ; car c'eft une maladie de confanguinité. Il y a un Arrêt de la Cour du 15. Janvier 1582. qui l'a décidé ainfi. Il eft rapporté par Papon , liv. 8. nombre 15.

Les héritiers d'une perfonne contre laquelle on auroit vomi des injures après fa mort , en pourroient auffi pourfuivre la réparation , comme il a été jugé par Arrêt du 15. Mai 1598. rapporté par Bouvot , tome 2. *verbo* injure , queft. 33.

La raifon eft , que l'honneur du mort rejaillit fur ceux qui le repréfentent ; c'eft un bien héréditaire , qui donne du relief à une famille.

On commet les injures , ou de fait , ou de paroles , ou par écrit.

De fait , en battant , frappant ou excédant quelqu'un ; ou lorfqu'on porte la main fur quelqu'un pour le battre , même fans le frapper , comme fi on leve le bâton fur lui.

De paroles , lorfqu'on profere des paroles infamantes contre quelqu'un , qu'on a fait à quelqu'un des reproches outrageans , ou qu'on adreffe à quelqu'un des ménaces qui bleffent fa réputation.

Par écrit , lorfqu'on compofe ou qu'on fait compofer des chanfons , pafquinades , épigrammes , & autres efpeces de libelles diffamatoires contre quelqu'un.

Pour raifon de cette derniere efpece d'injure , non-feulement ceux qui ont compofé ces libelles peuvent être pourfuivis , mais auffi ceux qui les ont imprimés ou qui les ont rendu publics. *Voyez* Libelles diffamatoires.

Une injure eft légere ou atroce par diverfes circonftances , qui la font eftimer plus ou moins grande. Ainfi on la tient atroce ,

I°. Par le fait même , comme fi on a grievement bleffé quelqu'un , ou battu à coups de bâton. Sur quoi il faut remarquer que les témoins dépofent feulement des coups qu'ils ont vû donner , mais que la qualité des bleffures fe prouve par des rapports de Chirurgiens.

II°. Par le lieu où elle a été faite , comme fi elle a été faite en un lieu public. Ainfi l'injure faite ou dite dans les Eglifes , dans les Palais des Princes , dans la Salle de l'Audience , eft beaucoup plus grande que celle qui auroit été dite ou faite dans un lieu ordinaire & particulier.

III°. Par la qualité de la perfonne qui a fait l'injure , & par la qualité de la perfonne offenfée ; comme fi l'injure avoit été faite à un Eccléfiaftique , à un Magiftrat , ou à un pere par fes enfans , ou à un Seigneur par fon Vaffal , par un Domeftique à fon Maître.

IV°. Par l'endroit du corps où la bleffure a été faite , comme fi quelqu'un a été bleffé à l'œil. *Vide leg. 7. §. ult. ff. de injur. & leg. 4. cod. de injuriis , & leg. 10. cod. de Epifc. & Cleric.*

La réparation de l'injure fe peut pourfuivre par la voie civile , ou par la voie criminelle.

Par la voie civile , c'eft-à-dire par une demande qui fe fait par Exploit , & dont le fait fe prouve par enquête refpective.

Par la voie extraordinaire , c'eft-à-dire par plainte & information.

Mais l'on ne peut pas fe fervir de deux voies , & le choix de la civile exclut entiérement l'ufage de la criminelle , pas même pour être reçu à Monitoire. Ainfi , le commencement de la voie civile , en fait d'injures , eft une exclufion de la plainte & de toute procédure extraordinaire. *Voyez* Bouvot , tom. 2. *verbo* Injure.

Mais celui qui a commencé par la criminelle , y peut renoncer & agir par la voie civile.

Quoiqu'on procede civilement pour raifon d'une injure que l'on a reçue , la demande en fait de réparation d'injures , quelques légeres qu'elles foient , doit être portée pardevant le Juge criminel du lieu où l'injure a été faite , & non pas devant le Lieutenant civil.

Ainfi par Arrêt du Parlement de Bordeaux du 27. Mai 1702. il a été jugé que pour de fimples injures verbales il falloit aller devant le Lieutenant criminel , & non devant le Lieutenant civil : celui-ci étant intervenu dans l'inftance d'appel , fut débouté de fon intervention. Cet Arrêt eft rapporté par la Peyrere , Lettre H , nomb. 44. & lettre J, nombre 28.

Quand pour raifon d'une injure particuliere l'offenfé a choifi la voie civile , les Procureurs Fifcaux , non plus que les Subftituts de M. le Procureur général , ne peuvent eux-mêmes employer leur miniftere pour pourfuivre la vengeance publique de l'injure : ainfi ils ne peuvent point d'office rendre aucune plainte à ce fujet.

La raifon eft , que le Procureur du Roi ne peut point de fon chef employer fon miniftere dans les délits qui bleffent uniquement un Particulier , & où le Public n'a nul intérêt.

Lorfqu'on procede criminellement pour raifon d'injure , il n'eft permis à qui que ce foit de fe fervir du miniftere d'un Procureur dans l'interrogatoire , qui doit être fubi en perfonne par l'accufé : pareillement le recollement & confrontation fe doivent faire en préfence de l'accufé, fans que fon Procureur y puiffe affifter.

Quoique l'offenfé veuille procéder criminellement pour raison de l'injure qui lui a été faite , le Juge ne doit pas cependant donner permission d'informer , à moins que les faits portés par la plainte ne méritent d'être poursuivis extraordinairement.

Ainsi , lorsqu'il ne s'agit que des simples injures verbales , il est défendu à tous Juges de donner permission d'en faire informer ; la réparation s'en doit poursuivre sommairement à l'Audience ; & même on doit faire comparoir à l'Audience les témoins , pour les y interroger , au cas qu'il soit besoin de le faire.

Voyez Papon , liv. 8. tit. 3. nomb. 13. la Bibliotheque de Bouchel , *verbo* Injure ; la Peyrere , lettre J , nomb. 32. du Fail , liv. 1. chap. 27. & liv. 3. chap. 415.

Mais lorsque l'injure est atroce , comme de dire qu'un homme est un sauffaire , un faux monnoyeur , & autres semblables injures , qui deshonorent entiérement un homme , le Juge peut , sur la réquisition de la Partie , faire procéder extraordinairement.

Ainsi , pour réparation d'injures verbales , la poursuite s'en peut faire par la voie de l'information , lorsque ces injures sont faites à des gens de condition , ou quand elles sont assez graves pour faire un tort considérable à la personne offensée , comme il a été jugé par Arrêt du Parlement de Paris , en date du 24. Octobre 1692. rapporté par M. Augeard , tom. 1. chap. 25.

Pour ce qui est des injures réelles , le Juge n'en doit pas non plus légerement faire un procès extraordinaire , sur-tout entre personnes viles , à moins que l'excès ne soit considérable , comme s'il y a plaie ouverte , effusion de sang , & rapport de Chirurgiens.

Mais si la considération de la personne offensée exige que l'injure soit poursuivie criminellement , ou que le lieu où l'injure a été faite l'agrave & la rende plus considérable , le Juge doit faire procéder à l'extraordinaire quand l'injure d'elle-même seroit legere.

A l'égard de l'injure qui se fait par libelles diffamatoires , elle est beaucoup plus atroce que l'injure verbale ; & par conséquent , à moins qu'elle ne soit très-légere , elle doit être punie griévement : d'où il s'ensuit que la réparation en peut être presque toujours poursuivie par la voie extraordinaire. La raison est , que les écrits se communiquent & se perpétuent plus facilement que les paroles.

L'action d'injure cesse , lorsque les injures qui ont été dites sont véritables & notoires , c'est-à-dire , quand le fait est public , & connu pour ainsi dire , de tout le monde , ou quand sur le fait injurieux est intervenu un Jugement de condamnation. En effet , la Loi permet d'injurier une personne du crime dont elle a été convaincue , *leg. 18. in princ. ff. de injur.* Il entre même dans l'intention de la Justice , que ceux qu'elle a condamnés & punis , soient exposés à une honte & à une infamie perpétuelle , afin de corriger les autres.

Ainsi , par Arrêt du Parlement de Bourgogne , en date du 8. Octobre 1610, rapporté par Bouvot , tom. 2. *verbo* Injure , quest. 2. un Particulier qui

avoit dit à un autre que son pere avoit été pendu, fut renvoyé hors de Cour & de procès.

Lorsque le fait injurieux n'est pas notoire , ni autorisé par aucun Jugement , la vérité de l'injure n'excuse pas : *Veritas convitii ab injuria non excusat ut latè explicat Boerius , conf. 4.*

Il y a des vérités offensantes qui sont cachées : ainsi c'est diffamer celui qu'elles regardent , que de les reveler ; c'est lui ravir une réputation sur laquelle il a droit , tant que son crime n'est pas public.

Une coquette qui donneroit lieu par sa conduite de soupçonner qu'elle n'est pas cruelle , comme elle ne donneroit matiere qu'à des soupçons , pourroit demander réparation , si on la taxoit de prodiguer ses faveurs à tout venant. *Mulieri quæ non palam & passim paucis sui facit copiam , injuriarum actio competit adversus eum qui eam meretricem vocavit.* Boerius , consil. 4. nomb. 3.

Une fille qui auroit mis clandestinement au jour un fruit de l'amour à qui elle auroit conservé la vie , pourroit se plaindre en Justice du médisant qui reveleroit son deshonneur : elle ne pourroit pas exiger une rétractation de la vérité , mais des dépens & dommages , parce que la diffamation , la dépouille de l'honneur dont elle jouissoit par un faux titre , mais qui ne faisoit tort à personne ; sa possession étoit légitime avec ce titre coloré.

Il est si vrai que la vérité de l'injure n'excuse pas , que celui qui auroit avancé contre quelqu'un des faits injurieux , dont il offriroit de faire preuve , le Juge ne devroit pas admettre de pareilles offres , à moins qu'il n'y eût quelque raison évidente qui le portât à s'instruire de la vérité de ces faits , à cause des conséquences qui pourroient servir à la décision du procès qu'il doit juger.

Par exemple , une femme demande à l'héritier la délivrance du legs qui lui a été faite par un Particulier , l'héritier oppose qu'elle a été la concubine du défunt , & par cette raison la veut faire déchoir de sa prétention ; le Juge doit admettre la preuve de ce fait , non pas comme la preuve d'une injure qui lui a été faite , mais comme la preuve d'un fait duquel dépend la décision de la contestation d'entre les Parties.

Ceux qui ont commis des injures de fait , sont punis suivant la qualité des blessures & des circonstances de la querelle.

Il faut même remarquer que les injures sont quelquefois telles , que pour leur réparation complette l'on condamne celui qui en est convaincu à faire amende honorable , & même quelquefois à l'amende honorable.

Si les coups ont été donnés dans la chaleur d'une querelle , & que la mort du blessé ne s'en soit pas suivie , l'injure n'est punie ordinairement que d'une peine pécuniaire , qui est adjugée à l'arbitrage du Juge , suivant la qualité de la personne offensée , par forme de dommages & intérêts.

Si les coups ont été donnés de guet-à-pens , ou que la mort du blessé s'en soit ensuivie , ou que l'offensé soit une personne de condition , l'injure est punie pour lors de mort naturelle ou civile , ou d'amende honorable avec quelque amende pécuniaire , tant envers le Roi ou le Seigneur du lieu , qu'envers la partie ou ses héritiers , pour dommages & intérêts.

Ceux qui donnent charge de battre ou d'offenser autrui , ou avouent tacitement ou expressément le fait sont punis de mort.

Il en est de même de ceux qui ont été loués pour le faire , ainsi qu'il est porté par l'Ordonnance de François I. de l'an 1536. chap. 3. art. 9. & en l'Ordonnance de Blois , art. 195.

Cette maxime est tirée des Loix Romaines, qui portent que *mandans & mandatarius tenentur de injuria illata , leg. non solum §. si mandat. ff. de injuriis , leg. 1. §. 2. de eo per quem.*

La raison est , qu'en fait de délits il n'y a point de garantie : c'est pourquoi un particulier qui allégueroit en avoir injurié un autre par le mandement d'autrui , ne laisseroit pas d'être condamné à la peine que mériteroit l'injure qu'il auroit faite. Bouvot , tom. 2. quest. 40.

Il y a quelque tems qu'un Procureur de la Cour crut en rapportant un pouvoir de sa Partie , se justifier , pour avoir mis son nom au bas des écritures injurieuses à un Conseiller du Parlement , il ne fut point à l'abri de l'interdiction.

Pour ce qui est des injures qui se font par écrit , elles sont punies des peines corporelles contre ceux qui en sont coupables , comme nous avons dit en parlant des libelles diffamatoires.

Quand aux injures verbales , la peine n'est presque jamais capitale , à moins que le lieu ou la qualité de la personne offensée , ou les circonstances du fait , n'exigent une punition extraordinaire , suivant ce que nous avons dit ci-dessus.

Ordinairement lorsque l'injure verbale est légere , & qu'elle ne consiste que dans des paroles injurieuses , on n'est condamné qu'à faire réparation d'honneur , & à déclarer en présence de quelque amis de l'offensé , qu'on a dit & proféré témérairement & faussement des paroles injurieuses & calomnieuses , dont on lui demande pardon , &c.

Si celui qui est appellé en reparation d'injure verbale s'en dédit , & déclare qu'il s'en repent , & tient le demandeur pour homme de bien , & qu'il a témérairement dit & proféré les paroles injurieuses & calomnieuses contre le demandeur , pour reparation desquelles il est appellé en Justice ; cela suffit pour la reparation : le Juge ne doit pas admettre la personne offensée à faire preuve que les injures dont elle se plaint ont été proférées ; mais il doit condamner le défendeur aux dépens de l'instance , lui faire défenses de récidiver. *Voyez* Papon liv. 8. tit. 3. nomb. 15.

Cependant si les injures sont considérables & atroces , le Juge peut condamner nonobstant cette déclaration , celui qui a fait l'injure , à faire réparation d'honneur à l'injurié , en présence de quelques personnes telles qu'il voudra choisir.

Il peut même le condamner à une punition corporelle , ou à une amende pécuniaire ; ou à telle autre peine qu'il trouvera à propos , selon l'atrocité de l'injure ; car quand l'injure est atroce , une telle déclaration n'est pas capable d'éteindre le crime , & d'empêcher la peine qui lui est dûe.

En effet, un tel désaveu n'est qu'une réparation imparfaite quand l'injure est grave : c'est pourquoi il ne suffit pas que celui qui a fait l'injure la désavoue ; il faut qu'il soit obligé & condamné de reconnoître son tort en Justice , & faire une déclaration autentique que la personne qu'il a voulu diffamer n'est point tachée des injures qui lui a dites.

Il est arrivé qu'un mari s'étant plaint d'injures atroces qui avoient été dites à sa femme , l'accusé dit ne les avoir point proférées , & qu'il reconnoissoit cette personne pour être femme d'honneur , offrant de le déclarer en tous lieux , & de payer les dépens. Nonobstant cette déclaration , il fut ordonné qu'il seroit pris au corps.

Cet Arrêt a été rendu au Parlement de Bretagne le 16. Février 1566. & est rapporté par du Fail , liv. 3. chap. 84.

Bouvot , *verbo* Injure , tom 2. quest. 5. rapporte un autre Arrêt rendu au Parlement de Bourgogne , le 10 Décembre 1604. qui a ordonné qu'il seroit informé d'une injure dite à la femme d'un Procureur qu'elle étoit putain , nonobstant que l'accusé déclarat qu'il la tenoit pour femme de bien.

Cela prouve que cette déclaration n'a pas été jugée suffisante pour la réparation d'une telle injure.

L'action en réparation d'injure ne dure qu'un an , suivant la disposition du Droit Romain , qui est en ce point observée en France.

Elle s'éteint encore , I°. Par la mort de celui qui a fait l'injure , ou de celui à qui elle a été faite. Ainsi l'action d'injure ne passe point aux héritiers , à moins qu'il n'y eût une action intentée auparavant l'année expirée , à compter du jour que l'injure a été faite ; auquel cas le défunt se trouvant coupable par l'événement du procès , on condamne ses héritiers de bailler en qualité d'héritiers , acte au demandeur qu'ils le tiennent pour un homme de bien & d'honneur. Ainsi la poursuite d'une injure est accordée à l'héritier de l'offensé , & contre l'héritier de celui qui a commis l'offense ; mais il faut pour cela qu'il y ait eu contestation en cause. *Leg.* 13. *in princ. ff. de injur. & leg. 1. cod. ex delict. defunct.*

II°. Par la reconciliation des Parties , soit que cette reconciliation soit expresse , soit qu'elle soit tacite ; comme si les Parties ont bû , mangé , & conversé ensemble. Bouvot , tome 2. *verbo* Injure , quest. 12.

III°. Par la remise qui en est faite par la Partie offensée.

Quand on dit que l'action des injures est annale , & s'efface par la dissimulation , cette maxime ne regarde que les injures légeres , & non pas celles qui sont si graves , qu'elles sont envisagées comme crimes publics ; en sorte qu'elles peuvent être poursuivies par recollement & confrontation , & méritent peine afflictive.

Une femme ne peut agir pour réparation d'injures , sans être autorisée de son mari , quoique l'on puisse agir valablement contr'elle pour injures par elle faites , sans qu'elle soit de lui autorisée. Bouvot , tom. 2. *verbo* Droits appartenans à gens mariés , quest. 3.

De même que les inférieurs doivent obéissance &

respect à leurs supérieurs, de même aussi les supérieurs doivent à leurs inférieurs toute protection,
autant que la raison le peut permettre : c'est pourquoi les maîtres sont admis à poursuivre la vengeance des injures qui sont faites à leurs domestiques,
sur-tout lorsqu'ils ont été insultés dans le tems
qu'ils exécutoient les ordres de leurs maîtres.

Plus l'obligation d'obéissance & de respect envers une personne est grande, & plus l'injure qui
lui est faite par son subordonné est atroce.

Sur ce fondement un fils pour avoir battu son
pere, & lui avoir montré *pudenda* en dérision, &
objecté dans la confrontation qu'il avoit tué un
homme, ce fils a été condamné à être pendu, par
l'Arrêt qui a été rendu sur l'appel du premier Juge;
qui l'avoit seulement condamné à faire amende honorable; la Rocheflavin, liv. 2. lettre J, tit. 5. Arrêt 5. ce qui est très-juste ; car l'injure faite par un
fils à son pere, pour peu qu'elle soit grave, n'est
pas moins à mon avis, qu'un parricide anticipé ;
& si l'injure faite par un fils à son pere ne mérite
pas une peine capitale, elle met toujours le pere
en droit de retrancher son fils, par la commise,
du nombre de ses enfans, & de lancer contre lui
la foudre de l'exhédération.

Par cette même raison, des habitans ayant
blessé à un doigt leur Seigneur, ont été condamnés au Parlement de Toulouse à faire amende honorable, au bannissement, & à des grandes amendes pécuniaires. Le même Auteur, liv. 2. lettre J,
tit. 5. art. 3.

De ce même principe il s'ensuit que celui qui fait
injure à un Prêtre doit être plus puni que s'il avoit
injurié un Laïque, à cause du respect qui est dû au
Sacerdoce. La Peyrere, lettre J, nomb. 33. & 34.

Enfin, l'injure faite à un Juge, comme & en
qualité de Juge, doit être punie très-séverement
sur-tout en la personne de ceux qui sont soumis à sa
Jurisdiction, & même à l'égard de ceux qui n'y seroient pas soumis, lorsque l'injure lui a été faite en
public, dans le tems qu'il remplissoit les devoirs de
sa Charge. Ce seroit une chose bien scandaleuse,
que le Magistrat séant fut impunement insulté.

Voyez la Rocheflavin, liv. 13. chap. 72. la
Peyrere lettr. J, nomb. 29. Franc. Marc. tome 2.
quest. 15. & 215. Bouvot, tome 2. *verbo* Injuré,
quest. 12. & 37. Corbin, suite du Patronage, chap.
145. Papon, liv. 8. tit. 3.

Mais l'injure personnelle faite à un Juge, & non
à son état, c'est-à-dire qui lui seroit faite comme à
tout autre particulier, ne seroit pas punie si séve-
rement. Papon, liv. 6. tit. 2. nomb. 1.

Généralement parlant tout homme qui délinque dans un Auditoire, l'Audience tenant, se rend
à cet égard le justiciable du Juge de cette jurisdiction, & il peut demander son renvoi pardevant
son Juge naturel, lorsqu'il est pris sur le fait, &
que le Juge de cette Jurisdiction lui fait son procès
sur le champ, Mornac, *ad leg. quoties 3. cod. de
Judiciis;* & Coquille sur la Coutume de Nivernois,
titre de Justice & des droits d'icelle.

Ce principe est si certain, que lorsqu'un Juge est
insulté par quelqu'un dans le tems qu'il tient le Sie-

ge, il est en droit de connoître de l'injure qui lui est
faite, en faisant sur le champ le procès à ce téméraire, sans qu'il puisse demander son renvoi,
& il le peut condamner à la peine que mérite son
insolence : mais il faut qu'il le fasse *ex tempore.*
D'Argentré sur l'art. 459. de la Coutume de Bretagne, glos. 3. nomb. 4. *Julius Clarus, Sentent. lib.*
5. *quæst.* 35. *num.* 26. Loyseau, des Offices, liv.
1. chap. 7. nomb. 17.

Comme c'est au Juge à maintenir le bon ordre
dans le lieu destiné à rendre la Justice, quand il
puni des injures qui lui sont faites dans le tems
qui y tient le Siege, il n'est point censé être Juge
dans sa propre cause; mais être le vengeur de l'insulte qui est faite à la majesté du lieu où se doit
rendre la Justice, & que l'on a profané par les injures qui lui ont été dites.

Il est passé en proverbe qu'on a vingt-quatre heures
pour injurier ses Juges quand on a perdu son
procès; mais cette maxime est très-fausse. Je ne
conseille pas à un plaideur, lorsqu'il sera dans le
cas, de dire des injures, sur la foi de cette maxime, à ses Juges; car s'il le faisoit, il pourroit être
condamné à quelque peine très-rigoureuse.

Il n'est pas permis en cause d'appel de dire des
injures contre le Juge qui a prononcé la Sentence
dont on est appellant. En tout cas se feroit faire mal
sa Cour au Magistrat souverain, que de mépriser son
image dans le Juge subalterne. D'ailleurs les injures
plaidées en cause d'appel contre le premier, sont
amendables, & il est reçu à en demander réparation, comme il a été jugé par Arrêt du 19. Mars
1575. rapporté par Papon, liv. 8. tit. 3. nomb. 2.
Défendez-vous, à la bonne heure, mais gardez-
vous bien de compromettre votre Juge. Il n'y a
que la voye de la prise à partie, & encore faut-il
qu'elle soit appuyée de moyens solides, & autorisée par un arrêt ; car une telle demande, est une
accusation qui n'étant pas bien prouvée, attire le
blâme, & expose celui qui l'a intentée à des dommages & intérêts, qui peuvent, suivant les circonstances, être très-considérables.

Au reste, il n'est pas permis à celui qui est diffamé par des calomnies, de se venger & de se rendre
justice à soi-même, parce que les Loix nous défer-
dent d'usurper un droit qui appartient au Souverain; mais elle nous permet d'avoir recours à son
Tribunal, où le Juge qui représente sa personne, est
obligé en conscience de protéger les innocens, & de
faire sentir aux calomniateurs toute la rigueur de la
Justice, afin d'arrêter le flux de ces ames corrom-
pues qui répandent leur venin, au préjudice souvent de très-honnêtes gens.

INJURE REMISE. Quand l'offensé a remis l'injure qui lui a été faite, l'offensant ne peut être actionné ni poursuivi par aucun autre.

Mais cela se doit entendre quand l'injure ne regarde que celui qui l'a bien voulu remettre, & non
pas lorsque l'injure rejaillit sur d'autres personnes
qui sont en droit de s'en plaindre.

Ainsi, supposé qu'un Conseiller de la Cour eût
été injurié au Palais, à l'occasion des fonctions de
sa Charge; quoiqu'il remette l'injure, & déclare

n'en vouloir pas pourfuivre la réparation , cela n'empêchera pas M. le Procureur général de faire informer pour raifon de l'injure faite à la dignité de ce Confeiller, & d'en pourfuivre la vengeance.

Il en eft de même de la remife qu'une femme feroit d'une injure qui lui auroit été faite ; le mari ne cefferoit pas pour cela d'être en droit d'en faire informer, & d'en demander la réparation.

La raifon eft que le mari eft le premier offenfé dans la perfonne de fa femme, parce qu'il a droit d'être *arbiter famæ , ut eft vindex genitalis thori , & totius familiæ caput & princeps*. Ainfi c'eft au mari à tranfiger des injures faites à fa femme, ou à en faire remife.

On peut dire la même chofe des peres à l'égard de leurs enfans, & un Abbé à l'égard de fes Religieux.

On peut valablement tranfiger des injures légeres, à la réparation defquelles le public n'a aucun intérêt, & dont nulle autre perfonne que celui qui eft offenfé, n'a droit de fe plaindre.

A l'égard des injures atroces, on peut bien en tranfiger ; mais la tranfaction n'a pas d'autre effet que celle qui eft faite fur tout autre crime ; ainfi la peine ne peut jamais être remife en conféquence. Tout l'effet que peut produire la convention des Parties, eft de régler ou éteindre les intérêts civils.

Mais pour la vengeance publique, le Procureur du Roi eft obligé de demander en Juftice une réparation proportionnée à l'injure, nonobftant toute convention ou tranfaction faite entre les Parties au fujet de l'injure.

En un mot, la remife d'injures atroces n'exclut point la pourfuite de la vengeance publique : il faut des exemples pour détourner les autres de pareils crimes.

INJURES COMPENSÉES. Les injures verbales, quand elles font réciproques, fe peuvent compenfer, & le Juge peut enjoindre aux Parties de fe les remettre mutuellement ; ce qu'il fait, en les mettant hors de Cour & de procès, avec défenfes de récidiver.

Le Public n'ayant aucun intérêt à la réparation de telles injures, où il n'échoit aucune peine afflictive, il y a lieu à la compenfation ; & c'eft-là le cas où a lieu parmi nous la maxime : *Paria delicta mutuâ compenfatione tolluntur.*

Il faut excepter le cas où des injures refpectives font entiérement inégales par rapport à la qualité des Parties, ou par rapport à d'autres circonftances.

Par exemple, des injures reciproques entre un Curé & un de fes Paroiffiens, ne peuvent aifément fe compenfer l'une avec l'autre, à caufe de la qualité de Prêtre & de la dignité de Curé. C'eft pourquoi la fatisfaction du Paroiffien de le reconnoître pour homme de bien, ne fuffit pas. Peleus l. 8. action 2. Il faut que cette déclaration foit faite en l'Audience ou en la Chambre du Confeil, & qu'en outre le Paroiffien foit condamné en une amende plus ou moins forte, felon la qualité de l'injure & le lieu ou elle a été faite.

INNOCENT, fe dit au Palais de celui qui eft prévenu de quelque crime dont il n'eft point coupable.

Les Juges doivent bien prendre garde à ne point condamner indifcrétement à quelque peine, ceux qui font innocens des crimes qu'on leur impute. Auffi dit-on communément qu'il faut des preuves plus claires que le jour, pour condamner quelqu'un en matiere criminelle à quelque peine.

Il vaut mieux, dit-on, fauver cent criminels, que de faire mourir un innocent.

La Bruyere dit qu'un coupable puni eft un exemple pour la canaille ; mais qu'un innocent condamné eft l'affaire de tous les honnêtes gens.

INNOVER, en terme de Jurifprudence, fignifie de ne pas laiffer un bien, dont il y a conteftation, dans l'état où il étoit avant le procès.

C'eft une regle du Droit canon, que pendant la litifpendance l'une des Parties ne peut rien innover; & que toutes chofes dans lefquelles les Parties font intéreffées, doivent demeurer dans le même état où elles étoient avant que le procès fut intenté. *Toto titulo extrà, ut lite pendente nihil innovetur.*

La raifon eft, que tant que dure la litifpendance, l'une des Parties ne doit rien faire au préjudice de l'autre, & que par la conteftation en caufe, *quafi contrahitur.* Ainfi la chofe doit toujours demeurer en état d'être rendue en fon entier, au cas que par le Jugement définitif la reftitution en foit ordonnée. C'eft pourquoi le défendeur ne doit y rien innover, jufqu'à ce que l'affaire ait été entiérement terminée.

Cette regle de Droit Canon que nous venons de rapporter, n'eft point reçue parmi nous ; l'aliénation de la chofe litigieufe n'eft point défendue.

Tout ce que peut faire celui qui eft en procès pour raifon d'une chofe qui a été depuis aliénée, eft de faire mettre en caufe le nouvel acquéreur.

INOFFICIOSITÉ, fignifie tout ce qui eft fait contre le devoir : *Inofficiofum dicitur id omne quod contra pietatis officium factum eft.*

Il y a trois actes fur lefquels le défaut d'inofficiofité peut tomber ; fçavoir,

I°. Un teftament qui eft inofficieux, quand le teftateur a exhérédé, ou paffé fous filence, fans caufe légitime, ceux à qui il étoit obligé de laiffer fa fucceffion. *Voyez* ce que j'ai dit fur le titre 18. du fecond livre des Inftitutes.

II°. Une donation qui eft inofficieufe, quand le donateur a fait une donation fi exceffive à un de fes enfans, que les autres n'y trouvent pas dans ce qui lui refte de biens de quoi remplir leur légitime.

III°. Une dot qui eft inofficieufe, quand elle eft fi exceffive, qu'elle empêche les autres enfans d'avoir leur légitime dans la fucceffion de leur pere & mere.

INONDATION, ne change ni la face ni l'état des terres. Néanmoins pendant tout le tems qu'un héritage eft inondé, on n'en retient ni la poffeffion ni l'ufufruit, pas même pour en avoir la pêche ni aucune fervitude.

Mais comme l'inondation ne change ni la face ni l'état des terres, fi-tôt que les eaux fe font retirées, tous ces droits reviennent & retournent à ceux à qui ils appartenoient ; ce qui fe doit entendre d'une inondation temporelle ; car fi elle étoit perpétuelle, en forte qu'elle eût fait d'un héritage un étang ou un lac, la propriété en demeureroit à celui à qui elle appartenoit ; mais il n'en feroit pas de même de l'ufufruit, lequel feroit éteint, comme je l'ai déjà dit fur le §. 24. du premier titre du fecond livre des Inftitutes.

INQUIETATION, eft un vieux mot qui fignifie trouble ; mais on ne s'en fert plus gueres.

Il fe trouve dans les articles 113. 114. & 118. de la Coutume de Paris, & il eft employé pour fignifier l'interruption qui arrête & empêche la prefcription de courir & de continuer.

Voyez ci-après Interruption.

INQUISITION, eft la recherche que le Juge fait d'office des crimes qui font venus à fa connoiffance par la commune renommée, fans qu'il y ait aucun dénonciateur.

Cette pratique n'eft pas reçue en France. On y tient pour maxime certaine, que perfonne ne peut être pourfuivi criminellement, qu'il n'y ait une Partie civile qui fe rende dénonciatrice, ou que le Procureur du Roi ou le Procureur Fifcal ne fe porte accufateur, & ne faffe les pourfuites en cette qualité.

INQUISITION, fe prend quelquefois pour une Jurifdiction ecclésiaftique, qui fait la recherche de ceux qui ont des fentimens erronnés fur la Religion, ou qui par leurs actions ou leurs paroles manquent au refpect qui lui eft dû.

Cette Jurifdiction eft reçue en Efpagne, en Portugal & en Italie. On tient que c'eft Innocent III. qui a jetté les premiers fondemens de l'Inquifition.

L'héréfie des Vaudois l'obligea d'envoyer à Touloufe des Prêcheurs, pour exciter la ferveur des Princes & des Evêques à l'extirpation des hérétiques.

Ils rendoient compte au Pape du nombre des hérétiques, & de la conduite des Princes & des Prélats ; & de là eft venu le nom d'Inquifiteurs.

Ils n'avoient d'abord aucun Tribunal ni aucune autorité. Mais dans la fuite l'inquifition eft devenue le plus terrible & le plus formidable de tous les Tribunaux.

Cette Jurifdiction eft exercée par des Inquifiteurs qui font nommés par le Pape, & qui relevent immédiatement de lui. C'eft ce qui a fait dire à Paul IV. que l'Inquifition étoit le plus grand reffort du Pontificat.

Elle fouftrait les Laïques à leur propre Jurifdiction, & les abandonne au zéle & à la difcrétion des Ecclésiaftiques.

Il faut, quand on eft conftitué prifonnier dans fes prifons, s'accufer foi-même ; & l'Inquifition affecte dans fes procédures tout ce qui peut infpirer la terreur & l'effroi.

Ceux que l'Inquifition faifit, font abandonnés de tout le monde ; & perfonne n'ofe parler pour l'accufé, de crainte de faire tomber fur foi quelque foupçon d'héréfie & de complicité.

On y eft accufé pour la moindre chofe qui foit échappée contre l'église, ou pour n'avoir pas parlé avec affez de révérence de l'Inquifition.

Celui qui eft feulement diffamé d'héréfie par un bruit commun, fans autre preuve, eft obligé de fe purger canoniquement, c'eft-à-dire par ferment,

avec le témoignage de plufieurs témoins.

Le foupçon véhément forme une préfomption de droit, qui eft fuivie de condamnation ; à moins qu'on ne juftifie fon innocence par des preuves évidentes & certaines.

Le foupçon violent, comme de fréquenter les affemblées des hérétiques, produit la préfomption *juris & de jure*, contre laquelle la preuve n'eft point admife ; & celui qui en eft atteint, eft traité comme hérétique.

Celui qui eft convaincu d'héréfie par fa propre confeffion, quoiqu'il s'en répente, & qu'il abjure, eft condamné à une efpece d'amende honorable & à la prifon perpétuelle, pour y faire pénitence au pain & à l'eau.

Les relaps, quoiqu'ils fe repentent, font livrés au bras féculier, pour être jettés au feu. Toute la grace qu'on leur fait, c'eft de leur accorder les Sacremens de Pénitence & de l'Eucharistie.

Je ne parlerai point ici de la procédure qui s'obferve dans cette Jurifdiction, ni de la maniere dont on met à exécution fes Jugemens. On peut voir ce qui en eft dit dans l'Inftitution au droit ecclésiaftique, & dans les autres Auteurs qui en ont traité, pour être convaincu que tout s'y paffe à la derniere rigueur. Je rapporterai feulement ici ce qui eft à la fin du chap. 10. de la troifieme partie de l'Inftitution au Droit ecclésiaftique. Voici les termes.

» En France, nous croyons que pour la pourfuite » des crimes ecclésiaftiques, les Evêques & leurs » Officiaux fuffifent, fans recevoir ces commiffions » extraordinaires, qui par la fuite deviennent des » Tribunaux réglés. Il eft à craindre que ceux qui » exercent ainfi une Jurifdiction empruntée, ne » foient tentés de faire valoir leur autorité, & de » groffir les fautes ou les foupçons, pour avoir de » l'occupation ; car il eft étrange que l'on trouve » tous les jours des hérétiques ou des apoftats à pu- » nir dans des pays où depuis plus d'un fiecle on n'en » fouffre point : d'ailleurs la crainte eft plus propre » à faire des hypocrites, que de véritables Chré- » tiens. La rigueur peut être utile pour réprimer » une héréfie naiffante ; mais d'étendre les mêmes » rigueurs à tous les tems & à tous les lieux, & » prendre toujours à la lettre toutes les loix pénales, » c'eft rendre la religion odieufe, & s'expofer à » faire des grands maux, fous prétexte de Juftice. » Nous mettons en France un des principaux points » de nos Libertés, à n'avoir point reçu ces nouvel- » les Loix, & ces nouveaux Tribunaux, fi peu » conformes à l'ancien efprit de l'Eglife.

M. de Saint-Amour, Docteur de Sorbonne, a fait imprimer en 1662. un Journal de ce qui s'eft fait à Rome au fujet des cinq Propofitions de Janfenius, & les Arrêts & réglemens qui ont été rendus à cette occafion.

M. Brillon, *verbo* Inquifition a tiré de cet Ouvrage ce que je crois ne devoir pas omettre ici, pour faire connoître que le Parlement de Paris, que nos Rois ont fait dépofitaires des droits facrés de la Couronne de France, s'eft toujours oppofé à tout ce qui pouvoit donner lieu à faire recevoir l'Inquifition dans ce Royaume.

En

En 1747. parut une Bulle au sujet des cinq Propositions de Jansénius, qui n'avoit pas la forme ordinaire. Ayant donc excité les plaintes du ministere public, M. Talon, Avocat général, parla ainsi.

» L'on a imprimé en France, publié & voulu » exécuter un Décret de la Congrégation de l'In- » quisition du Saint Office, intitulé. *Decretum sanc-* » *tissimi D. N. D. Innocentii, divinâ Providentiâ* » *Papæ* ; sous prétexte que le Pape a assisté & s'est » trouvé présent à cette Congrégation.

» Nous reconnoissons en France l'autorité du » saint Siege, & la puissance du Pape, Chef de » l'Eglise, pere commun de tous les Chrétiens : nous » lui devons toute sorte de respect & d'obéissance. » C'est la croyance du Roi, fils aîné de l'Eglise, » la croyance de tous les Chrétiens, & de tous » ceux qui sont dans la véritable Communion.

» Mais nous ne reconnoissons point l'autorité ni » la Jurisdiction des Congrégations qui se tiennent » en Cour de Rome, lesquelles le Pape établit com- » me bon lui semble. Les Décrets & les Arrêts de » ces Congrégations n'ont point d'autorité ni d'exé- » cution dans le Royaume ; & lorsque dans l'occa- » sion des affaires contentieuses tels Décrets se sont » présentés, comme en matiere de dispense, de » nullité de vœux, de translations de Religieux, » & autres semblables, la Cour a déclaré que les » Brefs de cette qualité étoient nuls & abusifs ; sauf » aux Parties à se pourvoir par les voies ordinaires, » c'est-à-dire, dans la Chancellerie, dans laquelle » les actes sont expédiés au nom de notre saint » Pere le Pape, en la personne duquel réside l'au- » torité légitime : & pour ce qui regarde les ma- » tieres de la Foi & de la Doctrine, elles ne doi- » vent pas se terminer dans ces Congrégations, » sinon par forme d'avis & de Conseil, & non pas » de puissance.

» Il est vrai que dans ces Congrégations se censu- » rent les Livres suspects d'héréfie & de mauvaise » doctrine, & dans icelle se fait *l'index expurgato-* » *rius*, lequel s'augmente tous les ans ; & c'est là » qu'autrefois ont été censurés les Arrêts de la » Cour, même l'Arrêt rendu contre Jean Chastel, » l'Histoire de M. le Président de Thou, les liber- » tés de l'Eglise Gallicane, & tous les autres qui re- » gardent la conservation de la personne sacrée de » nos Rois, & l'établissement de la Justice royale.

» Que si le Décret dont il est question, & les au- » tres de cette qualité étoient publiés & autorisés » dans ce Royaume, ce seroit en effet y recevoir » l'Inquisition, par cette remarque qui semble ne » pouvoir recevoir de réponse ; sçavoir, que cet- » te Congrégation prend cette qualité : *generalis* » *& universalis Inquisitio in universâ Republicâ chris-* » *tianâ adversûs hæreticam pravitatem* : par le » moyen de quoi ils prétendent pouvoir faire le pro- » cès au sujet du Roi, & ils pensent avoir droit de » le faire aux Livres qui sont imprimés dans le » Royaume.

» Ainsi ayant examiné le titre de ce Décret » émané de l'Inquisition, avec ces paroles telles » que nous les avons représentées, qui témoignent » une prétention d'autorité universelle, nous avons

Tome II.

» cru être obligés de les remarquer à la Cour, » pour lui faire nos protestations, suivant le de- » voir de nos Charges.

La Cour fit inhibitions & défenses à tous Arche- vêques & Evêques, leurs Vicaires & Officiaux, Recteurs & Suppôts des Univerfités, de recevoir, faire publier & exécuter les Décrets & autres ac- tes de la Congrégation de l'Inquisition de Rome, comme aussi toutes autres Bulles, sans la permis- sion du Roi vérifiée en la Cour, sans néanmoins que les provisions des Bénéfices & expéditions ordinaires, concernant les affaires des Particuliers, qui s'obtiennent en cour de Rome, suivant les ordres du Royaume & les Loix de l'Etat, soient comprises ès susdites défenses.

Elle ordonna aussi que tous les exemplaires du- dit Décret de l'Inquisition, en date du 25. Jan- vier 1647. seroient saisis à la requête du Procu- reur général & apportés au Greffe de la Cour, pour être supprimés, &c.

INSCRIPTION, est l'apposition de son nom & de sa signature sur un Régistre public, par le moyen de laquelle on se soumet Juridiquement à faire ou à prouver quelque chose, sous les peines du Droit.

Celui qui veut dénoncer quelqu'un pour raison d'un crime par lui commis, est tenu de faire son inscription sur le Registre du Procureur du Roi ou du Procureur Fiscal.

Celui qui a fait cette dénonciation, est sujet à la peine due aux calomniateurs, au cas que sa dénonciation se trouve calomnieuse.

Autrefois par l'inscription l'accusateur se soumet- toit à subir la peine due au crime, faute d'en pou- voir convaincre l'accusé par des preuves suffisantes. *Leg. pen. ff. de furt. Leg. final. ff. de priv. delict.*

Cela avoit été ainsi réglé pour empêcher les hommes de former des accusations injustes, & pour mettre ceux qui sont innocens à couvert de la témérité des calomniateurs.

Mais cette nécessité de se soumettre à subir la peine due au crime, a été abolie par une raison contraire à l'intérêt public, qui veut que les crimes ne demeurent pas impunis, & que person- ne n'oseroit se rendre accusateur, s'il falloit se soumettre à une telle peine, dans la crainte de n'avoir pas des preuves suffisantes pour convaincre ceux qui auroient délinqué. *Vide Doctores, ad leg. ult. cod. de accusationib.*

Ainsi aujourd'hui quand on ne peut les convain- cre du crime dont on les a accusé, on n'est condam- né qu'en des dommages & intérêts ; encore faut il que l'on prouve que l'accusation est calomnieuse.

INSCRIPTION DE FAUX, est un acte passé au Greffe par le Procureur ou la Partie, par lequel on déclare & on soutient faux un tel acte que la Partie adverse a produit ou communiqué dans la cause principale, offrant de fournir des moyens de faux, soit que la signature soit fausse, ou qu'il y ait quelque mot de falsifié dans l'écrit ; & lorsque le juge trouve que les moyens sont pertinens & ad- missibles, il les déclare tels, & il ordonne qu'il en sera informé tant par titres que par témoins.

Ainsi l'inscription de faux est une voix dont on

E

ſe ſert pour détruire & faire déclarer fauſſe une piece que la Partie adverſe a produite ou communiquée dans la cauſe principale.

Ce faux eſt appellé faux incident, à la différence du faux principal, qui s'intente directement contre un Particulier avec lequel on n'eſt point en procès, & qui a pardevers lui une obligation ou une piece dont il pourroit ſe ſervir contre nous, que nous prétendons être fauſſe, & que nous voulons faire déclarer telle. *Voyez* ci deſſus, *verbo Faux.*

Tous les Juges qui ſont ſaiſis de la cauſe principale en laquelle eſt produite ou communiquée une piece fauſſe, peuvent connoître du faux incident, c'eſt-à-dire de l'inſcription de faux, incidemment formée contre cette piece.

Il n'y a que les Juge & Conſuls, & les bas & moyens Juſticiers, qui en ſont exceptés par l'article 20. du titre 1. de l'Ordonnance criminelle de 1670. La raiſon eſt, que les Juge & Conſuls, & les bas & moyens Juſticiers, ne connoiſſent point de crime; & partant ils ne connoiſſent point du faux, tant incident que principal.

On ne peut ſe pourvoir contre un acte autentique, que par l'inſcription de faux, ſi l'on prétend prouver que cet acte n'a pas été paſſé, & que c'eſt un acte faux; mais on peut ſans inſcription de faux ſe pourvoir contre un acte, à l'effet de prouver qu'il eſt feint & ſimulé. *Voyez* actes autentiques.

Celui qui veut ſe pourvoir par inſcription de faux contre une piece que la Partie a produite ou communiquée dans la cauſe principale, doit, avant que de faire aucunes pourſuites pour la faire déclarer fauſſe, lui faire une ſommation de déclarer s'il entend ſe ſervir de ladite piece.

Si celui à qui cette ſommation eſt faite, déclare ne vouloir point s'en ſervir, on donne ſa Requête au Juge pour la faire rejetter; ſauf à Meſſieurs les Gens du Roi à pourſuivre le faux.

S'il déclare qu'il entend ſe ſervir de la piece maintenue fauſſe, ou s'il ne répond point à la ſommation qui lui eſt faite, celui qui maintient la piece fauſſe, doit s'inſcrire en faux contre. Ainſi l'inſcription de faux doit être faite au Greffe, avant que de pouvoir donner des moyens de faux.

Pour parvenir à cette inſcription, celui qui prétend qu'une piece eſt fauſſe, eſt tenu de conſigner l'amende, ſuivant l'article 5. du titre 9. de l'Ordonnance de 1670. ſçavoir, aux Cours ſupérieures cent livres; aux Sieges qui y reſſortiſſent immédiatement ſoixante livres, & aux autres Sieges vingt livres.

L'acte de conſignation de ces ſommes ſera attaché à la Requête que le demandeur préſentera, afin d'avoir permiſſion de s'inſcrire en faux. Cette Requête doit être ſignée du demandeur en faux, ou de ſon Procureur fondé du pouvoir ſpécial, auſſi attaché à la Requête.

On conclut par cette Requête, *à ce qu'il plaiſe au Juge donner acte au Suppliant de ce qu'il s'inſcrit en faux contre la piece maintenue fauſſe; & en conſéquence ordonner qu'elle ſera rejettée du procès; que ſans y avoir égard, il ſera paſſé outre au Jugement d'icelui; & condamner le défendeur aux dommages & intérêts du Suppliant.*

Quand le défendeur en faux n'a pas déclaré judiciairement ſe vouloir ſervir de la piece, ſoit qu'il en ait été précédemment ſommé ou non, le demandeur en faux doit inſerer dans les concluſions de ſa Requête, *qu'il plaiſe au Juge, dans tel tems qu'il jugera à propos, ordonner au défendeur en faux de déclarer s'il veut ſe ſervir de la piece maintenue fauſſe.*

Le Juge met au bas de cette Requête ſon Ordonnance, portant que l'inſcription ſera faite au Greffe, & le défendeur tenu de déclarer dans un délai compétent, ſuivant la diſtance de ſon domicile, s'il veut ſe ſervir de la piece inſcrite de faux.

On ſignifie cette Requête au défendeur, & on lui ſignifie auſſi un acte contenant ſommation s'il entend ſe ſervir de la piece.

Si le défendeur ne veut point ſe ſervir de la piece inſcrite de faux, il en fait ſignifier ſa déclaration, & le demandeur donne ſa Requête pour la faire rejetter de la cauſe d'entre les Parties.

Mais lorſqu'il a une fois déclaré ſe vouloir ſervir de la piece maitenue fauſſe, il n'eſt plus recevable à s'en déſiſter. Ainſi jugé par Arrêt du Parlement de Paris, en date du 16. Mai 1688. rapporté dans le Journal des Audiences.

Si le défendeur déclare ſe vouloir ſervir de la piece maintenue fauſſe, ſa déclaration doit être pure & ſimple, c'eſt-à-dire ſans condition. Ainſi celle par laquelle il déclareroit ne ſe vouloir ſervir de la piece maintenue fauſſe, que ſous condition ou en qualité d'héritier, ou aux riſques, perils & fortune de celui de qui il l'a reçue, ne ſeroit pas valable. Baſſet, tom. 2. liv. 9. tit. 5. chap. 1.

Si donc le défendeur a produit une piece ſuſpecte & maintenue fauſſe, il faut qu'il la porte au Greffe, & qu'il faſſe ſignifier l'acte du mis au demandeur, pour qu'il ait à former ſon inſcription dans les vingt quatre heures, comme il eſt porté en l'art. 9. du tit. 9. de l'Ordonnance de 1670. Ainſi cet acte ayant été ſignifié au demandeur, il doit dans ledit tems former ſon inſcription de faux, ſuivant l'art. 8. du même titre.

Cet acte ſe fait ainſi: *Extrait des Regiſtres de… Aujourd'hui eſt comparu A… aſſiſté de M. L… ſon Procureur, lequel a déclaré qu'il s'inſcrit en faux contre tel acte produit par B… troiſieme piece de la cotte D… de ſa production, offrant de donner ſes moyens de faux dans le tems de l'Ordonnance, éliſant ſon domicile en la maiſon dudit L… dont il a requis acte. Fait ce…*

Après que cet acte a été paſſé au Greffe, le demandeur en faux le doit faire ſignifier au défendeur.

Si l'inſcription de faux a été formée contre quelque obligation ou contrat dont il y ait minute, & que l'on n'ait mis au Greffe que la groſſe, le demandeur peut donner ſa Requête, à ce qu'il plaiſe au Juge ordonner que le défendeur ſera tenu de faire apporter la minute dudit contrat au Greffe, dans tel délai qu'il jugera à propos; ſinon que ladite groſſe ſera rejettée du procès.

Le délai pour faire apporter au Greffe la minute de la piece maintenue fauſſe, ſera reglé ſuivant la diſtance des lieux, ainſi qu'il eſt porté en l'art. 9.

Au bas de cette Requête, le Juge donne une

Ordonnance conforme aux conclusions, ou donne un Jugement séparé à même fin.

Comme c'est le défendeur qui se veut servir de la pièce, c'est aussi à lui à la produire : pour raison de quoi il doit prendre une Ordonnance du Juge, à l'effet de contraindre ceux en la possession de qui est la minute de la pièce inscrite de faux, à la mettre au Greffe ; ou si c'est en Cour souveraine, une Commission en Chancellerie.

Si le défendeur ne fait pas apporter sa minute dans le délai, qui sera réglé selon la distance des lieux, la pièce sera rejettée du procès, suivant l'art. 9. du même titre.

Lorsque les pièces prétendues avoir été falsifiées, ont été déposées au Greffe, le défendeur le déclare au demandeur, & le somme de fournir ses moyens de faux.

Le demandeur de sa part doit requérir qu'il soit fait un procès verbal, contenant la description de la pièce qu'il maintient fausse.

Si la cause principale est appointée, c'est le Rapporteur qui doit faire ce procès verbal. Si au contraire la cause principale se doit juger à l'Audience, & le demandeur fait committre un Conseiller pour en faire la description, en vertu d'une Requête de *Committitur*.

L'usage ordinaire est, que le demandeur prenne du Conseiller-Rapporteur, ou du Conseiller-Commis, une Ordonnance, & la signifie au défendeur en faux, à ce qu'il ait à se trouver au jour & heure marqués à la description de l'état de la pièce.

Ce procès verbal commence par la date du jour & l'énonciation de l'Ordonnance en vertu de laquelle le procès verbal se fait ; ensuite il est fait mention de la comparution des Parties : après quoi il porte, que la pièce maintenue fausse a été représentée au Juge, & qu'elle s'est trouvée en tel état, c'est-à-dire, écrite sur une telle feuille de papier, commençant par tels mots, & finissant par tels autres, & signée de tels & tels.

On marque combien elle contient de pages, & de lignes à chaque page ; s'il y a des renvois ; s'ils sont paraphés ; s'il y a quelques mots d'effacés ou barrés ; s'il y a des blancs ou des interlignes.

Enfin on y exprime les circonstances & les particularités qui concernent l'état de la pièce ; & au bas d'icelle elle est paraphée par le Juge, & les blancs & marges par lui barrés de traits de plume.

Le procès verbal fini, doit être signé par le Conseiller-Rapporteur ou Commis, par le demandeur en faux & par son Procureur, & en cas d'absence du demandeur par son Procureur fondé de procuration spéciale. La pièce inscrite de faux, après avoir été paraphée par le Juge, est remise au Greffe.

On n'appelle plus au Parlement le défendeur en faux au procès verbal de l'état de la pièce : ce qui pourroit causer quelque inconvénient ; car le défendeur en faux que n'a point été présent en ce procès verbal, peut se soustraire au châtiment du crime de faux, en disant que la pièce dont on a fait la description sans l'appeller, n'est point celle qu'il a produite, & que l'on en a substitué une autre en sa place.

Après le procès verbal fait, le demandeur en

faux peut avec son Conseil prendre communication de la pièce inscrite de faux par la main du Greffier, sans déplacer.

Trois jours après la signification du procès verbal de la description de la pièce maintenue fausse, on met au Greffe le moyen de faux dans un sac, & n'en doit être donné copie ni communication au défendeur en faux. On les distribue en la manière ordinaire des procès, s'il n'y a point de Rapporteur ; & s'il y en a un, on les produit au Greffe pour lui être remis.

Après que les moyens de faux ont été mis au Greffe, & joints à la pièce maintenue fausse, les Procureurs du Roi s'en charge sur le Registre du dépôt pour donner ses conclusions ; & après avoir remis le tout, le Juge, ou celui qui est Rapporteur des procès s'en charge sur le même Registre, pour en faire le rapport à la Chambre.

Les moyens de faux sont tout ce qu'on a reconnu en la pièce, en conséquence de quoi on la prétend fausse ou falsifiée, comme la signature, la différence de l'encre, la marque du papier, l'altération, les additions ou ratures, l'antidate, l'incertitude ou chancellement d'écritures, & généralement tout ce qui peut faire appercevoir qu'on a voulu imiter & contrefaire la main d'autrui, & que l'acte est faux.

Dans le moyen de faux, celui qui le propose, doit conclure à la réparation civile, & demander que la pièce soit rejettée du procès, & le défendeur condamné en tous les dépens, dommages & intérêts du demandeur en faux ; sauf à M. le Procureur du Roi, si c'est une Jurisdiction inférieure, ou à M. le Procureur général, si c'est une Cour souveraine, à prendre pour la vindicte publique, telles conclusions qu'il avisera bon être.

Après cela il faut narrer le fait sommairement, & ensuite cotter & articuler les moyens par lesquels on prétend prouver que la pièce est fausse ; par exemple, que les signatures des Parties ou des témoins ont été contrefaites, ou qu'après les signatures & après coup on a fait des ratures & des additions à l'insçu des Parties, ou que la Partie que l'on a fait déclarer ne sçavoir pas écrire ni signer, étoit absente du lieu le jour qu'on prétend que la pièce dont on fait obligation a été passée.

Si les moyens de faux fournis par le demandeur sont frivoles & impertinens, le Juge doit le déclarer impertinens & inadmissibles, & ordonner que sans y avoir égard il sera passé outre au Jugement du procès civil ; où il les joindra audit procès, pour en jugeant y avoir tel égard que de raison.

Si les moyens sont trouvés pertinens & admissibles, le Juge les doit déclarer tels, & permettre au demandeur d'en faire la preuve tant par titres que par témoins, & par comparaison d'écritures & signatures, qui doit être faite par Experts que le Juge doit nommer d'office par le même Jugement, suiv. l'art. 13. du tit. 19. de l'Ordonnance de 1670.

En matiere d'inscription de faux, la regle est de ne point admettre le défendeur en faux à fournir des pièces de comparaison ; il y a trop à craindre qu'il n'en administre de fausses. C'est pourquoi le demandeur doit présenter requête, & faire ordonner en conféquence que le défendeur en faux ne fournira point de pieces de comparaison.

Néanmoins M. Brillon, *verbo faux*, cite plufieurs Arrêts qui ont jugé que le défendeur en faux peut fournir des pieces de comparaison ; & deux entr'autres par lefquels il a été ordonné qu'il feroit procédé à la vérification des pieces arguées de faux, fur les feules pieces repréfentées par les défendeurs.

Le même Auteur dit cependant, qu'à la Grand'-Chambre, fur une Requête civile prife contre un femblable Arrêt, M. de Fleury, Avocat général, fut d'avis d'entériner la Requête civile, fur le feul moyen que le défendeur avoit fourni les pieces de comparaifon ; mais l'affaire fut appointée.

Si les Experts nommés d'Office par le Juge font fufpects à l'une ou à l'autre des Parties, celle à qui ils font fufpects les pourra récufer.

En exécution du Jugement qui aura déclaré les moyens de faux pertinens & admiffibles, il ne fera pas befoin de faire ouir d'autres témoins que les experts, fi les moyens de faux ne concernent que l'écriture ou les fignatures que l'on prétend avoir été contrefaites.

La raifon eft, qu'en ce cas la preuve de la fauffeté ne fe fait que par comparaifon d'écritures.

Mais fi les moyens de faux font fondés fur d'autres faits, comme fur l'abfence de la Partie, au tems qu'on a fuppofé qu'elle s'eft obligée, ou qu'elle a figné ; ou fur fa mort, en cas qu'on prétendît qu'elle fût décédée au tems auquel on l'a fait parler dans quelques contrats ou autres faits femblables ; en tous ces cas il faut faire ouir tous les témoins qui en pourront dépofer.

Si la fauffeté dont eft queftion fe peut juftifier par la comparaifon d'écritures, il faut, fuivant l'art. 15. du tit. 9. de l'Ordonnance de 1670. que les pieces infcrites de faux & celles de comparaifon font mifes entre les mains des Experts, après avoir prêté ferment, pour les voir & examiner, & enfuite délivrer leur rapport au Juge.

En fait de faux, le Juge doit régulièrement nommer pour Experts des Maîtres Ecrivains ; & au défaut des Maîtres Ecrivains, ou quand ils font fufpects, il peut nommer des Notaires ou des Greffiers. Si la fauffeté eft de nature à ne pouvoir être juftifiée par la comparaifon d'écritures, le demandeur en faux ne peut faire ouir des témoins en fon information fur autres faits que fur ceux qu'il a précifément articulés par fes moyens de faux, fuivant l'art. 14. du tit. 9. de la même Ordonnance.

Celui qui fe fert de la pieçe maintenue fauffe, eft auffi quelquefois reçu à faire preuve par témoins qu'elle eft véritable ; & en ce cas la dépofition des témoins qui difent avoir vû écrire une quittance & compter l'argent, prévaut à un rapport d'Experts, à moins qu'il n'y ait une diffimilitude entiere dans les pieçes de comparaifon.

Ainfi dans le concours & dans la contrariété entre les Experts & les témoins, fi les Experts déclarent l'acte faux, & que les témoins de l'enquête dépofent avoir vû figner la Partie, l'enquête prévaut. M. Catelan, tom. 2. liv. 9. chap. 1.

Cette décifion eft conforme à la Novelle 73.

L'Empereur dans la Préface repréfente combien le jugement des Experts peut être fujet à erreur, par la différence de l'âge ou de la fanté de celui dont on examine le feing par comparaifon d'écritures, & même par la différence des plumes & de l'encre.

Dans le chapitre 3. de cette Novelle, il conclut que l'enquête doit prévaloir. *Nos quidem exiftimavimus ea, quæ vivâ dicuntur voce, & cum jurejurando hæc digniorâ fide, quam fcripturam ipfam fecundum fe fubfiftere : verumtamen fit hoc judicantis prudentiæ fimul atque religioni.*

La raifon eft, que les Experts ne jugent que fur des conjectures qui peuvent tromper, & que les preuves l'emportent fur les préfomptions, lorfqu'il n'y a pas de reproches contre les témoins.

L'information faite, & le rapport des Experts délivré, s'il y a charge, les Juges pourront décreter & ordonner que les Experts feront répétés féparement en leur rapport, recollés & confrontés ainfi que les autres témoins. Art. 16. du tit. 9. de l'Ordonnance de 1670.

Après avoir communiqué le tout aux Gens du Roi, pour bailler leurs conclufions, on décrete contre l'auteur de la fauffeté, & on inftruit fon procès par recollement & confrontation, comme en toute autre matiere criminelle.

Une obfervation à faire au fujet du rapport des Experts en fait d'écritures que l'on impugne de faux, c'eft que le rapport des Experts eft nul, lorfqu'ils fe font déterminés, non feulement fur les moyens de faux admis par l'Arrêt, mais auffi fur d'autres, comme il a été jugé en la cinquieme Chambre des Enquêtes par un Arrêt rendu le 8. Juillet 1707. rapporté par M. Augeard, tom. 2. chap. 73.

Quand l'infcription de faux a été formée en un procès civil pendant aux Enquêtes, & qu'en voyant ledit procès, le crime de faux fe trouve mériter une condamnation de mort, ou de galeres, ou de banniffement, Meffieurs des Enquêtes doivent renvoyer le procès à la Tournelle criminelle pour y être jugé.

Lorfque l'infcription de faux a été jufqu'au point d'être jugée criminellement depuis le décret, le demandeur en faux ne fignifie plus rien, à l'exception de la Requête qui contient les conclufions civiles.

Le défendeur en faux peut fe défifter jufqu'au décret ; & s'il fe défifte & déclare ne vouloir plus fe fervir de la pieçe infcrite de faux, on la fait rejetter du procès.

Dès qu'il a fait cette déclaration, la Partie civile n'a plus d'intérêt, & ne peut plus pourfuivre pour raifon du crime de faux. Il n'y a que M. le Procureur général, ou le Procureur du Roi, qui puiffe pourfuivre le faux après le défiftement.

Cela fait voir que le fabricateur d'un contrat faux n'eft pas mis à l'abri de la vengeance publique, par la déclaration qu'il fait de ne s'en vouloir point fervir. Baffet, tome 1. liv. 6. tit. 15. chap. 7. Bouvot, tome 2. *verbo* Faux, queft. 4. Boniface, tome 5. liv. 3. tit. 2. chap. 8.

Si celui qui s'eft infcrit en faux contre une pieçe, avant que la Partie adverfe ait déclaré vouloir s'en fervir, s'en défifte, l'amende lui eft rendue ; mais jufqu'au défiftement il eft condamné aux dépens. Ainfi jugé par arrêt du Grand Confeil , en date du 15. Décembre 1713.

Si après le procès criminel inftruit , celui qui a produit la piece fauffe fe trouve convaincu d'être l'auteur de la fauffeté , & que la fauffeté foit importante , on jugera le procès criminel féparément , & le coupable fera condamné à mort , ou aux galeres , ou au banniffement , eu égard aux circonftances du fait , & à la qualité & condition des perfonnes.

Si celui qui a produit la piece n'eft pas l'auteur de la fauffeté ; par exemple , fi c'eft un héritier qui l'a trouvé parmi les titres & papiers du défunt , ou un ceffionnaire qui a cru que le titre de la dette à lui cedée étoit véritable & légitime , ou fi les preuves ne font pas convaincantes ; le Juge joindra l'incident de faux au procès civil , & en le jugeant il prononcera , *ayant égard au faux* , ou *fans avoir égard au faux*.

Le demandeur en faux qui fuccombe , eft condamné en trois cens livres d'amende aux Cours fouveraines : en cent vingt livres aux Sieges qui y reffortiffent immédiatement , & aux autres en foixante livres applicables , pour les deux tiers au Roi ou au Seigneur & l'autre tiers à la Partie , fur lefquelles feront déduites les fommes confignées.

Pourront néanmoins les Juges condamner en plus grande amende , s'il y échet , ainfi qu'il eft porté en l'article dernier du tit. 9. de l'Ordonnance de 1670.

Ils peuvent même condamner celui dont l'infcription de faux fe trouve calomnieufe , à quelque peine afflictive , fuivant la qualité de la calomnie , & la qualité de la perfonne à qui elle aura été faite.

Comme le crime de faux intéreffe le Public , lorfqu'une Partie s'eft inftruite en faux contre un acte , il ne lui eft pas permis de tranfiger fur le faux. Ainfi jugé par un Arrêt du Confeil d'Etat , du 21. Août 1696. qui en caffe un du Parlement , du 27. Juillet 1695. rendu par appointé , & qui fait défenfe aux Procureurs de figner à l'avenir de pareils appointemens.

Le crime de faux commis par celui qui eft l'auteur d'une piece fauffe , fe prefcrit par vingt ans , comme la plupart des autres crimes. Ainfi le criminel devient par cette prefcription à couvert de la punition du crime.

Mais la prefcription n'a pas lieu à l'égard de la piece ; car elle peut être déclarée fauffe pendant tout le tems qu'on s'en voudra fervir.

Par exemple , fi un héritier revendique les biens d'un défunt contre ceux qui les ont ufurpés ; en ce cas , fuppofé qu'on produife contre fa demande un teftament faux , il peut l'attaquer de faux dans les trente ans , qui eft le tems que la pétition d'hérédité dure. La prefcription du crime qui eft accomplie après les vingt ans , fait feulement que le fabricateur de ce faux teftament ne peut plus être puni ni pourfuivi extraordinairement.

Touchant cette prefcription de vingt ans , il faut remarquer qu'elle ne commence à courir , à l'égard du crime de faux que du jour de la fauffeté découverte , & non pas du jour que le faux a été commis , comme il a été jugé au Parlement de Provence , par arrêt du 23. Mai 1670. rapporté par Boniface , tom. 5. liv. 3. tit. 2. chap. 12. *Voyez* le même auteur , tom. 2. part. 3. liv. 1. tit. 15. chap. 2. où les raifons de cette décifion font expliquées.

Voyez auffi la Peyrere , lett. F. nomb. 6. qui rapporte un Arrêt qui a jugé qu'on n'eft pas recevable à s'infcrire en faux contre une piece ancienne après cent ans , fur laquelle il y a eu Arrêt.

Au refte , il y a une nouvelle Ordonnance du mois de Juillet 1737. concernant le faux principal & le faux incident , qui a en plufieurs articles établi une nouvelle Jurifprudence.

INSCRIPTION DE FAUX , peut être admife contre un Arrêt , comme il a été jugé par Arrêt du 7. Septembre 1740. en la Grand'Chambre , contre la minute d'un Arrêt , où l'on prétendoit que ces mots , *& maternels* , qui étoient en interligne , avoient été ajoutés.

Il fembloit néanmoins qu'une telle infcription ne devoit pas être admife , attendu le refpect qui eft dû au dépôt facré de la Cour , l'intérêt des familles , le danger d'expofer les Loix les plus auguftes à la fcience confufe & conjecturale des Experts , & les inconveniens fans nombre qui en peuvent provenir.

Mais nonobftant toutes ces raifons , elle fut admife , attendu que plus un acte eft augufte , plus il eft de l'intérêt public qu'il ne foit point altéré.

INSCRIPTION DE FAUX DANS LES AYDES , fe forme contre tous actes faits par les Employés dans leur exercice , & dans ce qui dépend de la régie.

Cette infcription a lieu pour les regiftres & pour les feuilles concernant l'exercice des caves , fur tout pour les procès-verbaux , & pour les congés , quittances , faux emplois , fuppofitions de date , déclarations , paffavans , lettres de voiture , certificats , fuppofitions de noms , regiftres , états , comptes & fauffes marques , tant contre les commis , que contre les Particuliers & redevables.

INSENSÉS , FOUS ET FURIEUX , font ceux qui n'ayant pas l'ufage de la raifon ou du bon fens , font incapables de délibération & de malice.

On leur doit donner des curateurs qui prennent foin de leurs affaires , & s'il y a lieu de craindre que quelque malheur arrive par leur fureur ou par leur folie , on les doit faire mettre en lieu de fûreté.

Ils font excufables quand ils ont commis quelque délit , & ne font point foumis aux peines dont on punit ordinairement ceux qui en font coupables , fauf à faire la répétition des dommages & intérêts fur leurs biens ; pourvû toutefois qu'ils n'ayent pas eu malicieufement recours à une folie ou fureur fimulée pour fe fouftraire à la punition de leurs crimes.

A l'égard de leurs teftamens , pour découvrir s'ils étoient fains d'efprit & d'entendement lorfqu'ils l'ont fait , on a recours à plufieurs circonftances qui font rapportées par Boyer , décifion 23. & 100. & par Mantica , *de conjecturis ultimar. volunt. lib. 1. tit. 5.* car la fureur & la folie ne font pas toujours continuelles en l'homme. Ceux qui font les plus furieux & les plus fous, ont fouvent de bons intervalles , pendant lefquels ils jouiffent de tout leur bon fens.

Mais rien ne prouve mieux qu'ils en ont joui au tems qu'ils ont fait leur teftament , que le contenu en icelui ; c'eft-à-dire , quand fa difpofition eft bien ordonnée , & telle qu'un homme bien fenfé l'auroit faite , *Alexander, confilio* 85. *vol.* 1. *& Confilio* 141. *vol.* 2. *Angelus & Jafon , ad leg. furiofum , cod. qui teftam. facere poff. Vide Valerium Maximum , lib.* 7. *cap.* 8.

INSINUATION , eft l'enregiftrement qui fe fait dans les Regiftres , des difpofitions qui doivent être rendues publiques , pour empêcher les fraudes clandeftines qui fe pourroient pratiquer au préjudice de ceux qui n'en auroient pû avoir connoiffance.

L'infinuation des donations entre-vifs avoit été introduite à Rome par l'Empereur Conftantin.

Mais avant François I. l'infinuation n'étoit point en ufage en France , au moins dans les Provinces coutumieres. Aujourd'hui généralement parlant , toutes fortes de donations , foit entre-vifs , foit à caufe de mort , doivent être infinuées.

Voyez l'Ordonnance de François I. de l'an 1539. art. 132. & l'Ordonnance de Moulins de l'an 1566. art. 58. Elles font rapportées dans le nouveau Recueil de Neron avec des Commentaires.

Il faut excepter I°. Les donations faites en ligne directe , à titre fingulier par contrat de mariage , qui font exemptes de la regle. La raifon eft , que la donation faite par contrat de mariage , à titre particulier , par un pere ou une mere , un ayeul ou une ayeule , qui font obligés de doter leurs enfans , eft regardée comme un devoir , & comme l'acquis d'une dette , plutôt que comme une libéralité. *Voyez* l'Arrêt du 31. Juillet 1673. rapporté dans le Journal du Palais.

II°. Les donations de meubles , dont le donateur a fait la tradition réelle & actuelle ; car pour la donation de meubles non livrés , elle eft fujette à infinuation , attendu que quand on paffe pardevant Notaires une donation de meubles , qu'on ne livre pas , il en réfulte une hypotheque que le donataire eft en droit d'exercer fur les immeubles du donateur , pour le contraindre d'exécuter fa promeffe.

III°. Les donations faites par le Roi , ou à Sa Majefté.

Les donations faites à des mineurs , n'en font pas exemptes , fauf leurs recours contre leurs tuteurs. Les donations faites à des perfonnes ruftiques , font pareillement nulles , faute d'avoir été infinuées , auffi bien que celles qui font faites aux Eglifes & aux hôpitaux ; fi ce n'eft que les donations faites pour œuvres pies fuffent très-modiques , eu égard aux biens du donateur.

Une donation ne fçauroit être rendue trop publique ; c'eft pourquoi il a été ordonné que l'infinuation s'en feroit dans les Juftices royales.

L'infinuation des donations de meubles doit être faite au Greffe de la Jurifdiction royale du domicile du donateur.

A l'égard de la donation des immeubles , l'infinuation s'en doit faire au Greffe des Infinuations royales , où les chofes font affifes ; & quand les immeubles donnés font fitués dans différentes Jurifdictions , il faut en infinuer la donation au domicile du donateur ; & faire faire outre cela autant d'infinuation qu'il y a de biens immeubles fitués dans différentes Jurifdictions.

Comme l'infinuation n'eft point de la fubftance intrinfeque de la donation , elle fe peut divifer. Ainfi la donation peut valoir pour les héritages fitués aux Jurifdictions où elle aura été infinuée , & être nulle à l'égard des autres biens qui font fitués dans d'autres où cette formalité n'aura pas été obfervée. L'infinuation doit être faite dans les quatre mois , à compter du jour de la donation ; elle peut même être faite après ce tems , pourvû que ce foit du vivant du donateur ; avec cette différence , que quand elle eft faite dans les quatre mois , elle a un effet rétroactif au jour de la donation ; mais lorfqu'elle eft faite après , elle n'a pas le même effet ; ainfi la donation n'a hypotheque que du jour qu'elle a été infinuée , enforte que fi le donateur , depuis la donation par lui faite , & dans le tems intermédiaire de l'infinuation , contracte les dettes , les créanciers pourront agir valablement contre le donataire. *Voyez* Louet , lett. D , fomm. 6.

François I , dans l'Ordonnance de 1539. ne parle que des donations entre-vifs , & ne parle point des donations à caufe de mort , à l'exemple de l'Empereur Juftinien , en la Loi 36. au code de *donat.* Mais à préfent ces fortes de donations doivent être infinuées , ainfi qu'il eft dit en l'art. 3. de l'Edit du mois de Décembre 1703.

Voici les articles de l'Ordonnance de Louis XV. du mois de Février 1731. qui concernent l'infinuation des donations.

» Art. XIX. Les donations faites dans les contrats de mariage en ligne directe , ne feront pas » fujettes à la formalité de l'infinuation.

» XX. Toutes les autres donations, même les dona-» tions rémunératoires ou mutuelles, quand même » elles feroient entiérement égales , ou celles qui » feroient faites à la charge de fervices & de fon-» dations , feront infinuées fuivant la difpofition » des Ordonnances , à peine de nullité.

» XXI. Ladite peine de nullité n'aura pas lieu » néanmoins à l'égard des dons mobiles, augmens, » contre augmens , engagemens , droits de reten-» tion , agencemens , gains de nôces & de furvie , » dans les Pays où ils font en ufage ; à l'égard de » toutes lefquelles ftipulations ou conventions , à » quelque fomme ou valeur puiffent mon-» ter , notre Déclaration du 25. Juin 1729. fera » exécutée fuivant fa forme & teneur.

» XXII. L'exception portée par l'article précédent » & par ladite Déclaration, aura pareillement lieu à » l'égard des donations des chofes mobiliaires,quand » il y aura tradition réelle , ou quand elles n'excede-» ront pas la fomme de mille livres une fois payée,

» XXXIII. Dans tous les cas où l'infinuation eſt né-
» ceſſaire, à peine de nullité, les donations d'immeu-
» bles réels , ou de ceux qui ſans être réels ont une
» aſſiette ſelon les Loix , Coutumes ou uſages des
» lieux , & ne ſuivent pas la perſonne du donateur,
» feront infinuées , ſous ladite peine de nullité, au
» Greffe des Baillages ou Sénéchauſſées royales, ou
» autre Siege royal reſſortiſſant nûement en nos
» Cours , tant du domicile du donateur, que du
» lieu dans lequel les biens donnés ſont ſitués , ou
» ont leur aſſiette ; & à l'égard des donations de
» choſes mobiliaires, même des immobiliaires qui
» n'ont point d'aſſiette , & ſuivent la perſonne, l'in-
» finuation s'en fera ſeulement au Greffe du Baillage
» ou Sénéchauſſée royale, ou autre Siege royal reſ-
» ſortiſſant nuement en nos Cours , du domicile
» du donateur. Défendons de faire aucunes infi-
» nuations dans d'autres Juriſdictions royales , ou
» dans les Juſtices Seigneuriales, même dans cel-
» les des Pairies ; & en cas que le donateur y ait
» ſon domicile , ou que les biens donnés y ſoient
» ſitués , l'infinuation ſera faite au Greffe du Sié-
» ge, qui a la connoiſſance des cas royaux dans le
» lieu dudit domicile ou de la ſituation des biens
» donnés ; le tout à peine de nullité.
» XXIV. Sera tenu à l'avenir dans chaque Bail-
» liage ou Sénéchauſſée royale , un regiſtre parti-
» culier, qui ſera cotté & paraphé à chaque feuil-
» let par le premier Officier du Siege , & ar-
» rêté à la fin de chaque année par ledit Officier,
» dans lequel regiſtre ſera tranſcrit en entier l'ac-
» te de donation , ſi elle eſt faite par un acte ſé-
» paré , ſinon la partie de l'acte qui contiendra la
» donation , ſes charges & conditions, ſans en rien
» omettre ; à l'effet de quoi la groſſe ou expédition
» dudit acte ſera repréſentée, ſans qu'il ſoit né-
» ceſſaire de rapporter la minute.
» XXV. Le dépoſitaire dudit regiſtre ſera tenu
» d'en donner communication toutes les fois qu'il
» en ſera requis, & ſans Ordonnance de Juſtice,
» même d'en délivrer un extrait ſigné de lui, ſi les
» Parties le demandent , le tout ſauf ſon ſalaire rai-
» ſonnable , & ainſi qu'il eſt réglé par notre Décla-
» ration du 17. du préſent mois.
» XXVI. Lorſque l'infinuation aura été faite
» dans les délais portés par les Ordonnances, même
» après le décès du donateur ou donataire, la do-
» nation aura ſon effet du jour de ſa date, à l'égard
» de toutes ſortes de perſonnes. Pourra néanmoins
» être infinuée après leſdits délais , même après le
» décès du donataire, pourvû que le donateur ſoit
» encore vivant ; mais elle n'aura effet en ce cas
» que du jour de l'infinuation.
» XXVII. Le défaut d'infinuation des donations
» qui y ſont ſujettes , à peine de nullité, pourra
» être oppoſée tant par les tiers acquéreurs &
» créanciers du donateur, que par ſes héritiers
» donataires, poſtérieurs ou légataires, & généra-
» lement par tous ceux qui y auront intérêt, autres
» néanmoins que le donateur : & la diſpoſition du
» préſent article aura lieu, encore que le donateur
» ſe fût chargé expreſſément de faire infinuer la
» donation, à peine de tous dépens, dommages

» & intérêts, laquelle clauſe ſera regardée comme
» nulle & de nul effet.
» XXVIII. Le défaut d'infinuation pourra pareil-
» lement être oppoſé à la femme commune en
» biens ou ſéparée d'avec ſon mari , & à ſes héri-
» tiers , pour toutes les donations faites à ſon pro-
» fit, même à titre de dot , & ce dans tous les cas
» où l'infinuation eſt néceſſaire, à peine de nullité;
» ſauf à elle ou à ſes héritiers d'exercer leur re-
» cours , s'il y échoit , contre le mari ou ſes héri-
» tiers , ſans que ſous prétexte de leur inſolvabili-
» té, la donation puiſſe être confirmée en aucun
» cas , nonobſtant le défaut d'infinuation.
» XXIX. N'entendons néanmoins qu'en aucun
» cas ledit recours puiſſe avoir lieu quand il s'agira
» de donations faites à la femme , pour lui tenir
» lieu de bien paraphernal, ſi ce n'eſt ſeulement
» lorſque le mari aura eu la jouiſſance de cette natu-
» re de bien du conſentement exprès ou tacite de
» la femme.
» XXX. Le mari ni ſes héritiers ou ayant cauſe
» ne pourront en aucun cas , & quand même il
» s'agiroit de donations faites par d'autres que
» par le mari , oppoſer le défaut d'infinuation à
» la femme commune ou ſéparée, ou à ſes héritiers
» ou ayant cauſe, ſi ce n'eſt que ladite dona-
» tion eût été faite pour tenir lieu à la femme de
» bien paraphernal, & qu'elle en eût eu la libre
» jouiſſance & adminiſtration.
» XXXI. Les tuteurs, curateurs, & adminiſtra-
» teurs ou autres, qui, par leur qualité ſont tenus
» de faire infinuer leurs donations faites par eux ou
» par d'autres perſonnes, aux mineurs ou autres
» étant ſous leur autorité ne pourront pareille-
» ment, ni leurs héritiers ou ayant cauſe, oppo-
» ſer le défaut d'infinuation auxdits mineurs ou
» autres donataires dont ils ont eu l'adminiſtration,
» ni à leurs héritiers ou ayant cauſe.
» XXXII. Les Mineurs , l'Egliſe , les Hôpitaux,
» communautés ou autres qui jouiſſent du privilege
» de mineurs ne pourront être reſtitués contre les
» défauts d'infinuation, ſauf leur recours tel que de
» droit contre leurs tuteurs ou adminiſtrateurs, &
» ſans que la reſtitution puiſſe avoir lieu, quand
» même leſdits tuteurs ou adminiſtrateurs ſe trou-
» veroient inſolvables.
XXXIII. N'entendons comprendre dans les diſ-
» poſitions des articles précédens qui concernent
» l'infinuation, les pays du reſſort de notre Cour
» de Parlement de Flandres.
Au reſte il paroît par l'art. 47. de cette Ordonnance , qu'elle ne comprend pas les dons mutuels
& autres donations faites entre maris & femmes,
autrement que par le contrat de mariage ; ni pareillement les donations faites par le pere de famille aux enfans étant en ſa puiſſance , à l'égard
deſquelles il ne ſera rien innové juſqu'à ce qu'il y
aît été autrement pourvû par Sa Majeſté.
L'Edit dont nous venons de rapporter la teneur
par rapport aux infinuations , a été ſuivi d'une
Déclaration du 17. Février 1731. dont voici les
termes.
» Art. I. Voulons qu'à compter du jour de l'enre-

» giftrement desprésentes, toutes donations entre-
» vifs de meubles ou immeubles , mutuelles , reci-
» proques , remuneratoires , onéreuses, même à la
» charge de services & fondations en faveur de ma-
» riage & autres,faites en quelque forme & manie-
» re que ce soit (à l'exception de celles qui seroient
» faites par contrat de mariage en ligne directe)
» soient infinuées; sçavoir celles d'immeubles réels
» ou d'immeubles fictifs qui ont néanmoins une
» affiette , aux Bureaux établis par la perception
» des droits d'insinuations près les Baillages ou Sé-
» néchauffées royales,ou autre Siege royal ressortif-
» sant nûement en nos Cours, tant du lieu du do-
» micile du donateur, que de la situation des choses
» données , & celles des meubles ou des choses im-
» mobiliaires qui n'ont pointd'affiette, aux Bureaux
» établis près lesdits Baillages,Sénéchauffées ouau-
» tre Siege royal ressortissant nûement en nos Cours,
» du lieu du domicile du donateur seulement. Et au
» cas que le donateur eût son domicile, ou que les
» biens donnés fussent situés dans l'étendue des Justi-
» ces seigneuriales, l'insinuation sera faite aux Bu-
» reaux établis près le Siege qui a laconnoissancedes
» cas royaux dans l'étendue desdites Justices, le
» tout dans le tems & sous les peines portées par
» l'Ordonnance de Moulins, & la Déclaration du
» 17. Novembre 1690. Déclarons nulles & de nul
» effet toutes les insinuations qui seroient faites à
» l'avenir en d'autres Jurisdictions, dérogeant à
» tous Edits & Déclarations à ce contraires.
» II. Voulons qu'à commencer au premier Juil-
» let prochain, les Commis établis dans chacun
» desdits Bureaux, lesquels sont tenus de prêter
» serment pardevant le Lieutenant général des Sie-
» ges ci-dessus nommés, tiennent un registre séparé,
» cotté & paraphé par le Lieutenant général, ou
» par le premier ou plus ancien Officier du Siege en
» son absence, dans lequel les actes de donations,
» si elles sont faites par un acte séparé,sinon la par-
» tie de l'acte qui contiendra la donation avec tou-
» tes ses charges ou conditions, serontinsérés & en-
» registrés tout au long; pour le paraphe desquels
» registres il sera pris dix sols pour ceux de cin-
» quante feuillets, & au-dessous, vingt sols pour
» ceux de cent feuillets, & trois livres pour ceux
» qui contiendront plus de centfeuillets.
» III. Lesdits commis seront tenus de communi-
» quer lesdits régistres, sans déplacer, à tous ceux
» qui le demanderont, & de fournir des extraits ou
» expéditions en papier,suivant qu'ils en seront re-
» quis des actes & inserés; & ne sera pris que dix
» sols pour le droit de recherche dans chaque regis-
» tre, & pareille somme pour chaque extrait déli-
» vré; & en cas qu'ils fussent requis de délivrer des
» expéditions entieres des actes enregistrés, il leur
» sera payé par rôle de grosse le même droit qui
» se paye pour les expéditions, en papier au Greffe
» du Siege près lequel ils sont établis.
» IV.Lesdits registres seront clos & arrêtés à la
» fin de chaque année par le Lieutenant général,
» ou le premier ou plus ancien Officier du Siege en
» son absence, & quatre mois après seront mis au
» Greffe de la Jurisdiction;à quoi faire lesdits Com-

» mis seront contraints par corps, à la diligence des
» Substituts de nos Procureurs généraux; & sera
» dressé procès verbal par le Lieutenant général, ou
» par le premier ou plus ancien Officier du Siege,
» de l'état desdits registres; au bas duquel le Gref-
» fier de la Jurisdiction s'en chargera, pour en don-
» ner communication toutefois & quantes, même
» en fournir des extraits gratis à nos Fermiers ou à
» leurs Commis, en lui remboursant les frais du
» papier timbré seulement, à peine de cent livres
» d'amende, qui sera encourue sur le simple procès-
» verbal desdits Commis.
» V. Lesdits Greffiers seront pareillement tenus
» de communiquer lesdits registres, sans déplacer,
» à tous ceux qui le demanderont, & de fournir des
» extraits ou expéditions aussi en papier, suivant
» qu'ils en seront requis, des actes y inserés: leur
» défendons de prendre pour raison de ce, d'autres
» droits que ceux qui sont attribués aux Commis
» par l'art. 3. des présentes.
» VI. N'entendons déroger à l'art. 3. de notre
» Déclaration du 20. Mars 1708. en ce qu'il ordonne
» l'insinuation des donations par forme d'augmens
» ou contr'augmens, dons mobiles, engagemens,
» droits de retention, agencemens, gains de nôces
» & de survie, dans les pays où ils sont en usage.
» Voulons que lesdits actes soient insinués confor-
» mément à ladite Déclaration, & les droits payés
» suivant le tarif, en même tems que ceux du
» controle, dans les lieux où le controle est établi;
» & dans ceux où le controle n'a pas lieu, dans
» les quatre mois du jour & date desdits actes; sans
» néanmoins que le défaut d'insinuation desdits
» actes puissent emporter la peine de nullité, & ce
» conformément à notre Déclaration du 15. Juin
» 1729. lesquels droits, lorsqu'ils auront été payés
» en même tems que ceux du controle, appartien-
» dront aux Fermiers qui auront insinué lesdits
» actes, sans répétition.
» VII. Voulons pareillement que ladite peine de
» nullité ne puisse avoir lieu à l'égard des donations
» des choses mobiliaires, quand il y aura tradition
» réelle, ou quand elles n'excéderont la somme
» de mille livres; au cas qu'elles n'eussent pas été
» insinuées, conformément à l'article premier des
» présentes. Voulons que les Parties qui auroient
» négligé de les faire insinuer, soient seulement su-
» jettes à la peine du double droit, & que les droits
» desdites donations soient payés conformément à
» ce qui est prescrit par l'article précédent. Voulons
» au surplus que les Ordonnances, Edits & Décla-
» rations enregistrées en nos Cours, concernant
» les Insinuations, soient exécutés suivant leur
» forme & teneur, dans toutes les dispositions
» auxquelles il n'est pas dérogé par ces présentes.
» Si donnons en mandement, &c.
Voyez ce que nous avons dit des insinuations
dans la Traduction des instituts, sur le §. 2. du tit.
7. du second livre, & sur l'article 284. de la Coutume de Paris. *Voyez* aussi Belordeau, lett. D,
art.31. & le Recueil alphabétique de M. Bretonnier,
verbo Donation.

INSINUATION des Substitutions, a
été

été introduite par l'art. 57. de l'Ordonnance de Moulins.

Cet article porte, que toutes dispositions entre-vifs ou de derniere volonté contenant substitutions, seront pour le regard d'icelles substitutions, publiées en Jugement à jours de plaidoiries, & ce dans six mois, à compter, quant aux substitutions testamentaires, du jour du décès de ceux qui les auront faites; & pour le regard des autres, du jour qu'elles auront été passées, autrement seront nulles, & n'auront aucun effet. Et après la publication d'icelles en Jugement, seront enregistrée ès Greffes royaux plus prochains des lieux où les choses sont assises, & aussi ès Greffes royaux plus prochains de la demeure de ceux qui ont fait lesdites substitutions.

Voyez, *verbo* Substitutions, ce que l'on entend par substitutions entre-vifs, & par substitutions faites par une disposition de derniere volonté.

La publication & l'insinuation des substitutions n'ont été ordonnées que pour empêcher que des créanciers ne fussent trompés, en contractant avec des personnes gravées de substitution, dont ils n'auroient point pû avoir de connoissance, & qu'ils auroient cru très-riches & très-solvables, sous les apparences de biens substitués.

Sur les contestations qui se formoient tous les jours au sujet de la publication & de l'enregistrement des substitutions, il est survenu plusieurs Déclarations, & entr'autres celle du 18. Janvier 1711. qui porte,

I°. Que toutes substitutions faites par acte entre-vifs ou par testament, seront publiées en Jugement, l'Audience tenant, tant en la Justice royale du domicile de celui qui les aura faites, qu'en celle de la situation des biens substitués; & que lesdites publications des substitutions seront enregistrées en même tems au Greffe desdites Justices royales, à la diligence des héritiers, soit institué, soit *ab intestat*, donataires ou légataires universels, ou même particuliers, lorsque leurs donations ou leurs legs seront chargés de substitutions; & en cas de minorité, à la diligence de leurs tuteurs ou curateurs, qui demeureront responsables du défaut desdites publications & d'enregistrement, à peine de nullité desdites substitutions.

II°. Que lesdites publications & enregistremens soient faits dans les six mois à compter du jour des actes, si les substitutions sont faites par des dispositions entre-vifs; & du jour du décès du testateur, si elles sont faites par des dispositions à cause de mort.

III°. Que lesdites substitutions & publications seront enregistrées dans un Registre destiné à cet effet, qui sera paraphé à chaque page par le principal Juge des Sieges royaux où les substitutions doivent être publiées.

IV°. Que les substitutions qui n'auront pas été publiées ni enregistrées dans ledit tems de six mois ne pourront être opposées aux créanciers ni aux tiers-acquéreurs; & que celles qui auront été publiées & enregistrées après les six mois, ne pourrons leur être opposées que du jour desdites publications & enregistremens.

V°. Que ce que dessus aura lieu à l'égard des mi-

Tome II.

neurs, sans qu'ils puissent prétendre être relevés de ce défaut de publication & d'enregistrement, même en cas d'insolvabilité de leurs tuteurs.

VI°. Que le défaut de publication & d'enregistrement ne pourra être opposé en aucun cas aux substitués par les héritiers institués ou *ab intestat*, donataires, ou légataires universels ou particuliers, ni par leurs successeurs, à l'égard desquels les substitutions auront leur effet comme si elles avoient été publiées & enregistrées.

VII°. Que lesdites publications & enregistremens des substitutions, seront faites dans les Justices royales du domicile de celui qui les aura faites, & dans celles de la situation des biens substitués, sans préjudice de l'insinuation desdites substitutions, ordonnée par l'Edit du mois de Décembre 1703.

INSINUATION LAÏQUE, est un enregistrement qui se fait en vertu de la Déclaration donnée au mois de Décembre 1703, non-seulement des donations & des substitutions, mais aussi de tous autres contrats & actes dont le public a intérêt d'avoir connoissance.

Cet enregistrement se fait au Greffe des insinuations laïques, établi en chacune des Villes ou il y a Siege de Jurisdiction royale & ordinaire; on paye les droits portés par le dernier tarif qui a été fait à ce sujet, & que nous avons rapporté dans la Science parfaite des Notaires.

Généralement parlant, tous les contrats & actes translatifs de propriété sont sujets à cette insinuation; mais le trop grand nombre ne permet pas que nous en fussions ici l'énumération. Le Lecteur peut s'en instruire dans le livre que je viens de citer, & dans Henrys, tome 1. livre 2. question 58.

INSINUATION ECCLÉSIASTIQUE, est un enregistrement qui se fait d'actes concernant les matieres ecclésiastiques & bénéficiales, aux Greffes des insinuations ecclésiastiques qui sont établis dans chaque Diocese.

Voyez ce que j'en ai dit dans la Science parfaite des Notaires.

INSTALLATION, est un terme composé de deux mots latins, sçavoir de la proposition *in*, qui signifie sur, & du substantif *stallum*, qui signifie marche-pied. Cela posé, l'installation est la prise de possession d'un Office de Judicature: *stallum enim scamnum est, sive statio in aliquo loco*.

Ainsi quand un Officier est reçu, on l'installe, & on le met solemnellement dans la place qu'il doit tenir dans l'Auditoire; & c'est ce qu'on appelle la prise de possession de l'Office: car la réception ne donne que la possession du droit, & la permission d'appréhender, celle de fait, qui est la vraie & parfaite possession qui met l'Officier en exercice de sa charge, quand l'installation est faite dans les formes.

Pour y parvenir, il faut, si l'Officier reçu a un Supérieur, qu'il s'adresse à lui, & lui présente sa Requête tendante à cette fin. Si au contraire il est le premier Officier du Siege, c'est au Doyen des Conseillers à l'installer.

Quand il n'y a point d'Officier supérieur au Récipiendaire, ni de Lieutenans ou Conseillers dans le Siege, le nouvel Officier s'installe lui-même.

F

C'est ainsi que cela se pratique dans les Justices royales & seigneuriales dans lesquelles il ne se trouve qu'un seul Juge.

L'installation ne se fait qu'après la prestation de serment. On en dresse ordinairement un acte ou procès verbal.

Le nouvel Officier n'a part aux émolumens qui sont attachés à l'exercice, que du jour de son installation, parce que jusques-là il ne peut exercer; au lieu que les profits de l'Office, tels que les gages, courent du jour des provisions.

Dans les Compagnies, quand il s'agit de dignités égales, le premier installé a toujours le premier rang.

La raison est, que le rang n'est déféré qu'à cause de la dignité, & par conséquent selon l'ordre de la promotion de chacun en son Office.

Cette promotion en France n'est certainement pas censée accomplie du jour de la reception, mais seulement du jour de l'installation publique. Loyseau dans son Traité des Offices, liv. 1. chap. 7. nomb. 27. & suivans.

Il y a des Offices pour lesquels, il n'y a point d'autre installation que la prestation de serment, tels que les Offices de Finance.

INSTALLER, signifie mettre en possession d'une Charge, d'un Bénéfice; placer l'Officier ou le Bénéficier dans la place qui lui appartient.

INSTANCE, se prend pour la poursuite d'une action pardevant le premier Juge; comme si j'ai intenté action pardevant le Prévôt ou autre, la Sentence qui sera rendue, sera dite Sentence rendue en première instance.

Instance se prend aussi généralement pour la poursuite d'une action, soit pardevant le premier Juge, ou pardevant le Juge d'appel; comme quand on dit que l'instance périt par trois ans, pour avoir discontinué les procédures pendant ce tems.

On dit aussi dans ce sens une instance d'ordre, une instance de préférence, de saisie & arrêt.

On dit même une instance de partage, qui se poursuit ordinairement à Paris pardevant les Commissaires.

Quoique dans une signification étendue, instance signifie toutes sortes de poursuites, néanmoins dans l'usage on appelle instances toutes les affaires appointées, à la réserve des appellations qui s'instruisent en conséquence des appointemens de conclusion, à qui l'on donne spécialement le nom de procès.

Ainsi on appelle instances toutes les causes d'appel qui n'ont pû être jugées à l'Audience des Cours souveraines, soit lorsqu'elles ont été appointées sur la plaidoirie qui en a été faite à l'Audience, soit pour n'avoir pas eu le tems de les faire plaider, de maniere qu'elles ayent été appointées sur le rôle.

Ainsi les appellations verbales, lesquelles ayant été mise au rôle de la Grand'Chambre, & n'ayant pû venir à leur tour, sont appointées de plein droit & font une instance, ne pouvant plus être jugées que sur productions des Parties.

INSTANCES SOMMAIRES, OU INSTRUCTIONS A LA BARRE DE LA COUR, étoient des instances appellées Parlemens sommaires, qui s'instruisoient par écrit en six jours, en conséquence d'une Requête présentée à la Cour.

Ces instructions avoient lieu dans les affaires de peu de conséquence, ou qui requéroient célérité.

Mais ces instructions à la Barre de la Cour ont été abrogées par l'article 11. du titre 11. des delais & procédures, &c. de l'Ordonnance de 1667.

INSTANCE DE PRÉFÉRENCE, est la contestation qui est formée entre le créancier qui a le premier fait saisir les meubles de son débiteur, & les créanciers opposans.

Elle tend à faire la distribution des deniers provenans de la vente de ces meubles; de maniere que le premier saisissant soit entiérement payé par priorité de saisie, ou que lui & tous créanciers opposans perçoivent ces deniers par contribution au sol la livre, en cas de déconfiture. Voyez Préférence. Voyez Contribution.

Quand l'instance de préférence se fait en conséquence des saisies faites sur des loyers ou arrérages de rente, le premier saisissant ne peut prétendre droit de priorité de la saisie, que sur les deniers qui en sont échus jusqu'à la seconde saisie qui en a été faite.

Il ne vient donc sur les deniers qui en sont échus depuis, que concurremment & par contribution avec le second saisissant, au cas qu'il n'eût pas été entiérement payé sur les deniers échus précédemment.

La raison est, que les loyers & les arrérages de rente dietim debentur. C'est pourquoi dès qu'un autre créancier les fait saisir, la priorité de saisie cesse à l'égard de celui qui les avoit saisies auparavant.

INSTITUTES, sont les premiers élemens de la Jurisprudence, & les premiers principes du Droit Romain, qui ont été composés par Tribonien, Dorothée & Théophile.

L'Empereur Justinien donna aux Institutes force de Loi par sa Constitution qui est à la tête de cet Ouvrage, & qui lui sert de Préface.

Voyez ce que j'ai dit de ces premiers élemens de la Jurisprudence dans mon Histoire du Droit.

INSTITUTION D'HERITIER, est la nomination faite par le testateur, en termes directs & impératifs, de son successeur universel, qu'il appelle généralement à la succession de tous ses droits & de tous ses biens.

Voyez, touchant l'institution d'héritier, ce que j'en ai dit dans ma Traduction des Institutes, sur le titre 14. du second Livre. Nous allons expliquer ici ce qui regarde cette institution, tant en pays de Droit écrit, qu'en pays coutumier.

INSTITUTION D'HERITIER EN PAYS DE DROIT ECRIT, est reçue conformément à la disposition des Loix Romaines.

Elle y est la baze & le fondement de tous les testamens qui se font dans ce pays-là. Sans cette institution, il n'y a point de testament; en sorte que toutes les autres dispositions faites dans un acte portant le nom du testament, ne seroient point valables, ou s'il n'y avoit d'inftitution d'héritier, ou fi celle qui auroit été faite par le teftateur, n'avoit point fon exécution.

Il faut donc en pays de Droit écrit, que l'héritier inftitué furvive le teftateur, & qu'il accepte la fucceffion pour faire valider les autres difpofitions contenues dans le teftament.

Si l'héritier mouroit avant le teftateur ou qu'il ne voulutpas accepter l'hérédité, le teftament demeureroit caduc, & les autres difpofitions contenues dans le teftament n'auroient aucun effet, à moins que la renonciation de l'héritier ne fut faite en fraude des légataires, pour faire paffer les biens aux plus proches héritiers avec lefquels il feroit d'accord, fans aucune charge de legs, t. 1. ff. & cod. fi quis omiff. cauf. teftam. ou à moins que le teftament ne fût muni d'une claufe codicillaire.

On peut en pays de droit écrit, conformément aux Loix Romaines, fe faire qui l'on veut hériter par le moyen de cette inftitution; & cet héritier fuccede univerfellement dans tous les biens, noms & actions du défunt, fans aucune diftinction de propres ou d'acquêts, qui eft inconnue dans les Provinces qui fe gouvernent dans le Droit écrit.

Mais en pays coutumiers on n'a pas la même liberté. La nature & le fang nous y donnent des héritiers malgré nous, à qui nous ne pouvons pas ôter cette portion de nos biens, que nous appellons légitime coutumiere.

En pays de droit écrit, celui des deux conjoints qui decede le premier inftitue fouvent celui de fes enfans que le furvivant voudra choifir. Sur quoi nous allons faire ici deux obfervations importantes.

La premiere que quand celui à qui la liberté de ce choix eft laiffée par celui des conjoints qui decede le premier, fe donne à lui-même un de fes enfans pour héritier, il eft cenfé avoir choifi & inftitué le même enfant héritier du prédecédé.

La deuxieme, que comme cette faculté de choix n'eft qu'un fimple miniftere & un honneur qui eft déféré au furvivant, qui ne lui apporte aucun profit, il n'en eft pas déchu lorfqu'il convole en fecondes nôces.

Sur toutes les queftions qui fe peuvent préfenter au fujet du choix qui donne le premier mourant à celui qui furvit, de lui choifir pour héritier celui de fes enfans que le furvivant voudra choifir, voyez Henrys, tom. 1. liv. 5. chap. 3. queft. 16. & 17. chap. 4. queft. 18. 20. 61. & 62. tom. 2. liv. 5. queft. 12.

Au refte, l'inftitution d'héritier étoit fondée chez les Romains fur ce qu'ils la regardoient comme une loi qu'ils donnoient à leur poftérité, & dans laquelle ils s'imaginoient revivre en la perfonne de celui qu'ils inftituoient pour fuccéder dans tous leurs biens.

Quoique ce motif paroiffe plaufible, on peut néanmoins avancer que cette difpofition univerfelle peut avoir fes inconveniens; car il arrive quelquefois que les biens & les poffeffions qui font le plus ferme foutien des familles, au lieu de demeurer fous la direction générale des Loix, deviennent le jouet de la foibleffe capricieufe d'un teftateur

imbécille par nature ou par accident, ou mal difpofé par prévention; en tous cas, d'autant plus facile à fe laiffer féduire, qu'en donnant tout ce qu'il poffede il ne fe prive de rien. Et de là vient que bien des gens affamés du bien d'autrui, s'occupent entiérement à obféder les riches vieillards ou les riches veuves, auprès defquels ils n'omettent aucune forte de flatterie & de foupleffe, pour enlever leurs fucceffions à leurs légitimes héritiers.

Ainfi nos Coutumes n'ont point admis l'inftitution d'héritier; à l'effet de le faire fuccéder dans l'univerfalité des biens du teftateur, comme nous l'allons faire voir dans l'article fuivant.

INSTITUTION D'HERITIER N'A LIEU EN PAYS COUTUMIER. Comme nos coutumes ont eu plus d'égard aux liaifons du fang & de la nature, qu'à la volonté du teftateur, les inftitutions d'héritier ne font point reçues dans la France coutumiere, & dans la plûpart de nos Provinces qui font régies par la Loi municipale qu'elles fe font faite. C'eft cette même Loi qui fait l'héritier; c'eft-à-dire que fitôt qu'un homme eft mort, fon héritier eft à l'inftant faifi de fa fucceffion, fola Legis autoritate, fuivant cette regle qui a été reçue par la plûpart de nos Coutumes: Le mort faifit le vif, fon hoir plus proche & habile à lui fuccéder. Ainfi l'inftitution d'héritier n'a point lieu en pays coutumier.

Il s'enfuit de ce principe, qu'en pays coutumier un teftateur ne peut pas fe faire d'autres héritiers que ceux que la loi du fang lui donne.

C'eft ce qui a fait dire à quelques-uns de nos Praticiens, que nous n'avons pas de véritables teftamens en pays coutumier, & que ce qu'on y appelle vulgairement des teftamens, ne font que des codiciles, puifque l'inftitution d'héritier, qui eft la baze & le fondement d'un teftament, n'y eft point reçues.

Un teftateur peut bien, en pays Coutumier, faire non feulement des legs particuliers, mais encore des legs univerfels; mais ces legs univerfels ne comprennent qu'une efpece de biens, comme dans la Coutume de Paris, les meubles & acquêts, & le quint des propres.

D'ailleurs, les légataires, quoiqu'univerfels, ne font pas faifis par la loi des biens du défunt; ils font obligés de demander la délivrance de leurs legs à l'héritier du défunt; & s'ils font héritiers eux-mêmes, il faut abfolument, pour avoir leurs legs, qu'ils renoncent à l'hérédité, & qu'enfuite ils demandent délivrance de leurs legs à ceux qui demeurent héritiers.

Il n'y a que la Coutume de Berry, qui par une fingularité toute particuliere, porte que l'on peut inftituer héritier tant celui qui doit fuccéder ab inteftat, qu'une perfonne étrangere: mais cela ne fe trouve point dans les autres Coutumes; ou s'il y en a quelques-unes qui ayent une femblable difpofition, elles font en très-petit nombre.

Il eft aifé de pénétrer la raifon de cette difpofition toute particuliere de la Coutume de Berry, fi différente des autres Coutumes du Royaume, en faifant réflexion que M. le premier Préfident Lizet, qui étoit le plus grand Jurifconfulte de fon fiécle , & un très-grand admirateur des Loix Romaines a été un des Commiffaires députés pour la réformation de cette Coutume.

Comme il étoit rempli de l'efprit du Droit Romain , il a marqué dans la reformation de cette Coutume le zéle & l'affection qu'il avoit pour les décifions de ce Droit. Auffi pour peu qu'on examine les difpofitions de la nouvelle Coutume de Berry, l'on reconnoît aifément que le Droit Romain y domine plus que dans toutes les autres Coutumes.

Revenons préfentement à l'explication de ce que nous avons dit ci-deffus que l'inftitution n'a point lieu en pays coutumier, en exceptant toutefois de cette regle la Coutume de Berry.

Ces termes *inftitution d'héritier n'a point lieu en pays coutumier*, nous marquent que cette inftitution ne vaut , ni comme inftitution d'héritier , ni comme le legs univerfel, à moins que la Coutume ne s'en foit expliquée en termes précis , de maniere que l'on n'en puiffe point douter.

Cela eft fi vrai, que comme l'ancienne Coutume de Paris portoit feulement en l'article 120. qu'*inftitution d'héritier ne vaut*, l'on fut obligé lors de la réformation de cette Coutume, pour lever toute difficulté & tout doute, d'y ajouter, *c'eft-à-dire qu'elle n'eft pas néceffaire pour la validité d'un teftament*, mais ne *laiffe pas de valoir la difpofition juf-qu'à la quantité des biens dont le teftateur peut valablement difpofer par la Coutume*. Cet article de la Coutume de Paris reformée , eft le 299.

M. René Chopin fur la Coutume de Paris, liv. 2. tit. 4. nomb. 8. eft d'avis que l'inftitution d'hé-zier emporte la nullité de la difpofition , & qu'elle ne peut valoir, ni comme inftitution d'héritier , ni comme legs univerfel, dans les Coutumes qui ne s'en expliquent pas auffi clairement que celle de Paris.

M. Jean-Marie Ricard, dans fon Traité des Subftitutions, eft auffi d'avis que les inftitutions d'héritiers font abfolument nulles dans les Coutumes qui ne s'expliquent pas auffi nettement que celle de Paris, & dans lefquelles il eft dit purement & fimplement, qu'inftitution d'héritier ne vaut. Cet Auteur rapporte au même endroit un Arrêt qui l'a jugé ainfi.

M. Bobé, qui a commenté la Coutume de Meaux, remarque que ces mots, qui font en l'article 28. de cette Coutume, *inftitution d'héritier n'a point de lieu en préjudice de l'héritier*, fignifient que cette inftitution eft abfolument nulle & de nul effet, ainfi qu'il a été jugé par Arrêt du 31. Août 1658. rendu en la quatrieme Chambre des Enquêtes, au rapport de M. Bernard de Rezé.

Nous avons quantité de Coutume qui rejettent expreffément l'inftitution d'héritier , même par forme de legs ; & dans ces Coutumes il ne peut y avoir aucune difficulté. Telles font la Coutume de Nivernois, chap. 33. art. 10. celle de Montargis, chap. 13. art. 1. celle de Bourbonnois, art. 324. celle d'Auvergne, article 33. chap. 12. celle de Vitry, art. 10. & plufieurs autres.

De ce que nous venons de dire, il refulte que l'inftitution d'héritier ne peut valoir, ni comme

inftitution d'héritier, ni comme legs univerfel.

I°. Dans les Coutumes qui rejettent expreffément l'inftitution d'héritier , même par forme de legs.

II°. Dans les Coutumes qui portent fimplement, qu'inftitution d'héritier ne vaut ou n'a point lieu & qui ne s'expliquent pas fur le refte auffi clairement que celle de Paris.

Et c'eft en ce cas que l'on peut dire, que le teftateur qui a fait une inftitution d'héritier, au lieu de faire un légataire univerfel, comme il le pouvoit, a fait ce qu'il ne pouvoit, & n'a pas fait ce qu'il pouvoit : *Fecit quod non potuit, & non fecit quod potuit.*

INSTITUTION D'HERITIER EN LA SOMME DE CINQ SOLS, eft fuffifante pour couvrir la prétérition des enfans. Ainfi elle empêche que celui qui a été ainfi inftitué par fon pere, puiffe attaquer fon teftament, comme étant inofficieux : elle ne lui laiffe que le droit de demander le fupplément de fa légitime. *Voyez* Supplément de légitime.

INSTITUTION CONTRACTUELLE, eft un don irrévocable de fucceffion, ou d'une partie de fucceffion fait par contrat de mariage par des peres & meres, ou même par des étrangers, au profit de l'un des deux conjoints, ou des enfans qui doivent naître du futur mariage.

Les inftitutions contractuelles n'étoient point en ufage chez les Romains ; mais elles font aujourd'hui généralement reçues par toute la France, pourvû qu'on les faffe non-feulement en faveur du mariage, mais dans le contrat de mariage, de maniere qu'elles faffent partie des conventions qui y font inferées.

Les inftitutions contractuelles fe peuvent faire, non-feulement au profit de l'un des deux conjoint, mais auffi au profit des enfans qui naîtront du mariage.

La raifon de douter, quand aux enfans qui doivent naître du futur mariage, eft que n'étant pas encore exiftans, on peut leur oppofer le défaut d'acceptation, qui eft de la fubftance d'une donation.

La raifon de décider fe tire de la faveur des contrats de mariage, qui l'emporte fur toutes les raifons qu'on pourroit objecter au contraire, comme remarque Decius dans fon Confeil 215. n. 1.

M. Charles Dumoulin, dans fon Apoftille à l'endroit cité, dit que cet ufage eft même autorifé en pays de Droit écrit par plufieurs Arrêts du Parlement de Touloufe, rapportés par divers Auteurs qu'il cite.

Lorfque celui qui inftitue par contrat de mariage un des futurs conjoints, & le charge de reftituer les biens qui lui viendront de fa fucceffion aux enfans qui naîtront de ce mariage, cette difpofition faite en leur faveur eft une fubftitution contractuelle, empêche l'héritier inftitué d'aliéner les biens fujets à reftitution, au préjudice des enfans fubftitués.

Les inftitutions contractuelles peuvent être faites de tous les biens du donateur, ou d'une certaine quotité feulement.

Mais quand l'inftitution portée par contrat de mariage eft indéfinie, elle comprend tous les biens de celui qui a fait l'inftitution ; elle comprend mê-

même tous ses propres. Ainsi jugé par Arrêt rendu en la Grand'Chambre du Parlement de Paris, après une plaidoierie de vingt-une Audiences, le trente Août 1700 en faveur de M. le Duc de Chevreuse, neveu de M. le Duc de Chaulnes. Cet Arrêt est rapporté dans le Journal du Palais.

Quand le donateur a des enfans, il faut que l'institution contractuelle soit faite de maniere que la légitime soit conservée aux enfans du donateur.

Ces Institutions ont été introduites sur le fondement, Iᵒ. Qu'elles occasionnent souvent des mariages, qui n'auroient point été contractés sans cette condition.

IIᵒ. Qu'elles peuvent contribuer beaucoup à soutenir la Noblesse. *Talis consuetudo habet fomentum æquitatis propter favorem matrimonii ; quia sub tali pacto Nobiles inveniunt nobiliores, per quos nobilitas crescit.*

Le soutien & l'aggrandissement de la Noblesse a fait introduire parmi nous plusieurs autres choses contre le Droit commun ; & la faveur des contrats de mariage est si grande, qu'ils sont susceptibles de toutes sortes de clauses, quoique contraires aux dispositions précises des Coutumes & des Loix, ou aux principes mêmes, pourvû qu'elles ne le soient pas aux bonnes mœurs, comme nous l'avons dit ailleurs.

Aussi dans la Coutume de Paris, & dans toutes les autres qui ne permettent de disposer par derniere volonté que du quint des propres, l'on en peut disposer de la totalité par une institution contractuelle, sans que les héritiers *ab intestat* puissent en demander la réduction.

Il y auroit une grande injustice d'anéantir pour une partie, & de reduire au quint des propres une telle institution, qui auroit donné lieu à la conclusion du mariage. Ainsi, comme le mariage ne se peut retracter, il n'est pas juste d'anéantir ou de réduire les clauses & conditions sans lesquelles il n'auroit pas été fait.

L'institution contractuelle n'est, à proprement parler, ni donation entre-vifs, ni donation à cause de mort, mais participe de l'une & de l'autre. Elle convient avec la donation entre-vifs, Iᵒ. Parce que c'est un contrat, puisqu'elle ne se peut faire que par contrat de mariage ; ce qui l'a fait appeller contractuelle.

IIᵒ. En ce qu'elle est irrévocable, & n'est point sujette à la reserve des quatre quints.

IIIᵒ. En ce que l'instituant y abdique le pouvoir qu'il avoit de disposer à titre universel, de tout ou de partie de ses biens.

Elle convient avec la donation à cause de mort & les institutions testamentaires, en ce qu'une institution contractuelle est un don de succession, qui ne peut par conséquent avoir son plein & entier effet qu'au moment de la mort du donateur : de sorte que les biens qui en doivent revenir un jour au donataire, peuvent augmenter ou diminuer jusqu'au moment de la mort du donateur ; car l'héritier institué par contrat de mariage ne peut prétendre que les biens qui se trouveront appartenir à l'instituant au jour de son décès, & on

n'a point d'égard à ceux qu'il possédoit au tems de la donation, & qu'il a depuis aliénés.

L'exécution de l'institution contractuelle est donc différée au tems de la mort de l'instituant, de même que l'exécution des autres dispositions de derniere volonté est différée au tems de la mort de ceux qui les ont faites.

D'ailleurs, l'institution contractuelle a en soi tout le caractere de la donation à cause de mort, qui est que le donateur se préfere à qui il donne, & préfere celui à qui il donne à son héritier.

Enfin, les institutions contractuelles ne sont point sujettes à insinuation, comme il a été jugé par Arrêt du douze Janvier 1712. rendu sur les conclusions de M. l'Avocat général Chauvelin. Ce qui est fondé sur le sentiment de Coquille, article 12. de la Coutume de Nivernois, & de M. le Brun en son Traité des Successions ; sçavoir, que l'insinuation n'étoit requise que par rapport aux créanciers & par rapport à l'héritier ; que l'un & l'autre étoient sans intérêts dans les institutions contractuelles.

Iᵒ. Parce que l'héritier institué étoit tenu des dettes ; ce qui mettoit absolument les créanciers hors d'intérêts.

IIᵒ. Parce que à l'égard de celui qui étoit par la Loi héritier de l'instituant, celui qui par contrat de mariage étoit institué héritier, portoit sa part des dettes, si l'institution étoit de quotité seulement ; & de toutes les dettes, si l'institution étoit universelle.

Le 6. Septembre de la même année il a été jugé en la Troisieme Chambre des Enquêtes, au rapport de M. Doublet, qu'une institution contractuelle portée par un contrat de mariage, au profit d'un parent collatéral, n'étoit point sujette à insinuation. La raison est, que l'instituant ne se défaisit point, & que l'héritier dépouillé par l'institution universelle n'a point d'intérêt de sçavoir s'il a quelque chose, puisqu'il ne peut rien avoir.

M. Brillon, qui rapporte cet Arrêt *verbo* Institution, dit, qu'en opinant on insinua que s'il s'agissoit d'une institution d'héritier particulier, comme d'un quart ou d'un tiers de la succession, l'insinuation seroit nécessaire.

L'effet de l'institution contractuelle, par rapport à celui qui l'a faite, & d'empêcher qu'il ne puisse valablement faire une autre Institution d'héritier, ni faire aucune donation universelle, ni disposer en aucune maniere de sa succession, au préjudice de celui à qui il a fait don de sa succession par contrat de mariage.

La raison est, que celui qui fait cette institution, a en vûe de se donner un héritier, fait véritablement don de sa succession ; ce qui lui ôte la faculté de rien faire qui puisse empêcher l'héritier institué de recueillir sa succession, c'est-à-dire, les biens qui se trouveront appartenir au donateur au jour de son décès.

Il peut bien faire quelques legs modiques, pourvû que *maneat institutio in sua quota*, suivant la note de M. Charles Dumoulin sur l'art. 12. de la Coutume de Nivernois au titre des Donations.

Cette institution ne peut donc pas être révoquée directement ni indirectement, c'est-à-dire, que celui qui l'a faite ne peut rien faire au préjudice de la portion héréditaire qui doit appartenir à l'héritier inftitué, par d'autres difpofitions à titre lucratif, à d'autres enfans ou à des étrangers, comme il a été jugé par Arrêt du 14. Décembre 1641. rapporté dans le premier tome du Journal des Audiences.

Quoique cette inftitution ne puiffe point véritablement avoir fon exécution qu'au tems du décès de celui qu'il a faite, elle faifit cependant de la qualité d'héritier celui qui eft inftitué, dès l'inftant que cette inftitution eft faite : de forte que cette qualité ne lui peut point être ôtée, & que l'inftituant ne peut rien faire au préjudice.

Mais l'inftitution contractuelle ne lie pas les mains à celui qui l'a faite, par rapport aux difpofitions entre-vifs, à l'exception de la donation univerfelle ; ainfi elle ne lui ôte pas la liberté de contracter, de vendre, d'aliéner & d'engager fes biens de la maniere qui lui plaît, pourvû qu'il en ufe fans fraude.

La raifon eft, qu'une inftitution contractuelle n'eft pas une véritable donation entre-vifs, qui transfere au donataire la propriété des biens du donateur ; cette inftitution eft feulement un don de fucceffion, qui ne faifit le donataire que de la qualité d'héritier ; mais qui ne peut avoir fon exécution, & produire fon effet, qu'au tems de la mort du donateur.

Cette qualité ne peut fervir au donataire, que pour prendre à titre d'héritier tous les biens qui fe trouveront appartenir au donateur au tems de fa mort ; en quoi certainement l'inftitution contractuelle participe de la nature des inftitutions d'héritier qui fe font par teftament.

De ce que nous venons de dire, il s'enfuit que l'inftitution contractuelle n'induit aucune prohibition d'aliéner, & n'empêche point que celui qui a fait une inftitution contractuelle ne puiffe difpofer de fes biens fans fraude ; parce qu'il n'a pas véritablement donné fes biens, mais feulement ceux qui fe trouveront lui appartenir au tems de fa mort : ce qui fait que l'inftitué n'a pas droit d'évincer les acquéreurs & détempteurs des biens que l'inftituant a pû aliéner de fon vivant.

L'effet de l'inftitution contractuelle, par rapport à celui qui eft inftitué par contrat de mariage, eft de le rendre, au jour du décès de l'inftituant, véritablement fon héritier, & de le faifir de plein droit de fes biens, de même que les héritiers du fang en font faifi, fuivant la regle, le mort faifit le vif.

La raifon eft, que l'héritier contractuel eft conftamment un véritable héritier, & autant héritier que celui qui eft fait héritier par la Loi, en conféquence des droits du fang. Et comme tout héritier eft tenu des dettes au delà des forces de la fucceffion, quand il n'a pas fait inventaire, il s'enfuit que l'héritier contractuel ou conventionnel les doit auffi payer pour le tout, quand il n'a pas obfervé cette formalité.

D'ailleurs, comment feroit-il poffible qu'il ne fût tenu des dettes qu'à proportion de ce qu'il amende de la fucceffion, lorfqu'il n'a pas d'inventaire à oppofer aux créanciers du défunt qui le pourfuivent ?

Mais fi cet héritier contractuel ne fe porte héritier que par bénéfice d'inventaire, il tombe dans un autre inconvénient, qui eft de pouvoir être exclus par quelqu'un du lignage du défunt qui fe porteroit héritier pur & fimple.

M. Charles Dumoulin, fur l'art. 223. de la Coutume de Bourbonnois, donne un moyen à un fils, qui feroit inftitué par fon pere ou par fa mere d'éviter ce danger ; fçavoir, de renoncer à la fucceffion contractuelle, & de fe porter héritier ab inteftat par bénéfice d'inventaire ; ce qui le mettroit à couvert, d'autant que l'héritier bénéficiaire en ligne directe ne peut point être exclus par un collateral héritier pur & fimple.

Comme on ne peut renoncer à la fucceffion d'un homme vivant, l'inftitué par contrat de mariage ne peut renoncer à la fucceffion du vivant de l'inftituant, mais il peut renoncer à fa fucceffion après fa mort.

Voyez le Traité des Inftitutions contractuelles qu'a fait M. de Lauriere.

Il y a auffi un Traité des conventions de fuccéder, ou des Succeffions contractuelles, par Boucheul, Commentateur de la Coutume de Poitou.

INSTITUTION D'HÉRITIER, OU DONATION UNIVERSELLE, A LA CHARGE QUE L'HÉRITIER INSTITUÉ OU LE DONATAIRE PORTERA LE NOM ET LES ARMES DU TESTATEUR OU DU DONATEUR. Les hommes font portés naturellement à conferver l'honneur de leur maifon ; c'eft ce qui fait que ceux qui n'ont point d'enfans laiffent fouvent leurs biens à quelqu'un de leurs amis, à la charge de prendre leur nom & de porter leurs armes.

Nous avons quelques Loix dans le digefte qui paroiffent autorifer cet ufage. Vide Leg. 63. §. 18. ff. ad fenatufconf. Trebell. leg. 19. §. ult. ff. de donationib. & leg. 108. ff. de condit. & demonft.

Augufte même fe fervit de ce moyen, pour faire paffer fon nom à la poftérité ; car il laiffa par fon teftament plus de la moitié de fon bien à Tibere, & un tiers à Livie, à la charge de porter fon nom. Suetonius in Augufto, capite ultimo.

Cet ufage eft venu jufqu'à nous, & nous avons plufieurs exemples de perfonnes qualifiées qui ont laiffé leurs biens à leurs amis, à la charge de prendre leur nom & de porter leurs armes ; auquel cas l'héritier inftitué ou le donataire eft obligé d'exécuter la condition qui leur eft impofée par leur bienfaiteur.

Mais cette efpece d'adoption qui eft reçue parmi nous, ne faifit pas l'étranger des biens du donateur ou du teftateur ; car il ne les peut prendre que comme donataire entre-vifs, ou héritier inftitué par contrat ou teftament : ce qui fait que cette adoption ne l'exempte pas de payer les droits feigneuriaux, qui ne font pas néanmoins dûs pour mutation par fucceffion en directe.

Au refte, lorfque l'héritier inftitué ou le donataire ne fait qu'ajouter à fon nom celui du teftateur ou du donateur, il n'a pas befoin de Lettre du Prince ; mais s'il quittoit fon nom pour prendre celui du donateur ou du teftateur, il lui faudroit néceffairement des Lettres-Patentes du Roi, enrégiftrées au Parlement.

INSTITUTION CAPTATOIRE, *voyez* Captatoire.

INSTRUCTION, se dit des procédures & formalités qu'on fait pour mettre une affaire en état d'être jugée.

Mais on se sert ordinairement de ce mot pour signifier les procédures qui se font depuis l'assignation jusqu'à l'apointement.

Il y a même encore des instructions qui se font depuis l'appointement jusqu'au Jugement définitif des procès, comme les Lettres de rescision, les inscriptions de faux & les demandes incidentes.

INSTRUCTION A LA BARRE DE LA COUR. *Voyez* Instances sommaires.

INSTRUMENT, est un titre par écrit, qui sert à établir le droit & la prétention qu'on peut avoir.

Nos anciens se servoient fréquemment de ce terme qui se trouve dans le texte du Droit civil, & dans ceux du droit canon.

Mais aujourd'hui il n'est gueres usité dans le sens que nous venons de dire; & titre en François a présentement autant de force qu'instrument en Latin. Aussi donne-t-on le nom de titre à tout écrit dont on peut se servir pour prouver quelque chose.

On distingue en droit de deux sortes d'instrumens; sçavoir, les publics, & les privés.

INSTRUMENT PUBLIC, est un acte ou contrat reçu par personnes publiques, comme sont les Notaires, Tabellions, Greffiers & autres.

Tels actes font foi, pourvû qu'ils soient signés par celui qui les expédie, & par les Parties en leurs originaux, suivant les Ordonnances.

INSTRUMENT PRIVÉ, ou écritures privées, sont cédules ou promesses, Livres de comptes, ou Lettres missives.

Cependant par ce mot *instrument*, nous n'entendons proprement en France que les actes publics & authentiques; & ainsi par le mot d'instrumenter, nous entendons faire actes publics qui fassent foi en Justice.

INTENDANT DE LA MAISON D'UN PRINCE, D'UN GRAND SEIGNEUR, est son premier Officier qui a le soin & la conduite de sa maison, de son revenu & de ses affaires.

Auzanet, sur l'article 126. de la Coutume de Paris, rapporte un Arrêt du 25. Janvier 1662. qui a jugé que pour les marchandises & autres choses contenues ès articles 126. & 127. de la Coutume de Paris, l'action intentée contre les Trésoriers & Pourvoyeurs des maisons des Princes & grands Seigneurs, interrompt la prescription de la Coutume; & que les Marchands & gens de métier peuvent se pourvoir contr'eux en leurs propres & privés noms, sauf à eux leur action contre leurs Maîtres.

La raison est, qu'ils font leurs propres dettes de toutes celles qu'ils contractent pour leurs Maîtres.

L'emploi des Intendans des Princes du sang & des Princes souverains, ne déroge point à la noblesse, ni à l'indépendance de la qualité d'Avocat, lorsque ces Intendans n'ont point de maniement qui les rende comptables. Aussi le regarde-t-on comme chef de conseils, & non pas comme des mercenaires qui font les affaires d'autrui.

INTENDANS DE PROVINCES, font des Magistrats qui sont pour l'ordinaire Maîtres des Requêtes, que le Roi envoye dans les Provinces, pour y avoir l'inspection & la direction de la Justice, de la Police & des Finances, & pour y donner ordre aux affaires extraordinaires. Ils ne sont reconnus au Parlement, que sous le titre de Commissaires départis par le Roi dans les Provinces.

Il y en a un dans chaque Généralité : ainsi le ressort d'une Intendance de Province, est l'étendue d'une Généralité.

Les Intendances ne se donnent ordinairement que pour trois ans : c'est pourquoi les Intendans n'étant que *ad tempus*, ils ne sont point censés changer de domicile; c'est-à-dire, qu'ils conservent toujours celui qu'ils ont acquis à Paris, quand même il y auroit une prorogation de leur Intendance.

Les Intendans des Provinces sont ambulans, & ne résident pas toujours dans les principales Villes des Généralités : c'est pour cette raison qu'ils ont des Subdélégués qui instruisent les affaires en leur place, auxquels ces Intendans, qui ont une délégation immédiate du Souverain, communiquent une partie de leur pouvoir.

En parlant des Maîtres des Requêtes, nous avons marqué d'où provenoit l'origine de ces Intendances, dont autrefois les Maîtres des Requêtes étoient chargés tour à tour, & envoyés dans les Provinces, pour y faire une visite exacte au nom de Sa Majesté. Aujourd'hui le Roi y envoye les personnes qu'il choisit à cet effet entre les Maîtres des Requêtes.

Le Roi nomme aussi quelquefois pour intendans d'autres Magistrats, tels que des premiers Présidens, des Présidens, des Conseillers d'Etat, des Conseillers de Cour souveraine.

Leur commission dure ordinairement trois années, comme nous l'avons dit ci-dessus, lesquelles étant expirées, Sa Majesté les continue, ou en envoye d'autres.

Le pouvoir des Intendans que le Roi envoye dans les Provinces est très-grand. Il ne se borne pas à ce qui est porté par les Ordonnances que nous avons marquées en parlant des Maîtres des Requêtes; il s'étend à tout ce qu'il plaît à Sa Majesté ajouter à leurs Commissions.

Le Roi leur en envoye d'autres pendant leur séjour, selon l'exigence des cas, avec attribution de Jurisdiction particuliere, pour les choses dont Sa Majesté veut leur donner la connoissance, & souvent avec le pouvoir de juger en dernier ressort, en se faisant assister du Président du lieu, comme en matiere de duel & autres cas, dont il convient faire prompte Justice. *Voyez* Maître des Requêtes.

Quelques-uns prétendent que les appellations interjettées de leurs Ordonnances, de quelque nature qu'elles soient, ne peuvent être portées qu'au Conseil du Roi.

Cependant lorsqu'ils ont pris connoissance d'une affaire qui appartient à la Justice ordinaire, l'appel de leur Jugement doit être porté au Parlement, où à la Cour des Aydes , s'il s'agit de tailles.

Voyez les Obfervations fur Henrys , tome 1. liv. 2. chap. 1. queft 2. & le Mémorial alphabétique , *verbo* Intendans.

INTENDITS , eft un vieux terme du Palais, qui n'eft plus en ufage. On appelloit autrefois intendits , les écritures qui fe faifoient en conféquence d'un appointement fur faits contraires , & dont on offroit de faire preuve ; & alors les Parties étoient appointées à écrire par interdits & faits contraires. Ainfi les faits que les Parties articuloient en conféquence de ces appointemens-là étoient appellés intendits.

V. Charondas , fur le Code Henrys, liv. 2. tit. 33.

Ce terme eft encore en ufage au Confeil Provincial d'Artois.

INTENTER UNE ACTION , & former une demande , fignifient la même chofe. Ainfi l'on dit intenter une action en retrait lignager contre un adjudicataire. On dit auffi intenter une action en garantie contre quelqu'un.

INTENTION , fignifie l'efprit dans lequel on fait quelque chofe. Dans ce fens , l'on tient pour maxime qu'en fait de contrat , il ne faut pas feulement s'arrêter aux paroles des contractans , mais qu'il faut regarder l'intention qu'ils ont probablement eue , lorfqu'il y a quelque jufte raifon de le faire.

A l'égard des dernieres volontés, on doit s'attacher toujours à examiner l'intention du teftateur , pour la fuivre exactement , en l'interprétant le plus favorablement qu'il eft poffible.

Dans les crimes , on doit principalement confidérer qu'elle a été l'intention de celui qui a fait quelque chofe. D'où il s'enfuit :

I°. Que celui qui n'a point eu deffein de nuire, n'eft point coupable de délit; & le tort ou le mal qu'il peut avoir caufé , ne peut paffer que pour un quafi-délit.

II°. Que c'eft l'intention qui regle & détermine le genre du délit dont on eft tenu.

Par exemple , celui qui fépare les fruits des arbres de fon voifin , dans le deffein d'en profiter, eft coupable de larcin ; au lieu que celui qui a fait la même chofe , uniquement pour faire tort à fon voifin , fans en vouloir profiter , n'eft coupable que du dommage qu'il lui a caufé : *Voluntas enim & propofitum maleficiat diftinguunt.*

Enfin dans les Loix , il convient beaucoup mieux de regarder quel eft l'efprit & l'intention du Lègiflateur, que de s'arrêter trop fcrupuleufement aux paroles de la Loi : *Scire Leges non eft verba earum tenere , fed vim ac poteftatem. Leg.* 17. *ff. de legib.*

Voyez Interprétation de Loix.

INTERDICTION , eft la fufpenfion d'un Officier , ou la défenfe de faire les fonctions de fa Charge , ou d'exercer les Emplois de fa profeffion.

L'interdiction eft expreffe ou tacite. L'expreffe , eft celle qui eft prononcée par une Sentence de condamnation.

La tacite , eft celle qui eft caufée tacitement par un décret de prife de corps , ou un décret d'ajournement perfonnel ; Ordonnance de 1670. tit. 10.

art. 11. Loyfeau des Offices, liv. 1. chap. 14. Mais un affigné pour être oui n'emporte pas interdiction contre l'Officier.

INTERDIT , eft celui auquel le Juge a fait défenfe de faire les fonctions de fa Charge , ou qui eft interdit de droit , à caufe d'un décret de prife de corps , ou d'un ajournement perfonnel.

Les Juges & Officiers qui font interdits , ne peuvent faire aucune fonction , pas même affifter à aucun acte de Juftice , à peine de nullité , & des dommages & intérêts des Parties intéreffées , dont ils font & demeurent refponfables , & folidairement avec les autres Juges & Officiers , qui fachant leur interdiction , auroient fouffert que les Juges interdits euffent affifté , connu & jugé les procès avec eux.

Cette maxime , qui eft rapportée dans l'article 26. de l'Arrêt du Parlement du 10. Juillet 1665. eft fondée fur ce qu'il ne convient pas qu'un homme qui faffe aucune fonction publique.

Nous avons dit ci-deffus qu'un Juge ou un Officier étoit interdit , quand il avoit été rendu contre lui un décret de prife de corps , ou d'ajournement perfonnel. Sur quoi il faut remarquer que quand le décret eft émané d'un Juge inférieur , l'Officier peut faire lever fon interdiction , en obtenant un Arrêt de défenfes qui dévolue par appel la connoiffance de l'affaire à la Cour , & qui fufpend l'exécution du décret : de forte que l'officier eft par *interim* confervé & maintenu dans l'exercice de fa Charge , jufqu'à ce qu'il en foit autrement par la Cour ordonné.

Mais quand le décret qui emporte l'interdiction de l'Officier eft émané de la Cour , il faut , pour lever l'interdiction , que l'Officier fubiffe l'interrogatoire , & qu'il préfente une Requête à la Cour pour être remis dans fes fonctions.

Sur cette Requête , Parties appellées & la caufe plaidée , au cas qu'il paroiffe que l'Officier n'ait pas abfolument tort , la Cour rend un Arrêt qui le rétablit par provifion dans fes fonctions de fa Charge.

INTERDIT , eft auffi celui auquel le Juge a ôté l'adminiftration de fes biens , pour caufe de fureur , imbécillité ou prodigalité , & à qui en conféquence il a créé un curateur , pour gérer fes affaires , & avoir l'adminiftration de fes biens.

L'interdiction ne fe prononce par le Juge qu'en conféquence d'un avis des parens ; pour empêcher que celui qui eft prodigue & débauché , furieux ou foible d'efprit , ne diffipe entièrement fes biens , & ne foit reduit à la derniere néceffité , au deshonneur de fa famille.

L'interdiction fait que l'interdit ne peut faire aucune acte valable , & qu'il ne peut valablement s'obliger.

Mais , pour que la Sentence d'interdiction foit juridiquement prononcée , il faut que les caufes d'interdiction foient juftes , & qu'elles foient prouvées.

Ainfi quand la Sentence d'interdiction n'eft pas fondée fur une jufte caufe , ou que la caufe n'eft pas pleinement prouvée , on peut revenir contre , & la faire déclarer nulle , comme il a été jugé par Arrêt.

du

du 16. Février 1626. rapporté dans le Journal des Audiences, & par Bardet, tom. 1. liv. 2. chap. 71. & par un autre Arrêt du 3. Juin 1631. rapporté par Bardet, tom. 1. liv. 4. chap. 30.

Basnage, sur l'article 43. de la Coutume de Normandie, rapporte un Arrêt rendu au Parlement de Normandie, qui a jugé qu'une interdiction qui n'étoit fondée sur aucune cause légitime, ne pouvoit pas être opposée, quoiqu'il s'agit d'une donation faite par celui qui étoit interdit, attendu que le donateur n'avoit rien fait que de judicieux.

Pour parvenir à l'interdiction pour cause de dissipation ou de démence, l'on présente une Requête au Juge ordinaire, dans laquelle on expose le fait pour lequel il est nécessaire d'interdire un tel particulier; & l'on conclut à ce que les parens soient assemblés, pour donner leur avis sur le contenu en ladite Requête.

En exécution de l'Ordonnance du Juge mise en bas de la Requête, on assigne les parens pour s'assembler & donner leurs avis, dont on dresse un procès verbal; après quoi le Juge rend la Sentence d'interdiction.

Quand il s'agit d'interdiction, les parens doivent donner leur avis en personne, après avoir fait ouïr en leur présence celui qu'on veut interdire; quoique quand il ne s'agit que de nommer un tuteur à des enfans mineurs, ou de les émanciper, ou d'emprunter pour leurs affaires, les parens puissent signer par procuration contenans leurs avis.

Le Juge, avant que de prononcer sur la demande en interdiction, doit d'office faire une information des vies & mœurs de celui qu'on veut faire interdire, pour être plus certain des faits contenus en la Plainte ou Requête; & cette information se joint à l'avis des parens.

Quand il s'agit d'interdire un furieux ou un insensé, il doit être préalablement interrogé par le Juge, qui doit se transporter dans le lieu où il est, au cas qu'il ne puisse être amené en son Hôtel, & que le transport soit réquis.

Cet interrogatoire doit être écrit par le Greffier, & ne doit pas seulement contenir les réponses de celui qui est interrogé, mais il doit encore faire mention de ses gestes, ris & actions, afin que l'on puisse, par la lecture de cet interrogatoire, & connoître l'état de son esprit.

Le Juge fait rouler cet interrogatoire sur l'âge de celui qui est interrogé, sur ses biens, sur sa religion, sur ses enfans, s'il en a, s'il peut avoir soin de ses affaires, & s'il veut qu'on lui donne un conseil.

La Sentence qui intervient sur une demande d'interdiction, doit être conforme aux causes énoncées dans la requête présentée au Juge à cet effet.

La Sentence d'interdiction prononcée dans les régles ôte à celui qui est déclaré interdit l'administration de ses biens, soit qu'elle ait été prononcée pour cause de fureur, de démence ou de progalité.

Le Juge nomme à l'interdit un curateur, pour administrer ses biens dont il ne peut plus disposer entre-vifs, pas même par testament, ou autre disposition de dernière volonté.

Cependant, si un furieux interdit avoit fait un testament rempli de dispositions judicieuses, il y auroit lieu d'en soutenir la validité; ce qui dépend entièrement des circonstances.

Le Juge n'ôte pas toujours à ceux que des parens veulent faire interdire, l'entière administration de leurs biens, lorsqu'on ne leur peut imputer qu'une simple foiblesse d'esprit, & qu'il leur reste encore quelque peu de bon sens. Le Juge ne leur donne pas alors un curateur; mais seulement un conseil qu'il nomme d'office, sans lequel ils ne peuvent ni aliéner, ni hypothéquer leurs immeubles. Tout cela dépend de la prudence du Juge.

Un conseil n'est donc donné par le Juge à une personne, que pour la disposition de ses immeubles, de crainte que sa trop grande facilité ne lui en fasse perdre la propriété.

Mais ce conseil n'a aucune inspection sur la jouissance & administration des biens de la personne, ni sur les dispositions de dernière volonté.

Ainsi, lorsque sur la Requête présentée au Juge par les parens d'une personne, à l'effet de la faire interdire, la Sentence ne contient point d'interdiction, mais lui donne seulement un conseil, une telle Sentence ne l'empêchera pas de disposer de ses biens par testament, ou autre acte de dernière volonté, sans qu'elle ait besoin pour cela d'être assistée de ce conseil.

Voyez M. Brillon, *verbo* Interdiction, où il rapporte un Arrêt sans date qui l'a jugé ainsi, en la Troisieme Chambre des Enquêtes, au rapport de M. Palu.

Comme il arrive quelquefois que les causes de l'interdiction cessent, en ce cas il faut lever l'interdiction; & pour y parvenir, on présente une Requête au Juge pour faire assembler les parens; & en conséquence de leur avis, l'interdiction se leve par une Sentence juridiquement rendue, & non autrement.

La raison est, que celui qui a été mis en curatelle par autorité de Justice, & qui a été privé de l'administration de ses biens par cette voie, ne peut être restitué & reprendre l'administration de ses biens, qu'en vertu d'un acte judiciaire. *Voyez* Basnage, sur l'article 224. de la Coutume de Normandie.

Bouvot, tome 2. *verbo* Prodigue, question 1. rapporte un Arrêt rendu au Parlement de Dijon le vingt-deux Mai 1578. qui casse une Sentence qui avoit levé une interdiction sans connoissance de cause.

L'appel d'une Sentence d'interdiction n'est que dévolutif, & n'est pas suspensif. Ainsi une personne prodigue déclarée telle; quoique par défaut, a les mains liées, même pendant l'appel de la Sentence, & ne peut aliéner. *Voyez* Papon, livre 7. titre 6. nombre 10.

Une personne interdite pour cause de démence, ne peut valablement contracter mariage. Bardet tome 2. liv. 7. chap. 37.

Celle qui est interdite pour foiblesse d'esprit, mais qui n'est pas entièrement dépourvue de bon sens, peut valablement se marier, sans être assistée de son curateur.

     G

Il en eſt de même de celle qui ſeroit interdite pour cauſe de prodigalité ; mais les conventions qu'elle auroit faites par ſon contrat de mariage, pourroient être réduites *ad legitimum modum.*

Quoique la prodigalité ſoit une juſte cauſe pour faire interdire une perſonne ; néanmoins un enfant qui s'eſt marié ſans le conſentement de ſes pere & mere, ne peut point pourſuivre leur interdiction pour cauſe de prodigalité. La raiſon eſt, que ſes pere & mere pouvant l'exhéréder, pour s'être marié ſans leur conſentement, il n'eſt pas cenſé être intéreſſé à la conſervation de leurs biens. Ainſi jugé par Arrêt du Parlement de Paris, en date du ſeize Juin 1655. rapporté par Soefve, tome 1. cent. 4. chap. 93.

Il ſe trouve quelquefois des perſonnes qui demandent leur interdiction, ou à cauſe de leur grand âge qui les empêche de vaquer à leurs affaires, ou à cauſe de quelque infirmité conſidérable qui leur fait appréhender quelque ſurpriſe, comme ſeroit une foibleſſe de vûe, qui peut donner à un homme une juſte crainte d'être trompé par ceux avec qui il pourroit contracter.

Ceux qui ſe font interdire eux-mêmes, peuvent faire lever leur interdiction avec la même facilité qu'ils l'ont obtenue.

Comme une interdiction qui ſeroit ſecrette pourroit cauſer de grands préjudices à ceux qui contracteroient de bonne foi avec celui qui auroit été interdit, l'on a pris de ſages précautions pour rendre publiques les Sentences d'interdiction.

Nous avons deux Arrêts de réglement notables à ce ſujet, qui ſont imprimés dans le Livre des Chartres des Notaires, pag 915. & ſuivantes.

Le premier eſt du 18. Mars 1614. qui ayant égard aux concluſions du Procureur du Roi, ordonne que les Jugemens d'interdiction à l'avenir ſeront publiés ; tant à l'Audience qu'à ſon de trompe, par les carrefours & marchés, à ce qu'aucun n'en prétende cauſe d'ignorance.

L'autre eſt du 23. Décembre 1621. qui confirme ce que deſſus, & ordonne en outre qu'il ſera mis un tableau contenant les noms & ſurnoms des interdits, extrait de celui de la chapelle de la Communauté des Notaires, duquel chacun d'eux aura autant en ſon Etude ; & que la ſignification de la Sentence d'interdiction ſera faite à chaque Notaire, & inſérée au tableau de chaque Notaire, aux frais de ceux qui auront obtenu l'interdiction pour être obſervée par les Parties contractantes. Ce dernier Arrêt porte encore, que chaque Notaire qui recevra un acte où une perſonne interdite ſera Partie, & ſera tenu d'avertir l'autre deſdites Parties, & d'en faire mention de l'acte.

Dans la theſe générale, un Notaire n'eſt pas tenu de la nullité de l'acte qui provient de l'interdiction d'un des contractans, comme je l'ai expliqué dans la Science parfaite des Notaires, liv. 1. chap. 17. C'eſt à ceux qui contractent avec quelqu'un, à s'informer de ſon état & de ſa qualité. *Nemo debet eſſe ignarus conditionis ejus cum quo contrahit.*

Cependant, lorſque la Sentence d'interdiction a été ſignifiée aux Notaires, ils doivent toujours avertir ceux qui ſe préſentent pour contracter avec une perſonne interdite.

INTERDIT, eſt ce que nous appellons action poſſeſſoire.

Ce terme eſt peu connu au Palais ; il vient du Droit ; on ne s'en ſert pas ordinairement ; mais les termes de complainte en cas de ſaiſine & de nouvelleté, de réintégrande & de récréance, ſont ceux dont nous ſervons.

Les interdits ſe diviſent en interdits reſtitutoires, prohibitoires & exhibitoires.

Les interdits reſtitutoires, ſont ceux par leſquels on demande d'être réintégré dans la poſſeſſion de laquelle on a été chaſſé & expulſé ; & cet interdit eſt appellé en Droit, *unde vi* ; & en Pratique, c'eſt la réintégrande.

Les interdits prohibitoires, ſont ceux par leſquels on demande & on conclut à être conſervé dans la poſſeſſion dans laquelle on eſt, & qu'il ſoit fait défenſes à la Partie adverſe d'y venir troubler le demandeur. Tel eſt l'interdit appellé en Droit, *uti poſſidetis* ; & en pratique, c'eſt la complainte en cas de ſaiſine & de nouvelleté. *Voyez* Complainte & Récréance.

Les interdits exhibitoires, ſont ceux par leſquels on demande que quelque choſe ſoit exhibée & repréſentée. Ces ſortes d'interdits ne ſont point en uſage parmi nous.

Touchant la matiere des interdits, *voyez* ce que j'en ai dit dans ma Traduction des Inſtitutes, ſur le tit. 15. du quatrieme livre.

INTERETS. Ce terme ſe prend ordinairement pour l'eſtimation du profit que l'argent eût pû produire à celui qui il eſt dû, s'il lui avoit été payé à tems ; car quoique l'argent ne produiſe rien de lui-même, & qu'il ne ſoit pas permis d'en tirer du profit quand on le prête, néanmoins il y a des cas où il eſt juſte que le débiteur indemniſe le créancier du profit légitime qu'il lui fait perdre.

En effet, celui qui a de l'argent, peut l'employer à quelque négociation utile, ou en achat d'héritages qui produiſent des fruits.

Les fruits que produiſent l'argent, ſont appellés intérêts quand il n'y a point d'aliénation du fonds : on les appelle arrérages quand le fonds eſt aliéné, ce qui ſe fait par un contrat de conſtitution.

Les intérêts qui procédent d'une cauſe qui n'en doit point produire, ſont uſuraires, & par conſéquent défendus parmi nous.

Il eſt vrai que le mot d'uſure répond dans le Droit Romain à ce que nous appellons intérêt ; mais en France nous ne prenons gueres le mot d'uſure qu'en mauvaiſe part.

Ainſi nous n'appliquons ce mot qu'à l'intérêt illicite, tel qu'eſt l'intérêt du prêt ; au lieu que dans le Droit Romain, où l'on pouvoit ſtipuler des intérêts du prêt & de toute autre dette, le mot d'uſure ne ſe prennoit pas en mauvaiſe part.

Les cauſes qui peuvent parmi nous donner lieu à des intérêts, ſe réduiſent à quatre ; ſçavoir, la nature de l'obligation, l'effet d'une convention, le retard du débiteur de payer, & la diſpoſition de la Loi.

La nature de l'obligation produit des intérêts, par une raiſon d'équité autoriſée par Loi : &

c'eſt le cas où les intérêts ſont dûs , *ex naturâ rei*, & *beneficio legis*. Ainſi les intérêts du prix de la vente d'un fonds ſont dûs par l'acheteur à qui la délivrance du fonds a été faite.

Ces intérêts ſont dûs pour l'acheteur , pour les fruits & pour la jouïſſance , à compter du jour qu'il a été mis en poſſeſſion du fonds , quoique dans le contrat de vente il ne ſoit pas fait mention d'intérêts.

La raiſon eſt, qu'il n'eſt pas juſte que le vendeur perde les intérêts du prix de la vente, pendant le tems que l'acquéreur jouït des fruits du fonds qu'il a acheté. Ainſi les intérêts tiennent lieu en ce cas des fruits & revenus du fonds dont l'acquéreur jouït. *Voyez* la Rocheflavin , livre 6. titre 54. Arrêt 2.

Mais pour fait de marchandiſe ou de prêt d'argent, les intérêts ne peuvent être dûs que du jour de la demande. Charondas, liv. 13. rép. 25. d'Olive, liv. 4. chap. 20.

Il faut encore remarquer , que ſi le vendeur d'un fonds avoit donné à l'acheteur un tems pour payer le prix de l'immeuble vendu , les intérêts n'en ſeroient point dûs , à moins qu'il n'en eût été fait une convention expreſſe.

La dot doit pareillement produire des intérêts de ſa nature. Ainſi les intérêts de la dot qui a été promiſe à un mari , ſont dûs à compter du jour du mariage, quoiqu'il n'y en ait eu aucune ſtipulation ni demande. La raiſon eſt , que la dot eſt donnée au mari , pour l'aider à porter les charges du mariage.

Ainſi , par Arrêt du Grand Conſeil du mois de Février 1714., les intérêts de la dot ont été adjugés du jour de la promeſſe faite par contrat, quoiqu'il n'y eût point de demande, & même que les intérêts excedaſſent plus du double.

Les intérêts ſont dûs en vertu d'une convention, lorſqu'il y a aliénation du ſort principal.

Ce contrat eſt appellé contrat de conſtitution, & les intérêts qui en proviennent ſont appellés arrérages, comme nous l'avons déja dit. Mais hors ce cas, toute ſtipulation d'intérêts eſt uſuraire, à moins que la convention ne ſoit rendue légitime par les circonſtances qui y donnent lieu.

Par exemple, dans une tranſaction où des prétentions ſont réglées d'une ſomme que l'on doit donner à l'autre , on peut convenir que les intérêts en ſeront dûs , à commencer même , ſi l'on veut , du jour de la tranſaction, quoiqu'il y ait un terme accordé pour le payement. La raiſon eſt, que ces intérêts ſont une condition de la tranſaction , ſoit pour récompenſer ce que celui qui les ſtipule peut remettre d'ailleurs, ou pour d'autres cauſes.

Sur ce fondement, il a été jugé par Arrêt du 21. Février 1641. que les intérêts ſont dûs ſans interpellation, en vertu d'une tranſaction par laquelle le créancier avoit donné des albergemens & ſtipulé les intérêts pendant les tenues, ſur la fin de laquelle il s'étoit auſſi départi de toutes pourſuites, inſtances & ſaiſies. Baſſet, tome 1. liv. 6. tit. 14. chapitre 4.

Le ſeul retard du débiteur de payer ne produit pas parmi nous des intérêts, quand même il y au-

roit eu une convention expreſſe de payer les intérêts , à compter du jour que le débiteur ſeroit en demeure de payer la ſomme dûe. *Voyez* Louet, lett. D , ſomm. 8. & d'Olive, liv. 4. chap. 20.

Pour devoir parmi nous les intérêts d'une ſomme prêtée, trois circonſtances doivent concourir; la contumace du débiteur, l'aſſignation à lui donnée par le créancier avec demande d'intérêt; & la prononciation faite par le Juge, contenant condamnation d'intérêts.

La contumace du débiteur doit être véritable & non conventionnelle ; & pour la faire préſumer ſérieuſe , il faut du moins trois mois d'intervalle entre le prêt & l'aſſignation; la ſeule demeure de payer ne ſeroit pas ſuffiſante. La raiſon eſt, que parmi nous les intérêts ne peuvent être dûs *ex morâ duntaxat , ſed ex morâ & officio Judicis*.

Le retard du débiteur donne ſeulement lieu au créancier de faire une demande en Juſtice, & de ſon principal, & de ſes intérêts, faute de l'acquitter : & c'eſt la condamnation qui intervient ſur cette demande , qui conſtitue le débiteur en demeure , & qui produit des intérêts à compter du jour que le créancier a fait cette demande en Juſtice.

Ainſi , par Arrêt du 7. Juillet 1707. rendu en forme de Réglement, il a été jugé que les intérêts ne ſont pas légitimes, quoiqu'adjugés par une Sentence rendue du conſentement des Parties, ſans exploit précédent qui contienne la demande d'intérêts.

Les intérêts ne peuvent donc être valablement adjugés par un Jugement, qu'en conſéquence d'une demande judiciaire & d'une litiſpendance effective. Ces ſortes de condamnations d'intérêts , qui ne ſont point précédées d'aucun exploit de demande d'intérêts , doivent être conſidérées comme un pur effet d'une convention reprouvée par les Ordonnances de nos Rois. *Voyez* l'Arrêt du 10. Mai 1690. rapporté par M. Augeard, tome 3. Arrêt 15. & Soeſve, cent. 3. chap. 39.

Il faut dire enfin que les intérêts ne ſont point dûs quand ils n'ont point été demandés, quoiqu'il y ait une condamnation du capital. *Voyez* Frain, pag. 162.

La demande du principal & des intérêts faite à un coobligé , & ſuivie de condamnation, ne peut point produire des intérêts contre les autres coobligés. La raiſon eſt que la peine du retardement ne doit pas être impoſée à celui qui n'a pas été conſtitué en demeure : c'eſt pourquoi la Sentence de condamnation qui intervient ſur une telle demande , ne peut pas s'étendre au-delà de la perſonne condamnée.

Brodeau ſur M. Louet, lettre P, ſomm. 2. dit qu'il y a un Arrêt qui l'a jugé ; mais qu'en 1630. le contraire avoit été jugé au Parlement de Paris. *Voyez* les raiſons qu'il rapporte de part & d'autre ſur cette queſtion.

A l'égard d'un débiteur ſolidaire , qui en vertu d'un Jugement auroit payé toute la dette, & dont il auroit une indemnité ſur ſon coobligé, les intérêts de la ſomme payée lui ſont dûs du jour du payement ſans qu'il en ait fait la demande, parce qu'ils lui ſont dûs par forme de dommages &

intérêts, comme il a été jugé par Arrêt du 22. Juillet 1682. rapporté dans le Journal des Audiences.

Pour que les intérêts soient dûs du jour de la demande, il faut que le principal soit échu, non contesté, & soit liquide & déterminé ; parce qu'autrement le débiteur ne seroit pas en demeure de payer : or les intérêts ne peuvent être dûs, que *ex morâ debitoris & Judicis officio.*

Les intérêts d'un droit échu & non contesté, mais qui est sujet à liquidation, ne courent pas du jour de la demande formée de ce droit, & en même tems des intérêts. Ainsi jugé en la seconde des Enquêtes le 9. Février 1715. sur l'appel interjetté d'une Sentence du Domaine & Trésor à Paris.

Mais quelque certaine & liquide que soit une dette, les intérêts n'en sont point dûs parmi nous que du jour de la demande suivie de condamnation, quelque promesse que pourroit avoir fait le débiteur d'en payer les intérêts. Cambolas, liv. 1. chapitre 37. la Rocheflavin, liv. 6. titre 54. Arrêt 7.

Nous avons quelques Provinces où les regles que nous avons données ci-dessus au sujet des intérêts, ne sont pas toutes observées exactement, suivant ce que nous en dit M. d'Argou dans son Institution au Droit François, tome 2. liv. 4. chap. 18. dont voici la teneur.

Par un usage établi au Parlement de Bordeaux, les intérêts sont dûs du jour du premier exploit de commandement, quoiqu'il n'y ait point de demande en Justice.

En Dauphiné les intérêts sont dûs du jour de la demeure de payer, quoiqu'il n'y ait aucune interpellation judiciaire, pourvû que dans le contrat il y ait promesse de payer un tel jour, à peine de tous dépens, dommages & intérêts : & cela sur le fondement que l'article 60. de l'Ordonnance d'Orléans ne se doit entendre que quand il n'y a aucune peine conventionnelle apposée au contrat.

Au Parlement de Toulouse, on n'adjuge pas à la vérité les intérêts en vertu d'une simple promesse de les payer, énoncée au contrat, quoiqu'il faille une demande judiciaire pour les faire courir: mais aussi lorsque le débiteur les paye volontairement, on ne les impute pas sur le principal, pourvû cependant qu'ils n'ayent pas été payés sur un pied plus fort que celui qui est réglé par l'Ordonnance.

Enfin, il y a des Parlemens, comme Grenoble Aix & Pau, où il est permis de stipuler les intérêts des deniers prêtés, sans qu'il soit besoin de demande ni de condamnation ; en sorte qu'ils courent du jour de la stipulation. *Voyez* l'Observation sur la quest. 110. d'Henrys, tome 1. liv. 4.

On ne peut séparer les intérêts d'avec le principal, pour le privilège & la maniere d'en exiger le payement, suivant cette maxime de Droit, *accessorium sequitur naturam principalis.*

C'est sur ce fondement, I°. Que quand une somme principale est payée par privilège sur le prix d'un immeuble vendu en Justice, les intérêts sont payés de même par privilège.

II°. Que l'hypotheque des intérêts adjugés au créancier, en conséquence de la demande qu'il en a fait, court du jour & date de l'obligation passée

pardevant Notaire, en sorte que *qui prior est in forte, prior fit in usuris,* du moins en pays Coutumier. *Voyez* ce que j'ai dit à ce sujet, *verbo* Hypotheque.

III°. Que quoique la contrainte par corps soit odieuse, & qu'elle doive être restreinte au cas exprimé, néanmoins un débiteur peut être contraint par corps pour les intérêts, quand il est contraignable par corps pour le principal.

Les intérêts qui sont appellés proprement intérêts, ne sont dûs par le débiteur, que pour indemniser le créancier du profit légitime qu'il lui fait perdre ; mais comme il seroit difficile d'estimer au juste cette indemnité dans chaque affaire particuliere, on a mis les intérêts sur le même pied que les arrérages des rentes, que les Ordonnances ont fixé anciennement au denier douze, puis au denier seize, ensuite au denier dix-huit, & enfin au denier vingt, qui a été rétabli depuis quelques années, après avoir été transmis au denier quarante pour les rentes de l'Hôtel de Ville, & au denier cinquante pour les rentes constituées sur des Particuliers.

Mais il y a en cela même une très grande différence entre les arrérages de rentes constituées, & les intérêts qui résultent des obligations ; c'est que dès le moment qu'une rente a été constituée, les arrérages en sont toujours dûs suivant l'ancienne constitution, sans que les Edits du Prince changent rien à l'égard des anciens contrats de constitution : au lieu que les intérêts des anciennes obligations sont sujets à toutes les reductions des Edits & Déclarations du Roi, qui sont enregistrées au Parlement.

Les intérêts, de même que les arrérages des rentes sont donc aujourd'hui fixés au denier vingt.

Il n'a jamais été permis de porter les intérêts à plus haut prix que le taux de l'Ordonnance ; & quand cela est arrivé, une telle convention a toujours été réduite à la fixation de l'Ordonnance. *Voyez* Henrys, tom. 2. liv. 4. quest. 37. & le Journal des Audiences, tom. 1. liv. 5. chap. 38.

Voici encore une autre maxime certaine touchant les intérêts ; c'est que quand ils ont été exigés induement, ou payés à plus haut prix que le prix de l'Ordonnance, ils sont toujours imputés sur le principal.

Dans la France coutumiere, les intérêts des sommes principales sont dûs du jour de la demande faite en Justice, jusqu'à l'actuel payement du principal, soit que les intérêts doublent ou triplent le principal ; en un mot, à quelques sommes qu'ils puissent monter, voyez le Recueil des Actes de notoriété, pag. 246. & suivantes.

Mais dans les Parlemens de Droit écrit, les intérêts d'une somme dûe ne peuvent jamais aller plus loin que le capital ; de sorte que quand les intérêts d'une somme de dix mille livres seroient dûs depuis cinquante ans, ils ne pourroient monter qu'à dix mille livres.

La raison est, que l'on ne juge pas à propos que quand le créancier a donné du tems à son débiteur, ou qu'il a négligé de le poursuivre, la trop grande facilité de ce créancier ou sa négligence fervent à ruiner le débiteur par l'accumulation d'un trop grand nombre d'intérêts.

Néanmoins quand le créancier a fait des pour-suites continuelles contre son débiteur sans en pouvoir être payé, il est juste qu'il puisse se faire payer de tous les intérêts qui sont échus, à quelque somme qu'ils se montent, puisqu'on ne peut en ce cas lui rien imputer.

Voici un exception de cette regle; sçavoir, que quand les intérêts sont dûs *ex naturâ rei, & legis beneficio*, ils peuvent alors en pays de Droit écrit être valablement exigés par le créancier, quoiqu'ils excedent le double.

Par exemple, si l'acquéreur d'un fonds n'en a pas payé le prix, il doit naturellement les intérêts de ce même prix, sans que le vendeur soit obligé de faire contre lui aucune demande; & ces intérêts sont dûs, quoiqu'ils excédent & doublent le capital.

La Peyrere, lettre A, nombre 26. dit que cet usage est confirmé par un grand nombre d'Arrêts. *Voyez* ce que dit à ce sujet le Commentateur d'Hen-rys, tome 1. liv. 4. chap. 6. quest. 47. *Voyez* aussi Boniface, tom. 4. liv. 8. tit. 23. chap. 3.

Dans le Recueil des Actes de notoriété, pag. 41. & suivantes, il y en a un du 23. Juin 1688. qui marque que les intérêts des sommes portées par obligation, sont dûs à compter du jour de la de-mande, lorsqu'ils ont été adjugés en Justice, & que le payement desdits intérêts n'est point pres-criptible tant que l'obligation & la Sentence de-meurent en leur force; enforte que le créancier n'est point obligé de faire autres diligences contre le dé-biteur pour raison desdits intérêts la demande desquels intérêts ne peut jamais se prescrire que par l'espace de trente années, à compter du jour de la Sentence qui a été obtenue sur la demande des-dits intérêts, comme toutes les autres actions per-sonnelles. Mais si le créancier, après avoir fait une demande en Justice, pour avoir les intérêts de la somme qui lui est dûe, discontinue la procédure pendant trois ans, la péremption aura lieu après ce laps de tems; ainsi cette première demande d'intérêt étant périe, ne pourra produire aucun effet; enforte que le créancier sera obligé de fai-re une nouvelle demande, duquel jour seulement il pourra demander les intérêts, au cas qu'il ob-tienne un jugement qui les lui adjuge.

Lorsqu'un débiteur ne peut payer valable-ment; par exemple, quand il y a des saisies faites entre ses mains; s'il veut empêcher les intérêts de courir, il ne lui suffit pas de faire des offres, il faut qu'il présente sa Requête en Justice, pour avoir permission de consigner la somme qu'il doit & qu'il consigne en effet, ou qu'il y ait un Jugement qui ordonne que les deniers lui demeureront entre les mains sans intérêts. *Voyez* M. le Prêtre, qua-trieme centurie, chapitre 15. la Rocheflavin, liv. 2. lettre L. titre 4. Arrêt 1. Frain, & page 252.

Touchant les intérêts d'une somme prêtée, *voyez* ce qui en est dit dans le Recueil alphabétique de M. Bretonnier.

INTERESTS DES INTERESTS, ne peuvent jamais être dûs; c'est-à-dire, que quelque retarde-ment qu'il y ait de la part du débiteur de payer à son créancier des intérêts qu'il lui doit pour quel-que cause que ce puisse être, il ne doit jamais de seconds intérêts pour ceux qu'il est en demeure de payer; & le créancier n'en peut faire la deman-de en Justice, ni les accumuler, à l'effet d'en faire un capital qui produise des intérêts.

Il ne faut pas confondre avec les intérêts des de-niers les revenus d'une autre nature, comme le prix d'un bail à ferme; les loyers d'une maison, & autres semblables produits; car ces sortes de reve-nus sont différens des intérêts, en ce que les inté-rêts ne sont pas un revenu naturel, & ne sont de la part du débiteur, qu'une peine que la Loi lui im-pose pour son retardement; & de la part du créan-cier, un dédommagement de la perte qu'il souffre de n'être pas payé: au lieu que le prix des loyers est un revenu naturel, qui de la part du débiteur, est la valeur d'une jouissance dont il a profité; & de la part du créancier, un bien effectif qui en ses mains fait un capital comme ses autres biens. Ainsi le débiteur du prix d'un bail en doit justement les intérêts depuis la demande suivie de condamna-tion.

Il n'en est pas de même des arrérages de rentes constituées à prix d'argent; le débiteur ne peut ja-mais devoir des intérêts des arrérages qu'il est en demeure de payer; & ces arrérages ne peuvent jamais faire un capital dont le débiteur puisse de-voir de nouveaux intérêts.

Ainsi il n'est pas permis de faire un contrat de constitution des arrérages d'une rente quoique le débiteur en fut consentant.

La raison est, que les rentes constituées ne sont pas des fruits d'un fonds; & n'ont pour le prin-cipal qu'une somme de deniers qui a fait le prix de l'acquisition de la rente.

D'ailleurs si l'on admettoit ce commerce, un débiteur seroit ruiné en peu de tems, quelques biens qu'il eût; & il se trouveroit que la négligen-ce du créancier à se faire payer des arrérages de sa rente, seroit très-préjudiciable à son débiteur; c'est pourquoi on a sagement établi pour maxime certaine, que ce qui procéde d'intérêts, n'en peut jamais produire entre les mêmes personnes. *Leg.* 28. *cod. de usur. leg.* 13. *cod. de usur. rei judicatæ.* *Voyez* M. le Prêtre, centurie 1. chap. 26. Loüet, & son Commentateur, lett. R. somm. 55. Bouvot, tome 1. part. 3. *verbo* Intérêts, quest. 2.

La regle, que les intérêts des intérêts ne peu-vent jamais être dûs, n'est donc que pour le créan-cier à l'égard de son débiteur, & non pas à l'égard d'un tiers qui paye pour un débiteur des intérêts à son créancier, & qui peut de cet argent qu'il lui prête en faire un contrat de constitution, ou bien faire après le tems du payement échu une deman-de en Justice du principal & des intérêts.

La raison est, que ces intérêts deviennent une somme principale à l'égard du tiers, dont l'argent a servi à en acquitter le débiteur. *Voyez* Boniface tom. 2. liv. 4.

De ce que nous venons de dire, il s'enfuit que la caution qui a payé pour le principal débiteur des intérêts, peut demander le remboursement de ce qu'il a payé pour lui, avec les intérêts du jour de la demande. La Peyrere, lettre D, nomb. 53. *Voyez* l'article fuivant.

INTERETS DE DENIERS APPARTENANS A DES MINEURS. Un Privilege particulier que la Loi donne aux mineurs, c'eft de pouvoir légitimement prétendre contre leurs tuteurs les intérêts des deniers qui font demeurés oififs, faute par les tuteurs de les avoir employés dans le tems prefcrit par la difpofition du droit & des Ordonnances, c'eft-à-dire dans les fix mois, à compter du jour qu'ils les ont reçus.

Boniface, tome 4. livre 4. tit. 1. Chapitre 8. rapporte un Arrêt du Parlement de Provence, en date du 23. Décembre 1664. qui a déclaré qu'un tuteur étoit obligé de payer les intérêts des fommes par lui reçues fix mois après la reception, à la réferve de trois cens livres qui demeureroient entre fes mains, pour fubvenir aux affaires du pupille. *Voyez* auffi Bouvot, tome 1. partie 2. queftion 6. *verbo* Tuteur.

Voici ce qui eft dit à ce fujet dans le Recueil alphabétique de M. Bretonnier, *verbo* Tutelle : le tuteur doit les intérêts des intérêts, parce que tout l'argent des mineurs eft confidéré comme un capital par rapport au tuteur : *Omnia fors officitur, leg. 58. §. 4. ff. de adminiftr, tut.* Cela fe pratique en France, à la réferve du Parlement de Bretagne, où le tuteur ne paye jamais les intérêts d'intérêts que du jour de la clôture du compte, parce qu'alors le reliquat eft un capital. Dans les autres Parlemens, il y a un ufage différent pour déterminer la quotité de la fomme qui produit intérêts ou intérêts d'intérêts. Au Parlement de Paris, cela fe regle fuivant la qualité des Parties, & les revenus du mineur. Au Parlement de Normandie, le tuteur doit joindre les intérêts au capital, de cinq ans en cinq ans, & payer l'intérêt du tout au denier vingt.

Dans le Recueil des actes de notoriété, il y en a un, page 29. donné par le Lieutenant Civil du Châtelet de Paris, le fept Mars 1687. qui porte que l'ufage eft, que lorfque le tuteur n'eft pas en état dé dépenfer tous fes revenus, le furplus eft réfervé pour en fixer par accumulation un fonds, lorfqu'il eft fuffifant pour en faire une conftitution, pour être employée à produire intérêt, eu égard à la qualité des perfonnes, & que le tuteur du mineur a toujours fix mois au-delà, tems convenable pour placer les fommes procédant defdits revenus.

Dans le même Recueil des actes de notoriété, il s'en trouve un autre, pag. 75. du 14. Juin 1689. qui porte que l'ufage, auffi-bien que le Droit, ont introduit une maxime très-jufte contre les tuteurs qui font négligens de rendre compte aux mineurs, ou de faire l'emploi des deniers & revenus pupillaires; en forte que trois ou fix mois après qu'un tuteur a entre fes mains une fomme de trois ou quatre mille livres, eu égard à la qualité de Parties. & à leur revenu, s'il n'en fait pas un bon emploi, il doit dans fon compte fe charger en recette des in-

térêts, & intérêts des intérêts, qui font un capital au mineur, & ce par la préfomption du Droit, que le tuteur qui n'a pas fait l'emploi, ni les diligences convenables & fuffifantes pour y parvenir, eft préfumé s'être fervi des deniers de fon mineur, & en avoir profité.

Et à l'égard du tems que les intérêts doivent ceffer, il y a eu des fentimens différens, les uns voulant les faire ceffer du jour de la préfentation du compte, les autres du jour de la majorité & les autres du jour de la clôture de compte.

Mais l'on a avec beaucoup de juftice fuivi une maxime fort équitable en faifant la diftinction, lorfque ce compte fe rend à un mineur émancipé par mariage ou par Lettres, à l'égard duquel les intérêts, & intérêts d'intérêts font comptés jufqu'au jour de la clôture du compte; & après la clôture ce tuteur ne doit plus que les intérêts du reliquat fur le pied du denier de l'Ordonnance. Mais quand le compte fe rend à un majeur, ou à un mineur, qui pendant la reddition du compte devient majeur, l'on a jugé & établi pour une régle certaine, que le moment de la majorité fait ceffer le privilege du mineur.

Voyez Deniers pupillaires.

INTERETS DES AVANCES FAITES PAR UN TUTEUR DANS LES AFFARES DU MINEUR, font dûs, fuivant le droit Romain, du jour que ces avances ont été faites. *Leg. 3. §. 1. ff. de contrariâ tutela, & utili actione.*

Tous les Parlemens du Droit écrit & le Parlement de Normandie fuivent cette difpofition. Celui de Paris ne donne au tuteur l'intérêt que du jour de la demande par lui formée après la clôture du compte.

INTERETS DE LA DOT. Dans tous les Parlemens, la dot produit des intérêts de plein droit en faveur du mari, contre tous ceux qui ont conftitué la dot; en faveur de la femme, contre les héritiers de fon mari; en faveur des enfans, quand ils répétent la dot de leur mere : mais il y a diverfité de jurifprudence pour fçavoir en quel rang ces intérêts doivent être colloqués.

Au parlement de Paris, on les colloque avant le principal. Au Parlement de Touloufe, on ne les colloque qu'après tous les capitaux des dettes des créanciers du mari. Catelan, tom. 2. liv. 4. chap. 42. Il y a des Parlemens où l'on colloque le principal de la dot avant les intérêts; & d'autres où l'on colloque le principal avec les intérêts concurremment.

Voilà ce qui eft dit à ce fujet dans le Recueil alphabétique de M. Bretonnier, *verbo* Dot, vers la fin.

INTERETS CIVILS, font ceux qui tiennent lieu de dédommagement d'un tort, ou d'une injure qui nous a été injuftement faite.

Tels font les intérêts que l'on adjuge à ceux que l'on a fait emprifonner fans caufe légitime, ou dont on a noté la réputation par calomnie.

On appelle auffi intérêts civils les fommes qui font adjugées à la Partie civile, qui a pourfuivi la vengeance de la mort d'un de fes proches, pour tenir lieu de dédommagement de leur perte.

Non-feulement la femme & les enfans font en droit de pourfuivre la vengeance du meurtre commis en la perfonne du défunt ; mais à leur défaut, fes héritiers préfomptifs.

Ces intérêts leur font dûs comme une récompenfe qu'ils tiennent des Loix de la nature ; d'où il s'enfuit qu'ils font admis à cette pourfuite, & en conféquence à la demande des intérêts civils, quoiqu'ils ayent renoncé à la fucceffion du défunt.

C'eft auffi la raifon pour laquelle on écoute dans cette occafion la plainte des enfans bâtards, auffi-bien que celles des enfans légitimes. Ce qui paroît fort jufte, en ce que leur douleur mérite quelque confolation, & leur perte un dédommagement ; mais cela fe doit entendre quand il n'y a pas d'enfans légitimes qui fe foient rendus Parties. Voyez le Grand, fur l'article 12, de la Coutume de Troyes, glof. 4, nomb. 7.

Le Prince qui remet à celui qui eft condamné ce qui regarde l'intérêt civil, dont il peut faire remife, n'eft jamais cenfé remettre l'intérêt civil de la Partie offenfée.

Lorfque celui qui eft accufé d'un homicide, vient à décéder après avoir obtenu fa grace, on peut pourfuivre fes héritiers pour la réparation civile. Charondas, livre 6, réponfe 87 ; Journal des Audiences, tom. 1. livre 8. chapitres 35. & 47.

Les intérêts civils qui font adjugés à une femme, pour l'affaffinat de fon mari, font confidérés comme le prix du fang de fon époux qu'elle a perdu ; c'eft pourquoi ces intérêts civils ne peuvent point être faifis par fes propres créanciers, fauf à eux à fe pourvoir fur fes autres biens. Voyez Bafnage, fur l'art. 143.

Comme ils lui font adjugée pour lui tenir en quelque façon lieu de confolation de la perte qu'elle a faite par l'affaffinat de fon mari, & ne font nullement regardés comme un bien qui provient de lui, quand elle fe remarie, elle n'eft point obligée de les réferver aux enfans de fon premier mari homicidé. Charondas, livre 6, réponfe 82.

Si dans une tranfaction faite pour des intérêts civils, on convient que faute de payement de la fomme confentie, après un certain tems limité, les intérêts en feront payés, cette convention eft valable, comme il a été jugé au Parlement de Paris le 11 Juin 1682, rapporté dans le Journal du Palais.

L'intérêt civil qui procède d'un crime, s'éteint par le laps de vingt ans, comme le crime même. Louet, lettre C, fommaire 47 ; M. le Prêtre, ès Arrêt de la Cinquieme ; Soefve, tom. 1. cent. 4. chap. 30.

L'intérêt civil eft préféré à l'amende du Roi, quoique l'un & l'autre foient adjugés par le même Arrêt. Le Journal des Audiences, tom. 2. liv. 3. chap. 11. rapporte un Arrêt du Parlement de Paris qu'il l'a jugé ainfi.

INTERETS POUR DOMMAGE CAUSE, font les fommes qu'on adjuge à quelqu'un, pour raifon du dommage qu'il a reçu par le fait d'autrui, foit qu'on lui ait caufé quelque perte, foit qu'on l'ait empêché de faire quelque gain.

Par exemple, fi un Particulier a retenu les marchandifes d'un autre, & qu'elles foient déperies ; comme elles ne valent plus le même prix, il eft ténu des dommages & intérêts, pour raifon de la perte qu'il a caufée à celui à qui elles appartiennent.

Si elles ne font pas déperies ; mais qu'on ait, en les retenans, empêché celui qui les avoit achetées pour les vendre d'en tirer le profit qu'il auroit pu faire deffus, pour raifon du gain qu'on lui a empêché de faire, il lui eft dû auffi des dommages & intérêts.

A l'égard des dommages & intérêts qui proviennent de la perte que l'on a foufferte, il eft aifé de les régler en faifant l'eftimation de cette perte ; mais pour ce qui eft des dommages & intérêts qui proviennent de ce que l'on a manqué à gagner, cette eftimation de la perte du profit que l'on auroit pû faire, ne peut être bien précife, & confifte dans le fait & dans les circonftances.

INTERETS EN FAIT DE DEPENS, ne commencent à courir que du jour que la demande en a été faite en Juftice. Cependant, M. Brillon, tom. 3. pag. 854. dit, qu'au Grand Confeil, les intérêts d'un exécutoire de dépens ne courent point du jour de la demande, mais du jour feulement qu'il intervient une condamnation contre le débiteur de payer les intérêts.

INTERIM. Ce terme emprunté du Latin, fignifie provifoire en attendant.

INTERLIGNE, eft une ligne écrite après coup entre deux lignes, & qui n'eft point approuvée par ceux qui ont paffé l'acte : ce qui le rend fufpect de faux.

Il eft défendu aux Notaires & aux Greffiers d'écrire en interlignes ; il faut qu'ils faffent des renvois & des apoftilles paraphrés.

Ainfi dans les actes qui doivent faire foi en Juftice, les interlignes ne font d'aucune confidération, & ne font point regardées comme faifant partie des claufes. Si l'on veut changer quelque chofe, il faut rayer, & par un renvoi à la marge, ou au bas de l'acte, ajouter une autre difpofition.

Il eft même néceffaire que les Parties approuvent les ratures, & paraphent les renvois.

INTERLINAIRE, ce qui eft écrit entre deux lignes. Voyez Interligne.

INTERLOCUTION. Voyez Interlocutoire.

INTERLOCUTOIRE. Jugement interlocutoire, eft un Jugement préparatoire, qui ne décide point le fond de la conteftation ; mais qui ordonne qu'il fera fait quelque chofe pour l'inftruction de la conteftation, & pour parvenir à la connoiffance de quelques faits, on à l'examen & à la preuve de quelque point de Droit. Voyez Appointement.

INTERLOQUER, fignifie en terme du Palais, ordonner que quelque chofe fera prouvée ou vérifiée entre les parties, avant que de prononcer fur le principal fujet de la conteftation, à l'effet de parvenir à la connoiffance de ce qui peut fervir d'éclaiciffement pour la décider.

INTERPELLATION : eft une fommation ou réquifition, que l'on fait à quelqu'un, de répondre sur ce dont il est interpellé. Je vous interpelle de me dire telle chose, veut dire, déclarer la vérité sur un tel fait.

Les Juges font quelquefois des interpellations. Par exemple, dans une confrontation, l'accusé qui s'apperçoit que le témoin varie sur quelques circonstances qui vont à le Justifier, prie le Juge de sommer & d'interpeller le témoin de répondre sur quelque fait.

Quand ceux qui passent des actes ou des contrats ne sçavent pas signer, les Notaires sont tenus par les ordonnances de les interpeller de signer. Et on met à la fin de l'acte, qu'un tel ayant été interpellé de signer conformément à l'ordonnance, a déclaré ne sçavoir signer.

INTERPOSITION DE DECRET. Dans les saisies réelles, après la certification des criées, le poursuivant forme une demande contre la Partie saisie, à ce qu'elle ait à proposer ses moyens de nullité contre toute la procédure, si elle en a; sinon voir dire que le tout sera déclaré valable, & qu'il sera passé outre à la vente & adjudication par décret des biens saisis. Cette demande s'appelle *demande en interposition de décret*; & c'est sur cette demande qu'intervient le *congé d'adjuger*; c'est-à-dire le Jugement qui ordonne qu'il sera passé outre à la vente & adjudication par décret; & que la premiere enchere, appellée l'enchere de quarantaine, sera mise au Greffe.

INTERPRETATION, est l'explication d'une chose douteuse.

Il y a des actes dont on étend les dispositions par des interprétations favorables; sçavoir, les testamens & les actes de derniere volonté.

Il y en a d'autres où l'on s'attache scrupuleusement à la lettre; sçavoir, les contrats & autres actes entre-vifs, de sorte qu'on réduit ordinairement leurs dispositions dans leurs propres termes, ou bien l'interprétation s'en fait au désavantage de celui qui ne s'est pas expliqué assez clairement.

Ainsi on explique toujours une clause obscure, inférée dans un contrat, contre ce lui en faveur de qui elle a été mise, & qui a été maître de la faire rediger plus clairement. *Veteribus placuit pactionem obscuram, vel ambiguam iis nocere, in quorum fuit potestate legem apertius dicere. Leg. 39. ff. de pactis.*

INTERPRETATION EN MATIERE CRIMINELLE D'UN FAIT QUI N'EST PAS BIEN ECLAIRCI, se doit faire à l'avantage de l'accusé, lorsqu'il n'y a pas des preuves claires & certaines d'ailleurs.

Ainsi dans le doute, on prononce toujours à la décharge de l'accusé; d'où vient que lorsque les Juges font partagés en opinions, on prononce plûtôt l'absolution que la condamnation; ou quand le partage se rencontre sur le genre de supplice, on condamne toujours le coupable à la moindre peine.

INTERPRETATION DE LOIX, est un sens que l'on tire de la Loi pour lui donner des extentions ou des restrictions, que la raison & l'équité requierent.

Il n'y a gueres de Loix qui n'ayent quelquefois besoin d'interprétation, étant à cause que les Legislateurs ne peuvent pas toujours prévoir les différens

cas qui peuvent survenir, qu'à cause qu'il se trouve souvent dans les Loix les mieux redigées, des expressions qui sont susceptibles de différens sens.

Comme les termes d'une Loi n'en sont que la figure, il ne faut pas toujours s'opiniâtrer à en chercher le véritable sens dans les termes dans lesquels elle est conçue, principalement quand la raison y repugne.

Ainsi, comme c'est la raison qui en est l'ame, & la partie principale qui la doit faire subsister avec vigueur, quand une Loi a besoin d'être interpretée, il faut s'attacher à en découvrir le sens dans la raison qui a servi de fondement à cette Loi.

Voyez ci dessus *verbo* Intention.

C'est ainsi qu'on peut étendre une Loi aux cas, aux personnes & aux choses qui y sont omises, lorsqu'il y a parité de raison; car il faut bien distinguer l'occasion de la Loi d'avec la raison de la Loi.

L'occasion de la Loi est presque toujours particuliere; c'est souvent une contestation qui s'est élevée qui y a donné lieu. Mais l'esprit de la Loi, la raison de décider qui a déterminé le Legislateur, est toujours générale, & s'applique à tous les cas semblables où se rencontre la même utilité, la même nécessité, qui se trouvoit dans la circonstance particuliere, qui avoit animé le Legislateur, & sur laquelle la Loi est intervenue. *Leg. 13. ff. de legib.*

C'est aussi en examinant le motif de l'établissement d'une Loi, qu'on la peut restreindre à certain cas, quand on voit que la raison de la Loi ne se peut appliquer qu'à certains cas, ou qu'il s'en rencontre quelques-uns auxquels la raison de la loi ne peut avoir aucune application. En effet, les distinctions & les exceptions ne dérogent à la régle générale, que parce qu'elles sont fondées sur des raisons particulieres.

Ainsi cette régle, que les exceptions confirment la régle dans tous les autres cas non exceptés, n'est pas infaillible, puisque si la raison de l'exception se rencontre dans quelques autres, il y a lieu d'en faire d'autres exceptions.

Mais on ne peut jamais s'écarter de la disposition de la Loi par une distinction que la Loi n'a point faite, à moins qu'il n'apparoisse que la Loi a eu en vûe de l'établir. *Ubi Lex non distinguit, nec non distinguere debemus.* Ainsi, toute exception, toute dérogation à la Loi, doit être fondée sur une raison particuliere, tirée précisément de la Loi, ou du motif sur lequel sa décision est fondée.

En effet, on tombe souvent dans l'erreur, quand on veut suivre servilement à la lettre la décision d'une Loi: au contraire en ne s'attachant qu'à l'esprit de la Loi, sans avoir égard aux termes dans lesquels elle est conçue, c'est rendre tout arbitraire, & par conséquent faire qu'il n'y ait plus de Loi.

Voici ce que décident la Loi 12. & la suivante; *tituli digestorum, de Legibus. Non possunt omnes articuli sigillatim aut Legibus, aut Senatusconsultis comprehendi; sed cum aliqua causa eorum manifesta est, is quis Jurisdictioni præest, ad similia procedere atque ita jus dicere debet. Nam, ut ait Pedius, quoties lege aliquid, unum vel alterum introductum est, bona occasio est, cætera quæ tendunt ad eamdem utilitatem, vel interpretatione*

Interpretationem , vel certè *Jurifdictione fuppléri.* Cela fouffre néanmoins plufieurs exceptions.

Les Loix qui renferment des difpofitions contraires au droit commun, ne reçoivent point d'extenfion ; parce qu'un droit fingulier eft fondé fur une raifon particuliere, qui ne peut préjudicier au Droit commun, qui eft généralement plus utile & plus avantageux au Peuple.

Ainfi le droit fingulier ne reçoit point d'extenfion d'un cas à un autre, d'une perfonne à une autre, ni d'une chofe à une autre.

Comme nos Coutumes font dans nos Provinces du droit coutumier, ce que le Droit civil étoit dans l'Empire Romain, & qu'elles font de la nature de toutes les Loix humaines, en ce qu'elles ne peuvent pas comprendre tous les cas qui peuvent fe préfenter fur une matiere, elles reçoivent des extenfions des cas exprimés à ceux qui ne le font pas, quand il y a parité de raifon, & quand leurs difpofitions ne font pas exhorbitantes du Droit commun.

Nos Rois fe font toujours réfervé l'interprétation de leurs ordonnances, comme il eft porté dans l'article 3. du titre 1. de l'Ordonnance de 1667. & ce qui eft conforme au Droit Romain, fuivant lequel, quand les termes d'une Loi font clairs, & renferment un fens auquel on ne peut donner atteinte, fans détruire en même tems la Loi, il faut s'en tenir à cette maxime : *Ejus eft Legem interpretari, cujus eft Legem condere. Vide leg. 1. leg. 9. & leg. ult. §. 1. quod de legib.*

Ainfi, quand il fe rencontre quelqu'ambiguité, obfcurité ou omiffion dans les Ordonnances, ce n'eft pas fans raifon que nos Rois s'en font réfervé la connoiffance ; & ils y remédient par des Déclarations qui contiennent leur intention à cet égard.

Les Juges ne peuvent donc pas en France donner atteinte à la difpofition d'une Loi qui eft claire & précife ; ainfi, fuppofé qu'il y eut dans quelque cas de l'injuftice à fuivre fa décifion, ils ne pourroient pas l'enfeindre, & rendre un Jugement contraire. *Leges vim fuam & poteftatem trahunt, non à ratione, fed ab autoritate conftituentis.*

Quand la Loi eft écrite, & qu'elle décide précifément le cas dont il s'agit, il la faut abfolument fuivre, quoique fa décifion ne foit pas tout-à-fait jufte par rapport à l'efpece qui fe préfente.

C'eft ce que nous enfeigne Ulpien dans la Loi 12. §. 1. *qui & à quibus manum liber. non fiunt. Quod quidem perquam durum eft , fed ita, Lex Scripta eft.*

Lorfque cela fe rencontre, les Juges n'ont point d'autres chofes à faire, pour ne pas fuivre la décifion de la Loi, que d'en réferer au Prince, pour qu'il décide ce qu'il Juge à propos.

Quoique régulièrement les Juges ne puiffent rien changer aux Ordonnances ni aux coutumes, les Cours fouveraines en peuvent néanmoins faire une jufte interprétation, & étendre ou reftreindre leurs difpofitions, lorfque la raifon & l'équité le requièrent ; car comme l'équité eft la fin véritable de tout droit, il eft évident que l'efprit des Loix

eft, que dans le doute on leur donne une interprétation favorable.

Mais ce pouvoir ne regarde que les Juges *fouverains*, qui repréfentent la perfonne du Roi, & *qui vice facrâ Principis judicant* ; car les Juges inférieurs font obligés d'exécuter exactement les Ordonnances & les Coutumes des lieux, fans y apporter aucun tempéramment de leur chef : autrement ils pourroient être mandés par les Cours fouveraines pour en rendre raifon. *Voyez* Cour fouveraine.

De tout ce que nous venons d'obferver, il faut conclure que quand l'interprétation de la Loi fe peut tirer d'elle-même, les Cours fouveraines peuvent la faire par rapport à des circonftances particulieres, ou conformément à des motifs d'équité ; mais fi l'interprétation qu'il faudroit lui donner eft abfolument contraire, non-feulement aux termes, mais au fens de la Loi, il faut avoir recours au fouverain.

Ainfi les Juges ordonnent en pareil cas, que les Parties fe retireront par devers le Roi, ou bien ils fupplient Sa Majefté d'expliquer fes intentions.

Voici ce que porte l'article 3. du titre 1. de l'Ordonnance du mois d'Avril 1667. » Si dans les Ju- » gemens qui feront pendans en nos Cours de Par- » lement, & autres nos Cours, il furvient aucun » doute ou difficulté fur l'exécution de quelques » articles de nos Ordonnances, Edits, Déclarations » & Lettres patentes, nous leur défendons de les » interpréter ; mais voulons qu'en ce cas elles ayent » à fe retirer par devers nous, pour apprendre ce » qui fera de notre intention.

Cela eft entiérement tiré des Loix Romaines, qui portent comme nous l'avons déjà dit, que *Ejus eft Legem interpretari ; cujus eft Legem condere. Explofis ambiguitatibus , tàm conditor , quàm interpres Legum , folus Imperator jufte exiftimabitur. Leg. ult. cod. de legib.*

Il feroit à fouhaiter, dit le Prince des Philofophes, qui forma le grand Alexandre, que les Loix fuffent fi exactes, qu'elles remarquaffent jufqu'aux moindres circonftances, afin de laiffer peu de chofe à la difcrétion des Juges ; & cela pour plufieurs raifons, entr'autres :

I°. Parce que les Loix fe font à loifir, au lieu que les Jugemens fe rendent fouvent avec précipitation.

II°. La Loi juge fans prévention & fans acception de perfonne ; au lieu que le plus fouvent les Juges font agités du mouvement des paffions humaines.

Charlemagne ayant trouvé la Loi des Lombards défectueufe en plufieurs chofes, il l'augmenta, & tâcha de fuppléer tous les cas omis, par une Ordonnance de l'an 801. à la fin de laquelle il ajouta, que dans les chofes douteufes, il vouloit que les Juges euffent recours à fon autorité fans qu'il leur fût permis de les décider felon leur caprice.

Enfin M. Conan, Maître des Requêtes, a eu raifon de dire qu'il n'y a rien de plus dangereux, que de permettre aux Juges de s'écarter de la décifion des Loix, fous prétexte de fuivre les lueurs trompeufes d'une équité apparente. C'eft, dit M. Bretonnier dans fa préface fur Henrys , rendre la Juftice incertaine & arbitraire. C'eft introduire dans la Jurifprudence de Pyrrhonifme ; & en même tems le trouble dans les familles & le défordre dans l'Etat.

Voyez ce que j'ai dit de l'interprétation des Loix, *verbo* Loi , & ce qui en eft dit dans les Opufcules de Loyfel , pag. 306.

INTERPRETATIONS D'ARREST, eft une explication que donnent les Cours fouveraines à un Arrêt , fans y donner atteinte , c'eft-à-dire , fans le retracter ; mais en rendant certain ce qui peut être équivoque , & en expliquant clairement ce qui paroît douteux ou ambigu.

Ce qui a lieu quand une Partie prétend qu'il y a contrariété en quelques chofes dans un Arrêt , ou qu'il s'y trouve quelque obfcurité.

Lorfque cela fe rencontre , & que ceux qui en pourront fouffrir du dommage ne veulent pas fe pourvoir contre cet Arrêt, ni par oppofition , ni par Requête civile, ni par caffation, ils forment des demandes en interprétation d'Arrêt.

Cette demande fe fait par une Requête. On la fait répondre , enfuite on la fait fignifier ; & fur cette Requête , la caufe plaidée à l'Audience , y eft jugée définitivement ou appointée.

Si les Juges s'apperçoivent que l'interprétation qu'on demande n'eft qu'un prétexte à une revifion , & qu'il n'y a rien d'obfcur , de douteux, ni d'ambigu dans l'Arrêt ; ils en déboutent le demandeur , avec dépens.

Il y a même une Déclaration du vingt-un Avril 1671. qui défend aux Parties de fe pourvoir contre les Arrêts par Requête en interprétation d'iceux, ni autrement que par Requête civile ; & qui défend aux Cours de retracter lefdits Arrêts, & d'en changer les difpofitions par maniere d'interprétation ou autre voie.

INTERPRETATION DE LA VOLONTÉ DES TESTATEURS , doit toujours fe faire d'une maniere qui contribue à lui donner une pleine & entiere exécution. *Favore ultimarum voluntatem receptum eft , ut pleniffimam recipiant interpretationem. Leg.* 12. *ff. de regul. jur.*

Voyez Peleus, queft. 50.

INTERPRETE D'UN ACCUSÉ QUI N'ENTEND PAS LA LANGUE FRANÇOISE. *Voyez* Etranger.

INTERROGATOIRE , eft un acte qui contient les interrogatoires que fait le Juge à une Partie fur la vérité de certains faits , & les réponfes qui y font faites , pour tirer l'éclairciffement de la bouche de celui qui y eft interrogé , & par ce moyen fervir de preuve.

On diftingue deux fortes d'interrogatoires ; fçavoir , ceux qui fe font en matiere civile, qui fe nomment interrogatoires fur faits & articles ; & ceux qui fe font en matiere criminelle, qui s'appellent interrogatoires fur faits réfultans de l'information.

Ordinairement on s'en tient aux derniers aveux où les perfonnes interrogées perfiftent , & on n'a point d'égard à ceux qui les précédent , parce qu'on les regarde comme anéantis par les aveux poftérieurs.

Voyez verbo Confeffion., la différence qu'il y a

entre la confeffion qui fe met en matiere civile , & celle qui fe fait en matiere criminelle.

INTERROGATOIRE SUR FAITS ET ARTICLES , eft en matiere civile une recherche judiciaire de la vérité de quelque fait , par des interrogatoires faits à une Partie par le Juge devant qui le différend eft pendant ; à la requête de la Partie adverfe , fur certaines propofitions , circonftances & articles pertinent , & concernant l'affaire dont il s'agit , & fouvent qu'on ne pourroit pas découvrir autrement.

Ainfi , quand on fait interroger fa Partie adverfe fur faits & articles , c'eft afin que ces réponfes fervent à prouver les faits qui peuvent contribuer à faire connoître la vérité d'où peut réfulter le gain de la conteftation qui eft entre les Parties.

L'objet de cet acte judiciaire & authentique, foutenu de la fignature du Juge & de la Partie , eft donc de faire preuve de la vérité contre celui qui eft interrogé ; & la preuve qui en réfulte eft telle, qu'elle va jufqu'à détruire les actes en faveur de la Partie qu'on interroge , quand elle fait des confeffions qui les renverfent.

Il y a une infinité de cas où ce remede fe trouve non-feulement utile , mais même très-néceffaire.

Par Exemple , j'ai paffé un contrat ou une tranfaction , n'y étant point porté de moi-même , mais y étant induit par le dol & la frauduleufe adreffe de la Partie avec qui j'ai contracté ; en conféquence de cet acte je me trouve léfé , & je veux me faire reftituer contre & le faire caffer. Ayant obtenu pour ce des Lettres de refcifion , & voyant qu'il ne m'eft pas facile de prouver le dol de ma Partie adverfe , attendu que l'affaire s'eft paffée fans témoins , je fais interroger celui qui m'a trompé fur certains faits particuliers , qui étant avoués & confeffés par la Partie , pourront fervir à faire connoître au Juge que le contrat n'a été fondé que fur fon dol , & qu'autrement je ne l'aurois pas paffé.

L'on peut faire interroger fur faits & articles en tout état de caufe , tant en premiere inftance, qu'en caufe d'appel.

Les faits propofés ne font admiffibles , que lorfqu'ils font pertinens , & concernent la queftion dont il s'agit ; autrement la Partie ne feroit pas obligée de répondre.

Pour parvenir à cet interrogatoire, il faut faire dreffer les faits & articles , & obtenir du Juge, ou du Rapporteur fi l'affaire eft appointée , permiffion de faire affigner la Partie adverfe pour être interrogée.

Si l'inftance eft pendante au Châtelet , l'ufage eft de commettre un Commiffaire ; fi c'eft en Cour fouveraine , l'on commet un de Meffieurs les Confeillers ; & quand l'affaire eft appointée, le Rapporteur fe commet lui-même.

En conféquence de l'Ordonnance du Juge , ou du Commiffaire commis , on fait affigner la Partie , & on lui donne copie des faits & articles , & de l'Ordonnance avec l'Exploit.

Mais il faut que l'affignation foit donnée à perfonne ou domicile de la Partie , & non à aucun domicile élu , ni à celui du Procureur, ainfi qu'il eſt porté en l'article 5. du titre 10. de l'Ordonnance de 1667.

Il n'y a point de délai marqué par l'Ordonnance pour l'aſſignation donnée à l'effet de ſubir interrogatoire ſur faits & articles. On peut donner une pareille aſſignation aujourd'hui après midi, pour demain matin à huit heures.

Si la Partie comparoît, le Juge doit prendre d'abord le ſerment de celui qui vient ſubir interrogatoire, avant de recevoir ſes réponſes. Il doit enſuite interroger la Partie, laquelle doit répondre en perſonne, & non par Procureur, ni par écrit, ſuivant l'article 6. du titre 10. de l'Ordonnance de 1667. qui eſt tiré de l'article 6. de l'Ordonnance de Rouſſillon.

La raiſon eſt, qu'on n'a pas beſoin de ſecours étranger, lorſqu'on veut établir ſes réponſes ſur la vérité. Elles doivent auſſi être expliquées avec beaucoup de préciſion & de ſimplicité.

Ainſi il faut qu'elles ſoient préciſes & pertinentes ſur chacun des faits, ſans être accompagnées de termes injurieux ni calomnieux, comme il eſt preſcrit par l'art. 8. du tit. 10. de l'Ordonnance de 1667.

Les réponſes que fait la Partie interrogée ſur les faits qui lui ſont propoſés par le Juge, ou par un Conſeiller pour ce commis, ſont rédigées par écrit par le Greffier, & ſervent de preuves contr'elle, d'autant plus certaines qu'elles ſont tirées de ſa propre bouche.

Quand le Juge connoît par les réponſes de celui qui ſubit l'interrogatoire, qu'il y a lieu de l'interroger encore ſur des faits qui réſultent de ſa connoiſſance, ou de ſa dénégation, ou de quelque circonſtance qui n'auroit pas été aſſez expliquée par les faits ſignifiés, ou par les réponſes, il peut interroger la Partie d'office ſur aucuns faits qui ne lui auroient pas été communiqués, ainſi qu'il eſt dit en l'art. 7. du même titre.

Celui qui fait faire l'interrogatoire, peut même donner au Juge d'autre faits que ceux qu'il a fait ſignifier à la Partie adverſe, afin que le Juge l'interroge deſſus.

Ces faits ſont appellés *faits ſecrets*, que l'on tâche d'ajuſter de maniere que celui qui doit répondre deſſus ne puiſſe pas méditer des réponſes contraires à la vérité.

On dreſſe un procès verbal, tant de l'interrogatoire fait par le Juge, que des réponſes de celui qui eſt interrogé, dont eſt délivré copie à la Partie adverſe, pour lui ſervir en tant que de raiſon.

Si celui qu'on veut faire interroger eſt malade, ſur le réquiſitoire de celui qui fait procéder audit interrogatoire, le Juge doit ſe tranſporter en la maiſon du malade, pour y faire l'interrogatoire, dont ſera faite mention dans le procès verbal.

Si la Partie n'étoit pas demeurante au lieu où le procès eſt pendant, elle ſera interrogée pardevant le Juge le plus prochain de ſa demeure, en vertu d'une commiſſion du Juge où l'affaire eſt pendante.

Cette commiſſion s'obtient ſur Requête; & ſi le Juge qui commet eſt ſouverain, la commiſſion ne ſera pas rogatoire; mais en forme d'Arrêt.

Si la Partie ne comparoît pas aux jours & lieux aſſignés, ou fait refus de répondre, il ſera dreſſé un procès verbal ſommaire, faiſant mention de l'aſſignation & du refus; & ſur le procès verbal, les faits ſeront tenus pour confeſſés & avérés, ſans aucun Jugement ni réaſſignation, ainſi qu'il eſt dit en l'art. 4. du tit. 10. de l'Ordonnance de 1667.

Mais, quoique les faits ſoient dans ce cas tenus pour avérés, la Partie peut toujours être reçue à y répondre, ſi elle ſe préſente avant le Jugement du procès pour ſubir l'interrogatoire, à la charge d'en payer les frais, & d'en donner copie, & même de rembourſer ceux du premier ſans répétition; art. 5. du même titre.

Ceux qui ne ſont pas Parties au procès, ne peuvent être interrogés ſur faits articles, quoiqu'ils ayent une connoiſſance parfaite des faits dont eſt queſtion.

Quoiqu'on ne puiſſe, pour l'ordinaire, ſubir interrogatoire par Procureur, néanmoins, quand c'eſt un Corps ou une Communauté qu'on veut faire interroger, l'Ordonnance veut que cette Communauté ſoit tenue de donner un Procureur ou Officier, auquel elle donne pouvoir de répondre en ſon nom ſuivant les réponſes marquées dans la procuration, & affirmées véritables; autrement ſeront les faits tenus pour confeſſés & avérés, ſans préjudice de faire interroger les Syndics, Procureurs & autres qui ont agi par les Ordres de la Communauté ſur les faits qui les concerneront en particulier, pour y avoir par le Juge tel égard que de raiſon, ainſi qu'il eſt porté en l'art. 9. du tit. 10. de l'Ordonnance de 1667.

Si un tuteur pourſuivi pour les affaires de ſon mineur, fait refus de répondre, les faits ne doivent pas être tenus pour confeſſés & avérés, au préjudice du mineur.

Incontinent après que la partie a ſubi l'interrogatoire, celui qui l'a fait interroger doit lever le procès verbal à ſes frais & dépens, ſans que par la ſuite il en puiſſe répéter les frais, ni les faire entrer en taxe, quand même par l'événement, il obtiendroit gain de cauſe avec dépens, comme il eſt dit en l'art. 10. du tit. 10. de l'Ordonnance de 1667. qui porte que *les interrogatoires ſe feront aux frais & dépens de ceux qui les auront requis, ſans qu'ils puiſſent en demander aucune répétition, ni les faire entrer en taxe, même en cas de condamnation de dépens.*

Si la Partie qui a requis l'interrogatoire, n'en levoit pas le procès verbal, la Partie interrogée ſeroit en droit de le lever, & d'en obtenir exécutoire de rembourſement contre celui qui l'a fait interroger.

Il nous reſte à faire ſur ce ſujet les obſervations ſuivantes.

La premiere eſt, qu'un mari ne peut empêcher ſa femme, ſous prétexte de défaut d'autoriſation, de ſubir l'interrogatoire ſur faits & articles; parce qu'il eſt juſte que la vérité ſoit connue, elle qui doit toujours prévaloir & ſervir de regle aux Jugemens. Ainſi jugé par Arrêt du Parlement de Paris le 19. Décembre 1713.

La deuxième, que celui qui fait interroger sa Partie sur faits & articles, ne peut pas être présent aux réponses. Bouvot, *verbo* Serment, quest. 1.

La troisième, que quoiqu'il semble qu'un homme interrogé sur faits & articles soit établi Juge dans sa propre cause, cela n'est pas toujours vrai par l'événement : car nonobstant la dénégation de certains faits, il arrive souvent que la Partie interrogée succombe, lorsque les Juges entrevoyent qu'il y a dol, mauvaise foi & imposture de sa part.

Il n'en est pas de même du serment décisoire ; celui qui le défère constitue véritablement sa Partie Juge dans sa propre cause : de sorte que celui qui le défère est toujours censé renoncer à la poursuite qu'il avoit intentée contre celui à qui il a déféré le serment, au cas qu'il détruise, en affirmant, la demande qui est contre lui intentée.

INTERROGATOIRES SUR LES FAITS RÉSULTANS D'UNE INFORMATION, sont des interrogatoires qui se font en matière criminelle, & qui se subissent par l'ajourné à comparoir en personne qui se présente, & par celui qui est décrété de prise de corps, & qui est constitué prisonnier. Sur quoi *voyez* le titre 14. de l'Ordonnance de 1670.

L'interrogatoire des accusés est d'une très-grande conséquence, pour avoir par leur propre confession la preuve complette du crime dont ils sont prévenus, & sur lequel il y a déjà d'autres preuves & adminicules. D'ailleurs, cette interrogatoire peut aussi beaucoup servir pour avoir révélation des complices ; mais elle n'a force que de demi-preuve.

Ces interrogatoires se doivent faire par le Juge, sans retardement, dans le lieu où se rend la Justice, dans la Chambre du Conseil, ou dans la Géôle, après que l'information est faite, & qu'il est survenu dessus quelque décret ; car, suivant les Ordonnances & l'ordre judiciaire, un procès criminel ne peut point être valablement commencé par les interrogatoires.

Il n'y a que le cas où le criminel est pris en flagrant délit ; car il peut alors être interrogé par le Juge avant l'information, dans le premier lieu qui se trouve commode pour faire subir l'interrogatoire, d'autant que la flagrance du délit tient lieu de l'information. *Voyez* la note de Bornier sur l'article 9, du tit. 10. de l'Ordonnance de 1670.

A l'égard des accusés qui sont prisonniers, il est défendu aux Géôliers de leur permettre la communication de quelques personnes que ce soit, avant leur interrogatoire ; mais leur interrogatoire doit être commencé au plus tard dans les vingt-quatre heures, après leur emprisonnement ; & si le Juge qui doit y vaquer, ne le fait, il doit y être procédé par un autre Officier, suivant l'ordre du tableau.

L'Ordonnance de 1670. en l'article 1. ordonne que l'interrogatoire des accusés doit être commencé au plus tard dans les vingt-quatre heures, afin d'empêcher les conseils & instructions qu'on pourroit leur donner pour faire retarder le Jugement du procès, & afin qu'ils n'ayent pas le loisir de méditer des ruses & des subtilités, pour celer ou déguiser la vérité.

Il n'appartient qu'au Juge de faire subir l'inter-

rogatoire au criminel. Il doit être assisté de son Greffier, lequel rédige par écrit les interrogatoires du Juge & les réponses de l'accusé.

Le Juge en procédant à cet interrogatoire, doit agir avec beaucoup de sagesse & beaucoup de prudence, & ne doit point se servir de ruses, qui ne conviennent point à son caractère, ni promettre l'impunité à l'accusé, pour lui faire avouer son crime.

Les Prévôts des Maréchaux déclarés compétens, doivent déclarer aux accusés, lors de l'interrogatoire, qu'ils entendent les Juger prévôtablement & en dernier ressort.

Le Juge royal ne peut avoir, ni faire aucun interrogatoire à un Clerc renvoyé, qu'en présence de l'Official.

Après les informations & le décret, le Juge fait subir l'interrogatoire à l'accusé, sans ordonnance, & sans signifier ni communiquer aucuns faits & articles.

A Paris, quand les criminels sont pris en flagrant délit, & menés chez un Commissaire, il les peut interroger d'abord ; autrement il faut que l'interrogatoire soit fait par le Juge, lequel doit se transporter à cet effet dans la prison, dans les vingt-quatre heures après leur emprisonnement, ou dans la chambre du Conseil, suivant l'article 1. du titre 14. de l'Ordonnance de 1670.

L'art. 28. de l'Edit du mois de Janvier 1685. en forme de réglement pour l'administration de la Justice au Châtelet de Paris, porte que les Officiers, de l'Ordonnance desquels les prisonniers sont arrêtés, les interrogent dans les vingt-quatre heures de leur emprisonnement, qu'ils ne reçoivent d'eux aucuns droits pour les interrogatoires, ni pour les Sentences d'élargissement, & qu'ils ne dressent aucuns procès verbaux pour la reception des cautions, si les Parties civiles n'y assistent pour en contester les facultés.

Si l'accusé a quelques moyens de récusation contre le Juge qui se présente pour l'interroger, il peut valablement le récuser, & refuser de répondre devant lui ; & si le Juge a connoissance de la vérité de ses moyens, il doit volontairement désister de l'instruction du procès ; sinon l'accusé doit faire juger ses causes de récusation.

Mais si le refus que fait l'accusé n'est fondé sur aucun moyen valable, le Juge lui fera sur le champ trois sommations de répondre, à chacune desquelles il lui déclarera qu'à faute de répondre, son procès lui sera fait comme à un muet volontaire.

Si l'accusé veut bien répondre, le Juge prendra de lui serment de dire la vérité, l'interrogera d'abord de son nom, de son âge, de sa qualité ou de sa vacation, & du lieu de sa demeure ou de son habitation.

Ensuite il l'interrogera sur tous les faits résultans de l'information & de toutes les circonstances ; & s'il y a d'autres faits que ceux portés par l'information, qui néanmoins peuvent servir à découvrir la vérité, le Juge pourra interroger le prisonnier sur ces faits.

S'il a été mis au Greffe, des armes, des écritures, hardes ou meubles qui puissent servir à la preuve du crime & à la conviction de l'accusé, le Juge, en procédant à son interrogatoire, fera représenter ces choses à l'accusé, & même les papiers & écritures, après les avoir paraphés; ensuite de quoi il l'interrogera sur les faits & les inductions qui en résultent.

L'accusé doit répondre sur le champ aux interrogatoires du Juge, sans demander délai pour ses réponses; il doit répondre par sa bouche, de quelque qualité & condition qu'il soit, sans ministere de conseil, n'en pouvant avoir aucun.

Si l'accusé dénie tous les faits portés par l'information, le Juge peut le presser de déclarer la vérité, & lui remontrer que le contraire de ce qu'il dit paroit suffisamment prouvé par l'information & autres pieces.

Si sur les remontrances du Juge l'accusé varie ou change quelque chose en ses reponses, ces changemens ou variations seront écrites de suite en continuant l'interrogatoire, auquel il ne doit être fait ni rature, ni interligne.

L'interrogatoire fait, doit être lû à l'accusé; & s'il y a plusieurs séances, la lecture de chacune lui doit être faite à la fin d'icelle.

Toutes les pages dudit interrogatoire doivent être cottées & paraphées, & signées par le Juge & par l'accusé, s'il sçait & veut signer; sinon il doit être fait mention de son refus, à peine de nullité.

INTERROGATOIRE SUR LA SELLETTE, est un interrogatoire que l'on fait subir sur la sellette à l'accusé, lorsque le procès criminel est instruit & prêt à juger, & que les conclusions vont à une peine afflictive.

Suivant la Déclaration du 12. Janvier 1681. les accusés contre lesquels il n'y a ni condamnations, ni conclusions à peine afflictive, dans les procès réglés à l'extraordinaire, & instruits par recollement & confrontation, doivent être entendus par leur bouche, dans la Chambre du Conseil, derriere le Barreau.

Il y a une autre Déclaration du 13. Avril 1703. qui porte que celle du 12. Janvier 1681. sera exécutée; & en expliquant l'article 21. du tit. 14. de l'Ordonnance de 1670. ordonne la même chose.

A l'égard des interprêtes & curateurs qui répondent pour l'accusé, ils ne sont dans aucun cas mis sur la scellette; ils sont debout & tête nûe.

Touchant l'interrogatoire sur la scellette, voyez l'article 21. & les articles suivants du titre 14. de l'Ordonnance de 1670.

INTERRUPTION, est tout ce qui empêche qu'une possession soit continuée, & puisse servir pour acquérir la propriété d'une chose par la prescription.

L'interruption de la possession est, ou naturelle, ou civile.

L'interruption naturelle est une interruption de fait, qui arrive si-tôt qu'il survient quelqu'acte qui nous fait véritablement cesser de posséder une chose que nous possédions auparavant, comme quand la possession a passé de nous en une autre personne.

Ainsi, par exemple, celui qui a été expulsé de la possession d'un immeuble qu'il possédoit, a cessé véritablement de le posséder, à moins qu'il n'y ait été réintégré; car la prescription ne s'acquiert que par une possession continue, & paisible pendant tout le tems réglé pour prescrire. Leg. 15. §. 1. ff. de divers. temp. præscript. Leg. 20. ff. de usurpat. & usucap.

Mais si le spolié avoit été ensuite réintégré, la possession ne seroit pas censée avoir été interrompue; parce que par le moyen de la réintégrande la dépossession est jugée nulle, & comme si elle n'étoit point intervenue; ainsi elle est sans effet

L'interruption civile est celle qui se fait par quelqu'acte judiciaire, qui donne à connoître au possesseur que la chose qu'il possède ne lui appartient pas, & qui le constitue en mauvaise foi.

Non-seulement la contestation en cause peut interrompre la prescription, mais aussi une simple assignation donnée par un exploit libellé.

La prescription est donc interrompue, & cesse de courir par une demande libellée faite au possesseur; parce que pour prescrire, il faut que la possession ait été paisible & de bonne foi : or une telle demande fait que la possession n'est plus paisible, & que le possesseur cesse d'être dans la bonne foi, parce que l'explication qui s'en fait, & l'énonciation des moyens sur lesquels la demande est fondée, avec les conclusions qu'on en tire, font connoître au défendeur s'il doit acquiescer, ou s'il est en droit de répondre à la demande qui lui est faite.

Mais comme par les Loix Romaines celui qui donnoit une assignation n'étoit pas tenu d'expliquer sa demande, ni les moyens sur lesquels elle étoit fondée, il n'y avoit que la contestation en cause qui pût interrompre la prescription; en sorte qu'une demande n'en arrêtoit pas le cours, parce que ce n'étoit que par la contestation en cause que le défendeur pouvoit avoir connoissance de la prétention du demandeur, & des moyens dont elle étoit appuyée.

Il nous reste à remarquer ici une différence essentielle, qui se trouve entre l'interruption naturelle de la prescription & l'interruption civile; qui est que la naturelle sert non-seulement à celui qui l'a procurée, mais à tout autre qui peut avoir droit dans la chose dont il s'agit; au lieu que l'interruption civile ne sert qu'à celui qui l'a causée. Naturalis interruptio quibuslibet prodest, civilis autem ei tantum qui litem contestatus est; siquidem etiam lite contestata usucapio procedit; sed si petitor vincat, res illi restituenda est. Leg. 5. ff. de usurpat. & usucap.

De ce principe il s'ensuit, que si l'instance contestée est discontinuée par trois ans, & par conséquent périe, la prescription ne laissera pas d'en avoir son cours, comme il est dit en l'article 15. de l'Ordonnance de Roussillon du mois de Janvier 1563. Voyez ce que j'ai dit sur l'art. 113. de la Coutume de Paris, glose cinquieme.

INTERRUPTION DE PEREMPTION D'INSTANCE, est tout ce qui empêche qu'une instance soit perimée par le laps de trois ans.

Cette interruption arrive de deux manieres. 1°. Par la mort de l'une des deux Parties, ou d'un Procureur qui occupoit pour quelqu'une d'elles; ou par la mort du Rapporteur. La mort de quelqu'une de ces personnes, survenue avant l'échéance de trois ans requis pour la péremption d'instance, l'interrompt absolument.

II°. Par tout acte judiciaire qui est fait avant la péremption d'instance accomplie.

Mais il faut premiérement que cet Acte ne soit point frustratoire ; c'est-à-dire, qu'il faut qu'il ait rapport à l'état où se trouve l'affaire dont il est question entre les Parties : c'est pourquoi si dans une affaire appointée l'une des Parties faisoit signifier un avenir, un tel acte n'empêcheroit pas la péremption d'instance.

En second lieu, il faut pour interrompre la péremption, que l'acte soit connu ; en sorte que la Partie adverse ne puisse prétendre valablement n'en point avoir de connoissance.

INTERRUPTION ou ACTION D'INTERRUPTION, est l'action en déclaration d'hypotheque, qu'un créancier intente contre le possesseur d'un héritage qui lui a été affecté & obligé par son débiteur, & qui a été par lui vendu depuis, pour voir déclarer l'héritage affecté & hypothéqué à sa dette, à l'effet d'être payé sur cet héritage, après discussion faite du principal débiteur.

Cette action ne tend qu'à interrompre ou empêcher la prescription de l'hypotheque que le créancier a sur cet héritage, que l'acquéreur pourroit autrement prescrire par une possession paisible de dix ans entre présens, & de vingt ans entre absens.

On peut intenter cette action avant que d'avoir discuté le principal débiteur.

Celui qui l'intente conclut, *à ce que l'héritage soit déclaré affecté & hypothéqué à la dette, ou à la rente qui lui est due, pour être par après saisie réellement, vendu & adjugé par décret en la maniere accoutumée, après discussion faite du principal obligé, en cas que le demandeur n'ait pû être payé de la dette contenue en l'obligation, ou de la rente constituée au profit.*

Voyez ci-dessus action hypothécaire.

INTERSTICE, est l'espace ou l'intervalle de tems qui doit être entre une chose & une autre.

Ce terme a lieu principalement en matiere ecclésiastique, & signifie les intervalles qui doivent être gardés par ceux qui aspirent aux Ordres sacrés.

INTERVENANT, est celui qui intervient en une instance formées entre d'autres Parties, soit pour prendre le fait & cause de l'une des Parties, ou pour se joindre à elle, ou pour quelque intérêt particulier qui différe de celui des Parties, mais qui a quelque connexité naturelle avec la contestation.

Ainsi, quand une personne a quelque intérêt dans une affaire, elle peut, quoiqu'elle n'y soit pas Partie, demander à y intervenir, pour la conservation de ses droits.

Par exemple, j'apprends qu'il y a une instance pour raison d'un droit qui me regarde : je forme mon intervention, ou bien celui que j'ai garanti me dénonce le trouble qui lui est fait ; j'interviens pour prendre son fait & cause.

INTERVENIR, est se rendre Partie incidemment en un procès pendant entre un demandeur & un défendeur, ou entre un appellant & un intimé.

INTERVENIR, signifie aussi survenir dans un contrat, l'autoriser, y consentir, le ratifier ou se rendre caution de l'un des contractans.

Dans ce dernier cas, on ajoute cette clause : *A ce faire est intervenu un tel, qui s'est rendu caution, & s'est obligé solidairement au contenu au présent contrat.*

INTERVENTION, est une voie dont on se sert pour se rendre incidemment Partie en un procès.

Pour y parvenir, on doit en cause d'appel, de même qu'en premiere instance, présenter une Requête qui contienne ses moyens d'intervention, & donner copie des pieces justificatives.

Si la Requête d'intervention est donnée dans une cause d'Audience, il la faut porter au Greffier, qui met au bas, *viennent les Parties* ; après quoi on fait signifier cette Requête aux Procureurs de toutes les Parties, avec un avenir en la Chambre où l'Instance est pendante ; & si la cause principale doit juger à l'Audience, elle sera plaidée tant sur le principal, que sur l'intervention.

Mais si l'intervention est demandée en une affaire appointée, on fait mettre au bas de la Requête le *viennent par le* Rapporteur de l'instance ; & après avoir fait signer un avenir avec ladite Requête aux Procureurs des parties intéressées, on va plaider à l'Audience, pour faire juger si le demandeur doit être reçu Partie intervenante ; parce que dans les instances appointées, c'est un préalable de juger l'intervention avant le Jugement de l'instance, afin que l'intervenant puisse expliquer ses moyens pour soutenir ses droits.

Si l'intervenant est bien fondé dans sa demande, la Cour le reçoit Partie intervenante en l'instance dont il est question, & lui donne acte de l'emploi de sa Requête, & ordonne que les défendeurs seront tenus d'y fournir de réponses dans trois jours, & la joint à l'instance principale.

Si l'intervenant est mal fondé en sa Requête, il en doit être débouté avec dépens.

Quand l'intervention est admise, il faut faire signifier le Jugement qui l'admet, avec sommation d'y satisfaire, & en conséquence de fournir réponses à ladite Requête d'intervention dans trois jours, à peine d'en être forclos ; & dans le tems que l'intervenant fait cette sommation, il doit produire la requête avec les pieces justificatives sa demande.

Lorsqu'on intervient dans une instance prête à juger, on doit conclure, I°. A être reçu Partie intervenante.

II°. A ce qu'il soit ordonné, que le demandeur en intervention aura communication de l'instance appointée, pour prendre après telles conclusions qu'il avisera bon être : mais comme une telle intervention est d'ordinaire mendiée par l'une des Parties, à l'effet d'éloigner sa condamnation, celui qui veut accélérer doit en ce cas donner

Requête, afin de faire déclarer non-recevable le demandeur en intervention.

INTERVENTION, fignifie en fait de contrats, l'approbation de ceux qui n'étant pas les principaux contractans, y foufcrivent pour le ratifier, ou pour fe rendre caution de la promeffe que l'une des Parties y a faites.

Voyez Intervenir.

INTESTAT, eft celui qui meurt fans avoir fait de teftament, ou qui en a fait un qui n'étoit pas valable, ou qui a été infirmé dans la fuite, ou deftitué d'héritier.

Voyez ce que nous avons dit fur le premier titre du troifieme livres des Inftitutes de Juftinien.

INTIMATION, fe dit quelquefois de la déclaration, ou fignification & notification qu'on fait à quelqu'un par un acte judiciaire ; mais ce terme fe prend plus ordinairement pour l'exploit qu'un appellant fait donner à celui qui a obtenu gain de caufe par une fentence, pour la voir réformer par le Juge fupérieur.

INTIMÉ, eft celui au profit duquel une Sentence a été rendue, de laquelle eft appel ; lequel foutient contre l'appellant, qu'il a été bien jugé par la Sentence.

C'eft un ancien mot qui vient du mot Latin *intimare*, qui fignifie dénoncer & déclarer ; & la qualité d'*intimé* eft reftée à celui qui a gagné fa caufe pardevant le Juge dont eft appel.

Cette qualité avoit été donnée au défendeur en caufe d'appel ; parce qu'autrefois l'appellant, qui eft proprement le démandeur, ajournoit le Juge pour l'obliger de venir foutenir le bien jugé, & intimoit la Partie, c'eft-à-dire dénonçoit l'appel à la Partie qui avoit obtenu gain de caufe, & qui étoit appellée par cette raifon l'intimé.

Aujourd'hui que les Juges fubalternes ne font plus refponfables de leurs Jugemens, on ne les ajourne plus pour foutenir le bien jugé. Mais quoique l'ufage foit d'ajourner feulement celui qui a obtenu gain de caufe en premiere inftance, on a toujours continué de donner le nom d'intimés à ceux qui font ajournés en caufe d'appel.

Quand l'appel eft d'une Sentence rendue à l'Audience, l'intimé n'eft point obligé de fournir la Sentence, c'eft à l'appellant à la rapporter ; mais quand l'appel eft d'une Sentence rendue fur procès par écrit ou inftance appointée, l'intimé eft obligé de rapporter en forme la Sentence, & de la faire fignifier en caufe d'appel au Procureur de l'appellant.

Lorfque l'intimé manque, le Procureur de l'appellant fomme le Procureur de l'intimé de la rapporter en forme, & de lui en donner copie, aux termes de l'Ordonnance ; lui déclarant que fa Partie levera la Sentence au Greffe de la Juftice où elle a été rendue, aux dépens de l'intimé, & obtiendra exécutoire de rembourfement.

Le Procureur de l'intimé qui veut avancer, fomme le Procureur de l'appellant de configner l'amende ; finon il protefte de la configner, fauf à efpérer.

Enfuite il met au Greffe une copie au net de l'appointement de conclufion qu'il veut offrir, & l'original de la Sentence ; il fomme le Procureur de l'appellant de figner l'appointement à lui offert ; finon qu'il levera & produira fon congé faute de conclure, & le fera juger en la maniere accoutumées.

INTIMER UN JUGE EN SON NOM, fignifie le prendre à partie, & protefter de répéter contre lui toutes pertes, dommages & intérêts qu'il aura caufés. *Voyez* Prife à Partie.

INTRUSION ; eft une prife de poffeffion d'un Bénéfice eccléfiaftique par voie de fait, fans inftitution légitime & canonique, ou fans avoir obfervé les formalités requifes.

Ainfi un dévolutaire qui a pris poffeffion d'un Bénéfice, fans avoir obtenu condamnation contre le poffeffeur, eft intrus. Il en eft de même de celui qui auroit pris poffeffion d'un Bénéfice fans le Vifa de l'Evêque.

L'intrufion emporte une incapacité perpétuelle à celui qui eft intrus de pofféder le Bénéfice.

INVENTAIRE, eft une defcription des biens d'un défunt délaiffés après fa mort, laquelle fe fait folemnellement & par des Officiers de Juftice, pour maintenir les droits de tous ceux qui peuvent y avoir intérêt, comme des créanciers, des héritiers, légataires & autres.

Voyez ce que nous en avons dit dans la fcience parfaite des Notaires, liv. 12. chap. 1.

Il eft quelquefois libre de faire inventaire, ou non, des biens d'une fucceffion ; mais il y a des cas où la néceffité de faire inventaire eft impofée.

I°. Quand un héritier veut fe porter héritier par Bénéfice d'inventaire. Sur quoi, *voyez* ci-deffus Bénéfice d'inventaire.

II°. Quand le furvivant des conjoints, qui a des enfans mineurs, veut empêcher la continuation de communauté. *Voyez* Continuation de communauté.

III°. Quand celui qui eft nommé tuteur à des mineurs, veut adminiftrer la tutelle qui lui eft déferée.

IV°. Quand il y a don mutuel entre les conjoints le furvivant doit faire inventaire.

L'inventaire doit être fait au lieu du domicile du défunt, & par les Officiers dudit lieu, quoiqu'il fût décédé ailleurs.

Touchant les Officiers qui ont droit de faire les inventaires, il faut, fuivant l'art. 264. de l'Ordonnance de Blois, diftinguer ce qui eft du miniftere du Juge, & ce qui appartient à la fonction du Notaire.

Pour ce qui regarde le Juge, il lui eft expreffément prohibé de faire aucun inventaire entre majeurs qui font d'accord enfemble, à moins qu'il n'en foit requis. Ainfi les Parties ont alors la liberté de s'adreffer au Juge, ou de s'adreffer aux Notaires. Elles font donc faire un inventaire par un Notaire, quand elles veulent épargner les frais. Mais dans la crainte de quelque contestation, elles peuvent le faire faire par le Juge, afin que fa préfence, qui fait acte de Jurifdiction, contienne en refpect toutes les Parties.

Le choix qui eft en ce cas donné aux Parties, de faire procéder à la confection d'un inventaire par le Juge ou par un Notaire , n'eſt point une excluſion pour les Juges ; au contraire , leur droit leur eſt entiérement conſervé dans le cas de la réquiſition. D'ailleurs, pour ce qui regarde les Notaires , tout eſt volontaire de la part de ceux qui ſe ſoumettent à leurs fonctions.

Mais il y a deux cas énoncés audit article 164. de l'Ordonnance de Blois , ou les Notaires ne peuvent être choiſis par les Parties pour faire les inventaires.

Le premier eſt , quand il s'agit de confiſcation , deshérence , droit d'aubaine ou de bâtardiſe ; il faut alors que l'inventaire ſoit fait par le Juge , parce que dans ces cas il s'agit de la conſervation des droits du Roi ou des Seigneurs.

Le ſecond eſt , quand il y a contention entre les Parties , & que la cauſe eſt conteſtée ; auquel cas le Juge ordonne qu'il ſera fait inventaire , & il y procéde lui-même , ſans que le Notaire puiſſe l'empêcher.

Ce que nous avons dit des Juges , a lieu à l'égard des Commiſſaires , Enquêteurs & Examinateurs ; car ces Officiers ont par rapport aux inventaires , les mêmes droits que les Juges. Ainſi , pour les inventaires qui ſe font à l'ordinaire , le choix eſt laiſſé aux Parties de les faire faire par les Commiſſaires Enquêteurs & Examinateurs , ou par les Notaires ; mais ces Officiers ont ſeul le droit de faire les inventaires dans le cas de conſiſcation , aubaine , bâtardiſe , deshérence , ou de contention entre les Parties.

Il faut excepter Paris , où tous les inventaires ſe doivent faire par les Notaires , & cela en vertu d'un privilege qui leur a été ſpécialement accordé à ce ſujet.

Dans les Villes où il y a des Juges royaux & des Juges ſubalternes , ni le Juge royal , ni le Commiſſaire Enquêteur & Examinateur , ne peuvent prévenir le Juge ſubalterne dans l'étendue de ſon reſſort ; & alors le Juge ſubalterne a la même fonction que le Juge royal & Commiſſaire. Le ſurplus demeure dévolu au Tabellion de cette Juriſdiction , avec lequel concurrent , pour les cas ordinaires , les Notaires royaux qui réſident dans le même endroit.

Ce que je viens d'avancer eſt ſi certain , que les Notaires des Villes d'Iſſoudun , Loudun , Lyon , Vitry-le-François , ayant voulu entreprendre ſur les fonctions des Commiſſaires Enquêteurs & Examinateurs deſdites Villes , & de faire les inventaires des biens des mineurs , & ceux ordonnés en Juſtice , les Commiſſaires Enquêteurs & Examinateurs ont été maintenus dans les fonctions à eux attribuées par l'Edit de 1596. & notamment à faire les inventaires eſdits cas , à l'excluſion de tous autres Officiers ; en ſorte que par les Arrêts qui ſont intervenus ſur ces conteſtations, les Notaires n'ont été maintenus que dans les droits de faire des inventaires & partages qui ſeront faits volontairement entre majeurs , & ce concurremment avec leſdits Commiſſaires Enquêteurs & Examinateurs.

Ces Edits de réglemens avec l'Edit de 1596. ſont rapportés par Chenu , tom. 2. part. 3. chap. 46.

Par un autre Arrêt de la Cour en forme de régle-ment rendu , le 10. Avril 1685. ſur les concluſions de M. l'Avocat général de Lamoignon , entre les Commiſſaires Enquêteurs & Examinateurs de la Ville d'Amiens , & les Notaires de la même Ville , la Cour a maintenu les Commiſſaires dans le droit & la poſſeſſion de faire les inventaires dans la Ville d'Amiens , quand il y aura des mineurs ou des abſens , & dans les autres cas où les inventaires ſeront ordonnés en Juſtice , & a condamné les Notaires aux dépens.

Il eſt vrai qu'il y a eu un Arrêt rendu en 1729. au rapport de M. Vervin , qui a été rendu en faveur des Notaires , contre les Officiers du Préſidial de Poitiers , en qualité de Commiſſaires ; mais il paroît par le Factum des Officiers du Préſidial de Poitiers qu'ils n'étoient point en poſſeſſion : ainſi cet Arrêt ne doit pas tirer à conſéquence pour les Officiers des autres Juriſdictions qui ſont en poſſeſſion de faire les inventaires où il y aura des mineurs ou abſens , & tous autres ordonnés en Juſtice.

Suivant un Arrêt de réglement du 18. Juillet 1733. les ſcellés ne peuvent être levés & les inventaires commencés , ſoit à Paris , ou dans les Bailliages & Sénéchauſſées du reſſort , que trois jours francs après les enterremens faits publiquement des corps des défunts.

INVENTAIRE , eſt auſſi une vente publique ou à l'encan , des meubles contenus en un inventaire , pour en empêcher la diminution de prix & le dépériſſement.

INVENTAIRE QUE FAIT FAIRE UNE VEUVE TUTRICE DE SES ENFANS QUI SE REMARIE , doit être fait conformément à un arrêt de réglement du 14. Mars 1731. qui ordonne qu'à l'avenir, quand une veuve tutrice de ſes enfans convolera en ſecondes ou ſubſéquentes nôces , ſoit qu'il y ait entre les futurs conjoints ſtipulation de communauté , ou de non communauté par leur contrat de mariage, l'inventaire qui pourra être fait ne ſera réputé bon & valable, s'il n'eſt fait avant la célébration du ſecond ou ſubſéquent mariage , & en préſence d'un tuteur ad hoc, qui ſera nommé auxdits enfans mineurs par l'avis de leurs parens , tant paternels que maternels , en la maniere accoutumée & par-devant Notaires , dont il y aura minute de tous les meubles & effets qui ſe trouveront appartenir à ladite veuve tutrice , dont elle ſera actuellement propriétaire & en poſſeſſion , tant de ceux compris en l'inventaire de la premiere communauté , que de ceux qu'elle pourra avoir acquis par ſucceſſion, donation ou autrement : de façon qu'à préſent , au moyen d'un tel inventaire , & de la ſéparation de biens par contrat de mariage , les biens du beaupere ne ſeront point hypothéqués au compte dû par la mere remariée , mais ſeulement à cauſe de la geſtion qu'il aura eue par lui-même.

INVENTAIRE DE PRODUCTION , eſt une piece d'écriture contenant l'énumération & deſcription Des pieces que chaque partie produit. Ces pieces ſont arrangées par liaſſes , ſuivant l'ordre qui leur convient. Ces liaſſes ſont cottées par les lettres de l'alphabet , & ces cottes ſont marquées dans l'inventaire de production , avec l'induction que la Partie tire de chaque piece pour l'établiſſement de ſes prétentions.

Cet inventaire ſe fait tant par le demandeur que par le défendeur, tant par l'appellant que par l'intimé, en conſéquence d'un Réglement qui appointe les Parties à mettre, ou à écrire & produire.

On y prend d'abord des concluſions, que l'on tire de la demande ou des défenſes; ou bien ſi c'eſt en cauſe d'appel, on conclut comme on a fait dans les cauſes & moyens d'appel, ou comme on a fait dans les réponſes qu'on a fournies aux cauſes & moyens d'appel.

Après les concluſions, on établit ſuccinĉtement ce qui a donné lieu à la conteſtation d'entre les Parties, & on fait mention de toutes les procédures qui ont été faites; & pour juſtifier de ſon droit, on produit les pieces & titres qui y peuvent ſervir.

On peut produire pluſieurs pieces ſous une même cotte, ſelon l'importance des inductions qu'on en veut tirer; mais ſi c'eſt une piece de conſéquence, il ne faut pas l'embarraſſer avec d'autres: il faut au contraire appuyer fortement deſſus ſéparément, pour en faire remarquer davantage les inductions qu'on en tire.

L'Ordonnance de 1667. titre 11. article 33. défend aux Procureurs de mettre au Greffe des productions en blanc, ni aucun inventaire dont les cottes ne ſoient remplies, & aux Greffiers de les recevoir, ſous les peines portées.

De plus, il eſt ordonné par le même article, que le procès ſoit jugé ſans qu'il ſoit beſoin de faire aucunes pourſuites pour remplir l'inventaire: ce qui empêche l'abus qui ſe commettoit par quelques-uns, qui ne produiſoient qu'en blanc, pour avoir occaſion de demander de nouveaux délais, pour remplir leurs inventaires.

INVENTORIER, ſignifie déduire & comprendre dans un inventaire: ce qui ſe dit également des meubles, effets & papiers que l'on inventorie après le décès d'un défunt, ou des pieces que l'on comprend dans un inventaire de production.

INVESTITURE, eſt la reception en foi & hommage, par laquelle le Vaſſal eſt ſaiſi & inveſti du Fief par ſon Seigneur dominant.

Ce mot vient du Latin inveſtire, qui ſignifie vêtir ou orner. C'eſt pour cela qu'inveſtir & inféoder ſont ſynonimes, & ſignifient l'un & l'autre mettre en poſſeſſion & revêtir du Fief celui qui prête le ſerment de fidélité au Seigneur dominant.

Autrefois la priſe de poſſeſſion d'un héritage qui ſe fait per manum Domini, & de ejus voluntate, étoit appellée inveſtiture.

On en faiſoit un acte, qui étoit dreſſé en forme de contrat, diſtinct & ſéparé du contrat d'acquiſition, qui étoit énoncé & approuvé dans l'acte d'inveſtiture; mais à préſent ces actes d'inveſtiture ſont hors d'uſage.

Ainſi la reception à foi & hommage eſt l'inveſtiture pour les Fiefs; & à l'égard des cenſives, la quittance des droits ſeigneuriaux tient lieu d'inveſtiture; de ſorte que le Seigneur ne peut plus après uſer du retrait féodal ou cenſuel, dans les Coutumes où il a lieu.

Tome II.

JONCTION, ſe dit de l'union d'une demande à une autre, ou d'un accident à la cauſe principale, pour y être fait droit conjointement.

Cela arrive quand un procès eſt joint à un autre, ou qu'il ſurvient un incident entre les Parties que le Juge ne peut pas juger en l'Audience: alors le Juge le joint au procès, pour être fait droit ſur icelui conjointement avec le principal; ou bien lorſqu'il ſurvient une partie intervenante, le Juge trouvant la demande équitable, il prononce, *appointé & joint.*

Cette jonction peut être ordonnée, même à l'égard des demandes à fin de proviſion. Ainſi quand le Juge ne trouve pas à propos d'accorder une proviſion qui eſt demandée dans les cours d'une affaire, & qu'il ne croit pas auſſi en devoir débouter le demandeur, il joint à l'affaire pendante la demande afin de proviſion, dépens réſervés.

Il y a différence entre le Jugement par lequel le Juge prononce joint, ou appointé & joint: au premier cas, il n'y a point d'inſtruction à faire; & en jugeant, les Juges ſtatuent ſur la Requête qui a été jointe: mais quand le Juge appointe & joint, il faut inſtruire la demande, écrire & produire ſur icelle.

Voyez Appointé & joint.

LA JONCTION du Procureur du Roi, ſe prend pour ſon intervention qu'on demande dans les matieres criminelles. La Partie civile eſt le demandeur. M. le Procureur général joint eſt l'accuſateur.

Il n'appartient pas en France aux Particuliers d'accuſer; la partie offenſée n'a que le droit de ſe plaindre, encore ne conclut-elle qu'aux intérêts civils, la peine & la vengeance publique réſident en la perſonne & dans le miniſtere de Meſſieurs les Procureurs généraux & de leurs Subſtituts.

Voyez Accuſation.

JOINDRE, ſe dit de pluſieurs inſtances, procès ou demandes, qu'on ordonne être mis enſemble pour les inſtruire & juger par un même Jugement. Quand on évoque des inſtances connexes, c'eſt pour les joindre. Les appellations verbales, ſont toujours jointes aux procès par écrit.

JOUER, ou SE JOUER DE SON FIEF, eſt en aliéner une partie, de maniere que l'aliénation n'excede pas les deux tiers, ou autre partie du Fief, ſuivant ce qui eſt porté par la coutume du lieu; & que l'on retienne la foi entiere avec quelque droit ſeigneurial & domanial, ſur la partie du Fief que l'on aliéne.

Quand le Vaſſal aliéne avec retention de foi, & quelque devoir ſeigneurial & domanial, la partie de ſon Fief que la Coutume lui permet d'aliéner ſans le conſentement de ſon Seigneur, cela s'appelle ſe jouer de ſon Fief; parce que ces ſortes d'aliénations qui ſe font par le Vaſſal, avec réſerve de porter toujours la foi & hommage pour les parties aliénées, ne ſont qu'un jeu, puiſque les portions du Fief aliénées ne ceſſent point de faire partie du même Fief, & ſont toujours garantie ſous le même hommage, ſans qu'il y ait changement de Vaſſal.

Nos Coutumes ont ſur cet article des diſpoſitions

I

très-différentes. Quelques-unes permettent au Vaffal de fe jouer de tout fon Fief, pourvû qu'il retienne la foi & hommage , comme celle d'Eftampes , article 35. qui permet au Vaffal de difpofer de fon Fief en entier ou en partie, en baillant à cens ou rente , en fe refervant la foi.

D'autres Coutumes ne permettent l'aliénation d'un Fief que d'une partie feulement, comme des deux tiers. Telle eft la difpofition de l'article 51. de la Coutume de Paris.

D'autres enfin permettent feulement au Vaffal , de donner fon Fief à cens raifonnable , & ne veulent pas qu'il reçoive aucuns deniers pour faire l'accenfement à plus petit cens.

A l'égard des Coutumes qui ne s'expliquent pas touchant la maniere dont un Vaffal peut fe jouer de fon Fief, la commune opinion des Interprétes eft que le Vaffal peut dans ces Coutumes, fous-inféoder la totalité de fon Fief fans le confentement de fon Seigneur , & fans lui payer aucun droit , pourvû qu'il retienne la foi entiere.

Ainfi dans ces Coutumes le Vaffal peut aliéner les terres qui dépendent de fon Fief, & les donner en arriére-Fief, en confervant la foi entiere à fon Seigneur ; car il ne fait alors aucun démembrement de Fief, qu'il reconnoit tenir toujours de lui entier & dans toute fon étendue.

C'eft auffi ce qui fe pratiquoit anciennement dans l'étendue de la Coutume de Paris , avant qu'elle eût été réformée , conformément à l'article 41. de l'ancienne Coutume , & à la commune opinion des Docteurs.

M. Cujas , fur le fecond titre du livre de feudis , dit : *Vaffallus Feudum potuit femper potefque alii fine fraude in Feudum dare, fine voluntate Domini , ita ut fit Vaffallus Vaffalli.*

Mornac fur la Loi 6. ff. de pecul. eft de même avis. *Certiffimi juris eft, inquit , licere Vaffallo, fubinfeudare.*

C'eft auffi l'opinion de Pontanus fur les articles 61. & 62. de la coutume de Blois, titre des Fiefs.

Charondas, liv. 2. de fes Réponfes , chapitre 6. dit que le Vaffal peut vendre toutes les terres de fon Fief, fans même aucune charge de cens ; & qu'il peut ainfi fe jouer de fon Fief, pourvû que la Coutume du lieu n'y foit pas contraire , & pourvû que le Vaffal fe referve la foi & hommage & la juftice , au cas qu'il y en ait une annexée à fon fief.

La raifon eft , que le Fief lui demeure toujours , attendu qu'il n'y a point de démiffion de foi , & qu'un Fief fe peut tenir en l'air , c'eft-à-dire en la feule foi & hommage. D'où il faut conclure qu'il n'y a point alors d'ouverture de Fief par l'aliénation des terres du Domaine ; parce qu'au moyen de la retention de la foi & hommage , il n'y a point de mutation d'homme , lorfque la Coutume n'a point de difpofition contraire.

Il n'y a donc qu'une difpofition expreffe de la Coutume du lieu qui puiffe empêcher le Vaffal de fe jouer de la totalité de fon Fief. *Voyez* Fief en l'air.

Suivant la nouvelle Coutume de Paris, le Vaffal peut fe jouer de fon Fief ; mais il faut pour cela qu'il n'en aliéne qu'une partie qui n'excede pas les deux tiers, & qu'il fe retienne quelque droit feigneurial & domanial , & la foi en entier fur la partie aliénée ; c'eft-à-dire , que l'acquéreur s'oblige de lui en faire la foi & hommage , & reconnoiffe qu'il la tient de lui en Fief : en conféquence de quoi le vendeur demeure toujours chargé de faire la foi & hommage à fon Seigneur , tant pour la partie du fief qu'il retient , que pour la partie qu'il aliéne ; & fera tenu de la mettre dans le dénombrement qu'il en donnera , lui, fes héritiers ou ayans caufe, quand il faudra. Article 51. de la Coutume de Paris.

Mais quand le Vaffal aliéne une partie de fon Fief, excédant les deux tiers , à la charge que l'acquéreur lui en fera la foi & hommage , & qu'il la tiendra de lui en Fief, c'eft un démembrement de Fief qui eft préjudiciable au Seigneur duquel il releve , fuivant le même article 51.

Ainfi ce démembrement fait fans le confentement du Seigneur , ne peut lui porter aucun préjudice , eft nul à fon égard , parce qu'il eft de fon intérêt que le Fief tenu de lui demeure entier ; en forte qu'il n'ait qu'un Vaffal , & non plufieurs , dont les Fiefs foient de peu de valeur.

Le droit de fe jouer de fon Fief eft reftraint dans la Coutume de Paris aux deux tiers du Fief ; car fi ce jeu eft avantageux aux Seigneurs féodaux, en ce que les Fiefs qui relevent d'eux font toujours entiers , & que les Seigneurs jouiffent de ces Fiefs tout entiers, par faute d'homme, droits & devoirs non faits & non payés , quoiqu'il y ait des parties de ces Fiefs aliénées ; d'un autre côté le jeu de Fief eft defavantageux aux Seigneurs féodaux , en ce qu'une partie des Fiefs qui relevoient d'eux, peut par ce moyen être vendue & paffer en plufieurs mains , fans qu'ils puiffent prétendre aucun droit pour ces aliénations , parce qu'il n'y a point de mutation de Vaffal par rapport à eux.

Il y a encore une raifon qui a fait reftraindre le jeu de Fief aux deux tiers , qui eft le préjudice que pourroit reffentir le Seigneur dominant, fi fon Vaffal aliénoit plus des deux tiers de fon Fief, en forte qu'il ne lui reftât qu'un Fief en l'air & fans domaine.

Il faut que le Vaffal qui fe joue de fon Fief, fe réferve un droit domanial & feigneurial fur la partie de fon Fief qu'il aliéne , comme en le donnant à cens.

La raifon eft , que le droit feigneurial & domanial repréfente la partie aliénée ; de forte que par ce moyen le Vaffal n'eft pas cenfé avoir aliéné de fon Fief.

Voyez Démembrement de Fief.

De ce que nous venons de dire , il s'enfuit que dans la Coutume de Paris trois chofes font effentielles pour qu'un Vaffal puiffe fe jouer de fon Fief, & n'être pas cenfé l'avoir démembré. La premiere , la prétention de la foi entiere ; la feconde , que l'aliénation faite à prix d'argent , ou non, n'excede point les deux tiers du domaine du Fief ; la troifiéme , que le Vaffal qui fe joue de fon Fief, retienne & referve quelque droit feigneurial & domanial fur ce qu'il aliéne, pour marque de la Seigneurie & propriété directe qui lui demeure.

Voyez Fief en l'air.

Au reste, il est toujours très-dangereux d'acquérir d'un Vassal qui se joue de son Fief, par des aliénations avec retention de foi, sans le consentement du Seigneur; car ces sortes d'aliénations ont deux inconveniens très-considérables & très-disgracieux.

Le premier est, que le Seigneur qui n'y a pas consenti, soit par un consentement exprès, en inféodant le droit qui a été retenu sur le Fief, ou sur la partie du Fief aliénée ou par un consentement tacite, en recevant l'aveu & le dénombrement dans lequel le Vassal a employé ce droit, peut en cas d'ouverture du Fief servant, faire saisir nonseulement ce que le vassal a retenu, mais encore tout ce qu'il a aliéné.

Le deuxieme est, que le Vassal venant à vendre son Fief, le Seigneur, qui n'a pas consenti à l'aliénation, peut retirer par retrait féodal le Fief entier, avec les dépendances qui ont été aliénées, en remboursant le prix de l'acquisition du Fief, & les deniers reçus par le Vassal, lors du bail à cens & rente, avec les bâtimens & améliorations, frais & loyaux-coûts.

Voyez Bacquet, des Franc-Fiefs, chapitre 2. nombre 10. & le Traité des Fiefs de M. Guyot, tome 3.

JOUIR, JOUISSANCE. Ces termes se prennent diversement. I°. Pour la jouissance de l'usufruit, suivant les articles qui suivent de notre Coutume; sçavoir, 2. 257. 280. 281. 287. 288. & 314.

II°. Pour la jouissance du Fief saisi par le Seigneur féodal, suivant les articles 12. & 54. de notre Coutume. La raison est, qu'en vertu de la saisie féodale faite faute d'homme, le Seigneur fait les fruits siens du Fief saisi, & les applique entièrement à son profit, sans être obligé de les rendre; en sorte qu'il en jouit de même que l'usufruitier jouit des fruits du fond dont il a l'usufruit.

III°. Pour la jouissance du Fief saisi par deux Seigneurs contestans la directe sur icelui, laquelle pendant le procès est accordée au Vassal propriétaire du Fief, en consignant en Justice les droits par lui dûs, suivant l'article 60. de notre Coûtume.

IV°. Jouissance se dit à l'égard des servitudes réelles, quand quelqu'un a joui d'une servitude dans le fonds de son voisin, comme de passer dans le fonds d'autrui, ou autres semblables, suivant l'article 186. de notre Coutume.

V°. Pour le droit ou la faculté de disposer de quelque chose, comme il résulte de l'article 174. qui dit, que c'est donner & retenir quand le donateur s'est réservé la jouissance de disposer librement de la chose par lui donnée, &c.

Au reste, jouir & posséder ne signifient pas la même chose; car on peut posséder par écrit, comme disent les Jurisconsultes, c'est-à-dire avoir une possession fondée sur un titre légitime; mais jouir se dit seulement de la perception actuelle des fruits, soit à titre de propriété, soit à titre d'usufruit, soit à titre de ferme ou de louage. Ainsi l'on peut posséder un bien sans en jouir. C'est ce qui arrive en la personne du propriétaire d'un bien saisi réellement, lequel pendant que ce bien est en décret, est toujours possesseur à titre de propriété, jusqu'à ce que l'adjudication en ait été faite, quoique ce soient ses créanciers qui en jouissent à l'égard des fruits.

JOUIR DE SES DROITS EN BON PERE DE FAMILLE, c'est en jouir selon la raison & l'équité, sans en abuser, & sans que personne se puisse plaindre qu'on lui a fait tort.

Tout dissipateur ne jouit pas de son bien en bon pere de Famille, puisqu'il en abuse; aussi quand sa dissipation va jusqu'à un certain point, on le peut faire interdire, & lui ôter l'administration de son bien; *quia prodigi quantum ad bonorum administrationem furioforum exitum facere intelliguntur.*

Celui qui a droit de passer par la terre de son voisin, ne doit point passer par les jardins ou par les vignes, s'il peut passer ailleurs commodement & avec moins de dommage de la terre par où il a droit de passer. Il n'est pas défendu de jouir de ses droits; mais il faut que ce soit avec modération, & autant qu'il est possible, sans faire tort à autrui. *Malitiis hominum indulgendum non est.*

JOUR DE COUTUME, est l'ouverture qu'il est permis de faire dans un mur pour tirer des vûes, suivant la coutume des lieux.

JOUR PREFIX, est un terme ou un jour qu'on marque pour quelque affaire.

JOUR AUQUEL UNE CHOSE EST DUE, JOUR AUQUEL ELLE EST EXIGIBLE. On dit qu'une chose est dûe *quando nota est oblig.* On dit qu'une chose est exigible, *quando peti potest.* Pour entendre quand une chose est dûe ou quand elle est exigible, il faut sçavoir qu'une obligation se fait, ou purement, ou pour un certain jour, ou sous condition.

Quand une obligation est faite purement, sans jour & condition, la chose promise est dûe d'abord, & peut être demandée sur le champ. *Leg.* 14. *ff. de reg. jur. Leg.* 213. *ff. de verb. signif.*

A l'égard de l'obligation faite pour un jour certain la chose est dûe d'accord; mais elle n'est exigible qu'après que le jour du terme est passé. *Leg.* 186. *ff. de verb. signif.* parce qu'il a été ajouté en faveur du débiteur, *leg.* 41. *cum seq. ff. de verb. oblig.* Il faut excepter, quand quelqu'un promet de donner quelque chose dans le jour; car le créancier peut alors agir le même jour, sans attendre qu'il soit passé, parce qu'il est ajouté en sa faveur, *leg.* 118. *ff. de eod.*

Enfin, pour ce qui est de la convention conditionnelle, son effet est entièrement suspendu jusqu'à l'événement de la condition; en sorte que la chose promise sous condition n'est point dûe, & par conséquent point exigible qu'après l'événement de la condition. *leg.* 54. & 213. *ff. de verb. signif.*

Néanmoins il naît d'une convention conditionnelle une espérance que la chose promise sous condition sera dûe au stipulant; & cette espérance est transmissible à ses héritiers; au cas qu'il décede avant que la condition soit arrivée, *leg.* 57. *ff. de verb. signif. leg.* 44. *ff. de obligat. & action.* Ce qui n'a pas lieu dans les legs conditionnels qui ne sont point tranfmiffibles aux héritiers des légataires, lorfqu'ils décédent avant que la condition foit arrivée, comme nous l'allons dire en parlant du jour auquel un legs eft dû.

Au refte, la promeffe faite à quelqu'un, à condition de ne pas faire quelque chofe, ne commence d'être obligatoire qu'au moment de la mort du créancier.

Voyez ce que j'ai dit dans ma traduction des Inftitutes, fur le §. 4. feizieme titre du troifieme livre.

JOUR AUQUEL UN LEGS EST DÛ, JOUR AUQUEL UN LEGS EST EXIGIBLE. Il faut en fait de legs faire la même diftinction que celle que nous venons de faire au fujet des obligations, & voir fi le legs eft fait purement, ou pour un certain jour ou fous condition.

Les legs purs, c'eft-à-dire qui n'ont ni jour, ni condition, font dûs à l'inftant de la mort du teftateur; mais ils ne font exigibles qu'après que l'hérédité eft appréhendée, parce qu'auparavant il n'y a perfonne à qui on puiffe faire la demande. De ce que ces legs font dûs au jour de la mort du teftateur, cela procure aux héritiers des légataires l'avantage de la tranfmiffion; c'eft-à-dire, qu'en cas que les légataires viennent à mourir dans l'entretems de la mort du teftateur & de l'acquifition de l'hérédité, les legs font tranfmis aux héritiers des légataires: ce qui n'arriveroit pas s'ils n'étoient dûs qu'au tems que l'hérédité feroit appréhendée, d'autant que ce qui ne nous eft point dû de notre vivant, ne peut point être tranfmis à ceux qui nous fuccédent.

Il y a néanmoins quelques legs qui, quoique purs, ne font dûs que du jour que l'hérédité eft appréhendée. Tels font tous ceux qui font annexés à la perfonne du légataire, comme le legs de l'ufufruit d'un héritage. Comme ces fortes de legs s'éteignent par la mort de ceux à qui ils font laiffés, il feroit inutile qu'ils fuffent dûs avant l'addition de l'hérédité, puifqu'ils ne peuvent paffer en la perfonne des héritiers de ceux à qui ils font faits.

A l'égard des legs faits in diem certum, ils font dûs à l'inftant de la mort du teftateur; mais ils ne font exigibles qu'après le jour de leur échéance, lequel n'arrivant qu'après la mort de ceux à qui ils font faits, cela n'empêche pas qu'ils ne foient tranfmiffibles à leurs héritiers.

Pour ce qui eft des legs conditionnels, ils ne peuvent être dûs qu'à l'échéance de la condition fous laquelle ils ont été faits; & jufqu'à ce tems ils ne font point fufceptibles de tranfmiffion, quoiqu'une promeffe faite à quelqu'un fub aliqua conditione, renferme une efpérance que la chofe fera dûe, & que cette promeffe faite fous condition paffe à fes héritiers, quoique la condition n'arrive qu'après la mort de celui à qui cette promeffe a été faite.

Dans les contrats on ne confidére que le tems auquel ils font faits; de maniere que lorfque la condition qui s'y trouve appofée arrive, elle a toujours un effet rétroactif au jour du contrat, leg. 78. ff. de verb. obligat. d'autant que celui qui contracte n'a pas feulement en vûe de fe procurer du bien,

il a encore intention d'en faire à fes héritiers. Qui contrahit non fibi tantùm, fed etiam hæredibus fuis profpicit. Leg. 9. ff. de probationib.

Mais la condition appofée à un legs n'a point un effet rétroactif; de forte que quand le légataire décede avant que la condition fous laquelle le legs lui a été fait foit arrivée, le legs eft abfolument éteint, & le droit de le percevoir n'eft point tranfmis en la perfonne de fes héritiers. La raifon eft, que celui qui fait un legs, n'a uniquement en vûe que de faire du bien à la perfonne du légataire; ainfi quand il décede avant que la condition fous laquelle le legs qui lui a été fait foit arrivée, fes héritiers n'y peuvent rien prétendre, attendu que le teftateur n'a nullement penfé à eux, Leg. 41. ff. de obligat. & action. Leg. 109. ff. de conditionib. & demonftr. Leg. 1. §. 7. cod. de caduc. tollend.

JOURNAL, eft un mémoire de ce qui fe fait & de ce qui fe paffe chaque jour.

Un homme d'ordre tient un papier journal de ce qu'il reçoit & de ce qu'il dépenfe.

JOURNAL DES MARCHANDS. Suivant l'article 1. du titre 3. de l'Ordonnance du Commerce du mois de Mars 1673. les Négocians & marchands doivent avoir un livre Journal, qui contienne leur négoce, leurs lettres de change, leurs dettes actives & paffives, & les deniers employés à la dépenfe de leur maifon. Quoique, fuivant l'article 3. du même titre, fes Journaux doivent être fignés fur le premier & dernier feuillet, par l'un des Confuls dans les Villes où il y a Jurifdiction confulaire, & dans les autres par le Maire ou l'un des Echevins, l'ufage confulaire confirmé par les Arrêts, les a difpenfés de cette rigoureufe exactitude.

Touchant ces Journaux & ceux d'Agens de change, voyez le titre 3. de l'Ordonnance du Commerce, & ce qui en eft dit ici, verbo Livre de Marchands, & verbo Regiftre de Marchand.

JOURNÉE, fe prend quelquefois pour un efpace de chemin qu'on peut aifément faire en un jour, comme quand on dit, les journées font réglées à dix lieues, tant pour les délais des affignations, que pour les frais du voyage.

JOURNÉE, fignifie auffi en matiere de dépens, le droit qu'a un Procureur pour avoir affifté fa Partie de fon miniftere & de fa préfence le jour que la caufe a été plaidée, ou qu'il y a eu quelqu'inftruction à laquelle le Procureur eft réputé avoir été préfent.

JOURS DE FESTE, font ceux qui font fpécialement deftinés au Service divin, & que tous les Fidéles doivent employer à prier Dieu & à le louer.

Ces jours étant deftinés à l'oraifon & au Service divin, ce feroit les profaner que de les employer à ce que la fainte Ecriture appelle œuvre fervile, auffi cela eft-il très-défendu par les Canons & par les Ordonnances de nos Rois.

Mais les Arts libéraux, comme l'étude de la Théologie, du droit & autres, ne tombent point dans cette prohibition, felon les Canoniftes: on peut, fans offenfer Dieu, s'y attacher pendant ces jours là, fans diftinguer s'il en vient du gain ou non, pourvû qu'on fatisfaffe au devoir du Chrétien & au Commandement de l'Eglife , qui eft d'entendre la Meffe.

De ce que nous avons dit ci-deffus , il s'enfuit, I°. Que c'eft avec beaucoup de raifon que les Ordonnances de nos Rois défendent à tous Marchands, Artifans & autres perfonnes, de travailler, ni étaler aucunes marchandifes ces jours-là , & de tenir des foires & marchés. Mais comme la néceffité n'a point de loi , on pourroit fans offenfer Dieu s'occuper en particulier à quelqu'œuvre fervile les jours de Fêtes ou de Dimanches , fi on n'avoit pas le moyen de vivre autrement , ou de faire vivre fa famille , pourvû cependant que ce fût fans fcandale. La moiffon & la vendange font auffi permifes les jours de Fêtes & de Dimanches , quand il y a néceffité.

II°. Que les Juges doivent tenir la main à l'injonction qui leur eft faite , d'empêcher les danfes publiques pendant que l'on célèbre l'Office divin ces jours-là.

III°. Qu'on ne peut faire valablement ces jours-là aucun acte judiciaire & de Jurifdiction contentieufe ; mais on peut valablement faire toute forte d'acte de Jurifdiction volontaire, c'eft-à-dire, ceux qui fe font du confentement des parties, hors procès & conteftation.

Il y a cependant des actes de Jurifdiction contentieufe qui requiérent célérité , & qu'il faut par cette raifon excepter de la regle générale. *Quamvis citatio die feriato fieri non debeat , hæc regula fallit quoties res urget , aut actionis dies exiturus ; adeo ut res effet peritura , quando dilatio periculofa eft. Leg. 1. §. ult. cum duab. ll. feq. ff. de feriis & dilationib.*

Coquille en fes Queftions & Réponfes , queft. 219. dit qu'une fimple exécution fe peut faire un jour de Dimanche ou autre Fête, comme fignifier une Sentence , faire commandement fans paffer outre , pofer un ajournement dont l'affignation échet à un autre jour : *Quoties res urget* , dit M. Louet , lettre R , fomm. 39. comme en retrait lignager , attendu le péril qu'il y a dans le retard.

C'eft pour cette raifon que par Arrêt du 14. Juin 1566. rapporté par Dumoulin fur l'article 322. de la Coutume de Poitou , il a été jugé qu'un exploit en retrait lignager , donné le jour de la Fête-Dieu étoit valable. C'eft auffi le fentiment de Brodeau, fur l'article 131. de la Coutume de Paris , & de Ricard & Auzanet, fur l'article 130.

Mais quand la chofe ne preffe point , & qu'il n'y a pas de néceffité de donner l'exploit un Dimanche ou une Fête , il eft nul. Ainfi, par Arrêt rendu le 4. Janvier 1719. en la Seconde Chambre des Enquêtes , au rapport de M. Chavaudon , l'exploit de retrait lignager donné le Dimanche , a été déclaré nul , parce qu'il y avoit encore un mois de l'an & jour du retrait.

Il y a un acte de notoriété, donné par M. le Lieutenant civil le 5. Mai 1603. qui porte qu'en matieres civiles les Huiffiers & Sergens ne peuvent faire aucuns exploits les jours de Fêtes & Dimanches, fans permiffion particuliere du Juge , à peine de nullité des exploits. *Voyez* le Recueil des actes de notoriété , pag. 476.

Par cette même raifon , un Juge peut travailler

à des informations , & procéder à l'inftruction des procès criminels , en quelque tems que ce foit , mêmes les jours de Fê tes ,de crainte que les preuves ne déperiffent.

Il a même été jugé par un Arrêt du Parlement de Grenoble , de l'avis des Chambres , rapporté par Baffet , part. 2. liv. 2. tit. 38. chap. 4. qu'une enquête n'étoit pas nulle , quoique les affignations euffent été données , l'une le jour de S. Thomas , l'autre le jour des Rois.

Touchant la fanctification & la folemnité du Dimanche & des fêtes , & du travail qui eft permis ou défendu ces jours-là, *voyez* les Mémoires du Clergé , édition de 1716. tome 5. pag. 1198. le Dictionnaire des cas de confcience , par M. Jean Pontas , *verbo* Dimanche ; le Traité de la Police, tom. 1. liv. 2. tit. 8. Henrys, tom. 2. liv. 4. queft. 21. & Bornier fur l'art. 7. du tit. 3. de l'Ordonnance de 1667.

JOURS DE FAVEURS EN FAIT DE LETTRES DE CHANGE , font les dix jours qui font accordés , dans plufieurs Villes de ce Royaume , à ceux fur qui les lettres de change font tirées ; & ce délai leur eft donné pour les acquitter & en faire le payement.

On ne compte ces dix jours de faveur , qu'après le jour de l'échéance de la lettre ; & par conféquent le jour de l'acceptation de la lettre de change ne fe compte point , non plus que le jour de l'échéance de la lettre.

Mais , faute de payement , le proteft s'en doit faire le dernier de ces dix jours de faveur ; autrement elle demeureroit fur le compte de celui qui en feroit porteur.

Voyez Échéance. *Voyez* Délai des dix jours pour le payement des lettres de change.

JOYEUX AVENEMENT A LA COURONNE , eft le droit que payent les Sujets quand ils ont un nouveau Roi.

Tous les Corps lui payent ce droit, & plufieurs Communautés font renouveller leurs priviléges par les Rois au tems de leur joyeux avénement.

Tous les Seigneurs & Vaffaux font alors tenus de rendre à Sa Majefté la foi & hommage pour raifon des Fiefs & Seigneuries qui font dans fa mouvance , & ce dans le tems qui leur eft marqué par des Lettres-patentes que Sa Majefté fait expédier à cet effet. Le Roi les fait enregiftrer dans les Chambres des Comptes , qui en envoyent des copies collationnées aux Bureaux des Finances des Généralités de leur reffort , pour y être pareillement lûes , publiées & enregiftrées.

De plus, le Roi, à caufe de fon joyeux avénement à la Couronne, nomme, au préjudice de tous les Gradués , à la première Prébende qui vaque dans chaque Eglife cathédrale ou collégiale.

I S

ISLE , eft une terre qui s'éleve dans la mer ou dans les rivieres, & qui eft entourrée d'eau.

Les Ifles qui naiffent dans la mer , appartiennent à celui qui s'en empare.

Celles qui naiffent dans les fleuves ou dans les rivieres navigables, appartiennent aux propriétaires des terres joignantes les bords du fleuve de l'un & de l'autre côté, suivant la disposition du Droit Romain, ainsi qu'il est décidé au §. 22. du titre premier du second livre des Instituts.

Mais en France, les isles, pêcheries & attérissemens qui se font ès rivieres navigables, appartiennent au Roi, à moins qu'il n'y ait titre suffisant au contraire.

La raison est, que *quæ in nullius bonis sunt*, appartiennent au Prince, en vertu de son droit de souveraineté.

A l'égard des isles & attérissemens qui se font aux rivieres non navigables, elles appartiennent aux Seigneurs Hauts-Justiciers des Terres ou ces attérissemens se font faits, pourvû qu'ils ne soient point en l'héritage d'un particulier; car en ce cas ils appartiendroient au propriétaire de l'héritage.

Voyez Bacquet, des Droits de Justice, chap. 30. *Voyez* aussi un Edit du mois de Novembre 1693. qui confirme les possesseurs & détenteurs des isles, islots, attérissemens & accroissemens de fleuves & rivieres navigables, dans la jouissance desdits biens ou en rapportant des titres de propriété, ou en justifiant une possession centenaire, à la charge de payer au Roi une année de revenu desdits biens par ceux qui en rapportent des titres de propriété, & deux années de revenu par ceux qui justifient d'une possession immémoriale.

ISSUE, signifie dans quelques Coutumes le droit d'entrée que l'on paye au Seigneur pour la possession d'un héritage que l'on a acquis, ce droit est ordinairement appellé lods & ventes.

Voyez le Glossaire du droit François, *verbo* Issue.

I T

ITA EST, signifie cela est ainsi. Voici l'application de ces termes dans notre usage. Lorsqu'un Notaire du Châtelet de Paris est décédé ou absent, le Scelleur du Châtelet, qui a un Registre sur lequel sont toutes les signatures de chaque Notaire, met son *ita est* sur l'expédition, pour tenir lieu de la signature du Notaire après qu'il a vu la minute.

Ainsi l'*ita est* n'est autre chose que le certificat qu'on met au bas de l'expédition faite après la mort ou pendant l'absence du Notaire qui a reçu la minute de l'acte, par lequel certificat ledit Scelleur atteste que ce qu'il signe & scelle du sceau du Châtelet est véritable, & qu'on y doit ajouter foi.

ITEM, est un terme dont on se sert pour distinguer & séparer les articles d'un compte ou d'un inventaire.

ITERATO, Arrêt ou Sentence d'*iterato* est un Jugement portant contrainte par corps après les quatre mois, pour dépens excédans la somme de deux cens livres. *Voyez* ci-dessus Arrêt ou Sentence d'*iterato*.

On appelle Lettres d'*iterato* celles qui portent un nouveau mandement: *Quo circa notandum est, secundarium præceptum esse majoris momenti, & obreptionis errorisque suspicionem amare, ut nostr observant. Ex Cassiodoro & Novellis.*

JUDICATURE, signifie la profession de ceux qui servent à rendre la Justice. Ainsi les Offices de Greffiers, de Procureurs & autres, sont reputés Offices de Judicature.

JUDICIAIRE, se dit de tout ce qui appartient à la Justice, qui est fait en Justice, selon la Justice ou par autorité de justice.

JUDICIAIREMENT, signifie à l'Audience, comme dans cette formule, *sur la Requête Judiciairement faite pardevant nous*, &c. C'est ainsi que commencent les Jugemens rendus sur les Requêtes verbales, que l'on appelle aussi judiciaires, à cause qu'elles sont faites à l'Audience.

JUGE en général, est celui qui a la faculté de décider les différends des Particuliers, & de rendre par son Jugement à chacun ce qui lui appartient. Sa fonction est l'exercice d'une puissance légitime, qui faisant accomplir le devoir, & cesser le désordre & l'injustice, répare le mal, & rétablisse le bon ordre. On ne s'adresse au Juge que pour obtenir que par l'interposition de son autorité, ce qu'on ne peut légitimement avoir par soi-même. La demande ou la plainte portée devant un Juge, suppose donc en lui le pouvoir de faire obtenir ce qu'on demande : c'est ce qu'on appelle compétence. Ainsi ce Juge, en qui est ce pouvoir, est Juge compétent.

Tous les Juges dans ce Royaume tiennent leur autorité du Roi : il a reçu de Dieu seul le pouvoir de juger, & ceux à qui il l'a communiqué, ne font que le représenter dans l'exercice de la Justice. Aussi la main de Justice, qui est d'yvoire au-dessus d'une verge, est une marque de la puissance de nos Rois, comme le Sceptre, la couronne & l'Epée.

De ce que nous venons de dire, il s'ensuit qu'on ne peut, en matiere de Judicature, recevoir aucun caractère, ni aucune impression d'autorité, que du Roi.

Voyez Mornac, *ad legem* 3. §. 1. *ff. de testib.*

Autrefois les Rois rendoient eux-mêmes la Justice à leurs peuples, & connoissoient des contestations qui s'étoient mûes entre leurs Sujets ; mais comme ils ne pouvoient suffire à pourvoir aux affaires de l'Etat, & en même tems à rendre la Justice à tous ceux qui la leur demandoient, ils créérent des personnes sages, pour les juger sous leur autorité. On a donné à ces Juges plusieurs noms particuliers, suivant l'étendue de leurs Jurisdictions, & suivant les différentes matieres dont ils peuvent connoître.

Les Juges font ordinaires ou extraordinaires ; ils font encore ou Juges souverains, ou Juges inférieurs ; les Juges font ou royaux, ou Juges des Seigneurs ; enfin, les Juges font laïques ou ecclésiastiques.

Avant que d'expliquer les différentes fonctions & les différens pouvoirs de tous ces Juges ; il est à propos de voir quelles personnes peuvent être Juges, quelles font les qualités qui font requises dans ceux qui désirent être reçus dans quelque Charge de Judicature, & quel est leur principal devoir.

Toutes fortes de personnes peuvent être Juges, à l'exception de ceux qui en font empêchés par la nature, ou par la Loi.

La nature empêche d'être Juges ceux qui n'ont pas encore l'esprit formé, ou qui font malades de maladies de l'esprit, ou même du corps, qui les empêchent de faire les fonctions attachées aux Charges de Judicature; comme s'ils font muets ou fourds, ou aveugles, ou qu'ils foient malades d'autres maladies qui les rendent incapables d'agir.

La Loi déclare incapables de toutes Charges les femmes, parce que Dieu les a plûtôt defti-nées pour le ménage que pour les autres affaires, qui n'appartiennent qu'aux hommes. La Loi 2. *ff. de reg. jur.* déclare les femmes incapables de toutes Charges civiles & publiques, & nous obfervons cette regle en France.

Ceux qui n'ont pas l'âge requis par les Or-donnances, ne peuvent pas être Juges. Sur quoi *voyez* Age.

Ceux qui font morts civilement, foit par la profeffion monachale ou par un Jugement de condamnation, comme étant incapables des ef-fets civils, ne peuvent pas non plus être pour-vus d'aucune Charge de Judicature.

Ceux qui font notés d'infamie, ne peuvent pas non plus être Juges, à moins qu'ils n'ayent Let-tres du Prince qui les en relevent.

Enfin, les Hérétiques font abfolument exclus des Charges de Judicature.

Les parens au premier, deuxieme & troifiéme degré, qui font de pere à fils, de frere, oncle, neveu ne peuvent être reçus à exercer conjoin-tement aucun office de Judicature dans le mê-me Siége fans difpenfe.

Il en eft de même des alliés jufqu'au fecond dé-gré, qui font beau-pere, gendre & beau-frere.

Voyez ce que j'ai dit, lettre P, en parlant de la parenté en fait de Charges de Judicature.

Comme il eft d'une conféquence infinie que ceux qui embraffent la profeffion de Judicature, foient pleinement inftruits des fciences qui peuvent les rendre capables de remplir les Charges dont ils fe-ront pourvûs, il eft ordonné par plufieurs Edits & Déclarations, que nul ne puiffe être pourvu d'aucu-ne Charge de Judicature, fans faire apparoir de fes dégrés de Licence, endoffés du ferment d'Avocat.

Il n'étoit point fait mention expreffe dans lefdi-tes Ordonnances, des Juges que les Seigneurs ayant droit de Juftice établiffent dans leurs Terres, ni des Officiaux que font établis par les Evêques dans leurs Diocèfes; mais comme il n'importe pas moins qu'ils ayent la capacité requife pour leur mi-niftere, il eft furvenu à cet égard la Déclaration du 26 Janvier 1680. qui enjoint qu'à l'avenir, en vacation des Charges, de Baillif, Sénéchal, Pré-vôt, Châtelain, ou autre Chef de Juftices feig-neunriales qui font tenues en Parties ou dont l'ap-pel reffortit nûement aux Parlemens en matiere civil, nul ne puiffe être pourvû defdites Charges, s'il n'eft lincencié & n'a fait les fermens d'Avocat, dont il fera d'apporter la matricule.

Par la même Déclaration, il a été ordonné qu'aucun Eccléfiaftique ne feroit admis à faire la fonction d'Officir, qu'il ne fût Licencié en Droit canon. Cette Déclaration enjoint le tout à peine de nullité des Sentences & Jugemens qui feroient rendus par lefdits Juges & Officiaux.

L'article 16. de l'Edit de 1679. ordonne que ceux qui voudroit entrer dans les Charges de Ju-dicature, feront tenus, après avoir prêté ferment d'Avocat, d'affifter affidument aux Audiences des Cours & Siéges où ils font leur demeure, pen-dant deux ans au moins, & en prendre les attef-tations en bonne forme chaque année; tant des Avocats généraux ou des Avocats du Roi, que du Bâtonnier ou du Doyen des Avocats.

Par l'article 18. du même Edit, il eft enjoint à toutes les Cours & Sieges de vaquer à l'avenir avec foin & exactitude à l'examen des Officiers qui s'y préfenteront pour être reçus, avec défen-fes d'en recevoir deux dans le même tems.

Pour que cet examen foit fait dans les régles, il ordonne que les compagnies feront tenues de s'affem-bler à huit heures précifes du matin, ou à deux heures après midi, en cas de furcharge d'affaires, pour procéder aux examens & receptions; & qu'au même tems qu'on donnera la Loi, ou qu'elle fera portée dans les Chambres, il fera député nombre fuffifant en chacune des Compagnies, & deux Con-feillers au moins de chaque Chambre, dans les Compagnies où il y en aura plufieurs pour difpu-ter contre l'Officier qui fe préfentera, tant fur la Loi qui lui fera donnée huit jours auparavant, que fur les fortuites & fur la pratique. *Voyez* ce que nous avons dit fur le mot recipiendaire.

La qualité de Juge parfait n'eft dûe qu'à l'affem-blage de plufieurs vertus réunies dans une même perfonne. Ce n'eft point affez, pour être Juge, d'a-voir de l'efprit & de la fcience; il faut que la pru-dence; la vérité & la candeur brillent dans tous fes Jugemens, de maniere qu'un fage difcernement conduife toujours la rectitude de fes fuffrages, & que fon équité ne foit pas moins l'afile des infor-tunés, que la terreur des fcelerats. Enfin, il faut que dans tout ce qu'il dit & dans tous ce qu'il fait, il fçache bien régler fa vie & fes mœurs, & qu'il ait beaucoup d'attention à diriger fes dif-cours & fes actions fuivant la droite raifon, & fui-vant le noble emploi qui lui eft confié.

Tout Magiftrat qui prétend à ce titre glorieux, doit non-feulement avoir une droiture de cœur & une intégrité naturelle, mais auffi être armé d'une fermeté inébranlable, & être doué d'un difcernement univerfel.

Quoiqu'un Juge fçache difcerner ce qui eft équitable, qu'il ait la volonté de le fuivre, & af-fez de fermeté pour refifter à certains moyens que l'on employe pour furprendre fa religion; l'impor-tunité d'un parent, les prieres d'un ami, la con-fidération d'un Grand, font de fâcheux obftacles, qui font quelquefois caufe qu'un Juge fait ou fouffre des injuftices.

Il faut donc qu'un Juge foit également porté à rendre Juftice à tout le monde, fans avoir égard à l'amitié, ni à la recommandation des Grands; qu'il ne connoiffe ni fang ni alliance, quand il s'agit de juger; qu'il n'ait rien tant à cœur que de fuivre les Loix & la juftice, qu'il ait affez de prudence pour ajuſter les Loix & les Ordonnances aux circonſtances du fait : car il ne faut pas qu'il ſuive toujours la même régle.

Une choſe eſſentielle à laquelle les Juges doivent ſans ceſſe faire attention, c'eſt de ſe repréſenter la place qu'ils tiennent, de conſidérer le miniſtere qu'il exerce, & de la part de qui ils l'exercent ; en un mot, de ſonger qu'ils font la fonction, non pas d'un homme, mais de Dieu ; & qu'autant de fois qu'ils rendent la Juſtice, autant de fois ils repréſentent ſa divine Majeſté.

L'Ecriture ſainte nous l'apprend par la bouche d'un Roi, qui parle aux Juges de ſon peuple. *Prenez bien garde*, leur dit-il, *à ce que vous faites ; car ce n'eſt pas le Jugement d'un homme que vous devez rendre, mais celui de Dieu.*

S'il faut que les Juges rendent le Jugement de Dieu & non pas le leur, il eſt évident qu'ils doivent juger comme Dieu jugeroit lui-même.

Ainſi pour mériter le nom de Juge, il faut que, *non odio, nec amicorum gratia, nec avaritiæ ſordibus, ſed ſola juſtitia duce, jus ſuum cuique tribuat ; ita ut ſit innocentiæ templum, temperantiæ ſacrarium, & Themidis ara.*

Si les Juges doivent être purgés de toutes leurs paſſions, qui ſont des vapeurs de la terre qui ne doivent point monter juſqu'à eux ; s'ils ne doivent être capables de colere, que de celle que Saint Auguſtin appelle la chaleur de l'ame, l'aiguillon de la vertu, & le ſel de la juſtice, ne ceſſent-ils pas d'être juges, quand l'amitié, l'avarice, ou la haine & la vengeance, les faiſant abuſer du dépôt des Loix, ils en font un glaive pour punir quand il faut abſoudre, & qu'ils les déſarment quand il faut punir ; ou quand ils négligent de les écouter pour faire quelqu'injuſtice, & ôter à un particulier ce qui lui appartient, pour le donner à un autre qui n'y a aucun droit ? Enfin, n'abuſe-t-il pas de leur Charge, de leur pouvoir & de leur autorité, quand il en uſe pour leurs intérêts particuliers ?

Ils doivent donc exercer leurs Charges ſuivant les Loix de l'équité, & ſe repréſenter ſans ceſſe qu'étant mortels, ils comparoîtront un jour devant Dieu, le ſouverain juge, qu'ils doivent conſulter dans toutes les affaires qu'ils doivent terminer par leurs jugemens, & envers qui ils ſont reſponſables des fautes qu'ils y auront commiſes.

Le ſoin de faire obſerver les Loix, qui regarde les Juges, exige ſur-tout qu'ils donnent l'exemple d'une conduite irrépréhenſible, qui les mette audeſſus de tout ſoupçon, & faſſe révérer en eux le caractere dont ils ſont honorés.

Rien n'eſt plus mépriſable, ni plus odieux, que de voir un Juge ſe livrer indiſcretement à toute ſorte de plaiſirs. Un homme qui eſt en place, doit s'attacher principalement à faire révérer en lui le caractère de juge qui eſt en lui, & par conſéquent être beaucoup plus circonſpect que toute autre perſonne.

Une choſe qui paſſera dans un ſimple Particulier pour une bagatelle, ſera très-répréhenſible dans un juge, qui doit toujours garder beaucoup de meſures dans toutes ſes actions, même dans celles qui ſont d'elles-mêmes indifférentes. Rien n'eſt plus puiſſant que l'exemple, ſur-tout de la part de ceux qui le doivent aux autres.

Les Peuples ſe ſoumettent aiſément aux Loix dont leurs Supérieurs leur enſeignent la pratique : l'obéiſſance eſt entière lorſqu'elle eſt générale ; & quiconque veut aſſurer ſon autorité, ne peut jamais mieux y réuſſir, qu'en s'acquérant une eſtime & une approbation qui ne s'accordent qu'à une conduite irréprochable. Mais lorſque les Supérieurs menent une vie déréglée, & s'abandonnent à des choſes illicites, le Peuple, qui ne perd jamais le reſpect qu'il ne perde la crainte, ſe laiſſe emporter à toutes ſortes de déſordres, & ne croit pas que les juges puiſſent punir ce que leur exemple autoriſe.

Quand ceux qui ſont propoſés pour maintenir le bon ordre, ſe laiſſent entraîner aux dérégle-mens communs, le mal devient ſans remede. Il faut donc que ceux qui ſont élevés aux Charges ayant ſans ceſſe devant les yeux ce qu'ils ſe doivent à eux-mêmes, & ce qu'ils doivent au Public. *enimverò quis ſummo contemptu dignos, graviſ-ſimiſque afficiendos pœnis non exiſtimet eos qui ſtatuunt non adulterandum, & primi adulterant, ſtatuunt non furandum, & furantur ; qui puniunt in alio peculatum, cum ipſi ſint peculatores ; qui puniunt expilatores domorum, cum ipſi ſint expilatores Civitatem & Provinciarum.*

Il ne ſuffit pas, pour être bon Juge, d'en faire les actions ; il faut encore que l'intention ſoit toujours portée à faire le bien ; ſans quoi les meilleures actions ſeroient vicieuſes. En un mot, le ſçavoir ne renferme pas toutes les qualités d'un juge : ce n'eſt pas même aſſez, pour le bien acquitter d'un tel emploi, de réunir d'eſprit, l'art & la ſcience ; il faut encore que la vérité & la candeur brille dans tous ſes jugemens.

Si le principe qui nous porte à faire une bonne action, n'a pas pour but de s'acquitter de ſes devoirs, mais de ſatisfaire ſon amour propre ou quelque autre paſſion, l'action, quelque bonne qu'elle ſoit en elle-même, deviendra mauvaiſe : en un mot, la fin qui nous détermine à faire une choſe, eſt ce qui la rend bonne ou mauvaiſe. Ainſi on ne peut être véritablement juſte, & s'acquitter des devoirs d'un bon juge, ſi l'on n'aime pas la juſtice pour elle-même, & ſi l'intérêt, la vanité, ou quelque autre paſſion, a la moindre part à ce qui nous détermine à ſuivre la juſtice & l'équité.

Il n'y a qu'une véritable & ſolide piété qui nous puiſſe porter à faire le bien, par rapport au bien même. Sans elle, les meilleures actions que les hommes puiſſent faire, ont bien peu de mérite, ce ne ſont pas de véritables vertus, mais des vertus en apparence.

Concluons donc que pour être un bon Juge, il faut rapporter tout ce que l'on fait en cette qualité, à un deſir ſincere de remplir les devoirs d'un Juge vraiement chrétien ; de ſatisfaire plutôt Dieu que les hommes ; & de ſuivre les mouvemens d'une conſcience épurée, plutôt que ceux de l'amour propre, qui change en vice les meilleures actions.

Je n'entends cependant pas qu'un Juge doive

être

être insensible à l'honneur : il est obligé plus que tout autre de veiller à sa réputation ; & il ne lui suffit pas d'éviter le blâme , il doit encore se garantir de tout soupçon : mais je veux que ce soit dans la vûe de plaire à Dieu , & de remplir ses devoirs , & non pas pour se complaire à soi-même par une sotte vanité.

Comme l'on peut manquer aussi-bien par ignorance que par malice , il ne suffit pas , pour être bon juge , d'avoir la volonté de l'être ; il faut se rendre capable des choses qui peuvent y contribuer.

C'est pour cette raison que celui qui s'attache à l'administation de la justice , doit joindre aux qualités du cœur dont nous venons de parler , les qualités de l'esprit , qui lui fassent acquérir les connoissances nécessaires pour se bien acquitter d'un tel emploi , afin de pouvoir distinguer le vrai d'avec le faux , le point d'équité d'avec celui de rigueur , & bien décider par jugement , plutôt que par rencontre.

Il faut , pour y réussir , s'appliquer à l'étude dès ses plus tendres années. Ceux qui ont passé leur jeunesse dans la mollesse & dans l'oisiveté , sont peu en état de s'adonner dans la suite à une vie laborieuse & pénible.

Quand on a passé un certain âge sans s'être accoutumé à l'étude , comme on ne peut plus s'y appliquer , on présume que le bon sens tient lieu de science , & qu'on peut par le seul secours de la raison naturelle , décider les questions les plus importantes & les plus difficiles. Mais combien en voit-on prendre le change , faute de sçavoir les principes sur lesquels est fondée la décision des questions qui sont soumises à leurs jugemens !

Quand il s'agit d'un fait , le Juge doit juger secundùm allegata & probata , ut ait Cujacius , lib. 12. observ. cap. 19. quamvis contrarium colligi possit ex Gellio , lib. 14. noct. attic. cap. 2. & ex leg. 6. §. 1. ff. de offic. Præf. Mais dans les questions de Droit , il doit juger selon la Loi ; & pour juger selon la Loi , il faut la bien entendre.

C'est aussi pour cette raison que les Juges , au tems de leur reception , s'obligent par un serment solemnel de suivre en leurs Jugemens les Loix & les Ordonnances : serment qu'ils ne peuvent accomplir , que quand ils en ont une connoissance parfaite , & qu'ils se sont mis en état d'en développer les principes , & de les appliquer aux especes particulieres qui se présentent tous les jours dans les Tribunaux.

Ainsi la paresse , qui est blâmable dans tous les hommes , la devient bien davantage dans ceux qui sont arbitres des biens & de la vie des autres. Il faut qu'ils menent une vie très-laborieuse , pour se bien acquitter d'un tel emploi ; & quelques connoissances qu'ils ayent acquises , ils ne peuvent se livrer à l'étude avec trop d'ardeur ni avec trop d'assiduité. L'examen & les sérieuses réflexions que demande chaque affaire , ne laissent à ceux qui veulent s'acquitter de leurs devoirs , que très-peu de relâche.

Le devoir d'un Juge consiste à rendre la Justice sans avoir égard à aucune recommandation ; à

proteger le pauvre , à conserver le riche dans ses Posséssions ; à confondre l'usurpateur ; à soulager la veuve & l'orphelin , & à punir les crimes. Cela demande une parfaite connoissance des Loix , & un examen exact des affaires qu'il doit juger.

Il ne suffit donc pas qu'un Juge , pour remplir ses devoirs , ne se laisse point emporter à la faveur ni à la haine , ni à aucune autre passion ; il faut encore qu'il soit pleinement instruit des Loix & des Ordonnances qui concernent son ministere , pour pouvoir les suivre dans ses Jugemens , autant que la raison & l'équité le requierent ; autrement il seroit tous les jours exposé à faire quantité d'injustices , qui ne seroient pas moins condamnables devant Dieu , que s'il les commettoit par malice ; car les injustices qui sont occasionnées par la malice ou l'ignorance d'un Juge , mettent très-peu de différence entre un Juge méchant & un Juge ignorant.

L'un a devant ses yeux les régles de son devoir ; l'autre ne voit ni le bien ni le mal qu'il fait. L'un péche avec connoissance , & est moins excusable ; l'autre péche sans remords , & est plus incorrigible. Mais ils sont l'un & l'autre également criminels , à l'égard de ceux qu'ils condamnent , ou par erreur ou par malice.

Qu'on soit blessé par un furieux ou par un aveugle , la blessure n'en est pas moins sensible ; & pour ceux qui sont ruinés , il importe peu que ce soit , ou par un homme qui les trompe , ou par un homme qui s'est trompé.

Concludamus ergò , duos sales esse oportere in Judice , unum scientiæ , ignorantia enim Judicis plerumque est calamitas innocentis ; alterum securæ conscientiæ. Mornacius , ad Legem 4. ff. famil. ercisfund.

Une chose importante à laquelle un Juge doit bien prendre garde , c'est d'avoir une attention toute particuliere , à ne se point laisser gagner par la prévention , qui a été de tout tems l'écueil des plus grands hommes , & qui a été la cause de quantité d'injustices ; aussi doit-on moins craindre l'aveuglement des yeux , que celui qui est causé par la prévention ; d'autant qu'elle nous ôte l'usage de la raison , & qu'elle est autant opposée à cette tranquilité d'ame si nécessaire pour bien juger , que les passions les plus fortes & les plus criminelles. Comme il y a peu de personnes qui ne puissent tomber dans cet écueil , il est absolument nécessaire à un Juge de se tenir toujours sur ses gardes , pour ne pas tomber dans les suites fâcheuses que nous voyons tous les jours être produites par la prévention , dans les personnes les plus judicieuses , & qui ont même une véritable envie de ne rien faire contre l'équité.

Quelques bonnes qualités qu'un Juge ait , s'il n'a pas un jugement solide & un discernement requis , il ne pourra jamais remplir comme il faut les devoirs de sa Charge. L'on a vû un Magistrat , qui par l'honneur , la probité , le désinteressement , la pureté d'intention , & par le travail auroient pû servir de modéle aux premiers Juges du monde ; mais dont l'esprit étoit si gauche , que pour peu qu'une question fût douteuse il ne prenoit jamais le bon parti.

Voici encore une chose qui regarde le devoir des

Juges ; c'eſt qu'ils ayent un extérieur qui les faſſe connoître tels qu'ils ſont. Il faut même que dans leurs habits, ils cherchent moins leurs commodités que la bienſéance. L'habit ne fait pas le Juge, mais il faut néceſſairement que le Juge ait des habits qui marquent ſon caractere, & qui impriment le reſpect qui eſt dû à ſon rang & à ſa qualité.

Un Juge qui auroit le maintien & les airs d'un Petit-maître paſſeroit dans l'eſprit des perſonnes ſages pour un étourdi ; & l'injure qui lui ſeroit faite ſeroit moins grievement punie, que celle qui ſeroit faite à un Juge, qui par ſon extérieur annonceroit ce qu'il eſt, & imprimeroit le reſpect qui eſt dû à ſa qualité.

Il y a pluſieurs Edits qui concernent la décence des habits des Préſidens, Conſeillers & autres Officiers de Judicature ; & qui les invitent de s'abſtenir des lieux où ils peuvent être vûs ſans donner atteinte à leur dignité. Voyez le Dictionnaire des Arrêts, verbo Habits, où ces Edits ſont rapportés.

A l'égard du devoir des Juges en général, nous trouvons dans l'Arrêt du Parlement du 10 Juillet 1665. deux art. qui en parlent ; ſçavoir les 29 & 30.

Art. XXIX. » Tous les Juges ſeront tenus de ſe » rendre aſſidus, en la fonction de leurs Charges, » aux lieux & heures portées par les Réglemens » de la Cour ; porter les habits décens aux Magiſ-» trats, ſans s'abſenter que pour cauſe légitime, » ou par congé de la Compagnie.

» Art. XXX. Ne pourront leſdits Juges exécutans » des Commiſſions, faire aucunes taxes à leurs » Clercs & Domeſtiques, ni ſouffrir qu'ils pren-» nent aucune choſe des Parties, directement ou » indirectement, dont leſdits Juges demeureront » reſponſables, à peine de concuſſion, & leſdits » Clercs & domeſtiques de punition corporelle.

Il y a pluſieurs articles dans ce même Arrêt, qui réglent les taxes & vacations des Juges. Le Lecteur qui voudra s'en inſtruire, n'a qu'à en prendre lecture. Il ſe trouve dans le Récueil des nouveaux Réglemens pour l'adminiſtration de la Juſtice, qui ſe vend chez Prudhomme, au Palais.

Voici quelques obſervations importantes à faire ſur ce qui concernent l'état & la qualité des Juges.

La premiere eſt, que perſonne ne peut être Juge dans ſa propre cauſe. Sententia, in cauſâ propriâ dictâ eſt nulla, etiam parte non opponente ; ſed ſi ſententia eſſet in cauſâ ſuorum, teneret parte non opponente. Vide Julium Clarum, lib. 5. ſent. §. ult. qu. 35. Voyez auſſi Bouchel en ſa Bibliothéque du droit François, verbo Juge.

La deuxieme, qu'en interprétations des art. 13. & 14. de l'Ordonnance de 1667. titre 24. il a été rendu un Arrêt au Parlement de Paris le 11. Février 1669. qui fait défenſes à un Juge, qui n'a même que ſéance honoraire en une Cour, d'entrer en la Chambre lors de la viſitation ou jugement des cauſes où il eſt Partie. Permis néanmoins à lui pendant la plaidoirie, de prendre place avec Meſſieurs les Gens du Roi. Cet Arrêt ſe trouve dans le Recueil des Arrêts donnés en interprétation des nouvelles Ordonnances.

La troiſieme eſt, qu'un affidé ne peut être Juge des cauſes de ſon affidé. La relation des intérêts communs doit engager le Juge à s'abſtenir volontairement dans tous les Cas, où la récuſation pourroit être valablement demandée. Un Juge ne peut pas non plus connoître des cauſes, où celui qui eſt à ſes gages ſe trouve intéreſſé. Voyez Boniface, tome 1. liv. 1. tit. 1. nomb. 31. & 32.

La quatrieme, que le Juge du civil, l'eſt auſſi du criminel incident au civil, quelque privilege ou commiſſion qu'il y ait. Voyez Baſſet, tome 1. livre. 2. titre 3. chap. 5.

La cinquieme, que les juges ne peuvent être fermiers, non plus qu'ils ne peuvent être adjudicataires de biens décretés pardevant eux. Voyez le Dictionnaire des Arrêts, verbo Bail, nomb. 63. & verbo Juge, nomb. 87.

La ſixieme eſt, que les juges ne peuvent recevoir aucuns préſens des Parties qui plaident devant eux, tant que le procès dure, & que les donations qui leur ſeroient faite pendant ce tems ſont nulles comme je l'ai fait voir ſur l'article 276. de la Coutume de Paris, gloſ. 1. nomb. 59. & ſuivans.

La ſeptieme, que les Gens du Roi, en l'abſence, récuſation ou maladie des Juges, doivent tenir leur places, & exercer toutes Juriſdictions aux Sieges, excepté ès cauſes auxquelles le Roi auroit ou pourroit avoir intérêt. Il en eſt de même des Avocats Fiſcaux des Juſtices ſubalternes. Filleau, 2. partie, titre 6. chap. 41.

La huitieme, qu'un Juge étant homme n'eſt pas infaillible, & par conſéquent peut ſe tromper, d'autant plus qu'il y a des conjonctures qui tendent à la prudence des pieges où elle ſuccombe, quelqu'éclairé qu'il ſoit, & quelque peine qu'il ſe donne pour connoître parfaitement la vérité ; c'eſt pourquoi il n'eſt jamais garant que de la ſincérité, de ſes intentions : car le rendre reſponſable des fautes qu'il auroit commiſes par erreur non approchante du dol, ce ſeroit punir l'humanité, parce qu'elle n'a pas le don de l'infaillibilité. Voyez Erreur ſpécieuſe.

Au reſte, la qualité de Juge doit inſpirer beaucoup de reſpect pour ſa perſonne, ſur-tout à ceux qui ſont ſes Juſticiables. C'eſt pourquoi les injures qui ſont faites à des juges, doivent être punies très-ſeverement. Voyez ce que j'ai dit ce ſujet, verbo Injure.

Ce reſpect qui leur eſt dû, fut le motif d'un Arrêt de Réglement du 4. Juin 1699. qui fait défenſes à toutes perſonnes de prendre à partie aucunes Juges, ni de les faire intimer à leur propre & privé nom, ſur l'appel des Jugemens par eux rendus, ſans en avoir obtenu de la Cour une permiſſion expreſſe. Ce Réglement eſt rapporté dans le troiſieme tome des Cauſes célébres, page 114.

JUGES ORDINAIRES, ſont ceux qui connoiſſent des différends & conteſtations entre perſonnes ſoumiſes à leurs Juriſdictions, en conſéquence du Droit commun, & non pas par rapport à aucune attribution particuliére de Juriſdiction, eu égard à quelques privileges perſonnels, ou eu égard à la matiére qui fait le ſujet de la conteſtation d'entre les Parties.

Voici ce que dit à ce sujet M. Domat en son traité du Droit public, liv. 2. tit. 1. section 2. art. 15.

» La premiere distinction des Jurisdictions est celle des Officiers qui connoissent de toutes matiéres civiles, criminelles, bénéficiaires, & de toutes autres indistinctement, à la reserve de quelques-unes qui ont été attribuées à d'autres Juges : c'est par cette raison qu'on appelle cette Jurisdiction ordinaire, pour la distinguer de celle des autres Juges, qu'on appelle par cette raison extraordinaire.

» Ainsi, les Parlemens, les Baillifs, les Sénéchaux, & les Officiers semblables, exercent la Jurisdiction ordinaire ; & les autres Jurisdictions des Officiers, qui connoissent des Finances, des Tailles, des Aydes, des Gabelles, des Monnoies, & d'autres matiéres distraites de la Jurisdiction ordinaire, sont ce sens des Jurisdictions extraordinaires distinguées entr'elles, selon les matiéres propres à chacune.

» On peut remarquer, (ajoute cet auteur dans une observation sur cet article), que les anciens premiers Juges qui connoissoient naturellement toutes ces matieres, étoit ceux qui avoient cette Jurisdiction générale, qu'on appelle aujourd'hui la Jurisdiction ordinaire, telle qu'est celle des Parlemens, & des Juges inférieurs.

» On appelle cette Jurisdiction du nom ordinaire, pour la distinguer des autres Jurisdictions, établies pour connoître de quelques matiéres qui leur sont attribuées, & qui auroient été du Tribunal de cette Jurisdiction ordinaire.

» Ainsi, les Juges ordinaires sont ceux qui ont naturellement connoissance de toutes matieres, sans autre exception que de celles qui ont été attribuées expressément à d'autres Juges : ainsi il faut mettre dans ce rang les Baillifs, les Sénéchaux, les Prévôts & autres qui rendent la Justice générale & ordinaire, à la reserve de ceux qui en ont été démembrés.

JUGES EXTRAORDINAIRES, sont donc ceux qui jugent en vertu d'une Jurisdiction particuliere, qui leur a été attribuée par quelque privilege personnel, ou par rapport à la matiere qui fait le sujet de la contestation d'entre les Parties, attendu que cette matiere a été distraite de la Jurisdiction ordinaire.

Ainsi, les Juges extraordinaires sont de plusieurs sortes.

Les uns connoissent des matieres de la Jurisdiction ordinaire, mais entre personnes privilégiées : tels sont les Juges des Requêtes de l'Hôtel & du Palais ; les Juges des privileges des Universités, dont les appellations se relevent au Parlement.

Les autres connoissent seulement de certaines affaires entre toutes sortes de personnes, comme la Chambre du Domaine & du Trésor, les Eaux & Forêts, l'amirauté, la Connétablie, les Prévôts de Marchands & Echevins, les Juge & Consuls, les Conservateurs des Privileges des Foires, dont les appellations ressortissent aussi au Parlement.

Outre ces Jurisdictions, il y a encore des Juges qui connoissent entre toutes sortes de personnes de certaines affaires particulieres, dont les Parlemens ne peuvent point connoître, ni en premiere instance, ni en cause d'appel.

Tels sont les Elûs, les Officiers du Grenier à sel & des Traites foraines, les Cours des Aydes, où se relevent les appellations des Elûs, Grenier à sel & des Traités ; le Grand Conseil, où ressortit l'appel du Grand Prévôt ; la Cour des Monnoies & les Maîtres des Requêtes, pour les causes qu'ils jugent au Souverain.

JUGES SOUVERAINS, sont ceux qui jugent en dernier ressort, souverainement & sans appel : leurs jugemens sont appellés Arrêts.

Leurs Compagnies sont appellées Cours en dernier ressort ; & jamais les Ordonnances royaux, sous le mot de Juges simplement, n'ont compris les Cours souveraines. Elles n'entendent sous ce terme que les Jurisdictions royales & subalternes.

Le pouvoir des Juges souverains est bien plus grand que celui des autres Juges : *Illi enim vice sacrâ Principis judicant ; quapropter eorum judiciis appellare non licet, illaque rescindi non possunt, nisi extraordinario remedio. Quin illorum Magistratuum Curia ipsummet Justitiæ Templum est, firmissimumque totius Reipublicæ præsidium : illi verò sunt veri ac genuini Legum Interpretes, & Sacerdotes ipsiusmet Justiciæ. Et sanè parùm interest jus esse in Civitate, nisi sint Magistratus qui jura regere possint. Leg. 2. §. 13. ff. de reg. jur.*

Au reste, ce que nous venons de dire, qu'on ne peut pas interjetter appel de leurs Jugemens, se doit entendre non-seulement des Juges souverains ordinaires, mais aussi des Juges souverains extraordinaires & d'attribution, quand ils jugent des affaires donc la connoissance leur est attribuée, & pour raison desquelles ils sont été établis à l'exclusion des Juges ordinaires. *Voyez* Juges d'attribution.

JUGES INFE'RIEURS, sont ceux qui ne jugent pas souverainement, & des jugemens desquels on peut interjetter appel : leurs jugemens sont nommés sentences.

On peut se pourvoir contre par la voie d'appel : ce qui n'est pas permis de faire à l'égard des jugemens rendus par les Juges souverains.

Enfin, par l'article 6. de l'Arrêt de la Cour de Parlement, du 10. Juillet 1665. il leur est fait très-expresses inhibitions de faire aucuns Réglemens, soit provisionnaires, soit définitifs, concernant l'administration de la Justice.

Au reste ces termes, *Juges inférieurs*, se prennent souvent dans un sens plus étendu & signifient tous Juges inférieurs qui reconnoissent un Juge supérieur pardevant lequel sont portées les appellations de leurs Sentences, quoique ce Juge supérieur ne soit pas Juge souverain.

C'est une question, si les Juges inférieurs peuvent passer outre au préjudice des défenses & ordonnances des Juges d'appel & supérieurs. *Voyez* Henrys, tome 1. liv. 2. quest. 69. & 72. où cet Auteur marque en quel cas les premiers Juges peuvent passer outre, nonobstant l'appel.

Au reste, quoique regulierement on puisse interjetter appel des jugemens rendus par des Juges inférieurs, il y a des crimes dont ils connoissent en dernier reffort , comme je l'ai rémarqué , *verbo* Crime.

PREMIERS JUGES , font tous Juges inférieurs dont on peut appeller pardevant le Juge fupérieur, quoiqu'il ne Juge pas fouverainement , comme nous venons de le dire dans le précédent article.

JUGES ROYAUX , font des Juges commis par le Roi pour rendre la juftice à fes fujets dans l'étendue de leur reffort.

Tels font , 1°. les Châtelains , Prévôts royaux , ou Viguiers : 2°. les Baillifs , Sénéchaux , ou Préfidiaux ; 3°. les Parlemens.

Il y a encore d'autres Juges royaux qui ne connoiffent que de certaines affaires & qui font appellés Juges d'attribution , & qui par cette raifon ne font pas mis dans l'ordre des précédens.

Les Juges royaux ne peuvent exercer , ni tenir d'autres Charges dans les Juftices des Seigneurs , comme étant incompatibles avec l'Office royal , fuivant les articles 31. & 44. de l'Ordonnance d'Orléans , & l'article 12. de l'Ordonnance de Blois.

La raifon eft , qu'ils doivent s'appliquer uniquement à remplir les devoirs de leurs Charges ; & que s'ils fe méloient des affaires des autres , ils ne pourroient pas s'acquitter dignement de l'emploi que le Roi leur a confié.

D'ailleurs , il y auroit fujet de craindre , que tenant d'autres emplois , ils ne fuffent dans l'occafion trop enclins à favorifer ceux dont ils auroient reçu des Charges ou des Emplois qui leur apporteroient du profit.

Outre les cas royaux dont il eft parlé à la lettre C, les Juges royaux connoiffent de plufieurs cas civils entre les jufticiables des hauts-jufticiers , comme de l'entérinement de toutes fortes de Lettres royaux. Bacquet des Droits de juftice , chap. 7. nomb. 33.

Il doit y avoir des fubftituts des Avocats & Procureurs du Roi des Sieges royaux , comme il eft porté en l'Edit du mois d'Avril 1696. regiftré le 9. Mai fuivant.

Les Officiers des principaux Sieges royaux feront tenus d'affifter les Lieutenans généraux de Police, pour juger en dernier reffort les mendians & vagabonds : & faute de ce , il leur eft permis d'appeller des Gradués au nombre de l'Ordonnance , comme il eft porté en l'Arrêt du Confeil d'Etat du 12. Décembre 1700.

Par un Edit du mois de Juillet 1702. les Officiers des Sieges royaux reffortiffans nûement aux Cours fupérieures , avoient été affranchis de la taille moyenant finance ; & par une Déclaration du 14. Octobre 1702. ils furent auffi affranchis de l'uftenfile , auffi bien que les Officiers des Elections & Grenier à Sel. Mais toutes ces exemptions ont été révoquées par deux Edits , l'un du mois d'Août 1705. l'autre du mois d'Août 1715. art. 6.

Par Edit du mois d'Octobre 1703. ont été créés des Lieutenans généraux dans les Sieges qui reffortiffent nûement aux Cours ; & en conféquence a été faite une Déclaration , le 30. Novembre 1704. portant réglement pour l'exécution du fufdit Edit.

Touchant la fonction des Juges royaux , *voyez* le

Réglement du 7. Septembre 1660. Papon , livre 1. tit. 5. nomb. 22. liv. 6. tit. 2. nomb. 19. liv. 7. tit. 7. Bafnage titre de jurifdiction , art. 18.

JUGES DES SEIGNEURS , appellés communément *fubalternes* , font les Juges des Seigneurs qui ont Juftice. Ils connoiffent de tout ce qui concerne le domaine , droits & revenus de la Seigneurie , tant en fief que roture de la terre , même des baux , fous-baux & jouiffances , circonftances & dépendances , foit que l'affaire foit pourfuivie fous le nom du Seigneur ou du Procureur Fifcal. Mais à l'égard des autres actions où le Seigneur feroit Partie ou intéreffé ils n'en peuvent pas connoître , fuivant l'article 11. du tit. 24. de l'Ordonnance de 1667. Ainfi , lorfque les Seigneurs ont reçu quelque injure de leur vaffaux ou emphitéotes , il faut qu'ils fe pourvoient pardevant le Juge fupérieur.

Ces Juges ne peuvent pas connoître de plufieurs caufes & conteftations dont la connoiffance eft réfervée aux Juges royaux. *Voyez* Juftice fubalterne.

Touchant les droits des Juges des Seigneurs , *voyez* ce qui en eft dit ici *verbo* Juftice fubalterne, & *verbo* Officiers de Juftice furbalterne.

JUGES D'ATTRIBUTION , font ceux qui font établis fpécialement pour connoître de certaines affaires , dont la connoiffance leur eft attribuée à l'exclufion des Juges ordinaires.

Par exemple , les Elus font des Juges d'attribution à qui la connoiffance eft attribuée des différends qui naiffent au fujet des tailles & des impôts en premiere inftance , à l'exception des Gabelles & des domaines du Roi.

Il y a encore d'autres Juges d'attribution , comme ceux de la Chambre des Comptes , de la Cour des Aydes , de la Cour des Monnoyes , & autres.

M. Guy Coquille fur l'art. 28. du titre premier de la Coutume de Nivernois , remarque qu'il y æ appel de Cours fouveraines qui ont leur Jurifdiction limitée *ad certum genus caufarum* , quand elles jugent hors le cas de leur attribution ; & il rapporte des Arrêts du Parlement qui l'ont ainfi jugé à l'égard des appellations interjettées de la Cour des Aydes & de la Chambre des comptes. Ce qui fait voir que les Juges fouverains , & qui font Juges d'attribution , ne font pas Juges fouverains dans les affaires qui ne font pas de leur attribution.

JUGES A QUO , eft le Juge dont eft appel ; & Juge *ad quem* , eft celui pardevant lequel l'appel eft interjetté du Juge *à quo*.

JUGE COMPETENT , eft celui qui peut connoître du différend des Parties , & qui a le pouvoir de mettre à exécution entr'elles ce qui eft jufte , après avoir bien examiné ce dont il s'agit , & les raifons de part & d'autre. La compétence d'un Juge provient,

I°. Du domicile du défendeur , fi ce n'eft que l'une des parties ait un privilege pour faire renvoyer la caufe pardevant le juge de fon privilege , comme en vertu du droit de *Committimus* , ou des Lettres de garde-gardiennes , ou du droit des Cleres ou perfonnes eccléfiaftiques.

II°. Du Seeau attributif de Jurifdiction ; c'eft-à-dire , quand un contrat eft paffé en une jurifdiction

dont le Sceau lui attribue la connoiſſance de l'exécution des contrats qui ſont paſſés ; comme ſont
les Sceaux du Châtelet de Paris, de Montpellier
& d'Orléans.

III°. Du délit qui rend le Juge du lieu où il eſt
commis compétent pour en connoître & pour condamner le criminel, quoiqu'il ait ſon domicile dans
une autre Province, ſuivant l'Ordonnance Criminelle, art. 1. qui porte que la connoiſſance des crimes appartiendra aux juges des lieux où ils auront
été commis, & l'accuſé y ſera renvoyé, ſi le renvoi en eſt requis, même les priſonniers transféré
au frais de la Partie civile, s'il y en a ; ſinon aux
frais du Roi ou des Seigneurs.

Cette ordonnance, art. 21. permet aux Eccle-
ſiaſtiques, aux Gentilshommes & Secrétaires du
Roi, de pouvoir demander, en tout état de cauſe,
d'être jugés en la Grand'Chambre du Parlement
où le procès ſera pendant, aſſemblée, au cas que
les opinions ne ſoient pas commencées. L'article
ſuivant donne le même privilege aux Préſidens,
Maîtres ordinaires, Correcteurs, Auditeurs, Avocats & Procureurs généraux de la Chambre des
comptes de Paris.

Voyez Compétence en matiere criminelle.

IV°. En matiere réelle, le Juge du lieu où la
choſe contentieuſe eſt ſituée, eſt compétent pour
en connoître, & le défendeur peut être aſſigné
pardevant lui, quoiqu'il ne ſoit pas le Juge de ſon
domicile.

JUGE INCOMPETENT, eſt celui qui ne peut
pas connoître du différent des Parties, à cauſe de
l'une des cauſes ci-après énoncées.

I°. Parce que le défendeur n'eſt pas aſſigné pardevant ſon Juge.

II°. Parce qu'il demande ſon renvoi en vertu de
ſon privilege.

III°. Enfin, parce que le Juge pardevant lequel
l'ajournement eſt fait, ne peut pas connoître de la
cauſe dont il s'agit : comme ſi quelqu'un étoit aſſigné pardevant Meſſieurs les Requêtes de l'Hôtel
ou du Palais, en matiere purement réelle.

Dans tous ces cas, le Juge à qui le renvoi eſt
demandé, ne doit point retenir la cauſe qui n'eſt
pas de ſa compétence ; mais il doit accorder le
renvoi, ou ordonner que les Parties ſe pourvoiront, ſuivant la diſtinction que nous avons re-
marquée ſous le mot de renvoi.

Au reſte, il faut remarquer, I°. Que les Juges
qui ne peuvent pas connoître directement de certaines cauſes, en peuvent néanmoins prendre
connoiſſance incidemment, quand il y a connexité de matieres. Voyez Charondas, livre 4.
rép. 7.

II°. Qu'un Juge incompétent ne peut point être
recuſé, après que la cauſe eſt conteſtée, lorſque
l'incompétence eſt ratione perſonæ. Voyez Incompétence.

JUGE DELEGUÉ, eſt celui qui eſt commis par
le Prince, ou par une Cour ſouveraine, pour inſtruire & juger un différend.

Les Juges inférieurs ne peuvent pas déléguer à
d'autres leur juriſdiction ; toutefois ils peuvent

commettre quelqu'un d'entr'eux pour ouir & examiner des témoins.

Le Juge délégué ne peut point ſubdéléguer, &
ne peut excéder ni paſſer les termes de ſa commiſſion.

Quand le Prince nomme des Commiſſaires
pour inſtruire & juger une affaire, en matiere civile ou criminelle, leur pouvoir n'eſt pas abſolument joint, & peut être ſéparé ; car comme la
commiſſion eſt ordinairement compoſée d'un
grand nombre de Juges, pourvû qu'il y en ait un
nombre ſuffiſant pour rendre un Arrêt ou un Jugement en dernier reſſort, il n'eſt pas néceſſaire qu'ils
y aſſiſtent tous. Voyez le Commentateur d'Henrys, tom. 1. liv. 2. queſt. 48.

Il nous reſte à obſerver dans tous les cas où
l'on verbaliſe devant des Juges commis & délégués,
ils doivent faire mention au commencement de
leurs procès verbaux de la commiſſion en vertu de
laquelle ils procedent, & la dater. Cela eſt abſolument néceſſaire, comme étant le fondement de
leur compétence & de leur pouvoir.

JUGES DELEGUÉS in Partibus, ſont des Juges
que le Pape délegue ès parties du Royaume, &
dans le Dioceſe où l'affaire ſe doit traiter.

Quand on appelle au Pape des jugemens eccléſiaſtiques, il nomme des Evêques, des Abbés, ou des
Officiers du Royaume pour juger l'appel, & ordinairement il en nomme trois. Ces Juges doivent
inſtruire & juger le procès enſemble ; & ne le peuvent juger en l'abſence de l'un d'eux, parce que
leur pouvoir eſt joint, & ne peut être ſéparé.

Ainſi quand les appellations des Primats &
Métropolitains vont au Pape, on ne va pas plaider
à Rome ; mais le Pape doit donner des Commiſſaires in Partibus, & intra eamdem Diæceſim.

De la Sentence de ces Commiſſaires, on peut
encore en appeler au Saint Siege ; parce que
c'eſt une maxime, qu'il y a toujours appel du Juge délégué à celui qui l'a délégué.

JUGE ECCLESIASTIQUE, eſt celui qui exerce
la juriſdiction eccléſiaſtique.

Il connoit des matieres pures perſonnelles entre Eccléſiaſtiques, ou quand le défendeur eſt
Eccléſiaſtique.

Néanmoins ſi un Eccléſiaſtique poſſédoit un
Office royal, ou quelqu'autre Office non eccléſiaſtique, s'il trafiquoit ou tenoit des héritages à
ferme, il ſeroit en ce cas juſticiable du Juge
laïc, pour les fonctions de ſon Office, pour ſon
commerce, ou pour ſa ferme.

Le juge d'Egliſe ne peut connoître que des actions pures & perſonnelles, & ne peut en aucun cas
connoître des réelles, ni même des actions mixtes, à cauſe de la réalité qui s'y rencontre, de
laquelle il eſt incompétent.

Outre les actions pures perſonnelles, le Juge d'Egliſe connoit entre Eccléſiaſtiques, ou quand
le défendeur eſt Eccléſiaſtique, il connoit encore
entre Laïcs de quatre genre de cauſes ; ſçavoir,
des dixmes & du mariage, leſquelles ſont civiles,
de l'héréſie & de la ſimonie, qui ſont criminelles.

Le Juge d'Egliſe ne connoit que des dixmes

ecclésiastiques, & non des dixmes inféodées, dont la connoissance appartient au Juge royal, tant pour le possessoire, qu'au petitoire.

Quant aux dixmes ecclésiastiques, le Juge d'Eglise n'en peut connoître qu'au petitoire; car pour le possessoire la connoissance en appartient au Juge royal.

A l'égard des dixmes inféodées, comme ce sont des biens purement profanes, le Juge d'Eglise n'en peut jamais connoître.

Pour ce qui est du mariage, le Juge d'Eglise n'en peut connoître que quand il est question de promesses de mariage, de fiançailles, & de la validité ou invalidité des mariages, quand on les prétends nuls pour cause d'impuissance, ou de parenté ou alliance, en dégrés prohibés, ou pour autres empêchemens dirimans.

Mais il ne peut, en prononçant sur la nullité de mariage, condamner l'une des parties envers l'autre en dommages & intérêts, ou à la restitution de la dot, ou en une provision alimentaire. Ces causes étant purement temporelles, il doit ordonner que les Parties se pourvoiront pardevant le Juge royal. Voyez Bacquet, des Droits de Justice, chapitre 7. nomb. 28. & ce que j'ai dit, verbo, Mariage.

Le crime de simonie se commettant par la vente des choses spirituelles, ou par l'accord & la convention qui en seroit faite pour choses ou droits temporels; c'est au Juge d'Eglise d'en connoître. Néanmoins le Juge laïc en peut aussi connoître incidemment, même entre Ecclésiastiques, en jugeant le possessoire des Bénéfices.

Le Juge d'Eglise est seul compétent pour connoître de l'hérésie, & punir les hérétiques des peines canoniques; mais s'ils méritent une punition corporelle, la connoissance en appartient au Juge laïc.

La discipline ecclésiastique en ce qui concerne le Service divin, appartient au Juge d'Eglise, soit qu'il s'agisse du fait d'un Ecclésiastique, ou d'un Laïc.

Par Arrêt du 9. Août 1664. obtenu par M. l'Evêque de Séez, défenses ont été faites à tous juges séculiers de prendre connoissance du Service divin; ce qui doit être exactement observé: aussi toutes les affaires de cette nature sont toujours renvoyées aux juges d'Eglise, comme seuls compétens d'en connoître.

La discipline ecclésiastique appartient aussi aux juges d'Eglise, contre les Prêtres & Clercs, pour ce qui regarde les mœurs & la décence des habits.

Mais le juge d'Eglise ne peut connoître de la discipline ecclésiastique contre les Laïcs, si ce n'est sur l'usage de la fréquentation des Sacremens, contre ceux qui négligent la Communion pascale.

Le Juge d'Eglise est seul compétent de connoître de toutes ces choses, & de tous les différends qui naissent en leur occasion; mais il faut que dans ses jugemens il se renferme dans les bornes de son pouvoir.

Il ne peut donc condamner les personnes assignées à la requête du Promoteur, & trouvées en faute, si ce n'est en quelqu'aumône ou œuvre pie.

La raison est, que l'Eglise n'a point de fisc, pour y pouvoir appliquer des amendes. Elle n'a point

non plus de territoire; c'est pourquoi les juges d'Eglise ne peuvent de leur autorité, faire faire exécution sur les personnes, ni sur leurs biens temporels. Voyez Baffet, tom. 2. liv. 2. chap. 3. & liv. 7. chap. 4.

Ils peuvent bien ordonner sans abus, qu'un Prêtre sortira d'une Paroisse pour se retirer dans celle de son origine; ils peuvent même ordonner, si le cas y échet, qu'il sera constitué prisonnier où il pourra être trouvé, le bras séculier imploré à cet effet.

Le juge d'Eglise ne peut connoître, I°. De l'action hypothécaire, quand même le défendeur seroit Ecclésiastique; parce qu'elle est mixte, partie réelle, & partie personnelle, & qu'un juge d'Eglise ne peut jamais connoître d'une action réelle, ni de ce qui concerne un immeuble.

II°. D'une question de préséance, & d'un fait de possession, même en matiere spirituelle & entre Ecclésiastiques. La raison est, que la possession des choses spirituelles n'est pas mere temporalis, sed potius quid facti. Voyez le Journal du Palais, in-folio, tom. 1. pag. 205. Voyez aussi Brodeau, lettre B, somm. 11. nomb. 6.

III°. De la validité ou invalidité d'une promesse de mariage entre les peres & meres des enfans. Il en est de même si après la mort d'un homme, la validité de son mariage étoit contestée à sa veuve par ses héritiers.

IV°. Il ne peut point connoître de dote, de alimentis liberorum, neque de damnis. Corbin, second plaidoyer, chap. 76.

V°. De la validité des oppositions formées par des peres & meres aux mariages de leurs enfans. Sur quoi voy. les Arrêts du 10. Janvier, 1. Février & 5. Avril 1701. rapportés dans le journal des Audiences.

VI°. des oppositions formées à la publication des Lettres de monitoire. Voyez Official.

VII°. Le juge d'Eglise ne peut connoître de l'élection, de la reddition de compte, ou de quelqu'autre contestation formée entre les Marguilliers laïcs d'une paroisse. Maynard, tom. 1. liv. 2. chap. 1.

Nous avons remarqué ci-dessus les cas auxquels les Laïcs peuvent être traduits à la jurisdiction du juge ecclésiastique; mais hors ces cas, les Laïcs ne sont point ses justiciables.

Si l'Official connoissoit de quelqu'autre affaire entre Laïcs, ce seroit une entreprise sur la jurisdiction royale, qui formeroit l'abus le plus caractérisé, suivant la jurisprudence des Arrêts, & l'avis de nos meilleurs Auteurs.

Voyez M. de Marca, en son Traité de Concordiâ Sacerdotii, & Imper: lib. 4. cap. 18. & 19. Melchiôr Pastor, en son Traité de Jurisdic. ecclés: lib. 3. tit. 8. & Fevret, liv. 1. chap. 9. nomb. 6.

Le juge d'Eglise ne peut donc connoître des fautes commises par son Procureur d'office, s'il est Laïc quoiqu'il ait prévariqué en l'exercice de sa Charge; il ne peut pas non plus connoître de la faute commise par son Geôlier laïc, d'avoir laissé évader un prisonnier, ou pour avoir commis quelqu'autre délit en la géole. Biblio-

theque canonique, tome 1. page 764. col. 2.
L'Eglise n'ayant point de territoire, une cédule
reconnue pardevant le juge d'Eglise n'emporte
point hypotheque. C'est pourquoi, après que la cédule a été reconnue devant lui, & qu'il a prononcé
cé la condamnation, il faut se pourvoir devant le
juge royal, & demander que la Sentence du juge d'Eglise soit déclarée exécutoire sur les biens
du condamné. Mais pour se procurer plutôt l'a-
vantage de l'hypotheque, on peut distraire du juge
ecclésiastique la demande en reconnoissance du
billet, & se pourvoir à cet effet d'abord devant le
juge royal, tout juge étant compétent pour la reconnoissance d'une cédule ou billet.

Les contrats passés sous le sceel ecclésiastique,
n'emportent point hypotheque ni d'exécution pa-
rées, non plus que les Sentences rendues en
Cour d'Eglise.

Ainsi les juges d'Eglise ne peuvent faire exécuter leurs Jugemens sur des immeubles, mais seulement sur les meubles, & dans le cas seul de l'art.
62. de l'Ordonnance de Blois, qui porte que les
Jugemens des Officiaux seront exécutés jusqu'à la
somme de vingt-cinq livres, même nonobstant
l'appel en baillant caution.

Hors ces cas, ils ne peuvent mettre à exécution
leurs Jugemens; il faut qu'ils ayent recours au
Juge séculier, par l'autorité desquels les saisies &
exécutions puissent être valablement faites.

A l'égard des biens immeubles, ils ne sont point
sujets à la Jurisdiction ecclésiastique. La raison est,
que les Evêques & autres Juges Ecclésiastiques
n'ont point de territoire ni aucun autre droit de sujetion temporelle. Voyez la Bibliotheque canonique tome 1. page 766. colonne 1.

Le juge d'Eglise peut bien décerner un décret de
prise de corps, mais non pas l'exécuter; &, comme nous l'avons dit, il faut pour l'exécution de ses
Sentences, qu'il implore le secours du Juge de territoire; mais il peut faire prendre prisonnier celui
qu'il auroit condamné à quelque peine, pourvû
que la capture s'en fasse dans le Palais Episcopal.
Voyez Brodeau sur Louet, lettre B, sommaire 11.
nomb. 8. Mornac, ad rubricam, col. de Episcop.
audient. Charondas, liv. 13. rép. 9. & ce que j'ai
dit ci-dessus en parlant du bras séculier, où j'ai
remarqué que le Clergé a obtenu un Edit du mois
d'Avril 1695. qui permet entr'autres choses aux
juges d'Eglise d'exécuter leur décrets sans aucune
permission du Juge royal.

Un Official ne peut point condamner à mort, ni
à aucune peine afflictive qui aille à l'effusion du
sang, ou au retranchement de quelque membre:
c'est pourquoi le juge d'Eglise doit abandonner au
bras séculier ceux qui ont commis des crimes qui
méritent des punitions qui ne conviennent point
à l'esprit de douceur que l'Eglise fait profession;
Ecclesia enim abhorret à sanguine.

Il peut donc seulement ordonner qu'un Clerc
convaincu de quelque crime léger, sera battu
de verge dans la prison, par forme de correction
paternelle, de maniere qu'elle ne puisse passer
pour une peine afflictive.

Judex ecclesiasticus verberibus, flagellis, virgis,
potest punire delinquentes, quasi per modum correc-
tionis; eâ tamen moderatione, adhibitâ ut flagella in
vindictam sanguinis transire minimè videantur. Itaque Judex ecclesiasticus flagellis afficere potest usque
ad sanguinis effusionem. Cap. 4. extr. de raptoribus.
can. 1. in fin. Junctâ glossâ, & can. reos in princip.
23. qu. 5. ean. fraternitatis 12. qu. 2. Boer. qu. 349.
num. 11.

Mais cette espece de peine est plus ordinaire dans
les Monasteres que dans les Officialités où l'on
regarde un tel châtiment comme peut décent,
sur-tout contre des Clercs qui sont déjà avancé
en âge.

Il ne peut point condamner aux galeres: Re-
gum enim est corporalem pœnam infligere, Sacerdo-
tem verò inferre spiritualem. Voyez Tournet, lett.
B, nomb. 74.

Il ne peut pas non plus condamner au bannissement quia territorium non habet Ecclesia. Ainsi le
Juge d'Eglise ne peut pas même enjoindre à qui que
ce soit de sortir du Diocèse: il peut seulement enjoindre à un Prêtre de se retirer du Diocèse, parce
que ce mot retirer, sent moins le bannissement,
que celui de sortir. Basset tom. 2. tit. 1. chap. 2.

A l'égard de l'amende honorable, comme elle
ne rend point irrégulier celui qui y condamne, &
ne prive point des effets civils celui qui l'a fait,
l'Official peut y condamner. Mais il faut qu'elle
se fasse dans l'Officialité; parce que toute l'autorité du juge d'Eglise est renfermée dans le lieu
où s'exerce sa jurisdiction; & il ne peut faire faire
l'amende honorable dans une place publique, ni
à la porte de l'Eglise.

Pour ce qui est de la question, on la regarde
moins comme une peine, que comme un moyen
qu'on croit devoir employer, pour tirer la vérité
de la bouche des accusés; c'est pourquoi les Arrêts
du Parlement de Paris ont jugé qu'il n'y avoit
point d'abus dans les Sentences des Officiaux,
qui condamnoient des Clercs à subir la question. Cependant comme ce moyen est très-violent,
& a souvent de fâcheuses suites, il semble que
les Juges ecclésiastiques ne devroient jamais l'employer. Voyez Brodeau sur Louet, lettre B, sommaire 1. nomb. 9. le Traité de l'Abus, tom. 2. liv.
8. chap. 4.

Comme l'Eglise n'a point de fisc, le juge d'Eglise ne peut condamner à une amende pécuniaire,
mais seulement en quelqu'aumône ou œuvre pie,
comme nous l'avons dit ci-dessus. Voyez Basset,
tom. 2. liv. 2. chap. 3. & liv. 7. chap. 4.

Le juge d'Eglise ne peut déclarer en termes généraux, un criminel atteint & convaincu des crimes à lui imposés; mais il les doit exprimer en détail. Cela est fondé sur ce qu'il n'est pas compétent
pour connoître de toutes sortes de crimes, & qu'il
n'y en a que de certains dont il puisse connoître.
Basset, tome 2. livre 4. titre 2. chapitre 10. rapporte un Arrêt qui casse le Jugement d'un Official,
qui avoit déclaré l'accusé atteint des crimes à lui
imposés, sans les avoir exprimés.

L'Ordonnance de Moulins faite en faveur du

Clergé en 1580. porte en l'art. 22. que l'inftruction des procès criminels contre les Eccléfiaftiques fe fera conjointement, tant par le Juge d'Eglife que par le Juge royal, lequel eft tenu d'aller au Siege de la Jurifdiction eccléfiaftique ; de forte qu'ils font le procès enfemble. Chacun a fon Greffier ; chacun donne & prononce fa Sentence féparement ; & le Juge d'Eglife ne peut élargir le prifonnier, que le cas privilégié ne foit jugé. Papon, liv. 1. tit. 5. nomb. 23.

Tous juges d'Eglife font obligés de garder les formes prefcrites par les Ordonnances, tant dans l'inftruction des affaires civiles, que dans la pourfuite des procès criminels ; autrement il y auroit abus. Voyez Abus.

Pour connoître pardevant qui fe portent les appellations des Sentences des juges eccléfiaftiques, il faut diftinguer, ou ces appellations font fimples ou elles font qualifiées appels comme d'abus.

Les appellations fimples des Sentences des Officiaux, font pardevant le Juge fupérieur eccléfiaftique ; par exemple, l'appel de la Sentence de l'Official de l'Evêque, va pardevant l'Official de l'Archevêque, dont on appelle au Primat, & du Primat, qui eft l'Archevêque de Lyon au Pape ; de forte qu'il y a quatre dégrés de la Jurifdiction eccléfiaftique : on n'eft pas néanmoins toujours obligé de paffer par ces quatre dégrés, d'autant que par le Concordat il eft ftatué qu'en la Jurifdiction eccléfiaftique, il n'y a plus lieu à l'appel, quand il y a eu trois Sentences rendues conformes.

Quand l'appel eft dévolu au Pape, on n'eft pas obligé d'aller plaider à Rome ; le Pape eft tenu de bailler des Juges in partibus. Voyez ci-deffus Juges délégués in partibus.

Lorfque l'appel interjetté d'un Official eft qualifié comme d'abus, il faut le relever au Parlement. Voyez fuprà Appel comme d'Abus. Nous remarquerons feulement ici, que le juge d'Eglife ne peut après un appel comme d'abus interjetté de quelque Ordonnance, inftruire & juger le procès principal. Voyez Baffet, tome 1. liv. 2. tit. 2. chap. 11.

Touchant le pouvoir des Juges d'Eglife, voyez ci-après Jurifdiction eccléfiaftique. Voyez auffi Bacquet, des Droits de Juftice, chap. 7. & Henrys, tom. 1. liv. 1. queft. 84.

JUGE AUDITEUR, voyez Auditeur.

JUGES ET CONSULS, font cinq Marchands qui doivent être natifs du Royaume, dont le premier s'appelle juge, les quatre autres Confuls, qui connoiffent entre Marchands & gens de commerce de toutes fortes de conteftations pour faits de marchandifes.

Ceux de Paris donnent Audience trois fois la femaine, fçavoir, le Lundi, le Mardi & le Vendredi, tant le matin que l'après midi.

La Juftice confulaire eft royale. Cette jurifdiction fut créée par Charles IX, par Edit donné à Paris au mois de Novembre 1563.

Le nombre de ceux qui la devoient compofer fut de cinq, dont il y en eut un qui fut appellé juge, & les quatre autres Confuls. L'élection pour la premiere fois s'en fit par le Prévôt des Marchands de Paris, en l'affemblée de cent notables Bourgeois de la Ville, qui à cette fin furent convoqués ; & ceux qui furent élus, prêterent ferment devant le Prévôt des Marchands, à la charge que les cinq Juge & Confuls n'exerceroient qu'un an, fans que l'un d'eux puiffe être continué pour quelque caufe que ce foit.

L'Edit de leur création les oblige de faire affembler, trois jours avant la fin de leur année, jufqu'au nombre de foixante Marchands, Bourgeois de Paris, pour en élire trente d'entr'eux qui procedent, fans fortir du lieu, à l'élection de cinq qui doivent leur fuccéder, & qui prêtent ferment devant les anciens, & enfuite au Parlement.

Ils ne peuvent juger que quand ils font au moins au nombre de trois ; & ils rendent gratuitement la juftice. Ils connoiffent de tous procès pour faits de marchandifes entre Marchands, leurs Veuves & leurs Facteurs ; ils connoiffent auffi des billets de change entre Marchands & Négocians, & des lettres de change pour remife d'argent, faites de place en place entre toutes fortes de perfonnes.

Tous ceux qui font trafic de marchandifes font réputés Marchands ; & pour le fait de leur trafic, ils peuvent être valablement pourfuivis pardevant les juge & Confuls, quoique privilégiés, fans pouvoir fe fervir de leur privilege. Ainfi quoiqu'une obligation fût paffée fous le fcel du Châtelet de Paris, pour fait de marchandifes, celui qui feroit affigné en vertu d'icelle pardevant les Juge & Confuls, ne pourroit pas demander fon renvoi au Châtelet.

L'article 7. du tit. 12. de l'Ordonnance du mois de Mars 1673. veut que les Confuls connoiffent auffi des différends à caufe des affurances, groffes avantures, promeffes, obligations, & contrats concernant le commerce de la mer, le fret & le naulage des Vaiffeaux.

Suivant l'article 8. ils connoiffent encore du commerce fait pendant les foires dans les lieux de leur établiffement, fi l'attribution n'eft faite aux Juges confervateurs du privilege des foires.

Ils ont, fuivant l'article 9. la connoiffance de l'exécution des lettres de récifion, lorfqu'elles font incidentes aux affaires de leur compétence, pourvû qu'il ne s'agiffe pas de l'état ou qualité des perfonnes.

Suivant ce que nous venons de dire, celui qui achete chez un Marchand des Marchandifes pour fon ufage, ne peut pas être valablement affigné pardevant lefdits juges-Confuls ; mais il doit être affigné pardevant fon juge ordinaire.

Pour qu'une affignation puiffe être valablement donnée aux juges-Confuls, il faut que ce foit de Marchand à Marchand, & entre Marchands faifant même négoce. En un mot, la jurifdiction des Confuls eft tellement limitée à certain genre de caufe, & entre les perfonnes que nous venons de dire, qu'elle ne pourroit pas être prorogée pour d'autres caufes, & entre d'autres Particuliers du confentement des Parties. Bacquet, des Droits de juftice, chap. 8. nomb. 17.

Les caufes qui font portées devant eux, doivent
être

être jugées sommairement, & les Parties y peuvent plaider sans le ministère d'Avocats ni de Procureurs; en sorte qu'il y a une forme de procéder toute particuliere dans cette Jurisdiction.

L'on y a banni toutes les subtilités de Droit, & les formalités des procédures ordinaires, de crainte que les Marchands ne fussent détournés de l'assiduité & du soin que demande le négoce. *In curia Mercatorum negocia decidentur ex æquo & bono, non observatis apicibus, sive subtilitatibus Juris, sed summariè & quasi sine strepitu Judicii.* L'on n'y cherche qu'à découvrir la bonne foi de l'un, & la mauvaise foi de l'autre.

Voyez le dernier titre de l'Ordonnance du mois de Mars 1673. qui regle la jurisdiction des juge & Consuls des Marchands; & le titre 16. de l'Ordonnance de 1667. qui contient la forme de procéder pardevant eux.

Ils jugent en dernier ressort & sans appel jusqu'à la somme de cinq cens livres suivant l'art. 8. de l'Edit de leur création du mois de Novembre 1563.

L'appel de leurs jugemens portant condamnation de somme excédente cinq cens livres se releve au Parlement dans trois mois; mais leurs Sentences s'exécutent nonobstant l'appel, & sans préjudice d'icelui.

Leurs Sentences, après la signification & commandement faute de payer, s'exécutent par corps contre le condamné, mais non pas contre sa veuve, ni contre ses héritiers.

Leurs Sentences sont sujettes au sceau du Châtelet, pour lequel il est payé pour celles au-dessous de cent livres, cinq sols, & dix sols pour celles qui sont au-dessous.

On peut, en vertu de leurs Sentences, faire vendre les meubles de celui qui est condamné à payer une somme, faute par lui d'y satisfaire; mais on ne peut faire aucunes criées pardevant eux: on peut seulement, en vertu de leurs Sentences, faire lesdites criées pardevant le Juge ordinaire.

Les Juges-Consuls ne peuvent connoître des inscriptions de faux incidentes aux affaires qui sont pendantes pardevant eux, ni des rebellions commises à l'exécution de leurs jugemens, suivant l'art. 20. du titre premier de l'Ordonnance de 1670.

Cet article prouve que les Juge & Consuls ne peuvent connoître des matieres criminelles dont ils connoissent auparavant. Sur quoi il faut remarquer,

I°. Que quoiqu'ils soient obligés de renvoyer ces cas pardevant les Juges naturels des accusés, ils ne sont pas pour cela dépouillés de la connoissance du fonds; qu'ils sont en droit de le juger, après que les autres Juges auront prononcé sur l'inscription de faux, ou sur la rebellion.

II°. Que quoique les Juges & Consuls ne puissent pas connoître que la rebellion, ni des matieres criminelles, néanmoins lorsque la rebellion arrive dans l'Auditoire des Consuls, ou qu'il s'y commet quelqu'insulte, ils en peuvent connoître par forme de police, & pour maintenir l'ordre & la discipline dans leur Auditoire.

Aujourd'hui la regle est donc que les Consuls
Tome II.

font incompétens de connoître d'un crime commis à la porte de leur jurisdiction, horsicelle & dedans la rue, comme il a été jugé par Arrêt du Parlement de Rouen le 23. Juin 1656. Il a même été jugé qu'ils étoient incompétens de connoître d'une plainte criminelle rendue pour une action qui s'étoit passée dans la Salle de la Bourse. *Voyez* Basnage, titre de Jurisdiction, art. 1.

M. Augeard, tom. 1. art. 32. rapporte un Arrêt rendu à l'Audience de la Grand'Chambre le 27. Mars 1702. qui fait défenses aux juge & Consuls de connoître de l'homologation des contrats d'attermoiement.

Il y a dans le Journal des Audiences un Arrêt de réglement du 23. Février 1695. qui regle les matieres dont les Juges & Consuls doivent connoître.

La procédure qui se fait aux Juge & Consuls est sommaire.

Le créancier qui est en droit de traduire le défendeur aux Consuls, fait assigner son débiteur, ou au lieu de son domicile, ou au lieu auquel la promesse a été faite, ou au lieu auquel le payement en doit être fait; art. 17. du tit. 12. des l'Ordonnance de 1673.

Cette assignation doit être revêtue des formalités ordinaires, à l'exception qu'on n'est pas tenu d'y déclarer le nom du Procureur, & que les délais se reglent suivant les art. 14. & 15. du tit. 16. de l'Ordonnance de 1667.

Ainsi les assignations se donnent au premier jour d'Audience; le demandeur choisit le matin ou l'après midi, & il n'y a point de délais pour les Parties qui sont de Paris; on assigne au lendemain, & même du matin au matin ou à l'après midi.

Mais quand on assigne à comparoir dans le jour, l'Huissier doit marquer l'heure qu'il donne l'exploit, & l'heure de l'assignation, afin que l'on connoisse que l'assigné a eu un tems suffisant pour se rendre à l'assignation.

On fait enregistrer les exploits, & on appelle les causes à leur rang; de sorte que personne ne s'en retourne le jour de l'assignation sans avoir audience. Ainsi, comme on y juge autant de causes qu'il s'en trouve d'enregistrées, on a vû quelquefois l'Audience tenir jusqu'à minuit.

Sur l'assignation, le défendeur est tenu de comparoir en personne; & en cas de maladie ou empêchement, il doit envoyer par un parent ou ami un mémoire contenant ses moyens ou défenses, signé de sa main, avec une procuration spéciale, dont le porteur fera apparoir.

Si la partie ne comparoît pas à la premiere assignation, sera donné défaut; & pour le profit, ordonné qu'elle sera réassignée.

En vertu de ce défaut il faut faire réassigner le défendeur, & le faire signifier par les Audienciers de la Jurisdiction consulaire.

Si c'est le demandeur qui n'a point comparu à l'Audience, on donne congé au défendeur, & pour le profit, le défendeur est déchargé de la demande.

Mais ces congés & défauts peuvent être rebattus, en sommant par le défaillant celui qui a obtenu congé ou défaut de comparoir à l'Audience.

L

Lorfque les Parties comparoiffent, la caufe doit être jugée fur le champ; mais fi l'affaire eft de dif-cuffion; en forte qu'elle ne puiffe être facilement jugée à l'Audience, ils n'appointent pas : s'il eft néceffaire de voir les pièces, ils nomment un des anciens Confuls en préfence des Parties, ou un autre Marchand non fufpeét, pour les examiner; & fur fon rapport, Sentence eft donnée en l'Au-dience prochaine.

Si l'on a propofé des déclinatoires, les Juge & Confuls font tenus d'en faire mention dans leurs Sentences, mais ils peuvent juger, nonobftant tout déclinatoire, appel d'incompétence, ou prife à partie, renvoi requis & fignifié, fous prétexte de quelque privilège que ce puiffe être, comme il eft porté en l'art. 13. du tit. 12. de l'Ordonnance du mois de Mars 1673.

Cette Jurifdiction ayant été établie & créée pour abréger les affaires dans le commerce, ce feroit aller contre fon intention, que d'arrêter le juge-ment de ces Juges quand il s'agit d'affaires qui font de leur compétence.

Mais auffi l'article 14. du même titre, enjoint aux Juge & confuls de déferer au déclinatoire, à l'appel d'incompétence, à la prife à partie & au renvoi, au cas que la connoiffance de l'affaire qui eft portée devant eux ne leur appartienne pas.

Autrement leurs jugemens feroient nuls, fuivant l'art. 1. du titre 6. de l'Ordonnance de 1667.

Lorfque celui contre qui la Sentence a été rendue n'a point eu connoiffance de l'exploit, foit pour n'a-voir pas été affigné à fon domicile, ou parce que celui auquel il auroit envoyé fon exploit pour fe pré-fenter, ne l'a pas défendu fuivant fon mémoire & pièces, il faut qu'il préfente fa Requête, afin d'être reçu oppofant à ladite Sentence, & avoir furféan-ce; & auffi afin de faire affigner pardevant les Con-fuls celui qui a obtenu gain par défaut.

On donne cette Requête à l'un des Confuls avec les pièces juftificatives; & s'il fe trouve qu'il y ait lieu de furfeoir, il met au bas : foit donnée affigna-tion au premier jour pardevant nous, aux fins de la préfente Requête; cependant furfis à l'exécution de la-dite Sentence pendant trois jours Fait. à, &c.

Il faut faire fignifier cette Requête, donner affi-gnation dans le délai de l'Ordonnance, & procé-der comme fur les autres demandes. Si le deman-deur eft bien fondé, la Sentence fera droit fur l'oppofition, & lui adjugera fes conclufions.

Lorfque les dépens adjugés par la Sentence ne font pas liquides, il faut les faire taxer, & faire dreffer une déclaration de dépens que l'on fait fi-gnifier, en conféquence de laquelle on affigne celui qui a fuccombé pour voir taxer les dépens; en-fuite de quoi on leve l'Exécutoire.

Il arrive quelquefois que dans les cours d'une inftance pendante aux Confuls, il eft néceffaire d'entendre la partie non comparante par fa bouche : en ce cas les Juge & Confuls doivent lui donner un délai compétent; ou fi la Partie eft malade, l'un des Confuls eft commis pour l'interroger chez elle.

Le Conful commis, en procédant à l'interroga-toire, le fera rediger en forme par le Greffier; &

la minute fignée par le Conful demeurera au Gref-fe, & les expéditions en feront délivrées aux Par-ties intéreffées par le Greffier.

Si ceux que l'on veut faire interroger font abfens, les Juge & Confuls donnent une commiffion ro-gatoire, adreffante au plus prochain Juge royal du lieu de la demeure de la Partie, pour procéder à l'interrogatoire.

Quand les Parties font contraires en faits, la preuve en eft reçue par témoins : il doit être don-né un délai compétent pour les affigner, & les ouir fommairement à l'Audience, après que les Parties auront propofé verbalement leurs reproches.

Contre la maxime ordinaire, la preuve par té-moins eft reçue au-deffus de cent livres dans la Ju-rifdiction des Confuls.

Cependant on n'y reçoit aucune preuve teftimo-niale contre & outre le contenu en un acte defocieté.

En affignant les témoins en vertu de la Sentence qui l'ordonne, on affigne auffi la Partie pour four-nir de réponfes contr'eux, & pour leur voir prê-ter les fermens; mais il faut prendre garde, dans la copie de l'exploit qui eft laiffée à la Partie ad-verfe, de ne pas mettre les noms des témoins, de peur qu'elle ne tâche de les corrompre, avant qu'ils aillent dépofer.

Si les témoins de l'une des Parties ne comparoif-fent pas, elle demeurera forclofe de les faire ouir, fi ce n'eft que les Juge & Confuls ne trouvent à pro-pos de donner un nouveau délai d'amener les té-moins, attendu la qualité de l'affaire; auquel cas les Juge & Confuls pourront les ouir fecrétement en la Chambre du Confeil, s'ils le jugent à propos.

Quand les témoins font ouis à l'Audience, leurs dépofitions font feulement rédigées par le Greffier; mais quand c'eft à la Chambre du Confeil, elles doivent être fignées des témoins, s'ils fçavent & veulent figner; finon en fera fait mention.

Cela fait, la caufe doit être jugée en la même Audience ou au Confeil, fur la lecture des dépofitions.

Défenfes font faites aux Juges-Confuls de pren-dre aucunes épices, falaires, droits de rapport & de confeil, même pour les interrogatoires & audi-tions de témoins, ou autrement, fous les peines énoncées en l'article dernier du titre 16. de l'Or-donnance de 1667.

Au refte, quoique la fcience des Loix, jointe à une probité inébranlable, foit abfolument nécef-faire, pour bien acquitter les fonctions de Juge, il faut cependant demeurer d'accord qu'un homme verfé dans le négoce, peut par le feul fecours des lumières naturelles & de l'équité connoître des af-faires du commerce, fans avoir fait une longue étu-de de la Jurifprudence. C'eft auffi la raifon pour laquelle il n'y a que des Marchands & Négocians qui foient prépofés à la Jurifdiction confulaire, fpé-cialement établie pour juger ces fortes d'affaires.

Touchant la Jurifdiction des Confuls, voyez l'E-dit de leur création du mois de Novembre 1563. & les cinq Déclarations qui les fuivent & qui font dans le Recueil qu'a fait Néron des Ordonnances royaux.

Voyez auffi le titre 16. de l'Ordonnance de 1667.

& le titre 12. du Code Marchand. *Voyez* auffi Henrys, tom. 1. liv. 2. chap. 4. queft. 16. & 72.

JUGE ET CONSULS DE LYON. *Voyez* confervateurs des Foires de Lyon.

JUGES DES TRAITES FORAINES, font ceux qui connoiffent des conteftations qui arrivent pour les droits qui fe perçoivent fur les marchandifes qui entrent ou qui fortent du Royaume.

Les appellations de ces Juges appellés Maîtres des Portes, reffortiffent aux Cours des Aydes de leur reffort, & doivent être relevées dans quarante jours.

Ils connoiffent encore des Marchandifes de contrebande, & de beaucoup de matieres qui regardent l'entrée & la fortie des perfonnes & des chofes hors le Royaume, fuivant l'Ordonnance d'Henry II. du mois de Septembre 1549.

Voyez Traites foraines.

JUGES DE POLICE, font des juges créés pour veiller à la fûreté des Villes où ils font établis, & pour connoître des délits de ceux qui contreviennent aux Ordonnances & aux Réglemens de Police.

Par Edit du mois de Mars 1667. le Roi a démembré de la Charge de Lieutenant civil du Châtelet de Paris, celle de Lieutenant général de Police ; & par Edits du mois d'Octobre & Novembre 1699. il a été créé des Officiers pour l'adminiftration de la Police dans toutes les Villes & lieux du Royaume où la juftice appartient au Roi, pour faire les mêmes fonctions que fait le Lieutenant général de Police de Paris.

Comme il furvenoit journellement des conteftations à l'occafion du pouvoir & des fonctions de ces Officiers de Police, le Roi a par fa Déclaration donnée à Verfailles le 28. Décembre 1700. ordonné ce qui fuit.

I°. L'appel des Ordonnances & jugemens rendus par eux, ou en leur abfence par les Procureurs du Roi dans les Villes & lieux où avant leur création l'appel des Sentences rendues par les juges royaux, fur le fait de la Police, étoit porté directement ès Cours de Parlement, ne peut être relevé ailleurs qu'efdites Cours.

II°. L'appel des Ordonnances & Jugemens rendus par les Lieutenans généraux des Bailliages & autres Sieges, dont les appellations relevent directement ès Cours de Parlement, lefquels ont obtenu la réunion à leurs Offices de ceux de Lieutenans généraux de Police, eft auffi porté efdites Cours.

III°. Défenfes font faites aux Officiers des Bailliages, Sénéchauffées & Sieges préfidiaux d'en connoître, & de donner aucunes défenfes de les exécuter, à peine de nullité de leurs jugemens, & de tous dommages & intérêts des Parties.

IV. Hors les cas ci-deffus exprimés, les appellations des jugemens rendus par les Lieutenans généraux de Police des Villes & lieux diftans de plus de dix lieues des Parlemens, font portées aux Bailliages & autres Sieges, où reffortiffoient avant ledit Edit les appellations de jugemens rendus par les juges de Police defdits lieux ; & à l'égard des Villes & lieux fitués dans l'étendue des dix lieues, les appellations des Lieutenans généraux de Police qui y font établis, feront portées efdites Cours.

V°. Dans l'un & l'autre defdits cas, foit que l'appel defdites Sentences foit porté efdites Cours, ou dans les Bailliages & Sénéchauffées, les jugemens defdits Lieutenans généraux de Police, qui ne porteront condamnation d'amende que jufqu'à foixante fols foient exécutés par provifion, nonobftant l'appel, fans que, pour quelque caufe que ce puiffe être, les juges d'appel puiffent faire des défenfes de les exécuter.

VI°. Lefdits Lieutenans généraux de Police ont rang, féance & voix délibérative dans les Bailliages & Sieges préfidiaux, & autres Sieges ordinaires des Villes dé leur établiffement, tant aux Audiences que Chambre du Confeil : immédiatement après les Lieutenans généraux & autres premiers Juges defdits Sieges, & avant les Lieutenans criminels ; Lieutenans particuliers, & tous autres juges ; & dans les Hôtels-de-Villes ; en toutes affemblées après le Maire, fans qu'ils puiffent néanmoins prétendre préfider en l'abfence, foit des Lieutenans généraux ou des Maires, mais auront feulement féance après celui qui préfidera.

VII°. Lefdits Lieutenans généraux de Police ont pareillement, dans toutes les affemblées & cérémonies publiques, même rang après les Lieutenans généraux, en l'abfence defquels ils procéderont, dans lefdites affemblées & cérémonies, tous les autres Officiers qui font précédé par lefdits Lieutenans généraux.

Enfin ils ont rang & féance dans les Bureaux établis pour la direction des Hôpitaux, immédiatement après les Lieutenans généraux, ou autres premiers Juges des Sieges, en l'abfence defquels ils préfident, en cas que la préfidence appartienne auxdits Lieutenans généraux ou autres premiers Juges.

JUGES CONCUSSIONNAIRES. *Voyez* Concuffionnaire.

JUGEMENT, eft une décifion prononcée fous l'autorité du Prince, par les Officiers qu'il a commis pour rendre en fa place la juftice à fes Sujets.

Pour qu'un Jugement foit juridique, il faut I°. Qu'il foit rendu par un Juge compétent ; car s'il étoit incompétent par défaut de caractere, comme fi c'étoit une perfonne privée, le Jugement feroit nul de droit, fi ce n'eft qu'il eût jugé en qualité d'Arbitre, & en vertu d'un compromis.

II°. Qu'il foit rendu dans les formes prefcrites par les Ordonnances. Ainfi il faut qu'il foit rendu dans le Siege ordinaire de la Jurifdiction, & non pas dans une maifon privée ; autrement il feroit nul de droit. *Voyez* l'Ordonnance de François I. de 1523. & celle d'Henry III. de 1585.

Les juges ne peuvent donc pas faire dans leurs maifons aucun acte de Jurifdiction contentieufe, à peine de nullité des jugemens. Filleau, tom. 1. chap. 85. & 88. tom. 2. chap. 2.

Il y a néanmoins des Ordonnances d'inftructions qui fe donnent en l'Hôtel du Juge. Les référés s'y font, pour plus grande célérité ; mais il n'eft pas permis aux Juges de juger dans leurs maifons les affaires qui doivent être publiquement jugées *in loco majorum.*

III°. Il faut qu'un jugement soit rendu un jour plaidoyable, & non pas un jour de Fête commandée par l'Eglise, *voyez* Jours de Fête.

IV°. Que les délais prescrits par les Ordonnances ayent été observés.

V°. Qu'il soit conforme aux Loix, aux Us & Coutumes du Pays, & aux Ordonnances. *Voyez* Loi. Il faut remarquer ici qu'en pays coutumier nos Coutumes sont notre vrai Droit écrit, auxquelles les Juges doivent conformer leurs Jugemens, & que les Loix Romaines ont force & autorité de Loix dans les Pays de Droit écrit, & que les Ordonnances de nos Rois sont sans contredit les vraies Loix de tous le Royaume, & sont au dessus des Coutumes & du Droit Romain.

VI°. Un Jugement définitif doit contenir une absolution ou une condamnation d'une chose certaine ; c'est-à-dire, qu'il faut qu'il décharge le défendeur de la demande contre lui intentée, ou qu'il le condamne, & que la condamnation soit de chose certaine, & non pas vague & indéterminée.

VII°. Il faut qu'il n'adjuge pas à une des Parties plus que ce qu'elle demandoit : c'est ce que l'on appelle *ultra petita*, & ce qui est un moyen de Requête civile.

Voyez Requête civile. *Voyez* aussi Boniface, tom. 1. liv. 1. tit. 16. nomb. 9.

Les Jugemens ne sont point translatifs d'un droit, mais seulement déclaratif du droit, qui appartient à celui qui a obtenu gain de cause ; à l'exception des Jugemens divisoires, qui sont ceux qui sont formés pour le partage d'une succession, où pour le partage d'une chose commune, ou pour raison des bornes & limites d'héritages, dans lesquels le juge peut adjuger à l'une des Parties quelque chose en entier, en la condamnant à payer à l'autre une somme par forme de dédommagement. *Voyez* ci-après jugemens divisoires.

Après qu'un Jugement a été rendu, il n'est pas permis à un juge d'y rien changer ; *quia functus est officio, & tunc hac in controversia definit esse Judex.* D'ailleurs, le contenu au jugement est un droit acquis aux Parties, auxquelles il ne reste plus qu'à se pourvoir par les voies de droit. *Voyez* M. le Prêtre, cent. 4. chap. 26.

On peut être reçu opposant à un Arrêt, ou appellant d'une Sentence, dans une autre Jurisdiction que celle où ces jugemens ont été rendus, quand ils sont opposés dans une contestation qui est poursuivie ailleurs, comme il a été jugé par Arrêt du 9. Juillet 1698. rapporté dans le Journal des Audiences, tom. 5. liv. 14. chap. 8.

Les jugemens rendus ne nuisent qu'à celui qui ayant été Partie a été condamné, & à ses héritiers & successeurs, & non aux autres qui n'ont pas été ouis. *Voyez* Tiers-oppositions & Tiers opposans. *Voyez* aussi ce qui en est dit dans le second tome des Causes célèbres pag. 315. & suiv.

Il y a une Déclaration du Roi, donnée à Marly le 16. Juillet 1697. registrée en la Chambre des Comptes le 26. du même mois, qui porte que les expéditions de jugemens seront en parchemin timbré.

Voyons présentement qu'elles sont les principales divisions des jugemens. Ils se divisent d'abord en jugemens civils & en jugemens criminels.

Ils se divisent encore en jugemens interlocutoires, provisionnels & définitifs.

D'autres sont rendus à l'Audience, d'autres sur productions des Parties.

D'autres sont contradictoires, & d'autres par défaut.

Enfin il y a des jugemens rendus par des Cours souveraines, d'autres qui sont rendus en dernier ressort par des juges inférieurs, d'autres qui sont par eux rendus à la charge de l'appel.

JUGEMENT civil, est celui qui est prononcé en matiere civile, dans laquelle il ne s'agit que d'un intérêt pécuniaire. Tout procès civil commence par une assignation. *Voyez* Ajournement. *Voyez* Assignation.

JUGEMENT criminel, est celui qui est prononcé en matiere criminelle, & qui statue sur le dédommagement de la Partie civile, & sur la vindicte publique. Tout procès en matiere criminelle commence par une plainte, ou par une dénonciation. *Voyez* ce que j'ai dit *verbo* Accusateur & Accusé. *Voyez* aussi ce que j'ai dit, lettre P. en parlant du procès ordinaire ou civil, & du procès extraordinaire & criminel. *Voyez* aussi ce que j'ai dit *verbo* Absolution, & *verbo* Condamnation à mort.

JUGEMENT interlocutoire, est celui qui ne décide pas la contestation, mais qui ordonne quelque chose pour y parvenir ; mais quand le juge ordonne que le demandeur ou le défendeur justifiera dans un tel tems d'un fait ; ou quand l'enquête, préalablement à la décision du fond, est ordonnée, afin que dans une affaire où les Parties sont contraires en faits, le juge puisse connoître lequel des deux est fondé en raison & en droit.

JUGEMENT provisionnel, est celui qui, sur une raison apparente & d'équité, adjuge pendant l'instruction à l'une des Parties quelque chose par provision, comme une somme de deniers pour alimens, on donne la liberté de sa personne, ou de ses biens.

JUGEMENT définitif, est celui qui termine le différend des Parties, en absolvant le défendeur, ou le condamnant, suivant les conclusions prises par le demandeur.

Ce Jugement doit contenir une absolution, ou une condamnation d'une chose certaine, & non pas vague & indéterminée ; & il faut qu'il n'adjuge pas à une des Parties plus que ce qu'elle demande, comme nous avons dit ci-dessus en parlant du jugement en général.

JUGEMENT rendu a l'Audience, ne contient que deux choses ; sçavoir, les qualités des Parties, & le prononcé & dispositif.

JUGEMENT rendu sur production des Parties, contient trois choses, qui sont les qualités, le vû, & le *dictum*.

JUGEMENT contradictoire, est celui qui est rendu par le Juge après avoir entendu toutes les Parties, qui ont défendu leurs intérêts.

JUGEMENT par defaut, est celui qui est

rendu contre une des Parties défaillantes. *Voyez* Défaut.

JUGEMENT RENDU PAR UNE COUR SOUVE-RAINE, eſt celui qui eſt rendu par le Parlement, ou autre Cour ſouveraine, contre lequel on ne peut ſe pourvoir que par oppoſition, requête civile, ou par la voie de caſſation d'Arrêt.

Ces Jugemens doivent être rendus par dix Juges. Le Parlement obſerve inviolablement pour juger, qu'il y ait dix Juges pour rendre un Arrêt, ſui-vant les Ordonnances de Moulins, article 68. & de Blois article 133.

JUGEMENT EN DERNIER RESSORT, eſt un Jugement rendu par un Préſidial en dernier reſſort & au premier chef de l'Edit.

Les Préſidiaux ne peuvent juger qu'au nombre de ſept au moins, ſuivant leur Edit de création de 1551. l'Ordonnance de Moulins, articles 46. & l'Ordonnance du mois d'Août 1670. titre 25. article 11.

La raiſon eſt, que ne pouvant y avoir d'appel de ces jugemens, ils requierent un plus grand nombre de Juges.

JUGEMENT DES JUGES INFERIEURS, eſt celui qui eſt rendu par un Juge inférieur, ſoit royal, ſoit d'un Seigneur, contre lequel jugement on ſe peut pourvoir par la voie d'appel.

Les Juges ordinaires royaux, ou des Juſtices ſei-gneuriales, dont il y a appel, ſont abſolument obligés d'être au moins trois Juges pour juger, & doivent être Officiers dans le Siege, ſi tant il y en a, ou Gradués, ſuivant l'Ordonnance du mois d'Août 1670. titre 25. article 10. qui les y a obligés.

JUGEMENT RENDU A LA CHARGE DE L'APPEL PAR LES JUGES ROYAUX, ſont ceux qui ſont ren-dus en matiere criminelle, deſquels le Procureur du Roi eſt obligé d'interjetter appel, quand même la Partie civile ne reclameroit pas.

Les cas en ſont énoncés dans l'article 6. du titre 26. de l'Ordonnance de 1670. qui porte que ſi la Sentence rendue par le Juge des lieux porte con-damnation de peine corporelle, de galeres, de ban-niſſement à perpétuité, ou d'amende honorable, ſoit qu'il y ait appel ou non, l'accuſé & ſon pro-cès ſeront renvoyés enſemble ſûrement ès Cours.

Ainſi, de cet article il s'enſuit, que lorſqu'il y a jugement de condamnation à mort, ou à quelque peine afflictive de corps, on ne peut pas mettre à exécution le jugement, qu'il n'ait été confirmé par le juge ſupérieur.

JUGEMENT PASSÉ EN FORCE DE CHOSE JU-GÉE, eſt celui qui a été rendu en dernier reſſort, ou celui dont il n'y a point d'appel, ou dont l'ap-pel n'eſt pas recevable, ſoit que les Parties y euſ-ſent formellement acquieſcé, ou qu'elles n'en euſ-ſent interjetté appel dans le tems preſcrit, ou que l'appel fût déclaré péri, ſuivant l'Ordonnance de 1667. article 5. du titre 27.

Voyez ce que j'ai dit, lettre T, en parlant du tems preſcrit pour interjetter appel.

Il y a des Sentences qui ne ſe paſſent point en for-ce de choſe jugée, & dont par conſéquent on peut appeller, *etiam poſt præfinitum appellandi tempus.*

Ces Sentences ſont celles qui ſont nulles *ipſo jure*, comme ſont celles qui ſont rendues contre la diſ-poſition des Loix & des Canons, comme nous l'avons dit.

Au reſte, après qu'une Sentence a paſſé en for-ce de choſe jugée, celui qui eſt par icelle condam-né, ne peut ſe pourvoir contre, & en empêcher l'exécution, même ſous prétexte de pieces nouvel-lement recouvrées. *Voyez* Choſe jugée. *Voyez* auſſi Sentence paſſée en force de choſe jugée.

JUGEMENT RENDU CONTRE LES LOIX, eſt celui qui contient une déciſion directement con-traire à la diſpoſition préciſe des Ordonnances ou des Coutumes.

Ces jugemens ſont nuls de plein droit ; ainſi on en peut empêcher l'exécution en ſe ſervant des moyens que nous avons expliqués, lettre N, en parlant de la nullité en fait de jugemens. Ces jugemens ne paſſent pas non plus en force de choſe jugée, comme nous avons dit *verbo* Choſe jugée.

Les jugemens ne ſont cenſés rendus contre les Loix, que quand ils contiennent une déciſion qui y eſt directement contraire, & non pas quand ils ſont contre le droit de l'une des Parties. *Sententia lata contra jura litigatoris valet, tranſitque in rem judicatam, niſi ab ea appellatum fuerit intrà tem-pus legibus definitum ; ſed aperté lata contra leges nullius eſt momenti, adeo ut ne quidem neceſſe ſit ab eâ appellare, niſi ut declaretur nulla, ſicque non tranſit in rem judicatam, etiamſi intra præfinitum tempus ab eâ non fuerit appellatum. Leg. 1. §. 2. ff. quæ Sent. ſine æqual. reſcind. Leg. 19. ff. de appel. Leg. 5. cod. de legib.*

Verum Sententia lata non eſt contra leges, ſi aper-ta non fuerit earum Sententia, & exiſtimaverit Ju-dex cauſam illis non juvari. Leg. 32. ff. de re jud.

Au reſte, les premiers Juges ſont aſſujettis plus que les autres à conformer leurs Jugemens aux Ordonnances & aux Coutumes ; car les Juges ſouverains peuvent adoucir ou interpréter la Loi, ſuivant les circonſtances du fait, attendu qu'ils ſont cenſés Juges *vice ſacra Principis.*

JUGEMENT INJUSTE RENDU PAR ERREUR. Le Juge qui a rendu un tel Jugement, ne peut être pris à partie, au cas que l'erreur ait été de celles qui peuvent faire illuſion aux gens les plus éclairés, comme je l'ai dit, lettre E, en parlant des erreurs ſpécieuſes. *Voyez* auſſi ce que j'ai dit, lettre M, en parlant du mal jugé.

JUGEMENT INJUSTE RENDU PAR IMPERITIE, eſt un quaſi-délit que commet un Juge que par ignorance rend un Jugement injuſte. *Voyez* ce que j'en ai dit dans ma Traduction des Inſtitutes, ſur le commencement du cinquieme titre du quatrieme livre.

JUGEMENT INJUSTE RENDU PAR DOL, eſt celui que rend un Juge dans la vûe de favoriſer une des Parties, ou de faire de la peine & cauſer du dommage à celui qu'il a condamnée, ou par des raiſons ſordides. *Leg. 15. ff. de Judiciis.*

Il n'eſt pas étonnant qu'un Juge, ſur-tout de Vil-lage, rende des Jugemens injuſtes, croyant s'ac-quitter de ſon devoir : c'eſt le plus ſouvent l'ouvrage de la furprife ou de l'ignorance. Mais il eft fur-prenant que la malignité , la paffion, ou un inté-rêt fordide, corrompent le cœur d'un Officier qui a le glaive en main, & qui eft propofé pour ren-dre à chacun ce qui lui eft dû. Rien n'eft plus fâcheux pour le Public & pour les Particuliers , que ces déteftables fléaux de la fociété civile ; & quand il s'en rencontre , ils peuvent être pris à partie ; & le Juge qui en connoît doit réprimer leurs attentats , fuivant l'atrocité de leur malignité & de leur prévarication.

Ils font toujours condamnés aux dépens , dom-mages & intérêts de la Partie plaignante , en quelqu'amande ou aumône , & quelquefois enfin à quelque peine afflictive.

Par Arrêt du 7. Août 1733. rendu au Parlement de Dijon , rapporté dans le premier chapitre du neuvieme tome des Caufes célèbres, un Procureur Fifcal convaincu de fubornation de témoins & de prévarication , a été condamné à être pendu , en quinze cens livres d'amende envers le Roi , en huit mille livres de dommages & intérêts réels & honoraires envers des Particuliers qu'il avoit ve-xés injuftement , & en quelques autres articles qui font énoncés dans cet Arrêt.

Voyez Prife à partie.

J U G E M E N T DE CONDAMNATION A MORT, non fujet à l'appel rendu contre un accufé détenu en Juftice , doit être exécuté jufqu'à ce que mort s'enfuive.

Ainfi , lorfqu'un condamné à mort a été exécu-té , & que par hazard ou autrement il a furvécu après l'exécution ; s'il eft repris , la regle eft qu'il foit exécuté de nouveau , nonobftant la maxime , *non bis in idem* ; parce qu'on ne peut pas dire qu'on lui impofe une nouvelle peine pour le même cri-me , puifqu'on ne lui fait alors fubir que celle à laquelle il avoit été condamné , & qui n'a pas été fuivie de fon entiere exécution.

Et pour ne plus laiffer aucun doute fur cet ar-ticle , il a été enjoint aux Juges de mettre dans les Jugemens de condamnation à mort, la claufe , *tant que la mort s'enfuive.*

J U G E M E N T DE CONDAMNATION A MORT RENDU PAR CONTUMACE , eft différent quant à l'effet de celui qui eft rendu contre un accufé détenu en juftice ; en ce que les condamnations à mort rendues contre les accufés détenus en Juf-tice produifent leur effet , & les rendent incapa-bles des effets civils, dès l'inftant que le jugement de condamnation a été prononcé.

Cela eft fi vrai, que quand même le criminel s'é-chaperoit enfuite , le condamné ayant été entendu en fes défenfes, fon Jugement eft parfait. Ainfi il eft jufte qu'il ait fon exécution dès ce moment. La Loi l'ayant jugé digne de mort en connoiffance de caufe , elle ne le connoît plus pour homme vivant ; mais à l'égard des condamnations par défaut , la Loi par une équité naturelle , donne un tems au condamné pour fe repréfenter & venir expliquer fes défenfes ; elle fait dépendre fon état de l'é-chéance de ce terme, fa capacité & incapacité d'ef-fets civils. On ne le dépouille ni de fon état ni de fes

biens , & ce n'eft qu'après ce tems écoulé qu'elle l'en dépouille ; de forte que s'il eft rétabli dans les cinq ans , il eft préfumé n'avoir jamais perdu fa ca-pacité, il recueille les fucceffions , & paffe tous les actes de la vie civile: c'eft ce qui paroît par la dif-pofition de l'article 28. de l'Ordonnance de Mou-lins ; c'eft-à-dire que durant ce tems-là la confifca-tion n'eft point acquife au Roi , & le condamné refte propriétaire & poffeffeur de tous fes effets.

Il eft donc vrai que le condamné à mort par con-tumace conferve la capacité des effets civils pen-dant les cinq ans ; jufques-là que venant à déceder avant l'expiration de cinq ans , il eft reputé mou-rir *integri ftatûs* ; dans l'intégrité de fon état ; & les actes qu'il a paffés font jugés bons & valables. *Voyez* ce que j'ai dit *verbo* Contumace.

JUGEMENT DIVISOIRE , eft celui dans lequel l'adjudication a lieu , & dans lequel fe fait une véritable tranflation de propriété. Il y en a trois ; fçavoir , le jugement qui intervient en fait de partage d'une fucceffion entre cohéritiers ; celui qui intervient en fait de partage d'une chofe commune entre plufieurs copropriétaires ; & celui qui inter-vient en fait de bornage.

La regle eft que le Juge ne donne point le droit en une chofe , il déclare fimplement à qui elle appar-tient ; parce que celui qui a le droit en la chofe qu'on lui refufe , ne peut la retirer de fon autorité , il lui faut un jugement qui le déclare en être pro-priétaire. Ainfi régulierement un Arrêt ou une Sen-tence ne font point attributifs d'un droit , mais feu-lement déclaratifs du droit qui appartient à celui qui obtient gain de caufe ; ils ne font que le confir-mer dans la chofe fans lui donner rien de nouveau. *Sententia Judicis nec dominium transfert , nec impo-nit fervitutem , fed tantum declarat cujus res fit. Leg. 8. §. 4. ff. fi fervitus vindicetur.*

Cependant les jugemens divifoires font exceptés de la régle générale , & l'adjudication qu'ils con-tiennent transfere la propriété. *In Judiciis divi-foriis dominium adjudicatione acquiritur. Ulpianus in fragment. titulo. 19. §. 15. quod in his fpecialiter recep-tum eft, quo facilius à communione recedatur ; quia , fi in eâ inviti retinerentur , parerет lites & jurgia quibus turbaretur publica tranquillitas.*

J U G E M E N T APPELLÉ PAR LES INTERPRE-TES , *J U D I C I U M RUSTICORUM* , eft celui qui adjuge au demandeur & au défendeur la chofe contentieufe , à l'effet d'être partagée en-tr'eux par portions égales , faute par le Juge de pouvoir connoître à qui des deux elle appartient en entier, à caufe de la concurrence des preuves qui fe trouvent égales de part & d'autre, & pareil-les confidérations.

Ainfi jugé au Parlement de Paris le 14. Mars 1533. pour fept arpens de terre que chacune des Parties prétendoit lui appartenir, par rapport au fief que chacun poffédoit auprès.

Voyez Papon , livre 17. titre 2. Arrêt 1. où il rapporte à ce fujet le jugement de Salomon , & l'autorité de la Loi 3. *ff. uti poffidetis.*

JUGEMENS RENDUS EN PAYS ETRAN-GERS, ne font point reconnus en France & ne

peuvent s'exécuter fur les biens des François fitués dans ce Royaume ; il faut fe pourvoir par une
nouvelle action contre ceux qui font condamnés
par de tels Jugemens.

La raifon eft, que nous ne reconnoiffons de Jugemens exécutoires que ceux qui font prononcés
par des Juges, dont la Jurifdiction émane de la fouveraineté du Roi, qui feul a droit fur le temporel de fon Royaume.

Il n'en eft pas aujourd'hui de même des contrats
paffés en Pays étranger ; car quand ils font revêtus des formes, folemnités & ufages du Pays, ils
doivent avoir leur exécution en France, de même qu'ils l'auroient dans le Pays où ils ont été
paffés, en obfervant ce qui eft porté dans la Déclaration donnée à Verfailles le 6. Septembre 1707.
qui porte que tous les actes & contrats qui ont
été ou feront paffés par des Notaires demeurans
hors l'étendue du Royaume, ou dans les Pays où
les contrôles des actes des Notaires & infinuations laïques ne font pas établis, ne pourront
avoir aucune exécution, ni fonder aucune action
en Juftice, s'ils n'ont été contrôlés & infinués :
d'où il s'enfuit qu'ils font foi en Juftice, dès qu'ils
font contrôlés & infinués.

EN JUGEANT, fe dit, quand fur la plaidoirie contradictoire des Parties le Juge ne fe
trouve pas en état de décider, parce que la décifion de la caufe dépend de l'examen des pieces
produites dans l'affaire principale qui eft appointée, ou que la Requête tend à faire juger à l'Audience ce qui eft appointé.

En l'un & l'autre cas le Juge prononce, *joint la
Requête à l'inftance ou procès*, *pour en jugeant y avoir
tel égard que de raifon*.

Enfin, le Juge prononce *en jugeant*, lorfqu'un
procès eft en état d'être jugé, & que l'on donne
des Requêtes où l'on augmente les conclufions ; au
lieu de régler ces Requêtes par une Ordonnance
d'appointé en droit & joint, on met *en jugeant*.

JUMEAUX, font deux freres que la nature a
portés en même-tems dans fon fein ; celui qui eft
né le premier, c'eft-à dire qui eft venu le premier au monde, eft reputé l'aîné.

C'eft ce qui fe décide à ce fujet journellement dans
les Tribunaux, quoique plufieurs ayent prétendu
que l'aîné foit celui qui vient le dernier au monde.

Ainfi, de deux jumeaux, celui qui eft venu le
premier au monde, doit avoir le droit d'aîneffe.
Leg. fi fuerit, *ff. de rebus dubiis*.

Voyez Henrys, tom. 2. liv. 6. qu. 8. & M. le
Brun, en fon Traité des Succeffions, livre 2. chapitre 2. fection 1. nombre 9.

JURAT eft en quelques lieux de ce Royaume l'Echevin ou le Capitoul d'une Ville. Les Echevins, Capitouls, Jurats font tous des Officiers municipaux qui adminiftrent les affaires communes de la
Ville. A Paris & dans quelques autres Villes, il y a
un Prévôt des Marchands & quatre Echevins ; dans
d'autres endroits, au lieu de Prévôt des Marchands,
c'eft un Maire ; à Touloufe, ce font des Capitouls ;
à Bordeaux & dans quelques autres Villes du même
Pays, ce font des Jurats.

JURÉS, c'eft-à-dire Experts ou expérimentés dans un art, que le Juge choifit pour voir &
vifiter les ouvrages de leur art, quand il y a conteftation touchant la défectuofité d'iceux, ou pour
en faire l'eftimation, au cas que les Parties ne
foient pas d'accord fur ce point.

JURIDIQUE, fignifie régulier, conforme
aux Loix du Pays, aux procédures qui y font obfervées.

JURISCONSULTES, font des perfon-
ner verfées dans la fcience des Loix, qui donnent
leurs réponfes fur les queftions de Droit à ceux qui
les confultent. Si les Avocats qui fe diftinguent
dans la plaidoirie font comblés de gloire, les Con-
fultans ou Jurifconfultes ne méritent pas moins
d'eftime & de confidération, comme je l'ai dit
lettre A, en parlant des Avocats, pag. 192.

Voyez dans l'Hiftoire du Droit Romain ce que
j'ai dit des Jurifconfultes de Rome.

JURISDICTION, eft le pouvoir &
l'autorité publique, accordée à celui qui en eft
pourvû, pour connoître & juger des différends des
Particuliers : ou bien jurifdiction, eft cette émanation du pouvoir fouverain qui eft communiqué
aux Magiftrats pour rendre la juftice au nom du
Prince.

Le pouvoir de connoître des différends des Particuliers, n'appartient qu'au fouverain ; mais comme il ne peut pas lui-même décider toutes les conteftations qui furviennent entre fes Sujets, il eft
obligé de communiquer cette puiffance à d'autres,
pour l'exercer fous fon nom & fous fon autorité.

Celui qui n'a pas de jurifdiction, ne peut pas
être Juge, même du confentement des Parties. La
raifon eft, que la fonction du Juge eft de droit public, & par conféquent ne dépend pas des Particuliers. *Leg. 3. cod. de Jurifdict. omnium Judic.*

Il n'en eft pas de même des Arbitres ; car dans
les affaires pour lefquelles il eft permis de compromettre, on peut être nommé Arbitre, quoiqu'on n'ait point de jurifdiction.

La Jurifdiction fe divife en volontaire & contentieufe. La volontaire connoît des matieres &
des affaires qui fe préfentent, dans lefquelles les
Parties font d'accord : ainfi cette jurifdiction s'e-
xerce fans qu'il y ait conteftation de part & d'autre. Les objets de cette jurifdiction font les adop-
tions, les affranchiffemens, les émancipations,
& autres chofes qui font réglées du commun confentement des Parties.

La jurifdiction contentieufe eft celle qui ne
s'exerce que fur le débat des Parties pour leurs
propres intérêts, & qui n'a pour objet que les chofes dans lefquelles les Parties font oppofées &
contraires dans leurs prétentions.

Il y a encore deux fortes de jurifdictions ; fçavoir, la jurifdiction eccléfiaftique, & la jurifdiction feculiere.

Ces deux jurifdictions ont la même origine,
puifqu'elles font émanées de Dieu ; mais elles font
diftinctes & féparées, en ce qu'elles ont différens
objets ; c'eft pourquoi chacun doit fe renfermer
dans les bornes qui lui font prefcrites, & ne pas

s'étendre au-delà. D'où il s'enfuit qu'il y a abus toutes & quantes fois que le Juge d'Eglife fait quelqu'entreprife fur la jurifdiction féculiere, ou que les Juges féculiers entreprennent fur la jurif-diction eccléfiaftique, & c'eft le cas où l'incompé-tence de jurifdiction *ratione materiæ*, peut être al-léguée en tout état de caufe ; parce qu'il n'eft pas au pouvoir des Parties de donner jurifdiction à ce-lui qui n'en a point. *Leg.* 3. *cod. de Jurifdictione omnium Judicum.* Or le Juge eccléfiaftique n'a point de jurifdiction fur les chofes temporelles ; le Juge féculier n'en a point auffi fur les chofes fpirituelles.

Voyez appel comme d'abus ; *voyez* auffi Incom-pétence.

JURISDICTION ecclesiastique, eft celle qui appartient aux Evêques, Archevêques, Primats & au Pape.

Cette Jurifdiction fe divife en Jurifdiction au for interne, & Jurifdiction au for externe.

La Jurifdiction eccléfiaftique au for interne, eft la Jurifdiction fur les ames & fur les chofes pure-ment fpirituelles, à laquelle tous ceux d'un Dio-cèfe, Eccléfiaftiques ou Laïques, font fujets. Elle vient de Dieu, & eft attachée à la Dignité eccléfiaftique.

Cette jurifdiction eft exercée par les Evêques & Archévêques, par leurs Pénitenciers, par les Cu-rés & par les Confeffeurs.

La jurifdiction eccléfiaftique au for externe eft de deux fortes ; l'une eft volontaire & dépend de la puiffance d'adminiftration ; & l'autre eft con-tentieufe, & dépend de la puiffance judiciaire.

La volontaire & gracieufe eft établie pour les af-faires fpirituelles, ou quafi-fpirituelles, qui dépen-dent de la volonté de celui qui a droit d'exercer cet-te jurifdiction : ainfi elle eft exercée par l'Evêque lui-même, ou par le Prêtre qu'il commet à cet ef-fet, qu'il eft appellé fon Grand Vicaire.

La jurifdiction contentieufe confifte à vuider par la voie judiciaire, les procès des Eccléfiaftiques & ceux des Laïques, en certains cas feulement, & cette jurifdiction ne peut être aujourd'hui exercée que par un Prêtre gradué commis par l'Evêque, que l'on nomme fon Official ; en forte que les Evêques en France, ne peuvent point à préfent re-tenir à eux la connoiffance d'une caufe ou d'un procès, ni pour les juger ni pour commettre à cet effet une autre perfonne que leur Official.

La jurifdiction eccléfiaftique contentieufe a pour chef l'Official, qui en eft le Juge. La Partie publi-que de cette jurifdiction eft le Promoteur ; & elle a pour Lieutenant de l'Official un Vicegerent.

Elle vient du Prince, & c'eft de lui & de fa grace que les Eccléfiaftiques la tiennent ; d'autant qu'il appartient qu'au Prince de rendre la juftice à tous fes Sujets, de quelque qualité & condition qu'ils foient.

Les Eccléfiaftiques font fujets du Roi, & fes juf-ticiables ; & comme la Jurifdiction eccléfiaftique a été établie par les Princes fouverains, elle leur eft foumife pour être renfermée dans fes bornes ; en forte qu'elle ne peut connoître des chofes tem-

porelles. *Voyez* M. le Bret, en fon Traité de la Souveraineté, livre 1. chap. 12.

Il eft vrai que pendant un tems les Juges d'Egli-fe ont connu, même dans ce Royaume, de la plû-part des affaires, qui n'étoient pas de leur compé-tence ; mais cela n'eft arrivé que contre les régles, en partie à caufe qu'il ne fe trouvoit pas des Juges laïques capables dans ces tems-là, & en partie à cau-fe de la condefcendance qu'ont eu les Princes Chrétiens pour la jurifdiction eccléfiaftique.

Voici comme la chofe eft arrivée dans ce Royau-me. Vers le dixieme fiecle, les Ducs & les Comtes mirent tout en ufage pour ufurper une partie des droits de la Souveraineté, fur les Provinces & fur les Villes dont ils étoient les Gouverneurs. Dans cette vûe ils s'en fervirent comme de leur propre Domaine, y firent des ftatuts particuliers, & intro-duifirent des ufages qui, quoique très-différens les uns des autres, étoient néanmoins également bi-zares.

Ce changement interrompit l'ordre des Juge-mens ; & cette nouvelle Jurifprudence abolit celle qui étoit auparavant fuivie, dont le Droit Ro-main, la Loi Salique, & les Capitulaires étoient les fources ordinaires.

Les troubles qui s'augmenterent de jour en jour, rendirent impratiquables les affemblées des Etats, où l'on faifoit auparavant des Loix, felon la diver-fité des matieres qu'on y traitoit.

Cette confufion fut caufe que la France fut pen-dant trois cens ans fans aucune Loi certaine. Com-me on ne fe fervoit que de Coutumes & d'un Droit incertain, les Juges féculiers ne fçachant dans quel-les fources on pouvoit puifer les principes de la Jurifprudence, négligerent entiérement l'étude, & tomberent dans une ignorance affreufe.

Voilà ce qui fit que les Laïques furent alors con-traints de recourir aux Juges eccléfiaftiques, & de fe foumettre volontairement à leur Jurifdiction, dans les chofes qui n'étoient pas de leur compétence.

Mais, grace au ciel, il y a long-tems que ces troubles font diffipés, & que les caufes qui avoient alors augmenté fi fort la Jurifprudence eccléfiafti-que, n'ont plus lieu ; c'eft pourquoi il s'en faut tenir à la regle, qui dit que, *fua cuique fervari de-bet Jurifdictio.*

Le Roi ne reconnoît en terre aucun fupérieur ; la puiffance temporelle eft entiérement diftincte & indépendante de la fpirituelle, ayant différens objets, comme le marque l'Empereur Juftinien dans la Préface de fa Novelle 6. *Maxima quidem* (*inquit*) *in hominibus funt dona Dei, à fuperna col-lata clementiâ Sacerdotium, & Imperium ; & illud quidem divinis miniftrans, hoc autem humanis præfi-dens ac diligentiam exhibens.*

Si la puiffance temporelle n'eft point dépendan-te de la puiffance eccléfiaftique, la Jurifdiction fé-culiere n'eft pas plus dépendante de la Jurifdiction eccléfiaftique. D'où il s'enfuit,

1°. Que les Officiers royaux ne font points fujets aux interdits de l'Eglife, pour le fait de leur Char-ge & l'exercice de la Juftice. *Voyez* Ferraut, en fon Traité *de Jur. & privileg. Regni Franc. privi-leg.*

leg. 6. & la Rocheflavin, liv. 6. lettre L, titre 56. article 24.

II°. Qu'un Juge d'Eglife ne peut prononcer par défenfes à fes Jufticiables, de comparoir pardevant le Juge féculier, & répondre aux affignations qui leur font données, fous peine d'interdiction ; mais il la doit feulement revendiquer par fon Promoteur, comme il a été jugé par Arrêt du 18. Juillet 1692. rapporté dans le Journal des Audiences.

III°. Que le Juge d'Eglife ne peut adreffer fes Lettres ni fes Mandemens à un Officier royal, ni le commettre. La raifon eft, qu'il ne feroit pas convénable que le Juge d'Eglife regardât le Juge royal comme fon inférieur ; il n'a que la voie d'implorer le fecours du bras féculier. *Voyez* Baffet, tome 1. livre 2. tit. 1. chapitre 5.

Les Evêques & autres Juges eccléfiaftiques n'ont point de territoire, ni autre droit de fujetion temporelle.

La Jurifdiction eccléfiaftique n'eft accordée par nos Rois, que pour connoître, 1°. Des matieres pures perfonnelles entre Eccléfiaftiques, ou quand le défendeur eft eccléfiaftique.

II°. Pour connoître de certaines matieres, même entre Laïques ; fçavoir, de celles qui font fpirituelles, & qui ne concernent en rien le temporel.

III°. Pour connoître, même entre Laïques, du crime d'héréfie, & de celui de la fimonie.

Tout ce qui regarde le temporel, doit être jugé par le Juge féculier, & n'eft point de la Jurifdiction eccléfiaftique. D'où il s'enfuit,

Premiérement, qu'en fait des chofes fpirituelles, la connoiffance du pétitoire appartient aux Juges d'Eglife, & celle du poffeffoire aux Juges laïques. Ainfi c'eft au Juge laïque qu'appartient la connoiffance des Dixmes eccléfiaftiques, des Bénéfices même, & du droit du Patronage, quand au poffeffoire.

En fecond lieu, que le Juge d'Eglife ne peut connoître que de la validité ou invalidité du mariage ; mais non pas des conventions matrimoniales, ni des dommages & intérêts. *Robertus, rerum judicatar. lib. 3. cap. 5. Mornacius, ad Legem 6. §. ult. de minorib.* Expilly ; Arrêt 62. & Filleau, partie 4. queftion. 8.

En troifieme lieu, que le Juge d'Eglife ne peut pas connoître de l'accufation d'adultere, ni d'une caufe de féparation entre conjoints.

En quatrieme lieu, que le Juge d'Eglife peut bien connoître d'une promeffe de mariage ; mais non pas d'une demande en dommages intérêts, intentée par une fille contre un garçon, pour l'avoir abufée. Papon, livre 1. titre 5. nombre 59.

En cinquieme lieu, que la connoiffance du Service divin dans l'Eglife, appartient au Juge eccléfiaftique ; mais non pas la connoiffance des conteftations qui concernent le falaire du Prédicateur, le luminaire de la lampe, le payement des Meffes, ou autres chofes femblables ; car alors il n'eft pas queftion du fpirituel, mais du temporel qui lui eft annexé, & qui en fait de Jurifdiction doit toujours être féparé du fpirituel. A plus forte raifon, le Juge d'Eglife ne peut pas connoître des conteftations qui peuvent être intentées au fujet

Tome II.

des réparations des Eglifes, ni pour raifon de la conftruction d'une nouvelle. Boniface, tome 1. livre 1. titre 2. nomb. 18.

En fixieme lieu, que le Juge eccléfiaftique ne peut ordonner le fequeftre des fruits d'un Bénéfice. La raifon eft qu'il eft incompétent pour tout ce qui regarde la réalité & le poffeffoire. Baffet, tome 1. livre 2. titre 2. chap. 4.

La Jurifdiction eccléfiaftique avoit autrefois voulu s'attribuer le droit de menacer d'anathême ceux qui n'obéiroient pas à ce qui feroit par elle ordonné, comptant être en droit de le faire ; mais cette ancienne erreur a été plufieurs fois reprimée & condamnée par les Arrêts de la Cour.

Au refte, l'appel d'une Sentence de l'Official d'un Evêque reffortit devant le Tribunal du Métropolitain, & de l'Official du Metropolitain à celui du Primat, & de-là au Pape, pourvû qu'il n'y ait pas trois Sentences conformes ; car alors il n'y a plus d'appel dans la Juftice eccléfiaftique.

Voyez ci-devant Juge eccléfiaftique. *Voyez* auffi l'Edit du Roi du mois d'avril 1695. concernant la Jurifdiction eccléfiaftique, qui eft rapporté dans Henrys, tome 1. livre 1. queft. 87.

JURISDITION SECULIERE, eft celle qui appartient au Roi & aux Seigneurs Jufticiers ; toutefois on ne dit pas proprement la Jurifdiction d'un Seigneur, mais feulement la Juftice.

Il y a deux fortes de Jurifdictions féculieres & temporelles ; fçavoir, les Jurifdictions royales, & les Jurifdictions des Seigneurs, vulgairement appellées fubalternes ; quoique les Jurifdictions royales puiffent être auffi appellées Jurifdictions fubalternes, par rapport aux Cours fouveraines.

Voyez ce que j'ai dit touchant la Jurifdiction royale, lorfque j'ai parlé des Juges royaux ; & à l'égard de la Jurifdiction des Seigneurs, *voyez* ce que j'en ai dit en parlant des juges des Seigneurs.

JURISDICTION ORDINAIRE OU EXTRAORDINAIRE. *Voyez* Juges ordinaires & Juges extraordinaires.

JURISDICTION CONSULAIRE. *Voyez* Confuls. *Voyez* Juge & Confuls.

JURISDICTION DE LA MARÉE, eft une jurifdiction exercée par des Confeillers-Commiffaires du Parlement de Paris, où doivent être portées toutes les affaires, tant criminelles que civiles, qui concernent le commerce des poiffons de mer.

Depuis 1678. toutes les inftances civiles ou criminelles font pourfuivies dans cette Jurifdiction par le Procureur général de la Marée, & portées en premiere inftance devant Meffieurs les Commiffaires, fans diftinction de celles que les Edits de nos Rois & les Arrêts de la Cour avoient confervées au Prévôt de Paris, & il n'eft refté de certain au Châtelet, que les receptions des Jurés-Compteurs & Déchargeurs, & des Jurés-Vendeurs de Marée.

Voyez le Traité de la Police, tom. 2. liv. 5. titre 37.

JURISDICTION DE LA MAÇONNERIE, eft une Jurifdiction particuliere, établie pour connoître des conteftations entre les entrepreneurs & les Ouvriers employés à la conftruction des bâtimens.

M

Le Juge de cette Jurisdiction connoît aussi, I°. De tous les différends de Maçon à Maçon, d'ouvrier à Ouvrier, de Marchands à Ouvriers pour matériaux fournis, comme pierres, moilons, plâtre & autres choses nécessaires pour la construction des bâtimens.

II°. Des différens qui naissent pour voiture & chariages en dépendans.

En qualité de Maître général des bâtimens & des œuvres de maçonnerie, il est le chef de toutes ces personnes : d'ailleurs la parfaite connoissance qu'il a de ces sortes d'affaires, faits que les Rois l'en ont fait le Juge naturel.

Le Bourgeois peut y traduire les entrepreneurs & Maçons, pour raison des ouvrages de maçonnerie, sur lesquels ils ont l'un & l'autre quelque contestation.

Mais un entrepreneur ou un Maçon ne peut assigner pour un pareil sujet le Bourgeois, pour lequel il auroit fait quelque ouvrage de maçonnerie ; & le Bourgeois seroit toujours en droit de décliner cette Jurisdiction.

La procédure qui s'y observe est semblable à celle des autres Jurisdictions réglées, & les Procureurs de la Cour ont droit d'y postuler, quoiqu'il y ait huit Procureurs créés en titre d'Office, spécialement pour cette Jurisdiction.

Elle se tient dans la Cour du Palais à côté de la Conciergerie : les jours qu'on y donne Audience, sont les Lundis & les Vendredis.

Il y a deux Maîtres généraux des Bâtimens, qui sont les Juges de cette Jurisdiction, & qui l'exercent d'année en année l'un après l'autre.

L'appel de leurs Sentences se rélève au Parlement à l'ordinaire, comme de Bailliages & Sénéchaussées, ou autres Juges qui y ressortissent nûement : ce qui prouve que cette Jurisdiction est commise & d'attribution attendu qu'autrement il n'y a point de premier Juge ordinaire qui ne releve au Bailliage ou à la Sénéchaussée, avant de venir au Parlement.

Outre la connoissance des contestations dont nous venons de parler, cette Jurisdiction a la police de la maçonnerie, qui consiste dans la visite des bâtimens qui se construisent dans la Ville & dans les Fauxbourgs de Paris, à l'effet d'empêcher que les Ouvriers n'employent de mauvais matériaux.

Cette police se fait par les Juges qui, quand ils trouvent de la malfaçon dans les ouvrages de maçonnerie qui se font, donnent assignation à l'entrepreneur du bâtiment, pour le voir condamner à réparer le dommage, selon l'exigence des cas, même à démoulir, s'il en est besoin, jusqu'aux fondemens ou à redresser la ligne, si l'alignement n'avoit pas été bien pris ; le tout aux frais & dépens de celui qui a conduit le bâtiment.

JURISPRUDENCE, est la connoissance des choses divines & humaines, la connoissance de ce qui est juste & de ce qui ne l'est pas.

Voyez l'explication que nous avons donné de cette définition sur le pharagraphe premier du premier titre du livre premier des Institutes de Justinien.

Nous remarquerons seulement ici, que deux choses font une parfaite Jurisprudence, la Justice & le Droit ; parce qu'il n'y a point de droit ni véritable Loi qui ne prenne son origine & sa force de la Justice, & personne ne peut mériter le nom de Jurisconsulte, qu'il n'ait acquis par l'étude des Loix ; la science du Droit, & une véritable solide probité. Aussi le plus grand mérite de ceux qui font profession d'enseigner la Jurisprudence, consiste à travailler à instruire des véritables principes du Droit, & à faire des hommes justes & équitables.

Il ne faut donc pas s'étonner si la raison nous fait regarder la jurisprudence comme le plus ferme appui & le plus bel ornement de la société humaine.

JURISPRUDENCE, signifie aussi aussi quelquefois l'usage qui s'observe dans une jurisprudence, sur certains points de procédure, ou sur certaines questions.

JURISPRUDENCE DES ARRETS, est l'induction que l'on tire de plusieurs Arrêts qui ont jugé une question de la même maniere, dans la même espece.

Les Juges ne doivent pas toujours s'arrêter à la jurisprudence de jugemens, dont les Parties se servent pour autoriser leurs prétentions.

Ils doivent examiner premierement si la question a toujours été décidée de la même maniere, en sorte que cela puisse faire une espece d'usage certain : ce qui s'appelle, *autoritas rerum perpetuò similiter judicatarum.*

En second lieu ils doivent examiner si ces Jugemens ont été rendus dans la même espece que celle dont il s'agit, & s'il ne se rencontre point dans celle qu'ils ont à juger quelque circonstance qui les doive déterminer à juger différemment : ainsi il faut qu'il se trouve plusieurs Arrêts rendus précisément dans la même espece & dans les mêmes circonstances ; car la moindre différence doit les empêcher d'en être les fideles observateurs : d'où il faut conclure que leurs préjugés n'ont pas parmi nous une autorité pareille à celle des Loix.

Aussi M. Charles du Moulin, sur la regle *de publ.* nomb. 35. dità l'égard des préjugés & Arrêts qu'on oppose, que la moindre circonstance dans le fait produit une grande différence dans le droit. *In judicatis modica diversitas facti, magnam inducit diversitatem juris ; quare periculosum est illis stare, & ad summum non exemplis, sed legibus judicandum.*

C'est ce qui a fait dire à un grand Magistrat, en parlant des Arrêts, qu'ils étoient tres-bons pour ceux au profit de qui rendu ; & c'est aussi pourquoi un autre grand Magistrat disoit que les Arrêts décidoient du passé, & que les Loix étoit des regles pour l'avenir.

En effet, pour que de la Jurisprudence des Arrêts on pût tirer une autorité valable, il faudroit que la question dont il s'agit eût été toujours décidée de la même maniere. *Autoritas enim rerum judicatarum nihilaliud est, quàm res perpetuò similiter judicatæ, quæ similium causarum jus constituunt ; alias legibus, non exemplis judicandum est. Leg. 13. cod. de sententiis & interlocutionibus.*

Quand on dit qu'il faut que les choses ayent été toujours décidées de la même maniere ; il faut donc que ce soit *in terminis,* dans la même espérance ;

& dans les mêmes circonftances. Or, comme dans la plupart des efpeces il fe rencontre des circonftances particulieres, il n'eft pas poffible d'y adopter la décifion qui a été prononcée dans une efpece, qui, quoiqu'en apparence toute femblable, fe trouvera toute différente, quand on aura examiné & approfondi toutes les circonftances particulieres.

Le plus fûr eft donc de fuivre le fage confeil que donne Juftinien, *in leg.* 13. *cod. de fententiis & interlocutionibus*, que nous venons de rapporter, parce que les Arrêts étant rendus le plus fouvent *ex multis caufarum figuris*, il eft très-difficile, pour ne pas dire impoffible, de rencontrer les mêmes motifs & les mêmes circonftances fur lefquelles les Jugemens qui ont précédé ont été rendus; & ce qu'il y a en cela de plus fâcheux, c'eft qu'il n'eft point fait mention dans les Arrêts des circonftances particulieres fur lefquelles ils ont été rendus.

Baquet, en fon Traité des Boutiques du Palais, chap. 5. nomb. 8. dit à peu près la même chofe.

D'ailleurs, comme dit le judicieux Coquille dans la queftion 129. il y a des Plaideurs qui défendent mieux leur caufe les uns que les autres: ainfi quoique les Juges ne doivent pas s'écarter fans raifon de la Jurifprudence des Arrêts, ils ne font pas obligés d'y foufcrire aveuglement.

De plus, il arrive fouvent qu'entre plufieurs perfonnes intégres & éclairées, les unes penfent d'une maniere, & les autres d'une autre, fur une même queftion: ce qui provient de la foibleffe humaine & des différens caracteres des hommes, qui fait que les uns envifagent les chofes tout autrement que les autres.

Enfin, dans les Arrêts qui fe rendent à l'ordinaire fur les raifons alléguées par les parties, on ne voit point les motifs de leurs décifions, comme on le voit dans les Arrêts de Réglemens. Cela fait qu'on n'en peut faire avec certitude une jufte application à d'autres efpeces, quoiqu'elles paroiffent femblables; car le motif étant l'ame d'un Jugement, fe fervir d'un Arrêt fans en rapporter le motif, c'eft fe fervir d'un corps fans ame. Auffi les Arrêts ne font que des conjectures de droit, dont les Praticiens de mauvaife foi fe fervent pour renverfer les principes, & éluder les difpofitions des Loix; & pour furprendre les Juges, ils objectent fouvent des exemples qui n'ont pas beaucoup de rapport au fait dont il eft queftion.

JURISPRUDENCE FEODALE, eft celle qui eft contenue dans les décifions qui concernent les Fiefs.

JURISPRUDENCE MILITAIRE, font les Loix de la guerre, & les principes de droit qui y ont rapport.

JUSTE, fignifie ce qui eft felon les Loix & l'équité naturelle, qui eft conforme à la raifon & au bon fens.

JUSTE PRIX, eft la jufte valeur d'une chofe ou l'eftimation faite par Experts & gens connoiffans, dont les Parties doivent convenir; finon le Juge en nomme d'office, quand il y a une conteftation entre les Parties touchant le prix d'un chofe.

JUSTICE, eft une ferme & conftante volonté de rendre à un chacun le fien. Elle fe divife en juftice diftributive, & juftice commutative.

La diftributive eft celle qui nous enfeigne à diftribuer, les récompenfes & les châtimens, à proportion du mérite & de la qualité des perfonnes, en gardant la proportion géométrique.

La commutative eft celle qni nous enfeigne à garder une entiere égalité dans les contrats, en obfervant la proportion arithmétique.

Nous avons donné un affez ample explication de la juftice en général, & de la juftice diftributive & commutative, fur le commencement du titre premier du premier livre des Iuftitutes, où je renvoye le Lecteur. Nous remarquerons feulement ici que, felon Aulugelle, on repréfentoit autrefois la juftice avec des yeux vifs & perçans, pour montrer que les Juges doivent examiner avec la derniere exactitude les chofes fur lefquelles ils doivent prononcer.

Mais on la repréfente aujourd'hui avec un bandeau fur les yeux, pour marquer qu'elle rend à chacun le fien, fans acception de perfonne, & fans rien envifager que la raifon.

On la peint auffi tenant une épée d'une main, &, une balance de l'autre. La balance marque qu'elle n'agit qu'avec difcernement, & après avoir bien examiné & pefé le droit des Parties. L'épée marque que la force eft néceffaire pour faire régner la juftice, & que c'eft par le glaive que la juftice punit les malfaiteurs.

Au refte, la juftice eft fondée fur un ordre conftant de la raifon: elle eft la bafe & le fondement du Thrône des Rois; elle eft l'ame de toutes les autres vertus, qui, fans fon fecours, font languiffantes ou imparfaites; en un mot, elle eft cette conftante rectitude de cœur, mefurée fur la loi & fur l'équité, qui nous fait rendre à un chacun le fien, fans qu'aucune confidération d'amitié, de haine, ni d'intérêt, nous en puiffe détourner.

C'eft donc la juftice qui fait que l'homme jufte fe porte par fa feule volonté à faire des actions juftes, & à s'éloigner de celles qui ne le font pas; au lieu que la force, la tempérance & les autres vertus, quand elles ne font pas accompagnées de la Juftice, reçoivent fouvent des mouvemens étrangers, de l'amour ou de la haine, de l'appréhenfion de quelque peine, ou de l'attente de quelque récompenfe; au contraire, celui-là feul eft véritablement jufte, qui l'eft par le feul mouvement de fa volonté, fans attendre aucune récompenfe, & fans appréhender aucune peine.

JUSTICE ET JURISDICTION, fignifient ordinairement la même chofe; néanmoins Juftice fe dit proprement des Juges des Seigneurs, & elle eft appellée fubalterne; & la jurifdiction fe dit des Juges eccléfiaftiques & des Juges royaux.

Quelques Auteurs mettent encore une autre différence entre Juftice & jurifdiction, qui eft que par juftice on entend la propriété de la Juftice qui appartient à un Seigneur, & eft attachée à fa Seigneurie, à caufe de laquelle ceux à qui elle appartient font appellés Bas, Moyens & Hauts-Jufti⸗

ciers; au contraire, par le mot de Jurifdiction on entend l'adminiftration & l'exercice de la juftice, qui fe fait par les Officiers du Seigneur.

Le droit de juftice renferme effentiellement le devoir de la faire rendre par perfonnes capables, & tou s les autres devoirs particuliers qui font les fuites de ce premier.

Fief & Juftice n'ont rien de commun, ainfi que nous l'avons dit *verbo* Droit de Juftice.

Si les hommes avoient pû pratiquer le précepte qui défend de faire à autrui ce qu'on ne veut pas qui foit fait à foi-même, conduits par lumiere naturelle, ils auroient été uniquement occupés du foin de fe foulager réciproquement, & ils mene-roient une vie heureufe & tranquille, fans avoir befoin de connoître la haute, moyenne & baffe juftice, les Juges royaux, & les Cours fouveraines; mais le déréglement du cœur humain, l'ingratitu-de, la fierté, l'amour propre ont enfanté l'envie, l'avarice & l'injuftice, qui ont fait naître la né-ceffité des Souverains, des juftices & des Loix, pour tout contenir dans l'ordre par l'autorité.

Le premier & le principal droit des Souverains, le plus effentiel fleuron de leurs Couronnes, & le devoir auquel ils font le plus étroitement enga-gés, eft de rendre la juftice à leurs Sujets, ou de charger de cet emploi fi important des perfonnes qui en foient capables. Auffi l'on tient en France pour maxime certaine & indubitable, que le Roi feul eft fondé de droit commun en toute juftice, haute, moyenne & baffe, dans toute l'étendue de fon Royaume.

La Juftice appartient donc au Roi feul en pro-priété, il la tient uniquement de Dieu, *à quo om-nis poteftas, & per quem Reges regnant*: c'eft pour quoi perfonne ne peut prendre le droit de Juftice fans un titre particulier foit poffeffion ou concef-fion, prouvé par aveux & dénombremens fuivis.

A Principe tanquam à fonte omnes Jurifdictionum rivuli, five jura manant; & in Gallia Jurifdictio-nem habere nemo poteft, nifi ex conceffione vel per-miffione Principis. Comme la juftice appartient aux Roi feul en propriété, on tient en France que le droit de juftice ne peut être tenu en franc aleu; parce qu'il eft néceffaire pour raifon d'icelui de reconnoî-tre le Roi, de qui ce droit procède, & lui en faire la foi & hommage; quoiqu'on puiffe tenir fiefs & héritages roturiers, & droits immobiliers en franc-aleu, fans reconnoître aucun Seigneur. *Voyez* Du-moulin fur l'article 46. de la Coutume de Paris.

Plufieurs de nos Rois ont anciennement rendu la juftice; mais comme il leur étoit impoffible de la rendre en perfonne à tous leurs Sujets, ils commettoient, principalement dans les Provin-ces ceux qu'ils jugeoient les plus capables d'un emploi fi important.

Ce foin fut d'abord confié aux Comtes, qui avoient fous eux des Lieutenans, qu'on appelloit, felon la différence des Provinces, ou Vicomtés, *quafi Comitum vicem gerentes*; ou Prévôts, *quafi Præpofiti juri dicundo*; ou Viguiers, *quafi Vicarii Comitum*; ou enfin Châtelains, *quafi Caftrorum Cuftodes.*

Ces Juges n'étoient point perpétuels; ils n'é-toient revêtus de cette dignité qu'autant qu'il plaifoit au Prince, & ils étoient révocables *ad nu-tum*. On voit même encore dans les vieilles Pa-tentes de leurs conceffion cette claufe, *pour en-jouir tant qu'il nous plaira*.

Mais infenfiblement, de même que les Maires du Palais, les grands Seigneurs ufurperent la Royau-té; les Comtes fe rendirent pareillement maî-tres des Villes & des Provinces, dont ils n'avoient eu jufqu'alors que le gouvernement, & ils s'arro-gerent dans leurs domaines le droit de juftice, qu'ils firent exercer leur nom par des Officiers qu'ils créerent, à l'exemple des Rois leurs Maîtres.

Cette ufurpation donna occafion à ceux qui avoient des grandes Terres d'en faire de même chez eux: ils accorderent aux petits Seigneurs qui relevoient d'eux la faculté de créer des Juges dans leurs Villages, pour y juger les caufes de peu d'im-portance, à la charge de l'appel devant les Juges de leurs Seigneuries.

Voilà de quelle maniere les Juftices fe font in-troduites & multipliées en France, & comment elles y font devenues patrimoniales.

Au refte, quoique par le mot de juftice on en-tende ordinairement la juftice feigneuriale, ce-pendant on comprend fouvent fous ce mot la Juf-tice royale, quand ce terme eft pris généralement pour le droit de rendre à chacun ce qui lui appar-tient. Ainfi, on diftingue deux fortes de Juftices, fçavoir, celle que le Roi fait exercer en fon nom, & celles des Seigneurs.

Voyez Loyfeau, en fon Traité des Seigneuries; Chopin, fur la Coutume d'Anjou, au titre des jurifdictions, & en fon Traité du Domaine de la Couronne; le Bret, en fon Livre de la Souverai-neté; & Bacquet, des Droits de juftice, chapi-tres 4. & 5.

JUSTICE ROYALE, eft celle que le Roi fait exercer en fon nom par des Officiers de judicatu-re, & qu'il pourroit exercer lui-même en perfon-ne, s'il y pouvoit donner le tems; car la juftice, qui eft la fource de toute jurifdiction, eft éma-née de Dieu en la perfonne de nos Rois, mais ils la font exercer par des Officiers que l'on nomme Juges royaux. *Voyez* Juges royaux.

Il y a trois dégrés de jurifdiction royale. Le pre-mier eft celui des Châtelains, Prévôts royaux ou Viguiers. Le deuxieme eft celui des Baillifs, Sé-néchaux ou Préfidiaux. Le troifieme eft celui des Parlemens.

JUSTICE SUBALTERNE OU SEIGNEURIALE, eft celle dont la propriété appartient à quelque Seigneur, qui la fait rendre en fon nom par des Officiers par lui nommé à cet effet.

Pour qu'un Seigneur ait droit de juftice dans fes Terres, il faut que ce droit lui ait été accordé par conceffion particuliere de quelqu'un de nos Rois, ou qu'il fe trouve établi fur une longue poffeffion, prouvée par aveux, & dénombremens fuivis.

La raifon eft que la juftice appartient au Roi feul en propriété; mais celle des Seigneurs ne leur appartient pas *jure proprio*, mais feulement par conceffion du Prince, ou par une longue poffeffion qui la fait préfumer, & qui en tient lieu. Bacquet des Droits de Juftice tit. 4. & 5.

Mais on demande fi quand le roi a donné, vendu ou échangé un Fief, Terre ou Seigneurie, dont la propriété & droit de juftice appartiennent au Roi, le droit de juftice eft compris en cette donation, vente ou échange.

Si l'acte contient ces mots, *avec fes appartenances & dépendances, droits, noms, raifons & actions,* & fi de tout tems la Juftice a fait partie du Fief, le droit de juftice eft compris dans l'acte d'aliénation, mais fi l'une de ces conditions manque, le droit de juftice n'eft point compris dans cet acte. Bacquet, des Droits de juftice, chapitre 6.

Aucun Seigneur n'a droit de rendre la juftice en perfonne ; mais par un Juge par lui commis. Ainfi, quand on parle du Haut-Jufticier, par rapport à l'exercice de la Juftice, on entend parler du Juge qui eft par lui prépofé pour la rendre.

Les Seigneurs laïcs ou eccléfiaftiques ; même les Princes & Ducs & Pairs de France, ne peuvent créer ni concéder le droit de juftice à leurs Vaffaux dans leurs Fiefs, ni démembrer les juftices, fans la permiffion & l'autorité du Roi.

Mais un hommager du Seigneur peut être fon Prévôt ou fon Procureur Fifcal. *Voyez* la Peyrere, lettre H, nombre 50. & fuivans.

L'établiffement ou plutôt l'érection des Terres en Fiefs, femble avoir donné lieu à la Juftice feigneuriale ; & la diftinction de ladite Juftice en haute, moyenne & baffe vient fans doute de la diftinction des Fiefs, & de la noble différente qui leur a été communiquée dès le commencement.

On place cette origine au tems que les Goths & autres Nations barbares furent enfin chaffés entiérement du Royaume. Les terres étoient prefque vuides d'habitans ; on s'affembloit rarement pour rendre la juftice ; les Vaffaux qui étoient reftés pour la culture des terres, ne pouvoient être tirés que difficilement du lieu de leur habitation ; il fut donc de l'intérêt de l'Etat que le Roi concedât le droit de juftice aux Seigneurs auxquels il avoit accordé quelque Fief de dignité.

Il feroit difficile de fçavoir fi dans l'origine la Juftice moyenne & baffe a été concédée par le Roi ou par les Seigneurs.

Cette diftinction de la haute, moyenne & baffe juftice paroît venir de la différence de la dignité qui étoit entre ceux qui poffédoient les Fiefs : chacun ayant ufurpé plus ou moins d'autorité, felon le rang qu'il tenoit ; & enfuite les Rois fe font trouvés engagés à confirmer ce que les Seigneurs s'étoient attribués eux-mêmes.

Quoiqu'il en foit d'une origine fi obfcure, il eft certain qu'on ne peut aujourd'hui créer ni concéder droit de Juftice à aucun Fief fans la permiffion & autorité du Roi.

Le droit de conceffion de juftice n'appartient donc qu'au Roi, comme il a été jugé par Arrêt du Parlement de Paris du 11. Janvier 1674. rapporté dans le Journal des Audiences, tome 3. livre 8. chapitre 2.

Mais quoique les Seigneurs particuliers ne tiennent leur Juftice que du Roi, néanmoins quand le droit leur en a été accordé par fa Majefté, la juftice ne s'exerce pas au nom du Roi, mais au nom des Seigneurs, par des Officiers qu'ils commettent, & à qui ils donnent des Provifions à cet effet.

Quand le Roi a portion dans une juftice, foit haute, moyenne ou baffe, elle doit être entiérement exercée par les Officiers qui feront créés par Sa Majefté ; mais le profit de la juftice fe doit partager entre les Confeigneurs, s'il n'y a titre ou convention au contraire faite avec Sa Majefté.

Le Seigneur de Fief ne peut plus aujourd'hui faire lui-même la fonction du Juge aux caufes de fes Vaffaux ; il faut qu'il ait des Officiers capables de faire ces fonctions. Boniface, tome 1. livre 3. tit. 2. chapitre 1.

Suivant l'article 27. de l'Ordonnance de Rouffillon de l'année 1564. les Seigneurs font refponfables du mal jugé des Officiers qu'ils ont établis dans leurs Juftices : mais les inconvéniens qui pourroient provenir d'une telle garantie, en ont fait décharger les Seigneurs avec beaucoup de raifon : car il eft à préfumer qu'un Seigneur a toujours eu deffein de faire un bon choix, & que fi l'Officier qu'il a commis fe comporte mal, c'eft contre fon intention.

Lorfqu'il y a de juftes plaintes contre les Juges & Officiers établis & pourvus par les Seigneurs, on les condamne feulement à faire exercer leur juftice par perfonnes intègres & capables. *Voyez* Louet, lettre O, fomm. 4. & Baquet, des Droits de juftice, chapitre 18. nombre 1.

Mais le Seigneur qui abufe de fa Juftice contre fon fujet, en doit être privé à fon égard. Comme le Vaffal qui maltraite fon Seigneur, perd fon Fief, il eft jufte par la loi de réciprocité que le Seigneur qui maltraite fon Vaffal, & qui devient fon tyran, perde auffi fes droits par rapport à lui. Papon, liv. 23. tit. 5. nombre 1. & 2. Charondas, livre 2. rép. 17. Guy Pape, queft. 61. Boyer, queft. 304. Chopin, livre 1. du Domaine de France, titre 8. article 10. Bacquet, des Droits de juftice, chap. 18. Defpeiffes, tom. 3. des Droits feigneuriaux, titre 6. article 6.

Les Seigneurs Jufticiers ne peuvent donner l'état de Prévôt ou de Procureur de la Seigneurie, à celui qui en fera Fermier ; autrement ce feroit établir un même homme agent & patient, outre l'indécence qu'il y auroit que le Juge de la Seigneurie en fût auffi le Fermier.

Les Juges fubalterne ne peuvent point être Receveur de Seigneur dont ils font Juges.

Les Juges des Seigneurs doivent agir en tout dans la vûe de rendre la juftice, & non pas dans le deffein de plaire à leurs Seigneurs.

Le Lieutenant d'un Juge Seigneurial doit être créé par le Seigneur, & non pas le juge. Papon, livre 4. tit. 12. nombre 10.

Un Juge fubalterne eft compétent pour corriger & punir les Officier d'une autre Juftice fubalterne qui lui eft inférieure.

Quand les Seigneurs ont la propriété de la jufce de leur Terre, elle leur eſt patrimoniale, de même que le Fief auquel elle eſt annexée.

S'ils ſont alors troublés en la poſſeſſion de leur Juſtice, ſoit haute, moyenne ou baſſe, ils peuvent donc former complainte contre ceux qui ſe prétendent poſſeſſeurs légitimes de la même Juſtice.

De ce que les Juſtices ſont patrimoniales en France, il s'enſuit que le Roi même n'en peut pas diſpoſer au préjudice des Seigneurs. Papon, liv. 4. tit. 1. nomb. 1.

Ès grands Fiefs la Juſtice eſt annexée au Château, comme chef du Fief de dignité ; car quoiqu'au regard de la ſubſtance interne le Fief & la Juſtice n'ayent rien de commun, néanmoins à cauſe de l'union, la Juſtice eſt cenſée une dépendance & un acceſſoire du Château, en qualité de manoir & partie principale du Fief : de ſorte que le Château étant vendu avec ſes appartenances & dépendances, la Juſtice paſſe à l'acquéreur.

Cela n'auroit pas certainement lieu, ſi elle n'étoit unie & annexée au Château comme chef du Fief de dignité. *Molin. §. 1. gloſ. 5. n. 44. 45. 46. & 47.*

Les Juſtices étant patrimoniales en France, on a pris ſoin de les conſerver aux Seigneurs à qui elles appartiennent. L'article 1. du titre 6. de l'Ordonnance de 1667. défend à tous Juges de retenir aucune cauſe, inſtance ou procès dont la connoiſſance ne leur appartient pas, & leur enjoint de renvoyer les Parties, ou d'ordonner qu'elles ſe pourvoiront ; mais cela ne s'obſerve pas exactement à moins que les Seigneurs ne revendiquent leurs Juſticiables.

Comme le droit de Juſtice eſt ſpécialement inhérent à la Terre à laquelle il a été attaché au tems de la conceſſion qui en a été faite par quelqu'un de nos Rois ; ce droit ne peut être vendu ou aliéné ſans la vente & l'aliénation de la Terre à laquelle il eſt attaché. *Voyez* Soefve, tome 2. cent. 3. chap. 7.

Au reſte, les Officiers des Seigneurs ne peuvent après le décès des Seigneurs, appoſer les ſcellés dans le Château, faire l'inventaire, & donner des tuteurs à leurs enfans ; mais ce droit appartient aux Juges royaux où reſſortiſſent les appellations de la juſtice du Seigneur. Ainſi jugé par Arrêt du 9. Février 1702. rapporté par M. Augeard ; tom. 1. art. 30.

Suivant ce que nous venons de dire, la Juſtice ſeigneuriale ou ſubalterne ſe diviſe en haute, moyenne & baſſe, ſelon qu'elle eſt accordée par le Roi aux Seigneurs, par rapport à leur qualité & à la dignité de leurs Seigneuries.

La haute Juſtice comprend les deux autres, & la moyenne comprend la baſſe : d'où vient que l'on dit du Haut-Juſticier, *il a haute, moyenne & baſſe-Juſtice* & du moyen-Juſticier, *il a moyenne & baſſe-Juſtice.*

La raiſon eſt, qu'ordinairement celui qui peut le plus ; peut auſſi le moins.

On n'appelle point de la baſſe juſtice à la moyen-

ne, on va droit à la haute ; ce qui eſt une exception de la regle qui veut que tout appel ſoit porté *gradatim* au Juge ſupérieur, *non omiſſo medio.*

A l'égard des appellations interjettées des Sentences du Moyen-Juſticier, elles vont conformément à la regle ordinaire, à la haute Juſtice.

Les Hauts & moyens Juſticiers ont un Procureur Fiſcal ; mais le Bas-Juſticier n'en a point, parce qu'il ne juge aucune cauſe où le Roi & le Public ayent intérêt.

Lorſque la nouvelle Coutume de Paris fut rédigée par écrit, certains articles furent dreſſés à l'Aſſemblée des trois états de la Prévôté de Paris, contenant tous les droits de Juſtice haute, moyenne & baſſe, & préſentés à Meſſieurs les Commiſſaires.

Mais comme dans l'ancienne Coutume il n'étoit fait aucune mention des droits de Juſtice, on ne trouva pas à propos de les inſérer dans la nouvelle. Bacquet, en ſon Traité du Droit de Juſtice, chapitre 2. les rapporte & les propoſe pour regles, comme étant très-juſtes, & ayant été dreſſés par des perſonnes très-ſçavantes : c'eſt pourquoi nous en avons tiré une partie de ce que nous allons expliquer ici ſur ce ſujet.

M. le Lieutenant civil le Camus, dans l'Acte de notoriété qu'il a donné le 29. Avril 1702. ſur les matieres dont les Hauts, Moyens & Bas-Juſticiers connoiſſent, après en avoir fait le détail, dit, que ces Mémoires, qui furent donnés lors de la réformation de la coutume, étoient conformes à ce qu'il en avoit dit ; & que quoique ceux qui ont travaillé à la réformation de cette Coutume n'ayent pas jugé à propos d'en faire un nouveau titre, néanmoins l'uſage a toujours été d'en ſuivre les déciſions.

§. I. De la Baſſe-Juſtice.

Le Bas-Juſticier eſt un Seigneur qui a droit de Baſſe-Juſtice, que l'on appelle Juſtice fonciere ou cenſuelle, à cauſe du cens, & des charges & redevances annuelles qui lui ſont dûes.

Le Juge propoſé à une telle Juſtice connoît des droits dûs au Seigneur, cens & rentes, exhibitions de contrats, pour raiſon des héritages ſitués dans ſon territoire.

Il connoît encore de toutes matieres perſonnelles entre les Sujets du Seigneur, juſqu'à la ſomme de ſoixante ſols pariſis.

Enfin il connoît de la police, du dégât des bêtes, d'injures legeres, & autres délits, dont l'amende ne pourroit être que de dix ſols pariſis, & au-deſſous.

Lorſque le délit requiert une plus grande amende, il en doit avertir le Haut-Juſticier, & alors le Bas-Juſticier prendra ſur l'amende adjugée juſqu'à ſix ſols pariſis.

Il peut prendre en ſa Terre tous les délinquans, & pour cet effet avoir Maire, Sergent & priſon ; à la charge toutefois de faire, incontinent après la capture, mener le priſonnier au Haut-Juſticier, avec l'information, ſans pouvoir décréter.

Peut auſſi le Bas-Juſticier meſurer & mettre

bornes entre fes Sujets , de leur confentement , connoître de la cenfive , & condamner fes Sujets en l'amende , par faute de cens non payé.

Le Bas-Jufticier peut demander renvoi au Haut-Jufticier des caufes & matieres qui font de fa compétence. *Voyez* ci-après juftice fonciere.

§. II. De la Moyenne-Juftice.

Le Moyen-Jufticier eft un Seigneur qui a le droit de moyenne Juftice , à caufe de la foi & homma-ge , & des droits qui lui font dûs par fes Vaffaux.

Voici les articles qui expliquent le pouvoir du Moyen-Jufticier , & de quelles caufes connoît le Juge qui eft prépofé à une Moyenne-Juftice.

Il connoît en premiere inftance de toutes actions civiles , réelles , perfonnelles & mixtes.

Il a auffi la connoiffance des droits & devoirs dûs au Seigneur , avec le pouvoir de condamner fes Sujets en l'amende de la Coutume.

En matiere criminelle , il doit connoître des dé-lits ou crimes légers , dont la peine ne puiffe être tout au plus qu'une condamnation de foixante-quinze fols d'amende envers juftice.

Si le crime commis en la Terre du moyen Juf-ticier méritoit plus grieve peine , le Procureur Fifcal , appellé auffi Procureur d'Office , doit dé-noncer le coupable au Haut Jufticier , pour qu'il ait à en connoître.

Pour l'exercice de la moyenne Juftice, il doit avoir Siege , Juge , Procureur d'Office , Greffier , Sergent , prifon au rez-de-chauffée , fûre & bien fermée.

Peut ledit Moyen-Jufticier prendre , ou faire prende tous délinquans qu'il trouve en fa Terre , les emprifonner , informer , tenir le prifonnier l'efpace de vingt-quatre heures.

A l'inftant des vingt-quatre heures paffées , fi le crime mérite plus grieve punition que de foixante fols parifis envers Juftice , il eft tenu de faire con-duire le prifonnier au Haut-Jufticier , & y faire porter le procès , pour y être pourvû.

Ainfi , la connoiffance des crimes dont la peine donne atteinte à l'honneur , n'appartient point au Seigneur qui n'a que moyenne & baffe juftice , mais feulement au Juge du Seigneur qui a la hau-te juftice , auquel le Vaffal eft obligé d'envoyer les délinquans dans les vingt-quatre heures qu'ils auront été conftitués prifonniers.

Le Juge du Moyen-Jufticier peut donc informer même décréter les prévenus de crimes qui méri-tent plus grieve punition que de foixante fols pa-rifis envers juftice , & faire dans les vingt-qua-tre heures l'inftruction , jufqu'à la Sentence défi-nitive exclufivement , & enfuite il doit transferer les prifonniers dans les prifons du Haut-Jufti-cier ; mais après les vingt-quatre heures , il ne peut plus en prendre connoiffance , ni faire aucu-ne inftruction.

Si le Haut-Jufticier donne Sentence contre un Sujet du Moyen-Jufticier , ou autre dont il aura fait la capture , & icelui fait mener aux prifons du Moyen-Jufticier , ledit Moyen-Jufticier prendra préalablement , fur l'amende ou confifcation ,

foixante fols parifis , avec les frais de la capture , & autres femblables.

Celui qui a moyenne Juftice , peut créer & bail-ler tuteurs & curateurs ; & pour cet effet faire ap-pofer fcellés , faire inventaire des biens des mi-neurs auxquels il aura fait pourvoir de tuteurs , & non autrement.

Peut le Moyen-Jufticier faire mefurer , arpenter & borner entre fes chemins & voiries pu-bliques , élire Meffieurs dans la faifon , auxquels il fera taxe raifonnable , & condamner fes Sujets en l'amende par faute de cens non payé , aux Juftices où l'amende eft dûe.

Les appellations des Bas & Moyens-Jufticiers fe relevent devant le Haut-Jufticier.

Les Moyens ni Bas-jufticier ne peuvent faire d'adjudication par décret.

Les Moyens-Jufticiers ont la connoiffance , ou pour mieux dire , l'infpection des mefures , dans l'étendue de leur Juftice.

Voyez Mefures publiques.

Comme le Bas-Jufticier peut demande r renvoi au Haut-Jufticier des caufes & matieres qui font de fa compétence , ce même droit appartient à plus forte raifon au Moyen-Jufticier.

§. III. De la Haute-Juftice.

Le Haut-Jufticier eft un Seigneur qui a haute Juftice , moyenne & baffe , c'eft-à-dire , droit de connoître de toutes caufes réelles , perfonnelles & mixtes entre fes Sujets , & qui a droit & puiffance de glaive fur eux.

La Juftice haute , moyenne & baffe eft appel-lée par Chopin , *Jus fummæ , mediæ ac infimæ coercitionis.*

Les Seigneurs qui l'ont , *habent jus gladii ad ani-madvertendum in facinorofos homines :* c'eft pourquoi ils ont droit d'avoir fourches patibulaires , piloris , échelles & poteaux à mettre carcan. *Voyez* ce que j'ai dit fur chacun de ces mots.

Le Juge de la Haute juftice peut faire criées & proclamations publiques , & connoître de tous les crimes qui fe commettent dans l'étendue de fa ju-rifdiction , pour lefquels il y a peine afflictive ; mais le Bas ni le Moyen-Jufticier ne peuvent connoître des crimes où il y a effufion de fang.

Pour l'exécution de fa juftice , le Seigneur Haut-Jufticier doit avoir des juges & des Officiers , par le miniftere defquels il l'exerce.

Il doit auffi avoir des Géoliers & des prifons fû-res & raifonnables , fuivant l'Ordonnance ; car le droit de Juftice renferme effentiellement le devoir de la faire rendre , & les autres devoirs particuliers qui font les fuites de ce premier.

Les Juges des Seigneurs Hauts-Jufticiers ne peu-vent toutefois connoître des cas royaux , tels que font le crime de léze-majefté , fauffe monnoye , af-femblées illicites , vols & affaffinats fur les grands chemins , & autres qui font marqués dans l'Ordon-nance de 1670. *Voyez* ci-deffus Cas royaux. *Voyez* auffi Bacquet , des Droits de Juftice , chap. 6.

Mais à l'exception de ces cas (dont la connoiffance appartient aux juges royaux, privativement aux juges des Seigneurs,) les Hauts-Justiciers peuvent connoître de tous les autres crimes qui font commis dans l'étendue de leur jurifdiction & territoire de leurs Seigneuries.

Ils connoissent donc des vols faits dans les maisons, jardins & héritages, des assassinats & homicides volontaires commis hors les grands chemins, de l'homicide de soi-même, de la suppression & latitation de part, & de l'incendie, pourvû néanmoins que les crimes que nous venons de rapporter ayent été commis par gens domiciliés, & non vagabonds.

Les Juges des Seigneurs Hauts-Justiciers peuvent, dans les cas qui font de leur compétence, condamner les coupables au fouet, au carcan, à faire amende honorable, à être marqués d'un fer rouge, au bannissement de la Jurifdiction ou détroit, & même à la mort.

Mais ces condamnations ne peuvent se mettre à exécution, qu'elles n'ayent été confirmées par les Juges supérieurs, soit que l'accusé s'en plaigne ou non, suivant l'article 6. du titre 26. de l'Ordonnance de 1670.

Cet article ordonne, que si la Sentence rendue par le juge des lieux porte condamnation de peine corporelle, de galeres, &c. soit qu'il y ait appel ou non, l'accusé & son procès seront envoyés ensemble aux prisons des Cours supérieures. Ainsi, lorsque le condamné ne se plaint point du Jugement de condamnation, le Procureur Fiscal est tenu de se rendre appellant pour lui.

Les Juges des Seigneurs Hauts-Justiciers doivent tenir la main à ce que la police soit observée: d'où il s'ensuit qu'ils doivent empêcher les débauches publiques, & les commerces infames de prostitution.

Outre la connoissance qui leur est attribuée en matiere criminelle pour la punition des délits & crimes dans l'étendue de leur détroit, ils connoissent encore au civil.

Iº. De toutes causes réelles, personnelles & mixtes.

IIº. Ils ont droit de créer & bailler des tuteurs & curateurs, & d'apposer les scellés.

IIIº. Ils ont droit de faire inventaire des biens des mineurs auxquels ils ont fait pourvoir des tuteurs & curateurs, & non autrement.

IVº. Ils peuvent faire les décrets des biens situés dans leur détroit, pourvu que les criées ayent été faites & publiées dans le lieu de leurs Jurifdictions.

Vº. Ils connoissent les causes d'entre le Seigneur Haut-Justicier & ses Sujets, pour ce qui concerne les domaines, droits & revenus ordinaires & casuels de la Seigneurie, même de baux concernant lesdits droits.

Mais ils ne peuvent connoître des autres causes où le Seigneur a intérêt, comme pour promesses, ou obligations, ou réparations d'injures. Qui Jurisdictioni præest, neque sibi jus dicere debet; neque uxori neque liberis.

Si le Juge du Seigneur Haut-Justicier pouvoit connoître des causes où son Seigneur auroit intérêt, pour raison de telles choses, le Seigneur lui-même seroit juge dans sa propre cause, par rapport aux égards que son Juge pourroit avoir pour lui, & par rapport à la crainte qu'il pourroit avoir d'être par lui destitué, au cas qu'il fit quelque chose qui pût lui déplaire.

Il y a d'autres causes dont la connoissance est interdite aux juges des Seigneurs Hauts-Justiciers en matiere civile.

Ils ne peuvent connoître de toutes les causes qui font reservées au juge royal, privativement aux juges subalternes; sçavoir, celles qui concernent le Domaine du Roi, & où le Roi a intérêt; celles qui regardent les Officiers royaux; celles des Eglises cathédrales & autres privilégiées & de fondation royale; les causes des Officiers du Roi & de ceux qui ont leurs causes commises, quand ils veulent s'en servir.

Ils ne peuvent aussi connoître des dixmes, si elles ne font inféodées, & si elles ne font tenues en fief du Seigneur Haut-justicier; encore la prévention en appartient-elle aux Juges royaux.

Ils ne peuvent aussi connoître des actions qui naissent à raison de fiefs nobles soit entre Gentilshommes ou Roturiers.

Il ne leur appartient pas aussi de donner des tuteurs ni des curateurs aux Nobles; de procéder à leur émancipation, ni de faire aucun acte qui concerne cette espece de tutelle ou de curatelle.

Pour ce qui est des causes des Nobles, quelques-uns prétendent que les Hauts-Justiciers n'en peuvent connoître, tant au civil qu'au criminel; parce que les juges royaux ayant seuls le droit d'apposer les scellés, & de faire les inventaires des biens des Nobles, aux termes du Réglement de la Cour du 10. Décembre 1665. ils doivent par la même raison connoître des autres matieres contentieuses qui naissent entre les nobles, à l'exclusion des juges des Seigneurs.

Mais cette opinion est entiérement contraire à la Déclaration de 1537. sur l'Edit de Cremieu, qui porte que tous les Seigneurs de Fief qui ont justice, pourront la faire exercer entre personnes Nobles & Plebeyens, tout ainsi qu'ils ont fait avant l'Edit de Cremieu.

Depuis cette Déclaration, il n'y a rien eu à cet égard; car le Reglement de 1665. ne parlant que des scellés & inventaires des biens des Nobles, ne doit point être entendu au préjudice de la Déclaration de 1537. qui subsiste, & à laquelle la Cour s'est toujours conformée.

Il y a un ancien Arrêt du 5. Mars 1568. cité dans Neron, sur l'article 5. de l'Edit de Cremieu. La même chose a été jugée en 1701. pour le Sieur de Liquieville d'Autricourt, contre la Dame de Pons de Vareuil.

Cette Jurisprudence est maintenant certaine au Palais, que dès que le Seigneur Haut-Justicier revendique la cause, les juges royaux doivent renvoyer les Parties devant le Juge ordinaire, comme il a été jugé par Arrêt du 28. Avril 1713 pour le Sieur Guery de la Goupiliere, contre la Dame de Confise, sur l'appel d'une Sentence de la Sénéchaussée chauffée de Poitiers du 2. Mai 1712. Cet Arrêt eſt rapporté dans les obſervations faites ſur Henrys, tome 1. liv. 2. chap. 4. queſt. 34.

Il y a encore un nouvel Arrêt du 6. Avril 1616. qui maintient les Officiers de la Juſtice de Salſongue dans le droit de juſtice haute, moyenne & baſſe ſur tous les ſujets de cette juſtice, Nobles & Roturiers, avec défenſes aux Officiers du Bailliage de Soiſſons de les y troubler.

Les Juges des Hauts-juſticiers ne peuvent connoître des complaintes pour les Bénéfices qui ſont au dedans de leurs hautes juſtices. Voyez ci-deſſus, verbo Complainte.

Ils ne peuvent point auſſi uſer d'Arrêt ou empriſonnement ſur aucuns Officiers royaux, comme Notaires ou Sergens qui inſtrumentent ou exploitent dans le droit de leurs hautes Juſtices. Mais ceux qui prétendent qu'ils ont failli, peuvent en porter leurs plaintes au prochain juge royal, pour en avoir juſtice. Bacquet, des Droits de juſtice, chapitre 7. nombre 36.

Dans toutes les matieres ſommaires qui ſont de la compétence des Hauts-juſticiers, leurs Sentences ſont exécutoires par proviſion, nonobſtant l'appel, juſqu'à la ſomme de mille livres, en baillant caution, ſuivant l'article 14. du titre 17. de l'Ordonnance de 1667.

L'article 13. du même titre dit que dans les matieres ſommaires les juges des Pairies, & autres juſtices ſubalternes qui reſſortiſſent immédiatement au Parlement, peuvent juger définitivement, nonobſtant l'appel, juſqu'à la ſomme de quarante liv. & que les juges des autres juriſdictions ſubalternes non reſſortiſſantes ſans moyen au Parlement, jugerons définitivement juſqu'à la ſomme de vingt-cinq livres, encore qu'il n'y ait aucun contrat, obligation, ni promeſſe reconnue.

Il y a un Réglement de la Cour du ſept Décembre 1689. qui fait défenſes à tous juges de reſſort, d'ordonner l'exécution proviſoire de leurs Sentences pendant l'appel, ſinon dans les cas portés par l'Ordonnance.

Les appellations interjettées des juges Hautsjuſticiers, ſe relevent pardevant les Baillifs & Sénéchaux des Provinces, quand les Seigneurs Hauts-juſticiers, relevent immédiatement du Roi. Mais s'ils relevent d'un Seigneur ſuzerain qui ait droit de reſſort, elles ſe relevent pardevant le juge de ce Seigneur ſuzerain, ſi ce n'eſt en matiere criminelle, où les appellations des Hauts-juſticiers ſont directement portées au Parlement, quand il y a peine afflictive.

Les Comptes, les Barons & les Châtelains ont droit de pilori, échelles & fourches patibulaires à quatre piliers; & auſſi les Hauts-juſticiers, leſquels ſont fondés en titre, ou poſſeſſion immémoriale. Voyez Pilori. Voyez Fourches patibulaires.

Le Haut-juſticier a droit de confiſcation de biens, meubles & héritages qui ſont en ſa juſtice, excepté pour le crime de léze-majeſté & fauſſe monnoye; auquel cas les biens confiſqués appartiennent toujours au Roi ſeul.

Les desherences & biens vacans qui ſont en la

Tome II.

juſtice du Seigneur Haut-juſticier, lui appartiennent, auſſi bien que les épaves trouvées en icelle, leſquelles épaves ſe doivent dénoncer dans vingtquatre heures par celui qui les aura trouvées; & à faute de ce faire dans ledit tems, celui qui les aura trouvées ſera amendable à l'arbitrage du juge, ſinon qu'il y ait juſte cauſe.

Les épaves trouvées en la juſtice du Seigneur Haut-juſticier lui ayant été dénoncées par celui qui les aura trouvées, ſera tenu ledit Seigneur Haut-juſticier de faire publier & dénoncer aux lieux accoutumés, par trois Dimanches conſécutifs, à l'iſſue des Meſſes de Paroiſſes, leſdites épaves.

Si dans quarante jours après la premiere publication, celui auquel elles appartiennent les vient demander, elles lui doivent être rendues en payant la nourriture, gardes & frais de Juſtice; & ledit tems paſſé, elles ſont acquiſes & appartiennent au Haut-juſticier, qui ſe les fait adjuger.

Le Seigneur Haut-juſticier ſuccéde auſſi aux bâtards ſous trois conditions; que nous avons énoncées ci-deſſus, en parlant du droit de bâtardiſe.

Tréſor caché d'ancienneté & de tems immémorial appartient par moitié à celui qui le trouve dans ſon propre héritage, & l'autre moitié au Seigneur Haut-juſticier.

Mais quand il eſt trouvé dans le fond d'autrui par un étranger, c'eſt-à-dire par un autre que le propriétaire du fond, il en appartient un tiers à celui qui l'a trouvé, l'autre tiers appartient au propriétaire de l'héritage, & l'autre au Seigneur Haut-juſticier; & de ce fait, le Juge de la Haute-juſtice en connoît, à l'excluſion du Juge de la moyenne & baſſe Juſtice.

Lorſque le Seigneur n'a que la propriété de la haute juſtice & qu'un autre en a l'uſufruit, tous les droits de confiſcation, de bâtardiſe, de desherence, & autres annexés à la haute juſtice, appartiennent ſans contredit à l'uſufruitier de la haute juſtice, & non à celui qui en eſt propriétaire. Voyez ce que j'ai dit ſur l'article ſecond du premier titre de la Coutume de Paris, gloſe premiere, nombre 10.

Le Seigneur Haut-juſticier qui abuſe de ſa juſtice, & qui par le moyen d'icelle commet des exactions, concuſſions ou vexations envers ſes Habitans & juſticiables, eſt pendant ſa vie privé du droit de juſtice ſur ſes juſticiables, & ſa juſtice eſt en ce cas réunie & conſolidée à la juriſdiction royale la plus prochaine; ou à celle de ſon Seigneur ſuzerain, & ſi elle eſt à portée de la commodité des Habitans; & ſi le fait ne mérite pas qu'il ſoit privé de ſa juſtice, & le juſticiable envers lequel il en a mal uſé eſt déclaré exempt de ſon obéiſſance & de ſa Juriſdiction. Bacquet, des Droits de Juſtice, chap. 11. & 18.

Comme le droit de juſtice de Juriſdiction contentieuſe n'a rien de commun avec la juriſdiction volontaire, telle qu'eſt celle des Notaires & Tabellions, les ſimples Seigneurs Hauts-juſticiers qui ne ſont pas Châtelains, n'ont pas droit de Notariat ou de Tabellionage, comme je l'ai remarqué, lettre N, en parlant des Notaires des Seigneurs.

N

JUSTICE FONCIERE OU CENSIERE, est une Justice particuliere, qui a lieu dans quelques Coutumes, dont tout le pouvoir consiste à condamner les redevables à payer aux Seigneurs censiers & fonciers les cens & rentes foncieres.

Dans ces Coutumes, par Justice fonciere, l'on entend la basse Justice, qui appartient au Seigneur foncier, à cause de sa seigneurie, & qui concerne la désaisine & saisine des héritages de lui tenus & mouvans. *Justitia fundi terræ est bassa Jurisdictio, quæ domino soli villæ, vel vici competit, ad tutanda tantummodò jura quæ à subditis annuatim penduntur, quam foncertam Consuetudines Provinciarium plerumque denominant.*

L'Auteur du grand Coutumier, liv. 4. chap. 5. de la Justice fonciere, dit que Justice fonciere est avoir cens sur ses sujets, qui est dit chef-cens, &c. mais il n'a pas la Justice des causes civiles & criminelles.

Les Justices foncieres viennent de l'usurpation qui en a été faite anciennement par les Seigneurs censiers appuyés, de la fausse opinion de ceux qui prétendent que tous les fiefs ayant vassaux ou censives, emportent *ipso jure* le droit de Justice sur les vassaux ou censitaires. Ces Seigneurs se sont si bien maintenus dans cette usurpation, que dans quelques Coutumes comme dans celle de Sens, il en a été fait un quatrieme dégré de justice qui se trouve confondue avec la basse Justice.

Les Juges des Justices foncieres ont souvent tenté d'augmenter leur pouvoir. Non contens de connoître des droits de leurs Seigneurs, ils ont voulu connoître les causes foncieres & mixtes de Partie à Partie, même tenir les assises. Mais on s'est toujours opposé à l'établissement de cet abus; & quand la question s'est présentée, le Parlement a toujours jugé que dans les Coutumes qui ne la décident point, une Justice fonciere étoit limitée & bornée à connoître des droits utiles dûs au Seigneur, & que le Juge de la Seigneurie ne peut connoître des causes de Partie à Partie.

Voici ce qu'en dit M. le Lieutenant civil le Camus, dans l'Acte de notoriété qu'il a donné au mois d'Avril 1702. au sujet des matieres dont les Hauts, Moyens & Bas-Justiciers connoissent.

Il dit que dans l'étendue du ressort du Châtelet de Paris, l'on ne reconnoît que trois sortes de jurisdictions seigneuriales; sçavoir, la haute, la moyenne & la basse Justice; & que l'on n'y admet point, comme font plusieurs Coutumes, une jurisdiction attachée au Fief, pour appeller les censitaires devant le Juge du Fief, pour payer les droits & les cens; parce que l'on tient pour maxime que la Justice & le Fief n'ont rien de commun: l'on peut avoir la Justice sans Fiefs, & l'on peut posséder des Fiefs sans Justice, fondé sur un principe certain, que toutes les Justices dérivent du Roi, & qu'elles sont telles qu'il les a concédées; & lorsque celui qui la prétend n'a pas de titre, la longue possession lui en sert, pour en jouir ainsi qu'il l'a possédée.

En la Prévôté & Vicomté de Paris, il n'y a aucune Justice fonciere ni censiere, dit Bacquet en son Traité des Droits de Justice, chapitre 3. nombre 23.

La Justice fonciere a principalement lieu ès pays de nantissement, ou pour acquérir droit de propriété ou d'hypotheque, il faut être instruit des Officiers de la Justice fonciere des lieux. *Voyez* Nantissement. *Voyez* aussi Bacquet, à l'endroit marqué ci-dessus.

JUSTICIABLE, est celui qui est habitant & sujet à la Justice ordinaire du lieu. *Voyez* ce que j'ai dit *verbo* Sujets.

Ce terme signifie aussi celui qui est tenu de répondre à un Juge auquel on a attribué certaine Jurisdiction; comme quand on dit un homme sans aveu est justiciable du Prévôt des Maréchaux, un domicilié au contraire n'est point son justiciable.

JUSTIFICATION, signifie la preuve qu'on fait de quelque chose par titre ou par témoin.

L

L A

LABOUR, est le remuement de la terre fait à dessein de la rendre fertile.

La culture des terres est très-favorable: c'est pourquoi il est défendu de saisir les chevaux de labour qui servent à la charrue.

Le Seigneur jouissant pour son droit de relief, du revenu d'un an du Fief de son Vassal, est tenu de lui rendre, ou à ses créanciers, les labours, semences & frais; *quia fructus non intelliguntur, nisi deductis impensis.* Ainsi jugé par Arrêt du 21. Mai 1649. rapporté dans le Journal des Audiences.

L A

Les fruits des héritages propres pendans par les racines, au tems du trépas de l'un des conjoints par mariage, appartiennent à celui auquel advient ledit héritage, à la charge de payer la moitié des labours & semences. C'est la disposition de l'art. 231. de la Coutume de Paris. *Voyez* ce que j'ai dit sur cet article & sur le 59.

LADRE, est une personne attaquée de la lépre, maladie horrible & contagieuse: raison laquelle on sépare les ladres des hommes sains; mais avant qu'un homme soit déclaré tel, il faut qu'il soit préalablement visité. La Peyrere rapporte un Arrêt du Parlement de Bourdeaux qui l'a jugé ainfi. Cette vifite doit être faite fous l'autorité du Juge royal, privativement au Juge du lieu. Bouvot, verbo Ladre, queft. 1.

Un ladre peut fe marier, fuivant le chapitre quoniam, extra de conjugio leproforum, & comme il a été jugé par Arrêt du Parlement de Dijon, le 20. Février 1581. rapporté par Bouvot, verbo Ladre, queft. 2. Il peut auffi tefter & difpofer librement de fes biens.

Celui qui eft déclaré être ladre, eft exclu des Bénéfices: mais cette maladie qui furviendroit à un Eccléfiaftique pourvu d'un Bénéfice, ne l'enferoit pas priver; on lui en ôteroit feulement l'adminiftration, que l'on donneroit à un Coadjuteur, qui auroit fa nourriture & fon entretien fur le revenu du Bénéfice.

Il y a déja long-tems que l'on ne connoît plus la maladie de la lèpre: c'eft pourquoi les Ladreries ou Maladreries & Léproferies ont été réunies aux autres Hôpitaux par différens Arrêts du Confeil.

Voyez le Gloffaire du Droit François, verbo Ladre, & au mot Service. Voyez auffi Dufail, livre 3. chap. 98. & la Rocheflavin, liv. 3. tit. 5. art. 1. & liv. 6. tit. 60. art. 2.

LAIQUE, eft une perfonne du monde, qui n'a aucun engagement dans l'Ordre eccléfiaftique ou religieux; en forte qu'elle peut s'immifcer dans les affaires & négociations féculiéres, & contracter mariage: ce que ne peuvent pas ceux qui font engagés dans les ordres facrés, ou dans la vie religieufe. De ce que nous venons de dire, il réfulte que les Religieux ou Religieufes qui ont fait profeffion, ne font plus au nombre de perfonnes Laïques.

LANGAGE FRANÇOIS, doit être ufité dans toutes fortes de contrats, actes, procédures & prononciations. Anciennement en France toutes ces chofes s'expédioient en Latin.

Pafquier, qui en fes Recherches, liv. 5. chap. 8. raconte le procès qu'il fut fait à Jeanne la Pucelle, en rapporte les interrogatoires & les réponfes couchées en termes latins. Mais nos Rois, par différentes Ordonnances, ont obligé peu à peu de rédiger tous les actes publics en François; fçavoir Charles VIII. en 1489. art. 101. ce qui fut confirmé par l'article 47. de l'Ordonnance de Louis XII. faite en 1512. Il fut ordonné qu'à l'avenir toutes procédures criminelles & enquêtes feroient faites en Langue Françoife; afin que les témoins euffent une entière intelligence de leurs dépofitions, & les accufés des interrogatoires qui leur feroient faits: ce qui fut confirmé par l'Ordonnance de Charles IX. de l'an 1563. art. 35.

Enfin, par l'article 3. de l'Ordonnance de François I. de l'an 1639. il fut ordonné que tous actes, Contrats, Teftamens, Sentences & Arrêts, feroient prononcés, rédigés & expédiés en Langue Françoife, à l'exception des actes qui concernent les matieres bénéficiales.

Ce qui donna lieu à François I. de faire cette réforme générale, fut la réponfe que lui fit un Gentilhomme par lui interrogé, fur une affaire qu'il avoit au Parlement. Ce Gentilhomme répondit à

Sa Majefté, qu'étant venu en pofte à Paris, pour affifter au jugement de fon procès, il ne fût pas plutôt arrivé, que la Cour le débotta. Il lui montra l'Arrêt, qui portoit ces termes: Dicta Curia dictum actorem debotavit & debotat. Le Roi, étonné d'un langage fi extraordinaire, ordonna que dorénavant toutes fortes de contrats, teftamens & actes judiciaires fe feroient en Langue Françoife.

Cette Ordonnance a été confirmée par Charles IX. en 1563. art. 35. & par celle de 1629, art. 27. qui ordonne la même chofe pour tous les Actes, Jugemens & Procédures faites dans les Jurifdictions eccléfiaftiques.

Ces Ordonnances ont remédié à une infinité d'inconvéniens, qui provenoient des mots énigmatiques, des incongruités abfurdes & des barbarifmes affreux, dont les Notaires & les Praticiens, peu verfés dans la Langue Latine, rempliffoient leurs actes. Cela les rendoit captieux, fouvent même inintelligibles; car ne fçachant pas la propriété des termes, ils en forgeoient ou en tiroient d'un vieux jargon, qu'ils fe donnoient la licence de latinifer.

LARCIN, eft l'enlevement & la fouftraction clandeftine & frauduleufe de quelque chofe qui appartient à autrui, dans le deffein d'en profiter.

Voyez ce que j'ai dit fur le titre premier du quatrieme livre des Inftitutes.

On appelle larcin, le vol qui fe fait clandeftinement & en cachette; mais celui qui fe fait par force, eft appellé vol fait avec violence. Sur quoi je renvoi le Lecteur à ce que j'ai dit dans ma traduction des Inftitutes, fur le fecond titre du quatrieme livre.

Probrum & naturâ turpe furtum eft, leg. 42. ff. de verbor. fignif. jure gentium prohibitum, nec non etiam jure divino. Etenim, præceptum illud, NON FURTUM FACIES, extat in facra fcriptura. Cependant les Egyptiens & les Lacédémoniens permettoient le larcin; les Romains au contraire l'avoient en horreur, & avec beaucoup de raifon: furtum enim fervile vitium eft.

Suivant la Loi des douze Tables, il étoit permis de tuer celui qui faifoit un larcin de nuit, en criant feulement à l'aide, celui qui en faifoit un de jour, fi fe telo defenderet.

A l'égard des autres, cette même Loi condamnoit les larrons manifeftes au fouet, & à l'efclavage envers ceux à qui le larcin avoit été fait, à moins qu'ils ne fuffent déja efclaves; auquel cas ils étoient flagellés, & enfuite précipités du haut du mont Tarpeïen. Enfin ceux qui étoient impuberes, & qui étoient pris fur le fait, n'étoient punis que du fouet.

Pour ce qui eft des larcins non manifeftes, la peine n'étoit que pécuniaire, & ne montoit qu'au double de la valeur de la chofe dérobée.

Les Romains, trouvant la peine du larcin manifefte trop févere, les Préteurs la changerent en pécuniaire, en introduifant une action qui fut du quadruple de la chofe volée.

Enfin, comme cette peine de quadruple pour

larcin manifeste, étoit trop legere, l'usage s'introduisit de pouvoir aussi poursuivre criminellement les larrons, pour réprimer l'audace de ceux qui s'adonnoient à un tel crime. *Leg. ult. ff. de furtis.*

Nous n'admettons point en France la distinction du larcin manifeste, & de celui qui ne l'est pas, quant à la peine, & il n'y a point parmi nous de différence entre le larron qui est pris sur le fait, & celui qui est saisi après coup & convaincu, si ce n'est que celui qui est pris sur le fait peut être mené prisonnier sans décret ni autorité du Juge; au lieu que celui qu'on a prétendu coupable de larcin non manifeste, ne peut être emprisonné qu'en vertu d'un décret donné par le Juge, sur les charges & informations.

Ainsi, soit que le larcin soit manifeste ou non manifeste, l'on agit parmi nous criminellement, & la Partie civile ne peut demander que la restitution de la chose dérobée ou sa valeur, avec dépens, dommages & intérêts, qui sont toujours adjugés, suivant que le Juge trouve à propos de les arbitrer.

Outre ce dédommagement de la Partie qui a souffert le larcin, il y a la peine afflictive qui est décernée à la poursuite de la Partie publique.

Anciennement en France on marquoit au front les larrons d'un fer chaud, où étoit gravé le mot *fur*; ce qui faisoit que celui qui avoit été puni en Justice pour larcin, étoit appelé *homo trium litterarum*, parce que le mot de, *fur* a trois lettres.

Mais aujourd'hui l'usage est, parmi nous, de condamner les coupeurs de bourses & les larrons au fouet, pour la première fois; pour la seconde, à être flétris de la marque publique, ce que nous appellons avoir le fouet & la fleur-de-lys; & pour la troisieme à la mort.

Cependant quelquefois le larcin est puni de mort pour la première fois, par rapport à la valeur de la chose dérobée, ou au lieu où s'est fait le larcin, ou à quelqu'autre circonstance. *Voyez* Vol.

L A T I T E R, signifie cacher & receler. Une veuve qui a caché & latité les effets de la succession de son mari, est privée des avantages qu'il lui a fait. *Voyez* Receler.

L A U D E, est le droit de vendition qui se leve en foire ou marché sur les denrées & marchandises qu'on y met en vente.

Voyez le Glossaire du Droit François, *verbo* Laude, & *verbo* Vendition.

L A Y, en Latin *Laïcus*, est un terme dérivé du Grec λαὸς, qui signifie Peuple.

On appelle frere, lay, un homme qui n'étant point dans les Ordres, est entré dans un Couvent, pour prier Dieu, & servir les Religieux dans ce qui concerne le temporel & l'extérieur. Il y a de ces freres qui font les trois vœux de religion, & qui par conséquent sont des véritables Religieux.

Il y en a d'autres qui, sans faire des vœux, ne s'obligent qu'à une simple obéissance pour le tems qu'ils resteront dans le Couvent; en sorte qu'ils en peuvent sortir quand bon leur semble.

L E G A L, se dit de ce qui est défini par les Loix: ainsi l'on appelle peines légales celles que les Loix ont définies pour tels crimes, à la différence des peines arbitraires, qui dépendent de l'opinion des Juges.

L E G A L I S A T I O N, est un certificat donné par autorité de Justice, ou par une personne publique, & confirmé par l'attestation, la signature & le sceau du Magistrat, ou de celui qui le donne.

L E G A L I S E R, est rendre un acte authentique, afin qu'on y ajoute foi en un autre pays. Quand il s'agit de légaliser un acte pour procéder dans une Officialité, ou prendre les Ordres dans un autre Diocèse, la légalisation doit être faite par l'Evêque.

Mais quand il s'agit de faire légaliser un acte pour servir dans une Jurisdiction royale, il faut que la légalisation soit faite par le plus prochain Juge royal du lieu où l'acte a été passé; car les Juges séculiers ne reconnoissent point la légalisation de l'Evêque, attendu que la Jurisdiction ecclésiastique, & la Jurisdiction séculiere sont deux Jurisdictions tout-à-fait distinctes & séparées, & indépendantes entièrement l'une de l'autre.

L E G A T, en pays de Droit écrit, est ce que nous appellons legs, & est dénommé légat: ainsi la plupart de nos Auteurs de ce pays mettent le mot de légat au lieu de celui de legs. *Voyez* ci-après ce que j'ai dit sous le terme de legs.

Ce terme Légat, signifie un Ambassadeur d'un Prince, & plus communément un Ambassadeur du Pape, que Sa Sainteté envoye vers quelque Prince souverain, avec pompe & cérémonie, pour quelque affaire importante. Il y en a même qui sans mission du Pape sont Légats, mais en vertu de leur dignité, & non pas à cause de leurs personnes: c'est pourquoi ils sont appellés *Legati nati*. Nous parlerons des Légats du Pape dans le Dictionnaire du Droit canonique, que nous espérons mettre au jour dans quelque tems.

L E G A T A I R E, est celui à qui un testateur a fait un legs. *Voyez* ce que nous avons dit *verbo* Legs.

En pays coutumier, nul ne peut être héritier & légataire; mais le légataire peut renoncer à cette qualité, & prendre celle d'héritier, s'il juge qu'elle lui soit plus avantageuse. *Voyez* ce que j'ai dit sur l'art. 300. de la Coutume de Paris.

Un légataire universel dans la France coutumiere tient lieu d'héritier; cependant il ne l'est pas effectivement. *Voyez* Legs universel.

En pays coutumier, un testateur ne peut léguer que le quint de ses propres; en sorte que les quatre quints sont comme une espece de légitime coutumiere, dont il n'est pas permis de disposer par testament au préjudice de ses héritiers.

Par la maxime générale de la France, le mort saisit le vif, c'est-à-dire, que l'héritier est saisi des biens du défunt dès l'instant de sa mort: ainsi tout légataire est obligé de lui demander la délivrance de fon legs. Si un légataire s'étoit emparé, de fon autorité privée, de la chofe léguée, l'héritier pourroit le faire affigner à ce qu'il ait à la lui rendre. *Voyez* Bacquet, des Droits de Juftice, chap. 8. nomb. 11.

Si la chofe léguée étoit en la poffeffion du légataire, il ne laifferoit pas d'être obligé d'en demander la délivrance à l'héritier parce qu'il n'eſt alors faifi que de fait & non de droit, & que la propriété ne peut lui être acquife que par la tradition qui lui en eſt faite par l'héritier.

Cependant les légataires de chofes mobiliaires en peuvent demander la délivrance à l'exécuteur teftamentaire, parce qu'il eſt faifi par la Coutume des meubles & effets mobiliers pendant l'an & jour ; mais l'exécuteur teftamentaire n'en doit point faire la délivrance fans l'aveu de l'héritier, parce que l'héritier pourroit avoir des raifons valables de contefter les legs.

L'obligation de demander la délivrance des legs, ne regarde pas feulement les légataires particuliers, mais auffi les légataires univerfels, parce que tous n'ont point d'autre titre que le teftament.

Lorfque le légataire univerfel a obtenu la délivrance de fon legs, les légataires particuliers peuvent s'adreffer à lui pour la délivrance de leurs legs ; parce qu'il eſt *loco hæredis*. D'où il s'enfuit qu'il eſt tenu, Iᵒ. de payer les legs particuliers faits par le défunt, IIᵒ. De payer les dettes du défunt au prorata de ce qu'il amende des biens de fa fucceffion. *Voyez* Dettes de Succeffion.

LEGISLATEUR, eſt celui qui fait les Loix d'un Royaume, d'un Etat qu'il fonde. Les Loix ne lient point celui qui en eſt l'Auteur ; & par une efpece de reconnoiffance de ce qu'il les fait obferver, elles femblent lui permettre de les enfraindre ; mais il eſt de fa prudence de ne le pas faire. *Voyez* ce que j'ai dit *verbo* Loi.

LÉGITIMATION, *voyez* Légitimer.

LEGITIME, fe dit de celui qui eſt né en légitime mariage ; au lieu que l'enfant légitimé eſt celui qui étant né dans le concubinage, a été rendu légitime par un mariage fubféquent de fes pere & mere, ou par Lettres du Prince.

Celui qui naît d'une femme mariée, eſt préfumé enfant du mari. *Filium eum definimus, qui ex vero & uxore nafcitur. Leg. 6. ff. de his, qui vel alieni juris funt.* Cette maxime eſt toujours admife, quand bien même la mere de l'enfant feroit convaincue d'adultere. *Ratio eſt, quia pater is eſt, quem nuptiæ demonſtrant. Leg. 5. ff. de in jus vocando.* Ainfi il eſt tenu pour légitime, s'il n'eſt évidemment prouvé qu'il ne l'eſt pas.

Comme le pere eſt incertain dans l'ordre civil, de forte qu'il n'eſt pas en la puiffance d'un fils de prouver qui eſt fon pere, les Loix ne s'arrêtent qu'à ce qui en paroît au dehors. Elles déclarent que celui-là eſt tenu pour le vrai pere, qui paroît l'être par fon mariage ; & elles laiffent les fecrets invifibles de la nature de Dieu qui en eſt l'auteur, & à cet œil invifible qui voit toutes chofes. Ainfi Tertulien déclare légitime tout ce qui naît fous le fceau du mariage, tout ce qui a fur le front cette marque fi vénérable, tout ce qui entre dans le monde par cette porte d'honneur, de bénédictions & de graces.

Ainfi, en quelque tems que foit né un enfant pendant le mariage de fes pere & mere, il eſt toujours préfumé être le fils du mari de celle qui l'a mis au monde ; ce qui eſt fi vrai, qu'on ne reçoit point la preuve contraire, fi la femme cohabite avec un mari qui ne foit pas impuiffant.

Que les maris examinent, s'ils veulent, les mœurs de leurs femmes, dit Quintilien en fa déclamation 330. que les maris les défirent, s'ils veulent, non feulement modeftes, mais féveres, c'eſt affez aux enfans d'être nés d'une femme légitime. *Ferendum non eſt, eum, qui cum uxore fua affiduè moratur, nolit filium agnofcere, quafi non fuum. leg. 6. ff. de his, qui vel alieni juris funt.*

Ainfi les enfans des femmes qui font convaincues d'adultere, font fur le compte du mari, dès qu'on prouve que le mari en a pû être le pere : d'où il s'enfuit, qu'un pere ne peut pas prétendre que fon fils foit adultérin, quand même il pourroit convaincre fa femme du crime d'adultere ; car la mauvaife conduite de la mere n'eſt pas une preuve que l'enfant n'ait pas été engendré de fon mari. *Leg. 11. ff. ad leg. Jul. de adult.* Ainfi jugé par Arrêt du 26. Janvier 1664. rapporté dans le Journal des Audiences.

Par autre Arrêt du 5. Juillet 1665. rapporté *ibidem*, un enfant a été déclaré légitime, quoique le mari déclarât qu'il étoit impuiffant, & que la mere affurât la même chofe. Ainfi la déclaration du mari & de la femme, qu'un enfant né pendant leur mariage n'eſt pas légitime, ne peut lui porter aucun préjudice.

Quoique la Loi préfume qu'un enfant né d'une femme qui vit avec fon mari eſt légitime, l'état de cet enfant ne fe peut ordinairement prouver que par un extrait baptiftaire, comme nous l'avons dit *verbo* Filiation.

A l'égard du tems dans lequel il faut qu'un enfant foit né pour être réputé légitime, il faut que le tems de fa conception quadre à celui de fa naiffance, c'eſt-à-dire, qu'il ait été conçu, *conſtante matrimonio*.

La regle eſt, que les enfans viennent au monde prefque toujours dans le neuvieme mois de leur conception, & quelquefois dans le feptieme commencé, & auffi quelquefois dans le dixieme commencé, & non par-delà : fur quoi *voyez* ce que j'ai dit *verbo* Naiffance.

Les enfans qui naiffent d'une femme dont le mari eſt abfent, font cenfés légitimes, étant nés *conſtante matrimonio*, à moins qu'il ne fût juſtifié qu'il y a impoffibilité phyfique que le mari en foit le pere ; auquel cas la regle *Pater eſt quem juſtæ nuptiæ demonſtrant*, n'auroit pas lieu, comme nous l'avons dit *verbo* Abfent.

Il en feroit de même fi le mari, dont la femme accoucheroit, étoit tombé avant le tems de la conception de l'enfant, dans une maladie qui auroit caufé en lui une impuiffance abfolue. Ainfi la regle qui veut que le mariage démontre la paternité, fuppofe une préfomption égale de cohabitation.

deux conjoints , qui ne peut pas avoir lieu ; quand il s'y trouve une impoſſibilité phyſique.

Excepté ce cas , les enfans qui naiſſent d'une femme mariée , ſont réputés être les enfans de ſon mari , & en conſéquence de la regle , *pater eſt quem nuptiæ demonſtrant*, ils ſuivent la condition , comme étant provenus de lui. Auſſi une Princeſſe inſtruite de cette regle , dit un jour au Prince ſon mari : Vous ne pouvez pas faire des Princes ſans moi, & j'en puis faire ſans vous.

On met encore au rang des enfans légitimes ceux qui naiſſent d'un mariage illicite, quand il a été contracté de bonne foi & en face de l'Egliſe par les conjoints, qui ignoroient l'empêchement de pa-renté ou autre qu'il y avoit à leur mariage. La bonne foi même d'un ſeul des conjoints ſuffit pour aſſurer l'état des enfans , & pour faire produire à un mariage nul les effets civils.

Il paroît parce que nous venons de dire, que les Loix veulent que les enfans qui naiſſent à l'ombre du Sacrement de mariage, ſoient légitimes lorſque le tems de leur conception quadre à celui de leur naiſſance, c'eſt-à-dire qu'ils ayent été conçus *conſtante matrimonio*, & qu'il n'y ait point eu d'impoſ-ſibilité phyſique à la cohabitation de leurs pere & mere. Ces enfans ſont alors tellement préſumés lé-gitimes, que quelques efforts que l'on faſſe pour dé-truire toute la vérité de leur état, ils ne peuvent produire aucun effet; de ſorte que ni la preuve par témoins, ni le déſaveu d'un pere , ni celui même de la mere, ni la conjuration des héritiers collaté-raux, ne ſçauroient rompre ce lien ſacré : la Loi qui vient au ſecours de la nature, veut qu'il ſoit indiſſoluble. *Leg. 14. cod. de probation. Leg. 3. cod. de emancip. liberor. Leg. 9. cod. de patria poteſt.*

Enfin, lorſqu'un homme épouſe la perſonne dont il a joui pendant ſon mariage, les enfans nés après la diſſolution de ce mariage, ne laiſſent pas d'être légitimes, pourvû qu'il n'y ait point eu pendant le premier mariage ni conſpiration de mort, ni foi donnée, comme il a été jugé au Parlement de Di-jon par Arrêt du 29. Avril 1664. rapporté par Tai-ſand, ſur la Coutume de Bourgogne , titre 8. arti-cle 3. nombre 3. parce que l'adultere n'eſt point un empêchement au mariage, ſi ce n'eſt dans les deux cas énoncés ci-deſſus. *Voyez* ce que j'ai dit à ce ſujet, *verbo* Adultere. page 77.

Au reſte, on ne peut point demander à faire preu-ve par témoins de ſon état de légitime, lorſque l'on n'a point d'extrait baptiſtaire, ni d'autre commen-cement de preuve par écrit, & que l'on n'allégue point la perte des Regiſtres de baptême, comme il a été jugé par Arrêt du Parlement de Paris du 19. Mars 1691. rapporté dans le Journal des Au-diences. *Voyez* Filiation. *Voyez* Queſtion d'Etat.

Touchant les queſtions expliquées ci-deſſus, voyez les Auteurs que j'ai cités à la fin du mot *Naiſſance.*

LEGITIME EN FAIT DE SUCCESSION , eſt une portion de l'hérédité qui eſt dûe aux enfans nés en légitime mariage, par le droit naturel, dans les biens de leurs pere & mere, ou autres aſcendans, & qui eſt définie par la Loi, au préjudice de quoi

il ne peut valablement diſpoſer de leurs biens ; à moins que les enfans n'ayent mérité d'être ex-hérédés.

La légitime eſt donc dûe aux enfans par le droit naturel; ainſi les peres & meres ne les en peu-vent priver, ſi ce n'eſt pour une juſte cauſe d'ex-hérédation.

En effet , la nature oblige les aſcendans à faire ſubſiſter ceux à qui ils ont donné l'être ; & il n'y a point d'animaux qui ne ſoient d'eux-mêmes por-tés à ſubir cette loi : autrement la nature ſeroit imparfaite en ſoi , de produire inutilement un être qui ne pourroit ſubſiſter de lui-même, ſi elle n'obligeoit ceux du miniſtere deſquels elle s'eſt ſervie, à lui procurer ce qui eſt néceſſaire pour ſa conſervation.

Le pouvoir qui eſt donné aux peres & meres par les Loix civiles, de réduire leurs enfans à leur légi-time, eſt fondé ſur ce qu'il ne ſeroit pas juſte que les peres & meres qui ont travaillé pour amaſſer & conſerver leurs biens, fuſſent aſſujettis à la dure né-ceſſité , de ne pouvoir entre leurs enfans exercer une pleine & entiere liberalité envers ceux qui s'en ſeroient rendus dignes ; & de n'admettre à leurs ſucceſſions ceux qui auroient démérité envers eux, que juſqu'à une certaine portion de leurs biens.

C'eſt une ſage invention des Légiſlateurs, qui fournit une eſpece de remede aux maux des famil-les , & qui en même tems fournit à un pere indigné de la déſobéiſſance de ſes enfans, ou de leur mau-vaiſe conduite, un moyen de s'en venger.

Ainſi la faculté de reſtreindre un enfant à ſa légi-time, le doit exciter à mériter les bonnes graces de ſes pere & mere , par ſon obéiſſance & par ſa bonne conduite, dans la crainte d'être privé d'une partie de leur ſucceſſion, s'il manquoit à ſon de-voir, ou s'il ſe donnoit dans le déréglement.

La légitime, quoique dûe par le droit naturel quant à ſa ſubſtance, eſt de droit civil quant à ſa quotité ; c'eſt pourquoi elle eſt différente ſuivant les différens lieux: ce qu'il y a, c'eſt qu'en quelque-lieu que ce ſoit, la légitime ne s'eſtime que dé-duction faite des dettes & des frais funéraires.

Suivant la Coutume de Paris, art. 298. la légi-time eſt la moitié de telle part & portion que cha-que enfant eût eue dans la ſucceſſion de ſes pere & mere, ayeul ou ayeule, ou autres aſcendans, s'ils n'avoient pas diſpoſé de leurs biens à leur préjudice.

Par le droit des Novelles, la légitime eſt le tiers de la portion que chaque enfant auroit eue *ab inteſtat*, dans la ſucceſſion de ſes pere & mere, ou autres aſcendans, au cas qu'il n'y ait que quatre enfans ou moins venans à leurs ſucceſſions ; mais quand il y en a plus de quatre, la légitime de cha-cun de ceux qui viennent à la ſucceſſion, eſt la moitié de la part & portion qu'il en auroit pû avoir, ſi celui de la ſucceſſion duquel il s'agit n'en avoit diſpoſé autrement, *Novella de triente & ſe-miſſe*, qui eſt obſervée en Pays de Droit écrit.

Quand il y a pluſieurs enfans qui ont été avan-tagés par leur pere ou par leur mere, & qu'il y en a d'autres qui n'ont pas leur légitime, c'eſt le der-nier avantagé qui paye la légitime lui ſeul ; ſauf près le payement, s'il n'a pas fa légitime, à la demander à celui qui a été immédiatement avant lui avantagé, & lui de même en remontant de la forte. *Voyez* ce que j'ai dit ci-deſſus en parlant de la donation inofficieuſe.

Pour qu'un teſtament ſoit valable, il ne ſuffit pas en pays de droit écrit, que le teſtateur faſſe des legs à ſes enfans, quand bien même ſes legs excéderoient leur légitime; il faut qu'elle leur ſoit laiſſée à titre d'inſtitution, ainſi que l'a ordonné l'Empéreur Juſtinien par ſa Novelle 115. chap. 3. parce que l'inſtitution eſt un titre d'honneur, dont aucun des enfans ne doit être privé ſans cauſe légitime.

Cependant on diſtingue dans les Parlemens de Toulouſe & de Bourdeaux, ſi l'héritier univerſel eſt un des enfans du teſtateur, ou un étranger: au premier cas, il n'eſt pas néceſſaire de laiſſer la légitime aux autres enfans à titre d'inſtitution; mais au ſecond cas, il le faut néceſſairement pour que le teſtament ſubſiſte. *Voyez* ce qu'a dit à ce ſujet le Commentateur d'Henrys, tome 1. livre 5. qu. 10. *Voyez* auſſi l'article 50. & les onze ſuivans de l'Ordonnance des Teſtamens du mois d'Août 735.

La légitime ne peut être chargée de ſubſtitution, comme il a été jugé par Arrêt du 30. Juin 1678. rapporté dans le Journal du Palais. En effet, la légitime appartient aux enfans en pleine propriété, & ne peut être grevée d'aucun fidéicommis, charge ni condition, *juxta legem 30. & legem 32. cod. de inoffic. teſtam. ad quas Mornacium vide.* *Voyez* auſſi dans le Journal du Palais l'Arrêt que je viens de citer.

La légitime peut ordinairement être demandée en corps héréditaires; mais ſi c'eſt ſur les Marquiſats, les Comtés, & autres Terres de grande dignité, pour empêcher le démembrement, les enfans peuvent alors être contraints de recevoir leur légitime en deniers, ou autres effets de la ſucceſſion. *Voyez* Henrys, tome 2. liv. 5. queſtion 33.

Il faut dans la régle que les enfans ſe portent héritiers de leur pere ou de leur mere, pour pouvoir prétendre la légitime de leur ſucceſſion.

Mais cette régle ceſſe quand un pere ou une mere, après avoir fait des donations conſidérables au profit d'un de leurs enfans ou d'un étranger, contractent des dettes qui excédent la valeur de ce qui leur reſte de biens; alors les enfans qui ſont révoquer les donations juſqu'à la concurrence de leur légitime, ne doivent point prendre cette légitime en qualité d'héritiers, & on leur permet de la prendre ſur les biens donnés, quoiqu'ils renoncent à la ſucceſſion.

Enfin il faut remarquer que l'inſtitution de choſe particuliere, quelque modique qu'elle ſoit, eſt ſuffiſante pour empêcher la nullité du teſtament des pere & mere ou autres aſcendans pour cauſe de prétérition; puiſque celui qui eſt inſtitué n'eſt pas prétérit, & il n'eſt en droit de ſe pourvoir que pour demander le ſupplément de ſa légitime: *Actio enim ad ſupplementum legitimæ eam ſufficienter replet. Voyez* Supplément de légitime.

La légitime étant une portion de la ſucceſſion des peres & meres qui doit revenir aux enfans, ils ne la peuvent demander de leur vivant, quelque diſſipation qu'ils faſſent de leurs biens, *ſi quidem non eſt viventis hæreditas.* Mais les peres & meres ne peuvent préjudicier à la légitime de leurs enfans par aucune diſpoſition de derniere volonté.

La légitime ſaiſit ceux qui ont droit de la demander, parce qu'elle eſt conſidérée comme une portion de la ſucceſſion du pere ou de la mere où les ſucceſſions ſaiſiſſent les héritiers. D'où il s'enſuit 1°. Que l'action pour demander la légitime, ou le ſupplément de la légitime, paſſe aux héritiers, ſoit deſcendans, ſoit collatéraux, lorſque l'enfant eſt décédé ſans avoir fait la demande. II°. Que les enfans ne ſont pas tenus d'en faire la demande aux héritiers, mais qu'ils peuvent former la complainte & provoquer directement le partage. *In Gallia filius non tenetur, venire per actionem ſupplementi, ſed eſt ſaiſitus de ſua legitima, & habet intereſſe, pour rectâ demander partage & ſequeſtre in caſu moræ,* dit M. Charles Dumoulin, ſur l'article 3. du titre 18. de la Coutume de Berry.

L'action de la légitime dure trente ans, *Leg. 2. verſiculo, ſed ſine pro ſe, cod. de conſtit. pecun.* Il en eſt de même de l'action pour le ſupplément de la légitime. M. le Prêtre, dans ſes Arrêts de la Cinquiéme, en rapporte un du 15. Décembre 1612. qui l'a ainſi jugé. *V.* Henrys, tom. 1. liv. 4. chap. 6. qu. 76. Et ces trente ans ſe comptent du jour du décès du pere & de la mere; en ſorte que la nourriture que le légitimaire auroit priſe dans la maiſon de l'héritier de ſon pere ou de ſa mere, n'interromproit point la preſcription, comme il a été jugé par Arrêt du Parlement de Bourdeaux, le 21. Mars 1673. rapporté par la Peyrere, édition de 1706. lettre L, n. 94. *Voyez* cependant d'Olive, liv. 5. chap. 31.

On demande ſi le fils inſtitué héritier, peut diſtraire la falcidie & ſa légitime? Le Parlement de Bourdeaux juge l'affirmative; tous les autres Parlemens jugent pour la négative.

Voyez, touchant la légitime, ce que j'en ai dit dans ma Traduction des Inſtitutes, ſur le §. dernier du titre 18. du ſecond livre, & ce que j'ai dit ſur l'article 298. de la Coutume de Paris. *Voyez* auſſi le Recueil alphabétique de M. Bretonnier, *verbo* Teſtament, vers la fin.

Voici les articles de la Déclaration du mois de Février 1731. qui regardent la légitime des enfans.

Art. XXXIV. » Si les biens que le donateur aura
» laiſſé en mourant ſans en avoir diſpoſé, ou ſans
» l'avoir fait autrement que par des diſpoſitions de
» derniere volonté, ne ſuffiſent pas pour fournir la
» légitime des enfans, eu égard à la totalité des
» biens compris dans les donations entre-vifs par
» lui faites & de ceux qui n'y ſont pas renfermés,
» ladite légitime ſera priſe, premiérement ſur la
» derniere donation, & ſubſidiairement ſur les au-
» tres, en remontant des dernieres aux premieres;
» & en cas qu'un ou pluſieurs des donataires ſoient
» du nombre des enfans du donateur, qui auroient

» en droit de demander leur légitime fans la dona-
» tion qui leur a été faite, ils retiendront les biens
» à eux donnés jufqu'à concurrence de la valeur
» de leur légitime, & ils ne feront tenus de la le-
» gitime des autres que pour l'excédent.

Art. XXXV. » La dot, même celle qui aura été
» fournie en deniers, fera pareillement fujette au
» retranchement pour la légitime dans l'ordre
» prefcrit par l'Article précédent: ce qui aura lieu,
» foit que la légitime foit demandée pendant la
» vie du mari, ou qu'elle ne le foit qu'après fa
» mort, & quand il auroit joui de la dot pendant
» plus de trente ans, ou quand même la fille do-
» tée auroit renoncé à la fucceffion par fon con-
» trat de mariage ou autrement, ou qu'elle en fe-
» roit excluse de droit, fuivant la difpofition des
» Loix, Coutumes ou Ufages.

Art. XXXVI. » Dans le cas où la donation des
» biens préfens & à venir, pour le tout ou pour
» partie, a été autorifée par l'Art. xvii, fi elle
» comprend la totalité des biens préfens & à venir,
» le donataire fera tenu indéfiniment de payer les
» légitimes des enfans du donateur, foit qu'il en ait
» été chargé nommément par la donation, foit que
» cette charge n'y ait pas été exprimée; & lorfque
» la donation ne contiendra qu'une partie des biens
» préfens & à venir, le donataire ne fera obligé de
» payer lefdites légitimes au de-là de ce dont il en
» peut être tenu de droit. Suivant l'Article xxxiv,
» qu'en cas qu'il en ait été expreffément chargé par
» la donation, & non autrement; auquel cas d'ex-
» preffion de ladite charge, le donataire fera tenu
» directement & avant tous les autres donataires,
» quoique poftérieurs d'acquitter lefdites légiti-
» mes, pour la part & portion dont il aura été
» chargé dans la donation; & fi ladite portion n'y
» a pas été expreffément déterminée, elle demeu-
» rera fixée à telle & femblable portion, que cel-
» le pour laquelle les biens préfens & à venir fe
» trouveront compris dans la donation; fauf au
» Donataire, dans tous les cas portés par le préfent
» article, de renoncer, fi bon lui femble, à la
» donation.

Art. XXXVII. » Si néanmoins le donataire par
» contrat de mariage de la totalité ou de partie des
» biens préfens & à venir, déclare qu'il opte de
» s'en tenir aux biens qui appartenoient au dona-
» teur au tems de la donation, & qu'il renonce
» aux biens poftérieurement acquis par ledit dona-
» teur, fuivant la faculté qui lui eft accordée par
» l'Article xvii, les légitimes des enfans fe pren-
» dront fur lefdits biens poftérieurement acquis,
» s'ils fuffifent; finon ce qui s'en manquera fera
» pris fur tous les biens qui appartenoient au dona-
» teur dans le tems de la donation, fi elle com-
» prend la totalité defdits biens; & en cas que la
» donation ne foit que d'une partie des biens, &
» qu'il y ait plufieurs donataires, la difpofition de
» l'Article xxxiv. fera obfervée entr'eux, felon
» fa forme & teneur.

Art. XXXVIII. » La prefcription ne pourra
» commencer à courir en faveur des donataires
» contre les légitimaires, que du jour de la mort

» de ceux fur les biens defquels la légitime fera
» demandée.

LÉGITIME des ascendans, n'a lieu en
pays coutumier. Soefve, tom. 2. cent. 4. chap. 93.
Cette régle ne paroît pas déraifonnable; car la fucceffion des defcendans n'eft déferée aux afcendans
que *turbato mortalitatis ordine*, contre l'ordre de
la nature & l'ordre des chofes, pour le feul foulagement de la douleur qu'ils ont reçue de la mort
prématurée de leurs enfans. Ainfi il ne leur eft point
dû de légitime fur les biens de leurs enfans, *ex voto
naturæ*. Mais à l'égard des enfans, on peut dire
que la légitime leur eft dûe par le droit naturel,
comme nous l'avons fait voir fur l'art. précédent.

En pays de Droit écrit, la légitime eft dûe aux
afcendans, lorfqu'un fils décédé fans enfans, &
laiffe pere & mere, ou l'un des deux, ou à leur défaut laiffe d'autres afcendans, & cette légitime
eft le tiers de toute la fucceffion.

Il faut cependant obferver qu'aux Parlemens de
Paris & de Touloufe, il y a une Jurifprudence particuliere à cet égard; car quand il y a des freres &
fœurs du défunt, ils font admis avec les afcendans
à fa fucceffion.

Au Parlement de Paris, on juge que la légitime
des afcendans n'eft que le tiers de la portion qu'ils
auroient eu *ab inteftat*, lorfque le défunt a laiffé
des freres & fœurs, qui font admis conjointement à la fucceffion avec eux.

Au Parlement de Touloufe, on diftingue; fi les
freres ou les fœurs ont été inftitués héritiers par le
défunt, on ne donne aux afcendans pour leur légitime que le tiers de leur portion héréditaire;
mais fi le défunt n'a inftitué que des étrangers,
on donne alors pour légitime aux afcendans le
bien de toute la fucceffion.

Touchant la légitime des afcendans, *voyez* Henrys, tome 3. livre 6. chap. 5. queft. 16.

LÉGITIME coutumiere. *Voyez* quatre quints.

LÉGITIMER, c'eft rendre un enfant né
hors le mariage, capable de fuccéder à ces parens,
& de pofféder des Bénéfices eccléfiaftiques dans
le Royaume, de même que les enfans nés d'un
mariage légitime.

La légitimation fe fait ou par fubféquent mariage ou par lettre du Prince; mais ces deux fortes
de légitimations ont des effets bien différens.

Celle qui fe fait par fubféquent mariage, eft
appellée légitimation de droit, & rend celui qui
eft légitime femblable à ceux qui font nés en
légitime mariage, en forte qu'il n'y a aucune
différence entr'eux.

La raifon eft, que la conjonction prématurée des
pere & mere de l'enfant né avant leur mariage, fe
trouve autorifée par la dignité de ce Sacrement dont
elle a été fuivie, & que le même Sacrement a corrigé le vice originel de la conception de cet enfant.
Voyez le douziéme tome des Caufes célébres,
pag. 228. & fur tout pag. 248. & fuivantes.

Le légitimé par mariage fubféquent a donc les
mêmes droits, avantages & prérogatives, que celui qui eft légitime dès fa naiffance. Il fuccéde à
fes pere & mere, & à tous fes autres parens in-
diftinctement

distinctement, de même que ceux qui font nés *conftante matrimonio. Vide capitulum Tentavis , extra qui filii funt legitimi.*

Il jouit même du droit d'aîneffe , à l'exclusion de ceux qui feroient nés après lui pendant le mariage de fes pere & mere , mais non pas au préjudice d'un enfant qui feroit né d'un mariage légitime contracté depuis leur naiffance , & avant leur légitimation , c'eft-à-dire , avant le mariage fubféquent de leurs pere & mere. *Ratio eft , quia legitimatio quæ fit per fubfequens matrimonium nunquam retrotrahitur ad tempus nativitatis liberorum in præjudicium aliorum , quibus fcilicet jus erat quæfitum ante patris & matris liberorum matrimonium , quod eft fubfequuta illorum legitimationis caufa. Voyez* ce que j'ai dit ci-deffus *verbo* Aîné.

A l'exception de cet article , les enfans légitimés par mariage fubféquent , font tellement égalés aux enfans nés légitimes , Iº. Que les enfans légitimés de cette maniere fuccédent non-feulement à leurs pere & mere , mais encore à tous leurs autres parens , comme s'ils étoient nés légitimes.

IIº. Ils font ceffer la condition *fi fine liberis decefferit* , appofée à un fidéicommis. Peleus , qu. 36.

IIIº. Ils font compris dans la fubftitution réciproque des enfans , faite en terme généraux.

IV. Dans les Coutumes qui défirent une égalité abfolue entre les enfans , il eft certain que l'enfant ainfi légitimé , à qui fon pere auroit fait fa part, pourroit demander un partage égal. Dans les autres Coutumes , le légitimé par le mariage fubféquent a droit de légitime contre des enfans nés d'un autre mariage précédent , & intermédiaire.

Vº. Si le bâtard décede avant le mariage de fa mere , & laiffe des enfans légitimes , ce mariage fubféquent , contracté après la mort de leur pere, qui étoit bâtard de ceux qui fe marient , rend ces enfans capables de fuccéder à leur ayeul.

VIº. Si le pere ou la mere des bâtards ont fait des donations à des étrangers , & qu'après cela ils viennent à fe marier enfemble , ces donations font révoquées de plein droit , de même que par la naiffance des enfans légitimes , quoique les bâtards fuffent nés dans le tems que les donations ont été faites : ce qui fe trouve confirmé par l'article 39. de l'Ordonnance publiée au fujet des donations, l'an 1731.

Sur toutes ces décifions , *voyez* M. le Brun , en fon Traité des Succeffions , liv. 1. chap. 2. fect. 1. diftinction 1. nombre 16. jufqu'à la fin de cette diftinction.

La légitimation par fubféquent mariage requiert deux conditions.

La premiere , que le pere & la mere ayent été libres & ayent pû fe marier enfemble au tems de la conception de l'enfant , au tems de fa naiffance , & au tems intermédiaire.

La deuxieme , que le mariage ait été célébré en face d'Eglife avec les formalités ordinaires : car ce n'eft que la bénédiction nuptiale qui opere la légitimation des enfans nés auparavant. Ainfi jugé par Arrêt du Parlement de Rouen du 9. Décembre 1604. rapporté par M. Brillon , une fille fut décarée illégi-

Tome II.

time , quoique depuis fa naiffance fon pere ait été fiancé avec fa mere , n'ayant pû , étant mort avant que d'être allé à l'Eglife , recevoir la bénédiction nuptiale , quoiqu'il l'eût reconnue pour fa fille , & qu'il eût reçu la dot & en eût donné quittance. Cet Arrêt eft femblable à un autre rapporté dans la Bibliotheque canonique , tome 2. pag. 271. col. 1.

La légitimation qui fe fait par Lettres du Prince , eft appellée légitimation de grace , qui a bien moins de force & d'étendue que la légitimation de droit dont nous venons de parler , puifque cette légitimation de grace ne produit aujourd'hui d'autre effet que de couvrir le vice de la naiffance de celui qui eft ainfi légitimé , comme nous le dirons dans la fuite.

Le droit de légitimer les bâtards , en leur donnant des Lettres de légitimation ; eft un droit de Souveraineté qui ne peut jamais appartenir qu'au Roi , & elles doivent être obtenues du confentement de leur pere.

Ces Lettres portent , que celui qui les impetre eft déclaré capable de fuccéder à fes parens , tant en ligne directe que collatérale. Elles doivent être enrégiftrées au Parlement & en la Chambre des Comptes.

Elles donnoient autrefois aux bâtards le droit de fuccéder à leurs parens qui avoient confenti à leur légitimation , comme l'a remarqué Chaffanée fur la Coutume de Bourgogne , titre des bâtards , §. 3. Mais les derniers Arrêts ont jugé que les bâtards légitimés par Lettres du Prince , font incapable de fuccéder à aucun de feurs parens , & même de toutes difpofitions univerfelles faites à leur profit par leurs pere & mere , comme de legs univerfels ; ce qui paroît fondé fur l'honnêteté publique , parce que le droit de fuccéder *ab inteftat* eft l'effet de la dignité du Sacrement de mariage. *Voyez* Brodeau fur Louet , lett. S , chap. 7.

Ces Lettres font donc prefqu'inutiles , & ne fervent qu'à couvrir le vice de leur naiffance , & n'affurent leur état qu'à l'effet de les rendre capables des honneurs , dont les bâtards font abfolument incapables & inhabiles par la Loi générale du Royaume ; mais ces Lettres ne les rendent pas habiles à fuccéder *ab inteftat* : ils n'acquierent que le droit de porter le nom & les armes de leur pere , encore faut-il qu'il y ait une barre dans les armes pour les diftinguer des enfans légitimes , ou légitimés par mariage fubféquent.

C'eft auffi ce que M. Talon , Avocat général , a foutenu en la caufe de M. le Duc d'Elbeuf , & de M. le Duc de Vendôme , défendeur , jugée en la Grand'Chambre , par Arrêt du 13. Juin 1651. Brodeau , à l'endroit cité , n. 7.

Pour ce qui eft de la légitimation , ou plutôt de la difpenfe à l'effet de pouvoir être promû aux Ordres , & de poff'éder des Bénéfices , nonobftant le défaut de naiffance , il fe faut pourvoir en la Jurifdiction eccléfiaftique.

Suivant ce que nous avons dit ci-deffus , il n'y a que les bâtards nés *ex foluto & foluta* , qui puiffent être légitimés par fubféquent mariage.

A l'égard des bâtards adultérins , ils ne peuvent

O

être légitimés par subséquent mariage, suivant la disposition du Droit civil & du Droit canon. L'article 180 de la Coutume de Troyes le porte implicitement. La raison est, que cette légitimation n'est fondée que sur une fiction de Droit; on suppose que le pere & la mere étoient mariés lors de la conception du bâtard: or on ne peut pas feindre qu'un homme, par exemple, qui avoit une autre femme, fût en même tems mariée à la mere du bâtard lorsqu'il a été conçu, sans feindre en même tems qu'il a eu deux femmes à la fois, ce qui seroit encore plus criminel qu'un simple adultere.

Elizabeth Fiorelli fille de Tiberio Fiorelli, dit Scaramouche, de l'ancienne Comédie Italienne & de Marie Duval, fut déclaré illégitime par Arrêt du 4. Juin 1697. rapporté par M. Augeard, tom. 1. chap. 2. nonobstant le mariage subséquent de son pere & de sa mere, parce que la premiere femme du Comédien vivoit encore dans le tems de la naissance de cette fille. On auroit jugé de la même maniere, quand même cette fille seroit née après à la mort d'Elizabeth del Campo, premiere femme de Fiorelli, si le commerce du Comédien avec Marie Duval, dont cette fille étoit née, avoit précédé la mort de la premiere femme, parce que le tems de la conception qui doit servir de regle, la rendoit adulterine.

Pour ce qui est des bâtards incestueux, quelque Auteurs ont prétendu qu'ils ne sont pas légitimés par le mariage subséquent, quand même le pere & la mere obtiendroient une dispense pour se marier ensemble. Pour moi je crois que dans ce cas les enfans sont légitimes; c'est aussi l'avis de M. le Brun, en son Traité des Successions, liv. 1. chap. 2. sect. 1. distinct. 1. nomb. 12. Ainsi, quoique l'on ait commencé ab illicitis, le mariage subséquent contracté avec dispense, légitime donc les enfans nés d'une conjonction incestueuse.

En effet, le mariage contracté avec dispense de parenté, efface toutes les taches de la naissance; parce qu'au tems de la conception des enfans qui sont nés avant le mariage, il n'y avoit qu'un empêchement de parenté au mariage de leurs pere & mere, lequel empêchement est levé par la dispense qui a un effet rétroactif.

Il n'en seroit pas de même s'il y avoit eu une impossibilité à leur mariage, c'est-à-dire, que les pere & mere n'eussent pû en aucune maniere se marier ensemble lors de la conception des enfans: car en ce cas, le mariage qui surviendroit depuis, ne les légimeroit pas.

C'est aussi la raison pour laquelle quand un homme marié a des enfans d'une autre femme que de la sienne, ces enfans ne sont pas légitimés par le mariage qu'il contracte avec la mere de ces enfans après la mort de sa femme, parce que, comme nous avons déja dit, on ne peut jamais avoir droit d'avoir en même tems deux femmes: ainsi on ne peut pas feindre qu'au tems de la conception de ces enfans, leur mere ait été la légitime épouse de celui qui en est le pere, & qui étoit alors uni à une autre femme par un mariage légitime.

On demande, si pour que les bâtards incestueux soient légitimés par mariage subséquent, & pour que ce mariage efface le vice de la naissance de ces enfans, il est nécessaire qu'il y ait dans la dispense du Pape, une clause précise pour opérer cette légitimation?

Il faut dire, que quoique cette clause soit pour l'ordinaire insérée dans les dispenses de parenté, lorsqu'il y a des enfans procréés auparavant, néanmoins cette clause est inutile parmi nous quant aux successions, & que le droit de succéder est une conséquence naturelle de la légitimation par mariage subséquent avec dispense de parenté. D'ailleurs, il n'appartient pas à la Cour de Rome de rendre les sujets du Roi capables ou incapables de successions. C'est un des points des Libertés de l'Eglise Gallicane, comme le fait voir M. le Brun, en son Traité des Successions, livre 1. chapitre 11. section 1. distinct. 1. nomb. 11.

Touchant la légitimation, voyez ce qui en est dit dans Henrys, tom. 3. liv. 6. chap. 5. quest. 27.

LEGITIMITÉ, est l'état, la qualité d'un enfant qui est légitime.

LEGS, est une espece de donation faite à quelqu'un par testament ou par codicile, & dont la délivrance doit être demandée à l'héritier.

Voyez le titre 20. du Livre second des Institutes, & ce que nous avons dit ci-dessus verbo Légataire. Voyez aussi Bacquet, des Droits de Justice, chapitre 8. nombre 21. & suivans; & mes Paratitles du Digeste, sur le trentieme livre & sur les cinq suivans. Nous allons seulement donner ici les principes généraux qui concernent cette matiere.

Celui qui a l'âge requis pour disposer de ses biens par derniere volonté, & qui n'a point d'empêchement naturel ou civil qui y mette obstacle, peut disposer par testament ou par codicile de tous ses meubles, acquêts & conquêts immeubles, & du quint de ses propres, en pays coutumier, soit par un seul legs fait à une personne capable, soit par plusieurs & différens legs.

Les actions qui sont accordées aux légataires, pour avoir la délivrance de leurs legs, sont semblables aux actions héréditaires, dont il est parlé ici sous la lettre A. Voyez aussi Ricard, en son Traité des Donations, partie 2. chapitre 1. section 4.

Le légataire qui demande la délivrance de son legs, conclut contre l'héritier, à ce qu'attendu sa qualité d'héritier, il soit tenu de lui faire la délivrance de telle chose, ou de lui payer telle chose qui lui a été donnée par le testament ou codicile du défunt. Et en outre il conclut aux intérêts du jour de la demande, si c'est une somme d'argent; ou aux dommages & intérêts, si c'est une chose dont le retard de la délivrance empêche le légataire de jouir.

Les legs même universels sont sujets à délivrance; & tout légataire la doit demander au lieu où est le domicile du défendeur qui est l'héritier du défunt. Papon, liv. 20. tit. 5. nomb. 1.

Le légataire qui au tems de la mort du testateur se trouve saisi de la chose à lui léguée, en doit demander la délivrance à l'héritier, à l'effet qu'il soit tenu de le mettre en possession de la chose léguée, *fictione brevis manus*, fans rien déplacer. Maynard, liv. 7. chap. 1.

La marque la plus effentielle & la moins fujette à retour de l'acceptation d'un legs, eft la deman-de en délivrance qui en eft faite par le légataire.

Quand deux chofes font léguées alternative-ment, le choix appartient au légataire, & non à l'héritier, comme nous l'avons dit fur le §. 22. du titre 20. du fecond Liv. des Inftitutes.

La faveur des dernieres volontés fait que quand il s'y rencontre quelque doute, l'interprétation s'en doit faire de maniere qu'elle ait fon exécution dans toute fon étendue. *Voyez* Dupineau, livre 2. des Arrêts, chap. 12. & Mornac, *ad legem 70. ff. de jure dotium.*

Si un teftateur a légué quelques meubles & quelque fomme de deniers, à la charge de payer certaine dette, laquelle auroit été depuis acquittée par le teftateur, cette dette ne doit point être dé-duite fur le legs, parce que le teftateur eft préfu-mé avoir voulu augmenter le legs en payant cette dette. Charondas, liv. 9. rép. 69.

Dans le cas d'un legs conçu en ces termes : *Je donne à un tel mille écus, que mes héritiers payeront en argent ou bien lui en feront la rente pendant fa vie à leur volonté ;* fi les héritiers optent de faire au légataire la rente de cette fomme, ils la doivent faire annuelle & perpétuelle au denier vingt, & non viagere. Ainfi jugé par Arrêt rendu en la Grand-Chambre le 27. Mai 1710. rapporté par M. Augeard, tome 3. Arrêt 96.

Un teftateur peut léguer, non feulement les cho-fes qui lui appartiennent où à fon héritier, mais auffi celles qui appartiennent ou à autrui, au cas que le teftateur ait connoiffance qu'elles ne lui appar-tiennent pas. *Voyez* ce que j'ai dit fur le §. 4. du même titre. *Voyez* auffi Henrys, tom. 1. liv. 5. chap. 4. queft. 43. & Ricard, des Donations entre-vifs, part. 2. chap. 4. nomb. 164. & fuivans.

Legs fait à perfonnes incertaines, ou à une Communauté ou Confrérie non approuvée par Lettres Patentes du Roi vérifiées en la Cour, ne font pas valables. Soefve, tom. 1. cent. 2. chap. 15.

Lorfque la même chofe a été léguée à plufieurs perfonnes qui font Jointes par la chofe feulement ou par la chofe & par les paroles, la part de celui des légataires qui n'accepte point le legs, accroît aux autres, comme je l'ai dit *verbo* Accroiffement, & dans ma Traduction des Inftitutes, fur le §. 8. du titre 20. du fecond Livre.

Il y a deux fortes de legs ; fçavoir, les legs univerfels & les particuliers.

LEGS UNIVERSEL, eft celui qui eft fait de tous biens, ou de tout un genre de biens, comme de tous meubles & acquêts, ou d'une partie & quotité, fans autre fpécification particuliere, comme du quint des propres ; ou du quart ou au-tre quotité de tous meubles & acquêts ; ce qu'on appelle legs univerfel par quotité.

On demande fi dans un legs univerfel de meu-bles, eft compris l'or & l'argent monnoyé ?

Il faut diftinguer, fi le teftateur légue tous les meubles qu'il a, *de quelque nature & qualité qu'ils*

foient, l'or & l'argent monnoyé y fera compris ; à moins qu'ils n'euffent été deftinés par le teftateur à quelque acquifition. *Voyez* l'Arrêt du 8. Février 1624. rapporté dans le Journal des Audiences.

Si au contraire le teftateur a dit fimplement, je légue tous mes meubles, fans ajouter, *de quelque nature & qualité qu'ils foient*, il n'y aura que les meubles meublans, & ceux qui fervent à l'ufage ordinaire, que l'on appelle *fuppellectilia*, comme font les lits, les tables, les armoires, les tapiffe-ries, les uftenfiles de cuifine, &c. même la vaif-felle d'argent. *Leg. 9. §. 1. ff. de fuppellectile legatâ, Voyez* l'arrêt du 27. Avril 1626. rapporté dans le Journal des Audiences.

Dans le legs univerfel des meubles, font com-pris les beftiaux de toute efpéce, & les harnois qui fervent à la culture des terres, même juf-qu'aux Efclaves Négres dans l'Ifle de Saint Do-mingue en Amérique, fuivant un Acte de noto-riété de M. le Lieutenant civil du Châtelet de Pa-ris, du premier Novembre 1705.

Le legs univerfel eft fujet à délivrance, même en pays coutumier, où l'inftitution d'héritier n'a point lieu. Le légataire univerfel de tous les biens dont le teftateur a pû difpofer, y tient lieu d'hé-ritier en plufieurs chofes, quoiqu'il ne le foit pas véritablement.

Il eft donc tenu de payer tous les legs parti-culiers du fonds de la fucceffion, les dettes payées ; mais il n'eft tenu des dettes que jufqu'à concur-rence de ce qu'il amende de la fucceffion, pour-vû qu'il ait fait inventaire des biens délaiffés par le défunt.

Quoiqu'il tienne la place de l'héritier, & qu'il le repréfente, il n'a pas befoin d'obtenir des Let-tres de bénéfice d'inventaire, pour n'être tenu des dettes du défunt que jufqu'à concurrence.

La raifon eft, qu'il n'y a point de confufion de patrimoines & de biens du teftateur ; & du léga-taire univerfel, ce légataire étant obligé de de-mander la délivrance de fon legs à l'héritier *ab in-teftat* du défunt.

LEGS PARTICULIER, eft celui qui fe fait d'une chofe laiffée au légataire à titre particulier.

Il y en a de deux fortes ; fçavoir, le legs d'une fomme de deniers, & le legs en efpece de quelque corps certain, comme d'un tel tableau, d'une telle tapifferie, d'un tel meuble meublant, ou d'un tel héritage fpécifié & défigné.

Les legs particuliers différent beaucoup des legs univerfels, en ce que les legs univerfels mettent ceux qui les reçoivent au lieu & place de l'héri-tiers, les obligent de payer les dettes héréditaires, tant mobiliaires qu'immobiliaires, chacun à pro-portion de l'émolument qu'il retire de libéralité du teftateur. *Voyez* ce que j'ai dit fur l'article 334. de la Coutume de Paris.

Mais les légataires particuliers ne font tenus d'aucunes dettes ; *Leg. creditores eod. de hæredit. actionib.* quand même la chofe léguée auroit été fpécialement obligée & affectée pour le paye-ment d'une dette ; & au cas qu'ils foient pourfui-vis par les créanciers du défunt, ils ont leur recours contre l'héritier, lequel eſt tenu de les en acquitter & garantir, & faire jouir paiſiblement & ſans inquiétation de leur legs.

Toutefois les légataires particuliers ſont tenus des charges anciennes, rentes foncieres & redevances annuelles, dont les héritages qui leur ſont légués ſe trouvent chargés. Ils ſont auſſi obligés de payer les droits ſeigneuriaux, à raiſon de la mutation du vaſſal, qui ſe fait en leur perſonne.

Au reſte, on peut être dans une même Coutume légataire univerſel & légataire particulier. Soefve, tome 1. centurie 3. chap. 10. Journal des Audiences, tom. 1. liv. 5. chap. 41. Ricard, des Donations entre-vifs, part. 1. chap. 3. ſect. 15. nomb. 658.

LEGS DES CHOSES MOBILIAIRES, ne comprend que ce que vraiſemblablement le teſtateur a voulu y être compris. D'où il s'enſuit:

Iº. Que le legs de meubles qui ſont dans une telle maiſon, ne comprend pas les grains qui s'y trouvent appartenans au teſtateur. Ainſi jugé par Arrêt du Parlement de Toulouſe du 22. Mars 1628. rapporté par M. Dolive, liv. 5. chap. 21.

IIº. Que l'argent comptant, les cédules, promeſſes, obligations, en un mot les dettes actives mobiliaires du teſtateur ne ſont pas compriſes dans le legs qu'il auroit fait de ſes meubles, comme il a été jugé par Arrêt du mois de Décembre 1590. rapporté par Montholon, chap. 65. & par Chopin de domanio, lib. 3. cap. 2. tit. 1. num. 1.

La raiſon eſt, que l'argent comptant n'a jamais été cenſé faire partie des meubles. Leg. Chorus; §. 1. ff. de Legat. III. D'ailleurs, les actes qui contiennent les dettes actives mobiliaires, ne ſont point mis en évidence comme les meubles. Il paroît que c'eſt la déciſion de la Loi Caïus, ff. de Legat. II. de la Loi Quæſtum, & de la Loi Uxorem, §. legaverat, ff. de legat. III.

Toutefois en un tel legs l'or & l'argent monnoyé y ſont compris, lorſqu'il paroît que telle a été la volonté du teſtateur; comme s'il a dit: je legue tous les meubles que j'ai en ma maiſon, de quelque nature & condition qu'ils ſoient. Paulus, lib. 3. ſententiarum, tit. 6. §. 60. comme il a été jugé par Arrêt du 8. Février 1624. rapporté dans le Journal des Audiences.

Le legs d'une boutique ne comprend pas les dettes dûes au défunt, pour raiſon de marchandiſes qui y ont été vendues. En effet, la boutique ne s'entend que des marchandiſes qui s'y trouvent en eſpece. Auſſi quand on fait l'eſtimation d'une boutique, on eſtime celles qui s'y trouvent; & pour les dettes qui ſont dûes au défunt pour la vente de ſes marchandiſes, l'eſtimation s'en fait à part; & celui qui achete la Boutique, n'achete pas pour cela les dettes, parce que c'eſt aux héritiers du défunt à en pourſuivre le payement. Charondas, livre 9. réponſe 22.

Au reſte le légataire de tous les meubles, à la charge de payer les dettes, n'en eſt tenu que juſqu'à la concurrence de l'inventaire, comme il a été jugé par Arrêt du 28. Mai 1626. rapporté dans le Journal des Audiences.

LEGS DE BIENS MEUBLES ET IMMEUBLES, ne comprend préciſement que les meubles [& les héritages qui appartenoient au défunt; mais non pas les droits & actions, qui étant une eſpece de biens différens des meubles & immeubles, ne ſont point cenſés en faire partie.

Mais ſi le teſtateur avoit légué ſimplement ſes biens, ſans ajouter meubles & immeubles, il n'y auroit pas de doute que les droits & actions du défunt y ſeroient compris. Voyez Maynard, livre 9. chapitre 37.

LEGS D'UNE CHOSE DUE AU TESTATEUR, n'eſt pas cenſé être fait de la ſomme qui lui eſt dûe, qui eſt une choſe corporelle; mais ſeulement de l'obligation en vertu de laquelle cette ſomme lui eſt dûe; §. 21. inſt. tit. de legat. C'eſt pourquoi s'il n'étoit rien dû au teſtateur, le legs ſeroit nul, comme étant fait d'une choſe non exiſtante.

Mais ſi la ſomme contenue dans l'obligation eſt dûe au teſtateur, & que le débiteur ne ſoit pas ſolvable, en ce cas l'héritier n'eſt pas tenu d'en faire les deniers bons au légataire; il ſuffit pour ſa décharge qu'il lui faſſe ceſſion & tranſport de ſes droits & actions, à l'effet de les pouvoir exercer contre le débiteur du défunt. Leg. 44. §. 6. ff. de legat. III. Juncto Cujacio ad leg. 75. & 10. ff. eod.

Cela eſt obſervé parmi nous, tant en pays coutumier qu'en pays de droit écrit.

LEGS QUI EXCEDE EN FAIT DE PROPRES CE DONT IL EST PERMIS PAR LA COUTUME DE DISPOSER, n'eſt pas nul; il eſt ſeulement reductible à la quantité dont il eſt permis de diſpoſer.

La Coutume de Paris nous permet de diſpoſer par derniere volonté du quint de nos propres; nous ne pouvons aller contre cette diſpoſition, & diſpoſer par de-là cette cinquieme partie, pour quelque cauſe que ce puiſſe être: c'eſt pourquoi cette Coutume en l'art. 292. ajoute, & non plus avant encore que ce fût pour cauſe pitoyable.

Ces propres ne ſe doivent entendre que des véritables, & non pas de ceux qui ne le ſont que par fiction, leſquels quant aux dernieres diſpoſitions ne ſont regardés que comme de véritables acquêts.

Ainſi une femme qui a ſtipulé que les deniers qu'elle a apporté en mariage ſeront employés en acquiſition d'héritages, pour lui ſortir nature de propre à elle & aux ſiens, de ſon eſtoc, côté & ligne, n'a pas moins de droit d'en diſpoſer par teſtament comme d'un acquêt, & même au profit de ſon mari, dans les Coutumes qui permettent aux conjoints par mariage de teſter en faveur l'un de l'autre.

En effet, cette ſtipulation n'a été faite que pour faire revenir ſes deniers dotaux, ou le remploi d'iceux à ceux de ſa famille, & empêcher qu'ils ne paſſent en celle de ſon mari. Mais cette ſtipulation ne doit pas lui être déſavantageuſe, & lui ôter la faculté de teſter.

Si le teſtateur a diſpoſé de tous ſes meubles, acquêts & conquêts immeubles, & de plus du quint de ſes propres, l'héritier peut, s'il veut, ſe contenter de prendre les quatre quints des propres, abandonner tous les autres biens aux légataires, les dettes toutefois préalablement payées , suivant l'art. 295. de la Coutume de Paris.

La plûpart de nos Coutumes contiennent une semblable difposition à celle de Paris , qui permet à chacun de difpofer par teftament de tous fes meubles , acquêts , immeubles, & reftraint la faculté de tefter de fes propres au quint , à l'effet d'en conferver les quatre quints aux héritiers qui font de la ligne d'où ils proviennent.

Mais il y a quelques Coutumes qui reftraignent la faculté de difpofer de fes propres au quart , & d'autres au tiers. Et en cela il faut fe conformer à la difpofition des Coutumes dans lefquelles font fitués les héritages.

Ce retranchement eft purement de droit coutumier , & a été introduit en faveur des parens du côté & ligne , d'où ces biens font échus.

Voyez ce que j'ai dit fur les art. 291. & 295. de la Coutume de Paris.

LEGS PAR ASSIGNAT , eft celui qui fe fait d'une fomme ou d'une rente à prendre fur un tel fonds; au lieu que les legs fimples & fans affignat font ceux qui fe font d'une fomme de deniers , ou d'une rente à prendre généralement fur tous les biens du teftateur , ou fans défigner fur quoi elle fera prife.

Voyez Affignat ; voyez auffi ce qui eft dit ici lett. T , au fujet des termes démonftratifs & limitatifs.

LEGS D'ALIMENS. Voyez Alimens dûs par la difpofition de l'homme.

LEGS PIEUX , eft celui qui eft fait ob piam caufam ; c'eft-à-dire , à un lieu confacré à Dieu , & deftiné aux bonnes œuvres , comme pour une Eglife , un Monaftere , un Hôpital , &c. & qui eft fait pour une fin bonne & pieufe : ainfi , pour qu'un legs foit pieux , il ne fuffit pas qu'il foit fait à une perfonne confacrée à Dieu ; il faut encore que la fin en foit pieufe.

Le legs pieux a plufieurs prérogatives , que les autres legs n'ont pas : Et in ejufmodi legatis voluntates teftatorum pleniffimam recipiunt interpretationem ; fur-tout quand ces legs font faits cum onere comme de fervices , ou de nourriture des pauvres, voyez Louet , lett. A , fomm. 12. & Henrys, tome 1. liv. 1. queft. 68.

Les legs qui font incertains par rapport à la perfonne à qui ils font faits , ou par rapport à la chofe leguée , font nuls ; mais quand ils font faits ob piam caufam , pour le rachat des captifs , ils font valables.

Il en eft de même du legs qu'une perfonne feroit en général pour le falut de fon ame , fans défigner ni fpécifier la chofe qu'il auroit intention de léguer ; comme fi un teftateur difoit fimplement ; je donne & legue pour le falut de mon ame , fans rien dire davantage ; en ce cas le legs feroit valable , & ce feroit à l'arbitrage du Juge de le rendre certain par rapport à la qualité du teftateur & à fes facultés.

Quoique la falcidie foit un bénéfice que le droit accorde à l'héritier , de pouvoir diftraire des legs ce qui excede les trois quarts du bien du teftateur,

& que cette quarte fe puiffe diftraire fur tous les legs , néanmoins la falcidie ceffe à l'égard des legs pieux. Authentica fimiliter , cod. ad leg. falcid.

Ainfi ces fortes de legs font à la charge tant de l'héritier que des légataires , en ce qu'ils font prélevés tanquam æs alienum , de maniere que l'héritier a fa quarte moindre , & que les légataires ont auffi leurs legs diminués , comme le dit Barthole fur cette Autentique : Legata pia integra folido jure , & fine ulla deductione præftari debent , nec jure falcidiæ ex iis quid detrahi debet. Voyez M. Louet , lettre A , fommaire 12. Chopin , fur la Coutume de Paris , liv. 2. tit. 4. n. 19. Henrys, tome 2. liv. 5. queftion 30. Anne Robert , libro 1. rerum judicatarum , cap. 1.

Quand un teftateur par des codicilles diminue ou retranche les legs par lui faits par fon teftament , ceux qui font faits ob piam caufam font dûs fans aucune diminution , à moins qu'ils ne foient révoqués ou diminués expreffément par le teftateur. Auffi la claufe codicillaire eft toûjours tacitement entendues en telles difpofitions. Voyez la Peyrere , lettre T , verbo Teftament.

Lorfqu'il fe trouve quelque doute à l'égard d'un legs pieux , on panche toûjours plutôt pour le faire valoir , que pour le rendre nul. Henrys, tome 2. liv. 1. queft. 13.

Quoiqu'un teftament ne puiffe être valablement fait folo nutu , par fignes extérieurs , il eft néanmoins valable quand il eft ad pias caufas , fuivant Balde , ad leg. 1. cod. de facrofanct. Eccl. Jafon , ad leg. licet de pact. Tiraqueau en fon Traité de privileg. caufæ piæ , privilege 8. Voyez la Peyrere , lettre T.

Aujourd'hui néanmoins cela pourroit fouffrir beaucoup de difficulté ; car l'article 2. de l'Ordonnance des Teftamens , du mois d'Août 1735. déclare nulles toutes difpofitions qui ne feroient faites que par fignes , encore qu'elles euffent été rédigées par ecrit fur le fondement defdits fignes.

Quoique par quelque ftatut on ne puiffe difpofer de fes biens , on peut néanmoins difpofer d'une partie d'iceux ob pias caufas. Ainfi un legs de trois cens livres de penfion , fait en faveur d'une pauvre fille , par fa fœur mariée & ayant enfans , a été confirmé par Arrêt de l'année 1680. rendu au Parlement de Bourdeaux , quoique la Coutume du lieu défende à une femme qui a des enfans , de rien donner à d'autres.

Quoique l'hérédité ne foit pas acceptée par l'héritier teftamentaire , les legs ob pias caufas n'en font pas moins dûs , fuivant Aufrerius , décif. 89. & Boyer , décif. 41. Voyez Tiraqueau , en fon Traité de privileg. piæ cauf. Barthole , ad leg. 1. cod. de facrofanct. Eccl. Chaffanée en fon catalogue de gloria mundi , parte 12. confiderat. 3. Vide etiam Doctores ad leg. id quod pauperib. cod. de Epifc. & Cleric.

Quelque favorables que foient les legs pieux , quand en pays coutumier le teftament dans lequel ils font laiffés eft défectueux , à caufe de l'omiffion de quelque formalité requife par la Coutume , ils ne font pas valables ; cependant la Cour adjuge fouvent quelque chofe defdits legs à ceux à qui ils font faits, *non tanquam ex teftamento, fed tanquam ex imperfecta voluntate teftantis.* Mornac, en fon Recueil d'Arrêts, premiere partie, art. 9. & 35. Brodeau fur Louet, lettre R, fomm. 52. Il arrive même que la Cour déclarant un teftament nul par des confidérations particulieres, ordonne quelquefois que le teftament, fubfiftera pour les legs pieux feulement. *Voyez* Tournet, lett. L, Arrêt 31. & lett. T, Arrêt 2.

Si un homme avoit laiffé par teftament aux Hôpitaux fur le faux bruit que fon fils fût mort, ce fils feroit en droit de le faire caffer, nonobftant la faveur des legs pieux; comme il a été jugé par Arrêt rendu en 1578. dont Mornac fait mention en fon Recueil, part. 1. art. 51.

Lorfqu'un legs pieux n'eft fait qu'après que les dettes du teftateur auront été payées, il eft fujet à rapport dans le cas d'une demande en garantie; & les adminiftrateurs d'un tel legs doivent juftifier à M. le Procureur général l'emploi des deniers, comme il a été jugé par Arrêt du 29. Avril 1701. rapporté dans le Journal des Audiences. De plus, la faveur de la légitime l'emporte fur celle des legs pieux; parce que la légitime eft pour ainfi dire une portion alimentaire accordée, pour que ceux à qui la Loi la donne ne tombent pas dans l'indigence.

Quand un teftateur a fait un legs aux pauvres, fes parens qui font pauvres, doivent être préférés aux autres. Boniface, tome 5. liv. 2. tit. 2. chap. 10. Cela eft fi vrai, que les héritiers du défunt qui a laiffé fon bien aux pauvres de fa Paroiffe, peuvent, s'ils le font, quoique d'une autre Paroiffe, demander leur part. Papon, liv. 20. titre 6. nombre 8.

Une fomme de deniers ayant été donnée par un moribond à quelqu'un, pour employer en œuvres pies à lui dites en fecret, cette difpofition a été déclarée nulle, parce qu'elle étoit faite au préjudice des Pauvres parens du défunt, à qui la fucceffion fut adjugée par Arrêt du 10. Février 1624. rapportée dans le Journal des Audiences. *Voyez* Soefve, tome 1. cent. 1. chap. 61. Ricard, des Donations, part. 2. chap. 2. nomb. 91. Henrys, tome 2. liv. 5. queft. 28.

Ce que nous venons de dire de la préférence des pauvres parens du teftateur fur les autres pauvres, n'a lieu que quand ces parens rapportent la preuve de leur pauvreté. L'Arrêt du Parlement de Paris du 16. Mars 1700. l'a ordonné ainfi à l'égard du teftament de Dame Antoinette Charreton, veuve de M. Noël Renouard, Maître des Comptes.

Quand un teftateur laiffe un legs aux pauvres, fans fpécifier de quel endroit, on préfume toujours pour ceux du lieu où il étoit demeurant au jour de fon décès. Papon, liv. 20. tit. 6. nomb. 8. Mornac, *ad leg. 24. cod. de Epifcop. & Cler.*

D'un legs d'héritages en faveur des pauvres, mi-lods ne font point dûs. Henrys, tom. 2. liv. 3. queft. 16.

Un legs fait à l'Eglife ou aux Hôpitaux, peut être accepté par les Marguilliers & Adminiftrateurs, quand il s'agit des fommes mobiliaires qui fe délivrent de la main à la main, & fans aucune charge. Mais quand le legs peut être onéreux, il faut pour l'accepter ou y renoncer, que M. le Procureur général y intervienne.

La prefcription ne peut courir contre un anniverfaire, & les legs pieux. Bouvot, tom. 1. verbo Legs, queftion 14. Duperier, tom. 2. pag. 448.

LEGS PENAL, eft celui dont on charge un héritier, pour le punir, au cas qu'il faffe ou qu'il ne faffe pas quelque chofe, & non dans la vûe de donner au légataire des marques de fa libéralité & de fa bienveillance: comme fi le teftateur avoit dit: *Si mon héritier donne fa fille en mariage à Titius;* ou bien, *fi mon héritier ne donne pas fa fille en mariage à Titius, il donnera cent fous à Mævius.*

Suivant la Loi des douze Tables, ces fortes de legs étoient valables, puifqu'elle donnoit au pere de familles une liberté fans bornes de difpofer de fes biens par teftament. *Leg. 20. ff. de verbor. fignif.*

L'Empereur Antonin ordonna qu'ils fuffent de nulle valeur; parce que le legs eft une donation & une libéralité, qui ne doit par conféquent être faite que par bienveillance envers le légataire, & qui ne doit pas provenir d'aucun mouvement de haine contre l'héritier.

Mais Juftinien a voulu que ces fortes de legs fuffent valables, tant en faveur des dernieres volontés, qu'à caufe qu'il paroît jufte que celui qui doit recueillir de l'émolument & de l'avantage de la derniere difpofition d'un homme, exécute entiérement fa volonté. *Leg. unica, cod. de his quæ pœn. cauf. relinq.*

Ainfi, depuis cette Conftitution, l'héritier eft obligé d'accomplir toutes les claufes du teftament de celui auquel il fuccede, ou de fubir les peines qui y font portées, pourvû toutefois que ces claufes foient poffibles, & puiffent être mifes à exécution fans bleffer les Loix, ni violer les regles de l'honnêteté.

Cette décifion de Juftinien, comme très-équitable, a lieu parmi nous, comme je l'ai obfervé fur le dernier paragraphe du titre des Legs, dans ma Traduction des Inftitutes de Juftinien.

LEGS CONDITIONNEL, eft celui qui eft laiffé fous condition, & qui n'eft dû qu'après l'accompliffement de la condition fous laquelle il a été laiffé, à moins que ce ne fût une condition impoffible; car alors la condition eft nulle, & regardée comme fi elle n'avoit pas été appofée: de forte que le legs n'en eft pas moins valable, & eft regardé comme s'il avoit été fait *purè & fine ulla conditione.*

Voyez ce que j'ai dit fur le §. 10. du tit. 14. du fecond livre des Inftitutes.

La condition fufpend l'exécution de la chofe à laquelle elle eft oppofée par le teftateur, au cas qu'elle foit conçue *in futurum tempus;* car celle qui eft conçue *in tempus præteritum,* ne differe aucunement l'accompliffement de ce à quoi elle a été ajoutée; comme fi le teftateur dit: *Je legue à Titius cent écus, s'il a époufé Seia;* parce que ou il l'a époufée, & en ce cas le legs vaut; ou il ne l'a pas époufée, & alors le legs eft nul. *Leg. 37. & 39.*

ff. de reb. dub. & leg. 120. *ff. de verb. obligat.*

La condition dont l'événement est absolument nécessaire, ne suspend pas aussi la disposition à laquelle a été ajoutée ; comme si le testateur dit : *Je légue à Titius cent écus, s'il ne monte pas au Ciel. Leg. 7. in fine, ff. de verb. obligat.*

Cette condition étant présente, il est impossible que l'opposé à cette condition arrive : c'est pourquoi on présume que la condition est déja arrivée : & partant ce qui est laissé sous cette condition, peut être présentement demandé, si ce n'est que le testateur eût défendu d'en faire la demande jusqu'à l'événement de cette condition ; comme si le testateur dit : *Mon héritier donnera à Titius cent écus lorsqu'il mourra. Leg.* 79. *in prin. ff. de conditionib. & demonstrat.*

Un jour incertain auquel une chose est laissée par testament, a l'effet d'une condition, parce qu'il ne peut pas arriver ; comme si le testateur dit : *Je légue cent écus à Mævius, lorsque mon héritier décedera* ; car il peut arriver que le légataire meure avant l'héritier, auquel cas le legs deviendroit entiérement inutile. *Leg.* 4. *ff. quando dies legator.*

Les legs conditionnels s'éteignent par la mort des Légataires, lorsqu'ils meurent avant que la condition sous laquelle ils sont faits, soit arrivé.

Il n'en est pas de même d'une obligation conditionnelle ; car l'espérance que la chose promise sous condition sera dûe au créancier, est transmissible à ses héritiers, lorsqu'il meurt avant que la condition soit arrivée. *Ratio differentiæ est, quia legatum relinquitur intuitu personæ ; qui vero contrahit, non tantum sibi contrahit, sed etiam suis hæredibus.* Voyez ce que j'ai dit dans ma traduction des Institutes, sur le §. 4. du titre 16. du troisieme Livre.

La condition impossible ne suspend pas le legs ni les autres dispositions de derniére volonté, parce qu'on n'y a aucun égard, non plus que si elle n'avoit pas été appofée.

Il en est de même de celles qui sont contre les bonnes mœurs, d'autant qu'elles sont impossibles, suivant la disposition des Loix, *sicque habentur pro non scriptis.* Voyez ce que j'ai dit sur le §. 11. du tit. 20. du second Livre des institutes.

Une condition sous laquelle un legs est fait étant possible doit nécessairement être accomplie avant que le legs soit dû, & puisse être demandé. *Leg.* 21. *ff. quando dies legat.* La condition manquant, le legs est éteint, si elle n'a pas été remise par celui qui l'avoit appofée. *Leg.* 45. *ff. de conditionib. & demonstrat.* Et à cet égard on ne considere point si cette condition est de peu de conséquence, & même si son accompliffement n'est utile à personne : on ne considére que la volonté du testateur, qui a voulu que le legs dépendit absolument de l'évenement de la condition qui y a été par lui appofée. *Leg.* 19. *ff. de conditionib. demonstrat.* Ainsi le légataire à qui le testateur a légué sous condition de donner quelque chose à un autre, est obligé de la donner, quoiqu'elle soit absolument inutile à celui qui la doit recevoir. *Leg.* 55. *ff. eodem tit.*

Le défaut d'accompliffement d'une condition potestative cause donc la nullité de legs, lorsqu'il n'a dépendu que de la volonté du légataire de l'accomplir, parce qu'il s'est privé par ce moyen de la libéralité que le testateur a voulu exercer envers lui. *Leg.* 8. §. *quoties, ff. de conditionib. institution.* Mais lorsque celui qui a intérêt que la condition du legs ne s'accompliffe pas, en empêche l'accompliffement, il la condition est réputée accomplie.

Lorsque le testateur a prescrit un certain tems pour l'accompliffement de la condition potestative, le légataire qui a laissé écouler ce tems sans accomplir la condition, n'est plus recevable à l'accomplir. En effet, il a déchargé par ce moyen l'héritier de lui payer le legs qui lui avoit été fait sous telle condition, conformément à la volonté du testateur, & il ne peut plus faire revivre cette obligation, qui se trouve éteinte par sa faute. *Leg. ult. cod. de conditionib. insert.*

Si un legs est fait à plusieurs personnes sous une condition potestative, par exemple à condition qu'ils donneront cent écus à Titius, & qu'il n'y en ait qu'un qui y ait satisfait, le legs est valable pour le tout, à l'égard de celui qui a rempli la condition, *leg. penult. cod. de conditionib. insert.* supposé qu'il ait donné cent écus ; mais s'il a sun à donné que sa part, il n'aura pareillement que sa part dans le legs. *Leg.* 54. & *leg. penult. ff. de conditionib. & demonst.*

Celui à qui un fond est légué à condition, par exemple, qu'il donnera cent écus à Titius, ne peut pas diviser cette condition ; c'est-à-dire, en donner cinquante pour avoir seulement la moitié de ce fonds.

Enfin, si la condition appofée à plusieurs légataires consiste dans un fait, celui qui y aura satisfait obtiendra le legs entier. *Dicta leg. penult. cod. de condit. insert.*

Les conditions potestatives ne s'accompliffent ordinairement qu'après la mort du testateur ; car un légataire ne peut pas obéir au commandement du testateur dont il n'a aucune connoissance. *Leg.* 2. & 11. *ff. de condit. demonst.*

Il y en a cependant quelques-unes qui ne s'accompliffent que du vivant du testateur ; comme s'il a dit : *Je légue cent écus à Titia si elle m'époufe. Leg.* 91. *ff. de condit. & demonstrat.* Il y en a d'autres qui s'accompliffent avant ou après la mort du testateur ; comme par exemple si le testateur légue à Mævius cent écus, s'il époufe Mævia ; ou s'il légue cent écus à Mœvius, s'il est élu Consul.

LEGS FAIT A UNE FILLE POUR LA MARIER, n'est pas conditionnel. Par exemple : *Je légue une telle somme à Seïa, pour la marier.* En effet, ces termes, *pour la marier*, contiennent seulement la caufe impulfive, qui est le mariage, qui a poussé le testateur à exercer sa libéralité en faveur de Seïa. *Voyez* Charondas, liv. 7. rép. 75.

Il faut dire aussi, que si le testateur a marqué le tems que le legs pourra être demandé, le legs n'est point conditionnel ; comme si le testateur légue ainsi ; *Je donne cent écus à Seïa quand elle sera mariée, ou lorsqu'elle aura vingt-cinq ans.* Une telle disposition ne rend pas le legs conditionnel, mais elle rejette la demande du legs au tems marqué par le testateur ; en sorte que si Seïa décede avant ce tems, le legs passe à ses héritiers. *Leg.* 5. *cod. quando dies legator.*

Voyez M. Ricard, au titre des dispositions conditionnelles, chapitre 2. *voyez* aussi M. Maynard, livre 5. chapitre 98. & la Bibliotheque de Bouchel, *verbo* Legs.

LEGS FAIT A QUELQU'UN SOUS CONDITION DE NE PAS FAIRE QUELQUE CHOSE ; comme si le testateur légue à Titius mille écus, s'il ne monte jamais au Capitole. On ne peut pas être certain de l'accomplissement d'une telle condition, qu'après la mort du légataire. C'est pourquoi, pour qu'elle ne differât pas le legs qui auroit été laissé sous une pareille condition, Quintus Mucius Scævola introduisit une caution, par laquelle le légataire s'obligeoit de rendre le legs, s'il faisoit ce que le testateur lui avoit défendu de faire.

Au moyen de cette caution, le légataire jouissoit du legs ; en sorte que la condition de ne pas faire une chose n'avoit plus l'effet des conditions, qui est de suspendre l'acte auquel elles sont apposées jusqu'à leur accomplissement.

Voyez ce que j'ai dit dans mes Paratitles du Digeste, sur le tit. *de conditionib. & demonstrat.*

LEGS FAIT PAR UN MARI A SA FEMME, A CONDITION QU'ELLE RESTERA VEUVE. Cette condition avoit été autrefois regardée comme deshonnête. *Conditiones prohibitivæ nuptiarum habebantur pro impletis ; quia videntur esse contra bonos mores civitatis, cujus interest nuptias contrahi, ut legitima sobole repleantur civitates.*

Mais Auguste remarquant que la plupart des femmes se marioient dans d'autres vûes, il fut Auteur de la Loi Miscella, par laquelle il fut ordonné, que si un mari avoit fait un legs à sa femme sous condition qu'elle ne se remarieroit point, elle pût dans l'an & jour du legs se remarier, en affirmant qu'elle ne se remarieroit que pour avoir des enfans. *Jurare cogebatur liberorum procreandorum, non voluptatis gratia nubere.*

Suivant cette même Loi, la veuve ne pouvoit pas après l'an percevoir le legs qui lui avoit été fait à condition de rester veuve, à moins qu'elle ne donnât caution de restituer le legs, au cas qu'elle ne mourût pas veuve.

Cette caution étoit la caution Muciane, qui avoit lieu dans toutes les conditions qui se terminoient par la mort des légataires ; c'est-à-dire, lesquelles consistent à ne pas faire quelque chose, comme nous l'avons dit sur le précédent article, en parlant de ces sortes de conditions.

Ainsi la veuve qui vouloit après l'an recevoir le legs qui lui avoit été fait à condition de rester veuve, donnoit cette caution, & faisant serment s'obligeoit elle & tous ses biens, de rendre la chose léguée avec les fruits, au cas qu'il lui arrivât de se remarier.

L'exécution de cette Loi Miscella produisit un inconvénient que l'on n'avoit pas d'abord prévû ; c'est qu'elle servoit d'occasion aux parjures, en ce que plusieurs femmes faisoient serment qu'elles

vouloient se remarier à dessein d'avoir des enfans ; lesquelles néanmoins n'avoient point d'autre but que leur plaisir.

Justinien trouvant très-absurde que les Loix qui punissent les parjures, procurassent elles-mêmes des moyens d'en faire, ordonna que la femme jouiroit en pleine propriété des choses qui lui auroient été léguées par son mari, *sub indicta viduitate*, sans avoir prêté le serment dans l'an, ou sans avoir donné la caution Muciane après l'an, pourvû qu'elle n'eût point d'enfans du testateur ; autrement elle ne pourroit en jouir que par forme d'usufruit, la propriété réservée à ses enfans ; voulant aussi que cette Ordonnance eût lieu à l'égard du mari. *Leg.* 2. & 3. *cod. de indicta viduitate.* Et au cas que la veuve eût passé à un second mariage, après la délivrance du legs à elle fait, la chose lui devoit être ôtée, comme si le legs ne lui avoit point été fait.

Depuis, Justinien par la Novelle 22. chap. 44. d'où a été tiré l'Authentique *Cui relictum, cod. de indicta viduitate :* ordonna que cette condition apposée à un legs de ne se point remarier, soit par le mari, soit par un étranger, devoit être gardée, ne voulant pas que le legs ainsi fait pût être demandé avant qu'un écoulé depuis la mort du mari ; si ce n'est que la légataire ne fût plus en état de se remarier, comme si elle s'étoit faite Religieuse, ou après l'an, en donnant caution de rendre la chose léguée avec les fruits, au cas qu'elle convolât en secondes nôces.

Parmi nous l'Authentique *Cui relictum, cod. de indicta viduitate,* est suivie en ce qu'elle porte, qu'une veuve qui se remarie, perd le legs qui lui a été fait par son premier mari, à condition qu'elle demeureroit en viduité. Catelan, livre 2. chap. 80. rapporte un Arrêt du 18. Décembre 1562. qui l'a jugé ainsi. Pareil Arrêt rendu en la troisieme Chambre des Enquêtes le 19. Mai 1673. se trouve dans le Journal du Palais.

LEGS FAIT SOUS CONDITION QUE LE LEGATAIRE NE SE REMARIERA POINT. Hors le cas que nous venons d'expliquer, une telle condition est inutile, & réputée non ajoutée au legs ; en sorte que le mariage contracté par le légataire, ne le fait pas déchoir de son legs.

Toutes les conditions apposées dans les dernieres volontés, qui servent d'empêchement au mariage, sont remises, & n'obligent point les personnes à qui elles sont imposées, de les accomplir. *leg.* 5. *cod. de institutionib. leg.* 22. *leg.* 64. *ff. de conditionib. & demonstrat.* d'autant qu'il est de l'intérêt public que plusieurs personnes contractent mariage pour remplir les Villes de citoyens nés selon le desir des Loix.

Si un pere légue ainsi à sa fille, ou un autre à une fille, si elle se marie selon la volonté de Titius, le legs ne sera donc pas nul, quoiqu'elle se marie sans le consentement de Titius ; & même quoique Titius soit décédé avant que cette fille ait contracté mariage, la condition sous laquelle le legs lui aura été fait, ne sera pas censée avoir manqué, parce qu'elle a été remise *ab initio. Leg.* 28. *leg.* 72. §. 4. *ff. de conditionib. & demonstrat.*

En

En effet, ce feroit un empêchement au maria-ge de cette fille, s'il falloit néceſſairement qu'elle eût le conſentement de Titius pour ſe marier, d'autant qu'il pourroit arriver qu'il ne voudroit jamais y conſentir.

Par la même raiſon, ſi un legs étoit fait au pere, au cas que ſa fille ne ſe mariât point, telle condi-tion feroit remiſe : en ſorte qu'il pourroit être de-mandé par le pere, quoique ſa fille ſe fût mariée, même de ſon conſentement : *Quod in fraudem legis ad impediendas nuptias ſcriptum eſt, nullam vim ha-bet. Leg. 79. §. ult.* Or le pere de qui dépend ordi-nairement l'établiſſement des enfans, ne la vou-droit peut-être point marier, pour ne pas perdre le legs qui lui auroit été fait ſous cette condition.

Il y a deux cas où la prohibition de ſe marier ap-poſée à un legs, doit être obſervée par le léga-taire, pour jouir du legs qui lui a été fait ſous cette condition.

Le premier eſt, quand la condition n'empêche pas abſolument que le légataire ſe marie, mais lui défend ſeulement de contracter mariage avec une telle perſonne. Par exemple, ſi le Teſtateur a dit : *Je legue à Seïn telle choſe, à condition qu'elle ne ſe mariera pas à Titius. Leg. 63. & leg. ſeq. ff. de conditionib. & demonſt.*

La raiſon eſt que ſi Seïa ne peut pas ſe marier avec Titius, elle peut contracter mariage avec d'autres.

Un Teſtateur peut même valablement appoſer à un legs cette condition : *Je legue à Titius cent écus, s'il n'épouſe aucune femme d'une telle Ville*, parce qu'il peut épouſer une femme d'un autre lieu. *Leg. 64. ff. eod. tit.* Conformément à cette Loi, il a été jugé au Parlement d'Aix, par Arrêt du 19. Mars 1673. rapporté dans le Journal du Palais, qu'un pe-re ayant inſtitué ſon fils à condition qu'il ne ſe ma-rieroit pas avec une telle, cette condition devoit être exécutée, & qu'autrement l'inſtitution étoit nul-le ; *quia talis conditio non eſt prohibitiva nuptiarum.*

Au contraire, ſi le Teſtateur avoit légué à Ti-tius, ſous condition qu'il épouſera une telle per-ſonne, l'obligation de lui payer le legs dépendroit de l'accompliſſement de cette condition ; parce que n'étant pas prohibitive du mariage, elle n'eſt pas remiſe, à moins que le légataire ne pût ſans deshon-neur s'allier avec la perſonne que le Teſtateur auroit voulu lui faire épouſer. *Leg. 2. §. 5. ff. de bonor. poſſeſſ. contra Tabul.*

Il faut, pour que le legs fait ſous condition que le légataire épouſe une telle, ait ſon exécution, que le légataire l'ait véritablement épouſée ; au-trement le legs eſt nul. Ainſi par pluſieurs Arrêts il a été jugé que le legs fait ſous la condition, ſi Ti-tius ſe marie avec Seïa, quoique cette fille fût mor-te après les fiançailles, étoit nul, ſuivant la Loi 4 cod. de conditionib. inſert. & leg. 31. ff. condition. & demonſtr. Voyez Louet, lettre M. chap. 3. Mor-nac ad leg. 4. ff. locati ; & M. le Prêtre en ſes Arrêts de la cinquieme des Enquêtes.

Le ſecond cas où la condition de ne ſe point marier appoſée à un legs n'eſt point remiſe, mais doit être accomplie par le légataire, & quand la condition de ne ſe point marier n'eſt que pour quel-

que tems. Si le légataire n'accomplit pas cette con-dition, & ſe marie avant le tems, le legs devient nul, attendu la volonté du Teſtateur. Ainſi, quand on dit que la condition prohibitive du mariage eſt remiſe, cela ſe doit entendre de la condition qui empêche que le légataire ne ſe puiſſe jamais ma-rier, ou pendant un tems trop conſidérable, par rapport à l'état & à l'âge du légataire.

Mais quand la prohibition de ſe marier ne re-garde pas le légataire, elle fait dépendre le legs de ſon accompliſſement. C'eſt pourquoi ſi le teſ-tateur dit : *Je legue à Titius telle choſe, ſi Mævia ne ſe marie point*, le legs n'eſt point valable, au cas que Mævia ſe marie. *Leg. 1. cod. de indict. viduita-te, & leg. 74. ff. de conditionib. & demonſt.*

La raiſon eſt, que la condition étant conférée en la perſonne d'un autre que du légataire, elle n'empêche point le légataire de ſe remarier; elle n'em-pêche point auſſi que celui en la perſonne de qui elle doit être accomplie, ſoit détourné de contrac-ter mariage, puiſqu'il n'acquiert & ne perd rien, ſoit qu'il ſe remarie, ou qu'il reſte dans le célibat.

LEGS FAIT SOUS UNE DEMONSTRATION, c'eſt-à-dire, ſous une déſignation certaine de la choſe léguée, ou de la perſonne du légataire, n'eſt pas moins valable, quoique la démonſtration ſe trou-ve fauſſe; *modo conſtet de re legata & de perſona legatarii. Quidquid enim demonſtrandæ rei ſatis de-monſtratæ additur : fruſtra eſt. Leg. 19. in princ. ff. de conditionib. & demonſt.* Par exemple ſi le teſ-tateur a dit : *Je legue à Titius ma maiſon de Paſſy que j'ai achetée* ; quoique cette maiſon ſoit échue par ſucceſſion ou par donation, & non par achats, le legs ne ſera pas moins valable.

Mais ſi la choſe qui a été déſignée ſous une fauſſe démonſtration n'étoit pas exiſtante, le legs ne ſe-roit pas valable, *ut in ſpecie legis 75. §. 1. & 2. ff. de legat.* 1°. parce que la choſe léguée ne pourroit pas être livrée au légataire. *Igitur ſi quis ita legave-rit, centum quæ in arca habeo ; ſi nihil in eâ ſit, nihil debetur ; quia nulla corpora ſunt. Voyez* Hen-rys, & ſon Commentateur, tom. 2. liv. 5. ch. 4.

Il faut dire auſſi que l'erreur dans le nom ou le ſurnom du légataire, ne vicie pas le legs qui lui eſt fait, pourvû qu'on ne doute pas de ſa perſonne. Les noms n'ayant été inventés que pour faire con-noître les perſonnes, lorſqu'on les connoît par quel-qu'autre moyen, l'erreur qui ſe trouve par rapport au nom ſous lequel le teſtateur les a voulu déſigner, ne vicie pas le legs. *Voyez* le §. 29. du tit. 10. du ſecond Livre des Inſtitues.

LEGS FAIT POUR QUELQUE CAUSE, eſt bien dif-férent du legs conditionnel.

Une cauſe ajoutée à un acte eſt énoncée par ce terme, *parce que* ; au lieu que la condition eſt énoncée par la particule *ſi.*

Une cauſe ſe rapporte au tems paſſé ; au lieu que la condition ſe rapporte au tems futur.

Enfin, lorſque la condition qui eſt ajoutée à un legs manque, elle empêche qu'il ne puiſſe avoir d'exécution ; au lieu qu'un legs fait pour quelque cauſe, n'eſt pas moins valable, quoique la cauſe ſe trouve fauſſe. En effet, elle n'eſt cenſée avoir été ajoutée au legs, que par une espece de demonstration ; *at non solent, quæ abundant, vitiare scripturas. Leg. 94. ff. de regust jur.* La bienveillance & la libéralité du testateur est toujours censée être la véritable cause des legs qu'il fait, & non pas la cause qu'il y ajoute, laquelle n'étant adjuvente, & non inhérente au legs, quoiqu'elle soit fausse, n'en peut pas causer la nullité. *Leg. 72. §. 6. ff. de conditionib. & demonstr.*

De ce que nous venons de dire il résulte, que si le testateur dit : *Je légue à Titius cent écus, parce qu'il a eu soin de mes affaires*, & qu'il n'en a point pris le soin, le legs n'en est pas moins valable.

Cependant si l'héritier prouvoit que le testateur n'auroit jamais rien laissé au légataire, s'il n'avoit cru qu'il avoit eu soin de ses affaires, le legs seroit annullé en ce cas, parce qu'alors la cause ajoutée au legs ne passeroit pas pour être adjuvente, & pour avoir été ajoutée par occasion seulement, mais elle seroit regardée comme la cause principale qui auroit porté le testateur à exercer sa libéralité envers le légataire.

Il faut dire aussi que le legs ne seroit pas valable, auquel le testateur auroit ajouté une cause conditionnellement ; comme si le testateur avoit dit : *Je légue à Titius cent écus, s'il fait mes affaires.* Cette clause étant ajoutée au legs comme une condition, en doit produire les effets, & par conséquent rendre nul le legs, au cas que le légataire n'eût pas effectué ce pour raison de quoi le testateur a voulu exercer envers lui sa libéralité.

Voyez Henrys, tom. 1. liv. 5. ch. 4. quest. 44.

L E G S fait SUB MODO, est un legs qui est fait afin que le légataire fasse quelque chose après la mort du testateur, en conséquence de ce qui lui est laissé ; comme quand le testateur dit : *Je légue à Titius mille écus, afin, ou pour qu'il me fasse construire un monument.*

Itaque modus, hoc loco, est causa legandi in futurum collata ; vel dici potest, cum Cujacio, in Paratitlis ad titulum de conditionib. & demonst. adjectio, quæ ostendit, quod legatorium ex legato testator facere velit.

Le legs fait *sub modo* est donc différent du legs fait *propter causam*, en ce que celui-ci se rapporte au tems passé ; au lieu que le legs fait *sub modo*, se rapporte au tems futur.

Il diffère aussi du legs conditionnel ; I°. Par rapport aux termes qui sont employés pour l'exprimer, en ce que la particule *si* est la marque du legs fait sous condition, & la particule *ut* celle du legs fait *sub modo*, c'est-à-dire, qui indique l'emploi que le testateur veut être fait par le legataire de ce qui doit lui revenir des effets qui lui est fait. *Leg. 40. §. ult. leg. 8. ff. de conditionib. & demonstr.*

II°. En ce que le legs conditionnel ne peut point être dû qu'après l'événement de la condition, *si quidem actus conditionales pendent ex eventu conditionis.* Mais le legs qui est fait *sub modo*, peut être demandé avant l'exécution de la chose pour laquelle il a été fait *Voyez* mes Paratitles du Digeste, sur le tit. *de conditionib. & demonstr.*

Ainsi, dans l'espece que nous avons proposée ci-dessus, il faut que les mille écus soient d'abord

délivrés à Titius, pour qu'il puisse après faire construire au testateur un monument. La cause pour laquelle le legs est fait, n'étant qu'une suite de la disposition du testateur, il faut absolument que l'exécution de cette disposition précede la cause pour laquelle le legs a été fait. Mais en ce cas l'héritier peut, avant que de faire délivrance du legs, obliger le légataire à donner caution, pour sûreté de l'accomplissement de la volonté du testateur ; ou à faute de ce faire, de restituer la chose qui lui a été léguée.

Il y a cependant un cas où le manque d'accomplissement de la chose pour laquelle le legs a été fait au légataire, ne seroit pas une juste cause de répéter de lui la chose léguée ; sçavoir, si son exécution n'avoit pas dépendu de lui ; car alors il ne seroit pas obligé de la restituer ; *quia tunc modus, sub quo legatum esset relictum, haberetur pro impleto. Leg. 1. cod. de his quæ sub mod. relinq.*

Il faut dire aussi que le legs fait *sub modo turpi*, n'est pas moins valable, que s'il étoit fait *sine illius modi adjectione* ; *quia non parens ejusmodi voluntati laudandus est magis, quam puniendus.*

Enfin, l'inexécution de la chose pour laquelle le legs a été fait, ne le rend pas nul, lorsqu'elle ne regarde ni le testateur ni un tiers, mais seulement l'intérêt du légataire ; parce qu'alors la charge apposée au legs n'est pas une cause finale, mais seulement une cause impulsive ; c'est-à-dire, que quand la cause qui est ajoutée au legs, ne regarde que l'utilité du légataire, elle peut passer pour un commandement du testateur, mais pour un simple conseil que le légataire n'est pas tenu d'accomplir.

Sur ce fondement, la Cour par Arrêt de l'an 1545. a jugé qu'un legs fait pour être employé à faire étudier celui à qui il étoit fait, lui seroit délivré quoiqu'il fût âgé de trente ans, sans avoir étudié.

Voyez Papon, livre 20. tit. 5. Charondas livre 3. chap. 10. Peregrinus, art. 11. num. 125. La Peyrere, lett. M, nomb. 99.

LEGS FAIT SOUS CONDITION, DONNE LIEU A FAIRE DONNER CAUTION A L'HERITIER DE LE PAYER, LORSQUE LA CONDITION SERA ACCOMPLIE. Cette maxime tirée des Loix Romaines, est reçue parmi nous. Guy Pape quest. 131.

Elle est fondée sur ce que si l'héritier ne pouvoit pas y être contraint, quelque riche qu'il fut au tems de la mort du testateur, il pourroit se trouver insolvable lors de l'événement de la condition ; ainsi la volonté du testateur ne seroit pas accomplie au préjudice des légataires. Par la même raison, l'heritier est obligé de donner caution, de payer les legs payables dans un certain tems, lorsque ce tems marqué par le testateur sera arrivé.

Par cette caution, l'héritier s'oblige de payer le legs conditionnel lors de l'événement de la condition, ou le legs payable dans un certain tems, lorsqu'il sera arrivé : & il promet par cette caution que les choses léguées ne souffriront aucune diminution par son dol. *Leg. 1. in princ. ff. ut leg. & fideicom. servandor. cauf. caveatur.*

Cette caution doit être donnée non-seulement par l'héritier du testateur testamentaire ou *ab intestat*, mais aussi par celui qui succede à cet héritier, par le substitué, & enfin par celui qui est chargé de restituer quelque chose. *Dict. leg. 1. §. 3. & seq.*

Si plusieurs contestent pour un même legs, la caution doit être donnée à tous. *Leg. 19. ff. eod.*

Il faut que cette caution soit suffisante : mais si la caution donnée par l'héritier a été reçue & acceptée, il ne peut pas être obligé d'en donner une autre, sous prétexte d'insuffisance, si ce n'est que par quelque malheur imprévû la caution acceptée eût fait depuis des pertes considérables qui donnassent lieu de craindre son insolvabilité.

Si l'héritier refuse de donner caution, les légataires peuvent saisir les biens de la succession par autorité du Juge.

Il y a quelques cas esquels l'héritier peut s'exempter de donner caution.

Iº. Lorsque le testateur l'en a déchargé par son testament; parce que chacun peut imposer à sa libéralité telle clause & telle condition qu'il lui plaît. *Leg. ult. ff. eod. tit. & leg. 2. & 4. cod. eodem.*

IIº. Lorsqu'il est constant, ou que l'héritier prouve que le legs est nul, & ne sera point dû; *leg. 3. in fin. leg. 14. ff. eod.* parce qu'on doit être certain de la validité du legs, avant que la caution puisse être exigée pour raison du payement qui en doit être fait.

LEGS NE COMMENCE A ESTRE DU QU'AU JOUR DU DECÉS DU TESTATEUR; parce que ce n'est que par sa mort que ses dernieres dispositions sont confirmées, & qu'il lui est permis de les changer jusqu'au dernier moment de sa vie. *Ambulatoria est hominis voluntas usque ad extremum vitæ spiritum. Leg. 4. de alimend. legat.* Mais il y a des legs qui ne sont pas encore dûs au jour de son décès, comme nous le dirons dans la suite.

Les legs qui ne sont point conditionnels, *id est legata purè delicta*, sont dûs à l'instant de la mort du testateur; mais ils ne peuvent être demandés qu'après que l'héritier aura apprehendé la succession.

Ils sont dûs au moment de la mort du testateur, afin qu'ils puissent être transmis aux héritiers des légataires, en cas qu'ils décedassent après la mort du testateur, avant que l'héritier institué eût apprehendé la succession. Mais ces legs ne peuvent être demandés par les légataires, qu'après que celui qui est institué par le testateur, ne se soit porté héritier; parce que jusqu'à ce tems il n'y a personne contre qui cette demande puisse être intentée. D'ailleurs, l'héritier institué ne se portant pas héritier, tout le reste du testament ne peut avoir d'effet.

Les legs qui ne sont payables qu'à un jour certain, sont dûs au moment de la mort du testateur; mais ils ne peuvent être demandés avant l'échéance du jour marqué par le testateur.

A l'égard des legs conditionnels, ils ne sont ni dûs, ni exigibles, qu'après l'évenement de la condition qui leur a été apposée par le testateur.

Enfin, les legs que le testateur a déclaré ne vouloir être exigibles qu'à un jour incertain, sont ré-

putés faits sous condition ; *leg. 75. de conditionib. & demonstr.* comme si le testateur legue à Titius cent écus, payables lorsque celui qui a institué héritier décedera. Ce legs est conditionnel, & conséquemment n'est point transmissible aux héritiers du légataire, au cas qu'il décede avant celui qui est institué héritier par le testateur. *Leg. 4. & 5. ff. quando dies legator. vel fideicom. cedat.* Quoiqu'il soit impossible que ce jour-là n'arrive pas, il se peut faire que le légataire décede avant l'héritier; auquel cas le légataire n'acquiert pas le legs qui lui est fait, puisqu'il n'est plus vivant au tems qu'il commence à être dû. *Leg. 1. §. 3. ff. de conditionib. & demonstr.*

Mais si le legs ne devoit être payé au légataire qu'au jour de sa mort; comme si le testateur avoit dit : *Je legue à Titius cent écus payable au jour de sa mort*; ce legs n'est point conditionnel, il contient seulement le jour auquel il doit être payé ; de maniere qu'il est dû à l'instant de la mort du testateur; mais il n'est exigible qu'au tems de la mort du légataire.

Quoique le jour de la mort du légataire soit incertain, il n'y a pas de doute qu'il doit arriver ; ainsi le legs lui est dû dès l'instant du décès du testateur; c'est pourquoi, en quelque tems qu'il meure, il le transmet à son héritier. *Leg. 4. in fine ff. quando dies legator. vel fideicom. ced.*

LEGS INUTILES ET NON DUS, sont ceux, Iº. Qui sont faits par celui qui n'avoit pas la faculté de tester, ou qui n'étoit pas en état de le mettre à exécution.

IIº. Ceux qui sont faits par testamens ou codicilles, qui ne sont pas revêtus de toutes les formalités requises pour leur validité.

IIIº. Les legs qui sont faits à des personnes incapables de recevoir par testament ou autre disposition de derniere volonté, comme sont les étrangers ceux qui sont morts civilement, les conjoints par mariage en pays coutumier.

IVº. Les legs qui sont faits de choses dont le testateur n'a pas pû disposer.

Voyez sur tous ces articles ce que j'ai dit sur l'article 292. de la Coutume de Paris.

LEGS VALABLES AU TEMS QU'ILS ONT ÉTÉ FAITS, MAIS QUI DEVIENNENT DANS LA SUITE INUTILES ET NON DUS : Cela peut arriver par différentes manieres.

Premiérement, par la perte de la chose léguée, survenue sans qu'il y ait de la faute de la part de l'héritier, ni qu'il ait été en retard d'en faire la délivrance. *Leg. 47. §. pen. & ult. leg. 112. §. 1. ff. de legat. 1º.*

Cela doit néanmoins s'entendre du legs consistant en une certaine espece; comme quand le testateur a légué un certain fonds, un tel cheval ; *quia debitor specie ejus interitu liberatur*; *impossibilium enim nulla est obligatio, at impossibile est, præstare corpus certum, quod amplius non extat.* Mais quand le legs est fait des choses qui sont appellées par les Jurisconsultes, *res fungibiles, seu quantitates, quæ pondere, numero & mensura constant*, comme du vin, de l'huile, du bled, de l'argent monnoyé,

P ij

la perte qui en survient ne tombe point fur le légataire, mais fur l'héritier.

Ainsi, quand le testateur a par exemple légué à quelqu'un dix muids de vin, ou dix septiers de bled, ou cent écus fans rien désigner davantage, la perte de tout le vin, de tout le bled, ou de tout l'argent que le testateur pouvoit avoir au tems de fa mort, tombe absolument fur l'héritier : *Quia genera & quantitates per rerum naturam non pereunt, fed numero multiplicantur ; dicuntur enim fungibiles ; quia una alterius vice fungitur, ficque una aliam repreſentat ; proinde debitor quantitatis, ejus interitu non liberatur ; quia impoſſibile non eſt, hanc rem debitam per aliam ejuſdem generis præſtare.*

Il faudroit dire le contraire, fi le legs étoit conçu de maniere que la chofe confiftant en genre & en quantité, étoit léguée comme faifant un corps certain ; la perte qui en furviendroit tomberoit fur le légataire ; comme fi le testateur avoit dit : *Je legue à Mævius les dix muids de vin que j'ai dans ma cave: ou je legue à Mævius les mille écus que j'ai dans mon coffre.* Ce legs confiftant dans une certaine efpece, c'eſt-à-dire dans les dix muids de vin que le testateur a déclaré être dans fa cave, ou dans les mille écus qu'il a dit être dans fon coffre, le légataire n'a pas droit de en demander d'autres.

En fecond lieu, les legs deviennent inutiles & non dûs, par la mort du légataire arrivée avant celle du testateur ; parce que le testateur n'a eu en vûe que de donner des marques de fon amitié au légataire, & non pas à fes héritiers, dont il n'a fait aucune mention dans fon testament.

En troifieme lieu, par la répudiation que le légataire a fait du legs. *Leg.* 44. §. 1. *ff. de legat.* 1°.

En quatrieme lieu, fi la condition fous laquelle le legs a été fait vient à manquer ; *quia ſcilicet actus conditionales pendent ex eventu conditionis ; unde in defectu conditionis de ademptione testator cogitaſſe intelligitur. Leg. penult. ff. de conditionib. institut.*

En cinquieme lieu, lorfque le legs a été révoqué par le testateur, expreſſément ou tacitement. Sur quoi il faut remarquer que les loix Romaines mettoient quelque différence entre la révocation expreſſe des legs & la révocation tacite ; comme je l'ai dit dans ma Traduction des instituts, fur le titre 21. du fecond livre. Mais cette différence n'est d'aucun ufage parmi nous.

UN LEGS EST REVOQUÉ EXPRESSEMENT lorfque le testateur déclare que telle eſt fa volonté par des difpofitions expreſſes, lefquelles font ordinairement conçues en termes abfolument oppofés à ceux dans lefquels le legs avoit été par lui fait ; comme fi le testateur qui a dit : *Je donne & legue,* dit enfuite, *je ne donne point, & ne legue point.*

La révocation d'un legs feroit auſſi valable quoique faite en des termes qui ne feroient pas directement oppofés à ceux dans lefquels le legs auroit été fait ; comme fi le testateur avoit dit : *Je donne & legue,* & qu'il dit enfuite, *j'ôte & révoque, &c.*

En un mot, toutes fortes de termes qui expriment que le testateur a changé de volonté touchant le legs par lui fait, font fuffifans pour le révoquer, fans qu'il foit befoin qu'ils foient directe-

tement oppofés à ceux dans lefquels le legs eſt conçu.

Cette révocation expreſſe fe peut faire, ou par le même testament dans lequel le legs a été fait, ou par codicilles confirmés par testament, & par codicilles *ab inteſtat*, & même parmi nous par quelque acte que ce foit, c'eſt-à-dire par un fimple acte, fans forme de testament & de codicille.

Voyez Automne, *ad leg.* 2. *ff. de adiment. & tranſfert. legat.* Bouguier, lettre R, chapitre 16. & Ricard en fon Traité des Donations, part. 2. chap. 3. fect. 2. nomb. 239. *Voyez* auſſi ce que j'ai dit dans ma Traduction des Instituts, fur le titre 21. du fecond livre, où j'ai remarqué quelques différences anciennement établies par le Droit Romain, entre les revocations qui étoient faites par testament où par codicilles confirmés par testament, & entre celles qui étoient faites par codicilles *ab inteſtat*, ou par des termes non folemnels.

UN LEGS EST REVOQUÉ TACITEMENT, lorfqu'il paroît évidemment, par quelque fait & par quelques circonſtances & conjectures, que la volonté du testateur n'a pas été au tems de fon décès, que le légataire jouit du legs qui lui avoit fait auparavant ; ce qui arrive,

Premiérement, par les inimitiés capitales furvenues entre le testateur & le légataire, depuis que le testament a été fait. *Leg.* 3. & *leg.* 22. *ff. de adim. & tranſl. legat.* Le testateur n'ayant pas fujet de vouloir du bien à celui qui hait mortellement, on ne peut pas croire qu'il ait eu en mourant la volonté de lui faire part de fes biens après fa mort ; mais cette préfomption ceſſe par la reconciliation qui auroit été faite entr'eux avant le décès du testateur. *Leg.* 4. *ff. eod. tit.*

En fecond lieu, par l'aliénation de la chofe léguée, lorfqu'elle eſt faite volontairement par le testateur, fans qu'il y ait été forcé par la fituation de fes affaires ; mais l'aliénation de la chofe léguée, qui auroit été faite par le testateur dans une néceſſité preſſante, pour fubvenir à fes affaires, ne feroit pas révoquer le legs. C'eſt ce qui a été jugé, conformément à la difpofition des Loix Romaines, par Arrêt prononcé en robes rouges à la Pentecôte, de l'an 1582. rapporté par Montholon en fes Arrêts, Arrêt 12. *Voyez* ce que j'ai dit à ce fujet dans ma Traduction des Instituts, fur le §. 12. du titre 10. du fecond livre.

A l'égard de l'engagement de la chofe léguée, fait par le testateur après fon testament, cet engagement ne dénote aucun changement de volonté dans la perfonne du testateur, & par conféquent ne renferme point une tacite révocation du legs. En effet, il n'arrive jamais qu'un homme, pour fûreté de quelque obligation qu'il contracte, engage & hypotheque fon bien ; à moins qu'il n'y foit contraint par la néceſſité de fes affaires. *Leg.* 3. *cod. de legat.* Ainfi le légataire eſt en droit d'obliger l'héritier, non-feulement de lui livrer la chofe léguée, mais encore de le décharger de l'hypotheque que le testateur a conftitué deſſus, pour en jouir fans aucune charge. *Dicta lege* 3.

En troifieme lieu, par la donation que le testateur auroit faite à quelqu'autre perfonne de la chofe léguée , le legs eft toujours cenfé révoqué.

Teftator donando rem legatam femper præfumitur mutaffe voluntatem , quia nemo in neceffitatibus liberalis exiftit. Leg. 18. ff. de alimend. & transf. legat. Cette donation eft donc une preuve inconteftable du changement de volonté de la part du teftateur, & fait toujours préfumer qu'il n'a fait cette donation qu'en vûe de révoquer le legs qu'il auroit fait auparavant de la même chofe , fans diftinguer , comme on fait dans le cas de l'aliénation de la chofe léguée fi elle a été faite volontairement, ou caufée par la fituation des affaires du teftateur.

En quatrieme lieu, lorfque la forme de la chofe léguée eft détruite , ou que le teftateur lui a fait prendre une autre forme, de maniere qu'elle ne peut plus retourner à fa premiere , le legs eft éteint. Par exemple , fi le teftateur avoit légué une telle quantité de laine qu'il avoit chez lui , & qu'enfuite il en eût fait faire des étoffes, le legs ne feroit point dû, mais cenfé révoqué par le teftateur. Leg. 88. §. 2. ff. de legat. 2°.

Mais fi le teftateur avoit fait faire des taffes ou quelqu'autre chofe d'une matiere qu'il avoit léguée , en ce cas le legs ne feroit point cenfé avoir été par lui révoqué. Dicta lege 88. in fine.

La raifon de la différence eft , qu'une chofe n'eft cenfée avoir changé de forme , que lorfqu'elle ne peut plus retourner à fa premiere : or la laine dont on a fait des étoffes a changé de forme ; de maniere qu'il n'eft pas poffible de la lui faire reprendre ; mais une taffe, ou autre chofe femblable , peut retourner dans la premiere forme qu'elle avoit étant en maffe d'argent, d'or, d'étain ou d'autre matiere. Leg. 49. §. penult. ff. de legat. 3°.

Si un teftateur lègue une maifon, & qu'au jour de fon décès elle fe trouve détruite , le legs eft tellement éteint, qu'il ne fubfifte pas même à l'égard du fonds , parce que la forme de la chofe léguée eft entierement détruite ; de forte même que fi en la place de la maifon léguée, le teftateur en avoit fait rebâtir une autre , elle ne feroit pas dûe au légataire , leg. 65. in fine , ff. de legatis 1°. parce que ce ne feroit plus la maifon qu'il avoit léguée qui fubfifteroit , c'en feroit un autre.

Mais fi le teftateur avoit légué un fonds, & que dans la fuite il eut fait conftruire des bâtimens deffus , les édifices & le fonds appartiendroient au légataire , quoique ces bâtimens femblent avoir changé la forme du fonds qui lui avoit été légué. Leg. 39. ff. de legat. 2°. Leg. 24. §. 1. & 44. §. 4. ff. de legat. 1°. Cela eft fondé fur ce que *ædificium folo cedit* , l'édifice n'eft qu'un acceffoire du fonds fur lequel il eft bâti , & partant il doit appartenir à celui qui doit être le propriétaire du fonds.

En cinquieme lieu , le legs eft cenfé avoir été révoqué par le teftateur, lorfqu'il l'a rayé dans fon teftament. *Nihil intereft , inducatur quod fcriptum eft , an adimatur.* Leg. 16. ff. de adimend. & transf. legat.

En fixieme lieu , le legs d'une dette eft éteint par le payement qu'en a reçu le teftateur, parce qu'alors le legs fe trouve être d'une chofe qui n'exifte plus. Leg. penult. §. ult. ff. eod. C'eft ce qui a été

jugé par Arrêt du 9. Juillet 1605. Il faut excepter le cas où il apparoîtroit que le teftateur n'a point eu la volonté de priver le légataire du legs qu'il lui a fait , en recevant le payement de ce qu'il lui étoit dû , comme s'il en avoit employé l'argent en acquifition d'héritages ou d'autres chofes , *quia non videtur abfumptum , quod in corpus patrimonii verfum eft.* leg. 23. ff. eod.

LEGS D'UNE CHOSE ACCESSOIRE , EST ÉTEINT PAR L'EXTINCTION DU LEGS PRINCIPAL. Ainfi un cheval légué *cum phalefis* , étant mort avant le décès du teftateur, le legs des ornemens & harnois eft éteint ; *quia fcilicet extincto rei principalis legato , accefforii quoque legatum extinguitur , fecundum vulgatam regulam ; accefforium fequitur naturam rei principalis.*

Il n'en eft pas de même de l'extinction du legs qui n'eft qu'acceffoire, elle ne caufe pas l'extinction du legs principal : ainfi le legs de la chofe principale fubfifte , quoique l'acceffoire n'exifte plus.

LEGS TRANSFERÉ DE LA PERSONNE DU LEGATAIRE A CELLE D'UNE AUTRE EST CENSÉ REVOQUÉ , comme nous dirons ci-après, *verbo* Tranflation de legs.

LEGS DEVIENNENT NULS ET NON DUS , LORSQUE L'HERITIER INSTITUÉ NE SE PORTE PAS HERITIER ; & alors la fucceffion eft déférée à l'héritier ab inteftat , à qui les legs ne peuvent pas être demandés ; parce que l'héritier inftitué ne fe portant pas héritier, tout le refte du teftament devient nul, & par conféquent ne peut avoir d'effet ; *Hæredis enim inftitutio eft caput & fundamentum totius teftamenti , eaque corruente cætera corrùere necefse eft.*

Mais lorfque l'héritier inftitué, pour fruftrer les légataires & les fidéicommiffaires, refufe de fe porter héritier *ex teftamento* , pour fuccéder au défunt ab inteftat , étant fon plus proche héritier : il peut être, pour raifon des legs & par fidéicommis laiffés par le teftateur, pourfuivi de même que s'il poffédoit les biens de la fucceffion comme héritier teftamentaire. *Quia fcilicet nemini fraus fua patrocinari debet , Leg. 1. 12. & ult. ff. fi quis omif. cauf. teftam. ab inteftato , vel alio mod. poffid. hæred.*

A l'égard du fubftitué , qui par la renonciation de l'héritier inftitué fuccede au teftateur, ce fubftitué eft tenu des legs dont l'inftitué étoit chargé; de même que le cohéritier l'eft de tout ce don étoit chargé le cohéritier qui répudie ; Leg. 25. ff. eod. tit. leg. 74. ff. de legat. 1. leg. 77. §. 15. ff. de legat. 2. à moins qu'il n'apparoiffe par des circonftances que le teftateur n'a pas voulu qu'au défaut de l'héritier inftitué , le fubftitué en fût chargé , leg. 83. ff. de legat. 3°. La Rocheflavin , liv. 6. titre 61. article 8. rapporte un Arrêt rendu au Parlement de Touloufe , qui conformément aux Loix citées ci.deffus , a jugé que *legata ab inftituto relicta , cenfentur à fubftituto repetita.*

LETTRES. Ce terme a plufieurs fignifications. Nous allons expliquer celles qui concernent le Droit & la Pratique. Généralement parlant , ce terme fignifie un titre qui donne le droit de jouir de quelque chofe , ou l'inftrument avec lequel on juftifie une prétention. Ainfi ce terme fe prend fouvent pour le contrat d'acquifition, comme dans les art. 73. 109. 136. & 137. de la Coutume de Paris. Il fe prend aufli pour une déclaration qui fe fait par quelqu'un au profit d'un autre, comme en l'article 311. Il fe prend aufli pour des lettres de maîtrife, qui font des lettres de privilege que le Roi accorde à quelques Artifans, pour les difpenfer de faire chef d'Œuvres. Il y a des Lettres d'Ecolier Juré, de Maître-ès-Arts, de Bachelier, de licencié, de Docteur, de Gradué dans les Univerfités. Enfin, il y a des Lettres de Tonfure, de Prêtrife, &c.

LETTRES UNIQUES ET CAPITALES étoient en ufage chez les Romains : ils s'en fervoient pour exprimer un mot entier. Par exemple, ces quatre lettres S. P. Q. R. fignifioient : SENATUS POPULUS-QUE ROMANUS.

Les huit lettres fuivantes, H. E. R. J. Q. M. E. A. contenoient la formule de l'action réelle ; fçavoir, HANC EGO REM JURE QUIRITUM MEAM ESSE AIO. Dans les Affemblées du peuple, où un Magiftrat de l'Ordre des Sénateurs propofoit la Loi qu'il avoit envie de faire paffer, chacun en entrant recevoit deux tablettes, fur l'une defquelles étoit un U & un R; & fur l'autre étoit un A; de forte que ces deux lettres U, R. fignifie UTI ROGAS, foit fait ainfi que vous le défirez; & la lettre A fignifioit ANTIQUO, je défapprouve & rejette.

LETTRES DE RECOMMANDATION, font des Lettres vagues par lefquelles on mande à quelqu'un que celui qu'on lui recommande eft homme de probité, & qu'il eft en état de payer ou de fe bien acquitter d'un tel emploi. Ces fortes de Lettres ne produifent aucune obligation de la part de celui qui les a écrites.

Voyez Papon, liv. 10. chap. 4. nombre 12. & Bouvot, tom. 1. part. 2. *verbo* lettres de recommandation. *Voyez* Aufli Maynard, liv. 8. chap. 29; M. le Prêtre, cent. 4. chap. 42. la bibliotheque de Bouchel, *verbo* Preuves; Boniface, tom. 2. livre 4. titre 12.

La regle que nous venons de donner fouffre une exception ; fçavoir que les lettres de recommandation faites entre Marchands, produifent l'action de mandat. Boniface, tom. 2. livre 8. chap. 6. rapporte un Arrêt en date du dernier Juin 1668. qui l'a jugé ainfi ; & que celui qui avoit donné de pareilles lettres, étoit refponfable de la perfonne en faveur de qui il les avoit données.

LETTRES PERPETUELLES. On entend par ces termes, en l'article 78. de la Coutume de Bourbonnois, les teftamens, contrats de mariages, conftitutions de rentes, ventes, donations, échanges, & autres contrats tranflatifs de propriété, & non par les obligations, les quittances, les louages, & autres actes femblables, dont fouvent on ne fait point de minute.

LETTRES ROGATOIRES, *voyez* Commiffions rogatoires.

LETTRES DE CHANGE. *V.* change. *V.* Délai de dix jours accordés pour le payement des Lettres de change. *Voyez* le Traité des Lettres de change, fait par M. Fulement, imprimé à Paris en 1739. dans lequel l'Auteur en fa Préface marque qu'il a

donné l'explication des termes qu'il convient d'employer ou d'éviter dans ces fortes d'actes, avec les fages précautions qu'il faut prendre pour ne point tomber dans aucun embarras, en tirant, remettant, prenant ou endoffant une Lettre de change.

LETTRES DE CHANGE TIRÉES DE PLACE EN PLACE, produifent plufieurs effets. I°. Quand elles font proteftées faute de payement, elles produifent des changes & rechanges.

II°. Conformément à l'article 7. du titre 6. de l'Ordonnance du mois de Mars 1673. l'intérêt du principal & du change eft du jour du proteft, quoiqu'il n'ait point été demandé en Juftice ; & celui du rechange, des frais du proteft & du voyage, (fi aucun a été fait) que du jour de la demande.

III°. Suivant l'article 4. du titre 5. de ladite Ordonnance, le porteur d'une lettre de change eft tenu de la faire payer ou protefter dans dix jours après celui de l'échéance.

IV°. Celui qui a tiré ou endoffé une lettre après avoir été proteftée, doit être pourfuivi en recours de garantie par le porteur d'icelle dans la quinzaine, s'il eft domicilié dans la diftance de dix lieues & au-delà à raifon d'un jour pour cinq lieues, conformément à l'article 13. après les délais ci-deffus. Suivant l'article 15. le porteur de Lettres eft non-recevable en fon action en garantie, tant contre le tireur, les endoffeurs, que contre l'accepteur.

V°. Suivant les articles 4. du titre 34. de l'Ordonnance de 1667. & 1. du titre 7. de l'Ordonnance de 1673. les débiteurs pour les lettres de change, font contraignables par corps, de quelque qualité & condition qu'ils foient.

VI°. L'article 20. du titre 5. de ladite Ordonnance, porte que fes Lettres de change font réputées acquittées dans les cinq ans après la ceffation de demande, à compter du lendemain de l'échéance ou proteft, ou de la derniere pourfuite.

VII°. Pour fait de Lettres de change, entre telles perfonnes que ce foit, la connoiffance en appartient aux Juge & Confuls, fuivant l'article 2. du titre 12. de l'Ordonnance de 1673.

LETTRES DE CREDIT. *Voyez* Crédit.

LETTRES, SENTENCES OU OBLIGATIONS AUTENTIQUES, font celles qui peuvent être mifes à exécution ; c'eft-à-dire qui font groffoyées en parchemin, mifes en bonne forme, & fcellées du fceau de Juftice ou de contrats.

LETTRES PATENTES, font des Lettres du Roi fcellées du grand fceau, qui fervent de titre pour la conceffion de quelque octroi, grace, privilege, établiffement. Elles doivent être fignées en commandement par un Secrétaire d'Etat, & vérifiées dans les Parlemens, après que les Parties intéreffées ont été ouies, ou dûement appellées. Ces Lettres ont pour les Particuliers la même autorité que les Edits pour le Public.

On prend néanmoins quelquefois le terme de *Lettres patentes* dans un fens plus étendu pour fignifier toutes fortes d'Edits, Déclarations, généralement toutes Lettres de fceau.

Ce terme de Lettres patentes dérive du participe Latin *patens* ; parce que les Lettres du fceau, que les Latins expriment par le mot grec *diplomata*, à caufe du repli qui les rends en quelque forte *doubles*, font ouvertes, à la différence des Lettres de cachet qui font clofes.

Loyfeau, livre 1. des Offices, chapitre 3. nombres 54. & 55. dit auffi que les Lettres patentes font des Lettres du grand fceau expédiées en parchemin au nom & de l'autorité du Roi, où il n'y a qu'un rempli au pieds & au bas de l'écriture lequel n'en empêche pas la lecture ; à la différence des Lettres clofes, qui font fermées par un cachet, & qu'on appelle Lettres de cachet.

Mais il femble que ce que dit Charondas en fes Pandectes, liv. 1. chap. 19. eft plus notables. Les Lettres patentes (dit-il) font ainfi appellées, non-feulement pour les diftinguer des Lettres de cachet, mais principalement des Lettres de petite Chancellerie établie auprès des Parlemens, comme étant leur autorité plus grande & plus patente à caufe du grand fceau, auquel eft empreinte l'image du Prince féant en fon lit de Juftice, avec les principales marques de l'autorité royale qui s'y rapportent.

Quelques-unes de ces Lettres font générales & données en forme d'Edit, d'autres concernent les Communautés, & la plus grande partie regarde les affaires des Particuliers.

LETTRE DE CACHET, eft un ordre du Roi contenu dans une Lettre, foufcrite par un Secrétaire d'Etat, & fermée du cachet de Sa Majefté. On l'appelle ainfi, parce qu'elle eft clofe ? à la différence des Lettres qui font ouvertes, & qui font par cette raifon appellées Lettres patentes. *Voyez* Lettres.

Les Lettres de cachet portant injonction de demeurer dans un endroit, & de n'en pas fortir, n'emportent point d'infamie, & ne touchent en rien à l'état de la perfonne ; en forte qu'elle conferve tous fes droits pendant fon exil. *Voyez* Relegation.

A l'égard de celui qui eft prifonnier en vertu d'une Lettre de cachet, on ne reçoit point les recommandations que fes créanciers ou autres voudroient faire.

LETTRES D'ATTACHE. *Voyez* Attache.

LETTRES ROYAUX, font des fecours de droit émanés du Prince en faveur de l'impétrant dont l'adreffe ne fe fait qu'aux Juges royaux, Huiffiers ou Sergens royaux. Elles ne font jamais cenfées être accordées au préjudice des droits du Roi, ni du droit d'un tiers ; & par conféquent la claufe, *fauf le droit du Roi & celui d'autrui*, y eft toujours fous-entendue.

L'expédition de ces Lettres fe fait en parchemin, il faut qu'elles foient lifibles, fans ratures, fans interlignes, renvois ni apoftilles. Le fait y doit être fommairement expofé, & elles ne doivent contenir d'autres conclufions que celles qui ont du rapport à la matiere.

Ces Lettres n'étant émanées de l'autorité royale, ne peuvent être adreffées aux Juges ou autres officiers des Seigneurs, que le Roi ne reconnoît point Officiers, & qui par conféquent n'ont pas le pouvoir d'exécuter fes mandemens.

Et s'il eft néceffaire d'avoir Lettres royaux en quelque procès pendant pardevant un Juge fubalterne & non royal, le Roi adreffe fes lettres, non pas au Juge fubalterne, mais au premier Huiffier de la Cour de Parlememt, ou autre Huiffier ou Sergent royal fur ce requis ; auquel fera mandé de faire commandement au Juge fubaterne, s'il lui appert, &c. de procéder au Jugement du procès d'entre les Parties, quand il fera en état de juger, fans s'arrêter avoir égard à tel contrat, ou à telle confeffion, dénégation ou déclaration, felon l'exigence des cas. Bacquet, des Droits de Juftice, chapitre 7. nombre 34.

Au bas des Lettres royaux, on a coutume de mettre ces mots : *Par le Roi en fes Confeils* ; & lorfque c'eft pour envoyer en Dauphiné, il faut mettre au bas : *Par le Roi Dauphin ;* & au titre, après ces mots, *Roi de France & de Navarre*, ajouter, *Dauphin de Viennois, Comte de Valentinois & Diois* ; & ces Lettres qui font pour envoyer en Dauphiné, doivent être fcellées de cire rouge, à peine de nullité.

A l'égard des Lettres royaux que l'on fait expédier pour la Provence, après ces mots, *Roi de France & de Navarre*, il faut ajouter à l'intitulé : *Comte de Provence & Forcalquier, & Terres adjacentes.*

Pour ce qui eft des fceaux dont les Lettres royaux doivent être fcellées, *voyez* ci-après Lettres du grand & du petit fceau.

Les Lettres royaux font de deux fortes ; fçavoir les Lettres de grace, & les Lettres de Juftice.

LETTRES DE GRACE, font celles qui contiennent une pure libéralité du Prince. Elles dépendent uniquement de Sa Majefté ; elle les accorde par faveur à qui bon lui femble, & il peut les refufer quand il le juge à propos. Telles font les Lettres de rémiffion, les Lettres de grace, les difpenfes, les priviléges & autres femblables.

Voyez ci-après Lettres de grace en matiere criminelle.

LETTRES DE JUSTICE, font celles qui font fondées fur le droit commun, ou qui portent mandement de rendre la Juftice, & que le Roi accorde moins par faveur, que pour fubvenir au befoin de fes Sujets, fuivant l'équité & la raifon. C'eft pourquoi Sa Majefté croit être dans une efpéce d'obligation de les accorder à ceux qui les lui demandent. Telles font les refcifions & reftitutions en entier, & autres femblables.

LETTRES DU GRAND ET DU PETIT SCEAU. Les Lettres royaux, foit de grace, Juftice, font du grand & du petit fceau.

Les Lettres du grand fceau font celles qui ne peuvent être expédiées que par les Secrétaires du Roi, & qui font fcellées en la grande Chancellerie, en préfence de M. le Chancelier Garde des fceaux qui y préfide. Telles font les Lettres de remiffions d'annobliffément, de légitimation, de naturalité, de réhabilitation, amortiffémens, priviléges, évocations, exemptions, dons & autres semblables.

Les Lettres du petit sceau sont celles qui sont scellées en la petite Chancellerie, en présence d'un Maître de Requêtes qui y préside. Il y en a qui se dressent seulement par les Secrétaires du Roi, & d'autres qui peuvent être par eux dressées, concurremment avec les référendaires de la Chancellerie, comme nous avons dit, verbo Chancellerie. Les Lettres qui s'expédient en la petite Chancellerie, sont les émancipations ou bénéfices d'âge, les Lettres de bénéfice d'inventaire, les terriers, les Lettres d'attribution de Jurisdiction pour criées, les Committimus du petit sceau, les Lettres de main souveraine, les Lettres d'assiette, les reliefs d'appel simple ou comme d'abus, les anticipations, les désertions, les débitis, les compulsoires, les rescisions, les Requêtes civiles & autres dont la plûpart regardent l'instruction de la procédure.

Toutes les Lettres de Chancellerie ne sont valables que pour un an. Quand on a négligé de s'en servir & de les signifier dans le tems, il faut se pourvoir en Chancellerie, & y obtenir des Lettres de surannation, qu'on attache sur les anciennes.

Après avoir donné ces principes généraux sur les Lettres de Chancellerie, nous allons donner une idée particuliere de chacune de celles dont l'usage est plus fréquent.

LETTRES D'ABOLITION, sont des Lettres du grand sceau, par lesquels Sa Majesté, par la plénitude de sa puissance, abolissant le crime qui auroit été commis par l'impétrant, déclare être bien informé du fait dont il s'agit, sans même qu'il soit énoncé dans les Lettres que le Roi entend que le crime soit entièrement aboli & éteint, & pardonne le cas, de quelque maniere qu'il soit arrivé, sansquel l'impétrant en puisse être aucunement poursuivi à l'avenir.

Le Roi efface par ces lettres la note que le crime imprime; mais il faut qu'elles soient obtenues avant le Jugement souverain, afin de lier les mains au Juge; & si elles ne sont obtenues qu'après le Jugement, elles ne lavent point l'infamie. C'est dans ce sens qu'on dit: *Quod Princeps absolvit notat.* Au lieu que quand elles sont obtenues avant, comme elles effacent la note que le crime imprime, il n'est pas permis de reprocher le crime à celui à qui le Prince en a remis la peine, *ut docet Julius Clarus lib. Sententiarum, tractatu de injuria.*

Ces Lettres contiennent un pardon qui est plus général que les rémissions, où le Roi dit, *s'il est ainsi qu'il est exposé;* au lieu que dans les Lettres d'abolition il est dit; que le Roi pardonne le cas, *en quelque maniere qu'il soit arrivé.* Mais il n'arrive presque jamais que le Roi en veuille accorder.

Il y a des abolitions particulieres qui s'accordent à quelqu'un en particulier, & il y en a aussi de générales qui sont accordées à une Province entiere, ou à un Corps ou Communauté.

Voyez Abolition. *Voyez* ci-après Lettres de grace en matiere criminelle.

LETTRES D'AFFRANCHISSEMENT, sont des Lettres du grand sceau, par lesquelles le Roi, pour des raisons particulieres, affranchit & exempte des habitans, des tailles, contributions, & autres impositions qu'on avoit coutume de lever sur eux.

LETTRES D'ANNOBLISSEMENT. *Voyez* Lettres de Noblesse.

LETTRES D'AMNISTIE, sont des Lettres patentes qui contiennent un pardon général, accordé par le Roi à des Peuples qui se sont révoltés, & ont exercé des actes d'hostilité, ou qui se sont soulevés.

LETTRES D'AMORTISSEMENT, sont des Lettres du grand sceau, par lesquelles le Roi amortit des héritages acquis par des Gens de mainmorte, pour en jouir, sans qu'ils soient tenus d'en vuider leurs mains. Elles ne s'accordent par le Roi aux Gens de main-morte, qu'en conséquence du payement qu'ils ont fait à Sa Majesté du droit d'amortissement.

Mais le Roi veut bien ne pas recevoir de finance, lorsque les héritages dont est question font partie de la Clôture des Monasteres; & cependant il n'en faut pas moins indemniser le Seigneur, & prendre aussi des Lettres patentes.

Voyez Amortissement. *Voyez* Gens de mainmorte.

LETTRES D'AMPLIATION DE REMISSION, sont des Lettres par lesquelles un homme, lequel a obtenu une remission pour un crime, représente qu'il a oublié quelque circonstance du fait exposé dans sa rémission, laquelle circonstance omise causeroit la nullité de ses Lettres; mais pour en empêcher la nullité, sur l'exposition des circonstances omises, Sa Majesté, par les Lettres d'ampliation, lui pardonne cette circonstance oubliée.

LETTRES D'ANTICIPATION, sont des Lettres du petit sceau, qui portent commandement au premier Huissier ou Sergent d'ajourner & anticiper l'appellant, sur l'appel par lui interjetté d'une Sentence. *Voyez* Anticiper.

LETTRES D'APPEL SIMPLE, sont des Lettres du petit sceau, portant mandement au premier Huissier ou Sergent d'ajourner à certain & compétent jour en la Cour, tel.... pour procéder sur l'appel que l'impétrant a interjetté, & qu'il interjette par ces Présentes, de la Sentence rendue par tel Juge le tel jour, de tout ce qui s'en est ensuivi, & en outre procéder comme de raison.

LETTRES D'APPEL COMME D'ABUS, sont des Lettres du petit sceau, qui portent commandement au premier Huissier ou Sergent d'assigner au Parlement sur un appel comme d'abus.

Ces Lettres doivent être libellées, & contenir sommairement les moyens d'abus, avec le nom de deux anciens Avocats qui ont donné leur consultation, & le nom de celui qui a fait le rapport; & ladite consultation doit être attachée auxdites Lettres. *Voyez* Appel comme d'abus.

Les Lettres d'anticipation qui s'obtiennent sur un appel comme d'abus, ne requierent pas les mêmes formalités; car elles ne doivent point être libellées, & se scellent sans qu'il n'y ait aucune consultation attachée.

LETTRES D'ASSIETTE, sont des Lettres qui

LETTRES D'ASSIETTE, font des Lettres qui portent injonction aux Tréforiers de France d'impofer une fomme à laquelle une Communauté d'Habitans a été condamnée, fur chacun defdits Habitans qui font cottifés à la taille de ladite Communauté, pour être levée fur eux au fur des tailles ; fans néanmoins que cette impofition puif-fe nuire ni préjudicier à la levée des tailles, & au-tres droits impofés par le Roi fur les Habitans.

Les condamnations obtenues contre une Com-munauté d'Habitans ne fe pouvant mettre à exé-cution par faifie & exécution des meubles, ni par faifie réelle des biens des Particuliers, ni par la contrainte par corps, on a trouvé le moyen de s'en faire payer en obtenant Lettre d'affiette, pour faire l'impofition fur tous les Habitans de la fomme à la-quelle la Communauté a été condamnée.

Les affiettes s'obtiennent en la Chancellerie, ou par Lettres, ou par Arrêt. Les premieres s'y fcel-lent jufqu'à la fomme de cent cinquante livres, & les autres jufqu'à celle de trois cens livres.

Les affiettes par Lettres s'enregiftrent à l'Au-dience de la Chancellerie, & font déchargés fur le Regiftre par M. le Maître des Requêtes qui tient le fceau. Enfin, l'adreffe en eft toujours faite aux Tréforiers de France.

LETTRES D'ATTACHE SUR BULLES, font des Lettres du grand fceau, par lefquelles le Roi auto-rife des Bulles données par le Pape de certains Bé-néfices, particuliérement dans les conquêtes. Par ces Lettres, Sa Majefté ordonne que fi dans les Bulles, il n'y a rien aux privileges & liberté de l'Eglife Gallicane, elles foient exécu-tées. Il faut auffi qu'il y ait un certificat de l'Intendant qui rende bon témoignage de l'impé-trant, c'eft-à-dire, de celui qui a obtenu la Bulle.

Cette formalité des lettres d'attache, pour prendre poffeffion en vertu des Bulles, ne s'obfer-ve point au Parlement de Paris. Voyez le Traité des Matieres bénéficiales de M. Fuet, liv. 5. chap. 7. page 654.

Il y a encore d'autres Bulles ou Brefs, fur lef-quels on prend de femblables attaches ; parce que rien ne s'exécute dans le Royaume, venant de la Cour de Rome, qu'après vérification faite qu'il n'y a rien de contraire aux libertés de l'Eglife Gallicane.

LETTRES D'ATTRIBUTION DE JURISDICTION, font des Lettres du petit fceau, qui s'obtiennent par un pourfuivant criées, après que des criées de biens fitués en différentes Jurifdictions du reffort d'un même Parlement, ont été bien & dûement vérifiées par le Juge des lieux ; à l'effet de procé-der à la vente & adjudication d'iceux pardevant le Juge dans le reffort duquel la plus grande partie des héritages faifis eft fitué.

Ainfi quand il y a plufieurs héritages faifis réel-lement en différentes Jurifdictions du reffort d'un même Parlement, pour éviter à frais, le pourfui-vant criées fe pourvoit en la petite Chancellerie, pour y obtenir des Lettres qui portent attribution au Juge Royal dans le reffort duquel la plus gran-de partie des héritages faifis eft fituée.

Tome II.

LETTRES DE BENEFICE D'AGE. Voyez Lettres d'émancipation.

LETTRES DE BENEFICE D'INVENTAIRE, font des Lettres du petit Sceau, par lefquelles le Roi permet à un préfomptif héritier de fe porter hé-ritier par bénéfice d'inventaire, de celui de la fucceffion duquel il s'agit ; à l'effet de n'être tenu des dettes de la fucceffion, que jufqu'à concur-rence du contenu en l'inventaire, dont il doit ren-dre compte.

Celui qui eft affigné en qualité d'héritier pur & fimple, doit en Pays coutumier juftifier de fes Lettres de bénéfice d'inventaire : faute de quoi il eft réputé héritier pur & fimple.

Dans les Pays de Droit écrit, le bénéfice d'in-ventaire eft de droit : ainfi pour en jouir, il n'eft pas néceffaire d'obtenir des Lettres de Chancelle-rie, il fuffit de faire loyal inventaire de tous les biens de la fucceffion, & de faire déclaration en Juftice que l'on accepte la fucceffion en qualité d'héritier par bénéfice d'inventaire, conformé-ment à ce qui eft porté en la Loi derniere, *cod. de jure deliberandi.*

Voyez Bénéfice d'inventaire. Voyez Héritier bé-néficiaire.

Dans les Pays où ces Lettres font néceffaires, elles fe peuvent obtenir en tout tems, même juf-qu'à trente ans, pourvû qu'on n'ait point fait d'acte d'héritier pur & fimple ; & fi c'eft en col-latérale, qu'il n'y ait point d'autre héritier.

L'adreffe de ces Lettres ne fe fait jamais à des Cours fupérieures, ni à des Juges de privilege, mais toujours au Juge ordinaire du lieu où la fuc-ceffion eft ouverte, quelque litifpendance qu'il y ait ailleurs entre les Parties, où les Lettres pour-roient être incidentes.

Les claufes ordinaires de ces Lettres font, Iº. de faire bon & fidele inventaire, fi fait n'a été. IIº. De bailler caution de la valeur d'icelui.

Au refte, elles ne font accordées qu'en cas que l'impétrant n'ait point fait acte d'héritier pur & fimple.

LETTRES DE COMMISSION, font des Let-tres que l'on prend à la petite Chancellerie, pour faire affigner quelqu'un au Parlement. Elles s'ob-tiennent ou à caufe de quelque inftance qui y eft pendante, ou en exécution d'Arrêt de la Cour.

La néceffité d'obtenir ces fortes de Lettres, pro-vient de ce qu'on ne peut affigner pardevant les Cours fouveraines & les Juges qui jugent en der-nier reffort, foit en premiere inftance, foit par appel ou autrement, qu'en vertu des Lettres de Chancellerie particulieres, ou d'Arrêt.

Il faut excepter ceux qui ont droit de plaider au Parlement en premiere inftance, lefquels peuvent y donner affignation fans Arrêt ni commiffion.

Mais quand, par exemple, on veut faire affigner quelqu'un en vertu d'un Arrêt de la Cour, & que celui que l'on veut faire affigner eft demeurant hors la Ville & Fauxbourgs de Paris, comme les frais feroient trop grands de faire affigner par un Huiffier de la Cour en vertu d'un Arrêt, on obtient en Chancellerie une Commiffion, en vertu

de laquelle on le peut faire affigner par tout Huiffier ou Sergent Royal.

LETTRES DE COMMISSION POUR CONSTITUER
NOUVEAU PROCUREUR, font des Lettres du petit
Sceau qui portent mandement au premier Huiffier
ou Sergent d'affigner en la Cour la Partie adverfe
dont le Procureur eft décédé, à ce qu'elle ait à
conftituer un nouveau Procureur, à peine de tous
dépens, dommages & intérêts.

LETTRES DE COMMISSION EN REPRISE, font
des Lettres du petit fceau, qui portent mandement
au premier Huiffier ou Sergent d'affigner les
enfans & héritiers de la Partie qui eft décédée pour reprendre le procès pendant en la Cour,
fuivant les derniers erremens.

LETTRES POUR FAIRE DECLARER UN AR-
REST EXECUTOIRE, font des Lettres du petit
Sceau, qui portent mandement au premier Huiffier ou Sergent d'affigner les enfans, héritiers &
biens-tenans de quelqu'un qui eft décédé, à l'effet de voir déclarer l'Arrêt obtenu par l'expofant,
à l'encontre du défunt commun avec eux, tant en
principal, intérêts, que dépens.

LETTRES DE COMMISSION, OU PAREATIS
SUR ARREST EXPEDIÉ PAR EXTRAIT, font des
Lettres du petit Sceau qui portent mandement
au premier Huiffier ou Sergent de mettre à dûe
& entière exécution un Arrêt de la Cour, obtenu
par l'expofant dans l'étendue du reffort de la Cour,
à l'encontre de ceux qui font dénommés dans ledit
Arrêt.

Nota, qu'on fait attacher aux Lettres l'extrait
de l'Arrêt fous le contrefcel de la Chancellerie.

LETTRES DE COMMISSION AVEC ADRESSE AU
JUGE, font des Lettres du petit Sceau, portant
Injonction à un Juge Royal de faire procéder à
l'exécution d'un Arrêt de la Cour obtenu par l'expofant felon fa forme & teneur, à l'encontre de tel
y dénommé, & autres qu'il appartiendra.

Ces mêmes Lettres portent fur la fin, mandement au premier Huiffier ou Sergent de faire pour
l'exécution dudit Arrêt, & des Ordonnances du
Juge commis, toutes fignifications, affignations
& autres actes requis & néceffaires.

Nota, qu'on attache auxdites Lettres l'Arrêt fous
le contrefcel de la Chancellerie.

LETTRES DE COMMITTIMUS, font des Lettres du grand ou petit Sceau qui portent mandement au premier Huiffier ou Sergent de faire
payer au privilégié toutes les fommes à lui dûes;
& en cas de refus, affigner les redevables de deux
cens livres & au-deffus aux Requêtes de l'Hôtel ou
du Palais, même faire le renvoi des caufes en défendant.

Ces Lettres s'expédient en la grande Chancellerie, quand il s'agit d'une fomme de mille livres &
au-deffus; & pour qu'elles s'expédient en la petite
Chancellerie, il fuffit qu'il s'agiffe de deux cens livres & au-deffus.

Voyez Committimus.

LETTRES DE COMMUTATION DE PEINE, font
des Lettres du grand Sceau, par lefquelles le Roi,
par des confidérations particulieres, rappelle & dé-

charge l'impétrant de la peine de.... à laquelle il
auroit été condamné à la charge de fatisfaire aux
autres condamnations portées par le Jugement.

Il faut, fuivant l'art. 6. du titre 16. de l'Ordonnance de 1670. que l'Arrêt ou le Jugement de condamnation foit attaché fous le contrefcel de ces
Lettres; à faute de quoi, les impétrans ne peuvent s'en aider; & défenfes font faites aux Juges
d'y avoir égard.

LETTRES DE COMPULSOIRE, font des Lettres du petit Sceau, en vertu defquelles, quand
on a befoin d'un acte qui eft chez un Notaire, ou
au Greffe, ou chez quelqu'autre perfonne publique,
& que l'on ne peut en avoir communication de
gré à gré, on fe le fait communiquer. *Voyez* Compulfoire.

LETTRES DE CONFORTEMAIN, font des Lettres de Chancellerie, qui s'obtiennent par les Seigneurs féodaux, afin de confronter, confirmer &
autorifer les faifies faites en vertu de leur commandement, quoique lefdites Lettres ne foient pas néceffaires pour la validité defdites faifies. L'ufage de
ces Lettres eft aujourd'hui entièrement abrogé.

LETTRES DE DEBITIS. *Voyez* Debitis.

LETTRES DE DECLARATION, font des Lettres
du grand Sceau, que le Roi accorde aux Regnicoles, qui par une longue abfence étoient réputés
avoir abdiqué leur patrie, & font revenus en France. Ils n'ont point befoin de Lettres de naturalité,
parce qu'ils ne font pas étrangers; mais il leur faut
des Lettres de Déclaration pour purger le vice de
leur longue abfence.

LETTRES DE DESERTION, font des Lettres du
petit Sceau, qui portent mandement au premier
Huiffier ou Sergent d'affigner l'appellant, pour voir
déclarer défert l'appel par lui interjetté, faute de
l'avoir relevé dans le tems prefcrit par l'Ordonnance; & pour voir déclarer qu'il fera paffé outre au
Jugement dont eft appel. *Voyez* Défertion d'appel.

LETTRES DE DISPENSE, font celles que le
Roi accorde pour difpenfer quelqu'un du droit
commun & de la regle ordinaire. Telles font les
Lettres de difpenfe d'âge ou de parenté; & ces fortes de Lettres ne s'expédient qu'en la grande Chancellerie.

LETTRES DE DON, D'AUBAINE, DESHERENCE
ET BATARDISE, font des Lettres du grand Sceau,
par lefquelles le Roi, pour gratifier quelqu'un, lui
donne les biens qui font échus à Sa Majefté par
droit d'aubaine, deshérence, bâtardife ou autrement. Il y a un nombre infini de dons que le Roi
fait des chofes qui lui échéent par les droits de fa
Couronne, & qu'il ne réunit point à fon Domaine.

LETTRES DE DON GRATUIT, font des Lettres du grand Sceau, par lefquelles le Roi permet
aux Etats d'une Province de faire un don d'une
fomme au Gouverneur, Lieutenant de Roi, ou autre Officier, à qui Sa Majefté permet de l'accepter. Les Ordonnances défendent ces fortes de dons
fans la permiffion du Prince; c'eft pourquoi il eft
befoin de Lettres.

LETTRES D'ÉMANCIPATION, ou de bénéfice
d'âge, font des Lettres de la petite Chancellerie,

qui portent mandement aux Juges à qui elles s'adreſſent, de permettre à l'impétrant de jouir de ſes meubles & du revenu de ſes immeubles. *Voyez verbo* Emancipation, les formalités qui ont coutume d'y être obſervées, & l'effet que ces Lettres produiſent.

L'adreſſe ne s'en fait jamais à des Cours ſupérieures, ni à des Juges de privilége ; mais toujours au Juge ordinaire des lieux, quelque litiſpendance qu'il y ait ailleurs entre les Parties, où les Lettres pourroient être incidentes.

LETTRES POUR ESTER A DROIT APRÉS LES CINQ ANNÉES DE LA CONTUMACE, ſont des Lettres du grand Sceau, que l'on obtient, à l'effet de ſe repréſenter après cinq ans paſſés depuis une condamnation rendue par contumace, pour être admis à la purger. *Voyez* ci-deſſus, Ester à droit.

Comme ceux qui ſont condamnés par contumace, doivent pour la purger ſe repréſenter dans les cinq ans, à compter du jour que leur jugement de condamnation leur a été ſignifié à domicile ; quand un condamné par contumace veut ſe repréſenter après les cinq ans, il lui faut des lettres du Prince qui le relevent de ce laps de tems ; d'où il s'enſuit que ce tems de cinq ans n'eſt pas abſolument fatal ; puiſque le Roi, par certaines conſidérations, en releve quelquefois.

Mais il faut abſolument des Lettres pour eſter à droit, après les cinq années de la contumace. Il a été rendu au Conſeil un Arrêt le 19. Avril 1681. qui caſſe un Arrêt du Parlement de Touloufe, lequel avoit relevé un contumax ſans Lettres d'eſter à droit, & qui ne s'étoit repréſenté qu'après les cinq ans.

Ces Lettres portent mandement aux Juges à qui elles ſont adreſſées, qu'ils ayent à recevoir l'impétrant à ſe juſtifier du crime qui lui eſt impoſé, de même qu'il l'eût pû faire avant le Jugement, à la charge de ſe mettre en état lors de la préſentation des Lettres ; que foi ſera ajoutée aux témoins décédés, & qui auroient été récollés, comme s'ils avoient été confrontés ; & de réfonder les dépens de la contumace, & même de conſigner en pure perte & ſans eſpérance de retour, les amendes auxquelles l'impétrant a été condamné.

Quand celui qui a obtenu des Lettres de reſtitution de laps de tems, eſt dans la ſuite abſous du crime dont il avoit été accuſé, ou que la peine prononcée contre lui n'emporte point confiſcation, (comme s'il n'étoit condamné qu'une peine legere, ou à un ſimple banniſſement) il entre dans la poſſeſſion de ſes biens : & alors ſes meubles & ſes immeubles lui ſont rendus en l'état qu'ils ſe trouvent ; mais il ne peut prétendre aucune reſtitution des amendes, intérêts civils, ni des fruits de ſes immeubles, aux termes de l'art. 28. du tit. 17. de l'Ordonnance 1670.

Les condamnés par contumace qui ſe repréſentent dans les cinq ans, n'ont pas befoin de Lettres, & effacent entierement leur condamnation : ceux au contraire qui ne ſe repréſentent qu'après les cinq ans, ne le peuvent faire ſans obtenir des Lettres à cet effet ; ils effacent à la vérité leur con-

damnation, mais ils ſont obligés à ce que nous avons dit ci-deſſus.

Il nous reſte deux obſervations à faire ſur les Lettres pour eſter à droit.

La premiere, que quelquefois il y a clauſe dans ces Lettres, par laquelle le Roi diſpenſe le demandeur de la conſignation des amendes adjugées à Sa Majeſté en conſidération de l'impétrant, & ſur l'expofition de ſa pauvreté.

La deuxieme eſt, que quelquefois on prend des Lettres dans les cinq années même de la contumace (qui eſt un tems de grace) à l'effet ſeulement d'être reçu à eſter à droit, ſans conſigner les amendes adjugées au Roi ; ou pour y faire inſérer une clauſe d'attribution de Juriſdiction ſouveraine, lorſque celui qui eſt condamné par défaut & contumace, ſe trouve pour l'intérêt de l'Egliſe ou du Public, engagé dans quelque Charge dont il ne peut s'éloigner.

LETTRES D'ÉTAT, ſont des Lettres du grand Sceau, qui ſont accordées par le Roi à ceux qui ſont en embaſſade, ou qui ſervent actuellement à l'armée, ou qui ſont abſens pour quelque cauſe publique, dont il faut faire preuve par bons certificats. Il eſt parlé de ces Lettres dans tout le tit. 5. de l'Ordonnance de 1669. qu'il faut lire avec les Notes de Bornier.

Le Roi par ces Lettres, mande aux Juges de ſurſeoir pendant le terme qui y eſt porté, l'inſtruction & le Jugement de procès où les impétrans ont un intérêt perſonnel.

Ces Lettres ſont ainſi appellées, parce qu'elles font demeurer l'impétrant dans le même état qu'il étoit lors qu'il les a obtenues ; en ſorte qu'elles font ſurſeoir l'inſtruction & le Jugement des procès où l'impétrant a un intérêt perſonnel, comme nous venons de dire ; mais elles ne donnent aucune ſurſéance aux procès où il ne feroit qu'indirectement intéreſſé.

Ainſi, par exemple, un tuteur ne peut s'aider de Lettres d'Etat dans les affaires de ſon mineur ; comme il eſt porté en l'article 8. de la Déclaration du Roi du 23. Décembre 1702. regiſtrée en Parlement le 5. Janvier 1703.

Elles ne peuvent être révoquées que par d'autres Lettres, ou par Arrêt du Conſeil. Le Parlement ou autre Cour ne peut juger au préjudice. L'article 4. du titre 5. de l'Ordonnance de 1669. fait défenſes à tous Juges de paſſer outre à l'inſtruction & jugement des cauſes & procès au préjudice de la ſignification des Lettres d'Etat ; & aux Parties de continuer leurs pourſuites, ni de s'aider des Jugemens qui pourroient être intervenus au préjudice de ladite ſignification, à peine de nullité, caſſation de procédures, & de tous dépens, dommages & intérêts.

Les Lettres d'Etat n'ont d'effet & ne ſont accordées que pour ſix mois ; mais après ce délai on en peut obtenir d'autres. Elles ne ſervent de rien, où le Roi a intérêt, ſoit que la demande intentée regarde directement Sa Majeſté, ſoit qu'elle n'y ait qu'un intérêt indirect.

Ces Lettres n'ont pas lieu non plus contre les

Hôpitaux. Il y a une Déclaration du 23. Mars 1680. donnée en faveur de l'Hôpital général de la Ville de Paris.

Elles ne fufpendent pas le cours des procédures du retrait lignager, comme il a été jugé par Arrêt du Confeil d'Etat du Roi, le 21. Août 1696.

Elles ne fervent pas non plus dans les matieres criminelles, compris l'infcription de faux, tant incidente que principale.

En matiere d'alimens elles n'en font point furfeoir la pourfuite, *ne qui petit alimenta fame interim pereat.*

Elles n'empêchent pas que les créanciers ne puiffent faifir réellement les biens de leurs débiteurs, au préjudice defdites lettres.

Si elles font fignifiées avant le bail judiciaire, on fait la procédure jufqu'au bail judiciaire exclufivement. Si le bail judiciaire eft fait, on continue jufqu'au congé d'adjuger aussi exclufivement.

Les lettres d'Etat ne difpenfent point un adjudicataire des biens en Juftice, de faire la confignation du prix de fon adjudication.

Tous ceux qui font obligés de rendre compte, ne peuvent pas s'en aider, à l'effet de retarder le compte qu'ils font obligés de rendre.

Les oppofans aux faifies réelles ne peuvent s'en fervir, non plus que les oppofans aux faifies mobiliaires.

Voyez la Déclaration du 23. Décembre 1702. fervant de nouveau Réglement pour les lettres d'Etat. Elle eft dans le nouveau Neron.

LETTRES D'ÉVOCATION GÉNÉRALE, font des lettres du grand Sceau, par lefquelles Sa Majefté, par grace fpéciale pour quelqu'un, évoque à un Tribunal généralement toutes les affaires qu'il a, & qu'il peut avoir. Ces lettres ne fe peuvent expédier qu'en la grande Chancellerie, parce qu'elles font émanées de la fuprême autorité du Roi, qui peut feul, comme Souverain & Chef de la Juftice, ôter aux Juges ordinaires ce qui eft naturellement de leur compétence.

LETTRES D'ÉVOCATION CONSENTIE, font celles par lefquelles Sa Majefté, du confentement des Parties, évoque un procès, & le renvoye à un autre Tribunal que celui où il eft pendant.

LETTRES D'EXEMPTION, font des lettres du grand Sceau, par lefquelles Sa Majefté exempte & décharge quelqu'un d'un devoir auquel il eft affujetti, ou de quelque charge perfonnelle ou réelle. Par exemple, le Roi accorde des lettres d'exemption à ceux qu'il veut bien exempter du ban & arriere ban, par une lettre particuliere.

LETTRES DE GARDE-GARDIENNE, font des lettres du grand Sceau, accordées par le Roi à quelques Corps ou Communautés, à l'effet de renvoyer toutes leurs caufes pardevant le Juge qui en a l'attribution particuliere.

Il eft traité fort au long de ce privilége dans Bacquet, en fon Traité des Droits de Juftice, chap. 8. nomb. 51. & fuivans.

Il y a encore d'autres lettres qui font auffi appellées lettres de garde-gardienne, & qui font accordées par les Confervateurs des privileges des Uni-

verfités. Elles fe donnent aux Régens, Ecoliers & Suppôts d'une Univerfité, en vertu defquelles ils ont droit de plaider pardevant le Juge Confervateur des privileges de leur Univerfité. *Voyez* Garde-gardienne. *Voyez* auffi Confervateurs des Privileges des Univerfités.

LETTRES DE GRACE EN MATIERE CRIMINELLE, font des lettres par lefquelles Sa Majefté, préférant la clémence à la rigueur & févérité des Loix, remet la peine que l'impétrant pourroit avoir encourue. Telles font les lettres d'abolition, les lettres de pardon, & les lettres de rémiffion.

Toutes ces lettres font fcellées en forme de Charte, *ad perpetuam rei memoriam.* A l'égard de l'adreffe de ces lettres, elles doivent être faites conformément à l'Ordonnance de 1670. & à une Déclaration du 27. Février 1703.

L'article 12. du titre 16. de l'Ordonnance de 1670 porte : » Que les lettres obtenues par les » Gentilshommes, ne pourront être adreffées qu'à » nos Cours ; chacune fuivant fa Jurifdiction & la » qualité de la matiere ; qui pourront néanmoins, » fi la Partie civile le requiert & qu'elle le juge à » propos, renvoyer l'inftruction fur les lieux.

L'article fuivant porte : » que l'adreffe des lettres obtenues par des perfonnes de qualité rotu- » riere, fera faite aux Baillifs & Sénéchaux des » lieux où il y a Siege Préfidial ; & dans les Pro- » vinces où il n'y a point de Siege Préfidial, l'a- » dreffe fe fera aux Juges reffortiffans nuement en » nos Cours, & non autres, à peine de nullité » des Jugemens.

L'exécution de cet article 13. avoit fait naître des conteftations entre les fimples Bailliages & Sénéchauffées reffortiffans nuement aux Cours de Parlement, & des Bailliages & Sénéchauffées auxquels les Sieges Préfidiaux font unis. C'eft ce qui a donné lieu à la Déclaration du 27. Février 1703.

Cette Déclaration porte : » Que l'article 35. de » l'Ordonnance de Moulins, & l'article 185. de » celle de Blois, feront exécutés felon leur forme » & teneur ; & en conféquence, que l'adreffe des » Lettres de remiffion, pardon & autres de fembla- » ble qualité, obtenues par des perfonnes de condi- » tion roturiere, feront faites aux Baillifs & Séné- » chaux reffortiffant nuement aux Corps de Parle- » ment, dans le reffort defquels le crime aura été » commis, fans que les Baillifs & Sénéchaux des » lieux où il a Siege Préfidial, puiffent prétendre » que l'adreffe leur en doivent être faite ; ce n'eft » lorfque le crime aura été commis dans le ref- » fort de leur Bailliage ou Sénéchauffée ; déro- » geant à cet égard, en tant que befoin feroit, » à la difpofition de l'article 13. du titre 16. de » l'Ordonnance du mois d'Août 1670. & de tous » autres Edits & Déclarations contraires.

» Voulons néanmoins que dans les cas ou le » crédit des accufés feroit à craindre dans le Bail- » liage, dans le reffort duquel le crime aura été » commis, les Lettres de rémiffion & autres de » femblable nature, puiffent être adreffées au » Bailliage ou à la Sénéchauffée la plus prochai- » ne non fufpecte : ce que nous n'entendons avoir

» lieu qu'à l'égard des Lettres qui doivent être
» fcellées en notre grande Chancellerie.

Touchant la queſtion, à quels Juges doivent
être adreſſées les Lettres de grace, *voyez* l'auteur
des Obſervations ſur Henrys, tome 2. queſt. 37.
queſtion 62. & 93.

Les Lettres de grace en matiere criminelle, doivent être expédiées en la grande Chancellerie ; il
n'y a que celles qui ſont accordées pour les homicides involontaires, ou qui ſont commis dans la
néceſſité préciſe d'une légitime défenſe de la vie,
qui puiſſent être expédiées dans les Chancelleries
près les Cours. Comme toutes les autres Lettres
de grace en matiere criminelle émanent de la
pleine & ſouveraine puiſſance de Sa Majeſté, il n'y
a que le Roi ſeul qui ait le droit de les accorder.
Voyez M. le Bret, en ſon Traité de la Souveraineté,
liv. 4. chap. 6.

La Déclaration du 22. Novembre 1683. ordonne
que l'article 2. & l'article 27. du titre 16. de l'Ordonnance de 1670. auront lieu ſeulement pour
les Chancelleries qui ſont auprès des Cours ; & défend aux Maîtres des Requêtes, & aux Gardes-
Scels de ces Chancelleries, de fceller aucune rémiſſion, ſi ce n'eſt pour les homicides involontaires,
ou pour ceux qui ſeront commis dans une légitime
défenſe de la vie, quand l'impétrant aura couru
riſque de perdre la vie ; & aux Juges de procéder
à l'entérinement des Lettres de rémiſſion expédiées
aux Chancelleries pour autres cas que ceux exprimés ci-deſſus, quand même l'oppoſé ſeroit conforme aux Charges. Et quant aux rémiſſions accordées par Sa Majeſté pour d'autres crimes, qu'elle
aura ſignées, & fait contreſigner les Lettres par
un de ſes Secrétaires d'Etat, & ſcellées du grand
Sceau ; Sa Majeſté a ordonné que les Cours & Juges auxquels l'adreſſe en ſera faite, precéderont à
l'entérinement d'icelles, quand l'expoſé que l'impétrant aura fait au Roi ſe trouvera conforme aux
charges & informations, ou que les circonſtances
ne ſeront pas tellement différentes, qu'elles changent la qualité de l'action, ſuivant l'article 1. du
même titre, & nonobſtant qu'auxdites Lettres le
mot d'abolition n'y ſoit pas employé ; ſauf auxdites Cours, après ledit intérinement fait, à faire
remonſtrances à Sa Majeſté & à ſes autres Juges,
de repréſenter à Monſieur le Chancelier ce qu'ils
trouveront à propos ſur l'attrocité des crimes, pour
y faire à l'avenir la confidération convenable.

Suivant l'article 16. du titre 16. de l'Ordonnance
de 1670. il faut que les Lettres de grace ſoient préſentées dans les trois mois du jour de l'obtention ;
paſſé lequel tems, défenſes ſont faites à tous Juges
d'y avoir égard, ſans que les impétrans ſoient reçus
à en obtenir de nouvelles, ni qu'ils puiſſent être
relevés du laps de tems.

Comme on obtenoit trop fréquemment des Lettres de ſurannation, & que cela étoit cauſe que les
impétrans ne ſe ſervoient de leurs Lettres que lorſque le tems leur étoit favorable : l'Ordonnance
pour corriger cet abus, a voulu en cet article que
les Lettres de grace fuſſent nulles & de nul effet
après trois mois, à compter du jour de l'obtention,

ſans qu'ils puiſſent en obtenir de nouvelle, ni être
relevés du laps de tems.

Le Seigneur du lieu où le délit a été commis, ne
peut pas s'oppoſer aux Lettres de rémiſſion & de
Grace, Bouvot, *verbo* Grace & *verbo* Lettres de
rémiſſion. Papon, liv. 24. tit. 8. nombre 3. & tit. 27.
nombre 2.

Celui qui a obtenu des Lettres de grace, doit,
avant que de les préſenter, refonder les dépens de
contumace, & les amendes eſquelles il a été condamné.

L'adreſſe des Lettres de grace n'attribue point
de Juriſdiction au préjudice des Juges naturels.
Voyez Henrys, tome 2. liv. 2. queſtion 5. & liv. 4.
queſt. 9.

Les Lettres de pardon & de grace doivent être
préſentées à l'Audience par des Avocats, & non par
des Procureurs. Ainſi jugé au Parlement de Provence par Arrêt du 27. Septembre 1670. rapporté par
Boniface, tome 5. liv. 5. tit. 1. chap. 2.

La partie civile ne peut, trois mois après la préſentation des Lettres de rémiſſion, faire informer
contre celui qui les avoit obtenues. Ainſi jugé au
Parlement de Bourdeaux, par Arrêt du 19. Janvier 1671. rapporté dans le Journal du Palais.

L'effet de l'entérinement des Lettres de grace, eſt
que l'impétrant doit avoir la reſtitution de ſes biens
confiſqués, ou non confiſqués. Papon, liv. 24. tit.
17. nombre 13.

*Indulgentia Principis quos liberat notat, nec infa-
miam criminis tollit, ſed pœnæ gratiam facit.* Leg. ult.
cod. *de generali abolitione.* Cette Loi eſt appliquée
par Me Charles Dumoulin, en ſa regle *de infirmis,*
nomb. 397. aux Bénéficiers, qui, quoiqu'ils ayent
obtenu du Prince des Lettres de grace ou de remiſſion, ne laiſſent pas de demeurer infames, pour encourir la perte de leurs Bénéfices.

LETTRES DE JUSSION, ſont des Lettres du grand
Sceau, envoyées par le Roi à des Cours & Juriſdictions ſupérieures, pour faire exécuter ſes ordres,
lorſqu'elles marquent faire quelque difficulté de s'y
prêter d'elles-mêmes. Sa Majeſté ordonne par ces
Lettres l'enregiſtrement des Edits & déclarations,
auxquelles Cours n'ont pas cru devoir procéder,
ſans lui avoir fait auparavant leurs très-humbles remontrances.

Lorſque l'autorité royale ne juge point à propos
d'y déférer, les Cours enregiſtrent les Edits & Déclarations, & quelquefois même elles n'y procedent qu'après avoir reçu du Roi pluſieurs lettres de
Juſſion ; & mettent auſſi avec cette modification, du très-exprès commandement de Sa Majeſté.

LETTRES DE LÉGITIMATION, ſont des Lettres
du grand Sceau, par leſquelles le Roi légitime un
Bâtard, & veut dans tous les actes il ſoit réputé légitime, qu'il jouiſſe des priviléges des autres
Sujets nés en légitime mariage.

Quand on dit que la légitimation par Lettres du
Prince ne ſert que pour poſſéder des Bénéfices, cela
ſignifie donc, que quoique cette légitimation ne
rende pas les bâtards capables de ſuccéder à leurs
parens à titre d'héritiers, elles les rend capables
des Honneurs, Charges, Dignités, Offices & Bé-

néfices du Royaume, dont les bâtards non légitimés ne sont pas capables.

Voyez ce que j'ai dit à ce sujet sur le §. dernier du titre 10. du 1. livre des Instituts de Justinien, & ce que j'ai dit ici *verbo* légitimer.

LETTRES DE MAIN-SOUVERAINE; *voyez* main-Souveraine.

LETTRES DE NATURALITÉ, sont appellées par Chopin en son Traité du Domaine, liv. 3. tit. 1. n. 28. *Juris indigenarum à Rege impetratio*. Ce sont des Lettres du grand Sceau, par lesquelles le Roi veut qu'un étranger soit réputé naturel sujet regnicole, à l'effet de jouir de tous les droits, privileges, franchises & libertés dont jouissent les vrais & originaires François, & qu'il soit capable d'aspirer aux Etats & honneurs de la République. *His enim Litteris peregrini seu advenæ fiunt cives & adsciti.*

On met au nombre de ces droits & privileges qui sont accordés par ces Lettres à un étranger, celui de succéder & posséder comme un regnicole, les biens qu'il a acquis dans ce Royaume, & qu'il pourra y acquérir, soit par donation, legs ou autrement; le droit d'en pouvoir disposer par derniere volonté, ou de les transmettre à ses enfans, ou autres héritiers, pourvû qu'ils soient regnicoles.

Elles donnent aussi à l'impétrant le droit de succéder à ses parens nés & demeurans dans le Royaume. Enfin elles donnent le droit de posséder des Offices dans ce Royaume. Ces Lettres sont pareillement nécessaires à un étranger pour pouvoir posséder en France des Bénéfices. La raison est, que telle est la volonté du Roi, qui peut seul accorder des priviléges qui concernent l'état des personnes. *Voyez* M. le Bret, en son Traité de la Souveraineté, liv. 2. chap. 11.

Le Roi accorde quelquefois des lettres de naturalité à des François, à l'effet de pouvoir demeurer en Pays étranger, & d'être néanmoins toujours reputés regnicoles.

Ces Lettres sont scellées du grand Sceau en cire verte, avec des lacs de soye, & doivent être enregistrées en la Chambre des Comptes.

Lorsqu'un étranger a obtenu des lettres de naturalité, & qu'elles ont été entérinées; s'il vient ensuite à déceder, & que son fils décede après dans la Terre d'un Seigneur Haut-Justicier sans laisser d'héritiers, sa succession appartient au Roi, & non pas au Seigneur Haut-Justicier. Charondas liv. 5. ch. 45.

Il nous reste à remarquer que ces Lettres de naturalité ne servent qu'aux étrangers qui sont résidans dans le Royaume; car le Roi, par une Déclaration du mois de Février 1720. a révoqué & annullé les lettres de naturalité accordées aux Etrangers qui n'y résident pas.

Voyez Aubain, *voyez* Droit d'Aubaine, *voyez* Etranger. *Voyez* aussi la République de Bodin, livre 1. chap. 6. Bacquet, en son Traité du Droit d'Aubaine, partie 3. chapitre 23. 24. 25. & 26. Charondas, liv. 3. chapitre 45. Du Fail, livre 3. chapitre 153. & Soefve, tome 1. centurie 3. chap. 85.

LETTRES DE NATURALITÉ OBTENUES PAR UN

ECCLESIASTIQUE, ne sont enregistrées qu'avec trois modifications, rapportées par Castel en son Traité des Matieres Bénéficiales, tom. 1. pag. 21.

La premiere, que celui à qui elles sont données, fournira au Roi un Brevet du Pape, contenant consentement qu'avenant vocation par mort, résignation ou autrement, de Bénéfices dont il pourra être pourvû dans ce Royaume, étant à la nomination du Roi, il ne sera pourvû d'iceux sans l'agrément de Sa Majesté, quoiqu'ils eussent vaqué *in Curiâ*; lequel Brevet il doit mettre ès mains du Chancelier de France.

La deuxieme, qu'en cas que pour raison desdits Bénéfices il survienne des différends, il ne pourra les citer en Cour de Rome; mais fera tenu de les poursuivre pardevant les Juges & Officiers du Royaume, à qui la connoissance en appartient.

La troisieme, qu'il ne prendra Vicaires ou Fermiers qui ne soient François.

LETTRES DE NOBLESSE OU D'ANNOBLISSEMENT, sont des Lettres du grand Sceau, par lesquelles le Roi, par une grace spéciale, annoblit un roturier & sa postérité, à l'effet de jouir par lui & ses descendans des droits, priviléges, exemptions & prérogatives des Nobles. *Voyez* Noble. & *Voyez* Noblesse.

Ces Lettres sont expédiées par un Secrétaire d'Etat, & les armoiries de celui que le Roi annoblit, sont peintes dans le parchemin. Elles sont toujours scellées de cire verte, & sont ordinairement appuyées sur des services considérables que celui qui est annobli a rendu à l'Etat, soit dans l'Epée, soit dans la Robe.

Il faut qu'elles soient enregistrées à la Chambre des Comptes, à la Cour des Aydes, & au Parlement, pour que l'impétrant puisse jouir des privileges de Noblesse, & pour qu'on puisse après sa mort procéder à un partage noble de ses biens. Par Arrêt du Parlement de Bretagne, rendu sur la Requête & appel du Procureur Général, défenses ont été faites aux Juges inférieurs de prendre connoissance de la vérification & publication des Lettres d'annoblissement; d'autant que cette connoissance n'appartient qu'aux Parlemens, Chambre des Comptes, & Cours des Aides. Du Fail, liv. 1. chap. 83.

Suivant ce que nous venons de dire, les Lettres de Noblesse doivent être enregistrées au Parlement à l'effet des partages nobles & autres droits de noblesse dont la discussion est portée au Parlement; autrement le partage seroit fait roturierement, nonobstant la vérification qui en auroit été faite en la Chambre des Comptes & en la Cour des Aides. On les doit faire enregistrer en la Chambre des Comptes, parce que les impétrans y doivent finance, laquelle y est fixée & arrêtée. Enfin on les doit faire enregistrer en la Cour des Aides, pour que ceux qui les ont obtenus puissent jouir de l'exemption des tailles & des autres subsides dont les roturiers sont cottisables.

Pour que les Lettres d'annoblissement soient vérifiées, il faut faire préalablement une information qui porte, I°. Que celui qui les a obtenues est de la Religion Catholique, Apostolique & Romaine, & d'une conduite irréprochable. II°. Qu'il est franche personne, & ne tire aucuns gages, & n'est domestique. III°. Qu'il a des biens suffisans pour soutenir avec honneur la qualité de Noble.

Il doit encore être fait mention dans ladite information.

Iᵉ. Combien celui qui a obtenu des Lettres d'annoblissement a d'enfans mâles, parce qu'au moyen de son annoblissement lesdits mâles sont annoblis.

II°. S'il possède aucuns Fiefs ou arriere-Fiefs, & depuis quel tems, & s'il en a payé les francs-fiefs, & fait apparoir de ses quittances.

III°. S'il a été cottisé aux Tailles, & est en état de payer l'indemnité du peuple de la Paroisse en laquelle il est demeuré, & si les habitans de la Paroisse consentent à son annoblissement.

M. le Grand sur l'article 1. de la Coutume de Troyes, glose 2. nombre 12. dit que les anciens Docteurs ont tenu que les Lettres d'annoblissement ne s'étendent pas aux enfans qui étoient déjà nés lors desdites Lettres. Il ajoute ensuite, que pour lever toute difficulté, on ajoute ordinairement aux Lettres d'annoblissement cette clause, *pour ses enfans nés & à naître. V.* Mornac, *ad leg.* 5. *ff. de Senatorib.*

Quoiqu'il en soit Mezerai appelle ces espéces de Nobles, *des Gentilshommes de parchemin.*

Les Lettres d'annoblissement n'ont effet que du jour qu'elles sont vérifiées en la Chambre des Comptes. Si elles n'ont été vérifiées du vivant de celui qui les a obtenues, sa succession se partage comme roturiere. Arrêt du mois de Février 1543. *Voyez* Pithou sur la Coutume de Troyes, art. 1. tit. 1.

Au reste, on ne peut faire aucun reproche à ceux qui par cette voie acquierent la noblesse, quand ils sont vertueux, magnanimes & bienfaisans. Mais il y auroit bien de la témérité à des gens qui auroient l'ame vile & mercénaire, s'ils vouloient être décorés de la qualité sans la mériter. *Voyez* Nobles, *voyez* Noblesse.

LETTRES DE PARDON, sont des lettres du petit Sceau, qui s'obtient dans les cas esquels il n'échet point de peine de mort, & qui néanmoins ne peuvent point être excusés. Par exemple, si quelqu'un s'est trouvé dans une querelle où il y eu mort d'homme, quoiqu'il n'ait pas frappé, il est inexcusable, & il est obligé d'avoir recours aux Lettres de pardon, pour ne s'être pas mis en devoir d'empêcher le meurtre qui a été fait.

Suivant les articles 11. 12. & 15. du titre 16. de l'Ordonnance de 1667. les Gentilshommes doivent exprimer leur qualité dans les Lettres, à peine de nullité; & l'adresse de leurs Lettres se fait au Parlement.

Pour ce qui est des Lettres de pardon accordées aux Roturiers, l'adresse s'en fait aux Baillifs & Sénéchaux où il y a Siege Présidial, & dans les Provinces où il n'y a point de Présidial; aux Juges qui ressortissent nûement au Parlement, & non autres, à peine de nullité.

On peut attaquer ces Lettres de nullité, d'obreption, ou de subreption. De nullité, quand elles ne sont pas conformes aux charges, ou que le cas n'est pas remissible; alors les impétrans en sont

déboutés, ainsi qu'il est porté en l'article 27. du même titre cité ci-dessus. D'obreption, quand un Gentilhomme, par exemple, tait sa qualité, ou que l'impétrant dissimule un fait qui auroit fait refuser les Lettres au Sceau. De subreption, quand au contraire on allégue des faits contraires aux informations.

Par ces Lettres, le Roi, sur l'exposé du fait, quitte & pardonne au Suppliant, le fait & le cas tel qu'il lui a été exposé, avec toute peine, amende & offense corporelle, civile & criminelle, qu'il a pour raison de ce encourue. Il met au néant tous décrets, défauts, contumaces, Sentences, Jugemens & Arrêts, si aucuns s'en sont ensuivis, le remet & restitue en sa bonne renommée, & en ses biens non d'ailleurs confisqués; satisfaction faite à Partie civile, si fait n'a été, & s'il y échoit. Enfin, Sa Majesté impose silence au Procureur général, à ses Substituts, présens & à venir, & à tous autres.

Les Lettres de pardon se datent du jour de leur expédition; elles sont scellées en cire jaune: le Maître des Requêtes qui tient le Sceau, ne les vise point sur le repli, & se contente de les charger à la marge d'une légére aumône.

Voyez le titre 16. de l'Ordonnance de 1670. *Voyez* ci-dessus Lettres de grace en matiere criminelle.

LETTRES DE PAREATIS. *Voyez* Pareatis.

LETTRES DE PEREMPTION D'APPEL, sont des Lettres du petit Sceau, que doit obtenir celui qui est intimé, lorsque l'appellant, après avoir relevé son appel, a été trois ans sans le poursuivre & sans l'instruire. Elles portent mandement, au premier Huissier ou Sergent d'assigner l'appellant, pour voir dire que son appel sera déclaré péri, faute de l'avoir poursuivi pendant trois ans, & que la Sentence dont est appel sera exécutée.

LETTRES DE PRIVILEGE, sont des Lettres du grand Sceau, par lesquelles le Roi dispense quelqu'un des charges ordinaires, ou accorde des graces spéciales, dont les autres ne jouissent pas.

LETTRES DE RAPPEL DE BAN, sont des Lettres du grand Sceau, par lesquelles le Roi rappelle & décharge celui qui avoit été condamné au bannissement à tems ou perpétuel, du bannissement perpétuel, ou pour le tems qui restoit à expirer, & remet l'impétrant en ses biens non confisqués d'ailleurs, à la charge de satisfaire aux autres condamnations portées par le Jugement. Ces Lettres doivent être entérinées par les Juges à qui l'adresse en est faite, sans examiner si elles sont conformes aux charges & informations, sauf à faire telles remontrances qu'ils jugeront à propos.

LETTRES DE RAPPEL DES GALERES, sont des Lettres du grand Sceau, par lesquelles le Prince rappelle & décharge des Galéres celui qui y est, ou de la peine des Galeres à laquelle il avoit été condamné, s'il n'y est pas effectivement. Elles doivent être entérinées de la même maniere que les précédentes.

LETTRES DE RATIFICATION, sont des Lettres du grand Sceau, qui s'obtiennent par celui qui a acquis par vente ou transport une rente constituée sur les Aydes & Gabelles, à l'effet de purger les

hypothéques conftituées par le cédant fur ladite rente. Elles ont le même effet à l'égard de ces rentes,
qu'ont les décrets à l'égard des autres immeubles.

Il n'y a que les héritiers, même bénéficiaires,
les donataires, ou légataires univerfels, qui ne
foient point fujets à prendre des Lettres de ratification. Ainfi jugé par Arrêt du Confeil du 21.
Mars 1679.

Par Sentence de l'Hôtel-de-Ville de Paris du 18.
Août 1689. il a été jugé que la matricule des rentes de l'Hôtel-de-Ville ne pourra être changée fans
Lettres de ratification, fi ceux qui prétendent en
jouir en leurnom ne font héritiers pour le total de
la rente de ceux au profit defquels elle aura été
conftituée, quelque Déclaration qui en ait été
paffée par celui qui aura été immatriculé.

LETTRES DE RECOMMANDATION. *Voyez* Recommandation.

LETTRES DE REHABILITATION, font des Lettres du grand Sceau, par lefquelles le Roi remet
celui qui étoit noté d'infamie par quelque condamnation ou autrement, en fa bonne fame & renommée. Celui, par exemple, qui auroit fait ceffion générale des biens, & qui payeroit dans la
fuite fes créanciers, fans fe prévaloir de la ceffion,
pourroit obtenir des Lettres de réhabilitation.
Voyez le Parfait Négociant de M. Savary.

La claufe ordinaire de ces Lettres eft, à l'égard
de la réhabilitation de ceffion, pourvû que l'impétrant ait entiérement fatisfait & payé fes créanciers, ou fe foit accommodé avec eux.

LETTRES DE REHABILITATION EN FAIT DE
NOBLESSE, font des Lettres du grand Sceau, qui
s'obtiennent du Prince par ceux qui étant nobles,
ont fait acte dérogeant à la nobleffe, comme l'exercice des Arts mécaniques, l'exploitation des Fermes d'autrui, & l'exercice de certaines Charges
viles & abjectes. Après qu'ils ont quitté le trafic
où l'emploi dérogeant qu'ils avoient, ils obtiennent aifément des Lettres de réhabilitation, par
lefquelles le Prince les remet dans leur premier
état, à l'effet de jouir de tous les droits, privileges
& prérogatives des Nobles.

Lorfque le pere ou l'ayeul, ou tous les deux ont
dérogé à nobleffe, les enfans ou les petits enfans
peuvent obtenir de pareilles Lettres, pourvû qu'il
n'y ait pas plus de deux ancêtres qui ayent dérogé; car alors les Lettres de réhabilitation ne feroient
pas fuffifantes, & il faudroit néceffairement de
nouvelles Lettres de nobleffe.

En Bretagne, les Nobles qui trafiquent laiffent
dormir la nobleffe, c'eft-à-dire qu'ils ne la perdent
point; ils ceffent feulement de jouir des privileges
de nobleffe tant que leur commerce dure; mais
fitôt qu'ils le quittent, ils reprennent la nobleffe
fans avoir befoin de Lettres de réhabilitation.

LETTRES DE RELIEF DE LAPS DE TEMS, font
des Lettres par lefquelles celui qui a laiffé paffer
le tems prefcrit pour obtenir des Lettres en forme
de Requête civile, eft relevé par le Prince de ce
laps de tems; & en conféquence il lui eft permis
de fe pourvoir par Requête civile, quoique le tems
de les pouvoir obtenir foit paffé.

LETTRES DE RELIEF D'APPEL. *Voyez* ci-deffus Lettres d'appel.

LETTRES DE REMISSION, font des Lettres de
grace que le Roi accorde pour homicide commis
involontairement ou à fon corps défendant, dans
la néceffité d'une légitime défenfe de fa vie. Pour
l'adreffe de ces Lettres, il faut fuivre à cet égard
ce que nous avons dit s'obferver pour les Lettres
de pardon. Les rémiffions, de même que les Lettres de pardon, peuvent être attaquées de nullité
pour caufe d'obreption ou fubreption.

Mais les rémiffions fe datent feulement du mois
dans lequel elles font accordées, & font fcellées en
cire verte; au lieu que les Lettres de pardon font
fcellées en cire jaune, & fe datent dujour de leur
expédition. Les remiffions s'intitulent par ces mots:
A tous préfens & à venir. Et les Lettres de pardon
par ceux-ci; *A tous ceux qui ces préfentes Lettres
verront.*

Les Lettres de rémiffions accordées par le Prince,
ne regardent que le temporel, & par conféquent
ne relevent pas l'irrégularité qu'un Eccléfiatique auroit encouru pour avoir commis un homicide.
Ainfi un Prêtre abfous par des Lettres de rémiffion enterinées, doit obtenir des Lettres de réhabilitation du Pape, pour être relevé de fon irrégularité. Bardet, tom. 2. liv. 2. chap. 58. *Voyez*
ci-deffus Lettres de grace en matiere criminelle.

LETTRES DE REPI, font des Lettres qui s'obtiennent en la grande Chancelerie par un débiteur
qui a fait des pertes confidérables, tendantes à
lui faire voir un délai de payer ce qu'il doit à fes
créanciers, & empêcher l'emprifonnement.
Voyez Répi.

LETTRES DE REPRISE DE PROCE's, font des
Lettres qui s'obtiennent en la petite Chancelerie,
par celui qui étoit en procès avec un Particulier
qui eft décédé, à l'effet de faire affigner fes héritiers qui font demeurans en Province, de reprendre la caufe, l'inftance ou le procès où le défunt
étoit partie, lorfque fes héritiers ne font point la
reprife de leur chef. *Voyez* Reprife de Procès.

LETTRES DE REQUESRE CIVILE, font des Lettres du petit Sceau, par lefquelles Sa Majefté mande aux Juges qui ont rendu un Jugement en dernier reffort, contre lequel on ne fe peut point pourvoir par la voie d'appel, que fi ce qui eft expofé
par l'impétrant fe trouve véritable, & qu'il ait
des moyens fuffifans, pour fe pourvoir par Requête
civile contre leur Jugement; & les remettent les
Parties en tel & femblable état qu'elles étoient
avant le dit Jugement. *Voyez* Requête civile.

Suivant les art. 13. & 14. de l'Ordonnance de
1667. tit. 35. il faut attaquer à ces Lettres une
confultation fignifiée de deux anciens Avocats, &
de celui qui en a fait le rapport. Il faut auffi que
la confultation contienne fommairement les ouvertures de Requête civile; & que les noms des
Avocats, auffi-bien que les ouvertures, foient infe-
rés dans les Lettres, à peine de nullité. De plus, il
eft d'ufage dans la Chancelerie de Paris de faire
tranfcrire la confultation fur du papier timbré.

La claufe de ces Lettres eft, que les Parties foient
remifes

remife en tel état qu'elles étoient auparavant l'Arrêt.

Le tems dans lequel on peut obtenir des lettres en forme de Requête civile, eſt marqué dans les articles 5. 7. 8. 9. 11. & 12. du titre 35. de l'Ordonnance de 1667. & quand on n'eſt plus dans le tems, il faut obtenir des lettres pour être relevé du laps de tems.

LETTRES DE RESCISION, ſont des lettres du petit Sceau, qui portent mandement aux Juges royaux à qui elles ſont adreſſées, que s'il leur appert que l'expoſé deſdites lettres ſoit véritable, ils remettent les Parties au même état qu'elles étoient avant le contrat ou autre acte, dont Sa Majeſté relevent l'impétrant, pour raiſon de fraude, lézion où autre cauſe. Voyez Reſtitution.

Si les lettres de reſcifion doivent être entérinées par un Juge royal, on lui en fait l'adreſſe ; mais ſi elles doivent être entérinées par un Juge ſubalterne, l'adreſſe s'en doit faire au commencement & à la tête des lettres, au premier Huiſſier ou Sergent royal ſur ce requis ; & dans la concluſion ou le diſpoſitif des lettres, après ces mots : *A ces cauſes, déſirant ſubvenir à nos Sujets, ſuivant l'exigence des cas*, on met : *Nous te mandons de faire commandement par Nous à tel Juge ...... que s'il lui appert de ce que deſſus notamment, &c. il ait à remettre les Parties en tel & ſemblable état qu'elles étoient auparavant le contrat d'un tel jour, que nous ne voulons nuire ni préjudicier à l'expoſant, & dont en tant que beſoin eſt ou ſeroit, nous l'avons relevé & relevons par ces Préſentes.*

Nous avons expliqué la procédure qu'il faut obſerver pour parvenir à l'enterinement des lettres de reſcifion, *verbo* Reſcifion. Voici quelques obſervations importantes qui les concernent.

Iº. Ces lettres doivent être obtenues dans les dix ans, & ſignifiées dans ce tems ; autrement elles ſont inutiles. Graverol, ſur la Rocheflavin, livre 6. titre 11.

IIº. Les voies de nullité n'ont point lieu en France ; c'eſt-à-dire que celles qui ſont prononcées par le Droit Romain, ne ſont point admiſes dans ce Royaume, & qu'il faut néceſſairement en ce cas ſe pourvoir par lettres du Prince contre les actes, qui ſont déclarés nuls, par le droit Romain, afin de les faire caſſer & annuller. Il n'en eſt pas de même des contrats uſuraires, des actes ſimoniaques, & des actes faits contre la diſpoſition des Ordonnances royaux, ou des Coutumes écrites & reçues. Voyez Nullités.

IIIº. Celui qui obtient des Lettres de reſcifion pour être relevé d'un contrat, confeſſe que l'autre eſt poſſeſſeur de la choſe en queſtion, lequel par conſéquent doit en jouir pendant le procès, en donnant caution. Voyez Charondas, livre 3. rep. 81. & la Bibliothéque de Bouchel, *verbo* Reſcifion.

IVº. Le mineur qui a obtenu l'entérinement de ſes Lettres de reſcifion, peut y renoncer. Un Abbé ayant obtenu des Lettres de reſcifion contre une aliénation de biens appartenans à ſon Abbaye, & ayant fait entériner leſdites lettres, voyant qu'il ne pouvoit payer les réparations, préſenta Requê-

Tome II.

te à l'effet de ne s'en point ſervir, mais de demeurer en l'état où il étoit auparavant ; il fut jugé par Arrêt rendu en 1568. qu'il étoit bien fondé. Bouchel en ſa Bibliothéque, *verbo* Reſtitution.

LETTRES DE RETABLISSEMENT, ſont celles par leſquelles le Roi rétablit la perſonne ou la choſe en l'état qu'elle étoit auparavant. Par exemple, un Particulier eſt pourvû d'un Office ſur la réſignation qui lui en eſt faite ; il trouve une oppoſition à ſa reception, à cauſe d'une condamnation d'amende prononcée contre lui pour raiſon d'un crime : c'eſt le cas d'obtenir des lettres de retabliſſement, pourvû que le Jugement ne porte aucune peine afflictive.

On obtient auſſi des lettres de rétabliſſement pour rétablir une Juſtice, des piliers de la Juſtice, une maiſon raſée pour crime, &c.

LETTRES DE REVISION DE PROCÈS, ſont des lettres du grand Sceau, que ceux qui ſont condamné en matiere criminelle obtiennent pour revenir contre l'Arrêt ou Jugement en dernier reſſort. Ces lettres doivent être fondées ſur des défauts & des nullités, qui ſont en matiere civile, les moyens de reſcifion ou reſtitution qui peuvent faire obtenir des lettres de Requête civile.

Ainſi, quand un condamné par Arrêt ou Jugement rendu en dernier reſſort, prétend avoir été condamné injuſtement, s'il a recouvré des pieces ſuffiſantes pour juſtifier de ſon innocence, ou s'il articule des faits déciſifs non examinés lors du Jugement, il faut qu'il obtienne des lettres de reviſion, qui, quoiqu'elles ſoient en matiere criminelle ce que ſont les Requêtes civiles en matiere civile, ſont néanmoins différentes d'elles en pluſieurs choſes.

Iº. Dans les matieres civiles, on ne retracte pas les Arrêts ſous prétexte du mal jugé au fond, s'il n'y a des ouvertures en la forme, & il n'eſt pas permis en plaidant d'entrer dans les moyens du fond : au contraire, en matiere criminelle la faveur de l'innocence eſt ſi grande, que s'il paroiſſoit évidemment qu'un innocent eût été condamné, il y auroit néceſſité de revoir ſon procès, & en le renvoyant de l'abſoudre.

IIº. En enterinant les lettres de reviſion, on peut juger le reſcindant & le reſciſoire, & par un même Arrêt révoquer la condamnation, & adjuger au condamné ſes dommages & intérêts, ſi le cas y échet : ce qu'on ne peut pas en matiere de Requête civile. C'eſt auſſi pour cela que les lettres de reviſion ſont beaucoup plus difficiles à obtenir, & qu'il faut qu'elles ſoient ſignées par un Secrétaire des commandemens.

Pour obtenir des lettres de reviſion de procès, le condamné eſt tenu d'expoſer le fait avec ſes circonſtances par Requête, qui ſera rapportée au Conſeil du Roi, & renvoyée, s'il eſt jugé à propos, aux Maîtres des Requêtes de ſon Hôtel, pour avoir leur avis, qui eſt enſuite rapporté au Conſeil du Roi ; & ſi les lettres ſont juſtes, il eſt ordonné par Arrêt qu'elles ſeront expédiées & ſcellées, & pour cet effet elles ſeront ſignées par un Secrétaire des Commandemens. C'eſt la diſpoſition de l'article 8. du titre 16. de l'Ordonnance de 1690

La reviſion des procès jugés aux Cours ſouverai-

R

nes y est renvoyée ; mais la revision des procès jugés en dernier ressort par les Présidiaux ou les Prévôts des Marechaux , est ordinairement renvoyée au Parlement ou au Grand Conseil , & jamais aux Juges qui ont rendu le Jugement. Sur quoi il faut remarquer que dans ce cas ce n'est pas tant revision , que c'est appel des Jugemens , quoique rendus en dernier ressort , qui est reçu par le Roi , lequel renvoye le procès & les Parties au Parlement ou au Grand Conseil , pour en connoître.

Comme la revision du procès participe de la Requête civile , pour maintenir l'autorité de la chose jugée souverainement ou en dernier ressort , & éviter que l'on en abuse , l'Ordonnance a voulu que les Lettres de revision passent par l'avis des Maîtres de Requêtes , avant que d'en renvoyer la connoissance aux Cours où le procès avoit été jugé ; & que les impétrans qui y seroient mal fondés , encourussent la même peine qu'encourent ceux qui succombent dans les Requêtes civiles.

Ainsi , les impétrans des Lettres de revision qui succombent , sont condamnés aux dépens , & à l'amende de trois cens livres envers le Roi , & de cent cinquante livres envers la Partie , comme il est porté en l'article 28. du titre 16. de l'Ordonnance de 1670.

LETTRES DE SURANNATION , sont des Lettres du petit Sceau , qui portent mandement au premier Huissier ou Sergent de mettre à exécution une commission , nonobstant la surannation de la même commission. Ces Lettres sont nécessaires , parce que toutes Lettres de Chancellerie ne sont valables que pour un an.

Quand on obtient des Lettres de surannation , on attache les nouvelles Lettres sur les anciennes.

On ne donne plus de lettres de surannation sur des Lettres d'abolition , rémission , pardon , & pour ester à droit ; parce que dans le tems qu'on en a accordé , il en arrivoit un très-grand abus , qui est que les impétrans ne se servoient de leurs Lettres que lorsque le tems leur étoit plus favorable. L'ordonnance criminelle , en l'article 16. du titre 16. pour corriger cet abus , a déclaré nulles & de nul effet les Lettres d'abolition , remission , pardon , ou pour ester à droit , qu'ils pourroient obtenir une seconde fois , ou les Lettres qu'ils obtiendroient pour être relevés du laps de tems.

LETTRES DE TERRIER , sont des lettres du petit Sceau , que les Seigneurs qui ont de grands territoires obtiennent. Elles portent commission générale d'appeller pardevant un ou plusieurs Notaires à ce commis , tous les débiteurs de redevances & devoirs dûs à l'impétrant à cause de sa seigneurie afin de les reconnoître , leur faire payer les arrérages dûs , & leur faire passer des déclarations en forme authentique , au profit du Seigneur du fief ou de la censive.

Ces Lettres portent entr'autres clauses , permission de contraindre les détempteurs de bailler par déclaration , faire arpenter les terres , Parties présentes ou dûement appellées ; mais on s'arrête à la Chancellerie à celle-ci : *Notre main suffisamment garnie quant aux choses tenues noblement.* Voyez ci-après **Papier terrier.**

LETTRES DE VETERANCE , sont des Lettres du grand Sceau , que les Officiers qui ont servi vingt ans obtiennent à l'effet de jouir des droits & priviléges attachés aux Vétérans , qui , après vingt ans de service , se sont démis de leurs Charges. *Voyez* Vétérans.

LEVER , reçoit différentes significations. On dit , par exemple , *lever* un scellé , pour dire reconnoître si le Sceau est entier , & procéder à la description de ce qu'on trouve dessous.

On dit , *lever* un acte , pour dire s'en faire délivrer une expédition.

Lever la main , signifie prêter serment en Justice.

Lever des défenses ou une opposition , se dit quand on donne , *lever* une main-levée de ces actes.

Lever un corps mort , signifie faire le procès verbal de l'état auquel on l'a trouvé.

Enfin , *lever* une Charge aux Parties casuelles , signifie qu'on l'achete.

LEVÉE DE SCELLÉS , est l'acte que fait en levant les scellés l'Officier de Justice qui les avoit apposés sur les effets d'une personne décédée , ou dans les autres cas esquels il est permis de les apposer. Comme il s'étoit glissé au Châtelet de Paris , & dans d'autres Justices du ressort du Parlement de Paris , qu'incontinent après que les scellés avoient été apposés dans les maisons de ceux qui décedoient , les Juges donnoient la permission de les lever , sans que les créanciers qui ont intérêt d'en être avertis , ayent eu connoissance du décès & de l'apposition du scellé , est intervenu Arrêt le huit Juillet 1693 , dont voici le prononcé.

» La Cour , faisant droit sur les conclusions du » Procureur général du Roi , fait défenses à tous » Juges, Commissaires & Notaires du ressort , de » proceder à la levée des scellés & confection des » inventaires ; & à tous Procureurs de les requerir » & y assister , que vingt quatre heures après les » enterremens fait publiquement des corps des » défunts , à peine de nullité des inventaires , d'in- » terdiction , & de cent livres d'amende contre les » Commissaires , Notaires & Procureurs ; & sera » le present Arrêt lû , & publié dans tous les Sieges » du ressort : enjoint aux Substituts du Procureur » général du Roi d'y tenir la main , & d'en certi- » fier la Cour dans un mois.

Depuis , par un autre Arrêt de Réglement du 18. Juillet 1733 , la Cour faisant droit sur le requisitoire du Procureur général , a ordonné que l'Arrêt de Réglement du 8. Juin 1693. aura lieu pour le passé ; mais qu'à l'avenir les scellés ne pourront être levés & les inventaires commencés , soit dans cette Ville de Paris , soit dans les Bailliages & Sénéchaussées du ressort , que trois jours francs après les enterremens faits publiquement des corps des défunts , à peine de nullité des procès verbaux de levées de scellés & confection d'inventaire , d'interdiction , & de cent livres d'amende contre les Commissaires , Notaires & Procureurs qui y assisteront ; à moins que pour des causes urgentes & nécessaires justifiées au Juge , & dont il sera fait mention dans son Ordonnance. , il en soit autrement erdonné. Sera le préfent Arrêt lû & publié à l'Audience du Parc civil du Châtelet tenante, regiftré ès Regiftres du Châtelet & des Communautés des Commiffaires & Notaires au Châtelet, imprimé, publié & affiché par-tout où befoin fera, & envoyé dans les Bailliages & Sénéchauffées du reffort, pour y être pareillement lû, publié & regiftré : enjoint au Subftitut du Procureur général d'y tenir la main, & d'en certifier la Cour dans le mois, &c.

L E Z E - M A J E S T É, fignifie Majefté offenfée. Ce crime regarde la Majefté divine, ou la Majefté humaine.

Le crime de leze-Majefté divine eft une offenfe commife directement contre Dieu. Il fe commet par l'apoftafie, héréfie, fortilèges, fimonie, facrilège & blafphème. Ce crime étant un attentat contre la majefté de Dieu, eft des plus énormes & des plus détestables : cependant quelques-uns prétendent que les Juges des Seigneurs Hauts-Jufticiers peuvent connoître dans leur détroit des crimes d'héréfie & autres, *quibus Deo præcipuè fit injuria*, parce qu'ils ne font pas publics.

Mais pour peu qu'on faffe attention que le culte qui eft dû à Dieu regarde le bien de l'Etat & le repos public, on demeurera d'accord que les Juges royaux doivent connoître de ces crimes, à l'exclufion des Juges des Seigneurs Hauts-Jufticiers. *Voyez* Cas royaux.

Le crime de leze-Majefté humaine eft une offenfe qui fe commet contre les Rois & les Princes fouverains, qui font les images de Dieu en terre, pour gouverner les peuples qui font fous leur domination. Ce crime comprend plufieurs chefs.

Le premier, eft la confpiration ou conjuration contre l'Etat ou la perfonne du Prince, pour le faire mourir, foit par force & violence d'armes, poifon ou autrement.

Le deuxieme, eft la confpiration contre ceux qui affiftent le Prince en fon confeil privé, en chofes qui concernent le Prince & l'Etat.

Le troifieme, eft la conjuration faite contre un Chef d'armée, Gouverneur d'une Province, ou autre ayant femblable Charge du Prince, lorfque la conjuration regarde leurs fonctions & leur miniftére.

Le quatrieme, eft l'infraction du fauf conduit accordé par le Prince à l'Ennemi, à fes Ambaffadeurs ou Otâges.

Le cinquieme, eft le Traité qui fe fait par un Sujet du Prince avec fes Ennemis, pour trahir fa perfon facrée, fon Etat, fon Armée ou fes Villes.

Le fixieme, eft la fédition.

Le feptieme, eft la fabrication de monnoye fans permiffion du Prince.

Le huitieme, eft le duel.

Le crime de leze-Majefté au premier chef regarde le repos public & la tranquillité de tous les Sujets du Prince. Ce crime eft d'autant plus horrible, qu'il fe commet directement contre la perfonne facrée du Souverain, qui eft l'image vivante de Dieu fur terre, & qui eft par fa divine providence prépofé pour gouverner les peuples qui font fous fa

domination : c'eft ce qui a fait donner à ce crime le nom de facrilége. *Proximum facrilegio crimen eft quod majeftatis dicitur*, Leg. 1. *in prin. ff. ad legem Juliam Majeftatis.*

On qualifie auffi ce crime de crime de leze-Majefté divine & humaine par la même raifon, en ce que celui qui eft rebelle envers fon Roi, & qui ofe attaquer fa perfonne facrée, fe revolte contre Dieu même, & viole l'ordre qu'il a établi touchant la foumiffion & l'obéiffance qu'il enjoint aux Sujets d'avoir pour celui qu'il leur a donné pour les gouverner fur la terre en fon lieu & place, comme nous enfeigne l'Ecriture fainte dans une infinité d'endroits, & entr'autres dans le chapitre treizieme de l'Epître de faint Paul aux Romains.

Omnis anima (inquit Apoftolus) poteftatibus fublimioribus fubdita fit ; non eft enim poteftas nifi à Deo ; quæ autem funt, à Deo ordinatæ funt. Itaque qui refiftit poteftati, Dei ordinationi refiftit. Qui autem refiftunt, ipfi fibi damnationem acquirunt. Nam Principes non funt timori boni operis, fed mali. Vis autem non timere poteftatem, bonum fac, & habebis laudem ex illa, Dei enim minifter eft tibi in bonum. Si autem malum feceris, time ; non enim fine caufa gladium portat ; Dei enim minifter eft : vindex in iram ei qui malum agit. Ideo neceffitate fubditi eftote, non folum propter iram, fed etiam propter confcientiam, &c.

Enfin, ceux qui font affez malheureux pour attenter à la vie de leur Roi, font appellés parricides, parce qu'ils font réputés s'adreffer à leur propre pere, en ce cas les Rois font pour ainfi dire, les peres communs de leurs Peuples, comme l'a remarqué Briffon, *verbo Parricidium patriæ.*

Ce crime a quelque chofe de particulier que les autres n'ont point, I°. A l'égard des accufateurs & des accufés. II. A l'égard de la maniere dont il peut être commis. III°. A l'égard de la maniere dont il peut être prouvé. IV°. Par rapport à la peine dont font punis ceux qui font coupables de ce crime. V°. En ce qu'il ne s'éteint point par la mort de ceux qui en font coupables, quoiqu'ils meurent avant qu'il y ait eu contr'eux aucun Jugement de condamnation, ni même aucunes pourfuites. VI. En ce que ce crime ne fe preferit point.

Premiérement, à l'égard des accufateurs, ceux qui ne feroient pas admis à accufer qui que ce foit, font néanmoins admis à fe porter accufateurs, quand il s'agit du crime de leze-Majefté.

Ainfi, ce crime peut être dénoncé & pourfuivi par toutes fortes de perfonnes, dont la dénonciation ne feroit pas admife en tout autre crime, comme ceux qui font notés d'infamie. *Vide leg.* 1. *in princ.* §. 1. *& leg.* 8. *ff. ad leg. Jul. Majeft.* Le fils même peut accufer fon pere du crime de leze-Majefté, & le pere fon fils quoiqu'une telle accufation foit capitale. La raifon eft, que toute perfonne qui fçait la confpiration qui eft faite contre fon Souverain, ou contre l'Etat, eft punie comme complice, lorfqu'elle vient à être découverte.

Si toutes fortes de perfonnes font admifes à déférer ceux qui font coupables du crime de leze-Majefté, comme nous venons de le dire, toutes fortes de perfonnes font auffi admifes à porter témoignage contre ceux qui font accufés de ce crime. Il faut feulement excepter ceux qui font connus pour être ennemis irréconciliables de celui à qui on impute ce crime, que les Juges ne doivent point admettre; ou du moins s'ils l'admettent en témoignage, il eft de leur prudence de n'y avoir égard, qu'autant que la raifon & la Juftice le requierent, ce qui dépend des circonftances.

Non feulement ceux qui ont commis le crime de léze-Majefté en font punis, mais encore tous ceux qui ont trempé dans la confpiration, qui y ont prêté les mains. *Leg 2. 3. & 4. ff. ad leg. Jul. Majeft. 3. & 7 ff. de re milit. Leg. 14. cod. parum refert, fuis manibus quis injuriam fecerit, an per alium. Leg. 1. §. dejecife, ff. de vi & vi armat. Leg. 130. ff. de reg. jur. Qui junguntur in culpa non feparantur à pœna, inquit Cicero Philipp. 2. num. 29. & ut ait fanctus Chryfolog. Sermone 173. Ne fint nomine & pœna diffimiles, qui fuerunt fcelere confimiles, & junguntur vocabulo, quos crimis junxit turpitudo. Bis enim peccat, qui peccanti auxilium accommodat.*

Tous ceux même qui ont connoiffance des projets & des confpirations qui fe font contre le Souverain ou contre l'Etat font coupables du crime de leze-Majefté, lorfqu'au lieu d'en faire leur déclaration, comme ils le doivent, ils demeurent dans le filence. Dans ce qui regarde le Prince ou l'Etat, il n'y a aucune raifon qui nous puiffe difpenfer de révéler ce que nous en fçavons, pour prévenir les fâcheufes fuites de tels projets, qui intéreffent toute la patrie.

Ainfi, par Arrêt rendu au mois d'Octobre 1603. un Potagier du Roi Henri IV. auquel un Gentilhomme de Dauphiné avoit parlé de lui faire gagner quelque fomme d'argent pour empoifonner le Roi, fut pendu pour ne l'avoir pas révélé au Roi ou à Juftice. Bouchel, *verbo* leze-Majefté.

Le feul deffein de faire quelque chofe contre le Prince ou contre l'Etat, rend coupable du crime de leze-Majefté, lorfqu'il y en a preuve; c'eft-à-dire, que quoique l'effet n'ait pas fuivi la volonté de celui qui a formé un tel projet, il ne laiffe pas d'être puni de mort, lorfque fa détermination eft prouvée.

Bouchel dans fa Bibliothéque du Droit François, cite un Arrêt du 11. Janvier 1595. confirmatif d'une Sentence du Prévôt de Paris par lequel un Vicaire de S. Nicolas des Champs fut condamné d'être pendu, pour avoir dit, *qu'il fe trouveroit encore quelque homme de bien, comme Frere Jacques Clement, pour tuer le Roi Henri IV. ne fût-ce que lui.*

Un Gentilhomme étant malade à l'extrêmité, fe confeffa d'avoir eu la penfée de tuer le Roi, qui étoit Henri II. Le Confeffeur en donna avis au Procureur général. Ce Gentilhomme étant revenu de cette maladie, fut, fur cette confeffion, condamné d'être décapité aux Halles; ce qui fut exécuté.

Cependant la feule penfée de commettre tout autre crime n'eft point punie. *Nemo cogitationis pœ-*

nam fubire debet, leg. 18. ff. de pœn. nifi conatus ad aliquem effectum perductus fuerit, ut docent Doctores ad leg. 1. ff. quod quifque, &c. & ad leg. 1. cod. de malefic. At vero in crimine Majeftatis fola cogitatio hujufce patrandi criminis, pœnam meretur, etiamfi ad nullum fuerit effectum perducta, fufficit fi de ea conftet: quod quidem fingulari jure ita fuit receptum, quo magis deterreantur homines ab hujufmodi criminis admittendi cogitatione.

Quiconque eft convaincu d'avoir écrit, compofé & femé libelles & placards diffamatoires contre l'honneur du Roi, ou pour exciter le peuple à fédition & rébellion, eft criminel de leze-Majefté au fecond chef, eft puniffable de mort, avec confifcation de biens envers Sa Majefté, privativement à tous autres. Et à pareilles peines font fujets ceux qui fciemment les impriment; & ceux qui les expofent en vente font puniffables de peine afflictive, comme du fouet ou du banniffement, & même quelquefois de peine de mort; ce qui dépend des circonftances.

C'eft ce qui eft porté en l'Edit du Roi Charles IX. du mois de Décembre 1563. article 13. & en celui d'Henri III. du mois de Janvier 1589. article 6. *Qui Imperatorem contumeliâ affecerit, fupplicium luito, Canon. 33. Apoftolorum, ad exemplum nimirum, ut explicat Photius nomocanon, capite 36.*

La raifon eft, que qui parle mal de fon Prince fouverain & le méprife, méprife Dieu dont le Prince eft l'image fur la terre, comme nous l'avons dit ci-deffus. *Vide caput 22. Exodi verficulo 28.*

Pour ce qui eft des preuves qui peuvent convaincre l'accufé de ce crime, nous remarquerons que la confeffion d'un accufé en matiere criminelle n'eft pas une conviction fuffifante pour le faire condamner, *quia non auditur perire volenti:* toutefois en crime de leze-Majefté, la confeffion peut emporter condamnation. *Voyez* Peleus, en fes Actions forenfes, livre 8. action 13.

Le crime de leze-Majefté au premier chef eft puni de la mort la plus rigoureufe, qui eft d'être tiré & démembré à quatre chevaux. C'eft ce que porte l'Arrêt du 26. Octobre 1582. donné contre le nommé Salcede, qui avoit voulu attenter contre la vie de feu Monfieur, frere du Roi Henri III. Cela fe prouve encore par les Arrêts qui ont été rendus contre Chaftel & contre Ravaillac, dont j'ai cru devoir ici rapporter la teneur.

Extrait de l'Arrêt contre Jean Chaftel, du 29. Septembre 1565. La Cour a déclaré & déclare ledit Jean Chaftel atteint & convaincu du crime de leze-Majefté divine & humaine au premier chef, pour le très-méchant & très-cruel parricide attenté fur la perfonne du Roi: pour réparation duquel crime, a condamné ledit Jean Chaftel à faire amende honorable devant la principale porte de l'Eglife, nud en chemife, tenant une torche de cire ardente du poids de deux livres; & illec à genoux, dire & déclarer que malheureufement & proditoirement il a attenté ledit très-inhumain & très-abominable parricide, & bleffé le Roi d'un couteau en la face; & par fauffes & damnables inftructions, il a dit être permis de tuer les Rois, & que le Roi Henri VI. à présent regnant, n'est en l'Eglise jusqu'à ce qu'il ait l'approbation du Pape, dont il se repent, & demande pardon à Dieu, au Roi & à Justice: ce fait, être conduit en un tombereau en la place de Greve, illec tenaillé aux bras & cuisses; & sa main dextre, tenant en icelle le couteau duquel il s'est efforcé de commettre ledit parricide coupée, & après son corps tiré & démembré avec quatre chévaux, & ses membres & corps jettés au feu, & consumés en cendres, & les cendres jettées au vent; ses biens acquis & confisqués au Roi; avant laquelle exécution, sera ledit Jean Chastel appliqué à la question ordinaire & extraordinaire, pour sçavoir la vérité de ses complices, & d'aucuns cas résultans du crime de leze-Majesté: a fait inhibitions à toutes personnes, sur peine de crime de leze-Majesté, de dire, ni proférer en aucuns lieux publics, ni autres, lesdits propos, lesquels ladite Cour a déclaré & déclare scandaleux, séditieux, contraires à la parole de Dieu, & condamnés comme hérétiques par les saints Décrets.

L'Arrêt rendu contre Ravaillac le 27. Mai 1610. porte; Vû par la Cour, les Grand'Chambre, Tournelle & de l'Edit assemblées, le procès criminel fait par ces Présidens & Conseillers à ce commis, à la requête du Procureur général du Roi, à l'encontre de François Ravaillac, Praticien de la Ville d'Angoulême, prisonnier en la Conciergerie du Palais; information, interrogatoire, confessions, dénégations, confrontations de témoins, conclusions du Procureur général du Roi: oui & interrogé sur les cas à lui imposés, procès verbal des interrogatoires à lui faits à la question le 25. de ce mois, pour la révélation de ces complices; tout considéré: Dit a été, que la Cour a déclaré & déclare ledit Ravaillac dûement atteint & convaincu du crime de leze-Majesté divine & humaine au premier chef, pour le très-méchant, très-abominable & très-détestable parricide commis en la personne du feu Roi Henri IV. de très-bonne & très louable mémoire; pour réparation duquel l'a condamné & condamne à faire amende honorable, devant la principale porte de l'Eglise de Paris; où il sera mené & conduit dans un tombereau: là nud en chemise, tenant une torche ardente du poids de deux livres, dire & déclarer que malheureusement & proditoirement il a commis le très-méchant, très-abominable & très-détestable parricide, & tué ledit Seigneur Roi de deux coups de couteau dans le corps, dont il se repent, & en demande pardon à Dieu, au Roi & à Justice: de là conduit à la place de Greve, & sur un échaffaud qui y sera dressé, tenaillé aux mammelles, bras, cuisses & gras de jambes, sa main droite y tenant le couteau duquel il a commis ledit parricide, ards & brûlée du feu de soulfre; & sur les endroits où il sera tenaillé, jetté du plomb fondu, de l'huile bouillante, de la poix résine bouillante, de la cire & soulfre fondus ensemble: ce fait, son corps tiré & démembré à quatre chevaux, ses membres & corps consumés au feu, & réduits en cendres jettées au vent; déclare tous ses biens confisqués au Roi; ordonne

que la maison où il aura été né, sera démolie, celui à qui elle appartient préalablement indemnisé, sans que sur le fonds puisse à l'avenir être fait aucun autre bâtiment; & que dans quinzaine après la publication du présent Arrêt à son de trompe & cri public en la Ville d'Angoulême, son père & sa mere vuideront le Royaume, avec défenses d'y revenir jamais, à peine d'être pendus & étranglés, sans autre forme ni figure de procès. Défendons à ses freres & sœurs, oncles & autres, de porter ci-après le nom de Ravaillac, & leur enjoignons de le changer sur les mêmes peines; & au Substitut du Procureur général du Roi, de faire publier & exécuter le présent Arrêt, à peine de s'en prendre à lui; & avant l'exécution d'icelui Ravaillac, ordonné qu'il sera derechef appliqué à la question, pour la révélation de ses complices.

Au sujet de ce dernier Arrêt, voici deux observations à faire.

La première, que cet Arrêt a ajouté plusieurs choses qui aggravent la peine à laquelle Jean Chastel avoit été condamné par le précédent Arrêt.

La raison est, que Jean Chastel avoit à la vérité eu intention de tuer le Roi, & l'avoit blessé, mais Ravaillac l'avoit effectivement fait mourir des coups qu'il lui avoit donnés.

La deuxième observation est, que Ravaillac étant sur le point d'être exécuté, ayant demandé au peuple un Salve regina, il lui fut refusé, & le Peuple cria qu'il ne lui en falloit point, parce qu'il étoit condamné comme Judas.

Enfin, Ravaillac se retournant vers son Confesseur, le pria de lui donner l'absolution; mais le Confesseur la lui refusant, lui dit que cela étoit défendu pour crime de leze-Majesté au premier chef, tel qu'étoit le sien, s'il ne vouloit reveler ses complices. Donne-la-moi, dit Ravaillac, à condition qu'au cas que je vous ai protesté n'avoir point de complices, soit vrai. Je le veux, répondit le Confesseur, à cette condition, qu'au cas qu'il ne soit pas ainsi, votre ame, au sortir de cette vie, s'en ira droit à tous les diables. Je l'accepte & la reçois, dit Ravaillac, à cette condition.

En fait de crime, la regle est, qu'il n'y a que celui qui l'a commis qui en doive porter la peine. *Pœna suos tenere autores; & nemo debet ex alieno delicto prægravari, nisi fuerit admissi criminis particeps; ne ulterius progrediatur pœna quam reperiatur delictum.* Néanmoins, quand il s'agit du crime de leze-Majesté quoique les enfans du coupable de ce crime soient innocens, il ne laisse pas de tomber sur eux, en ce qu'ils sont privés de la succession, quoiqu'elle leur appartienne par le droit de nature.

Ainsi la peine du crime de leze-Majesté regarde non-seulement le criminel, mais elle regarde aussi, du moins indirectement, toute la famille afin de donner plus de terreur à ceux qui auroient conçu un dessein si détestable, dans l'appréhension d'en faire porter la peine [...]

filiorum falutem magis quam fuam non curet, dice-
bat Tertulianus, libro 2. adverfus Marc.

Ce n'eft donc pas fans raifon que l'on a réglé, qu'aucun des parens de celui qui feroit coupable du crime de leze-Majefté, fes enfans même ne puffent rien prétendre dans fes biens, & qu'ils foient tous confifqués.

Dans les articles de Droits de Juftice, faits lors de la rédaction de la nouvelle Coutume de Paris, article 4. titre de la Haute-Juftice, il eft dit : Le Haut-Juftier a droit de confifcation de biens, meubles & héritages étant en fa Juftice, finon pour crime de leze-Majefté divine & humaine, & fauffe monnoie, efquels cas les biens confifqués appartiennent au Roi.

Il faut encore remarquer à ce fujet que la confifcation adjugée pour crime de leze-Majefté au premier chef, eft déchargée de toutes dettes & hypotheques, du douaire envers la femme & les enfans, & de la fubftitution & reftitution des biens.

Voici ce que porte l'art. premier de la Déclaration du Roi François I. du mois d'Août 1539. Ordonnons que ceux qui auront aucune chofe confpiré, machiné, ou entrepris contre notre perfonne, nos enfans & poftérité, ou la République de notre Royaume, foient étroitement & rigoureufement punis, tant en leurs perfonnes qu'en leurs biens : tellement que ce foit chofe exemplaire à toujours, fans que leurs apparens héritiers mâles ou femelles, parens en ligne directe ou collatérale, ou autres perfonnes, puiffent prétendre aucun droit de fucceffion, fubftitution, ou de retour efdits biens, meubles ou immeubles, féodaux ou roturiers, avec tous & chacuns les droits, noms, raifons & actions qui pourront compéter & appartenir à tels machinateurs ou confpirateurs, lors defdites entreprifes & machinations, foit qu'iceux biens fuffent en leur libre & pleine difpofition, ou qu'ils fuffent fujets à fubftitution, retour par teftament, ou difpofition d'eux ou de leurs prédéceffeurs, en quelque maniere que ce foit, nous foient & à notre fifc ou domaine, déférés & appliqués, & fans aucune defdites charges, mêmement quand il y aura crime de leze-Majefté joint avec félonie.

L'article fecond du même Edit porte encore, touchant les biens fubftitués : Ordonnons qu'ef-dits cas, ainfi commis contre nous, nos enfans & poftérité, mêmement quand il y aura crime de leze-Majefté joint avec crime de felonie, outre les biens féodaux, poffédés par lefdits criminels, qui font retournés ou retourneront à nous comme Seigneur fouverain & féodal de tous nos Su-jets & Vaffaux, foit que lefdits fiefs foient tenus de nous en fief ou arriere-fief, les autres biens defdits criminels, meubles, immeubles, allodiaux ou roturiers, defquels biens il n'eft encore difputé à qui ils appartiennent, & s'ils doivent être chargés defdites fubftitutions ou conditions de retour, foient appliqués à nous & notre fifc, ou domaine, fans lefdites charges de fubftitution ou de retour, tellement que lefdit fifc foit préféré à ceux qui prétendront fubftitution, & qu'ils

excult, ainfi qu'il feroit des enfans de tels criminels, fi aucuns en avoient.

Tous les biens du condamné pour crime de leze-Majefté au premier chef, appartiennent donc au Roi feul, au moyen de la confifcation, quoique fitués dans les Juridictions des Seigneurs Hauts-Jufticiers, au profit defquels (hors ces cas) la confifcation des biens affis en leur Jurifdiction appartient, Guy Pape, décifion 341. Chopin, du Domaine, liv. 2. tit. 7, & liv. 3. titre 7. Papon, livre 24. tit. 13. nombre 1.

Ces biens appartiennent au Roi, fans aucunes charges de dettes ou hypotheques, pas même de fubftitutions ou autres droits quelconques ; en forte que le Roi prend les biens du condamné comme & en qualité de premier créancier privilégié, qui exclut tous les autres. Mornac, *ad Leg. 31. ff. de pignorib. & hypot.* Bouguier, lettre S. nombre 14. & Brodeau fur la Coutume de Paris, art. 183. nom. 14.

C'eft auffi l'avis de M. le Prêtre, cent. 2. ch. 69. nomb. 45. qui dit, que quoique *fcelera fuos maneant autores, ne ulterius progrediatur culpa, quam reperiatur delictum :* ce crime eft fi déteftable & fi contraire au bien public, qu'il eft jufte que la peine regarde & le criminel & fa famille, afin d'en détourner par la terreur des peines ceux qui feroient affez malheureux pour avoir conçu le deffein de commettre un crime fi horrible.

Tout crime s'éteint par la mort du coupable, qui furvient avant le Jugement de fa condamnation, *morte rei crimen extinguitur :* d'où il s'enfuit que régulierement la confifcation de biens n'a lieu, que lorfque le corps eft confifqué par Juftice. Mais à l'égard du crime de leze-Majefté au premier chef, la mort du criminel n'empêche point que fon procès ne lui foit fait, ou ne foit continué, & s'il eft convaincu, quoiqu'après fon décès, fa mémoire eft condamnée avec confifcation de fes biens, & application de fon cadavre au fupplice. *Leg. ult. ff. ad leg. Jul. Cæf. Majeft. Leg. ult. cod. eod. & leg. penult. ff. de accufationib.*

Cette difpofition des Loix Romaines eft obfervée parmi nous, comme il eft pleinement prouvé par l'exemple qui fuit.

Nicolas l'Hofte, natif d'Orléans, commis de Monfieur de Villeroi, Secrétaire d'État, trahit le Roi & Monfieur de Villeroi fon Maître, en ce qu'il donnoit avis au Roi d'Efpagne de toutes les délibérations qui fe faifoient au Confeil du Roi Henri IV. comme la chofe fut découverte, l'Hofte fe voyant pourfuivi par le Prévôt de Meaux, fe jetta dans la riviere de Marne, aux environs de la Ville de Meaux & fe noya.

Son corps fut tiré de l'eau, & amené au Châtelet de Paris, où il fut vû pendant deux jours ; enfuite il fut embaumé, & mis dans le Cimetiere des Saints Innocens. On créa un curateur à fon cadavre, & on lui fit fon procès, & fur les preuves qui réfultoient des informations, ledit l'Hofte fut atteint & convaincu du crime de leze-Majefté au premier chef.

Pour réparation de quoi, par Arrêt du 15. Mai

1604. il fut ordonné que fon corps feroit traîné fur une claie en place de Grève ; de-là tiré à quatre chevaux, & les quartiers mis fur quatre roues aux quatre principales avenues de la Ville de Paris ; ce qui fut exécuté.

Enfin, quoique les crimes fe preferivent par vingt ans, *leg. 12. cod. ad leg. Cornel. de falfis ;leg. 2. & 3. ff. de acquir. rer. dom. cap. cum numerabilis, §. intelleximus extrà de exceptionib.* néanmoins l'action criminelle, la peine & punition de crime de leze-Majeſté, ne tombe point en prefeription, tant ce crime eſt odieux & déteſtable ; en forte que ceux qui en font coupables peuvent être pourfuivis, quelque tems qu'il y ait que ce crime ait été par eux commis.

Au reſte, la connoiſſance des crimes de leze-Majeſté ne peut appartenir aux Juges des Seigneurs ; elle n'appartient qu'aux Baillifs & Sénéchaux, & autres Juges préſidiaux, excepté le crime de leze-Majeſté au premier chef, dont la connoiſſance appartient au Parlement, lequel eſt feul compétent d'en connoître, ou bien aux Commiſſaires députés par le Roi, pour en connoître fouverainement.

Voyez, touchant le crime de leze-Majeſté, ce que j'en ai dit fur l'art. 292 de la Coutume de Paris ; glof. 1. nomb. 56. & dans ma Traduction des Inſtitutes, fur le §. 3. du dernier titre du quatrième livre. *Voyez* Chopin, au Traité du Domaine, liv. 1. ch. 7. & au liv. 3. de fon Commentaire fur la Coutume de Paris, liv. 3. nomb. 25. *Voyez* auſſi le Traité des droits du Roi, fait par M. Dupuy, pag. 141. M. le Bret, en fon Traité de la Souveraineté, liv. 4. chap. 5. Papon, liv. 22. tit. 1. & *Julius Clarus, lib. 5. Sententiar. §. lezæ Majeſtatis crimen,* avec les annotations qui font à la fin de l'Ouvrage de cet Auteur ; & ce qui eſt dit de ce crime dans le onzieme tome des Cauſes célébres, pag. 165. & fuivantes.

LEZION, fignifie le préjudice ou la perte qui nous eſt cauſée par le fait d'autrui, ou par quelque acte que nous avons paſſé inconſidérement & par legereté.

Un mineur lezé par trop de facilité, ou par le dol de la Partie adverſe, peut revenir contre les actes qui lui font préjudiciables.

Mais à l'égard des majeurs, toute forte de lezion ne leur donne pas lieu de revenir contre les actes qu'ils ont paſſés ; s'ils ne font autoriſés par quelque Loi à fe faire reſtituer contre.

Le dol perſonnel donne lieu à la refciſion des contrats & à la Requête civile entre majeurs, comme je l'ai dit, *verbo* Dol.

La lezion d'outre moitié, en fait de vente d'immeubles, eſt encore une juſte cauſe de reſtitution entre majeurs.

Enfin la lezion du tiers au quart, en fait de partie, eſt auſſi une juſte cauſe de reſtitution entre majeurs.

LEZION D'OUTRE MOITIÉ DE JUSTE PRIX, eſt celle que fouffre celui qui a vendu un héritage plus d'une fois moins de fa juſte valeur. Par exemple, fi un héritage qui vaut vingt mille livres a été vendu moins de dix.

Comme cette lezion eſt énorme, les Empereurs Maximian & Diocletian ont accordé à ce vendeur la faculté de fe faire reſtituer contre une telle vente, par la Loi feconde, au code de *refcind. vend.*

Le bénéfice accordé au vendeur par cette Loi, eſt fondé fur l'équité, & lui eſt accordé quoiqu'il foit majeur. Il confiſte à faire caſſer le contrat de vente, & à remettre les Parties en tel état qu'elles étoient avant le contrat, fi mieux n'aime l'acquéreur payer au vendeur le fupplement de juſte prix.

Ce bénéfice eſt contraire au droit commun, *quia contractus funt ab initio voluntatis, & ex poſt-facto neceſſitatis.*

Sed æquitate fuadente introductum eſt beneficium illud, conſtitutione & Diocletiani & Maximiani, quæ extat in lege 2. quod de refcind. vendit. cujus verba funt. Rem majoris pretii fi tu, vel pater tuus minoris diſtraxeris, humanum eſt, vel pretium te reſtituente emptoribus fundum venundatum recipias, autoritate Judicis intercedente : vel fi emptor elegerit quod deeſt juſto pretio recipias. Minus autem pretium eſſe videtur, fi nec dimidia pars veri pretii foluta fit.

Il faut, pour donner lieu à ce bénéfice, que pluſieurs conditions fe rencontrent.

La première, qu'il s'agiſſe de la vente d'un héritage, quoique cette Loi fe ferve dans le commencement de ce terme général *rem*, lequel comprend tant les meubles que les immeubles. La raiſon eſt, que les Empereurs Maximian & Diocletian, qui ont fait cette Loi, ne parlent à la fin que d'un fonds vendu, de la vente duquel ils permettent la refciſion. Ainſi, on ne peut pas dire que par ce terme *rem*, on puiſſe entendre dans cette Loi autre choſe qu'un héritage. Les mêmes Empereurs, dans la Loi 8. au même titre, ne parlent auſſi que d'un fonds vendu.

Il eſt vrai qu'ils ont introduit ce bénéfice contre la diſpoſition du Droit commun, par lequel un contrat de vente eſt parfait ne peut pas être réſilié, que du conſentement du vendeur & de l'acheteur ; & il eſt vrai auſſi que ce bénéfice eſt fondé fur l'équité ; mais il ne s'enfuit pas de-là qu'il doive avoir lieu pour les meubles, comme pour les immeubles.

On demeure d'accord que l'équité eſt également requiſe dans la vente d'un meuble, comme dans celle d'un immeuble: *Verum quæ jus fingulari, & contra jus commune conſtituta funt, non debent trahi ad confequentias.* Or dans la Loi 2. & dans la 8e. au code de *refcind. vend.* il n'eſt parlé à l'occaſion de ce bénéfice que de la vente d'un héritage. D'ailleurs, la raiſon fur laquelle eſt fondé ce bénéfice à l'égard de la vente d'un immeuble, ceſſe dans celle d'un meuble. Les meubles, quoique précieux, font moins eſtimés que les immeubles, parce que nous ne pouvons perdre les immeubles fans notre fait & fans notre conſentement ; mais les meubles fe peuvent perdre aiſément : *vilis eſt mobilium poſſeſſio.*

De plus, les meubles fe peuvent vendre plus facilement leur juſte prix, ou à peu près que les immeubles ; car celui qui n'ayant que des immeubles fe trouve preſſé d'argent, eſt fouvent obligé de les donner pour bien moins qu'ils ne valent,

Ainfi, celui qui a vendu un meuble plus de moitié moins qu'il ne valoit, doit s'imputer à lui-même de l'avoir fait, pouvant trouver quelqu'autre perfonne qui en auroit donné davantage.

Enfin, l'eftimation des meubles n'eft pas fi certaine que celle des immeubles : on voit tous les jours que les uns prifent plus de certains meubles, d'autre moins. Un cheval, par exemple, peut être eftimé mille francs par quelques perfonnes, & par d'autres quatre cens francs feulement.

C'eft auffi la Jurifprudence qui eft fuivie dans ce Royaume, où la refcifion pour lézion d'outre moitié du Jufte prix, n'eft admife qu'en vente d'héritage, & par conféquent n'a pas lieu en vente de meubles ; Defpeiffe, tom. 1. part. 1. fect. 4. la Coutume de Sens, article 252. & celle de Bourbonnois, article 86.

De ce que la refcifion pour lézion d'outre moitié du jufte prix, n'eft accordée par la Loi 2. cod. de refcindend. vend. que pour vente d'héritages, il s'enfuit qu'elle n'a point lieu dans les cas fuivans.

Iº. En vente de droits univerfels. Ainfi celui qui a vendu une fucceffion, ou le droit qu'il a dans la fucceffion du défunt ne peut s'en faire relever, quand même il fe trouveroit qu'elle valut fix fois plus que le prix de la vente. Voyez Papon, liv. 16. tit. 3. nomb. 18. Charondas liv. 3. chap. 18. Maynard, liv. 3. de fes queftions, chap. 63. Defpeiffes, loco citato ; le Veft, Arrêt 232. M. Louet, lettre H, fommaire 8. & Soefve, tom. 1. cent. 4. chap. 73.

IIº. Dans les baux emphytéotiques. Voyez Brodeau fur M. Louet, lettre L, fommaire 4.

IIIº. Dans les baux à Fermes. Voyez Charondas, liv. 2. rép. 37. Mais ce bénéfice a lieu pour les baux à rente, parce que ce font des véritables aliénations. Ainfi jugés par Arrêt du 18. Mai 1574. rapporté par Louet, lettre L, fommaire 11.

IVº. La refcifion pour lézion d'outre moitié du jufte prix, n'a point lieu en vente d'office. Voyez Loyfeau, liv. 3. chap. 2. & Maynard, livre 3. chapitre 61.

Vº. Ce bénéfice n'a point lieu dans la permutation ou échange d'héritages ; comme fi je permute un héritage de dix mille livres avec Titius, pour un autre héritage eftimé feulement quatre mille livres : le contrat en fait d'échange ne peut être réfilié fous prétexte de lézion, quelqu'énorme qu'elle foit.

La raifon eft, que celui contre lequel on voudroit faire caffer la permutation, n'auroit pas le choix, ou de retenir la chofe, en rendant le fupplément du jufte prix, ou de reftituer la chofe, vû que dans la permutation il n'y a point d'argent ni de prix. De plus, dans l'échange les deux Parties font vendeurs & acheteurs ; & comme le bénéfice de la Loi feconde, cod. de refcind. vend. n'a pas lieu en faveur de l'acheteur, comme nous le dirons ci-après ; il faut conclure qu'il ne peut pas être accordé à l'un des copermutans. Charondas, liv. 3. rép. 68.

Mais de que nous avons, qu'en fait d'échange la refcifion n'a pas lieu pour lézion d'outre moitié du jufte prix, ne fe doit entendre, que quand l'échange eft fait d'héritage contre héritage ; car il faut dire le contraire, quand l'échange eft fait, d'héritage contre une rente conftituée.

La raifon eft, qu'en tel échange le prix eft certain, fçavoir, le fort principal de la rente, qui tient lieu d'argent comptant : ainfi c'eft comme fi l'héritage avoit été vendu la fomme à laquelle la rente eft rachetable. Ainfi jugé par Arrêt du 2. Mars 1646. rapporté dans le premier tome du Journal des Audiences.

Suivant ce que nous venons de dire, la refcifion n'a pas lieu pour lézion d'outre moitié du jufte prix, dans la permutation ou échange d'héritage ; & cela me paroît ne pas fouffrir de difficulté : cependant quelques auteurs ont tenu l'opinion contraire, mais elle n'a pas été fuivie. Voyez Belordeau en fes Obfervations forenfes, lettre C, art. 35. & lettre L, art. 3.

VIº. Ce bénéfice ne peut point avoir lieu dans le cas d'une tranfaction ; ce qui paroît fondé fur l'autorité de la Loi, Lucius, §. ult. ff. ad. trebell. de la Loi in fumma, ff. de condict. indeb. & de la Loi premiere, cod. de plus petitionib.

De plus, on ne peut pas objecter de lézion, quand l'avantage qu'on pourroit prétendre eft incertain : or l'avantage qu'on peut prétendre dans les procès, eft toujours incertain ; quia quod ad hominum judicio pendet, femper incertum eft. Leg. de fideicommiffo, cod. de tranfact. Leg. fi ea lege, cod. de ufur.

Enfin, la tranfaction eft comparée à la chofe jugée. Leg. minorem. cod de tranfactionib. Or la chofe jugée ne peut pas être retractée fous prétexte de lézion, & fous prétexte même que le Jugement auroit été rendu injuftement, pourvû que ce ne foit pas directement contre la difpofition des Loix. Leg. 2. cod. quando provocare neceffe non eft. Ainfi il faut en dire de même de la tranfaction.

VII. Le vendeur d'une coupe de haute futaie n'eft point reftituable pour lézion d'outre moitié du jufte prix. La raifon eft, que dans l'ufage ordinaire la coupe des bois de haute futaie n'eft point confidérée comme un fonds dont le propriétaire fe dépouille, vû que ce n'eft qu'une fuperficie mife en vente, dont le fonds demeure toujours à celui qui en a la propriété.

La deuxieme condition requife pour que la lézion d'outre moitié du jufte prix donne lieu à la refcifion de la vente, eft que cette lézion excede véritablement la moitié du jufte prix de l'héritage, fuivant les termes dans lefquels la Loi 2. au code de refcind. vend. eft conçue. Ainfi la lézion qui ne feroit que de moitié du jufte prix ne fuffiroit pas, parce que cette Loi femble permettre la déception jufqu'à la moitié du jufte prix. Maynard, livre 3. chapitre 65. & la Rochelavin, liv. 6. tit. 31. art. 1.

L'eftimation de la chofe vendue en cas de refcifion pour lézion d'outre moitié du jufte prix, fe confidére au tems du contrat, parce que ce tems eft celui auquel naiffent les obligations & les actions qui en proviennent : c'eft pourquoi fi un héritage

ritage vendu étoit augmenté de prix depuis la vente , foit que cela provint des augmentations que l'acquéreur y auroit faite , foit que cela provînt d'ailleurs , le vendeur feroit mal fondé de vouloir faire caffer la vente , fous prétexte de lézion d'outre moitié du jufte prix. *Voyez* Belordeau en fes obfervations forenfes , lett. A , art. 56. Charondas , liv. 11. rép. 1.

La raifon eft que cette augmentation feroit furvenue au tems que le vendeur n'auroit plus été propriétaire de l'héritage : ainfi le vendeur ne s'en peut pas fervir pour faire caffer la vente , au tems de laquelle il n'auroit pas fouffert une lézion confidérable.

Ainfi la preuve de la valeur de l'héritage , en la vente duquel le vendeur prétend avoir été déçu d'outre moitié du jufte prix , fe doit faire par experts & gens à ce connoiffans , qui feront nommés par les Parties , & à leur défaut par le Juge , qui eftimeront l'héritage eu égard à ce qu'il valoit au tems du contrat , & non pas au tems de l'eftimation.

La Loi 2. au code *de refcind. vendit.* n'accorde le privilege de refcifion pour lézion d'outre moitié du jufte prix d'un fonds , qu'au vendeur , & par conféquent l'acheteur ne peut pas prétendre avoir droit de fe fervir de ce privilege ; *quia beneficium illud contra jus commune introductum eft;at quæ jure fingulari contra jus commune introducta funt non trahuntur ad confequentias , proindè non extenduntur de re ad rem , de perfona ad perfonam , & de cafu ad cafum.*

Ainfi celui qui achete un héritage plus de moitié de fa jufte valeur , ne peut pas fe faire reftituer contre un tel contrat , par la raifon que nous venons de rapporter.

D'Ailleurs , celui qui vend eft préfumé avoir vendu par néceffité ; au lieu que l'acheteur , au cas qu'il ait acheté un héritage au-delà de fa valeur , ne peut pas dire qu'il y a été forcé par la néceffité de fes affaires : c'eft le plus fouvent la néceffité qui nous fait vendre , & ce n'eft jamais la néceffité qui nous fait acheter , mais le défir d'augmenter nos facultés & notre patrimoine , en acquérant le bien d'autrui.

Voyez Belordeau , lettre L , article 3. Chenu , cent. 1. queft. 75. Louet , lettre L , fommaire 10. l'Annotation fur M. le Prêtre cent. 1. chap. 12. Charondas , liv. 7. rép. 209. & livre 12. rép. 33. Papon , liv. 16. tit. 3. nomb. 25. *vide etiam Cujacium , lib. 16. Obfervation. cap. 18. lib. 23. cap. 32.*

Il n'y a donc que le vendeur qui puiffe , fous prétexte de lézion d'outre moitié du jufte prix , faire réfilier le contrat de vente , & non pas l'acheteur. Ainfi Jugé par Arrêt du 10. Juillet 1675. rapporté dans le Journal du Palais.

Ce bénéfice eft tellement accordé au vendeur , qu'il pourroit s'en fervir quoiqu'il y eût fpécialement renoncé. *Voyez* Charondas , liv. 10. rép. 88. qui rapporte un Arrêt du 9. Juin 1571. qui l'a jugé ainfi , & fait voir par plufieurs raifons que cette décifion eft très-jufte.

Il y a un cas où le vendeur n'eft pas admis à

demander la refcifion du contrat de vente , quoiqu'il foit lézé d'outre moitié du jufte prix : c'eft quand la vente d'un héritage eft faite par décret forcé fait à la pourfuite des créanciers de celui qui en eft le propriétaire : la Partie faifie ne peut pas faire caffer l'adjudication qui eft faite de cet héritage par décret , fous prétexte de quelque lézion que ce foit , pourvû qu'il n'y ait point de nullité dans le décret. Belordeau , lettre L , art. 3.

La raifon eft que le prix du décret eft préfumé le jufte prix de l'héritage faifi réellement , les encheres ayant été reçues à l'ordinaire pendant le tems requis par les Ordonnances , & l'adjudication ayant été faite judiciairement & en la maniere ordinaire , au plus offrant & dernier enchériffeur ; *Præfumptio juris eft , & de jure , quæ non admittit probationem in contrarium.*

La partie faifie & les créanciers doivent s'imputer de n'avoir pas fait leur condition meilleure dans le tems qu'ils le pouvoient , en faifant venir un plus grand nombre d'enchériffeurs au tems de l'adjudication.

Ainfi , la vente qui eft faite par un décret forcé avec toutes les formalités réquifes , ne peut être caffée fous prétexte de lézion d'outre moitié du jufte prix , même en faveur d'un mineur ; comme il a été jugé par plufieurs Arrêts rapportés par Louet , & fon Commentateur , lettre D , fommaire 32.

Il n'en eft pas de même des adjudications qui fe font en conféquence des décrets volontaires ; car ces décrets ne fe font que pour purger les hypotheques de tous les droits réels qui pourroient être prétendus fur les immeubles vendus : ainfi le droit de l'acquéreur ne vient point de l'adjudication qui fe fait en conféquence de ce décret ; mais fon droit vient en conféquence & en vertu du contrat de vente qui a été paffé entre lui & fon vendeur ; c'eft pourquoi fi le vendeur fe trouve lézé d'outre moitié du jufte prix de la vente qu'il a faite de l'héritage , il peut revenir contre cette adjudication , quoique faite par autorité du Juge , comme il auroit pû faire contre la vente en cas de lézion énorme , puifque l'adjudication qui fe fait en vertu d'un tel décret , n'eft réputée que la premiere vente. *Voyez* Charondas , liv. 7. rép. 50.

Lorfque le vendeur lézé d'outre moitié du jufte prix demande la refcifion du contrat , la Loi 2. au code *de refcind. vend.* oblige l'acheteur , ou à rendre au vendeur le fonds qui lui a été vendu , ou à payer au vendeur le fupplément du jufte prix : ce qui fe doit entendre de la véritable eftimation de cet héritage , & de la totalité du prix qu'il devoit être vendu , & non pas de ce qui auroit fuffi pour empêcher la caffation du contrat.

Pofons que l'héritage qui valoit dix mille livres n'ait été vendu que quatre , l'acquéreur qui ne veut pas adhérer à la caffation du contrat , doit payer au vendeur les fix mille livres reftans du jufte prix de cet héritage.

La raifon pour laquelle ce choix eft donné à l'acheteur , & non pas au vendeur , eft que le vendeur ne fe plaint point de la vente , puifqu'il avoit deffein de vendre ; il se plaint seulement de la lézion que lui cause la modicité du prix qu'il a reçu de la chose vendue : or en lui payant le supplément de sa juste valeur, il n'a plus sujet de se plaindre. Ainsi c'est avec raison que le choix de se départir du contrat de vente, ou de payer le supplément du juste prix de la chose vendue, est accordé à l'acheteur, & non pas au vendeur, aussi au Mainard, tom. 1. liv 93. chap. 57. rapporte un Arrêt du Parlement de Toulouse du 21. Mars 1559. qui l'a jugé ainsi.

On demande, I°. Si la vente pouvant être cassée pour le lezion d'outre moitié du juste prix, si l'acheteur aime mieux restituer la chose que de payer le supplément du juste prix, il est obligé de rendre aussi les fruits qu'il a perçus ?

Cette question est difficile, & partage les Docteurs ; les uns sont pour l'affirmative, les autres pour la négative ; & cette derniere opinion me semble la plus probable.

La raison est, que les Empereurs ne font aucune mention de la restitution des fruits dans la Loi seconde, au code de rescind. vend. Ils obligent seulement l'acheteur, au cas qu'il consente la cassation du contrat, de rendre la chose au vendeur.

De plus l'acheteur est fondé sur un juste titre accompagné de bonne foi, & par conséquent il a fait les fruits siens pendant tout le tems qu'il n'a pas été inquiété par le vendeur ; il ne peut donc être obligé à restituer les fruits qu'il a perçus d'un fonds qui étoit à lui, qu'après la condamnation, du jour de laquelle il commence d'être constitué in mora.

Enfin, il seroit injuste que le vendeur qui auroit reçu le prix du fonds par lui vendu, fut reçu en rentrant dans cet héritage, à en demander encore la restitution des fruits, Leg. Curabit. cod. de action. empt.

Ainsi les fruits perçus appartiennent à l'acheteur ; mais pour ceux qui sont pendant par les racines, & attachés au fonds au tems de l'action intentée pour la rescision du contrat, ils appartiennent au vendeur en payant par lui les labours & semences.

Vide Peresium ad titulum, cod. de rescend. vendit. num. 13. & sachinæum lib. 2. controversiar. cap. 24.

II°. On demande si l'acquéreur poursuivi pour la rescision du contrat de vente sous prétexte de lezion d'outre moitié du juste prix, peut exciper des améliorations par lui faites dans le fonds qu'il voudroit restituer ?

Il faut dire que le vendeur n'est pas recevable à rentrer dans le fonds, qu'il ne restitue auparavant les impenses qui ont été faites par l'acheteur.

C'est la commune opinion des Docteurs : fondée sur la disposition de la Loi 40. §. ult. ff. de minorib. sur celle de la Loi Domum, cod. rei vend. & sur celle de la Loi in fundo, cod. de præd. minor. dans lesquelles il est dit, que le possesseur de bonne foi peut induire les impenses qu'il a faite. Or l'acheteur est dans ce cas possesseur de bonne foi, & fondé sur un juste titre. Ainsi, quoique la condition du vendeur soit désavantageuse, le contrat n'en est pas moins contracté de bonne foi, attendu que ce n'est ni le

dol de l'acheteur, ni aucune autre chose de sa part qui a contraint le vendeur à passer le contrat de vente.

Quelques Docteurs, comme Salicet, qui tiennent l'opinion contraire, disent que dans ce cas l'acheteur ne peut pas exciper des améliorations par lui faites dans le fonds qu'il auroit acheté, parce qu'il a droit de restituer le fond au vendeur, de lui payer le suplément du juste prix.

On répond à cet argument, que l'acheteur ne fait point tort au vendeur en voulant lui restituer le fonds qu'il a acheté, à condition qu'il lui remboursera les impenses qu'il y a faites ; car il a le choix de l'un ou de l'autre, & le vendeur en ce cas ne peut rien opposer à l'acheteur qui fait ce qu'il a droit de faire : qui jure suo utitur nemini facit injuriam.

III°. On demande si le vendeur se peut servir du bénéfice de la Loi seconde, cod. de rescind. vendit. au cas qu'il sçut au tems de la vente la valeur & le juste prix de son héritage ?

Il faut dire qu'il le peut, parce que souvent ceux qui vendent leurs biens à vil prix n'en ignorent pas la valeur, mais ils y sont forcés par la nécessité de leurs affaires ; c'est pour cela qu'il est dit dans cette Loi, humanum est : ainsi ce bénéfice n'est pas fondé sur l'ignorance dans laquelle étoit le vendeur du prix de son héritage ; mais sur l'équité, qui veut que la restitution contre un tel contrat soit accordée au vendeur, sans s'informer s'il a sçu le prix du fonds qu'il a été contraint de vendre à quel que prix que ce soit, par la triste situation de ses affaires : autrement il n'y auroit presque jamais personne à qui ce bénéfice pourroit être accordé, vû qu'il n'est pas naturel qu'un particulier vende un bien plus d'une fois moins qu'il ne vaut ; sans sçavoir qu'il vaut beaucoup davantage. Cette présomption feroit toujours contre le vendeur, & il auroit bien de la peine à la détruire, & à justifier qu'il en ignoroit le prix au tems de la vente.

IV°. On demande si la vente d'un héritage étant cassée par le bénéfice de la Loi seconde, cod. de rescind. vend. les hypotheques constituées dessus par l'acheteur sont éteintes ?

Bartole, sur la Loi Si res ff. quib. mod. pig. vel hypot. solv. & in leg. 4. §. si. Marcellus ff. de in diem additione, tient que les hypotheques ne sont pas éteintes. Balde, ad leg. 2. cod. de rescind. vend. est d'opinion contraire.

Le sentiment de Bartole, que nous suivons en cela est fondé sur ce que quand le contrat est résolu par la volonté de l'acheteur, les hypotheques par lui constituées ne sont point résolues, dictâ Leg. Si res, ff. quib. mod. pig. vel hypot. solv. Or dans ce cas la vente n'est resolue que par la volonté de l'acheteur, puisqu'il a le choix ou de restituer le fonds ou de le retenir en payant le suplément du juste prix.

D'ailleurs, les hypotheques que les créanciers de l'acheteur ont sur ce fonds, sont plus fortes que l'action personnelle, par laquelle le vendeur peut poursuivre l'acheteur, pour la rescision de la vente. La raison est, que l'hypotheque est sur la chose même , & la fuit par-tout : ainfi la chofe étant reftituée au vendeur , l'hypotheque n'eft point éteinte.

La vente étant parfaite & fuivie de tradiction , tranfere la propriété de la chofe pleine & entiere en la perfonne de l'acheteur ; & par conféquent l'acheteur a pu conftituer telle hypothéque qu'il a jugé à propos fur la chofe en étant le propriétaire incommutable, purement & fans qu'il y ait eu aucune condition appofée au contrat.

Si la vente eft refolue dans la fuite pour lézion d'outre moitié du jufte prix, cela ne provient d'aucune condition qui ait été appofée au contrat ; mais cela vient du fait du vendeur, lequel n'eft pas reftituable contre fon propre fait, que par une commifération de la Loi; mais la Loi n'entend pas que cette refcifion qui lui eft accordée contre l'acheteur , & qui eft fi oppofée au Droit commun , foit préjudiciable à un tiers qui aura contracté de bonne foi avec l'acheteur de cet héritage.

Concluons donc que cette hypotheque fubfifte en ce cas ; fauf au vendeur à pourfuivre fon indemnité à l'encontre de l'acheteur, comme il avifera bon être.

V°. On demande fi la lezion peut être reputée énorme en conféquence d'un trefor que l'acheteur auroit trouvé dans le fonds qu'il auroit acheté ?

Quelques Docteurs ont tenu l'affirmative ; mais pour moi je fuis l'opinion contraire.

La raifon eft, qu'au tems de la vente le trefor n'étoit pas poffedé par le vendeur ; étant une chofe occulte & cachée , & par conféquent inconnue à tout le monde, elle ne rendoit pas le fonds d'un plus grand prix ; ainfi ce tréfor étant trouvé par l'acheteur au tems qu'il eft propriétaire du fonds dans lequel il étoit enfeveli , il doit appartenir à l'acheteur, comme étant un gain inefperé & un pur don de la fortune , & ne peut point fervir au vendeur pour fe faire reftituer contre le contrat de vente du fond , fous prétexte de lézion d'outre moitié du jufte prix.

Il eft vrai que quand il s'agit de juger de la lézion énorme qu'un vendeur a foufferte par la vente de fes biens, on doit faire faire l'eftimation de la chofe vendue fur le pied qu'elle pouvoit valoir au tems du contrat de vente. Mais il faut auffi demeurer d'accord , qu'un tréfor caché dans un fonds au tems de la vente qui en a été faite, n'en a pû augmenter la valeur ; puifque l'eftimation ne s'en fait que par rapport à la commune opinion des hommes , qui ne peuvent eftimer ce qu'ils ne voyent pas , & ce qui leur eft entiérement inconnu.

VI°. On demande fi le vendeur qui auroit obtenu des Lettres de refcifion, fous prétexte de lézion d'outre moitié du jufte prix, & qu'il auroit fait enteriner pourroit rien départir.

Il faut dire que le vendeur peut être contraint d'exécuter le Jugement qui enterine lefdites Lettres & qu'il ne peut s'en départir, fi l'acheteur contre lequel il a obtenu lefdites Lettres , n'y veut pas confentir ; comme il a été jugé par Arrêt du 11. Juin 1550. rapporté par Charondas liv. 5. rép. 8.

La raifon eft, que le Jugement qui intervient entre les Parties, établi un droit commun entr'elles, dont chacune d'elle peut demander l'exécution, parce qu'il établit un droit qui eft également acquis au défendeur & au demandeur ; *Quia judicio quafi contrahitur , ideoque ipfa judicati veluti obligatio fpectanda eft* , Leg. Lice , §. *Idem fcribit*, ff. de peculio. *Itaque cum fententia lata eft jure communi , ab ea qui obtinuit , non poteft recedere , cum non fit pænitentiæ locus*. Bald. *ad Leg. Si judex* , ff. *de minorib.* & *leg. 2. cod. de fidejuf. minor.* & *in Leg. fi conftante* , §. *folut. matrimon.*

Dans l'efpece de l'Arrêt rapporté par Charondas , la conteftation provenoit de ce que pendant le procès intenté pour la refcifion, la maifon bâtie fur l'héritage dont il étoit queftion, avoit été brûlée par la faute du Fermier de l'acheteur , contre lequel l'acheteur avoit intenté action, laquelle il offroit ceder au demandeur ; & parce qu'il y avoit eu Sentence & appel en la Cour , le tout y fut jugé , fçavoir que depuis la pourfuite en refcifion , le péril de la chofe appartenoit au demandeur, & qu'ainfi il ne pouvoit plus fe départir de la Sentence d'entérinement de Lettres de refcifion.

VII. On demande à quel tems fe doit rapporter l'eftimation de l'héritage vendu, au cas que l'acheteur aime mieux payer le fupplément du jufte prix ; fçavoir , fi c'eft au tems du contrat ou de l'action intentée pour refcifion en conféquence de la légion d'outre moitié du prix ?

Il faut comme nous l'avons dit ci-deffus , faire cette eftimation de la chofe vendue , par rapport au tems du contrat, & non pas par rapport au tems que l'action a été intentée. La Loi 8. au cod. *de refcind. vend.* dit en termes formels; *fi minus dimidio jufti pretii, quod fuerat tempore venditionis datum effet* : d'où il s'enfuit , que fi la chofe eft augmentée depuis la vente , la lézion fe doit toujours confidérer eu égard au tems de la vente, & par conféquent que l'augmentation n'empêche pas que la vente ne puiffe être caffée par le bénéfice de la Loi feconde , cod. *de refcind. vend.*

La refcifion du contrat de vente fe doit demander dans les dix ans , du jour du contrat paffé ; après lequel tems le vendeur n'y feroit plus recevable, Belordeau , lettre D , chap. 8.

Mais on demande, fi le contrat contenoit la faculté de remeré , les dix ans commenceroient-ils à courir du jour du contrat, ou du jour de la faculté expirée ?

Rebuffe , fur les Ordonnances *de refcif. contract. articulo unico , glofsâ* 19. *num.* 1. & 21. tient que cette prefcription ne commence que du jour que la faculté de remeré eft expirée. La raifon qu'il en donne eft , que le tems pendant lequel le vendeur peut faire caffer le contrat , *ex lege contractus* , en conféquence de la claufe de remeré appofée au contrat , il n'a pas befoin des Lettres du Prince , puifqu'il le fait par le droit qu'il s'eft réfervé : autrement il ne jouiroit pas du privilege accordé par le Roi , à ceux qui font dans la vente de leurs biens, lezés d'outre moitié du jufte prix. Louet , lettre R , chapitre 46. remarque un Arrêt du 21.

Juillet 1601. rendu *confultis claffibus*, qui l'a jugé ainſi.

Néanmoins les raiſons qui ſont pour l'opinion contraire, paroiſſent plus plauſibles & plus fortes. En effet, il importe peu que le vendeur faſſe caſſer la vente qui lui eſt préjudiciable, ou par le droit qu'il a en conſéquence de la clauſe de remeré appoſée à ſon contrat, ou par le privilege du Prince; mais il ſemble que s'il ne l'a pas fait ni par l'un ni par l'autre dans le tems qui lui étoit accordé, il ne doit plus y être recevable.

Poſons que le tems d'uſer de la faculté de remeré ſoit de dix ans, le vendeur doit dans les dix ans exercer le retrait; mais ſi le tems eſt de vingt ans, il ne doit plus, après ce tems, être recevable à faire caſſer le contrat ſous prétexte de lézion; autrement, lorſque la faculté de remeré ſeroit de trente ans, le vendeur en auroit quarante pour faire caſſer ce contrat.

Ce ſont deux droits qui tendent à la même fin, & dont par conſéquent l'un néceſſairement conſomme l'autre; de même qu'il arrive en la perſonne d'un Seigneur féodal, lequel ſe trouve parent lignager du vendeur, qui eſt ſon vaſſal; il a quarante jours pour uſer du retrait féodal, & un an & un jour pour retraire par retrait lignager: l'an & jour étant paſſé, il ne peut plus prétendre avoir quarante jours pour retraire par retrait féodal.

Enfin l'article 110. de l'Arrêté du 6. Avril 1666. du Parlement de Rouen, porte que le relevement de la vente faite à condition de remeré, doit être pris dans les dix ans du contrat de vente, & non pas de l'expiration de la faculté de remeré.

Il nous reſte à remarquer, que la pourſuite que veut faire le vendeur qui prétend faire caſſer le contrat de vente pour lézion d'outre moitié du juſte prix de l'héritage, doit être portée devant le Juge du domicile de l'acheteur; parce que cette action eſt une action perſonnelle; & que toutes les actions perſonnelles doivent être intentées par devant le Juge du domicile du défendeur.

Il eſt amplement traité de la reſtitution en entier pour cauſe de lézion d'outre moitié dans les Obſervations qui ſe trouvent à la ſuite du ſeptieme Plaidoyer d'Henrys, où je renvoye le Lecteur.

LEZION DU TIERS AU QUART, eſt une lézion, pour raiſon de laquelle un cohéritier majeur peut demander au Prince des Lettres de reſciſion, pour revenir contre un partage fait & précédé d'une eſtimation des corps héréditaires qui n'ont pas par eux-mêmes de prix certain, comme des maiſons; à l'effet de revenir contre ce partage, & faire ordonner en Juſtice, qu'en conſéquence d'une nouvelle priſée & eſtimation des biens immeubles de la ſucceſſion, cette lézion étant prouvée, on procéde à un nouveau partage.

Quand les partages ne ſont pas précédés d'une eſtimation des corps héréditaires qui n'ont pas de prix certain par eux-mêmes, la moindre lézion pourroit y donner atteinte, parce que tout doit être fait de maniere qu'il y ait entre les cohéritiers une très-grande égalité; c'eſt pourquoi quand on y a omis ce qui pourroit contribuer à la leur procu-

ler, une moindre lezion que celle du tiers au quart peut donner lieu à revenir contre.

Il en eſt de même des partages qui ont été faits entre perſonnes qui n'y étoient pas toutes préſentes.

Mais quand un partage eſt fait entre perſonnes préſentes, & qu'il a été précédé d'une eſtimation des corps héréditaires qui n'ont point de prix certain, il faut pour qu'un des cohéritiers puiſſe revenir contre, qu'il ait été lezé du tier ſau quart; Mais il n'eſt pas requis que la lezion ſoit d'outre moitié du juſte prix, comme il eſt requis, pour que le vendeur puiſſe revenir contre la vente qu'il auroit faite d'un héritage. La raiſon eſt, qu'il ne s'agit pas alors du commerce, comme dans la vente, mais d'un partage entre cohéritiers, entre leſquels l'équité veut que l'égalité ſoit obſervée.

L'effet des lettres qui s'obtiennent par un des cohéritiers, ſous prétexte d'être lezé du tiers au quart dans le partage, eſt que cette lezion étant prouvée, le Juge à qui ces Lettres ſont adreſſées, & qui doit connoître de l'affaire, remet les Parties au même état qu'elles étoient avant le partage; de ſorte néanmoins qu'il dépend de celui qui a obtenu & fait entériner les Letres de reſciſion, de demander un nouveau partage, ou de ſe contenter d'une indemnité proportionnée à la lezion.

Cette alternative dépend uniquement de lui, & il ne peut êtreforcé d'accepter l'indemnité que lui propoſeroient ſes copartageans, ſi ce n'eſt qu'il parut une impoſſibilité abſolue de procéder à un nouveau partage, comme ſi les biens avoient été vendus ou ſubdiviſés depuis le partage: auquel cas on pourroit ſoutenir qu'il ſuffit d'écarter la clauſe des Lettres; c'eſt-à-dire, la lezion, par une indemnité qui lui ſoit proportionnée.

Ce tiers au quart eſt la lezion qui excede le quart de la portion du cohéritier, quoiqu'elle n'aille pas entiérement au tiers. Imbert, en ſon Enchiridion, *verbo* Diviſion. Papon, liv. 15. tit. 7. M. le Brun, en ſon traité des ſucceſſions, liv. 4. chap. 1. nombre 52.

On ne compte dans l'examen de cette lezion que ce qui manque au cohéritier lezé, pour qu'il ait ſa juſte part & portion de la ſucceſſion. Et pour y parvenir, on met en évidence l'eſtimation de la totalité de cette ſucceſſion; on examine après ſi ce qui manque à ſa portion excede le quart de ce à quoi elle doit monter.

La lezion du tiers au quart, s'entend donc de ce que le lézé a de moins entre le tiers & le quart de ce qu'il auroit dû avoir, & non pas entre le tiers & le quart de ce que le cohéritier qui profite a de plus. Par exemple, la maſſe partagée entre mon frere & moi, de la ſucceſſion de notre oncle, eſt de ſoixante mille livres; nous n'en devons avoir chacune que trente mille; cependant ſi ſe trouve ce qui eſt échu à mon frere par le partage, ſe monte à trente-quatre mille livres, & que ce qui m'eſt échu ne monte qu'à vingt-ſix mille livres. Dans cette eſpece, il ne ſe trouve point de lezion du tiers au quart, quoique mon frere ait huit mille livres plus que moi.

En effet, il ne s'en manque que quatre mille pour que ma portion monte à trente mille livres, à quoi elle doit naturellement monter ; c'est pourquoi il n'y a pas alors de lezion du tiers au quart dans le partage qui a été fait entre nous, puisque cette lézion ne se doit régler qu'eu égard à ce que le cohéritier lezé a de moins, & non pas à ce que l'autre a de plus. Des huit mille livres que mon frere a plus que moi, il y en a quatre qui lui doivent appartenir pour remplir sa portion qui doit être de trente mille livres ; ainsi je ne suis lezé que de quatre mille livres qui manquent pour que ma portion monte aussi à trente mille livres.

Pour que dans l'espece proposée la lezion soit du tiers au quart, & que la supputation se trouve de ce que mon frere a de plus, & moi, de ce que j'ai de moins, il faut que mon frere ait trente-huit mille livres, ou pour mieux dire, depuis trente-sept mille cinq cens livres jusqu'à quarante mille livres.

La raison est, que sept mille cinq cens livres au-delà de sa portion de trente mille livres, sont le quart qu'il a plus que moi & qui m'appartient ; parce que ce qui est entre trente-sept mille cinq cens jusqu'à quarante mille livres, est par-delà le quart anticipé sur les dix mille livres, qui font le tiers en sus des trente mille livres de sa portion, & sont alors la lezion du tiers au quart.

Il faut de même, pour que le moins sur ma portion paroisse être du tiers au quart, que je n'aie eu que vingt-deux mille livres, ou entre vingt-mille livres & vingt-deux mille cinq cens livres ; parce que vingt mille livres sont déjà mes deux premiers tiers, & que les deux mille livres ou deux milles cinq cens livres, sont entre le tiers & le quart de ce que j'ai de moins : entre le tiers, parce que de vingt mille livres à trente mille livres, le tiers est dix mille livres ; & entre le quart, parce que sept mille cinq cens livres font la quatrieme partie de trente mille livres.

Lorsque suivant le rapport de la nouvelle prisée des Experts nommés par les Parties, ou nommés d'office par le Juge, la lezion est jugée ne pas excéder le tiers au quart de la portion que devroit avoir celui qui se plaint, il n'y a pas lieu à un nouveau partage, & le demandeur est condamné aux dépens.

Cette lezion du tiers au quart en fait de partage, ne peut donner lieu à la rescision du partage que dans les dix ans qu'il a été fait, & cette rescision ne peut plus être demandée par-delà les dix ans.

Voyez M. le Brun, en son Traité des Successions liv. 4. chap. 1. nomb. 51. & suivans. *Voyez* aussi Henrys, tome 2. livre 4. question 59. qui examine quelle lezion est requise pour être restitué contre un partage fait entre majeurs. Il refute l'opinion de la glose & les Auteurs qui tiennent qu'il faut une lezion d'outre moitié ; & il etablit que la moindre lezion est suffisante, laquelle il dit pourtant il devoir être du tiers au quart, parce qu'autrement la chose ne vaudroit pas la peine de faire les frais d'un nouveau partage.

LIASSE, se dit de plusieurs papiers attachés ensemble.

LIBELLER, signifie expliquer une demande qu'on fait en Justice & énoncer briévement les moyens sur lesquels elle est fondée, avec les conclusions qu'on en tire.

Pour la validité d'un exploit, il faut qu'il soit libellé, afin que le défendeur puisse être instruit du sujet pour lequel il est assigné ; *ut perinde sciat reus, utrum cedere aut contendere debeat; & si contendendum putet, veniat instructus ad agendum, cognitâ actione, quâ convenitur. Leg. 1. in princ. ff. de edendo.*

Voyez les articles 1. & 6. du titre 2. de l'Ordonnance de 1667.

LIBELLES DIFFAMATOIRES, sont livres, écrits ou chansons faites & répandues dans le Public contre l'honneur & la réputation de quelqu'un, dont le succès doit être attribué à la malignité du cœur humain.

Ils sont réputés injures atroces, & on ne les doit pas confondre avec les injures verbales, qui peuvent être l'effet d'un premier mouvement ; mais un libelle diffamatoire est une injure réfléchie & méditée : c'est la raison pour laquelle elle est regardée comme un crime public, qui mérite une peine afflictive. En effet, les écrits se publient aisément & se perpétuent ; ce sont des monumens satiryques, qui pour peu qu'ils soient artistement travaillés, plaisent beaucoup, & ravissent entiérement la réputation des personnes qui en sont l'objet. Or l'injure qui attaque l'honneur est bien plus sensible à un homme de bien, que celle qui n'attaque que le corps.

La peine de ce crime est arbitraire suivant les circonstances & la qualité des personnes. Mais pour peu que la calomnie que ces écrits renferment soit énorme, ceux qui en sont les auteurs sont punis de peine afflictive, quelquefois même de peine capitale.

Par Arrêt du 22. Février 1716. Philippe-Nicolas Duval Prieuré Cinqmares en Touraine, a été condamné de comparoir en la Chambre de la Tournelle, les Grand'Chambre & Tournelle assemblées, & là, nue tête & à genoux, dire & déclarer, que méchamment il a composé un libelle contenant plusieurs faits injurieux & calomnieux contre les personnes y dénommées, & contraire au respect par lui dû à Monseigneur l'Archevêque de Tours & à ses Officiers ; ce fait, banni pour cinq ans de la Ville, Prévôté de Paris, & de la Province de Touraine ; condamné en dix livres d'amende, & en trois cens livres envers les personnes y dénommées.

Non-seulement ceux qui font des libelles diffamatoires contre quelqu'un, sont punis suivant les circonstances & la qualité des personnes ; mais encore ceux qui les impriment ; & ceux qui les publient, doivent être punis des mêmes peines que ceux qui en sont les auteurs. *Voyez* l'Edit du mois de Janvier 1561. art. 13. l'Edit de Moulins, art. 77. & l'Edit de 1571. art. 10.

LIBÉRATION, est la décharge d'une dette, d'une poursuite, d'une servitude, ou de quelqu'autre droit.

LIBERER, fignifier décharger quelqu'un de quelque dette ou de quelque pourſuite.

LIBERTÉ, eſt une faculté naturelle de faire ce que l'on veut, à moins qu'on n'en ſoit empêché par violence ou par quelque Loi. La liberté conſiſte donc à faire ce que nous voulons, à l'exception de ce que la violence ou la prohibition des Loix nous empêche de faire ; car on n'en eſt pas moins libre pour cela.

Comme la violence eſt de fait, elle peut bien ôter l'uſage & l'exercice de la liberté ; mais elle ne peut jamais ôter la liberté. En effet, ce qui eſt de droit ne peut être détruit que par l'autorité du droit même, & par conſéquent un homme n'eſt pas moins libre pour être détenu comme eſclave par des brigands.

Il faut auſſi demeurer d'accord que l'autorité que les Loix ont ſur les hommes, & les peines qu'elles établiſſent contre les refractaires, ne diminuent par leur liberté ; d'autant que tout ce qui eſt contre les bonnes mœurs, & contre la diſpoſition des Loix, doit paſſer dans l'eſprit d'un homme de probité pour impoſſible.

Au reſte, la ſervitude eſt la perte de la liberté ; mais la diviſion des perſonnes en libres & en eſclaves n'a point lieu en France : tous les hommes y ſont libres, à l'exception des eſclaves qui ſont dans les Iſles de l'Amérique, & des criminels qui ſont fait eſclaves de peine.

Voyez ce que j'ai dit dans ma traduction des Inſtitutes, ſur le troiſieme titre du premier livre.

LIBERTÉS DE L'EGLISE GALLICANE, ne ſont autre choſe que l'obſervation des anciens canons & des anciens uſages, auxquels l'Egliſe de France s'eſt toujours attachée, ſans s'attacher aux nouvautés qui ſe ſont introduites depuis.

Ainſi ces libertés ne ſont point des priviléges, mais d'anciens uſages reçus dans la primitive Egliſe, ou d'anciens Canons, qui ayant été puiſés dans la pureté des bonnes régles, ont toujours été ſuivis en France ; & qui ayant été abolis ailleurs, ont reçu le nom de liberté de l'Egliſe Gallicane, parce que l'Égliſe de France s'y eſt toujours attachée inviolablement, & a par ce moyen toujours maintenu ſa liberté & ſa franchiſe contre la ſervitude que les nouveautés qui ont paru depuis avoient voulu introduire.

On peut dire encore que ces libertés ſont des franchiſes naturelles & des ingénuités ou droits communs, quibus (comme parlent les Prélats du grand Concile d'Afrique écrivant ſur pareil ſujet au Pape Celeſtin) nullâ Patrum definitione derogatum eſt Eccleſiæ Gallicanæ, dans leſquels nos ancêtres ſe ſont très-conſtamment maintenus, & deſquels par conſéquent il n'eſt pas beſoin de montrer d'autre titre, que la retenue & naturelle jouiſſance d'iceux.

Les particularités de ces libertés ne ſont pas infinies ; elles ſe peuvent réduire toutes à deux maximes fort connexes, que la France à toujours tenues pour certaines.

La premiere eſt, que les Papes ne peuvent rien commander ni ordonner, ſoit en général ou en particulier, de ce qui concerne les choſes temporelles, dans les Pays & Terres de l'obéïſſance & ſouveraineté du Roi Très-Chrétien ; & s'ils y commandent ou ſtatuent quelque choſe, les Sujets du Roi, quoiqu'ils fuſſent Clercs, ne ſont point tenus de lui obéir à cet égard.

La ſeconde, que quoique le Pape ſoit reconnu pour Souverain dans les choſes ſpirituelles, toutefois en France ſa puiſſance abſolue & infinie n'a point lieu, mais eſt bornée par les Canons & les Régles des anciens Conciles de l'Egliſe reçus en ce Royaume, & n'eſt pas ſupérieure au Concile général : Generale Concilium neminem in terris ſuperiorem habet, ne Papam quidem ; licet enim Papa major ſit in Eccleſiâ, non eſt tamen tota Eccleſia major.

De ce que nous venons de dire, il s'enſuit,

Iº. Que toutes Bulles & Expéditions venant de la Cour de Rome, doivent être examinées, pour ſçavoir s'il n'y auroit point quelque choſe qui portât préjudice aux droits & libertés de l'Egliſe Gallicane, & à l'autorité du Roi. De ce on trouve une Ordonnance du Roi Louis XI. ſuivie par les prédéceſſeurs de l'Empereur Charles V. lors Vaſſaux de la Couronne de France, par lui-même dans un Edit qu'il fit à Madrid en 1543. & pratiquées en Eſpagne & autres Pays de ſon obéïſſance, avec plus de rigueur qu'en ce Royaume.

IIº. Que ce n'eſt pas ſans raiſon que les appellations interjettées au futur Concile ont été reçues en France. Itaque apud nos appellatur à Papâ ad Papam melius informatum, vel à ſummo Pontifice ad futurum Concilium. Voyez le Traité de l'Abus de Fevret, pag. 8. & ſuivant.

IIIº. Qu'il y a lieu aux appellations comme d'abus, quand il y a entrepriſe de Juriſdiction ou attentat contre les ſaints Décrets ou Canons reçus en ce Royaume, droits, franchiſes, libertés & priviléges de l'Egliſe Gallicane, Concordats, Edits & Ordonnances du Roi, Arrêt de ſon Parlement ; en un mot, contre ce qui eſt non-ſeulement de Droit commun, divin ou naturel, mais auſſi des prérogatives de ce Royaume, & de l'Egliſe d'icelui.

Mais comme nous avons dit, verbo Abus, ce remede eſt reciproque & commun aux Eccléſiaſtiques, pour la conſervation de leur autorité & Juriſdiction. Ainſi le Promoteur ou autre ayant intérêt, peut auſſi appeller comme d'abus de l'entrepriſe ou attentat fait par le Juge laïque ſur ce qui lui appartient. Sur quoi il faut remarquer :

Premiérement, que parune prudence ſinculiere, telles appellations ſe jugent, non par ſeuls laïques, mais par la Grand'Chambre du Parlement, qui eſt compoſée de perſonnes eccléſiaſtiques & laïques.

En ſecond lieu, que ces appellations comme d'abus, ſont un juſte tempérament pour ſervir comme de lien, & entretien commun des deux Puiſſances ; de ſorte que ni l'un ni l'autre n'ont aucun ſujet de ſe plaindre.

Voyez ce qu'a dit M. Brillon ſur cette matiere & les Auteurs qu'il indique ; & ſur-tout le Traité des Libertés de l'Egliſe Gallicane, fait par M. Pithou, avec les Commentaires qui ont été faits deſſus par M. Rigaud, Avocat en Parlement.

Au reste, comme le Parlement de Paris est le défenseur des libertés de l'Eglise Gallicane, & des droits de la Couronne de France, pour maintenir ces droits & ces libertés, il a en plusieurs occasions rendu plusieurs Arrêts célébres, & récemment un le 23. Février 1730. dans lequel il donne des margues autentiques du zéle qu'il a toujours eu pour détruire tout ce qui pouvoit y donner quelque atteinte. Aussi a-t-il été reçu avec applaudissement par tous les fidéles Sujets de Sa Majesté.

LIBERTINS, suivant le Droit Romain, sont ceux qui par l'affranchissement sont sortis d'une servitude légitime. *Voyez* ci-dessus affranchis & Affranchissement ; & ce que j'ai dit dans ma Traduction des Instituts, sur le cinquiéme titre du premier livre.

LICENCIÉS, sont ceux qui étant Bacheliers dans une des Facultés supérieures, qui sont la Théologie, le Droit & la Médecine, y ont continué leurs études, & obtenu le degré de Licence, c'est-à-dire, permission de ne plus prendre de leçons publiques, attendu qu'on n'obtient ce degré qu'après avoir fréquenté les Ecoles pendant tout le tems réquis. Ainsi lorsqu'un Licencié veut se faire passer Docteur, il n'a plus besoin de prendre de leçons publiques.

LICITATION, est l'exposition à l'enchere que l'on fait d'un immeuble qui ne se peut aisément partager, & dont les copropriétaires ne veulent point jouir par indivis.

Cette exposition à l'enchere se fait à l'effet de faire adjuger l'héritage au plus offrant & dernier enchérisseur, pour être le prix en provenant distribué entre ceux qui en étoient les copropriétaires, à proportion de la part & portion que chacun d'eux avoit dans la propriété de l'héritage ainsi vendu.

L'adjudication qui se fait en conséquence de la licitation, transfere en la personne de l'adjudicataire tout droit de propriété ; ce qui est très-équitable ; *quia nemo invitus debet in communione retineri ; si quidem communio lites & jurgia parit, quibus turbatur civium pax & concordia.*

La licitation d'un héritage étant faite entre copropriétaires ou cohéritiers, bien que de diverses lignes, l'action en retrait lignager n'a pas lieu quand l'un des copropriétaires ou cohéritiers se rend adjudicataire du total.

Voyez ce que j'ai dit sur l'article 154. de la Coutume de Paris & Soefve, tom. 1. cent. 3. chap. 6. & Journal des Audiences, tom. 1. liv. 5. chapitre 57.

En licitation faite entre cohéritiers, ne sont dûs lods & ventes ; mais si un des cohéritiers, avoit cedé son droit à un étranger, & que la licitation se fît entre cet étranger & les autres cohéritiers, les lods & ventes seroient dûs au Seigneur, parce que ce seroit moins alors un partage de famille, qu'un accommodement & une espece de vente.

Quoique l'article 80. de la Coutume de Paris ne parle que de l'adjudication faite à un des cohéritiers, quand elle dit qu'il n'est point dû en ce cas de lods & ventes, cependant la même chose a lieu quand elle est faite sans fraude à l'un de plusieurs qui ont un héritage en commun. *Ex licitatione inter socios legitimè & sine fraude facta,* il n'est dû lods & ventes ; *non enim ex divisione debentur. Voyez* Pontanus, sur l'art. 89. de la Coutume de Blois, *verbo. Sed his ita præmissis.*

Par Arrêt du 19. Mai 1615, il a été jugé qu'entre des colégataires particuliers du mari & de la femme, de deux terres acquises pendant leur communauté, quoiqu'il y eût une legere soulte, il n'étoit point dû de lods & ventes, parce que c'est un partage ou accommodement, & non pas une vente.

Nous avons un autre Arrêt du 5. Août 1619. rapporté par Brodeau sur Louet, lettre L, somm. 9. nombre 5. 6. & 7. qui a jugé qu'entre associés en tous biens, tant meubles qu'immeubles, l'un des sept ayant quitté sa part & portion aux autres, moyennant une somme de deniers, il n'étoit point dû de lods & ventes au Seigneur.

Il n'en est pas de même quand la licitation est faite avec les cohéritiers ou associés & un étranger, comme nous avons dit ci-dessus. En effet, quoique l'étranger représente le cohéritier qui lui a cedé sa part, n'étant point de la famille, il n'y a point de raison qui puisse exempter de payer en ce cas des lods & ventes.

Ces droits sont même dûs alors, quoique l'adjudication soit faite du total au profit du cohéritier de celui qui avoit vendu à un étranger sa part & portion de la maison licitée. Ainsi jugé par Arrêt du 13. Décembre 1640. *Voyez* le Journal des Audiences, tom. 1. liv. 3. chap. 69. Basnage, sur l'article 171. de la Coutume de Normandie ; & Soefve, tome 1. cent. 1. chapitre 24.

Quoique la regle soit qu'en licitation entre cohéritiers & copropriétaires d'héritages, il ne soit point dû de lods & ventes, il y a néanmoins un cas où ils sont dûs, qui est le cas de plusieurs copropriétaires qui ont acquis ensemble une maison ou des héritages qui se peuvent partager commodément entr'eux ; s'ils le font liciter, celui qui est adjudicataire par licitation de la portion de l'autre, doit les lods & ventes. La raison est, qu'on regarde cette licitation comme une véritable vente, & non comme une licitation de nécessité.

C'est ce qui a été jugé par Arrêt de la Grand'-Chambre, au rapport de M. l'Abbé Pucelle, le 1726. Cet Arrêt contre l'ordinaire, contient les motifs pour lesquels la Cour l'a ainsi jugé.

L'on peut procéder à une licitation à l'amiable, ou à une licitation à la rigueur.

Celle qui se fait à l'amiable, se fait du consentement des Parties pardevant Notaires, & on n'y reçoit point d'étranger à y enchérir, à moins que les copropriétaires n'en conviennent, soit parce que l'un d'eux n'est pas en état d'enchérir, soit parce qu'ils le jugent ainsi à propos par d'autres raisons.

Celle qui se fait à la rigueur, se poursuit devant le Juge, & toutes sortes de personnes sont admises à enchérir.

Pour y parvenir, il faut que celui des copropriétaires qui veut provoquer la licitation, faffe affigner les autres à l'effet de voir dire qu'un tel immeuble ne pouvant être partagé, fera vendu au plus offrant & dernier encherisseur ; pour être les deniers provenans de la vente diftribués entre les Parties ; & que pour rendre la vente plus publique, publications foient faites, affiches foient mifes & appofées aux lieux & endroits ordinaires & accoutumés.

Si les défendeurs ou l'un d'eux foutiennent que l'immeuble eft de nature à pouvoir être partagé, le Juge ordonne que les lieux feront vûs & vifités par experts, pour être fur leur rapport ordonné ce que de raifon.

Les Experts ayant fait leur vifite, délivrent leur rapport; & s'ils eftiment que l'immeuble puiffe être commodément partagé, les défendeurs demandent l'entérinement du rapport, & le Juge ordonne le partage.

Si au contraire leurs avis eft qu'il ne fe puiffe partager, celui qui a préfenté fa Requête à fin de licitation, demande l'enterinement du procès verbal, & conclut par une Requête verbale, à ce qu'il foit procédé à la vente & adjudication du total de l'héritage par licitation.

En conféquence de la Sentence qui eft conforme à la Requête verbale, le provoquant fait faire trois publications, fait appofer des affiches aux lieux & endroits accoutumés, & fait fignifier le procès verbal d'appofition aux défendeurs.

Il faut auffi qu'il faffe une enchere ou mife à prix, contenant la déclaration de la maifon & des lieux, & les claufes & conditions fous lefquelles l'adjudication doit être faite.

Il met cette enchere ou mife à prix entre les mains du Greffier de l'audience des criées, qui la paraphe, & la donne à un Audiencier, qui la publie.

Enfuite on reçoit les encheres de toutes les perfonnes qui veulent enchérir ; & après deux remifes de quinzaine en quinzaine, l'héritage eft adjugé au plus offrant & dernier enchérifeur.

A l'égard des deniers provenans de la vente, ils font livrés aux Parties qui ont fait la licitation : & s'il y a des créanciers oppofans, les deniers font diftribués entr'eux, felon l'ordre de leurs privileges & hypothéques.

Voici quelques obfervations importantes fur la licitation.

La premiere, qu'une maifon ayant été laiffée en commun par les copartageans, & enfuite licitée depuis le partage, l'un des copartageans s'étant contenté d'une rente, pour ce qui lui revenoit pour fa part dans le prix de la licitation avec referve fpéciale de fes hypothéques & privileges, ne conferve pour la rente de privilege que fur la part & portion telle qu'elle lui revenoit, & non fur la totalité de la maifon ; enforte que fi cette maifon, commune par exemple pour moitié, étoit enfuite décretée fur l'adjudicataire par licitation, en ce cas fon créancier ne pourroit prétendre de privilege que fur la moitié du prix. Ainfi jugé au Parlement de Paris, par Arrêt du mois de Juil-

let 1707. après partage de la Grand'Chambre.

La deuxieme, que dans la licitation entre plufieurs cohéritiers, fuivie d'adjudication au profit de l'un d'eux, il n'y a que la part de l'héritage qui lui appartenoit par droit de fucceffion, qui foit propre en fa perfonne, quoique tout le prix ait été payé aux autres cohéritiers, pour les égaler. Ainfi jugé par Arrêt du 23. Juin 1660. rapporté dans le Journal des audiences.

Il faut excepter les cas où les biens font licités entre freres ; car alors ils demeurent propres en la main de celui à qui ils font adjugés, & il n'y a que le prix debourfé qui foit acquét ; comme il a été jugé par Arrêt du Parlement de Bourdeaux le 20. Juin 1702. rapporté par la Peyrere, lettre P, nombre 213.

La troifiéme, que celui qui n'a qu'une legere portion dans un héritage, ne peut pas provoquer la licitation, mais peut être contraint par celui qui y a une plus forte portion à en venir à une licitation & à fe contenter du prix de fa part. Voyez Bouvot, tom. 2. verbo Licitation, queft. 1. & la Bibliotheque de Bouchel, verbo Licitation.

A plus forte raifon, celui qui n'auroit que l'ufufruit d'une portion de maifon, ne pourroit pas en provoquer la licitation ; mais le propriétaire feroit préférable, & il pourroit faire ordonner qu'il jouira de toute la maifon, en payant à l'ufufruitier la rente de la portion dont il auroit l'ufufruit, Duperier, tom. 2. pag. 381.

LICITATION D'UN HÉRITAGE SAISI RE'ELLEMENT, OU VENTE D'ICELUI PAR FORME DE LICITATION, eft celle qui fe fait en vertu d'un Jugement, qui ordonne que cet héritage fera adjugé au plus offrant après trois publications, fans autres procédures, attendu que cet héritage faifit réellement n'eft pas d'affez grande valeur pour foutenir les frais & les longues pourfuites d'un decret, & que le débiteur fur qui cet héritage eft faifi réellement n'a pas d'autres biens fur lefquels fes créanciers puiffent fe pourvoir pour être payés de leur dû.

LICITE, fe dit de tout ce qui n'eft point défendu par les Loix. Id omne licitum eft, quod non eft legibus prohibitum ; quamobrem, quod lege permittente fit, pœnam non meretur.

LICITER, fignifie pourfuivre la licitation, contre des copropriétaires d'un héritage poffédé par indivis, & qui ne fe peut aifément partager. Voyez Licitation.

LIEN, eft un engagement. On dit, par exemple, que le mariage eft un lien ; & ce lien eft un nœud facré & indiffoluble.

LIER, fignifie engager, obliger quelqu'un à faire, ou à ne pas faire quelque chofe.

LIEU, EN TERMES DE PALAIS, fe dit d'un rang auquel on eft fubrogé en la place d'un autre. Ainfi, on dit qu'un créancier eft fubrogé au lieu & place d'un autre dont il a ceffion, pour dire qu'il eft entré dans ces droits & hypothéques, qu'il a été colloqué au premier, au fecond lieu, dans un ordre de créanciers, fur la diftribution de quelques deniers.

LIEU OÙ UN CONTRAT EST PASSE', doit être exprimé

primé dans l'acte, Cela eſt d'une néceſſité abſolue, pour que le contrat emporte hypothéque & exécution parée. Ainſi, quand l'expreſſion du lieu a été omiſe, le contrat ne vaut que comme écriture privée, & n'eſt point un acte exécutoire, & n'emporte hypothéque que du jour de la condamnation.

La raiſon pour laquelle l'expreſſion du lieu eſt abſolument néceſſaire pour donner à un contrat la force & l'autorité d'un acte autentique, eſt qu'un Notaire ne peut exercer ſon Office que dans l'étendue des lieux où il a droit d'inſtrumenter : ainſi partout ailleurs il n'eſt point Officier public, mais réputé perſonne privée. Il en eſt de même des Magiſtrats, *qui extra Juriſdictionis fines jus dicere non poſſunt. Leg. ult. ff. de Juriſd. omn. judic. Leg. 3. ff. de Offic. præſid.*

Pour ce qui eſt des teſtamens paſſés pardevant des perſonnes publiques, il faut, à peine de nullité, qu'il y ſoit fait mention, non-ſeulement du jour, du mois & de l'année, mais encore du lieu où ils ſont fait, de ſorte que l'omiſſion de l'une de ces choſes, en cauſeroit la nullité.

LIEUE, eſt une meſure de chemins, un eſpace de terre conſidéré dans ſa longueur, ſervant à méſurer les chemins & la diſtance d'un lieu à un autre.

La lieue contient plus ou moins de pas géométriques ſelon le différent uſage des Provinces & des Pays.

La lieue des anciens Gaulois étoit de mille cinq cens pas Géométriques. Les autres croyent que les lieues ont chacune quatre mille pas. *Voyez* d'Ablancourt dans ſa Préface ſur Ceſar.

Suivant les dernieres obſervations qui ont fixé le dégré du méridien vers Paris à 57183. toiſes, en prenant cette meſure pour le dégré moyen du méridien en France, les grandes lieues de France, dont il faut vingt pour faire un dégré du méridien, ſont de 2860. toiſes, 5720. pas géométriques.

Les moyennes lieues, dont il faut vingt-cinq pour faire un dégré, ont 2287. toiſes, ou 4574. pas géométriques.

Les petites lieues dont il faut trente pour un dégré, ont 1906 toiſes ou 3812 pas géometriques.

La réduction des lieues de la plûpart des Provinces de l'Europe, a été faite au pied Romain, comme il ſe voit dans le Dictionnaire de Trévoux, *verbo* Mille.

En-Bourgogne, la lieue contient cinquante portées, c'eſt la chaîne d'un arpenteur, la portée douze cordes, la corde douze aunes de Dijon, l'aune deux pieds & demi, & le pied douze pouces.

Bouchel en ſa bibliothéque, *verbo* Lieue, dit que pour ſçavoir combien il y a de lieues d'un Village à un autre, il faut prendre par les grands chemins, & non pas par les chemins de traverſe, qui y conduiſent droit.

La lieue du moulin bannal eſt reglée à deux mille pas, dont chacun eſt de cinq pieds.

En Juſtice, les voyages que l'on taxe ſont reglés à dix lieues par jour.

Le délai des aſſignations données à ceux qui ſont dans la diſtance de dix lieues, doit être de quinzaine ; & ceux qui ſont dans la diſtance de cinquante

Tome II.

lieues, d'un mois ; & de ſix ſemaines, au-delà de cinquante lieues, dans le reſſort du même Parlement ; & de deux mois pour ceux qui ſont demeurans hors du reſſort. *Voyez* l'Ordonnance du mois d'Avril 1667. tit. 3. articles 3. & 4.

LIEVE, eſt un extrait d'un papier terrier d'une Seigneurie, qui ſert de mémoire au Receveur pour faire payer les cens & rentes, & autres droits ſeigneuriaux. Cet extrait contient le nom des Terres, les tenanciers, la qualité de la redevance, ſans être autrement autentique. C'eſt ce que l'on appelle en d'autres endroits *Cueilleret.*

Les lieves anciennes ſervent quelquefois de preuves pour faire de nouveaux terriers, quand des titres ont été perdus par guerre ou par incendie ; comme il eſt porté dans l'Edit de Melun, en faveur des Eccléſiaſtiques.

LIEUTENANT, eſt un mot compoſé de lieu & de tenant, qui ſignifie un Officier qui tient le lieu & la place d'un autre pour l'adminiſtration de la Juſtice, ou pour le fait de la guerre. *Vicarius eſt, ſeu Officiarius, qui alterius vices gerit.*

Les Baillifs & Sénéchaux d'épée rendoient autrefois la Juſtice eux-mêmes à leurs ſujets ; mais dans la ſuite ils ont commis des Lieutenans, auxquels ils ont abandonné peu à peu l'adminiſtration de la Juſtice. Les Baillifs & Sénéchaux peuvent néanmoins toujours venir ſiéger en épée, quand ils le jugent à propos, & ont voix délibérative : mais ils ne prononcent point, ce ſont leurs Lieutenans.

Dans les premiers tems, ces Lieutenans n'étoient point créés en titre d'office le choix en appartenoit aux Baillifs ; ainſi qu'il ſe voit dans les Ordonnances de Philippe le Bel de 1302. & de Charles VI. de 1388.

Louis XII. par un Edit de 1499. ordonna que l'élection des Lieutenans des Baillifs & Sénéchaux ſe feroit en l'Auditoire ; & par un autre Edit de 1552. il ordonna qu'il en fût nommé trois, l'un deſquels il pourroit choiſir.

Ils étoient autrefois gens d'épée, & il étoit défendu aux Baillifs de choiſir pour Lieutenans de gens de Robe. Mais depuis on a laiſſé le commandement du ban & arriere-ban aux Baillifs & Sénéchaux ; mais leurs Lieutenans, qui ſont toujours gens de robe, ont le pouvoir de juger.

Il y a aujourd'hui des Lieutenans dans preſque toutes les Juſtices, tant royales que ſubalternes.

Au Châtelet de Paris, il y a un Lieutenant civil, un Lieutenant général de Police, un Lieutenant criminel, un Lieutenant criminel de robe-courte, & deux Lieutenans particuliers.

LIEUTENANT CIVIL, eſt un Magiſtrat établi pour juger les affaires civiles en premiere inſtance. Il eſt le premier des Lieutenans du Prévôt de Paris ; & comme tel, c'eſt à lui qu'appartient le droit de préſider aux aſſemblées du Châtelet ; enſorte qu'il préſide à toutes les receptions d'Officiers.

Tous les jours plaidoyables, à l'exception des Lundis de chaque ſemaine, on tient au Châtelet, depuis huit heures du matin juſqu'à midi, l'Audience du Parc civil à laquelle préſide M. le Prévôt de Paris, & en ſon abſence M. le Lieutenant civil.

T

C'eft-là que fe jugent toutes les affaires , tant perfonnelles que réelles & mixtes , à quelque fomme que les demandes puiffent monter.

On y porte pareillement toutes les conteftations qui furviennent à l'occafion des contrats, teftamens , promeffes , matieres bénéficiales ou eccléfiaftiques,appofition de fcellés , confection d'inventaire , tutelle , curatelle , avis de parens , émancipation , & généralement toutes les matieres de Jurifdiction contentieufe & diftributive ; à l'exception feulement de ce qui regarde la Police , & de ce qui eft de la connoiffance du Préfidial.

Le fcel du Châtelet de Paris étant attributif de Jurifdiction, c'eft pardevant Monfieur le Lieutenant civil en cette Audience du parc civil, qu'il faut fe pourvoir pour l'exécution des contrats qui ont été paffés fous ce fcel ; en forte que, quoique celui qui eft affigné foit domicilié ailleurs qu'à Paris , c'eft néanmoins au Châtelet qu'il eft obligé de répondre.

Il eft pareillement Juge confervateur des privileges royaux accordés aux Particuliers de l'Univerfité : mais les affaires qui ont été une fois décidées dans le Tribunal de l'Univerfité , vont par appel directement au Parlement.

Outre cela les fonctions de Monfieur le Lieutenant civil, pour les affaires urgentes , font prefque infinies.

I. C'eft à lui que s'adreffent toutes les Réquêtes en matiere civile, quand même l'affaire feroit dans le cas du Préfidial.

II. C'eft à lui qu'il faut s'adreffer pour obtenir permiffion de faire affigner dans un plus brief délai que celui de l'Ordonnance.

III. C'eft à lui qu'appartient de nommer d'office des experts , lorfque les Parties ne font point d'accord fur ce point.

IV. C'eft lui qui expédie les commiffions rogatoires.

V. Il faut fe pourvoir en fon Hôtel pour tout ce qui requiert célérité. Par exemple , c'eft lui qui regle les conteftations arrivées à l'occafion des fcellés , inventaires , &c. & le rapport qui lui en eft fait s'appelle communement *Reféré*. De plus , c'eft lui qui accorde , quand il le juge à propos , des défenfes d'exécuter les Sentences rendues dans les Sieges reffortiffant au Châtelet de Paris.

VI. Toutes les affaires de famille le regardent uniquement. Ainfi les procès verbaux d'affemblées de parens , pour les affaires des mineurs , fe font pardevant lui & en fon Hôtel , de même que ceux tendans au Jugement d'une demande en féparation intentée par une femme. Et lorfqu'il s'agit de l'interdiction de quelqu'un , c'eft lui qui fait dreffer par fon Greffier le procès verbal contenant les demandes & réponfes de ceux dont on pourfuit l'interdiction.

VII. On porte chez lui les teftamens trouvés cachetés après la mort d'un teftateur, à l'effet d'en être fait ouverture en fa préfence , & en celle des Parties intéreffées, pour être enfuite le teftament dépofé chez le Notaire qui l'avoit en dépôt; ou en cas qu'il n'y en eût point , chez celui qui lui plaît de commettre.

VIII. C'eft lui qui autorife les femmes , au défaut de leurs maris ; pour la pourfuite de leurs droits , dans les affaires pendantes au Châtelet.

IX. Il eft d'ufage que Monfieur le Lieutenant civil regle les conteftations aufujet des frais funéraires , & celles dans lefquelles les Communautés entieres font intervenantes , pour la confervation de leurs droits & privileges.

Outre l'Audience du Parc civil dont nous venons de parler , & les affaires que nous venons de dire être portées en fon Hôtel , le même Magiftrat tient les Mercredis & les Samedis de chaque femaine , depuis midi jufqu'à deux heures, la Chambre civile , où il n'eft point accompagné de Confeillers , mais feulement du plus ancien Avocat du Roi. C'eft là où fe jugent les affaires fommaires , c'eft-à-dire, qui font au-deffous de mille livres , & où il n'y a de part ni d'autre aucun titre paré.

Ordinairement c'eft un de Meffieurs les Maîtres des Requêtes que le Roi choifit pour remplir cette Charge , qui eft une des plus importantes de la Magiftrature , puifque celui qui en eft revêtu eft confidéré comme le pere de toutes les familles , & le tuteur de tous les mineurs.

LIEUTENANT GÉNÉRAL DE POLICE, eft un Magiftrat érigé par l'Edit du mois de Mars 1667. pour veiller à la fûreté de la Ville de Paris, & connoître des délits de ceux qui contreviennent aux Ordonnances & aux Réglemens de Police. Cette Charge a été démembrée de celle du Lieutenant civil.

C'eft au Lieutenant général de Police qu'appartient la connoiffance du port d'armes prohibé par les Ordonnances , du nettoyement des rues & des places publiques, circonftances & dépendances. Il donne fes ordres en cas d'incendie ou d'inondation; il veille à ce qu'il y ait toujours les provifions néceffaires pour la fubfiftance des Citoyens ; il infpection fur le foin , fur les étaux des Bouchers, fur les halles , foires & marchés , hôtelleries , auberges , jeux , cabarets , tabagies , & autres lieux femblables.

Il préfide aux élections des Maîtres & gardes des fix Corps des Marchands ; il connoît des brevets d'apprentiffage, receptions des Maîtres, vifites, enfemble de renvois, fur l'avis du Procureur du Roi,fur le fait des Arts & Métiers.

Son autorité s'étend auffi fur les Imprimeurs, Libraires & Colporteurs. Ainfi il connoît des contraventions commifes à l'exécution des Ordonnances , Statuts & Réglemens pour le fait de l'Imprimerie en l'impreffion des Livres & Libelles défendus ; & par les Colporteurs, en la vente & diftribution des mêmes Livres ou Libelles.

Il juge des affemblées illicites , tumultes , féditions & défordres , & généralement de toutes les affaires concernant la police dans l'étendue de la Ville , Prévôté & Vicomté de Paris.

Il peut même juger feul les coupables en fait de Police , lorfqu'ils font pris en flagrant délit , & qu'il ne s'agit point de peine afflictive; mais quand il s'en agit, il en doit faire son rapport au Présidial. Enfin, l'exécution des Ordonnances, Arrêts & Réglemens de Police, circonstances & dépendances, lui appartient.

Il y a pourtant quelques-unes de ces matieres, dont il ne connoît que concurremment, ou par prévention, avec d'autres Juges : c'est pourquoi son Edit de création du mois de Mars 1667. en lui en attribuant la connoissance, porte que c'est sans innover ni préjudicier aux droits & jurisdictions, ou possession en laquelle peuvent être les Lieutenans criminel & particulier, le Procureur du Roi, & les Prévôts des Marchands & Echevins.

Il tient son Siege ordinairement au Châtelet où il entend les rapports des Commissaires, & où il Juge sommairement les matieres de police les jours qu'il juge à propos. Les appellations de ses Jugemens se relevent au Parlement.

Le Roi le commet souvent pour juger des affaires extraordinaires qui ne sont pas de sa compétence, & sa Majesté lui donne quelquefois le pouvoir de juger en dernier ressort, le tout est réglé par la commission qu'il reçoit.

M. de Fontenelle fait voir fort ingénieusement combien l'emploi de Lieutenant de Police dans Paris est important & difficile. » Les Citoyens d'une » Ville bien policée jouissent (dit-il) de l'ordre qui » y est établi, sans songer combien il en coute de » peine à ceux qui l'établissent ou le conserve, à » peu près comme tous les hommes jouissent de la » régularité des mouvemens célestes, sans en avoir » aucune connoissance ; & même plus l'ordre d'une » police ressemble par son uniformité à celui des » corps celestes, plus il est insensible ; & par consé- » quent il est toujours d'autant plus ignoré, qu'il » est plus parfait. Mais qui voudroit le connoître, » l'approfondir, en seroit effrayé. Entretenir perpé- » tuellement dans une Ville telle que Paris une con- » sommation immense, dont une infinité d'accident » peuvent toujours tarir quelques sources ; repri- » mer la tirannie des Marchands à l'égard du pu- » blic, & en même tems animer leur commerce ; » empêcher les usurpations naturelles des uns sur » les autres, souvent difficiles à démêler ; recon- » noître dans une foule infinie tous ceux qui peu- » vent si aisément y cacher une industrie pernicieu- » se, en purger la société, ou ne les tolerer qu'au- » tant qu'ils peuvent être utiles par des emplois » dont d'autres qu'eux ne se chargeroient pas, ou ne » s'acquitteroient pas si bien ; tenir les abus néces- » saires dans les bornes précises de la nécessité, qu'ils » sont toujours prêt à franchir ; les renfermer dans » l'obscurité à laquelle ils doivent être condamnés, » & ne les en tirer pas même par des châtimens » trop éclatans ; ignorer ce qu'il vaut mieux igno- » rer que punir, & ne punir que rarement & utile- » ment ; pénétrer par des souterrains dans l'inté- » rieur des familles, & leur garder les secrets qu'el- » les n'ont pas confiés, tant qu'il n'est pas néces- » saire d'en faire usage ; être présent par tout sans » être vu ; enfin mouvoir ou arrêter à son gré une » multitude immense & tumultueuse, & être l'ame » toujours agissante & presque inconnue de ce

» grand corps : Voilà qu'elles sont en général les » fonctions du Magistrat de la Police. Il ne semble pas » qu'un homme seul y puisse suffire, ni par la quantité » des choses dont il faut être instruit ni par celle des » vûes qu'il faut suivre, ni par l'application qu'il » faut apporter, ni par la variété des conduites qu'il » faut tenir, & des caracteres qu'il faut prendre.

Pour ce qui est des Lieutenans généraux de Police établis dans les autres Villes du Royaume. Voyez ci-dessus Juge de Police.

LIEUTENANT CRIMINEL, est un Magistrat institué pour corriger, châtier, & punir les crimes qui se commettent dans l'étendue de la Ville & Faux-bourgs de son Présidial. *Est quasi Prætor vel Quæsitor, qui publicis judiciis exercendis præficitur, qui quæstionem de delictis & criminibus exercet, qui quærit de rebus capitalibus : unde Quæsitores parricidii*, Festus.

Il préside à tous les Jugemens criminels, quoique les accusés ayent été jugés être de la compétence du prévôt de l'Isle, ou du Lieutenant criminel de Robe-courte.

Il est donc évident que c'est lui seul que regarde l'instruction de tous les procès criminels, à l'exception de ceux qui sont de la compétence du Lieutenant de Robe courte & du Prévôt de l'Isle, & qui sont énoncés au titre premier de l'ordonnance criminelle.

Le pouvoir du Lieutenant criminel de Paris est semblable à celui des autres Lieutenans criminels des Siéges où il y a Présidial. Le titre premier de l'Ordonnance de 1670. pour les matieres criminelles, regle sa compétence ; mais il y a encore des attributions particulieres qui lui ont été conservées par l'Edit de création du Lieutenant général de Police de l'an 1667. par prévention & concurremment.

Il donne Audience les Mardi & Vendredi, & même un troisieme jour de la semaine s'il est besoin, depuis midi jusqu'à deux heures pour les affaires criminelles où il s'agit d'injure, excès & autres matieres légeres qui ne méritent pas d'instruction. Les contestations y sont vuidées sur le champ, sur les conclusions d'un Avocat du Roi, à qui les informations, s'il y en a, ont été communiquées. Lorsque le Lieutenant criminel trouve à propos de voir lui-même les informations ou autres procédures, il ordonne qu'elles seront mises sur le Bureau, & prononce la Sentence à la prochaine Audience.

Cette Audience, appellée du petit criminel, se tient par le Lieutenant criminel, assisté seulement d'un Avocat du Roi, sans qu'il y ait assiste aucuns Conseillers.

A l'égard des autres qui ne sont point d'Audience, & qui méritent instruction, après qu'elle a été faite, elles sont rapportées & jugées pardevant lui en la Chambre criminelle, en présence du nombre de Juges, qui ne doivent pas être moins de cinq, quand la Sentence est sujette à l'appel ; ou de sept, quand elle n'y est pas sujette. Ces Jugemens au criminel doivent être renpus le matin. Les Conseillers au Châtelet qui assistent aux Jugemens criminels rendus en dernier reſſort & définitifs , doivent avoir deux années de ſervice dans la Compagnie ſuivant l'Edit de 1684. donné en forme de réglément pour l'adminiſtration de la Juſtice audit Châtelet.

Le Lieutenant criminel du Châtelet de Paris connoît des cas prévôtaux, parce qu'il eſt le Lieutenant du Prévôt de Paris, qui eſt le premier de tous les Prévôts. Il a la prévention , & juge les cas prévôtaux avec le nombre de ſept Juges , par Jugement dernier, ſa compétence préalablement jugée ; & le Lieutenant criminel de robe courte connoît des captures qu'il fait & des privilégiés qui ſont au nombre de ſept , incendie fauſſe monnoye , crime de leze-Majeſté divine & humaine , ſédition populaire , vol de nuit & de jour ſur les grands chemins & ailleurs , port d'armes , des vagabonds & non-domiciliés.

L'inſtruction des procès criminels appartient au Lieutenant criminel , privativement à tous autres ; de ſorte que les autres Juges royaux civils ſont incompétens d'en connoître au préjudice du Lieutenant criminel , par-tout où il y en a un. Ils ne peuvent pas même exécuter les Jugemens & Arrêts , ſoit interlocutoires ou définitifs , émanés du Conſeil ou du Parlement en matiere criminelle , à moins qu'il y en ait pour eux une adreſſe expreſſe. Le Roi ayant créé des Juges pour les affaires civiles , & d'autres pour les affaires criminelles , chacun d'eux ſe doit renfermer dans les bornes de ſa Juriſdiction , *ſua cuique ſervari debet Juriſdictio* : par conſéquent un Juge ne doit & ne peut pas connoître des choſes qui ne ſont pas de ſon reſſort; autrement il n'y auroit aucune regle dans l'adminiſtration de la Juſtice , & la confuſion qui y regneroit , ſeroit un perpétuel obſtacle qui ne ceſſeroit d'en interrompre le cours.

Les Lieutenans criminels ne peuvent retenir ni évoquer les affaires pendantes devant les Juges inférieurs. Sur quoi *voyez* Henrys , tom. 1. liv. 2. chap. 2. queſt. 7.

Au reſte , quant au rang & à la préféance concernant la Charge de Lieutenant criminel. *Voyez* ce que j'en ai dit *verbo* Préféance.

LIEUTENANT CRIMINEL DE ROBE-COURTE , eſt un Lieutenant de Prévôt de Paris qui porte l'épée & une Robe plus courte que la Robe ordinaire des Magiſtrats. Ses fonctions ont pour objet la ſûreté de Paris , contre les meurtriers , vagabonds , & autres gens de mauvaiſe vie, ſur leſquels il a Juriſdiction.

Cette charge eſt ancienne. Elle n'étoit autrefois qu'une commiſſion du Prévôt de Paris , comme on l'apprend d'une déclaration du Roi François I. en date du 7. Mai 1527. regiſtrée le 4. Décembre ſuivant, par laquelle Sa Majeſté permit au Prévôt de Paris , de commettre un Lieutenant laïque de Robe-courte.

Elle fut depuis érigée en titre d'office : ainſi cet Officier prend aujourd'hui, comme les autres Lieutenans du Prévôt de Paris , des proviſions du Roi, prête comme eux ſerment en la Grand'Chambre du Parlement , & eſt inſtallé au Châtelet auſſi

bien qu'eux par le Doyen du Parlement.

Bornier, ſur l'article 17. du titre 1. de l'Ordonnance de 1670. dit que les Lieutenans criminels ont été créés par le Roi Henri II. en Novembre 1554. qui à cauſe des différends qui ſurvenoient ordinairement ſur le ſujet de la compétence ou incompétence des Prévôts des Maréchaux, les ſupprima , à la reſerve de quelques-uns , & attribua les fonctions de ces Charges aux Lieutenans criminels des Bailliages , Siéges préſidiaux & royaux , & à des Lieutenans de Robe-courte qu'il établit par ſes Edits ; & depuis on a été contraint de rétablir leſdits Prévôts , ou du moins la plus grande partie d'iceux pour la ſûreté publique , & pour purger la Province de vagabonds.

De-là vient qu'en beaucoup de Villes il ſe voit des Prévôts des Maréchaux , ou de leurs Lieutenans , & des Lieutenans criminels de Robe-courte , deſquels la fonction étant à peu près ſemblable & égale , cauſe de la jalouſie , & empêche qu'ils ne puiſſent pas rendre au public le même ſervice qu'ils lui rendroient s'ils étoient tous réunis , & qu'ils ne reconnuſſent tous qu'un même chef.

Le Lieutenant de Robe-courte connoît en dernier reſſort comme le Lieutenant criminel, concurremment & par prévention entr'eux, dans la Ville & dans les Fauxbourgs de Paris , des cas & crimes mentionnés en l'article 12. du titre 1. de l'Ordonnance de 1670. en faiſant juger préalablement leur compétence , ſuivant la forme preſcrite par la même Ordonnance , & par les Arrêts du Conſeil des 19. Juillet & 2. Septembre 1678. Mais s'ils ont décrété le même jour, c'eſt Monſieur le Lieutenant criminel qui connoît préférablement du crime dont l'accuſé eſt prévenu.

Ainſi il connoît , comme les Prévôts , des cas royaux, & des délits commis par vagabonds & gens avec aveu , ou déjà repris de Juſtice , dans l'étendue de la Ville & Fauxbourgs de Paris : il les juge préſidialement & ſans appel , après toutefois avoir fait juger ſa compétence en la Chambre du Conſeil.

Le Lieutenant de Robe-courte connoît à la charge de l'appel au Parlement, à l'excluſion du Lieutenant criminel , des rebellions commiſes à l'exécution de ſes Jugemens, des crimes & délits commis par les Officiers & Archers de ſa compagnie , même par ſon Greffier , en faiſant les fonctions de leurs Charges ſous ſes ordres , & en exécution de ſes Jugemens.

Il connoît auſſi à la charge de l'appel, par concurrence & prévention avec Monſieur le Lieutenant criminel , des meurtres ou attentats à la vie des Maîtres par leurs Domeſtiques , des crimes de viol & enlévement contre toutes ſortes de perſonnes , de quelque qualité qu'elles ſoient , excepté contre les Eccléſiaſtiques.

Il lui eſt enjoint & aux Officiers de ſa Compagnie de conſtituer en priſon toutes perſonnes priſes en flagrant délit , ou à la clameur publique , & d'en dreſſer des procès verbaux , qu'ils doivent remettre au Greffe criminel du Châtelet , pour y être pourvû par Monſieur le Lieutenant criminel.

Il ne lui eft pas permis d'élargir ceux qui ont été conftitués prifonniers en vertu des décrets de prife de corps par lui décernés, que fur les conclufions de M. le Procureur du Roi, & par délibération prife à la Chambre du Confeil.

Auffi-tôt qu'il a inftruit le procès, fon Greffier eft tenu de les porter au Greffe criminel du Châtelet, pour être diftribués par M. le Lieutenant criminel, en préfence du Lieutenant particulier, qui eft de fervice à l'Audience du Préfidial, ou de l'autre en fon abfence, & du plus ancien des Confeillers de fervice au criminel.

En cas qu'il foit recufé, abfent ou malade, ou qu'il y ait quelqu'autre empêchement pendant vingt-quatre heures pour ce qui requiers célérité, & où il y a péril en la demeure, & pendant trois jours pour les autres affaires, l'inftruction des procès de fa compétence appartient au Lieutenant particulier, qui eft de fervice à l'Audience du préfidial, ou de l'autre en fon abfence, ou du plus ancien Confeiller qui eft de fervice au criminel : mais lorfque l'empêchement ceffe, il reprend l'inftruction commencée par le Lieutenant particulier, & la continue.

Il commet tous les mois un Exempt & dix Archers de fa compagnie, qui exécutent les Décrets & Mandemens de Juftice qui font décernés par le Lieutenant criminel, auffi-tôt qu'ils en font avertis.

L'Exempt & les Archers ainfi commis, ne doivent travailler à autre affaire pendant le tems de leur commiffion, fans la permiffion par écrit du Lieutenant particulier.

En cas que ce nombre ne foit pas fuffifant, il eft enjoint aux autres Officiers & Archers de s'y joindre, & d'obéir aux ordres de la Juftice.

Lui & fes Lieutenans reçoivent les plaintes, & procédent aux informations des crimes qui font de fa compétence. Il appofe fes fcellés fur les papiers & autres effets des accufés, pour y faire la réquifition des pieces qui peuvent fervir à leur conviction.

C'eft le Parlement qui regle les conflits d'entre le Lieutenant criminel, & le Lieutenant criminel de Robe-courte.

Sa Compagnie eft compofée de quatre Lieutenans, de douze exempts, & de foixante Archers, qui font tous pourvus par le Roi fur la nomination du Capitaine.

LIEUTENANT PARTICULIER, eft un Magiftrat qui juge en l'abfence du Lieutenant civil à Paris, ou du Lieutenant général dans les autres Préfidiaux & qui tient l'ordinaire, c'eft-à-dire, une Audience particuliere pour les caufes ordinaires du Bailliage ou de la Prévôté après que la grande ou la préfidiale eft finie.

Il y a comme nous avons dit ci-deffus, au Châtelet de Paris deux Lieutenans particuliers, qui de mois en mois, à commencer par le plus ancien, tiennent l'Audience du Préfidial; en forte que pendant que l'un y préfide, l'autre préfide à la Chambre du Confeil; où fe jugent les procès par écrit.

Celui des deux qui préfide à la Chambre du Confeil, tient tous les Mercredis & Samedis à la fin du Parc civil, l'Audience des criées.

Ce font eux qui rempliffent les fonctions des Charges de Lieutenant civil, de Police, & de Lieutenant criminel, en cas de vacance, de maladie, d'abfence ou autre empêchement.

Ils peuvent, avant les heures deftinées pour les Audiences, rapporter les procès civils & criminels qui leur ont été diftribués.

LIEUTENANT GENERAL, dans un Préfidial, eft ce qu'eft ici le Lieutenant civil; en forte qu'il ne peut connoître au préjudice du Lieutenant criminel, des affaires criminelles, ni de ce qui concerne la Police, fi ce n'eft dans les Préfidiaux où la Charge du Lieutenant de Police, & celle de Lieutenant criminel, font réunies à la Charge de Lieutenant général.

LIEUTENANS DE ROI, font des Officiers établis par le Roi dans les Villes ou Provinces, qui font comme les Contrôleurs des Gouverneurs, & commandent en leur abfence. Voyez Loifeau en fon Traité des Offices, liv. 4. chap. 4. nomb. 75. & 76.

LIEUTENANS DES MARECHAUX DE FRANCE, font des Officiers d'épée créés par Edit du mois de Mars 1693. lefquels, en conféquence de cet Edit, font nommés par Meffieurs les Maréchaux de France dans chaque Bailliage Royal & Sénéchauffée du Royaume, pour terminer les différends qui furviennent entre les Gentilshommes, & juger les affaires qui touchent le point d'honneur. Cette Jurifdiction eft compofée d'un Lieutenant, d'un Confeiller-Rapporteur, d'un Secrétaire-Greffier du Point d'honneur, & de deux Gardes de la Connétablie, pour l'exécution des Ordres. Quand le Lieutenant trouve quelque difficulté dont il ne veut pas prendre fur lui la décifion, il renvoye à Meffieurs les Maréchaux de France, c'eft-à-dire, au Tribunal du Point d'honneur, qui fe tient chez le Doyen.

LIGE, en fait de vaffal, fignifie celui qui eft plus étroitement obligé envers fon Seigneur qu'un vaffal fimple. Voyez ci-deffus Fief-lige, & le Gloffaire du droit François, verbo Lige : Vide etiam Gloffarium D. Du Cange, verbo Ligius.

LIGNAGE, fignifie cognation; & en matiere de retrait lignager, ce terme fignifie cognation de la ligne, fouche & eftoc, dont eft l'héritage vendu.

LIGNAGER, c'eft-à-dire, parent du côté & lignage de celui qui n'a échu un héritage au vendeur par fucceffion tant directe que collaterale, fuivant plufieurs articles de notre Coutume, au titre du Retrait lignager. Voyez ci-après Retrait lignager.

LIGNE DIRECTE OU COLLATERALE. Ligne en général, fe prend pour un ordre ou une fuite dans laquelle des parens font contenus. La Ligne de parenté fe divife en ligne directe, & en ligne collatérale.

La ligne directe eft celle qui contient les afcendans & les defcendans. Elle eft ainfi appellée, parce qu'elle contient ceux qui defcendent directement les uns des autres. Les afcendans font Proavus, Abavus, Atavus, Tritavus. Les defcendans font Filius, Nepos, Pronepos, Abnepos, Atnepos,

Trinepos. On n'a point de termes qui fignifient ceux qui font au deſſous ; on les appelle *Minores nepotes.* Ainſi , ſuivant ce que nous venons de dire, la ligne directe eſt aſcendante ou deſcendante.

La ligne collatérale contient les collatéraux, c'eſt-à-dire, ceux qui deſcendent d'une même ſouche , & non pas les uns des autres. Ils ſont ainſi appellés , parce que pour voir en quel degré de parenté ils ſont l'un envers l'autre , il faut recourir à la ſouche commune , c'eſt-à-dire , au parent ou aſcendant commun duquel ils deſcendent , en montant d'abord à cette ſouche commune ; & enſuite il faut deſcendre à l'autre collatérale , & compter en montant & en deſcendant toutes les perſonnes qui ſe rencontrent.

La ligne collatérale ſe diviſe en ligne égale , ou en ligne inégale. Dans la ligne égale , ſont ceux qui ſont également diſtans de la ſouche commune , comme deux freres, deux couſins germains , deux couſins iſſus de germains & autres. Dans la ligne inégale , ſont ceux dont l'un eſt plus proche de la ſouche commune , l'autre en étant plus éloigné , comme l'oncle & le neveu, le couſin germain , & le couſin iſſu de germain.

Les parens, tant en ligne directe qu'en ligne collatérale , ſont plus ou moins éloignés les uns des autres. Ces éloignemens ou diſtances ſont appellés degrés , & le degré *eſt diſtantia unius cognati ab alio , quæ ex numero generationum computatur.*

Voyez ci-après parenté. *Voyez* auſſi ce que j'ai dit de la ligne directe & collatérale dans ma Traduction des Inſtitutes, ſur le titre 10. du premier livre.

LIGNE DEFAILLANTE , ſe dit par rapport aux propres qui ſont affectés à la ligne paternelle ou maternelle. Cette ligne à qui ces héritages doivent appartenir, venant à manquer, elle eſt appellée ligne défaillante.

Les Coutumes de Bourbonnois , Anjou, Maine & Normandie , font ſuccéder aux propres, au cas de la ligne défaillante, le Haut-juſticier, le moyen ou le bas, & même le Seigneur qui n'a point de Juſtice , & qui exclut en Normandie tous les parens de l'autre ligne.

Suivant ces Coutumes, la premiere conceſſion des héritages n'a été faite originairement qu'à une famille , & non à deux : la famille étant éteinte, les héritages retournent au bailleur , puiſqu'il ne reſte perſonne de ceux à qui il en avoit fait la conceſſion.

La Coutume de Paris & autres font ſuccéder une ligne à l'autre , au préjudice du Seigneur ; attendu que lorſque le Seigneur a transféré la propriété des héritages dépendans de lui , à la charge de cens, il ne s'en eſt rien reſervé que cette redevance annuelle. Ainſi le droit de Seigneurie ne doit point produire le retour de ces héritages , quoique la ligne vienne à manquer.

Dumoulin s'eſt toujours fort élevé contre l'abus qui provenoit de l'uſage contraire , comme je l'ai remarqué ſur l'article 330. de la Coutume de Paris.

Voici la regle que Loyſel a faite à ce ſujet, qui eſt la 26e. du titre 5. du livre 2. de ſes Inſtitutes. *L'on a dit autrefois , qu'où ramage défaut , lignage*

ſuccede : maintenant la ligne défaillant d'un côté , les pere & mere & autres aſcendans ſuccedent , puis l'autre ligne : & à faute de tous parens , le Seigneur Haut-Juſticier.

LIGNE FRANCHE dans l'article 30. de la Coutume de Sens , s'entend de la ligne de celui des deux joints qui étoit légitime. Voici ce que cet article porte : *Et ſi la ligne procédant deſdits bâtards ceſſe , les biens dont ſeront détempteurs les derniers héritiers d'iceux bâtards , ſeront au Seigneur Haut-Juſticier en la juſtice duquel ils ſont aſſis, pourvû qu'ils ſoient mouvans du propre chef d'icelui bâtard. Et quand aux autres biens meubles & immeubles , ils retourneront à la ligne franche deſdits hoirs.*

Ce que dit cet article, que les biens des bâtards dont la ligne ceſſe , appartiennent aux Seigneurs Hauts-Juſticiers , en la Juſtice deſquels les biens ſont ſitués, n'a lieu que dans le concours de trois conditions ordinaires, qui ſont que le bâtard ſoit né dans la Terre du Seigneur , qu'il y ſoit décédé, & que les biens ſoient ſitués & aſſis dans la Juſtice du Seigneur ; ſans quoi il en ſera exclu ; & la ſucceſſion de ces biens qui ont appartenu au bâtard , & qui ſont mouvans de ſon propre chef, appartiendra au Roi.

L I G U E , eſt un traité de confédération entre pluſieurs , pour quelqu'entrepriſe , ſoit pour attaquer , ſoit pour ſe défendre.

Les ligues & aſſociations entre les Sujets ſont défendues , ſous quelque prétexte que ce puiſſe être , ſans l'exprès commandement du Roi, ſous peine de confiſcation de corps & de biens.

C'eſt la diſpoſition de l'Edit de Charles IX. de 1592. art. 15. & de l'Edit de Blois , art. 84.

Armorum uſus inſcio Principe interdictus eſt. Leg. I. 2. & 4. ff. ad Leg. Jul. Majeſtat. & Novellâ Juſtiniani 85.

Voyez la Bibliothéque de Bouchel , *verbo* Ligueurs.

L I M I T A T I F. *Voyez* ce que j'ai dit ſous la lettre T , en parlant des termes démonſtratifs & limitatifs.

L I M I T E S , ou BORNES , ſont des marques qui ſéparent les chemins , les terres, ou autre choſe. *Voyez* Bornes.

Dans les Décrets, la déclaration des limites eſt eſſentielle. *Voyez* Henrys, tom. 1. liv. 4. chap. 6. queſt. 83.

L I Q U I D A T I O N , eſt une évaluation qui ſe fait des choſes incertaines à une ſomme fixe & déterminée.

LIQUIDE , ſe dit des biens & effets qui ſont clairs & ſans conteſtation. Ainſi, quand on dit que la compenſation ne ſe fait que de liquide à liquide , cela ſignifie qu'on ne peut demander de compenſation que quand la dette eſt de part & d'autre certaine & exigible , *hic & nunc.*

Cela ne ſe pourroit donc pas dire d'une dette qui dépendroit d'une condition , ou qui ne ſeroit exigible que dans un tems , ou qui dependroit de la diſcuſſion d'un compte , ou de l'événement d'un procès.

Voyez Compenſation.

LIQUIDER, eſt fixer, régler & arrêter à une certaine ſomme des prétentions contentieuſes & & incertaines.

LIQUIDER DES FRUITS, c'eſt les évaluer à certaine ſomme de deniers ; c'eſt-à-dire, les eſtimer ſelon qu'ils valoient au tems qu'ils ont été perçus par celui qui eſt obligé d'en rendre l'eſtimation.

Lorſque le Poſſeſſeur d'un héritage eſt condamné à la reſtitution des fruits, il doit délivrer en eſpeces ceux de la derniere année, & quand à ceux des années précédentes, la liquidation en doit être faite eu égard aux quatre ſaiſons & prix commun de chaque année, ſi ce n'eſt qu'il en ait été autrement ordonné par le Juge, ou convenu entre les Parties. Mais cette liquidation n'a lieu que quand il s'agit des fruits naturels ; car la liquidation n'a point lieu pour les fruits civils, puiſqu'il ſont fixés & ne varient point.

Cette liquidation regarde, ou la quantité des fruits, ou leur valeur. Il faut faire preuve de l'une & de l'autre en cas de conteſtation. Pour y parvenir, voici ce qui ſe pratique.

Le Juge qui ordonne la reſtitution des fruits, doit nommer le Commiſſaire pardevant qui s'en doit faire la liquidation, ainſi qu'il eſt porté en l'art. 1. du tit. 28. de l'Ordonnance de 1667. pour la réception de caution.

En exécution du Jugement portant condamnation de reſtituer les fruits, il faut faire aſſigner celui qui eſt condamné pardevant le Juge ou Commiſſaire, en vertu d'une Ordonnance d'icelui, pour les voir liquider ; & pour cet effet repréſenter par celui qui eſt aſſigné, les comptes, papiers de recettes, & baux à ferme des héritages dont il s'agit ; & donner par déclaration les frais de labours, ſemences, & récoltes de ce qu'il a fait valoir par ſes mains, & de la quantité des fruits qu'il en a perçu.

Si les Parties conviennent ſur la quantité des fruits & des frais ſur la déclaration, comptes, papiers de recettes, & autres pieces & actes repréſentés par celui qui eſt condamné à la reſtitution des fruits, le ſurplus doit par lui être payé dans un mois pour tout délai, & le Commiſſaire doit donner acte aux Parties de tout ce qui ſe ſera ainſi paſſé entr'elles.

Si au contraire il y a conteſtation ſur la déclaration des fruits & frais, & que celui qui a obtenu Jugement à ſon profit ſoutienne que cette déclaration n'eſt pas véritable, le Juge peut ordonner que les Parties feront preuve reſpectivement, tant par écrit que par témoins, de la quantité des fruits, ſuivant l'article 2. du titre 30. de l'Ordonnance de 1667.

Cette preuve ſe fait conformément à ce que nous avons dit en parlant des enquêtes.

Si la déclaration ſe trouve juſte, le demandeur en liquidation, qui a inſiſté mal-à-propos ſur la déclaration, eſt condamné en tous les dépens du défendeur, leſquels doivent être taxés par le même Jugement.

Si au contraire la quantité des fruits excede le contenu dans la déclaration, le défendeur eſt condamné aux dépens, qui ſeront liquidés comme deſ-

fus par le même Jugement, ſuivant les articles 4. & 5. du même titre.

Pour ce qui eſt du prix & de la valeur des fruits, s'il y a conteſtation à ce ſujet, la liquidation & la preuve de leur valeur s'en fait par les extraits des Regiſtres de gros fruits du Greffe plus prochain, ſuivant l'article 3. du même titre 30. de l'Ordonnance de 1667.

Pour cet effet, dans toutes les Villes & Bourgs où il y a marché, les Marchands faiſant trafic de bleds & autres eſpeces de gros fruits, & les Meſureurs, ſont obligés de faire leur rapport par chaque ſemaine de la valeur & eſtimation commune des fruits, ſur peine d'amende & autres peines arbitraires, ainſi qu'il eſt porté par l'article 6.

C'eſt ce qui avoit déja été ordonné par l'Ordonnance de François I. de l'an 1539. article 102. pour reconnoître la valeur des fruits quand on en a beſoin ; comme la valeur en change preſque toutes les ſemaines, il ſurviendroit des conteſtations pour la valeur des fruits, qui ne ſe pourroit décider qu'au préjudice de l'une ou de l'autre des Parties.

Pour obliger les marchands à exécuter en ce point l'Ordonnance, il leur eſt enjoint de nommer deux ou trois d'entr'eux, pour faire & affirmer par ſerment pardevant le Juge du lieu, ſans être appellés ou adjournés, le rapport de l'eſtimation que le Greffier doit enregiſtrer ſur l'heure, ſans faire ſéjourner ni attendre leſdits Marchands, & ſans exiger d'eux aucun ſalaire ni vacation, ſur peine d'exaction ſuivant l'article 7. du titre 30. de l'Ordonnance de 1667.

Cette maniere de faire preuve de la valeur des fruits eſt publique, & ſemble très-ſûre, parce que les Marchands n'ont point d'intérêt de faire de faux rapports ; & s'ils en faiſoient, ils ſeroient puniſſables, ſuivant la ſuſdite Ordonnance de François I. article 102.

C'eſt auſſi la raiſon pour laquelle il eſt défendu par l'article 8. du titre 30. de la nouvelle Ordonnance, ſoit en exécution de Jugemens, ou en toutes autres matieres où il eſt queſtion d'appréciation, de faire preuve autrement de la valeur des fruits, en ſorte qu'on ne ſeroit pas recevable à vouloir prouver le contraire ; & le Juge, pour quelque raiſon que ce fût, ne la pourroit pas admettre.

Cette Ordonnance parle de l'appréciation des fruits dûs par contrats de rente, ou qui ont été adjugés par Sentence ou Arrêt, non pas de l'eſtimation d'une choſe promiſe pour une fois en quantité ; car ſi quelqu'un a prêté du bled ou autre choſe ſemblable, pour le rendre dans un certain tems, l'eſtimation s'en doit faire ſuivant que le bled valoit au tems qu'il devoit être rendu ; & s'il n'a pas été convenu du tems auquel il devoit être rendu, l'eſtimation s'en doit faire eu égard à celui de la conteſtation en cauſe.

Cette eſtimation de fruits par les extraits des Regiſtres des gros fruits, n'auroit pas lieu, ſi celui qui ſeroit condamné à la reſtitution des fruits, avoit affermé l'héritage pendant le tems de ſa jouiſſance.

Il faudroit ſeulement le faire appeller, pour l'obliger à repréſenter les baux à ferme par lui faits des héritages qu'il auroit été condamné de laiſſer ,, pour fur lefdits baux être faite, la liquidation des fruits qu'il feroit tenu de reftituer.

Enfin, pour ce qui regarde les labours, femences & frais de recolte, l'eftimation en doit être faite par Experts, fuivant l'article 3. *in fine* du titre 30. de l'Ordonnance de 1667.

LIQUIDER DES DEPENS, c'eft faire taxer les frais & dépens à une certaine fomme contre celui qui y eft condamné. *Voyez* Dépens. *Voyez* Taxe de dépens, & le titre 31. de l'Ordonnance de 1667.

LIQUIDER DES DOMMAGES ET INTERETS, c'eft les faire taxer & arrêter. *Voyez* Dommages & intérêts. *Voyez* auffi le titre 32. de l'Ordonnance de 1667.

L'article 2. du titre 36. de l'Ordonnance de 1667. porte, que toutes Sentences, Jugemens & Arrêts fur productions des Parties, qui condamneront à des arrérages ou intérêts, en contiendront les liquidations ou calculs.

Cela eft ainfi ordonné afin d'accélerer & d'éviter les frais ; mais la difpofition de cet article n'a lieu, que lorfque dans la production des Parties on a remis & communiqué au défendeur la demande en liquidation, & que l'on a précifément marqué le tems que les intérêts ou arrérages font dûs.

Touchant la procédure qui s'obferve pour faire liquider des dommages & intérêts, *voyez* ci-deffus Dommages & intérêts.

LIT DE JUSTICE, eft le tribunal fur lequel le Roi eft élevé au Parlement quand il y a prendre féance. Loyfeau, des Offices, liv. 1. chap. 5. nomb. 22.

Anciennement le Lit de Juftice étoit appellé le Trône royal des Rois de France. *Voyez* Du Tillet, part. 1. pag. 255. 256. 4. 6. & part. 2. pag. 67. & fuiv.

Sa Majefté eft affife dans ce Trône pour rendre la Juftice dans des affaires majeures, ou pour faire enregiftrer des Edits délibérés dans fes Confeils.

Nos Rois tiennent encore leur Lit de Juftice pour la déclaration de leur majorité, ou pour déferer la Régence pendant leur minorité aux Reines leurs meres ou ayeules, ou au premier Prince du fang, & pour d'autres affaires importantes.

Voyez ce qu'a dit du Lit de Juftice M. Brillon, *verbo* Juge, où il rapporte à ce fujet quantité de chofes très-curieufes.

LITIGE, fignifie procès, principalement en matiere bénéficiale.

Lorfque de deux contendans l'un vient à déceder pendant le litige, on adjuge la poffeffion du bénéfice à celui qui refte ; parce qu'en matiere bénéficiale les héritiers ne font point appellés en reprife, la jouiffance des Bénéfices étant perfonnelle : ainfi la Partie adverfe, après le décès de celui avec qui elle étoit en conteftation pour raifon du bénéfice, entre en poffeffion dudit Bénéfice.

Il n'en eft pas de même en matiere civile ; car l'un des contendans étant mort, fes héritiers fuccedent en tous fes droits.

LITISPENDANCE, fignifie le procès qu'on a avec quelqu'un, & dont la Juftice eft faifie.

La litifpendance eft un moyen d'évocation ; c'eft-à-dire, qu'on peut évoquer pour raifon d'un procès qui a connexité avec l'affaire dont il s'agit, lequel eft pendant dans une autre Jurifdiction.

Mais pour établir la litifpendance, à l'effet de pouvoir en conféquence demander une évocation, trois chofes doivent courir ; fçavoir que ce foit, I°. entre les mêmes perfonnes, II°. pour la même chofe, III°. que ce foit *ex eâdem caufâ*.

Les déclinatoires qui font propofés fous prétexte de litifpendance, doivent être jugés fommairement à l'Audience, comme il eft porté en l'art. 3. du titre 6. de l'Ordonnance de 1667.

L'on a prétendu que la conteftation & litifpendance affectoit la chofe, & en faifoit une efpece de gage de Juftice ; de maniere que non feulement les biens litigieux ne pouvoient pas être aliénés pendant le litige, mais encore qu'ils ne pouvoient pas être prefcrits par l'efpace de dix ou vingt ans par un acquéreur de bonne foi, *ut deciditur toto titulo paffim, codice de litigiof.*

Cependant l'opinion contraire a prévalu en France, ou la difpofition du Droit Romain n'a pas été reçue à cet égard. L'on y regarde le litige comme un vice perfonnel, qui n'empêche la prefcription de la chofe litigieufe, que quand il y a de la colufion entre celui qui aliéne & celui qui acquiert ; ou lorfque l'aliénation fe fait à des perfonnes prohibées par les Ordonnances, comme aux Juges, aux Avocats, aux Procureurs, & autres femblables.

Voyez Brodeau fur M. Louet, lettre L, chap. 19. & d'Argentré, fur la Coutume de Bretagne, art. 264. chapitre 3. nombre 5.

LITRE ou CEINTURE FUNEBRE, eft un des premiers droits honorifiques qu'ont les Seigneurs Patrons, & les Seigneurs Hauts-Jufticiers dans les églifes qu'ils ont fondées, ou qui font de leurs Seigneuries.

Ce droit confifte à faire peindre les écuffons de leurs armes fur une bande noire en forme de litre de velours autour de l'Eglife, ou par dedans.

Les armoiries & litres ne prouvent point le droit de patronage, fi elles ne font mifes à la clef de la voute du Chœur, ou au frontifpice du portail.

Le droit de mettre des armoiries en une Eglife eft perfonnel & inhérant à la famille du Fondateur ; enforte qu'il ne paffe point, *cum univerfitate fundi*, en la perfonne de l'acquéreur du fonds.

De ce même principe il s'enfuit, que ceux qui ont acquis Juftice du Roi par engagement, ne peuvent mettre leurs armoiries ès Eglifes étant efdites Juftices.

L'ufage des litres en ceintures funèbres n'eft pas fort ancien, & n'a commencé que quand les armoiries ont été héréditaires, & des marques d'honneur pour diftinguer les familles nobles.

Voyez ce qui eft dit à ce fujet dans le Gloffaire du Droit François, *verbo* Litre.

Le défir naturel qu'ont les hommes de perpétuer leur mémoire, & de furvivre, pour ainfi dire, dans ce monde après leur mort, avoit anciennement introduit l'ufage de faire graver fur les ouvrages publics leurs noms, leur famille, leurs dignités, celles de leurs ancêtres & leurs belles actions.

Les

Les Chrétiens ont à cet égard imité en plufieurs chofes l'ambition des anciens.

Quelque tems après qu'on eut commencé à fonder des Eglifes, les Fondateurs appoferent leurs noms & leurs titres fur les frontifpices des Eglifes, & dans les Eglifes aux endroits les plus éminens. On voit encore aujourd'hui en plufieurs Eglifes de ces infcriptions gravées fur des lames d'airain ou de marbre.

Ils firent auffi graver leurs images dans les Eglifes, *ut convicitur ex fancto Epiphanio, ad Joannem Hyerofol. Epifcop. epiftolâ 60. inter Hyeronimianas, & ex fancto Auguftino, lib. 1. confeff. cap. 13. & in Tractatu de confonantiâ Evang. Math. & Luc.*

Mais dans la fuite, comme on a vû que les familles illuftres fe diftinguent mieux par leurs armoiries que par toute autre marque, les Fondateurs des Eglifes, au lieu d'y faire mettre leurs noms & leurs titres y ont fait mettre leurs armoiries.

Enfin, on a introduit les litres & les ceintures funébres, qui ne fe mettent qu'après la mort.

C'eft une efpece de bande qui fe peint en noir tout au tour du dedans de l'Eglife ou du dehors, fur laquelle les armoiries font peintes de diftance en diftance.

Ainfi litre eft une trace de peinture, de largeur d'un pied & demi, & de deux au plus, de couleur noire qui entoure le corps d'une Chapelle ou Eglife, à l'honneur, mémoire, & en figne du deuil du patron de l'Eglife, ou du Seigneur du lieu, fur lefquelles traces font peintes en divers endroits les armoiries du défunt.

Ces ceintures font appellées funébres, parce qu'elles ne font mifes qu'après la mort & qu'elles dénotent le décès de ceux dont elles apportent les armes.

Les auteurs ne conviennent pas fur l'étymologie du mot de litres, ni pour quelle raifon les ceintures funébres font appelées de ce nom ; mais comme cette queftion eft peu importante, je ne m'y arrêterai point. Je marquerai feulement qu'on peut confulter ce que dit là-deffus M. du Cange verbo *Litra* ; & ce qu'en dit Bacquet, en fon Traité des Droits de Juftice, chap. 20 nomb. 26.

Mais de quelqu'endroit que l'on tire l'étymologie de ce terme, je crois qu'on peut dire avec raifon que c'eft un abus qui s'eft gliffé parmi les Chrétiens, de fouffrir des ceintures funébres dans les Eglifes où rien ne doit fe préfenter aux yeux des Fidéles, que ce qui peut leur infpirer un très-profond refpect.

Ainfi, c'eft mal-à-propos que l'ambition des hommes s'eft venue placer jufques fur le Sanctuaire, & a voulu affujettir les chofes les plus faintes à une efpece de fervitude, dont elles devroient certainement être exemptes.

Si par le reproche d'un bienfait on en perd tout le mérite, en forte qu'on fe rende par ce moyen indigne de toute reconnoiffance, ne doit pas croire que par ces fortes de bigarrures, dont les hommes fe font avifés de profaner un lieu fi facré & fi faint, pour fatisfaire leur fotte vanité, ils préferent ces fortes d'honneurs chimériques & ridicules, aux

récompenfes réelles & infinies dont Dieu reconnoîtroit leurs libéralités.

Maréchal, au chapitre 5. de fon Traité des Droits honorifiques, dit que la litre ne doit être que de deux pieds au plus de largeur, & qu'il n'y a que celle des Princes qui foient plus larges étant ordinairement de deux pieds & demi.

Il ajoute, que fur celles des Princes, les écuffons & armes doivent être peintes & éloignées de douze pieds ; & que fur celles des autres Seigneurs, les écuffons & armes doivent être plus éloignées.

Comme l'appofition des armes eft un figne de feigneurie & de fupériorité, quoique dans les premiers tems il n'y eût que les Fondateurs des Eglifes à qui elle fut permife, néanmoins elle fut dans la fuite accordée aux Seigneurs Hauts-Jufticiers, à caufe de leur Juftice.

C'eft la difpofition de l'article 60. de la coutume de Tour, & de l'article 2. du chapitre cinquième de la coutume de Loudunois.

Suivant les articles que nous venons de citer de ces Coutumes, le Patron fondateur eft préféré, dans les droits honorifiques, au Seigneur Châtelain & Haut-Jufticier du lieu où l'Eglife eft bâtie ; ce qui eft obfervé par toute la France.

Ainfi le Fondateur doit avoir litre, tant dedans que dehors l'Eglife, avant le Baron, Châtelain ou autre Seigneur ; comme il a été jugé par plufieurs Arrêts rapportés par ceux qui ont donné des Traités du Droit de patronage.

I°. Parce que la fondation de l'Eglife eft préfumée plus ancienne que la conceffion de la Juftice faite par les Rois de France aux Seigneurs Jufticiers, s'il n'appert du contraire ; car la conceffion des Juftices aux Seigneurs particuliers, ne précede pas le Roi Pepin le Bref, pere de Charlemagne.

II°. Parce que le Seigneur eft eftimé avoir quitté & remis fes droits & prérogatives au Patron, en lui permettant de faire bâtir une Eglife en fon territoire fans en avoir fait réferve expreffe.

On peut ajouter à ces raifons celle qui fe tire de l'intérêt de l'Eglife & du public, qui doit prévaloir à l'intérêt du Seigneur. Ainfi, comme les droits & prérogatives dans l'Eglife font accordés au Patron par rapport à l'intérêt de l'Eglife & du public, le Seigneur Haut-Jufticier ne peut pas empêcher le Patron d'en jouir, & d'y avoir toute préférence fur lui-même.

Il faut excepter le cas où le Seigneur Haut-Jufticier, en permettant à quelqu'un de faire bâtir une Eglife fur les terres de fa Seigneurie, fe feroit expreffément réfervé les prérogatives, prééminences & honneurs dans l'Eglife ; car ayant été bâtie avec cette charge, le Fondateur ne pourroit prétendre les honneurs qu'après le Seigneur Haut-Jufticier.

De ce que nous venons de dire il s'enfuit que le droit de litre appartient au Fondateur, quoiqu'il n'ait pas le Fief ni la Juftice en laquelle l'Eglife a été bâtie, puifque c'eft une fuite du droit de patronage, qui eft accordé au fondateur d'une Eglife en reconnoiffance de fon bienfait. *Jus patronatus introductum eft ad excitandam & remunerandam Fidelium in Ecclefias liberalitatem.*

V

Mais quoique le droit de Patronage & de préfen-tation cesse dans les Eglises conventuelles, néan-moins les Fondateurs & Patrons ne laissent pas de jouir de quelques honneurs, comme d'avoir litre & ceinture funebre, d'être enterrés dans le Chœur, ou en tel autre lieu de l'Eglise qu'il leur plaît. Mais ces droits & honneurs ne sont pas accordés aux Seigneurs Hauts-Justiciers, d'autant que les Ma-gistrats n'ont aucun droit ni aucune Jurisdiction sur les Eglises conventuelles, comme remarque de Roye, *in tractatu de Juribus honorif. lib. 1. cap. 2.*

Après le Patron le Seigneur Haut-Justicier a droit de faire apposer & peindre litres dans les Eglises bâties dans les terres de sa Justice ; mais les Moyens & Bas-Justiciers ne le peuvent point pré-tendre, à moins qu'ils ne se l'ayent réservé expres-sément en permettant au Patron de bâtir l'Eglise sur leurs Fiefs ou dans leur Justice. Et si dans quel-ques Provinces, les moyens & Bas-Justiciers, & les simples Seigneurs de Fiefs où l'Eglise est située, y font peindre litre, c'est plus par tolérance que par un droit à moins qu'ils ne l'ayent acquis par une possession immémoriale.

Ainsi hors le cas d'une possession immémoriale, le patron & le Seigneur Haut-Justicier peuvent empêcher quelques personnes que ce soit d'avoir litre dedans ou dehors l'Eglise.

Le Fondateur ou Patron a donc la prérogative & prééminence sur le Seigneur Haut-Justicier : ainsi ce Seigneur ne peut faire mettre sa litre qu'au des-sous de celle du Patron, excepté le cas que nous avons remarqué ci-dessus.

En concurrence de deux Seigneurs Hauts-Justi-ciers en la même Paroisse, s'il y en avoit un qui eût la préférence & prérogative sur l'autre, en pro-cession, offrande, pain-béni, paix & par quelque dignité & rang qu'il possféderoit ; l'autre Consei-gneur ne pourroit faire mettre litre qu'au dessous de celle du Seigneur qui auroit cette préférence & cette prérogative.

Mais lorsque l'un de deux n'a point de prééminen-ce l'autre, comme ils ont tous deux droit de mettre litre, celle du Seigneur qui décedera le der-nier doit être mise au-dessous de celle du Seigneur qui sera décédé le premier. *Voyez* cependant ce que dit à ce sujet de Roye, *de Jure Patron. cap. 4.*

Lorsqu'il y a plusieurs Patrons d'une même Egli-se, l'aîné, ou celui qui est issu de l'aîné, a sa litre & ses noms à droite, le puîné à gauche ; ou bien l'aîné les a au-dessus des autres.

Il faut dire la même chose au cas que la Justice soit possédée par indivis entre deux freres ; alors l'aîné a la litre & armes à côté droit, l'autre à gauche en l'Eglise ; ou bien il faut que celles de l'aîné soient placées plus haut que celles du puîné ; ou enfin, s'il plaît à l'aîné, leurs armoiries seront mises en égale hauteur & parité de nombre, tant dedans que dehors de l'Eglise, sur même ceinture & litre ; de sorte que les armes de l'aîné soient peintes premiérement, celle du puîné ensuite, dans une distance convenable de douze pieds en douze pieds, & ainsi alternativement.

Comme les Droits honorifiques n'appartiennent qu'aux propriétaires de la Justice ou du Fief, l'usu-fruitier n'a pas droit de litre, non plus que la douairiere, non même le Seigneur par engagement d'une terre du domaine, quoiqu'il ait les autres honneurs dans l'Eglise par préférence aux autres Seigneurs, Moyens & Bas-Justiciers, ou Seigneurs féodaux & Gentils-hommes. *Chopin, de Domanio, lib. 3. tit. 19. num. 16.*

Les Fondateurs de Chapelles, bâties à côté & aux aîles d'une Eglise principale, dont un autre est Patron ou Seigneur Haut-Justicier, ou Seigneur féodal du lieu, sont en droit d'avoir litre ou cein-ture, mais dans leur Chapelle seulement, & non dans le Chœur, ni dans la Nef, ou au dehors de l'Eglise.

Néanmoins le Patron de l'Eglise principale peut, en faisant litre autour, dedans & dehors l'Eglise, y comprendre le dedans & le dehors de ladite Chapelle, faisant peindre sa litre & armes au-dessus de celle du Fondateur de cette Cha-pelle.

Au reste, le Patron ecclésiastique ne doit point faire graver ses armes dans sa litre quoiqu'il a droit de mettre dans l'Eglise, mais seulement les armes de son Eglise ; parce que les armes des familles *sunt sæcularium insigna & militaria,* & ne convien-nent point à des Ecclésiastiques. De Roye *ibi-dem, cap. 3.*

Voyez le Traité des droits honorifiques de Ma-réchal, & M. Dolive en ses Questions, liv. 2. chap. 11.

LIVRAISON, est la tradition d'une chose dont on met en possession celui à qui on la livre. *Voyez* Tradition.

LIVRE D'UN ADMINISTRATEUR, qui a le ma-niement des affaires d'autrui, est un Journal que doivent avoir les tuteurs, curateurs, exécuteurs testamentaires, & autres administrateurs, conte-nant la recette & la dépense qu'ils font chaque jour en conséquence de leur administration.

LIVRE DE MARCHAND, est un Journal dans lequel un Marchand écrit journellement ce qu'il reçoit & debite, & tout ce qui concerne le fait de son négoce, & non autre chose.

Pour que ce livre soit en regle, il faut que dans l'exposé de ce qui y est contenu la cause y soit énon-cée ; car il ne suffiroit pas, par exemple, de met-tre, *un tel jour j'ai fourni à un tel pour dix pistoles de marchandises :* il faut qu'il explique la qualité & la quantité des marchandises que l'on a four-nies ; & ensuite la somme à quoi le tout se monte.

Quand les livres des Marchands sont bien sui-vis, & vraisemblablement conformes à la vérité, ils font foi entr'eux, c'est-à-dire, de Marchand à Marchand. La raison est, que l'utilité du commer-ce les fait considérer comme des livres publics, du moins entre Marchands associés, faisant trafic de mêmes marchandises ou de marchandises qui ont entr'elles quelque rapport. Il y a même une espece de société entre celui qui prépare la mar-chandise, & celui qui la vend après qu'elle est pré-parée, comme un Imprimeur & un Libraire.

Voyez le titre 4. de l'Ordonnance du commerce

de 1673. & ce que j'ai dit ci-deſſus, *verbo* Journal. *Voyez* auſſi le traité de la preuve par Témoins, par M. Danty, chap. 8. & ce que j'ai dit
verbo Regiſtre de Marchand.

Le Livre d'un Marchand fait encore foi contre
celui qui l'a écrit, c'eſt-à-dire, qu'il fait une preuve entiere par lui-même, ſans qu'il ſoit beſoin
d'avoir recours au ſerment de celui qui l'a écrit;
parce qu'il n'eſt pas probable que ce qui ſe trouve
écrit dans un tel Livre, ne ſoit pas conforme à la
vérité.

Cela même a lieu quoique ce Livre ſoit écrit
de la main d'un autre, pourvû que cette perſonne
reconnoiſſe que ce Livre Journal eſt celui dont
elle ſe ſert.

Les Livres des Marchands font foi entr'eux,
quand les articles en ſont bien ſuivis, & conformes vraiſemblablement à la vérité; mais ils ne
font pas foi indiſtinctement contre un tiers, parce
que ce ne ſont que des écritures privées, qui ne
font pas même une demi-preuve, & qui ne ſervent point à exclure la fin de non-recevoir que nos
Coutumes ont établies contre les Marchands.

Ces Regiſtres ne ſont point publics ni autentiques par eux-mêmes, & il ne ſeroit pas juſte qu'un
particulier ſe pût faire un titre à l'inſçu de celui
qu'il prétendoit être ſon débiteur, à qui l'on ne
pourroit pas imputer de ne l'avoir pas empêché,
puiſqu'il n'étoit pas en puiſſance de le faire.

D'ailleurs, ceux qui achetent d'un Marchand,
payent ordinairement le champ ſans tirer quittance, ainſi la préſomption du payement eſt en
faveur de l'acheteur, puiſqu'il eſt libre au Marchand de vendre à crédit, ou de ne pas vendre; il
doit donc s'imputer de n'avoir pas pris ſes ſûretés
quand il a vendu à crédit.

Comme il eſt préſumé avoir voulu ſuivre la foi de
l'acheteur, en lui vendant à crédit ſans prendre ſes
ſûretés; lorſque l'acheteur ne veut pas acquieſcer
à ce qui eſt porté dans ſon Regiſtre, il n'a point d'autre reſſource que de s'en rapporter à ſon ſerment.

Ce ſerment étant déféré par le Marchand à celui
qu'il prétend lui devoir par marchandiſe; il eſt
tenu d'affirmer, ſinon doit être condamné à payer;
*quia manifeſtè turpitudinis eſt, nec jurare velle, nec
ſolvere. Leg.* 38. *ff. de jurejur.*

Il ne peut pas même refuſer de prêter ce ſerment, ſous prétexte que le tems de la preſcription
d'un an ou de ſix mois, introduite contre les Marchands par les articles 126. & 127. de la coutume
de Paris, eſt écoulé.

La raiſon eſt, que ces ſortes de preſcriptions ſi
courtes n'ont été introduites contre les Marchands:
qu'en faveur des débiteurs qui payent d'ordinaire
le Marchand ſans témoins, & ſans en tirer quittance; & ſur-tout en faveur des héritiers, qui ignorent ſi le défunt a payé. M. Charles Dumoulin, en
ſon Traité des Uſures, queſt. 25. nombre 228.

Voici en peu de mots ce qui s'obſerve parmi
nous, au ſujet des Livres des Marchands. Quand
des Marchands agiſſent contre des Marchands aſſociés, le demandeur eſt cru ſur ſon Livre en bonne
forme, & ſur ſon affirmation; & ces actions de
Marchand à Marchand ne ſe preſcrivent point par
l'an ou par les ſix mois: elles durent trente années,
parce que la Coutume de Paris ès articles 126. &
127. n'a voulu parler que du Marchand, & de
celui qui achete ſans être Marchand des mêmes
choſes, ou de celles qui ſervent pour leur commerce.

Mais quand c'eſt un Marchand qui demande à
un Particulier, pour marchandiſes qu'il lui a fournies, le Marchand n'a qu'une année ou ſix mois
pour faire ſa demande; après lequel tems il eſt non-
recevable; & comme cette fin de non-recevoir a
été introduite contre lui, il n'en peut tirer aucun avantage pour ſe ſouſtraire du Droit commun;
c'eſt-à-dire, que l'acheteur, *penes quem eſt rei mobi-
lis poſſeſſio*, ſera toujours déchargé de la demande
du Marchand en affirmant qu'il a payé, quand
même l'action ſeroit intentée par le Marchand dans
l'an ou dans les ſix mois de la Coutume.

Mais ce que nous diſons de l'action qui eſt intentée par un Marchand contre un Bourgeois, pour
marchandiſes fournies, ne ſe doit entendre que
quand il n'y a ni promeſſe, ni titre; parce que
quand il y en a l'action perſonnelle qui en réſulte
dure trente années, & le bourgeois ne peut prétendre que le Marchand ſoit obligé de s'en rapporter à ſon ſerment.

Comme les Marchands, Négocians & Banquiers ont differentes ſortes de Livres qui ont différentes dénominations, nous allons donner une
explication ſommaire de ces Livres.

L I V R E DE COMPTE OU DE BANQUE. Pour
obſerver un bon ordre, & une regle diſtincte &
ſans confuſion, les Banquiers & les Marchands qui
font des affaires importantes, ont coutume de tenir pluſieurs Livres qui ont différentes dénominations, ſuivant ce à quoi ils ſont employés.

L I V R E DE VENTE, eſt celui ſur lequel on
rapporte ce que l'on achete & ce que l'on vend
continuellement; ce qui ſe transporte après ſur
le grand Livre par comptes ſéparés.

L I V R E DE CAISSE, eſt celui où l'on écrit la
recette & la dépenſe de l'argent qui entre & ſort
du coffre, pour le rapporter après ſur le quarnet &
grand Livre.

LIVRE DE RAISON, ou grand Livre, eſt ce-
lui dans lequel on écrit le capital ou le fonds qu'il
y a en ſa compagnie, l'achat & vente de toutes
marchandiſes & toutes les affaires ſérieuſes d'icelle, ſpécialement les comptes qui ne peuvent être
clos qu'avec quelque longueur de tems, appellés
communément *compte de tems.*

LIVRE QUARNET, eſt un Livre dans lequel on
rapporte tous les comptes courans, qui ſe terminent aux Foires ou autrement en peu de tems.

LIVRE DE FACTURES, eſt celui où l'on écrit
le contenu des marchandiſes qu'on reçoit d'ailleurs, & qui ſont envoyées à autrui.

L I V R E DE COPIE DE COMPTES eſt pour tenir Regiſtre de tous les comptes qu'on baille ou
reçoit d'autrui.

LIVRE DE MEMOIRE, eſt un Livre où l'on tient
regiſtre des actes qu'on a paſſés, des Lettres de

change qu'on accepte, & de toutes les affaires dont on défire fe reffouvenir.

LIVRE nommé BILAN, eft un petit Livre qui contient en abrégé ce que les Banquiers ou Marchands doivent, & ce qui leur eft dû pour leur être payé aux payémens de la prochaine Foire, au derriere duquel on écrit le virement des Parties.

LIVRE D'INVENTAIRE, eft un état des meubles & marchandifes qui font en nature.

LIVRE DE STRACE, eft un Livre qui fe fait après la compagnie finie, contenant les reliquats d'icelle, qui eft proprement le rapurement d'un négoce fini.

LIVRE NUMERAIRE, OU DE COMPTE, fe prend en France pour vingt fols, qui eft la valeur d'une monnoie qu'on appelloit autrefois franc, & qui eft fynonime; mais quoique les termes de francs & de livres foient fynonimes, ils ont néanmoins un ufage très-différent. On ne dit point un franc, deux francs, trois francs, cinq francs; mais une livre, deux livres, trois livres, cinq livres. On dit quatre francs ou quatre livres; & quand la fomme eft de fix livres & au-deffus, on fe fert indifféremment du terme de franc ou de livre, comme fix francs ou fix livres, vingt francs ou vingt livres, &c. On dit j'ai dix mille livres de rente, & ce feroit mal parler de dire j'ai dix mille francs de rente: on ne met jamais francs avec mille & rente.

La livre parifis vaut vingt-cinq fols. Elle augmente du quart en fus les livres tournois, comme je l'ai dit *verbo* Parifis.

On dit au Palais, que les créanciers feront payés au fol la livre, au marc la livre, quand ils font colloqués à proportion de leur dû fur des effets mobiliers, ce qu'on appelle par contribution; ou lorfqu'en matiere d'hypothéque ils font en concurrence ou égalité de privilége, & qu'il y manque de fonds, ou enfin lorfqu'en matiere de banqueroute ou de déconfiture, il faut qu'ils fouffrent & partagent la perte totale, chacun en particulier auffi à proportion de fon dû.

Voyez le dictionnaire de Trevoux.

LIVRE PONDERALE, eft différente felon les lieux. Celle d'Avignon, de Provence & de Languedoc eft de treize onces. La livre de Lyon eft de quinze. Celle de Paris eft de feize. *Voyez* le Dictionnaire de Trevoux.

LIVRER, fignifie mettre quelqu'un en la poffeffion de quelque chofe. *Voyez* Tradition.

L O

LOCAL. On entend par ce terme ce qui concerne fpécialement un lieu: ainfi on appelle Coutume locale, une coutume particuliere à un lieu, à une Seigneurie, & qui n'eft pas conforme à la Coutume générale de la Province.

LOCATAIRE, eft celui qui tient une maifon à loyer. Celui qui tient de terres à loyer eft appellé Fermier. *Voyez* Loyer.

Un locataire eft toujours tenu du dommage qu'il caufe à la maifon par fa faute, quoique legere,

mais non pas par fa faute très-legere. *Voyez* ci deffus Incendie.

LOCATION, CONDUCTION. Ces termes rélatifs fignifient le contrat de louage, par lequel l'un des contractans s'oblige de donner à l'autre une maifon ou une terre pour en jouir pendant un certain tems, à la charge d'en payer une certaine rédévance, que l'on appelle loyer. *Voyez* Bail. *Voyez* Louage. *Voyez* Loyer.

LOGEMENT DES GENS DE GUERRE, eft une charge publique, dont font tenu tous ceux qui n'en font pas exempts par un privilege fpécial accordé par Sa Majefté. *Voyez* Exemption du logement des gens de guerre.

Loi eft une conftitution ou une Ordonnance générale, qui vient d'une autorité fouveraine, & qui refout felon la raifon une chofe, avec injonction d'obéir à fa décifion. Sur quoi il faut remarquer que la foumiffion à la Loi eft une véritable liberté; *Servi enim Legum fumus, ut magis fimus liberi.*

C'eft une conftitution générale: d'où il s'enfuit qu'elle ne regarde pas feulement quelques Particuliers, mais s'étend généralement à toutes fortes de perfonnes; en quoi la Loi eft différente du privilege, qui ne concerne que l'intérêt de quelque Corps & Communauté, ou de quelque particulier; ce qui fait qu'il eft appellé *privata lex fimpliciter.*

Les decifions & les refolutions d'une Loi doivent être conformes à la raifon; car il n'y a point de véritable Loi qui ne prenne toute fa force de la raifon: c'eft pourquoi ceux qui font des Loix, ne les doivent arrêter qu'après une longue & mûre délibération, & par le confeil des plus fages & des plus expérimentés.

Enfin toute la force & la vertu de la Loi confifte à commander ce qui eft jufte, & à défendre ce qui ne l'eft pas. En un mot, *Lex eft omnium divinarum & humanarum rerum regina, præceptrix faciendorum, prohibitrix autem non faciendorum. Leg. 2. ff. de legib. Legis enim virtus hæc eft, imperare, vetare, permittere, punire, Leg. 7. ff. de legibus.*

Pour peu qu'on faffe attention aux mauvaifes habitudes, aux paffions déréglées, & aux manieres bizarres, qui ne font que trop en ufage, on eft bien perfuadé que les Loix font abfolument néceffaires, pour arrêter la violence des méchans par la crainte, & protéger la violence des juftes par une autorité fouveraine.

La Loi ne doit rien ordonner qui ne foit jufte, & elle doit punir les contrevenans. Elle ne doit rien ordonner qui ne foit honnête & poffible, d'autant que les chofes qui font impoffibles, ou felon la nature, ou felon la droite raifon, ne peuvent obliger perfonne à les obferver. *Impoffibilium nulla eft obligatio; & quæ bonos mores lædum, viro probo impoffibilia videntur.*

La Loi impofe la néceffité d'obéir à ce qu'elle prefcrit; car la Loi ne nous enfeigne pas feulement les chofes qu'il faut faire, & celles qu'il faut fuir, elle nous impofe auffi la néceffité de lui obéir: ce qui fait voir que le commandement d'obéir, qui eft effentiel à la Loi, ne peut provenir que d'une

Puiſſance ſouveraine ; & par conſéquent qu'il n'eſt permis à perſonne de diſputer de ſon autorité , ni d'appeller de ſes volontés & de ſes déciſions.

De ce que la Loi eſt un commandement qui vient d'une autorité ſupérieure , il s'enſuit que les Loix n'ont de force en France , que par l'autorité ſouveraine du Monarque de qui elles ſont émanées. Auſſi M. le Bret, en ſon Traité de la ſouveraineté, dit qu'il n'appartient qu'au Roi de faire des Loix dans le Royaume , de les changer & de les interpréter , liv. 1. chap. 9. & au chap. 10. il dit qu'il en peut faire en matiere eccléſiaſtique.

Quand la Loi a parlé d'une maniere claire & poſitive , il n'eſt pas permis de s'en écarter ; quelque dure qu'elle ſoit, il faut s'en tenir à ſa déciſion ou avoir recours au Prince, pour qu'il lui donne une interprétation , ou qu'il en tempere la rigueur. *Voyez* Interprétation des Loix.

Qui veut le Roi , ſi veut la Loi. C'eſt la premiere regle de notre Droit. Loiſel , Inſt. liv. 1. tit. 1. regle 1. Ce qui eſt conforme non-ſeulement à la derniere Juriſprudence Romaine , §. 7. *tit.* 1. *lib.* 2. *Inſt.* Mais encore aux Oracles ſacrés de qui les Rois tiennent leur puiſſance, comme nous l'avons fait voir ailleurs.

La marque la plus éminente de la Souveraineté, eſt le droit de faire des Loix ; & comme l'ame de la Loi eſt la raiſon que Dieu inſpire aux hommes, & communique plus parfaitement à ceux qu'il a prépoſés pour nous gouverner , ſur-tout lorſqu'ils font des Loix , il s'enſuit.

I°. Que les Loix étant inſpirées de Dieu même, n'ont pour objet que de faire du bien à ceux qu'il a ſoumis à la puiſſance du Légiſlateur.

Auſſi quand il s'agit de corriger & abroger d'anciennes loix , ou d'en faire de nouvelles , celui à qui Dieu a confié ce pouvoir ſuprême, doit toujours avoir en vûe de porter la Juriſprudence à une plus grande perfection , & contribuer de plus en plus , par des loix auſſi uniformes que ſalutaires , à la tranquillité & à la félicité de tous ſes Sujets.

II°. Que ces loix du Prince obligent en conſcience ſes Sujets , & qu'il n'y a que lui ſeul qui en puiſſe diſpenſer.

C'eſt le Prince qui donne la loi à ſes peuples ; il eſt lui-même une loi animée , à laquelle Dieu a ſoumis les autres loix. *Imperatori & ipſas Leges Deus ſubjecit, Legem animatam committens hominibus. Novel.* 105. *cap.* 2. *in fine.* En effet , comme Dieu fait les Rois pour tenir ſa place au-deſſus des hommes, il ne les éleve à ce haut rang là , que pour ſe faire regner lui-même par l'empire de la Juſtice qu'il met entre leurs mains ; & c'eſt pour ſoutenir la grandeur d'un miniſtere ſi auguſte , qu'il leur communique toute la puiſſance & toute la gloire qui les environne.

Le Prince n'eſt point aſſujetti aux loix. *Leg.* 31. *ff. de Legib.* Mais les bons Princes les obſervent religieuſement pour donner l'exemple , & ils ſe croyent même obligés de le faire. *Leg.* 4. cod. de *Legib. cujus hæc ſunt verba, Digna vox eſt Majeſtate regnantis, Legibus alligatum ſe profiteri ; adeo de au-*

toritate noſtri juris noſtra pendet autoritas. Et revera majus imperio eſt , ſubmittere Legibus Principatum : & oraculo præſentis Edicti , quod nobis licere non patimur, aliis interdicimus.

On rapporte que Zaleuque , Roi des Locriens , fit une Loi qui ordonnoit que celui qui ſeroit convaincu d'adultere perdroit les deux yeux ; & que ſon fils unique ayant été convaincu le premier d'avoir commis un adultere , Zaleuque pour mettre la loi à exécution , ſe fit crever un œil , & en fit crever un à ſon fils.

La fermeté du gouvernement des Princes, n'eſt fondée que ſur l'obſervation des loix & des Ordonnances qu'ils établiſſent ; & c'eſt par les loix que les Rois regnent. En effet, c'eſt la loi qui regle les actions des hommes, qui entretient entr'eux la concorde , & les contient en leur devoir.

Une ſuite néceſſaire de ce principe indubitable , eſt que l'obſervation des loix étant le plus ſolide appui d'un Etat, l'adminiſtration de la Juſtice ne doit être confiée par le Prince qu'à des perſonnes qui ayent une connoiſſance parfaite des loix, qui en ſoient non-ſeulement religieux obſervateurs , mais encore qui s'appliquent ſans relâche à les faire obſerver aux autres très-exactement. *Voyez* ce que j'ai dit *verbo* Jugement.

Les loix reglent les choſes ſur des principes généraux , & ſur ce qui arrive le plus ſouvent : ainſi ſans conſidérer les circonſtances particulieres , par rapport aux perſonnes , aux lieux & aux tems , leurs déciſions ſont générales , & par conſéquent ne peuvent pas convenir à certains cas extraordinaires , qui n'ont pas été prévûs par le Légiſlateur. *Cum Lex non poſſit omnes caſus prævidere , poſtquam quod æquum eſt docuit , tradi reliqua juſtiſſimâ mente judicanda & adminiſtranda Magiſtratibus ; ſi ex ipſâmet Lege illius interpretatio poſſit deduci.* Mais il faut avoir du Prince même l'interprétation qu'il faut donner à la loi, quand il n'eſt pas poſſible de la tirer de la loi même : *tunc enim ejus eſt , Legem interpretari, cujus eſt Legem condere. Voyez* Interprétation de loi.

Il eſt néceſſaire que les loix ſoient rédigées en forme d'Ordonnances, elles n'obligent que lorſqu'elles ont été publiées. *Voyez* Publication des Ordonnances , Edits & Déclarations.

Reguliérement les loix ne doivent avoir lieu que pour l'avenir , ſur-tout quand elles ſont introductives d'un droit nouveau , & contraires au droit commun.

Ainſi les loix obligent auſſi-tôt qu'elles ſont publiées , non pas pour les affaires paſſées , à moins qu'elles ne l'ordonnent expreſſément , mais ſeulement pour celles qui ſe doivent faire à l'avenir. *Leg.* 7. cod. de *legib. Voyez* M. le Prêtre , cent. 1. chap. 55.

Les loix poſtérieures, qui ſont contraires aux précédentes , y derogent de plein droit. *Leg. ult. de conſtitutionibus,* quoiqu'elles ne contiennent pas une dérogation expreſſe ; ce qui n'a lieu cependant que lorſque ces loix poſtérieures ſont générales : car, quand une loi eſt particuliere & ſpéciale, elle doit être renfermée dans le cas particulier pour lequ'elle a été faite , & par conséquent ne détruit point les loix universelles , à moins qu'il n'y déroge expressément.

De ce que nous venons de dire, il s'ensuit que les loix humaines dont nous parlons ici ne sont point immuables ; il n'y a que les loix divines qui le soient. Voyez ci-après loi immuable.

Comme les Législateurs affectent souvent la briéveté , leur volonté n'est pas toujours assez clairement expliquée ; & cette obscurité qui se trouve quelquefois dans les loix , est une des raisons qui fait que quelques loix ont besoin d'interprétation; autrement la trop rigoureuse exactitude à les suivre de point en point pourroit dans certain cas , faire commettre des grandes injustices.

Un Juge est donc obligé d'examiner quel peut être le véritable sens de la loi , ou si l'on peut l'expliquer par un autre ; mais sur-tout il faut bien prendre garde que quand on veut pénétrer le vrai sens d'une loi , c'est toujours dans la pensée du Legislateur qu'il en faut chercher l'éclaircissement , & non pas dans les termes dont il s'est servi, comme nous avons dit verbo Interprétation.

Pour qu'un Jugement soit valable , il faut qu'il soit conforme aux loix , ou du moins qu'il n'y soit point absolument contraire.

Il s'est trouvé des Juges qui se croyant eux-mêmes aussi capables de bien décider que ceux qui ont fait les loix ont prétendu qu'ils ne devoient point être restreints à les suivre. Les loix, disent-ils , ne sont que des décisions faites par des hommes comme nous; ne pouvons-nous pas rencontrer aussi bien qu'eux.

C'est de-là qu'ils infèrent que chacun peut juger selon son sens , & qu'il faut qu'aux Jugemens les opinions soient libres , & que l'on ne doit pas être plus obligé à s'assujettir aux opinions des anciens , qu'à suivre , quand on va aux voix , les opinions de ceux qui ont parlé les premiers. Enfin que c'est imiter les bêtes , que de marcher sur les vestiges des autres.

Pour détruire cette erreur, il suffit de dire que si cet abus étoit introduit , nous n'aurions plus de maximes ni de régles ; que ce seroit mettre toutes choses au hazard , puisque les Juges pourroient suivre leurs caprices ; que par ce moyen nôtre Jurisprudence tomberoit dans la confusion , & qu'on la verroit changer plus souvent que changent les modes ; que n'y ayant rien de réglé ni de certain, chacun pourroit espérer le gain de sa cause , fut-elle bonne ou mauvaise.

Enfin , rien ne seroit plus absurde , que de faire dépendre la fortune & la vie des hommes de la volonté des Juges , parce qu'il s'en peut rencontrer quelques-uns qui soient peu éclairés , & d'autres qui soient susceptibles des passions, comme les autres hommes. Il est donc juste d'obliger les Juges de conformer leurs Jugemens aux dispositions des loix & des usages. Les premiers Juges y sont plus astraints que les Juges souverains ; ceux-ci étant censés juger vice sacrâ Principis , peuvent adoucir ou interpréter la loi suivant les circonstances du fait ; mais ni les uns ni les autres ne peuvent juger

contre directement. Voyez Cour souveraine.

Cela se prouve en ce qu'une Sentence ainsi rendue ne peut jamais passer en force de chose jugée ; & si c'est un Arrêt , on peut se pourvoir contre en cassation. Il y a plus , c'est que le Juge qui a directement jugé contre les loix, peut être pris à partie , suivant l'Ordonnance de 1667. au titre des prises à partie , art. 8.

Lorsqu'il y a des procès entre des étrangers, il faut juger le fonds & le principal suivant les loix étrangeres ; mais pour ce qui est de la forme & instruction, il faut suivre les loix de France. Brodeau sur Louet , lettre C , nomb. 41.

Un État ne peut subsister sans quelques loix , mais leur trop grande multitude peut quelquefois en rendre la connoissance plus difficile. Il seroit à souhaiter qu'il y eut moins de loix , & qu'elles fussent mieux observées.

C'est affoiblir les loix , que d'en rechercher les motifs avec trop de curiosité ; car dès qu'on ne les entend pas, on est quelquefois assez mal avisé pour s'imaginer que l'on est dispensé d'obéir à la loi. Non omnium quæ à majoribus condita sunt ratio reddi potest. Et ideò rationes eorum quæ constituuntur inquiri non oportet ; alioquin multa ex his , quæ certa sunt , subvertuntur. Leg. 20. & 21. de legib.

Ce n'est pas sçavoir une loi , que d'avoir dans sa mémoire les termes dans lesquels elle est rédigée; il faut connoître la force & le pouvoir. Scire Leges non est verba earum tenere , sed vim ac potestatem. Leg. 17. ff. eodem.

Des loix en général, de leurs publications & affiches pour en faire connoître les dispositions , & rendre inexcusables ceux qui ne les observeroient pas, voyez le Traité de la Police, tom. 2. liv. 1. titre 15. Voyez aussi les Opuscules de Grimaudet , où il traite de la Loi, de la température de la Loi par équité , de l'équité par supplement , & de celui qui doit suppléer la loi par équité. Voyez enfin les Loix civiles dans leur ordre naturel, au préliminaire du premier livre , où il est parlé très-amplement & très-sçavamment des Loix naturelles , arbitraires, écrites , coutumieres & de leurs effets, autorités, exceptions, abolitions, interprétation , & restriction.

LOI NATURELLE OU DIVINE est un rayon de lumiere , & un principe de la droite raison que Dieu a imprimé dans le cœur de tous les hommes , & qui leur fait appercevoir les regles communes de la justice & de l'équité ; de sorte que chaque homme qui vient au monde , apporte avec lui certains préceptes qui lui enseignent la raison naturelle, qui est en nous une précieuse émanation de la raison souveraine , que saint Augustin appelle la loi naturelle : aussi elle est fondée sur une justice aussi immuable que Dieu même.

LOI IMMUABLE OU MUABLE. Il y a des loix qui sont immuables , & d'autres qui sont muables & arbitraires.

Les loix immuables , sont les loix divines & les loix naturelles. Naturalia quidem jura , divinâ utpote providentiâ constituta , semper firma atque immutabilia permanent ; comme il est dit dans le §. dernier du fecond titre des Inftitutes, livre 1. Sur quoi *voyez* ce que j'ai dit fur ce paragraphe.

Les Loix muables & arbitraires, font celles qu'une autorité légitime peut établir, changer & abolir, felon le befoin, pouvû que cela fe faffe fans donner atteinte au droit divin ou au droit naturel.

Comme une infinité de Loix politiques font faites pour fubvenir à un befoin preffant, & que ce qui eft utile & même néceffaire dans un tems, peut ceffer de l'être dans la fuite ; ces fortes de Loix font fujettes au changement, fuivant le tems & les circonftances : ainfi une Loi peut être non-feulement abolie par une Loi contraire, mais auffi par le non ufage, ou par un ufage contraire, lorfque la raifon de la Loi ceffe.

Quæ utilia vifa funt, procedente tempore non modo inutilia quandoque fiunt, fed etiam, mutatâ rerum facie, damnofa & perniciofa ; quapropter jura civilia fæpè mutari poffunt, vel contrariâ Lege latâ vel contrariâ confuetudine ufu receptâ. On peut donc révoquer & abroger une Loi par une autre ; mais il eft de la prudence des Souverains de ne le pas faire légerement, & fans une néceffité évidente. *Ab eo jure, quod diu æquum vifum eft, nifi evidens pofcat utilitas, non eft facile recedendum. Leg. 1. ff. de conftit. Princip.*

Il y a lieu à changer ou abolir une Loi, quand il s'y trouve des défauts qu'il faut corriger, ou des inconvéniens auxquels la raifon veut qu'on remédie. C'eft une jufte caufe de toucher à une Loi, quand il s'agit de fuppléer ce qui peut y manquer pour le bien public, & pour affermir une Jurifprudence incertaine, en fixant le véritable efprit de la Loi par une jufte interprétation.

LOI PENALE, eft celle qui eft principalement faite pour établir quelque peine à l'encontre de ceux qui feront, ou ne feroient pas telle chofe ; en forte de la peine prononcée par la Loi contre les contrevenans à ce qu'elle ordonne, eft encourue de plein droit, fans qu'il foit befoin d'un Jugement qui y condamne les contrevenans.

Les Loix pénales ne font point fujettes à extenfion ; au contraire comme ce font des décifions fatales, elles doivent être reftraintes & limitées, au cas qu'elles expriment formellement. *Odia reftringenda, favores vero ampliandæ.*

LOI ECCLESIASTIQUE, eft une conftitution, ou une Ordonnance faite par ceux qui ont droit d'en faire. *Voyez* l'Hiftoire du Droit canonique, & du Gourvernement de l'Eglife.

Anciennement on ne donnoit pas le nom de Loix aux conftitutions eccléfiaftiques ; on les appelloit communément Régles. *Olim Conftitutiones eccléfiafticæ regulæ potiùs quam jura dicebantur, Can. Sanctis 25. queft. 1. quia Ecclefia charitate potiùs, quàm imperio regit. Reges gentium dominantur eorum (inquit Chriftus Lucæ 22,) vos autem non fic. Pafcite gregem, qui in vobis eft, (inquit S. Petrus. 1. à Petri cap. 5.) non coactè, fed fpontaneè, fecundùm Deum neque dominantes in Cleris, fed ut forma & exemplum facti gregis.*

Mais parce que l'Eglife a fes Prélats & fes cenfures qui fe prononcent contre les refractaires & rebelles, on a dans la fuite appellé ces Régles eccléfiaftiques des Droits & des Conftitutions.

Itaque his de caufis Regulæ eccléfiaticæ nuncupantur Conftitutiones in præfatione Dionifii Exigui, apud Juftellum, & frequentias in Decretalibus, in præfatione primæ & quintæ collectionis. Quin & eccléfiafticarum Regularum collectio jus canonicum appellatur, cap. 9. extrà de foro competenti. *Voyez* l'Hiftoire du Droit canonique, & du Gouvernement de l'Eglife.

LOI ROMAINE, eft celle qui a été faite par les Rois, du tems que Rome étoit gouvernée par eux, ou qui a été faite du tems de la République Romaine dans une affemblée générale de tout le Peuple, ou enfin qui a été faite par les Empereurs du tems que la Souveraineté du Peuple Romain paffa en leurs perfonnes. Mais on entend aujourd'hui par Loi Romaine celle qui eft dans le corps du Droit civil. *Voyez* ce que j'en ai dit dans mon Hiftoire du Droit Romain, & ce qui eft dit ici, *verbo* Pays du Droit écrit.

LOI DES DOUZE TABLES, eft une ancienne Loi Romaine, qui parut d'abord l'an de Rome 303. rédigée fur dix tables d'airain, auxquelles on en ajouta deux autres l'année fuivante. *Voyez* ce que j'en ai dit dans mon Hiftoire du Droit Romain.

LOIX QUE LES JUGES SONT OBLIGÉS DE SUIVRE EN FRANCE. Il y en a de plufieurs fortes. I°. Les Ordonnances de nos Rois, qui font les Loix générales du Royaume.

II°. Les Coutumes qui font rédigées par écrit fous l'autorité du Prince, pour les Provinces régies par le Droit coutumier. Auffi la Loi, en Pays coutumier, fignifie la Coutume locale, & la Loi municipale & particuliere de quelque lieu, ou de quelque Province.

III°. Le Droit Romain, pour les Provinces que nous appellons Pays de Droit écrit ; car à l'Egard du Pays coutumier il n'y a pas force de Loi, & il n'y eft regardé que comme une raifon écrite.

IV. Le corps du Droit canon, pour les matieres eccléfiaftiques & bénéficiales, en tant que fes décifions font reçues parmi nous, & ne font point contraires aux anciens Canons ni aux libertés de l'Eglife Gallicane, que nous fuivons dans ces fortes de matieres, auffi-bien que la Pragmatique-Sanction & le Concordat, nos ufages & les Conftitutions de nos Rois.

LOI DU ROYAUME, eft celle qui regarde la confervation du domaine & patrimoine de la Couronne de France, à laquelle on ne peut donner atteinte ; de forte qu'elle doit toujours fubfifter en quoi elle différe des Loix que les Rois font, lefquelles font muables & peuvent être changées, felon que les affaires le requierent, & que les Rois le trouvent à propos, par rapport à la variété des tems & des circonftances. *Voyez* ce que j'ai dit ci-deffus à ce fujet, *verbo* Domaine du Roi.

LOI COMMISSOIRE. *Voyez* l'acte de la Loi Commiffoire.

LOI FALCIDIE. *Voyez* Quarte falcidie.

LOI RHODIA DE JACTU. Cette Loi regarde la négociation maritime. Elle fut ainfi appellée du nom de *Rhode*, dont les Habitans étoient très-expérimentés dans ce qui concerne la navigation. Aussi les Romains ont reçu d'eux quantité de choses qui la concernent, & entr'autres la Loi *Rhodia de jactu.*

Cette Loi fut confirmée d'abord par Auguste, & ensuite par Antonin ; à la réserve néanmoins de ce qui pourroit s'y rencontrer entiérement opposé à ce qui seroit décidé par quelque Loi Romaine.

Cette Loi décide qu'en cas de naufrage éminent, s'il étoit nécessaire de jetter quelques marchandises dans la mer pour décharger le vaisseau, la perte de ces marchandises seroit réparée par tous ceux dont les marchandises auroient été conservées, & qui auroient été enveloppées dans le naufrage sans la précaution que l'on auroit eue de décharger le vaisseau.

Lege Rhodia de jactu, constitutum est ut omnium contributione sarciatur damnum, quod pro omnibus datum est ; suadet enim ipsa æquitatis ratio, commune fieri detrimentum eorum, qui propter amissas res aliorum consecuti sunt, ut merces suas salvas habeant.

Celui dont les marchandises ont été perdues, n'a pas droit de poursuivre en vertu de cette Loi, ceux qui sont dans le vaisseau, desquels il a mis à couvert des marchandises par la perte des siennes.

La raison est, qu'ils ne lui sont obligés par aucune cause ; mais le maître du vaisseau qu'il lui est obligé par un contrat de louage, doit en ce cas retenir les marchandises restées dans le vaisseau, jusqu'à ce que ceux auxquels elles appartiennent ayent contribué, chacun à proportion de ses marchandises, & aussi à proportion de la perte de celles que l'on a jettées dans la mer.

L'estimation des marchandises qui ont été jettées dans la mer, se fait sur le pied du prix qu'elles ont été achetées, & non pas sur le prix qu'elles eussent pû être vendues, si elles étoient arrivées à bon port ; mais l'estimation de celles qui ont été conservées, se fait par rapport à ce qu'elles pourroient être vendues pour lors, & non pas suivant le prix qu'elles ont été achetées. *Æstimatio mercium projectarum fit, quanti revera emptæ sunt non verò quanti vænire potuissent, si appulissent ad portum, quia detrimenti non lucri præstatio fit : salvæ vero merces æstimantur quanti nunc vænire possunt, quia hoc quoque lucrum ipsis ex projectarum mercium jactura videtur accessisse. Leg. 4. §. 4. ff. de Lege Rhodia de jactu.*

Suivant ce que nous venons de dire, il s'ensuit que la disposition de la Loi *Rhodia* n'a point lieu dans les cas suivans.

I°. Si dans la tempête une partie des marchandises qui étoient dans le vaisseau est perie. *Leg. 4. 5. & 7. ff. eod.*

II°. Si quelques marchandises ont été jettées dans la mer pour décharger le vaisseau, & que toutes les autres ayent ensuite été péries par le naufrage. *Dictâ Leg. 4. §. 1. ff. eod.*

III°. Si quelques marchandises d'un vaisseau ont été enlevées par les Pirates, celles qui y sont restées ne doivent point contribuer à leur dédommagement. *Leg. 2. §. si navis, ff. eod.*

Au reste, comme rien n'est plus juste que de dé-dommager celui donc les marchandises ont été jettées dans la mer, pour sauver du naufrage celles des autres, la disposition de la Loi *Rhodia*, comme très-équitable, est suivie dans ce Royaume.

Voyez Louet, lettre R, sommaire 27.

LOI SALIQUE, est une fameuse Loi établie par les anciens François.

Les uns tiennent qu'elle a été ainsi appellée, parce qu'elle a été faite par les Francs ou François Saliens qui habitoient au long de la riviere de Sale en Allemagne.

D'autres disent que ce nom lui a été donné à cause de Salogast, l'un des quatre Barons par qui ils prétendent qu'elle a été composée.

D'autres prétendent que cette Loi a été ainsi appellée, parce que chaque article de cette Loi commence par ces mots : *Si aliquis.*

Enfin, plusieurs prétendent qu'on ne peut rien dire de certain du tems auquel elle a commencé à paroître, ni qui en est l'Auteur ; & c'est à mon avis le parti qu'il faut prendre.

Les diverses éditions qui en ont été faites n'en marquent rien, & la double Préface qui est au commencement de cette Loi n'en fait aucune mention. Ce qui est de plus constant, c'est que les motifs qui ont donné lieu à son établissement en France, ont été les mêmes qui porterent les Romains à faire la Loi des douze Tables.

On sçait que les fréquentes querelles & les divisions continuelles qui survinrent à Rome, entre les Patrices & le tiers État, obligerent ce Peuple de recourir à des Loix qui réglassent les droits entr'eux, & missent en sûreté les foibles des uns contre la puissance absolue & trop licencieuse des autres.

La même chose est arrivée chez les anciens François. La Noblesse, non contente de maltraiter le Peuple par des exactions extraordinaires, traitoit ceux qui étoient dans leurs terres, comme des véritables esclaves. La brutalité des Seigneurs alla si loin, qu'ils le tuoient sans aucun juste sujet. Comme ils étoient les maîtres absolu, leurs cruautés étoient impunies, & se multiplioient de jour en jour. Ainsi ces anciens François eurent besoin de Loix, pour prévenir les malheurs qui pourroient arriver dans la suite de tous ces désordres, & pour inspirer à tous un esprit d'union & de paix.

Pour l'exécution de ce dessein, on fit donc la Loi Salique, qui passe pour être la premiere Loi des Francs. Mais le titre de Loi, qui est attribué à ce Recueil, ne doit pas nous faire croire qu'il ait été l'ouvrage d'une prudence consommée, comme les Loix d'Athenes ou de Lacedemone.

La Loi Salique, la Ripuaire, la Gombette & quelques autres, qui furent faites dans les premiers tems de la Monarchie Françoise, ne sont, à proprement parler, que des Coutumes écrites ; c'est-à-dire, un Recueil de ce que certains Peuples qui habitoient quelque partie de la France, avoient accoutumé de suivre dans les Jugemens de leurs différends, composé par ceux qui en avoient le plus d'expérience.

Cela est constaté par l'ancien exemplaire de la Loi Salique, qui marque en langue barbare le nom noms des lieux où de pareils Jugemens avoient été rendus, & quelquefois la qualité de l'action.

Mais soit que cette loi ait paru du tems de Pharamond, ou après lui, soit qu'elle ait été d'abord rédigée par écrit ou non, il est certain que le long usage en a fait une loi inviolable.

Aussi est-elle considérée comme une loi fondamentale du Royaume, quoiqu'on n'en puisse fixer l'époque, ni prouver précisément le lieu où elle a été faite, ni rendre une juste raison pour laquelle elle est appellée Loi Salique.

Sans nous arrêter davantage à ces recherches, nous allons donner quelques observations importantes sur cette loi.

I°. Cette loi, tirée des anciennes Coutumes des anciens Gaulois, & conçue en termes barbares, se trouve aujourd'hui rédigée par autorité publique, & approuvée non-seulement par les Rois, mais aussi par les Peuples, ou du moins par les principaux, qui l'ont acceptée au nom de toute la Nation : c'est pourquoi la Loi Salique est intitulée le Pacte ou le Traité de la Loi Salique.

II°. La principale matiere de cette loi roule sur les crimes, & même les plus fréquens entre les Peuples brutaux, comme le vol, le meurtre, les injures, en un mot tout ce qui se commet par violence.

III°. La peine ordinaire que cette loi inflige, est une amende pécuniaire.

IV°. Les Rois Chrétiens ont réformé cette loi en plusieurs chefs, & y en ont ajouté plusieurs autres : c'est ce que nous allons expliquer ci-après.

V°. Cette loi ne parle presque point des contrats, ni des successions : cependant l'article sixieme du titre *des alleuls*, contient une décision fort remarquable, qui est que, *nulle portion de la terre salique ne doit passer aux femmes, mais que le sexe viril l'acquiert ; c'est-à-dire, que les fils succedent dans l'héritage.*

Ainsi cette loi appelle un ancien patrimoine, *terre ou héritage Salique*, duquel les femelles étoient exclues par la loi salique, selon laquelle elles n'héritoient qu'ès meubles & acquêts, quand il y avoit des fils.

Plusieurs ont cru que c'est sur ledit article de la loi salique qu'est fondée la Coutume de ce Royaume, qui exclut les filles de la Couronne : c'est pourquoi ils l'ont appellé par excellence la loi salique.

Quoiqu'il en soit, c'est un proverbe commun que le Royaume de France ne tombe point en quenouille. *Voyez* M. le Prêtre, cent. 1. chap. 72.

Sur ce fondement, Philippe de Valois fut sacré Roi après l'accouchement de Jeanne, veuve du Roi Charles le-bel, dont nâquit une fille ; & il fut préféré à Edouard, Roi d'Angleterre, fils d'Elisabeth, fille du Roi Philippe-le-Bel.

Nous avons dit ci-dessus que les Rois Chrétiens ont réformé cette loi en plusieurs chefs, & y en ont ajouté plusieurs autres.

Cela s'est fait sous la premiere & la seconde race des Rois de France. Voici quels sont les Auteurs de ces changemens & de ces augmentations.

Tome II.

Clovis rendu Chrétien, Childebert & Clotaire retrancherent en faveur de la Religion ce qui tenoit du Paganisme.

Charlemagne y ajouta quelques articles la troisieme année de son empire, & de J. C. 803. & ce pour y ajouter ce qu'on y désiroit, pour y retrancher ce qu'on y trouvoit d'inutile, & pour concilier les contrariétés qu'on y remarquoit ; & il confirma ces articles l'année suivante, ordonnant qu'ils seroient réputés de la loi salique, & auroient le même effet.

Après la mort de Charlemagne, l'Empereur Louis le Débonnaire fit publier dans une assemblée générale, convoquée la troisieme année de son Empire, de nouveaux articles qu'il ordonna être ajoutés à la loi salique ; & c'est ainsi qu'elle a été à la fin parfaite.

Il est parlé de la loi salique dans le livre *de feudis*, tit. 29. *de filiis natis ex matrimonio ad Morgonat*. On l'a trouvée toute entiere dans les Capitulaires de Charlemagne, donnés au public par M. Baluse. Il y a joint le Glossaire de M. Pithou, & les sçavantes Notes de l'illustre M. Bignon.

Voyez ce qu'a dit sur cette loi M. le Bret dans son Traité de la souveraineté du Roi, liv. 1. chap. 4. *Voyez* les Opuscules de Loysel, pag. 60. Dupui, en son Traité des Droits du Roi, pag. 125. le Glossaire du Droit François, *verbo* Salique ; le Dictionnaire de Trévoux, *verbo* Salique ; les Recherches de Pasquier, liv. 2. chap. 18. & Basnage, à la Table de son Commentaire sur la Coutume de Normandie.

Au reste, les Traités qui ont rapport à la loi salique, sont indiqués dans la Bibliotheque historique de la France, par le pere le Long, pag. 602. & suiv.

LOI APPAROISSANT ou APPARENTE, est un Bref ou Lettres royaux qu'on obtient en Chancellerie, à l'effet de recouvrer la possession d'un héritage dont on est propriétaire, & que l'on a perdue.

Cette révendication particuliere, admise & autorisée par la Coutume de Normandie, est donc accordée à celui qui a perdu la possession d'un héritage dont il est propriétaire. Mais pour que cette faculté d'agir par la Loi apparente puisse avoir son effet, il faut que trois choses concourent.

La premiere, que le demandeur justifie qu'il est propriétaire de l'héritage, & qu'il en a perdu la possession depuis moins de quarante ans.

La seconde, que celui contre qui la demande est faite soit possesseur de l'héritage, & qu'il n'ait aucun droit à la propriété d'icelui.

La troisieme, que l'héritage contentieux soit désigné certainement par ses bornes & par sa situation.

Durant l'instance de cette poursuite, le défendeur reste toujours en possession & jouissance de l'héritage ; mais si par l'événement il perd sa cause, il est condamné aux dépens, & à la restitution des fruits par lui perçus depuis que la demande en Loi apparente a été intentée contre lui.

Voyez le Commentaire de Basnage, sur les articles 60. 61. & 62. de la coutume de Normandie.

LOTIR, signifie partager : ce qui tomboit

X

autrefois que fur les cenfives ; car les fiefs anciennement ne tomboient point en partage ; & n'é-
toient point eftimés patrimoniaux ; en forte qu'ils
ne fe transféroient pas à l'héritier, comme l'héritage
cenfuel, roturier & non noble. Mais dans la fuite
des tems les fiefs ont été rendus héréditaires,
comme nous l'avons dit *verbo* Fief.

LOT, fignifie une portion d'une chofe divifée
en plufieurs parties pour la partager entre plufieurs
perfonnes, & leur en faire la diftribution. Quand
un aîné fait les lots d'une fucceffion, c'eft le cadet qui choifit. Quand c'eft un étranger, on les
tire au fort. *Voyez* ci-après Partage.

Les Marchands font des lots de marchandifes
dans le Bureau de leur Communauté, pour fe les
partager entr'eux.

Ce terme fignifie dans quelques Coutumes un
certain cens ou tribut qu'on leve fur les perfonnes, fur les héritages, ou fur la marchandife.

Ce mot vient du Flamand *lot*, qui fignifie *fort*.
En Allemand on dit *loff*, & en Bas-Breton *loden*.
D'autres dérivent du mot de *loud*, vieux mot
François qui fignifioit héritage, & difent que lo-
tir fignifioit *partager une chofe qui eft en cenfive* ;
& *lot*, *part & portion*.

LOTS ET VENTES, font des droits qui fe payent
au Seigneur direct duquel releve un héritage tenu
en cenfive par l'acquéreur d'icelui à titre de vente
ou autre équipollent à la vente.

Ces droits font de douze deniers un denier,
c'eft-à-dire la douzieme partie du prix de la vente, ou un fol huit deniers pour livre fuivant qu'il
eft porté par l'article 56. de notre Coutume,
qui dit que *les droits de douze deniers un denier, qui eft pour chacun franc
feize deniers parifis*, c'eft-à-dire, vingt deniers.

Ce droit eft ainfi appellé, *quafi lots & ventes*,
comme étant le lot ou la part & portion que le
Seigneur prend fur le prix de la vente ; de forte
que ces deux termes, lots & ventes fignifient la
même chofe dans les Coutumes qui n'en difpofent
point au contraire.

Ce droit provient, dit Loyfeau, d'une tacite
convention, que le Seigneur utile ne peut vendre
fon héritage fans le confentement du Seigneur direct ; pour lequel confentement & approbation il
eft dû un droit au Seigneur direct, que l'on appelle
lots, foit parce que c'eft une part & un lot dans le
prix de la chofe vendue, foit que ce droit fe paye
au Seigneur, afin qu'il loue & agrée la vente. D'Argentré dit que le mot *lods* fignifie fujet. Lods, *bar-
barâ voce fubjectos appellavit, à quibus vera laudimiorum analogia eft.*

Dans la Coutume d'Eftampes, en l'article 48.
lots & ventes ne font qu'un feul & même droit.
Celle de Paris, articles 76 & 81. ne parle que des
ventes feulement. D'autres parlent des lots & ventes, & veulent que l'acquéreur les paye.

La Coutume de Sens diftingue les lots & les ventes, & en fait deux droits diftincts & féparés, voulut que pour les lots il foit payé vingt deniers tournois par livre, & pareille fomme de vingt deniers
par livre pour les ventes ; mais le Seigneur, pour

exiger le payement de ces deux droits différens,
doit juftifier qu'ils lui appartiennent, & qu'il a
titre à cet effet.

La raifon eft, que la Coutume ajoute à la fin
de l'article 21. qu'il y a des lieux particuliers où il
n'eft dû que les lots, ou les ventes feulement ; en
forte que comme ces lieux ne font pas marqués ni
expliqués, le Seigneur ne peut les prétendre *cu-
mulatim*, qu'en faifant apparoir de fon droit.

Le droit de lots & ventes n'eft dû au Seigneur,
qu'à caufe de l'approbation qu'il fait du nouvel
acquéreur, & de l'enfaifinement & de la poffeffion qu'il lui donne ; ce qui ne peut avoir lieu que
pour les véritables immeubles, dans la poffeffion
defquels on ne peut entrer fans le confentement du
Seigneur, parce qu'il repréfente ceux qui les ont
originairement donnés à bail, à cens, à emphitéofe ; mais à l'égard des droits qui font réputés immeubles par fiction : comme les rentes conftituées,
ils ne viennent point originairement de la libéralité
des Seigneurs, & l'on n'a pas befoin de leur confentement pour en jouir. Le Commentateur d'Henrys, tom. 1. queft. 77. pag. 237. & 238.

Pour connoître dans quels cas font dûs les lots
& ventes. *Voyez* ci-après Mutation en matiere de
cenfive, & ce que j'ai dit fur les articles 76. 78.
79. & 80. de la Coutume de Paris. *Voyez* auffi
Henrys & fon Commentateur, liv. 3. chap. 3. queft.
21. & fuiv.

Les lots & ventes ne peuvent pas être demandés
après trente ans. Il eft bien certain qu'un vaffal ou
un cenfitaire ne peut pas prefcrire contre fon Seigneur ; mais cela n'eft vrai que par rapport à la
Seigneurie, & aux droits qui dénotent : & cela
n'a pas lieu à l'égard des droits utiles accidentels,
qui font attachés à la Seigneurie directe, lorfqu'ils
font échus & prefcrits.

Ce tems de trente années commence à courir du
jour de la notification de la vente & réquifition de
l'inveftiture faite au Seigneur direct. *Voyez* de la
Roche, en fon Traité des Droits Seigneuriaux, de
Lods, chap. 38. art. 9.

LOTERIE, eft un jeu de hazard, où l'on
met des lots de marchandifes, ou des fommes d'argent. On mêle plufieurs billets noirs & blancs : fur
les uns font inicrits les lots mêmes où les numeros
qui marquent un bon lot, & fur les autres rien :
chacun en achete telle quantité qu'il lui plaît. Ces
billets font enfuite diftribués au fort. Quelques-uns
tirent de bons lots ; & la plupart des autres rien du
tout.

Les fçavans Canoniftes ont confidéré les Loteries comme une chofe permife, quand elles font
faites avec autorité du Prince, avec toutes les formalités de Juftice & la bonne foi qui s'y doivent
obferver.

Voyez ce qui eft dit des Loteries dans le Traité
qui en a été fait par le Pere Meneftrier, imprimé
à Lyon *in-12* en 1700. & dans celui qui a été
fait en 1708. par M. desbaur, Avocat. *Voyez* auffi
ce qui en eft dit dans le Dictionnaire de M. Brillon
où font rapportés les Edits, Déclarations & Arrêts
qui ont été rendus au fujet des Loteries.

LOUAGE, eſt un contrat par lequel deux ou pluſieurs conviennent que l'un baillera à l'autre une choſe mobiliaire ou immobiliaire , pour en jouir pendant un certain tems, moyennant une certaine ſomme payable par chaque année, ou au-trement , par lequel quelqu'un donne ſes peines ou journées à un autre, pour une certaine ſomme ou récompenſe.

Voyez ce que j'ai dit du contrat de louage dans la Traduction des Inſtitutes, ſur le titre 25. du troiſieme livre ; & ce que j'ai dit ci-deſſus *verbo* Locataire. Nous obſerverons ſeulement que com-me ce contrat eſt obligatoire de part & d'autre, il produit une action , tant en faveur du bailleur , qu'en faveur du preneur.

Dans celle qui eſt donnée au bailleur, il conclut *à ce que le preneur ſoit condamné à lui payer le loua-ge convenu , & à remplir les clauſes & conventions du contrat.*

Dans celle qui eſt donnée au preneur, il conclut *à ce que le bailleur ſoit tenu de le faire jouir de l'hé-ritage , ou de la choſe qu'il a louée , & à remplir toutes les clauſes du contrat , offrant de lui payer le louage convenu entr'eux.*

Outre les baux que l'on peut faire de maiſons & d'héritages , on peut donner l'uſage des choſes mobiliaires , comme des meubles meublans , des chevaux , & autres choſes ſemblables ; on peut même louer ſon tems & ſon induſtrie ; c'eſt dont nous allons parler.

LOUAGE DE MEUBLES , de chevaux , & autres choſes de cette nature, eſt un contrat fort ſimple , qui conſiſte ordinairement dans le prix du loyer , le tems dont les Parties conviennent , & la deſti-nation de l'uſage.

Par exemple , je loue un cheval pour dix-huit jours, pour aller à Rouen & en revenir ; je ſuis obligé de payer le prix convenu , de le rendre le dix-neuvieme jour ſuivant , & je ne dois pas le mener ailleurs , à peine de répondre envers celui qui me l'a loué , de tous dépens , dommages & intérêts. Et quand le cheval pris à louage périt par la faute lourde ou legere de celui qui l'a loué, il le doit payer ſelon l'eſtimation qui en doit être faite , eu égard au tems qu'il l'a pris à louage. *Voyez* Ex-pilly , plaidoyer 11. la Rocheflavin, livre 1. tit. 30. article 2. Bouvot, tom. 1. *verbo* Louage , queſt. 1. & 5.

Comme ce contrat regarde également l'utilité des deux Parties, celui qui a loué doit avoir le même ſoin de la choſe louée , qu'il auroit de la ſienne propre ; mais on n'exige pas de lui une exactitude auſſi réguliere, que ſi la choſe lui avoit été prêtée gratuitement.

Ainſi , lorſque la choſe louée vient à périr , la perte ne tombe point ſur celui qui l'a louée , à moins que la perte n'en ait été cauſée par ſa lourde faute , ou par ſa legere faute ; mais non pas quand elle a été cauſée par cas fortuit , ou par la faute très-legere du preneur à louage.

Le propriétaire de ſon côté eſt reſponſable des dommages & intérêts qui ſont cauſés dans la

choſe louée par ſa lourde faute , ou par ſa faute légere.

Le Juriſconſulte, en la Loi 19. §. 1. *ff. locati,* nous donne pour exemple des tonneaux loués pour mettre du vin ou quelqu'autre liqueur : ſi les ton-neaux ſont en mauvais état, & que la liqueur s'é-coule & ſe perde , le propriétaire des tonneaux doit payer cette perte. La raiſon eſt qu'on préſu-me qu'elle eſt arrivée par ſa faute, puiſqu'il devoit connoître le vice d'une choſe qui étoit à lui. *Voyez* Bail.

LOUAGE DE TEMS ET D'INDUSTRIE , eſt celui qui ſe fait par des Ouvriers , des Domeſtiques, qui ſe louent pour un certain tems, pour faire quelques ouvrages , ou pour ſervir ceux qui les veulent prendre à leur ſervice , à la charge d'en recevoir la récompenſe dont les Parties ſont démeurées d'accord.

LOUER , ſignifie donner à ferme , à louage des héritages , des maiſons, des droits , pour en jouir ſous certaines conditions & pour un certain tems , & ſe dit tant à l'égard du bailleur que du preneur. Louer ſe dit auſſi des meubles , des voitu-res , des perſonnes & de leur travail que l'on loue. Il ſe dit auſſi des beſtiaux. Ainſi , donner des va-ches , des beſtiaux à loyer , ſignifie en retirer du profit de ceux à qui on les donne à nourrir. *Voyez* Louage.

LOYAL , ſe dit de ce qui eſt légitime & con-forme aux Loix.

On dit auſſi loyal , pour ſignifier féal ; & dans ces ſens on dit , qu'un vaſſal doit être féal & loyal à ſon Seigneur.

LOYAUTÉ , veut dire fidélité.

LOYAUX-COUTS , ou coûtemens, en ma-tiere de retrait lignager , ſont tous les frais que l'acquéreur a faits pour l'acquiſition de la choſe tombée en rétrait , que le retrayant eſt obligé de lui payer , outre le prix de l'héritage.

Ces frais ſont les droits ſeigneuriaux , à moins que l'héritage acquis ne fût un franc-aleu ; ce qui ſe paye aux entremetteurs , les épingles de la fem-me , les frais du contrat , & autres qui ſe font or-dinairement , & dont les acquéreurs doivent être rembourſés par les retrayans.

On les appelle loyaux-coûts , parce que l'on ne rembourſe que ce qui a été payé ſuivant la Loi ; de ſorte que ſi celui qui en doit être rembourſé a, par exemple , trop payé un Notaire pour le con-trat , la taxe ne doit être faite que ſur le pied du Réglement qui eſt la Loi.

Les loyaux-coûts s'entendent auſſi d'autres cho-ſes que des frais pour l'acquiſition d'un héritage , expédition & levée du contrat ; car les répara-tions néceſſaires faites par autorité de Juſtice , en-trent dans les loyaux-coûts ; en ſorte que le re-trayant eſt obligé de les rembourſer à l'acquéreur, ſur lequel il exerce le retrait. *Voyez* ce que nous avons dit là-deſſus, *verbo* Réparations faites par l'acquéreur pendant l'an & jour.

Touchant les loyaux-coûts ; *voyez* ce que j'ai dit ſur l'article 129. de la Coutume de Paris.

LOYER, eſt ce qui eſt donné par le locataire, pour le louage d'une maiſon.

Les loyers des maiſons ſont privilégiés ſur les meubles.

Voyez ce que j'ai dit dans ma Traduction des Inſtitutes, ſur le titre 25. du troiſieme livre. Voyez auſſi ce que j'ai dit ici, en parlant du privilege du propriétaire pour les loyers.

L U

LUCRATIF, qui apporte du gain, du profit. Voyez Titre lucratif.

LUSTRE, étoit chez les Romains un eſpace de cinq ans, au bout deſquels, on faiſoit un nouveau rolle des Citoyens Romains.

Varron fait venir ce mot de Luo, qui ſignifie payer; parce qu'au commencement de chaque cinquieme année on payoit le tribut qui avoit été impoſé par les Cenſeurs, dont la Charge duroit cinq ans par leur premiere inſtitution; mais depuis elle devint annale.

LUXE, eſt une dépenſe ſuperflue & exceſſive, ſoit dans les habits, ſoit dans les meubles, ſoit dans la table, ſoit dans les équipages.

Depuis pluſieurs années, le luxe en France a égalé celui de l'ancienne Rome; en ſorte qu'il eſt rare de voir aujourd'hui des gens qui ſe renferment dans les bornes de leur état & de leur condition; on paſſe même pour ridicule quand on ne fait pas comme les autres; & perſonne n'a fait réflexion que le luxe effémina les Romains, & vengea l'univers vaincu, en corrompant les vainqueurs.

Nos Rois ont cependant fait de tems en tems des Ordonnances pour remédier au luxe; mais l'ambition déméſurée des hommes les fait tomber dans une déſobéiſſance qui eſt ſcandaleuſe pour l'Etat, & ſouvent ruineuſe pour quantité de familles.

Voyez le Traité de la Police, tom. 1. liv. 3. titre 1. où il eſt traité du luxe en général, de la police des Grecs à ce ſujet, des Loix Romaines & principalement de ce qui a été ordonné par les Rois de France, pour mettre des bornes à la vaine & ridicule ſumptuoſité de leurs Sujets.

LUXURE, eſt un terme qui comprend tout ce qui concerne l'incontinence & l'impudicité.

On appelle luxure abominable, celle qui conſiſte dans la beſtialité, l'inceſte, la ſodomie, le commerce impudique des femmes luxuriant avec elles-mêmes, qui ſont tous crimes exécrables qui proviennent de l'impiété & de l'irréligion, & qui méritent peine de mort.

M

M A

MAÇON. Voyez ci-après Privilége du Maçon. MAÇONNERIE. Voyez ci-deſſus Juriſdiction de la Maçonnerie.

MAGIE, eſt un art déteſtable qui apprend à invoquer les démons, & à opérer, en vertu d'un pacte fait avec eux, des choſes ſurnaturelles. Voyez le Dictionnaire de Richelet, celui de Trevoux & le ſecond tome des Cauſes célébres, page 524.

MAGISTRAT, eſt un Officier de Judicature, qui a Juriſdiction & autorité ſur le Peuple, & qui eſt quaſi Magiſter ſuæ Juriſdictionis. Auſſi ce terme propriæ & ſtrictè loquendo, ne ſignifie que le chef d'une Juriſdiction ordinaire. Mais aujourd'hui ce titre ſe donne avec raiſon, non-ſeulement aux chefs des Juriſdictions ſouveraines, mais auſſi à tous les Juges qui la compoſent, attendu qu'ils ont un grand pouvoir, & que le rang auquel ils ſont élevés inſpire beaucoup de vénération pour eux.

Ceux qui ſont chefs d'une Juriſdiction extraordinaire & ſubalterne, ne ſont donc que Juges, & non Magiſtrats; comme le chef des Elections, les Juges & Conſuls, les Prévôts des Maréchaux & autres, qui ſelon le ſentiment de Loyſeau, ont plutôt une ſimple puiſſance de juger, qu'une vraie Juriſdiction; au lieu que les chefs de Juriſdictions ordinaires ont droit de Juſtice univerſellement ſur toutes les perſonnes, & ſur toutes les choſes qui ſont ſoumiſes à leur Juriſdiction. Ainſi les Baillifs & Sénéchaux, les Prévôts royaux & leurs Lieutenans, ſont véritablement Magiſtrats, quoiqu'ils ne ſoient pas Juges ſouverains.

Le principal devoir des Magiſtrats, eſt de faire reſpecter en eux la perſonne du Prince, qui leur a confié une partie de ſon autorité, & de ſe rendre utiles à l'Etat & aux Particuliers, par leur intégrité, leur ſçavoir, leur vigilance, & toutes les autres vertus qu'exige un rang ſi relevé; enfin, de conſacrer preſque tout leur tems à défendre la vérité contre les artifices du menſonge, & à ſoutenir la majeſté des loix par la ſageſſe de leurs déciſions.

Nous en avons parlé ci-deſſus, verbo Juge; ainſi nous nous contenterons d'en dire ici un mot en paſſant.

La droiture du cœur, les lumieres de l'eſprit, un jugement ſolide, un diſcernement exquis, une profonde connoiſſance du Droit Romain & de la Juriſprudence Françoiſe, perfectionnée par une étude continuelle, & une grande expérience des affaires, une fermeté inébranlable, une noble gravité jointe à beaucoup de modeſtie & d'affabilité, une attention perpétuelle à ſes devoirs, & principalement à ne ſe point laiſſer gagner par la prévention, qui a de tout tems été l'écueil des plus grands hommes, un déſintéreſſement parfait, accompagné d'un véritable amour de la juſtice & du bien public, ſont certainement les vertus qui rendent les Magiſtrats plus recommandables, que le rang auquel ils ſont élevés.

Qu'on ne s'imagine donc pas que les grandes dignités ſoient honorables par elles-mêmes; elles ne le ſont qu'autant que ceux qui en ſont revêtus les honorent de leur mérite & par leurs vertus; car comme a dit fort ſpirituellement un Auteur moderne, *d'un Magiſtrat ignorant, c'eſt la Robe qu'on revere* : Mais il y en a quelques-uns qui ſont aſſez aveugles pour s'approprier les honneurs que l'on rend à leur dignité, ſans ſe mettre en peine de les mériter.

Ceux qui embraſſent le parti de la Robe, au lieu d'enviſager l'honneur de rendre la Juſtice, par les dehors de la dignité, & par la faveur attachée au crédit qu'elle donne, ne doivent y aſpirer que dans un déſir vraiment déſintéreſſé d'être les Miniſtres fidéles de la Juſtice, c'eſt à-dire, de ſe livrer courageuſement à leurs fonctions.

Pour remplir tous les devoirs d'un emploi ſi important, il faut avoir des mains ſûres qui ne faſſent point trébucher la balance, s'armer du glaive pour venger les opprimés, ſurmonter les obſtacles de la timidité & de la fauſſe complaiſance, vaincre les tentations de l'avarice & les efforts de l'ambition.

Il faut donc qu'un Magiſtrat ſoit aſſez généreux, & aſſez dévoué au bien de la patrie, pour conſerver ſans éclipſe les lauriers de la ſcience des Loix, & pour exercer ſans paſſion l'autorité dont il eſt revêtu. En un mot, ſcience & probité font un Magiſtrat parfait.

Les Magiſtrats n'ont d'autorité que celle que le Roi leur donne; ils ſont en grand nombre dans le Royaume, & leur pouvoir eſt différent, ſuivant leurs différentes attributions.

MAJESTÉ. Ce terme ſignifie ce qui ſurpaſſe toutes choſes en grandeur & en ſupériorité; c'eſt pourquoi dans ſa propre ſignification il n'appartient qu'à Dieu ſeul, qui eſt le Roi des Rois, de tous les tems, de tous les Etats & de tous les ſiécles, duquel le Royaume n'aura jamais de fin.

Mais parce que les hommes ont coutume d'attribuer aux Puiſſances de la terre les titres les plus relevés, l'uſage s'eſt introduit d'exprimer par le nom de Majeſté, ce caractere de grandeur qui fait reverer les Puiſſances ſouveraines, c'eſt-à-dire les Rois & les Empereurs parce qu'ils ſont les plus grands entre ceux qui gouvernent les Etats, ou qui ont pouvoir ſouverain. *Voyez* Paſquier dans les Recherches, liv. 8. chap. 5.

Ainſi, l'Empereur s'appelle Sacrée Majeſté, ou Majeſté Impériale, ou Majeſté Ceſarée, le Roi de France s'appelle Sa Majeſte Très-Chrétienne; le Roi d'Eſpagne, Sa Majeſté Catholique; & enfin aux autres Rois, on ajoute le nom de leur état : par exemple, Sa Majeſté Polonoiſe, Suedoiſe, &c.

On ſe ſert même du terme de Majeſté dans une ſignification plus étendue : pour parler des perſonnes & même des choſes qui attirent de l'admiration, & auxquelles on doit de la vénération & du reſpect; & dans ce ſens on dit, la Majeſté du Parlement, la Majeſté de cette auguſte Aſſemblée. *Voyez* la Note de M. Godefroy ſur la rubrique du Digeſte, *ad Leg. Jul. Majeſt.*

MAJEUR, ſe dit de celui qui a accompli ſa vingt-cinquieme année.

Majeur, ſe dit auſſi quelquefois de celui qui eſt mineur de vingt-cinq ans, comme quand il s'agit de faire la foi & hommage au Seigneur. Les mâles âgés de vingt ans, & les filles âgées de quinze ans accomplis, ſont réputés majeurs, quand à la foi & hommages ſeulement; & cette majorité eſt appellée majorité féodale.

Il y a auſſi la majorité coutumiere, qui eſt l'age auquel les Coutumes accordent l'adminiſtration des biens, à la différence de la pleine majorité, ou majorité parfaite, qui ne s'acquiert qu'à vingt-cinq ans, & qui eſt l'âge auquel on peut faire toutes ſortes de diſpoſitions & aliénations de ſes biens. Par exemple à Paris ſuivant l'article 272. de la Coutume, on peut diſpoſer de ſes meubles à vingt ans, c'eſt une eſpéce de majorité coutumiere; mais on ne peut diſpoſer de ſes immeubles qu'à vingt-cinq ans, ſuivant ce qui réſulte du même article. *Voyez* Majorité.

MAIN-BOURNIE, ſignifie garde, tutelle, paix, ſûreté, protection, & quelquefois auſſi la puiſſance paternelle. *Voyez* les Inſtitutes de Loyſel, liv. 1. tit. 4. & les Notes de M. de Lauriere.

MAIN DE JUSTICE, eſt la puiſſance & l'autorité publique, qui a ſon effet dans la Juſtice, ou qui eſt exercée par les Gens & Officiers de Juſtice, ſous l'autorité du Roi; car la main de Juſtice, qui eſt d'yvoire au deſſus d'une verge, eſt une marque de la puiſſance de nos Rois, comme le Sceptre, la Couronne & l'Epée.

Loyſel, liv. 5. tit. 4. régle 30. dit que ſequeſtre garde, & main de Juſtice ne deſſaiſit, & ne préjudicie à perſonne.

MAIN FERME, eſt un vieux mot de Coutumes, qui ſignifioit un bail à cens de quelques héritage ou terres roturieres, qu'on appelloit autrefois cotteries. C'étoit proprement des héritages chargés de rentes, qui n'étoient point ſujets au droit de retenue.

Quelquefois on a appellé main-ferme tous les immeubles qui n'étoient point fiefs.

La main ferme différoit d'un fief, en ce qu'elle n'étoit accordée que pour la vie, ou tout au plus d'un héritier, au lieu que le fief étoit pleinement héréditaire; & que la main ferme étoit chargée de redevance, au lieu que le fief n'étoit tenu que d'un ſimple hommage.

On l'a appellée main-ferme, *eo quod manu donatorum firmabatur.*

Voilà ce qui en eſt dit dans le Dictionnaire de Trévoux.

MAIN-FORTE, eſt le ſecours que l'on prête

à la Juftice. Il eft enjoint aux Prévôts des Maréchaux, de prêter main-forte à l'exécution des
Arrêts.

Les Officiers de la Maréchauffée font obligés de
prêter main-forte pour l'exécution des Jugemens
des Eaux & Forêts. De ce, il y a un Arrêt du Confeil d'Etat, du 18. Avril 1723.

Les Juges d'Eglife ne peuvent employer main-
forte ; ils ne peuvent qu'implorer le bras féculier.
Voyez Bras féculier.

MAIN-GARNIE, fignifie la poffeffion de la chofe conteftée. Ainfi quand on fait une faifie de meubles, on dit qu'il faut garnir la main du Roi, pour
marquer qu'il faut donner un gardien qui s'en
charge.

MAIN-GARNIE, fe dit auffi du Seigneur, lequel
ne plaide en cette qualité contre fon vaffal que
main garnie, c'eft-à-dire, ayant préalablement
faifi le fief mouvant de lui, & faifant les fruits fiens
du fief faifi pendant le procès, jufqu'à ce que le
vaffal ait fait fon devoir: de forte que la faifie féodale tient pendant que dure le procès, & que contre icelle les Juges ne peuvent donner aucune
provifion, fi on ne défavoue celui qui a fait ladite
faifie féodale. Sur quoi *voyez* Bacquet, au chapitre
59. de fon Traité de Francs-fiefs & nouveaux acquêts.

On dit auffi que le Roi plaide toujours main-
garnie.

Bacquet, au chap. 36. article 2. & fuivans, de
fon Traité du Droit d'Aubaine, dit que cette maxime n'a lieu qu'en deux cas.

Le premier en matiere féodale, auquel cas le
Roi a le même privilége que tout Seigneur de fief,
dont nous venons de parler.

Le fecond eft en matiere notoirement domaniale,
comme de Juftice, de Péage, de Tabellionage. Sur
quoi *voyez* Bacquet, en fon Traité des Droits de
Juftice ; & M. Charles Dumoulin, fur la Coutume
de Paris, art. 52. nom. 27. & fuivans.

Mais hors ces deux cas, le Roi ne peut pas dépofféder le poffeffeur d'un heritage, *pendente lite ;*
en forte que ce poffeffeur doit toujours jouir, pendant que le procès dure, de l'héritage en la poffeffion duquel il fe trouve, foit qu'il faffe apparoir
de titre ou non, d'autant que fon oppofition de
conferve, de même qu'un tiers oppofant qui eft en
poffeffion réelle d'un héritage faifi en vertu d'un
acte autentique & exécutoire.

MAIN-GARNIE, fe dit auffi de la faifie & Arrêt
que peut faire un créancier qui n'eft fondé qu'en
cédule & promeffe fous feing privé, conformément à l'article 144. de l'Ordonnance d'Orléans,
qui permet à tous créanciers de procéder par voie
d'Arrêt fur les meubles & hardes de leurs débiteurs obligés par cédule, en quelque lieu qu'ils
foient trouvés, jufqu'à ce qu'ils ayent reconnu leur
fignature, à la charge des dépens, dommages &
intérêts, contre les témeraires arrêtans.

Cette faculté de pouvoir procéder par voie de
faifie & arrêt fur les meubles & hardes de leurs débiteurs, avant d'avoir obtenu Sentence, peut être
très-avantageufe à ceux qui n'ont pour titre de leur

créance qu'une promeffe fous feing privé.

Mais comme, pour avoir l'exécution parée fur
fon débiteur, il faut avoir contre lui un titre autentique, un créancier qui n'a qu'une fimple promeffe fous feing privé, ne peut, pour fûreté de fon dû,
faire aucune faifie, qu'il n'en ait préalablement la
permiffion du Juge, laquelle s'obtient fur une fimple Requête qu'on lui préfente.

MAIN LEVÉE, eft un acte qui détruit une faifie
ou une oppofition, foit qu'il foit confenti par la
Partie, foit qu'il foit prononcé en Juftice.

Ainfi, bailler main-levée, eft lever & ôter l'autorité de Juftice appofée fur la chofe faifie, & en
rendre au faifi la libre jouiffance, telle qu'il l'avoit
avant la faifie.

En fait d'oppofition, bailler main-levée, eft lever l'empêchement qu'on avoit formé par autorité
de Juftice à quelque chofe, & confentir que les
Parties à l'encontre de qui l'oppofition avoit été
formée, paffant outre, fi bon leur femble.

Comme le fait d'autrui ne peut point préjudier
à un tier, lorfqu'un pourfuivant criées donne main-
levée de la faifie réelle qu'il a fait faire, cette
main levée, ne peut point nuire aux oppofans,
parce que tout oppofant eft réputé faififfant ; une
telle main-levée accordée à une Partie faifie, ne
peut empêcher qu'un créancier oppofans ne puiffe
continuer, ou reprendre la pourfuite du décret.

MAIN MISE, généralement parlant, fignifie
faifie : toutefois ce terme fe dit proprement de
la faifie féodale.

MAIN-MORTE, a deux fignifications dans l'u-
fage du Droit François.

Il fignifie premiérement les Corps & compagnies eccléfiaftiques, les Corps de Villes, Bourgs &
Villages, les Colléges & Hôpitaux, & enfin généralement toutes les Communautés, tant laïques
qu'eccléfiaftiques, qui font perpétuelles, & qui
par une fubrogation de perfonnes étant cenfées
être toujours les mêmes, ne produifent aucune mutation, par mort, ni par conféquent aucuns droits
feigneuriaux de ce chef, non plus qu'une chofe
morte, pour raifon de quoi ils font appellés Gens
de main-morte ; & la permiffion que le Roi leur
donne d'acquérir & pofféder des héritages, eft appellée amortiffement. *Voyez* Gens de main-morte.

En fecond lieu, *main-morte* fignifie les hommes
de condition fervile, qui font fujets de corps envers leurs Seigneurs, qui leur fuccédent en meubles
ou immeubles, ou en tous biens, felon la Coutume, ou felon les anciennes pactions ou conventions.

Ils font appellés Gens de main-morte ; ce qui eft
tiré de ce que les Romains tenoient les ferfs comme
morts, quand aux fonctions publiques & civiles,
Leg. 209. ff. de regul. jur. ou bien parce que le Seigneur, met en fa main les biens du ferf décédé fans
hoir commun.

Ils n'ont pas la faculté de tefter, & font réputés
comme morts ; ce qui fait qu'on les appelle hommes de main-morte, ou main-mortables, qui vivent libres, & meurent ferfs.

Ceux qui font appellés dans les Loix Romaines

ad scriptii, seu glebæ adicti, étoient pour ainsi dire, les membres des fonds; ensorte que les fonds étant vendus, ces personnes étoient comprises dans la vente & appartenoient à l'acheteur; de même, par notre ancien Droit, les mains mortables, ou les hommes & femmes de condition servile, étoient réputés faire partie des terres.

Il faut cependant distinguer deux sortes de main-mortables. Il y en avoit qui ne l'étoient que par rapport à leurs héritages, & ceux-là n'étoient point partie de fonds, en sorte qu'ils devenoient libres ou franches personnes, en renonçant à leurs héritages.

Les autres étoient main-mortables ou serfs de corps, qui étoient réputés faire partie des terres, & se bailloient au Seigneur en aveu & dénombrement par les vassaux : ils ne pouvoient par conséquent devenir libres & franches personnes, que par l'affranchissement fait du consentement du Seigneur; car lorsqu'un fief étoit abrégé, c'est-à-dire diminué, l'hommage & les services de la Partie, que le vassal en avoit ôté, étoient acquis au Seigneur, si l'abrégement avoit été fait sans sa permission. *Voyez* Serfs.

Touchant ce droit personnel de main-morte. *Voyez* ce qui en est dit dans le recueil alphabétique de M. Bretonnier, *verbo* Main-morte.

MAIN SOUVERAINE, se dit en matiere de fiefs de l'autorité du Juge royal, quoique Juge inférieur.

La main souveraine est la main du Roi, qui est le souverain Seigneur de tous les vassaux & arriere-vassaux du Royaume. Ainsi la reception par main-souveraine ne se peut faire que par le Juge royal, auquel appartient la connoissance des matieres féodales, comme sont les Baillifs & Sénéchaux.

La réception par main souveraine a lieu, quand le Seigneur féodal refusant sans cause, de recevoir son vassal en foi & hommage, ou en cas de débat de fief entre deux ou plusieurs Seigneurs; auquel cas le Vassal qui veut avoir main-levée de la saisie féodale qui auroit été faite par eux, ou par un seulement, doit se faire recevoir par main souveraine.

Pour cet effet il doit obtenir Lettres royaux, appellées *Lettres de main souveraine*, par lesquelles il est mandé au Baillif & Sénéchal du lieu où le fief est assis ou pardevant lequel l'instance est liée, de faire jouir & user l'impétrant de son fief pendant le débat entre les compétiteurs, comme s'il avoit prêté la foi & hommage, à la charge de consigner les droits, si aucuns sont dûs, & à la fin du procès faire la foi & hommage à celui des Seigneurs contendans à qui la mouvance sera adjugée.

C'est le sentiment des Commentateurs de la Coutume de Paris, sur l'art. 60.

Cependant M. de la Lande, sur l'article 87. de la Coutume d'Orléans, qui ne requiert pas de Lettres, soutient que la reception par main souveraine est le droit commun, & que c'est la pratique de plusieurs Jurisdictions du Royaume.

Aussi un des Auteurs des Notes sur M. Duplessis, ajoutées à l'édition de 1704, convient qu'il ne faut pas de Lettres; mais il ajoute qu'il n'y a que les Sénéchaux qui peuvent recevoir par main souveraine, à l'exclusion des autres Juges, même royaux; ce qui paroît raisonnable.

Il y a même dans la derniere édition de M. Duplessis une Note marginale, qui porte, que l'usage a changé en la chambre du domaine, & qu'on n'y obtient plus de Lettres.

Voyez ce que j'ai dit sur l'art. 60. de la Coutume de Paris.

MAINTENUE, est la possession accordée par par la Sentence définitive qui intervient en conséquence de la complainte par laquelle le juge, faisant droit au demandeur en complainte, le maintient dans sa possession, en attendant à faire droit aux Parties sur le pétitoire; car la possession de la chose contestée, accordée à l'une des parties, n'est pas une juste conséquence de la propriété.

La maintenue n'a lieu, aussi bien que la recréance, qu'en matiere possessoire; mais il ne faut pas confondre ces deux Jugemens, qui sont bien différens l'un de l'autre.

La recréance n'est que la possession provisoire adjugée à l'une des parties pendant le procès touchant la possession.

Mais la pleine maintenue est la pleine & entiere possession adjugée par Sentence définitive à celui qui a le meilleur droit, par rapport au possessoire.

Ainsi, par la plainte maintenue, le procès possessoire prend entierement fin, & est terminé définitivement; ce qui ne se peut pas dire de la recréance, qui ne s'adjuge qu'*interim & pendente moto super possessione judicio*, c'est-à-dire jusqu'à ce que le Juge puisse connoître à qui la pleine maintenue doit être définitivement adjugée. *Voyez* Recréance.

Au reste, avant que de procéder sur la pleine maintenue, le Jugement de recréance doit être entierement exécuté.

MAINTENUE, PLEINE MAINTENUE EN MATIERE BÉNÉFICIALE, est la Sentence qui maintient dans la possession d'un Bénéfice celui qui y étoit troublé; de sorte que le Bénéfice est déclaré lui appartenir.

Cette Sentence doit être exécutée par forme de recréance à la caution juratoire de celui qui l'aura obtenue.

L'appel d'une telle Sentence ne peut pas suspendre l'exécution; comme il a été jugé au Parlement de Grenoble, par Arrêt du 7. Mai 1694, rapporté par la Peyrere, lettre M, nomb. 3.

Ce qui formoit la difficulté, c'est que l'Ordonnance de 1667. en l'article 9. du titre 15. ne parle que des Sentences de recréance. Voici les termes: *Les Sentences de recréance seront exécutées à la caution juratoire, nonobstant oppositions ou appellations quelconques, & sans y préjudicier.* Mais raisonnant *de minori ad majus*, l'on crut & avec raison, que la Sentence de maintenue emportoit un plus grand droit.

MAIN-TIERCE, signifie un sequestre, une personne entre les mains de qui on dépose une chose contestée, & qui n'a aucun intérêt en l'affaire, pour la rendre à celui qui aura gain de caufe. *Voyez* Sequeftre.

MAJOR, foit d'un Regiment, foit d'une Place, eft un Officier principal. en ce qui concerne la difcipline des Troupes & l'entretien de fon reffort. Cette police particuliére faifant partie de la police générale de l'Etat, il s'enfuit de là que le Major a des Fonctions qui lui font communes avec les Officiers de l'ordre civil.

Il eft revêtu, comme eux, d'un caractere public. Dépofitaire de l'autorité des Ordonnances militaires, il lui eft fpécialement réfervé d'en maintenir l'exécution. Auffi, aux termes des Ordonnances contenues dans le Code militaire, eft-il obligé d'avoir des Regiftres où chaque Officier & chaque Soldat du Régiment eft infcrit : à côté de chaque article il doit marquer les Soldats qui font morts, & ceux qui ont déferté; faire mention des enrôlemens; tenir en un mot un état exact de tout ce qui concerne le Régiment. Ces Regiftres font publics & font foi, non-feulement dans les Troupes, mais auffi dans les tribunaux Ordinaires.

Les Majors, dans différentes occafions, font des procès verbaux, dreffent des informations. Dans les Confeils de guerre, ils prennent des conclufions, & font tous les requifitoires qu'ils jugent convenables pour la manutention de la police & difcipline militaire.

Quand un Officier meurt dans une Place de guerre, c'eft au Major de la Place qu'il appartient, privativement aux Juges ordinaires, d'appofer le fcellé fur ces effets, d'en dreffer l'inventaire, & d'en faire faire la vente à l'encan, après un ban public au fon du tambour. Le même droit appartient aux Majors des Régimens, lorfqu'ils font en campagne; car alors le Major du Régiment, comme chargé de la police, fait publier à la tête du camp la vente de fes équipages.

Après que cette vente eft faite à l'encan, de l'argent qui en provient on paye ce que l'Officier pouvoit devoir dans l'armée & dans le Régiment : on congédie fes Domeftiques, pour débarraffer l'Armée de bouches inutiles. Ce qui refte du furplus, les dettes acquittées, fi l'Officier décedé a fait un teftament, eft remis par le Major à l'exécuteur teftamentaire, qui paye les legs, fans avoir befoin pour cela du confentement des héritiers, où il fait tenir de l'argent aux héritiers du défunt, quand il eft mort *inteftat*.

Enfin ce qui marque encore la foi & la confiance publique qui réfulte de la fonction des Majors, c'eft que dans l'art. 27. de l'Ordonnance des Teftamens, de l'année 1735. ils font expreffément nommés pour recevoir les teftamens, codicilles & autres difpofitions à caufe de mort, de tous ceux qui fervent dans les Armées; enforte que cet article leur accorde à cet égard le même degré de pouvoir qu'aux Notaires, & autres Officiers publics.

MAJORAT, eft une difpofition par laquelle une perfonne, dans la vûe de conferver le nom, les armes & la fplendeur de fa maifon, laiffe fes biens ou un immeuble à une famille, pour y être déféré par ordre fucceffif perpétuellement en en-

tier à l'aîné le plus proche. Ce nom a été donné à ces fortes de fidéicommis & fubftitutions perpétuelles, parce qu'elles affurent les biens du teftateur à ceux de fa famille qui font & feront fucceffivement *natu majores*.

Le majorat eft au fidéicommis, ce que l'efpece eft au genre; c'eft-à-dire, que tous les majorats font des fidéicommis, mais que tous les fidéicommis ne font pas des majorats. Qu'on propofe un fidéicommis graduel, fucceffif, perpétuel, fait à la famille, indivifible & deftiné pour l'aîné, fe ce fera un majorat; mais toute autre efpece de fidéicommis n'en aura ni le nom, ni les effets, & pourra être tout au plus un majorat improprement dit.

Comme on peut faire des fidéicommis, fans fe fervir du terme de fidéicommis, on peut auffi faire des majorats fans fe fervir du terme de majorat.

Nos livres font remplis de l'explication des conjectures qui font décider qu'un teftateur a fait un fidéicommis. Tous les Auteurs qui ont traité des majorats, s'expliquent fur les conjectures qui peuvent auffi fervir à décider qu'un teftateur a fait un majorat.

Les majorats ont commencé en Efpagne; aujourd'hui il y en a en Italie & dans d'autres pays; nous en avons même quelques-uns dans la Franche-Comté, qui, comme tout le monde fçait, a été confervé dans tous fes droits & privileges, lorfqu'elle a paffé au Royaume de France.

Le droit civil contient des difpofitions touchant les conditions & les charges qui font l'économie des majorats.

La véritable origine des majorats d'Efpagne, fe tire de quelques Loix particulieres, faites du tems de la Reine Jeanne en l'année 1505, dans une Affemblée des Etats qui fut tenue à Toro, Ville d'Efpagne au Royaume de Leon. *Voyez* ce qu'a dit à ce fujet Gomez, dans le fçavant Traité qu'il a fait fur les Loix faites à Toro.

Depuis, pour terminer les différens qui fe préfentent aux fujets des majorats, on a toujours fuivi les Loix faites à Toro. Au défaut de ces Loix : on a recours à celles que le Roi Alphonfe fit en l'année 1251, pour régler la fucceffion de la Couronne, qui eft un majorat. Enfin toutes ces Loix cédent à la volonté du teftateur, qui peut y déroger, ainfi que les Loix faites à Toro le portent expreffement.

Pour faire un majorat en Efpagne, il n'eft pas befoin d'avoir la permiffion du Prince, que lorfqu'on défire ériger fes biens en majorat de dignité.

De droit commun, les majorats font des fubftitutions perpétuelles. S'il y en a qui ne le foient pas il faut que cela provienne de la volonté précife & expreffe du teftateur, qui ait déclaré en termes formels qu'au défaut de certaines perfonnes, en faveur defquelles il fait le majorat, il veut & entend qu'il foit éteint.

De ce que le majorat emporte avec foi, & fans autre expreffion, la vocation de la famille à perpétuité, s'enfuit,

I°. Que la difpofition de la Novelle 159. qui limite

limite à quatre générations la prohibition d'aliéner n'a pas lieu dans les majorats.

II°. Que non-seulement les descendans, mais encore les collatéraux, qui descendent d'une souche commune, soit de la cognation, soit de l'agnation y sont appelés. Ainsi, la perpétuité qui est naturelle au majorat, fait qu'au défaut de la ligne descendante, le plus proche d'entre les collatéraux, y est admis, fut-il au milliéme degré de la cognation ; de même que le plus proche d'entre les collatéraux, fut-il au milliéme degré de la cognation, est appellé à la Couronne d'Espagne ; à moins qu'il ne paroisse par une clause expresse que la testateur a borné ses vûes à l'agnation : c'est-à-dire aux mâles de sa famille qui en portent le nom.

III°. Que les vocations particulieres de certaines personnes, faites nommément dans un majorat, ne les limitent point ; elles donnent seulement la préférence aux personnes de la famille qui sont nommées, pour celles qui ne le sont pas ; & comme celles-ci ne sont pas exclues par la vocation des autres, elles sont admises dans leur rang, suivant leur proximité, à succéder au dernier décédé de ceux qui étoient nommément & spécialement appellés au majorat.

La raison est que ces vocations particulieres ne peuvent restraindre la vocation générale qui résulte de la fondation du majorat ; & s'il se trouve dirigé à de certaines personnes, & fait spécialement en leur faveur ; quand le testateur n'a pas expressément déclaré vouloir qu'au défaut de ces personnes les majorats soient éteints, il est toujours censé fait à toute la famille, & la vocation n'est point restraintes aux seules personnes dénommées.

Quelque nomination de personnes que l'on fasse, elle n'opere qu'une préférence, & jamais d'exclusion: c'est pourquoi après l'extinction des personnes nommées spécialement, ou en termes collectifs, le majorat passe au plus proche du dernier décédé.

La raison est, que quoique le testateur n'ait appellé nommément que quelques personnes de la famille, il a du moins pensé en général à toutes les personnes qui en font, ou qui en seront ; & ce n'est pas alors par une extention qu'on admet au majorat, ceux de la famille qui ne sont pas spécialement appellés au majorat, mais par une compréhension qui a son principe dans l'intention du testateur, & dans la raison qui l'a déterminé à faire un majorat.

Ainsi, quand le testateur a défendu toutes sortes d'aliénations, qu'il a déclaré vouloir conserver sa maison, son nom & ses armes, ce font les dispositions qui équipollent à la fondation d'un majorat, & qui renferment une vocation expresse & litterale de sa famille entiere. Quoiqu'il n'appelle expressément que quelques personnes de sa famille, il est censé n'avoir considéré les personnes nommées, qu'autant qu'elles pourroient contribuer à l'accomplissement de ses vœux, sans exclure à leur défaut les autres personnes de sa parenté.

De ce que le majorat est un droit spécial & particulier, attaché à l'aîné le plus proche, suivant l'ordre successif, sans distinction d'agnation ou de cognation, ni de sexe, il s'ensuit,

I°. Que lorsque le testateur ne s'est pas expliqué sur les dévolutions du majorat, on suit l'ordre de succéder ab intestat.

II°. Que les femmes y sont appellées, à l'exemple de la succession du Royaume d'Espagne, qui est le modéle des majorats.

En effet, le majorat est laissé à la famille entiere, & comme les femmes sont comprises dans la famille, elles sont appellées au majorat : de maniere néanmoins que comme les majorats sont indivisibles ; en parité de dégré, & dans la même ligne, le mâle est préféré à la femme.

Mais comme c'est un principe certain, que l'on ne doit pas passer de la ligne directe à la collatérale, sans avoir épuisé la directe ; ni d'une branche à une autre, sans avoir épuisé celle où est le majorat ; la fille du dernier possesseur est toujours préférée au mâle de l'autre ligne ou d'une autre branche.

Il faut excepter le cas où le fondateur du majorat en auroit exclu les femmes en faveur des mâles plus éloignés ; car alors la fille du dernier possesseur est exclue en faveur du mâle, qui lui est préféré en vertu de la volonté du testateur, qui peut sur ce point déroger au droit commun des majorats.

Pour que dans les majorats les femmes soient exclues en faveur des mâles plus éloignés, il n'est pas nécessaire que le testateur ait prononcé en termes formels cette exclusion ; il suffit qu'il ait fait connoître que telle étoit sa volonté par des simples conjectures ; comme si le testateur n'appelle que les mâles aux majorats ; s'il met la qualité de mâle pour servir de régle générale ; si dans une vocation de mâles il y joint la clause, que dans tous les cas & degrés l'on succédera de la même maniere.

Le terme indefini de mâles comprend les mâles descendans par femmes, à moins que le seul objet du testateur n'ait été, en faisant le majorat, de conserver l'agnation.

Mais cela ne se présume pas, & se doit prouver par une clause qui manifeste en termes exprès que telle a été la volonté du testateur ; car celui qui fait un majorat, n'est jamais réputé avoir uniquement pensé à la conservation de l'agnation, & avoir limité le majorat aux mâles descendans des mâles, que quand il en a fait une déclaration précise.

La raison est, que la cause qui détermine ordinairement une personne à faire un majorat, est la conservation de son nom & la splendeur de sa maison: ainsi on ne peut pas dire que ce soit la pensée de conserver l'agnation.

Cette derniere idée est trop bornée, pour remplir les vastes objets de ceux qui fongent à immortaliser leur nom : c'est pourquoi on ne présume jamais qu'ils ayent eu la volonté de limiter leurs majorats à l'agnation, ou à la simple masculinité : il faut pour cela qu'ils en ayent fait, lors de la fondation du majorat, une déclaration précise en termes formels.

Ceux qui voudront avoir une connoissance parfaite des majorats, n'ont qu'à lire l'excellent Traité qu'a fait Molina, sur l'origine des Majorats d'Espagne, où la plus pure doctrine des majorats est renfermée : aussi cet Ouvrage a-t-il été regardé avec raifon comme un chef d'œuvre, & plufieurs de nos Auteurs les plus renommés le citent, même en matiere de fidéicommis.

Suivant la Doctrine de cet Auteur, la repréfentation a lieu dans les majorats, foit dans la ligne directe, foit dans la ligne collatérale : droit fpécial & particulier, qui caractérife ces fortes de fubftitutions ; au lieu que dans les fidéicommis ordinaires la repréfentation n'a lieu tout au plus que dans la ligne directe, & n'eft point abfolument admife.

Quelques-uns tiennent qu'il feroit à fouhaiter, que le majorat fût établi en France, au lieu des fubftitutions, qui ne font que des pépinieres de procès.

Voyez ce qui eft dit du majorat dans le douzieme tome des Caufes célébres, pag. 436. & fuiv.

MAJORITÉ, eft l'âge où font parvenus ceux & celles qui ont paffé le dernier moment de leur vingt-cinquieme année, pour les femmes comme pour les hommes.

Nous avons néanmoins quelques coutumes où la majorité eft plus avancée. Celles de Reims, Châlons, Amiens, Péronne, Normandie, Anjou & Maine, réputent les enfans majeurs à vingt-ans. Celles de Pontieu & Boulenois avancent la majorité des mâles à l'âge de quinze ans, & des filles à un moindre âge.

Cette majorité avancée, appellée *majorité coutumiere*, ne regarde que l'adminiftration des biens, la difpofition des meubles, & la faculté d'efter en Jugement ; mais pour aliéner les immeubles, en difpofer & les charger d'hypotheques, fans pouvoir revenir contre telles aliénations par le bénéfice de reftitution en entier, l'âge de vingt-cinq ans accomplis eft néceffaire dans toutes les Provinces de ce Royaume.

Il faut dire auffi que la majorité dont il eft parlé dans les Ordonnances royaux, fur le fait de la validité des mariages contractés par des fils de famille, fans le confentement de leurs pere & mere, ne s'entend que de l'âge de vingt-cinq ans.

Ainfi dans les coutumes qui réputent les enfans majeurs à vingt-ans, ils ne peuvent pas pour cela valablement contracter mariage fans le confentement de pere & mere avant la majorité ordinaire, qui eft de vingt-cinq ans accomplis. *Voyez* Blondeau, dans fes additions à la Bibliotheque canonique, tome 1. page 5. & Soefve, tom. 1. cent. 3. chap. 70.

Cet âge de vingt-cinq ans accomplis eft expreffément requis par les Loix, pour les tutelles & curatelles, & pour remplir les Charges de Judicature ; en forte qu'un mineur ne peut pas y être admis fans difpenfe. Il en eft de même des Charges de Notaires, & de celles de Procureurs, Greffiers & autres Offices publics.

Il nous refte quelques obfervations à faire fur la *majorité coutumiere*.

La première, que cette majorité doit être réglée par la Coutume du lieu de la naiffance, & non pas par celle du domicile.

La deuxieme, que cette majorité légale s'établit fans avis de parens, & fans aucun miniftere de Juftice, & donne la faculté de contracter vala-

blement. Néanmoins dans la Coutume de Normandie on a coutume de prendre du Juge un acte de *Paffé âge*, pour la notoriété de fa majorité, & cet acte ne fe doit accorder par le Juge, qu'après qu'il lui eft apparu par une preuve valable de la naiffance & de l'âge de vingt ans accomplis.

La troifieme, que cette majorité coutumiere donne à la vérité le pouvoir d'aliéner les immeubles ; mais elle n'exclut point le bénéfice de reftitution ; lorfqu'il y a léfion dans la vente. *Contractus non eft nullus ; venit autem annullandus, non tam ex capite minoris ætatis, quam ex læfionis capite.*

Cette majorité peut être regardée comme une efpece d'émancipation légale, qui n'empêche pas le Bénéfice de reftitution en entier, fuivant l'Apoftille de M. Charles Dumoulin, fur les articles 154. de la Coutume d'Artois, 37. de celle de Lifle, & 142. de celle d'Amiens. *Voyez* M. le Prêtre cent. 3. chap. 47. Peleus, liv. 4. de fes Actions forenfes, chap. 29. Soefve, tom. 1. cent. 2. chap. 81. *voyez* auffi l'Arrêt du 8. Août 1684. rapporté dans le Journal des Audiences.

MAJORITÉ DES FILLES. Les filles font pour certains égards, cenfées majeures quand elles font mariées. Par exemple, lorfqu'un legs eft fait à une fille pour en jouir quand elle fera venue à fa majorité, cette fille eft en droit de jouir du legs dès qu'elle eft mariée.

Un pere qui doit jouir des biens de fes enfans jufqu'à ce qu'ils foient en majorité, ceffe d'avoir la jouiffance de ceux de fes filles, fi-tôt qu'elles font mariées. Papon, liv. 17. tit. 3. nomb. 13.

Une femme qui avoit donné à fon gendre, par fon contrat de mariage, la jouiffance de certains héritages, jufqu'à ce que fon autre fille fût venue à fa majorité ; fut déclaré quitte de fa promeffe dès le jour que fon autre fille fut mariée. Papon, liv. 17. tit. 3. nomb. 13.

MAJORITÉ PAR L'ANCIENNE COUTUME DE LA FRANCE, étoit fixée à quatorze ans, Loyfel, liv. 1. tit. 1. régle 34.

Comme l'âge parfait étoit anciennement à quatorze ans, ceux qui l'avoient atteint pouvoient valablement contracter, dit M. Lauriere fur cette regle, & efter en Jugement, du moins en Cour laye. Mais comme cette Jurifprudence étoit préjudiciable aux jeunes gens, elle fut abolie dans plufieurs de nos Coutumes.

Dans quelques autres où ils font demeurés majeurs à quatorze ans, on ne leur a laiffé que la difpofition de leurs meubles, & l'on a voulu qu'ils euffent vingt années pour difpofer de leurs immeubles, encore leur a-t-on donné le bénéfice de reftitution.

Il nous refte de cet ancien droit, qu'en plufieurs de nos Coutumes la garde noble dure aux mâles jufqu'à vingt ans, & aux fémelles jufqu'à quinze ans accomplis ; & la garde bourgeoife aux mâles jufqu'à quatorze ans, & aux fémelles jufqu'à douze ans finis.

MAJORITÉ DU ROI, eft définie en France à quatorze ans commencés, c'eft-à-dire que dès que le Roi eft entré dans fa quatorzieme année, il eft majeur.

Jufqu'à Charles V. il n'y a rien eu de certain touchant la majorité des Rois de France ; les uns avoient été majeurs plutôt, les autres plus tard.

La fageffe de Charles V. lui faifant prévoir les malheurs qui pouvoient arriver de cette incertitude, fur l'âge auquel fon fils & fes fucceffeurs pourroient être reconnus majeurs, lui fit rendre un Edit perpétuel & irrévocable, par lequel il déclara qu'à l'avenir les Rois de France ayant atteint l'âge de quatorze ans, prendroient en main le gouvernement du Royaume, recevroient la foi & hommage de leurs Sujets, & des Archevêques & Evêques ; en un mot, qu'ils feroient réputés majeurs, comme s'ils avoient vingt-cinq ans.

Cet Edit, daté de Vincennes au mois d'Août 1374. fut vérifié en Parlement, le même Roi tenant fon Lit de Juftice, le 20. Mai fuivant.

Il y a eu depuis plufieurs autres Edits & Déclarations, qui portent la même chofe.

Quand le Roi eft entré dans fa quatorzieme année, il tient un Lit de Juftice au Parlement, où il fait publier fa majorité ; mais, comme l'a remarqué M. Dupuy dans fon excellent Traité de la Majorité de nos Rois, & des Régences du Royaume, les Rois pourroient fe difpenfer de cette Déclaration, qui n'eft qu'une pure cérémonie, & non pas une condition abfolument requife ; parce que la Loi qui fixe la majorité des Rois de France à quatorze ans commencés, eft précife, & a été obfervée exactement. D'ailleurs, perfonnes en France n'ignore le jour de la naiffance du Roi, & le tems auquel, fuivant l'Edit de Charles V. il eft réputé majeur de plein droit. • Voyez le Traité de M. Dupuy, de la Majorité de nos Rois ; & le Code de Louis XIII. où l'Ordonnance de Charles V. que nous venons de citer ci-deffus, eft rapporté avec des Commentaires. Voyez auffi, la majorité du Roi, ce qu'en a dit M. Lauriere fur Loifel, liv. 1. tit. 1. regle 34. & Dolive, en fes Actions forenfes, part. 1. act. 1. & les notes.

MAJORITÉ FÉODALE, eft définie en l'art. 32. de la Coutume de Paris, qui porte que tout homme tenant fief eft tenu & réputé âgé à vingt ans, & la fille à quinze ans accomplis, quant à la foi & hommage, & charge de fief. Voyez ce que j'ai dit fur cet article.

MAIRE ou MAJEUR, quafi major populi, qui præfidet aliis, eft en plufieurs endroits celui qui eft le Chef de la Jurifdiction de la Ville, comme eft à Paris M. le Prévôt des Marchands.

Ce terme Maire fignifie auffi quelquefois bas Jufticier, & Mairie fignifie baffe Juftice.

A l'égard des Maires, en tant qu'ils font dans certaines Villes du Royaume à la tête des Echevins, voyez l'Ordonnance de Moulins de 1566. art. 71. Mornac, ad Leg. unic. ff. fi quis jus dicenti non, &c. & Dolive, liv. 1. chap. 37.

L'Edit du mois d'Août 1692. porte nouvelle création des Maires dans toutes les Villes du Royaume, à l'exception de Paris & de Lyon, où les Prévôts des Marchands font nommés en la maniere accoutumée : ils jouiffent des mêmes droits

dont les autres Maires, Jurats, Confuls, Capitouls, Prieurs, premiers Echevins, ou autres faifant leurs fonctions fous d'autres titres, jouiffoient auparavant.

Ils convoquent les Affemblées de Ville, & y préfident ; ils y reçoivent le ferment des Officiers qui ont été élus, & préfident à l'examen, audition & clôtures des comptes qui fe rendent de l'adminiftration des affaires de la Ville.

Ils connoiffent de l'exécution de l'Ordonnance en forme de réglement du mois d'Août 1669. concernant les Manufactures, & de toutes les matieres dont les Officiers qui ont fait leurs fonctions avoient droit de connoître.

Touchant les droits & Offices des Maires, il a été rendu depuis plufieurs Arrêts du Confeil d'Etat & Edits, qui font rapportés dans le Dictionnaire de M. Brillon.

MAIRE DU PALAIS, étoit, fous la premiere & feconde race de nos Rois, le Lieutenant général par-tout le Royaume. C'étoit d'abord le Grand-Maître de la Maifon du Roi, qui avoit commandement fur tous les Officiers Domeftiques, & qui fut appellé Maire du Palais par abbréviation, au lieu de Maître du Palais.

La grandeur des Maires commença à s'accroître fous le regne de Clotaire II. Mais la foibleffe des derniers Rois de la premiere race ne contribua pas peu à leur aggrandiffement.

Ce fut alors qu'ils s'attribuerent le maniement des affaires de la Guerre, de la Juftice, de la Finance & le gouvernement de la Maifon du Roi. Ainfi, comme dit Aimon le Moine, lib. 4. cap. 35. Palatium cum Regno gubernabant.

Ils commandoient aux Ducs & aux Comtes qui étoient les Gouverneurs des Provinces ; ce qui fit qu'on les appella Ducs des Ducs, ou fimplement Ducs de France.

Les Rois de la feconde race ayant compris combien il étoit dangereux de confier une fi grande autorité à une feule perfonne, abolirent l'Office de Maire du Palais.

Ils en partagerent donc les fonctions, & créerent les quatre grands Officiers de la Couronne. Ils donnerent le commandement des armées au Connétable, l'adminiftration de la Juftice au Chancelier, le maniement des Finances au grand Tréforier, & l'intendance de la maifon du Roi au Sénéchal, qui s'eft depuis appellé Grand-Maître. • Voyez Pafquier, liv. 2. chap. 11. & Loifeau liv. 1. chap. 1. in fine, & liv. 4. chap. 1. Voyez auffi le Traité qu'a fait M. Petitpied, du droit & des prérogatives des Eccléfiaftiques dans l'adminiftration de la Juftice féculiere, chap. 8. & de la Bibliotheque hiftorique de la France, par le pere le Long, page 578.

MAIRIE, fignifie la qualité ou Office de Maire, laquelle en plufieurs endroits annoblit.

Quelques Fiefs font appellés Mairies, ou Fiefs bourriers. Il y en a plufieurs au pays Chartrain. Ces Mairies font inhérantes à certaines terres, & ne confiftent qu'en certains droits & émolumens fans domaine.

MAISON DE FORCE. On entend par maifon de

force , celles qui servent à la correction des fils de famille débauchés , & des femmes libertines.

MAISON FORTE. Le Droit Romain , conformément à la liberté naturelle , permettoit à chacun de fortifier sa maison pour sa défense, pourvû que ce ne fût point sur la Frontieres.

Par un usage généralement reçu dans ce Royaume , nul, de quelque qualité qu'il soit, ne peut bâtir à fossés , à douves , à pont-levis , à carneaux & à canonieres , sans la permission du Seigneur Haut-Justicier. Il faut néanmoins distinguer entre le Seigneur de Fief, & le simple Censier.

Le premier peut bâtir Château & se fortifier , irrequisito Domino , pourvû qu'il n'ait pour objet que sa défense , & n'agisse point par un esprit d'émulation contre son Seigneur supérieur.

Mais celui qui tient un héritage en censive , ne peut jamais bâtir forteresse sans le consentement de son Seigneur. Voyez Salvaing , part. 1. chap. 44. & M. le Prêtre , cent. 2. chap. 51.

MAISONS ROYALES , sont celles non seulement où le Roi fait son habitation ordinaire , mais encore toutes celles où sa majesté loge par occasion de promenade ou de voyage.

Comme elles sont très-respectables , ceux qui violent le respect qui leur est dû, soit en y faisant quelque vol , ou en y commettant quelque crime , sont punissables de mort.

Ces maisons servent d'asyle à ceux qui pourroient être poursuivis pour dettes ou pour crimes ; c'est pourquoi il n'est pas permis de les y prendre au corps , à moins que ce ne fut en vertu d'une ordre du Roi.

Celui qui auroit commis un vol dans une Maison royale , doit être puni de mort, comme il est porté dans les Déclarations des premiers Novembre 1530. 15. Janvier 1677. & 7. Décembre 1682.

MAISONS DES VILLES , sont celles où se tiennent les Assemblées des Maires & Echevins , Consuls , Prévôts des Marchands , où se tient le Tribunal de la Jurisdiction consulaire & municipale. Voyez ce que j'ai dit sur la lettre H , de l'Hôtel de Ville de Paris.

MAISTRE , est le propriétaire d'un bien dont il peut disposer.

Ce terme est aussi attribué à certains Chefs & Officiers , qui ont quelque commandement, quelque pouvoir d'ordonner.

Voyez la Loi 57. ff. de verbor. signif.

MAISTRES DES COMPTES , sont des Officiers du premier ordre de la Chambre des Comptes , qui sont Juges de toutes les affaires qui se rapportent à la Chambre , tant par l'un d'eux, que par les Correcteurs & Auditeurs.

Ils ont droit de rapporter toutes les Requêtes , à l'exception de celles qui sont du rapport des Auditeurs : ils ont seuls le droit de procéder aux informations des Officiers récipiendaires , Comptables , ou autres , dans l'étendue de leur ressort , & à toutes les informations qui se font par ordre de la Chambre.

Voyez Chambre des Comptes.

MAISTRES DES REQUESTES , sont des Magis-

trats dont les fonctions ordinaires sont de rapporter les Requêtes , & instances , tant au Conseil d'Etat , qu'au Conseil privé , ou des Finances , & qui outre cela servent à la Chancellerie , & enfin exercent une Jurisdiction aux Requêtes de l'Hôtel.

La fonction de ces Officiers , dont l'institution est plus ancienne que celle du Parlement, étoit anciennement de recevoir les plaintes & les Requêtes présentées au Roi , de les examiner, & d'en faire le rapport à Sa Majesté. C'est pour cette raison qu'ils furent appellés Clercs & Référendaires des Requêtes. On les nomma aussi Suivans les Cours , parce qu'ils étoient toujours à la suite de la Cour , près de la personne du Roi.

Ils ont succédé à ces Envoyés , appellés , Missi Dominici , qui étoient des personnes de distinction , tirés le plus souvent des Conseils du Prince , & qui étoient envoyés dans les Provinces , avec un pouvoir souverain. Voyez Missi Dominici.

Les Maîtres des Requêtes ne furent d'abord que deux , ensuite quatre ; & la grande autorité qu'ils avoient , leur fit donner le nom de Maître des Requêtes , depuis qu'on s'apperçut que le bon ou mauvais succès des Requêtes dépendoient d'eux , quasi Magistri Libellorum supplicum.

On les appella aussi Maître des Requêtes de l'Hôtel , ou Juges de la porte de l'Hôtel du Roi , parce qu'ils étoient logés au Louvre , comme étant du nombre des Commensaux de sa Maison, lesquels après M. le Chancelier , étoient les Chefs de la Justice.

Ils étoient toujours auprès de la personne du Roi , & assistoient tant au Conseil , qu'à la Chancellerie , pour l'expédition des grandes affaires.

On ajouta dans la suite quatre autres Maîtres des Requêtes aux quatre qui étoient déjà , & ces huit ordinaires sont demeurés seuls jusqu'en l'an 1344. qu'il en fut créé un autre. Ils furent depuis multipliés , de maniere qu'ils ont été jusqu'au nombre de soixante-douze.

Louis XIV. en ajouta huit en 1674. & huit autres en Février 1689. ce qui fait quatre-vingt-huit Maîtres des Requêtes ; & comme ils servent par quartier , ce sont vingt-deux à chaque.

Ainsi les Maîtres des Requêtes sont présentement distribués en quatre quartiers , & servent alternativement de six mois en six mois , sçavoir , trois mois aux Requêtes de l'Hôtel , & trois mois au Conseil du Roi.

C'est M. le Chancelier qui est leur Chef au Conseil , & qui y préside ; mais aux Requêtes de l'Hôtel , c'est le Doyen de Messieurs les Maîtres des Requêtes , qui préside le premier quartier , & le premier mois des autres quartiers ; au lieu duquel dans ces trois quartiers , le plus ancien Maître des Requêtes de chaque quartier préside.

Pour parler avec ordre de la fonction des Maîtres des Requêtes , il les faut considérer par rapport au Conseil , & par rapport à la Jurisdiction qu'ils exercent aux Requêtes de l'Hôtel.

La plus ancienne & principale fonction des Maîtres des Requêtes , a été de recevoir les Requêtes des Parties , de les représenter au Roi, & d'en faire le rapport à Sa Majefté en fon Confeil.

Ce droit leur a été confervé par l'art. 33. de l'Ordonnance d'Orléans, qui défend aux Préfidens & Confeillers des Cours & autres, de rapporter aucune Requête au Confeil, voulant que ce foit les Maîtres des Requêtes, comme étant les feuls Rapporteurs au Confeil devant le Roi, ou M. le Chancelier.

Les Maîtres des Requêtes ont encore des Commiffions extraordinaires dans les Armées & dans les Provinces, avec la qualité d'Intendans de Juftice, Police & Finances.

En qualité d'Intendans, ils préfident dans tous les Préfidiaux des Généralités où ils font départis. Ces Intendances que le Roi leur donne, font des Commiffions qui les fubftituent en la place de Sa Majefté, pour faire exécuter fes ordres, & obferver la Juftice, la Police & les Réglemens qui regardent les Finances.

Ainfi les Maîtres des Requêtes, en qualité d'Intendans, repréfentent la perfonne du Roi dans toutes les Provinces du Royaume. C'eft à eux qu'appartient le pouvoir de maintenir les Sujets du Roi dans l'obéiffance, à faire exécuter fes ordres, & pourvoir au bien & au repos public.

L'origine des Intendances vient de ce que les Baillifs & Sénéchaux négligerent leur premiere fonction qui étoit de vifiter les Provinces, foit à caufe de l'inftitution des Parlemens qu'ils avoient pour fupérieurs, foit à caufe des emplois qu'ils avoient près la perfonne du Roi, & en l'armée.

Cela fut caufe que les Maîtres des Requêtes furent envoyés en leur place; de maniere que dans les commencemens ils jugeoient en dernier reffort les appellations des Ducs & Comtes, qui auparavant s'interjettoient devant le Roi, ou le Grand Duc de France ou le Maire du Palais.

C'eft de-là qu'eft venue la néceffité qui leur a été impofée de vifiter les Provinces, comme il eft écrit au même art. 33. de l'Ordonnance d'Orléans, qui leur enjoint de faire les chevauchées qu'ils font obligés de faire & de mettre entre les mains de M. le Chancelier, les procès verbaux de tout ce qu'ils feront chacun dans les Provinces de leur département; leur donnant pouvoir de recevoir toutes les plaintes des perfonnes dans les lieux qu'ils vifiteront, & de les inférer dans leurs procès-verbaux.

La même chofe a été encore ordonnée par les Ordonnances de Moulins, art. 7. & de Blois, art. 209. mais plus précifément par celle de Louis XIII. du mois de Janvier 1629.

Cette derniere Ordonnance porte, en l'article 58. que les Maîtres des Requêtes vifiteront les Provinces, fuivant le département qui fera fait tous les ans par M. le Chancelier ou Garde des Sceaux; qu'ils fe transporteront dans toutes les Cours de Parlemens, Bailliages & Sénéchauffées; y recevront les plaintes des Sujets du Roi, tant fur l'adminiftration de la Juftice, que pour raifon des levées & impofitions exceffives, que l'autorité des plus forts pourroit faire tomber fur les plus foibles : voulant que lefdits Maîtres des Requêtes informent d'office de tous ces abus & malverfations commi-

fes par les Officiers royaux, & autres chofes concernant le fervice du Roi, le bien public, & le foulagement du peuple ; & qu'ils rapportent le tout à M. le Chancelier ou Garde des Sceaux, pour y être pourvu.

Cette même Ordonnance du mois de Janvier 1629. article 58. enjoint encore aux Maîtres des Requêtes, dans la vifite qu'ils font des Provinces.

Iᵒ. D'obferver le traitement qui fe fait aux Sujets du Roi en l'impofition, levée & recette des tailles, exemptions & décharges indues.

IIᵒ. De fe faire à cette fin repréfenter tous rôles, regiftres & actes que befoin fera.

Cette même Ordonnance veut auffi, que pour reprimer les abus & contraventions qu'ils trouveront, leurs Jugemens & Sentences fur ce que deffus, foient exécutoires, nonobftant oppofitions ou appellations quelconques, & fans préjudices d'icelles, dont la pourfuite fera faite aux Cours où reffortiffent les Sieges, dont les Officiers ou autres Particuliers feront appellans.

Enfin cette Ordonnance leur enjoint de s'informer de quelle maniere les Bénéficiers s'acquittent dans leurs Provinces, de l'accompliffement de leurs Charges & Offices.

Les Maîtres des Requêtes qui font envoyés dans les Provinces, ont pour titre la qualité d'Intendans de Juftice, Police & des Finances. Comme tels ils opinent & prennent place en tous les Parlemens de France avant les Confeillers & Préfidens.

Dans tous les Préfidiaux, Bailliages & Sénéchauffées par où ils paffent, les Baillifs, Sénéchaux & Préfidens leur cedent la premiere place, comme à leurs Supérieurs.

Ils tiennent auffi le Sceau dans les Chancelleries de tous les Parlemens du Royaume où ils vont, & ils ne rendent compte qu'au Roi & au Confeil de tout ce qu'ils font pendant leur Commiffion.

Tout ce que nous venons de dire, fait affez connoître que cette dignité de Maître des Requêtes a toujours reçu de grands honneurs, tant par le droit d'approcher la perfonne du Roi, & de l'affifter en fon Confeil, que par les grands emplois qui ont été de tout tems donnés à ceux qui font pourvûs de ces Charges.

Les Maîtres des Requêtes fervent au Confeil d'Etat privé du Roi, ainfi qu'à la direction des Finances. Ils y ont voix délibérative, y rapportent les affaires dont ils font chargés, & fignent les minutes des Arrêts rendus à leur rapport.

Ils fervent auffi à la grande Chancellerie, où ils rapportent les Lettres en réglement de Juges, les évocations & autres Lettres de Juftice ; & M. le Chancelier leur demande leur avis fur les rémiffions qui lui font préfentées au Sceau.

Ils font du Corps du Parlement, & ont féance à la Grand'Chambre, tant aux Audiences qu'aux Confeils, après les Préfidens, & au-deffus des Confeillers; mais ils n'y peuvent venir qu'au nombre de quatre. A l'égard du droit d'Indult, ils l'ont tous comme les Préfidens & Confeillers du Parlement.

Par Edit du Roi Henry IV. du 12. Mars 1599.

Ils tiennent le petit Sceau de la Chancellerie du Parlement de Paris, fucceffivement par chacun mois, fuivant l'ordre de leur réception; & ils écoutent les rapports que leur font les Référendaires, pour l'admiffion des Lettres de Chancellerie qu'ils veulent faire fceller.

Les Maîtres des Requêtes ont une Jurifdiction dans l'enclos du Palais, appellée les Requêtes de l'Hôtel. Cette Jurifdiction eft ordinaire & extraordinaire.

Ils exercent l'ordinaire comme Juges inférieurs du Parlement ; & en cette qualité ils connoiffent en premiere inftance, par un droit d'attribution particuliere à eux accordée, des caufes des Princes, des Officiers de la Couronne, des Commenfaux de la Maifon du Roi, & autres perfonnes qui ont droit de Committimus, tant au grand qu'au petit Sceau.

Cette attribution qui leur a été faite par les anciennes Ordonnances, a été communiquée dans la fuite à Meffieurs des Requêtes du Palais, en forte que Meffieurs les Maîtres des Requêtes connoiffent aujourd'hui de toutes ces affaires concurremment avec eux. Ils n'en connoiffent pas en dernier reffort, mais à la charge de l'appel qui fe releve au Parlement.

A l'extraordinaire, ils connoiffent, & en dernier reffort, des différends qui naiffent pour raifon du titre des Offices royaux, tant de Judicature, Domaine, Tailles, Aydes, Gabelles, Traites, Impofitions, qu'autres, fans aucune exception; mais les différends qui naiffent entre Officiers pour le pas, ou pour d'autres prérogatives de leurs Charges, & généralement toutes les conteftations qui ne concernent point le titre de l'Office ne fe peuvent point porter aux Requêtes de l'Hôtel.

Ils connoiffent auffi à l'extraordinaire des Caufes que le Confeil privé ou d'Etat leur envoye, foit à caufe qu'elles ne regardent que la procédure, ou qu'elles ne font pas affez graves pour être traitées devant le Roi.

Ils connoiffent encore des appels interjettés, des Appointemens & Ordonnances données par un Maître des Requêtes en l'inftruction d'un Procès au Confeil, des forclufions, taxes & exécutoires des dépens adjugés par Arrêts du Confeil; comme auffi de tous les différends qui naiffent par rapport à l'exécution des Arrêts qui y ont été rendus, des demandes, en condamnation de frais & falaires des Avocats au Confeil, des défaveurs formés contr'eux pour avoir occupé au Confeil.

Enfin, ils connoiffent à l'extraordinaire de toutes les falfications des Sceaux de la grande & petite Chancellerie, & de tous les différends qui naiffent à l'occafion du Sceau; comme auffi des privilèges des Livres accordés aux Auteurs, ou aux Libraires & Imprimeurs.

Dans les matieres où les Maîtres des Requêtes jugent à l'extraordinaire, ils ne font point confidérés comme des Juges inférieurs au Parlement ; au contraire, leurs Jugemens font fouverains, nonobftant l'art. 99. de l'Ordonnance de Blois, qui porte que les Maîtres des requêtes ne pourront juger en dernier reffort aucuns procès.

Mais cet article n'eft point obfervé. Pour que les Maîtres des Requêtes jugent au fouverain, il faut qu'ils foient au moins au nombre de fept, & ils commencent leurs Jugemens par ces termes *Les Maîtres des Requêtes, fouverains en cette partie.*

Quand ils jugent au fouverain, on ne fe peut pourvoir contre leurs Jugemens que par Requête civile ; ce qui met une grande différence entre les Jugemens qu'ils rendent au fouverain, & ceux qu'ils rendent à l'ordinaire ; & ces derniers Jugemens font ainfi qualifiés pour marquer qu'ils ne font pas rendus en dernier reffort, mais que les appellations en font portées au Parlement.

Ce reffort d'appel a fait que ci-devant les Gens du Roi des Requêtes de l'Hôtel n'étoient connus que fous le titre de Procureur & Avocat du Roi, quoique dans les affaires au fouverain ils ayent le même droit que les Gens du Roi au Parlement.

Néanmoins depuis plufieurs années l'ufage s'y eft introduit de leur donner les mêmes titres qu'on donne à ceux du Parlement.

MAISTRES DES EAUX ET FORESTS. *Voyez* ci-deffus Eaux & Forêts.

MAITRISE PARMI LES MARCHANDS ET LES ARTISANS, eft la qualité qu'on acquiert quand on eft reçu Maître dans quelque corps, laquelle donne le droit & privilege d'avoir boutique, pour vendre des marchandifes, ou pour travailler à quelque manufacture.

Il faut être apprentif avant que d'être Maître.

Il n'y a que les Maîtres de Lettres qui ont privilege, des Maîtres d'apprentiffage & des fils de Maîtres, qui puiffent entrer dans le Corps des Marchands & Artifans.

Pour parvenir à la maîtrife dans quelque métier, il faut faire fon chef-d'œuvre en préfence des Maîtres & des Jurés.

Les Jurés ont droit de vifite fur les autres Maîtres, parmi les Artifans ; mais chez les Marchands, les Vifiteurs s'appellent les Maîtres & Gardes de métier.

Les veuves jouiffent du privilege de la maîtrife de leurs maris.

Les Maîtrifes jurées dépendent du droit de Police, & font partie des droits de la Juftice & du Domaine, & ne font pas des droits dépendans de la Couronne, qui appartient au Roi à l'exclufion des Seigneurs, puifque la Juftice & la Police font patrimoniales.

Ainfi, comme les Seigneurs peuvent prefcrire telles Loix de Police que bon leur femble en leurs terres, ils peuvent introduire les maîtrifes jurées, ou les bannir de leurs terres, & par conféquent faire des Maîtres par lettres, & les difpenfer du chef-d'œuvre, parce que l'un comprend l'autre, & qui peut le plus, peut le moins : c'eft pourquoi celui qui peut ôter la maîtrife entierement, peut bien difpenfer du chef-d'œuvre.

MALADRERIE, eft un lieu fondé pour retirer & affifter les malades, & particuliérement ceux qui font attachés de lépre. *Voyez* ce qui en eft dit dans le Dictionnaire de Trévoux, *verbo* Léproferie & *verbo* Maladrerie.

MALEFICE. Ce terme pris généralement, signifie toutes fortes de crimes ; mais dans une signification moins étendue, il fe prend pour l'action par laquelle on procure du mal, foit aux hommes, foit aux animaux & aux fruits de la terre en employant le fortilege, le poifon, ou autres chofes femblables.

Ce crime eft puni de différentes peines, fuivant le mal qu'il a procuré, & fuivant que les circonftances font plus ou moins aggravantes.

MALTOTE, eft une impofition extraordinaire, faite fans fondement, fans néceffité, & fans autorité légitime ; en un mot, c'eft une nouvelle levée qui fe fait à l'oppreffion du Peuple, fans aucune néceffité de l'Etat.

Ce terme vient de *malè tollere* ; d'où vient que l'on appelle encore maltotiers ceux qui donnent toutes fortes d'avis pour l'établiffement ou exaction de nouveaux droits à charge au Peuple, que le Miniftre a grande attention de fupprimer, quand il en reconnoît ou les abus, ou les inconvéniens.

MAL-JUGÉ. On entend par ce terme un Jugement rendu contre le droit de la partie qui a été condamnée.

Le mal-jugé donne lieu à l'appel, & les Juges fupérieurs doivent fur l'appel réformer le Jugement. Mais le mal-jugé prononcé par Arrêt ou Jugement en dernier reffort, ne donne point lieu à la caffation d'Arrêt, ni à la Requête civile. *Voyez* Caffation d'Arrêt, & requête civile.

MALVERSATIONS des Officiers, font les concuffions, les violences, ou les fauffetés que les Officiers commettent dans l'exercice de leur Charge. Ce crime eft plus ou moins grand, fuivant les circonftances, qui augmentent ou diminuent la peine de ces fortes de délits.

Les malverfations des Officiers royaux font mifes au nombre des cas royaux : c'eft pourquoi la connoiffance en eft interdite aux Juges des Seigneurs, qui n'ont aucun droit d'animadverfion fur ceux qui font au-deffus d'eux par le caractere dont le Souverain les a diftingués.

MANDAT, eft un contrat obligatoire de part & d'autre, qui fe forme par le feul confentement des Parties par lequel on charge d'une affaire, pour la gerer gratuitement, une perfonne qui confent volontiers d'en prendre le foin.

Ce contrat produit une obligation mutuelle, & par conféquent l'action qui en provient eft double, c'eft-à-dire que l'action qui provient du mandat, eft directe ou contraire.

La directe eft donnée au mandant, qui conclut *à ce que le mandataire foit tenu de lui rendre compte de fa geftion, & à réparer le dommage qu'il peut avoir caufé au demandeur.*

La contraire eft donnée au mandataire qui conclut *à ce que le mandant foit condamné de lui payer les impenfes qu'il a faites pour s'acquitter de fa commiffion, & à l'indemnifer des pertes qu'il a fouffertes à ce fujet.*

Voyez Procuration. *Voyez* auffi ce que j'ai dit dans la Traduction des Inftitutes, fur le tit. 27. du troifieme livre.

MANDATAIRE, eft celui qui gere les affaires de quelqu'un, en vertu de la procuration qu'il en a reçue.

Il doit s'acquitter de fa commiffion avec toute l'exactitude poffible : s'il eft chargé de recevoir ce qui eft dû à celui dont il eft mandataire, & auffi de payer ceux à qui il doit ; ce mandataire, en cas qu'il foit fon créancier, doit fe payer par fes mains de ce qui lui eft dû, & s'il étoit fon débiteur, il eft tenu de lui tenir compte de ce qu'il lui doit. *Nam qui alterius negocia adminiftranda fufcipit, id præftare debet in fuâ perfonâ, quod in aliorum. Leg.* 31. *ff. mandati. Voyez* Belordeau, lettre M, art. 12.

MANDÉ ET BLAMÉ, eft celui qui eft mandé par la Chambre du Confeil pour être blâmé de quelque crime, avec défenfe de recidiver.

Il différe donc de celui qui eft mandé & admonefté, lequel n'eft pas blâmé, mais feulement averti de ne point refcidiver.

Cette derniere peine n'eft point infamante, à la différence du blâme, qui eft une plus fevere correction, qui emporte infamie.

MANDEMENT, fignifie un ordre ou commiffion de faire quelque chofe.

Ce terme fignifie auffi une injonction de venir appellée *veniat* dont il eft parlé fous la lettre V.

MANDEMENT des Tailles, eft l'état, l'arrêté de ce qu'une Province doit payer des Tailles pour une année. Cet état eft arrêté au Confeil Royal, & enfuite envoyé aux Intendans, qui en font la répartition dans chaque Paroiffe, & qu'ils appellent affeoir les tailles.

MANIEMENT, fe dit des recettes du bien d'autrui, dont on a le gouvernement & la conduite.

MANOIR, eft une vieux mot qui fignifioit autrefois une maifon, un certain lieu fixe & diftingué, où un homme eft préfumé faire fa demeure. Ce terme n'eft plus aujourd'hui en ufage qu'en matiere de fiefs. *Voyez* Manoir principal, dont nous allons parler.

MANOIR principal, eft un Château, ou la Maifon principale d'un fief, deftinée pour l'habitation du Seigneur, où fe rendent ordinairement les foi & hommage par les vaffaux.

Ce lieu feigneurial appartient à l'aîné, & eft la principale partie de fon préciput féodal.

Manerium eft habitatio, cum certâ agri portione, à manendo dicta, Gallicè Manoir ; *quomodo in confuetudinibus noftris municipalibus vulgò accipitur pro præcipuâ feudi domo, quæ cum univerfo ipfius ambitu penes primogenitum effe debet.* Ducange, *hoc verbo.*

Voyez le gloffaire du droit François, *verbo* Manoir ; & ce que j'ai dit fur l'article 13. de la coutume de Paris glofe troifieme, où j'ai expliqué la plupart des queftions qui fe peuvent préfenter à ce fujet.

A l'égard de fçavoir fi dans l'aliénation des deux tiers du fief, le principal manoir peut y être compris, *voyez* ce que j'en ai dit fur l'article 51. de cette coutume, glofe deuxieme, nomb. 57.

MANUFACTURE, eft le lieu où l'on a ramaffé plufieurs Ouvriers pour travailler à une même forte d'ouvrage. Il y a une Déclaration du mois de Juillet 1667. portant réglement général fur les Manufactures.

MANUMISSION, dont il eft parlé dans le droit Romain, n'eft autre chofe que le don de la liberté, qu'un maître fait à fon efclave, en le mettant hors de fa main & de fa puiffance.

Comme la fervitude eft abolie en France, la manumiffion n'y peut pas avoir lieu : c'eft pourquoi, fans m'arrêter à en donner ici d'amples explications, je renvoie le Lecteur à ce que j'en ai dit dans ma Traduction des Inftitutes, fur le cinquième titre du premier Livre.

MANUSCRITS D'UN PARTICULIER, doivent appartenir à fon fils aîné, préférablement à fes freres & fœurs. Il n'en eft pas de même d'une Bibliotheque, c'eft un effet de la fucceffion qui doit faire le bien commun de tous les héritiers.

Voyez Jovet, *verbo* Manufcrit.

MANUTENTION, fignifie le foin que doivent avoir les Magiftrats & les Juges de faire obferver les Loix, le bon ordre & la police dans l'étendue de leur Jurifdiction.

MAQUERELAGE, fignifie l'infame commerce de proftitution de femmes & de filles.

Ce crime eft puni de différentes peines, fuivant les circonftances. Ordinairement ceux qui en font convaincus, font condamnés au fouet & à la fleur-de-lys, & au banniffement.

Ceux qui font convaincus d'avoir féduit & fuborné des femmes & filles d'honneur, par des ftratagémes & des manœuvres accompagnées de violences, font condamnés d'être pendus : ce qui eft d'autant plus jufte, que ceux qui ont dérobé de l'argent font punis de mort, à plus forte raifon doivent être punis de mort ceux qui ont fait perdre à une femme ou fille d'honneur ce qu'elle avoit de plus précieux.

Toutes les Républiques chrétiennes ont eu en horreur ces commerces infames introduits par le démon pour faire triompher l'impureté de l'innocence & de la pudeur. Si le crime d'adultere eft puniffable, celui qui en fournit les moyens eft non-feulement coupable du crime qu'il commet, mais auffi de celui qu'il fait commettre. Auffi plufieurs Docteurs tiennent, que *lenocinium gravius & majus eft crimen adulterio ; quia fcilicet adulter in fe tantum & in unam duntaxat fœminam peccat ; leno autem peccat ipfe, & duos pariter peccare facit ; & idcirco gravius puniendus eft. Leg. Athletas, §. Lenocinium ; ff. de infamiâ. Bartholus, ad Legem iis, qui reus ff. de publicis judiciis.*

Enfin, les Payens ont eu en horreur ce crime, puifque Lucien même le blâme très-fort.

Le Roi Charles IX. par fon Ordonnance rendue aux Etats d'Orléans, art. 101. défend expreffement tous bordels & brelans, ordonnant que ceux qui les tiendront foient punis extraordinairement.

Il y a une ancienne Ordonnance du Roi S. Louis de l'an 1254. qui ordonne que les femmes de mauvaife vie feront chaffées de toutes les lieux de fon Royaume, avec confifcation des maifons qui auront été

louées à des perfonnes infames ; *qui vero domum publicæ meretrici locaverit, volumus, quod ipfa domus incidat in commiffum.*

Le Pape Pie V. voulut chaffer toutes les femmes infames de la Ville de Rome ; mais cette entreprife ayant été trouvée de difficile exécution & de périlleufe entreprife, il ordonna qu'elles fe retireroient dans un certain quartier de la Ville ; ce qui s'obferve encore à préfent.

Sanctus Thomas, quæft. 2. art. 11. ait : In regimine humano illi qui præfunt rectè, aliqua mala tolerant, ne aliqua bona impediantur. Sanctus verò Auguftinus, in libro de ordine hæc verba protulit ; aufer meretrices de rebus humanis, turbaveris omnia libidinibus.

Voyez la Novelle 14. de Juftinien ; Julius Clarus, *in Pract. §. ult. quæft. 68.* Corards *in Pract. de lenonibus* ; Imbert, liv. 3. chap. 22. nomb. 19. & 22. le Code Henri, liv. 8. des Crimes art. 1. & 2. ce que j'ai dit ci-deffus, lettre F, en parlant des femmes proftituées.

MAQUIGNONS, font des efpeces de Proxenetes ou Courtiers qui fe mêlent de faire vendre & acheter des chevaux. *Voyez* le Dictionnaire de Brillon, au mot de Maquignons.

Marais, font des terres baffes & humides, couvertes d'eaux croupiffantes qui n'ont point de pente pour s'écouler. On appelle marais deffechés les terres qui étoient autrefois couvertes d'eaux que l'on a fait écouler en lui donnant de la pente & des décharges par plufieurs foffés & faignées. Enfin, on appelle marais falans, les lieux préparés pour faire le fel.

Voyez le Dictionnaire de Trevoux. *Voyez* auffi celui de M. Brillon, où il eft fait mention des Edits, Déclarations & Réglemens qui ont été faits pour le deffechement des marais.

MARC D'OR, eft un droit qui fe leve fur tous les Offices de France, à chaque changement de Titulaire.

Ce droit eft confidéré comme une efpece d'hommage & de reconnoiffance que les nouveaux Officiers rendent au Roi lorfqu'ils font pourvus de leurs Offices, à l'effet d'obtenir leurs provifions.

Comme tous les Officiers font également obligés à ce devoir, aucun n'eft exempt du droit qui fe paye en conféquence ; de forte qu'on n'expédie au Sceau aucunes provifions, fans que la quittance du Tréforier du Marc d'or y foit attachée.

Ce droit confifte en une certaine fomme payable au Roi par tous ceux qui font pourvus des Offices cafuels domaniaux, héréditaires, de Juftice, de Finance & de Police.

C'eft ce qu'on appelloit autrefois droit de provifions, ou droit de ferment, qui s'évaluoit par un ou plufieurs marcs d'or, ou par une portion d'un marc d'or, fuivant le prix de la charge. C'eft de-là qu'eft venue la dénomination de ce droit ; mais il a été depuis évalué en argent.

Par un Edit donné à Paris au mois de Décembre 1578. Henri III. Roi de France & de Pologne, inftitua l'Ordre du Saint Efprit, pour marque d'une éternelle piété & de la connoiffance qu'il dénroit
rendre

rendre à Dieu des bienfaits qu'il en avoit reçus, fur-tout au jour de la Pentecôte auquel il avoit été élu Roi de Pologne en 1573. & avoit fuccédé à la Couronne de France par le décès du Roi Charles IX. arrivée l'année fuivante le même jour de la Pentecôte.

Le Roi Henri III. lors de la fondation de l'Ordre du Saint Efprit , lui attribua par chaque année cent vingt mille écus d'or ; & le 7. Décembre 1582. il donna le droit du marc d'or à cet Ordre, pour partie defdits cent vingt mille écus.

Ce droit a été réuni au Domaine par Edit du mois de Janvier 1720. & par une Déclaration du 18. Mai 1721. l'Ordre du Saint Efprit a été rétabli en la jouiffance de ce droit, jufqu'à la concurrence de quatre cent mille livres de rente, & Sa Majefté s'oblige de payer tous les ans à l'Ordre du Saint Efprit ce qui pourroit y manquer de ladite fomme.

Voyez le Dictionnaire de M. Brillon.

MARCHAGE , eft une fociété que des Communautés d'habitans de Paroiffes voifines & limitrophes ont contractée enfemble, pour avoir droit de faire marcher & paître les beftiaux de part & d'autre fur les terres du village joignant.

MARCHANDISE. La faveur du commerce a fait que les enfans de famille & les femmes mariées font tenus pour autorifés de leurs peres & de leurs maris, en ce qui eft du fait des marchandifes dont ils s'entremettent à part & à leur fçû. Loifel en fes Inftitutes, liv. 1. tit. 1. art. 39. Sur quoi *voyez* les Commentaires de M. Lauriere ; Boniface, tom. 2. liv. 4. tit. 17. chap. 1.

Mais le fils du mineur non Marchand ne peut pas s'obliger pour marchandifes, à moins que le marchand ne prouve que le prêt de marchandifes par lui fait à un fils de famille, étoit pour fes befoins, & qu'il en a profité. Papon, liv. 12. tit. 4. nomb. 1. & 2. Taifand , fur la Coutume de Bourgogne, tit. 5. art. 3. nomb. 7. Chorier , en fa Jurifprudence de Guy-Pape , pag. 313.

Il eft auffi défendu aux marchands de prêter des marchandifes à des mineurs, fans le confentement de leurs tuteurs ou curateurs. *Voyez* Boniface, tom. 1. liv. 4. tit. 7. chap. 1.

Il faut excepter les mineurs qui font Marchands trafiquans, lefquels font tellement réputés majeurs pour le fait de leur négoce, qu'ils ne pourroient pas fe faire relever contre les engagemens qu'ils auroient contractés pour raifon de ce. Cambolas, liv. 5. chapitre 26. Catelan , liv. 5. chapitre 60. Boniface , tome 2. livre 4. titre 17. chapitre 1. & titre 8. chapitre 7. Soefve , tome 1. cent. 2. chapitre 43.

Ainfi un mineur marchand peut valablement s'obliger pour marchandifes concernant fon négoce , mais non pour autre chofe. Cela eft fi certain, qu'un mineur , quoique marchand , ne pourroit pas être caution d'un autre qui auroit pris de la marchandife à crédit chez un autre Marchand : *Nullá enim re magis læditur minor, quam fidejuffione ; quia fcilicet hâc cautione nihil ad eum pervenit. Voyez* les Commentateurs de la Coutume de Bretagne,

Tome II.

fur l'article 492. & Bouvot , tome 1. *verbo* Fidéjuffeur.

Il n'eft pas permis de conftituer une rente pour prix de marchandifes , à moins qu'il n'y ait quelque efpace de tems entre la vente de la marchandife , & la conftitution de rente , comme de trois ou quatre mois. *Voyez* Dumoulin , en fon Traité *de ufuris* , nomb. 225. & fuiv. le Prêtre, cent. 4. ch. 1. Chopin fur la Coutume de Paris , liv. 3. tit. 2. nomb. 14. Mornac , *ad Leg.* 25. *cod. de ufur.* Charondas, liv. 11. rép. 25. Papon, liv. 12. tit. 7. n. 8. & Jovet , *verbo* Rentes.

Un marchand eft préféré à tous autres créanciers fur la marchandife qu'il a vendue ; & en la faifant faifir, il n'eft point tenu de venir à contribution avec les autres pour raifon defdites marchandifes , quand elles font exiftantes. *Voyez* le Veft , Arrêt 137. Charondas, liv. 11. rép. 32. Montolon , Arrêt 51.

Sur l'appel d'une Sentence rendue par le Confervateur de Lyon , eft intervenu Arrêt au Parlement de Paris, le 21. Fevrier 1697. qui a jugé qu'un Marchand qui avoit vendu le fonds d'une boutique à terme, étoit privilégié fur ledit fonds de boutique, quoique renouvellé depuis la vente, & fourni de beaucoup d'autres marchandifes.

Prêt de marchandifes, ne rend pas jufticiable de la Jurifdiction des Confuls, à moins qu'il ne foit fait de Marchand à Marchand; auquel cas il emporte la contrainte par corps.

MARCHANDISE VICIEUSE. Quoiqu'il foit permis de fe fervir de fon induftrie pour vendre fes marchandifes bien cher, ou d'en acheter au plus vil prix, néanmoins il n'eft pas permis de tromper dans la chofe ; c'eft-à-dire , de vendre des marchandifes défectueufes , comme du bled , du vin , des étoffes , & autres chofes femblables. Ainfi le Marchand peut être en ce cas obligé de le reprendre par l'action redhibitoire, & d'en rendre le prix à moins que le vice & la défectuofité n'en eût été découverte à l'acheteur. *Voyez* Redhibitoire.

MARCHANDISE DE CONTREBANDE , eft celle dont le tranfport ou la vente font défendus.

Les marchandifes dont on ne peut trafiquer pour les tranfporter hors du Royaume, fans la permiffion expreffe du Roi , font les bleds , le paftel , les munitions de guerre , & les autres qui font fpécifiées par les Ordonnances. Et il eft défendu aux Confervateurs des Foires, & aux Maîtres des Ports, de les laiffer fortir du Royaume, fous des peines très-rigoureufes.

Voyez ci-deffus Contrebande.

MARCHANDISES JETTÉES DANS LA MER, EN CAS DE PERIL ET NAUFRAGE ÉMINENT. La perte de ces marchandifes doit être foutenue & réparée par tous ceux dont les marchandifes auroient été confervées.

Voyez ci-deffus Loi Rhodia.

MARCHANDS ET NEGOCIANS , ont quelque chofe de particulier pour les billets de change , contrainte par corps, & Jurifdiction confulaire.

On entend par Marchands & Négocians , tous

ceux qui s'immiscent dans les affaires du négoce, & qui sont dans l'habitude d'acheter pour revendre, afin de tirer de leur négociation un profit du trafic qu'ils font.

Il est juste que ceux qui font le même trafic & négoce que les Marchands & Banquiers, soient sujets aux mêmes Loix, & comme eux contraignables par corps.

Un Particulier qui n'est point Marchand, & qui ne se mêle point des affaires du négoce, pour tirer du profit de la marchandise ou de l'argent, n'est ni justiciable des Consuls, ni sujet à la contrainte par corps, pour raison d'aucun billet, soit au porteur, soit à ordre valeur reçue comptant, ou en marchandises.

Il n'y a que les Lettres de change, ou remises d'argent faites de place en place, qui puissent le soumettre à la Jurisdiction consulaire & à la contrainte par corps.

Les Marchands n'ont qu'un an pour demander ce qui leur est dû, pour raison des marchandises par eux fournies à des Particuliers; à moins qu'il n'y ait compte arrêté par les débiteurs. A l'égard des petits Marchands & des Artisans, ils n'ont que six mois.

Mais cette fin de non recevoir d'un an ou de six mois n'a pas lieu de Marchand à Marchand. *Voyez* Perchambault, sur l'art. 292. de la Coutume de Bretagne, l'art. 9. du tit. 1. de l'Ordonnance de 1673. Basset, tom. 1. liv. 2. tit. 29. chap. 8. Chorier en sa Jurisprudence de Guy Pape, pag. 313. Basnage, sur l'art. 534. de la Coutume de Normandie; l'Arrêt du Grand Conseil du 12. Juillet 1672. rapporté dans le Journal du Palais; & ce que j'ai dit sur l'art. 125. & suiv. de la Coutume de Paris.

Les Livres des Marchands font foi entr'eux en Justice, quand il n'y a point de preuve contraire qui résulte du registre de l'autre Marchand; quand il y en a, les circonstances doivent déterminer le Juge à juger en faveur de celui qui lui paroît être plus de bonne foi. *Voyez* Livres des Marchands.

Nous remarquerons seulement ici que le Livre de raison d'un Marchand, qui contient divers articles distincts & séparés, ne peut être divisé, & fait foi, *contra scribentem & pro scribente*, entre Marchands négocians en commun. Ainsi jugé au Parlement de Provence, par Arrêt du 29. Janvier 1681. rapporté par Boniface, tome 4. liv. 9. tit. 6. chap. 3.

Entre Marchands & négocians associés, il n'y a point de division ni de discussion; ils sont tous obligés solidairement. Et sont les Marchands réputés solidairement obligés, lorsqu'ils contractent de compagnie; ce qui est fondé sur le privilège & la sûreté du commerce.

Voyez Papon liv. 10. tit. 4. Nomb. 25. Charondas, liv. 8. rep. 38. Bacquet des Droits de Justice chap. 21. nomb. 248. 249. & 251. & en son Traité des transports des rentes constituées, chap. 26. nomb. 9. & suiv. Fachinæus, liv. 8. chap. 53. Boerius decis. 221. num. 13. & seq. Maynard, liv. 14. Charondas, liv. 8. rep. 38. la Peyrere lettre M,

nombre 16. Henrys, tome 2. liv. 4. chapitre 6. quest. 16.

Mais la solidité établie entre Marchands ne passe point à leurs héritiers, lorsque par l'acte elle n'est point stipulée expressément. La raison est, que cette société se trouve finie par la mort de l'associé. Bacquet, des Droits de Justice, chap. 21. nomb. 252. rapporte un Arrêt du 2. Juillet 1591. qui l'a jugé ainsi.

Il faut remarquer que l'on peut assigner tous ceux qui sont associés pour fait de marchandises, au domicile d'un seul, & cela pour la facilité du commerce; autrement ce seroit des longueurs infinies, qu'il faudroit essuyer, par l'éloignement de chacun des associés, s'il falloit les assigner chacun à leur domicile particulier. Il y a plus, c'est que chaque associé pour fait de marchandises est l'homme & le facteur de la société: c'est pourquoi il peut vendre & acheter, recevoir l'argent & payer, actionner les débiteurs, & par la même raison être actionné, engager par-là les associés. *Voyez* l'Ordonnance de 1673. tit. 4. & les remarques de Bornier sur Henrys, liv. 4. chap. 6. quest. 26.

La séparation de bien insérée ès contrats de mariage des Marchands & Banquiers, doit être publiée & mise dans un tableau exposé en lieu public, pour empêcher que les créanciers de bonne foi ne soient trompés par une séparation qui ne leur seroit pas connue; comme nous avons dit *verbo* Séparation.

Un Garçon ne peut pas s'établir dans la même rue où demeure son Maître; autrement il pourroit arriver souvent que le Garçon détourneroit & attireroit les pratiques de son Maître, & lui feroit un tort considérable.

Voyez ce qui est dit dans le Dictionnaire de M. Brillon *verbo* Marchand.

MARCHANDS ETRANGERS FREQUENTANS LES FOIRES DE FRANCE, lorsqu'ils décèdent dans ce Royaume, ne sont pas sujets au droit d'aubaine pour raison de leurs hardes, meubles & marchandises. *Bona mobilia mercatoris exteri morientis in Gallia sunt libera peregrinitatis nexu.* Voyez Mornac *ad Legem* 19. §. 2. ff. *de judiciis*; & ce que j'ai dit ci-dessus en parlant du droit d'aubaine; & Papon, liv. 5. tit. 2. nomb. 3.

Les créanciers d'un Marchand étranger peuvent obliger ses Facteurs de représenter leurs Registres & Journaux de commerce & facture, pour connoître ce qu'ils ont de deniers & d'effets à lui appartenans. *Voyez* M. Pinault, tome 2. Arrêt 287.

MARCHANDE PUBLIQUE, est celle qui fait un négoce séparé de celui de son mari, à son vû & sçû; & pour raison des dettes qu'elle contracte au sujet de ce négoce, elle s'oblige par corps & aussi son mari.

Les Maîtresses de quelque négoce ou métier, comme Lingeres, Couturieres, Regratieres, Revendeuses, & autres semblables sont marchandes publiques.

Quand elles sont mariées, elles n'ont pas besoin d'être autorisées de leurs maris, pour être tenues des dettes & obligations qu'elles contractent pour raifon de leur commerce. Il y a plus, c'eſt qu'elles engagent en ce cas leurs maris comme elles ; ainſi le mari & la femme ſont obligés par corps , quoiqu'il ne parle pas en l'obligation.

La raifon eſt , qu'en ce cas la femme eſt cenſée agir du conſentement de ſon mari pour tout ce qui regarde ſon négoce, ſi-tôt qu'il a ſouffert qu'elle fît un commerce ſéparé du ſien. D'ailleurs, comme il en profite , il ſemble qu'il doive être tenu des dettes que ſa femme contracte pour ce ſujet. Coquille, ſur l'art. 2. du chap. 29. de la Coutume de Nivernois. Enfin , la foi publique & l'intérêt du commerce ont exigé qu'on s'éloignât de la regle ordinaire. Brodeau ſur M. Louet , lettre F, ſomm. 11.

Ce que j'ai dit que la femme Marchande s'obligeoit, & même ſon mari par corps, cela ne ſe doit entendre que pour ce qui concerne le fait de ſa marchandiſe. M. le Prêtre, cent. 3. chap. 68.

Une marchande publique qui a fait ſon billet , par lequel elle reconnoît devoir une ſomme d'argent , qui lui a été prêtée pour employer à ſon commerce , eſt réputée avoir fait cet emprunt pour ſon négoce ; & ainſi elle s'oblige par corps à ſon mari , pour raiſon du contenu en une telle promeſſe.

Mais on ne peut mettre à exécution contre le mari le titre que l'on a contre la femme, qu'on ne l'ait auparavant fait déclarer exécutoire contre lui.

Suivant la définition que nous venons de donner d'une Marchande publique , une femme qui fait le même commerce que fait ſon mari, n'eſt pas Marchande publique. Ainſi une femme qui ne fait que vendre & débiter les marchandiſes de ſon mari, ne ſeroit pas pour cela tenue des dettes que ſon mari auroit contractées pour raiſon deſdites marchandiſes , à moins qu'elle ne s'y fut perſonnellement obligée.

Une femme dont l'emploi ordinaire eſt d'acheter & revendre des étoffes de ſoie , au vu & ſçu de ſon mari , qui fait un commerce tout autre & ſéparé, oblige donc ſon mari de la même maniere qu'elle s'oblige elle-même envers les Marchands qui lui fourniſſent leurs marchandiſes. Ainſi jugé par Arrêt du 20. Mars 1678.

Cette queſtion s'eſt préſentée au Châtelet, ſçavoir ſi une femme qui tient chambre garnie , obligeoit ſon mari pour meubles à elle vendus pour raiſon de ce négoce.

Quoiqu'il ſemble que cette femme ſoit Marchande publique , néanmoins la Sentence qui eſt intervenue ſur cette queſtion , a jugé que celui qui avoit prêté & vendu les meubles , ne pourroit point actionner le mari, qui dans l'obligation n'avoit point autoriſé ſa femme.

La Marchande publique peut renoncer à la communauté des biens delaiſſés par ſon mari ; mais cela ne la décharge pas des dettes contractées pour le fait de ſes marchandiſes, pour leſquelles elle eſt obligée auſſi bien que ſon mari. Charondas, livre 13. rép. 83.

Celui qui veut agir contre une Marchande publique , non ſéparée ni autoriſée, doit appeller le mari & le mettre en cauſe pour la validité de la procédure & du Jugement qui ſera rendu. C'eſt l'avis de M. le Camus , ſur l'article 236. de la Coutume de Paris.

Voyez ce que j'ai dit ſur les articles 234. 235. & 236. de la Coutume de Paris, où j'ai traité amplement ce qui concerne les marchandes publiques. Voyez auſſi Coquilles , queſt. 103.

MARCHES COMMUNES , ſont des Paroiſſes qui ſéparent des Provinces l'une de l'autre , ou les choſes par moitié indiviſes , & où les habitans d'icelles ſont juſticiables des Juriſdictions de l'une & de l'autre Province , par droit de prévention de Juriſdiction ; c'eſt-à-dire , que quand les habitans des Marches communes de l'une de ces Provinces ſont appellées en la Juriſdiction de l'une d'icelles , pour quelque cauſe de Juriſdiction contentieuſe, civile ou criminelle , réelle ou perſonnelle , ils ſont tenus d'y répondre , & d'en ſubir la Juriſdiction ſans la pouvoir décliner ; en ſorte que la Juriſdiction qui eſt la premiere ſaiſie pour quelque demande ou plainte, exclut l'autre d'en connoître.

Voyez dans les Obſervations de M. Sauvageau ſur la Coutume de Bretagne, tom. 1. à la fin , un Traité qu'il a fait de la nature & uſage des Marches communes ſéparantes les Provinces de Bretagne, Poitou & Anjou. Voyez auſſi ce que j'ai dit des Marches communes , ſur l'article 116. de la Coutume de Paris.

MARCHÉ , ſignifie la halle , le lieu où l'on étale & où l'on vend des marchandiſes.

Ce terme ſignifie auſſi une convention , un traité , par le moyen duquel on achete , ou l'on troque quelque choſe , ou l'on fait quelqu'acte de commerce.

MARCHÉS PUBLICS , ne doivent être tenus les jours de Dimanches & Fêtes ſolemnelles.

Voyez ce qui eſt dit de ces marchés dans le Dictionnaire de M. Brillon.

MARCHÉS D'OUVRAGE , ſont des conventions par écrit entre un Entrepreneur ou un Ouvrier , & celui qui fait bâtir , ou qui veut faire faire quelque ouvrage , comme de charpenterie, menuiſerie ou autre , conformément au devis qui en a été fait.

On fait marché à la toiſe , c'eſt-à-dire , tant par toiſe. On fait auſſi marché la clef à la main , ou marché en bloc & en tas , quand l'Entrepreneur s'oblige de fournir tout ce qui eſt néceſſaire pour la conſtruction d'un édifice.

Tous les devis d'ouvrages & marchés , en vertu deſquels on prétend avoir un privilege ſur tous les autres créanciers , doivent être paſſés pardevant Notaires, leſquels ſont tenus d'en garder minutes ; les ouvrages doivent y être déclarés en détail, & le prix de la toiſe & des bois.

Ceux qui prêtent leurs deniers pour employer au payement deſdits ouvrages, doivent tirer des quittances paſſées pardevant Notaires des payemens qu'ils font ; & ces quittances doivent porter ſubrogation au profit de ceux qui auront prêté leurs deniers, dont ſera auſſi gardé minute par les Notaires qui le recevront ; mention & décharge doit être faite des payemens ; portant déclarations &

fubrogation, fur les minutes & expéditions des devis & marchés d'ouvrages.

Défenfes font faites aux propriétaires & autres qui font bâtir, & aux Ouvriers, de donner aucunes contre-lettres pour diminuer ou changer le prix, claufes & conditions defdits devis & marchés qu'ils feront, fur peine de punition corporelle; & de tous dépens, dommages & intérêts des Parties; & aux Notaires, de paffer ni recevoir lefdits actes & contre-lettres, à peine de nullité, & auffi de tous dépens, dommages & intérêts des Parties.

Ceci eft tiré de l'Arrêt du Parlement de Paris du 31. Juillet 1690. en forme de réglement, qui eft rapporté dans le Journal des Audiences.

MARCHÉS AU RABAIS, font ceux qui fe font pour les ouvrages publics, par adjudication à celui qui offre de faire l'ouvrage à plus bas prix.

MARCHÉS A AGHAIS, font des marchés faits à terme, & de payement, & de livraifon; de forte que celui qui veut en profiter doit aghaiter, ou aguefter; & obferver le jour du terme, & ne le point laiffer écouler, fans avoir préalablement livré ou payé; & au refus de fa Partie, configné en Juftice & fait fignifier. Galand, dans fon traité du Franc-aleu, page 60.

MARCHÉS EN BLOC ET EN TAS. Voyez Bloc.

MARECHAUSSÉE, eft la Jurifdiction des Prévôts des Maréchaux. Voyez Prévôt des Maréchaux.

MARECHAUX DE FRANCE. Touchant leur Jurifdiction, voyez Connétablie, voyez Point-d'honneur.

MARÉE, voyez Jurifdiction de la Marée.

MARGUILLERS, font ceux qui adminiftrent les revenus des Fabriques.

Ils doivent être laïcs & du tiers état, & être élus par les Paroiffiens dans une affemblée qui fe tient à cet effet. Quand ils font élus, ils jurent à l'Autel, entre les mains du Curé ou de fon Vicaire, d'exercer fidèlement leur emploi, & d'en rendre compte.

Le premier emploi des Marguilliers, étoit d'avoir foin de diftribuer les aumônes aux pauvres infcrits dans les regiftres. Ils ont été depuis prépofés à l'adminiftration des revenus de l'Eglife.

Dans les affaires importantes, & dans lefquelles le Curé peut être intéreffé, ils ne peuvent rien faire fans la participation du Curé; ainfi ils ne peuvent fans lui accepter les fondations faites à l'Eglife. Ordonnance de Blois, article 53.

Les Marguillers doivent conjointement avec le Curé, avoir le foin des reliques & principaux ornemens, de vafes facrés, calices, pierreries, lorfqu'il y en a, & de tout ce qui fert à l'ufage de l'Eglife pour le fervice divin; mais le Curé & les Marguillers en chargent ordinairement un Eccléfiaftique, qu'ils appellent Clerc de l'Œuvre.

Par Arrêt du 14. Mars 1681. rendu à l'Audience de la Grand'Chambre, la Cour a maintenu les Marguillers de la Paroiffe de S. Nicolas des Champs de la Ville de Paris, dans le droit de nommer aux deux places de l'Œuvre & des Sacremens, indépendamment du Curé, qui prétendit

en vain avoir feul le droit de nommer celui qui l'affifte dans l'adminiftration des Sacremens, & qui eft communément appellé Clerc des Sacremens.

Mais il faut que cet Arrêt ait été rendu fur des raifons particulieres, comme fur ce que les Marguillers étoient en poffeffion de ce droit; car les Marguillers de la Paroiffe de S. Jacques de la Boucherie dans la Ville de Paris, ayant voulu exclure leur Curé des affemblées, où ils choififfent les Eccléfiaftiques pour exécuter les fondations & faire les Catéchifmes, ont été déboutés de leur prétention par Sentence du Châtelet de Paris du 9. Janvier 1706. confirmée en ce chef par Arrêt du 23. Juillet 1706.

Il y a une Déclaration du 31. Janvier 1690. enregistrée le 9. Février audit an, qui fait défenfes aux Marguillers de bâtir fans permiffion.

Il y a des Paroiffes où les Marguillers font en poffeffion de nommer des Prédicateurs, & dans quelques autres Eglifes, c'eft le Curé qui a droit d'en nommer. Il faut en cela fuivre l'ufage des Paroiffes.

Les Marguillers ont droit de concéder des bancs, mais ils ne doivent pas, fous prétexte de faire le bien de la fabrique & de l'Eglife, exercer des monopoles que les Loix condamnent.

Ils doivent tous enfemble préfenter aux bénéfices, fi le droit de préfenter leur appartient; auquel cas ce droit de patronage eft purement laïc, comme il a été jugé par Arrêt rendu au Parlement de Paris le 14. Juin 1638. rapporté par Bardet, tom. 2. liv. 7. chap. 28.

La raifon eft, que les Marguillers font tous laïcs; ainfi le droit de patronage qui leur appartient ne peut pas être eccléfiaftique, quoique ce droit ne leur appartienne qu'à caufe de l'Eglife des revenus de laquelle ils ont l'adminiftration.

Les Marguillers ou Tréforiers des Eglifes ne peuvent pas vendre & adjuger d'eux-mêmes à titre de fermage, à l'iffue de la grand'Meffe paroiffiale ou Vêpres, les dixmes, ou autres droits de l'Eglife. Il n'appartient qu'aux Juges royaux ordinaires d'en faire vente & adjudication publique, fur une feule proclamation, au plus offrant & dernier enchériffeur. Bibliotheque canonique, tom. 1. pag. 466.

Les Marguillers font élus dans l'affemblée qu'ils tiennent à cet effet avec le Curé, & le choix s'en fait à la pluralité des voix.

Ce n'eft point au Seigneur à les inftituer, Sauvageau, liv. 2. chap. 1. 103; ni même à l'Evêque. Du Luc, lib. 1. tit. 5. cap. 6. Papon, liv. 19. tit. 2. nomb. 14. Maynard, liv. 2. de fes queftions, chap. 1. Catelan, liv. 1. chap. 64.

L'Office de Marguiller eft une charge publique; ainfi les filles & les femmes ne peuvent point y être admifes. Mornac, ad Authenticam Diaconiffam, cod. de Epifc. & Cleric.

Il n'y a que ceux qui font de la Paroiffe qui puiffent y être admis; mais comme l'Eglife fuccurfale n'eft qu'une aide de l'Eglife principale, ceux qui habitent dans la paroiffe fuccurfale peuvent être élus dans la Paroiffe principale, dont elle eft cenfée faire partie.

Comme l'Office de Marguillier est une charge qui demande des soins, ceux qui en sont chargés ne peuvent pas être employés, pendant leur administration, au recouvrement des deniers des subsides, emprunts, tailles, & autres impositions.

Il y a quelques personnes qui sont exemptes de ces sortes de Charges. *Voyez* les Mémoires du Clergé, édition de 1716. tom. 3. pag. 1285.

Les Marguilliers doivent rendre compte tous les ans. *Voyez* Charondas, liv. 4. rép. 1. & l'Arrêt de réglement fait à ce sujet au Parlement de Paris le 18. Avril 1673. rapporté dans le Journal des Audiences.

MARI, est celui qui est joint & uni à une femme par le Sacrement de mariage, & qui en conséquence est chef de sa famille; en sorte que sa femme lui doit être docile, circonspecte & attentive à plaire, en se soumettant de bon gré au pouvoir juste & légitime que les Loix divines & humaines lui ont donné sur elle.

Ce pouvoir qu'a le mari sur la personne de sa femme, vient d'une source bien respectable, puisqu'elle tire son origine de la Loi de Dieu & de l'ordre de la nature : c'est pourquoi il a lieu par-tout. Il ne faut donc pas le confondre avec ce que nous appellons puissance maritale, comme nous l'avons dit lettre P, en parlant de cette puissance.

Ce pouvoir qu'a le mari sur la personne de sa femme, est fondé sur ce qu'un homme est censé avoir plus de force, plus de prudence, & plus de modération qu'une femme, dont les inclinations sont ordinairement très-vives, & les passions très-impétueuses.

MARIAGE, est un contrat civil élevé à la dignité de Sacrement, par lequel l'homme & la femme sont joints d'un lien indissoluble, qui ne se peut dissoudre que par la mort de l'un d'eux.

Le mariage est un Sacrement dont le lien est spirituel & indissoluble; c'est la parole divine qui l'a ainsi décidé : *Que l'homme ne puisse séparer ce que Dieu a conjoint; que la femme demeure liée à son mari tant que son mari est en vie, & qu'elle n'en puisse être affranchie que par la mort.*

Le mariage est la premiere des sociétés d'où dérivent toutes les autres : c'est une union sacrée, qui renferme ce qu'il y a de plus saint & de plus inviolable dans la nature, dans la loi civile & dans la réligion. De-là vient que l'une & l'autre puissance, la temporelle & l'ecclésiastique, semblent s'être épuisées pour lui donner plus de force & d'autorité. Aussi lorsqu'on donne la moindre atteinte aux mariages dans les Officialités, & que l'on s'écarte des Loix qui sont prescrites en cette matiere, soit par les Canons, soit par les Ordonnances ou par les Arrêts, on commet autant d'abus, on blesse autant de fois cette souveraine puissance) dont la Cour est dépositaire) qui assure le repos de l'Etat que celui des Particuliers.

Le mariage est un contrat civil. Sur quoi il faut remarquer que par contrat civil nous entendons le consentement des conjoints, donné selon les Loix de l'Etat : car pour la validité d'un mariage, il n'est pas nécessaire qu'il y en ait un contrat par écrit,

parce que cet écrit ne concerne en aucune maniere le mariage, ni le consentement des Parties qui est requis pour sa validité; mais cet écrit ne sert que pour constater le droit des Parties contractantes touchant la dot, le douaire, le préciput, & autres choses semblables; & quand il n'y en a point, les Parties contractantes sont censées avoir adopté les conventions, qui tacitement & de plein droit ont lieu entre conjoints par la disposition de la coutume.

Quoiqu'un contrat ne soit pas de l'essence du mariage, il est cependant toujours plus avantageux à ceux qui se marient, de faire un contrat de mariage, d'autant qu'ils y peuvent mettre des clauses & des conventions particulieres, & les régler autrement qu'elles ne le seroient par la Loi; outre qu'il y a des dispositions qui ne sont point suppléées par la Coutume; comme le préciput, qu'on stipule ordinairement dans les contrats de mariage en faveur du survivant. *Voyez* Contrat de mariage.

Le mariage est, comme nous avons dit, un Sacrement; mais un Sacrement dépendant du contrat civil; de maniere que lorsque le contrat est nul par défaut du consentement légitime, le Sacrement n'y peut être attaché, non plus que la forme ne peut subsister sans la matiere.

Il est vrai que le Sacrement est une chose spirituelle, dépendante uniquement de la puissance de l'Eglise; mais le Sacrement de mariage suppose une convention qui précede; & cette convention est un contrat civil, qui est dans le pouvoir de l'Etat & du Prince; c'est pourquoi il dépend de sa prudence de le régler, soit par-rapport à l'âge des personnes, soit relativement au pouvoir des peres & meres, tuteurs & curateurs, soit par-rapport à des dispenses de parenté pour mariage, & par-rapport à d'autres objets.

Le mariage, en tant qu'il est un contrat civil reçoit son être & sa perfection de la Loi du Prince, & de l'autorité du Magistrat; c'est pourquoi on anéantiroit l'autorité royale dans le Prince & dans les dépositaires de son pouvoir, si l'on n'en faisoit dépendre la validité que de la puissance & de la volonté du souverain Pontife.

Ainsi toute dispense qui passe les limites du droit commun, qui blesse la disposition des saints Décrets ou les usages & la Police publique, doit être rejettée, & ne peut produire aucun effet, à moins qu'elle ne soit confirmée par des Lettres Patentes enregistrée.

L'article 42. des Libertés de l'Eglise Gallicane porte; *Le Pape ne peut dispenser pour quelque cause que ce soit, de ce qui est de droit divin & naturel, ni de ce que les saints Canons ne lui permettent pas de faire.*

L'article 22. de l'Ordonnance d'Orléans porte; *Défendons à tous Juges de notre Royaume d'avoir aucun égard. . . . & aux dispenses octroyées contre les saints Décrets & Conciles, à peine de privation de leurs Offices. . . . & ne pourront les impétrans de telles dispenses s'en aider, s'ils n'ont de nous congé & permission.*

Ces deux Loix sont conformes au 28e. article de l'instruction que le Roi Charles IX. avoit fait donnera ses Ambassadeurs, & aux Prélats qui devoient assister au Concile de Trente, dont voici ce que porte cet article : » Que l'on conserve les anciens » & les nouveaux degrés de consanguinité, d'affini- » té, & de cognation spirituelle, qu'il ne soit pas » permis à ceux qui en sont liés d'obtenir des dis- » penses, sinon aux Rois & aux Princes, à cause » de l'intérêt public.

Comme en fait de mariage, le contrat civil est dans la main du Souverain, l'effet de ces graces odieuses, contraire à l'ordre public, est toujours anéanti, si elles ne sont confirmées par sa Majesté.

Le mariage contracté entre chrétiens, selon les Loix de l'Eglise & de l'Etat, est un lien indissoluble, qui ne se peut dissoudre que par la mort de l'un des deux conjoints. C'est la parole divine qui l'a ainsi déclaré, *Que l'homme ne puisse jamais séparer ce que Dieu a conjoint.*

Ainsi, quand on se sert du terme de dissolution de mariage, pour exprimer la séparation qui se fait des conjoints, à cause de quelque empêchement diriment, c'est improprement, & la véritable expression dont on se doit servir, est de dire que le mariage a été déclaré nul, car quand le mariage est valablement contracté, il ne se peut dissoudre que par la profession monastique, encore faut-il pour cela qu'il n'ait pas été consommé. *Voyez* ce que nous avons dit *verbo* Divorce.

Cela est si vrai, qu'une Sentence rendue *in causâ matrimonii*, ne passe jamais en force de chose jugée, comme nous avons dit lettre S, en parlant de la Sentence qui a passé en force de chose jugée.

Les devoirs des deux époux l'un envers l'autre sont fondés sur l'amour conjugal, qui est pur, & au-dessus de tout autre amour; parce que tout autre amour, quelque violent qu'il soit, est toujours l'amour d'autrui, or de quel amour doit-on suivre les loix par préférence, ou de l'amour de soi-même, ou de l'amour d'autrui ? *Qui uxorem diligit se ipsum diligit, ut ait sanctus Paulus ad Ephes. cap. 5. ver. 28.*

C'est par cette raison que la Loi divine ordonne que l'homme quittera son pere & sa mere pour s'attacher à sa femme. *Relinquet homo patrem & matrem, & adhærebit uxori suæ & erunt duo in carne unâ, Gen. cap. 2. vers. 24.*

L'amour conjugal est donc l'amour de soi-même, parce qu'une femme & son mari sont deux moitiés d'un même tout, ce sont deux chairs qui n'en font qu'une, & qui ne doivent faire qu'un même cœur & une même ame.

Plusieurs conditions sont requises pour qu'un mariage soit valablement contracté, & toutes les formalités dont ces conditions doivent être accompagnées pour en justifier, sont de rigueur, attendu qu'il s'agit ici de la dignité d'un Sacrement, de l'Etat & de l'honneur des Sujets du Roi, & de l'intérêt des familles.

La premiere condition est le consentement de ceux qui le contractent, & c'est même ce qui en fait la substance. *Leg. 2. ff. de ritu nuptiar.*

Les personnes qui se marient, sont elles mêmes les ministres du Sacrement, & leur consentement en fait la matiere : le Prêtre reçoit leur engagement, mais ils le forment eux-mêmes.

De ce que le consentement de ceux qui se marient fait la substance du mariage, il s'ensuit que l'erreur touchant la personne qu'on a intention d'épouser, empêche le mariage, & le rend absolument nul. La crainte qui ôte absolument la liberté du consentement, rend aussi le mariage nul. *Voyez* ce que j'ai dit à ce sujet dans ma Traduction des Institutes, sur le commencement du titre des Nôces. Nous remarquerons seulement ici que le consentement qui fait le mariage, peut être donné par signes, en sorte que celui qui est sourd & muet de naissance peut se marier, *leg. mutus 73. ff. de jure dotium.* Pour qu'un mariage soit valable, il suffit que les Parties fassent connoître leur volonté par paroles ou par signes, *cap. 23. & 24. extra de sponsalibus & matrim.* Ainsi, quand on dit que les paroles sont nécessaires pour les fiançailles & le mariage, cela s'entend selon l'usage & la Coutume ordinaire de l'Eglise pour en faire preuve; car les fiançailles & le mariage ne consistent pas dans les paroles, mais dans le consentement des Parties; c'est pourquoi ceux qui peuvent le prêter, quoiqu'ils n'ayent pas l'usage de la parole, peuvent contracter mariage; ceux au contraire qui ne peuvent pas consentir, ne le peuvent pas contracter, quoiqu'ils ayent la parole libre.

La deuxieme condition requise pour qu'un mariage soit valable, est que ceux qui le contractent aient atteint l'âge de puberté, c'est-à-dire, que les mâles aient quatorze ans accomplis, & les filles douze ans aussi accomplis : *Consensus enim qui nuptias facit, tacitè debet continere votum prolis; quia præcipuus matrimonii finis est liberorum procreatio; quæ propter impuberes, & alii qui præcipuum hunc matrimonii finem non possunt assequi, non possunt etiam nuptias contrahere.*

La troisieme est le consentement des peres & meres, & celui de tuteurs ou curateurs pour les mariages des mineurs. *Voyez* ci-après, mariages contractés par des mineurs, & mariages contractés par des majeurs.

La quatrieme est la proclamation de trois bans en la Paroisse de l'un & de l'autre des conjoints, faite un jour de Dimanche ou de Fête. *Voyez* proclamations des bans.

La cinquieme est l'assistance de quatre témoins dignes de foi, domiciliés, & qui sçachent signer leurs noms, s'il en peut aisément trouver autant dans le lieu où l'on célébrera le mariage; & au cas que le Curé ou Vicaire qui doit célébrer le mariage, ne connoisse pas ceux qui veulent se marier, les témoins doivent certifier les biens connoître, & depuis quel tems ils sont demeurans dans les Paroisses dans lesquelles ils se diront domiciliés. Edit du mois de Mars 1697. registré au Parlement; Arrêts en forme de Réglement des 13. Mars 1684. & 15. Juin 1691. lûs & publiés.

La sixieme est la bénédiction nuptiale du Curé ou du Vicaire de l'un des conjoints; *matrimonia enim carnali copula non præsumuntur, sed probantur sacerdotali benedictione. Voyez* M. Louet, lettre M, sommaire 26.

Cette condition qui a été introduite par le Concile de Trente, a été requise par les Ordonnances de 1629. & de 1639. & du mois de Mars 1697. qui font très-expresses défenses à tous Curés, Vicaires & Prêtres, tant séculiers que réguliers, de célébrer aucuns mariages, qu'entre leurs vrais Paroissiens, demeurans actuellement dans leurs Paroisses & depuis un tems suffisant; si ce n'est qu'ils en aient la permission par écrit du Curé des Parties qui contractent, ou de l'Archevêque ou Evêque diocésain, nonobstant les Coutumes immémoriales, & privileges que l'on pourroit alléguer au contraire; & à cet effet, tous Curés & autres Prêtres qui doivent célébrer des mariages, sont tenus de s'informer soigneusement, avant que d'en commencer les cérémonies, & en présence de ceux qui y assistent, du domicile de ceux qui contractent mariage.

Lorsqu'un mariage a été fait en la présence du Curé de l'un des conjoints, & qu'il n'y a point d'empêchement au mariage, c'est un lien sacré qui est indissoluble; mais si au mépris des Loix respectables qui l'ordonnent, les Parties ont été unies par un Prêtre sans pouvoir, ce mariage n'est qu'une ombre de mariage; en-sorte que non seulement il est facile de rompre un pareil engagement, mais il n'est pas même permis d'y persévérer; en-sorte que ceux qui sont unis par un tel mariage, doivent en faire célébrer un autre par leurs Curés, ou par le Curé de l'un d'eux.

Le tems suffisant pour acquérir droit de domicile dans une Paroisse, à l'effet d'y pouvoir contracter mariage, est au moins de six mois, à l'égard de ceux qui demeuroient auparavant dans une autre Paroisse de la même Ville, ou du même Diocese, & d'un an pour ceux qui demeuroient auparavant dans un autre Diocese. Edit du mois de Mars 1697. registré au Parlement.

Au reste, plusieurs Arrêts ont jugé que la présence des deux Curés des futurs époux n'est pas requise & que la présence du Curé de l'un d'eux suffit: l'un est de 1707. sur les Conclusions de Monsieur le Nain, & l'autre a été rendu sur les conclusions de Monsieur le Procureur général. En effet, le Concile de Trente ne parle que d'un Curé, à proprio Parocho. Si les Ordonnances qui ont adopté le Concile de Trente, & qui lui ont seules donné force dans le Royaume, parlent expressément des Curés, c'est par opposition aux mariages, dont elles parlent en général; mais elles ne requierent pas expressément le concours des deux Curés.

Cependant on tient à présent pour maxime certaine, que le concours des deux Curés des Parties contractantes est absolument nécessaire pour la validité du mariage.

En effet, la Déclaration du 26 Novembre 1639. article 1. veut que les bans soient publiés par le Curé de chacune des Parties contractantes.

Les Conférences ecclésiastiques du Diocese de Paris sur le mariage, publiées en 1715. par ordre de M. le Cardinal de Noailles, tom. 3. liv. 4. confér. 5. pag. 304. établissent la nécessité du consentement des Curés des deux Parties quand elles de-

meurent sur différentes Paroisses. Il y est dit, que feu M. l'Avocat général de Joli Fleury a fait déclarer nuls huit ou dix mariages faits spreto Parocho de l'une des Parties, & qu'un mariage ayant été célébré par des personnes de famille très-considérable, l'avis de plusieurs Magistrats & Avocats distingués dans Paris par leur érudition, fut qu'il falloit le réhabiliter; & qu'il fut réhabilité.

Enfin lors de l'Arrêt rendu en la Grand'Chambre, le 21. Février 1732. M. le premier Président Portail avertit le Barreau par ordre de la Cour, que dans l'Arrêt qu'elle venoit de rendre elle s'étoit déterminée par le fait; mais que si la question se présentoit, elle décideroit toujours pour la nécessité du concours des deux Curés; & présentement cela ne fait plus de question.

Par la présence du propre Curé, l'on n'entend pas sa présence corporelle seulement, mais on entend une présence volontaire, à l'effet de donner la bénédiction nuptiale à ceux qui se marient. Ainsi un mariage reçu par un Notaire en présence du Curé & en Eglise, n'est pas valablement célébré; comme il a été jugé par Arrêt du 20. Decembre 1688. rapporté dans le Journal des Audiences.

La même question s'étant présentée à la Tournelle criminelle du Parlement de Paris, l'Arrêt qui fut rendu le 28. Mai 1712. ordonna que les Parties qui étoient vivantes procéderoient à une nouvelle célébration, si faire se devoit, (c'est-à-dire, s'il n'y avoit point d'autre empêchement,) qu'il seroit procédé extraordinairement contre le Sergent qui avoit délivré un acte aux Parties de ce qui s'étoit fait devant le Curé.

En effet, les Ordonnances de nos Rois, qui ont adopté le Concile de Trente à cet égard, portent que le Curé recevra le consentement des Parties, & qu'il leur donnera la bénédiction nuptiale.

L'esprit de ces Ordonnances est donc de rendre cette action, non-seulement plus sainte & plus solemnelle, mais encore d'empêcher qu'on ne procede au mariage, nonobstant les oppositions, qui deviendroient inutiles, si la présence involontaire du Curé suffisoit pour la validité du Sacrement. Voyez M. d'Hericourt, dans son Traité des Loix ecclésiastiques, page 432.

Enfin, pour qu'un mariage soit valablement contracté, il faut qu'il n'y ait aucun empêchement au mariage qui en cause la nullité, pas même une opposition. Voyez Empêchement. Voyez Opposition au mariage.

Le défaut de l'une de ces conditions emporte nullité absolue, excepté:

I°. Celle de trois bans, dont on peut obtenir dispense, outre cela, l'omission de la publication des bans ne fait pas déclarer nul un mariage contracté entre majeurs, quand il n'y a pas d'ailleurs d'autre cause qui emporte nullité & même quoique les Parties aient commencé ab illicitis; comme il a été jugé par Arrêt du 15. Mars 1691. rapporté dans le Journal des Audiences. Voyez aussi Louet, lett. M, chap. 6.

II°. On peut quelquefois obtenir dispense des empêchemens au mariage, quoique dirimans; auquel cas le mariage eſt valablement contraſté.

III°. On peut auſſi obtenir de l'Evêque, ou de ſon Curé, la permiſſion de ſe marier dans une autre Egliſe que dans ſa Paroiſſe.

Comme le mariage eſt le lien de la ſociété civile, qui regarde non ſeulement le bien des familles & la conſcience des Particuliers, mais encore le repos & la tranquillité publique, & le maintien de l'Etat, les Loix ne peuvent trop ſévir contre ceux qui par fraude tâchent d'éluder les ſages diſpoſitions qui ont été faites touchant les mariages, & les conditions qui ſont requiſes pour leur validité.

Sur ce fondement, les Parties qui abuſent d'une célébration de mariage, doivent être condamnées, pour la réparation publique, en des aumônes envers les priſonniers : le Prêtre qui abuſe de ſon caractere en cette rencontre, doit être puni.

Voyez l'Arrêt du 15. Juillet 1689. rapporté dans le Journal des Audiences.

Le procès doit être fait à tous ceux qui auront ſuppoſé être les peres & meres des enfans de famille, ou être les tuteurs ou curateurs des mineurs, pour l'obtention des permiſſions de célébrer des mariages, & des mains levées des oppoſitions formées à la célébration deſdits mariages, comme auſſi aux témoins qui auront certifié des faits qui ſe trouveront faux à l'égard de l'âge, qualité & domicile de ceux qui contraſtent ; & que ceux qui ſeront trouvés coupables deſdites ſuppoſitions & faux témoignages, ſoient condamnés ; ſçavoir, les hommes à faire amende-honorable, & aux galeres pour le tems que les Juges royaux eſtimeront juſte, & au banniſſement s'ils ne ſont pas capables de ſubir ladite peine des galeres ; & les femmes, à faire pareillement amende honorable, & au banniſſement qui ne pourra être moindre de neuf ans. Edit du mois de Mars 1697.

L'inexécution des promeſſes de mariage, ou la nullité prononcée des mariages contraſtés abuſivement, donne lieu à des dommages & intérêts de la part du garçon ; & à l'égard de la fille, à la reſtitution de tous les preſens que le garçon prouve qu'elle a reçu de lui. Voyez promeſſe de mariage.

Les Juges d'Egliſe ſont ſeuls compétens pour connoître directement des cauſes de mariages, par rapport à leur validité.

Ainſi, lorſqu'il s'agit en France de juger les cauſes de mariages qui ſurviennent entre les Sujets du Roi Très-Chrétien, il faut qu'en premiere inſtance l'affaire ſoit portée devant l'Evêque ou l'Official des Parties. Quand un Seigneur de France, dit Papon, obtint au commencement du dernier ſiecle un Bref du Pape, pour tirer du Tribunal de l'Official de Paris une conteſtation ſurvenue au ſujet de ſon mariage, & la faire commettre à l'Archevêque de Lyon, & dix autres Prélats du Royaume qu'il pourroit choiſir à ſa volonté, il y avoit cette clauſe dans le Bref : qu'il étoit accordé nonobſtant les Privileges de l'Egliſe Gallicane pour cette fois ſeulement, & du conſentement du Roi, Conférences Eccléſiaſtiques ſur le mariage, tom. 1. liv. 1. confer. 5. §. 4.

Quoique les Juges d'Egliſe ſoient ſeuls compé-

tens pour connoître directement de la validité des mariages, les Juges ſéculiers en peuvent connoître indirectement, comme lorſqu'ils connoiſſent du rapt par la voie criminelle, ou quand ils connoiſſent des choſes temporelles qui reſultent de la promeſſe ou du contrat de mariage.

La connoiſſance des conteſtations concernant les mariages clandeſtins, ou de ceux qui ſont faits au préjudice des Ordonnances, ne peut appartenir qu'aux Juges royaux, parce que dans ces ſortes de cauſes il s'agit de l'état des perſonnes. Ainſi le Juge d'Egliſe ne peut connoître des mariages contraſtés par impuberes, ou par ceux qui ſont ſous la dépendance d'autrui. Voyez Fevret, en ſon Traité de l'abus, liv. 5. chap. 1.

Les Juges des Seigneurs ne peuvent pas connoître des oppoſitions aux mariages, ſuivant deux Arrêts rendus en l'Audience de la Grand'Chambre, l'un du 12. Janvier 1730. l'autre du 12. Decembre 1736.

Enfin, quand il y a appel comme d'abus, il n'y a que le Parlement qui puiſſe prononcer ſur la validité du mariage.

Les Juges d'Egliſe ne peuvent donc connoître ni prononcer ſur la ſéparation de corps & de biens des maris d'avec leurs femmes, ni ſur les conventions matrimoniales, non plus que ſur les proviſions demandées pour nourritures & alimens, ni condamner aux dommages & intérêts.

La raiſon eſt, que le pouvoir qu'a le Juge d'Egliſe de connoître des cauſes de mariage, eſt limité au Sacrement ; ainſi il ne peut connoître que de la validité ou invalidité du mariage en tant qu'il eſt Sacrement. Ainſi toute autre conteſtation qui ſeroit faite à l'occaſion d'un mariage, ne peut être décidée que par le Juge ſéculier.

Voyez ce que dit M. Dumoulin ſur le chapitre de Prudentia 3. extra de donationibus inter vir & uxor. In Gallia noſtra nullo modo poteſt Judex Eccleſiaſticus nequidem acceſſoriè de dote cognoſcere. Simulatque Pontificus Juridicus ſuper matrimonii fœdere functus eſt officio, nullum illi ſupereſt de dote judicium pactiſve conjungalibus, aut arrabone, cæterriſque hujuſmodi pactorem connubialium appendicis Pontificio enim Juridico pronunciante ſuper eo quod intereſt, ob non impletum pactum nuptiale locum eſſe provocationi ad Senatum pluribus arreſtis judicatum eſt.

Cela fait que le Juge d'Egliſe, après avoir déclaré des promeſſes de mariage nulles & reſolues, & après avoir permis aux Parties de ſe pourvoir par mariage, ainſi & avec qui elles aviſeront bon être, il les renvoie pardevant le Juge ordinaire & ſéculier, pour les dommages & intérêts prétendus contre celle ou celui qui refuſe de contraſter mariage avec la perſonne avec laquelle il eſt en procès pour ce ſujet.

Le Juge d'Egliſe ne peut connoître de la validité ou invalidité d'un mariage qu'entre les deux perſonnes qui plaident pour raiſon du lieu qui en réſulte, qui litigant de fœdere matrimonii. Voyez Oppoſition à un mariage.

Ainſi, quand l'une des deux perſonnes qui ont contracté

contracté mariage eſt décedée, & qu'il ſe forme
quelque conteſtation au ſujet de ſa validité, le Juge
d'Egliſe n'en peut pas connoître ; parce que
cette queſtion eſt relative au temporel, dont la
connoiſſance appartient uniquement à la Juſtice
royale.

Enfin, ſuivant ce que nous venons de dire, une
Sentence du Juge eccléſiaſtique qui déclareroit un
mariage valide & légitime pour toutes ſortes d'effets,
ſeroit très-abuſive, d'autant qu'elle ſeroit
contraire aux droits du Roi, aux droits de l'Etat
& à l'ordre public des Juriſdictions.

Comme le mariage eſt un Sacrement, & qu'il
eſt d'une conſéquence infinie qu'il ſoit valablement
contracté, l'appel en matiere de mariage ſuſpend
toujours l'exécution des Jugemens.

Ainſi jugé par Arrêt du 20 Mars 1687. par lequel
la Cour fit défenſes à tous les Officiers du reſſort
de prononcer pendant l'appel ſur une queſtion de
mariage, & que leur Sentence ſera exécutée nonobſtant l'appel. Cet Arrêt eſt rapporté par M.
Augeard, tom. 2. chap. 7.

Il nous reſte à remarquer que le mariage eſt un
titre ſolemnel qui eſt une preuve certaine de l'alliance
des hommes & de l'état des enfans. Ainſi
celui dont on conteſte l'état, n'a pas de meilleure
preuve de ſa filiation, que l'acte de célébration
du mariage de ſes pere & mere, en y joignant ſon
extrait baptiſtaire.

Touchant le mariage, voyez ce que j'ai dit lettre
C, en parlant du contrat de mariage, & lettre
P, en parlant des promeſſes de mariage. Voyez
auſſi ma Traduction des Inſtitutes, livre premier,
titre 10. où j'ai traité cette matiere fort au long.
Enfin, voyez le Dictionnaire de M. Brillon, où
quantité d'Edits, de Déclarations & d'Arrêts ſont
rapportée, donc la lecture peut beaucoup ſervir à
la déciſion des queſtions qui ſe préſentent ſur
cette matiere.

MARIAGE SE PROUVE PAR DES REGITRES PU-
BLICS, eſt non par témoins, afin que la vérité du
mariage, qui eſt le fondement des familles, & la
partie la plus eſſentielle du droit public, ne dépende
pas de la foi douteuſe & ſuſpecte des témoins,
& qu'il ne ſoit pas à la liberté des Particuliers d'être
mariés, ou de ne l'être pas, ſelon qu'il leur
plairoit de faire parler des témoins ſéduits par
l'attrait de l'amitié, ou celui de l'intérêt.

Voyez ce qui eſt dit à ce ſujet dans le troiſieme
tome des Cauſes célebres, page 175. & ſuivantes,
où il en eſt amplement parlé.

MARIAGE CONTRACTÉ PAR UNE CRAINTE
QUI ÔTE ABSOLUMENT LA LIBERTÉ DU CONSEN-
TEMENT REND LE MARIAGE NUL, puiſque le mariage eſt un contrat, & qu'il n'y a point de contrat, qui ne ſoit fait du conſentement des Parties
contractantes. Or il n'y a rien de plus oppoſé au
conſentement, que la violence. D'ailleurs, les
mariages qui ſeroient faits par contrainte, auroient de très-fâcheuſes ſuites.

Une fille infortunée qui ſeroit livrée malgré
elle à un époux pour lequel elle auroit horreur, doit
donc trouver un aſyle dans le Tribunal ſacré de la

Juſtice, moins par ſenſibilité pour ſes malheurs,
que par attachement aux regles ſaintes de l'Egliſe.
Il en eſt de même d'un fils de famille qui auroit, patre cogente, épouſé une fille malgré lui ; il pourroit
faire déclarer nul un tel mariage, pourvû qu'il ne
l'eût point ratifié par une cohabitation ſubſéquente.

Mais toutes ſortes de violences ne ſuffiſent pas
pour ébranler un engagement auſſi ſacré que l'eſt
celui du mariage ; il faut de ces violences capables d'abattre un ame ferme & conſtante.

Voyez ce que j'ai dit dans ma Traduction des Inſtitutes, ſur le commencement du titre des Nôces.

MARIAGE CONTRACTE' PAR DES MINEURS, eſt
nul, ſi leurs peres & meres ou tuteurs n'y ont donné leur conſentement ; c'eſt à-dire, que ſi les Parties contractantes ou l'une d'elles ſont mineures de
vingt-cinq ans, en ce cas, avec le conſentement
des mineurs, il faut encore le conſentement de
leurs parens, c'eſt-à-dire, de leurs peres & meres
légitimes, tuteurs ou curateurs, ſoit qu'ils aient
pour tuteurs ou curateurs leurs peres & meres ou
autres perſonnes, ainſi qu'il eſt enjoint en l'article
40. de l'Ordonnance de Blois, & en l'article 1. de
l'Ordonnance de 1639.

Quelques Auteurs prétendent que la raiſon pour
laquelle les Parlemens déclarent nuls les mariages
contractés par des mineurs ſans le conſentement de
leurs peres & meres, tuteurs ou curateurs, eſt la
clandeſtinité, ſur ce que nos Ordonnances en quelques endroits appellent ces mariages clandeſtins.

Cependant il nous paroît plus conforme à l'eſprit & à la lettre des Edits, de faire tomber cette
nullité ſur le rapt de ſéduction, qui eſt ordinairement accompagné de clandeſtinité, laquelle confirme la ſubornation.

Enfin on peut dire que les Parlemens déclarent
nuls les mariages contractés par des mineurs ſans
le conſentement de leurs peres & meres, parce
qu'il s'agit des droits de ceux qui ont donné l'être
à ces mineurs, dans le point le plus délicat & le
plus important ; & auſſi des intérêts des Ordonnances de nos Rois, qui ont ſoutenu de leur autorité
le droit des peres & meres dans cette occaſion,
où les enfans ne ſont pas aſſez éclairés pour faire
un choix qui leur puiſſe convenir.

Il ſeroit à ſouhaiter, dit M. d'Hericourt, que
nos Rois s'expliquaſſent d'une maniere plus claire &
plus préciſe ſur une matiere de cette importance,
& qu'ils déclaraſſent les Enfans mineurs inhabiles
à contracter mariage ſans le conſentement de leurs
peres, meres ou tuteurs, ou du moins ſans un Arrêt, dans le cas où les Cours ſouveraines jugeroient que le refus des peres & meres fût injuſte.

En effet, il s'eſt rencontré des cas où les Cours
ſouveraines, ayant reconnu un refus injuſte de la
part des peres ou des meres, ont permis aux enfans
mineurs de contracter des mariages que le reſte de
la famille trouvoit avantageux ; mais ces cas ſont
rares & la préſomption eſt toujours en faveur des
peres & meres & du déſir qu'ils ont naturellement de veiller aux intérêts de leurs enfans.

Pour prévenir & empêcher les fraudes que les
mineurs pourroient pratiquer pour ſe marier ſans

le confentement de leurs peres & meres ; ou tuteurs , il eft enjoint aux Curés & Vicaires de s'enquérir foigneufement de la qualité de ceux qui voudront fe marier; & en cas qu'ils ne les connoiffent pas de s'en faire inftruire par le témoignage de quatre témoins dignes de foi qui certifieront bien connoître la qualité des contractans, s'ils font en la puiffance d'autrui , ou non.

Il eft même expreffement défendu aux Curés & Vicaires de paffer outre à la célébration des mariages , s'il ne leur apparoît du confentement des peres & meres , tuteurs ou curateurs , fous peine d'être punis comme fauteurs de rapt. Ordonnance de Blois , art. 40. Edits du mois de Mars 1697. enregiftré au Parlement le quatrieme du même mois.

Il y a un Arrêt du Parlement de Paris du 5. Mai 1710 , en forme de Réglement , qui enjoint à tous Curés & Prêtres du reffort d'obferver les Ordonnances fur le fait des mariages; & en conféquence leur fait défenfes d'en célébrer aucun, s'il ne leur apparoît du domicile des contractans dans leurs Paroiffes ; même à l'égard des mineurs & fils de familles du confentement de leurs peres, & meres tuteurs & curateurs.

Ce même Arrêt leur enjoint de faire déclarer aux témoins , depuis quand les contractans font domiciliés dans leurs Paroiffes ; & d'avertir les témoins des peines ordonnées contre ceux qui auront fait de fauffes déclarations , &c. *Voyez* le Recueil de M. Augeard , tom. 2. chap. 97.

Enfin l'Ordonnance de Blois , art. 43. défend à tous tuteurs d'accorder ou confentir le mariage de leurs mineurs , finon avec l'avis & le confentement de leurs plus proches parens , tant paternels que maternels , fous peine de punition exemplaire. Sur quoi il faut remarquer que la prohibition que fait cette Ordonnance aux tuteurs s'étend aux curateurs , attendu qu'il y a parité de raifon. Auffi l'Ordonnance de 1639. art. 1. fait défenfes aux mineurs de fe marier fans le confentement de leurs peres, meres , tuteurs & curateurs. Cela eft encore confirmé par l'Edit du mois de Mars 1697. concernant la célébration des mariages; & quand les mineurs fe marient fans le confentement des perfonnes énoncées ci-deffus , les Parlemens déclarent le mariage non-valablement contracté.

Quand il s'agit de marier un mineur qui a un tuteur autre que le pere ou la mere , ce tuteur ne peut donc valablement confentir au mariage fans un avis de parens. Il en eft de même d'un curateur.

Lorfque les Parens ne font pas d'accord avec le tuteur , & qu'il y a quelque oppofition au mariage, ils doivent rendre compte au Juge des motifs de l'oppofition , & s'ils ne font pas juftes & pertinens, on paffe outre.

La difpofition de l'article 43. de l'Ordonnance de Blois eft d'autant plus raifonnable , que les tuteurs ne pouvant point difpofer des fonds qui appartiennent à leurs mineurs, ils ne peuvent pas à plus forte raifon engager leur liberté , ni faire de leur chef , & fans avis de parens des articles du mariage de leurs mineurs.

Cette prohibition aux mineurs de fe marier , a

lieu même à l'égard des fils ou filles , veufs ou veuves , mineur de vingt-cinq ans ; quoique émancipés, fi ce n'eft qu'ils aient pour tuteur ou curateur leur pere ou leur mere ; auquel cas les mineurs peuvent , du confentement de leur pere ou de leur mere , fe marier fans avis de parens.

Ainfi quand la mere eft vivante, & qu'elle eft tutrice ou curatrice de fes enfans , elle peut les marier fans l'avis des parens; mais lorfqu'il y a un tuteur ou curateur autre que la mere , & qu'ils ne font pas d'accord , il faut avoir recours au Juge, qui doit fuivre l'inclination de la perfonne qui veut fe marier , fi le parti eft à peu près égal, *Leg. 18. cod. de nup.*

Il feroit fort à propos de ne jamais permettre aux tuteurs ou curateurs de marier leurs mineurs fans l'avis des plus proches parens ; car ordinairement ils les marient fuivant leur caprice ou leurs intérêts; Dans les pays de Droit écrit , il eft facile aux mineurs d'éluder l'Ordonnance en ce qui concerne le confentement de leurs curateurs; car , fuivant la difpofition du droit, la tutelle finit à l'âge de puberté ; & après la tutelle finie , les mineurs ne font pas obligés de prendre des curateurs, comme nous avons obfervé fur le §. 2. du titre 23. du premier Livre de Juftinien.

Ainfi, quand un mineur veut fe marier à fa fantaifie , ou il en choifit un à fa mode , ou ceux qui le fubornent lui en donnent un dont ils font les maîtres , qui fait tout ce qu'ils veulent ; & quand même le curateur voudroit s'y oppofer, cela ne lui ferviroit de rien , parce que le curateur n'a point d'autorité fur la perfonne de fon mineur. *Curator datur bonis , non perfonæ.*

Le Parlement de Paris a rendu un arrêt de Réglement qui fait défenfes aux tuteurs de prendre de l'argent pour confentir au mariage de leurs mineurs. La Coutume de Bretagne a fur cela une difpofition expreffe en l'art. 679. donc voici les termes: *Les tuteurs ou parens qui auront pris or , argent ou préfens pour confentir les mariages de leurs parens mineurs , feront comme indignes privés de leurs fucceffions , comme elles écherront, & outre punis à l'arbitrage du Juge.* Ce qui eft très-jufte & devoit être une Loi générale exactement obfervée dans tout le Royaume ; cela mettroit ordre à bien des abus qui fe commettent fouvent à cet égard.

Touchant le confentement des peres & meres des contractans , il faut remarquer que nous ne fuivons pas en France la difpofition des Loix Romaines.

Le droit Romain ne requéroit le confentement que du pere, ou autre afcendant mâle , en la puiffance de qui étoient les perfonnes qui fe vouloient marier; mais en France le confentement des peres & meres eft requis pour la validité des mariages de leurs enfans , à moins qu'ils ne foient majeurs; encore peuvent-ils être exhérédés , s'ils n'ont pas demandé par écrit le confentement de leurs peres & meres, les filles à vingt-cinq ans accomplis , & les fils après qu'ils ont paffés trente ans , comme nous allons dire dans l'article fuivant.

Cela n'eft donc pas fondé parmi nous fur la puiffance paternelle , mais fur le refpect que les enfans doivent à leurs peres & meres.

En effet , la Religion & la raifon naturelle infpirent à tous les enfans de donner une marque de refpect à ceux dont ils ont reçu l'être , dans une affaire qui eft des plus importantes de la vie , & qui doit donner à ces mêmes parens des defcendans & des héritiers.

Les enfans mineurs ne peuvent donc pas fe marier fans le confentement de ceux de qui ils tiennent le jour ; la foibleffe de leur âge fait que les Loix foumettent abfolument leur détermination en fait de mariage à la volonté de leurs peres & meres , fans quoi ils ne peuvent difpofer de leurs perfonnes.

Comme le Ciel femble les avoir faits les maîtres de leurs vœux , ils n'en peuvent difpofer que par leur conduite. Les peres & meres n'étant prévenus d'aucune folle ardeur , courent moins rifque de fe tromper que leurs enfans , & font préfumés voir beaucoup mieux qu'eux ce qui leur convient. C'eft pourquoi il en faut plutôt croire les lumieres de leur prudence que l'aveuglement d'une folle paffion. Auffi voit-on que l'emportement de la jeuneffe entraîne tous les jours un grand nombre de mineurs dans des précipices fâcheux dont ils ont lieu de fe répentir toute leur vie.

Si le pere confent au mariage de fon enfant mineur , & que la mere n'y veuille pas confentir , ce mariage fera valable ; *quia plus honoris tribuitur judicio patris quam matris.*

Quand des enfans mineurs fe font en cela écartés de leur devoir , les peres & meres peuvent , fi bon leur femble , fe pourvoir contre le mariage , & le faire déclarer nul.

Si les peres & meres ne fe plaignent point en Juftice du mariage que leurs enfans mineurs ont contracté fans leur confentement , ces enfans mineurs ne peuvent agir eux-mêmes , & n'ont aucun moyen pour donner atteinte à leur mariage.

La raifon eft , que ce moyen n'étant fondé que fur le manque de refpect dû aux peres & meres , n'eft pas un moyen d'abus abfolu , mais feulement un moyen relatif aux perfonnes dont l'autorité a été bleffée dans le mariage qui a été contracté.

Ainfi c'eft uniquement aux perfonnes qui ont reçu l'offenfe à s'en plaindre : l'injure leur a été faite , la vengeance leur en appartient ; & comme ces moyens leur font particuliers , eux feuls y font admis à les propofer.

D'ailleurs , on n'admet perfonne à alléguer fa propre turpitude , pour revenir contre fon propre fait. Ainfi on n'eft pas recevable à demander la nullité d'un mariage , qu'on ne fonde que fur un crime dont on a été foi-même l'auteur. *Voyez* le Recueil de M. Augeard ; tom. 2. chap. 59.

A l'égard des mariages contractés par des mineurs qui n'ont ni pere ni mere , il eft loifible à leurs tuteurs ou curateurs qui n'y ont pas donné leur confentement , d'en pourfuivre la nullité.

Quand il y a un tuteur honoraire & un tuteur onéraire , & qu'ils font de différens avis fur le mariage du mineur , en ce cas le fentiment du tuteur honoraire prévaut à celui du tuteur onéraire.

Lorfque le tuteur & la mere ne font pas d'accord fur le fujet du mariage d'une mineure , l'avis de la mere doit être préféré par le Juge , pourvû que cet avis foit raifonnable , & que la fille y donne fon confentement.

Voyez ci-deffus , Appel comme d'abus de la célébration d'un mariage.

Au refte , la majorité coutumiere ne peut pas faire valider un mariage contracté par un fils de famille fans le confentement de fes pere & mere. Soefve , tom. 1. cent. 3. chap. 70.

Touchant le confentement des peres & meres , à l'égard des mariages des fils de famille , *voyez* ce que j'en ai dit dans ma Traduction des Inftitutes , fur le commencement du titre des Nôces.

MARIAGE DE MAJEURS DE VINGT-CINQ ANS ACCOMPLIS , ne peut ordinairement être attaqué de nullité , faute de confentement des peres & meres des contractans. Ainfi par Arrêt du 28. Novembre 1690. rapporté dans le Journal des Audiences , il a été jugé qu'un fils de famille ayant vingt-cinq ans , peut fe marier valablement fans le confentement de fes pere & pere.

Mais pour que les mariages des fils de famille , majeurs de vingt-cinq ans , contractés fans le confentement de leurs peres & meres , foient valables , & que les peres & meres ne puiffent revenir contre , il faut qu'ils ayent été célébrés avec toutes les formalités requifes ; autrement les peres & meres feroient en droit d'en interjetter appel comme d'abus.

Ainfi un pere a été reçu à interjetter appel comme d'abus de la célébration du mariage de fon fils , majeur de trente deux ans , avec une fille majeure, parce que leur mariage avoit été célébré fans publications de bans , fans quatre témoins , & par un autre Prêtre que leur propre Curé. L'Arrêt eft du 10. Août 1656. *voyez* les notables Arrêts des Audiences , Arrêt 38. & les Arrêts 66. & 117. rapportés dans le Journal des Audiences , tom. 2. liv. 2. chap. 41. & liv. 6. chap. 14. & 20.

Quoique les mariages faits par des majeurs de vingt-cinq ans , fans le confentement de leurs peres & meres , foient valables quand ils ont été célébrés avec toutes les formalités requifes ; néanmoins les Parties contractantes , quoique majeurs de vingt-cinq ans ou de trente ans , font toujours obligés de demander par écrit le confentement de leurs peres & meres , & à leur défaut , de leurs ayeuls ou ayeules. Faute d'avoir fatisfait à ce devoir , ils peuvent être deshérités par leurs peres & meres , & privés des avantages qu'ils en auroient pu recevoir ; & font au moyen de leur exhérédation rendus incapables des avantages qu'ils pourroient prétendre en vertu des contrats de mariage de leurs peres & meres , ou en vertu de la Loi ou de la Coutume. Ce qui a été ainfi ordonné pour maintenir les enfans dans le refpect qu'ils doivent à leurs peres & meres , en ne contractant mariage que de leur confentement. Edit d'Henri II. du mois de Février 1556. Ordonnance de 1539. Edit du mois de Mars 1697.

Mais les enfans majeurs peuvent fe marier après

A a ij

avoir demandé le confentement de leurs peres & meres fans l'avoir obtenu, quand les filles ont vingt-cinq ans accomplis, & les fils trente ans paffés ; alors il leur fuffit, pour n'être point expo-fés aux peines des Ordonnances, de requerir par écrit en la maniere prefcrite, le confentement de leurs peres & meres, fans être obligé de l'at-tendre.

La raifon eft, qu'il ne feroit pas jufte que par un caprice, les peres & meres abufant de leur auto-rité, fiffent perdre à leurs enfans les occafions de s'é-tablir, en continuant de négliger de leur procurer un mariage convenable.

Néanmoins, quand les meres font remariées, les fils majeurs ne font pas obligés d'attendre qu'ils aient paffés trente ans ; il leur fuffit, lorfqu'ils en ont vingt-cinq ans accomplis, de requerir leur con-fentement, fans être obligés de l'attendre. Edit d'Henri II. du mois de Février 1556.

Voyez ci-après, *Sommations refpectueufes.*
Voyez auffi ce que j'ai dit touchant le confente-ment des peres & meres, fur le commencement du tit. 10. du premier livre des Inftitutes.

De ce que nous avons dit ci-deffus, il réfulte qu'un fils majeur de vingt-cinq ans, mineur de trente, ne peut contracter mariage après les fom-mations, fans en courir l'exhérédation ; comme il a été jugé par Arrêt de la Grand'Chambre, au rap-port de M. le Nain, le 25. Juin 1708.

Il faut encore remarquer ici, 1°. que l'Ordonnan-ce de Louis XIII. de 1639. qui déclare nuls les ma-riages contractés fans le confentement de meres, n'a pas lieu à l'égard de celles qui fe compor-tent mal après la mort de leurs maris. *Voyez* la Roche-flavin, liv. 2. lett. M, tit. 4. Arrêt 36.

II°. Que pour la validité du mariage d'un en-fant de famille, le confentement du pere fuffit, quoique la mere s'y oppofe.

MARIAGE D'UN FRANÇOIS EN PAYS ETRAN-GER, n'eft pas regardé favorablement dans ce Royaume parce qu'ordinairement il ôte à celui qui le contracte l'efprit de retour en France. C'eft ce qui a donné lieu à plufieurs Déclarations qui paroiffoient détourner les Sujets du Roi de contrac-ter de tels mariages.

Il y en a une du 16. Juin 1685. publié le 9. Juil-let de la même année, qui fait défenfes aux Sujets du Roi de marier leurs enfans, foit garçons ou filles, hors le Royaume, fans permiffion du Roi.

L'Ordonnance du 11. Août 1716. exclut de tou-tes Charges & adminiftrations publiques, & des Affemblées du Corps de la Nation dans les Echel-les du Levant, les Négocians François qui y époufe-ront des filles ou veuves nées fous la domination du Grand Seigneur ; & defdites Charges & Admi-niftrations, ceux qui n'ayant pas l'âge de trente ans, épouferont, fans le confentement de leurs peres & meres, des filles même de François.

Celle du 21. Janvier 1717. exclut des droits & privileges appartenant à la Nation Françoife dans les Villes & Ports d'Italie, d'Efpagne & de Portu-gal, les enfans nés des mariages contractés entre les François naturels, ou entre les étrangers na-turalifés François, & les filles du pays.

C'eft une queftion, fçavoir fi un mariage con-tracté par un François mineur, fans le confente-ment de fes pere & mere, étoit valable, lorfqu'il étoit célébré dans un pays étranger où l'on fuit la difcipline du Concile de trente, qui ne requiert point, pour la validité de tels mariages, le con-fentement des peres & meres des Parties qui fe marient.

Une pareille affaire a été plaidée en la Grand'-Chambre, au rôle de Vermandois, en l'année 1716. Il s'agiffoit d'un mariage célébré à Liege fans fraude, entre un jeune homme de Lyon, mi-neur, & une fille du Diocefe de Liege, chez qui il demeuroit.

On dit que ce mariage ne pouvoit être regardé ni comme clandeftin, ni comme un rapt de feduc-tion, parce que dans le Diocefe de Liege le con-fentement des parens au mariage des mineurs n'eft pas néceffaire.

On ajouta qu'un mariage ne pouvoit être valable pour un pays, & nul dans un autre ; que pour la validité d'un acte, il fuffit d'avoir fatisfait aux for-malités prefcrites par la Loi du lieu où l'acte eft paffé.

Enfin on rapporta le fentiment de Fevret en fon Traité de l'Abus, qui foutient que tels mariages font valables, & autorifés par la Jurifprudence des Arrêts. Sur quoi on peut voir le Journal des Au-diences, tom. 1. chap. 24. Bardet, tom. 1. liv. 2. chap. 27. le vingt-deuxieme plaidoyé de M. le Maître.

Cependant la Cour jugea qu'il y avoit abus, & regarda probablement les Ordonnances qui défen-dent aux mineurs de fe marier fans le confentement des perfonnes aufquelles ils font foumis, comme des Loix perfonnelles qui le fuivent par-tout, & qui font préfumer qu'ils ont été féduits, en quel-qu'endroit qu'ils fe trouvent ; ou plutôt la Cour préfuma fur la qualité des Parties, qu'il y avoit eu une véritable fubornation du jeune homme, de la part de la mere de la fille, chez laquelle le jeune homme étoit logé.

D'ailleurs, un mineur n'a point d'autre domicile que celui de fon pere, en quelque lieu qu'il aille, qu'il fe tranfporte, la Loi du domicile le fuit tou-jours ; l'incapacité demeure attachée & inhérente à fa perfonne ; ainfi ce n'eft pas de la capacité du domicile dans le lieu où l'on fuit la difcipline du Concile de Trente, qui fe communique à l'autre, c'eft plutôt l'incapacité du fils de famille mineur qui influe fur l'autre contractant.

On ne peut pas douter qu'une incapacité inhéren-te à la perfonne la fuive & l'accompagne par-tout dans quelque pays qu'elle aille. Par exemple, la majorité eft acquife en Normandie & en Touraine à vingt ans : ainfi un mineur âgé de vingt ans pour-roit dans ces Coutumes s'obliger à Paris : mais un mineur domicilié à Paris, quoiqu'âgé de vingt ans ne pourroit pas, en fe tranfportant dans ces Cou-tumes, y paffer une obligation valable.

Une femme, fans autorifation de fon mari, peut valablement s'obliger en certaines Coutumes, mais une femme qui demeureroit à Paris , & qui se transporteroit dans ces Coutumes , où les femmes peuvent s'obliger sans être autorisées de leurs maris , son incapacité la suivroit , de maniere que tous les actes qu'elle passeroit sans autorisation de son mari , seroient de nulle valeur.

Autrement , ce seroit frauder la Loi : à plus forte raison dans une question d'état telle qu'est celle du mariage , on n'autorisera pas un fils de famille à quitter le domicile de ses pere & mere , pour éviter la peine & la nullité du défaut de leur consentement au mariage , qu'il auroit contracté dans un lieu où leur consentement ne seroit pas requis d'une nécessité absolue , mais seulement *ex honestate.*

MARIAGE DES ENFANS DONT LES PERES ET MERES SONT HORS DU ROYAUME. Les enfans des peres & meres qui sont sortis du Royaume, & se sont retirés dans les pays étrangers, peuvent en leur absence valablement contracter mariage , sans attendre ni demander le consentement de leurs peres & meres ou de leurs tuteurs ou curateurs , qui se sont pareillement retirés dans les Pays étrangers ; à condition néanmoins de prendre le consentement & avis de leurs autres parens & alliés , ils en sont , ou à leur défaut, de leurs amis ou voisins, suivant la Déclaration du 6. Août 1686. regîstrée au Parlement le 20. des mêmes mois & an.

Et à cet effet il est ordonné , qu'avant de passer outre au contrat & célébration de leur mariage , il soit fait devant le Juge royal des lieux , le Procureur du Roi présent , & s'il n'y a pas de Juge royal, en présence du Juge ordinaire des lieux , le Procureur Fiscal de la Justice présent , une assemblée de six des plus proches parens ou alliés, tant paternels que maternels, s'ils en ont , ou à leur défaut, de six amis ou voisins, pour donner leur avis ou consentement , s'il y échoit , dont il est enjoint de faire mention sommaire dans le contrat de mariage , qui doit être signé desdits parens , alliés , voisins ou amis ; comme aussi sur le registre de la Paroisse où la célébration dudit mariage se fera, lesquels actes doivent être expédiés sans frais ; & pour ce regard seulement , il est dérogé à ce qui est porté par les Ordonnances pour raison desdits mariages ; & sans que lesdits enfans audit cas puissent encourir les peines portées par icelles , sous quelque prétexte & en quelque maniere que ce soit.

MARIAGES DES PRINCES DU SANG , & des grands Seigneurs qui ont des Fiefs relevant immédiatement de la Couronne, ne peuvent être faits que du consentement du Roi.

Quoique par le droit naturel rien ne soit plus libre que les mariages , & que l'on tienne même que l'on n'est pas obligé d'obéir aux Loix & conventions qui en restraignent la liberté , néanmoins cette maxime n'a pas lieu à l'égard des Princes du Sang & des grands Seigneurs du Royaume , par le droit de souveraineté, il leur est défendu de se marier sans l'avis & le consentement du Roi. *Voyez* M. le Bret dans son Traité de la Souveraineté , liv. 1. chap. 8.

Les Princes & les grands Seigneurs doivent donc prendre le consentement du Roi pour leurs maria-

ges , & cette dépendance fait certainement partie deleur devoir.

Mais on demande , si supposé qu'ils ne se soient pas acquittés de ce devoir , cela emporte la nullité du mariage ?

L'Assemblée du Clergé consultée en 1635. sur cette question , répondit que les Coutumes des Etats peuvent faire que les mariages soient nuls & non valablement contractés, quand elles sont raisonnables, anciennes & autorisées par l'Eglise ; que la Coutume de France ne permet pas que les Princes du Sang , & particuliérement ceux qui font présomptifs héritiers de la Couronne, se marient contre le sentiment du Roi , beaucoup moins contre sa défense , & que tels mariages sont invalides. *Voyez* la Bibliotheque canonique , tome 2. page 85.

Mais il faut remarquer que cette délibération du Clergé de l'année 1635. semble distinguer entre les mariages des Princes du Sang, présomptifs héritiers de la Couronne, & les autres Princes du Sang; & décider que suivant l'ancienne Coutume de France , les présomptifs héritiers de la Couronne ne peuvent valablement contracter mariage sans le consentement du Roi ; mais que sans ce même consentement les autres Princes du Sang ont toujours la liberté de se marier.

Ainsi les mariages des présomptifs héritiers de la Couronne seroient absolument nuls, si le Roi n'y avoit mis par son approbation le sceau, parce que leurs alliances rejaillissent sur la Couronne à laquelle ils appartiennent , & dont ils peuvent hériter : c'est pourquoi il faut que leurs mariages soient dignes d'eux , & qu'ils ne soient pas contraires au service du Roi & à l'intérêt de l'Etat ; & par conséquent ne peuvent être valablement contractés que du consentement du Roi. *Voyez* ce qui est dit à ce sujet dans le neuvieme tome des causes célébres, page 638. & suivantes.

MARIAGES NULS , sont ceux qui ont été contractés nonobstant quelque empêchement dirimant , ou sans y avoir observé les conditions ou formalités absolument requises. Personne n'est plus intéressé à s'assurer de la validité du mariage , que ceux qui l'ont contracté , puisqu'il s'agit de leur propre sort , non seulement par rapport à cette vie , mais encore par rapport à l'autre.

Quand on vient à découvrir , qu'au lieu d'être lié par un nœud sacré , on ne l'est que par un engagement que la Religion déteste , demeurer dans un état si horrible, & ne le pas réparer par une réclamation authentique, c'est le comble de l'égarement.

MARIAGES NULS QUAND AUX EFFETS CIVILS SEULEMENT. Ordinairement , lorsque le contrat de mariage est nul par défaut de consentement légitime , le Sacrement n'y peut être attaché, non plus que la forme ne peut subsister sans la matiere.

Il y a néanmoins trois cas esquels les mariages sont valables quant au Sacrement , & sont nuls quant aux effets civils seulement.

La raison est , que de même qu'il y a des regles ecclésiastiques pour la validité & l'exécution des mariages quant au lien du Sacrement , il y a aussi des Loix politiques pour empêcher l'exécution.

Voici les cas efquels les mariages font valables quant au Sacrement, & nuls quant aux effets civils feulement, I°. Les mariages tenus fecrets pendant toute la vie de l'un des conjoints. II°. Les mariages faits *in extremis*. III°. Les mariages contractés par perfonnes mortes civilement. Elles peuvent bien fe marier *quoad fœdus*, mais non pas quant aux effets civils. *Voyez* la Déclaration du 23. Novembre 1639.

MARIAGE ILLICITE ET NUL PRODUIT DES EFFETS CIVILS, quand il a été contracté de bonne foi & en face d'Eglife par les conjoints, qui ignoroient l'empêchement de parenté, ou autre, qu'il y avoit à leur mariage, *voyez* le douzieme Plaidoyé de M. Henrys.

Un homme ou une femme, par exemple, fe remarie fur de fauffes nouvelles que fon mari ou fa femme eft décédée : les enfans nés de ce mariage font légitimes, à caufe de la bonne foi des pere & mere, & ils font admis à leur fucceffion. Bacquet du Droit de Bâtardife, part. 2. chapitre 9. nomb. 8. *Voyez* Abfent.

La bonne foi même d'un feul des conjoints fuffit pour faire produire à un mariage nul les effets civils, pourvû qu'il ait été contracté en face d'Eglife; car la bonne foi des deux conjoints; ou de l'un d'eux, eft le foutien de l'état des enfans nés de mariages nuls ou équivoques.

Ainfi les enfans, quoiqu'adulterins, fuccedent alors à leurs pere & mere, fur le fondement d'un mariage qui a précédé leur naiffance, & que le pere ou la mere a contracté de bonne foi.

Par exemple, un homme marié contracte un fecond mariage du vivant de fa premiere femme, avec une perfonne qui eft dans l'ignorance & la bonne foi ; les enfans qui naîtront de ce mariage feront légitimes, & fuccéderont tant à celui des conjoints qui eft en mauvaife foi, qu'à celui qui eft dans la bonne foi. Charondas en fes Réponfes, livre 8. chapitre 17.

Mais s'il y avoit d'autres enfans nés avant ce mariage, & qu'un homme eût celé fon mariage à fa concubine, dont il auroit des enfans, & qu'il époufât enfuite pendant la vie de fa femme, la bonne foi de cette concubine n'opéreroit rien en faveur des enfans nés auparavant ce mariage, parce qu'il n'y a point de concubinage de bonne foi, comme le prouve parfaitement M. le Brun, en fon traité des Succeffions, liv. 1. chap. 2. fect. 1. dift. 1. nomb. 14.

Il arrive auffi quelquefois que les enfans d'un Prêtre font cenfés légitimes, & capables de fuccéder à leurs pere & mere, à caufe de la bonne foi de celle qu'il auroit époufée, lorfqu'elle étoit dans une jufte ignorance de fon engagement dans l'état eccléfiaftique. Et c'eft le cas d'un Arrêt du 28. Juillet. 1598. rapporté par M. Anne Robert, livre 2. chap. 18.

MARIAGE CLANDESTIN, eft celui qui eft fait fans les folemnités requifes, comme hors la Paroiffe des contractans, fans publication de bans, & fans difpenfe.

Ainfi on appelle un mariage clandeftin, un mariage qui n'eft pas contracté à la face de l'Eglife; & il eft préfumé n'être point fait à la face de l'Eglife, quand il eft célébré hors de la préfence du Curé, & fans fa permiffion.

Ces fortes de mariages font nuls, du moins quant aux effets civils : ainfi les enfans qui en naiffent font toujours privés de toutes fucceffions, tant directes que collatérales. *Voyez* la Bibliotheque canonique, tome 2. pag. 78.

Mais la clandeftinité toute feule ne fait pas toujours annuller un mariage ; il eft quelquefois confirmé *quoad fœdus*, & néanmoins déclaré incapable de produire des effets civils.

Voyez Fontanon, tom. 1. liv. 4. tit. 7. pag. 749. le traité qu'a fait Coras des mariages clandeftins, qui eft inferé dans les Arrêts de M. le Prêtre; Papon, livre 15. tit. 1. nomb. 5. Tournet, lettre M, Arrêt 24. & fuivans ; le Recueil de Decombes, chap. 3. & 4. le Traité de la preuve par témoins, de M. Danty, chap. 5. part. 1. & la Déclaration du 26 Novembre 1639.

L'inégalité des conditions, & le défaut de contrat de mariage, ne rendent pas clandeftin un mariage célébré entre majeurs en plein jour par leur Curé, & fuivi d'une cohabitation publique. *Voyez* le Recueil de M. Augeard, tom. 2. chap. 28. *Voyez* auffi l'Arrêt du 11. Janvier 1691. rapporté dans le Journal des Audiences.

Il faut remarquer au fujet des mariages clandeftins, que l'on prive feulement ceux qui les ont contractés des effets civils, & qu'on laiffe les qualités ftériles de veuve & d'enfans légitimes, en ordonnant toutefois quelque fomme une fois payée, ou quelque penfion annuelle aux enfans.

La connoiffance des conteftations concernant les mariages clandeftins, ou de ceux qui font fait au préjudice des Ordonnances, ne peut appartenir qu'aux Juges royaux ; parce que dans ces fortes de caufes, il s'agit de l'état des perfonnes, comme nous l'avons déjà dit.

MARIAGE SECRET, eft celui dans lequel on a gardé les formalités requifes, mais qu'on tient caché pendant la vie de l'un des conjoints contre le refpect qui eft dû à un fi grand Sacrement.

Ces fortes de mariages font nuls quant aux effets civils, quand on les tient cachés pendant toute la vie de l'un des conjoints, par un extérieur contraire à l'état du mariage.

L'honneur du mariage demande une cohabitation publique ; autrement il reffentiroit plutôt la honte du concubinage, que la dignité du mariage. La Déclaration du 26. Novembre 1639. article 5. porte : *Defirant pourvoir à l'abus qui commence à s'introduire dans notre Royaume, par ceux qui tiennent leurs mariages fecrets & cachés pendant leur vie, contre le refpect qui eft dû à un fi grand Sacrement, nous ordonnons que les majeurs contractent publiquement en face d'Eglife, avec les folemnités prefcrites par l'Ordonnance de Blois ; & déclarons les enfans qui naîtront de ces mariages que les Parties ont tenu jufqu'ici, ou tiendront à l'avenir cachés pendant leur vie, qui reffentent plutôt la honte d'un concu-*

binage, que la dignité d'un mariage, incapables de toutes succeſſions, auſſi-bien que leur poſterité. Voyez Soefve, tom. 1. cent. 4. chap. 27. tom. 2. chap. 57. & 71.

Il faut donc mettre une grande différence entre le mariage clandeſtin, & le mariage ſecret. Le défaut de formalités rend le mariage clandeſtin, & le fait déclarer nul & abuſif ; mais un mariage célébré dans toutes les formes peut être tenu ſecret, & c'eſt ce ſecret que l'Ordonnance de 1639. punit de la privation des effets civils, quoique le mariage ſoit valable *quoad fœdus & Sacramentum*.

Avant cette Ordonnance, on ne faiſoit aucune diſtinction, par rapport à la validité du mariage entre le lien & le contrat ; tout mariage valable en foi produiſoit des effets civils. L'Ordonnance de 1639. a introduit un nouveau droit ; elle a voulu, pour conſerver le reſpect dû à la dignité du Sacrement, que tous ceux qui s'y feroient engagés valablement fiſſent une profeſſion publique de leur état, ſous peine de privation des effets civils.

Ainſi les enfans procréés d'un tel mariage ſont privés de toutes ſucceſſions, tant directes que collatérales, & ne peuvent pas porter le nom de leur pere, (ſans néanmoins être déclarés illégitimes;) & leur mere ne peut point non plus, après la mort de ſon mari, en porter le nom, s'en qualifier veuve, quoique le mariage ait été bon & valable *in foro conſcientiæ* ; comme il a été jugé par Arrêt du 24. Juillet 1704. rapporté par M. Augeard, tom. 1. chap. 51.

Le contrat de mariage ne doit avoir en pareil cas aucune exécution pour le douaire, la communauté, le préciput, & autres conventions matrimoniales.

Mais quoiqu'un mariage ait été tenu ſecret, cela n'empêche pas que les héritiers du mari ne puiſſent être contraints à reſtituer la dot qu'il auroit reconnu avoir reçue, pourvû toutefois qu'il ne s'agiſſe pas d'une ſomme exorbitante, par rapport à l'état & à la qualité des Parties; comme il a été jugé par Arrêt du 16. Mai 1705, rapporté par M. Augeard, tom. 1. chap. 60.

MARIAGE NON CONSOMMÉ, n'en eſt pas moins valable, pourvû qu'on y ait obſervé toutes les formalités requiſes, & qu'il ait été contracté par perſonnes capables de le conſommer.

Ainſi, quoiqu'un mariage n'ait pas été conſommé, il ne laiſſe pas de produire tous les effets civils qui en ſont une ſuite, comme la communauté en pays coutumier, & même le douaire ; à l'exception de quelques Coutumes, qui portent en termes exprès : *qu'au coucher la femme gagne ſon douaire*, comme nous avons dit ci-deſſus, verbo Douaire.

Cependant un mariage valablement contracté & célébré, n'ayant point été conſommé, eſt réſolu de plein droit, quand l'une des deux Parties entre dans un monaſtere approuvé, & y fait profeſſion religieuſe par des vœux ſolemnels. Et en ce cas celle des deux Parties qui reſte dans le monde, peut ſe remarier après la profeſſion de celle qui l'a

abandonnée. *Voyez* le titre des Décretales, *de converſione conjugatorum.*

Il n'en eſt pas de même du ſimple vœu de chaſteté, lequel ne donne point d'atteinte au mariage, & duquel les conjoints peuvent aiſément ſe faire relever.

Auſſi M. Perchambault, en ſon Commentaire ſur la Coutume de Bretagne, tit. 20. art. 1. cite l'exemple du ſieur de Monteclair & de ſa femme, qui firent un vœu de chaſteté, avec ſerment, le jour de leurs nôces ; mais le mari ayant changé de ſentiment, la Sorbonne jugea que telles promeſſes étoient téméraires.

MARIAGE INÉGAL. L'inégalité des conditions n'eſt pas un moyen ſuffiſant pour faire déclarer nul un mariage, d'ailleurs valablement contracté ; mais elle donne lieu à faire annuller toutes les conventions faites par le contrat de mariage.

Quoique l'amour puiſſe par ſon aveuglement rendre égales les perſonnes du plus bas étage à celles qui ſont d'un rang très-diſtingué, les Loix ont cru devoir mettre quelque frein à des alliances d'une trop grande inégalité, & ont regardé ces ſortes d'habitudes avec indignation. *Quatenus ejuſmodi matrimonia culpabilis intemperantiæ ſigna ſunt.*

Ainſi elles ont annullé les avantages que des femmes de qualité pourroient faire, en faveur de tels mariages, à des perſonnes de baſſe extraction qu'elles auroient épouſées ; leur ont ôté non-ſeulement la tutelle de leurs enfans d'un premier lit, mais même l'adminiſtration de leur propre bien.

Tertullien, au livre 2. *ad uxorem*, parlant de ces mariages, dit : *Plæraque de genere nobiles, & re beatæ, ignobilibus & mediocribus conjunguntur, aut ad luxuriam inductis, aut ad licentiam expeditis: nonnullæ ſe libertis & ſervis ſuis conferunt, omnium hominum exiſtimatione deſpecta, dummodo habeant à quibus nullum impedimentum libertatis ſuæ timeant.*

L'Ordonnance de Blois, art. 182. défend aux veuves ayant des enfans d'un autre mariage, qui ſe remarient à des perſonnes indignes ou à leurs valets, de faire aucun avantage à leur ſecond mari.

L'Ordonnance de 1629. art. 145. les prive du douaire à elles acquis par leur premier mariage.

La Coutume de Bretagne, art. 454. contient la même diſpoſition.

Quoique la diſpoſition de ces Ordonnances & de cette Coutume ſoit très-ſage, il en faut néanmoins excepter les veuves d'Artiſans & de marchands, quand elles ſe marient à leurs Valets ou Domeſtiques; autrement cela empêcheroit des mariages qui pourroient être utiles à l'Etat, & avantageux aux enfans du premier lit.

Voyez l'article 182. de l'Ordonnance de Blois ; l'article 145. de l'Ordonnance de 1629. Belordeau, lettre F, article 4. Anne Robert, *lib. 1. cap. 8.* Chenu, queſt. 16. 64. 66. 68. cent. 1. queſt. 51. cent. 2. Frein plaidoyé 43. Coutume de Bretagne, art. 454. l'Arrêt du 15. Février 1674. rapporté dans le Journal du Palais ; & un autre Arrêt du 2. Septembre 1687. rapporté par M. Augeard, tom. 2. Arrêt 10.

MARIAGE PAR PAROLES DE PRESENT. Autrefois par ces fortes de mariages on entendoit les mariages où les Parties contractantes, après s'être transportées à l'Eglise & préfentées au Curé, pour recevoir la bénédiction nuptiale, fur fon refus, déclaroient l'un & l'autre, en préfence des Notaires qu'ils avoient amenés, qu'ils fe prenoient pour mari & femme, dont ils requeroient acte auxdits Notaires.

Mais aujourd'hui toute déclaration paffée pardevant Notaires, qu'on fe prend pour mari & femme, eft abfolument nulle; & défenfes ont été faites aux Notaires d'en recevoir, à peine d'interdiction.

L'Arrêt de réglement rendu à ce fujet le 5. Septembre 1680. eft rapporté dans le Journal des Audiences. *Voyez* auffi l'Arrêt du 29. Août 1687, qui eft rapporté dans le Journal du Palais.

Il faut dire auffi que la promeffe faite devant le Curé, de fe prendre par nom & loi de mariage n'eft pas valable; & que pour que le mariage foit célébré, il faut que le Curé reçoive le confentement des perfonnes qui fe marient, & leur donne la bénédiction nuptiale, difant: *Ego vos conjungo* dans l'Eglife, *intra miffarum folemnia*, comme je l'ai dit, *verbo* Fiançailles.

Voyez les Loix eccléfiaftiques, par M. d'Héricourt, pag. 432.

MARIAGES FAITS IN EXTREMIS, font ceux qui commencent par une débauche, que des hommes ont entretenue avec des femmes, qu'ils époufent à l'extrêmité de la vie.

Ces fortes de mariages, quoique valables quant à la confcience, ne produifent aucuns effets civils.

Avant l'Ordonnance de 1639. un mariage contracté & célébré *in extremis*, avec une concubine, dont il y avoit des enfans, étoit déclaré bon & vafable, & les enfans légitimes, & capables de fuccéder à leur pere. Mais cette Ordonnance, en l'art. 6. a déclaré les enfans nés des femmes que les peres avoient entretenues, & qu'ils époufoient à l'extrêmité de la vie, incapables de toutes fucceffions, tant directes que collatérales. Ainfi un tel mariage eft valable quand au Sacrement, mais nul quant aux effets civils.

Cependant quelquefois, pour des confidérations particulieres, la Cour adjuge une partie des biens du pere en propriété aux enfans nés de tels mariages, & une partie en ufufruit à la mere; déclarant que cette partie en propriété n'étoit pas donnée aux enfans comme portion héréditaire, mais par forme d'alimens, comme nous le dirons ci-après.

Pour qu'un mariage foit déclaré non valable quant aux effets civils, pour avoir été faits *in extremis*, il faut que deux chofes fe rencontrent.

La premiere qu'il ait été précédé de concubinage; car l'Ordonnance de 1636. contre les mariage faits à l'extrêmité de la vie, ne comprend point ceux qui font ainfi contractés par des perfonnes qui n'auroient point eu enfemble de mauvais commerce auparavant; comme il a été jugé par Arrêt du 8. Juillet 1675. rapporté dans le Journal du Palais.

La deuxieme, que le mariage ait été contracté & célébré à l'extrêmité; c'eft-à-dire dans la vue d'une mort certaine & prochaine, dans un temps où la nature & la raifon, affoiblies par la maladie, accablées par les douleurs qui l'accompagnent, ne font plus en état de refifter aux larmes d'une perfonne pour qui on a eu de la foibleffe, & de s'oppofer à des confeils qui ont fouvent pour principe un intérêt honteux, que l'on couvre du prétexte de la religion.

Ainfi, par Arrêt du 18. Mai 1681. fur les conclufions de M. de Lamoignon, Avocat général, il a été jugé qu'un homme étant décédé un mois après le mariage qu'il avoit contracté avec fa concubine, le mariage n'étoit cenfé fait à l'extrêmité de la vie, parce que le mari étoit en bonne fanté dans le temps de la célébration.

Il faut donc faire une très-grande différence entre les mariages faits en pleine fanté avec la perfonne avec qui on a été en débauche, & ceux qui fe font à l'extrêmité de la vie: les premiers font valables, non-feulement quand au Sacrement, mais auffi quant aux effets civils; mais les autres au contraire ne font valables que quant au Sacrement, & ne produifent aucuns effets civils.

La raifon de la différence fte. que celui qui étant en bonne fanté, fe marie avec la perfonne avec laquelle il a vécu dans le concubinage, paroît s'y être porté par des vûes honnêtes, dans le deffein de fe retirer de la débauche, & en même tems de réparer par une meilleure conduite le fcandale qu'a caufé fon libertinage, dont il fe repent, & dont il a un ardent defir de fe corriger.

Mais celui qui fe trouvant à l'extrêmité de la vie, fe détermine à époufer (pour le peu de temps qui lui refte à demeurer dans ce monde) celle avec laquelle il a entretenu un mauvais commerce, n'eft pas préfumé s'en repentir; il a lieu de croire que ni l'amour de la vertu, ni le défir de s'amender ne le font point confentir à un tel mariage, mais la feule crainte des châtimens que méritent ces déréglemens, qu'une mort prochaine lui fait quitter malgré lui, en renonçant en apparence aux plaifirs défendus que lui procuroit un amour criminel.

Ainfi, uniquement occupé des penfées de l'éternité, il accorde volontiers la dignité d'époufe à une fille déréglée, qu'il n'auroit jamais époufée, s'il avoit pu fe flatter de vivre encore quelques années.

Quoique les Mariages faits *in extremis* ne produifent aucuns effets civils, comme nous avons déjà dit; néanmoins, comme ils font valablement contractés, les enfans qui étoient nés avant peuvent avoir quelque part dans la fucceffion de leur pere, non pas comme héritiers, mais par forme d'alimens; & cette part eft plus ou moins forte fuivant les circonftances.

Par Arrêt du Parlement, en date du 14. Juillet 1687. le tiers des biens du défunt a été adjugé aux enfans, de maniere que la moitié de ce tiers appartiendroit à la mere à titre d'ufufruit; & ledit Arrêt déclara que ce tiers n'étoit pas adjugé aux enfans comme portion héréditaire, mais par forme me d'alimens. Cet Arrêt est rapporté dans le second tome de M. Augeard, chap. 9.

MARIAGE PROMIS. *Voyez* promesse de mariage.

MARIAGE CELEBRÉ NONOBSTANT QUELQUE EMPECHEMENT. *Voyez* ci-dessus Empêchement en fait de mariage.

MARIAGE D'UNE FEMME, est la dot qu'elle apporte à son mari, pour soutenir les charges du mariage. *Dotem recentiores maritagium appellarunt.*

MARIAGE A MORT GAGE, est un mariage pour raison duquel une terre est donnée par un pere ou une mere à leurs enfans, pour en jouir & percevoir les fruits jusqu'à ce qu'elle soit rachetée. *Voyez* Boutiller, dans sa somme, liv. 1. titre 78. page 458. & Loysel, dans ses Institutes, livre 3. titre 7. article 2. & 3.

MARIAGE AVENANT, est en quelque Coutume ce qu'une fille noble non mariée peut demander à ses freres, après le decès de ses pere & mere, qui n'est autre chose qu'une dot raisonnable non limitée, & qui est à l'arbitrage des freres, quand ils trouvent à marier leur sœur, sans la départager ni mésallier.

Ainsi, dès que le mariage est fait dans une proportion de condition, la fille doit se contenter de la dot qui lui est donnée par le frere, pourvû, dans quelques-unes de ces Coutumes, que ce que son frere lui a donné, se monte à la part & portion qu'elle a droit de prétendre dans le tiers de tous les immeubles délaissés par ses pere & mere ; parce que dans ces Coutumes, qui ne donnent qu'un mariage avenant à la fille, les deux tiers des immeubles avec tous les meubles appartiennent à l'aîné.

En Normandie, le mariage avenant est la légitime des filles non mariées du vivant de leurs pere & mere. Leur part se regle ordinairement au tiers de la succession, article 256. de la Coutume, & quelque nombre qu'elles soient, elles ne peuvent jamais demander plus que le tiers ; mais s'il y a plus de freres que de sœurs, en ce cas les sœurs n'auront pas le tiers, mais partageront également avec leurs freres puînés, art. 269. de la coutume ; parce que, soit en bien noble ou par la Coutume de Caux, jamais la part d'une fille ne peut être plus forte ni excéder la part d'un cadet puîné. Sur la maniere dont le mariage avenant doit être liquidé, *voyez* Routier sur la Coutume de Normandie, livre 4. chapitre 4. section 4.

Voyez Hevin sur Frain, pag. 869. au commencement ; & du Pineau dans ses observations sur l'article 244. de la coutume d'Anjou. *Voyez* aussi les Commentateurs de la Coutume de Normandie, sur les articles 249. 261. & suivans.

MARIAGE EN COMBRÉ, est dans la Coutume de Normandie le droit qu'une femme mariée, ou ses héritiers de se pourvoir, par une espéce de réintégrande, contre les aliénations que son mari a faites sans son consentement, ou elle sans l'autorité de son mari, & ce dans l'an & jour du décès de son mari, en renonçant à sa succession,

Tome II.

à l'effet de rentrer dans la possession desdits héritages.

Voyez les Commentateurs de la Coutume de Normandie, sur l'article 537.

MARINE. Voyez *verbo* Amiral, & *verbo* Amirauté.

MAS. Ce terme usité en Provence, & Languedoc, signifie le tenement & héritage des personnes de servile condition & de main morte.

MASLE, est celui qui est de sexe masculin. En plusieurs choses, la condition de mâles est plus avantageuse que celle des femmes. C'est la décision de la Loi 9. *ff. de statu hominum, cujus verba sunt. In multis Juris nostri articulis deterior est conditio fœminarum, quam masculorum.*

Cette maxime est en plusieurs rencontres reçue parmi nous. Ainsi nous n'admettons point les femmes aux charges publiques. La Loi Salique veut que les mâles seuls succedent à la Couronne. La plûpart des substitutions sont faites de mâle en mâle : *quia scilicet per mares, non vero per fœminas nomen & familia propagatur.*

Nous avons plusieurs Coutumes qui n'admettent point les filles à un partage égal avec leurs freres dans la succession de leurs peres & meres, & dans lesquelles il ne leur est dû que mariage avenant.

Dans la Coutume de Paris & en plusieurs autres, en succession & hoirie en ligne collatérale en fief, les femelles n'héritent point avec les mâles en pareil degré. *Voyez* ce que j'ai dit sur l'article 25. de la Coutume de Paris.

MASSE, se dit de plusieurs sommes, de plusieurs effets assemblés, qui font un tout. Les enfans qui viennent en partage à la succession de leur pere, doivent rapporter à la masse ce qu'ils ont reçu en avancement d'hoirie. Lorsqu'après discution faite des biens d'un débiteur, il apparoît qu'ils ne sont pas suffisans pour satisfaire ses créanciers, on fait une masse de tous ses effets mobiliers que l'on partage entre ses créanciers au sol la livre.

MATÉRIAUX, sont tout ce qui est nécessaire pour construire les Bâtimens, comme pierre, bois, fer, chaux, sable, tuile, brique, &c.

Vieux matériaux, sont les démolitions d'un bâtiment.

Les matériaux préparés & amenés sur le lieu pour bâtir, tiennent nature de meubles ; mais les pierres & matériaux d'une maison démolie pour la rebâtir, & destinés pour la réédification d'icelle, font immeubles.

Touchant la question, sçavoir à qui doivent appartenir les matériaux dont le propriétaire d'un fonds s'est servi pour y bâtir, ou ceux qui ont été employés par celui à qui ils appartenoient, & dont il s'est servi pour bâtir sur le fonds d'autrui ; *voyez* ce que j'ai dit dans la traduction des Institutes, sur le §. 29. & 30. du titre premier du second Livre.

MATIERE, se dit d'un procès, des affaires, des questions ; comme quand on dit, cela s'observe en matiere civile, mais non pas en matiere criminelle.

Touchant les matieres civiles & criminelles,

voyez ce que j'ai dit lettre P , *verbo* Procès.

MATIERES SOMMAIRES, font celles qui doivent être jugées & inftruites plus promptement que les autres : *Quæ fcilicet debent judicari fummariè & de plano, fine ftrepitu, formâ eft figurâ judicii.*

Ainfi les matieres fommaires doivent fe juger à l'Audience en toutes Jurifdictions , tant fouveraines qu'inférieures , incontinent après les délais échus , fur un fimple acte , pour venir plaider fans autre procédure ni formalité. Dans ces fortes de caufes, les Parties peuvent plaider fans être affiftés d'Avocats ni de Procureurs, fi ce n'eft ès Cours fouveraines ; aux Requêtes de l'Hôtel & du Palais, & aux Sieges préfidiaux.

Les caufes fommaires en général regardent ou les perfonnes , ou les chofes. Les perfonnes, comme les Artifans , les Manœuvres , les Serviteurs , & autres femblables, qui demandent le payement de leurs ouvrages , falaires & vacations.

On peut même y comprendre ceux qui requierent être reconnus pour enfans , & être nourris ; & les pupilles qui implorent le bénéfice du Juge , pour leur nourriture & entretenement , contre leurs tuteurs.

Quant aux chofes, toutes les matieres pour fommes & chofes légeres, & de peu de valeur ; ou celles qui fe confument en dépenfe , ou pour la longue garde , font réputées fommaires ; & celles qui font pour alimens, médicamens, & autres femblables provifions, même le dot & le douaire, quand la caufe ne requiert pas une ample difcuffion , fuivant l'Authentique. *Nifi breves , cod. de fent. ex pericul. recitand.* tirée de la Novelle 17. cap. 3. & de la Novelle 83. *in princ.*

Le titre 17. de l'Ordonnance de 1667. met au rang des matieres fommaires , les caufes pures perfonnelles qui n'excedent pas la fomme ou valeur de 400. livres, & qui font pendantes aux Cours fouveraines , ou aux Requêtes de l'Hôtel ou du Palais.

Néanmoins fi les demandes qui font au-deffous de quatre cens livres, & qui excedent deux cens livres , ont été appointées en caufe principale, elles doivent être jugées aux Cours fouveraines où elles font portées par appel, comme procès par écrit, de même que fi elles étoient au-deffus de 400. liv.

Les matieres fommaires font , dans les Bailliages, Sénéchauffées & autres Jurifdictions, Juftices des Seigneurs & Officialités , quand les demandes & obligations ne font que de 200. livres & au-deffous.

Dans toutes les Cours & dans toutes les Jurifdictions & Juftices , les chofes qui regardent la Police , à quelque fomme ou valeur qu'elles puiffent monter , font mifes au rang des matieres fommaires.

Il en eft de même des achats , ventes , délivrances & payemens , pour provifions & fournitures de maifons , en grain , farine , pain , vin , viande , foin , bois & autres denrées ; les fommes dûes pour ventes faites fur les ports & étapes, dans les foires & marchés, loyers de maifons, fermes & actions pour les occuper ou exploiter , ou aux fins

d'en vuider , tant de la part des propriétaires , que des locataires ou fermiers non jouiffans , diminutions de loyers , fermages & réparations , foit qu'il y ait bail ou non.

Les impenfes utiles & néceffaires , les méliorations , détériorations , labours & femences, les prifes de chevaux & beftiaux en délit, les faifies qui en feront faites, leur nourriture, dépenfe ou louage , les gages des ferviteurs , peines d'ouvriers , journées de gens de travail , parties d'Apoticaires & Chirurgiens , vacations de Médecins , frais & falaires de Procureurs , Huiffiers , Sergens , & autres droits d'Officiers , appointemens & récompenfes , font auffi reputées matieres fommaires, pourvû que ce qui eft demandé n'excede pas la fomme ou valeur de mille livres.

Sont auffi réputées matieres fommaires , les appofitions & levées de fcellés , les confections & clôtures d'inventaires , les oppofitions formées à la levée du fcellé , aux inventaires & clôtures , en ce qui concerne la procédure feulement ; les oppofitions faites aux faifies , exécutions & ventes de meubles ; les préférences & privileges fur le prix en provenant, pourvû qu'il n'y ait que trois oppofans, & que leurs prétentions n'excedent la fomme de mille livres , fans y comprendre les cas de contributions au marc la livre.

Les demandes à fin d'élargiffement & provifions de perfonnes emprifonnées , & celles à fin de mainlevée des effets mobiliers faifis ou exécutés, les établiffemens ou décharges des Gardiens Commiffaires , Dépofitaires ou Sequeftres , les réitégrandes, les provifions requifes pour nourritures & alimens , & tout ce qui requiert célérité, & où il peut y avoir du péril, en la demeure , font auffi réputés matieres fommaires , pourvû qu'elles n'excedent pas la fomme ou la valeur de 1000. livres.

Les demandes fur les matieres fommaires fe font aux Jurifdictions inférieures par des exploits à l'ordinaire ; mais au Parlement & autres Cours , Requêtes de l'Hôtel & du Palais , les actions dans les matieres fommaires & provifoires s'intentent par Requêtes , fur lefquelles on met , *viennent les Parties* , s'il y a Procureur en caufe ; & s'il n'y en a point , on met *foient Parties appellées.*

Les matieres fommaires doivent être jugées fommairement à l'Audience, fur un fimple avenir.

Mais fi la caufe ne peut être jugée à l'Audience à caufe de quelques pieces qu'il convient préalablement examiner, on ordonne que les pieces feront mifes fur le Bureau fans inventaire de production pour y être délibéré fans épices ni vacations.

Si les Parties en plaidant fe trouvent contraires en faits, & que la preuve par témoins en foit reçue, ils feront ouis en la prochaine Audience, en la préfence des Parties , dans les Jurifdictions inférieures.

A l'égard des Cours , des Requêtes de l'Hôtel & du Palais, les témoins pourront être ouis au Greffe par l'un des Confeillers commis , & les reproches feront propofés à l'Audience, avant que les témoins foient entendus.

Si la Partie eft préfente , il en fera fait mention

fur le fimple plumitif, ou par le procès verbal, fi c'eft au Greffe : ce qui fera fait fommairement & fans frais , & obfervé tant en caufe principale que d'appel.

Pour connoître les cas ou les Jugemens rendus par des Juges inférieurs en matieres fommaires , s'exécutent nonobftant l'appel, il faut voir les articles 12. 13. 14. 15. & 16. du titre dix-feptieme de l'Ordonnance de 1667.

Dans les cas où les Jugemens rendus en matiere fommaire , s'exécutent nonobftant l'appel, il eft défendu aux Cours fouveraines, à peine de nullité ; de donner des Arrêts de défenfes. Article 16. du même titre.

En fait de Police , les Jugemens définitifs ou provifoires doivent être exécutés par provifion, à quelque fomme qu'ils puiffent monter, nonobftant oppofitions ou appellations , en donnant caution ; l'exécution ne pouvant être regardée , à caufe de la fûreté publique qui en dépend , article 12. Et par une Déclaration du Roi du 28. Décembre 1700. les Sentences de Police ne portant condamnation que de foixante livres d'amende , doivent être exécutées nonobftant l'appel , fans que pour quelque caufe que ce puiffe être, on puiffe donner des Arrêts de défenfes.

C'étoit autrefois un ufage de ne pas accumuler le principal avec la provifion; il falloit donner féparément la Sentence de provifion , & la définitive. Mais cet ufage a été abrogé par l'Ordonnance de 1667. article 17. titre 17. en forte que l'on peut prononcer aujourd'hui fur la provifion & fur le définitif, quand l'un & l'autre font en état d'être jugés. On ordonne feulement que la Sentence fera exécutée par maniere de provifion , en cas d'appel : en baillant bonne & fuffifante caution, lorfque la Sentence ne feroit pas exécutée au principal nonobftant l'appel.

Voyez le tit. 17. de l'Ordonnance de 1667. avec les Commentaires de Bornier.

MATRICULE , eft un Regiftre qu'on tient des réceptions d'Officiers, ou des perfonnes qui entrent en quelque Corps, Compagnie ou Société, dont on fait une lifte , un catalogue. D'où vient, que quand un Officier de Judicature eft reçu au Greffe de la Jurifdiction, on dit ordinairement qu'il eft immatriculé , & qu'on appelle auffi matricule l'acte qui en eft délivré.

On dit pareillement la matricule d'un Avocat, pour exprimer l'acte qui lui a été délivré au Greffe, de fa préfentation au Barreau , & preftation de ferment.

Une remarque qu'il convient de faire ici , c'eft que ce n'eft pas la matricule , mais la profeffion qui fait l'Avocat ; & la matricule ne fert que de titre pour le devenir un jour , après s'être appliqué pendant quelques années à l'étude de la Jurifprudence ; c'eft pourquoi ceux qui font immatriculés , & qui ne fuivent pas cette route , ne font point regardés comme Avocats ; & comme ils n'en font point la profeffion, ils ne jouiffent point des droits, privileges & prérogatives qui font attachés à cette profeffion.

MATRONES. *Voyez* Sages-femmes.
MAUVAISE foi. *Voyez* Poffeffeur.

M E

MÉDECIN , eft celui qui ayant étudié la ftructure du corps humain, & les maladies qui lui arrivent, fait profeffion de les guérir, autant qu'il lui eft poffible, par la vertu des remedes dont il fait auffi une étude particuliere , & dont la prudence de fe fervir à propos , fuivant l'âge & le tempéramment du malade , & fuivant les circonftances qui accompagnent la maladie.

En un mot , un bon Médecin eft celui qui par l'étude qu'il a fait de la Médécine , a des remedes fpécifiques , ou s'il en manque : qui permet à ceux qui les ont de guérir fon malade.

La Médecine eft un art effectif qui conferve la fanté préfente , & qui guerit les maladies curables avec le fecours de l'érudition , de l'expérience & de la raifon.

Cette définition eft d'autant plus jufte & plus précife , qu'elle comprend la nature de la Médécine , la fin qu'elle fe propofe , & les moyens qu'elle doit prendre pour y parvenir.

La Médecine étant un art effectif, elle ne marche pas en aveugle , quoiqu'elle marche quelquefois dans l'obfcurité ; & par conféquent fi elle ne guérit pas toutes les maladies, elle ne laiffe pas d'avoir la fanté pour fin, à laquelle elle tend toujours.

Mais pour que celui qui exerce la Médecine puiffe parvenir à cette fin qu'elle a toujours en vûe , il faut que tout ce qu'il ordonne, émane de fon érudition , de fon expérience & de fa raifon.

De fon érudition , parce que beaucoup d'érudition on ne peut pas faire la profeffion de Médecin , & il n'y a point dans le monde de profeffion où l'ignorance puiffe caufer de plus grands dommages que dans celle-ci.

De fon expérience , parce que l'érudition fans expérience ne peut pas fuffire pour faire une jufte application de ce que l'on a appris en particulier, touchant la nature des maladies , & des remedes qui peuvent fervir à les guérir.

De fa raifon , parce que comme la raifon peut s'égarer quelquefois , fi elle n'eft fecondée par l'expérience ; de même auffi l'expérience nous conduit quelquefois dans de terribles extrêmités , fi elle n'eft foutenue & fecourue par la raifon , faute d'examiner avec attention s'il n'y a point dans la la perfonne qu'on entreprend de guérir , quelque circonftance qui exige qu'on s'écarte des regles ordinaires.

Il faut donc que celui qui fait profeffion de la médecine, joigne à beaucoup d'érudition une grande expérience , & beaucoup de prudence & de raifon; fans quoi il courra toujours rifque de tomber dans des inconveniens qui font d'autant plus funeftes , qui font le plus fouvent irréparables. Mais un Médecin qui fçait joindre beaucoup de prudence & de raifon à beaucoup d'érudition & d'expérience , eft fans contredit un homme utile au Public , au-delà de ce qu'on peut dire.

Quelque chose que l'on ait dit jusqu'à présent contre la médecine & contre les Médecins, rien ne peut donner atteinte à la sublimité de la médecine, ni en diminuer l'utilité; rien même ne doit nous détourner de la vénération qui est dûe à ceux qui s'adonnent à une profession si relevée, & en même tems si nécessaire, lorsqu'après s'être appliqués pendant un tems considérable à s'instruire des préceptes de cet art, ils mettent en pratique avec beaucoup de prudence.

La médecine n'est pas absolument une science conjecturale; quoique ces principes ne soient pas tous à la portée de l'esprit humain, & que Dieu se soit réservé la connoissance de plusieurs, tous sont également certains.

Ceux qui font la médecine, après avoir passé par de longues & pénibles épreuves, par lesquelles ont parvient au dégré de Docteur, & qui s'appliquent sérieusement à s'en acquitter comme il faut, sont certainement des personnes d'honneur, qui tiennent un rang distingué parmi les Gens de Lettres, & en qui on reconnoît beaucoup de Littérature. Aussi sont-ils appellés Nobles, à Lyon, Forez, Beaujolois, & dans quelques autres lieux de ce Royaume, comme je l'ai dit verbo Nobles.

Outre les raisons communes à tous les Docteurs qui peuvent se qualifier Nobles, les Médecins en ont de particulieres tirées de leurs Lettres mêmes de Doctorat, & de la cérémonie qui se fait dans leur faculté, lorsqu'on les reçoit. On leur met un anneau d'or au doigt, en leur disant: *Accipe annulum aureum in signum nobilitatis ab Augusto & Senatu Romano Medicis concessa.*

Voilà ce qui donna lieu à cette concession. Antonius Musa, célebre Médecin, ayant guéri Auguste d'une maladie dangéreuse; outre une somme considérable qu'il reçut pour récompense, Auguste & le Sénat lui accorderent, & à tous ceux qui exerçoient & exerceroient à l'avenir la Médecine, le droit de porter l'anneau d'or, & de jouir de toutes sortes d'exemptions; c'est-à-dire, qu'Auguste annoblit Musa & tous les Médecins de l'Empire Romain; car l'anneau d'or étoit à Rome la marque de la noblesse.

Le titre au code *de Professoribus & Medicis,* exempte les Professeurs de toutes sortes de charges publiques, & après vingt ans d'exercice, les met au rang des Comtes de l'Empire.

Aujourd'hui même dans la plûpart des pays étrangers, les Médecins sont annoblis par leurs Lettres de Docteurs, & de noblesse réelle, transmissible, & qui fait souche.

Tous ces honneurs rendus dans tous les tems à la Médecine, sont l'accomplissement de ceux faits à ceux qui étudient l'art de rendre la santé aux hommes. *Disciplina Medici exaltabit caput illius & in conspectu Magnatorum collodabitur.* Ecclesiastic. cap. 3. vers. 3. *Honora Medicum propter necessitatem, etenim illum Altissimus creavit; à Deo est enim omnis medela, & à Rege accipiet donationem.* Ibidem, Vers. 1. & 2.

Nonobstant tous ces honneurs rendus dans tous les tems à ceux qui font une profession si noble, si utile & si pénible, elle ne donne aujourd'hui en France qu'une noblesse purement honoraire, & non pas une noblesse réelle, ni aucune exemption; mais elle ne fait aucun préjudice à la noblesse déja acquise.

Il n'y a certainement point d'étude si pénible que celle qu'exige la profession de Médecin. Ceux qui s'y adonnent, doivent s'appliquer sans cesse à bien connoître le corps humain, à pénétrer les secrets de la nature, & à chercher dans leur art tous les moyens de guerir, ou du moins de soulager ceux qui sont contraints d'implorer leurs secours.

Est-il une profession plus relevée, plus pénible, & en même tems plus utile à tous les hommes? En est-il aussi où l'on soit autant obligé à s'appliquer à l'étude, que celle qui tend à conserver la santé des hommes, & à lutter pour la vie contre la mort; *Nemo justius assiduè legit, quam qui de humanâ salute tracturus est, ut ait Cassiodorus.*

Si, malgré les soins & les peines qu'ils se donnent, ils ne réussissent pas toujours dans les cures qu'ils entreprennent, cela vient ordinairement de ce que le mal est au-dessus de leurs remedes; & ce n'est jamais la faute de la médecine, ni même le plus souvent celle du Médecin.

On doit être persuadé qu'un Médecin fait tous ses efforts pour faire des cures éclatantes: c'est là ce qui fonde & qui soutient sa réputation. Un Médecin est un être bienfaisant, qui ne cherche que le soulagement de ses malades; si le succès ne répond pas toujours à ses vœux, c'est un malheur: les symptômes de la maladie sont quelquefois trompeurs, des accidens imprévus arrivent, un sujet usé n'a pas assez de force pour soutenir les remedes nécessaires, un sang appauvri, des ressorts usés, une maladie qui fait trop de progrès, des remedes faits à l'extrêmité, & quand ils ne peuvent plus être efficaces, & que le malade ne peut presque plus les soutenir: voilà des accidens qui trompent souvent l'attente des Médecins; leur peut-on imputer alors le défaut de succès?

Les anciens ont pensé des Médecins ce que nous en pensons. Ils ont regardé la médecine comme une profession très-belle dans sa théorie, mais très-équivoque dans sa pratique. Les principes en sont recherchés, mais l'application de ces principes est souvent trompeuse. Ils connoissent en général l'œconomie de la nature, mais il ne leur est pas toujours facile de pénétrer dans celle de chaque Particulier. Les dérangemens qui arrivent souvent dans le corps humain, cette diversité presqu'infinie de concours dans les causes & les effets des maladies, exposent la science des Médecins à des conjectures continuelles; mais comme ils n'en ont pas moins d'habileté, il ne seroit pas juste de les rendre responsables des événemens, Aussi un ancien Auteur a dit: *Æquum est non imputari Medico luctuosum morbi eventum, quamvis de sanitate referat gratiam. Quin & Ulpianus in leg. 6. §. 7. ff. de officio Præsidiis docet Medico imputari non debere mortalitatis eventum.*

L'homme est-il immortel? Ne naissons-nous pas tous pour mourir? Nos jours ne sont-ils pas comptés ? Ainsi les Médecins n'en peuvent pro-longer le cours , qu'autant qu'il plaît à la divine Providence.

Lorsqu'un Avocat habile & prudent a , pour la défense de sa Partie , employé tous ses soins & tous ses talens , & qu'il a mis au jour tous les moyens que sa science lui a pu suggerer , quand elle perd sa cause , est-elle en droit de prétendre qu'il en est responsable ?

Les infirmités auxquelles on est sujet dans cette vie , l'appréhension que la plûpart des hommes ont de la quitter , leur font avoir recours aux Médecins ; & ceux qui ont le moins de foi dans leur art , sont dans l'habitude d'implorer leur secours , dès qu'ils sont attaqués de la moindre maladie : en quoi je ne les trouve point blâmables.

Il y a déjà long-tems que l'on improuve les Médecins & que l'on s'en sert , dit M. de la Bruyere : le théâtre & la satyre ne touchent point à leurs pensions : ils dotent leurs filles , placent leurs fils aux Parlemens & dans la Prélature , & les railleurs eux-mêmes fournissent l'argent. Ceux qui se portent bien deviennent malades, il leur faut des gens dont le métier soit de les assurer qu'ils ne mourront point. Tant que les hommes pourront mourir , & qu'ils aimeront à vivre , les Médecins seront raillés & bien payés.

Je demeure d'accord que l'efficacité de leurs soins & de leurs remedes dépend de l'Etre souverain ; mais il est toujours d'un homme sage de recourir dans ses besoins à ceux qui , par leur science & par leur expérience , peuvent soulager ses maux , plutôt que de s'en rapporter au hazard ou à ses propres lumieres , dans une chose dont il n'a lui-même aucune connoissance.

Aussi l'Ecriture sainte nous marque qu'il faut honorer les Médecins. En effet, n'est-il pas juste d'honorer ceux qui consacrent leur vie à travailler à la conservation, ou au rétablissement de la santé des hommes , & qui passent leur tems à leur rendre d'officieuses visites dans cette vûe ?

On doit avoir pour eux toute la vénération & toute la reconnoissance possible ; & toutes les louanges qu'on leur donne , comme de les appeller Sauveurs , ne paroîtront jamais excessives , quand elles ne seront appliquées qu'à ceux qui s'acquittent dignement d'un si noble & si penible emploi.

Un Ancien appelle la Médecine , *peremptorium remedium à perimendo* , pour nous faire entendre qu'il faut que les Médecins en tuent plusieurs pour en sauver quelques-uns.

Un Sénateur de Turin a dit en l'une de ses décisions , que les Médecins n'assistent point aux enterremens , de crainte que le sang qui peut s'écouler du corps , ne les accuse d'un homicide.

Mais on peut donner à ces deux traits une interprétation plus favorable , & en même tems plus naturelle.

Quand cet Ancien appelle la Médecine , *peremptorium remedium à perimendo* , ce n'est pas parce qu'elle tue les malades , mais parce qu'elle abrege le cours des maladies par ses remedes , plutôt que par la mort.

A l'égard de ce qu'a dit ce Sénateur de Turin , chacun sçait que les Médecins assisteroient inutilement de leur présence une personne après sa mort, & qu'il est naturel qu'ils fassent un meilleur emploi de leurs tems , que de le passer en cérémonies entiérement infructueuses de toute maniere.

Brouillet , Médecin du Prince de Condé , bâtit à Chantilly une maison où n'avoit de vûe que sur le Cimetiere de la Paroisse : un jour que l'on en parla devant M. le Prince son fils , comme d'un bâtiment mal-entendu ; c'est que Bouillet , dit-il , a voulu se donner le plaisir de contempler son ouvrage. Amelot , tom. 2. pag. 194.

On tient par tradition , que pendant quatre cens ans que la Ville de Rome s'est passée du secours de la Médecine , les hommes y ont vécu plus sainement & plus long-tems. Mais on peut répondre à cela que les Romains se voyant dépourvûs des ressources de la Faculté médicinale , avoient été plus sobres & plus attentifs à eux-mêmes.

On dit vulgairement après Plaute , que le soleil fait briller avec éclat les heureux succès qui leur arrivent, quelquefois même sans qu'ils y ayent beaucoup de part ; mais que la terre couvre leurs fautes, & que jamais ceux qui sont la victime de leur ignorance , ne leur en font de reproches , & gardent là-dessus un très-profond silence.

Quoiqu'il en soit , l'art dont ils font profession est tout divin, & absolument nécessaire pour le rétablissement ou pour le maintien de la santé des hommes , qui est sans contredit le plus bel ornement du corps , & le plus précieux de tous les biens dont on puisse jouir dans ce monde : aussi les hommes en font plus de cas que des richesses , & de tout ce que l'on pourroit s'imaginer leur faire plus de plaisir par rapport à cette vie , puisque sans la santé tous les autres biens leur sont entiérement insipides.

Il y a des conditions plus éclatantes , plus nobles & plus illustres que celles des Médecins ; mais il n'en est pas de plus nécessaire , puisqu'il n'est ni condition , ni âge , ni sexe qui n'en ait quelquefois besoin ; & ceux-là mêmes qui déclament contr'eux , changent bientôt leurs invectives en éloges , quand ils sont attaqués de la moindre indisposition.

Les mauvaises plaisanteries que l'on a répandues contr'eux dans tous les tems , n'ont pas empêché que les Empereurs Romains ne leur aient accordé , non seulement l'exemption des charges publiques , mais aussi quantité de très-beaux priviléges , dont il est parlé dans les Loix du titre 3. du treizieme livre du Code Théodosien.

La confirmation qui a été faite par les Ordonnances royaux , d'une partie de ces exemptions & priviléges , justifie assez l'estime particuliere que l'on fait en France de cette profession.

Les Médecins sont dans ce Royaume exempts de la collecte des tailles , comme il a été jugé par plusieurs Arrêts. *Voyez* le mémorial alphabétique de la Cour des Aydes.

Ceux qui sont de la Faculté de Paris , sont aussi exempt de tutelles , curatelles , & autres charges publiques ; mais ceux qui font reçus dans les autres facultés , n'en font pas exemps ; & on tient que les Loix Romaines n'ont pas lieu en France à cet égard.

Ainfi jugé par Arrêt du 2. Décembre 1652. rapporté dans le Journal des Audiences. *Voyez* auffi ce que j'ai dit dans ma Traduction des Inftitutes , fur le §. 15. du titre 25. du premier livre.

Leur caufe eft toujours très-favorable , quand ils demandent en Juftice leurs honoraires. *Leg.* 2. §. 2. *ff. de var. & extraord. cognitionib.*

Ils font même préférés à tous autres créanciers, pour raifon de la derniere maladie dont le défunt eft décédé ; car comme les affiftances du Médecin, & les drogues & médicamens fournis en la derniere maladie , femblent faire parties des frais funéraires, ils doivent avoir le même privilege , comme nous l'avons dit fur l'article 125. de la Coutume de Paris.

Mais le trop grand empire que les Médecins ont fur l'efprit & fur la perfonne de leurs malades, a fait que les Loix ont mis des bornes aux promeffes ou libéralités que leurs malades pourroient faire en leur faveur, dans le tems qu'ils ont befoin de leurs fecours ; car comme dit la glofe fur la loi 6. au Code *de poftulando, infirmus omnia daret Medico propter timorem mortis.*

Suivant la loi *Archiatri, cod. de Profefforib. & Medic.* Les Médecins ne peuvent pas compofer de leurs honoraires pendant la maladie de ceux à qui ils doivent leurs foins ; ils doivent attendre la guérifon ou la mort du malade, pour recevoir la recompenfe de leurs peines. *Quos & ea patimur accipere, quæ fani offerunt pro obfequiis, non ea quæ periclitantes pro falute promittunt.*

Ainfi aux termes de cette Loi, les libéralités exceffives qu'un malade auroit faite pendant fa maladie en faveur de fon Médecin, doivent être toujours réduites à une certaine fomme, eu égard à la qualité des perfonnes, & aux vacations & fervices du Médecin.

La raifon eft, qu'on préfume que c'eft la crainte de la mort qui explique en cette occafion la volonté du malade. *Non libera voluntas, fed truculentæ neceffitatis manus hujufmodi contractibus ftilum fuum imponit.*

C'eft auffi fur ce fondement qu'un Médecin, parmi nous, eft incapable de legs & de donations que fon malade lui pourroit faire pendant la maladie dont il viendroit à déceder.

L'article 151. de l'Ordonnance de François I. de l'année 1539. déclare nulles les libéralités faites à ceux qui, par l'autorité & l'empire qu'ils ont fur l'efprit & fur la perfonne du donateur, pourroient en abufer, & l'obliger de faire à leur profit des donations qui feroient moins l'effet de la volonté, que de la contrainte. Or qui eft-ce qui peut avoir autant d'autorité fur une perfonne, qu'un Médecin en a fur un malade ? puifque, fuivant Galien, les Médecins ont autant d'empire fur les efprits de leurs malades, que les Souverains en ont fur leurs Sujets, & les Capitaines fur leurs Soldats.

C'eft auffi la raifon pour laquelle les Arrêts de la

Cour, rendus en interprétation de cet article de l'Ordonnance de 1539. ont déclaré que les Médecins font incapables de recevoir aucune donation ou legs qu'un malade pourroit leur faire pendant la maladie dont il viendroit à déceder.

Les Médecins font en droit de demander leurs honoraires ; mais il faut qu'ils en faffent la demande dans le tems qui leur eft préfini par la Loi : ce tems femble bien court ; mais la Loi les a mis avec ceux qui faifoient partie de la Médecine, & qui font aujourd'hui des Corps féparés.

Suivant l'article 125. de la Coutume de Paris, les Médecins, Chirurgiens & Apoticaires doivent intenter leur action pour leurs affiftances, drogues & médicamens, dans un an, à compter du jour qu'ils ont ceffé de vifiter ou de foigner le malade, s'il n'y a promeffe, autre titre ou interpellation judiciaire.

Quand un Médecin, Chirurgien ou Apoticaire vient dans l'an, il eft reçu à fon ferment ; au lieu que quand il intente fon action après l'an, il peut feulement s'en rapporter au ferment de celui qui dit avoir payé ; ou fi c'eft fon héritier, fur ce qui eft de fon fait & de fa connoiffance touchant le payement prétendu.

Il me paroît étrange qu'il fe trouve des gens affez ingrats, pour ne pas d'eux mêmes fatisfaire noblement à une dette fi jufte & fi légitime qu'eft la reconnoiffance qu'un malade doit à fon Médecin.

Sans entrer dans quelques défagremens de la profeffion, comme d'être toujours avec des malades, les peines que prennent journellement les médecins, les curieufes recherches qu'ils font toute leur vie pour conferver celle d'autrui, le zele qu'ils ont pour la guérifon de leurs malades, méritent toujours beaucoup de reconnoiffance.

Cette reconnoiffance eft dûe aux médecins de la part de leurs malades qui fe font tirés d'affaire ; & elle n'eft pas moins dûe de la part des héritiers de ceux dont le trépas n'a pû être reculé, ni par la fcience du médecin, ni par la vertu des remedes.

Celui qui dans toute autre affaire beaucoup moins importante que n'eft celle de notre fanté, auroit à notre priere employé tous fes foins, & auroit épuifé tous fes talens pour nous rendre quelque fervice, feroit-il privé de la récompenfe dûe à fes peines, pour n'avoir pas réuffi felon nos défirs, lorfqu'il n'y auroit pas de fa faute, & qu'il auroit mis tout en ufage pour fe bien acquitter de la commiffion que nous lui aurions donnée ?

Tout ce que nous venons de dire à la louange & à l'avantage des médecins, ne regarde que ceux qui, après un cours d'étude, ont acquis par des voies légitimes le titre de médecins ; titre qui ne s'acquiert pas facilement dans la faculté de Paris.

Mais pour ce qui eft des Charlatans qui font la Médecine fans aucun titre, & qui fans être approuvés, fe font médecins eux-mêmes de leur propre autorité privée, ou qui fe font paffer médecins fous la cheminée dans quelques Facultés de Province en donnant de l'argent pour du parchemin, ils font tous regardés comme des impofteurs, & ils n'ont aucune action pour demander leurs falaires, ainfi que l'a remarqué Chopin fur l'article 125. de la Coutume de Paris, *num.* 10. & *fuivant.*

La témérité des Charlatans, & leurs triftes fuccès qui en font les fuites, font valoir la Médecine & les médecins : fi ceux-ci laiffent mourir , les autres tuènt pour l'ordinaire.

Les fautes que commettent les médecins , en ce qui regarde la Médecine qu'ils profeffent , demeurent impunies ; quoique pour raifon de celles que les Chirurgiens & les Apoticaires commettent, ils puiffent être condamnés aux dépens , dommages & intérêts , comme je l'ai dit *verbo* Impéritie. Quoiqu'il en foit , le nombre des fautes des Apoticaires, des Chirurgiens & des Médecins n'eft pas petit, & la moindre eft fouvent irréparable ; raifon qui doit les engager à s'acquitter parfaitement de tout ce qui concerne leur état.

MEIX ou MEX, dont il eft parlé dans plufieurs Coutumes , eft le tenement & héritage main-mortable des perfonnes de fervile condition & de mainmorte. *Voyez* ce qui en eft dit dans le Gloffaire du Droit François.

MELIORATIONS , du mot *melior*, fignifient les impenfes qu'un poffeffeur a faites dans un héritage, qui en augmentent le prix & la valeur ; *voyez* Impenfes.

Tout poffeffeur de bonne ou mauvaife foi, fuivant l'article 53. de l'Ordonnance de Moulins , doit être préféré à tous créanciers pour le remboursement des réparations néceffaires ou utiles.

Mais il eft obligé de quitter la poffeffion de l'héritage dont il eft évincé , en donnant par celui au profit duquel le Jugement eft rendu, bonne & fuffifante caution de payer les mêmes réparations quand elles feront liquidées ; à moins que celui qui eft condamné n'offre de les faire liquider dans le mois ; auquel il refte dans l'héritage jufqu'à ce tems-là.

MELTHE ou MELTE , ainfi écrit par corruption pour mete , du Latin *Meta*, qui fignifie limite , dans la Coutume de Mons , chap. 12. 13. & 41. & dans celle de Hainault , chap. 69 73. & 74. fignifie le territoire d'un Juge , l'étendue de fa Charge & Office ; il fe dit auffi de l'étendue de l'Office d'un Sergent.

MEMOIRE , eft le nom que l'on donne à un écrit fommaire qui contient le narré d'un fait , avec les circonftances fur une queftion que l'on veut confulter.

On appelle auffi mémoire , un factum qui contient les faits & les circonftances d'une affaire qui eft fur le point d'être jugée : & ces fortes de mémoires tiennent lieu de Factum , ou pour mieux dire , en font véritablement.

MEMOIRE , *voyez* rétabliffement de mémoire.

MEMOIRE DE FRAIS , eft le détail fait par articles des frais dont un Procureur demande le payement ou l'arrêté.

Quand un Procureur veut compter avec fa Partie , ou qu'il s'agit de régler à l'amiable les dépens dûs par la Partie adverfe , le mémoire qu'il donne des frais , falaires, vacations & débourfés , s'appel-

le le mémoire des frais , pour lequel mémoire il n'eft rien dû au Procureur.

Mais lorfque les dépens doivent être taxés à la rigueur, pour parvenir à un exécutoire , le mémoire fe fait par une déclaration de dépens , & entre en taxe.

MENACES CAPABLES D'INTIMIDER, font défendues, & même puniffables, quoiqu'elles n'aient été fuivies d'aucun effet.

Un Fermier , vers la fin de fon bail , pour faire quitter prife à des Laboureurs qui fe préfentoient pour l'avoir , les menaça de les tuer. Par Arrêt du Parlement de Paris rendu en vacations le 22. Septembre 1700. il fut condamné en cent livres de domages-intérêts & aux dépens , avec défenfes de récidiver , à peine de punition corporelle. Cet Arrêt eft rapporté par M. Augeard , tom. 1. ch. 49.

Si quelqu'un avoit menacé un particulier de le battre & de l'outrager : fi ce particulier eft battu & excedé quelques jours après , telles menaces conftatées par les informations , peuvent donner lieu à un décret de prife de corps contre celui qui les auroit faites ; mais elles ne font pas fuffifantes pour le faire condamner à la queftion. *Voyez* Bouvot, tome 2. *verbo* Criminel , queft. 8.

MENDIANS , font ceux qui demandent l'aumône. Il y en a de deux fortes ; les uns le font par lâcheté & par libertinage , pouvant gagner de quoi vivre par leur travail ; & d'autres ne le font que parce qu'ils y font forcés par leur grand âge , ou par une foibleffe de corps qui les met hors d'état de travailler. Les premiers excitent de l'indignation contr'eux : les feconds excitent en leur faveur de la pitié & de la bienveillance.

Voyez ce que j'ai dit des uns & des autres, *verbo* Vagabonds.

Il y a auffi quatre Ordres de Religieux qu'on appelle mendians, qui font les Cordeliers, Jacobins, Auguftins, & Carmes.

MERCURIALES , font des Affemblées qui fe font dans les Cours Souveraines & aux Sieges Préfidiaux , où le Préfident & les Gens du Roi exhortent les Confeillers à rendre la Juftice avec exactitude , & font quelquefois des remontrances à ceux qui ont manqué à leur devoir.

Ces fortes d'exhortations ont été établies par Edits des Rois Charles VIII. Louis XII. & Henry III.

Ces affemblées doivent être tenues de fix en fix mois , les premiers mercredis après la lecture des Ordonnances , qui fe fait après les Fêtes de la St. Martin & de Pâques.

Auffi tient-on que ce mot a pris fon origine de ce qu'anciennement on avoit coutume de faire les mercredis ces fortes d'affemblées , dans lefquelles on faifoit une charitable remontrance des fautes qu'un chacun avoit faite précédemment.

Ces fortes de remontrances ont été inftituées, fur ce qu'on a reconnu que la fplendeur & la dignité de la Juftice dépendoit principalement des bonnes mœurs & de la réputation de fes miniftres. Ainfi , pour les obliger à fe tenir dans leur devoir, on a jugé à propos de les exciter de tems en tems à hono-

rer leurs Charges par la pratique de toutes les vertus qui leur font les plus convenables, & de réprimer ceux qui par leurs déportemens fe rendent indignes d'un emploi fi noble & fi relevé.

On peut dire que les mercuriales reffemblent à
la cenfure des Romains, & qu'elles confervent la
difcipline du Palais.

Voyez la Rocheflavin, des Parlemens de France,
liv. 11.

MERE, eft celle qui a porté & mis un enfant
au monde: elle doit, auffi bien que le pere, veiller
à fon éducation; & fon mari venant à mourir avant
que cet enfant n'ait plus befoin de tuteur, elle eft
admife à gerer fa tutelle préférablement à tous autres, pourvû qu'il n'y ait rien à rédire fur fa conduite.
Voyez ce qui eft dit ici *verbo* Tutrice.

A l'égard de la fucceffion des meres à leurs enfans, *voyez* ce que j'en ai dit lettre E, en parlant de
l'Edit des meres; & ce qui eft dit dans les obfervations fur le dixieme Plaidoyé d'Henrys, où M. Bretonnier remarque que les meres qui fe remarient
fans avoir fait pourvoir d'un tuteur à leurs enfans
du premier lit, rendu compte, & payé le reliquat,
font privées de leur fucceffion.

MESSAGERS, font refponfables des vols qui
leur font faits, même entre deux foleils, s'ils ne
rapportent une plainte faite pardevant le plus prochain Juge des lieux, quoique fubalterne & procès verbal de l'état des marchandifes qui reftent.
Voyez Defmaifons, lettre M, nombre 16.

A l'égard du vol fait en leurs Bureaux nuitamment
& par effraction, ils n'en font point tenus, ni l'hôte
du logis, comme il a été jugé par Arrêt du 15.
Mars 1629. rapporté dans le Journal des Audiences. *Voyez*-y auffi un Arrêt du Parlement de Paris,
en date du 3. Décembre 1679. touchant la décharge des Lettres & paquets dont les meffagers fe
font chargés.

Voyez auffi dans le Dictionnaire de M. Brillon
ce que porte une Ordonnance du Lieutenant Civil
du Châtelet de Paris, du 18. Juin 1681. ou Sentence en forme de réglement, touchant les Meffagers Rouliers, Maîtres de Coches & Carroffes qui
fe font chargés de valife, coffres & autres chofes
fermées à clef.

Au refte, les meffagers & maîtres des coches ne
font refponfables que des paquets dont leurs Regiftres fe trouvent chargés; c'eft pourquoi ils ne font
pas refponfables de ce qui aura été confié à leurs
Cochers pour en charger leurs magafins; comme
il a été jugé par Arrêt du 31. Janvier 1693. rapporté dans le Journal des Audiences.

Cette Jurifprudence a été confirmée par un autre
Arrêt de la Grand'Chambre, rendu au rapport de
M. Dreux, le 4. Septembre 1715. qui a jugé qu'un
Fermier des Coches, un meffager & un Hôtelier ne font point garants des vols fait nuitamment
& avec effraction dans leurs Bureaux ou Hôtelleries.

MESSAGERS DE L'UNIVERSITÉ, font des Suppôts de l'Univerfité, auxquels le Recteur donne
des Lettres ou Commiffion de meffagers: ce qui
vient de ce qu'originairement l'Univerfité a été

l'inventrice des meffageries. Préfentement ces fortes de meffagers font fans fonction, & ne prennent
plus ces Lettres que pour jouir du privilege de garde-gardienne. *Voyez* Garde-gardienne.

MESSIERS, font gens établis pour garder les
fruits pendans font les racines, & dont l'emploi
finit chaque année après la récolte.

Comme ils font prépofé pour veiller à la confervation des fruits avant la recolte, ils font refponfables envers les propriétaires des dommages qui
s'y peuvent commettre pendant le tems qu'ils font
chargés d'y veiller. *Voyez* le Gloffaire du Droit
François, *verbo* Meffier.

MESSIRE, eft le titre & la qualité que les Nobles prennent dant les Actes qu'ils paffent.

MESURAGE, fignifie quelquefois un droit
feigneurial qui fe prend fur chaque mefure. *Eft mo-
diatio prout à Rege vel Domino Jurifdictionis infti-
tuta eft.*

Mais ordinairement ce terme eft employé pour fignifier ce qu'on donne à celui qui mefure, pour fa
peine.

MESURE PUBLIQUE, eft le droit de donner par
fes Officiers, les poids & les mefures. Cette
marque d'autorité participant en quelque maniere
de la Souveraineté, ne devroit appartenir qu'au
Roi. Mais fi les Seigneurs en jouiffent aujourd'hui,
c'eft qu'ils ont ufurpé ce droit auffi-bien que plufieurs autres qui ne devroient appartenir qu'au Roi
feul.

Les mefures font différentes, fuivant les différens lieux. Elles doivent être étalonnées dans la
Juftice royale voifine, ou dans celle du Seigneur à
qui ce droit appartient.

Les mefures font de droit public; d'où il s'enfuit, I°. Qu'on peut, nonobftant toute prefcription
en demander la réduction felon l'étalon qui eft en
la Juftice du Juge fupérieur. *Voyez* la Peyrere,
lettre P.

II°. Que celui qui fe ferviroit d'une mefure non
marquée & foible, quand même il n'y auroit pas
de mauvaife foi de fa part, feroit condamnable à
l'amende, mais fans note d'infamie. *Voyez* Che-
rier en fa Jurifprudence fur Guy-Pape, pag. 130.

Pour faciliter le commerce & obvier aux fraudes, on a fouvent projetté d'établir par-tout le
Royaume une uniformité de poids & de mefures;
mais jufqu'ici l'exécution ne s'en eft point fuivie;
foit que l'on y ait trouvé beaucoup plus de difficulté que d'utilité, foit que quelques raifons particulieres y mettent obftacle.

De la Mare, dans fon Traité de la Police, tom.
2, liv. 5. tit. 8. ch. 2. parle des mefures de France
en particulier; il explique d'où prévient leur inégalité, à qui appartient de les établir ou de les régler, & à en tirer le profit; il expofe la proportion des mefures de quelques-unes des Provinces
avec celle de Paris, & ce qui a été fait en différens tems pour les rendre uniformes.

Voyez ci-deffus Etalons. *Voyez* auffi le Dictionnaire de Trevoux, *verbo* Mefure.

MESURE EN FAIT DE CONTRAT DE VENTE,
fe doit faire fuivant la coutume du lieu où les héritages

ritages font fitués , & non pas fuivant la Coutume du lieu où le contrat a été paffé , quand il n'eft point fait mention dans le contrat fuivant quelle regle la mefure doit être faite. Charondas , liv. 7. rép. 83. & Papon liv. 17. tit. 2.

MESUS , fignifie l'abus & la dégradation qui fe fait dans les bois , pâturages & communes.

Voyez Bouvot , tom. 2. verbo Mefus ; & Taifand, fur l'art. 6. du titre 1. de la coutume de Bourgogne.

METAIRIE , eft l'habitation d'un métayer avec les logemens convenables pour exploiter les terres qu'on lui donne à cultiver , foit pour y ferrer les grains , foit pour y faire des nourritures de beftiaux.

METAYER PARTIAIRE , eft un Fermier qui retient la moitié de la recolte , & donne l'autre au propriétaire de la Terre. *Voyez* Admodiateur.

Les Fermiers qui font appellés par les Jurifconfultes , *Coloni partiarii* , font nommés parmi nous métayers ; & cette dénomination vient du mot de moitié. Auffi voyons-nous qu'en quelques vieux contrats rédigés en Latin , ils font appellés *medietarii* , c'eft-à-dire *partiarii* , à raifon du partage des fruits qui fe fait entre le Fermier partiaire & le propriétaire du fonds , qui les rend comme affociés. Pafquier en fes Recherches , liv. 7. chap. 43.

Voyez le Gloffaire du droit François.

METROPOLE , fignifie la Ville capitale d'une Province , qui eft comme la mere des autres.

METTRE , fe dit en plufieurs fens au Palais.

On dit *mettre* en caufe , pour dire faire affigner quelqu'un en garantie.

On dit *mettre* en la main du Roi & de Juftice pour dire faifir.

On dit *mettre* un fief hors de fes mains , pour dire s'en défaire , ne le pouvant tenir felon les Loix.

On dit *mettre* un fief en fa table , pour dire qu'un Seigneur unit un Fief fervant au Fief dominant , par puiffance & retenue de Fief. *Voyez* Table.

On dit fe *mettre* en état , pour dire fe mettre en prifon , quand il y a un décret de prife de corps ; mais quand il y a ajournement perfonnel c'eft faire un acte de comparution perfonnelle en Juftice.

Donner un appointement à *mettre* , c'eft ordonner que les pieces & titres des Parties feront mis entre les mains d'un Rapporteur , pour fur iceux être fait droit fommairement , en matiere de légere conféquence.

A l'égard de ce que fignifie *mettre* l'appellation au néant , *voyez* prononciation.

MEUBLES , font tout ce qui fe peut facilement tranfporter d'un lieu à un autre fans être détérioré ; ainfi de l'argent comptant , des meubles meublans , beftiaux & autres chofes femblables , ont la nature des meubles.

Ainfi une fomme de deniers entre majeurs, quoiqu'elle provienne de la vente d'immeuble , eft réputée meuble ; en forte que les créanciers ne viendroient fur iceux par ordre d'hypotheque , mais des faifies , fi ce n'eft en cas de deconfiture , & les héritiers des meubles y fuccederoient. C'eft pour quoi , fi Titius avoit vendu un fief dont le prix fe trouvât dans fes coffres , ou qui lui fût dû , ces deniers fe partageroient comme meubles entre fes enfans , fans droit d'aîneffe.

Les deniers qui proviennent du rachat de rentes conftituées appartenantes à des majeurs , font de même qualité.

Les meubles , fi précieux qu'ils foient , comme diamans , perles , vaiffelles d'or ou d'argent , font toujours regardés comme des meubles ; & font en cette qualité vendus à l'encan ; fi ce n'eft que les bagues , joyaux & vaiffelle d'argent de la valeur de trois cens livres au plus , ne peuvent être vendus qu'après trois expofitions à trois jours de marchés différens ; fi ce n'eft que le faififfant & le faifi en conviennent par écrit , qu'il fera mis entre les mains du Sergent pour fa décharge , comme il eft dit en l'art. 13. du titre 23. de l'Ordonnance de 1667.

Les matériaux préparés & amenés fur les lieux pour bâtir , font auffi réputés meubles. Il en faut dire de même , I°. des Preffes d'Imprimerie. II°. Des uftenfiles d'Hôtels , comme je l'ai dit lettre U. III°. Des moulins fur bateau , & des Preffoirs qui fe peuvent defaffembler. IV°. du Poiffon en boutique ou réfervoir. V°. Des Pigeons en voliere deftinés pour l'ufage ordinaire de la maifon. *Voyez* ce que j'ai dit fur les articles 90. & 91. de la Coutume de Paris.

Bois coupé , bled , foin , ou grain foyé ou fauché, quoiqu'il foit encore fur le champ & non tranfporté , eft réputé meuble. *Voyez* ce que j'ai dit fur la lettre B , en parlant du bois de haute futaie.

Lorfque le douaire préfix confifte en une fomme de deniers pour une fois payer , dès qu'elle eft parvenue aux enfans par la mort de leur pere , cette fomme conferve fa nature de meuble , & il n'y a point de fiction qui lui puiffe faire prendre la nature d'immeubles & de propres , puifqu'il perd fa qualité de douaire , & il n'eft plus qu'une fomme d'argent comme il eft dit en l'article 259. de la Coutume de Paris ; & par conféquent un douaire venus aux enfans , appartient après leur mort à leurs plus proches héritiers paternels & maternels.

Quelquefois un immeuble prend la nature de meuble par ftipulation. *Voyez* Ameubliffement. Les meubles , au contraire , prennent quelquefois la qualité d'immeubles , comme je l'ai expliqué verbo Immeubles.

Les actions font quelquefois réputées meubles , & quelquefois immeubles, felon la nature & la qualité de la chofe qu'elles pourfuivent.

Si c'eft un immeuble , foit véritable ou fictif , comme une fomme de deniers ftipulée propre , c'eft un immeuble.

Si l'action ne tend qu'à fe faire rendre ou payer une fomme de deniers , ou autre chofe mobiliaire par convention , c'eft un meuble. *Voyez* ce que j'ai dit fur l'art. 89. de la Coutume de Paris.

Mais on demande , fi dans un legs de meubles les obligations & dettes actives & mobiliaires font comprifes ? *Voyez* ce que j'ai dit à la lettre L, des Legs de chofes mobiliaires.

Les meubles fe reglent fuivant la coutume du domicile de celui à qui ils appartiennent ; au lieu que les immeubles fe reglent par la coutume du lieu où ils font fitués. *Voyez* ce que j'ai dit *verbo* Statut.

Ainfi les meubles n'ayant point de fituation certaine & permanente, pouvant être facilement tranfportés d'un lieu dans un autre, doivent fuivre le corps de celui à qui ils appartiennent, & par conféquent fe régler fuivant la coutume de fon domicile, dans le partage qui s'en doit faire après fa mort entre fes héritiers, foit qu'il ne décede pas au lieu de fon domicile ordinaire, ou même que ces meubles ou une partie d'iceux fuffent transportés ailleurs ; comme quand quelqu'un a fon domicile dans un lieu, & qu'il a des maifons de campagne dans d'autres où il a des meubles.

Il faut excepter les cas de deshérence & de confifcation, dans lefquels les meubles du défunt ne fuivent pas fon domicile, mais appartiennent à chaque Seigneur Haut-Jufticier, dans le territoire de qui les meubles fe trouvent au tems de la mort, comme je l'ai remarqué fur l'article 167. de la Coutume de Paris.

Voyez verbo Immeubles, les différences qu'il y a entre les meubles & les immeubles.

MEUBLES N'ONT POINT DE SUITE PAR HYPOTHEQUE. En Droit, les meubles font fufceptibles d'hypotheque. *Leg.* 34. *ff. de pignorib. & hypot. & Leg.* 12. *cod. de diftr. pign.* Ce qui eft en ufage dans quelque pays de Droit écrit, comme le rapporte M. Bretonnier dans fon Recueil alphabétique.

Mais par-tout ailleurs les meubles n'ont point de fuite par hypotheque. La raifon eft, qu'il y auroit trop d'inconveniens d'affujettir au droit de fuite les meubles qui font fi fujets à changer de main, qu'ils peuvent, comme dit M. Charles Dumoulins, *una hora tranfire per centum manus.*

De ce que les meubles n'ont point de fuite par hypotheque, il s'enfuit que le créancier qui a été payé le premier de fon dû par fon débiteur, ou par exécution & ventes de fes meubles, ne doit pas rapporter aux créanciers antérieurs ce dont il a été payé, parce qu'il n'a reçu que ce qui lui étoit dû. Il faut excepter le cas de déconfiture, où chacun vient à contribution au fol la livre fur les biens meubles du débiteur.

Voyez ce que j'ai dit fur la lettre C, en parlant de la contribution au fol la livre, & lettre S, en parlant de la faifie & exécution, vers la fin. *Voyez* auffi ce que j'ai dit fur les articles 170. 178. & 179. de la Coutume de Paris, & le Recueil alphabétique de M. Bretonnier.

MEUBLES PRECIEUX SONT A CERTAINS ÉGARDS COMPARÉS AUX IMMEUBLES, attendu que dans ces fortes de meubles tombe l'intérêt d'affection, & qu'ils font ordinairement des préfens ou des gages de l'amitié des perfonnes proches.

C'eft pour cette raifon que l'aliénation en peut être prohibée ; qu'ils peuvent être fubftitués, comme on voit dans les contrats de mariage des perfonnes illuftres, dont les exemples font rapportés par Brodeau, fur l'article 144. de la Coutume de Paris.

Auffi dans quelques Coutumes, quand un meuble précieux a été légué, l'héritier le peut retenir en payant l'eftimation au légataire ; & les mineurs de vingt-cinq ans le peuvent aliéner fans l'avis des parens & l'autorité de Juftice. Enfin plufieurs de nos Jurifconfultes ont été autrefois d'avis que les meubles précieux étant faifi fur celui à qui ils appartiennent, devoient être vendus avec les mêmes folemnités que les immeubles.

Néanmoins, quelques précieux que foient les meubles, ils ne peuvent être réputés immeubles que par fiction, attendu que leur valeur & l'excès du prix qui dépend le plus fouvent de l'affection ou de la rareté, ne change rien à la nature de la chofe ; c'eft pourquoi il eft aujourd'hui certain qu'ils ne doivent pas être vendus par décret ; tout ce qu'il faut faire quand des bagues, joyaux & vaiffelle d'argent de la nature de 300. livres ou plus font faifis, c'eft de fuivre la difpofition de l'art. 13. du tit. 33. de l'Ordonnance de 1667. qui porte qu'ils ne peuvent être vendus qu'après trois expofitions à trois jours de marchés différens. *Voyez* ce qu'a dit Bornier fur cet article.

MEURTRE, dans fa propre fignification, dénote un homicide commis de guet-à-pens & de deffein prémédité, comme il eft dit au titre *de alta media & baffa Jurifdictione,* du Stile du Parlement en ces termes : *Differentia eft inter meurtrum & occifionem ; meurtrum dicunt effe quando homicidium factum eft fcienter & penfatis infidiis : occifionem verò quando factum eft homicidium fine propofito, fed in rixa.*

Voyez ce que j'ai dit *verbo* Homicide.

Nous remarquerons feulement ici, qu'attendu l'atrocité de ce crime, par la Loi de Moïfe, les meurtriers pouvoient être tirés par force hors du Temple, quoiqu'ils euffent embraffé l'Autel. *Exodi, cap.* 21. *verf.* 14. *cujus hæc funt verba. Si quis per induftriam occiderit proximum fuum, & per infidias, ab altari meo evelles eum ut moriatur.*

M I

MI-DENIER, eft la moitié des deniers employés pour impenfes ou méliorations de l'héritage de l'un des conjoints ; lefquelles impenfes ayant été faites des deniers de la communauté, il eft dû récompenfe pour moitié au furvivant des conjoints, ou aux héritiers du prédécédé.

Lorfque pendant la communauté il a été fait des améliorations ou impenfes néceffaires dans le fonds ou héritage de l'un des conjoints, ces impenfes ou améliorations cedent au fonds ; mais le propriétaire d'icelui, après la diffolution de la communauté, doit rembourfer au furvivant ou à l'héritier du prédécédé, le mi-denier, c'eft-à-dire la moitié des deniers employés pour ces impenfes ou améliorations, & qui ont été tirés de la communauté.

Loyfel, liv. 3. tit. 3. article 14. dit que mari ou femme ayant amélioré leur propre, ou réuni quelque chofe à leur fief & domaine, ou fait quelque ménage qui regarde le feul profit de l'un d'eux font tenu d'en rendre le mi-denier.

Cette recompenfe de mi-denier eft de droit, autrement ce feroit un moyen aux conjoints de fe faire à l'un ou à l'autre des avantages indirects.

Elle n'a lieu que quand la femme furvivante ou fes héritiers ont accepté la communauté ; car quand ils y renoncent, ce n'eft point la récompenfe du mi-denier qui a lieu ; & en ce cas le rembourfement fe fait tout entier par la femme ou par fes héritiers, fi les impenfes ou améliorations ont été faites dans fon fond ; & fi elles ont été faites dans celui du mari, le rembourfement ceffe, d'autant que le mari ou fes héritiers demeurent maîtres de toute la communauté, au moyen de la renonciation qu'a fait la femme ou fes héritiers à ladite communauté.

Au refte, le mi-denier n'eft dû pour les améliorations, que quand elles augmentent le fonds. Par exemple, il n'en eft point dû pour avoir fait planter des arbres, ou marné quelque terre. Il n'en eft point dû non plus pour les réparations d'entretenement.

Voyez M. de Renuffon, en fon Traité de la Communauté, partie 2. chapitre 3. nombres 12. 13. & 14. & M. Dupleffis, de la Communauté, liv. 2. fection. 4.

MI-DOUAIRE, eft une penfion qui eft adjugée à la femme dans certains cas, pour lui tenir lieu du douaire.

Comme le douaire n'eft ouvert que par la mort naturelle du mari, on adjuge quelquefois à la femme féparée, ou à celle dont le mari eft abfent depuis long-tems, ou dont le mari eft mort civilement, une penfion dont elle jouit jufqu'à ce que le douaire ait lieu.

Cette penfion eft à l'arbitrage des Juges, mais elle fe régle ordinairement à la moitié du douaire ; c'eft ce qui fait qu'on la nomme vulgairement mi-douaire.

MI-LODS, font une redevance de moitié de lods, dûs en quelque pays à toutes mutations ; c'eft-à-dire, que pour quelque changement de poffeffeur que ce foit, qui arrive dans un héritage cenfier (excepté celui qui fe fait par vente) il eft dû un droit qui s'appelle mi-lods, d'autant qu'il eft moindre de moitié que celui qui fe paye pour l'acquifition à titre de vente ; auquel cas le droit de lods & ventes eft dû en entier au Seigneur.

Voyez ce qu'a dit à ce fujet le Commentateur d'Henrys, liv. 3. chapitre 3. queft. 11. 22. 23. 24. & fuivantes ; fur-tout la queftion 75. audit livre.

Voyez auffi ce qui en eft dit dans le Gloffaire du Droit François, en retranchant le mot *feulement*, qui y a été mis par erreur, dans la troifieme ligne de la remarque de M. Lauriere.

MINAGE, eft le droit que le Seigneur prend fur la mine de bled, pour le méfurage ; ainfi mine eft le vaiffeau qui fert à méfurer le bled, & le minage eft le droit dû au Seigneur pour le méfurage des bleds par mine.

Ce droit en France eft du domaine du Roi en plufieurs lieux.

Voyez le dictionnaire de M. Brillon, où font rapporté plufieurs Edits & Arrêts qui concernent cette matiere.

TENIR A MINAGE, c'eft tenir ferme, à la charge de rendre par an tant de mine de bled.

MINE. Ce terme pris dans une autre fignification que du vaiffeau à méfurer le bled, dont nous avons parlé en l'article précédent, fignifie cette partie de la terre où fe forment les métaux & les minéraux.

Les endroits de la terre où l'on trouve quelque mine fans fuite, c'eft-à-dire, qui peuvent produire une certaine qualité de métal tout feul & fans fuite, font appellées mines égarées ; & on appelle mines fixes, celles qui font étendues en longueur, largeur & profondeur, dont les veines fe trouvent divifées comme en branches dans un même continent.

Suivant l'ancien droit Romain, les mines d'or, d'argent, de cuivre, de fer, d'acier, de plomb & autres, appartiennent aux propriétaires du fond ; dans lequel elles font trouvées. *Erant privati juris & in libero privatorum ufu & commercio. Leg. 7. §. 13. ff. folut. matrim. leg. 13. ff. de ufufr. leg. 3. & 4. ff. de rebus eorum.*

La raifon eft, que ce bénéfice provient uniquement de la nature, qui n'a, en formant les mines, voulu favorifer que les propriétaires des fonds dans lefquels elle les a produites.

Dans la fuite, les Empereurs Romains ne fe font attribués un dixieme du produit des mines, en quelques lieux qu'elles fe trouvaffent. *Leg. 3. cod. de metallariis.*

En France, les mines d'or & d'argent appartiennent au Roi, en payant le fond au propriétaire. La raifon eft, que c'eft un bénéfice appellé communément *fortune d'or*, qui fait partie du droit de Souveraineté. *Voyez* M. Lauriere fur Loyfel, livre 2. tit. 2. regles 13. & 51.

Les autres mines appartiennent aux propriétaires des fonds, qui peuvent y fouiller comme il leur plaît. Mais le Roi, pour les befoins de l'Etat, leve le dixieme du revenu des mines qui ne font ni d'or ni d'argent.

Enfin, il eft aujourd'hui défendu à toutes perfonnes de tirer & fouiller des mines fans la permiffion du Roi. *Voyez* M. Lauriere au lieu cité ci-deffus.

Dans ce que nous venons de dire, il s'enfuit que le Seigneur Haut-Jufticier n'a jamais de part dans les mines, quoiqu'il en ait une dans les tréfors trouvés dans les Terres de fa Seigneurie.

La raifon de la différence eft, que le tréfor eft mis dans fon lieu par main d'homme ; mais les mines font portion de la terre ; & ainfi elles appartiennent à celui qui en eft le propriétaire. *Voyez* Coquille, fur les articles 1. & 2. de la Coutume de Nivernois, & dans fon Inftitution, au titre des Droits de Juftice.

Il y a des Juges appellés Maîtres des Mines, qui connoiffent en première inftance des conteftations qui fe peuvent préfenter à ce fujet, & leurs appellations reffortiffent en la Cour des Monnoies. Sur quoi *voyez* le Traité de Monnoyes de Conftans page 172.

MINEURS, font ceux qui n'ont pas encore accompli leur vingt cinquieme année.

Il y a néanmoins certaines Coutumes où les mineurs deviennent majeurs avant l'âge de vingt-cinq ans, à l'effet feulement d'être affujettis aux difpofitions de ces mêmes Coutumes & de s'en prévaloir contre le Droit commun.

Quelquefois le terme de mineur eft employé pour fignifier celui qui l'étoit, & qui ne l'eft plus; & cette prorogation du terme de mineur fe fait à l'égard du tuteur, comme quand on dit que le tuteur rend compte à fon mineur ; ce qui fe dit ainfi, quoique le mineur qui reçoit le compte qui lui eft rendu foit majeur de vingt-cinq ans. Le tuteur fe dit auffi en ce cas de celui qui l'a été, & qui ne l'eft plus.

Quoique réguliérement par mineur on entende celui qui n'a point encore accompli fa vingt-cinquieme année, foit qu'il foit pubere, ou non ; cependant en pays de droit écrit on entend par mineur celui qui eft pubere, & qui n'a pas encore accompli fa vingt-cinquieme année ; & on entend par pupille un impubere qui eft fous l'autorité d'un tuteur, & qui en doit fortir lorfqu'il fera parvenu à l'âge de puberté.

Ainfi en pays de Droit écrit, conformément au Droit Romain, il ne faut point d'émancipation pour fortir de tutelle ; le pupille devient de plein-droit mineur à quatorze ans accomplis, & la pupille devient mineure à douze ans auffi accomplis.

C'eft cet âge de puberté qui les émancipe, à l'effet de pouvoir difpofer de leurs meubles, & des revenus de leurs immeubles, fans avoir pour cela de Lettres d'émancipation du Prince.

En pays coutumier, ceux qui font en tutelle n'en fortent qu'à la majorité, ou par des Lettres d'émancipation, en vertu defquelles celui qui étoit pupille & en tutelle devient mineur, fort de la puiffance du tuteur, difpofe de fes meubles, & reçoit fes revenus en fon nom, & fans être affifté de fon curateur.

Le mariage du mineur produit l'effet de l'émancipation en pays coutumier.

Ainfi, en pays coutumier le mineur émancipé ou marié reçoit lui-même fes revenus, & n'a befoin de curateur que pour aliéner fes immeubles.

Un mineur émancipé ou marié peut donc efter en Jugement, fans être affifté de fon curateur, lorfqu'il s'agit de fes revenus.

S'il n'a point de curateur, & qu'il ait une action à intenter pour toute autre chofe que pour fes revenus, c'eft ordinairement le Procureur qu'il conftitue qui fait ferment de curateur en la caufe où il occupe.

C'eft au nom du pupille que les actions qui lui appartiennent s'intentent par fon tuteur ; mais à l'égard d'un mineur, il procede en fon nom fous l'autorité d'un curateur : mais ni l'un ni l'autre ne peut efter en Jugement en matiere civile. Il faut

néceffairement que ce foit le tuteur qui agiffe pour le pupille, & que le mineur procede fous l'autorité de fon curateur.

Il faut excepter, I°. Quand un mineur eft émancipé ou marié ; car alors il peut, comme nous avons dit, efter en jugement, fans être affifté de fon curateur, lorfqu'il s'agit de fes revenus.

II°. Il faut excepter les mineurs pourvus de Bénéfices ; car ils peuvent efter en Jugement fans l'autorité & l'affiftance d'un tuteur ou curateur, tant en ce qui concerne le poffeffoire, que pour les droits & revenus de leurs Bénéfices, comme nous dirons ci-après, en parlant des mineurs pourvus de Bénéfices.

La raifon pour laquelle on donne aux mineurs des tuteurs ou des curateurs, eft qu'ils ne font pas capables de fe conduire, ni d'avoir l'adminiftration de leurs biens, à caufe de l'infirmité de leur âge. *Fragile eft hujufmodi ætatis confilium, multis captionibus obnoxium, multorum infidiis expofitum. Leg. 1. in prin. ff. de minorib.*

C'eft auffi pour cette même raifon, que, conformément à la difpofition des Loix Romaines, par un privilege fpécial, les mineurs lézés peuvent faire relever contre tous les actes qui leur caufent quelque préjudice.

Ainfi la fragilité de cet âge, que les Loix Romaines appellent *lubricum ætatis*, eft la principale caufe de reftitution parmi celles qui concernent la perfonne ; & cette faveur que la Loi accorde aux mineurs, eft fondée fur ce que leur âge eft expofé aux fraudes & aux embûches. *Leg. 1. ff. de minorib.*

Mais il faut pour cela que le mineur ait été lézé : *Nam non reftituitur tanquam minor, fed tanquam læfus, leg. 9. §. 1. & 2. leg. 44. ff. eod. tit.* & il eft toujours en droit de fe faire reftituer, foit qu'il foit lézé par le dol de la Partie adverfe, ou par fa trop grande facilité & fon peu d'expérience. *Non intereft, an minor læfus fit dolo & callidità Adverfarii, vel ætatis lubrico & inconfultà facilitate. Leg. 11. §. 4. & feq. ff. eod. tit.*

Minoribus in his, quæ vel prætermiferunt vel ignoraverunt, innumeris autoritatibus conftat effe confultum, leg. penult. cond. de integ. reft. minor. Ainfi un mineur peut fe faire reftituer non feulement quand il eft lézé par ce qu'il a fait, mais auffi quand il l'eft par l'omiffion de ce qu'il auroit dû faire pour fon avantage, foit qu'il ait omis de la faire *ignorantià aut negligentià.*

Le mineur eft cenfé être lézé, non-feulement quand l'acte contre lequel il veut revenir, caufe la perte ou la diminution de fes biens ; mais encore quand il fait manquer au mineur l'occafion de faire le gain qu'il auroit pû faire, ou qu'il l'affujettit à quelque charge onéreufe.

Læfus dicitur minor, fi vel damni aliquid paffus fit, vel aliquam lucri occafionem omiferit, vel oneri fe fubjecerit, leg. 6. & 7. §. 6 cum §. fec. & leg. 24. §. 1. ff. eod. Unde quoties minoris non intereft, & res ejus damna ceffura non eft, denegatur reftitutio. Leg. 3. §. 4. leg. 23. ff. 4. h. t. Leg. 9. §. 4. ff. de jurejurando.

Il faut donc, pour que le mineur fe puiffe faire

reſtituer, qu'il ait été lézé, ou par le dol de la Partie adverſe, ou par ſon imprudence & par ſa trop grande facilité. D'où il s'enſuit qu'il n'y auroit pas lieu à la reſtitution, s'il arrivoit que la perte à un mineur par un cas fortuit, dans laquelle un pere de famille bon économe ſeroit tombé, ou quand le mineur a ſuivi le droit commun. *Leg. 11. §. 4. leg. 16. de minorib.*

Cependant quoique cette déciſion des Loix Romaines paroiſſe très-juſte, elle n'eſt pas abſolument ſuivie en France; il ſuffit qu'un mineur ait été lézé pour ſe faire reſtituer; & on n'y examine pas toujours la cauſe de la lézion.

De ce que nous venons de dire, il s'enſuit que le mineur qui s'eſt ſervi du Droit commun, ne peut pas ſe faire reſtituer; *quia qui juri communi uſus eſt, non intelligitur læſus, leg. ult. cod. integ. reſtitut. minor. leg. 1. cod. ſi adverſ. donat. leg. 28. cod. de jure dotium; leg. 51. §. pen. ff. de fidejuſſor.*

Un mineur qui auroit acheté une choſe qui lui étoit néceſſaire, ne pourroit donc pas être reſtitué, quand même il l'auroit acheté un peu plus cher qu'elle ne vaut, pourvû qu'il n'y ait point de dol de la part du vendeur; *quoniam hoc caſu minor jus publicum ſecutus eſt, jure communi uſus eſt; naturaliter enim & ex naturâ contratuum poſſunt contrahentes ſe decipere in pretio, leg. 16. §. 4. ff. de minorib.* Autrement les mineurs ſeroient dans une eſpece d'interdiction, qui leur feroit ſouvent perdre l'occaſion de faire de bonnes affaires; car perſonne ne voudroit contracter avec eux, s'il n'y avoit point de ſûreté.

Cependant ſi un mineur avoit acheté une choſe au-delà de ſa juſte valeur, en ſorte qu'il en ſouffrît un dommage non léger, il pourroit alors ſe faire reſtituer. Ainſi par Arrêt du 9. Avril 1630. rapporté dans le Journal des Audiences, la vente d'un cheval faite à un mineur, à plus haut prix qu'il ne valoit, fut reduite à ſa juſte valeur.

Il n'y auroit pas lieu à la reſtitution pour raiſon de la perte qui proviendroit par une force majeure; à une choſe qu'un mineur auroit achetée; en ſorte qu'un majeur même très-ſage & très-vigilant, n'auroit pû éviter cette perte. *Etenim occaſio damni fato contingentis non præbet juſtam cauſam reſtitutionis in integrum, ſed inconſulta fragilitas. Leg. 11. §. 4. ff. de minor.*

C'eſt ſur ce fondement, que par un Arrêt rendu en l'année 1676. en la Tournelle civile, il a été jugé qu'un ſoldat mineur, qui avoit acheté deux chevaux pour aller à la guerre, l'un deſquels étoit mort peu après la vente, fut déclaré non recevable à demander la reſtitution après ladite vente, parce que la perte qu'il avoit faite en ce cas, n'étoit pas arrivée par le fait ni le dol du vendeur, mais par un malheur qui ſeroit arrivé à tout autre, même au plus aviſé & au plus prudent de tous les hommes.

De ce principe, qu'un mineur ne peut être reſtitué que quand il a été lézé, il s'enſuit encore qu'il n'eſt pas reſtituable contre les obligations qu'il a faites pour ſon utilité, & à ſon avantage; en ſorte que s'il s'eſt obligé pour choſe qui ait été employée

à la conſervation de ſes biens; quoiqu'il prouve ſa minorité, il ne peut être reſtitué; mais il faut que la partie adverſe prouve que *in rem & utilitatem ejus verſum eſt. Leg. 27. §. 1. cod. de in integ. reſt. min. leg. 1. & 2. cod. ſi adverſ. cred.*

De ce principe il s'enſuit auſſi, qu'un mineur qui s'eſt rendu caution judiciaire pour retirer ſon pere de priſon, n'eſt pas reſtituable, parce qu'il n'eſt pas cenſé lézé. Auzanet, livre 2. des Arrêts chap. 78.

Il faut enfin dire qu'un mineur ne pourroit pas ſe faire reſtituer contre des donations modiques & modérées qu'il auroit faites à des perſonnes à qui il auroit obligation, parce que ces ſortes de reconnoiſſances ne ſont pas cenſées lui cauſer aucun dommage. *Leg. 12. §. pen. ff. de adm. & per tutor. leg. 1. cod. ſi adverſ. donat.*

Lorſque l'acte fait par le mineur eſt nul *ipſo jure*, il n'y a pas lieu à la reſtitution, *leg. 16. §. 3. ff. de minorib.* mais il faut que la nullité en ſoit prononcée par les Ordonnances ou par la Coutume; parce qu'on ne peut pas être reſtitué contre un acte qui n'eſt point, ou qui eſt préſumé n'avoir point été fait. C'eſt pourquoi en pays coutumier, une femme mineure n'eſt point en droit de ſe faire reſtituer contre les obligations qu'elle a contractées, ſans l'autoriſation de ſon mari.

Quand les mineurs ont été lézés, ils peuvent ſe faire reſtituer contre les actes qui leur ſont préjudiciables, ſoit qu'ils aient été paſſés par les mineurs ſeuls, ſoit qu'ils aient été paſſés du conſentement de leurs tuteurs ou curateurs, & cette reſtitution ſe fait toujours par le moyen de Lettres du Prince.

Voyez Lettres de Reſciſion.

Ainſi, quand un mineur eſt pourſuivi pour un contrat ou autre acte paſſé en minorité, & qu'il s'en veut faire relever, il faut qu'il propoſe ſa minorité, & obtienne des Lettres de reſciſion incidentes. Il peut auſſi ſans être pourſuivi prévenir le créancier, & en obtenir, pour ſe libérer, des actes obligatoires que l'on a pû ſurprendre de lui. Mais comme la ſeule minorité ne ſuffit pas pour la reſtitution en entier, il faut que le Juge, avant que d'entériner les Lettres de reſciſion & en conſéquence caſſer le contrat, ou autre acte paſſé par le mineur, examine ſi véritablement il lui cauſe quelque préjudice.

Le mineur n'eſt pas exclus d'obtenir des Lettres de reſciſion, pour avoir paſſé l'acte avec le conſentement de ſon tuteur ou curateur, comme nous venons de le dire; de même auſſi une femme mineure peut en obtenir, pour ſe faire relever des actes qu'elle a paſſés ſous l'autorité de ſon mari.

Les mineurs peuvent ſe faire relever des contrats & actes qu'ils ont paſſés en minorité, dans les dix ans de leur majorité, après leſquels ils ne ſont plus recevables à ſe pourvoir contre ce qu'ils ont fait en minorité. C'eſt la diſpoſition de l'article 46. de l'Ordonnance de Louis XII. de l'an 1510. 1539. de l'Ordonnance de François I. de l'an 1539. article 134.

Mais ce tems ne court point contre ceux qui ne peuvent point agir; & par conſéquent il ne court point contre une femme qui auroit paſſé quelque acte en minorité, fous l'autorité de son mari, pendant tout le tems qu'elle est restée en sa puissance; comme il a été jugé par deux Arrêts l'un du 27. mai 1672. & l'autre du premier Juillet de la même année, rapportés dans le Journal du Palais.

La restitution du mineur sert à leurs héritiers, quoique majeurs, *leg.* 18. *ff. de minorib.* Elle leur est accordée à l'encontre de ceux qui ont profité du fait ou de l'acte des mineurs.

L'effet de la restitution est, que les Parties sont remises dans le même état qu'elles étoient auparavant, comme si elles n'avoient fait aucune affaire entr'elles: car comme le bénéfice de la restitution n'a été introduit que pour empêcher que le mineur demeure lézé par ce qu'il a fait, & il est aussi de l'équité naturelle que ce bénéfice ne lui donne pas occasion de s'enrichir au préjudice de celui avec qui il a contracté, ou fait quelqu'affaire. *Restitutio ita facienda est, ut unusquisque suum recipiat. Leg.* 24. §. 4. *ff. de minoribus.*

Ainsi le mineur qui s'est pourvû par la faveur de la Loi, pour rentrer dans un héritage qu'il auroit vendu, dont il auroit fait casser la vente, est obligé de rendre à l'acheteur ce qui a tourné à son profit, du prix qu'il en a reçu; & c'est audit acheteur à faire preuve que les deniers que le mineur a reçus ont tourné à son profit.

Il en est de même lorsqu'un mineur est restitué en cas de lézion contre une transaction ou un partage des biens communs; car en ce cas, de même que le mineur est rétabli dans le même état qu'il étoit avant la transaction ou le partage, les Parties adverses du mineur sont aussi remises dans les mêmes droits qu'elles avoient auparavant, & elles reprennent les mêmes actions qu'elles pouvoient exercer contre le mineur, lorsqu'elles avoient été éteintes par la transaction ou par le partage.

Les mineurs peuvent, en vertu de Lettres de rescision, rentrer dans leurs biens qu'ils ont vendus conventionnellement, nonobstant la qualité de *Marchand* par eux prises dans les contrats de vente, avec restitution des fruits, contre les acquéreurs de bonne foi, qui n'auroient point eu connoissance de leur minorité; & leurs femmes qui se seroient obligées pour eux en majorité à la garantie des biens vendu, & qui auroient pris la qualité de femmes séparées de biens, en doivent être déchargées, sans qu'elles aient besoin de Lettres de rescision. Ainsi jugé au Parlement de Paris, par Arrêt du 21. Avril 1701. rapporté par M. Augeard, tome 2. chapitre 52.

Il paroît résulter de cet Arrêt, que quand l'obligation du mineur ne peut avoir d'effet, celle de ceux qui l'ont cautionnée devient absolument nulle; *quia scilicet extinctâ principali obligatione, extingui quoque obligationem accessoriam necesse est, si quidem cessante causâ cessat effectus.*

Il nous reste cinq observations à faire touchant les mineurs.

La première, que quoiqu'un mineur puisse se faire restituer contre les actes qu'il a passés, même sous l'autorité ou avec le consentement de son tuteur ou curateur, quand il se trouve être lézé, il

peut néanmoins se servir des actes & contrats qu'il a faits pour son avantage sans son tuteur.

Il y a plus, c'est que ceux qui ont contracté avec un mineur, ne peuvent jamais faire donner atteinte au contrat qu'ils ont passé avec lui, sous prétexte de sa minorité. *Voyez* Belordeau, lettre C, article 38. & 39. & lettre E, article 4.

La deuxieme, qu'il n'est pas permis à un mineur de vingt-cinq ans de se marier sans le consentement de ses pere & mere, ou de son tuteur ou curateur, comme nous avons dit en parlant des mariages des mineurs.

La troisieme, qu'un débiteur de deniers royaux ne se peut faire restituer, sous prétexte de minorité. *Voyez* Deniers royaux.

La quatrieme, que quoique la discussion des effets mobiliers ne soit pas aujourd'hui nécessaire pour procéder à la vente des immeubles d'un débiteur qui est majeur, néanmoins elle l'est absolument à l'égard des immeubles appartenans à un débiteur qui est mineur. *Voyez* Discussion de meubles. *Voyez* Chenu, cent. 1. quest. 30. & M. Louet, lettre M, sommaire 15.

La cinquieme, que les prescriptions ordinaires ne courent point contre un mineur pendant sa minorité; mais les mineurs sont sujets aux commises & aux prescriptions qui sont portées par les Coutumes, sans qu'ils puissent se faire restituer contre.

Ainsi l'an & jour du retrait court contre les mineurs; car les dispositions coutumieres obligent les mineurs aussi bien que les majeurs, si ce n'est au cas où ils sont nommément exceptés. *Voyez* ce que j'ai dit *verbo* Prescription.

Touchant les mineurs, *voyez* le Recueil alphabétique de M. Bretonnier, *verbo* Bénéfice de restitution; & ce que j'ai dit sur l'article 239. de la Coutume de Paris.

MINEUR ÉMANCIPÉ en pays coutumier. *Voyez* Emancipation.

MINEUR DONT LA TUTELLE EST FINIE, ne se fait point émanciper par Lettres du Prince en pays de Droit écrit. Il peut recevoir ses revenus, & disposer de ses meubles, sans être assisté d'un curateur; mais pour ester en Jugement, ou faire quelqu'acte judiciaire, il lui faut l'assistance d'un curateur; c'est pourquoi s'il n'en a point, il faut lui en faire créer un, que l'on nomme curateur aux causes.

Ceux qui lui doivent par contrat de constitution, ne peuvent pas lui rembourser valablement le sort principal de la rente, sans qu'il soit assisté d'un curateur; autrement ils seroient responsables des sommes qu'il auroit dissipées, ou qui n'auroient pas tourné à son avantage: c'est pourquoi si un mineur à qui on veut rembourser le sort principal d'une rente, n'a point de curateur, le débiteur lui en doit faire créer un. *Voyez* ce que j'ai dit sur le §. dernier, titre 8. du second livre des Institutes.

MINEUR NON DÉFENDU, peut se pourvoir par Requête civile. Cette voie lui est ouverte, soit qu'il n'ait point été défendu en aucune maniere, ou qu'il ne l'ait pas été valablement, quand même il auroit été assisté d'un tuteur ou d'un curateur. Il n'eſt point défendu, lorſqu'on a laiſſé prendre contre lui un décret fatal, ou juger par forcluſion. Il n'eſt point valablement défendu, lorſque l'on a omis de produire quelque piece ou faits déciſifs ; car pour les moyens de droit & d'équité , quand ils n'auroient pas été propoſés, ce ne ſeroit pas un moyen de Requête civile , parce que le Juge eſt toujours préſumé les ſuppléer contre un Arrêt ou Jugement rendu en dernier reſſort contre lui.

MINEUR Negociant ou Marchand , ou ayant une Charge ou une Commission , eſt réputé majeur dans ce qui concerne ſon négoce , ou ſa Charge , ou ſa Commiſſion.

Suivant l'article 6. du titre 1. de l'Ordonnance du Commerce de 1673. tous Négocians ou Marchands en gros & en détail , comme Banquiers , ſont reputés majeurs , pour le fait de leur commerce & banque , ſans qu'ils puiſſent être reſtitués , ſous prétexte de minorité. Ce qui eſt fondé ſur ce que le commerce avec les mineurs n'eſt pas défendu, & que la profeſſion de Marchand n'eſt un obſtacle à la reſtitution en entier, à cauſe du commerce , dont la faveur doit l'emporter ſur celle de la minorité ; ce qui fait que *mercator non præſumitur lapſus per ætatem. leg.* 1. *cod. qui & adverſus quos.*

Toutes perſonnes qui agiſſent dans le Public , qui achetent, vendent & traitent d'affaires , ſont donc cenſées capables de le bien gouverner, autrement perſonne ne voudroit avoir affaire avec des Marchands , Négocians & Banquiers qui ſeroient mineurs, à cauſe qu'il n'y auroit pas de ſûreté de négocier avec eux.

Ils ſont non ſeulement réputés majeurs , mais encore émancipés ; de ſorte qu'un fils de famille mineur, peut valablement s'obliger , pour le fait de ſa marchandiſe & commerce , ſans le conſentement de ſon pere , ſuivant la Loi derniere, *cod. ad Senatuſconſ. Macedon.* ſuivant la Loi 3. §. *ſed ultrum, ff. de minorib.*

Pour ce qui eſt de l'âge auquel les Marchands & Négocians ſont réputés majeurs, Bornier , ſur l'article 6. du titre 1. de l'Ordonnance du Commerce de 1673. dit que c'eſt dans le moment qu'ils entrent dans la vingt-unieme année de leur âge ; dans les Villes où il y a Maîtriſe ; & dans celles où il n'y en a point, dès le moment qu'ils font le commerce pour leur compte en particulier.

Quoiqu'un Négociant ou Marchand ſoit réputé majeur, cela ne s'entend que pour ce qui concerne le négoce dont il ſe mêle ; car il eſt reſtituable dans toute autre affaire , en prouvant qu'il a été lézé.

C'eſt auſſi la raiſon pour laquelle , quand il ſe rend fidéjuſſeur d'un autre qui a pris de la marchandiſe , il peut ſe faire décharger du cautionnement.

La raiſon eſt, que quand il cautionne celui qui prend de la marchandiſe, il ne s'oblige pas pour un fait qui le regarde, & dont il puiſſe tirer aucun profit. Bouvot , *verbo* Fidéjuſſeur, queſt. 3. rapporte un Arrêt du 28. Juillet 1614. qui l'a jugé ainſi.

Les Officiers de guerre qui ſont mineurs , ſont auſſi réputés majeurs , pour l'entretien de leurs Compagnies, & pour leurs équipages.

Les Officiers de Judicature mineurs ſont pareillement réputés majeurs pour le fait de leurs Charges ſeulement ; en ſorte qu'ils peuvent ſe faire reſtituer pour raiſon de tous actes & contrats qu'ils auroient paſſés pour choſes qui ne regarderoient point le fait de leurs Charges ; ce qui eſt inconteſtable pour tous les Officiers de Judicature, & même pour les Notaires, Procureurs & autres.

Enfin, les Commis ou Facteurs , dans tout ce qui concerne l'exercice de leurs emplois, ſont, quoique mineurs, regardés comme s'ils étoient majeurs, & par conſéquent ils ne ſont pas recevables à demander, ſous prétexte de leur Minorité, la caſſation des contrats & des autres actes qu'ils auroient paſſés à ce ſujet.

MINEUR pourvu de Benefice , eſt réputé majeur dès vingt-cinq ans, à l'effet de pouvoir agir en Juſtice ſans l'autorité & l'aſſiſtance d'un tuteur ou curateur, tant en ce qui concerne le poſſeſſoire, que pour les droits, fruits & revenus du Bénéfice.

C'eſt la diſpoſition de l'art. 9. du tit. 15. de l'Ordonnance du Commerce de 1673. ce qui eſt conforme au chap. 3. *in* 6°. *de Judiciis* , ſur lequel la gloſe ajoute que les titres des Bénéfices, & tout ce qui en dépend, ſont cenſés, *quaſi-caſtrenſes*: & que le mineur étant à l'égard du pécule, *caſtrenſe*, & du pecule *quaſi-caſtrenſe* , réputé pere de famille , il ne dépend de perſonne, ni dans l'action pour la pourſuite des Bénéfices, ni dans l'adminiſtration.

C'eſt pour cette raiſon qu'un mineur peut former de ſon chef une complainte , & en qualité de dévolutaire , attaquer un paiſible poſſeſſeur.

Un mineur peut donc eſter en jugement, tant en demandant qu'en défendant, en matiere bénéficiale , ſans eſpérance de reſtitution ; en ſorte qu'il peut être pourſuivi pour les dépens auxquels il aura été condamné.

Il paroît même qu'il pourroit être conſtitué priſonnier, faute de payement deſdits dépens après les quatre mois, en vertu d'un Arrêt d'*iterato*, s'ils ſe montoient ou excédoient la ſomme de deux cens livres, ſuivant l'article 2. du titre 34. de l'Ordonnance de 1667.

Cependant il a été jugé au Souverain, aux Requêtes de l'Hôtel à Paris, le 21. Mars 1676. qu'un mineur Bénéficier n'eſt point ſujet à la contrainte par corps pour les dépens eſquels il a ſuccombé dans la pourſuite des bénéfices, ſauf à ſe pourvoir après la majorité, dépens compenſés.

On allégue envain que les mineurs ſont réputés majeurs pour ce qui concerne les Bénéfices.

On répond, I°. Que l'Ordonnance des quatre mois étant une Loi pénale, il falloit une diſpoſition expreſſe pour y aſſujettir un mineur Bénéficier, & pourſuivant un Bénéfice.

II°. Qu'un mineur eſt réputé majeur pour plaider ; mais qu'il n'eſt réputé majeur pour pouvoir engager ſon patrimoine ou ſa liberté.

III°. Que ce qui eſt ſpécialement introduit en faveur de quelqu'un, ne doit en aucun cas être interprété à ſon préjudice.

Voyez cet Arrêt, qui eſt rapporté dans le Journal du Palais, avec les raiſons de part & d'autre.

& où il est fait mention de plusieurs Arrêts contraires.

De ce que la minorité n'est point considérée en
matiere bénéficiale, il s'ensuit aussi qu'un Bénéficier qui auroit joui des fruits d'un Bénéfice pourroit être contraint & par corps, à les restituer
Vide Mornac. ad leg. 7. de minorib.

A l'égard de la résignation des Bénéfices faite par
des mineurs, sans le consentement de leurs parens,
elle est valable, à moins que les parens ne justifient
que le mineur qui l'a faite a été surpris : ainsi cette
question dépend des circonstances.

MINEUR EN MATIERE DE CRIME, est réputé
majeur, & il ne peut se faire restituer contre le Jugement qui aura été prononcé contre lui ; il suffit,
suivant la Loi 7. au code *de pœnis*, qu'il soit en âge
de connoître ce qu'il fait : mais il est de la prudence
du Juge d'adoucir la rigueur de la peine, par
rapport aux circonstances.

Les mineurs peuvent donc être poursuivis pour
crimes, sans être assistés de leurs curateurs ; ce qui
est directement opposé à la disposition de la Loi
Clarum, cod. *de autoritate præstanda. Nam*, ut ait
*Gotoph. ad dictam legem, hæc lex in Gallia non obser-
vatur ; quia in delictis minor 25. annis major habetur,
præcipuè si delictum confitetur.*

La même Loi ordonne que, pour qu'un mineur
puisse intenter une accusation contre quelqu'un, il
soit assisté d'un curateur ; & à cet égard cette Loi
est observée dans ce Royaume.

La raison pour laquelle un mineur doit être en ce
cas assisté d'un curateur, est à cause des dommages
& intérêts auxquels un accusateur peut être condamné ; au lieu que quand le mineur est accusé, il
n'a pas besoin de l'assistance d'un curateur, parce
que sa tête répond de lui.

Voyez d'Argentré, sur l'article 467. de la Coutume de Bretagne, glose 2. l'article 11. du titre 1. de
la Coutume de Berry ; celle de Bourbonnois, art.
169. & la Peyrere, lettre M.

MINEUR QUI S'EST DIT MAJEUR, & qui a donné de fausses preuves de sa majorité, pour engager
un autre pour contracter avec lui, est indigne du
bénéfice de restitution. La raison est, que *jura de
ceptis, non vero decipientibus subveniunt, t. t. codice
si minor se majorem dixerit.*

Anciennement on suivoit en France cette Jurisprudence des Loix Romaines. Ainsi quand un mineur s'étoit dit majeur, pour tromper celui avec
lequel il contractoit, il ne pouvoit point se faire
restituer, quelque lézion qu'il eut soufferte ; comme il paroît par les Arrêts rapportés par Louet &
son Commentateur, lettre M, chapitre 7.

Mais depuis on a trouvé que cela provenoit ordinairement du dol de celui avec qui le mineur contractoit ; & que ces créanciers avides d'un gain sor-
dide, qui prêtoient à des mineurs leur argent à
grosses usures, ne manquoient pas de les faire affirmer dans les contrats qu'ils étoient majeurs, &
même d'y faire attacher de faux extraits baptistaires, afin qu'ils ne pussent pas se faire relever contre
les obligations qu'ils avoient ainsi contractées sous
des usures énormes. C'est ce qui a donné lieu à plu-

sieurs Réglemens de la Cour, qui ont été faits pour
remédier à cet abus.

Premiérement par Arrêt de réglement du 6.
Mai 1610. rendu sur les conclusions de M. l'Avocat
général Talon, défenses furent faites aux Notaires, de ne plus inserer à l'avenir dans les contrats
& obligations causées pour prêt, les déclarations
de majorité & extraits baptistaires ; sous peine
de nullité, & d'en répondre en leur propre &
privé nom.

Depuis, la Cour par un Arrêt de réglement du 26. Mars 1624. au rapport de M. de la
Grange, toutes les Chambres assemblées, fit défenses à toutes personnes de quelque qualité &
condition qu'elles soient, de prêter de l'argent aux
enfans de famille, quoiqu'ils se disent majeurs, &
mettent l'extrait de leur baptistaire entre les mains
de ceux qui leur prêtent, à peine de nullité des
promesses, & de punition corporelle.

Ces deux Arrêts sont rapportés par le Commentateur de M. Louet, lettre M. chap. 7. nomb. 4.

Néanmoins les mineurs ne sont point admis au
bénéfice de restitution, lorsqu'il y a preuve évidente que la bonne foi du créancier a été déçue par
le dol du mineur qui s'est fait passer pour majeur,
ut facilius posset creditoris pecuniam emungere ;
comme il a été jugé par Arrêt du 26. Avril 1629.
rapporté dans le Journal des Audiences.

MINISTERE PUBLIC, est le vengeur des Loix,
c'est à lui seul qu'il appartient de les faire respecter, & de punir ceux qui les méprisent.

Ce Ministere est exercé dans les Cours souveraines par les Avocats & Procureurs généraux, ou
par leurs Substituts ; & dans les autres Sieges
royaux, par les Avocats & Procureurs du Roi, ou
par leurs Substituts ; & dans les Justices seigneuriales par les Avocats & Procureurs fiscaux, ou
d'office.

Les Particuliers n'agissent en Justice, que quand
quelqu'intérêt les y porte, soit par rapport à l'honneur, soit par rapport à leurs biens.

Mais l'unique intérêt qui guide le ministere public dans les poursuites, c'est le maintien du bon
ordre & de la discipline.

MINISTRE, est celui qui a une Charge ou
un Emploi, dont le but est de rendre service au
Public.

MINISTRE D'ETAT, est celui sur qui le
Prince se répose de l'administration de son Etat,
& à qui il commet le soin de ses principales affaires.

MINORITÉ est l'âge au-dessous de vingt-cinq
ans, & auquel on n'a pas l'administration de ses
biens. *Voyez* le Traité des minorités, des tutelles,
des curatelles, & des droits des enfans majeurs &
mineurs, qui a été imprimé en 1714.

MINU, dont il est parlé dans les articles 81. &
360. de la Coutume de Bretagne, est la déclaration, aveu & dénombrement qu'un nouvel acquéreur doit bailler par le menu à son Seigneur
des héritages, terres, rentes & devoirs qu'il a
acquis.

MINUTE, est l'original des actes qui se passent

rent chez les Notaires , & des Jugemens qui s'expédient dans les Greffes , fur quoi on délivre des groffes & des oppofitions autentiques.

La minute des actes qui fe paffent chez les Notaires , refte en dépôt chez l'un d'eux , pour y avoir recours en tems & lieu.

Ces minutes doivent être néceffairement fignées de toutes les Parties & des Notaires ; au lieu que les groffes & les expéditions ne doivent être fignées que des Notaires. Ces groffes & expéditions fe délivrent aux Parties , pour faire foi en Juftice , ou pour faire exécuter l'obligation quand le fceau y eft appofé.

La minute d'un acte , quoique fignée par les Parties chez les Notaires , fi elle n'eft pas fignée du Notaire , le contrat eft imparfait , & ne peut paffer que pour écriture privée.

Il n'eft pas au pouvoir du Notaire qui a paffé un acte de fe défaire de la minute de cet acte ; ce qui eft fi vrai que les minutes des contrats rembourfés ne peuvent être rendus aux Parties;comme il eft porté en l'Arrêt du Confeil d'Etat du 7. Septembre 1720.

Il faut excepter la minute d'un teftament ; qu'un Notaire peut remettre entre les mains du teftateur , lorfqu'il la lui redemande ; *quia teftamentum vim habet tantum poft mortem teftatoris , & ambulatoria eft fuprema hominis voluntas ufque ad extremum vitæ fpiritum.*

Ceux qui ont traité des Charges de Notaires , doivent fe charger des minutes du prédéceffeur par inventaires.

Une derniere obfervation à faire touchant les minutes des contrats & actes paffés pardevant Notaires , c'eft que les Notaires qui les ont paffés ne doivent point les montrer, ni en donner copies, qu'aux Parties mêmes énoncées dans les actes & contrats , ou à leurs héritiers , ou enfin à ceux qui y ont intérêt formel & non à tous autres , fi ce n'eft en vertu d'une Ordonnance du Juge.

Vide Mornacium , ad leg. 6. §. 4. ff. de edendo ; & l'Ordonnance de 1639. article 178.

Voyez la fcience parfaite des Notaires , liv. 1. chap. 22. & fuiv.

Pour ce qui eft des minutes des Jugemens , il faut qu'elles foient fignées par les Juges , & elles reftent en dépôt au Greffe de la Jurifdiction où les Jugemens ont été rendus.

OPINIONS MIPARTIES. *Voyez* ce que j'en ai dit fur la lettre O.

M I R O I R , en terme d'Eaux & Forêts, fe dit des places entaillées & marquées avec le marteau fur les arbres pieds corniers tournés en forte qu'on puiffe mirer en droite ligne d'un pied cornier à l'autre ; & le côté où fe fait cette marque eft appellé *face.* Ces miroirs font auffi appellés *plaques.*

MIROUER DE FIEF. Loyfel , en fes Inftitutes coutumieres , liv. 4. tit. 3. nomb. 77. dit : *En chacune branche de parage , celle qui s'appelloit mirouer de fief par l'ancienne Coutume du Vexin , pouvoit porter la foi pour tous les autres.*

Cette regle eft fondée fur ce que les Seigneurs , pour régler leurs droits & devoirs féodaux , n'ont

Tome II.

les yeux que fur la branche aînée , & ne mirent qu'elle : c'eft pourquoi cette branche a été nommée mirouer de fief.

Voyez le Gloffaire du droit François , *verbo* mirouer de fief, & *verbo* Parage.

M I S , eft la date du jour qu'on a mis un procès au Greffe ; qu'on marque auffi fur l'étiquette du premier fac.

Il faut, pour trouver un procès au Greffe , fçavoir le jour du mis ; autrement on feroit en danger de chercher long-temps pour le pouvoir trouver.

MISE A PRIX , eft une déclaration d'un immeuble, que celui qui en pourfuit la vente par décret fait afficher ; laquelle contient l'état de l'héritage & des lieux , les claufes & conditions fous lefquelles l'adjudication en doit être faite , & le prix que le pourfuivant y a mis.

Il met cette enchere ou mife à prix entre les mains du Greffier de l'Audience des criées, qui la paraphe , & la donne à un Audiencier, qui la publie.

Enfuite on reçoit les encheres de tous ceux qui veulent enchérir ; & après les deux remifes de quinzaine en quinzaine , l'héritage eft adjugé au plus offrant & dernier enchériffeur.

MISE EN POSSESSION , eft , dans certaines Coutumes , une formalité effentielle pour la validité des acquifitions.

La mife de fait , qui a lieu dans le pays d'Artois, eft (dit M. Brillon (une formalité introduite pour avoir pour le créancier hypothéque & affurance,& même privilège & préférence , fur les biens de fon débiteur , pour le payement de ce qui lui eft dû.

Sa forme eft une commiffion que l'on prend du Juge pour ladite mife de fait , fur une Requête qu'on lui préfente.

Son effet n'eft point de dépofféder les débiteurs propriétaires des biens fur lefquels elle fe fait , ni de la propriété , ni même de la jouiffance defdits biens ; mais feulement de procurer une hypothéque fur ces biens au profit de celui qui l'a fait faire , & un privilège & une préférence contre les créanciers du même débiteur, qui n'ont pas fait la même diligence.

En un mot c'eft la même chofe que le nantiffement dans la Champagne & la Picardie , ès lieux où le nantiffement a lieu. *Voyez* Nantiffement.

MISE EN FAIT DE COMPTE , fignifie la dépenfe que le comptable a faite. *Voyez* Compte.

MISSI DOMINICI , étoient des Commiffaires qui étoient envoyés par Sa Majefté dans les Provinces , avec un très-grand pouvoir , à l'effet d'informer de la conduite des Comtes & des Juges , & de juger les caufes d'appel dévolues au Roi ; ce qui n'a eu lieu que fous la deuxieme Race.

Sous la troifieme , le pouvoir de ces Commiffaires a été transferé en la perfonne des Baillifs & Sénéchaux , qui depuis ont dû juger en dernier reffort, jufqu'au temps que le Parlement a été rendu fédentaire par Philippe le Bel.

Voyez Maître des Requêtes.

Pour réjouir le Lecteur nous remarquerons qu'un homme qui fe piquoit d'être fçavant, étant

tombé fur un endroit d'un livre où il étoit fait
mention de *Miffis Dominicis*, dit à ceux avec qui
il étoit, que ces termes fignifioient les meffes du
Dimanche ; on eut beaucoup de peine à lui faire
entendre que ces termes avoient autrefois fignifié
les perfonnes qui étoient envoyées par le Prince
dans les Provinces.

MITOYEN, fe dit d'un mur qui appartient aux
deux voifins, dont il fépare les héritages. *Voyez* mur
mitoyen. *Voyez* auffi puits mitoyen. *Voyez* auffi le
Dictionnaire de Trevoux, *verbo* mitoyen, où eft
rapportée l'étymologie de ce mot.

MIXTE, fe dit au Palais des actions qui font
réelles & perfonnelles. *Voyez* actions mixtes.

M O

MOBILIER, fe dit en général des meubles &
effets qui fe peuvent tranfporter d'un lieu à un autre, fans être détériorés. *Voyez* meubles.

MOBILISATION, fignifie en quelques Coutumes l'ameubliffement des immeubles que l'on veut
faire entrer dans la communauté de biens entre
mari & femme. *Voyez* ameubliffement.

MODIFICATIONS, font des adouciffemens,
des limitations & exceptions que les Cours fouveraines inférent quelquefois dans les enrégiftre-
mens qu'elles font des Edits & Déclarations du
Roi.

MOHATRA, eft un contrat de vente ufuraire, par lequel un homme achete d'un marchand
des marchandifes à crédit, & à très-haut prix,
pour les revendre au même inftant à la même perfonne argent comptant & à bon marché.

Par exemple, un Marchand vend à un homme
qui a befoin d'argent, des marchandifes pour cinq
cens livres, dont il fe fait faire une promeffe ou
obligation payable dans un an, & ces marchandifes ne valent tout au plus que trois cens livres ;
dans le même temps, l'acheteur les revend au même marchand pour deux cens livres argent comptant. C'eft la même chofe que fi un marchand prêtoit à ufure la fomme de deux cens francs pour
avoir cinq cens livres au bout d'un an.

Par l'Article 141. de l'Ordonnance d'Orléans de
1660. défenfes font faites à tous Marchands &
autres ; de quelque qualité qu'ils foient, de fuppofer aucun prêt de marchandifes appellé perte de finance, qui fe fait par revente de la même marchandife à perfonnes fuppofées, à peine de punition corporelle, & de confifcation de biens.

Pour ôter toute occafion de paffer de tels contrats, il feroit à fouhaiter que le Roi fit défenfes à
tous marchands, fous des peines très-rigoureufes,
de faire vente de quantité de marchandifes à des
perfonnes qui ne feroient pas dans l'exercice d'en
faire trafic. Cela pourroit empêcher que des gens
n'empruntaffent des marchandifes à prix exceffif
pour le revendre enfuite à vil prix.

Voyez la Rocheflavin, lettre M, livre 1. tit. 3.
Arrêt 4. qui rapporte un Arrêt du 18. Avril 1551.
portant défenfes à tous Marchands du reffort de
Touloufe de faire contrat de vente de quantité de

marchandifes à perfonnes qui ne foient marchands
fur peine de banniffement, confifcation de la marchandife, & autre peine arbitraire.

MOINES LAIS. *Voyez* Oblats.

MOIS. Ce mot proféré fimplement, & fans
aucune énonciation de temps certain & préfix, eft
entendu devoir contenir l'efpace de trente jours,
comme il eft décidé par les interpretes fur la Loi
Si maritus prevenerit ; §. *hæc in maritis* ; & fur
la Loi *Miles*, §. *Sexaginta*, ff. *ad Leg. Jul. de
Adult. Balde in Aut. qui femel, cod. quomodo &
quando Judex.*

MOISON, fignifie une Ferme ou une convention qui donne lieu au Laboureur ou métayer de
partager les fruits avec fon Maître, fous condition
d'entretenir les terres, & de les emblaver. Et ce
Fermier eft appellé Fermier partiaire. *Voyez* admodiateur. *Voyez* métayer partiaire.

MOISSON, fignifie auffi quelquefois la recolte
des grains femés : fur quoi il faut remarquer que
les moiffons, non plus que les vendanges, n'ont
point de Fêtes ; c'eft-à-dire, que ceux qui les font,
peuvent, après avoir entendu la meffe, & travailler toute la journée les jours de Fête, à caufe du
danger qu'il pourroit y avoir dans le retard. *Leg.
omnes, eod. de feriis.*

MONITOIRE, eft un Mandement de l'Official
adreffé à un Curé pour avertir tous les Fideles de
venir à révélation fur les fait y mentionnés, à
peine d'excommunication.

Lorfque la Partie civile, ou le Procureur du
Roi, ou des Seigneurs, ne peuvent juftifier par témoins le contenu dans leur plainte, ils peuvent demander au Juge pardevant lequel la plainte a été
faite, & qui doit connoître du crime, la permiffion d'obtenir & de faire publier monitoire, à
l'effet de contraindre par les cenfures Ecclefiaf-
tiques ceux qui ont connoiffance du fait dont il
s'agit, à venir à révélation.

Cette forme de procéder par cenfures ecclefiafti-
ques, pour contraindre les détenteurs du bien d'autrui à le reftituer, & engager les perfonnes à
découvrir la vérité des chofes où le Public a intérêt, a été introduite par les Officiaux.

Mais la Juftice féculiere, en tirant ce fecours de
la difcipline ecclefiaftique, n'a permis aux Juges
d'Eglife de délivrer aucun monitoire, pour les caufes qui ne font pas de leur compétence, fans Ordonnances des Juges ordinaires pardevant lefquels
les affaires fe pourfuivent ; encore l'Ordonnance
d'Orléans, art. 18. ne permet d'en ufer, finon
pour crimes ou fcandales publics, & pour d'autres
caufes de conféquence.

La permiffion d'obtenir monitoire pour bonne
& jufte caufe ne peut point fe refufer à perfonne
de quelque qualité & condition qu'elle foit ; &
même au tems que la Religion prétendue réformée
étoit tolérée en France, un Huguenot pouvoit obtenir un Monitoire ; mais il ne le pouvoit faire
que fous le nom du Procureur du Roi.

La raifon eft, qu'il ne feroit pas jufte que ceux
qui méprifent les cérémonies de l'Eglife, parti-
cipaffent nommement aux fecours & remedes

qu'elle veut bien accorder à ses fideles.

Par l'article 1. du titre 7. de l'Ordonnance de 1670. tous Juges peuvent permettre d'obtenir monitoires, encore qu'il n'y ait aucun commencement de preuve, ni refus de déposer par les témoins. En quoi il ne peut y avoir d'inconvenient, puisque personne n'est nommé dans les monitoires.

Pour procéder dans les regles, il faut présenter Requête au Juge laïc, si la cause est de sa compétence, ou au Juge d'Eglise si la cause est de l'Ecclésiastique, à ce qu'il soit permis au Suppliant d'obtenir & faire publier monitoire en la forme de droit sur les faits qu'on a exposés dans la Requête, pour en avoir révélation.

Au bas de cette Requête le Juge met son ordonnance, en vertu de laquelle l'Official est obligé d'accorder le monitoire; & en cas de refus, après qu'on lui a fait une sommation d'y satisfaire en payant les droits, on présente Requête au Juge qui a donné permission, à ce que l'Official soit contraint de le faire par saisie de son revenu temporel.

Sur cette Requête, à laquelle est attachée la sommation, le Juge permet de saisir, ainsi qu'il est requis; ce qui s'exécute nonobstant oppositions ou appellations quelconques; & les fruits & deniers saisis sont ordinairement délivrés aux pauvres du lieu, suivant l'art. 6. du même titre.

Pour cet effet, il faut que la Partie présente Requête au Juge, pour voir déclarer les saisies valables, & ordonner que les fruits & deniers saisis seront distribués aux pauvres.

Les monitoires ne doivent contenir d'autres faits que ceux qui sont contenus dans la Requête qui a été présentée, à l'effet d'avoir permission d'obtenir Monitoires, à peine de nullité, tant des monitoires, que de ce qui auroit été fait en conséquence, suivant l'article 3. du titre 7. de l'Ordonnance de 1670.

Les monitoires ne doivent nommer ni désigner personne, & se publient en général contre des Quidam; autrement il y auroit abus, & amende de cent livres contre la Partie, & de plus grandes peines s'il y échoit; article 4. du même titre.

Il faut excepter certains cas auxquels il est absolument impossible de ne pas désigner les Parties contre lesquelles les monitoires sont obtenus: comme dans l'accusation de l'adultere, le nom de mari complaignant étant à la tête du monitoire, l'on met ensuite tous ceux & celles qui sçavent qu'une certaine personne femme du complaignant, &c. Peut-on une désignation plus formelle? Mais il est impossible de faire autrement.

Les publications de monitoires se font par trois Dimanches consécutifs aux Prônes des Paroisses, ainsi qu'il est enjoint aux Curés ou à leurs Vicaires. Le monitoire doit être publié en son entier, & non tronqué, & il n'est pas permis d'en obtenir deux pour le même fait.

Si le Curé ou le Vicaire fait refus de faire la publication du Monitoire à la premiere réquisition qui lui en est faite, suivant l'article 5. du titre 7. de l'Ordonnance de 1670. le Juge peut ordonner la saisie de leur temporel; & la publication

être faite par un autre Prêtre nommé d'office.

Mais auparavant il faut avoir fait une sommation d'accorder le monitoire, en leur payant leurs droits: & sur le refus il faut présenter Requête au Juge, à ce qu'il soit permis en conséquence du refus du Curé ou Vicaire, de faire saisir & arrêter par un Huissier ou Sergent leurs revenus entre les mains de leurs débiteurs & fermiers.

Au bas de cette Requête le Juge met son Ordonnance, qui en donne la permission.

On peut aussi saisir les fruits, & y établir Commissaire en la maniere ordinaire & accoutumée.

Si après la saisie du temporel à eux signifiée ils perséverent dans leur refus, le Juge peut ordonner la distribution de leurs revenus aux Hôpitaux, ou aux pauvres des lieux, en conséquence d'une Requête qui lui sera présentée par la Partie à cet effet, suivant l'art. 6. du même titre.

Pour faire committre un autre Prêtre pour publier le Monitoire, il faut aussi présenter Requête au Juge, par laquelle on conclut à ce qu'il lui plaise nommer un autre Prêtre d'Office pour faire la publication du Monitoire, attendu le refus qu'en a fait le Curé ou Vicaire: & au bas de cette Requête le Juge met son Ordonnance, portant nomination d'office d'un autre Prêtre pour cet effet.

Par l'article 7. du titre 7. de l'Ordonnance de 1670. les Officiaux ne peuvent prendre pour chacun monitoire que trente sols, leur Greffier dix, y compris les droits du Sceau, & les Curés ou Vicaires dix sols, à peine de restitution du quadruple; de sorte néanmoins qu'ils ne peuvent prendre que ce qui est permis dans les lieux, où l'usage est de prendre moins.

Il arrive quelquefois que ceux qui prétendent avoir intérêt que le monitoire ne soit pas publié, font signifier aux Curés des oppositions, & interjettent appel comme d'abus; ce qui interrompt l'ordre des publications jusqu'à ce que l'opposition soit levée, ou l'appel jugé.

Par l'article 8. les opposans à la publication d'un monitoire sont tenus d'élire domicile dans le lieu de la Jurisdiction du Juge qui en a permis l'obtention, à peine de nullité de leur opposition: & pardevant ce Juge, ils doivent être assignés à certain jour & heure, dans les trois jours pour le plus tard, sans commission ni mandement, pour déduire leurs causes & moyens d'oppositions.

Il faut plaider sur l'opposition au jour de l'assignation, suivant l'article 9. & le Juge doit vuider en l'Audience la contestation sur l'opposition, sans appointer les Parties.

Le même article porte, que le Jugement qui intervient sur une telle opposition, doit être exécuté nonobstant opposition ou appellation, même comme d'abus, avec défenses à toutes Cours & à tous Juges de donner des défenses ou surséances de les exécuter, si ce n'est après avoir vû les Informations & le monitoire, & sur les conclusions du Procureur du Roi: déclarant nulles toutes celles qui pourroient être obtenues; ordonnant que sans qu'il soit besoin d'en demander main-levée, les Arrêts, Jugemens & Sentences soient exécutées;

& que les Parties qui auroient préfentés Requêtes à fin de défenfes ou furféances, & les Procureurs qui y auroient occupé, foient condamnés en cent livres d'amende.

Un Curé ne peut refufer la publication d'un monitoire, fous prétexte que le coupable du crime eft venu fe confeffer à lui, & lui a donné charge d'offrir les dommages & intérêts. Du Freine, liv. 1. chap. 65.

On peut, fuivant ce que nous avons dit, interetter appel comme d'abus de l'obtention d'un monitoire ; & cet appel peut être fondé.

I°. Sur ce qu'on y auroit nommé ou défigné des perfonnes, contre la difpofition de l'Ordonnance.

II°. Sur ce qu'on y auroit inféré d'autres faits que ceux qui feroient contenus dans la Requête préfentée aux fins d'avoir permiffion d'obtenir monitoire.

III°. Sur ce qu'il auroit été obtenu pour avoir révélation d'un fait dont la preuve n'eft pas recevable par les Ordonnances ; comme fi on prétendoit informer de l'adultere commis par une femme du vivant de fon mari, lequel ne s'en feroit point plaint.

Si en conféquence d'un monitoire il y a des révélations, les Curés ou Vicaires doivent les renvoyer cachetées au Greffe de la Jurifdiction où le près eft pendant ; & le Juge doit pourvoir aux frais du voyage, s'il y échet, art. 10. du tit. 7. de l'Ordonnance de 1670.

Pour cet effet l'Official préfente Requête au Juge, contenant qu'ayant reçu les révélations de plufieurs perfonnes, il les auroit rédigées dans un cahier qu'il auroit envoyé cacheté en fon Greffe par un homme exprès, &c. Le Juge donne une Ordonnance qui taxe les frais du voyage felon la diftance des lieux.

Sur cette Ordonnance le Greffier expédie exécutoire, qu'il fait fignifier à la Partie, & lui fait commandement de payer ; & fur le refus, on peut mettre cet exécutoire à exécution fur fes biens meubles, ou faire faifir & arrêter ce qui lui eft dû par fes débiteurs.

En matiere criminelle, les Procureurs du Roi & ceux des Seigneurs, & les Promoteurs aux Officialités, doivent avoir communication des révélations des témoins qui ont révélé en conféquence d'un monitoire ; & les Parties civiles doivent avoir feulement communication des noms & domiciles des témoins, ainfi qu'il eft porté en l'article 11. du même titre. La raifon eft, que ces révélations doivent être fecrettes.

Après que les révélations ont été envoyées au Juge, la Partie doit lui préfenter Requête, à l'effet de faire répéter les témoins qui ont fait les révélations pardevant lui ; autrement on n'ajouteroit pas foi à ces révélations, d'autant que la dépofition d'un témoin ne peut faire foi, à moins que le témoin n'ait prêté le ferment devant le Juge qui doit juger le procès, ou pardevant le Commiffaire par lui délégué, & qu'il ne foit enfuite récollé & confronté pardevant l'accufé.

Ainfi, pour rendre les révélations des témoins certaines, le Juge ordonne fur la Requête qui lui eft préfentée à cette fin, qu'ils feront affignés par devant lui pour être répétés ; & c'eft la même procédure que dans l'information ; on les contraint par les mêmes voies, & l'on dreffe un procès verbal de leurs dépofitions.

La Partie civile n'eft pas obligée de faire recenfer tous les témoins qui font venus à la révélation. Si c'eût été l'efprit de l'Ordonnance, elle n'eût pas oublié un point fi important.

Il n'eft pas auffi permis à l'accufé, faute par la Partie civile d'y procéder, de les faire ouvrir à fa Requête ; fauf à l'accufé de nommer les témoins ouis en révélation, pour dépofer en fon enquête d'Office, lorfqu'il fera admis à la preuve de fes faits juftificatifs.

Ce qui a été jugé par Arrêt rendu en la Grand'-Chambre du Parlement de Grenoble, le 8. Avril 1580. rapporté dans le Journal du Palais.

Un témoin qui a donné fa révélation au Curé fur la publication d'un Monitoire, n'eft pas tenu de perfifter devant le Juge étant répété, s'il ne lui plaît ; il en eft quitte en fe purgeant par ferment de dire la vérité. La raifon eft, qu'il n'a point juré, ni fait ferment devant le Curé qui a reçu fa révélation.

Ceux qui ont donné leurs révélations au Curé, même par écrit fur la publication d'un monitoire, doivent encore être ouis comme témoins devant le Juge, lequel eft tenu d'inférer tout au long leur dépofition dans l'information ou l'enquête qu'il fait ; & le Juge ne peut pas mettre, que le témoin a perfifté dans ce qu'il a dit par fa révélation, cela ne vaudroit rien.

Un Curé même dans les regles ne devroit prendre que le nom, la qualité & la demeure de ceux qui viennent à révélation. La raifon eft, que le Curé ne peut point faire prêter ferment à ceux qui viennent à révélation devant lui.

Voyez le titre 7. de l'Ordonnance de 1667. les remarques de Bornier ; le Dictionnaire des Arrêts ; Bacquet, des Droits de Juftice, chap. 7. art. 29. 30. & 31. les Loix eccléfiaftiques, pag. 162. & fuivantes. Rouland, Libraire, a imprimé en 1713. un Traité des Monitoires.

MONNOIE, eft une efpece d'or, d'argent, ou d'autre métal qui a cours ; c'eft une portion de matiere à laquelle le Souverain donne tel poids & telle valeur qu'il veut, pour fervir de prix dans le commerce ; en un mot, c'eft une matiere marquée du coin public, dont l'ufage & la valeur viennent plutôt de fa marque que de fa fubftance.

Les Romains donnerent le nom de *pecunia* à la monnoie, parce que ce terme vient de *pecus*, qui fignifie bétail, & qu'on fit imprimer la figure ou la tête des beftiaux fur les premieres monnoies qui furent fabriquées.

Numa Pompilius fit de la monnoie ronde de bois & du cuir ; & pendant un long-tems l'on ne fçavoit chez les Romains ce que c'étoit que de battre de la monnoie du métal, fur-tout en or & en argent.

On ne commença à y faire de la monnoie d'argent que quatre cens quatre-vingt quatre ans, & de la monnoie d'or que cinq cens quarante-fix ans après la fondation de Rome.

Depuis que l'ufage s'eft introduit de faire de la monnoie de métal, on l'a marquée des têtes & des armes des Princes, ou de quelques marques qui montroient les origines des Etats. Jules Céfar fut le premier dont la tête fut gravée fur les monnoies par l'ordonnance du Sénat.

Voyez le Gloffaire de Ducange, fous le mot de *Moneta*, où il rapporte la valeur des monnoies dans les Regnes différens. *Voyez* auffi Grimaudet en fon Traité des monnoies, où il parle de l'invention de la monnoie, de celui à qui appartient le droit de la faire, de fa matiere, poids, marque, valeur, noms de ceux qui doivent l'approuver, de ceux qui la négocient, de fes changemens & mutations, comment fe doivent payer les rentes, & du crime de fauffe monnoie.

Avant l'invention de la monnoie, on fe fervoit de trocs & d'échanges. Mais l'inégalité des denrées a fait voir l'utilité de la monnoie pour faire des achats.

Les monnoies ont leur valeur fuivant le titre, carat ou denier de metaux dont on les fabrique, & fuivant le prix pour lequel il plaît au Prince qui les fait battre qu'elles aient cours.

Il y a deux fortes de monnoie : l'une réelle, comme font toutes les efpeces qui ont cours ; l'autre imaginaire & de compte, inventée pour la facilité du commerce ou de la fupputation : c'eft un nom collectif qui comprend fous foi un certain nombre de monnoies réelles ; comme en France les livres ou francs, en Angleterre les fterlins, en Allemagne les florins.

Cette monnoie de compte n'eft pas fujette au changement ; mais pour la compofer il faut certain nombre d'efpeces, qui changent fuivant les tems & les lieux. Ainfi la livre numéraire ne change jamais de valeur ; & depuis le tems de Charlemagne que l'on s'en fert en France, elle a toujours valu vingt fols, & les fols douze deniers.

Comme ce qui fait la monnoie eft la marque qui eft appofée fur une certaine matiere par autorité publique, par une conféquence néceffaire, la valeur de la monnoie dépend de cette même autorité.

Il s'enfuit auffi de ce principe, que le droit de faire battre monnoie, doit être confidéré comme une des plus éminentes marques de la Souveraineté.

Auffi en France tous ceux qui fabriquent, altérent ou expofent de la monnoie, fans permiffion du Roi, font criminels de leze-Majefté, & condamnés à mort. *Voyez* ci-devant Cour des Monnoies. *Voyez* fauffe Monnoie.

Néanmoins anciennement quelques Evêques & quelques grands Seigneurs de ce Royaume ont fait battre monnoie.

On appelloit deniers parifis celle qui fe faifoit à Paris par l'autorité de l'Evêque, qui étoit une monnoie plus forte que toutes les autres, en confidération de ce que Paris eft la Ville capitale du Royaume.

On appelloit deniers tournois celle qui étoit faite à Tours par l'autorité de l'Archevêque.

L'Evêque du Mans faifoit battre monnoie dans fa Ville & dans fon Diocèfe. Cette monnoie portoit cette dévife. *Cœnomanenfis moneta* : & comme elle étoit plus forte de la moitié que celle de Normandie, elle donna lieu au proverbe, qui dit, qu'un *Manceau vaut un Normand & demi.*

Mais le Roi Louis Hutin, & les autres Rois fes fucceffeurs, ont fait plufieurs Ordonnances, par lefquelles ils ont corrigé cet abus, & ont fait défenfes aux Evêques & aux grands Seigneurs de battre monnoie.

La connoiffance de tout ce qui regarde la monnoie appartient au Juge royal. *Voyez* Bacquet, des Droits de Juftice, chap. 7. nomb. 6. & ce que j'ai dit ci-deffus, lett. C, en parlant de la Cour des Monnoies. *Voyez* M. le Bret, dans fon Traité de la fouveraineté du Roi, liv. 2. chap. 13. les Traités des Monnoies par le Blanc, Boizard, Poulain, & autres Traités cités dans la bibliotheque hiftorique du Pere le Long, pag. 734. *Voyez* auffi le Dictionnaire de M. Brillon.

MONOPOLE, terme qui vient du Grec, fignifie ordinairement un trafic illicite & odieux, qui fe fait par celui qui fe rend tout feul le maître d'une marchandife ; en forte que tous ceux qui en ont befoin, font dans la néceffité de paffer par fes mains, & de lui en payer le prix qu'il y veut mettre.

Aujourd'hui on entend par monopole un impôt qu'on met fur le Peuple : ce qui ne fe peut faire que par l'autorité du Souverain.

A l'égard du monopole, ou trafic illicite & odieux des marchandifes, il a été défendu à Rome par l'Empereur Zenon, *leg. unicâ cod. de Monopolis*, à quoi eft conforme l'Edit du 20. Juin 1539. fait par François I. confirmé par une Déclaration faite au mois d'Août fuivant.

MONSTRE. Celui qui naît d'une femme fous une figure qui ne tient point de l'humanité, eft réputé monftre, & par conféquent n'eft pas mis au nombre des hommes.

La Loi 14. *ff. de ftatu homin.* veut que l'enfant foit formé felon l'ordre de la nature ; en forte que des caracteres qui effacent ceux de l'humanité ne prédominent point en lui. *Non funt liberi, qui contra formam humani generis converfo more procreantur ; veluti fi mulier monftrum aliquod, aut prodigiofum enixa fit.*

Ainfi l'on répète monftre celui qui naît contre la forme ordinaire du genre humain, & dans lefquels dominent des caracteres qui effacent ceux de l'humanité. *Leg.* 35. *ff. de verb. fignif.*

Les monftres, quoique procréés d'une femme, ne vivant que contre l'ordre de la nature, n'ont point de vie humaine, ne doivent point être baptifés, & on peut les tuer impunément.

Tel feroit celui dont les membres feroient femblables à ceux des autres hommes, mais qui auroit la tête d'un cheval ou de quelqu'autre animal.

La tête étant le fiege de l'entendement, & la plus noble partie de l'homme, en fait auffi le principal caractere : c'eft par conféquent à la tête à quoi l'on doit principalement s'arrêter pour décider un tel point.

Ainfi, au cas qu'un enfant vint au monde avec une tête de figure humaine & bien compofée, mais qui auroit des pieds de chevre, ou quelqu'autre membre mal agencé, & nullement conforme aux membres ordinaires des hommes, ne laifferoit pas pour cela d'être réputé homme, étant né felon l'ordre de la nature, & par conféquent il feroit capable de fuccéder.

Bardet, tom. 1. liv. 1. chap. 68. rapporte un Arrêt qui a jugé qu'un pofthume inftitué, né monftrueux avec un mufeau de finge & un pied fourchu, étoit capable de fuccéder à fon pere ; & a déclaré la fubftitution pupillaire ouverte au profit de la mere.

MONSTRÉE. Voyez Vûes & Monftrées.

MONT DE PIETÉ, eft en quelques lieux, comme en Italie, une bourfe & magafin public où l'on prête de l'argent & autres marchandifes néceffaires à ceux qui ont befoin, en donnant quelque nantiffement ; & cela fans intérêt, ou du moins à un intérêt modique.

Les conditions les plus ordinaires de ces fortes de bourfes font,

Iº. Que le Mont de piété ne ferve qu'aux perfonnes du lieu où il eft établi, & non pas aux étrangers.

IIº. Que le prêt ne fe faffe que pour un tems limité.

IIIº. que ceux qui empruntent, donnent des gages que l'on puiffe vendre après l'expiration du tems, pour la confervation du fonds.

IVº. Que ceux à qui l'on prête, donnent quelque chofe pour contribuer aux appointemens des Officiers néceffaires, au loyer du magafin, & autres frais inévitables.

On en avoit établi un en France par un Edit du mois de Février 1626. qui en donnoit la direction aux Commiffaires aux Saifies réelles, & qui permettoit de prêter de l'argent au denier feize fur nantiffement.

On croyoit que ce Mont de piété devoit apporter quelque forte d'utilité, & quelque foulagement à ceux qui fe trouveroient preffés d'argent ; mais comme l'effet s'eft par l'événement trouvé contraire à ce que l'on en attendoit, cet établiffement n'a pas fubfifté, & l'Edit qui l'établiffoit a été révoqué par l'article 19. d'une Déclaration du 24. Mars 1627. fur le même Edit, & par un Arrêt du Confeil d'Etat du dernier Juillet fuivant.

Voyez le Dictionnaire de M. Brillon, où plufieurs chofes curieufes, touchant l'origine de fes fortes de bourfes, font rapportées.

MORGUE, eft le fecond guichet où l'on tient quelque tems ceux qui entrent en prifon, afin que les Guichetiers les regardent fixement, & s'impriment fi bien l'idée de leur vifage dans leur imagination, qu'ils ne puiffent manquer de les reconnoître. Ceci eft tiré du Dictionnaire de Trevoux.

On appelle auffi la morgue à Paris un endroit de

la baffe géole du grand Châtelet ; où l'on expofe les cadavres de ceux que l'on a trouvés noyés dans la riviére, ou tués dans les rues.

MORT, fignifie trépas, décès, féparation de l'ame d'avec le corps, qui termine en l'homme cette vie humaine & paffagere, & met fin à tout ce qui le concerne.

On ne préfume jamais la mort d'une perfonne par l'abfence de plufieurs années ; c'eft pourquoi celui qui demande la fucceffion d'un homme abfent, fur le fondement qu'il eft décédé, eft tenu de prouver qu'il eft mort.

Ainfi un homme abfent eft toujours réputé vivant, jufqu'à ce qu'on juftifie le contraire : autrement il faut que l'abfence foit telle, que la vie d'un homme (qui peut durer cent ans) foit cenfé mort.

Cependant on peut au bout de dix ans d'abfence procéder au partage provifionnel des biens d'un abfent, en baillant caution : & s'il ne revient point dans l'efpace de trente ans, à compter du jour de fon abfence, on procédera à un partage définitif de fes biens. Voyez ci-après lett. P, ce que j'ai dit en parlant du partage des biens d'un abfent.

Il nous refte à remarquer ici, Iº. Qu'en matiere de conventions & conditions de ftipulations, le cas de mort ne s'entend que de la mort naturelle, & non pas de la mort civile.

IIº. Que quoique les déclarations faites au lit de la mort femblent mériter quelque confidération, n'étant pas à préfumer qu'un homme prêt à paroître devant Dieu pour en être jugé, foit capable de ne pas dire la vérité ; néanmoins ces Déclarations ne font pas décifives. Nous en avons une preuve certaine dans Soefve, tome 2. cent. 4. chapitre 1.

MORT CIVILE, eft celle qui rend un homme mort au monde incapable de tous effets civils, comme de fuccéder, de difpofer de fes biens par teftament, &c. En un mot, celui qui eft mort civilement, eft entiérement retranché de la fociété civile, & ne peut plus y contracter aucun commerce, ni participer à aucuns droits des citoyens ; c'eft auffi pour cette raifon que l'on appelle cet état une mort civile qui prive de la vie civile, comme la mort prive de la vie naturelle.

A l'égard des mariages, voici les effets que produit la mort civile. Celui qui feroit contracté par un homme mort civilement, feroit bon quant au Sacrement, mais il feroit nul quant aux effets civils. Ainfi, fuivant les Loix de l'Eglife, la mort civile n'empêche pas l'union des perfonnes dans la communication du Sacrement ; mais felon les Loix de l'Etat, elle empêche les effets civils du mariage, foit en la perfonne des conjoints, foit en celle des enfans qui en font iffus ; car la perfonne condamnée aux galeres à perpétuité, ou à un banniffement perpétuel, étant retranchée de la fociété civile, ne peut plus y contracter aucun commerce, ni participer à aucun de fes droits, comme nous l'avons déjà dit.

Elle arrive par une condamnation capitale, par le banniffement perpétuel hors du Royaume ;

ou par la condamnation aux galeres à perpétuité. *Voyez* Banniſſement.

Cela n'a pas moins lieu pour les condamnations par contumace lorſque les condamnés à telles peines decedent après les cinq années ſans s'être repreſentés ou avoir été conſtitués priſonniers ; ils ſont réputés mort civilement du jour de l'exécution de la Sentence de contumace ; de ſorte qu'ils deviennent incapable de ſuccéder , & de faire aucun acte de citoyen.

La profeſſion religieuſe eſt une eſpece de mort civile, comme nous avons dit *verbo* Religieux.

Ainſi elle ôte le pouvoir d'hériter , de ſuccéder, de contracter , & de faire en particulier des acquiſitions de biens terreſtres. Mais cette mort civile, que procure la profeſſion religieuſe , eſt chrétienne & glorieuſe ; à la différence de la mort civile infamante , dont nous venons de parler.

A l'égard de la priſon perpétuelle, elle n'emporte point la mort civile , lorſque cette condamnation ſe fait *cuſtodiæ cauſa, non vero in pœnam delicti*, comme nous avons dit *verbo* Priſon.

La captivité n'eſt point parmi nous une mort civile. Celui qui eſt pris par les infidéles , eſt conſidéré comme un abſent ; comme nous avons dit *verbo* Captivité.

Enfin les infames ne perdent pas entiérement la vie civile , mais ſeulement l'honneur, qui en fait partie ; ainſi les infames peuvent hériter & faire teſtament, comme nous avons dit *verbo* infames.

La mort civile produit ſouvent les mêmes effets que la mort naturelle ; ainſi quand un homme eſt mort civilement , ſa ſucceſſion ſe partage entre ſes préſomptifs héritiers , de même que s'il étoit mort de mort naturelle , parce que la mort civile fait qu'on ne préſume pas un homme vivant.

Mais quoiqu'un homme mort civilement ſoit entiérement , & pour tous effets, réputé mort ſuivant le ſentiment de M. Cujas ſur la Loi 121. *ff. de verb. oblig.* & des autres Docteurs ; néanmoins la mort civile ne produit pas toujours les mêmes effets que la mort naturelle , principalement dans les cas où la Loi ne parle ſimplement que de la mort ; car ce terme ne ſe doit entendre alors que de la mort naturelle , non pas de la civile. *Leg. ſed ſi neces , ff. de donat. int. vir. & uxor. leg. cum pater , §. 4. ff. de legat. 2. gloſſâ ad cap. ſuſcepta de reſcrip. in 6.*

Ainſi , quand nos Coutumes diſent que par la mort d'un mari, douaire a lieu, cela ne s'entend que de la mort naturelle , & non pas de la civile. d'Argentré , ſur l'art. 433. de la Coutume de Bretagne.

Dans les contrats , quand il eſt parlé de la mort, on n'entend point que ce ſoit de la mort civile , mais ſeulement de la mort naturelle. Suivant ce principe (qui eſt certain) celui qui auroit promis de payer une ſomme au tems de ſa mort , s'il étoit banni à perpétuité du Royaume , la ſomme ne ſeroit pas dûe pour cela , ni exigible avant la mort naturelle du débiteur. *Cujacius , ad leg. 122. ff. de verbor. obligat.*

Pareillement , en matiere de ſubſtitution , la mort civile ne produit pas toujours le même effet

que la mort naturelle , & ne donne pas ouverture à la ſubſtitution, ſuivant la Loi 48. *ff. de jure fiſci. Voyez* le Recueil alphabétique de M. Bretonnier , *verbo* Subſtitution.

MORT CIVILE , ne ceſſe point par la preſcription du crime pour raiſon duquel l'accuſé a été condamné par contumace. Les effets civils que cette condamnation avoit éteint , ne pouvant plus renaître , le condamné ne peut rentrer dans la vie civile, quoique le Jugement rendu contre lui ne puiſſe être mis à exécution , ſon crime étant preſcrit. Ainſi , un homme qui a preſcrit contre la peine de mort par trente ans , reſte pendant tout le reſte de ſa vie dant l'état de mort civile, à moins qu'il n'ait été juſtifié , ou qu'il n'ait obtenu des Lettres du Prince, pour être remis dans ſon premier état.

Quand il ne s'agit que d'une ſimple pourſuite criminelle, l'extinction qui s'en fait par la preſcription de vingt ans , laiſſe l'accuſé au même état qu'il étoit avant qu'il eût commis le crime : mais lorſqu'il eſt intervenu un Jugement définitif exécuté par effigie , il faut alors trente ans pour preſcrire ; & cette preſcription n'éteint le Jugement que par rapport à la peine du delit, & non pas à l'égard de la mort civile.

Suivant l'article 29. du titre 17. de l'Ordonnance de 1670. le condamné par contumace étant réputé mort civilement du jour de l'exécution du Jugement , lorſqu'il ne s'eſt point repréſenté dans les cinq ans de la contumace, ne peut après ce temps ſe préſenter pour ſe purger ſans avoir des Lettres du Prince.

M. Catalan , tom. 1. liv. 2. chap. 68. après avoir dit que l'abſolution du condamné à mort a un effet retroactif pour les ſucceſſions échues pendant la contumace , dit qu'il n'en eſt pas de même de la preſcription de trente ans ; parce que ce n'eſt qu'une exception que le tems donne au condamné, pour le mettre à couvert de toutes pourſuites , & non pas une innocence juſtifiée ; c'eſt un payement de la peine dûe au crime que le condamné peut bien preſcrire ; mais il ne peut au moyen de cette preſcription recouvrer le droit de cité.

Le Brun , dans ſon Traité des Succeſſions, liv. 1. chap. 1. ſect. 3. diſtinct. 3. nomb. 11. Baſnage, ſur l'art. 205. de la Coutume de Normandie ; Domat, part. 2. tit. 1. ſect. 2. art. 36. ſont de même avis.

C'eſt auſſi ce qui a été jugé par Arrêt du 7. Septembre 1737. rapporté à la fin du quinzieme tome des Cauſes célebres, où le Lecteur trouvera tout ce qui ſe peut dire de part & d'autre ſur cette queſtion.

MORT CIVILE DE L'HOMME VIVANT ET MOU-RANT , baillé par Gens de main-morte ne donne point ouverture au fief; comme il a été jugé par Arrêt du 6. Février 16.. rapporté dans le Journal des Audiences.C'eſt auſſi le ſentiment de M.Charles Dumoulin, ſur l'art. 51. de la Coutume de Paris, gloſ. 2. nomb. 81.

LE MORT SAISIT LE VIF. Cette regle , qui eſt de notre Droit coutumier , ſignifie que l'héritier dès l'inſtant de la mort du défunt eſt fait Seigneur

& propriétaire de tous ses biens ; & même possesseur d'iceux , tant meubles qu'immeubles , sans aucune appréhension de fait ; en sorte qu'en pays coutumier tout légataire est obligé de demander à l'héritier du sang la délivrance de son legs , quand bien même il se trouveroit saisi de la chose à lui léguée.

Cette regle , aussi bien que le retrait lignager , établi dans nos Coutumes , & la prohibition de tester au-delà du quint des propres, sont des preuves convaincantes qu'on a eu dessein dans les pays coutumiers, de conserver les biens dans les familles : au lieu qu'en pays de Droit écrit on suit le Droit Romain , suivant lequel la disposition de l'homme qui fait son testament, l'emporte sur les droits du sang & de la parenté.

Cette regle favorise beaucoup les héritiers du sang , puisqu'ils sont censé possesseurs des biens du défunt sans appréhension de fait, & qu'ils peuvent *rectà* intenter complainte à l'égard des biens de la succession, de la même maniere que le pourroit faire le defunt , s'il vivoit.

Cette regle s'est introduite dans toute la France coutumiere , contre la disposition du Droit commun , suivant laquelle l'héritier n'est point saisi de la possession des choses héréditaires sans appréhension d'icelles. *Aditâ hæreditate omnia quidem jura transeunt ad hæredem : possessio tamen nisi naturaliter comprehensa ad eum non pertinet. Leg. cum hæredes* 23. *ff. de acquir. vel amitt. possess. idque latè tractat. Tiraquellus , in lib.* le mort saisi le vif. *Et sic quamvis jure civili hæres succederet in omne jus defuncti , & non tantum rerum singularum dominium , sed etiam omnes actiones in hæredem transferunt. Leg.* 37. *de acquir. vel amitt. hæredit. leg.* 24. *ff. de verb. signif. tamen possessio defuncti non transibat in hæredem , quemadmodum transit per nostras Consuetudines.*

Quoique cette regle ait été faite pour favoriser les héritiers présomptifs , elle n'en est pas moins mal conçue ; car il n'est point vrai, comme l'a fort bien remarqué un Auteur moderne très-versé dans la connoissance de l'ancien Droit François , que parmi nous , & selon notre usage , ce soit le mort qui saisisse le vif ; mais c'est la Loi *non mortuus investit vivum , sed lex.*

Cela est si vrai, que le défunt ne peut empêcher par aucune disposition que son héritier ne soit saisi de ses biens à l'instant de sa mort , par la disposition de la Loi.

Ainsi cette regle n'a lieu qu'en faveur de héritiers légitimes & *ab intestat* , & non pas pour les héritiers institués par testament, lesquels ne sont regardés en pays coutumier que comme des légataires universels , & qui sont tenus de demander à l'héritier du sang la délivrance de leur legs ; comme nous l'avons dit en parlant du legs universel.

Cette regle est admise dans toute la France coutumiere, tant pour les héritiers en ligne collaterale , que pour les heritiers en ligne directe, à l'exception de la Coutume de Bretagne , qui n'admet cette regle qu'en ligne directe , & qui veut qu'en ligne collaterale la Justice soit saisie de la succession , & que l'héritier présomptif la prenne par sa main.

Comme cette regle s'est introduite en faveur des héritiers du sang , elle ne fait pas l'héritier présomptif héritier nécessaire, ne l'oblige pas d'accepter la succession du défunt ; elle ne sait que la désigner pour succéder en son lieu & place , & n'a son plein & entier effet qu'au cas qu'il accepte la succession : ainsi il lui est libre de la répudier , s'il le juge à propos , pourvû toutefois qu'il ne soit point mis en possession des biens du défunt , & qu'il n'ait point fait acte d'héritier.

La raison est , que l'hérédité ne transfere que le droit & non pas la possession, qui est de fait : c'est pourquoi, pour rendre héritier celui qui est habile à succéder , il faut le concours de sa volonté , avec la disposition de la Loi ; autrement ce que la Loi auroit introduit en faveur des plus proches parens tourneroit souvent à leur préjudice.

C'est aussi pour cela que l'Ordonnance de 1667. accorde à l'héritier présomptif un délai pour délibérer s'il se portera l'héritier, ou s'il renoncera à la succession de celui dont il est présomptif héritier.

Cette regle , *le mort saisit le vif* , ne saisit donc pas , de maniere qu'il ne faille encore quelque formalité pour se dire maître & propriétaire des biens qui ont appartenu au défunt. La seule qualité de plus proche le rend pas héritier , parce qu'en France il n'y a point d'héritiers nécessaires, comme il y en avoit chez les Romains.

Pour être héritier de quelqu'un dans ce Royaume , il faut donc le vouloir ; le degré ne donne qu'une espérance à la succession ; la volonté seule y donne le droit ; encore faut-il que cette volonté soit certaine , déterminée & constatée par quelqu'acte qui ait été fait *animo hæredis.*

Cette regle *le mort saisit le vif*, contient encore ces mots , *son hoir plus proche & habile à lui succéder.* Ces derniers termes nous marquent que c'est l'hoir le plus proche qui est désigné par la Loi héritier du défunt.

Mais on peut objecter que cela ne paroît pas absolument vrai dans le cas où la représentation fait concourir un héritier plus éloigné en degré , avec un héritier plus proche du défunt.

On répond à cette objection , que dans le cas de la représentation, celui qui est plus éloigné en degré , par rapport à celui avec lequel il concourt , est du moins le plus proche du défunt , *ex suo latere* ; d'ailleurs qu'il est reputé être au lieu & place de celui qu'il représente.

Voyez , touchant cette regle , ce que j'ai dit sur l'article 318. de la coutume de Paris.

MORT DU CRIMINEL E'TEINT TOUTES SORTES DE CRIMES. Les actions civiles qui naissent des délits & des crimes ; soit qu'elles soient pénales, soit qu'elles ne poursuivent que l'intérêt des Particuliers , finissent par la mort du criminel , & ne passent pas à ses héritiers , s'il est décédé avant la contestation , si ce n'est qu'ils aient profité & qu'ils se soient enrichis du délit du défunt.

Mais pour ce qui regarde les poursuites criminelles , elles sont toujours éteintes par la mort du criminel ,

criminel , s'il eſt décédé avant ſa condamnation ; & même quoiqu'il ait été condamné , ſi étant porté appellant , il meurt pendant l'appel ; en ſorte que non-ſeulement on ne peut point condamner la mémoire du défunt pour le crime dont il eſt accuſé , mais encore ſon héritier eſt en droit de jouir de ſes biens , ſans être tenu ni de la peine corporelle qu'eût ſouffert le défunt , ni d'aucuns dommages & intérêts de la Partie. La raiſon eſt , que la peine corporelle ne peut être que perſonnelle ; & à l'égard de la perte des biens , cette peine ne paſſe pas aux héritiers , ſi le criminel n'a été condamné avant la mort.

Il faut néanmoins excepter certains crimes , pour leſquels on peut faire le procès au cadavre ou à la mémoire d'un défunt ; ſçavoir , pour crime de leze-Majeſté divine ou humaine , duel , homicide de ſoi-même , & rébellion à Juſtice avec force ouverte , dans la rencontre de laquelle le défunt a été tué.

Voyez le titre 232. de l'ordonnance de 1679. art. 1. *Voyez* Pourſuite criminelle.

MORT-BOIS , eſt du bois de peu de valeur , comme nous avons dit *verbo* Bois mort.

MORT-GAGE. *Voyez* Gage.

MORTAILLABLES , ſont en quelques Coutumes , comme en celles de Bourgogne & de Nivernois , ceux qui ont pris à rente des terres & héritages des Seigneurs pour les cultiver , ſous certaines rétributions annuelles , & ſous certains droits & devoirs.

Ils ſont tellement *glebæ addicti* , qu'ils ne peuvent point abandonner l'héritage ſans le conſentement de celui de qui ils l'ont reçu , ſemblables en cela à ceux qui ſont appellés *aſcriptitii* par le droit Romain.

Ces hommes en pluſieurs lieux ſont taillables envers leur Seigneur , pendant leur vie , de taille abonnée , ou à plaiſir & volonté ; & même à leur décès ils ſont en quelques Coutumes taillables , quand ils décedent ſans enfans nés en légitime mariage & de leur condition.

M. Gouſſet , ſur l'article 1. de la Coutume de Chaumont en Baſſigni , dit que ces ſortes d'eſclaves & mortaillables ne transferent leurs ſucceſſions qu'aux enfans procréés de leurs corps ; & qu'au défaut d'enfans , le Seigneur Haut-Juſticier prend tous leurs biens , & exclut tous les autres proches parens. Et telle eſt la diſpoſition de l'article 78. de la coutume de Chaumont.

Ils ſont donc appellés mortaillables , parce qu'ils dépendent & ſont tellement aſſujettis à leur Seigneur juſqu'à la mort , qu'ils ne peuvent s'affranchir envers lui de ce qu'ils lui doivent en quittant ſa Terre , & qu'ils n'ont plus la liberté de diſpoſer de leurs biens par teſtament , ou autre diſpoſition de dernière volonté , à ſon préjudice. *Voyez* Chaſſanée , ſur la Coutume de Bourgogne. *Voyez* auſſi ce que j'ai dit ici , *verbo* Serfs.

Comme à l'inſtant de leurs décès leurs biens appartiennent à leur Seigneur , ſi un mortaillable ou de main-morte commet quelque crime qui mérite la mort , ou quelqu'autre crime qui emporte confiſcation de bien , le Seigneur envers lequel les

héritages ſont main-mortables aura la confiſcation à l'excluſion de tous autres Seigneurs , & même du Roi , ſi ce n'eſt pour crime de léze-Majeſté.

Il eſt traité de la condition de main-morte & des mortaillables , tant pour le regard des héritages que des perſonnes , en la Coutume d'Auvergne , chap. 127. & de la Marche , chap. 17.

MORTAILLE , eſt le droit qu'a le Seigneur en quelques Coutumes , de ſuccéder à ſon ſerf décédé ſans parens communs. *Voyez* M. de la Thaumaſſiere , ſur les anciennes Coutumes de Berry. *Voyez* ci-après Taille abonnée.

MORTIER , eſt une marque de dignité que portent les Préſidens du Parlement. Ils le portoient autrefois ſur la tête , & ils le ſont encore aux grandes cérémonies , comme à l'entrée du Roi. A l'ordinaire ils le portent à la main.

Le mortier eſt la marque de la Juſtice ſouveraine : c'eſt pour cela que le Chancelier & les Préſidens du Parlement le portent.

Celui du Chancelier eſt de toile d'or bordé & rebraſſé d'hermines. Celui du premier Préſident eſt de velours noir , bordé de deux galons d'or ; celui des Préſidens au mortier n'a qu'un ſeul galon.

MOTTE FERME , eſt le terrein que la riviere n'a pas couvert.

La Coutume de Bourbonnois , dans les articles 340. & 341. porte que la croiſſance que la riviere donne , eſt le vrai domaine du Seigneur Haut-Juſticier ; & ajoute en l'article 342. que motte ferme eſt conſervatrice au Seigneur propriétaire & très-foncier , en telle maniere que ſi la riviere noye ou innonde une partie de l'héritage d'aucun Seigneur , la partie qui demeure en terre ferme & non inondée , conſerve droit au propriétaire en ſa partie inondée ; tellement que ſi la riviere par trait de tems laiſſe ladite partie inondée , le Seigneur propriétaire la reprendra , & ne ſera en ce cas au Seigneur Haut-Juſticier.

Loyſel , livre 2. titre 9. article 2. en a fait une regle en ces termes : *La riviere ôte & donne au Seigneur Haut-Juſticier ; mais motte ferme demeure au propriétaire très-foncier.*

Salvaing au chapitre 50. de ſon Traité des fiefs de Dauphiné , a adopté cette exception.

Cependant par Arrêt du Conſeil d'Etat du 10. Février 1728. rapporté dans le quatrieme tome de la ſuite du Recueil des Edits & Réglemens concernant le Domaine du Roi , il a été jugé que lorſqu'un terrein a été inondé , & qu'il a fait partie d'une riviere navigable pendant plus de dix ans , il appartient à Sa Majeſté , ſans que ceux qui prétendent en avoir été propriétaires avant l'inondation , puiſſent alléguer que la motte ferme qui n'a pas été inondée leur a conſervé la propriété de ce qui a été inondé pendant plus de dix ans.

La raiſon eſt , que les droits qu'a le Roi ſur les rivieres navigables , & ſur la propriété de leur ancien lit , ſont réglés par des maximes & des Loix auxquelles il ne peut être dérogé par aucune Coutume.

Ainſi la diſpoſition de la Coutume de Bourbonnois , qui eſt ſinguliere dans ſon eſpece , ne peut être oppoſée au Roi pour lui ôter la propriété des

rivieres navigables, & les Ifles, iflots, accroiffe-
mens & atteriffemens qu'elles renferment.

L'Édit du mois d'Avril 1683. porte, que *les rivieres navigables, les ifles, iflots, cremens & atteriffemens qui s'y forment, appartiennent à Sa Majefté.*
Elle ne contient aucune exception à la motte ferme, & elle déroge à toutes Loix & Coutumes contraires ; & par conféquent à la Coutume de Bourbonnois, & à tout ce qui peut être allégué contre
les droits de Sa Majefté. Ainfi l'autorité de Loyfel,
ni celle de Salvaing, ne peuvent pas faire perdre
au Roi des droits qui font acquis irrévocablement
à fon Domaine.

MOULIN, eft une forte machine qui fait tourner
des meules, à l'effet de moudre du bled & autres
grains pour en faire de la farine. Il y en a de plufieurs fortes.

Quelques-uns fe tournent à la main appellés
molæ manuariæ en la loi 26. §. 1. *ff. de inftructo vel
inftrumento legato*, lefquels font meubles, parce
qu'ils ne tiennent ni à fer ni à clou, & qu'ils fe
peuvent transporter d'un lieu à un autre fans fraction ni détérioration.

Il y en a d'autres qui font à eau pofés fur ba-
teaux, lefquels font pareillement meubles, parce
qu'ils fe peuvent aifément transporter, n'étant
point attachés au fonds. Cependant quand ils produifent un revenu annuel & perpétuel, ils fe décretent comme immeubles ; mais cette fiction, qui les
fait en cela regarder comme des immeubles, pour
en empêcher la mouvance, n'a lieu que pour cet
effet feulement ; & pour tous les autres effets, ils
font toujours regardés comme meubles dans les
communautés & fucceffions : en quoi ils different
des Offices, qui font réputés immeubles dans les
fucceffions & dans les communautés.

La Coutume de Tours, en l'article 121. met
une exception à cette regle le moulin bannal,
lequel quoiqu'il foit bâti fur un bâteau, eft réputé
immeuble. *Idem* du moulin avec attache, pour y
demeurer perpétuellement.

Il y a enfin d'autres moulins à vent ou à eau,
qui font édifiés, lefquels font immeubles, parce
qu'ils font bâtis fur terre, & inhérens aux fonds
en leurs fondemens, foit fur rivieres ou ruiffeaux,
quoiqu'ils ne foient foutenus que fur des pillers.

Le droit de bâtir un moulin eft un droit féodal,
qui ne peut par conféquent appartenir qu'au Seigneur du fief dans l'étendue duquel il eft bâti.

Les particuliers ne peuvent donc pas de leur autorité faire conftruire des moulins fur les rivieres
& les ruiffeaux, ni pareillement en tirer de l'eau
pour faire moudre leurs moulins fans la permiffion
du Seigneur Haut-Jufticier, qui peut accorder le
droit d'en conftruire fur les ruiffeaux & les petites
rivieres qui paffent dans leurs Terres au préjudice
des propriétaires des moulins voifins. Brodeau, fur
l'article 71. de la Coutume de Paris.

Mais M.¹ le Préfident Faure, *tit. cod. de fervitutib. & aquâ, def.* 5. diftingue entre les différens
genres de préjudice que peut caufer le moulin nouvellement bâti, & foutient que s'il ne confifte que
dans la diminution du revenu de l'ancien moulin,

cet intérêt n'eft pas affez confidérable pour empêcher la conftruction d'un nouveau moulin, parce
qu'il eft permis à un chacun de faire de fon fonds
ce que bon lui femble, pourvû qu'il le faffe pour
fon utilité, & non dans la vûe de nuire à fon voifin : *cum quifque poffit conditionem fuam meliorem
facere, etiam cum alterius detrimento, dummodo ci-
tra injuriam.* Mais fi le nouveau moulin fait regor-
ger l'eau que l'ancien ne puiffe plus moudre, en ce cas le propriétaire de l'ancien moulin
peut empêcher la conftruction du nouveau.

Enfin, le Seigneur Haut-Jufticier peut accorder
à qui bon lui femble le droit de prendre de l'eau
dans les ruiffeaux ou petites rivieres qui paffent par
leurs terres ; & ceux à qui ce droit aura été par lui
accordé, pourront empêcher les autres d'en
prendre.

Voyez Henrys, tom. 1. liv. 3. chap. 3. queft. 34.
Voyez auffi le Dictionnaire de M. Brillon, & les
autres qu'il cite.

MOULIN BANNAL, eft celui ou ceux qui font
demeurans dans l'étendue d'une Seigneurie, font
obligés de venir moudre leur bled, en payant au
Seigneur un certain droit. *Priftinum eft non liberæ
facultatis, fed qui annexum eft jus fervitutis, ratione huius loci incolæ tenentur ibi molituram facere,
aliquam dando pecuniæ fummam Domino.*

Un Seigneur ne peut prétendre avoir droit de
bannalité, fans en juftifier par un titre valable,
parce que c'eft une efpece de fervitude.

Ce droit paroît avoir été dans les premiers tems
une ufurpation des grands Seigneurs, qui ont contraint leurs vaffaux à venir moudre leurs bleds à
leurs moulins.

Ce droit produit au Seigneur un profit qu'on appelle droit de moute.

Voyez ci-deffus Bannal & Bannalité.

MOUTE. Droit de moute, moutage & moula-
ge, eft un droit qui appartient au Seigneur d'un
moulin bannal, & dont il apperçoit le profit par fon
meunier, lequel prend une certaine quantité de
bled, ou autre grain, fur celui qu'on fait moudre
dans ce moulin. Ce droit eft différend dans toutes
les Coutumes qui l'admettent.

En Normandie on diftingue la moute féche
qui eft le droit ci-deffus, & la moute verte, qui eft
un droit dû au Seigneur par le vaffal bannier, qui
laboure de terres dans le territoire de la bannalité,
& qui enleve les grains ailleurs fans les engranger
fur le fief : c'eft la feizieme gerbe, ou le feizieme
boiffeau.

Il y a encore le droit qu'ont des familles de franche moute, ou de cuire franc.

Voyez le Dictionnaire de M. Brillon.

MOUTONAGE, eft le droit Seigneurial qui fe
prend fur ceux qui vendent & achetent bétail ou
autre marchandife, fur le fief d'un Seigneur. *Voyez*
le Gloffaire du Droit François, *verbo* Moutonage ;
le Gloffaire de Ducange, fous le mot de *Mutana-
gium*, Moutanagium ; & le Traité de la Police, tom.
2. liv. 5. tit. 17. chap. 17. §. 6.

MOUVANCE FÉODALE, fignifie la fupériorité
d'un fief dominant à l'égard d'un autre qui en releve,

& la dépendance d'un fief fervant à l'égard du fief dominant dont il releve, comme ès articles 20. 28. 43. 45. 50. 54. 56. 60. 63. 65. & autres de la Coutume de Paris.

Ainfi un fief eft dit tenu & mouvant d'un autre fief, lorfqu'il lui doit la foi & hommage, & autres devoirs. *Voyez* Fief dominant.

MOUVANT, fe dit d'un fief confidéré à l'égard du fief fupérieur dont il releve; car ce terme *mouvant* fignifie la relation de dépendance.

MOUVOIR, fignifie commencer un procès; comme quand on dit, les Parties ont tranfigé fur les procès mus & à mouvoir fur ce fujet.

MOYEN, fignifie ce qui eft au milieu entredeux; comme quand on dit, l'appel d'une telle Juftice reffortit au Parlement nuement & fans moyen, c'eft-à-dire, directement, fans qu'il y ait d'autre Juftice entre deux où il faille fe pourvoir.

MOYEN JUSTICIER. *Voyez* Juftice.

MOYENS, font les raifons & fondemens fur lefquels on établit ce qu'on avance; ainfi moyens de faux, font les raifons qui font alléguées par celui qui maintient faux un acte, piece ou titre dont quelqu'un fe veut fervir contre lui.

MOYENS DE SE FAIRE PAYER DE CE QUI NOUS EST DU. Quand un débiteur ne paye pas de bon gré ce qu'il doit, le créancier a quatre différens moyens pour l'y contraindre.

Le premier & le plus doux, eft de faire faifie & arrêt entre les mains de ceux qui lui doivent. *Voyez* Saifie & arrêt.

Le fecond eft de faire faifir fes meubles, & de les faire vendre à l'encan. *Voyez* Saifie de meubles.

Le troifieme eft de faire faifir réellement fes immeubles, & de les faire vendre par décret. *Voyez* Saifie réelle.

La quatrieme, qui n'eft aujourd'hui permis que pour certaines dettes, eft de faire emprifonner le débiteur, & le détenir en prifon jufqu'à ce qu'il fe foit acquitté. *Voyez* Contrainte par corps.

MOYENS DE NULLITÉ, font les écritures qu'on fournit dans les procès criminels, dans les procès où l'on débat une faifie réelle, & où l'on contefte fur une confection d'enquête, pour prouver la nullité de fes actes. Par exemple, c'eft un bon moyen de nullité, de dire qu'un témoin a dépofé fans avoir prêté ferment, ou qu'une faifie réelle de terres roturieres, ne contient pas les tenans & aboutiffans.

MOYENS DE NULLITÉ EN FAIT DE MARIAGE, font des moyens d'abus qui donnent lieu à faire déclarer un mariage nul. Il y en a de deux fortes; fçavoir, les moyens d'abus qui font abfolus, & les moyens d'abus qui ne font que refpectifs.

Les moyens d'abus qui forment une nullité abfolue, font ceux qui rendent le mariage nul dans fon principe, comme le défaut du propre Curé. Tous ceux qui ont intérêt à faire caffer le mariage, peuvent faire valoir cette nullité, ne fuffent-ils que des parens collatéraux.

Cependant il faut en cela faire une diftinction de tems. Lorfque les Parties qui ont contracté mariage, font toutes les deux vivantes, les colla-

téraux ne font point recevables dans l'appel comme d'abus; ils ne peuvent troubler *bene concordans matrimonium*; ils n'ont encore aucun intérêt.

Mais quand l'une des deux Parties eft décédée, les collatéraux font recevables dans l'appel comme d'abus, parce que leur intérêt commence à être ouvert, fçavoir s'ils viendront à la fucceffion, ou s'ils n'y viendront pas; ce qui dépend de la validité du mariage: ainfi *per confequentias* ils font recevables dans leur appel comme d'abus.

Les moyens d'abus refpectifs, font ceux qui ne forment point une nullité abfolue, mais feulement une nullité refpective par rapport à quelques perfonnes particulieres, comme le défaut du confentement des peres & meres.

Ces moyens d'abus étant perfonnels, lorfque les peres & meres ne s'en font pas fervi pour attaquer le mariage, dans la célébration duquel le refpect qui lui étoit dû a été violé, les collatéraux fur ces conjoints ne font pas capables pour les propofer.

MOYENS DE FAUX, font ceux que celui qui s'eft infcrit en faux contre un écrit, eft obligé de mettre au Greffe dans trois jours au plus tard, & dont le Greffier ne doit donner copie ni communication au défendeur, fuivant l'article 11. du titre 9. de l'Ordonnance de 1670.

Si ces moyens font trouvés pertinens ou admiffibles, la preuve en fera ordonnée par titres, par témoins, & par comparaifon d'écritures & fignatures par Experts, qui feront nommés d'office par le même Jugement, fauf à les recufer, fuivant l'article 13. du même titre.

Voyez Infcription de faux.

MU

MUET. Un fourd & muet de naiffance peut valablement contracter mariage, *cap. 23. extra de fponfalibus & matrimoniis.* La raifon eft, que le mariage peut être contracté par tous ceux qui n'en font point empêchés.

Or cette infirmité n'eft pas mife au nombre des empêchemens de mariage, & un fourd & muet peut déclarer par fignes ce qu'il ne peut déclarer par paroles. *Voyez* Bafnage fur l'article 235. de la Coutume de Normandie; & Soefve, tome 2. cent. 1. chap. 82.

Comme il n'eft pas jufte de condamner un accufé fans l'entendre, à moins que ce ne foit par par contumace, auquel cas il eft réputé confeffer le crime dont il eft accufé, fi l'accufé eft muet ou fourd, en forte qu'il ne puiffe en aucune maniere entendre; le Juge lui doit nommer d'office un curateur qui fçache bien écrire, pour répondre pour lui, fuivant l'article 1. du titre 18. de l'Ordonnance de 1670.

Ce Curateur doit d'abord faire ferment de bien & fidélement défendre l'accufé, dont il doit être fait mention, à peine de nullité, ainfi qu'il eft porté en l'article 2. du même titre.

L'interrogatoire du muet ou fourd, & la confrontation des témoins, fe font de la même maniere qu'aux autres accufés, excepté qu'il doit être

E e ij

être fait mention de l'affiftance de fon curateur, fuivant l'article 6.

Si le muet ou fourd fait écrire, il peut écrire & figner toutes fes réponfes, dires & reproches contre les témoins, lefquels doivent être auffi fignés par le curateur fuivant l'article 4. du même titre 18. de l'Ordonnance de 1670.

Mais fi le fourd ou muet ne veut, ou ne fçait écrire ni figner, pour lors le Curateur doit répondre en fa préfence, fournir les reproches qu'il peut avoir contre les témoins, & faire généralement tous les actes que feroient l'accufé ; & les mêmes formalités doivent être obfervées, à la réferve que le curateur doit être débout & tête nue en préfence des Juges lors du dernier interrogatoire, quelque conclufion ou fentence qu'il y ait contre l'accufé, fuivant l'article 5.

Si l'accufé eft fourd ou muet, ou enfemble fourd & muet, tous les actes de la procédure doivent faire mention de l'affiftance de fon curateur, à peine de nullité ; & des dépens, dommages & Intérêts des Parties contre les Juges : le difpofitif néanmoins du Jugement définitif ne doit faire mention que de l'accufé.

MUET VOLONTAIRE, eft celui qui étant accufé, refufe de répondre aux interrogatoires qui lui font faits, quoiqu'il ne foit pas muet, & qu'il puiffe y répondre.

Il n'eft pas befoin de lui créer un curateur ; mais le Juge doit lui faire trois interpellations de répondre, à chacune defquelles il lui déclarera, qu'autrement fon procès lui fera fait comme à un muet volontaire, & qu'après il ne fera plus reçu à répondre fur ce qui aura été fait en fa préfence pendant fon refus de répondre ; ainfi qu'il eft dit en l'article 8. du titre 18. de l'Ordonnance de 1670. qui porte auffi que le Juge pourra, s'il le trouve à propos, donner un délai pour répondre, qui ne pourra être plus long de vingt-quatre heures.

Si l'accufé perfifte en fon refus, le Juge continuera l'inftruction de fon procès, fans qu'il foit befoin de l'ordonner ; & fera fait mention en chacun article des interrogatoires & autres procédures faites en la préfence de l'accufé, qu'il n'a pas voulu répondre à peine de nullité des actes ou mention n'en aura été faite, & des dépens dommages & intérêts de la partie contre le Juge ; comme il eft dit en l'article 9. du tit. 18. de l'Ordonnance 1670.

Suivant cet article, le Juge doit faire mention à chaque interrogatoire que l'accufé n'a voulu répondre : Par exemple fi le Juge dans fon procès verbal dit, *l'avons interpellé de répondre, & lui avons déclaré qu'autrement fon procès lui fera fait parmi nous, comme à un muet volontaire, & qu'après il ne fera plus reçu fur ce qui aura été fait en fa préfence pendant fon refus de répondre ;* enfuite il dit, *à quoi il n'a voulu répondre. Interpellé pour la feconde fois de répondre, &c. à quoi il n'a voulu répondre :* ainfi des autres.

Si l'accufé refufe de répondre, eft-il réputé criminel pour cela ? il faut dire que non ; mais s'il y a preuve, l'accufé par fon filence eft réputé contumace, & en ce cas fonfilence lui tientlieu de con-

feffion ; de forte qu'il peut être condamné fuivant que le crime dont il eft accufé le mérite, après que le récollement & la confrontation des témoins lui aura été faite.

Si dans la fuite de la procédure l'accufé veut répondre, *quid juris* ? Dans ce cas ce qui fera fait jufqu'à fes reproches contre les témoins fubfiftera, & il ne fera plus reçu à fournir de reproches contre les témoins qui lui auront été confrontés, fi les reproches ne font juftifiés par piece, comme il eft porté en l'article 10. du titre 18. de l'Ordonnance de 1670. *Voyez* les articles 19. & 20. du titre 15. & l'article 22. du titre 17. de la même Ordonnance, où il eft parlé des reproches par écrit qui font reçus en tout tems.

Enfin *quid juris* ? fi l'accufé qui a commencé à répondre ceffe de vouloir le faire ? En ce cas la procédure fera continuée, comme il eft dit en l'article 11. du titre 18. de l'Ordonnance de 1670.

MUNICIPAL, fe dit d'un droit qui s'obferve dans une Ville ou Province du Royaume, & qui n'eft point reçu dans les autres lieux, quoique voifins. Par exemple, le droit de mi-lots eft admis dans quelques Provinces de ce Royaume, & entièrement inconnu ailleurs ; la garde bourgeoife, qui eft accordée aux feuls Bourgeois de la ville de Paris, n'a pas lieu à l'égard des Bourgeois des autres Villes qui font du reffort de la Coutume de Paris.

On appelle Officiers municipaux ceux qui font prépofés pour maintenir les droits & privileges des Villes. *Voyez* ce que j'en ai dit lettre O.

MUR MITOYEN, eft un mur féparant deux héritages appartenans à deux propriétaires, lequel eft commun entre l'un & l'autre, & leur appartient à chacun pour moitié, s'il n'y a titre au contraire. *Voyez* ci-deffus Filets.

Il n'y a que les gros murs joignant la cour, le jardin, ou autre place vuide, qui ne font pas mitoyens, s'il n'y a titre au contraire.

Comme tous murs de clôture & gros murs féparans maifons font mitoyens, ou réputés tels s'il n'y a titre au contraire, on peuvent le devenir en payant la moitié, un propriétaire peut pofer fes bois fur le mur de fon voifin, l'élever s'il n'eft pas affez haut, le fortifier, le démolir même, s'il n'eft pas fuffifant, en payant les charges, où le bâtiffant à fes frais & dépens, & en gardant les formalités requifes.

Il y a deux fortes de titres de la propriété du mur entier, quoiqu'il fépare deux héritages.

L'un eft la reconnoiffance par écrit, ou un Jugement obtenu par l'un des voifins, par lequel il foit déclaré que le mur lui appartient entièrement & pour le tout.

L'autre eft le chaperon du mur, c'eft-à-dire la pointe de maçonnerie dont on le couvre, laquelle a un filet de pierre de deux côtés quand le mur eft mitoyens ; s'il n'en a que d'un côté, il eft pour le tout à celui du côté duquel il eft fait. Ainfi la marque qu'un mur eft mitoyen, c'eft quand il eft chaperonné des deux côtés.

MUR DE CLÔTURE, eft celui qui fépare les lieux vuides appartenans à deux propriétaires, & où il n'y a aucun bâtiment ni d'un côté, ni d'un autre.

Tout mur de clôture est réputé mitoyen, s'il n'est justifié du contraire par écrit, ou par construction.

Suivant la Coutume de Paris & plusieurs autres, chacun peut contraindre son voisin, ès Villes & Fauxbourgs, de faire séparation de leurs maisons, cours & jardins par un mur de clôture, jusqu'à la hauteur de neuf, dix ou douze pieds, compris le chaperon, quoiqu'il n'y en ait jamais eu, & de contribuer aux frais, & fournir par moitié la largeur de dix-huit pouces de terre d'épaisseur pour le faire.

Dans d'autres Coutumes, on ne peut être contraint de clorre & fermer son héritage, si on ne veut.

Si le mur est bon pour clôture, & de durée, qui veut bâtir dessus & démolir le mur ancien, pour n'être suffisant pour porter son bâtiment, est tenu de payer tous les frais sans aucune charge ; mais s'il s'aide du mur ancien, il doit les charges, suivant l'article 196. de la Coutume de Paris.

Qui a bâti le mur de clôture à ses dépens, & pris entièrement la terre de son côté pour se clorre d'avec son voisin, ne peut demander son remboursement qu'au cas que dans la suite le voisin se serve du mur.

Hors les Villes & Fauxbourgs, ne se clôt qui ne veut, comme il est porté en l'article 210. & 211. de la Coutume de Paris.

Si l'un des voisins veut se clorre, faire le peut à ses dépens, prenant le fonds du mur de son côté ; & le voisin refusant d'y contribuer, est tenu de lui donner acte que le mur est à lui pour le tout.

Quand un mur de clôture sépare les héritages des deux voisins, il n'est pas permis à un des deux d'ouvrir une porte dans ce mur pour aller chez son voisin, s'il n'a un titre qui lui en donne le droit : ce seroit une servitude sur son voisin dont il faudroit avoir un titre, suivant la maxime, nulle servitude sans titre.

Mais quand un mur de clôture est joignant immédiatement à un héritage qui appartient au même propriétaire en tout, rien ne peut empêcher de faire une ouverture à ce mur pour aller à l'héritage sur lequel il a droit de propriété.

En effet, tout propriétaire a la faculté d'aller & venir sur un héritage auquel il a droit. Ainsi dans ce cas ce n'est point une servitude, c'est un droit de propriété.

MURS ET PORTES DES VILLES, sont choses respectables, & mises par les Loix à l'abri de l'injure des hommes, par les peines qu'elles ont établies, contre ceux qui manqueroient au respect qui leur est dû.

Romulus, qui avoit de son autorité fait mourir son frere Remus, pour avoir par mépris franchi les premieres murailles de Rome, ordonna ensuite, par une Loi particuliere, que ceux qui violeroient les murailles des Villes, seroient punis de mort.

Cette peine fut ensuite, par l'interprétation des Jurisconsultes, étendue à ceux qui violeroient les portes des Villes, lesquelles furent aussi depuis appellées saintes. *Sanctum autem dicitur, quod ab injuriis hominum defensum atque munitum est. Leg. 6. ff. de rer. divis.*

Ainsi, quiconque donne atteinte au respect dû aux murs & aux portes des Villes, en les profanant, est puni de mort. *Si quis violaverit muros, capite punitur : sicuti si quis transcendet scalis admotis, vel alia qualibet ratione : nam cives Romani alia, quam per portas egredi non licet, cum illud hostile, & abominandum sit. Leg. 11. ff. eod.*

En France, la peine de mort est quelquefois prononcée contre ceux qui violent les murs & les portes des Villes. Ainsi parmi nous il est défendu, sous peine de la vie, d'escalader les murailles des Villes frontieres, ou d'en forcer les portes.

A l'égard des autres infracteurs des murs & portes des Villes, la peine à laquelle ils sont condamnés est plus ou moins grande, suivant l'atrocité & les circonstances du fait.

Les murailles & les portes des Villes, les remparts, fossés, & tous lieux servans aux clôtures & fortifications des Villes, appartiennent au Roi en pleine propriété ; de sorte qu'aucun particulier, ni aucune Communauté, ne peut prétendre aucun droit dessus.

De ce principe incontestable il s'ensuit, qu'il n'est pas permis à personne de détruire de sa propre autorité des parapets, d'abattre les murailles des Villes, d'en transporter des pierres pour se former des terrasses agréables, ou pour quelque autre cause que ce soit.

Il faut même une permission du Prince, ou du Magistrat à qui il daigne confier le soin de ses intérêts, pour rétablir les murs des Villes, que la désolation des guerres ou leur ancienneté a détruits. *Muros autem municipales nec reficere licet sine Principis, vel Praesidis autoritate, nec aliquid eis conjungere vel superponere. Leg. 9. §. 4. ff. de rer. divis.*

S'il faut une permission pour réparer les murs des Villes, il en faut une bien plus précise pour les détruire, ou pour y faire des ouvertures ; car il peut arriver que ces ouvertures intéressent la sûreté des Citoyens, en facilitant l'entrée aux espions, la sortie aux Soldats pendant la nuit, & la fuite aux déserteurs.

Enfin, à l'exception du Seigneur, il n'est permis à personne de pratiquer des portes dans les murs de la Ville pour aller dans les dehors, sans être obligé de passer par les portes principales & publiques.

Ainsi, par Arrêt rendu au Parlement de Provence le 21. Avril 1644. il a été jugé que le Seigneur pouvoit faire une posterle aux murailles du lieu, pour sortir quand il voudroit ; mais que les habitans qui ont des maisons contre les murailles du lieu, doivent treillisser les fenêtres aux formes du Statut. Cet Arrêt est rapporté par Boniface, tom. 4. liv. 3. tit. 2. chap. 6.

MUTATION EN MATIERE DE FIEF, se dit quand un fief change de main, c'est-à-dire change de propriétaire ou détempteur ; ce qui arrive par la mort du Seigneur, ou par celle de l'ancien vassal, ou par l'aliénation qu'il fait de fon fief, foit à titre onéreux ou lucratif.

La mutation arrive, ou de la part du Seigneur, ou de la part du vaffal.

Dans les mutations qui arrivent de la part du Seigneur, le vaffal ne doit que la foi & hommage; en forte que fi le nouveau Seigneur exigeoit de fon vaffal un aveu & dénombrement, il faudroit qu'il en fit les frais. *Voyez* ce que j'ai dit fur l'article 46. de la coutume de Paris.

Dans les mutations qui arrivent de la part du vaffal, il eft toujours dû, outre la foi & hommages, l'aveu & le dénombrement feulement; mais quelquefois auffi il eft dû, outré cela, le droit de relief ou le droit de quint.

L'aveu & le dénombrement eft dû feulement, I°. Dans les fucceffions & donations en ligne directe, fi le défunt ou le donateur ne devoit ni droit ni profit de fief.

II°. Pour les mutations qui arrivent par les partages & par les divifions faites entre cohéritiers, tant en ligne directe, qu'en ligne collatérale.

III°. Pour licitation faite en Juftice fans fraude, entre cohéritiers, d'un héritage, dont l'adjudication a été faite à un d'eux.

IV°. Dans les mutations qui arrivent par l'accroiffement de la part d'un des héritiers à l'autre, au moyen de la renonciation qu'il a faite.

V°. Dans celles qui arrivent par le premier mariage des filles.

Outre la foi & hommage, l'aveu & le dénombrement, le droit de relief eft dû pour fucceffion, donation & fubftitution en collatérale, pour le fecond & autres mariages des filles, pour bail em-phytéotique, pour mutation du titulaire de Bénéfice pour mort de curateur créé à une fucceffion vacante, ou à un héritage déguerpi.

Au refte, lorfqu'un fief fubftitué paffe d'un collatéral à un autre collatéral, le droit de relief eft dû; quoique celui qui le recueille foit defcendu en ligne directe de l'auteur de la fubftitution; comme il a été jugé par Arrêt du Parlement de Paris, rendu le 20. Mai 1727.

Pour ce qui eft des mutations qui arrivent par vente de fief, ou par bail à rente rachetable, ou autre contrat équipolent à la vente, outre la foi & hommage, l'aveu & le dénombrement, il eft dû au Seigneur de qui le fief releve le droit du quint. *Voyez* ce que j'ai dit *verbo* Quint.

Anciennement le droit de quint n'étoit point dû pour les mutations qui arrivoient par échange; mais par plufieurs Edits & Déclarations de Louis XIV. le droit de quint eft dû en cas d'échange, comme en cas de vente. Il eft vrai que les droits d'échange n'appartiennent point au Seigneur, mais au Roi, à moins que les Seigneurs n'en ayent traité avec le Roi.

Tout ce que nous venons de dire eft tiré des articles du premier titre de la Coutume de Paris, fur lefquels le Lecteur peut voir mon grand Commentaire.

MUTATION EN MATIERE DE CENSIVE, fe dit quand un héritage cenfuel change de main; c'eft-

à-dire, change de propriétaire ou détempteur; & alors les droits de lods & ventes ne font dûs au Seigneur cenfier, que pour l'une des deux caufes de mutation marquées ès articles 78. & 79. de la Coutume de Paris; fçavoir:

I°. Pour les acquifitions qui fe font par vente.

II°. Pour celles qui fe font par bail à rente rachetable.

III°. Pour celles qui fe font par échange.

C'eft une regle générale, que pour vente d'héritage cenfuel, les lods & ventes font dûs au Seigneur cenfier.

Dans le commencement il n'étoit pas permis au cenfitaire de vendre l'héritage qui lui avoit été baillé à fens, fans avoir le confentement du Seigneur; & pour avoir fon confentement, on lui payoit une certaine fomme : ce qui a depuis paffé en droit commun.

Il eft aujourd'hui permis au cenfitaire de vendre l'héritage chargé de cens, & cela fans le confentement du Seigneur cenfier; mais en lui payant un droit qui eft réglé par les Coutumes, & que l'on appelle communément lods & ventes.

L'on a douté autrefois s'il étoit dû lods & ventes d'un contrat d'échange, & de permutation d'héritage, par la raifon que dans un contrat d'échange, il n'y a point d'argent qui faffe que l'un des contractans foit vendeur, & l'autre acheteur. *In permutatione non intervenit pecunia, cujus numeratio venditionis caufam inducat.*

Ainfi, fuppofant que la part ou le lot du Seigneur ne lui foit dû que dans le cas de vente, *propter pretii numerationem*, les lods étant la partie du prix qui doit appartenir au Seigneur, il paroît que ces droits ne lui font point dûs dans le cas de permutation *quia in ea pretium non intervenit.*

Mais par les Edits, Déclarations & Arrêts du Confeil, il a été ordonné que les droits feigneuriaux feroient dûs pour échange d'héritages, de même que pour vente; fçavoir, le quint pour échange de fiefs, & les lods & ventes pour échange d'héritage en roture.

La raifon qu'on en peut donner eft, que les droits feigneuriaux font dûs par l'acquéreur d'un héritage, pour le droit d'invefliture, & pour marque de la reconnoiffance de fon Seigneur; *quod tam in permutatione quam in emptione occurrit, in quibus novus femper poffeffor debet approbari.*

D'ailleurs, la permutation ou échange, fait dans la chofe ce que fait le prix dans la vente. *In emptione enim aliud res, aliud pretium; in permutatione autem res alia fingitur effe loco pretii.*

Voyez les Edits, Déclarations & Arrêts du Confeil qui ont été donnés à ce fujet, & que j'ai rapporté fur l'article 78. de la Coutume de Paris, & un Arrêt du Confeil du 12. Décembre 1724. par lefquels il paroît qu'à préfent l'échange produit les mêmes droits que la vente; avec cette différence que les droits d'échange n'appartiennent pas au Seigneur, mais au Roi, à moins qu'ils n'en ayent traité avec le Roi, comme nous avons dit ci-deffus.

Pour bail à rente rachetable, les lods & ventes

font dûs, parce que c'eft un acte équipollent à la vente. Ainfi, dans ce cas le preneur à rente eft tenu de payer au Seigneur cenfier ou foncier les ventes du fort principal de la rente, encore qu'elle ne foit pas rachetée.

Il en faut dire de même de l'échange d'un héritage contre des meubles, du délaiffement que fait le propriétaire de l'héritage à fon créancier pour s'acquitter de ce qu'il lui doit, de l'adjudication par decret à la charge d'une rente rachetable, & de quelques autres actes de cette nature qui font équipollens à la vente.

Pour héritage donné à la charge d'une rente fonciere non rachetable, ne font dûs aucuns droits au Seigneur, parce qu'une telle rente tient lieu de l'héritage ; mais lorfque la rente eft vendue ou rachetée, les droits en font dûs. *Voyez* M. Lauriere dans fa note fur l'article 4. du titre fecond du quatrieme livre des Inftitutes de Loyfel, fur la fin.

Ne font dûs aucuns droits pour baux emphitéotiques, quand il n'y a point d'argent débourfé. Mornac, *ad legem ultimam, cod. de jure emphit.*

Lorfque l'acquéreur d'un héritage le fait décreter fur lui-même pour purger les hypotheques, il n'eft dû qu'un feul droit pour la vente & pour le décret ; parce qu'en effet le décret n'eft pas une nouvelle vente, ce n'eft proprement qu'une affurance de la premiere, comme je l'ai obfervé fur l'article 84. de la Coutume de Paris.

Mais fi celui qui a acquis un héritage vient à déguerpir avant que d'avoir payé les droits feigneuriaux, le Seigneur ne peut pas obliger à les lui payer, d'autant qu'il ne les doit qu'en conféquence de l'héritage qui ne fe trouve plus lui appartenir; ce qui paroît autorifé de ce que dit Fabert, fur les trois premieres Loix du Code, au titre *quando liceat ab emptione difcedere.*

C'eft auffi ce qui a été jugé par Arrêt rendu au mois de Juin 1590. rapporté par Mornac en fon Recueil, partie 1. article 85.

Si l'acquéreur d'un héritage eft contraint de le déguerpir pour les dettes de fon vendeur, cet héritage étant vendu à la pourfuite des créanciers, l'acquéreur qui a déguerpi fuccéde au droit du Seigneur, & prend en fa place les ventes du décret ; parce qu'il feroit injufte que cet acquéreur perdit les droits qu'il a payés pour un héritage qu'il eft obligé d'abandonner malgré lui par le fait d'autrui. Il eft cependant au choix du Seigneur de prendre les ventes du décret, en rendant celle qu'il a reçue de la premiere acquifition. *Voyez* ce que j'ai dit fur l'article 79. de la Coutume de Paris.

Lorfqu'un héritage eft poffédé par indivis par plufieurs cohéritiers ou copropriétaires à titre particulier, ils peuvent le partager entr'eux ; mais s'ils ne le peuvent pas faire commodément, & que par la licitation qu'on en fait il eft adjugé en entier à l'un d'eux, il ne doit aucuns droits, ni de fa portion, ni de celle qui appartenoit à fes cohéritiers ou copropriétaires.

Ce que nous difons des copropriétaires à titre particulier, n'a lieu que quand l'affociation ou communauté eft forcée, *neceffitate juris*; car fi un étranger acquiert la portion divifée de l'un des cohéritiers ou copropriétaires, & qu'enfuite il faffe liciter l'héritage & s'en rendre adjudicataire, les droits font dûs au Seigneur.

En ventes d'héritages à faculté de rachat, font dûs lods & ventes dès-lors du contrat ; parce que la vente eft dès-lors parfaite, pure & fimple, quoiqu'elle puiffe être réfolue fous condition. Mais le cas avenant, il n'eft point dû de nouveaux droits pour l'exercice de la faculté du rachat : la vente étant refolue, la chofe par rapport au vendeur, & comme fi elle n'avoit pas été aliénée.

Pour vente d'ufufruit ou de bois de haute futaie, il n'eft point dû de droits au Seigneur, lorfqu'ils font vendus féparement du fonds, excepté le cas de la fraude, qui fe préfumeroit fi la propriété étoit vendue quelque tems après à l'ufufruitier, ou le bois de haute-futaie à celui qui auroit acquis la fuperficie.

Les droits ne font point dûs pour vente d'ufufruit, parce que les droits ne font dûs qu'en cas de mutation : or par la conftitution d'ufufruit il n'y a aucune mutation, puifque la conftitution de l'ufufruit ne fait point changer le propriétaire ; & que quand on dit que *ufufructus facit partem proprietatis, illud debet intelligi de ufufructu caufali, qui conjungitur cum fua caufa, nimirum cum proprietate, non verò de ufufructu formali, qui eft fervitus, quæ fcilicet à proprietate penitus diftinguitur.*

Nous avons cependant quelques Coutumes, comme celle de Laon, article 191. & celle de Châlons, 192. qui veulent que les droits fe payent pour vente d'ufufruit ; mais comme elles font exorbitantes du Droit commun, elles ne peuvent être étendues aux autres.

A l'égard de la vente du bois de haute-futaie, elle ne donne point non plus lieu aux droits Seigneuriaux quand il n'y a point de fraude ; parce que quoique le bois de haute-futaie faffe partie du fonds tant qu'il y eft attaché, néanmoins il eft réputé meuble fi-tôt qu'il eft vendu & coupé. Coquille, queft. 30.

Les droits n'étant point dûs au Seigneur pour vente d'ufufruit, ils ne lui font point non plus dûs pour bail à vie; parce que celui en faveur de qui ce bail eft fait n'a aucun droit dans la propriété de l'héritage, puifqu'il n'a point de tems fixe & certain, & que fon droit peut être éteint d'un jour à l'autre.

La veuve n'eft point auffi obligée de payer aucuns droits, ni les héritiers du mari, pour fon douaire coutumier, fuivant l'article 40. de la Coutume de Paris.

Pareillement, les Gardiens nobles ou Bourgeois ne payent aucuns droits aux Seigneurs pour la jouiffance des biens des mineurs pendant la garde, fuivant l'article 48. de la même Coutume.

Il faut que le contrat de vente foit bon, pour produire des droits au Seigneur. Il n'en pourroit pas prétendre d'un contrat qui feroit nul, ni de celui qui auroit été bon dans fon origine, mais qui auroit été dans la fuite réfolue par une caufe ancienne qui procéderoit du contrat même ; & en ce cas il feroit obligé de rendre ceux qu'il auroit reçus.

Par exemple, fi le tuteur avoit vendu l'héritage de fon mineur avec toutes les formalités requifes, & que ce mineur fe fit reftituer contre la vente pour caufe de lezion, il ne fera dûs aucuns droits au Seigneur, ni pour le contrat de vente, ni pour la réfolution, parce que la caufe de la réfolution procéde du contrat même par lequel le mineur a été lezé.

Il n'en eft pas de même lorfque le contrat eft réfolu pour une caufe qui n'eft furvenue qu'après. Par exemple, le vendeur rentre dans la chofe vendue, faute par l'acquéreur d'en payer le prix : le défaut de payement, qui caufe la réfolution de contrat, eft une nouvelle caufe qui n'eft point dans le contrat même, & qui n'en tire point fon origine : c'eft pourquoi en ce cas les droits du premier contrat font dûs au Seigneur; mais il n'en doit pas avoir de la réfolution, parce qu'elle n'eft pas volontaire.

A l'égard de la réfolution du contrat de vente, qui fe fait du confentement des Parties, après que le contrat eft parfait & accompli, les droits font dûs au Seigneur, tant du contrat de vente, que de la réfolution, laquelle étant purement volontaire, doit être regardée comme une véritable vente.

Dumoulin, fur l'article 20. de la Coutume de Paris, glofe 5. nomb. 11. & fur l'article 33. nomb. 10. & 11. tient néanmoins que fi les chofes font

encore entiere ; c'eft-à-dire, fi le contrat n'a eu aucune exécution, les Parties peuvent en confentir la réfolution fans devoir aucuns droits au Seigneur.

Mais pour cela il faut, fuivant cet Auteur, que trois chofes concourent enfemble.

I°. Que l'acquéreur ne foit pas entré en poffeffion de l'héritage.

II°. Que le vendeur n'ait pas reçu le prix.

III°. Que le Seigneur n'ait formé aucune demande de fes droits.

Voyez, touchant le cas où les droits font dûs pour mutation, ce que j'ai dit fur les articles 78. 79. & 80. de la Coutume de Paris. Voyez auffi Henrys & fon Commentateur, liv. 3. queft. 52. & 75.

MUTATION EN FAIT DE FIEF REGIS SELON LA COUTUME DU VEXIN LE FRANÇOIS. Voyez ce que j'en ai dit verbo Vexin.

MUTUEL, eft un terme relatif qui fe dit de ce qui eft réciproque entre deux ou plufieurs perfonnes.

Ainfi, un teftateur mutuel eft celui que deux perfonnes font réciproquement pour laiffer leurs biens au furvivant. Cette forte de teftament eft abrogée par l'article 77. de l'Ordonnance de 1735.

Don mutuel, eft un don réciproque fait entre conjoints.

Donation mutuelle, eft une donation réciproque faite entre deux ou plufieurs perfonnes au profit du furvivant.

Voyez ce que j'ai dit fur ces mots, lettre D.

N

N AISSANCE, fignifie la venue d'un enfant au monde.

Les enfans ne naiffent pas feulement à leurs peres, mais à la République ; ainfi l'état de leurs perfonnes appartient plus au Public qu'à leurs peres mêmes : c'eft pourquoi la Loi de Romulus, qui permettoit à un pere de deshériter & même tuer fes enfans, ne lui permettoit pas de les rejetter & de les abdiquer comme étrangers. Les peres chez les Romains pouvoient bien renoncer à la bonté paternelle, mais non pas à la qualité de pere ; ils pouvoient leur ôter la vie, mais non pas le titre de leur naiffance.

Comme il n'eft pas au pouvoir d'un fils de prouver phyfiquement & démonftrativement qui eft fon pere, les Loix ne s'arrêtent en cela qu'à ce qui en paroît au-déhors, déclarant que celui-là eft tenu pour le vrai pere, qui paroît l'être par le mariage ; & elles laiffent les fecrets invifibles de la nature à Dieu qui en eft l'auteur, à cet œil invifible qui voit toutes chofes.

Elles préfument de l'innocence d'une femme

légitime : ainfi elles jugent toujours favorablement des chofes fecrettes par celles qui font connues ; & fuivant la maxime, *Pater eft quem justa nuptia demonftrant*, elles déclarent légitime tout ce qui naît fous le fceau du mariage, tout ce qui a fur le front cette marque vénérable ; en un mot tout ce qui entre dans le monde par cette porte de bénédictions & de graces.

Lorfque deux perfonnes font unies par les Loix inviolables de ce contrat fpirituel & politique, ce ne font plus elles, mais les Loix qui font la généalogie de leurs enfans ; les peres font obligés d'avouer comme nés d'eux les enfans que leur mariage leur préfente. Voyez ce que j'ai dit, lettre E, en parlant de l'état des enfans.

Pour maintenir l'état des enfans nés *ex nuptiis*, il fuffit donc d'alléguer la poffibilité des approches du mari & de la femme. D'où il s'enfuit,

I°. Que l'état d'un enfant né pendant le mariage ne peut être contefté, fous prétexte que la mere eft devenue enceinte dans le tems que le mari étoit abfent, à moins qu'il ne fût juftifié qu'il y a impoffibilité possibilité physique que le mari en soit le pere, comme je l'ai remarqué *verbo* absent.

II°. Qu'un enfant né pendant le mariage ne peut être désavoué, quelques preuves qu'il y ait de la débauche de sa mere, à moins que l'on ne prouve qu'il y ait impossibilité physique que le mari de la mere ait eu avec elle aucune fréquentation dans le tems que cet enfant a été conçu, comme je l'ai dit *verbo* adultere, & comme il est dit dans le troisieme tome des causes célebres, pag. 278. & suiv.

Voyons présentement dans quel tems il faut que les enfans soient nés d'un légitime mariage, pour qu'ils soient réputés légitimes.

Quoiqu'il n'y ait rien qui soient absolument certain touchant le terme de la naissance d'un enfant, néanmoins l'expérience a fait introduire pour regle, que les enfans viennent au monde presque toujours dans le neuvieme mois de leur conception, & quelquefois dans le septieme commencé, & quelquefois dans le dixieme commencé ; & non par-delà, à moins que les circonstances particulieres ne forment des présomptions très-évidentes en faveur de la veuve, & ne donnent lieu de croire, par une conduite irréprochable, que sa grossesse à été plus longue que les grossesses ordinaires.

Ainsi pour qu'un enfant soit légitime, ce n'est pas assez qu'il naisse d'une mere dont le mariage est légitime & valablement contracté, il faut encore qu'il soit né dans le mariage ; & que s'il est né après, le posthume naisse dans le tems qui le fasse présumer être du défunt ; ce qui n'est guere probable lorsqu'il vient au monde dix mois après que le mari de sa mere est décédé.

Aussi les Loix Romaines ont décidé que celui qui est né dix mois après la mort du mari de sa mere, n'étoit légitime. *leg. 3. §. penult. ff. de suis & legitim. hæredib.* & cette regle est observée en France.

Nous avons cependant plusieurs Arrêts qui ont jugé, que des enfans nés dans le onzieme mois, & même par-là, depuis la mort de leur pere, étoient légitimes & admis à sa succession. Dufresne en rapporte deux, l'un du 2. Août 1649. & l'autre du 6. Septembre 1653. Mais hors les circonstances particulieres qui ont porté les Juges à s'écarter de la loi générale, il s'y faut tenir. *Voyez* Bouguier, lettre E, nomb. 4. & M. Augeard, tom. 1. chap. 62.

Il ne paroît pas cependant qu'on puisse régler absolument les justes termes de la durée d'une grossesse, pour faire juger qu'un enfant est légitime ou non, s'il est né quelques jours plutôt ou plutard. Ainsi on ne fait pas toujours dépendre une question de cette importance d'une regle qui pourroit, en fixant les opérations de la nature, se trouver quelquefois fausse. Il n'est pas possible de marquer les bornes précises de ce que la nature peut & ne peut pas, attendu que les combinaisons de différentes causes diversifient quelquefois ses opérations, comme il est dit dans le troisieme tome des Causes célebres, pag. 279.

Quoiqu'il en soit, la regle est, que pour qu'un enfant soit absolument réputé légitime, il faut, conformément à ce que nous avons dit, que le tems de sa conception quadre à celui de sa naissance ;

c'est-à-dire, qu'il ait été conçu *constante matrimonio*, autrement on pourroit être admis à prouver qu'il n'est pas né *ex nuptiis*.

Ainsi ceux qui naissent d'une veuve dix mois après la mort de son mari, sont réputés n'avoir été conçus qu'après sa mort, & par conséquent ne sont pas ordinairement mis au rang des enfans légitimes.

A l'égard de l'enfant qui vient au monde dans le septieme mois commencé, à compter du jour des nôces de ses pere & mere, il est légitime, & réputé provenir de leur mariage ; *quia non solum natus est ex justis nuptiis, sed etiam conceptus constante matrimonio* : de sorte que le mari est obligé de le reconnoître pour son fils, & ne peut être admis à prouver le contraire. *Inest ejus nativitati præsumptio juris & de jure, contra quam non admittitur probatio.*

Voici ce que dit le Jurisconsulte Paul, dans la Loi 12. au Digeste *de statu hominum. Septimo mense nasci perfectum partum jam receptum est, propter auctoritatem doctissimi Hypocratis : & ideo credendum est eum, qui ex justis nuptiis septimo mense natus est, justam filium esse.*

Par l'argument tiré *à contrario* de cette décision il semble qu'on doive conclure que l'enfant qui est né pendant les premiers mois *à contractis nuptiis*, avant le septieme mois commencé, n'est pas légitime, cependant il est réputé tel, à cause de la Présomption qui est tirée de la regle. *Pater est quem justæ nuptiæ demonstrant. Leg. 5. ff. de in jus vocando.*

Mais dans ce cas cette présomption n'est pas *juris & de jure*, ce n'est qu'une présomption *juris contra quam admittitur probatio.* D'où il s'ensuit, que le mari ne seroit pas dans une nécessité absolue de reconnoître pour son fils un enfant dont sa femme accoucheroit avant le septieme mois de leur mariage ; mais qu'il peut, s'il y a des preuves évidentes pour prouver le contraire, être admis à en justifier.

La raison est, que cet enfant est né à la vérité pendant mariage, mais non pas *ex nuptiis*, puisqu'il avoit conçu auparavant.

Il faut néanmoins des preuves bien fortes pour justifier qu'un enfant est né dans le premier, second, troisieme, quatrieme, cinquieme ou sixieme mois, *à contractis nuptiis*, n'est pas légitime.

Je ne serois pas de l'avis de M. du Nod, qui dans son Traité des Prescriptions, pag. 219. dit que l'enfant qui naît avant le septieme mois n'est pas légitime : je crois au contraire que la présomption est en sa faveur ; mais que cette présomption n'étant point *juris & de jure*, on peut être admis à prouver le contraire, & qu'on la peut détruire par des preuves évidentes. Ainsi la Cour, par Arrêt du 2. Juillet 1666. rapporté dans le Journal des Audiences, reçut des enfans à faire preuve par témoins que leur mere étoit enceinte au tems de son mariage. Par Arrêt du Parlement de Paris, rapporté par Bardet, tome 2. liv. 7. chap. 32. la Cour a déclaré illégitime, & incapable de succéder au mari de sa mere, un enfant qui étoit né quatre mois après la célébration de leur mariage.

Mais pour que cela puisse être ainsi ordonné, il faut, comme nous l'avons dit, qu'il paroisse très-évidemment que l'enfant n'a pu être le fils de celui qui en avoit épousé la mere au tems qu'elle en étoit enceinte.

Voyez M. Louet & son commentateur, lettre E, chap. 5. Bardet, tom. 2. liv. 1. chap. 25. & liv. 7. chapitre 32. ce que j'ai dit sur l'article 318. de la coutume de Paris, glose 3. sect. 2. §. 1. & M. le Brun, en son Traité des Successions, liv. 1. chap. 4. nomb. 2. & suiv.

NAISSANCE DES ENFANS SE PROUVE PAR DES EXTRAITS BAPTISTAIRES, tirés des Régistres que les Curés des Paroisses sont tenus d'avoir à cet effet.

Autrefois les peres, pour prouver la naissance & l'âge de leurs enfans, faisoient une déclaration de leur naissance dans les actes publics. A présent on tient dans toutes les Paroisses un Regiftre des nativités & baptêmes des enfans; ce qui sert à sçavoir leur âge, & à connoître leur état & leur condition. En ces Regiftres on marque le jour de leur naissance & de leur baptême, le nom de l'enfant, & s'il est mâle ou femelle, le nom de ses pere & mere, & celui de son parrain & de sa marraine.

Les Ordonnances veulent donc que dans ces Regiftres de Baptême on inscrive le nom des peres & meres, afin que les enfans reconnoissent quel est le pere qui les avoue sur la terre, par acte qui leur en découvre un dans le Ciel; qu'ils ne puissent pas plus douter de la vérité de leur origine, que de la vérité de leur Baptême; & que la religion elle-même consacre l'aveu de la vérité de leur naissance temporelle par le sceau de la preuve de leur naissance spirituelle.

Voyez Filiation. *Voyez* Légitime. *Voyez* Question d'état.

NANTIR, signifie en quelques Coutumes consigner. Nantir, signifie aussi se faire inscrire dans un Regiftre public, pour avoir hypotheque sur les biens de son débiteur, comme on fait en certaines Coutumes, appellées Coutumes de nantissement.

NANTISSEMENT, est la sûreté & le gage que le débiteur donne à son créancier. On ne peut obliger un créancier à rendre les titres qu'on lui a donnés en nantissement, qu'en lui payant ce qui lui est dû. Ainsi jugé au Parlement de Paris par Arrêt du 9. Juillet 1698. rapporté dans le Journal des Audiences.

Voyez Gage.

NANTISSEMENT, signifie aussi une maniere d'établir & constituer hypotheque sur des immeubles, dans quelques Provinces de France, appellées Coutumes de nantissement; ce qui se fait par une espece de tradition feinte & simulée, comme en Picardie & en Champagne.

C'est aussi une formalité qui s'observe en quelques Coutumes en la vente & l'aliénation des immeubles, pour en acquérir le droit de propriété.

Le nantissement n'a lieu que pour les héritages situés dans l'étendue des Coutumes qui le requierent, pour acquérir droit de propriété ou d'hypotheque.

En la Prévôté & Vicomté de Paris, le nantissement n'est pas requis ni observé, *quia solo consensu contrahitur hypotheca, & sola traditione transfertur dominium, sine alio ministerio & solemnitate,* conformément à la disposition du Droit Romain. *Leg. contrahitur, ff. de pignorib. & hypoth. Leg. per traditionem, cod. de pactis.* Bacquet, des droits de Justice, chap. 3. nomb. 23.

Le nantissement se fait de trois manieres, selon Loyseau.

La premiere est par désaisine, & saisine, autrement par devest, & vest, quand le vendeur ou le débiteur se devest de la propriété de l'héritage ès mains du Seigneur Justicier & que l'acquéreur ou créancier hypothécaire s'en fait ensaisiner par le Seigneur, par la tradition d'un bâton. *Voyez* ci-après, Vest & Devest. *Voyez* Pasquier, dans ses Recherches, liv. 8. chap. 58. Cette formalité se pratique plus communément ès ventes & aliénations, qu'ès simples engagemens & obligations des héritages.

La deuxieme se fait par main assise, quand le créancier à qui l'héritage est obligé, y fait mettre & asseoir la main du Roi ou de Justice, & fait ordonner par le Juge, le débiteur & le Seigneur appellés, que la main mise tiendra jusqu'à ce qu'il soit payé de son dû.

La troisieme se fait par prise de possession de l'héritage obligé; quand le créancier, par commission du Juge, se fait mettre de fait en possession réelle & actuelle de l'héritage qui lui est hypothéqué, ayant ajourné pour cet effet le débiteur & le Seigneur direct. Cet acte de prise de possession porte : *Nous avons nanti, réalisé & hypothéqué un tel, sur tels & tels héritages, pour une telle somme.* Le nantissement produit deux effets considérables.

Le premier est, que le créancier acquiert un droit réel sur la chose, qui est tel, que l'héritage sur lequel il s'est fait nantir, ne peut plus être engagé ni aliéné au préjudice de son dû; enforte que celui qui s'est fait nantir, doit être préféré à tous autres créanciers hypothécaires qui ne se trouveroient point sur les Regiftres du Nantissement ou qui auroient été mis postérieurement : ce qui fait que le premier nanti, quoique postérieur dans la date de sa créance, précede un créancier dont la créance est antérieure lorsqu'il ne s'est fait nantir que depuis.

Mais si le nantissement n'avoit point d'autre effet, on pourroit le regarder comme une céremonie superflue, puisque l'authenticité du sceau opere la même chose dans la plus grande partie du Royaume, & que ce ne seroit pas remédier à l'inconvénient, & de prêter à un homme qui seroit souvent obéré de dette dont on n'auroit point de connoissance.

Ainsi l'autre effet du nantissement, est, que par son moyen le commerce est plus assuré, en ce qu'étant public, celui qui veut prêter avec sûreté, peut par le moyen de nantissement connoître à qui il donne son bien, & avec qui il contracte, & a la faculté de s'instruire de l'état de ses affaires; au lieu que dans les autres Coutumes, tel croit contracter avec un homme riche & rangé, dont les biens font peut-être chargés de quantité d'obligations inconnues.

Le nantiffement de quelque manière qu'il foit fait, eft donc toujours public ; ainfi on peut en avoir connoiffance.

Premiérement, celui qui fe fait par veft & deveft entre les mains du Seigneur eft public, puifque le Seigneur doit avoir un Regiftre pour ces fortes d'actes, dont il doit donner communication à tous ceux qui veulent y avoir recours.

A l'égard des nantiffemens qui fe font par main affife, ou par mife en poffeffion, la formalité en eft publique, puifqu'il faut que le créancier fe tranfporte fur les héritages avec un Huiffier, qui dreffe un procès verbal de la main affife ou de la mife en poffeffion ; en conféquence de quoi, le créancier en obtient une Sentence du Juge, le débiteur & le Seigneur dûment appellés. Sur quoi il faut remarquer qu'il y a dans la Jurifdiction des regiftres particuliers de ces fortes de Sentences que l'on peut confulter.

Le nantiffement qui fe prend dans la Jurifdiction du Seigneur d'où relevent les héritages, n'a lieu que pour les héritages qui s'y trouvent nommément compris ; de même que la vente ne s'entend que des héritages qui y font expreffément énoncés.

On a tenté plufieurs fois d'établir par toute la France la formalité du nantiffement, fous prétexte de la confervation des hypotheques ; mais cela n'a pas été exécuté.

Il feroit cependant à fouhaiter, pour le bien des Particuliers, qu'un tel projet fut mis à exécution ; car en rendant les hypotheques notoires, ceux qui prêteroient leur argent courroient moins de rifque ; & cela empêcheroit quantité de ftellionats, qui ne font que trop fréquens dans les Coutumes où les hypothéques font fecrettes, & ne font pas connues du Public, comme elles font dans les pays de nantiffement.

Outre les trois manieres de nantiffemens dont nous venons de parler, il y en a une quatrieme qui fe pratique par un fimple acte de nantiffement dans les Provinces de Picardie, & le pays de Vermandois & d'Artois, & qui fe fait en la maniere qui fuit.

L'acquéreur d'un héritage, ou un créancier fait nantir fes Lettres d'acquifition ou de créances expédiées en forme authentique, fur les héritages énoncés dans fa réquifition, à l'effet d'avoir hypotheque deffus ; & qu'il ne foit reçu aucun autre nantiffement, fi ce n'eft à la charge de fon dû, ou renté & priorité de fon droit.

L'acte de nantiffement doit être délivré & endoffé en fefdites Lettres, & doit auffi être enregiftré au Greffe des lieux où font affis lefdits héritages.

Dans les Provinces de nantiffement, les contrats, quoique paffés pardevant Notaires, n'emportent point hypotheque contre des tierces perfonnes : ils font à leur égard réputés purs perfonnels & mobiliers, s'ils ne font nantis & réalifés par les Officiers des lieux d'où relevent les biens affectés & obligés. C'eft la difpofition de l'article 137. de la

Coutume d'Amiens, de l'article 119. de la Coutume générale de Vermandois, & de l'article 72. de la Coutume reformée d'Artois.

Le nantiffement eft une formalité purement réelle qui ne touche point à la perfonne & qui ne concerne en aucune maniere l'authenticité de l'acte. Elle ne touche point à la perfonne, puifqu'elle n'eft pas du nombre de ces formalités qui habilitent les perfonnes à contracter, ou à pouvoir agir, comme eft l'autorifation ou le confentement du mari ; fans quoi la femme ne peut agir en Jugement ou hors Jugement.

Elle ne concerne pas auffi l'authenticité de l'acte, puifque l'acte non nanti n'en eft pas moins acte public, quand il eft paffé fous le fcel royal ou feigneurial. Or c'eft à l'authenticité de l'Acte (fi d'ailleurs on excepte les Coutumes de nantiffement & d'enfaifinement) que font attachés les droits d'hypotheque.

Cette formalité appartient fi peu à l'authenticité de l'acte, qu'il doit être authentique avant que d'être nanti, & que le nantiffement ne peut être accordé par des Jugemens, fi ce n'eft fur des actes paffés pardevant Notaires, & contrôlés ; comme il eft porté en l'article 5. de la Déclaration du 19. Mars 1696. touchant le contrôle des Actes des Notaires : de forte que le nantiffement n'ajoute rien à l'authenticité de l'acte ; fans cette formalité il fubfifte, il n'eft point fujet à vérification, & il ne peut être détruit que par l'infcription de faux, comme tous actes publics, dont la foi eft atteftée par des Officiers qui ont un caractere public.

Il eft vrai que faute de cette formalité, il ne produit pas d'hypotheque fur les biens fitués dans les Coutumes de nantiffement, parce que l'hypotheque ne fe conftitue fur les biens fitués dans ces Coutumes, qu'en conféquence de cette formalité ; mais il ne laiffe pas de donner hypotheque fur les biens fitués dans les autres Coutumes qui ne requierent pas une pareille formalité, parce que l'hypotheque eft une prérogative attachée à l'authenticité de l'acte dans toutes les Coutumes qui n'en exigent pas davantage.

Ainfi un contrat paffé à Paris, non nanti, emportera hypotheque dans toutes les Coutumes, qui pour la conftitution de l'hypotheque, ne requierent pas d'autres formalités que l'authenticité de l'acte ; mais il ne l'emportera pas dans les coutumes de nantiffement, où il faut, outre l'authenticité de l'acte, des formalités particulieres pour acquérir hypotheque.

Les hypotheques notoires & publiques qui peuvent être aifément connues, n'ont pas befoin de nantiffement, même dans les Coutumes qui requierent cette formalité. Telles font les hypotheques légales & tacites d'un mineur fur les biens de fon tuteur, & d'une femme fur les biens de fon mari, & fur ceux de fon pere qui a promis de la doter. *Voyez* Louet & Brodeau, lettre H, fommaire 26. Il faut néanmoins remarquer, qu'en pays d'Artois l'hypotheque tacite n'y eft pas admife fans nantiffement, notamment celle qui réfulte des contrats de mariage. Sur quoi *voyez* la Note de M.

Maillard , fur l'art. 72. de la Coutume d'Artois , nomb. 269.

Les Sentences emportent pareillement hypotheque fans nantiffement , à caufe des Ordonnances de 1539. art. 82. de Moulins , 1566. article 53. & de la Déclaration du 10. Juillet de la même année. *Voyez* Brodeau fur Louet , lett. L , fomm. 25.

La raifon de douter étoit , qu'aux trois formes prefcrites pour avoir hypotheque ès Coutumes de nantiffement , la Sentence n'y étoit pas dénommée , & qu'elle ne doit pas fuppléer en ce qui eft d'une formalité réquife par la Coutume.

La raifon de décider eft, que fi cela étoit admis, il s'enfuivroit qu'en pays de nantiffement l'Ordonnance ne pourroit pas avoir lieu , ce qui feroit abfurde. *Voyez* Bourdin , fur l'article 92. de l'Ordonnance de 1539. M. le Maître en fon Traité des Criées , chap. 31. nomb. 4. & fuiv.

Il faut excepter les pays d'Artois , où les Sentences n'emportent pas les droits réels fur les biens fitués dans cette Coutume , parce que l'Ordonnance de 1566. a été faite en un tems où l'Artois n'étoit pas fous le reffort de la France , & n'y a pas été enregistrée. *Voyez* le Commentateur de cette Coutume , fur l'article 1. nomb. 39. & fur l'art. 74. nomb. 265.

Les dettes privilégiées n'ont pas encore befoin de nantiffement. *Voyez* de Heu , fur l'article 139. de la Coutume d'Amiens ; & Dumoulin , fur l'article 137. de la même Coutume.

Enfin les fouches de partage n'ont pas befoin de nantiffement ; comme il a été jugé par Arrêt du 2. Juillet 1551. rapporté par Mornac ; *ad legem 26. ff. de pignor. act.*

Il nous refte à remarquer fur cette matiere , qu'en pays de nantiffement , le créancier qui s'eft fait nantir fur la part que poffédoit fon débiteur par indivis en un héritage commun de la fucceffion, avant le partage d'icelle , ne pouvoit perdre l'hypotheque acquife par fon nantiffement fur ledit héritage , pour la part qui appartenoit à fon débiteur , quoique par le partage tout l'héritage fût avenu au lot d'un autre copartageant. Ainfi jugé par Arrêt du 6. Septembre 1608.

La raifon eft , que par le nantiffement on fe fait propriétaire de la chofe fur laquelle on s'eft nanti jufqu'à la concurrence de fon dû ; c'eft pourquoi le partage ne peut caufer aucun préjudice au créancier d'un des copartageans qui s'eft fait nantir fur l'héritage , dont une portion appartenoit auparavant par indivis à fon débiteur. *Voyez* M. le Prêtre , cent. 4. chap. 3. vers la fin.

Touchant le nantiffement , *voyez* ce que j'en ai dit fur l'art. 170. de la Coutume de Paris.

N A T I O N , fe dit dans les Univerfités d'une certaine diftinction d'Ecoliers , de Profeffeurs & de Colleges. *Voyez* ce qui en eft dit dans le Dictionnaire de Trévoux.

N A T U R A L I S E R , fignifie rendre un étranger capable de tous effets civils , de la même maniere que font les Regnicoles & originaires François.

Cette grace ne peut s'accorder que par Sa Ma-

jefté ; c'eft pourquoi les étrangers qui défirent en jouir , obtiennent en grande Chancellerie des Lettres de naturalité , par lefquelles le Roi leur permet de demeurer en France , d'y acquérir des biens , de pouvoir librement difpofer de ceux qu'ils auront acquis par quelque difpofition que ce foit , ou par actes entre vifs , comme par contrats , ou par derniere volonté , teftamens ou codicilles ; de fuccéder à leurs parens , & que leurs parens leur fuccedent , pourvû que leurs parens foient Regnicoles ou naturalifés ; de pouvoir exercer des Charges dans le Royaume , & d'y pouvoir poffeder des Bénéfices eccléfiaftiques ; & enfin de jouir de tous les autres droits dont jouiffent ceux qui font nés en France , defquels autrement ils feroient incapables.

Chez toutes les Nations on a toujours préféré les habitans du pays aux étrangers. Selon les préceptes de Licurgue , on ne fouffroit à Lacédémone que ceux qui étoient de la Patrie ; & fi l'entrée d'Athenes étoit libre , les habitans de cette fameufe Ville ne laiffoient pas d'y être diftingués plus que ceux qui tiroient leur origine d'ailleurs.

L'hiftoire nous apprend combien il étoit néceffaire d'un étranger d'acquérir à Rome le droit de Bourgeoifie.

En France , tous les ports font ouverts à ceux qui abandonnent leurs pays pour y venir habiter : le Roi ne refufe point de naturalifer les étrangers qui lui demandent cette grace ; mais quand ils meurent en France fans avoir pris cette précaution, il eft jufte que Sa Majefté leur fuccede par droit d'aubaine.

Ce droit eft inféparable de la Couronne , fans qu'il puiffe appartenir à quelque Seigneur que ce foit. Les aubains ne font dans le Royaume que par la permiffion du Roi , qui veut bien les y fouffrir ; c'eft pourquoi il eft jufte que les droits & avantages qui peuvent revenir en conféquence de la demeure qu'ils font en France , appartiennent à Sa Majefté. Il y a une Déclaration du mois de Février 1720. regiftrée au Parlement de Paris le 29. Avril fuivant, qui porte révocation & nullité des Lettres de naturalité accordées aux étrangers qui ne refident pas dans le Royaume , conformément à la déclaration du 21. Août 1718. rendue au fujet des Genois naturalifés , & à l'Arrêt du Confeil rendu en interprétation le 21. Novembre fuivant.

Voyez Aubains. *Voyez* Droit d'Aubaine. *Voyez* Lettres de naturalité.

N A U F R A G E. La contribution pour la perte des marchandifes que l'on jette à la mer , dans la crainte du naufrage , doit fe faire parmi nous de la maniere qui avoit été prefcrite par la Loi *Rhodia*. *Voyez* ce que nous avons dit à ce fujet , lettre L , en parlant de la Loi *Rhodia*.

A l'égard des marchandifes & autres chofes qui ont été dans un naufrage englouties dans la mer , quand enfuite elles font retirées , il en appartient, un tiers au Roi , un tiers à l'Amiral , & l'autre tiers à celui qui les a retirées de la mer.

Boniface tom. 1. liv. 8. tit. 18. chap. 3. rapporte un Arrêt du Parlement de Provence , du mois de Novembre 1664. qui confirma une procédure

criminelle faite contre celui qui avoit pris une chose périe par naufrage, à deffein de la dérober.

NAVIGATION, doit être entièrement
libre : c'est pourquoi les moulins qui font fur les
rivieres, doivent être placés de maniere qu'ils
n'empêchent point la navigation.

Voyez M. Brillon dans fon Dictionnaire, *verbo*
Navigation, où il remarque plufieurs Edits, Déclarations & Arrêts, qui contiennent des Réglemens fur le fait de la Navigation.

N E

NÉANT, APPELLATION AU NEANT. Lorfque
les Cours fouveraines confirment un Jugement
dont l'appel étoit porté devant elles, fi c'eft en matiere civile ou du petit criminel, elles prononcent
par *l'appellation au néant*; fi c'eft une matiere
de grand criminel, elles prononcent par *bien jugé,
mal & fans grief appellé.*

Les Juges inférieurs devant lefquelles font portées des appellations, ne peuvent jamais, foit au
civil ou au criminel, prononcer *au néant*, mais par
bien ou mal jugé. Voyez ci-après les Prononciations
des Jugemens.

NÉANT, fe dit dans les comptes & dans les
déclarations de dépens, quand les articles font tirés à néant, & qu'il n'y a qu'un fimple mémoire,
ou qu'on n'y taxe aucune fomme.

NEGATIVE, eft la dénégation d'un fait,
quand elle eft vague & indéfinie; telle que celle
qui n'eft circonftanciée d'aucune allégation qui
puiffe la faire valoir, la preuve en eft impoffible,
comme je l'ai dit *verbo* Preuve, & *verbo* Dépofition negative.

Mais pour bien entendre ce qui regarde ce
fujet, il faut obferver que les Docteurs établiffent
trois fortes de négatives; fçavoir, une négative
de fait, une négative de droit, & une négative
de qualité.

La négative de fait, eft celle qui n'eft pas vague
& indéfinie, dont la preuve eft admife; par exemple, quand celui qui eft accufé d'avoir commis un
meurtre un tel jour dans un tel lieu, peut fe juftifier en niant qu'il fut alors dans ces endroits;
comme nous avons dit *verbo* Alibi.

La négative de qualité, eft quand on nie qu'une
certaine qualité foit dans une chofe ou dans une
perfonne; comme fi on nie qu'un tel héritage, qu'un
tel fonds eft en roture ou en fief. Cette négative
doit être prouvée par celui qui l'allegue, quand
il fe fonde fur icelle.

La négative de droit, eft quand on nie qu'un acte eft valable, attendu qu'il n'eft pas revêtu de
toutes les folemnités requifes; c'eft à celui qui allegue qu'il n'eft pas valable, à en juftifier la défectuofité. *Leg.* 11. *cod. de probationib.* La raifon
eft, que tous les actes font préfumés fait dans les
formes, & felon la difpofition du droit, jufqu'à ce
qu'on juftifie le contraire. *Leg.* 5. §. 1. *ff. eod. tit.*
uncta, Leg. 18. *cod. ibidem.*

NEGOCE, fignifie trafic ou commerce, foit en
argent foit en marchandifes. Tous les Négocians

doivent avoir grand foin de conferver leur crédit
fur la place.

Savary a écrit du négoce, & a intitulé fon Livre : *le parfait Négociant.*

NEGRE, fe dit de ces efclaves noirs qu'on tire
de la côte d'Afrique, & qu'on vend dans les Ifles
de l'Amérique, pour la culture du pays; & dans
la terre ferme, pour travailler aux mines, aux
fucreries, &c. *Voy.* ce que j'en ai dit *verbo* Efclave.

NEVEU, terme rélatif à oncle & à tante qui
fignifie le fils du frere ou de la fœur de celui dont
on parle, & qui lui eft parent au troifieme dégré,
felon le Droit civil; & au deuxieme, felon le
Droit canon.

PETIT NEVEU, eft le fils du neveu à l'égard
du grand oncle, ou fils de fa niece. Ils font au
quatrieme degré de parenté, felon le Droit civil;
& au troifieme felon le Droit canon.

NEVEU A LA MODE DE BRETAGNE, eft le fils
d'un coufin germain, ou d'une coufine germaine :
ce qui vient de ce qu'en Bretagne, les coufins germains font appellés oncles des fils de leurs coufins
germains.

NEUFME, Droit de neufme ou de mortuage,
étoit un droit connu dans quelques Provinces, &
particuliérement dans celle de Bretagne, qui con-
fiftoit dans une portion des meubles, que les Curés prétendoient dans la fucceffion des perfonnes
décédées, pour leur fépulture & inhumation.

Ce droit eft appellé *neufme*, parce qu'il étoit la
neuvieme partie de certains biens.

Il étoit appellé *tierçage*; parce que cette neuvieme partie ne fe prenoit que fur un tiers des
meubles de la communauté du décédé.

Enfin il étoit appellé *mortuage*, parce qu'il s'exigeoit comme un tribut fur les morts.

C'étoit une efpece d'exaction odieufe, à laquelle
les Nobles fe font vigoureufement oppofés, de
maniere qu'ils en ont toujours été exempts.

Voyez M. Brillon, *verbo* Neufme & les Auteurs
qu'il cite.

N O

NOBLES, font ceux qui ont le titre de nobleffe
fur l'ancienneté de leur race, & pour avoir toujours vécu noblement, ou qu'ils font dûement
annoblis par le Prince. Noble vient de *nobilis*,
ou du vieux mot Latin *nofcibilis*, qui fignifie celui
qui fe fait connoître.

Le Noble eft une perfonne diftinguée, ou par la
vertu de fes ancêtres, ou par la faveur du Prince.
Les premiers font les nobles de race; & les autres
font ceux à qui le Roi a par grace fpéciale accordé
des Lettres de nobleffe, ou qui poffedent des Charges qui annobliffent.

Il y a donc trois fortes de Nobles. Les uns font
nobles de naiffance, tels font ceux qui defcendent
des anciennes Maifons & Familles, que l'on appelle Noble de race, & ceux qui tiennent leur
nobleffe de leur pere ou ayeul, que l'on nomme
fimplement Nobles de naiffance, & non pas Nobles de race.

Les autres acquierent la Nobleffe par leur profeffion & par les fervices qu'ils rendent au Prince & à l'Etat ; & on les appelle Nobles d'Office, c'eft-à-dire, devenus nobles par les provifions que le Roi leur a accordées d'Offices, qui annobliffent par rapport à la nobleffe de leurs fonctions.

D'autres enfin deviennent nobles en vertu de Lettres de nobleffe qu'ils obtiennent du Roi.

Ainfi, nobles par Lettres, font ceux que le Roi par grace fpéciale, & pour récompenfe des fervices rendus à Sa Majefté ou à l'Etat, honore & décore du titre de nobleffe par des Lettres expédiées à cet effet.

Depuis long-tems la poffeffion des fiefs de dignité ne change point l'état des perfonnes. *Nobles étoient jadis non feulement les extraits de noble race en mariage, ou qui avoient été annoblis par Lettres du Roi, ou pourvus d'Offices nobles ; mais auffi ceux qui tenoient fiefs & faifoient profeffion des armes.* Loyfel, liv. 1. tit. 1. regle 9.

Mais cela fut changé par l'Ordonnance de Blois de 1579. article 258. qui porte, que *les roturiers & non nobles, achetant fiefs nobles, ne feront pour ce annoblis., ni mis au rang & degré des nobles, de quelque revenu & valeur que foient les fiefs par eux acquis.*

Les nobles font proprement fujets du Roi ; & fur le fondement de ce privilege, ils n'étoient autrefois jufticiables que du Roi feul, ou des Juges royaux.

Mais cet ancien droit eft abrogé ; & les nobles demeurans dans les terres des Seigneurs Jufticiers, font obligés de plaider en leurs Juftices, tant en matieres civiles, réelles, perfonnelles & poffeffoires, qu'en matieres criminelles.

Voyez Loyfel, liv. 1. titre 1. regle 18. & fuivantes, & les notes de M. Lauriere. *Voyez* auffi ce que j'ai dit ci-deffus, en parlant de la haute-Juftice, *verbo* Juftice ; & ci-après *verbo* Nobleffe.

Le devoir auquel les nobles font indifpenfablement obligés de faire attention, confifte non-feulement à ne point faire d'acte dérogeant à leur qualité, mais encore à relever l'éclat de leur nobleffe par la probité, la douceur, & la pratique de toutes les vertus.

C'eft en effet l'unique moyen de fe faire refpecter & chérir ; au lieu que ces hauteurs infupportables & ces violences barbares qui ne conviennent qu'à des gens de la plus baffe extraction, attirent à certains Gentillaftres, qui n'ont quelquefois ni mérite, ni biens, ni honneur, la haine & le mépris de leurs voifins, & de tous ceux qui ont le malheur d'avoir affaire à eux. *Certiffimum eft veræ nobilitatis argumentum urbanitas & manfuetudo ; ftolidæ verò rufticitatis fuperba ferocitas & inclementia.*

Qu'y a-t-il donc de plus méprifable, qu'un noble, qui au lieu de vivre noblement, fe couvre lui-même d'infamie par fes baffeffes, par fes brutalités & par fes forfaits, & qui veut qu'on le révere, nonobftant toutes fes forfanteries audacieufes, tous fes défauts & tous fes vices ? *Verum eo majori homines notantur infamiâ, quo majori natalium fplendore illuftrantur.*

Au refte, les Avocats & les Docteurs en médecine font qualifiés de Nobles dans les Provinces de Lyon, Forez, Beaujolois & auffi dans quelques autres endroits du Royaume ; mais ce terme n'eft alors qu'une fimple épithéte, confacrée en quelque maniere au mérite des hommes de Lettres, qui ne peut avoir d'autre fignification que celle de fon étymologie. Noble en François vient du mot latin *nobilis*, qui fignifie *notus & nofcibilis.*

Ainfi quand un Avocat, ou un Médecin eft appellé Noble, cela ne veut dire autre chofe, finon un tel connu & diftingué par la fcience dont il fait profeffion. Cette qualité de noble ou de noble homme, ne faifant point titre de nobleffe, ceux à qui l'on eft en ufage de le donner, ne peuvent pas être pourfuivis comme ufurpateurs de nobleffe. Uniquement attachés au caractere qu'imprime le fçavoir & le mérite, ils cherchent bien moins à briller par de vains titres d'une ambition mal-entendue, qu'à fe rendre utiles au Public par de folides effets de leur art.

Saint Auguftin, dans fon Commentaire fur le Pfeaume 28. dit qu'il n'eft rien de plus grand, rien de plus digne de l'eftime des hommes que le miniftere des Avocats & des Médecins ; qu'il n'y a perfonne dont on puiffe tirer, dans l'embarras des affaires, & dans les infirmités de la vie, des fecours plus efficaces : & il appelle leur emploi la plus excellente fonction du monde.

On ne doit donc point envier au mérite un titre qui l'honore & qui n'eft point à charge à l'Etat, puifqu'il n'exempte point des tailles ni des charges roturieres. *Voyez* ce qui eft dit à ce fujet dans le feizieme tome des Caufes célébres, & ce qui eft dit ci-après, *verbo* Nobleffe, qui vient de l'efprit & de la fcience.

NOBLESSE, (qui eft le fecond ordre des trois Etats de France) eft une qualité qui donne à ceux qui en font revêtus, plufieurs droits, privileges, prérogatives & exemptions, qui les diftinguent du commun des hommes.

Nous allons donner ici les principes généraux qui concernent cette matiere ; ceux qui fouhaiteront l'approfondir davantage, n'auront qu'à voir le Traité de la Nobleffe, fait par Gilles André de la Roque, & les autres auteurs qui en ont traité, & dont les noms font rapportés par le P. le Long, pag. 822. & fuivantes.

La Nobleffe dans fon origine a pour feul fondement le mérite & la vertu. *Nobilitas fola eft atque unica virtus.* C'eft la récompenfe des fervices que l'on a rendus à l'Etat. Par cette raifon, la Nobleffe n'eft point héréditaire à la Chine, fuivant ce qui eft rapporté dans le fecond tome de l'Hiftoire de cet Empire, fi ce n'eft dans la famille du célebre *Confucius.* Le fils de celui qui a poffédé les plus hautes dignités, rampe avec le peuple, s'il ne s'éleve par lui-même ; il hérite des biens & non des honneurs de fon pere.

Néanmoins comme il eft naturel de récompenfer dans la perfonne des defcendans la vertu de leurs ancêtres, on a trouvé à propos en France & dans d'autres Royaumes, que ceux qui auroient par leur mérite acquis la Noblesse, communicassent ce glorieux titre à leur postérité, & la fissent jouir de toutes ses prérogatives.

Ainsi la Noblesse vient aujourd'hui ou de naissance ou d'annoblissement ; mais la premiere est la meilleure : ainsi l'on appelle proprement nobles que ceux qui le sont par naissance ; & l'on donne le nom d'annoblis à ceux qui sont faits nobles, qui ne le sont pas d'extraction, & qui ne sont dûement nobles que par Lettres d'annoblissement, ou par la reception en quelque dignité ou office, à qui le Prince à joint le titre de noblesse.

Il faut néanmoins demeurer d'accord que ces sortes de noblesses sont égales en France, quant aux priviléges & exemptions ; mais il n'en est pas de même à l'égard de certains honneurs qui sont spécialement déférés à la noblesse d'extraction.

Mais on demande si la noblesse qui s'acquiert par certaines charges ou par lettres, se communique aux enfans ?

Il faut dire que oui ; car les Edits qui attribuent la noblesse à certaines charges font toujours mention des enfans & postérité. A l'égard des Lettres de noblesse qu'il plaît au Roi accorder à quelqu'un pour le recompenser de ses belles actions & de son mérite dans l'épée, dans la robe, & dans les beaux arts, on pourroit douter de l'intention de Sa Majesté, si ces Lettres ne comprenoient ses descendans ; mais l'usage s'est introduit de les comprendre toujours dans ces sortes de Lettres. Tel est aujourd'hui le style de la Chancellerie.

Si la noblesse n'étoit pas héréditaire, & que ce fût une récompense qui ne s'accordât que personnellement aux Particuliers qui l'auroient méritée par leurs belles actions & par leurs vertus, il y a des Nobles qui seroient mis au rang des plus vils & des plus abjets Roturiers ; car les récompenses & les louanges des prédécesseurs sont un blâme pour leurs descendans, quand ils ne les égalent pas ; & souvent même il est beaucoup plus glorieux d'être l'auteur de sa noblesse, que d'en être redevable à sa naissance : en un mot, il est plus glorieux d'être le premier de sa race, que le dernier.

Venons à présent à l'explication des trois sortes de noblesses qui sont reçues dans ce Royaume.

La noblesse qui s'acquiert par la naissance est celle qui vient de la descendance & filiation, & qui n'a passé du pere ou autre ascendant paternel en la personne de ses descendans nés en légitime mariage.

Comme la noblesse a été rendue héréditaire en France, elle se continue dans les descendans par mâles, jusqu'à ce qu'elle soit éteinte, ou faute de mâles, ou par actes dérogeant à la noblesse.

Ainsi, lorsque le pere est noble & vivant noblement, quoique la femme soit roturiere, leurs enfans sont nobles, & suivent la condition de leur pere.

On peut dire même que cette régle est fondée en raison, non-seulement par rapport à ce que nous venons de dire, mais encore par rapport à la premiere formation de l'homme ; car Dieu créa d'abord Adam, & ensuite il forma la femme d'une côte qu'il avoit tirée d'Adam. Enfin, comme dans la suite la propagation du genre humain ne s'est faite que par la conjonction de l'homme & de la femme, & que depuis l'enfant s'est toujours formé de ce que la mere a reçu du pere, il est très-juste qu'elle & l'enfant suivent la condition du pere.

Comme par le sacré lien du mariage l'homme & la femme ne font qu'une même chair, il est juste que cette union rende la femme participante des droits & prérogatives de son mari, qu'elle les conserve même toujours après sa mort, pendant le tems qu'elle demeure en viduité.

A l'égard des enfans, il est sans difficulté, que quand ils sont issus d'un pere noble, ils le sont aussi, comme nous l'avons déja dit, parce que les enfans nés en légitime mariage, suivent la condition de leur pere.

La noblesse des peres ne se communique qu'aux enfans légitimes, ou légitimes par mariage subséquent : d'où il s'ensuit que les bâtards d'un Gentilhomme, quoique légitimés par Lettres du Prince, ne sont pas nobles. La raison est que comme les bâtards n'ont point de pere certain, ou du moins qui soit reconnu par la Loi, ils sont au rang des roturiers. *Voyez* ci-dessus, *verbo* Bâtard.

Les enfans des annoblis sont véritablement nobles de naissance, parce qu'ils tirent leur noblesse de leur filiation ; mais ils ne sont pas nobles de race. Ce titre n'appartient qu'à ceux qui tiennent leur noblesse de leurs ancêtres.

La noblesse des filles finit toujours en leurs personnes, & elles ne la transmettent point à leurs enfans, parce que la noblesse des filles est pure personnelle ; d'autant que la noblesse est une récompense de services rendus à l'Etat, dans la robe ou dans l'Epée : d'ailleurs il est certain que *Mulier est caput & finis familiæ*.

Quoique la noblesse qui s'acquiert par la naissance soit très-estimable, & que ce soit un très-grand avantage d'être né d'une illustre famille, il ne faut pas pour cela s'en tenir à l'honneur qui en provient, il faut au contraire suivant ce que nous avons dit ci-dessus, avoir une attention particuliere à en soutenir l'éclat par ses propres vertus & par ses propres actions, & être bien persuadé qu'on ne mérite guéres l'estime des hommes, quand on ne tire son lustre que de la vertu de ses ancêtres.

Autrement on pourroit dire que la noblesse, qui doit être la marque & la récompense de la vertu, ne seroit qu'une de ces opinions chimeriques enfantées par un orgueil excessif, ou une fade prévention attachée à l'esprit des gens, qui ne pouvant se distinguer des autres hommes par leur mérite & par leurs talens, font ostentation de leur naissance, s'imaginant être par ce moyen au-dessus des autres, comme si la raison ne nous enseignoit pas qu'il ne faut considérer l'homme que par lui-même, & non pas par rapport aux vertus de ses ancêtres, qui lui deviennent tout-à-fait étrangeres, quand il n'y répond pas.

On peut rapporter à cela ce que M. Brillon

dit avoir lû dans un Manuscrit anonyme, que la noblesse est à la vertu ce qu'est la niche à la statue, l'enchassure à un riche tableau, l'or aux pieterries & aux diamans, la beauté du corps à l'ame, & l'habit à la grace du corps; elle n'ajoute rien à sa perfection; mais elle la fait mieux paroître : les belles & excellentes parties qui se rencontrent en une nature relevée de naissance & d'extraction, sont comme les étoiles semées sur l'azur des globes célestes; elles ont beaucoup plus de lumiere, de lustre & d'éclat.

Alphonse, Roi d'Aragon, s'entendant louer sur ce qu'il étoit fils de Roi, neveu de Roi & frere de Roi, dit au flatteur : *Je compte pour rien ce que vous estimez tant en moi; c'est la grandeur de mes Ancêtres & non pas la mienne. La vraie noblesse n'est point un bien de succession; c'est le fruit & la récompense de la vertu.*

Si la noblesse soutenue d'un mérite personnel est un titre très-respectable, celle qui est pour ainsi dire toute nue, n'est qu'une chimere. En effet, à quoi servent ces vieilles pancartes échappées à la pourriture, si l'on dément une haute naissance par des bas sentimens, & par des actions infames? En un mot, si celui qui est noble de naissance, passe ses jours dans la mollesse & dans l'oisiveté, la gloire de ses Ancêtres n'empêchera pas qu'on le méprise.

Voyez ce que dit l'Auteur des Mêlanges d'Histoire & de Litterature, tome second, pag. 278. & suivans, au sujet de la noblesse qui s'acquiert par la naissance.

La noblesse qui vient d'annoblissement, est une noblesse naissante qui vient de la concession faite à quelqu'un par le Prince, du titre de Noble par des Lettres de noblesse ou qui vient de la réception en quelque dignité ou office à qui le Prince a joint le titre de noblesse.

Le droit d'annoblir est un droit de Souveraineté; par conséquent il n'y a en France que le Roi qui ait le pouvoir d'annoblir dans ses Etats, comme l'a très-bien expliqué M. le Bret dans son traité de la Souveraineté, liv. 2. chap. 10.

La raison est, qu'étant la source de toute noblesse, il n'en fait part qu'à qui il lui plaît, & on présume toujours que c'est pour récompense de services.

Le Roi annoblit de deux manieres. Premiérement, par Lettres d'annoblissement, lesquelles contiennent la clause de transmission de noblesse à sa postérité; ainsi cette noblesse passe aux enfans & descendans par mâles.

Mais pour que l'impétrant jouisse du contenu auxdites Lettres d'annoblissement, il faut qu'elles soient vérifiées & enregistrées en la Chambre des Comptes, en la Cour des Aides & au Parlement.

En la Chambre des Comptes, parce que toutes les concessions de nos Rois y sont enregistrées, & que d'ailleurs les impétrans y doivent finance, laquelle y est fixée & arrêtée.

En la Cour des Aides, pour l'exemption des tailles & autres subsides.

Au Parlement, à l'effet des partages nobles & autres droits de noblesse, dont la discussion est souvent portée au Parlement.

En second lieu, le Roi annoblit par les provisions d'un Office qui annoblit, comme un Office de Secrétaire du Roi, de Conseiller au Parlement de Paris & autres.

Mais afin que l'Officier puisse transmettre la noblesse à ses enfans, il faut qu'il meure revêtu de sa Charge; ou qu'après vingt ans d'exercice il ait obtenu de Lettres de vétérance.

La noblesse est une qualité adventice & accidentelle : dans le doute, on présume plutôt qu'un homme est roturier que Gentilhomme, à cause que la seule nature fait des roturiers & non pas des nobles. *Nobilitas est qualitas adventitia, quæ nobis non inest à natura, ideòque non præsumitur : & qui se nobilem asserit, probare debet, tanquam hujusmodi qualitas paucis insit. Bald. ad Leg. non ignorat. cod. qui accus. non possunt.*

Comme les nobles, à cause du rang qu'ils tiennent au dessus des autres hommes, ont plusieurs priviléges & prérogatives, ce n'est pas assez pour en jouir de se dire de cet ordre distingué, il faut faire preuve par écrit.

Ceux qui tiennent la noblesse de leurs ancêtres, sont obligés, si on conteste leur qualité, de justifier par titres authentiques la possession & jouissance de leur noblesse; c'est-à-dire, d'articuler des faits de généalogie, & de prouver par des actes solemnels, comme sont des contrats de mariage, des extraits baptistaires, des partages nobles entre freres & sœurs & des testamens que leurs pere & ayeul ont eu la qualité de nobles.

Il faut enfin qu'ils justifient par ces titres que leurs ancêtres par mâles ont été nobles, & qu'ils ont toujours continué de l'être successivement & sans interruption.

Pareillement ceux qui sont annoblis par des Lettres vérifiées au Parlement, à la Chambre des Comptes & à la Cour des Aides, ou pourvûs d'une dignité qui tienne lieu d'annoblissement, sont dans la même obligation de représenter leurs titres à ceux qui ont intérêt de contester leur état.

Les principaux droits des nobles sont, I°. D'avoir le droit de prendre la qualité d'Ecuyer, & de porter armoiries timbrées.

II°. Ils sont exempts de tailles & de subsides qui ne sont imposés qu'aux roturiers. Ordonnance de Blois, article 5. Il faut néanmoins excepter certains cas; où la noblesse ne donne point de titres d'exemptions des taxes extraordinaires.

III°. Ils peuvent seuls posséder des fiefs & autres biens nobles, & les roturiers n'en peuvent posséder ou du moins il faut pour cela qu'ils payent au Roi une finance appellée droit de francs-fiefs, & de nouveaux acquêts, s'ils n'en sont exempts par un privilege spécial, comme les Bourgeois de Paris.

IV°. Les Nobles sont exempts des corvées personnelles dont un héritage peut être chargé, mais ils ne sont pas exempts des corvées réelles dont ils doivent l'estimation, en sorte qu'un noble succédant à un fonds asservi à pareilles corvées, doit payer un homme qui satisfasse, sinon payer l'évaluation.

Ainsi

Ainfi jugé par Arrêt rendu au Parlement de Grenoble le 6. Septembre 1663. rapporté par Baffet, tom. 2. liv. 3. tit. 11. chap. 4.

V°. Les nobles vivant noblement ne plaident s'ils ne veulent, en demandant ou en défendant en matiere civile, perfonnelle, ou poffeffoire, que pardevant les Baillifs & Sénéchaux, & Juges Préfidiaux, à l'exclufion des Prévôts & Châtelains, & autres Juges royaux inférieurs : privilege accordé aux nobles par l'article 5. de l'Edit de Cremieu, afin qu'ils ne foient pas tenus de paffer par les trois degrés de la Jurifdiction royale. Néanmoins quand ils font demeurans dans la Juftice d'un Seigneur Haut-Jufticier, & qu'ils font pourfuivis en matiere civile, perfonnelle ou poffeffoire, ils ne peuvent décliner fa Jurifdiction: ce qui a été ainfi réglé par une déclaration faite fur le fufdit article 5. de l'Edit de Cremieu, en faveur des Hauts-Jufticiers. Voyez Henrys & fon Commentateur, tom. 1. liv. 2. queft. 34. où eft rapporté un Arrêt du Parlement du 28. Avril 1713. par lequel les Juges des Seigneurs Hauts-Jufticiers font maintenus dans le droit de connoître des caufes des nobles, privativement aux Juges Royaux, Baillifs & Sénéchaux.

VI°. Les Nobles ne peuvent être pourfuivis criminellement en premiere inftance que pardevant les Baillifs & Sénéchaux, à l'exclufion des autres Juges royaux inférieurs, ou pardevant les Juges des Seigneurs Hauts-Jufticiers, quand ils font demeurans dans l'étendue de leur Juftice, fuivant la fufdite Déclaration. Et quand l'appel du Jugement rendu contr'eux en matiere criminelle eft porté au Parlement, ils ont le privilege de pouvoir être jugés en la Grand'Chambre, les Chambres affemblées, s'ils le requierent, avant que les opinions foient commencées, fuivant l'article 21. du titre 1. de l'Ordonnance criminelle.

Il y a encore d'autres droits particuliers qui font attribués à la Nobleffe. Par exemple, la Coutume de Paris en l'article 238. accorde un préciput au furvivant des deux conjoints nobles, dont les roturiers ne jouiffent pas. Voyez Précipue de l'aîné., & ce que j'ai dit fur l'article de la Coutume de Paris.

Cette même Coutume au titre 12. met plufieurs différences entre la garde-noble & la garde bourgeoife, qui rendent la premiere plus étendue & plus avantageufe que l'autre. Voyez ce que j'ai dit fur l'article 265. de cette Coutume.

Il ne fuffit pas d'être noble de race ou annobli pour jouir des avantages de la nobleffe, il faut en conferver perpétuellement l'honneur fans interruption; ainfi la nobleffe fe perd par dérogeance; c'eft-à-dire, par acte dérogeant à la qualité de noble. Ceux qui étant nobles, fe font Marchands ou Artifans, Sergens ou Huiffiers, ou prennent d'autres emplois qui ne conviennent qu'aux roturiers, ou qui prennent des fermages, dérogent à leur nobleffe; & en perdent tous les privileges; mais ils peuvent, après avoir quitté le trafic & la marchandife, ou quelqu'autre emploi dérogeant qu'ils avoient embraffé, s'en faire relever, en obtenant du Prince des Lettres de réhabilitation. Voyez Lettres de Réhabilitation.

Comme la pauvreté accompagne fouvent la vertu, & que la nobleffe ne donne pas de quoi vivre; pour ne pas expofer les nobles qui fe pourroient trouver dans la difette, à la mifere, ou à la honte de fe faire roturiers pour gagner leur vie, il leur eft permis de faire fans déroger quelque profeffion honnête, comme d'Avocat, Médecin, d'enfeigner les Sciences, même de labourer les terres, pourvû qu'ils ne cultivent que celles qui leur appartiennent.

Ainfi le noble qui laboure dans fes terres, & qui cultive lui-même fes fonds, ne donne aucune atteinte à fa nobleffe. V. Guy-Pape, queft. 41. & 392.

Par des raifons de commerce, il a été permis aux nobles de pouvoir, fans déroger, faire trafic fur mer, pourvu qu'ils ne vendent point en détail, comme il eft porté en l'Edit du mois d'Août 1669. vérifié au Parlement & en la Cour des Aides.

Enfin, par un autre Edit du mois de Décembre 1701. regiftré au Parlement le 30. Décembre, Sa Majefté a permis à tous fes Sujets nobles par extraction, par charges ou autrement, excepté ceux qui font actuellement revêtus de charges de Magiftrature, de faire librement toute forte de commerce en gros, tant au-dedans qu'au dehors du Royaume, pour leur compte, ou par commiffion, fans déroger à leur nobleffe.

En Bretagne, le trafic même en détail ne déroge point à la nobleffe : il eft vrai que tant qu'un noble exerce la marchandife en détail, il ceffe de participer aux privileges de la nobleffe, laquelle dort pour ainfi dire pendant ce tems ; mais il la reprend en quittant fon négoce, fans avoir befoin de Lettres de Réhabilitation.

Sur ce que nous venons de dire, il faut remarquer : Premiérement, que quoique les nobles qui prennent des héritages à ferme dérogent à leur nobleffe, néanmoins quand ce n'eft pas de deffein prémédité, mais feulement par occafion dans un cas de néceffité, & pour un refte de tems, ils ne font pas cenfés déroger à leur nobleffe.

Ainfi par Arrêt rendu en la Cour des Aydes d'Auvergne, il a été jugé qu'un noble, héritier d'un coufin roturier qui étoit décédé avant la fin des baux de quelques héritages qu'il tenoit à ferme, n'avoit point dérogé à la nobleffe, pour avoir continué lefdits baux jufqu'à la fin. Voyez la Bibliotheque de M. Bouchel, verbo Nobleffe, tom. 2. pag. 813. à la fin.

Il y a même un cas où les nobles peuvent prendre de leur chef des fermes, fans déroger à nobleffe ni à fes privileges, c'eft quand ils prennent à ferme des Terres des Princes & Princeffes du Sang ; comme il a été décidé par Arrêt du Confeil d'Etat du 25. Février 1720.

La deuxieme remarque qu'il convient de faire fur ce que nous avons dit ci-deffus, eft que par Arrêt du Confeil d'Etat du 10. Octobre 1668. les enfans nés avant la dérogeance de leurs Peres nobles, font déclarés exempts defdites dérogeances & déchargés d'obtenir des Lettres de Réhabilitation.

La troifieme remarque eft, que non-feulement on perd la nobleffe par trafic & négoce dérogeant, mais auſſi pour tout crime infamant ; de maniere néanmoins que le crime de leze-Majeſté prive de la Nobleſſe, non-ſeulement celui qui en eſt convaincu, mais auſſi ſes enfans ; au lieu que les autres crimes, quoiqu'ils ſoient ſuivis de condamnations infamantes, ne privent de la nobleſſe que la perſonne du condamné.

Il faut excepter le cas auquel un homme qui n'avoit qu'une nobleſſe d'office ou de dignité, ſeroit condamné à une peine infamante ; car il feroit perdre à ſes enfans les droits & les prérogatives de cette nobleſſe naiſſante, qu'il ne pourroit pas leur tranſmettre, puiſqu'il ne l'auroit pas conſervée juſ-qu'à la mort.

C'eſt une uſurpation condamnable que de ſe faire honneur de la qualité de noble quand on ne l'eſt pas ; comme je l'ai obſervé *verbo* uſurpateur de nobleſſe.

Il y a cependant quelques Provinces, comme celle du Lyonnois, Forez & Beaujolois, où ſans encourir la peine des uſurpateurs de nobleſſe, les Officiers de Juſtice, les Avocats & les Médecins de ces Provinces peuvent prendre la qualité de nobles, & ce en vertu de la poſſeſſion dans laquelle ils ſont de prendre cette qualification, & dans laquelle ils ont été maintenus par Arrêt du Conſeil d'Etat du 15. Mai 1703.

Mais cet Arrêt porte, que c'eſt ſans que cette qualité de noble puiſſe leur acquérir, ni à leurs enfans & ſucceſſeurs, le titre de nobleſſe, s'ils ne l'ont de race & d'ancienneté. *Voyez* les Obſervations ſur Henrys, tom. 2. liv. 4. queſt. 161.

Au reſte une communauté ne peut pas compromettre ſur la qualité de noble qu'un particulier s'attribueroit ; parce que ces ſortes de cauſes ſont de droit public, auquel la convention des Parties ne peut point déroger. *Voyez* Bouvot, tome 2. *verbo* Nobles.

Pluſieurs auteurs ont fait des Traités ſur la Nobleſſe, que Mr. Brillon indique dans ſon Dictionnaire.

NOBLESSE ANCIENNE, ou nobleſſe de race, eſt une nobleſſe ſi ancienne que l'on ne peut pas remonter juſqu'à ſon origine, ou du moins qui eſt immémoriale & prouvée au-deſſus de cent ans, par une continuité de nobleſſe tranſmiſe par mâles, de génération en génération, ſans interruption par aucun acte de dérogeance.

Elle ſe prouve par actes faits par les ayeul, biſayeul & triſayeul, qui juſtifient que pendant plus de cent ans au moins, ſes ancêtres ont toujours été qualifiés des titres de Nobles & d'Ecuyers, ſans aucune interruption. Sur quoi il faut remarquer que l'antiquité de la nobleſſe, bien loin d'en diminuer le prix, l'augmente conſidérablement, que plus elle eſt vieille, plus elle eſt belle. Auſſi a-t-on grand ſoin d'exiger des preuves de cette antiquité dans ceux qui demandent d'être reçus dans les Ordres de Chevalerie, où la meilleure nobleſſe n'eſt jamais trouvée trop bonne.

NOBLESSE NAISSANTE, eſt celle dont on ne peut donner de preuve qu'au-deſſous de cent ans ; à plus forte raiſon appelle-t-on naiſſante celle qu'un Particulier acquiert par quelque Office, ou par quelque Emploi, auquel le droit de nobleſſe eſt annexé ; ou celle que l'on acquiert par Lettres du Prince, pour jouir du privilége des nobles.

Quoique ceux qui ſont annoblis par les Charges ou par Lettres du Prince, tranſmettent le droit de nobleſſe à leurs deſcendans, on met néanmoins beaucoup de différence entre l'ancienne nobleſſe & la naiſſante. Les enfans des annoblis ſont véritablement nobles, & on peut même dire qu'ils ſont en quelque façon nobles de naiſſance, mais ils ne ſont pas nobles de race, juſqu'à ce qu'ils puiſſent faire remonter leur nobleſſe au-delà de cent ans, comme nous avons dit ci-deſſus.

NOBLESSE PAR LES MERES, eſt une nobleſſe qui paſſe en quelques Coutumes de la mere noble en la perſonne de ſes enfans, quoiqu'ils ſoient procréés d'un pere roturier.

Ainſi, quoique dans la regle ordinaire la nobleſſe des filles ſoit pure perſonnelle, néanmoins par un droit particulier en quelques Coutumes, comme en celle de Troyes, le ventre annoblit.

Suivant le droit commun, toute nobleſſe ne doit procéder que du pere. République de Bodin, liv. 1. chap. 3. les Inſtitutes coutumieres de Loiſel, tom. 1. liv. 1. tit. 1. art. 12. La raiſon eſt, qu'en mariage légitime, les enfans ſuivent la condition de leur pere. *Liberi ſequuntur conditionem patris, quod nomen, dignitatem & familiam, mulierque eſt caput & finis familiæ ſuæ.*

Il réſulte de ce principe que la femme noble mariée à un roturier, ne peut communiquer ſa nobleſſe à ſes enfans, & les rendre d'une condition que de celle de leur pere ; d'autant plus que la nobleſſe eſt une eſpece de récompenſe des ſervices rendus à l'Etat dans la Robe ou dans l'Epée : ce qui ne peut regarder que les hommes.

Auſſi ne fonde-t-on la dérogation à cette regle que ſur un privilege ſpécial accordé aux femmes nobles de Champagne, après une grande défaite de nobles de cette Province, qui leur a permis de ſe marier à des roturiers, avec le privilege d'annoblir les enfans qui proviendroient d'un tel mariage. C'eſt ce qui fait que dans la Coutume de Troyes le ventre annoblit, comme il eſt dit en l'article 1.

Ce privilege, directement contraire au Droit commun n'a donc été fondé que ſur la néceſſité de rétablir une nobleſſe éteinte, afin de conſerver les familles de ceux qui avoient perdu la vie pour le ſalut de leur Patrie.

Mais quoique la Coutume de Troyes ait été à cet égard obſervée de tems immémorial, cette nobleſſe ne peut ſervir que pour ce qui dépend de la Coutume, comme pour tenir fiefs, pour les partages & ſucceſſions, & autres choſes ſemblables, de maniere néanmoins que cette nobleſſe ne puiſſe préjudicier aux droits du Roi. C'eſt ce que porte l'article 2. de la Coutume de Châlons ; en ces termes : *Le ventre affranchit & annoblit, pour jouir du bénéfice que la Coutume octroye aux nobles ſeulement, & non en ce qui concerne les droits du Roi.* *Voyez* Bacquet, en ſa premiere partie du droit des Franc-fiefs, chap. 11.

M. Lauriere, dans ſon Gloſſaire du Droit François, fur *Nobleſſe par les meres*, donne à cette nobleſſe une origine plus ancienne : il dit que de droit commun il y avoit autrefois en France deux fortes de nobleſſe, l'une *de parage*, ou de par le pere, qui étoit abſolument néceſſaire pour être Chevalier, & l'autre étoit de par la mere, & cette derniere étoit ſuffiſante pour poſſéder des fiefs. *Voyez* auſſi ce que dit cet Auteur à ce ſujet ſur la 22e. Regle de Loyſel, liv. 1. tit. 1.

Quoiqu'il en ſoit, la nobleſſe par les meres n'eſt aujourd'hui reçue que dans les Coutumes qui en ont une diſpoſition expreſſe.

NOBLESSE PERSONNELLE, eſt une qualification que donne le titre de certaines Charges à ceux qui en ſont pourvus, ou certaines profeſſions à ceux qui les exercent, ſans que cette qualité de noble puiſſe leur acquérir, ni à leurs enfans, le titre de la vraie nobleſſe. Ainſi cette qualification de noble peut faire jouir de quelques priviléges pendant la vie de ceux qui jouiſſent de cette qualité ; mais ils n'ont point d'autre titre de nobleſſe, ils vivent comme nobles, & doivent mourir comme roturiers : d'où il réſulte que cette poſſeſſion de nobleſſe perſonnelle n'eſt qu'un ſimple privilege, qui ne fait point un premier degré, c'eſt-à-dire, ſouche de nobleſſe.

NOBLESSE QUI VIENT DE L'ESPRIT ET DE LA SCIENCE, eſt une véritable nobleſſe, & paſſe pour telle dans toutes les Nations, ſur-tout chez les Grecs & chez les Romains. *Scientia nobiliſſimos facit, nobilitaſque filia ſcientiæ meritò nuncupatur.*

Cependant la nobleſſe qui vient de l'eſprit & de la ſcience, n'eſt en France qu'une nobleſſe purement honoraire qui n'exempte point des charges publiques, & qui n'a point de ſuite par tranſmiſſion : en ſorte qu'elle n'eſt point tranſmiſſible dans les familles, qu'autant que la ſcience & la vertu y ſont héréditaires ; mais par cette raiſon là même, elle eſt de beaucoup préférable à celle dont on eſt redevable à ſes ancêtres. La premiere eſt notre ouvrage, & l'autre eſt un préſent de la nature ; & *ſane qui genus jactat ſuum, aliena laudat.*

Voyez ce que j'ai dit ci-deſſus, ſous les mots de Nobles & ſous celui de Nobleſſe.

NOÇAGES. Ce terme ſignifie le paſt nuptial, c'eſt-à-dire le droit ou la prétention qu'ont en quelques pays, comme en Bretagne, les Curés d'exiger quelque choſe, *nomine ferculorum*, pour la célébration qu'ils ſont du Sacrement de mariage.

Voyez Ce qu'en dit M. du Cange, ſous le mot *fercula.*

NOÇAGES. Ce terme ſignifie auſſi les droits de nôce qu'avoit autrefois en quelques lieux le Seigneur d'aſſiſter aux nôces de ſes vaſſaux.

Ces droits étoient que le Seigneur féodal Haut-Juſticier, & en ſon abſence le Sergent de ſa Juſtice, devoit être convié à la nôce huit jours devant, pour accompagner l'épouſe allant à l'Egliſe, & ſe pouvoir ſeoir avant le marié à dîner, avoir deux chiens courans & un lévrier durant le dîner, & après dîner ce Seigneur ou ſon Sergent pouvoit dire la premiere chanſon.

De ce eſt intervenu Arrêt au Parlement de Paris le 6. Mars 1601. qui, en conſéquence que ces droits étoient ſpécifiés par les aveux, l'a ordonné ainſi ; d'autant qu'il n'y a rien en ces droits qui ſoit contre les bonnes mœurs.

Par la Sentence du Juge des lieux, qui fut en tout confirmée par cet Arrêt, il étoit ordonné que les mots concernant autres droits des nôces contraires aux bonnes mœurs, contenus dans les mêmes aveux, ſeroient rayés.

Bibliothéque de Bouchel, *verbo* Droits ſeigneuriaux, pag. 920.

NOCES. Ce mot vient de *nubere ;* parce qu'autrefois chez les Romains les filles que l'on marioit étoient conduites dans la maiſon de leurs Epoux, couvertes d'un voile, pour marquer leur pudeur ; & on tient que ce voile étoit d'un jaune rougeâtre.

Les Romains ſe ſervoient du mot de nôces pour exprimer une conjonction légitimément contractée entre des Citoyens Romains, & avec toutes les conditions réquiſes par les Loix civiles : & ils employoient le mot de mariage pour ſignifier celle qui ſe faiſoit du conſentement mutuel de l'homme & de la femme, ſans toutes les conditions néceſſaires pour faire ce qu'on appelle des nôces.

Parmi nous l'on entend par le mot de nôces le mariage ; c'eſt pourquoi on appelle premieres nôces, celles qui n'ont point été précédées d'aucunes autres par les Parties ; & par ſecondes, troiſiemes, & quatriemes nôces, on entend celles qui ont été précédées d'un, deux ou trois mariages. *Voyez* ce que j'ai dit dans ma Traduction des Inſtitutes, ſur le dixieme titre du premier Livre.

SECONDES NÔCES. *V.* ce que j'en ai dit, Lettre S.

NOLIS. *Voyez* Fret.

NOLISSEMENT. *Voyez* Affretement.

NOM, eſt un mot qui s'emploi pour dénoter la perſonne ou la choſe que l'on veut exprimer : *quaſi unamquamque perſonam, aut rem monſtret, ac notet quaſi notamen.*

Comme les noms n'ont été introduits que pour connoître les perſonnes & les choſes, quoiqu'un teſtateur ait erré dans le nom de la perſonne du légataire, ou dans le nom de la choſe leguée, le legs n'en eſt pas moins valable, ſi l'on peut être d'ailleurs certain de la volonté du teſtateur. *V.* ce que j'ai dit ſur le §. 29. du titre vingtieme du ſecond Livre des Inſtitutes.

A l'égard des perſonnes, il y a parmi nous deux ſortes de noms qui ſervent à les déſigner ; ſçavoir, le nom de Baptême, & le nom de famille.

Le nom de Baptême eſt une ſorte de nom que le parrein & la marreine donnent à un enfant quand on le baptiſe. Chez les Catholiques il eſt pris dans le Catalogue des Saints de la nouvelle Loi. Les prétendus Réformés & les Proteſtans affectent de prendre celui des Patriarches de l'ancien Teſtament. Ils prennent auſſi quelquefois celui des Apôtres.

Comme les rentes de l'Hôtel de Ville ſe payent ſuivant l'ordre des noms de Baptême rangés ſur les lettres de l'Alphabet, par une Déclaration du Roi du 10. Février 1706. il a été défendu aux propriétaires desdites rentes de se servir d'autres noms de Baptêmes que de leurs véritables.

Le nom de famille est un nom qui se continue de pere en fils, & qui passe à tous les descendans & à toutes les branches.

Par l'Ordonnance de 1555. il a été défendu de le changer sans une permission expresse du Roi. Mais Sa Majesté ne la refuse pas, & en accorde des Lettres de Chancellerie, quand la demande que l'on fait paroît raisonnable.

Comme le sieur Boileau a fort maltraité dans une de ses Satyres le Procureur Rolet, en disant ; *j'appelle un chat un chat, & Rolet un fripon.* Un des enfans de Rolet qui avoit été Mousquetaire, & ensuite Capitaine, pour se mettre à l'abri des insultes auxquelles il étoit continuellement exposé, obtint des Lettres du Roi, portant permission de changer & commuer son nom en celui de *Saint-But.*

J'ai connu un Procureur au Parlement qui se nomoit de son nom de famille *Molice,* lequel, pour empêcher que ce nom ne lui causât quelque tort dans une profession aussi délicate que celle qu'il vouloit embrasser, obtint des Lettres du Roi, portant permission de changer son nom en celui de *Molice.*

Il y avoit Chez les Romains différence entre *nomen, cognomen, prænomen* & *agnomen.*

Nomen, étoit le nom de famille qui étoit donné à toute la race, qui se continuoit de pere en fils, & passoit à toutes les branches.

Cognomen, étoit un surnom qui appartenoit à chaque branche sortie d'une même famille, & qui étoit mis après le nom de famille, pour différencier ceux qui étoient de la même famille, mais de différentes branches. Ainsi, *Nomen* avoit rapport à ceux que les Romains appelloient *Agnati,* & *Cognomen* & ce qu'ils appelloient *gentiles.*

Prænomen, étoit un nom propre qui appartenoit à quelqu'un en particulier, & qui étoit mis avant le nom de famille.

Agnomen, étoit un surnom qui étoit donné à quelqu'un pour quelque cause particuliere, & qui ne regardoit ni la famille ni la branche d'où il descendoit.

Voici ce qu'en a dit Denis Godefroi, sur la Loi 4. au Code *de Testamentis.*

PRÆNOMEN, inquit, est quod familiæ nomen præcedit, ut LUCIUS, PUBLIUS, MARCUS; *soletque ut plurimùm notis scribi. Hodie successit ei id quod familiæ nomini præponimus, puta* JACOBUS, PETRUS, ANTONIUS, *quod ideò docti solent etiam notis, scribere ; indocti verò propria nomina appellant.*

NOMEN, apud Romanos, significavit familiæ nomen, ut TULLIUS.

COGNOMEN erat, quod nomini conjungebatur, ut cognationis nomen.

AGNOMEN verò, cognominis nomen est, quod ob insignem aliquam rem nomini additur. Undè Cæsar à cæsarie, Cicero à cicera.

On donnoit à Rome les trois premiers noms que nous venons de dire à ceux qui étoient Citoyens Romains & ingénus, & on ne donnoit qu'un seul nom aux Esclaves. *Ingenui triplicem appellatione*

induerunt, Prænomen, Nomen & Cognomen ; servi unius nomine designabantur.

Voyez le Traité qu'a fait Gilles-André de la Roque, touchant les noms & surnoms, & ce qui en est dit dans la Bibliotheque du droit François de Bouchel.

NOM DE SEIGNEURIE, est celui qu'on ajoute au nom de famille, & qui est pris d'une terre ou d'un fief, lequel sert quelquefois de surnom ou de titre.

NOM, EN TANT QU'IL SIGNIFIE UNE DETTE, est usité dans cette phrase ; *Un tel est subrogé en tous les droits, noms, raisons & actions de son cedant, ou du créancier qu'il a payé de ses deniers.*

NOM, DU CREANCIER EN BLANC. *V.* ci-après Obligation ou Promesse, le nom du Créancier en blanc.

NOM SUPPOSÉ. *Voyez* Supposition de nom.

NOMEZ MONITOIRES NE DOIT ETRE MIS. *Voyez* Monitoire.

NOM ET ARMES. Les enfans nés en légitime mariage portent le nom & les armes de leur pere. Les Bâtards n'ont pas le même droit ; parce que les Loix ne reconnoissent point de pere à de tels enfans, & qu'elles ont voulu qu'ils suivissent en tout la condition de leur Mere : *quia mater semper certa est : pater verò is demum, quem justæ nuptiæ demonstrant.*

Néanmoins si un pere avoit reconnu que des enfans viennent de lui, ils pourroient porter son nom & ses armes, même malgré lui, sur-tout s'il décédoit sans enfans légitimes, & ne laissoit pour héritiers que des collatéraux. Ainsi jugé au Parlement de Paris, sur les conclusions de M. l'Avocat général Le Nain, par Arrêt du 18. Juin 1707. rapporté par M. Augeard, tom. 1. chap. 84.

Les Bâtards reconnus prennent donc ordinairement le nom & les armes de la maison d'où ils sortent, mais en faisant mettre la barre aux armes.

Les enfans ne peuvent pas prendre le nom & les armes de leur mere qui seroit noble, le pere étant roturier, à moins qu'ils n'en aient obtenu la permission du Prince par des Lettres Royaux.

Il arrive assez souvent qu'un testateur ou un donateur fasse une institution ou une donation, à la charge que l'héritier ou le donataire portera le nom & les armes du testateur ou du donataire ; & cette charge rend l'institution ou la donation conditionnelle. *Voyez* Guy-pape, quest. 251. Papon, liv. 20. tit. 1. nomb. 18. Peleus, quest. 143. & La Peyrere, lettre. N.

Mais la seule condition de porter le nom & les armes ne rend pas la substitution graduelle & perpétuelle, si le testateur ne s'en est pas expliqué autrement ; & elle n'affecte pas non plus les biens aux mâles, à l'exclusion des filles, Peleus, quest. 35. & 52. Charondas, liv. 10. rep. 38. & 70. M. le Prêtre, cent. 3. chap. 6. Ricard, des Substitutions, traité 3. chap. 7. part. 1. nomb. 318.

NOMINATAIRE, est la personne qui est nommée par le Roi à quelque Bénéfice, qui est à sa nomination.

NOMINATION, est la désignation de la perfonne que l'on choifit pour quelque fonction , ou quelque emploi, ou quelque bénéfice , ou quelque charge.

NOMINATION ɒᴇ Tᴜᴛᴇᴜʀ. En pays de Droit écrit , lorfqu'un Tuteur eft infolvable , ceux qui ont répondu pour lui , ou qui l'ont nommé , font tenus folidairement de payer pour lui , après difcuffion faite de fes biens.

Mais il faut pour cela que le tuteur ait été infolvable lors de fa nomination ; car s'il étoit devenu infolvable après , ceux qui l'auroient nommé , ne feroient pas refponfables ; du moins en quelques endroits de Pays du Droit écrit.

En Bretagne & en Normandie , les nominateurs du Tuteur , font garant de fon adminiftration , chacun pour leur part & portion , & non pas folidairement. Ils ne font garant que fubfidiairement , après difcuffion de fes biens meubles & immeubles. A l'égard de ceux qui ont été préfens à l'élection , ils ne font point garans de fon adminiftration , fi le Tuteur a été élu contre leur avis.

Mais reguliérement en Pays Coutumier il n'y a que le tuteur qui foit tenu de fa geftion. Auffi Mornac , fur la Loi 3. au Code *de Probationibus* , dit que *nominatores Tutorum non poffunt conveniri ex adminiftratione tutelæ , neque Judices.*

En effet dans la plûpart de nos Coutumes , les tuteurs ne font pas obligés de donner caution , & les parens qui ont donné leur avis, ne font pas refponfables de la mauvaife adminiftration du tuteur, quand même il auroit été infolvable lors de la nomination , parce que leur avis ne paffe que pour un fimple confeil ; *nemo autem ex confilio obligatur, nifi fraus fubfit.*

Enfin , le Magiftrat qui l'a reçu & nommé , n'en eft pas plus tenu , à moins qu'il n'y eût de la fraude de fa part.

Voyez Papon , liv. 15. tit. 5. nomb. 21. Maynard , liv. 6. chap. 56. Montolon , Arrêt 48. M. le Prêtre, cent. 3. chap. 61. Charondas , liv. 12. rep. 42. M. Louet & fon Commentateur, lettre T , fom. 1. *Voyez* auffi le recueil alphabétique de M. Bretonnier , *verbo* Tutelle.

NOMINATION ᴅ'Exᴘᴇʀᴛs , fignifie l'acte par lequel on convient d'iceux. *Voyez* Experts.

NOMINATION ᴀ ᴅᴇs ᴄʜᴀʀɢᴇs ᴇᴛ Oꜰꜰɪᴄᴇs. Les Seigneurs ont la nomination des Offices de leurs terres parce que ce droit eft un fruit inféparable de la Seigneurie. Plufieurs Officiers Royaux font même à la nomination ou préfentation des Seigneurs ou Engagiftes particuliers.

Les Echevins font la nomination de tous les Officiers qui font fur les Ports ; & à l'égard des Echevins , la nomination en appartient aux Officiers de la Ville.

NOMINATION ᴀ ᴜɴ ʙᴇɴᴇꜰɪᴄᴇ , eft la préfentation d'une perfonne idoine , que fait celui qui a droit de nomination au Collateur , pour qu'elle foit par lui pourvue d'un Bénéfice.

Le Patron , par exemple , préfente au Collateur une perfonne idoine , pour être pourvue du Bénéfice vacant , auquel le Patron a droit de préfenter.

On appelle auffi nomination celle qui eft faite par les Univerfités aux Collateurs des Bénéfices de ceux qui , après avoir obtenu des grades dans une Univerfité , y ont pris des Lettres de nomination , en vertu defquelles le Collateur eft tenu de conférer le Bénéfice vacant au plus ancien des Gradués nommés , lorfque le Bénéfice vient à vaquer dans les mois qui leur font affectés.

NOMINATION Rᴏʏᴀʟᴇ , eft celle que le Roi fait , ou en vertu du Concordat , ou en conféquence du Droit de Régale , ou comme Fondateur & Patron.

Comme je me fuis propofé de donner dans quelque temps un Dictionnaire de Droit Canonique, je me réferve à traiter dans cet Ouvrage ce qui regarde la nomination à des Bénéfices, & celle qui appartient au Roi ; ainfi je n'en dirai pas ici davantage.

NON BIS IN IDEM. Ces termes Latins contienne une maxime , qui eft , que pour un même crime on ne peut effuyer qu'une feule pourfuite ; c'eft-à-dire , qu'un accufé qui a été renvoyé abfous par un Jugement fouverain , ou rendu en dernier reffort, ne peut plus être pourfuivi pour le même crime.

Telles font les Loix que l'humanité a introduites en faveur des criminels. Ils ne peuvent jamais être jugés deux fois ; ni courir une feconde fois le rifque de perdre la vie , ou le rifque de quelqu'autre peine. Le bonheur d'être abfous , même injuftement , n'eft jamais vain ; & le Magiftrat animé de la Juftice , qui veut la punition du crime, a des entrailles de compaffion pour le criminel , dès que fon forfait eft expié.

Mais il faut pour cela que l'abfolution ait été prononcée *ritè* , c'eft-à-dire , dans les formes, parce qu'un Jugement dans lequel les formes n'ont pas été gardées , ne peut produire aucun effet. Ce n'eft point à proprement parler , un Jugement ; c'eft un acte nul , qui eft regardé comme non avenu.

On peut donc répéter une accufation , fi l'abfolution n'a pas été prononcée *ritè* ; c'eft-à-dire , fi les procédures néceffaires pour l'inftruction d'un Procès criminel , n'ont pas été obfervées.

Lorfque contre un Eccléfiaftique atteint & convaincu de crimes , le Juge Eccléfiaftique & le Juge Laïc ont féparément donné leur Jugement , l'Official pour les peines eccléfiaftiques , le Juge Royal pour les amendes envers le Roi , pour les peines afflictives & corporelles , on ne peut pas dire qu'on foit dans le cas de la Loi qui défend de juger *bis in idem* ; c'eft-à-dire , de rendre deux Jugemens définitifs touchant le même accufé. La raifon eft qu'il y a deux glaives différens ; l'un commence & l'autre acheve.

NON-VALEUR , fignifie dette non exigible , par l'infolvabilité du débiteur *Inanis eft actio quam exoludit inopia debitoris.*

NONCIATION ᴅᴇ ɴᴏᴜᴠᴇʟ oᴇᴜᴠʀᴇ , *voyez* Dénonciation.

NONES , eft un terme du Calendrier Romain qui fignifie le cinquieme jour du mois , dans ceux de Janvier, Février, Avril, Juin, Août , Septembre , Novembre & Décembre ; & qui fignifie le septieme jour du mois, dans ceux de Mars, Mai, Juillet & Octobre.

Voyez Calendrier.

NOTA, est un terme Latin, qui signifie une marque qu'on met en quelqu'endroit d'un Livre ou d'un écrit, pour y faire attention.

NOTAIRE. Ce mot tire son origine d'un mot latin *notæ*, qui veut dire titres, écritures, ou chiffres; parce que ceux qui recevoient anciennement les actes à Rome, les écrivoient ordinairement par abregés, ou par chiffres.

Quelques-uns cependant prétendent que ce mot de Notaire vient de ce que ceux qui passoient anciennement les actes, y mettoient leurs cachets, marques, chiffres, notes ou noms en abrégé.

Quoiqu'il en soit, un Notaire est parmi nous un officier public, dont la fonction est de rédiger par écrit, & dans la forme prescrite par les Loix, les actes, conventions & dernieres dispositions des hommes.

Mais par les Ordonnances de nos Rois, les Notaires sont obligés d'écrire les contrats & actes à l'ordinaire sans chiffres, notes, ou abréviations. Et s'ils retiennent encore aujourd'hui dans leurs minutes quelques abréviations, comme leur &c. c'est sans conséquence: & ils ne sont réputés, l'employer que pour des choses de peu d'importance, & qui n'ont pas besoin d'être exprimées, comme étant de droit, sans qu'il en soit fait mention dans l'acte.

Voyez ce que j'en ai dit ci-dessus, sous ce mot *Et cætera*.

De toutes les professions qui servent à maintenir la société civile il n'y en a gueres de plus delicate ni de plus importante que celle des Notaires.

M. Brillon *verbo* Notaire, dit à ce sujet, qu'il a été fort édifié de trouver sous ce mot, dans le Dictionnaire économique, un extrait de leurs Statuts, & les regles de leur état en ce qui concerne la probité personnelle, & leurs devoirs par rapport à la Religion. Il y renvoie le Lecteur, qu'il y trouvera une bonne morale, que la corruption des mœurs & l'avarice du siecle a rendue presque universellement inutile, & réprouvée dans la pratique.

Quoiqu'en dise cet Auteur, la plûpart de ceux qui sont à Paris cette Profession, s'en acquittent très-dignement, & on ne peut pas leur rien reprocher par rapport à la probité, & par rapport au désintéressement.

La charge de Notaire est parmi nous fort honnête; aussi est-elle compatible avec la noblesse: ainsi ceux qui en sont revêtus, lorsqu'ils sont nobles, ne dérogent pas pour cela; ils conservent leur noblesse, & la transmettent à leur postérité.

Il est vrai qu'ils sont appellés *servi publici*, *in Lege 2. ff. rem pupilli salvam fore*; *non quod revera servi sint*, *sed quod populariter rogentur & cuique serviant*.

Pour être reçu dans une charge de Notaire, il faut être majeur de vingt-cinq ans; & les Juges pardevant qui s'en fait la reception; ne les peuvent admettre qu'après avoir fait une information.

de leurs vie & mœurs, & leur avoir fait subir un examen quand ils ne sont pas reçu Avocats.

A l'égard de l'âge il y en a qui en obtiennent des dispenses, mais il faut que ce soit pour des considérations particulieres; comme si celui qui se présenteroit étoit fils de Notaire; parce qu'on présume toujours qu'étant élevé pour ainsi dire dans la profession, il a été en état de s'en rendre capable dans un âge moins avancé que tout autre.

Il y a donc quelquefois des Notaires qui sont mineurs; & alors la qualité de Notaire les rend majeurs pour ce qui est de l'exercice de leurs Charges, ou pour ce qui regarde la conduite de leurs affaires: mais non pas pour ce qui concerne l'aliénation de leurs immeubles, ni pour ce qui regarde l'intérêt d'un tiers: c'est aussi la raison pour laquelle un mineur qui seroit Notaire ne pourroit être tuteur. Brodeau sur M. Louet, lettre G, sommaire 9. nombre 5.

Les actes qui sont passé pardevant Notaires, dans la forme prescrite par les Loix, produisent trois principaux effets.

Le premier est d'avoir une date certaine, & de faire foi en Justice; en sorte que l'on ne seroit point reçu à prouver par témoins le contraire de ce qui est énoncé par les actes qui sont passés pardevant Notaires; ainsi pour les détruire, il faut nécessairement passer à l'inscription de faux.

Voyez le Recueil des actes de notorieté, pages 73, & 134.

La deuxieme est que les actes passés pardevant Notaire, emportent l'hypothéque sur les biens de l'obligé, quand même il n'en seroit point fait mention.

Le troisieme est, qu'étant scellés du sceau de la Jurisdiction dans laquelle les Notaires sont immatriculés, ils peuvent être mis à exécution, sans qu'il soit besoin de mandement ni de permission du Juge.

Ainsi les actes passés pardevant Notaires sont bien différens des actes passés sous signature privée, en ce que, I°. Ces derniers n'ont point de date certaine. II°. Qu'ils n'emportent point hypothéque. III°. Qu'ils ne peuvent être mis à exécution, qu'après avoir été reconnus en Justice, & autorisés par une Sentence du Juge.

Mais pour que les actes passé pardevant Notaires produisent les effets que nous venons de dire, il faut qu'ils soient rédigés dans la forme prescrite par les Loix, & passés par Notaires qui aient droit d'instrumenter dans le lieu où les actes ont été passés, & entre personnes dont les Notaires soient en droit de recevoir les actes; autrement ils ne pourroient passer que pour écrit fait sous signature privée.

Il paroît par ce que nous venons de dire que les Notaires assurent la foi des actes par leur témoignage, & les rendent authentiques par leur signature.

Ces Officiers sont des témoins choisis, à qui le Public se rapporte de la vérité des actes qui ont été faits en leur présence, & qu'ils ont attesté véritables. Les actes qui se passent chez eux font foi en Justice, & sont regardés comme des loix que les

Parties fe font impofées elles-mêmes dans une pleine liberté.

Auffi les Juges y déférent toujours ; de forte que ceux qui les ont paffés ne peuvent revenir contre que par l'infcription de faux, ou en rapportant à la Partie adverfe ce qui en eft, comme nous avons dit ailleurs.

Les Notaires font dépofitaires de la fortune des Particuliers & du fecret des familles, qui affurent tout à la fois, & la poffeffion des biens, & la tranquillité de ceux à qui ils appartiennent. Ils rendent exécutoires les traités qui fe paffent entre les hommes, & perpétuent leur mémoire, en rendant authentiques leurs dernieres volontés.

Ces Officiers font des médiateurs équitables, qui par des témperamens fûrs & judicieux, concilient les intérêts de chaque Partie, terminent à l'amiable leurs conteftations, & préviennent fouvent celles qui pourroient naître dans la fuite.

Comme ils font dépofitaires du fecret des familles, ils font difpenfés de porter témoignage dans les chofes qui concernent le fait de leurs charges, & de révéler le fecret des Parties.

Par la même raifon ils ne doivent point communiquer les actes qui font paffés chez eux, fi ce n'eft aux Parties qui les ont paffés ; & ils ne peuvent être contraints de les exhiber à d'autres, qu'en vertu de Lettres de compulfoire obtenues à cet effet.

Comme les Notaires font établis pour affurer la foi publique, il ne leur eft pas permis de fe défaifir des minutes des actes qu'ils ont paffés, ni de les remettre entre les mains des Parties, à peine d'être privés de leurs Charges.

Il faut néanmoins excepter les teftamens ; car un Notaire qui en a reçu un, peut le remettre entre les mains du teftateur, s'il le requiert. *Voyez* Minute.

Les Notaires étant dépofitaires publics, ne peuvent donc jamais être contraints, pour quelque caufe que ce foit, de fe défaifir des minutes qui font en dépôt dans leurs études, fi ce n'eft à l'occafion de l'infcription de faux, formée & admife ; auquel feul cas il eft de la regle d'ordonner que la minute de l'acte fera portée, par le Notaire qui en eft dépofitaire, au Greffe de la Jurifdiction où l'inftance eft pendante ; & qu'en ce faifant, il en demeurera valablement déchargé.

Il faut néanmoins obferver qu'aux termes des Lettres patentes du Roi, données à Nancy le 20. Août 1673. enregiftrées au Parlement le 7. Septembre audit an, les Notaires du Châtelet de Paris ne peuvent être traduits hors du Châtelet & du Parlement, en des Jurifdictions éloignées, ni être contraints d'abandonner l'exercice de leurs Charges.

Ainfi lorfqu'une infcription de faux eft formée contre un acte dont la minute a été reçue par un Notaire du Châtelet de Paris, fi cette infcription eft formée au Parlement de Rouen ou de Bourdeaux, ou autre, les Juges de ces Parlemens peuvent faire inftruire & juger cette infcription de faux au Châtelet de Paris.

Mais s'ils retiennent l'inftruction de cette infcription de faux en leur Parlement, l'ufage qui fe pratique en pareil cas, eft d'ordonner que la minute de l'acte fera portée par le Notaire dépofitaire au Greffe du Châtelet de Paris, pour après avoir été paraphée par Monfieur le Lieutenant civil en la maniere accoutumée, en être fait procès verbal, & être enfuite remife ès mains de l'un des Voituriers, ou Maîtres des Caroffes de Paris à Rouen ou à Bourdeaux, tel qu'il fera choifi par Monfieur le Lieutenant civil, afin d'être portée au Greffe du Parlement où fe pourfuit l'infcription de faux ; au moyen de quoi le Notaire dépofitaire en demeurera bien & valablement déchargé.

Quoique réguliérement on ne puiffe fe pourvoir contre un acte paffé pardevant Notaires, que par l'infcription de faux : néanmoins quand on a une expédition d'un acte paffé pardevant Notaires, on peut, fans s'infcrire en faux, demander l'exhibition de la minute au Notaire qui en eft le dépofitaire. Bouvot, tom. 2. *verbo* Notaire, queft. 2.

Pour rendre un acte authentique dans notre Coutume, il fuffit qu'il foit paffé devant deux Notaires, fans qu'il foit befoin de témoins qui foient préfens à l'acte.

Dans la plupart des autres coutumes, il faut qu'il foit paffé devant un Notaire & deux témoins ; mais nous en avons quelques-unes où il faut qu'il foit paffé devant un Notaire en préfence de trois témoins ; & dans ces Coutumes qui requierent trois témoins, un acte paffé pardevant deux Notaires fans témoins, ne feroit pas authentique. *Voyez* l'Ordonnance de 1539. article 133. & Brodeau fur M. Louet, lettre R, fomm. 52. nomb. 18. Ricard, Traité des Donations entre-vifs, part. 1, chap. 5. fect. 8. nomb. 1583. & ce que j'ai dit fur l'article 284. de la Coutume de Paris, gloffaire 4. nomb. 25.

Aucuns actes & contrats ne peuvent être paffés, que les témoins y foient dénommés y foient préfens, lors de la paffation entiere defdits actes & contrats, & que la lecture leur ait été faite d'iceux avant leur fignature, ou leur déclaration qu'ils ne fçavent écrire ni figner, dont mention doit être faite dans lefdits actes & contrats.

Les Notaires ne peuvent point fe fervir de leurs Clercs, ni des perfonnes au-deffous de vingt ans accomplis, pour être témoins dans les contrats, actes & teftamens qu'ils reçoivent.

Les Notaires font obligés, avant que de recevoir les actes, de les écrire devant les Parties contractantes & les témoins, & enfuite de les relire devant eux.

Après cela ils doivent faire figner les actes par les Parties & par les témoins, & en faire mention. Et à l'égard de ceux qui ne fçavent ou ne peuvent pas figner, les Notaires doivent faire mention qu'ils ont déclaré ne fçavoir ou ne pouvoir figner, de ce interpellés fuivant l'Ordonnance.

Enfin les Notaires doivent mettre fin à l'acte par leur fignature ; ce qui eft d'une conféquence infinie : car un contrat qui ne feroit pas figné par le Notaire, mais feulement par les Parties & par les témoins, n'emporteroit point hypothéque ni exécution parée, & ne pourroit être regardé que comme un écrit fous feing privé, il eft valable d'ailleurs.

La raifon eft, que ce qui fait un contrat, c'eft le confentement des Parties, lequel eft fuffifamment prouvé par leur fignature : ainfi, quoique celle du Notaire ne s'y trouve point, il eft de la bonne foi & de la fûreté publique qu'il ait du moins fon exécution comme un écrit fous feing privé, qui n'eft point exécutoire par lui-même, & qui n'emporte point hypotheque ; mais cet acte produira tous ces effets du jour qu'il aura été reconnu en Juftice.

Pour obvier à tous les inconveniens qui peuvent arriver du défaut de la fignature du Notaire qui a paffé un acte, il eft enjoint aux Notaires, après qu'ils auront fait figner aux Parties les minutes des actes qui feront faits & paffés devant eux, ou qu'elles auront déclaré ne pouvoir figner, de figner fur le champ lefdites minutes en préfence des Parties.

L'article 167. de l'Ordonnance de Blois porte, que les Notaires doivent mettre & déclarer dans les contrats, teftamens & actes, la qualité, demeure & Paroiffe des Parties contractantes, & des témoins qui font dénommés dans les actes, & auffi la maifon où ils feront paffés, & enfin le jour, le mois & l'année qui feront paffés, & même fi c'eft devant ou après midi ; ce qui eft conforme à l'article 67. de l'Ordonnance de 1539.

Les Notaires ne doivent point paffer d'actes fans connoître les Parties contractantes, ou fans les faire attefter par deux témoins qui les connoiffent, dont il doit être fait mention dans l'acte.

Les Notaires doivent délivrer en brevet les actes dont il n'eft pas néceffaire de garder minute, & que les Parties demandent qu'ils leur foient délivrés ainfi.

Ils gardent des minutes de ceux dont il doit refter minute, par rapport à la nature de l'acte, ou par rapport à la volonté des Parties ; & ils en délivrent des expéditions en papier.

Enfin ils délivrent des groffes en parchemin des actes dont la minute refte en dépôt dans leurs études, quand les Parties leur en demandent des groffes.

Il a été un tems où les Charges des Notaires étoient en France féparées de celles de Tabellions & des Garde-notes.

Le Notaire étoit celui qui recevoit & paffoit les minutes des actes & contrats, & qui ne pouvoit les délivrer aux Parties qu'en brevet.

Le Tabellion étoit celui à qui le Notaire étoit tenu de donner fes minutes pour les garder & les délivrer en groffe aux Parties quand elles les requeroient pour avoir une exécution parée.

Le Garde-note enfin, étoit celui qui en vertu d'un Edit d'Henri III. de l'an 1575. avoit la garde de toutes les minutes des Notaires après qu'ils étoient décédés ou qu'ils avoient réfigné leurs Offices.

Avant cet Edit, on apportoit au Greffe les Minutes des actes qui fe paffoient pardevant Notaires, & les Greffiers en délivroient des expéditions aux

Parties ; mais quatre ans après, les Charges de Garde-note furent fupprimées, & réunies à celles des Notaires, qui en prennent à préfent la qualité. En 1597. les Charges des Tabellions furent auffi réunies à celles des Notaires par Henri IV. Ainfi, dans la plûpart des Villes de ce Royaume, les Notaires reçoivent les actes en qualité de Notaires, ils en délivrent des expéditions & des groffes en qualité de Tabellions, & ils gardent les minutes des actes & contrats qu'ils ont paffés ; & ces minutes appartiennent après leur mort à ceux qui leur fuccèdent en leurs Offices.

Il y a néanmoins encore quelques Villes dans ce Royaume où l'Office de Notaire eft diftingué de celui de Tabellion, & où les Notaires reçoivent feulement les minutes des actes & contrats qu'ils paffent, & qui ne les peuvent délivrer aux Parties qu'en brevet ; mais ils font tenus de les porter aux Tabellions, pour les garder & les délivrer en groffe aux Parties, fi elles le requierent, pour avoir une exécution parée.

Mais prefque par toute la France, les Offices de Notaires & de Tabellions font réunis, & n'en font qu'un feul, qu'on nomme l'Office de Notaire ; en forte que celui qui en eft pourvû, l'exerce en recevant, groffoyant, & délivrant les contrats & autres actes à ceux qui les ont paffés.

Comme il doit y avoir une différence entre celui qui reçoit le Contrat, & la Partie contractante, un Notaire ne peut paffer comme Notaire un contrat où il feroit une des Parties contractantes. *Voyez* Gui-Pape, queftion 318. & Chorier, en la Jurifprudence du même Auteur, page 211. Il ne peut pas non plus recevoir un teftament dans lequel le teftateur lui feroit quelque legs. Il ne peut pas même recevoir d'actes & contrats où fes coufins germains, & autres parens aux alliés plus proches, feroient intéreffés. Mornac, *ad leg.* 17. *ff. de teftib.* Boniface, tome 1. livre 1. titre 20. nombre 2. rapporte plufieurs Arrêts de réglemens qui l'ont jugé ainfi.

Par Arrêt rendu en la Grand'Chambre le 21. Avril 1741. fur un Délibéré, il a été jugé qu'un Notaire n'avoit pas pû recevoir un teftament dans lequel fa parente du troifieme ou quatrieme degré étoit légataire univerfelle.

Cependant le contraire s'obferve au Parlement de Bourdeaux, comme il eft remarqué par la Peyrere, lettre N.

Un Notaire qui reçoit un contrat de vente d'une chofe qui lui eft hypothéquée, perd fon hypotheque, parce qu'il eft préfumé y renoncer tacitement.

Celui qui reçoit un acte prohibé par les Loix, comme de Simonie, ufure, doit être puni. *Leg.* 3. *cod. de Sacrofanc. Ecclef.* Il en faut dire de même du Notaire qui recevroit une obligation, le nom du Créancier en blanc.

Il eft aujourd'hui défendu aux Notaires d'inferer dans les contrats & obligations les déclarations de majorité & extraits baptiftaires, fur peine de nullité & d'en répondre en leur propre & privé nom. Brodeau fur M. Louet, lettre M, fommaire 7.

Il leur eſt auſſi défendu de déchirer aucun acte, pas même du conſentement des Parties, s'il n'y a un acte ſéparé. Deſmaiſons, lettre N, nomb. 5.

Ils ne peuvent pas non plus, à peine d'interdiction, paſſer aucuns actes par leſquels les hommes & les femmes déclarent qu'ils ſe prennent pour mari & femme. Voyez l'Ordonnance de Blois, article 44.

Les Notaires ne ſont point reſponſables des nullités qu'ils ont cauſés par impéritie dans les actes qu'ils ont paſſés. Voyez Louet & ſon Commentateur, lettre N. chap. 9. Bouguier, lettre N. chap. 3. & le Commentateur d'Henrys, tom. 1. liv. 2 chap. 4. queſt. 27.

A l'égard des dommages & intérêts qu'ils auroient cauſés par dol ou par une lourde faute, qui eſt un droit comparé au dol, ils ſont toujours tenus des dommages & intérêts cauſés par ce moyen à l'un des contractans.

Mais les héritiers d'un Notaire ne peuvent être recherchés que dans deux cas pour fait de charge, dont il ſeroit tenu s'il vivoit : le premier eſt, s'ils avoient profité de quelque choſe par rapport à la faute du Notaire dont ils ſeroient héritiers : le deuxieme eſt, ſi la cauſe avoit été conteſtée avec le Notaire de ſon vivant. Voyez Baſſet, tom. 1. liv. 2. tit. 14. chap. 2. & Brodeau ſur Louet Lettre N. ſommaire 9.

Un acte paſſé par un homme que le Public croyoit être Notaire, & qui ne l'étoit pas, n'en ſeroit pas moins valable. Voyez ce que j'ai dit, lettre E, au ſujet de la commune erreur.

Touchant les droits, devoirs & fonctions des Notaires, voyez la Science parfaite des Notaires, où j'ai traité de toutes ces choſes fort au long.

A l'égard des fauſſetés commiſes par des Notaires, voyez Fontanon, tome 1. liv. 3. tit. 70. pag. 670. & M. le Prêtre cent. 2. chap. 36.

Il y a en France deux ſortes de Notaires ; ſçavoir, les Notaires royaux, les Notaires ſeigneurs, auxquels on peut ajouter une troiſieme eſce de Notaires qui ſont les Notaires Apoſtoliques.

NOTAIRES ROYAUX, ſont ceux qui ſont créés par le Roi dans les Juſtices Royales, pour recevoir les actes faits entre toutes ſortes de perſonnes, de quelque qualité qu'elles ſoient, & en quelque lieu qu'elles ayent leur domicile, pourvû que les actes ſoient paſſés dans le reſſort de la Juriſdiction où le Notaire eſt immatriculé.

Les contrats qu'ils paſſent, emportent hypotheque ſur tous les biens des obligés, en quelque lieu du Royaume qu'ils ſoient ſitués ; & ils peuvent être mis à exécution par toute la France, en les faiſant ſceller du ſceau Royal de la Juriſdiction dans laquelle les Notaires qui les ont paſſés, ſont immatriculés.

Comme le ſceau eſt la marque authentique que le Roi donne aux actes qui ſont paſſés par les Officiers, quand un acte eſt ſcellé, il eſt exécutoire, ſans qu'il ſoit beſoin de mandement ni de permiſſion du Juge du lieu où l'on veut le mettre à exécution ; parce que le ſceau Royal doit être connu dans toute l'étendue du Royaume, & peut par conſéquent y étendre ſon pouvoir par-tout.

Tous Notaires, même Royaux, n'ont droit d'inſtrumenter que dans l'étendue du reſſort de la Juriſdiction où ils ſont immatriculés, parce qu'un Notaire hors de ſa Juriſdiction, n'eſt qu'une perſonne privée. Voyez le Commentateur d'Henrys, tome 1. livre 2. chap. 4. queſt. 28.

Néanmoins les Notaires du Châtelet de Paris, par un privilege particulier peuvent inſtrumenter par tout le Royaume. Les Notaires des Villes d'Orléans & de Montpellier ont le même droit, à l'exception toutefois de la Ville de Paris, où ils ne peuvent recevoir aucun acte, pas même par droit de ſuite. Voyez Brodeau ſur Louet, lettre N. ſommaire 10. Mornac ad Leg. ult. ff. de Juriſdictione ; & les Coutumes du Poitou, article 378. Orléans, article 463.

NOTAIRES DES SEIGNEURS, ſont ceux qui ſont créés dans les Juſtices ſeigneuriales, pour recevoir tous contrats, actes entre-vifs, & ordonnances de derniere volonté, dans l'étendue de la Juriſdiction dans laquelle ils ſont immatriculés, & entre perſonnes qui y ſont demeurantes.

Les contrats qu'ils paſſent dans leur reſſort, & entre perſonnes y demeurantes, emportent hypothéque ſur tous les biens des obligés, en quelqu'endroit du Royaume qu'ils ſoient ſitués ; & ils ſont exécutoires dans le reſſort de la Seigneurie du Seigneur qui a droit de Notariat, en les faiſant ſceler du ſceau de la Juriſdiction ſeigneuriale dans laquelle les Notaires qui les ont paſſés ſont immatriculés.

Les Contrats paſſés par des Notaires de Seigneurs, quoique munis du ſceau de la Juriſdiction où les Notaires qui les ont paſſés ſont immatriculés, ne ſont donc exécutoires que dans le reſſort de la Seigneurie du Seigneur qui a droit de Notariat, & non pas ailleurs. La raiſon eſt, que le ſceau du Seigneur n'eſt connu que dans l'étendue de ſa Juſtice, & ne peut par conſéquent étendre ſon pouvoir ſur les terres du Roi, ni ſur celles des autres Seigneurs.

Nous avons dit ci-deſſus, en parlant des Notaires Royaux, que tous les Notaires, même Royaux, n'ont droit d'inſtrumenter, que dans l'étendue du reſſort de la Juriſdiction où ils ſont immatriculés ; mais il y a quelque choſe de plus à l'égard des Notaires des Seigneurs, c'eſt qu'outre cela il faut encore, pour que leurs actes ſoient authentiques, qu'ils ſoient paſſés entre perſonnes qui ſoient juſticiables & demeurantes dans le territoire de la Seigneurie ; autrement les contrats reçus par des Notaires des Seigneurs, quoique dans l'étendue de leur reſſort, mais entre perſonnes qui n'y ſeroient pas domiciliées, n'auroient force que d'écritures privées. Bouguier, lettre C, nombre 7. Brodeau ſur Louet, lettre N, ſommaire 10. Journal des Audiences, tom. 1. livre 5. chap. 4. Henrys, tome 1. livre 2. chap. 4. queſtion 28.

Cependant pluſieurs Arrêts rendus au Parlement de Paris ont décidé le contraire par rapport à l'hypotheque, & ont jugé qu'une obligation paſſée par devant un Notaire ſubalterne dans ſon reſſort, au profit d'un particulier qui y étoit domicilié, portoit hypotheque fur les biens du débiteur qui étoit demeurant dans une autre Jurifdiction; de forte que ces Arrêts ont mis une différence entiere entre l'hypotheque, & l'exécution parée des contrats, fur le fondement que l'une & l'autre n'ont rien de commun, & fe reglent par des maximes différentes.

Ainfi quoique les contrats foient paffés par devant des Notaires fubalternes entre deux parties, dont l'une n'eft pas domiciliée fur le reffort des Notaires, on ne peut pas néanmoins leur refufer l'hypotheque, vu que l'hypotheque eft du droit des gens, & qu'elle dépend de la convention des Parties; & qu'ainfi il fuffit pour qu'elle foit conftituée, que les contrats reçus par un Officier public qui ait pouvoir d'inftrumenter. *Voyez* l'arrêt du 14. Juillet 1672. qui eft rapporté dans le Journal du Palais; & celui du 3. Février 1711. rapporté par M. Brillon, *verbo* Notaire, nombre 83.

Mais on demande, I°. Si les têftamens & autres actes de derniere volonté font valables, quand ils font paffés par des Notaires hors de leur reffort ? il faut dire que tels actes font nuls.

On demande II°. *quid juris* des donations entre-vifs, qui femblent être au nombre des contrats ? Il faut cependant dire qu'elles font nulles.

Voyez fur ces deux queftions ce qui eft dit dans les Obfervations fur Henrys, tome 1. livre 2. chap. 4. queft. 28.

Tous les Seigneurs Hauts-Jufticiers n'ont pas droit de créer des Notaires dans leurs Terres. Quiconque eft Seigneur Châtelain, a droit de Tabellionage, qui eft de créer Notaire ou Tabellion, pour recevoir tous contrats & actes volontaires paffés au dedans de fa Châtellenie, & a droit de fceaux pour fceller lefdits contrats.

Mais les fimples Seigneurs Hauts-Jufticiers qui ne font point Châtelains, n'ont point droit de Tabellionage; s'ils n'en ont un titre particulier, par un privilege fpécial & conceffion du Roi, ou par une poffeffion immémoriale, quoiqu'ils aient droit de Juftice, ou de Jurifdiction contentieufe.

La raifon eft, que le droit de Juftice & de Jurifdiction contentieufe n'a rien de commun avec la Jurifdiction volontaire : or le droit de Notariat ou de Tabellionage *eft actus non contentiofæ, fed voluntariæ Jurifdictionis, qui inter volentes tantum & confentientes exercetur, non verò inter invitos. Separatorum autem jus eft feparatum, & diverfa ratio : nec de uno ad aliud rectè infertur.*

Voyez Bacquet, en fon Traité des Droits de Juftice, chap. 25. Loyfeau, en fon Traité des Seigneuries, chap. 8. nomb. 85. & Vigier, fur Angoumois, art. 5.

NOTAIRES APOSTOLIQUES, étoient autrefois des perfonnes nommées par les Evêques & Archevêques pour paffer les actes concernant les Bénéfices, & pour exercer la fonction de Notaire en matiere Bénéficiale, dans l'étendue du Diocefe de celui par lequel ils avoient été nommés.

Comme l'Evêque n'eft pas Seigneur de fon Diocefe, mais le Roi, ces Notaires ne pouvoient recevoir aucuns actes concernant les chofes temporelles.

Mais depuis l'Edit du mois de Décembre 1691. par lequel le Roi a créé des Notaires Royaux & Apoftoliques dans tous les Diocefes de fon Royaume, ces Notaires ne font plus nommés par les Evêques, mais par le Roi, de qui ils obtiennent des provifions.

Ils ont par cet Edit le pouvoir de faire feuls, & privativement à tous autres Notaires, certains actes, & la faculté d'en faire d'autres concurremment avec les Notaires Royaux, ou ceux des Seigneurs.

Comme il feroit difficile de faire l'énumération de ce qui concerne ces Notaires, & que le tout eft détaillé dans cet Edit, que nous avons rapporté tout au long dans la Science parfaite des Notaires, livre 16. chap. 21. j'y renvoie le Lecteur.

Nous remarquerons feulement ici, que par un Edit donné à Verfailles en Février 1693. les Charges des Notaires Royaux & Apoftoliques, pour le Diocefe de Paris, ont été réunies aux Notaires du Châtelet de Paris, qui ont par ce moyen le droit de paffer toutes fortes d'actes, tant en matieres civiles, que bénéficiales.

NOTE, eft un mot tiré du mot latin *nota*, qui fignifie titre, écritures abrégées ou en chiffres. *Voyez* ce que nous avons dit là-deffus, *verbo* Notaire; & ce qui en eft dit dans le Traité de la preuve par témoins, feconde partie, chap. 1. aux additions.

NOTER. *Voyez* Blâmer.

NOTIFICATION, eft une déclaration certaine & affurée de quelque acte que l'on fait à quelqu'un, en lui en donnant copie.

Nous avons plufieurs fortes de notifications qui font abfolument néceffaires; fçavoir, la notification de la vente d'un fief, la notification d'une faifie féodale, la notification de la vente d'un héritage roturier, & enfin la notification que doivent faire les gradués tous les ans au Carême, de leur nom & furnom, au Greffe du Diocefe dans lequel font fitués les Bénéfices auxquels leurs Lettres font adreffées.

Nous allons parler ici des trois premieres, nous réfervant de parler de celle des gradués dans le Dictionnaire de Droit canonique. Mais il faut remarquer qu'il y avoit autrefois une autre efpece de notification, qui étoit celle qui fe faifoit des actes paffés pardevant Notaires, & qui fe faifoit au Greffe établi pour cela, en payant pour chaque acte le droit de notification; mais ce droit n'eft plus en ufage depuis que le contrôle des contrats a été établi pour lui fuccéder en fon lieu & place, comme nous avons dit, *verbo* Contrôle.

NOTIFICATION DE LA VENTE D'UN FIEF, eft celle qui fe fait par celui qui a acquis à titre de vente un fief au Seigneur, dont ce fief releve, à l'effet de faire courir l'an du retrait féodal.

Cette notification, fuivant l'article 20. de la Coutume de Paris, doit être faite; & les quarante jours accordés au Seigneur, pour exercer le retrait féodal, ne courent que du jour que la vente du fief a été fignifiée & notifiée au Seigneur, & que le contrat qui a été exhibé & d'icelui baillé copie.

Elle fe peut faire par le vaffal en perfonne, ou

par fon tuteur, curateur, ou autre adminiftrateur, ou par Procureur fondé de procuration fpéciale, de laquelle il doit inftruire le Seigneur, s'ils
en eft requis.

Il faut faire l'exhibition & la notification du
contrat de vente au Seigneur ; de forte qu'il la faut
faire à lui-même au lieu du principal manoir, s'ils
y eft préfent ; ou au domicile du Seigneur, s'il
ne demeure pas dans fon fief.

La raifon eft, qu'il fuffit que le Seigneur foit rendu certain du contrat de vente ; & il lui importe
peu que la vente lui ait été déclarée & notifiée au
manoir & chef lieu de fon fief, ou à fon domicile
ordinaire & actuel.

Pour preuve de cette notification, l'acquéreur
doit en prendre acte des Officiers de la Juftice feigneuriale, en cas qu'ils lui en veuillent bailler un,
finon par deux Notaires ou par un Notaire en préfence de deux témoins, ou faire faire l'exploit de
l'exhibition & notification par un fergent, en préfence de deux témoins.

Si l'acquéreur manquoit à faire la notification
du contrat de vente, ou qu'elle ne fut pas valablement faite, la prefcription contre le droit de
retenue féodale dureroit trente ans.

Voyez ce que j'ai dit fur l'article 20. de la Coutume de Paris.

NOTIFICATION D'UNE SAISIE FE'ODALE, eft
celle qui fe fait par le Seigneur féodal à fon vaffal, fur lequel il a faifi le fief faute d'hommé,
droits, & devoirs non faits & non payés.

Cette notification eft abfolument néceffaire, fur
peine de nullité de la faifie féodale. La raifon eft,
que nos Coutumes ont donné aux Seigneurs un
moyen d'obliger leurs vaffaux de leur faire promptement leurs devoirs, & de leur payer les droits
qui leur font dûs ; mais elles ne leur permettent
pas de fe fervir de furprife, & de tenir cachée &
fecrette une faifie féodale : elles veulent que les vaffaux en foient avertis, afin d'y pouvoir fatisfaire.

La notification d'une faifie féodale, fuivant l'article 30. de la Coutume de Paris, fe peut faire de
deux manieres.

La premiere eft, de la faire ou au vaffal, ou à
fon fermier & receveur, ou à fon laboureur, au
principal manoir ou au lieu feigneurial du fief, par
copie baillée de la faifie. Elle ne peut pas être faite
au vaffal domicilié ailleurs, parce que c'eft un acte
féodal, qui fe doit par conféquent faire fur le fief.

Cette notification fe fait par copie baillée de la
faifie, de même que la notification de la vente d'un
fief fe doit faire ainfi ; quoique cette obligation de
bailler copie de la faifie féodale ne foit point impofée au Seigneur par l'article 30. de la Coutume de
Paris, parce que cela s'y doit fuppléer en conféquence des Ordonnances, qui veulent que de toutes faifies & exécutions il en foit baillé copie.

L'autre maniere de notifier une faifie féodale,
fe fait par une publication que l'on en fait faire
un jour de Dimanche, à la porte de l'Eglife paroiffiale du lieu où le fief faifi eft fitué, à l'iffue de la
Meffe de Paroiffe ; ce qui ne peut être admis que
quand le vaffal ne refide point dans fon fief, &

qu'il n'y a ni Receveur ni Fermier à qui la faifie
puiffe être notifiée.

Cette publication a lieu contre le mineur & contre l'abfent, parce qu'ayant été rendue publique,
ils font préfumés en avoir été informés.

Comme la faifie féodale doit être regardée comme les autres faifies qui doivent être fignifiées &
notifiées, il eft conftant que la notification de la
faifie féodale doit être faite, même dans les Coutumes qui n'en parlent point, parce que cette faifie
dépoffede le vaffal, & par conféquent il en doit
être averti pour y donner ordre ; autrement elle feroit nulle & de nul effet.

Au refte, la faifie féodale doit être enregiftrée,
foit qu'elle foit notifiée par fignification faite au
Vaffal, ou à fon Fermier ou Receveur ; ou qu'elle
foit notifiée par publication, parce que les Sergens
pourroient fuppofer avoir fait des fignifications ou
publications qu'ils n'auroient pas faites.

Voyez ce que j'ai dit fur l'article 30. de la Coutume de Paris.

NOTIFICATION DE LA VENTE D'UN HERITAGE
ROTURIER eft celle que l'acquéreur d'un héritage
roturier eft obligé de faire au Seigneur cenfier duquel l'héritage releve, pour ne pas encourir l'a-
mende dûe *ipfo jure* pour ventes recelées & non
notifiées. C'eft ce qui eft porté en l'article 77. de
la coutume de Paris.

Cette notification doit être faite dedans les vingt
jours de l'acquifition ; autrement l'amende eft encourue *ipfo jure*, contre le nouvel acquéreur, majeur ou non ; parce qu'en matiere de droits féodaux
& feigneuriaux, & de prefcriptions coutumieres,
les mineurs font obligés comme les majeurs fans
diftinction ; mais en cas le tuteur eft refponfable
de l'amende en laquelle fa négligence a fait tomber
le mineur, fans qu'il puiffe l'employer en la dépenfe de fon compte.

Dans la Coutume de Paris, il fuffit, pour éviter
l'amende, qu'il y ait eu exhibition du contrat de
vente fans que les lods & ventes aient été payés ;
ce qui n'eft pas obfervé par-tout de même : car,
par exemple, dans la coutume de Meaux, l'acquéreur doit l'amende, faute d'avoir payé les lods &
ventes dans la huitaine du jour de l'acquifition.

Cette notification fe fait par la fignification &
par l'exhibition du contrat de vente, ou par l'exhibition feule dont le Seigneur auroit donné une reconnoiffance ; mais fi l'acquéreur avoit fait fignifier
par une perfonne publique l'acquifition qu'il auroit
faite, fans lui exhiber fon contrat, il ne feroit pas
moins fujet à l'amende, que s'il n'avoit point fait
cette fignification.

L'amende n'eft encourue, que pour n'avoir pas
notifié au Seigneur le contrat de vente qui donnoit
lieu aux lods & ventes ; & cette amende a été introduite pour punir la mauvaife foi de l'acquéreur,
qui eft préfumé avoir voulu fruftrer le Seigneur de
fes droits : d'où il s'enfuit que fi l'acquifition n'eft
pas parvente, mais par un autre titre pour lequel il
ne foit rien dû au Seigneur, comme par donation,
ou autre femblable, l'acquéreur ne chet point en
amende, parce qu'il n'eft pas tenu de faire l'exhi-

Hh ij

bition de fon contrat fur peine d'amende ; & en ce cas le Seigneur a feulement droit de fe pourvoir en Juftice, pour être payé des droits qui lui peuvent être dûs.

La Coutume de Paris ne donne que vingt jours à celui qui a acquis par contrat de vente un hérita- ge roturier, pour en faire la notification au Sei- gneur. Sur quoi il faut remarquer,

I°. Que plufieurs de nos Coutumes donnent un plus long terme.

II°. Qu'on ne compte point dans ces vingt jours celui de la vente, c'eft-à-dire le jour que le contrat a été paffé, fuivant cette maxime, que *dies termini non computatur in termino*, qui eft pratiquée dans les autres délais qui font accordés par la Coutume; comme pour bailler dénombrement, fournir de blâme, faire la foi & hommage, ainfi que je l'ai expliqué fur les articles 7. 8. & 10. de la Coutume de Paris.

III°. Que fi le Seigneur recevoit, après les vingt jours paffés, les lods & ventes, fans referve & pro- teftation de l'amende, il feroit préfumé l'avoir re- mife, & ne feroit pas enfuite recevable à la de- mander, foit qu'il ait fçu que les vingt jours étoient paffés, foit qu'il n'en ait point eu connoif- fance, parce qu'il doit s'imputer de ne s'en être pas inftruit par la lecture du contrat.

Cette amende n'eft pas une charge réelle & fon- ciere, mais elle eft pure perfonnelle, pour punir l'acquéreur de fa négligence : c'eft pourquoi elle ne fuit pas l'acquéreur de l'héritage.

De ce même principe il s'enfuit encore, que comme les héritiers repréfentent la perfonne du dé- funt auquel ils fuccedent, fi l'acquéreur étoit décé- dé avant les vingt jours, les héritiers n'auroient que le temps qui reftoit au défunt pour faire la noti- fication, fur peine d'encourir l'amende.

Voyez ce que j'ai dit fur l'article 77. de la Coutu- me de Paris.

NOTIFIER, eft exhiber & donner copie d'un acte ou contrat à quelqu'un, à l'effet de l'en rendre certain ; & que celui qui a fait la notifica- tion de l'acte, foit à couvert des peines qu'il auroit encourues s'il ne l'avoit pas fait.

Voyez ce que j'ai dit fous le mot de Notification.

NOTORIETÉ, fe dit des faits qui font publics & connus d'un chacun ; en forte que c'eft une lourde faute, que de prétendre n'en point avoir de connoiffance.

ACTE DE NOTORIETÉ, eft un acte par lequel les Officiers d'un Siege confultés fur quelque ma- tiere, rendent raifon de leur ufage, après avoir pris l'avis des Avocats & Praticiens.

Les Juges ne peuvent pas feuls donner de ces fortes d'actes. Rebuffe, *In Tractatu de Confuetudine*, *num.* 6. *loquens de Judice*, ait : *Ad jus officium non fpectat atteftari, fed judicare, fi tamen Judex in- terrogare Praticos in judicio fuper hac confuetudine, & ipfe fecundum eos proferre, talem effe Confuetudinem, illa receptura per judicium facta poffe a probaret ; ita folet in Franciâ fieri.*

Si les Juges ne peuvent donner feuls des actes de notoriété, à plus forte raifon les Avocats &

Praticiens n'en peuvent point donner de leur chef ; ils peuvent feulement donner des confultations.

Depuis l'abrogation des enquêtes par turbes, par l'Ordonnance de 1667. s'eft introduit l'ufage de prendre des actes de notoriété du Siége royal du lieu où s'eft formée la queftion.

Quand on veut avoir un acte de notoriété d'un Juge, on lui préfente une Requête : le Juge, fur la Re- quête préfentée par l'une des Parties après en avoir conféré avec les Officiers, & entendu les Avocats & Procureurs du Siege, déclare que tel eft l'ufage, &c. & enconféquence ordonne qu'acte en fera délivré à la Partie qui l'a requis, pour lui fervir ce que de raifon.

Pour que les actes de notoriété foient en forme probante, il faut, I°. Qu'ils aient été obtenus en vertu d'un Arrêt de la Cour, après avoir fait ap- peller les Parties qui peuvent y avoir intérêt. Ainfi par Arrêt rendu le 30. Août 1706. rapporté par M. Augeard, tome 1. on n'eut aucun égard à des cer- tificats de Meffieurs les Avocats généraux, & des anciens Avocats du Parlement de Bordeaux. On en trouve encore un bel exemple dans Bretonnier, au commencement de fa note fur Henris, tom. 1. liv. 4. chap. 3. queft. 8.

En fecond lieu, les actes de notoriété doivent être donnés par les Officiers des Bailliages, après que les Avocats ont été ouis de vive voix à l'Au- dience, ainfi que le Syndic des Procureurs pour tous ceux du Siege, & fur les conclufions des Gens du Roi. *Voyez* Henrys, tom. 2. liv. 4. queft. 27.

En troifieme lieu, il faut qu'en ces actes on faffe mention des Jugemens fur lefquels eft établie la notoriété ; autrement il dépendroit des Juges in- férieurs & des Avocats de changer à leur gré les Loix & les ufages de leur Jurifdiction, & de fe rendre par ce moyen les maîtres de la Jurifprudence.

Les actes de notoriété n'ont pas toujours beau- coup de force, à moins qu'ils n'aient été ordonnés par la Cour, qui a defiré par ce moyen inftruire fa religion fur un ufage, ou fur l'interprétation de quelque article de coutume ; auquel cas l'acte de notoriété eft d'un grand poids, quoique les Juges fouverains ne foient pas aftraints de s'y foumettre.

Il a paru en 1609. un Recueil des actes de noto- riétés donnés par M. le Camus, Lieutenant civil, de l'ufage obfervé au Châtelet de Paris en plufieurs matieres importantes ; il a été réimprimé depuis avec des augmentations.

NOTORIETÉ EN FAIT DE CRIME, eft une efpece de certitude que la perfonne qui paffe pour en être coupable, l'a commis.

Ainfi un crime eft reputé notoire, quand il n'y a pas lieu de douter qu'il a été commis, & par qui il l'a été ; ce qui a lieu lorfqu'il a été commis en préfence du peuple ou d'une multitude.

Si celui qui l'a commis eft pris en flagrant délit & conduit en prifon, le Juge doit ordonner qu'il fera arrêté & écroué fans information précédente, d'autant que la notoriété du délit tient lieu d'in- formation.

Voyez l'article 9. du titre 10. de l'Ordonnance

de 1670. avec les notes de Bornier. *Voyez* aussi Julius Clarus. libro 5. §. 1. *finali*, *quæst. 9.* & les additions qui sont à la fin de l'ouvrage du même Auteur.

NOVALES, sont de terres nouvellement, cultivées, ou mises nouvellement à culture, ayant été défrichées.

Quelque droit & titre qu'un Seigneur ecclésiastique ou laïque ait de percevoir les anciennes dixmes, les novales appartiennent toujours au Curé, *in cujus Parrochiâ surgunt.*

Comme les dixmes appartiennent de droit au Curé, dans le doute il faut toujours se déterminer en sa faveur: c'est pourquoi toute terre où il ne paroît aucune marque de culture, est reputé novale de sa nature, & les dixmes n'en peuvent appartenir au Seigneur.

Voyez Henrys & son Commentateur, tome 1. liv. 1. chap. 3. le Vest, Arrêt 21. Charondas, liv. 2. réponse 38. Chenu, cent. 2. quest. 9. Filleau, partie 4. quest. 109. & Coquille quest. 78.

NOVATION, est le changement d'une obligation en une autre postérieure, ainsi la novation détruit l'ancienne obligation, & elle en constitue une autre. Elle se fait de quatre manieres.

La premiere se fait par un changement de la cause seulement sans changer de debiteurs; comme si ce que je dois par obligation, en vertu de laquelle mon créancier me peut poursuivre, pour avoir le payement de la somme contenue en l'obligation, & que j'en passe un contrat de constitution au profit de mon créancier de son consentement, pour lors il se fait une novation; car l'ancienne obligation ne subsiste plus: mais c'est un contrat de constitution, en vertu duquel je suis obligé de payer & continuer les intérêts jusqu'à ce que j'en fasse le rachat, sans que j'y puisse être contraint, en payant à mon créancier les arrérages de cette rente.

A ce sujet il s'est présenté une question; sçavoir, si dans le cas proposé ci-dessus l'hypotheque de l'obligation subsiste ou non?

J'ai traité cette question ci-dessus, *verbo* Hypotheque, où je renvoie le Lecteur.

La deuxiéme maniere dont se fait la novation, est la délégation, quand la personne du créancier est changée. *Voyez* Délégation.

La troisiéme se fait par le changement de la personne du débiteur; comme si vous stipuliez avec Titius qu'il vous payera ce que je vous dois; en ce cas l'obligation que vous aviez de moi est éteinte, & vous commencez d'en avoir une nouvelle contre la personne de Titius.

La quatrieme se fait par le changement de la personne du créancier & du débiteur; comme si je délegue mon débiteur pour payer à votre créancier la somme que je vous dois.

Nous avons traité amplement de la novation dans le trentieme livre des institutes de Justinien, au §. 3. du troisieme titre; c'est pourquoi nous y renvoyons le Lecteur.

NOVELLES, sont les dernieres constitutions de l'Empereur Justinien qui composent la

quatrieme & derniere partie du corps du Droit civil.

Ces dernieres Constitutions de Justinien ont été rédigées par un Auteur anonyme en un volume, lequel est appellé l'Authentique, *quasi plurimùm valens*, parce que les loix postérieures dérogent toujours aux précédentes auxquelles elles sont contraires. Il y a aussi les Novelles de l'Empereur Leon.

Voyez ce que j'ai dit des Novelles dans mon Histoire du Droit civil, & ce que j'ai dit ci-dessus, *verbo* Authentique.

NOUVEAUX ACQUETS, sont tous héritages, de quelque nature qu'ils soient, féodaux, roturiers & allodiaux, & tous droits immobiliers appartenans à Gens de main-mort, non amortis par le Roi.

Comme les gens de main-morte ne peuvent posséder des immeubles dans ce Royaume sans la permission du Roi, Sa Majesté fait de temps en temps la recherche des héritages & immeubles qu'ils ont acquis, & qu'ils possédent sans sa permission contre la disposition des anciennes Ordonnances du Royaume, & leur fait payer une certaine finance pour raison de ce, soit que ces héritages & immeubles soient situés dans la mouvance & censive du Roi, ou qu'ils soient situés dans tout autre, ou enfin soit qu'ils soient allodiaux.

Cette finance est appellé *Droit de nouveaux acquets*. Et quoique ce terme semble ne marquer que les acquêts nouvellement faits, néanmoins il comprend toutes les acquisitions faites par les Gens de main-morte, pour lesquelles ils n'ont point obtenu Lettres d'amortissement.

Ainsi par nouvel acquêt, l'on entend tout ce qui est acquis de nouveau par Gens de main-morte, c'est-à-dire, depuis leur premiere dotation, qu'ils ont fait amortir par le Roi, en prenant des Lettres patentes pour leur établissement.

Mais si les gens de main-morte avoient négligé de faire amortir les Biens de leur ancienne & premiere dotation, ils en devroient le droit de nouvel acquêt, aussi bien que des autres héritages & droits immobiliers acquis depuis leur établissement.

Il est vrai que par rapport à ces anciens biens qui ont servi à leur premiere fondation, le terme de nouvel acquêt est très-impropre, puisqu'il suppose une acquisition précédente: mais c'est le terme unique & ordinaire dont on a coutume de se servir pour exprimer le droit dû au Roi par les Gens de main-morte, pour les jouissances des immeubles qu'ils ont possédés sans les avoir fait amortir.

Ce droit de nouvel acquêt est donc une taxe que les Gens de main-morte doivent payer au Roi depuis le jour qu'ils ont acquis la propriété des biens immeubles, jusqu'au temps qu'ils en ont obtenu des Lettres d'amortissement. Mais après que ces immeubles ont été amortis, ils ne sont plus sujets au droit de nouveaux acquêts, tant qu'ils demeurent en la possession de ceux qui ont payé ce droit à Sa Majesté.

Ce droit est regardé premierement comme une espece de peine encourue par les Gens de main-morte, pour avoir poffédé des immeubles non amortis, quoiqu'ils foient incapables d'en pofféder fans la permiffion de Sa Majefté.

En fecond lieu, ce droit eft regardé comme une efpéce de récompenfe & de dédommagement de la diminution que le Roi fouffre des droits féodaux, feigneuriaux, cenfuels & domaniaux, pour la jouiffance paffée; de même que l'amortiffement eft une efpece de récompenfe de la diminution des mêmes droits pour l'avenir.

Cette taxe étoit autrefois plus ou moins forte, fuivant la nature des biens & la maniere dont ils avoient été acquis. On la payoit fur un pied plus haut pour les fiefs, où pour les cenfives qui étoient dans le Domaine du Roi, que pour ceux qui relevoient des Seigneurs particuliers.

A préfent ce droit fe leve pour toutes fortes de biens, fuivant l'évaluation d'une année de revenu, pour vingt années de jouiffance; c'eft-à-dire, que les Gens de main-morte payent pour chaque année la vingtieme partie du revenu des biens qui ne font points amortis.

Lorfque les Gens de main-morte ont payé au Roi le droit de nouveaux acquêts, ils ne peuvent être inquiétés par les Seigneurs de qui leurs héritages relevent, pour raifon de leur jouiffance paffée : les Seigneurs ne peuvent que les fommer de vuider leurs mains defdits héritages dans l'an, au cas qu'en payant le droit de nouveaux acquêts ils ne les aient pas fait amortir, ce qui les oblige de prendre des Lettres d'amortiffement, & de payer au Seigneur le droit d'indemnité.

Mais le Seigneur ne peut, comme nous venons de le dire, rien demander aux Gens de main-morte, pour raifon de leur jouiffance paffée.

La raifon eft, que les Seigneurs doivent imputer à leur négligence d'avoir laiffé jouir tranquillement les Gens de main-morte des héritages par eux acquis dans l'étendue de leur Seigneurie.

Ce droit de nouveaux acquêts eft imprefcriptible; en forte que fi le Roi n'avoit point amorti des héritages poffédés par Gens de main-morte depuis plus de cent ans, il pourroit néanmoins leur en faire payer le droit.

La raifon eft, que les Gens de main-morte ne peuvent pofféder aucuns immeubles dans le Royaume fans la permiffion du Roi : fans laquelle ils demeurent toujours dans cette incapacité; ainfi les Gens de main-morte manquent de titre & de poffeffion légitime pour prefcrire le droit de nouveaux acquêts. Il n'en eft pas de même des profits cafuels dûs au Roi par les Particuliers, comme de quints, reliefs, & autres femblables, lefquels fe prefcrivent contre le Roi, parce qu'il n'y a point de caufe qui empêche cette prefcription, puifqu'il ne s'agit alors que d'un droit cafuel.

La perception du droit de nouveaux acquêts fe fait aujourd'hui de deux manieres. L'une regarde les Communautés laïques, qui font les Habitans des Villes & Bourgs, Villages & Hameaux, lefquels poffedent en commun des droits de glandages, pacages, & autres énoncés dans les Arrêts des 23. Janvier 1691. & 15. Novembre 1720. L'au-

tre regarde les Communautés régulieres & feculieres, & autres, les Titulaires des Bénéfices & autres, pour les biens qu'ils poffedent, dont ils n'ont pas payé l'amortiffement, ou pour ceux qui leur font donnés en ufufruit pour un tems.

A l'égard des Communautés laïques, l'impofition s'en fait annuellement fur tous les Habitans des Paroiffes ayant droit d'ufage, exempts, & non exempts, nobles & roturiers, privilégiés & non privilégiés, par Meffieurs les Intendans dans les Provinces & Généralités, & dans les pays d'Etats, par les Députés ordinaires defdits Etats fur le pied du vingtieme du revenu defdits ufages, ou fuivant les Arrêts particuliers rendus pour chaque Province ou Généralité, conformément aux articles 9. & 21. de la Déclaration du 6. Mars 1700. & à l'article 8. de l'Edit du mois de Mai 1708.

Quant aux Communautés féculieres, régulieres & autres, lorfque le recouvrement des droits d'amortiffement fe faifoit en différens tems, felon les befoins de l'Etat, les Gens de main-morte payoient le droit de nouvel acquêt, à raifon d'une année de revenu, pour vingt années, pour les jouiffances paffées, à compter du jour du titre de propriété, jufqu'au jour qu'ils en payoient les amortiffemens; parce que tant qu'une communauté poffede un bien fans l'avoir amorti, elle en doit le droit de nouvel acquêt, qui eft une indemnité ou un intérêt du droit d'amortiffement non payé.

Mais ce droit ne fe paye plus aujourd'hui; parce que les Gens de main-morte font obligés, fuivant l'article 14. de l'Edit du mois de Mai 1708. de faire (dans l'an & jour de la date de leur contrat d'acquifition, ou autres titres de propriété,) leurs déclarations, & d'en payer les droits d'amortiffement; en forte que le droit de nouvel acquêt (qui n'eft que le vingtieme du revenu d'une année,) fe réduit à peu de chofe, le Régiffeur étant le maître de le faire payer à l'expiration de l'année du jour du titre.

Enfin, s'il fe trouve des cas où les Communautés féculieres, régulieres & autres, aient droit de jouir des biens à certain temps feulement fans propriété, le droit de nouvel acquêt en eft dû à proportion de la jouiffance, une année pour vingt années.

Voyez, touchant le droit de nouveaux acquêts, le Traité qu'en a fait Bacquet. *Voyez* Auffi Amortiffement & indemnité.

NOUVEAUX ACQUETS, DONT IL EST PARLÉ DANS LA COUTUME D'ARTOIS, articles 115 & fuivans font les acquifitions que des perfonnes non nobles font des fiefs, ou de tenemens nobles, pour raifon defquelles acquifitions il eft dû au Seigneur le droit de nouveaux acquêts, qui eft de trois années une, & que le Seigneur leve de vingt ans en vingt ans.

Ce droit eft perfonnel, & par confequent n'eft dû qu'une fois, pour raifon du fief acquis par une perfonne non noble, quelque temps qu'elle continue de le poffédér.

NOUVEL OEUVRE, *voyez* Dénonciation de nouvel œuvre.

NOUVELLETÉ , fignifie le trouble qu'a fait le défendeur en complainte par l'ufurpation de la chofe , ou par la novation qu'il y a faite au préjudice du demandeur.

Il eft traité amplement des cas de nouvelleté , dans le fecond livre du grand Coutumier , chap. 21. & 22. *Voyez* auffi ce que j'ai dit dans les préliminaires du quatrieme titre de la Coutume de Paris , & ce que j'ai dit ici fur le mot de Complainte.

N U

NUESSE , eft un terme de Jurifprudence féodale. On dit tenir un fief en nueffe , ou de nud à nud , d'un tel Seigneur , pour marquer que ce fief releve de lui nûement & immédiatement.

NUIT , eft la partie du jour pendant laquelle le foleil eft fous notre hémifphere.

La vifciffitude du jour & de la nuit prefcrit aux hommes une vifciffitude de travail & de repos.

Ainfi aucuns Jugemens ne doivent être rendus que de jour. La Rochcflavin , des Parlemens de France , liv. 8. chap. 53. art. 5.

L'exécution des Jugemens ne fe peut auffi faire que de jour , excepté en matiere criminelle.

Les actes judiciaires ne peuvent non plus être fignifiés que de jour , fuivant les anciennes Ordonnances. Mais aujourd'hui la fignification qui en feroit faite la nuit commencée , n'en feroit pas moins valable , pourvû que ce ne fut pas à heure indûe.

Cependant s'il s'agiffoit d'offres ou d'actes en matiere de retrait , on en pourroit prétendre la nullité , faute d'avoir été faits de jour.

Il nous refte à faire ici une obfervation curieufe au fujet de la nuit ; c'eft que les anciens Gaulois , au rapport de Céfar , faifoient la divifion du tems , non par jour , mais par nuit ; de même que les Allemands , au rapport de Tacite.

Cet ufage de divifer & de compter le tems , avoit de ces peuples paffés parmi nous ; car anciennement en France les Laïques comptoient par nuits le tems & les délais judiciaires , ainfi qu'on voit dans la Loi Salique , & dans le Jugement tiré du Tréfor de Saint Dénis.

Ce Jugement eft rapporté par Ragueau en fon Indice des Droits royaux , *verbo* Nuits , où il cite les Auteurs qui ont fait des Differtations hiftoriques fur ce mot , & fur cet ufage de compter le tems & les délais par le nombre des nuits , & non pas par celui des jours.

NULLITÉ , fignifie la qualité d'un acte , en ce qu'il eft contre les Loix ou les formes reçues dans un pays.

Les nullités n'ont point lieu en France ; c'eft-à-dire , que quoique des actes ou contrats foient nuls par la difpofition du Droit Romain , toutefois en France il faut avoir recours au bénéfice du Prince , lequel n'eft point refufé à ceux qui l'implorent dans le tems & avec jufte caufe.

Ainfi une vente qui auroit été faite par le dol du vendeur , laquelle *ipfo jure* feroit nulle par le Droit Romain , *leg.* 7. *ff. de dolo malo* , ne pourroit être caffée que par Lettres du Prince ; & c'eft ce qu'on appelle nullités de Droit.

Mais quand la nullité d'un acte eft prononcée par l'Ordonnance ou par la Coutume , il ne faut point de Lettres pour en faire la refcifion , elle fe fait de plein droit.

Ainfi les contrats ufuraires font nuls de plein droit par les Ordonnances ; & les contrats paffés par femmes en puiffance de leurs maris fans en être autorifées , font pareillement nuls par la difpofition de nos Coutumes ; & partant l'autorité du Prince n'eft pas néceffaire pour les faire caffer.

Un mariage célébré nonobftant un empêchement dirimant , eft nul de plein droit , & doit être déclaré tel par le Jugement qui doit intervenir en conféquence.

Les voies de nullité font reçues contre les procédures judiciaires , lorfqu'elles font faites contre la difpofition des Coutumes , Ordonnances ou Réglemens.

NULLITÉ EN FAIT DE JUGEMENT , EN PEUT EMPECHER L'EXECUTION , parce que , *quod ipfo jure nullum eft , nullus juris effectus poteft parere :* ainfi ces Jugemens étant nuls , doivent être regardés comme s'ils n'avoient pas été rendus , que celui qu'ils condamnent fe ferve des moyens de droit pour en empêcher l'exécution. Ces Jugemens font ceux qui contiennent une décifion abfolument contraire aux Ordonnances & à la difpofition précife des Coutumes. On diftingue , fi ce font des Arrêts ou des Jugemens en dernier reffort ; il faut pour en empêcher l'exécution , fe pourvoir contre par la voie de caffation. *Voyez* ce que j'ai dit *verbo* Caffation.

Si c'eft une Sentence qui ait été rendue contre la difpofition précife des Ordonnances royaux qui font en vigueur , ou contre les termes exprès des Coutumes , elle ne paffe point en force de chofe jugée ; mais il faut en interjetter appel , non pas pour la faire caffer , mais pour la faire déclarer nulle. Et comme cette Sentence ne paffe point en force de chofe jugée , le tems préfini pour interjetter appel , ne court point contre celui qui a été condamné par une telle Sentence ; en forte qu'après ce tems écoulé , il eft toujours en état d'en pouvoir appeller. *Voyez* chofe jugée. *Voyez* auffi Jugement rendu contre les Loix.

NUMERATION D'ESPECES , fignifie payement.

NUNCUPATIF , fe dit feulement d'un teftament fait verbalement & de vive voix. *Voyez* ce que j'ai dit dans ma traduction des Inftitutes fur le §. dernier , du tit. 10. du fecond livre.

NUPTIAL , fignifie ce qui concerne le mariage ou les nôces. On dit , par exemple , recevoir la bénédiction nuptiale. Chez les Juifs , on n'alloit point aux nôces fans une robe nuptiale , comme on voit dans une parabole de l'Evangile.

O

OBEDIENCE, eft l'obéiffance que les Eccléfiaftiques doivent à leur Supérieur.

On appelloit auffi obédiences, celles des petits Monafteres ou Prieurés, dans lefquelles les Abbayes envoyoient quelques Religieux qui dépendoient toujours de l'Abbaye.

OBEDIENCE, fignifie auffi une efpece de demiffoire que le Supérieur d'une Maifon religieufe donne aux Religieux qui voyagent, ou qui vont demeurer dans une autre Maifon.

Enfin on appelle pays d'obédience, ceux qui ne font point compris dans le Concordat. *Voyez* ci-après Pays d'obédience.

OBJETS, c'eft-à-dire, reproches contre les témoins produits, pour raifon d'alliance, de familiarité, de liaifon étroite avec la Partie qui produit de tels témoins, comme d'être fon Avocat ou fon Procureur, &c.

Une diftinction qu'il faut donc faire entre ces deux mots, que l'on confond quelquefois, c'eft que les objets ne changent point la réputation des témoins contre qui ils font propofés; au lieu que les reproches font infamans, en ce qu'ils font fondés fur une caufe qui bleffe l'honneur de ceux qui en feroient convaincus.

C'eft ce que dit Bouchel, *verbo* Reproches, dans fa Bibliotheque du Droit François, en ces termes : La différence d'entre objets & reproches eft, que objets *non recipiunt turpitudinem teſtis, puta eſt compater, affinis, eſt Advocatus, Procurator, & ſic de ſimilibus.* Reproches *verò reſcipiunt turpitudinem, videlicet quod eſt homo malæ vocis, & adulter, latro publicus, parjures, juxta latè notata per Gloſſam in cap. præfentium, §. finali in verbo, & aliorum, de teſtibus, in ſexto : & Jaſon, in legem admonendi 31. ff. de jure jurando.*

Voyez Reproches.

OBEISSANCE, fignifie la fujetion des Peuples & des Provinces à leur Souverain. Ce terme fignifie auffi le refpect que les enfans doivent à leurs peres & meres.

Dans la Coutume de Normandie, le terme d'obéiffance fignifie acquiefcement.

Dans la Coutume d'Anjou, art. 216. du Maine, art. 321. de Loudunois, chap. 12. art. 8. retourner à l'obéiffance, fignifie aller à la Cour du Parageur, & reconnoître fa Jurifdiction.

OBLATS ET MOINES-LAIS, étoient autrefois des Soldats eftropiés, aufquels les Rois avoient donné une place dans chaque Abbaye pour fonner la cloche ; ce qui s'évaluoit à une penfion de cent livres, & s'obtenoit du Roi par Lettre de la grande Chancellerie.

Mais cela ne s'obferve plus, depuis que ces mêmes penfions ont été employées à entretenir les Soldats eftropiés dans la Maifon des Invalides, qui eft fans contredit une des plus belles inftitutions qui fe puiffe jamais faire.

Voyez ce qui eft dit des Oblats dans le Dictionnaire de Trevoux, où plufieurs autres fignifications de ce terme font rapportées.

OBLIAGE, eft un droit feigneurial dont il eft parlé dans l'article 40. de la Coutume de Blois, qui confifte en un chapon, ayant un douzain au bec de rente en quelques lieux. *Voyez* le Gloffaire du Droit François.

OBLIC ou OBLIAL, eft un droit feigneurial établi en argent ou en volaille fur un fonds, par les baux & par les reconnoiffances, par-deffus la cenfive annuelle, avec laquelle il eft cenfé vendu, quand le Seigneur en vendant la cenfive annuelle (qui dégénere en rente feche) s'eft réfervé la Seigneurie directe. *Voyez* Graverol fur la Rocheflavin, des Droits feigneuriaux, chap. 35. art. 2.

OBLIGATION, eft un lien de droit, par lequel nous fommes obligés à donner ou à faire quelque chofe à quelqu'un.

Il y a trois fortes d'obligations ; l'obligation naturelle, l'obligation civile, & l'obligation mixte, laquelle eft naturelle & civile.

L'obligation naturelle eft un lien de l'équité naturelle, qui nous oblige à donner ou à faire quelque chofe, fans que nous puiffions y être contraints en Juftice.

Cette obligation qui n'eft foutenue que par le droit naturel, ne produit point d'action en vertu de laquelle elle puiffe être mife à exécution ; de forte que l'exécution d'icelle dépend feulement de la probité de celui qui eft obligé.

Telle eft l'obligation de celui auquel du vin ou autres chofes ont été vendues en détail, par affiette, par un Cabaretier en fa maifon ; car en vertu de telle vente, il ne provient qu'une obligation naturelle, qui ne produit point d'action pour le Cabaretier contre fon débiteur, fuivant l'article 128. de notre Coutume.

Il faut en dire de même de l'obligation qu'une femme a contractée en pays coutumier, fans être autorifée de fon mari.

L'obligation civile eft celle qui defcend de la Loi, mais qui peut être détruite par quelque exception peremptoire, au moyen de laquelle cette obligation devient fans effet. Telle eft l'obligation

bligation qu'on a extorquée de quelqu'un par force & par violence.

L'obligation mixte est celle qui est fondée sur l'équité naturelle, & sur l'autorité de la Loi par laquelle elle est confirmée, & qui peut être détruite par aucune exception péremptoire.

L'obligation mixte produit une action efficace, au moyen de laquelle le créancier fait condamner son débiteur à lui payer ce qu'il lui doit, ou à faire ce à quoi il est obligé envers lui, sans que le débiteur lui puisse valablement opposer contre cette action aucune exception péremptoire. Sur quoi il faut remarquer que celui qui est obligé envers un autre à lui donner quelque chose y peut être contraint en Justice : mais quand l'obligation consiste à faire quelque chose, une telle obligation se termine en dommages & intérêts, faute de satisfaire à l'obligation.

Inter obligationem, quæ faciendo consistit, & eam quæ consistit in dando, hoc summum discrimen est, quòd qui ad faciendum tenetur, non obligetur præcisè ad faciendum, sed ejus obligatio resolvitur in id quod interest, propter naturalem hominum libertatem, quæ non patitur, quemquam ad faciendum præcisè compelli. Qui verò dare tenetur, præcisè ad dandum cogi potest ; quia si non det id quod dare tenetur, manu militari capi potest.

Voyez ce que j'ai dit à ce sujet dans ma traduction des Instirutes, sur le §. dernier du tit. 16. du troisieme Livre.

Les obligations descendent des quatre causes ; sçavoir, du contrat, du quasi-contrat, du délit & du quasi-délit.

Les principes que nous venons de donner sur les obligations, sont tirés du Droit Romain, & peuvent beaucoup servir pour connoître ce que c'est qu'obligation, & de combien il y en a de sortes. Mais voyons ce qu'on entend ordinairement parmi nous par obligation.

Nous appellons obligation un acte passé pardevant Notaire, pour prêt d'argent ou pour autre cause ; à la différence des réconnoissances sous signatures privées que l'on appelle simples promesses, cédules ou billets.

Ce qui est essentiel à une obligation, c'est qu'elle doit contenir la raison pour laquelle elle est causée, comme nous dirons ci-après.

Il y a plusieurs autres conditions requises pour la validité des obligations, qui sont déduites & expliquées dans la nouvelle édition de la Science parfaite des Notaires. *Voyez* aussi ce que j'ai dit des obligations dans ma Traduction des Institutes, sur le tit. 14. du troisieme Livre.

Les principales conditions requises pour la validité des actes passés pardevant Notaires, sont l'énonciation de la date, de l'an & du jour, celle du nom & de la qualité des contractans ; la signature des Parties, des Notaires & des témoins.

Toutes les obligations & actions pour sommes de deniers une fois payer, sont réputées mobiliaires, parce que toute action prend la qualité de la chose à laquelle elle tend ; & par cette raison

Tome II.

toutes obligations & actions qui tendent à avoir une chose mobiliaire, sont réputés meubles. *Voyez* ce que j'ai dit sur l'article 39. de la Coutume de Paris. Les obligations se font, ou purement, ou pour un certain jour, ou sans condition.

OBLIGATION PURE, est celle où l'on n'a point mis de jour ni de condition ; auquel cas non-seulement la chose est due d'abord, mais elle peut être demandée sur le champ. *Voyez* ce que j'ai dit dans ma Traduction des Instiutes, sur le §. 2. du seizieme titre du troisieme Livre.

OBLIGATION FAITE POUR UN JOUR CERTAIN, est celle où l'on est convenu d'un jour pour faire le payement de la somme promise, ou pour faire ce à quoi l'on s'est obligé. Sur quoi *voyez* ce que j'ai dit *verbo* Terme.

OBLIGATION FAITE SOUS CONDITION, est celle qui ne peut avoir aucun effet, que la condition ne soit arrivée, *ita ut neque statim diei cedat, neque statim dies veniat, sed tantum post eventum conditionis.* *Voyez* ce que j'ai dit dans ma Traduction des Institutes, sur le §. 4. du titre 16. du troisieme Livre.

OBLIGATION, OU PROMESSE CAUSÉE, est celle où se trouve énoncée la cause pour laquelle elle est faite ; ce qui paroît être une condition nécessaire, pour que l'obligation ou la promesse puisse avoir son effet, de sorte qu'on n'y puisse donner atteinte.

Il est bien vrai que celui qui aura fait l'obligation ou la promesse sans en exprimer la cause, est présumé devoir ; ou du moins s'il ne devoit rien, il est censé avoir eu intention de donner.

C'est le sentiment de M. de Perchambault sur l'article 9. du tit. 11. de la Coutume de Bretagne, qui porte que les obligations ne laisseront pas d'être valables, quoique la cause pour laquelle on les fait ne soit pas exprimée, pourvû qu'elles soient de bonne foi ; en sorte que ce seroit au débiteur à prouver la mauvaise foi de celui qui se prétend créancier.

Il y a même un Arrêt du 16. Mai 1664. rapporté dans le Journal des Audiences, qui a jugé valable une obligation dont la cause n'étoit point exprimée dans l'acte.

Nonobstant cet Arrêt, & le sentiment de M. de Perchambault, qui a écrit sur une Coutume qui contient là-dessus une disposition particuliere, il y a lieu de croire que toute cédule, promesse & obligation qui ne contient point de cause, est nulle, suivant la Loi 7. §. 4. ff. *de pact.* à moins qu'il n'y ait quelque circonstance qui fasse présumer que l'obligation est faite pour une juste cause, quoiqu'elle n'y soit pas exprimée, comme seroit l'ogation qu'un malade auroit faite à son Médecin, ou un client à son Procureur.

C'est le sentiment de Ranchin, quest. 176. de Papon dans ses Arrêts, livre 10. titre 2. & de Belordeau en ses Observations forences, lettre C, art. 5. *Voyez* l'Arrêt de Réglement fait à ce sujet, rapporté dans le Journal des Audiences en date du 16. Mai 1650.

L'article 1. du titre 5. de l'Ordonnance de 1673.

porte, que les Lettres de change contiendront sommairement le nom de ceux auxquels le contenu devra être payé, le temps du payement, le nom de celui qui en a donné la valeur, & si elle a été reçue en deniers, marchandises ou autres effets.

Cette Ordonnance regarde particuliérement les Négocians & les gens d'affaires ; mais le Réglement de 1650. est général pour toutes sortes de personnes, aussi bien que quantité d'Arrêts postérieurs, qui ont jugé qu'une obligation ou promesse est nulle, lorsque la cause pour laquelle elle est faite ne s'y trouve point énoncée.

Comme les obligations ne peuvent produire leur effet, si elles ne sont fondées sur des causes approuvées & autorisées par les Loix ; quand la cause n'y est pas énoncée, elles sont présumées faites *ob turpem vel injustam causam*, pour raison du jeu, ou pour autre cause également reprouvée.

Mais les nouveaux Arrêts ont en cela changé la Jurisprudence ; & aujourd'hui l'on juge qu'une obligation est valable, quoique la cause pour laquelle elle est faite ne soit pas exprimée. Il n'y a que les circonstances qui pourroient à présent faire déclarer nulles de pareilles obligations ; sçavoir lorsqu'il y auroit lieu de présumer qu'elles auroient été faites contre la prohibition des Ordonnances, comme pour argent perdu au jeu, ou pour autre cause non licite. Ainsi c'est la qualité des personnes qui doit déterminer à les déclarer exécutoires ou non, & autres circonstances semblables.

La reconnoissance qu'un Particulier feroit qu'il doit une telle somme à un tel, ne pourroit pas être réputée une obligation sans cause, parce que le mot *devoir* suppose une cause légitime de cette reconnoissance, & par conséquent peut suffire pour faire condamner le débiteur au payement, si les circonstances ne font pas présumer que la cause n'est pas légitime.

Au reste, quand une obligation est conçue pour argent prêté, on n'est pas recevable à prouver par témoins qu'elle a été causée par le jeu. Ainsi jugé le 16. Mai 1667. rapporté par Basset, tome 1. liv. 2. tit. 81. chap. 9.

OBLIGATION ou PROMESSE, LE NOM DU CREANCIER EN BLANC, n'est pas valable ; comme il a été jugé par plusieurs Arrêts, qui ont déclaré nulles de semblables obligations, & qui ont fait expresses défenses d'en passer de pareilles : ce qui a pareillement lieu pour les Lettres de change. *Voyez* l'Edit du mois de Mai 1716. rapporté dans Bornier, sur l'article 1. du titre 5. de l'Ordonnance du Commerce de 1673.

OBLIGATION PREPOSTERE, est une promesse conditionnelle qui est conçue de maniere, que le jour de la demande précede celui de l'obligation. Ces sortes de promesses étoient autrefois nulles par l'ancien Droit Romain.

La raison est, qu'une obligation conditionnelle dépend de la condition qui y est apposée : ainsi il est de la nature de ces sortes d'obligations, que la chose ne soit exigible qu'au tems que l'obligation commence d'exister véritablement, c'est-à-dire, au tems que la condition est accomplie ; car on ne

peut raisonnablement se représenter à l'esprit que la fille puisse naître avant la mere : *At certè obligatio est mater actionis.*

Néanmoins l'empereur Leon avoit admis ces sortes de stipulation dans les dots, & l'Empereur Justinien a voulu qu'elles fussent admises dans toutes autres sortes d'affaires ; *leg. 25. cod. de testam.* de maniere néanmoins que la demande ne s'en put faire qu'après l'accomplissement de la condition sous laquelle elles seroient faites, parce qu'il faut avoir plus d'égard à la volonté des contractans, qu'aux termes dont ils se sont servis.

Cette ordonnance de Justinien a été reçue généralement par toute la France ; en sorte que toutes sortes d'actes préposteres sont valables, tant en Pays coutumier qu'en Pays de Droit écrit, à condition que la demande qui peut être faite en conséquence, ne puisse avoir lieu qu'après l'accomplissement de la condition. *Voyez* ce que j'en ai dit sur le §. 14. du titre 20. du troisieme livre des instituites.

OBLIGATION, QUÆ IN FACIENDO CONSISTIT. *Voyez* ce que j'en ai dit ci-dessus, en parlant de l'Obligation en général ; & ce que j'en ai dit dans ma Traduction des Institutes, sur le §. dernier du titre 16. du troisieme Livre.

OBLIGATION EN FORME AUTHENTIQUE, est une obligation passée pardevant Notaire, qui est grossoyée & scellée ; à la différence de l'obligation qui n'est qu'en papier & en brevet.

Un Huissier ou Sergent ne peut faire aucune exécution en vertu d'une obligation, qu'elle ne soit mise en parchemin & en grosse, & autorisée par le scel de la Jurisdiction où l'obligation a été passée.

OBLIGATION SOUS SEING PRIVÉ ou PASSÉE PARDEVANT NOTAIRES, est exigible à la volonté du créancier, ou après le jour prefini pour faire le payement de la somme promise : ce qui fait que le créancier n'en peut pas demander les intérêts, sans préalablement y avoir fait condamner le débiteur pour le terme à venir, à compter du jour de l'assignation sur laquelle le Jugement de condamnation sera intervenu : ce qui marque la différence qu'il y a entre une simple promesse ou obligation, & un contrat de constitution de rente fait sous seing privé ou passé pardevant Notaire, lequel produit des intérêts *ab initio*, attendu l'aliénation du fonds qui s'y fait par le créancier. *Voyez* Rachat en fait de rente.

OBLIGATION SOLIDAIRE, est celle qui est contractée par plusieurs personnes envers le même créancier, pour une dette, en conséquence d'une clause qui marque la solidité.

Je dis *en conséquence d'une close qui marque la solidité* ; car si une obligation étoit purement & simplement contractée par plusieurs envers le même créancier & pour la même chose, & qu'il n'y eût aucune mention de solidité, l'obligation seroit divisée de plein droit, c'est-à-dire, que chacun des coobligés ne seroit tenu que pour sa part & portion ; au lieu que quand l'obligation est solidaire, chacun peut être poursuivi pour le tout, sauf son recours contre les autres.

Il faut donc, pour former une obligation folidaire de plufieurs coobligés, qu'il y ait dans l'acte une claufe qu'il marque qu'ils fe font tous obligés folidairement, à l'exception de quelques cas que nous avons remarqué *verbo* Solidairement.

S'il y avoit dans l'acte, que tous les obligés fe font obligés conjointement, ce terme, *conjointement*, ne fuffiroit pas pour former une obligation folidaire, fi ce n'eft entre Marchands & Négocians. *Voyez* les Obfervations fur Henrys, tom. 1. liv. 4. queft. 26. & tom. 2. liv. 4. queft. 28.

Quand l'obligation eft folidaire, les pourfuites qui font faites contre l'un des coobligés, tombent fur tous les autres par rapport à certains égards.

Premièrement, en ce que les pourfuites qui font faites contre l'un des coobligés, fervent à interrompre la prefcription de la dette par rapport à tous.

En fecond lieu en ce qui regarde les intérêts : ainfi la demande formée contre l'un des coobligés, produit également des intérêts à l'égard des autres. *Voyez* les Obfervations fur Henrys, tome 2. livre 4. queft. 40.

L'obligation folidaire ceffe de l'être, par le confentement exprès ou tacite du créancier.

Il y confent expreffement, lorfqu'il convient avec les coobligés que chacun d'eux ne fera tenu que pour fa part.

Il y confent tacitement, lorfqu'il reçoit d'un des coobligés la portion dont il feroit feulement tenu fi l'obligation n'étoit pas folidaire ; car alors ne faifant aucune referve ni aucune proteftation, il eft préfumé avoir voulu, par une convention tacite, faire la même grace à tous les autres, & divifer l'obligation de tous.●

Mais il faut en ce cas que dans la quittance il foit fait mention que le créancier a reçu d'un tel la fomme de tant, pour fa part & portion, ou qu'il décharge le coobligé du furplus de l'obligation en d'autres termes qui donnent lieu à cette préfomption. Autrement le créancier n'eft pas réputé avoir divifé la dette, pour en avoir reçu de l'un des co-obligés la fomme qui montoit à fa part & portion. *Voyez* Charondas, liv. 4. rep. 84. & liv. 8. rep. 43.

Je crois cependant qu'il eft plus à propos que le créancier qui ne veut point divifer fon obligation, en ne recevant d'un des coobligés folidairement que fa part & portion, faffe dans la quittance qu'il donne, une referve expreffe du furplus, pour éviter toute conteftation.

Ce que nous avons dit que le créancier qui reçoit d'un de fes coobligés la portion dont il feroit feulement tenu, fi l'obligation n'étoit pas folidaire, eft préfumé avoir tacitement divifé l'obligation de tous, cela ne doit s'entendre que du principal de la fomme qui lui eft dûe ; car le créancier qui auroit reçu, même pendant trente ans, les arrérages ou intérêts de fa dette féparement par chacun des coobligés, le principal ne feroit pas pour cela divifé entr'eux.

Il y a un cas où une obligation folidaire fe divife fans la participation & fans le confentement du créancier ; c'eft lorfqu'un des coobligés folidaire-ment vient à décéder, & qu'il laiffe plufieurs héritiers : le créancier ne peut alors agir contre chacun d'eux par action perfonnelle, que pour fa part & portion.

Je dis *par action perfonnelle* ; car le créancier peut toujours agir hypothécairement pour le tout contre chacun des héritiers du défunt.

Lorfque l'obligation eft folidaire, les coobligés entr'eux font caution l'un de l'autre ; & celui qui paye la totalité de la dette, a fon recours contre fes coobligés pour la répétition de la part de chacun d'eux.

Le bénéfice de divifion qui avoit lieu chez les Romains, fuivant la Novelle 99. à moins que les coobligés n'y euffent renoncé ; n'a pas lieu parmi nous.

La raifon eft que ces termes, *s'obligeant folidairement, ou un feul pour le tout*, par lefquels on a coutume en France d'exprimer la folidité, emportent avec eux une rénonciation tacite au bénéfice de divifion. D'ailleurs, pour éviter toute difficulté, la rénonciation expreffe audit bénéfice de divifion eft devenue de ftile. Mais il n'eft pas néceffaire parmi nous que ceux qui s'obligent conjointement & folidairement, rénoncent au bénéfice de divifion & difcution. Henrys, tom. 2. liv. 4. queft. 38.

Suivant la Loi dernière, *cod. de fidejufforib.* qui eft obfervée en France, quand un créancier s'adreffe à un de fes coobligés folidairement, les autres ne font point libérés pour cela.

Celui de plufieurs coobligés folidairement qui paye toute la dette, a fon recours contre les autres pour la répétition de la part de chacun d'eux, fans qu'il foit befoin que les créanciers lui faffent ceffion de fes droits.

Mais il ne peut agir folidairement, fa part déduite, contre un de fes coobligés, fauf fon recours contre les autres, & cela pour éviter le circuit d'actions, comme je l'ai dit fur l'article 108. de la Coutume de Paris.

Lorfqu'il y a deux débiteurs folidaires d'une rente conftituée, & que l'un d'eux paye les arrérages & le principal, l'on fait diftinction du principal & des arrérages.

A l'égard du principal, le coobligé qui a payé eft fubrogé de droit pour moitié, & les arrérages courent à fon profit du jour de la quittance du payement qu'il a fait du principal.

Mais pour ce qui eft des arrerages échus lors du payement, ou il les a payés volontairement, ou forcement ; en l'un & l'autre cas, il doit faire une fommation au codébiteur négligent, qui lui doit rembourfer les arrérages qu'il a payés, & les intérêts des fommes empruntées, après qu'il a fait les diligences & pourfuites néceffaires.

Il en eft de même lorfque l'un des coobligés folidairement a donné une indemnité & reconnoiffance, qu'il a feul profité ; car en ce cas, celui qui a l'indemnité à fon profit, ne doit pas payer les arrérages, s'il n'y eft contraint ; & s'il les paye fans contrainte, il ne peut demander que la reftitution de ce qu'il a payé fans intérêt.

Mais s'il y eft contraint par le créancier ; alors,

en vertu de l'indemnité, il doit dénoncer les poursuites, & emprunter les deniers pour payer; &
quand il aura fait ses diligences, le codébiteur
dont il aura l'indemnité, sera tenu de lui rembourser les sommes qu'il aura payées pour les arrérages au créancier, & les intérêts même des sommes
empruntées, par forme de dommages & intérêts.
Voyez l'acte de notoriété donné par M. le Camus,
le 14. Mars 1692.

Touchant les obligations solidaires, *voyez* ce
que j'en ai dit dans ma Traduction des Institutes,
sur le commencement du titre 17. du troisieme livre. *Voyez* Bacquet, des Droits de Justice, chap.
21. nom. 245. jusqu'au nom. 255.

OBLIGATION PASSÉE ENTRE MARCHANDS ET
NEGOCIANS, est toujours solidaire, lorsqu'ils contractent de compagnie. *Voyez* Marchands & Négocians.

OBLIGATIONS QUI PASSENT EN LA PER-
SONNE DE L'HERITIER, sont celles qui proviennent
des contrats & des quasi-contrats.

*Qui contrahit, non tantùm sibi sed etiam suis hæ-
redibus prospicere velle intelligitur.* Ainsi l'héritier
succede dans tous les droits provenans des contrats
qui ont appartenu au défunt.

*Qui contrahendo se obligat, non tantùm sed etiam
hæredes suos obligat.* Ainsi les contrats par lesquels le défunt s'est obligé, passent à l'encontre
de son héritier.

Il en est de même des quasi-contrats, dont les
obligations parmi nous, comme chez les Romains, passent aux héritiers, & l'encontre des
héritiers.

Les obligations qui descendent des délits, passent ordinairement aux héritiers; mais elles ne passent pas à l'encontre des héritiers, du moins quand
à la peine corporelle, ni quand à la peine pécuniaire applicable au fisc; *quia scilicet pœna manet
suos autores, & nemo succedit in delicta.*

Mais l'obligation qui provient de délit, ne s'é-
teint point par la mort du coupable, quant à la peine pécuniaire & intérêts civils de la Partie, à qui
il est dû quelque dédommagement, dont les héritiers des coupables sont toujours tenus, lorsqu'il
decede avant son Jugement de condamnation.
Voyez Louet & son commentateur, lettre A, sommaire 8. Basset, tome 1. liv. 6. titre 2. chap. 2.
& Bardet, tom. 1. liv. 3. chap. 12.

A l'égard des quasi-délits, les obligations qui en
proviennent, passent à l'encontre des héritiers,
sur-tout pour ce qui regarde le dédommagement
de la Partie qui en a souffert quelque dommage.

Nous avons dit que les obligations, qui descendent des délits, passent *ordinairement* aux héritiers;
parce qu'il y a un cas où cette regle n'a point lieu,
qui est à l'égard des injures; car parmi nous de
même que chez les Romains, les actions dont on
se peut servir pour avoir la vengeance & la réparation d'injures, s'éteignent, tant par la mort de ceux
qui les ont intentées, que par la mort de ceux à
qui les injures ont été faites; *quia qui vivus injuriam ultus non est, videtur eam remisisse.*

OBLIGATION A LA GROSSE OU A LA GROSSE

AVANTURE. *Voyez* ce que j'en ai dit *verbo* Grosse
avanture.

OBLIGATION DE PAYER UNE SOMME QUAND
ON SERA PRESTRE, MORT OU MARIÉ. *Voyez* ce que
j'en ai dit *verbo* Promesse.

OBLIGATION NULLE, est celle qui ne peut
avoir d'effet: ce qui arrive, I°. par rapport à
la chose qui en fait la matiere II°. par rapport
aux personnes qui stipulent ou qui promettent;
III°. par rapport à la personne au profit de qui on
stipule; IV°. à cause du défaut de consentement
mutuel des Parties; V°. à cause de quelque défaut dans la forme.

OBLIGATION NULLE PAR RAPPORT A LA
CHOSE QUI EN FAIT LA MATIERE, est celle qui
est faite d'une chose qui n'est pas dans le commerce, ou d'une chose qui n'est point *in rerum natura*,
& qui n'y peut point être. *Voyez* ce que j'ai dit sur
les deux premiers paragraphes du titre 20. du troisieme livre des Institutes.

L'obligation est encore nulle, quand quelqu'un
promet l'effet d'autrui, parce que celui qui en a
fait la promesse, n'a rien promis du sien, & qu'une
personne n'en peut pas obliger une autre.

Mais la promesse est valable, quand on promet
qu'on fera en sorte qu'un autre donnera ou fera
quelque chose au profit du stipulant, ce qu'on appelle se faire fort, ou bien quand on y appose quelque peine; car dans l'un & l'autre cas, ce n'est pas
tant le fait d'autrui qu'on promet, que le sien
propre.

OBLIGATION NULLE PAR RAPPORT AUX PER-
SONNES QUI STIPULENT OU QUI PROMETTENT,
Cela peut arriver en plusieurs cas.

I°. Quand l'obligation est faite entre ceux, dont
l'un est dans la puissance de l'autre. Ainsi une obligation passée par le pere au profit de son fils, qu'il
a en sa puissance, est nulle, de même que l'est aussi
celle qu'un fils passe au profit de son pere, sous la
puissance duquel il est, parce que le pere & le fils
sont réputés la même personne: *at distincta esse debet creditoris & debitoris persona.*

Mais cela ne peut avoir lieu que dans les pays de
Droit écrit, où la puissance paternelle est en vigueur; car dans la France coutumiere, où la puissance paternelle ne produit pas les mêmes effets
que chez les Romains, & où les enfans acquierent
pour eux, & non pas pour leur pere, les conventions faites entre les peres & les enfans sont valables, pourvû qu'elles ne soient pas frauduleuses;
comme seroit la vente simulée qu'un pere feroit à
son fils de ses biens, pour le mettre à couvert de
ses créanciers. *Voyez* ce que j'ai dit sur le §. 6. du
titre 20. du troisieme livre des Institutes.

II°. Une obligation est nulle par rapport aux
personnes qui stipulent ou qui promettent, quand
elle est passée par un furieux, soit à son profit, soit
au profit d'un autre. *Voyez* ce que j'ai dit sur le §.
8. du même titre.

Lorsqu'un pupille s'étoit obligé sans l'autorité de
son tuteur, l'obligation étoit nulle par les Loix
Romaines: mais en France, un pupille ne peut
s'obliger avec l'autorité de son tuteur; c'est tou-

jours le tuteur qui agit au nom de son pupille, comme nous l'avons dit sur le §. 9. du même titre.

OBLIGATION NULLE PAR RAPPORT A LA PERSONNE AU PROFIT DE QUI ELLE EST FAITE, est celle qui est faite au profit d'un étranger, sans un pouvoir spécial. En effet, les contrats ont été inventés pour que celui au profit de qui ils sont faits, augmente son patrimoine, suivant cette maxime de Droit, que notre intérêt est la mésure, la regle & le fondement de toutes les conventions : or nous n'avons aucun intérêt qu'une chose soit donnée à un autre. *Voyez* ce que j'ai dit sur le §. 4. du titre 20. du troisieme livre.

OBLIGATION NULLE A CAUSE DU DEFAUT DE CONSENTEMENT MUTUEL DES PARTIES. Si ceux qui contractent ne sont pas d'accord, touchant la chose & le tems du payement qui en doit être fait, l'obligation est nulle. Tout contrat requiert le consentement des contractans; sans quoi il ne peut y avoir de contrat : or il n'y a point de consentement, quand la pensée des contractans se trouve différente sur la chose qui fait la matiere du contrat.

Il faut donc, pour qu'il soit valable, qu'ils consentent & soient d'accord touchant la chose. Sur quoi il faut remarquer que quand l'acte, en vertu duquel nous devons avoir quelque chose, est gratuit, il suffit que les Parties consentent dans le corps de la chose; mais quand l'acte, en vertu duquel nous devons avoir quelque chose, n'est pas gratuit, il faut encore que les Parties consentent dans la substance & dans la matiere dont la chose est faite. *Voyez* ce que j'ai dit sur le §. 5. & sur le §. 23. du titre 20. du troisieme livre des Institutes.

Une obligation est encore nulle, à cause du défaut de consentement des Parties, lorsqu'elle est faite sous une condition impossible ; *quia sic contrahentes videntur jocari potiùs quàm seriò agere, & velle contrahere obligationem*. *Voyez* ci-dessus condition.

OBLIGATION D'UN FILS DE FAMILLE. *Voyez* Senatusconsulte Macedonien.

OBLIGATION D'UNE FEMME QUI SE REND CAUTION. *Voyez* Velleïen.

OBLIGATION NULLE A CAUSE DE QUELQUE DEFAUT DANS LA FORME, est par exemple, une promesse qui seroit faite sans que la cause y fût énoncée ; ou celle dans laquelle le nom du créancier seroit en blanc. *Voyez* ce que nous avons dit ci-dessus de ces sortes d'obligations.

OBLIGATION REMISE E'S MAINS DU DEBITEUR, VEUT QUITTANCE, en affirmant par le défaut de connaissance des Parties, lorsqu'elle est biteur qu'il a payé. Ainsi jugé au Parlement de Paris le 7. Juin 1700 par Arrêt rendu en la troisieme Chambre des Enquêtes.

OBOLE, étoient autrefois une monnoie de cuivre, valant une maille ou deux pites, la moitié d'un denier.

Il est parlé dans la Coutume de Sens, article 247. & suivans, du droit d'obole, qui étoit autrefois dû pour le tabellionage du Roi, & qui étoit de chacune livre une obole, à sçavoir de tournois le tournois, & de parisis le parisis, pour raison

des obligations de deniers prêtés, & contrats de vente excédans quinze livres tournois pour une fois.

Mais ce droit ne se leve plus depuis l'Edit de 1575. par lequel le Roi Henri III. créa & institua des Notaires-Garde-notes ; en sorte qu'il n'y a plus de tabellionage. Ainsi ce sont les Notaires qui grossoient leurs contrats, & qui les délivrent aux Parties en grosse & forme authentique.

OBREPTICE. *Voyez* Subreptice.

OBREPTION, est opposée à subreption. Obreption signifie la fraude qu'on a commise dans l'obtention de quelque grace, titre ou concession d'un Supérieur, en lui taisant une vérité qu'il étoit nécessaire d'énoncer pour la validité de l'acte, laquelle auroit peut-être été un obstacle à sa concession.

Mais subreption est la fraude qui se commet dans l'obtention desdits actes, par dissimulation du fait & de la vérité, en avançant des faits qui y sont contraires, pour les faire passer plus aisément. *Obreptio fit veritate tacitâ; subreptio autem fit subjectâ falsitate.*

L'obreption ou la subreption annulle de droit le titre ou la grace ou elle se trouve, principalement si elle procede du dol de l'impétrant.

OBSESSION, est une espece de privation de la raison, en tout ou en partie, causée par une personne qui nous ôte la liberté de résister à ses sollicitations, par l'ascendant qu'elle a sur notre esprit.

La substance de tous contrats, & de toutes dispositions, tant entre-vifs qu'à cause de mort, que font les hommes, consiste dans le consentement de ceux qui les passent. Mais ce consentement n'opere efficacement, de maniere qu'on ne puisse lui donner aucune atteinte, que quand il est émané d'une volonté entiérement libre.

Or il n'y a rien de plus opposé à la liberté, que la contrainte, de quelque cause qu'elle provienne, soit qu'elle naisse de la force de la violence, soit qu'elle tire son principe de la séduction ou de l'obsession, qui ne sont pas moins puissantes ni moins dangereuses que les voies de fait.

Ainsi un acte qui doit sa naissance à l'une de ces causes, n'étant pas l'ouvrage de la liberté, ne peut jamais être accompagné d'un véritable sentiment.

Comme cet acte pêche dans la plus essentielle de ses qualités, il ne peut jamais avoir d'exécution pour peu que les Parties intéressées veuillent revenir contre, & s'y opposer : ce qui a lieu pour toutes sortes d'actes, où la volonté de ceux qui les passent se trouve génée, & sur-tout pour les actes lucratifs.

Par cette raison, les Loix du Royaume annullent les donations faites par les mineurs au profit de leurs tuteurs, celles des écoliers en faveur de leurs Précepteurs, & Pédagogues, celles d'un malade à son Médecin, d'un Pénitent à son Confesseur, & d'un Novice à son Monastere.

On présume que l'autorité des donataires sur l'esprit des donateurs, ôte aux derniers toute liberté ; & que leurs dispositions sont plutôt l'effet de

l'obfeffion, que de la volonté pure : fur quoi il faut
remarquer que cette préfomption eft une de celles
qui eft appellée par les Jurifconfultes, *præfumptio
juris & de jure*, *quæ plenam probationem facit*, &
adverfus quam non admittitur probatio.

La même préfomption concourt auffi à la ré-
probation des donations immodérées, faites par
des concubinaires à leurs concubines ; d'autant
qu'un homme frappé d'une paffion vive, ne peut
pas fe défendre de foufcrire aux follicitations de la
perfonne qui le charme. *Voyez* Concubinage.

OBVENTIONS EXTRAORDINAIRES, font des
fruits infolites & cafuels, qui n'arrivent ordinairement, comme font les reliefs : à la différence
des fruits qui naiffent & renaiffent ordinairement,
& qui fe perçoivent chaque année.

Voici une queftion qui a partagé nos Auteurs,
fçavoir fi ces obventions extraordinaires, quoiqu'elles arrivent en un feul moment, fe partagent
pro rata entre les héritiers du bénéficier prédécédé,
& le titulaire ?

M. Charles Dumoulin, fur l'article 50. de la
Coutume de Paris, nomb. 4. eftime qu'un fruit
infolite, comme le relief, étant acquis en un inftant, appartient à celui qui a droit de percevoir
les fruits du fief, quoique les fruits ordinaires ne
lui appartiennent qu'au *pro rata temporis*. Et cet
avis qui eft le plus fuivi, eft auffi le plus jufte ; car
dès le moment qu'on demeure d'accord que le relief eft un fruit qui échet en un moment, il s'enfuit qu'il doit appartenir à celui qui a droit de percevoir les fruits lors de l'échéance de cette obven-
tion, quelque extraordinaire qu'elle foit ; & l'incertitude du tems auquel elle peut arriver, rend
les chofes égales entre le titulaire du Bénéfice &
fon prédéceffeur.

Ceci eft tiré des additions fur le Traité des fucceffions de M. le Brun, pag. 36. où font rapportés
les noms de ceux qui font en cela de l'avis de Dumoulin, ou qui tiennent une opinion contraire.

O C

OCCUPANT, fe dit d'un Procureur conftitué
par une Partie pour l'inftruction d'une caufe ou procès qu'elle a avec une Partie.

OCCUPER, fignifier un acte d'occuper, eft déclarer par un acte qu'on eft Procureur de quelqu'un
dans une caufe ou procès.

OCTROI, fignifie la conceffion de quelque grace ou privilège, faite par le Prince à quelque Particulier, ou à une Communauté.

Ce terme ne s'emploie guéres que dans les Lettres de Chancellerie, & dans les affaires de finance, en parlant des deniers d'octroi.

Pour entendre ce que fignifient ces mots *deniers
d'Octroi*, il faut fçavoir que les Villes ont de deux
fortes de revenus, qui s'appellent deniers communs ; les uns patrimoniaux, & les autres
d'octroi.

Les deniers patrimoniaux font les biens appartenans en propres aux Villes, & les Receveurs n'en
font comptables qu'aux Maires & Echevins.

Ceux d'octroi font les droits qui fe levent fur le
vin & fur les denrées qui entrent ou fortent des
Villes, ou qui s'y débitent & confomment : &
cette levée fe fait en conféquence de la permiffion
qui en eft octroyée par les Rois de tems en tems
auxdites Villes, pour être lefdits deniers employés
aux befoins communs, réparations, fortifications
& décorations defdites Villes.

Les droits d'octroi fe levent donc par permiffion
du Roi, en vertu de fes Lettres patentes, dûement
vérifiées en la Chambre des Comptes, Cour des
Aides, ou Tréforiers de France.

Ces droits fe donnent communement à ferme,
& les Fermiers en payent le prix entre les mains
de celui qui eft prépofé par les Habitans, qui doit
compter de fa recette & dépenfe au Bureau des
Finances, & à la Chambre des Comptes.

Pour juftifier la recette, il doit rapporter Lettres de fa nomination, les Lettres d'octroi bien &
dûement vérifiées, & les baux.

A l'égard de la dépenfe, elle confifte dans les
ouvrages & réparations faites pour l'entretien de la
Ville, gages des Portiers, Tambours, Trompettes, Horloges & autres dépenfes publiques.

Pour juftifier ladite dépenfe, il faut rapporter
les Ordonnances & les quittances.

Pour ce qui eft des ouvrages & réparations dont
les parties font au-deffus de cent livres, il faut rapporter les devis des ouvrages, les baux au rabais,
acte de vifitation & reception d'iceux, les ordonnances & les quittances des Entrepreneurs ; & pour
les parties au-deffous de cent livres, il faut feulement rapporter les parties arrêtées par les Maires
& Echevins, des ouvrages & fournitures, avec
quittances des Ouvriers & Marchands.

La moitié des octrois appartient au Roi, &
l'autre moitié à la Ville.

Par la Déclaration du 3. Mars 1693. il eft ordonné que l'adjudication de la feconde moitié des octrois des Villes fe fera dans le mois d'Octobre, qui
fuivra immédiatement l'adjudication de la Ferme
générale, en préfence du Fermier des Aides.

L'article 3. du titre des Octrois de l'Ordonnance
de 1681. porte, que les Fermiers de la première
moitié feront préférés, dans les lieux où le partage n'a point été fait, à tous autres, dans les baux
à faire de l'autre moitié, en fe foumettant aux
mêmes charges & conditions ; & à l'égard des
baux faits, ils pourront s'y faire fubroger, en in-
demnifant les preneurs.

Mais ladite préférence & fubrogation accordée
auxdits Fermiers ne peut avoir lieu que lorfqu'ils
n'ont pas été préfens ou dûement appellés aux
baux & adjudications de la moitié appartenante
aux Villes, comme il eft dit en l'article 16. de la
Déclaration du 4. Mai 1688.

ŒCONOME, eft celui qui eft prépofé pour percevoir, régir & adminiftrer les revenus d'un Bénéfice vacant.

Le Roi nomme des Econones aux Evêchés &
Abbayes, lorfque la Régale eft ouverte : fur quoi
il faut remarquer que l'Econome en Régale n'eft
établi que pour la garde des fruits, & ne peut pas

tonféquent rien changer à l'état de l'Eglife.

Il ne peut même réfoudre les baux faits par le Prélat décédé, & eft tenu de les entretenir du moins pour l'année courante ; & il peut enfuite les continuer, ou en faire de nouveaux pour deux ou trois années pardevant Notaires, de l'avis du Procureur du Roi fur les lieux, & après trois publications faites au Prône des Paroiffes dans lefquelles les Fermes feront fituées, ainfi qu'il eft porté en l'article 9. du dernier Edit de création des Economes fequeftres du mois de Décembre 1691.

Enfin, par la Déclaration du 20. Février 1725. il eft défendu aux Economes fequeftres d'intenter aucuns procès pendant la vacance des Bénéfices ; & il leur eft ordonné feulement de faire toutes les diligences néceffaires pour le recouvrement des droits, fruits & revenus, dont le dernier titulaire étoit actuellement en poffeffion lors de fon décès : furfis à tous les procès intentés jufqu'à ce qu'il y ait un nouveau titulaire.

Il y a un Arrêt du Confeil d'Etat du 16. Décembre 1731, portant nouveau Réglement pour la régie des Economats.

Voyez M. Duperay en fon Traité de l'état & de la captivité des Eccléfiaftiques, liv. 1. chap. 16. & M. Brillon, *verbo* Econome. *Voyez* Auffi Mornac, fur l'Authentique *Si debitum*, cod. de *facrofanct. Ecclef.* Chopin de *facra Polit.* chap. 7. n. 7. Cabaffutius dans fa Pratique, liv. 2. chap. 26. nomb. 12. & Fevret en fon Traité de l'abus, tom. 1. liv. 1. chap. 8. nomb. 8.

O F

OFFENSE, fignifie injure, affront, outrage, tort qu'on fait à quelqu'un, foit en fa perfonne, foit en fes biens, ou en fon honneur.

On n'eft pas recevable à fe plaindre d'une offenfe qui eft faite à un autre, quand l'offenfé eft en état de le faire, parce qu'en ce cas fon filence fait préfumer qu'il veut remettre l'offenfe qu'on lui a faite ; mais cette préfomption ceffe lorfqu'il eft dans un état qui ue lui permet pas d'agir.

Cependant quand il s'agit d'un crime qui mérite la vengeance publique, fi celui qui a été offenfé ne fe plaint pas, un Particulier en peut être délateur & la Partie publique doit pourfuivre la peine d'un tel crime.

Voyez Accufateur. *Voyez* Partie publique.

OFFICE, eft une dignité ou fonction publique qui nous donne une qualité, un titre, & un rang, felon les fonctions : on les appelle Charges.

Ce font en effet des Charges fouvent très-onéreufes à ceux qui en font revêtus. On les appelle auffi Etat, parce qu'ils arrêtent & fixent la qualité & la condition des perfonnes & donnent un état à ceux qui s'en font pourvoir.

En France, on a toujours diftingué trois fortes d'Offices ; fçavoir ceux du Gouvernement, qui avoient autrefois pour Chef un Connetable ; ceux de Juftice, ou de Judicature, qui ont M. le Chancelier à leur tête ; & ceux des Finances, qui ont pour Chef un Surintendant, ou un Controleur général des finances.

Dans les premiers tems, les Dignités & les Offices, étoient la récompenfe du mérite & de la vertu. Enfin la faveur contribua beaucoup à les faire obtenir. Enfin, l'argent eft devenu le grand mobile pour y parvenir.

Louis XI. ayant déclaré que les Officiers ne feroient revocables que pour forfaiture, donna lieu aux Particuliers, par cette affurance de faire entrer les Offices dans le commerce, par les démiffions qui s'en faifoient, avec l'agrement du Roi, moyennant un certain prix que le réfignataire donnoit au réfignant.

Louis XII. commença d'abord à taxer les Offices de Finance. François I. en introduifit ouvertement la vénalité en 1522. par l'établiffement du Bureau des Parties cafuelles ; & les Offices de Juftice eurent bientôt un pareil fort, fous le titre & le nom de prêt.

Enfin, en 1567. les Greffes & les autres Offices domaniaux, qui avoient toujours été affermés, fe vendirent à faculté perpétuelle de rachat : & c'eft de-là que vient la différence qu'on remarque aujourd'hui dans les Offices.

On en diftingue de deux fortes ; fçavoir les Offices vénaux, & les Offices non vénaux.

Les Offices vénaux font ceux qui ont été vendus & aliénés par le Roi, moyennant certaine finance.

Les Offices non vénaux font ceux qui n'ont point de finance, & qui ne tombent point dans les Parties cafuelles ; comme les Offices militaires, au moins pour la plus grande partie ; ceux de la Maifon du Roi, qui ne font proprement que de fimples Commiffions.

Ainfi les Charges militaires ou du Gouvernement, & celles de la Maifon du Roi, comme elles ne font point venales, en ce qu'elles n'ont point de finance, rentrent en la poffeffion du Roi par la mort des Officiers ; à moins que fa Majefté n'en ait accordé des furvivances ou des Brevets de retenue. C'eft pour cette raifon qu'il n'eft pas permis aux Officiers de les vendre de leur vivant, qu'avec l'agrement du Roi.

Ces Charges ne font point fujettes à faifie, privileges ni hypotheques, ni à entrer à partage. Ceux qui font pourvus de ces fortes d'Offices, par mort ou furvivance de leurs peres ou autres parens, jouiffent des émoluments de leurs Charges, fans pouvoir être inquiétés par aucuns créanciers héritiers, ou autres prétendans droits fur les titres, prix & valeur d'icelles ; à la charge néanmoins d'entretenir les contrats, conventions & obligations qui peuvent être faites avec l'agrément de Sa Majefté, pour le prix & récompenfe des mêmes Offices.

Les Offices vénaux font de deux fortes ; les uns domaniaux, & les autres cafuels.

Les domaniaux font ceux qui ont été démembrés du Domaine, & qui ne fe vendent & ne s'aliénent par le Roi, que par des contrats à faculté de rachat perpétuel, fans être fujets aux Parties cafuelles, mais feulement à la revente, de même que les biens aliénés du Domaine à caufe que par ce moyen ils font héréditaires comme des héritages, fans payer finance ni prendre des provifions du Roi,

Tels font les Greffes & les Tabellionages.

Ces Offices domaniaux ne font point de fimples Commiffions attachées à la perfonne ; ce font au contraire des véritables Domaines aliénés, comme eft une terre aliénée par le Roi, toujours à faculté de rachat perpétuel.

On les poffede en propriété comme un domaine folide & fixe ; le Roi n'y a plus rien pendant que dure l'engagement.

Toutes perfonnes font capables de les poffeder ; les femmes, les filles, les enfans nobles ou roturiers ; ou en fait de baux à ferme ; on les vend par décret, & on en transfere la propriété à qui l'on veut, fans le confentement du Roi, & fans même fa participation.

Dans la vente de ces fortes d'Officiers on ne prend point de provifion du Roi, parce qu'elles feroient inutiles ; le Roi n'y a plus de droit au moment de l'adjudication ; les Commiffaires qu'il députe pour faire l'engagement, ont confommé leur pouvoir par une vente & aliénation de la propriété à un Particulier.

Celui qui voudroit obtenir des provifions de ces fortes d'Offices, dans la vûe de purger les hypotheques s'abuferoit lui-même ; ces provifions ne purgeroient point les hypotheques, s'il y en avoit.

Les Offices vénaux cafuels font ceux dont les Officiers ne font pourvus qu'à vie par le Roi, & dont ils ne peuvent être dépoffédés qu'en trois cas ; par mort, par réfignation, & par forfaiture.

Ces Offices font attachés à la perfonne du titulaire, qui en a obtenu du Roi des provifions en Chancellerie. C'eft pourquoi fi on a quelque droit à prétendre fur ces Offices, il faut s'oppofer au Sceau ; & une fimple faifie faite entre les mains de l'acquéreur ne fuffit pas pour empêcher que les oppofans au Sceau ne foient préférés.

Tout ce que peut efpérer le faififfant, c'eft d'être payé fur les deniers qui reftent après que les oppofans auront été fatisfaits, fi ce n'eft que la Charge n'étant pas de Judicature, eût été faifie réellement ; parce que la faifie réelle faite avant que le réfignataire foit pourvû, conferve l'hypotheque du créancier faififfant.

De ce que ces Offices font attachés à la perfonne du titulaire, il s'enfuit qu'ils peuvent être retenus par le mari qui en a été pourvu pendant la communauté, en recompenfant les héritiers de la moitié de l'acquifition.

Ils font appellés cafuels, parce que celui qui en eft pourvu, venant à décéder fans avoir réfigné, ou avoir payé la Paulette, ils tombent aux Parties cafuelles au profit du Roi, qui en difpofe pour lors comme il lui plaît.

Avant que les Charges fuffent vénales, comme elles n'entroient point dans le commerce, on ne les comptoit point entre les biens ; c'eft pourquoi en 1510. lors de la premiere rédaction de la Coutume de Paris, il n'en eft fait aucune mention.

Mais en 1580. dans le tems que fe fit la réformation de cette Coutume, la vénalité en étant déjà établie, on mit les Offices vénaux au rang des immeubles. Voyez ce que j'ai dit fur l'article 95. de la Coutume de Paris.

C'eft la raifon pour laquelle les Offices fe décretent comme de véritables immeubles, qu'ils ne font point compris dans un legs univerfel de meubles, & enfin qu'ils font en certains cas confidérés comme propres dans une fucceffion.

Ils deviennent donc propres à ceux auxquels ils font échus par fucceffion ; & même l'Office réfigné au fils par le pere, eft réputé propre, & fe partage après la mort du réfignataire entre les héritiers des propres.

Ainfi par Arrêt du 14 Mars 1633. il a été jugé que les deniers provenans d'un Office de Confeiller au Grand Confeil, dont M. de la Rutrie avoit été pourvu avant fon mariage, lui étoient propres, & par fon décès avoient appartenus à fes enfans ; en forte que l'un d'eux étant décédé, la mere, en qualité d'héritiere mobiliaire, n'y pouvoit pas fuccéder, mais qu'ils appartenoient à fa fœur furvivante. Additions à la Bibliotheque de Bouchel, verbo Office.

Les Offices font auffi propres de communauté, c'eft-à-dire, qu'ils n'y entrent point quand ils font acquis par le mari avant le mariage.

Ainfi, quand un homme pourvu d'un Office fe marie, tel Office n'entre point en communauté. Mais quand pendant le mariage il traite d'un Office, en cas de prédécès de la femme, le mari ne peut être dépoffédé ; il eft feulement obligé de payer à fes héritiers la moitié des deniers pris dans la communauté. V. Bardet, tom. 1. liv. 2. chap. 97. le Journal des Audiences, tom. 1. liv. 1. chap. 125. & 127. Brodeau fur Louet, lett. E, fomm. 2. & Bouguier, lett. D, nomb. 13.

Cependant les Offices ne font pas abfolument de véritables immeubles, ils fe partagent entre cohéritiers felon la Coutume du Domicile de l'Officier.

On ne fait point de criées des Offices qui font faifis réellement.

L'enchere de quarantaine, ni l'adjudication fauf quinzaine, ne s'obfervent point dans le vente forcée qu'on en fait.

Le retrait lignager n'a point lieu dans un Office, quoiqu'il foit héréditaire, & qu'il ait été dans la famille de pere en fils.

On peut donc dire que les Offices font d'une nature de biens hétéroclites, qui font propres dans les fucceffions, fans être fujets au retrait lignager : que la difpofition teftamentaire en eft libre, & n'eft point fujette à la réduction du quint, comme le font les véritables immeubles.

Ce ne font que des Commiffions à vie, que le Roi confie par les provifions qu'il en donne à ceux qu'il lui plaît. Ainfi, comme ces Commiffions dépendent uniquement du Roi, & non du titulaire, qui n'en a que la fimple fonction attachée à fa perfonne, le contrat de vente d'une Office ne fert de rien à l'acquéreur, fans la procuration ad refignandum ; & la réfignation lui eft auffi inutile, fans les provifions qu'il faut obtenir du Roi, qui en eft feul le maître & le propriétaire.

Quand le titulaire vient à décéder, fon héritier préfomptif

préſomptif, quoique ſaiſi par la Coutume, n'eſt point pour cela titulaire de l'Office ; au contraire, l'Office eſt vacant, & ne fait point partie de la ſucceſſion ; il n'y a uniquement que le prix de l'office, & le droit de donner une procuration *ad reſignandum*, qui ſe trouve conſervé, ſi le droit annuel en a été payé par le défunt.

Le contrat de vente d'un Office, & la procuration *ad reſignandum*, ne transfere donc rien pour ainſi dire au réſignataire, de la part de ſon réſignant. Le Roi n'entrant point dans les actes & contrats paſſés entre des Particuliers ; tout ce qu'operent la vente d'un Office, & la procuration *ad reſignandum*, eſt que l'Office eſt remis entre les mains du Roi, auquel le titulaire renonce, & abdique la fonction qui lui avoit donnée & confiée pour exercer ledit Office.

Il réunit par ce moyen l'uſufruit qu'il avoit de cette Commiſſion à la propriété qui réſide toujours en la perſonne du Roi. Ainſi les proviſions que le Roi en octroie, après que l'Officier lui a été remis entre les mains, font l'Officier, puiſqu'ils lui en donnent le caractere, le titre & la fonction.

Si un Officier débiteur d'une rente, qui vend ſon Office, peut être obligé au rachat ? *V.* ci-après, Vente d'Office.

Quels créanciers ſont préférés ſur les deniers provenans de la vente d'un Office ? *Voyez* Henrys, tom. 1. liv. 2. chap. 4. queſt. 26.

Il y a deux ſortes d'émolumens dans les Charges ; ſçavoir les gages & les profits de l'exercice.

Les gages courent du jour des proviſions & ceſſent du jour du décès, parce que ce ſont des fruits civils qui s'acquierent au jour le jour, & qui ſont inhérans à la perſonne du titulaire de l'Office.

Les profits de l'exercice courent du jour de la réception, qui rend l'Officier capable d'exercer, & défere la puiſſance à un Juge, qui peut enſuite s'inſtaller ou ſe faire inſtaller.

Quand il y a deux réſignataires d'un Office, le premier eſt préféré au dernier. Henrys, tom. 1. liv. 2. queſt. 67.

Voyez ce qui eſt dit des Offices & Officiers dans les Loix civiles, & dans le Dictionnaire de M. Brillon.

OFFICE HEREDITAIRE, eſt celui auquel le droit d'hérédité eſt attribué par Edit ou Déclaration.

Ces ſortes d'Offices ont les mêmes privileges que les Offices domaniaux, & ne ſont point ſujets au droit de paulete ; de ſorte qu'ils ſont comme héréditaires, & après la mort des titulaires ils paſſent à leurs héritiers.

OFFICES DE JUDICATURE, ſont ceux qui donnent à ceux qui en ſont pourvus, le droit de juger les cauſes ou procès dont la connoiſſance leur eſt attribuée.

Autrefois ces Offices ne pouvoient pas être ſaiſis réellement, ni vendus par décret ; mais cette Juriſprudence a été changée par l'Edit du mois de Février 1783. *Voyez* Henrys, tom. 1. liv. 2. queſt. 51. & ce qui eſt dit ci-après, *verbo* Saiſie des Offices de Judicature.

OFFICES DE FINANCE, ſont ceux qui donnent pouvoir de recevoir & de manier les deniers du Roi ou du Public, à la charge d'en rendre compte ; comme ſont les Charges de Tréſoriers, Receveurs généraux, Payeurs de rentes, des gages des Officiers.

Ceux qui poſſedent ces ſortes de Charges, ſont Officiers comptables.

Leurs comptes doivent être dreſſés en la forme ordinaire, compoſés d'une Préface, & de trois Chapitres ; ſçavoir, de recette, de dépenſe & de répriſe. Ils ont pour regles le titre 29. de l'Ordonnance de 1667. & encore d'autres Réglemens en faveur de Sa Majeſté. Ils doivent être préſentés à la Chambre des Comptes, pour être arrêtés par les Maîtres, après avoir été examinés par les Auditeurs, & vérifiés par les Correcteurs. *Voyez* Chambre des Comptes.

OFFICES DU SCEAU, ſont ceux dont les fonctions ſont attachées & inhérentes au Sceau. Telles ſont les Charges de Secrétaires du Roi, des Audienciers, Grand Rapporteur, Référendaires, Controleurs, Tréſoriers, Chauffecire, & autres de la Grande Chancellerie.

Il en faut dire de même des quatre Gardes-Rôles des Offices de France, des quatre Greffiers Conſervateurs des hypotheques des rentes de l'Hôtel-de-Ville de Paris. Les Avocats aux Conſeils ont encore des Charges qui ſont appellées Offices du Sceau.

Pluſieurs de ces Charges tombent aux Parties caſuelles de M. le Chancelier, faute de lui payer l'annuel.

Lorſque ces Charges ſont vendues de force & à la pourſuite des créanciers, ce ſont les Avocats au Conſeil qui occupent ſur telles pourſuites, & alors elles ne ſont vendues que le Sceau tenant.

C'eſt M. le Chancelier qui en reçoit les encheres, qui ſont publiées par un Huiſſier de la Chancellerie. C'eſt auſſi M. le Chancelier qui en prononce l'adjudication, & qui en ſcelle les proviſions.

Enfin l'uſage du Sceau eſt, que quinzaine auparavant que de ſceller les proviſions, le Grand Audiencier les publie le Sceau tenant, pour avertir qu'à la quinzaine ſuivante les Lettres ſeront ſcellées, *lecta & publicata.*

OFFICES QUI ANNOBLISSENT, ſont ceux auxquels le Roi a par ſes Edits & Déclarations attribué la nobleſſe ; comme les charges de Conſeiller au Parlement, les Offices de la Couronne, les Charges de Secrétaires du Roi, & pluſieurs autres. Mais pour que ceux qui ſont revêtus de ces charges puiſſent tranſmettre la nobleſſe à leurs enfans, il faut qu'ils ayent joui pendant vingt ans de la charge, ou qu'ils en meurent revêtus.

Cette regle néanmoins ceſſe à l'égard des Dignités auxquelles le Roi a attribué la nobleſſe, & qui expirent après une ou deux années, comme eſt celle d'Echevin de Paris ; car les Echevins de cette Ville tranſmettent leur nobleſſe à leurs enfans, quoiqu'au tems qu'ils décedent ils ne ſoient plus revêtus de cette dignité.

OFFICIAL, eſt un Eccléſiaſtique qui tient

la place de l'Evêque ou de l'Archevêque , & qui exerce, sa Jurisdiction ordinaire au for externe.

La déclaration du Roi du. 26. Février 1680. registrée au Parlement le 21. Avril suivant , porte ; Qu'aucun Ecclésiastique ne pourra à l'avenir être admis à faire la fonction d'Official , qu'il ne soit Licentié ou Docteur en Théologie, dans la faculté de Paris , ou dans les autres facultés de Théologie , ou du Droit Canon du Royaume , à peine de nullité des Sentences & Jugemens qui seroient rendus par ceux qui ne seroient point Docteurs ou Licenciés en Théologie, ou en Droit Canon. V. Les Mémoires du Clergé , édition de 1719. tit. 7. p. 250.

Tous les Clercs du Diocese de l'Evêché ou Archevêché de l'Official , sont ses Justiciables en action pure personnelle, quand ils sont défendeurs.

Outre les actions purement personnelles dont l'Official connoît entre Ecclésiastiques , ou quand le défendeur est Ecclésiastique , il connoît encore entre Laïques de quatre genres de cause ; savoir des dixiémes au pétitoire , du mariage quant à sa validité ou invalidité seulement, de l'hérésie & de la simonie.

In causis civilibus Officialis non potest cognoscere inter Laïcos , nisi de his quæ sunt merè spiritualia , & quæ ad Sacramenta pertinent ; ideoque sive lis principaliter sive incidenter controversa res pecuniarias spectet , earum ratione Judex ecclesiasticus semper incompetens est.

L'Official connoît des crimes commis par les Ecclésiastiques , pour ce qui est du délit commun, comme nous avons dit verbo Délit. Mais il ne peut jamais imposer que des peines canoniques ; & quand les crimes méritent des peines corporelles, c'est toujours au juge séculier d'en connoître.

Ses Sentences sont exécutoires par provision jusqu'à 25. livres: il peut passer outre nonobstant l'appel , en matiere de correction & de discipline.

L'Official n'a point de territoire , & ne peut faire emprisonner il doit , pour mettre ses décrets à exécution, implorer le bras séculier.

Par la Déclaration du 17. Août 1700. registrée en Parlement le 19. Janvier 1701. il est enjoint aux Archevêques & Evêques de pourvoir gratuitement suivant les regles de l'Eglise. , des personnes capables par leur probité & par leur doctrine, pour exercer les fonctions d'Officiaux, Vice-Gérens & Promoteurs : & en conséquence , Sa Majesté les a maintenus au droit qui leur appartient , de les instituer & destituer à quelque titre & en quelque maniere qu'ils en aient été pourvûs , quand ç'auroit été à titre onéreux.

Les Officiaux sont tenu d'observer la forme de procéder prescripte par les ordonnances royaux , ainsi qu'il est porté en l'art. 1. du tit. 1. de l'Ordonnance de 1667. La raison est, que ce sont des Loix générales qui lient également tous les Sujets du Roi. Leg. 3. cod. de legib. Voyez ce que dit Bornier sur cet article de l'Ordonnance de 1667.

Voyez Juges ecclésiastiques , & Jurisdiction ecclésiastique.

OFFICIERS DE JUSTICE , sont ceux qui sont préposés pour rendre la Justice. , ou pour faire les actes & les procédures nécessaires dans la poursuite des procès, ou qui sont préposés pour exécuter les ordres des Juges. Tels sont les Juges, les Greffiers, Notaires, Procureurs, Huissiers & Sergens.

Touchant les Officiers, & les peines qui sont décernées contre ceux qui malversent , voyez le Bref en son Traité de la Souveraineté du Roi , livre 2. chapitre 2. & 3.

Ceux qui sont revêtu de ces Charges, sont ou Officiers de Justice royale, ou de Justice subalterne.

OFFICIERS DE JUSTICE ROYALE, sont ceux qui après avoir obtenu des provisions du Roi , & subi l'examen requis, ont prêté le serment, & ont été admis à faire les fonctions de leurs Charges.

Je dis après avoir obtenu des provisions du Roi ; car il est défendu par plusieurs Edits & par plusieurs Arrêts du Conseil d'Etat, & tous les Sujets de Sa Majesté de s'immiscer en l'exercice d'aucuns Offices royaux sans Lettre de provisions ; & à tous Juges d'en recevoir par Matricules ou autrement, sur les peines portées par ces Edits & Arrêts. Voyez l'Arrêt du Conseil d'Etat du 3. Juin 1671. & celui du premier Mars 1686.

Les provisions ne servent que d'entrée à l'Office: ainsi nul ne se peut dire Officier, qu'il n'ait obtenu des provisions du Roi.

Sur ces provisions on se fait recevoir dans la Charge après une information de vie & mœurs, en subissant un examen sur les choses convenables à l'exercice de la Charge dont on est pourvu.

Enfin la prestation du serment rend l'Officier capable d'exercer, & lui donne le droit de s'installer ou de se faire installer, quand il s'agit de Charges qui requierent une installation ; & alors c'est l'installation qui imprime le caractere à l'Officier, qui lui donne rang entre ses Confreres , & le rend capable de faire les exercices de sa charge , & de profiter des émolumens qui y sont annexés.

Le Roi seul peut établir des Officiers dans ses Terres où il y a toute Justice. M. le Bret, liv. 2. de la Souveraineté, conformément à la Loi 1. in princip. ff. ad Legem Jul. de ambitu. C'est pourquoi ce droit de pouvoir créer des Officiers pour rendre la Justice, est mis au rang des droits royaux.

OFFICIERS DE JUSTICE SUBALTERNE, sont ceux qui sont nommés par un Seigneur Justicier, qui fait rendre la Justice en son nom, en conséquence d'une concession particuliere de quelqu'un de nos Rois ou d'une longue possession prouvée par aveux & dénombremens suivis.

Comme la Justice appartient au Roi seul en propriété, celle des Seigneurs ne leur appartient pas jure proprio, mais seulement par concession du Prince , ou par une longue possession qui l'a fait présumer , & qui en tient lieu.

L'effet de cette concession du Prince , ou de cette longue possession qui en tient lieu est que le Roi ne peut pas dans les Terres des Seigneurs qui ont droit de Justice. , établir des Officiers pour exercer la Justice ordinaire , ni même pour connoître les cas royaux. Loyseau en son Traité des Offices, liv. 5. chap. 1. nomb. 54. & suivans. Ainsi les cas royaux doivent être Jugés au prochain Juge royal. Il n'y peut pas même établir des Notaires lorsque les Seigneurs ont droit de Tabellionnage. Bacquet au Traité des droits de Justices, chap. 25. nomb. 28. & Loyseau, liv. 5. chap. 1. nomb. 57. Chopin, de Domanio, lib. 3. tit. de reg. tabell. 21. n. 5. & Charondas sur le Code Henry, liv. 3. tit. 22. article 1.

Les Officiers des Justices subalternes doivent donc obtenir des provisions du propriétaire de la Terre à laquelle le droit de Justice est annexé.

S'il y a un propriétaire & un ufufruitier de cette Terre la nomination des Officiers appartient à l'Ufufruitier ; mais la Justice fe doit toujours rendre au nom du Propriétaire, & c'est lui qui doit donner des provisions, à ceux qui font nommés par l'Ufufruitier. Loyseau en son traité des Offices, liv. 6. chap. 2. nomb. 19. & 20.

Ces provisions font données ou gratuitement, ou pour recompense des services, ou à titre onéreux.

Au premier cas, le Seigneur peut destituer quand bon lui semble les Officiers qu'il a établis. Au second cas, il ne le peut qu'en rembourfant la finance, ou en payant l'estimation du service, en contemplation duquel il a donné les provisions, comme nous avons dit verbo Destitution, & comme il a été jugé par plusieurs Arrêts qui font rapportés dans le Dictionnaire de M. Brillon, verbo Officiers destitués.

On demande, Iº. Si les Officiers des Seigneurs peuvent après le décès des Seigneurs, appofer les fcellés dans le Château, faire l'inventaire, & donner des tuteurs à leurs enfans ? Par Arrêt du Parlement du 6. Février 1602. rapporté par M. Augeard il a été jugé qu'ils ne font point compétens pour cela, & que ce droit appartient aux Juges royaux où refortissent les appellations de la Justice du Seigneur.

On demande, IIº. Si les Officiers de Justice feigneuriale peuvent requérir des gages ? Il faut dire qu'ils ne peuvent demander que ceux qui leur ont été fpécialement & nommément accordé par leurs provisions : c'est pourquoi la caufe qui porteroit qu'ils font pourvus de leurs Offices, aux honneurs, prérogatives, charges & émolumens qui y font annexés, ne s'entendroit que du bénéfice provenant de l'exercice de cet Office, & ne s'entendroit pas des gages effectifs.

Touchant la réception, les droits & devoirs des Officiers des Justices subalternes, voyez verbo Justice seigneuriale. Voyez aussi Dépeisses, tom. 3. Traité des Droits seigneuriaux, titre 5. où il en a parlé fort au long.

OFFICIERS MUNICIPAUX, font ceux dont les fonctions confistent à défendre les droits & privileges des Villes ; comme les Maires & Echévins, les Consuls, les Capitouls, & autres Officiers populaires.

On parvient à ces Offices par élection, à l'exception de celui de Maire, lequel est aujourd'hui vénal depuis que Louis XIV, par un Edit du mois d'Août 1692. a créé dans toutes les Villes du Royaume (excepté Paris & Lyon) des Charges de Maires perpétuels, qui font les premiers Officiers des Villes.

OFFICIERS DE POLICE, font ceux qui font créés pour veiller à la fûreté des Villes où ils font établis. Voyez Police. Voyez Juges de Police. Voyez aussi le Dictionnaire de M. Brillon, verbo Officiers de Police.

OFFICIERS DU ROI, font des Commensaux de fa Maison, qui jouissent de leurs Charges & des émolumens qui en proviennent, fans crainte de faifie, privileges & hypotheques.

Les Edits des mois de Juillet 1653. de Janvier 1678. & la Déclaration du 24. Novembre 1678. le portent expressément. Il y a eu depuis un Arrêt du Confeil d'Etat du Roi, en date du 29. Juin 1718. qui ordonne aussi que les Charges de la Maison du Roi, leur prix ou appointement d'icelles, ne pourront être affermés & hypothéqués à aucuns créanciers, faifis & arrêtés, fans l'expresse permission du Roi par écrit.

Entre leurs privileges, on compte celui d'être exempts des tailles, pourvu qu'ils ne possedent point de Charges de Judicature. Déclaration du 23. Octobre 1680.

Ils jouissent du privilege de Vétérance après vingt-cinq ans de service, quand ils font couchés fur l'Etat. Déclaration du mois de Juillet 1688.

Ils ont Droit de Committimus. Voyez ci-dessus Offices & Committimus.

Leurs Commissions s'éteignent entièrement par la mort, à moins que Sa Majesté n'ait accordé aux héritiers des titulaires un brevet de retenue ; auquel cas il n'y a que ceux qui y font dénommés qui puissent y avoir droit, & aucun des créanciers ne peut rien prétendre aux fommes pour lesquelles ils ont été accordé par Sa Majesté.

OFFICIERS COMPTABLES. Voyez Offices de Finance.

OFFICIERS DE LA COURONNE, voyez Maire du Palais.

OFFRES EN GENERAL, fignifient les propofitions qu'on fait de payer ou de faire quelque chofe. Elles font verbales, ou par écrit, ou réelles.

De quelque maniere qu'elles foient faites, elles ne font point divisibles ; c'est pourquoi celui à qui elles font faites, doit les accepter ou les rejetter pour le tout : & le Juge ne peut en jugeant des offres, les déclarer bonnes en partie, & les déclarer en partie non valables ; de forte que le Jugement qui intervient fur des offres, n'y doit rien ajouter ni diminuer. Papon, liv. 8. tit. 15. nomb. 1. du Luc, liv. 9. tit. 4. Charondas, liv. 7. rep. 102. Maynard, liv. 8. chap. 78.

Quand un homme par erreur c'est trompé dans fes offres, il peut s'en faire relever en obtenant contre fes offres des Lettres de refcifion. Un homme avoit confenti de payer cinquante muids de fel, quoiqu'il n'en dût que quarante-cinq ; fuivant fes offres, fignées en Jugement, il est condamné ; en caufe d'appel il obtient Lettres pour être reftitué contre fes offres : Arrêt rendu au Parlement de Bretagne, le 9. Octobre 1576. qui les entérine.

K k ij

OFFRES VERBALES, font celles qui fe font de bouche feulement pardevant témoins, ou en l'Audience.

OFFRES PAR ECRIT, font celles qui fe font par quelqu'acte fignifié à la Partie.

OFFRES RE'ELLES, font celles qui fe font à deniers découverts. Ces offres font néceffaires dans le retrait lignager; finon le retrayant feroit déchu du retrait : elles font encore néceffaires pour faire ceffer le cours des intérêts, & faire tomber la perte des deniers offerts avec confignation, au cas qu'elle arrive, fur le créancier qui a refufé mal-à-propos de les recevoir. Voyez Confignation.

Pour que les offres réelles foient valablement faites il ne fuffit pas de les faire & de configner la fomme chez un Notaire, il faut qu'il y ait un procès verbal dreffé chez le Notaire, fur l'affignation donnée au créancier, à l'effet d'y venir recevoir fes deniers; fans quoi les offres font jugées infuffifantes.

OFFRES VALABLES, font celles qui font conformes à l'obligation; & fi elles font jugées telles, celui qui les a faites ne doit point de dépens du jour qui les a faites : au contraire, celui qui n'a pas accepté les offres, y doit être condamné depuis la fignification.

Offres de payer en monnoies étrangeres, font de nulle valeur. Ainfi jugé au Parlement de Paris le 17. Janvier 1623. rapporté par Bardet, tom. 1. liv. 1. chap. 107.

OFFRES EN FAIT DE RETRAIT. Voyez Retrait lignager.

OFFRES DE MI-DENIER. Voyez Retrait de mi-denier.

OFFRIR. DROIT D'OFFRIR, eft un droit fpécial accordé aux créanciers poftérieurs hypothécaires, d'offrir aux créanciers antérieurs de leur débiteur le payement de ce qui leur eft dû à l'effet d'être lefdits créanciers poftérieurs mis & fubrogés au lieu & place des créanciers antérieurs; & au cas que les créanciers antérieurs n'acceptent pas le rembourfement de leur dû, qui leur eft offert par les créanciers poftérieurs, ils font déchus de leur hypotheque.

Ce droit a été introduit par les Loix Romaines, Leg. 11. ff. qui potiores. Leg. 5. & 6. ff. de diftractione pignor. Leg. 5. & 8. cod. qui potiores. Leg. 4. cod. de his qui in priorum credit. loc. fucced.

Il eft obfervé dans plufieurs Provinces du Droit écrit, & a lieu même après que par le décret les biens du débiteur ont été adjugés aux créanciers antérieurs, nonobftant l'autorité du contrat de vente & celle des chofes jugées, qui femble mettre à couvert les créanciers antérieurs de la pourfuite des créanciers poftérieurs.

Mais quand ce droit eft exercé après le décret, il faut que ce foit par les créanciers qui n'y ont pas été oppofans; ceux qui l'ont été, ne font pas reçus à offrir.

Durand, queft. 5. eft d'avis que le droit d'offrir doit avoir lieu après le décret. M. Dolive, liv. 4. chap. 11. foutient le contraire. M. Catelan, liv. 6. chap. 1. diftingue entre les oppofans au fceau, & ceux qui ne l'ont point été. Ainfi il n'y a rien de certain fur cette queftion. Cependant il paroît que l'autorité du fceau devroit mettre à l'abri l'acquéreur, vû que les créanciers doivent s'imputer à eux-mêmes s'ils n'ont pas exercé un droit fi favorable pour eux.

Le droit d'offrir n'eft pas admis au Parlement de Paris, même pour les Pays du Droit écrit de fon reffort. Le Parlement de Bourdeaux ne l'a pas non plus reçu, fuivant ce que témoigne Lapeyrere, lettre H, nomb. 89.

Il eft admis au Parlement de Touloufe, ainfi qu'il eft prouvé par les Arrêts qui fe trouvent dans M. Dolive, liv. 4. chap. 11. & 14. à la fin, dans M. Catelan, tom. 2. liv. 6. chap. 1.

Il eft auffi reçu au Parlement de Provence, comme il réfulte de Duperier, liv. 3. queft. 11. & liv. 4. queft. 4. & de Boniface, en plufieurs endroits.

Ce droit devroit être reçu partout le Royaume; ce feroit le moyen de foulager les débiteurs, d'arrêter les vexations des créanciers mal intentionnés, de réprimer l'avidité des Procureurs, & d'empêcher les frais immenfes des décrets.

Voyez M. Dumoulin, de ufuris, queftions 49. & 276.

Ce droit n'eft accordé par le Droit Romain qu'aux créanciers hypothécaires; les Chirographaires ne font pas reçus à l'exercer. Leg. 10. cod. qui potiores. Cette Loi eft obfervée dans les Provinces où le droit d'offrir eft en ufage.

Au refte, ce droit eft différemment reçu, & fe prefcrit & éteint dans ces Provinces, comme l'on peut voir par les Arrêts qui font rapportés dans le Dictionnaire de M. Brillon, fous le mot offrir. Voyez auffi ce qui eft dit dans le recueil alphabétique de M. Bretonnier, du droit d'offrir.

O I

OINDRE, fignifie frotter d'huile. Les Rois de France font oints par les Prélats à leur Sacre. On oint ceux à qui on confere les Sacremens de Baptême, de Confirmation, d'Ordre & d'Extrême-Onction.

O. Cette lettre, dans nos Coutumes & anciens Praticiens, fignifie avec: Coutume de Loudunois, tit. 12. art. 2. O devoir ou fans devoir, c'eft-à-dire, avec devoir ou fans devoir. En Province, quelques Huiffiers mettent encore dans leurs exploits, o intimation, pour dire avec intimation ou affignation fur un appel.

O L

OLOGRAPHE. Voyez Holographe.

O M

OMISSION DE RECETTE OU DE DEPENSE DANS UN COMPTE, fe doit réparer aux frais & dépens du rendant: parce qu'il eft tenu de faire les chofes dans les regles, & qu'une telle omiffion vient de fa faute.

Mais il eft jufte de le recevoir à former la demande des omiffions, à caufe qu'il peut arriver, pour avoir rendu le compte avec trop de précipitation, qu'il n'ait pas eu le tems de faire toute fa recette, & de juftifier de fa dépenfe.

Quand il s'agit de deniers royaux, l'omiffion de recette qui fe fait par le dol du comptable, eft une efpece de larcin qui eft confidéré & puni comme le péculat. *Leg.* 1. 3. & 10. *ff. ad leg. Jul. péculat.* Cependant fi les comptables déclarent l'omiffion en la Chambre des Comptes, & qu'ils foient prêts à la réparer, ils font déchargés de la peine des Ordonnances.

*Voye*z Charondas fur le Code Henri, liv. 12. tit. 42.

O N

ONCLE, eft un terme rélatif qui fignifie le frere du pere ou de la mere de celui auquel on le rapporte. Les oncles paternels font donc les freres du pere ; & les oncles maternels font ceux du côté de la mere, Grand oncle eft celui qui eft frere du grand-pere ou de la grand-mere.

ONCLE A LA MODE DE BRETAGNE, eft celui qui a le germain fur un autre. Un tel & mon pere étoient coufins germains, & il eft mon oncle à la mode de Bretagne.

ONERAIRE, eft celui qui a le foin & la charge d'une chofe dont un autre a l'honneur. De plufieurs Marguillers il y en a qui font honoraires, & d'autres qui font onéraires & comptables. On donne à un enfant de qualité deux tuteurs, l'un honoraire, & l'autre onéraire, qui a le foin des affaires du mineur, & qui eft refponfable de l'adminiftration de fon bien, dont il eft tenu de rendre compte au tems que la tutelle fera finie.

ONEREUX, fe dit d'une chofe qui coûte, & que nous ne poffédons pas à titre lucratif. *Voye*z Titre onéreux.

O P

OPINER, eft donner fon avis. Ce qui fe dit ordinairement des Juges, quand après avoir entendu les raifons des Parties à l'Audience, ou avoir entendu le rapport d'un procès, ils donnent leur décifion.

Les Juges opinent aux délibérés comme aux affaires d'Audiences. Ce font les plus jeunes qui commencent à opiner ; au lieu qu'aux affaires appointées & par écrit, ils opinent les derniers.

OPINION COMMUNE EN FAIT DE JURISPRUDENCE eft un avis unanime fur une queftion fondée fur une raifon pertinente, approuvée généralement par tous les Juges, & par tous les Praticiens d'une Jurifdiction.

La préfomption eft toujours pour les opinions communes, & les Juges y deferent ordinairement, à moins qu'elles ne fe trouvent rejettées par un ufage contraire, ou détruites par des raifons évidentes.

OPINIONS DE JUGES, doivent être par eux données en honneur & en confcience, *fecundùm allegata & probata.*

Les opinions doivent être fecrettes.

Les jeunes Confeillers qui ont été difpenfés pour

obtenir des provifions de leurs Charges, n'ont point voix délibérative, fi ce n'eft dans les affaires dans lefquelles ils font rapporteurs.

Lorfque les opinions font partagées en différens avis, & qu'il y en a trois différens, la moindre en nombre doit revenir à l'un des deux autres. Du Luc, liv. 11. tit. 4. chap. 20.

Les voix des Officiers des Cours & Sieges, tant titulaires, honoraires, que véterans, qui feront parens aux degrés de pere & fils, de frere, oncle & neveu, de beau-pere, gendre & beau-frere, ne font comptées que pour une, quand elles font uniformes.

C'eft ce qui eft ordonné par l'Edit du mois de Janvier 1681. régiftré le 12. Février fuivant en interprétation de celui du mois de Juillet 1569. *Voye*z ce que j'ai dit lett. P, en parlant de la parenté en fait de Charge de Judicature.

Dans les affemblées des Parlemens & autres Cours fupérieures, pour donner plus de poids aux délibérations qui feroient prifes fur l'enregiftrement des Ordonnances, Edits, Déclarations & Lettres Patentes à eux adreffées, il étoit porté par un Edit du mois de Juin 1725. qu'on ne feroit admis à ces fortes d'affemblées qu'après dix années de fervice. Mais par un autre Edit du mois de Décembre fuivant, ce terme de dix années a été réduit à cinq. M. Brillon rapporte cet Edit dans fon Dictionnaire, *verbo* Opinions.

OPINIONS PARTAGÉES. *Voye*z ci-après, Partage d'opinions.

OPPOSANT, eft celui qui s'oppofe & met empêchement à ce qui foit paffé outre à quelque chofe, ou qui met obftacle à l'exécution de quelque Ordonnance ou Jugement par un acte, par lequel il dénonce fon oppofition à la Partie adverfe, ou à fon Procureur.

Les publications & affiches des criées ne fe font qu'afin d'avertir tous les prétendans droits de s'y rendre oppofans. On inftruit un décret avec le plus ancien Procureur des oppofans. Un tiers oppofant à la vente des meubles, s'il fuccombe, eft condamné à cinquante écus d'amende.

OPPOSER, fe dit des obftacles qu'on forme à des actions, à des procédures & exécutions, qui fe font contre nous.

OPPOSITION, eft un acte judiciaire, par lequel on forme oppofition à quelque chofe.

Ainfi on forme oppofition à un mariage, pour empêcher que des perfonnes qui veulent fe marier paffent outre à la célébration du mariage.

On forme auffi oppofition à une vente d'une chofe mobiliaire ou immobiliaire, pour empêcher qu'on ne paffe pas outre, ou au moins qu'il n'y foit procédé qu'à la charge de la confervation de nos droits.

OPPOSITION A UN MARIAGE, empêche que le Curé ou Vicaire puiffe paffer outre à la célébration, fans avoir auparavant main levée par écrit defdites oppofitions.

Il eft enjoint à tous Curés ou Vicaires d'avoir des regiftres, pour y tranfcrire les oppofitions qui pourront être formées à la célébration des mariages , & les défiftemens & main-levées qui en feront données par les Parties , ou prononcées par les Jugemens qui interviendront à ce fujet.

Il leur eft auffi enjoint de faire figner lefdites oppofitions , par ceux qui les feront, & les mains levées par ceux qui les donneront ; & en cas qu'ils ne les connôiffent pas , ils doivent faire certifier par des perfonnes dignes de foi que ceux qui donneront lefdites main-levées font les perfonnes dont il fera fait mention. Edit du mois de Mars regiftré au Parlement , en forme de réglement du 15. Juin 1691. lû & publié.

Au refte , par Arrêt du Parlement de Paris , rendu en la Grand'Chambre le 18. Mars 1733. défenfes ont été faites à l'Official de Paris de connoître des oppofitions à la publication des bans & à la célébration des mariages , autres que celles où il peut être queftion de promeffe ou engagement de mariage.

Cette décifion eft fondée fur ce que pour être Juge d'une oppofition à un mariage , il faut être Juge des moyens fur lefquels elle eft fondée : c'eft pourquoi , fi l'oppofition étoit fondée fur le rapt, fur la condition des Parties , & fur les autres empechemens qui regardent l'état des perfonnes , il eft certain que le Juge d'Eglife n'en peut pas connoître ; *quia poteft tantùm cognofcere de fœdere matrimonii inter contrahentes.*

Les Officiaux ne peuvent donc connoître des oppofitions formées aux mariages , que quand il s'agit du lien & du Sacrement ; comme quand l'on prétend qu'il y a eu des fiançailles avec une autre perfonne , faites par l'une des Parties , ou à un mariage actuellement fubfiftant ; mais à l'égard des oppofitions formées par des peres & meres , des tuteurs & curateurs , & des tierces perfonnes , qui n'ont pour objet que des intérêts temporels , la connoiffance n'en peut appartenir qu'aux Juges féculiers.

Les Arrêts & Réglemens y font précis. En 1732. au mois de Mai , dans l'affaire de la Demoifelle Queru , une Sentence de l'Officialité de Paris , qui avoit fait main-levée d'une oppofition à la publication de fes bans & à la célébration de fon mariage , fut déclarée abufive par Arrêt de la Grand'-Chambre , fur les conclufions de M. l'Avocat général Gilbert , qui fit recevoir M. le Procureur général Appellant comme d'Abus de cette Sentence , & d'autres qui , avant de prononcer la main-levée de l'oppofition , avoient par provifion ordonné la publication des bans. L'Arrêt fit à l'Official les injonctions convenables qui ont été renouvellées par d'autres.

Le 20. Février 1733. a été rendu un autre Arrêt en la Grand'Chambre , qui , *faifant droit fur le requifitoire du Procureur général du Roi , fait défenfes à l'Official de Paris de connoître des oppofitions à la publication des bans & à la célébration des mariages , autres que celles où il peut être queftion de promeffe ou engagement de mariage. Ordonne que l'Arrêt fera tranfcrit dans les Regiftres de l'Officialité.*

Ainfi c'eft aux Juges ordinaires, & non aux Juges

eccléfiaftitiques , à connoître des oppofitions formées aux mariages , par ceux qui prétendent l'empêcher pour toute autre caufe que celle qui réfulte d'une promeffe ou engagement de mariage pris avec l'oppofant.

Mais on demande fi une oppofition à un mariage doit être portée pardevant un Juge Royal , en forte qu'il la puiffe revendiquer quand elle eft portée pardevant un Juge de Seigneur ? il faut dire que oui.

Touchant les oppofitions formées à la célébration du mariage. *Voyez* le Recueil de Defcombes , Greffier de l'Officialité de Paris , chap. 2.

OPPOSITION a une Sentence , eft un moyen de fe pourvoir contre le Jugement qu'un Juge inférieur a rendu par défaut , pour que la caufe , après avoir été par lui entendue , foit décidée.

Celui qui a été condamné par défaut , doit former oppofition dans la huitaine , à compter du jour de la fignification de la Sentence à laquelle il eft oppofant. Quand on a laiffé paffer ce délai fans former oppofition , on peut faire fignifier un acte d'appel contre cette Sentence rendue par défaut , & en même tems fignifier une Requête , par laquelle on convertit fon appel en oppofition. *Voyez* Converfion d'appel en oppofition.

Dans la plupart des Jurifdictions , il n'eft pas permis plus d'une fois de former oppofition à une Sentence rendue par défaut ; & dans d'autres Jurifdictions on peut s'y oppofer plus d'une fois.

OPPOSITION a un Arrest ou Jugement en dernier ressort , eft un moyen de fe pourvoir dans certains cas contre un Arrêt ou Jugemens en dernier reffort.

Iº. Quand l'Arrêt qui nous fait préjudice n'a point été rendu avec nous , & que nous n'y fommes point partie. *Voyez* Tiers oppofant.

IIº. Quand il a été rendu contre nous , fur fimple Requête , & fans y être appellé.

IIIº. Lorfqu'il a été obtenu par défaut contre nous , fans que nous ayons été bien & dûement appellés , ou fans que les délais de l'Ordonnance aient été exprimés.

IVº. Quand il a été bien & dûement obtenu par défaut aux Préfentations ou à l'Audience , faute de plaider.

Mais dans ce dernier cas il faut que l'oppofition foit formée dans la huitaine , à compter du jour de la fignification de l'Arrêt à perfonne ou domicile de ceux qui feront condamnés , s'ils n'ont conftitué Procureur , ou au Procureur quand il y en a un.

Par Arrêt rendu le 20. Décembre 1691. à la Tournelle criminelle de Paris , il a été jugé qu'une oppofition formée hors la huitaine à un Arrêt par défaut , faute de comparoir , étoit non-recevable , quoique l'oppofant offrit de refonder les dépens du défaut.

Il y a un cas où il n'eft pas permis de fe pourvoir par oppofition contre un Arrêt rendu par défaut , c'eft quand la caufe a été appellée à tour de rôle , auquel cas les Parties ne pourront fe pourvoir contre les Arrêts & Jugemens en dernier reffort , intervenus en conféquence , que par Requête civile.

On ne peut pas non plus former oppofition à un Arrêt faute de conclure. Ainfi jugé par Arrêt contradictoire rendu en la Grand'Chambre le 18. Mars 1702.

Dans le cas où il eft permis de fe pourvoir par oppofition contre un Arrêt ou Jugement en dernier reffort, rendu par défaut, celui qui a été condamné préfente fa Requête à l'effet d'être reçu oppofant. Dès que la Requête à fin d'oppofition aura été préfentée, il faut la faire fignifier au Procureur adverfe, avec un avenir pour plaider.

Néanmoins fi la caufe intéreffe le Roi, l'Eglife, le Public ou la Police, on en communique préalablement à Meffieurs les Gens du Roi.

Dès que la caufe fera plaidée & jugée, celui qui voudra avancer fera fignifier les qualités, & les donnera au Greffier pour expédier l'Arrêt ou Jugement, qui fera droit fur l'oppofition ou qui en déboutera celui qui l'aura formée.

L'oppofition contre les Sentences préfidiales rendues au premier chef de l'Edit, fe fait pareillement par une fimple Requête donnée au même Préfidial.

Si l'oppofition à l'exécution des Arrêts obtenus faute de comparoir ou de défendre vient dans la huitaine, les Parties procéderont comme elles auroient pû faire avant l'Arrêt, fauf à faire régler à la Communauté le remboursement des frais, s'il y échoit. Les oppofitions de cette qualité ne peuvent faire la matiere d'une plaidoierie ni d'une inftance ; & s'il s'en fait, les frais en doivent être portés par le Procureur qui l'aura faite, fans répétition même contre fa Partie. S'il fe trouve quelques difficultés fur la fin de non-recevoir, les Parties fe retireront au Parquet des gens du Roi, pour y être réglées fans autre procédure que la fimple fommation, en conformité de l'avis de la Communauté. C'eft ce qui eft ftatué par un Arrêt du Parlement de Paris du 25. Novembre 1689. rapporté dans le Journal des Audiences.

OPPOSITION A LA PUBLICATION D'UN MONITOIRE EST NULLE, fi l'oppofant ne fait élection de domicile dans le lieu de la Jurifdiction du Juge qui en a permis l'obtention. Art. 8. du tit. 7. de l'Ordonnance de 1667.

Et fi l'on ordonne que nonobftant l'oppofition il fera paffé outre, il n'y a qu'un Arrêt qui en puiffe retarder l'exécution.

OPPOSITION EN FAIT DE DECRET, eft un acte judiciaire qui fe fait à la vente d'un immeuble par décret, pour empêcher qu'on paffe outre, ou du moins qu'il n'y foit procédé qu'à la charge de la confervation des droits de celui qui forme l'oppofition.

Il y en a de quatre fortes ; fçavoir, oppofition à fin d'annuller, oppofition afin de diftraire, oppofition afin de charger ; & oppofition afin de conferver. Sur quoi voyez ce que j'en ai dit fur l'art. 354. de la Coutume de Paris. Nous en allons toujours donner ici les définitions & les principes généraux.

L'oppofition afin d'annuller, eft celle qui eft ordinairement formée par la Partie faifie, à l'effet de faire déclarer nulle la faifie & les criées qui ont

été faites ; & c'eft à quoi conclut celui qui forme cette oppofition.

Cette oppofition fe fait ou par rapport à la forme, ou par rapport à la matiere.

L'oppofition à fin d'annuller eft faite par rapport à la forme, lorfque la faifie réelle ou les criées n'ont pas été valablement faites, c'eft-à-dire, que l'on n'y a pas obfervé les formalités requifes par les Ordonnances & par les Coutumes & ufage des lieux.

Elle eft faite par rapport à la matiere, quand la faifie réelle & les criées ont été faites pour chofes non dûes, par celui fur qui elles ont été faites.

Cette oppofition peut être formée par un autre que par le débiteur fur qui la faifie & les criées ont été faites, lorfque l'héritage faifi réellement ne lui appartient pas ; car alors celui qui en eft le propriétaire doit former fon oppofition afin d'annuller.

Mais au lieu de cette oppofition, on fe fert fouvent de la voie d'appel & de la faifie réelle, & de tout ce qui s'eft enfuivi ; & pardevant le Juge fupérieur pour l'une des caufes énoncées ci-deffus, on fait déclarer le tout nul, quand on juftifie que la faifie ou les criées ont été mal faites.

L'oppofition à fin de diftraire eft celle qui eft formée par celui qui eft propriétaire d'un héritage en tout ou en partie, qui a été compris dans la faifie réelle.

Il conclut à ce que la portion des biens compris dans la faifie réelle en foit diftraite, & auffi du bail judiciaire s'il y en a, avec reftitution des fruits, dommages & intérêts & dépens.

Si le décret étoit fait fans que le propriétaire de l'héritage ou de partie d'icelui, eût formé fon oppofition, il auroit toujours la voie d'appel pardevant le Juge fupérieur, pour faire caffer la faifie réelle & tout ce qui s'en feroit enfuivi.

L'oppofition à fin de charge eft celle qui eft formée par celui qui prétend avoir un droit réel fur l'immeuble faifi, comme un droit de fervitude, renté fonciere, ou autres droits réels & inhérens à la chofe.

Il conclut à ce que cet immeuble ne foit vendu qu'à la charge du droit réel qu'il prétend avoir deffus ; de maniere que l'adjudicataire en foit tenu, ainfi que l'étoit celui fur lequel la faifie réelle a été faite.

L'oppofition à fin de conferver, eft celle qui eft formée par un créancier de la Partie faifie, foit en vertu de contrat, obligation, Sentence ou Arrêt, ou par promeffe reconnue, afin d'être par fon dû colloquée utilement du jour de fon hypotheque, pour fon principal, arrérages, intérêts, frais & dépens.

Cette oppofition tend donc à ce que celui qui la fait foit confervé dans tous fes droits, hypotheques & privileges, & foit payé fur le prix de l'adjudication de tout ce qui eft dû, fuivant l'ordre de fon hypotheque.

Le créancier qui a fait la faifie réelle, eft obligé de former fon oppofition aux criées afin de conferver ; autrement il ne pourroit être colloqué dans l'ordre du prix de ce qui auroit été adjugé.

Quand un créancier eſt négligent de faire cette oppoſition, ſes créanciers peuvent valablement exercer ſes droits, & la former pour lui. *Voyez* Oppoſition en ſous-ordre.

Après avoir donné ces définitions de différentes oppoſitions qui peuvent être formées à un adjudication par décret, nous allons préſentement donner les printipes généraux que l'on ſuit à l'égard de toutes ces oppoſitions, ou par rapport à chacune en particulier.

Toutes oppoſitions doivent contenir élection de domicile, être faites au Greffe de la Juriſdiction où ſe produit le décret. Elles doivent auſſi être enregiſtrées & ſignifiées au Procureur pourſuivant.

Si une oppoſition avoit été formée entre les mains du Sergent faiſant les criées, il faudroit que le pourſuivant fît aſſigner cet oppoſant pour la réiterer au Greffe; & faute de l'avoir fait, cet oppoſant ſeroit déchu de ſon oppoſition.

Les oppoſitions à fin d'annuller, de diſtraire, ou de charge, doivent être formées avant que le congé d'adjuger ait été rendu & enregiſtré au Greffe, ainſi qu'il eſt porté dans les articles 5. & 6. de l'Edit d'Henri II. du 3. Septembre 1551. & dans l'article 3. de l'Arrêt de Réglement du 23. Novembre 1598.

Cependant l'article 354. de la Coutume de Paris deſire ſeulement qu'elles ſoient formées avant l'adjudication.

La diſpoſition de cet Edit ni de cet Arrêt de Réglement n'eſt en uſage obſervée que pour les décrets qui ſe pourſuivent aux Requêtes du Palais ou au Parlement.

Au Châtelet & autres Juriſdictions il ſuffit que les oppoſitions à fin d'annuller, de diſtraire, ou de charge, ſoient formées avant l'adjudication.

Pour ce qui eſt de l'oppoſition à fin de conſerver, on la peut en toutes Juriſdictions former en tout tems avant l'adjudication.

On peut même la former après l'adjudication faite, pourvû qu'elle ſoit formée dans les vingt-quatre heures que le décret reſte entre les mains du Scelleur; mais en ce cas il faut faire l'oppoſition entre ſes mains, ſuivant la déclaration concernant les conſignations en date du 16. Juillet 1689. article 7.

Après que le décret eſt ſcellé, on n'eſt plus recevable à former oppoſition, pas même l'oppoſition à fin de conſerver.

Si quelqu'un avoit oublié de s'oppoſer à fin de diſtraire, il le pourroit faire dans les vingt-quatre heures du ſcel du décret, non pour avoir diſtraction de ſon héritage compris dans la ſaiſie réelle, mais pour être colloqué & mis en ordre ſur le prix pour la valeur de ſon héritage, lequel ſera eſtimé & ventilé à ſes frais.

Mais lorſque le décret eſt ſcellé, & que les vingt-quatre heures qui s'en ſont enſuivies, ſont paſſées ſans que le propriétaire de la choſe décretée ou partie d'icelle ſe ſoit oppoſé à fin de diſtraire le décret fait en une Juriſdiction inférieure, n'auroit pas pour cela purgé les droits de ce propriétaire,

& il ſeroit toujours recevable à ſe porter appellant du décret pour le faire caſſer à ſon égard, par rapport aux choſes qu'il juſtifieroit lui appartenir; parce qu'un décret ne peut être valablement fait ſur celui qui n'eſt pas propriétaire de la choſe décretée.

Si ce décret avoit été fait au Parlement ou autre Juriſdiction ſouveraine, on demande par quelle voie le propriétaire de l'héritage adjugé pourroit ſe pourvoir contre, après que le tems de s'oppoſer au décret ſeroit écoulé?

Toutes les oppoſitions ou appellations qui ſe trouvent formées à un décret avant l'enchere de quarantaine, doivent être jugées avant que l'on procède à cette enchere; parce qu'autrement il faudroit peut-être la changer.

L'oppoſition à fin d'annuller doit toujours être vuidée la première; parce que ſi les criées ſont déclarées nulles, le ſaiſiſſant eſt condamné aux dépens dommages & intérêts, & tout le reſte eſt annullé, & aucun oppoſant ne peut être ſubrogé à la pourſuite, mais il faut recommencer une nouvelle ſaiſie & de nouvelles criées.

Un Procureur qui eſt chargé de pieces par une Partie, pour former une oppoſition à fin de conſerver, s'il ne l'a pas faite, en demeure reſponſable en ſon nom. Ainſi jugé par Arrêt du 26. Avril 1644. rapporté dans le Journal des Audiences tom. I. liv. 4. chap. 14.

Mais un Procureur ne ſeroit pas garant envers ſa Partie, pour n'avoir pas bien entendu & expliqué les cauſes de ſon oppoſition.

Lorſqu'un tuteur ne s'eſt pas oppoſé pour ſon mineur, au décret des biens qui lui ſont hypothéqués, le mineur ne peut pas être relevé du défaut d'oppoſition, il a ſeulement recours contre ſon tuteur, pour être dédommagé du tort que lui cauſe cette négligence.

Cela s'obſerve ſoit que le tuteur ſoit ſolvable, ſoit qu'il ne le ſoit pas; ce qui eſt fondé ſur l'utilité publique des décrets qui eſt plus favorable que la conſervation des biens des mineurs.

Un mineur ne peut donc faire retracter un Arrêt d'adjudication, ſur le fondement que ſon tuteur ſeroit inſolvable; ni même ſur le fondement qu'il n'en avoit point lors de ladite adjudication. *Voyez* Bordet, tome I. liv. 2. chapitre 73.

Une femme mariée, non autoriſée par ſon mari, ou en Juſtice, ne peut être admiſe à former une oppoſition à un décret.

Celui qui ſe dit être Procureur à l'effet de former une oppoſition à un décret, ne doit être admis à la faire ſans avoir préalablement exhibé ſa procuration.

Les créanciers qui s'oppoſent ſur les biens de leur débiteur, ſaiſi réellement, pour être payés des ſommes qui leur ſont dûes, ne ſont point tenus d'expliquer en détail, dans l'acte d'oppoſition, les titres de leur créance: & ceux à qui le mari & la femme ſe trouvent obligés, peuvent être colloqués comme exerçans les droits de la femme leur débitrice, quoique dans leur oppoſition ils n'aient pas déclaré qu'ils s'oppoſent comme créanciers de la
femmes

femme, & que la femme ni ſes héritiers, & ceux qui la repréſentent ne ſoient point oppoſans.

Voyez dans le Journal du Palais deux Arrêts de Réglement qui le décident ainſi ; l'un eſt du 31. Août 1690. fait au Parlement de Paris ; & l'autre eſt du 9. Avril 1691. fait en la Cour des Aides.

Voici un effet particulier des oppoſitions formées à un décret, qui eſt ; que quoique les ſommes dûes aux créanciers oppoſans ne portent pas intérêt de leur nature, & qu'ils n'en aient point formé de demande, néanmoins les intérêts courent du jour qu'ils ont formé leurs oppoſitions (que l'on appelle intervention en pays de Droit écrit) au décret des biens de leur débiteur.

Ainſi toute oppoſition équipolle à une demande ; elle a même plus d'effet ; car une ſimple demande ſans pourſuite pendant trois ans tombe en peremption ; au lieu que l'oppoſition à un décret n'eſt point ſujette à péremption, lorſqu'il y a établiſſement de Commiſſaire, & des baux faits en conſéquence, ſuivant l'Arrêt de Réglement du Parlement de Paris du 28. Mars 1692. Henrys, tome 1. liv. 4. chap. 6. queſt. 46.

On tient auſſi que l'oppoſition formée à un décret pour une rente, fait ceſſer la preſcription des cinq années de l'Ordonnance concernant les arrérages.

Quand il y a pluſieurs oppoſans ayant hypotheque d'un même jour, ils doivent tous être payés par contribution au ſol la livre.

Il y a des choſes que le manque d'oppoſition à un décret ne nous fait point perdre, en ſorte que notre droit ſur l'héritage adjugé, comme étant inhérent audit héritage.

Ainſi les ſervitudes réelles, apparentes & viſibles, ne s'éteignent point faute d'oppoſition au décret.

L'oppoſition de la part du Seigneur féodal ou cenſier, n'eſt pas non plus néceſſaire pour la conſervation de ſon droit de fief ou de cenſive, attendu que l'adjudication eſt toujours faite à la charge deſdits droits ; parce que ces droits étant ordinaires & inhérens à la terre, ſont cenſés ne pouvoir être ignorés de perſonne.

Mais à l'égard des droits féodaux extraordinaires, & des droits ſeigneuriaux autres que les cens, il lui ſeroient dûs, il eſt obligé de s'oppoſer au décret s'il les veut conſerver. *Voyez* les articles 355. 357. & 358. de la Coutume de Paris.

Par Arrêt rendu au Parlement de Paris le 28. Février 1707. il a été jugé qu'une rente fonciere, même dûe à l'Egliſe, ſe purgeoit par le décret.

Quand un bien eſt décrété ſur un mari de ſon vivant, le décret ne purge point le douaire, quoiqu'il n'y ait pas d'oppoſition formée par les enfans, parce que le douaire n'eſt ouvert que par la mort de leur pere.

Un décret ne purge pas non plus les droits de reverſion pour baux emphitéotiques, quoiqu'il n'y ait point d'oppoſitions formées au décret avant l'adjudication ; parce que le bail emphytéotique ne transfere pas la pleine propriété de la choſe, le domaine d'icelle demeurant toujours en la per-

ſonne du bailleur, en vertu de la clauſe de reverſion ; ainſi le décret fait ſur le preneur, & non ſur le bailleur, eſt fait *ſupra non domino*, attendu que le véritable propriétaire, qui eſt le bailleur, n'eſt pas dépoſſédé, vû qu'il poſſede par le preneur de même que le propriétaire poſſede par l'uſufruitier.

C'eſt une queſtion, ſi le décret purge les biens ſubſtitués ayant que la ſucceſſion ſoit ouverte, faute par le ſubſtitué d'avoir formé ſon oppoſition ? Charondas, ſur l'article 354. de la Coutume de Paris, dit que l'uſage du Palais étoit de ſon tems, dit qu'il n'étoit beſoin d'oppoſition que quand la ſubſtitution étoit ouverte. Tronçon, ſur l'article 355. & Maynard, liv. 5. chap. 81. ſont de même avis. D'autres, comme Mornac ſur la Loi 13. *ff. qui ſatisd. cog.* diſent qu'il eſt plus ſûr de s'oppoſer. Mornac ajoute que cette queſtion n'avoit pas encore été jugée ; en quoi il ſe trompoit, puiſque l'on trouve deux Arrêts qui l'avoient jugée, avant que Mornac eut mis au jour aucun de ſes Ouvrages.

Le premier eſt du 23. Décembre 1586. remarqué par Peleus, chap. 88. de ſes Plaidoyés par lequel il dit avoir été jugé que le décret n'empêche pas l'ouverture de la ſubſtitution arrivée depuis.

Le deuxieme eſt du 11. Février 1601. qui a jugé la même choſe entre Claude de Pathay, & Meſſire Claude Bruſlard, Secrétaire d'Etat.

Le Grand, ſur la Coutume de Troyes, cite un autre Arrêt du Parlement de Paris, du mois de Mars 1644. M. Molé premier Préſident tenant l'Audience, qui a jugé que la ſubſtitution étoit éteinte par le décret, faute par le tuteur de ſubſtitué de s'y être oppoſé. Mais il faut remarquer que la ſubſtitution n'avoit pas été publiée, ce qui avoit pû déterminer la Cour a juger ainſi.

Quoiqu'il en ſoit, il y a de fortes raiſons de part & d'autre ; car ſi on oppoſe la faveur de l'adjudicataire qui a contracté par autorité de Juſtice, & ſur la foi publique ; d'un autre côté le fidéicommiſſaire n'eſt pas moins favorable lequel n'ayant eu aucun droit avant la ſubſtitution ouverte, n'a pas été obligé de veiller à la conſervation d'un droit qu'il ne lui étoit pas acquis, & qui étoit douteux & incertain : ainſi l'adjudicataire doit s'imputer de ne s'être pas informé des droits qui pouvoient être prétendus ſur l'héritage, & ne pouvoient être purgés par le décret, ce qu'il pouvoit faire au moyen de la publication de la ſubſtitution ; car ſi la ſubſtitution n'avoit pas été publiée, la ſubſtitution ſeroit éteinte, faute par le ſubſtitué d'avoir formé oppoſition au décret, comme il a été jugé par l'Arrêt du mois de Mars 1644. que nous avons cité ci-deſſus.

Il eſt vrai que celui à qui la reſtitution d'un fidéicommis doit être faite, peut avant l'ouverture d'icelui s'oppoſer au décret afin d'être conſervé dans ſes droits, comme il a été jugé par Arrêt du dernier Février 1570. & par un autre du 23. Décembre 1690. qui ordonne que l'adjudication du Marquiſat de Varennes ſeroit faite à la charge de la ſubſtitution. Mais il ne s'enſuit pas de là, que quand il n'y a point d'oppoſition de la part du

fubftitué , le décret purge la fubftitution. *Voyez*
l'Auteur des Obſervations ſur Henrys, tom. 2.
liv. 4. chap. 6. queſt. 19.

OPPOSITION EN SOUS-ORDRE, eſt une oppoſition formée par un créancier d'un créancier oppoſant, lequel s'oppoſe à ce que la ſomme pour laquelle ſon débiteur ſera colloqué dans l'inſtance
d'ordre ; lui ſoit délivrée, & conclut à ce qu'il
ſoit payé deſſus de ſon dû.

Comme un oppoſant en ſous-ordre eſt aux droits
de ſon débiteur, il doit être colloqué & mis en
ordre du jour de l'hypotheque de ſon débiteur,
quoique ſon hypotheque fût poſtérieure ; parce
qu'au moyen de ſon oppoſition, il exerce ſes
droits, noms, raiſons & actions.

Mais ſi les créanciers, au lieu de faire une oppoſition en ſous-ordre au Greffe, n'avoient que ſaiſi
la collocation de leur débiteur entre les mains du
Receveur des conſignations, ils ne viendroient
tous qu'à contribution au ſol la livre, ſur ce qui
lui doit appartenir ſur le prix de l'adjudication.

La Déclaration du 12. Juin 1694. concernant
les Conſignations, article 7. porte que les créanciers qui formeront leurs oppoſitions en ſous-ordre, ne pourront faire évoquer aux Requêtes de
l'Hôtel ou du Palais les criées pendantes au Châtelet de Paris.

Quand il y a des créanciers qui exercent les
droits d'un créancier de la Partie ſaiſie, & forment oppoſition, cette inſtance n'eſt pas aujour-
d'hui confondue avec l'inſtance d'ordre, mais
fait une inſtance en ſous-ordre, qui doit être
jugée ſéparément.

Le Parlement de Paris, toutes les Chambres
aſſemblées, a arrêté & ordonné :

I°. Que l'on ne prendra à l'avenir aucun appointement ſur les oppoſitions en ſous-ordre, portant jonction à l'ordre, & que leſdites oppoſitions
en ſous-ordre ſeront jugées après que l'on aura
prononcé ſur l'ordre, & par un Arrêt ou Sentence ſéparée.

II°. Que les oppoſitions en ſous-ordre ſeront
jugées au rapport de celui qui aura fait le rapport
de l'ordre.

III°. Que les frais néceſſaires pour la pourſuite,
inſtruction & jugement des oppoſitions en ſous-
ordre, ſeront pris ſur la ſomme qui aura été adjugée au créancier, ſur lequel leſdites oppoſitions ont
été faites ou avancées par les oppoſans, ſi bon leur
ſemble ; ſans qu'en aucun cas ils puiſſent être pris
ſur le revenu, ni ſur le reſte du prix des immeubles
qu'il s'agit de diſtribuer entre les créanciers.

IV. Que les créanciers d'un oppoſant qui ne
forment entr'eux aucunes conteſtations, pourront
intervenir dans l'ordre, lorſqu'ils ſe trouveront
à propos, pour y faire valoir la créance de leur
débiteur commun.

V. Que les oppoſitions en ſous-ordre, qui ſont
jointes préſentement aux ordres, & dont le Jugement a été commencé, ſeront jugées en la maniere obſervée juſqu'à préſent ; & que celles dont le
Jugement n'a pas été commencé, demeureront
disjointes de l'ordre, pour être inſtruites & ju-

gées ſéparément, & en la maniere ci-deſſus.

Cet Arrêté a été fait le 22. Août 1691. & eſt
rapporté dans le Journal du Palais.

Voici un autre Arrêté fait en la Cour des Aides
le 25. Septembre 1691. qui eſt auſſi rapporté dans
le Journal du Palais.

Ce jour M. le Premier Préſident a dit, que la
Cour avoit, par ſon arrêté fait, les Chambres aſſemblées, le 27. Avril 1686. pourvu, entr'autres
choſes, au Jugement des oppoſitions en ſous-
ordre, & ordonné qu'à l'avenir les oppoſitions
ne ſeroient point inſtruites avec le Procureur du
pourſuivant, & le plus ancien des Procureurs
oppoſans, pour empêcher que les frais de l'ordre
fuſſent groſſis, & tombaſſent ſur le dernier créancier utilement colloqué, qui n'a aucun intérêt
dans les oppoſitions en ſous-ordre, qui ne regardent que la partie ſur laquelle elles ſont faites ;
que cet Arrêté étoit demeuré ſans exécution, &
qu'il croyoit devoir pour le bien de la Juſtice, que ce
Réglement devoit être exécuté.

Les Gens du Roi ouis en leurs concluſions, &
la matiere miſe en délibération, a été arrêté que
l'Arrêté du 27. Avril 1686. ſera exécuté ſelon ſa
forme & teneur : ce faiſant, la Cour a fait très-
expreſſes inhibitions & défenſes aux créanciers
oppoſans en ſous-ordre, de faire à l'avenir, pour
raiſon de leurs oppoſitions, aucunes procédures,
avec & contre le Procureur du pourſuivant, & le
plus ancien des Procureurs des oppoſans, à peine
de nullité, & ſans qu'elles puiſſent entrer dans la
taxe des frais extraordinaires des criées, & de
l'inſtance d'ordre ; ſauf aux créanciers oppoſans
en ſous-ordre, à faire les procédures néceſſaires
pour la conſervation de leur dû avec le débiteur
oppoſant à l'ordre, & leur Procureur ſeulement.

De plus, la Cour a ordonné que les vacations
qu'il conviendra employer pour le Jugement des
oppoſitions en ſous ordre, enſemble les épices à
proportion, & leur part du coût de l'Arrêt, ſeront
conſignées par les oppoſans en ſous-ordre, ſi bon
leur ſemble, ſans qu'elles puiſſent être priſes ſur le
prix des ventes & adjudications ; ſauf à eux à les
repeter ſur les créanciers, ſur leſquels ils ſe ſeront
oppoſés en ſous-ordre, ainſi qu'ils aviſeront bon
être ; défenſes au contraire, & faute par les créanciers oppoſans en ſous-ordre, de faire la conſignation des vacations, leurs oppoſitions en ſous-ordre
ſeront disjointes de l'inſtance d'ordre, & paſſé outre
au Jugement d'icelles.

OPPOSITION AU SCEAU, eſt un empêchement
qu'un créancier forme entre les mains de M. le
Chancelier, Garde des ſceaux, en parlant au Gar-
de-Rôles des Offices, à l'effet qu'aucunes proviſions ſoient expédiées au préjudice de ſes droits,
ſur la procuration *ad reſignandum* de ſon débiteur,
pour faire paſſer en la perſonne d'un autre l'Office
dont il eſt revêtu.

Les Offices royaux ne ſont véritablement que
des Commiſſions attachées & inhérentes aux perſonnes qui en ſont pourvues ; de ſorte qu'un titulaire ne peut tranſmettre ſon droit à qui que ce
ſoit, parce que la propriété de ſon Office ne lui

appartient pas; mais il faut pour faire paſſer ſon office en la perſonne d'un autre, qu'il s'en demette entre les mains du Roi & de M. le Chancelier, & que celui en faveur de qui la procuration *ad reſignandum* eſt faite, en obtienne l'agrément du Roi : ce qu'il n'accorde point au préjudice des oppoſitions au Sceau.

Quand le Roi accorde une grace à quelqu'un, il entend toujours que ce ſoit ſans préjudice du droit d'un tiers, ſur-tout quand il en eſt inſtruit. Or ces oppoſitions faiſant connoître au Roi le droit & la créance des oppoſans, les Lettres des proviſions ne ſont point accordées à celui qui les préſente, que l'oppoſition ne ſoit vuidée, ou elles ne ſe font qu'à la charge de l'oppoſition.

L'oppoſition au Sceau, dont on attribue l'origine à M. du Vair, Garde des Sceaux, a été introduite pour empêcher ceux qui ſont pourvus d'Offices royaux, de s'en demettre au préjudice de leurs créanciers.

Pour être pourvu d'un Office royal, comme il faut néceſſairement en obtenir du Roi des proviſions ſur la procuration *ad reſignandum* du titulaire, les créanciers d'un homme qui eſt pourvu d'un tel Office, peuvent, en faiſant une oppoſition au Sceau, empêcher pendant le tems que leur oppoſition dure, que leur débiteur ne ſe demette de ſa Charge à leur préjudice : autrement, quand les proviſions obtenues par un autre ſur la procuration *ad reſignandum*, ſont ſcellées ſans oppoſition, le ſceau des proviſions purge les hypotheques pour les charges, de même que le décret purge les hypotheques qui ſont ſur les héritages.

Bien plus, on prétend que les proviſions d'un Office, qui ſont ſcellées ſans l'oppoſition d'un créancier, purgent non-ſeulement toutes les actions qu'il a ſur celui qui a vendu l'Office, mais encore les actions qui ſont comme en ſuſpens, & qui pourroient naître un jour, comme celle du douaire qui n'eſt pas encore ouvert.

La raiſon qu'on en rend, eſt qu'un Office royal ne ſubſiſte véritablement qu'en la perſonne du Roi, qui n'entre point dans les contrats qui ſe font entre les particuliers, s'en réſervant les proviſions, & les pouvant éteindre & ſupprimer à ſa volonté. Ainſi le nouveau titulaire ne tient pas ſon droit du réſignant, mais du Roi ſeul.

Outre que les oppoſitions au Sceau empêchent que le Titulaire d'un Office ne s'en puiſſe démettre au préjudice de ſes créanciers, il y a toujours un très-grand avantage pour les créanciers du Titulaire d'un Office à faire leur oppoſition, elle les fait préférer ſur le prix de l'Office aux créanciers non oppoſans, quand même ceux qui n'ont pas fait leur oppoſition, auroient un privilege ſpécial ſur la Charge; car tout privilege ſe perd & s'évanouit par le défaut d'oppoſition au Sceau, ainſi qu'il eſt réglé par l'Edit du mois de Février 1683.

Un mineur ne peut donc pas ſe faire relever de l'omiſſion qu'auroit faite ſon tuteur, de former au nom de ſon mineur une oppoſition au Sceau; il n'auroit que ſon recours contre ſon tuteur, ſoit qu'il fût ſolvable ou non.

M. Augeard, dans ſon ſecond tome des Arrêts, chap. 27. en rapporte un rendu en la Grand'Chambre le 2. Mars 1693. au rapport de M. Frezon, qui a jugé qu'un tuteur ayant réſigné ſon Office à ſon propre fils, dans la ſuite la Charge ayant été ſaiſie réellement ſur le fils, ſes créanciers ſeroient colloqués avant le mineur, qui objecta en vain que le défaut d'oppoſition au ſceau ne lui pouvoit pas nuire, parce qu'étant mineur, & n'ayant point de ſubrogé tuteur, il lui avoit été impoſſible de former cette oppoſition, & de prévenir la fraude de ſon tuteur.

Il y a deux ſortes d'oppoſitions au Sceau, des proviſions d'Offices royaux; ſçavoir, l'oppoſition au titre, & l'oppoſition à fin de conſerver.

L'oppoſition au titre, eſt celle qui ſe forme pour empêcher qu'aucunes proviſions ne ſoient ſcellées de l'Office qui eſt énoncé dans l'oppoſition, attendu le droit ſpécial qu'a l'oppoſant ſur le titre dudit Office, & que c'eſt lui qui a vendu l'Office au Titulaire. D'où il s'enſuit, que celui qui a prêté ſes deniers pour l'acquiſition d'un Office, pour le tout ou en partie, ne peut former l'oppoſition au titre, d'autant qu'il n'a point de droit ſur le titre de l'Office de ſon débiteur; ce qui fait qu'on ne le regarde que comme créancier.

Il n'y a que celui qui a vendu l'Office, ou ſes ayans cauſe, qui ſoient conſidérés à cet égard, comme ayant quelque droit ſur le titre de l'Office qu'ils ont vendu, & dont le prix ne leur a pas été payé.

Il faut encore ajouter ceux envers qui le Titulaire eſt obligé pour fait de Charge; car ils ſont préférés à tous autres créanciers, même au vendeur de l'Office, & peuvent former leur oppoſition au titre.

Cette oppoſition doit être ſignée d'un Avocat aux Conſeils, chez lequel eſt élû le domicile de l'oppoſant. Elle ne dure que ſix mois, après leſquels, ſi elle n'eſt renouvellée, elle ne ſert de rien.

Pendant que cette oppoſition ſubſiſte, & qu'on préſente à la Chancellerie des proviſions, il faut abſolument faire vuider l'oppoſition à fin de titre, avant que les Lettres de proviſions de l'Office au profit d'un autre puiſſent être ſcellées.

Ainſi celui qui fait une telle oppoſition, eſt aſſuré que l'Office ne ſe vendra jamais qu'il n'en ſoit averti. Pluſieurs même qui n'ont pas droit au titre de l'Office, ne laiſſent pas de faire une telle oppoſition, afin que l'Office ne ſoit pas vendu ſans y être appellés : mais en jugeant l'inſtance de cette oppoſition, on les condamné à des dommages & intérêts.

L'oppoſition à fin de conſerver, eſt celle qui ſe forme par un créancier d'un Titulaire, à l'effet de conſerver ſes droits, noms, privileges & hypotheques ſur le prix de l'Office, au cas que le débiteur qui en eſt titulaire, vienne à s'en démettre au profit d'une autre perſonne.

Cette oppoſition dure un an, & ſe forme ſans être ſigné d'un Avocat aux Conſeils. Son effet n'eſt pas d'empêcher, qu'on ne délivre & ne scelle des Lettres de provision fur la procuration *ad refignandum* du Titulaire.

Comme cette oppofition n'eſt faite que pour conferver la créance, les hypotheque & les priviléges que prétend avoir celui qui l'a faite, elle n'empêche pas que les provifions du nouvel acquéreur foient fcellées ; mais elle fait qu'elles font fcellées avec referve & reſtriction du droit de l'oppofant, c'eſt-à-dire à la charge des caufes énoncées dans l'oppofition, auxquelles on fait droit dans l'ordre qui doit être fuivi dans la fuite entre les créanciers oppofans au Sceau.

Une oppofition du Sceau ne donne pas lieu aux intérêts, parce que ce n'eſt qu'un acte confervatoire, & que M. le Chancelier n'a point de Jurifdiction contentieufe.

Lorfqu'une Charge eſt adjugée, & le prix configné, il n'eſt plus néceffaire de continuer fes oppofitions au Sceau, comme il a été jugé par Arrêt du 16. Février 1682. rendu à la Cour des Aides, & qui eſt rapporté dans le Journal du Palais.

Une oppofition au Sceau faite fans être libellée, & fans dire en quelle qualité on la prétend faire, eſt limitée aux termes auxquels elle eſt conçue. Ainfi jugé par Arrêt du Parlement de Paris, du 24. Février 1688. rapporté dans le Journal des Audiences.

Nous avons un Edit & une Déclaration qui préfcrivent les formalités qui doivent être obfervées dans la pourfuite & Jugement des oppofitions au Sceau. L'Edit eſt du mois de Février 1683. & la Déclaration du 17. Juin 1703. Les deux fe trouvent dans le Dictionnaire de M. Brillon, *verbo* Office, nomb. 77. & 78.

OPTION, appartient au débiteur, dans les cas où un débiteur doit une chofe *in genere* ou *alternatim* ; au lieu que dans les legs de cette nature, l'option appartient au légataire, qui eſt le créancier de la chofe leguée.

Voyez ce que j'ai dit dans ma Traduction des Inſtitutes, fur le §. 22. du titre 20. du fecond livre.

O R.

OR ET ARGENT, font des métaux précieux qui contribuent beaucoup à bien foutenir les Etats, & les Particuliers qui les compofent.

Par plufieurs Edits & Déclarations, il eſt défendu de porter l'or & l'argent hors du Royaume.

Il y a eu plufieurs Edits & Déclarations qui défendoit de porter or & argent fur les habits. Mais ces défenfes n'ont eu qu'un temps.

Plufieurs Déclarations ont réglé le poids de la vaiffelle d'or & d'argent fabriquée & à fabriquer par les Orfévres & autres Ouvriers.

L'Arrêt du Confeil d'Etat du 6. Juillet 1720. a ordonné l'exécution de la Déclaration du 28. Février de la même année, qui fait défenfes à tous Orfévres & autres Ouvriers travaillans en or & argent, de fabriquer, expofer ou vendre aucuns ouvrages d'or, & d'argent de la qualité prohibée, ou qui excédent le prix fixé par ladite Déclaration.

Voyez le dictionnaire de Chafles.

ORDINAIRE, fe dit de la procédure civile. Quand on civilife une affaire, on dit qu'on reçoit les Parties à l'ordinaire ; fauf à reprendre l'extraordinaire, fi le cas le requiert.

ORDINAIRE, fe dit des Jugemens qui fe rendent à la charge de l'appel. Les Maîtres des Requêtes doivent être fept pour juger au Souverain, mais ils jugent à l'ordinaire au nombre de trois.

ORDINAIRE, fignifie quelquefois le Juge naturel du territoire où le défendeur eſt domicilié. Il fignifie auffi celui qui a une Jurifdiction ordinaire, foit en première inſtance, foit en caufe d'appel ; à la différence des Juges qui font établis par des commiffions extraordinaires, comme font les Juges des privilégiés, les Prévôts des Maréchaux, & autres.

ORDINAIRES EN FAIT DE JURISDICTION ECCLESIASTIQUE, font les Archevêques & Evêques, qui font Juges ordinaires dans leurs Diocèfes, qui ont le pouvoir d'ordonner & de conférer les Bénéfices de leurs Diocèfes, & d'y exercer toute Jurifdiction eccléfiaſtique, tant contentieufe que volontaire.

Néanmoins, quant à la collation des Bénéfices, il y a d'autres Prélats qui font auffi appellés quelquefois Collateurs ordinaires, comme les Abbés & les Prieurs, les Chapitres, les Archidiacres & autres, qui ont par quelque droit ou privilège particulier, la collation de quelques Bénéfices.

ORDONNANCE, généralement parlant, fignifie Loi, Statut, Commandement d'un Souverain ou d'un Supérieur.

Mais ce terme fignifie plus particuliérement les Loix qui font établies par la feule autorité du Roi ; & dans ce fens l'on dit les Ordonnances royaux dont nous parlerons ci-après.

ORDONNANCE, fe dit auffi des fimples commandemens des Miniſtres ou des Juges. On dit, par exemple, qu'un tel a été conſtitué prifonnier de l'Ordonnance verbale de la Cour, de l'Ordonnance du Lieutenant criminel.

ORDONNANCE, fignifie auffi la commiffion que donne un Juge ou Commiffaire pour faire affigner des témoins, ou des Parties, pour être interrogées, pour dépofer ou former une conteſtation, ou l'inſtruction d'une inſtance. De *l'Ordonnance de nous.... Confeiller ou Commiffaire, il eſt enjoint au premier Sergent d'affigner*, &c.

ORDONNANCE, fe dit auffi de ce qui eſt mis par les Juges au bas des Requêtes qu'ils répondent.

On dit, par exemple, cette Requête eſt répondue *d'un Soit communiqué*.

On emploie auffi ce terme pour fignifier ce qu'ils mettent au bas d'un procès-verbal, ou qu'ils y inferent, pour juger quelques conteſtations qui fe forment devant eux.

ORDONNANCE EN TERME DE FINANCE, fignifie un ordre, un mandement à des Tréforiers, de payer une certaine fomme, & pour une certaine, deſtination.

On appelle auffi Ordonnances, les mandemens que donnent les Seigneurs particuliers ou les Imtendans , à leurs Tréforiers ou Receveurs.

ORDONNANCE de dernierevolonté, eft une difpofition faite par un Particulier , laquelle ne peut être exécutée qu'après fa mort ; comme font les teftamens , les codicilles , & les donations à caufe de mort. *Voyez* Difpofition.

ORDONNANCES Royaux, font des Loix & des conftitutions générales que le Roi fait publier dans fon Royaume , & qui obligent tous fes Sujets.

Le droit nouveau que les Rois de la troifiéme race établirent , pour être obfervé dans toute l'étendüe du Royaume , fut conçu fous le nom d'Ordonnance , comme celui des Rois précédens étoit conçu fous le nom de Capitulaires ; de forte qu'on a depuis appellé proprement Ordonnance , ce qui fe propofe pour être obfervé généralement comme Loi.

Cette fignification du mot d'Ordonnance , pour marquer toutes les Lettres patentes , par lefquelles le Roi propofe quelque chofe , pour être obfervé généralement comme la Loi, n'a commencé d'être en ufage depuis le tems de Saint Louis ; & le Recueil le plus ample des Ordonnances , qui eft celui de Fontanon, n'en contient point de plus anciennes.

Ce qu'on a vû des prédéceffeurs de Saint Louis, ne font que de chartres de conceffions de privileges en faveur de l'Eglife , des Communautés, des Villes, ou des Univerfités.

Une obfervation à faire fur ces termes , *Ordonnances royaux* , eft que cette maniere de parler n'eft pas correcte , mais elle defcend d'une ancienne façon de parler , qui n'eft pas encore changée ; car fi on vouloit parler reguliérement , il faudroit dire Ordonnances royales : mais l'ufage & le tyran des Langues.

Les Ordonnances Royaux font ou appellées fpécialement Ordonnances, ou Edits, ou Déclarations.

Les Ordonnances fpécialement appellées ainfi, font des conftitutions générales de nos Rois , qui ordonnent ou qu'ils défendent quelque chofe, fur les remontrances des Magiftrats, ou fur les prieres des Particuliers.

Les Edits font des conftitutions générales de nos Rois, qui ordonnent ou qui défendent quelque chofe de leur propre mouvement.

Les Déclarations font des conftitutions générales , que nos Rois font pour interpreter , modifier , augmenter ou diminuer les difpofitions de quelque autre.

Les ordonnances de nos Rois de la premiere & feconde race , font connues fous le nom de Capitulaires. *Voyez* Capitulaires.

Les Ordonnances des Rois de la troifiéme race, regardent la Religion , la Juftice , le devoir des Magiftrats , la Police , les droits du Roi , la créa-tion des Officiers , & la procédure.

Les Ordonnances font les vraies Loix du Royaume ; elles font la partie la plus générale & la plus certaine de notre Droit François , attendu qu'elles font foutenues de l'autorité auffi bien que de la rai-fon ; au lieu que les Loix Romaines ne fubfiftent que par leur équité ; elles n'ont par elles-mêmes aucu-

ne autorité , qu'autant qu'elles font confidérées comme une raifon écrite , du moins en pays coutumier ; & à l'égard du pays de Droit écrit , les Loix Romaines n'y ont force de Loi, que parce que nos Rois ont bien voulu y confentir.

Comme les Ordonnances font les Loix générales du Royaume , tous les Magiftrats , tous les Juges, tant laïques qu'eccléfiaftiques , & généralement tous les Officiers de la Juftice , font obligés de les obferver exactement. La raifon eft , qu'ils dépendent tous du Prince , & de l'autorité de la Loi qui eft émanée de lui.

Tous les Juges , tant laïques qu'eccléfiaftiques , font donc obligé de s'y conformer dans leurs Jugemens ; mais il faut pour cela qu'elles foient enregiftrées au Parlement & aux autres Cours fouverai-nes ; car elles n'ont d'effet que du jour de l'enregiftrement, & elles ne reglent que l'avenir , s'il n'y a une difpofition expreffe pour le paffé. *Leges & Conftitutiones futuris dant formam negotiis , non verò præteritis , nifi illud in iis nominatim expreffum fit. Leg. ult. cod. de legib.*

Au refte , les Ordonnances de nos Rois n'ont que leurs tems, & fe fuccedent les unes aux au-tres , comme je l'ai remarqué ci-deffus, lettre D , en parlant du Droit immuable.

Voyez , touchant les Ordonnances, le titre 1. de l'Ordonnance de 1667. avec les notes de Bornier.

Touchant la prééminence qu'ont les Ordonnances fur les coutumes , *voyez* ce que j'en ai dit *verbo* Coutume.

ORDONNANCES de nos Rois, fe trouvent par la plupart recueillies pour ordre des dates dans le nouveau Neron, qui a été donné au Public l'an 1721. en deux volumes *in-folio*.

Les principales font ,

L'Edit de Cremieu de l'an 1536. L'Ordonnance de 1539. fous François I. L'Edit de Cremieu a été fait pour régler la Jurifdiction des Baillifs , Séréchaux & autres Juges ordinaires. L'Ordonnance de 1539. a été faite à Villers-Cotterets, pour l'abbréviation des procès.

L'Edit des Préfidiaux en 1551. par Henry II. pour établir des Préfidiaux dans les Bailliages & Sénéchauffées du Royaume , afin que dans les affaires de peu de conféquence l'on ne fût point obligé d'appeller aux Cours fouveraines. *Voyez* Edit.

L'Edit des fecondes Nôces en 1560. par François II. fur quoi *voyez* ce que nous en avons dit *verbo* Edit.

L'Ordonnance d'Orléans en 1560. l'Ordonnance de Rouffillon en 1564. celle de Moulins en 1566. l'Edit des Meres en 1567. & l'Edit d'Amboife en 1572. par Charles IX.

L'Ordonnance d'Orléans, rendue fur les plaintes des trois Etats du Royaume , portant Réglement pour les Eccléfiaftiques , pour la Nobleffe , & pour les Univerfités. Il y eft auffi parlé du cours de la Juftice , des Tailles , des Elections , & des Marchands.

L'Ordonnance de Rouffillon a été faite pour fatisfaire au furplus des Cahiers préfentés par les Etats d'Orléans , en ce qui concerne la Juftice , &

ce qui regarde la Police du Royaume. Il y a eu encore une Déclaration en ampliation de quelques articles de la même Ordonnance.

L'Ordonnance de Moulins fut faite pour la réformation de la Justice, tant ès Cours souveraines qu'inférieures.

Touchant l'Edit des Meres, *voyez* ce que nous en avons dit *verbo* Edit.

A l'égard de l'Edit d'Amboise, il a été fait pour régler le devoir & l'autorité des Officiers de Justice. Voilà les principales Ordonnances qui ont été faites depuis François I. jusqu'à Louis XIV.

ORDONNANCES DE LOUIS XIV. font en grand nombre.

Entre celles qui ont été faites touchant la Justice & la maniere de procéder, on regarde comme principales celles qui suivent; sçavoir,

L'Ordonnance du mois d'Avril 1667. appellée le Code civil, qui contient un Réglement général pour la procédure en matiere civile, & l'établissement d'un style uniforme dans toutes les Cours & dans tous les Sieges du Royaume. Le premier titre regarde l'observation des nouvelles Ordonnances.

L'Ordonnance du mois d'Août 1669. qui regarde les Réglemens de Juges, les Committimus, & les Evocations.

L'Ordonnance du 13. Août 1669. qui est un Réglement sur le fait des Eaux & Forêts. Cette Ordonnance regarde les matieres qui doivent être portées aux Juges des Eaux & Forêts, & les choses qu'ils doivent observer dans l'exercice de leurs charges. Les matieres qui font de leur compétence, font les bois, les rivieres, les chasses, & la pêche. *Voyez* Eaux & Forêts.

L'Ordonnance du mois d'Août 1670. appellée le Code criminel, est un Réglement général touchant l'instruction de la procédure criminelle, & la compétence des Juges dans ces fortes de matieres.

L'Ordonnance du mois de Janvier 1673. qui contient un Réglement fait par le Roi, pour être observé en fon Conseil d'Etat.

L'Ordonnance du mois de Mars 1673. appellée le Code Marchand, qui contient un Réglement pour le commerce des Négocians & Marchands, tant en gros qu'en détail, & un Edit pour les épices & vacations des Commissaires, & autres frais de Justice.

L'Ordonnance de 1680. pour les Aides & Gabelles.

L'Ordonnance du mois d'Août 1681. fixe la Jurisprudence des contrats maritimes, & la Jurisdiction des Officiers de l'Amirauté; regle les différens qui naissent entre les Négocians & gens de mer; & établit la Police dans les Ports, Côtes & Rades qui font dans l'étendue de la domination du Roi.

L'Ordonnance du mois de Juin 1687. qui contient un Réglement pour la procédure, dans toutes les affaires qui fe traitent au Conseil du Roi, foit pour les Finances, foit pour les Parties.

De toutes les Ordonnances de Louis XIV. Il n'y en a point de plus utiles à l'Etat que celles qu'il a faites pour réformer la Justice, & pour abréger les procédures, fur-tout celle de 1667. & celle de 1670. Sa Majesté fit assembler les principaux Magistrats de fon Conseil & du Parlement, qui tinrent plusieurs conférences chez M. le Chancelier Seguier, au commencement de l'année 1667. pour examiner & arrêter les Articles de l'Ordonnance civile, qui fut publiée au mois d'Avril de la même année. L'Ordonnance fur les matieres criminelles fut dressée & examinée de la même maniere, & enfuite publiée au mois d'Août 1670.

ORDONNANCES DE LOUIS XV. Nous avons déjà quelques Ordonnances de ce Prince, qui nous font defirer qu'elles foient fuivies de plufieurs autres.

Voici les principales de celles qui ont été publiées fous fon régne.

La Déclaration du 5. Octobre 1726. fervant de Réglement entre les Curés primitifs, & les Curés-Vicaires perpétuels.

L'Edit concernant les Successions des meres à leurs enfans, du mois d'Août 1729.

La Déclaration du premier Mars 1730. concernant les fonctions des Huissiers & Sergens royaux.

La Déclaration du 15. Janvier 1631. fervant de Réglement général entre les Curés primitifs, & les Curés-Vicaires perpétuels.

La Déclaration du 5. Février 1731. fur les cas prévotaux & préfidiaux.

L'Ordonnance du mois de Février 1731. qui fixe la Jurisprudence fur la nature, la forme, les charges, & les conditions des Donations.

La Déclaration du Roi du 17. Février 1731. touchant les Insinuations.

L'Ordonnance concernant les Testamens, du mois d'Août 1735.

La Déclaration du Roi, portant que l'Artois n'est point censé compris dans les Articles XIX. XX. & fuivans, jufqu'à l'Article XXXII. de l'Ordonnance du mois de Février 1731. concernant les formalités des infinuations des Donations. Donnée à Versailles le 17. Janvier 1736.

La Déclaration du Roi, concernant la forme de tenir les Registres des Baptêmes, Mariages, Sépultures, Vêtures, Noviciats & professions; & des Extraits qui en doivent être délivrés. Donnée à Versailles le 9. Avril 1736.

L'Ordonnance concernant le faux principal & le faux-incident, & la reconnoissance des écritures & fignature en matiere criminelle. Donnée à Versailles au mois de Juillet 1737.

L'Ordonnance concernant les Evocations & les Réglemens des Juges, du mois d'Août 1637.

La Déclaration du Roi, qui ordonne aux Curés des Paroisses dépendantes du Châtelet de Paris, ou autre Juge par lui commis, d'avoir un double Registre pour la présente année, des Baptêmes, Mariages & Sépultures, conformément à la Déclaration du neuf Avril 1736. Donnée à Versailles le 17. Août 1737.

ORDONNER fignifie commander, donner ordre, prefcrire. On dit, par exemple, le Roi ordonné telle chose par un tel Edit.

Ce terme est souvent employé dans les testaméns, pour marquer ce qu'un testateur a prescrit; comme quand on dit que le testateur ordonne à son héritier de faire telle chose.

ORDRE, signifie mandement, commission, qui nous donne pouvoir de faire quelque chose. Un Procureur, un Agent qui fait quelque chose sans ordre & sans procuration, est sujet à desaveu.

ORDRE DE COMPTES, est un arrangement qui se tient dans un compte par le moyen des chapitres dont il est composé ; sçavoir , premiérement de celui de recette , ensuite de celui de dépense , & enfin de celui de reprise.

Un Comptable est obligé de se charger dans le chapitre de recette , du total d'une somme qu'il avoit à recouvrer, quoiqu'il n'en ait reçu qu'une partie , à la charge de mettre dans le chapitre de reprise ce qui lui reste dû, cela pour tenir ordre de compte.

ORDRE, signifie quelquefois la discution des biens du principal débiteur, à laquelle le créancier est obligé, avant que de venir sur le fidéjusseur.

Pour empêcher ce bénéfice qui est accordé de droit au fidéjusseur, on le fait renoncer ordinairement à l'ordre de droit, pour le rendre caution solidaire. Voyez Discution.

ORDRE DES CREANCIERS, est un Jugement qui se rend entre plusieurs créanciers opposans à la distribution des deniers, provenans du prix des immeubles décretés sur les debiteurs, suivant les droits , hypotheques & privileges , qu'ils ont les uns sur les autres.

Dans un ordre il y a trois rangs de créanciers. Les uns sont privilégiés, comme le Procureur poursuivant , pour les frais extraordinaires de criées ; pour les frais ordinaires sont à la charge de l'adjudicataire.

On met encore au nombre des créanciers privilégiés , par exemple, ceux qui ont prêté pour l'achat ou la conservation de la chose.

D'autres ont une hypotheque expresse ou tacite , & sont appellés créanciers hypothécaires.

Les autres enfin sont simples créanciers chirographaires.

Ceux qui sont privilégiés , doivent être payés les premiers de ce qui leur est dû. Les créanciers qui ont prêté leurs deniers pour l'acquisition d'une chose , ont un privilege sur icelle seulement , & sont préférés aux autres créanciers ; & si plusieurs créanciers privilégiés ne peuvent pas être entiérement payés , ils viennent à contribution sur la chose , ayant tous un privilege égal. Voyez Créanciers privilegiés.

Les Créanciers hypothécaires viennent ensuite suivant l'ordre de leur hypotheque, comme il est dit ici verbo Créanciers hypothécaires : & si après il reste quelques deniers, ils doivent être distribués entre les troisiéme à contribution au sol la livre ; parce que entre les créanciers simples chirographaires , il n'y a aucune préférence , tous sont payés également, & perdent aussi tous également, à

proportion de ce qui est dû à chacun d'eux. Voyez Contribution.

Cet ordre n'a lieu qu'en la vente des immeubles appartenans au débiteur ; car les meubles n'ayant point de suite par hypotheque , tous créanciers, ont autant de droit les uns que les autres sur les meubles, & y viennent à contribution , soit hypothécaires ou chirographaires, excepté les privilégiés personnels, lesquels sont préférés à tous les autres , en vertu de leurs privileges.

Tels sont les créanciers des frais funéraires, les Médecins , Chirurgiens & Apoticaires, pour leurs salaires dûs pour la derniere maladie dont le défunt seroit décedé, les propriétaires sur les meubles étant dans la maison, & appartenans aux locataires, &c. Voyez Créanciers privilégiés.

De ce que nous venons de dire , il s'ensuit que l'instance d'ordre est différente de l'instance de préférence, quoiqu'on l'intruise à peu près de la même maniere , en ce que celle de préférence n'aboutit qu'à faire distribuer des deniers provenans de la vente des effets mobiliaires saisis par contribution au sol la livre , en cas de déconfitures , au lieu que l'instance d'ordre tend à faire distribuer les deniers provenans du prix des immeubles décretés, suivant la priorité d'hypotheque ou le privilege des créanciers.

ORDRE EN FAIT DE JURISDICTION signifie degré. Voyez Degré de Jurisdiction.

ORDRES, sont des distinctions & qualifications des personnes qui composent un Etat.

Il y en a trois qui composent l'Etat de la France; sçavoir , le Clergé , la Noblesse , & le Tiers-Etat.

Dans chaque Ordre il y a des degrés ou subordinations , qui servent à distinguer les supérieurs d'avec les inférieurs.

ORDRE DE MALTHE. Voyez le Dictionnaire de M. Brillon.

ORDRE DE RELIGIEUX sont des Communautés de Religieux vivans sous un Chef , d'une même maniere , & sous un même habit, à quoi ils se sont obligés par la profession qu'ils en ont faite. Voyez ce qui en est dit dans le Dictionnaire de M. Brillon, où il rapporte ce qui regarde tous ces Ordres. Voyez aussi ce qui en est dit dans le Dictionnaire de Chasle.

ORDRES MILITAIRES, sont certaines Compagnies de Chevaliers institués par des Rois ou des Princes , pour donner en certaines occasions des marques de leur valeur, & principalement pour la défense de la foi.

Touchant ces Compagnies, V. le Dictionnaire de Trévoux ; Voyez aussi le Dictionnaire de M. Brillon qui rapporte à ce sujet des choses très-curieuses.

ORFÉVRE , est celui qui fabrique , vend ou trafique de la vaisselle, ou des ouvrages d'or ou d'argent.

Tous les droits , privileges & devoirs des Orfevres dependent absolument de ce qui est prescrit à ce sujet par les Edits & Déclarations du Roi, comme M. Brillon les a rapporté dans son Dictionnaire , verbo Orfevre, j'y renvoie ceux qui auroient intérêt d'en être pleinement instruits. Voyez aussi le Dictionnaire de Chasle, verbo Orfevres.

ORIGINAL, eft la minute ou la groffe de quelqu'acte. Ce terme eft relatif à copie ; & dans ce fens on dit collationner une copie à fon original.

Celui qui veut s'aider de quelque piece, en doit produire l'original ; parce qu'une copie, même collationnée à l'original, fans appeller la Partie, ne fait pas foi.

Mais fi elle eft extraite du Regiftre du Notaire, fans appeller Partie ; & que le Notaire l'ait fignée & délivrée, on y ajoute foi : toutefois cet extrait n'emporteroit pas exécution. *Voyez* Charondas, liv. 4. réponfe 4.

ORPHELIN, eft un enfant mineur qui a perdu fon pere, ou qui n'a ni pere ni mere qui puiffent avoir foin de fa nourriture & de fon éducation.

Il y a dans la Ville de Paris & dans plufieurs autres Villes du Royaume, des Hôpitaux, pour nourrir & élever les pauvres orphelins, pour les mettre en état de gagner leur vie.

O S

OSTICE, eft en quelques endroits un droit d'une geline par an, que le fujet eft obligé de payer à fon Seigneur, pour le fouage. *Voyez* ce qui en eft dit dans le Gloffaire du Droit François.

O T

OTAGES, fe dit des perfonnes que deux partis ennemis fe donnent reciproquement quand ils fe font fur le point de faire quelque Traité ou Capitulation, pour affurance de part & d'autre de l'exécution de ce qui fera convenu.

Un otage devint le principal obligé, lorfqu'on convient qui répondra de l'événement des chofes. Par exemple, fi une Ville promet de fe rendre en cas qu'elle ne foit point fecourue dans un certain temps, les Otages que donne la Ville font caution de l'exécution de fes promeffes;& fi elle y manque, l'on peut punir fur eux fa mauvaife foi.

L'Otage étranger décedant en France, eft fujet au droit d'aubaine, s'il n'eft pas naturalifé, fuivant l'opinion de Bacquet en fon Traité du Droit d'aubaine, chap. 12. nomb. 3. de Chopin, *de domanio, lib. 1. tit. 11. n. 28.* & de M. le Prêtre cent. 3. chap. 33. Je crois néanmoins que l'opinion contraire eft celle qu'il faut fuivre, attendu que les Otages font des Envoyés du Prince, qui par conféquent doivent être exempts du Droit d'Aubaine, comme le font les Ambaffadeurs. *Voyez* la Peyrere, de l'édition de 1725. lettre A, nomb. 80.

O U

OUTREPASSES, en terme des Eaux & Forêts, font les abattis qu'on fait des bois au-delà des bornes marquées par les Officiers.

L'Ordonnance des eaux & Forêts veut que les Marchands qui font des outrepaffes, foient condamnés au double, à raifon du prix de leur adjudication.

OUVERTURE DE FIEF, a lieu quand il y a mutation de Vaffal, & que le nouveau poffeffeur n'a pas encore été invefti par le Seigneur féodal ; ou quand il y a mutation de Seigneur & que le Vaffal n'a pas été reçu en foi par le nouveau Seigneur.

Ainfi il y a ouverture du fief quand par défaut d'homme le fief n'eft pas fervi, & que le Seigneur de fief n'a point d'homme ; comme quand l'héritier diftere après le délai de quarante jours, à compter du jour de la mort du Vaffal, de prendre qualité ou quand l'acquéreur d'un fief à quelque titre que ce foit, ne fait point la foi & hommage dans quarante jours, à compter du jour de fon acquifition : en ce cas le fief eft ouvert, & le Seigneur qui a intérêt d'avoir. un homme ou vaffal, peut faifir le fief, & faire les fruits fiens du fief faifi, jufqu'à ce que le nouveau vaffal fe foit mis à fon devoir: ce qui a été introduit, afin de reveiller par ce moyen l'affoupiffement & la négligence du propriétaire du Fief, par la perte affurée des fruits du Fief faifi.

OUVERTURE DE REGALE. *Voyez* Régale.

OUVERTURE DE TESTAMENT, eft un procès verbal qui fe fait par le Juge, de l'apport qui lui eft fait d'un teftament olographe & de l'ouverture & de la lecture qu'il en a faite, en conféquence du requifitoire qui lui en a été fait par celui qui lui a apporté ledit teftament : enfuite il eft fait mention qu'il a été dépofé ès main d'un tel Notaire, lequel à ce préfent s'en eft chargé pour en délivrer les expéditions.

Si les parens du défunt font préfens, il faut en faire mention ; & les interpeller de reconnoître s'il eft écrit de la main du défunt ; & en cas de proteftation contre ledit teftament, il en faut faire mention dans le procès-verbal.

Au refte, cette ouverture & cette lecture d'un teftament ne peut tenir lieu de la publication d'une fubftitution qui fe trouveroit dans ledit teftament, comme nous avons dit, *verbo* Publication de Subftitution.

OUVERTURE DE SUCCESSION, arrive ou par mort naturelle ou par mort civile, de celui de la fucceffion duquel il s'agit.

Pour être admis à recueillir une fucceffion, il fuffit d'avoir été conçu au tems que la fucceffion a été ouverte, quoiqu'on ne fût pas encore né : *quia qui funt in utero, pro jam natis habentur, quoties de eorum commodis agitur.*

Voyez ce que j'ai dit verbo conçu ; & ce que j'ai dit dans ma Traduction des inftitutes, fur le §. 8. du tit. 1. du 3e. liv.

OUVERTURE DE FIDEICOMMIS OU DE SUBSTITUTION, arrive par l'avenement de la condition fous laquelle le teftateur a fait le fidéicommis ou la fubftitution.

OUVERTURE DU PARLEMENT, commence, fuivant un ancien ufage, par une Meffe folemnelle qui fe dit le lendemain de la Saint Martin, à laquelle le Parlement affifte en robes rouges ; après quoi le Parlement va prendre féance en la grand' Chambre ; enfuite le Greffier appelle le Rôle des

Avocats

Avocats généraux & des autres Avocats , qui vont les uns après les autres prêter serment sur l'Evangile de Saint Jean entre les mains de M. le premier Préfident. Quelques jours après , un de Meffieurs les Avocats généraux fait une harangue en la Grand'Chambre fur les devoirs de la profeffion d'Avocat. M. le premier Préfident prend enfuite la parole , & traite quelque point de la même matiere : l'un & l'autre dans leurs difcours font l'éloge des plus célébres Avocats qui font morts dans l'année. Ils ajoutent auffi à la fin de leurs difcours un mot pour exhorter les Procureurs à remplir leur miniftere avec honneur. Enfuite on appelle la premiere caufe du Rôle de Vermandois. L'Avocat qui doit parler le premier dans cette caufe prend fes conclufions : après quoi on continue la caufe au lendemain , & on leve l'Audience.

Voyez ci-après Parlement de Paris.

OUVERTURE DE PORTES , ne fe peut faire fans autorité de Juftice. Il n'eft pas permis à qui que ce foit d'entrer par force dans un logis , fans ordonnance du Juge, ni de faire ouverture de portes, foit qu'il y ait quelqu'un dans un logis qui refufe d'ouvrir ou qu'il n'y ait perfonne.

Un Commiffaire n'eft pas en droit d'entrer dans une maifon ou dans un appartement fermé, &

d'en faire ouvrir les portes fans permiffion du Juge, à moins que ce ne fut dans un cas extraordinaire, qui ne pût admettre aucun retardement.

OUVERTURE DE REQUETE CIVILE , font les moyens fur lefquels elle eft fondée , qui doivent fe tirer de la forme & non pas du fonds.

Ils font contenus dans le titre 35. article 34. de l'Ordonnance de 1657.

Voyez ci-après , Requête civile.

O U I , eft un adverbe d'affirmation , qui eft oppofé à non. Dans les interrogatoires , il faut répondre cathégoriquement par oui ou par non. L'Ordonnance de 1539. article 36. porte qu'il n'y aura plus de réponfes par *crédit* , ni de contredits contre les dits des témoins ; & défend aux Juges de les recevoir & aux Parties de les bailler , fur peine d'amende arbitraire.

O Y

OYANT , eft celui à qui on rend un compte en Juftice.

Le compte fe rend aux dépens de l'oyant compte ; c'eft lui qui en qualité de défendeur fournit les débats de compte auxquels le rendant fournit de réponfes, que l'on appelle foutenemens.

P

P A

PACIFICATION, fignifie le rétabliffement de la tranquillité publique : c'eft pourquoi on a donné le nom d'Edit de pacification à ceux que la néceffité des tems , & les fâcheufes circonftances ont obligé nos Rois d'accorder , pour appaifer les troubles qui furent excités en 1562. *Voyez* Edits de pacification.

PACTE, eft felon le Droit Romain une fimple convention , laquelle ne produit point d'action , mais feulement une exception. *Voyez* ce que j'en ai dit dans la Traduction des Inftitutes, fur le quatorzieme titre du troifieme Livre.

On ne s'arrête point en France aux fcrupuleufes différences que les Loix Romaines avoient introduites entre les contrats & les pactes. Nous appellons contrats généralement tous les pactes & contrats qui fe font entre les hommes ; en forte que parmi nous , toutes conventions font obligatoires , pourvû qu'elles ne foient point contraires aux bonnes mœurs ni au droit public.

Ratio primi eft , quia quæ funt contra bonos mores viro probo impoffibilia videntur : fic pactum de hæreditate viventis non valet , quia eft contra bonos mores ; fi quidem induceret corvinam follicitudinem mortis alienæ. Ratio fecundi eft , quia jus publicum privatorum pactis infringi non poteft ; fi quidem publica utilitas privatorum commodis anteponenda eft.

P A

PACTE, appellé *in diem addictio* , étoit chez les Romains une convention qui étoit quelquefois ajoutée à un contrat de vente , par laquelle les contractans convenoient que fi dans un certain tems quelqu'un offroit un plus grand prix de la chofe vendue , ou rendoit dans un certain tems la condition de celui qui vendoit meilleure , par quelque moyen que ce foit , le vendeur pourroit retirer la chofe vendue des mains de l'acheteur.

Il eft traité de ce pacte dans le dix-huitieme Livre du Digefte , au titre fecond : fur quoi l'on peut voir ce que j'en ai dit dans mes Paratitles du Digefte.

Nous remarquerons feulement ici , que ce pacte n'eft point ufité en France , pour les ventes volontairement faites entre les particuliers ; mais on le peut rapporter aux ventes publiques des héritages qui fe font par décret, dont les adjudications fe font par le Juge , fauf quinzaine , pendant laquelle chacun eft admis à enchérir fur le prix de l'adjudicataire ; & cette quinzaine ne commence que du jour que s'en fait la publication en Jugement.

PACTE, appellé PACTUM DE QUOTA LITIS , eft une convention par laquelle un créancier d'une fomme difficile à recouvrer , gratifie quelqu'un d'une partie de la dette au cas de recouvrement.

· Par exemple, celui qui a un procès de discution, où dans la poursuite duquel il faut faire beaucoup d'avance, convient que celui qui s'en veut charger aura le tiers ou le quart pour la poursuite, en cas que l'affaire soit gagnée. Cette paction s'appelle *pactum de quota litis ;* elle est vicieuse, illicite & contre les bonnes mœurs.

Cette convention est toujours reprouvée, quand elle est faite en faveur d'un Juge. Elle l'est aussi toujours, quand elle est faite au profit d'Avocats, Procureurs, ou Solliciteurs de procès. Mais elle ne l'est pas quand elle est faite en faveur d'une personne qui ne fait que l'office d'ami, & qui veut bien avancer son argent pour la poursuite d'un procès.

Voyez Papon, liv. 12. tit. 2. nomb. 1. Louet & son Commentateur, lettre L, sommaire second; & ce qu'a écrit Mornac sur la Loi 6. §. *Maurus, ff. Mandati;* sur la Loi *Sumptus, ff. de pactis;* & sur la Loi *Si qui Advocatorum cod. de postulando.*

PACTE DE LA LOI COMMISSOIRE, est une convention qui se fait entre l'acheteur & le vendeur, que si le prix de la chose vendue n'est pas payée dans un certain tems, la vente sera nulle, s'il plaît au vendeur.

Ce pacte est appellé loi, parce que les pactes sont appellés les Loix des contrats, desquels ils prennent leur forme. Il est dit commissoire, parce que le cas dont le vendeur & l'acheteur conviennent étant arrivé, la chose vendue est rendue au vendeur ; *res venditori committitur.*

Ce pacte ne fait pas que la vente soit faite sous condition ; mais seulement qu'elle soit resolue sous condition, c'est à-dire, au cas que l'acheteur n'en paye le prix dans le tems convenu. *Leg. 1. ff. de Leg. commissoria.*

Ainsi l'effet de ce pacte est, que faute par l'acheteur de payer le prix de la chose vendue, ou même le restant du prix dans le tems marqué, le vendeur entre dans la propriété de la chose, comme si elle n'avoit point été vendue. *Leg. 4. §. ult. ff. eod.* Cela est fondé sur la liberté que les hommes ont d'apposer aux contrats qu'ils passent, telles clauses & conditions qu'ils jugent à propos.

Suivant les loix Romaines ce pacte a son effet, quoique l'acheteur n'ait pas été averti par le vendeur de payer le prix de la chose vendue, s'il n'excuse son retardement par quelque cause juste. La raison est, que le jour apposé dans le contrat lui sert d'avertissement, *dies interpellat pro homine ;* c'est pourquoi il n'en peut prétendre cause d'ignorance.

Comme ce pacte est fait en faveur du vendeur, il est en sa liberté ou de s'en servir, ou de poursuivre l'acheteur pour l'exécution de la vente, en lui payant le prix convenu : mais le choix de l'un l'empêche de pouvoir après recourir à l'autre. *Leg. 4. §. Eleganter & Leg. penult. ff. de Leg. Commissoria.*

En fait de vente d'héritage, le vendeur qui se sert du droit que ce pacte lui donne, peut faire condamner l'acheteur à lui restituer le fonds vendu, avec les fruits qu'il en aura pû percevoir ; à

moins qu'il n'ait payé des arrhes, ou qu'il n'ait payé une partie du prix convenu, auquel cas il se récompense de la perte desdites arrhes, ou de la partie du prix payé, par le gain qu'il a fait des fruits qu'il a tirés du fonds. *Dicta Leg. 4. §. 1. & leg. 5. in princ. ff. eod.*

Ce pacte n'a pas lieu, lorsque dans le tems convenu l'acheteur a offert le prix au vendeur, ou qu'en son absence il ait protesté qu'il étoit prêt d'exécuter le contrat, & de faire le payement au vendeur, ou qu'il a consigné la somme. *Dicta Leg. 4. §. ult. & leg. ult. ff. eod.*

Tout ce que nous venons de dire est observé en France, & le pacte de la Loi commissoire y est en usage. Bien plus, c'est que sans cette convention il est toujours au pouvoir du vendeur de poursuivre l'acheteur pour le payement du prix convenu ; ou à faute de ce, il peut faire déclarer la vente nulle, & rentrer dans le bien qu'il a vendu.

Touchant l'effet de la Loi commissoire. *Voyez* ce qui en est dit dans Henrys, tom. 2. liv. 4. chap. 6. quest. 41. & 42.

PACTE DE LA LOI COMMISSOIRE EN FAIT DE PRET SUR GAGE, est une convention faite entre le créancier & le débiteur, par laquelle ils conviennent que si le débiteur ne satisfait pas dans le tems convenu, la chose engagée sera acquise au créancier.

Mais ce pacte est usuraire, & comme tel a été réprouvé, même par les Loix Romaines ; *Leg. ult. cod. de pact. pignor.* à moins que le créancier n'achetât la chose qui lui a été donnée en gage son juste prix ; auquel cas ce pacte étoit admis chez les Romains. *Leg. 16. §. ult. ff. de pignorib. & hypot.*

C'est aussi ce qui se pratique parmi nous.

PAGESSIE, est une solidité qui s'exerce en Auvergne sur les Censitaires appellés Copagenaires, *Voyez* le Glossaire du Droit François.

PAIN DU ROI OU LE PAIN DES PRISONNIERS, est ce que le Roi donne sur le fond des amendes pour la nourriture des pauvres prisonniers.

PAIRIE, est une dignité de Pair, attachée à quelque Duché ou Comté ; & cette dignité est indivisible & incommunicable aux femmes. *Voyez* Loyseau en son Traité des Offices, liv. 2. chap. 2. nomb. 45. & 47.

Les Rois de France peuvent seuls dans leur Royaume ériger des terres en Pairies.

Les appellations des Duchés-Pairies se relevent directement au Parlement ; mais depuis que ces dignités se sont trop multipliées, on n'en vérifie plus les Lettres qu'à la charge du ressort ordinaire.

PAIRS, étoient anciennement douze grands Seigneurs de France, à qui le Roi avoit donné la qualité de Pair. Aujourd'hui on appelle proprement Pair, tout Seigneur dont la Terre est érigée en Pairie.

La Cour du Parlement de Paris est la Cour des Pairs, parce que les Pairs y ont séance & voix délibérative ; les Ducs & Pairs s'y trouvent quand il leur plaît.

Touchant les Pairs. *Voyez* le Dictionnaire de

Trevoux & celui de M. Brillon, *verbo* Pair ; & Loiſeau en ſon Traité des Offices , liv. 2. chap. 2. nomb. 43. & ſuivans.

PAIRS ou COMPAGNONS DE FIEF , ſont les Vaſſaux d'un même Seigneur , qui étoient prépoſés pour tenir la Juſtice du Seigneur.

Ils étoient ainſi nommés , parce qu'ils avoient pareille Juriſdiction , autorité , & pareilles prééminences & Charges.

On appelloit auſſi Pair un compagnon de Fief , tout homme poſſédant Fief , ſoit qu'il fût noble de race , ou qu'il ne le fût pas ; car anciennement le Fief affranchiſſoit celui qui le poſſédoit , & lui donnoit le privilege de Nobleſſe quand il demeuroit deſſus. Et ſous le nom de cottier , on comprenoit le Noble ou le Gentilhomme qui demeuroit ſous ſon héritage cottier , ou vilain avec les autres vilains ou cottiers , tenant du même Seigneur. M. Lauriere , ſur l'art. 14. du titre troiſieme du quatrieme livre des Inſtitutes de Loiſel.

PAISIBLE. *Voyez* Poſſeſſion paiſible.

PAISSON , terme ancien qui vient du mot latin *paſcere* , & qui ſignifie les herbes que les beſtiaux mangent dans les forêts & dans la campagne , mais qui s'emploie plus particuliérement pour ſignifier la glandée & autres fruits ſauvages qui ſervent à la nourriture des porcs.

Il y a des endroits où les Habitans ont droit de paiſſon , & d'envoyer paître leurs beſtiaux dans une forêt.

Le droit de paiſſon eſt auſſi appellé droit de panage.

PALAIS. On appelle de ce nom les Maiſons des Rois , des Princes & des Grands.

Le Palais où la Cour du Parlement de Paris réſide actuellement , a été la demeure de la plupart des Rois de la troiſieme Race juſqu'au tems de Philippe le Bel , lequel ayant rendu le Parlement ſédentaire à Paris , lui donna le Palais pour y tenir ſes ſéances.

C'eſt un Bâtiment grand & vaſte , diviſé en pluſieurs Chambres , où ſont diſtribués Meſſieurs les Préſidens , les Maîtres des Requêtes & Conſeillers , pour y rendre la Juſtice au public.

PALATIN , eſt un nom qu'on donnoit autrefois à tous ceux qui avoient quelque Charge ou Office au Palais d'un Prince.

Voyez Ce qui en eſt dit dans le Dictionnaire de Trevoux.

PANAGE , eſt le droit de paiſſon , c'eſt-à-dire , de faire paître les beſtiaux dans les forêts. *Voyez* Paiſſon.

PANCARTE , eſt une affiche qu'on met à la porte des Bureaux des Douanes , & autres lieux où on leve des Impoſitions ſur diverſes marchandiſes qui contient la taxe qui en eſt faite , & qu'on doit payer.

PANDECTES. *Voyez* Digeſte.

PANONCEAUX , ſont des affiches où ſont imprimées les armes du Roi , leſquelles on attache aux portes des maiſons ſaiſies , & aux portes principales des Egliſes paroiſſiales dans leſquelles elles ſont ſituées , pour marquer que ces maiſons ſont ſaiſies & miſes en la main du Roi & de Juſtice.

L'origine de ces affiches vient du Droit Romain , par lequel on avoit coutume de mettre des affiches aux maiſons & aux héritages qui étoient à vendre par vente volontaire ou forcée , comme j'ai obſervé au commencement du titre 16. de la Coutume de Paris , §. 3. des affiches & panonceaux.

Par ces affiches il eſt déclaré que telles maiſons ſont ſaiſies & miſes en décret , afin que ſi quelqu'un y prétend quelque droit , il le vienne déclarer en Juſtice , & former ſon oppoſition.

Ainſi ces panonceaux ſe mettent pour faire connoître à un chacun la ſaiſie , & en autoriſer la vente prochaine , qui en eſt indiquée par l'affiche & appoſition des armes du Roi.

Quoique les criées ſe pourſuivent dans une Juſtice de Seigneur , il faut néanmoins mettre les armes du Roi aux affiches de la ſaiſie réelle ; & un décret où l'on ſe ſeroit ſervi des armes du Seigneur , ne ſeroit pas valable.

Solius eſt fiſci titulos alienis prædiis imponere , dit M. Cujas ſur la Loi *Si quando* , *cod. de bon. vacant.*

Ainſi ces affiches ſont une marque de l'autorité royale , & c'eſt à elle ſeule à qui on doit avoir recours.

On appelle auſſi panonceaux , des écuſſons d'armes que les Seigneurs font afficher à des poteaux dans les carrefours & ſur les grands chemins pour marquer le droit de Juſtice & de Voirie qu'ils y ont.

Les écuſſons qu'on met aux portes des maiſons qui ſont en ſauve garde , ſont auſſi appellés panonceaux.

Touchant l'étimologie & les ſignifications du mot de panonceaux , *voyez* Hevin ſur Frain tome 1. page 448.

PAPIER ET PARCHEMIN TIMBRÉ , eſt celui qui eſt marqué au coin du Prince , dont on eſt obligé de ſe ſervir pour toutes les expéditions judiciaires , & pour privileges , Lettres patentes & autres actes publics.

Il a été établi en France par une Déclaration du Roi du 19. Mars 1673. qui ne commença néanmoins à avoir ſon exécution qu'au premier Octobre 1674.

Il ne peut ſervir que dans la Généralité , & à un ſeul acte , à moins que cet acte ne ſoit demeuré imparfait ; ou étant parfait on l'ait barré , & l'on ait fait mention qu'il n'a point ſervi.

Les peines contre ceux qui auront falſifié le papier ou parchemin timbré , ſont de mille livres d'amende , à faire amende honorable aux portes de la principale Egliſe de la Juriſdiction , & aux Galeres pour cinq ans ; & en cas de récidive , aux Galeres à perpétuité : & les peines contre les contrevenans aux articles des Ordonnances & Réglemens touchant ledit papier , ſont de 300. liv. pour la premiere fois , de 600. liv. pour la ſeconde , & de 1000. liv. pour la troiſieme : & de plus , ſi les contrevenans ſont Officiers & Miniſtres de Juſtice , ils ſeront interdits pour un an pour la premiere fois , & pour toujours en cas de recidive.

Voyez l'Ordonnance de 1680. au titre du papier timbré , & un Arrêt de la Cour des Aydes de

Paris , rendu en 1723. contre plufieurs fabricateurs de faux timbres.

Par Arrêt du Confeil du 27. Juin 1691. il eft défendu aux Parcheminiers , & à toutes autres perfonnes d'enlever l'encre & l'écriture , étant fur du parchemin timbré , de raturer l'écriture , à l'effet de le faire fervir une feconde fois ; le tout à peine de faux & de cent livres d'amende.

Il eft permis au Fermier des Formules , fes Procureurs & Commis de vifiter les Productions des Parties dans toutes Jurifdictions , Sieges & Cours , & de faifir & arrêter les Inftructions qui fe trouveront en papier non timbré pour pourfuivre les contrevenans , & faire déclarer l'amende de 1000. livres & autres peines encourues contr'eux , comme il eft porté en l'Arrêt du Confeil du 11. Novembre 1673.

Voyez le Dictionnaire de Chafles.

PAPIER TERRIER , eft une defcription de tous les héritages , tant féodaux que roturiers , qui font dans la mouvance féodale d'un Seigneur , ou dans fa cenfive , & de tous les droits , dixmes , terrages , coutumes , corvées , rentes foncieres , feigneuriales ou non feigneuriales , & autres femblables , de tous les vaffaux & arriere vaffaux , & fujets cenfiers , & tenanciers à d'autres droits.

Ainfi le papier terrier eft le papier du Seigneur , auquel font contenues les réconnoiffances de cens , rentes & autres droits feigneuriaux , foit féodaux , cenfuels , fonciers ou autres. Les déclarations des vaffaux & cenfitaires portées par les terriers , font titre contr'eux en faveur du Seigneur.

Il eft appelé papier terrier , parce que c'eft une déclaration par le menu & en détail de ce que chaque vaffal ou fujet cenfier , ou autre tenancier tient dépendant ou relevant de la Terre dont le Seigneur a fait fon papier terrier.

Il n'y a que le Roi qui ait droit d'accorder des commiffions générales pour procéder à la confection d'un papier terrier ; les Baillifs Royaux , & les Juges des Seigneurs hauts-Jufticiers , n'en peuvent accorder que de particulieres. Si les Seigneurs étoient obligés d'obtenir des Juges des commiffions particulieres pour chaque article contre chaque cenfitaire , il leur en coûteroit de groffes fommes pour la confection de leurs terriers.

Pour éviter cette dépenfe , ils obtiennent des Lettres de papier terrier en Chancellerie , portant commiffion générale pour faire appeller pardevant le Notaire à ce commis , tous les débiteurs des redevances prétendues par les Seigneurs , afin de les connoître , & en paffer forme authentique.

Ces Lettres font toujours adreffées à des Juges Royaux , parce que les Lettres de Chancellerie ne s'adreffent point à d'autres Juges , & les Juges Royaux ne commettent point d'autres Notaires que les Notaires Royaux.

Lorfque les Terres & Seigneuries pour lefquelles les terriers fe font , ne relevent point en premiere inftance d'un Juge Royal , alors , pour ne point fatiguer les vaffaux , l'on peut par une claufe fpéciale que l'on infere dans des Lettres , donner pouvoir au Juge de l'adreffe du terrier , de deléguer celui de

la Seigneurie pour régler les conteftations des vaffaux. Cela eft d'autant plus jufte , que s'agiffant de droits fonciers , les Juges des Seigneurs font très-compétens d'en connoître.

Par les Lettres de la grande Chancellerie , que l'on obtient pour procéder à la confeffion d'un nouveau papier terrier , le Roi ordonne qu'après un commandement fait par le Prévôt ou autre Juge Royal , à la requête de l'impétrant , cri public , fon de trompe & affiches , &c. à tous vaffaux , tenanciers , cenfiers , & autres redevables , &c. Ils aient à venir porter les foi & hommage , payer les droits , &c. bailler aveu & dénombrement par le menu , tenans & aboutiffans nouveaux référés aux anciens , par déclaration fignée d'eux , & de tel Notaire , &c.

Ces Lettres contiennent toujours le pouvoir de compulfer les aveux & dénombrement. Mais lorfque ces anciens titres & terriers font perdus , ou qu'on les croit égarés , on entend à la fin des Lettres la claufe du compulfoire en ces termes:

» Et pour la vérification & éclairciffement des
» droits de l'Expofant , & exécution des préfentes,
» mandons à notre premier Huiffier ou Sergent fur
» ce requis , faire exprès commandement de par
» Nous , à tous Notaires , Tabellions , Greffiers ,
» & autres perfonnes publiques qui ont aucuns
» contrats , de ventes , tranfports , échanges , do-
» nations & papiers terriers des chofes fufdites ,
» qu'ils aient à les montrer & exhiber pardevant
» Nous , pour être compulfés , & d'iceux baillé co-
» pie collationnée aux originaux , parties préfen-
» tes ou dûement appellées , &c.

Après que ces Lettres ont été entérinées par le Juge auquel elles font adreffées , l'impétrant fait faire des proclamations par un cri public , s'il eft haut-Jufticier , aux marchés s'il y en a , ou à l'iffue des Meffes de Paroiffe , & fait appofer les affiches : enfuite il faut procéder par le Notaire ou Tabellion commis , à la confeffion du papier terrier , & chacun des vaffaux ou cenfiers eft obligé de faire venir fa déclaration , & la faire écrire dans les papier terrier , & fur les titres de fon acquifition , aveux & dénombrement qu'il peut avoir.

Enfin , lorfque le papier terrier eft achevé , il faut le faire clorre par le Juge qui a entériné les Lettres , qui rend une Sentence en forme , portant clôture de terrier.

Le tout doit être fait & parachevé dans l'an. Les Lettres de terrier étant furanées , il faut obtenir d'autres Lettres en Chancellerie pour parachever l'exécution d'un terrier furanné.

Il eft ici d'ufage que les cenfitaires qui paffent déclarations & réconnoiffances aux Seigneurs , des cens & droits Seigneuriaux , lors des renouvellemens de leurs terriers , doivent donner une groffe de leurs déclarations , & payer les frais des déclarations au Notaire nommé par la Sentence , qui entérine les Lettres de renouvellement de terrier , à raifon de cinq fols pour le premier article , & deux fols fix deniers pour chacun des autres articles de la déclaration.

C'eft ce que porte un acte de notoriété donné

par M. le Lieutenant civil , le cinq Mars 1689. qui eſt rapporté dans le Recueil de ces actes, pag. 54. & 55.

Il y a une déclaration du 19. Avril 1691. regiſtrée le 17. Mai ſuivant , qui porte que les Juges qui procéderont à l'exécution des Lettres de terrier , accordées aux Communautés & particuliers , pour rentrer dans les biens & devoirs qu'ils prétendent leur être dûs à cauſe de leurs Fiefs & Seigneuries , prononceront ſur les demandes deſdites Communautés & Particuliers ; ainſi qu'ils verront être à faire en leurs conſciences , nonobſtant & ſans s'arrêter à ce que par leſdites Lettres les impétrans ſont relevés de la preſcription autoriſée par la coutume des lieux ; ce qui ne pourra nuire ni préjudicier aux vaſſaux , &c.

Il nous reſte deux obſervations à faire au ſujet des papiers terriers. La premiere eſt , qu'un terrier, pour être en bonne forme , doit avoir cent ans , & en rappeller un autre. Il y a cependant des cas où une ſeule reconnoiſſance eſt ſuffiſante ; c'eſt quand elle a été ſuivie d'une preſtation, quand elle a été inſérée dans un terrier qui a eu ſon exécution contre les autres cenſitaires, quand le territoire eſt limité, quand la reconnoiſſance eſt faite en faveur de l'Egliſe ou du Seigneur haut-Juſticier.

La deuxieme obſervation eſt ; que le préambule des terriers qui contient des droits & devoirs qui ne ſont pas conformes aux déclarations particulieres des cenſitaires, n'eſt point obligatoire. Il faut diſtinguer : ou ce préambule ſe fait en préſence de tous les cenſitaires , & de leur conſentement , ou il ſe fait en leur abſence. Au premier cas il pourroit être valable & obligatoire ; mais il faudroit que tous les cenſitaires y fuſſent dénommés & aſſemblés à cet effet, & que le Notaire leur eût fait entendre la teneur du préambule & les conditions qu'il porte ; mais bien loin de cela , on voit que les reconnoiſſances contenues dans un terrier ſont faites non-ſeulement à divers jours, mais auſſi à divers mois ; d'où on ne peut pas dire qu'ils aient été tous aſſemblés pour faire une obligation conjointe. Il faut donc ſe perſuader que c'eſt un acte ſolitaire qui n'oblige perſonne , puiſqu'aucun ne s'y oblige ; de même que le dénombrement que le vaſſal donne ne fait pas foi , & n'oblige pas le Seigneur , s'il ne l'a accepté & approuvé.

Auſſi à préſent les nouveaux terriers qui ſe dreſſent , ne contiennent aucun préambule , puiſqu'on eſt perſuadé qu'ils ne ſervent de rien , & que chaque reconnoiſſance un contrat particulier qui ne peut être renfermé dans une préface générale.

Il faut dire de même que les réconnoiſſances générales ne ſont valables que lorſque les droits concernent également tous les poſſeſſeurs des héritages , comme les droits de bannalité des moulins, fours , preſſoirs , & autres ſemblables ; pour lors il ſuffit que les réconnoiſſances ſoient paſſées par la plus grande partie des habitans , pour obliger tous les Particuliers & même les forains qui poſſedent des héritages dans l'étendue de la terre : mais hors ces cas , les réconnoiſſances générales ne ſont point obligatoires : à plus forte raiſon les préambules des

terriers ne doivent point être obligatoires , puiſqu'ils ſont faits par les Notaires ſeuls , & en l'abſence des cenſitaires. Arrêt du Parlement de Grenoble du 21. Juillet 1653. rapporté par Baſſet dans ſon recueil d'Arrêts , Liv. 3. tit. 7. chap. 1. *Voyez* Henrys , liv. 3. chap. 3. queſt. 19.

P A P I E R S ROYAUX OU PUBLICS , ſont non-ſeulement ceux qui ſont ſignés par Sa Majeſté , & par les principaux Magiſtrats & Officiers , pour raiſon & en conſéquence de leurs Magiſtratures, charges & offices ; mais auſſi ceux qui ſont ſignés par des perſonnes faiſant fonctions publiques par Office , commiſſion ou Subdélégation , leurs Clercs ou Commis.

Par la Déclaration du Roi , donnée à Paris le 4. Mai 1620. ceux qui ſeront convaincus d'avoir imité , contrefait , falſifié ou altéré les papiers royaux ou publics , doivent être punis de mort.

P A R A G E , eſt une eſpece de dépié de Fief, qui eſt permis dans quelques coutumes , comme Tours , Loudunois , Anjou, Maine , Blois , Poitou, Angoumois.

Il a lieu dans quelques-unes de ces Coutumes , tant à l'égard des Roturiers , qu'à l'égard des Nobles ; & dans d'autres , il n'a lieu qu'entre Nobles , comme en la Coutume d'Anjou & en celle du Maine.

Le parage a lieu entre co-héritiers , enſorte que le fief ſe diviſe en autant de parts qu'il y a d'héritiers , de maniere que les puînés tiennent leurs parts de l'aîné par parage ; ainſi les portions des puînés ne doivent aucun droit ou devoir à celle de l'aîné ; & l'aîné , qui eſt appellé parageur ou chemier , fait la foi & hommage pour lui & pour ſes freres puînés , qui ſont appellés parageaux.

On nomme cette maniere de démembrer un fief, parage ; comme qui diroit parentage , parce qu'elle n'a lieu qu'entre parens , ou comme qui diroit pairage ou paraige , parce que les parageaux ſont égaux en dignité avec le parageur , en ce que les parageux tiennent leur part ſans aucune dépendance envers lui.

Ainſi les uns & les autres ſont pareils dans le fief. *Sunt pares in feudo qui feudum tenent jure paragii , quoniam alter alteri non tenetur hominii & fidei nexu.* Cujacius , ad tit. 10. lib. 2. de feudis.

En effet, la tenure en parage eſt , lorſqu'un aîné a baillé à ſon frere puîné ſon partage , & qu'il l'a reçu à homme de certaine terre ou fief. Cette ſorte de tenure n'étant ſujette à aucun devoir , à l'exception de quelques déférences perſonnelles dûes par les puînés à leur aîné , ils ſont ainſi pairs en quelque façon avec lui , & de cette parité , la tenure a été nommée *parage*.

Les puînés ne ſont pairs avec l'aîné qu'en puiſſance & autorité ſur la portion du fief que chacun d'eux poſſede : mais il ne s'enſuit pas de là que la portion des puînés ſoit égale à celle de l'aîné , laquelle étant des deux tiers du fief , eſt bien plus forte que celle des puînés.

C'eſt en conſéquence de ce droit que l'aîné prend plus que ſes puînés dans le fief ; qu'il eſt chargé de faire la foi & hommage , & garantir en franc parage fous fon hommage à fes puînés, la partie qu'ils prennent franche de tout devoir féodal ordinaire, dû pour raifon dudit hommage.

Ainfi, tant que le parage dure, le parageur porte la foi pour tout le fief, & garantit fes parageaux : raifon pour laquelle, en cas de parage, quoiqu'en effet les fiefs foient divifés, ils paroiffent néanmoins entiers par rapport aux Seigneurs, qui ne reconnoiffent que les aînés pour vaffaux.

De ce que les Seigneurs ne reconnoiffent que les aînés pour vaffaux, il s'enfuit, que lorfqu'il y a ouverture au fief de la part du parageur, faute par lui de faire la foi & hommage dont il eft tenu, les Seigneurs fuzerains peuvent faire faifir les portions des parageaux, & en conféquence lever les fruits fur les portions du fief, de même que fur celle de l'aîné ; fauf aux parageaux à fe pourvoir contre le parageur, pour leurs dommages & intérêts.

Il faut dire auffi par la même raifon, que lorfque la portion du parageur tombe en rachat, à caufe de la vente que l'aîné auroit faite de la part qu'il avoit dans le fief, le Seigneur a droit de jouir de la portion des parageaux, comme de celle du parageur, fauf le recours des parageaux contre le parageur.

Lorfque le parage eft fini, les poffeffeurs des portions données aux parageaux doivent la foi & hommage au parageur, & non pas au Seigneur dominant, ainfi qu'il eft dit en l'article 127. de la Coutume de Tours.

Le parage finit en trois manieres, fuivant l'article 126. de la même Coutume.

Iº. Lorfque la parenté des aînés & des puînés eft parvenue au fixieme degré : & en quelques lieux, quand le fief eft tellement éloigné, qu'on fe pourroit prendre par mariage ; fçavoir quand la parenté eft du quatrieme degré au cinquieme.

IIº. Quand la chofe garantie en parage eft tranfportée à des perfonnes étranges du lignage ; c'eft-à-dire lorfque le parageur tranfporte fa portion à tout autre qu'à fon héritier préfomptif.

IIIº. Lorfque le parageau, fans fommer fon parageur, a fait hommage au Seigneur fuzerain, qui eft le Seigneur dominant du parageur.

Quand le parage eft fini, les puînés ou leurs fucceffeurs tiennent de l'aîné ou de fes hoirs par hommage, ce qui étoit auparavant tenu par parage, & dont l'aîné ou fes hoirs faifoient l'hommage au Chef-Seigneur tant pour eux que pour leurs puînés.

Voyez Brodeau fur l'article 13. de la Coutume de Paris nomb. 19. & le Traité du Droit de Parage, par M. Pierre Bertet, Avocat au Parlement de Paris & au Siege préfidial de Saintes. Voyez auffi ce qui eft dit fur ce mot dans le Gloffaire du Droit François, dans le Dictionnaire de Trévoux, & dans celui de M. Brillon.

PARAGRAPHE. Ce terme dérivé du Grec fignifie une fection ou une divifion qui fe fait des textes des Loix Romaines. Ainfi quand une Loi eft trop longue & contient différentes parties, la premiere eft appellée le principe : c'eft-à-dire, font commencement de la Loi, & les fuivantes font

défignées par le terme de paragraphe, avec le nombre de premier, fecond, &c. Ainfi un paragraphe eft en fait de Jurifprudence ce qui s'appelle ailleurs un article.

PARAPHE, eft une marque, un caractere compofé de plufieurs traits de plume joints enfemble, que chacun s'eft habitué de faire toujours de la même maniere, pour mettre au bout de fon feing, & empêcher qu'on ne contrefaffe fa fignature. Les Notaires font mettre de paraphe à tous les renvois, apoftilles & ratures des actes qu'ils paffent. Au lieu de paraphes, ceux qui n'en fçavent point faire, y mettent les premieres lettres de leur nom.

PARAPHER, fignifie mettre une apoftille ou paraphe à quelque piece.

PARAPHER PAR PREMIERE ET DERNIERE, fe dit quand le fecrétaire d'un rapporteur qui donne un procès en communication, paraphe chaque piece en la cottant par premiere, deuxieme, troifieme, &c.

Cela fe fait pour abréger le temps qu'il faudroit à les vérifier fur l'inventaire de production.

PARAPHER ne varietur, fe dit, lorfque chacune des Parties avec un Officier paraphent une piece combattue de faux, ou qui par d'autres confidérations eft de conféquence.

PARAPHER UN APPOINTEMENT, eft quand on porte une caufe au Parquet, & qu'on en paffe par l'avis de Meffieurs les Avocats généraux. On dreffe un appointement, que l'Avocat général qui a entendu les Avocats, paraphe. Enfuite on pourfuit la reception de l'appointement.

PARAPHERNAUX. Les biens paraphernaux, felon le Droit Romain, font ceux que la femme en fe mariant retient & fe referve, pour en difpofer à fa volonté & independamment de fon mari ; ou ce qui lui vient pendant le mariage par fucceffion, donation ou autrement.

Ces biens réfervés par la femme, ou à elle échus & donnés pendant le mariage, font appellés parapherna, quafi extra dotem.

Il faut néanmoins remarquer que les biens qui font échus à la femme durant le mariage, font appellés proprement biens adventices ; mais ils font compris fous le terme général de biens paraphernaux, en tems qu'ils ne font point partie de la dot de la femme.

Itaque paraphernalia bona funt res uxoris extra dotem conftitutæ, vel funt res, quas uxor ufu habet in domo mariti, neque in dotem dat. Ainfi on peut dire que les biens paraphernaux, font le pécule des femmes. Nam quæ Græci parapherna dicebant, Galli peculium appellabant. Vide leg. 9. §. 3. ff. de jure dot.

Suivant les Loix Romaines, il eft donc permis à une femme qui fe marie, de ne porter en dot qu'une partie de fes biens, & d'en retenir l'autre ; pour en avoir la propriété, & la pleine & entiere jouiffance, à l'effet d'en pouvoir difpofer à fa volonté, tant du fonds que des fruits, fans que le mari y puiffe rien prétendre.

Cela fe pratique auffi en pays de Droit écrit,

où conformement au droit Romain, le mari eft cenfé propriétaire de ce qui compofe la dot de fa femme, & elle de fon côté à l'entiere difpofition de fes autres biens.

Ainfi le mari n'a aucun droit ni aucun pouvoir fur les biens paraphernaux de fa femme, qu'autant qu'elle veut bien lui en accorder. Mais il eft toujours cenfé adminiftrateur & Procureur de fa femme par rapport à ces fortes de biens, à moins qu'elle ne déclare le contraire. *Vide leg. 8. & 11. cod. de pact. tàm fuper dote, quàm fuper don. ante nupt. & paraph.*

Si les biens paraphernaux confiftent en meubles que la femme apporte dans la maifon de fon mari, il en faut faire la defcription dans le contrat de mariage ou en faire inventaire, afin qu'ils ne foient pas préfumé appartenir au mari; car la Loi veut qu'on préfume que tout le mobilier appartient au mari, à moins qu'il n'y ait preuve au contraire.

C'eft auffi ce qui fe pratique parmi nous en pays coutumier, à l'egard des effets mobiliers, lorfqu'il y a dans le contrat de mariage, une claufe portant qu'il n'y aura point de communauté entre les futurs conjoints; ou bien l'on apprécie ces meubles à une certaine fomme dont les Parties conviennent.

Dans les Parlemens de Droit écrit, l'autorifation du mari n'eft point en ufage, foit qu'il s'agiffe des biens dotaux, foit qu'il s'agiffe des biens paraphernaux.

A l'égard des premiers, il faut diftinguer; ou il s'agit des fruits ou du fonds. Pour ce qui eft des fruits & de tout ce qui en dépend, le mari en eft le maître, *eft dominus dotis conftante matrimonio:* c'eft pourquoi il n'a pas befoin du confentement de fa femme, ni qu'elle parle dans l'Acte. A l'égard du fonds, il eft inaliénable, comme nous avons dit fur le titre 7. du fecond Livre des Inftitutes.

Pour ce qui eft des biens paraphernaux, la pleine propriété en appartient toujours à la femme, quand même elle en auroit donné l'adminiftration à fon mari, lequel ne feroit en ce cas que fon Procureur; c'eft pourquoi elle peut toujours difpofer de ces fortes de biens, les engager & vendre & aliéner, à quelque titre que ce foit, fans le confentement de fon mari. *Voyez* Chorier fur la Jurifprudence de Guy-Pape, page 229. d'Olive, livre 3. chap. 29. & Boniface, tome 4. livre 7. titre 1. chapitre 2.

Il faut cependant remarquer que cela ne s'obferve pas dans le pays de Droit écrit du Parlement de Paris, & que la femme ne peut contracter fans le confentement de fon mari, foit par rapport aux biens dotaux, ou paraphernaux.

Suivant ce que j'ai dit ci-deffus, l'action pour les biens paraphernaux réfide dans les mains de la femme, tant en demandant qu'en défendant, dans les pays de Droit écrit, & dans les autres Coutumes qui reconnoiffent ces fortes de biens; mais comme dans la Coutume de Bourdeaux, le mari a l'ufufruit & l'adminiftration de tous les biens de fa femme, l'action qui regarde l'ufufruit des biens paraphernaux, réfide dans les mains du mari, à moins que dans le contrat de mariage le mari n'ait

expreffement renoncé à l'ufufruit des paraphernaux, & qu'au moyen de cette renonciation, la femme ait fait ordonner qu'il lui fera permis de prendre, recevoir & difpofer du fonds & capital defdits biens paraphernaux. La Peyrere, édition de 1725. lettre P, nomb. 1.

La femme, pour la reftitution des biens paraphernaux, a hypotheque fur les biens de fon mari, du jour de fon contrat de mariage, quand il y en a une ftipulation expreffe, autrement elle n'a fon hypotheque, pour les biens paraphernaux, que du jour de l'aliénation, ou du jour que le mari a reçu les deniers de fa femme, ou le payement de chaque obligation, ou le rembourfement de chaque contrat de conftitution. *Vide leg. ult. cod. de pact. convent. tam. fup. dote, quàm fup. donat, ante nupt. & paraphern.*

Il a été néanmoins jugé au Parlement de Paris le 21. Juin 1695. qu'en pays de Droit écrit, une femme, dont le contrat de mariage ftipule la communauté entre elle & fon mari, & lui donne hypotheque de ce jour pour la reftitution de fon fonds dotal, a la même hypotheque pour la reftitution du prix d'un de fes biens paraphernaux; on prétendoit qu'elle ne l'avoit que du jour de l'aliénation qui en avoit été faite par le mari.

Voyez M. Augeard en fon Recueil d'Arrêts, tome 3. chap. 39. qui rapporte cet Arrêt, & remarque que cette queftion partagea le Barreau.

Après la diffolution du mariage, le mari eft nonfeulement obligé de rendre les effets qui compofent les biens paraphernaux; mais encore les fruits, fi ce font des héritages, ou les intérêts, fi ce font des dettes actives. Chorier fur la Jurifprudence de Guy Pape, page 229.

Cependant cela n'a lieu à l'égard des revenus des biens paraphernaux, que quand le mari les a diffipés, ou qu'il en a fait des épargnes; auquel cas il en doit tenir compte à fa femme, parce que par rapport à ces fortes de biens, il n'eft que fon Procureur; mais s'il a employés les revenus qu'il en a touchés à l'entretien de fa famille, il n'en doit aucune reftitution à fa femme.

On voit peu de conteftations au fujet de ces revenus dans les pays de Droit écrit; car la plupart des femmes en fe mariant, fe conftituent en dot tous leurs biens préfens & à venir; & lorfqu'elles n'ont pas tout conftitué en dot, & qu'elles ont des biens paraphernaux de conféquence, le mari ne manque pas de leur faire donner des quittances, quoiqu'il en difpofe comme bon lui femble.

Mais celles qui feroient d'humeur à refufer ces quittances, n'ont pas coutume de laiffer au mari l'adminiftration de leurs biens paraphernaux; elles s'en refervent la jouiffance & l'adminiftration à elles-mêmes.

Cette efpece de biens paraphernaux eft inconnue dans la France coutumiere, ou la femme apporte tous fes biens en dot, & en tranfporte la jouiffance & l'adminiftration à fon mari, pour foutenir les charges du mariage.

Suivant le Droit coutumier, la femme ne fe réferve dont la jouiffance d'aucune chofe à moins que par le contrat de mariage il ne foit convenu qu'il n'y auroit point de communauté , & qu'en outre la femme jouiroit de fes biens , en donnant une certaine penfion à fon mari pour les charges du mariage.

Au cas qu'il y ait communauté , tous les deniers , meubles & effets mobiliers de la femme , tombent dans la communauté , s'il n'y a convention au contraire.

Touchant les biens paraphernaux , *voyez* le Recueil alphabétique des queftions de Droit fait par M. Bretonnier , où il en eft amplement parlé.

PARAPHERNAUX , DANS LA COUTUME DE NORMANDIE. L'article 195. de cette Coutume parle des biens paraphernaux , mais dans une autre fignification que n'en ont parlé les Loix Romaines.

Dans cette Province on entend par biens paraphernaux , une efpece de préciput légal , que la Coutume defere officieufement à la femme qui a renoncé à la fucceffion de fon mari , & qui n'a pas eu la précaution de ftipuler par fon contrat de mariage une reprife de fa chambre meublée , fes habits , linges à fon ufage , bagues & joyaux , ou une certaine fomme d'argent à fon choix.

Ce préciput légal ou coutumier de Normandie pour la femme , confifte en lits , robes , linges & autres meubles néceffaires pour fa perfonne , qui s'adjugent à la veuve en vertu de la Coutume , fans être ftipulée par fon contrat de mariage , & qu'on appelle en ce cas , mais improprement , biens paraphernaux.

Bafnage s'étend fort fur cet article 195. de la Coutume de Normandie ; & parlant de la modicité de ce paraphernal qui n'eft accordé dans cette Province que par commifération : c'eft avec raifon , dit-il , que Loyfeau dit que ce paraphernal des femmes eft leur infernal , parce que ce n'eft qu'un effet de leur mifere & de leur infortune.

PARATITLES , eft un terme barbare dont Juftinien s'eft fervi dans la Loi premiere au code *de vet. Jur. enucl.* où il permet feulement de faire des paratitles & non pas des commentaires fur le Code & fur le digefte. Quelques interprétes , comme Mathieu Blaftares , & la Cofte après lui , ont crut que cet Empereur a voulu marquer par le mot de paratitles , un fupplement de ce qui manque à chaque titre , à quoi l'on pouvoit fuppléer par les autres titres. M. Cujas au contraire , & plufieurs autres , tiennent que ce n'eft qu'un abrégé ou fommaire des loix contenues fous chaque titre , & l'ufage a déterminé le nom de paratitles à cette derniere fignification.

Ainfi l'on entend communement par le mot de paratitles , des fommaires de ce que contient un Livre de Jurifprudence civile ou canonique , qui donnent une explication précife de tous les titres , & qui en renferment les principales décifions. *Paratitla , hæc barbara vox à Græcis defumpta , librorum Jurifprudentiæ compendia , titulorum claves & fummarias materiarum expofitiones exhibentia , fignificat. Illa , fi generales regulas & præcipua rerum principia , non lucidè minùs quàm apprimè tradant , exquifitam univerfæ doctrinæ quafi medullam conti-*

nere neceffe eft. Si verò , quod eft imprimis neceffarium antiquis veteris Jurifprudentiæ , ubi res exigit , monumentis , ea quæ pofterior ætas eft amplexa referant , & quid ex iis omnibus inter fe collatis quodammodo conftatum obfervetur , ponderofa & luculenta brevitate explicent , quis dubitet quin qui ex mente & memoriâ fedulò tenerint , temporis fucceffu pleniffimam rerum cognitionem dubio procul affequantur.

L'utilité de ces fommaires eft évidente par ellemême , puifque c'eft une méthode courte & facile pour éviter la confufion d'une infinité de Loix , qui , quoique rangées fous différens titres , ont encore befoin d'être réduites à des principes rédigés dans un certain ordre. C'eft auffi pour tracer une route certaine à ceux qui veulent lire le Code & le Digefte avec fruit , que plufieurs auteurs ont entrepris de faire ces paratitles.

PARCAGE , eft un droit qui eft dû en quelques lieux au Seigneur , par ceux de fes habitans qui ont un parc où ils mettent leurs troupeaux. *Voyez* Defpeiffes , tom. 3. liv. 6. fect. 11. page 227.

PARCOURS ET ENTRECOURS. Pour entendre ce que fignifient ces mots , il faut fçavoir qu'anciennement en quelques pays , quand un homme ou une femme de franche condition venoient s'établir dans un lieu de fervitude de corps , ils étoient acquis au Seigneur de la fervitude dès le moment qu'ils y avoient pris leur domicile , & en d'autres après l'an & jour.

Mais des Seigneurs voifins firent enfemble des traités , au moyen defquels leurs habitans francs & non nobles pouvoient parcourir & entrecourir , & établir reciproquement leur domicile dans l'un & l'autre pays , fans craindre de fervitude.

Ainfi parcours & entrecours , font ces traités & fociétés qui fe paffoient entre les Seigneurs voifins , en vertu defquels celui qui quittoit fon pays dans lequel il étoit Bourgeois , devenoit auffi-tôt Bourgeois du Souverain dans le pays duquel il venoit s'établir , & étoit nommé Bourgeois de parcours , & jouiffoit des mêmes droits & privileges que les autres Bourgeois.

Voyez M. Lauriere dans fon Gloffaire , *verbo* Parcours ; & dans fes notes fur Loyfel , liv. 2. tit. 1. rég. 21. *Voyez* Bouvot , *verbo* Communauté , & *verbo* Parcours.

PARC , fignifie une grande enceinte de murailles pour enfermer les bêtes fauves. Touchant l'étymologie de ce mot , *voyez* ce qui eft dit dans le Dictionnaire de Trévoux.

Selon le Droit Romain , les parcs fervent à s'acquérir & fe conferver la propriété des animaux que l'on y tient renfermés. *Leg. poffideri ,* 3. §. *item feras* 14. *ff. de acquir. vel amit. poffef.* Mais cette Loi n'a fon exécution en France que dans les Provinces & les lieux éloignés des Maifons royales.

Voyez le Traité de la police , tom. 2. liv. 5. tit. 23. chap. 4. *Voyez* auffi le Code des Chaffes chap. 24.

PARDON. *Voyez* ci-deffus Lettres de Pardon.

PAREATIS , font Lettres du grand Sceau , par lefquelles le Roi mande au premier Sergent

ou

ou Huiffier d'exécuter l'Arrêt ou la Sentence de quelques Juges dans une Province où ces Juges n'ont aucune Jurifdiction, & où le Sceau de leur Chancellerie n'a aucune autorité.

Le pouvoir de tous les Juges eft borné & reftraint dans le reffort de leur Siege, & l'autorité du Sceau des Chancelleries des Parlemens n'excede pas l'étendue des Parlemens où elles font établies.

Ainfi un Arrêt du Parlement de Paris ne peut être exécuté que dans l'étendue de fon reffort. Il faut donc, pour le pouvoir faire mettre à exécution dans le reffort d'un autre Parlement, prendre des Lettres du grand Sceau, appellée *pareatis*, c'eft-à-dire obeiffez.

Les Juges fouverains ou autres ne peuvent pas empêcher l'exécution des Jugemens, ou donner des furféances, par des Arrêts, Jugemens ou Ordonnances, fi l'Huiffier ou Sergent qui les met à exécution, eft fondé fur un *Pareatis* du Grand Sceau.

L'article 6. du titre 27. de l'Ordonnance de 1667. veut que le rapporteur & celui qui aura préfidé, foient tenus folidairement des condamnations portées par les Arrêts dont ils auront retardé ou empêché l'exécution, & des dommages & intérêts de la Partie, & qu'ils foient condamnés folidairement en deux cent cinquante livres d'amendes envers le Roi, & que la connoiffance de telle contravention appartienne au Confeil.

On peut, fi l'on veut, prendre un *Pareatis* de la Chancellerie du Parlement où l'on veut mettre à exécution un Arrêt d'un autre Parlement; & ne peuvent les Gardes des Sceaux des Chancelleries des Parlemens refufer de donner ces Lettres de *Pareatis* à ceux qui les demandent.

On peut fe paffer de *Pareatis*, en prenant la permiffion du Juge des lieux, qui fe met au bas d'une Requête, fansqu'elle fe puiffe refufer, & fans qu'on en puiffe empêcher l'exécution, fuivant l'article 6. du titre 27. de l'Ordonnance de 1667.

L'on n'a pas befoin de *Pareatis*, ni de permiffion des Juges des lieux, pour exécuter les Arrêts des Parlemens, lorfque l'exécution s'en fait dans l'étendue de leur Jurifdiction; *quia non extra territorium jus dicere videtur, qui jus dicit in ea provincia cui toti præeft.*

Les Lettres de *Pareatis* ne font pas néceffaires pour exécuter les commiffions du Confervateur des privileges royaux de l'Univerfité de Paris hors cette Ville, ni celles de tous les autres Juges confervateurs des Univerfités de France, & autres Députés par le Roi.

Les Sentences & Jugemens donnés par les Juges-Confuls, font auffi exécutoires dans toute l'étendue du Royaume, fans qu'il foit befoin de demander aucun placet, vifa ni *Pareatis*, fuivant l'Edit de Charles IX. & la Déclaration par lui donnée le 6. Février 1566. vérifiée le 4. Avril fuivant.

Au refte le *Pareatis* du grand Sceau eft exécutoire dans toute la France. *Voyez* Defpeiffes, tom. 2. & ce que j'en ai dit fur l'article 164. de la Coutume de Paris.

PARENT. Ce terme dans notre langue eft

Tome II.

un terme relatif, qui fe dit de tous ceux qui font d'une même famille, & fortis d'une même fouche; au lieu que les auteurs latins & fur-tout les Jurifconfultes, par le mot *Parentes* n'entendent ordinairement que le pere & la mere, & quelquefois en certains cas les ayeuls & ayeules, & autres afcendans; mais ils n'employent jamais ce terme pour fignifier ceux que nous appellons parens collatéraux: ils fe fervent alors des termes *agnati, cognati, confanguinei.* La feule étymologie du mot *parens* qui vient de *pario*, qui fignifie je donne la vie, juftifie pleinement qu'ils ont raifon.

PARENTAGE, nom collectif, qui fe dit de tous les parens enfemble.

PARENTÉ, eft un lien du droit naturel, qui fe rencontre entre ceux dont l'un defcend de l'autre, ou qui defcend d'une même fouche.

Ceux qui defcendent l'un de l'autre, font les afcendans & defcendans.

Ceux qui defcendent d'une même fouche, font les freres & fœurs, oncle & neveu, & les coufins, lefquels font appellés collatéraux.

Ces defcendans, afcendans, & collatéraux font plus ou moins éloignés les uns des autres. Il en faut connoître les éloignemens; tant pour les mariages, que pour les fucceffions.

Il faut pour cela mettre les afcendans & defcendans dans une même fuite ou ligne; que nous appellons directe; & les collatéraux dans une autre appellée collatérale.

Ces éloignemens font appellés degrés; chaque perfonne engendrée, ou chaque génération, en fait un. Ainfi le fils eft dans le premier éloignement de fon pere, ou pour mieux dire, dans le premier degré de parenté, parce qu'entre le pere & le fils il n'y a qu'une génération, ou qu'une feule perfonne engendrée, qui eft le fils.

Par la même raifon, le petit-fils eft éloigné de fon aïeul de deux degrés; parce qu'il y a deux perfonnes engendrées entr'eux, fçavoir le fils & le petit-fils; car quoiqu'il y ait trois perfonnes, qui font l'aïeul, le fils & le petit-fils, toutefois il n'y a que deux degrés, parce qu'il n'y a que deux perfonnes engendrées, le fils & le petit-fils, d'autant qu'il ne s'agit pas en ce cas de la génération de l'aïeul, qui eft la fouche, & qui ne fe compte pas, *cum de ejus generatione non agatur.*

Les éloignemens ou degrés qui fe rencontrent entre les collatéraux, fe comptent pareillement par les générations, ou par les perfonnes engendrées, avec cette différence qu'il faut, pour en fçavoir le nombre, avoir recours à la fouche commune, de laquelle defcendent les collatéraux defquels on veut connoître les degrés de parenté, & compter entre la fouche ou le parent commun & les collatéraux, combien il fe rencontre des degrés;en forte que *tot funt gradus, quot funt perfonæ genitæ dempto communi ftipite, qui non computatur.*

Par exemple, fi je veux fçavoir de combien de degrés font éloignés deux coufins germains l'un de l'autre, il faut que je remonte à celui duquel ils defcendent tous deux, qui eft l'aïeul, & que je dife: entre l'aïeul & les deux petit-fils il y a qua-

N n

tre générations ou perfonnes engendrées, les deux fils & les deux petits-fils, des degrés defquels il s'agit, & qui font au regard l'un de l'autre coufins germains. Je trouve donc qu'ils font éloignés de quatre degrés, fuivant cette regle, *chaque perfonne engendrée fait un degré, fans y comprendre la fouche commune*; & ainfi des autres.

Les degrés fe comptent par cette regle en ligne directe, tant par le Droit civil, que par le Droit canon; mais elle n'eft fuivie en ligne collatérale que par le Droit civil.

Suivant le Droit canon, en ligne collatérale, il faut deux perfonnes engendrées pour faire un degré; comme nous l'avons expliqué dans la Traduction des Inftitutes, fur le §. 1. du titre 10. du premier Livre.

En France l'on compte les degrés felon la fuppu-tation canonique pour les mariages, & pour les récufations des Juges; mais pour les fucceffions, on fuit la maniere de compter les degrés établie par le Droit civil.

Ainfi la coutume de Paris, en l'article 338. ad-met l'oncle à la fucceffion du neveu, à l'exclu-fion du coufin germain, parce que l'oncle eft véri-tablement plus proche, fuivant la regle du Droit civil, qui veut que chaque perfonne engendrée faffe un degré.

La prohibition du mariage entre les afcendans & les defcendans s'étend jufqu'à l'infini; & fi ces per-fonnes fe marioient enfemble, cet incefte feroit pu-ni des plus rigoureux tourmens, fçavoir du feu. *Voyez* ce que j'ai dit fur ce fujet dans ma Traduc-tion des Inftitutes, fur le §. 1. du titre des Nôces.

Le mariage eft auffi défendu jufqu'à l'infini entre les collatéraux qui fe tiennent lieu entr'eux d'af-cendans & de defcendans.

Pour ce qui eft des collatéraux qui n'ont point entr'eux cette reffemblance d'afcendans & de def-cendans, le mariage eft défendu jufqu'au quatrie-me degré canonique; c'eft-à-dire, qu'il eft défen-du aux petits-fils des coufins germains.

Touchant la prohibition du mariage entre colla-téraux, & de ceux à qui le Pape peut accorder dif-penfes de fe marier. *Voyez* ce que j'en ai dit fur les paragraphes 2. 3. 4. & 5. du titre des Nôces.

Pour ce qui eft des fucceffions qui font déférées *ab inteftat* à caufe de la parenté, *voyez* ce que j'en ai dit lettre S, *verbo* Succeffion; & le traité que j'en ai fait, qui fe trouve au commencement du quatrieme tome de ma Traduction des inftitutes de Juftinien.

PARENTÉ SPIRITUELLE, eft celle qui pro-vient de l'adminiftration, ou collation, ou récep-tion du Sacrement de Baptême ou de celui de Confirmation. Cette parenté eft un empêchement au mariage entre le parrein & fa filleule, & entre la marreine & fon filleul. *Voyez* Defpeiffes, tom. 1. pag. 258.

PARENTÉ EN FAIT DE CHARGE DE JUDICATURE, eft un empêchement de pouvoir être pourvû d'une Charge de Judicature dans une Cour, ou dans un Siege où l'on a quelque parent au degré marqué par l'Ordonnance.

L'Edit du mois d'Août 1669. porte défenfes expreffes à ceux qui font parens au premier, fe-cond & troifieme degré, qui font pere & fils, frere, oncle & neveu, & à ceux qui font alliés jufqu'au fecond degré, qui font beau-pere, gen-dre & beau-frere, d'être reçu à exercer conjointe-ment aucun Office, foit dans les Cours Souverai-nes, ou Sieges inférieurs, à peine de nullité des provifions & des receptions qui feroient faites, & de la perte des Offices. Sur quoi il faut remarquer que, fuivant ce que nous venons de dire en fait de parenté, pour raifon des Charges de Judicature, l'on compte les degrés fuivant la regle du Droit civil, qui eft que chaque perfonne engendrée fait un degré. *Voyez* ci-deffus Parenté.

Le même Edit porte auffi défenfe aux Officiers titu-laires reçus & fervans actuellement dans les Cours & Sieges, de contracter alliance au premier degré de beau-pere & gendre; autrement en cas de con-travention, il eft déclaré par ledit Edit l'Office du dernier reçu vacant au profit du Roi.

On peut obtenir de difpenfes de parenté, à l'effet d'être reçu Officier dans une Cour ou dans un Siege où l'on a des parens aux degrés marqués ci-deffus; mais en ce cas les voix des parens & alliés jufqu'au 2e. degré de parenté & alliance, ne font comptées que pour une, fi ce n'eft qu'ils fe trouvent de différens avis. Ce qui a été depuis confirmé par Arrêt du Confeil du 30. Juin 1679. par un Edit du mois de Janvier 1681. & par une Déclaration du 35. Août 1708.

Quoique la parenté foit un lien qui unit les hom-mes enfemble, & que rien ne foit fi naturel, que ceux qui font d'une même famille prennent un mê-me parti, & embraffent une même profeffion, néan-moins la parenté eft un empêchement d'être admis aux charges de Judicature jufqu'au de-gré marqué par les Ordonnances; mais le Roi en difpenfe, auquel cas les avis des difpenfes ne font comptés que pour un lorfqu'ils font uniformes.

Il y a une Déclaration du 17. Décembre 1679. qui porte qu'il n'y aura point d'incompatibilité de parenté entre les Auditeurs & Correcteurs des comp-tes. *Voyez* le Recueil des Edits imprimé en 1682.

PARFAIRE, fignifie achever ce qu'on a com-mencé.

Ainfi quand la Coutume de Paris, en l'article 134. & en l'art. 140. oblige celui qui veut retraire un héritage, d'offrir, tant par l'ajournement, qu'à chaque journée de la caufe principale, jufqu'à con-teftation en caufe incluficvement, bourfe, deniers, loyaux-coûts, & à parfaire, ces derniers termes nous marquent quelles formalités cette Coutume requiert dans les offres qui fe font jufqu'à contefta-tion en caufe incluficvement.

Elle n'oblige pas le retrayant d'offrir le prix en-tier, qu'après la Sentence adjudicative du retrait: mais elle ordonne du moins qu'à chaque journée de la caufe, &c. il offre bourfe, deniers, loyaux-coûts, & à parfaire, c'eft-à-dire à fournir dans le tems tout l'argent qui peut manquer dans la bourfe qu'il offre, pour achever entiérement tout le payement qu'il eft obligé de faire à l'acquéreur;

au cas que l'héritage lui foit adjugé par retrait.

Ces mots *à parfaire*, font abfolument nécessaires dans les offres, à peine d'être déchu de la demande en retrait, comme nous avons dit fur l'art. 140. de la Coutume de Paris.

PARFAIT, fignifie achevé & complet. On dit que le procès fera fait & parfait à un accufé, pour dire qu'il en fera inftruit jufqu'à la Sentence définitive inclufivement.

PARIAGE, eft une efpece de fociété entre le Roi ou quelqu'autre grand Seigneur, & un petit Seigneur, pour avoir par le plus petit la protection du plus grand. Autrefois les Eccléfiaftiques le pratiquoient pour avoir la protection des grands-Seigneurs. M. Brillon rapporte fur ce mot plufieurs chofes curieufes ; j'y renvoie le Lecteur.
On peut encore voir la Rocheflavin, des Droits Seigneuriaux, chap. 24. & Bacquet en fon traité des boutiques du Palais, chap. 15. où il explique fi un droit d'affociation, ou pariage perpétuel, que les Evêques, Abbés, ou autres gens d'Eglife ont contracté avec le Roi ou autres Seigneurs, peut être prefcrit.

PARISIS, eft un terme qui fignifie le quart en fus. Ce qui vient de ce qu'autrefois la monnoie de Paris valoit un quart plus que celle de Tours. Auffi parifis eft oppofé à tournois, & le fol parifis vaut quinze deniers, au lieu que le fol tournois n'en vaut que douze.

La livre parifis vaut pareillement un quart en fus, ou un cinquieme en total ; de forte que vingt fols parifis valent vingt cinq fols tournois, & qu'il faut cinq livres tournois pour faire quatre livres parifis.

Dans le tarif des dépens de 1665. les droits font réglés à la charge du parifis ; de forte qu'il eft néceffaire d'augmenter à chaque article le quart en fus, qui fait un cinquieme. Cependant aujourd'hui le terme de parifis n'eft plus en ufage, & les Juges ne peuvent condamner en tant de *parifis*, & toute condamnation ne s'étend qu'à tant de livres tournois. *Voyez* le Dictionnaire de Trévoux, *verbo* Parifis & *verbo* Tournois.

PARJURE, fignifie & le crime & le coupable. Un homme qui a fait un faux ferment eft parjure, & a commis un parjure.

Celui-là eft parjure, qui trompe quelqu'un par le ferment qu'il fait, foit en jurant à faux & affirmant qu'une chofe eft véritable, qui cependant ne l'eft pas, foit en manquant à fon ferment, c'eft-à-dire en n'accompliffant pas la promeffe qu'il a faite, fous la foi & fous la réligion du ferment.

La peine de ce crime eft arbitraire, & eft plus ou moins grande, fuivant les circonftances qui en aggravent ou qui en diminuent l'attrocité, en ce que le mal qui en réfulte, intéreffe plus ou moins le public ou les particuliers.

Il fe trouve dans le quatrieme tome du Journal des Audiences, liv. 5. chap. 1. un Arrêt rendu le 9. Mars 1681. qui condamne en 500. liv. d'aumônes un Commiffaire au Châtelet convaincu de parjure ; & dans d'autre cas ce crime eft puni d'une peine plus legere.

Quoiqu'il en foit, celui qui eft convaincu d'avoir fait un faux ferment, devient infame ; & s'il n'encourt pas l'infamie de droit, il encourt toujours l'infamie de fait qui les deshonore chez les gens de probité & d'honneur.

Bouteiller, en fa Somme rurale, tit. 9. foutient qu'on ne doit pas ouir en témoignage un homme qui a fait un faux ferment. Mafuer en fa pratique, titre 17. affure la même chofe, fuivant l'opinion de Jafon, §. *Item fi quis poftulante inftit.* & de Bartole fur la Loi *Si quis major*, *cod. de tranfactionib.*

Imbert en fa pratique, liv 1. chap. 45. dit qu'où il fe trouvera par les preuves le défendeur avoir mal & calomnieufement affirmé, il doit être condamné en une groffe amende envers le Roi, & en une réparation envers la Partie.

En fon enchiridion, *verbo* parjure, il dit que ce crime n'emporte point infamie de droit ; mais que la peine en eft arbitraire, comme d'amende pécuniaire ou honorable. Sur quoi Automne remarque, qu'encore qu'un parjure ne foit pas infame, c'eft pourtant une affez grande tache à fon honneur, pour l'empêcher d'être reçû dans une Dignité.

Pour ce qui eft de fçavoir fi, fous prétexte de parjure on peut faire retracter un Jugement rendu en conféquence du ferment décifoire, *voyez* ci-après Serment décifoire.

Touchant la peine du parjure, *voyez Julius Clarus, libro 5. fentent.* & les annotations qui font à la fin de l'Ouvrage du même Auteur §. *parricidium* ; Papon, liv. 22. tit. 12. nomb. 10. Boniface, tom. 5. liv. 3. tit. 1. chap. 13. Louet, *Leg. 5. fomm. 4.* du Cange, lett. F, où il eft parlé *de fide violata.* Belordeau, fur l'article 163. de la Coutume de Bretagne ; & Sauvageau en fes Annotations fur le même article.

PAR LA GRACE DE DIEU, eft la formule qui fert de commencement aux Lettres Royaux, pour faire voir que nos Rois ne tiennent leur fceptre & leur pouvoir que de Dieu feul, & qu'ils ne reconnoiffent aucun fupérieur fur la terre ; en forte même qu'ils difputent cette qualité à tous autres Princes qui ne font pas fouverains, foit qu'ils rélevent d'eux en fiefs, ou de quelqu'autre Souverain.

Pour cette raifon Louis XI. ne voulut point figner un traité fait avec le Duc de Bretagne, qui fe difoit Duc par la grace de Dieu, qu'à la charge que ces mots *par la grace de Dieu* feroient ôtés.

Les Arrêts des Cours fouveraines commencent auffi par ces termes ; *Louis, par la grace de Dieu, &c.* pour montrer que leurs Jugemens émanent directement de l'autorité du Roi, & que c'eft précifément en fon nom qu'ils rendent la Juftice.

Les Préfidiaux, quoiqu'ils jugent en dernier reffort, & pour ainfi dire fouverainement, ne peuvent pas employer cet intitulé dans leurs Sentences. Le 6. Juin 1704. le Grand Confeil fur les conclufions de M. de Saint-Port, Avocat général, en fit un Réglement pour le Préfidial de Nîmes, dans une Audience extraordinaire qui fut donnée de relevée.

PARLEMENT, fe prend quelquefois pour la féance du Parlement, depuis l'ouverture de la rentrée, jufqu'aux vacances; comme quand on dit, cette affaire ne fera pas jugée ce Parlement; il faut attendre à l'autre.

PARLEMENT, eft une compagnie fouveraine établie par le Roi pour juger en dernier reffort les différends des particuliers, & prononcer fur les appellations des Sentences rendues par les Juges inférieurs.

On appelloit anciennement Parlement, une affemblée des Grands & des Barons du Royaume, à laquelle le Roi préfidoit. On y décidoit des plaintes des Sujets, on y recevoit des Ambaffadeurs, & on y faifoit quelquefois des réglemens pour le bien de toute la nation.

Pepin le convoquoit fouvent, pour gagner l'affection de fes Sujets en ne faifant, ne déterminant rien, que par l'avis & le confeil des Grands-Seigneurs de l'Etat. Charlemagne en ufoit de même quelquefois ; & Louis le Débonnaire les convoqua très-fréquemment; il en fixa même deux par an, à des jours marqués, afin de les rendre plus folemnelles. On y propofoit les affaires les plus importantes du Royaume, & l'on y terminoit les différends les plus grands entre les Sujets.

Ces parlemens acquirent tant de réputation, que les étrangers les prenoient pour Juges de leurs démêlés.

Le Roi les convoquoit tantôt dans une Ville, tantôt dans une autre, & d'ordinaire vers les Fêtes de Pâques, Pentecôte, Touffaint & Noël. De-là étoit venue la coutume que le parlement fait fédentaire prononçoit des Arrêts en robe rouge la veille de ces jours-là.

Ces Parlemens étoient compofés d'eccléfiaftiques & des gens d'Epées ; mais dans la fuite les Evêques & Archevêques, & autres Prélats qui avoient féance au Parlement, furent renvoyés à leurs fonctions eccléfiaftiques, à l'exception de fix Archevêques ou Evêques qui font pairs Eccléfiaftiques, & qui ont toujours féance au Parlement.

A l'égard des gens d'Epée qui fiégeoient au parlement, que l'on appelloit les Barons, qui étoient les Grands du Royaume, depuis que le Parlement devint ordinaire, que les affaires & les formes fe multiplierent, on introduifit dans le Parlement des Gens de loi ou de robe, & les Chevaliers ou Barons fe retirerent peu à peu ; à l'exception des princes du Sang, & des Ducs & pairs laïcs, qui viennent toujours prendre féance au Parlement lorfqu'ils le jugent à propos.

Au commencement, on ne jugeoit point dans ces affemblées fur des appellations des Juges inférieurs. Les Baillifs & les Sénéchaux jugeoient en dernier reffort ; mais on pouvoit fe pourvoir au parlement par requête en forme de plainte.

Depuis que le Parlement fut rendu fédentaire, & réduit en Cour de Juftice ordinaire, il confondit les plaintes avec les appellations, pour accroître fon pouvoir, & dépouiller les Baillifs & les Sénéchaux du privilege de juger fouverainement & fans appel.

Ainfi, depuis ce tems-là le Parlement de Paris, & les autres qui ont été érigés depuis, ont connu des appellations des Juges ordinaires & extraordinaires qui font de leur reffort, & ont reçu les fermens des Juges dont les appellations relevent immédiatement devant eux.

Suivant ce que nous venons de dire, il n'y avoit autrefois en France qu'un Parlement, qui étoit le Confeil du Roi & des Grands du Royaume, & qui étoit un Tribunal ambulatoire.

Les affaires s'étant multipliées, les Rois ont établi des Parlemens dans différentes Provinces du Royaume, & leur ont donné le pouvoir de Juger fouverainement, chacun dans leur département, tant en matiere civile, qu'en matiere criminelle ; mais fans les rendre participans de plufieurs droits, honneurs & privileges qu'ils ont fpécialement accordés à celui de Paris, non pas parce qu'il eft établi dans la Ville Capitale du Royaume, mais parce qu'il a fuccédé à ceux qui compofoient anciennement le Confeil du Roi, & qu'il eft la Cour des Pairs, le Lit de Juftice & le Thrône de Sa Majefté.

Les Parlemens ont droit de juger en dernier reffort, non-feulement toutes les appellations des Juges inférieurs de leur reffort, tant en matiere civile que criminelle, mais encore les appellations comme d'abus des Jugemens rendus par les Officiaux ou Vicaires des Diocefes, & des Juges délégués en France par le Pape, fans pouvoir connoître des matieres appartenantes à la Jurifdiction Eccléfiaftique ; autrement que par appellations comme d'abus, ni des autres matieres en premiere inftance, fuivant l'Ordonnance de Charles VII. de 1453.

Cette Ordonnance, en l'article 79. enjoint au Parlement de renvoyer les caufes pardevant les Juges qui en doivent connoître ; ce qui a été encore ordonné par celles de Louis XII. du mois de Novembre 1507. & de François I. du mois de Novembre 1535. chap. 1. article 68. ce que l'Ordonnance du mois d'Avril 1669. a rendu général en l'article 1. du titre 6. qui défend à tous Juges de retenir aucune caufe ou procès dont la connoiffance ne leur appartient pas, leur enjoignant de renvoyer les Parties pardevant les Juges qui en doivent connoître, ou d'ordonner qu'elles fe pourvoiront.

Les Parlemens ne peuvent donc connoître d'aucunes affaires en premiere inftance, à l'exception de quelques caufes dont la connoiffance eft fpécialement attribuée au Parlement de Paris.

A l'égard des différents qui pourroient naître entre les Officiers du même parlement, comme entre les Confeillers de la Grand'Chambre & ceux des Enquêtes, ils ne peuvent être réglés que par le Roi leur fouverain Seigneur.

Ainfi, aux termes de l'Ordonnance de Louis XIII. du mois de Janvier 1629. article 68. il leur eft défendu d'en connoître, & il leur eft enjoint de fe pourvoir au Confeil, pour raifon de ces fortes de conteftations.

Les Parlemens ne font pas fi aftraints que les autres Juges à fuivre de point en point les difpofitions des Loix ; ils peuvent en certain cas, & par de juftes tempéramens s'en écarter, de maniere néanmoins qu'ils ne paroiffent pas entièrement les

PAR 285

détruire ; en un mot, ce font les Juges qui peuvent donner aux Loix une interprétation que l'équité peut fuggérer ; mais les autres Juges n'ont pas ce privilege. *Voyez* les queftions 29. 58. & 120. de Guy-Pape ; & Chorier pag. 75.

On compte en France douze Parlemens. Celui qui eft le plus ancien & le plus confidérable, fut établi fédentaire à Paris par Philippe IV. dit le Bel, vers l'an 1302. Il avoit autrefois fous fa Jurifdiction les Duchés de Bourgogne, de Norman-die, de Guienne, de Bretagne, & les Comtés de Flandre & de Touloufe. Ainfi plufieurs Parlemens qui ont été érigés depuis, ont été démembrés de celui de Paris.

Aujourd'hui fa Jurifdiction s'étend fur les Pro-vinces de l'Ifle de France, fur la Beauce, la Solo-gne, le Berry, l'Auvergne, le Lyonnois, le Forez & Beaujolois, le Nivernois, le Bourbonnois, le Mâconnois, l'Anjou, l'Angoumois, la Picardie, la Champagne, la Brie, le Maine, le Perche, la Touraine, le Poitou, & le pays d'Aunis & Ro-chelois.

II. Le Parlement de Touloufe qui fut établi par un Edit du mois de Décembre 1303. & après plufieurs variations, fut fait fédentaire par Char-les VII. en 1443. Il a fous fon reffort la Province de Languedoc.

III°. Le parlement de Grenoble, dont la Jurif-diction ne s'étend que fur le Dauphiné. Louis XI. n'étant encore que Dauphin de Viennois, érigea le Confeil du Dauphiné en Parlement l'an 1453. ce que le Roi Charles VII. fon pere confirma par un Edit du 4. Août 1455.

IV°. Le Parlement de Bourdeaux, qui fut établi par Louis XI. en 1462. Il a le Duché de Guienne fous fon reffort.

V°. Le parlement de Dijon pour la Bourgogne, par Louis XI. en 1476.

VI°. Le Earlement de Rouen, qui a fous fon ref-fort la Province de Normandie. Ce fut Louis XII. qui érigea en Parlement l'Echiquier de Normandie en 1499.

VII°. le Parlement d'Aix qui fut établi pour la Provence, par Louis XII. en 1501.

VIII°. Le Parlement de Rennes, pour la Breta-gne. Le Roi Henry II. érigea ce Parlement par un Edit du mois de Mars 1553. avant Pâques, au lieu des Grands-jours qui avoient été établis dans le Duché de Bretagne par Charles VIII. en Novem-bre 1495. Charles IX. par un autre Edit du 4. Mars 1560. le rendit fédentaire à Rennes.

IX°. Le Parlement de Pau, établi par Louis XIII. pour la Province de Bearn dans la Ville de Pau, qui eft la capitale, & pour la Baffe-Navarre, par un Edit du mois d'Octobre 1620. portant union de ce Royaume & de cette Principauté au Royaume de France. Il confirma cet établiffement par un autre Edit du mois de Juin 1624.

X°. le Parlement de Metz, établi par Edit du Roi Louis XIII. en Janvier 1633.

XI°. Le Parlement de Douai. Louis XIV. après la paix d'Aix-la-Chapelle, établit à Tournay un Con-feil fouverain pour fes nouvelles conquêtes de Flan-

dre, par Edit du mois d'Avril 1668. Il en augmenta le reffort après la paix de Nimégue, y joignant toutes les places qui lui avoient été cedées, par Edit du mois de Mars 1679. & lui donna le titre de Parle-ment par un autre Edit du mois de Février 1686. Sa Majefté ayant évacué la Ville de Tournay, en conféquence du Traité d'Utrecht, ce Parlement a été transferé à Douay, où il fiege préfentement. Il comprend dans fon reffort toutes les Villes qui font dans le Gouvernement de Douay ; & qui font toutes pays conquis.

XII°. Le Parlement de Befançon, qui d'ambu-latoire qu'il avoit long-tems été, fut fédentaire à Dole par le Duc de Bourgogne, Philippe-le-Bon, l'an 1422. Après la premiere conquête de la Fran-che-Comté faite par Louis XIV. en Février 1668. & la reftitution de cette Province faite la même année par le Traité d'Aix-la-Chapelle, le Roi d'Ef-pagne Charles II. fufpendit ce Parlement, & établit une Chambre de Juftice qui fiégea à Befançon. Louis XIV. s'étant rendu maître une feconde fois de la Franche-Comté en 1674. rétablit le Parle-ment à Dole. Mais par l'Edit du mois de Mai 1676. il le transfera à Befançon.

Touchant l'origine, le pouvoir & les droits des Parlemens, *voyez* la Bibliothéque du Droit Fran-çois par Bouchel, *verbo* Parlement ; Bruneau dans fon Avant-propos du Traité des Criées ; du Luc, *lib. 4. tit. 1. chap. 1.* Rebuffe, *in preomio Con-cordat.* fur le mot *Curias fummas* ; & la Rochefl'avin, en fon Traité des Parlemens de France ; Chenu, des Offices de France ; le Mémoire de Pierre Miraumon, fur l'origine & inftitution des Cours fouveraines ; Joli des offices de France, tome 1. liv. 1. tit. 1. & aux additions, pag. 1. jufqu'à la 105. & Coquille, en fon Inftitution au Droit François, pag. 2.

PARLEMENT DE PARIS. Ce parlement eft le plus confidérable, non feulement parce qu'il eft dans la capitale du Royaume, & qu'il a fuccédé à l'ancien Confeil de nos Rois, qui fe tenoit dans ces Affemblées des Grands du Royaume, aufquelles le Roi préfidoit ; mais encore par les prérogatives confidérables qui lui font accordées fur tous les autres Parlemens.

Il en a plufieurs, & entr'autres de connoître feul de la Régale, & des droits de la Couronne, privativement à tous les autres. C'eft auffi à lui feul qu'appartient le droit de nommer à la Ré-gence pendant la minorité des Rois. Enfin il eft appellé avec raifon la Cour des Pairs, le Lit de Juf-tice, & le Trône de nos Rois.

Perfonne n'ignore que c'eft aux illuftres Ma-giftrats qui le compofent, que le Roi confie le foin de veiller à la confervation de fa Couronne, à maintenir le bon ordre dans fon Royaume, foutenir la gloire de fes Etats, & à procurer la félicité de fes Peuples.

Auffi a-t-on vû avec admiration l'intrepidité avec laquelle ils ont foutenu au péril de leur vie, les Loix du Royaume & les libertés de l'Eglife Gallicane dans les tems les plus difficiles & dans des occafions très-périlleufes ; de forte qu'on peut dire avec confiance qu'ils font le foutien de la Religion & de l'Etat , & les Protecteurs des fideles Sujets de fa Majefté.

La fageffe de leurs confeils , & l'équité de leurs Jugemens ont fait donner par le Roi Charles VII. à cet augufte Tribunal les titres glorieux , qui marquent la vénération que l'on doit avoir pour lui , en le nommant la lumiere , l'exemple & le modéle des Juges , pour faire entendre qu'il eft le Temple de Themis , l'interprête du Droit , & le médiateur entre la rigueur de la Loi & les juftes tempéramens qu'elle peut recevoir fans être abfolument détruite.

Il ne faut donc pas s'étonner fi l'on a vû les Thiares, les Couronnes, en un mot ceux qui ne voient au-deffus d'eux que le Tribunal de Dieu , avoir recours à la Juftice de cette illuftre Compagnie , en la prenant pour arbitre de leurs différends, ou en y faifant homologuer leurs accords & leurs contrats pour les rendre plus authentiques.

Quoique l'on dife communement que tous les Parlemens fraternifent, il faut néanmoins demeurer d'accord que celui de Paris eft non-feulement le plus ancien, mais encore le premier de tous, par rapport à l'attention que cette Cour a toujours eue de fe rendre digne de tous les droits , honneurs & privileges dont nos Rois l'ont bien voulu honorer, fans en rendre participans les autres , qui ne font que les émanations que nos Rois ont été obligés de faire, pour la décharge & le foulagement de ce Parlement.

Il le faut donc toujours regarder comme le premier de tous, non pas tant parce qu'il eft le plus ancien, & qu'il eft fitué dans la Ville capitale du Royaume, que parce que ceux qui le compofent en foutiennent avec éclat toutes les prérogatives.

Il faut de plus obferver que le Roi eft le vrai Chef du Parlement : c'eft pourquoi on laiffe toujours à la Grand'Chambre la premiere place vuide, comme étant celle du Roi appellée le lit de Juftice, où Sa Majefté s'affied quand il lui plaît ; & lors même qu'elle eft abfente, les Arrêts du Parlement ne laiffent pas d'être expédiés fous fon nom , pour marquer que fes Officiers ne font que les Confeillers & Affeffeurs de Sa Majefté , qui en ce Royaume purement monarchique, n'y pourroient pas exercer la Juftice fouveraine que fous le nom de Sa Majefté, dont elle eft inféparable. Loyfeau, en fon Traité des Offices , liv. 1. chap. 9. nomb. 22.

Avant que le Parlement de Paris fût rendu fédentaire,(ce qui fut fait par Philippe-le-Bel en 1315.) il étoit ambulatoire à la fuite des Rois ; ce qui le diftingue des autres Parlemens en ce qu'il remplace les Princes, les Pairs, les Barons, qui compofoient le Confeil d'Etat du Roi; & il faut remarquer que les Princes & les Pairs y fiegent encore.

Enfin , le Procureur général du Parlement de Paris ne prête ferment qu'au Roi ; au lieu que les autres Procureurs généraux prêtent ferment à leur Compagnie.

Touchant les prééminences du Parlement de Paris, voyez Fontanon, tome 1. liv. 2. pag. 9. Joly, des Offices de France, tom. 1. liv. 1. Corbin ,

Traité du Patronage, tom. 1. chap. 1. & le Traité de la Majorité des Rois & des Regences du Royaume par M. Dupuy , imprimé à Paris en 1655.

Ce Parlement eft aujourd'hui compofé de cinq Chambres ; fçavoir, de la Grand'Chambre , de trois Chambres des Enquêtes, & d'une autre Chambre fous le nom de la Tournelle criminelle. Quelquefois, dans le cas qu'il y a bien des affaires à juger, le Roi en établit une autre fous le nom de Tournelle civile, qui eft compofée, comme la Tournelle criminelle , d'un Préfident à Mortier , & de Confeillers de la Grand'Chambre & des Enquêtes. On peut encore ajouter à ce nombre deux Chambres des Requêtes du Palais, & une des Requêtes de l'Hôtel, qui font compofées de Confeillers au Parlement.

La Grand'Chambre eft compofée de dix Préfidens à Mortier, des Confeillers d'honneur, de quatre Maîtres des Requêtes ordinaires de l'Hôtel du Roi, & de trente fept Confeillers ; fçavoir, vingt-trois Laïcs, & douze Clercs.

Les Princes, les Ducs & Pairs, le Chancelier Garde des Sceaux, les Confeillers d'Etat, & quatre Maîtres des Requêtes, l'Archevêque de Paris & l'Abbé de Cluny, y ont féance.

Cette Chambre connoît de toutes les appellations verbales qui font interjettées des Sentences rendues aux Audiences des Préfidiaux, Bailliages & autres Jurifdictions , tant ordinaires qu'extraordinaires, dont l'appel reffortit en ce Parlement.

Elle connoît auffi des appellations comme d'abus des Juges eccléfiaftiques qui font dans fon étendue, mais pour ce qui concerne le civil feulement; car pour ce qui regarde le criminel, les appellations comme d'abus font portées à la Tournelle criminelle.

La Grand'Chambre connoît en premiere inftance, Iᵒ. Des caufes auxquelles Monfieur le Procureur général eft partie pour les droits du Roi, & auffi des droits des Terres qui font tenues en appanage de la Couronne.

IIᵉ. Des caufes des Pairs de France, & des droits de leurs Pairies, & auffi des Procès criminels des Pairs de France. C'eft auffi pour cela que le Parlement de Paris eft appellé la Cour de Pairs, parce qu'il n'y a que ce Parlement qui en puiffe connoître en premiere inftance. On peut dire encore qu'il eft ainfi appellé, parce que les Pairs font les premiers Confeillers de ce Parlement , & qu'ils y ont leurs féances après les Préfidens.

IIIᵉ. Des caufes de Régale de tous les Diocèfes du Royaume, & des Droits de la Couronne, privativement à tous les autres Parlemens.

IVᵒ. Des caufes de l'Hôtel-Dieu, du grand Bureau des Pauvres de l'Hôpital général de Paris , & d'autres perfonnes & Communautés qui ont droit d'y plaider en premiere inftance.

L'Univerfité de Paris en Corps a le même privilége, & eft comprife dans l'article 12. du titre 2. de l'Ordonnance de 1667. fous ces mots : Et autres Communautés.

Vᵉ. Du crime de leze-Majefté, contre toutes fortes de perfonnes.

VIᵒ. Des procès criminels des principaux Officiers de la Couronne, des Préfidens & Confeillers du Parlement de Paris, des Préfidens, Maîtres, Correcteurs, & Auditeurs de la Chambre des Comptes de Paris, des Gentilshommes, des Eccléfiaftiques, & autres perfonnes d'Etat.

C'eft auffi la raifon pour laquelle cette Chambre eft appellée la Chambre des Prélats, au liv. 2. des Parlemens, par la Rocheflavin, fect. 2.

Voyez les articles 21. & 22. du tit. 1. de l'Ordonnance du mois d'Août 1670. avec les notes de Bornier.

Il faut remarquer à ce fujet que le privilege dont Meffieurs du Parlement de Paris font en poffeffion de ne pouvoir être pourfuivis & jugés en matiere criminelle que par le Corps du Parlement, leur eft particulier, & que les Officiers des autres Parlemens ne jouiffent pas du même privilege ; de forte qu'en matiere criminelle ils peuvent être pourfuivis & jugés par le Juge du lieu du délit, comme il a été jugé par plufieurs Arrêts, & récemment par un du 18. Mars 1701. rendu au Parlement de Paris, fur les conclufions de M. Portail, qui étoit alors Avocat général ; & qui eft décédé premier Préfident.

M. Brillon, *verbo* Parlement de Paris, nomb. 53. rapporte cet Arrêt avec les motifs fur lefquels il eft fondé, & qui avoient été réduits par Monfieur Portail.

Les Chambres des Enquêtes au Parlement de Paris, font compofées de trois Préfidens & de trente-deux Confeillers.

Elles connoiffent des appellations des Sentences rendues fur procès par écrit, c'eft-à-dire, des Sentences rendues, non à l'audience fur la plaidoierie des Parties, ou de leurs Avocats ou Procureurs, mais fur productions des Parties ; & fur lefquelles il y a eu épices.

Elles connoiffent auffi, Iᵒ. Des appellations verbales incidentes aux Procès par écrit qui y font diftribués.

IIᵒ. Des appellations principales, & des caufes en premiere inftance dont connoît la Grand-Chambre, dont elles font renvoyées aux Enquêtes par Arrêt du Confeil, fur les évocations de la Grand'Chambre & des autres Parlemens.

IIIᵒ. Des appellations des Sentences rendues fur les procès, dont la condamnation n'eft que pécuniaire, & où il n'y a point de peine afflictive, ni de bannissement ni de blâme.

La Tournelle criminelle eft compofée des cinq derniers Préfidens à Mortier, qui y fervent toujours ; des dix Confeillers de la Grand'Chambre, qui y fervent tour à tour durant fix mois ; & de deux Confeillers de chacune des Chambres des Enquêtes, qui y fervent auffi tour à tour durant trois mois.

Elle eft appellée Tournelle, parce que les Confeillers des autres Chambres n'y vont que tour à tour, afin que l'habitude de condamner & de faire mourir des hommes n'altére la douceur naturelle des Juges, & ne les rende inhumains.

La Tournelle criminelle connoît des caufes & des Procès criminels qui font portés par appel au Parlement.

Toutefois elle ne connoît pas des appellations fur procès criminels, quand la condamnation n'eft que pécuniaire, & qu'il n'y a point de peine afflictive. Telles appellations fe jugent aux Enquêtes qui connoiffent du petit criminel, c'eft-à-dire où il n'y a point de peine corporelle. Mais il n'y a que la Tournelle criminelle qui connoiffe *jure communi* des caufes & procès criminels qui font portés par appel au Parlement, & où il y a peine afflictive : ce qui fait que les Confeillers-Clercs n'y vont jamais fiéger.

Anciennement la Tournelle ne connoiffoit que du petit criminel ; & lorfqu'il y avoit peine de mort, les procès étoient portés en la Grand'Chambre. *Voyez* l'article 25. de l'Ordonnance de Charles VIII. de l'an 1453.

Mais la Tournelle ayant été rendue continuelle par l'Ordonnance de François I, du mois d'Avril 1515. il y fut décidé qu'elle connoîtroit de tous les crimes où il y auroit peine capitale. Et par l'article 38. de l'Ordonnance de Moulins, les Eccléfiaftiques, les Nobles, & certains Officiers eurent le privilege de demander leur renvoi en la Grand'-Chambre, comme nous l'avons dit ci-deffus. *Voyez* ci-après Tournelle criminelle.

Autrefois il y avoit au Parlement une Tournelle civile, créée par Déclaration du 18. Avril 1667. 15. Mars 1673. & 17. Novembre 1690. à caufe des grandes affaires dont la Grand'Chambre fe trouvoit furchargée. Elle connoiffoit des caufes qui n'excédent pas une certaine fomme ; mais cette Chambre a été depuis fupprimée, & enfin a été rétablie. *Voyez* ci-après Tournelle civile. Touchant la Chambre des Vacations, *voyez* ci-deffus *verbo* Chambre.

La rentrée du Parlement de Paris fe fait le 12. Novembre, le lendemain de la faint Martin, jour auquel Meffieurs en habits de cérémonie, après avoir affifter à la Meffe folemnelle du S. Efprit, qui fe dit en la grande Salle du Palais, reçoivent les fermens des Avocats & des Procureurs.

L'ouverture des grandes Audiences fe fait à la Grand'Chambre le premier Lundi d'après la femaine franche de la S. Martin, par des harangues qu'un de Meffieurs les Avocats généraux & Monfieur le Premier Préfident font aux Avocats & Procureurs, après lefquelles on appelle les caufes des Rôles des Provinces, dont le premier eft celui de Vermandois.

Le Mercredi & le Vendredi fuivans, fe font les Mercuriales par M. le Premier Préfident, & par l'ancien de Meffieurs les Avocats généraux, ou par Monfieur le Procureur général alternativement. Il y a une autre Mercuriale le Mercredi ou Vendredi d'après la Quafimodo.

Les Audiences de la Grand'Chambre, où Meffieurs les Préfidens font en Robes rouges & fourures avec leur mortier, commencent depuis la S. Martin jufqu'à la Notre-Dame de Mars, & en

Robes rouges fans fourrures, depuis la Notre-Dame de Mars jufqu'à la mi-Août. Mais celles de relevée ne commencent qu'au premier Vendredi d'après les Mercuriales ; & depuis la Notre-Dame d'Août jufqu'à la fin du Parlement, les Audiences fe tiennent à huis clos & en Robes noires.

M. le premier Préfident fait l'ouverture des Audiences de relevée ; elles font continuées par le premier Préfident à mortier, & ne fe clofent qu'à la Notre-Dame d'Août, par M. le premier Préfident qui y affifte, & préfide à la derniere de ces Audiences.

Les Mardis & Vendredis font appellés jours ordinaires, à caufe que ces jours-là Meffieurs entrent le matin & l'après midi jufqu'au 14. Août.

Depuis la S. Martin jufqu'au Carême, la Cour entre à l'Audience le matin à huit heures, elle la leve à midi. Pendant le Carême, la Cour n'ouvre la grande Audience qu'à neuf heures, & la leve à onze.

Après Pâques, elle ouvre à huit heures, & elle leve l'Audience à dix.

De relevée, depuis la S. Martin jufqu'au mois de Mars, elle entre à deux heures, & fe leve à quatre ; mais depuis le mois de Mars, elle n'entre qu'à trois heures, & fe leve à cinq.

Depuis le jour de la tranflation de faint Nicolas en Mai la Grand'Chambre fe leve le matin à neuf heures & n'entre point de relevée.

Meffieurs de la Grand'Chambre tiennent les grandes Audiences en Robes Rouges fur les hauts Sieges, les Lundis, Mardis & Jeudis ; & celles de relevées en Robes noires, les Mardis pour les caufes de Rôles, & les Vendredis pour celles des Placets.

On ne laiffe pas d'appeller les Mardis de relevée, des Placets avant le Rôle. Lorfqu'il eft fête le Jeudi, on plaide les caufes du Rôle des Jeudis le Vendredi matin.

Les Audiences ordinaires de la Grand'Chambre fe tiennent les Mercredis, Vendredis & Samedis : avec cette différence que les Mercredis, & Samedis on plaide de petits Rôles, dans lefquels on ne met que des Réglemens de Juges, les appels des Sentences de Police, &c. au lieu que les Vendredis, ce font ordinairement des caufes confidérables.

Avant les grandes Audiences, il eft donné une Audience à huit clos pour les matieres provifoires par placets, à fept heures. M. le premier Préfident prend foin de faire avertir les Procureurs des caufes qui doivent être plaidées à ces Audiences.

Les Audiences de la premiere & de la deuxieme Chambre des Enquêtes fe tiennent les Mercredis & Samedis, celles de la troifieme & de la cinquieme, les Lundis & Jeudis ; & celles de la quatrieme, les Mardis & Jeudis.

Les Audiences de la Tournelle fe tiennent les Mercredis, pour les caufes dans lefquelles le miniftere de Meffieurs les Gens du Roi eft néceffaire ; le Vendredi pour les caufes d'inftruction, fans Gens du Roi ; & le Samedi pour les caufes du grand Rôle, aux mêmes heures que fe tiennent les Audiences de la Grand'Chambre.

Les Audiences de la Tournelle durent pendant tout le cours du Parlement, & pendant la Chambre des Vacations.

Touchant les Rôles qui fe plaident à la Grand'-Chambre, *voyez* ce que j'en ai dit *verbo* Rôle.

PARNAGE. *Voyez* Pafnage.

PARQUET, eft l'Auditoire d'un Juge, ainfi appellé, parce que le Tribunal eft ordinairement entouré : *Solet enim Tribunal Judicis muniri feptis & cancellis in quibus ftantes adfunt Advocati & Procuratores*, comme on peut voir au Parquet des Requêtes du Palais.

PARQUET, eft auffi le lieu où les Gens du Roi s'affemblent pour délibérer fur les affaires qui regardent le miniftere public, foit dans l'ufage de la parole, foit dans les procès fujets à rapport, & dans tout ce qui eft fufceptible de conclufions par écrit ou à l'Audience.

On ne communiquoit autrefois à Meffieurs les Gens du Roi, que les affaires dans lefquelles le Roi, l'Eglife, ou les mineurs ont intérêt : préfentement on leur communique toutes les affaires des grandes Audiences du matin, quoiqu'elles ne concernent ni l'intérêt du Roi, ni celui des Eglifes, ni celui des mineurs.

C'eft auffi au Parquet du Parlement que fe décident les affaires où il s'agit d'appel d'incompétence purement & fimplement, de déclinatoires, de conflits entre les Enquêtes & la Grand'Chambre.

Enfin c'eft au Parquet du Parlement où fe décident plufieurs affaires qui y font renvoyées par la Grand'Chambre, pour y être jugées par l'avis de Meffieurs les Gens du Roi. *Voyez* Gens du Roi.

PARQUET DES REQUÊTES DE L'HÔTEL ET DES REQUÊTES DU PALAIS. *Voyez* Requêtes du Palais.

PARQUET DES HUISSIERS, eft le veftibule de la Grand'Chambre où fe tiennent les Huiffiers, lorfque la Cour eft aux opinions dans les affaires de rapport.

PARREIN, eft celui qui a tenu un enfant fur les Fonds de Baptême, *qui aliquem de facro fonte levavit, cap. veniens, extra de cognatione fpirituali. Voyez* Parenté fpirituelle.

Le parrein n'eft pas tenu de donner des alimens à celui ou à celle qu'il a tenu fur les Fonts de Baptême. Papon, liv. 18. tit. 1. nomb. 45. Charondas, liv. 9. chap. 16. & Filleau, part. 1. tit. 1. chapitre 20. *Voyez* ci-deffus alimens.

PARRICIDE, dans fa propre fignification, eft un homicide commis en la perfonne des peres & meres, aïeuls & aïeules, & autres afcendans ; ou en la perfonne des enfans, petits-enfans, & autres afcendans en ligne directe.

Mais dans une fignification plus étendue, il fignifie tout homicide commis en la perfonne de ceux qui nous tiennent lieu de pere & mere, ou auxquels nous fommes fi étroitement unis par la nature, que cet homicide foit dénaturé.

Et c'eft dans ce fens qu'on appelle parricide celui ou celle qui tue fon frere ou fa fœur, fon oncle ou fa tante, & même ceux qui par alliance nous tiennent lieu de pere & de mere, de fils ou de fille.

Voyez

Voyez, touchant le parricide pris en sa propre signification, ce que j'en ai dit dans les Inst…tutes de Justinien liv. 4. tit. dernier, §. 6. *Voyez* aussi Papon, liv. 22. tit. 4. Despeisses, tom. 2. pag. 68. *Julius Clarus*, lib. 5. sent. §. *parricidium*; & les Annotations qui sont à la fin de l'Ouvrage du même Auteur.

Ce crime est puni du dernier supplice, accompagné des peines les plus rigoureuses, que j'ai rapportées dans mes Institutes, à l'endroit cité ci-dessus.

Ce crime est si énorme, que la seule volonté de le commettre, joint à quelques faits & circonstances qui dénotent qu'on l'a tenté, est également punie que l'accomplissement de ce crime.

Solon étant interrogé pourquoi il n'avoit point établi de supplice pour les parricides, répondit qu'il n'avoit pas cru qu'il se pût trouver quelqu'un capable de commettre un si grand crime. Mais les autres Législateurs de Grece & ceux de Rome ont fort bien jugé que le cœur humain a dans lui le levain des crimes les plus horribles; & qu'il y a des naturels où ce levain domine tellement, qu'il leur est très-facile de commettre des crimes qui sont très-difficiles à croire.

Sunt crimina quæ ipsa magnitudine fidem non impetrant: parricidium aliquando legem non habuit, quia enim si facilè vinculis naturæ exsolvat, itaque ad tantum nefas magno oportet scelere parricida veniat.

Attamen, ut ait Cicero in Oratione pro Roscio Amerino, quia nihil tam sanctum est, quod non aliquando violet audacia, excogitatum fuit in parricidas singulare supplicium, ut illi quos naturæ honestas in Officio retinere non possit, pœnæ magnitudo à maleficio summoveret.

Caracalla, après avoir tué son frere Getta entre les bras de Julie sa mere, voulut faire autoriser ce crime par Papinien. Ce grand Jurisconsulte lui répondit, qu'il étoit plus facile de commettre un parricide que de l'excuser.

Il n'y auroit qu'une seule chose qui pourroit en quelque façon excuser & soustraire celui qui auroit commis un tel crime, aux peines qu'il auroit méritées; c'est la folie, dont il y auroit preuve complette. Un fils qui avoit tué sa mere, fut condamné à mort par le Juge de Peronne. L'appel de la Sentence étant porté à la Tournelle, ses parens articulerent plusieurs faits de folie & de fureur par lui commis, & causées par une maladie qu'il avoit eue avant le meurtre de sa mere. Ils demanderent à en faire preuve; & comme la plupart de ces faits étoient déjà mentionnés dans les dépositions des témoins, la Cour, par Arrêt du 23. Février 1690. rendu au rapport de M. Lambert d'Herbigny, ordonna qu'il en seroit informé. L'information faite & rapportée en la Tournelle suivante, la Sentence du Juge de Peronne fut informée, & il fut ordonné que ce malheureux seroit enfermé & gardé par les soins de ses parens. M. Augeard, tom. 3. Arrêt 2.

Les enfans qui n'ont point attenté à la vie de leurs peres & meres, mais qui les ont battus, ex-

cédés & outragés, sont punis très-griévement, selon que les circonstances sont plus ou moins aggravantes. *Voyez* Papon, liv. 22. tit. 4. nomb. 1. & Bouvot, tome 2. *verbò* Parricide, quest. 2.

Celui qui a tué ou fait tuer son pere ou sa mere, ou autre ascendant, est non seulement privé de sa succession, comme en étant indigne; mais aussi ses enfans en sont exclus. Louet & Brodeau, lettre S, chapitre 20. Bardet, liv. 1. chap. 49. & 63. le Brun des Successions, liv. 1. chap. 4. sect. 6. dist. 3.

Ce dernier Auteur estime que les enfans du fils parricide doivent être exclus de la succession de leur aïeul, soit qu'ils soient nés depuis ou avant le crime détestable de leur pere: c'est, dit-il, une branche qui a porté le venin sur sa tige, & qui n'en doit plus attendre de substance. *Boerius decisione* 25.

Cependant il a été rendu un Arrêt au Parlement de Paris, sur les conclusions de M. de Lamoignon, le 4. Mai 1723. qui a jugé,

I°. Que ce crime n'empêche pas que l'enfant du parricide né lors du crime, ne succede au degré, quoiqu'il ne succede point à la personne.

II°. Que la mort civile du pere, opérée par l'indignité, fait passer ses droits à ses enfans nés avant le crime commis.

Voyez le Dictionnaire de M. Brillon, *verbo* Parricide, nomb. 6.

Ce crime se prescrit, comme les autres, par vingt ans, quand il n'y a point eu de Jugement rendu par contumace qui ait été exécuté; car alors il ne se prescrit que par trente ans, ainsi qu'il en est des autres crimes. Filleau, part. 4. quest. 8.

Mais la prescription du crime de parricide n'emporte point celle de l'indignité, pour le regard des biens du pere assassiné. Soefve, tom. 2. cent. 3. chap. 56.

L'indignité de succéder par le parricide à son pere par lui assassiné, est encourue dès l'instant que le crime a été commis: d'où il s'ensuit,

I°. Qu'une Sentence intervenue contre le fils parricide condamné à mort, pouvoit avoir un effet rétroactif au jour de l'action commise, pour le rendre indigne de succéder à son pere décédé avant la Sentence de condamnation. Ainsi jugé par Arrêt du 10. Juin 1659. rapporté par Soefve, tom. 2. cent. 2. chap. 1.

II°. Qu'un fils qui a tué son pere, & qui par son Jugement de condamnation est condamné en une amende, cette amende ne peut pas être prise sur la part & portion de ce fils en la succession de son pere, dont il s'est rendu indigne. Ainsi jugé par Arrêt du 12. Août 1659. Desmaisons, lettre P, nombre 1. Jovet, *verbo* Enfans, nomb. 42.

PART, signifie accouchement; il signifie aussi quelquefois l'enfant dont la mere est encore enceinte.

PART, EXPOSITION DE PART, est un crime que commettent des peres & meres qui exposent ou font exposer leurs enfans dans des Eglises ou dans des allées, ou sur des portes, ou dans des rues , pour fe libérer du foin & de la honte que ces enfans leur pourroient caufer.

Ce crime eft puni de mort , fuivant l'Edit d'Henri II. vérifié en Parlement le 4. Mars 1556. On fe contente aujourd'hui de fouetter & flétrir ceux qui font convaincu de ce crime, pour empêcher un plus grand mal.

Les enfans qui ont été expofés, doivent être élevés & nourris par le Seigneur Haut-Jufticier dans la Juftice duquel ils ont été trouvés ; par la raifon que les épaves & chofes fans aveu ni maître, qui font trouvées dans la Juftice d'un Seigneur Haut-Jufticier, lui appartiennent, & que *par debet effe ratio commodi & incommodi.*

Lorfque les enfans qui ont été expofés viennent à être reconnus, & que leurs peres & meres font découverts, les nourritures & entretiens peuvent être répetés contr'eux ; & comme c'eft une dette qui procede d'un délit, ils font contraignables par corps au payement d'icelle.

Voyez ci-après Suppofition de part. *Voyez* auffi Suppreffion de part.

PART avantageuse eft une portion plus forte qui appartient à l'aîné dans le partage des Fiefs, outre fon préciput.

Ainfi, après que l'aîné a pris fon préciput dans les fucceffions de fes pere & mere, les deux tiers. dit l'article 15. de la Coutume de Paris, des autres fiefs & héritages tenus noblement lui appartiennent, s'il n'a qu'un puîné, & l'autre tiers appartient à ce puîné ; mais s'il y a, dit l'article fuivant, plufieurs enfans excédans le nombre de deux, l'aîné prend la moitié, & les autres enfans partagent entr'eux l'autre moitié.

Si l'un des enfans puînés renonce, fa part accroît à l'aîné & aux autres, fans aucune prérogative ; il ne doit comme ainfi avoir les deux tiers, que lorfqu'il ne fe trouve qu'un autre enfant avec lui lors de l'ouverture de la fucceffion qu'il s'agit de partager.

Voyez ce que j'ai dit fur l'article 15. de la Coutume de Paris.

PARTAGE , eft la féparation, divifion & diftribution qui fe fait d'une chofe commune entre plufieurs copropriétaires, ou d'une fucceffion commune entre cohéritiers.

Par le partage, les biens qui étoient auparavant communs fe divifent entre tous les copartageans, felon la part & portion que chacun d'eux avoit dans les chofes communes.

PARTAGE de succession , eft celui qui fe fait entre cohéritiers ; à l'effet que chacun d'eux ait la part & portion des biens de la fucceffion qui lui doit appartenir en fa qualité d'héritier. Ce partage doit être fait devant le Juge du lieu où eft decédé le défunt.

Le Juge pardevant qui fe doit faire le partage, renvoie quelquefois les parties pardevant un Notaire, pour être procédé au partage. Sur quoi il faut remarquer que par Arrêt du Parlement de Paris du 17. Juillet 1692. rendu à la Tournelle civile, il a été jugé ,

I°. Que quand un Juge renvoie les parties pour faire un partage ou compter devant un Notaire, il doit nommer le Notaire, & ne pas dire pardevant Notaire indéfiniment.

II°. Que les Notaires pardevant qui le renvoi eft fait, ne peuvent nommer des Experts d'office ; ni leur faire prêter le ferment pour procéder au partage, d'autant que les Notaires n'ont point de Jurifdiction contentieufe. L'appel étoit d'une Sentence rendue à Poitiers, laquelle fut infirmée en ces deux chefs par l'Arrêt que nous venons de citer.

Dans les partages les meubles fe reglent fuivant la Loi du domicile du défunt. Mais à l'égard des immeubles, le partage s'en doit faire entre cohéritiers conformément aux Coutumes des lieux où font fitués les héritages qui font à partager. Bouguier , lett. D, nomb. 16.

De ce principe il s'enfuit, que la regle générale, qui veut qu'entre filles il n'y ait point de droit d'aînefle, ne doit s'entendre que pour les fiefs qui fe trouvent fitués dans les Coutumes qui n'ont point de difpofition contraire.

Ainfi, quand les biens qui font à partager, font fitués en différentes Coutumes, dont l'une donne à la fille aînée le droit d'aînefle, fa difpofition doit avoir lieu par rapport aux fiefs qui y font fitués, & non par rapport aux autres. La raifon eft, que les Coutumes font réelles, comme dit Loyfel, liv. 2. tit. 4. reg. 4.

L'on n'eft pas obligé de garder la convention qu'on auroit faite de ne point partager ; *quia communio lites & jurgia parit, quibus turbatur pax & concordia civium.* D'ailleurs comment admettre une fociété perpétuelle entre les cohéritiers, dont les intérêts peuvent être différens, & qui font repréfentés, ou par des créanciers, ou par des ceffionnaires, ou par d'autres fucceffeurs.

Les fucceffions fe doivent partager en l'état qu'elles fe trouvent au jour du décès de celui dont les biens fe partagent, avec les récompenfes du prix des biens propres, s'ils ont changé de nature pendant la minorité, & que le décès foit arrivé avant la majorité. Et à l'égard des dettes payées par le tuteur de revenus du mineur, acquêts & autres biens mobiliers, l'extinction de la dette étant faite, l'on ne peut la faire revivre, parce qu'elle ne fait plus partie des dettes ni des charges de la fucceffion ; & qu'entre les cohéritiers il ne peut plus naître de conteftation, pour raifon defdites dettes acquittées, puifque les héritiers, foit des acquêts, foit des propres, n'en peuvent être recherchés, étant tous au droit de celui dont ils font héritiers, qui en étoit libéré, & qu'entr'eux ils n'ont droit que de prendre, chacun à leur égard, la fucceffion en l'état qu'elle fe trouve au jour du décès de celui dont ils font héritiers, n'ayant aucune action les uns contre les autres, pour une dette qui n'étoit plus, ayant été acquittée, & dont les uns ni les autres ne peuvent jamais être recherchés.

C'eft ce qui eft en ufage dans la Coutume de Paris, comme il réfulte d'un Acte de notoriété de M. le Camus, du 12. Mai 1699.

Il eft fouvent néceffaire de faire des frais pour liquider une fucceffion commune, & pour parve-

nir au partage : tous ces frais tombent fur les cohéritiers, à raifon de ce que chacun d'eux a droit de
prendre en la fucceſſion.

Ainſi les dépens faits pour arpenter des bois, à
l'effet de parvenir à un partage, doivent être taxés contre les deux parties, quoique l'une le requiere, & que l'autre s'y oppofe. Papon, livre 15.
titre 7. nomb. 3.

Celui des cohéritiers qui avance les frais néceſſaires pour parvenir à un partage, a droit de s'en
faire rembourfer par préférence, même au préjudice de l'hypotheque antérieure de la veuve d'un
des cohéritiers. Ainſi jugé par Arrêt du Parlement
de Paris, du 31. Janvier 1692. rapporté par M. Augeard, tom. 3. Arrêt 19.

Dans quelques Coutumes, comme en Anjou,
c'eſt l'aîné qui fait les lots, & les cadets qui choiſiſſent : ainſi l'aîné fe trouve engagé par ce moyen
d'obferver l'égalité.

Ailleurs, tant en Pays Coutumier qu'en Pays de
Droit écrit, les lots fe tirent au fort.

L'égalité doit être gardée dans les partages : cependant lorfqu'on a figné un partage en majorité,
on n'eſt plus recevable à propofer l'inégalité, ſi ce
n'eſt en obtenant des Lettres de refcifion dans les dix
ans, encore faut-il que l'on prouve que l'on a été
lézé du tiers au quart.

La Loi in majoribus au code communia utriufque
judicii, y eſt précife ; & Mornac rapporte fur cette
Loi pluſieurs Arrêts qui ont été rendus conformément à fa difpofition.

Voyez ce que j'ai dit ci-deſſus, Lettre L, en
parlant de la lézion du tiers au quart. Voyez auſſi
Baffet, tom. 2. liv. 6. tit. 1. chap. 4. Mornac loco
citato & ad leg. 20. §. ult. famil. ercifcund. Papon,
liv. 15. tit. 7. nomb. 6.

Mais on demande ſi un partage ayant été fait
par forme de tranfaction, celui des copartageans
majeurs, qui fe trouveroit lezé, pourroit fe faire
reſtituer contre ?

Il faut diſtinguer ; ſi la tranfaction eſt vraie, &
qu'il n'y ait point de fiction, c'eſt-à-dire, qu'il y
ait eu procès entre les cohéritiers, touchant le partage des biens de la fucceſſion, ou quelque jufte fujet d'en faire : alors il n'y a point de reſtitution,
quelque lézion qu'il y ait dans la part d'un des copartageans ; parce qu'en fait de tranfactions, les
majeurs ne peuvent être reſtitués pour quelque lézion qu'il y ait de prix, qui eſt appellée dolus in re
ipfa. La raifon eſt que tout ce qui eſt promis,
donné ou remis par tranfaction, eſt cenfé l'être ex
jufta caufa, nempè ut a lite difcedatur.

Mais quand les tranfactions ne font point vraies,
& n'en ont que le titre, étant des actes déguifés
fous ce nom, & fous un feint prétexte de procès intenté ou à intenter fans aucun fondement ; le demandeur en Lettres de refcifion, qui prouvera l'i-
négalité & la lézion du tiers au quart contre un tel
partage coloré & déguifé fous le nom de tranfaction, doit être admis.

La raifon eſt, que les tranfactions feintes & co-
lorées fe doivent toujours prendre pour les actes &
contrats, au lieu defquels elles font fuppofées, &

defquels elles prennent la place. Et fane tranfactio fit
tantum de re dubia & lite incerta, adeo ut lites fingi
non debeant, ut hoc colore tranfactiones fiant ; quando
enim nullum eſt fubjectum litis, nullum eſt tranfactio-
nis. Voyez Charondas, liv. 6. rép. 3. & Boniface,
tom. 2. liv. 1. tit. 13. chap. 3.

Dans les partages, les lots font garants les uns
des autres ; c'eſt-à-dire, qu'en cas d'éviction de la
chofe échue en partage à l'un des cohéritiers, les
autres en font tenus pour leur part & portion. Leg.
Si fratres, cod. commun. utriufque judic. & leg. unus
individuum, cod. in quib. cauf. cef. long. temp. præf.
cript. Voyez ci-deſſus Garantie de lots.

Il faut remarquer, 1°. qu'en partage de meubles,
ce recours de garantie n'a point lieu. Brodeau fur
Louet, let. G, fom. 25.

II°. Que pour raifon de la garantie en fait d'éviction d'un immeuble échu par le partage à l'un des
cohéritiers, fon hypotheque fur les biens particuliers
de fes copartageans étoit autrefois du jour du partage ; mais les derniers Arrêts ont jugé que c'eſt du
jour de l'addition. Le motif de cette nouvelle Jurifprudence eſt pour éviter les fraudes entre les héritiers, qui pourroient oppofer que les biens partagés ont changé de nature. Dans le Journal du Palais in-folio, il eſt dit qu'il a été rendu un Arrêt le
27. Juin 1686. qui l'a réglé ainſi.

Les premiers actes qui fe font entre cohéritiers,
après la fucceſſion ouverte ; de quelque maniere
qu'ils foient conçus, font réputés partages ; c'eſt
pourquoi la lézion du tiers au quart fuffit pour y
donner atteinte comme dans les véritables partages : une moindre lézion même fuffit lorfqu'il n'y
a pas eu une eſtimation précédente, parce que
tout doit être fait de bonne foi & avec égalité entre
cohéritiers.

Un partage fait par erreur avec une perfonne que
l'on croyoit être admife à la fucceſſion du défunt,
& qui ne l'étoit pas, eſt révocable. Bouvot, tom.
1. part. 2. verbo Fidéjuſſeur, queſt. 1. & verbo Partage, queſtion 2.

Le partage d'une fucceſſion produit un effet retroactif & déclaratif, & non pas attributif de
propriété ; c'eſt-à-dire, que le partage ne donne
rien de nouveau à chaque cohéritier, & ne fert
qu'à déclarer de quelle portion chaque cohéritier
étoit propriétaire ; en forte qu'il n'eſt préfumé avoir
eu droit que dans les chofes qui lui font échues
& non dans celles qui font échues aux autres cohéritiers.

De ce principe on juge que les créanciers auxquels
un cohéritier a obligé fa portion indivife, ne peuvent après le partage exercer leur hypotheque fur
tous les immeubles de la fucceſſion, & qu'ils ne
peuvent s'adreſſer qu'à ceux qui font tombés dans
fon lot, à moins que le partage n'eut été fait en
fraude des créanciers.

De la nature du partage entre cohéritiers, &
comment il fe fait ; de ce qui entre ou n'entre point
en partage, & des dépenfes que les héritiers qui
les ont faites peuvent recouvrer ; des garanties entre
cohéritiers, & des autres fuites du partage ; voyez
les Loix civiles, feconde partie, liv. 1. tit. 4. Bou-

vot , tom. 2. & Jovet , *verbo* Partage ; M. le Prêtre cent. 4. chap. 89. du Luc , liv. 8. tit. 11. Charondas , livre 5. rép. 9. Papon , livre 15. titre 7. & M. le Brun en son Traité des Successions , liv. 4. chapitre 1.

PARTAGE DE COMMUNAUTÉ , est celui qui se fait des effets de la Communauté entre le survivant des conjoints , & les héritiers du prédécédé.

Pour donner lieu à ce partage , quatre conditions sont requises. La premiere , que la communauté ait été établie , soit par contrat de mariage , ou *in vim consuetudinis* ; autrement tous les biens acquis par le mari pendant le mariage , lui appartiennent ou à ses héritiers.

La deuxieme, que la femme ou ses héritiers acceptent la communauté ; car en y renonçant , tous les biens d'icelle appartiennent au mari ou à ses héritiers.

La troisieme , que la femme ne s'en soit pas rendue indigne , comme il arrive quand elle en est privée par Jugement pour crime d'adultere dont elle seroit convaincue , ou pour avoir quitté son mari par légereté & sans cause légitime.

La quatrieme , qu'il n'y a point de convention contraire portée dans le contrat de mariage ; comme s'il étoit dit , qu'avenant le décès du mari sans enfans , tous les biens de la communauté appartiendront à la femme ; le cas arrivant , les héritiers du mari en seront exclus.

Lorsque toutes ces conditions requises pour donner lieu au partage de la communauté concourent , elle se doit partager en l'état qu'elle se trouve lors de la dissolution d'icelle.

Voici comme on y procede. On fait une masse de tous les meubles qui se trouvent alors , & de tous les effets mobiliers , de tous les conquêts immeubles , & de tout ce qui a dû entrer en la communauté , suivant les stipulations accordées par le contrat de mariage.

Cela fait , les biens de la communauté se divisent , en sorte que la moitié appartient au survivant des conjoints , & l'autre aux héritiers du prédécédé ; & le survivant & les héritiers du prédécédé reprennent chacun leurs propres en nature , sans confusion ni division.

Si pendant que ladite société a duré , il y a eu des immeubles propres de part & d'autre vendus , ou quelques rentes rachetées , comme la communauté en a été augmentée , celui à qui appartenoit la rente ou l'héritage , en reprend le prix sur la masse; ou si l'on en rend compte , le rendant se charge en recette de la moitié de la somme.

Il en est de même quand l'un des conjoints devoit une rente constituée devant le mariage ; si cette rente est rachetée des deniers de la communauté , celui qui la devoit , doit une récompense de la moitié , aussi-bien que lorsque l'on a fait des augmentations sur les héritages qui lui sont propres : comme les propres n'entrent point dans la communauté , le propriétaire des héritages propres dans lesquels on a fait des augmentations , doit récompense pour moitié de la valeur desdites augmentations.

Voyez touchant le partage de la communauté ,

ce que j'ai dit sur l'article 229. de la Coutume de Paris.

PARTAGE DE CHOSES INDIVISIBLES NE SE PEUT FAIRE ; c'est pourquoi il faut que ceux qui en font copropriétaires en jouissent en commun , ou en jouissent tour à tour , ou enfin qu'ils en viennent à la Licitation. *Voyez* Licitation.

PARTAGES FAITS PAR LES PERES ET MERES DE LEUR VIVANT ENTRE LEURS ENFANS , sont si favorablement reçus , qu'ils sont dispensés des formalités , regles & maximes ordinaires.

Si l'acte est fait dans une forme qui justifie que la volonté du testateur est certaine & constante , ce partage , qui n'est autre chose qu'un testament , doit donc avoir son exécution , & ne peut être débattu , quoique ses dispositions ne soient pas absolument égales , & que quelques-uns des enfans soient plus avantagés que les autres. Mornac *ad Leg.* 10. *cod. famil. ercisc.* Brodeau sur Louet , Lettre P , somm. 23.

Divisio testamentaria à parentibus inter liberos quocumque modo facta , valet , dummodo de voluntate testatoris constet ; quia parentibus arbitrium dividendæ hæreditatis inter liberos adimendum non est ; siquidem præsumptio propter naturalem affectum facit omnia parentibus videri concessa.

Mais il faut pour cela , que quand un pere ou une mere avantage par un tel partage un de ses enfans , que la légitime des autres n'en reçoive aucune atteinte ; parce que cette portion de biens des peres & meres est dûe aux enfans par le droit naturel , qui veut que ceux à qui nous avons donné l'être , reçoivent de nous de quoi vivre. Ainsi les enfans , à qui le pere auroit par un tel partage laissé moins que leur légitime , sont en droit d'en demander le supplément. Papon , liv. 15. tit. 7. nomb. 8. Boniface , tom. 2. liv. 1. tit. 13. chap. 2.

Un pere qui auroit des fiefs & des rotures , ne pourroit pas non plus rien faire , par le partage qu'il feroit entre ses enfans , qui interessât le droit d'aînesse : en sorte que si le pere qui auroit des fiefs & des rotures , avoit de son vivant fait un partage égal de tous ses biens entre tous ses enfans , sans aucune réserve du droit d'aînesse en faveur de l'aîné , cet aîné seroit toujours en droit de le demander , nonobstant un tel partage.

Cela est si vrai , que quoique tous les enfans , y compris l'aîné eussent accepté un tel partage du vivant de leur pere , rien n'empêcheroit l'aîné de demander après le décès de son pere son droit d'aînesse ; de sorte que l'acceptation qu'il auroit faite de ce partage , ne pourroit en aucune maniere préjudicier à son droit. *Voyez* Mornac en son récueil d'Arrêts , pag. 1. nomb. 83.

La raison est , qu'un droit accordé par la coutume , ne peut pas être ôté par la volonté des pere & mere. Et pour ce qui regarde l'acceptation faite par l'aîné du partage égal fait par le pere entre tous ses enfans , le fils aîné qui l'a signé , n'est pas censé avoir par-là renoncé à un droit que la Loi lui donne ; mais il est censé avoir seulement voulu donner à son pere des marques d'une soumission aveugle , qui ne doit lui porter aucun préjudice.

Le pere ne peut pas non plus, par le partage qu'il fait entre ses enfans, déroger à la promesse qu'il auroit faite à un d'eux, de lui donner dans ses biens une part égale à celle des autres. Ainsi par Arrêt rendu au Parlement de Tournai le 24. Décembre 1699. rapporté par Pinault, tome 2. Arrêt 277. il a été jugé qu'un Pere, qui avoit promis par transaction à un de ses enfans, de lui laisser part égale dans ses biens pour quelque cause, n'avoit pas pû par d'autres dispositions le priver de l'effet de ses promesses.

Comme une disposition faite par le pere entre ses enfans en forme de partage, est une espece de testament, elle ne peut passer que pour une disposition de derniere volonté; c'est pourquoi elle peut être revoquée, si celui qui a fait un tel partage le juge à propos. *Iste actus magis est ultimæ voluntatis utpotè ambulatorius & revocabilis.* Bouvot, tom. 1. *verbo* Disposition.

Il faudroit cependant dire le contraire, si le partage avoit été fait dans un contrat de mariage; car alors il seroit irrévocable. Taysand, sur la Coutume de Bourgogne, tit. 7. art. 8. note 4.

PARTAGE FAIT EN L'ABSENCE D'UN DES COHERITIERS, ne peut être que provisionnel. Ainsi quoique régulièrement on ne considere en fait de partage, que la lézion du tiers au quart, pour qu'un des cohéritiers puisse revenir contre; néanmoins quand il s'agit d'un partage fait avec un absent, pour qu'il soit lézé, lorsqu'il est de retour, il peut se faire restituer contre.

La raison est, qu'on n'a pas pû contracter avec lui définitivement, parce qu'il y a lieu de présumer qu'on a fait l'avantage des autres parts au préjudice de la sienne, & qu'il n'a point consenti à un tel partage; ce qui est de l'essence de tous les contrats.

PARTAGE FAIT AVEC UN MINEUR, est regardé par M. Lebrun en son Traité des Successions, & par plusieurs autres de nos Auteurs, comme provisionnel.

Cependant il semble aujourd'hui qu'on s'écarte au Palais de cette opinion, sur le fondement, qu'étant certain dans le droit que l'on peut contracter avec les mineurs, sauf à eux à se faire restituer lorsqu'ils sont lézés, il s'ensuit que lorsqu'il n'y a point de lézion, le partage doit subsister définitivement, & de la même maniere que s'il avoit été fait par un majeur.

Au reste il est certain qu'un mineur ne peut pas être partie dans un partage, sans être assisté d'un Curateur.

PARTAGE DES BIENS D'UN ABSENT, ne peut être que provisionnel, parce qu'il peut dans la suite revenir & rentrer dans ses biens.

On ne peut même procéder à un tel partage, qu'après dix ans d'absence, en baillant caution: & s'il ne revient point dans l'espace de trente ans, à compter du jour de son absence, ses présomptifs héritiers peuvent procéder à un partage définitif de ses biens, & sont déchargés de donner caution pour raison de ce partage, comme je l'ai dit *verbo* Absent.

La Coutume d'Anjou, art 269. celle du Maine, art. 287. ne desirent que sept ans continuels d'absence, pour procéder à un partage provisionnel; celle de Hainault que trois ans : mais le Parlement de Paris juge qu'il faut dix ans dans les Coutumes muettes.

On demande si ceux qui étoient les plus proches au commencement de l'absence, conservent toujours leur droit, lorsqu'à l'échéance des dix ans ils ne se trouvent plus les plus proches?

Par Arrêt du 2. Juillet 1715. rendu en la premiere Chambre des Enquêtes du Parlement de Bourdeaux, après le partage vuidé en la seconde, il a été jugé que ceux qui étoient les plus proches au commencement de l'absence, n'ont aucun droit dans les biens de l'absent lorsqu'ils ne se trouvent plus les plus proches de l'échéance des dix ans.

La raison qu'on peut rendre de cette décision, est que la succession de l'absent commence à être, pour ainsi dire, ouverte après les dix ans d'absence, & non auparavant; ainsi, comme il n'est réputé mort qu'après ce laps de tems, ce doit être l'époque où l'on doit avoir égard à la proximité de ceux qui lui doivent succéder. *Voyez* Lapeyrere, édition de 1717. pag. 248. le Brun en son Traité des successions, chap. 150.

Quoiqu'il en soit, je ne sçais si cette raison est peremptoire, & si cet Arrêt doit sur ce point fixer la Jurisprudence : car lorsqu'un homme est absent, on ne procede à la vérité au partage provisionnel de ses biens, qu'après dix ans, mais ce n'est qu'en sa faveur, & dans l'espérance de son retour; c'est pourquoi lorsqu'après dix ans d'absence on n'en a point de nouvelles, rien n'empêche qu'on ne le présume mort dès l'instant qu'il a disparu.

En effet, un homme qui a disparu, peut être comparé à un homme pris captif par les ennemis : or un captif qui ne revient point, est censé mort du moment de sa captivité. *Leg. Si Filius familias, ff. de test. mil.* Il en doit être de même de celui qui s'est absenté & dont on n'a point de nouvelles.

C'est aussi ce que décide M. le Premier Président de Lamoignon dans ses Arrêts, en ces termes : *L'absent est réputé mort du jour qu'il n'a point paru, & de la derniere nouvelle qui a été reçue de lui.* Ainsi, quoique le Brun en son Traité des Successions, chapitre 150. soit d'un sentiment contraire, cette derniere opinion me paroît plus juste; car l'absent est réputé mort par fiction : or les fictions ont toujours un effet rétroactif.

Au reste, ceux à qui l'on donne la possession des biens d'un absent, ont droit d'intenter toutes les actions rescindentes ou rescisoires qui lui sont compétentes; ainsi ils peuvent obliger le tuteur ou le Procureur de l'absent de rendre compte de leur gestion, & de leur payer le reliquat, en donnant caution de les faire décharger par l'absent, en cas de retour.

Voyez ce qui est dit au sujet du partage des biens d'un absent entre ses héritiers présomptifs, dans le Recueil alphabétique de M. Bretonnier, *verbo* Absent, où sont traitées plusieurs questions qui concernent cette matiere.

PARTAGE D'OPINIONS, eſt l'égalité qui ſe rencontre dans les voies des Juges ; de ſorte qu'il y en a autant d'un côté que d'un autre : ce qui empêche la déciſion de la cauſe ou du procès.

Dans les affaires d'Audience , quand les voix ſont partagées , il faut ordonner un délibéré , les pieces miſes ſur le Bureau ; & quand c'eſt dans une affaire appointée , le procès doit être départi par d'autres Juges de la même Juriſdiction , ou d'une autre ſemblable.

Dans les Juriſdictions inférieures , quand les voix des Juges ſont partagées , celui qui préſide doit appeler quelques autres Juges pour départir , & il les appelle en nombre impair , pour ne pas tomber dans un ſecond partage. Sur quoi il faut remarquer qu'un procès parti à un Préſidial , ne peut être départi par des Avocats du Siege ; mais qu'il doit être envoyé au plus prochain Siege Préſidial pour y être départi , comme il a été jugé par Arrêt du 13. Juillet 1587. dont Mornac fait mention en ſon recueil d'Arrêt , partie premiere , article 40.

Au Parlement , ſi le procès eſt parti en la Grand-Chambre , il eſt départi en la premiere Chambre des Enquêtes. Si c'eſt dans une Chambre des Enquêtes que le procès ſoit parti , le partage eſt porté dans une autre où il eſt départi , dans laquelle le Rapporteur & le Compartiteur ſe transportent pour rapporter les opinions du partage avec les raiſons de part & d'autre : le Compartiteur eſt celui qui ſoutient le ſentiment contraire à l'avis du Rapporteur.

Après que l'un & l'autre ont été entendus , l'affaire ſe termine en faveur de celui qui a plus de voix pour lui ; de ſorte que l'on dit le procès a été parti , par exemple , dans la premiere , & départi , c'eſt-à-dire , jugé dans la ſeconde ou autre , où il aura été porté.

Au reſte , lorſque dans une affaire les voix ſont partagées , comme la matiere eſt pleinement diſcutée , bien des gens ont plus de confiance aux Jugemens intervenus ſur partage qu'aux autres.

PARTAGE D'OPINIONS EN MATIERE CRIMINELLE , ne peuvent avoir lieu ; car lorſque les voix ſont égales de part & d'autre on ſuit toujours le parti le plus doux. Ainſi il n'y a jamais de partage , puiſqu'on doit ſuivre l'opinion la plus douce & la plus favorable au criminel : ce qui a lieu même , quand elle feroit moindre d'une voix ; ſi bien que l'opinion la plus rigoureuſe ne l'emporte point ſur l'autre , qu'elle ne la paſſe au moins de deux voix.

La raiſon eſt tirée de l'humanité qui eſt naturelle aux hommes : *Pœnæ molliendæ ſunt potius quàm aſpèrandæ* , *leg.* 41. *ff. de pœnis*. *Proniores eſſe debemus ad abſolvendum , quàm ad condemnandum , maximè in criminalibus judiciis ; ſi quidem condemnationes eorum triſtes ſunt admodùm ſententiæ : & levius eſt nocentem abſolvere quàm innocentem condemnare. Leg. 5. ff. eod.*

Voyez Charondas ſur le Code Henry , liv. 2. tit. 16. *Voyez* auſſi l'art. 12. de l'Ordonnance de 1670. & ce qu'a dit Bornier deſſus.

PARTIAIRE. *Voyez* Métayer partiaire.

PARTICULE CONJONCTIVE OU DISJONCTIVE. En Droit la particule conjonctive ſe prend quelquefois pour la disjonctive , & la particule disjonctive pour la conjonctive , ſuivant les circonſtances *Leg.* 53. *ff. de verbor. ſignif. leg. 4. cod. de rerum & verbo. ſign. Voyez* le Recueil de Juriſprudence de M. de Lacombe , *verbo* Disjonctive , *verbo* Subſtitution , part. 2. §. 1. nomb. 5. & 6. & *verbo* Teſtament , §. 4. diſt. 5. nomb. 5.

PARTIE , en terme de Palais , ſe dit de tous les plaideurs.

Les demandeurs & défendeurs , les appellans & les intimés , s'appellent Parties principales ; & les Parties intervenantes ſont celles qui s'y joignent par quelque intérêt , ou qui y ſont appellés en aſſiſtance de cauſe.

PARTIE CIVILE , ſe dit en matiere criminelle , de celui qui ſe déclare Partie contre celui qu'il accuſe d'avoir commis un crime. Il eſt appellé partie civile , parce qu'en concluant ſur ſa plainte il ne peut jamais demander qu'une réparation civile , par rapport à l'injure & au dommage que lui cauſe le crime dont il ſe plaint.

Après avoir ainſi conclu pour ſes intérêts civils , il laiſſe au Procureur du Roi à prendre telles fins & concluſions qu'il aviſera bon être , pour la réparation & vengeance publique du crime dont il eſt queſtion.

Celui qui a rendu ſa plainte , n'eſt pas pour cela Partie civile ; car lorſque la plainte ne porte pas la déclaration d'être Partie civile ; elle ne tient lieu que de dénonciation ; ſuivant l'article 5. du titre 3. de l'Ordonnance de 1670. mais au cas que la plainte ſoit calomnieuſe , celui qui l'a faite peut être pourſuivi comme calomniateur.

Il n'y a que celui qui a intérêt qu'un criminel ſoit puni , qui puiſſe ſe porter partie contre le criminel comme celui auquel un vol auroit été fait , ou l'héritier de celui qui auroit été tué.

Ceux qui n'y ont qu'un intérêt public , peuvent ſeulement ſervir d'inſtigateurs & de dénonciateurs envers le Procureur du Roi.

C'eſt donc un principe certain en France , que nul ne peut agir civilement ou criminellement , que ſuivant la meſure de ſon intérêt ; & que dès lors que l'intérêt d'un particulier eſt rempli , on ne ſouffre point qu'il intente d'action criminelle pour la vengeance du crime. Il n'y a que le miniſtere public qui puiſſe s'en plaindre , quand le Particulier eſt ſatisfait ; & alors ce particulier ne peut plus agir , ni ſe rendre dénonciateur.

Ainſi un parent après avoir reçu les réparations civiles de l'homicide de ſon parent , ne peut plus intenter un procès criminel contre le coupable qui auroit ſatisfait à ſon intérêt civil ; & s'il le faiſoit , outre qu'il ne ſeroit pas admis à une telle pourſuite , il ſeroit puniſſable ; *quia ſcilicet hominum malitiis non eſt indulgendum.*

Coquille , queſtion 12. explique qui ſont ceux qui peuvent être admis à dénoncer , ou à faire pourſuite d'un crime ; & ſi ceux qui ont commencé une telle pourſuite peuvent s'en déſiſter.

Lorſque l'accuſé eſt condamné à mort naturelle

ou civile , ordinairement la partie civile fait créer un curateur aux biens du condamné , pour être payée de fes intérêts civils.

Au refte , l'Ordonnance permet bien aux Juges de pourfuivre la vengeance d'un crime , quoiqu'il n'y ait ni dénonciateur ni partie civile : mais voici la diftinction que la Cour a toujours faite , c'eft lorfqu'il y a un corps de délit , & qu'il eft certain que le crime a été commis : mais à l'égard des crimes qui font dans le doute , & lorfque les parties intéreffées demeurent dans le filence , la Cour n'a jamais approuvé la diligence trop curieufe & trop affectée des Juges fubalternes , qui paroît alors trop fufpecte & hors d'œuvre.

PARTIE PUBLIQUE , eft le Procureur général ou fes Subftituts , qui ont feuls parmi nous le droit de pourfuivre la vengeance , & conclure à peines afflictives.

Chez les Romains il n'y avoit point de Partie civile. Mais en France , foit qu'il y ait un accufateur , foit qu'il y ait un dénonciateur , la Partie civile eft toujours le Procureur général , ou fes Subftituts.

La perfonne intéreffée eft bien admife à déferer le coupable à la Juftice , à découvrir les preuves pour la conviction du criminel , & les adminiftrer à la perfonne publique ; mais l'accufateur ou Partie civile n'a pas la liberté de conclure à la peine que mérite le crime ; il peut feulement conclure au payement du dommage qu'il a fouffert par le crime de l'accufé : & pour ce qui eft de la vengeance publique , nos Loix en faififfant la perfonne publique prépofée pour maintenir le bon ordre , n'accordent qu'à elle le droit de demander que la peine attachée à un crime foit impofée à celui qui en eft trouvé coupable.

La pratique de France eft en cela bien différente de celle des Romains ; car fuivant les Loix civiles , celui qui étoit accufateur concluoit , & à la réparation du dommage , & à la peine afflictive que méritoit le crime de l'accufé. Mais en France , les actions criminelles ne font point comme dans le Droit Romain , populaires & publiques , c'eft-à-dire qu'elles n'appartiennent point au premier d'entre les Citoyens qui veut s'en faifir & les pourfuivre. Les actions criminelles non plus que les civiles ne peuvent , felon nos mœurs , s'exercer que par ceux qui y font intéreffés ; encore en fait d'action criminelle , la Partie civile ne conclut qu'à fes intérêts civils ; mais la partie de l'action criminelle qui regarde le crime , & la peine dont le coupable doit être puni , ne peut être exercée par cette même perfonne , mais feulement par la partie publique , comme nous l'avons dit.

L'article 19. du titre 25. de l'Ordonnance de 1670. enjoint aux Procureurs du Roi & à ceux des Seigneurs , de pourfuivre inceffamment ceux qui feront prévenus de crimes capitaux auxquels il échoira peine afflictive , nonobftant toutes tranfactions faites entre les Parties.

Mais à l'égard des délits qui ne font point capitaux, ou auxquels il n'échoit point de peine afflictive , les procureurs du Roi & des Seigneurs ne doi-

vent pas s'y interpofer pour en prendre vengeance ; *quia non ad publicam læfionem refpiciunt , fed rem duntaxat familiarem* , comme il eft dit *verbo* Vindicte publique.

Les Procureurs du Roi & des Seigneurs Hauts-Jufticiers peuvent donc pourfuivre , pour raifon d'un crime , celui qui en eft foupçonné , & cela *ex officio* fur le foupçon public , & fur des indices , fans que pour raifon de ce ils puiffent être tenus des dommages & intérêts envers l'accufé , en cas qu'il ne puiffe être convaincu ; car comme il eft de l'intérêt public , *delicta non manere impunita* , ils doivent faire la recherche des crimes & des criminels , fans être expofés à aucune peine , faute de preuve fuffifante.

Comme leur charge les y oblige , on préfume que l'accufé qui a été renvoyé abfous , n'a reçu d'eux aucune injure , puifqu'ils n'ont fait cette pourfuite que pour l'intérêt & le repos public , *cujus funt Affertores.*

Il fuffit qu'il y ait une raifon probable pour dénoncer celui que l'on foupçonne d'avoir commis un crime. *Sanè fi probabilem deferendi criminis caufam quis habuerit , non exigimus ut fufficientes & plenas afferat probationes. Faber ad titulum , cod. de accufat.* Cette regle doit être encore plus certaine à l'égard d'un Officier , à qui la Loi ordonne de pourfuivre les crimes pour l'intérêt public , parce que fes pourfuites font forcées & néceffaires. Ainfi , quand l'accufé juftifieroit de fon innocence , cet Officier ne feroit garant que de la fincérité de fes intentions. Il fuffit même qu'il s'agiffe par la feule inftigation de la commune renommée , *inftigante famâ* , pour que fon erreur paroiffe avoir un fondement folide.

Mais fi un Procureur du Roi ou un Procureur d'un Seigneur Haut-Jufticier avoit accufé un Particulier d'un crime commis , dont on ignoreroit l'auteur , & qu'il l'eût accufé par dol , concuffion , ou calomnie évidente , il feroit condamné aux dépens , dommages & intérêts de l'accufé , parce qu'en ce cas il feroit confidéré comme un dénonciateur particulier.

Au refte , quand le procureur du Roi , ou celui du Seigneur Haut-Jufticier , qui a commencé contre un Particulier la pourfuite d'un crime , reconnoît l'innocence de l'accufé , il doit s'en défifter à l'inftant.

Voyez Guy-Pape , queft. 269. & *Boërius* , décif. 324. *in princip.*

PARTIES CASUELLES , font des deniers provenans des Offices venaux & cafuels , foit en vaqué par mort , ou les droits qui fe payent à chaque réfignation , qu'on taxe au quart ou huitieme deniers , ou le droit annuel , appellé Paulette , & les prêts qu'on paye d'année en année pour les conferver.

Quand un Office eft tombé aux Parties cafuelles , & que Sa Majefté en fait don au préfomptif héritier du titulaire , ce préfomptif héritier n'eft pas pour cela cenfé faire acte d'héritier , & par conféquent n'eft pas tenu des dettes du défunt , s'il ne veut point accepter la fucceffion , parce qu'il ne tient cet Office que de la libéralité du Roi ; ce qui ne l'engage en aucune maniere aux dettes de la succession.

Au reste , celui qui fait la recette des deniers procédans des Offices , & qui appartiennent au Roi , est appellé Trésorier des Parties casuelles.

Voyez verbo Casuels , ce que j'ai dit de la signification de ce mot.

PARTISAN ou FINANCIER , est un homme qui fait des traités , des partis avec le Roi , qui prend ses revenus à ferme , qui se charge de la recherche & du recouvrement des impôts , & qui en donne aussi les avis & les mémoires.

Le but de la plûpart de ces gens-là qui se rendent comptables des deniers du Roi est toujours de n'y rien perdre , comme de raison ; mais il s'en trouve quelques-uns qui y font des gains excessifs , que Sa Majesté établit de temps en temps des Chambres de Justice , pour leur ôter une partie de ce qu'ils ont tiré du public, au-delà de ce qui leur en devoit revenir.

Voyez Comptables.

PASNAGE ou PARNAGE , est un droit seigneurial qui est dû au propriétaire d'une Forêt , pour la glandée & paison des porcs ou autre bétail. *Voyez* ce qui en est dit dans le Glossaire du Droit Francois.

PASSAGE. Droit de passage , est le droit de passer sur le fonds d'autrui.

Voyez ce que j'ai dit sur le commencement du troisieme titre du second livre des Institutes, & sur le commencement du neuvieme titre de la Coutume de Paris. *Voyez* aussi Peleus , quest. 108. & Louet lettre C, sommaire 1.

PASSE-AGÉ , est un acte que le Juge délivre en Normandie , par lequel il notifie qu'il lui a apparu de la naissance & de l'âge de vingt ans accomplis , de celui à qui cet acte est accordé par le Juge : ce qu'il ne fait qu'en connoissance de cause.

Quoique la majorité coutumiere soit établie par la Loi , elle existe sans aucun ministere de Justice, & donne la faculté de contracter valablement ; néanmoins on a coutume en Normandie de prendre du Juge un acte de passe-âgé , pour la notoriété de cette majorité coutumiere.

Cette acte n'est accordé par le Juge , qu'après qu'il lui est apparu de la naissance & de l'âge de vingt ans accomplis , dans la personne de celui qui se dit majeur de majorité féodale.

Il y a plus , c'est que le Juge peut quelquefois (en Normandie) apposer de la restriction à l'acte de passe-âgé , & faire défenses au majeur de majorité coutumiere d'aliéner ses biens , qu'après un certain tems pour peu qu'il y ait ou d'imbécillité ou de prodigalité , de mauvaise conduite alléguée & prouvée par les parens ; & en ce cas, il faut que la restriction soit publiée en l'assise de la Jurisdiction du domicile du majeur interdit.

Voyez Pesnelle , sur l'article 223. de la Coutume de Normandie , &c.

PASSEPORT , est un ordre par écrit donné par le Souverain , ou par celui qui a pouvoir de lui , pour la liberté & la sûreté du passage des personnes, des hardes, des marchandises , &c.

PATENTES. *Voyez* Lettres patentes.

PATERNA PATERNIS , MATERNA MATERNIS. Suivant le Droit Romain , qui ne reconnoît point de propres ; c'est toujours le plus proche parent du défunt qui est appellé à sa succession , tant pour les immeubles sans aucune distinction , que pour les effets mobiliers. C'est ce qui se pratique dans le Pays de Droit écrit.

Mais dans la France coutumiere , il n'en est pas de même à l'égard des immeubles qui sont propres paternels ou maternels ; car pour être admis à la succession des propres du défunt, il faut lui être parent du côté paternel ou maternel , suivant que lui sont avenus les héritages qui lui sont propres.

C'est ce que nous marque cette regle , *paterna paternis , materna maternis* , qui s'est introduite dans les Coutumes de France , afin que les biens soient conservés dans les familles desquelles ils proviennent.

Cette regle est très-ancienne : quelques-uns la prétendent plus ancienne que la Monarchie. Imbert dans son Enchiridion dit qu'elle a été de tout temps observée dans le Royaume.

Voici ce qu'en dit Dumoulin , sur l'article 24. de la Coutume de Sens , & *Consil.* 7. num. 48. *prædicta consuetudo , quòd hæredia antiqua sint affecta lineæ seu gentilitati , fuit originalis Francorum & Burgundiorum ; & per Constitutionem Caroli Magni , primi Franciæ Imperatoris , prorogata fuit etiam ad Saxones , ut testatur Baldus , Consil.* 174. *lib.* 15. *& dixi in Tract. contra abus. in proem. num.* 2.

Comme cette regle n'est pas conforme aux Loix Romaines, qui déferent les successions au plus proche parent du défunt , sans distinction de côté & ligne , elle n'a pas été reçue en Pays de Droit écrit , comme nous l'avons remarqué ci-dessus.

Mais quoiqu'elle ait été admise dans la plûpart de nos Coutumes , elle y a été reçue bien différemment : de sorte qu'il faut admettre plusieurs sortes de Coutumes touchant la succession des propres , comme nous le ferons voir , après avoir donné une idée générale de ce que cette regle contient.

Cette regle du Droit coutumier veut que dans la succession de celui qui ne laisse que des héritiers collatéraux, les propres appartiennent à ceux du côté duquel ils sont échus au défunt , sans avoir aucun égard à la prérogative de degrés , qui se pourroit trouver dans un parent d'un autre côté que celui d'où les héritages sont venus au défunt.

Ces propres appartiennent donc aux plus proches parens du défunt , du côté & ligne d'où ces propres lui étoient venus , quoique plus éloignés en degré que d'autres parens du défunt de l'autre ligne. Ainsi jugé par Arrêt du 18. Septembre 1579. rapporté par le Vest , Arrêt 291.

Par exemple, Titius laisse pour héritiers un frere consanguin , & un frere uterin ; ces deux freres doivent partager entr'eux les meubles & les acquêts par portions égales ; mais pour ce qui est des propres, suivant notre regle , le frere consanguin succede seul aux propres paternels du défunt , parce qu'il est seul son frere de pere ; & il partage ses
propres

propres maternels avec le frere uterin, comme étant tous deux enfans d'une même mere.

Mais pofons que Titius ait laiffé un frere uterin, & un coufin iffu de germain, pour plus proche parent du côté paternel, & qu'il y ait dans la fuccef-fion deux héritages, dont l'un foit échu du côté maternel, & l'autre du côté paternel ; en ce cas le frere uterin fuccédera dans l'héritage maternel. & le coufin iffu de germain dans l'héritage paternel, quoiqu'il foit plus éloigné de degré que le frere uterin.

Avant que d'entrer dans ce qui concerne les dif-férentes manieres dont cette regle a été reçue par diverfes Coutumes, il faut obferver :

I°. Que cette regle eft inutile par rapport à la ligne directe attendu qu'elle ne peut pas y avoir lieu, puifque les defcendans fuccedent indiftincte-ment à tous les biens de leurs afcendans, foit pro-pres, acquêts ou meubles, à l'exclufion de tous autres héritiers : d'où il s'enfuit que cette regle ne peut avoir fon effet que quand il s'agit des biens d'une perfonne qui eft décedée fans hoirs.

II°. Que cette regle a lieu en ligne collatérale à l'infini. *Hæc regula* Paterna paternis, Materna maternis, *in lineâ.collaterali procedit, in eaque lo-cum habet in infinitum. Voyez* Charondas liv. 3. rep. 18. & liv. 13. rep. 77.

Pour bien entendre à qui les propres d'un défunt appartiennent en Pays Coutumier, il ne fuffit pas de fçavoir en général la regle *Paterna paternis, ma-terna maternis* ; il faut diftinguer trois fortes de Coutumes pour connoître les différentes manieres dont cette regle a été reçue en Pays coutumier, & les différens effets qu'elle y produit.

La premiere eft de celles qui admettent fimple-ment la regle *paterna paternis, materna maternis*, fans avoir égard à la fouche ni à la ligne d'où les héritages font parvenus au défunt.

Telles font les Coutumes de Chartres, art. 44. & de Normandie, art. 244.

Dans ces coutumes, pour fuccéder aux propres, il n'eft pas néceffaire de remonter au premier ac-quéreur de l'héritage ; il fuffit d'être le plus proche parent du côté d'où eft échu l'héritage au défunt, quoiqu'on ne le foit pas de l'acquéreur.

Par exemple, mon bifaïeul paternel a acquis une maifon avant fon mariage ; elle a paffé par fucceffion à mon aïeul, enfuite à mon pere, & enfin à moi : fi un defcendant du frere de ma bifaïeule fe trouve mon plus proche parent au jour de mon décès, il me fuccédera dans cette maifon, quoique je laiffe des parens qui foient de l'eftoc & ligne de mon bifaïeul acquéreur, s'ils ne me font parens que dans un degré plus éloigné.

La raifon eft,que dans ces Coutumes il fuffit d'être le plus proche parent paternel au défunt, pour lui fuccéder dans un propre qui lui eft échu du côté paternel.

Il faut dire auffi, que quoique mon aïeule pater-nelle ne foit pas defcendante de mon bifaïeul acqué-reur de l'héritage,& par conféquent que les defcen-dans d'icelle ne foientpas de l'eftoc & ligne de mon bifaïeul ; néanmoins ces defcendans de mon aïeule

paternelle fuccéderoient à cet héritage, s'ils étoient mes plus proches parens du côté de mon pere, & feroient préférés à ceux qui me feroient parens du côté de mon bifaïeul acquéreur, s'ils étoient plus éloignés.

La feconde eft de celles qui n'admettent pas feu-lement la regle *paterna paternis, &c.* mais qui veu-lent encore que pour fuccéder aux propres, on foit du tronc commun, c'eft-à-dire,que l'on foit defcendu en ligne directe de l'acquéreur ; faute de quoi on n'y fuccede point comme à un propre,mais il appartient au plus proche parent, comme fi c'étoit un acquêt.

Telle eft la Coutume de Mantes, & quelques autres que l'on appelle foucheres, à caufe que pour fuccéder à un héritage propre, il faut que cet héri-tage ait appartenu à celui qui a fait le tronc com-mun & ancien entre le défunt & celui qui vient lui fuccéder audit héritage.

Par exemple, fi j'ai fuccédé à mon pere à une maifon qu'il auroit achetée, & que je meure fans enfans, laiffant un oncle paternel, un coufin pa-ternel, & un frere uterin ; dans la Coutume de Paris, l'Oncle feroit préféré comme le plus proche parent paternel, & le frere uterin feroit exclus, n'étant pas du côté paternel, duquel m'eft venue cette maifon, & qui a été en ma perfonne propre naiffant paternel.

Mais dans les Coutumes foucheres, le frere uterin feroit préféré, parce que cette maifon n'a pas appartenu à celui qui a fait le tronc com-mun & ancien entre moi, mon oncle, ou mon coufin germain paternel. Il faudroit pour cet effet qu'elle eut appartenu à mon aïeul ; de forte que dans ce cas, on ne peut pas y fuccéder comme à un propre : c'eft pourquoi le frere uterin y fuc-cede comme plus proche parent.

La troifieme, eft de celles qui admettent la regle *Paterna paternis*, qui veulent & que pour fuccéder à un propre, on foit parent du défunt du côté & ligne du premier acquéreur de l'héritage, fans néanmoins qu'il foit néceffaire pour y fuccéder, que l'on foit defcendu en ligne directe de l'ac-quéreur, c'eft-à-dire, de celui qui a acquis le pre-mier l'héritage, & qui l'a mis le premier dans la fa-mille. Telle eft la coutume de Paris, & la plus grande partie de nos autres Coutumes.

Ces Coutumes gardent un milieu entre les Cou-tumes foucheres, & celles qui appellent à la fuc-ceffion des propres le plus proche parent du défunt du côté paternel ou maternel, fans avoir égard s'il eft le plus proche du côté & ligne du premier ac-quéreur de l'héritage.

En effet, il n'eft pas requis dans la Coutume de Paris, & dans les autres qui ont une difpofition femblable, d'être defcendu de l'acquéreur de l'hé-ritage pour y fuccéder : il ne fuffit pas auffi d'être plus proche parent du côté paternel ou maternel ; il faut encore être parent du défunt & fon plus proche du côté & ligne de l'acquéreur de l'héritage.

Voyez Côté & ligne.

Mais on demande fi l'on doit fuppléer à cette regle, *Paterna paternis, materna maternis*, dans les Coutumes qui n'en font aucune mention ?

Papon , liv. 21. tit. 1. nomb. 9. dit qu'en ligne collatérale , celui qui eſt le plus proche en de-gré , hors les termes de *repréſentation* , doit ſuccé-der pour le tout au défunt ; & que la regle *paterna paternis* , *materna maternis*, n'a point lieu , ſi ce n'eſt dans les Coutumes qui en ont une diſpoſition préciſe, attendu que cette regle eſt contre le Droit commun.

Il fait mention d'un Arrêt du Parlement de Paris qui l'a jugé ainſi. Il ne date point cet Arrêt , mais il dit qu'il eſt rapporté par du Luc, au titre des hé-rédités *ab inteſtat*, Arrêt 3. liv. 8. Ce dernier Auteur ne le date pas non plus ; il en rapporte ſeulement le prononcé , & dit qu'il a été rendu , *conſultis Claſſibus , quod eâ re ad exemplum ſæpius revocatum iri videretur.*

Si ce qu'avancent ces Auteurs étoit en uſage de leurs tems, la Juriſprudence a depuis changé ; car on tient communément au Palais, que l'on doit ſuppléer à cette omiſſion, & que pourvû qu'il n'y ait point dans une Coutume de diſpoſition con-traire , cette regle doit avoir lieu.

La raiſon eſt , que cette regle a été conçue par la plûpart de nos Coutumes qui l'ont admiſe préciſe-ment : d'où l'on peut conclure qu'elle eſt devenue regle de notre droit coutumier. Or les diſpoſitions du Droit commun doivent être ſuppléées dans les Coutumes qui n'ont point de diſpoſitions contraires. *Voyez* Chopin dans ſes remarques ſur les Coutumes, queſt. 1. & M. Lebrun en ſon Traité des Succeſſions liv. 2. chap. 1. ſeɛ̃t. 2. nomb. 9.

Mais il faut obſerver que dans ces Coutumes qui n'ont point de diſpoſition préciſe pour l'affeɛ̃tation des propres à la ligne d'où ils procédent , il ſuffit d'être le plus proche parent du défunt pour avoir les propres paternels , *& vice verſâ.*

Dans ces Coutumes , l'héritage venu d'un frere mort ſans enfans dans la ſucceſſion du frere héritier, appartient donc au plus proche parent du côté de ce premier frere , quoique cet héritage n'ait pas fait ſouche depuis lui, puiſqu'il n'a pas eu d'enfans, à l'excluſion des parens paternels ou maternels du même frere plus éloigné.

La raiſon eſt , que dans ces ſortes de Coutumes il ſuffit pour ſuccéder à un propre , d'être le plus proche parent du côté de la ſucceſſion duquel il eſt échu à celui *de cujus bonis agitur.*

Il eſt vrai qu'en ce cas la regle change de nom , & devient en effet la regle *fraterna fraternis:* mais cela eſt dans l'intention de notre regle *paterna paternis* , qui eſt ſimple & ſans embarras , & qui tient d'une autre regle , qui dit *le mort ſaiſi le vif* , *ſon plus prochain , &c.*

Touchant la reg'e *paterna paternis* , *materna maternis* , voyez ce que j'ai dit ſur l'article 326. de la Coutume de Paris ; Bacquet en ſon Traité des Droits de Desherence, chap. 4. & en ſon Traité des Droits de Juſtice, chap. 21. nomb. 26. Brodeau ſur Louet , lettre P , ſomm. 28. nomb. 5. & 6. le Traité des Propres de M Renuſſon ; M. le Prêtre ès Arrêts de la cinquieme & premiere cent chap. 71. le Veſt , Arrêt 56. Peleus, queſt. 139. Henrys , liv. 6 chap. 1. queſt. 3. & 4. M. le Brun en ſon Traité des Suc-

ceſſions liv. 2. chap. 1. ſeɛ̃t. 2. & ſuivantes ; & les Obſervations faites par M. François Guiné en ſon Traité de la Repréſentation.

PATIBULAIRE, ſe dit de ce qui concerne le gibet. *Voyez* Fourches patibulaires.

PATRIMOINE, ſe prend quelquefois pour toute ſorte de biens ; dans une ſignification moins étendue , il ſe prend pour un bien de famille.

Quelquefois même ce terme ſignifie que ce qui eſt venu à quelqu'un par ſucceſſion de pere ou de mere , ou de quelqu'autre aſcendant.

PATRIMOINE DU ROI. *Voyez* Domaine particulier du Roi.

PATRIMONIAL, ſe dit d'un immeuble qui vient de ſucceſſion de pere , mere , aïeul , &c. que nos Coutumes appellent un propre , & qu'elles diſtinguent des biens d'acquiſition. *Voyez* Propre. *Voyez* Acquêts.

PATRON , étoit chez les Romains , celui qui avoit donné la liberté à un eſclave. Il s'entend quelquefois parmi nous du Seigneur , lequel eſt appellé *Patronus feudalis.*

Les Avocats ſont auſſi appellés *Patroni* , comme gens qui prennent ſous leur proteɛ̃tion les cliens dont ils défendent les intérêts.

PATRON , en Droit Canonique eſt celui qui a fondé , bâti ou doté une Egliſe : en conſéquence de quoi il a droit de préſenter à l'Evêque un Ec-cléſiaſtique pour deſſervir l'Egliſe.

Il a encore le premier rang dans les Proceſſions ; il a la premiere place dans le Chœur ; il y a droit de ſépulture ; on lui donne du pain béni & de l'eau bénite le premier ; & le Curé exhorte ſes Paroiſ-ſiens à la Meſſe paroiſſiale de prier pour le Patron *nominatim.*

Lorſqu'un Patron eſt hérétique , il eſt privé du droit de Patronage juſqu'à ce qu'il abjure. *Voyez* le Diɛ̃tionnaire de M. Brillon , verbo Héréſie.

Nous ne nous étendons pas ſur cette matiere , attendu que nous devons la traiter tout au long dans le Diɛ̃tionnaire du Droit Canonique.

PATURAGE , eſt en quelques lieux un droit que le Seigneur leve ſur chacun de ſes Sujets , ou de ſes habitans , qui font paître leurs troupeaux ſur ſa terre.

En la Coutume de Vitry-le-François , ce droit s'appelle droit de Paſquis ; dans celle de Senlis , il ſe nomme droit de Paſſage ; & dans celle de Meaux , droit de pâturage ou de paiſſon.

PATURAGE , ſignifie auſſi le droit de faire pâturer ſes beſtiaux ſur certaines terres.

Les Communes d'un Village ont droit de pâtu-rage dans ſes Varennes ; de ſorte qu'il n'en coûte rien à chaque habitant pour le pâturage de ſes beſtiaux.

L'on peut acquérir le droit de pâturage ſur les terres d'autrui par titre ou par preſcription d'un tems immémorial. *Jus paſcendi in agris vicinis cùm habeant diſcontinuam cauſam , titulo tantum vel tem-pore cujus non extet memoria acquiritur ; & probatio debet fieri rejeɛ̃tis omnibus quorum animalia paſcun-tur in paſcuo controverſo. Mornac ad legem 3. ff. de ſervitutibus ruſticor. Voyez* le Veſt , Arrêt 208. &

209. Henrys tom. 1. liv. 4. chap. 6. queft. 79. Chorier en fa Jurifprudence de Guy-Pape, page 330.
& Loyfel, liv. 2. tit. 2. regle 20. & fuivantes ; &
les notes de M. Lauriere.

*Illa fervitus pafcendi pecoris pafcua tantum & fylvas
refpicit, nec poteft ad vineas extendi.*

Ainfi par Arrêt du 13. Juillet 1545. rendu au
Parlement de Touloufe, fur les délibérations des
trois Etats de Languedoc, fur le fait des pâturages, défenfes ont été faites de mettre bétail aux
vignes, & de contrevenir en aucune maniere à
l'Arrêt donné par la Cour fur le fait des pâturages. La Rocheflavin, livre 3. Lettre P, titre 1.
Arrêt 6.

*Illa fervitus pafcendi pecoris pro certâ tantum an-
ni parte conftitui poteft ; ità tamen ut qui jus illud
habet, eo moderatè utatur. Vide Fanc. Marc. tom.
1. queft. 223.*

Il n'eft donc pas permis de fe fervir du droit de
pâturage dans tous les tems de l'année.

La Coutume d'Orléans en l'article 154. porte
qu'en tems de glandée & paiffon, aucun ne peut
aller ni mener pâturer fes bêtes aux efcrues des bois
venus ès terres labourables qui ne lui appartiennent, depuis le jour de S. Rémy jufqu'au premier
de Janvier, ni ès forêts & autres bois anciens, en
quelque tems que ce foit, s'ils ne font fiens, ou
qu'il ait titre ou privilege exprès du droit d'ufage.

Voyez le traité de la Police, tom. 2. liv. 5. titre 17. Henrys, tome 1. livre 4. chapitre 6. queftion 79. Papon, liv. 14. tit. 1. la Bibliotheque de
Bouchel, *verbo* pâturage; Bouvot fous ce même
mot; Taifand, fur le titre 13. de la Coutume de
Bourgogne; Chaffanée, *ibidem*; Boniface, tom. 4.
livre 3. tit. chap. 3. & fuivant livre 10. titre 3.
chapitre 8. l'Ordonnance des Eaux & Forêts de
1669. titre 19. & la Conférence qui en a été faite
en deux volumes *in-quarto*; Defpeiffes, tome 3.
page 192. Coquille, tome 2. page 167. & de fes
queftions, page 315. & en fa Coutume de Nivernois, titre des Servitudes réelles; Louet fous les
mots Pâturages & Ufages. *Voyez* ci-après, fous
le mot Ufage.

On diftingue deux fortes de pâtures; fçavoir,
les graffes & les vaines.

Graffes pâtures ou vives pâtures, font les endroits où il eft défendu de faire paître des beftiaux
dans des certaines faifons réglées par la Coutume,
& par l'Ordonnance des Eaux & Forêts.

Par exemple, il n'eft pas permis de faire pâturer
des bêtes fur des terres qui s'enfemencent,
qu'après la récolte; dans les prés, qu'après qu'ils
ont été fauchés, encore ne faut-il pas qu'ils foient
à deux gerbes.

Il n'eft pas non plus permis de faire paître des
beftiaux dans les bois, qu'ils ne foient déclarés dé-
fenfables. Il n'eft pas plus permis de les y faire
paître dans le tems de glandée.

On appelle encore graffes pâtures, des landes,
marais, pâtis & bruyeres, qui appartiennent à des
Ufagers, où il n'y a qu'eux feuls qui puiffent faire
pâturer leurs beftiaux.

Voyez l'article 146. de la Coutume de Sens ;

l'article 267. de la Coutume de Châlons ; celle de
Bourgogne, chap. 13. article 4. l'article 205. &
fuivans de celle de Bar, avec l'Ordonnance de
1669.

Vaines pâtures, font les grands chemins, les
prés après la dépouille, les guerets & terres en fri-
che, & généralement tous les héritages où il n'y a
ni fruits ni femences, & qui par l'ufage du pays
ne font en défenfe. Les bois de haute futaie, les
taillis après le quatrieme ou cinquieme bourgeon,
font auffi vaines pâtures, aux lieux où la Coutume ne les a pas exceptés. Enfin toutes accrues font
réputées vaines pâtures.

Vaines pâtures ont lieu de clocher à clocher ;
mais les graffes n'appartiennent qu'aux commu-
niers de la Paroiffe.

En Normandie, chaque habitant n'a pas la faculté de faire pâturer dans les communes de la Paroiffe, ou dans les terres vuides & non cultivées,
autant de bêtes qu'il lui plaît ; mais ils le doivent faire de maniere que le nombre des bêtes qu'ils envoient paître, foit proportionné à la quantité des
héritages qu'ils poffedent dans le même territoire,
parce que ces terres étant communes, chacun en
doit avoir fa part. *Voyez* Bafnage, fur l'art. 82. de
la Coutume de Normandie.

Dans cette Province, il eft défendu en tout tems
de mettre les chévres, les porcs & autres bêtes
malfaifantes, pâturer dans les terres communes
parce que leur morfure fait mourir les herbes, &
gâte l'autre bétail ; de forte qu'on peut les tuer
quand on les trouve en dommage, pourvû que le
propriétaire ait été averti auparavant de ne les plus
envoyer paître dans les terres communes. *Voyez*
l'Auteur de l'Efprit de la Coutume de Normandie,
page 51.

PAULETTE, eft un droit annuel que les
Officiers font obligés de payer au Roi pour donner
l'hérédité à leurs Charges & tranfmettre à leurs
héritiers le droit de nommer qui ils voudront au
Roi pour en être pourvu.

Ce droit eft appellé annuel, parce que quoiqu'il
ne s'exige pas, il fe doit néanmoins payer tous les
ans ; en forte que fi un Titulaire mouroit dans une
année pour laquelle il n'auroit pas payé la Paulette, fa Charge tomberoit aux Parties cafuelles.

Cela fait voir que ce droit eft un expédient qui
conferve & perpétue les Offices, & qui les rend
comme héréditaires, en ce que le prix en eft confervé à la fucceffion de ceux qui en font pourvus,
& qui viennent à décéder après avoir payé ce
droit pour l'année dans laquelle ils meurent.

Il eft appellé Paulette, parce que cette hérédité
des charges que ce droit procure, a été introduite
à la pourfuite de Charles Paulet, d'abord par Arrêt du Confeil du 7. Septembre 1604. fur lequel le
12. du même mois fut faite la Déclaration en forme d'Edit, qui fut feulement publiée en la Grande
Chancellerie.

Par cette Déclaration, le Roi difpenfa des quarante jours de furvie depuis la réfignation des Offices, ainfi qu'il étoit porté par l'Edit de François
I. moyennant une rente annuelle, dont la quittan-

ce difpenfe des fufdits quarante jours, & donne la faculté aux héritiers de nommer qui ils voudront pour être pourvû de l'Office.

Ce droit annuel eft le foixantieme denier du prix de la charge, ou autre, felon qu'il eft arrêté au Confeil.

Il a été établi fur le fondement que les Offices ne font véritablement que des commiffions attachées & inhérentes aux perfonnes des Officiers qui en font pourvus, & qui par conféquent finiffent par leur mort & dont il ne leur eft pas libre de difpofer. Cela eft fi vrai, que les Titulaires ne les peuvent pas tranfmettre à qui que ce foit, parce que la propriété & le corps de l'Office appartient toujours & réfide en la perfonne du Roi, qui en eft le collateur.

Pour faire paffer un Office d'une perfonne à une autre, il faut donc qu'il devienne vaquant par la mort du titulaire, par forfaiture de fa part, ou par réfignation : & dans ce dernier cas il faut que l'Office foit remis entre les mains du Roi ou de Monfeigneur le Chancelier, par la démiffion que le Titulaire en fait par fa procuration *ad refignandum*, qui eft un acte par lequel il fe démet entièrement de tout le droit qu'il a dans l'Office, & le remet entre les mains du Roi, pour en pourvoir celui au profit duquel la réfignation eft faite fous le bon plaifir de Sa Majefté.

Comme après cette démiffion il ne refte plus au Titulaire aucun droit dans l'Office, qui n'eft à proprement parler qu'une commiffion, nos Rois ont cru qu'il leur étoit loifible d'agréer ou de rejetter la réfignation, & d'y appofer telle condition que bon leur fembleroit.

François I. par fon Edit ne permit la réfignation des Offices, qu'à la charge que le réfignant furvivroit quarante jours après la réfignation ; finon que l'Office tomberoit dans les Parties cafuelles.

Quand la réfignation avoit lieu, & que le réfignant furvivoit les quarante jours, il falloit toujours faire agréer du Roi cette réfignation, & lui donner une fomme d'argent, qui, quoique modique, ne laiffoit pas de marquer le droit qu'il avoit dans la chofe.

Enfin, depuis a été introduit fous Henri IV. le droit de Paulette, qui a rendu les Charges comme héréditaires, fans néanmoins en changer véritablement la nature, car ce ne font toujours que des commiffions dépendantes du Roi ; de forte que ni le Titulaire, ni fes héritiers, n'en peuvent difpofer encore aujourd'hui que fous fon agrément.

Ainfi ce ne font pas véritablement les Offices qui font héréditaires, mais c'eft uniquement le prix, en ce qu'il eft confervé à la fucceffion du Titulaire par le moyen de la Paulette, lorfqu'il fe trouve au jour de fa mort qu'il a payé ce droit pour l'année. Bien plus, quand ce droit annuel fe trouve payé au jour du décès du Titulaire, fon Office, ou pour mieux dire, le prix de fon Office eft confervé, non-feulement à fes héritiers, mais même à fes créanciers ; & au cas qu'un Officier foit négligent de payer au commencement de chacune année ce droit de Paulette, il eft permis à fes créanciers de le

payer pour lui, pour fe conferver un gage qui autrementpériroit.

Quand ce droit n'a pas été payé par un Officier, ni par fes créanciers, au commencement de l'année, s'il vient à décéder dans le cours de cette année, fa charge tombe aux Parties cafuelles, & après que la taxe en a été faite au Confeil, elle s'infcrit dans un rôle qui fe communique au Public pendant quelques jours, après lefquels, dans l'adjudication qui s'en fait au plus offrant, on préfere les veuves, héritiers ou ayans caufes, fuivant la Déclaration du mois de Février 1672.

Comme il arrive fouvent que le vendeur d'un Office ne reçoit qu'une partie du prix convenu, ou que des particuliers prêtent leurs deniers pour l'acquifition d'un Office, il eft de leur intérêt de ftipuler dans le traité qu'ils font, que l'acquéreur fera obligé de payer le droit annuel chaque année, & de leur en fournir la quittance dans la huitaine après le Bureau ouvert, afin que l'Office foit confervé.

Alors, au cas que le pourvû de l'Office foit négligent de payer ce droit annuel, le vendeur, ou un de fes créanciers privilégiés, peuvent le payer dans la quinzaine de l'ouverture du Bureau, ayant préalablement fommé le Titulaire de l'Office de le payer ; & le Tréforier ou le Commis à la recette du droit annuel ne peut, fur la fommation faite au Titulaire, réfufer d'en recevoir le payement, & d'en donner quittance.

Celui qui a fait le payement de la Paulette, eft préféré à tous autres créanciers, quelque privilege qu'ils aient fur l'Office, jufqu'à concurrence des deniers payés pour ledit droit.

Voyez le Dictionnaire de M. Brillon, *verbo* Paulette ; & celui de Chafles, *verbo* Prêt & Droit annuel.

PAUVRETÉ N'EST PAS VICE ; mais en grande pauvreté n'y a pas grande loyauté. Inftitutions coutumieres de Loy el, liv. 5. tit. 5. nomb. 16. *Rara viget probitas, ubi regnat grandis egeftas.*

La pauvreté ne donne donc que de mauvais confeils, & eft mere de quantité de crimes, qui dans une République bien policée, ne doivent pas demeurer impunis. Auffi les mandians & vagabonds qui enlevent des enfans, & les mutilent pour en faire des objets de compaffion, font punis de mort. *Voyez* Plagiaire.

En effet il y a quelques vagabonds accablés de la pauvreté, qui n'ayant pas affez de courage pour la vaincre par leur travail, fe font de leur oifiveté un métier utile, qui leur fert à vivre de leurs bleffures & de leurs maladies ; ils ne s'étudient qu'à fe donner de la difformité, & à fe rendre un fpectacle hideux, pour exciter davantage la commifération.

La pauvreté eft un moyen de s'excufer de la charge d'une tutelle, tant en pays coutumier, qu'en pays de Droit écrit.

Une perfonne à qui on auroit légué l'ufufruit de quelques immeubles, n'en pourroit demander la jouiffance, qu'en offrant bonne & fuffifante caution à l'héritier du défunt ; mais fi elle étoit fi pauvre qu'elle n'en pût trouver, elle ne doit pas être privée de ce legs ; & en ce cas le Juge doit ordonner , par forme de fequeftre , que les immeubles feront donnés à ferme, & que le prix du bail fera payé à la fin de chaque année à celui à qui l'ufufruit en a été légué.

PAYEMENT , eft la preftation naturelle ou civile de la chofe dûe au créancier , ou à celui qui a charge ou droit de recevoir en fa place.

Mais il n'importe qu'elle foit faite par le débiteur ou par un autre même contre fa volonté ; car en ce cas le débiteur n'en eft pas moins acquitté.

Pour qu'un payement foit valable , & libere le débiteur , plufieurs conditions font requifes.

La premiere eft , qu'il foit fait de la chofe dûe ; car le créancier ne pourroit pas être contraint de recevoir en payement une chofe pour une autre. *Aliud pro alio , invito creditore , folvi non poteft. Leg. 2. ff. de reb. cred.* D'où il s'enfuit qu'un débiteur ne pourroit pas donner à fon créancier des héritages en payement , pour & au lieu d'une fomme qu'il lui devroit , à moins qu'il n'y confentit. Guy-Pape, queft. 358. Bouvot, tom. 2. *verbo* Detteurs, queft. 7. fur Frain, pag. 87. de fes additions aux notes ; Soefve , tom. 2. cent. 4. chapitre 77.

Le créancier ne peut pas non plus demander l'eftimation de la chofe qui lui eft dûe ; il ne peut demander que la chofe *in fpecie* , à moins qu'elle ne fut plus exiftante , & qu'elle fut perie par la faute du débiteur ; auquel cas l'eftimation tiendroit lieu de la chofe même , *quia impoffibilium nulla eft obligatio.*

Le débiteur ne pourroit pas non plus contraindre fon créancier à recevoir en payement l'eftimation de la chofe par lui dûe , à moins qu'elle ne fut plus exiftante , & que le débiteur ne fût pas liberé par fa perte.

La deuxieme eft , que le payement foit fait par le débiteur , ou autre en fon nom qui ait la libre adminiftration de fes biens : d'où il s'enfuit.

I°. Qu'un mineur ne peut pas valablement payer à fon créancier ce qu'il lui doit , comme je l'ai fait voir fur le §. 2. du tit. 8. du fecond Livre des Inftitutes. *Voyez* aufti la Rocheflavin , liv. 2. lettre M , titre 9. Arrêt 3. & Maynard , livre 3. chap. 53.

II°. Qu'en Pays coutumier , la femme ne peut faire aucun payement fans être autorifée de fon mari , de maniere que *autoritas mariti requiritur , & in contractu & in diftractu.* Bouvot , tom. 2. *verbo* Mariage , queft. 65.

La troifieme condition requife pour la validité d'un payement , eft qu'il foit fait à celui à qui la chofe eft dûe , & que ce créancier ait la faculté de recevoir le payement , c'eft-à-dire , la libre adminiftration de fes biens.

La quatrieme eft , que le payement foit fait dans le lieu dont les Parties font convenues expreffement , finon , au lieu du domicile du créancier.

Ainfi un créancier peut refufer de recevoir une fomme qui lui eft offerte dans un autre lieu que celui où le débiteur s'eft obligé d'en faire le payement. Bouvot, tom. 1. part. 3. *verbo* Promeffe de payer en certain lieu.

Quand un débiteur s'eft obligé de payer dans un certain tems, la chofe eft dûe à la vérité dès l'inftant de l'obligation ; mais elle n'eft pas exigible avant que le tems marqué pour la payer foit entiérement échu. *Voyez* ce que j'ai dit dans ma Traduction des Inftitutes , fur le §. 2. du titre 16. du troifieme Livre.

Comme ce tems qui eft marqué pour faire le payement , eft un délai accordé en faveur du débiteur , il peut renoncer à cette grace, & anticiper le payement ; il peut même faire valablement la confignation de la fomme par lui dûe avant l'échéance du terme qui lui eft accordé pour la payer.

Quelques Auteurs néanmoins foutiennent , que comme le débiteur ne peut pas être contraint de payer avant l'échéance du terme , de même le créancier ne peut pas être contraint de recevoir fon dû avant que le terme du payement foit échu , fuivant la regle qui dit , que *pacta dant legem contractibus.*

Pour moi je crois que réguliérement un créancier peut être contraint de recevoir fon dû avant l'échéance du terme , *idque favore liberationis* ; mais il peut arriver dans de certain tems des circonftances où cette regle n'auroit pas lieu.

Voyez Boniface , tom. 2. liv. 4. tit. 5. chap. 2. & Baffet, tom. 1. liv. 2. tit. 32. chap. 2.

Celui qui eft débiteur de différentes fommes envers le même créancier, lorfqu'il fait un payement , a le choix d'imputer ce payement fur la dette la plus onéreufe. *Voyez* Imputation.

L'effet du payement valablement fait , eft de libérer le débiteur ; & la preuve du payement eft la quittance : c'eft pourquoi un débiteur qui ayant été condamné de payer une fomme contenue en une obligation , fi après l'avoir payée en conféquence du Jugement , il trouve quittance qui juftifie qu'il l'avoit payée auparavant , il eft en droit de la répeter, Papon , liv. 10. tit 6. nomb. 1.

Touchant la matiere des payemens , *voyez* ma Traduction des Inftitutes , fur le commencement du titre 20. du troifieme Livre ; Charondas , liv. 3. rép. 80. liv. 10. rép. 40. M. le Prêtre , cent. 1. chap. 6. & 17. Papon , liv. 10. tit. 5. Defpeiffes , tom. 1. part. 4. tit. 1. Bouvot, tom. 1. part. 2. *verbo* Preuve de payement , queft. 1. *verbo* , Procurations , queft. 4. Duperier , liv. 4. queft. 20. la Peyrere, lettre P , les Loix civiles , tom. 1. liv. 4. tit. 1.

PAYEMENT FAIT A DES MINEURS, ne peut être valable , s'il n'a pas été fait en préfence & du confentement du curateur. C'eft une regle certaine , que ceux qui doivent à des mineurs , ne peuvent pas leur payer valablement ce qu'ils leur doivent fans l'affiftance d'un curateur. Suppofé donc qu'un payement eût été autrement fait à un mineur qui eût diffipé les deniers, celui qui l'auroit fait en feroit refponfable , & pourroit être contraint de payer une feconde fois.

Cela étant , fi le mineur à qui l'on veut faire un payement n'a point de curateur , il faut que le débiteur lui en faffe créer un , fi mieux il n'aime veiller à l'emploi des deniers qu'il paye , & en répondre.

Mais fi le mineur ou fes parens ne vouloient pas donner les mains à la création du curateur , le débiteur qui voudroit fe libérer feroit bien fondé à demander qu'il lui fût permis de configner, afin de faire ceffer le cours des intérêts ou des arrérages.

Néanmoins un payement fait à un mineur non-affifté d'un Curateur , ne pourroit pas être contefté. I°. Si l'obligation n'étoit que d'une fomme modique, ce qui fe doit eftimer par rapport au bien du mineur. II°. Si un mineur émancipé avoit fait à fon profit des obligations provenantes de fes épargnes, ou de quelque gain adventice , qui en pourroit recevoir le payement fans être affifté d'un Curateur.

PAYEMENT FAIT D'UNE CHOSE NON DUE , eft un quafi-contrat , par lequel celui qui a payé par erreur de fait une chofe qui n'étoit pas dûe , oblige celui qui en a reçu le payement, comme s'il l'avoit reçu à titre de prêt.

Ce quafi-contrat produit une action appellée *condictio indebiti* , qui eft donnée à celui qui a fait un tel payement.

Dans cette action le demandeur , après une fommaire expofition du fait , déduit les motifs qui l'ont induit à payer au défendeur une telle fomme, qu'il croyoit par erreur de fait lui devoir ; & enfuite il conclut , *à ce que le défendeur foit condamné de la lui rendre, attendu qu'il ne la lui devoit point ; & que ce n'a été que par erreur de fait qu'il la lui a payée.* Et en outre , il conclut aux intérêts du jour de la demande , fi c'eft une fomme d'argent ; ou fi c'eft autre chofe , il conclut aux dommages & intérêts pour la jouiffance , & aux dépens.

Pour que cette action ait lieu , il faut que plufieurs conditions concourent. Sur quoi *voyez* ce que j'ai dit fur le §. 6. du titre 28. du troifieme livre des inftitutes. *Voyez* auffi le premier tome des Loix Civiles, liv. 2. tit. 7. fect. 1. & Defpeiffes , tom. 1. part. 4. tit. 11.

Mais on demande fi le Jugement qui ordonne la reftitution d'une chofe payée par erreur , peut porter une condamnation d'intérêts, à compter du jour que le payement aura été fait par erreur ?

Il faut diftinguer entre le payement qui en auroit été fait volontairement , & celui qui en auroit été fait par contrainte. Au premier cas, les intérêts ne font dûs que du jour de la demande , parce que c'eft une efpéce de prêt , qui par conféquent n'en peut produire que de ce jour-là. Mais au fecond cas , c'eft une reftitution qui ne feroit pas parfaite , fi l'on n'indemnifoit pas entiérement celui qui a été forcé de faire un payement d'une chofe qu'il ne devoit pas. *Voyez* Henrys & fon Commentateur , tome 2. liv. 2. queft. 32. *Voyez* auffi Duperier , tom. 1. pag. 447.

PAYEMENT DANS LE COMMERCE , fignifie certains termes fixes & arrêtés, où les Négocians font acquitter leurs dettes , & renouveller leurs billets.

A Lyon les termes des payemens font aux jours des Foires, qui fe tiennent aux quatre termes de l'année.

Le payement des Rois commence le premier Mars & dure tout le mois. Le payement de Pâques commence le premier Juin ; celui d'Août le premier de Septembre ; celui de la Touffaints le premier de Décembre , & durent auffi tout le mois.

PAYS D'ETAT , font les Provinces de Bretagne, de Bourgogne, de Franche-Comté , de Provence , de Languedoc , d'Alzace , Rouffillon , Metz , Flandre , Hainault & Lorraine ; lefquelles font ainfi appellées , parce que l'on affemble les Etats de ces Provinces dans de certains tems, pour pofer les fommes que chacun doit payer , & que ces Provinces donnent au Roi.

PAYS DE FRANC-SALÉ , font les Provinces qui font exemptes de la Gabelle. *Voyez* Franc-Salé. *Voyez* Gabelle.

PAYS D'OBEDIENCE , font ceux qui ne font pas compris dans les concordats ; fçavoir , la Bretagne, la Provence , la Lorraine , où le Pape a huit mois pour conférer de plein droit les Bénéfices vacans ; en forte que les Collateurs ordinaires n'en ont que quatre : & dans ces Pays on ne previent point le Pape pendant fes mois.

PAYS DE DROIT ECRIT. Pour donner une jufte idée de la fignification de ces termes, nous obferverons d'abord que le droit de Juftinien & les coutumes partagerent la France en Pays de Droit écrit & en pays Coutumier.

Le Pape Honorius dans fa Décretale *Super fpecula* ; & Philippe le Bel , dans fes Lettres-Patentes pour l'érection de l'Univerfité d'Orléans, font mention de ce partage, lequel dure encore aujourd'hui ; avec ce tempérament que dans le Pays de Droit écrit on juge felon le Droit Romain , s'il n'y a quelque Coutume particuliere qui lui foit contraire. Au pays Coutumier on juge pour l'ordinaire fuivant la difpofition de la Coutume du lieu.

Je dis pour l'ordinaire ; car pour ce qui regarde les contrats & autres Matieres que les coutumes n'ont pas décidées, on fuit le Droit Romain, comme un Droit commun à toute la France.

Et parce que l'un & l'autre de ces Droits ne peuvent avoir aucune force dans ce Royaume que par l'autorité du Roi , qui feul a le pouvoir d'y faire des Loix, les Juges n'ont aucun égard ni au Droit Romain , ni aux coutumes , lorfque les Ordonnances y font contraires.

Les Pays de Droit écrit font donc les Provinces de ce Royaume où le Droit Romain eft obfervé comme Loi , fuivant les reftrictions que nous avons marquées ci-deffus.

Ces Provinces font celles qui ont été les premieres conquêtes des Romains , & les dernieres des François , & qui au temps qu'elles ont été reduites fous l'obéiffance de nos Rois , n'avoient point d'autre Droit que les Loix Romaines.

Le voifinage de l'Italie ne leur donnoit pas feulement la commodité de les étudier, mais encore une entiere difpofition à s'y conformer. Ayant été reduite fous l'obéiffance de nos Rois , elles ont obtenu d'eux , par une grace particuliere , de fuivre le Droit Romain dans les chofes qui ne feroient point décidées par les Ordonnances , qui font les Loix générales du Royaume.

On met au nombre de ces Provinces la Guyenne

la Provence, le Dauphiné & autres ; en un mot, toutes les Provinces qui relevent des Parlemens de Toulouse, de Bourdeaux, de Grenoble, d'Aix & de Pau ; & plusieurs Provinces qui relevent du Parlement de Paris ; sçavoir, le Lyonnois, le Forez, le Beaujolois, & une très-grande partie de l'Auvergne.

PAYS COUTUMIERS, sont les Provinces de ce Royaume qui se reglent par des usages particuliers, qui dans la suite ont été rédigés par écrit sous l'autorité de nos Rois : mais cela n'empêche pas que les Ordonnances royaux n'y dérogent, comme nous avons dit, *verbo* Coutume.

Ces Provinces que l'on nomme pays coutumier, étant plus éloignées de l'Italie que ne le sont les Provinces que l'on nomme pays de Droit écrit, n'ont pas eu d'abord communication des Loix Romaines ; & lorsqu'elles sont venues à la connoissance des Habitans de ces Provinces, ceux qui étoient accoutumés à suivre des usages contraires, ou peu conformes au Droit Romain, ne l'ont pas voulu adopter comme une Loi qu'ils fussent obligés de suivre.

Mais l'excellence du Droit Romain, & le peu de secours que les Habitans de ces Provinces trouvoient dans leurs usages, pour décider quantité de questions qui n'y sont point traitées, les ont portées à regarder le Droit Romain comme une raison écrite qu'ils devoient suivre, au défaut de leurs coutumes & des Ordonnances de nos Rois.

Voilà ce qui les a déterminés à suivre les principes de raison & d'équité dont il est un précieux recueil, sans pour cela reconnoître qu'il ait force de Loi ou autorité publique à leur égard.

PAYS DE NANTISSEMENT, sont ceux où la coutume veut que pour acquérir hypotheque on se fasse nantir ; c'est-à-dire, qu'on s'adresse au Juge du lieu où l'héritage sur lequel on veut acquérir hypotheque est situé ; que là on exhibe son contrat, & qu'on en obtienne un acte, lequel doit être endossé sur le contrat, & enregistré au Greffe.

L'effet de cette formalité est, que dans les pays de nantissement, le créancier qui l'a observée est préféré à tous autres créanciers hypothécaires qui ne se trouveroient point sur les Registres du nantissement, quoiqu'antérieurs, ou qui y auroient été mis postérieurement. *Voyez* Nantissement.

P E

PEAGE, est un droit qui se paye par les Marchands & autres pour leurs marchandises, en passant par certaines Villes, Ponts & Rivieres.

Il reçoit différens noms, comme barrage, à cause de la barre qui est sur le chemin pour marque du péage ; pontenage, ou passage du pont ; billette, quand il y a un petit billot de bois pendu à un arbre ; branchiere, à cause de la branche à laquelle le billot est pendu à travers, pour montrer que ce droit se perçoit à cause qu'on traverse la terre du Seigneur.

Le droit de péage ou de pontenage, établi sur les bestiaux, & sur les marchandises qu'on fait passer sur un pont, ne se doit point étendre sur les bestiaux & sur les marchandises qu'on fait traverser la terre du Seigneur sans passer sur le pont, à moins qu'il n'y ait titre exprès qui l'ordonne. Basset, tom. 2. liv. 3. tit. 9. chap. 3.

Ces droits sont domaniaux, & non d'aide ou subside, & ont été introduits pour l'entretenement des ponts, passages, ports & chemins publics, afin que les marchandises soient voiturées sûrement.

Ainsi les Seigneurs péagers sont dans l'obligation d'entretenir & de réparer à leurs dépens les ponts, ports & passages. *Voyez* la Rocheflavin, des Droits seigneuriaux, chap. 8. art. 1. & suiv. *Voyez* aussi l'Ordonnance d'Orléans, art. 107. & celle de Blois, article 282.

Ils doivent aussi tenir les passages sûrs ; autrement ils seroient tenus de récompenser la perte que des particuliers auroient faite, faute par les Seigneurs d'y avoir mis ordre. Bibliotheque de Bouchel, *verbo* Péage ; Loyseau, au Traité des Seigneuries, chap. 9. de la Police ; Boërius, sur la coutume de Tours, art. 5. Mais cela n'est pas observé.

Les Seigneurs, & autres prétendans droit de Péage, doivent avoir un poteau, auquel sera attaché une pancarte, contenant par le menu les droits de leur péage ; faute de quoi, ceux qui en devroient payer ne pourroient pas y être contraints. *Voyez* l'Ordonnance d'Orléans, article 138. & Bouvot, tome 2. *verbo* Pâturages, question 1.

La peine de l'infraction des péages, est une amende arbitraire, & la confiscation des marchandises au profit du propriétaire & non pas du fermier, à moins que dans le bail il n'y en ait une clause particuliere. Boniface, tom. 5. liv. 5. tit. 7. chap. 1. Chorier, en sa Jurisprudence de Guy-Pape, page 136. & Papon, liv. 13. tit. 9. nomb. 4.

Ainsi ceux qui ne paient pas les droits de péage, & qui font passer des marchandises sans payer les droits de péage, encourent la perte desdites marchandises, conformément à la disposition des Loix.

Nul Seigneur ne peut imposer nouveau péage sans la permission du Roi ; & la connoissance de telle chose n'appartient qu'au Juge royal, soit qu'il s'agisse du droit de péage & de la peine encourue pour l'infraction de ce droit, soit qu'il s'agisse de l'excès commis en le demandant. Bouvot, tom. 2. *verbo* Jugement, quest. 8.

Comme le droit de péage est purement royal, il ne peut s'acquérir par une possession immémoriale & centenaire ; il faut un titre, qui ne peut émaner que de la concession du Prince. M. Catelan, liv. 3. chap. 37.

Cependant pour la perception & jouissance de ces droits, il n'est pas nécessaire de rapporter le titre primordial de la concession ; il suffit d'une possession immémoriale accompagnée de quelque titre faisant mention de ce droit, comme peuvent être des aveux & dénombremens anciens. Soefve, tom. 2. cent. 3. chap. 42. *Voyez* aussi Chorier, en sa Jurisprudence de Guy-Pape, pag. 137.

Quoique le droit de péage soit royal, comme le prétend Chopin en son Traité du Domaine, titre 9. néanmoins dans le Pays de Forez, & tout le long de la riviere de la Loire, il est seigneurial & appartient aux Seigneurs particuliers des lieux où paſſe la riviere. Sur le fleuve du Rhône, les péages appartiennent auſſi aux Seigneurs des lieux. Mais quoique les péages appartiennent à des Seigneurs particuliers, s'il ſurvient des conteſtations à ce ſujet, la connoiſſance en appartient au Juge royal, privativement aux Juges des Seigneurs. Ragueau, verbo Péage.

Pour vente d'un droit de péage il n'eſt point dû de lods & ventes, parce que ce droit n'eſt dû au Seigneur qu'à cauſe de l'approbation qu'il fait du nouvel acquéreur, à cauſe de l'enſaiſinement ou de la poſſeſſion qu'il donne à l'acquéreur de l'héritage : ce qui ne peut avoir lieu que pour les véritables immeubles, dans la poſſeſſion deſquels on ne peut entrer ſans le conſentement du Seigneur, parce qu'il repréſente ceux qui les ont originairement donnés à bail, à cens, à emphithéoſe ; mais à l'égard des droits qui ſont réputés immeubles par fiction, comme péages, ils ne viennent point originairement de la libéralité des Seigneurs, & l'on n'a pas beſoin de leur agrément pour en jouir.

Touchant le droit de péage, voyez Bacquet, des Droits de Juſtice, chap. 30. Chopin, du Domaine, tit. 9. Deſpeiſſes, tome 3. Traité des Droits ſeigneuriaux, tit. 6. ſect. 6. l'Ordonnance des Aides & Gabelles, tit. 12. & Henrys, tom. 1. liv. 1. chap. 77. Voyez auſſi le Dictionnaire de Trévoux.

PEAGEAU, ou PEAGIER, ſe dit d'un chemin où l'on paye péage.

PEAGER, eſt le fermier du péage, qui exige & fait payer ce droit, & qui pour faire connoître aux paſſans qu'il eſt dû, doit mettre en lieu éminent des billetes, des tableaux & pancartes qui le marquent.

PEAU, ſe prend au palais pour du parchemin ; c'eſt pourquoi les Greffiers qui mettent au Parlement les Arrêts en groſſe, c'eſt-à-dire, en parchemin, ſont appellés Commis. Greffiers à la peau.

PECULAT, eſt le larcin ou interverſion des deniers & finances du Roi, qui ſe commet par les Receveurs & autres Officiers qui en ont le maniement, ou par les Magiſtrats ou autres Officiers qui en ſont les Ordonnateurs.

Ce crime ſe commet par toutes les manieres dont ſe ſervent ceux qui veulent s'enrichir aux dépens des finances qui appartiennent au Prince, ou qui ſe levent ſur le public : la peine de ce crime eſt ordinairement pécuniaire.

Coquille a fait quelques vers latins, rapportés dans la préface de ſes Œuvres, qui marquent que les richeſſes ſoudaines & extraordinaires de ceux qui ont manié les deniers publics, ſont des preuves ſuffiſantes pour les convaincre de péculat.

L'Ordonnance de François I. du mois de Mars 1545. porte que ceux qui ſeront convaincus du crime de péculat, ſoient punis par la confiſcation de corps & de biens ; & que ſi le délinquant eſt noble, il ſoit en outre privé de nobleſſe lui & ſa poſtérité. Mais depuis plus d'un ſiecle, ces peines corporelles ont été converties en pécuniaires.

Parmi nous, ceux qui ſans Lettres & Commiſſions du Roi levent des deniers dans le Royaume,

ou qui s'approprient les finances, ſont coupables de ce crime ; mais chez les Romains on en étoit coupable, non-ſeulement lorſqu'on voloit ce qui appartenoit au Prince, mais auſſi lorſqu'on voloit ce qui appartenoit au peuple.

C'eſt ce que Tacite, lib. 7. Annalium, marque dans la définition qu'il donne de ce crime. Peculatus, ait, propriè eſt pecuniæ publicæ, vel fiſcalis furtum ; & peculator dicitur qui de principis vel populi ærario furatur. Voyez ce que j'ai dit verbo Fiſc.

Chez les Romains, ceux qui étoient convaincus de ce crime, étoient punis de mort, & ils ne pouvoient obtenir d'abolition. Leg. 3. cod. de abolitionib. Mais en France on s'en tire pour de l'argent, comme nous l'avons dit ; & même l'adreſſe de ceux qui commettent ce crime, fait qu'il demeure le plus ſouvent impuni, comme nous l'avons remarqué, lett. V, en parlant du vol qualifié par rapport à la qualité de la choſe volée.

Touchant le crime de péculat, voyez Papon, liv. 22. tit. 2. & Deſpeiſſes, tome 2. Traité des cauſes criminelles, partie 1. tit. 12. ſect. 2. art. 7. & ce que j'en ai dit ſur le §. 9. du dernier titre du quatrieme livre des Inſtitutes de Juſtinien.

PECULE, ſe dit de ce qu'un Religieux a épargné des fruits de ſon Bénéfice, dont il peut diſpoſer par acte entre-vifs ; ſinon il appartient au Prieur, Abbé, ou au Couvent, ou bien à la Fabrique & aux Pauvres de la paroiſſe.

La Juriſprudence du Parlement de Paris eſt, que le pécule des Religieux Curés appartienne à la Fabrique & aux Pauvres de la Paroiſſe ; mais le Grand Conſeil attribue ce pécule aux Abbés, à l'excluſion de la Fabrique & des Pauvres.

L'Abbé ou le Monaſtere qui ſuccede au pécule d'un Religieux, hæres quidem non eſt, ſed loco hæredis ; & comme il eſt cenſé être ſon héritier, ou lui en tenir lieu, il doit payer ſes dettes juſqu'à concurrence de l'émolument qu'il tire de ce pécule, ſuivant cette regle : par debet eſſe ratio commodi & incommodi, & ſecundum naturam eſt, ut quem ſequuntur commoda, ſequantur & incommoda. Voyez Brodeau ſur M. Louet, lettre R, ſomm. 41. nomb. 6. M. le Brun en ſon traité des Succeſſions, liv. 1. chap. 2. ſect. 2. & ce que j'ai dit ſur l'art. 336. de la Coutume de Paris.

Le Droit canon admet auſſi le pécule des Eccléſiaſtiques, qui ne ſont ni Moines ni Religieux, dont ils peuvent diſpoſer en France, & qui paſſe à leurs héritiers quand ils n'en ont pas diſpoſé de leur vivant. Voyez ce qui en eſt dit dans le Dictionnaire de Trévoux.

PECULE, ſe dit auſſi de ce qu'un fils de famille amaſſe par ſon induſtrie, ou acquiert par quelqu'autre maniere que ce ſoit, ou ce dont ſon pere lui donne l'adminiſtration.

On diſtingue deux ſortes de pécule ; ſçavoir, le caſtrenſe qui eſt acquis dans le ſervice militaire ; & le quaſi-caſtrenſe, qui eſt acquis dans les emplois honorables de l'Egliſe & de la Robe.

Voyez ma Tradition des Inſtitutes au §. 1. du tit. 7. du livre ſecond, où j'ai rapporté les différentes eſpeces de pécule des fils de famille, & quels droits

ont

ont les peres fur ces fortes de biens.

PENAL, qui affujettit à quelque peine. *Voyez* Loi pénale.

PEINE, fignifie le châtiment qu'on fait fouffrir à ceux qui ont commis quelque crime ou quelque faute.

Les peines ont été établies pour que les criminels qui les fubiffent fervent d'exemple aux autres, & les détournent de commettre des crimes. Il eft de l'intérêt public qu'ils ne demeurent pas impunis. L'appréhenfion des tourmens retient une partie des hommes dans leur devoir, plutôt que l'inclination qu'ils ont pour la vertu. *Inducta eft pæna ad difcipli-næ publicæ emendationem ; imponitur quippe , ut exemplo cæteri deterreantur , & non quia peccatum eft , fed ne peccetur ; nec enim tam ad præterita , quàm ad futura pæna refertur , quia revocari præterita non poffunt , fed caventur futura.*

Si la Loi n'avoit établi des peines contre ceux qui contreviendroient à fes préceptes, elle deviendroit fouvent fans exécution ; il a donc fallu de néceffité en établir, afin que ceux qui l'amour de la vertu ne peut détourner de mal faire, en foient détournés par la crainte des fupplices, & que la punition exercée contre les criminels imprime de la terreur aux autres & les renferme dans leur devoir.

Comme les peines dépendent de l'autorité du Prince, les Juges n'en peuvent décerner pour un crime, qu'elles ne foient rétablies par quelque Ordonnance.

Les Juges peuvent bien quelquefois adoucir la rigueur de la peine portée par la Loi ; mais il faut qu'il y ait quelque circonftance qui les y porte ; car généralement parlant, comme ils font les miniftres de la Juftice, ils ne doivent point affecter la gloire d'une trop grande indulgence, non plus que celle d'une trop grande févérité.

C'eft au Souverain à donner la Loi ; & aux Juges qui font les exécuteurs de fes volontés, à la fuivre.

Cependant il y a des circonftances qui aggravent ou diminuent l'atrocité des crimes, & qui par conféquent en rendent les peines plus ou moins grandes. Comme les Juges fouverains ne font pas fi étroitement obligés de fuivre la Loi à la lettre, ils peuvent pour caufe jufte & raifonnable diminuer la rigueur des peines. C'eft pourquoi l'on dit communément qu'en France les peines font arbitraires, ainfi que l'explique Bornier fur l'art. 13. du tit. 25. de l'Ordonnance de 1670. *Voyez* ci-après Peine arbitraire.

En général, un Juge ne doit point affecter la gloire d'être trop fevere, ni trop indulgent ; mais il doit examiner avec toute l'attention poffible la nature & la qualité des crimes qu'il faut punir, & les circonftances qui en augmentent ou en diminuent l'atrocité.

Les confidérations particulieres auxquelles les Juges doivent avoir égard dans les Jugemens criminels font :

Iº. Si l'accufé a commis le crime de deffein prémédité, ou par un emportement auquel il étoit difficile de ne fe pas laiffer aller.

IIº. Si le crime n'a été que commencé, & qu'il n'ait pas été mis entièrement à exécution.

IIIº. Si le criminel a commis un crime plutôt par une condefcendance aveugle pour celui qui avoit pouvoir fur lui, que de bon gré ; auquel cas il doit être puni d'une peine moins rigoureufe ; ce qui dépend en partie de la nature du crime.

IVº. Si le criminel a commis le crime lui feul, ou s'il s'eft fervi de fecours & de quelles perfonnes.

Vº. De quelle maniere le crime a été commis ; car celui qui auroit tué quelqu'un avec un poignard ou un couteau, feroit plus criminel que fi ç'eût été avec une épée. *Idem* s'il l'avoit affommé avec un marteau, avec une hache ou autre chofe femblable, en dormant, ou l'ayant pris par derriere lorfqu'il n'y penfoit pas.

VIº. Le lieu où le crime a été commis en aggrave quelquefois l'atrocité, comme s'il a été commis dans l'Eglife ou dans une Maifon royale.

VIIº. Le tems auquel le crime aura été commis en augmente auffi l'énormité, comme fi c'eft de nuit qu'un meurtre ou un vol a été commis.

VIIIº. La qualité de la perfonne offenfée augmente le crime ; ainfi l'offenfe faite à un pere par fon fils, ou à un maître par fon valet, feroit beaucoup plus criminelle que celle qui feroit faite à un étranger. Pareillement l'offenfe qui feroit faite à une perfonne de condition, feroit plus grieve que celle qui feroit faite à un artifan.

Enfin, le Juge doit confidérer trois chofes à l'égard de la perfonne du criminel.

La premiere eft le fexe ; car le Juge doit modérer la rigueur des peines à l'égard des femmes, d'autant qu'elles font de leur nature foibles & fragiles.

La deuxieme, eft l'âge, auquel les Juges doivent avoir quelque égard ; ainfi quoique les impuberes, quand ils font *doli capaces*, foient puniffables quand ils ont délinqué, ils doivent être punis de peines moins rigoureufes quand ils font encore dans une extrême jeuneffe. *Impunitas delicti propter ætatem non datur, fi modò in eâ quis fit, in quam crimen, quod intenditur, cadere poteft. Leg. 7. cod. de pæn. Sed ætatis miferatio ad mitiorem pænam folet judicem impellere, leg. 37. §. 1. ff. de minorib.*

La troifieme, eft la qualité du criminel ; car les perfonnes de baffe condition font ordinairement appliquées à des fupplices plus rigoureux, que celles qui font d'une condition honnête & relevée.

Ajoutons à tout ce que nous venons de dire, qu'il faut qu'un Juge ait toujours en vûe de fuivre le parti de la douceur dans les crimes legers, & celui d'une févérité modérée dans les crimes.

Profpiciendum eft judicanti, ne quid aut durius aut remiffius conftituatur, quam caufa depofcit ; nec enim aut feveritatis, aut clementiæ gloria affectanda eft, fed perpenfo judicio ; prout quæque res expoftulat ftatuendum eft. Planè in levioribus caufis proniores ad lenitatem judices effe debent, in gravioribus pænis feveritatem legum cum aliquo temperamento benignitatis fubfequi. Leg. 11. ff. de pænis.

Enfin un Juge ne doit jamais impofer aucune peine à un accufé, qu'il ne foit entraîné à le faire par des raisons évidentes qui lui faffent voir que l'accufé eft coupable. Ainfi dans le doute, non-feulement il doit tenir fon glaive en fufpens, mais il le doit renvoyer. *V.* Vindiête publique, & ce que j'ai dit lett. C. en parlant de la condamnation à mort.

Il y a des peines pécuniaires & des peines corporelles. Les corporelles font capitales ou non capitales. Il y a des peines infamantes, & d'autres qui ne le font point. Enfin il y a des peines légales & d'autres qui font arbitraires.

PEINE PECUNIAIRE, elle eft celle qui confifte à payer quelque fomme d'argent à la Partie lézée, par forme de dommages & intérêts, pour réparation de quelque tort ou injure.

L'amende envers le Roi, & l'aumône appliquable au pain des prifonniers, font auffi des peines pécuniaires. *Voyez* Amende pécuniaire.

Jufqu'au tems de Charlemagne, excepté le crime de léze-Majefté, on ne puniffoit tous les crimes que par des peines très-médiocres; comme il eft rapporté dans le Diêtionnaire de Trévoux, ou il eft dit qu'on étoit quitte de la mort d'un Evêque *pro nonaginta folidis.*

PEINES CORPORELLES, font celles qui affligent le corps; c'eft pourquoi on les appelle peines afflictives, auxquelles il n'y a que ceux qui exercent le miniftere public qui puiffent conclure, tels que les Gens du Roi dans les Juftices Royales, & les Avocats & Procureurs fifcaux dans les Juftices feigneuriales, étant les feuls en qui réfide la vindiête publique, comme nous avons dit *verbo* Accufateur.

Les peines corporelles font plus ou moins rigoureufes. Voici l'ordre dans lequel les met l'article 13. du titre 25. de l'Ordonnance de 1670. qui porte, qu'après la peine de la mort naturelle, la plus rigoureufe eft celle de la queftion, avec referve des preuves en leur entier, des galères perpétuelles, du banniffement perpétuel, de la queftion fans referve de preuves, des galères à tems, du fouet, de l'amende honorable, & du banniffement à tems. *Voyez* Bornier fur cet article.

Ces peines ne doivent pas être prononcées légerement, comme nous avons dit *verbo* Abfolution, & *verbo* Accufé.

Lorfqu'une pourfuite criminelle a été civilifée, les Juges ne peuvent plus prononcer de peine corporelle, à moins que la Partie publique n'intervienne par la voie d'oppofition, ou par la voie d'appel contre le Jugement qui a civilifé l'affaire, ou à moins que la partie civile n'interjette appel de ce Jugement.

Les peines corporelles font ou capitales, ou non capitales.

PEINE CAPITALE, eft celle qui fait perdre la vie naturelle ou civile au criminel.

Telle eft la peine de mort ou la condamnation aux galères à perpétuité, ou l'exil perpétuel hors le Royaume; cependant à proprement parler, par peine capitale, on entend la peine de mort.

Elle s'exécute de différentes manières parmi nous; fçavoir la condamnation d'être pendu, d'être décapité, d'être roué, ou d'être brûlé, fuivant la nature du crime dont un criminel eft convaincu,

ou fuivant la qualité des perfonnes; car les nobles en France font décapités, à moins que l'énormité du crime ne les faffe déchoir de ce privilege.

La potence eft la peine ordinaire du vol avec effraêtion, ou du vol domeftique. La roue eft la peine de l'affaffinat, & des vols faits fur les grands chemins. Le feu eft celle des impiétés, des facrileges, & du poifon.

PEINE NON CAPITALE, eft celle qui ne fait perdre ni la vie naturelle, ni la vie civile, comme la fuftigation, l'amputation des mains, l'application de la marque publique fur les épaules, la condamnation au carcan, la condamnation aux galeres, jufqu'à un tems au-deffous de dix ans.

PEINE INFAMANTE, eft celle qui ôte l'honneur à celui qui eft condamné; comme la peine de mort, ou autre peine afflictive; la dégradation ou condamnation à fe défaire de fa Dignité, & en être dégradé folemnellement; l'amende honorable, & l'amende pécuniaire en matiere criminelle. Le blâme emporte auffi infamie; mais l'admonition n'emporte qu'une infamie de fait, & non pas une infamie de Droit.

PEINE NON INFAMANTE, eft celle qui n'ôte point l'honneur de celui qui y eft condamné comme l'aumône en matiere criminelle. *Voyez* Infames.

PEINE LEGALE, eft celle qui eft impofée par la Loi; c'eft-à-dire parmi nous, par les Ordonnances royaux.

On appelle auffi peines légales, celles qui font prononcées en matiere civile par la coutume, contre ceux qui ne font pas quelque chofe dans le tems qu'elle prefcrit.

Ces peines courent contre toutes fortes de perfonnes, même contre les mineurs, fans efpérance de reftitutions.

PEINE ARBITRAIRE, eft celle, qui n'étant point définie par les Loix, dépend du Juge.

La plûpart des peines font arbitraires, attendu que dans les crimes où les Loix ont défini les peines, il arrive fouvent qu'il y a dans le corps du délit des circonftances qui rendent les Juges maîtres d'adoucir ou d'augmenter les peines établies par les Loix; fur-tout quand il s'agit de peine de mort.

Quoique les peines foient pour la plûpart arbitraires en France, les Juges n'en peuvent pas inventer de nouvelles; ils doivent fuivre celles qui font reçues par les Ordonnances ou par l'ufage.

Papon, liv. 24. tit. 11. nomb. 2. rapporte un Arrêt du Parlement de Paris, par lequel un Anglois condamné par Sentence du Prévôt de Paris à être noyé, a été reçu appellant de cette Sentence, & condamné à être gardé au pain & à l'eau, jufqu'à ce qu'il plût au Roi d'en ordonner.

Voyez l'article qui fuit, où nous expliquons fi les Juges fouverains peuvent condamner un criminel à mort, lorfqu'il n'y a point de Loix qui impofent cette peine pour le crime dont il eft convaincu.

PEINE DE MORT. Comme la perte de la vie eft irréparable, la peine de mort ne peut être prononcée que quand le crime dont quelqu'un eft accufé mérite cette peine, & quand il en eft pleine.

ment convaincu par des preuves plus claires que le jour. *Leg. ult. cod. de probationibus ; satiùs enim est impunitum relinqui facinus, quàm innocentem damnare. Leg. 5. ff. de pœnis, Leg. 16, cod. eod.* D'où il s'ensuit.

Iº. Que les seules présomptions quelques violentes qu'elles soient, ne sont pas suffisantes pour qu'un Juge puisse prononcer cette peine contre un accusé d'un crime qui mérite peine de mort. Mais il doit agir avec prudence, & faire ce que nous avons marqué *verbo* Abolition.

IIº. Quand les présomptions sont légeres, le Juge doit dans le doute non-seulement tenir son glaive en suspens, mais il doit renvoyer l'accusé.

Mais on demande s'il est nécessaire, pour qu'un crime mérite peine de mort, qu'il y ait quelque Loi qui impose cette peine au crime dont un accusé seroit convaincu ? Ou si un Juge peut condamner à mort de sa propre autorité le coupable d'un crime énorme, quoiqu'il n'y ait point de Loi qui prononce peine de mort contre ceux qui en seroient convaincus ?

On peut dire en faveur des Juges du moins à l'égard des Parlemens & autres Juges souverains, qu'ils sont dépositaires de l'autorité du Roi, & que Sa Majesté leur communique toute sa puissance dans la distribution de la Justice qu'il leur a confiée. *Supremi Judices possunt quæ potest Princeps. Guido Papa, decis. 29. Nam ut loquitur lex 1. ff. de Offic. Præfect. Prætor, credidit Princeps eos, qui ob singularem prudentiam exploratâ eorum fide & gravitate ad hujus officii magnitudinem adhibentur, non aliter judicaturos esse pro sapientia, ac luce dignitatis suæ, quàm ipse foret judicaturus.*

Ainsi les Empereurs écrivant au Prévôt de la Ville de Rome, avoient coutume de se servir de ces termes, *cum urbem nostram fidei nostræ commiserimus.*

Il est si vrai que ces premiers Magistrats avoient un plein pouvoir & une autorité absolue dans leurs Jugemens, qu'il est dit dans l'Authentique *Hodie, codice de judiciis*, que la forme du serment des Juges est de promettre qu'ils jugeront selon ce qu'ils estimeront le plus juste & le plus raisonnable. *Hodie jurant se facturos secundùm quod eis visum fuerit justius & melius.*

Il est même nécessaire de leur laisser cette liberté ; car étant difficile que la Loi s'accommode toujours aux especes qui se présentent, & les différentes circonstances en rendant pour l'ordinaire l'application impossible, le ministere des Juges seroit trop souvent interrompu, s'il leur falloit dans toutes ces rencontres recourir au Prince pour la décision.

C'est pour cela que Ciceron appelle le Magistrat une Loi animée, parce qu'en effet il est le véritable interprete, & n'est pas serviteur attaché à la lettre ; mais il a droit d'user de ce juste tempérament d'équité, qui étend & resserre les Loix, selon que le fait qui se présente le requiert.

Il est donc juste que les Juges souverains aient une liberté honnête de juger selon la nature des causes qui se présentent, pourvû toutefois qu'ils

en usent sobrement, & avec toute la retenue & la circonspection que demande leur emploi.

Aussi les Loix leur accordent-elles cette faculté dans la distribution même des peines dûes aux criminels. *Leg. 13. ff. de pœnis, cujus hæc sunt verba. Hodie licet ei, qui extrà ordinem de crimine cognoscit, quàm vult sententiam ferre vel graviorem, vel leviorem, ità tamen ut in utroque modo rationem non excedat.*

Bodin, dans son Livre de la République, livre 3. chapitre 5. dit que cette question fut autrefois solemnellement agitée en présence de l'Empereur Henri VII, entre deux célebres Jurisconsultes de ce tems-là, sçavoir Lothaire & Azon, qui prirent cet Empereur pour arbitre de leur différend, sçavoir si, par les Loix Romaines, le droit de vie & de mort appartenoit aux Magistrats.

Cet Empereur fut pour Lothaire, qui soutenoit que non ; mais la plûpart des Docteurs se déclarerent pour Azon ; & Bodin dit que ces deux Jurisconsultes ne s'étoient pas entendus l'un l'autre, & que leur difficulté venoit de ce qu'ils n'avoient pas une parfaite connoissance de l'Etat des Romains, dont ils exposoient les Loix, & qu'ils n'avoient pas pris garde au changement survenu sous les Empereurs.

En effet, sous l'état de la République, lorsque toute la puissance étoit entre les mains du Peuple, les Magistrats n'avoient que l'exécution des Loix ; mais depuis que la souveraine autorité fut passée aux Empereurs, ils donnerent aux Magistrats la liberté d'accroître ou de diminuer les peines, selon leur conscience & leur religion ; & c'est à ce tems-là qu'il faut rapporter toutes les Loix qui sont remarquées ci-dessus.

Cette Jurisprudence ainsi observée sous les Empereurs Romains, paroît avoir passé jusqu'à nous ; ensorte que nos Juges, du moins les souverains, peuvent augmenter ou diminuer les peines portées par les Loix, selon la qualité de l'accusation & les circonstances.

Si quelquefois il se présente des crimes contre lesquelles la Loi n'a point prononcé de châtiment, c'est donc au Magistrat pardevant qui l'on en poursuit la punition, de les punir selon leur atrocité ; & quand même dans ces cas extraordinaires il condamne à la mort, ce n'est qu'en suivant les peines portées par les Ordonnances pour les crimes qui ont le plus de rapports avec celui dont il s'agit.

On peut dire que cette doctrine a été suivie par la Jurisprudence des Arrêts. Papon, livre 24. titre 10. nombre 2. & 3. en rapporte trois, l'un du Parlement de Paris & deux du Parlement de Bourdeaux.

Voici comme il parle : Lorsqu'une peine est arbitraire, & laissée à déclarer *officio Judicis*, le Juge la peut ordonner à la mort, si le cas le mérite ; comme d'un Sergent ayant abusé de son Office. Si les abus sont pour multiplication ou gravité dignes de supplice de mort, il peut le faire mourir. Ainsi fut jugé par Arrêt du Parlement de Paris, donné en Décembre 1545.

Il dit ensuite qu'il n'y a point de peine ordinaire pour le sacrilege ; mais qu'elle est arbitraire, &

dépend de l'office du Juge qui doit examiner la qualité & les circonstances du crime.

Sur ce fondement au Parlement de Bordeaux, on condamna à mort un homme qui avoit dérobé un saint Ciboire, & qui l'avoit foulé à ses pieds, & entiérement corrompu pour le rendre plus facile à emporter. Il date cet Arrêt du 17. Mars 1527.

En cela continue-t-il, on suit la disposition de la Glosse, sur le §. *in summâ*, *tit. Institutionem de injuriis*; après quoi il rapporte un autre Arrêt du même Parlement de Bordeaux, rendu le 12. Septembre 1533. qui est conforme à cette Jurisprudence.

Il n'y a point de Loi en France qui punisse l'inceste de mort; néanmoins nous avons plusieurs Arrêts qui ont condamné au dernier supplice ceux qui en ont été convaincus. Despeisses, en sa pratique criminelle, partie premiere, titre 12. section 2. article 4. nombre 12. en rapporte deux du Parlement de Toulouse, qui l'ont jugé ainsi: & il y en a un des derniers grands jours de Clermont en Auvergne, qui impose aussi la peine de mort pour ce crime.

Le Parlement de Paris, par Arrêt du 22. Juin 1673. a confirmé la Sentence du Lieutenant criminel du Châtelet, qui avoit condamné à mort un Directeur qui avoit abusé de sa Pénitente: cependant il n'y a ni Loi ni Ordonnance qui impose cette peine à ce crime.

Quoique tout ce qui vient d'être rapporté paroisse plausible; néanmoins pour que les Juges, même souverains, puissent condamner un criminel à mort, il ne suffit pas qu'il soit pleinement convaincu du crime dont il est accusé; il faut encore qu'il y ait une Loi qui impose la peine de mort au coupable du crime dont il s'agit.

Le droit de vie & de mort réside principalement dans la personne du Prince, & personne n'est maître des Sujets du Roi: d'où il s'ensuit que personne n'a droit de disposer de leur vie qu'en vertu d'une Loi qui soit émanée de Sa Majesté, ou confirmée par elle; autrement ce seroit en quelque façon attenter à son autorité.

S'il s'est trouvé dans la nécessité de créer des Magistrats, auxquels il a donné le pouvoir d'absoudre ou de condamner dans les matieres criminelles, il a aussi établi des Loix, qu'il leur a proposées pour être les modeles de ses Jugemens. Aussi ces Magistrats prêtent-ils serment de garder les Ordonnances & les Loix de l'Etat.

Tout cela marque invinciblement que quand le Prince leur donne la puissance de juger souverainement, & qu'il les subroge pour ainsi dire en sa place, ce n'est pas pour exercer une autorité absolue & sans bornes, mais pour s'en servir suivant l'étendue des Loix, dont l'observance leur est prescrite; de maniere que ce n'est pas à eux, mais seulement au Prince, qu'appartient le droit de les interpréter lorsqu'il s'agit de détruire entiérement leurs décisions, comme nous avons dit *verbo* Interprétation.

Aristote, dans le premier Livre de sa Rhétorique, en parlant du devoir du Législateur, dit que celui qui fait une Loi, doit prévoir, s'il est possible, tous les cas qui peuvent arriver, & ne laisser à l'office du Juge que le pouvoir d'exécuter la Loi.

S'il n'est pas permis aux Juges d'interpréter les Loix & les Ordonnances qu'ils doivent suivre, à plus forte raison ne leur appartient-il pas de suppléer une peine que l'Ordonnance ni la Loi n'ont point prononcée, sut-tout quand cette peine est capitale, & va à la mort.

Papinien, dans la Loi premiere, §. 4. *ff. ad Senatusconsult. Turpillian.* s'en explique ainsi: *Facti quidem quæstio in arbitrio est judicantis; pœnæ verò persecutio non ejus voluntati mandatur, sed Legis autoritati reservatur.* Et Godefroy dit sur cette Loi, *in Legislatorum voluntate est pœnam criminibus certam statuere; Judicis non est statuere, sed statutam Legibus facto accommodare.*

La peine de mort étant une peine contre nature, elle doit être établie par quelque Loi pour raison du crime dont il s'agit; car tout ce qui est établi dans le monde, ne le peut être que par la nature, ou par la Loi: or la nature n'a point permis à l'homme de tuer l'homme; il ne peut donc avoir cette puissance que de la Loi.

Enfin, le criminel n'est punissable qu'autant qu'il s'est par son crime tacitement soumis à la peine établie contre lui, sur-tout quand il y va de la perte d'une chose aussi importante qu'est la vie.

C'est le sentiment de Julius Clarus, & l'opinion commune, que les Juges, même souverains, ne peuvent de leur propre autorité condamner un criminel à mort: opinion qui se trouve confirmée par plusieurs Arrêts, & notamment par un rendu au Parlement de Paris le 22. Janvier 1658. au rapport de M. Doujat, qui a jugé qu'un bigame n'étoit point punissable de mort, parce qu'il n'y avoit point d'Ordonnance ni de Loi civile qui imposât cette peine à la bigamie.

Ce n'est pas assez qu'il y ait une Loi qui établisse la peine de mort contre ceux qui sont convaincus d'un crime; il faut encore que cette Loi soit claire, certaine, sans équivoque, & qu'elle ne soit pas susceptible d'une autre interprétation. En effet, il seroit absurde de fonder un tel Jugement sur une Loi équivoque.

Comme la perte de la vie est irréparable, il faut auparavant que d'en pouvoir asseoir la condamnation; avoir une certitude moralement infaillible que le coupable est digne de mort, & par conséquent il faut être assuré que la Loi a établi cette peine contre son crime; car un homme ne doit de mort qu'en conséquence de la Loi. Pour connoître donc la peine, il faut sçavoir clairement la décision de la Loi. Or il est impossible de le sçavoir clairement, si la Loi est équivoque, incertaine & obscure: c'est pourquoi ceux qui font les Loix, doivent avoir une attention particuliere pour les rendre intelligibles, & exemptes d'équivoques, sur-tout en matiere criminelle.

Celle qui ne feroit pas manifestement connoître la peine qu'elle prétend imposer, exposeroit les peuples à la surprise, comme celles de Caligula, qui, au rapport de Suetone, faisoit écrire ses Loix en lettres menues, preffées & difficiles à déchiffrer, afin que les Peuples ignorant la peine de la défobéiffance, y puffent plus facilement contrevenir.

C'eft pour cette raifon que les Empereurs Valentinian & Martian, *in leg. 9. cod. de Legibus*, veulent qu'une Loi pénale foit intelligible, afin qu'on puiffe aifément fe précautionner contre fa défenfe, & que l'on évite les crimes qu'elle a condamnés. *Leges facratiffimæ, quæ conftringunt hominum vitas, intelligi ab omnibus debent, ut univerfi præfcripto, earum manifeftiùs cognito vel inhibita declinent, vel permiffa fectentur.*

Ce qui eft encore remarquable dans cette Loi, eft qu'elle ajoute que s'il y a quelque chofe d'obfcur & d'ambigu, c'eft à l'Empereur à l'expliquer, & à mitiger la dureté qui s'y rencontre. *Si quid verò in iifdem Legibus latum fortaffis obfcurius fuerit, oportet id ab Imperatoriâ interpretatione patefieri, duritiamque Legum noftræ humanitati incongruam emendari.*

Enfin, pour qu'un Juge puiffe condamner un criminel à mort, outre qu'il eft requis qu'il y ait une Loi certaine, claire & précife qui impofe la peine de mort au crime dont il eft convaincu, il faut encore qu'elle foit reçue dans le Royaume ; c'eft-à-dire qu'elle ait été vérifiée dans les Cours fouveraines, envoyée & publiée dans les Bailliages & Sénéchauffées, & que cette Loi n'ait point été abrogée.

Au refte, nous n'obfervons point en France, qu'un condamné à mort puiffe être fouftrait de la peine qu'il a méritée, par la demande qu'une fille en pourroit faire pour l'époufer.

Voyez Soefve, tom. 1. cent. 4. chap. 96.

PEINES AUXQUELLES ON PEUT CONDAMNER UN JUGE D'EGLISE. Il y en a de fpirituelles, & d'autres qui font temporelles.

Les peines fpirituelles font celles par lefquelles les Fidéles, en punition de quelque péché notable & fcandaleux, font privés des biens fpirituels que Dieu a laiffés à la difpofition de fon Eglife.

Telles font l'excommunication, la fufpenfe & l'interdit. Il n'y a point de doute qu'elles ne puiffent être impofées aux Fideles qui ont commis quelque grand péché, & qu'elles foient de la compétence du Juge Eccléfiaftique ; il n'y a même que lui qui puiffe les impofer.

Elles ne regardent que les biens fpirituels dont il convient de priver ceux qui s'en font rendus indignes ; & elles ne leur font impofées que pour les faire revenir de leur égarement, & pour leur procurer la guérifon des maladies fpirituelles que leur ame a contractées.

Les peines temporelles font celles qui affligent le corps, ou qui diminuent le patrimoine, ou qui rendent infames.

Ces peines peuvent fe réduire à l'aumône, au jeûne, à des prieres extraordinaires, à la prifon, au fouet dans la prifon, à l'amende honorable dans le Prétoire de l'Officialité, ou à d'autres peines de cette nature ; car l'Eglife qui fait profeffion d'un efprit de douceur, ne peut condamner à la mort,

ni à aucune peine qui puiffe aller à l'effufion du fang, ou à la mutilation, ou qui marque une autorité temporelle, comme la condamnation aux galeres, ou le banniffement. C'eft pourquoi même dans tous les Tribunaux féculiers, il eft abfolument défendu aux Eccléfiaftiques d'affifter au Jugement des criminels.

Touchant les peines que le Juge d'Eglife peut impofer, nous en dirons davantage dans notre Dictionnaire du Droit canonique.

PEINES COMMINATOIRES, font celles qui ne font impofées que pour obliger les hommes à faire ce à quoi ils font obligés, dans l'appréhenfion d'encourir les peines qui font énoncées contre les contrévenans, mais qui ne font pas obfervées à la rigueur. Telles font fouvent les peines conventionnelles.

PEINES CONVENTIONNELLES, font celles qu'une Partie fait appofer par une claufe particuliere dans un acte, afin d'engager davantage celle avec laquelle elle contracte, à s'acquitter de fes promeffes, c'eft-à-dire de faire ou de ne pas faire quelque chofe dans un certain tems.

Ce font des claufes pénales qui font ordinairement comminatoires, à moins qu'on ne juftifie du dommage que l'on a reçu de l'inexécution de la promeffe qui nous avoit été faite.

Ainfi ces fortes de peines ne font jamais encourues de plein droit. *Voyez* Claufe pénale. *Voyez* Comminatoire.

PELERINAGE, eft un voyage qu'on fait par dévotion pour arriver à un lieu où répofe quelque Saint.

Comme les Pelerinages ont donné lieu à quantité d'abus, il a été défendu par plufieurs Edits & Déclarations d'aller en pélerinage fans la permiffion expreffe du Roi, fignées par l'un des Secrétaires d'Etat, fur l'approbation de l'Evêque diocefain.

Voyez le Dictionnaire de M. Brillon.

PELLAGE, dans les Bailliages de Mantes & de Meulan, eft un droit particulier aux Seigneurs qui ont des Terres & des Ports le long de la riviere de Seine, qui confifte en quelques deniers que ces Seigneurs levent fur chaque muid de vin chargé ou déchargé en leurs Ports. *Voyez* le Gloffaire du Droit François, *verbo* Pellage.

PENSION ANNUELLE DE BLED LÉGUÉE A UN HÔTEL-DIEU, DOIT ETRE PAYÉE EN ESPECES, ET EST PORTABLE ET NON RECEVABLE. Cela paroit fondé fur la faveur des legs pieux, *in quibus voluntates teftatorum pleniffimam recipiunt interpretationem.*

PENSION VIAGERE, eft une rente qui eft conftituée au profit de quelqu'un, à l'effet de lui fervir pendant fa vie, de forte qu'elle foit éteinte par fa mort naturelle.

Je dis par fa mort naturelle ; car ces fortes de penfions, qui font regardées comme devant fervir à fournir des alimens à ceux au profit de qui elles font faites, peuvent être valablement promifes & dûes ; 1°. à un étranger non naturalifé ; 2°. à ceux qui font morts civilement ; & ces penfions ne font point éteintes par la mort civile de ceux à qui elles feroient dûes.

Ces penfions viageres différent des rentes conf-tituées.

Iº. En ce qu'elles ne paffent point aux héritiers de celui au profit de qui elles ont été conftituées ; *nifi in perfonâ filii aut filiæ fuerint repetitæ* ; au lieu que les autres paffent aux héritiers de ceux au pro-fit de qui elles font faites.

IIº. En ce que les rentes conftituées peuvent être faifies réellement par les créanciers de celui à qui elles font dûes ; mais les penfions viageres ne font pas réputées immeubles, & par conféquent ne peuvent pas être faifies réellement : il eft bien vrai que les créanciers peuvent en faifir les arrérages, mais en laiffant tous les ans une fomme modique à celui au profit de qui ladite rente viagere eft faite pour fes alimens. *Voyez* dans le Journal du Palais, l'Arrêt rendu en la Grand'Chambre du Parlement de Paris le 31. Juillet 1685.

IIIº. En ce qu'on ne peut demander que cinq années d'arrérages de rentes conftituées ; mais on peut demander vingt-neuf années d'arrérages des rentes viageres & la courante : de plus, les arréra-ges échus de ces fortes de penfions paffent aux hé-ritiers, quoique les rentes n'y paffent pas, comme nous avons dit. *Voyez* Soefve, tom. 2. cent. 4. queft. 15. *Voyez* auffi Henrys, tom. 2. liv. 4. quef-tion 70.

IVº. Une rente conftituée eft rachetable par ce-lui qui en eft le débiteur, toutes & quantes fois qu'il lui plaît ; mais la rente viagere ne peut être rache-tée que du confentement de celui au profit de qui elle eft faite.

Les penfions viageres & alimentaires font paya-bles de quartier en quartier, & par avance, quoi-que le titre ne le porte pas.

Le quartier d'une penfion viagere qui auroit été payé par avance au penfionnaire, fuivant la claufe précife du contrat, pourroit fe repeter par le débi-teur de la penfion contre les héritiers ou légataires univerfels du penfionnaire, qui feroit décédé avant que le quartier de ladite penfion fût entiérement ex-piré, déduction faite du tems que le penfionnaire aura vécu pendant ledit quartier. Ainfi jugé par Sentence du Châtelet, qui a été confirmée par Ar-rêt du Parlement rendu le 9. Janvier 1705. *Voyez* Alimens.

Touchant les penfions viageres, *voyez* Guy-Pa-pe, queft. 8. Charondas, liv. 4. rép. 25. Filleau, part. 1. tit. 1. chap. 48. Auzanet fur l'article 334. de la Coutume de Paris ; Brodeau fur Louët, lett. C, fomm. 8. & Boniface, tom. 2. liv. 4. tit. 5. chap. 6.

PENSION EN MATIERE DE BÉNÉFICE, eft un droit de jouir d'une partie des fruits d'un Bénéfice, fans titre ni fonction ; comme quand le titulaire d'un Bénéfice le réfigne à un autre, à la charge de lui en payer une penfion par chacun an, comme d'un quart du revenu d'un Bénéfice.

Comme je réferve à mettre dans mon Diction-naire de Droit canonique ce qui regarde de ces fortes de penfions, je ne m'étendrai pas ici davan-tage fur cette matiere.

PERES ET MERES, font des perfonnes à qui

les enfans doivent beaucoup de refpect, par le droit naturel & par le droit divin ; fuivant lefquels il y a entre les peres & meres & les enfans des devoirs effentiels & refpectifs.

Indépendamment du droit de puiffance paternel-le, (dont il eft parlé *verbo* Puiffance,) les pe-res & meres font obligés de pourvoir aux befoins de leurs enfans, à leur donner une bonne éduca-tion, à veiller à leur conduite, & à les établir fui-vant leurs facultés.

On voit peu de peres & meres affez dénaturés pour manquer à ce devoir, pour peu qu'ils aient d'aifance & qu'ils foient en état d'y fatisfaire, à moins qu'ils ne foient entiérement dépourvus de bon fens.

On dit communement que les peres & meres font tenus de doter leurs enfans ; & en pays de Droit écrit, on dit que le pere feul eft tenu de doter fa fille, fuivant la Loi *Si Pater* au Code *de dotis promiffione* ; mais cette obligation de la part des peres & meres n'eft qu'une obligation naturelle qui ne produit aucune action pour les enfans ; tout ce qui en réfulte, eft qu'en pays de Droit écrit la dot eft toujours cenfée donnée par le pere de *fuo*; au lieu qu'en pays coutumier la dot eft cenfée don-née moitié par le pere & moitié par la mere, à caufe de la communauté dont elle eft préfumée avoir été tirée. *Voyez* au mot dot.

Les enfans font obligés de refpecter leurs peres & meres, & de reconnoître par leur obéiffance les foins qu'ils ont pris leur éducation, & de tâcher de mériter ceux qu'ils continuent de prendre pour leur établiffement.

Il y a bien des enfans à qui l'on a beaucoup de peine à faire entendre cette morale ; mais malheur à ceux qui ne s'acquittent pas comme il faut d'un tel devoir.

Voyez Enfans. *Voyez* Correction des enfans. *Voyez* Education des Enfans.

PEREMPTION, qui vient du Latin *pe-remptum*, qui fignifie ce qui eft peri, eft l'anéan-tiffement de la caufe ou du procès, pour n'avoir pas été pourfuivi pendant un certain tems défini par la Loi.

La peremption d'inftance a été introduite par la Loi *Properandum*, cod. de judic. fuivant laquelle tous les procès criminels doivent être terminés dans deux ans, & les procès civils dans trois ans, à compter du jour de la conteftation en caufe.

Cette Loi, dit M. Bretonnier dans fon Recueil alphabétique, a été d'abord reçue en France;mais ayant été négligée, l'art. 15. de l'Ordonnance de Rouffillon la renouvella en ces termes. *L'inftance intentée, quoique conteftée, fi par le laps de trois ans elle eft difcontinuée, n'aura aucun effet de perpe-tuer ni de proroger l'action, ains aura la prefcription fon cours, comme fi ladite inftance n'avoit été formée ni introduite, & fans qu'on puiffe dire ladite prefcrip-tion avoir été interrompue.*

L'Ordonnance de 1629. art. 91. ordonne l'exécu-tion de l'Ordonnance de Rouffillon dans tout le Royaume. Néanmoins il y a des Parlemens où elle n'a point lieu. Baffet, tom. 1. liv. 2. tit. 19. chap. 15.

Au Parlement de Rouen & au Parlement de Bretagne, la péremption n'eſt reçue que quand elle emporte la preſcription entiere de l'action : ce qui paroît fort judicieux ; car autrement la péremption ne peut ſervir qu'à multiplier les procédures.

Dans les autres Parlemens, la péremption eſt pratiquée fort diverſement.

Parmi nous, l'effet de la péremption eſt que toutes les procédures ſont péries, faute de les avoir pourſuivies & continuées pendant trois années entieres. C'eſt auſſi ce qui fait que celui à qui les dépens ſont finalement adjugés, ne peut prétendre ceux qui avoient été faits à l'occaſion de la même demande dont l'inſtance eſt périe ; parce que l'inſtance étant périe, elle ne peut produire aucun effet, & eſt regardée comme ſi elle n'avoit point été intentée.

La péremption n'avoit autrefois lieu qu'après que la cauſe avoit été conteſtée ; c'eſt pourquoi on l'appelloit péremption d'inſtance : & comme l'inſtance ne ſe forme que par la conteſtation en cauſe, le ſimple exploit de demande avoit aſſez de force pour perpétuer l'action à trente autres années ; parce que le demandeur qui fait une demande ſans autres pourſuites, eſt cenſé ne l'avoir intentée que pour interrompre la preſcription ; au lieu que quand après les défenſes fournies par la partie adverſe, il eſt trois ans ſans faire pourſuites, il eſt préſumé avoir renoncé à ſon droit, & avoir reconnu qu'il eſt injuſte.

Cependant aujourd'hui pour que la péremption ait lieu, il n'eſt pas beſoin que la cauſe ait été conteſtée ; il ſuffit qu'il y ait eu Procureur de part & d'autre : il peut même y avoir péremption, lorſque le défendeur n'a pas conſtitué de Procureur.

Il eſt d'uſage au Châtelet de Paris, qu'une inſtance qui eſt introduite par un exploit, demeure périe après trois années accomplies, lorſque l'exploit de demande n'a été ſuivi d'aucune procédure pendant les trois années, quoique le défendeur n'ait pas conſtitué de Procureur. Voyez l'acte de notoriété donné par M. le Lieutenant civil, le 18. Juillet 1687. rapporté dans le Recueil de ces actes, page 33.

Cependant, lorſqu'un exploit de ſaiſie & arrêt ſe donne ſans aſſignation il dure trente années, & n'eſt annullé que par la preſcription. La raiſon eſt, que cet exploit de ſaiſie & arrêt ne peut jamais tomber dans le cas de l'Ordonnance pour faire périr l'inſtance, puiſqu'il n'y en a point, & qu'il ne peut y en avoir, d'autant qu'il n'y a pas d'aſſignation devant le Juge, qui eſt le fondement d'une inſtance. Voyez un acte de notoriété donné par M. le Lieutenant civil le Camus, le 23. Juillet 1707. rapporté page 222.

L'article 1. des Arrêtés de la Cour du Parlement, du 28. Mars 1692. porte que les inſtances intentées, bien qu'elles ne ſoient conteſtées, ni les aſſignations ſuivies de conſtitution & de préſentation de Procureur, ſeront déclarées péries en ce cas que l'on ait ceſſé & diſcontinué les procédures pendant trois ans ; & n'auront aucun effet

de perpétuer ni de proroger l'action, ni d'interrompre la preſcription.

L'article 2. porte que les appellations tomberont en péremption, & emporteront de plein droit la confirmation des Sentences, ſi ce n'eſt qu'en Cour les appellations ſoient conclues ou appointées au Conſeil. Voyez Louet, Lett. P, ſomm. 16.

L'article 3. porte que les ſaiſies réelles, & les inſtances de criées de terres, héritages & autres immeubles, ne tomberont en péremption, lorſqu'il y aura établiſſement de Commiſſaires, & baux faits en conſéquence.

L'article 4. porte que la péremption n'aura pas lieu dans les affaires qui y ſont ſujettes, ſi la Partie qui a acquis la péremption reprend l'inſtance, ſi elle forme quelque demande, fournit des défenſes, ou ſi elle fait quelqu'autre procédure, & s'il intervient quelque appointement ou Arrêt interlocutoire ou définitif, pourvû que leſdites procédures ſoient connues de la Partie, & faites par ſon ordre.

Cet Arrêt de Réglement du 27. Mars 1692, eſt rapporté dans le Journal du Palais, & dans celui des Audiences. Il faut, à l'occaſion de cet Arrêt, remarquer qu'il a été un tems où depuis l'année 1692, on a prétendu, nonobſtant la diſpoſition de l'article 1. du ſuſdit Arrêt du 28. Mars 1692. qu'il ne pouvoit y avoir de péremption, à moins qu'il n'y ait eu conſtitution de Procureur, & préſentation au Greffe. M. Augeard, tome 2. chapitre 40. rapporte un Arrêt du 26. Février 1697. qui l'a jugé ainſi.

Mais par Arrêt rendu le 5. Juin 1703. au Parlement de Paris en forme de Réglement, ſur les concluſions de M. le Procureur général, & ſur l'avis des anciens Avocats & Procureurs de Communautés, il a été jugé que la péremption au Greffe, quoiqu'il n'y a point de préſentation au Greffe, & qu'elle court contre toutes perſonnes qui procedent.

Ce dernier Arrêt de 1703. & l'avis des anciens Avocats & Procureurs, contenant les motifs ſur leſquels il a été rendu, ſont rapportés dans le Traité des Criées de Bruneau, page 136. & ſuivantes, de l'édition de 1704.

La péremption en première inſtance n'éteint par l'action, mais ſeulement les procédures qui ont été diſcontinuées pendant trois ans. D'où il s'enſuit que ſi le temps qui précede l'action, & les trois années de la péremption, ne font pas enſemble celui de la preſcription ; c'eſt-à-dire, ſi l'on eſt encore dans les trente ans de l'obligation, ou dans les dix ans de la reſciſion, le demandeur peut de nouveau former ſa demande ; & ſe ſervir des actes probatoires qui établiſſent ſon droit, comme de enquêtes, des interrogatoires, une quittance, & autres ſemblables, mais toutes les procédures demeurent ſans effet, & quoique les intérêts aient été demandés, ils ne ſont dûs que du jour de ce dernier exploit, qui en contient la demande, s'il eſt ſuivi d'une condamnation dans les formes. Voyez Papon, liv. 8. tit. 16. nomb. 3. Voyez auſſi la Bibliotheque de Bouchel, verbo actes probatoires.

On n'eſt pas reçu en première inſtance à alléguer

On n'eſt pas reçu en premiere inſtance à alléguer quela cauſe étoit en état d'être jugée, & qu'il dépendoit du Juge de rendre ſa Sentence, puiſque les Parties, ſuivant la diſpoſition du titre 25. de l'Ordonnance de 1667. peuvent, après trois ſommations, appeller comme de déni de Juſtice, & montrer par-là qu'ils n'abandonnent pas leurs prétentions.

Les ſeules excuſes qui ſont admiſes, & qui empêchent la péremption, ſont, ſi le Rapporteur, une Partie, ou le Procureur, ſont décédé dans les trois années, ou ſi une fille, ou une veuve qui étoit Partie dans l'affaire, s'eſt mariée. La raiſon pour laquelle il n'y a point de péremption d'inſtance dans tous ces cas, eſt que,

I°. Lorſque le Rapporteur eſt décédé dans les trois ans, la Partie adverſe devoit faire diſtribuer l'affaire à un autre Rapporteur.

II°. Quand c'eſt une des Parties qui eſt décédée dans les trois ans, la Partie adverſe devoit faire aſſigner ſon héritier en repriſe.

III°. Lorſque le Procureur de la Partie adverſe décede dans les trois ans, l'autre devoit la ſommer de conſtituer un nouveau Procureur.

IV°. Quand une fille, ou une veuve qui étoit Partie dans une affaire, s'eſt mariée, la Partie adverſe doit s'imputer de n'avoir pas fait aſſigner le mari pour reprendre l'inſtance avec ſa femme, qui a beſoin en pays coutumier de ſon conſentement pour procéder en Jugement.

De ce que nous venons de dire, il s'enſuit que le changement d'état d'une Partie, ou celui de ſon Procureur, vaut exploit ou piece de procédure, à l'effet d'empêcher la péremption : de ſorte que quelque ſilence qui ſuive après, pourvû que la faculté d'agir ou de relever appel dure encore, chacune des Parties peut reprendre l'inſtance, ſoit principale ou d'appel.

Mais ſi pendant le ſilence de trois ans, qui ſuit la mort de la Partie, le tems de l'action vient à expirer, il ſe fait un concours de diſcontinuation par trois ans, & de la preſcription qui abolit tout. Voyez Hevrin ſur Frain, pag. 28. de ſes additions aux notes.

Un Juge ne peut point rendre ſa Sentence ſur une conteſtation dont les derniers erremens ſont de plus de trois années, à moins que la Partie, à qui la péremption eſt acquiſe ne donne charge expreſſe à ſon Procureur de procéder; auquel cas la Partie, au profit de qui la péremption eſt acquiſe, a renoncé à ſon droit.

La péremption n'eſt point acquiſe de plein droit; il faut la faire prononcer par le Juge. C'eſt un uſage conſtant au Palais; d'où il s'enſuit que ſi par la moindre procédure la péremption eſt une fois couverte, on n'en peut plus faire la demande ni l'oppoſer.

Il n'y a que le Roi qui ne ſoit point ſujet à la péremption. Voyez Chopin ſur la Coutume de Paris, liv. 2. titre 8. nomb. 7.

L'Egliſe a auſſi la même faveur, quand il s'agit du fonds des héritages, & non pas des fruits & jouiſſances qui ne regardent que l'intérêt du Bé-

néficier. Voyez Chenu, cent. 1. queſt. 9.

Brodeau ſur Louet, lett. P, ſomm. 14. dit que le bien & le dommaine de la Fabrique d'une Egliſe, n'eſt pas ſujet à péremption, parce que l'adminiſtration en eſt commiſe à des Marguillers, dont la Charge expire tous les ans, ou tous les deux ans; & que par conſéquent, avant qu'ils aient connoiſſance des affaires de la Fabrique, & principalement de celles qui concernent les procès, il ne ſeroit pas juſte que la Charge des Marguillers étant plus courte que le temps de la péremption, elle eût lieu contr'eux & en conſéquence contre la Fabrique de l'Egliſe. Enfin il dit avoir été ainſi jugé par Arrêt rendu à la Grand Chambre le 23. Décembre 1630. au profit des Marguillers de S. Leu, S. Gilles pour leſquels il avoit écrit.

On n'en exempte pas les mineurs, parce qu'ils ont pour garans leurs tuteurs ou curateurs; contre qui le droit de ſe pourvoir leur eſt conſervé. Voyez Chenu, cent. 1. queſt. 91. & tom. 4. pag. 378. Papon, liv. 8. tit. 16. nomb. 3. le Prêtre, cent. 2. chap. 66. Louet & ſon Commentateur, lett. J, ſomm. 13. Mornac, ad Leg. properandum, §. ſi deſidia cod. de Judiciis.

Pour ce qui eſt du tems requis pour acquérir la péremption d'inſtance, il faut toujours que l'interruption des procédures ait duré pendant trois années entieres dans quelques affaires que ce ſoit, & elle ne ſuffiroit pas ſi elle n'avoit duré que pendant le temps requis pour éteindre les actions dont il s'agiroit.

Ainſi en action poſſeſſoire, en action intentée pour le retrait lignager, ou pour le retrait féodal, il faut toujours trois années d'interruption de procédures, ſans quoi on ne peut pas être fondé à demander la péremption; comme il a été jugé par Arrêt rendu au Grand Conſeil, le 2. Janvier 1705. rapporté par M. Brillon, verbo Péremption, nombre 40.

Il eſt enjoint à tous Juges de Juger ſuivant les Ordonnances touchant la péremption d'inſtance, après la diſcontinuation des procédures pendant trois ans.

Cependant la péremption d'inſtance ne peut être ſuppléée d'office par le Juge; celui qui la veut oppoſer en doit faire une demande préciſe; car elle peut être couverte comme nous l'avons dit ci-deſſus, par la moindre procédure, pourvû qu'elle ſoit connue de la partie, & faite par ſon ordre, ſuivant l'article 7. des Arrêtés de M. de Lamoignon.

Une demande jointe à un procès n'eſt point périe par la diſcontinuation de procédure pendant trois ans, lorſque le principal ne l'eſt pas; comme il eſt jugé par Arrêt rendu au Parlement de Paris, le 24. Mai 1685. rapporté dans le Journal des Audiences.

Quand un Arrêt interlocutoire ne contient que des chefs interloqués, l'inſtance eſt périe pour trois ans; mais s'il contient quelque choſe ſur lequel on ait jugé définitivement quelque point du procès, ce chef définitif proroge pendant trente ans le tems

tems de l'interlocutoire. La Rocheflavin , liv. 3. tit. 6. Arrêt. 1.

Un Arrêt qui renvoie une inftance en une autre Siege , n'eft point fujet à peremption. Ainfi jugé au Parlement de Paris , le 7. Septembre 1649. *Voyez* Henrys , tom. 1. liv. 4. chap. 6. queft. 99.

Il y a péremption d'inftance par difcontinuation de procédure pendant trois ans ès Sieges royaux & préfidiaux , & même aux Requêtes du Palais , ou aux Requêtes de l'Hôtel , lorfqu'ils jugent à l'ordinaire , quoique les procès foient conclus & en état d'être jugés : mais ès Cours fouveraines , quand le procès eft conclu , il ne peut pas y avoir lieu à la péremption ; Chenu , cent. 1. queft. 90. & cent. 2. queft. 34. & 35. Peleus , queft. 14. Charondas , liv. 7. rép. 134. Filleau , part. 84. queft. 135. Louet & fon Commentateur , lett. P. fomm. 18. le Prêtre , cent. 1. chap. 56. le Recueil de Defcombes , Greffier en l'Officialité de Paris , part. 1. chap. 2. pag. 466.

Quand une demande en premiere inftance eft perie , les Parties ne peuvent la reprendre , continuer & pourfuivre , mais on en peut faire une nouvelle demande ; Chenu , cent. 2. queft. 36. & Filleau , part. 4. queft. 136. Mais en fait d'appel , la péremption d'inftance emporte la prefcription de l'action , comme nous le dirons par l'article fuivant.

La péremption d'inftance ne peut avoir lieu fur une fentence rendue par défaut , lorfqu'elle n'a pas été fignifiée. Ainfi jugé par Arrêt de la Grand'-Chambre le 22. Décembre 1716. au Rôle de Vermandois , fuivant les conclufions de M. l'Avocat général Chauvelin.

L'inftance de Requête civile eft fujette à péremption. Boniface , tom. 3. liv. 3. tit. 4. chap. 11.

En matiere de faifie réelle & de criées , lorfque le débiteur eft dépoffédé , & la Juftice mife en poffeffion par le moyen d'établiffement de Commiffaire , & de bail judiciaire , elles ne font plus fujettes à péremption , & la faifie conferve le droit des créanciers jufqu'à trente ans. Mais quand le propriétaire n'a point été dépoffédé , pour n'y avoir point eu d'établiffement de Commiffaire , ni de bail judiciaire , la faifie & les criées font fujettes à péremption. Brodeau fur Louet , lettre S , fommaire 14. C'eft auffi la décifion de l'article 3. de l'Arrêt de Réglement du 28. Mars 1692. que nous avons rapporté ci-deffus.

La pefte empêche la péremption , pourvû que notoirement elle ait empêché l'inftruction des procès & l'exercice de la Juftice. *Voyez* Louet , lett. P , fommaire 14. Filleau , part. 4. queft. 91. Chenu , cent. 1. queft. 92. & 93.

J'ai traité de la peremption très-amplement fur le titre des Prefcriptions de la Coutume de Paris. On peut voir auffi l'Ordonnance de 1539. art. 20. celle d'Henri II. donnée à Fontainebleau au mois de Février 1549. & celle du mois de Janvier 1563. art. 15. & 120. que l'on fuit préfentement fous les limitations & modifications que la Jurifprudence des Arrêts y a apportées. *Voyez* enfin le Recueil alphabétique de M. Bretonnier.

PEREMPTION D'APPEL , eft une pref-

cription qui s'oppofe de la part de l'intimé , quand l'appellant a laiffé paffer trois ans fans pourfuivre fon appel , au moyen de quoi toutes les procédures faites fur l'appel , font annullées , & l'appel confidéré comme s'il n'avoit point été interjetté & relevé , & que la fentence fut paffée en force de chofe jugée ; de forte qu'il n'eft plus permis d'en interjetter un nouvel appel.

Il n'eft plus même permis en ce cas à l'appellant d'intenter de nouveau fon action , quoique le temps de la prefcription ne foit pas accompli. D'où il s'enfuit que l'action perit avec l'inftance , par le moyen de la péremption en caufe d'appel , puifque la Sentence paffe en force de chofe jugée.

De ce que nous venons de dire , il refulte qu'il y a de la différence entre la péremption d'appel & la péremption d'inftance.

Cette derniere empêche bien l'interruption de la prefcription ; mais elle n'empêche pas que l'on ne puiffe de nouveaux intenter fon action , fi l'on eft encore dans les trente ans.

Mais la péremption d'appel éteint tout ; de maniere que l'appel étant une fois péri , il n'eft plus loifible d'en appeller de nouveau , quoique l'on foit encore dans le temps que dure l'action.

Voyez Chenu , cent. 1. queft. 94. & en fa deuxieme centurie , queft. 37. Louet & Brodeau , lettre P , fomm. 14. & 15. le Prêtre , cent. 2. chap. 66. Henrys , tom. 2. liv. 4. queft. 33. Papon , liv. 12. tit. 3. nomb. 18. & Boniface , tom. 2. liv. 1. tit. 23. nomb. 1.

Un appel peut être déclaré péri , fans qu'il foit pour cela néceffaire que l'intimé fe foit préfenté au Greffe des Préfentations.

Suivant l'Arrêt du 26. Février 1697. il a été jugé que l'intimé qui ne s'étoit point préfenté au Greffe , ne pouvoit pas former une demande en peremption contre l'appellant , faute de pourfuites pendant trois années. Cet Arrêt eft rapporté par M. Augeard , tom. 2. chap. 40.

Mais l'Arrêt rendu le 5. Juin 1703. dont nous venons de parler ci-deffus , pag. 475. a jugé que la péremption s'acquéroit , lorfqu'il n'y eut point de préfentation au Greffe.

Suivant ce que nous venons de dire : fi les Parties ont laiffé paffer trois ans fans faire aucunes pourfuites fur l'appel , l'intimé peut demander par une requête que l'appel foit déclaré péri , & en conféquence que l'appellation foit mife au néant , & qu'il plaife à la Cour ordonner que la Sentence fera exécutée felon la forme & teneur , avec dépens.

On fait répondre cette requête par un *viennent les Parties* ; après quoi on la fait fignifier , & on fomme la Partie adverfe de fournir de défenfes.

Mais comme la décifion d'une telle demande dépend d'un examen de pieces qui ne fe peut faire à l'Audience , l'ufage eft d'offrir un appointement en droit à écrire , produire & contredire dans le temps de l'Ordonnance.

En exécution de cet appointement , les Parties fourniffent & produifent au Greffe leurs pieces par un inventaire de production , de la même maniere qu'on fait dans les autres appointemens en droit : &

si la Cour trouve que l'appel soit péri, elle le déclare, & ordonne que la Sentence sera exécutée selon sa forme & teneur, & condamne l'appellant aux dépens.

Il faut excepter les appellations qui sont appointées ou conclues en la Cour, lesquelles ne sont point sujettes à péremption, ainsi qu'il est porté en l'article 2. dudit Réglement du 28. Mars 1692.

Tout ce qui procede du fait de la Cour, empêche la péremption. Un procès par écrit, conclu & reçu par la Cour, pour juger, n'est donc point sujet à péremption, parce qu'il n'est point permis de faire aux Cours souveraines des sommations de juger, & ensuite appeler comme de déni de Justice. Ainsi, comme il n'y a point de fait de la Partie, il ne peut y avoir lieu à la péremption.

Non-seulement les appellations qui ont été conclues par un appointement pris au Greffe de la Cour, ne sont pas sujettes à péremption ; mais même les appellations verbales qui auroient été mises au Rôle, & qui, pour n'avoir pas été plaidée, seroient plaidées en vertu de l'appointement général qui en resulte ; auquel cas ces appellations ne sont pas sujettes à péremption, quoique l'appointement ne soit pas levé ni signifié, ni l'amende consignée lors du mis au Rôle, comme il a été jugé par Arrêt du 19. Avril 1719.

La raison est, que le Rôle dure trente ans, & que pendant ce tems on peut lever les appointemens qui sont intervenus en vertu de l'appointement général.

Mais une cause mise au Rôle de la Grand'-Chambre, qui n'est point venue à son tour, & qui n'a point été appointée ni remise à un autre Rôle, périt faute de poursuites pendant trois années entieres ; comme il a été jugé par plusieurs Arrêts du Parlement de Paris, & entr'autres par un du 12. Août 1694. & par un autre du 27. Février 1708.

Suivant ce que nous avons dit, il y a bien de la différence entre la péremption d'appel & la désertion d'appel. La péremption d'appel éteint tout, de maniere que la Sentence passe en force de chose jugée ; au lieu que quand l'appel n'est que désert, l'appellant peut toujours faire convertir son appel en opposition en refondant les dépens, & empêcher l'exécution de la Sentence dont il avoit interjetté appel. *Voyez* Désertion d'appel.

PÉREMPTION D'INSTANCE EN MATIERE CRIMINELLE. Louet, lettre P, sommaire 37. dit que quand les parties sont reçues en procès ordinaire, & que l'affaire est civilisée, la péremption d'instance peut avoir lieu ; mais que les matieres criminelles intentées extraordinairement par information, récollement & confrontation, ne sont point sujettes à péremption.

Brodeau au même endroit, tient que la péremption ne doit pas être moins admise en matiere criminelle qu'en matiere civile. Il dit que cela a été jugé par plusieurs Arrêts ; & il en rapporte un, qui a jugé que la péremption d'un appel interjetté d'une Sentence rendue en matiere criminelle, avoit eu tout l'effet qu'ont les péremptions d'appel en matiere civile, c'est-à-dire, d'exclure toutes nouvelles poursuites.

Cet Arrêt qui a été rendu le 11. Février 1604. a jugé que l'appel étant péri, toute poursuite qui pouvoit résulter du crime commis, étoit prescrite. Il s'agissoit d'un vol commis en une Forêt, & de la restitution d'une marchandise volée ; & ce fut en vain que le défendeur en péremption mit en fait, que le Prévôt des Maréchaux avoit supprimé la minute des charges & informations, & autres pieces du procès ; au moyen de quoi on lui avoit ôté le pouvoir & la liberté d'agir.

Boniface, tome 1. partie 1. livre 1. titre 23. nombre 5. tient aussi que la péremption d'instance a lieu en matiere criminelle comme en matiere civile. Il rapporte un Arrêt du Parlement de Toulouse, rendu le 20. Décembre 1642. qui l'a jugé ainsi.

PEREMPTOIRE, en fait d'exception, se dit de celles qui sont décisives, & auxquelles il n'y a point de réponses ; ensorte qu'elles emportent la décision de l'affaire dont est question.

PERILS ET FORTUNES, se dit quand on fait quelque chose à ses risques ; en sorte que la perte ou l'incommodité qui en peut arriver regarde celui qui agit, comme au cas de l'article 2. de la coutume de Paris.

Quelquefois il se dit de celui qui fait quelque chose aux risques & fortunes d'un autre ; comme quand le défendeur originaire, qui a été condamné par Sentence à déguerpir un héritage qu'il avoit acheté, appelle de la Sentence, déclarant que c'est aux risques, périls & fortunes de celui qu'il a appellé en garantie.

PERMUTATION. *Voyez* Echange.

PERQUISITION, est la recherche que fait un Huissier ou Sergent de la personne d'un accusé décrété de prise de corps, & qui se cache ou s'absente, pour se soustraire à la Justice : en ce cas l'Huissier ou Sergent qui est porteur du décret doit faire perquisition de sa personne, & en même temps la saisie & annotation de ses biens, sans que pour ce faire il ait besoin d'autre Jugement ou Ordonnance, que dudit décret de prise de corps. *Voyez* le titre 17. de l'Ordonnance de 1670.

Cette perquisition doit être faite au domicile ordinaire de l'accusé, ou au lieu de sa résidence. Le Sergent en doit dresser procès verbal, & en laisser copie au domicile de l'accusé.

S'il n'a point de domicile, on ne réside point au lieu de la Jurisdiction où s'instruit le procès, il suffit d'afficher copie du décret à la porte de l'Auditoire.

Par Edit du mois de Décembre 1680. la perquisition de l'accusé pourra être valablement faite dans la maison où il résidoit, dans l'étendue de la Jurisdiction où le crime aura été commis, dans trois mois du jour qu'il a commis le crime, sans qu'il soit nécessaire de faire la perquisition au lieu où il demeuroit auparavant ; & après les trois mois, la perquisition de l'accusé doit être faite en son domicile.

Quoique les perquisitions dans les maisons ne soient pas permises pour dettes civiles, comme nous l'avons remarqué *verbo* Capture ; néanmoins au mois de Septembre 1714. il a été enregistré au

Parlement de Paris un Edit, qui porte que les Sentences rendues en la confervation de Lyon, feront exécutées dans le Royaume, & même que les débiteurs pourront être pris & appréhendés dans leurs maifons. On peut auffi en toute matiere civile faire un procès verbal de perquifition au dernier domicile connu d'un particulier, pour conftater qu'il eft abfent.

PERSONNIER. Ce terme a différentes fignifications. Dans quelques coutumes, il fignifie celui qui eft affocié avec un autre pour tenir un ménage en commun : ce qui eft en ufage particuliérement en Bourgogne, où les mains-mortes ont lieu ; car elles font que ceux d'une famille tiennent ménage en commun, & chacun de ceux qui le compofent fe nomme perfonnier.

Dans d'autres coutumes, ce terme fignifie copoffeffeur d'un même héritage fujet aux mêmes droits de tailles, ou autres redevances.

Dans d'autres il fignifie des affociés en même trafic ou négoce, qui font convenus d'avoir en commun tous les meubles & toutes les acquifitions qui feront faites par chacun d'eux durant leur fociété. On ajoute même quelquefois à cette convention de fociété des convenances ou pactions, à l'effet que les affociés auront droit de fe fuccéder.

En quelques Coutumes ce terme fignifie un cohéritier. Enfin il fe prend quelquefois pour le complice d'un forfait.

PERTE OU DETERIORATION D'UNE CHOSE VENDUE, QUOIQUE NON LIVRÉE, tombe fur l'acheteur qui demeure toujours obligé d'en payer le prix qu'il en a promis. *Voyez* ce que j'ai dit là-deffus dans ma Traduction des Inftitutes, §. 3. du tit. 24. du troifieme Livre.

PERTE OU DIMINUTION DE DENIERS CONSIGNÉS. Lorfque la confignation eft faite, c'eft aux créanciers à veiller pour toucher ce qui leur eft adjugé, le plutôt qu'il leur eft poffible ; car fi les deniers diminuent ou périffent par un cas fortuit, ou par la banqueroute du Receveur, la perte tombe fur les créanciers qui étoient utilement colloqués : ce qui eft fondé fur ce que le débiteur eft liberé par la confignation, de même que l'adjudicataire. *Voyez* M. Louet & fon Commentateur, lettre C, chap. 50. & 51.

PESCHE. La pêche & la chaffe font les plus anciennes manieres d'acquérir que les hommes aient eues. Ainfi l'un & l'autre furent permifes à tout le monde par le droit des gens, comme étant le premier art que la nature enfeigne aux hommes pour fe nourrir ; & ces animaux furent d'abord le prix de l'induftrie & de l'adreffe de ceux qui les prenoient : mais par les mœurs des peuples, cette liberté naturelle de chaffer & de pêcher a été limitée & reftrainte à certaines regles.

Comme les rivieres navigables font mifes par le droit au nombre des chofes publiques, lefquelles font en la garde des Rois, elles font en France cenfées leur appartenir, auffi-bien que le droit de pêche. Ainfi la permiffion d'y pêcher dépend abfolument de Sa Majefté ; à moins que le Seigneur ne foit fondé en titre ou en poffeffion immémoriale,

d'avoir des défenfes dans l'étendue de fa terre ou dans quelque endroit de la riviere. *Sic teftatur Joannes Faber, ad §. flumina, Inftit. de rer. divif. Et fic vides, inquit, obtinere hodie de Confuetudine Regni Franciæ, ubi funt pifcariæ & defenfæ in multis locis fluminum.*

Il n'y a que la pêche feule à la ligne qui foit permife à chacun par les anciennes Ordonnances de ce Royaume, comme l'affure le même Faber, & après lui M. le Bret en fon Traité de la Souveraineté du Roi, liv. 2. chap. 15. Encore préfentement cette pêche n'eft-elle plus permife dans les lieux où elle a été érigée en maîtrife, comme à Paris où il y a une Communauté de Maîtres Pêcheurs à verge. Il faut être reçu Maître pour pêcher à la ligne, quand on ne pêcheroit que pour fon plaifir, & non pour vendre du poiffon.

Les particuliers peuvent feulement pêcher avec toutes fortes d'inftrumens dans les ruiffeaux qui bordent leurs héritages.

Comme les rivieres navigables appartiennent au Roi, il n'eft pas permis à ceux qui font Seigneurs des terres voifines d'y pêcher, comme nous venons de le dire, à moins qu'ils n'en aient une conceffion particuliere du Prince, ou qu'ils ne foient fondés en une poffeffion immémoriale. M. d'Olive, livre 2. chapitre 3.

Sur le fondement que les fleuves publics & rivieres navigables font du Domaine du Roi, & qu'il n'y a que lui feul qui ait droit de donner la permiffion d'y pêcher, tous les Maîtres Pêcheurs, même ceux qui font demeurans en la Prévôté & Vicomté de Paris, prennent Lettres de Grands Maîtres, ou bien des Maîtres particuliers des Eaux & Forêts ; & chacun d'eux eft tenu de payer certaine devance à la recette ordinaire de Paris, pour la permiffion qui leur eft baillée de pêcher ès rivieres navigables.

Les petites rivieres non publiques, non navigables, appartiennent au Seigneur haut-jufticier feulement, parce que ces rivieres ne font pas à proprement parler que des ruiffeaux qui appartiennent en propriété aux Seigneurs des terres qu'elles arrofent.

C'eft pourquoi plufieurs coutumes les appellent rivieres de cens, & rivieres en garenne.

Ceux qui font propriétaires des étangs, foffés, & de ces petites rivieres particulieres non navigables, ont non-feulement le droit d'y pêcher ; ils peuvent encore empêcher que qui que ce foit y pêche fans leur permiffion. Boniface, tome 4. liv. 2. tit. 5. chap. 1.

La raifon eft, qu'elles appartiennent à des particuliers, Seigneurs jufticiers, féodaux, ou autres perfonnes en pleine propriété ; enforte que ni le Roi, ni les Seigneurs, n'y ont pas plus de droit que fur tout autre héritage appartenant aux Particuliers.

A l'égard de la pêche qui fe fait en mer, quoiqu'elle foit libre à tout le monde, fuivant le Droit des gens, les Rois de France ne la permettent à leurs Sujets dans l'étendue de leur domination, qu'avec les filets permis : & il eft défendu aux Pêcheurs qui arrivent à la mer, de fe mettre & jetter leurs filets en lieux où ils puiffent nuire à ceux qui feront trouvés les premiers fur le lieu de la pêche , ou qui l'auront déja commencée, à peine de tous dépens , dommages & intéréts , & de cinquante livres d'amende. Ordonnance du mois d'Août 1651. touchant la Marine , liv. 5. titres 1. & 2. article 9.

Au refte, les Eccléfiaftiques, Seigneurs, Gentils-Hommes & Communautés, qui ont obtenu de Sa Majefté le droit de pêcher dans les rivieres navigables , font tenus d'affermer ce droit à des particuliers , & s'ils ne le font pas , & que chacun en veuille ufer , le Juge du Seigneur Haut-Jufticier peut le leur interdire ; & en cas d'appel de fon Ordonnance , il doit être relevé à la Table de Marbre privativement à toutes autres Jurifdictions. Ainfi jugé au Parlement de Paris, par Arrêt du 18. Février 1689. rapporté dans le Journal des Audiences La raifon eft , que s'il étoit permis à chacun d'une Communauté , par exemple d'une Paroiffe , où il y a quelquefois quatre ou cinq cens feux , d'ufer de ce droit de pêche , tout le poiffon d'une riviere ne fuffiroit pas pour leur en fournir à tous. Or l'intérêt public eft que les rivieres ne demeurent pas fans poiffon.

Touchant le droit de pêche. *Voyez* Bacquet, des Droits de Juftice , chap. 30.

PESTE , eft une maladie caufée par un venin qui fe répand en l'air , & qui s'attaquant aux efprits, au fang, au fuc nerveux & aux parties folides, les remplit de taches , de puftules , de bubons & de charbons.

Comme cette maladie eft contagieufe & ordinairement mortelle , elle fait ceffer tout commerce dans les lieux qui en font affligés.

C'eft pour cette raifon que pendant tout le tems qu'elle dure, celui qui eft requis pour la prefcription ou pour la péremption d'inftance ne court point.

Les Fermiers des droits de péage , & ceux qui tiennent à ferme des moulins & autres chofes, dont ils ne peuvent point jouir pendant le tems que dure cette calamité , peuvent demander que le prix du bail foit diminué à proportion de leur non jouiffance. *Vide Franc. Marc.* tome 1. queft. 1066.

Mais les locataires des maifons , qu'ils ont été obligés d'abandonner à caufe de la pefte, ne peuvent demander aucune remife ; parce que les meubles occupent les lieux , & que les locataires ont les clefs. Charondas, livre 7. réponfe 76. Expilly , Arrêt 2.

A l'égard des teftamens faits par des peftiferés , nous n'avons point dans le corps de Droit de Loix qui les difpenfent des folemnités requifes.

Cependant la plûpart des Docteurs ont prétendu qu'ils étoient exempts d'une partie , & notamment du nombre des fept témoins requis par les Loix Romaines , pour la validité d'un teftament, & que le nombre de cinq étoit fuffifant pour ceux qui font faits en tems de pefte, ainfi qu'il s'obferve dans les teftamens des ruftiques , faits dans les lieux où l'on ne trouve pas facilement des

perfonnes qui fçachent lire & écrire.

L'Ordonnance des Teftamens du mois d'Août 1735. a réglé les folemnités qui doivent être obfervées pour la validité des teftamens faits , tant par ceux qui feroient attaqués de la pefte, que par ceux qui feroient dans les lieux infectés de ladite maladie.

On fe contentera de rapporter ici les articles , ainfi qu'ils font conçus.

Art. XXXIII. En tems de pefte , les Teftamens , Codicilles , ou autres difpofitions à caufe de mort, pourront être faits en quelque pays que ce foit , en préfence de deux Notaires ou Tabellions , ou de deux Officiers de Juftice royale , feigneuriale ou municipale , jufqu'aux Greffiers inclufivement ; ou pardevant un Notaire ou Tabellion avec deux Témoins ; ou pardevant un des Officiers ci-deffus nommés , auffi avec deux témoins ; ou en préfence du Curé ou deffervant , du Vicaire , ou autre Prêtre chargé d'adminiftrer les Sacremens aux malades, quand même il feroit régulier & de deux Témoins.

Art. XXXIV. Ce qui a été réglé par l'Article 28. pour les Teftamens militaires , fur la fignature , tant du Teftateur, que de celui ou de ceux qui recevront le Teftament, & des témoins , fera auffi obfervé par rapport aux Teftamens, Codicilles, ou autres difpofitions faites en tems de pefte.

C'eft-à-dire , que le Teftateur doit figner le Teftament, Codicille , ou autres difpofitions, s'il fçait ou peut figner ; & en cas qu'il déclare ne fçavoir ou ne pouvoir le faire , il en doit être fait mention. Lefdits actes doivent pareillement être fignés par celui ou ceux qui les recevront , fans qu'il foit néceffaire d'appeller des Témoins qui fçachent & puiffent figner , fi ce n'eft lorfque le Teftateur ne fçaura ou ne pourra le faire : & à la réferve de ce cas, lorfque les Témoins ou l'un d'eux déclareront qu'ils ne fçavent ou ne peuvent figner, il fuffit d'en faire mention.

Art. XXXV. Seront en outre valables en tems de pefte , en quelque pays que ce foit , les Teftamens , Codicilles ou autres difpofitions à caufe de mort, qui feront entiérement écrits, datés & fignés de la main de celui qui les aura faits. Déclarons nuls tous ceux qui ne feroient pas revêtus au moins d'une des formes portées aux deux articles précédens , & au préfent Article.

Art. XXXVI. La difpofition des Articles XXXIII. XXXIV. & XXXV. aura lieu, tant à l'égard de ceux qui feroient attaqués de la pefte, que pour ceux qui feroient dans les lieux infectés de ladite maladie, encore qu'ils ne fuffent pas actuellement malades.

Art. XXXVII. Les Teftamens , Codicilles , & autres difpofitions à caufe de mort, mentionnés dans les quatre articles précédens, demeureront nuls, fix mois après que le commerce aura été rétabli, dans le lieu où le Teftateur fe trouvera ou qu'il aura paffé dans un lieu où le commerce n'eft point interdit , fi ce n'eft qu'on eût obfervé dans lefdits actes les formes requifes de Droit commun, dans le lieu où ils auront été faits.

'Ainfi aujourd'hui, foit dans les Pays de Droit écrit, foit dans le Pays Coutumier, le Teftament d'une perfonne malade de la maladie contagieufe, n'eft pas nul, pour n'être pas revêtu des folemnités requifes par la Coutume ou l'ufage du lieu où il a été fait ; mais il eft feulement affujetti à celles introduites par les Articles ci-deffus, & dont l'exécution eft beaucoup plus facile dans un temps fi dangereux.

PÉTITION D'HEREDITÉ, eft une action qui eft accordée à celui qui eft l'héritier d'un défunt contre celui qui poffede l'hérédité en qualité d'héritier, ou en qualité de poffeffeur.

Celui-là poffede en qualité d'héritier, qui poffede une fucceffion, croyant qu'elle lui appartient, & qu'il eft véritablement héritier du défunt, ou fubrogé aux droits du véritable héritier comme feroit celui qui auroit acheté une fucceffion de celui qui paffoit pour être l'héritier du défunt. Celui-là poffede en qualité de poffeffeur, qui poffede une fucceffion fans aucun titre ou fans titre valable. *Pro poffeffore poffidet, qui prædonis more poffidet, qui aut nullum aut non juftum poffeffionis fuæ titulum affert.*

Comme cette action eft univerfelle, étant donnée pourrevendiquer une fucceffion en entier ou en partie, en qualité d'héritier, elle ne peut être intentée contre celui qui ne fe trouve poffeffeur que de quelques effets d'une fucceffion à titre particulier, comme à titre d'achat, de donation ou de tout autre titre particulier; il peut feulement être pourfuivi par l'héritier, par l'action réelle, appellée en Droit *rei vindicatio*, pour qu'il foit condamné à rendre au véritable héritier l'effet de la fucceffion qu'il poffede à titre particulier.

La pétition d'hérédité eft une action réelle, mais univerfelle, comme nous venons de le dire; & outre qu'elle eft réelle, elle eft appellée mixte. *Leg. 20. & feq. ff. de hæreditat. petitione; & leg. 7. cod. eod.*

Premièrement, à caufe de la reftitution des fruits, des améliorations ou dégradations, qui font perfonnelles & jointes à la demande de l'hérédité, auffi-bien que la reftitution des dettes actives de la fucceffion, que le poffeffeur a exigées des débiteurs du défunt.

En fecond lieu, pour raifon du prix des chofes de la fucceffion qu'il a vendues ou aliénées, à quelque titre que ce foit.

D'ailleurs, celui qui eft obligé de reftituer au véritable héritier la fucceffion dont il étoit en poffeffion, a droit de pourfuivre le rembourfement des deniers qu'il a payés aux créanciers de la fucceffion, en qualité d'héritier.

Tout cela fait que cette action ne doit pas être réputée purement réelle, & qu'elle doit être mife au nombre des actions mixtes, quoique véritablement elle foit plus réelle que perfonnelle.

Le demandeur conclut dans cette action, à ce que celui qui poffede l'hérédité en qualité d'héritier ou de poffeffeur, foit condamné à lui reftituer tous les biens héréditaires, avec les fruits, acceffions & dépendances; & en outre à lui faire raifon des dégradations qu'il a faites dans les biens de la fucceffion; à

lui reftituer les dettes qu'il a exigées & reçues des débiteurs du défunt, & à l'indemnifer des biens de la fucceffion qu'il a aliénés, avec dépens, dommages & intérêts.

Par les biens héréditaires, nous entendons nonfeulement les chofes corporelles, mais auffi les chofes incorporelles comme les droits & actions.

Nous entendons auffi par biens héréditaires, non-feulement ceux qui ont appartenu au défunt de fon vivant, mais encore toutes les chofes qui fe trouvent dans fa fucceffion, quoiqu'il n'en fût pas le propriétaire, comme ce qu'il lui a été prêté ou mis en gage, ou qu'il poffédoit de bonne foi, *leg. 18. §. ult. & leg. feq. ff. de hæred. petit.* & celles qui ont été acquifes par le moyen de la fucceffion, comme de troupeaux & autres chofes femblables, *leg. 20. ff. eod.* Enfin, celles qui après le décès ont fait un accroiffement à la fucceffion comme les fruits des héritages, & les loyers des maifons. *Dict. leg. 20. §. 8. & feq. & leg. 27. ff. eod. tit.*

Toutefois le poffeffeur de bonne foi ne reftitue pas tous les fruits qu'il a perçus, mais feulement ceux qui ont augmenté les biens: au contraire, le poffeffeur de mauvaife foi eft tenu de reftituer tous ceux qu'il a perçu ou qu'il a pû percevoir.

La mauvaife foi commence du jour que l'on fçait que fa poffeffion eft vicieufe; & la bonne foi du poffeffeur ceffe du jour de la conteftation en caufe.

Cette action ne fe peut prefcrire que par trente ans, de la part des cohéritiers, contre celui qui demande partage; mais un tiers acquéreur des chofes héréditaires à titre d'achat, de donation & autres femblables, peut prefcrire contre l'héritier, les chofes mobiliaires par trois ans, & les chofes immobiliaires par dix ans entre préfens, & vingt ans entre abfens. Ainfi jugé par Arrêt du 24. Avril 1674. rapporté dans le Journal du Palais.

PÉTITOIRE, eft la pourfuite que l'on fait pour retirer la poffeffion d'un bien qui nous appartient, de celui qui en eft le poffeffeur, en juftifiant que nous en avons la propriété.

Cette pourfuite eft oppofée à celle qui eft appellée poffeffoire, qui nous oblige feulement à juftifier que nous fommes en poffeffion de la chofe dont il s'agit, ou que nous en avons été déjettés par force & par violence.

Quand il y a conteftation au poffeffoire & au pétitoire pour une même chofe, il faut d'abord inftruire & juger le poffeffoire; après quoi, celui contre qui la complainte ou réintégrande aura été jugée, doit pourfuivre le pétitoire; mais il n'y peut venir qu'après que le trouble aura ceffé, & que celui qui a été dépoffédé aura été rétabli.

On ne peut donc jamais cumuler le pétitoire avec le poffeffoire; & on ne peut venir au petitoire, que le poffeffoire ne foit jugé, & entièrement terminé : ce qui doit s'entendre lorfqu'il y a conteftation au poffeffoire; car autrement il eft libre à celui qui eft troublé d'abandonner le poffeffoire, & de procéder directement au petitoire. Papon, liv. 8. tit. 11. nomb. 1. 3. & fuiv. Charondas, liv. 12. réponfe 3. Bouvot. tom. 2. verbo Petitoire, Poffeſſoire, queſt. 1. & queſt. 6. de l'Ordonnance de 1667. tit. 18. art. 5. avec les notes de Bornier.

P E T I T S - E N F A N S. On donne ce nom aux enfans du ſecond dégré de filiation, le nom d'enfans aux fils qui ſont au premier dégré. *Voyez* ce que j'ai dit *verbo* Enfans.

P E U P L E. *Voyez verbo* Tiers-Etat.

P I

P I E C E S, EN TERMES DU PALAIS, ſe dit de tout ce qu'on écrit & produit en Juſtice, pour juſtifier de ſon droit.

Un Procureur qui eſt chargé des pieces par une Partie, pour la pourſuite & conſervation de ſes droits, s'il a négligé de remplir ſa commiſſion, il eſt tenu du dommage qu'il aura cauſé à ſa Partie. Ainſi un Procureur qui avoit été chargé de pieces par une Partie, pour former à des criées une oppoſition à fin de conſerver ; faute de l'avoir fait, en a été déclaré reſponſable en ſon nom, par Arrêt du 16. Avril 1644. rapporté dans le Journal des Audiences.

Les Procureurs ne peuvent retenir les titres des Parties, ſous prétextes de leurs ſalaires & vachtions ; mais ils peuvent retenir leurs procédures juſqu'à ce qu'ils ſoient payés. *Voyez* l'Ordonnance de Charles VII. de l'année 1453. article 43. & 44. & Coquille en ſes queſtions & réponſes, article 197.

A l'égard du tems que dure la pourſuite que l'on peut faire contr'eux pour retirer les pieces dont ils ſont chargés par leurs récipiſſés, *voyez* ci-après, Recherches de procès & inſtances.

P I E C E S INVENTORIÉES, ſont les pieces d'un procès que les Procureurs marquent par les lettres de l'alphabet, aux inventaires des procès.

P I E C E S PARAPHÉES ET COTTÉES, ſont celles au dos deſquelles le Greffier ou autre, comme un des Meſſieurs, a mis ſon paraphe, pour empêcher qu'elles ne ſoient changées ni altérées.

P I E C E S MISES SUR LE BUREAU. Quand les Avocats des Parties ne conviennent pas des faits, & qu'ainſi la Cour ne peut pas juger ſans avoir vû les pieces des Parties, la cauſe ne méritant pas d'être appointée, elle ordonne que les pieces ſeront miſes ſur le Bureau, pour être vûes & examinées par la Cour en la Chambre du Conſeil. Quelquefois la Cour nomme un Conſeiller pour les voir & les rapporter en la Chambre ; c'eſt ce qu'on appelle référé, pour ſur le rapport être le Jugement rendu en la Chambre. *Voyez* Référé.

P I E D S CORMIERS, ès Ordonnances des Eaux & Forêts, ſont des arbres que l'on laiſſe aux coins des ventes pour enſeigne, & que l'on marque du marteau des Forêts & du Meſureur, afin de connoître l'étendue, les limites & extrémités des ventes, & pour empêcher par ce moyen qu'on ne puiſſe les élargir, & leur donner plus d'étendue qu'elles n'en doivent avoir, ſuivant le contrat de vente qui a été fait.

P I E D FOURCHÉ, eſt un droit qui ſe leve aux portes de Paris & autres Villes, ſur les bœufs,

vaches, moutons & autres bêtes qui ont le pied fourchu.

P I E R R E S, que l'on tire des carrieres, ne peuvent paſſer pour des fruits ; ainſi elles appartiennent à celui qui eſt le propriétaire de la terre dans laquelle ſont ces carrieres, & n'appartiennent point à celui qui en a l'uſufruit. *Voyez* Carriere.

P I E R R E R I E S. *Voyez* Bagues & Joyaux.

P I G N O R A T I F. *Voyez* Contrat pignoratif.

P I L I E R DES CONSULTATIONS, eſt le premier pilier de la Grande Sale du Palais, où ſe rangent les anciens Avocats Conſultans.

P I L L A G E, eſt en Bretagne un droit qui appartient au fils aîné roturier, ou ſur ſon refus, à l'aîné d'après lui, de prendre ſur la lotie d'un des puînés la principale maiſon de ville ou de campagne, en chacune des ſucceſſions de ſes pere & mere, à la charge d'en faire recompenſer par aſſiette ſur les biens de la même ſucceſſion ; & s'il n'y en avoit point, il ne pourroit exercer ce droit. *Voyez* M. de Perchambault ſur la Coutume de Bretagne, titre 23. §. 40. & ſur l'article 588. de cette Coutume.

P I L O R I, eſt un poteau qu'un Haut-Juſticier fait élever en un carrefour pour marque de ſa Seigneurie, où ſont ſes Armes & ordinairement un carcan.

Le pilori & les fourches patibulaires ont cela de commun, qu'ils ſont des marques de la Juſtice des Seigneurs hauts-juſticiers, comme nous avons dit à la lettre F, en parlant des fourches : mais le pilori differe des fourches patibulaires, en ce que le pilori ſert pour les punitions corporelles non capitales, qui de tout tems ont pû être faites dans les Villes ; c'eſt pourquoi il eſt toujours mis au principal carrefour ou endroit de la Ville, Bourg ou Village de la Seigneurie : mais le gibet qui ſignifie les fourches patibulaires, ne ſert que pour les ſupplices capitaux dont les exécutions ne ſe faiſoient autrefois que hors les Villes. C'eſt pourquoi le gibet eſt toujours planté dans les champs ; Deſpeiſſes, tome 3. tit. 5. art. 2. ſect. 2.

Les Seigneurs qui n'ont que la Juſtice moyenne & baſſe, n'ont pas le droit d'avoir des poteaux ou piloris. Loyſel chapitre 4. nomb. 67. titre des Seigneuries. Il faut néanmoins excepter quelques lieux, où le Seigneur qui n'a que la moyenne Juſtice, a le droit de pilori.

Le pilori à Paris, eſt le lieu où l'on attache les banqueroutiers frauduleux, pour être vûs de tout le monde, & ſervir de riſée à un chacun.

Il y a différentes ſortes de piloris : les uns ſont de ſimples poteaux dreſſés dans les Places publiques, auxquels on attache des carcans ou colliers de fer, pour mettre au col de ceux qui ſont condamnés à y être expoſés : d'autres ſont faits en échelles, au haut deſquels eſt une planche, au milieu de laquelle il y a une ouverture propre à paſſer le col : tel eſt celui dont on voit les reſtes dans la rue du Temple à Paris.

Celui qui eſt au milieu des Halles de la même

Ville, est construit de bois & à quatre faces, à chacune desquelles il y a une planche ouverte en trois endroits; celui du milieu est pour passer la tête, & les deux autres pour passer les mains. Il y a des endroits où au lieu de pilori, on promene les banqueroutiers & autres criminels dans une cage de fer, portée sur une charrette par toute la Ville. Cela s'est ainsi pratiqué à Lyon au mois de Mars 1745. à l'égard d'un banqueroutier frauduleux.

Qui a droit d'avoir piloris, a aussi droit d'avoir échelles, & *vice versa*. Mais les Seigneurs hautsjusticiers ne peuvent avoir piloris en forme dans les Villes, Bourgs & Bourgades, dans lesquelles le Roi y en a, comme il est dit dans le grand Coutumier de France, au titre des Droits appartenans au Roi; & en ce cas les Hauts-Justiciers se doivent contenter d'échelles & poteaux à mettre au carcan.

Voyez Fourches patibulaires.

PIRATES, sont des corsaires, écumeurs de mer, qui font des courses sur mer, sans aveu ni autorité du Prince ou du Souverain, & dont le crime est puni de mort quand on les peut prendre.

Voyez ce qui en est dit dans le Dictionnaire de Trévoux.

P L

PLACARD, est une feuille de papier étendue dans laquelle se mettent les Edits, Réglemens, encheres, &c. que l'on fait afficher pour que le public en ait connoissance.

On dit en Chancellerie que des Lettres sont scellées en placard, lorsque le parchemin est en toute son étendue, comme il est dans les Lettres qui sont scellées en queue. On dit aussi au Greffe qu'on expédie un Arrêt en placard, quand on n'y employe qu'un quart de parchemin étendu & non plié.

Enfin, placard se dit quelquefois des libelles injurieux qui s'affichent la nuit contre le Gouvernement, ou contre les Particuliers.

PLACET, est une supplique, une priere que l'on fait au Roi, aux Ministres ou aux Juges, à l'effet d'obtenir quelque grace ou d'avoir audience, & qui contient sommairement les moyens qui peuvent appuyer la supplique que l'on fait.

Ce mot *Placet*, vient du mot Latin *placeat*, à cause qu'on le commence par *plaise* au Roi, à Monseigneur le Président, &c. Enfin un placet, *latino idiomate*, *est libellus supplex*.

PLAGIAIRE, est celui qui supprime frauduleusement un homme libre ou un esclave qui appartient à autrui. Les Loix divines & humaines ont établi des peines contre ceux qui seroient convaincus d'avoir commis ce crime.

La Loi de Moïse, au chap. 21. de l'Exode, verset 16. rend sujet à la même peine que l'homicide, celui qui sera convaincu d'avoir dérobé un homme & de l'avoir vendu.

Platon, dans son Dialogue intitulé le *Sophiste*, ne tient pas ce crime moins odieux que la tyrannie.

Les Romains ont établi différentes peines contre les coupables de ce crime. La peine portée par la Loi Fabia contre les Plagiaires, n'étoit que pécuniaire; mais dans la suite on la rendit extraordi-

naire. Le plus souvent c'étoit la condamnation aux mines; quelquefois même ce crime étoit puni de mort par les Constitutions impériales, sur-tout à l'égard de ceux qui enlevent les enfans à leurs parens. La raison est, qu'il n'est pas juste que ceux qui font souffrir aux parens, par le larcin barbare & inhumain de leurs enfans, la même douleur qu'ils auroient de leur mort, soient traités moins rigoureusement que les assassins & les homicides.

En effet, on ne sçauroit faire à des parens une plaie plus sensible que de les priver de leurs enfans. Aussi plusieurs prétendent que les voleurs d'enfans sont appellés Plagiaires du mot latin, *plaga qui* signifie une plaie : *Sicque Plagiarii dicuntur, qui viventium filiorum miserandas infligunt parentibus orbitates. Leg. ult. cod. ad leg. Fabiam de Plagiariis.*

Parmi nous, la suppression des esclaves ne peut point avoir lieu, mais bien celle des personnes libres; auquel cas c'est à la personne publique à poursuivre la vengeance de ce crime, lequel est ordinairement puni des galeres.

Quelquefois ce crime est puni de mort; ce qui dépend des circonstances. Par exemple, ceux qui seroient assez barbares pour enlever des enfans & les vendre aux Infideles qui en feroient des esclaves, seroient punis de mort.

Il en est de même des mendians, vagabonds, qui enlevent des enfans & qui les mutilent, pour en faire des objets de compassion, afin qu'on donne aux clameurs d'une famille languissante & qu'on refuseroit aux prieres d'une seule personne miserable. Ces Plagiaires ont beau dire, pour excuser leurs larcins, qu'ils sont bien contraints de dérober des enfans, puisqu'ils sont contraints de s'estropier eux-mêmes, & de rendre inutile la moitié de leur corps pour trouver de quoi nourrir l'autre : tous ces raisonnemens ne l'excusent point; car la pauvreté ne met point à l'abri des peines décernées par les Loix contre les délinquans.

Voyez ce que j'ai dit des Plagiaires dans ma Traduction des Instituts, sur le §. 10. du dernier titre du quatrieme Livre.

Il nous reste à remarquer au sujet de ce mot, que c'est en France l'épithete qu'on donne aux Auteurs qui prennent effrontément les ouvrages d'autrui, & s'en attribuent la gloire.

Il est permis de profiter à propos & avec modération des lumieres de ceux qui nous ont précédé; encore faut-il les citer & leur en faire honneur.

Mais les Plagiaires prennent la licence de s'emparer du bien d'autrui, copient servilement & presque mot à mot tout un ouvrage ou une bonne partie, & employent souvent tout leur génie à cacher leurs larcins.

Si la République des Lettres établissoit des taxes sur ces Copistes, & qu'on les obligeât de rendre ce qu'ils ont pris dans d'autres livres, il resteroit bien peu de chose dans les livres, & ils ressembleroient au Geai de la Fable, comme dit l'Auteur des Mélanges d'histoire & de Littérature, tome 3. page 213.

PLAIDANT, se dit, quand sur une affaire qui

fe doit plaider , on préfente des Requêtes nouvelles , le Juge met deffus y *en plaidant*, c'eſt-à-dire , que lors de la plaidoirie en fera droit ſur le tout , tant ſur la nouvelle Requête , que ſur la demande qui forme la conteſtation d'entre les Parties.

PLAIDER , ſe dit des Avocats & Procureurs , lorſqu'ils maintiennent & défendent les droits de leurs cliens au Barreau.

PLAIDER , ſe dit auſſi de ceux qui ont des procès , ſoit qu'ils ſoient demandeurs ou défendeurs , appellans ou intimés.

Les Regnicoles demeurans en France , ne peuvent être diſtraits de leur Juriſdiction naturelle pour aller plaider hors du Royaume , pour quelque cauſe que ce ſoit. Baſſet , tome 2. livre 2. titre 3. chapitre 6.

PLAIDER , par Procureur , c'eſt mettre un Procureur pour plaider en ſon lieu & place , ſous le nom de qui ſe fait toute l'inſtruction , & ſous le nom de qui ſe rend le Jugement qui intervient en conſéquence.

Le Roi ſeul plaide par Procureur , & c'eſt ſon Procureur général qui agit pour lui , tant en demandant qu'en défendant ; & quand il s'agit de l'intérêt particulier du Roi , ſon Procureur général quitte ſa place & ſe met au Barreau des Pairs de France. Toute l'inſtruction ſe fait au nom du Procureur général ; & le Jugement qui intervient , eſt auſſi prononcé pour ou contre lui nommément.

Les Seigneurs hauts-Juſticiers dans l'étendue de leur Juſtice plaident auſſi par leur Procureur , mais pour les droits de leurs Terres ſeulement.

Toutes les autres perſonnes qui plaident en France , doivent plaider en leur nom. Cela eſt ſi vrai , qu'il a été jugé au Parlement de Metz , que le Roi de Suede ne pouvoit pas plaider en France par Procureur. L'Arrêt a été rendu le 29. Janvier 1697. & eſt rapporté par M. Augeard , tome 2. chapitre 39.

Ce privilege ſpécial qu'a le Roi de plaider non pas en ſon nom , eſt auſſi accordé à la Reine. Chopin , *de Domanio* , *lib.* 1. *tit.* 5. *num.* 5. Joly , tom. 1. aux additions , page 122.

Il faut cependant remarquer que les pupilles agiſſent en France ſous le nom de leurs tuteurs , les imbécilles ou les furieux ſous le nom de leurs curateurs , & en pays coutumier les femmes ſous le nom de leurs maris : mais cette exception de la regle générale n'a été introduite qu'en faveur des perſonnes qui , par leur âge ou par leur état , ne peuvent eſter en Jugement.

Tous les autres ſont obligés d'agir eux-mêmes ; & quoiqu'ils ſe ſervent du miniſtere des Avocats & des Procureurs , c'eſt toujours en leur nom que ſont faites toutes les procédures. Ainſi cela ne s'appelle pas plaider par Procureur , puiſque tout ſe fait au nom de la Partie , & non pas au nom du Procureur ; & que le Jugement eſt prononcé pour ou contre le demandeur ou le défendeur , & non pas pour ou contre les Procureurs qu'ils ont conſtitués pour occuper pour eux.

PLAIDEUR , ſignifie un homme qui eſt en procès , dont l'eſprit eſt incapable d'écouter la rai-

ſon , lorſqu'il eſt ſéduit par l'amour propre , l'ambition , ou par l'avarice : paſſions qui ne ſe trouvent que trop ſouvent réunies dans les Plaideurs de profeſſion.

La reſſource de ces téméraires , quand ils n'ont point de Loix pour colorer leurs prétentions injuſtes , eſt de tâcher de détruire par des ſubterfuges celles qui leur ſont abſolument contraires , & leur faire dire ce qu'elles ne diſent point.

Comme leur aveuglement eſt extrême ; il les fait toujours tromper dans leur propre cauſe : c'eſt pourquoi les Procureurs qui ſont établis pour ſecourir ceux qui plaident , doivent s'appliquer à maintenir leurs droits , ſans entrer dans leurs paſſions. C'eſt les tromper que de condeſcendre à leur foibleſſe , & ſe tromper ſoi-même que de les écouter au préjudice de la raiſon & de ſon devoir.

On dit qu'il faut avoir pitié des pauvres plaideurs : mais cette pitié ne conſiſte qu'à leur donner de bons conſeils , & à leur prêter les ſecours qui ſont néceſſaires pour maintenir leurs droits , ſurtout quand on voit qu'ils plaident malgré eux , & uniquement pour ſauver leur bien & ſe tirer de l'oppreſſion.

Pour ce qui eſt des chicaneurs , qui ne s'appliquent nuit & jour qu'à chercher des moyens de faire dès procès à leurs parens ou à leurs voiſins , & qui ne s'embarraſſent pas qu'il leur en coûte , pourvû qu'ils faſſent de la peine aux autres ; bien loin d'être dignes de pitié , il ſeroit à ſouhaiter que la Juſtice , qui doit être l'appui de l'innocence & le fleau des méchans , les punît auſſi grièvement qu'ils le méritent ; & quand ils ſont connus pour tels , il faudroit même qu'ils ne puſſent trouver aucun Procureur qui voulût occuper pour eux.

Ces ſortes de gens , ennemis de leur propre repos , & de celui des autres , ſont comparés à une pierre à éguiſer , qui uſe en s'uſant ; parce que ces obſtinés ſe ruinent à plaiſir , & ruinent les autres , & cauſent toujours beaucoup de mal à ceux-mêmes envers leſquels ils ſont condamnés.

Mais lorſque les Juges voient qu'une perſonne n'agit que par une opiniâtreté de plaider , & de former de mauvaiſes conteſtations , ils ordonnent qu'elle ne pourra intenter aucune action , ſans avoir préalablement pris conſeil d'Avocat ; ce qui eſt une eſpece d'interdiction.

Celui qui entreprend un procès légerement , ſans avoir préalablement conſulté gens habiles , pour ne pas s'engager témérairement dans un mauvais procès , eſt à mon ſens bien téméraire. L'Auteur des Cauſes célébres , tome 7. ſur la fin de l'article , où il parle de la concubine donataire , ſemble être d'avis que tout Plaideur eſt téméraire , & que tout homme bien cenſé doit toujours éviter les procès , quelque bon droit qu'il paroiſſe avoir. Voici en peu de mot les raiſons qu'il en rend.

C'eſt , dit-il , une grande hardieſſe d'entreprendre un procès , & de commettre ſa fortune au jugement des hommes , quand même ils ſeroient intégres & éclairés ; la foibleſſe humaine , & là diverſité de leurs génies & de leurs caracteres ne nous permettant pas de faire aucun fond ſur leurs déciſions

fions , jufqu'à ce qu'ils les aient déclarés. Tel gagne un grand procés d'une voix feulement , qui
faute de cette voix l'auroit perdu & auroit été ruiné fans reffource. Tel a été jugé en cette Chambre
du Parlement, & y a gagné fon procés , qui l'auroit perdu fi l'affaire eût été jugée dans un autre.
Ce qui paroît une démonftration à un Juge , eft un
fophifme pour un autre ; tous deux néanmoins
font éclairés. Voilà ce qui arrive naturellement à
l'égard des Juges qui font les Oracles de la Juftice.
Mais ne s'en peut-il pas trouver , qui moins occupés du foin de remplir les devoirs de leurs Charges , que de paffer le tems agréablement, jugent,
pour ainfi dire , au hazard les affaires même les
plus importantes , ou qui fe laiffant guider par le
crédit & par la faveur , ont le cœur ouvert aux
charmes d'un fexe féduifant , & non d'autres décifions que celles qu'on leur infpire ? Enfin il en
coûte tant pour plaider , qu'on eft fouvent ruiné
après avoir gagné fon procés ; & l'on reconnoît ,
mais trop tard , que pour s'être réfugié dans le
Temple de la Juftice pour fauver fon bien , on en
perd une bonne partie, dont on auroit pû éviter la
perte par un accommodement, tel qu'il fût; car ,
comme on dit , *un mauvais accommodement vaut
mieux qu'un bon procés.* *Voyez* ce que j'ai dit *verbo*
Accommodement.

PLAIDOYER , eft un difcours qu'un Avocat ou
un Procureur prononce au Barreau , pour établir
& faire valoir le droit de fa Partie.

Ces fortes de difcours doivent être proportionnés à la nature des affaires qui en font l'objet. Si la
caufe eft d'un genre commun & ordinaire le plaidoyer doit être d'un ftile fimple , clair, net & mé-
thodique. Si l'affaire eft importante , le plaidoyer
doit être plus relevé , foit du côté des penfées , foit
du côté des tours, des expreffions, des figures :
mais dans les unes & dans les autres , il faut éviter
les lieux communs & les faits étrangers à la caufe ,
auffi-bien qu'une vaine oftentation d'éloquence
recherchée , affectée , fuivant cette maxime fondée fur le bon fens & la pratique des plus grands
Orateurs de l'Antiquité : *La véritable éloquence
confifte à dire tout ce qu'il faut , & à ne dire que ce
qu'il faut.*

Il faut donc , pour qu'un plaidoyer faffe honneur ,
que l'Avocat fe renferme dans fon fujet; qu'il éta-
bliffe avec précifion le fait & la queftion dont il
s'agit , qu'il obferve fur-tout , en détaillant fes
moyens , de les apuyer de raifons folides , qui fervent même par avance à détruire celles que fon ad-
verfaire pourroit lui objecter: il faut enfin qu'il accompagne le tout d'un ftile élégant , pur , net &
conçis , fe renfermant dans fon fujet, fans trop s'é-
tendre fur fes moyens , à moins que la matiere ne
le requiere. En effet, les raifons maniées avec précifion, loin de perdre de leur force, n'en deviennent que plus énergiques & plus frappantes.

Une autre partie effentielle à l'éloquence confifte dans le ton de la voix, & dans le gefte ménagé
avec prudence : *Geftus enim venuftas , & pulchrâ
fonore vocis pronunciatio , elegantis & rité ut decet
elaboratæ orationis : Splendorem mirum in modum*

adaugent , fummoque illuftrant decore. Voilà les regles & les talens qui doivent faire l'objet de l'étude & de l'application de ceux qui fe deftinent à fuivre le Barreau ; en les pratiquant ils fe feront honneur : mais fur-tout qu'ils prennent foin de ne pas
mériter le nom de *Rabula* , mot latin qui fignifie
un Avocat brailleur , qui crie comme un furieux
en plaidant , fes yeux étincellans , fa bouche , d'où
fort une voix de corbeau qui croaffe , feroient qu'on
ne l'entendroit pas , quand même fes penfées & fes
paroles feroient convenables au fujet dont il feroit
queftion. *Hæc ventofa & enormis loquacitas horren-
da & deteftabilis eft , ficque Rabulæ patrocinium fuo
fæpè clienti magis nocet quàm prodeft.*

Voyez ce que j'ai dit *verbo* Eloquence du Barreau , où j'ai parlé amplement du caractère que
doit avoir un plaidoyer, pour faire honneur à celui
qui le prononce. *Voyez* auffi ce que j'ai dit *verbo*
Factum , où j'ai rapporté ce que M. de Sacy dit ,
que quoiqu'il n'y ait aucune différence entre les
factums & les plaidoyers , ni dans la matiere , ni
dans l'objet de ces fortes d'Ouvrages , il s'en trouve
beaucoup dans leur compofition.

PLAIDS. Jours de plaids, font ceux auxquels le
Juge doit donner Audience.

PLAIGNANT , eft celui qui a fait une plainte
contre quelqu'un. *Voyez* Partie civile. *Voyez* auffi
le troifieme titre de l'Ordonnance de mil fix cent
foixante dix.

PLAINTE , eft une déclaration qu'on fait
devant le Juge ou devant un Commiffaire , fans
aucune requête ni permiffion du Juge , de quelque
tort ou affront qu'on ait fait , afin d'en faire informer , & d'en pourfuivre la réparation civile par
les voies de droit.

Les procés criminels commencent par une plainte , au lieu que les procés civils commencent par
un exploit de demande. *Voyez* Partie civile.*Voyez*
auffi le tit. 3. de l'Ordonnance de 1670. avec les
notes de Bornier.

Dans le cours de la procédure , après que fur les
informations le Juge a prononcé un décret d'ajournement perfonnel , ou d'un décret de prife de
corps , celui contre qui la plainte a été faite demeure accufé , & celui qui a rendu la plainte eft
regardé comme l'accufateur.

Mais on demande , lorfqu'il y a des plaintes refpectives, quel eft celui qui fera l'accufateur, &
quel eft celui qui fera l'accufé.

Cela eft très important de fçavoir , & peut être
demandé par l'un des plaignans en tout état de caufe. Le Juge doit , après avoir examiné la chofe ,
déclarer accufé celui contre qui les charges font
les plus fortes, & déclarer l'autre accufateur.

Par Arrêt de Réglement du Parlement de Paris,
du 10. Juillet 1665. article 10. il eft enjoint aux
Lieutenans criminels , & à tous autres Juges , incontinent après les interrogatoires , de juger qui
des deux plaignans fera l'accufateur , & qui de-

meurera l'accusé, pour contre lui le procès être instruit, sans pouvoir faire diverses instructions, ni procéder à des récollemens & confrontations, sur diverses informations respectives.

Voyez les observations sur Henrys, tome 1. livre 2. chap. 4. quest. 30.

PLAINTE D'INOFFICIOSITÉ. *Voyez* Inofficiosité, & ce que j'ai dit dans ma Traduction des Institutes, sur le titre 18. du second Livre.

PLAINTE A LA COMMUNAUTÉ DES AVOCATS ET PROCUREURS, est une Requête qu'un Procureur donne contre son confrere pour l'obliger à rendre des pieces, ou à se conformer en quelqu'autre point à l'ordre de la procédure & à la discipline du Palais qu'il a violée. La Communauté donne son avis sur cette plainte, & l'avis est reçu en la Grand'Chambre par forme d'appointement.

PLAISIR, signifie volonté, délibération, & est dérivé du mot Latin *placitur*. Les Edits & Lettres de Chancellerie se terminent par cette clause : CAR TEL EST NOTRE PLAISIR, pour dire que telle est la volonté du Roi.

PLAIT SEIGNEURIAL, est un droit seigneurial qui est dû en Dauphiné par la mutation du Seigneur, ou du possesseur de la chose qui y est sujette, ou par la mutation de tous les deux ensemble, selon qu'il est stipulé.

Ce droit est aussi appellé pour cette raison, *mutagium*, & en notre langue, *muage ou muange*, & est le même que le relief ou rachat dans les Provinces de coutumes ; mais l'usage en est différent.

Il y a le plait conventionnel, le plait accoutumé, & le plait à merci.

Le plait conventionnel, est celui qui est déclaré par le titre : il peut être dû en argent, en grains ou en autres choses.

Le plait accoutumé, est celui qui est réglé par l'usage du lieu.

Le plait à merci, est celui qui se leve au gré du Seigneur, mais qui est aujourd'hui fixé à la moitié du revenu d'une année, déduction faite des impenses ordinaires.

Voyez ce qu'a dit M. Brillon sur ce mot. *Voyez* aussi le Traité que Boissieu a fait du plait seigneurial, imprimé à Grenoble en 1652. *in-octavo.*

PLEBISCITES étoient les Loix que le peuple Romain, séparé des Sénateurs & des Patrices faisoit du tems de la République, à la réquisition d'un Tribun. *Voyez* ce que j'en ai dit dans l'Histoire du droit Romain.

PLEIGE, signifie caution judiciaire, qui s'oblige devant le Juge de représenter quelqu'un, ou de payer ce qui sera jugé contre lui. Dans les actes de soumission qu'on délivre, on met toujours qu'un tel s'est rendu pleige & caution d'un tel.

Voyez Caution & Fidéjusseur. Le Lecteur trouvera tous ces mots sous les principes qui conviennent à celui de pleige, puisqu'il signifie la même chose.

Ménage après Saumaise, dit que ce mot Pleige vient de *Prægius*, qu'on a fait de *Præs, Prædis*, signifiant la même chose. Du Change le dérive de *Plegius*, qu'on a dit dans la Basse latinité dans le même sens.

PLEIGEMENT. Ce mot dans le titre 4. de la coutume de Bretagne, se prend tantôt pour une assurance & cautionnement, tantôt pour une saisie, tantôt pour une action faite en Justice telle qu'elle soit, & tantôt pour une complainte.

PLEIGER, signifie cautionner en Justice, répondre pour quelqu'un, & s'obliger de payer le Juge.

PLEIN, se dit de ce qui est entier, complet, au plus haut degré de force ou de perfection : ainsi *plein-fief* est celui qui est entier & non démembré. Le Roi finit ses Edits par ces mots, *de notre certaine science, pleine puissance & autorité royale.*

PLEIN POSSESSOIRE, est la pleine maintenue & garde, qui est adjugée en Justice à celles des parties, qui justifie par titres avoir le droit le plus apparent ; à la différence de la recréance, qui n'est que provisoire, & qui s'adjuge sur des preuves qui ne sont pas completes.

Voyez Maintenue.

PLUMITIF, autrefois PLUMETIF, est un sommaire qu'écrivent les Greffiers & Notaires en minute, & par abrégé sur le champ, & pour la premiere fois, avant qu'il soit mis au long & au net. D'où vient que l'on appelle encore aujourd'hui plumitif, le Registre sur lequel le Greffier écrit pendant que le Juge prononce. Loyseau, des Offices, liv. 2. chap. 5. nombre 80. *Voyez* Viser la feuille. On appelle *Greffiers I lumitifs*, ceux qui tiennent la plume à l'Audience ; à la différence des Greffiers à la peau & autres qui expédient les Arrêts.

PLUMITIF, EN FAIT DE RAPPORT DE JURÉS, est un sommaire ou petit narré & projet de l'état des questions, que les Experts font en faisant leurs visites, & qu'ils signent sur les lieux, ou le paraphent en présence des parties, lesquelles aussi le signent, si bon leur semble.

Lorsque les Juges font descente sur les lieux avec les Experts, ils signent le plumitif ou la minute, au cas que les parties le requierent, mais cela n'arrive que très rarement ; & les Juges qui connoissent les Experts, les laissent faire, & n'entrent en aucune défiance de leur intégrité, leur permettant de corriger leur minute, & de retourner sur les lieux seuls, & à l'insçu des parties, pour pouvoir plus à loisir, & avec moins d'interruption, entrer en la connoissance des choses, pour en donner leur avis avec plus de certitude.

Voyez ce que j'ai dit sur les art. 184. & 185. de la coutume de Paris.

PLUS AMPLEMENT INFORMÉ, est un Jugement qui se prononce en procès criminel, lorsque les preuves ne sont pas assez fortes pour condamner l'accusé, ou pour l'absoudre. Dans ce cas le Juge ordonne qu'il sera plus amplement informé, soit indéfiniment, soit pour un tems qui est limité par le Jugement.

PLUS-PETITION, étoit par l'ancien Droit Romain punie ; ensorte que celui qui demandoit plus qu'il ne lui étoit dû, étoit déchu de sa demande avec dépens ; mais dans la suite cette rigueur du Droit à été corrigée par les Ordonnances des Empereurs.

En France les peines établies par les Loix Romaines contre ceux qui demandent plus qu'il ne leur est dû, n'ont jamais été en usage.

Voyez ce qui est dit à ce sujet dans Cambolas, Livre second, tit. 1. §. 14. Arrêt 14. *Voyez* aussi ce que j'en ai dit dans ma Traduction des Institutes, sur le §. 33. du titre des Actions, où j'ai aussi expliqué de combien un créancier peut demander plus qu'il ne lui est dû.

P L U S-V A L U E. *Voyez* Value.

P O

P O I D S, est un instrument qui sert à faire connoître la gravité des choses, en quelle proportion elle est dans un corps à l'égard d'un autre. Ce terme se dit aussi des corps réglés & étalonnés qui servent à la mesure de cette proportion, & qu'on met dans un plat de balance, tandis que le corps dont on veut sçavoir la pesanteur est dans l'autre. Ce n'est pas assez d'avoir les balances, il faut avoir aussi les poids.

Il y a des poids depuis une livre jusqu'à cent. Les poids sont différens suivant les lieux & les tems. Ils sont non seulement différens dans les pays étrangers, mais encore en chaque Ville de France; de sorte qu'on en peut faire l'expression précise sans une réduction par voie d'arithmétique. *Voyez* ce qui est dit à ce sujet dans le Dictionnaire de Trévoux.

Le droit de donner ou de faire donner poids & mesures, ne doivent appartenir qu'au Roi seul: cependant aujourd'hui ce droit appartient aux Seigneurs Hauts-Justiciers; mais ce n'est qu'en conséquence de l'usurpation qu'ils ont faite anciennement de plusieurs droits semblables, dans la possession desquels ils sont restés. *V.* Etalon.

Voici ce que dit, au sujet des poids & mesures, M. Brillon, lettre D, en parlant des Droits seigneuriaux. Les Seigneurs des terres qui ont Justice, ont droits de poids & de mesures, suivant la coutume des lieux & la possession & sur-tout pour les choses qui concernent *victum & alimenta*.

Il ne leur est pas contesté en Dauphiné, suivant Bacquet en son Traité de Justice, chapitre 27. où il emploie la question 490. de Guy-Pape. *Voyez* aussi Chorier, Jurisprudence de Guy-Pape, pag. 138.

L'inspection des poids & mesures est une des plus importantes attentions de la Police. Ce qui est à craindre dans les Justices seigneuriales, est le compere & la commere; les recommandations de l'un & l'autre, ou de tous deux, sont dangereuses au bon ordre.

Il y a plusieurs Edits & plusieurs recherches sur les poids & mesures. Ceux qui sont curieux d'en avoir connoissance, peuvent voir le Dictionnaire de M. Brillon, à l'endroit cité ci-dessus, & à ce qu'il a dit lettre P. *verbo* Poids & mesures. *Voyez* aussi ce qui en est dit dans le Dictionnaire de Trévoux.

POIDS-LE-ROI, sont les droits qui se levent pour le Roi, sur toutes les marchandises qui se pe-

sent, lorsqu'elles entrent dans les Ports & dans les Villes.

Ce Droit fait partie du Domaine du Roi; & les contestations qui surviennent à ce sujet, sont portées à la Chambre du Domaine, à l'exclusion de la Cour des Aides.

P O I N T D'HONNEUR, consiste en certaines régles & maximes, d'où les hommes s'imaginent que c'est donner atteinte à leur honneur, que d'y manquer à leur égard.

Messieurs les Maréchaux de France sont Juges du point d'honneur entre les Gentilshommes, & entre ceux qui font profession des armes. Ce Tribunal se tient chez le Doyen des Maréchaux de France. Les Requêtes sont mises entre les mains d'un Maître de Requêtes qui en fait le rapport.

En chaque Bailliage & en chaque Sénéchaussée, ils ont un Lieutenant & un Garde de la Connétablie.

La fonction du Lieutenant, est de connoître & de juger les différends qui surviennent entre les Gentilshommes, ou autres faisant profession des armes, à cause des chasses, des droits honorifiques des Eglises, des prééminences de Fiefs, & des Seigneuries, ou autres querelles mêlées avec le point d'honneur.

Les Juges du point d'honneur condamnent celui qui a perdu au jeu sur sa parole, à payer celui qui a gagné; ce qui ne se pratique pas dans les autres Jurisdictions.

Quand il y a un différend dans la Province, le Lieutenant de Messieurs les Maréchaux de France y pourvoit sur le champ. conformément à l'Edit du mois d'Août 1679. confirmé par celui du mois de Mars 1693. & en donne avis à Messieurs les Maréchaux de France, pour travailler à l'accommodement.

Lorsqu'il y a des paroles piquantes, ou d'autres causes qui touchent l'honneur, & semblent porter les Parties à quelque ressentiment, il leur envoie aussi-tôt des défenses de se rien demander par les voies de fait, & les faits assigner devant lui pour être réglés. S'il prévoit même les voies de fait, il leur envoie un garde de la Connétablie, pour se tenir auprès d'eux à leurs dépens, jusqu'à ce qu'ils se soient rendus pardevant lui.

Si les Parties sont de différens départemens, le Lieutenant qui prend connoissance le premier de l'affaire, en demeure Juge exclusivement à l'autre par droit de prévention; & en cas d'absence de l'un, celui du département le plus proche qui en est le premier informé, connoît du différend à l'exclusion des autres.

Messieurs les Maréchaux de France ont la nomination de ces Lieutenans, qui prennent des provisions du Roi, & qui se font recevoir dans les Bailliages de leurs départemens.

Cette attribution de Jurisdiction est principalement pour empêcher les duels, dont le point d'honneur entre les Gentils-hommes est presque toujours la cause.

Les Lieutenans font dans leurs départemens ce que l'ancien de Messieurs les Maréchaux de France fait à Paris , fur le rapport d'un Confeiller d'Etat ou d'un Maître de Requêtes , qu'il nomme avec l'agrement du Roi.

Pour obvier aux fuites fâcheufes des infultes qui attaquent l'honneur , voici ce que porte une Déclaration donnée à Verfailles le 12. Avril 1723.

» Pour notre Edit du mois de Février dernier , » nous avons confirmé les Ordonnances des Rois » nos prédéceffeurs , touchant les duels , & nous » avons établi de nouvelles peines , pour empêcher » que par des détours affectés , aucuns de nos Sujets » puiffent colorer la témérité qu'ils auroient de » contrevenir à des Loix fi faintes : mais voulant » faire d'autant plus connoître notre intention , » d'employer tout le pouvoir que Dieu nous a » donné pour arrêter dans leurs principes les con- » féquences d'un tel abus , nous avons ordonné à » nos Coufins les Maréchaux de France , de s'af- » fembler , pour délibérer fur les fatisfactions & ré- » parations d'honneur à l'occafion des injures qui » en font la fource entre les Gentilshommes , gens » de guerre & autres ayant droit de porter les armes » pour notre fervice : & nofdits Coufins nous » ayant préfenté ce qu'ils auroient arrêté à ce fujet » dans leur affemblée du 8. de ce mois , nous avons » jugé à propos d'en ordonner l'exécution.

» A CES CAUSES , &c. Nous avons dit , &c. Vou- » lons & nous plaît :

» I°. Que dans les offenfes faites fans fujet , par » paroles injurieufes , comme celles de fot , lâche , » traitre , & autres femblables ; fi elles n'ont pas » été repouffées par des reparties plus atroces , » celui qui aura proféré de telles injures , foit con- » damné en fix mois de prifon , & à demander par- » don avant d'y entrer , à l'offenfé , en la forme » marquée en l'article 7. du Réglement de nofdits » Coufins de l'année 1653.

» II°. Si l'offenfé a repliqué par injures pareilles » ou plus fortes , il fera condamné à trois mois de » prifon , fans qu'il lui foit demandé pardon par » l'aggreffeur qui n'en fera pas moins condamné » à fix mois de prifon.

» III°. Les démentis & ménaces de coups de » main ou de bâton , par paroles ou par geftes , » feront punis de deux ans de prifon;& l'aggreffeur, » avant d'y entrer demandera pardon à l'offenfé.

» IV°. En cas que les démentis ou ménaces de » coups , ayent été repouffés par coups de main ou » de bâton , celui qui aura donné le démenti , ou » fait les ménaces , fera condamné comme aggref- » feur à deux ans de prifon;& celui qui aura frappé , » fera puni des peines portées par notre Edit du » mois de Février dernier.

» SI DONNONS en mandement , &c.

POISON. On tient que ce mot vient du latin *potio* , parce que ceux qui veulent faire mourir quelqu'un clandeftinement , fe fervent d'un breu- vage envenimé. Quoiqu'il en foit , nous entendons aujourd'hui par poifon , tout venin qui peut procu- rer la mort à l'homme , foit par la refpiration ou tranfpiration , foit par une plaie ou morfure , foit enfin par la bouche , en buvant ou en mangeant.

Cette manière de faire mourir un homme , eft des plus barbares & des plus cruelles: *cum plus fit hominem extinguere veneno , quàm gladio ; leg. 1. & 3. cod. ad leg. Cornel. de ficar. & venef.* La raifon eft, qu'on fe défie ordinairement , & qu'on fe peut pré- cautionner de l'homicide qu'on veut commettre en nous par le fer ; au lieu que l'homicide qui fe fait par le poifon , eft clandeftin , & eft fouvent commis par ceux de qui on fe défie le moins.

Ce crime eft capital , & eft puni du feu. On punit de pareille peine ceux qui apprêtent ou qui vendent du poifon. Il faut excepter néanmoins les Apoti- caires , Chirurgiens & Maréchaux , qui peuvent travailler à faire de certaines drogues dans lefquel- les il entre du poifon , qui , mêlé avec d'autres dro- gues , peut contribuer à la fanté : mais il faut qu'ils foient en cela très-circonfpects.

Louis XIV. a fait une Déclaration au mois de Juillet 1682. dont les trois premiers articles font mention de la punition du crime de fortilege , &c. & les autres du poifon.

L'art. 4. porte , que ceux qui feront convaincus de s'être fervis des vénéfices & poifons , feront pu- nis de mort , foit que la mort des perfonnes aux- quelles ils auront voulu faire prendre du poifon , s'en foit enfuivi ou non.

Par le même article il eft ordonné que ceux qui feront convaincus d'avoir compofé & diftribué du poifon pour empoifonner , feront punis de mêmes peines.

De plus il ordonne que ceux qui auront connoif- fance qu'il aura été travaillé à faire du poifon , qu'il en aura été demandé ou donné , foient tenus de dé- noncer inceffamment ce qu'ils en fçauront aux Procureurs généraux du Roi , ou à leurs Subftituts , & en cas d'abfence au premier Officier public des lieux , à peine d'être extraordinairement procédé contr'eux , & punis felon les circonftances & l'exi- gence des cas , comme fauteurs & complices defdits crimes , ainfi que les dénonciateurs foient fujets à aucune peine , ni même aux intérêts civils , lorf- qu'ils auront déclaré & articulé des faits ou des in- dices confidérables qui fe feront trouvées véritables & conformes à leur dénonciation , quoique dans la fuite les perfonnes comprifes dans lefdites dénon- ciations foient déchargées des accufations ; déro- geant à cet effet à l'art. 73. de l'Ordonnance d'Or- léans pour l'effet du poifon feulement;fauf à punir les calomniateurs felon la rigueur de lad. Ordonnance.

Par l'article 5. il eft dit que ceux qui feront con- vaincus d'avoir attenté à la vie de quelqu'un par poifon , en forte qu'il n'ait pas tenu à eux que ce crime n'ait été confommé , feront punis de mort.

L'article fuivant répute au nombre des poifons , non-feulement ceux qui peuvent caufer une mort prompte & violente , mais auffi ceux qui en alté- rant peu-à-peu la fanté , caufent des maladies , foit que lefdits poifons foient fimples , naturels ou compofés.

En conféquence de ce , le même article défend à toutes perfonnes , à peine de la vie , même aux Médecins , Chirurgiens & Apoticaires , à peine de punition corporelle , d'avoir & garder de tels poi- fons , fimples ou préparés , qui retenant toujours leur qualité de venin, & n'entrant en aucune composition ordinaire, ne peuvent servir qu'à nuire, étant de leur nature pernicieux & mortels.

A l'égard de l'arsenic, du réagale, de l'orpiment & du sublimé, quoiqu'ils soient poisons dangereux de toute leur substance, comme ils entrent & sont employés en plusieurs compositions nécessaires, pour empêcher qu'on en abuse ; l'article 7. ordonne qu'il ne sera permis qu'aux Marchands qui demeurent dans les Villes, d'en vendre & d'en délivrer eux-mêmes seulement aux Médecins, Apoticaires, Chirurgiens, Orfévres, Teinturiers, Maréchaux, & autres personnes publiques, qui par leurs professions sont obligés d'en employer ; lesquels néanmoins en les prenant, écriront sur un Registre particulier, tenu pour cet effet par lesdits Marchands, leurs noms, qualités & demeures, ensemble la quantité qu'ils auront pris desdits minéraux.

Si au nombre desdits artisans qui s'en servent, il s'en trouve qui ne sçachent pas écrire, lesdits Marchands écriront pour eux, ainsi qu'il est prescrit par ledit article 7.

Quant aux personnes inconnues auxdits Marchands, comme peuvent être les Chirurgiens & les Maréchaux des Bourgs & Villages, le même article ordonne qu'ils apporteront des certificats en bonne forme, contenant leurs noms, demeures & professions, signés des Juges des lieux, ou d'un Notaire & de deux témoins, ou du Curé & deux principaux Habitans, lesquels certificats & attestations demeureront chez lesdits Marchands pour leur décharge.

Par l'article 8. il est enjoint à tous ceux qui ont droit par leurs professions & métiers, de vendre ou d'acheter des susdits minéraux, de les tenir en des lieux sûrs, dont ils garderont eux-mêmes la clef, & aussi d'écrire sur un Registre particulier la qualité des remedes où ils auront employé lesdits minéraux, les noms de ceux pour qui ils auront été faits, & la quantité qu'ils y auront employée.

L'article 9. défend aux Médecins, Chirurgiens, Apoticaires, Epiciers, Droguistes, Orfévres, Teinturiers, Maréchaux, & tous autres, de distribuer des minéraux en substance à quelque personne que ce puisse être, & sous quelque prétexte que ce soit, sous peine corporelle.

Le même article leur enjoint aussi de composer eux-mêmes & ou de faire composer en leur présence par leurs Garçons, les remédes où il devra entrer nécessairement desdits minéraux, qu'ils donneront après cela à ceux qui leur en demanderont pour s'en servir aux usages utiles.

Par l'article 10. défenses sont faites à toutes autres personnes qu'aux Médecins & Apoticaires, d'employer aucuns infectes veneneux, comme serpens, viperes & autres semblables, sous prétexte de s'en servir à des médicamens ou à faire des expériences, sous quelque prétexte que ce puisse être, s'ils n'en ont la permission expresse & par écrit.

Les articles 11. & dernier font très-expresses défenses à toutes personnes, de quelque profession & condition que ce puissent être, excepté aux Médecins

approuvés & dans les lieux de leur résidence, aux Professeurs de Chimie, & aux Maîtres Apoticaires, d'avoir aucuns laboratoires, & d'y travailler à aucune préparation de drogues ou distillations, sous prétexte de remédes chimiques, expériences, secrets particuliers, &c. sans en avoir obtenu la permission par Lettres du grand Sceau, présenté icelles, & fait déclaration en conséquence aux Juges & Officiers de Police des lieux.

Par le même article il est aussi défendu à tous Distillateurs, Vendeurs d'eau de vie, de faire aucune distillation que celle de l'eau de vie, sauf à être choisi d'entr'eux le nombre qui sera jugé nécessaire pour la confection des eaux fortes, dont l'usage est permis ; lesquelles néanmoins ne pourront y travailler qu'en vertu des Lettres de Sa Majesté du grand Sceau, & après avoir faits leurs déclarations, à peine de punition exemplaire.

Il est facile de voir que cette déclaration a été faite, non-seulement pour punir ceux qui seroient convaincus de s'être servis de venéfices & poisons contre la vie de quelqu'un ; mais encore pour ôter toutes les occasions de s'en pouvoir servir pour un si funeste dessein.

POLICE, vient du mot grec *Polis* qui signifie une Cité, d'où dérive *Politia*, qui signifie le réglement, gouvernement & bon ordre d'une Cité.

Ainsi Police se prend communement pour l'ordre qui s'observe dans une Ville ou dans un lieu pour y maintenir la discipline, & empêcher les forfaits & les désordres que les scélérats & les yvrognes y pourroient commettre, ou qui pourroient être causés par la débauche ou par le luxe. Ce mot *Police* est particulier, & propre pour les Villes.

Dans les Troupes on dit discipline Militaire ; on s'en sert aussi pour les Colléges, & lieux d'exercice pour les jeunes gens.

Dans les Communautés, on dit les Regles ou les statuts.

Police, se dit aussi de la Jurisdiction que le Juge de Police a droit d'exercer en ce qui concerne la Police de la Ville, & à y faire observer un bon ordre pour la sûreté des habitans, tant pour leurs personnes que pour leurs biens.

Ce bon ordre consiste I°. A entretenir la netteté & la sûreté dans une Ville, l'abondance des denrées nécessaires à la vie, l'observation des Statuts des Marchands & Artisans.

II°. A réformer les abus qui se peuvent commettre dans le commerce.

III°. A empêcher le scandale public.

IV°. A retrancher des Villes le luxe, les lieux de débauche, & les jeux défendus, qui sont, comme l'on sçait, la ruine des familles.

Toutes ces choses sont comprises sous le nom de Police, parce qu'il est impossible qu'une République où elles ne seroient pas observées exactement, pût long-tems subsister.

La connoissance & la direction de la Police de Paris appartenoit autrefois au Lieutenant civil ;

mais aujourd'hui elle appartient à un Officier créé pour cet effet par un Edit du mois de Mars 1667. appellé Lieutenant de Police.

En cette année, Louis XIV. pourvu par cet Edit à la sûreté publique par l'établissement des lanternes, par le redoublement du guet & de la garde, par un Réglement sur le port d'armes, & contre les gens sans aveu, & par plusieurs autres sages Ordonnances, dont l'exécution fut confiée à Monsieur de la Reynie, Lieutenant général de Police. En peu de temps la sûreté fut rétablie dans Paris.

Il y a dans la Ville de Paris quarante-huit Commissaires qui font de visites de Police, sans comprendre les Inspecteurs de police, qui font aussi des Officiers principalement institués pour la Police. Il y a une Chambre de Police au Châtelet de cette Ville, où l'on assigne verbalement ceux qui ont contrevenu aux Réglemens de Police.

Voyez ci-dessus Juges de Police. *Voyez* le Dictionnaire de M. Brillon, *verbo* Police où il rapporte quantité d'Edits & de Déclarations qui concernent cette matiere. *Voyez* aussi Henrys, tome 1. livre 2. quest. 65.

POLICE DE L'HÔTEL DE VILLE, est une Police particuliere, qui est exercée à Paris, sous l'autorité de M. le Prévôt des Marchands, par les Huissiers de l'Hôtel de Ville, qui font Commissaires des Ports, & ont droit de marquer avec un poinçon les pintes & autres mesures de vin qui se vend à Paris en détail par les Cabaretiers.

POLICE en fait de contrats, signifie promesse. Ce terme vient du mot latin *Polliceri*. Il est encore usité dans quelques Provinces, pour exprimer une promesse en général; & même dans tout le Royaume, pour signifier certains actes particuliers dont il est parlé ci-après.

POLICE DE CHARGEMENT, signifie la même chose sur la Méditerannée, que Connoissement sur l'Océan. *Voyez* Connoissement.

POLICE D'ASSURANCE, est un contrat maritime par lequel un assureur stipule un prix, moyennant lequel il prend sur lui le péril de la navigation; & ce prix se nomme prime, parce qu'il se prend par avance.

Voyez l'Ordonnance du mois d'Août 1681. touchant la Marine, titre 6. des Assurances. *Voyez* aussi l'Arrêt du 26. Mars 1572. rapporté dans le Journal des Audiences.

POLIGAMIE, est le mariage d'un homme avec plusieurs femmes, ou d'une femme avec plusieurs hommes en même tems.

La poligamie est défendue par le droit divin comme il paroît par ce qui est dit du mariage dans la sainte Ecriture. *Et erunt duo in carne unâ. Genesæos cap. 2. num. 24. Matthæi, cap. 19. num. 5. & 6.*

Ce crime est contre les Loix générales de la France: il étoit même autrefois puni de mort dans quelques Parlemens. Mais comme nous n'avons point de Loix qui condamnent à mort ceux qui sont coupables de ce crime, il n'est aujourd'hui puni que du bannissement ou de galeres, le cou-

pable préalablement attaché au carcan avec deux quenouilles: & si c'est une femme, elle y est attachée avec un chapeau sur sa tête.

Suivant les Loix Romaines, la peine de ce crime étoit l'infamie. *Leg. 1. ff. de his qui notant. infam.*

En France, les coupables de ce crime peuvent être poursuivis criminellement; comme il a été jugé par Arrêt du 3. Novembre 1668. rapporté par Boniface, tom. 2. part. 3. tit. 2. livre 1. chap. 20. nomb. 1.

On demande si celui qui ayant contracté plusieurs mariages, a eu des enfans des différentes femmes qu'il a épousées, elles ignorant qu'il étoit marié à d'autres, lui venant à déceder, comment doivent partager entr'eux les biens de leur pere, & quelle part ces femmes peuvent prétendre sur les biens de leur mari? *Voyez* ce que j'ai dit ici en parlant du mariage illicite; & Charondas en ses Réponses, liv. 8. chap. 17.

POLLICITATION, est une espece de donation qui se fait par une simple promesse, c'est-à-dire, sans convention. Ainsi la pollicitation différe du pacte, en ce que le pacte est une convention de deux personnes; au lieu que la pollicitation est la promesse ou l'offre d'une seule personne.

Quoique régulierement la simple pollicitation ne produise aucune action, néanmoins si un simple Particulier promet de faire quelqu'ouvrage, ou quelque chose pour le Public, cette promesse est obligatoire, si elle est fondée sur une juste cause; & quand même elle ne seroit fondée sur aucune cause, lorsque l'ouvrage promis a été commencé, il n'est plus au pouvoir de celui qui l'a commencé d'en cesser l'exécution.

Voyez ce que j'ai dit sur la coutume de Paris, au titre des Donations, 1092. tom. 3.

Il y a un titre au Digeste *de Pollicitationibus.* Il faut observer que l'Ordonnance de 1731. concernant les donations, article 3. regle qu'il n'y aura que deux formes de disposer de ses biens à titre gratuit, les testamens & les donations: elle ne parle point des pollicitations.

PONT. Les ponts sont de droit public & royal; c'est pourquoi les Seigneurs particuliers dont la Seigneurie s'étend sur les rivieres & moulins y flottans, ne peuvent point demander de lods & ventes pour la concession qu'un Particulier feroit du péage à lui accordée par le Roi. *Voyez* M. le Bret, liv. 5. décis. 12.

On ne peut bâtir un pont sur l'écluse d'autrui.

Il a été imprimé à Paris, chez André Cailleau, en 1716. un Traité des ponts qui est assez curieux, non-seulement pour l'architecture, mais encore pour ce qui regarde la Jurisprudence.

PONTENAGE, est un droit qui se prend pour les passages des voitures sur les ponts. *V.* Péage.

PORTABLE ou REQUERABLE, se dit du cens, qui dans quelques Coutumes est portable; c'est-à-dire, doit être porté par le tenancier au manoir du Seigneur ou autre lieu à certain jour, sans qu'il soit requis & demandé; faute de quoi, le possesseur de l'héritage qui est sujet au cens ; doit payer l'amende par la Coutûme.

Dans d'autres Coutumes, le cens eſt requerable, c'eſt-à-dire, que le Seigneur cenſier eſt tenu de l'envoyer demander à ſes Sujets ; de ſorte qu'il n'é-chet d'amende qu'après qu'il a été demandé.

Voyez ce que j'ai dit à ce ſujet, tome 1. verbo Cens.

Une redevance ou penſion annuelle de bled lé-guée à un Hôtel-Dieu, doit être payée en eſpe-ces ; & cette penſion eſt portable, & non reque-rable, comme il eſt dit lettre P.

PORT D'ARMES, eſt un crime royal, qui ſe commet lorſque pluſieurs perſonnes armées s'aſ-ſemblent pour faire quelqu'action de violence.

Par les anciennes Ordonnances, il eſt défendu à toutes perſonnes, à l'exception des Officiers & des Gentilshommes, de porter des armes. Ainſi, com-me il n'y a que le Roi, qui ait droit de défendre ou de permettre de porter des armes, il n'y a auſſi que ſes Officiers qui aient droit de connoître des délits qui ſont accompagnés de port d'armes. En un mort, le port d'armes eſt un cas royal, & il n'y a que les Juges royaux qui en puiſſent con-noître. Clerc accuſé de port d'armes, ne peut dé-cliner la Juriſdiction ſéculiere.

Il en eſt de même des aſſemblées illicites, émo-tions populaires, & violences publiques ; parce que ces délits & ces malverſations attaquent pré-ciſément l'autorité royale.

Voyez, touchant le port d'armes, ce qu'en a dit M. Brillon, verbo Armes. *Voyez* auſſi la Décla-ration du 9. Septembre 1700. qui eſt rapportée par le même Auteur, verbo Port d'armes.

PORTAGE. Droit de portage, eſt la part que prend celui qui leve & apporte les droits au Sei-gneur ; c'eſt la huitieme partie du lot : ce droit eſt en uſage dans le Lyonnois.

Comme ce droit eſt la huitieme partie du lot, quand le Seigneur donne une quittance générale des lots à lui dûs ſans réſerve, le droit de portage n'eſt point dû ; quand il fait grace d'une partie du lot, le droit de portage diminue à proportion.

Voyez Henrys, tome 1. livre 3. chapitre 3. queſ-tion 31.

PORTAGIUM. Ce terme Latin, qui ſe trouve dans les anciennes Chartes, ſignifie le droit que l'on doit payer aux portes des Villes, pour l'entrée des marchandiſes que l'on y apporte.

PORT, eſt une ance ou une avance d'une côte de mer qui entre dans les terres, qui a un fond & un abri ſuffiſant pour le mouillage & le repos des vaiſſeaux, pour y prendre leur chargement, y fai-re leur décharge, ou pour s'y tenir en ſûreté.

On appelle auſſi ports les lieux qui ſervent ſur le bord des rivieres, & où l'on fait aborder les ba-teaux pour les charger & les décharger.

Voici la définition qu'en donne Ulpien dans la Loi 59. ff. de verbor. ſignif. *Portus appellatus eſt con-cluſus locus, quo importantur merces, & inde expor-tantur : eaque nihilominus ſtatio eſt concluſa, atque munita : inde angiportum dictum eſt.*

Le propriétaire d'un fonds qui aboutit à une ri-viere navigable, ne peut empêcher qu'on n'y atta-

che un port pour l'utilité publique, d'autant plus que par le Droit François les rivages appartiennent au Roi. *Voyez* Salvaing, de l'uſage des Fiefs, cha-pitre 60. vers la fin ; & ce que j'ai dit dans ma Traduction des inſtitutes, ſur les §. 4. & 5. du pre-mier titre du ſecond Livre.

PORTES DES VILLES. *Voyez* ci-deſſus Murs & Portes des Villes.

PORTION CONGRUE, qui eſt comme la lé-gitime des Curés, eſt une penſion annuelle, qui eſt adjugée aux Curés ou aux Vicaires perpétuels, contre les gros Dîmeurs & Curés primitifs.

Comme la dîme eſt dûe de droit commun à celui qui deſſert l'Egliſe, s'il y a d'autres Décima-teurs ſur une Paroiſſe, il eſt bien juſte qu'ils four-niſſent du moins des alimens au Curé ou au Vicaire perpétuel. *Voyez* l'Edit de Charles IX. de 1517. & Rebuffe en ſon Traité de la Portion congrue.

Il y a auſſi un Traité de M. Duperay ſur cette matiere.

Il y a à divers Arrêts, Edits & Déclarations ſur les portions congrues, qui établiſſent une nou-velle Juriſprudence ſur cette matiere ; le tout eſt ramaſſé dans un Recueil qui porte ce titre.

La portion congrue eſt de 300. livres pour les Curés ou Vicaires perpétuels, & de 150. livres pour les Vicaires amovibles, lorſqu'il eſt néceſſaire qu'il y en ait un. *Voyez* la Déclaration du 29. Janvier 1686.

PORTIONS VIRILES, ſont des portions qui ſont égales : ce qui arrive en fait de ſucceſ-ſions, lorſque pluſieurs héritiers viennent ab inteſ-tat à la ſucceſſion du défunt, ou lorſqu'ils y vien-nent en vertu de ſon teſtament, dans lequel ils ſont inſtitués héritiers, ſans que le teſtateur ait marqué pour quelle part & portion il les inſti-tuoit héritiers : *Tunc partes illorum ſunt viriles, ideſt æquales.*

PORTION VIRILE EN FAIT D'AUGMENT DE DOT, eſt en pays de Droit écrit qu'une veuve qui a des enfans, & qui ne s'eſt point rema-riée, a en pleine propriété dans ſon augment de dot ; de ſorte qu'elle peut la laiſſer à qui bon lui ſemble par diſpoſition de derniere volonté ; & quand elle ne le fait pas, elle appartient à ſes en-fans par égales portions.

Cette portion de la veuve eſt appellée virile, parce qu'elle eſt égale à celle qui appartient à cha-cun de ſes enfans, *nudâ tantum proprietate, dum vivit*, & dont ils doivent avoir la pleine & entiere propriété après ſa mort, quand elle n'en a pas diſpoſé par teſtament.

Voyez Augment ; *voyez* Henrys en ſon Com-mentateur, tome 2. livre 4. queſtion 140. & tome 4. plaidoyer 15.

PORTRAITS ET TABLEAUX DE FAMILLE AVEC LES BORDURES, appartiennent à l'aîné des enfans du défunt, hors part & ſans confuſion.

Ils ne tombent jamais dans le legs univerſel qu'un teſtateur auroit fait, mais ils doivent être rendus aux héritiers ab inteſtat ; comme il a été jugé par Arrêt du Parlement de Paris, rendu en la Grand'Chambre le 21. Mai 1710.

POSITION, fignifie Thefe ou Propofition que l'on foutient dans les Ecoles.

POSITION ou SUSPENSION SUR UN LIEU PASSAGER DE CHOSES QUI PEUVENT TOMBER ET CAUSER QUELQUE DOMMAGE AUX PASSANS, eft un quafi-délit, dont eft tenu celui qui a quelque chofe fur une fenêtre ou fur un balcon, qui peut tomber & nuire aux paffans.

Il n'y a point parmi nous d'Actions qui foit à ce fujet donnée aux Particuliers, à moins que le danger ne fût évident, ou qu'il parût de l'affecta-tion de nuire aux voifins.

C'eft un fait purement de Police, qui eft porté à Paris par les Commiffaires, pardevant M. le Lieutenant de Police, qui fur leur rapport, condam-ne à une amende telle qu'il juge à propos.

Dans les autres Villes, c'eft le Juge qui a foin de la Police, qui d'office condamne à l'amende, fur l'avis qu'on lui a donné du fait, & fur l'examen qu'il en fait préalablement.

Voyez le paragraphe 1. du cinquieme titre du quatrieme Livre des Inftitutes, & ce que j'ai dit ci-deffus.

POSSEDER, fignifie détenir, avoir une chofe enfa poffeffion.

POSSEDER A TITRE DE PROPRIÉTÉ, figni-fie avoir la difpofition abfolue d'un chofe, la pou-voir vendre, engager, &c.

POSSEDER A TITRE D'USUFRUIT, fignifie avoir le revenu & le produit d'une chofe pendant fa vie.

POSSEDER EN FIEF, fignifie pofféder un héritage à titre de la foi & hommage.

POSSEDER EN ROTURE, fignifie pofféder à titre de cens.

POSSEDER PAR INDIVIS, fignifie pofféder en commun.

POSSEDER PAR ANGAGEMENT, fignifie pofféder à faculté de rachat.

POSSEDER AU NOM D'AUTRUI, fignifie avoir à ferme ou à l'ouage.

POSSESSEUR, eft oppofé au propriétai-re; car le poffeffeur d'une chofe, à proprement parler, n'eft pas le propriétaire: auffi on ne dit pas que celui qui a la propriété d'un fonds, en foit le poffeffeur.

Le poffeffeur fe dit donc de celui qui détient une chofe en qualité de propriétaire, & qui ne l'eft pas, foit qu'il fçache ou qu'il ignore qu'elle appar-tient à autrui. Tout poffeffeur eft, ou poffeffeur de bonne foi, ou poffeffeur de mauvaife foi.

POSSESSEUR DE BONNE FOI, eft celui qui a acquis à titre tranflatif de propriété, comme par achat, par dot, par legs, une chofe de celui qu'il croyoit en être le propriétaire. Tout poffef-feur eft préfumé de bonne foi, tant qu'on ne prou-ve pas le contraire.

Le poffeffeur de bonne foi a trois avantages. Le premier eft, qu'il fait les fruits fiens, comme nous avons dit en parlant de la perception des fruits.

Le fecond eft, qu'il peut acquérir la propriété de la chofe par le moyen de la prefcription.

Le troifieme eft qu'il peut refter en poffeffion de l'héritage dans lequel il a fait des impenfes nécef-faires & utiles, jufqu'à ce qu'elles lui foient rem-bourfées par le propriétaire qu'il le revendique. Voyez ce que j'ai dit fur le §. 30. du titre premier du fecond livre des inftitutes.

POSSESSEUR DE MAUVAISE FOI, eft celui qui poffede une chofe dans le deffein de fe l'appro-prier, quoiqu'il n'ait aucun titre tranflatif de pro-priété; ou qui poffede une chofe en vertu d'un ti-tre tranflatif de propriété, qu'il tient de celui qu'il fçait n'en être pas le propriétaire.

Ce poffeffeur n'a pas les mêmes avantages que nous venons de dire être accordés au poffeffeur de bonne foi.

POSSESSEUR DE BONNE FOI DEVIENT POSSESSEUR DE MAUVAISE PAR LA CONTESTATION EN CAUSE. La raifon eft, que la conteftation en caufe a dû faire connoître au poffeffeur que le bien dont il s'agit ne lui appartient pas, au moyen des titres que la Partie adverfe a énoncés pour ap-puyer fon droit: c'eft pourquoi la conteftation en caufe le conftitue en mauvaife foi, & interrompt par conféquent le gain des fruits, qui ne peut être que le prix & la récompenfe de la bonne foi: d'où vient cette regle de Droit, *poft litem conteftatam omnes poffeffores funt pares.*

Cela eft fi vrai, qu'un poffeffeur étant devenu une fois de mauvaife foi par la conteftation en cau-fe, ne peut fe prévaloir de ce que l'inftance eft pé-rie depuis; il doit reftituer les fruits par lui perçus depuis la conteftation en caufe, de même que s'il n'y avoit point eu de péremption. Ainfi jugé au Parlement de Paris, par Arrêt rendu le 30. Octo-bre 1556. rapporté par M. le Prêtre, ès Arrêts célèbres du Parlement, *in principio.*

Tout poffeffeur ne peut être contraint de prouver que la chofe qu'il poffede lui appartient; c'eft à celui qui la revendique à prouver qu'il en eft lui-même propriétaire: *Non enim poffeffori incumbit neceffitas probandi rem quam poffidet ad fe pertinere, cum inde probatione contraria ceffante dominium apud eum remaneat. Leg. 2. cod. de probationib.* Je poffede parce que je poffede; ma poffeffion eft mon titre: la Loi même le met en œuvre contre qui-conque le veut attaquer, & l'oblige à prouver le vice d'une poffeffion qu'il veut détruire.

POSSESSION, eft la détention d'une cho-fe corporelle. Comme poffeder eft tenir pofitive-ment, nous ne pouvons pas poffeder véritablement les chofes incorporelles, puifque nous ne pouvons pas les tenir.

On diftingue deux fortes de poffeffion; l'une eft purement de fait, & l'autre eft de fait & de volonté.

POSSESSION DE FAIT n'eft qu'une fim-ple détention d'une chofe qui eft en nos mains, fans intention d'avoir la chofe; ainfi ce n'eft pas une véritable poffeffion.

Telle eft celle du dépofitaire, du commodatai-re, du fermier, & autres qui poffedent une chofe pour & au nom d'autrui, fans intention d'en pof-féder en leur nom; defquels on dit qu'ils font plu-tôt en poffeffion, qu'ils ne poffedent.

POSSESSION

POSSESSION DE FAIT ET DE VOLONTE', est une véritable possession d'une chose que nous avons en nos mains, & que nous tenons avec affection de la posséder en notre propre nom, & de la garder; ou avec affection de la tenir, comme en ayant la propriété.

Cette possession se divise en possession naturelle, & en possession civile.

POSSESSION NATURELLE, est la détention d'une chose avec affection de la garder, quoique nous sçachions qu'elle appartient à autrui : & on en distingue de deux sortes ; sçavoir, celle qui est juste, & celle qui est injuste.

La juste est celle qui est autorisée par les Loix ; telle est celle d'un créancier qui possede la chose qui lui a été donnée en gage par son débiteur.

L'injuste est celle qui est réprouvée par les Loix ; telle est celle d'un voleur, & d'un possesseur de mauvaise foi.

POSSESSION CIVILE, est la détention d'une chose avec affection de la tenir, comme en ayant la propriété, quoique nous ne l'ayons pas véritablement.

Telle est la possession d'un possesseur de bonne foi ; comme si j'ai acheté un fonds de celui que j'en croyois le propriétaire, lequel cependant ne l'étoit pas : j'en suis le possesseur & non pas le propriétaire, quoique la cause de ma possession soit translative de propriété. La raison est, que celui de qui je l'ai acheté n'a pû transférer en ma personne plus de droit qu'il n'en avoit.

Quoique la possession civile ne transfere pas la propriété, elle sert au possesseur à faire les fruits siens, tant que sa possession n'est pas interrompue par le propriétaire. Elle lui sert aussi à acquérir la propriété de la chose par le moyen de la prescription.

En matiere bénéficiale, le pourvu d'une Cure auquel on a réfusé le visa, qui appelle comme d'abus de ce refus, peut être renvoyé devant un autre Supérieur ecclésiastique pour obtenir le visa, s'il y a abus dans le refus de l'Ordinaire ; & cependant on lui permet de prendre possession civile du Bénéfice, à l'effet de gagner les fruits du jour de cette prise de possession ; mais il ne peut faire aucune fonction ecclésiastique, qu'il n'ait obtenu le visa.

POSSESSION ACTUELLE, est la possession qui est accompagnée de la jouissance réelle & actuelle d'un fonds, avec perception des fruits.

Cette possession est opposée à la possession imaginaire, ou artificielle.

POSSESSION ARTIFICIELLE OU FEINTE, est une fiction de Droit, qui nous fait reputer possesseur d'une chose qu'un autre possede sous notre nom ; comme dans le cas de la rélocation, du constitut & du précaire.

Par la rélocation, l'acquéreur qui veut laisser jouir le vendeur ou le donataire, lui fait un bail de la chose pour un certain tems.

Par la clause de constitut le vendeur ou le donateur qui retient la chose, déclare qu'il se constitue possesseur pour & au nom du propriétaire.

Par le précaire, le vendeur ou le donateur déclare, qu'il ne possede que précairement, sous le bon plaisir du propriétaire, & à la priere qui lui en a faite.

Il en est de même, quand par la retention d'usufruit, le vendeur ou le donateur reste en possession de la chose vendue ou donnée, l'acheteur ou le donataire est réputé posséder par le vendeur ou par le donateur.

Cette possession artificielle, qui est l'effet d'une tradition feinte, produit deux effets.

Le premier est, qu'elle sert à transférer la propriété à l'acquéreur, quoiqu'il ne possede par sur le champ réellement, & de fait : aussi ne donne-t-elle pas le droit d'exercer les actions possessoires, parce qu'il n'y a que ceux qui possedent véritablement qui puissent se dire troublés ou dépouillés de leur possession.

Le deuxieme effet de la possession feinte, est qu'elle donne le pouvoir à l'acquéreur de se mettre en possession de plein droit de la chose qu'il a acquise, dès le moment que l'usufruit est fini, ou que le terme de la recolation est expiré, sans en demander la permission au vendeur ni à ses héritiers.

Voyez d'Argentré, des Appropriances, article 265. verf. qu. l. possess. exig. in auct.

POSSESSION IMMEMORIALE, quelquefois s'entend d'une possession qui a duré pendant plus de cent ans.

Ainsi possession centenaire, est une possession immémoriale, & vaut titre. Mais il faut pour cela que les cent années de possession soient accomplies ; car quand la possession excéderoit la mémoire des hommes, comme l'excede en effet une possession qui approche de cent ans non accomplis, s'il est établi par actes que la possession ne va pas tout à fait à cent ans, pour peu qu'il s'en faille ; ces témoignages écrits, qui marque que la possession a commencé depuis moins d'un siecle, exclut le témoignage subsidiaire de la possession immémorial, quoiqu'il y puisse avoir de quoi en fonder & en établir la preuve.

Quelquefois possession immémoriale se dit de celle qui excède la mémoire des hommes les plus anciens ; en sorte que les plus vieux n'ont pas connoissance quand elle a commencé.

Par exemple, quand il s'agit de sçavoir qu'elle a toujours été la disposition & situation de certains lieux, pour laquelle il y a procès entre quelques particuliers, celui-là sera dit avoir une possession immémoriale, qui justifiera par les plus anciens du lieu, que la disposition des lieux, a toujours été telle qu'il la soutient, pourvu qu'on ne prouve point le contraire par un acte par écrit. Alors cette possession est présumée centenaire par l'impossibilité morale & physique de trouver de témoignages vivans & positifs d'une possession qui approche de cent ans.

Cette possession acquiert tout ce qui n'est pas absolument imprescriptible, c'est-à-dire, tout ce dont la Loi & la Coutume ne prohibe pas expressément la prescription par quelque tems que ce soit.

Par exemple, la Coutume de Paris en l'article

186. porte que *le droit de servitude ne s'acquiert par longue jouissance quelle qu'elle soit, sans titre, encore que l'on en ait joui par cent ans.* Ainsi le droit de servitude ne se peut acquérir, suivant cette Coutume par une possession immémoriale, parce que ce droit y est absolument imprescriptible.

Mais dans les choses qui ne sont pas absolument imprescriptibles, la possession immémoriale tient lieu de titre ; & c'est avec beaucoup de raison qu'on défere entiérement à une si longue possession, parce qu'il seroit injuste d'obliger ceux qui en ont joui de rapporter des titres, qui peuvent avoir été égarés, sans qu'on puisse en rien imputer à ceux qui les possédoient, attendu un nombre d'années si considérable, outre que le tems seul peut à la longue effacer ou altérer toutes sortes d'écrits. *Voyez* M. Catelan, liv. 1. chap. 67.

POSSESSION VICIEUSE, est celle que l'on a par force & par violence, ou en cachete, ou à titre de précaire, par rapport à la Partie adverse.

POSSESSION TRIENNALE, est la paisible possession d'un Bénéfice qu'a eu pendant trois ans un Bénéficier ; au moyen de laquelle, en vertu des Lettres de Chancellerie appellées *de triennali* ou *de pacificis possessionibus,* il ne peut plus être troublé ni inquiété dans la possession du Bénéfice, pourvû qu'il soit fondé en titre, si ce n'est qu'on prouve qu'il ait obtenu le Bénéfice par simonie, ou qu'il y ait confidence.

POSSESSION PAISIBLE, est celle qui n'a point été interrompue. *Voyez* Interruption.

POSSESSION D'ETAT ET DE LEGITIMITÉ, est ce que les Docteurs appellent *tractatus & educatio,* & qu'ils reduisent à trois circonstances, la premiere, que l'enfant ait été élevé dans la maison, & qu'il ait été traité comme tel par le pere & mere ; la seconde que les peres & meres l'aient souvent nommé & appellé leur fils ; la troisiéme, que l'enfant ait été connu & traité dans le public comme l'enfant de pere & mere qu'il s'attribue. *Menochius, quæst. & causis, casu* 89. num. 56.

Mais ce qui est important à observer, est que cette éducation, ce traitement, doivent être l'ouvrage du pere & de la mere. Voilà pourquoi l'Ordonnance de 1667. art. 14. tit. 20. veut qu'au défaut du titre public, c'est-à-dire, si les Régistres sont perdus ou s'il n'y en a jamais eu, on ait recours à des papiers domestiques, où le pere & la mere reconnoissent celui qui se dit leur fils.

C'est dans ce cas seulement, où lorsque celui qui se dit fils d'un tel pere, d'une telle mere, muni d'une pareille reconnoissance, articule des faits posit fs qui caractérisent une possession d'état ; alors il est admis à la preuve par témoins.

POSSESSION D'ETAT PAR RAPPORT A DES PERSONNES QUI ONT VECU PUBLIQUEMENT ENSEMBLE COMME MARI ET FEMME. De quelque durée qu'ait été une telle possession, elle ne peut suffire pour constater & prouver le mariage, si ce n'est au cas que les Registres de mariages auroient été perdus & adhirés, comme cela s'est vû en plusieurs Paroisses mêmes de cette Ville de Paris, ainsi

qu'observe M. Denis le Brun dans le nombre 8. de la section 2. du chap. 4. du livre 1. de son Traité des successions. Mais tel accident n'est plus à craindre depuis que le Roi, par une Déclaration du 9. Avril 1736. a ordonné que dans chaque Paroisse il y aura deux Régistres, pour être l'un de ces deux Régistres envoyé au Greffe du Bailliage, Sénéchauffée, ou Siege Royal.

POSSESSOIRE, est une poursuite qui ne regarde que la possession d'un héritage, ou de quelque droit.

Le pétitoire au contraire est une poursuite qui concerne le fonds & la propriété d'un héritage ou de quelque droit.

La poursuite qui se fait au possessoire est fort utile ; car celui qui agit au pétitoire par action réelle, est obligé de justifier sa propriété, faute de quoi il est débouté de sa demande avec dépens.

Mais quand on agit au possessoire, il suffit de justifier de sa possession ; & soit qu'on y soit remis, ou qu'on y soit maintenu, on ne peut être inquiété par la Partie adverse, qui ne peut agir que par action réelle, dans laquelle le demandeur est tenu de justifier de sa propriété.

Les Jugemens possessoires étoient chez les Romains ce qu'ils appelloient interdits, & ce que nous appellons actions possessoires.

Ces actions s'intentent, ou pour conserver la possession dans laquelle on est troublé, ou pour recouvrer celle de laquelle on a été déjetté, ou pour acquérir celle à laquelle on a droit, mais que l'on n'a pas encore eue.

L'action possessoire que l'on intente pour être maintenu dans la possession d'un héritage ou autre droit, & pour faire cesser le trouble qui nous y est fait, est appellée *complainte.*

Celle par laquelle on demande d'être rétabli dans la possession de laquelle on a été déjetté, est appellée *réintégrande.*

Celle enfin par laquelle on demande que la possession en laquelle nous avons droit, nous soit accordée, quoique nous ne l'ayons pas encore eue, est appellée *récréance.*

On ne peut poursuivre le pétitoire, que le possessoire ne soit vuidé, & la Sentence entiérement exécutée, tant pour le principal que pour les dommages & intérêts, & cela pour que les matieres possessoires puissent s'expédier plus vîte.

Dès que le possessoire a été une fois intenté, on ne peut plus former complainte, parce qu'en formant l'action au pétitoire on reconnoît la possession du défendeur ; ce qui est absolument contraire à la nature de l'action en complainte, dans laquelle on se dit possesseur, & on se plaint d'avoir été troublé en sa possession.

Voyez Complainte. *Voyez* aussi pétitoire.

POSSESSOIRE EN MATIERE BENEFICIALE. Les Juges royaux sont seuls compétans pour le possessoire des Bénéfices ; & si le Juge d'Eglise prenoit connoissance du possessoire il y auroit abus.

C'est une maxime certaine, que les Juges d'Eglise ne peuvent connoître des causes possessoires, quoiqu'il s'agisse des Bénéfices, & de matiere pu-

rement fpirituelle : c'eft au Roi feul & à fes Officiers de conferver les poffeffeurs ; il n'appartient
qu'à eux de les maintenir , & non aux Juges
eccléfiaftiques. Le Pape Martin V. l'a reconnu lui-
même en fa Bulle de l'an 1429. que Guy-Pape a inférée mot à mot dans fa décifion premiere. Cette
Bulle du Pape Martin, & celle du Pape Eugene de
l'an 1432. ne concedent pas ce droit au Roi, mais
ils ne font que le déclarer : c'eft en effet plutôt la
reconnoiffance d'un droit royal , que la conceffion
d'un privilege ; & c'eft auffi pour ce fujet que Dumoulin fur le chap. 2. *in verb. poffeffion. de teftibus in 6*. a mis pour note , que *in Regno Franciæ
cognitio omnes poffefforii , vel quafi etiam inter Eccle-
fiafticos & de rebus quas fpirituales vocant , fpectat
ad Judicem fecularem , non ex aliquo privilegio Papæ , fed jure proprio.*

Le Juge d'Eglife ne peut donc connoître des caufes poffeffoires , foit de faifine ou de nouvelleté , ou
de réïntégrande ; il n'y a que le Juge laïc qui en
puiffe connoître , fuivant le chap. 1. *extra qui filii fint
legitimi* ; & ce pour les raifons fuivantes.

I°. Le poffeffoire eft purement de fait. *Leg. 1. §.
15. ff. fi qui effe teftam. liber juf.* Or le Juge d'E-
glife n'eft pas compétent pour juger des faits.

II°. Le poffeffoire fe réfout en intérêts , parce
que la poffeffion étant de fait , & l'obligation *in
id quod intereft* fuccédant à l'obligation *in factum ,
leg. ult. ff. de reg. jur.* la connoiffance des intérêts,
à l'égard de quelque perfonne que ce foit , n'appartient qu'au juge féculier.

III°. C'eft le Roi qui maintient les poffeffeurs en
leurs droits poffeffoires , & qui ordonne ou le fequeftre ou la mainténue ; & l'ancienne formule
de prononcer en ces fortes d'inftances , étoit de
lever & ôter la main du Roi ; ce qui ne fe peut faire
que par fon autorité , ou par celle de fes Officiers,
auxquels feuls appartient le droit de maintenir en
paix les fujets du Roi , & de reprimer les violences
& voies de fait. *Regali jure vim rectè inferendo.*

IV°. Dans les poffeffoires, l'ufage eft de prononcer fur la recréance , & de l'exécuter nonobftant
l'appel, ou de faire droit fur le fequeftre ; & les
exécutions confiftent en pure réalité ; ainfi le Juge
d'Eglife n'en peut point connoître.

Enfin le Juge d'Eglife n'a point d'autorité pour
exécuter les Jugemens ; ainfi il ne peut prêter main-
forte aux fpoliés pour les rétablir , ni aux poffeffeurs
pour les maintenir dans leur poffeffion ; il ne peut
même ordonner ni faifie , ni fequeftre des fruits.
Voyez Louet & fon commentateur, lettre B ,
fomm. 11. Henrys , liv. 1. queft. 15. & queft. 84.
V. auffi l'art. 4. du tit. 15. de l'Ordonnance de 1667.

Comme en matiere bénéficiale le poffeffoire eft
feulement de la compétence du Juge royal , & le pétitoire de la compétence du Juge eccléfiaftique ; le
Juge royal , en prononçant fur le poffeffoire , prononce fur la pleine maintenue , après un examen
exact du droit & des titres des Parties ; ce qui fait
qu'il ne refte plus rien à juger fur le pétitoire , &
que le Juge d'Eglife n'en peut plus connoître.
Voyez le Recueil alphabétique de M. Bretonnier.

POSTERIEUR, eft oppofé à antérieur. Un

créancier hypothécaire n'eft payé dans une inftance
d'ordre , qu'après que les créanciers qui lui font
antérieurs en hypotheque.

POSTHUME , eft un enfant qui eft né après la
mort de fon pere, ou après fon teftament.

La prétérition d'un pofthume ne vicie pas *ab initio*
le teftament de fon pere, nonobftant la regle qui
veut que , *qui funt in utero pro jam natis habeantur ,
quoties de eorum commodis & utilitate agitur* ; parce
que cette regle n'a lieu que dans les chofes qui ne
fouffrent point de retard , & qui ne fe peuvent remettre à un autre tems.

Or il eft indifférent à un pofthume paffé fous filence dans le teftament de fon pere , de le vicier
ab initio, ou de le rompre par fa naiffance, puifque
l'un & l'autre produifent le même effet.

Ainfi on a trouvé qu'il fuffifoit à un pofthume de
rompre par fa naiffance le teftament de fon pere ,
dans lequel il étoit paffé fous filence.

En Pays de droit écrit , un teftament eft rompu
par la furvenance d'un pofthume héritier fien, conformément aux Loix Romaines. *Voyez* M. Henrys,
tom. 2. liv. 5. queft. 45.

La même chofe a lieu en pays coutumier ; ainfi
la prétérition d'un pofthume defcendant du teftateur , fait rompre fon teftament dès qu'il vient au
monde. Soefve , tom. 2. cent. 3. ch. 49.

La raifon eft que l'affection paternelle fait préfumer qu'un pere n'auroit pas manqué de laiffer fon
bien à ce fils qui naît après fon teftament ou après
fa mort, s'il avoit cru qu'il dût naître.

Pour éviter cet inconvenient , il faut qu'un teftateur inftitue par fon teftament celui qui pourra
naître de fa femme & de lui ; ou fi c'eft en pays
coutumier, il faut qu'il faffe voir par fon teftament
qu'il n'ignoroit pas qu'il lui furviendroit un enfant,
en difpofant de fes biens , de maniere que fa légitime lui foit entiérement réfervée.

Pour ce qui eft de l'exhérédation d'un pofthume,
elle ne peut être valable , fuivant la Novelle 115.
qui eft reçue à cet égard parmi nous , tant en pays
coutumier qu'en pays de Droit écrit.

Touchant les pofthumes, *voyez* ce que j'ai dit
dans ma Traduction des Inftitutes , fur les paragraphes 2. & 5. du titre 13. du fecond livre.

POSTULANT, fe dit des Avocats & Procureurs
qui plaident dans les Juftices inférieures. Il y a
des Avocats du Roi en certains Sieges , qui ont
pouvoir d'être Avocats poftulans , dans les Caufes
où il n'y a rien qui concerne l'intérêt du Roi ou du
Public.

On appelle auffi poftulans certains Praticiens
qui plaident aux Confuls pour ceux qui n'ont pas
la facilité de parler pour eux-mêmes.

POSTULATION, POSTULER, eft faire les procédures & les actes judiciaires pour une Partie ,
fans avoir le titre pour cela, en forte que le tout fe
paffe fous le nom du Procureur, qui prête fon nom
à celui qui poftule.

La poftulation peut jetter les Parties dans de
très-grands embarras. Il y a de grands inconvéniens
de donner la conduite de fes affaires à des Particuliers qui n'ont aucun caractere pour agir , ou qui

ont cessé d'avoir celui qu'ils avoient, ayant vendu leurs Charges.

Aussi avons-nous quantité d'Arrêts & de Réglemens qui en défendent l'usage, en conformité des Ordonnances de Charles VII. de 1455. Louis XII. de l'année 1507. François I. de 1535.

Depuis, pour arrêter le cours de la postulation, est intervenu Arrêt le 6. Septembre 1670. portant qu'il sera nommé des Procureurs par la Communauté de six en six mois, pour tenir la main à l'exécution des Réglemens. Ceux qui sont préposés pour cela, font une recherche exacte de ceux qui Postulent, & des Procureurs qui leur prêtent leurs noms. Quand ils sont découverts, les papiers sont saisis & leur Procès leur est fait à la Requête de M. le Procureur général, poursuite & diligence des préposés ; & lorsqu'ils se trouvent convaincus d'avoir postulé, & les Procureurs d'avoir prêté leur nom & signé pour les postulans, ils en portent la peine qui est prononcée par les Réglemens. En exécution de ce Réglement, il a été établi une Chambre de la Postulation composée de dix-huit Procureurs qui sont élus par la Communauté ; & présentement leur fonction dure environ trois ans. Le premier d'entr'eux s'appelle Président, & le second Procureur général, les autres Conseillers ; il y a un Greffier : les deux derniers vont avec un Huissier de la Cour faire les procès verbaux de perquisition & enlevement des pièces. La Chambre où ils s'assemblent au Palais, est au-dessus de la Chambre de Tiers.

Il y a un Recueil de tous les Réglemens de la Postulation ; on y renvoie ceux qui voudront avoir de plus grands éclaircissemens sur cet article.

POT-DE-VIN, est en fait de bail, ce qu'est le vin de marché en fait de vente. Ainsi on appelle pot-de-vin un présent, ou une gracieuseté, que le preneur, indépendamment du prix du bail, donne au bailleur, ou à celui qui en est l'entremetteur.

C'est ce que n'ignorent pas les Intendans des grandes Maisons, qui sçavent parfaitement bien tirer des gros pots-de-vin des baux qu'ils font faire à leurs Maîtres.

Quoique ces pots-de-vin ne fassent point partie du prix du bail, néanmoins ils doivent être regardés comme une paravance qui le diminue : c'est pourquoi arrivant la résolution du bail, il convient que la restitution du pot-de-vin se fasse à proportion du tems de la non-jouissance.

Mais cela peut être sujet à contestation : ainsi ceux qui veulent éviter tout procès, prennent la précaution de stipuler la restitution du pot-de-vin, dans le cas & pour les années auxquelles le bail cessera d'avoir lieu.

Il faut enfin remarquer que l'on appelle aussi pot-de-vin, ce que l'on donne au vendeur dans certaines ventes, comme en vente d'une Charge ou d'un héritage : ainsi ces termes, pot-de-vin & vin du marché, sont quelquefois pris dans une même signification en fait de vente. Ce qui est promis à la femme du vendeur, est ordinairement qualifié épingles. Sur quoi il faut remarquer que quand un héritage est retrait, le retrayant est tenu d'en rembourser à l'acquéreur, non-seulement le prix, mais

encore les frais du contrat, le pot-de-vin qu'il justifie par acte authentique en avoir payé, & tout autre dépense par lui faite pour parvenir à l'acquisition dudit héritage. Voyez Vin de marché.

POTE, en vieux langage, signifie puissance. Ainsi on appelloit gens de pote, les serfs & les Mortaillables.

Quoique par ces termes, gens de pote, on entende naturellement gens soumis à la puissance d'autrui, ces termes néanmoins signifient quelquefois gens de condition roturiere, comme en l'article 1. de la Coutume de Meaux. Et c'est ce qu'on appelloit autrefois gens coutumiers. Voyez Coquille, en sa Coutume de Nivernois, chap. 1. art. 7.

POTEAU, est un gros pieu de bois fiché en terre, & placé ordinairement dans la principale place ou carrefour le plus apparent du Bourg ou Village du Seigneur Haut-Justicier qui y fait mettre ses armes ; & plus bas est attaché un carcan ou collier de fer : on y met aussi les affiches. Ce poteau est une marque de la Jurisdiction & de la Haute-Justice.

Il y a au Journal des Audiences un Arrêt du 9. Avril 1709. intervenu sur les conclusions de M. le Nain, Avocat général, lequel dit qu'il ne faut pas de permission du Roi pour rétablir un Poteau, lorsqu'on le fait dans l'année ; mais l'Arrêt ne juge pas cette question : il s'agissoit seulement d'un poteau transporté d'un lieu dans un autre sans nouvelle permission. L'Arrêt juge que cela se peut, & que le Seigneur Haut-Justicier a droit de le mettre dans le Fief d'autrui où il a Justice.

POTENCE, est un gibet de bois où l'on pend les malfaiteurs. Voyez Pilori.

POURPRIS, signifie en quelques Coutumes, l'enclos, les environs & clôture du lieu seigneurial.

POURSUITE, se dit des procédures qu'on fait en Justice. On dit, par exemple, une poursuite civile, une poursuite criminelle, une poursuite de criées, une poursuite de distribution de deniers.

POURSUITE CIVILE, est celle qui se fait à l'ordinaire, & qui commence par un exploit, par laquelle le demandeur conclut à un intérêt pécuniaire. Voyez Procès ordinaire & civil.

POURSUITE CRIMINELLE, est celle qui se fait à l'extraordinaire, & qui commence par une plainte ou par une dénonciation qui est suivie d'une information de recollement, & de confrontation de témoins. Voyez Accusé. Voyez procès extraordinaire & criminel.

POURSUITE CRIMINELLE S'ETEINT PAR LA MORT DE L'ACCUSE' ; c'est-à-dire, que les accusations prennent fin par la mort du criminel, en tant que par icelles on poursuit la vengeance & la punition du crime commis, qui ne doit en aucune maniere être exercée contre l'héritier de celui qui a délinqué.

Omne crimen morte rei extinguitur ; qui enim in reatu decedit, integri status decedit, leg. ult. in princ. ff. ad Leg. Jul. Majest. unde defuncto eo qui reus fuit criminis, pœna extincta est, Leg. 6. ff. de publ. judic.

Pæna manet suos autores, & nemo succedit in delicta.
Leg. 38. *ff. de reg. jur.*

Cette maxime a lieu ; non-seulement lorsque le criminel est décédé avant sa condamnation, mais encore lorsqu'il est décédé pendant l'appel interjetté de la Sentence qui l'a condamné : ainsi sa mémoire ne peut être condamnée après sa mort, & son héritier jouit de ses biens, sans être tenu de la peine corporelle qu'il eût soufferte s'il eût vécu, ni d'aucuns dommages & intérêts.

La raison est, que l'accusation principale qui tend à la peine, étant éteinte par la mort de l'accusé, il faut nécessairement que l'action en dommages & intérêts, qui n'est qu'un accessoire de cette accusation prenne aussi fin : autrement, l'accessoire subsisteroit sans le principal, contre la disposition du Droit, qui veut que l'accessoire suive la nature & le sort de la chose principale. D'ailleurs, le Juge ne pourroit pas prononcer une condamnation en dommages & intérêts, sans juger le principal qui se trouve éteint.

Lorsqu'on ne procede que civilement contre celui qui est prévenu de quelque délit, c'est-à-dire, qu'on ne le pourfuit que pour les dommages & intérêts, & non pas pour la peine corporelle, quoiqu'il décéde après la contestation en cause, son héritier demeure obligé pour raison desdits dommages & intérêts envers la partie lezée par le délit du défunt.

Il faut dire aussi, que de même que l'héritier n'est pas tenu de subir la peine encourue par le défunt, il ne doit pas non plus profiter des gains illicites qui se pourroient trouver dans sa succession, *leg.* 38. *ff. de regul. jur. Turpia lucra etiam hæredibus auferenda sunt, leg.* 5. *in prin. ff. de calumniator. Licet enim crimine careant, lucrum tamen sentiunt ; quod quidem in delictis privatis locum habet. At in publicis judiciis, non aliàs transeunt adversùs hæredes pænæ bonorum ademptionis, quàm si lis contestata & condemnatio fuerit secuta : aliàs morte extincto crimine, nulla quæstio superest, & bona successoribus non denegantur, nisi reus sibi mortem consciverit, leg. defunctis, cod. si reus vel accus. mort. fuer. Leg.* 20. *in prin. ff. de accus.*

La regle qui porte que tout crime est éteint par la mort du criminel, n'a pas lieu à l'égard du crime de leze-Majesté au premier chef ; car il ne s'éteint point par la mort de celui qui en feroit coupable. On peut même commencer la pourfuite après sa mort. *Tale judicium, propter sceleris atrocitatem, adversùs defunctum exercetur, ut ejus memoria post mortem damnetur, & illius bona vindicentur fisco.*

Il en est de même du crime d'héresie, qui est un crime de leze-Majesté divine, pour raison duquel la mémoire de celui qui en seroit convaincu, pourroit être condamnée après sa mort. *Leg.* 4. §. 4. *cod. de hæreticis.*

Il y a encore trois crimes qui ne sont pas éteints par la mort de celui qui en est prévenu, & pour raison desquels l'héritier peut être pourfuivi ; sçavoir,

I°. Le crime de concussion, appellé par les Jurisconsultes, *crimen repetundarum.*

II°. Le crime de péculat, qui est le larcin ou intervention des deniers & finances du Roi, qui se commet par ceux qui en ont le maniement.

III°. Le crime *de residuis*, que commet celui qui étant chargé des deniers publics, pour en faire un certain emploi, les a gardés sans le faire.

La raison est, que dans la pourfuite qui se fait de ces trois crimes, il s'agit principalement de la restitution de deniers publics, usurpés & mal reçus, ou volés, ou souftraits, & non employés suivant leur destination ; ce qui fait que l'héritier peut être condamné de le restituer. *Nam crimina in quibus agitur tantùm propter bona, vel contra personam & bona, morte rei non extinguuntur ; repetitio enim bonorum scelere quæsitorum numquam perimitur. Cujac. ad leg.* 10. *cod. de jure fisci.*

Il n'en est pas de même à l'égard des autres crimes, car l'on en pourfuit principalement la vengeance & la punition qui en résulte : or cette punition ne peut pas être exécutée contre les héritiers de celui qui est prévenu du crime qui a été commis, puisqu'ils en sont innocens.

Enfin si celui qui est accusé d'un crime capital, s'est tué lui-même par la crainte du supplice, ou par les remords de sa conscience, en ce cas on peut confisquer ses biens & condamner sa mémoire, par la raison qu'il est censé avoir confessé son crime, & s'être condamné lui-même : ainsi la conféquence qui résulte de ce crime, empêche qu'il ne soit réputé mort avant sa condamnation.

Quoiqu'ordinairement le crime s'éteigne par la mort de l'accusé, néanmoins il ne s'éteint pas par la mort du dénonciateur, ou de la Partie civile. Il est vrai que les héritiers de l'accusateur ne peuvent pas être contraints de continuer la pourfuite criminelle commencée contre l'accusé ; mais cet accusé peut toujours être pourfuivi par la Partie publique sur les anciennes dénonciations, ou sur de nouvelles.

L'accusation intentée contre plusieurs prévenus d'un même crime, demeure à la vérité éteinte par la mort de l'un d'eux, furvenue pendant le cours de la pourfuite ; mais elle n'est éteinte que par rapport à celui des criminels qui est décédé, & reste toujours en son entier par rapport à ses complices qui lui survivent. *Leg.* 2. *cod. si reus vel accusat. mort. fuer.*

POURSUIVANT, est celui qui pourfuit une vente de meubles par autorité de Justice, ou un décret, une licitation, un ordre & distribution de deniers.

POURSUIVANT CRIÉES, est ordinairement celui qui a fait la saisie réelle sur l'héritage dont il pourfuit les criées.

Un autre est quelquefois subrogé en sa place : par exemple, lorsque le saisi vient à satisfaire le saisissant depuis la saisie, pour lors un autre créancier se fait subroger en sa place ; ou quand le pourfuivant criées est négligent de faire les pourfuites, ou quand il y a collusion entre lui & le débiteur commun.

Le pourfuivant criées repréfente tous les créanciers, & l'inſtruction du procès ne ſe fait qu'a-vec lui & le plus ancien Procureur des oppoſans.

Le pourſuivant criées peut valablement obtenir un Arrêt d'*iterato*, portant condamnation par corps contre la Partie ſaiſie, quoiqu'il ſoit certain d'en être rembourſé par préférence, comme frais extraordinaires, ſur les deniers provenans de la vente des biens ſaiſis. Ainſi jugé au Parlement de Paris, par Arrêt de la Grand'Chambre, le 17. Janvier 1684.

POURVOIR, ſignifie donner le titre d'une Charge d'un Bénéfice, le droit de le poſſéder & de l'exercer.

P R

PRAGMATIQUE Sanction, eſt un Réglement général fait dans une aſſemblée de l'E-gliſe Gallicane tenue à Bourges ſous Charles VII. en 1438. qui contient la plus grande partie des Canons du Concile de Bale.

Ce Réglement n'eſt pas ſeulement pour les Béné-fices, mais encore pour le Service divin, & pour tout ce qui regarde la police & la diſcipline eccléſiaſtique.

M. Brillon rapporte au ſujet de la Pragmatique-Sanction, pluſieurs traits hiſtoriques qui ſont très-curieux.

PREAMBULE, eſt le poëme, la préfa-ce, l'exorde qu'on fait avant une narration, ou avant que d'entrer en matiere.

PREAMBULE de terrier n'est pas obli-gatoire. *Voyez* ce que j'ai dit à ce ſujet en par-lant du Papier terrier.

PRATICIEN, eſt un homme expert ès procédures & inſtructions des procès, qui fréquen-tent les Cours & Sieges des Juges, qui entend le ſtile & l'ordre judiciaire, qui ſçait les uſages, les formes preſcrites par les Ordonnances & les Régle-mens, & qui eſt capable de dreſſer toutes ſortes d'actes, ſommations, libelles & écritures.

Enfin, quelquefois Praticien ſe dit d'un ancien Clerc, ou d'un Solliciteur de procès qui ſçait la Pratique.

PRATIQUE, eſt la ſcience de bien inſ-truire un procès, & de faire les procédures conve-nables, ſoit en demandant, ſoit en défendant; ce qui eſt oppoſé à la ſcience du Droit; & c'eſt dans ce ſens qu'on dit qu'un Procureur doit ſçavoir par-faitement la Pratique, & un Avocat le Droit.

PRATIQUE d'un Procureur, conſiſte dans les inſtances, procès, pourſuites jugées, ou qui ſont encore à juger, dont il a les pieces. Cette Pratique eſt meuble, n'a point de ſuite par hypo-theque, & ne produit aucun des effets qui ſont attribués aux immeubles.

Elle ne peut être ſaiſie par les créanciers de ce-lui à qui elle appartient, non plus que la Pratique d'un Notaire, à moins qu'il n'y ait quelques cir-conſtances particulieres qui obligent d'admettre une telle ſaiſie; encore faut-il y obſerver bien des formalités qui n'ont point lieu dans toute autre ſaiſie de meubles.

M. Brillon *verbo* Pratique, rapporte ce qui eſt

arrive lors de la ſaiſie de la Pratique de Faudoire Notaire, qui a été confirmée par Sentence des Re-quêtes de l'Hôtel, rendue le 17. Janvier 1709. Le même Auteur rapporte auſſi que l'appoſition de ſcellés ſur la Pratique de Feloix, Procureur au Parlement, a été déclarée valable.

Suivant un Arrêt de Réglement du Parlement de Paris du 8. Août 1714. la Pratique d'un Pro-cureur ne peut être vendue au-delà de l'eſtimation qui en doit être faite par deux anciens Procureurs de la Communauté; mais par le moyen des pots de vin, ce Réglement n'eſt point toujours obſervé à la rigueur.

Ce que nous avons dit ci-deſſus, que la Prati-que d'un Procureur eſt meuble, reçoit une excep-tion, qui eſt, lorſque par contrat de mariage le Procureur à qui elle appartient, ſtipule qu'elle lui ſeroit propre, à l'effet de ne point entrer dans la communauté. Ainſi jugé par Arrêt du 16. Mars 1661. rapporté dans le Journal des Audiences.

Il faut dire auſſi qu'un Notaire peut, de même qu'un Procureur, attacher la qualité de propre à ſa Pratique, par une clauſe expreſſe appoſée à ſon contrat de mariage.

PRÉALABLE, ſe dit de ce qui doit être fait auparavant. Il eſt préalable de juger le poſſeſ-ſoire avant que d'aller au pétitoire; d'inſtruire l'inſtruction de faux avant que de juger le procès; d'examiner la forme avant que de venir au fond.

PREAU, eſt une Cour de Concierge ou d'une priſon, où on laiſſe aller les priſonniers pour prendre l'air, comme il y en a une dans la Con-ciergerie du Palais.

En un coin d'icelle ſous la galerie, il y a un Sie-ge qu'on couvre de tapiſſerie aux veilles de Fêtes de Noël, Pâques, Pentecôte, de la Nôtre-Dame d'Août, & de la Saint Simon Saint Jude, où Meſ-ſieurs de la Tournelle, & Meſſieurs les Commiſſai-res de la Cour des Aides, vont juger les Requê-tes des Priſonniers qui demandent élargiſſement.

PRECAIRE. *Voyez* Conſtitut.

PRECAIRE, en Droit, ſe prend dans une autre ſignification pour un Contrat, par lequel on prête quelque choſe à quelqu'un, ſans définir pour quel tems ni pour quel uſage. Par exemple, ſi je prête mon cheval à Titius ſimplement, en ce cas je le peux répéter toutefois & quantes qu'il me plaira. En quoi il differe du commodat, en vertu duquel le commodant ne peut pas répéter la choſe qu'il a prêtée, avant que le tems du commodat ſoit expiré.

Ce contrat differe encore du commodat, en ce que le commodataire eſt tenu *de dolo & omni culpa etiam leviſſima*; au lieu que celui qui a pris quelque choſe à titre de précaire, n'eſt tenu que *de dolo & lata culpa, non verò de levi aut leviſſima. Leg.* 8. §. 3. *ff. de precario.*

La raiſon de la différence qu'en rend le Juriſcon-ſulte dans cette Loi, eſt que *totum hoc liberalitate deſcendit ejus qui precario conceſſit, & ſatis eſt, ſi dolus & culpa dolo proxima præſtetur. At is qui commodato dedit cùm in eo gravetur, quod ante uſum finitum non poſſit rem commodatam revoca-*

re ; *fublevandus eft in eo quod & ad culpam etiam leviſſimam agat.*

Voici ce que dit Décius , fur la Loi *contractus* , *ff. de regul. jur. Breve & fragile beneficium eft precarium , cùm id quoque reſtitui debeat , vel confeſtim , vel quandocumque libuerit concedenti.*

PRECEPTES DU DROIT, font pour ainſi dire infinis , puiſqu'il n'y a point de Loix , ou de parties de Loix , qui ne ſoient autant de préceptes particuliers que nous devons ſuivre , principalement celles qui conſiſtent dans le commandement ou dans la défenſe de faire quelque choſe. Mais il y en a trois qui font généraux , comme il eſt dit dans le paragraphe troiſieme du premier titre du livre premier des Inſtitutes de Juſtinien ; ſçavoir vivre honnêtement , ne faire tort à perſonne , & rendre à chacun le ſien.

Le premier précepte ſemble maintenir les deux autres , ſuivant la doctrine des Stoïciens , qui croient qu'il n'y a point d'autre bien que ce qui eſt honnête , & point de mal que ce qui eſt contraire à l'honnêteté : cependant on les diſtingue tous les trois , en ce que l'objet du premier eſt de faire un homme de bien & de probité ; l'objet du deuxieme eſt de faire un bon citoyen ; enfin l'objet du troiſieme eſt de faire un bon Magiſtrat.

Le premier enſeigne ce que l'homme doit à ſoimême ; le ſecond lui apprend qu'elles font ſes obligations par rapport aux autres ; le troiſieme , quelles font les obligations d'un Magiſtrat par rapport à ceux qui font ſous ſa Juriſdiction.

Ainſi le premier de ces préceptes ſe reſtraint à une ſimple , pure & honnête , laquelle peut être violée ſans faire tort à perſonne , lorſque l'on fait une choſe qui eſt permiſe , mais qui n'eſt pas conforme à l'honnêteté : *Non omne quod licet honeſtum eſt* , leg. *144. ff. de reg. jur.* Tout ce qui eſt permis n'eſt pas honnête : par exemple , la concubinage étoit permis ſuivant les Loix Romaines ; cependant cette union n'eſt pas conforme à l'honnêteté.

Le ſecond nous enſeigne à ne faire dans le commerce de la vie rien qui cauſe du dommage à qui que ce ſoit , *ſive in bonis , ſive in fama , ſive in corpore.* Ainſi ce précepte exclut toute violence , toute malice , toute fraude , & généralement tout ce qui eſt oppoſé à la bonne foi.

Le troiſieme enfin enſeigne à ceux qui font prépoſés pour rendre la Juſtice , les regles qui doivent ſuivre dans les fonctions de leurs Charges.

PRECIPUT , dans les contrats de mariage qui font faits en Pays Coutumier , eſt l'avantage qui eſt accordé , en vertu d'une clauſe expreſſe au ſurvivant des conjoints ; de prendre fur les biens meubles de la communauté juſqu'à une certaine ſomme deſdits biens , ſelon la priſée faite par le Sergent ſans crue , hors part , c'eſt-à-dire , ſans confuſion de ſa part en la communauté : ce qui a fait donner à cet avantage le nom de préciput.

Je dis *ſans crue* , ce qui ſe doit entendre lorſque dans le contrat on a ajouté que la ſomme dans laquelle conſiſte le préciput , ſera priſe en deniers ou en meubles , ſuivant la priſe de l'inventaire , & *ſans crue* ; ce qu'on ne manque pas de mettre ; au-

trement cela n'auroit pas lieu. Et en ce cas le préciput eſt exempt de dettes , & le ſurvivant n'eſt pas même tenu d'y contribuer à raiſon de l'émolument , parce qu'il ne prend pas le préciput à titre univerſel. *Secùs* , ſi le ſurvivant avoit pour ſon préciput tous les effets mobiliers.

S'il n'eſt point fait mention du préciput dans le contrat de mariage , il n'a point lieu ; c'eſt un avantage qu'il n'eſt pas établi par la Coutume , mais qui eſt uniquement fondé fur la Convention des Parties.

Le préciput ne ſe prend que fur les biens de la Communauté , & que quand la Communauté a lieu. D'où il s'enſuit que la femme qui renonce à la Communauté n'a point droit de le prendre , à moins qu'il ne ſoit porté expreſſément qu'en renonçant elle le prendra.

Il faut dire auſſi que le mari ne peut pas le prendre , quand les héritiers de la femme ont renoncé à la Communauté.

Voyez touchant le préciput , ce que j'en ai dit fur l'art. 229. de la Coutume de Paris §. 2.

PRECIPUT LEGAL DES NOBLES , eſt ce que la Coutume de Paris donne au ſurvivant des conjoints nobles , qui conſiſte dans les biens des meubles qui ſe trouvent au jour du décès du prédécédé , hors la Ville & Fauxbourg de Paris , à la charge de payer toutes les dettes mobiliaires & les frais funéraires du défunt.

Ce préciput eſt appellé préciput légal , parce qu'il n'a lieu qu'en conſéquence de la diſpoſition de cet article de notre Coutume , qui n'a lieu que ſous les conditions ſuivantes.

La premiere , que les conjoints ſoient nobles ; fur quoi il faut remarquer qu'il ſuffit que le mari ſoit noble , pour que la femme puiſſe jouir de ce préciput ; parce que la femme roturiere jouit des droits & privileges de nobleſſe après la mort de ſon mari noble , tant qu'elle demeurera en viduité.

La deuxieme eſt , que les conjoints nobles n'aient pas renoncé à cet avantage par leur contrat de mariage , ni pendant icelui.

La troiſieme , qu'il y ait entr'eux communauté de biens.

La quatrieme eſt , qu'il n'y ait point d'enfans.

La cinquieme eſt , que les meubles que le ſurvivant a droit de prendre en vertu de ce préciput , ſe trouvent au jour du décès du prédécédé hors la Ville & Fauxbourgs de Paris ſans fraude.

La ſixieme eſt , que le ſurvivant paye les dettes mobiliaires , & les frais funéraires du prédécédé : ce qui fait voir que ce préciput n'eſt pas purement lucratif , puiſqu'il eſt *ſub onere* , la charge pouvant même excéder l'émolument.

Voyez ce que j'ai dit fur l'article 238. de la Coutume de Paris.

PRECIPUT DE L'AÎNÉ , ſe dit de l'avantage & du droit d'aîneſſe accordés aux aînés fur les biens nobles de leurs peres & meres , qu'ils prennent hors part , & ſans préjudice du partage égal avec tous les autres enfans. Il eſt appellé préciput , parce que *præcipitur , ſeu ante capitur* , il eſt pris avant que de venir au partage , & ſans préjudice de la part que celui à qui il eſt dû , a droit de prendre avec fes autres copartageans. *Voyez* les articles 13. 14. 15. 16. & 18. de la coutume de Paris. *Voyez* ci-deffus, Part avantageufe.

En partage noble l'aîné a fe principal fief ou manoir pour fon préciput, avec un arpent de terre que l'on appelle le vol du chapon ; mais quand il n'y a point de fief, il a feulement le vol du chapon.

Il faut non-feulement que le principal manoir foit noble, la baffe-cour & le jardin ; mais auffi cet arpent de terre qui eft donné au lieu du jardin ; parce que le préciput de l'aîné ne fe prend que dans le fief, & que tout ce que les coutumes lui donnent doit être tenu en fief ; fans quoi ce ne feroit point terre noble, ni partage de chofe noble : cet avantage n'eft point donné à l'aîné au partage des biens roturiers, & la féodalité eft une qualité effentielle à tout ce que l'aîné prend pour fon préciput & droit d'aîneffe.

Il faut que cet arpent de terre dont il eft ici parlé foit proche le manoir, comme doit être un jardin ; & il importe que ce foit terres labourables ou autres, foit bois ou vignes, il eft indifférent de quelle qualité qu'il foit.

Mais fi cet accompagnement ne fe trouve point, c'eft-à-dire, qu'il n'y ait point d'arpent de terre en fief proche du manoir, l'aîné ne peut s'en plaindre ni en demander la récompenfe ; à la différence du défaut du principal manoir, qui doit être récompenfé par un arpent de terre en fief, au choix de l'aîné.

Si au contraire les terres qui font proches le principal manoir contiennent plus d'un arpent, il eft loifible à l'aîné d'en prendre un arpent ; mais comme cette faculté n'eft qu'un droit de bienféance, s'il n'en veut pas fouffrir le partage, & s'il veut retenir le tout, il le peut, pourvû qu'il en récompenfe fes puînés en la maniere prefcrite par la Coutume.

Voyez ci-après, *verbo* Récompenfe.

Si dans l'étendue de l'enclos ou arpent de terre qui eft donné à l'aîné par préciput, il y a des bâtimens qui faffent un revenu certain, tels que font un moulin bannal ou non bannal, un four & preffoir bannaux feulement, la propriété en demeure nue à l'aîné ; mais les revenus s'en divifent, de même que ceux de tous les autres fiefs, parce que cela produit une feconde propriété qui devient partageable dans le profit feulement.

Cet enclos ou arpent de terre n'eft donc donné par préciput, que pour la commodité particuliere du principal manoir, & non pas pour produire aucun profit. C'eft même l'efprit général de toutes nos Coutumes.

Ainfi, quand quelques-unes ont voulu donner à l'aîné d'avantage pour fon préciput, elles s'en font expliquées par forme d'exception de la regle générale & du Droit commun, qui ne donnent à cet égard rien à l'aîné, qui puiffe produire du revenu, fans l'obliger de faire part de ce revenu à fes puînés.

Mais comme il feroit incommode à l'aîné de partager tels profits, il lui eft permis de les prendre en entier, en récompenfant fes puînés. *Voyez* Part-

ticle 14. de la Coutume de Paris, l'art. 9. de la Coutume d'Etampes, & l'article 114. de la Coutume de Bar.

Plufieurs de nos Coutumes donnent au fils aîné fon préciput dans toutes les fucceffions des afcendans, d'autres ne le donnent que dans celles des peres & meres ; & dans ces Coutumes, l'aîné ne peut prendre fon préciput dans les fucceffions de l'aïeul ou de l'aïeule, parce que les Coutumes font de Droit étroit, & ainfi on ne peut rien ajouter à leurs difpofitions.

Nous avons même des Coutumes qui ne donnent au fils aîné qu'un feul préciput dans les fucceffions du pere & de la mere ; & il eft hors de doute qu'il faut s'en tenir à leurs difpofitions.

Le préciput fait bien partie du droit d'aîneffe, mais il n'en fait pas la totalité ; puifqu'outre le principal manoir avec ce qui en dépend, ou ce qui eft donné en la place, & qui fe prend hors part & avant partage, nos Coutumes donnent au fils aîné une part avantageufe dans tous les fiefs.

Voyez Droit d'aîneffe, Part Avantageufe, Principal manoir.

PRÉCLOTURES. Par ce terme, qui fe trouve dans quelques Coutumes, on entend les enclos qui font donnés par préciput dans les fiefs aux aînés, avec le principal manoir. *Voyez* la Peyrere, *verbo* Aîneffe ; & un acte de notoriété de M. le Lieutenant civil le Camus, en date du 12. Novembre 1699.

PRÉCOMPTER, fignifie prélever, déduire d'abord les fommes qu'on a reçues, ou les chofes qui font fujettes à rapport, avant que de venir à compte ou partage. Les enfans qui viennent à la fucceffion de leurs peres & meres doivent précompter ce qu'ils ont reçu en avancement d'hoirie.

PRÉFÉRENCE, eft un avantage que l'on donne à un de plufieurs contendans fur les autres. Elle fe doit donner à celui qui a le meilleur droit, fuivant la difpofition des Loix ; mais dans le doute il la faut donner à celui qui a le droit le plus apparent, & fuivre en cela la raifon & l'équité, comme nous avons dit en parlant des chofes douteufes.

Nous allons préfentement rapporter ici quelques maximes générales tirées des Loix Romaines, touchant le droit le plus apparent de l'un de ceux qui prétendent à une même chofe.

Il faut en toutes rencontres rendre à un chacun le fien, à moins qu'on en foit détourné par une autre demande qui foit plus jufte. Par exemple, fi un voleur dépofe chez quelqu'un une chofe qu'il a volée, la fidélité du dépôt oblige le dépofitaire à la rendre au voleur qui la lui a dépofée : mais cette obligation ceffe, fi-tôt que celui à qui elle appartient fe fera fait connoître. *Leg.* 31. §. 1. *ff. depofiti.*

Celui qui contefte pour éviter le dommage ou la diminution de fon bien, doit être toujours préféré à celui qui fe trouveroit augmenter fon bien fi on lui donnoit gain de caufe : c'eft pourquoi, lorfqu'on fait vendre les biens d'un défunt, les créanciers font préférés aux légataires. *Potior eft caufa ejus, qui certa de damno vitando, quàm illius*

illius qui certat de lucro captando. Leg. 41. §. 1. ff. de reg. jur.

Entre ceux qui conteftent également pour gagner ou pour fe garantir de quelque dommage, il faut toujours préférer celui qui a un droit antérieur, ou qui a été plus diligent. *Leg. 98. ff. de reg. jur. Leg. 9. §. 4. ff. de publ. in rem. act.*

Par exemple, entre plufieurs créanciers hypothécaires, on a égard au tems que l'hypotheque de chacun d'eux a été conftituée, fuivant la maxime, *qui prior eft tempore, potior eft jure.*

Au contraire, entre les créanciers chirographaires, celui qui a demandé & reçu le premier, eft préféré aux autres, & n'eft pas obligé de rapporter ; parce qu'il eft jufte que les plus diligens aient quelqu'avantage, & que chacun porte la peine de fa négligence.

Enfin entre ceux qui conteftent, ou pour le dommage, ou pour le gain, fi leur droit eft égal celui qui poffede eft toujours préféré. *In pari caufa melior eft conditio poffidentis, quàm petentis. Leg. 33. leg. 126. §. 1. leg. 128. ff. de regul. jur. Leg. 8. ff. de condict. ob. turp. caufam.*

¶ Il n'y a donc pas de plus jufte moyen de décider la conteftation qui s'eft formée entre les perfonnes qui ont à la chofe un droit égal, qu'en rendant meilleure la condition de celui qui l'a poffede.

Ainfi entre ceux qui conteftent pour la propriété d'une terre, fi l'un & l'autre ne prouve fuffifamment que la terre lui appartient, celui qui eft en poffeffion doit être toujours préféré.

PREFERENCE SUR LES DENIERS PROVENANS DE LA VENTE D'IMMEUBLE. Cette préférence fe regle fuivant l'ordre des hypotheques des créanciers, ou fuivant leurs privileges. *Voyez* Ordres des créanciers. *Voyez* auffi créanciers privilégiés.

PRÉFÉRENCE SUR LES DENIERS PROVENANS DE LA VENTE D'UN OFFICE. *Voyez* Henrys, tome 1. liv. 2. chap. 4. queft. 26. où eft rapporté l'Edit du mois de Mars 1685. portant Réglement tant pour la vente des Offices & diftribution du prix d'iceux, que pour la préférence entre les créanciers oppofans au Sceau.

PRÉFÉRENCE SUR MEUBLES, eft un droit acquis au premier faififfant, d'être payé fur les prix provenant de la vente des meubles, par préférence à tous autres créanciers oppofans.

Comme les meubles en pays coutumier; fi ce n'eft en Normandie, ne font point fufceptibles d'hypotheque, les deniers provenans de la vente d'iceux ne fe diftribuent point par ordre d'hypotheque, mais le premier faififfant en emporte le payement par préférence à tous autres à moins qu'il n'y eût déconfiture, c'eft-à-dire, que le débiteur ne fût infolvable, fes meubles & immeubles n'étant pas fuffifans pour fatisfaire les créanciers apparens; auquel cas le créancier qui auroit le premier faifi les meubles, ne viendroit qu'à contribution au fol la livre avec les autres créanciers oppofans, fans aucune préférence; à l'exception des dettes privilégiées, comme font les frais de Juftice, les frais funéraires, les loyers des maifons & autres.

Quand il y a conteftation entre le premier fai-

fiffant & les autres, touchant la fuffifance du débiteur, le Juge peut ordonner que le premier créancier touche le prix des meubles, en donnant caution de le rapporter pour être mis en contribution, au cas que la déconfiture foit juftifiée.

L'inftance de préférence entre les créanciers oppofans, pour être payés fur le prix provenant de la vente des meubles, s'inftruit de même maniere que l'inftance d'ordre, mais elles font au fond bien différentes : car l'inftance de préférence ne tend qu'à faire diftribuer des deniers provenans des effets mobiliers, par priorité de faifie, ou par contribution au fol la livre, au cas de déconfiture ; mais l'inftance d'ordre tend à la diftribution des deniers provenans du prix des immeubles décrétés fur un débiteur, laquelle fe doit faire entre les créanciers fuivant la priorité d'hypotheque, ou fuivant leur privilege.

Voyez Meubles. *Voyez* Saifie & exécution vers la fin, & ce que j'ai dit fur l'article 170. de la coutume de Paris, & fur le furvivant.

PREJUGÉ, eft un Jugement préparatif & précédent qui fert de regle & d'autorité pour juger la conteftation principale au fond. *Voyez* Actions préjudicielles.

Il fe dit auffi des Jugemens, Sentences ou Arrêts qui n'ont pas jugé *in terminis* une queftion dont il s'agit ; mais qui fervent néanmoins de préjugé par leur décifion, à caufe du rapport que fe trouve avoir l'affaire dont il eft queftion, avec celles qui ont été jugées.

PRÉLATION, eft un droit de préférence. En Dauphiné, prélation eft le droit de retrait féodal.

En fait de bail emphytéotique, c'eft le droit qu'a le bailleur d'être préféré à tout autre dans les améliorations que le preneur veut aliéner.

Il y a encore la prélation en fait de cèns, qui eft une efpece de retrait cenfuel dans les coutumes qui l'admettent, comme Senlis, Valois, Clermont, Berry, Nivernois & Bourgogne. *Voyez* Salvaing, de l'ufage des Fiefs.

Le droit de prélation eft auffi un droit que le Roi a en plufieurs endroits du Royaume, & finguliérement en Languedoc, de retirer une Terre & Seigneurie ; en rembourfant l'acquéreur, pourvû qu'il n'ait pas fait la foi & hommage ; car fi elle étoit faite, & les droits & devoirs payés, Sa Majefté ne pourroit exercer ce droit.

Voyez ci-deffus, Droit de prélation : *Voyez* auffi ce qui en eft dit dans le Dictionnaire des Arrêts.

PRELEGS, eft un legs qui eft laiffé à quelqu'un de plufieurs héritiers, pour être par lui prélevé hors part & fans confufion de fa portion héréditaire.

Les prélegs font valables dans les pays de Droit écrit, de la même maniere qu'ils l'étoient chez les Romains ; mais dans les pays de Droit coutumier ils ne font pas admis.

Ce legs fe prend en pays de Droit écrit, par celui des cohéritiers du teftateur, hors part & fans confufion de fa part & portion héréditaire. Ainfi on peut être en pays de Droit écrit héritier & légataire lorsque le testateur fait plusieurs héritiers, & qu'il en veut gratifier quelqu'un de legs, qui sont appellés par les Loix Romaines *legata per præceptionem.*

Dans la Coutume de Paris, & dans plusieurs autres qui ont une disposition semblable, on peut être donataire entre-vifs, & héritier en collatérale ; mais l'on ne peut être légataire & héritier, tant en directe qu'en collaterale.

La raison est, que la donation saisit de droit, & que le legs est sujet à délivrance, par conséquent incompatible dans la personne d'un héritier qui seroit obligé d'agir contre lui-même, pour demander la délivrance du legs.

PRELEVER, signifie prendre hors part & sans confusion avant qu'on procéde au partage d'une succession ou d'une chose commune. Cela se pratique dans les prélegs suivant les Loix Romaines, & s'observe aussi en pays de Droit écrit.

Quand il s'agit de partager les biens d'une société ceux des associés qui ont avancé des sommes pour la société, qui ont droit de les retirer, les prélevent avant que l'on procéde au partage ; & cela s'observe parmi nous, tant en pays coutumier, qu'en pays de Droit écrit.

PREMESSE, est en Bretagne ce que le retrait lignager est dans les autres coutumes ; car le mot de prémesse signifie proche parent, & le droit qu'il a de retirer les héritages de la famille qui ont été aliénés.

Voyez les Commentateurs de la Coutume de Bretagne, sur le titre 16. *verbo* Retrait. *Vide etiam Eguinar. Baro. in methodo de feudis, libro 2. cap. 15. & præstantissimum Cujacium, ad tit. 4. lib. 2. feudor.*

PREMIERE INSTANCE, est celle qui est intentée pardevant le premier Juge.

. La maniere de procéder en premiere instance au civil, est de commencer par un exploit de demande, fondée sur la propriété & le droit que nous avons dans une chose qui est possédée par un autre ou sur quelque obligation dont le défendeur est tenu envers nous.

Si dans les délais de l'assignation la Partie assignée ne comparoît pas, le demandeur levera son défaut faute de comparoir.

Si après avoir comparu elle ne fournit pas de défenses, le demandeur prendra défaut faute de défendre.

Mais si le défendeur comparoît & fournit de défenses, le demandeur peut fournir de repliques.

Ensuite la Partie la plus diligente peut poursuivre l'Audience sur un avenir ; & si l'une des Parties ne comparoît pas, si c'est le défendeur, le demandeur obtient contre lui défaut, faute de venir plaider ; & si c'est le demandeur, le défendeur obtient congé contre lui.

Si sur l'avenir les Parties comparoissent par leurs Avocats ou Procureurs, & que la cause soit appellée, elle est jugée à l'Audience, si la matiere y est disposée ; & l'affaire jugée, la partie qui a obtenu gain de cause fait signifier les qualités, & les por-

te ensuite au Greffier, qui expédie & delivre le Jugement.

Si au contraire la contestation n'a pû être jugée à l'Audience, ou par la difficulté de la question, ou pour la contrarieté des faits, les Parties doivent être appointées en droit, ou à mettre, ou à faire enquêtes respectives sur les faits controversés. *Voyez* Appointement.

PRENDRE DROIT DE QUELQUE CHOSE, signifie en tirer des inductions & des conséquences.

L'article 17. du titre 14. de l'Ordonnance criminelle porte, que les Interrogatoires seront incessamment communiqués aux Procureurs du Roi, ou à ceux des Seigneurs, pour prendre droit par eux, ou requérir ce qu'ils aviseront.

L'art. 16. porte que l'accusé de crime, auquel il n'échoira point de peine afflictive, pourra prendre droit par les charges après avoir subi l'interrogatoire. Dans ces deux articles, prendre droit, ne signifie autre chose que ce que nous venons de dire.

En matiere civile, quand on veut prendre droit de quelque moyen avancé par la Partie adverse, pour le constater, il en faut demander acte au Juge par une Requête qui lui doit être présentée à cet effet.

PRENEUR A BAIL OU A FERME, se dit de celui qui loue une maison, un héritage ; & le bailleur est celui qui donne à loyer ou à ferme une maison ou un héritage. *Voyez* ci-dessus ce que j'ai dit *verbo* Bail.

On appelle aussi *Preneur* dans les baux à cens ou à rente, celui qui prend l'héritage à la charge du cens ou rente ; & bailleur celui qui lui donne l'héritage à ce titre.

PREOPINANT, est celui qui opine le premier.

PREPARATOIRE, est ce qui prépare en attendant. Les appointemens ne sont que des Jugemens préparatoires.

PREROGATIVE, signifie avantage, privilege, prééminence ou immunité.

PRESCRIPTIBLE, se dit de ce qui est sujet à prescription.

PRESCRIPTION, est l'acquisition du domaine de quelque chose, par le moyen de la possession d'icelle, continuée sans interruption, pendant le temps requis par la Loi.

La prescription est aussi l'affranchissement & la libération des droits incorporels, tels que sont les obligations & actions, & autres, faute par celui à qui ces droits appartiennent, de s'en être servi & de les avoir exercés dans le temps préfini par la Loi.

Voyez ce que dit à ce sujet M. d'argentré, *Consult. 2. num. 19.* Il y a bien de la différence entre prescrire une chose, & prescrire une action. Prescrire une chose, c'est l'acquérir par le bénéfice du tems ; & prescrire une action, c'est seulement se maintenir dans la possession de ce qu'on posséde, & se défendre contre le trouble qu'on y pourroit faire.

La prescription est nécessaire, quand quelqu'un a acquis à titre de propriété une chose de celui qu'il en croyoit, le propriétaire, quoiqu'il ne le fut pas véritablement.

La prescription paroît opposée à l'équité naturelle, qui ne permet pas qu'on s'enrichisse des dépouilles d'autrui ; mais elle est fondée sur l'intérêt public, pour fixer & arrêter la propriété des biens en la personne des possesseurs, comme nous l'avons expliqué au commencement du sixieme titre du second livre des Institutes de Justinien.

Si la prescription n'avoit pas lieu, il arriveroit souvent qu'un acquéreur de bonne foi seroit évincé après une longue possession ; & que celui-là même qui auroit acquis un bien du véritable propriétaire, ou qui se seroit libéré d'une obligation par les voies de droit, venant à perdre son titre, seroit exposé à être dépossédé ou à être assujetti de nouveau à des droits dont il auroit été affranchi : c'est pourquoi il étoit nécessaire pour le bien public, que l'on fixât un terme, après lequel il ne fut plus permis d'inquiéter les possesseurs, & de rechercher des droits trop long-tems négligés.

La Loi présume donc que celui qui a possédé pendant le tems requis, doit être réputé le véritable propriétaire. Et ce n'est pas sans raison, qu'elle a été admise pour assurer la propriété des choses que l'on auroit possédée pendant le tems requis par la Loi. Aussi est-elle appellée en matiere civile, *patrona generis humani*, à cause de la paix & de la tranquillité qu'elle produit, & en matiere criminelle, *finis sollicitudinum*.

Quatre conditions sont requises pour la prescription. La premiere, que la chose soit prescriptible.

La deuxieme, qu'elle soit possédée sans interruption, pendant le tems requis par la Loi pour la prescription. *Voyez* Interruption.

La troisieme, la bonne foi en la personne de celui qui commence la prescription.

La quatrieme, que la possession soit fondée sur un titre suffisant pour acquérir la propriété de la chose.

Cette possession se continue non-seulement en une même personne, mais aussi en plusieurs ; de sorte que la possession du défunt sert à son héritier, & se continue en sa personne, pourvû que la chose n'ait pas été possédée par un autre dans un tems intermédiaire ; & même le tems de la possession du vendeur & de l'acheteur se joignent, ce qui est sans difficulté, supposé que la possession de l'un & de l'autre soit accompagnée de bonne foi.

Les choses imprescriptibles sont, I°. Les choses hors le commerce, comme les choses sacrées, les choses saintes, & les choses religieuses, & même les biens temporels de l'Eglise, à moins qu'ils ne soient acquis suivant les formalités pour ce requises.

II°. Les cens & la foi & hommages ; suivant les articles 12. & 24. de la Coutume de Paris.

III°. Le Domaine du Roi, de même que tous droits de Souveraineté, & qui appartiennent à la Couronne, ne se prescrivent point, pas même par un tems immémorial.

Mais les biens, tant meubles qu'immeubles échus au Roi, par confiscation, aubaine, bâtardise ou deshérence, se prescrivent par trente ans. Bacquet, du droit de deshérence, chap. 7. nombre 20.

IV°. Les servitudes des héritages, lesquelles ne se peuvent acquérir sans titre, par quelque tems que ce soit, suivant l'article 186. de la Coutume de Paris. Mais la liberté, ou libération des servitudes se prescrit par trente ans.

V°. Les dixmes dûes aux Ecclésiastiques par Laïques.

VI°. Le droit de patronage Ecclésiastique.

VII°. La faculté de racheter les rentes constituées à prix d'argent.

VIII°. Les droits de pure faculté ne se prescrivent pas ; c'est-à-dire, que la prescription ne court point contre le droit qu'on a de faire quelque chose, & dont il nous est libre d'user ou de ne pas user, quoiqu'on ait cessé d'en user pendant un tems fort considérable.

Voyez Taisand sur la Coutume de Bourgogne, titre 14. nomb. 9. & Henrys, tom. 1. livre 4. chapitre 6. question 91. *Voyez* aussi M. Charles Dumoulin, sur la Coutume de Paris, titre des Fiefs, §. 1. glose 4. nombre 13. *verbo* mettre à sa main.

Au reste, dès qu'une chose est imprescriptible l'action pour la reclamer l'est aussi.

Toute possession ne suffit pas pour la prescription ; il n'y a que la civile. La possession naturelle, c'est-à-dire, la détention corporelle d'une chose, n'est pas suffisante pour acquérir au possesseur la propriété d'icelle. Il faut qu'un possesseur se croye propriétaire de la chose qu'il possede ; autrement il ne la peut prescrire.

Mais cette croyance n'est requise par le Droit civil qu'au commencement de la possession, pour la rendre juste & légitime ; de sorte que quoique le possesseur reconnoisse peu de temps après que la chose ne lui appartient pas, cette connoissance ne rend pas la possession vicieuse, & ne le fait pas devenir possesseur de mauvaise foi.

Par le Droit canon que nous suivons à cet égard, la bonne foi est nécessaire pendant tout le tems qui est requis pour la prescription.

L'effet de la prescription fondée sur un juste titre & sur la bonne foi, est que celui qui a prescrit, peut en conscience retenir la chose qu'il a prescrite, lorsqu'il n'a eu connoissance qu'après la prescription accomplie, que la chose n'appartenoit pas à celui dont il l'a acquise.

La raison est qu'une chose prescrite n'est plus le bien d'autrui, & qu'il n'appartient à celui qui en est devenu propriétaire par la prescription, qui est un moyen d'acquérir par les Loix, & autorisé par le Droit canon.

Ainsi les choses mobiliaires possédées à juste titre & de bonne foi pendant trois ans publiquement & sans interruption, sont prescrites par le possesseur, lequel n'est point obligé de les restituer à celui qu'il sçauroit après ce tems en avoir été le véritable propriétaire.

Les immeubles possédés à juste titre & de bonne

foi pendant dix ans entre préfens, & vingt ans entre abfens, font auffi préfcrits par celui qui les a poffedés pendant ce tems fans violence & fans trouble en qualité de propriétaire ; de forte qu'il n'eft point fujet en confcience à en faire la reftitution à celui qui fçauroit dans la fuite en avoir été le propriétaire.

Ce n'eft pas l'affiette des héritages, mais le domicile des perfonnes qui fait l'abfence ou préfence à cet égard : ainfi, pour que le propriétaire & le poffeffeur de l'héritage foient fenfés préfens, il fuffit qu'ils ayent tous deux leur domicile dans le même Bailliage, quoique l'héritage n'y foit pas fitué.

La proximité des lieux, n'empêche pas que l'on ne foit réputé abfent pour la prefcription de dix ou vingt ans ; & c'eft affez que l'on ne foit pas dans le même Bailliage ou Sénéchauffée, fuivant l'article 116. de la Coutume de Paris. Ainfi ceux qui font de différens refforts, & qui ne font éloignés que de deux ou trois lieues, font réputés abfens à cet égard.

En fait de prefcription de dix ou de vingt ans, on ne compte pas le tems de l'abfence à l'égard de ceux qui font *pro parte temporis præfentes*, & *pro parte temporis abfentes*. Ce qui eft conforme à la Loi. *Quod fi quis fi, quod de præfcript. longi temporis*, & à la Novelle 119. chap. 8. Ainfi la prefcription de dix ans a lieu, à la charge de doubler le tems des années qu'aura duré l'abfence de l'une des Parties.

Ainfi par Arrêt du 12. Août 1723. rendu en la premiere Chambre des Enquêtes, au rapport de M. de Courteil, il a été jugé qu'il falloit compter l'abfence, en prenant deux années pour une, & par conféquent qu'un homme qui avoit été huit années préfent, & quatre abfent, avoit acquis la prefcription de dix ans.

Il faut remarquer qu'il y a une prefcription de trente ou quarante ans, appellée en droit *præfcriptio longiffimi temporis*, qui eft bien différente de la prefcription de dix ou vingt ans, appellée *præfcriptio longi temporis*.

Ces prefcriptions différent entr'elles, non feulement par rapport à l'efpace du tems, mais auffi en ce que celui qui veut fe fervir de la prefcription de trente ou de quarante ans, n'eft pas obligé d'avoir poffédé de bonne foi ni de juftifier d'aucun titre de fa poffeffion.

Ainfi celui qui a joui d'une maifon pendant trente ou quarante ans, fans avoir d'autre titre que fa jouiffance, fe fert de la prefcription, en difant *poffideo quia poffideo* ; & il n'eft point obligé de rapporter le titre de fa poffeffion, pourvû qu'il ait toujours poffédé *animo domini, aut fi habendi*.

La Loi 1. *quod de annali exceptione*, dit que toutes actions fe prefcrivent par trente ou quarante ans, *etiam actio furti & vi bonorum raptorum* : & la glofe dit en cet endroit, *præfcribi res furtiva à fure & vi capta à prædone poteft triginta annorum fpatio*. Ce qui marque que pour fe fervir de cette prefcription, on n'a pas befoin de bonne foi ni de titre.

Cependant la Loi 1. *cod. de præfcrip. 30. aut 40.*

annor. dit, que celui *qui præcario poffidet*, ne peut prefcrire ; & la Loi 2. au même titre, dit que celui qui poffede *vi, aut clam*, eft dans le même cas. Ce femble marquer que pour prefcrire, la bonne foi eft abfolument néceffaire, *initio poffeffionis*.

On concilie ces deux Loix en difant, que pour fe fervir de la prefcription de trente ou quarante ans, il n'eft pas néceffaire d'avoir de titre ni d'avoir joui & poffédé de bonne foi, il fuffit d'avoir poffédé *animo fibi habendi*.

Ainfi le poffeffeur de mauvaife foi, quoique fa poffeffion foit injufte, poffede néanmoins *animo fibi habendi ; fibi, non alteri, poffidet, atque adeo debet fibi imputare dominus, quod rem fuam tanto temporis fpatio penes alium remanere paffus fuerit*.

Le propriétaire de la chofe ne peut point lui objecter de titre qui prouve que fa poffeffion a été dans fon commencement contraire & directement oppofée à l'acquifition qu'il en a faite par la prefcription de trente ou quarante ans, puifque *femper & ab initio poffidet animo fibi habendi*.

Mais quand le propriétaire de la chofe peut prouver que le poffeffeur de mauvaife foi n'a pas commencé fa poffeffion *animo fibi habendi*, & qu'il avoit *ab initio* un titre contraire, en vertu duquel il poffédoit, *non fibi, fed alteri*, & *alieno nomine* ; alors ce poffeffeur de mauvaife foi ne fe peut fervir de la prefcription de trente ou quarante ans. Et c'eft en ce cas qu'on fe fert de ce brocard, *fatius non eft habere titulum, quam habere vitiofum* : il eft plus avantageux de n'avoir point de titre, que d'en avoir un vicieux, c'eft-à-dire, qui marque que dans le commencement de fa poffeffion on n'a pû avoir l'intention de poffédér *proprio nomine*. C'eft ce qui fait que ceux qui poffedent *precario, vi aut clam, vel alio vitiofo titulo, & præfcriptioni contrario, numquam poffunt præfcribere*.

La raifon eft, qu'on ne peut jamais changer la caufe de fa poffeffion, ni s'en faire un titre de propriété, de forte qu'on ne peut jamais prefcrire contre fon titre ; & voilà fur quoi eft fondée la règle, *fatius eft non habere titulum, quam habere vitiofum*.

Cela eft fi vrai, qu'il a été jugé qu'une chofe qui avoit été poffédée pendant plus de deux fiecles par l'Eglife à titre de dépôt, n'avoit pas pû être prefcrite, nonobftant l'ignorance & la bonne foi des fucceffeurs de ceux à la garde de qui on l'avoit confiée. *Voyez* Papon, livre 12. titre 3. nombre 21.

Touchant la prefcription, *voyez* ce que j'en ai dit fur le titre 6. de la Coutume de Paris, & fur le titre 6. du fecond Livre des Inftitutes. *Voyez* auffi le Recueil alphabétique de M. Bretonnier, & le Traité de la Prefcription de M. Dunod, Profeffeur en l'Univerfité de Befançon.

Au refte, comme le tems concernant la prefcription eft différemment établi par la Loi ou par la Coutume, fuivant les différentes chofes dont il s'agit, nous avons cru devoir donner une fommaire expofition des différentes fortes de prefcriptions, ou des différens tems par lefquels on peut prefcrire.

PRESCRIPTION DE VINGT-QUATRE

MEURES, a lieu au cas des articles 136. & 137. de la Coutume de Paris, qui veulent que le retrayant auquel un héritage eſt adjugé par retrait, rembourſe l'acheteur des deniers qu'il a payés au vendeur pour l'achat dudit héritage, ou conſigne deniers dans les vingt-quatre heures après ledit retrait adjugé par Sentence, & que l'acheteur aura mis ſes Lettres au Greffe, & affirme le prix s'il en eſt requis, faute de quoi le retrayant eſt déchu du retrait.

PRESCRIPTION de huitaine, a lieu dans le cas de l'article 361. de la Coutume de Paris; qui enjoint à ceux qui ſont oppoſans aux criées, de porter dans huitaine leur titre au Commiſſaire commis pour fonder leurs oppoſitions; & faute de ce faire après un autre délai de huitaine, ils en ſont exclus.

PRESCRIPTION de neuf jours a lieu en fait de vente de chevaux, en ce qu'après les neuf jours paſſés, le marchand qui a vendu un cheval ne peut être obligé de le reprendre pour les trois vices ou défauts dont les marchands ſont garant pendant ce tems, qui ſont la pouſſe, la morve & la courbature. Voyez Redhibitoire.

PRESCRIPTION de dix jours, a lieu en fait de Lettres de change, en ce que le porteur d'une Lettre de change qui aura été acceptée, ou dont le payement échet à jour certain, eſt tenu de la faire payer ou proteſter dans dix jours après celui de l'échéance; faute de quoi elle demeure à ſes périls & fortunes, ſans aucune garantie contre le tireur. Ordonnance du Commerce, titre des Lettres de change, article 4.

PRESCRIPTION de quinze jours a lieu contre les tireurs & endoſſeurs de Lettres de change domiciliés dans la diſtance de dix lieues, & ce pour les perſonnes qui ſeront domiciliées dans le Royaume, qui ſeront pourſuivies pour la garantie. Art. 13. du tit. 5. de l'Ordon. de 1673.

PRESCRIPTION de vingt jours. La Coutume de Paris en l'article 77. donne ce tems pour notifier le contrat d'acquiſition au Seigneur, lequel étant paſſé, l'amende pour ventes recellées & non notifiées eſt encourue.

PRESCRIPTION de quarante jours, a principalement lieu en fait de retrait féodal, & autres matieres concernant les fiefs. Voyez les articles 7. 8. 9. 10. 11. 20. 60. & 65.

Cette preſcription exclut le propriétaire d'une épave, de la pouvoir reclamer après quarante jours échus, depuis que la proclamation en a été faite. Coutume de Melun, article 7. Bacquet, Traité des droits de Juſtice, chap. 2. nomb. 9.

PRESCRIPTION de trois mois. Ce temps accordé pour mettre à exécution les Lettres de grace, pardon & remiſſion, étant paſſé, l'impetrant ne s'en peut plus aider. Ordonnance de Moulins, article 35.

PRESCRIPTION de quatre mois. L'inſinuation d'une donation entre vif doit être faite dans ce tems, après lequel elle ne pourroit avoir hypotheque que du jour de l'inſinuation, encore faudroit-il qu'elle eût été faite du vivant du donateur, pour que ſa donation pût valoir. Voyez Inſinuation.

PRESCRIPTION de six mois, a lieu, I°. pour la publication des ſubſtitutions; & quand elles ſont faites après, elles n'ont d'effet que du jour de leur enregiſtrement.

II°. Pour ſe pourvoir par Requête civile contre les arts. Voyez Requête civile.

III°. Pour faire demande du prix des marchandiſes énoncées en l'article 126. de la Coutume de Paris, & en l'article 8. du titre 1. de l'Ordonnance du Commerce. Voyez les Arrêts de M. de Lamoignon, ſur le titre des Preſcriptions de la Coutume de Paris.

Nous remarquerons ſeulement ici, que cette preſcription n'a pas lieu de Marchand à Marchand; comme il a été jugé par Arrêt rendu au Grand Conſeil le 12. Juillet 1672. rapporté dans le Journal du Palais.

PRESCRIPTION d'un an, a lieu I°. pour les demandes & actions pour raiſon de marchandiſes qui ſont énoncées en l'article 125. de la Coutume de Paris, & de l'article 7. du titre 1. de l'Ordonnance du Commerce. Sur quoi il faut remarquer que celui qui veut ſe ſervir de la preſcription de ſix mois, ou d'un an, pour marchandiſes & autres choſes contenues ès articles 125. 126. & 127. de cette Coutume, eſt obligé d'affirmer que le payement a été par lui fait; &, à faute de faire l'affirmation, il ne peut ſe prévaloir de la preſcription, laquelle n'a été introduite qu'à cauſe que les marchandiſes & autres choſes mentionnées en ces trois articles, ſont le plus ſouvent payées manuellement, & ſans en prendre de quittance. M. Auzanet, ſur l'article 126. de la Coutume de Paris obſerve que les héritiers ſont auſſi tenus de faire le ſerment du payement, ſinon de ſouffrir condamnation de payer. Au reſte, ces preſcriptions n'ont pas lieu de Marchand à Marchant, comme j'ai dit verbo Marchands.

II°. La preſcription d'un an exclut de pouvoir former la complainte en cas de ſaiſine & de nouvelleté, à compter du jour du trouble. Article 96. de la Coutume de Paris.

III°. Cette preſcription éteint l'action en retrait lignager. Article 129. & ſuivans de la même Coutume.

IV°. Elle ôte au Seigneur haut-Juſticier le droit de relever ſes fourches patibulaires, quand elles ſont tombées; car après l'an, il ne le peut faire ſans Lettres royaux.

V°. L'action pour dîmes eſt annale; ainſi après l'an, le poſſeſſeur d'un héritage n'en peut pas être tenu, à moins qu'il n'y ait eu conteſtation. Il faut excepter la dîme abonnée, dont on peut demander cinq ans. Voyez Henrys, tome 1. chapitre 3. queſtion 38.

VI°. L'action d'injure ſe preſcrit par l'eſpace d'un an.

VII°. Les Maîtres, Précepteurs & Pédagogues, après l'an, ne ſont plus recevables à faire demande de leurs ſalaires & enſeignemens. Article 265. de la Coutume d'Orléans.

VIII°. Les Lettres de Chancellerie, pour les choses qui ne sont pas jugées ou exécutées, ne durent qu'un an ; ensorte qu'après ce tems elles sont caduques, & il en faut obtenir d'autres, au cas qu'elles n'aient pas été signifiées.

PRESCRIPTION DE DEUX ANS, a lieu contre les Procureurs, lesquels ne peuvent demander leurs frais & salaires après ce tems, à compter du jour qu'ils ont été revoqués, ou qu'ils ont discontinué d'occuper. Voyez ci-après, prescription de six ans.

PRESCRIPTION DE TROIS ANS. Le compromis perit par trois ans de même qu'une instance perit par ce laps de temps.

Dans l'ancien Droit, les meubles se prescrivoient par l'espace d'une année, Justinien a entendu ce terme à trois ans. Leg. unic. cod. de usu cap. transform.

Les domestiques ne peuvent demander que trois ans de leurs gages. Ordonnance de Louis XII. en 1510. articles 76.

PRESCRIPTION DE CINQ ANS a lieu dans plusieurs cas.

I°. Les arrérages d'une rente constituée à prix d'argent se prescrivent par cinq ans, c'est-à-dire qu'on n'en peut demander que cinq années.

Les fermages & loyer se prescrivent de même quand on a été cinq ans après la fin du bail sans le demander. Ordonnance de 16. article 4229.

II°. L'accusation du crime d'adultere se prescrit par cinq ans. Voyez M. le Prêtre, cent. 2. chap. 4.

Il en est de même de la plainte d'inofficiosité. Voyez Domat, titre du Testament inofficieux, sect. 3. n. 6.

III°. Les Billets & Lettres de change sont réputés acquittés après cinq ans de cessation de demande & de poursuite, à compter du lendemain de l'échéance ou du protest, ou de la derniere poursuite. Néanmoins les prétendus débiteurs sont tenus d'affirmer, s'ils en sont requis, qu'ils n'en sont point redevables ; & leurs veuves & héritiers ou ayans cause, qu'ils estiment de bonne foi qu'il n'en est plus rien dû. Article 21. du titre 5. de l'Ordonnance de 1673.

IV°. Un Officier qui a joui paisiblement & sans trouble d'un droit pendant cinq ans, n'y peut plus être troublé par un autre. Mornac, ad leg. ult. cod. de dolo, & ad leg. ult. cod. ubi caus. stat.

V°. Ceux qui prétendent avoir été forcés à faire profession dans un Monastere, ou Maison religieuse, doivent reclamer contre leurs vœux dans les cinq ans, à compter du jour de leur profession. Voyez Brodeau sur M. Louet, lettre C, nombre 6.

VI°. Dans les Coutumes d'Anjou & du Maine, le tenement de cinq ans a lieu, tant contre les présens, que contre les demeurans hors les Bailliages desdites Coutumes. Voyez Chopin sur la Coutume d'Anjou, livre 3. chapitre 2. titre 2. & le Journal des Audiences, tom. 1. livre 6. chapitre 12.

VII°. Ceux qui sont condamnés par contumace, doivent se représenter dans les cinq ans ; s'ils laissent passer ce tems sans le faire, ils perdent la pro-

priété de tous les biens. Voyez Contumace.

VIII°. Les veuves & héritiers des Avocats & Procureurs ne peuvent après cinq ans être recherchés, tant de procès jugés, que de ceux qui sont à juger, à compter du jour des récépissés.

PRESCRIPTION DE SIX ANS. Les Procureurs ne peuvent demander leurs frais, salaires & vacations, que pour deux années après qu'ils ont été revoqués, ou que les Parties sont décédées, en cas qu'ils aient discontinué d'occuper pour les mêmes Parties, ou pour leurs héritiers.

Et à l'égard des affaires non jugées, ils ne peuvent demander leurs frais, salaires & vacations pour les procédures faites au-delà de six années précédentes immédiatement, quoiqu'ils aient toujours continué d'y occuper, à moins qu'ils ne les aient fait arrêter ou reconnoître par leurs Parties, & ce avec le calcul de la somme à laquelle ils montent, lorsqu'ils excedent celles de deux mille livres. Voyez Procureurs.

PRESCRIPTION DE DIX ANS, a lieu I°. en fait d'immeubles entre présens, comme nous avons dit en parlant de la prescription en général.

II°. En fait d'actions hypothécaires entre présens, à l'encontre du tiers détenteur de bonne foi.

III°. La faculté de se faire restituer contre des actes, se prescrit par dix ans, à compter du jour de la passation des actes à l'égard des majeurs, & du jour de la majorité à l'égard des mineurs ; mais cette prescription n'a pas lieu lorsque le contrat est nul. On peut opposer cette nullité jusqu'à trente ans. Voyez Basset, tome 1. livre 2. titre 29. chap. 16. & M. Pinault, tome 2. Arrêt 198. Voyez aussi restitution.

IV°. Les Avocats & Procureurs sont à couvert de toutes recherches de sacs & papiers des procès non finis, après dix années, à compter du jour des dates de leurs recepissés, suivant la déclaration du 11. Décembre 1597.

Enfin la prescription de ving ans exclut toute poursuite de crime comme nous dirons ci-après.

PRESCRIPTION DE TRENTE ANS, qui est appellée præscriptio longissimi temporis, a lieu pour héritages & droits réels, sans que le possesseur soit obligé de produire aucun titre de sa possession, parce que sa longue jouissance lui tient lieu de titre & le met en droit de dire, possideo quia possideo, quand même il seroit possesseur de mauvaise foi ; ce qui n'auroit pas lieu dans la prescription de dix ou vingt ans, comme nous avons dit ci-dessus.

Cette prescription de trente ans a encore lieu dans les cas suivans.

I°. En fait d'action hypothécaire à l'égard du possesseur de mauvaise foi ; & même à l'égard du débiteur, quand l'hypothèque n'est pas conventionnelle, mais l'égale. Voyez Action hypothécaire. Voyez Hypothèque.

II°. Pour les profits des fiefs échus, quotité & arrérages de cens. Voyez ce que j'ai dit sur les articles 12. & 124. de la Coutume de Paris. Ainsi les quints, lots & ventes, & autres Droits seigneuriaux échus, se prescrivent par 30. ans, même contre le titulaire d'un bénéfice, & contre l'Eglise. *V*. Louet & son Commentateur, lett. C, nomb. 21. & lett. D, nomb. 53. & Bacquet, au Traité des Droits d'amortissement, chap. 60. & au Traité des Droits de Deshérence, chap. 7. Dolive, Liv. 2. chap. 12. & Dumoulin, §. 12. nomb. 16. 39, & 49.

III°. Le Seigneur direct, qui possede le fief de son vassal en vertu d'un autre titre que de saisie féodale, peut prescrire contre son vassal par trente ans ; comme s'il posséde le fief pour l'avoir acquis à titre de vente, échange, &c. par droit de bâtardise ou de deshérence, parce qu'il posséde alors comme toute autre personne. *Voyez* Henrys & son Commentateur, tome 2. liv. 3. question 46.

IV. L'action de légitime, ou de supplément de légitime, se prescrit par trente ans, *voyez* Henrys, tome 1. liv. 4. chap. 6. question 67. & ce que j'ai dit sur l'article 118. de la coutume de Paris.

V°. La liberté se peut prescrire par trente ans contre la servitude fondée en titre. *Voyez* l'article 186. de la coutume de Paris.

VI°. La liberté de racheter une rente de bail d'héritage, stipulée rachetable à toujours, & aussi la faculté de racheter par parties, une rente constituée, se prescrivent par trente ans. *Voyez* l'article 120. de la coutume de Paris : & Brodeau sur Louet, lett. R, somm. 10.

VII°. La faculté de retirer à toujours un héritage, se prescrit aussi par ce tems.

Enfin, tous les droits & toutes les actions que nous pouvons intenter, se prescrivent ordinairement par trente ans, excepté celles qui sont bornées par les Loix, les Coutumes, ou les Ordonnances, à une prescription qui s'accomplit par un moindre tems.

On demande de quel jour commence à courir la prescription de trente ans, contre une cédule reconnue en Justice ? *Voyez* Cédule reconnue.

PRESCRIPTION DE QUARANTE ANS, a lieu, I°. contre l'Eglise, comme nous l'avons dit sur l'article 123. de la coutume de Paris.

II°. L'action hypothécaire jointe à la personnelle, se prescrit par quarante ans, comme nous l'avons dit sur l'article 118. de la coutume de Paris.

PRESCRIPTION DE CENT ANS. L'Eglise Romaine n'est sujette, ni à la prescription de trente ans, ni à celle de quarante, mais seulement à celle de cent ans, qui éteint toutes ses actions contre les tiers possesseurs des choses corporelles qui lui ont autrefois appartenu. *Voyez* ce que j'ai dit sur l'article 123. de la coutume de Paris, glose 2.

Les Eglises qui lui sont soumises immédiatement n'ont pas ce privilege. *Voyez* Guy-Pape, quest. 36. & 416. Papon, liv. 12. tit. 3. nomb. 1. & Tournet, lettre E. nombre 48.

PRESCRIPTION D'ACTION, est l'extinction d'une dette, faute par le créancier d'avoir agi contre son débiteur dans le tems préfini par la Loi.

Ainsi la prescription ne nous fait pas seulement acquérir le domaine d'une chose ; elle nous sert aussi à acquérir la libération d'une dette ou charge, lorsque le créancier a laissé passer le tems défini pour agir.

L'on prescrit la libération de toute hypothéque, rente, & charge fonciere, (à la réserve du cens) par l'espace de dix ans entre présens, & de 20. ans entre absens.

Les actions personnelles, soit pour rente, somme de deniers, ou autre chose, se prescrivent par trente ans de cessation, sans que la dette ait été demandée, payée, ni reconnue, & par quarante ans contre l'Eglise, tant entre absens que présens, soit qu'il y ait bonne foi ou non.

Enfin, quand l'action personnelle & l'action hypothécaire concourent ensemble, elles ne se prescrivent que par quarante années, si l'hypotheque est conventionnelle.

Il n'en est pas de même quand l'hypotheque est légale ; en ce cas l'action personnelle qui est jointe à l'action hypothécaire, se prescrit par trente ans.

C'est en observant cette distinction, que l'on concilie sans peine une infinité d'Arrêts rendus sur cette matiere, qui paroissent absolument contraires, & qui ne le sont pas véritablement. *Voyez* Action hypothécaire.

Au reste, en fait d'actions personnelles, la prescription court du jour de l'obligation ; quand l'obligation est pure, & donne au créancier la liberté de se faire payer à sa volonté. Mais quand l'obligation contient un tems auquel le payement doit être fait, la prescription ne court pas du jour de la date de l'obligation, mais du jour de l'échéance du payement ; *quia sciicet adversus agere non valentem, non currit præscriptio.*

Ainsi dans les obligations qui sont faites sous condition, ou qui ont un terme préfix pour le payement, la prescription ne court qu'après la condition arrivée, ou le terme échu. *Voyez* la Loi *cum notissimi*, §. *illud autem, quod de præscrip.* 30. *vel 40. annor.* & Henrys, tome 1. liv. 4. chap. 6. quest. 90.

En fait de rente constituée, la prescription commence du jour du contrat, pour ce qui regarde le principal ; mais pour ce qui est des arrérages, la prescription ne commence que du jour de l'échéance du premier payement. *Voyez* Henrys, tome 1. liv. 4. chap. 6. quest. 92.

Touchant la prescription des actions, *voyez* ce que j'en ai dit dans ma traduction des Institutes sur le titre 12. du quatrieme Livre. *Voyez* aussi ce que j'ai dit ci-dessus, en parlant de la prescription de trente ans.

PRESCRIPTION DE CRIME, s'accomplit ordinairement par vingt ans, quant à la peine publique, & quant aux intérêts civils, tant contre mineurs que contre majeurs, tant contre absens que contre présens ; quoiqu'il y ait eu condamnation, pourvû qu'elle n'ait pas été exécutée. Mornac, *ad leg.* 40. *ff. ex quib. cauf. major.*

Mais quand sur une poursuite criminelle est intervenu une sentence de condamnation, qui a été exécutée par effigie, ou dûement signifiée dans les cas où il n'y a pas lieu de l'exécuter par figure, le crime ne fe prefcrit que par trente ans, à compter du jour de l'exécution ou de la fignification de cette Sentence. La raifon eft, que cette exécution perpétue l'action, & que la partie civile ayant fait exécuter la Sentence autant qu'il dépendoit d'elle, on ne peut lui rien imputer.

M. Catelan, tom. 1. liv. 2. chap. 68. dit que l'abfolution du condamné à mort a un effet rétroactif pour les fucceffions échues pendant fa contumace; mais que la prefcription du crime n'a pas le même effet. La raifon eft, que la prefcription n'eft qu'une exception que le tems fournit au prévenu pour le mettre à couvert de toutes pourfuites; ce n'eft pas une innocence juftifiée, mais le payement de la peine dûe au crime, lequel payement eft préfumé avoir été fait par les inquiétudes du prévenu pendant ce nombre d'années; d'où il réfulte que le condamné à mort peut bien prefcrire la peine du crime, mais qu'il ne peut au moyen de cette prefcription recouvrer le droit de Cité. Le Brun dans fon Traité des Succeffions, liv. 1. chap. 2. fection 3. dift. 3. nomb. 11. Bafnage fur l'article 235. de la Coutume de Normandie; Domat, part. 2. tit. 1. fect. 2. art. 36. font de cet avis. C'eft auffi ce qui a été jugé par Arrêt du 7. Septembre 1737. rapporté dans le quinzieme tome des Caufes célebres.

Voyez, touchant la prefcription des crimes, le Recueil alphabétique de M. Bretonnier, & ce qu'en a dit M. Dunot, Profeffeur en l'univerfité de Befançon, dans fon Traité des prefcriptions, part. 2. chap. 9. Voyez auffi M. le Bret en fon Traité des Queftions notables, déc. troifieme & quatrieme.

PRESCRIPTION CONVENTIONNELLE OU CONTRACTUELLE, eft celle qui defcend de la convention des Parties: ainfi la faculté de remeré ftipulée pour trois ans feulement, ou pour dix, fe prefcrit par le tems exprimé dans l'acte.

Mais la nouvelle Jurifprudence établie par plufieurs Arrêts, & principalement par un Arrêt célebre rendu en la Cinquieme des Enquêtes, confultis Claffibus, le 16. Mars 1650. a jugé que la faculté de remeré, ftipulée par contrat de vente, dure trente ans; fi l'acquéreur ne fait ordonner par le Juge, Partie préfente ou dûement appellée, qu'à faute d'avoir rembourfé le prix porté par le contrat, l'héritage lui demeurera incommutablement.

Ce n'eft pas abfolument l'action de remeré qui eft prorogée jufqu'à trente ans; c'eft que de la ftipulation de remeré il naît une action perfonnelle qui ne fe prefcrit que par trente ans: ainfi cette claufe, qui porte que la faculté de remeré fera prefcrite avant ce tems, n'eft que comminatoire, contre laquelle le vendeur peut revenir fi bon lui femble.

PRESCRIPTION LEGALE, eft celle qui defcend de la Loi, comme la prefcription de dix ans entre préfens, & de vingt ans entre abfens.

PRESCRIPTION STATUAIRE, eft celle qui provient de la Coutume, comme la prefcription d'an & jour pour le retrait lignager.

PRESCRIPTION CONTRE LE ROI. Voyez

ce que j'ai dit ci-deffus, verbo prefcription; & fut le commencement du titre 6. de la Coutume de Paris, §. 3.

PRESCRIPTION CONTRE L'EGLISE. Voyez ce que j'ai dit ci-deffus, en parlant de la prefcription de trente ans & de celle de quarante ans; & ce que j'ai dit fur l'article 123. de la Coutume de Paris.

PRESCRIPTION DE DOT. L'action qu'a le mari pour demander la dot de fa femme, fe prefcrit par dix ans. C'eft ce qui fe juge au Parlement de Grenoble, en conféquence de la Loi 33. ff. de jure dotium, dont ce Parlement fuit en partie les décifions, fuivant ce qui eft à ce fujet rapporté dans le Recueil alphabétique de M. Bretonnier, verbo Dot, vers la fin, en ces termes.

Si c'eft un étranger qui a conftitué la dot, foit ex neceffitate vel liberalitate, le mari faute de pourfuite demeure refponfable de la dot après dix ans, Catelan, tome 2. liv. 4. chap. 48. Graverol fur la Rocheflavin, liv. 2. tit. 6. art. 18. Si c'eft le pere de la femme qui a conftitué la dot, le mari en demeure pareillement refponfable après dix ans. Ce terme étant fuffifant pour juftifier la conduite du gendre envers fon beau-pere, fuivant les Arrêts rapportés par ces mêmes Auteurs aux mêmes endroits.

Mais fi c'eft la femme qui s'eft conftituée dot elle-même, elle doit s'imputer de n'avoir pas fatisfait à fa promeffe; & en ce cas le mari ne peut être en aucun tems pourfuivi pour raifon de cette dot, fuivant les mêmes Auteurs.

Dans les deux premiers cas, la négligence du mari le charge à la vérité de la reftitution de la dot envers fa femme; mais elle ne décharge pas les débiteurs, à moins que la prefcription entiere de l'action perfonnelle ne foit acquife. Catelan, ibidem.

Cet Auteur dit que par Arrêt de l'an 1664. une femme dont le mariage avoit duré plus de dix ans, fut colloquée dans l'ordre des biens de fon mari pour fa dot, quoiqu'il n'apparut d'aucune infolvabilité du pere de la femme qui avoit conftitué la dot; mais que par le même Arrêt l'on referva aux créanciers du mari le recours contre le conftituant: ce qui prouve que le débiteur de la dot ne peut point alléguer la prefcription de dix ans.

La Jurifprudence du Parlement de Paris eft fur cela fort finguliere.

I°. Il admet la prefcription de dix ans en faveur de tous ceux qui ont conftitué la dot, foit parens ou étrangers, même au préjudice de la femme, au profit de laquelle la dot a été conftituée, nonobftant les principes qui décident que les actions qui defcendent des conventions, font des actions perfonnelles qui durent trente ans.

II°. Il reçoit la prefcription de dix ans contre le mari ou fes héritiers, quoique ce foit la femme qui s'eft conftituée fa dot. Cependant fuivant l'efprit du Droit Coutumier, au lieu d'étendre la Novelle 100. de Juftinien, on devroit au contraire la reftraindre; car la raifon pourquoi le mari ne peut après dix ans oppofer l'exception non numeratæ dotis; c'eft qu'il eft préfumé par ce long filence avoir

voulu

voulu faire un préfent à fa femme du montant de fa dot : *Si tacere elegerit, palam eft noluiffe, etiamfi non accepit dotem, omnino eum aut fuos hæredes reddere.* Cela eft un avantage indirect qui eft défendu par la coutume de Paris, & par le plus grand nombre des Coutumes.

Voyez ce que j'ai dit fur l'article 113. de la Coutume de Paris clofe 6. & l'inftitution au Droit François de M. Argou, liv. 3. chap. 8.

PRESCRIPTION DE DOUAIRE. L'article 117. de la coutume de Paris, dit qu'en matiere de douaire, la prefcription ne commence à courir que du jour du décès du mari, entre âgés & non privilégiés. *Voyez* ce que j'ai dit fur cet article.

PRESCRIPTION DE DROITS, ou de biens appartenant à des mineurs. La regle eft, que la prefcription ne court point contre les mineurs, Ce qui eft fi vrai, qu'elle ne court pas contr'eux, quoiqu'elle ait commencé du vivant d'un majeur auquel un mineur auroit fuccédé. Mais dans ce cas la prefcription dort, pour ainfi dire, durant tout le tems de leur minorité, & reprend fon cours dès le moment que les mineurs font devenus majeurs.

Il y a néanmoins quelques prefcriptions qui courent contre les mineurs ; premiérement, les prefcriptions conventionnelles commencées contre les majeurs, courent contre les mineurs, fans efpérance de reftitution. Ainfi la prefcription conventionnelle de retirer un héritage aliéné par majeur, & commencée contre lui, tombant en la perfonne du mineur héritier dudit majeur, a lieu, fans que ce mineur puiffe fe faire reftituer contre. *Voyez* ce que j'ai dit fur l'art. 113. de la coutume de Paris, glof. 7. nomb. 7.

En fecond lieu, les prefcriptions établies par les Ordonnances fans diftinction des perfonnes, ont leur effet contre les mineurs, auffi bien que contre les majeurs. Telle eft la prefcription en demande d'arrérages de rentes conftituées à prix d'argent, établie par l'Ordonnance de Louis XII, de l'an 1510. Ainfi le mineur ne peut être reftitué contre cette prefcription, & ne peut demander que cinq années d'arrérages d'une telle rente.

En troifieme lieu, les prefcriptions ftatuaires ou coutumieres courent contre les mineurs, fauf leur recours contre leurs tuteurs ou curateurs. Ainfi la prefcription du retrait lignager par an & jour, court contre le mineur fans efpérance de reftitution comme il a été jugé par Arrêt, remarqué par brodeau fur Louet, lett. R, chap. 7.

En quatrieme lieu, les prefcriptions judiciaires, comme eft la péremption d'inftance, ont leurs cours contre les mineurs en cas qu'ils aient été affiftés de leurs tuteurs ou curateurs dans le procès.

Voyez ce que j'ai dit fur l'article 113. de la coutume de Paris glofe 7.

Pour ce qui eft des prefcriptions ordinaires, établies par le Droit Romain, elles ne courent point contre les mineurs. Il faut excepter en pays de Droit écrit la prefcription de trente ans, laquelle dans ces pays court à la vérité contre les mineurs ; mais

ils s'en peuvent relever par le bénéfice de reftitution. *Voyez* les Obfervations fur Henrys, tome 2. liv. 4. queft. 21.

PRESCRIPTION ENTRE LE SEIGNEUR ET LE VASSAL, n'a pas lieu dans ce Royaume ; c'eft-à-dire,

Iᵉ. Que le Seigneur ne peut prefcrire le fief de fon Vaffal qu'il auroit faifi, quoiqu'il l'ait poffédé pendant cent ans & plus en vertu d'une faifie féodale.

IIᵉ. Que le Vaffal ne peut prefcrire la foi qu'il doit à fon Seigneur, pour quelque tems qu'il ait joui de fon fief fans lui avoir fait hommage, même par cent ans & plus.

La raifon pour laquelle le Seigneur ne peut jamais prefcrire le fief qu'il auroit poffédé pendant un tems infini, eft que *nemo poteft fibi mutare caufam poffeffionis,* & que perfonne ne peut prefcrire, que celui *qui poffidet animo domini.* Or le Seigneur qui a faifi & mis en fa main un fief, *non poffidet animo domini, nec poteft fibi mutare caufam poffeffionis.*

Par la même raifon le vaffal ne prefcrit jamais la foi qu'il ne rend pas, parce qu'il n'a jamais eu intention de pofféder fon fief, que chargé de foi & hommage, & qu'il ne peut aller directement contre fon titre, *& fibi mutare caufam poffeffionis.*

Cependant le vaffal peut prefcrire par trente ans les droits & profits pécuniaires dûs au Seigneur féodal, par la raifon que les droits feigneuriaux échus dégénerent en action perfonnelle, qui fe prefcrit par l'efpace de trente ou quarante ans, à moins qu'il n'y ait des actes qui aient interrompu la prefcription.

Voyez ce que j'ai dit fur l'article 12. & fur l'article 124. de la Coutume de Paris. *Voyez* auffi Henrys & fon Commentateur, tom. 2. livre 3. queftion 46.

PRESCRIPTION DE SERVITUDE. *Voyez* ce qui eft dit ici, *verbo* Servitude, §. 5.

PRESCRIPTION, CESSE DE COURIR, quand la poffeffion requife pour prefcrire eft interrompue. *Voyez* ce que j'ai dit ci-deffus, *verbo* Interruption, & fur l'article 113. de la coutume de Paris, glof. 5.

PRÉSÉANCE, eft le rang, la place d'honneur qu'on a droit d'avoir, foit pour la marche, foit pour la féance dans quelque affemblée, ou dans quelque céremonie.

Suivant la Philofophie, & principalement fuivant les regles du Chriftianifme, au lieu d'être jaloux d'aucune préféance, nous devons méprifer tous ces vains honneurs d'ici bas, qui certainement n'augmentent en rien le mérite de ceux qui en font comblé ; mais cette morale n'eft pas du goût de bien de gens. *Vana hæc honorum fimilacra umbræ tenus laborantis ambitionis, humanæ cupiditatis vana nomina, in quibus nihil eft quod teneri manu poffit, quantis agitationibus impellunt inanium opinione gaudentes.*

Il faut néanmoins remarquer, que quelqu'indifférence que l'on doive avoir pour une chofe qui ne regarde que le cérémonial, il eft des occafions où ceux qui en font le moins curieux, fe trouvent dans une nécessité abfolue de foutenir leur rang, ainfi que l'exige la fociété & l'ordre politique ; autrement les affaires les plus férieufes fe pafferoient dans le défordre & dans la confufion.

La préféance provient, ou de l'état & de la condition des perfonnes, ou de la qualité de leurs Charges & Emplois, ou enfin de l'ancienneté de leur réception dans leurs Compagnies.

Par rapport à l'état & à la Condition des perfonnes, nous remarquerons :

I°. Que les Nobles ont là préféance fur les Roturiers ; & qu'entre les hommes qui n'ont point d'autre qualité que celle de leur nobleffe, l'ancienneté de l'âge donne la préféance ; auquel cas les femmes font obligées de fuivre le rang de leurs maris ; ainfi celle qui eft plus âgée que la femme du plus vieux Gentilhomme, ne peut prétendre le pas pour cela; comme il a été jugé au Parlement de Rouen, par Arrêt du 5. Août 1683. rapporté par Bafnage fur l'article 142. de le coutume de Normandie.

II°. Qu'un Gentilhomme qui n'a point de fief dans une Paroiffe, ne peut prétendre la préféance au-deffus du Juge du Seigneur ; parce qu'un homme qui n'a point de fief, eft en quelque forte fans caractere.

Par rapport à la qualité des Charges & Emplois, nous remarquerons que la préféance fe regle fuivant les prérogatives qui y font attachées. Par exemple, les Confeillers des Cours fouveraines ont le pas & la préféance fur les Confeillers des Cours inférieures, les Avocats l'ont fur les Notaires, les Notaires fur les Procureurs.

Pour ce qui eft de la grande attention que les Avocats ont toujours eue, de conferver le rang qui leur eft dû, on peut dire qu'elle n'eft point blamable, puifqu'elle ne provient que d'un zéle très-jufte & très-louable de maintenir la nobleffe de leur profeffion, qui eft fi pénible, fi défintéreffée, & en même-tems fi glorieufe.

Auffi par plufieurs Arrêts du Parlement de Paris, il a été jugé que les Avocats précederoient, les Proceffions & cérémonies publiques, les anciens Marguilliers comptables de la Paroiffe, & entr'autres par un Arrêt rendu le 15. Juin 1688. fur les conclufions de M. Talon, qui eft rapporté dans le Journal du Palais.

Entre les Officiers d'une même Compagnie, le rang fe donne du jour de la reception, pour les Charges où il n'y a point d'inftallation ; & pour celles où il y en a, le rang fe donne du jour de l'inftallation. M. le Prêtre, cent. 4. chap. 71. Maynard, tom. 1. liv. 1. chap. 72. enforte qu'à l'égard de ces fortes de Charges, celui de deux Officiers qui auroit été reçu le premier, & qui n'auroit été inftallé qu'après l'autre, feroit obligé de lui céder le pas. Ainfi jugé par Arrêt du mois de Mai 1692. rapporté par M. Brillon, *verbo* Préféance, nombre 15.

Celui qui a exercé un Office, & qui le vend, & en reprend après un autre dans la même Compagnie, ne peut pas jouir du rang de fa premiere reception parce que le rang perdu dans une Compagnie ne fe recouvre jamais. *Voyez* Dolive, livre 1. chap. 36.

Loyfeau, Traité des Offices : liv. 1. chap. 7. nomb. 73. & fuiv.

Suivant ce que nous venons dire, dans toutes les Jurifdictions du Royaume, le rang des Officiers dépend de leur réception ou inftallation : ainfi un Confeiller vendant fa Charge, fon fucceffeur n'eft que le dernier. Mais il y a des Officiers dans un même Siege qui ont un rang fixe & réglé, comme les Lieutenans, qui ont la préféance fur les Confeillers reçus avant eux, à caufe de la fupériorité de leurs Charges.

A ce fujet il s'eft préfenté une queftion ; fçavoir, fi un Lieutenant civil d'une Election ne devoit avoir rang qu'après le Lieutenant criminel de cette Jurifdiction qui avoit été reçu avant lui ?

Le Lieutenant criminel étant le premier reçu en Charge, & l'ayant exercé pendant plufieurs années, prétendoit avoir rang & préféance fur le Lieutenant civil, par cette confidération & celle de fon âge ; que d'ailleurs les fonctions de la charge fembloient lui donner cette prérogative, attendu qu'elles font plus importantes, puifqu'au civil il ne s'agit que des biens, & qu'au criminel il s'agit des biens, de l'honneur & de la vie.

Nonobftant toutes ces raifons, par Arrêt de la Cour des Aides, rendu le dix-huit Septembre 1656. il a été jugé que le Lieutenant civil avoit droit de précéder le Lieutenant criminel, parce qu'en fait d'Offices, quand Sa Majefté n'en a pas réglé les rangs il faut recourir à leur fource & à leur ancienneté. Or il eft certain que la Charge du Lieutenant criminel a été tirée de celle du Lieutenant civil, & qu'elle en eft une partie diftraite : ainfi celui qui eft pourvu de la Charge de Lieutenant criminel, doit reconnoître fa dépendance, & fans examiner qui des deux Officiers connoît des chofes plus importantes, il faut que le dernier créé céde au premier dont il a été démembré. Cet Arrêt eft rapporté par Henrys, tome 1. livre 2. queftion 36.

Voilà les regles générales qui peuvent fervir à décider les conteftations qui furviennent au fujet de la préféance. Il faut feulement remarquer qu'un homme qui auroit différens Offices ou un Emplois, dont l'un fut plus eminent que l'autre, ne feroit pas pour cela en droit, quand il feroit quelque fonction de l'Office le moins qualifié, de prétendre la féance & le pas au deffus de ceux qui auroient un pareil Office.

Ainfi un Secrétaire du Roi qui feroit auffi Avocat au Confeil, quand il feroit la fonction d'Avocat au Confeil, ne pourroit pas fe prévaloir de fa Charge de Secrétaire du Roi, pour avoir la préféance fur les autres Avocats & au Confeil ; & il feroit obligé de s'en tenir, dans ces fortes d'occafions, au rang que lui donneroit la reception parmi eux. La raifon eft, que les fonctions de Secrétaire du Roi, & d'Avocat au Confeil, n'ont rien de commun enfemble.

Les Commiffaires des Pauvres font une ceremonie aux Petites Maifons le jour de la Fête-Dieu. Il y avoit toujours quelques conteftations pour le pas, entre les Procureurs au Parlement ceux du Grand Confeil & les Notaires.

M. Dagueffeau, lors procureur général, (& depuis Chancelier de France, (pour prévenir ces fortes de conteftations, toujours fcandaleufes, ordonna en l'année 1703. que le rang fe regleroit le jour de la reception au Bureau, fur le fondement, que ce n'étoit pas là l'occafion d'examiner les conditions de chaque particulier qui avoit été Receveur des Pauvres, & qu'on ne portoit là que le titre de Bourgeois; ce qui fut alors exécuté, & l'a toujours été depuis.

Dans les Compagnies, le rang & la préféance ne fe reglent donc pas fuivant la qualité des perfonnes, mais fuivant l'ordre de leur reception. Ainfi un Marchand qui fe trouve en place ne le cede pas à une Echevin nouveau, quoique Gradué. Quand deux Echevins font reçus en même tems à Lyon, c'eft le quartier qui donne le rang : ainfi ceux qui demeurent au delà de la riviere de Saone, où eft bâti l'Hôtel-de-ville ont la préféance; & fi les deux Elus font du même quartier, le Gradué l'emporte fur le Marchand. A Paris, c'eft la pluralité des voix qui regle la primauté entre les Echevins qui font reçus le même jour; & comme il y a toujours un Officier de Ville avec un Bourgeois, prefque toujours, l'Officier, quand il eft Quartinier, a un plus grand nombre de voix : en ce cas, quoique ce quartinier foit marchand, il précede les Confeillers, les Avocats & les Médecins.

Touchant, la préféance, voyez la Bibliothéque de Jovet; celle de Bouchel, verbo Préféance; M. le Prêtre, cent. 4. chapitre 91. Chaffanée, in catalogo gloriæ mundi; Tiraqueau, de nobilitate; Filleau, part. 3. tit. 10. pag. 417. les Loix civiles dans leur ordre naturel, au Traité du Droit public, livre 1. titre 9. fect. 3. & le Dictionnaire de M. Brillon, verbo Préféance.

La vanité du fexe a bien fait imaginer des chofes fur ce point qui lui paroît toujours effentiel. Pour peu qu'on approfondiffe toutes les conteftations formées entre les hommes au fujet de la préféance, on verra que le ridicule ambition des femmes y a fouvent beaucoup de part.

PRESEANCE DES OFFICIERS DE JUDICATURE SUR CEUX DES FINANCES. Voyez ce qui en eft dit dans Henrys tom. 1. liv. 2. chap. 4. queft. 11.

PRESENS, en matiere de prefcription, font ceux qui font demeurans dans l'étendue d'un même Bailliage : abfens au contraire font ceux qui ont leur domicile en différens Bailliages.

Quelquefois préfens, font ceux qui ont leur domicile actuel dans un lieu, comme dans une Ville; & ils font reputés abfens quand ils n'y réfident pas actuellement.

Voyez ce que j'en ai dit dans ma traduction des Inftitutes, fur le titre des ufucapions au commencement, où j'ai expliqué qui font ceux qui font réputés préfens ou abfens en fait de prefcription. Voyez ci-deffus, verbo prefcription; & ce que j'ai dit fur l'article de la Coutume de Paris.

PRESENT DE NOCES, eft celui qui eft fait par le fiancé à la fiancée, ou par la fiancée au fiancé.

Par l'ancien Droit Romain, les préfens qui avoient été faits à la future époufée par le fiancé, ne lui étoient point rendus; lorfque le mariage n'avoit pas été contracté, à moins que les Parties ne fuffent demeurées d'accord qu'ils feroient rendu, ou qu'ils n'euffent été donnés qu'à la charge & condition que le mariage s'enfuivroit.

Mais l'Empereur Conftantin voulut que toute donation faite entre les fiancés, fût répétée faite fous cette condition, quoiqu'elle ne fût pas exprimée; enforte que fi le mariage n'étoit pas contracté, la donation fut révoquée, pourvû qu'elle ne vint par de la part du donateur. Cet Empereur ordonna auffi, que lorfque le mariage n'étoit pas contracté du mutuel confentement des Parties, les préfens de nôces feroient auffi rendus à celui qui les auroit faits. Leg. 15. cod. de donat. ante nuptias.

Le même Empereur dans la Loi fuivante, ordonna que fi la mort de l'une des Parties avoit empêché l'accompliffement du mariage, & que le fiancé eut donné un baifer à la fiancée, le fiancé ou fon héritier ne pourroit répeter que la moitié de ce qui auroit été donné à la fiancée; mais que la fiancée ou fon héritier pourroit répeter la totalité de ce qui auroit par elle été donné au fiancé. Et enfin, que fi le fiancé n'avoit point donné un baifer à la fiancée, tout ce qui auroit été donné de part & d'autre pourroit être répeté.

La raifon pour laquelle, fuivant le Droit Romain, le fiancé qui a donné un baifer à la fiancée, ne peut répeter de fon héritier, que la moitié de ce qu'il a donné, vû qu'au contraire la fiancée ou fon héritier peut répeter tout ce que le fiancé a donné, eft que le baifer eft le commencement de la jouiffance de la fiancée, & par conféquent il femble diminuer en quelque façon la pudeur & la pudicité de la fille à laquelle il eft donné; c'eft pourquoi elle en doit être recompenfée, en cas que le mariage ne puiffe être accompli par la mort de fon fiancé.

Voyons préfentement quel eft notre ufage à l'égard des préfens de nôces, lorfque le mariage ne s'enfuit pas.

Les préfens faits par le fiancé à la fiancée ne lui font point rendus, lorfque c'eft par fa faute que le mariage n'eft point accompli. Voyez les arrêts qui font rapportés par Brodeau fur Louet, lettre F, chapitre 18. voyez auffi un Arrêt du 10. Décembre 1670. rapporté dans le Journal des Audiences. La Cour par cet Arrêt, confirmant la Sentence du Prévôt de Paris, ordonna conformément aux conclufions de M. l'Avocat général Talon, que les chofes reçues par la fille, lui demeureroient comme un préfent de nôces, & en outre condamna Maître Henrys Bourjot, Procureur en la Cour, à lui payer la fomme de fix mille livres, pour dommages, intérêts & dépens pour avoir rompu le mariage de fon fils le jour des fiançailles,

Quand c'eft la fille qui refufe d'accomplir le mariage, elle eft obligée de rendre ce qu'elle a reçu; & outre ce, elle eft même quelquefois condamnée aux dommages & intérêts, ou fes pere & mere pour elle : ce qui dépend des circonftances.

Lorfque l'inexécution du mariage vient du fait du pere de la fille, il eft ordinairement condamné aux dommages & intérêts du fiancé. *Voyez* M. le Prêtre, cent. 2. chapitre 68. in *margine*; & Chenu, cent. 2. chapitre 45.

Voyez Bagues & Joyaux. *Voyez* Promeffe de mariage. *Voyez* Stipulation pénale faute d'époufer la perfonne que l'on avoit promis d'époufer.

PRESENT FAIT PAR UNE PARTIE A SON JUGE, eft reputé avec raifon être un préfent captatoire; au lieu que tout autre préfent eft un don gratuit une reconnoiffance, marque d'eftime ou d'amitié que l'on fait à quelqu'un.

Les hommes prépofés pour rendre la juftice doivent toujours être en garde pour fe préferver des tentations de l'avarice, & de tout ce qui pourroit les corrompre: ils ne doivent donc recevoir aucuns préfens des Parties, directement ni indirectement; *quia ut aiunt facræ Scripturæ, xenia & dona obcæcant oculos Judicum, & mutant verba juftorum.* *Voyez* la Rocheflavin des Parlemens de France, liv. 8. chap. 17. Joly des Offices de France, tom. 1. tit. 5. pag. 34. & 35. & Maynard, tom. 1. liv. 1. chap. 86.

PRESENTATION, eft une cédule qu'un Procureur met au Greffe, contenant la comparution qu'il fait en Juftice pour celui pour lequel il occupe, foit demandeur, foit défendeur.

La nouvelle Ordonnance tit. 4. art. 2. avoit abrogé la préfentation du demandeur ou appellant, voulant qu'au lieu de la préfentation, le demandeur cotte dans fon Exploit fon Procureur, fur peine de nullité.

Mais l'Edit du mois d'Avril 1695. article 6. & la Déclaration du 12. Juillet de la même année, ont rétabli la préfentation du demandeur; de forte qu'il ne peut lever fon défaut, s'il ne s'eft préfenté.

Dans plufieurs Tribunaux il y a des Greffiers appellés *des Préfentations*, parce qu'ils font établis pour recevoir les préfentations, pour raifon de quoi les Edits de création leur ont attribué un droit. Au Parlement les Procureurs font propriétaires de ce droit de préfentation; & font eux-mêmes leurs cédules de préfentation, que le Commis de la Communauté des Procureurs collationne: Le Procureur qui fait la cédule, en figne la minute, qui refte au Greffier en chef des Préfentations, & le Commis du Greffe figne le duplicata qui eft rendu au Procureur. Le Greffier en chef des Préfentations au Parlement donne les défauts faute de comparoir.

Aux Requêtes du Palais, les Procureurs ont le même droit qu'au Parlement, & ils y ont de plus l'expédition des défauts faute de comparoir; il y a un Commis de la Communauté qui reçoit les cédules de préfentation, les collationne & les figne, ainfi que les défauts faute de Procureurs.

Voyez ce qu'a dit Bornier, fur les articles 1. & 2. du titre 4. de l'Ordonnance de 1667.

PRESENTATION, fe dit auffi du droit qui eft dû a un Procureur en conféquence de ce qu'il occupe pour une Partie.

PRESENTATION, fe dit auffi de quelques Lettres qu'on lit, qu'on publie, & dont on donne la connoiffance, comme quand on fait la préfentation des Lettres au Chancelier, des Ducs & Pairs.

PRESENTATION EN MATIERE BENEFICIALE, eft un acte de nomination par lequel le Patron d'un Bénéfice préfente au collateur une perfonne idoine, pour être par lui inftituée dans le Bénéfice vacant.

Comme cette matiere eft purement du Droit Canonique, nous refervons d'en parler dans le Dictionnaire que nous efpérons donner fur ces fortes de matieres.

PRESENTER UN ACCUSÉ A LA QUESTION, eft lui faire peur en le faifant conduire à la chambre de la queftion, dépouillé, lié, attaché, & mis en état de la fouffrir, fur quoi il faut remarquer.

I°. Qu'il n'eft permis qu'aux Cours fouveraines, & non à tous autres Juges, d'ordonner qu'un accufé fera préfenté à la queftion fans y être appliqué. *Voyez* l'article 4. du titre. 19. de l'Ordonnance de 1670.

La raifon pour laquelle cela n'eft permis qu'aux Juges des Cours fupérieures, & qu'ils font feuls difpenfés de l'étroite obfervation de la rigueur des Loix, & qu'il leur eft permis de préférer l'équité à leurs décifions, quand ils le trouvent à propos; c'eft pourquoi ils font appellés *Judices æquitatis.*

II°. Que cette feinte ne doit pas être pratiquée fans caufe. Il y en a deux pour lefquelles les Cours fouveraines s'en fervent.

La premiere eft, lorfque les indices ne font pas fuffifans pour appliquer l'accufé à la queftion; & alors elles ordonnent qu'il y fera préfenté, pour tâcher de découvrir la vérité par l'horreur de la gêne qu'il voit imminente.

La feconde eft, lorfque les accufés ne font pas en état de fupporter la queftion fans danger de perdre la vie, foit par rapport à leur âge, comme les impuberes & les vieillards d'un âge avancé, foit à caufe de leurs infirmités, comme les malades; au quel cas on les préfente feulement à la queftion, ou on la leur donne modérée, pour découvrir la vérité du fait.

A l'égard d'une femme groffe, elle ne peut jamais être appliquée ni préfentée à la queftion; *Ne calamitas matris noceat ei qui in utero eft; leg. 3. ff. de pœnis.* Et fur une telle allégation, *venter infpicitur*, afin d'éviter toute furprife à cet égard.

III°. Que dans l'exécution d'un tel Jugement qui ordonne que l'accufé fera préfenté à la queftion fans y être appliqué, lorfque le Greffier le prononce, il doit lire le mot *préfenté* ou *exhibé*; tout bas, de maniere que l'accufé ne puiffe pas entendre.

Il faut même qu'on apporte à l'exécution de ce Jugement tout l'appareil qu'on a coutume de faire quand on applique à la queftion; cela fait, on procede à l'interrogatoire; & fi l'accufé ne confeffe rien du crime, il eft détaché & ramené dans la prifon.

PRESIDENT, eft un Magiftrat créé pour préfider à une Compagnie.

Préfident fe dit auffi dans l'Univerfité, d'un

Docteur ou d'un Professeur qui préside à une Thése.

PRESIDIALEMENT , signifie en dernier ressort. Pour que les Juges des présidiaux puissent juger présidialement, il faut qu'ils soient au nombre de sept.

PRÉSIDIAUX , sont des Tribunaux établis pour juger en dernier ressort ou par provision de certaines affaires médiocrement importantes.

Le principal motif de leur institution a été d'abroger la longueur des procès; de remédier aux chicanes de ceux qui veulent par le moyen des appellations éluder le payement de ce qu'ils doivent ; d'empêcher les Particuliers de se voir obligés de quitter leurs demeures & leurs emplois, pour aller plaider dans les Parlemens, pour des choses souvent de peu de conséquence ; d'autant plus que ces Cours souveraines n'ont été établies que pour juger les plus grandes, & les plus importantes affaires des Sujets du Roi.

C'est sur ces raisons, que par l'Edit d'Henry II, donné à Fontainebleau au mois de Janvier 1551, & vérifié le 15. Février suivant, il a été créé des présidiaux dans chacun siege des grands Bailliages du Royaume.

Avant cet Edit, les Justices des Baillifs & Sénéchaux étoient appellées présidiaux, comme il se voit par les articles 4. 7. 8. 10. 14. 15. 23. 25. 26. 28. & 29. de l'Ordonnance de Cremieu de 1536. mais on ne peut dit en cette Ordonnance des présidiaux, ne se peut adapter aux présidiaux d'à présent, puisqu'ils n'ont été créé que quinze ans après, par le susdit Edit de Janvier mil cinq cens cinquante-un.

Depuis que le nom des présidiaux n'a plus été donné aux Justices des Baillifs & Sénéchaux en général, & n'est resté qu'à celles qui ont été véritablement érigées en présidiaux.

Cet Edit du mois de Janvier 1551. appellé communement *l'Edit des Présidiaux*, contient deux chefs.

Le premier est, que les présidiaux peuvent juger définitivement par Jugement dernier & sans appel, jusqu'à la somme de deux cens cinquante livres pour une fois payer, & jusqu'à dix livres de rente en revenu annuel, & aux dépens, à quelque somme qu'ils puissent monter. Sur quoi il faut remarquer.

1°. Que si le procès n'étoit intenté que pour des dépens, & que les dépens excédassent la somme du pouvoir des présidiaux, ils ne pourroient pas en ce cas juger en dernier ressort. M. le Prêtre, cent. 1. chap. 61.

II°. Que les Présidiaux ne peuvent pas juger souverainement des dommages & intérêts, s'ils excedent la somme de deux cens cinquante livres, même en ce compris ce qui est du principal.

III°. Que les présidiaux ne peuvent juger en dernier ressort une demande qui excede deux cens cinquante livres, quand elle est composée de différentes sommes, & pour différentes causes; il suffit que la somme portée par l'exploit de demande excéde deux cens cinquante livres. *Voyez* Henrys & son

Commentateur, tome 1. liv. 2. chap. 4. quest. 18.

Le deuxieme chef de l'Edit des Présidiaux est, qu'ils peuvent juger par provision, en baillant caution, jusqu'à cinq cens livres en principal, & jusqu'à vingt livres de rente ou revenu annuel, & aux dépens, à quelque somme qu'ils puissent monter. Et en ce dernier cas, l'appel peut être interjetté en la Cour ; de sorte néanmoins qu'il n'a aucun effet suspensif, mais seulement dévolutif.

Dans ces deux cas, il faut qu'il y ait sept Juges pour rendre le Jugement ; sans quoi il n'auroit pas l'effet des Jugemens rendus par les Présidiaux, & l'appel pourroit en être interjetté en la Cour, & en suspendroit l'exécution.

Voici quelques observations à faire à ce sujet.

La premiere est, que les Présidiaux peuvent prendre des Avocats pour juger présidialement, comme il a été jugé au Parlement de Paris, par Arrêt du 26. Août 1608. rapporté par M. le Prêtre, ès Arrêts de la cinquieme.

La deuxieme, que pour qu'une Sentence soit reputée au premier chef de l'Edit, il ne suffit pas que les Juges soient au nombre de sept ; il faut encore qu'il soit fait mention dans la Sentence, du nom des sept Juges qui y ont assisté, & il ne suffiroit pas que le Greffier donnât une attestation qu'ils étoient au nombre préfix.

Les Juges du Présidial ne font qu'une même Compagnie avec les Juges des Bailliages & des Sénéchaussées où ils sont établis. Les mêmes Officiers jugent à l'ordinaire les causes qui excedent le pouvoir des Présidiaux, à la charge de l'appel, qui a un effet dévolutif & suspensif, ou présidialement dans les deux chefs de l'Edit des Présidiaux, qui sont énoncés ci-dessus.

Lorsque la somme due au créancier excède le pouvoir porté par l'Edit des Présidiaux, il se peut restraindre à la somme portée par cet Edit.

Cette restriction se peut faire par l'appointement de contestation, ou auparavant icelui, ou même après, pourvu que ce soit avant le Jugement définitif.

Mais si l'une & l'autre des Parties sont respectivement demandeurs, comme au cas de saisine & de nouvelleté, l'une ne peut pas faire la restriction au préjudice & sans le consentement de l'autre.

Quand les Présidiaux prononcent au premier chef de l'Edit, ils sont obligés de prononcer en ces termes, *par Jugement dernier* ; & quand ils jugent au second chef, ils prononcent *par Jugement Présidial.*

Lorsqu'ils prononcent en dernier ressort, ils ne peuvent pas prononcer, *jugé souverainement*, ou *par Jugement souverain*; car quoique l'Edit des Présidiaux porte qu'ils jugeront comme Juges souverains, néanmoins il ne dit pas qu'ils déclareront leurs jugemens souverains.

De plus, quand ils prononcent en dernier ressort sur les appellations des Juges inférieurs, ils ne peuvent prononcer *l'appellation ou Sentence au néant.* Cette forme n'appartient qu'aux Cours souveraines. Du Fail, liv. 3. chap. 27. Maynard, liv. 2.

chapitres 15. & 17. la Rocheflavin, chapitre 2. art. 12.

Ils ne peuvent pas non plus ufer en leurs Jugemens de ces termes, *Arrêt*, *Cour*, quoiqu'en matieres dans lefquelles ils jugent en dernier reffort ; *Quia fupremis duntaxat Curiis denominationes illæ conveniunt.* Mornac fur la Loi 11. au Digefte de *Jurifdictione* ; Du Fail, liv. 1. chap. 9.

En un mot, dans les appellations qui fe relevent devant les Préfidiaux, ils doivent prononcer fimplement, qu'*il a été bien ou mal jugé*; autrement s'ils pouvoient fe fervir des termes qui ne conviennent qu'aux Cours fouveraines, ils fe mettroient pour ainfi dire de niveau avec elles; ce que l'ordre politique ne peut pas admettre : car il feroit abfurde que les Juges fouverains euffent pour émules des Juges inférieurs.

On ne peut fe pourvoir contre un Jugement préfidial rendu au premier chef de l'Edit, que par Requête civile.

Quand il eft rendu au fecond chef de l'Edit, c'eft à-dire pour fomme qui n'excede pas cinq cens livres une fois payée, & vingt livres de rente ou de revenu annuel, enfemble pour les dépens, à quelque fomme qu'ils puiffent monter, on peut fe pourvoir contre par la voye d'appel: mais les Préfidiaux peuvent faire mettre à exécution ces jugemens rendus au fecond chef de l'Edit, en baillant caution, fuivant ce que nous avons dit ci-deffus. *Voyez* M. le Prêtre, cent. 1. chap. 61.

Lorfque les Préfidiaux jugent en dernier reffort, outre l'intitulé de leur Sentence, ils doivent mettre au pied de leur Jugement *jugé préfidialement, & en dernier reffort.* M. le Prêtre, *loco citato.*

Si celui qui eft condamné par un Jugement préfidial en dernier reffort en interjette appel, quand c'eft une appellation verbale, l'Intimé avant que d'entrer à plaider l'appellation, doit conclure en folle intimation; & aux dépens, dommages & intérêts de l'affignation fur l'appel ; & que nonobftant icelui, le jugement dont a été appellé, fortira fon plein & entier effet.

Mais fi le Jugement préfidial & en dernier reffort a été rendu en procès par écrit, en ce cas l'intimé doit faire mettre dans l'appointement de conclufion, *joint les fins de non-recevoir*, qui font que le Jugement dont eft appel, a été rendu préfidialement en dernier reffort.

Cela fait que Meffieurs du Parlement, au lieu de voir le procès, ordonnent que l'appellant acquiefcera; car s'ils paffoient par deffus les fins de non recevoir, l'intimé pourroit fe pourvoir par fimple Requête au Grand-Confeil, qui cafferoit l'Arrêt de la Cour, à moins qu'il n'y eût une injuftice manifefte dans le jugement préfidial rendu en dernier reffort.

Quoique l'intimé, dans l'appointement de conclufion eût omis les fins de non-recevoir, la Cour les fuppléeroit, parce qu'étant de l'Ordonnance, elles doivent être fuppléées par les Juges.

Les Préfidiaux ne peuvent pas juger en dernier reffort de certaines caufes, quoiqu'il s'agiffe d'une chofe dont le prix n'excéderoit pas, & même feroit au-deffous de la fomme portée par le premier chef de l'Edit des Préfidiaux.

I°. Du retrait lignager, par la raifon qu'il eft fondé fur l'affection que l'on a pour des héritages qui viennent de notre famille: or cette affection eft ineftimable ; ainfi c'eft avec raifon qu'il a été décidé que les Préfidiaux ne pouvoient pas juger une telle caufe en dernier reffort.

II°. Du Domaine ou partie d'icelui; des Eaux & Forêts, foit pour raifon du fonds ou propriété, ou à caufe des dégats & malverfations; des faifines & amendes ; des caufes des Eglifes & des mineurs.

III°. De la mouvance féoda. ; des caufes efquelles les qualités d'héritier ou d' commune en biens font revoquées en doute & co overfées, ni de celles où il s'agit d'interprétation de Coutume ; parce que le pouvoir des Préfidiaux ne s'étend que fur des fommes liquides, ou chofes qui peuvent recevoir eftimation par argent feulement.

Pour cette raifon, ils ne peuvent point juger en dernier reffort du droit & propriété du cens, quand même il ne feroit que d'un denier, parce que ce droit emporte d'autres droits qui font beaucoup plus confidérables.

Voyez touchant le pouvoir des Préfidiaux, Henrys & fon Commentateur, tome 1. liv. 2. chap. 4. queft. 18. & 19.

Touchant la Jurifdiction des Préfidiaux en matiere criminelle, il faut voir ce qui en eft dit dans Henrys, tome 2. livre 2. queft. 76. dans un Arrêt de Réglement du 10. Décembre 1665. & le titre premier de l'Ordonnance du mois d'Août 1670.

Il faut voir auffi la Déclaration du 29. Mai 1702. qui déroge en plufieurs articles à ladite Ordonnance, & qui regle la Jurifdiction criminelle des Juges préfidiaux, & des Baillifs & Sénéchaux.

PRESOMPTIF HERITIER, eft celui qu'on préfume devoir être héritier de quelqu'un, en qualité de plus proche parent. *Voyez* Héritier préfomptif.

PRESOMPTIONS, font des conféquences probables qu'on tire d'un fait connu, pour fervir à faire connoître la vérité d'un fait incertain, dont on cherche la preuve. Mafcardus, *de probationib. cap.* 1147. num. 20. dit que c'eft une regle établie, que dans le cas ou la vérité eft obfcurcie, les conjectures & les préfomptions doivent être admifes. *Receptiffima eft in jure illa propofitio in his quæ probata funt difficilia, leviores probationes, ut funt conjecturæ & præfumptiones admitti.*

Par exemple, en matiere civile, s'il y a conteftation entre le poffeffeur d'un fonds, & un autre, touchant la propriété de ce fonds, la préfomption eft en faveur du poffeffeur, qui doit être maintenu en fa poffeffion, jufqu'à ce que l'autre prouve fon droit de propriété. *Actore non probante reus abfolvitur, & manet in loco fuo poffeffio.*

La préfomption eft auffi admife en matiere criminelle. Par exemple, lorfqu'un homme a été tué, fans qu'on fçache par qui; fi l'on découvre qu'il avoit eu peu auparavant une querelle avec un autre qui l'avoit menacé de le tuer, on tire de ce fait connu de la querelle & de la menace, une préfomption, que celui qui a fait une telle menace pourroit être l'auteur de ce meurtre. *Voyez* ci-après *Préfomption en matiere criminelle.*

La préfomption eft auffi admife dans la fuppofition de part, où la vérité eft toujours obfcurcie & envelopée par les artifices de la fraude. *In his enim fimulatis actibus ac fraudulentis, qui occulté patrari folent, fufficit probatio per conjecturas & præfumptiones. Mafcardus, loco citato, num. 3.*

Les préfomptions font donc admifes dans les queftions d'état; mais elles doivent être foutenues de plufieurs adminicules, pour tenir lieu de preuves. Dans les caufes de filiation, il n'y a point d'argument plus puiffant pour la juftifier, que celui qui fe tire de la nourriture & de l'éducation que l'on a donné à l'enfant. La nourriture eft une feconde naiffance, quand les titres de la premiere font obfcurs. Cette feconde peut contribuer beaucoup à fe déterminer, quand les Regiftres des Baptêmes font perdus, ou qu'il n'y en a jamais eu, comme je l'ai dit *verbo Filiation.*

Les conféquences que l'on tire d'un fait connu, pour fervir à faire connoître un fait incertain & caché, ne font pas toujours fûres & infaillibles, parce que ce n'eft pas affez que ces faits dont on tire des préfomptions foient affurés; ils n'ont de force qu'autant qu'ils ont de liaifon avec les faits qu'on prétend prouver.

Les préfomptions font des deux efpeces; quelques-unes font fi fortes, qu'elles vont à la certitude, & tiennent lieu de preuves, même dans les crimes; & d'autres ne font que des conjectures qui laiffent dans le doute.

Cela dépend de la certitude ou incertitude des faits dont on tire les préfomptions, & de la jufteffe des conféquences qu'on tire de ces faits pour la preuve de ceux dont il s'agit.

Voyez, touchant les préfomptions, ce qui en eft dit dans les Loix civiles, livre 3. titre 6. fection 4. & dans le Traité de la preuve par Témoins, page 175. & fuivantes.

PRESOMPTIONS EN MATIERE CRIMINELLE, ont plus ou moins de force, fuivant la bonne ou mauvaife conduite qu'a toujours tenue l'accufé.

Quand elles vont à fa décharge, elles la lui procurent: mais quand elles font contre lui, elles ne lui font jamais fubir la peine établie par la Loi contre les coupables du crime dont il eft accufé. *Nec de fufpicionibus quemquam damnari oportet. Leg. 5. ff. de pœnis.*

Elles peuvent bien, quand elles font fortes, fervir à faire condamner l'accufé, mais à une moindre peine. Celui, par exemple, qui dans le cas d'une preuve complette devroit être condamné à mort, ne fera condamné qu'aux galeres ou au fouet; car quand il s'agit de la vie d'un homme, il faut que la condamnation qui la lui fait perdre foit fondée fur une preuve certaine qu'il eft coupable du crime dont il s'agit : or les préfomptions font des fignes équivoques qui font toujours ac-

compagnés de doute & d'obfcurité. Auffi M. Cujas, fur le titre du code, *ad leg. Jul. majeftatis, ait; Quæ non eft plena veritas, eft plena falfitas; fic quod non eft plena probatio, planè nulla eft probatio.*

Plufieurs Docteurs exceptent le cas où les indices font indubitables & fi concluans, qu'ils ne laiffent aucune fufpicion au contraire; & ils tiennent qu'ils font alors preuve entiere, & fuffifent pour faire condamner à mort l'accufé. D'autres font d'avis, que les Juges ne doivent pas condamner à mort fur des indices qui paroiffent les plus certaines & les plus indubitables. En effet plufieurs accufés ont été fur de tels indices condamnés à mort, qui enfuite ont été reconnus innocens. Ce qui prouve que les indices les plus apparens font fouvent trompeurs, comme je l'ai dit *verbo* Indices.

Voyez Papon, livre 24. titre 8; & Charondas, liv. 9. de fes Réponfes, chapitre 1. *Voyez* auffi d'Argentré fur l'article 41. de la Coutume de Bretagne.

PRESSOIR, eft immeuble, lorfqu'il ne fe peut déplacer fans être dépecé; & ne peut être pris par exécution, pour un cens dû fur la maifon où il eft. Bouvot, tome 2. *verbo* Cens, queft. 33.

Un Curé peut néanmoins difpofer par teftament, comme d'une chofe à lui appartenante, d'un preffoir qu'il auroit fait conftruire pour fa commodité dans la maifon presbytérale. Soefve, tome 1. cent. 3. chap. 64.

PRESSOIR BANNAL. Parmi les droits de bannalité qui font pratiqués dans ce Royaume, celui de preffoir bannal, auquel tous les habitans d'une terre font obligés de faire preffurer leur vendange, eft ufité en quelques Provinces. *Voyez* Bannalité.

Le vin qui provient de preffoirs bannaux & dixmes appartenans aux Eccléfiaftiques, Nobles, Officiers des Cours, & autres privilégiés, eft réputé être vin du crû, pourvû & non autrement que la bannalité foit établie avant 1560, ainfi qu'il eft porté en l'article 8, du titre des Exemptions du gros de l'Ordonnance de 1680.

PREST, fe prend ou pour le contrat que nous appellons en Droit *mutuum*, prêt mutuel, ou pour celui qui eft appellé *commodatum*, prêt à ufage. M. Cujas appelle le premier, *commodatum, ad abufum;* & l'autre, *commodatum ad ufum.*

Dans la premiere fignification, c'eft un contrat par lequel on donne gratuitement une chofe confiftante en quantité, à condition que dans le tems convenu on en rendra un autre de même genre, ou femblable en fubftance, quantité & qualité.

Je dis *gratuitement*, parce que les intérêts ne peuvent être dûs en conféquence du prêt, quand même ils auroient été promis ou le débiteur en vertu d'une ftipulation; en quoi notre Droit François differe du Droit Romain, fuivant lequel en ce cas les intérêts étoient dûs, comme je l'ai remarqué dans ma Traduction des Inftitutes, fur le commencement du titre 15, du troifieme titre.

Ils ne peuvent être dûs parmi nous que du jour de la demande faite en Juftice du principal avec les intérêts ; encore faut-il que cette demande soit suivie d'une Sentence qui les adjuge ; auquel cas ils font dûs , non pas du jour de la Sentence, mais du jour de la demande qui en a été faite.

Dans l'action personnelle provenant du prêt mu-tuel , le demandeur conclut *à ce que le défendeur soit condamné à lui payer la somme de....qu'il lui a prêtée , ou à lui rendre pareille quantité de bled ou de vin , ou d'autre chose fungible de même bonté & valeur , avec les intérêts du jour de la demande , & qu'il soit con-damné aux dépens.*

Le prêt pris pour le commodat , appellé prêt à usage , est un contrat par lequel on prête une cho-se gratuitement pour un certain usage & un cer-tain tems , à condition qu'après le tems expiré , & l'usage accompli , elle sera rendue en même es-pece.

Voyez , touchant ces deux contrats, ce que nous avons dit au titre 15, du troisieme livre des Insti-tutes ; & dans la Science parfaite des Notaires , troisieme livre , chapitre 1. & 6.

PREST A PERTE DE FINANCE. *Voyez* Moha-tra.

PREST A DROIT ANNUEL. *Voyez* Paulette.

PRESTATION DE SERMENT , est celle que fait un Officier pour faire les fonctions de la Charge dans laquelle il a été reçu. Ce serment se fait entre les mains du Roi : ou de ceux qui le doi-vent recevoir.

PRESTATIONS ANNUELLES OU QUOTI-DIENNES DE CERTAINES RENTES, OU LIVRÉES DE FRUITS EN ESPECES QU'ON DONNE A DES RE-LIGIEUX , CHANOINES , OU AUTRES PERSONNES SEMBLABLES, tiennent lieu d'alimens , & par con-séquent ne peuvent être saisies.

PRESTATIONS PERSONNELLES , font des obligations mutuelles & réciproques, contrac-tées par la disposition du Droit , entre les copro-priétaires d'une même succession , ou d'une même chose particuliere.

Ces prestations personnelles se réduisent à trois ; sçavoir au gain , au dommage & aux impenses. Ainsi , dans les actions mixtes , dans lesquelles ces sortes de prestations ont lieu , le demandeur con-clut premiérement à ce que partage soit fait de la chose commune.

En second lieu , à ce que le défendeur qui a tiré quelques profits , & perçu les fruits de la chose commune , soit tenu de les communiquer & resti-tuer au demandeur pour sa part & portion ; com-me aussi à ce que le défendeur soit tenu seul de ré-parer les dommages qu'il a causés en la chose com-mune.

Enfin il conclut, à ce que le défendeur soit tenu de payer pour sa part & portion , les impenses qu'a fait le demandeur dans la chose commune.

PRESTATION DE FOI ET HOMMAGE , se dit du vassal qui fait la foi & hommage à son Sei-gneur. La réception en foi & hommage se dit au contraire du Seigneur qui reçoit la foi & homma-ge qui lui est faite par son vassal.

PRESTER , se prend au Palais de différen-tes manieres : on dit , par exemple , *prêter* main-forte , pour dire donner du secours : *prêter* son nom à quelqu'un , pour dire faire quelque acte simulé ; *prêter* le serment , pour dire faire un serment en Justice.

PRETENDU , signifie ce qui est incertain , ce qu'une Partie prétend vrai, dont l'autre ne demeu-re pas d'accord.

PRETERITION , est en matiere de tes-tament , l'omission que l'on a faite de quelqu'un dans son testament , que l'on ne devoit omettre & exclure de sa succession. En un mot , c'est une in-jure faite à la nature , qui ne doit point être ex-cusée.

Touchant l'effet de la prétérition d'un fils de fa-mille , à l'égard du testament de son pere , *voyez* ce que nous avons dit sur le titre 13 , du second Li-vre des Institutes.

Pour ce qui est de l'effet de la prétérition des pe-res & meres , ou autres ascendans du testateur , *voyez* ce que j'en ai dit sur le titre 18. du second Li-vre des Institutes, §. 1. & l'Auteur des Observations sur Henrys , tom. 2. liv. 5. quest. 11.

PREVARICATION , est la malversation d'un Officier dans les fonctions de sa Charge.

Un Juge prévarique , lorsque séduit par intérêt ou par faveur, il s'écarte tant soit peu de ce que lui inspireroit la justice pure , désintéressée & sans passion.

Pour ce qui regarde les peines qu'il encourt. *Voyez* le Bret en son Traité de la Souveraineté du Roi , liv. 2. chap. 2 & 3.

A l'égard des peines qu'encourent les Greffiers , Notaires , Procureurs , Huissiers & autres , qui prévariquent dans leurs Charges , ces peines font plus ou moins grandes suivant les circonstances ; quelquefois la peine ne consiste qu'en dommages & intérêts ; quelquefois c'est l'interdiction , & quel-quefois l'amende honorable , les galeres , & enfin quelquefois cette peine est capitale.

PREVENTION , est le droit qu'un Juge a de connoître d'une affaire , parce qu'il en a été saisi le premier & qu'il a prévenu un autre Juge , à qui la connoissance de cette même affaire appartenoit aussi par prévention.

Ainsi la prévention prive le juge naturel & com-pétent de quelque partie de sa Jurisdiction ; & c'est la regle en fait de prévention , que de deux Juges qui ont droit de connoître par prévention d'un différend, *qui premier prend , ou est saisi le premier , devient seul compétent à l'exclusion de l'autre Juge qui a aussi droit d'en connoître.*

Les Baillifs ont droit de prévention sur les Pré-vôts royaux en matiere de complainte. A présent la Jurisprudence est donc certaine que les Juges des Seigneurs font compétens pour connoître des complaintes entre leurs Justiciables ès matieres profanes ; mais quant aux complaintes en matiere Bénéficiale, on a toujours tenu que la connoissance en appartient aux Juges royaux privativement aux subalternes , même entre leurs Justiciables , sans qu'à cet égard la prévention puisse avoir lieu. Cette

prévention ,

prévention, quand aux complaintes en matiere profane, est établie par l'article 19 de l'Edit de Cremieu, qui permet aux Parties d'en intenter leurs demandes pardevant les Baillifs & Sénéchaux, ou pardevant les Prévôts & Châtelains à leur choix.

Les Officiers royaux peuvent juger par prévention des causes, dont la connoissance appartient aux Juges des Seigneurs.

L'Arrêt du 15 Novembre 1554, contenant la vérification de la Déclaration du Roi, donnée à Laon le 17 Juin de la même année, y est formel.

Il porte que toutefois & quantes que les sujets des Gentilshommes & Juges subalternes des Juges royaux seront poursuivis pardevant les Baillifs & Sénéchaux, ou les Prévôts royaux, s'ils ne sont point requis par les Seigneurs hauts-justiciers, en ce cas la prévention aura lieu ; & que les Baillifs ni les Prévôts ne se pourront plaindre, ni les Seigneurs ; s'ils n'ont demandé le renvoi ; & que si les Baillifs & Juges présidiaux préviennent ; ce sera à la charge qu'ils connoîtront du différend seulement comme Juges ordinaires, & non comme présidiaux. Ce qui a été confirmé par l'article 2. de la troisieme Déclaration donnée sur l'Edit de Cremieu.

Le Chapitre IX, du Traité des Droits de Justice fait par Bacquet, explique ce qui regarde cette matiere.

Le Prévôt de Paris juge par prévention du crime de fausse monnoye, quand il a prévenu la Cour des Monnoyes ; car la fausse monnoye est de la compétence du Prévôt de Paris, attendu que c'est un cas prévôtal, dont la connoissance appartient tant aux Présidiaux, pour en juger en dernier ressort, qu'à la Cour des Monnoyes.

Ainsi la Cour des Monnoyes juge aussi par prévention du crime de fausse monnoye, quand elle a prévenu le Prévôt, c'est-à-dire, qu'elle est saisie du criminel.

L'ajournement fait la prévention en matiere civile ; en matiere criminelle, c'est l'exécution du décret en la personne ou domicile. *Leg. quis postea quam*, ff. *de Judiciis, Leg. cùm quidam 19. ff. de Jurisdict. omnium Judic.* Guido Papa, *décif.* 202 & 315. Charondas, liv. 4. de ses Pandectes, part. 1. chap. 5 ; Chenu, tom. 2. de ses Réglemens, tit. 42. sect. 1.

Si un homme est tué en une Jurisdiction, & que le coup ait été tiré par un homme qui étoit dans une autre Jurisdiction, en ce cas les Juges des deux Jurisdictions sont compétens, & la prévention a lieu ; ensorte que celui-là demeurera Juge qui aura prévenu. Mornac, *ad leg. 19. ff. communi dividundo*, & *ad leg. ult. ff. de Jurisdict.* Julius Clarus, *sentent. lib. 5. quæst. 38. num. 9.* & le Prêtre, *cent. 4. chap. 52.*

Il a été rendu un Arrêt au Conseil d'en-haut le 7 Septembre 1662, qui ordonne qu'à l'avenir celui des Juges Royaux, qui aura décrété & fait emprisonner un délinquant, sera réputé avoir prévenu, quoiqu'il ait paru un décret beaucoup antérieur

à celui en vertu duquel l'accusé auroit été emprisonné.

La raison est, que par le moyen de l'emprisonnement la chose n'est plus entiere ; outre qu'il pourroit souvent arriver qu'un Juge, pour son intérêt particulier, & celui de sa Jurisdiction, fît un décret du tems qu'il jugeroit à propos.

Les Arrêts de Réglement qui ont été donnés au sujet de la prévention en matiere criminelle, entre les Lieutenans criminels des Baillifs & Sénéchaux, & les Prévôts Royaux, sont différens, comme on peut voir dans le recueil des Réglemens de Chenu, tit. 12 des Prévôts, chap. 7. tom. 1. part. 2. titre 5. chap. 33.

Mais tous donnent aux Lieutenans criminels, privativement & à l'exclusion des Prévôts, Viguiers & Châtelains, la connoissance du crime de léze-Majesté, fausse monnoie, assemblées illicites jusqu'au nombre de cinq, avec armes de propos délibéré, pour faire insulte & outrage à autrui, émotions populaires & autres cas royaux.

Les Arrêts s'accordent aussi pour la prévention, sur les sujets des Hauts-Justiciers, en cas que les Hauts-Justiciers ne les ayent révendiqués, & qu'ils n'ayent demandé le renvoi.

Il y a de la différence entre la prévention & la concurrence : la concurrence est proprement le droit que divers Juges ont de connoître du crime ; au lieu que la prévention est le droit qu'a un Juge d'attirer à soi la connoissance du crime, parce qu'il a prévenu, & en a été saisi le premier.

L'Ordonnance de 1670, titre 1, article 7, nous donne un exemple de la concurrence, en statuant que la prévention est ôtée entre les Juges Royaux ; & néanmoins, qu'en cas que trois jours après le crime commis ils n'ayent informé & décrété, la concurrence est établie entre le Juge Royal supérieur & le Juge ordinaire ; ensorte qu'après ce tems on a la liberté de se pourvoir devant l'un ou l'autre de ces Juges.

La raison pour laquelle cette concurrence est établie après les trois jours est fondée sur l'intérêt qu'a le public, que la négligence & connivence des Juges ordinaires ne donne point lieu à l'impunité des crimes.

Voyez dans Henrys, tome 1. liv. 2. quest. 77, ce qui est dit de la prévention des Juges Royaux sur les Juges subalternes. *Voyez* Concurrence. *Voyez* aussi ce que j'ai dit sur la lettre C, en parlant des Coutumes de prévention.

PREVENU DE CRIME, est celui qui est accusé d'un crime, & qui n'a point encore été condamné à une peine capitale.

Cette accusation ne lui fait point perdre son état : il conserve ses honneurs & ses dignités, quoique l'exercice en soit en suspens.

Enfin, à l'exception qu'il ne peut pas disposer de ses biens par donation, quand il est véritablement coupable, & que dans la suite il est condamné, *leg. 15. ff. de donat.* on ne considere point cette accusation quant aux effets civils. C'est une des questions jugées par l'Arrêt du 24 Mars 1603,

rapporté par M. Sevin, tome 1. Plaidoyé 9. *Voyez*
Accusation.

PREVOST, est un Juge inférieur, & premier
Juge Royal, qui juge les affaires civiles, en premiere instance, c'est-à-dire, les affaires civiles,
personnelles, réelles & mixtes, entre roturiers, à
l'exception de celles qui sont réservées aux Baillifs
& Sénéchaux par l'Edit de Cremieu.

Les premiers Juges Royaux sont appellés en quelques lieux Prévôts, en d'autres Châtelains, en
d'autres Vicomtes, comme en Normandie; en
quelques endroits ils sont dits Viguiers, comme en
Languedoc & en Provence.

Ils connoissent 1°. de toutes matieres civiles,
personnelles, réelles & mixtes, entre roturiers,
& de tous délits, excepté ceux qui sont réservés
aux Baillifs & Sénéchaux. *Voyez* l'Ordonnance de
1670, tit. 1.

II°. Par l'article 8 de la Déclaration d'Henry II.
de l'année 1559, faite en interprétation de l'Edit
de Cremieu, ils connoissent des Fermes du Domaine
du Roi, quand le fonds n'est point contesté, &
que le Procureur du Roi n'est point partie principale; comme quand il s'agit des conventions entre
les Fermiers du Domaine, les Particuliers.

III°. Par l'article 9 de l'Edit de Cremieu, ils connoissent des causes des Eglises qui sont dans leur
ressort, au cas qu'elles n'ayent pas des Lettres de
Garde-gardienne, de la Police, des abus & malversations qui s'y commettent. L'article 3 de la
Déclaration d'Henri II. de l'année 1559, leur donne aussi la connoissance des comptes & différends
des Eglises & Fabriques, qui sont au-dedans de
leurs Prévôtés & Châtellenies, à moins que lesdites
Eglises ne fussent de fondation royale, & eussent
des Lettres de Garde gardiennes, &c.

IV°. De la Police des Villes, suivant l'article 25,
de l'Edit de Cremieu.

V°. Ils connoissent de toutes pactions, conventions, circonstances & dépendances d'icelles, faites dans leurs Prévôtés, soit que l'on procede par
action ou exécution de meubles entre personnes roturieres, ou par criées de biens situés dans les limites des Prévôtés & Châtellenies, en vertu des
contrats reçus & passés sous les Sceaux desdites
Châtellenies, suivant l'article 9 de l'Edit de Moulins, du mois d'Août 1546, qui ne permet pas aux
Parties contractantes de se soumettre par leurs
contrats à la Jurisdiction des Baillifs & Sénéchaux,
au préjudice des Prévôts & Châtelains.

Par l'article 5 de l'Ordonnance d'Henri III.
donnée à Paris au mois de Décembre 1581, il est
défendu à tous particuliers d'intenter aucunes actions en premiere instance, qui sont de la compétence des Prévôts & Châtelains, pardevant d'autres Juges, sur peine de déchéance de leurs droits;
nullités des Jugemens, avec défenses à tous Huissiers & Sergens de mettre à exécution, ni avoir aucun égard aux Sentences & autres actes des causes
attribuées aux Prévôts & Châtelains royaux, qui
auront été rendus, & seront émanés par les Baillifs & Sénéchaux, ou leurs Lieutenans, sur peine
de privation de leurs Offices, dépens, dommages

& intérêts des Parties, à recouvrer sur eux en leur
propre & privé nom.

Par l'article 7 du même Edit, ceux qui intentent
leurs actions en premiere instance pardevant d'autres Juges que les Prévôts & Châtelains, chacun
dans son détroit & Jurisdiction, sont condamnés
à vingt écus d'amende, & les procédures sont déclarées nulles; & le même article porte, contre
les Huissiers qui auront donné les assignations, privation de leurs Offices, & cent écus d'amende.

Mais quand la soumission à la Jurisdiction du
Baillif est faite par les sujets des Hauts-Justiciers,
qui sont dans l'enclos des Prévôts, mais dont les
appellations ressortissent pardevant lesdits Baillifs
& Sénéchaux, le Baillif en ce cas seroit rendu
compétent par cette soumission, & celui qui l'auroit faite seroit obligé de subir sa jurisdiction, jusqu'à ce qu'il fut réclamé & revendiqué par son
Seigneur; car en ce cas le Baillif seroit obligé de
renvoyer la cause au Seigneur Haut-Justicier, parce que les Justices seigneuriales étant patrimoniales, les Juges n'y doivent point préjudicier dans les
causes qui sont de la connoissance desdits Seigneurs Hauts-Justiciers.

VI°. Les Prévôts & Châtelains connoissent en
premiere instance, privativement à tous autres Juges, des matieres réelles, pour raisons d'héritages
roturiers ou nobles, situés dans l'étendue de leurs
Prévôtés, soit que les parties soient nobles ou
roturieres.

VII°. Des complaintes en matiere possessoires,
intentées par les sujets de la Prévôté; & à l'égard
des sujets des Hauts-Justiciers qui sont dans le
ressort de la Prévôté, ils peuvent en matiere possessoire s'adresser au Prévôt ou Baillif, comme bon
leur semble, suivant l'article 4 de l'Edit de Cremieu. Mais il est défendu aux Baillifs, Sénéchaux
& Présidiaux, d'entreprendre aucune connoissance
des matieres possessoires de nouvelleté, ou autre
quelle qu'elle soit, sous prétexte de prévention sur
ceux qui sont justiciables des Prévôtés & Châtellenies.

Il faut cependant remarquer, que quand l'action possessoire est intentée pour un fief, le Prévôt
n'en peut point connoître, parce que, suivant l'article 4 de l'Edit de Cremieu, la Connoissance des
fiefs & de toute matiere féodale, est attribuée
aux Baillifs & Sénéchaux, à l'exclusion des Prévôts.

VIII°. Suivant l'article 2 de la Déclaration de
1559, faite sur l'Edit de Cremieu, les Justiciables
des Prévôtés & Châtellenies, qui se servent de
Lettres de restitution pour cause de minorité, lézion d'outre moitié de juste prix ou d'autres
moyens de rescision, soit principalement, ou incidemment, doivent se pourvoir en conséquence
pardevant les Prévôts & Châtelains, dont ils sont
justiciables, quoique l'adresse desdites Lettres eût
été faite aux Baillifs & Sénéchaux.

IX°. La dation de tutelle & curatelle, Bail &
gouvernement, confection d'inventaire des biens
des mineurs entre personnes roturieres & non nobles, appartient aux Prévôts & Châtelains, comme

Il eſt dit en l'article 6. de l'Edit de Cremieu.

X°. Suivant l'article 7. du même Edit, les Prévôts & Châtelains connoiſſent des matieres de partages de ſucceſſions univerſelles, entre roturiers & non nobles, quoiqu'il y eût quelque fief parmi les héritages non nobles deſdites ſucceſſions. Mais s'il y avoit quelques biens & héritages ſitués en diverſes Prévôtés & Juriſdictions, ce feroit le Baillif où elles reſſortiſſent qui connoîtroit deſdits partages, & non aucun deſdits Prévôts.

XI°. Les Prévôts & Châtelains, connoiſſent des appellations des Seigneurs ayant Juſtice dans l'étendue de leurs Prévôtés.

Il nous reſte deux obſervations à faire, touchant la Juriſdiction des Prévôts & Châtelains en matiere civile.

La premiere, que par l'article 13. de la Déclaration de 1559. faite ſur l'Edit de Cremieu, les Sentences de garniſon & proviſion des Prévôts & Châtelains, à quelques ſommes qu'elles puiſſent monter, ſont exécutoires contre les Juſticiables des Prévôtés & autres obligés par contrats reçus & paſſés ſous les Sceaux établis dans leſdites Prévôtés, nonobſtant les appellations interjettées deſdites Sentences.

Voyez l'article 15. du titre 17. de l'Ordonnance de 1667. En toutes matieres ſommaires, leurs Sentences qui n'excédent pas la ſomme de mille livres ſont auſſi exécutées, nonobſtant & ſans préjudice de l'appel ; en baillant caution, quoiqu'il n'y ait contrat, obligation, promeſſe reconnue ou condamnation précédente, comme il eſt dit en l'article précédent du titre 17. de la même Ordonnance.

La deuxieme obſervation eſt, que c'eſt au Prévôt à parapher les Regiſtres de mariages, baptêmes & ſépultures ; comme il a été ordonné par Arrêt du Conſeil privé, du 23. Septembre 1568. entre le Viguier & les Officiers de la Sénéchauſſée de Touloufe.

Cependant aujourd'hui, ſuivant l'article 2. de l'Ordonnance du 9. Avril 1736. concernant la forme de tenir les Regiſtres de baptêmes, mariages & ſépultures, le paraphe deſdits Regiſtres n'appartient plus aux Prévôts Royaux, mais au Lieutenans généraux, ou autres premiers Officiers deſdits Bailliages, Sénéchauſſées, ou autres perſonnes royales reſſortiſſantes nuement au Parlement. Il eſt vrai que lorſqu'il y a des Paroiſſes trop éloignées dans l'étendue deſdits Sieges, les Curés peuvent s'adreſſer, pour faire cotter & parapher leſdits Regiſtres, au Juge royal qui doit être à cet effet commis pour leſdits lieux, au commencement de chaque année, par le Lieutenant général, ou autre premier Officier dudit Siege, ſur la réquiſition du Procureur du Roi, & ſans frais.

Pour ce qui eſt de la Juriſdiction des Prévôts en matiere criminelle ; ils peuvent connoître des crimes commis dans le détroit de leurs Prévôtés, excepté de ceux qui ont été commis par des Gentilshommes, ou par des Officiers de judicature.

Les Sénéchaux & baillifs n'ont pas droit de prévention ſur les Châtelains & Prévôts Royaux à

moins que les Châtelains ou Prévôts n'euſſent obmis d'informer & de décreter dans les trois jours après le crime commis.

Ni les Châtelains ou Prévôts, ni les Juges des Seigneurs ne peuvent point connoître des cas royaux ou prévôtaux ; la connoiſſance en eſt ſpécialement attribuée aux Baillifs, Sénéchaux & Juges préſidiaux, ou aux Prévôts des Maréchaux, aux termes des articles 11. 12. 13. du titre 1. de l'Ordonnance de 1670.

Voyez ci-deſſus Cas royaux.

PRÉVÔT DE PARIS, eſt un Juge d'Epée, qui a la même Juriſdiction que les Baillifs & Sénéchaux.

Quoique la prévôté ſoit le premier degré de la Juriſdiction royale, dont l'appel reſſortit aux Baillifs & Préſidiaux, néanmoins le Prévôt de Paris a été déclaré le premier Baillif de France, & précede tous les autres.

Ils ont tous comme lui, la convocation & le commandement de la Nobleſſe de leur Bailliage ou Sénéchauſſée, lors de l'arriere-ban ; mais le Prévôt de Paris & la Nobleſſe de la Prévôté de Paris ont toujours le pas ſur tous les autres Nobles des autres Bailliages & Sénéchauſſées, lorſqu'ils ſont raſſemblés dans un même corps d'armée, & le Prévôt de Paris les commande ſous les ordres des Officiers généraux.

C'étoit autrefois le Comte ou Gouverneur qui adminiſtroit la Juſtice, & faiſoit la même choſe dans les Prévôtés, que les Baillifs dans les Bailliages, & les Sénéchaux dans les Sénéchauſſées.

Conformément à cet ancien uſage, le Prévôt de Paris a la premiere ſéance au châtelet, il y a même voix délibérative ; mais ce ſont ces Lieutenans qui recueillent les voix & qui prononcent : & comme dans cette Juriſdiction la Juſtice eſt rendue au nom du Prévôt de Paris, toutes les Sentences & tous les Contrats en forme ſont intitulés de ſon nom.

Ainſi tous les actes émanés de cette Prévôté, ſoit contentieux, ſoit volontaires, ne peuvent être exécutés que ſous ſon autorité, & ſont intitulés de ſon nom. Cela eſt auſſi d'uſage dans tous les autres Bailliages & Sénéchauſſées.

Les Lieutenans du Prévôt de Paris ſont le Lieutenant civil, le Lieutenant général de Police, le Lieutenant criminel, deux Lieutenans particuliers, & un Lieutenant de Robe-Courte.

On appelle le Prévôt de Paris ſimplement Garde de la Prévôté, parce que c'eſt le Roi qui eſt le premier Juge & Prévôt.

C'eſt pour cette raiſon qu'il y a un dais au-deſſus du Siege du Prévôt de Paris ou de ſon Lieutenant civil, ce qui n'eſt pas même dans les Parlemens, ſi ce n'eſt lorſque le Roi y va tenir ſon lit de Juſtice.

On tient auſſi que le dais y fut mis originairement pour S. Louis lequel alloit ſouvent en perſonne rendre la Juſtice au Châtelet, en mémoire de quoi il a toujours un dais, tant au Part civil qu'au Préſidial.

Le Prevôt de Paris repréſente dans le Tribunal

Y y ij

du Châtelet la perſonne du Roi au fait de la Juſtice par rapport aux Citoyens de cette grande Ville ; & lorſque cet office vient à vaquer, la Prévôté retourne au Roi, & la charge eſt exercée par ſon Procureur Général du Parlement de Paris qui s'intitule alors : *Garde de la Prévôté de Paris le Siege vacant.*

Le Prévôt de Paris ne reconnoît d'autre Supérieur que le Roi & le Parlement. Il y prête ferment en la Grand'Chambre ; & eſt inſtallé en ſon Siege par un Préſident à Mortier, le Doyen des Conſeillers, & le plus ancien Conſeiller Clerc du Parlement.

Un des plus grands honneurs attribués à cette Charge, c'eſt que quand le Roi tient ſon lit de Juſtice, le Prévôt de Paris à la garde du Parquet, & il y eſt placé au-deſſous du grand Chambellan.

Il a été rendu au Conſeil de Sa Majeſté, le 10. Novembre 1725. un Arrêt qui regle les droits & prérogatives du Prévôt de Paris & du Lieutenant civil, lequel eſt rapporté par M. Brillon, avec un extrait des Mémoires qui ont été de part & d'autre préſentés à Sa Majeſté. Comme il y a dedans des choſes très-curieuſes, j'ai cru en devoir donner avis au Lecteur.

PRÉVOT des Maréchaux, ſont des Juges d'Epée, établis preſque dans toutes les Provinces, pour faire le procès à tous vagabonds, gens ſans aveu & ſans domicile, & pour connoître & punir de certains crimes en certains cas, quoique commis par des perſonnes domiciliées. *Voyez* le titre 2. de l'Ordonnance de 1570. avec les remarques de Bornier.

Les Vice-Baillifs & les Vice-Sénéchaux ſont tous Officiers de même pouvoir & fonction, qui ne different que de nom des Prévôts des Maréchaux.

Les Prévôts des Maréchaux & leurs Lieutenans ont la qualité d'Ecuyers & de Conſeillers du Roi, voix délibérative dans les affaires qu'ils peuvent juger, rang & ſéance aux Sieges préſidiaux après le Lieutenant criminel du Siege.

Il y a un Arrêt du Conſeil d'Etat du Roi, du 29. Septembre 1693. qui porte que les Prévôts des Maréchaux, Vice Baillifs & Lieutenans criminels de Robe-courte, quoiqu'ils ne ſoient pas Gradués, auront voix délibérative dans le Jugement des procès de leurs compétences, inſtruits par eux, leurs Lieutenans ou aſſeſſeurs. Fait défenſes aux Officiers des Préſidiaux & autres Sieges de les y troubler, à peine de mille livres d'amende, & de tous dépens, dommages & intérêts.

Les Juges royaux n'ont donc aucune autorité ni juriſdiction ſur eux ; & ils doivent, pour les fautes qu'ils commettent, être jugés au Parlement.

Les Prévôts des Marechaux ne peuvent poſſéder que ce ſeul Office ; il leur eſt défendu d'en tenir un autre.

Ces Juges d'Epée ; qui ont ordinairement des Aſſeſſeurs pour leur ſervir de conſeil, & qui ont auſſi quelquefois des Lieutenans, ſont principalement établis pour battre la campagne avec leurs

Archers dans leur département, & pour prévenir & empêcher les déſordres, ou pour les punir, & purger la campagne de vagabonds & de brigands ; comme il leur eſt enjoint par les Ordonnances d'Orléans, articles 68. & 69. de Moulins, article 43. de Blois, articles 186. & 187.

Ils ne connoiſſent que des cas énoncés en l'article 12. du titre 1 de l'Ordonnance de 1670. Il y en a dont ils connoiſſent tant dedans que hors les Villes de leur réſidence ſeulement, & d'autres dont ils ne peuvent connoître que hors les Villes de leur réſidence.

Les cas dont les Prévôts, Vice-Baillifs & Vice-Sénéchaux connoiſſent dans les Villes de leur réſidence, en dernier reſſort & concurremment avec les Préſidiaux, ſont,

I°. Tous crimes commis par les vagabonds, gens ſans aveu & ſans domicile, qui ont été condamné à peine corporelle, banniſſement ou amende honorable.

II°. Les oppreſſions, excès, ou autres crimes commis par gens de guerre.

III°. Déſertion, aſſemblées illicites avec port d'armes, levée de gens de guerre ſans commiſſion, & vols ſur les grands chemins.

Les autres crimes dont ils connoiſſent hors les Villes de leur réſidence ſeulement, ſont les vols faits avec effraction, le port d'armes, & les violences publiques, les ſacriléges avec effraction, les aſſaſſinats prémédités, ſéditions, émotions populaires, fabrications, altérations, ou expoſition de monnoie contre toutes ſortes de perſonnes.

Les Prévôts des Maréchaux ne peuvent prendre connoiſſance des crimes commis dans les Villes de leur réſidence, quand ils ont été commis par des gens domiciliés.

Comme ils n'ont été inſtitués que pour les champs, leur devoir conſiſte principalement à faire des courſes dehors, ſans ſéjourner dans les Villes, ni dans un lieu plus d'un jour, ſi ce n'eſt pour occupations néceſſaires & légitimes, afin de purger la campagne de brigands ; mais à l'égard des vagabonds, coupeurs de bourſe, qui ſuivent ordinairement les Foires & Marchés, ils peuvent les juger, quoique le crime ait été commis dans les Villes de leur réſidence : ce qui doit être entendu, *incaleſcente adhuc maleficio, vel in flagranti delicto.*

Lorſque le Juge ordinaire a commencé de faire le procès à un délinquant, il ne peut le livrer entre les mains du Prévôt des Maréchaux ; & s'il le fait, le priſonnier eſt bien fondé d'en interjetter appel en la Cour.

La raiſon eſt, que cela ne ſe fait que pour l'opprimer, ou pour épargner au Seigneur Juſticier les frais de la procédure ou de l'exécution, s'il y en avoit à faire par l'évenement.

Les Prévôts des Maréchaux ne peuvent recevoir aucune plainte, ni informer hors leur reſſort, ſi ce n'eſt pour rebellion à l'exécution de leurs décrets. Article 2. du titre 2. de l'Ordonnance de 1670.

La raiſon eſt, que l'excès commis à l'exécution du mandement ou décret, doit être puni, non par le

Juge du lieu où l'excès a été commis, mais par celui qui a donné la commiffion ou le décret. D'ailleurs, cette rébellion eft une acceffoire & une dépendance du premier crime.

Ils font obligés de prêter main-forte à la Juftice, & font tenus de mettre à exécution les décrets & mandemens des Juges, lorfqu'ils en font requis par les Juges royaux, & fommés par les Procureurs du Roi ou par les Parties, à peine d'interdiction & de trois cens livres d'amende, applicable moitié au Roi, moitié à la Partie. Article 3. du même titre.

Mais la capture ne leur donne pas droit de prendre connoiffance des crimes qui ne leur appartiennent pas : ainfi ils doivent faire conduire les accufés aux prifons ordinaires, pour leur procès être fait par les Juges qui auront décrété.

Par l'article 4. du titre 3. il leur eft enjoint d'arrêter les criminels pris en flagrant délit, ou à la clameur publique.

Quand il arrive qu'il eft befoin de main-forte pour faire capture, il leur eft permis de faire affembler les Communautés, & fonner le tocfin, pour prendre les voleurs de grands chemins, & arrêter les déferteurs des armées & les vagabonds.

Les Prévôts, Sergens & Archers ayant ordre, commiffion & pouvoir d'arrêter un accufé, peuvent le tuer à leur corps défendant, au cas qu'il tire, & qu'ils ne puiffent fe tirer autrement d'affaire eux-mêmes.

L'article 5. du titre 2. de l'Ordonnance de 1670. défend aux Prévôts des Maréchaux, de donner des commiffions pour informer à leurs Archers, à des Notaires, Tabellions ou autres perfonnes, à peine de nullité de la procédure, & d'interdiction contre les Prévôts.

Comme dans la procédure criminelle il s'agit de l'honneur & de la vie des perfonnes, elle doit être faite par les Juges mêmes, ou autres que la Loi leur permet de commettre à cet effet.

Ainfi les Prévôts ne peuvent fubroger ni commettre pour l'inftruction du procès, ni autre chofe du fait de leurs Charges, que leurs Lieutenans & Affeffeurs. Il n'y a que les captures qu'ils font en droits de commettre à leurs Archers.

Les Archers des Prévôts des Maréchaux peuvent écrouer des prifonniers arrêtés en vertu de leurs décrets, fuivant l'art. 6.

Ces Archers peuvent auffi arrêter les délinquans pris en flagrant délit, ou émotion populaire, & les conduire devant le Prévôt ou fon Lieutenant, pour y être par eux pourvû, quoiqu'ils n'ayent point de décret ni d'Ordonnance dudit Prévôt ; à la charge d'informer, décréter & bailler copie des exploits dans les vingt-quatre heures.

Ils font tenus de laiffer aux prifonniers qu'ils auront arrêtés, copie du procès verbal de capture & de l'écroue, pour qu'ils fachent à la requête de qui & par quelle autorité ils font arrêtés.

C'eft la difpofition de l'article 7. qui n'enjoint pas de leur laiffer copie du décret, parce que ce feroit leur découvrir le nom des autres accufés,

qu'il eft important de ne leur pas faire connoître.

Les accufés contre lefquels le Prévôt des Maréchaux aura reçu plainte, informé & décrété, pourront fe mettre dans les prifons du Préfidial du lieu du délit, pour y faire juger la compétence ; & à cet effet, obliger le Prévôt de faire porter inceffamment au Greffe les Charges & informations, en vertu du jugement du Préfidial, ainfi qu'il eft dit en l'art. 8.

Les Prévôts des Maréchaux, en arrêtant un accufé, font tenus, aux termes de l'art. 9. de faire inventaire de l'argent, hardes, chevaux & papiers dont il fe trouvera faifi, en préfence de deux habitans les plus proches du lieu de la capture, qui figneront l'inventaire ; finon déclareront la caufe de leur refus, dont fera fait mention, pour être le tout porté au Greffe du lieu de la capture.

Cela empêche les malverfations que les Archers pourroient commettre en mettant une main fur le collet d'un accufé, & l'autre fur fa bourfe. D'ailleurs, c'eft le plus fûr moyen d'empêcher la fouftraction & l'enlevement des chofes faifies.

A l'inftant de la capture, les Prévôts des Maréchaux doivent conduire les accufés aux prifons du lieu, s'il y en a, finon aux plus prochaines, dans vingt-quatre heures au plûtard, ainfi qu'il eft dit en l'article 10. qui leur défend de faire chartre privée dans leurs maifons ni ailleurs, parce que ce feroit violer l'autorité du Prince.

L'article 12. enjoint aux Prévôts d'interroger les accufés dans les vingt-quatre heures de la capture. Si après les avoir interrogés, ils reconnoiffent qu'ils ne font pas de leur gibier, ils doivent les renvoyer, & faire conduire le même jour dans les prifons de l'Ordinaire. Faute de l'avoir fait dans les vingt-quatre heures, ils ne pourront les renvoyer que par l'avis des préfidiaux, art. 14. car les Prévôts des Maréchaux ne font pas Juges de leur compétence, ni de leur incompétence.

Ceux qui étoient pourfuivis pardevant les Prévôts des Maréchaux, ou les Préfidiaux, pour crimes fujets aux Jugemens en dernier reffort, s'adreffoient fouvent au Grand-Confeil, fous prétexte de contravention aux Ordonnances, & y obtenoient des Commiffions en caffation. Cela retardoit l'inftruction des procès criminels, faifoit que les preuves dépériffoient, & empêchoit le jugement des criminels, en ce que ces caffations demeuroient fans pourfuite. Le Roi, par fes Lettres patentes, données à Fontainebleau le 23. Septembre 1698. a remédié à ces évenemens.

Elles ordonnent entr'autres chofes, que les accufés contre lefquels les Prévôts des Maréchaux auront reçu plainte, informé, décrété, ne pourront fe pourvoir auparavant le Jugement de la compétence ; & comme dans l'inftruction des procédures il pourroit y avoir des contraventions aux Ordonnances, Sa Majefté, pour donner moyen à fes Sujets de fe pourvoir, a, par provifion, permis au Grand-Confeil de recevoir les requêtes en caffation des jugemens de compétence des autres procédures faites depuis par lefdits Prévôts des Maréchaux, ou

Juges préfidiaux, & accorder des Commiffaires fur icelles ; à la charge que les accufés qui préfenteront lefdites requêtes, rapporteront les copies qui leur auront été fignifiées defd. Jugemens de compéten-ce, que lefd. accufés feront effectivement prifon-niers dans les prifons des Sieges où le procès crimi-nel fera pendant, & qu'ils rapporteront les écroues dûement atteftés & fignifiés aux parties, ou à leurs Procureurs fur les lieux, dont fera fait mention dans la commiffion ; qu'il fera en outre porté ex-preffément dans la commiffion, que la procédure fera continuée par le Juge où le procès eft pendant, jufqu'à Jugement définitif exclufivement ; & que le demandeur en caffation, en la faifant fignifier, fera donner les affignations par un feul & même ex-ploit : les délais defquelles affignations feront énon-cés dans la Commiffion, & réglés fuivant la der-niere Ordonnance ; & qu'à faute de ce faire, les défenfes de paffer outre au jugement définitif foient levées & ôtées, fans qu'il foit befoin d'autre Arrêt ni Lettres.

La compétence des Prévôts des Maréchaux doit être jugée au Préfidial, dans le reffort duquel la capture aura été faite, dans trois jours au plûtard, quand même l'accufé ne propoferoit pas de décli-natoire. Article 15. du titre 2. de l'Ordonnance de 1670.

Les prévenus de crime peuvent ignorer les dé-grés de Jurifdiction, & les raifons & moyens d'in-compétence ; & comme il s'agit en cette occafion du droit public, les Prévôts ne peuvent pas fe pré-valoir de l'ignorance des accufés, ni même de la réconnoiffance qu'ils auront faite de leur Jurifdic-tion, attendu que les particuliers ne peuvent point déroger au droit public : ainfi il faut toujours faire juger la compétence.

Lorfqu'un accufé propofe des récufations contre le Prévôt des Maréchaux avant le jugement de la compétence, l'article 16. ordonne qu'elles foient jugées au Préfidial, au rapport de l'Affeffeur en la Maréchauffée, ou d'un Confeiller du Siege, au choix de la partie qui les préfentera ; & celles con-tre l'Affeffeur, auffi par l'un des Officiers dudit Siege : mais qu'à l'égard de celles qui ne feront propofées qu'après le jugement de la compétence, elles feront réglées au Siege où le procès criminel devra être jugé.

L'accufé peut être élargi, pour quelque caufe que ce foit, avant le jugement de la compétence ; & ne pourra l'être après, que par Sentence du Pré-fidial ou Siege qui devra juger définitivement le procès. Art. 17.

Les jugemens de compétence ne peuvent être rendus que par fept Juges au moins ; & ceux qui y affiftent, font tenus d'en figner la minute. Ar-ticle 18.

Il faut, conformément à l'article fuivant, que l'accufé ait été en la Chambre en préfence de tous les Juges, dont fera fait mention dans le juge-ment, enfemble du motif de la compétence.

Il faut enfin, que le jugement de la compétence foit prononcé, fignifié, & copie baillée fur le champ à l'accufé, fous les peines portées en l'ar-ticle 20.

Lorfque le Prévôt eft déclaré incompétent, l'ar-ticle fuivant ordonne que l'accufé fera transféré aux prifons du Juge du lieu où le délit aura été commis, & les charges & information, procès-verbal de capture, l'interrogatoire de l'accufé, & autres pieces & procédures remifes à fon Greffe ; & ce dans deux jours au plûtard après le jugement d'incompétence.

Quand au contraire le Prévôt eft déclaré compé-tent, l'article 22. lui enjoint de procéder inceffam-ment à la confection du procès avec fon Affeffeur, finon avec un Confeiller du Siege où il devra être jugé, fuivant la diftribution qui en fera faite par le Préfident.

Si après le procès commencé pour un crime pré-vôtal, il furvient des nouvelles accufations, dont il n'y ait point eu de plainte en juftice, pour cri-mes non prévôtaux, elles doivent, fuivant l'art. 32. être inftruites conjointement, & jugées prévô-talement.

Cela fe doit néanmoins exécuter de maniere que fi la condamnation contrevient pour le crime qui n'eft pas prévôtal, elle ne s'exécute point en der-nier reffort, mais en eft tenu de déférer à l'appel.

Le Jugement des procès fur les matieres dont connoiffent les Prévôts des Maréchaux, doit être rendu au Siege royal ou Bailliage le plus prochain, dans le reffort duquel le crime aura été commis, encore que ce ne foit pas un Préfidial, après néan-moins que la compétence aura été jugée par le Préfidial le plus prochain du lieu.

Toute Sentence Prévôtale, préparatoire, inter-locutoire ou définitive, doit être rendue au nom-bre de fept au moins Officiers ou Gradués ; en cas qu'il ne fe trouve au Siege nombre fuffifant de Ju-ges, art. 24. & par la Déclaration du 3. Octobre 1694. il a été ordonné que ledit article 24. feroit même obfervé pour les Sentences portant que les témoins feront récollés & confrontés aux accufés par les Lieutenans Civils, Prévôts des Maréchaux, Vice-Baillifs, Vice-Sénéchaux, & autres ; & que les fept Officiers ou gradués qui y auront affifté, feront tenus d'en figner la minute.

L'article 25. porte, qu'il fera dreffé deux minu-tes de jugemens prévôtaux, qui feront fignées par les Juges, dont l'une demeurera au Greffe du Siege où le procès aura été jugé, & l'autre au Greffe de la Maréchauffée.

Si l'accufé eft appliqué à la queftion, le procès-verbal de roture fe fait par le Rapporteur, en pré-fence d'un Confeiller du Siege & du Prévôt. C'eft la difpofition de l'article 26.

L'article fuivant porte, que les dépens adjugés par le Jugement prévôtal, feront taxés par le Pré-vôt en préfence du Rapporteur, qui n'en pourra prétendre aucuns droits ; & s'il eft interjetté appel de ladite taxe, le Siege qui aura rendu le Juge-ment en connoîtra en dernier reffort.

Les Prévôts des Maréchaux ne peuvent juger en aucun cas à la charge de l'appel ; ils jugent tou-

jours en dernier reſſort, ſuivant les articles 12. &
14. du tit. 1. de l'Ordonnance de 1670.

La raiſon eſt, qu'ils ont été établis pour expédier les affaires criminelles, & principalement pour
extirper les brigands. Or, s'ils jugeoient à la charge de l'appel, ils ne termineroient jamais rien,
parce que les priſonniers chargés des cas prévôtaux,
pour différer ou éluder la punition de leurs crimes,
ne manqueroient pas de ſe rendre appellans de la
procédure ou de leur Jugement.

Ainſi l'appel n'eſt pas reçu de leurs ſentences ;
mais cette regle ſe doit entendre lorſque leurs Jugemens portent condamnation, & hóc in odium
criminum ; car quand ils déchargent le criminel de
l'accuſation, la partie civile eſt reçue à en interjetter appel.

L'article 13. du titre 2. enjoint aux Prévôts des
Maréchaux de déclarer à l'accuſé, au commencement du premier interrogatoire, qu'ils entendent le juger prévôtalement, & que mention en
ſoit faite dans ledit interrogatoire.

Lorſque la compétence a été jugée ; & qu'il a
été ordonné que le procès ſera fait à l'accuſé par
Jugement en dernier reſſort, le Juge doit lui faire
la même déclaration, ſoit en l'interrogeant de rechef, ſoit en lui recollant & confrontant les témoins, & lors du Jugement définitif de ſon procès
& de l'interrogatoire qu'il prêtera ſur la ſellette,
avant que d'être jugé définitivement.

Les Prévôts des Maréchaux ne connoiſſent que
du criminel : ayant fait exécuter à mort un criminel jugé être leur gibier & condamné, ils ne peuvent point connoître de la vente de ſes biens, ſoit
par décret ou autrement ; il faut ſe pourvoir à la
Connétablie, ou au Juge ordinaire pour cela.

Ils ne peuvent pas non plus connoître des dommages & intérêts, ni de quelque matiere civile que
ce puiſſe être.

Dès que les Parties ſont réglées en procès à l'ordinaire, leur Juriſdiction ceſſe abſolument, parce
qu'elle ne peut avoir lieu que quand il s'agit de
crime qui mérite peine afflictive.

Il y a dans le Journal des Audiences un Arrêt du
Conſeil du 11. Août 1692. qui juge que les Prévôts
des Maréchaux ne peuvent pas faire le procès à un
Eccléſiaſtique, qu'à la charge de l'appel, quoique
hors ce cas ils jugent toujours en dernier reſſort.

Par les Ordonnances d'Orléans, art. 31. & 71.
Moulins art. 45. Blois art. 185. les Prévôts des
Maréchaux, Lieutenans & Archers, ne peuvent
rien prendre des Parties, ſous quelque prétexte
que ce ſoit, à peine de perdre leurs Offices.

Les Prévôts des Maréchaux, & tous autres Officiers de Robe-courte, ſont tenus ſur le fait de leurs
Sergens & Archers, lorſqu'ils commettent quelque
délit en leur préſence ou en leur abſence illégitime, dans les cas eſquels ils doivent être à la tête
de leur compagnie, parce que nous ſommes reſponſables de ce que font ceux qui ſont ſous notre
dépendance, & à qui nous ſommes en droit de
commander.

Ils ne peuvent pas deſtituer leurs Archers ſans

cauſe légitime, & qu'après la preuve d'abus & de
malverſations par eux commis, ſuivant l'article
188. de l'Ordonnance de Blois, parce que cela donneroit lieu au Public de croire que leur deſtitution
a eu pour fondement quelque cauſe infamante.

Par Arrêt de Réglement des grands Jours d'Auvergne du 10. Décembre 1665. ni les Prévôts des
Maréchaux, ni leurs Greffiers ne peuvent retenir
dans leurs maiſons les minutes des informations,
interrogatoires, recollement, confrontation, &
autres inſtructions par eux faites ; il faut qu'elles
ſoient miſes en un dépôt public dans le lieu de la
Juriſdiction où eſt le Siege auquel ils ſont réſidans,
& non ailleurs : auquel lieu ils auront un Greffe
fermant à clef, d'où ne pourront être tirées les minutes qu'en cas qu'il fût ordonné par les Juges ſupérieurs qu'elles ſeroient apportées, ou qu'il fût néceſſaire de faire quelque inſtruction à la Compagnie.

Les Greffiers ſont tenus de faire des groſſes des
informations & autres procédures ſur leſquelles
l'inſtruction ſera parachevée, ſans que pour raiſon
de ce ils puiſſent rien prendre de leurs groſſes ; &
les mêmes Greffiers tous les ans rapporteront leurs
minutes au Greffe de la Maréchauſſée & du Prévôt,
ſur leſquelles ils pourront s'inſtruire s'il y échet,
& en faire des expéditions.

Il eſt enjoint à tous les Prévôts de donner ou faire donner tous les ans par leurs Greffiers, au Receveur du Domaine des lieux où leſdits Prévôts ſont
établis, le rôle ſigné du Greffier, de toutes les
amendes, forfaitures & confiſcations par eux adjugées, à peine de privation de leurs états, afin que
le Fiſc ne ſoit pas privé de ſes droits.

Les gages des Prévôts des Maréchaux & de leurs
Archers ne peuvent point être ſaiſis & arrêtés, parce qu'ils ſont donnés par forme d'alimens ; leurs armes & leurs chevaux ne peuvent pas non plus être
ſaiſis.

Les Prévôts ne peuvent décerner d'exécutoire
pour les vacations de leurs Greffiers & Archers, &
moins encore pour eux ; & ils ne peuvent rien
exiger des Parties pour leurs frais, ſalaires & dé-
bourſés, ainſi qu'il eſt porté en l'art. 45. de l'Ordonnance de Moulins.

Par Arrêt du Conſeil du 5. Mai 1685. il a été ordonné que les frais des procès faits par les Prévôts
des Maréchaux, où il n'y aura pas de Parties civiles, & dont par conſéquent Sa Majeſté eſt tenue,
ſeront payées par les Receveurs des Domaines ;
ſçavoir, quant aux procès pour leſquels le Prévôt
aura été déclaré incompétent, ſur les exécutoires
qui ſeront décernés par les Lieutenans criminels &
Procureur du Roi des Sieges où ladite compétence
aura été jugée, & à l'égard des autres procès pour
leſquels le Prévôt aura été déclaré compétent, ſur
les exécutoires des Lieutenans criminels ou Procureur du Roi des Sieges dans leſquels le Prévôt aura
jugé le procès.

Nous avons juſqu'ici rapporté les déciſions portées ès anciennes Ordonnances, & en celle de 1670,
touchant les cas Prévôtaux, & la juriſdiction des
Prévôts des Maréchaux, & les diſpoſitions des Edits

& Déclarations particulieres qui ont été faites depuis. Comme il a paru le 5. Février 1731. une nouvelle Déclaration qui explique plus exactement, & la qualité des personnes, & la nature des crimes qui font de la compétence des Prévôts des Maréchaux, & qui reglent plusieurs points importans qui n'avoient point encore été décidés, nous avons cru devoir rapporter ici le contenu ès articles de cette Déclaration.

» Art. I. Les Prévôts de nos Cousins les Maréchaux de France connoîtront de tous crimes commis par vagabonds & gens sans aveu; & ne feront réputés vagabonds & gens sans aveu, que ceux qui n'ayant ni profession, ni métier, ni domicile certain, ni bien pour subsister, ne peuvent être avoués, ni faire certifier de leurs bonnes vies & mœurs par personnes dignes de foi. Enjoignons auxdits Prévôts des Marechaux d'arrêter ceux ou celles qui feront de la qualité susdite, encore qu'ils ne soient prévenus d'aucun autre crime ou délit, pour leur être leur procès fait & parfait, conformément aux Ordonnances. Seront pareillement tenus lesdits Prévôts des Maréchaux d'arrêter les mendians valides qui feront de la même qualité pour procéder contr'eux, suivant les Edits & Déclarations qui ont été donnés sur le fait de la mendicité.

» II. Lesdits Prévôts des Maréchaux connoîtront aussi de tous crimes commis par ceux qui auront été condamnés à peine corporelle, bannissement ou amende honorable; ne pourront néanmoins prendre connoissance de la simple infraction de ban, que lorsque la peine du bannissement aura été par eux prononcée. Voulons que dans les autres cas les Juges qui auront prononcé la condamnation, connoissent de ladite infraction de ban, si ce n'est que la peine du bannissement ait été prononcée par Arrêt de nos Cours de Parlement, soit en infirmant ou en confirmant les Sentences des premiers Juges, & quand même l'exécution auroit été renvoyée auxdits Juges; auxquels cas le procès ne pourra être fait ou parfait à ceux qui seront accusés de ladite infraction de ban, que par nosdites Cours de Parlement. Voulons au surplus que nos Déclarations des 8. Janvier 1719. & 5. Juillet 1722. soient exécutées selon leur forme & teneur, en ce qui concerne notre bonne Ville de Paris.

» III. Lesdits Prévôts des Maréchaux auront aussi la connoissance de tous excès, oppressions, ou autres crimes commis par gens de guerre, tant dans leur marche, que dans les lieux d'étapes, ou d'assemblée, ou du séjour pendant leur marche; des déserteurs d'armée, & de ceux qui les auroient suborné, ou qui auroient favorisé ladite désertion, & ce quand même les accusés de ce crime ne seroient point gens de guerre.

» IV. Tous les énoncés dans les trois articles précédens, & qui ne font réputés Prévôtaux que par la qualité des personnes accusées, feront de la compétence des Prévôts des Maréchaux, quand même il s'agiroit de crimes commis dans les Villes de leur réfidence.

» V. Ils connoîtront en outre de tous les cas qui font Prévôtaux par la nature du crime; sçavoir, du vol sur les grands chemins, fans que les rues des Villes & Fauxbourgs puissent être censées comprises à cet égard sous le nom de grands chemins; des vols faits avec effraction, lorsqu'ils feront accompagnés de port d'armes & violences publiques, ou lorsque l'effraction se trouvera avoir été faite dans les murs de cloture, ou toits des maisons, portes & fenêtres extérieures, & ce quand même il n'y auroit eu port d'armes, ni violence publique; des sacrileges accompagnés de circonstances ci-dessus marquées à l'égard du vol commis avec effraction, des séditions, émotions populaires, attroupemens & assemblées illicites avec port d'armes; des levées de gens de guerre fans commission émanée de nous; de la fabrication ou exposition de fausse monnoie: le tout fans qu'aucuns autres crimes que ceux de la qualité ci-dessus marquée, puissent être réputés cas Prévôtaux par leur nature.

» VI. Ne pourront néanmoins lesdits Prévôts des Maréchaux connoître des crimes mentionnés dans l'article précédent, lorsque lesdits crimes auront été commis dans les Villes ou Fauxbourgs du lieu où lesdits Prévôts ou leurs Lieutenans font leur réfidence.

» VII. Nos Juges préfidiaux connoîtront aussi en dernier ressort des personnes & crimes dont il est fait mention dans les articles précédens, à l'exception néanmoins de ce qui concerne les déserteurs, suborniateurs & fauteurs desdits déserteurs, dont les Prévôts des Maréchaux connoîtront seuls à l'exclusion de tous Juges ordinaires.

» VIII. Les Sieges préfidiaux ne prendront connoissance des cas qui font Prévôtaux par la qualité des accusés, ou par la nature du crime, que lorsqu'il s'agira du crime commis dans la Sénéchaussée ou Bailliage dans lequel le Siege préfidial est établi: & à l'égard de ceux qui auront été commis dans d'autres Sénéchaussées ou Bailliages, quoique ressortissans audit Siege préfidial dans les deux cas de l'Edit des Préfidiaux nos Baillifs & Sénéchaux en connoîtront à la charge de l'appel en nos Cours de Parlement, conformément à la Déclaration du 29. Mai 1702.

» IX. En cas de concurrence de procédures, les Préfidiaux, même les Baillifs & Sénéchaux, auront la préférence sur les Prévôts des Maréchaux, s'ils ont informé & décrété avant eux, ou le même jour.

» X. Nos Prévôts, Châtelains, & autres nos Juges ordinaires, même ceux des Hauts-Justiciers connoîtront à la charge de l'appel en nos Cours de Parlement, des crimes qui ne font pas du nombre des cas royaux ou prévôtaux par leur nature, & qui auront été commis dans l'étendue de leur Siege & Justice par les personnes mentionnées dans les articles premier & deux de la présente Déclaration, même de la contravention aux Edits & Déclarations sur le fait de la mendicité, & ce concurremment & par prévention avec lesdits Prévôts des Maréchaux, & préférablement

» à eux, s'ils ont informé & décreté avant eux ou
» le même jour.

» XI. Les Ecclésiastiques ne seront sujets en au-
» cun cas, ni pour quelque crime que ce puisse
» être, à la Jurisdiction des Prévôts des Maréchaux
» ou Juges présidiaux en dernier ressort.

» XII. Voulons qu'à l'avenir les Gentilshommes
» jouissent du même privilege, si ce n'est qu'ils s'en
» fussent rendus indignes, par quelque condamna-
» tion qu'ils eussent subi, soit de peine corporelle,
» bannissement ou amende-honorable.

» XIIIº. Nos Secrétaires & nos Officiers de Ju-
» dicature, du nombre de ceux dont les procès cri-
» minels ont accoutumé d'être portés à la grande
» ou première Chambre de nos Cours de Parle-
» ment, ne pourront être jugés en aucun cas par
» les Prévôts des Maréchaux ou Juges présidiaux en
» dernier ressort.

» XIV. Si dans le nombre de ceux qui seront ac-
» cusés du même crime, il s'en trouve un seul qui
» ait une des qualités marquées par les trois arti-
» cles précédens, les Prévôts des Maréchaux n'en
» pourront connoître, & seront tenus en délais-
» ser la connoissance aux Juges à qui elle appartien-
» dra ; quand même la compétence auroit été ju-
» gée en leur faveur ; & ne pourront aussi nos Ju-
» ges présidiaux en connoître qu'à la charge de
» l'appel.

» XV. Pourront néanmoins les Prévôts des Ma-
» réchaux informer contre les personnes mention-
» nées dans les articles XI. XII & XIII. même
» décreter contr'eux & les arrêter ; à la charge de
» renvoyer les procédures par eux faites aux Bail-
» liages ou Sénéchaussées dans l'étendue desquelles
» le crime aura été commis, pour y être le procès
» fait & parfait auxdits accusés, ainsi qu'il appar-
» tiendra, à la charge de l'appel en nos Cours de
» Parlement.

» XVI. Ne pourront pareillement les Prévôts
» des Maréchaux, ni les Juges des présidiaux, con-
» noître d'aucuns crimes, quoique prévôtaux, lors-
» qu'il s'agira de crimes commis dans l'étendue
» des Villes où nos Cours de Parlement sont éta-
» blies, Fauxbourgs desdites Villes, & ce quand
» même lesdits Prévôts des Maréchaux ou leurs
» Lieutenans n'y feroient pas leur résidence; le tout
» à l'exception des cas qui ne font obligés que
» par la qualité des accusés, suivant les articles
» I. & II. des Présentes, desquels cas lesdits Pré-
» vôts des Maréchaux ou Présidiaux pourront con-
» tinuer de connoître, même dans les Villes où
» nosdites Cours ont leur séance, à la charge de se
» conformer par eux à la disposition de l'article II.
» de la présente Déclaration, en ce qui concerne
» l'infraction de ban.

» XVII. Si les mêmes accusés se trouvent pour-
» suivis pour des cas ordinaires, soit pardevant
» nos Baillifs ou Sénéchaux, soit pardevant nos
» Prévôts, Châtelains, ou autres nos Juges, mê-
» me ceux des Hauts-Justiciers, & qu'ils soient aussi
» prévenus des cas Prévôtaux par leur nature, &
» qui ayent donné lieu aux Prévôts des Maré-

Tome II.

» chaux ou aux Juges présidiaux de commencer
» des procédures contr'eux, la connoissance des
» deux accusations appartiendra auxdits Baillifs &
» Sénéchaux, à l'exclusion des Prévôts, Châte-
» lains ou autres Juges subalternes, & préférable-
» ment auxdits Prévôts des Maréchaux & Juges
» Présidiaux, si lesdits Baillifs & Sénéchaux, ou
» autres Juges à eux subordonnés, ont informé &
» décreté avant lesdits Prévôts des Maréchaux &
» Juges présidiaux, ou le même jour ; & lorsque
» le crime dont le Prévôt des Maréchaux aura con-
» nu, n'aura pas été commis dans le ressort des
» Bailliages & Sénéchaussées où les cas ordinaires
» sont arrivés, il en sera donné avis à nos Procu-
» reurs généraux par leurs Substituts, tant aus-
» dits Bailliages & Sénéchaussées, tant dans la Ju-
» risdiction du Prévôt des Maréchaux, pour y être
» pourvu par nos Cours de Parlement, sur la ré-
» quisition de nosdits Procureurs généraux, par
» Arrêt de renvoi de deux accusations dans tel
» Siege ressortissant nuement en nosdites Cours
» qu'il appartiendra.

» XVIII. Voulons réciproquement : que si dans
» le cas de l'article précédent les Prévôts des Ma-
» réchaux, ou les Juges Présidiaux, ont informé
» & décreté pour le crime qui est de leur com-
» pétence, avant que les autres Juges nommés dans
» ledit Article ayent informé & décreté pour les
» cas ordinaires, la connoissance des deux accusa-
» tions appartienne en entier auxdits Prévôts des
» Maréchaux, ou auxdits Sieges Présidiaux, pour
» être instruites & jugées par eux, même pour ce
» qui regarde les cas ordinaires ; & lorsque lesdits
» cas ne seront pas arrivés dans le Département
» du Prévôt des Maréchaux qui aura connu des cas
» prévôtaux ; nous nous réservons d'y pourvoir sur
» l'avis qui en sera donné à notre amé & féal
» Chancelier de France, en renvoyant les deux ac-
» cusations pardevant le Présidial ou Prévôt des
» Maréchaux qu'il appartiendra. N'entendon com-
» prendre dans la disposition du présent article les
» accusations dont l'instruction seroit pendante en
» nos Cours, contre des coupables prévenus de cri-
» mes prévôtaux, auquel cas en tout état de
» cause seront toutes les accusations jointes & por-
» tées en nosdites Cours.

» XIX. En procédant au Jugement des accusa-
» tions qui auront été instruites conjointement par
» lesdits Prévôts des Maréchaux ou Juges prési-
» diaux, au cas de l'article précédent, les Juges se-
» ront tenus de marquer distinctement les cas dont
» l'accusé sera déclaré atteint & convaincu ; au
» moyen de quoi sera le Jugement exécuté en der-
» nier ressort, si l'accusé est déclaré atteint & con-
» vaincu du cas prévôtal ; sinon ledit Jugement ne
» sera rendu qu'à la charge de l'appel, dont il sera
» fait mention expresse de la Sentence : le tout
» à peine de nullité, même d'interdiction contre les
» Juges qui auroient contrevenu au présent article.

» XX. Si dans le même procès criminel il y a
» plusieurs accusés, dont les uns soient poursuivis
» pour un cas ordinaire, & dont les autres soient

Z z

» chargés d'un crime prévôtal, la connoissance de
» deux accusations appartiendra à nos Baillifs &
» Sénéchaux, préférablement aux Prévôts des Ma-
» réchaux & Sieges présidiaux, soit que les Juges
» qui auront informé & décreté pour les cas ordi-
» naires ayent prévenu lesdits Prévôts des Maré-
» chaux ou Juges présidiaux, soit qu'ils ayent été
» prévenus par eux; & si les Juges présidiaux s'en
» trouvent saisis, ils n'en pourront connoître qu'à
» la charge de l'appel. Voulons qu'il en soit usé de
» même, s'il se trouve plusieurs accusés, dont les
» uns soient de la qualité marquée dans les articles
» I. & II. des présentes, & dont les autres ne
» soient pas de ladite qualité.

» XXI. Voulons que tous Juges du lieu du
» délit, royaux ou autres, puissent informer, de-
» creter & interroger tous accusés, quand même
» il s'agiroit de cas royaux ou de cas prévôtaux:
» leur enjoignons d'y procéder aussi-tôt qu'ils au-
» ront eu connoissance desdits crimes, à la charge
» d'en avertir incessamment nos Baillifs & Sénéchaux
» dans le ressort desquels ils exercent leur Justice,
» par acte dénoncé au Greffe criminel desdits Bail-
» lifs & Sénéchaux, lesquels seront tenus d'envoyer
» querir aussi incessamment les procédures & les
» accusés. Pourront pareillement lesdits Prévôts des
» Maréchaux informer de tous cas ordinaires com-
» mis dans l'étendue de leur ressort, même décre-
» ter les accusés & les interroger, à la charge d'en
» avertir incessamment nos Baillifs & Sénéchaux,
» ainsi qu'il a été dit ci-dessus, & de leur remettre
» les procédures & les accusés, sans attendre même
» qu'ils en soient requis.

» XXII. Interprétant en tant que besoin seroit l'ar-
» ticle XVI. du titre premier de l'ordonnance de
» 1670. voulons que si les coupables d'un cas royal
» ou prévôtal, ont été pris soit en flagrant délit,
» ou en exécution d'un décret decerné par le Juge
» ordinaire des lieux, avant que le Prévôt des Ma-
» réchaux ait décerné un pareil décret contr'eux le
» Lieutenant criminel de la Sénéchaussée, ou du
» Bailliage supérieur, soit censé avoir prévenu le-
» dit Prévôt des Maréchaux par la diligence du Ju-
» ge inférieur.

» XXIII. Le tems de vingt-quatre heures, dans
» lequel les Prévôts des Maréchaux sont tenus, sui-
» vant l'article XVI. du titre II. de l'Ordonnance
» de 1670. de délaisser au Juge ordinaire du lieu
» du délit la connoissance des crimes qui ne sont
» pas de leur compétence, sans être obligés de
» prendre sur ce l'avis des présidiaux, ne commen-
» cera à courir que du jour du premier interroga-
» toire, auquel ils seront tenus de procéder dans
» les vingt-quatre de la capture.

» XXIV. Les Prévôts des Maréchaux, Lieute-
» nans criminels de Robe-courte, & les Officiers
» des Sieges présidiaux, seront tenus de déclarer
» à l'accusé, au commencement du premier inter-
» rogatoire, qu'ils entendent le juger en dernier
» ressort, & d'en faire mention dans ledit interroga-
» toire; le tout sous les peines portées par l'article
» XIII. du titre II. de l'Ordonnance de 1670. &
» faute par eux d'avoir satisfait à ladite formalité,

» voulons que le procès ne puisse être jugé qu'à
» la charge de l'appel; à l'effet de quoi il se-
» ra porté au Siege de la Sénéchaussée ou du Bail-
» liage, dans le ressort duquel le crime aura été
» commis, pour y être instruit & jugé ainsi qu'il
» appartiendra.

» XXV. Lorsque les Prévôts des Maréchaux ou
» autres Officiers, qui sont obligés de faire juger
» leur compétence, auront été déclarés compétens
» par Sentence du Présidial à qui il appartiendra
» d'en connoître, ladite Sentence sera prononcée
» sur le champ à l'accusé, en présence de tous les
» Juges, & mention sera faite par le Greffier de la-
» dite prononciation au bas de la Sentence, laquelle
» mention sera signée de tous ceux qui auront
» assisté au Jugement, ensemble de l'accusé, s'il
» sçait & veut signer, sinon sera faite mention de
» sa déclaration qu'il ne sçait signer, ou de son
» refus; le tout à peine de nullité, & sans préjudice
» de l'exécution des autres dispositions de l'article
» 20. du titre 2. de l'Ordonnance de 1670.

» XXVI. Lorsque les Prévôts des Maréchaux &
» autres Juges en dernier ressort, qui sont obligés
» de faire juger leur compétence, auront été décla-
» rés incompétens par Sentence des Juges prési-
» diaux, ni les parties civiles, ni lesdits Officiers,
» ou nos Procureurs aux Sieges présidiaux ou aux
» Maréchaussées, ne pourront se pourvoir en quel-
» que maniere que ce soit, contre les Jugemens par
» lesquels lesdits Prévôts des Maréchaux ou autres
» Juges en dernier ressort, auront été déclarés in-
» compétens, ni demander que l'accusé soit renvoyé
» pardevant eux; mais sera ladite Sentence exécu-
» tée irrévocablement à l'égard du procès pour le-
» quel elle sera intervenue: n'entendons néanmoins
» empêcher que si lesdits Officiers prétendent que
» ledit Jugement donne atteinte aux droits de leur
» Jurisdiction, & peut être tiré à conséquence con-
» tr'eux dans d'autres cas, ils ne nous en portent
» leurs plaintes, pour y être par nous pourvu ainsi
» qu'il appartiendra.

» XXVII. Dans les accusations de duel, que les
» Prévôts des Maréchaux ne peuvent juger qu'à la
» charge de l'appel, suivant l'article 19. de l'Edit
» du mois d'Août 1679. ils ne déclareront point à
» l'accusé qu'ils entendent le juger en dernier res-
» sort, & il ne sera donné aucun Jugement de com-
» pétence: ne pourra être aussi formé aucun Régle-
» ment de Juge à cet égard; sauf, en cas de con-
» testation entre différens Sieges sur la compéten-
» ce, à y être pourvu par nos Cours de Parlement
» sur la Requête des accusés, ou sur celle de nos
» Procureurs auxdits Sieges, ou sur la réquisition
» de nos Procureurs généraux.

» XXVIII. Les Prévôts des Maréchaux, même
» dans les cas de duel, seront tenus de se faire assis-
» ter de l'Assesseur en la Maréchaussée, ou en l'absen-
» ce dudit Assesseur, de tel autre Officier du Robe-
» longue qui sera commis par le Siege où se fera
» l'instruction du procès; & ce, tant pour les in-
» terrogatoires des accusés, que pour ladite ins-
» truction; le tout conformément aux articles 12.
» & 23. du titre 2. de l'Ordonnance de 1670. à l'ex-

» ception néanmoins de l'interrogatoire fait au mo-
» ment ou dans les vingt-quatre heures de la cap-
» ture, qui pourra être faite sans l'Assesseur, suivant
» ledit article 12. ne pourront audit cas de duel
» les Jugemens préparatoires, interlocutoires ou
» définitifs être rendus qu'au nombre de cinq Ju-
» ges au moins ; & il sera fait deux minutes desdits
» Jugemens, conformément à l'article 25. du même
» titre.

» XXIX. L'article 19. du titre 6. de l'Ordonnance
» de 1670. sera exécuté selon sa forme & teneur ;
» & en y ajoutant, voulons que les Greffiers des
» Bailliages, Sénéchaussées, Présidiaux & Ma-
» réchaussées, soient tenus d'envoyer tous les six
» mois à nos Procureurs généraux en nos Cours de
» Parlement, chacun dans leur ressort, un extrait
» de leur Registre ou dépôt, signé d'eux, & visé,
» tant par les Lieutenans criminels, que par nos-
» dits Procureurs auxdits Bailliages, Sénéchaussées
» & Siéges présidiaux, dans lequel extrait ils seront
» tenus d'inférer en entier la copie des Jugemens
» de compétence rendus pendant les six mois pré-
» cédens, & de la prononciation d'iceux en la for-
» me prescrite par l'article 24. ci-dessus : le tout à
» peine d'interdiction, ou de telle amende qu'il
» appartiendra, & sans préjudice de l'exécution
» des autres dispositions contenues dans ledit arti-
» cle 19. du titre 6. de l'Ordonnance de 1670.

» XXX. Voulons que la présente Déclaration
» soit exécutée selon sa forme & teneur, dans tous
» les Pays, Terres & Seigneuries de notre obéissan-
» ce, dérogeant à cet effet à toutes Loix, Or-
» donnances, Edits, Déclarations & usages, mê-
» me à ceux de notre Châtelet de Paris, en ce
» qu'ils pourroient avoir de contraire aux disposi-
» tions des Présentes. Si DONNONS EN MANDE-
» MENT, &c.

Voyez Henrys, tome 1. liv. 2. quest. 66. 70. 71.
& 73.

PRÉVOT DE L'ISLE, est le Prévôt des Maréchaux dans l'étendue de l'Isle de France, lequel
juge des cas exprimés ci-dessus avec les Officiers du
Présidial à Paris, comme les autres Prévôts des
Maréchaux dans les Provinces avec les Présidiaux.

PRÉVOT DES MARCHANDS, Maires & Echevins,
Capitouls & autres semblables, sont des Officiers
dont les Charges populaires ont en France divers
noms, comme Mayeurs, Consuls, Jurats, Pairs
& Gouverneurs, dont l'exercice ne dure qu'une,
deux ou trois années, selon l'usage des lieux.

A Paris, c'est le Roi qui nomme le Prévôt des
Marchands ; mais les quatre Echevins sont électifs
d'année en année pour exercer deux ans; & ils font
leur serment entre les mains du Roi. Dans les autres
Villes, tout est électif.

Afin que les affaires communes des Villes soient
mieux gouvernées, & ménagées avec plus de soin,
que n'en pourroient avoir les Officiers de Justice,
assez occupés d'ailleurs, Henri II. par son Edit
donné à Fontainebleau au mois d'Octobre 1547.
a défendu d'élire aucun Officier des Cours ou de
Jurisdiction ordinaire pour être Prévôts, Maires,

Echevins ou autres Officiers des Villes, soit par
voie d'élection, ou autres manieres de provisions,
sous peine aux élisans de cent écus d'or d'amende
au profit de la Ville, ou en outre d'être privés de
leur droit d'élection ou nomination, qui pour cette fois appartiendra au Roi, attendu la nullité de
l'élection.

Charles IX. par son Edit de 1571. a érigé un
Corps de Ville à Châtellerault sous cette même
condition, qu'aucun Habitant de Robe-longue ou
de pratique ne pourroit être élu à la dignité de Maire ou d'Echevin.

Ces Ordonnances ne sont point exécutées ; on
met aujourd'hui dans ces places des Officiers de
Justice, & des personnes de pratique. Mais on exécute seulement l'article 7. de la Déclaration donnée
en interprétation de l'Ordonnance de Cremieu qui
pour éviter les brigues, défend de faire aucune
assemblée de Ville, pour traiter & délibérer d'affaires publiques, en aucune maison particuliere ;
voulant que ces sortes d'Assemblées soient tenues
en lieu public à ce destinés, après avoir appellé
tous ceux qui y doivent assister, sous peine de nullité des assemblées.

L'Ordonnance de Blois, article 363. veut que
ces élections se fassent librement, & que ceux qui
entreront en telles Charges par d'autres voies, en
soient ôtés, & leurs noms rayés des Registres.

Celle de Louis XIII. du mois de Janvier 1629.
article 411. en confirmant celle de Blois, ajoute
que les élections de toutes les Charges de Ville seront faite en la maniere accoutumée, sans brigues
ni monopoles, de personnes qui seront jugées les
plus propres pour le bien de l'Etat, le service du
Roi & l'avantage de la Ville; & que ceux qui seront
pourvus desdites Charges, seront tenus d'y résider.

Le même article ordonne que tous les Corps &
Maisons de Villes se régleront par la maniere de
s'assembler & délibérer même pour l'administration
à ce qui s'observe en celle de Paris, ou en la plus
prochaine.

Enfin par l'article 413. de cette Ordonnance de
1629. il est statué que les Lettres & Paquets qui
seront envoyés par le Roi, ou par les Gouverneurs des Provinces aux Maires & Echevins, ne
seront ouverts qu'en la présence de deux ou trois
Echevins; & que tous les actes de délibérations &
résolutions qui seront prises des Corps & Communautés des Villes, seront reçus par les Greffiers, &
signés à la fin de chaque assemblée avant de se séparer, & incontinent enregistrés.

Voyez, touchant la Jurisdiction du Prévôt des
Marchands, ce que nous avons dit, *verbo* Hôtel-
de-Ville.

PRÉVOSTÉ DE L'Hôtel, est une Jurisdiction qui s'étend sur le Louvre, & sur la Maison
du Roi.

Le Grand Prévôt en est le chef : il a ses Lieute-
nans généraux, deux de Robe-courte, & deux de
Robe-longue, qui donnent leurs Audiences dans la
Salle basse du Grand-Conseil.

Il connoît de toutes les causes, tant civiles que

criminelles, des Officiers & Marchands privilégiés qui fuivent la Cour. C'eft lui qui taxe le pain,
le vin, la viande, & toutes les denrées néceffaires
pour la Cour.

Il donne auffi des Lettres aux Marchands privilégiés, par lefquelles il les déclare francs de tous
péages & paffages.

Il reconnoît encore de tous les crimes & délits qui
fe commettent à la fuite de la Cour, à dix lieues
aux environs.

Il peut faire faifir & appréhender les criminels
& délinquans à dix lieues à la ronde, leur faire
faire leur procès par fes Lieutenans, fouverainement & en dernier reffort, en y appellant fix Maîtres des Requêtes, qui fe trouvent à la fuite de la
Cour, & à leur défaut fix Avocats.

Les appellations des Jugemens du Grand Prévôt
fe relevent au Grand Confeil.

Voyez Grand-Prévôt de l'Hôtel.

PRÉVOSTÉ DE LA MARINE, eft une Ju-
rifdiction particuliere qui connoît des affaires de la
Marine.

Au mois d'Avril 1704. a été publié un Edit,
portant établiffement d'une telle Jurifdiction en
chacune des Villes de Breft, de Rochefort, de
Toulon, de Marfeille, de Dunkerque, du Havre,
du Port-Louis & de Bayonne, avec création des
Officiers dont cette Jurifdiction doit être compofée, & des Réglemens qui reglent leurs fonctions.

Au même mois a été adreffé un femblable Edit
au Parlement de Grenoble.

PREUVE, eft une conféquence légitime,
qui réfulte d'un fait évident, dont la certitude fait
conclure qu'un autre fait eft véritable, ou ne l'eft
pas.

Les preuves font fondées, ou fur la foi des actes
par écrit, ou fur la dépofition des témoins, ou fur
la commune renommée, & autres préfomptions
qui réfultent des circonftances du fait : mais aucune de ces preuves n'eft démonftrative, quoique la
Loi les regarde comme vraies & certaines.

Un acte authentique paffé pardevant Notaires,
eft une preuve en Juftice de la convention faite entre les Parties, laquelle fans cet acte pourroit être
révoquée en doute ; cependant cet acte peut être
faux.

Lorfque des témoins dépofent avoir vu une perfonne commettre un crime, on ajoute foi à leur
dépofition ; néanmoins leur témoignage peut être
contraire à la vérité.

La commune renommée induit à faire croire ce
qu'elle nous annonce ; mais l'expérience fait bien
voir qu'elle fe peut quelquefois tromper.

L'ufage des preuves ne regarde pas les faits qui
font naturellement certains, dont la vérité eft toujours préfumée, fi le contraire n'eft prouvé : il regarde feulement les faits incertains, dont la vérité
n'eft pas préfumée ; de forte qu'on n'y a point égard,
fi elle n'eft prouvée. Ainfi, celui qui fe prétend
propriétaire d'un fonds qu'un autre poffede, doit
en faire preuve.

En un mot, dans tous les cas d'un fait contefté,
s'il eft tel qu'il foit néceffaire d'en faire preuve,

c'eft toujours celui qui l'avance qui doit le prouver.

Ceux qui font des demandes en Juftice, font
donc obligés de faire la preuve des faits qu'ils alléguent pour les fonder.

*Ei incubit onus probandi qui dicit, non ei qui
negat, quoniam factum negantis per rerum naturam
nulla probatio eft. Leg. 3. ff. de probationib, leg. 2.
cod. eod. leg. 1. cod. de non numerat pecuni. Quod
quidem de mera negatione intelligi oportet, non verò de ea quæ affirmationem admixtam habent. Dict.
leg. 2. ff. h. t. leg. 14. fi de contr. & commiss stipul.*

La preuve d'une négative vague eft donc impoffible, *per rerum naturam*, comme dit la Loi 13.
cod. de probationibus, c'eft-à-dire, naturæ naturali ;
car pour pouvoir prouver une négative, il faut
qu'elle ne foit point vague, mais qu'elle foit reftrainte à des circonftances de tems & de lieu, ou
qu'il lui foit fubftitué une affirmative équivalente ;
comme fi quelqu'un dit ; ce jour-là je ne fus pas en
un tel endroit, parce que je fus ailleurs, *eodem
in eo toto minutus*, voilà la négative reftrainte à des
circonftances : je fus ailleurs, voilà l'affirmative ;
& alors la preuve en doit être admife. Mais la raifon naturelle nous fait voir qu'une propofition vague & indéfinie, telle qu'une négative qui n'eft
reftrainte par aucune circonftance, ne peut porter
aucune lumiere dans l'efprit.

Concluons donc que pour qu'une négative foit
admiffible, il faut qu'elle renferme une affirmation, & qu'elle foit reftrainte à des circonftances
du tems & du lieu des perfonnes.

Voyez ci-deffus ce que j'ai dit, *verbo* Négative.

*Quoniam verò actor femper aliquid intendit, ei regu-
lariter incumbit onus probandi, adeò ut actore non probante reus fit abfolvendus, etiamfi nihil præftiterit.
Leg. 4. cod. de eden. Ainfi la caufe du poffeffeur eft
toujours bonne, lorfque celui qui reclame la chofe
en queftion, ne juftifie point de fon droit.

Pareillement les défendeurs font obligés de prouver les faits fur lefquels ils fondent leurs défenfes ;
*quia tunc ipfe reus aliquid dicit & intendit, atque
adeo in exceptione partibus actoris fungitur, Leg. 19.
ff. de probationib.*

La liberté de faire preuve des faits, a fes bornes :
c'eft au Juge à n'admettre la preuve que de ceux
qu'on appelle pertinens, c'eft-à-dire, dont on peut
tirer des conféquences qui fervent à établir le droit
de celui qui les allégue.

Il dépend toujours auffi de la prudence du
Juge de difcerner fi les témoignages ou les autres
fortes de preuves font fuffifantes, ou ne le font
point.

Pour qu'un fait foit prouvé, il faut que la preuve en ait été faite dans la forme & dans l'ordre
prefcrit par les Loix.

Ainfi, dans les cas où les preuves par témoins
peuvent être reçues, il faut examiner s'ils font au
nombre que la Loi demande ; s'ils ont été ouïs par
leur bouche ; s'il n'y a point de caufe qui rende
leur témoignage fufpect ; s'ils ont été affignés, s'ils
ont prêté le ferment ; enfin fi leurs dépofitions

ont été accompagnées de toutes les formalités que les Loix demandent.

Quand c'est par écrit que la preuve se fait, il faut examiner si l'acte est dans les formes, & tel qu'il serve de preuve.

Il faut surtout que les conséquences qui résultent de la preuve, établissent la vérité des faits contestés.

Pour ne se point tromper en une chose si importante, le Juge doit considérer le rapport & la liaison que peuvent avoir les faits qui résultent des preuves, avec ceux dont on cherche la vérité.

Il doit aussi examiner attentivement de quel poids peuvent être les preuves que l'on produit. Ainsi, quand la preuve se fait par témoins, il doit bien prendre garde s'ils déposent sur les faits dont il s'agit, & quel égard on doit avoir à leurs dépositions, par rapport à leur état, à leur bonne ou mauvaise renommée, & aux circonstances qui se rencontrent dans toutes sortes de preuves, afin de pouvoir pénétrer ce qui peut suffire pour établir la vérité d'un fait, & ce qui laisse dans l'incertitude.

Voilà ce qui peut faire discerner si les preuves sont concluantes, ou si ce ne sont que de conjectures, des indices des présomptions, & quel égard on doit y avoir.

Porrò ea tantùm quæ sunt facti, probatione indigent, non ea quæ juris sunt; sed ipse judex, ubi de facto constat, de jure statuere debet, etiamsi à litigantibus allegatum non fuerit.

On distingue trois sortes de preuves; sçavoir, la preuve littérale, la testimoniale, & celle qui résulte de la commune renommée, & autres circonstances qui portent à faire croire un fait.

PREUVE LITTERALE est celle qui résulte de quelque acte rédigé par écrit, comme d'un contrat, d'un testament ou autre écrit.

Comme cette preuve sa force du témoignage même des personnes qui ont passé les actes, il semble qu'il ne peut y avoir de meilleure preuve.

C'est pour cette raison qu'on n'admet point de preuve testimoniale, au contraire, comme nous l'expliquerons ci-après en parlant de la preuve testimoniale.

Pour que les actes fassent preuve, il faut qu'ils soient dans les formes que les Loix prescrivent pour leur donner le caractère de l'authenticité, & l'effet de servir de preuve. Ce sont des marques par lesquelles les Loix veulent qu'on reconnoisse & qu'on distingue ce qu'elles mettent au nombre des preuves, & ce qu'elles rejettent.

Il faut encore que les actes que l'on produit pour servir de preuves, contiennent & prouvent par la lecture le fait dont il s'agit.

Il est certain que dans l'ordre de la Justice, il n'y a guères de preuve plus convaincante que celle-là. *Voyez* ce qui en est dit dans le douzieme tome des Causes célébres, pag. 158. & suiv.

PREUVE TESTIMONIALE, est celle qui se fait par témoins idoines & dignes de foi, qui justifient un fait qu'on a allégué & mis en avant, la preuve duquel sert pour la décision du différend des Parties.

La preuve testimoniale seroit la plus simple & la plus parfaite de toutes les preuves, si l'on pouvoit supposer que les hommes sont incapables de se tromper & de s'écarter de la vérité & de la Justice. Mais l'expérience funeste que nos Législateurs ont faite de la facilité avec laquelle les hommes tombent dans l'erreur & se trompent, ou même se livrent au mensonge & à l'imposture, ne leur ayant pas permis de concevoir une opinion si avantageuse du genre humain, ils se sont accommodés à la foiblesse de l'humanité.

Il y avoit peut-être un égal inconvenient à rejetter absolument, & à admettre indistinctement la preuve testimoniale; il eut été imprudent de se reposer sur la foi des témoins, quand il y a des voies plus sûres, pour parvenir à la connoissance de la vérité; il eût été injuste de proscrire la preuve testimoniale dans tous les cas où il est impossible de découvrir la vérité par une autre voie.

Voici le tempérament qu'ont pris nos Législateurs; ils l'ont rejettée dans les cas où l'on est à portée de recourir à d'autres preuves plus juridiques & moins suspectes; ils l'ont autorisée dans les cas où, par la fatalité de certaines conjectures, on ne peut découvrir la vérité sans son secours : mais dans ce cas-là même ils ont épuisé leur attention à en tempérer les inconveniens, comme on le verra par ce qui suit.

Quoiqu'il en soit, on ne peut pas nier que la preuve testimoniale ne soit la plus ancienne, que la nécessité en avoit formé l'usage chez toutes les Nations & qu'il a été un tems où elle étoit également reçue dans toute sorte de matieres, quelque considérable qu'en fût l'objet; mais elle est de toutes les preuves la moins sûre, & souvent très-dangereuse.

Pour que la preuve testimoniale soit admissible & produise son effet, plusieurs conditions sont requises, soit par rapport aux personnes que l'on veut faire entendre pour témoins, & par rapport à la maniere dont ils rendent leur témoignage, soit par rapport à d'autres circonstances.

Il y a des personnes qui ne sont pas idoines pour porter témoignage, comme nous le dirons, *verbo* Témoins; & d'autres dont le témoignage est suspect ou rejetté, parce que le mauvais renom qu'ils ont fait présumer, que ce qui les engage à porter témoignage, n'est pas l'amour de la Justice & de la vérité.

Les témoins qui déposent d'un fait, doivent rendre témoignage de la connoissance qu'ils en ont par eux-mêmes, & déposer du fait comme d'une chose qu'ils sçavent de pleine certitude, pour y avoir été présens, & l'avoir vû eux-mêmes. Ainsi la Loi *Divus 24. ff. de testamento militis*, ne veut pas qu'on ajoute foi à un témoin qui parle par ouï dire; *Testis ex auditu fidem non facit*; mais on tient que cette Loi ne comprend pas ceux qui disent avoir ouï dire quelque chose à un accusé.

Il faut au moins deux témoins dans les affaires dans lesquelles la Loi n'en requiert pas un plus grand nombre, comme elle fait dans les testamens & autres actes dans lesquels, ou pour leur solemnités, ou pour plus grande preuve, elle a requis un plus grand nombre que celui de deux. Ainsi, tant en affaire civile que criminelle, le témoignage d'un seul témoin ne fait pas foi ; il en faut toujours au moins d'eux.

Il faut encore que leurs témoignages soient concordans, en sorte qu'il ne résulte de tous qu'une même induction ; car si plusieurs témoins déposent chacun d'un fait singulier ou d'un même fait, mais circonstancié différemment, leur témoignage ne sera pas d'un grand poids.

Les cas ordinaires où la preuve testimoniale est admise, sont quand il s'agit d'un quasi-contrat, d'un délit ou quasi-délit, d'une possession ou autre fait controversé.

En un mot, toutes sortes de faits se peuvent prouver par témoins ; mais en fait de conventions la preuve par témoins n'est pas toujours admise, & la preuve par écrit, est absolument nécessaire, lorsqu'il s'agit de convention excédant la somme de cent livres : ce qui a été introduit d'abord par l'article 54. de l'Ordonnance de Moulins, & ensuite confirmé par la Jurisprudence des Arrêts, & par l'article 2. du titre 20. de l'Ordonnance de 1667.

Cette sage décision n'a été établie qu'après la triste expérience que l'on a eue de la facilité avec laquelle bien des gens vendent leur témoignage à ceux qui sont assez méchans pour les acheter.

Mais cette décision ne regarde que les conventions, & n'ont pas les faits, lesquels, comme nous avons dit, se peuvent prouver par témoins, sans quoi, ils resteroient presque toujours dans l'incertitude, attendu qu'il ne s'en fait pas ordinairement d'écrit. *Facta per testes probantur, pacta verò possunt per scripturam seu per instrumenta probari.*

Ainsi cette prohibition de la preuve testimoniale en matière de conventions, est fondée sur ce qu'il dépend des Parties de rédiger par écrit les conventions, & par conséquent elles doivent s'imputer de ne l'avoir pas fait ; au lieu que les faits ne se peuvent prouver que par témoins.

Par exemple, je serai reçu à faire preuve par témoins que Mævius a occupé ma maison pendant un tel tems, parce que c'est un fait dont la preuve est reçue pour quelque chose que ce soit, à quelque somme que monte celle qui résulte de ce fait ; mais je ne serai pas reçu à prouver que Mævius est convenu avec moi de la somme de mille livres par chacun an, pour les loyers de ma maison, parce que ce n'est pas un fait, c'est une convention, dont la preuve par témoins n'est reçue que pour chose qui n'excede point la valeur de cent livres, toutes conventions pour choses excédantes cette somme, devant être rédigées par écrit, soit pardevant Notaires, ou sous signatures privées.

Ainsi la tradition & la jouissance se peuvent prouver par témoins, en chose excédant la valeur de cent livres, quand les faits qui donnent lieu à la preuve ne sont point susceptibles de convention. M. Ricard des Donations, sect. 6. nomb. 676. M. le Prêtre, cent. 4. chapitre 2. Charondas, livre II. rép. 5.

Enfin, on a senti tout le danger, tous les inconveniens de la preuve testimoniale, & qu'ainsi les engagemens des hommes, ne doivent pas dépendre du caprice de leur volonté, ni de l'incertitude de leur témoignage. En prenant de sages précautions pour rendre leurs conventions immuables, il étoit nécessaire de marquer en même tems à quels traits & quels caractères on en pourroit connoître la vérité. C'est ce qu'a fait l'Ordonnance de Moulins, en prescrivant qu'il seroit passé contrats de toutes choses excédantes cent livres, & qu'on ne pourroit recevoir la preuve par témoins contre & outre le contenu aux contrats.

Cette regle, que la preuve par témoins n'est point admise pour conventions qui excédent la valeur de cent livres, souffre quelques exceptions.

La premiere est à l'égard de la Jurisdiction des Juges & Consuls, où la preuve testimoniale pour conventions excédantes ladite somme est admise, suivant ce qui est dit à la fin de l'article 2. du titre 20. de l'Ordonnance de 1667. La raison est, que les Marchands sont leurs négociations sur le champ dans les Marchés ou dans les Foires, où il ne leur est pas toujours aisé d'assurer leurs conventions par écrit.

Voyez Taisand sur la Coutume de Bourgogne, tit. 4. art. 11. nomb. 13.

La deuxieme est pour dépôt nécessaire, en cas d'incendie, ruine, tumulte ou naufrage, ou en cas d'autres accidens imprévus, dans lesquels on n'a pas le tems ni la liberté de délibérer, ni de faire des actes par écrit, ce qui fait que la preuve par témoins a lieu pour choses déposées dans les cas énoncés ci-dessus, à quelque somme que s'en puisse monter la valeur, suivant l'art. 3. du même titre. Mais la preuve par témoins n'a pas lieu à l'égard d'un dépôt volontaire. Soefve, tome. 1, cent. 3. chap. 7. rapporte un Arrêt du Parlement de Paris, rendu le vingt Avril 1649. qui a jugé ainsi, parce que le déposant doit s'imputer, *si minus diligentem amicum eligerit*, & s'il ne s'est pas servi de moyens convénables pour assurer ses effets contre l'infidélité du dépositaire, ayant du tems pour prendre les mesures convénables pour cela. En un mot on ne permet la preuve par témoins pour conventions qui excédent la somme de cent livres, que dans les cas auxquels les Parties n'ont pû le procurer par une preuve par écrit.

La troisieme exception ou la preuve par témoins est admise pour conventions, & quand il s'agit de dépôts faits en logeant dans une Hôtellerie, entre les mains de l'Hôte ou de l'Hôtesse, suivant la qualité des personnes & la qualité du fait comme il est dit en l'article 4. du même titre. *Voyez* aussi le Vest. Arrêt 173. Louet, lettre D, sommaire 33.

Néanmoins l'Hôte ne seroit pas responsable du vol qui auroit été fait dans son Hôtellerie des choses déposées, soit qu'il eût été fait par quelqu'un de ceux qui y logent, ou par quelque passant, pourvû que ce ne fut pas par quelqu'un de ses domestiques ; car en ce cas il en seroit responsable, de même que de toutes les hardes qui auroient été prifes. *Voyez* Meſſagers.

De ces trois exceptions où la preuve par témoins eſt admiſe pour conventions, il réſulte que ce n'eſt point à l'importance de l'objet que la Loi accorde ou refuſe la preuve teſtimoniale, mais à l'impoſſibilité ou à la poſſibilité des autres preuves.

La quatrieme exception eſt, quand il y a commencement de preuve par écrit, ſuivant l'article 5. du même titre. *Voyez* Bardet, tome 2. livre 7. chapitre 39.

Par exemple, un homme m'écrit un billet par lequel il me prie de lui prêter cinquante piſtoles, & qu'il m'en donnera une reconnoiſſance par devant Notaire quand je voudrai ; je lui mande qu'il vienne, & que je les lui prêterai : & d'autant qu'il m'aſſure qu'il me les rendra dans peu de tems, je les lui prête en préſence de quelques perſonnes, ſans exiger aucune reconnoiſſance : dans ce cas, s'il nie que je les lui ai prêtées, je ſuis reçu d'en faire preuve par témoins, parce qu'il y a commencement de preuve par écrit, qui eſt le billet par lequel il me prie de lui prêter cette ſomme. Néanmoins dans cette eſpece le Juge doit examiner la qualité & la condition des témoins & de toutes les Parties, avant que de condamner le défendeur au payement de la ſomme.

Voici une autre eſpece où la preuve par témoins a été admiſe pour raiſon d'une convention de choſe excédante la valeur de cent livres, à cauſe d'un commencement de preuve par écrit. Un marchand de vin à Paris achete des vins d'un Forain, qui promet de les faire entrer à Paris ſous le nom dudit Marchand : les vins étant ſur la riviere, prêts d'arriver à Paris, ce Marchand fournit au Forain cinquante-un louis d'or d'une part, & vingt d'autre, pour les droits d'entrée & autres frais.

Le Marchand de vin voyant que les vins ne ſont point entrés ſous ſon nom, & par quelqu'autre raiſon, rompt le marché du conſentement du Forain, il lui demande enſuite les cinquante-un louis d'or d'une part, & les vingt d'autre.

Le Forain denie les avoir reçus, rapporte les quittances des droits d'entrée, qui prouvent que c'eſt lui qui a payé ces droits, & ſoutient qu'on ne doit pas ordonner la preuve par témoins contre ces quittances.

Le Marchand de Paris ſoutient au contraire, que le maché qu'il a fait étant par écrit, eſt un commencement de preuve que c'eſt lui qui a payé ou du moins fourni les deniers pour payer les droits d'entrée, puiſque par le marché les vins devoient entrer ſous ſon nom, & que c'eſt celui à qui les vins appartiennent qui doit payer les droits, & que lors le marché ſubſiſtoit encore.

La preuve par témoins fut permiſe par Sentence contradictoire du Châtelet, laquelle a été confirmée par Arrêt du Parlement, rendu le 4. Août 1687.

Si dans une même inſtance la partie fait pluſieurs demandes dont il n'y ait point de preuve par écrit, & jointes enſemble elles ſoient au deſſus de cent livres, elles ne pourront être vérifiées par té-

moins, quoique ce ſoit diverſes ſommes qui viennent de différentes cauſes & en différens tems, à moins que ce ne fût pour droits procédans par ſucceſſion, donation ou autrement de différentes perſonnes, comme il eſt dit en l'article 5. du même titre.

Au reſte, il faut remarquer, 1°. Que quand il s'agit d'une convention ſur laquelle la Partie a pû faire un acte, au cas qu'il s'agiſſe de plus de cent livres, la régle eſt que nulle preuve teſtimoniale ne doit être admiſe ſans un commencement de preuve par écrit.

II°. Que s'il s'agit d'une convention ſur laquelle les actes par écrit qui en ont été faits, n'ayent pas été au pouvoir de celui qui a intérêt de la prouver, quelque conſidérable que ſoit l'objet, la preuve teſtimoniale en doit être reçue ſans aucun commencement de preuve par écrit.

III°. Que quand la convention a été conſtante par la ſignature des parties, ou qu'elle a été reçue ſous le ſceau de la foi publique, qu'il y en a eu un acte, & que cet acte vient à ſe perdre par un cas fortuit & notoire, la diſpoſition de l'article 54. de l'Ordonnance de Moulins ceſſe en ce cas. En effet, ce n'eſt plus d'une convention qu'il s'agit de faire preuve : la convention en elle-même étoit certaine ; c'eſt là la preuve de l'acte qui en faiſoit foi, & qu'il eſt alors uniquement queſtion de prouver. Le témoignage des hommes, auquel on eſt forcé d'avoir recours dans ces circonſtances, ne peut être regardé que comme l'expreſſion fidéle d'une vérité déja connue, & qui avoit été conſtatée dans la forme preſcrite par la Loi même.

Auſſi tous les Auteurs qui ont le plus approfondi la matiere, ont penſé unanimement que la perte des titres & des actes portant obligation de ſommes au-delà de cent livres, étoit ſuſceptible de la preuve teſtimoniale, & que par le ſecours de cette preuve il étoit permis de recouvrer ce qu'ils contenoient.

Boiceau, en ſon commentaire ſur cette Loi, s'explique à cet égard de la maniere la plus préciſe : *Sic ergo expeditus caſus iſte, teſtibus nimirum probari poſſe amiſſionem, & per conſequens tenorem inſtrumenti.* Il marque enſuite de quelle matiere il faut que cette perte ſoit arrivée, pour qu'on ſoit reçu à en faire preuve. *Et ſub verbo amiſſionis intelligo, omnes caſus fortuitos, omnemque vim majorem, ut incendia, naufragia, bella, incurſus latronum, deprædationes, expilationes domorum, & alia ejuſmodi ad caſus fortuitos pertinentia.*

Enim verò, aliud eſt probare ſummam aut quantitatem ſibi debitam eſſe, aliud eſt probare inſtrumentorum amiſſionem ; nam facta per teſtes probari poſſunt, non verò pacta in quibus agitur de ſumma centum libras excedente.

Voyez Bouvot, tome 2. *verbo* Preuve par témoins.

Mais pour prouver par témoins la perte d'un acte, il faut qu'ils parlent non-ſeulement de la perte de l'acte, mais auſſi de ſa teneur ; c'eſt-à-dire, qu'ils déclarent de quelle maniere il a été perdu &

ce qu'il contenoit. *Voyez* M. le Prêtre, cent. 7. chap. 60. Charondas, liv. 7. rep. 84. Mornac, ad Leg. 1. & 2. cod. de fidé instrument.

Quoique tout acte de Justice se prouve par Registre du Gresse, néanmoins la soustraction se peut prouver par témoins. Papon, l. 9. tit. 1. n. 1.

La défense de faire preuve par témoins au-dessus de cent livres, n'a point lieu lorsqu'on allégue recelé de pieces ou soustraction de deniers. Boniface, tom. 1. liv. 8. tit. 27. chap. 9. Soefve, tome 1. cent. 3. chap. 57. Bardet, tom. 2. liv. 8. chap. 30. En effet, il ne s'agit pas alors d'une convention faite entre les parties, mais d'un fait; or toutes sortes de faits se peuvent prouver par témoins.

Quoique les conventions faites pour somme qui excede cent livres ne se puissent vérifier par témoins, il faut néanmoins remarquer,

I°. Que celui à qui est dûe une somme plus forte, peut être admis à faire la preuve par témoins, en reduisant sa demande à cette somme: mais il faut que ce soit par le premier exploit de demande que cette reduction se fasse; car après avoir demandé une somme au-dessus de cent livres, on ne peut plus reduire sa demande à cette somme, pour en faire la preuve par témoins. Ainsi jugé par Arrêt du Parlement de Grenoble le 19. Février 1678. *Voyez* Chorier, Jurisprudence de Guy-Pape, pag. 252.

II°. Que quoique les conventions faites pour somme qui excede cent livres, ne soient pas admises, le créancier de la somme pour laquelle la preuve testimoniale n'est point admissible, peut toujours déférer le serment décisoire à la Partie adverse; sçavoir, si elle doit la somme qu'il lui demande; ensorte que celui à qui ce serment est deferé, est obligé d'affirmer, sinon doit être condamné par le Juge au payement de la somme qui lui est demandée. *Manifestæ enim pravitatis est nec jurare velle, nec solvere*, Leg. 38. ff. de jurejur. *Voyez* Basset, tom. 1. liv. 2. tit. 28. chap. 1.

Par la disposition du Droit Romain, les témoins sont autant de foi que les actes en toutes matieres, Leg. in exercend. cod. de fide instrument. & le témoignage de deux témoins fait preuve entiere.

Nous voyons même qu'il a été un tems où la preuve testimoniale a été estimée plus forte que celle des actes; ensorte que quand elle étoit contraire, la preuve par témoins l'emportoit sur celle des actes; ce qui est attesté par Bouteiller en sa Somme rurale, tit. 106. où il rapporte cette maxime: *Témoins par vive voix détruisent Lettres.*

La raison sur laquelle étoit fondée cette maxime, est que la preuve des actes est un témoignage muet, qui ne peut donner aucun éclaircissement sur des circonstances qu'il seroit important d'approfondir, au lieu que les Juges en peuvent tirer quelque connoissance par la déposition des témoins. D'ailleurs, la fausseté qui se peut rencontrer dans un acte, ne se découvre pas aisément; au lieu que le Juge peut découvrir la fausseté de la déposition des témoins par leurs variations, ou par les différentes dépositions des uns & des autres.

Mais la facilité d'avoir des témoins qui déposent

des choses dont ils n'ont aucune connoissance, & qui ne déposent que ce qu'on leur a suggéré, a obligé de mettre des bornes à la preuve testimoniale; outre que quand même la corruption ne seroit pas à craindre, les témoins peuvent être surpris.

Ainsi l'on n'admet point ordinairement la preuve par témoins pour conventions faites pour sommes qui excedent cent livres, comme nous l'avons expliqué ci-dessus.

On n'admet pas non plus la preuve par témoins contre le contenu dans un acte par écrit, encore qu'il s'agisse d'une somme au-dessous de cent livres, comme il est dit en l'article 54. de l'Ordonnance de Moulins, & en l'article 2. du titre 20. de l'Ordonnance de 1667.

Ainsi c'est un principe certain, qu'on n'admet point de preuves par témoins contre la teneur d'un contrat fait dans les regles, & passé par des personnes non suspectes de dol & de fraude. *Contra scriptum testimonium non fertur.* Leg. 1. cod. de testibus.

Cette prohibition est fondée sur le danger qu'il y auroit de faire dépendre le fort des conventions du témoignage de trois ou quatre personnes affidées ou mal instruites. Il n'y auroit plus rien de sûr dans la société, si celui qui s'est engagé par un écrit, pouvoit être reçu à faire preuve de tout ce qu'il allégueroit pour détruire cet écrit. *Voyez* un acte de notoriété du Châtelet de Paris du 15. Janvier 1700. *Voyez* aussi l'acte de notoriété du dix-neuf Août 1701.

Mais comme la preuve que l'on tire d'un acte, n'a pour fondement que la fidélité du témoignage que donne l'écrit de la vérité de ce qu'il contient, lorsque l'on donne atteinte avec raison à cette fidélité, l'écrit perd sa force; & celui qui prétend qu'il y a un vice essentiel dans cet écrit, doit être admis à faire preuve, même par témoins, des faits & des circonstances qui le détruisent, ou qui doivent empêcher que l'on n'y ait égard.

C'est aussi la raison pour laquelle la preuve par témoins est admise contre le contenu dans un acte par écrit, toutes les fois qu'il y a lieu de revoquer en doute la foi de l'acte: ainsi la preuve testimoniale est admise contre, dans les cas suivans.

I°. Lorsqu'on prétend qu'il est faux, ou qu'il a été fait par l'impression d'une crainte, ou d'une violence on doit empêcher l'effet.

II°. Quand il y a semi-preuve par écrit, ou présomption violente du contraire de ce qui est contenu dans un contrat. Boniface, tom. 1. liv. 8. tit. 27. chap. 6. & 21.

III°. La simulation d'un contrat peut se prouver par témoins. *Voyez* Boné, Arrêt 87. Maynard, liv. 6. chap. 76. Sur ce fondement, il a été jugé qu'on pouvoit prouver par témoins qu'un billet causé pour valeur reçue, a été donné pour argent perdu au jeu. *Voyez* actes authentiques.

IV°. Lorsqu'il y a soupçon de fraude, la preuve par témoins peut être admise contre un acte par écrit, Papon, liv. 9. tit. 11. nom. 2. Plaidoyé de

M. le

M. le Noble, pag. 38. & fuiv. Maynard liv. 6. chap. 77. 78. & 79.

La preuve teftimoniale eft admife en matiere criminelle ; où il s'agit fouvent de la vie d'un homme, quoiqu'elle ne foit pas admife pour conventions qui excédent la fomme de cent livres ; comme nous l'avons dit ci-deffus. La raifon eft qu'en matiere criminelle il eft prefque toujours impoffible d'avoir d'autre preuve que la teftimoniale ; & on ne pourroit l'exclure fans introduire l'impunité des crimes, qui entraîne après elle le défordre & le renverfement de la fociété civile.

A l'égard des queftions d'état, la preuve par témoins n'eft pas reçue, comme nous avons dit *verbo* Queftion d'état.

Au refte, il eft arrivé quelquefois qu'un créancier ou un débiteur d'une fomme excédante cent livres, & ne pouvant par conféquent prendre la voie civile, dans laquelle la preuve par temoins n'eft pas admife pour une telle fomme, s'eft avifé de prendre la voie extraordinaire, pour rendre par ce moyen inutiles les difpofitions de nos Ordonnances, & être admis à faire preuve par témoins des fommes excédantes cette fomme.

Mais toutes les fois que fous prétexte qu'il s'agit de la preuve d'un crime, un plaideur prend la voie criminelle dans une affaire civile, à l'effet de fe fervir de la preuve par témoins pour fomme excédante cent livres, il eft toujours regardé comme un homme qui veut, nonobftant la difpofition de nos Ordonnances, être admis à la preuve par témoins, qui la défendent quand il s'agit d'une telle fomme, à caufe de la facilité qu'il y a d'avoir des témoins, comme nous avons dit ci deffus, & alors l'affaire eft civilifée par le Juge, ou par conféquent la preuve par témoins ne peut pas être admife pour raifon d'une fomme excédante celle de cent livres.

C'eft ce qui a été jugé au Parlement de Paris, par Arrêts des 16. Janvier 1664. & 7. Avril de la même année, le premier fur les Conclufions de M. Talon ; & le fecond fur celle de M. Bignon, qui ont décidé que les informations furprifes pour s'acquérir une preuve inditerdite par les Ordonnances doivent être rejettées.

Le Parlement, par un autre Arrêt du 16. Mars 1723. fur les conclufions de M. Gilbert, infirma une Sentence du Châtelet, qui avoit permis une information pour prouver un dépôt ou nantiffement, dont on accufoit une perfonne d'être rétentionnaire.

Enfin, par Arrêt rendu à la Tournelle le 9. Février 1734. la Cour en renvoyant un procès criminel à la Grand'Chambre, le civilifa. Voici l'efpece : Un nommé Bertaud demandoit à des Marchands le payement de leurs billets payables au porteur. Ces Marchands ne pouvant pas être admis à faire preuve s'ils prenoient la voie civile, prirent la voie extraordinaire, pour rendre inutiles les difpofitions des Ordonnances, qui ne permettent pas d'admettre la preuve par témoins pour fommes excédantes cent livres. Mais la Cour renvoyant l'affaire à la Grand'Chambre, la civilifa comme nous l'avons dit.

Tome II.

Touchant la preuve par témoins, *voyez* le Traité qu'en a fait Boiceau, & qui a été donné au public en 1715. avec des augmentations confidérables, par M. Danty, Avocats, *Voyez* Henris & fon Commentateur, tom. 1. Plaidoyer 14. *Voyez* auffi ce qui en eft dit ici, *verbo* Témoins ; & dans le douzieme Tome des Caufes célebres, pag. 172. & fuivantes.

PREUVE RESULTANTE DE LA COMMUNE RENOMME'E, n'eft qu'une préfomption qui ne prouve pas avec certitude, mais qui nous induit à une croyance douteufe fur le fait dont il s'agit.

La raifon eft, qu'il n'y a rien de fi crédule, ni de fi aifé de furprendre que le peuple par une fauffe opinion. Il ne faut qu'un homme qui commence à dire une chofe, pour être fuivi d'une infinité d'autres. Il fe fait un plaifir d'être l'auteur, & pour ainfi dire, le pere de ceux qu'il appuye. La perfuafion s'en communique par une contagion fecrette ; les efpeces fe multiplient & fe groffiffent tellement, que d'un doute particulier il s'en forme une opinion univerfelle ; c'eft un écho qui rend les fons, & qui les multipliant à l'infini, forme ce que nous appellons communément renommée, qui ne peut paffer pour une preuve complette, n'étant le plus fouvent qu'une prévention populaire. *Voyez* ce que j'ai dit, lettre C. en parlant de la commune renommée.

Comme elle n'eft qu'une préfomption qui ne prouve pas avec certitude, nous diftinguons les preuves en celles qui font pleines & complettes, & celles qui ne font que femi-preuves.

PREUVE PLEINE ET COMPLETTE, eft celle qui prouve tellement le fait ou la chofe dont il s'agit, qu'il ne refte aucun lieu d'en douter ; comme celle qui fe fait par deux témoins irréprochables, ou par des actes publics, qui font appellés preuves indubitables : d'où il s'enfuit que ce qui eft ainfi prouvé & ce qui eft effectivement ; eft la même chofe, du moins dans l'efprit de l'homme. *Voyez* Erreurs fpécieufes.

SEMI-PREUVE, eft celle qui ne prouve pas, mais qui nous procure une croyance douteufe & incertaine, comme celle qui vient de la commune renommée. *Voyez* ci-deffus, commune renommée.

Telle eft auffi la preuve qui fe tire du témoignage ou de la dépofition d'un feul témoin ; ce qui oblige le Juge en matiere civile à déférer le ferment à celui en faveur de qui le témoignage a été rendu.

PREUVE PLEINE ET ENTIERE EN MATIERE CRIMINELLE, eft celle qui réfulte,

Iº. De deux témoins idoines & non reprochables, qui ont parlé clairement du fait, dont les témoignages font concordans, tant par rapport au corps du délit, qu'à fes circonftances.

IIº. De quelque écrit qui ne laiffe aucun doute que celui qui eft accufé d'un crime, l'a commis.

IIIº. De l'évidence parfaite & entiere du délit, qui exclut tout doute fur le crime qui a été commis & fur la perfonne de celui qui en eft reconnu coupable.

Cependant le Juge qui a vû commettre un crime, ne peut condamner le criminel fur la propre certitude qu'il en a ; il faut qu'il y ait un accufateur, qu'il entende des témoins, & qu'il garde les mêmes formalités, que si ce crime ne lui étoit pas notoire.

La raison est, que ce crime ne lui est connu qu'en qualité de témoin qui l'a vû commettre, & non en qualité de Juge.

La confession du Criminel ne fait pas preuve pleine & entiere, comme nous l'avons dit ci-dessus, *verbo* Confession.

La violente présomption, la commune renommée, ou autre présomption, en matiere criminelle, ne font point preuve suffisante pour condamner celui que l'on tient coupable du crime qui a été commis, à la peine que la Loi a prononcée contre ceux qui en seroient coupables ; surtout quand il s'agit de la vie d'un homme, ou de le condamner à quelque peine afflictive, il faut alors que son crime soit prouvé par des preuves plus claires que le jour. *Satius est absolvi nocentem, quam innocentem condemnari.* Il vaut mieux laisser un criminel impuni, que de s'exposer à perdre un innocent. *Leg.* 5. *ff. de pœnis ; & leg. ult. cod. de Episc. audient.*

Cependant, quoique la violente présomption ne fasse point preuve suffisante pour condamner à la peine que la Loi prononce contre les coupables du crime qui a été commis, l'accusé ne doit pas toujours, faute de preuve suffisante, être renvoyé absous.

En effet, si les criminels ne pouvoient être convaincus que par la preuve vocale, ou la preuve littérale : ou par l'évidence du fait, que de crimes demeureroient entiérement impunis ! que de criminels seroient à l'abri ! parce qu'ils auroient pris la précaution d'écarter des témoins, & de ne point confier au papier leurs desseins criminels ; les seuls coupables imprudens succomberoient, & ceux qui commettent des crimes en secret, échapperoient à la Justice, contre l'intérêt public ; *si quidem publicè interest crimina non remanere impunita.*

C'est la raison pour laquelle, au défaut de preuves vocales ou littérales, ou d'évidence du fait, la Loi admet les présomptions, dont il y en a de si fortes, qu'elles vont à la certitude, & qu'elles tiennent même dans les crimes lieu de preuves. *Judicia certa quæ jure non respuuntur, non minorem probationis quàm instrumenta fidem continent. Leg.* 19. *cod. de rei vindic. Sciant cuncti accusatores eam se rem deferre in publicam notionem debere, quæ munita sit idoneis testibus, vel instructa apertissimis documentis, vel indiciis ad probationem indubitatis & luce clarioribus expedita. Leg. ult. cod. de probationibus.*

Ainsi, lorsque les présomptions sont très-fortes, le Juge doit condamner l'accusé à quelque peine suivant les circonstances, mais ordinairement à une moindre peine que celle qui est prononcée par la Loi contre ceux qui sont pleinement convaincus du crime dont il est accusé, à moins que ces fortes présomptions ne fussent suivies de la confession de l'accusé.

Enfin, quand il y a quelque preuve contre l'accusé, mais insuffisante pour le condamner, ou pour le faire appliquer à la question, le Juge ordonne un plus amplement informé jusqu'à un certain tems, & même quelquefois que l'accusé restera en prison,

les preuves demeurantes en état.

Voyez Absolution. *Voyez* Conviction en matiere criminelle. *Voyez* Présomption. *Voyez* aussi peine de mort.

Quoique la déposition de deux témoins uniformes & non reprochés sur un même fait, passe pour une preuve indubitable, suivant toutes les Loix divines & humaines, cependant il est arrivé plus d'une fois que deux témoins de ce genre se sont trompés, ou qu'ils ont trompé, & on n'oseroit dire que toutes les condamnations intervenues sur les dépositions de deux témoins précis, & de la qualité reçue par les Loix soient infaillibles.

Au reste, les Juges ne peuvent rendre un Jugement criminel sur le fondement de la preuve testimoniale, que quand les témoins ont été confrontés à l'accusé.

PREUVE DE CRIME QUI NE SE COMMETTENT QU'EN CACHETTE, NE DOIT PAS ESTRE TIRE'E DE L'ACTION MESME. Comme l'inceste, l'adultére, & les autres crimes de cette espéce se commettent en cachette, en vain exigeroit-on pour leurs preuves des témoins oculaires de l'action même ; c'est pourquoi elles se tirent des présomptions & de la preuve de certains faits assez graves, pour que l'on en puisse conclure la consommation du crime.

La circonstance d'un crime caché, & la difficulté d'éclaircir la vérité, font oublier les régles ordinaires dans ces occasions.

Ce principe est autorisé par tous les criminalistes & par tous les Docteurs.

Quoties agitur de rebus, quæ in secessu & remotis fiunt, indicia & conjecturæ sufficiunt approbationem. Leg. 5. §. *barbaris ; ff. de re militari. Vide Laurentium Vallam. de reb. dub. tractatu* 1. *num.* 20.

Cum clam & ocultè committi soleant adulteria, & prohibiti concubitus, sintque ob id difficilis probationis, factum hinc est, ut præsumptionibus & conjecturis probari possint. Menochius, de præsumptionibus, lib. 5. *præsumpt.* 41. *num.* 1.

Les présomptions d'où l'on peut conclure la consommation de ces sortes de crimes, sont les fréquens colloques tête à tête & en particulier que des personnes ont ensemble.

Ce sont aussi des embrassemens, des baisers, & autres libertés criminelles, qui donnent lieu de croire à ceux qui s'en apperçoivent, que l'accomplissement du crime ne manque pas de se faire lorsqu'on est en particulier, & sans témoins oculaires.

Saint Cyprien, en sa Lettre à Pomponius, *de Virginibus*, dit que les embrassemens & les baisers suffisent pour prouver le crime en la personne d'une fille, & la deshonorer. *Certè ipse complexus, ipsa osculatio, quantum de decoris & criminis confitentur.*

La Loi 23. *in principio, ff. ad Leg. Jul. de adult.* décide que le mari & le pere qui surprennent le galant *in ipsis rebus venereis*, peuvent le tuer impunement. La glose expliquant ces mots, *in ipsis rebus venereis*, dit que ce sont les préludes de l'amour, comme les colloques, les repas, les baisers, &c. & que ces familiarités outrées sont des présomptions très-violentes du crime : *Sunt enim res veneris antecedentia ipsum scelus, scilicet apparatus, collo-*

quia , locus conftitutus , convivia , bafia , tactus ; nam ab ipfis argumentum fceleris inducitur.

Barthole , fur la Loi 25. *ff. eodem titulo , ad legem Juliam de adulteriis ,* voulant marquer qu'elles font les preuves fuffifantes du crime d'adultere , décide qu'il fuffit que des témoins difent avoir furpris une femme feule avec un homme dans un lieu , s'embraffant & fe baifant : *Nota ergo , inquit , quod fi teftis dicit quòd eum invenit in camera folum cum fola , vel ofculantem , vel tangentem , quia ifta fufficiunt ad probationem adulterii.*

Ce même Auteur ajoute que c'eft le fentiment de la grofe & de tous les Canoniftes , fur le chapitre *præterea , extra de præfumptionib.* fur le chapitre *litteris* , & fur le chapitre *tertio loco , extra de teftibus.*

Menochius , *loco fupra citato , numero* 27. n'exige pas d'autres preuves pour convaincre une femme d'adultere , que des baifers avec un autre homme que fon mari.

Panorme , fur le chapitre *præterea , extra de præfumptionibus ,* dit que les embraffemens & les baifers font les actes immédiats & les plus prochains : *Adhuc plus dico ; quod probata erit fornicatio , fi viderunt virum & mulierem in latebris fe ofculantes & amplexantes , quia ifti funt actus propinqui ad actum.*

Leffius même , *in fuo de Juftitia tractatu , lib.* 4. *cap.* 3. *num.* 59. décide que les baifers font une preuve de commerce , & fuppofent néceffairement un confentement , au moins tacite , à toutes les fatisfactions de l'amour : *Ofculum , ut eft delectabile carni natura fua eft fignum copulæ vel inftantis , vel futuræ : itaque in eo contineri videtur tacitus quidam confenfus in copulam.*

Suivant ce que nous avons dit ci-deffus , les fréquens colloques qu'un homme a tête à tête avec une femme ou une fille , enfermés enfemble dans une chambre , donnent lieu de croire que leur converfation a été entremêlée de faits peu permis , & qu'ils ne fe font pas toujours amufés à parler de la pluie & du beau tems. *Conjectura & præfumptio eft perpetrati adulterii , quando folus cum fola , in loco fecreto & abdito inventus eft. Menochius , lit. 5. præfumpt. 41. num. 11.*

Enfin les Lettres tendres & paffionnées que des perfonnes s'écrivent , peuvent beaucoup fervir à prouver qu'ils vivent enfemble dans une habitude criminelle , pour peu qu'il y eût d'autres circonftances qui contribuaffent à faire croire la même chofe.

Il nous refte à remarquer au fujet des crimes qui ne fe commettent qu'en cachette , que ceux qui ne font pas réguliérement admis à porter témoignage dans les affaires qui concernent les perfonnes dans la dépendance defquelles ils font , doivent néanmoins être admis à dépofer dans les chofes dont il n'y a guéres qu'eux qui puiffent en avoir connoiffance , comme nous le dirons , lettre T , en parlant des Témoins néceffaires.

P R E U V E EN MATIERE CRIMINELLE NE SERT QUE CONTRE LES ACCUSÉS , pour la condamnation du crime & la peine : mais à l'égard du civil , elles font preuve contre toute forte de perfonnes indifféremment qui y entrent pour des intérêts civils.

Par exemple , dans un procès que l'on feroit à un Officier pour concuffion , fi fes créanciers intervenoient pour la confervation de leurs droits, les preuves du procès pour condamnation de cet Officier à la peine pour raifon de fon crime , n'auroit que lui pour objet ; mais pour le civil , elles ne laifferoient pas d'être concluantes contre les créanciers , en faveur de ceux à qui les prévarications de cet Officier auroient caufé du dommage.

PREUVE DE NAISSANCE , D'AGE , DE MARIAGE ET DECEDS. *Voyez* Regiftres des Naiffances , Mariages & fépultures.

P R E U V E S DES TONSURES , DES ORDRES , DES NOVICIATS , ET PROFESSIONS. *Voyez* Regiftres des Tonfures , &c.

PRIME , eft la fomme que l'affuré paye pour le prix de l'affurance. *Voyez* police d'affurance.

PRINCES DU SANG , font ceux qui font iffus de la race royale , & qui font par conféquent du fang auquel la royauté & la fouveraineté eft affectée , non fimplement, dit Loyfeau , à droit héréditaire , mais à droit de fang & de leur chef , & comme un patrimoine fubftitué à toute la famille royale.

Le premier Prince du Sang s'appelle abfolument *M. le Prince.*

La qualité de Prince du fang donne bien un grand rang à ceux qui la poffedent , mais elle n'enferme point de Jurifdiction , à moins qu'elle ne foit jointe à d'autres Charges.

L'Edit donné à Blois au mois de Décembre 1576. regiftré le 8. Janvier , fuivant , porte que les Princes du Sang , Pairs de France précéderont & tiendront rang , felon leur dégré de confanguinité , devant les autres Princes & Seigneurs Pairs de France , de quelque qualité qu'ils puiffent être , tant ès Sacres & Couronnemens des Rois , qu'ès féances des Cours des Parlemens , & autres quelconques folemnités , affemblées & cérémonies publiques , fans que cela puiffe plus à l'avenir être mis en difpute ni controverfe , fous couleur de titre & priorité des Pairies des autres Princes & Seigneurs , ni autrement , pour quelque caufe & occafion que ce foit. Fontanon , tom. 2. pag. 32.

Ce qui concerne la tutelle des Princes du Sang , fe fait en la Grand'Chambre du Parlement de Paris ; & quand il s'agit de recevoir leur ferment pour une acceptation de tutelle ou de curatelle , deux de Meffieurs fe tranfportent en l'hôtel du Prince.

Dans les actes ou actions publiques , on n'a pas coutume de nommer Princes autres Seigneurs que ceux du Sang royal.

PRINCIPAL , fe dit de ce qui eft plus important & plus confidérable , & eft alors oppofé à l'acceffoire. Par exemple , les fruits font l'acceffoire du fonds ; les inftrumens & uftenfiles d'un fonds ou d'une métairie , comme la charue & autres , en font les acceffoires.

Le principal peut être fans l'acceffoire ; mais l'acceffoire , comme acceffoire , n'a pas lieu quand le principal ceffe. Par exemple, fi un fonds eft légué avec fes uftenfiles ou inftrumens néceffaires pour les métairies & pour les fermes , fi le legs du fonds eft nul , celui des inftrumens l'eft auffi , & non au contraire.

Principal fe dit auffi. du fort principal d'une rente conftituée à l'égard des arrerages qui n'en font que les acceffoires.

PRINCIPAL Manoir, eft le lieu feigneurial, & le Château ou maifon qui eft deftinée dans un fief pour fervir d'habitation au Seigneur féodal.

En fucceffion de fief en ligne directe, le principal manoir appartient à l'aîné par droit d'aîneffe. Et c'eft au principal manoir du fief dominant que les Vaffaux font obligés de faire la foi & hommage à leur Seigneur, pour les fiefs qu'ils tiennent de lui.

La Coutume de Paris en l'article 17. en donnant ce principal manoir à l'aîné, quand il n'y a pas d'autres biens dans la fucceffion, referve deffus ce principal manoir aux puînés leur droit de légitime ou de douaire, foit coutumier ou préfix.

Cela paroît très-équitable, en ce que c'eft préférer le droit naturel au droit d'aîneffe, & empêcher que l'affection paternelle pour le fils aîné opprime le droit de nature, qui infpire aux hommes de donner des alimens à ceux à qui l'on a donné la vie.

PRIORITÉ, eft une préféance qui provient de l'antériorité du tems. Ainfi on appelle priorité d'hypotheque, le droit qu'ont les anciens créanciers hypothécaires d'être payés fur les immeubles de leur débiteur avant fes créanciers poftérieurs.

Mais cela n'a lieu qu'à l'égard de ceux qui n'ont qu'une fimple hypotheque; car les créanciers privilégiés ont la préférence à caufe de leur privilege.

Les créanciers hypothécaires & non privilégiés viennent donc par ordre d'hypotheque, & font colloqués chacun fuivant fon rang qui fe régle par la priorité & poftériorité de fon hypotheque.

Mais cela n'a lieu que pour le prix provenant de la vente des immeubles vendus par décret fur leur débiteur; car quant aux meubles, le premier faififfant eft préféré aux autres créanciers, fi ce n'eft en cas de déconfiture.

Tel eft le Droit commun, qui s'obferve à cet égard par tout le Royaume.

Cependant nous avons quelques Coutumes qui établiffent l'ordre d'hypothéque fur les deniers provenans de la vente des meubles, de même que fur ceux qui proviennent de la vente des immeubles; comme Metz, titre 15. article 6. & Normandie, article 582.

PRISE A PARTIE, eft un moyen extraordinaire accordé à une Partie contre fon juge dans les cas portés par l'Ordonnance, à l'effet de le rendre refponfable de tous dépens, dommages & intérêts. Voyez le titre de l'Ordonnance de 1667.

Celui qui veut prendre un Juge à partie, ne peut pour cela fe pourvoir qu'au Parlement. Il préfente à cet effet la Requête, qui doit contenir fommairement les moyens fur lefquels il prétend faire intimer le Juge en fon nom.

Si les moyens font trouvés admiffibles par Meffieurs les Gens du Roi, ils donnent des conclufions qui les déclarent tels; & en conféquence la Cour donne Arrêt qui permet de faire intimer le Juge en fon nom.

Celui qui a obtenu cet Arrêt, le doit faire fignifier au Juge qu'il prend à partie, & lui donner af-

fignation dans les délais compétens, pour être condamné en fon propre & privé nom en tous les dépens, dommages & intérêts.

Par la difpofition du Droit Romain, un Juge ne pouvoit pas être pris à partie, que quand il avoit un grief irreparable par la voye d'appel.

Ce moyen étant extraordinaire, on n'y pouvoit récourir quand on pouvoit fe fervir de l'ordinaire, qui eft l'appel par lequel le Juge fupérieur peut réparer le grief fait par le premier Juge.

Il y avoit chez les Romains deux caufes pour lefquelles un Juge pouvoit être prix à partie; fçavoir, la malverfation & l'ignorance.

L'effet de la prife à partie étoit de le faire condamner à tous les dommages & pertes qu'il avoit caufé par fon Jugement.

Voyez ce que j'ai dit fur le commencement du titre 5. du quatrieme Livre des Inftitutes.

Autrefois en France les Baillifs & Sénéchaux étoient obligés de comparoir à la Cour, lorfqu'on plaidoit les caufes d'appel de leurs Bailliages & Sénéchauffées; mais il y a long-tems que cela n'eft plus en ufage, fi ce n'eft à l'égard du Prévôt de Paris ou fon lieutenant civil, lequel tous les ans, à l'ouverture du rôle de Paris, vient en l'Audience de la Grand'Chambre, affifté de quelques Confeillers du Châtelet, en préfence defquel on plaide un appel d'une de leurs Sentences; & après la caufe jugée, la Cour les renvoye pour faire leur charge, dont le Regiftre eft chargé.

Généralement parlant, un Juge peut être pris à partie quand il commet dol, fraude ou concuffion, quand il abufe de fon autorité, & qu'il contrevient aux Ordonnances & Loix communement reçues.

Mornac fur la Loi 2. §. per res, ff. de origine Juris, dit que les Officiers de Juftice ne doivent jamais être pris à partie, à moins que leurs iniquités ne foient évidentes, & que leurs crimes, & non pas l'apparence de leurs crimes, foient faifies par les yeux de tout le monde.

Voyez Louet, lettre J. fommaire 15. Voyez auffi Papon, livre 19. titre 1. nombre 24. & Rebuffe fur les Ordonnances, tit. de Sentent. executor. art. 7. glof. 15. verbo Ou délinqué.

La nouvelle Ordonnance, tit. 1. art. 8. a voulu que les Juges puffent être pris à partie:

I°. Quand ils jugent contre la difpofition des nouvelles Ordonnances, Edits & Déclarations, ordonnant qu'ils foient refponfables en ce cas des dommages & intérêts des Parties.

II. Quand ils refufent de juger un procès en état. L'article 1. du titre 25. de l'Ordonnance de 1667. veut que les Juges fouverains ou autres, procedent inceffamment au Jugement des caufes, inftances & procès qui feront en état de juger; à peine de répondre en leur nom des dépens, dommages & intérêts des Parties.

Mais on ne peut prendre à partie les Juges fouverains pour le déni & refus de Juftice; on n'a que la voie de porter fa plainte verbale à M. le Chancelier. Cela eft fondé fur la dignité de leurs Charges: & le refpect qui eft dû au caractere dont ils font revêtus.

L'article 2. du même titre , qui permet , pour raifon de déni & refus de Juftice , de prendre les Juges à partie , ne parle que des Juges dont il y a appel pardevant d'autres Juges ; il veut que fi ceux là négligent de juger , ils foient fommés de le faire par deux différens actes fignifiés de huitaine en huitaine , s'ils reffortiffent nuement aux Cours fouveraines ; & autrement de trois jours en trois jours , en leur domicile au Greffe de leur Jurifdiction ; qu'enfuite la partie pourra appeller comme de déni de Juftice , & faire intimer le Rapporteur en fon nom , s'il y en a , finon celui qui devra préfider.

La nouvelle Ordonnance marque trois autres cas efquels les Juges peuvent être pris à partie.

Le premier eft , quand ils font Actes de Jurifdiction étant incompétens , comme quand ils tiennent & évoquent les inftances dont la connoiffance ne leur appartient point. Article 1. du titre 6.

Le deuxieme , quand ils évoquent les inftances pendantes aux Sieges inférieurs , fous prétexte d'appel ou connexité : à moins qu'ils ne les évoquent pour les juger définitivement en l'audience. Article 2. du même titre.

Le troifieme , lorfqu'il paroît que la demande originaire n'a été formée que pour traduire le garant hors fa Jurifdiction , & que les Juges la retiennent , au lieu de la renvoyer pardevant ceux qui en doivent connoître. Article 8. du titre 8.

Les Juges peuvent encore être pris à partie , quand ils jugent nonobftant une recufation qu'ils n'ont pas fait décider.

Papon , liv. 6. tit. 2. nomb. 21. rapporte un Arrêt rendu au Parlement de Paris le 20. Février 1521. qui a jugé qu'un Juge qui avoit appointé par avarice , avoit été bien & valablement pris à partie ; mais aujourd'hui une telle prife à partie pourroit bien n'être pas admife.

Quand le Juge laïque empeche la jurifdiction du Juge eccléfiaftique , il peut être pris à partie ; mais quand le Juge laïque prend connoiffance d'un affaire qui eft de la compétence du Juge eccléfiaftique , il ne peut pas être pour cela pris à partie : le Juge eccléfiaftique peut feulement revendiquer la caufe.

Boniface , tom. 3. liv. 2. tit. 4. chap. 3. rapporte un Arrêt du 8. Février 1687. qui a déclaré légitime la prife à partie du Juge & fubftitut du Procureur du Roi , pour leur négligence à juger les procès criminels.

Par Arrêt rendu au Parlement de Paris, les Chambres affemblées le 4. Juin 1699. défenfes font faites d'intimer le Rapporteur en fon nom par Juge en vertu d'une fimple commiffion obtenue en Chancellerie , ni de faire intimer les Juges en leur propre & privé nom fur l'appel des jugemens par eux rendus , fans avoir auparavant obtenu la permiffion par Arrêt de la Cour , à peine de nullité des procédures , & de telle amende qu'il conviendra. Cela fut ainfi ordonné, parce que les prifes à partie étoient auparavant trop fréquentes & fans modération.

Ce même Arrêt enjoint en outre à tous ceux qui croiront devoir prendre les Juges à partie , de fe contenter d'expliquer fimplement & avec modération les faits & les moyens qu'ils eftimeront néceffaires à la décifion de leur caufe , fans fe fervir de termes injurieux , à peine de punition exemplaire. Cet Arrêt eft rapporté dans le troifieme tome des Caufes célébres , pag. 111. & dans Henrys , tom. 1. liv. 2. queft. 7.

Par autre Arrêt du 9. Mars 1714. rendu en la Chambre de la Tournelle , il a été jugé que ce n'eft qu'en la Cour de Parlement qu'on peut fe pourvoir pour prendre à partie les Juges inférieurs.

Lorfque l'on trouve que la prife à partie eft fans fondement , celui qui l'a intentée eft condamné en des peines proportionnées à l'injure qu'il a faite à fon Juge. Nous en avons un Arrêt rendu le 26. Juin 1699. immédiatement après l'Arrêt de Reglement du 4. du même mois.

Par cet Arrêt le 26. Juin , un Marchand , qui avoit pris témérairement à partie le Juge confulaire de Bourges , fut condamné à lui faire réparation d'honneur en préfence de fix perfonnes , telles que ledit Juge voudroit choifir , & de lui en délivrer acte ; & en mille livres de dommages & intérêts , avec défenfes de récidiver , fous peine de punition exemplaire , & aux dépens.

Lorfque la prife à partie eft jugée bonne & valable ce qui eft rare , le Juge eft déclaré bien intimé , & condamné aux dépens , dommages & intérêts comme il a été jugé par Arrêt du 20. Octobre 1714 , & il ne peut plus être Juge du différend des parties , au lieu que celui qui a été follement intimé, peut en être Juge , Article 5. du titre 25. de l'Ordonnance de 1667.

Par le fufdit Arrêt rendu en Vacations le 20. Octobre 1714. fur les conclufions de M. de la Galiffoniere , Doyen des Subftituts de M. le Procureur général , le Juge de Nogent-le-Roi , & le Subftitut du Procureur Fifcal , ayant été pris à partie en vertu de permiffion de la Cour , ils furent déclarés bien intimés & prix à partie , & condamnés en cinq cens livres de dommages & intérêts , & aux dépens envers ceux qui les avoient pris à partie.

Les moyens de prife à partie étoient , que les Juges de Nogent-le-Roi avoient rendu une Sentence de provifion avant qu'il y eût un décret , & que ce Juges avoient décreté de prife de corps des perfonnes domiciliées , & qui n'étoient aucunement chargées par les informations.

M. de la Galiffoniere obferva , qu'il n'y avoit que le décret feul qui faifoit l'accufé , & non pas la plainte ; & qu'ainfi l'on ne devoit jamais adjuger de provifions que contre les décretés & accufés.

Il fit voir auffi qu'il y avoit de la malice & du fait perfonnel des Juges , d'avoir décreté de prife de corps des gens qui n'étoient point chargés par les informations ; d'où il conclut que comme le décret avoit été exécuté , il étoit dû des dommages & intérêts aux Parties.

PRISE A PARTIE PEUT AVOIR LIEU CONTRE LES JUGES SOUVERAINS. Comme ces Juges font les dépofitaires de l'autorité du Roi , on ne peut , fans des motifs très-juftes & très-graves , expofer le miniftere augufte qu'ils exercent à être en quelque maniere avili par de pareilles pourfuites. Auffi les Juges fouverains ne peuvent être pris à partie pour le dé-

& refus de Juftice, comme nous l'avons dit ci-deffus.

Mais ils peuvent l'être pour raifon d'un Jugement injufte qu'ils auroient rendu par dol, c'eft-à-dire, par une faveur évidente de la Partie adverfe, ou par haine de la perfonne qu'ils ont condamnée, ou par des raifons d'un intérêt fordide, fuivant ce que dit la Loi 15. au Digefte *de Judiciis*. En voici les termes : *Judex tunc litem fuam facere intelligitur, dolo malo in fraudem Legis Sententiam dixerit ; dolo autem malo hoc facere videtur, fi evidens arguatur ejus vel gratia, vel inimicitia, vel ejus fordes, ut veram æftimationem litis præftare cogatur.*

Cette prife à partie ne peut être pourfuivie qu'au Confeil d'Etat du Roi. Les Cours fupérieures ne re-connoiffent point de Juges qui ayent droit de con-noître de leurs jugemens, & de les réformer : d'où il s'enfuit qu'il n'y a que le Roi qu'il le puiffe quand le cas y échet ; & par conféquent qu'il n'y a que lui feul auffi qui puffe permettre de les prendre à partie.

Celui qui prétend avoir été juftement condam-né, fe pourvoit d'abord en caffation ; & après que l'Arrêt a été caffé par celui du Confeil, il préfente une Requête au Roi, par laquelle il lui demande la permiffion de prendre à partie les Juges qui ont abufé de l'autorité que Sa Majefté a bien voulu leur confier.

Si les moyens de prife à partie font juftes, le Roi rend un fecond Arrêt qui permet de prendre à partie les juges fouverains qui ont affifté à l'Arrêt qui a été caffé : ce qui eft très-équitable, quelques raifons qu'on puiffe alléguer contre.

Les égards que l'on eft obligé d'avoir pour le ca-ractere des Juges fouverains doit avoir des bornes : ainfi quand ils fe font dépouillés les premiers du caractere de Juges, pour fe rendre les propres par-ties de ceux dont ils tenoient le fort entre les mains ; quand ils ont profané l'autorité facrée dont ils font les dépofitaires, en la faifant fervir à l'oppreffion ; qu'ils ont violé pour cela toutes les regles, non-feulement de l'ordre judiciaire ; mais même de la bonne foi & de l'équité, il n'y a plus de ménage-mens à conferver pour eux.

Après une telle prévarication, s'ils étoient à l'a-bri de toutes recherches, les fondemens de l'ordre public en feroient ébranlés, l'autorité royale en fouffriroit elle-même, puifqu'elle feroit obligée de voir l'iniquité triompher impunément à fes yeux fans pouvoir la réprimer.

Pour que les Officiers des Cours fupérieures ne puffent point être pris à partie, il faudroit qu'ils fuffent au deffus des Loix, & qu'ils puffent les tranf-greffer impunément, & fe rendre les arbitres abfo-lus des biens, de l'honneur & de la vie des fujets du Roi.

Mais Sa Majefté, qui établi des Juges, leur pref-crit en même tems les Loix qu'ils font obligés de refpecter, & en faire la regle de leur conduite ; s'ils s'en écartent, ils font plus coupables que les autres Juges, parce qu'ils doivent agir avec plus de lu-miere, de prudence & de circonfpection. Il ne doit donc pas être permis à des Juges fupérieurs de cher-cher l'impunité de leurs crimes dans la fupério-rité de leurs Offices. Plus ils font élevés par l'auto-

rité fuprême qui leur eft confiée, & plus ils font coupables quand ils font fervir à l'oppreffion & à des injuftices un miniftere fi augufte, qui n'eft def-tiné qu'à rendre la juftice, & à protéger l'inno-cence.

Que deviendroit l'autorité des Loix, fi ceux-mê-mes qui font établis pour les faire obferver, pou-voient les violer impunément ? Toutes celles du Royaume recommandent étroitement aux Juges l'exacte obfervation des Loix, & furtout point de partialité.

La Juftice eft le fondement le plus folide du Trô-ne des Rois : leur premier devoir eft de la faire ré-gner dans leurs états ; & comment pourroient-ils s'en acquitter, fi les Officiers des Cours fupérieures n'étoient point obligés de rendre compte de leur conduite.

Il eft certain que fi ces Officiers pouvoient, en ce qui concerne le miniftere de leurs Charges, fe fouf-traire à l'obfervation des Loix, ils croiroient que tout leur feroit permis ; & cela pourroit donner lieu à quantité de prévarications, calomnies, fauffetés, vexations, condamnations arbitraires, qui pour-roient quelquefois procurer l'impunité des coupa-bles, & faire périr les plus innocens.

Quel feroit le fort de ceux qui fe trouveroient in-juftement condamnés par des Juges fouverains, s'il ne leur étoit pas permis d'en porter leurs juftes plaintes aux pieds du Trône de celui que Dieu a établi pour être dans fon Royaume le Juge des Ju-ges, & l'afile affuré de l'innocence opprimée ?

Outre la néceffité qu'il y a que les Officiers des Cours fouveraines puiffent être pris à partie, les Ordonnances du Royaume y font précifes, & fpé-cialement l'art. premier du tit. premier de l'Ordon-nance de 1667. dont voici les termes : *Voulons que nos Ordonnances foient gardées & obfervées dans tou-tes nos Cours du Parlement, Grand-Confeil, Cham-bre des Comptes, Cours des Aydes & autres Cours.*

L'article 8. du même titre porte : *Déclarons les Jugemens & Arrêts qui feront donnés contre la difpo-fition de nos Ordonnances, nuls & de nul effet & valeur, & les Juges refponfables des dommages & intérêts des Parties ainfi qu'il fera pour nous avifé.*

Ces termes : *& les Juges refponfables des domma-ges & intérêts des Parties, ainfi qu'il fera par Nous avifé*, marquent deux chofes ; la premiere, que les Juges fouverains peuvent être pris à partie ; la deu-xieme, que cette prife à partie doit être pourfuivie au Confeil du Roi. Auffi la Cour des Aydes de Paris rendit un Arrêt le 18. Juillet 1691. qui eft rappor-té dans le Journal des Audiences, qui dit, *que quand les Juges en dernier reffort font pris à partie, le procès doit être porté devant le Roi.*

Dans les conférences qui furent tenues lors des dernieres Ordonnances, entre les commiffaires du Confeil & ceux du Parlement, convoqués par or-dre du Roi, les Commiffaires du Parlement firent des remontrances fur plufieurs articles qui pronon-cent des peines contre les Juges, & prétendirent que du moins ceux des Cours fupérieures ne de-voient point y être compris.

Monfieur Puffort, qui avoit eu tant de part à la

réduction de fes Ordonnances, fit avoir par l'autorité des anciennes Loix du Royaume, & par les principes de l'ordre public, qu'il étoit impossible de souftraire à la rigueur des peines, non-feulement les Officiers des Cours supérieures en particulier, mais même les Compagnies en entier ; que de quelque pouvoir que ces Officiers fussent revêtus, ils étoient soumis aux Loix ; & que lorsqu'ils les transgressoient, la Justice & l'autorité du Roi étoient autorisée à les punir.

Ce fut conformément à ces principes, que les articles que l'on avoit voulu faire réformer subfistèrent.

Loin que le Droit Romain excepte la prife à partie les grands Magiftra s, auxquels on peut comparer les Parlemens & les autres Cours supérieures, il les y comprend expressément dans les Loix 1. & 5. du code *ad leg. Jul. repetund.*

Nos plus fameux Docteurs tiennent que les Officiers des Cours supérieures peuvent être pris à partie, de même que les Juges inférieurs ; & que les Juges fans aucune diftinction, lorfqu'ils ont procédé par dol ou par faveur dans le fait de leur miniftere, doivent non feulement être condamnés aux dommages & intérêts des Parties, & à une amende, mais qu'ils peuvent encore être privés & interdits de leurs Offices, & même condamnés au dernier supplice. *Voyez* d'Argentré fur la Coutume de Bretagne, art. 34. nomb. 1. & 8.

Papon, liv. 19. tit. 8. nomb. 9. rapporte un Arrêt du 11. Octobre 1556 par lequel un Procureur général du Roi au Parlement de Chambery fut condamné aux dépens, dommages & intérêts des Parties qu'il avoit pourfuivies pour crime de faux, jufqu'au payement defquels il fut dit qu'il tiendroit prifon ; & par ce même Jugement ce Procureur général fut condamné à faire amende-honorable, tête & pieds nuds, la corde au cou tenant un flambeau de cire ardente à la main, au Parquet & à l'Audience du Parlement de Paris, & au Pilori des Halles de ladite Ville de Paris, à trois jours confécutifs, &c.

La caufe de cette condamnation fut, qu'il n'avoit pas été fondée dans l'accufation de faux qu'il avoit intentée : & quoiqu'il eût expofé pour fa défenfe qu'il n'avoit pas cette accufation que par le droit de fon miniftere, fon injuftice étoit trop évidente pour qu'on pût lui faire quelque grace.

Nous avons plufieurs autres Arrêts qui prouvent que les Juges fouverains peuvent être pris à partie; mais je me contenterai d'en rapporter quelques-uns.

Par Arrêt de la Cour des Monnoyes du 3. Mars 1691. le nommé Aubri, Soldat, fut condamné à mort pour raifon du vol de la lampe de Chartres. Sa veuve s'étant pourvue contre cet Arrêt au Confeil d'Etat privé, intervint Arrêt audit Confeil d'Etat le 24. Janvier 1701. & les Lettres de révifion du procès furent accordées à cette veuve, & adreffées à la Tournelle du Parlement de Paris le 19. Mars audit an

Ladite Chambre, en procédant à l'entérine-

ment defdites Lettres de révifion, par Arrêt du 18. Février 1704. remit les Parties en tel & femblable état qu'elles étoient avant l'Arrêt de la Cour des Monnoyes du 3. Mars 1691 & permit d'intimer & prendre à partie les Juges de ladite Cour qui avoient procédé à l'inftruction & au Jugement dudit Aubri en leurs propres & privés noms, quoique Sa Majefté en renvoyant lefdites Lettres de révifion à ladite Chambre de la Tournelle, ne lui eût point attribué aucune Cour, Jurifdiction, ni connoiffance de ce qui pouvoit concerner les Officiers de ladite Cour des monnoyes.

De plus, dans le difpofitif de ce même Arrêt de la Tournelle, l'on a qualifié ladite Cour des Monnoyes de Chambre, & fes Arrêts de Jugemens en dernier reffort, au préjudice & contre la difpofition de plufieurs Edits vérifiés & enregiftrés au Parlement de Paris, lefquels l'ont érigée & confirmée dans fa qualité de Cour fupérieure, à l'inftar des autres Cours fupérieures du Royaume.

Sur les conteftations réfultantes de cet Arrêt de la Tournelle, Sa Majefté étant en fon Confeil, a rendu un Arrêt le 2. Juin 1704. par lequel elle a évoqué à foi & à fa Perfonne la connoiffance de ladite prife à partie, & des faits allégués par ladite veuve Aubry, qui concernent les Officiers de ladite Cour des monnoyes, avec défenfes de faire aucune pourfuite ailleurs, & à ladite Chambre de la Tournelle d'en connoître, à peine de nullité & caffation de procédures ; & a ordonné qu'en ces Parlemens & autres Cours ladite Cour des Monnoyes fera qualifiée du nom de Cour, & fes Jugemens d'Arrêts.

Enfin, par Arrêt définitif du Confeil d'Etat du 15. Octobre 1708. les Officiers de la Cour des Monnoyes qui avoient affifté au Jugement de mort du prétendu voleur, ont été déclarés bien pris à partie, eux, leurs veuves & héritiers condamnés en fix mille livres de dommages & intérêts envers la veuve, & en tous les dépens.

Voici un autre Arrêt qui juftifie pleinement que quand les Juges, même fouverains, ont jugé par faveur pour l'une des Parties, ou par paffion contre l'une d'icelles ils peuvent être pris à partie en leur nom ; & comme on ne peut pas appeller d'un Jugement rendu par des Juges fouverains, on fe pourvoit alors au Confeil privé du Roi.

Le fait eft trop long, & rempli de trop de circonftances, pour que je le puiffe rapporter ici ; je dirai feulement que Jean Laugier, Avocat au Parlement de Provence, domicilié à Barcelonette, par Arrêt du vingt-fix Novembre 1726. rendu en la Tournelle criminelle du Parlement d'Aix, fut injuftement condamné, pour crime de calomnie, à faire amende honorable en chemife, tête & pieds nuds, le hart au cou, tenant un flambeau ardent & à genoux, &c. & de-là conduit fur l'échafaut pour y être flétri de la marque des galeres, & enfuite conduit à Marfeille, pour y fervir fur les galeres pendant dix ans, &c.

Laugier, après l'exécution de cet Arrêt, fe pourvut en caffation au Confeil privé du Roi, où il fut caffé, & l'affaire renvoyée pardevant le Préfet de

Barcelonette, qui par fon Jugement condamna la Partie adverfe de Laugier au dernier fupplice, ce qui fut exécuté par effigie ; au moyen de quoi Laugier n'ayant plus d'abfolution à obtenir du crime qui lui avoit été fauffement imputé, puifqu'il étoit éteint par le Jugement du Préfet de Barcelonette, préfenta une Requête au Roi, à l'effet d'obtenir de Sa Majefté la permiffion de prendre à partie les Juges de la Tournelle du Parlement de Provence, qui avoient affifté aux Jugemens intervenus contre lui.

Par cette Requête, qui eft très - judicieufe & des mieux travaillées, Laugier, après avoir déduit le fait avec toutes fes circonftances, repréfente que nonobftant le Jugement du Préfet de Barcelonette il n'en a pas moins été perfécuté, flétri, ruiné par les procédures monftrueufes faites contre lui au Parlement d'Aix ; & que depuis près de cinq ans il a été expofé, par la paffion des Juges qui l'ont condamné à la plus violente tempête qu'il foit poffible d'effuyer.

Enfuite il déduit & prouve parfaitement bien les moyens qu'il a de prendre à partie les Juges de la Tournelle du Parlement d'Aix, & il y conclut.

Sur cette Requête, eft intervenu Arrêt de Confeil d'Etat privé le 20. Mai 1733. qui permet audit Laugier de prendre à partie les Juges de la Tournelle du Parlement de Provence, qui avoient affifté aux Jugemens intervenus contre lui, même les héritiers de ceux qui font décédés : ordonne en outre qu'en marge de l'Arrêt qui avoit condamné Laugier aux galeres, il fera fait mention de celui du Confeil qui en a prononcé la caffation.

L'on ne doute pas que l'Arrêt qui interviendra ne lui adjuge des dommages & intérêts confidérables, & proportionnés aux affreufes vexations qu'il a fouffertes fi injuftement.

PRISE DE CORPS, eft la capture qui fe fait d'une perfonne pour la mener en prifon, en vertu d'une commiffion du Juge, foit pour crime, foit pour dette, dans le cas où les débiteurs font contraignables par corps.

Il n'eft pas permis d'appréhender quelqu'un, même pour crime, fans commiffion du Juge, de laquelle celui qui fait l'emprifonnement doit être porteur.

Il faut excepter, I°. Si le délinquant eft pris en flagrant délit. II°. Si c'eft un homme banni, qui foit trouvé au préjudice de fon ban, dans le lieu d'où il a été banni. III°. Si c'eft un homme qui foit reconnu pour être pourfuivi par la Juftice, comme coupable d'un crime notoire.

Voyez le titre 10. de l'Ordonnance de 1670.

PRISE DE CORPS. Ces termes fignifient auffi quelquefois le Jugement qu'on a obtenu contre quelqu'un pour le faire emprifonner.

PRISE DE POSSESSION D'UN HÉRITAGE, fe faifoit autrefois avec quelques cérémonies, qui fe pratiquent encore aujourd'hui dans quelques-unes de nos Coutumes, comme je l'ai dit *verbo* Veft & Deveft.

PRISÉE, fignifie la valeur & eftimation des chofes. Cette prifée fe fait ou à l'amiable, ou par autorité de Juftice. Quand on fait un inventaire à l'amiable, ou un état des meubles compris dans une donation, ou dans un contrat de mariage, les Parties peuvent elles-mêmes faire la prifée. Quand l'inventaire ou prifée fe fait par autorité de Juftice, il faut que la prifée foit faite par Experts convenus ou nommés d'office. Dans les endroits où il y a des Huiffiers-Prifeurs en titre, comme à Paris, ce font eux qui font la prifée & la vente des meubles inventoriés. On ftipule ordinairement dans les contrats de mariage que le préciput fe prendra en meubles, fuivant la prifée qui fera faite par l'Huiffier.

Voyez le Traité de la crue des meubles au-deffus de leur prifée, par M. Boucher d'Argis.

PRISON, eft un lieu public-qui eft deftiné à garder les criminels, & auffi quelquefois les débiteurs, dans les cas où ils font obligé par corps, comme par ftellionat, pour lettres de change, ou pour dépens en vertu d'un Arrêt ou Sentence *d'iterato*.

Les prifons ne font établies que pour garder les criminels & non pas pour les punir. *Carcer ad continendos homines, non ad puniendos haberi debet. Leg. aut damnum ; §. folent ff. de pœnis. Ex eo quod carcer cuftodia magis eft, quam pœna, fequitur incarceratos omnia fua jura intacta & illibata retinere.*

La prifon même non pour crime, étant moins confidérée comme une peine, que comme un lieu de fûreté, ceux qui font détenus prifonniers ne perdent donc ni leur liberté, ni leur droit de cité, c'eft-à-dire, l'exercice des droits civils : d'où il s'enfuit,

I°. Qu'ils peuvent donner des procurations pour la régie & l'adminiftration de leurs biens, & paffer toute forte de contrats.

II°. Qu'ils peuvent faire teftament & autres actes de dernière volonté.

Une obfervation qu'il convient de faire ici, c'eft que les actes qu'ils paffent doivent être faits entre deux guichets, pour marquer qu'ils les ont fait en pleine liberté.

Ce que nous venons de dire, que la prifon eft plutôt confidérée comme un lieu de fûreté, que comme une peine, ne doit point s'appliquer à la prifon perpétuelle ou pour un tems, à laquelle un criminel feroit condamné *in pœnam delicti*, pour des confidérations particulieres, comme s'il y avoit été condamné pour fauver l'honneur de fa famille, ou fi le criminel étoit en fi bas âge, qu'il y auroit pour ainfi dire de l'humanité à lui faire fubir la peine de la Loi dans toute fa rigueur.

Dans tous les Cas où l'accufé eft condamné par le Juge laïque à une prifon perpétuelle, c'eft-à-dire, à être mis dans une maifon de force, ou reclus dans un monaftere pour le refte de fes jours, il perd la liberté & tous les droits de cité ; de forte qu'il eft réputé mort civilement : d'où il en s'enfuit que fes biens font confifqués, & par conféquent qu'il n'en peut pas difpofer par acte entre-vifs, ni par acte de dernière volonté. Maynard, liv. 9. ch. 42. Brodeau fur Louet, lett. S, fomm. 15. & fur la lettre P, fomm. 45. Coquille, queft. 19.

il nous

Il nous reste à remarquer, 1°. Que l'on met différence entre les prisons ordinaires & les maisons de force : les prisons ordinaires sont, comme nous avons dit, établies pour garder les criminels ; mais les maisons de force sont des peines : aussi la condamnation à une prison perpétuelle ne s'exécute jamais dans les prisons ordinaires des Jurisdictions, mais toujours dans ces sortes de maisons.

II°. Que les Juges ecclésiastiques condamnent quelquefois à une prison perpétuelle ; Papon, liv. 23. tit. 1. & Fevret en son Traité de l'Abus, liv. 8. chap. 4. nomb. 9. Mais cette prison n'ôte pas la faculté ni l'exercice des droits civils.

Nous n'avons en France, à proprement parler, que deux sortes de prisons ; sçavoir, les prisons royales, & celles des Seigneurs Haut-Justiciers ; & il n'est permis à personne de tenir charte privée : celui qui feroit une prison de sa maison, violeroit la majesté du Prince.

Il est même défendu aux Seigneurs Hauts-Justiciers d'avoir des prisons dans leurs Châteaux, comme il a été jugé par Arrêt rapporté par Guenois, liv. 9. tit. 4. §. 27. de la Conférence des Ordonnances, pour empêcher l'abus qu'ils en pourroient faire, & leur ôter aussi le pouvoir d'avoir des prisons privées, qui sont défendues sous peine de la vie.

Il y a néanmoins quelques cas où il est permis de détenir chez soi des délinquans. Vide Boërius, decisione 275. Carol. Molin. ad cap. 29. stil. cur. part. 1. Mornacius, ad leg. si hominem, ff. depositi ; & Argentr. not. 1. in articulum 4. Voyez aussi la Conférence des Ordonnances, liv. 9. tit. 10. §. 21. aux notes ; & Papon, liv. 23. tit. 1.

L'article 5. de l'Ordonnance d'Orléans en 1560. enjoint à tous Hauts-Justiciers d'avoir prisons sûres, & qui ne soient pas plus basses que le rez-de-chaussée, d'autant qu'elles ne doivent servir que pour la garde des prisonniers. Ils doivent aussi entretenir un Géolier qui y réside ; & si faute de ce les prisonniers s'échappent, ils en sont responsables tant en civil que criminel. Voyez Bacquet, chap. 18. nomb. 9. au Traité des Droits de Justice ; & Papon, liv. 24. tit. 5. nomb. 5.

Touchant les prisons, Greffiers des géoles, Géoliers, Guichetiers & Prisonniers, écroues & recommandations, voyez le tit. 13. de l'Ordonnance de 1670. la Déclaration du 6. Janvier 1680. & quelques Arrêts de réglement qui sont rapportés dans Bornier sous ce titre.

PRISONS ETABLIES POUR FAITS QUI CONCERNENT L'ETAT, sont celles dans lesquelles on ne constitue ordinairement prisonniers, que pour choses auxquelles l'Etat peut avoir intérêt ; & l'emprisonnement ne s'en fait qu'en vertu de Lettres de cachet. Telle est la Bastille, & le Château de Vincennes.

Comme les Gouverneurs de ces prisons ne sont point obligés d'obéir à d'autre qu'au Roi, lorsqu'un homme s'y trouve enfermé par le crédit de ses créanciers, & qu'on le poursuit en la Cour, il n'en peut sortir que par un Ordre de Sa Majesté, qui se donne par une Lettre de cachet qui révoque

Tome II.

celle en vertu de laquelle il a été constitué prisonnier dans ces sortes de prisons. C'est pourquoi la Cour ne peut ordonner qu'il sera sursis à toutes poursuites contre lui, jusqu'à ce qu'on ait obtenu du Roi de transférer le prisonnier dans d'autres prisons.

PRISONNIER POUR DETTES. On ne peut être constitué prisonnier pour dettes, que pour certaines causes que nous avons avancées ci-dessus, verbo Contrainte par corps.

Voici quelques autres observations qu'il faut faire au sujet de ceux que des créanciers font constituer prisonniers pour dettes.

1°. Il n'est pas permis d'emprisonner les jours de Fêtes pour dettes civiles : ni de prendre aucune personne dans sa maison. Voyez M. Augeard, tom. 1. chap. 36. & ce que j'ai dit, verbo Capture, & verbo emprisonnement. Il faut excepter ceux qui sont débiteurs en vertu d'une Sentence de la Conservation de Lyon, qui peuvent être constitués prisonniers le jour du Dimanche & Fête, & peuvent aussi être arrêtés dans leurs maisons, & suivant les autorités que rapporte M. Brillon, verbo Prison, nomb. 23.

II°. Faute par le créancier de fournir des alimens à son débiteur qu'il a fait emprisonner, ce débiteur doit être mis hors des prisons ; & après avoir été élargi pour raison de ce, il ne peut plus être emprisonné une seconde fois pour la même dette. Ainsi jugé au Grand Conseil, par Arrêt du 4. Août 1672. rapporté dans le Journal du Palais.

III°. Les septuagénaires ne peuvent être contraignables par corps pour dettes purement civiles. Voyez Septuagénaire.

PRISONNIERS RECOMMANDÉS. Voyez Prisonnier.

PRISONNIERS NE PEUVENT ETRE MIS HORS DE PRISONS, QU'EN VERTU DE JUGEMENS QUI L'ORDONNENT, & rendus de la manière que nous avons marquée, verbo Elargissement. Tout élargissement fait autrement & par surprise, seroit punissable en la personne de ceux qui l'auroient procuré.

Ainsi, par Arrêt du 19. Février 1647. rapporté par Soefve, tome 1. cent. 1. chapitre 99. il a été ordonné qu'un Procureur seroit tenu de représenter dans deux mois un prisonnier élargi par surprise sur une requête signée de lui ; sinon & ledit tems passé, le Procureur condamné au payement de cinq cens livres envers le créancier, & dès à présent en tous les dépens.

Par autre Arrêt du 18. Janvier 1658. rapporté par le même Auteur, tom. 2. cent. 1. chap. 84. il a été ordonné que le procès sera fait & parfait à un Huissier & Greffier de la Géole, afin de représentation du prisonnier accusé d'assassinat ; lequel avoit été tiré de prison par l'Huissier, pour le transférer à Poitiers, en vertu d'un Arrêt rendu sans ouïr la Partie principale, au préjudice de plusieurs Arrêts faisant défenses d'élargir qu'en vertu d'Arrêts contradictoires rendus avec toutes les Parties ; ou de condamnation de dix mille livres pour la perquisition du prisonnier évadé par les chemins. La Partie civile prétendoit que l'Huiſſier, & le Greffier avoient touché de l'argent pour favoriſer l'évaſion.

Il fut auſſi ordonné par le même Arrêt, que le Procureur, que l'on prétendoit avoir ſigné la Requête ſur laquelle l'Arrêt étoit intervenu, ſeroit interrogé ſur faits & articles, & que le Sécretaire du Rapporteur ſeroit pris au corps, pour être pareillement interrogé.

Enfin cet Arrêt condamna l'Huiſſier & le Greffier de la Géole ſolidairement, envers la Partie civile, & la ſomme de ſix mille livres de provision.

PRISONNIERS, QUAND DOIVENT ESTRE REPRESENTÉ, ET PAR QUI. Il y a pluſieurs cas eſquels les priſonniers doivent être repréſentés.

Iº. Lorſqu'ils ont été élargis par ſurpriſe, ceux qui y contribuent ſont condamnés de les repréſenter dans un certain tems, ſinon de payer pour eux, comme nous venons de le dire en l'article précédent.

IIº. Celui qui s'eſt obligé de repréſenter un priſonnier que l'on élargit, ou bien de payer la ſomme pour laquelle il eſt détenu priſonnier, eſt tenu de ſatisfaire à cette obligation: mais elle ceſſe par le décès du débiteur qu'il a promis de repréſenter; quia ſcilicet impoſſibilium nulla eſt obligatio. Ainſi jugé au Parlement de Paris, par Arrêt du 13. Février 1642. rapporté dans le Journal des Audiences.

PRISONNIERS, COMMENT DOIVENT ESTRE TRANSFERÉS, en cas d'appel de leur condamnation. Voyez Tranſport de priſonniers.

PRISONNIERS DE GUERRE. Suivant le droit de gens, ceux qui ſont pris à la guerre par les ennemis, deviennent les eſclaves de ceux qui les ont pris.

Mais aujourd'hui l'eſclavage a été banni de l'Europe, par un tacite conſentement unanime de toutes les Nations chrétiennes.

Ainſi la victoire a perdu chez ces Nations le droit de faire perdre la liberté aux vaincus, & de les rendre eſclaves des vainqueurs.

Ceux qui ſont pris deviennent ſeulement priſonniers de guerre, & ne ſont obligés que de payer leur rançon. Voyez Rançon.

De ce que nous venons de dire, il réſulte qu'un priſonnier de guerre peut, en pays ennemi, faire ſon teſtament; en ſorte que les Loix Romaines à cet égard ne ſont point obſervées en France, comme il a été jugé par Arrêt du 21. Juin 1554. confirmatif du Teſtament fait par le Vicomte de Martigues, mort priſonnier de guerre en Flandre. Bibliotheque de Bouchel, verbo Priſonnier.

Auſſi Loyſel en ſes inſtitutes coutumieres, liv. 1. tit. 1. nomb. 84. dit que les droits de ſervitude ſur priſonniers de guerre n'ont lieu en Chrétienté, & qu'ils peuvent teſter.

PRIVILEGE, ſe prend ordinairement pour un droit accordé à quelqu'un par grace ſpéciale & particuliere: d'où il s'enſuit que les privilèges dérogent au droit commun.

Comme un privilège eſt un droit ſpécial accordé à quelqu'un pour quelque raiſon particuliere,

il ne ſouffre point d'extention d'une perſonne à une autre, ni d'un cas à un autre. Privilegium eſt jus ſingulare, quod contra tenorem rationis propter aliquam utilitatem publica autoritate introductum eſt, leg. 16. ff. de legibus; quamobrem non protrahitur de perſona ad perſonam, de re ad rem, neque de caſu ad caſum.

Celui qui allégue un privilege, dont, ſuivant le droit commun, il ne doit pas jouir, eſt tenu d'en juſtifier, Voyez Papon, liv. 9. tit. 7. nomb. 2.

PRIVILEGE, ſe prend quelquefois pour une préférence fondée ſur la raiſon & l'équité, qui fait qu'un créancier eſt payé, par un droit ſpécial, ſur les deniers provenans de la vente des effets de ſon débiteur, préférablement à ſes autres créanciers de même eſpece. Voyez ce que j'ai dit, lettre C, des Créanciers privilégiés hypothécaires, & des Créanciers chirographaires privilégiés.

Quand il y a pluſieurs créanciers privilégiés, le plus favorable doit être préféré; car comme les privilèges des créanciers ſont fondés ſur différentes cauſes, dont les unes ſont plus favorables que les autres, c'eſt avec raiſon qu'il y a préférence entre les privilégiés, eu égard aux cauſes de leurs privilèges, à moins qu'ils ne ſoient également favorables.

Pari privilegio certantes privilegiati, præfertur ille qui certat de damno vitando; ſed ſi uterque certat de damno, potior eſt cauſa ejus à quo petitur; ſi verò ſiat diſpari privilegio, privilegium potentioris præfertur, Mornacius, ad leg. 11. §. ult. ff. de minorib.

PRIVILEGE DE CLERICATURE, eſt un privilège particulier accordé aux Eccléſiaſtiques, en vertu duquel ils ne peuvent être aſſignés en matiere purement perſonnelle, que pardevant le Juge d'Egliſe & ne peuvent être jugés que par lui pour raiſon de délits communs.

Par l'article 40. de l'Ordonnance de Moulins, nul ne peut jouir de ce privilege, s'il n'eſt conſtitué aux Ordres ſacrés, & pour le moins Sous-diacre, ou Clerc actuellement réſidant & ſervant aux Offices, Miniſteres & Bénéfices qu'il tient en l'Egliſe.

La Déclaration du Roi Charles IX. du mois de Juillet 1566. porte que les ſimples Clercs tonſurés jouiront de ce privilege, pourvû qu'ils ſoient Bénéficiers ou Ecoliers étudians actuellement, & faiſant les fonctions de Clercs.

Le privilege de Cléricature, ſuivant la définition que nous en avons donnée, conſiſte en deux articles; ſavoir, Iº. Qu'un Clerc ne peut être aſſigné en matiere purement perſonnelle, que pardevant le Juge d'Egliſe. IIº. Qu'il ne peut être jugé que par lui, pour raiſon de délits communs.

A l'égard du premier article, il faut remarquer que ce privilege des Clercs, de ne pouvoir être aſſignés en matiere purement perſonnelle, que pardevant le Juge d'Egliſe, n'eſt pas aujourd'hui ce qu'il étoit autrefois, c'eſt-à-dire dans les premiers tems où les Eccléſiaſtiques ſe ſouſtraient de la Juriſdiction des Juges laïques; car les Juges royaux ſont enfin rentrés dans le droit de juger les

Eccléfiaftiques , même en matiere purement perfonnelle.

Aux deux articles en quoi confifte le privilege de Cléricature , il en faut ajouter un troifieme , qui eft que les Eccléfiaftiques ne peuvent être contraint par corps pour dettes civiles, où il n'y auroit point de dol de leur part. *Voyez* Contrainte par corps.

PRIVILEGE DE CLERICATURE EN MATIERE CRIMINELLE , confifte , comme nous avons dit, en ce que les Clercs ne peuvent être jugés que par le Juge d'Eglife , pour raifon de délits communs : ainfi ce privilege ne leur eft point accordé pour les cas privilégiés. *Voyez* ci-deffus , Délit commun.

Les Eccléfiaftiques qui font pourfuivis pour crimes , ont par conféquent pour Juges le Juge d'Eglife & le Juge royal ; l'un pour le délit commun, & l'autre pour le cas privilégié. *Voyez* Henrys , tome 2. liv. 1. queftion 16. & tome 1. livre 2. chapitre 2. queftion 5. Bacquet, des Droits de Juftice , chapitre 6. nomb. 16. & chapitre 7. *Vide etiam Ann. Robertum, rerum judicatar. lib. 1. cap. 6. & Julium Clarum lib. 5. Sententiar. §. ult. quæft. 36.*

Quoique dans ce cas l'Official & le Juge royal inftruifent conjointement le procès de l'accufé , ils ne jugent pas néanmoins conjointement, mais ils donnent leur Sentence féparément chacun dans fon Tribunal.

Un Eccléfiaftique fans domicile & vagabond qui eft pris & Arrêté en habit féculier , eft déchu de fon privilége , & ne peut demander fon renvoi pardevant le Juge d'Eglife , dans les cas auxquels il l'auroit pû demander , fi lorfqu'il a été pris & arrêté , il eût été trouvé en habit décent & convenable à fon état.

Il faut dire auffi qu'un Clerc qui fait quelque métier ou négoce indigne de fon état , ne peut fe fervir de fon privilége de Cléricature , & en conféquence demander fon renvoi pardevant le Juge d'Eglife. *Voyez* la Bibliotheque canonique , tom. 1. page 253. au commencement ; & Papon , livre 1. tit. 6. nomb. 1.

Les Clercs qui ont commis meurtre , affaffinat , ou exercé l'art militaire , vols , & mené un mauvais commerce avec une femme impudique , perdent leurs priviléges. Bibliotheque canonique , tom. 2. pag. 461. à la fin.

Celui qui après le crime commis auroit pris les Ordres , ne jouiroit pas du privilege de Cléricature ; quoique le crime fût un délit commun , ainfi fon procès lui feroit fait par le Juge féculier , auquel la connoiffance en appartiendroit lors du crime commis. Papon , liv. 7. tit. 7. nomb. 35. Charondas , liv. 7. rép. 3. Bibliotheque canonique , tom. 1. pag. 254. & tom. 2. pag. 462.

Voyez le Traité des matieres criminelles de M. Bouvot , premiere partie , titre fecond des Renvois.

PRIVILEGE DES FOIRES. *Voyez* Foire.

PRIVILEGE DE SCHOLARITÉ. *Voyez* Scholarité.

Voyez Gardes gardiennes.

PRIVILEGE DES BOURGEOIS DE PARIS.

Voyez Bourgeois de Paris.

PRIVILEGE EN FAIT DE JURISDICTION , eft le droit qu'ont certaines perfonnes de plaider , tant en demandant qu'en défendant , devant le Juge de leur privilege ; comme les Suppôts des Univerfités devant le Juge confervateur de leurs priviléges ; ceux qui ont droit de *Committimus*; les Corps & Communautés qui ont des Lettres de garde-gardienne.

Ces priviléges n'ont d'effet en demandant , que quand le privilégié a donné fon affignation en conféquence & en vertu de fon privilege.

Ce privilege n'a lieu en défendant , que quand le privilégié ajourné devant un autre Juge que celui de fon privilege , comparoît & demande fon renvoi en vertu de fon privilege ; autrement il feroit condamné par défaut, & feroit obligé de payer les frais de la condamnation. Ainfi jugé par Arrêt du 12. Mai 1613. Comme fi un Eccléfiaftique étoit cité pardevant l'Official d'un autre Evêché que celui de fon domicile , il feroit obligé de comparoir pour demander fon renvoi ; car on ne doit pas faire mépris de la Jurifdiction où l'on eft affigné , attendu que c'eft aux Juges à connoître & à décider de ce qui concerne leur compétence.

Mais cela n'a pas lieu quand le défendeur a droit de *Committimus* ; car alors le renvoi fe fait en vertu du *Committimus* , par exploit d'affignation donné à la Partie ou à fon Procureur , fans que les Huiffiers ou Sergens foient tenus d'en faire requifitions aux Juges ; & du jour de la fignification du renvoi toutes pourfuites , procédures & Jugemens furfoient en la Jurifdiction d'où le renvoi a été demandé ; & s'il s'y fait quelques procédures au préjudice , elles font caffées judiciairement ; quoiqu'il n'y ait lieu à la rétention de la caufe , fuivant les articles 9 & 10. du titre 4. de l'Ordonnance de 1667.

PRIVILEGE DU FISC , eft un droit fpécial & particulier accordé au Fifc , qui confifte principalement dans l'hypotheque tacite qu'il a fur les biens de ceux qui ont contracté avec le Roi , & dans une préférence qui lui eft accordée fur les autres créanciers de fon débiteur dans certains cas , quoique ces créanciers ayent une hypotheque plus ancienne que celle du Fifc.

Cette matiere , qui eft d'une grande difcuffion, eft traitée dans le titre du Digefte *de jure Fifci* ; & dans celui du Code *de privilegio Fifci.*

Dans les caufes lucratives , le Fifc eft moins favorable que les Particuliers. Ainfi le Fifc n'a aucun privilege dans les dettes pénales ; au contraire , il ne vient pour icelles qu'après tous les créanciers de celui qui en eft tenu. *Leg. un. cod. de pœnis Fifcal. creditores præferri.* Telles font les confifcations & les amendes.

La raifon eft , que le Fifc dans la pourfuite de telles dettes ne contefte que *pro lucro captando* ; au lieu que les autres créanciers conteftent *pro damno vitando* : c'eft pourquoi leur caufe eft plus favorable que celle de Fifc. *Leg. 33. ff. de regul. jur.* & même les confifcations ne lui font adjugées qu'à la charge de payer les dettes. *Leg. 72. ff. de jure dot. & leg. 37. ff. de jure Fifci.*

Dans les causes onéreuses , le Fisc a hypotheque sur les biens des Partisans & des Financiers , du jour qu'ils se sont immiscé dans les affaires du Roi , & le Fisc est préféré à tous les créanciers chirographaires de ceux avec qui il a contracté ; car quoique reguliérement le Fisc soit considéré dans les contrats qu'il passe comme les particuliers , on lui a néanmoins accordé quelques privileges que la raison sembloit exiger : c'est pourquoi ils sont d'autant mieux reçus , qu'ils sont plutôt fondés sur la justice , que sur l'autorité souveraine. *Voyez* ce que nous avons dit , en parlant des Comptables.

PRIVILEGE DU PROPRIÉTAIRE EN FAIT DE BAIL A LOYER , est un privilege particulier introduit par le Droit Romain , & confirmé par notre usage , en vertu duquel le propriétaire peut contrevenir au bail à loyer par lui fait d'une maison , & en expulser le locataire , quoique le bail dure encore , pour y demeurer lui-même.

Ce privilege est appellé privilege de la Loi *æde 3. cod. de locato conducto* , par la raison que c'est par cette Loi qu'il a été introduit chez les Romains , & qu'il étoit inconnu auparavant.

Comme le propriétaire ne loue sa maison , que parce qu'il n'en a pas besoin pour lui-même , c'est une condition tacite , que s'il en a besoin dans la suite pour son propre usage , le locataire sera tenu de la lui remettre. Mais le propriétaire peut renoncer à ce droit.

Ce privilege n'est accordé qu'à celui qui est propriétaire de la totalité d'une maison , & non pas à celui qui ne l'est que d'une partie par indivis , étant impossible qu'il puisse exploiter sa portion indivise séparément.

Mais s'il avoit le consentement par écrit de ses copropriétaires , il pourroit en ce cas jouir de ce privilege.

Ce droit est personnel au seul propriétaire ; de sorte qu'un locataire de la totalité d'une maison ne peut en jouir. Mais une mere qui voudroit occuper une maison appartenante à sa fille , dont elle seroit tutrice , & qui demeureroit avec elle , pourroit jouir de ce privilege.

Il n'a lieu que pour les maisons de Villes qui sont louées pour un tems qui n'emporte point aliénation: c'est pourquoi il cesse à l'égard des fermes ; il cesse aussi à l'égard des maisons de Villes qui seroient données à bail à longues années.

Le locataire qui a eu la précaution de faire spécialement hypothéquer la maison à la sûreté de son bail , ne peut être dépossedé.

Quand le propriétaire a expressément renoncé à ce privilege , il ne s'en peut plus servir , étant permis à chacun de renoncer au droit particulier & spécial qui est introduit en sa faveur , lorsque le Public n'y est point intéressé.

Mais cette renonciation ne regarde que celui qui l'a faite , & son héritier ; en sorte que son successeur à titre de vente , ou autre titre particulier n'en seroit point tenu , par la raison , que *resoluto jure dantis , resolvitur jus accipientis* , à moins que l'acquereur ne se fût chargé d'entretenir le bail fait par son auteur.

Au reste , il semble que le propriétaire peut rentrer dans sa maison , & en expulser le locataire , sans être tenu envers lui d'aucuns dommages & intérêts ; parce que s'il étoit tenu de dédommager le locataire , alors , suivant le sentiment de quelques-uns il n'y auroit plus de privilege. Cependant il paroît que l'équité a fait introduire que dans les cas où le propriétaire use de son droit , on accorde des dommages au locataire ; mais il faut qu'il en fasse la demande , & alors ils se liquident à un demi-terme , à un, deux ou trois termes, selon la qualité & condition du locataire , & le tems qui reste du bail.

Voyez Louet & Brodeau , lettre L , sommaire 4. Coquille en ses questions & réponses , art. 202. Renusson en son Traité du Douaire chap. 14.

PRIVILEGE DU PROPRIÉTAIRE POUR LES LOYERS, est une préférence accordée au propriétaire d'une maison à tous autres créanciers : même aux frais funéraires , pour être payé des loyers sur le prix de tous les meubles dont le locataire s'est servi pour la meubler.

Ce privilege est accordé au propriétaire , quoiqu'il ne soit pas le premier saisissant ; mais il faut qu'il ait formé son opposition avant que les meubles ayent été vendus par autorité de Justice : c'est la disposition de l'article 171. de la Coutume de Paris. Ainsi le propriétaire s'opposeroit inutilement , s'il formoit son opposition après la vente & délivrance des meubles , quoique ce fût avant la distribution des deniers en provenans.

La raison est , que le procès verbal de vente des meubles purge le droit de suite que pourroit prétendre tout créancier privilégié , quelque favorable que soit son privilege.

Ce privilege est restraint aux trois derniers quartiers & le courant ; à moins que le bail n'ait été passé pardevant Notaires ; auquel cas ce privilege a lieu , non-seulement pour les trois derniers quartiers & le courant , mais encore pour les loyers qui doivent échoir jusqu'à la fin du bail ; sauf aux autres créanciers à faire le profit de la maison & à la relouer pendant le restant du bail , si bon leur semble.

Mais quand il n'y a pas de bail passé pardevant Notaires , comme les loyers des maisons sont payables de quartier en quartier , le propriétaire doit s'imputer d'en avoir laissé accumuler plus de trois.

Les meubles des sous-locataires ne sont obligés envers les propriétaires que pour le loyer de la portion qu'ils occupent , & par rapport à ce qu'ils en doivent , & non pas pour la totalité du prix du bail de la maison entiere.

Comme ce privilege est fondé sur ce que les meubles qui occupent pour ainsi dire la maison , doivent être considérés comme le gage du propriétaire , il s'ensuit que ce privilege cesse dès que ces meubles sont hors de la maison ; mais cela n'empêche pas que le propriétaire n'ait toujours son action pour être payé des loyers qui lui sont dûs par le locataire. Sur quoi *voyez* ce que j'ai dit sur l'art. 171. de la Coutume de Paris.

Voyez sous le mot Gagerie , un autre privilege accordé au propriétaire sur les meubles de son locataire.

PRIVILEGE DU PROPRIÉTAIRE D'UNE FERME, est une préférence accordée au propriétaire d'une ferme à tous autres créanciers, pour être payé de ses loyers sur certains effets mobiliers.

Le Droit Romain ne donne au propriétaire d'une ferme de campagne, qu'un privilége sur les fruits de la terre recueillis par le Fermier : ainsi, par la disposition du Droit Romain, les fruits & revenus des fonds sont affectés pour le prix du bail , soit que le Fermier demeure en jouissance, ou qu'il en subroge un autre , ou qu'il baille à sous-ferme.

Mais le Droit Romain ne donne point au propriétaire d'une ferme de privilége sur les meubles & ustensiles, qu'en vertu d'une convention expresse.

La Coutume de Paris, en l'article 171. établit un privilége sur les meubles, pour les fermes comme pour les maisons, en faveur des propriétaires.

Ainsi dans cette Coutume , le propriétaire d'une ferme , en faisant son opposition avant la vente , est préféré au premier saisissant sur les fruits, meubles, bestiaux & ustensiles, pour tous les fermages qui lui sont dûs, tant pour le payement de l'année courante, que pour les arrérages du passé. M. Louet, lett. F , somm. 4. M. le Prêtre ès Arrêts de la Cinquieme Chambre des Enquêtes , & cent. 2. chap. 57. Henrys, tom. 1. liv. 4. chap. 6. quest. 27. Journal des Audiences , tom. 1. liv. 8. chap. 25.

Mais comme cette disposition de la Coutume de Paris est contraire à la disposition du Droit, les Arrêts ont jugé qu'elle ne doit pas être admise dans les Coutumes qui n'ont point de disposition semblable à celles de Paris. Ainsi dans les Coutumes qui n'en parlent point, le premier saisissant les meubles ou chevaux trouvés en une ferme tenue par son débiteur , est préféré sur la vente d'iceux au propriétaire de la ferme opposant pour ses redevances, suivant les Loix 4. & 5. ff. in quib. cauf. pign. &c. de maniere que le propriétaire n'a de privilége que sur les fruits de la terre recueillis par le Fermier , conformément à la disposition du Droit Romain.

Je crois même que le propriétaire d'un héritage des champs ne peut pas stipuler ce privilége de préférence sur les meubles qui seront apportés dans la ferme, dans les Coutumes qui n'en parlent point. En effet, les priviléges doivent être fondés sur l'autorité des Loix. Les conventions d'un créancier & d'un débiteur doivent à la vérité être exécutées en tant qu'elles ne sont point contre les Loix prohibitives , ni contre les bonnes mœurs ; mais à l'égard d'un tiers , telles conventions qui dérogent au Droit commun, ne peuvent être exécutées contre lui , lequel peut se servir du Droit commun sans qu'on lui puisse opposer une convention qui n'est point autorisée par la Loi ni par l'usage. Or le Droit commun est que dans les Coutumes qui n'en parlent point, les propriétaires des héritages des champs n'ont point un tel privilége ; & par conséquent le créancier qui saisit le premier les meubles du Fermier, doit être payé le premier , si ce n'est au cas de déconfiture. Ainsi ce propriétaire ne pourroit pas opposer un privilége sur les

meubles qu'il se seroit donné lui-même par sa convention avec le débiteur. En effet , un privilége est un droit spécial accordé à quelqu'un pour quelque raison particuliere qui ne souffre point d'extension, & qui d'ailleurs ne peut en vertu d'une convention particuliere nuire & porter préjudice à d'autres. *Tals conventio est res inter alios acta , quæ aliis non nocet. tit. cod. res inter alios.*

Voyez ce que j'ai dit sur l'art. 171. de la Coutume de Paris.

PRIVILEGE DU MAÇON QUI A BATI UNE MAISON, ou qui a fait des reparations dans une maison , l'emporte sur toute autre privilege. La raison est, que sa créance a une hypotheque privilégiée sur la chose même ; ensorte que le Maçon est préféré sur la maison, pour ce qui lui est dû par le propriétaire , à tous autres créanciers ; quoiqu'ils soient antérieurs en date & hypotheque. *Leg. licet , cod. qui potior. in pign.*

Il est même préféré au bailleur d'héritage à rente sur les loyers. Charondas, liv. 2. rép. 79.

Il n'y a que le Seigneur direct qui soit préférable au Maçon, pour les droits seigneuriaux & les frais de Justice.

Pour jouir de ce privilége , il faut que l'Entrépreneur ou Maçon qui a fait bâtir ou réparer la maison, ait un devis & marché des ouvrages, passé devant Notaire , & que les ouvrages ayent été reçus en Justice.

Touchant le privilége du Maçon, *voyez* Charondas , liv. 10. rép. 79. & la Peyrere , lett. P , nombre 74.

PRIVILEGES REVOQUÉS. *Voyez* Révocation de privilége.

PRIVILÉGIÉS. Nos Coutumes, au sujet de la prescription , parlent des majeurs âgés & non privilégiés, marquant que les prescriptions ordinaires ne courent point contre les mineurs ni contre les privilégiés.

Par âgés & non privilégiés, elles entendent les majeurs de vingt-cinq ans accomplis qui n'ont point de privilége qui empêche la prescription de courir contre eux.

Les privilégiés , outre les mineurs de vingt-cinq ans, sont les Seigneurs féodaux & censuels, le Fisc , la femme pour son douaire , le substitué.

Voyez ce que j'ai dit sur les art. 113. 120. 123. & 125. de la Coutume de Paris.

PRIX, est l'estimation d'une chose , qui ne peut dans le contrat de vente consister qu'en argent monnoyé. Si pour le prix d'une chose on en donnoit une autre au lieu d'argent, ce ne seroit pas une vente, mais un échange, parce qu'on ne pourroit pas alors distinguer le prix d'avec la chose vendue.

Néanmoins dans notre usage , lorsqu'un héritage est échangé contre des choses mobiliaires qui peuvent être facilement estimées, comme des grains , du vin , de l'argent en masse, &c. cela produit le même effet qu'une véritable vente, tant à l'égard des droits seigneuriaux, que du retrait lignager : autrement il n'y auroit rien de plus facile que de commettre des fraudes ; car pour éviter les droits seigneuriaux & le retrait, on ne verroit plus que des échanges d'héritages contre des choses mobiliaires qu'il seroit facile de revendre du soir au matin. Voilà ce qu'en dit M. d'Argou, au Livre troisieme de son Institution au Droit François, chap. 23. du Contrat de vente.

La Coutume de Clermont en Beauvoisis, Rubrique du Retrait lignager, article 21. porte, que *l'héritage qui est échangé à l'encontre d'un cheval, ou autre marchandise, chet en retrait, pour ce qu'avant qu'échange empêche retrait, il est requis que les choses échangées soient d'une même qualité, & que l'une des choses soit aussi-bien immeuble que l'autre.*

On convient quelquefois dans un contrat de vente, que si l'acheteur n'en paye pas le prix, la vente sera résolue : sur quoi voyez Clause résolutoire.

Lorsqu'on achete une seule chose, il n'y a qu'un seul prix de la vente ; mais si on achete au nombre, au poids ou à la mesure, chaque piece, chaque boisseau, chaque livre a son prix suivant le marché.

Le prix de la vente est presque toujours certain, mais il peut arriver qu'il soit incertain ; comme si on remet à un tiers de régler le prix, ou si l'acheteur donne pour le prix l'argent qui lui reviendra d'une telle affaire. Dans ces cas & autres semblables, le prix ne sera certain que par l'estimation ou autre événement qui le fixera. §. 1. *Institution. tit. de emptione & vend. Leg. ult. cod. de contrah. empt. & vend. Leg.* 7. §. 1. *ff. eod. tit.*

Il y a quelques marchandises dont le prix peut être réglé pour le bien public, comme le pain & autres choses qui peuvent être réglées par la Police ; mais hors ces Réglemens, le prix des choses est indéfini : & comme il doit être différemment réglé, selon les qualités des choses, & selon l'abondance & la disette de l'argent & des marchandises, les facilités ou difficultés du transport, & autres causes qui augmentent la valeur ou la diminuent, cette incertitude du prix fait une étendue du plus & du moins qui demande que le vendeur & l'acheteur reglent eux-mêmes de gré à gré le prix de la vente.

PROCEDER, signifie faire des actes, des poursuites, & des instructions en un procès.

Les déclinatoires s'appellent fins de non-procéder.

Procéder juridiquement, c'est faire des instructions du procès, conformément aux Ordonnances & Réglemens.

On dit dans les rétentions, défenses de procéder ailleurs qu'en la Cour. On dit procéder criminellement contre quelqu'un, pour dire le poursuivre criminellement.

L'art de procéder & de bien dresser des formules, est tiré des Ordonnances, Edits, Déclarations des Coutumes, des Réglemens & des maximes, & enfin du stile & usage de la Jurisdiction où l'on procéde.

Mais quoique chaque Jurisdiction ait son stile particulier, & que les mêmes actes ne reçoivent pas toujours par-tout les mêmes formes, ils doivent toujours contenir en substance ce qui est prescrit

par les Loix générales & particulieres, & ce que la raison veut que l'on y observe.

L'art de procéder n'est souvent autre chose que le fruit de l'expérience ; car, comme nous avons dit d'ailleurs, à force de pratiquer, on devient Praticien. Ceux mêmes dont les lumieres sont plus foibles, & qui aspirent à devenir bons Praticiens, n'ont point à désespérer du succès, quand ils voudront par une continuelle & sérieuse assiduité au travail, surmonter les obstacles que leur cause le manque de facilité qu'ils reconnoissent en eux.

Tout le monde sçait qu'une pénétration trop vive a quelquefois ses inconvéniens, sur-tout quand elle est mal-ménagée, ou qu'elle fait naître en nous une confiance téméraire qui détruit tous les talens & toutes les dispositions que nous pourrions avoir, bien loin de les perfectionner.

L'intelligence médiocre étant accompagnée de modestie, & soutenue par l'application, produit souvent, en fait de pratique, & même dans les sciences beaucoup plus relevées, des avantages plus solides que ceux auxquels aspirent les esprits les plus brillans, & auxquels ils ne parviennent jamais, lorsqu'ils sont aveuglés par trop de présomption, ou par trop de vivacité.

PROCEDURES, sont les actes, les expéditions & instructions d'un procès.

La procédure civile est l'instruction d'un procès dans lequel il s'agit d'intérêt pécuniaire, & de toute autre chose que de crime.

La procédure criminelle, au contraire, qui est aussi appellée procédure extraordinaire, est celle qui se fait en matiere criminelle, pour la poursuite de quelque crime.

La procédure civile commence par un exploit, & la procédure criminelle par une plainte. *Voyez* ce qui est dit de l'une & de l'autre procédure dans le Dictionnaire de M. Brillon.

PROCEDURES NULLES, sont celles qui sont faites contre la disposition des Ordonnances. Sur quoi il faut observer,

I°. Que le Juge peut prononcer d'office sur la nullité de quelque procédure, quoique la Partie adverse n'ait point objecté le défaut qui s'y trouve. Ainsi jugé par Arrêt du Parlement de Grenoble, du mois de Décembre 1545. rapporté par Expilly, Arrêt 20.

II°. Qu'il y a des cas où la forme emporte le fond, & principalement en matiere de retrait lignager.

III°. Qu'en fait de procédure en matiere criminelle, on doit suivre de point en point ce qui est prescrit par l'Ordonnance de 1670. & que le Juge qui y manque peut être condamné à recommencer la procédure à ses frais & dépens, & quelquefois même aux dommages & intérêts, comme au cas de l'article 24. du titre 15. de l'Ordonnance de 1670. *Voyez* ci-dessus, Forme judiciaire en matiere criminelle.

PROCÈS, est une action personnelle ou réelle portée devant un Juge compétent, pour être par lui fait droit aux Parties, & leur contestation terminée selon la Loi & l'usage des lieux.

Ainsi procès en général signifie toutes sortes de

contestations, en quelque état que soit la procédure.

Mais quand ce terme est pris dans une signification étroite, on distingue la cause & l'instance de ce qu'on appelle procès.

Par cause, l'on entend l'instruction qui se fait depuis l'Exploit jusqu'au Jugement qui se rend à l'Audience.

Par instance, l'on entend l'instruction qui se fait depuis l'appointement à mettre, ou en Droit, ou au Conseil, jusqu'au Jugement définitif.

Par procès, on entend l'instruction qui se fait en conséquence d'un appointement de conclusion, qui ne se rend que sur l'appel d'une Sentence rendue sur une instance appointée.

PROCÉS PAR ECRIT. Voyez Cause, Instance, Commissaire.

PROCÉS ORDINAIRE OU CIVIL, est celui que l'on poursuit par action, & où il ne s'agit que d'un intérêt pécuniaire, quand même il seroit intenté pour raison de quelque délit; car ce n'est pas le délit qui rend la cause criminelle, mais seulement la maniere de procéder.

Ainsi, lorsqu'une Partie offensée a pris la voie civile, s'est pourvue par action contre celui qui a delinqué, le Juge ne peut prononcer aucune peine corporelle, mais seulement une amende pécuniaire, ou une condamnation aux dommages & intérêts, à moins que les gens du Roi ne découvrent qu'il s'agit d'un crime qui mérite punition corporelle, & par leurs conclusions ne requierent qu'il soit ordonné que le procès sera instruit à leur diligence par voie d'information.

Voyez Cause civile. Voyez aussi Conversion des procès civils en procès criminels.

PROCÉS EXTRAORDINAIRE ET CRIMINEL, est celui qui commence par une plainte ou par une dénonciation, & qui se poursuit par information interrogatoire de l'accusé, récollement & confrontation de témoins; & en cas que le crime soit prouvé, il y a lieu à une peine corporelle. Voyez Plainte, Dénonciation, accusation, Partie civile.

Ainsi, lorsque le Juge voit dans le cours de l'instruction, mais avant la confrontation des témoins, que l'affaire ne doit point être poursuivie criminellement, il doit la civiliser. Voyez le titre 20. de l'Ordonnance de 1670. Voyez ci-dessus Civiliser.

Les formalités en matiere criminelle ont toujours été réputées de l'essence des Jugemens, & doivent être suivie très-exactement : c'est pour cette raison que le Juge qui a manqué dans la procédure, est obligé de la faire refaire à ses dépens. Il faut donc que le Juge observe de point en point ce qui est prescrit par les Ordonnances, & sur-tout par celle de 1670.

Cela vient de ce que la Jurisprudence criminelle est d'autant plus importante, que dans les affaires qui en sont l'objet il s'y agit non-seulement de la fortune des Particuliers, mais encore de leur honneur & de leur vie. Cette Jurisprudence doit donc être observée à la rigueur, puisqu'elle ne tend qu'à assurer le repos public, en contenant par la crainte des châtimens des personnes que la considération de leurs devoirs ne peut rendre sages.

Ceux qui sont chargés de juger les procès criminels, ou d'en entreprendre la conduite & la défense, doivent donc être parfaitement instruits de toutes les regles qui concernent une matiere si importante, & où tout est, par cette raison, de rigueur. Ainsi il ne faut pas s'étonner si lorsque le Juge manque en matiere criminelle, en quelque chose dans la procédure, on la fait refaire à ses dépens, & quelquefois même avec dommages & intérêts.

Celui qui a commis un crime, doit être poursuivi pardevant le Juge du lieu où le crime a été commis. Voyez Compétence en matiere Criminelle.

Il est défendu à tous Juges de donner des décrets de prise de corps, sans information préalable.

Pendant le cours d'un procès criminel, les Juges peuvent adjuger jusqu'à deux provisions, & ordonner plusieurs visites de Chirurgiens en cas de blessures; mais ils ne peuvent accorder deux provisions aux deux parties qui se trouveroient avoir été blessés.

Ils peuvent, en cas de nouveaux indices, permettre à la Partie civile de faire de nouveau assigner les témoins, pour déclarer ce qui est venu à leur connoissance depuis l'information.

Les Juges ne peuvent point prononcer de Jugemens qui emportent peines afflictives ou infamantes, que lorsque le procès aura été instruit par information, interrogatoire, récollement & confrontation; comme il a été jugé par Arrêt de la Tournelle, le 6. Août 1722.

Les Juges subalternes ne peuvent pas prononcer en cette sorte, pour les causes resultantes du procès, d'autant que cette forme de prononciation est un terme de Souverain. Boniface, tome 4. tit. 1. liv. 1. nomb. 6.

Les Sentences rendues après midi en matiere criminelle, sont nulles. Boniface, ibid titre 16. tome 5.

Les seules présomptions, quelques véhémentes qu'elles soient, ne sont pas suffisantes pour faire condamner quelqu'un pour crime capital. Ces sortes de condamnations ne sont juridiques, que quand elles sont fondées sur des preuves plus claires que le jour.

Voyez Peine de mort. Voyez Présomptions.

Il n'y a en France que les Procureurs du Roi, ou les Procureurs Fiscaux des Seigneurs, qui puissent former une accusation tendante à une peine afflictive. Les Particuliers qui forment des accusations, ne sont, à proprement parler, que des dénonciateurs.

Voyez ce que j'ai dit verbo Accusateur & verbo Accusation.

Les accusés d'un meurtre ne peuvent point procéder à la preuve de l'existence d'une personne qu'on dit qu'ils ont tuée; il faut que ce fait justificatif soit ordonné après toute l'instruction dans la visite du procès.

Les Juges souverains ne peuvent pas accorder un sauf-conduit à une personne qui étant prévenue d'un crime capital, n'ose se présenter pour se justifier d'un autre crime dont on l'accuse. Il n'y a que le Roi qui puiſſe accorder un tel ſauf conduit.

Tout Juge, ſoit ſéculier ou eccléſiaſtique, doit, en procédant à une confrontation, faire déclarer aux témoins que l'accuſé préſent eſt celui qui a commis le crime dont il eſt queſtion.

Il ne doit point interroger les accuſés lors de la confrontation, ni procéder au récollement & confrontation, qu'il n'y ait un Jugement qui l'ordonne, ni interroger les témoins lorſqu'il reçoit leurs dépoſitions.

Le Juge qui prend pour Greffier un autre que celui de la Juſtice ordinaire, doit lui faire prêter le ſerment ſuivant l'Ordonnance.

Quoiqu'il n'y ait point de partie civile, un Procureur du Roi ou d'un Seigneur peut pourſuivre la punition d'un crime ſans dénonciateur, ſi la rénommée dénonce qu'un tel en eſt coupable ; & en ce cas, ſi l'accuſé eſt renvoyé abſous, le Procureur du Roi ou du Seigneur n'eſt tenu d'aucuns dommages & intérêts, comme je l'ai dit *verbo* Partie publique.

Les Juges ſupérieurs peuvent informer des crimes commis dans le reſſort des Juſtices ſubalternes qui relevent d'eux, au cas que les premiers Juges ayent négligés de le faire dans les vingt-quatre heures.

En France, il n'y a point de tems préfini pour terminer un procès criminel, comme je l'ai dit *verbo* Accuſation.

Celui qui a formé ſa plainte, y peut renoncer, & agir par la voie civile pour raiſon du tort qui lui a été fait ; mais celui qui a commencé par la voie civile, ne peut plus agir par la voie extraordinaire & criminelle au ſujet du dommage pour raiſon duquel il s'eſt pourvû par un ſimple exploit.

Comme l'imprudence ou la malignité doit plutôt préjudicier à celui qui s'y eſt laiſſé aller, qu'à d'autres, nos Ordonnances n'admettent point de pourſuite criminelle, qu'il n'y ait quelqu'un qui puiſſe répondre de la calomnie au public, & du dommage particulier à l'accuſé, ſoit qu'elle ſoit l'effet de l'imprudence ou la malignité.

Ainſi, quand une accuſation eſt calomnieuſe, le public eſt vengé par une punition convenable à laquelle l'accuſateur eſt condamné, & l'accuſé abſous eſt indemniſé par des réparations & par des dommages & intérêts proportionnés au préjudice qu'il a reçu ; mais lorſque l'accuſation n'eſt que téméraire, l'accuſateur eſt exempt de la peine, & l'accuſé ne peut prétendre que des dommages & intérêts.

PROCÉS PARTI ET DEPARTI. *Voyez* Partage d'opinions.

PROCÉS VERBAL, eſt un acte dreſſé & atteſté par des Officiers de Juſtice, lequel contient ce qui s'eſt paſſé en une capture, deſcente, ou autre expédition ou commiſſion particuliere, comme ſont les dires & conteſtations des parties, leur comparutions ou abſences, la preſtation de ſerment, les auditions des témoins, & autres ſemblables.

La clôture ordinaire des procès verbaux où il y a des conteſtations, ce qui en ſera référé à la Cour.

Un procès-verbal de réception de caution, d'enquête, de vérification d'écriture, ſe fait par le Juge ; comme auſſi un procès-verbal de recollement & confrontation.

Un procès-verbal d'appoſition & de levée de ſcellé, ſe fait par un Commiſſaire.

Un procès-verbal de rebellion, ſe fait ordinairement par un Huiſſier ou Sergent.

Les procès-verbaux des Juges font foi, ſans qu'il ſoit beſoin de les faire reconnoître ni vérifier. La Rocheflavin, liv. 10. chap. 3.

Ils doivent être rédigés par le Greffier en préſence du Juge, & doivent être ſignés de l'un & de l'autre.

PROCÉS VERBAUX QUI SE FONT EN CAS DE DÉLIT, doivent contenir l'état auquel ſont trouvés les perſonnes bleſſées, ou le corps mort. Ils doivent être dreſſés ſur le champ & ſans déplacer, & doivent contenir le lieu où le délit aura été commis & faire mention de tout ce qui peut ſervir à conviction ou décharge.

Les Juges doivent dans les procès-verbaux de vols faits avec effraction, faire mention de l'état des portes, armoires, tiroirs, cabinets, coffres, caſſettes, & des lieux où les vols auront été commis, ſuivant l'art. 26. de l'arrêt de Réglement des grands Jours de Clermont, du 10. Décembre 1665.

Lorſque l'accuſé pris en flagrant délit, ou à la clameur publique, aura été conduit priſonnier, le Juge doit ordonner qu'il ſera arrêté & écroué, & l'écroue lui ſera ſignifiée parlant à ſa perſonne, ſuivant l'art. 9. du tit. 10. de l'Ordonnance de 1670.

Si quelqu'un a été bleſſé, le Juge doit recevoir ſa plainte par le même procès-verbal. S'il ſe trouve un cadavre, il faut recevoir la plainte de ſes parens. Il doit en l'un & l'autre cas expliquer l'état des bleſſures, de l'habillement, ou ſi le cadavre a été trouvé nud, & faire un inventaire exact des armes, meubles & hardes qui peuvent ſervir tant à charge qu'à décharge.

Ces procès-verbaux doivent être admis au Greffe dans les vingt-quatre heures, enſemble les armes meubles & hardes qui pourront ſervir à la preuve, & feront enſuite partie des pieces du procès, ainſi qu'il eſt porté en l'art. 2. du tit. 4. de l'Ordonnance de 1670.

Touchant les procès-verbaux qui ſe font lorſque l'on donne la queſtion à un accuſé. *Voyez* le titre 19. de l'Ordonnance de 1670. avec les remarques de Bornier.

PROCÉS VERBAUX DES COMMIS, ſont crus juſqu'à l'inſcription de faux. Leurs formalités conſiſtent en la date, aux ſommations, au frauduleur de ſigner ſes réponſes, à faire mention de l'élection de domicile, de l'interpellation de ſigner après lecture faite, & à délivrer copie du procès-verbal qui ſera ſigné de deux Commis, ainſi que l'original, dans les jours, heures & tems preſcrits, & le tout fait ſur le champ & ſur le lieu.

La Déclaration du 6. Novembre 1717. porte que les procès-verbaux de fraudes qui ſeront faits par les Commis des Fermes avant midi, ſeront

ſignifiés

fignifiés dans le même jour ; & que lorfqu'ils feront faits après midi , la fignification en fera valable , pourvû qu'elle foit faite le lendemain avant midi. C'eft pourquoi les Commis font tenus de faire mention à la fin de leurs procès-verbaux, fi c'eft avant ou après midi qu'ils les ont fignifiés.

L'affirmation defdits procès - verbaux doit être faite devant l'un des Elus , dans la quinzaine au plus tard , à l'égard des Elections compofées de cent Paroiffes & au-deffus, & dans la huitaine pour les autres Elections , fuivant l'art. 7. du tit. 5. de l'Ordonnance de 1680.

Mais depuis , par une Déclaration du 30. Janvier 1717. ces fortes d'affirmations peuvent être valablement faites par les Commis devant les Juges , foit royaux , ou feigneuriaux des lieux , ou plus prochains , fans néanmoins aucune attribution de Jurifdiction , qui demeurera toujours confervée aux Juges auxquels elle appartient ; & l'affirmation defdits procès-verbaux doit être reçue fans frais.

L'Arrêt du Confeil du 8. Mars 1720. enjoint à tous Elus de recevoir l'affirmation des procès-verbaux des Commis des Fermes , au moment qu'ils fe préfenteront , en quelque tems & lieu que ce foit , fous les peines portées par ledit Arrêt. Pareille injonction a été faite à tous Juges même des Seigneurs , par les Arrêts du Confeil du 26. Mai & 7. Septembre 1722.

Enfin il y a une Déclaration du Roi du 4. Octobre 1725. enregiftrée en la Cour des Aydes le 13. Décembre de la même année , qui ordonne que tous les procès-verbaux qui feront faits par les Commis & Gardes des Fermes du Roi , tant en matiere civile , lorfqu'il s'agit feulement de prononcer des confifcations , amendes , & autres peines pécuniaires , que dans les matieres criminelles , où il fera néceffaire de prononcer des peines afflictives , foient par eux affirmés véritables , & que lefdites affirmations foient faites dans les délais prefcrits par les Ordonnances & Réglemens , à peine de nullité defdits procès-verbaux.

En conféquence defdits procès-verbaux , les contrevenans doivent être affignés dans la huitaine du jour de l'affirmation , à peine de nullité ; & peuvent être données lefdites affignations par les Commis , & même par leurs procès-verbaux : mais ceux qui ne contiennent point d'affignation , font déchargés du droit de contrôle & autres nouveaux droits ; & à l'égard de ceux qui contiennent affignation , ils ne font fujets au contrôle que huit jours après leur date , fuivant les Arrêts du Confeil des 13. Juillet 1688. & 30. Octobre 1708.

Les procès-verbaux faits par les commis des Fermes n'ont pas befoin d'être affirmés par eux , lorfqu'ils les ont faits en préfence & affiftés d'un Officier de l'Election , ou autre Juge à qui il appartient de les faire , ainfi qu'il eft décidé par Arrêt du Confeil du 22. Octobre 1718.

Les Commis peuvent fe faire affifter d'Huiffiers & autres Officiers ayant ferment en Juftice , pour faire le recouvrement des fraudes , & en faire leurs procès-verbaux , encore qu'ils ne foient fignés que

Tome II.

d'un Commis & d'un Huiffier ou autre Officier , en faifant mention de leurs réfidences actuelles , fonctions ordinaires , & de la Jurifdiction en laquelle ils auront prêté ferment , fuivant l'Arrêt du Confeil du 26. Octobre 1719.

Lorfque les Commis & Gardes ne fortent pas de leur diftrict , ils ne font pas tenus de faire mention dans leurs procès-verbaux de la Jurifdiction où ils ont été reçus ; comme il a été décidé par Arrêt du Confeil du 27. Mai 1721.

PROCESSIF , fe dit d'un homme qui aime les procès , & qui en fait légerement à fes proches & à fes voifins.

PROCLAMATIONS , font des publications qui fe font , ou par un cri public , ou à fon de trompe , ou aux Prônes des Eglifes paroiffiales , ès jours de Dimanches ou de Fêtes folemnelles , fuivant l'art. 65. de la Coutume de Paris.

Il ne s'en fait plus aux prônes ; on ne les fait aujourd'hui qu'à l'iffue de la meffe , à la porte de l'Eglife. Voyez ci-après , Publications au Prône.

PROCURATION , eft un acte par lequel celui qui ne peut vaquer lui-même à fes affaires , donne pouvoir à un autre pour lui , comme s'il étoit lui-même préfent , foit qu'il faille lui-même gerer & prendre foin de quelque bien ou de quelque affaire , ou que ce foit pour traiter avec d'autres.

On peut donner pouvoir de traiter , agir , ou faire autre chofe , non-feulement par une procuration en forme , mais par une fimple lettre , ou par un billet , ou par une tierce perfonne qui faffe fçavoir l'ordre , ou par d'autres voies qui expliquent la charge ou le pouvoir qu'on donne : & fi celui à qui on le donne l'accepte ou l'exécute , le confentement reciproque forme en même tems la convention , & les engagemens qui en font les fuites.

La procuration peut contenir , ou un pouvoir indéfini de faire ce qui fera avifé par le Procureur conftitué , ou feulement un pouvoir borné à ce qui fera précifément exprimé par la procuration.

Si la procuration marque & fpécifie ce qui eft à faire , celui qui l'accepte doit s'en tenir à ce qui lui eft prefcrit.

Si au contraire la procuration lui donne un pouvoir indéfini , il doit y donner les bornes & l'étendue qu'on peut raifonnablement préfumer de la volonté de celui qui l'a donné , foit pour ce qui regarde la chofe même qui eft à faire , ou pour les manieres de l'exécuter.

En général , tout Procureur conftitué peut faire tout ce qui fe trouve compris ou dans l'expreffion ou dans l'intention de celui qui l'a propofé , à tout ce qui fuit naturellement du pouvoir qui lui eft donné , ou qui fe trouve néceffaire pour l'exécuter. Ainfi le pouvoir de recevoir ce qui eft dû , renferme celui de donner quittance : ainfi le pouvoir d'exiger une dette , renferme celui de faifir les biens du débiteur ; mais une procuration de pourfuivre & de recevoir le payement d'une dette , ne donne pas la faculté d'en tranfiger avec le débiteur.

Celui qui fait quelque chofe en vertu d'une procuration , ne peut être condamné à la garantie en fon propre & privé nom , à moins qu'il ne s'y foit obligé. En effet, celui qui passe quelque contrat au nom & comme Procureur du mandant, n'est pas censé le passer en son nom, à moins qu'il n'apparoisse que telle a été sa volonté. *Voyez* Maynard, tom. 1. liv. 4. chap. 15.

Le porteur d'une procuration qui s'est obligé, tant en son nom, que comme ayant charge, est tenu solidairement pour le tout, sans division ni discussion ; *quia socius præsumitur. Voyez* Papon, liv. 6. titre 5. nombre 4. & Boërius, décision 273. nomb. 6.

Celui qui, en conséquence de la procuration qui lui a été donnée, a fait quelque dépense pour exécuter l'ordre qui lui étoit commis, comme s'il a fait quelque voyage ou fourni quelque argent, ou fait quelques autres impenses nécessaires ou utiles, en peut demander le remboursement, quand même l'affaire n'auroit pas le succès qu'on en pouvoit attendre, à moins qu'il n'y eût de la faute du Procureur constitué.

Comme la gestion d'un Procureur est un office d'ami, elle ne doit pas lui être dommageable. Si un Procureur souffre quelque perte ou quelque dommage à l'occasion de l'affaire dont il est chargé, il peut donc s'en faire rembourser, à l'exception des accidens qui lui seroient arrivés plutôt par sa faute, ou par cas fortuits, que par rapport à l'affaire donc il s'étoit chargé.

Enfin il peut non seulement recevoir la recompense de ses peines, mais même, en cas de refus, en faire la demande en Justice, & il a hypotheque du jour de sa procuration ; comme il a été jugé par Arrêt de l'Année 1672. & par un autre Arrêt du 19. Juin 1674. qui sont rapportés dans le Journal des Audiences, avec les raisons sur lesquelles leur décision est fondée.

Ainsi, quand on dit que sa fonction est gratuite, & n'est pour ainsi dire qu'un office d'ami, cela ne dénote rien autre chose, sinon qu'on ne doit pas convenir du salaire, & qu'une telle convention est contre la nature du mandat.

En effet, si au tems de la commission donnée on convenoit du salaire, ce seroit une espece de louage où celui qui agiroit pour un autre, donneroit pour un prix l'usage de son industrie & de son travail.

Mais la récompense qui se donne sans convention & par honneur pour reconnoître un bon office, est d'un autre genre, & ne change pas la nature de la procuration, & même peut, après l'affaire finie, être demandée en Justice, comme nous venons de le dire.

Il est loisible à celui qu'on veut charger du soin d'une affaire, de ne pas accepter la commission que l'on veut lui donner : mais s'il l'accepte & qu'il s'en charge, il est obligé de l'exécuter ; & s'il y manque, il sera tenu des dommages & intérêts qu'il aura causés, à moins qu'il ne justifie qu'il a été hors d'état de pouvoir agir, par maladie ou autre juste cause, ou qu'ayant manqué d'exécuter l'ordre qu'il avoit accepté, il n'en arrive aucun préjudice à celui qui l'avoit donné.

Contractus sunt ab initio voluntatis, & ex post facto

necessitatis. Ainsi, quand on s'est chargé de faire les affaires d'autrui, on est tenu de les gerer, & ce qui n'étoit au commencement que d'honnêteté, devient ensuite d'obligation. *Voyez* le §. 11. aux Instituts, du titre du mandat, & la Loi 156. *ff. de reg. jur.*

Celui qui, en vertu d'une procuration, a conduit quelqu'affaire pour un autre, est tenu de rendre compte de sa gestion, & de restituer les jouissances, profits, & généralement tout ce qui peut être provenu de ce qu'il a géré.

Il est aussi tenu de reparer tout le dommage que sa négligence aura pû causer à celui qui l'a chargé de la commission ; mais il n'est point tenu des cas fortuits.

Par Arrêt du mois de Février 1704. il a été jugé au Parlement de Paris, qu'un homme ayant dissipé l'argent qu'il avoit reçu en vertu d'une procuration, le mandant avoit hypotheque pour la répéter du jour qu'il l'avoit reçu.

Il y a d'autres principes généraux sur cette matiere, que j'ai expliqué sur le titre 27. du troisieme Livre des Instituts.

On distingue quatre sortes de procurations ; sçavoir, la procuration en blanc, la procuration générale, la procuration *cum libera*, & la procuration particuliere.

PROCURATION EN BLANC, est une procuration dont le nom du Procureur n'est pas rempli au tems qu'elle est faite, & que l'on ne rempli que dans le tems que l'on agit en conséquence.

L'usage a fait recevoir ces sortes de procurations, afin que si la personne que l'on auroit envie de constituer Procureur, ne pouvoit ou ne vouloit pas accepter la procuration, on puisse la remplir du nom d'un autre, & éviter l'embarras de faire faire une autre procuration.

PROCURATION GENERALE, est celle qui contient un pouvoir général & indéfini d'administrer toutes les affaires, & gouverner tous les biens de celui qui donne la procuration.

Celui qui s'en est déchargé en l'acceptant, peut exiger toutes les dettes de celui qui l'a donnée ; il peut aussi déférer le serment en Justice ; recevoir les revenus, payer ce qui est dû, vendre les fruits & autres choses qui peuvent facilement se corrompre, & qu'un bon pere de famille ne doit point garder.

En un mot, une telle procuration donne pouvoir de faire généralement tout ce qui peut être nécessaire pour l'administration & la conservation des biens de celui qui a donné un tel pouvoir.

Mais une procuration générale ne suffit pas pour faire une demande en rescision, ou restitution en entier, ni pour acquérir en exerçant le retrait lignager ni pour faire des offres, transiger, vendre, recevoir, & faire tous autres actes, lesquels emportent aliénation de biens, ou perte & diminution de droits.

Il n'y a que celui qui en est le maître qui puisse en disposer de cette maniere ; & pour que tels actes se puissent faire par Procureur, il faut un pouvoir exprès.

PROCURATION *cum libera*, est celle qui porte plein & abfolu pouvoir d'adminiftrer & difpofer d'une chofe ou d'une affaire comme maître d'icelle.

On ne reconnoît point en France les procurations *cum libera* ; enforte que le Procureur fondé de telles procurations, ne peut valablement faire les actes qui requierent des procurations fpéciales.

PROCURATION PARTICULIERE, eft celle qui porte un pouvoir borné à gérer une affaire particuliere, ou à occuper fur une caufe, ou inftance, ou procès.

Celui qui eft chargé d'une telle procuration, n'en doit point paffer les bornes, & doit fe renfermer uniquement dans ce qui eft naturellement l'effet de la commiffion qu'on lui donne. En cas qu'il foit à propos, pour l'avantage de celui pour lequel il agi ; de faire quelque chofe qui excéde fon pouvoir, il doit en demander une autre. *Voyez* ce que j'ai dit fur le §. 8. du tit. 27. du troifieme liv. des Inftitutes de Juftinien.

PROCURATION *ad refignandum*, eft un acte par lequel le titulaire d'un Office donne pouvoir fpécial à une perfonne dont le nom eft en blanc, de réfigner & remettre entre les mains du Roi ou autre Collateur, fon Office, pour, au nom, & en faveur toutefois de la perfonne avec qui on a traité, que l'on nomme, & non d'autre perfonne ni autrement ; & à cette fin on donne pouvoir au Procureur, dont le nom eft en blanc, de confentir que toutes Lettres de provifion, & autres néceffaires, foient expédiées en faveur de qui la procuration *ad refignandum* eft faite.

Mais cette procuration après l'an eft non valable, quand celui au profit de qui elle eft faite n'a pas en conféquence obtenu dans ce tems des provifions.

Comme les Offices ne peuvent pas, par un commerce entiérement libre, être transférés directement & immédiatement d'une perfonne en une autre, par vente ou tranfport fuivi de tradition, il faut la réfignation ou démiffion de la part du titulaire, & la provifion de la part du Collateur.

Ainfi, c'eft fur la procuration *ad refignandum*, qui eft la démiffion du titulaire ; que le collateur donne des provifions ; & ce font ces provifions qui donnent droit à l'Office au réfignataire ; car la procuration *ad refignandum* ne lui donne que *jus ad rem*, & non pas *jus in re*. *Voyez* Provifions.

PROCUREUR, eft celui qui a reçu procuration & pouvoir de faire quelque chofe pour un autre, foit pour la geftion & adminiftration de fes affaires, pour la défendre en Juftice.

On diftingue donc deux fortes de Procureurs ; les uns pour négocier les affaires, que l'on appelle Procureurs *ad negocia* ; les autres pour occuper en Juftice pour leurs cliens, & défendre leurs intérêts, ce qui fait qu'on les appelle Procureurs *ad lites*.

PROCUREUR *ad negocia*, eft celui à qui l'on donne un mandat de faire quelque chofe. *Voyez* Procuration.

On peut conftituer pour Procureur *ad negocia* qui l'on veut, même des femmes. Il eft feulement à obferver qu'en Pays coutumier, lorfqu'une femme conftitue fon mari pour Procureur, il eft néceffaire qu'il foit préfent pour l'autorifer ; ou s'il eft abfent, qu'il lui envoye un acte par lequel il l'autorife à l'effet de paffer la procuration ; & fi c'eft le mari qui conftitue fa femme, il eft pareillement de régle qu'il l'autorife.

De même qu'il eft libre de charger qui l'on veut de fa procuration, pour gerer & adminiftrer les affaires dans le particulier ; il eft permis auffi de la révoquer, fans être obligé d'en exprimer les caufes.

PROCUREUR *ad lites*, eft aujourd'hui parmi nous un Officier établi par autorité publique dans les Jurifdictions Royales, pour poftuler & défendre en Juftice les intérêts des perfonnes qui les lui confient.

Le droit de créer des Procureurs dans les Cours fouveraines, & dans les Jurifdictions royales du Royaume appartient au Roi feul.

L'emploi de Procureur n'eft point vil comme certains Auteurs ont voulu le faire entendre. Il a même été un tems que la fonction des Procureurs étoit confondue avec celle des Avocats. C'eft le fentiment de M. Dolive en fes queftions notables liv. 1. chap. 36. mais cela n'eft plus aujourd'hui. Il y a un Arrêt de réglement du Parlement de Paris du 17. Juillet 1693. rapporté dans le Journal des Audiences, dont la lecture fait aifément connoître ce qui eft du miniftere des Procureurs, & ce qui eft refervé à celui des Avocats en fait d'Ecritures.

Voyez cet Arrêt, & ce que j'ai dit *verbo* Avocat, où j'ai marqué quelles caufes les Avocats plaident à l'exclufion des Procureurs.

L'emploi de Procureur déroge à la Nobleffe ; mais je ne fçai par quelle raifon cette délicateffe s'eft introduite parmi nous. L'art de bien conduire une procédure, eft un affez grand art pour être mis au point de niveau avec plufieurs autres profeffions qui ne dérogent point.

En France, la partie eft réputée non valablement défendue, fi elle n'eft affiftée d'un Procureur. Ainfi dans les Jurifdictions où il y a des Procureurs en titre d'office, leur miniftère eft abfolument néceffaire ; l'on ne peut, foit en demandant ou en défendant, s'en paffer ; & il en faut conftituer un qui foit pourvu de l'Office de Procureur dans la Jurifdiction où l'affaire doit être jugée.

Dans les Jurifdictions fubalternes le miniftère des Procureurs n'eft point néceffaire, tels que la Jurifdiction des Juge & Confuls, Grénier à Sel, Traites foraines, Confervateurs des priviléges des Foires : chacun eft reçu dans ces Jurifdictions à plaider foi-même fans le miniftère du Procureur.

On peut néanmoins prendre quelqu'un pour y plaider pour foi ; auquel cas on prend ordinairement quélqu'un de ceux qui, fans titre d'Office, fe mêlent d'y faire la fonction de Procureur ; mais cela n'empêche pas que tout autre particulier qui s'y préfente pour plaider pour d'autre, n'y foit reçu.

Deux chofes ont rendu néceffaire le miniftère des Procureurs.

1°. Parce que la liberté qu'avoient les Parties d'expliquer leurs droits devant les Juges, étoit fuivie d'emportemens, de confufions, de tumultes & d'irrévérances, qui bleffoient le refpect dû à la Juftice, & en troubloient l'ordre.

II°. Parce que les procédures font néceffaires pour l'inftruction des procès : ceux qui plaident, n'étant pas toujours verfés dans l'art de procéder en Juftice, il faut qu'ils ayent recours aux Procureurs qui entendent la pratique, & qui font obligés de garder l'ordre qui en eft prefcrit par les Ordonnances & par l'ufage.

Les Procureurs *ad lites* ne doivent pas être regardés comme ceux qui font Procureurs *ad negocia* ; car ils reçoivent falaires, & ce n'eft que fous l'attente d'être recompenfés de leur travail, qu'ils s'employent pour leurs Parties ; au lieu que le mandat eft gratuit, & n'eft fondé que fur l'amitié de celui qui veut bien s'en charger. Ainfi ce qui fe fait entre le Procureur *ad lites* & fa partie *magis expectat ad locationem operarum, propter mercedem, quàm ad contractum mandati.*

On conftitue un Procureur, ou pour toutes les caufes que l'on a & que l'on pourra avoir dans la Jurifdiction où il a droit de poftuler ; ou on le conftitue feulement pour un certain procès, une inftance ou une caufe.

Au premier cas, fon emploi dure jufqu'à ce qu'il foit revoqué ; de forte qu'une affaire étant jugée, il continue toujours d'occuper pour fa partie dans les autres cas qu'elle a. Au fecond cas, fon pouvoir finit après le Jugement définitif.

Quand un Procureur eft conftitué par une procuration générale pour occuper dans toutes les affaires que pourra avoir le conftituant dans la Jurifdiction où le Procureur eft reçu, le Procureur a hypothéque pour tous les frais qui lui feront dûs dans chaque affaire, du jour de la date de la procuration paffée pardevant Notaire ; au lieu qu'un procureur qui, fans une procuration générale, occuperoit pour une Partie dans différentes affaires, n'auroit pour fes frais hypothéque fur les biens de fon client, que du jour de la procuration particuliere, qui lui auroit été donnée pour chaque affaire. *Voyez* l'Arrêt du 19. Juin 1674. rapporté dans le Journal des Audiences.

Le miniftere du Procureur *ad lites* eft d'avoir la charge & la conduite des caufes & procès dans lefquels il occupe, & de faire pour leur inftruction toutes les pourfuites & procédures néceffaires jufqu'à Sentence ou Arrêt définitif, & cela en vertu de la procuration expreffe ou tacite qu'il en a reçue de fa Partie.

Autrefois un Procureur ne pouvoit pas occuper pour quelque Partie, fans une procuration par écrit ; & il étoit enjoint aux Procureurs de la Cour, par un Arrêt du Parlement de 1538. de tenir des Regiftres des noms de ceux qui leur donnoient des procurations.

Néanmoins par un ufage qui s'eft introduit, les Procureurs n'ont plus befoin pour occuper de la procuration expreffe & par écrit de leurs Parties ; l'exploit qu'on leur remet leur en fert, & fuffit pour qu'ils ne puiffent être défavoués.

Un Procureur ne doit pas comparoir pour une Partie, fans être chargé d'occuper pour elle, foit expreffement, foit tacitement ; & fi un Procureur entreprenoit de défendre la caufe d'une Partie en attendant fon pouvoir, il faudroit qu'il s'offrît de foutenir le jugé en cas de défaveu.

Il y a certaines chofes que les Procureurs conftitués ne peuvent pas faire fans une procuration fpéciale.

I°. Quand il s'agit de former une nouvelle demande.

II°. Lorfqu'il s'agit d'interjetter appel, ou de renoncer à un appel interjetté.

III°. Quand il s'agit de faire quelque défiftement, ou quelque renonciation que ce foit.

IV°. Un Procureur ne peut, fans une procuration fpéciale, donner un confentement qui porte quelque dommage à fa Partie.

V°. Il ne peut pas non plus affirmer ni faire des offres, fans une procuration fpéciale.

VI°. Il ne peut pas non plus récufer un Juge, fans une procuration fpéciale.

VII°. Un Procureur ne peut former une infcription de faux, fans être fondé d'une procuration fpéciale à cet effet.

VIII°. Il ne peut pas, fans une procuration fpéciale reconnoître une promeffe ou une écriture privée.

IX. Il ne lui eft pas permis, fans un procuration fpéciale de faire aucun défaveu.

X°. Nul Procureur ne peut recevoir deniers & paffer quittance au nom de celui pour lequel il agit, fans avoir une procuration fpéciale.

En un mot, un Procureur ne peut, fans une procuration fpéciale, faire aucun acte qui dépende du fait de la Partie, & qui ne foit pas de l'inftruction ordinaire de la procédure ; à quoi le pouvoir du Procureur eft borné. Ainfi, dans toutes les chofes qui dépendent de la Partie il eft néceffaire que fon Procureur ait pour la repréfenter une procuration fpéciale, & qui foit autre que celle qui conftitue fimplement Procureur pour procéder dans la forme ordinaire.

Mais pour éviter les frais & l'embarras d'une Nouvelle procuration, les Procureurs ont coutume quand les Parties font fur les lieux, de leur faire figner les actes qui font du fait perfonnel des Parties : cette fignature vaut procuration.

Suivant ce que nous avons dit, un Procureur eft maître des procédures ; il a même le pouvoir de vuider les caufes par expédient, après les avoir fait paffer au Parquet.

Mais fi un Procureur paffe les bornes de fon miniftere & de fon pouvoir, en faifant de fon chef & fans procuration fpéciale quelqu'un de fes actes qui regardent abfolument la perfonne du client, & qui ne foient point de la procédure ordinaire, il court rifque d'être défavoué & condamné en fon nom aux dommages & intérêts des Parties. Néanmoins, tant qu'il n'eft point défavoué, l'acte qu'il a paffé eft toujours nuifible à celui pour lequel il occupe.

Les fignifications qui font faites au domicile des

Procureurs pour l'inftruction des caufes, inftances ou procès, valent, & font regardées comme fi elles étoient faites à leurs Parties. Mais à l'égard des Jugemens que l'on veut mettre à exécution, outre la fignification que l'on en doit faire au Procureur de la Partie qui a été condamnée, il le faut encore fignifier au domicile de la Partie, avec commandement de l'exécuteur.

Un Procureur eft obligé par honneur & par le devoir de fa charge de veiller aux droits de fa Partie, & d'y apporter toute la vigilance & toute l'éxactitude poffible; de forte même que dès qu'il a reçu les pieces & les mémoires qui lui doivent fervir d'inftruction, il eft tenu de fa négligence quand elle eft groffiere, & peut être confidérée en quelque maniere comme dol; car fi l'on excufoit dans un Procureur une telle négligence, ce feroit donner à quelques-uns d'eux un prétexte de couvrir leur malice.

C'eft fur ce fondement qu'un Procureur chargé de pieces pour former une oppofition à des criées, a été condamné envers la Partie, pour n'avoir pas formé l'oppofition qu'elle lui avoit mandé de faire. L'Arrêt eft du 26. Avril 1644. & eft rapporté dans le Journal des Audiences.

Il faut donc établir pour principe certain qu'un Procureur qui doit fon miniftere à fes Parties, & qui s'y eft obligé dès le moment qu'il s'eft chargé de leurs affaires, eft tenu des omiffions groffieres qu'il pourroit faire, fi ces omiffions caufoient un notable préjudice à leurs parties; comme s'ils avoient omis de former une oppofition fur quelque faifie, ou de produire, le pouvant faire.

Mais hors le cas de telles omiffions groffieres & impardonnables, les Procureurs ne font pas ordinairement refponfables de leur négligence, ni des défauts & manquement qui fe trouvent dans leurs procédures, à moins qu'il n'y ait de la fraude.

Il faut encore excepter les décrets dans lefquels les Procureurs pourfuivans font refponfables de leurs procédures; de forte que pour les défauts qui s'y rencontrent, ils peuvent être recherchés : mais après l'efpace de dix ans, ils font entierement à couvert de cette recherche. Voyez Henrys, tom. 1. liv. 2. chap. 4. queft. 27.

Un Procureur qui occupe pour une Partie, ne doit point fuivre aveuglement fa paffion, & vexer la Partie adverfe par de chicanes qui ne font le plus fouvent qu'embrouiller les affaires; il ne doit pas non plus faire des frais inutiles & contre les regles.

Lorfque cela fe rencontre, il eft permis à ceux qui fe trouvent lézés par de mauvaifes procédures, de fe pourvoir contre le Procureur qui eft forti des bornes de fon devoir, & de préfenter requête contre lui.

Mais avant que de donner une requête contre un Procureur en fon nom, pour raifon de fon miniftere, il faut avoir porté fa plainte à la Communauté, & qu'il foit réfractaire à l'avis qui y a été rendu. Voyez le Recueil des Arrêts & Reglemens concernant les fonctions des Procureurs, page 180.

Comme les Procureurs deviennent néceffaire-ment les dépofitaires des titres & des fecrets des familles, il s'enfuit:

Iº. qu'ils ne peuvent conferver ce dépôt avec trop de fidélité; auffi ne peuvent-ils fervir de témoins contre qui que ce foit dans les caufes où ils ont été conftitués Procureurs, même après qu'ils auroient été révoqués; Jean. Gall. quæft. 98. Papon, liv. 9. titre 1. nomb. 31. Guenois fur Imbert, liv. 1. chap. 62. lettre G. Guy Pape, queft. 45. & Chorier, Jurifprudence de Guy Pape, page 214.

IIº. Qu'ils font refponfables de la perte des pieces dont ils font chargés; comme il a été jugé par Arrêt du 30. Août 1682, rapporté dans le Journal des Audiences. Ils peuvent même être recherchés dans cinq ans pour les procès jugés dont ils font chargés, & dans dix pour ceux qui ne font pas jugés.

Les Procureurs ont droit de fe faire payer par leurs Parties de leurs frais, falaires & vacations : cependant ils ne peuvent retenir, pour raifon de ce qui leur eft dû, les titres de leurs Parties, mais feulement les procédures qu'ils ont faites. Voyez Coquille, queft. 197.

Ils ont deux ans pour demander en juftice leurs frais, falaires & vacations, en cas de décès des Parties, de revocation, ou difcontinuation de procédures; autrement ils ont fix ans pour en faire la demande, à compter du jour qu'ils ont commencé d'occuper. Voyez les Arrêts de la Cour du 23. Mars 1692. qui font rapportés dans le Recueil des Arrêts & Réglemens concernant les fonctions des Procureurs.

Les Procureurs ne doivent point abufer de la confiance que leurs Parties ont en eux, ni du crédit qu'ils peuvent avoir fur leur efprit : c'eft pourquoi pendant le cours des caufes, inftances ou procès, ils font incapables de recevoir de leurs Parties quelque difpofition que ce foit, au-delà de leurs frais, falaires & vacations.

Ils ne peuvent pas non plus fe faire faire aucune ceffion de droits litigieux, ni ftipuler à leur profit une portion d'une dette ou d'un effet contefté, en cas qu'ils obtiennent gain de caufe. En un mot, ils ne peuvent faire aucuns traités, compofitions ou pactions pour leurs droits, en quelque maniere & fous quelque prétexte que ce foit, à peine d'être rayés de la matricule. Extraits des délibérations de la Communauté des Avocats & Procureurs du Parlement de Paris, confirmées par Arrêt du 29. Juillet 1679. rapporté dans le Journal des Audiences.

On a décidé avec raifon, qu'il feroit contre les bonnes mœurs qu'un Officier qui eft dans l'obligation de fervir fa Partie par le devoir de fa Charge, ne s'y portât que par le motif d'un intérêt fordide.

Les Procureurs conftitués, auffi bien que tous ceux qui font les affaires des autres, ne peuvent fe rendre adjudicataires des biens de ceux dont ils font les affaires; mais ils peuvent en être acquéreurs, en les achetant d'eux-mêmes volontairement.

Rien n'empêche auffi que le Procureur du pourfuivant criées ne fe faffe adjuger les biens de la

Partie faifie; & c'eft ce que les plus habiles ne négligent pas.

Il arrive même quelquefois qu'ils font cette acquisition fans bourfe délier ; ce qui paroît auffi commode & agréable à l'acquéreur, que cela l'eft peu aux Parties intéreffées. Ainfi un Auteur a eu raifon de dire, qu'on vivoit au Palais des fottifes d'autrui.

Les Procureurs peuvent fubftituer un ou deux de leurs confreres, pour figner leurs expéditions en leur abfence.

Cela n'empêche pas que dans l'occafion d'autres ne les puiffent figner, fans être leurs Subftituts.

Un Procureur dans une inftance d'ordre ou de préférence, ne peut occuper fur un pouvoir de fon confraire; il faut qu'il en ait un de la Partie. Arrêté du 12 Mai 1696. au Parlement de Paris, Journal des Audiences.

La procuration ceffe par la mort du conftituant, ou par le decès du Procureur de la Partie, fi le procès n'eft pas en état.

Il faut au premier cas, pour procéder fur les derniers erremens, faire affigner en reprife ceux qui fuccédent aux droits du défunt.

Au fecond cas, il faut fommer la Partie adverfe de conftituer un nouveau Procureur.

Un Procureur ad lites, fubftitué par un fondé de procuration générale, n'eft point révoqué par la mort du fubftituant, mais par celle du premier conftituant. Papon, liv. 6. tit. 4. nombre 25. Joannes Galli quæft. 63.

A l'égard des procurations qui leur font données par les Parties pour occuper pour elles, ces procurations ne font point annales, & font valables, jufqu'à ce que les affaires pour lefquelles elles ont été données foient finies & terminées.

Ainfi le pouvoir & l'ordre que les Procureurs ont eu par les procurations dure toujours, jufqu'à ce que l'inftance foit périe ou jugée définitivement ; à moins que les procurations ayant été révoquées avant le Jugement definitif, ou la péremption acquife. Voyez un acte de notoriété du Châtelet de Paris, du 23. Juin 1692.

Comme les Procureurs fe doivent uniquement mêler de ce qui concerne la procédure qu'il convient de faire pour défendre le droit de leurs Parties, & qu'ils ne doivent point autrement entrer dans ce qui concerne leurs affaires, il a été jugé par plufieurs Arrêts, qu'un Procureur ne pouvoit pas être caution de fa Partie.

Les Procureurs poftulans font tenus d'avoir des Régiftres, pour y marquer l'argent qu'ils reçoivent de leurs cliens, & de les repréfenter toutes & quantes fois qu'ils en font requis; faute de quoi ils feront déclarés non-recevables à demander le payement de leur frais, falaires & vacations. Ainfi jugé par un Arrêt du Parlement de Paris, du 28. Mars 1692. rapporté dans le Journal du Palais.

Il nous refte à parler de la probité & de la capacité, qui font deux qualités fi fort requifes dans un Procureur.

La probité qui doit être la bafe de toutes les qualités effentielles dans la vie civile, eft d'autant

plus à fouhaiter dans un Procureur, que fans elle tous les talens qu'il pourroit avoir d'ailleurs, peuvent non feulement demeurer infructueux, mais encore devenir funefte. Sans cette vertu principale, les lumieres les plus vives courent rifque d'être dangereufes.

L'habileté ne fert qu'à infpirer plus de confiance, mais cette confiance deftituée de probité dégénere en vice parce qu'elle rend celui qui s'y livre plus hardi dans ces malverfations, foit en lui faifant naître la préfomptueufe idée de les ménager avec plus d'adreffe, foit en l'entretenant dans une fauffe fécurité fur la crainte des recherches que fa mauvaife conduite lui pourroit attirer.

De ces principes comparés avec la prévention, peut être trop répandue dans le monde à l'égard des Procureurs, il réfulte pour ceux qui embraffent cette profeffion avec des fentimens d'honneur, une obligation très-étroite de l'exercer avec pureté, droiture & défintéreffement.

Tel eft l'efprit de ceux qui s'y adonnent dans la feule vûe d'être utiles au Public. Toujours ambitieux de fe faire diftinguer par l'affemblage des vertus aufquelles la réputation de l'homme incorruptible eft attachée ; les écueils qu'ils évitent préparent leur éloge, & le fuffrage du Public le confirme.

Non-feulement tous leurs devoirs leurs font précieux, mais encore ils fe refufent à l'avidité d'un gain toujours illégitime, dès qu'il ne contribue point à la décifion de l'affaire contestée ; & l'eftime univerfelle qu'ils s'acquierent de leur vivant, n'eft que la moindre récompenfe de leur droiture.

Pour définir les moyens de parvenir à cet heureux point, on ne peut s'empêcher d'obferver d'abord, que le Procureur n'étant établi que pour conduire au Tribunal ceux qui font dans la néceffité de recourir à fon miniftere, c'eft toujours par le fentier de la vérité qu'il doit les y conduire.

Il contracte l'engagement d'en ufer ainfi, par le ferment qu'il prête lors de fa reception, & qu'il réitere toutes les années.

Mais en traçant l'idée du zéle que cet Officier doit avoir pour la défenfe de fes cliens, il n'eft pas indifférent d'obferver que ce même zéle a des bornes qu'il eft dangereux de paffer.

L'effet le plus ordinaire des procès, eft d'infpirer à ceux qui les entreprennent, ou qui le foutiennent, une paffion donc le Procureur doit fe défendre avec foin. Son fecours n'appartient qu'au Plaideur fondé fur l'équité, & fon miniftere ne fe doit jamais prêter à aucune injuftice. Auffi l'expérience nous apprend que les mauvais détours, dont un Procureur fe fert pour fervir fa Partie, retombent ordinairement fur lui.

Ainfi quand on découvre les artifices qu'a témérairement employés un Procureur, pour rendre bonne une caufe mauvaife & injufte, il en eft tenu en fon propre & privé nom, & les Juges ne manquent pas de le rendre refponfable de l'événement. C'eft ce qui a été jugé par Arrêt du 20. Février 1647. rapporté dans le Journal des Audiences.

A ces difpofitions dépendantes du cœur, il faut

joindre les connoiſſances de l'eſprit, c'eſt-à-dire particuliérement celle des Ordonnances & Réglemens concernant la procédure, & un grand uſage de la pratique.

Auſſi faut-il avoir vingt-cinq ans accomplis pour être reçu Procureur, & avoir été chez un Procureur pendant dix années, comme nous l'avons dit ci-deſſus, *verbo* Baſoche.

C'eſt une opinion aſſez généralement reçue, que la capacité d'un Procureur peut ſe renfermer dans les limites de la procédure.

Il eſt vrai que ſa profeſſion le diſpenſe des ſciences étendues & relevées, & de l'ornement du diſcours; mais il n'eſt pas moins certain qu'elle l'oblige à ſçavoir quelqu'autre choſe que la procédure.

Le ſecours que doit attendre un client de ſon Procureur ſera bien foible & bien ſtérile, s'il ignore certains principes généraux du Droit & des Coutumes, & s'il n'a pas aſſez d'intelligence pour pénétrer dans leurs diſpoſitions, afin d'en faire enſuite une application raiſonnable, ſur-tout dans les concluſions qu'il prend pour ſa Partie.

Le miniſtere d'un Procureur eſt d'autant plus important, que les demandes qu'il fait, & les défenſes qu'il oppoſe, ſont la baſe des Jugemens; ce qui marque qu'en fait de Procureurs, il y a beaucoup de choix.

Il a été un tems où le Palais étoit rempli d'un grand nombre de Clercs attachés à la Pratique, avec d'autant plus d'émulation, qu'ils eſpéroient qu'en conſidération de leurs ſervices, la Cour les voudroit bien immatriculer. Les Offices étoient alors la recompenſe du travail & du mérite.

Si les changemens arrivés depuis n'ont pas enuiérement ralenti l'ardeur des jeunes Praticiens, on peut du moins dire qu'ils n'ont pas peu contribué à ce que quelques-uns ſe ſoient portés à l'ambition de ſe revêtir d'un titre, plutôt qu'à s'aſſurer les talens néceſſaires pour en remplir dignement les fonctions.

De quelque ſupériorité d'eſprit dont ſe puiſſe flatter un Procureur, il ne doit jamais oublier que ſa fonction ne s'étend point ſur ce qui appartient aux Avocats. Son partage eſt aſſez ample pour qu'il s'en contente. Le tout eſt de s'acquitter avec honneur d'une ſi pénible, & en même tems ſi délicate & ſi dangereuſe profeſſion.

Voilà quels ſont en général les devoirs des Procureurs: à l'égard de leurs droits, il faut demeurer d'accord que perſonne ne les entend ſi bien qu'eux.

Il y en a même qui ſçavent les amplifier, & d'autres qui ont l'adreſſe de s'en procurer injuſtement par des manœuvres très-blâmables; mais s'il y en a quelques-uns de ce caractère, il y en a auſſi un très-grand nombre qui s'acquittent dignement de leur profeſſion.

Auſſi M. l'Avocat général Talon, depuis Préſident à Mortier, dit dans une harangue à la Saint Martin, après avoir veſpériſé les Procureurs ſelon la coutume, qu'il ne prétendoit pas confondre tous les Membres de ce Corps; qu'il y avoit des Procureurs fripons; mais qu'il y en avoit auſſi de très-

honnêtes gens; que ce qu'il y avoit de plus grand dans la Robe & dans le Miniſtere ſortoit de Procureurs, & que lui-même en étoit ſorti. C'eſt ce que rapporte l'Auteur des Mélanges d'Hiſtoire & de Littérature, tom. 2. p. 257.

Le même Auteur, tom. 3. page 311. rapporte le ſort fortuné qu'eut Dormans, Procureur au Parlement de Paris, qui vivoit dans le quatorzieme ſiécle. L'aîné de ſes fils fut Evêque, Cardinal, Chancelier de France, & Légat du Pape Grégoire X, pour travailler à la paix entre le Roi Charles V. & le Roi d'Angleterre. C'eſt lui qui eſt le fondateur du Collége de Saint Jean de Beauvais. Le ſecond de ſes enfans fut d'abord Avocat général au Parlement de Paris, & puis Chancelier de France : celui-ci eut pluſieurs enfans, dont un eut auſſi l'honneur de remplir cette premiere place de la Magiſtrature ; enſorte que de la famille d'un Procureur ſont ſortis trois Chanceliers de France, un Cardinal Légat, & un Archevêque ; car le cinquieme fils de Jean de Dormans eut premiérement l'Evêché de Meaux, & peu après l'Archevêché de Sens.

PROCUREUR NE PEUT AGIR DANS LES CHOSES OU IL S'AGIT DE LA PRESENCE ET DU TÉMOIGNAGE DE LA PERSONNE. Ainſi, en matiere civile, quand on eſt aſſigné pour répondre ſur faits & articles on ne peut pas ſubir l'interrogatoire par Procureur, parce que c'eſt un fait perſonnel dont il s'agit. Il en eſt de même des témoins qui ſont aſſignés pour être ouis, en conſéquence d'un Jugement qui ordonne une enquête.

Il en faut dire de même des témoins qui ſont aſſignés pour être ouis ſur un Jugement qui permet d'informer.

L'accuſé ne peut pas non plus ſe ſervir de Procureur pour juſtifier ſon innocence lors de l'interrogatoire, du récollement & confrontation, & à plus forte raiſon lorſqu'il s'agit de l'interrogatoire ſur la ſellette.

Mais un accuſé peut ſe ſervir du miniſtere d'un Procureur, & même ne peut s'en paſſer, quand il s'agit de nullité de procédure, d'incompétence de Juriſdiction, ou quand un accuſé prétend après ſon interrogatoire qu'il n'y a pas lieu de paſſer au récollement & à la confrontation, ou quand il s'agit de régler un incident, ou de le joindre ou le disjoindre du principal chef de l'accuſation. Enfin, pour faire admettre ſes faits juſtificatifs, & ſoutenir ſon atténuation de preuves, il faut qu'il ſe ſerve du miniſtere d'un Procureur.

PROCUREURS NE SONT RESPONSABLES DE LEUR NÉGLIGENCE, NI DES DÉFAUTS DE LEURS PROCEDURES QUE DANS LES DECRETS ; & encore ce n'eſt que pendant dix ans. Pour ce qui eſt des offres ou des conſentemens qu'ils peuvent faire ou donner ſans ordre & ſans pouvoir de leurs Parties ils ſont ſujets à être déſavoués. Mais à l'égard des écritures qu'ils auroient faites, & qui auroient fait perdre le procès à leurs Parties, ils n'en ſont pas reſponſables.

PROCUREUR AU PARLEMENT DE PARIS, anciennement n'étoient que poſtulans avec matricules, de même que les Procureurs de toutes les autres Jurifdictions du Royaume.

Ils furent créés en titre d'Office en 1572. L'Edit de création n'ayant point eu de lieu, ils refterent matriculaires fixés au nombre de quatre cens jufqu'en 1639. qu'ils furent de nouveau créés héréditaires.

Depuis ce tems, ils font toujours reftés titulaires dans ce même nombre de quatre cens. Plufieurs différens titres & privileges leur ont été accordés par les différens Edits & Déclarations qui font furvenus depuis.

Ils ont droit feuls, à l'exclufion de tous autres, de poftuler dans toutes les Jurifdictions de l'enclos du Palais, à l'exception de la Chambre des Comptes & de l'Election, où ils ne poftulent point, à caufe qu'il y a d'autres Procureurs en titre d'Office.

A l'égard de la Chambre des Bâtimens, ils poftulent conjointement avec les Procureurs qui y ont été créés depuis pour cette Jurifdiction, appellée communément la Jurifdiction de la Maçonnerie.

PROCUREUR TIERS, eft celui qui eft pris par les Parties ou par leurs Procureurs, pour régler les conteftations qui furviennent dans les taxes de dépens, ou dans quelque point de procédures.

Voyez ci-après, Tiers en fait de dépens.

PROCUREURS DE COMMUNAUTÉ, font ceux que l'on élit au Palais pour avoir foin des affaires du Corps, récueillir les aumônes & droits de la Chapelle ou de la Confrairie, faire dire le fervice, & affifter les Pauvres. *Voyez* Communauté des Avocats & Procureurs.

PROCUREURS DES BAILLIAGES, Sieges préfidiaux, & autres Sieges Royaux, font ceux qui font en titre d'Office, établis pour occuper & faire dans ces Sieges les mêmes fonctions que font aux Parlemens les Procureurs qui y font reçus.

Voyez Chenus, en fon Traité des Offices de France, tit. 34.

PROCUREUR DE LA CHAMBRE DES COMPTES, font des Officiers établis pour rendre les comptes de tous les Tréforiers & Réceveurs qui manient les deniers du Roi.

Tels font les Gardes du Tréfor Royal, les Tréforiers de l'extraordinaire & ordinaire des Guerres de la Marine, des Galeres; les Tréforiers des Maréchauffées; les Tréforiers payeurs des Compagnies fupérieures; les Receveurs généraux des Domaines & Bois; les Réceveurs généraux des Finances: les Receveurs des Tailles; les Tréforiers de Ponts & Chauffées, argenterie; menus plaifirs & affaires de la Chambre du Roi; les Receveurs & Payeurs des gages des Secrétaires du Roi, & Officiers des grandes & petites Chancelleries du Royaume; les Receveurs des deniers, créances & octrois des Villes & autres.

La fonction des Procureurs de la Chambre des Comptes, confifte auffi, 1°. à faire épurer, & purger tous les comptes defdits Treforiers & Receveurs qui manient les deniers du Roi.

II°. A faire faire en la Chambre des Comptes des enregiftremens de toutes les Lettres patentes qui y doivent être enregiftrées, & à faire recevoir auxdites Chambres des Comptes, tous les Tréforiers & Receveurs ci-deffus, en vertu de leurs provifions obtenues de Sa Majefté.

Enfin, l'on ne peut fe paffer du miniftere defdits Procureurs, dans toutes les affaires qui fe paffent en la Chambre des Comptes, comme pour rendre la foi & hommage pour les fiefs qui relevent du Roi, pour en donner un dénombrement, & pour quelqu'autre affaire que ce foit.

Il n'en eft pas de même des Procureurs des autres Chambres des Comptes; car ils n'ont qu'une partie des fonctions de ceux de la Chambre des Comptes de Paris parce qu'il fe paffe beaucoup d'affaires dans celle de Paris, privativement à toutes les autres.

Au refte, il faut remarquer que les Offices de Procureurs en la Chambre des Comptes ne dérogent point, fuivant une Déclaration du 6. Septembre 1500.

PROCUREUR GÉNÉRAL, eft un Magiftrat établi dans les Cours fouveraines.

Il eft l'homme du Roi, la partie publique, qui feule peut conclure à peine afflictive, & qui doit avoir communication de tous les procès où le Roi, le Public les mineurs, l'Eglife & les Communautés ont intérêt.

Dans les procès où ils ont intérêt, il donne fes conclufions auxquelles la Cour a tel égard que de raifon: car elle n'eft pas obligée de les fuivre, attendu que le Procureur général n'eft pas Juge, ne fert proprement qu'à faire voir à la Cour l'intérêt que le Roi ou le public peuvent avoir dans une affaire.

Le Procureur général eft le Cenfeur public, & doit en cette qualité veiller, I°. à la manutention de la Police générale. II°. à ce que les Ordonnances foient obfervées. III°. à ce que la Juftice foit rendue dans l'étendue de fon reffort, tant en matiere civile que criminelle.

Quant aux affaires qui fe plaident & fe jugent en l'Audience, comme il ne pourroit pas faire tant de fonctions différentes, il a des Avocats généraux lefquels fervent aux caufes d'audience pour y donner leur conclufion: quoique leurs fonctions fuffent bornées à parler feulement dans les affaires ou le Roi, le public, les mineurs & l'Eglife ont intérêt; néanmoins préfentement ils parlent dans toutes les affaires qui fe jugent dans les grandes Audiences, & leurs plaidoyés font fort utiles aux Avocats qui fuivent le Barreau pour apprendre les véritables maximes.

C'eft M. le Procureur général qui diftribue à fes Subftituts les procès qui doivent paffer par le Parquet, & fur leur rapport il délibere les conclufions avec ceux de Meffieurs les Avocats généraux qui s'y rencontrent.

Lorfqu'il n'y a qu'un Avocat général, c'eft la voix du Procureur général qui prévaut en cela comme en tout le refte.

Hors le parquet, il répond feul les Requêtes qui lui font préfentées fur des affaires qui requierent célérité.

Le Procureur général a rang & féance au milieu
des

des Avocats généraux. Le plus ancien d'eux a toujours le premier rang & le Procureur général, le second.

Cela s'obſerve de même à l'égard des Gens du Roi des Préſidiaux.

Un des principaux devoirs du Procureur général eſt d'entreprendre la cauſe des foibles contre les plus puiſſans : de faire exécuter les proviſions, les Arrêts & Mandemens de la Cour ; de prendre communication des accords, appointemens, acquieſcemens & tranſactions, pour en conſentir l'exécution, ou s'y oppoſer ; de pourſuivre les criminels ſur la plainte d'une Partie civile, même d'office, ſans attendre aucune dénonciation ; lorſque les crimes méritent une peine afflictive, nonobſtant toutes tranſactions paſſées entre les Parties. Ordonnance de 1670, tit. 25. art. 19.

Il doit auſſi faire informer capacité ; & des vie & mœurs de celui qui veut être reçu à un Office royal de Judicature.

Il donne ſes concluſions ſur les Arrêts que la Cour veut rendre en forme de Réglement.

C'eſt à lui qu'appartient le droit de prendre communication de tous Edits, Ordonnances, Lettres patentes envoyées de la part du Roi pour être vérifiés en la Cour.

Il doit veiller à la conſervation du Domaine, protéger l'Egliſe, les Hôpitaux & les Mineurs.

Auſſi la Cour avertit ſouvent le Procureur général d'appeller comme d'abus d'exécution de bulles préjudiciables aux droits du Roi. Voyez du Fail, liv. 3. chap. 38.

Le Procureur général doit veiller à ce que les Evêques réſident dans leurs Evêchés, & il doit les y contraindre par ſaiſie de leur temporel.

M. le Procureur général du Parlement de Paris a droit d'Indult, & jouit de tous les droits, prérogatives & priviléges des Conſeillers du Parlement.

Il ſert de régle à tous les Procureurs généraux établis dans les Cours ſouveraines.

Il exerce l'Office de Prévôt de Paris pendant le Siege vacant, & marche dans les Provinces à côté des Lieutenans généraux.

Il y a pluſieurs autres priviléges & prérogatives qui ſont ſpécialement attachés à la Charge & à la dignité de M. le Procureur général du Parlement de Paris, comme de ne répondre qu'au Roi en perſonne ou au Parlement en Corps, & de n'être point ſujet aux Arrêts du Conſeil dont il ne reconnoît point l'autorité.

Avant que le Parlement fut établi pour toujours à Paris, le nom de Procureur général étoit encore inconnu, & on ne connoiſſoit que les Procureurs du Roi ; aujourd'hui même, lorſqu'au Parlement de Paris on parle des Procureurs généraux des autres Parlemens, on les appelle jamais que Procureurs du Roi. Il n'y a que celui du Parlement de Paris que l'on appelle Procureur général, pour le diſtinguer des autres.

PROCUREUR du Roi, eſt un Subſtitut de M. le Procureur général, établi dans une Juriſdiction royale, pour maintenir l'ordre public dans l'éten-

Tome II.

due de ſon reſſort ; intervenir dans les cauſes où le Roi & le public ont intérêt, comme ſont celles des Egliſes & des Mineurs.

Il y a entre lui & l'Avocat du Roi la même conformité & la même différence, qu'entre Meſſieurs les Gens du Roi des Cours ſouveraines.

Aux Aſſemblées publiques où le Préſidial aſſiſte en Corps, les Avocats du Roi y aſſiſtent avec le Subſtitut du Procureur général, après les Conſeillers, ſans pouvoir ſe déſunir d'avec lui, le plus ancien Avocat étant au-deſſus du Subſtitut du Procureur général & le dernier reçu au deſſous, ſans déroger au rang des Avocats du Roi, avec les Conſeillers : ſelon l'ordre de leur reception de Conſeillers ès autres aſſemblées où le Préſidial n'aſſiſte pas en Corps.

C'eſt lui qui donne des concluſions dans les affaires criminelles ; il eſt même obligé de pourſuivre les criminels d'Office, ſans attendre aucune dénonciation.

Mais il doit bien prendre garde d'accuſer par animoſité : autrement il pourroit être pris à partie, & être condamné aux dépens, dommages & intérêts des accuſés qui ſeroient renvoyés abſous. Papon, liv. 24. tit. 1. nom. 4.

Il doit faire juger les incompétences propoſées contre les Prévôts des Maréchaux, veiller à ce que les affaires criminelles ſoient jugées promptement, afin que les priſons ne ſoient pas trop chargées, & que les crimes ne demeurent pas impunis.

Pour faire connoître qu'il s'acquitte de ce devoir, il lui eſt enjoint d'envoyer tous les ſix mois au Procureur général dont il eſt Subſtitut, un état de tous les accuſés qui ſont détenus dans les priſons de ſa Juriſdiction. Ordonnance de 1670. tit. 10. article 20.

Un Procureur du Roi a encore d'autres fonctions. Les principales ſont réglées par un Edit du mois de Juin 1661. rendu en faveur du Procureur du Roi au Châtelet de Paris, qui peut ſervir auſſi de regle aux autres.

Cet Edit ordonne, I°. que le Procureur du Roi ou ſon Subſtitut ſoit appellé pour être procédé à la levée des ſcellés des biens vaquans ou abandonnés en cas de banqueroute, abſence, minorité ou ſubſtitution, ſoit qu'il s'agiſſe des droits & intérêts du Roi, ou de l'Egliſe & Hôpitaux, à peine de nullité, quatre cens livres d'amende payable à l'Hôpital général par les Commiſſaires qui auront procédé à la levée des ſcellés de la qualité ſuſdite, ſans la préſence du Procureur du Roi.

II°. Qu'il ne ſera fait aucune tutelle, curatelle, inventaire, deſcription de meubles, titres, effets, papiers & vente de meubles, en cas de banqueroute, démence, ou biens vaquans & abandonnés, qu'il n'y ſoit appelé.

III°. Qu'il ne ſoit fait aucuns avis de parens, pour perſonnes abſentes ou abandonnées, qu'il n'en ait eu auparavant communication.

IV°. Qu'il ne ſoit fait aucune aliénation ou emploi de biens de perſonnes de la qualité ſuſdite, qu'au préalable tout ne lui ait été communiqué, & qu'il ne ſoit procédé qu'en ſa préſence à la clôture d'aucun inventaire où il aura affiflé.

V°. Que toutes Lettres de bénéfice d'âge, d'émancipation & de répi, ne feront entérinées, qu'il n'y ait conclu.

VI°. Que toutes defcentes & vifitations pour abfens, ne feront point faites fans lui ; qu'il ne foit reçu aucune caution pour ce qui regarde le domaine du Roi, ou les biens eccléfiaftiques en Juftice, que de fon confentement ; comme auffi ne fera permis lors des vifites ou defcentes, de donner aucun alignement, tant des voyeries que pavé, qu'il n'y foit préfent.

VII°. Qu'en tous les actes de Police généralement quelconques, il n'y foit préfent; & qu'il ne foit non plus procédé aux additions des comptes, foit d'Hôpitaux ou Fabriques, fans préjudice des comptes des Communautés qui doivent être rendus devant le Procureur du Roi, comme premier Juge & Confervateur des Arts & Métiers, ni être prononcé aucune féparation de biens & d'habitation, fans fes conclufions.

PROCUREUR FISCAL, eft un Officier établi dans les Juftices des Seigneurs, pour défendre & foutenir leurs droits & ceux du Public, & faire les mêmes fonctions dans les Juftices des Seigneurs, que font les Procureurs du Roi dans les Juftices Royales.

Ainfi on lui communique les affaires où le Public eft intéreffé, comme font celles des mineurs, la pourfuite des crimes ; de maniere qu'on peut dire que ce qui eft prefcrit pour la procédure, la difcipline, la Police, aux Procureurs du Roi, convient aux Procureurs Fifcaux.

Les Procureurs Fifcaux font ainfi appellés, parce qu'ils doivent veiller à la confervation du Fifc, & pourfuivre les droits & profits pécuniaires qui appartiennent au Seigneur de la Juftice.

Quand le Procureur Fifcal fuccombe, il eft condamné aux dépens ; à la différence des Procureurs du Roi, qui n'encourent & qui n'obtiennent jamais cette condamnation. Elle peut néanmoins être prononcée contr'eux, s'ils font pris à partie pour jufte caufe. Au refte, par Arrêt du Parlement de Paris du 20. Mars 1629. défenfes font faites aux Procureurs d'Office de prendre la qualité de Procureur Fifcal.

Il nous refte à remarquer, I°. qu'un Procureur Fifcal, non plus qu'un Procureur du Roi, ne peut jamais fortir de fon miniftere & faire la fonction de Juge. Ainfi, en cas de récufation de Juge, au défaut d'autres Officiers dans le Siege, l'ancien Avocat du même Siege, & à fon défaut le plus ancien Praticien, bien entendu dans l'inftruction & Jugement du procès criminel où il ne faudra point être gradué, doit faire les fonctions de Juge, à l'exclufion du Procureur Fifcal ou du Procureur du Roi; parce qu'il feroit en cette partie deux fonctions directement oppofées, celles d'accufateur & celle du Juge.

II°. Que les Procureurs Fifcaux ne peuvent faire les fonctions des Procureurs des Parties dans leur Juftice, en matiere criminelle.

Voyez Bardet, tom. 1. liv. 3. chap. 36.

PRODIGUE, eft celui à qui, par Sentence du Juge, a été ôtée l'adminiftration de fes biens pour caufe de diffipation. Prodigi (inquit Tullius, lib. 2. de Offic. art. 16.) funt qui epulis & vifcerationibus, & gladiatorum muneribus, ludorum, venationumque apparatu, pecunias profundum in eas res, quarum memoriam aut brevem, aut nullam omninò fint relicturi.

Les prodigues font de même condition que les furieux ; ainfi, au moyen de l'interdiction, ils ne peuvent ni adminiftrer leurs biens, ni en difpofer par difpofitions entre-vifs, ou à caufe de mort.

Le Jurifconfulte Paul, lib. 3. Sentent. tit. 4. rapporte la formule qui regardoit l'interdiction d'un prodigue. Quando tua bona paterna, avitaque, nequetia tua difperdis, liberofque tuos ad egeftatem perducis, ob eam rem tibi ea re commercioque interdico.

Chez les Atheniens, ceux qui avoient diffipé leur patrimoine, étoient notés d'infamie par la Loi de Solon ; ils étoient même traités comme des criminels par les Jugemens des Aréopagiftes.

Ce vice de prodigalité étoit fi odieux parmi les Anciens, que Naucher, chez le Poëte Menander au rapport d'Athénée, au livre 4. des Dipnofophiftes, faifoit des vœux au Ciel contre tous ceux qui confumoient follement leur patrimoine, que pour peine de leur luxe ils fuffent portés fur les ondes en une nouvelle navigation ; afin que privés à jamais de pouvoir marcher fur la terre, ils fentiffent mieux la faute qu'ils avoient commife, en ne confervant pas fagement le bien que la terre, leur mere, leur avoit libéralement fourni pour les néceffités de la vie.

Ce n'eft donc pas fans raifon, qu'à Rome le Préteur interpofoit fon autorité pour réprimer & arrêter leurs dépenfes exceffives, puifqu'il y va de l'intérêt public qu'un Particulier ne méfufe pas de fon bien jufqu'à l'excès.

Celui qui, de riche qu'il étoit, fe trouve tombé dans un extrême pauvreté, eft fouvent capable de tout entreprendre pour s'en tirer. La prodigalité eft la mere de l'indigence, & l'indigence eft la mere de toutes fortes de vices, dans les perfonnes qui ont été affez aveuglées pour s'y être plongées, en préférant de mener une vie faftueufe au vrai bonheur de jouir d'une vie modefte & tranquille, comme il étoit en leur pouvoir.

En France, pour procéder à l'interdiction d'un prodigue, il faut que celui des parens qui la provoque, préfente Requête au Juge du domicile du prodigue ; & fur l'avis des parens intervient une Sentence portant interdiction, en cas qu'il y ait des preuves fuffifantes de diffipation. Dans le doute, le Juge qui veut inftruire fa religion, doit ordonner une enquête.

Voyez Interdit. Voyez Sentence d'interdiction ; d'Argentré fur les art. 266. & 491. de la Coutume de Bretagne ; du Fail, liv. 3. chap. 142. la Rocheflavin, liv. 3. tit. 17. Arrêt 1. & 2. Dolive, liv. 4. chap. 18. Boniface, tom. 1. liv. 6. tit. 9. chap. 25. Bardet, tom. 1. liv. 4. chap. 18. & un Arrêt du 9. Février 1693. rapporté dans le Journal des Audiences.

Touchant le teftament d'un prodigue , *voyez* Cambolas , liv. 5. chap. 50. Maynard , liv. 7. chap. 19. & ce que j'ai dit fur l'art. 292. de la Coutume de Paris , glof. 1.

PRODUCTION , eft un affemblage de pieces, qui en vertu d'un appointement , fe mettent au Greffe dans un fac , & dont on fait un inventaire fous des cottes alphabétiques. Chaque alphabet eft une cotte qui contient une ou plufieurs pieces , ou emplois de pieces.

Les productions principales font celles qui contiennent les pieces fur lefquelles les premiers Juges ont rendu leur Sentence qui fait leur procès par écrit.

On ne fait point en la Cour d'inventaire de ces fortes de productions ; on les met au Greffe dans un fac telles qu'elles ont été retirées des premiers Juges.

Comme ces productions principales ne fe fignifient point , non plus que les productions qui fe font à la Grand'Chambre en vertu d'un appointement au Confeil , au lieu d'en fignifier un acte de produit , on fait feulement fignifier à la partie adverfe un acte de mis , c'eft-à-dire , un acte qui déclare & dénonce le jour qu'on a mis au Greffe la production.

Il n'y a au Parlement que les productions qui fe font en conféquence d'un appointement portant injonction , qui fe fignifient ; & le jour même que l'on a mis fa production au Greffe, on le déclare au Procureur adverfe par un acte de produit. *Voyez* Acte de produit.

Une piece ayant été produite, la partie adverfe peut s'en fervir , & en tirer des conféquences qu'il croit pouvoir contribuer au gain de fa caufe. *Voyez* Charondas , liv. 12. rép. 5.

PRODUCTION NOUVELLE , eft une production que l'on fait dans le cours d'une inftance ou procès par écrit , après que la production principale a été mife au Greffe , diftribuée à un Confeiller pour en être Rapporteur.

Ainfi , quand on a recouvré des pieces qui peuvent juftifier & appuyer notre droit, il faut préfenter une Requête de production nouvelle dans laquelle on énonce par premiere & derniere toutes les pieces que l'on produit de nouveau.

Cette Requête ne fe met point au Greffe , mais il la faut porter au rapporteur avec les pieces que l'on produit , & une fommation de fournir de contredits ; le tout enfermé dans un fac.

Au bas de cette Requête, le Rapporteur met fon ordonnance en cette forme : *Soient la Requête & pieces communiquées à partie, pour y fournir de contredits dans trois jours.*

Il faut faire fignifier & donner copie à la partie adverfe des pieces & de la Requête ; faire tranfcrire enfemble lefdites pieces , & les faire fignifier avec un acte de baillé copie. Après quoi c'eft à la partie adverfe d'y fournir des contredits.

Quand un procès eft partagé , on ne reçoit plus de production nouvelle , parce qu'alors les procédures font clofes , & que les Juges ont donné leurs voix , de forte que l'affaire eft décidée par rapport à eux. *Voyez* Louet , lettre P , fomm. 7.

PRODUIRE DES PIECES ET PAPIERS , fignifie les mettre entre les mains du Juge , pour établir la vérité d'un fait , & juftifier de fon bon droit , & ce en vertu d'un Jugement qui appointe les parties à écrire & produire.

PRODUIRE DES TEMOINS , c'eft les faire comparoir pour les faire dépofer.

PRODUIRE DES LOIX , DES AUTORITÉS , DES TEMOIGNAGES D'AUTEURS , c'eft les citer , les alléguer & les appliquer au fait ou à la queftion dont il s'agit , pour faire valoir le droit que l'on peut avoir.

PRODUIT , eft l'acte qu'on fait fignifier à fa partie , du jour qu'on met fa production au Greffe , & dont on fait mention fur l'étiquette du fac ; c'eft ce qu'on appelle autrement le jour du mis. *Voyez* Acte de produit.

PROFESSEUR , eft un Docteur Régent qui enfeigne publiquement les arts & les fciences dans les Univerfités.

PROFESSION RELIGIEUSE , eft la promeffe qu'on fait folemnellement d'obferver les trois vœux *caftitatis , paupertatis & obedientiæ* , & les Regles de l'Ordre que l'on embraffe, après les avoir éprouvées pendant le Noviciat.

L'Ordonnance de Blois , article 28. a fixé à feize ans l'âge de faire profeffion.

On n'eft point reçu à en faire preuve par témoins ; il faut un acte folemnel qui en juftifie.

Suivant les Capitulaires de Charlemagne , il étoit défendu de faire profeffion fans le confentement du Prince.

La Profeffion religieufe eft une mort civile, mais chrétienne & non infamante , qui ne donne point ouverture à la fubftitution ni au fidéicommis , fi ce n'eft dans quelques Parlemens. *Voyez* le recueil alphabétique de M. Bretonnier , *verbo* Subftitution , où il marque dans quels Parlemens la profeffion religieufe donne ouverture à la fubftitution & au fidéicommis.

Si le douaire ou l'augment de dot finit par la profeffion de la vie religieufe ? *Voyez* les Obfervations de M. Bretonnier fur le quinzieme Plaidoyé de M. Henrys.

PROFIT , défaut emportant profit , c'eft-à-dire, gain de caufe.

PROFITS FEODAUX , font les profits pécuniaires qui adviennent au Seigneur d'un fief dominant , à raifon de fa directe Seigneurie. Comme font les droits de relief ou rachat , de quint & requint , ès Coutumes où le requint eft dû.

PROHIBITION , fignifie défenfe. Sur quoi il faut remarquer que ce qui fe fait nonobftant la prohibition de la Loi , eft nul.

PROHIBITION D'ALIENER eft un empêchement qui provient de la Loi ou de la convention des Parties , ou d'une claufe appofée à une donation , ou à une difpofition de derniere volonté.

Les biens fubftitués ne peuvent être aliénés au préjudice de la fubftitution , parce que la Loi en défend l'aliénation ; ce qui eft très-jufte , d'autant que celui qui eft grevé de fubftitution , n'eft pas incommutablement propriétaire des biens qui y font fujets.

Une convention faite entre deux particuliers de

ne point aliéner un bien commun entr'eux ; eſt valable , quand elle n'eſt faite que pour donner une préférence mutuelle dans la part & portion de celui qui voudroit s'en defaire. Par exemple , ſi deux particuliers copropriétaires d'un héritage convenoient de ne point aliéner leur part ſans avertir l'autre , & ſans qu'il ait refuſé de la prendre ; ſi l'un d'eux étoit contrevenu à cette convention, l'autre ſeroit en droit d'évincer l'acquereur en le rembourſant.

Voyez Bouchel en ſa Bibliotheque , *verbo* Aliénation.

Mais la convention faite entre pluſieurs copropriétaires de ne point aliéner les biens qu'ils ont en commun pour les conſerver au ſurvivant d'eux, n'a point un effet irrévocable ; *quia hæc conventio nihil aliud eſt , quàm reciproca promiſſio de futura ſucceſſione ; quæ cùm habeat tantùm effectum ultimæ voluntatis , revocari poteſt ad extremum vitæ ſpiritum.*

Voyez Charondas , liv. 5. rép. 56.

On s'impoſe tacitement la prohibition d'aliéner , en oppoſant dans un contrat de vente la faculté de rémerer en faveur du vendeur. Une telle faculté renferme une prohibition formelle d'aliéner au préjudice de cette clauſe.

La raiſon eſt , que la vente n'eſt réputée faite , que ſous condition que l'acheteur vendant l'héritage dans le tems du rémeré , le premier vendeur ſera en droit de rentrer dedans , en rembourſant le nouvel acquéreur du prix qu'il en aura payé, ou du prix que le premier vendeur en a reçu ; & cette prohibition tacite dure trente ans , encore que le terme du rémeré fût éxpiré , à moins qu'il n'y ait une Sentence de déchéance juridiquement rendue.

La condition de ne point aliéner appoſée à une donation , empêche le donataire d'aliéner la choſe donnée ; *quia pactis ſtandum eſt.*

Voyez Charondas , liv. 7. rép. 174. & Mornac , *ad leg. 2. cod. de condict. ob cauſ. dator.*

A l'égard de la prohibition d'aliéner , faite par teſtament , quand elle eſt pure & ſimple , & qu'elle eſt conçue ſans cauſe & ſans déclaration au profit de qui elle eſt ordonnée , elle ne paſſe que pour un ſimple conſeil qui n'oblige point l'héritier , & qui lui laiſſe la liberté de faire telle diſpoſition que bon lui ſemble en faveur de qui il lui plaît.

Voyez Chopin, liv. 3. tit. 4. nomb. 14. *de moribus Andium ;* & Montholon , Arrêt 28.

Mais quand la prohibition d'aliéner eſt faite en faveur de quelqu'un dénommé dans le teſtament , elle ôte à l'héritier la faculté d'aliéner , parce qu'elle emporte un fidéicommis. Or toute prohibition d'aliéner qui tient de la ſubſtitution , doit avoir ſon effet.

Voyez Henrys, tome 1. liv. 5. chap. 4. queſt. 49. M. Louet & ſon commentateur , lettre S , ſommaire 9. M. Ricard en ſon Traité des Donations entrevifs , partie 1. chap. 3. ſect. 3.

Il en eſt de même lorſque l'inſtitution d'héritier faite avec prohibition d'aliéner contient la peine de privation de l'hérédité en cas de contra-

vention ; car cette clauſe forme un fidéicommis en faveur des deſcendans de l'héritier ; comme il a été jugé par Arrêt du dernier Juin 1677. rapporté par Boniface, tome 3. liv. 2. tit. 8. chap. 1. Et ſi le legs eſt fait à un Hôpital ou à quelque Egliſe avec clauſe de revocation du legs en cas d'aliénation , cette clauſe doit être abſolument exécutée , ſinon le legs eſt révoqué.

Voyez Albert , *verbo* Teſtament , art. 6.

Nul ne peut être contraint d'aliéner , à moins que ce ne ſoit par rapport au bien public ; *quia publica utilitas privatorum commodis eſt anteponenda.*

PROJET D'UN CRIME , accompagné de meſures priſes pour l'exécution , eſt puniſſable , quoiqu'il n'ait pas toutes les ſuites que l'on s'étoit propoſé de lui faire avoir. Ainſi quand il y a eu un complot contre quelqu'un qui diſparoit de maniere qu'on ignore ce qu'il eſt devenu , ſes proches ſont recevables à s'en plaindre.

Mais quand le projet d'un crime n'a eu aucun commencement d'exécution , ce deſſein qui n'a point été clos ne peut être pourſuivi en Juſtice , parce que les hommes ne peuvent point étendre leur empire ſur l'ame qui n'eſt ſoumiſe qu'au Tribunal de Dieu.

PROMESSE EN GENERAL , eſt un engagement de donner quelque choſe à quelqu'un , ou de faire quelque choſe pour ſon utilité.

Il y a différentes ſortes de promeſſes ; les unes obligent ceux qui les ont faites à donner quelque choſe ; les autres conſiſtent à faire ce que l'on a promis ; *aliæ conſiſtunt in dando* , comme de donner une telle ſomme , *aliæ conſiſtunt in faciendo* , comme de bâtir une maiſon pour quelqu'un. *Leg.* 74. & 75. *ff. de verb. oblig.*

Il y a des promeſſes verbales , & d'autres qui ſont rédigées par écrit ; & ces dernieres ſont ſous ſeing privé, ou paſſées pardevant Notaires.

Comme toutes ces obligations produiſent différens effets , nous allons donner une explication de chacune en particulier.

PROMESSE DE FAIRE EST BIEN DIFFERENTE DE CELLE PAR LAQUELLE ON S'ENGAGE DE DONNER. Celui qui a promis de donner quelque choſe peut être préciſément contraint à la donner ; *quia quid promiſit ſe daturum aliquid , ſi non det , manu militari capi poteſt.*

Il n'en eſt pas de même de la promeſſe de faire quelque choſe ; car ſi celui qui a promis de faire quelque choſe n'exécute pas ſa promeſſe , il ne peut pas être préciſément contraint à faire ce qu'il a promis ; *quia nemo præciſè ad faciendum cogi poteſt , ne naturalis hominum libertas infringatur :* mais il peut être condamné en tous les dommages & intérêts , de celui à qui il a manqué de parole. Or comme les dommages & intérêts ſont une choſe incertaine ; laquelle dépend des circonſtances , & ſe regle par le juge ainſi qu'il le trouve à propos , il convient à ceux à qui une telle promeſſe eſt faite d'y ajouter que ſi celui qui a promis de faire une telle choſe ne la fait pas dans un tel tems , il donnera une telle ſomme par forme de dédommagement.

PROMESSE VERBALE, n'étoit obligatoire , fuivant les Loix Romaines , que quand elle étoit revêtue de la folemnité des paroles, comme nous l'avons obfervé fur le titre 15. du troifieme Livre des Inftitutes de Juftinien : mais parmi nous , toute obligation contractée par parole eft obligatoire, & fe peut prouver par témoins, pourvû qu'elle n'excede pas la fomme de cent livres, fuivant l'article 54. de l'Ordonnance de Moulin : & l'art. 2. tit. 20. de l'Ordonnance de 1667. Il faut encore que l'obligation foit fondée fur une caufe qui foit confirmée par les Loix.

Celui qui demande l'exécution d'une telle promeffe , conclut *à ce que le défendeur foit condamné à lui payer la fomme, ou à faire la chofe qu'il lui a verbalement promife pour telle caufe ; & qu'en cas de déni , il foit permis au demandeur d'en faire preuve par témoins.*

S'il n'y a point de témoins qui puiffent rendre témoignage d'une telle promeffe, le demandeur n'a point d'autre voie que de s'en rapporter au ferment du défendeur.

PROMESSE PAR ÉCRIT SOUS SEING PRIVÉ, appellé fimple promeffe , eft celle qui n'étant pas paffée pardevant Notaires, n'eft point exécutoire & ne donnent point d'hypothéque fur les biens du débiteur. *Voyez* Simple promeffe.

PROMESSE DOIT CONTENIR LA CAUSE DE LA DETTE. *Voyez* ce que j'ai dit fur l'article 107. de la Coutume de Paris.

Nous remarquerons feulement ici, que les Arrêts ont quelquefois confirmé certains billets où la caufe n'étoit point littéralement énoncée, lorfque toutes les circonftances fuppléoient à ce défaut, & que la caufe étoit fuffifamment juftifiée ; mais ils ont rejetté ceux de la même efpéce , quand l'affaire ne préfentoit rien qui couvrit cette omiffion, & qu'on n'appercevoit aucune caufe réelle qui eût pû fervir de fondement au billet.

PROMESSE OU LE NOM DU CREANCIER EST EN BLANC eft nulle ; parce qu'il y a lieu de préfumer qu'il y a du vice dans la promeffe, & que la caufe n'en eft pas légitime. *Voyez* ce que j'ai dit fur l'art. 107. de la Coutume de Paris.

PROMESSE SOUS SEING PRIVÉ RECONNUE , *Voyez* Reconnoiffance d'écriture privée.

PROMESSES CAUSÉES POUR VALEUR REÇUE EN ARGENT, autres néanmoins que celles qui feront faites par les Banquiers , Négocians, Marchands, Manufacturiers, Artifans , Fermiers, Laboureurs, Vignerons, Manouvriers & autres de pareille qualité, font de nul effet & valeur, fi le corps du billet n'eft écrit de la main de celui qui l'aura figné, ou du moins fi la fomme portée audit billet n'eft reconnue par une approbation écrite en toutes lettres auffi de fa main; faute de quoi, le payement n'en pourra être donné en Juftice. C'eft ce que porte la Déclaration du 22. Septembre 1733. regiftrée le 14. Octobre fuivant.

PROMESSE DE VENDRE OU DE LOUER, lorfqu'elle eft indéterminée, n'eft point une vente ni une location ; attendu que le confentement des Parties contractantes ne forme ces fortes de contrats, que lorfqu'il eft précis & déterminé par rapport à la chofe & au prix. Dumoulin fur l'article 78. de la Coutume de Paris, nomb. 81. Baffet, tom. 1. liv. 4. tit. 12. chap. 1.

Et comme la promeffe de faire quelque chofe fe réfout en dommages & intérêts, lorfque celui qui a fait la promeffe de vendre ou de louer ne la veut pas tenir, il ne peut être condamné qu'aux dommages & intérêts envers l'autre partie.

Voyez Boniface, tome 2. livre 4. tit. 1. chap. 1.

Ces dommages & intérêts s'eftiment, comme en toute autre occafion, fuivant les circonftances auxquelles le Juge doit avoir égard.

La promeffe de vendre vaut vente, lorfque les trois conditions néceffaires pour former ce contrat s'y rencontrent , *nimirum res, pretium & confenfus.* Plufieurs Arrêts ont jugé que lorfque les parties étoient convenues de la chofe vendue & du prix , c'étoit un véritable contrat de vente ; & qu'une telle promeffe ne devoit être confidérée que par rapport à la maniere & à la forme de le rédiger par écrit, pour fervir de preuve que le contrat a été paffé, & pour l'hypothéque & l'exécution parée qui réfulte desactesquifontpafféspardevantNotaires.*Voyez*Henrys , tome 1. livre 4. chapitre 6. queftion 40. *Voyez* auffi Bardet, tome 1. livre 2. chapitre 31. & 100.

Mais il faut toujours que la promeffe de vendre ou de louer ait été faite par écrit ; car une telle promeffe ne feroit pas recevable à être prouvée par témoins. Papon, liv. 9. tit. 11. nomb. 2.

Mais quand elle eft par écrit, même fous feing privé, elle oblige de paffer le contrat. Ainfi jugé par Arrêt du 28 Mai 1658. rapporté dans le Journal des Audiences ; & par un autre Arrêt du trois Décembre 1680. qui a condamné le fieur Abbé Tallement à renouveller le bail à fon ancien Fermier, fur le fondement de ce que lui avoit écrit ledit fieur Abbé, qu'il acceptoit les conditions que ce Fermier lui avoit fait faire par fon fils , au fujet de ce renouvellement de Bail. *Voyez* M. Brillon , verbo Bail, nomb. 16.

Par un autre Arrêt du 19. Juillet 1697. rapporté dans le Journal des Audiences , il a été jugé que les propofitions contenues & fignées pour la vente d'une terre très-confidérable , ont été jugées obligatoires.

La promeffe de vendre une maifon ne peut être éludée par l'acheteur, fous prétexte qu'elle eft chargée de trois douaires, & que l'éviction eft imminente , le vendeur offrant de donner caution. Bardet, tom. 1. liv. 2. chap. 100.

PROMESSE DE DONNER OU D'INSTITUER , FAITE PAR CONTRAT DE MARIAGE : vaut donation ou inftitution, même en pays coutumier, où toute inftitution d'héritier faite par teftament eft nulle quant à l'effet de faire un héritier. La raifon eft , que la faveur des contrats de mariage les rend fufceptibles de toutes fortes de claufes qui ne font point contraires au droit public, ni aux bonnes mœurs.

Le caractere effentiel de l'inftitution d'héritier par contrat de mariage , eft d'être irrévocable ; mais elle n'a fon effet que fur la fucceffion en l'état qu'elle fe trouvera au jour du décès de celui qui a fait l'inftitution : ainfi, quoiqu'elle foit irrévocable elle ne lui lie pas absolument les mains, & ne l'empêche de vendre, aliéner, même donner entre-vifs, quelque portion de ses biens, pourvû que la donation ou autre disposition soit modique, & non universelle, & qu'elle ne soit pas faite en fraude de la promesse de donner ou d'instituer faite par contrat de mariage.

Celui qui a fait une semblable promesse, ne peut donc disposer de la totalité de ses biens, principalement si celui auquel la promesse a été faite, a fait insinuer son contrat de mariage; parce que l'acquéreur & tous créanciers postérieurs étant suffisamment avertis par l'insinuation, leurs contrats ne peuvent donner atteinte à la promesse de donner ou d'instituer faite antérieurement. Le donateur est censé s'être dépouillé de ses biens, dès le tems que le contrat de mariage a été fait, & ne s'en être réservé que l'usufruit, lequel doit finir au moment de sa mort.

Il n'a plus par conséquent la liberté d'en disposer, du moins par des dispositions universelles; mais il peut sur-tout par des actes entre-vifs, en disposer en bon pere de famille & sans fraude, c'est-à-dire, en vendant quelque partie modique de ses biens, si la nécessité de ses affaires le requiert; & même en faire quelques libéralités particulieres & très-modiques, dans les cas où l'on s'y trouve engagé par honneur.

Alors, quoique l'institué ait fait insinuer son contrat de mariage, l'insinuation ne portera aucun préjudice aux acquéreurs & aux créanciers postérieurs; car toute l'obligation qu'il contracte en faisant une telle institution, est de garder sa succession, & de ne pouvoir en faire une autre, ni disposer entre-vifs d'une partie excessive de ses biens à son préjudice.

Voyez M. Dumoulin sur l'art. 12. de la Coutume de Nevers, titre des Donations. *Voyez* aussi le Traité des Institutions contractuelles de M. Lauriere, tom. 1. pag. 98. nomb. 26.

PROMESSE DE PASSER UNE LETTRE DE CHANGE est obligatoire & vaut Lettre de Change; de sorte que celui qui a fait une telle promesse, peut être contraint par celui au profit de qui il l'a faite, de l'accomplir, & même par corps.

PROMESSE DE PASSER UN CONTRAT DE CONSTITUTION est une promesse sous seing privé de passer un contrat de constitution, à la volonté de celui de qui on a reçu un sort principal, & cependant d'en payer l'intérêt.

Cette promesse ne differe point du contrat de constitution passé pardevant Notaires, qu'en ce qu'elle n'emporte point hypotheque, & n'est point exécutoire jusqu'à ce qu'elle soit reconnue en Justice ou pardevant Notaires.

PROMESSE DE PAYER UNE SOMME, OU D'EN PASSER CONTRAT DE CONSTITUTION, donne à celui qui a fait une telle promesse le choix de payer la somme, ou d'en passer contrat de constitution, sur le fondement que l'on interprete toujours la clause d'une obligation en faveur du débiteur & de sa libération.

PROMESSE DE FAIRE RATIFIER UN AC-TE PAR QUELQU'UN. *Voyez* Ratification.

PROMESSE DE FOURNIR ET FAIRE VALOIR. *Voyez* ci-dessus Garantie. *Voyez* aussi fournir & faire valoir.

PROMESSE DE MARIAGE, est une promesse réciproque entre un homme & une femme de se marier ensemble : cette promesse se peut faire pardevant Notaires ou sous seing privé, mais elle ne peut pas être prouvée par témoins.

Ces sortes de promesses doivent être faites entre personnes capables de se marier : elles doivent être réciproques & doubles entre les parties, quand il n'y a point de minute. Le Juge d'Eglise est seul compétent pour connoître de la validité de ces promesses. *Voyez* Mariage.

Ainsi, quand il y a promesse de mariage verbale ou par écrit, il faut aller pardevant l'official pour la résoudre, lequel condamne ordinairement celui qui ne veut pas accomplir la promesse de mariage qu'il a faite, à une aumône & aux dépens de la cause; & pour les dommages & intérêts, il renvoye pardevant le Juge qui en doit connoître, c'est-à-dire, le Juge royal. Il n'y a point de distinction à cet égard entre une simple promesse de mariage & un contrat de mariage, ni entre une fille sage & une fille débauchée, de quelque nature que soit l'acte, & de quelque qualité que soit la fille : il faut toujours aller pardevant l'Official pour faire résoudre les promesses de mariage; mais il y en a beaucoup pour les dommages & intérêts, qui sont bien plus considérables quand la fille est de bonnes mœurs, & qu'elle s'est laissée séduire sur la foi d'un contrat de mariage.

Comme la volonté doit être moins forcée dans le mariage que dans toute autre action de la vie, puisqu'elle est la plus importante, c'est avec beaucoup de raison qu'il est loisible de révoquer des promesses de mariages faites même par contrat public, jusqu'à ce que la célébration du mariage soit faite en face de l'Eglise. Bardet, tome 2. liv. 6. chap. 15. rapporte un Arrêt du 9. Juin 1637. qui l'a jugé ainsi.

Si l'Official en connoît, ce n'est pas pour en ordonner l'exécuton, mais pour les déclarer nulles si elles ont été extorquées, ou pour condamner en l'aumône & aux dépens de celui qui n'est pas dans la volonté de les exécuter. Au cas qu'il y ait une fausse promesse, le faux s'instruit, & il déclare la promesse fausse & supposée, sauf à se pourvoir pardevant le Juge compétent sur le crime de faux & pour les dommages & intérêts. *Voyez* le Recueil de Decombes, Greffier de l'Officialité de Paris, chap. 1.

Bardet, tome 2. liv. 7. chap. 26. rapporte un Arrêt du premier Juin 1638. qui a jugé que l'Official commet abus, quand il contraint, par censures ecclésiastiques, d'accomplir & exécuter des promesses de mariage.

On ne peut donc être contraint par aucune voie d'exécuter une promesse de mariage : elle ne donne lieu qu'à une condamnation de dommages & intérêts contre le garçon qui est refusant de l'exécuter sans juste cause.

A l'égard de la fille, quand elle eft refufante fans caufe d'exécuter une promeffe de mariage, on ne la condamne pas régulièrement en des dommages & intérêts ; on ne la condamne qu'à rendre & reftituer au garçon les préfens qu'elle en a reçus en contemplation du futur mariage qu'elle eft refufante d'accomplir. *Voyez* M. le Prêtre tom. 1. cent. 3. chap. 33. & 34.

Ces fortes de condamnation ne regardent que le temporel, & par conféquent ne peuvent être prononcées que par le Juge féculier, & non par le Juge d'Eglife, qui ne peut connoître que de la validité ou invalidité de la célébration du mariage, encore faut-il que ce ne foit pas en conféquence d'un appel comme d'abus qui en auroit été interjetté ; car il n'y a que le Parlement qui en puiffe connoitre.

Ecclefiaftico Judici de fœdere matrimonii cognofcere licet ; fed de damnis & eo quod inter eft pronunciare non permittitur. Ann. Robertus , lib. 3. rer. judicata, cap. 5.

De ce que notre volonté doit être moins forcée dans le mariage que dans toute autre action de notre vie, il s'enfuit que régulièrement les peines appofées dans les promeffes, articles ou traités de mariage, ne font pas fuivies à la rigueur ; & que le Juge, fans y avoir égard, condamne celui qui refufe d'accomplir fa promeffe, à tels dommages & intérêts qu'il Juge à propos. M. Louet, lettre M, fomm. 24. Expilly, Arrêt 134.

Mais quand la promeffe n'eft point faite fous une claufe pénale, & qu'on a feulement promis d'époufer dans un tel tems, fi non, en cas de dédit, de payer une telle fomme, une telle promeffe eft valable. *Voyez* M. le Prêtre, cent. 1. chap. 68.

Touchant les dommages & intérêts faute d'accompliffement de mariage promis. *Voyez* Papon, liv. 1. tit. 4. Filleau, part. 4. queftions 143. & 145. Chenu, cent. 2. queftions 45. 47. & 48. Bardet, tom. 2. liv. 8. chap. 15. M. Louet & fon Commentateur, lettre M, fomm. 24. le Dictionnaire de M. Brillon, tom. 2. *verbo* Dommage, pag. 193. M. le Prêtre, cent. 4. chap. 94. Soefve, tome 1. cent. 4. chap. 94. tom. 2. cent. 1. chap. 54. centurie 3. chap. 12. centurie 4. chap. 80. le Journal des Audiences, tom. 2. liv. 2. chap. 31. & liv. 6. chap. 23. tom. 5. liv. 5. chap. 35. & ce que j'ai dit lettre P, en parlant du préfent de Nôces ; & lettre S, en parlant de la ftipulation de peine faute d'époufer la perfonne que l'on avoit promis d'époufer.

PROMESSE DE MARIAGE ENTRE UN GARÇON ET UNE FILLE, SUIVIE DE COHABITATION ET DE GROSSESSE, n'a point aujourd'hui d'autre effet au cas que le garçon foit réfufant d'accomplir cette promeffe, que de le faire condamner aux frais de gefine, à être chargé de l'enfant jufqu'à ce qu'il foit en état de gagner fa vie, & aux dommages & intérêts envers la mere, qui font plus ou moins confidérables, felon les circonftances & la qualité des parties ; comme nous l'avons dit, lettre C, en parlant de la cohabitation avec une fille, fous l'appas d'une promeffe de mariage ; & lettre G, *verbo* Groffeffe.

PROMESSE DE MARIAGE PAR PAROLES DE PRESENT, eft une promeffe réciproque, par laquelle deux perfonnes, fur le refus fait par l'Evêque ou par le Curé de leur conférer le Sacrement de mariage, déclarent qu'ils fe prennent pour mari & femme.

Ces promeffes font aujourd'hui entiérement nulles ; & il a été par plufieurs Arrêts de réglemens, défendu aux Notaires d'en recevoir, fous peine d'interdiction. Si elles étoient reçues, ce feroit admettre les fiançailles de préfent, qui font abfolument défendues parmi nous. *Voyez* l'Ordonnance de Blois, art. 44.

PROMESSE DE PAYER UNE SOMME QUAND ON SERA PRESTRE, MORT OU MARIÉ. Plufieurs prétendent que ces fortes de promeffes font nulles. *Voyez* M. Charles Dumoulin dans fon Traité des Ufures ; & M. le Prêtre, cent. 4. queft. 19.

Cependant je crois qu'une telle promeffe faite par un majeur, peut valoir ; & qu'en ce cas le Juge doit fe déterminer par les circonftances, en examinant, I°. la caufe de l'obligation ; II°. à quoi fe monte ce à quoi s'eft obligé celui qui a fait une telle promeffe ; III°. la qualité des perfonnes entre lefquelles une telle convention a été faite. *Voyez* Baffet, tom. 2. liv. 4. tit. 1. chapitre 3. Duperier tome 2. page 417. Belordeau, lettre G, art. 1. à la fin ; Maynard, liv. 1. chap. 67. la Bibliotheque de Bouchel du Droit François, lettre P, *verbo* Prêtre, &c. la Rocheflavin, liv. 6. tit 69.

PROMOTEUR, eft un Eccléfiaftique, qui eft la partie civile dans la Jurifdiction eccléfiaftique ; de forte que c'eft lui qui requiert pour l'intérêt public, comme le Procureur du Roi dans les Cours laïques ; & c'eft à lui qu'appartient le droit de faire informer d'office contre les Eccléfiaftiques qui font en faute, & auffi de maintenir la difcipline eccléfiaftique.

Un Promoteur doit, fur-tout en fait de pourfuite criminelle, agir avec beaucoup de prudence, & ne rien faire de fon chef, fans être bien certain de ce qu'il avance ; car un Promoteur qui intente une accufation capitale fans délateur, s'il fuccombe, eft condamné en fon nom, foit en réparation, foit en dommages & intérêts, felon que par les circonftances le Juge l'eftime le plus convenable.

Les Promoteurs des Officialités ne peuvent obtenir de condamnation de dépens, ni de rembourfement des frais néceffaires pour l'inftruction des procès, foit pour les dépens ou frais de leurs officialités en première inftance, foit pour leurs frais dans les Officialités fupérieures en caufe d'appel. Ainfi jugé par Arrêts des 7. Septembre 1697. & 6. Février 1700. Ce dernier eft rapporté par M. Augeard, tom. 2. chap. 46.

PRONONCER, fignifie décider avec autorité.

PRONONCIATION DES JUGEMENS, eft la déclaration qui eft faite publiquement & à haute voix par le Juge, l'Audience tenante, de ce qui a été décidé dans une caufe. Dans un Jugement rendu à l'Audience, il n'y a que deux parties ; fçavoir, les qualités, & le *prononcé* ou difpofitif. Dans un Jugement rendu par écrit, il y a les qualités, le vû & le difpofitif. On ne dit point dans ceux-ci le prononcé, parce qu'ils ne fe prononcent point.

La formule du prononcé ou difpofitif eft différente, fuivant les Cours & Jurifdictions.

Les Juges Royaux, même les Préfidiaux, fur l'appel, doivent prononcer qu'il a été bien ou mal jugé : & ils ne peuvent point dire, l'appellation & ce dont eft appel au néant, parce qu'il n'appartient qu'aux Cours fouveraines de prononcer ainfi.

Les Préfidiaux jugeant en dernier reffort & fans appel, ne peuvent prononcer fouverainement ou par Jugement fouverain, mais feulement par Jugement dernier ou Préfidial.

En appellation verbale, la Cour prononce fur un congé, l'appellant déchu de l'appel, & condamné en l'amende & aux dépens. Et fur un défaut, elle prononce : déchu du profit de la Sentence, condamné aux dépens, tant de la caufe principale, que de l'appel.

Quand l'appellation eft verbale, & que la Cour infirme toute la Sentence, elle prononce, l'appellation & ce dont eft l'appel au néant.

Lorfqu'elle infirme feulement un chef, elle ajoute, émendant quant à ce : néanmoins la Cour ne laiffe pas d'ajouter quelquefois ce terme quand elle infirme toute la Sentence ; car l'émandant fe dit à l'égard de ce qu'elle infirme : ainfi, quand de plufieurs chefs elle n'en infirme qu'un, elle dit : l'appellation & ce, en ce que, &c. l'émandant, &c. La Sentence au réfidu fortiffant effet.

En appellation interjettée d'une Sentence fur production des parties, ou en procès par écrit, la Cour prononce : l'appellation & Sentence dont eft appel au néant. Et c'eft une différence à remarquer entre les prononciations de la Cour en appellations verbales, & en appellations de procès par écrit ; car en appellation verbale, la Cour ne dit pas : l'appellation & Sentence, &c. Elle ne dit pas auffi ordinairement en appellation d'une Sentence rendue fur production des parties, l'appellation & ce dont eft appel au néant.

En appellation de Sentence rendue en procès par écrit, quand il n'y a point de griefs, la Cour dit : mal & fans griefs appellé, l'appellant condamné à l'amende & aux dépens.

En appellation comme d'abus, quand l'intimé gagne fa caufe, la Cour prononce qu'il n'y a abus ; ou bien, l'appellant non recevable condamné en l'amende & aux dépens. Lorfque l'appellant gagne fa caufe, la Cour prononce : mal & abufivement jugé, & ordonne, &c.

Quand la Cour prononce hors de Cour & de procès, cela fignifie qu'elle juge le demandeur déchu de fa requête ou de fa demande, fans le condamner aux dépens, parce qu'il auroit cru être bien fondé. Par exemple, fi l'héritier d'un défunt fait demande de plufieurs fommes à un particulier, & qu'une d'icelles eût été payée au défunt, dont le demandeur n'auroit point de connoiffance, la Cour, fur la demande de cette fomme, mettroit les Parties hors de Cour & de procès.

PROPOSITION D'ERREUR, étoit autrefois un moyen pour faire retracter un Arrêt, quand il avoit

été rendu fur une erreur de fait, foit que le Juge eût erré par hazard, ou faute d'inftruction. Dans l'un & l'autre cas, la Partie qui avoit perdu fon procès, fe pourvoyoit par Lettres ou par Requête : à fin de révifion de procès.

Mais l'Ordonnance de 1667. a abrogé les propofitions d'erreur, art. 62. du tit. 35. Sur quoi il faut remarquer qu'il y a deux fortes d'erreurs ; fçavoir, l'erreur de droit & l'erreur de fait.

L'erreur de droit n'eft pas aujourd'hui propofable contre un Arrêt, & ne l'a même jamais été, parce qu'on ne peut pas préfumer qu'une Cour fouveraine péche par ignorance du Droit & des Ordonnances. Si néanmoins il y avoit une contravention évidente à la difpofition de l'Ordonnance & de la Coutume, pour lors on fe pourroit pourvoir en caffation d'Arrêt au Confeil privé du Roi.

L'erreur de fait ne peut plus fe propofer aujourd'hui que par Requête civile, fous prétexte du dol perfonnel, procédant du fait de celui qui a obtenu gain de caufe.

Mais quand l'erreur de fait procède de la faute de celui qui a fuccombé, pour n'avoir pas bien expliqué le fait fur lequel fon droit étoit fondé, comme il ne peut rien imputer à la Partie adverfe, il n'a pas d'autre voie que celle de fe pourvoir en caffation, ou pour faire caffer l'Arrêt, ou pour faire convertir ce moyen d'erreur en moyen de Requête civile.

PROPRE FAIT. On ne peut revenir contre fon propre fait. Cet axiome, nemo contra proprium factum venire poteft, eft le fondement de plufieurs Loix.

PROPRES EN PAYS COUTUMIER, font les immeubles qui nous font échus par fucceffion en ligne directe ou collatérale, ou par donation en ligne directe ; & ces immeubles qui font ainfi appellés, font oppofés à ceux que l'on nomme acquêts.

Il y a plufieurs différences entre les propres & les acquêts, que nous avons rapportées verbo Acquêts.

Une des principales eft, qu'un homme peut bien difpofer par teftament de tous fes acquêts ; mais il ne peut difpofer par derniere volonté que d'une certaine portion de fes propres ; fçavoir, du quint dans la Coutume de Paris, & dans la plûpart des autres Coutumes. Voyez ce que j'ai dit fur les art. 272. & 295. de la Coutume de Paris.

De plus, quand un homme décede ab inteftat, c'eft toujours fon plus proche héritier qui fuccede aux acquêts ; mais à l'égard de fes propres, ils appartiennent à fes parens de la ligne d'où ils procédent, fuivant la regle paterna paternis, materna maternis.

Le Droit Romain ne met point de différence entre les propres & les acquêts ; enforte que, fuivant les Loix Romaines, un homme peut difpofer par teftament de tous fes biens, fans diftinction de propres ou d'acquêts ; & les parens les plus proches fuccedent ab inteftat de tous fes biens, fans aucune diftinction.

Mais en pays coutumier, on diftingue entre les propres & les acquêts ; & cette diftinction a été introduite par nos Coutumes, pour que les immeubles ne fortent point des familles autant qu'il eft poffible poſſible, & pour faire retourner les propres à la ligne d'où ils procedent : c'eſt pourquoi elles ne permettent pas de diſpoſer de la totalité par diſpoſition à cauſe de mort.

On ne ſçait pas trop quelle eſt la premiere origine de cette diſtinction de propres & d'acquêts ; mais on tient qu'elle vient d'une des plus anciennes Loix des Gaulois. Quoiqu'il en ſoit, elle eſt fondée ſur le principe d'équité, qui inſpire aux hommes de conſerver & d'affecter à leur famille les biens qu'ils ont reçu de leur pere & mere, & de les tranſmettre à ceux qui ſont de la ſouche d'où ils ſont ſortis.

Il eſt certain que les immeubles ſont acquêts avant que de recevoir la qualité de propres, par la raiſon qu'il faut que l'héritage ait été acquis par quelqu'un de la famille, avant qu'il devienne propre : c'eſt pourquoi dans le doute, ſi l'on ne peut pas prouver par titre qu'un héritage eſt propre, il eſt réputé acquêt. Dumoulin, *concilio* 63 ; Bacquet, Traité des Droits de Deſhérence, chap. 4. nomb. 16.

Les rentes conſtituées paſſent, en pays coutumier, pour de véritables immeubles ; c'eſt pourquoi elles peuvent devenir propres, non ſeulement de ſucceſſion, mais encore de diſpoſition.

Les Offices venaux ſont aujourd'hui mis au nombre des immeubles, & par conſéquent peuvent acquérir la qualité de propres ; mais ils ne peuvent être que des propres de ſucceſſion, & non pas des propres de diſpoſition. Ainſi le titulaire d'un Office venal peut en diſpoſer par teſtament, & n'eſt point obligé d'en laiſſer les quatre quints à ſon héritier des propres.

Le droit annuel que paye l'Officier, ne lui conſerve pas ſeulement ſon Office ; mais il eſt regardé comme un droit en vertu duquel il en fait, pour ainſi dire, l'acquiſition, en le préſervant de tomber aux Parties caſuelles ; c'eſt ce qui fait que l'Office eſt toujours réputé acquêt en la perſonne du titulaire, quand à la diſpoſition.

Cependant cette Juriſprudence a changé, il a été jugé par pluſieurs Arrêts rendus au Parlement de Paris, aue les Offices venus par ſucceſſion, étoient de véritables propres de diſpoſition, & qu'on n'en pouvoit pas diſpoſer au-delà du quint par teſtament. Il en a été rendu un en la Seconde Chambres des Enquêtes le 9. Juillet 1693. & un autre rendu en la Grand'Chambre le 9. Juillet 1709. *Voyez* un Mémoire qui a été fait à ce ſujet, ſur lequel a été rendu ce dernier Arrêt. Ce mémoire eſt rapporté par M. Brillon, tom. 4. *verbo* Office, nomb. 88.

Voilà les principes généraux qui concernent cette matiere, qui a fait naître une infinité de queſtions très-difficiles. Comme nous ne pouvons pas ici les rapporter toutes, il ſuffira d'indiquer les ſources d'où l'on en peut tirer l'explication.

J'en ai parlé amplement ſur l'article 326. de la Coutume de Paris, & dans le préſent Livre, *verbo* Eſtoc, *verbo* Côté & ligne ; & lettre P. en parlant de la regle *paterna paternis*, lettre C, *verbo* Coutumes ſoucheres, Coutumes d'eſtoc & ligne. *Voyez*

Tome II.

auſſi le Traité des propres de M. Renuſſon, celui des Succeſſions de M. le Brun, liv. 2. chap. 1. & ſuiv. & le Traité de la Repréſentation de M. Guiné.

Les propres ſe diviſent, I°. En propres anciens, & en propres naiſſans. II°. En propres paternels, & en propres maternels. III°. En propres véritables, & en propres fictifs. IV. En propres de ſucceſſion ſeulement, & en propres de diſpoſition.

PROPRE ANCIEN, eſt un immeuble qui nous vient de nos ancêtres, & qui nous eſt échu après avoir fait ſouche en la directe ; c'eſt-à-dire, qui nous vient de notre aïeul, biſaïeul, triſaïeul ou autre aſcendant.

Ces propres ſont ainſi appellés, *quaſi prædia à noſtris majoribus præfecta*. Ainſi, pour qu'un héritage fût un propre ancien en ma perſonne, il ne ſuffiroit pas que mon pere l'eût acquis à titre d'achat, & qu'il me fût enſuite échu à titre de donation ou de ſucceſſion de ſa part ; mais il faudroit que mon pere l'eût poſſédé à titre de ſucceſſion en ligne directe ou collatérale, ou à titre de donation en ligne directe.

PROPRE NAISSANT, eſt un immeuble qui étoit acquêt dans la perſonne de celui de qui nous le tenons à titre de ſucceſſion en ligne directe ou collatérale, ou à titre de donation en ligne directe.

Ainſi l'héritage acquis par mon pere, & qui m'eſt échu par ſa ſucceſſion, ou qu'il m'a donné en avancement d'hoirie, m'eſt un propre naiſſant, lequel commence à faire ſouche en ma perſonne ; & s'il échet à mon fils, il ſera à ſon égard un propre ancien.

Il faut dire auſſi que ſi mon frere, après avoir acquis un héritage, décede ſans enfans, & que je lui ſuccede, cet héritage ſera propre naiſſant en ma perſonne, & il deviendra propre ancien en celle de mes enfans, lorſqu'il leur ſera échu par ma ſucceſſion.

PROPRES PATERNELS, ſont ceux qui viennent du côté du pere ; les propres maternels ſont ceux qui ſont échus du côté de la mere.

Suivant la regle *paterna paternis*, *materna maternis*, le plus proche héritier du côté paternel ſuccede aux propres paternels, & le plus proche du côté maternel ſuccede aux propres maternels.

Les héritages qui ont fait ſouche en la perſonne du défunt, affectent donc la ligne d'où ils lui ſont échus, appartiennent aux héritiers de cette ligne, à l'excluſion des héritiers de l'autre ligne, quoiqu'ils ſoient plus proches parens du défunt. Ainſi un propre maternel échu à un enfant, doit appartenir après ſa mort à ſes couſins maternels, préférablement à ſes freres conſanguins, qui ne lui ſont parens que du côté paternel. *Voyez* ce que j'ai dit ſous ces mots *paterna paternis*, *materna maternis*.

PROPRES VERITABLES, ſont des immeubles qui nous ſont échûs par ſucceſſion en ligne directe ou collatérale, ou par donation en ligne directe, comme nous avons dit ci-deſſus.

Les héritages ayant fait ſouche en la perſonne du défunt, ſont de véritables propres, & affectent la ligne d'où ils ſont échus, à l'excluſion des héritiers des meubles & acquêts, quoique plus proches parens du défunt, comme nous venons de dire en parlant des propres paternels.

E e e

PROPRES FICTIFS, font des fommes de deniers, ou des immeubles qui n'ont pas la qualité des propres ; mais qui l'ont par fiction , fuivant la volonté de l'homme , ou par la convention des Parties.

Par exemple , un teftateur légue un héritage à quelqu'un qui ne lui eft point parent , à condition qu'il demeurera propre au légataire & aux fiens de fon côté & ligne. Cet héritage devient par fiction un propre en fa perfonne , mais feulement un propre de fucceffion ; en forte qu'à la mort du légataire il appartiendra à l'héritier des propres : mais ce n'eft pas un propre de difpofition , c'eft-à-dire , que cette claufe oppofée aux legs n'empêche pas que le légataire ne puiffe difpofer de la totalité par teftament.

Les propres conventionnels font auffi des propres par fiction , lorfque des fommes de deniers font ftipulées propres : ce qui fe pratique dans beaucoup de contrats de mariage.

Par exemple , une femme apporte en mariage la fomme de foixante mille livres en effets mobiliers ; pour que toute la dot ne tombe pas en communauté , elle ftipule par le contrat de mariage que le tiers feulement entrera en communauté , & que les deux autres tiers demeureront propres à la future époufe.

Souvent même on ftipule qu'ils demeureront propres à la future époufe & aux fiens, c'eft-à-dire , à fes enfans.

Enfin quelquefois cette ftipulation eft étendue plus loin : & alors on met qu'ils demeureront propres à la future époufe , & aux fiens de fon côté & ligne.

Non-feulement ces fortes de ftipulations de propres ont lieu en faveur de la future époufe , mais auffi en faveur du futur époux, fans aucune diftinction entre celui qui fe dote de fuo , & celui que l'on dote. Ainfi par Arrêt du 17. Avril 1703. rendu en la Grand'Chambre , il a été jugé qu'un majeur qui fe dote de fon propre bien , peut ftipuler dans fon contrat de mariage qu'une fomme mobiliaire demeurera propre à lui , & aux fiens de fon côté & ligne. Voyez M. Augeard , tom. r. chap. 29.

Touchant les différens effets des claufes qui font des propres conventionnels ; voyez ftipulation de propres.

Une obfervation qu'il convient de faire , c'eft que tous les propres qui ne font tels que par fiction , reprennent leur premiere qualité fitôt qu'ils ont eu l'effet que pouvoit produire l'acte qui les faifoit propres ; & qu'ainfi la fiction finie, ils ceffent à l'inftant d'avoir cette qualité.

PROPRES DE COMMUNAUTÉ , font tous les biens qui appartiennent aux conjoints par mariage , & qui n'entrent point dans la communauté conjugale. Ces propres , de quelque nature qu'ils foient , font oppofés aux biens communs entre les conjoints.

Ils ne font pas de véritables propres , ce n'eft qu'improprement qu'on leur en donne le nom ; car les propres font les immeubles qui nous font échus par fucceffion en ligne directe ou collatérale , ou par donation en ligne directe.

Par l'art. 220. de la Coutume de Paris , tous les meubles qui appartiennent aux conjoints, & les immeubles par eux acquis pendant le mariage, font communs entr'eux.

Les acquêts immeubles , faits auparavant le mariage font donc propres de communauté : & même tout ce qui ne tombe pas dans la communauté , par une convention & ftipulation expreffe, font des propres de communauté , comme les legs & donations faites en ligne directe ou collatérale à l'un des conjoints , quand ils ont ftipulé par leur contrat de mariage , que tout ce qui leur feroit échu & avenu à titre de legs , de donation, de fucceffion leur feroit propre.

Il faut dire auffi que fans ftipulation , tout ce qui eft donné ou légué à l'un des conjoints , à la charge qui lui fera propre , eft un propre de communauté.

Ces propres font tellement propres aux conjoints , que fi pendant le mariage l'aliénation en étoit faite le remploi en feroit dû , & les deniers de l'aliénation repris hors part & fans confufion fur les biens de la communauté , par celui auquel ils étoient propres.

Ces propres , qui font ainfi appellés parce qu'ils n'entrent point dans la communauté des conjoints , ne font pas des véritables propres , & ils reprennent leur premiere nature après la mort du prédécédé des conjoints ; de forte que dans la fucceffion de celui à qui ils font retournés en entier , ils n'affectent point de ligne ; & ceffant d'avoir été ftipulés comme des propres , ils appartiennent à l'héritier des meubles & acquêts.

C'eft ce qui a été jugé par plufieurs Arrêts , & entr'autres par un rendu en la Grand'Chambre le 4. Juillet 1713. dans l'efpece fuivante. Un pere donne en dot fix mille livres à fa fille , tant pour fes droits maternels échus , que pour les droits paternels à échoir : avec ftipulation que la fomme donnée feroit propre à la future époufe , & aux fiens de fon côté & ligne. La fille décede laiffant un enfant qui décede, dans la fuite. On prétendoit que l'aïeul ne pouvoit pas fuccéder à la dot de fa fille , attendu que les deniers avoient été ftipulés propres, & que les propres ne remontent point. Cependant la dot lui fut adjugée par le fufdit Arrêt , parce que cette claufe ne pouvoit avoir d'effet que contre le mari ; & qu'ainfi entre différens héritiers de la femme ou des enfans , le mari étant exclus en vertu de cette claufe, la fiction ceffoit entièrement.

Touchant les propres de communauté , voyez M. le Brun en fon Traité de la Communauté , liv. 1. chap. 2. fect. 1. & ce que j'ai dit fur l'art. 246. de la Coutume de Paris.

PROPRES DE DISPOSITION TESTAMENTAIRE, font ceux dont il n'eft permis de difpofer par teftament que du quint , comme font les immeubles qui nous font échus par fucceffion tant en ligne directe qu'en ligne collatérale , ou à titre de donation en ligne directe.

Les propres au contraire qui ne le font que de fucceffion & non pas de difpofition teftamentaire , font ceux dont on peut difpofer pour le tout par derniere volonté ; mais qui dans la fucceffion de ce-lui qui les poffede font confidérés comme propres, & appartiennent à l'héritier des propres, lorfque le défunt à qui ils appartenoient n'en a pas difpofé par teftament ou par acte de derniere volonté.

Par exemple, un teftateur legue à quelqu'un qui ne lui eft point parent un héritage, à condition qu'il demeurera propre au légataire, & à fiens de fon côté & ligne : cet héritage eft par fiction un propre, mais de fucceffion feulement, & non pas un propre de difpofition, comme nous avons dit ci-deffus, en parlant des Propres fictifs.

En un mot tous les propres par fiction ne font propres que de fucceffion, & non pas de difpofi-tion ; de forte que ni la volonté d'un teftateur, ni la convention des Parties, ne peut jamais, en fai-fant un propre, lier les mains de celui à qui la chofe doit appartenir, & l'empêcher d'en pouvoir difpo-fer par teftament.

Les deniers ftipulés propres dans un contrat de mariage, appartiennent donc à l'héritier des pro-pres, à l'exclufion de l'héritier des meubles : cepen-dant on en peut difpofer par teftament, parce que ce ne font que des propres de fucceffion, & non pas des propres de difpofitions. Ainfi la convention appofée à un contrat de mariage, que la chofe de-meurera propre à la future époufe, & aux fiens de fon côté & ligne, ne lie point les mains à l'effet de n'en pouvoir difpofer par teftament.

P R O P R E S APPARTENANS A UN MINEUR, s'ils font aliénés, même pour caufe néceffaire, doivent être dans leurs fucceffions remplacés par le prix, au cas qu'ils viennent à décéder pendant leur mino-rité ; & par conféquent ce prix appartient à l'héritier des propres.

Par exemple, fi les rentes que le pere à laiffées à fon fils mineur font rachetées, ou fi l'Office du pere a été vendu, ce fils venant à mourir avant que d'être parvenu à fa majorité, fa mere n'aura pas le prix de ces rentes, ni celui de l'Office, comme faifant partie de la fucceffion mobiliaire de fon fils ; mais ce prix appartiendra à fes héritiers des propres pa-ternels.

PROPRES NE REMONTENT POINT ; c'eft-à-dire, qu'en pays coutumier les afcendans ne fuccedent à leurs defcendans, que dans les meubles, acquêts & conquêts, immeubles, non dans les propres.

Ainfi en fucceffion directe, propre héritage ne remonte point, & n'y fuccedent les pere & mere, aïeul ou aïeule, fuivant l'article 312. de la Coutu-me de Paris : d'où il s'enfuit que cette maxime n'a point lieu en ligne collatérale, & que dans cette ligne les propres remontent ; de forte qu'il n'y a que les proches parens du côté & ligne qui y fuccedent.

Cette maxime s'eft introduite dans nos Coutumes pour la ligne directe, afin que les immeubles qui ont fait fouche, & qui viennent de la ligne collatérale, foient confervés à la famille de celui en la perfonne de qui ils ont fait fouche, en les empêchant de fortir de la ligne, en les laiffant à ceux du côté & ligne d'où ils font venus ; & cela fe rapporte à la regle *paterna paternis, materna maternis*, laquelle fuffit

pour l'une & l'autre ligne, & fait voir que les propres d'une ligne ne peuvent point appartenir aux defcendans d'une autre ligne.

Il n'en eft pas de même des immeubles qui pro-viennent de la libéralité de quelqu'un des afcen-dans ; car quoique ces héritages ayent été faits propres en la perfonne des enfans donataires, les afcendans qui les ont donnés, fuccedent à ces fortes de biens, lorfque leurs enfans donataires décedent fans enfans, fuivant l'article 313. de la Coutume de Paris.

M. Charles Dumoulin, fur l'art. 74. de la Coutu-me d'Artois, dit que dans ce cas les propres ne remontent pas, mais retournent à ceux d'où ils font venus, & que les Coutumes, *pingui foluta Minervæ capiunt compofitum pro fimplici*, & difent *remontent* pour *monter*.

Ce n'eft donc pas tant par droit de fucceffion, que par droit de retour, que les afcendans prennent les héritages dont ils fe font volontairement dépouillés en faveur de leurs enfans lorfque ces enfans qui ont été faits donataires viennent à décéder fans enfans. *Voyez* Retour.

La maxime, que les afcendans ne fuccedent point aux propres de leurs defcendans, a été confirmée par plufieurs Arrêts dans les Coutumes qui n'en parlent point ; mais cette maxime fouffre plufieurs exceptions, outre ce que nous venons de dire des immeubles qui ont été donnés par les afcendans à leurs enfans.

La premiere eft que lorfque les pere & mere, & autres afcendans, font du côté & ligne d'où font échus les immeubles, parce que quand ils en font, & qu'ils font les plus proches, ils y fuccedent, & excluent les collatéraux. Il eft vrai que les héritages patrimoniaux ne rémontent point ; mais ce n'eft précifément, *ne labantur in diverfam lineam :* or cette raifon ceffe, *quando afcendentes funt de linea & proximiores.*

La feconde eft lorfque les parens de la ligne manquent ; auquel cas, par l'article 330. de la Coutume de Paris, les propres appartiennent au plus prochain habile à fuccéder de l'autre côté & ligne ; & le furvivant des pere & mere fuccede, quoiqu'il ne foit pas de la ligne, à l'exclufion des parens qui n'en font pas. Comme les afcendans ne font pas exclus de la fucceffion des propres *odio fui,* mais feulement en faveur des collatéraux qui font du côté & ligne d'où font provenus les immeubles qui étoient propres au défunt, la faveur de ces collatéraux ceffant, les afcendans retiennent leur degré de parenté, à l'effet de fuccéder à leurs enfans en vertu de leur droit de confanguinité & de proximité. *Voyez* Brodeau fur Louet, lettre P, fomm. 47.

La troifieme eft, quand le fils a retiré un héri-tage propre du côté paternel par retrait lignager, le pere y fuccede, & en ce cas le propre remonte. *Voyez* M. le Brun en fon traité des Succeffions, liv. 1. chap. 5. & ce que j'ai dit fur l'art. 312. de la Coutume de Paris.

PROPRE ADJUGÉ PAR LICITATION JUDICIAIRE A UN COHÉRITIER, EST EN SA PERSONNE PROPRE

POUR LE TOUT. Ce principe, que l'on tient aujourd'hui pour certain au Palais, n'y a été reçu que depuis quelques années. En effet, il semble qu'on ne doit entendre par propres que les héritages qui nous sont échus par succession en ligne directe : ou collatérale, ou par donation en ligne directe : ainsi un héritage commun entre cohéritiers, adjugé à l'un d'eux par licitation, ne devroit naturellement être propre en sa personne, que jusqu'à concurrence de la portion qui lui en devoit appartenir *hære-ditario jure*, & non pas la totalité, c'est-à-dire, les parts de ses cohéritiers, qui semblent ne pouvoir jamais lui devenir d'acquêts. Telles est l'opinion qu'a tenu M. Renusson en son Traité des Propres, chap. 1. §. 5. nombre 7. autorisée & confirmée par un Arrêt du 23. Juin 1660. rapporté dans le journal des Audiences.

Cependant quelque juste que ce sentiment paroisse, & non obstant l'autorité de cet Arrêt, on a resté au Palais dans l'incertitude pendant un tems considérable. Enfin est intervenu l'Arrêt de Mariva, qui a fixé sur ce point une Jurisprudence qui étoit auparavant très-incertaine.

Ce fameux Arrêt, qui a été rendu au Parlement de Paris il y a environ trente ans, a jugé qu'il suffit qu'un cohéritier ait la moindre partie d'un héritage à titre de propre, pour que la licitation qui en a été faite dans la suite rende le tout de pareille nature, parce la licitation qui se fait entre cohéritier tient lieu de partage, & produit les mêmes effets : ensorte que de la même manière qu'un héritage échu à un héritier dans un partage, à la charge d'une soulte en denier au profit de ses cohéritiers, quelque considérable qu'elle soit, n'en est pas moins un propre pour le tout; de même la totalité d'un héritage qui est adjugée par licitation à l'un de plusieurs cohéritiers, est propre dans la personne, quelque modique que fût la portion pour laquelle il étoit dans l'héritage, & quelque considérable que soit la somme qu'il a payée pour l'avoir entier.

La raison fondamentale de cette décision est, que dans une succession commune chaque héritier est saisi de la totalité des biens qui la composent, & de chaque partie de cette totalité; ensorte que ce n'est que par le concours des cohéritiers que se forment les portions, & que la totalité cesse de lui en appartenir : d'où il s'ensuit que le droit indivis qui leur appartient, jusqu'à ce que les biens de la succession ayent été partagés entr'eux, les fait tous regarder ensemble, & chacun d'eux en particulier, comme saisis du tout : ainsi celui à qui par le partage, ou par l'opération d'une licitation qui tient lieu de partage, il tombe un héritage entier à la charge du payement d'une somme de deniers, ne fait que retenir la chose dont il étoit déjà saisi par la Loi en qualité d'héritier du défunt, & il la retient entière au même titre qu'elle lui est échue, c'est-à-dire, à titre de succession, titre qui ne peut jamais former que des propres dans la personne de ceux qui s'y trouvent appelés. *Voyez* Coquille, quest. 32. & M. le Brun en son Traité des Successions, liv. 4. chap. 1. nomb. 34. & suiv.

Ce principe est aujourd'hui si bien établi au Palais, que sur son fondement on a encore passé plus avant, & qu'il a été jugé par Arrêt de relevée le Mardi 24. Mai 1629. infirmatif d'une Sentence du Châtelet, que la licitation d'un héritage entre cohéritiers, rendoit propre cet héritage pour le tout quoiqu'en différentes lignes. Pour donner une parfaite connoissance de la décision de cet Arrêt, j'en vais rapporter l'espéce. Un mari & une femme qui avoient acquis une terre considérable des effets de la communauté ne laissèrent qu'un fils, à qui cette terre devint un propre paternel pour moitié, & maternel aussi pour moitié. Ce fils étant mort sans enfans issus de lui, il se fit une licitation de cette terre entre ses héritiers de la ligne paternelle & ceux de la ligne maternelle. Un des héritiers de la ligne paternelle, qui s'étoit rendu adjudicataire de cette terre, mourut sans enfans : la question fut de sçavoir si dans sa succession la terre étoit un propre paternel pour le tout, ou seulement pour moitié, & acquêts pour l'autre moitié. La Sentence du Châtelet, dont il fut interjetté appel, jugea que cette terre n'étoit propre que pour moitié en la personne de celui de la succession duquel il s'agissoit.

L'affaire étant portée au Parlement, celui qui avoit interjetté appel de cette Sentence dit, qu'il suffisoit d'être cohéritier & avoir part en la chose, pour que la licitation imprime un caractère de propre à tout ce qui est licite; & que, quoiqu'il ne soit héritier, que d'une ligne, il ne laisse pas d'être cohéritier en la totalité, par rapport à la contribution des dettes, & à la masse qu'il faut faire avant le partage & la licitation des biens du défunt.

L'intimé dit, au contraire, que la licitation ne peut faire des propres que pour la totalité de ce dans quoi l'on a droit de succéder, que c'est l'espéce de l'Arrêt de Mariva; mais que l'appellant n'ayant jamais eu aucun droit de succéder dans la moitié de cette terre, qui étoit à cet égard propre maternel au défunt, il ne pouvoit pas prétendre que cette moitié qui lui étoit échue par licitation lui fût propre. Cela est si vrai, dit-il, qu'il y auroit lieu au retrait lignager sur lui pour cette moitié; & qu'ainsi tout l'effet de la licitation ne pourroit être que de rendre propre maternel en la personne du défunt la moitié entière de cette terre; & non l'autre, en laquelle il n'avoit droit de succéder.

Si ces raisons prouvent d'une manière sensible que la licitation rend propre pour le tout & à tous effets l'héritage adjugé à un cohéritier, elles sembloient de même prouver que son effet devoit être borné aux héritages de la ligne seulement dans laquelle un cohéritier avoit droit de succéder, & non pas à l'égard des héritages de l'autre ligne. Cependant cet Arrêt du 24. Mai 1729. a jugé le contraire, *sed multis contradicentibus.*

PROPRIÉTAIRE D'UN HÉRITAGE, est celui qui en a la propriété, c'est-à-dire le droit d'en jouir & d'en faire ce que bon lui semble, soit qu'il le tienne en fief, ou en censive, ou en franc aleu. Il a donc le droit d'en disposer à sa volonté, en l'aliénant & le détériorant, en tant qu'il n'en est point empêché par la Loi, ou par quelque convention qui restreigne son droit de propriété, & y mette des bornes.

Le propriétaire est bien différent de l'usufruitier; car l'usufruitier n'a que la jouissance pleine & entiere de la chose dont il a l'usufruit : ainsi pour qu'elle soit remise un jour à celui qui en est le propriétaire, l'usufruitier en doit jouir en bon pere de famille, d'où il s'enfuit qu'il ne peut point changer l'état des lieux, ni les déteriorer, ni rien faire qui puisse y causer le moindre dommage.

De ce que le propriétaire d'un fonds peut entiérement changer l'état des lieux, & déteriorer l'héritage comme bon lui semble, il s'enfuit que celui qui a sur ce fonds la Directe Seigneurie, ne peut pas empêcher celui qui en a le domaine utile, de fouiller dans cet héritage, & d'y faire des carrieres ainsi qu'il avisera, pour en tirer de la marne, de l'ardoise, de la pierre, & autre chose semblable.

En vain objecteroit-il que l'héritage étant déterioré, s'il étoit vendu, les droits seigneuriaux en seroient diminués. La liberté de pouvoir disposer comme bon nous semble de ce qui nous appartient, est sans bornes, & ne peut être restrainte & limitée que par la disposition des Loix.

Ainsi jugé au Parlement de Paris & en la Grand'-Chambre le 14. Février 1648. contre un Seigneur qui prétendoit empêcher son Vassal de tirer de la marne sur le fonds qui étoit de sa censive, pour la transporter sur un fonds qui n'en étoit pas. Basnage sur l'article 204. de la Coutume de Normandie.

PROPRIETAIRE D'UNE MAISON. Voyez Privilege du propriétaire.

PROPRIETÉ, est le droit de jouir & de disposer à notre volonté de ce qui nous appartient, en tant que la Loi n'y met point d'obstacle.

La propriété & la possession different, en ce que tel est possesseur d'une chose, qui n'en est pas le propriétaire; & au contraire, souvent le propriétaire n'a pas la possession de la chose qui lui appartient.

La propriété est bien différente de l'usufruit, comme nous venons de le dire; verbo Propriétaire d'un héritage.

PRORATA, est un mot latin qui veut dire à proportion, & qui vient du mot rata ou ratio.

Par exemple, quand un défunt laisse plusieurs héritiers, & qu'ils succedent diversement, c'est-à-dire les uns aux meubles, les autres aux immeubles, les uns aux propres, les autres aux acquêts, ils sont tenus de payer chacun les dettes de la succession, à proportion de ce qu'ils amendent des biens du défunt, à moins que la Coutume n'ait quelque disposition particuliere là-dessus.

PROROGATION, signifie une continuation de délai.

PROROGATION DE GRACE, est quand l'acheteur qui a acheté sous faculté de remeré jusqu'à un certain tems, après ce tems fini, proroge ce délai, & accorde la faculté de rachat au vendeur jusqu'à un autre tems.

PROROGATION DE COMPROMIS, est l'extention du tems donné par compromis aux Arbitres, pour décider le différend dont ils sont nommés Arbitres.

Quoique réguliérement, après que le tems défini par le compromis est passé, ils cessent d'être Arbitres, ils peuvent néanmoins proroger ce tems, s'ils en ont le pouvoir par le même compromis, ou si les Parties en consentent la prorogation.

Mais pour que la peine portée par le compromis ait lieu, il faut qu'il en soit fait mention expresse dans la prorogation du compromis, autrement elle n'auroit point lieu, quoique le pouvoir des Arbitres fût prorogé.

De même qu'un Procureur fondé de prorogation générale ne peut pas compromettre, il ne peut pas non plus proroger un compromis; il faut pour l'un & pour l'autre une procuration spéciale. Expilly, Arrêt 112.

Touchant la prorogation des compromis, voyez ce qui en est dit dans le Dictionnaire de M. Brillon, verbo Compromis, vers la fin.

PROROGATION DE JURISDICTION, est l'attribution ou la reconnoissance volontaire que fait un Particulier de la Jurisdiction d'un Juge qui n'a pas droit de connoître du différend des Parties, soit par rapport au domicile du défendeur, soit par rapport à la matiere dont est question. Leg. 1. 3. 14. & 18. ff. de Jurisdiction. Leg. 1. & 2. ff. de Judiciis.

Suivant le Droit Romain, les Particuliers ne peuvent pas à la vérité donner droit de Jurisdiction à celui qui n'en a point; mais ils peuvent proroger la Jurisdiction d'un Juge qui n'est pas leur Juge, ou qui n'est pas compétent pour juger du différend dont il s'agit; Si se subjiciant alicui Jurisdictioni, & consentiant inter consentientes cujusvis judicis qui Tribunali præest, vel aliam Jurisdictionem habet, est Jurisdictio. Consensisse autem videntur, qui sciant se non esse subjectos Jurisdictioni ejus, & in eum consentiant. Leg. 1. & 2. ff. de Judiciis.

En France, on ne peut se soumettre à d'autre Juge qu'à celui qui doit connoître du différend d'entre les Parties, soit par rapport au domicile du défendeur, soit par rapport à la matiere qui fait le sujet de la contestation. Ainsi parmi nous on ne peut pas valablement se soumettre à la Jurisdiction d'un Juge, qui n'est pas le Juge qui doit connoître du différend des Parties.

Le consentement que nous en aurions donné par une soumission passée pardevant Notaire, ou par un acte judiciaire, en procédant volontairement sur une demande qui nous auroit été faite pardevant un Juge incompétent, vel ratione domicilii, vel ratione materiæ, ne nous assujettiroit pas à sa Jurisdiction. La raison est, qu'en France les Jurisdictions sont patrimoniales; Bacquet, au Traité des Droits de Justice, chap. 8. ou plutôt parce que l'ordre des Jurisdictions est de droit public.

Il est vrai que celui qui se feroit par un acte judiciaire volontairement soumis à la Jurisdiction d'un autre Juge que celui qui doit connoître ratione materiæ du différend d'entre les Parties, ne feroit pas bien fondé à demander son renvoi ; parce qu'on ne peut pas venir contre son propre fait.

Mais nonobstant toute soumission faite volontairement par acte judiciaire à la Jurisdiction d'un Juge, en procédant devant lui, le Procureur du Roi, ou le Procureur Fiscal de la Jurisdiction qui a droit de connoître du différend, peut toujours intervenir avant le Jugement de l'affaire, & revendiquer son justiciable, ou la cause dont la Jurisdiction a droit de connoître, & empêcher que le Juge pardevant lequel les Parties ont commencé de procéder, n'en prenne connoissance.

Il y a néanmoins un cas où il semble qu'il y ait en quelque maniere une prorogation de Jurisdiction ; c'est quand un Particulier passe un contrat, & fait élection de domicile dans le lieu où le contrat est passé, quoiqu'il n'y demeure pas effectivement ; toutes les significations, sommations & assignations qui sont données à ce domicile, concernant l'exécution du contrat, sont valables, comme si elles étoient faites au véritable domicile, surtout lorsqu'il ne s'agit que d'une demande en condamnation d'intérêt, ou d'interrompre la prescription.

Voyez Fins de non-procéder. Voyez Bacquet en son Traité des Droits de Justice, chap. 8. nomb. 16. & M. d'Argou, titre des Domiciles, vers la fin. Voyez aussi ce que j'ai dit *verbo* Incompétence, & *verbo* Domicile.

PROROGER, signifie étendre un délai pour faire quelque chose.

PROSCRIRE, signifie mettre des têtes à prix, sous promesse de donner de récompenses à ceux qui les apporteront. Sur quoi il faut remarquer que chez les Romains il s'est fait un grand nombre de proscriptions ; mais que cette voie a été très-peu en usage en France.

PROTEST, est un acte de sommation faite par un Notaire ou Sergent à un Banquier ou Marchand, d'accepter une Lettre de change tirée sur lui par un correspondant, ou bien quand le tems du payement est échu, & que celui qui l'a acceptée refusant de la payer ; le protest est alors une sommation faite par un Notaire ou un Sergent à un Banquier ou Marchand de l'acquitter.

Il y a donc des protests, faute d'acceptation, d'autres faute de payement.

Les protests faute d'accepter, doivent être faits dans le même tems que l'on présente la Lettre, lorsque celui sur lequel elle est tirée refuse de l'accepter, soit pour le tems ou pour les sommes portées, ou pour défaut des Lettres d'avis ou de provision.

Les protests, faute de payer, se font lorsque dans les dix jours de faveur, à compter du lendemain de l'échéance des Lettres, celui qui les a acceptées refuse d'en faire le payement. Dans ces dix jours de faveur sont compris les Dimanches & Fêtes, même les plus solemnelles ; de sorte que si les dix jours de faveur échoient le jour de Pâques ou de Noël, il faudroit faire protester les mêmes jours, parce qu'il faut que cette diligence soit faite dans les dix jours après celui de l'échéance de la Lettre

de change, qui n'est jamais compté, non plus que celui de l'acceptation.

Dans toutes sortes de protest, on déclare & proteste que faute d'acceptation, ou faute de payement de la Lettre de change dont il s'agit, on la rendra au tireur, ou qu'on se pourvoira ainsi qu'on avisera bon être.

Le protest, faute d'acceptation, n'oblige le tireur qu'à rendre au porteur la valeur de la Lettre de change protestée, ou de lui donner des sûretés qu'elle sera acquittée ; au lieu que le protest, faute de payement dans les dix jours de l'Ordonnance, donne une action solidaire au porteur, contre tous les endosseurs, tireurs, accepteurs à son choix.

Ainsi la formalité des actes concernant une Lettre de change pour établir au porteur son action en garantie contre le tireur & les donneurs d'ordre, est tout-à-fait différente des actes qui concernent un transport, pour établir au cessionnaire son action en garantie contre le cédant ; parce qu'il suffit seulement au cessionnaire de faire une simple sommation ou commandement à celui sur lequel a été fait le transport, de payer le contenu en icelui.

Mais en matiere de Lettres de change, il faut indispensablement faire un acte, par lequel on somme l'accepteur de payer le contenu en icelle, & au refus, protester de prendre de l'argent à change & rechange pour le lieu d'où la Lettre est tirée, & de retourner sur le tireur & donneur d'ordre, qui est la raison pour laquelle on appelle cet acte un protest.

Une simple sommation ne suffiroit pas pour établir l'action en garantie contre le tireur & les donneurs d'ordre. Aussi l'article 10. du cinquieme titre de l'Ordonnance du Commerce de 1673. porte, que le protest ne pourra être suppléé par aucun autre acte.

Le porteur d'une Lettre de change est donc obligé de faire ses diligences, & de protester, au cas que celui sur qui elle est tirée, refuse de la payer dans le tems marqué ci-dessus ; sinon il se rend responsable de l'insolvabilité qui peut survenir en la personne de celui sur qui elle est tirée, en sorte que la Lettre demeure sur son compte.

L'on a jugé pendant un tems que le protest produisoit hypotheque ; mais cette Jurisprudence est changée. Il y a une déclaration du Roi du 2. Janvier 1717. qui porte que le simple protest n'acquiert pas d'hypotheque, & qu'il faut pour l'acquérir obtenir une condamnation après l'échéance du terme. Voyez M. Brillon, verbo Protest.

PROTESTANS, est un nom qu'on a donné en Allemagne à ceux qui suivent la Doctrine de Luther. Ils furent ainsi nommés, à cause qu'ils protesterent en 1529. contre un Décret de l'Empereur & de la Diette de Spire, & déclarerent qu'ils appelloient à un Concile général. Le nom de Protestant a été aussi donné à ceux qui suivent les erreurs de Calvin.

PROTESTATION, est une déclaration que l'on fait par quelque acte, contre la fraude, l'oppression & la violence de quelqu'un ; ou contre la nullité d'une action, d'un Jugement, d'une procedure, portant qu'on a deffein de fe pourvoir contre en tems & lieu.

Par exemple, un fils de famille qui feroit engagé par fes pere & mere à entrer dans un Couvent malgré lui, pour y prendre l'habit & y faire profeffion, & qui pour éviter leurs mauvais traitemens, fe feroit déterminé à leur obéir, pourroit faire fes proteftations, à l'effet de pouvoir reclamer un jour contre fes vœux.

Les proteftations fe font quelquefois pardevant Notaires, par un acte par lequel on protefte de nullité de quelqu'autre acte que l'on a déja paffé, ou qu'on eft fur le point de paffer.

Mais les proteftations fecrettes qui fe font chez les Notaires, ne fervent que de conjectures, & on n'y a pas beaucoup d'égard, fi elles ne font appuyées de preuves qui juftifient du contenu aux proteftations.

Ainfi les proteftations fecretes que feroit un fils de famille contre des actes paffés avec fon pere, ne feroient que des préparatoires pour fe faire reftituer contre ces mêmes actes, en juftifiant qu'il y a eu léfion, ainfi jugé au Parlement de Bordeaux, par Arrêt du mois d'Août 1683. rapporté par la Peyrere, lett. R, nom. 131.

Au refte, il n'y a guéres d'actes judiciaires contre lefquels on ne puiffe protefter de nullité, à l'effet de recouvrer toutes pertes, dépens, dommages & intérêts, contre fa Partie adverfe. *Voyez* la Science des Notaires, liv. 2. chap. 36.

PROTOCOLE, du Latin *Protocollum*, chez les Romains fignifioit ce qui étoit écrit au haut du papier, où l'on mettoit ordinairement le tems auquel il avoit été fabriqué. Parmi nous, Protocole fe prend ordinairement pour un répertoire que les Notaires font de leurs actes pour les trouver plus facilement, dans lequel ils indiquent briévement la qualité de l'acte & fon objet. On appelle auffi quelquefois Protocole quoiqu'improprement, un recueil de formules qui fert aux Praticiens de Province à dreffer leurs actes.

PROTOCOLE DE NOTAIRE, eft un droit que le Roi prend au pays du Bourbonnois, Forez & Beaujolois, fur les Regiftres des Notaires décédés, lefquels font vendus au plus offrant & dernier enchériffeur, de laquelle vente le Roi en a les trois quarts, & l'autre quart appartient aux veuves & héritiers ; pour la vérification duquel droit il faut rapporter l'adjudication qui en a été faite par les Officiers des lieux, en préfence du Procureur du Roi.

PROTUTEUR, eft celui qui n'étant pas tuteur d'une pupille, a géré & adminiftré fes affaires en qualité de tuteur, foit qu'il crut être chargé de la tutelle, ou qu'il fçut ne l'être pas.

Par rapport à fon adminiftration, il eft confidéré comme s'il eût été véritablement tuteur de celui dont il a géré les affaires en cette qualité; en forte que les actions qui réfultent de la geftion de tutelle, ont lieu à fon égard.

Il faut dire de même de celui qui auroit géré en qualité de curateur, quoiqu'il ne le fût pas véritablement.

Par l'art. 1. du tit. 29. de l'Ordonnance de 1667. les tuteurs, les protuteurs & autres qui auront adminiftré les biens d'autrui, font tenus de rendre compte auffi-tôt que leur geftion fera finie.

PROVINCE, eft une partie d'un Royaume, d'une Monarchie, d'un Etat, dans laquelle font comprifes plufieurs Villes, Bourgs, villages, Hameaux, &c. fous un même Gouvernement.

Les Provinces étoient originairement des Duchés, Comtés ou autres Seigneuries confidérables qui ont été réunies fous un même Chef. A préfent ce font des Gouvernemens.

Il y a trente-neuf Gouvernemens généraux de Province pour le militaire. Le Clergé de France eft divifé en feize Provinces. Il y a auffi certains Ordres & Congregations de Réligieux qui font divifés par Provinces.

PROVISION eft l'adjudication que fait un Juge à une Partie, d'une fomme de deniers à prendre préalablement fur certains effets, ou fur la Partie adverfe avant la décifion du différend qui eft à juger pour lui tenir lieu d'alimens.

Pour qu'il y ait lieu à une provifion, il faut que l'équité le requiere, & que la partie qui en fait la demande foit fondée en raifon. Par exemple, une veuve demande fon douaire : on lui contefte ; elle peut demander au Juge une provifion fur les biens fujets au douaire, pour lui fervir d'alimens.

Il faut dire auffi qu'une veuve feroit bien fondée à demander provifion pour la reftitution de fa dot ; mais elle ne pourroit en obtenir contre un tiers poffeffeur des biens de fon mari, qu'elle auroit vendu conjointement avec lui. Papon, liv. 18. tit. 1. nomb. 16.

En cas de partage entre enfans ou héritiers, quand un d'entr'eux n'a reçu de fon pere décédé aucuns avantages entre-vifs ou autrement, & que les autres ont été avantagés, & que le partage ne peut être fait en peu de tems, à caufe des procès qui font entre les Parties. ; pour lors le Juge lui adjuge, par forme d'alimens, une provifion pour fe nourrir, entretenir, & fournir aux frais du procès.

Celui qui eft en poffeffion de filiation, peut demander une provifion alimentaire à celui qui refuferoit de le reconnoître pour fon fils. *Voyez* Filiation. *Voyez* Papon, liv. 18. tit. 1. nomb. 1.

Quand on contefte à un fils la fucceffion de fon pere, il eft en droit de demander une provifion fur les biens de la fucceffion, pour alimens, & pour fournir aux frais qui lui convient de faire pour la pourfuite de fes droits. Mais ces fortes de provifions ne s'adjugent qu'en ligne directe, & non en ligne collatérale. Papon, liv. 18. tit. 1. nomb. 34.

Une provifion peut encore être demandée contre un tuteur qui n'a pas rendu compte à celui dont il a géré la tutelle, & à qui il refufe des alimens.

On en peut demander pour une femme qui eft en procès avec fon mari pour raifon de féparation.

On en peut auffi demander pour une perfonne dont tous les biens feroient faifis réellement.

Sur un rapport de Chirurgien, on adjuge au bleffé

une provision pour fes alimens & médicamens contre l'accufé.

Une provifion peut être donnée en tout état de caufe, même en caufe d'appel. Papon, liv. 18. tit. 1. nomb. 3.

Les provifions font arbitraires, & elles font plus ou moins fortes, fuivant qu'il plaît au Juge, qui doit les régler par rapport à la qualité des Parties, & aux circonftances du fait.

Au refte, les provifions alimentaires fe payent par préférence à toutes chofes : *quia fcilicet alimentorum caufa re qualibet favorabilior eft.*

PROVISION EN MATIERE CRIMINELLE, s'adjuge fouvent quand il s'agit de batterie, & qu'il y a quelqu'un de bleffé ; en ce cas, celui qui a été maltraité, obtient facilement une fomme d'argent par provifion, pour lui fournir des médicamens, nourritures & alimens pendant fa maladie.

Mais il eft défendu aux Juges d'accorder des provifions aux deux Parties, à peine de fufpenfion de leurs Charges, & de tous dépens, dommages & intérêts.

Touchant les provifions en matiere criminelle, voyez le titre 12. de l'Ordonnance de 1670. & ce que j'ai dit ci-deffus, en parlant des procès criminels.

PROVISION SUR DES BIENS SAISIS RÉELLEMENT, eft une fomme de deniers que l'on donne à la Partie faifie, foit le mari ou la veuve, ou leurs enfans, à prendre fur le produit des baux judiciaires, pour leur fervir de provifion alimentaire, & jufqu'à ce que l'ordre foit fait du prix des biens.

En donnant cette provifion on doit confidérer la valeur des biens ; & avoir égard au nombre des créanciers oppofans, quelquefois même à l'état & à la qualité de la perfonne faifie, pour donner cette provifion plus ou moins forte.

On ne donne point au préjudice des créanciers, une provifion à des héritiers collatéraux, qui font devenus Parties par la mort du débiteur faifi auquel ils ont fuccédé.

On n'en donne pas non plus à des enfans héritiers par bénéfices d'inventaire de leurs pere & mere, fur les biens de la fucceffion bénéficiaire, au préjudice des créanciers.

Il a été rendu une Ordonnance par M. le Lieutenant civil le 18. Mai 1679. qui pour éviter aux frais, & empêcher que le prix des biens faifis ne foient confommés, porte que toutes les demandes à fin de provifions & réparations, feront formées contre le plus ancien Procureur des oppofans, le pourfuivant criées, & la Partie faifie ; fait défenfes aux Procureurs de faire aucunes dénonciations defdites demandes, Requêtes & Sentences, aux Procureurs des oppofans, fous peine de ne pouvoir être reçus à les faire allouer ni paffer dans la taxe des frais, & en cas qu'ils les reçoivent, d'être contraints à la reftitution ; par les créanciers oppofans, utilement colloqués dans l'ordre.

PROVISION, eft auffi la poffeffion qui s'adjuge à celui qui a la plus apparente poffeffion ou d'un Bénéfice, ou d'un héritage. Voyez Récréance.

PROVISION COLORÉE, eft une provifion en matiere bénéficiale, qui n'a que la couleur & l'apparence d'un titre légitime, quoiqu'il ait des nullités & des défauts couverts par une poffeffion paifible de trois ans, pourvû qu'elle n'ait point été prife & retenue par force & par violence.

PROVISION EN FAIT DE TITRE. La provifion eft toujours dûe au titre ; c'eft-à-dire, que le Juge doit toujours ordonner l'exécution du titre, quoiqu'il foit contefté ; parce que jufqu'à ce qu'on en ait fait voir la nullité, on préfume toujours en fa faveur.

Cela eft fi vrai, que l'exception même du faux n'empêche pas l'exécution du contrat, Expilly, article 33.

SENTENCE EXÉCUTOIRE PAR PROVISION. Voyez Sentence provifionnelle.

PROVISIONS EN FAIT DE CHARGES ET OFFICES, font des Lettres du grand Sceau, par lefquelles le Roi confere & donne le titre d'un Office à un Particulier, en confirmant la réfignation qui lui a été faite dudit Office par celui qui en étoit pouvu.

Quand un Office eft poffédé par un titulaire qui s'en veut démettre, il ne peut de fon autorité privée en revêtir un autre ; & pour qu'un Office paffe d'une perfonne à une autre, il faut la réfignation ou démiffion de la part du titulaire, laquelle fe fait par un acte que l'on appelle procuration *ad refignandum*, dont nous avons parlé ci-deffus ; & de la part du collateur, il faut des provifions.

Ainfi la compofition d'un Office ne donne pas droit en l'Office, mais feulement droit à l'Office. Celui qui a une procuration irrévocable de fon vendeur, pour le réfigner en fa faveur, mais un acte exprès de réfignation, n'a pas encore de droit en l'Office, jufqu'à ce que la démiffion foit admife par le collateur, & les Lettres de provifion expédiées en fa faveur.

'Jufques-là l'Office eft *in bonis* du réfignant, & par conféquent peut être faifi par fes créanciers ; il peut être confifqué pour malverfation, & peut être réfigné à un autre par un autre peut être pourvu, en prévenant le premier réfignataire.

Il n'y a que les Lettres de provifion expédiées & fcellées, qui donnent droit en l'Office à un réfignataire, & qui tranfmettent en fa perfonne tous droits de propriété.

De plus, le fceau des provifions purge toutes les hypotheques & tous les privileges qui pourroient être prétendus fur l'Office, pour raifon des dettes du réfignant, quand il n'y a point eu en conféquence d'oppofition au Sceau avant l'obtention des provifions.

De tout ce que nous venons de dire, il s'enfuit que le contrat de vente d'un Office ne fert de rien à l'acquéreur, fans la procuration *ad refignandum* ; & la réfignation lui eft auffi inutile fans les provifions, puifque l'Officier qui vend ne le peut tranfmettre de fon chef, & qu'il n'y a que le Roi feul qui le puiffe conférer, parce qu'il en eft feul le maître

tre & le propriétaire ; l'Officier n'a que la simple fonction attachée à sa personne.

Les provisions donnent bien au pourvu le titre de l'Office ; mais il n'y a que la prestation de serment qui doit être observée dans la poursuite & Jugement des oppositions au Sceau. L'Edit est du mois de Février 1683. & la Déclaration est du 17. Juin 1703. *Voyez* ce que nous en avons dit, lettre O, en parlant des oppositions au Sceau.

PROVISOIRE, se dit des choses qui requierent célérité, & qui doivent être jugées par provision. Les alimens & les réparations sont des matieres provisoires.

PROUVER, signifie établir la vérité de quelque fait, de quelque proposition, la persuader. En Justice, il faut prouver ce qu'on allégue, ou par titres ou par témoins.

PROXENETE, est un entremetteur d'un marché, d'un mariage, ou de quelqu'autre affaire. Il en est parlé au titre 14. du dernier livre du Digeste, où je renvoie le Lecteur.

Nous observerons seulement ici, qu'un proxenete en fait de mariage n'est pas en droit d'exiger le payement de ce qui lui a été promis ; l'exécution & l'accomplissement d'une telle promesse dépend entiérement de l'honnêteté & de la libéralité de ceux auxquels il a rendu service, quelqu'avantageux que paroisse le mariage qu'il auroit fait réussir : c'est pourquoi telles pactions sont illicites. Ainsi jugé par Arrêt du 29. Janvier 1591. rapporté par Mornac en son Recueil qui est à la fin de ses Ouvrages, part. 1. art. 55. *Voyez* les Plaidoyés de M. Gillet, de l'édition de 1718. tome 1. pag. 114.

PRUD'HOMMES, se dit des Experts nommés en Justice, pour visiter ou estimer quelque chose, pour raison de quoi les Parties sont en contestation.

En fait de relief, on prend ordinairement des Gentilshommes, pour faire l'estimation du revenu annuel du fief, comme je l'ai dit sur l'article 47. de la Coutume de Paris.

P U

PUBERTÉ, est l'âge auquel on est réputé capable de contracter mariage ; elle est définie à quatorze ans accomplis pour les mâles, & à douze accomplis pour les filles.

La puberté est absolument nécessaire pour pouvoir contracter mariage, parce qu'il ne peut subsister entre des personnes qui sont incapables de la fin principale du mariage, qui est la procréation des enfans. *Voyez* ce que nous avons dit dans la Traduction des Institutes, aux titres des Nôces.

Nous remarquerons seulement ici que l'adolescence qui suit la puberté, est un âge qui ne dévoilant aux jeunes gens qu'imparfaitement la lumiere de la raison, ne fait que les exposer à une infinité de surprises qui leur causeroient souvent la perte de leurs biens, s'ils ne pouvoient s'en préserver par le secours du bénéfice de restitution en entier. *Voyez* Mineur.

PUBLICATION, est une notification qui

Tome II.

se fait à haute & intelligible voix dans les assemblées & lieux publics, de quelque chose, afin qu'elle puisse être par ce moyen connue de tout le monde.

Telle est celle qui se fait ès Eglises paroissiales aux Prônes les jours de Dimanches & Fêtes, des Bans de Mariages, Monitoires, &c. comme nous le dirons ci-après. Telle est aussi celle qui se fait en Jugement à jours de plaidoirie, des acquisitions faites par un Seigneur des héritages tenus en sa censive, suivant l'article 135. de la Coutume de Paris.

Au reste, il y a une Déclaration du Roi du 16. Décembre 1698. enregistrée le 31. du même mois, portant que les publications pour affaires temporelles ne seroient faites qu'à l'issue des Messes de Paroisses.

PUBLICATION DE SUBSTITUTION, se fait en Jugement au jour de plaidoirie, afin qu'étant rendue publique, ceux dont les biens sont substitués ne trouvent pas à emprunter de l'argent sur des biens dont ils n'ont que la jouissance pendant leur vie.

L'ouverture & la lecture qui se feroit à l'Audience, d'un testament trouvé cacheté après la mort d'un défunt, ne pourroit pas tenir lieu de la publication d'une substitution qui seroit contenue dans ledit testament.

La raison est, que cette ouverture & lecture ne se fait que pour être dressé procès-verbal de ce testament, pour être ensuite déposé chez un Notaire ; & alors il n'est pas besoin que la lecture s'en fasse à haute & intelligible voix ; & d'ailleurs cette ouverture & lecture se fait ordinairement dans l'Hôtel du Juge. Mais la publication d'une substitution, pour être valable, doit être faite à l'Audience à haute & intelligible voix, afin qu'elle soit entendue de tout le monde : après quoi le Juge donne Lettres de la publication, & non pas de la lecture ; autrement il ne satisferoit pas à ce qui est porté en l'article 57. de l'Ordonnance de Moulins, qui veut que la substitution soit publiée à l'Audience.

Les substitutions faites par actes entre-vifs, doivent être publiées dans les six mois du jour qu'elles ont été passées, auquel cas elles ont lieu du jour de leur date ; mais si elles ne sont publiées qu'après les six mois, elles n'ont effet que du jour de leur enregistrement.

La publication des substitutions faites par dispositions de derniere volonté, doivent être faites dans les six mois, à compter du jour du décès du testateur ; mais la publication qui en seroit faite après les six mois, seroit suffisante pour exclure les créanciers postérieurs à la publication, qui ne laisse pas d'être valable à leur égard. Ainsi jugé par Arrêt rendu en la Grand'Chambre, au rapport de M. Pelletier, le 5. Août. 1682.

Mais la publication d'une substitution qui n'aura pas été faite dans les six mois, à compter du jour du décès du testateur, ne pourra pas nuire aux créanciers intermédiaires de l'institué. Ainsi jugé par Arrêts des 14. Septembre 1669. & 9. Avril

1680. rapportées dans le Journal du Palais. *Voyez* l'article 57. de l'Ordonnance de Moulins, & ce que j'ai dit ci-deffus, lettre I, en parlant des infinuations des fubftitutions. *Voyez* auffi un acte de notoriété du premier Juin 1691. rapporté dans le Recueil de ces Arrêts, page 77.

PUBLICATION DES ENQUÊTES. Les enquêtes, après qu'elles avoient été faites & rapportées au Greffe, devoient autrefois être publiées, c'eft-à-dire, rendues publiques & communiquées entre les Parties, fuivant l'Ordonnance du Roi Charles VII. de l'an 1416. art. 31. à laquelle eft conforme celle du Roi François I. de l'an 1535. chap. 15. art. 12.

Mais les publications d'Enquêtes ont été abrogées par la nouvelle Ordonnance, titre des Enquêtes, art. 16.

PUBLICATIONS AU PRÔNE, font celles qui fe doivent faire aux Prônes des Meffes paroiffiales. Il n'y a aujourd'hui que les publications des Bans de mariage & celles des Monitoires qui fe doivent faire ainfi.

L'article 23. de l'Edit du mois d'Avril 1695. concernant la Jurifdiction eccléfiaftique, veut que les Curés, leurs Vicaires, & autres Eccléfiaftiques ne foient obligés de publier aux Prônes, ni pendant l'Office divin, les actes de Juftice, & autres qui regardent l'intérêt des particuliers; mais que les publications qui en feront faites par les Huiffiers, Sergens & Notaires, à l'iffue des grandes Meffes de Paroiffes, avec les affiches qui en feront par eux pofées aux grandes portes des Eglifes, foient de pareille force & valeur (même pour les décrets) que fi les publications avoient été faites aux Prônes; & par ce même Edit le Roi a dérogé en cela à toutes les Ordonnances & Coutumes contraires.

Ainfi on ne publie aujourd'hui au prône que les Bans de mariage & les Monitoires; & les autres qui concernent l'intérêt des particuliers, ne fe publient qu'aux portes des Eglifes; mais il faut toujours qu'elles foient faites ès jours de Dimanches & Fêtes, contre ce qui eft dit en la Loi *Dies feftos codice de Feriis. Diebus Feftis fileat vox horrida præconis.*

Cette publication des actes qui concernent l'intérêt des particuliers, qui fe fait aux portes des Eglifes ès jours de Dimanches & Fêtes, a fon utilité; parce que ces jours là, comme tous les Paroiffiens font obligés de fe trouver à la Meffe; les publications qui fe font à l'iffue font plus notoires que fi elles fe faifoient les autres jours.

PUBLICATION DE BANS, eft une notification qui fe fait au Prône les jours de Dimanche & de Fête, des noms, furnoms & qualités des perfonnes qui fe doivent marier enfemble, afin que par ce moyen la chofe foit rendue notoire, & que s'il y a quelqu'empêchement au mariage, ceux qui en ont connoiffance ayent à le déclarer, comme il leur eft enjoint fous peine d'excommunication.

Cette publication fe doit faire dans la Paroiffe des futurs conjoints, s'ils font demeurans dans une même Paroiffe, finon dans la Paroiffe de chacun d'eux.

Quand il s'agit d'un mariage entre majeurs tous deux libres de s'engager, il n'y auroit point d'abus, quoiqu'il n'eût point été précédé de publication de Bans, comme il a été jugé par Arrêt du 7. Août 1638. Quoique les mariés euffent commencé *ab illicitis.* Ainfi jugé par Arrêt du 15. Mars 1691. Ces deux Arrêts font rapportés dans le Journal des Audiences.

En effet le Concile de Trente ne prononce pas la nullité des mariages célébrés fans proclamation précédente des Bans; au contraire, il remet expreffément à la prudence de l'Ordinaire d'en difpofer felon qu'il le jugera à propos: ce qui marque qu'il ne les croit pas néceffaires à l'effence du mariage. *Voyez* ce que j'ai dit ci-deffus *verbo* Bans. *Voyez* auffi ce qui en eft dit dans le neuvieme tome des Caufes célebres, pag. 606. & fuivantes.

PUBLICATION DES ORDONNANCES, EDITS ET DECLARATIONS, eft la lecture qui s'en fait dans les Cours, pour être connues au peuple, & être enfuite exécutées.

Les volontés de nos Rois ne peuvent avoir leur exécution, qu'elles n'ayent été préfentées & publiées aux Cours: ce qui ne provient pas certainement d'un défaut de puiffance en la perfonne de nos Rois, puifqu'ils font abfolument Souverains; mais cela n'eft qu'un effet de leur fageffe & de leur équité, qui les empêche de vouloir que les chofes qui font émanées d'eux, foient exécutées fans paffer auparavant par l'organe de la Juftice.

Mais la publication des Edits & Ordonnances étant faite, elle oblige tous fes Sujets; & les Particuliers qui les ont violées ne font pas admis à s'en excufer, fous prétexte que la publication qui en a été faite n'étoit pas venue à leur connoiffance. *Voyez* l'art. 4. & les fuivans du premier titre de l'Ordonnance de 1667. avec les notes de Bornier. *Voyez* auffi Bardet, tome 1. pag. 333. qui dit que les Edits enregiftrés au Parlement, n'obligent dans les Bailliages, que du jour qu'ils ont été publiés en iceux.

Il y a de la différence entre la publication des Edits & Déclarations, & leurs enregiftremens. La publication s'en fait par la lecture ès jours de plaidoirie pour les notifier; mais l'enregiftrement eft la defcription qui s'en fait dans les Regiftres publics.

Il eft arrivé quelquefois que le Parlement a cru devoir pour le fervice de l'Etat, refufer d'enregiftrer des Edits ou des Déclarations; & que pour obéir néanmoins, autant que fa confcience lui pouvoit permettre, aux ordres de Sa Majefté, il n'a fait mettre fur les Edits, que *lûs & publiés*; & quand les Rois ont exigé par autorité abfolue que l'on ajoutât, *& enregiftrées*, cela s'eft prefque toujours exécuté, après y avoir fait quelques modifications.

PUBLICATION DES COUTUMES, eft la notification qui s'en fait au Parlement. L'Ordonnance de Charles VII. de l'an 1443. porte que les Coutumes réformées feront apportées au Parlement, & enregiftrées, afin qu'on examine s'il n'y a rien qui foit contraire aux droits du Roi & au bien public. La raifon eft, que la rédaction s'en faifant avec toutes parties intéreffées, il pourroit s'y glif fer quelque chofe contraire aux intérêts du Roi & du public.

Charondas en fes Réponfes, liv. 1. chap. 72. dit que lorfqu'il s'agit d'un nouveau droit établi par la Coutume, il doit être obfervé dès-lors qu'elle à été accordée & rédigée par écrit, de l'ordonnance des Commiffaires, comme étant parfaite dès ce moment. Mais à l'égard des nouvelles formes & folemnités ajoutées à la Coutume qu'on réforme, elle n'a effet que du jour qu'elle a été apportée & publiée, d'autant qu'on les peut ignorer jufqu'à ce qu'elles ayent été publiées.

Cela eft fondé fur ce que ce nouveau droit n'ayant été établi que du confentement du peuple, il l'a connu dès-lors. Mais à l'égard des formalités, ce font chofes qui regardent précifement le miniftere des Officiers qui les doivent pratiquer. Ceux-là ont une jufte raifon de les ignorer, à moins qu'elles ne leur foient annoncées par la publication de la Coutume. Voyez M. Louet & Brodeau, lettre C, chap. 20. où cela eft expliqué affez amplement.

PUÎNÉS, fe difent des enfans du premier degré, c'eft-à-dire, fils ou fille, eu égard à l'aîné.

PUISSANCE, fignifie une autorité, une fouveraineté, un pouvoir abfolu.

PUISSANCE ECCLESIASTIQUE, eft une autorité que Dieu a établie pour gouverner les hommes quant au fpirituel ; à la différence de la Puiffance Royale, qu'il a établie pour les gouverner dans ce qui concerne le temporel.

Nous allons parler de l'une & de l'autre dans l'article fuivant, où nous ferons voir que ces deux Puiffances ont différens objets, & que chacune d'elles doit fe tenir dans fes bornes. Sur quoi l'on peut voir le traité de l'Abus, compofé par Fevret, où toutes les queftions qui ont rapport à ce principe font traitées.

PUISSANCE ROYALE, eft une Puiffance fouveraine, qui n'en reconnoît point d'autre que celle à laquelle toutes les autres Puiffances font foumifes, c'eft-à-dire, celle de Dieu. Auffi tous les Edits du Roi portent cette claufe, de notre pleine puiffance & autorité royale.

Quelques prérogatives que le Pape ait pour ce qui concerne le fpirituel, la puiffance de nos Rois ne lui eft point foumife, & le Pape ne peut rien commander ni ordonner en général ni en particulier de ce qui concerne les chofes temporelles ; & s'il le faifoit, les Sujets du Roi, quoiqu'ils fuffent Clercs, ne feroient pas tenu de lui obéir pour ce regard. Article 4. du Traité des Libertés de l'Eglife Gallicane de M. Pithou.

Jefus-Chrift a dit lui-même : Regnum meum non eft de hoc mundo. Ainfi le Pape ne fe peut rien attribuer fur les chofes temporelles de ce monde, que Dieu lui-même a foumis au pouvoir de ceux qu'il a établis fur la terre pour les gouverner.

Il faut donc demeurer d'accord que Dieu a établi deux Puiffances pour nous gouverner ; l'une pour le fpirituel, & l'autre pour le temporel, lefquelles font diftinctes, féparées, & entièrement indépendantes l'une de l'autre.

C'eft ce que l'Empereur Juftinien nous marque dans la Préface d'une de fes Novelles, qui fe trouve la fixieme dans le Recueil que nous en avons. En voici les termes : *Maxima quidem in hominibus funt dona Dei à fupernâ collata clementâ, Sacerdotium & Imperium ; & illud quidem divinis miniftrans, hoc autem humanis præfidens ac diligentiam exhibens.*

Voici ce que dit à ce fujet Henris, liv. 1. queft. 84. Comme les chofes fpirituelles & temporelles font diftinctes, la Jurifdiction en eft diverfe, & ne fe doit pas confondre. Si le Juge féculier ou royal doit être retenu à ne point prendre connoiffance de ce qui concerne les Sacremens & les matieres eccléfiaftiques au pétitoire, le Juge d'Eglife ne doit pas non plus entreprendre de connoître des matieres profanes, & qui ne regardent que le temporel. Chacun fe doit tenir dans fes bornes, & ne point faire choquer l'Etat & l'Eglife. Il faut donc rendre à Dieu & à fes miniftres ce qui dépend de leur miniftere & de leurs fonctions, & au Roi & à fes Officiers, ce qui regarde la puiffance & la Jurifdiction que Dieu lui a commife.

Voyez ce qui eft dit à ce fujet dans les Traités qui ont été faits fur les Libertés de l'Eglife Gallicane ; Baffet, tom. 2. liv. 2. tit. 1. chap. 1. & Fevret en fon Traité de l'Abus.

A l'égard de ce qui regarde l'autorité des Rois, voyez ce que j'en dis, lettre S, verbo Souveraineté. Voyez auffi la République de Bodin, liv. 1. chap. 3. & 4.

Enfin, pour ce qui eft de l'ufage de la puiffance temporelle de nos Rois, en ce qui regarde l'Eglife, foit pour réprimer les entreprifes de fes Miniftres fur les droits du Prince, foit pour la confervation & adminiftration de fon temporel, voyez les Loix civiles au Traité du droit public, liv. 1. tit. 19.

PUISSANCE DE FIEF, eft la faculté qu'a le Seigneur d'exercer le retrait féodal, en conféquence du droit que lui donne fa Seigneurie directe fans qu'il foit obligé de demander au Juge ou au Roi le pouvoir d'ufer du retrait fur le fief fervant qui a été aliéné par fon Vaffal. Voyez Retrait féodal.

On appelle auffi puiffance de fief le droit qu'à le Seigneur de faifir le fief fervant, faute d'homme, droits & devoirs. Voyez Saifie féodale.

PUISSANCE PATERNELLE, eft un droit accordé au pere, ou autre afcendant du côté paternel, fur la perfonne & fur les biens des enfans qu'ils ont par les voies que les Loix autorifent.

Il n'y a parmi nous que les enfans nés en légitime mariage, ou qui ont été légitimés, qui foient fous la puiffance de leur pere. Les enfans adoptifs n'y font point, parce que l'adoption n'eft plus en ufage en France. A l'égard des bâtards non légitimés, ils ne font point fous la puiffance de leur pere ; *quia neque gentem neque familiam habent.*

La puiffance paternelle dans les pays de Droit écrit, produit prefque les mêmes effets qu'elle produifoit chez les Romains au tems de la derniere Jurifprudence, c'eft-à-dire, au tems de l'Empereur Juftinien ; comme l'ont remarqué Maynard, tom. 1.

liv. 5. chap. 2. nomb. 1. & 2. & tom. 3. liv. 9. chap. 36. *Eguin, Baro. ad inſtit. Juſtin. tit. de patria poteſt.*

Ainſi, dans les pays qui ſont régis par le Droit écrit, la puiſſance paternelle donne aux peres le droit de jouir par uſufruit, *jure patriæ poteſtatis*, de tous les biens qui appartiennent à leurs enfans à titre de pécule adventice ; mais non pas des biens caſtrenſes ou quaſi-caſtrenſes, tels que ſont les biens que les fils de famille ont acquis à la Guerre ; au Barreau; ou au ſervice de l'Egliſe ; car ils appartiennent en pleine propriété aux enfants qui ſont en puiſſance de leur pere : *ita ut in his bonis pro patribus familias habeantur, & de iis poſſint facere teſtamentum.*

Les fils de famille ne peuvent pas dans ces pays teſter de leur pécule adventice ; mais ſeulement de la pecule caſtrenſe ou quaſi-caſtrenſe, conformément à la diſpoſition du Droit Romain ; comme je l'ai remarqué dans ma Traduction des Inſtitutes, ſur le commencement du douzieme titre du ſecond Livre.

En pays de Droit écrit, les fils de famille n'ont point leurs propres enfans ſous leur puiſſance, par ce qu'ils ſont ſous celle de leur ayeul, ſelon la regle, *qui eſt in poteſtate alterius, non poteſt habere alium in ſua poteſtate.*

Les peres peuvent ſubſtituer pupillairement aux enfants impuberes qu'ils ont ſous leur puiſſance. Ils peuvent par teſtament auſſi leur donner des tuteurs.

Les peres ont ſoin de l'éducation de leurs enfans ; & quant ils ſont impuberes & qu'ils les émancipent, ils ſont leurs tuteurs légitimes.

Les donations faites par les peres aux enfans qui ſont ſous leur puiſſance, quoiqu'elles ſoient conçues entre-vifs, ne ſont pas irrévocables, & n'ont leur effet, que lorſque le pere en mourant les a confirmées par une diſpoſition expreſſe, ou du moins par ſon ſilence ainſi qu'il eſt décidé en la Loi 25. *cod. de donat. inter & uxor.*

En pays de Droit écrit, la prétérition du fils en puiſſance de ſon pere, y cauſe la nullité de ſon teſtament ; & à l'égard des enfans émancipés qui ſont omis dans le teſtament de leur pere, ils peuvent demander que la ſucceſſion ſoit, en conſéquence de leur prétérition, déclarée ouverte *ab inteſtat.*

L'exhérédation d'un fils faite par ſon pere ſans juſte cauſe, donne lieu à la plainte d'inofficioſité.

Les fils de famille ne peuvent pas s'obliger valablement pour prêt d'argent, quelqu'âge qu'ils ayent, ſuivant le Senatus conſulte Macédonien qui y eſt obſervé, comme nous avons dit, *verbo Senatus-conſulte.*

La puiſſance paternelle dure juſqu'à ce que les enfans ſoient émancipés ; enſorte que le mariage ne met pas les enfans hors de la puiſſance de leur pere, qui a tous ſes deſcendans par mâles ſous ſa puiſſance, à moins qu'il ne les émancipe, à quoi régulièrement il ne peut être contraint. *Voyez* Henrys & ſon Commentateur, tome 2. livre 4. queſt. 13.

Voilà les principaux effets que produit la puiſſance paternelle en pays de Droit écrit. Je ne rapporte point à cette puiſſance un autre effet qu'elle produiſoit chez les Romains, à l'égard des mariages des fils de famille ; parce que parmi nous ce n'eſt pas la puiſſance paternelle qui fait que les enfans ne peuvent pas ſe marier ſans le conſentement de leurs parens, comme nous l'avons dit, lettre M. en parlant des mariages contractés par des mineurs.

En France la puiſſance paternelle n'eſt pas en uſage en pays coutumier, & il n'y eſt paſſé que des veſtiges de cette puiſſance que les Romains avoient ſur leurs enfans ; comme l'ont remarqué *Boërius*, *quæſt.* 13. *num.* 11. *& quæſt.* 167. Gui-Pape, queſt. 410. Bacquet, chap. 21. des Droits de Juſtice, nomb. 59. & Brodeau ſur Louet, lettre M. chap. 18.

Dans la plupart de nos coutumes, les peres n'ont guéres plus de pouvoir ſur leurs enfans, que les tuteurs en ont ſur leurs pupilles ; car ils n'ont que le ſoin de leur éducation, & l'adminiſtration de leurs biens, juſqu'à ce qu'ils ſoient majeurs ou émancipés d'âge par Lettres du Prince.

Ainſi dans preſque tous les pays coutumiers, tout ce qui advient aux enfans par ſucceſſion ou autrement leur appartient en pleine propriété.

Nous n'avons plus, dit M. du Vair, au ſixième des Arrêts prononcés en Robes rouges, pag. 1121. la puiſſance que les Romains avoient ſur leurs enfans ; cette ſouveraine domination eſt changée de la part des peres en charitable amour, & cet eſclavage de la part des enfans en un honneur plein de reſpect, & par conſéquent les effets de cette puiſſance ſont changés.

Le pere n'acquiert donc point en pays coutumier ni la propriété, ni l'uſufruit de ce qui advient à ſes enfans. Si la garde noble ou bourgeoiſe appartient au pere après le décès de ſa femme, ce n'eſt pas en vertu de la puiſſance paternelle, puiſqu'elle eſt commune au pere & à la mere ; & d'ailleurs elle ne leur donne que l'uſufruit de certains biens, & juſqu'à un certain âge, qui eſt différent ſuivant les différentes coutumes.

Mais quoique la puiſſance paternelle ne ſoit pas reçue dans la plupart de nos Coutumes nous en avons néanmoins quelques-unes où le pere acquiert par ſes enfans, tous leurs meubles, & les fruits de leurs immeubles, juſqu'à ce qu'ils ſoient parvenus à un certain âge, ſuivant les diverſes Coutumes, comme Auvergne, Bourbonnois, Reims, Berry & quelques autres. Il y en a même quelques-unes, comme celle de Bourgogne, où la puiſſance paternelle finit dès que les enfans ne demeurent plus dans la maiſon de leur pere, & tiennent leur ménage à part.

Enfin, dans les lieux même ou la puiſſance paternelle n'a pas été admiſe, le pere a droit de correction ſur ſes enfans mineurs: mais ce droit n'eſt pas un effet de la puiſſance paternelle, puiſqu'il appartient auſſi à la mere. *Voyez* ce que j'en ai dit dans ma Traduction des Inſtitutes, aux titres 9. & 11. du premier livre, au titre 9. du Livre ſecond, en parlant des différens pécules de fils de famille, le Recueil alphabétique de M. Bretonnier ; & ce que j'ai dit ici , *verbo* Correction. *Voyez* aussi Bodin en sa République , liv. 1. chap. 44.

PUISSANCE MARITALE, est un droit & une autorité que le mari acquiert sur sa femme & sur ses biens du jour de la célébration du mariage.

Cette puissance ne consiste pas dans un simple respect auquel les femmes sont obligées envers leurs maris , mais dans une étroite dépendance & soumission.

En pays de Droit écrit , le mari a l'administration des biens dotaux de sa femme , mais non pas des paraphernaux.

En pays coutumier , la puissance du mari est plus étendue ; il a l'administration de tous les biens de sa femme , qui sont tous réputés dotaux. Les femmes ne peuvent s'y obliger sans être autorisées de leurs maris.

L'obligation de la femme mariée sans autorisation , est nulle & sans effet en toutes Coutumes ; non-seulement pendant le mariage , mais aussi après la dissolution d'icelui , tant à l'égard de son mari , que par rapport à elle-même, pour les biens situés même en pays où l'autorisation n'est pas nécessaire.

C'est aussi en conséquence de la puissance maritale qu'une femme mariée ne peut ester en Jugement sans le consentement de son mari , si elle n'est autorisée ou séparée par Justice & ladite séparation exécutée : ce qui a lieu tant en pays de Droit écrit , qu'en pays coutumier. *Voyez* ce que j'ai dit sur les articles 223. & 224. de la Coutume de Paris ; & ce que j'ai dit ici de ce pouvoir , *verbo* Mari.

PUITS MITOYEN , est celui qui est dans le mur mitoyen , & qui sert à deux voisins à qui ce mur est commun.

PULVERAGE , en latin *pulverogium* ou *pulveratium*, signifioit autrefois ,

1°. La récompense donnée aux Arpenteurs.

2°. Le présent que les Gouverneurs des Provinces exigeoient des Villes qu'ils visitoient.

3°. Les binos & solidos que l'on donnoit aux serfs qui s'enroloient pour la milice , dont il est fait mention en la Loi 16. *cod. Theod. de Tironib.*

IV. Le péage.

Aujourd'hui en Dauphiné , où ce mot est le plus usité , pulverage est un droit que les Hauts-Justiciers , fondés en titre ou possession immémoriale , ont accoutumé de prendre sur les troupeaux de moutons qui paissent dans les terres , à cause de la poussiere qu'ils excitent. En Provence , ce droit s'appelle droit de passage.

Le même droit de pulverage est dû aux Seigneurs , pour les brébis passant au territoir des Seigneurs de fiefs.

Voyez Chorier , Jurisprudence de Guy-Pape , page 292. Salvaing , de l'Usage des Fiefs , chapitre 34. & Boniface , tome 4. liv. 3. tit. 7. chapitre 3.

PUPILLE , suivant le Droit Romain , est un fils de famille , qui n'a pas encore atteint l'âge de puberté & qui à cause de la foiblesse de son âge, est en tutelle ; au lieu que par mineur on entend celui qui est parvenu à sa puberté , mais qui n'est pas encore majeur ; de sorte qu'il n'est point en tutelle , laquelle finit par la puberté ; mais on lui donne seulement un curateur , pour gerer & administrer ses biens.

Cette différence entre pupille & mineur n'a point lieu en pays coutumier ; car la tutelle n'y finit point par la puberté , comme je l'ai observé dans ma Traduction des Institutes , sur le titre 12. du premier livre.

Ainsi on se sert indifféremment en pays coutumier du mot de mineur , pour signifier tous ceux qui ne sont pas encore parvenus en majorité , soit qu'ils soient impuberes ou qu'ils ayent atteint l'âge de puberté.

PUR , signifie ce qui n'est chargé d'aucune clause ni condition ; comme quand on dit , un élargissement pur & simple pour signifier celui qui se fait sans caution ; un bail pur & simple , pour dire celui qui n'a aucune clause particuliere , comme celle de six mois ; une quittance pure & simple , pour dire celle qui est sans reserve ni protestation ; une donation pure & simple , c'est-à-dire , sans condition & sans rétention d'usufruit.

PURE PERTE , se dit de la saisie du fief du Vassal , faite par le Seigneur , laquelle tombe en pure perte sur le Vassal , faute d'avoir fait la foi & hommage , parce que le Seigneur fait les fruits siens du fief tant que dure la saisie , jusqu'à ce que le Vassal ait fait & payé ses droits & devoirs au Seigneur saisissant , en sorte que le Seigneur n'est pas obligé de restituer les fruits qu'il a perçus pendant le tems qu'a duré la saisie faite faute de foi & hommage. *Voyez* Saisie féodale.

PURGER , signifie ôter & éteindre : ainsi on dit purger les hypotheques , pour marquer qu'on les éteint.

C'est dans ce sens que l'on dit que le décret purge les hypotheques , mais qui ne purge pas le douaire ni les substitutions. *Voyez* ci-dessus ce que nous en avons dit , en parlant des Oppositions en fait de décret.

On se purge aussi par serment à l'Audience , sur un fait dont il n'y a point de preuves.

On dit aussi purger le remeré , lorsque le délai est au-dessous de trente ans ; car en ce cas , nonobstant la fixation du délai , la faculté du remeré dureroit trente ans , à moins qu'au bout du terme stipulé on n'obtienne un Jugement qui déclare le vendeur déchu de ladite faculté : ce que l'on appelle un Jugement de purification , ou qui purge le remeré.

PURGER LA CONTUMACE , est se mettre en état dans les prisons du Juge qui a instruit la contumace , à l'effet de justifier qu'on est innocent du crime dont on a été accusé , & condamné par contumace ; en conséquence des charges & informations qui ont été faites.

Dès que le condamné par contumace est arrêté prisonnier , ou s'est représenté , la contumace est purgée de plein droit , & les défauts & contumaces font mis au néant, *ipfo faƈto*, fans qu'il foit befoin de Jugement, ou d'interjetter appel de la Sentence de contumace. Article 18. du titre 17. de l'Ordonnance de 1670.

Toutes les procédures font anéanties, & *refolvuntur in fimplicem citationem* ; de forte qu'il ne s'enfuit pas que le Procureur du Roi & la Partie civile foient aftreints à recommencer le procès, & qu'il fuffife au condamné de fe tenir fur la défenfive ; mais le condamné eft chargé de prouver & juftifier fon innocence.

Pour qu'un condamné par contumace puiffe la purger en fe mettant en état, il faut qu'il vienne & fe conftituer prifonnier dans les cinq ans, à compter du jour de la condamnation ; autrement ceux qui font condamnés par contumace ne fe repréfenteroient que le plus tard qu'ils pourroient, afin de faire depérir les preuves.

C'eft pour cette raifon qu'après ce tems de cinq ans, un homme condamné par contumace ne peut plus être reçu, en fe conftituant prifonnier, à purger la contumace, à moins qu'il n'obtienne des Lettres pour efter à droit, fuivant l'Ordonnance criminelle.

L'article 28. du titre des défauts & contumaces, porte, que fi ceux qui ont été condamnés ne fe repréfentent, ou ne font pas conftitués dans les cinq ans de l'exécution de la Sentence de contumace, les condamnations pécuniaires, amendes & confifcations font réputées contradiƈtoires, & valent comme ordonnées par Arrêt.

Celui qui ne vient qu'après les cinq ans pour purger la contumace, fe met en état, & ayant obtenu des Lettres à cet effet, doit donc payer la réparation civile, pour peine de fa contumace.

Néanmoins les condamnés par contumace qui ont été empêchés de comparoir pendant les cinq ans par quelque jufte caufe, peuvent obtenir des Lettres du Prince pour être reçus à efter à droit ; & nonobftant le laps du tems de cinq années, être admis à purger la contumace.

Dans ce cas, fi le Jugement qui intervient enfuite porte abfolution, ou n'emporte point de confifcation, les meubles & immeubles confifqués fur l'accufé lui doivent être rendus en l'état qu'ils fe trouvent ; mais fans qu'il puiffe prétendre reftitution des amendes, intérêts civils, & des fruits de fes immeubles.

PURGER LA MÉMOIRE D'UN DEFUNT, eft prouver qu'il n'étoit point coupable du crime dont il a été accufé, ou pour raifon duquel il a été condamné : ce qui ne fe peut faire qu'en vertu des Lettres du grand Sceau, adreffées aux mêmes Juges qui ont rendu contre le défunt le Jugement de condamnation. *Voyez* l'Ordonnance de 1670. au tit. 27.

Quoique cette Ordonnance femble n'entendre parler que des condamnés par contumace, on peut néanmoins être admis à purger la mémoire de ceux qui auroient été exécutés à mort ; car en ce cas leurs parens, en obtenant des Lettres du Prince, peuvent les juftifier, & faire voir qu'ils ont été

condamnés injuftement, foit par la dépofition des faux témoins ou autrement ; & ils font admis en tout tems à purger la mémoire du défunt nonobftant l'autorité des chofes jugées.

Cela eft fondé fur l'intérêt notable que des héritiers ont, non-feulement pour raifon des biens du défunt, qui eft ce qu'on doit le moins confidérer dans ces fortes d'occafions, mais principalement pour rétablir & réhabiliter l'honneur du défunt, & même celui de toute fa famille, qui femble avoir été en quelque maniere flétri par le Jugement de condamnation. *Voyez* Papon, livre 22. tit. 2. Autumne en fa conférence, fur le titre *de pœnis*, au Digefte, & Guenois fur le chapitre 22. tit. 3. de la pratique d'Imbert.

A l'égard de ceux qui font condamnés par contumace, & qui font décédés avant les cinq ans, leurs veuves, enfants, ou autres proches parens, peuvent appeller de la Sentence ; & fi la condamnation de contumace eft par Arrêt ou par Jugement en dernier reffort, ils doivent fe pourvoir pardevant les mêmes Cours ou Juges qui l'ont rendu, fuivant l'article 1. du tit. 27. de l'Ordonnance de 1670. & dans ce cas il n'eft pas befoin de Lettres de Chancellerie pour purger la mémoire du défunt.

Mais fi le condamné par contumace eft décédé après les cinq ans, on n'eft pas admis à purger fa mémoire, qu'en obtenant en la grande Chancellerie des Lettres qui reçoivent à purger la mémoire du défunt ; d'autant que s'il vivoit, & qu'il voulût après cinq ans purger la contumace, il n'y feroit point admis fans Lettres du Prince pour efter à droit.

Les Lettres qui reçoivent à purger la mémoire d'un défunt, contiennent l'expofition du fait.

Par exemple, qu'en tel tems le défunt fe feroit rencontré dans une telle batterie, dans laquelle tel auroit été tué, &c. la veuve duquel auroit fait informer & obtenu contre le défunt un Jugement de mort par défaut & contumace, en telle Jurifdiƈtion, pendant un voyage qu'il fit en tel pays où il eft décédé, & où il étoit allé pour fon négoce, ne croyant pas qu'il dût être pourfuivi criminellement pour raifon d'une chofe à laquelle il n'avoit aucune part, & dont il étoit entiérement innocent.

Enfuite il eft dit dans ces Lettres, que l'Expofant eft reçu à purger la mémoire du défunt de ladite accufation, ainfi qu'il eût pu faire auparavant lefdits défauts & contumace, & condamnation à mort contre lui prononcée, quoique l'Expofant foit hors le tems porté par les Ordonnances, dont il eft relevé, à la charge de payer les frais de la contumace, comme frais préjudiciaux, & de configner les amendes, dépens, dommages & intérêts civils, & que foi fera ajoutée aux dépofitions des témoins décédés, comme s'ils avoient été confrontés.

Si le défunt avoit obtenu des Lettres de rémiffion avant fon décès, on pourroit inférer la claufe qui fuit dans les Lettres obtenues pour purger fa mémoire : *Et permis à l'Expofant de pourfuivre l'ën-*

térinement des Lettres de grace & de rémiſſion accordées audit défunt, & du contenu en icelles faire jouir l'Expoſant, comme ſi elles euſſent été entérinées du vivant dudit défunt, à la charge de payer les frais, &c.

Les Lettres pour purger la mémoire du défunt ayant été obtenues par la veuve, ou les héritiers, ou parens, il faut en vertu d'icelles faire aſſigner le Procureur du Roi & la Partie civile, leur en donner copie, & procéder dans les délais preſcrits pour les affaires civiles, ſuivant l'art. 3. du tit. 27. de l'Ordonnance de 1670.

Avant que de faire aucune procédure, il faut acquitter les frais de Juſtice qui ont été faits pour la pourſuite & Jugement de la contumace, & conſigner l'amende. Art. 4.

Il faut enſuite faire remettre le procès, c'eſt-à-dire, les informations, procédures & pieces ſur leſquelles la condamnation par contumace eſt intervenue entre les mains du Rapporteur auquel il eſt diſtribué ; & faire joindre au procès d'appel, ou à l'inſtance des Lettres, les informations & procédures criminelles faites par contumace contre le défunt.

Si les Parties aſſignées ne ſe préſentent pas ſur l'aſſignation, pour procéder ſur l'appel, ou ſur les Lettres en forme de Requête civile, ou ſur celle donnée en vertu des Lettres pour eſter à droit, après les cinq ans de contumace, le demandeur peut obtenir défaut, & le faire juger ſelon les regles preſcrites par l'ordonnance en matiere civile.

Le Jugement de l'inſtance, à l'effet de purger la mémoire du défunt, ſe rend ſur les charges & informations, procédures & pieces ſur leſquelles la condamnation par contumace a été rendue. Article 5.

Néanmoins les Parties peuvent auſſi reſpectivement produire de nouveau telles pieces que bon leur ſemble, & les attacher à une requête, qui doit être ſignifiée à la Partie, & copie baillée de la Requête & des pieces, ſans qu'il puiſſe être pris un appointement. Article 6.

Les Parties y peuvent répondre par une autre Requête, qui doit auſſi être ſignifiée & copie baillée d'icelle, & des pieces qui y ſont attachées, dans les délais ordonnés pour les matieres civiles, à moins que le Juge ne trouve à propos de les proroger. Article 7.

Sur les Lettres & ſur le procès auquel elles ſont jointes, on purge la mémoire du défunt ; lorſqu'il apparoît de ſon innocence, on le décharge de l'accuſation intentée contre lui, & on ordonne que la veuve, enfans & héritiers demeureront en la poſſeſſion & jouiſſance des biens & effets de ſa ſucceſſion.

Si la Partie civile ou le dénonciateur ſont en cauſe, on les condamne à la réparation & aux dommages & intérêts ; & s'ils ne ſont point en cauſe, on réſerve l'action contr'eux.

Q

QU

QUADRIENAL, Office qui ſe diviſe en pluſieurs titulaires, dont chacun n'exerce que de quatre ans en quatre ans.

QUADRUPLE, ſignifie le prix & l'eſtimation d'une choſe multipliée par quatre.

Quelquefois ce terme ſignifie le même nombre en fait d'argent, multiplié par quatre.

Les Ordonnances veulent que la peine de l'omiſſion de la recette par les Comptables, ſoit le quadruple.

QUALITÉ, eſt un titre qui marque le rang & la condition d'une perſonne, ſur quoi il faut remarquer qu'il n'eſt pas permis de s'arroger un titre qu'on n'a pas.

Le Journal des Audiences rapporte un Arrêt de Réglement rendu le 13. Août 1663. qui fait défenſes à tous propriétaires de terres, de ſe dire Barons, Comtes ou Marquis, & d'en prendre les couronnes à leurs armes, ſinon en vertu des Lettres-patentes du Roi, bien & dûement vérifiées en la Cour ; à tous Gentilshommes, de prendre la qualité de Meſſires & de Chevaliers, ſinon en vertu de bons & légitimes titres ; à ceux qui ne le ſont pas, de prendre la qualité d'Ecuyer, ni de timbrer leurs armes, à peine de quinze cens livres d'amendes payables, ſçavoir, un tiers au dénonciateur, un autre tiers à l'Hôpital général, & l'autre tiers aux Pauvres des lieux.

QUALITÉ EN TERME DE PALAIS, ſe dit du titre dont on ſe ſert pour établir ſon droit, ou faire quelque choſe.

Par exemple, une femme agit après la mort de ſon mari, pour avoir ſes conventions matrimoniales, en qualité de veuve du défunt. Un tuteur agit pour ſon pupile, en qualité de tuteur.

QUALITÉS, ſont les noms de ceux qui, ſoit en demandant ou en défendant, ont été Parties dans une cauſe d'Audience, avec l'énonciation des qualités eſquelles ils ont procédé, tant en demandes principales qu'incidentes.

Quand une affaire eſt jugée à l'Audience, celui qui veut faire expédier & lever le Jugement, fait ſignifier des qualités, & les donne enſuite au Greffier qui met le prononcé de la Sentence ou Arrêt au bas de ces qualités, & ſur le tout s'expédie le Jugement.

Comme il arrive ſouvent que les qualités des

Parties font conteftées, on met ordinairement à la fin defdites qualités de cette claufe : *Sans que les qualités puiffent nuire, ni préjudicier aux Parties.*

On ne fignifie point des qualités dans les inftances & procès par écrit ; c'eft le Greffier qui dreffe lui-même le Jugement en entier. Il met d'abord les qualités des Parties ; enfuite le vû, c'eft-à-dire, l'énumération des principales pieces & demandes ; à la fin de quoi il met le *dictum* du Jugement qu'il a reçu du Rapporteur.

On fignifie des qualités pour les appointe-mens. Le Procureur de celui qui veut avancer, les fait fignifier au Procureur de la Partie adver-fe, afin qu'il ait à y former oppofition, fi bon lui femble.

Dans les appointemens de conclufion, on prend les mêmes qualités de la Sentence dont eft appel.

Mais dans les appointemens, Sentences ou Ar-rêts qui ne font précédés d'aucun Jugement qui regle les qualités des Parties, on prend les qua-lités dans les Requétes & dans les Exploits qui contiennent les demandes & les défenfes. Il y en a des formules au Stile civil.

On les porte au Greffier, pour faire expédier les Jugemens ; & fi l'une des Parties forme un empê-chement à la reception, ce qui fe peut faire par une réponfe au bas de la fignification, ou par un acte feparé, l'expédition eft arrêtée.

Ces fortes d'incidens fe reglent ordinairement en-tre les Procureurs & le Greffier, ou par l'avis des anciens Procureurs ; ou enfin, quand la difficulté eft confidérable, à la Chambre où le Jugement eft intervenu.

Il eft important d'examiner de près les qualités. Si on donnoit, par exemple, la qualité d'héritier à une Partie qui ne voudroit point de la fucceffion, & que fon Procureur eût laiffé expédier le Juge-ment fur fes qualités fignifiées, on trouveroit dans le procès matiere de faire un autre procès.

QUANTI MINORIS ACTIO, eft une action qui eft donnée à l'acheteur qui a donné un prix plus fort que la chofe vendue ne valoit, & qu'il n'en auroit donné, s'il avoit eu connoiffance de fa dé-fectuofité.

Dans cette action ; le demandeur conclut à ce que le vendeur foit tenu de le dédommager du tort qu'il lui a fait, en lui vendant une chofe moins confidérable & de moindre valeur qu'il n'a prétendu l'acquérir : en un mot, il conclut à ce qu'il foit condamné envers lui aux dépens, dom-mages & intérêts, quoique le vendeur n'eût point, lors du contrat de vente, connoiffance du vice in-hérent à la chofe vendue.

Une terre avoit été vendue ou baillée en paye-ment aux Peres de la Doctrine Chrétienne de Nan-tes, dont une partie n'appartenoit pas aux ven-deurs. Quelques années après, le *quanti minoris* leur eft adjugé ; & enfuite liquidé par Experts à une fomme.

Les intérêts de cette fomme doivent être adju-gés, non pas depuis le contrat de vente, mais de-puis la demande du *quanti minoris.* Ainfi jugé par

Arrêt rendu au Parlement de Touloufe l'an 1695, rapporté par Catelan, liv. 6. chap. 5.

L'action *quanti minoris* n'a pas lieu ès ventes qui fe font par décret. Dolive, liv. 4. chap. 25.

Touchant cette action, *voyez* ce que j'en ai dit, *verbo Redhibitoire.*

QUANTI PLURIMI, fignifie le plus haut prix auquel étoit une chofe fongibile, lors de l'é-chéance du payement qui en devoit être fait au créancier.

Par exemple, un homme doit payer au premier Avril un muid de vin, ou un muid de bled, ou autre chofe femblable ; s'il eft en demeure après que le créancier l'aura fommé judiciairement de lui payer la chofe, il pourra être condamné d'en payer l'eftimation fur le pied du plus haut prix qu'elle aura valu lors de l'échéance du payement qui en devoit être fait.

L'avantage de l'eftimation *quanti plurimi,* con-fifte donc en ce que fi le prix de la chofe dûe à cer-tain jour eft depuis diminué, le débiteur qui a été judiciairement fommé, eft tenu, *propter moram,* d'en payer l'eftimation fur le pied de *quanti plurimi ea res voluerit tempore quo fuit folvenda.*

Voyez Coquille, queftion 106. & *Joan. Gall. quæft.* 54. & 55.

QUART EN SUS, fignifie une augmentation d'une fomme de fon quart. Ainfi fuppofé qu'il s'agiffe de quarante francs, le quart en fus eft dix par-deffus. *Voyez* Pardeffus.

QUARTE FALCIDIE, eft un retranchement d'un quart que l'héritier en pays de Droit écrit peut faire fur le legs. On l'appelle Falcidie, parce qu'elle fut introduite par Falcidius, Tribun du Peuple : elle fut rétablie fous l'Empire d'Augufte, pour mettre en dernier lieu des bornes aux legs. En effet, par la Loi des douze Tables, la faculté de léguer étoit fi étendue, qu'il étoit permis à un pere de famille d'abforber en legs tout fon patrimoine. Auffi a-t-on trouvé à propos de reftraindre cette liberté, & cela en faveur des Teftateurs, qui le plus fouvent mouroient *ab inteftat* ; parce que les héritiers inftitués voyant qu'ils ne devoient recevoir aucun avantage, ou qu'un très-modique de l'hé-rédité, refufoient de l'appréhender. Et comme ni la Loi Furia, ni la Loi Neconia, n'étoient pas fuffi-fantes pour remédier à cet inconvénient, on pu-blia enfin la Loi Falcidie, par laquelle il eft dé-fendu aux Teftateurs de léguer plus de trois quarts de leurs biens, afin que la quatrieme partie refte exempte de legs, foit qu'il n'y ait qu'un héritier inftitué, foit qu'il y en ait plufieurs. *Voyez* le com-mencement du tit. 22. du fecond liv. des Inftitutes de Juftinien, & ce que j'ai dit ci-deffus dans ma Traduction.

La Loi Falcidie, qui n'avoit été établie que pour les legs laiffés par teftament, fut depuis étendue,

1°. Aux legs & fidéicommis laiffés *ab inteftat,* & aux donations à caufe de mort, à caufe du rapport qu'elles ont avec les legs. *Leg. 3. cod. ad Leg. Falcid. & Leg. 1. cod. de mort. cauf. donat.*

II°. Aux donations entre-vifs, qui font confir-mée

mées par la mort du donateur. *Leg.* 12. *cod. ad Leg. Falcid.*

III°. A ce que les Jurifconfultes appellent *mortis caufa capio* ; c'eft-à-dire , quand le Teftateur a inftitué fon héritier , à condition qu'il donnera une telle fomme à un tel , ce que l'héritier eft obligé de lui donner, eft appellé *mortis caufa capio* , & a été foumis au retranchement de la Quarte Falcidie par la Loi pénultieme au code *ad Leg. Falcid.*

Suivant ce que nous avons dit , la Loi Falcidie a été faite pour engager par un gain certain, ceux qui étoient inftitués héritiers , à fe porter héritiers , & ne pas répudier la fucceffion.

Tous les héritiers inftitués qui font chargés de legs , ont droit de jouir du bénéfice de cette Loi ; c'eft-à-dire , que chaque héritier peut, felon la portion de laquelle il eft inftitué , retirer la Falcidie des legs dont cette portion eft chargée. Ainfi la Loi Falcidie a voulu pourvoir à l'intérêt de tous les héritiers en particulier , & non pas à l'intérêt d'un feul. *Voyez* ce que j'ai dit fur le §. 1. du tit. 22. du fecond livre des Inftitutes.

La quarte falcidie fe tire de tous les biens du défunt , eu égard à leur quantité au tems de fa mort , & non pas au tems que le teftament a été fait , ni au tems que l'hérédité a été appréhendée ; comme je l'ai fait voir fur le §. 2. du titre 22. du fecond livre des Inftitutes.

Mais il y a de certaines chofes qu'il faut prélever de la fucceffion du défunt , & qui n'entrent point dans le compte à l'égard du retranchement de la Quarte Falcidie , comme je l'ai remarqué fur le §. fuivant.

Il y a même quelques cas où la falcidie ceffe entiérement , & que j'ai rapportés au même endroit, & dans les Paratitles du Digefte , fur le tit. *ad Legem Falcidiam* , où j'ai auffi remarqué quelles chofes ne fouffrent point la diftraction de la Quarte Falcidie.

Lorfqu'il eft incertain fi la Falcidie aura lieu ou non , à caufe que le Teftateur a fait plufieurs legs fous condition , ou à caufe que les dettes ne font pas encore déclarées , ou parce que l'héritier eft obligé d'entreprendre ou de foutenir des procès dont l'iffue eft incertaine , il ne peut être alors contraint par les légataires de payer les legs , qu'en baillant par eux caution de reftituer ce qu'ils auroient reçu au-delà de ce que la Loi Falcidie permet , & de ne commettre aucun dol dans la chofe léguée qui leur auroit été délivrée prématurement.

Hæc cautio introducta eft , ne interim priventur legatarii commodo legatorum , & ne hæredes legata integra ftatim præftando , non levi damno afficiantur , fi fortè poftea legatarii fiant non folvendo , reddatque inutilem hæredi conditionem indebiti legatariorum inopia , toto titulo , ff. fi cui plufquam per Legem Falcid. licuer. Legat. ef. dicet.

La Loi Falcidie eft en ufage dans le pays de Droit écrit, où les teftamens font nuls fans inftitution d'héritier ; c'eft-à-dire , que tout ce qui eft contenu dans un teftament eft nul , & ne peut avoir fon exécution ; quand le teftament ne contient

point d'inftitution d'héritier , ou lorfque celui qui eft inftitué ne fe porte point héritier.

Ainfi pour que l'héritier inftitué ne répudie point la fucceffion , on y admet la déduction de la Quarte Falcidie fur les legs , quand le Teftateur a légué au-delà de trois quarts de fes biens.

Mais il faut remarquer que la diftraction de la Quarte Falcidie n'a point lieu en pays de Droit écrit , quand l'héritier n'a point fait d'inventaire ; car alors il eft tenu de payer les legs en entier. Peleus , queftion 161. Brodeau fur Louet lettre J , fommaire 7. & lettre H , fommaire 24. Ricard , des difpofitions conditionnelles , chapitre 4. fection 1.

On n'impute en la Falcidie que ce que l'héritier prend *hæreditario jure, aut ultimæ voluntatis titulo , nimirùm legati aut mortis caufa donationis , non verò quæ pertinent ad hæredem titulo donationis inter vivos. Voyez* Dolive , liv. 5. chap. 30. Henrys , tom. 2. liv. 5. queft. 56. & liv. 6. queft. 11. voyez auffi Cambolas , liv. 5. queft. 6.

Mais on demande fi une donation faite par un pere à fon fils , *in anteceffum futuræ fucceffionis* , en avancement d'hoirie , peut être imputée en la Falcidie , que ce fils inftitué héritier par fon pere veut déduire fur le legs dont il eft chargé ? Dufrefne , Auteur du premier tome du Journal des Audiences , livre 4. chap. 10. rapporte un Arrêt du 23. Juillet 1643. qui a jugé qu'une telle donation ne devoit point être imputée en la Falcidie. Brodeau fur M. Louet , lett. H , fommaire 13. tient le contraire ; & je crois que c'eft le fentiment qu'il faut fuivre.

La Quarte Falcidie doit fe prendre au *pro rata* de ce à quoi chaque legs monte , & il n'eft pas loifible à l'héritier de la retenir fur un feul légataire. *Leg.* 73. §. *ult. ff. ad Leg. Falcid.* & §. *ult. Juft. tit. de Leg. Falcid.*

Dans la France coutumiere , l'inftitution d'héritier n'a point lieu , c'eft-à-dire , qu'elle n'eft point requife : car elle ne vicie pas un teftament , fuivant l'art. 299. de la Coutume de Paris , qui contient en ce point un droit qui eft obfervé dans prefque toutes les Provinces du pays coutumier.

On peut difpofer de fes biens par legs univerfels ou particuliers , excepté ce que chaque Coutume veut être refervée aux héritiers légitimes , foit afcendans ou collatéraux , en quoi nos Coutumes ont des difpofitions différentes , c'eft pourquoi on n'y a point reçu la déduction de la Quarte Falcidie.

Touchant la Falcidie , *voyez* ce que j'ai dit dans ma Traduction des Inftitutes , fur le titre 22. du fecond livre ; Henrys & fon Commentateur , tom. 2. livre 5. queft. 56. & les Loix civiles , livre 4. tit. 3. *Voyez* auffi le Traité qu'a fait de la Quarte Falcidie *Berengarius Fernandus* , dans lequel il parle des Quartes qui fe trouvent dans le Droit , foit civil , foit canonique , & où il en rapporte les convenances & les différences.

QUARTE Trebellianique , eft , fuivant le Droit Romain , la quatrieme partie des biens que l'héritier grevé de fidéicommis peut retenir ; au moyen de quoi cet héritier & le fidéicommiffaire univerfel font tenus des dettes au prorata de la part & portion que chacun d'eux amende dans la fucceffion.

Par la difpofition du Droit Romain, obfervé en ce point dans les pays de Droit écrit, l'héritier teftamentaire chargé de fidéicommis univerfel, c'eft-à-dire, de reftituer la fucceffion ou partie d'icelle à quelqu'un, peut diftraire & tenir la quatrieme partie des biens du teftateur, en en faifant la reftitution au fidéicommiffaire.

Si celui qui feroit chargé d'un fidéicommis univerfel, n'étoit héritier que d'une partie qu'il fût chargé de rendre, il en auroit donc la Trebellianique, qui feroit le quart de fa portion d'hérédité. Il en feroit de même, fi plufieurs héritiers étoient chargés de rendre leurs portions héréditaires, & chacun auroit la Trébellianique de fa portion.

Le quart qui doit demeurer à l'héritier, eft une quote de l'hérédité, qui oblige à un partage des biens de la fucceffion entre l'héritier & le fidéicommiffaire. Cependant le Teftateur peut affigner à l'héritier un certain fonds ou autre chofe, ou même une fomme d'argent au lieu de ce quart : & en ce cas, l'héritier remettant l'hérédité au fidéicommiffaire fous cette referve, celui-ci demeurera feul tenu de toutes les charges ; au-lieu que fi l'héritier prenoit le quart de l'hérédité, il fe feroit un partage entr'eux des biens & des charges à proportion de leurs portions.

Cette déduction eft appellée Quarte Trebellianique, introduite ad fimilitudinem Quartæ Falcidiæ, pour engager les héritiers inftitués & chargés de reftitution à fe porter héritiers ; parce qu'il arrivoit fouvent que les héritiers inftitués n'efpérant rien ou peu de chofe de leur inftitution, refufoient d'appréhender la fucceffion ; & par ce moyen, ceux au profit defquels la reftitution devoit être faite, n'en pouvoient rien prétendre.

Ainfi elle s'eft trouvée avantageufe, tant aux teftateurs, qu'aux héritiers inftitués, & aux fidéicommiffaires, envers lefquels ils étoient chargés de fidéicommis univerfels ; de forte que les deux Quartes, celle qui defcend de la Loi Falcidie, & de la Quarte Trebellianique, font différentes, quoiqu'elles aient été introduites pour un même motif & pour une même caufe.

La quarte Falcidie fe diftrait des legs particuliers ; la Trébellianique des fidéicommis univerfels. La Falcidie eft un droit établi pour les héritiers chargés de legs ; la Trébellianique eft un privilege introduit en faveur des héritiers fiduciaires. Dans la Trébellianique, imputatur quidquid quocumque jure capitur : dans la Falcidie, illud folum venit imputandum quod jure hæreditario capitur. Ainfi la Falcidie & la légitime fe peuvent prendre enfemble. Voyez Dolive, livre 5. chapitre 27. le Journal des Audiences, tom. 1. liv. 4. Chopin, Coutume de Paris, liv. 2. tit. 3. nomb. 18. Henrys tome 1. liv. 5. queftion 54. & 56.

De même que la diftraction de la Quarte Falcidie ceffe en pays de droit écrit, quand l'héritier inftitué n'a point fait d'inventaire ; de même auffi la diftraction de Trébellianique ceffe en ce cas.

Peleus, queftion 60. Dolive, livre 5. chapitre 26. Charondas, livre 13. réponfe 68. Henrys tome 2. liv. 5. queftion 6.

L'une & l'autre Quarte font en ufage dans le pays de Droit écrit, & inconnues dans la France coutumiere. Néanmoins en pays coutumier la fubftitution fidéicommiffaire y eft en ufage, mais non pas de la même maniere que dans les pays de Droit écrit.

On peut charger fes enfans de reftituer les biens qui leur doivent échoir, en leur laiffant leur légitime fans aucune charge. On peut auffi en pays coutumier fubftituer aux collatéraux, en leur laiffant la portion des biens dont on ne peut pas difpofer à leur préjudice, exempte de toute charge. Voyez l'art. 295. de la coutume de Paris ; & ce que j'ai dit ci-deffus, verbo Fidéicommis.

On tient communément que la Quarte Trébellianique n'eft pas en ufage dans les pays coutumiers ; il faut néanmoins excepter les Coutumes qui defirent pour la validité d'un teftament, qu'il y ait une inftitution d'héritier.

Il nous refte quelques obfervations importantes à faire touchant cette matiere, qui eft, comme nous avons dit, en ufage dans le pays de Droit écrit, & dans nos Coutumes qui defirent une inftitution d'héritier pour la valité d'un teftament.

La premiere eft, que quand l'héritier n'eft pas chargé de rendre l'hérédité qu'après un certain tems ou fous une condition, tous les fruits qu'il a perçus avant l'échéance du terme ou de la condition doivent être imputés en cette Quarte ; de forte que s'il a joui affez long-tems pour la remplir, il ne peut plus rien retenir. Mais il faut excepter de cette regle les enfans, qui étant chargé de fubftitution, ne font point en ce cas tenus d'imputer fur la Quarte Trébellianique les fruits qu'ils ont perçus. Voyez les Obfervations fur Henrys, tome 2. livre 5. queftion 8.

La deuxieme obfervation eft, que quand le Teftateur a expreffément défendu la déduction de la Trébellianique, l'héritier a bien la liberté d'accepter l'hérédité ou d'y renoncer ; mais s'il l'accepte il fera tenu d'accomplir le fidéicommis fans rien retenir. Il faut néanmoins remarquer que cette décifion n'eft pas généralement fuivie dans tous les Parlemens de ce Royaume, comme on peut voir dans ce qu'a dit le Commentateur d'Henrys, tome 2. livre 5. queftion 11.

La troifieme eft que les enfans grevés de fubftitution ne pouvoient par le Droit Romain prendre la Quarte Trébellianique, ou la légitime à leur choix : mais nous avons à cet égard fuivi le Droit canon, qui leur donne la Quarte Trébellianique & la légitime tout enfemble ; ce qu'on appelle les deux quartes. Voyez les articles 56. 57. 58. 59. 60. & 61. de la nouvelle Ordonnance des Teftamens du mois d'Août 1735.

La quatrieme eft, que comme la Trébellianique eft un quart de l'hérédité, l'héritier qui prétend retenir ce quart, doit juftifier en quoi confiftent les biens pour régler ce qu'il peut retenir & ce qu'il doit rendre : c'eft pourquoi il doit faire inventaire de tous les biens de l'hérédité ; faute de quoi, il seroit privé de la Trébellianique, comme nous avons déjà dit, à moins qu'il ne fût dans un cas qui le dispensât de cette précaution, ou que des circonstances particulieres ne fissent connoître que ce manque d'inventaire ne peut être imputé à sa négligence.

La cinquieme est, que le fidéicommissaire de l'hérédité ou d'une partie, qui seroit chargé de la rendre à une autre personne, ne pourroit pas en retrancher une seconde Trébellianique, quoique l'héritier qui lui auroit remis l'hérédité, eût retenu sa Quarte ; parce qu'elle n'est due qu'à l'héritier qui succede immédiatement au Testateur, s'il ne l'accorde aussi à ce fidéicommissaire, *Leg. 27.* §. *1. ff. ad Leg. Falcid. Leg.* 1. §. *19. ff. ad Senatus-consult. Trebell.*

La sixieme est, que cette Quarte ne se peut pas prendre non plus sur un fidéicommis contractuel, ni sur celui dont seroit chargé un héritier que le Testateur n'auroit institué héritier que d'une somme particuliere. Boniface, tome 5. livre 2. chapitre 4. & 5.

La septieme est, que la Quarte Trébellianique ne peut point avoir lieu, quand le testament n'est soutenu que par la force ou par donne la clause codicillaire ; parce qu'en ce cas les héritiers *ab intestat* sont censés être chargés de rendre l'hérédité purement, & sans aucune déduction, à celui que le Testateur a institué héritier dans son testament. Basset, tome 1. liv. 5. tit. 13. chap. 3. rapporte un Arrêt rendu au Parlement de Grenoble le 24. Mars 1625. qui l'a jugé ainsi.

La huitieme est, que l'héritier chargé de rendre purement & simplement, ou après un tems certain l'hérédité, peut la rendre à l'instant qu'il l'aura appréhendée, & même renoncer à la Quarte Trébellianique au préjudice de ses créanciers. La raison est, qu'on présume qu'il ne le fait pas en fraude, mais pour exécuter plus fidellement & plus pleinement la volonté du Testateur.

Voyez, touchant la Quarte Trébellianique, ce que j'en ai dit dans ma Traduction des Institutes, sur le §. 7. du titre 23. du second livre ; M. Ricard en son Traité des Substitutions directes & fidéicommissaires, chap. 17. Despeisses, tome 2. pag. 338. & suivantes ; le Recueil alphabétique de M. Bretonnier, *verbo* Substitution, vers la fin ; & les articles 56. & suivans de l'Ordonnance des Testamens, du mois d'Août 1735.

QUARTE DE LA FEMME PAUVRE est le quart en propriété des biens de son mari, accordé par l'Empéreur Justinien, par sa Novelle 53. chapitre 6. mais par sa Novelle 117. chapitre 5. il ne lui donne ce quart qu'en usufruit, quand il y a des enfans du mariage. De ces deux Novelles, Irnerius a composé l'Authentique *Præterea, cod. unde vir & uxor.*

Cette disposition est suivie en pays de Droit écrit. *Voyez* le Recueil alphabétique de M. Bretonnier, *verbo* Femme.

QUART-DENIER, est le quart du denier de l'Office qui se paye aux Parties casuelles, comme un droit de mutation, dans lequel le Roi est le Seigneur, & celui qui succede à l'Office, le vassal.

QUARTENIERS, sont des Officiers de la Ville de Paris, qui ont été institués pour commander les Bourgeois de leur quartier. Ils sont au nombre de seize, qui ont chacun sous eux quatre Cinquanteniers & seize Dixainiers. Ils donnent leurs voix pour l'élection du Prévôt des Marchands & Echevins, & ils parviennent à l'Echevinage alternativement avec les Conseillers de Ville. *Voyez* ce qui en est dit dans le Dictionnaire de M. Brillon, & dans la Bibliotheque du Droit François.

QUASI-CONTRAT, est un fait par lequel deux ou plusieurs personnes se trouvent obligées l'une envers l'autre, quoiqu'ils n'y aient point donné leur consentement. Il y en a cinq. Nous allons donner de chacun la définition : le Lecteur en trouvera l'explication dans ma Traduction des Institutes, liv. 3. tit. 28.

La gestion des affaires d'un homme absent, est un quasi-contrat qui oblige celui qui a géré à rendre compte de sa gestion, & qui a la répétition de ce qu'il a déboursé pour les affaires de l'absent. S'il y avoit un mandat, ce seroit un véritable contrat ; mais n'y en ayant point eu, ce n'est qu'un quasi-contrat.

L'administration de la tutelle est un quasi-contrat, lequel produit une obligation mutuelle entre le tuteur & le pupile, quoique le tuteur soit donné au pupille sans le consentement du pupile, & souvent contre la volonté du tuteur.

La communauté de biens, soit qu'elle soit de choses particulieres, soit qu'elle soit d'une succession, est un quasi-contrat, en vertu duquel ceux qui ont en commun la propriété d'une chose particuliere, ou d'une succession, sont obligés réciproquement à en faire le partage & à se faire mutuellement raison sur le fait des prestations personnelles.

L'acquisition d'une hérédité est un quasi-contrat, en vertu duquel l'héritier qui a appréhendé une succession, devient obligé envers les créanciers, les légataires & les fidéicommissaires de l'hérédité & les débiteurs du defunt lui deviennent obligés.

Le payement d'une chose non due est un quasi-contrat, par lequel celui qui a payé par erreur de fait une chose qui n'étoit pas due, oblige celui qui en a reçu le payement, comme s'il l'avoit reçu à titre de prêt.

QUASI DELIT, est le dommage que l'on a causé à quelqu'un par sa faute, sans avoir eu la volonté de lui en faire ; en quoi le quasi-délit differe du délit, qui est toujours accompagné de dol & d'un mauvais dessein de nuire.

La réparation du quasi-délit ne consiste que dans le payement des dommages & intérêts de la Partie lézée.

Voyez ce que j'ai dit sur le titre 5. du liv. 4. des Institutes, où vous trouverez l'explication des quasi-délits, qui sont au nombre de quatre ; sçavoir, le mal jugé par impéritie ; la déjection, ou l'effusion des choses qui ont porté préjudice à quelqu'un ; la position, ou la suspension sur un lieu passager, de chofes qui peuvent tomber & caufer quelque tort aux paffans ; & le dommage ou le vol fait dans un Navire , dans un Cabaret ou dans une Hôtellerie par les domeftiques prépofés pour y fervir.

QUATORZAINES , fe difent des criées ou publications des biens faifis réellement , lefquelles fe doivent faire par quatre Dimanches , de quatorzaine en quatorzaine en la Paroiffe où les biens faifis font fitués ; enforte qu'entre deux publications , on laiffe paffer un Dimanche fans faire la publication.

Ainfi , quatorzaine eft l'intervalle dans lequel fe doivent faire chacune des quatre criées des biens dont on pourfuit la vente par décret.

QUATRE-QUINTS , eft une efpece de légitime coutumiere des biens propres , dont il n'eft pas permis en pays coutumier de difpofer au préjudice de fes héritiers.

Elle leur doit demeurer franche & quitte de legs & de toutes autres charges teftamentaires. Ainfi on ne peut difpofer par derniere volonté que du quint de fes propres.

Le motif fur lequel eft fondée la difpofition de nos Coutumes , qui veulent qu'on ne puiffe difpofer par derniere volonté que du quint des propres , a été de conferver dans les familles les biens propres ; enforte que les quatre quints qu'elles ont regardé comme un dépôt qui doit être tranfmis aux héritiers de la ligne d'où ils proviennent , demeurent francs & quittes de legs & de toutes autres charges teftamentaires.

Ainfi , quand le teftateur a légué plus du quint de fes propres la diminution fe fait de l'excédent , comme nous l'avons expliqué , verbo Retranchement.

Il eft fi vrai qu'on doit laiffer ces quatre quints francs & quittes de toutes charges , qu'on n'en peut pas même léguer l'ufufruit ; *quia hæc portio bonorum propriorum eft loco legitimæ , quæ nullatenus legatis gravari poteft.* Montholon , Arrêt 35.

On peut cependant difpofer entre-vifs de la totalité de fes biens propres ou acquêts. *Ratio differentiæ eft, quia liberaliores funt homines qui moriuntur quàm qui vivunt ; & fæpè leges prohibent quæ funt faciliora , quàm quæ vix folent accidere.*

Comme nos Coutumes ont préfumé que les hommes auroient plus de facilité à difpofer de leurs biens par derniere volonté , que de s'en dépouiller eux-mêmes par des difpofitions entre-vifs , elles ont reftraint aux difpofitions teftamentaires & à caufe de mort , la prohibition qu'elles ont faite de difpofer au-de-là du quint des propres.

Si néanmoins un homme qui a d'autres biens difpofe par fon teftament au delà du quint de fes propres , il eft réputé avoir plutôt laiffé la valeur de la chofe que la chofe même : c'eft pourquoi les légataires ont droit de prétendre récompenfe fur les meubles & acquêts , quand le teftateur en a laiffé. Autrement la difpofition qu'il auroit faite par derniere volonté de fes propres au-delà du quint , feroit reduïtible.

M. le Brun en fon Traité des Succeffions , liv. 2. chap. 4. fait voir que ce qu'on appelle communément *legitime coutumiere* , n'eft pas une véri-

table légitime. *Voyez* ce que j'ai dit fur l'art. 292. de la Coutume de Paris , glofe derniere à la fin , & fur l'article 295. glofe premiere au commencement. Il y a des Coutumes où l'on ne peut difpofer que du tiers de fes propres ; d'autres où l'on n'en peut point difpofer du tout par teftament. *Voyez* Propres.

QUAYAGE , eft un droit qui fe prend fur les Quais pour raifon des marchandifes que l'on y décharge. Ce droit eft appellé en Normandie Caiffe & Haure.

QUERELLE , eft un démêlé , une conteftation , une plainte. En certains pays ce terme fe prend auffi pour une Complainte poffeffoire.

QUERELLE D'INOFICIOSITÉ. *Voyez* ce que j'en ai dit dans ma Traduïtion des inftitutes , fur le titre 18. du fecond livre.

QUESTE , eft un droit que le Seigneur leve tous les ans fur chacun chef de maifon ou famille tenant feu & lieu. Ce droit n'eft rien en France que dans quelques Provinces. *Voyez* Fouage. *Voyez* Auffi la Rocheflavin , des Droits feigneuriaux , chap. 18. Henrys & fon Commentateur , tome 2. livre 3. chap. 24.

QUESTE ABONNÉE , dont il eft parlé dans l'article 345. de la Coutume de Bourbonnois , eft une Taille feigneuriale qui a été reduite entre le Seigneur & les Dépendans de fa Seigneurie , à une certaine fomme ; à la différence de celle qui s'impofe à la volonté du Seigneur , qui s'appelle quête courante dans l'art. 128. de la Coutume de la Marche.

QUESTION. Toutes les conteftations qui forment les procès , font ou queftions de Droit , ou queftions de Fait ; & quelquefois elles font queftions de Droit & de Fait.

QUESTION DE DROIT , eft celle qui fe décide par la Loi , c'eft-à-dire , par les Ordonnances , par le Droit coutumier , ou par le Droit écrit , ou même par la Jurifprudence des Arrêts ; comme quand il s'agit de fçavoir à quel âge on peut tefter dans une Coutume qui n'en parle point , & fi l'on doit en cela fuivre la difpofition du Droit Romain , ou celle des Coutumes voifines , ou de la Coutume de Paris.

C'eft encore une queftion de Droit , s'il eft queftion de fçavoir dans une Coutume qui n'en parle pas , comment les dettes fe doivent payer entre plufieurs héritiers qui fuccedent inégalement ; fi elles fe doivent payer fur les meubles & effets mobiliers ; ou fi tous les héritiers fuccédans inégalement dans différentes efpeces de biens , doivent les payer *pro rata émolumenti* , à proportion de ce que chacun amende de la fucceffion.

QUESTION DE FAIT , eft ce qui fe décide par la preuve d'un fait dont les parties ne font pas d'accord ; l'une foutenant l'affirmative , & l'autre la négative ; comme s'il s'agit de fçavoir fi un donataire à caufe de mort a furvécu le donateur ou non. C'eft encore une queftion de fait , fi un héritier prétend que le legs fait à une femme par le défunt eft nul , fur le fondement qu'elle étoit fa concubine.

QUESTION DE DROIT ET DE FAIT , eft celle

qui fe doit décider par les regles & les principes du Droit , & par la preuve d'un fait contreverfé. Par exemple , un Seigneur veut confifquer le Fief de fon Vaffal pour felonie ; le Vaffal nie le fait , & au furplus foutient que quand même il feroit véritable , l'injure qui en réfulteroit ne feroit que très-légere , & ne pourroit pas donner lieu à la commife. Il fe trouve ici deux articles, dont l'un eft une queftion de Fait, & l'autre une queftion de Droit.

QUESTION D'ETAT, eft celle qui regarde l'état d'une perfonne ; fçavoir , fi un homme eft fils de celui qu'il dit être fon pere ; ou fi celui qui fe dit être légitime, l'eft véritablement , ou s'il eft bâtard , ou fi un homme qui fe dit noble l'eft ou roturier.

C'eft auffi une queftion d'état, fi un homme eft Eccléfiaftique ou Laïque ; ou fi la profeffion monaftique qu'il a faite eft valable ou non ; enfin , fi un mariage contracté eft valable ou non.

Toutes ces conteftations font des queftions d'état, d'autant qu'il s'agit de l'état de la perfonne contre qui elles font intentées: ce qui influe auffi fur l'intérêt public & de tous les citoyens.

Toute queftion d'état s'intente par action perfonnelle ; en quoi par conféquent il faut fuivre le domicile du défendeur , fuivant la regle *actor fequitur forum rei.*

Les queftions d'état font préjudicielles ; c'eft pourquoi elles doivent être vuidées avant toutes chofes. *Voyez* Queftion préjudicielle.

Comme les queftions d'état font d'une très-grande importance , les Ordonnances ne les ont pas confiées à une preuve auffi fragile que l'eft celle qui fe fait par témoins , qui font quelquefois des échos fideles qui repetent le langage de celui qui les produit.

Quelque grand qu'ait été le crédit de la preuve teftimoniale chez les Romains, on ne voit pas cependant qu'elle ait jamais décidé feule de l'état des hommes ; au contraire , il y a des textes de droit qui deferent qu'elle foit fecondée d'autres preuves. *Probationes quæ de filiis dantur , non in fola teftium affirmatione confiftunt. Leg. 19. ff. de probation.*

L'Ordonnance de 1667. art. 7. & fuivans , pour affurer l'état des perfonnes , & en pouvoir décider avec certitude , veut qu'il foit tenu des Regiftres publics dans les Paroiffes , qui marquent la naiffance , le mariage & le décès de ceux qui y font demeurans ; qu'il ait un autre Regiftre tenu par les Evêques , contenant le nom de ceux qui font promûs aux Ordres ; & un autre Regiftre tenu par les Supérieurs réguliers où foient infcrits ceux qui font profeffion. La Déclaration du 9. Avril 1636. ordonne que l'on faffe deux de chacun de ces Regiftres, dont l'un foit dépofé au Greffe du Bailliage Royal , & l'autre en dépôt aux Archives de la Paroiffe de l'Evêché ou du Couvent , & que les Extraits qui en feront délivrés par les Greffiers, faffent foi. Mais nonobftant toutes ces précautions, la preuve teftimoniale n'eft pas toujours interdite.

L'Ordonnance de 1667. art. 14. porte que la preuve fera reçue de cette maniere, tant par titres que par témoins ; lorfque les Regiftres feront perdus , ou qu'il n'y en aura jamais eu. Quel eft le motif de cette difpofition ? C'eft que dans l'un & l'autre cas, il eft impoffible à celui qui a befoin d'un acte de célébration de mariage, de le produire , c'eft pourquoi la loi vient à fon fecours , & lui permet de fubftituer une autre preuve à celle qu'il lui étoit impoffible de faire.

Ainfi , pour affurer l'état des hommes , il a été ordonné qu'elles ne pourroient être intentées que par ceux qui auroient intérêts de le faire ; qu'on feroit obligé d'en faire preuve par écrit , & qu'on n'admettroit point la preuve par témoins fur une queftion d'une telle importance , lorfqu'on en peut avoir une par écrit. *Si tibi controverfia ingenuitatis fiat tuam caufam defende inftrumentis & argumentis ; foli enim teftes ad ingenuitatem non fufficiunt. Leg. 2. cod. de teftib.*

Sur ces principes , le Parlement de Paris a déclaré abufives deux Sentences de l'Officialité d'Arras ; l'une qui , fur une demande en nullité de mariage fous prétexte du défaut de préfence du propre Curé , avoir admis la preuve par témoins ; & l'autre qui , fur l'enquête faite , avoit déclaré le mariage nul.

Cet Arrêt eft du 50. Avril 1723. fur les Conclufions de M. Dagueffeau , Confeiller d'Etat, lors Avocat Général.

On n'eft donc point admis à contefter l'état de quelqu'un , lorfqu'on n'a point d'intérêt de le faire , comme nous l'avons dit ; & il faut , pour être admis à une telle conteftation , que cet intérêt foit appuyé de juftes raifons.

Ceux qui attaqueroient témérairement l'état de quelqu'un , prétendant qu'il n'eft pas né de ceux qu'il dit être fes pere & mere , ou qu'il n'eft pas légitime, fe rendroient coupables d'une injuftice affreufe ; en ce qu'ils tenteroient de lui ravir tout enfemble le foutien de fa vie , le droit de fa naiffance , & l'honneur de fa condition.

L'état d'une perfonne eft toujours très-favorable ; ainfi dans les queftions d'état , quand il y a du doute , le public & les Juges penchent toujours vers la douceur , & fuivant ce principe que tout le monde a dans le cœur : *In dubio pro libertate refpondendum eft.*

Nos livres font pleins d'Arrêts qui ont canonifé cette maxime fage & judicieufe , & qui ont décidé ces fortes de queftions d'état en faveur de la bonne foi & de la poffeffion, principalement quand les aggreffeurs font des collatéraux qui intentent la queftion par un principe d'intérêt vil & fordide. *Voyez* Soefve, tome 1. cent. 4. chap. 62. & tom. 2. cent. 4. Henrys , tome 2. liv. 6.

Il eft certain que la feule déclaration du pere & de la mere ne fuffit pas pour priver un enfant de fon état, parce que l'état des enfans ne doit point dépendre de la volonté des peres & mere ; c'eft le titre folemnel du mariage qui fait l'état des enfans.

Un pere dans fa prévention ou dans fa paffion , déclareroit donc en vain , même avec ferment , que l'enfant qui porte fon nom ne fait que remplir la place de son véritable enfant mort ; la déclaration vraie ou fausse ne changeroit rien à la regle, parce qu'il importe infiniment pour la société civile que l'état des hommes soit certain, & que cette certitude soit établie sur des Loix publiques & inviolables, qui ne dépendent point du caprice des particuliers : *Quæstionis enim status causa non privata, sed publica est quæ pendere non debet ex privatorum arbitrio.*

La déclaration d'une femme, qu'un enfant né d'elle pendant son mariage n'est pas légitime, ne peut aussi lui porter aucun préjudice, parce que l'état de cet enfant est le titre du mariage de ses pere & mere, auquel leurs déclarations ne peuvent donner aucune atteinte. *Voyez* ce qui est dit à ce sujet dans le troisieme tome des causes célebres, pag. 778. & suivantes.

Il y a néanmoins deux cas où la déclaration du pere ou de la mere devient d'un très-grand poids, & où elle peut même former une preuve.

Le premier est quand le pere ou la mere persévere dans le désaveu jusqu'à la mort. Dans ces derniers momens où les passions amorties ne laissent plus que le regret de s'y être livrés, il n'est point d'homme qui ne s'efforce de reparer les injustices qu'il a faites, sur tout quand la réparation ne dépend uniquement que de sa volonté. Peut-on présumer qu'un pere véritable, un pere chrétien, s'il eût connu que l'enfant étoit le sien, eût persisté dans son désaveu jusqu'au dernier soupir de sa vie, qu'il ne l'eût pas rappellé chez lui; qu'il n'eût pas fait en sa faveur une déclaration autentique pour le mettre à l'abri des informations qui déposoient contre lui ?

Le second cas où la déclaration d'une femme qu'un enfant prétend être sa mere, est d'un très-grand poids, c'est lorsqu'elle se trouve forcée d'avouer la supposition de l'enfant qui se donne pour véritable. *Non enim præsumendum quod mater contra se ipsam & contra proprium filium, si talis fuisset mentita fuerit Menochius de præsumptionibus, tom. 2. lib. 5. conclusione 24. nomb. 23.*

En effet, qui est la mere assez dénaturée & assez ennemie d'elle-même, pour vouloir ravir à son fils son état, & se deshonorer elle-même à la face de la Justice ?

Cet Auteur qui rapporte aussi cette décision dans la conclusion 1147. nomb. 21. avoue que cette confession ne seroit pas suffisante, si elle étoit dénuée de toute présomption ; mais il soutient après Alciat que lorsqu'elle est accompagnée d'autres conjectures, elle doit faire une preuve complette.

Si la déclaration de pere & de mere, quand elle est dénuée d'autres indices, ne suffit pas pour priver un enfant de son état, à plus forte raison la déclaration d'une personne étrangere ne doit produire aucun effet à cet égard. M. Soefve, liv. 11. cent. 4. chap. 1. rapporte un Arrêt rendu sur les conclusions de M. l'Avocat Général Talon, le 11. Août 1667. qui l'a jugé ainsi. *Voyez* cet Arrêt.

Il paroît par ce que nous venons de dire, que les Loix veulent que les enfans qui naissent à l'ombre du Sacrement de mariage, soient reputés légitimes, quelques efforts que l'on fasse au contraire

pour détruire la vérité de leur état : de sorte que ni la preuve par témoins, ni le désaveu d'un pere, ni celui même de la mere, ni la conjuration des héritiers collatéraux, ne sçauroient rompre ce lien sacré. La Loi qui vient au secours de la nature, veut qu'il soit indissoluble. *Leg.* 14. *cod. de probationib. leg. 3. cod. de emancip. liberis, leg. 9. cod. de patria potestate.*

Une question d'état décidée par un Jugement solemnel & souverain, ne peut plus être discutée. C'est précisément sur les questions d'état que tombe la maxime de Droit, *res judicata pro veritate habetur.* Dès que l'état d'une personne est une fois jugé, il n'est plus permis de douter de ce qui est contenu dans un tel Jugement.

Les Loix qui sont dans le titre du Digeste & du Code, *Ne de statu defunctorum post quinquennium quæratur,* défendent de contester l'état des défunts, dans la possession duquel ils ont vécu, lorsque cinq ans se sont écoulés depuis leur décès, au cas que cette contestation se forme à leur préjudice.

Voyez Filiation. *Voyez* Légitime. *Voyez* Naissance. *Voyez* ce qui est dit des effets que produisent les Jugemens rendus sur les questions d'état, dans le second Tome des Causes célebres, pag. 307. & suivantes, & dans le neuvieme tome, pag. 579. & suivantes. *Voyez* enfin l'Histoire de Mademoiselle de Choiseul, qui est à la fin du sixieme Tome des Causes célebres, où sont rapportés & discutés parfaitement bien tous les principes qui concernent la question d'état.

QUESTION DOUTEUSE, est une question problématique qui n'est pas décidée clairement par la Loi, & dont l'affirmative & la négative se trouvent appuyées de raisons également fortes.

Cela donne aux Juges la liberté de prendre tel parti qu'il leur plaît, sans blesser leur conscience ; mais il faut qu'ils examinent bien la question, & qu'ils voient si dans le doute & en pareil de raison l'équité né penche pas d'un côté plus que de l'autre; car en ce cas c'est le parti qu'il faut embrasser.

Montagne dit à l'occasion des questions douteuses, qu'un Juge avoit coutume, quand il en rencontroit dans un livre, de mettre à la marge, *question pour l'ami.* Ce qui signifie que l'amitié qui généralement parlant ne doit faire aucune impression sur l'esprit d'un Juge, sert néanmoins beaucoup à déterminer l'incertitude de l'esprit, qui se trouve suspendu & incertain dans les questions douteuses par l'égalité des raisons.

Mais voici la regle qu'un Juge prudent doit suivre dans les affaires douteuses; c'est de prendre le parti le plus doux. *Semper in dubiis benigniora præferenda sunt. Leg.* 56. *ff. de regul. Jur.* En effet, ce sentiment nous est inspiré par l'équité naturelle, qui nous défend d'user de trop de rigueur, lorsque l'on en peut user autrement sans blesser la Justice, & sans nuire au droit des parties. Les adoucissemens facilitent la décision des affaires, & font toujours plaisir aux personnes intéressées qui s'y soumettent plus volontiers. Si c'est une affaire criminelle, il y a de l'humanité à n'être pas si severe à moins que l'atrocité du crime & autres circonstances, n'obligent le Juge à faire punir très-sévérement celui qui en est coupable. *In pœnalibus causis benignius interpretandum est. Leg. 155. §. ult. ff. de Regular. Jur.*

En un mot, dans toutes sortes d'affaires, il faut poursuivre la véritable intention de la Loi, l'interpréter par le sens le plus doux. *Benignius Leges interpretandæ sunt quò voluntas earum conservetur. Leg. 155. §. ult. ff. de Regul. Jur.*

QUESTION PRÉJUDICIELLE, est celle dans laquelle il s'agit de l'état d'une des Parties. On l'appelle préjudicielle, tant à cause qu'elle fait préjudice à une autre action principale dans laquelle le Juge doit suivre ce qui se trouvera décidé dans l'action préjudicielle, qu'à cause qu'elle doit être décidée la première.

Il y avoit chez les Romains plusieurs questions d'état ; sçavoir, si quelqu'un est libre ou ingenu, ou enfant de celui qu'il prétend être son pere.

Nous n'avons point en France de causes touchant la liberté ou l'ingénuité ; mais nous avons celle qui se présente à l'occasion des enfans ; sçavoir, s'ils sont légitimes ou non ; & cette question dans notre usage, est une action préjudicielle de même que chez les Romains.

Par exemple, Titius qui se prétend petit-fils d'un défunt, a pris qualité d'héritier, & a intenté l'action de partage contre ses autres enfans qui ont aussi pris la qualité d'héritiers ; si on lui conteste la qualité de petit-fils du défunt, c'est une question préjudicielle de sçavoir en effet il est petit-fils du défunt né d'un légitime mariage ; ou si son pere décédé est né aussi en légitime mariage ; & cette question doit être préalablement jugée avant que de venir à la question qui sera reçue en partage : la décision de cette question, doit servir à la décision de l'autre, car s'il justifie être le petit-fils du défunt, & que le Juge le prononce tel, il faut aussi de nécessité qu'il condamne les autres enfans de le recevoir au partage de la succession de son ayeul.

Outre cette question d'état, sçavoir si un enfant est légitime ou non, nous avons encore d'autres questions d'état qui sont aussi préjudicielles. *Voyez* Question d'état.

Quoique l'action préjudicielle doive être jugée la première, comme nous l'avons dit, il faut excepter la cause des alimens, laquelle ne peut être remise, mais doit être vuidée avant toute autre contestation, lorsque celui qui en fait la demande est comme en possession de la filiation ; *quia satius est eum qui forte filius non est ali, quàm eum famè necari, qui forte filius pronunciabitur ; de maniere toutefois que ce qui sera prononcé dans la cause d'alimens, ne portera point préjudice à la vérité. Leg. 5. §. 8. cum seq. ff. de agnos. & alend. liber. Voyez* ce que j'ai dit, *verbo* Filiation, & ce que j'ai dit dans ma traduction des Institutes, sur le §. 13. du tit. 6. du quatrieme liv.

QUESTION ou TORTURE, est un moyen dont les Juges se servent pour tirer des accusés la vérité sur quelque crime qui mérite peine de mort ; soit pour leur faire avoüer leur crime, dont ils ne

font qu'à demi convaincus par des indices & preuves non complettes ; soit dans le cas où ils en sont pleinement convaincus pour les obliger à déclarer leurs complices.

Cette torture n'est pas une invention de nos jours ; elle est tirée du Droit Romain, comme il paroît par les titres du Digeste & du Code *de quæstionibus*.

Ce moyen de tirer des accusés la vérité sur quelque crime est aboli en Angleterre, & y est regardé comme dangereux & capable de faire périr un innocent d'une complexion délicate, & sauver un coupable robuste.

Tous Juges, tant royaux, que des Seigneurs hauts-Justiciers, peuvent condamner à la question.

Le Juge d'Eglise y peut aussi condamner, pourvû que la torture ne soit si severe, qu'il s'ensuive effusion de sang. Brodeau sur M. Louet, lettre B, sommaire 1. nombre 9. Fevret en son traité de l'Abus, tome 2. livre 8. chap. 4. La raison est, que la question ne doit point être regardée comme un genre de peine, mais comme un moyen de découvrir la vérité.

Toutes sortes de personnes peuvent nonobstant leur dignité, être appliquées à la question ; *quia reatus omnem dignitatem excludit. Leg. 1. cod. ubi clariss. & Leg. Senator, ff. de ritu nuptiar.*

Les Sentences qui condamnent à la question, ne s'exécutent pas par provision, quoiqu'elles ne soient que préparatoires : ce qui est fondé sur ce que le mal qui en résulte est irréparable. Ainsi les Sentences qui condamnent à la question, ne peuvent être exécutées, qu'elles n'aient été préalablement confirmées par Arrêt, à moins qu'elles n'aient été rendues en dernier ressort par Jugement prévôtal.

La question ne se doit donner qu'en la forme qui est reçue & autorisée par l'usage du lieu. *Voyez* Charondas, livre 9. réponse 45. Cet usage est différent, suivant les différentes Cours & Jurisdictions de ce Royaume.

En plusieurs endroits on la donne avec de l'eau, ou avec les brodequins, ou en chauffant les pieds. Elle est ordinaire, ou extraordinaire, selon qu'elle est ordonnée, eu égard aux circonstances & aux preuves ; & c'est à la prudence du Juge d'en décider.

Le Jugement de condamnation à la question doit être dressé & signé sur le champ ; & le Rapporteur assisté de l'un des autres Juges, se doit à l'instant transporter en la Chambre de la question, pour le faire prononcer à l'accusé, ainsi qu'il est dit en l'article 6. du tit. 20. de l'Ordonnance de 1670.

Mais cet article ne doit s'entendre que dans les cas où la question est ordonnée par Arrêt, ou par un Jugement en dernier ressort ; car selon l'article suivant, les Sentences de condamnation à la question ne pourront être exécutées, qu'elles n'aient été confirmées par Arrêt, quoique régulierement en matiere criminelle on ne reçoive pas les appellations des Sentences interlocutoires. La raison de cette exception est fondée sur le tort irréparable en définitive que causeroit l'exécution de cette Sentence interlocutoire , comme nous l'avons déjà dit.

L'article 8. porte que l'accusé sera interrogé après avoir prêté serment, avant qu'il soit appliqué à la question, & qu'il signera son interrogatoire, sinon sera fait mention de son refus.

Mais l'accusé ne doit être interrogé que sur les crimes dont il est chargé, & pour lesquels il est appliqué à la question, d'autant que la question n'est qu'un examen des crimes de l'accusé.

Quand il est interrogé de son fait, il lui faut demander précisément si ce n'est pas lui qui a commis un tel crime ; & lorsqu'il est interrogé sur ses complices, il ne faut pas lui demander si un tel est coupable, mais en général quels sont ses complices, *quoniam alias hoc esset suggerere, potiùs quàm inquirere.*

La question sera donnée en présence de Commissaires, qui chargeront le procès verbal de l'état de la question, & des reponses, confessions, dénégations & variations, à chaque article de l'interrogatoire, ainsi qu'il est porté en l'article 9. du titre 20. de la même Ordonnance de 1670. Ce qui est ainsi ordonné, afin d'en tirer de nouveaux indices, tant à la charge qu'à la décharge de l'accusé.

Il sera loisible aux Commissaires de faire modérer & relâcher une partie de la rigueur de la question, si l'accusé confesse ; & s'il varie, de le faire remettre dans les mêmes rigueurs : mais s'il a été délié, & entièrement ôté de la question, il ne pourra plus y être remis.

C'est la disposition de l'article 10. du même titre, qui paroît conforme à la décision de la Loi 7. ff. de quæst. *Quæstionib. modum magis est Judices arbitrari oportere. Itaque quæstionem habere oportet, ut salvus sit, vel innocentiæ, vel supplicato.*

Après que l'accusé aura été tiré de la question, il sera sur le champ & derechef interrogé sur les déclarations, & sur les faits par lui confessés ou déniés, & l'interrogatoire par lui signé ; sinon sera fait mention de son refus, ainsi qu'il est dit en l'art. 11. du même titre de l'Ordonnance de 1670. Sur quoi il faut remarquer,

Iº. Que dans ce cas l'accusé ne doit point prêter un nouveau serment, parce que c'est la suite du même interrogatoire, avant lequel il a prêté serment.

IIº. Que la raison pour laquelle on interroge derechef l'accusé, après qu'il a été tiré de la question, est pour voir s'il persévere en sa confession : *Multos enim innocentes mentiri cogit dolor ; quapropter confessio facta in tormentis perseverentia requirit. Vide Franc. Marc. tom. 1. quæst. 916.*

IIIº. Que la confession qu'aura faite l'accusé dans la torture, n'est pas suffisante pour le condamner, si elle n'est ratifiée hors le tourment de la torture : à moins que les indices soient si grands & si pressans, qu'ils ne doivent pas être purgés par la question, & qu'ils aient été réservés.

Il y a comme nous allons voir, deux sortes de questions ; sçavoir, la préparatoire, & la définitive.

QUESTION PRÉPARATOIRE, est celle qui se donne aux criminels prévenus de crime qui mérite peine de mort, qui est certain & constant, & dont il y a entr'eux des preuves considérables, pour sçavoir d'eux la vérité, lorsque ces preuves ne sont pas suffisantes pour les condamner à mort.

De cette définition il s'ensuit, Iº. Que pour appliquer un homme prévenu de quelque crime, il faut que le crime mérite peine de mort, parce qu'autrement la peine de la question seroit plus grande que celle que mériteroit le crime donc l'accusé seroit prévenu. Ainsi la question ne se peut donner pour délits auxquels il n'échet qu'une peine pécuniaire, bannissement ou fustigation. *Leg. 8. ff. de quæstionib. Julius Clarus in Praxi, quæst.* 64. *num.* 4.

IIº. Il faut que le crime soit constant, c'est-à-dire qu'il y ait un corps de délit évident ; sans quoi le Juge ne peut appliquer l'accusé à la question, quelques indices pressans qu'il y ait que le crime a été commis ; *Julius Clarus loco citato* ; quand même l'accusé avoüeroit avoir commis le crime. *Leg. 1. ff. de quæstionib.*

III. Il faut qu'il y ait preuve considérable contre l'accusé, parce que la question ne s'ordonne que pour supplément de la pleine preuve, & pour la fortifier & confirmer davantage. *Ad eruendam veritatem criminis contra reum quæstio non debet infligi, nisi crimen sit dimidia ex parte probatum, quia per quæstionem gravamen infertur irreparabile.*

Un accusé ne peut donc être mis à la question, qu'il n'y ait semi-preuve contre lui comme un témoin irréprochable qui parleroit *de visu*, dont la déposition seroit bien circonstanciée, avec quelque circonstance qui serve d'indice contre l'accusé. Mais quand il n'y a point de témoins, on ne peut appliquer l'accusé à la question, à moins que plusieurs indices ne concourent contre lui ; encore faut-il qu'ils soient graves, véhémens, & manifestes. Par exemple, en matiere de meurtre, si l'accusé a été vu sortir de la maison, ou du lieu où le corps a été trouvé, ayant son épée nue & sanglante, marchant à grand pas, ou s'enfuyant, ayant le visage pâle & changé. La déposition seule ne suffit donc pas, si elle n'est accompagnée de quelqu'indice, ni la déposition de l'un des accusés, pour condamner les autres accusés du même crime, à la question.

La déclaration d'un condamné à mort, qui charge quelqu'un du même crime, ne suffit pas pour le faire appliquer à la question, parce qu'un condamné à mort est incapable de porter témoignage, & qu'il ne peut être, récollé ni confronté.

Enfin la déclaration faite par le blessé en mourant, qu'il a été tué ou assassiné par l'accusé, ne suffit pas pour faire appliquer l'accusé à la question.

Si l'accusé étoit d'ailleurs suffisamment convaincu par témoins, ou par moyens joints à sa confession, il n'y auroit pas lieu à l'appliquer à la question. *Veritatis enim eruendæ causa tormenta inventa sunt, quæ si aliter reperiri possit, aut jam reperta sit, absurdissimum profecto foret tam duro & pené ab humanitate abhorrere remedio uti ; quid enim conferre amplius tormenta possunt ?*

Il faut néanmoins excepter le cas où celui qui seroit

roit convaincu du crime, seroit préfumé ne l'avoir pas commis feul ; car alors il doit être appliqué à la queftion, pour l'obliger de découvrir fes complices, comme il fera dit ci-après.

Lorfque les Juges procédant au Jugement d'un procès-criminel, ne trouvent pas que les preuves produites contre l'accufé foient fuffifantes pour le convaincre du crime dont il eft accufé, & pour le condamner, & que néanmoins, il n'eft pas jufte de l'abfoudre, parce que l'on connoît bien qu'il eft coupable du crime ; dans ce cas, pour tirer de fa propre confeffion la vérité du fait, ils doivent le condamner à la queftion.

Quelquefois, lorfque les indices ne font pas fuffifans pour appliquer à la queftion, les Cours fouveraines, pour tâcher de découvrir la vérité du crime, ordonnent que l'accufé fera préfenté à la queftion ; mais, cela n'eft permis qu'aux Cours fouveraines.

Les Sentences qui condamnent à la queftion, ne s'exécutent pas par provifion, comme nous l'avons dit ci-deffus.

L'accufé ayant fouffert la queftion fans rien avouer, doit être renvoyé abfous, avec dépens, dommages & intérêts ; à moins que les Juges qui l'ont condamné à la queftion, n'aient arrêté que nonobftant la queftion, les preuves fubfifteront en leur entier ; auquel cas ils peuvent condamner l'accufé à toutes fortes de peines pécuniaires & afflictives, excepté celles de la mort, à laquelle l'accufé qui a fouffert la queftion fans rien avouer, ne peut être condamné.

Il faut excepter le cas où il furviendroit de nouvelles preuves depuis la queftion, comme il eft dit en l'article 2. du titre 19. de l'Ordonnance de 1670. & comme il avoit été auparavant jugé au Parlement de Grenoble, par Arrêt rendu le 10. Juin 1667. rapporté par Boniface, tom. 2. partie 3. liv. 1. titre 1. chapitre 11. conformément à l'article dernier du titre 8. du Code Henri.

Bornier, fur l'article 2. du titre 19. de l'Ordonnance de 1670. dit qu'il n'y a que les Cours fouveraines qui puiffent condamner à la queftion, manentibus indiciis, & que cette referve de preuves ne peut être faite par les juges inférieurs ; mais ce fentiment me paroît contraire aux termes dans lefquels cet article eft conçu.

Au refte, la queftion eft un dangereux moyen pour parvenir à la connoiffance de la vérité : c'eft pourquoi les Juges ne doivent pas y avoir recours fans y faire réflexion. Rien n'eft plus incertain ni plus équivoque. Il y a des coupables qui ont affez de fermeté pour cacher un crime véritable au fort de la queftion ; d'autres innocens, à qui la force des tourmens a fait avouer de crimes dont ils n'étoient pas coupables.

La véhémence de la douleur, ou l'infirmité de la perfonne, fait confeffer à l'innocent ce qu'il n'a pas commis, & l'obftination des autres qui fe trouvent robuftes & plus affurés dans leurs crimes, leur fait tout dénier. Ainfi la queftion eft une invention qui peut faire perdre un innocent qui a la complexion foible, & qui peut fauver un coupable qui eft robufte.

Quæftio res fragilis eft & periculofa, quæ veritatem fallit. Nam plerique patientia, five duritia tormentorum, ita tormenta contemnunt, ut exprimi veritas nullo modo poffit : alii tanta funt impatientia, ut quidvis mentiri, quam pati tormenta velint. Leg. 1. §. quæftionibus ff. de quæftionibus. Vide Val. Max. lib. 8. cap. 4.

Charondas, liv. 9. réponfe première, en rapporte un exemple très-déplorable. Un mari accufé d'avoir tué fa femme, dénie le fait. Le foir de fa retraite il l'avoit maltraitée. Sur les préfomptions, le mari eft appliqué à la queftion ; il confeffe que c'eft lui qui a tué & brûlé fa femme dans un four ; il eft condamné à mort. Appel du Jugement. Comme on fait le rapport du procès, la femme qui étoit cachée dans la maifon d'un Prêtre qui étoit fon corrupteur, fe repréfente. L'Arrêt qui intervint en conféquence, déchargea le mari de l'accufation.

Nous avons plufieurs autres exemples de gens appliqués à la queftion, qui préférant une prompte mort à de longs fupplices, ont, pour s'en délivrer, confeffé d'être coupables des crimes dont ils étoient innocens. *Voyez* Saint Jérôme, Epître 34. & Papon, livre 24. titre 8. nomb. 1.

QUESTION DÉFINITIVE, & celle qui fe donne à un criminel pleinement convaincu d'avoir commis un crime qui mérite peine de mort, & à laquelle il a été condamné pour déclarer fes complices, quand il y a lieu de préfumer qu'il n'a pas feul commis le crime.

Lorfque par le Jugement de mort il eft ordonné que le condamné fera préalablement appliqué à la queftion, ce n'eft que pour avoir révélation des complices, & non pas pour tirer la vérité de fa bouche fur ce qui le regarde. Comme il eft condamné à mort, on ne l'applique point à la queftion pour fçavoir s'il eft coupable, mais pour découvrir ceux qui font participans du crime pour lequel il a été condamné.

Ce qu'il y a, c'eft que les Juges doivent en ce cas ufer d'une gêne moins rigoureufe. *Debent Judices torquendo reo fuper fociis : moderatam inferre torturam, nec juris terminos excedere.*

QUESTIONNAIRE, eft celui qui eft établi pour donner la queftion ou torture aux criminels.

QUEVAGE, felon Lafond dans fes notes fur la Coutume de Vermandois, pag. 173. fignifie le chef-cens : ce qui vient de ce que les Picards difent *Kiel* ou *Quief* : d'où ils ont fait *Quevage*, au lieu de *Chevage*. D'autres prétendent que ce terme *Quevage* fignifie *Muiage* ou *Forage*, une queue, un muid. *Voyez* Brodeau fur l'article 98. de la Coutume de Paris, nomb. 6. & Galand dans fon Traité du Francaleu, pag. 83, 84. & 85.

QUINQUENNELLES. On appelloit ainfi autrefois les Lettres de répi & furféance pour cinq années, qu'un débiteur obtenoit en juftifiant fommairement que par la perte de la plus grande partie de fes biens, il étoit dans l'impoffibilité de payer fes dettes.

Ces Lettres étoient appelées Quinquennelles ; *quia erant quinquennalles induciæ.*

H h h

QUINQUENNIUM, est l'espace de cinq ans d'étude, dont un Gradué doit justifier pour pouvoir obtenir, en vertu de ses grades, un Bénéfice vacant par mort, dans les mois qui sont affectés aux Gradués qui ont obtenu nomination de l'Université où ils ont étudié pendant le tems requis. Sur quoi il faut remarquer :

Iº. Qu'il y a deux sortes de Gradués ; sçavoir, les Gradués simples, & les Gradués nommés, comme je l'ai dit ci-dessus, *verbo* Gradués. Les Bénéfices vacans par mort dans le mois d'Avril & d'Octobre, appellés mois de faveur, sont affectés aux Gradués simples ou nommés ; pourvû qu'ils aient fait les uns & les autres leurs réitérations en tems de Carême. Ceux qui vaquent par mort dans le mois de Janvier & de Juillet, appellés mois de rigueur, sont spécialement & uniquement affectés aux Gradués nommés, pourvû qu'ils aient fait leurs réitérations au tems de Carême.

IIº. Que pour la validité du certificat du *Quinquennium*, il faut que le certificat marque le tems auquel le Gradué a commencé & fini chaque année d'étude. *Voyez* ce qui est dit à ce sujet dans le Dictionnaire des Arrêts, tome 1. pag. 374. nombre 21.

QUINT EN MATIERE DE SUCCESSION, est la part & portion des propres dont on peut disposer par derniere volonté en pays coutumier. *Voyez* Quatre quints.

QUINT EN MATIERE DE FIEFS, est un droit qui consiste en la cinquieme partie du prix du fief vendu, qui se paye au Seigneur duquel il releve par le nouveau Vassal. Ainsi, lorsque le fief est vendu vingt mille livres, le quint est quatre mille livres.

Ce droit a été reçu presque par toute la France. Il s'est introduit sur ce qu'anciennement le Vassal ne pouvoit vendre son fief sans le congé du Seigneur suzerain, & pour avoir ce congé, il falloit marchander avec lui ; de sorte que cela causoit souvent beaucoup d'embarras : c'est pourquoi on a trouvé à propos de laisser la liberté aux Vassaux de vendre leurs fiefs, en admettant les Seigneurs de qui ils relevent à la cinquieme partie du prix de la vente.

Le quint est dû, non seulement au cas de la vente du fief, mais aussi pour tout acte équipolent à la vente ; & par conséquent il est dû au cas du bail à rente rachetable.

Il est même dû aujourd'hui pour mutation faite par échange. *Voyez* ce que j'ai dit ci-dessus, lettre M, en parlant de la Mutation en matiere de fiefs & en matiere de censive.

Mais quand le fief change de main, par mort, legs, donation, récompense ou autrement, le quint n'est point dû ; mais sont dûs les droits de rachat ou relief.

Il faut excepter pour les fiefs qui échoient en ligne directe, descendante ou ascendante, par succession ou donation, pour lesquelles il n'est dû que la bouche & les mains.

C'est à l'acheteur à payer le quint, à moins qu'il n'y ait stipulation au contraire.

Le quint se prend, non-seulement des sommes payées au vendeur, mais aussi de celles que l'acheteur s'est obligé de payer en son acquit, parce qu'elles font partie du prix.

Dans le prix, on ne compte point les frais du contrats, ni les loyaux coûts, ni les frais extraordinaires des criées & du décret, payés par l'adjudicataire.

Le quint est, par rapport aux fiefs, ce que les lods & ventes sont par rapport aux héritages tenus en censive ; de sorte que de même que les lods & ventes sont dûs au Seigneur censier par l'acquéreur à titre de vente, ou autre équivalent à vente, pour les héritages tenus en censive, le quint est pareillement dû au Seigneur féodal par l'acquéreur d'un fief, à titre de vente, ou autre équipollent à vente.

Le droit de quint n'est pas toujours dû en cas de vente. Par exemple, la licitation est une espéce de vente ; & s'il arrive que le fief servant ne puisse pas être commodement partagé entre les cohéritiers & qu'ils soient obligés d'en faire une licitation, le cohéritier qui se rend adjudicataire de la totalité, ne doit point de droits de quint ; mais si c'étoit un étranger, il les devoit. C'est la disposition de l'article 80. de la Coutume de Paris.

Il y a plusieurs autres cas où en matiere de vente le droit de quint n'est pas dû. *Voyez* ce que j'ai rapporté sur l'article 23. de cette Coutume. *Voyez* aussi ce que j'ai dit sur les articles 78. 79. & 80. de la même Coutume, où j'ai parlé des droits Seigneuriaux, sous le nom desquels le quint est compris.

QUINT ET REQUINT. Le quint, comme nous l'avons dit, est le cinquieme denier du prix de la vente qui est dû au Seigneur, presque par toute la France, par celui qui acquiert un fief à titre de vente ou autre équipollent à vente ; & le requint est le cinquieme denier du quint denier.

Le quint & requint est dû, dans quelques Coutumes, au Seigneur de qui releve le fief vendu, quand la vente est faite francs deniers ainsi qu'il est porté en l'article 132. de la Coutume de Meaux : de sorte que si le fief est vendu vingt mille livres, le quint est de quatre mille livres, & le requint est de huit cent livres. S'il est vendu vingt-cinq mille livres, il est dû cinq mille livres pour le quint, & mille livres pour le requint ; & ainsi des autres ventes en observant la même regle.

M. Bobé, Commentateur de la Coutume de Meaux, sur ledit article 132. dit que le requint dans cette Coutume tient lieu de récompense au Seigneur, lorsque le prix du contrat est moindre que celui de la chose vendue ; ce qui arrive quand l'acheteur est chargé de payer les droits seigneuriaux : ce qui est marqué par ces termes dudit article 132 : *si le fief est vendu francs deniers* ; car en ce cas un fief qui vaut cent mille livres n'est vendu que quatre, d'autant que l'acquéreur compte au dessus de son acquisition le quint dont il se charge, & qui fait partie du prix à son égard, quoiqu'il n'augmente pas les droits seigneuriaux.

C'est sur cette considération que le droit de requint a été introduit dans quelques Coutumes en faveur du Seigneur, pour l'indemnifer de la perte qu'il fouffre lorfque l'acheteur eft chargé de payer les droits feigneuriaux.

Lorfque le quint & requint d'un fief ont été payés par le vendeur, & que le contrat eft enfuite réfolu par la faute de l'acheteur, en vertu d'une claufe inferée au contrat de vente, à laquelle on ne fatisfait pas, les droits payés par le vendeur lui doivent être rendus par l'acheteur. Charondas, liv. 2. rép. 23.

QUINT EN MONTANT, eft celui qui fe fait par rapport au prix de la vente du fief, en l'augmentant d'un cinquieme, qui appartient par droit de quint au Seigneur féodal.

Ainfi, quand un fief eft vendu quatre-vingt mille livres, le quint eft de vingt mille livres ; de maniere que le droit du Seigneur eft un augment d'un cinquieme du prix qui lui appartient par fon droit de quint : ce qui s'obferve dans la Coutume de Nivernois. Voyez Coquille fur l'article 21. du titre 4. de cette Coutume.

QUINT DE TOUS LES FIEFS ET HERITAGES FEODAUX, DU PAR L'AÎNÉ A SES PUÎNÉS DANS QUELQUES COUTUMES, eft la cinquieme partie des fiefs que l'aîné doit à fes puînés dans quelques Coutumes, qui donnent à l'aîné tous les fiefs, à la charge d'en délivrer un quint aux puînés. Ce quint eft appellé naturel & coutumier, & eft ou viager ou hérédital.

Le viager eft le droit de jouir en ufufruit par les héritiers puînés, leur vie durant feulement, & par le furvivant d'eux, du quint du fief, ou fiefs échus de fucceffion à leur cohéritier mâle, foit fils ou fille, par le trepas de leurs pere & mere.

Les Coutumes qui ne donnent aux puînés que le quint viager, font Ponthieu, article 1. Noyon, article 2. Ribemont, article 59. Coucy, article 5. Chauny, article 70. & Saint-Quintin, article 33. Comme dans ces Coutumes le droit de quint n'eft que viager & perfonnel, il ne paffe point aux héritiers ; mais le furvivant jouit de la part des prédécédés, après la mort duquel il eft entiérement éteint.

Le quint hérédital, contraire au viager, eft celui qui, par la difpofition de la Coutume, demeure aux puînés en propriété, auquel leurs enfans fuccedent, fans néanmoins fortir de la ligne directe.

Les Coutumes qui ont donné un quint hérédital, font celles d'Amiens, article 71. Boulogne, article 63. Perrone, article 169. Artois, article 94. la Salle de l'Ifle, article 21. des Succeffions; Tournay, des Fiefs, article 8.

Ces Coutumes font plus favorables aux puînés, en ce qu'étant faits propriétaires de leurs portions de quint, ils en peuvent difpofer. Mais ces Coutumes donnent à l'aîné la faculté de recompenfer le quint des puînés, foit en héritages roturiers, foit en argent.

Entre l'un & l'autre quint, il ne fe trouve de Différence qu'en la durée.

L'un & l'autre n'a lieu qu'entre freres & fœurs feulement, fans repréfentation ; & n'eft dû aucun quint en fucceffion collatérale. Il y a même quelques Coutumes qui reftraignent ce droit aux fucceffions des peres & meres feulement.

Ce droit d'aîneffe, qui donne les fiefs à l'aîné, à la charge d'un quint pour les puînés, ne fe peut étendre aux Coutumes qui n'ont point de difpofitions femblables.

Ces Coutumes n'ayant donné le quint aux puînés que comme héritiers, & ce quint étant une portion de la fucceffion, il oblige les puînés de contribuer, pour leur part & portion, aux charges anciennes & autres qui étoient dûes fur les fiefs ; comme auffi de contribuer aux menues réparations, entretenemens néceffaires des héritages, & gages des Officiers, fuivant l'art. 40. de la Coutume de Saint Quentin. Il faut feulement remarquer que les Coutumes de Perrone, de Ponthieu, & de la Salle de l'Ifle, exempte les puînés de ces charges & dettes dont le quint eft chargé.

Quant au partage qui fe fait du quint, tous les puînés y ont autant l'un que l'autre ; excepté en la Coutume locale de Coucy, du reffort du Bailliage de Vermandois, qui porte en l'article 5. qu'entre Nobles en ligne directe, l'aîné emporte tous les fiefs, à la réferve d'un quint à vie pour les puînés, dans lequel un fils a autant que deux filles.

Dans cette Coutume, quand il n'y a que des filles, les puînées n'ont auffi aucun quint à vie. V. Bridan fur la Coutume de Vermandois, p. 997.

Il nous refte à remarquer, 1°. que ce que portent les Coutumes de Picardie, en attribuant aux aînés les quatre quints des fiefs, ne fe doit entendre que des fiefs propres, & terres nobles d'ancienneté dans les maifons, & non des fiefs acquis, dont le pere peut difpofer & faire un partage égal entre fes enfans par fon teftament. Ainfi jugé par Arrêt du 21 Janvier 1623. rapporté dans le Journal des Audiences.

II°. Que les trois ans que la Coutume de Vermandois accorde à l'aîné majeur, pour racheter le quint des puînés dans les fiefs, courent du jour du décès du pere ; comme il a été jugé par Arrêt du 20. Décembre 1638. rapporté par Bardet tome 2. liv. 7. chap. 47.

QUINT DATIF, ainfi nommé par la Coutume de Boulogne en l'art. 89. eft la cinquieme partie de fes héritages, dont on peut faire dans quelques Coutumes don ou legs, même en propriété, à un étranger de la famille; & ce quint eft préféré au quint naturel & coutumier dont nous venons de parler.

On ne peut quinter qu'une fois fes héritages, comme il eft dit en l'article 25. de la Coutume de Ponthieu; ce qui a été ainfi établi, afin qu'une perfonne pendant fa vie ne puiffe, en quintant plufieurs fois, épuifer les fiefs qu'il poffede, pour ne laiffer à fon héritier qu'un titre vain & infructueux ; lequel, comme aîné en cette Coutume ; au lieu d'avoir toute la fucceffion, non feulement des fiefs, mais tous les biens, auroit une moindre part qu'un étranger ou un de fes puînés, s'il étoit permis de quinter plufieurs fois.

C'eft à quoi cette Coutume a remédié ; & la défenfe qu'elle fait de quinter plus d'une fois fes héri-

Hhh ij

tages , peut fervir de regle générale pour les Coutumes qui ne donnent aux puînés qu'un quint dans les héritages ou dans les fiefs ; parce que fans cette reftriction les aînés pourroient être fruftrés des avantages que ces Coutumes leur donnent.

QUINTE, ou CINQUIEME ET SURABONDANTE CRIÉE , eft une criée qui fe fait après les quatre autres , lorfqu'il y a quelque défaut dans les quatre criées , dans les encheres ou dans les remifes.

Cette quinte & furabondante criée couvre tous les défauts des quatre criées , s'il y en a , & affure le décret. Elle purge auffi les défauts qui pourroient fe rencontrer dans la procédure des encheres.

La raifon eft, que fi la vente n'a pas été fuffifamment énoncée , par rapport à la défectuofité qui fe trouveroit dans les criées & dans les encheres , la quinte & furabondante criée , avec les encheres qui la fuivent , rétabliffent la notoriété qui y manqueroit.

Mais pour que la quinte & furabondante criée couvre le défaut qui fe trouveroit dans les criées , ou dans les encheres , ou dans les remifes , il faut que ce défaut ne foit pas affez confidérable pour faire déclarer la procédure abfolument nulle.

Il faut dire auffi qu'elle ne purge point le défaut qui fe trouveroit dans la faifie réelle , & qui en opéreroit une nullité radicale ; parce que le fondement des criées étant vicieux , on ne peut rien établir deffus qui puiffe valider. Ainfi , comme toute la procédure eft alors annéantie , il faut faire une nouvelle faifie en corroborant , & recommencer toute la procédure qui a été faite.

Rebuffe dans fon Traité de Præconiis & Citationibus , tom. 2. art. 4. gloffâ unicâ , num. 30. dit que l'on a coutume de prendre des Lettres royaux pour obtenir la quinte & furabondante criée , à l'effet de purger les défauts des quatre criées & de la procédure , ce qui paroît fondé fur ce que le pourfuivant ayant manqué contre la Loi , c'eft-à-dire , contre l'Ordonnance ou la Coutume , il femble qu'il n'y ait que le Prince qui puiffe purger un tel défaut.

Cependant ces Lettres ne fe prennent plus aujourd'hui ; les Juges ordonnent d'office , ou fur la requifition du pourfuivant , la quinte & furabondante criée , lorfqu'il paroît être plus avantageux aux Parties de rectifier ce qu'il y a de défectueux , que de faire les frais d'une nouvelle procédure.

Ils ordonnent encore une quinte & furabondante criée , I°. Lorfque l'on procède à une nouvelle adjudication.

II°. Quand il y a eu une longue difcontinuation de pourfuites après les premieres remifes.

En ce dernier cas , le Procureur pourfuivant fait fignifier aux oppofans , qu'il fera de nouvelles publications , qui feront affichées aux lieux accoutumés , comme il avoit fait publier & afficher l'enchere de quarantaine.

QUITTANCE , eft un acte par lequel un créancier tient quitte fon débiteur de ce qu'il lui doit , & reconnoît en avoir été payé , ou déclarer qu'il l'en tient quitte pour quelqu'autre caufe.

Cette derniere partie de la quittance n'eft pas effentielle. Quoiqu'une obligation fans caufe , & qui ne contiendroit pas la raifon pour laquelle elle feroit faite , fût nulle ; néanmoins il n'en feroit pas de même d'une quittance , laquelle ne feroit pas nulle pour ne pas contenir la caufe pour laquelle elle eft donnée ; la feule déclaration du créancier , qu'il quitte fon débiteur de ce qu'il lui doit , opere la libération.

Les quittances des trois dernieres années d'arrérages d'une rente , induifent la libération des précédentes , fi elles ne portent expreffément la claufe , fans préjudicier à ce qui eft dû des précédentes années. Papon , livre 10. titre 5. nomb. 6. Catelan , liv. 3. chapitre 27. M. le Prêtre , centurie 1. chapitre 7. nombre 2.

Une quittance portant payement de la dot , ne peut être débattue par exception d'argent non nombré. Leg. 14. cod. de non numer. pecun. Voyez le Recueil alphabétique de M. Bretonnier , verbo Dot , à l'endroit où il parle de la prefcription de la dot.

On peut contraindre pendant trente ans un adjudicataire ou fes héritiers de rapporter quittance de la confignation. Ainfi jugé par Arrêt du 21. Janvier 1630. rapporté par Dufrefne , livre 2. chapitre 6.

La raifon eft , que le vrai titre d'un adjudicataire eft la quittance de confignation ; & qu'un créancier abfent ou malade pendant le cours des criées , qui ne fçait ce que font devenus les deniers de l'héritage adjugé , n'a point d'action valable contre le Receveur des Confignations , à ce qu'il foit tenu lui faire apparoir du payement & des quittances des colloqués en ordre ; à moins qu'on ne lui juftifie par fa quittance , que les deniers ont été par l'adjudicataire confignés entre fes mains en fon Bureau.

Pour qu'une quittance foit valable , plufieurs conditions font requifes.

La premiere qu'elle ait été donnée par le véritable créancier de la dette , & que ce créancier droit d'en recevoir le payement , d'où il s'enfuit ,

I°. Qu'un mineur ne peut donner quittance , fans être affifté de fon curateur , lorfqu'il s'agit d'une fomme dont il ne peut pas valablement recevoir le payement fans fon curateur.

II°. Qu'une femme mariée ne peut en pays coutumier donner quittance , qu'elle ne foit autorifée de fon mari ; à moins qu'elle ne fût marchande publique , & que ce fût pour chofe concernant fon négoce , ou qu'elle ne fut féparée des biens d'avec fon mari , & qu'il ne s'agit que des chofes mobiliaires. Mais pour ce qui eft des dettes immobiliaires , comme d'une rente , elle n'en peut faire le rachat , ni en donner quittance , fans être autorifée de fon mari ; parce que tout l'effet de la féparation eft de diffoudre la communauté , & non de diminuer & ôter l'autorité du mari , qui demeure toujours le maître de fa femme en pays coutumier.

Cela eft fi certain qu'il a été jugé au Parlement de Paris , le 17. Mars 1691. qu'une femme , quoique mineure & féparée des biens , peut valablement recevoir le remboursement d'une rente qui lui eft propre fans être autorifée que de fon mari, & qu'il n'eft pas néceffaire de lui créer un curateur à cet effet. Cet Arrêt eft rapporté dans le Journal des Audiences.

La deuxieme condition requife pour la validité d'une quittance, eft qu'elle ne foit point faite en fraude d'un tiers. Henrys, tome 2. livre 4. queſ. tion 42. rapporte un Arrêt du 23. Juin 1640. qui a jugé la quittance paffée par un frere à fon frere, au préjudice de fon créancier, frauduleufe ; & non-obftant cette décharge, l'a condamné à payer le dû à ce créancier.

Un enfant qui demeurant avec fon pere, auroit régi & adminiftré tout fon bien, la quittance de décharge que lui donneroit fon pere paſſeroit pour un avantage indirect ; au moyen de quoi ce fils demeureroit toujours obligé de rendre compte à fes freres de fon adminiftration. Charondas, livre 4. réponfe 36.

L'Ordonnance de 1629. article 130. porte que toute quittance de dot fera paffée pardevant Notaires, à peine de nullité, pour le régard des créanciers feulement.

Comme la fraude ne doit point être autorifée, tous les billets & actes faits au préjudice d'une quittance, ne peuvent nuire à un tiers. Ainfi un vendeur qui auroit reconnu par le contrat de vente avoir été fatisfait de la chofe vendue, ne pourroit pas en vertu d'un billet par lequel l'acheteur reconnoîtroit en devoir au vendeur le prix entier ou en partie, prétendre aucun privilege fur la chofe vendue. Ainfi jugé au Parlement de Tournay, par Arrêt du 6. Novembre 1696. rapporté par M. Pinault, tome 1. Arrêt 124.

La troifieme condition requife pour la validité

d'une quittance eft qu'elle foit fignée par le créancier : cependant fi un débiteur produifoit une quittance écrite par le créancier, & non fignée de lui, & qu'il dit en avoir fait le payement, il feroit admis à le prouver par témoins. Boutot, tome 2. verbo Preuve par témoins, queſtions, 26.

L'effet d'une quittance eft d'éteindre l'obligation, ce qui eft fi vrai qu'un créancier qui auroit donné quittance, ne pourroit pas revenir contre, ni même déférer le ferment au débiteur, à l'effet de faire revivre l'obligation. Ainfi jugé au Parlement de Bourdeaux par Arrêt du 30. Avril 1671. rapporté par la Peyrere, lettre Q.

QUITTANCES DE FINANCE, eft la quittance qu'on donne pour les deniers qui entrent dans les coffres du Roi, pour le prix des Charges, ou des Domaines aliénés.

QUOTITÉ, fignifie une portion ou quantité d'un tout.

Notre Coutume fe fert de ce terme en l'article 124. quotité du cens fe peut preferire, c'eft-à-dire, que la quantité de la fomme qui fe paye pour le cens fe peut preferire. Si j'ai précédemment payé un fol par chaque année pour le cens, & qu'enfuite pendant trente ans confécutifs je n'en paye que fix deniers, j'aurai preferit la quotité du cens, quoique le cens foit impreferiptible, fuivant cette maxime : Nulle terre fans Seigneur, s'il n'y a titre au contraire.

Il en eft de même des dixmes qui ne fe peuvent point preferire pour le total, mais bien pour la quotité.

On diftingue ceux qui font héritiers donataires ou légataires d'une quotité, de ceux auxquels on n'a donné qu'un corps certain ; le premier contribue aux dettes, les autres n'y contribuent pas.

R

RABAIS, eft oppofé à l'enchere, & fe dit d'une adjudication que l'on fait de quelque ouvrage à celui qui veut l'entreprendre à moindre prix & au rabais. On fait une adjudication au rabais pour la conduite d'un prifonnier, pour des ouvrages ou réparations à faire pour des Églifes, pour des Mineurs ou pour le Public.

On adjuge au contraire un bail judiciaire au dernier enchériffeur, c'eft-à-dire à celui qui en offre davantage.

Mais dans l'un & l'autre cas, on fait le profit des Parties intéreffées.

RABATÉMENT DE DÉCRET, eft une pure grace, qui eft admife depuis environ un fiecle dans le Parlement de Touloufe, laquelle eft contraire au Droit commun, & n'eft fondée que fur des motifs d'humanité.

Ce rabatement de décret s'accorde par le Parle-

ment de Touloufe, au débiteur dont les biens immeubles ont été adjugés par décret ou à fes enfans ; à la charge de rembourfer à l'adjudicataire la fomme pour laquelle l'adjudication lui a été faite de l'immeuble, les frais & les loyaux coûts, de maniere qu'il foit entierement indemnifé.

Le Parlement de Touloufe a cru trouver un modele de ce rabatement dans la Loi 3. §. Cod. 3. de jure dominii imperando, qui dit que, pietatis intuitu habeat debitor in fuam rem humanum regreffum. Mais en examinant bien la décifion de ce paragraphe, l'on trouvera qu'il n'a point de rapport au rabatement de décret.

Quoiqu'il en foit, les Juges du reffort ne le peuvent ordonner, & il n'y a que ce Parlement qui l'accorde. Voyez Dolive, liv. 1. chap. 38.

Cette grace eft fi extraordinaire, que lorfque ce Parlement juge ces fortes de demandes, il commence toujours par débouter le demandeur de l'effet de fes

Lettres avec dépens; & enfin il ajoute, par forme de grace, que pour certaines considérations le demandeur rentrera dans les immeubles adjugés par décret.

Comme c'est l'humanité qui donne lieu à l'introduction de cette loi, lorsque le débiteur sur qui l'adjudication a été faite, ne veut pas rentrer lui-même dans un héritage ou autre immeuble sur lui adjugé par décret, & que dès le commencement il cede son droit à un autre, cette cession ne peut rien opérer, & ne peut transférer un droit uniquement introduit contre les regles par l'humanité en faveur du débiteur. Catelan, liv. X. ch. VI.

L'action en rabatement de décret duroit autrefois trente ans, quand le décret avoit été obtenu par Sentence; & ne duroit que dix ans quand il avoit été obtenu par Arrêt.

On prétend que ces trente ans autrefois étoient donnés pour intenter l'action en rabatement de décret, parce que l'on avoit trente ans pour interjetter appel d'une Sentence.

Mais comme par l'Ordonnance de 1667. une Sentence passe en force de chose adjugée après dix ans, on tient que l'action en rabatement de décret adjugé par Sentence se prescrit aujourd'hui par dix ans.

Touchant le rabatement de décret, voyez le Dictionnaire des Arrêts, verbo Décret, nomb. 48. Voyez aussi la Déclaration du Roi du 16. Janvier 1736.

RABATRE UN DÉFAUT, est remettre la cause au même état que si l'Avocat ou le Procureur qui a obtenu un Jugement par défaut à l'Audience, faute de plaider, n'avoit rien obtenu.

Mais le Juge ne rabat aucun défaut après que l'Audience est levée: il faut que celui qui a laissé prendre un défaut contre lui, se présente avant que l'Audience soit levée, & demande que le défaut soit rabatu: ce qui lui est accordé, à l'effet de plaider sur l'heure, ou au premier jour d'Audience.

RABULA; terme latin, qui vient à rabie, ant à ravi, signifie un Brailleur. V. ce que j'en ai dit, verbo Plaidoyé.

RACHAT, est l'action par laquelle on rachete, on retire une chose qu'on a vendue, ou qui étoit en la possession d'un autre.

RACHAT DANS LES VENTES, n'est autre chose que la faculté de racheter dans un certain tems l'héritage vendu, en rendant à l'acquéreur le prix qu'il en a payé. Quand cette faculté est à toujours, elle ne laisse pas de se prescrire par trente ans. Voyez Faculté de rachat, retrait conventionnel, Réméré.

RACHAT EN FAIT DE VENTES, CONSTITUÉES, est la faculté d'en rembourser le principal.

Cette faculté n'est jamais prescriptible; le débiteur est toujours reçu à se libérer, quand même il y auroit convention au contraire, quia res non potest esse fine sua substantia. C'est il est de la substance des rentes constituées d'être rachetables en quelque tems que ce soit, quoique le créancier n'en puisse pas exiger le remboursement, si ce n'est dans le cas de droit.

Suivant ce que nous avons dit, le rachat d'une rente constituée dépend absolument de celui qui en est le débiteur, par la raison que celui au profit de qui la rente est constituée, a fait une vraie aliénation du fonds qu'il a donné pour la constitution de la rente.

Cependant il y a des cas où le créancier peut

contraindre le débiteur d'une rente constituée à la racheter.

1°. Pour cause de stellionat, attendu la mauvaise foi du débiteur, & que celui au profit de qui la rente est constituée a été trompé, & n'a pas les sûretés sur lesquelles il comptoit lorsqu'il a donné son argent à constitution.

II°. Lorsque celui qui est débiteur de la rente, aliéne un immeuble affecté & hypothéqué à ladite rente. La raison est, qu'une telle aliénation est préjudiciable au créancier, en ce qu'elle diminue la sûreté de sa rente. Voyez ci-après vente d'Office.

III°. Lorsque celui qui a passé un contrat de constitution est obligé de faire emploi de l'argent, & d'en fournir acte au créancier dans un certain tems, & de déclarer dans le contrat d'acquisition que c'est des deniers du créancier, consentant qu'il ait une hypotheque privilégiée sur la chose; s'il ne le fait, il peut être contraint au rachat.

IV°. Celui qui achete un héritage chargé d'un douaire préfix de deniers à condition de payer la rente jusqu'à ce que le douaire ait lieu, est obligé d'en faire le remboursement sitôt que le douaire a lieu.

Enfin l'acquéreur d'un héritage à la charge de n'en payer le prix que dans un tel tems, & d'en faire interim la rente, peut être contraint d'en faire le remboursement, lorsque le tems est arrivé.

Au reste, de ce que le rachat est une rente constituée ordinairement dépend absolument de celui qui en est le débiteur, il résulte que le cooblige qui rachete la rente que par lui & ses cooblige s, ne les peut contraindre de lui en faire le remboursement. M. le Prêtre, cent. 1. ch. 8. Dumoulin en son Traité des Usures, nomb. 245. & 246. Louet lettre F, somm. 27. & lettre R, somm. 11.

Touchant le rachat des rentes constituées, voyez ce que j'ai dit sur l'art. 121. de la Coutume de Paris.

RACHAT ou RELIEF, est un droit dû au Seigneur, pour les mutations qui arrivent de la part du Vassal en certains cas, consistant au revenu du fief d'une année, ou une somme pour une fois offerte de la part du Vassal, ou le dire de Prud'hommes, au choix du Seigneur.

Ce droit est appelé rachat, parce que le nouveau Vassal est obligé de payer à son nouveau Seigneur en entrant dans le fief, comme pour le racheter de la perte qui est censé en être faite par la mutation du Vassal.

Ce droit est aussi appellé relief, du mot de relevement, à relevando; id est liberando, seu solvendo, pour marquer que le nouveau Vassal qui paye le relief est censé de le relever, le dégager & le remettre dans son premier état; quasi morte Vassali, vel alienato feudo, feudum ceciderit.

L'origine de ce droit vient de ce qu'anciennement les Fiefs étoient réuni de plein droit à la table des Seigneurs dominans par le décès des Vassaux, dont les héritiers collatéraux ne pouvoient rentrer dans ces fiefs, qu'en les rachetant ou les relevant des Seigneurs à qui ils payoient un droit qui fut nommé par cette raison rachat ou relief.

On l'appella d'abord placitum, parce que n'étant pas réglé, il dépendoit à la rigueur de la volonté des Seigneurs dominans; & ne l'a vient qu'encore au jourd'hui les reliefs ou rachats, quoique réglés ou fixés, font encore nommés relevoifons à plaifirs, & plaîts à merci.

Le rachat ou relief confifte, comme nous venons de dire, au revenu du fief d'une année, ou le dire de Prud'hommes, ou une fomme pour une fois offerte de la part du Vaffal, au choix & élection du Seigneur. Art. 47. de la Coutume de Paris.

C'eft au Seigneur à choifir le revenu d'un an du fief, ou la fomme offerte par le Vaffal pour le relief.

L'année du relief ne commence que du jour des offres acceptées par le Seigneur, ou valablement faites par le Vaffal, jufqu'à pareil jour de l'année fuivante.

Si le Seigneur choifit le revenu d'un an, le Vaffal eft tenu de lui communiquer fes baux, & le Seigneur eft tenu reciproquement de les entretenir.

Ce droit eft dû dans la Coutume de Paris, & dans la plus grande partie des autres Coutumes en toutes mutations de fief, excepté celles qui arriverent par vente ou par acte équipolent à la vente, defquelles eft dû quint au Seigneur, avec le requint dans quelques Coutumes.

Il faut encore excepter les mutations qui arrivent pas fucceffion en ligne directe, tant afcendante, que defcendante, efquelles il n'eft rien dû au Seigneur féodal que la bouche & les mains, c'eft-à-dire, la foi & hommage. Voyez Mutation, & ce que j'ai dit fur les art. 3. & 4. de la Coutume de Paris.

Il n'eft dû qu'un relief, quoique le fief change de main par plufieurs mutations dans la même année. La raifon eft, que le relief eft le revenu d'un an; or une terre ne produit de fruits qu'une fois l'an.

Ainfi, par Arrêt du 10. Mars 1662. rendu en la Grand'Chambre au rôle de Paris, il a été jugé en la Coutume de Meaux, femblable à celle de Paris, que dans une même année y ayant eu deux mutations de Vaffaux en fucceffion collaterale, l'une par la mort du frere décédé fans enfans, & l'autre par le mariage de la fœur héritiere de fon frere, il n'étoit dû qu'un feul droit de rachat pour raifon du fief dont il étoit queftion, Jovet, verbo Seigneur, n. 8.

On tient pour maxime certaine, que les droits de relief & autres fe payent fur le pied de la Coutume où eft affis le fief qui en eft tenu. Auffi par Arrêt du Grand Confeil du 1. Mars 1721. il a été ordonné que, fuivant les offres faites par Madame la Ducheffe de Richelieu, elle payeroit le droit de relief dû à caufe du fief de Menevillers, relevant de celui de Monfure, fuivant la Coutume d'Amiens. Le Comte de Bourdin prétendoit que le fief de Meffure relevant de Conti, & par conféquent celui de Menevillers étant un arriere-fief de Conti, le droit de relief devoit être payé fuivant l'article 74. de la Coutume de Clermont, où eft fitué le fief de Conti.

Touchant le relief, voyez ce que j'ai fur l'article 47. de la Coutume de Paris, & fur les deux fuivans.

RACHAT RENCONTRE, eft en quelques Coutumes quand deux ou plufieurs rachats échoient en une même année, & fe rencontre, en ce cas le premier dure jufqu'à ce que le fecond foit échu; en forte que s'il arrive qu'en une même année deux ou plufieurs Vaffaux, Seigneurs d'une même terre meurent, & qu'il y ait rencontre de rachats, le Seigneur du fief

jouira depuis le décès du premier jufqu'au décès du fecond, & depuis le décès du premier pendant un an entier, felon l'article 70. de la Coutume de Bretagne. Voyez Brodeau fur Louet, lettre R, chap. 2. nomb. 8.

RACHETER, fignifie éteindre une rente, s'en libérer.

RACINE. On dit que des fruits font pendans par les racines, quand ils ne font pas encore coupés ni cueillis. Voyez ce que j'ai dit, verbo Fruits.

Il eft d'ufage que les fruits pendans par les racines ne peuvent être faifis qu'après la S. Barnabé, qui arrive le 11. Juin.

RADIATION, fe dit des ratures qui font ordonnées par autorité de Juftice. On ordonne la radiation des qualités prifes fans aucun droit, la radiation des injures, la radiation d'un écroue, & dans des comptes la radiation des articles qui ne font pas établis.

RAISON, fignifie le droit qu'on a de pourfuivre quelque chofe en Juftice. On dit, par exemple qu'un cédant fubroge fon ceffionnaire en tous fes droits, noms, raifons & actions.

RAMAGE, en termes de Coutumes, fignifie quelquefois le droit ou la faculté qu'ont quelques fujets de couper des branches, ou des rameaux d'arbres, dans les forêts de leurs Seigneurs.

Ce terme eft auffi employé pour fignifier la parenté des collateraux. Auffi M. d'Argentré la définit, defcenfus à ftirpe communi.

Cela paroît fondé fur ce que dans chaque perfonne il y a deux lignes qui fe terminent, favoir, la paternelle & la maternelle, & chaque ligne en remontant directement de degré en degré fe fourche par les femmes, en forte qu'elle fe divife en une multitude de lignes directes. De ces différentes fortes de lignes directes, il fort en différens degrés des lignes collaterales en defcendant; & ces lignes collaterales font appellées branchages ou ramages, parce qu'elles font comme des branches ou des rameaux qui s'écartent de la tige d'un arbre. Voyez le Gloffaire du Droit François, verbo Ramage. Voyez auffi l'art. 593. de la Coutume de Bretagne, & le Commentaire de M. de Perchambault, tit. 23. §. 40.

RAMEAU, fe dit dans les généalogies des diverfes branches des familles qui fortent d'un même tronc, d'une même fouche.

RANÇON, eft une fomme que l'on paye pour tirer des mains des ennemis un homme qui auroit été pris par eux.

Ceux qui font pris par les ennemis ne deviennent point aujourd'hui leurs efclaves, comme nous avons ci-deffus en parlant des prifonniers de guerre; en forte qu'ils ne font obligés que de payer leur rançon.

Elle eft telle qu'il eft convenu publiquement entre les Peuples qui font en guerre, ou telle qu'il plaît aux vainqueurs d'exiger, lorfqu'il n'y a point de convention à cet égard; mais cette rançon doit toujours être proportionnée à l'état & aux facultés des vaincus.

L'obligation pour une rançon eft non-feulement valable, mais cette dette eft privilégiée; en forte que ceux qui l'ont payée font préférés à tous autres créanciers de celui dont on a procuré la liberté, même à fa femme qui demanderoit fa dot ou fon douaire, & à fes enfans qui fe tiendroient au douaire de leur

meres Plaidoyez n. Corbin, chap. 80. le Bret, liv.
1. decif. 10. Brodeau sur Louet, lett. A, somm. 9.
nomb. 11.

Redempti captivi præfertur omnibus creditoribus,
etiam iis qui qualvis illo superiore tempore.) Marna-
cius ad Authent. si captivi, cod. de Episcop. & Cleric.
Ce qui est fondé sur ce que par le moyen de la
rançon le prisonnier qu'on en guerre rachete la vie
que le Capitaine ou le soldat pouvoit lui ôter.

Un pere est tenu de payer la rançon de son fils Bar-
dot, tom. 1. liv. 2. chap. 7. le Journal des Audiences, tom. 1. liv. 1. chap. 133. & tom. 2. liv. 6. ch.
11. Boniface, tom. 1. liv. 4. tit. 11. chap. 2.

Un fils est pareillement tenu de payer la rançon
de son pere. Suivant l'Ordonnance de France 1081.
touchant la Marine, art. 14. les enfans & les mineurs peuvent par l'avis de leurs parens, s'obliger
pour tirer leur pere d'esclavage, sans qu'ils puissent
être restitués. *Voyez* Bafnage sur l'article 399. de la
Coutume de Normandie.

Un Vassal opulent est tenu de payer la rançon de
son Seigneur, pris en légitime guerre pour le
Royaume. Boerius, décif. 182.

Un Marchand est tenu de payer la rançon de celui
à qui il a envoyé le soin de ses marchandises, lorsqu'il est pris. Peleus, quest. 137.

La faveur de cette dette est si grande, que les
biens substitués & sujets à un fidéicommis, au défaut de biens libres, peuvent être valablement obligés par l'héritier grevé pour le payement de sa rançon. Bafnage, tom. 1. liv. 2. tit. 9. chap. 34.

Des prisonniers de guerre rachetés sur leur parole
de payer leur rançon & quelques autres prisonniers qui étoient sortis n'étant point retournés &
n'ayant point satisfait à leur promesse, il fut jugé au
Parlement de Metz le 8. Mars 1649, que ceux qui
étoient restés & qui avoient été obligés de payer
la rançon, pouvoient demander à ceux qui étoient
sortis sur leur parole & qui ne l'avoient pas tenue,
leurs parts de ce qui avoit été payé. *Voyez* le 57e.
Plaidoyé de M. Corberon. *Voyez* Grotius dans
son Traité de Jure belli & pacis, lib. 7. cap. 7.

RANG, est la place que l'on donne à la qualité,
au mérite. *Voyez* Préféance.

RAPPEL, est ordinairement une disposition de
derniere volonté, par laquelle un homme rappelle à sa succession une personne qui n'auroit pas
droit d'y venir autrement.

Cette disposition est ordinairement de derniere
volonté, parce qu'elle se peut faire aussi par contrat de mariage. Sur quoi il faut remarquer que le
rappel fait par testament est révocable, mais qu'il est
irrévocable quand il est fait par contrat de mariage.

L'on ne peut faire succession au profit de
celui qui en est exclus, que jusqu'à la concurrence
de ce dont on peut disposer par testament. Loysel,
liv. 2. tit. 4. regle 11. Brodeau sur Louet, lettre R,
somm. 14. nomb. 13.

Il y a plusieurs sortes de rappels; sçavoir, I°.
Celui qui répare le défaut de représentation. II°.
Celui qui se fait dans le cas de l'Expulsion coutumiere
des filles dotées. III°. Celui qui se fait dans le cas de
la renonciation expresse des filles dotées. IV°. Ce-

lui qui releve les enfans de leur exhérédation.

Nous allons parler séparément de ces différentes
especes de rappels. Voici les Auteurs que l'on peut
aussi consulter pour résoudre les questions qui se
peuvent présenter sur cette matiere. Louet, lettre
M, somm. 4. Bacquet des Droits de Justice, chap.
21. nomb. 2. M. Ricard, Traité des Donations
entre vifs, part. 1. chap. 4. sect. 2. dist. 3. nomb.
1070. Henrys, tom. 2. liv. 4. quest. 7. le Traité
des propres, chap. 2. sect. 8. M. le Brun, Traité
des Successions, liv. 3. chap. 10.

RAPPEL QUI REPARE LE DEFAUT DE REPRESEN-
TATION, est une disposition qui est ordinairement
de derniere volonté, par laquelle un homme rappelle à la succession une personne qui n'auroit pas
droit d'y venir autrement, parce qu'il seroit plus
éloigné en degré, que d'autres enfans, ou d'autres
parens collatéraux.

Celui qui passe un tel acte, déclare qu'il veut &
entend qu'un tel parent plus éloigné que ses autres
enfans ou collatéraux, lui succede au lieu & place
de son pere ou autre, avec ses autres héritiers légitimes qui lui succederont après son décès. Pour
que ce rappel soit valable, il faut que la Coutume
qui n'admet pas la représentation, ne contienne pas
aucune prohibition de faire le rappel; autrement il
ne seroit pas valable.

Le rappel qui se fait pour réparer le défaut de
représentation, est de deux sortes; sçavoir, celui
qui se fait dans les termes du Droit, & celui qui se
fait hors les termes du Droit.

Le rappel qui se fait *intra terminos Juris*, est celui
par lequel on rappelle à la succession des collatéraux
qui y peuvent venir, suivant la disposition du Droit
civil, & qui est nécessaire dans certaines Coutumes où
la représentation n'a point lieu en ligne collatérale.

Tel est le rappel que l'oncle fait de ses neveux
& nieces, à l'effet de lui succéder conjointement
avec ses freres & sœurs. C'est la disposition expresse
du chap. 3. de la Novelle 118. de Justinien. Ainsi
ce rappel est fait *intra Juris terminos*.

A plus forte raison le rappel qui se fait des petits
enfans d'un fils prédécédé, est fait *intra Juris terminos*, dans la Coutume de Boulonnois, qui donne
tout aux enfans du premier degré, à l'exclusion des
descendans qui sont dans un degré plus éloigné.

On tient que les Coutumes qui n'admettent point
la représentation dans les cas où elle est établie par
le Droit Romain (sur-tout en ligne directe descendante, sont très-odieuses; & que c'est pour les adoucir,
autant qu'il est possible, que l'on a introduit le rappel.

Aussi ce rappel qui se fait *intra terminos Juris*,
est extrêmement favorable, parce qu'il produit un
retour au Droit commun, c'est-à-dire, à la disposition du Droit civil, qui est en cela observée presque par toute la France, à l'exception de quelques
Coutumes, qui n'admettent point en ce cas la représentation.

La faveur que l'on a donné au rappel qui se fait
dans les termes de Droit est si grande, que nos plus
fameux Auteurs tiennent qu'il peut être fait, non-seulement par quelqu'acte que ce soit par-devant Notaires, mais encore par un simple acte sous seing privé.

On

On donne à ce rappel toute son étendue, c'est-à-dire, que celui qui est rappellé succede de la même maniere que si la Coutume avoit admis la représentation conformément au Droit, jusques là que s'il est fils de l'aîné, il succede au droit d'aînesse. Louet & son Commentateur, lett. R, chap. 9. Il y a plus, c'est que le rappel fait dans les termes de Droit en ligne directe, profite à tous les petits enfans qui sont dans le même dégré que celui qui a été rappellé, quoiqu'ils ne soient pas compris dans l'acte de rappel. Soefve, tom. 1. cent. 2. chap. 48.

Le rappel qui est fait *intra terminos Juris*, a encore un effet bien différent de celui qui est fait *extra Juris terminos*; car ceux qui viennent par représentation en vertu du rappel fait dans les termes de droit, sont véritablement héritiers du défunt, & ils prennent leur part & portion à titre de succession; de sorte que les immeubles qu'ils en recueillent deviennent propres en leurs personnes. Ainsi jugé par Arrêt du 9. Juin 1687. rapporté dans le Journal du Palais; au lieu que ce qui vient en conséquence du rappel fait *extra terminos Juris*, ne vaut que *per modum legati*.

Le rappel fait *intra terminos Juris*, fait aussi que la succession du défunt se partage même par souches, même en ligne collatérale; comme il a été jugé par Arrêt du 6. Septembre 1660. rapporté dans le Journal des Audiences, & par Soefve, tom. 2. cent. 2. ch. 13.

Le rappel qui se fait *extra terminos Juris*, est celui par lequel on rappelle à sa succession des collateraux qui n'y pourroient pas venir, suivant la disposition du Droit civil, comme si le rappel se faisoit d'un arriere neveu. Il est certain que ce rappel est fait hors les termes du Droit, d'autant que par la disposition du Droit civil la représentation n'a point lieu en ligne collatérale, que dans le cas exprimé dans le chap. 3. de la Novelle 118. de Justinien, qui contient un droit nouveau & spécial, lequel par conséquent ne reçoit point d'extension.

Le rappel qui est fait *extra terminos Juris*, est moins favorable que celui qui est fait *intra Juris terminos*: c'est pourquoi celui qui est fait hors les termes de Droit, n'est pas tant un véritable rappel, qu'un legs: d'où il s'ensuit,

I°. Que les propres n'y sont pas compris qu'autant que la Coutume permet d'en disposer par testament.

II°. Qu'il ne se peut faire que par un testament; de sorte qu'une simple déclaration faite pardevant Notaire ne suffiroit pas pour cela, ni à plus forte raison un acte sous seing privé. Ainsi quand un grand-oncle qui a des neveux rappelle ses petits-neveux, ce rappel étant fait hors les termes de Droits, n'est valable que par forme de legs, & celui qui a été rappellé ne peut avoir part que dans les biens dont on a la faculté de disposer par testament.

Voyez Montholon, Arrêt 126. M. le Brun dans son Traité des Successions, liv. 3. tom. 1. cent. 2. chap. 58. & tom. 2. chap. 10. sect. 3. M. Louet & son Commentateur, lett. R, chap. 9. M. Soefve, cent. 3. ch. 40. *Voyez* aussi, touchant le Rappel, le Traité particulier qu'en a fait M. Marie Ricard, qui a été mis dans la derniere édition de ses Ouvrages.

RAPPEL DANS LES CAS DE L'EXCLUSION COUTUMIERE DES FILLES DOTÉES, est celui qui se fait pour remedier à l'exclusion coutumiere des filles dotées. Ce rappel a lieu dans les Coutumes qui excluent les filles dotées des successions directes & collatérales, parce que cette exclusion est principalement fondée sur la présomption de la volonté du pere qui a doté, & de l'affection duquel la Loi présume qu'il a suffisamment pourvu à sa fille en la dotant & en la mariant: c'est pourquoi le pere s'expliquant contre cette exclusion, la Loi autorise sa volonté, & le rappel qu'il fait de sa fille à sa succession; d'autant que la volonté expresse du pere prévaut alors sur cette présomption, & la fait absolument cesser.

Il faut que ce rappel soit fait par le pere ou par la mere, l'aïeul ou l'aïeule, parce qu'il n'y a qu'eux qui soient obligés de doter, & qu'ils excluent leurs filles en les dotant: ce qu'on leur a permis en faveur des mâles, & sur la présomption de l'affection paternelle.

Si le pere & la mere ayant doté, il n'y a que l'un des deux qui rappelle la fille dotée à sa succession; le rappel aura seulement lieu pour la succession de celui qui l'aura fait; & si par la Coutume la fille dotée est exclue de toutes successions, même collatérale, c'est-à-dire, de celles des freres & autres descendans du pere, la fille reservée ou rappellée par le pere ou la mere seulement, demeure exclue des successions collatérales.

Ce rappel, qui répare l'exclusion d'une fille dotée doit être fait expressément par le contrat de son premier mariage; après quoi elle ne peut être rappellée à aucun droit successif au préjudice des mâles ou leurs descendans sans leur consentement exprès. La raison est que ses freres ont un droit acquis, lorsque par le premier mariage de leur sœur dotée il n'y a point de réserve. *V.* M. le Brun en son Traité des Successions, liv. 3. ch. 10. sect. 1. & Coquille quest. 128.

RAPPEL DANS LES CAS DE LA RENONCIATION EXPRESSE DES FILLES DOTÉES, est celui dont on se sert pour réparer une renonciation qu'une fille dotée a fait à une succession future.

Les pere & mere qui ont stipulé la renonciation peuvent rappeller leur fille à leur succession; car une fille, pour avoir renoncé, ne s'est pas rendue indigne de l'affection de ses pere & mere.

Il n'y a rien de plus favorable que ce rappel; c'est un retour au Droit commun, & même au Droit naturel, qui égale tous les enfans. Ainsi ce rappel se peut faire par toute sorte d'actes, soit entre-vifs, ou à cause de mort; c'est-à-dire, par une simple déclaration devant Notaire ou par disposition de derniere volonté.

Comme un même contrat de mariage ne peut pas porter une renonciation expresse & un rappel, il faut que l'acte de rappel soit postérieur au contrat de mariage, même dans les Coutumes qui veulent que le rappel de la fille soit fait par le contrat de son premier mariage.

Quelques Coutumes ne permettent pas de rappeller les filles qui ont renoncé aux successions; à moins que le pere ou l'aïeul, en les mariant, ne se soient réservé cette faculté; mais ils peuvent leur faire des legs, ou des donations particulieres.

Hors ces Coutumes, les parens ont la liberté de rappeller à leur succession, & à celle de leurs autres enfans, les filles qui ont renoncé, quoiqu'il n'y ait point de femblable réferve dans le contrat de mariage.

Le rappel en ce cas admet la fille à la fucceffion, comme fi elle n'avoit point renoncé : mais il faut qu'il foit formel & précis ; car un legs fait par le pere à la fille, n'eft pas un rappel fuffifant pour lui donner droit de venir à partage avec fes freres & fœurs. Henrys, liv. 4. queft. 11.

Le rappel formel & précis peut fe faire par toute forte d'actes, foit entre-vifs ou à caufe de mort. Dumoulin fur l'art. 139. de la coutume de Blois.

Quand les peres & meres, en mariant leurs filles les ont fait renoncer à la fucceffion de leurs freres & fœurs, ou autres parens collatéraux, elles peuvent être par eux rappellées à leurs fucceffions ; & un tel rappel les remet dans le même état où elles feroient fi elles n'y avoient pas renoncé. Mornac en fon Recueil, part. 1. art. 49. fait mention d'un Arrêt qui l'a ainfi jugé. Voyez M. le Brun en fon traité des Succeffions, liv. 3. chap. 10. fect. 2. Voyez auffi Coquille, queft. 129.

RAPPEL QUI RELEVE LES ENFANS DE LEUR EXHE-REDATION, eft celui par lequel le pere ou tout autre qui a prononcé une exhérédation contre fon héritier préfomptif, déclare qu'il entend qu'il vienne à fa fucceffion, de la même maniere qu'il auroit fait avant l'exhérédation qu'il révoque.

Une exhérédation faite par un teftament folemnel, doit être révoqué par un autre teftament également folemnel & parfait, fi ce n'eft que le teftament qui portoit l'exhérédation eût été fait dix ans auparavant ; auquel cas une déclaration du teftateur, faite en préfence de trois témoins, qu'il ne veut pas que fon teftament ait lieu, fuffit pour la révocation ; ce qui fe tire des Textes du Droit civil, §. 3. Inft. quib. mod. teftam. infirmant. Leg. 18. ff. de legat. 3. Leg. 27. cod. de teftam.

Mais cette rigueur du Droit ne s'obferve pas dans les Provinces du Droit écrit ; & un acte de revocation paffé pardevant un Notaire & deux témoins, eft réputé fuffifant. L'ordonnance qui ne requiert que ces formalités pour toutes fortes d'actes, prévaut à la regle.

A l'égard du Pays coutumier ; comme l'exhérédation y peut être faite par un fimple acte pardevant Notaire, il n'y a pas lieu de douter que la révocation ne s'y en puiffe faire de même.

Outre ce rappel exprès d'une exhérédation, il y en a encore un tacite, qui réfulte du pardon de l'injure qui a caufé l'exhérédation, ou qui fe tire de la fimple reconciliation entre le pere & le fils.

Un pere qui a déclaré qu'il pardonne à fon fils l'injure qui l'avoit porté à l'exhéréder, eft réputé lui avoir remis fon exhérédation, pourvû que le pardon foit fans referve, parce qu'après un tel pardon la faute eft effacée. Ainfi, comme l'exhérédation demeure fans caufe, elle demeure auffi fans effet, quoiqu'elle n'ait pas été nommément révoquée.

La reconciliation entre le pere & le fils n'induit pas toujours le pardon & le rappel de l'exhérédation, fur-tout quand cette reconciliation fe fait à l'article de la mort, ou dans les circonftances de néceffité ou de bienféance.

Une telle reconciliation n'eft pas fuffifante pour

révoquer l'exhérédation du pere ; il faut que l'action dont on infere une révocation tacite, donne à connoître que par une rémiffion pleine & entiere de la part du pere, les juftes reffentimens qui avoient donné lieu à l'exhérédation, font diffipés & que la tendreffe paternelle a entiérement pris le deffus. Voyez M. le Brun en fon traité des fucceffions, liv. 3. ch. 10. fec. 4.

RAPPEL DE BAN OU DES GALERES eft une révocation que fait le Roi par des Lettres du grand Sceau, de la peine du banniffement ou de celle des galeres, à laquelle étoit condamné l'impétrant, par Sentence ou Arrêt rendu contre lui préfent.

Le plus fouvent cette révocation contient un changement ou commutation de ban ou des galeres, en une autre peine plus douce & plus légere que celle qui étoit portée par le Jugement de condamnation.

Ce rappel eft une grace imparfaite, qui n'ôte point l'infamie encourue par celui qui avoit été précédemment condamné par Jugement. C'eft pour ainfi dire, un milieu entre la condamnation & la grace entiere, d'autant que le Roi fait grace à la vérité d'une peine au condamné, mais il ne veut pas que le crime demeure entiérement impuni : c'eft pourquoi Sa Majefté fubroge une autre peine en la place, comme en une amende ; enforte que celui qui a obtenu des Lettres de rappel demeure toujours noté, & ne rentre pas pour cela dans fes biens, s'ils ont été en conféquence de fa condamnation confifqués. Voyez Maynard, liv. 5. chap. 1. tit. 80.

De ce principe, il s'enfuit qu'un Officier qui, après avoir été condamné aux galeres ou au banniffement, a obtenu des Lettres de rappel, ne peut rentrer dans l'exercice de fa Charge, ou fe faire recevoir dans une autre, fous prétexte defdites Lettres. Albert lettre N, article 2. Boniface tom. 1. art. 1. tit. 1. nomb. 28.

Voyez le titre 16. de l'Ordonnance de 1670. Defpeiffes, tom. 2. page 703. du Fail liv. 3. chap. 273. Albert. lettre N, art. 2. Bafnage fur l'art. 143. de la Coutume de Normandie.

RAPPORT. Ce terme a plufieurs fignifications. Il fignifie quelquefois le détail que fait un Juge en pleine Chambre d'un procès dont il eft rapporteur. Auffi les Jugemens qui font rendus en conféquence portent : Oui le rapport d'un tel, Confeiller, dit a été &c.

Ce terme fignifie auffi la remife des fommes qu'un des cohéritiers doit remettre à la maffe de la fucceffion avant que de la partager, afin de conferver l'égalité entre tous les cohéritiers du défunt.

RAPPORT DE BIEN SELON LE DROIT ROMAIN, eft la confufion & le mélange des biens de ceux qui le font avec les biens de ceux dont la fucceffion eft à partager, à l'effet d'être joint à la maffe, pour être le tout partagé en autant de portions qu'il s'en doit faire de la fucceffion, y compris ceux qui rapportent, & ceux à qui le rapport eft fait.

Le rapport fe peut faire de différentes manieres. Premièrement en rapportant effectivement les chofes fujettes à rapport, & les faifant comprendre dans la maffe des biens du défunt.

En fecond lieu, en retenant ce qui eft fujet à rapport, & prenant d'autant moins des biens de la fucceffion.

Le Droit Romain a introduit le rapport, & voici à quelle occafion.

Par l'ancien Droit, c'eft-à-dire , par la difpofition de la Loi des douze tables, (*quæ Lex appellata eft fons & origo omnis publici privatique Juris*, (les enfans émancipés étoient regardés comme étrangers , & par conféquent étoient exclus de la fucceffion de leur pere , ou autre afcendant paternel. Sur quoi voyez ce que j'ai dit fur le §. 9. du premier titre du troifieme livre des Inftitutes.

Mais le Préteur ayant admis les enfans émancipés à leurs fucceffions , il trouva qu'en les y admettant avec les enfans qui étoient héritiers fiens du défunt, il feroit injufte de leur laiffer les biens qu'ils avoient acquis depuis leur émancipation ; d'autant que toutes les acquifitions qu'avoient faites les enfans qui étoient reftés en la puiffance de leur pere, augmentoient fon patrimoine dont les enfans émancipés devenoient participans.

Pour remédier à cet inconvénient, le Préteur trouva à propos d'obliger les enfans émancipés venant à la fucceffion de leur pere , à rapporter tout ce qu'ils avoient acquis depuis leur émancipation , du moins tout ce qui auroit appartenu à leur pere , s'ils étoient reftés dans fa puiffance : ainfi fa vue fut de rendre égale par ce moyen la condition des uns & des autres enfans.

A Prætore injuncta fuit emancipatis bonorum collatio , I°. Ut injuria , quam emancipati fuis faciunt , contrario collationis commodo repenfaretur. II°. Quia Prætor emancipatos ad parentum fucceffionem vocat, quafi refcifsâ emancipatione femper in familia remanfifsent ; hic autem color poftulat, ut quemadmodum quafi fui fuccedunt , ita quafi fui ea patri cenfeantur acquifsse , quæ revera ipfi acquifsfent, fi non fuifsent emancipati. III°. Ut inter liberos fervetur æqualitas , quæ maximum eft concordiæ inter fratres retinendæ vinculum.

De ce que nous venons de dire il s'enfuit, I°. que les enfans émancipés ne faifoient point entr'eux de rapport ; *quia emancipati nullo incommodo fefe invicem afficiunt, fed injuriam utuntur.* Ainfi les émancipés n'étoient obligés au rapport , que quand ils fuccédoient à leur pere , ou autre accendant paternel, concurremment avec les héritiers fiens du défunt.

II°. Que les enfans émancipés qui étoient inftitués héritiers par leur pere , n'étoient point obligés de rapporter ; *quia eo ipfo , quo emancipati meruerunt judicium patris, nec quicquam amplius confequuntur quam pater eis dedit, non faciunt fratribus injuriam.* Mais Juftinien ordonna qu'ils feroient obligés de rapporter ce qu'ils avoient acquis depuis leur émancipation , à moins que le teftateur ne l'eût défendu expreffément. *Authent. ex teftamento , cod. de collationib.*

III°. Que les enfans héritiers fiens ne font point obligés de rapporter, ni entr'eux , ni à ceux qui font émancipés.

Mais il a été réglé dans la fuite que tous les enfans , foit qu'ils foient fous la puiffance de leur pere , foit qu'ils foient émancipés , fuffent obligés de rapporter à la fucceffion de leur pere ce qu'ils en auroient reçus en dot , ou à titre de donation à caufe de nôces.

Hodie liberi omnes , five fui juris fint, five in poteftate conftituti , dotem & donationem propter nuptias à

patre profectam in medium conferre tenentur , æqualitatis inter liberos fervandæ caufâ : cui rationi accedit quod dos & donatio propter nuptias dari cenfeantur quafi mortis caufâ , in anteceffum futuræ fucceffionis , & ut cedant in legitimam : at ea quæ veniunt in legitimam , veniunt & in collationem , non tamen vice verfa. Leg. penult. cod. de collationib.

De ce que nous avons dit il s'enfuit, que les émancipés ne font obligés à rapporter à la fucceffion de leur pere , que les biens qu'ils lui euffent acquis s'ils étoient reftés en fa puiffance ; & par conféquent qu'ils ne font point obligés de rapporter les biens caftrenfes , ou quafi-caftrenfes. *Leg. 1. §. 15. ff. de collationib. bonor.*

Par le Droit nouveau ils ne rapportent que les biens profectices , & l'ufufruit des biens adventices ; parce que quand même ils feroient reftés en la puiffance de leur pere , ils n'auroient acquis à leur pere que l'ufufruit des biens adventices , comme il a été ordonné par la Conftitution de Juftinien. *Leg. ult. cod. de col. & Leg. ult. cod. de bon. qu. liber.*

Voilà l'origine & le progrès du rapport , fuivant le Droit Romain , dont à cet égard on fuit en pays de Droit écrit la difpofition de la derniere Jurifprudence. Voyons préfentement ce qui s'obferve parmi nous en pays coutumier , au fujet du rapport des biens.

RAPPORT DE BIENS SELON LE DROIT COUTUMIER, eft différent de celui qui avoit été introduit par le Droit Romain.

En pays coutumier , tous les enfans venans à la fucceffion de leur pere & mere , ou autre afcendant du côté paternel ou maternel , font obligés de rapporter à la maffe de leur fucceffion commune tous les avantages qu'ils ont reçu d'eux en avancement d'hoirie , pour être confondus avec les autres biens de la fucceffion & partagés entre ceux qui rapportent & leurs cohéritiers. Cela pofé, il y a beaucoup de différence entre le rapport qui fe fait fuivant le Droit Romain , & le rapport qui fe fait fuivant le Droit coutumier.

I°. Le rapport qui fe fait fuivant le Droit Romain , oblige les enfans émancipés à rapporter ce qu'ils ont acquis depuis leur émancipation. Il oblige auffi les enfans émancipés & les enfans héritiers fiens , à rapporter ce qu'ils ont reçu à titre de dot ou de donation à caufe de nôces ; au lieu que fuivant le Droit coutumier , le rapport ne fe fait que de ce que les enfans ont reçu en avancement d'hoirie de leur pere & mere, & non pas de ce qu'ils ont acquis d'ailleurs.

II°. Le rapport , fuivant le Droit Romain , n'a originairement été introduit qu'à l'égard des enfans émancipés : au contraire , en pays coutumier la puiffance paternelle n'étant point admife , le rapport y a été introduit indépendamment de cette confidération.

Mais quoique le rapport qui fe fait en pays coutumier , foit différent de celui qui fe pratique fuivant les Loix Romaines en pays de Droit écrit une des raifons qui avoient fait introduire le rapport chez les Romains , l'a fait adopter par nos Coutumes.

Cette raifon qui tirée de l'équité naturelle, tend à maintenir la paix dans les familles , en confervant autant qu'il eft poffible, l'égalité entre tous les en-

I iiij

fans qui viennent à la fucceffion de leurs pere & mere, ou autres afcendans de l'un & de l'autre côté; autrement il n'y auroit pas de juftice, qu'entre ceux qui font appellés à la fucceffion de leurs afcendans par un droit égal de la nature , il y en eût de plus avantagés que les autres.

C'eft un principe certain , que quand la raifon de la Loi ceffe, fa difpofition doit auffi ceffer. Or le rapport n'a été admis parmi nous en ligne directe defcendante, que pour conferver dans les familles la paix entre les enfans venans à la fucceffion de quelqu'un de leurs afcendans , en rendant leur condition égale.

Le rapport n'a point lieu dans la ligne directe afcendante : car comme , felon le droit naturel , la fucceffion des afcendans eft dûe également à tous les enfans , il paroît plus équitable, que l'égalité foit confervée entre tous les enfans qui fe portent héritiers de leurs pere & mere. Mais cette raifon n'a pas lieu à l'égard des afcendans, lorfque leurs enfans décedent fans enfans ; car c'eft une fucceffion à laquelle ils ne doivent pas s'attendre naturellement , & qui ne leur échoit que *turbato mortalitatis ordine*. Auffi les Loix Romaines ne parlent que de la ligne directe defcendante ; & aucunes de nos Coutumes n'ordonne le rapport dans la ligne directe afcendante , pas même celles qui l'ordonnent dans la ligne collatérale.

Dans les regles, le rapport ne peut pas avoir lieu en collatérale : ainfi , quelque donation qu'un des héritiers du défunt eût reçue de lui de fon vivant , il ne feroit pas obligé de la rapporter, parce que les biens d'un défunt n'étant déférés à fes collatéraux que par une efpece de bienfait volontaire , ils font réputés étrangers , & ils ne peuvent contefter les difpofitions entre-vifs faites à l'un d'eux. Brodeau fur Louet, lett. D , fomme 17. nomb. 10.

Il y a néanmoins quelques Coutumes , comme celles de Blois & de la Rochelle , qui veulent que tout donataire , foit en ligne directe , foit en ligne collaterale , venant à la fucceffion du donateur , rapporte les chofes qu'il en a reçues de fon vivant à titre de donation.

Il n'y a donc réguliérement que les héritiers en ligne directe defcendante , qui foient obligés à rapporter ce qui leur a été donné par celui auquel ils fuccedent ; mais ils peuvent , fi bon leur femble , retenir ces avantages en renonçant à leur fucceffion, quoique ce qui leur a été donné excéde de beaucoup leur portion héréditaire , pourvu que la légitime foit réfervée aux autres.

Ainfi , quand les donataires en ligne directe ne viennent point à la fucceffion, & fe tiennent à leurs dons , les chofes données ne font fujettes à rapport , que jufqu'à concurrence de la légitime des autres enfans.

Néanmoins dans les Coutumes d'égalité , le rapport eft d'une néceffité fi abfolue , tant en ligne directe qu'en ligne collatérale, que celui qui renonce à la fucceffion de celui dont il a reçu quelques dons , eft obligé de les rapporter , auffi bien que ceux qui l'acceptent ; mais ce rapport n'eft abfolument néceffaire de la part de ceux qui renoncent à la fuccef-

fion , que lorfqu'il y a des cohéritiers qui le demandent , parce qu'il n'a été introduit qu'en leur faveur , & pour conferver l'égalité entr'eux. D'où il réfulte que s'il n'y avoit que des créanciers du défunt qui vouluffent obliger l'héritier du donateur de rapporter , ils n'y feroient pas recevables.

Comme le rapport n'a lieu qu'entre cohéritiers, fi un pere ou une mere qui ont avantagé quelques-uns de leurs enfans , & le font tous légataires univerfels par leur teftament , veulent, pour conferver l'égalité entr'eux tous, que ceux qui ont été avantagés faffent le rapport de ce qu'ils ont reçu d'eux , il faut qu'ils ajoutent une claufe qui les y oblige ; autrement tous les avantages qu'auroient reçu d'eux , ne feroient point fujets à rapport , parce que les légataires univerfels tiennent à la vérité lieu d'héritiers , mais il ne le font pas effectivement.

En ligne directe , l'héritier par bénéfice d'inventaire , qui renonce à la fucceffion, eft obligé de rapporter ce qui lui a été donné ; mais ce rapport n'eft qu'à l'égard des cohéritiers , & non des créanciers de la fucceffion.

Les enfans qui font rappellés à la fucceffion de leurs pere & mere font fujets au rapport , foit que le rappel foit fait en conféquence d'une renonciation contractuelle, ou d'une exhérédation, foit qu'il foit fait pour rétablir le défaut de repréfentation.

L'enfant rappellé eft véritablement héritier *ab inteftat* , fuivant la régle , *le mort faifit le vif*; c'eft pourquoi il eft faifi de plein droit par le rappel : d'où il s'enfuit que le petit-fils qui eft rappellé dans les Coutumes où la repréfentation n'a pas lieu en directe , fait que la fucceffion fe partage par fouches , & non par têtes.

Lorfque le rapport ne peut avo'r lieu qu'entre cohéritiers , il s'enfuit que fi tous les enfans font donataires entre-vifs ou légataires, & qu'ils renoncent tous à la fucceffion du défunt , fe tenans aux avantages qui leur ont été faits entre-vifs ou par teftament , il ne peut y avoir de rapport entr'eux , le défunt n'ayant point d'héritier. *Voyez* un acte de notoriété du Châtelet , du premier Juillet 1702.

Il faut régler les rapports des cohéritiers avant que de faire des lots. Ainfi , avant que de procéder aux partages , il faut néceffairement fçavoir en quoi confifte les biens de la fucceffion ; & pour y parvenir , il faut faire deux chofes ; fçavoir , un inventaire de tous les meubles & de tous les titres de la fucceffion , & obliger chaque cohéritier à faire le rapport des chofes qui y font fujettes.

Le rapport fe fait en pays coutumier , de la même maniere qu'il fe fait fuivant le Droit Romain , que nos Coutumes expriment par ces mots : *rapporter ou moins prendre* ; c'eft-à-dire, que le rapport fe fait en rapportant en efpece les biens reçus , s'ils font encore en la poffeffion de celui qui vient à la fucceffion , ou en moins prenant des autres effets de la fuceffion ; ce qui dépend du choix de celui qui eft obligé de rapporter.

Dans ce dernier cas, l'eftimation des chofes fujettes à rapport fe doit faire fur le pied qu'elle eft au tems du rapport, & non pas fur celui qu'elle auroit été auparavant.

Nous avons néanmoins quelques Coutumes, où le choix n'eſt point accordé à celui qui eſt obligé de rapporter, & dans leſquelles le rapport ſe doit faire en eſpece, quand les biens ſe trouvent en la poſſeſ-ſion de l'héritier.

On ne doit pas ſeulement rapporter les choſes données, il en faut auſſi rapporter les fruits perçus & revenus qui ſont échus depuis l'ouverture de la ſucceſſion ; mais les fruits perçus, ou les revenus échus auparavant, ne ſe rapportent point.

Si l'enfant donataire avoit fait des impenſes né-ceſſaires pour la conſervation de la choſe donnée, ſes cohéritiers ſont tenu de lui en tenir compte, lorſqu'il en fait le rapport.

Les rapports des choſes données ne ſe font qu'aux ſucceſſions des donateurs ; ainſi la petite-fille n'eſt point obligée de rapporter à la ſucceſſion de ſon pere ce qu'il lui a été donné par ſon ayeul paternel.

Mais ce qui a été donné par l'ayeul à l'enfant de ſon fils ou de ſa fille, doit être rapporté par le fils ou la fille, lorſqu'ils viennent à la ſucceſſion de leur pere, ſuivant l'article 306. de la Coutume de Paris, dont voici les termes : *Ce qui a été donné aux enfans de ceux qui ſont héritiers, & viennent à la ſucceſ-ſion de leur pere, mere, ou autres aſcendans, eſt ſujet à rapport, ou à moins prendre.*

Il faut dire auſſi que ce qui a été donné au fils ou à la fille par le pere, doit être rapporté par les pe-tits-enfans, lorſqu'ils viennent à la ſucceſſion de leur aïeul, quoiqu'au moyen de la renonciation qu'ils ont faite à la ſucceſſion de leur pere, ils vien-nent de leur chef à celle de leur aïeul.

A l'égard de la dot conſtituée conjointement par les pere & mere, elle ne ſe rapporte que ſur la ſuc-ceſſion du pere, ſuivant les Loix Romaines, qui ſont à cet égard obſervées dans les pays de Droit écrit. Suivant le Droit Romain, c'eſt donc au pere à doter ſa fille, & non pas à la mere : *Dotare filiam patris eſt officium, non matris. Leg. 19. ff. de rit. nup. Leg. 16. cod. de dot. prom.* Cela eſt fondé ſur ce que le pere a ſes enfans dans ſa puiſſance, & non la mere ; en conſéquence de quoi, les enfans acquierent à leur pere & non pas à eux ; c'eſt pourquoi il eſt juſte que l'obligation de doter les filles regarde leur pere. D'ailleurs la communauté des biens entre mari & femme n'étant pas en uſage ſuivant le Droit Ro-main, il ſeroit injuſte que la femme en ſupportât les charges, dont une des principales eſt de doter les filles.

Mais dans la France coutumiere, la dot qui eſt donnée conjointement par les pere & mere, eſt im-putée également ſur leurs ſucceſſions ; ainſi la fille n'en rapporte que moitié ſur la ſucceſſion de ſon pere, moitié ſur celle de ſa mere : de ſorte que, ſoit qu'elle renonce à la ſucceſſion du prédécédé de ſes pere & mere, elle n'en rapporte que moitié à la ſucceſſion du ſurvivant. Brodeau ſur Louet, lett. R, nombre 54.

Comme en pays coutumier l'obligation de doter les filles regarde également les meres comme les peres ; quand une veuve renonce à la communauté, elle n'en eſt pas moins tenue de la moitié des dots de ſes filles, & de ce qui a été donné à ſes autres enfans en avancement d'hoirie par ſon mari & elle, quoique dans le contrat de mariage il y eût la clau-ſe, que la femme renonçant pourra reprendre fran-chement & quittement tout ce qu'elle auroit apporté.

La donation eſt l'acte qui donne le plus ordinaire-ment lieu au rapport. Ainſi toutes les choſes qui ont été données aux enfans en avancement d'hoirie ou de future ſucceſſion, ou qui ſont reputées données pour cette cauſe, ſont ſujettes à rapport, parce que les enfans ne peuvent être donataires & héritiers, comme nous avons dit ci-deſſus, *verbo* Héritier.

De ce principe inconteſtable il s'enſuit, I°. que les dots & donations à cauſe de nôces, faites par les pere & mere à leurs enfans, ſont ſujettes à rapport.

II°. Que les impenſes qui ſe font par les pere & mere pour procurer un établiſſement à leurs enfans, doivent être rapportées comme ce qu'il en coûte pour être reçu Marchand ; mais à l'égard de ce qui ſe donne pour l'apprentiſſage, il n'eſt pas ſujet à rapport.

III°. Que le titre clerical qui eſt fait par les aſcendans à leurs enfans, y eſt auſſi ſujet.

IV°. Que les Bibliotheques qui leur auroient été données par leurs aſcendans, y ſont pareillement ſujettes. Mais cela ne doit entendre des Bibliotheques conſidérables, & non pas des livres qui ſont fournis par les parens dans le cours des études pour parvenir aux ſciences. En un mot, cela ſe doit eſtimer par la circonſtance de la valeur des livres, & des facul-tés de celui qui les a données, & ſe doit décider *arbitrio boni viri.*

V°. Qu'une Pratique de Procureur ou de Notaire, qu'un fils auroit reçue de ſon pere, y eſt auſſi ſujette.

VI°. Que les donations rémunératoires y ſont éga-lement ſujettes, juſqu'à concurrence de ce qui ex-cede ce qui pourroit être légitimement dû au dona-taire, pour les peines & ſervices pour leſquels il pourroit avoir action ; parce qu'il ne ſeroit pas juſte que par une donation rémunératoire, ſous prétexte de récompenſe, on faſſe à un de ſes enfans un avan-tage indirect au préjudice des autres ; & il ne ſeroit pas raiſonnable auſſi que celui qui a ſervi, & à qui il eſt dû *alio titulo*, perdit ce qu'il pourroit de-mander légitimement en Juſtice.

VII°. Que les Offices venaux de Judicature ſont ſujets à rapport : ſur quoi voici deux obſervations qu'il convient de faire. La premiere, que quand le pere s'en démet en faveur de ſon fils, il a la liberté de le lui donner pour ce qu'il lui a coûté, ou pour ce qu'il veut, lorſqu'il s'en démet, ſans que cela puiſſe être regardé comme un avantage indirect, à moins que l'eſtimation qu'il en auroit faite ne fût à trop bas prix de beaucoup ; mais quand le pere ne s'eſt point déclaré là-deſſus, on en fait l'eſtimation, eu égard au tems que le pere s'en eſt démis.

La deuxieme eſt, qu'un Office ne ſe rapporte ja-mais en eſpece, à moins que le titulaire ne veuille s'en démettre ; parce qu'il n'eſt permis à perſonne de dépoſſéder un Officier qui tient ſon caractère du Prince au moyen de ſes proviſions, comme nous avons dit *verbo* Office.

La donation eſt l'acte qui donne le plus ordinai-rement lieu au rapport, comme nous l'avons dit

ci-deſſus : cependant il y a des choſes qui ſe rapportent, quoiqu'elles n'aient pas été données ; & d'autres qui, quoiqu'elles aient été données, n'y ſont
pas ſujettes.

Voici les choſes qui ſe rapportent, quoiqu'elles
n'aient pas été données.

Premiérement, tout l'argent que le pere aura prêté
à ſon fils eſt ſujet à rapport, comme étant réputé
donné en avancement d'hoirie, quoique le pere ne
l'ait pas prêté *animo donandi*, mais dans l'intention
d'en être rembourſé.

En ſecond lieu, les dettes du fils acquittées par
le pere : autrement ce ſeroit donner un moyen d'a-
vantager un de ſes enfans au préjudice des autres.

En troiſieme lieu, l'amende & les intérêts civils,
& dépens d'un procès criminel, payés par le pere
pour ſon fils qui auroit été condamné, ſe doivent
rapporter à ſa ſucceſſion : c'eſt une eſpece de prêt
que le pere lui a fait pour acquérir cette dette. Le
fils doit s'imputer s'il n'en profite pas ; & il ne ſeroit pas juſte qu'un tel fait cauſât préjudice à ſes
cohéritiers. *Factum cuique ſuum non alteri debet nocere.*

En quatrieme lieu, le fils qui auroit volé à ſon
pere une ſomme conſidérable, ſeroit tenu de la rapporter à ſa ſucceſſion, quand même il l'auroit fait
en minorité ; *quia in delictis minor non reſtituitur.*

Voici les choſes qui, quoiqu'elles aient été véritablement données, ne ſont pas ſujettes à rapport.

Premiérement, les nourritures & entretiens fournis par pere & mere pendant leur mariage, ne ſont
point ſujets à rapport, parce qu'ils y ſont naturellement obligés. *Voyez* Soefve, tom. 1. cent. 3. ch. 6.

En ſecond lieu, les frais qu'ils font pour l'éducation de leurs enfans & pour leurs études, ne ſont
point ſujets à rapport, par la même raiſon & de la
même maniere que les nourritures fournies par les
pere & mere à leurs enfans, n'y ſont pas ſujettes.
Voyez les Inſtitutes coutumieres de Loyſel, liv. 1.
tit. 6. nom. 3. avec les notes de M. Lauriere ;
M. le Brun en ſon Traité des ſucceſſions, liv. 3.
chap. 6. ſect. 3.

En troiſieme lieu, les Charges militaires, ni les
Charges de la Maiſon du Roi, ne ſont point ſujet-
tes à rapport, parce que ce ne ſont que de ſimples
Commiſſions.

En quatrieme lieu, les frais que les peres & meres auroient avancés pour obtenir des proviſions
d'un Bénéfice pour un de leurs enfans.

En cinquieme lieu, les frais que les peres & meres font pour l'obtention des dégrés de Bachelier &
de Licencié, n'y ſont point ſujets. A l'égard de ceux
qui ſont faits pour le degré de Docteur, je ne crois
pas non plus qu'ils y ſoient ſujets. Cependant ceux
qui ſe font pour obtenir le degré de Docteur en la
Faculté de Médecine de Paris, étant conſidérables,
pourroient bien être ſujets à rapport ; mais cela dépend des circonſtances, c'eſt-à-dire, de la quantité
des biens que le pere auroit laiſſés, de la fortune de
celui pour qui ils auroient été faits, & de l'état des
autres enfans qui en demanderoient le rapport.

En ſixieme lieu, les préſens des nôces *ad legitimum
modum*, ne ſont point ſujets à rapport, non plus
que les feſtins de fiançailles & de nôces.

On demande ſi la fille eſt tenue de rapporter la dot
qu'elle a reçue, en cas que ſon mari ſoit décédé
inſolvable.

Ulpien dans la Loi 1. §. 6. *de donat. collat.* dit que ſi
le mari n'eſt pas ſolvable, la femme n'eſt pas tenue
de rapporter la dot entiere, mais ſeulement ce
qu'elle a pu retirer : ce qui eſt confirmé par la Novelle 97. §. 6. avec cette exception, s'il n'y a eu
ni faute ni négligence de la part de la femme de
rapporter ſa dot, quand elle a vû que les affaires de
ſon mari alloient mal.

La diſpoſition de cette Novelle, qui n'eſt point
admiſe dans tous les Parlemens du Pays coutumier,
eſt ſuivie dans toutes les Cours du pays de Droit écrit ;
mais le Parlement de Paris ne la ſuit pas dans le
pays de Droit écrit de ſon reſſort.

Le principal effet du rapport eſt, que la choſe
rapportée n'eſt plus au donataire ; mais elle fait
partie de la ſucceſſion dès le jour même du décès
du pere, & non du jour que le rapport s'eſt fait.

La raiſon eſt, que la qualité de l'enfant héritier
remonte au jour du décès du défunt, par la regle
le mort ſaiſit le vif, & cette qualité l'obligeant au
rapport, quoiqu'il ne la prenne que quelque tems
après, le rapport doit toujours être cenſé fait de ce
jour ; enſorte que les enfans donataires d'un immeuble qu'ils rapportent, ceſſent d'en être propriétaires
du jour de l'ouverture de la ſucceſſion. C'eſt pourquoi le cohéritier qui a été en retard de rapporter,
doit les fruits & intérêts depuis qu'il eſt en demeure,
c'eſt-à-dire, depuis le jour de la ſucceſſion échue.

De ce principe il réſulte, que les hypothéques
conſtituées par le fils donataire ſur les choſes données, ſont éteintes de ce jour ; de ſorte qu'elles retombent ſur les immeubles qui peuvent tomber aux
donataires par le partage de la ſucceſſion.

Mais s'il arrive ſans fraude qu'il ne leur en échoie
aucuns, ſeulement de l'argent comptant & des
effets mobiliers, comme promeſſes & obligations,
leurs créanciers n'ont pas droit de conteſter le partage, & perdent leurs hypothéques, faute d'y
être intervenus pour la conſervation de leurs droits.

Touchant le rapport, *voyez* Papon, liv. 21. tit. 7.
le Recueil alphabétique de M. Bretonier ; & ce que
j'ai dit ſur l'art. 304. & les cinq ſuivans de la Coutume de Paris. *Voyez* auſſi M. le Brun en ſon Traité
des Succeſſions, liv. 3. chap. 6. Loyſel, liv. 1.
tit. 6. M. d'Argou, liv. 2. chap. 38.

RAPPORT QUI SE FAIT A LA COMMUNAUTÉ CON-
TINUE'E. *Voyez* M. le Brun en ſon Traité de la Communauté continuée. liv. 3. chap. 3. ſection 6.

RAPPORT DE MAITRES ÉCRIVAINS, eſt la déclaration que ceux qui ſont nommés en Juſtice font
touchant la vérification d'une écriture qui eſt conteſtée. *Voyez* Vérification d'Ecritures. *Voyez* auſſi le
Dictionnaire de M. Brillon, lett. E. *verbo* Ecritures.

RAPPORT D'EXPERTS, eſt l'acte par lequel des
Experts nommés par un Jugement, déclarent avoir
vû & viſité les lieux en conſéquence ; au moyen de
quoi ils marquent enſuite quel eſt leur avis ſur le
fait dont eſt queſtion. *Voyez* Viſite. *Voyez* Experts.

Les rapports d'Experts doivent être expédiés par
les Greffiers de l'Écritoire ; dans les lieux où ces

Charges font établies. Ainfi jugé au Parlement de Paris le 24. Novembre 1711.

Comme les Experts ne font ni Juges ni Arbitres des Parties, leur rapport ne peut jamais paffer en force de chofe jugée, quoiqu'il foit bien fait & conforme à la vérité.

Il faut dire auffi que comme les Experts ne font pas Juges, on ne peut pas en interjetter appel; mais on peut avoir recours au Juge, & lui demander la permiffion de faire procéder à un nouveau rapport à fes dépens; fauf à les recouvrer, au cas que par un Jugement définitif il foit ainfi ordonné. Larocheflavin, liv. 6. tit. 51. Arrêt 1.

RAPPORT DE MEDECINS ET CHIRURGIENS, eft l'acte par lequel des Médecins & Chirurgiens déclarent l'état des bleffures qu'a reçu la perfonne qu'ils ont vifitée. *Voyez* le titre 5. de l'Ordonnance de 1670. avec les Commentaires de Bornier.

Quand une perfonne a été battue & bleffée, elle peut fe faire vifiter par Médecins & Chirurgiens, qui doivent affirmer leur rapport véritable. Ce rapport doit contenir le nombre & la qualité des bleffures, les endroits du corps où elles font, fi elles font mortelles ou non, fi le bleffé en fera eftropié ou mutilé de quelque membre, combien de temps il pourra être obligé de garder le lit, de quels médicamens il a befoin, & quel régime il fera tenu de garder pour recouvrer la fanté; afin que fur toutes ces circonftances le Juge puiffe adjuger une provifion, & rendre un Jugement définitif avec équité.

Il eft même quelquefois de l'intérêt du défendeur de requérir que le demandeur foit vifité; auquel cas il peut le fommer de convenir d'un des deux Chirurgiens pour procéder à ladite vifite, & nommer l'autre de fa part.

Les vifites & rapports des Médecins & chirurgiens doivent être faits parties préfentes, ou dûement appellées.

L'art. 2. du tit. 5. de l'Ordonnance de 1670. porte que le Juge peut ordonner une feconde vifite & rapport de Médecins & Chirurgiens; & veut que les Médecins & Chirurgiens nommés d'office par le Juge, foient tenus de prêter le ferment avant que de vifiter le bleffé, dont il doit être expédié acte; & après leur vifite ils doivent dreffer & figner fur le champ leur rapport, pour être remis au Greffe & joint au procès, fans que le Juge puiffe dreffer aucun procès verbal de ce rapport, fous peine de cent livres d'amende contre le Juge, moitié envers le Roi & moitié envers la Partie.

Il faut remarquer qu'au bas de cet article les Médecins & Chirurgiens ne font pas tenus d'affirmer leur rapport véritable, d'autant qu'il fuffit qu'ils aient prêté le ferment: car quand l'article premier dit qu'ils affirmeront leur rapport véritable, cela fe doit entendre lorfque les vifites font faites fans autorité de Juftice, & que les Médecins & Chirurgiens n'ont pas prêté le ferment.

L'article 5. du même titre porte, qu'à tous les rapports ordonnés en Juftice, affiftera un des Chirurgiens commis par le premier Médecin du Roi, aux lieux où il y en a d'établis, à peine de nullité des rapports; mais cela ne s'obferve pas.

Le Juge ordonne, que vû le procès-verbal du... &c. contenant la plainte, &c. que le, &c. fera vifité par tel, &c. lefquels pour cette fin feront affignés pardevant lui, pour prêter ferment de procéder en leur confcience en cette vifite. Par l'acte de preftation, le Juge dit que tels, &c. en exécution de fon Ordonnance du, &c. ont fait le ferment de bien & en confcience vifiter, lui en faire un fidele rapport.

Le rapport des Médecins & Chirurgiens eft adreffé au Juge lefquels déclarent, après ferment par eux fait pardevant lui, qu'ils fe font tranfportés, &c. & de ce ils ont dreffé leur procès-verbal qu'ils certifient être véritable; en foi de quoi ils ont figné le jour de, &c.

RAPPORT D'HUISSIER, qui marque avoir été injurié & maltraité, fait foi en Juftice, à caufe du ferment que font tels Officiers lors de leur reception, de ne faire que de véritables rapports.

Quand on demande un Arrêt par défaut à tour de rôle à la Grand'Chambre du Parlement, & à la premiere de la Cour des Aides, celui qui préfide ordonne de faire appeller & rapporter. L'Huiffier va à la Barre de la Cour, c'eft-à-dire, hors de l'Audience, appeller le défaillant & fon Procureur; enfuite il vient à la Barre du Parquet de la Chambre, où il dit, qu'il a appellé à la Barre de la Cour un tel & fon Procureur; & alors le Préfident dit; après que la Caufe a été appellée & rapportée: La Cour a donné défaut, &c.

RAPPORT DE COMMIS. *Voyez* ci-deffus Procèsverbaux de Commis.

RAPPORTEUR, eft l'un des Juges qui eft chargé de voir & examiner une inftance ou procès, pour en faire le rapport aux autres, à l'effet de procéder enfuite au Jugement de l'inftance ou procès.

RAPPORTEUR DE CRIÉES. *Voyez* Certificateurs de criées.

RAPT, eft l'enlevement que l'on fait par force & par violence, d'une fille ou d'une femme vivant honnêtement, ou même d'une Religieufe.

Il eft traité de ce crime dans la Loi unique, au Code *de raptu virginum, vel viduarum, necnon Sanctimonalium*, qui eft le titre 13. du livre 9. Voici les décifions que contient cette Loi.

Comme elle n'a été faite que pour venger l'honneur des femmes, fa difpofition ne s'étend point à celles qui font proftituées; ainfi ceux qui enlevent des perfonnes de mauvaife vie, n'encourent point les peines que cette Loi prononce contre les raviffeurs, parce qu'il n'y a pas fujet de craindre qu'elles perdent leur honneur par un tel enlevement.

Quoique cette Loi ne parle que des hommes, néanmoins par une jufte interprétation, elle regarde auffi les perfonnes du fexe. Ainfi une femme qui auroit enlevé un homme, feroit punie des peines qui y font décernées contre les raviffeurs.

Le raviffeur n'eft pas moins coupable, quoique la perfonne qu'il a enlevée ait confenti à fon enlevement; car le rapt ne regarde pas feulement la perfonne qui a été enlevée, mais fes parens qui en font deshonorés; ce qui eft de l'intérêt public, & d'une conféquence infinie d'empêcher.

Un raviffeur alléguerait en vain qu'il n'a point

touché à celle qu'il a enlevée , parce qu'il fuffit que le rapt ait été exécuté , pour être puni felon la rigueur de la Loi. Or le rapt eft entierement exécuté par l'enlevement de la perfonne ; quoiqu'elle foit reftée *intacta* , & dans le même état qu'elle étoit auparavant; en forte que l'injure n'en eft pas moins fuite à elle & à fa famille.

La Loi unique au Code *de raptu virginum*, punit ce crime de mort , & de la confifcation des biens au profit de la perfonne qui a été enlevée, fi c'eft une fille ou une femme ingénue ; mais fi elle eft efclave ou affranchie , le ravifleur ne fouffre pas la perte de fes biens.

Enfin, fi elle eft Religieufe & confacrée à Dieu, les biens de fon ravifleur font adjugés au Monaftere dans lequel elle s'eft retirée. *Novell. Juftin.* 134. *Nov.* 150.

La Loi unique au Code *de rapt. virginum*, permet encore aux perfonne qui a été enlevée de tuer le ravifleur , s'il eft par eux pris dans le rapt & dans la fuite. *Leg. ult. in princ. cod. de rapt. virgin. & Leg. 54. cod. de Epifcop. & Cler.*

Cette Loi unique au Code *de rap. virginum* , n'a pas feulement établi la peine de mort contre celui qui s'eft porté à un tel excès , ou qui l'a entrepris fans y avoir réuffi, mais même contre ceux qui lui ont prêté fecours & affiftance ; & cela , foit que la fille y ait confenti ou non. Ainfi l'efprit du Légiflateur étoit de punir ce crime de maniere que la vengeance publique y eut beaucoup de part.

La rigueur de cette Loi va jufqu'à défendre le mariage entre le ravifleur & la perfonne ravie, quelque confentement qu'elle y puifle donner: enforte que s'il eft ainfi contracté, il eft déclaré nul, & les biens de celle qui a été enlevée n'appartiennent pas à fon ravifleur, mais aux parens de cette fille, pourvu toutefois qu'ils n'aient pas confenti au mariage ; car y ayant donné leur confentement, ils femblent complices du même crime que le ravifleur. *Novell.* 143. *in fin.*

Cette Loi unique au Code *de raptu virginum*, n'eft pas obfervée à la lettre dans ce Royaume. Il eft vrai que tous les Légiflateurs excepté Solon feul , ont puni de mort le crime de rapt, & qu'en ce Royaume la peine de ce crime eft capitale: cependant cela ne s'exécute pas toujours à la rigueur.

Par l'Ordonnance de Blois , article 42. & 43. le rapt fait d'une perfonne honnête , fille ou veuve, quoique ce fût pour l'époufer, eft puni de mort. L'article 42. eft conçu en ces termes :

» Tous ceux qui fe trouveront avoir fuborné fils
» ou filles mineurs de 25. ans , fous prétexte de ma-
» riage , ou autre couleur, fans le gré , fçu, vou-
» loir & confentement exprès des peres & meres ,
» & des tuteurs , feront punis de mort , fans éfpé-
» rance de grace & pardon , nonobftant tous con-
» fentemens que les mineurs pourroient alléguer
» avoir donné audit rapt d'icelui ou auparavant.
» Et pareillement feront punis extraordinairement
» tous ceux qui auront participé audit rapt , &
» qui auront prêté confeil , confort & aide , en au-
» cune maniere que ce foit.

Cette Ordonnance a été renouvellée & confirmée par celle du Roi Louis XIII. du mois de Janvier

1639 , qui ordonne la peine de mort & la confifcation de biens contre ceux qui commettent ce crime , fans qu'il foit permis aux Cours fouveraines de modérer ces peines , déclarant nuls les mariages faits avec ceux qui ont enlevé les femmes veuves, fils ou filles, nuls & de nul effet , comme non valablement contractés , fans que le temps , le confentement de perfonnes ravies , de leurs parens & tuteurs , prêté avant ou après lefdits mariages , puiffent les confirmer ou valider ; & que les enfans qui naîtront de tels mariages , foient & demeurent bâtards & illégitimes , indignes de toutes fucceffions directes & collatérales qui leur pourroient échoir. *Voyez* ce que j'ai dit fur l'article 318. de la Coutume de Paris , glofe 3. fection 2. §. 2.

Enfin cette Ordonnance a été encore confirmée par une autre du mois de Novembre de la même année 1639. Cependant, comme nous avons dit, quoiqu'en France la peine de ce crime foit capitale, & qu'on ait en cela fuivi la difpofition de la Loi unique , au Code *de raptu virginum*, aujourd'hui l'on n'y punit pas toujours de mort ceux qui font coupables de ce crime ; ce n'eft que quand il y a des circonftances qui l'aggravent : ce qui dépend de la maniere dont ce crime eft commis , ou de la qualité du ravifleur & de la perfonne ravie.

La maniere dont ce crime eft commis , fait condamner à mort celui qui en eft coupable , lorfqu'il l'a commis à main armée , avec port d'armes , ou avec gens attroupés.

La grande inégalité de condition entre le ravifleur & la perfonne ravie , donne auffi lieu de faire condamner à mort le ravifleur , par exemple , fi la perfonne ravie eft de famille , & que le ravifleur foit d'une condition vile & abjecte ; ou fi la perfonne ravie étoit confacrée à Dieu ; ou fi le ravifleur étoit domeftique de la perfonne ravie, ou de fes parens.

Hors les cas des circonftances aggravantes , ceux qui font convaincus de ce crime , ne font punis en France que des galeres à tems ou à perpétuité , fuivant que le Juge trouve à propos d'augmenter ou de diminuer la peine ; & pour réparation de ce crime, ceux qui en font convaincus , font toujours condamnés en des dommages & intérêts proportionnés à la qualité & aux facultés des Parties.

Nous n'obfervons pas non plus à la rigueur ce que porte la Loi unique, au Code *de raptu virginum*, & plufieurs de nos Ordonnances, touchant l'incapacité abfolue & indéfinie qu'elles prononcent contre le ravifleur de pouvoir jamais époufer la perfonne ravie.

L'ufage eft parmi nous , conformément aux dernieres conftitutions canoniques, de ne défendre le mariage entre le ravifleur & la perfonne ravie , que pendant qu'elle eft en la puiffance du ravifleur; ainfi que qu'elle eft mife en liberté , il lui eft permis de l'époufer , fi elle y donne fon confentement , parce qu'alors rien ne fait préfumer que ce confentement foit involontaire.

Bien plus, c'eft que dans la condamnation de mort qu'on prononçoit autrefois dans plufieurs Provinces de ce Royaume , contre celui qui étoit convaincu de rapt quand l'affaire étoit portée par appel aux

Parlemens

Parlemens, l'Arrêt qui condamnoit à mort le raviſſeur, donnoit toujours l'alternative au condamné, ou d'être pendu, ou d'épouſer la fille qu'il avoit ravie.

Quand les Juges ſubalternes ont condamné les raviſſeurs à la mort, ils n'ont jamais été en droit de leur donner le choix d'épouſer les filles qu'ils avoient ravies. Cette alternative étant une dérogation aux Ordonnances royaux qui ont été faites à ce ſujet, elle ne peut être accordée que par les Cours ſouveraines. Bardet, tome 2. liv. 2. chap. 1. Boniface, tom. 1. liv. 1. tit. 4. nomb. 10. Deſpeiſſes, tom. 2. pag. 566. nomb. 41. Baſſet, tom. 1. liv. 6. tit. 18. chap. 1.

En France, non-ſeulement la perſonne qui a été ravie peut ſe plaindre de cette injure, mais encore ſes pere & mere, tuteur ou curateur. Une fille proche de ſa majorité peut, conjointement avec ſon pere qui ne l'a point autoriſée, pourſuivre en crime de rapt celui qui l'a abuſée. Cette action n'eſt point réſervée au pere ſeul, quoiqu'il ait ſa fille dans ſa puiſſance. Ainſi jugé par Arrêt du 7. Mars 1691. rapporté dans le Journal du Palais. Mais le Frere n'eſt pas partie capable d'intenter l'action en rapt commis ſur la perſonne de ſa ſœur, le pere étant mort ſans ſe plaindre. Ainſi jugé au Parlement de Bourdeaux par Arrêt du 24. Juillet 1699.

Le rapt eſt entiérement pardonné, lorſque le raviſſeur, & la perſonne ravie, après qu'elle a été miſe en liberté, conſentent au mariage, ſi ſes parens y veulent bien conſentir auſſi. Boniface, tome 2. partie 3. livre 1. titre 6. chapitre 12. rapporte un Arrêt rendu au Parlement de Provence le 10. Mars 1661. qui a déchargé le raviſſeur des amendes, en épouſant après la fille ravie.

Il nous reſte à faire ici trois obſervations importantes. La premiere eſt, que le rapt eſt un cas royal, dont les Baillifs, Sénéchaux & Juges préſidiaux peuvent connoître, privativement aux autres Juges, & à ceux des Seigneurs, même aux Prévôts des Maréchaux. Ordonnance de 1670. tit. premier, art. 11.

Par une ancienne Ordonnance de Louis premier du nom, dit le Débonnaire, le rapt eſt mis au nombre des crimes atroces, *quæ ad malum, id eſt ad majus Auditorium Comitis rejicienda ſunt.* Chopin, *lib. 2. de Dom. chap. 6.* rapporte que lorſque le Parlement de Paris procéda à la vérification des Lettres du premier appanage d'Anjou & du Maine, concédé par le Roi Saint Louis à Charles ſon frere en 1249. il y eut réſervation des cas royaux, & ſpécialement du crime de rapt.

La deuxieme obſervation eſt, que le rapt ſe doit juger avant toutes choſes: ainſi, pendant l'inſtruction criminelle qui ſe fait pour raiſon de ce crime pardevant le Juge royal, le raviſſeur ne peut pas agir pardevant le Juge d'Egliſe, contre la fille ou la veuve, pour ſe voir condamner à l'épouſer.

Quand un accuſé ſe défend du crime de rapt, par la célébration de ſon mariage avec la perſonne ravie, la premiere queſtion qu'il faut agiter, eſt donc de ſçavoir s'il y a rapt, & mettre après la

Tome II.

déciſion qui en ſera faite, la queſtion qui concerne la validité du mariage.

La raiſon eſt, que non-ſeulement de droit il ne peut y avoir de véritable mariage entre le raviſſeur & la perſonne ravie, tant qu'elle eſt en ſa puiſſance; mais encore parce que dans nos mœurs & ſuivant nos Ordonnances, le rapt étant puni de peine de mort, l'exécution de la condamnation rend la difcuſſion de la validité du mariage inutile.

C'eſt ce que dit M. le Maître dans ſon Traité des Appellations comme d'abus, chap. 3. où il releve le proverbe, *qu'il n'y a ſi bon mariage que la corde ne rompe*; d'où il conclut que la queſtion de rapt doit toujours paſſer avant celle du mariage, comme il a été jugé par une infinité d'Arrêts. Papon, dans ſon Recueil, liv. 22. tit. 6. nomb. 2. en cite une foule qu'il dit avoir établi la maxime, *que le rapt doit premier être traité que la nullité du mariage.*

La Peyrere, lett. M. nomb. 5. de l'édition de 1715. en rapportant un Arrêt qui avoit donné la préférence à la queſtion du mariage ſur celle du rapt, remarque que réguliérement on juge le contraire; & que lorſque le mariage eſt allégué par forme d'exception au rapt dont on eſt accuſé; il faut en ce cas plutôt juger la cauſe du rapt que celle du mariage.

On trouve dans les nouvelles notes faites ſur cet Arrêt, que dans les conjonctures où il y avoit appel comme d'abus du mariage & action en crime de rapt, il avoit été décidé qu'il falloit commencer par juger le rapt en la Tournelle, avant de juger l'abus en la Grand'Chambre. Il en cite l'Arrêt & deux autres qui lui ſervent à prouver que, *pendente quæſtione raptûs coram Judice laïco, ſilet quæſtio matrimonii coram Judice eccleſiaſtico.*

Cognitio & punitio raptûs ad regalem Judicem pertinet, nec poteſt. Officialis prævenire: & pendente quæſtione raptûs coram Judice laïco, ſilet quæſtio fœderis matrimonii coram eccleſiaſtico. Filleau, tom. 2. partie 4. queſtion 12. Chopin, *lib. 2. de ſacrâ Politia, tit. 7. num. 30.* l'Edit de Melun de 1580. article 25.

La troiſieme obſervation eſt, que ceux qui ont prêté ſecours & aſſiſtance à celui qui a commis un rapt, ſont punis ſévérement, ſuivant les circonſtances & la maniere dont le rapt a été commis; quelquefois ils ſont condamnés au fouet & à la fleur-de-lis, quelquefois au banniſſement; & quand ils n'ont contribué au rapt que très-légérement, ils ne ſont condamnés qu'au blâme. *Voyez* un Arrêt rendu au Parlement de Paris à la Tournelle criminelle, le 59. Janvier 1709. que M. Brillon rapporte, *verbo Rapt, nomb. 7.*

Du crime de rapt & ſubornation des filles. *Voyez* Fontanon, tome 1. livre 3. titre 72. page 672. Papon, livre 22. titre 6. Deſpeiſſes, tome 2. page 662. Guy-Pape, queſtion 555. & les annotations qui ſont à la fin de l'Ouvrage de Julius Clarus.

Dans le Journal du Palais, il y a un Arrêt du 22. Mai 1681. où le lecteur trouvera ſur cette matiere pluſieurs recherches & pluſieurs déciſions très-curieuſes & très-ſçavantes. Cet Arrêt a jugé, 1°. Qu'une fille ravie & menée hors du Royaume où ſon raviſſeur l'avoit épouſée, ne pouvoit ſans le conſentement de ſon pere ſe marier pendant ſa majo-

K k k

rité avec ce même ravisseur ; & que le Juge d'Eglise n'avoit pû connoître de l'opposition formée par le pere au mariage , au préjudice de l'instance criminelle pendante pardevant le Juge séculier.

II°. Que l'assemblée des parens de la fille seroit faite , pour convenir du lieu où la fille pourroit être mise.

RAPT DE SEDUCTION , est la subornation qui se fait d'une jeune personne par des sollicitations secrettes, s'emparant de son cœur, & en abusant du peu d'expérience de son âge & de la foiblesse de son esprit, sous promesse de l'épouser.

C'est donc se rendre coupable de ce crime, que de s'emparer du cœur d'une jeune fille, sous promesse de l'épouser , & par ce moyen l'engager à tromper la vigilance de ses pere & mere , tuteur ou curateur, & de la soulever contre une autorité légitime , en la trompant par une telle promesse.

Ce rapt est présumé toutes les fois qu'une personne mineure consent de se marier sans le consentement de ses pere & mere , auquel cas le pere & mere peuvent faire déclarer tel mariage nul , comme nous avons dit dans la nouvelle Traduction des Institutes au commencement du titre des Nôces.

Ce rapt donne lieu à faire déclarer nul le mariage, quand la personne séduite est mineure , & que celle qui l'a ravie se trouve être en majorité. Ainsi par plusieurs Arrêts il a été jugé qu'on ne pouvoit pas accuser un jeune homme mineur d'avoir ravi une fille majeure : mais cela ne se doit entendre que du rapt de séduction ; car l'enlevement d'une fille majeure pourroit être fait par un jeune homme qui ne seroit pas majeur.

Les Ordonnances ne mettent point de différence entre le rapt de violence & le rapt de séduction: elles imposent une peine capitale pour l'une ou pour l'autre , & déclarent diriment l'obstacle que le rapt de violence & celui de séduction apportent au mariage.

Ceux qui se trouveront avoir suborné fils ou fille mineurs de vingt-cinq ans , sous prétexte de mariage , ou autre couleur, sans le gré, sçu, vouloir & consentement exprès des peres , meres ou des tuteurs , seront punis de mort , sans espérance de grace & pardon , nonobstant tous consentemens que lesdits mineurs pourroient alléguer avoir donné audit rapt lors d'icelui , ou auparavant. Et pareillement seront punis extraordinairement tous ceux qui auront participé au rapt, & qui auront prêté conseil & aide en quelque maniere que ce soit. Article 42. de l'Ordonnance de Blois.

' Cela est très-juste; car le rapt de séduction est plus dangéreux que le rapt de violence , parce qu'il est plus difficile à éviter. En effet l'ame résiste au rapt de violence , & on s'échappe des mains des ravisseurs dès qu'on le peut : mais si-tôt que l'ame d'une jeune personne est subjuguée par la séduction ; elle ne peut pas se délivrer de la captivité où elle se trouve réduite. Dans le rapt de violence , tous les sens de concert avec le cœur s'élevent contre le ravisseur ; mais dans le rapt de séduction, tous les sens sont fascinés avec le cœur, on ne pense que comme pense le séducteur , on a les mêmes sentimens que lui , & l'on ne voit que par ses yeux.

Les anciennes Ordonnances infligent la peine de mort également aux fils & aux filles , selon que les uns & les autres sont convaincus de séduction. La Déclaration du 20. Novembre 1730. concernant le rapt de séduction , sévit également contre les fils & les filles , attendu que la subornation peut venir de l'un ou de l'autre côté , & que celle qui vient du sexe le plus foible , est souvent la plus dangereuse.

Au reste, les Ordonnances n'ont imposé des peines capitales contre ceux ou celles qui seroient coupables de ce crime , que pour assurer l'honneur & la liberté des mariages , & empêcher que des alliances indignes par la corruption des mœurs , encore plus que par l'inégalité des conditions, ne flétrissent l'honneur de plusieurs familles illustres , & ne devinssent souvent la cause de leur ruine , comme il est dit dans ladite Déclaration du 20. Nov. 1730. Voyez Chorier en sa Jurisprudence de Guy-Pape , pag. 269. & Boniface , tom. 2. partie 3. liv. 1. tit. 6. chap. 5. & suivant , & tit. 6. chap. 10. & tom. 3. liv. 4. tit. 3. chap. 3. & suivant.

RATIFICATION , est l'approbation de ce qu'on a fait, ou de ce qui a été fait en notre nom par un autre.

L'effet de la ratification est rétroactif : c'est pourquoi la ratification remonte au jour du contrat auquel elle est survenue, lorsque le contrat n'est pas nul dans son principe ; autrement la ratification n'auroit pas un effet rétroactif.

Quand une personne vend le bien d'autrui , la vente n'étant pas valable à l'égard du propriétaire , le contrat ne prend sa force , par rapport à lui, que du jour de sa ratification. Ainsi , lorsqu'un mari a vendu un héritage appartenant à sa femme , & qu'il a promis de la faire ratifier , la ratification qui survient n'a point un effet rétroactif. Il en faut dire de même , quand un mari emprunte une somme & promet de faire ratifier le contrat par sa femme , la ratification n'a pas un effet rétroactif.

En l'un & l'autre cas, l'hypotheque n'est donc constituée sur les biens de la femme , que du jour de sa ratification, à moins que la femme n'eût donné procuration à son mari , étant de lui autorisée à l'effet du contrat qu'il a passé , tant pour lui que pour elle.

De ce que nous venons de dire , il résulte encore que l'an du retrait sur l'héritage de la femme vendu par le mari , ne commence à courir que du jour de la ratification qu'elle en fait, quelque possession que l'acheteur en ait. Charondas liv. 7. rép. 36.

Lorsque l'on a passé un acte pour & au nom de quelqu'un avec promesse de le faire ratifier , l'obligation qui résulte d'un tel acte est conditionnelle & en suspens , jusqu'à ce que la condition ait été remplie par la ratification de la personne dont on s'est fait fort : c'est pourquoi on ne peut demander l'exécution de l'acte de la part de la Partie adverse , qu'après que cette ratification aura été faite.

Quand la ratification est promise , on ne peut donc rien prétendre en vertu du contrat, jusqu'à ce qu'elle soit fournie , parce que jusqu'à ce que le contrat est imparfait. Du Fail , liv. 1, chap. 380. Guy-Pape , question 15.

Mais cette regle n'auroit pas lieu, quand celui qui a promis de faire ratifier une perſonne, s'eſt par le même contrat obligé perſonnellement; car cette promeſſe ne rendroit pas l'acte conditionnel à ſon égard; de ſorte qu'il ne pourroit pas ſe prévaloir de ce que l'autre n'auroit pas ratifié, & il pourroit être toujours contraint de faire ce à quoi il s'eſt obligé, parce que cette clauſe ne regarde que celui dont il a promis la ratification. Voyez Frain, p. 100.

Quand un contrat eſt fait au nom d'un abſent en vertu de ſa procuration ſpéciale, & qui eſt enſuite par lui ratifié, l'hypotheque court du jour même du contrat. Mais ſi celui qui a paſſé le contrat au nom de l'abſent, ſans avoir de lui une procuration ſpéciale, a ſeulement promis de le faire ratifier, en ce cas l'hypotheque ne court contre l'abſent que du jour de la ratification, qui eſt ſa véritable obligation, & non pas le contrat qui a été paſſé en ſon nom, ſans procuration ſpéciale de lui.

Pour ce qui eſt du contrat de conſtitution qu'auroit paſſé au profit d'un particulier un mari, ſous promeſſe de faire ratifier ſa femme dans un tel tems; ſi elle refuſe de le ratifier, ou qu'elle décede ſans l'avoir fait, ſon mari peut être contraint au rachat attendu que le créancier n'a pas toutes les ſûretés auxquelles il s'étoit attendu en paſſant ce contrat de conſtitution.

La ratification ne fait pas toujours valider un acte que nous aurions paſſé, & dans lequel il ſe trouve quelque défaut: mais il faut diſtinguer entre le défaut extérieur, & celui qui ſe trouve dans l'acte même, & qui eſt eſſentiel.

Lorſque le défaut qui ſe trouve dans l'acte n'eſt qu'extérieur, & n'emporte pas une nullité abſolue de l'acte, la ratification ſert à rétablir ce défaut, & à faire valider l'acte, & ce du jour qu'il a été paſſé. Par exemple, ſi un majeur ratifie un acte qu'il avoit paſſé en minorité, cette ratification lui ôte la faculté de ſe faire reſtituer contre, pour cauſe de minorité, comme nous le dirons ci-après.

Mais ſi le défaut qui ſe trouve dans l'acte eſt eſſentiel, & emporte une nullité de plein droit; comme ſi en pays coutumier une femme mariée s'étoit obligée ſans être autoriſée de ſon mari, la ratification qu'elle en feroit, étant devenue veuve, ne pourroit pas couvrir un tel défaut; quia quod ab initio non valet, ex poſt facto convaleſcere non poteſt.

Ainſi la différence qu'il y a entre la ratification d'un acte qui eſt abſolument nul dans ſon principe, & la ratification d'un acte qui eſt bon & valable, mais contre lequel on pourroit ſe pourvoir par le bénéfice de reſtitution en entier, c'eſt qu'au premier cas la ratification n'a point d'effet rétroactif, parce qu'alors la ratification eſt le vrai contrat; mais quand le contrat eſt bon dans ſon principe, elle a un effet rétroactif, parce que la ratification de ce contrat n'en eſt que la confirmation.

RATIFICATION FAITE FN MAJORITÉ, D'UN ACTE QUE L'ON A PASSÉ ÉTANT MINEUR, produit deux effets. Le premier eſt, de faire que le contrat ait ſon effet, non pas du jour de la ratification, mais du jour qu'il a été paſſé, ſuivant la maxime, ratihabitio retrotrahitur ad initium. Ce qui a lieu pour les contrats de conſtitution, tant pour le principal, que pour les arrerages; comme il a été jugé par Arrêt du 23. Juillet 1667. qui eſt rapporté dans le Journal du Palais. Ainſi lorſqu'un mineur a paſſé quelque contrat & qu'il le ratifie après ſa majorité, l'hypotheque court du jour de ce contrat, & non pas du jour de la ratification. Il en eſt de même de la preſcription & de l'an du retrait, qui court alors du jour du contrat, & non de la ratification. Voyez Anne Robert en ſon Recueil de rerum judicatarum, liv. 3. chap. 17.

L'autre effet de la ratification faite en majorité d'un acte que l'on a paſſé étant mineur, eſt qu'elle empêche que celui qui l'a faite puiſſe ſe faire reſtituer contre, quand il n'y a pas été induit par dol.

C'eſt ce qui eſt décidé dans le titre du code, Si major factus ratum habuerit, qui eſt obſervé par toute la France. Charondas liv. 4. rép. 42. Ainſi quand un majeur a ratifié ce qu'il a fait en minorité, il ne peut plus obtenir le bénéfice de reſtitution, quelque dommage qu'il en ſoufire; parce que par cette ratification il remet les droits qu'il pourroit exercer à cauſe de ſa minorité, à moins qu'il n'eût été induit à ratifier par le dol de ſes Parties; auquel cas il pourroit ſe faire reſtituer pour cauſe de dol, mais non pas pour cauſe de minorité.

Pour que la ratification empêche que le mineur puiſſe recourir au bénéfice de reſtitution, il importe peu que cette ratification ſoit expreſſe par paroles ou par écrit, ou par fait, comme en exigeant ou recevant quelque choſe, faiſant partage & diviſion; ou que cette ratification ſoit tacite; comme quand le mineur devenu majeur laiſſe paſſer le tems dans lequel il pouvoit demander la reſtitution.

Un mineur qui a vendu un héritage, & qui n'en a mis l'acquéreur en poſſeſſion qu'après être devenu majeur, ne peut pas ſe faire reſtituer contre cette vente, parce que la reſtitution n'eſt accordée aux mineurs, que contre les actes qu'ils ont faits & parfaits en minorité, mais non pas contre ceux auxquels ils ont donné la perfection étant devenus majeurs. Or la tradition eſt la conſommation de la vente: ainſi la vente n'eſt cenſée faite qu'au tems de la tradition, qui en eſt une véritable ratification; car celui qui devenu majeur, acheve & conſomme volontairement un acte fait en minorité; le ratifie, & eſt réputé l'avoir fait étant majeur.

Mais un mineur qui ſe feroit porté héritier de quelqu'un, & qui étant devenu majeur, auroit exigé ce qui étoit dû par les débiteurs de cette ſucceſſion, ne ſeroit pas cenſé avoir ratifié l'acceptation de l'hérédité qu'il auroit faite en minorité. Voyez Acte d'héritier.

Il faut dire auſſi que la réception d'arrerages d'une rente payée dans la majorité, n'induit point de ratification du contrat de vente fait en minorité. Ainſi jugé par Arrêt du 27. Juin 1664. rapporté par Berault à la fin du ſecond tome de la Coutume de Normandie, pag. 107. col. 2.

Au reſte, quand celui qui a acheté un héritage d'un mineur parvenu depuis à ſa majorité, craint qu'il ne ſe faſſe un jour reſtituer contre dans les dix ans de ſa majorité, il peut l'obliger à ratifier le contrat, ou à reprendre ſon héritage, en lui offrant de lui en rendre le prix. Boniface, tome 4. liv. 8. tit. 2. chap. 12.

RATIFICATION. LETTRES DE RATIFICATION, font des Lettres du grand Sceau, que l'acquéreur d'une rente fur le Roi obtient, à l'effet de purger les hypotheques que fon auteur auroit pû avoir conftituées fur ladite rente.

Ces Lettres ont à l'égard des rentes fur le Roi, le même effet que peut-produire un décret à l'égard des héritages ; ainfi elles purgent les hypotheques de la même maniere.

L'Edit du mois de Mars 1673. a créé en titre d'office quatre Greffiers-Confervateurs des hypotheques fur les Tailles & autres revenus de Sa Majefté, pour recevoir les oppofitions de ceux qui prétendent quelques droits fur les propriétaires & vendeurs de ces rentes, fans qu'il foit befoin de faire d'autres diligences.

Pour la fûreté des acquéreurs à quelque titre que ce foit, cet Edit porte, qu'ils font feulement tenus de prendre des Lettres de ratification fcellées en la grande Chancellerie ; & fi avant que lefdites Lettres foient fcellées il ne fe trouve point d'oppofitions au fceau, les rentes font purgées de toutes hypotheques.

Il faut excepter les douaires & les fubftitutions, que les Lettres de ratification ne purgent point, attendu qu'elles n'ont pas plus de force à l'égard des rentes fur l'Hôtel-de-Ville, qu'en peuvent avoir les décrets par rapport aux héritages.

En fecond lieu, il faut excepter les rentes des Comptables, qui ne font point exemptes du privilege du Roi, lorfqu'ils les ont vendues ou aliénées à quelqu'autre titre.

Ainfi, quoique par les Lettres de ratification dûement obtenues, tous 'es droits des créanciers particuliers foient éteins, le Roi conferve toujours le privilege qu'il a deffus, nonobftant les Lettres de ratification que les acquéreurs en auroient obtenues fans oppofitions de la part du Roi, parce que le Roi n'eft jamais préfumé accorder un privilege contre lui.

Pour que les acquéreurs des rentes des comptables puiffent les acquérir en toute fûreté, il faut fuivant la Déclaration du 4. Novembre 1680. qu'ils faffent fignifier le contrat d'acquifition aux Proc généraux des Chambres des Comptes dans le reffort defquelles les rentes font fituées, & qu'ils retirent de leur confentement par écrit fur l'original du contrat, fur lequel les Lettres de ratification doivent être expédiées au grand Sceau, & enrégiftrées aux Chambres des Comptes, après avoir été communiquées aux Procureurs généraux, qui donnent leur confentement, en cas que les Comptables ou leurs auteurs ne foient plus redevables au Roi & que leurs comptes aient été rendus & approuvés à la correction. *Voyez* ci-deffus Lettres de ratification.

R A T U R E, eft l'effet d'un trait de plume qui efface quelques mots ou quelques lignes d'un écrit.

Il eft défendu aux Notaires de rayer des lignes ou des mots ou actes qu'ils reçoivent, ni faire des additions ou renvois, qu'ils ne foient ratifiés & paraphés par les Parties ; autrement ils pourroient être condamnés aux dépens, dommages & inté-

rêts des Parties, pour raifon du procès auxquels ils auroient donné lieu.

RAYER, fignifie raturer, paffer un trait de plume fur une écriture. Quand on déclare un emprifonnement injurieux, on fait rayer & biffer l'écroue. *Voyez* Radiation.

R E

REAJOURNEMENT, eft une feconde affignation que l'on donne à celui qui a été condamné par défaut, à ce qu'il ait à comparoir fur ledit défaut. L'ufage en a été abrogé par l'Ordonnance de 1667. cependant la pratique s'en continue toujours aux Confuls pour les caufes de Paris.

REAJOURNER, fignifie affigner une feconde fois celui qui n'a point comparu fur le premier ajournement. Mais on ne réajourne plus aujourd'hui, fi ce n'eft en matiere criminelle.

REAGGRAVE, eft le dernier Monitoire qu'on publie après trois monitions, qui doit précéder la derniere excommunication. Le Curé ne peut procéder à publier le Monitoire par aggravation & réaggravation fans une permiffion du Juge laïque & un autre de l'Evêque ou de l'Official.

Pendant cette derniere monition, on allume une petite chandelle ; & fi le pécheur ou le rebelle à l'Eglife ne vient fe foumettre aux ordres de l'Eglife avant qu'elle foit éteinte, on fulmine l'excommunication, & on en déclare toutes les peines encourues.

REALISER, fignifie rendre réel & effectif ce que l'on eft obligé d'effectuer.

Quand toute la dot d'une femme ne confifte qu'en argent comptant, on a coutume de ftipuler qu'une partie de la fomme qu'elle apporte en mariage lui tiendra nature de propre, & l'on ajoute fouvent à elle & aux fiens de fon côté & ligne ; & pour cet effet, qu'une partie de cette fomme fera employée en achat d'héritage.

Réalifer dans ce cas, eft effectuer fa promeffe, en achetant à cette fin quelque héritage pour tenir lieu de propre à la femme.

Cette réalifation ne paffe pas les actes pour lefquels elle eft faite ; ainfi la femme ayant été réalifée en faveur de la femme, tout l'effet de cette réalifation n'eft que d'empêcher qu'elle tombe en communauté ; mais elle n'eft pas réalifée quant à la difpofition, & contre la femme même : en forte qu'elle pourra difpofer de ladite fomme nonobftant la réalifation, même au profit de fon mari, dans les Coutumes qui le permettent ; comme il a été jugé en la premiere Chambre des Enquêtes du Parlement de Paris, par Arrêt du 27. Août 1695. *Voyez* M. le Brun en fon Traité de la Communauté, liv. 1. chap. 5. nomb. 4.

RÉALISER DES OFFRES EN JUSTICE, c'eft faire porter fon argent à l'Audience, & demander au Juge, Partie préfente ou dûement appellée, acte des offres actuelles & réelles ; & qu'en cas de refus par le créancier de recevoir l'argent aux conditions portées par les offres, il foit permis de configner à fes rifques, périls & fortunes de qui il appartiendra.

RÉATU. Etre *in reatu* fignifie l'état où fe trouvent ceux qui font accufés de quelque crime, au moyen d'un décret de prife de corps, ou d'un ajournement perfonnel. *Reatus omne honoris publici muneris excludit exercitium.*

De cette maxime il réfulte, qu'un Officier qui eft *in reatu*, ne peut plus, tant qu'il reftera *in reatu*, faire aucunes fonctions de fa charge. Mais un fimple décret d'affigné pour être oui, ne met ni un Officier ni un Eccléfiaftique *in reatu*, & ne les empêche pas de pouvoir remplir leurs fonctions.

Quoique celui qui eft *in reatu*, perde entiérement l'exercice des fonctions eccléfiaftiques, ou des Charges publiques, il conferve tous fes autres droits, & n'eft pas cenfé mort civilement, quand même il feroit condamné à mort par le Jugement qui interviendroit enfuite; car ce Jugement n'a point d'effet rétroactif. *Voyez* Accufé.

REBELLION, fignifie quelquefoisle foulevement qu'un Sujet fait contre fon Souverain, en prenant les armes contre lui, ou en levant des troupes fans fa permiffion.

Cet attentat eft un crime de leze-Majefté, & eft puni de mort. *Voyez* ce que j'ai dit *verbo* Sédition.

Rébellion fignifie auffi la réfiftance qu'on fait aux ordres du Roi ou de la Juftice, dont Sa Majefté eft le Chef.

Ainfi la rébellion qui eft faite aux commiffions & mandemens du Roi, ou de fes Officiers, c'eft un efpece de crime de leze-Majefté: c'eft pourquoi il n'y a que les Juges Royaux qui en puiffent connoître.

La rébellion à Juftice, & le crime de battre & excéder les Huiffiers & Archers exécutant un ordre de Juftice, eft digne de mort, fuivant les Ordonnances royaux. *Voyez* l'Ordonnance de Blois, art. 190. M. Expilly, Arrêt 91. & l'Ordonnance criminelle, tit. 16. art. 4. Mais cette rigueur n'eft pas fuivie s'il n'y a que de fimples excès.

Toutefois cette offenfe mérite punition extraordinaire; car c'eft violer la Majefté du Roi en la perfonne de fon Officier, & offenfer le Juge en la perfonne de fon Miniftre: c'eft auffi violer le Droit public, qui donne fûreté aux perfonnes qui exécutent les ordres & mandemens de la Juftice. *Voyez* ci-après Sergens & battus & excédés.

Quoiqu'un Sergent excede fon pouvoir dans une exécution, il ne lui faut point faire de réfiftance. S'il abufe en quelque chofe des droits que lui donne fa Charge, il faut s'en plaindre & fe pourvoir en Juftice, pour le refpect de la Juftice même, & des Juges dont il exécute les mandemens.

En cas de rébellion, excès & violence, les Huiffiers, Sergens & autres Officiers chargés de prife de corps, & autres mandemens de Juftice doivent en dreffer leur procès-verbal, figné d'eux & de leurs Records, & de voifins & autres affiftans, s'il fe peut, & le mettre entre les mains du Juge pour y être pourvu, & en être envoyé une expédition à M. le Procureur-Général, fans néanmoins que l'inftruction & le Jugement en puiffent être retardés.

A l'égard de ceux qui ont fait la rébellion, on décrete contr'eux d'ajournement perfonnel fur la feule fignature du Sergent & de fes Records; & fi la rébellion eft confidérable, le procès-verbal fert de plainte, & en conféquence on informe quoiqu'il n'y ait qu'un ajournement perfonnel contre les

dénommés au procès-verbal du Sergent; & s'il y a charge, le Juge peut décreter de prife de corps, & le refte de l'inftruction fe fait comme en matiere criminelle.

En cas de rébellion, il eft enjoint aux Gouverneurs, Lieutenans généraux des Provinces & Villes, Baillifs, Sénéchaux, Maires & Echevins de prêter main forte à l'exécution des décrets & de toutes les Ordonnances de Juftice; même aux Prévôts des Maréchaux, Vice-Baillifs, Vice-Sénéchaux, leurs Lieutenans & Archers, à peine de radiation de leurs gages en cas de refus, dont il fera dreffé procès-verbal par les Juges, Huiffiers ou Sergens, pour être enfuite envoyé au Procureur-Général du reffort.

La rébellion aux mandemens ou Jugemens des Juges royaux, eft un cas royal, comme nous l'avons dit ci-deffus en parlant des cas royaux.

Lorfqu'en exécutant une Sentence rendue au Bailliage ou Siege Préfidial en matiere civile, l'on vient à commettre quelque rébellion, ce n'eft point le Juge civil, mais le Lieutenant criminel qui en doit informer & inftruire le procès, ainfi qu'il a été décidé par tous les Arrêts de réglement qui ont été rendus entre les Lieutenans généraux & criminels.

Tous Juges, à la réferve des Juges & Confuls, & des bas & moyens Jufticiers, peuvent connoître des rébellions commifes à l'exécution de leurs Jugemens, comme il eft dit à l'article 20. du titre premier de l'Ordonnance de 1670.

Voyez l'Ordonnance de Moulins, art. 29. l'Ordonnance de Blois, art. 191. Theveneau, liv. 4. tit. 8. art. 1. & fuiv. Mornac, *ad Leg. 3. cod. de his qui ad Eccl. confug.*; Boniface, tom. 2. part. 3. liv. 1. tit. 2. ch. 36. M. le Prêtre cent. 4. ch. 54.

REBLANDIR. Ce terme eft ufité dans quelquesunes de nos Coutumes, pour fignifier la nouvelle démarche humble que fait un Vaffal envers fon Seigneur en plufieurs cas. I°. Pour fçavoir de lui s'il veut débattre l'aveu & dénombrement qu'il lui a donné, ou fi le Seigneur l'a débattu, pour fçavoir du débat qu'il en a fait. II°. Pour fçavoir la caufe de la faifie que le Seigneur auroit faite. *Voyez* la Coutume de Montfort, art. 7. celle du Maine, art. 15. celle de Reims, art. 108. *Voyez* auffi la Coutume de Tours, articles 18. 22. 25. 30. & 31. celle de Dourdan, art. 17. celle de Loudunois, chap. 1. articles 14. 16. 21. & 24.

RECELÉ ET DIVERTISSEMENT, fignifient le crime qui eft commis par un héritier qui détourne des effets de la fucceffion, ou bien par un des conjoints qui détourne des effets de la communauté après la mort de l'autre conjoint.

Par le Droit Romain celui qui détournoit les effets d'une fucceffion, pouvoit être pourfuivi par l'action appellée *expilatæ hæreditatis.* A l'égard de la femme qui avoit fouftrait des chofes qui appartenoient à fon mari ou à fa fucceffion, l'on ne donnoit point contre elle l'action de vol, mais feulement une action particuliere, appellée, *actio rerum amotarum.*

Parmi nous, quand les effets d'une fucceffion ont été recelés, on peut faire informer, ou l'on préfente une Requête au Juge à cet effet. Le Juge met au bas de cette Requête: *Permis de faire informer du recelé & divertiffement des effets pardevant ... obtenir & faire publier Monitoire, faifir & revendiquer les chofes diverties & recelées.*

Les recelés & divertiffemens fe pourfuivent donc extraordinairement parmi nous.

L'héritier préfomptif qui eft convaincu d'avoir recelé & diftrait des effets de la fucceffion, eft réputé héritier pur & fimple, fans pouvoir jouir du bénéfice d'inventaire, même en offrant de rendre les chofes par lui fouftraites & recelées, quoiqu'il fût mineur. Brodeau fur Louet, lett. H, fomm. 24. & lett. R, fomm. 1. Guy Pape, conf. 42.

Il eft encore puni en ce que l'héritier qui fouftrait des effets de la fucceffion du défunt, fi d'autres que lui ont intérêt à la confervation des biens de la fucceffion, il eft privé du droit & de la part qui lui appartenoit dans les effets par lui détournés. Ainfi l'héritier qui eft condamné de rapporter ce qu'il a recelé, ne peut *in celatis & fubftraftis habere partem.* *Voyez* Louet, lett. R, fomm. 48. & Bacquet, des droits de Juftice, chap. 21. nomb. 63. 64. & 65.

Ce que nous avons dit ci-deffus, que les recelés & divertiffemens peuvent être pourfuivis extraordinairement, n'a point lieu pour ceux qu'une femme auroit commis appartenant à fon mari; car à fon égard les informations font converties en enquêtes, à caufe de l'étroite union du mariage dont elle étoit unie au défunt. Louet, lettre C. fomm. 36. M. le Prêtre, cent. 1. chap. 4. & cent. 3. chap. 71.

La pourfuite des complices de la veuve, qui n'ont rien pris à leur profit particulier, mais qui n'ont fait qu'exécuter fes ordres, eft pareillement civilifée; comme il a été jugé par Arrêt du Parlement de Paris le 19. Avril 1698. rapporté dans le Journal des Audiences.

Pour ce qui eft de la peine dont on punit la femme qui a fait des recelés & divertiffemens; il faut diftinguer, ou ils ont été faits par la femme pendant le mariage, ou après le décès de fon mari.

Lorfqu'il s'agit de recelés faits par la femme du vivant de fon mari, fi elle rapporte ce qu'elle a détourné elle n'encourt aucune peine. Si après la mort de fon mari elle dénie avoir fait aucun recelé, & en foit convaincue, elle eft privée de la part qui lui appartenoit dans les effets qu'elle a détournés.

Si elle avoit difpofé de ces chofes par elle détournées du vivant de fon mari, elle ou fes héritiers devroient récompenfe du total des recelés; lefquels feroient déduits & précomptés fur fes reprifes.

Pareillement, fi un mari avoit fait des recelés pendant le mariage, pour en profiter, avenant la mort de fa femme, lui ou fes héritiers en doivent tenir compte.

Voyons préfentement comme eft punie la veuve qui eft convaincue d'avoir fouftrait & recelé, après la mort de fon mari des effets de la communauté.

Il faut d'abord diftinguer, ou elle accepte la communauté, ou elle y renonce.

Si elle l'accepte, la peine du recelé à l'égard des héritiers du mari, eft d'être privée de la part qu'elle pouvoit y avoir. Ainfi elle eft privée de la moitié en propriété qu'elle pouvoit avoir dans les chofes recelées en qualité de commune, & auffi de l'ufufruit

de l'autre moitié, lorfqu'elle eft donataire mutuelle. *Voyez* l'Arrêt du 15. Mai 1656. rapporté dans le Journal des Audiences.

Si elle renonce à la communauté, il faut encore diftinguer, ou elle y renonce après avoir recelé des effets de la communauté ou avant.

Lorfqu'une veuve renonce à la communauté après en avoir recelé des effets, la peine qu'elle encourt à l'égard des héritiers & des créanciers, eft d'être privée du privilege de n'être tenue des dettes *ultra vires emolumenti*, & d'être obligée d'en payer la moitié; parce que la fouftraction qu'elle a faite précédemment des effets de la communauté, la rend commune, & lui ôte le privilege de la renonciation, à l'exemple de l'héritier, qui eft reputé tel nonobftant fa renonciation à la fucceffion, lorfqu'il eft convaincu d'en avoir fouftrait des effets avant que d'y avoir renoncé.

Mais fi la veuve après avoir fait fa renonciation à la communauté, en a recelé des effets, elle n'eft pas réputée commune; de même que le préfomptif héritier, qui après avoir renoncé à la fucceffion, en détourneroit des effets, n'eft pas réputé héritier: elle eft feulement obligée de les repréfenter, & d'en tenir compte à la fucceffion de fon mari.

La raifon de la différence eft, que celui qui a fouftrait des biens d'une hérédité, a fait acte d'héritier: c'eft pourquoi il ne peut plus renoncer à la fucceffion. Mais celui qui détourne des effets de la fucceffion après y avoir renoncé ne fait pas acte d'héritier, parce que y ayant renoncé, il ne peut être héritier ni en faire les actes; il eft feulement condamnable aux dommages & intérêts des héritiers, ou de ceux qui y ont intérêt. *Voyez* Louet & fon Commentateur, lett. R, fomm. 1.

Par Arrêt du Vendredi de relevée, 29. Avril 1689. il a été jugé qu'un enfant pouvoit faire informer contre fa propre mere, pour raifon de recelés & divertiffemens. On lui accorda la permiffion d'obtenir Monitoire, fauf, après l'information faite & rapportée, être convertie en enquête par les Juges. M. de Bailleul Préfident; plaidant, le Brun & Vaultier; les Parties, la Dame Marquife de Frefnoy & fon fils.

Le mari, qui après le décès de fa femme, a recelé des effets de la communauté, perd la part qui lui appartenoit dans les chofes recelées.

Outre les peines remarquées ci-deffus contre le furvivant qui a fait des recelés, il eft encore tenu de rendre les fruits & intérêts des chofes recelées.

La défenfe de faire preuve par temoins au-deffus de cent livres, n'a point lieu lorfqu'il s'agit de recelé de pieces, ou de fouftraction de deniers, comme nous l'avons dit ci-deffus, *verbo* Preuve teftimoniale.

En matiere de recelé la dépofition des domeftiques eft reçue. Le témoignage des parens de la perfonne qui a recelé eft auffi admis. Bafnage fur l'article 394. de la Coutume de Normandie.

Au refte, on n'eft point reçu à intenter une action de recelé & divertiffement contre un cohéritier, après plus de vingt-ans du jour de la fucceffion ouverte, & du prétendu recelé commis. Ainfi jugé par Arrêt du Parlement de Paris, le 10. Mai 1692. rapporté dans le Journal des Audiences.

Touchant les recelés, *voyez* ci-deſſus Expilation d'hérédité, & ce que j'ai dit ſur l'article 237. de la Coutume de Paris, gloſ. 2. nomb. 16. & ſuiv.

RECELÉ D'UN CORPS MORT. Il eſt défendu de receler les corps morts, & ſur-tout ceux des Bénéficiers, pour avoir le tems d'impétrer leurs Bénéfices.

RECELEURS, ſont ceux qui recelent les choſes volées. Ils ſont ordinairement punis des mêmes peines dont on a coutume de punir les voleurs, principalement quand ils ont tiré quelque profit du vol; ce qui eſt très-juſte ; car, comme on dit communement, s'il n'y avoit point de receleur, il n'y auroit point de voleur.

RECENSEMENT , eſt la répétition & l'audition des témoins qui ont revelé devant un Curé , en conſéquence d'un Monitoire publié par une Ordonnance du Juge laïc ; & cette répétition & audition de témoins , ſe doit faire devant lui , & non devant le Juge eccléſiaſtique.

La raiſon eſt que le Monitoire ayant été publié de l'autorité du Juge laïc , n'attribue aucune Juriſdiction au Juge d'Egliſe , qui même ne pourroit pas prendre connoiſſance de l'oppoſition qui ſeroit formée à la publication d'un Monitoire qui ſeroit requis par une Partie de l'Ordonnance du Juge laïc. Baſſet, tom. 2. liv. 2. ch. 1. *Voyez* ci-deſſus Monitoire.

RECEPISSÉ , du mot latin *recepiſſe*, ſignifie un acte ſous ſignature privée , par lequel on reconnoît avoir reçu des pieces de quelqu'un pour en prendre communication.

Quand un Procureur retire de chez le Rapporteur les ſacs d'une inſtance ou procès il en donne ſa reconnoiſſance par un récépiſſé , & il eſt contraignable par corps à les rendre.

A l'égard de l'obligation qui réſulte d'un récépiſſé à l'encontre de celui qui l'a donné , *voyez* Recherche de Procès & Inſtance.

RECEPTION EN FOI ET HOMMAGE. *Voyez* Preſtation de foi & hommage.

RECEPTION PAR MAIN SOUVERAINE. *Voyez* Main ſouveraine.

RECEPTION D'OFFICIERS. *Voyez* Récipiendaire.

RÉCEPTION DE CAUTION , eſt la procédure qui ſe fait en Juſtice par un procès-verbal de la préſentation d'une caution judiciaire , de ſa ſoumiſſion , de la communication de ſes facultés , & des conteſtations de ceux qui la combattent. Sur quoi ſe fait un référé à la Chambre , en conſéquence de quoi la caution eſt reçue ou rejettée. *Voyez* le titre 28. de l'Ordonnance de 1667.

Les moyens raiſonnables pour rejetter une caution , ſont quand par la déclaration de ſes biens , & de la communication des pieces juſtificatives , il n'eſt pas ſuffiſamment juſtifié qu'elle ſoit ſolvable pour la reſtitution de la ſomme dont il s'agit. Par exemple, ſi celui qui eſt préſenté pour caution n'avoit que des effets mobiliers , & des marchandiſes , il pourroit être rejetté , ſous prétexte qu'il n'a point d'immeubles , à moins que la ſomme qu'il s'agit de cautionner ne fût modique ; parce que les meubles n'ont point de ſuite par hypotheque , & ſe peuvent facilement détourner.

La qualité de femme mariée ne ſeroit pas une rai-

ſon ſuffiſante pour rejetter celle que l'on préſenteroit pour caution, au cas qu'elle eût du bien, & qu'elle fût autoriſée par ſon mari.

Comme les cautions judiciaires ſont contraignables par corps , un Prêtre ne pourroit pas être préſenté en Juſtice pour caution, parce qu'il ne pourroit être contraint par corps , comme je l'ai dit , *verbo* Caution judiciaire.

RECEPTION DE CAUTION D'UN FERMIER JUDICIAIRE , eſt ordonnée par l'article 4. de l'Edit de 1551. Le Parlement de Paris, par ſon Arrêt du 12. Août 1664. fixe le délai pour la préſentation de cette caution à la huitaine après la déclaration du Procureur.

Cette préſentation de caution ſe fait par un acte ſignifié au Commiſſaire des Saiſies réelles, ou à ſon Procureur.

Si la caution eſt conteſtée, il faut donner copie de la déclaration de ſes biens , & en communiquer les titres juſtificatifs ſous le récépiſſé du Procureur.

Si après l'examen des titres le Commiſſaire avoit encore quelque ſujet de craindre , il pourroit demander un certificateur de la caution. Il eſt de la prudence du Juge d'examiner ſi les difficultés que l'on forme à la reception de la caution préſentée , ſont admiſſibles ou non.

Il doit la recevoir ſur le champ , ou la rejetter , ſans appointer les Parties.

Ses Ordonnances ſont toujours exécutées , non-obſtant oppoſitions ou appellations quelconques , & ſans préjudice d'icelles.

La caution étant reçue , on en ſignifie l'acte à la Partie ou à ſon Procureur , & la caution fait au Greffe ſa ſoumiſſion, par laquelle elle déclare qu'elle ſe conſtitue caution envers le Commiſſaire des ſaiſies réelles , pour l'exécution du bail des biens ſaiſis dont elle nomme le Fermier judiciaire. On ſignifie encore au Commiſſaire le procès-verbal de reception de caution , & l'acte de ſoumiſſion.

Le Commiſſaire étant chargé par Juſtice de la régie des biens ſaiſis , pour en rendre compte aux créanciers , doit agir avec beaucoup de circonſpection dans la procédure qui ſe fait pour la reception des cautions & des certificateurs ; car il eſt reſponſable non-ſeulement des pertes que les créanciers feroient par ſa mauvaiſe foi , mais encore de celles qu'ils ſouffriroient par ſa faute.

Au ſurplus, quand il a pris toutes les précautions qu'auroit pû prendre un pere de famille intelligent & attentif à ſes intérêts , on ne peut lui en imputer : c'eſt pourquoi il n'eſt point reſponſable de l'inſolvabilité de la caution qui ſeroit depuis ſurvenue.

Si l'adjudicataire ne préſente point de caution , ou ſi celle qu'il préſente eſt rejettée, parce qu'elle n'eſt point trouvée ſolvable , le Commiſſaire fait procéder à un nouveau bail judiciaire, à la folle enchere du premier adjudicataire , en obſervant dans la procédure les mêmes formalités que celles qui avoient été faites pour parvenir au bail qui n'a point d'effet.

RECEPTION D'ENQUETE , eſt l'admiſſion qui s'en fait. Autrefois les enquêtes étant faites , & les reproches baillés contre les témoins, la reception ne s'en faifoit qu'après que la lecture publique en avoit été faite, afin que les Parties ne s'engageaffent pas mal à propos dans la pourfuite d'un procès.

Cette publication d'enquête avoit lieu par.tout, excepté au Parlement de Paris & aux Requêtes de l'Hôtel, fuivant l'article 86. de l'Ordonnance de 1539. Elle y a été depuis introduite par celle d'Henry III. faite à Blois, article. 150.

Aujourd'hui la communication d'enquête tient lieu de cette publication, qui a été abrogée par l'article 3. du tit. 22. de l'Ordonnance de 1667. qui porte qu'après que les reproches auront été fournis contre les témoins, ou que le délai d'en fournir fera paffé, la caufe fera portée à l'Audience, fans faire aucun acte ou procédure pour la reception d'enquête, & ne feront plus fournis moyens de nullité par écrit, fauf à les propofer en l'Audience ou par contredits, fi c'eft en procès par écrit.

RECETTE. *Voyez* Compte.

RECEVABLE, en terme de Palais, fignifie une allégation, une propofition, ou une prétention qui eft admiffible, contre laquelle on ne peut oppofer des fins de non-recevoir.

RECEVEUR, eft celui qui reçoit pour autrui. Les Fermiers des Terres Seigneuriales s'appellent Receveurs.

On appelle auffi Receveurs, des Officiers titulaires créés pour recevoir certains deniers qu'ils doivent employer fuivant leur deftination, & dont ils font obligés de rendre compte.

Il y en a de plufieurs fortes ; fçavoir, les Receveurs généraux des Finances, établis en chaque Généralité, dont nous allons parler ci-après ; les Receveurs des Tailles, du Domaine ; les Receveurs du Clergé, des Décimes ; les Receveurs des amendes ; les Receveurs des Gabelles ; les Receveurs des Confignations ; les Receveurs des Saifies réelles ; les Receveurs des Epices.

Touchant les Receveurs des Tailles, *voyez* le Mémorial alphabétique de la Cour des Aides, *verbo* Receveur.

Touchant les Receveurs des Confignations, *voyez* le Traité de la vente des immeubles, page 207. & fuivantes ; Henrys, tom. 1. liv. 2. queft. 59. & ce que j'ai dit ci-deffus, *verbo* Confignation.

Touchant les Receveurs aux Saifies réelles, *voyez* ci-deffus Commiffaires.

RECEVEURS GENERAUX DES FINANCES, font ceux qui font prépofés pour recevoir en entier les droits d'aubaine, deshérence, bâtardife, confifcation, & autres droits cafuels & féaudaux, & qui s'en doivent charger dans leurs comptes.

Ils ont été créés par les Edits des années 1685. & 1701. par lefquels Edits, & principalement par le dernier, il eft fait défenfes aux Fermiers des Domaines de Sa Majefté & à tous autres, de recevoir lefdits droits.

Mais il arrivoit fouvent que les fcellés appofés fur les effets de cette nature fe levoient, & qu'on travailloit aux inventaires defdits effets fans appeller lefdits Receveurs généraux des Domaines ; & que les Huiffiers & Sergens qui procédoient à la vente des meubles, préjudicioient aux droits du Roi, en ce qu'ils s'ingeroient de donner des termes & délais aux acheteurs, & de diftribuer les deniers aux Officiers pour leurs vacations & droits, & aux créanciers prétendus privilégiés ; & fous ce prétexte, retenoient pendant plufieurs mois les deniers provenans defdits meubles, fans qu'on pût les obliger de les remettre, non plus que leurs procès-verbaux de vente : ce qui faifoit d'autant plus de préjudice à Sa Majefté, que la plûpart des fucceffions de cette nature ne confiftent qu'en quelques meubles, qui fe trouvoient confommés par les frais, loyers & intérêts des dettes, qui courroient toujours pendant que les Huiffiers retenoient les deniers ; & d'ailleurs les dettes actives defdites fucceffions dépériffoient, par l'impoffibilité d'en faire le recouvrement faute des titres, qui n'étoient remis auxdits Receveurs généraux qu'avec lefdits procès-verbaux de vente.

Pour remédier à ces abus, le Roi en fon Confeil a ordonné, par Arrêt du 13. Novembre 1703. que les Edits des mois d'Avril 1685. & Décembre 1701. feront exécutés ; & qu'en conféquence les Receveurs généraux des Domaines recevront les deniers provenans des fucceffions échues à Sa Majefté par droits d'aubaine, bâtardife, déshérence, confifcation ; enfemble les droits, dépens, & autres droits feigneuriaux & cafuels ; comme auffi qu'ils pourfuivront à la requête des Procureurs de Sa Majefté, aux Bureaux des Finances & Chambre du Domaine, la vente des meubles provenant defdites fucceffions.

Fait défenfes Sa Majefté de procéder ou faire procéder à la levée des fcellés appofés fur les effets defdites fucceffions appartenantes à Sa Majefté aux titres ci-deffus ; enfemble à la confection des inventaires & ventes des meubles & effets en provenans qu'en préfence des Receveurs généraux des Domaines en exercice, ou eux dûement appellés.

Ordonne en outre Sa Majefté, que pour lefd. ventes & autres actes ou procédures, pour lefquelles il fera befoin du miniftere d'Huiffiers ou Sergens, lefdits Receveurs des Domaines fe ferviront de tels Huiffiers ou Sergens que bon leur femblera, fans qu'ils en puiffent être empêché par les Procureurs de Sa Majefté aux Bureaux des Finances & Chambre du Domaine ou autres, auxquels Sa Majefté fait défenfes de les nommer;& ce à la charge par lefdits Receveurs généraux de demeurer garants & refponfables des Huiffiers & Sergens qu'ils employeront, lefquels feront tenus de leurs remettre leurs procès verbaux de vente de meubles, trois jours après la derniere vacation au plus tard ; & les deniers qu'ils recevront defdites ventes, jour par jour, au fur & à mefure qu'ils recevront ; à quoi ils feront contraints à la diligence defd. receveurs généraux des Domaines, par les voies ordinaires, pour les deniers & affaires de Sa Majefté.

Fait pareillement Sa Majefté défenfes aux Huiffiers ou Sergens de délivrer aucuns defdits deniers à autres qu'auxdits Receveurs généraux, fous prétexte de créances, dettes privilégiées, frais de Juftice, vacations d'Officiers ou autrement, à peine de payer deux fois ; & feront lefdits Huiffiers & Sergens contraints au payement des deniers defdites ventes,nonobftant les payemens qu'ils pourront en avoir faits.

Enfin,

Enfin veut Sa Majesté que les dettes privilégiées, vacàtions des Officiers & autres frais, soient payés par lesdits Receveurs généraux, sur les quittances des Parties prenantes.

RECEVOIR, signifie, I°. accepter ce qu'on nous donne, ce qu'on nous présente, ce qu'on nous paye, ou ce qu'on nous met en main, pour quelque cause que ce soit. II°. Mettre quelqu'un en possession d'une Charge ou d'une Dignité. III°. Approuver, demeurer d'accord, déférer à quelque chose. IV. Admettre quelqu'un à faire quelque chose, ou à passer quelqu'acte. Voyez ce qui est dit sur ce mot dans le Dictionnaire de Trévoux.

RECHANGE DE LETTRES D'ÉCHANGE, est un second droit de change, qui est dû quand une Lettre de change est protestée, & que celui qui en étoit porteur a été obligé de fournir une autre Lettre de change.

Par exemple, un Marchand de Paris me fournit une Lettre de change à vue, dont je lui paye le change suivant le cours de la place: j'arrive au lieu où elle est tirée, & le Correspondant du Banquier refuse de l'accepter; ayant besoin de la somme, je le prends d'un autre banquier du même lieu, j'en paye le change, & lui donne une Lettre sur Paris. Ce second change est le rechange. A mon retour, le Marchand de Paris qui m'a fourni la Lettre que son Correspondant a laissé protester, me doit restituer la somme principale, le change que je lui ai payé, les intérêts du jour du protest, & le rechange. Si mon exploit d'assignation ne porte point demande expresse de l'intérêt du rechange & des autres frais, le Juge ne m'accorde que ceux du principal & du change, qui me sont dûs de plein droit du jour du protest.

Pour prétendre le rechange, il n'est nécessaire de tirer une Lettre d'où le protest a été fait; il suffit que le porteur prouve qu'il a pris de l'argent, & qu'il en a payé le change. Voyez l'Ordonnance de 1673. tit. 6. & le Traité du Change & Rechange, fait par Maréchal.

RECHERCHE, signifie l'enquête, l'examen, la perquisition qu'on fait des actions ou de la qualité d'une ou de plusieurs personnes.

RECHERCHE DE L'ÉTAT D'UNE PERSONNE MORTE. Par le Droit Romain qui est contenu au titre du Digeste & du Code, ne de statu defunctorum post quinquennium quæratur, il est défendu de rechercher l'état d'une personne morte après cinq ans, à compter du jour de sa mort.

Voici l'exemple ordinaire qui s'en trouve dans les Loix Romaines. Un homme étant mort dans l'opinion d'un chacun qu'il étoit libre, après cinq ans, à compter du jour de son décès, son état devient fixe & inébranlable; en sorte qu'il n'est plus permis à qui que ce soit de le contester.

Cette maxime ne de statu defunctorum post quinquennium quæratur a été reçue parmi nous, mais dans des cas différens. Non potest apud nos moveri quæstio status ei qui in possessione quieta & pacifica naturalium, nobilitatifve decesserit, si quinque anni à morte illius effluxerint. Vide Mornacium, ad legem ultimam, codice ubi causa statûs.

Voici un cas où il a été jugé que l'état d'une personne ne peut être recherché après sa mort, quoique cinq ans ne fussent pas écoulés depuis. Une Religieuse obtint dans les cinq ans un Rescrit contre ses vœux, sur le fondement qu'elle avoit été forcée de faire profession. Par deux Sentences des Officialités son Rescrit ayant été entériné, elle se maria, & mourut laissant une fille née de ce mariage.

La personne qui lui avoit intenté procès prétendant faire déclarer ses vœux bons & valables, l'entérinement de son Rescrit abusif, & son mariage non-valablement contracté, continua le procès contre sa fille.

On répondit pour la fille, que ces questions étoient terminées, par le décès de sa mere morte en l'état de liberté.

M. l'Avocat général Talon dit, qu'on peut rechercher l'état d'une personne morte dans les cinq ans, mais que c'est lorsqu'il n'y a point eu de Jugement rendu de son vivant, ou lorsqu'il y en a eu un contre elle & non pas quand il y en a eu un pour son état, suivant la Loi 1. §. ult. ff. de statu defunct. & que comme l'état de la défunte avoit été confirmé par Jugement de Cour ecclésiastique, il n'y avoit pas lieu de le révoquer après sa mort.

Par Arrêt de la quatrieme Chambre des Enquêtes du 3. Septembre 1680. la Cour jugea conformément aux conclusions de M. l'Avocat général.

RECHERCHE DE PROCÈS ET INSTANCES, est la répétition qu'on en peut faire contre ceux qui en sont chargés par récépissés ou autrement.

Comme il est difficile que les Procureurs, quelque bon ordre qu'ils puissent tenir, se ressouviennent toujours de ce que deviennent les pieces qui leur ont été confiées & qui peuvent quelquefois avoir été rendues aux Parties par leurs Clercs, sans en tirer de reconnoissances, on a trouvé que l'obligation qui résulte des récépissés des Procureurs ne devoit pas durer trente ans, & que cette obligation personnelle devoit finir par un moindre tems.

C'est aussi ce qui a été jugé par plusieurs anciens Arrêts, qui sont antérieurs à la Déclaration d'Henry IV. du 11. Décembre 1597. qui a fixé le tems que devoit durer cette obligation. Par cette Déclaration, les Avocats & Procureurs, leurs veuves, enfans & ayant droit d'eux, sont déchargés après cinq ans de toutes recherches de procès & instances.

Mais l'enregistrement de cette Déclaration, qui fut fait au Parlement de Paris le 14. Mars 1613. y a apporté cette modification; sçavoir, qu'ils se feroient déchargés des instances & procès indécis, & non jugés, que par dix ans, à compter du jour qu'ils en seroient chargés par récépissés; & à l'égard des jugés, cinq ans après.

Il y a néanmoins des cas où l'action en vertu de récépissé, pour répétition des pieces, dure trente ans.

Le premier est, lorsqu'il y a la moindre présomption de dol, fraude ou mauvaise foi. Par exemple, un Procureur qui auroit reconnu judiciairement avoir en sa possession un procès non jugé, dont il seroit chargé par son récépissé, opposeroit en vain la prescription de dix ans, s'il étoit poursuivi par la Partie adverse pour rendre le procès, parce qu'il y auroit lieu de croire que le refus qu'il feroit de le rendre proviendroit de quelque accord frauduleux fait avec sa Partie. Ainsi jugé par Arrêt donné en la Grand'Chambre à huis clos, le 27. Août 1727.

Le deuxieme est, lorsque l'obligation de rendre des pieces ne regarde point la qualité ni la nécessité de l'Office de celui qui a donné le récépissé. Alors l'action en vertu du récépissé, pour la répétition desdites pieces, demeure aux termes du Droit commun, & comme personnelle dure trente ans.

Par exemple, un Procureur qui se seroit chargé de quelques pieces, non envers une de ses Parties, ni en qualité de Procureur, ni pour fait qui dépend de sa Charge, mais qui les auroit empruntées pour s'en servir dans une affaire où il auroit intérêt pour lui-même ou pour une de ses Parties, ne pourroit pas se servir de la fin de non recevoir de cinq ans ou de dix ans, établie par la Déclaration de 1597. & l'Arrêt d'enrégistrement de 1613.

Il faut dire aussi qu'un Huissier ou Sergent qui se seroit chargé par récépissé de titres & pieces, pour en tirer le payement & en tenir compte, ne pourroit pas opposer à la demande qui lui seroit faite de rendre lesdites pieces, la prescription de dix ans, parce qu'il ne seroit pas juste que sous prétexte de cette prescription il pût profiter impunément du bien d'autrui.

Voyez touchant le tems que dure l'action pour la recherche des pieces, ce qui est dit dans Louet & son Commentateur, lett. S, somm. 21. & dans le Recueil des Arrêts & Réglemens concernant les fonctions des Procureurs, part. 3. tit. 1.

RECIDIVE, est la rechûte dans une même faute. Dans les Jugemens qui se rendent sur les actions ou plaintes d'injures & de mauvais traitemens, on fait défenses de récidiver sous plus grandes peines, ou sous telles peines qu'il appartiendra.

RECIPIENDAIRE, est celui qui poursuit sa réception dans une Charge dont il est pourvu.

On appelle être pourvu d'une Charge, quand sur la procuration *ad resignandum* du titulaire, on a obtenu du Roi des provisions.

En conséquence, pour connoître si le Recipiendaire n'a aucune qualité ni empêchement en sa personne qui serve d'obstacle à sa réception, il est ordonné qu'il sera procédé à une information de vie & mœurs, à laquelle il faut joindre une attestation de son Curé, qui certifie que le dénommé fait profession de la Religion Catholique, qui fréquente les Sacremens; & qu'aux dernieres Fêtes de Pâques il s'est acquitté du devoir paschal.

Le Récipiendaire se présente au jour marqué pour subir l'examen, lequel se fait de différentes manieres, selon les différentes Cours & Jurisdictions.

Les Juges & Officiers non-lettrés, ne sont examinés que sur les Ordonnances, sur la Pratique & sur l'ordre judiciaire. Ceux qui sont examinés pour entrer dans des Charges où il faut être gradué, doivent être examinés sur le Droit & sur la Pratique.

On fait tirer à ces derniers une Loi; & on leur donne quelques jours pour la rendre & répondre dessus.

Après l'examen, le Récipiendaire prête serment de s'acquitter des devoirs de sa Charge, & dès qu'il est reçu, il peut s'installer ou se faire installer, c'est-

à-dire, prendre possession ou séance.

Voici de quelle maniere cela se pratique au Parlement. Celui qui a des provisions du Roi pour être reçu dans une Charge de Judicature dans le ressort du Parlement, présente une Requête à M. le Premier Président, tendante à ce qu'il plaise à la Cour ordonner qu'il sera procédé à la reception du Suppliant dans la Charge dont il a plu au Roi de lui donner des provisions.

Sur cette Requête, M. le Premier Président commet un Conseiller de la Grand'Chambre pour rapporteur, à l'effet de rendre compte à la Cour si le Récipiendaire est en état d'y être admis.

On porte cette Requête au Rapporteur, qui met ou fait mettre par le Greffier un soit montré au Procureur général, ensuite on rend visite à M. le Procureur général, qui donne des conclusions préparatoires pour informer sur les lieux de vie & mœurs du Récipiendaire.

Sur ces conclusions que l'on porte au Rapporteur, la Cour rend un Arrêt préparatoire, qui porte que les provisions de l'Officier seront enrégistrées au Greffe de la Cour, & qu'information sera incessamment faite sur les lieux des vie & mœurs du Récipiendaire, pour être dessus ordonné ce que de raison.

Cet Arrêt est envoyé sur les lieux, à la diligence de M. le Procureur général; & l'information lui étant renvoyée avec l'extrait de Baptême, & le certificat que le Récipiendaire n'a aucuns parens ou alliés au dégré prohibé dans le Siege où il demande d'être admis, M. le Procureur général donne des conclusions définitives.

On les porte avec les autres pieces au Rapporteur, qui le lendemain fait son Rapport à la Grand'-Chambre; & en conséquence la Cour rend un Arrêt qui renvoi le Récipiendaire à une des Chambres des Enquêtes, pour y être examiné en la maniere accoutumée.

Le Récipiendaire porte cet Arrêt au Premier Président de la Chambre où il est renvoyé pour y être examiné, & le Premier Président lui donne un rapporteur.

Le Récipiendaire rend visite au Rapporteur, qui lui donne jour pour tirer sa Loi. Il va ensuite voir tous les Juges, & prend des mesures avec le Buffetier de la Chambre, qui l'instruit de tout ce qu'il faut faire en cette rencontre.

Le Récipiendaire se trouve au jour marqué à la porte de la Chambre, avant que MM. entrent; & quand ils sont assemblés, ils font dire au Récipiendaire d'entrer pour tirer sa Loi; & la Loi étant tirée, on le remet à huitaine, ou à tel autre jour plus proche qu'il souhaite pour la rendre.

Le jour assigné au Récipiendaire pour rendre sa Loi étant venu, il se trouve le matin à la porte de la Chambre; & quand on le fait entrer, il commence par un Compliment en latin, & fait l'exposition de la Loi qu'il a tirée, avec les raisons de douter & de décider.

Ensuite le Président & quelques Conseillers argumentent contre lui; & cet examen se termine à quelques argumens, & à quelques questions de Droit & de Pratique.

Il faut remarquer à ce sujet qu'un Récipiendaire doit être dans un état modeste, & ne peut par conséquent être ganté ni couvert, lorsqu'il subit l'examen pour sa réception.

Lorsque le Récipiendaire est trouvé capable, le Président & le Rapporteur vont à la Grand'Chambre le certifier tel; & sur leur rapport on le fait entrer en la Grand'Chambre, & il y prête serment.

Le serment prêté, il va remercier le Président & le Rapporteur, & paye les droits de son Arrêt de réception, lequel lui étant délivré, il doit s'en aller sur les lieux, pour se faire installer en conséquence.

Il nous reste à remarquer, touchant la reception des Officiers de Judicature.

I°. Que quand un Récipiendaire va voir Monsieur le Premier Président, Monsieur le Procureur général & Messieurs les Conseillers, il faut qu'il soit en robe & en bonnet.

II°. Que quand un Récipiendaire a des dispenses d'âge ou de parenté, il faut qu'il présente d'abord deux Requêtes à M. le Premier Président, l'une pour l'enrégistrement de ses provisions, l'autre pour l'enrégistrement des dispenses; car pour qu'un Officier qui a des dispenses soit admis, il faut que préalablement ses provisions & ses dispenses soient enrégistrées: pour raison de quoi il faut des conclusions différentes de M. le Procureur général & différens Arrêts, parce que les provisions & les dispenses n'ont rien de commun. Ainsi la réception est retardée, quand on ne prend pas la précaution de faire les deux enrégistremens en même tems.

III°. Qu'à présent tous les Conseillers des Présidiaux, des Bailliages & Sénéchaussées sont reçus au Parlement, si ce n'est que pour des raisons pressantes la Cour ne donne un Arrêt portant permission au Récipiendaire de se faire recevoir au Présidial.

IV°. Que les Présidens & les Lieutenans généraux sont examinés & reçus en la Grand'Chambre, & tous les autres Officiers sont examinés aux Chambres des Enquêtes, mais ils prêtent le serment en la Grand'Chambre.

RÉCIPROQUE, signifie mutuel, ce qui se fait mutuellement de part & d'autre.

RÉCLAMER, se dit de ceux qui reviennent contre quelque acte; comme ceux qui reclament dans les dix ans de majorité contre les actes qu'ils ont passés étant mineurs; ou bien comme ceux qui se pourvoient contre leurs vœux, & qui prétendent les faire déclarer nuls sous prétexte, ou qu'ils n'avoient pas l'âge requis quand ils les ont faits, ou qu'ils les ont faits par force & par une juste crainte : ce qu'ils doivent faire dans les cinq ans, à compter du tems qu'a cessé la force & la violence qu'on a employés pour les retenir dans l'état monastique.

RÉCLAMER EN MATIERE DE CHOSE MOBILIAIRE, se prend pour revendiquer; comme quand après la mort d'un défunt on fait inventaire de ses biens, & qu'il se trouve quelques choses qui ne lui appartenoient pas, comme celles qui lui auroient été prêtées; en ce cas ceux qui en sont les maîtres les reclament, c'est-à-dire, qu'ils déclarent qu'elles sont à eux, & demandent qu'elles leur soient rendues, & ne soient pas comprises dans l'inventaire.

RÉCLAMER DES GENS DE SERVILE CONDITION, se dit d'un Seigneur qui revendique ses gens de servile condition, qui sont allés demeurer dans une autre Seigneurie sans son congé.

RECOLLEMENT D'INVENTAIRE, est un acte de représentation faite de meubles & papiers, pour voir s'il est conforme à l'inventaire.

RECOLLEMENT EN MATIERE CRIMINELLE, est une procédure qui se fait après que l'accusé a été oui en interrogatoire ou mis en contumace, en relisant à un témoin la déposition qu'il a fait auparavant pour voir s'il y veut persister, y ajouter ou diminuer.

Ainsi, lorsqu'en matiere criminelle la déposition des témoins a été reçue par le Juge, il les récolle aux fins que dessus; mais lorsque les témoins n'ont pas été entendus par le Juge, comme par exemple quand ils ont été entendus par un Curé, qui après avoir publié un Monitoire, a reçu leurs révélations, le Juge ne récolle pas les témoins, mais il les répete.

Suivant la disposition de l'art. 1. du tit. 15. de l'Ordonnance de 1670. le récollement & la confrontation des témoins n'est requise, qu'autant que le Juge trouve que les témoins chargent l'accusé, & que l'accusation mérite d'être instruite.

Mais alors il doit commencer par répéter les témoins en leur déposition secrettement, & en l'absence des Parties, afin de leur donner plus de liberté de penser à ce qu'ils ont déposé, d'interpréter leurs dépositions, y ajouter & diminuer, selon qu'ils estiment être plus véritable, en conséquence du serment que le Juge leur fait prêter. D'ailleurs ils deviennent liés par leur répétition; de sorte que lorsqu'ils sont ensuite confrontés à l'accusé, ils ne peuvent plus varier.

Quand il s'agit de l'instruction d'un procès criminel par contumace, le récollement vaut confrontation.

Le récollement ne se réitere point, quand même il auroit été fait pendant l'absence de l'accusé, & que le procès auroit été instruit en différent tems, ou qu'il y auroit eu plusieurs accusés. La raison est, que le récollement ne se fait que pour le témoin, & pour rendre sa déposition certaine : aussi l'accusé n'est-il pas présent, ni même appellé au récollement.

Quoique par le Jugement rendu sur la contumace de l'accusé, il eût été ordonné que le récollement vaudroit confrontation; néanmoins, si l'accusé dans la suite se rendoit ou étoit constitué prisonnier, il faudroit lui confronter les témoins.

Le récollement est ce qui fait la preuve en matiere criminelle; l'information n'est qu'une préparation à la preuve.

Au reste, le récollement des témoins doit toujours précéder la confrontation; & lors de la confrontation, lecture du récollement doit être faite. Il y a un Arrêt de réglement du 29. Mai 1693. qui l'ordonne ainsi.

Touchant les récollemens & confrontations des témoins, voyez le tit. 15. de l'Ordonnance de 1670. & Despeisses, tom. 2. pag. 622.

RECOMMANDATION de paroles ou par écrit en faveur de quelqu'un, n'est pas un cautionnement.

Celui qui donne un domestique, & le déclare être

une perfonne de bien & d'honneur, n'eft point tenu de fes faits, à moins qu'il n'y eut dol de fa part.

Pareillement, fi étant interrogé fur la probité & les facultés d'une perfonne, on répond qu'elle eft folvable & a coutume de bien payer, s'il n'y a point de fraude de la part de celui qui s'explique en ces termes, lorfque le débiteur fe trouve infolvable, le particulier qui l'a recommandé n'eft pas cenfé avoir répondu pour lui.

Les lettres de recommandation, quoiqu'elles contiennent que celui qu'on recommande eft homme de probité & payera bien, n'obligent donc en rien celui qui les a écrites. Maynard, liv. 8. chap. 29.

Il faut dire auffi, que celui qui prie un Pédagogue de prendre le foin de quelques difciples, l'affurant qu'il en fera bien payé, ne s'oblige en aucune maniere; *quia fcilicet commendare videtur, non verò mandare. Voyez* M. le Prêtre, cent. 4. ch. 92. *Voyez* auffi la Bibliotheque de Bouchel, *verbo* Preuves.

La raifon eft, qu'il y a bien de la différence entre donner de la confiance à celui à qui l'on écrit une Lettre de recommandation, & fe rendre caution d'un autre envers lui.

RECOMMANDER un prisonnier, eft faire un acte par lequel on le conftitue de nouveau prifonnier, à l'effet d'empêcher qu'il ne puiffe fortir de prifon jufqu'à ce qu'il foit ainfi ordonné.

Cette recommandation a lieu lorfqu'un homme a été conftitué prifonnier à la requête d'une autre perfonne, & que l'on craint qu'il ne forte de prifon, & qu'on n'eût après la peine à mettre à exécution une contrainte par corps que l'on a contre lui.

Voici le cas: un homme a plufieurs créanciers, dont les créances vont fe corps; & d'eux l'a fait conftituer prifonnier; les autres doivent le recommander, pour empêcher qu'après qu'il aura terminé ou fe fera accommodé avec ce créancier, il ne puiffe fortir de prifon qu'après les avoir fatisfait.

La récommandation fe doit faire avec les mêmes formalités qu'un emprifonnement. Il faut que le Sergent porteur des pieces ait une contrainte par corps, qu'il la fignifie & faffe un commandement au prifonnier amené entre les deux guichets: & le lendemain il le fait encore venir pour faire la récommandation & le conftituer prifonnier, de la même maniere que s'il en avoit fait la capture.

Quand un homme eft prifonnier en vertu d'une Lettre de cachet, on ne reçoit aucunes recommandations, à l'effet qu'il ne puiffe fortir de prifon, jufqu'à ce qu'il foit ainfi ordonné.

Plufieurs tiennent qu'il faut que les recommandations foient faites pour caufes femblables à celle pour laquelle il a été conftitué prifonnier. D'où il s'enfuit qu'un homme qui eft emprifonné pour crime, ne peut être recommandé pour une caufe civile. C'eft l'avis de Bornier, fur l'art. 13. du tit. 13. de l'Ordonnance de 1670.

D'ailleurs, un accufé qui eft conftitué prifonnier pour crime, eft dans les liens de la Juftice, pour affurer fa perfonne à la Juftice même, & pour rendre à la vérité le témoignage qui lui eft dû.

Enfin, pour caufe criminelle, il n'y a point de raifon qui fufpende l'exécution des décrets, ni bien-

féance pour les jours de Fête, ni privilege pour les maifons particulieres; mais ces raifons retardent l'exécution des contraintes par corps pour dettes civiles; & fi un prifonnier pour crime ne pouvoit être recommandé pour une caufe civile, ce feroit abufer du dépôt de la juftice, que de conferver dans fes liens, pour caufe purement civile, celui que l'on n'auroit pû y mettre qu'avec les précautions & les bienféances prefcrites par les Réglemens.

Néanmoins l'Arrêt rendu le 6. Septemb. 1714. contre Beaumont, a jugé le contraire. Il eft remarqué par M. Brillon en fon Dictionnaire des Arrêts, *verbo* Emprifonnement, nomb. 15. Cet Auteur dit que cet Arrêt parut nouveau & rigoureux; mais que Beaumont étoit fi peu favorable, qu'on ne crut pas lui faire injuftice de le retenir en prifon. Cependant je crois qu'il a jugé dans les regles.

Quand un emprifonnement eft déclaré nul, tortionnaire & injurieux, il eft regardé comme n'ayant point été fait, & ne peut produire aucun effet: c'eft pourquoi l'on ordonne que l'écrou fera rayé, & que le prifonnier fera élargi & réintégré dans fa maifon par un Huiffier nonobftant toutes recommandations furvenues depuis l'emprifonnement; parce qu'il n'eft pas jufte que des créanciers profitent, & que le débiteur fouffre de ce que l'on a fait un emprifonnement injurieux. D'ailleurs, quand le principe eft vicieux, tout ce qui a été fait fur le même principe eft infecté du même vice.

Ainfi par Arrêt du 20. Septembre 1755. il a été jugé que les recommandations faites en vertu de bons titres, mais fur un emprifonnement déclaré nul, étoient pareillement nulles & de nul effet; de forte que l'arrêt en a fait main levée.

Mais quand par l'événement l'emprifonnement eft déclaré bon & valable, quoique par le Jugement il foit dit que le prifonnier fera élargi, ou en payant, ou en donnant caution, ou en faifant ce qui lui eft enjoint, les recommandations faites depuis l'emprifonnement dans le tems intermédiaire ont leur effet.

Pour que les recommandations accefloires d'un emprifonnement légitime ne fuffent pas véritables, il faudroit que la prifon fût un lieu de privilege, où l'on ne pût pas mettre la main fur fon débiteur, lorfqu'il feroit contraignable par corps; ce qui certainement n'eft pas.

Touchant les recommandations, *voyez* l'Ordonnance de 1670. tit. 13.

RECOMPENSE, eft un dédommagement qui fe fait à quelqu'un pour raifon d'une chofe dans laquelle il a quelque droit.

RECOMPENSE en fait de communauté, eft une indemnité qui eft dûe à un des conjoints par l'autre qui a profité des deniers de la communauté.

Les biens de la communauté étant communs entre le mari & la femme, doivent être partagés également après la diffolution d'icelle entre le furvivant & les héritiers du prédécédé.

Ainfi, quand l'un en a tiré quelque avantage pendant le mariage, lui ou fes héritiers en doivent récompenfe à l'autre ou à fes héritiers; autrement il dépendroit d'un mari d'avantager indirectement fa femme, en faifant des améliorations dans les héritages de fa femme ; ou de convertir les biens de la communauté à fon profit , en faifant des bâtimens & des dépenfes confidérables dans fes propres héritages. Je dis confidérables ; car il n'échet aucune récompenfe pour fimple réparation d'héritages , qui fe fait pour l'entreténement ordinaire des lieux & maifons appartenans aux conjoints.

La récompenfe a principalement lieu pour raifon des impenfes & améliorations faites des deniers de la communauté dans les héritages des deux conjoints, ou de l'un d'eux.

Pour que la récompenfe ait lieu pour améliorations faites dans les héritages du mari , il faut que la femme ou fes héritiers acceptent la communauté ; quand ils y renoncent , il n'y a point de récompenfe à demander par eux au mari ou à fes héritiers , pour les améliorations faites dans fes héritages.

Pour celles qui font faites dans les héritages de la femme , la récompenfe en eft dûe toute entiere, quoiqu'elle ou fes héritiers renoncent à la communauté.

La raifon eft , qu'en cas de renonciation par la femme ou par fes héritiers à la communauté, tous les biens de la Communauté doivent demeurer au mari ou à fes héritiers. Or cette récompenfe due par la femme pour raifon des impenfes ou améliorations faites dans fes héritages , fait partie des biens de cette communauté, dont il n'eft pas jufte que la femme ou fes héritiers profitent, quand ils ont renoncé.

Il y a plufieurs autres cas où récompenfe eft dûe entre conjoints ; nous les avons rapportés fur l'art. 229. de la Coutume de Paris §. 4. où je renvoie le Lecteur.

RÉCOMPENSE QUE DOIT LE FRERE AÎNÉ A SES PUINÉS, QUAND IL RETIENT TOUT L'ENCLOS OU JARDIN JOIGNANT LE CHATEAU OU MANOIR, QUI CONTIENT PLUS D'UN ARPENT DE TERRE , eft un dédommagement qu'il eft obligé de leur faire en terres de même fief fi tant il y en a , finon en d'autres terres ou héritages de la fucceffion, à la commodité des puinés , le plus que faire fe pourra , au dire de Prud'hommes , ainfi qu'il eft porté en l'article 13. de la Coutume de Paris.

Celle de Calais , Dourdan , Monfort , Laon , Reims , & plufieurs autres, ont une difpofition femblable. Celle d'Eftampes prévoyant le cas où il n'y auroit point d'héritages dans la fucceffion pour faire cette récompenfe , dit en l'article 10. *finon en deniers , ou autrement* ; & ajoute , que pour ladite récompenfe il n'eft dû ni quint ni rachat au Seigneur féodal. La Coutume d'Orléans , en l'art. 96. dit la même chofe.

Le tems auquel fe doit faire cette récompenfe eft différent , fuivant les différentes Coutumes où elle fe doit faire. Celle de Dourdan , art. 6. donne un an pour faire cette récompenfe. *Voyez* ce que j'ai dit fur l'art. 13. de la Coutume de Paris.

RÉCOMPENSE POUR LEGS EXCEDANT LE QUINT DES PROPRES , n'eft point dûe au légataire , lorfque le teftateur n'a pas laiffé d'autres biens à fon héritier , fur lefquels il puiffe être dédommagé de l'excédant le quint des propres.

Mais elle eft dûe au légataire , quand le teftateur a laiffé d'autres biens libres en meubles & acquêts, quivalent plus que les quatre quints des propres , & qu'il ne veut pas abandonner au légataire que le quint de l'héritage propre qui lui a été légué par le teftateur. *Voyez* ce que j'ai dit fur les articles 292. & 295. de la Coutume de Paris.

RÉCOMPENSE DE SERVICE. *Voyez* Donation rémunératoire.

RECONCILIATION , eft le renouement d'amitié & le racommodement qui fe fait entre perfonnes qui avoient été brouillées enfemble.

Elle fait ceffer l'action d'injure , & l'éteint entiérement , comme nous avons dit fur le §. dernier du titre des injures , aux Inftitutes.

Le mari , après la cohabitation & la réconciliation avec fa femme , ne peut pas l'accufer d'adultere , ni celui qui a commis adultere avec elle. Boniface , tom. 2. part. 3. liv. 1. tit. 7. chap. 4.

La reconciliation du fils avec fon pere , révoque l'exhérédation que le pere auroit faite ; mais il faut pour cela que la réconciliation foit expreffe & parfaite : en forte qu'une réconciliation tacite ne feroit pas fuffifante pour révoquer l'exhérédation.

Ainfi l'exhérédation du fils faite par le pere , pour s'être marié fans fa permiffion , n'eft pas révoquée par la converfation que le fils & fa femme auroient eue avec le pere depuis l'exhérédation.

La bénédiction feule qu'auroit donné à l'article de la mort le pere à fon fils exhérédé , ne feroit pas non plus fuffifante pour révoquer l'exhérédation.

Cependant Ricard , des Donations entre - vifs , part. 3. chap. 8. fect. 4. nomb. 963. fondé fur la Loi 5. *cod. famil. erifcund.*, tient que comme l'exhérédation eft odieufe , la moindre réconciliation du pere avec le fils doit empêcher que l'exhérédation n'ait fon effet , attendu que le pere eft préfumé avoir oublié le paffé. *Voyez* le Dictionnaire des Arrêts , *verbo* Exhérédation , nomb. 15. & 16.

On dit auffi reconcilier une Eglife , c'eft-à-dire , la bénir de nouveau , & lorfqu'elle a été profanée par quelque effufion de fang ou autre fcandale.

RECONDUCTION , eft un renouvellement d'un louage ou d'un bail à ferme.

Il fe fait ou expreffément, c'eft-à-dire , par écrit; ou par paroles expreffes entre les Parties ; ou tacitement , comme quand le locataire demeure dans la maifon louée après le bail expiré , fans que le propriétaire s'y oppofe : c'eft ce qu'on appelle tacite reconduction. *Voyez* ce que j'en dis fous la lett. T.

Pour ce qui eft de la réconduction en général , *voyez* les Loix civiles , liv. 1. tit. 4. fect. 4. nomb. 7. & fuiv.

RECONFRONTATION , eft une feconde repréfentation faite à l'accufé , des témoins qui ont dépofé contre lui ; ou une feconde repréfentation des complices l'un à l'autre , qui fe font accufés l'un l'autre , ou qui fe font contrariés dans leurs réponfes.

RECONNOISSANCE , eft un acte par lequel on demeure d'accord d'une dette contenue dans una fimple cédule, ou du cens qui eft dû à un Seigneur , quand on déclare qu'on reconnoît tenir une terre de lui à cens , ou à quelque rédévance annuelle.

RECONNOISSANCE D'ECRITURE PRIVE'E , fe

fait pardevant Notaire, du confentement des Parties ; ou en Juftice, quand le porteur d'une promeffe ou autre écriture privée, affigne celui qui l'a fignée à comparoir pardevant le Juge compétent, pour réconnoître ou dénier fon feing ; à l'effet, en cas de dénégation, d'être procédé à la vérification des Experts, en la maniere accoutumée.

Les écritures privées, dès qu'elles font reconnues pardevant Notaires ou en Juftice, commencent à être exécutoires, & emportent hypotheque fur tous les biens du débiteur du jour de la reconnoiffance.

Pour ce qui eft de la reconnoiffance qui fe fait d'écritures privées pardevant Notaires, il faut qu'elle foit faite pardevant ceux de la Jurifdiction dans le reffort de laquelle les Parties font demeurantes, ou bien pardevant Notaires royaux.

Il faut néceffairement que cette reconnoiffance foit faite devant des Notaires & non autres Officiers : ainfi celle qui feroit faite pardevant les Secrétaires du Roi, n'emporteroit point hypotheque, & ne donneroit pas plus d'autorité à l'acte fous feing privé. Chopin fur la Coutume de Paris, liv. 5. tit. 2. nomb. 20.

Il faut enfin remarquer que les Notaires ne peuvent point aujourd'hui recevoir de reconnoiffance d'écrits ou promeffes fous fignatures privées, qu'ils n'aient été préalablement contrôlés.

La reconnoiffance d'une cédule qui fe fait en Jugement emporte hypotheque, tant pour la fomme contenue en la cédule, que pour les intérêts qui courent après en conféquence de la demande d'intérêt qui en eft fait, & de la Sentence qui les adjuge fur ladite demande ; & du jour de la reconnoiffance, ou du jour de la dénégation, au cas que par la fuite elle foit vérifiée. *Quæ in judicio comprobata fiunt, vim habent judicati.*

Mais il faut que la réconnoiffance ou vérification foit faite pardevant le Juge féculier ; car celle qui feroit faite pardevant le Juge d'Eglife, même entre Eccléfiaftiques, feroit abfolument inutile pour rendre exécutoire un acte paffé fous feing privé, ou pour lui faire emporter hypotheque fur les biens du débiteur. Maynard, liv. 7. chap. 68.

La reconnoiffance d'une cédule produit encore un autre effet à l'égard de la prefcription : fur quoi *voyez* Cédule reconnue.

Touchant les effets de la reconnoiffance des cédules, *voyez* ce que j'en ai dit fur l'art. 107. de la Coutume de Paris.

Lorfqu'il n'y a point d'affaire portée en Jugement entre le créancier & le débiteur, & que le créancier veut agir en vertu d'un billet fous feing privé ; il doit faire affigner le débiteur pardevant fon Juge naturel, c'eft-à-dire, celui de fon domicile.

Mais quand il y a entr'eux une affaire principale, les reconnoiffances & vérifications d'écritures privées fe doivent faire, Partie préfente ou dûement appellée, pardevant le Rapporteur, ou s'il n'y en a point, pardevant l'un des Juges qui fera commis fur une fimple Requête, pourvu & non autrement, que la Partie contre laquelle on prétend fe fervir des pieces, foit domiciliée ou préfente au lieu où l'affaire eft pendante.

Lorfque cela ne fe rencontre pas, il faut que la reconnoiffance fe faffe pardevant le Juge Royal ordinaire du domicile de la Partie, qui fera affignée à perfonne ou domicile, & fans prendre aucune commiffion ; & s'il échet de faire quelque vérification, elle fera faite pardevant le Juge où eft pendant le procès principal, ainfi qu'il eft porté en l'art. 5. du tit. 12. de l'Ordonnance de 1667.

En interprétation de cet article 5. de l'Ordonnance de 1667, l'Edit du mois de Décembre 1684. porte en l'art. 2. » Que le créancier d'une promeffe ou » billet pourra faire déclarer à fa Partie par l'ex- » ploit de fa demande, qu'après un délai, qui ne » pourra être court plus de trois jours, il deman- » dera à l'Audience du Juge devant lequel il le » fera affigner, que la promeffe ou billet foient » tenus pour reconnus ; & s'il prétend qu'ils foient » écrits ou fignés par le défendeur, & qu'il n'y » comparoiffe pas au jour qui aura été marqué par » ledit exploit, le Juge ordonnera que lefdites pro- » meffes ou billets demeureront pour reconnus, & » que les Parties viendront plaider fur le principal » dans les délais ordinaires.

Si la Partie eft domiciliée au lieu où l'affaire eft pendante, il la faudra donc faire affigner à fin de condamnation de la fomme contenue en la promeffe, & par le même exploit déclarer que dans trois jours on demandera à l'Audience que ladite promeffe foit tenue pour reconnue & être écrite de fa main.

Si fur cette affignation la Partie ne comparoît pas en perfonne ou par fon Procureur, le demandeur obtient défaut à l'Audience, & pour le profit la promeffe eft tenue pour reconnue & paraphée par le Juge, & fur le principal on procede à l'ordinaire.

Mais fi une perfonne eft affignée en reconnoiffance d'écriture, fans aucune relation d'autre affaire, & qu'elle ne conftitue pas Procureur, il faut mettre la piece au Greffe, dont le Greffier dreffera fon procès-verbal, & en délivrera certificat au demandeur : après quoi, le tout ayant été fignifié au domicile de la Partie, on levera le défaut faute de comparoir en la maniere accoutumée, & pour le profit la promeffe fera tenue pour reconnue, & la demande adjugée avec dépens.

Si la Partie comparoît à l'Audience, & dénie l'écriture, il eft ordonné que la piece fera vérifiée, tant par témoins, que par comparaifon d'écritures publiques & authentiques, pardevant un des Juges qui auront affifté à l'Audience.

Mais fi la Partie dénie l'écriture par défenfes, il faudra, aux termes de l'article 3. de l'Ordonnance du mois de Décembre 1684. la fommer à comparoir devant le Juge, pour procéder à la vérification de l'écriture déniée, & à cet effet nommer & convenir d'experts & de pieces de comparaifon ; auquel cas c'eft pardevant le Juge que la vérification doit être faite.

Si fur cette fommation le défendeur ne comparoît pas à l'Hôtel du Juge, le demandeur aura défaut ; & pour le profit, fi on prétend que l'écriture foit de la main du défendeur, la piece fera tenue pour reconnue.

Mais fi l'on prétend qu'elle eft d'une autre main, il

fera permis de la vérifier , tant par témoins, que par comparaison d'écritures publiques & authentiques.

Si le défendeur comparoît , & que le demandeur foit défaillant , le défendeur obtiendra congé ; & pour le profit fera déchargé de l'affignation.

Tout ceci fe fait par un procès-verbal que le Juge dreffe de ces faits & circonftances.

Mais fi toutes les Parties comparoiffent & conviennent des pieces de comparaison , & nomment des Experts, le procès-verbal en fera mention ; & en conféquence de l'Ordonnance du Juge appofée au bas , on affigne les Experts pour prêter ferment, & la Partie adverfe pour le voir faire.

Si les Parties & les Experts comparoiffent à cette affignation, le Confeiller-Commiffaire ou le Juge parachevera fon procès-verbal.

Mais fi l'une des Parties ne comparoît point, le Juge ne laiffera pas de le continuer; & pour le profit ordonnera que les Experts procéderont à la vérification.

La preuve teftimoniale eft reçue pour le fait d'écritures déniées : pour raifon de ce, il faut procéder à une enquête en la forme ordinaire. Alors la dépofition d'un témoin fera bonne , s'il dit qu'il a vû écrire & figner la piece dont il s'agit , & que cette piece a toujours été en fa poffeffion depuis qu'il l'a vû écrire ou figner; & le Juge doit parapher la piece dont il s'agit à chaque dépofition, & la faire parapher au témoin auquel elle fera préfentée.

Le Juge ne peut ordonner la vérification d'écritures que quand celui de l'écriture duquel il s'agit eft défunt & qu'on prétend qu'elle eft d'une autre main que de la fienne , ou quand l'écriture eft déniée par le défendeur.

Si durant l'inftruction d'un procès par écrit, il furvient une vérification d'écritures à faire , elle doit être faite devant le Rapporteur du procès par écrit, fuivant l'article 5 du titre 12 de l'Ordonnance de 1667.

On peut procéder à la reconnoiffance d'écritures, tant en matiere civile qu'en matiere criminelle. Le titre 12. des Compulfoires & Collation des pieces de l'Ordonnance de 1667. traite de la connoiffance & vérification d'écritures en matiere civile. Le titre 8. de l'Ordonnance de 1670. traite de la reconnoiffance d'écritures & fignatures en matiere criminelle. Voyez ces deux titres & l'Edit du mois de Décembre 1684. touchant la reconnoiffance ou vérification d'écritures, qui eft rapporté tout au long dans la Conférence de Bornier , fur l'article 5. du titre 12 de l'Ordonnance de 1667.

J'ai auffi parlé de la forme requife pour la reconnoiffance des cédules & promeffes, verbo Simple promeffe. Voyez auffi ce qu'en a dit Henrys, tom. 1. liv. 4. chap. 6. queft. 27.

RECONNOISSANCE ET VERIFICATION D'ECRITURES PRIVÉES EN MATIERE CRIMINELLE. Il en eft traité au titre 8. de l'Ordonnance de 1670.

L'article 1. porte que les écritures & fignatures privées qui peuvent fervir à la preuve du crime d'un accufé , doivent lui être préfentées ; & après ferment par lui prêté , il doit être interpellé de reconnoître fi elles font écrites & fignées de lui: enfuite elles doivent être paraphées par le Juge & par l'accufé , s'il veut & s'il peut le parapher , finon il en doit être fait mention , & les pieces demeurent jointes aux informations.

Les pieces que l'accufé aura reconnu être écrites & fignées de lui font foi contre lui , & il n'en doit être fait aucune vérification , fuivant l'article 2. du même titre de cette Ordonnance.

Par l'article 3. les écritures & fignatures d'une main étrangere , qui font reconnues par l'accufé , font auffi foi contre lui.

Lorfque l'accufé refufe de reconnoître les pieces ou déclare ne les avoir écrites ou fignées, le Juge ordonne qu'elles feront vérifiées par Experts & Maîtres Ecrivains nommés par lui d'office , fur pieces de comparaifon authentiques ou reconnues par l'accufé , fuivant les articles 4. 5. & 9.

Par l'article 6. les Procureurs du Roi ou ceux des Seigneurs , & les Parties civiles peuvent fournir des pieces de comparaifon.

Les pieces de comparaifon doivent être repréfentées par le Juge à l'accufé , pour en convenir ou les contefter, fans qu'il lui foit donné pour raifon de ce délai ni confeil; & s'il en convient , elles font paraphées par lui & par le Juge qui en doit ordonner la reception , fuivant l'article 7.

Si les pieces font conteftées par l'accufé , ou s'il refufe d'en convenir , le Juge en doit dreffer procès-verbal, pour y pourvoir après qu'il aura été communiqué au Procureur du Roi ou à celui des Seigneurs & à la Partie civile , conformément à l'article 8.

Au cas que le Juge ordonne le rejet des pieces de comparaifon , les Procureurs du Roi ou des Seigneurs , & les Parties civiles, en doivent rapporter d'autres dans le délai qui fera prefcrit par le Juge; autrement les pieces dont la vérification aura été ordonnée, doivent être rejettées du procès, fuivant l'article 10.

Les pieces de comparaifon , & celles qui doivent être vérifiées, doivent être préfentées & données féparement à chaque Expert, pour les voir & examiner à loifir.

A l'égard de la maniere dont les Experts font récollés & confrontés à l'accufé , voyez le titre 15. de l'Ordonnance de 1670.

Ceux qui ont vu écrire ou figner les pieces, peuvent fervir à la conviction des accufés , auffi bien que ceux qui en ont connoiffance , en quelque maniere que ce foit , fuivant l'article 14. du tit. 8. de la même Ordonnance.

Voyez à la fin du Tome premier l'Ordonnance de Louis XV. du mois de Juillet 1737. concernant le faux principal & faux incident , & la reconnoiffance des écritures & fignatures en matiere criminelle, qui renferme de nouvelles difpofitions fur cette matiere.

RECONNOISSANCE DE PAIEMENT, exclut toute demande. Ainfi , quand un créancier a reconnu avoir été payé de ce qui lui étoit dû par fon débiteur, il ne peut plus pour raifon de ce intenter demande contre lui.

RECONNOISSANCE D'UNE DETTE LEGITIME FAITE PAR TESTAMENT , EST BONNE ET VALABLE ,

quoique le teftament qui la contient foit nul, &
même quoique l'obligation primordiale faite par
une femme en puiffance de mari fans être de lui
autorifée, fût pareillement nulle. Ainfi jugé au Parlement de Paris, par Arrêt du 10. Février 1638.
rapporté par Bardet, tom. 1. liv. 7. chap. 13.

Il en eft de même, quoique le teftament qui contient la reconnoiffance de la dette foit révoqué par
un autre teftament. *Voyez* les Obfervations fur Henrys tom. 1. liv. 5. chap. 1. queft. 7.

RECONNOISSANCE FAITE PAR UN PRETENDU
CREANCIER, QU'IL NE LUI EST, ET NE LUI A JA-
MAIS ÉTÉ RIEN DU PAR SON PRETENDU DEBITEUR,
exclut auffi toute demande; quoique l'obligation fe
trouve dans la fuite entre les mains du prétendu
créancier, il n'eft pas en droit de faire demande,
quoique la reconnoiffance par lui donnée ne porte
pas quittance de la fomme portée en l'obligation.
Soefve, tom. 1. cent. 4. chap. 7. rapporte un
Arrêt au Parlement de Paris, en date du 17. Décembre 1654. qui l'a jugé ainfi.

RECONNOISSANCE D'AÎNÉS ET HERITIERS
PRINCIPAUX, font des déclarations qui contiennent
de la part de ceux qui les font une efpece d'inftitution contractuelle des biens qu'ils poffedent actuellement, & s'obligent tacitement à les conferver à
celui de leurs enfans qu'ils ont reconnu par contrat
de mariage devoir être, comme & en qualité d'aîné, leur principal héritier : ce qui eft obfervé néanmoins fuivant les différentes Coutumes où fe font
ces fortes de reconnoiffances. *Voyez* le Traité des
inftitutions & des Subftitutions contractuelles, fait
par M. Lauriere, & donné au Public en 1715, où
cette matiere eft traitée amplement.

RECONNOISSANCE EN FAIT DE PAPIERS
TERRIERS ET D'AVEUX ET DENOMBREMENS. *Voyez* ce
que j'en ai dit, *verbo* Papier terrier.

RECONSTITUTION, eft une conftitution ordinaire à prix d'argent, avec déclaration d'emploi,
qui eft effectué par le même acte, & qui opere une
fubrogation en faveur du prêteur, au lieu & place
du créancier rembourfé.

La reconftitution eft bien plus avantageufe que le
tranfport, en ce que dans le tranfport, la rente cedée
refte fujette aux dettes hypothécaires qu'a contractées
celui qui la tranfporte, à moins qu'on purge ces
dettes par décret; au lieu que dans la reconftitution,
le créancier recevant le rembourfement des mains du
débiteur, ce créancier fubroge en fon lieu & place
celui qui vient de prêter fes deniers pour faire ce
rembourfement : ce qui fait que cette reconftitution
eft affranchie de toutes les dettes que le créancier
rembourfé auroit pû contracter, & auxquelles il auroit hypotéqué fon contrat de conftitution, pour raifon duquel le nouveau créancier n'eft pas moins fubrogé en tous les droits & privileges de l'ancien.

RECONVENTION, eft une action intentée contre celui qui en a intenté une auparavant ; enforte
que le défendeur devient auffi demandeur.

Titius, par exemple, intente action contre moi,
pour une fomme qu'il prétend que je lui dois ; &
j'intente une autre action contre lui pardevant le
même Juge, pour des dommages & intérêts que je

prétends contre lui pour n'avoir pas fatisfait à la
promeffe qu'il m'a donnée de faire quelque chofe à
mon profit : en ce cas j'ufe de reconvention, & je
fuis défendeur originaire à fon égard, & demandeur incidemment contre lui.

La reconvention n'a pas lieu en Jurifdiction féculiere, quand le défendeur & le demandeur ne font
pas fujets à la même Jurifdiction, fi ce n'eft en un
cas contenu en l'article 106. de la Coutume de
Paris qui porte : *Reconvention n'a lieu,
fi elle ne dépend de l'action, & que la demande en reconvention foit la défenfe contre l'action premiérement
intentée; & en ce cas le défendeur par le moyen de fes
défenfes, fe peut conftituer demandeur.*

Par cet article la convention n'a point lieu en la
Jurifdiction féculiere ; fi elle ne dépend & n'eft la défenfe contre l'action premiérement intentée contre
le défendeur pardevant le Juge de fon domicile ; enforte que le défendeur ne peut pas ufer de reconvention contre le demandeur pardevant le même Juge,
pour une demande qui foit différente de la demande
faite par le demandeur pour faire inftruire ces deux
actions par mêmes procédures, & les faire juger
conjointement & par un même Jugement.

Si le défendeur a quelque action à intenter contre
le demandeur, il la doit intenter pardevant le Juge
du domicile du demandeur.

Au contraire, quand l'action que peut intenter le
défendeur, eft la defenfe contre l'action du demandeur, le défendeur peut s'en fervir par forme d'exception, par le moyen d'icelle fe conftituer incidemment demandeur ; auquel cas le demandeur eft
tenu de défendre & procéder fur la reconvention.

Par exemple, vous me demandez vingt écus que vous
m'avez prêtés ; je vous allegue pour défenfe, que je
vous ai donné depuis des marchandifes en paiement:
en tant que befoin eft, je me conftitue incidemment
demandeur pour pareille fomme. Et puifque fur la
reconvention au cas de cet article, le demandeur eft
tenu de défendre & de procéder, il s'enfuit qu'il
ne peut point oppofer l'exception d'incompétence.

La raifon pour laquelle les reconventions n'ont
point lieu en Jurifdiction féculiere, eft que par ce
moyen on préjudicieroit aux Jurifdictions des Seigneurs, lefquelles font patrimoniales, & pardevant lefquelles les actions fe doivent intenter directement & non obliquement par le moyen de la reconvention. Cette raifon ceffe à l'égard des Jurifdictions eccléfiaftiques ; c'eft pourquoi la reconvention a lieu en icelles.

Nonobftant la difpofition de cet article, áuquel la
plus grande partie des autres Coutumes font conformes, la reconvention s'eft introduite dans les Jurifdictions féculieres; les Juges renvoient le moins qu'ils
peuvent les affaires qui fe préfentent pardevant eux;
car étant compétens pour connoître de la matiere,
il femble auffi qu'ils peuvent connoître de la demande incidente formée par le défendeur contre le
demandeur; & il eft de l'intérêt public que plufieurs
caufes foient vuidées par un même Jugement.

C'eft l'ufage du Parlement de Rouen & du Châtelet de Paris ; quand la demande principale & la demande incidente tendent à quelque fomme d'argent
dont

dont la compensation se peut faire; autrement il n'y auroit pas lieu à la reconvention.

Il seroit trop rigoureux que le défendeur étant assigné par une action tendante à quelque somme d'argent ne pût pas user de reconvention, au cas qu'il fût bien fondé à lui faire une demande de quelque somme ; autrement il arriveroit que le demandeur ayant obtenu ses fins, la demande incidente ayant été renvoyée pardevant le Juge du demandeur, ou le Juge ayant ordonné qu'il se pourvoiroit comme il trouveroit à propos, le défendeur seroit obligé de payer la somme à laquelle il auroit été condamné, au hazard à ne pouvoir pas répéter un jour celle à laquelle le demandeur seroit condamné envers lui.

Mais la reconvention ne peut avoir lieu pardevant les Juges qui ne jugent que certaines matieres, & dont le pouvoir est borné & limité, ni pardevant des Arbitres dont le pouvoir est restraint aux demandes portées par les compromis, sur peine de nullité de leurs Jugemens, quand même la demande incidente seroit connexe & dépendante du différend sur lequel les Parties auroient compromis.

Il faudroit dire le contraire, si par le compromis il étoit donné pouvoir aux Arbitres de juger & terminer tous les différends des Parties, suivant les demandes qu'elles bailleroient par écrit.

Quoique la reconvention ait lieu en cour & Jurisdiction ecclésiastique néanmoins cela n'est pas si général, que la reconvention se puisse étendre à toutes especes de demandes que le défendeur pourroit faire contre le demandeur; car elle n'auroit pas lieu, au cas que le Juge d'Eglise ne fût pas Juge compétent pour en connoître.

Il en faut dire de même à l'égard des personnes; partant si j'ai fait assigner un Ecclésiastique pardevant le Juge d'Eglise, & qu'il use de reconvention contre moi, & que ce Juge l'ordonne, je peux en appeller comme d'abus, parce que ce Juge ecclésiastique n'est pas Juge compétent pour connoître des actions par lesquelles les Laïcs sont poursuivis.

Au reste comment se doit entendre cette maxime, *Reconvention n'a pas lieu en Cour laïque.* V. Bacquet, *des Droits de Justice*, chapitre 8. nombre 10. & suivans ; Coquille, question 307 & ce que j'ai dit sur l'article 106. de la Coutume de Paris.

RECORDS, est un aide de Sergent, qui l'assiste dans les exécutions qu'il fait, qui lui sert de témoin & lui prête main-forte.

On prétend que ce terme vient du mot latin *recordari*, qui signifie se ressouvenir ; ainsi les Records sont appellés de ce nom à cause qu'anciennement l'Officier qui exploitoit, leur disoit : qu'il vous souvienne de cet acte, & en soyez records, c'est-à-dire mémoratifs, pour en pouvoir porter témoignage.

Depuis l'Edit du Controle des exploits, le ministere de ces Records n'est plus nécessaire, si ce n'est dans le retrait lignager, dans les saisies réelles & dans les emprisonnemens. V. un acte de notoriété du Châtelet, en date du 23. Mai 1699. rapporté dans le Recueil de ces actes, page 103.

RECOURS, signifie une action récursoire & de garantie, par laquelle on peut se faire dédommager

par un tiers d'une condamnation qu'on a soufferte, ou qu'on est en danger de souffrir.

Par exemple l'acheteur qui est évincé d'un héritage qu'il a payé, a naturellement son recours contre son vendeur. La caution qui a payé pour le principal obligé, a son recours contre lui.

En sommation & recours d'action personnelle, il faut suivre la Jurisdiction du défendeur. *Voyez* Charondas, liv. 3. rép. 90.

Les actions recursoires sont très-bien traitées dans le huitieme chapitre du second livre du Déguerpissement de Loyseau, où je renvoie le Lecteur.

RECOUSSE, signifie l'action par laquelle on rattrape, on reprend ce qui avoit été enlevé, ou l'on sauve une partie de ce qui étoit en danger de se perdre.

En quelques Coutumes, comme en celles de Tours & d'Angers, on appelle le retrait lignager *recousse*, & les rentes rachetables, rentes à *recousse*.

Quelques Ordonnances se servent du terme de recousse, pour signifier l'enlevement d'un prisonnier; comme quand il est dit dans l'article 21. de l'Edit de Melun, que *les Ordinaires ne pourront être contraints à bailler Vicariats, sinon ès causes criminelles où il y auroit crainte manifeste de recousse du prisonnier ; auquel cas sera libre de choisir en leur conscience tel Vicaire qu'ils jugeront capable.*

RECOUSSE, signifie aussi le moyen d'acquérir tout le butin que les ennemis avoient fait. *Voyez* l'Ordonnance de la Marine du mois d'Août 1681. liv. 3. tit. 9. art. 8.

RECOUSSE ou FORGAGE, est le droit que celui dont les meubles ont été vendus, a dans quelques Coutumes, de les retirer dans un certain temps, en remboursant le prix à l'acheteur.

RECOUVREMENT DE TITRES JUSTIFICATIFS, sert à se pourvoir contre un Jugement rendu par une Cour souveraine, par la voie de Requête civile quand la soustraction de quelques pieces nécessaires au procès, a donné lieu au Jugement qui a été rendu ; au cas que lesdites pieces aient été détenues par le fait de la Partie adverse.

Cependant un Noble, qui par Arrêt auroit été déclaré roturier, pour n'avoir pas justifié de sa noblesse par pieces & titres justificatifs, pourroit se pourvoir contre un tel Arrêt par Requête civile, sous prétexte d'avoir recouvré lesdits titres, sans être obligé de prouver qu'ils avoient été recelés & detenus par dol, fraude & surprise de la Partie adverse. *Voyez* M. le Bret en son Plaidoyer 27.

A l'égard des transactions passées de bonne foi entre les Parties, on ne peut se faire restituer contre, sous prétexte de pieces nouvellement recouvrées. *Ratio quia præcipuus transactionis effectus est, ut liti finem imponat, adeò ut nunquam ipsa renovetur, nequidem prætextu instrumentorum de novo repertorum. Leg. 19. cod. de transactionibus.*

RECOUVREMENT DE LA VIE CIVILE. Ceux contre qui un Jugement de mort a été prononcé par contumace, ou qui ont encouru une mort civile par une condamnation aux galeres à perpétuité, ou au bannissement perpétuel, ne meurent pas véritablement pour cela ; cependant ils sont tenus pour morts : esclaves de la peine, ils sont incapables de

M m m

tous effets civils, de tous droits, de tous honneurs. Cette peine perpétuelle & immutable les suit en tous lieux, à moins qui ne se justifient, ou soient justifiés par des Lettres du Prince. *Voyez* Mort civile. *Voyez* Contumace.

RECREANCE, est une action possessoire, par laquelle on demande par provision la possession & la jouissance de quelque immeuble, ou de quelque droit, pour raison de quoi il y a contestation; & on en demande la possession par provision, jusqu'à ce que la cause soit entiérement jugée au fond, c'est-à-dire au pétitoire.

La possession qui est adjugée par interim, est appellée en Droit, *fiduciaria possessio*. Elle se peut demander en tout état de cause, séparément ou conjointement avec la réintégrande, à l'effet d'obtenir définitivement la pleine maintenue, ou la restitution de la possession de laquelle on a été spolié.

Il y a différence entre la pleine maintenue & la recréance, en ce que la recréance n'est que par provision jusqu'à la décision du procès, & celui auquel elle est adjugée, est tenu de bailler caution; de restituer les fruits perçus, au cas qu'il succombe au petitoire, à moins que la recréance ne fût adjugée par Arrêt.

Mais la pleine maintenue est une pleine possession & jouissance de la chose contentieuse; en vertu de laquelle le possesseur est fait possesseur de bonne foi; ensorte que s'il succomboit au pétitoire, il ne seroit point tenu de restituer les fruits, sinon depuis la contestation au pétitoire, comme ayant eu juste cause de soutenir son droit. Ainsi celui auquel la pleine maintenue est adjugée, n'est pas obligé de bailler caution.

Il y a cette différence entre la complainte & la réintégrande, que la complainte ne peut être intentée que par celui qui a été en paisible possession pendant an & jour; mais la recréance ou provision, ou la possession par provision, se demande par ceux qui se prétendent possesseurs de la même chose.

Par exemple, si deux Seigneurs prétendent qu'un même héritage soit situé dans leurs Seigneuries, & qu'en conséquence ils soutiennent l'un & l'autre qu'il leur appartient, ou par droit de deshérence ou de bâtardise, & qu'ils s'en soient emparés l'un & l'autre à la forme & maniere accoutumée, ils sont l'un & l'autre en possession, & ils doivent demander chacun la possession par provision.

Ainsi quand deux personnes prétendent avoir droit à la même chose, chacun conclut à ce que pendant le procès qui est entre les Parties pour raison de la chose entr'elles controversées, la possession lui en soit adjugée par provision, jusqu'à ce que le procès soit jugé définitivement; & chacune des Parties fonde ses conclusions sur ce qu'il apparoît par les titres & pieces par elles produites, qu'elle a dans la chose contentieuse le droit le plus apparent.

La recréance est accordée à celui qui a droit le plus apparent par les titres & pieces qu'il produit; mais elle ne lui est accordée qu'à la charge de bailler bonne & suffisante caution de restituer la chose, avec les fruits perçus pendant la recréance, au cas qu'il succombe au pétitoire.

Quand il n'apparoît pas par les titres & pieces produites de part & d'autre, lequel des deux contendans a le droit le plus apparent, le Juge doit ordonner le sequestre, comme nous avons dit *verbo* Sequestre. *Voyez* Complainte, Possessoire, Sequestre; & les Arrêts de Tournet, *verbo* Recréance.

RECREANCE EN MATIERE BENEFICIALE, est la provision d'un Bénéfice, qui s'adjuge à celui qui a le droit le plus apparent, sauf à ce que le fond soit jugé.

Elle se demande par celui qui n'a pas été un an & jour en possession du Bénéfice, mais qui prétend avoir plus de droit que sa Partie; & le Juge l'adjuge à celui qui a le droit le plus apparent & le mieux fondé, sauf à la Partie adverse à contester sur la pleine maintenue.

Quand les droits & titres des Parties sont si douteux, qu'il n'y a pas lieu d'adjuger la maintenue à l'un ou à l'autre, le Juge n'ordonne guéres aujourd'hui le sequestre; il doit, suivant les articles 57. & 58. de l'Ordonnance de 1539 faire droit sur le possessoire, & adjuger la recréance au possesseur; sauf à juger dans la suite l'instance possessoire par le Jugement de pleine maintenue, sans user à cet égard de renvoi pardevant le Juge d'Eglise sur le pétitoire. Par le Jugement qui adjuge la recréance à l'un des contendans, les fruits & revenus du Bénéfice lui sont aussi adjugés du jour de ses provisions, & le défendeur est condamné à lui rendre ceux qu'il a perçus.

En matiere bénéficiale, les Sentences de recréance s'exécutent nonobstant l'appel, sans donner caution. Article 19. du titre 15. de l'Ordonnance de 1667.

RECRIMINATION, est l'accusation postérieure que fait un accusé contre son accusateur.

Quand deux personnes ont fait leur plainte en même tems, il faut juger premiérement qui demeurera l'accusé & l'accusateur, & sur qui tombera la recrimination.

On appelle aussi recrimination, l'accusation que forme un accusé en se rendant dénonciateur d'un autre crime contre celui qui l'accuse. Imbert en sa Pratique, liv. 3. chap. 10. Papon, liv. 24. tit. 2. nomb. 6.

Cette recrimination n'est point reçue en France, quand il s'agit de pareil délit ou de moindre; autrement il n'y auroit point de coupable qui ne tâchât par une accusation fausse ou véritable de se mettre à couvert de l'accusation qui auroit été formée contre lui, ou qui ne tâchât par ce moyen d'éluder, ou du moins de retarder son Jugement. *Is qui reus factus est, purgare se debet, nec ante potest accusare, quàm fuerit excusatus; Constitutionibus enim observatur, ut non relatione criminum, sed innocentiâ reus purgetur.*

Cela étoit observé chez les Romains, comme il est porté en la Loi 19. cod. qui accus. poss. vel non, cujus verba sunt : neganda est accusatis, qui non suas suorumque injurias exequuntur, licentia criminandi in pari vel minori crimine, priusquam se crimine quo premuntur, exuerint. Ce qui a été ainsi ordonné, afin que les premieres plaintes & les accusations faites contre des criminels, ne soient point éludées & rendues sans effet par leur artifice.*

On admet néanmoins la recrimination, lorsque celui qui est accusé d'un crime léger, accuse son accusateur d'un plus attroce; ou pour mieux dire, n'appelle pas cela recrimination. Par exemple, quand celui qui est pourfuivi en réparation d'injures verbales, se rend Partie & Accusateur pour un crime capital *præsertim si accusatus suam suorumve injuriam prosequitur ; audiendus est.*

Belordeau lettre R, dit avoir été ainsi jugé au Parlement de Bretagne, à l'occasion d'un Prêtre demandeur en reparation d'injure contre un mari qui l'accusa d'adultere & d'incefte. L'Arrêt reçut la derniere accusation, comme plus grave & plus importante au public, & ordonna que le procès seroit fait & parfait au Prêtre, quoiqu'il eût fait sa plainte le premier.

En effet, un coupable vigilant en seroit quitte pour former une accusation légere contre celui qu'il auroit cruellement offensé, & par cet stragème il trouveroit le moyen de fermer les yeux de la Justice sur son délit, & de se soustraire à sa vengeance, parce qu'il auroit été plus vigilant que celui qui avoit un droit plus légitime de se plaindre. *Voyez* Bouchel, *verbo* Recrimination.

Il y a encore un autre cas où la Plainte de l'accusé est admise contre son accusateur, c'est quand l'accusé a un commencement de preuve par écrit du crime qu'il défere à la Justice : car alors ce n'est pas tant une recrimination qu'une pourfuite légitime qui ne peut être réputée fiction de la part de l'accusé, puisqu'elle est fondée sur des pieces qui établissent de violens soupçons.

Mais la recrimination n'est rejettée que parce qu'on la regarde comme un détour artificieux dont l'accusé se sert pour se soustraire à une instruction dont il a sujet d'appréhender l'événement. Or la Justice n'a pas cette crainte à surmonter, quand il y a des preuves qui servent de véhicule à la plainte de l'accusé.

RÉCUSATION, est une fin ou exception déclinatoire, pour éviter la Jurisdiction de Juge pardevant lequel on est assigné, que l'on regarde comme suspect, demandant que le différend soit renvoyé pardevant un autre Juge.

Voyez Exception déclinatoire. *Voyez* le titre 24. de l'Ordonnance de 1667.

Ce moyen peut être allégué en toutes matieres civiles, criminelles & bénéficiales ; *quia omnem veritatis rationem Judex omittere solet occupatus affectibus, & corruptus Judex nescit discernere verum.* Mais aussi les Parties ne doivent pas récuser un Juge sans une juste cause.

La premiere cause de récusation est, si le Juge est parent ou allié d'une des parties.

En matiere civile, en toutes Cours, Jurisdictions & Justices, si le Juge est parent ou allié de l'une des Parties, jusqu'aux enfans des cousins issus de germain, qui sont le quatrieme degré inclusivement, suivant l'Ordonnance, tit. des récusations des Juges art. 1.

En matiere criminelle un Juge peut être récusé, s'il est parent ou allié de l'accusateur ou de l'accusé, jusqu'au cinquieme degré inclusivement, suivant l'article 2. du même titre, & même si le Juge porte le nom & armes de l'accusateur ou de l'accusé, ou s'il est de la famille de l'un ou de l'autre, il est obligé de s'abstenir, en quelque degré de parenté ou d'alliance que ce puisse être, dès qu'il en a connoissance.

L'Ordonnance dans ce titre compte les dégrés de parenté, suivant la disposition canonique, & non pas suivant le Droit civil ; car comme il a été dit ci-dessus sur le mot de *Parenté*, des cousins germains sont éloignés de quatre degrés par le Droit civil, & par le droit canonique ils ne sont éloignés que de deux ; ainsi par ce droit les enfans des cousins issus de germains sont éloignés de quatre degrés.

Les degrés d'alliance se reglent de la même maniere que ceux de parenté, ensorte que je suis allié aux enfans des cousins issus de germain de ma femme au quatrieme degré.

La récusation a lieu aussi, quoique le Juge soit parent ou allié commun des Parties, au dégré porté par l'Ordonnance ci-dessus, art. 3. du même titre.

La parenté ou alliance dans les degrés & les causes marquées, a lieu pareillement à l'égard de la femme de l'une des Parties ; art. 4. du même titre. Par conséquent, si ma femme est parente ou alliée au Juge dans les degrés susdits, ou si la femme du Juge est ma parente ou alliée aux mêmes dégrés, la Partie adverse peut le récuser, au cas que la femme soit vivante, ou si elle est décédée, au cas qu'il y ait des enfans nés d'elle ; parce que ces enfans sont entretenir & conserver l'alliance entre les Parties, laquelle autrement est censée éteinte & dissoute, comme si elle n'avoit jamais été contractée par le mariage.

Si la femme étoit décédée sans enfans, le même article défend au beau-pere, au gendre & aux beaux-freres, d'être Juges des Parties.

Mais une Partie peut-elle proposer la récusation, ou demander l'évocation sur ses propres parentés ou alliance ? Autrefois cela se pouvoit ; mais depuis peu sont intervenues des Déclarations du Roi, & entr'autres une du 14. Août 1701. qui ordonne que nul ne puisse à l'avenir demander son renvoi du chef de ses propres parens ou alliés, mais seulement du chef de ceux de sa Partie adverse, ou de l'une de ses Parties adverses, s'il en a plusieurs.

Touchant les récusations & évocations pour raison de parenté. *Voyez* Henrys & son Commentateur, tom. 1. liv. 2. quest. 35.

La deuxieme cause de recusation, est lorsque le Juge a différend sur pareille question que celle dont il s'agit entre les Parties, pourvu qu'il y en ait preuve par écrit, sinon le Juge en est cru à sa déclaration, sans que celui qui propose la recusation puisse être reçu à la preuve par témoins, ni même demander aucun délai pour rapporter la preuve par écrit.

La troisieme est, si le Juge a donné conseil ou s'il a connu auparavant du différend, comme Juge ou Arbitre, ou s'il a sollicité ou recommandé, ou s'il a ouvert son avis hors la visitation & Jugement ; en tous ces cas il est cru à sa déclaration, à moins qu'il n'y ait preuve par écrit. Art. 6. du même titre.

La quatrieme est, si le Juge a procès en son nom dans une Chambre en laquelle l'une des Parties est Juge, art. 7. Par exemple, j'ai procès contre un Présidentdes Requêtes en la Grand'Chambre, & un Conseiller de la Grand'Chambre a en son nom un procès pardevant ce même Préfident : dans ce cas ce Confeiller peut être récufé.

La cinquieme eft, fi le Juge a menacé une des Parties verbalement ou par écrit, depuis l'inftance, ou dans les fix mois précédens la récufation propofée ; ou s'il y a eu inimitié capitale, art. 8. *Ratio eft, quia, ut ait Caffiodorus, lib. 12. Epift. periculofum eft pati Judicem rationabiliter iratum & illum de tuis fortunis decernere, quèm te conftat graviter irritaffe.*

La fixieme, eft fi le Juge ou fes enfans, fon pere, fes freres, oncles, neveux, ou fes alliés en pareil degré, ont obtenu quelque Bénéfice des Prélats, Collateurs & Patrons eccléfiaftiques ou laïcs, qui foient Parties intéreffées dans l'affaire, pourvu que les collations ou nominations aient été volontaires, & non nécéffaires, art. 9.

La feptieme eft, fi le Juge eft Protecteur ou Syndic de quelque Ordre, & nommé dans les qualités, s'il eft Abbé, Chanoine, Prieur, Bénéficier, ou du corps d'un Chapitre, College ou Communauté, tuteur honoraire ou onéraire, fubrogé tuteur ou curateur, héritier préfomptif ou donataire, maître ou domeftique de l'une des Parties, en tous ces cas il ne peut demeurer Juge, art. 10.

Enfin un Juge peut être récufé par d'autres moyens de droit & de fait, que ceux portés par l'Ordonnance, article 12.

Pofez pour un moyen de fait, qu'il s'agiffe d'une poffeffion qu'une des Parties prétendoit avoir prife fous l'autorité du Juge, & que l'autre nie que cette poffeffion eût été prife ; en ce cas le Juge ne pourroit pas être Juge de cette conteftation, parce qu'il ne pourroit pas l'être de fon propre fait.

Si l'une des parties récufoit un Juge, à caufe des débauches qu'il feroit avec fa partie adverfe, ce feroit un moyen de droit qui feroit recevable, quoique l'Ordonnance n'en parle point.

Il en faut dire de même, fi l'on pouvoit prouver qu'un Juge eft en grande liaifon avec la partie adverfe, qu'ils jouent fréquemment enfemble, & fe donnent mutuellement des repas : *Sicut enim fermones & cibi, ita & lufus, communicatio amicitiam conciliare omnibus notum eft.*

Il faut dire auffi que lorfqu'un Juge a des fujets de différend avec la Partie, il peut être récufé ; car l'Ordonnance ayant marqué comme un moyen de récufation les ménaces faites depuis fix mois par le Juge ou l'inimitié capitale en quelque temps que l'on particule, à plus forte raifon un différend que le Juge auroit actuellement avec la Partie, quoique léger, feroit un moyen valable de fufpicion, & par conféquent de recufation. En effet il ne feroit pas jufte de donner pour Juge à une Partie celui qu'elle auroit elle-même pour Partie dans une autre caufe.

Il n'eft pas permis aux Juges récufés de follicirer pour leurs parens, ou pour les mineurs dont ils font tuteurs dans les lieux de la féance, ni de s'y préfenter.

Dès qu'un Juge eft récufé, il doit fe retirer fans paroître à l'Audience, ni au Barreau en cas de rapport, qu'après la prononciation du Jugement ; il ne doit pas non plus attendre qu'il foit récufé, il eft de fon devoir, quand il fçait qu'il y a des caufes de récufation contre lui, de déclarer lui-même qu'il eft récufable, & faire ordonner qu'il s'abftiendra, ou de s'abftenir de fon chef, article 17. du titre 24. de l'Ordonnance de 1667.

Les bons Juges n'attendent donc pas qu'ils foient récufés par les Parties, pour fe déporter quand ils connoiffent en eux quelque fujet de fufpicion ; & ils ne permettent pas que l'on dife d'eux : Je ne veux point avoir un tel pour Juge, parce qu'il m'eft fufpect.

Il eft enjoint aux Parties qui fçauront caufe de récufation contre aucun des Juges, de les propofer auffi-tôt qu'elles feront venues à leur connoiffance, article 16. du titre 24. de l'Ordonnance de 1667.

L'article fuivant porte, qu'après la déclaration du Juge, ou de l'une des Parties, celui qui voudra recufer fera tenu de le faire dans la huitaine du jour que la déclaration aura été fignifiée, après lequel temps il n'y fera plus reçu.

Mais fi la Partie eft abfente, & que fon Procureur demande un délai pour l'avertir & en recevoir procuration expreffe, il lui fera accordé fuivant la diftance des lieux, fans que les délais puiffent être prorogés pour quelque caufe que ce foit.

L'article 21 porte que fi le Juge ou l'une des Parties n'avoit point fait de déclaration, celui qui voudra recufer le pourra faire en tout état de caufe, en affirmant que les caufes de récufation font venues depuis peu à fa connoiffance.

Il s'enfuit de ce qui vient d'être dit que toutes caufes de récufations doivent être propofées avant la conteftation en caufe, fuivant la Loi *Apertiffimi, cod. de Jud.* La récufation étant une exception dilatoire, fe doit propofer dès le commencement de la caufe, avant qu'elle ait été conteftée ; car quand on a approuvé la Jurifdiction d'un Juge, on n'eft plus en droit de le récufer. *Leg. pen. & ult cod. de exception.*

Il y a néanmoins deux cas qui font excepté de cette regle générale, & où l'on peut récufer un Juge après la conteftation en caufe. Le premier, lorfque la caufe de récufation eft furvenue après la caufe conteftée. Le fecond, quand elle n'eft venue à fa connoiffance qu'au temps de la récufation propofée ; & en ce cas il faut s'en tenir à la religion de fon ferment.

Quand un Juge eft commis pour faire une defcente, & qu'on veut le récufer, il faut le faire trois jours avant fon départ, lorfque le jour du départ a été fignifié huit jours auparavant, article 22. du titre 24. de l'Ordonnance de 1667. La Partie qui ayant connoiffance des caufes de récufation, ne les a pas propofées dans le temps preferit par cet article, eft cenfée avoir confenti que le Commiffaire procede & faffe la defcente ; autrement il arriveroit tous les jours qu'une Partie empêcheroit l'exécution des Jugemens, en ne propofant des caufes de récufation que lorfqu'il feroit fur le point de partir.

On ne peut récufer tout un Siege, & encore moins tout un Préfidial, principalement en matiere criminelle, comme il a été jugé en la Chambre de la Tournelle criminelle par Arrêt du 8. Avril 1713. fur les conclufions de M. l'Avocat général de Lamoignon.

Les récufations ne font point recevables quand elles font faites en termes généraux; il faut que l'on y exprime particuliérement la caufe de fufpicion , foit de faveur ou de haine & la caufe d'icelle.

On forme la récufation par une Requête qui en contient les moyens , & par laquelle on conclut à ce que les caufes de récufation foient déclarée perti- nentes & admiffibles, qu'il foit ordonné que le Juge s'abftiendra du rapport ou du Jugement de la caufe de l'inftance ou procès. Cette Requête doit être fi- gnée de la Partie de fon Procureur : ou feulement de fon Procureur s'il a une procuration fpéciale à cet effet.

Tout le pouvoir d'un Procureur qui n'a point de procuration fpéciale pour récufer, eft feulement de conclure qu'en attendant qu'il en reçoive une , le Juge ait à s'abftenir.

La Requête en demande de récufation eft commu- niquée au Juge, qui déclare fi les faits font vérita- bles ou non, & en cas qu'il n'en convienne point, la conteftation eft portée & jugée en la Chambre où il ne doit point alors être préfent.

Celui qui a préfenté fa Requête en demande en récufation s'en peut défifter ; mais ce défiftement doit être fait par écrit, & fignifié au Juge.

Lorfque celui qui a formé fa demande en récufa- tion, procede volontairement devant le Juge récufé, il eft cenfé avoir renoncé à fa demande en récufa- tion, du moins en matiere civile ; car en matiere criminelle cette tacite renonciation ne feroit pas ad- mife, d'autant que par l'article 3. du titre 25. de l'Or- donnance de 1670. les procédures, volontairement faites avec les accufés & fans proteftation , ne peu- vent leur être oppofées comme fin de non-recevoir; à plus forte raifon, les appellations comme de Juge incompétent & récufé ne doivent point arrêter l'in- ftruction d'un procès criminel. La raifon eft , qu'il faut toujours affurer, fixer & conftater les preuves qui pourroient pendant cette inftruction péricliter, fauf à faire droit fur la récufation avant de procéder au Jugement définitif du procès, & fi les accufés re- fufoient de répondre, fous prétexte d'appellations, même de Juge incompétent & récufé, leur procès leur feroit fait comme à des muets volontaires, juf- qu'à Sentence définitive incluſivement, fuivant l'ar- ticle 2. du titre 25. de ladite Ordonnance de 1670.

Dans toutes les Jurifdictions où il y a fix Juges ou plus, y compris le récufé, la récufation doit être ju- gée au nombre de cinq ; s'il y a moins de fix Juges, la récufation fera jugée au nombre de trois; mais fi plufieurs font récufés, ou que le récufé foit feul , le nombre de cinq ou de trois eft fuppléé & rempli par les Avocats du Siege, s'il y en a, finon par les Pra- ticiens, fuivant l'ordre du tableau. Art. 25. du tit. 2. de l'Ordonnance de 1667.

L'article 26. porte que les Jugemens & Sentences qui interviendront fur les caufes de récufation, fe- ront exécutées, nonobftant oppofitions, appella- tions , & fans y préjudicier, fi ce n'eft lorfqu'il fera queftion de procéder à quelque defcente, informa- tion ou enquête ; auquel cas le Juge récufé ne pourra paffer outre nonobftant l'appel , & y fera procédé par un autre des Juges ou Praticiens du Siege non fufpects aux Parties , felon l'ordre du tableau , juſqu'à ce qu'autrement il en foit ordonné fur

l'appel du Jugement de la récufation, fi ce n'eft que l'intimé déclare vouloir attendre le Jugement de l'appel.

Les Juges Préfidiaux peuvent, aux termes de l'ar- ticle 28. juger fans appel les récufations , aux matie- res dont la connoiffance leur eft attribuée en der- nier reffort, pourvu que ce foit au nombre de cinq.

Les Prévôts des Maréchaux & autres Officiers de Maréchauffée qui fçavent des caufes de recufation , même de fufpicion, valables & pertinentes en leurs perfonnes, font tenus de les déclarer pardevant les Juges Préfidiaux où le procès fe jugera , fans atten- dre qu'elles foient propofées par l'accufé ou la Par- tie civile, s'il y en a une, pour être lefdites caufes de récufation jugées par lefdits Juges, mais tou- jours à la charge de communiquer préalablement les caufes de récufation au Prévôt ou autre Officier ré- cufé, à peine de nullité du Jugement de récufation.

Un Juge récufé ne peut reprocher les témoins pro- duits par le récufant, pour juftifier les faits de ré- cufation ; on ajoute foi à leur dépofition ; on exa- mine feulement leurs qualités & leur renommée, & fi on peut les croire & ajouter foi à ce qu'ils ont dit: le procès principal traîneroit trop en longueur , fi l'on examinoit des reproches en pareil cas en la ma- niere ordinaire.

Celui dont les récufations auront été déclarées im- pertinentes & inadmiffibles , fera condamné en une amende, ainſi qu'il eft prefcrit en l'article 29. Et en outre, le Juge récufé pourra demander réparation des faits contre lui propofés , qui lui fera adjugée fuivant fa qualité & la nature des faits ; auquel cas néanmoins il ne pourra demeurer Juge , article 30. En effet, il ne feroit pas jufte, qu'il demeurât Juge, non feulement parce qu'il a fujet d'être irrité des faits qui ont été propofé contre lui ; mais encore parce que s'étant porté à en demander la réparation il eft par là devenu Partie, quoique pour une caufe jufte & néceffaire.

Touchant les récufations, voyez l'Ordonnance de 1539. article 10. & de Rouffillon , article 12. l'Or- donnance de Blois, article 118 & fuivant ; l'Ordon- nance de 1667. titre 24. avec les notes de Bornier; Expilly, Arrêt 154. Peleus, queftion 134. la Roche- flavin, des Parlemens de France, liv. 13. chap. 83. Julius Clarus. lib. 5. Sentent. quæft. 43. §. ult. Def- peiffes , tom. 2. p. 459. Bouvot, tom. 2. verbo Ré- cufation ; du Fail. liv. 3. chap. 21. 28. 67. 102. 430. & 498. Papon , liv. 7. tit. 9. Henrys, tome 1. liv. 2. chap. 4. queftion 35. Voyez auffi le Traité des Récufations fait par Ayrault dans fon Inftruction judiciaire ; & celui qu'a inféré Bruneau dans fon Traité des matieres criminelles.

RÉCUSATION FRAUDULEUSE , eft celle qui eft fondée fur des créances feintes ou véritables, que les Plaideurs fe font ceder fur des Juges devant lefquels ils plaident actuellement, ou fur des demandes vai- nes & illufoires qu'ils affectent de former contr'eux & par lefquelles ils prétendent les obliger à defcen- dre de leur Tribunal pour devenir leurs Parties ; en forte que fi cet abus pouvoit être toleré , les plai- deurs fe rendroient bientôt les maîtres du choix de leurs Juges, en retranchant de ce nombre tous ceux qu'il leur plairoit de regarder comme fuſpeĉts, ſans aucune cauſe raiſonnable.

En conſéquence de ce, a été fait à Verſailles une Déclaration le 27. Mai 1705, en ces termes : » A ces » cauſes, & autres à ce nous mouvans, de notre cer- » taine ſcience, pleine puiſſance & autorité royale, » nous avons par ces préſentes ſignées de notre main, » dit, déclaré & ordonné, diſons, déclarons & or- » donnons, voulons & nous plaît, qu'aucun de nos » Sujets de quelque état & condition qu'il ſoit, ne » puiſſe prétendre & accepter direĉtement ni indirec- » tement des tranſports ou ceſſions de droits litigieux » ou non litigieux, à prix d'argent ou autrement, » ſur les Juges devant leſquels ils plaideront, de- » puis le jour que leurs cauſes, inſtances ou pro- » cès auront été portés devant leſdits Juges, juſ- » qu'au Jugement ou Arrêt définitif, Déclarons toutes » les ceſſions qui ſeront faites en ce cas & pendant le- » dit temps, nulles & de nul effet ; enſemble tou- » tes les demandes & procédures faites en conſé- » quence, ſans que les Juges y puiſſent avoir égard, » ſoit en ſtatuant ſur les récuſations fondées ſur de » pareils tranſports, ou autrement.

» Voulons que ceux qui auront récuſés leurs Juges » ſur ce fondement ſoient en outre condamnés en » deux mille livres d'amende en nos Cours de Parle- » ment, Grand Conſeil, & autres nos Cours ; mille » livres aux Requêtes de notre Hôtel du Palais ; » cinq cens livres aux Préſidiaux, Bailliages & Séne- » chauſſées ; trois cens livres en nos Châtellenies, » Prévôtés, Vicomtés, Eleĉtions, Grenier à ſel, & » aux Juſtices des Hauts-Juſticiers, tant des Duchés » & Pairies, qu'autres, reſſortiſſantes nuement en » nos Cours ; & deux cens livres aux autres Juſtices » Seigneuriales : le tout applicable ; ſçavoir, moitié » à nous & aux Hauts-Juſticiers dans leurs Juſtices, » & l'autre moitié à la Partie, ſans que leſdites » amendes puiſſent être remiſes ni modérées.

» Voulons que la même peine puiſſe être prononcée » contre ceux qui, ſans avoir pris des tranſports & » ceſſions de droits, auront formé frauduleuſement » des demandes contre leurs Juges, pour avoir un » prétexte de les récuſer ſans aucun fondement.

» N'entendons néanmoins comprendre dans la pré- » ſente diſpoſition, les tranſports, ceſſions de droits » qui échoiront par ſucceſſion, partages, donations » faites en contrat de mariage ou en faveur des hé- » ritiers préſomptifs, ou par des diſpoſitions teſta- » mentaires; enſemble par des traités faits ſans fraude » entre des créanciers & leurs débiteurs, en vertu des » créanees acquiſes, avant que les demandes, inſ- » tances ou procès aient été portés dans la Juriſdic- » tion où la récuſation ſera propoſée, ou entre des « créanciers ſeulement, en conſéquence d'un aban- » donnement de biens fait par leur débiteur commun, » dans tous leſquels cas il ſera permis à ceux qui au- » ront acquis ſur leurs Juges des droits de cette qua- » lité, de les exercer contr'eux par les voies ordinai- » res de la Juſtice, ſans être ſujet aux peines portées » par notre préſente Déclaration : & ſera ſtatué ſur » les Requêtes de récuſation qu'ils pourront préſenter » contre leſdits Juges, ſuivant les diſpoſitions des » Ordonnances & la qualité des circonſtances, ainſi

» qu'il appartiendra, dont nous chargerons l'hon- » neur & la conſcience des Juges qui en doivent con- » noître. Si donnons en mandement, &c.

REDACTION OU REFORMATION DES COUTUMES, ne ſe peut faire qu'après qu'on a obtenu du Roi des Lettres patentes à cet effet. En vertu de ces Lettres, on fait aſſembler par Députés les trois Etats de la la Province.

Le reſultat de la premiere aſſemblée, eſt d'or- donner à tous les Juges royaux, aux Greffiers, à ceux qui l'ont été, & aux Maires Echevins des Villes, d'envoyer les Mémoires des Coutumes, des uſages & des ſtyles qu'ils ont vû pratiquer de tout temps.

On remet ces Mémoires entre les mains des Com- miſſaires nommés dans les Lettres patentes, qui ſont tirés du corps du Parlement, & qui préſident aux Aſſemblées des Etats.

La leĉture des cahiers ſe fait dans ces Aſſemblées pour en accorder les articles ou les changer; & après qu'ils ont été arrêtés par les Etats, on les envoie au Parlement pour y être enregiſtrés.

Cette rédaĉtion ou reformation de nos Coutumes n'eſt jamais que l'ouvrage des Praticiens de chaque Siege, dont on ne doit point attendre ni méthode ni ſtyle. La précipitation avec laquelle on fait leĉture des cahiers ne donne pas le loiſir de faire toutes les correĉtions & augmentations qu'il conviendroit d'y faire, & auxquelles on ne pourroit réuſſir, qu'en y travaillant pendant un temps conſidérable avec beau- coup d'attention. C'eſt pourquoi il ne faut pas s'é- tonner ſi nos Coutumes ſont rédigées avec ſi peu d'ordre, & ſi le ſtyle en eſt ſi peu exaĉt, quoique les Commiſſaires dont on voit les noms en tête, aient été de grands perſonnages.

La premiere de nos Coutumes qui ait été rédigée par écrit par autorité publique, eſt celle de Ponthieu, qui fut faite en 1495. ſous Charles VIII, & de ſon autorité ; mais il n'y eut point de Commiſſaires nom- més par le Roi, & les Etats choiſirent quelques Of- ficiers notables des lieux, entre les mains deſquels les Mémoires des Praticiens furent remis, pour les mettre en ordre, & en compoſer un ſeul cahier.

REDDITION de compte. Voyez Compte.

REDEVANCES, ſont les droits ou charges auſ- quels les propriétaires d'héritages ſont tenus envers le Seigneur féodal, cenſuel ou rentier. Ainſi redevance ſe dit des rentes foncieres, les premieres après le cens ou autres, leſquelles ſont dûes par chaque année par les poſſeſſeurs des héritages, ſoit que telles ren- tes ſoient dûes en argent, grains, volailles ou au- tres choſes.

Toutefois en l'article 56. de la Coutume de Pa- ris ; redevance eſt pris proprement pour ce que le fermier paye au propriétaire par chaque année pour le prix de la ferme.

REDHIBITION ; eſt une aĉtion intentée par l'a- cheteur d'une choſe défeĉtueuſe, qui tend à en faire caſſer la vente, pour raiſon du dol ou de la mau- vaiſe foi du vendeur. J'ai expliqué dans mes Parati- tles du Digeſte, ſur le premier titre du vingt-unieme livre, ce que c'étoit que cette aĉtion chez les Ro- mains : je vais expliquer dans l'article ſuivant de quel uſage elle eſt, ſuivant notre Droit François.

REDHIBITOIRE. Quoiqu'il ſoit permis enFrance, conformément au Droit Romain , de ſe ſervir de ſon induſtrie pour vendre ſes marchandiſes bien cher , ou d'en acheter au plus vil prix ; néanmoins il n'eſt pas permis de tromper dans la choſe , c'eſt-à-dire de vendre des marchandiſes défectueuſes , comme du bled, du vin, des étoffes & autres choſes ſemblables qui auroient quelque vice ou défaut caché , ſans en avertir l'acheteur.

Ainſi lorſque cela arrive , le Marchand peut être contraint par l'action redhibitoire de les reprendre; ou par l'action appellée en droit *actio æſtimatoria , vel quantiminoris* , à rendre à l'acheteur la moins-value , c'eſt-à-dire ce qu'il en a payé de trop par rapport à ſa valeur ; & à ce qu'il en auroit probablement voulu donner , s'il avoit eu connoiſſance des vices & défectuoſités qui ſe trouvent dans la choſe qui lui a été vendue.

L'action redhibitoire eſt donc une action particuliere , par laquelle l'acheteur agit contre le vendeur d'une choſe défectueuſe , à ce qu'il ait à la reprendre, à cauſe des vices & défauts cachés qui s'y trouvent & qu'il n'a pas déclarés , & qui ſoit tenu de rendre à l'acheteur le prix qu'il en a reçu , & en outre les panſemens & médicamens , ou autres choſes qu'il a employées pour ſa conſervation, avec dépens , dommages & intérêts.

Elle eſt appellée redhibitoire , parce qu'au moyen de cette action le vendeur a de rechef la choſe qu'il avoit avant le contrat de vente , lequel eſt caſſé & annullé , & les Parties remiſes en tel état qu'elles étoient auparavant.

Au lieu de l'action redhibitoire , l'acheteur peut agir contre ſon vendeur par une autre action appellée en Droit *actio æſtimatoria , vel quanti minoris,* quand il a acheté une choſe défectueuſe. Par cette action il demande que le vendeur ſoit tenu de lui rendre ce qu'il en auroit payé de moins, s'il en avoit connu les défauts.

Ces actions ont lieu en vertu d'une convention particuliere , quand le vendeur a vendu une choſe qu'il a déclaré être d'une qualité qui ne s'y trouve pas, ou être exempte de défauts & de vices qu'elle avoit. Elles ont auſſi lieu ſans convention particuliere par la diſpoſition des Loix, dans les cas ſuivans.

Iº. En vente de chevaux, en cas qu'il s'y rencontre quelque vice caché qui ne ſe reconnoiſſe pas à voir & viſiter un cheval, comme ſont les trois vices dont le vendeur eſt garant ; ſçavoir , la pouſſe , la morve & la courbature , & dans ces trois cas il faut que l'action ſoit intentée dans les neuf jours, ſuivant l'uſage de Paris. *Voyez* Loyſel, liv. 1. titre 4. regle 17.

IIº. En fait de vente de choſe vendue par un Marchand ou Artiſan, qui ne ſe trouve pas de la qualité requiſe par les ſtatuts & réglemens de leur Communauté , auquel cas ces actions doivent être intentées au plutôt : mais en France le tems n'eſt pas défini.

Enfin ces actions peuvent avoir lieu dans la vente d'un héritage, ſi les vices & défectuoſités qui s'y rencontrent , & qui étoient marquées à l'acheteur, le rendent abſolument inutile ; comme s'il exale d'un fonds vendu des vapeurs malignes, capables de cauſer des maladies dangéreuſes à ceux qui y reſteroient quelque temps.

Dans l'action redhibitoire, le demandeur conclud *à ce que le vendeur ſoit condamné à reprendre la choſe qu'il a vendue à cauſe des vices & défauts qui s'y trouvent , qu'il n'a pas déclarés , & qu'il ſoit tenu de rendre à l'acheteur le prix qu'il en a reçu,& les panſemens & autres impenſes qu'il a faites pour la conſervation de la choſe , avec dépens , dommages & intérêts.*

Dans l'action *quanti minoris* , le demandeur conclut *à ce que le defendeur ſoit tenu de rendre au demandeur ce qu'il lui auroit payé de moins pour l'achat de telle choſe s'il en avoit connu les défauts.*

La redhibition qui ſe demande par l'action redhibitoire, ni la diminution du prix qui ſe demande par l'action *quanti minoris*, à cauſe des défauts de la choſe vendue , n'ont pas lieu dans les ventes publiques qui ſe font en Juſtice. *Arg. leg. 1. §. 3. ff. de ædil. edict.*

La raiſon eſt , que dans ces ventes ce n'eſt pas le propriétaire qui vend , mais c'eſt l'autorité de la Juſtice qui tient lieu de vendeur , & qui n'adjuge la choſe que telle qu'elle eſt, & ſur l'expoſition qui en eſt faite publiquement. Ainſi jugé par Arrêt rendu au Parlement de Toulouſe le 11. Septembre 1635. rapporté par M. Dolive , liv. 4. chap. 25.

Les Juges-Conſuls connoiſſent de l'action redhibitoire , lorſqu'il s'agit de marchandiſes défectueuſes vendues entre Marchands , ou même entre perſonnes privilégiées faiſant trafic de marchandiſes, ſans qu'elles puiſſent obtenir leur renvoi.

Touchant l'action redhibitoire & l'action *quanti minoris* , *voyez* ce que j'en ai dit dans mes Paratitles du Digeſte , ſur le titre d'*ædilitio edicto* ; & ce que j'en ai dit ci-deſſus, lettre Q, en parlant de l'action *quanti minoris* , *voyez* auſſi les Loix civiles, liv. 1. titre 2. ſect. 11. & Baſnage ſur l'article 40. de la Coutume de Normandie.

REDISTRIBUTION D'INSTANCE OU DE PRO-CE's , eſt une nouvelle diſtribution qui a lieu. Iº. Quand un Rapporteur eſt recuſé juſtement ou qu'il ſe déporte lui même du rapport. IIº. Lorſque pendant la pourſuite d'un procès le rapporteur vient à ſe défaire de ſa Charge , ou vient à mourir. Dans tous ces cas, le Préſident doit rediſtribuer le procès à un autre Conſeiller de ſa Chambre.

Pour parvenir à la rediſtribution d'une inſtance ou d'un procès, il faut que la Partie qui a intérêt d'avancer faſſe remettre les ſacs au Greffe par le Secrétaire du Rapporteur qui s'eſt déporté , ou qui pour quelqu'autre cauſe ne peut rapporter l'inſtance ou le procès.

Il préſente enſuite au Préſident un Placet, par lequel il le ſupplie d'en faire la rediſtribution. Enfin, lorſque l'inſtance ou le procès eſt rediſtribué , il le déclare par un acte qu'il fait ſignifier au Procureur de la Partie adverſe.

REDOTATION , eſt une ſeconde dot , qui eſt accordée dans quelques Provinces de Droit écrit , à une fille ſur les biens de ſon pere , qui l'a dotée en deniers, lorſque cette dot ſe perd par l'inſolvabilité de ſon mari , & qu'après ſa mort elle paſſe à un ſecond mariage. *Voyez* le Dictionnaire des Arrêts , *verbo* Dot , nombre 82.

REDUCTION, eſt une diminution , un retranchement qui ſe fait à quelque diſpoſition entre-vifs, ou de derniere volonté , pour la rendre conforme aux Loix. Par exemple, les avantages qu'un homme qui ſe remarie fait à ſa ſeconde femme, ſont ſujets à réduction en faveur des enfans du premier lit; de ſorte que ſuivant l'Edit des ſecondes Nôces , elle n'ait pas plus que le moins prenant deſdits enfans. Voyez Edit des ſecondes Nôces.

En pays de Droit coûtumier, quand un teſtateur a légué plus du quint de ſes propres, la diminution & réduction ſe fait de l'excédent, comme nous l'avons expliqué , verbo Retranchement.

REFERENDAIRES, ſont des Officiers de la petite Chancellerie , qui ſont le rapport des Lettres de Juſtice, appellées à cauſe de ces Lettres de rapport, s'y doivent expédier pardevant le Maître des Requêtes qui y préſide , & qui y expoſe les difficultés qui ſe trouvent aux Lettres de Chancellerie que l'on veut obtenir.

Ces Officiers , qui ont été ſubſtitués dans les petites Chancelleries pour y faire les mêmes fonctions que les Maîtres des Requêtes ſont dans les grandes, doivent être Gradués & Avocats , & ſont aujourd'hui reçus ſur la loi pardevant les Maîtres des Requêtes.

Le grand nombre d'autres importantes occupations des Maîtres des Requêtes a donné lieu de leur créer ces Subſtituts , pour faire le rapport dans les petites Chancelleries des Lettres de Juſtice , qui giſſent toutes en exécution & conformité des Loix, Coutumes & Ordonnances du Royaume.

C'eſt la raiſon pour laquelle nos Rois ont deſiré que ceux qui ſeroient ſubſtitués aux maîtres des Requêtes dans cette fonction, ne fuſſent pas des perſonnes ignorantes & non lettrées, mais graduées & inſtruites des Loix , telles que ſont les Avocats , qui, par l'étude & l'exercice de leur profeſſion , acquierent cette connoiſſance.

Anciennement douze des Anciens Avocats faiſoient les fonctions de Référendaires par brevet, & avoient en cette qualité pluſieurs privileges.

Ils ont été créés au nombre de douze en la Chancellerie du Parlement de Paris. Le Roi François I. par ſon Edit de création du mois de Février 1522. leur donna la qualité de Conſeillers-Rapporteurs & Référendaires ; marqua quelles étoient leurs fonctions , voulant que tous autres en fuſſent exclus , fors & excepté les Maîtres des Requêtes ; fit défenſes aux Secrétaires du Roi de mettre aucunes Lettres ſur le Sceau , ſi elles ne ſont expédiées, corrigées , rapportées & ſignées en queue par l'un des Maîtres des Requêtes, Conſeillers au Grand Conſeil, Rapporteurs & Correcteurs des Lettres, ou l'un deſdits douze Conſeillers-Rapporteurs Réferendaires , auxquels Référendaires il permet de joindre la profeſſion d'Avocat à l'exercice de leurs Charges.

Il ordonna en outre que l'où beſoin ſeroit , les Maîtres des Requêtes appellaſſent leſdits douze Referendaires , en tel nombre qu'ils aviſeroient , pour ouir leurs opinions ſur les difficultés qui ſurviendroient ſur l'expédition & conceſſion des Lettres de rapport en la petite Chancellerie.

Enfin François I. par ce même Edit , voulut que chacun des douze Référendaires pût , par commiſſion du Grand Conſeil , Cour de Parlement & autres Juriſdictions, faire enquêtes , examens, exécutions des Lettres, Arrêts & Jugemens deſdit. Cours, comme Juges , leur en attribuant le caractere & les fonctions.

Henri II. par ſa Déclaration du 30. Juillet 1556. réitérant à peu près les mêmes conceſſions en faveur des Référendaires des petites Chancelleries, leur donna ſéance & voix délibérative dans les Préſidiaux.

La Déclaration de 1609. qui attribue des droits aux fonctions des Référendaires, les Charge expreſſément de vaquer continuellement à la viſitation de toutes les Lettres qui ſe préſentent pour être ſcellées d'en rapporter fidelement les difficultés qui regardent l'obſervance des Loix , Coutumes & Arrêts des Cours ſouveraines , pour, étant trouvées de Juſtice , être par l'un deſdits Référendaires ſignées en queue.

Cette Déclaration n'excepte ſur la fin des fonctions des Réferendaires, que les Lettres de Rémiſſions , aſſiette & committimus, qui ſont les Lettres de pure grace, qui ſe ſcellent aux petites Chancelleries, & ſur leſquelles ſeules les Réferendaires n'ont nuls droits ni fonctions.

Par l'article 8. du Réglement général des Tailles du mois de Janvier 1634. Louis XII. ayant donné l'exemption de tailles aux Secretaires du Roi , a déclaré l'accorder pareillement aux Réferendaires. Ils ont toujours été maintenus en l'immunité des tailles , logemens de gens de guerre , & autres droits ſemblables.

Ils prétendent même jouir de tous les privileges & de toutes les prérogatives qui ont été accordées aux Secretaires du Roi , en qualité de Suppôts & Officiers de la Chancellerie.

Ils fondent cette prétention ſur la Déclaration de Louis XIII. du mois d'Avril 1619, enregiſtrée au Grand Conſeil le 27. Février 1720. qui a confirmé & maintenu les Réferendaires aux mêmes graces , faveurs , privileges , franchiſes , libertés & exemptions , généralement & ſans aucune reſtriction , ſous les termes de Suppôts & Officiers du Corps & College des Secrétaires du Roi.

Ils rappellent encore à ce ſujet la Déclaration de Louis XI. du mois de Novembre 1482 , & autres qui leur ont accordé originairement, ſous le nom de Suppôts de la Chancellerie , les mêmes droits & privileges qu'ont les Sécretaires du Roi.

Enfin , par Arrêt du Conſeil du Roi du 19. Avril 1678. les Réferendaires de la Chancellerie ſont confirmés dans le droit de Committimus , tant au grand Sceau , qu'au petit Sceau.

Touchant les Réferendaires des Chancelleries de France leurs Charges , droits & privileges , voyez Joli , des Offices de France , tom. 1. liv. 2. tit. 7. pag. 758. & aux additions , pag. 355.

REFERÉ , eſt le rapport d'un incident qui s'eſt formé dans le cours d'un acte judiciaire, lequel requerant célérité, doit être préliminairement décidé par le Juge en ſon Hôtel, après avoir oui les raiſons de part & d'autre.

Par exemple , quand un Sergent qui a fait une
ſaiſie

fie & exécution de meubles, refufe de prendre pour gardien celui qui lui eft préfenté par le débiteur, il donne affignation au débiteur pardevant Monfieur le Lieutenant civil en fon Hôtel, à deux heures de relevée le même jour, pour en voir ordonner, laiffant des Records dans la maifon du faifi, pour empêcher la diftraction des chofes faifies.

REFERER, fe dit des rapports que les Confeillers en particulier, ou des Commiffaires font à leur Compagnie, des difficultés qui fe forment dans les procès verbaux de levée de fcellés, receptions de cautions, &c. fur lefquelles ils ordonnent qu'il en fera par eux référé à la Chambre.

REFERER, dans la Coutume de Mons, chap. 12. fignifie enchérir.

REFERER L'OPTION DU SERMENT, fignifie ordonner qu'une Partie optera, ou affirmera dans un tel tems; à faute de quoi l'option fera referée à la Partie adverfe.

REFONDER LES DEPENS, fignifie payer préalablement les dépens de la contumace.

On peut être contraint de les payer avant que d'être admis à aucunes pourfuites dans l'affaire dans laquelle on a fait défaut; parce qu'il eft jufte que tout homme qui fait défaut, paye les frais de fa contumace.

C'eft auffi la raifon pour laquelle les dépens de la contumace ne fe répetent point, quand même on auroit raifon au fond, & que l'on obtint gain de caufe par l'événement.

REFRACTAIRES, fe dit de ceux qui font rebelles, & qui refufent d'obéir aux Loix, & aux ordres des Supérieurs.

REGAINS, font des rejets de foin, que la terre produit après la S. Jean.

Comme dans quelques Coutumes les foins après la mi-Mai, quoique non coupés & inhérens au fonds, font reputés meubles, & d'autres après la S. Jean, il s'eft préfenté cette queftion; fçavoir, fi la feconde herbe que la terre produit après ce temps, & que l'on appelle regain, doit auffi être réputée meuble?

Il a été jugé au Parlement de Rouen, par Arrêt du 2. Octobre 1683. que le regain étoit immeuble, & appartenoit au propriétaire de la terre, & non pas à la veuve, qui le prétendoit comme meuble. Voyez Bafnage fur l'article 505. de la Coutume de Normandie.

REGAIRES, fe dit en Bretagne de la Jurifdiction temporelle des Evêques, qui appartient au Juge & Sénéchal de l'Evêque, dont les appellations reffortiffent nûement au Parlement de Bretagne. V. le Dictionnaire de Trévoux.

REGALE, eft un droit appartenant au Roi, par lequel il jouit des fruits des Evêchés ou Archevêchés de fon Royaume tant qu'ils font vacants & jufqu'à ce que le nouvel Evêque ou Archevêque lui ait prêté le ferment de fidélité.

La Régale donne auffi au Roi le Droit de conférer tous les Bénéfices dépendans defdits Evêchés ou Archevêchés, qui n'ont point charge d'ames, lefquels fe trouvent vacans de fait ou de droit, pendant la vacance du Siege épifcopal ou archiépifcopal.

Ce droit eft ouvert par la mort de l'Evêque, par fa promotion au Cardinalat, & ayant fon titre; car s'il eft feulement créé & publié Cardinal fous l'attente de fon titre, la Régale n'a pas lieu. Ce droit eft encore ouvert par la démiffion de l'Evêque, ou tranflation à un autre Siege épifcopal. V. l'Edit concernant l'ufage de la Régale, du mois de Janvier 1782.

La clôture de la régale fe fait par des Lettres patentes de main-levée que le Roi fait expédier au nouvel Evêque, qui doivent être enregiftrées en la Chambre des Comptes de Paris. Il faut outre cela qu'elles aient été fignifiées avec le ferment de fidélité aux Procureurs généraux, à la requête defquels les fruits ont été faifis immédiatement après l'ouverture.

Ce droit eft univerfel fur tous les Evêchés & Archevêchés du Royaume.

La feule Grand'Chambre du Parlement de Paris eft compétente pour connoître de ce droit. Ainfi elle connoît privativement aux autres Chambres du même Parlement, & à toutes autres Cours & Juges du Royaume, du pétitoire des Bénéfices qui auront vaqué en Régale.

Quand donc celui qui eft pourvu en Régale trouve un autre en poffeffion du Bénéfice, il faut qu'il forme fa demande verbalement en l'Audience de la Grand'Chambre par un Avocat; & fur cette Requête judiciaire, la Cour ordonne que tous les prétendans droit au Bénéfice dont le demandeur a été pourvu en Régale, feront affignés pour venir défendre les délais ordinaires.

Il faut lever cet Arrêt, le faire fignifier à toutes les Parties intéreffées, & leur donner affignation en conféquence dans les délais ordinaires. S'il y avoit conteftation fur le poffeffoire du Bénéfice entre d'autres contendans dans un autre Siege, elle demeure évoquée de droit en la Grand'Chambre, fi-tôt que la demande en Régale eft fignifiée.

Après l'expiration des délais, la caufe fe porte à l'Audience fur un avenir. C'eft l'Avocat du défendeur en Régale qui plaide le premier; l'Avocat du demandeur réplique.

Si quelques-unes des Parties affignées ne comparoiffent pas, le demandeur en Régale prend défaut faute de comparoir en la maniere ordinaire.

Mais fi les Parties ont toutes comparu & conftitué Procureur, que l'affaire ait été appellée à l'Audience, & que quelqu'un n'y comparoiffe pas, la Cour donne congé ou défaut contre le défaillant, & le profit eft jugé fur le champ.

La caufe ayant été plaidée, fi le Bénéfice fe trouve avoir vaqué en Régale, il eft adjugé au Régalifte; finon, en cas que la Cour trouve qu'il n'a pas vaqué en Régale, elle prononce la pleine main fevée ou la recréance au profit de l'un des autres contendans.

Si fur la plaidoirie contradictoire la Cour ne fe trouve pas en état de juger, elle appointe la demande en Régale au Confeil, & cependant adjuge l'état au Régalifte.

Si pendant le cours de l'inftance un des deux contendans meurt, celui qui furvit préfente une Requête, la communiquer au Parquet, & obtient Arrêt à l'Audience qui lui adjuge le Bénéfice, fi c'eft le Régalifte, elle déclare le Bénéfice vaquant en Régale,

N nn

& le lui adjuge; fi c'eft le poffeffeur, elle lui donne la pleine maintenue.

REGALES, au pluriel, fignifient tous les droits qui appartiennent au Roi, à caufe de fa Souveraineté. On en diftingue de deux fortes ; fçavoir, les grandes & les petites.

Les grandes Régales, qu'on appelle *majora Régalia*, font celles qui appartiennent au Souverain comme Souverain, *jure fingulari & proprio*, & qui font incommunicables, attendu qu'elles ne peuvent être féparées du Sceptre, comme étant les marques & les caractères de la puiffance fuprême ; par exemple, de fe qualifier par la grace de Dieu, de faire des Loix, de les interprêter ou changer, de connoître en dernier reffort des Jugemens de tous Magiftrats, de créer & inftituer des Officiers, de déclarer la guerre ou faire la paix, de traiter par Ambaffadeurs, de faire battre monnoie, d'en hauffer ou abaiffer le titre & la valeur, d'impofer ou d'exempter les Sujets des Tailles, Aydes & Gabelles, de donner des graces & abolitions contre la rigueur des Loix, de naturalifer les étrangers, d'octroyer des Lettres de nobleffe, de légitimer les bâtards, de donner des Lettres d'état, d'amortir les héritages tombés en main-morte, de fonder des Univerfités, d'ériger des Foires & des Marchés publics, d'inftituer des Poftes & des Couriers publics, d'affembler les Etats généraux ou provinciaux, &c.

Les petites Régales, qu'on appelle *minora Regalia*, font celles qui n'étant point néceffairement inhérentes au Sceptre, en peuvent être féparées ; ce qui fait qu'elles font communicables & ceffibles.

Tels font les grands chemins, les grandes rivieres, les péages & autres femblables droits. Non pas *æqualitate participationis, fed per derivationem, veluti lucerna accenfa de magno igne, ita ut concedenti nihil pereatde fuo fupremojure,* pour ufer des termes de Dargentré fur la Coutume de Bretagne, art. 56. *nota* 3. n. 4.

REGALEMENT, fignifie la partition & diftribution d'une taxe ou d'une fomme impofée, par laquelle on regle ce que chacun des contribuables en doit porter à proportion de fes forces.

REGALER, fuivant ce que nous venons de dire, fignifie diftribuer une fomme avec égalité ou avec proportion fur plufieurs contribuables, afin que chacun en paye la part qu'il en peut porter.

REGENT DU ROYAUME, eft un Prince qui gouverne le Royaume au nom du Roi, pendant fa minorité ou fon abfence.

Quelques-uns ont prétendu que, comme les femmes ne pouvoient pas fuccéder à la Couronne, elles ne pouvoient pas auffi être Regentes du Royaume ; mais l'ufage a décidé en leur faveur, & on défere toujours cet honneur aux Reines meres. *V.* le Traité de la Majorité de nos Rois, & des Régences du Royaume, par M. Dupuy, & les Mémoires de la Rochefoucault.

RESISTRATA, eft l'extrait de l'Arrêt d'enregiftrement que l'on met fur le repli des Edits & autres Lettres de Chancellerie, quand elles ont été verifiées & enregiftrées.

REGISTRE, eft un Livre qui fert à garder des mémoires, ou des actes ou minutes, pour la juftification de ce qu'ils contiennent, dont on peut avoir befoin dans la fuite.

REGITRES DES MARCHANDS, NEGOCIANS ET BANQUIERS, font des Livres Journaux, dans lefquels ils mettent journellement tout ce qu'ils font concernant leur négoce & leur banque.

Les Marchands, Négocians & Banquiers font tenus de repréfenter leurs Regiftres, s'ils en font requis par ceux qui y ont intérêt, ou par ceux avec qui ils font en procès.

On ajoute foi aux Regiftres des Marchands, principalement lorfque les conditions fuivantes fe rencontrent. I°. Si le Marchand qui produit fon Regiftre contre fa Partie, paffe dans le monde pour un homme de confcience, & s'il a écrit lui-même ce qu'il produit.

II°. S'il a exprimé la caufe pour laquelle il prétend qu'il lui eft dû, comme pour avoir fourni cinq aunes de drap d'une telle couleur & d'une telle qualité, pour être employées à telle chofe.

III°. Si par les circonftances on peut préfumer que fa créance eft véritable.

Voyez l'Arrêt du 2. Décembre 1659. rapporté dans le Journal des Audiences.

Par l'Ordonnance du Commerce, tit. 3. il faut que le Livre que les Marchands & Négocians font obligés d'avoir pour leur négoce & Marchandife, & pour leurs dettes actives & paffives, foit figné fur le premier & dernier feuillet par l'un des Confuls, dans les Villes où il y a Jurifdiction confulaire ; & dans les autres, par le Maire, ou par l'un des Echevins. *V.* ce que j'ai dit *verbo* Livre de Marchand.

REGISTRES DES COMMISSAIRES AUX SAISIES RÉELLES. *V.* Commiffaires aux Saifies réelles.

REGISTRES DES GEOLIERS ET CONCIERGES DES PRISONS, font deux Regiftres qu'ils font tenus d'avoir en bonne forme, reliés, cottés & paraphés par tous les feuillets, & fans qu'il y ait aucun blanc.

Le premier doit fervir pour mettre les écrous; & il faut que les feuillets foient féparés en deux colonnes pour l'une ferve à mettre les écrous & les recommandations, & l'autre pour mettre les élargiffemens & décharges.

Le fecond Regiftre doit fervir à faire l'inventaire des meubles & hardes des prifonniers.

Il eft défendu aux Geoliers de faire des écrous ou décharges autrement que fur le Regiftre qui eft deftiné à cet ufage ; & ils font tenus d'en donner des extraits aux Parties intéreffées, c'eft-à-dire, à celui qui eft emprifonné, au cas qu'il prétende que fon emprifonnement eft tortionnaire & déraifonnable, pour avoir réparation de l'injure qui lui eft faite ; & à celui à la requête de qui l'emprifonnement a été fait, pour lui fervir de fûreté, & prouver en cas de befoin l'emprifonnement qu'il a fait faire. *V.* les art. 6. 7. 8. & 9. du tit. 13. de l'Ordonnance de 1670.

REGISTRES DES NAISSANCES, MARIAGES ET SEPULTURES, font des Regiftres en bonne forme que tous les Curés font tenus d'avoir, pour y rédiger les mariages, les baptêmes & les fépultures qui fe font dans leurs Paroiffes. *V.* l'Edit de 1539. art. 52. l'Ordonnance de Blois, article 181. l'Ordonnance de 1667. tit. 20. des faits qui giffent en preuve ; l'Ordonnance du 6. Avril 1736. & celle du 17. Août 1737.

On n'admet point dans ces fortes de chofes la preuve par témoins , afin d'éviter les fraudes qui peuvent fe rencontrer dans les preuves teftimoniales ; mais feulement par des Regiftres en bonne forme , qui doivent faire foi & preuve en Juftice. La raifon eft que des témoins font quelquefois des échos fideles qui répetent le langage de celui qui les produit. *V.* Filiation & Queftion d'état.

Mais ces regiftres publics font un témoignage de ce qu'ils renferment le plus certain , le plus folemnel , & le plus invariable , qui foit dans la fociété civile. *V.* ce qui eft dit à ce fujet dans le troifieme tome des Caufes célébres, pag. 175. & fuiv.

Il doit dont être fait par chacun an deux Regiftres dans chaque Paroiffe pour les baptêmes , mariages & fépultures , les feuillets cottés & paraphés par premier & dernier , dont l'un fervira de minute au Curé ou Vicaire , & l'autre fera porté au Greffe du Juge pour fervir de groffe. *Voyez* le titre 20. de l'Ordonnance de 1667. & ladite Ordonnance du 17. Août 1737.

Il eft défendu aux Greffiers , à peine de concuffion , d'exiger aucune chofe des Curés , pour la remife qu'ils font obligés de faire par an des Regiftres des baptêmes, mariages & mortualres par eux tenus. Si les Curés refufent de delivrer des extraits defd. Regiftres , on les peut faire compuler , à peine de faifie de leur temporel, & des privations des droits, privileges & exemptions accordés aux Curés.

Quoique les baptêmes , mariages & morts ne fe prouvent pas ordinairement par témoins , néanmoins ils peuvent être juftifiés , tant par titres que par témoins , en cas de perte de Regiftres. Article 14. du titre 20. de l'Ordonnance de 1667.

Touchant les Regiftres des baptêmes & le témoignage des parens , *voyez* Mornac , *ad leg.* 29. §. 1. *ff. de probationib. & ad leg.* 7. *cod. de integ. reft. minor. ad leg.* 1. & 2. *cod. fi min. fe major. dixer. & ad leg.* 2. *ff. de excufat. tutor. Voyez* Belordeau en fes Obfervations forenfes , lettre B, art. 4. *V.* auffi ce qui en eft dit dans le Dictionn. de M. Brillon , *verbo* Baptême.

R E G I S T R E S DES TONSURES , des Ordres mineurs & facrés, Vétures, Noviciats & Profeffions de vœux , font ceux qui fervent à en faire preuve.

L'article 15. du titre 20. de l'ordonnance de 1667. porte qu'il fera tenu Regiftre des Tonfures, des Ordres mineurs & facrés, aux Archevêchés & Evêchés; & que pareillement fera tenu Regiftre des Vétures, Noviciats & Profeffions de vœux aux Communautés régulieres : lefquels Regiftres feront en bonne forme, reliés , & les feuillets paraphés par premier & dernier par l'Archevêque ou Evêque, ou par le Supérieur ou la Supérieure des Maifons religieufes, chacun à fon égard ; & feront approuvés par un acte capitulaire inféré au commencement de chaque Regiftre. *V.* cet article de l'Ordonnance & les articles fuivans, avec les Remarques de Bornier. *V.* auffi l'Ordonnance du 6. Avril 1736. & celle du 17. Août 1737.

R E G I S T R E D'UN ACCOUCHEUR , peut dans une queftion d'état être regardé comme un commencement de preuve par écrit, capable de conduire à la preuve par témoins. *V.* ce qui eft dit à ce fujet dans le Dictionnaire de M. Brillon, *verbo* Regiftres d'accoucheurs. *V.* auffi l'Hiftoire de Mlle. de Choifeul, qui eft à la fin du fixieme tome des Caufes célebres.

REGISTRES DE GROS FRUITS , & le Regiftre qui fe tient par le Greffier de la Juftice ordinaire des Villes & Bourgs où il y a marché , des rapports qui fe font toutes les femaines par les Marchands de grains ou les Mefureurs , de l'eftimation ou valeur defd. grains : ce qui a été ainfi ordonné , tant par anciennes Ordonnances , que par celle de 1667. articles 6. 7. & 8. du titre 30.

Ces rapports contiennent ordinairement trois fortes de prix , le plus haut prix , le moyen & le plus bas. Par exemple , en un tel marché le feptier du meilleur froment a été vendu quinze livres , le feptier du médiocre douze livres , & le feptier du moindre neuf livres.

Cela fert beaucoup pour la liquidation des fruits ; car en y procédant on fait un prix commun, eu égard à ce qu'une efpece de grain a valu aux quatre faifons d'une année ; & fur le pied de ce prix commun , on évalue & on liquide les fruits de chacune des années dont la reftitution fe doit faire.

REGLEMENT. Ce terme pris dans un fens étendu , comprend toutes les Ordonnances , Edits , Déclarations , Arrêts & Sentences qui contiennent quelque décifion faite pour fervir de régle fur quelque matiere.

Quelquefois ce terme de Réglement ne s'applique qu'aux décifions que les Cours fouveraines font , pour être obfervées comme Loi dans l'étendue de leur reffort. *Voyez* Arrêt de Réglemens.

Les Juges inférieurs ne peuvent faire aucuns Réglemens , foit provifoires foit définitifs , concernant l'adminiftration de la Juftice. C'eft la difpofition de l'art. 6. de l'Arrêt du Parlement de Paris du 10. Juillet 1665. Mais les Juges inférieurs peuvent ordonner l'exécution des Réglemens , & les rappeler dans leurs Jugemens.

REGLEMENT ou APPOINTEMENT , eft un Jugement préparatoire pour l'inftruction d'un procès ou inftance , qui ordonne que le procès fera conclu, ou qui appointe les Parties au Confeil ou en droit.

REGLEMENT DE JUGES, eft une demande qui fe fait au Confeil privé du Roi, dans les cas de conflit de Jurifdiction portés par l'Ordonnance , à l'effet de faire ordonner qu'un même différend dont deux Cours ou Jurifdictions font faifies, entre les mêmes ou diverfes Parties , foit renvoyé aux Cours & Juges qui en doivent connoître par les Edits & Ordonnances , pour éviter la diverfité des Jugemens & la contrariété d'Arrêts.

Il eft parlé des Réglemens de Juges au titre 2. de l'Ordonnance de 1669. où je renvoie le Lecteur. L'article 1. de ce titre marque deux cas où l'on fe peut pourvoir au Confeil privé du Roi en réglement de Juges. Le premier , quand il y a conflit de Jurifdiction entre deux Cours de Parlement , ou entre le Parlement & un autre Cour fouveraine ; car comme une Cour fouveraine ne fait pas Loi à une autre, il faut avoir recours à Sa Majefté. La deuxieme eft lorfqu'il y a conflit de Jurifdiction entre deux Cours inférieures indépendantes l'une de l'autre , & non reffortiffantes en même Cour.

Par exemple , fi le Baillif du Palais & le Grand Prévôt de l'Hôtel étoient faifis du même différend , il faudroit néceffairement fe pourvoir au Confeil privé , parce que ce feroit inutilement que l'une des Parties fe pourvoiroit en la Cour où reffortit la Jurifdiction où il voudroit faire juger l'affaire ; d'autant que dans l'exemple propofé , fi le Parlement en attribuoit la connoiffance au Bailliage du Palais, qui eft de fon reffort , le Grand Confeil où le Grand Prévôt reffortit , l'attribueroit auffi à la Prévôté.

Mais il n'y a pas lieu à fe pourvoir en réglement de Juges au Confeil privé , quand un même différend eft pendant dans deux Cours inférieures qui reffortiffent en la même Cour fouveraine.

Par exemple , fi le Châtelet & la Jurifdiction confulaire étoient faifis d'un même différend , comme ces deux Cours inférieures reffortiffent en la même Cour fouveraine , qui eft le Parlement , l'une des Parties peut s'y pourvoir , pour faire ordonner que la même affaire qui eft pendante dans les deux Jurifdictions , foit pourfuivie & jugée dans l'une des deux ; & pour le faire ordonner , il n'y a qu'à appeller comme de Juge incompétent de Juge pardevant lequel on ne veut point procéder , ou obtenir au Parlement un Arrêt qui attribue la connoiffance de l'affaire à l'une des deux Jurifdictions.

On fe pourvoit feulement au Confeil privé en réglement de Juges , dans les deux cas de l'Ordonnance énoncés ci-deffus ; mais l'affignation n'y peut être donnée fans en obtenir la permiffion par des Lettres de grande Chancellerie , ou par un Arrêt du Confeil privé du Roi.

Il faut que ces lettres foient rapportées au Sceau par les Maîtres des Requêtes ordinaires de l'Hôtel , ou grands Rapporteurs , après qu'elles auront été dreffées & fignées en queue par un des Secrétaires du Roi. Art. 2. du tit. 2. de l'Ordonnance de 1669.

Les Secrétaires du Roi ne peuvent figner aucune de ces Lettres , & les préfenter au Sceau, fi elles ne contiennent élection de domicile chez un des Avocats au Confeil du Roi, à peine de nullité des Lettres , & de demeurer refponfables des dépens, dommages & intérêts des Parties. Article 3.

Elles doivent faire mention des affignations fur lefquelles elles font formées , & le tout doit être attachée fous le contre-fcel , pour en donner copie à la Partie , conjointement avec l'affignation qui lui eft donnée au Confeil privé. Article 4.

Ces Lettres doivent contenir la claufe de furféance des pourfuites en toutes les Jurifdictions faifies du différend des Parties , pendant le délai accordé pour donner les affignations ; & qu'à faute de donner les affignations dans le délai , les défenfes demeureront levées & ôtées. Le tems porté par les Lettres court du jour & date de l'expédition. Article 5.

Elles doivent contenir les délais dans lefquels les affignations feront données , lefquels délais ne peuvent être que de deux mois au plus. Article 6.

Mais ce tems donné dans les Arrêts ou Commiffions pour faire affigner les Parties , étant une efpece de grace qui eft accordée à l'impétrant pour l'obli-

ger à fe diligenter , il lui eft loifible de l'anticiper & de l'abréger comme bon lui femble.

Les Lettres étant expédiées & fcellées , il les doit faire fignifier aux Parties , & leur faire donner affignation au Confeil par le même exploit ; car fi elles étoient fignifiées fans affignation , les Juges n'y auroient aucun égard , & les Parties pourroient continuer les pourfuites comme elles auroient pû faire auparavant, fans qu'il foit befoin de fe pourvoir au Confeil pour faire lever les défenfes. Article 8.

Les Parties étant affignées pour être réglées des Juges , peuvent , fans attendre l'échéance des affignations , obliger l'Avocat nommé dans les Lettres à contefter. L'article 9. l'ordonne ainfi , & que les réglemens de Juges , tant en matiere civile que criminelle , foient inftruits & jugés en la même forme & maniere que les évocations, ainfi qu'il eft porté par les articles 23. & 32. du tit. 1. de l'Ordonnance de 1669.

Pour ce qui eft du conflit de Jurifdiction entre les Cours de Parlement & des Aides de chacun reffort, l'article 12. ordonne pour cet effet que les Avocats & Procureurs généraux s'affemblent tous les mois à certain jour , & plus fouvent , s'ils en font requis , pour conférer & convenir ; & que fur les réfolutions qui feront prifes entr'eux , & fignées de part & d'autre , les Parties fe pourvoient & procedent en celle des Cours dont ils feront convenus ; & en cas de diverfité , qu'ils délivrent leurs avis avec les motifs aux Parties , pour leur être fait droit fur le tout fommairement dans le Confeil.

REGLEMENT DE JUGES EN MATIERE CRIMINELLE , eft celui qui eft formé en matiere criminelle , lorfqu'en deux Jurifdictions indépendantes l'une de l'autre , & non reffortiffante en même Cour , il aura été informé & décrété pour raifon du même fait entre les mêmes Parties. Voyez le titre 3. de l'Ordonnance de 1669.

Ce réglement en matiere criminelle a le même fondement qu'en matiere civile , *ne reus ex eodem delicto vexetur in duobus locis* , pour empêcher d'ailleurs que le conflit de Jurifdiction ne donne lieu à l'impunité des crimes , ou ne retarde le Jugement des affaires de cette nature.

Comme l'information eft le fondement du procès criminel , & que fur l'information eft donné enfuite le décret de prife de corps ou d'ajournement perfonnel , qui fait que l'accufé *refertur inter reos* ; on ne peut fe pourvoir en réglement de Juges en matiere criminelle , qu'il n'y ait eu une information & decret dans les deux Jurifdictions.

De même qu'en matiere civile , pour obtenir au Confeil privé des Lettres ou Arrêts en réglement de Juges , il faut rapporter les exploits qui auront été donnés aux Parties en deux différentes Jurifdictions: Il faut pareillement en matiere criminelle , pour obtenir pareilles Lettres ou Arrêts , juftifier qu'il y a eu information & décret en deux diverfes Jurifdictions , & que ces Jurifdictions foient auffi indépendantes l'une de l'autre , & non reffortiffantes en même Cour.

Les Lettres ou Arrêts de réglement de Juges en matiere criminelle , doivent être expédiés en la même forme & matiere , & contenir les mêmes claufes qu'en matiere civile ; & doivent en outre contenir une claufe particuliere , que l'inftruction fera continuée en l'une des deux Jurifdictions entre lefquelles il y a conflit , laquelle fera commife par les Lettres ou Arrêts , comme ayant le droit le plus apparent pour inftruire & procéder jufqu'à Jugement définitif exclufivement. Article 2. du tit. 3. de l'Ordonnance de 1669.

Cela eft pareillement obfervé en matiere d'appellation, nonobftant lefquelles il eft permis de procéder à l'inftruction jufqu'à la Sentence définitive exclufivement , bien qu'elles foient relevées comme de Juge récufé ou incompétent , afin que fous prétexte de l'appellation ou de l'inftance en réglement de Juges , les preuves ne dépériffent pas.

S'il y a originairement décret de prife de corps contre un accufé , il ne peut obtenir Lettre ou Arrêt de réglement de Juges , fans juftifier par l'écroue , dûement atteftée & fignée aux Parties ou à leurs Procureurs , s'il eft dans les prifons ; lequel écroue demeurera attaché fous le contre-fcel , & en fera fait mention dans les Lettres , à peine de nullité , fuivant l'art. 4.

Pour qu'il y ait réglement des Juges en matiere criminelle , il faut que deux Cours indépendantes l'une de l'autre , & non reffortiffantes en même Cour , aient informé & décrété pour raifon du même fait entre les mêmes Parties. De ce principe il s'enfuit :

Iº. Que lorfque deux Juges ordinaires qui reffortiffent à un Sénéchal ou Préfidial , ou deux qui reffortiffent immédiatement au même Parlement , font entr'eux en conteftation de Jurifdiction , il ne faut pas fe pourvoir en réglement de Juge ; il fuffit de relever appel en la Sénéchauffée ou Préfidial , ou au Parlement , parce qu'ils en peuvent connoître par le moyen de l'appel. Article 5. du tit. 3. de l'Ordonnance de 1669.

IIº. Que lorfqu'il n'y a que le fimple déni de renvoi , & qu'un autre Juge n'a pas informé & décrété pour le même fait , l'accufé qui a été débouté de fon déclinatoire , ne peut fe pourvoir en réglement de Juges ; art. 3. Il n'y a en ce cas que la voie d'appel comme de Juge incompétent , fi c'eft un Juge ordinaire ; mais fi c'eft un Juge extraordinaire , comme un Prévôt des Maréchaux , un Vice-Sénéchal ou leur Lieutenant , il faut feulement fe pourvoir par requête de renvoi devant le Sénéchal ou Préfidial plus prochain du lieu où a été faite la capture & l'inftruction , pour faire juger la compétence ou l'incompétence defdits Prévôts.

REGLEMENT DE JUGES APPARTENANT AU GRAND CONSEIL. Il y a deux cas énoncés dans l'Ordonnance de 1669. art. 6. & du tit. 3. où la connoiffance des réglemens de Juges appartient au Grand Confeil.

L'article 6. porte , que les conflits entre les Cours de Parlement & Sieges Préfidiaux dans le même reffort , pour raifon des cas portés par l'Edit des Préfidiaux , fe règlent au grand Confeil , fans que pour raifon de ce il puiffe être formé aucun réglement entre les Cours de Parlement & Grand Confeil , ni que nos Cours de Parlement puiffent au préjudice des Commiffions qui auront été décernées par le Grand Confeil , prendre connoiffance du différend des Parties , ni contrevenir aux Arrêts rendus par le Grand Confeil pour raifon de ce , à peine de nullité de caffation des procédures. Ce qui forme ces réglemens de Juges au Grand Confeil , eft lorfque les Préfidiaux ont jugé en dernier reffort les matieres dont ils peuvent connoître au cas de l'Edit , & que l'on interjette appel des Sentences ou Jugemens qu'ils ont rendu au premier chef , en ce cas on fe pourvoit au Grand Confeil en réglement de Juges ; fçavoir l'appellant , lorfque le Préfidial continue la procédure nonobftant l'appel par lui interjetté ; ou bien l'intimé , lorfque le Parlement lui dénie un Arrêt de défenfe. L'intimé peut auffi fe pourvoir en réglement de Juges au Grand Confeil , lorfque le Parlement reçoit l'appel , & fait défenfe d'exécuter une Sentence rendue par provifion au fecond chef de l'Edit ; d'autant que par l'Edit de Charles IX. du mois de Mars 1566. il eft dit entr'autres chofes , *que les Préfidiaux jugeront des matieres qui n'excederont vingt livres tournois de rente , ou la fomme de cent livres tournois pour une fois payer ; & que leurs Sentences feront exécutées , tant en principal que dépens , par provifion.*

L'article 7. du tit. 3. de l'Ordonnance de 1669. attribue auffi au Grand Confeil la connoiffance des réglemens de Juges d'entre les Lieutenans criminels & les Prévôts des Maréchaux ; & le même article fait défenfes au Grand Confeil de faire expédier aucunes commiffions , ni donner audience aux accufés contre lefquels il y aura décret de prife de corps , qu'ils ne foient actuellement en état , foit dans les prifons des Juges qui les auront décernés , ou dans celles du Grand Confeil , & qu'il ne leur en ait apparu par les extraits tirés du Regiftre de la géole en bonne forme , à peine de nullité. *Voyez* la derniere Ordonnance du Réglement de Juges du mois d'Août 1737.

REGLES , font des préliminaires raifonnés & fondés fur l'expérience , qui conduifent aux arts & aux fciences ceux qui veulent s'y adonner , & fans lefquels il n'eft pas facile d'y réuffir.

Ce terme fignifie auffi les maximes qu'il faut toujours obferver dans tous les arts. Le dernier titre du cinquantieme livre du Digefte eft un recueil des anciennes regles de Droit, qui contiennent en peu de mots des décifions fur la plupart des conteftations qui peuvent naître entre les hommes ; c'eft pourquoi les Juges & les Avocats doivent être parfaitement inftruits , & ne point paffer d'année fans les relire. M. J. B. Antoine , Docteur en Droit & Avocat en Parlement , a fait une Traduction des regles du Droit civil , qui fe vend à Lyon , chez Claude Plaignard.

REGLES DE LA CHANCELLERIE ROMAINE , font des maximes qui ont été introduites dans la Cour , au fujet de l'obtention & de la poffeffion des Bénéfices. Il y en a plufieurs ; mais toutes n'ont pas lieu en France , & nulles par elles-mêmes n'y font Loi. Il y en a quatre qui ont été trouvées fi prudentes , & fi folides pour le maintien de la pureté des Canons , qu'on les regarde comme les filles adoptives de la fage autorité de nos Rois.

La premiere eft celle *de infirmis refignantibus* , qui

veut que la réfignation faite par un malade foit nulle, s'il ne furvit au moins vingt jours à fa réfignation.

La deuxieme eft, *de publicandis refignationibus*, qui veut que la réfignation du Bénéfice, & la provifion obtenue fur icelui, foient nulles, fi le réfignant decede fix mois après, fans que le réfignataire ait pris poffeffion du Bénéfice.

La troifieme eft, *de impetrantibus beneficia viventium*, qui défend de demander le Bénéfice d'un homme vivant, & déclare nulle la provifion obtenue depuis fa mort, laquelle auroit été demandée pendant la vie de celui qui en auroit été pourvu.

La quatrieme eft, *de verifimili notitia obitûs*, qui veut qu'entre le jour du décès & celui de la provifion en Cour de Rome, il fe trouve un tel intervalle, que la nouvelle ait pû être vraifemblablement portée du lieu où le Bénificier eft mort jufqu'à Rome ; autrement on préfume que le Bénéfice a été couru. *Voyez* ce qui eft dit des Regles de la Chancellerie Romaine dans le Dictionnaire de M. Brillon, tome 2. pag. 855. & fuiv. & tom. 5. pag. 748. & fuiv.

REGNICOLES, font les naturels François qui font nés fujets du Roi.

L'état des perfonnes ne confifte pas feulement à jouir de la liberté naturelle ; il comprend encore les droits de citoyen, c'eft-à-dire, tous les avantages qui nous font donnés par les Loix de l'Etat.

Ces droits confiftent à pouvoir intenter des actions en Juftice, à pouvoir fuccéder, comme auffi à pouvoir difpofer de fes biens par teftament, & à pouvoir poffeder des Offices & des Bénéfices dans ce Royaume.

Les regnicoles qui ne font pas morts civilement, jouiffent de tous ces avantages : en quoi ils different des étrangers, qui, étant dans ce Royaume, peuvent à la vérité y acquérir des biens, & en difpofer entre-vifs, mais ils ne peuvent pas tefter, ni poffeder des Offices ni des Bénéfices dans ce Royaume, ni jouir des autres effets civils, à moins qu'ils n'aient obtenu des Lettres de naturalité. *V.* Aubain.

Il y a quelques Nations qui font affranchies du droit d'aubaine, par des Traités faits avec la France ; mais elles ne font pas pour cela réputées regnicoles, à moins que cela ne foit dit par les Traités.

REGNICOLES SONT REPUTÉS AUBAINS, lorfqu'ils ont abandonné leur patrie, en s'établiffant dans les pays étrangers, fans la permiffion du Roi. L'Edit du mois d'Août 1669. veut que leur procès leur foit fait & parfait ; & lorfqu'ils ont été déclarés atteints & convaincus de défertion on peut dire qu'ils font d'une condition pire que les aubains, puifque la peine de ce crime eft la confifcation de corps & de biens, qui emporte mort civile ; mais il eft rare qu'on fe porte contre eux à cette rigueur, quoique légitime : cependant lorfque cet établiffement eft prouvé, ils perdent le droit de citoyens, à moins qu'ils ne reviennent & faffent préfumer par leur retour qu'ils en ont confervé l'efprit. Les fucceffions qui feroient ouvertes à leur profit, accroiffent à leurs cohéritiers, s'ils en ont, ou paffent aux parens d'un dégré plus éloigné ; & leurs biens n'appartiennent pas au Roi, mais leurs héritiers les recueillent, fi ce n'eft dans le cas de confifcation.

REGRATIERS DE VIVRES ET MARCHANDISES,

font ceux qui en font provifion & achat, pour en faire revente aux Particuliers.

Mais ce terme fe dit plus particuliérement de ceux qui vendent du fel au peuple à la petite mefure, & qui achetent ce droit des Fermiers des Gabelles.

REGRÉS, eft la révocation de la réfignation que l'on a donné d'une Charge en faveur d'un autre.

Tant que les chofes font entieres, c'eft-à-dire, que le réfignataire n'a pas obtenu des provifions de l'Office dont il a traité, le réfignant peut y rentrer par la voie de regrès ; mais il faut qu'il revoque fa procuration & faffe fignifier fa révocation au réfignataire.

Le plus fûr eft de s'oppofer au fceau, pour empêcher le réfignataire d'obtenir des provifions ; car fi une fois il en avoit obtenu, le regrès n'auroit pas lieu, encore moins s'il avoit été reçu & inftallé.

Au cas de regrès admis, le refignant eft confervé dans fon Office, fans avoir befoin de nouvelles provifions, attendu qu'il n'en a pas été dépoffédé ; c'eft pourquoi il retient toujours dans fa Compagnie le même rang qu'il y tenoit au tems qu'il a fait la réfignation.

Quand le regrès fe fait dans les vingt-quatre heures du traité, il n'y a point lieu aux dommages & intérêts de celui fur lequel il eft fait ; mais s'il furvient après les vingt-quatre heures, celui qui l'exerce eft tenu des dommages & intérêts de celui fur lequel il eft fait.

Cela s'eft ainfi introduit fur ce que dans le louage & autres contrats, on peut fe retracter dans les vingt-quatre heures, fans être tenus d'aucuns dommages & intérêts. *Voyez* ce qui eft dit du regrès en fait d'Office dans Henrys, tom. 1. liv. 2. queft. 68.

REGRÉS EN MATIERE BÉNÉFICIALE, eft le retour à un Bénéfice dont on a paffé procuration en faveur de quelqu'un. *Voyez* ce qui en eft dit dans le Traité des matieres bénéficiales de M. Fuet, liv. 5. chap. 5.

RÉHABILITATION, font des Lettres du grand Sceau, par lefquelles le Roi remet & reftitue en fa bonne réputation & renommée celui qui auroit été condamné à quelque peine infamante, comme celle du fouet ; voulant que pour raifon de telle condamnation il ne lui puiffe être imputé aucune incapacité ni note d'infamie, & qu'ainfi il puiffe tenir, poffeder & exercer toutes fortes d'Offices. *Voyez* le tit. 16. de l'Ordonnance de 1670.

RÉHABILITATION DE NOBLESSE, font des Lettres que l'on obtient au grand Sceau, pour fe faire réhabiliter lorfqu'on eft déchu du titre & de la qualité de noble, par quelque trafic ou emploi dérogeant à nobleffe.

Ainfi les Nobles qui ont perdu leur Nobleffe par l'exercice de quelque art vil, peuvent fe faire réhabiliter, en prenant des Lettres du Roi, & les faifant vérifier en la Cour des Aides. *Voyez* Bacquet, des Francs fiefs, chap. 11. nomb. 6. & 7.

Quand cette dérogation vient des anceftres, & qu'elle a continué dans plus de deux afcendans, il faut abfolument de nouvelles Lettres de Nobleffe ; attendu que la nobleffe que nous pouvions tenir d'eux eft entierement éteinte. *Voyez* Relief de nobleffe.

RÉHABILITATION DE MARIAGE, eft une nouvelle célébration de mariage , qui eſt quelquefois ordonnée par le Parlement , lorſque dans celle qui en a été faite il s'eſt trouvé quelque défaut confidérable , & que les Parties marquent conſentir de demeurer unies , & qu'il n'y a nul empêchement civil ni canonique , à leur mariage.

Ainſi quoiqu'il y ait appel comme d'abus de la part des parens , ſi néanmoins les Parties perſiſtent, la cour en prononçant ſur l'abus , ordonne qu'elles ſe retireront par devers l'Evêque , pour être leur mariage réhabilité. *Voyez* le Recueil de Deſcombes , chap. 3. à la fin.

Mais on tient que comme le Juge d'Egliſe ne peut connoître & juger que de la validité du mariage, s'il y a mariage ou non , il ne peut point ordonner une pareille réhabilitation. Il y a pluſieurs Arrêts qui ont déclaré abuſives des Sentences de l'Official , qui l'avoient ordonné. *Voyez* le Dictionnaire des Arrêts , *verbo* Mariage , nomb. 171.

REJET , ſignifie le renvoi qu'on fait d'une partie d'un compte ſur un autre. Quand il n'y a point de fonds pour payer une partie dans le compte d'une année , on en fait le rejet ſur la ſuivante.

Ce terme ſignifie auſſi la réimpoſition d'une taxe déjà impoſée , & qu'on fait ſur d'autres Particuliers. Ainſi , lorſqu'une Paroiſſe a été déchargée de ſa taille à cauſe de la grêle , on en fait le rejet ſur le reſte de la Généralité.

REJETS DE COUPE , ſont les rejettons qui reviennent après les coupes de haute-futaie. *Voyez* Futaie , Haute-Futaie.

RÉINTEGRANDE , eſt l'interdit *unde vi* , ou l'action poſſeſſoire , par laquelle celui qui a été dejetté & ſpolié de la poſſeſſion d'un immeuble , ſe peut pourvoir dans l'an & jour de la ſpoliation , afin d'être remis & réintégré en ſa poſſeſſion , dont il a été dépouillé par force & par violence.

C'eſt une maxime certaine , tirée du Droit civil & du Droit canon , que *ſpoliatus ante omnia reſtituendus eſt , etiamſi qui ſpoliatus eſt nullum jus in re habeat : quia nemo jus ſibi dicere poteſt , & alium de ſua poſſeſſione dejicere. Alias partes ad arma quotidie proſilirent ſicque pax & concordia civium turbaretur.*

La réintégrande ſe peut pourſuivre ou civilement, ou criminellement.

Civilement , quand celui qui a été expulſé fait ſimplement ajourner le détempteur, ou celui pour lequel il a été expulſé , de lui reſtituer la choſe dont il a uſurpé la poſſeſſion.

Criminellement , par informations faites pardevant le Juge du lieu , ſur leſquelles il décerne ajournement perſonnel ou décret de priſe de corps , ſi le cas le requiert.

Mais quand celui qui a été ſpolié a commencé d'agir par l'une de ces deux manieres , il ne peut plus avoir recours à l'autre , ſi ce n'eſt qu'ayant commencé par la voie extraordinaire , les Juges en jugeant le procès ils aient réſervé l'action civile.

Ainſi quand on a demandé la réintégrande par la voie civile , la criminelle n'eſt plus ouverte. Si au contraire on s'eſt pourvu d'abord par la voie criminelle , c'eſt-à-dire , par une plainte ſuivie d'information, & qu'il n'y ait pas de matiere pour approfon-

dir le prétendu crime , le Juge décharge le défendeur de la pourſuite extraordinaire faite contre lui, ſauf au demandeur à ſe pourvoir par action civile.

Celui qui a été ſpolié , & qui ſe ſert de la voie civile , fait donner aſſignation à celui par lequel il a été dejetté de la poſſeſſion de l'héritage qu'il poſſédoit. Il conclut par ſon exploit , *à ce qu'il ſoit remis & réintégré en la poſſeſſion de la maiſon & héritage dont il a été déjetté par violence , avec reſtitution des fruits ; & à ce que le défendeur ſoit condamné aux dommages & intérêts , & que défenſes lui ſoient faites de le troubler à l'avenir dans ſa poſſeſſion ; ſauf au défendeur à ſe pourvoir au pétitoire, & à juſtifier de ſa propriété.*

La réintégrande ſe peut former devant tous Juges, même non royaux , pourvû qu'il n'y ait point de port d'armes ; mais Meſſieurs des Requêtes n'en peuvent connoître , quand elle eſt intentée à l'extraordinaire , ſi ce n'eſt quand elle eſt incidente ; c'eſt-à-dire , quand la ſpoliation eſt faite d'un héritage pour lequel il y avoit déjà procès pendant pardevant eux.

Si le défendeur aſſigné en réintégrande dénie le trouble & la ſpoliation , il faut , comme en matiere de complainte , appointer les Parties à informer.

Il n'eſt pas néceſſaire que le demandeur en réintégrande faſſe preuve en détail de toutes les choſes qui lui ont été priſes , mais il ſuffit qu'il le faſſe en général ; & pour le détail , il en ſera cru à ſon ſerment, juſqu'à la ſomme qu'il plaira au Juge d'arbitrer.

Si pendant l'inſtance de réintégrande , le défendeur veut pourſuivre l'inſtance principale touchant la propriété , le demandeur en réintégrande peut demander que toute Audience lui ſoit déniée , juſqu'à ce qu'il ſoit réintégré en poſſeſſion des choſes dont il a été ſpolié.

On peut auſſi faire la même choſe , quand le défendeur a interjetté appel de la Sentence de réintégrande ſans l'avoir exécutée ; parce que ces ſortes de Sentences s'exécutent nonobſtant l'appel , & ſans préjudice d'icelui ; tant pour le principal que pour les dépens , en baillant caution.

Si le défendeur refuſoit d'exécuter la Sentence de réintégrande , il faudroit dreſſer procès verbal du refus & de la rebellion , & demander au Juge qu'il ſoit permis d'uſer de force , & de rompre les portes & les ſerrures.

Si les dommages & intérêts n'ont pas été liquidés par la Sentence , il faut former demande afin de les liquider en la maniere ordinaire.

La réintégrande n'eſt point diſtinguée de la complainte ; mais elle eſt compriſe ſous icelle dans le cas où il y a eu ſpoliation , & non pas un ſimple trouble. Ainſi la complainte a lieu , quand quelqu'un eſt ſimplement troublé dans ſa poſſeſſion ſans en être expulſé , ou quand il en a été chaſſé & expulſé par violence.

Au premier cas , il n'y a pas lieu à la réintégrande , puiſque pour être réintégré & rétabli , il faut avoir été expulſé ; & en ce cas le demandeur conclut à ce qu'il ſoit fait défenſes au défendeur de le troubler , ni inquiéter davantage dans la jouiſſance de la choſe dont eſt queſtion , de laquelle il a été poſſeſſeur publiquement & paiſiblement pendant un tel tems ; & c'eſt proprement la complainte en cas de ſaiſine

& de nouvelleté , qui eſt ſéparé de la réintegrande.

Au deuxieme , c'eſt auſſi la complainte , en ce que le demandeur ſe plaint pardevant le Juge , de la nouvelleté qui eſt faite par le défendeur contre ſa poſſeſſion & jouiſſance ; & d'autant qu'il a été expulſé de ſa poſſeſſion , il ne conclut pas ſeulement à y être confirmé , & qu'il ſoit fait défenſes au défendeur de le troubler davantage , mais il conclut à ce qu'il ſoit rétabli & réintegré dans ſa poſſeſſion ; & c'eſt proprement ce qu'on appelle réintegrande.

Ainſi il ne faut point diſtinguer ici ſes actions , la réintegrande étant compriſe ſous la complainte , quand il y a ſpoliation : c'eſt pourquoi l'Ordonnance parle de la réintegrande ſous le titre de complainte.

Pour intenter l'une ou l'autre de ces actions , il faut , 1°. Avoir été troublé ou déjetté de la poſſeſſion paiſible où l'on étoit pendant un an & jour , & cela , *nec vi , nec clam , nec precario , ab adverſario*.

II°. Il faut agir dans l'an & jour du trouble , autrement on n'y eſt plus recevable ; parce que celui qui a fait le trouble , eſt devenu , après ce laps de tems , poſſeſſeur lui-même pendant l'an & jour par notre négligence.

Ces deux demandes étant des actions poſſeſſoires , ne peuvent être cumulées & jointes avec la conteſtation ſur la propriété , qu'on appelle pétitoire ; mais elles doivent être terminées , & la condamnation exécutée pour les frais , dommages & intérêts, avant que d'agir pour la propriété.

Dans l'une & dans l'autre , en cas de retardement par celui qui a gagné la poſſeſſoire , de faire liquider les reſtitutions des fruits , dommages , intérêts & dépens , l'autre peut pourſuivre le pétitoire en donnant caution.

Dans l'une & dans l'autre de ces actions , les Juges condamnent les Parties qui ſuccombent en l'amende.

Enfin , les Jugemens rendus ſur la complainte & ſur la réintegrande , s'exécutent par proviſion & nonobſtant l'appel , en donnant caution. *Voyez* Complainte , Pétitoire , Poſſeſſoire & Spoliation. *Voyez* auſſi le tit. 18. de l'Ordonnance de 1667. qui traite de la procédure qui doit être gardée dans la complainte & dans la réintegrande.

RÉINTEGRER , ſignifie rétablir quelqu'un dans la poſſeſſion dont il avoit été évincé.

Ce terme ſe dit auſſi du rétabliſſement qui ſe fait avec connoiſſance de cauſe d'un Officier qui avoit été interdit , & qui eſt remis & réintegré en la fonction de ſa Charge.

Enfin , ce terme ſe dit d'un priſonnier qu'on fait remettre en priſon.

RÉINTERROGER , ſignifie interroger de nouveau un criminel ; ce qu'un Juge fait pour voir s'il ne varie point.

RELAPS , eſt celui qui eſt retombé dans un crime dont il avoit eu rémiſſion , ou qui eſt retombé dans une héréſie dont il avoit été abſous.

RELATION , ſignifie le témoignage d'une perſonne publique.

RELAXATION , eſt la délivrance & la ſortie d'un priſonnier , qui ſe fait du conſentement de ſa Partie adverſe.

RELAXER un priſonnier , ſignifie conſentir à ſa ſortie.

RELEGATION , eſt une eſpece d'exil qui ſe fait par l'autorité du Prince , qui envoie ordre à quelqu'un d'aller à un endroit qu'il lui marque , & de n'en point ſortir juſqu'à ce que le Prince le rappelle.

A Rome , la rélégation ne faiſoit point perdre le droit de citoyen , & elle ne le fait point perdre non plus parmi nous.

Comme ceux qui étoient rélégués prenoient quelquefois la licence de ſortir du lieu où il leur étoit enjoint de demeurer juſqu'à ce que le Prince les eût rappellés , il y a pluſieurs Ordonnances à ce ſujet ; & enfin le 24. Juillet 1705. le Roi fit une Déclaration à Verſailles , portant que l'Edit & la Déclaration des mois d'Août 1669. & 14. Juillet 1682. ſeront exécutés ; & y ajoutant , défenſes à ceux qui ſont rélégués par ordre du Roi , de ſortir du lieu où ils ſont rélégués , à peine de confiſcation de corps & de biens.

Cette rélégation ſe fait ordinairement par une Lettre de cachet , que le Roi adreſſe à celui qu'il juge à propos d'exiler , & qui lui fait tenir par un Officier des Troupes de ſa Maiſon , par des Hoquetons, par un Prévôt de Maréchauſſée , ou par un Huiſſier de la Chaîne , ſuivant la qualité de la perſonne.

Quand ceux qui ſont rélégués par le Prince , ſont d'ailleurs accuſés de quelque crime commis depuis & pendant leur exil , les Juges ne laiſſent pas d'avoir la liberté de le décréter & de s'aſſurer de leur perſonne ; parce que la punition des crimes eſt une ſuite de la Juſtice qui émane du Roi , & dont il n'entend pas arrêter le cours par la peine de l'exil.

Ainſi il eſt du devoir des Juges d'inſtruire le procès , & de donner ſur le champ ावis en Cour du crime commis par cet exilé ; mais ils ne peuvent point procéder au Jugement définitif , qu'ils n'aient reçu de la part du Roi la permiſſion de le faire. La raiſon eſt , qu'ils n'ont pas la liberté de rien prononcer contre les biens & la perſonne d'un homme qui eſt détenu dans un certain lieu par ordre de Sa Majeſté.

RELEVÉ , ſe dit d'un dépouillement ou extrait que l'on fait d'un inventaire ou état des meubles , titres & papiers.

RELEVÉE , ſignifie l'après dînée , ou le tems d'après midi. Ce mot vient de ce qu'autrefois on faiſoit la méridienne ſur des lits de ſalles qu'on nommoit grabats , & on nommoit relevée le tems où l'on ſe relevoit pour retourner à ſon travail.

Ce terme n'eſt aujourd'hui en uſage qu'au Palais, où l'on appelle Audiences de relevée celles qui ſe donnent après midi. On donne des aſſignations chez des Commiſſaires à deux ou trois heures de relevée.

On ne juge point les procès criminels de relevée , quand les concluſions des Gens du Roi vont à la mort, ou aux galeres , ou au banniſſement , comme il eſt porté en l'art. 9. du tit. 25. de l'Ordonnance de 1670.

RELEVER un Fief , eſt faire la foi & hommage à ſon Seigneur , à la mutation & ouverture du fief qui vient d'arriver. C'eſt auſſi payer le droit de relief & de rachat dans les Coutumes où il eſt dû. *Voyez* Rachat.

RELEVER son appel , c'eſt obtenir des Lettres de Chancellerie ,

Chancellerie, ou un Arrêt, pour faire intimer une Partie fur l'appel qu'on a interjetté d'une Sentence.

RELEVER, fe dit auffi en parlant du reffort où il faut plaider en caufe d'appel. Les appellations des Duchés & Pairies ne fe relevent qu'au Parlement.

SE FAIRE RELEVER, c'eft obtenir des Lettres du Prince, pour faire caffer des contrats & autres actes pour lézion, ou pour nullité de fait ou de droit qui s'y trouve. *Voyez* Reftitution en entier.

RELEVOISONS A PLAISIR, eft un droit feigneurial ufité dans la Coutume d'Orléans, qui eft dû au Seigneur cenfuel, & qui confifte dans le revenu d'un an de l'héritage aliéné.

Ce droit lui eft dû pour toutes mutations précédentes de la part des poffeffeurs des héritages chargés de cens, foit par mort, ventes ou autrement. *V.* les art. 115. 116. & 121. de la Cout. d'Orléans.

Quand plufieurs mutations arrivent en une même année par mort, il n'eft dû qu'un feul droit de relevoifon ; mais quand les mutations qui arrivent dans une même année font volontaires, il en eft dû autant de relevoifons.

Il y a d'autres relevoifons dans la même Coutume, qui fe payent au denier fix, ou autrement, felon les conceffions des Seigneurs. Au denier fix, c'eft-à-dire, que l'acquéreur paye pour relevoifons fix deniers pour chaqu'un denier du cens ; de forte que fi le cens eft de douze deniers, les relevoifons feront de douze fols. *Voyez* les articles 117. 118. 124. & 134. de la même Coutume.

RELIEF ou RACHAT, eft un droit feigneurial, dont j'ai donné l'explication, *verbo* Rachat.

RELIEF EN FAIT DE FIEF REGIS, SELON LA COUTUME DU VEXIN-LE-FRANÇOIS. *Voyez* Vexin.

RELIEF A MERCI, eft en quelques lieux le revenu d'un an qui fe paye au Seigneur féodal pour le profit du fief.

RÉLIEF DE BAIL, eft en quelques Coutumes un rachat dû par le mari, pour le fief de fa femme, parce qu'il jouit de ce fief en qualité de gardien ou de bailliftre. D'où il s'enfuit :

I°. Que le relief de bail n'eft point dû, quand la femme a ftipulé par fon contrat de mariage qu'il n'y aura point de communauté, ou qu'elle aura la difpofition & l'adminiftration de fes biens, parce qu'en ce cas fes biens ne tombent point en garde. *Voyez* Brodeau fur l'article 37. de la Coutume de Paris, nomb. 24. & 29.

II°. Que fi le mari decede fans avoir payé le relief de bail, fa veuve n'en devroit rien, au cas qu'elle renonçât à la communauté.

Voyez le Gloffaire du Droit François, lettre B, à l'endroit où il eft parlé de relever de bail. *Voy.* auffi ce que j'ai dit ci-deffus en parlant du bail de mariage.

RELIEF D'APPEL, eft une efpece de commiffion qui doit s'obtenir par l'appellant après la fignification de fon acte d'appel, pour faire affigner à l'intimé à ce qu'il ait à procéder fur l'appel.

Cette commiffion fe fait par Lettres de la petite Chancellerie, par lefquelles le Roi mande au premier Huiffier ou Sergent fur ce requis d'intimer fur l'appel, & d'affigner au Parlement, ou en une autre Cour fouveraine, les Parties y dénommées, &

Tome II.

autres qui pourroient avoir intérêt dans l'affaire, pour procéder fur l'appel interjetté par l'impétrant.

Il ne fuffit pas d'avoir déclaré par un fimple acte que l'on eft appellant ; il faut dans les Cours fouveraines relever fon appel par des Lettres de relief, ou par un Arrêt qui reçoit appellant : on ne peut autrement faire intimer ou affigner pour procéder fur l'appel ; & lorfque l'appellant néglige, après le fimple acte qu'il fait fignifier, de relever de fon appel, il peut être anticipé. *Voyez* Anticiper.

Quand le relief d'appel eft d'une Sentence rendue fur production des Parties, ou en matiere criminelle, on met à la fin une claufe de commandement au Greffier, d'apporter ou d'envoyer fans délai au Greffe de la Cour le procès, pieces & procédures, ou bien les charges & informations fur lefquels la Sentence dont eft appel a été rendue ; & en cas d'oppofition, refus ou délai, affigner led. Greffier à certain jour en ladite Cour, pour en dire les caufes : ce qui n'a point lieu quand le relief eft pour une appellation verbale.

RELIEF DE NOBLESSE, font Lettres du grand Sceau & de grace, par lefquels le Roi rétablit celui qui eft déchu de fa nobleffe par fon fait, ou par celui de fon pere, ou de fon aïeul, pour s'être mêlé de trafic, ou pour avoir fait autre acte dérogeant.

Ces Lettres font adreffées aux Cours des aides, avec connoiffance de caufe, & mandement de les entériner ; au cas que les Juges trouvent que l'expofé en icelui foit vrai, & que l'expofant juftifie la nobleffe de fon pere & de fon aïeul. *Voyez* Réhabilitation de nobleffe.

RELIEF DE SURANNATION, font Lettres royaux, qui s'obtiennent par ceux qui ont gardés des Lettres qui leur avoient été accordées, defquelles il ne fe font point fervis pendant un an.

Telles Lettres font dites furannées, parce que les Lettres du Sceau ne durent qu'un an, après lequel tems il faut des Lettres de furannation pour s'en fervir & le mettre à exécution.

RELIGIEUX, font ceux qui par un vœu folemnel fe font engagé à fuivre la regle de la Maifon religieufe dans laquelle ils ont fait profeffion.

Comme les Religieux fe font entièrement voués à Dieu, & ont folemnellement renoncé aux biens temporels, au mariage & à leur liberté, ils font réputés mort au monde ; en forte que la profeffion religieufe eft une efpece de mort civile. Louet & fon Commentateur, lett. C, fomm. 8.

Ils ne fuccedent donc point à leurs parens, ni le Monaftere pour eux. *Voyez* ce que j'ai dit fur l'art. 136. de la Coutume de Paris. Ils font même incapables de toutes fortes de donations & de legs, fi ce n'eft de penfions viageres modiques ; encore n'en peuvent-ils pas jouir par leurs mains, qu'avec la permiffion de leurs Supérieurs.

Cela ne fe doit entendre que de chaque perfonne religieufe en particulier, & non des Communautés religieufes ; car elles font capables de donations & de legs, & peuvent agir & contracter pour la confervation de leurs biens ; mais elles ne peuvent acquérir des immeubles fans obtenir du Roi des Lettres d'amortiffement.

C'eft une maxime que les Religieux, Novices ou

Profès ne peuvent être témoins dans aucuns actes de dernière volonté.

Voyez l'art. 41. de l'Ordonnance des Testamens, du mois d'Août 1735.

Par la loi *Deo nobis*, & par l'Authentique *Ingreffi ; vod.de facroff.Ecc.* tous les biens de ceux qui entroient dans les Monasteres, étoient acquis à celui où ils faisoient profession. Les successions même de leurs pere & mere, qui leur écheoient après leurs professions, appartenoient à la mense commune des Religieux & du Monastere.Mais comme ces Constitutions étoient trop dommageables à l'Etat, & que leur disposition tendoit à la ruine des familles, elles ont été abrogées par notre Droit François. Ainsi, ceux qui ont fait profession, ne sont plus considérés que comme incapables de tous effets civils; en sorte qu'ils ne peuvent plus succéder à aucuns de leurs parens. Ils ne peuvent point aussi avoir d'héritiers; c'est le Couvent qui succede à leur pécule, sans qu'ils puissent disposer de la moindre chose par derniere volonté.

Pour ce qui est de leurs livres & effets mobiliers qu'ils ont acquis par leur travail, ils peuvent en disposer entre-vifs; & lorsqu'ils en ont fait la tradition de leur vivant, le Monastere ne peut pas revenir contre. Ainsi jugé par Arrêt du 14. Mai 1587. rapporté par Charondas, liv. 7. rép. 216.

Les Novices peuvent, ayant l'âge requis, disposer par donations entre-vifs, ou par derniere volonté, de leurs biens, comme tout autre personne, pourvû qu'ils n'en disposent pas en faveur d'aucun Monastere, soit du même Ordre ou autre.

L'Ordonnance d'Orléans, article 19. & celle de Blois, art. 28. l'ont ainsi réglé, pour empêcher les suggestions qui pourroient être faites aux Novices, & les intelligences que pourroient avoir les Monasteres, pour se prêter la main les uns aux autres. Mais pour qu'une derniere disposition olographe faite par un Novice puisse être valable, il faut qu'il la reconnoisse par devant Notaires avant que de faire profession, sinon elle est absolument nulle; comme il est décidé en l'art. 21. de l'Ordonnance des Testamens, du mois d'Août 1735.

Il semble qu'on pourroit comparer les Moines & les Religieux aux esclaves des Romains, en ce que les vœux d'obéissance & de pauvreté qu'ils font, les obligent à une soumission aveugle aux volontés de leurs Supérieurs, & les rendent incapables de toute sorte de propriété & de possession des choses temporelles, qu'ils ne peuvent acquérir en France; & que s'ils font quelque acquisition, elle tourne au profit du Monastere. Enfin, de même qu'ils esclaves, *in toto jure civili pro nullis habentur*, les Moines & les Religieux sont pour les effets civils, regardés comme entiérement mort au monde.

Nonobstant toutes ces raisons, il faut demeurer d'accord qu'on ne peut pas raisonnablement comparer les Religieux aux esclaves des Romains. I°. Parce que l'obéissance des Religieux n'est pas servile, mais filiale; les Supérieurs sont les peres, & non pas les maîtres; & par conséquent ils n'ont droit de les gouverner que selon la raison & avec charité.

II°. Parce que la renonciation à toutes les choses temporelles les éleve à un état de perfection au dessus du commun des hommes, bien loin de leur imprimer aucune marque de servitude.

III°. Les dispositions de derniere volonté qui leur sont faites ne tournent pas au profit de leur Monastere, comme l'a remarqué M. Dolive, liv. 1. ch. 4. mais quand elles sont modiques, ils en peuvent jouir avec la permission de leurs Supérieurs; autrement elles sont nulles, comme nous l'avons dit : au lieu que chez les Romains les dispositions de derniere volonté faite à des esclaves, tournoient au profit de leurs maîtres.

Voyez ce qui est dit des Religieux dans le Recueil alphabétique de M. Bretonnier, & ce que j'ai dit ici, *verbo* Profession.

RELIGIEUX FAIT EVEQUE NE PEUT SUCCEDER A SA FAMILLE, quoique sa famille ne laisse pas de lui succéder. *Habet succedendi facultatem passivam, non verò activam.*

Ainsi nous ne suivons pas la disposition du Canon *Statutum 18. qu. 1. cujus hæc sunt verba. Statutum est, Monachus quem canonica electio à jugo regulæ & monasticæ professionis absolvit & sacra ordinatio de Monacho Episcopum facit, velut legitimus hæres paternam sibi hæreditatem vindicandi potestatem habeat.*

Le caractere de la Dignité épiscopale affranchit donc un Religieux de l'obligation de ses vœux; en sorte que c'est une espece d'émancipation qui retire celui qui en est honoré de la puissance de son Supérieur, à qui il étoit soumis, d'autant qu'il est devenu personne publique & Prince de l'Eglise. Mais cette émancipation ne le releve que du vœu d'obéissance, & ne regarde pas la renonciation qu'il a faite à la succession de ses parens, laquelle demeure en son entier, nonobstant sa Dignité épiscopale. Et c'est un cas auquel la relation cesse en fait de succession; car le Religieux promû à l'Episcopat ne succede point, & néanmoins ses parens lui succedent; ce qui est contre la maxime de Droit, qui veut que pour succéder à une personne, il faut qu'elle soit capable de nous succéder, c'est-à-dire, qu'il faut que ces deux personnes puissent se succéder mutuellement l'une à l'autre. *Voyez* M. le Brun en son Traité des Successions, liv. 1. ch. 2. sect. 2. & ce que j'ai dit sur l'art. 336. de la Coutume de Paris.

RELIQUA DE COMPTE, est le reste ou debet dont le rendant compte se trouve débiteur par la clôture & l'arrêté de son compte, toutes déductions faites. Ainsi par *reliqua* l'on entend ce que le comptable doit par l'arrêté & clôture de son compte, quand la mise doit à la recette, pour avoir été moins mis & dépensé que reçu.

Ceux qui ont administré les biens d'autrui, sont toujours réputés comptables, quoique leur compte soit clos, jusqu'à ce qu'ils aient payé le *reliqua*, s'il est dû, & rendu les pieces justificatives.

RELIQUATAIRE, est celui qui est débiteur d'un *reliqua* de compte.

On appelle aussi quelquefois reliquataires, ceux qui n'ont payé qu'une partie d'une somme dûe à un créancier; & qui sont reliquataires du reste.

RELOCATION, qui fait aujourd'hui partie des contrats pignoratifs, est un contrat par lequel un débiteur qui a vendu à son créancier un héritage pour l'argent qui lui doit, avec faculté de rachat perpétuel s'en rend le fermier pour une somme à laquelle peuvent monter les intérêts de ce qu'il doit à ce créancier.

Cette relocation n'est pas injuste, puisqu'elle est toujours en faveur des débiteurs; mais on ne peut pas dire la même chose du contrat pignoratif, dont elle est une suite, parce que dans ce contrat il y a, par la convention des Parties, de l'accroissement à la somme prêtée, & que tout ce qui accroît par la convention des Parties à la somme prêtée est une usure.

En effet, n'est-ce pas la même chose de payer en argent l'usure au créancier, ou de lui céder la jouissance d'une terre ou d'un autre immeuble, pour en prendre les fruits, soit que ces fruits égalent ou n'égalent pas l'intérêt fixé par les Ordonnances & le débiteur qui tient à bail son propre fonds donné à titre de contrat pignoratif à son créancier, ou qui le reloue de lui, ne paye-t-il pas en argent cette même mesure.

REMBOURSEMENT, est le payement d'une dette, de quelque nature qu'elle soit; mais ce terme se prend souvent pour le payement du sort principal d'une rente.

Le mari peut recevoir le remboursement d'une rente constituée au profit de sa femme, parce que ce n'est pas une aliénation volontaire, mais une aliénation forcée. Ainsi jugé par Arrêt du 17. Mars 1691. rapporté dans le Journal des Audiences.

C'est aussi pour la même raison que le débiteur d'une rente due à des mineurs, est valablement déchargé par le remboursement qu'il en a fait à leur tuteur quoiqu'il n'y ait point eu d'avis de parens.

Ainsi par Arrêt rendu en la Troisieme Chambre des Enquêtes le 31. Mars 1708. il a été jugé que les mineurs devenus majeurs ne pouvoient inquiéter le débiteur qui s'étoit libéré, sous prétexte de l'insolvabilité du tuteur; parce qu'un débiteur est toujours en droit de se libérer, & qu'un tuteur est valablement autorisé par l'acte de tutelle pour toucher sans avis de parens, le remboursement des sorts principaux des rentes dûes à ses mineurs.

Cependant je conseillerois toujours à un débiteur de ne point faire de pareils remboursemens à un tuteur sans avis de parens, & même avec stipulation d'emploi.

Mais toutes ces précautions ne sont point nécessaires, quand il s'agit d'un payement fait en vertu d'un Jugement qui condamne le débiteur d'un mineur à lui payer ce qu'il lui doit; il suffit qu'un tel payement se fasse à son tuteur.

REMERÉ. La faculté de reméré ou rachat, est une clause apposée à un contrat de vente, par laquelle le vendeur se reserve le droit de rentrer dans l'héritage vendu, en remboursant à l'acheteur le prix qu'il en a reçu.

Au moyen de cette clause, l'acquéreur n'est point propriétaire incommutable, & la vente de l'héritage qui lui est faite sous une telle stipulation, n'est que conditionnelle; ainsi la vente est entièrement resolue, & comme non faite, si le vendeur rentre dans la chose vendue en payant le prix; c'est pourquoi il la prend exempte des charges que l'acheteur auroit pû y mettre.

La faculté de racheter, non déterminée par au-

cun tems, se prescrit de même que toute action personnelle par trente ans.

Il faut dire la même chose de la faculté de reméré stipulée à toujours; parce que toute convention opposée à un contrat, ne produit autre chose qu'une obligation & une action personnelle, laquelle de sa nature se prescrivant par trente ans, la convention devient inutile, faute d'en pouvoir demander l'exécution.

Mais si le tems de grace apposé au contrat, est au dessous de trente ans, la propriété ne peut être acquise incommutablement à l'acquéreur que par trente ans, à moins qu'il n'y ait un Jugement qui, après le tems de grace expiré, l'ordonne ainsi.

Par Arrêt rendu en la Grand'Chambre du Parlement de Paris le 12. Avril 1694. il a été jugé que le reméré stipulé par un contrat, peut être exercé de plein droit pendant qu'il dure, sans que le vendeur soit obligé de former aucune action.

L'acquéreur, pour s'assurer la propriété incommutable, & prévenir les contestations qui pourroient lui être faites à l'occasion de la faculté de remérer, doit immédiatement après le tems du reméré expiré, faire assigner le vendeur pardevant son Juge, pour le faire déchoir de cette faculté, faute d'y avoir satisfait dans le tems porté par le contrat, ce que l'on appelle purger le reméré; & le Jugement qui déclare le vendeur déchu du reméré, s'appelle un Jugement de *purification*.

Cependant il a été jugé par Arrêt rendu en la Grand'Chambre le 13. Mai 1715. que le reméré accordé pour trois ans dans un contrat de mariage, étoit éteint de plein droit, faute d'avoir été exercé dans les trois ans.

Le vendeur exerçant la faculté de rachat d'un héritage, l'acheteur doit lui restituer les fruits depuis le jour de la demande accompagnée d'offres faites dans les formes.

On tenoit anciennement que les droits étoient dûs aux Seigneurs, pour vente d'héritages faite à faculté de reméré. Mais la Jurisprudence d'aujourd'hui est, qu'ils ne sont point dûs pour raison d'une telle vente, lorsque le reméré est exercé dans le tems porté par le contrat.

Voyez Louet & Brodeau, lett. U, chap. 12. le Recueil alphabétique de M. Bretonnier; & ce que j'ai dit, *verbo* Retrait conventionnel.

REMETTRE, signifie I°. relâcher de ses droits & de ses prétentions.

II°. Restituer quelqu'un en son premier état. Une Requête civile tend à faire remettre les Parties en tel & semblable état qu'elles étoient avant le Jugement qui a décidé leur contestation. Les mineurs obtiennent des Lettres de restitution, afin qu'on les remette en l'état où ils étoient auparavant la lézion dont ils se plaignent.

III°. Remettre, signifie s'en rapporter au jugement de quelqu'un, & en passer par son avis, pour ne point avoir de procès.

REMISE D'UNE CAUSE, est lorsque le Juge renvoie la cause appellée à un autre jour, soit fixe ou au premier jour, sans le déterminer. La remise d'une cause est différente de la continuation. Quand la cause est remise, elle n'est pas censée commencée; mais quand elle eſt continuée, quoiqu'elle n'eût fait ſimplement que poſer les qualités, elle eſt cenſée commencée à plaider, & cette continuation fait une journée de la cauſe : ce qui eſt de conſéquence en certains cas, comme en matiere de retrait lignager, où il faut des offres réelles lorſque la cauſe eſt continuée ; au lieu qu'il n'en faut pas lorſqu'elle eſt ſimplement remiſe.

REMISE EN FAIT DE DETTE, tient lieu de payement ; c'eſt-à-dire, que tout créancier âgé & uſant de ſes droits, peut libérer ſon débiteur de quelque dette que ce ſoit.

REMISES EN FAIT D'ADJUDICATION PAR DECRET, ſont les délais de quinze jours qui s'accordent au pourſuivant criées depuis l'adjudication ſauf quinzaine, pour parvenir à une adjudication pure & ſimple de fonds d'héritages, rentes, cenſives & droits immobiliers.

L'Ordonnance de Moulins en l'art. 49. porte, que l'adjudication ne doit pas paſſer la quarantaine, la quinzaine, ou la huitaine après le congé d'adjuger.

Cependant il y a des Juriſdictions où les remiſes ſont tellement paſſées en uſage, que faute d'en avoir obſervé le nombre ordinaire, cela emporte la nullité du décret.

La raiſon pour laquelle s'accordent ces délais en fait d'adjudication par décret eſt fondée ſur le danger qu'il y auroit de vendre avec trop de précipitation des biens mis en décret, afin qu'ils ne ſoient pas vendus à trop vil prix, faute d'enchériſſeurs qui en connoiſſent la valeur. Outre cela, il arrive ſouvent que dans le tems que l'adjudication pure & ſimple eſt ſur le point d'être faite, elle eſt différée par des incidens ou appellations qu'il convient faire vuider auparavant.

Les remiſes contiennent ce qui a été mis dans l'enchere de quarantaine, & ce qui eſt arrivé depuis ; & par icelle la Cour remet l'adjudication à quinzaine, & en fixe & dénote le jour.

Elles ſe publient, s'affichent & ſe ſignifient comme l'adjudication ſauf quinzaine. Il en faut néceſſairement trois pour parvenir à l'adjudication pure & ſimple par décret.

La premiere ſe prend à l'échéance de l'adjudication ſauf quinzaine ; les autres enſuite ſe continuent de quinzaine en quinzaine, juſqu'à l'adjudication par décret pure & ſimple.

Elles ſe dreſſent par le Procureur du pourſuivant criées, qui les fait recevoir par le commis de l'Audience du Parquet, & les fait enſuite ſignifier au Procureur du ſaiſi, & aux Procureurs de tous les oppoſans.

Si la quinzaine d'une des remiſes tombe au tems de Pâques, on remet au lendemain de Quaſimodo ; ſi elle tombe dans le tems des Vacances, on remet au premier jour plaidoyable d'après la Saint Martin.

Si on déclare le décès du ſaiſi, ou qu'il arrive quelqu'autre choſe qui empêche d'adjuger, on fait remettre l'adjudication à longs jours, c'eſt-à-dire, à deux ou trois mois, & on ordonne cependant que le pourſuivant fera ſes diligences.

Si le ſaiſi a fait remettre l'adjudication, ſous prétexte que les encheres ne ſont pas montées à la juſte valeur du bien ſaiſi réellement, on lui accorde une derniere remiſe, dans laquelle on ajoute que c'eſt ſans eſpérance d'aucune autre.

Enfin, le jour de l'adjudication marqué par la derniere remiſe, étant arrivé, on procede à l'adjudication par décret pure & ſimple ; & juſqu'à ce que le Juge ait prononcé adjugé, l'on reçoit des encheres, mais après on n'en reçoit plus ; & en cas d'une trop grande inégalité de prix, on peut revenir contre l'adjudication à la voie d'appel.

Cependant quand l'adjudication eſt faite avant la quinzaine, ou la quinzaine non expirée, parce qu'elle doit être franche, & que le jour de l'adjudication n'y eſt pas compris, on eſt toujours reçu à enchérir, pourvu que le décret ne ſoit point encore délivré ni ſcellé, de même que ſi le Juge s'étoit apperçu qu'il y eût de la ſurpriſe dans l'adjudication ; car alors il peut ordonner une nouvelle enchere, quoiqu'il ait levé le Siege & prononcé.

Il nous reſte à rémarquer ici, I°. que lorſque le jour de l'échéance des trois quinzaines eſt venu, auquel on pourroit faire une adjudication definitive, ſi faute d'enchériſſeurs ou autrement, le Juge eſtime qu'il ſoit néceſſaire de faire une ou pluſieurs remiſes, les remiſes ſe fixent toujours de quinzaine en quinzaine, pour les ventes & adjudications par décret.

II°. Que ces délais ne courent que du jour de la ſignification faite deſdites remiſes ; ce qui eſt nonſeulement d'uſage, mais abſolument néceſſaire ; parce que les adjudications ſe faiſant toujours à la quinzaine, il ſeroit preſque impoſſible de faire ſignifier la remiſe en tems convenable ; par ce moyen les délais s'allongeroient, & les frais augmenteroient. Ceci eſt tiré d'un acte de notoriété du Châtelet, donné le 11. Février 1690.

REMISE EN FAIT DE BAUX JUDICIAIRE, eſt à peu près la même choſe que les remiſes pour adjudications de biens : il y a cependant quelques différences.

I°. Les remiſes pour adjudications de biens ſe font à la requête & diligence du pourſuivant criées ; au lieu que les autres ſe font à la requête & diligence des Commiſſaires aux Saiſies réelles. Par l'Edit de leur création du mois de Février 1626. il eſt enjoint aux Huiſſiers de mettre dans les trois jours entre les mains du Commiſſaire aux ſaiſies réelles, leur exploit des Saiſies réelles, pour être par lui enregiſtré ; & l'exploit de Saiſie réelle doit contenir élection de domicile, tant pour le ſaiſiſſant que pour le ſaiſi, en la Ville des établiſſemens du Commiſſaire aux Saiſies réelles, dans le département duquel la Saiſie réelle doit être pourſuivie ; & en dénonçant la Saiſie réelle à la Partie ſaiſie, l'Huiſſier doit lui notifier l'élection de domicile qu'il a faite pour lui, avec ſommation d'en élire un autre, ſi bon lui ſemble ; ce qu'il peut faire en le faiſant ſignifier au Commiſſaire aux Saiſies réelles ; ſuivant l'Arrêt de Réglement du Parlement du 12. Août 1664. quinzaine après l'enregiſtrement de la Saiſie réelle au Bureau du Commiſſaire, pour les maiſons ſiſes à Paris, & ſix ſemaines pour les maiſons, terres & héritages ſitués hors de Paris : il doit faire appoſer affiches ſur les lieux de la ſituation des biens, les tenans en ſubſtance que tel jour il ſera procédé pardevant tel Juge au bail & loyer des choſes ſaiſies, qui ſeront ſpécifiées par le menu au plus offrant & dernier encherifleur aux charges qui feront déclarées par l'enchere qui fera ledit jour mife au Greffe , lue & publiée en Jugement.

II°. Les remifes pour les adjudications de biens fe font de mois en mois , & au plutôt de quinzaine en quinzaine ; au lieu que celles pour les baux judiciaires fe font de trois jours en trois jours , & au plus tard de huitaine en huitaine.

III°. Aux adjudications par décret, on peut , fuivant l'exigence des cas, faire plus de trois remifes, du moins il n'y a point de Réglement qui défende d'excéder ce nombre ; au lieu qu'aux adjudications des baux judiciaires elles font nommément fixées à trois.

L'Arrêt de 1664. art. 2. porte expreffément, que le Commiffaire aux Saifies réelles fera fignifier trois remifes feulement ; fauf aux Parties faifies & faififfantes ou oppofantes , de provoquer ledit Commiffaire à faire de nouvelles diligences pour parvenir aux baux , par acte que les faififfans ou créanciers oppofans lui feront fignifier ; après laquelle fommation , fera le Commiffaire aux Saifies réelles tenus de renouveller fa procédure , pour parvenir au bail jufqu'à trois autres remifes inclufivement.

Et cela eft conforme à l'art. 5. d'un Réglement fait par Meffieurs des requêtes du Palais le premier Juin 1647. par lequel défenfes font faites aux Commiffaires aux Saifies réelles de faire plus grandes procédures pour parvenir à un bail Judiciaire, qu'une Ordonnance & deux défauts , & tout ce qui fera fait au par-deffus, fera rejetté fans qu'il puiffe le répéter.

REMISSION. Lettres de remiffion s'accordent par le Roi pour crimes qui requièrent punition de mort, mais qui font rémiffibles ; comme quand on a tué un homme à fon corps défendant , ou par malheur & fans deffein.

Ces Lettres font différentes de celles d'abolition, que le Roi accorde en tous crimes capitaux , quoique dans les regles ordinaires ils ne foient point remiffibles ; mais Sa Majefté déclare qu'étant bien informée du fait , elle veut & entend que le crime foit entièrement aboli & éteint , de quelque maniere que le cas foit arrivé , fans que l'impétrant en puiffe être à l'avenir aucunement pourfuivi.

Ces Lettres font Lettres de grace , procédant de la pleine & fouveraine autorité du Roi.

La Déclaration du 22. Novembre 1683. défend aux Chancelleries près les Cours , de fceler aucune rémiffion , fi ce n'eft pour homicides involontaires, ou pour légitime défenfe de la vie , ou quand l'impétrant aura couru rifque de la perdre ; & aux Cours & Juges de les entériner en autres cas , quand même l'expofé fe trouveroit conforme aux charges.

Mais quand aux rémiffions fcellées au grand Sceau, ordonne aux Cours & Juges de les entériner, quand l'expofé fe trouvera conforme aux charges & informations , ou que les circonftances ne feront pas tellement différentes , qu'elles changent la qualité de l'action ; & ce fuivant l'art. 1. du tit. 16. de l'Ordonnance de 1670. & quoique le terme d'abolition ne foit pas employé dans les Lettres.

Le Roi n'accorde point des Lettres d'abolition & de rémiffion : I°. Pour duels. L'article 30. de l'Edit pour les duels de l'année 1679. porte , que nul ne

pourra pourfuivre au Sceau l'expédition d'aucune grace , ès cas où il y aura foupçon de duel ou de rencontre préméditée , qu'il ne foit actuellement prifonnier à la fuite du Roi , ou dans la principale prifon du Parlement, dans le reffort duquel le combat aura été fait ; & après qu'il aura été vérifié qu'il n'a contrevenu en aucune façon à l'Edit , & avoir pris fur ce l'avis de Meffieurs les Maréchaux de France , Sa Majefté fe referve d'accorder des Lettres de rémiffion en connoiffance de caufe.

II°. Pour les affaffinats prémédités. Dans ces deux cas , le Roi défend de donner des Lettres d'abolition ou de rémiffion , tant aux principaux auteurs , qu'à ceux qui les ont affiftés , pour quelque occafion ou prétexte qu'ils aient été commis , foit pour venger leur querelle ou autrement.

III°. Pour ceux qui à prix d'argent ou autrement, fe louent ou fe gagent pour tuer, outrager, excéder, ou recouvrer des mains de Juftice les prifonniers pour crimes , ni à ceux qui les ont loués ou induits pour ce faire , encore qu'il n'y ait qu'une feule machination ou attentat, & que l'effet n'en foit pas enfuivi.

IV°. Pour crime de rapt commis par violence.

V°. Pour ceux qui ont outragé ou excédé dès Magiftrats ou Officiers , Huiffiers & Sergens , exerçans ou exécutans quelque acte de Juftice.

Le Roi ordonne que , fi pour les cas fufdits , des Lettres d'abolition ou de rémiffion avoient été accordées , les Cours lui en puiffent faire leurs remontrances , & les autres Juges repréfenter à M. le Chancelier ce qu'ils jugeroient à propos.

Les Lettres d'abolition , de rémiffion , ou de pardon , obtenues par des Gentils-hommes , ne peuvent être adreffées qu'aux Cours fouveraines , lefquelles néanmoins peuvent renvoyer fur les lieux l'inftruction du procès , fi la Partie civile le requiert , & qu'elles le jugent à propos.

Mais celles qui font obtenues par d'autres, doivent être adreffées aux Baillifs & Sénéchaux royaux des lieux où il y a Préfidial ; & dans les Provinces où il n'y a point de Préfidial, l'adreffe en doit être faite aux Juges reffortiffans nuement aux Cours fouveraines.

Néanmoins les Lettres obtenues par des Gentils-hommes, peuvent être adreffées aux Préfidiaux , fi leur compétence y a été jugée.

Ces Lettres doivent être préfentées dans trois mois du jour de l'impétration , après lefquels les impétrans font obligés d'en obtenir d'autres;& pour préfenter des Lettres de rémiffion , il faut être actuellement en prifon. Voyez le tit. 16. de l'Ordonnance de 1670. Voyez auffi ce qui eft dit ici fous le mot d'abolition.

REMONTRANCE , eft une humble fupplication que les Cours fouveraines font au Roi , pour le prier de faire reflexion fur les inconveniens ou les conféquences de quelqu'un de fes Ordres ou de fes Ecrits.

Par l'Ordonnance de Louis XIII. art. 1. les Remontrances étoient permifes touchant l'obfervation des Ordonnances. L'article 5. du tit. 1. de l'Ordonnance de 1667. porte , que les Cours à qui Sa Majefté aura envoyé des Ordonnances , Edits & Déclarations, Lettres patentes , feront tenues de lui repréſenter ce qu'elles jugeront à propos, dans la huitaine après la délibération, pour les Compagnies qui ſe trouveront dans les lieux de ſon ſéjour, & dans ſix ſemaines pour les autres qui en feront éloignées ; après lequel tems elles feront tenues pour publiées, &c.

La Déclaration du 24, Février 1673. regle la forme qui doit être obſervée dans les Compagnies, pour l'enregiſtrement des Edits & Lettres patentes du Roi, émanés de ſa propre autorité & ſeul mouvement ; excepté les Lettres patentes expédiées ſous le nom & au profit des Particuliers, à l'égard deſquelles les oppoſitions pourront être reçues.

Mais par la Déclaration du 15. Septembre 1715. le Parlement de Paris a été rétabli dans l'ancienne liberté de faire ſes remontrances, avant que d'être obligé de procéder à l'enregiſtrement des Ordonnances, Edits & Déclarations qui lui feront adreſſés. La Chambre des Comptes & la Cour des Aides de Paris ont auſſi obtenu ſemblables Déclarations en leur faveur en date du même jour.

L'exécution d'une Ordonnance n'eſt pas ſurfiſe, ſous prétexte des repréſentations qu'il eſt permis aux Cours de faire pour ſon interprétation, de la déclaration ou modération. Voyez l'Ordonnance de Moulins, article 1. & celle de 1667. article 3. titre premier.

Voici le contenu ès Lettres patentes données à Paris le 26. Août 1718. au ſujet des Remontrances.

Iº. Que le Parlement de Paris puiſſe continuer de » nous faire des Remontrances ſur nos Ordonnances, » Edits, Déclarations & Lettres patentes qui lui ſont » adreſſés, pourvû que ce ſoit dans la huitaine, ainſi » qu'il eſt porté par la Déclaration du mois de Sep- » tembre 1715. & dans la forme preſcrite par l'arti- » cle 3. du titre 1. de l'Ordonnance de 1667. lui » défendons de faire aucunes remontrances, déli- » bérations, repréſentations ſur nos Ordonnances, » Edits, Déclarations & Lettres patentes qui ne lui » auront pas été adreſſées.

» IIº. Que faute par ledit Parlement de Paris de » faire ſes remontrances dans huitaine du jour que » leſdits Edits, Déclarations & Lettres patentes lui » auront été préſentés, ils ſoient réputés & tenus » pour enregiſtrés ; & en conſéquence, qu'il ſera » envoyé une expédition en forme aux Bailliages & » Sénéchauſſées du reſſort du Parlement de Paris, » pour être exécutés ſelon leur forme & teneur, & » le contenu en iceux être obſervé ſous telles peines » qu'il appartiendra ; & en cas de contravention, » tant par leſdits Baillifs & Sénéchaux, dans leurs » Arrêts, Sentences & Jugemens, qu'ils feront par » nous caſſés & annullés, ſuivant la forme preſcrite » par l'Ordonnance.

» IIIº. Que lorſque le Parlement aura délibéré de » faire des remontrances dans la forme & dans le » tems ci-deſſus marqué, les Gens du Roi ſe retire- » ront vers nous pour nous en informer ; & nous leur » ferons ſçavoir ſi nous deſirons les recevoir de » vive voix ou par écrit.

» IVº. Au premier cas, nous indiquerons au Par- » lement le jour auquel nous trouverons bon d'écou- » ter ſes remontrances ; & au ſecond cas, faute par » le Parlement de remettre ſes remontrances par écrit

» à l'un de nos Secretaires d'Etat & de nos comman- » demens, huit jours après que nous leur en aurons » donné l'ordre, les Edits, Déclarations & Lettres » patentes feront cenſés enregiſtrés ; ainſi qu'il eſt » porté par l'article 2. des préſentes.

» Vº. Après que nous aurons écouté ou reçu les re- » montrances, s'il nous plaît d'ordonner que les » Edits, Déclarations & Lettres patentes feront enre- » giſtrés, le Parlement ſera tenu d'y ſatisfaire ſans » délai ; ſinon l'enregiſtrement ſera cenſé en avoir été » fait, & il en ſera envoyé des expéditions, ſuivant » qu'il eſt expliqué au ſecond article ci-deſſus : ſauf » au Parlement, après l'enregiſtrement, de faire » de nouvelles remontrances, auxquels nous au- » rons tel égard qu'il appartiendra.

» VIº. Défendons très-expreſſément audit Parle- » ment d'interpréter les Edits, Déclarations & Let- » tres patentes qui auront été dreſſés de notre ordre ; » & en cas que quelques articles lui paroiſſent ſujets » à interprétation, le Parlement de Paris pourra, » conformément à l'art. 3. du tit. 1. de l'Ordonnance » de 1667. nous repréſenter ce qu'il eſtimera conve- » nable à l'utilité publique, ſans que l'exécution en » puiſſe être ſurfiſe, ni qu'aucun de nos Edits, Or- » donnances, Déclarations, Lettres patentes ou Ré- » glemens puiſſent être interprétés ou modifiés par » ledit Parlement de Paris, ſous aucun prétexte.

» VIIº. N'entendons que le Parlement de Paris » puiſſe inviter les autres Cours à une aſſociation, » union, confédération, conſultation ni aſſemblée, » par députés ou autrement, pour quelque cauſe ou » occaſion que ce ſoit, ſans notre expreſſe permiſ- » ſion par écrit, à peine de déſobéiſſance, & ſous » telle autre peine qu'il appartiendra, ſuivant l'e- » xigence des cas.

» VIIIº. Lui défendons pareillement de faire aucu- » ne aſſemblée ou délibération, touchant l'adminiſ- » tration de nos Finances, ni de prendre connoiſſan- » ce d'aucunes affaires qui concernent le gouverne- » ment de l'Etat, ſi nous n'avons agréable de lui en » demander ſon avis par un ordre exprès.

» IXº. Déclarons nuls & de nul effet tous procès » verbaux, Arrêts, délibérations, arrêtés ou autres » actes que ledit Parlement de Paris pourroit avoir » faits par le paſſé, ou pourroit faire à l'avenir au » ſujet des Edits, Déclarations & Lettres patentes » qui ne lui ſont pas adreſſés, ſoit par rapport » aux affaires du gouvernement de l'Etat, ſur leſ- » quelles nous ne lui aurons pas demandé ſon avis.

» Xº. Ce faiſant, avons d'abondant caſſé & annul- » lé l'Arrêt du Parlement de Paris du 20. Juin der- » nier, dont nous avons ordonné la caſſation par ce- » lui rendu en notre Conſeil le même jour.

» Comme auſſi nous avons caſſé & annullé, caſſons & » annullons tous Arrêts, Actes de publication d'affi- » ches, de notification & autres, qui pourroient » avoir été faits contre l'Edit du mois de Mai der- » nier enregiſtré en la Cour des Monnoies, ou l'a- » dreſſe eût avoit été faite, ſoit au préjudice dudit » Arrêt du Conſeil, & de celui du lendemain, où » des Lettres patentes expédiées ſur icelui, adreſſées » au Parlement qui ne les a pas encore enregiſtrées.

» Avons pareillement caſſé & annullé l'Arrêt du

» Parlement de Paris du 12. de ce mois, comme at-
» tentatoire à l'autorité Royale, & toutes les délibé-
» rations ou procédures qui ont précédé & suivi l'Ar-
» rêt , ou qui pourroient être faites à l'avenir sur
» ce qu'il contient , & sur toutes autres matie-
» res semblables. Défendons au Parlement de trai-
» ter de telles affaires , que lorsque nous voudrons
» lui faire l'honneur de l'en consulter.

» Voulons que lesdits Arrêts, arrêtés, délibéra-
» tions, procès verbaux , & autres Actes faits en
» conséquence , soient rayés & biffés dans les Re-
» gistres du Parlement , & par-tout ailleurs où be-
» soin sera ; & qu'en marge d'iceux mention soit
» faite dudit Arrêt , & de ces Présentes qui seront
» lûes , publiées & affichées , tant dans la bonne
» Ville de Paris que dans les Villes & principaux
» lieux du ressort ; à l'effet de quoi , copies dûement
» collationnées en seront envoyées directement aux
» Bailliages , Sénéchaussées, & par-tout où besoin
» sera , pour y être enregistrées à la diligence de nos
» Procureurs , qui seront tenus de nous en certifier
» dans le mois , à peine d'interdiction.

» Si vous mandons que ces Présentes vous ayez à
» faire lire , publier & enregistrer , & le contenu en
» icelles garder & observer de point en point selon
» leur forme & teneur, sans que, pour quelque cause
» ou prétexte que ce soit, il y soit contrevenu. En-
» joignons à notre Procureur général de nous avertir
» des contraventions , si aucunes y étoient faites ,
» même d'en informer ; & à nos Baillifs , Séné-
» chaux , Sieges présidiaux , & tous autres nos Ju-
» ges de votre ressort, que ces Présentes ils aient
» à faire pareillement lire , publier & enregistrer ,
» & en certifier dans le mois , à peine d'interdic-
» tion : car tel est notre bon plaisir , &c.

*LE ROI , séant en son lit de Justice , de l'avis du
Duc d'Orléans Régent , a ordonné & ordonne que les
présentes Lettres patentes seront enrégistrées au Greffe
de son Parlement , & que sur le repli d'icelles il soit
mis que la lecture en a été faite , & ledit enrégistrement
ordonné , ce requerant son Procureur général , pour le
contenu en icelles être exécuté selon sa forme & teneur ;
& copies collationnées envoyées aux Bailliages & Sénéchaussées du ressort , pour y être pareillement lues , publiées & enrégistrées : Enjoint aux Substituts de son
Procureur général de l'en certifier dans le mois. Fait
en Parlement , le Roi tenant son lit de Justice dans
le Château des Tuilleries , le vingt-sixieme jour d'Août
mille sept cens dix-huit. Signé* GILBERT.

REMONTRANCE , se prend aussi pour l'excuse
qu'un Avocat ou Procureur fait au Barreau, quand
une cause est appellée , pour la faire remettre à un
autre jour. En ce cas , les Juges font droit sur la
remontrance & remettent la cause , s'ils le trouvent
à propos ; sinon ils ordonnent aux Avocats ou aux
Procureurs de plaider , si les causes sur lesquelles la
remontrance est fondée , leur paroissent frivoles.

REMONTRANCES sont des écritures que les
Parties fournissent respectivement au Châtelet de
Paris , suivant la Sentence qui les appointe à mettre dans trois jours. Ce terme est plus usité en Province qu'à Paris.

On les dresse comme un avertissement ; il n'y a
que le premier mot à changer.

REMONTRANCES ET REPRESENTATIONS SUR
DES LETTRES D'ABOLITION , sont celles qui se font
par les Juges à qui elles sont adressées , pour marquer au Roi ou à M. le Chancelier , que le crime
pour lequel elles ont été obtenues n'est pas remissible , sans que la liberté d'en débouter les impétrans leur soit en ce cas laissée.

Ces remontrances se font par les Cours supérieures à Sa Majesté , & à M. le Chancelier , quand
elles se font par les autres Juges.

V. Bornier sur le tit. 18. de l'Ordonnance de 1670.
article premier & suivans , & article pénultieme.

REMPLACER , signifie remettre une chose en la
place d'une autre. Un mari est tenu de remplacer
en d'autres immeubles les deniers provenans des
propres de sa femme. Un tuteur est dans la même
obligation à l'égard des deniers de ses mineurs.

REMPLIR , se dit de ce qu'on écrit à l'endroit
qu'on avoit laissé en blanc. Un Notaire ne doit délivrer aucun acte dont la date & les sommes ne
soient remplies.

REMPLOI DES PROPRES ALIENÉS , est le remplacement qui doit être fait des propres appartenans
à l'un des conjoints , lorsqu'ils ont été aliénés pendant le mariage , à l'effet d'empêcher que le prix
d'iceux entre dans la communauté.

On ne distingue plus à présent entre les aliénations
volontaires & les aliénations forcées. C'est aujour-
d'hui une maxime certaine , que le remploi des propres aliénés pendant le mariage est toujours dû ,
tant à l'un qu'à l'autre des conjoints.

Ainsi , quand il a été vendu des propres à l'un des
conjoints , celui à qui ils appartenoient , ou son héritier , en reprend le prix sur la communauté &
hors part , quoiqu'il y ait eu dans le contrat de mariage aucune convention là-dessus. Cette disposition
de l'art. 232. de la Coutume de Paris a paru si
juste , que presque toutes celles qui ont été réformées après la Coutume de Paris , en ont adopté la
décision , & que l'autorité des Arrêts l'a étendue
aux Coutumes qui n'en ont point parlé.

Si les biens de la communauté ne sont pas suffisans
pour fournir les prix des propres de la femme qui ont
été aliénés , le prix se prend sur les propres du mari.

Il n'en est pas de même quand il s'agit des propres du mari; il n'en peut jamais reprendre le prix sur
les biens de sa femme ; parce qu'il doit s'imputer
à lui-même , si étant maître de la communauté , il
ne l'a pas rendue opulente.

Quand les deniers stipulés propres à la femme par
son contrat de mariage , sont employés par son mari
en acquisition d'héritages ou autres immeubles , le
mari déclare par le contrat d'acquisition , que
c'est pour satisfaire à la clause du remploi stipulé
ou porté par son contrat de mariage.

Mais c'est improprement qu'on dit remploi , car
c'est un emploi de deniers; & le remploi suppose que
les deniers sont provenus de l'aliénation d'un héritage appartenant à la femme , faite pendant la communauté , par le moyen du consentement de la femme ; auquel cas le mari , faisant depuis des acquisitions d'héritages ou d'autres immeubles , & déclarant par les contrats d'acquisition que c'est pour

fervir de remploi des biens ou héritages propres de fa femme qu'il a aliénés , les héritages acquis appartiennent à la femme , le remploi des propres aliénés étant fait exécuté par ceux qui ont été acquis.

Voyez M. le Brun , Traité de la Communauté , liv. 3. chap. 2. fect. 1. dift. 2. & ce que j'ai dit fur l'art 232. de la Coutume de Paris.

RENCHERIR , fignifie faire une enchere au deffus d'un autre.

RENFORT DE CAUTION , eft celui qui fe rend caution du principal débiteur conjointement , & s'oblige folidairement avec la premiere caution à payer ce qu'il doit , au cas que fa caution ne foit pas folvable.

Il y a donc une grande différence entre un renfort de caution , & un certificateur de caution. Le renfort de caution répond de la folvabilité du principal débiteur , de même que la caution; au lieu que le certificateur de caution ne répond pas de la folvabilité de la caution , & n'eft tenu envers le créancier qu'après difcuffion faite , non - feulement du principal débiteur , mais encore après la difcuffion faite de la caution , à moins qu'il n'y ait quelque claufe à ce contraire dans l'acte de fa réception. *Voyez* Certificateur de caution.

RENONCIATION , fe dit de tout acte par lequel on renonce au droit acquis.

On ne peut valablement renoncer au droit qui n'eft pas acquis , puifque pour renoncer à une chofe , il faut qu'elle nous appartienne. Ainfi toute renonciation que nous aurions faite d'une chofe qui nous feroit échue depuis , ne nous empêcheroit pas d'en jouir , attendu que la renonciation feroit nulle , & que ce qui eft nul ne peut produire aucun effet.

Mais on peut renoncer à un droit qui eft acquis , pourvû que la renonciation ne déroge qu'au droit particulier de celui qui la fait , & ne contienne point de dérogation au droit public. *Quilibet poteft juri fuo renunciare , modò tamen juri publico fimul non renuntiet ; quia privatorum pactis jus publicum infringi non poteft* , comme nous dirons ci-après.

Générale renonciation ne vaut , dit Loyfel , liv. 3. tit. 1. art. 9. c'eft-à-dire , que celui qui renonce dans un acte à tous privileges , ne renonce à aucun : il faut que les privileges auxquels on renonce , foient nommément exprimés ; ou qu'après avoir renoncé expreffément à quelques privileges , on renonce à tous autres généralement quelconques , en déclarant qu'on ne veut point s'en fervir.

RENONCIATION AU BENEFICE D'ORDRE , DIVISION ET DISCUSSION. Pour entendre ce que c'eft que cette renonciation , il faut fçavoir que les fidéjuffeurs , qui en s'obligeant pour le principal débiteur , n'ont point renoncé au bénéfice de difcuffion , ne peuvent être contraints de payer , que difcuffion préalablement faite des biens du principal obligé.

Mais ordinairement on les fait renoncer , tant entr'eux , s'ils font plufieurs , au bénéfice de divifion à leur égard , qu'au bénéfice de difcuffion à l'égard du principal obligé , auquel ils deviennent tous obligés folidairement , chacun pour le tout.

Les fidéjuffeurs qui ont renoncé à ces bénéfices , ou à l'un d'eux , ne s'en peuvent fervir. *Quilibet po-*

teft renunciare favori fpecialiter pro fe introducto. Leg. penult. cod. de pactis.

Mais il faut que cette renonciation foit expreffe ; car celle par laquelle un fidéjuffeur renonceroit en général à tous les bénéfices qu'il pourroit avoir , ne feroit pas fuffifante pour l'exclure de fes bénéfices , parce que la renonciation aux droits qui nous font acquis eft de rigueur ; & par conféquent fi elle n'eft expreffe , elle ne fe fous-entend point ; autrement il arriveroit très-fouvent qu'on feroit exclus , contre fon intention , de quelque bénéfice qui nous feroit accordé par la Loi.

Voyez M. Charles Dumoulin , *Tract. de Ufur. quæft. 7. n. 133.* Maynard , liv. 8. chap. 31. & la Peyrere lettre D.

RENONCIATION AU DROIT PUBLIC , n'eft pas valable , fuivant la Loi 38. ff. de pactis , qui dit : *Jus publicum privatorum pactis mutari non poteft.* Giphanius fur cette Loi dit : *Ratio eft perfpicua , quia major eft vis legis & juris quàm pacti. Ufus hujus regulæ latiffimè patet in matrimoniis , in fucceffionibus & contractibus.*

On n'a donc pas la liberté de déroger au droit public par des conventions particulieres, à moins que la Loi qui enjoint ou qui défend expreffément quelque chofe , ne permet d'y déroger. Autrement la Loi deviendroit illufoire , fi l'on autorifoit de femblables renonciations. *Vide Cujacium , ad dict. Neg. 38. ff. de pact.* *Voyez* auffi ce que j'ai dit , *verbo* déroger à la Loi.

On permet néanmoins dans les contrats de mariage , de s'écarter du Droit commun par des conventions particulieres ; mais il n'y a que la faveur des contrats de mariage , qui eft un grand bien pour le Public , qui a fait admettre dans ces fortes de contrats toutes fortes de conventions , pourvû qu'elles ne foient pas contraires aux bonnes mœurs. Enfin , depuis qu'un tel contrat a eu fon entiere exécution par la célébration du mariage , on n'y peut plus donner d'atteinte directement ou indirectement par des traités poftérieurs.

RENONCIATION AU SENATUS CONSULTE VELLEÏEN. En Droit, ce Sénatufconfulte exempte les femmes de payer les dettes auxquelles elles fe font obligées comme cautions ; mais il leur eft permis de renoncer au bénéfice que ce Sénatufconfulte leur accorde. C'eft la difpofition de la Loi 32. §. 4. ff. ad *Senatufc. Velleïan.* & de la Loi 21. au code eod. tit.

Cette renonciation fe peut faire , foit en Jugement ou hors le Jugement. *Leg. ult. §. 4. ff. ad Senatufconf. Velleïan. Leg. 21. cod. eodem.*

Il y a bien de la différence entre le Sénatufconfulte Macedonien , & le Sénatufconfulte Velleïen : comme le premier a été fait en haine des ufuriers qui prêtent de l'argent aux fils de famille pour fournir à leurs débauches , il eft défendu aux fils de famille d'y renoncer ; l'autre au contraire ayant été fait en faveur des femmes , il leur eft permis d'y renoncer fuivant la regle qui veut , que , *quilibet renuntiare poffit juri pro fe introducto.*

Quoique fuivant la Loi 32. ff. ad Senatufconf. *Velleïan.* il foit permis à une femme de renoncer au Velleïen , tous les Docteurs qui ont écrit fur cette Loi ,

& tous les Arrêts qui font intervenus en cette efpece, ont décidé que pour renoncer valablement au Velleïen, il faut que la femme foit avertie quel eft l'effet de ce Sénatufconfulte, & que les mots de cet avertiffement prononcés par le Notaire à la femme, foient marqués dans le contrat ; autrement la renonciation n'eft point valable. Guy Coquille dans fon Commentaire de la Coutume de Nivernois, fur l'art. 10. du titre des Droits appartenans à gens mariés.

RENONCIATIONS aux cas fortuits, font valables : cependant les cas fortuits font ceux que l'on ne peut prévoir, & que l'on ne peut empêcher. Or on n'eft jamais tenu à l'impoffible. *Impoffibilium nulla eft obligatio.*

On répond à cela : que celui qui renonce aux cas fortuits ne s'oblige point à l'impoffible ; car il ne s'engage point à les empêcher, mais il fe charge feulement de prendre fur lui tout le dommage qui pourra en arriver : ce qui lui fera poffible, puifqu'il ne s'agit plus que d'intérêt pécuniaire.

RENONCIATION a la communauté, eft un acte par lequel une femme renonce à la communauté qui étoit entre fon mari & elle ; au moyen de quoi elle n'eft pas tenue des dettes de la communauté.

Cette renonciation fe faifoit dans les premiers tems avec des cérémonies qui tenoient de la fimplicité des fiecles paffés, & qui depuis ont été jugés inutiles. La veuve jettoit fa ceinture, fa bourfe & fes clefs fur la foffe du défunt ; par ces marques extérieures d'un abandonnement apparent, elle payoit de fes larmes les dettes de fon mari.

Aujourd'hui cette renonciation fe fait au Greffe, ou par acte paffé pardevant Notaire ; mais il faut pour que la renonciation foit valable, que les chofes foient entieres, & que la veuve ait fait faire inventaire, ainfi que l'ordonne l'article 237. de la Coutume de Paris.

La clôture d'inventaire dans trois mois, qui eft requife par l'article 241. de la même Coutume, à l'égard des enfans mineurs, à l'effet d'empêcher la continuation de communauté, n'eft point requife pour la validité de la renonciation à l'égard des créanciers, puifque la Coutume n'en parle point à cet égard. Ainfi dans les Coutumes qui n'en parlent point, la clôture de l'inventaire n'eft point requife pour faire valider cette renonciation.

La Coutume de Paris ne prefcrit point de tems dans ledit art. 237. pour faire l'inventaire à l'effet de la renonciation à l'égard des créanciers, de forte qu'il fuffit que la veuve le faffe, quand elle eft pourfuivie par les créanciers, fauf l'action de recelé. Mais il y a d'autres Coutumes plus fages qui ont prefcrits aux veuves un certain tems pour faire inventaire ; ce que la Coutume de Paris ne devoit pas omettre.

Cette néceffité de faire inventaire pour la validité de la renonciation à la communauté, n'a point lieu en cas de féparation de biens, mais feulement dans la diffolution de communauté qui arrive par la mort du mari ; parce qu'au dernier cas la veuve demeure faifie de tout, & qu'au premier cas tout eft au mari.

La femme ou fes cohéritiers peuvent renoncer à la communauté, à la différence du mari qui n'y

Tome II.

peut pas renoncer, parce qu'étant maître de la Communauté, il fe doit imputer fi elle eft défavantageufe.

La faculté qu'a la femme de renoncer à la communauté, étant un droit établi fur la Coutume, elle eft tranfmiffible à fes héritiers. Mais la faculté de reprendre franchement de toutes dettes tout ce qu'elle y aura apporté, étant un droit fondé fur la claufe de ftipulation qui eft appofée au contrat de mariage, cette faculté eft bornée & reftreinte à la perfonne de la femme, quand elle y eft fpécialement accordée, & qu'il n'eft point fait mention de fes heritiers ; parce que les ftipulations particulieres & perfonnelles, qui font en quelque maniere contraires au droit commun, font bornées aux perfonnes, au nom & en faveur defquelles elles font faites.

Les enfans qui renoncent à la communauté, ne peuvent donc reprendre ce que leur mere y a apporté, que quand il y a une claufe expreffe dans le contrat de mariage, qui leur accorde cette faculté ; à plus forte raifon des héritiers en ligne collatérale n'ont la faculté de reprife, que quand elle leur eft fpécialement accordée par le contrat de mariage.

Pour que la renonciation de la veuve à la communauté foit valable, il faut qu'elle foit faite, la chofe étant entiere, ainfi qu'il eft dit en l'art. 237. de la Coutume de Paris ; c'eft-à-dire, que la veuve n'ait pas accepté la communauté, ni fait d'acte de commune, en difpofant des biens qui la compofent, ou en les recellant.

Voyez ce que j'ai dit fur cet article de la Coutume de Paris. Nous remarquerons feulement ici que la renonciation faite à la communauté par une veuve, qui en avoit auparavant fouftrait & recelé quelques effets, feroit tenue des dettes de la communauté pour moitié, comme fi elle n'avoit point renoncé à la communauté ; *Quia fraus fua nemini patrocinari debet*; Leg. 1. ff. *de dolo malo*; & parce qu'au moyen de ce recelé, elle auroit fait acte de commune. Mais les effets qu'une veuve auroit recelés après fa renonciation à la communauté, ne l'obligeroit qu'à les repréfenter, & à en tenir compte à la fucceffion de fon mari. Leg. 71. §. 7. ult. ff. *de acquir. vel. omit. hæred.*

L'effet de la renonciation valablement faite par une veuve à la communauté, eft qu'elle n'eft point tenue de dettes de la communauté.

Elle reprend donc fes propres & acquêts qu'elle avoit avant fon mariage, avec fes habits : ce faifant, elle eft déchargée de toutes dettes efquelles elle ne s'eft point obligée. A l'égard de celles dans lefquelles elle auroit parlé, elle peut être pourfuivie par les créanciers envers lefquels elle s'eft obligée, & ils font en droit de la faire payer ; mais elle a fon recours fur les biens de fon mari.

Il y a même des dettes fi privilégiées, que la renonciation à la communauté n'en delibere point la veuve, quand le mari eft mort infolvable. Ainfi, par Arrêt du 19. Avril 1580. il a été jugé que la veuve qui avoit renoncé à la communauté, étoit tenue des dettes contractées par fon mari pour alimens pendant le mariage, auxquelles du moins les fruits de fes deniers dotaux font affectés, parce que ces dettes font néceffaires , & que la femme y a participé.

Par la même raifon , une veuve peut, nonobftant fa renonciation à la communauté , être pourfuivie par les Médecins , Chirurgiens & Apoticaires , pour vifites , panfemens & médicamens fournis pendant la communauté , lefquelles peuvent fe prendre fur les fruits des biens de la femme , quand le mari eft mort infolvable.

Touchant l'effet que produit la renonciation de la veuve à la communauté , *voyez* ce que j'ai dit fur l'article 237. de la Coutume de Paris.

Autrefois la veuve qui renonçoit à la communauté perdoit le don mutuel dont elle auroit pu jouir, mais cette Jurifprudence eft aujourd'hui changée , & la même qui renonce à la communauté , ne le perd plus. *Voyez* ce que j'ai dit fur l'art. 280. de la Coutume de Paris , glofe 3, nomb. 22.

RENONCIATION a une succession echue, eft un acte par lequel un héritier renonce à une fucceffion qui lui eft échue.

Tout héritier peut renoncer à une fucceffion directe ou collatérale ouverte à fon profit , pourvû que les chofes foient entieres, c'eft-à-dire , qu'il ne fe foit point immifcé dans les biens de la fucceffion, & n'ait fait aucun acte d'héritier. *Voyez* l'article 317. de la Coutume de Paris , & ce que j'ai dit ci-deffus. *Voyez* auffi ce que j'ai dit ci-deffus , *verbo* Acte d'héritier.

Cependant un héritier ne peut point , en fraude de fes créanciers , renoncer aux fucceffions qui lui font échues, tant en directe qu'en collatérale. Ainfi quoique fuivant les regles , nul ne fe porte héritier qui ne veut , néanmoins un débiteur n'a pas la liberté de renoncer à une fucceffion qui lui feroit échue ; autrement il arriveroit qu'il dépendroit de lui de frauder fes créanciers , & de tirer en même tems quelque avantage de fa fraude, en prenant fous main une récompenfe de fes cohéritiers pour faire fa renonciation.

Les créanciers du débiteur qui veut renoncer à une fucceffion, peuvent donc le contraindre à leurs rifques , périls & fortune de l'accepter , en demeu- rant caution de l'acquitter en tout événement ; ou bien ils peuvent fe faire fubroger en fon lieu & pla- ce ; ce faifant , exercer fes droits , & faire toutes les pourfuites néceffaires pour la difcuffion de fes droits & actions , ainfi qu'il auroit pû faire.

Mais cette fubrogation ne peut être demandée que par les créanciers antérieurs à la renonciation ; car à l'égard de ceux qui font poftérieurs, ils ne peuvent pas dire que la renonciation ait été faite à leur préjudice, puifque pour lors ils n'étoient pas encore créanciers : ce qui a été jugé ainfi par Arrêt du Parlement de Rouen , le 7. Juillet 1644. rap- porté par Bafnage fur l'article 278. de la Coutume de Normandie.

L'héritier préfomptif en ligne directe peut être pourfuivi pour prendre qualité , jufqu'à ce qu'il ait fait la renonciation en Juftice ou pardevant Notai- res , fuivant l'ufage du Châtelet de Paris. Mais il fuffit à l'héritier en ligne collatérale , pour faire ceffer les pourfuites des créanciers héréditaires , de leur faire fignifier une fimple déclaration qu'il n'eft point héritier , fans qu'il foit obligé de renoncer en Juftice ou pardevant Notaires.

L'effet de la renonciation eft , que l'héritier qui a renoncé eft déchargé de toutes les dettes & au- tres charges de la fucceffion , pourvû que la renon- ciation foit pure & fimple , & non pas en faveur d'une certaine perfonne ; car ce ne feroit pas alors une renonciation , mais une véritable ceffion , qui donneroit à celui qui l'auroit faite la qualité d'hé- ritier ; parce qu'il n'a pu céder le droit qu'il a dans la fucceffion échue , qu'après l'avoir acquis par l'ac- ceptation de la fucceffion. Le Prêtre , cent. 2, chap. 62.

Touchant la renonciation à une fucceffion échue , *voyez* ce que j'en ai dit fur l'art. 316. de la Coutu- me de Paris.

RENONCIATION a une succession non en- core echue. Dans les regles ordinaires , perfonne ne peut valablement renoncer au droit qui ne lui eft pas acquis ; néanmoins une fille contractant maria- ge , peut valablement renoncer aux fucceffions de fes pere & mere , par lefquels elle eft dotée.

Suivant la difpofition du Droit Romain , la re- nonciation aux Succeffions futures n'eft pas vala- ble , comme il eft décidé en la Loi derniere, au Di- gefte , *de fuis & legitimus hæredibus* ; & la Loi 3. au Code *de collationibus.* Cependant le Pape Boniface VIII. par le chap. 2. *de pactis* , au fixieme livre des Décrétales , a autorifé une femblable convention , fous prétexte qu'elle étoit faite avec ferment.

En France , l'on a reçu la difpofition de ce cha- pitre , & felon les apparences , ce n'a été d'abord que par un motif de conferver la fplendeur des familles.

Dans la fuite, non-feulement on a admis la re- nonciation des filles au profit des mâles , mais auffi celle des filles au profit des autres filles , & celle des mâles au profit des autres mâles, & quelquefois mê- me au profit des filles , du moins indirectement.

C'eft ce qui arriveroit fi le puiné avoit renoncé aux fucceffions de pere & mere au profit de fon frere aîné, & que cet aîné vînt à mourir fans enfans ; dans ce cas , s'il ne reftoit dans la famille qu'une fille non mariée , elle feroit feule héritiere de fes pere & mere , à l'exclufion de fon frere qui auroit renoncé à leurs fucceffions.

Ces renonciations aux fucceffions futures ne fe font que par contrat de mariage , étant comme le prix de la dot qui ne fe conftitue que par un con- trat de mariage.

Comme elles font contraires au Droit commun , elles font odieufes & de Droit étroit , & ne font admifes que fous certaines conditions.

Il faut, I°. qu'elles foient formelles & expreffes : c'eft la doctrine de Faber , fur le Code *de pactis def.* 13. qui me paroît très-jufte ; en forte qu'une telle renonciation tacite ou par équipolence ne feroit pas valable.

II°. Que le mariage de la fille qui a fait une telle renonciation , foit légitimement contracté & accompli avant le décès de fes pere & mere. C'eft pourquoi fi tous les deux décedent avant l'accom- pliffement du mariage , la renonciation eft nulle pour le tout ; fi l'un d'eux décede, la renonciation fera nulle à fon égard, & valable à l'égard du furvivant.

III°. Que la dot foit certaine, payée comptant, ou dans un certain terme, & que le payement foit fait avant le décès des pere & mere ; car s'ils décedoient avant le payement, la renonciation n'auroit point d'effet par rapport au prédécédé. La raifon eft, que la dot eft le prix de la renonciation ; c'eft pourquoi il feroit injufte d'obliger la fille qui l'auroit faite à l'exécuter, quand la dot promife n'a pas été entiérement remplie. *Voyez* Brodeau, lettre R, chap. 17. nomb. 12. Vigier fur la Coutume d'Angoumois, titre 7. articles 95. 96. & 97.

La fille qui a renoncé à la fucceffion de fes pere & mere en faveur des mâles, n'eft point tenue des dettes & autres charges des fucceffions aufquelles elle a renoncé ; parce que ces fucceffions n'étant pas encore échues lors de la renonciation, elle ne peut pas être réputée avoir fait acte d'héritier par fa renonciation, quoique faite en faveur de fes freres, attendu que la fucceffion n'étant pas encore échue, la renonciation que l'on y fait ne peut pas tenir lieu d'acceptation.

Ces renonciations ne comprennent que les fucceffions des pere & mere, & non pas les fucceffions des collatéraux des pere & mere, ni celle des collatéraux des filles, , à moins qu'il n'en foit fait mention expreffe, ou que la renonciation ne fût générale pour toutes fucceffions : auquel cas elle comprendroit les fucceffions, tant directes que collatérales.

La fille qui a renoncé, eft en vertu de cette renonciation non feulement exclue des fucceffions de fes pere & mere, mais encore les enfans de cette fille font auffi exclus par ce moyen des fucceffions de leurs ayeuls ou ayeules, foit qu'ils viennent de leur chef ou par repréfentation, & qu'ils offrent de rapporter ce que leur mere a reçu.

Il a néanmoins deux cas où la renonciation faite par une fille ne l'empêche point de fuccéder à fes pere & mere.

I°. Quand il ne fe trouve point d'autres enfans de fes pere & mere.

II°. Quand fa renonciation n'a été faite qu'en faveur des enfans mâles, & qu'il ne fe trouve que des filles ou des defcendans des filles ; auquel cas la renonciation devient inutile en rapportant la dot, ou en prenant moins.

La fille qui a renoncé, peut être rappellée à la fucceffion, comme nous avons dit ci-deffus, *verbo* Rappel ; mais elle ne peut pas fe plaindre en pays coutumier, fi ayant renoncé à la fucceffion de fon pere, elle a été paffée fous filence dans fon teftament, parce qu'elle n'a plus rien à prendre dans fes biens. D'ailleurs, la prétérition des enfans n'annulle point en pays coutumier le teftament du pere, & ne donne point lieu à la plainte d'inofficiofité à l'égard du teftament de la mere.

En pays de Droit écrit, la fille qui a renoncé & qui a été paffée fous filence, ne peut pas non plus fe plaindre, attendu que fa renonciation fub-

fiftant, le pere ou la mere qui l'ont paffée fous filence, ne lui ont fait aucun tort, pourvu qu'ils aient inftitué héritiers leurs enfans mâles ou leurs defcendans par mâles.

Mais s'ils ont inftitué une fille ou un étranger, la renonçante qui a été paffée fous filence, peut attaquer le teftament par les voies de droit, attendu que la caufe de fa renonciation ceffe.

Dans la plupart de nos Coutumes, la fille qui a renoncé, n'eft pas admife à demander le fupplément de fa légitime, quoique la dot qu'elle a reçue n'égale pas la légitime ; *quia dos fuccedit loco legitimæ.*

Mais dans les Parlemens de Droit écrit, la fille qui a renoncé, peut nonobftant fa renonciation demander un fupplément de légitime. *Voyez* Louet & Brodeau, lett. R, fomm. 17.

La fille qui a renoncé, ne pouvant plus efpérer d'avoir part dans la bonne fortune de fes parens, elle n'eft pas auffi expofée à fubir le fort de leur mauvaife. Ainfi je crois que la dot de la fille qui a renoncé, ne doit pas contribuer à la légitime de fes freres & fœurs, en cas d'infuffifance des biens du pere & de la mere. D'ailleurs, ces fortes de renonciation n'étant autorifées que moyennant une dot certaine, elle deviendroit incertaine, fi la fille couroit le rifque de la fortune de fes parens. Plufieurs de nos Auteurs font de cet avis.

Néanmoins M. le Brun, des Succeffions, liv. 3. chap. 8. fect. 1. nomb. 73. foutient que la légitime eft plus favorable que la dot de la renonçante, & qu'ainfi elle doit contribuer à fournir la légitime aux autres enfans ; & cela a été ainfi jugé par deux Arrêts récens.

Touchant la renonciation des filles aux fucceffions futures de leurs parens, *voyez* Henrys, liv. 4 queft. 11. & 12. & ce qui en eft dit dans le Recueil alphabétique de M. Bretonnier.

RENONCIATION FRAUDULEUSE, eft celle qui eft faite par une veuve à la communauté, après en avoir fouftrait & recelé des effets. *Voyez* Recelé.

RENONCER A UN HERITAGE. *Voyez* Abandonner.

RENOUVELLER. Ce terme en plufieurs cas fe prend pour réiterer. Quand notre Coutume dit dans les articles 32. & 62. que la faifie féodale doit être renouvellée après trois ans, cela fignifie qu'elle n'a plus d'effet après ce temps, fi elle n'eft réitérée.

On dit au Palais, renouveller un delai, pour dire en accorder un nouveau.

On oblige les débiteurs à renouveller leurs obligations, leurs reconnoiffances, à en paffer titre nouvel.

Lorfqu'un bail eft expiré, quelquefois on les renouvelle, & on en fait un nouveau.

RENTE, eft un revenu qui vient tous les ans. Il y en a de plufieurs fortes, dont nous allons donner l'explication.

RENTE CONSTITUÉE eft celle qui eft dûe à celui qui a livré une fomme d'argent qui tient lieu de fonds moyennant un certain intérêt licite, payable par chacun an, jufqu'à ce qu'il plaife au débiteur de la rente de faire le rachat du fort principal.

la rente constituée est appellée rente volante, ou courante, quoiqu'immeuble.

La constitution de rente a quelque rapport avec le contrat de vente; c'est même une espèce de vente à faculté de rachat. Celui qui constitue la rente, en est le vendeur; & celui au profit de qui elle est constituée, en est l'acheteur.

La constitution de rente se peut faire sous signature privée, par promesse de passer contrat de constitution à la volonté du créancier, & d'en payer cependant les intérêts; mais une telle promesse n'emporte point hypotheque sur les biens du débiteur, qu'elle ne soit reconnue en Justice ou pardevant Notaires, auquel cas l'hypothéque n'en résulte que du jour de cette reconnoissance.

Rentes constituées sont rachetables à toujours. Il doit seulement dépendre du débiteur de faire le rachat de la rente, & non pas du créancier; & telle rente est appellée volante, parce qu'elle dure tant qu'il plaît à celui qui la doit la racheter.

Ainsi constitution de rente est un contrat de vente, qui emporte aliénation, par lequel celui qui emprunte de l'argent vend & constitue sur lui une rente, au profit de celui qui en donne le prix, au moyen de l'argent qu'il donne dont il aliene le fonds, de maniere qu'il ne le peut redemander qu'en certain cas. *Voyez* Rachat en fait de rente.

Les rentes constituées à prix d'argent sont dûes par la personne, & non pas par les héritages affectés & hypothéqués pour la sûreté d'icelles. C'est pour cette raison qu'elles sont appellées rentes personnelles, à la différence des rentes foncieres qui sont attachées au fonds.

Il est vrai qu'autrefois les rentes constituées étoient réelles & assignées sur des fonds, dont elles étoient censées faire partie, comme le prouve M. Lauriere dans sa Dissertation sur le ténement de cinq ans. Mais la Jurisprudence est très-certaine à présent que les rentes constituées ne sont plus des charges réelles, mais personnelles, & que les fonds n'y sont plus qu'hypothéqués, comme à toutes les autres dettes hypothécaires, sans qu'on puisse assigner aucune différence entre l'hypotheque d'une simple dette exigible, & celle d'une rente constituée.

Les rentes constituées à prix d'argent sont réputées immeubles, parce que le sort principal qui en est le prix ne peut point être exigé; mais les deniers provenans de leur rachat sont meubles, à moins que la rente rachetée n'appartînt à un mineur.

Ce que nous venons de dire de la qualité des rentes constituées, qu'elles sont réputées immeubles, est certain en général en pays de Coutumes; il y a néanmoins plusieurs Coutumes où elles sont meubles, comme Vitry, Troyes, & quelques autres.

Dans les Coutumes de saisine & de nantissement, elles sont meubles jusqu'à ce que le contrat ait été ensaisiné ou nanti. Enfin il y a quelques Coutumes, comme Montfort & Mantes, où elles ne sont immeubles que quand elles sont spécialement assignées sur les héritages.

A l'égard des pays du Droit écrit, les rentes constituées sont meubles, si ce n'est dans ceux qui sont du ressort du Parlement de Paris, où elles sont répu-

tées immeubles, suivant un Arrêt rendu à l'Audience de la Grand'Chambre le 16. Juillet 1668. rapporté dans le Journal des Audiences.

Pour juger si les rentes constituées sont meubles ou immeubles, & sçavoir quelle Coutume il faut suivre, si c'est celle du créancier ou celle du débiteur, il faut distinguer entre les rentes dûes par le Roi, le Clergé, les Villes, les Provinces, & celles qui sont dûes par les particuliers.

Pour les rentes dûes par le Roi, le Clergé, les Villes ou les Provinces, l'on suit la Coutume du lieu où elles sont assignées *quia habent situm certum.* Elles ont une assiette & un fonds certain, ou le Bureau est établi pour la recette du fonds destiné, pour le payement des arrérages qui s'en fait aux créanciers, Louet, lett. R, somm. 31. nomb. 2. Ainsi les rentes de l'Hôtel-de-Ville de Paris sont immeubles; mais celles qui sont dûes par les Etats de Languedoc, sont meubles.

Les rentes dûes par des particuliers se reglent par le domicile du créancier; & en cas que le créancier change de domicile, il faut suivre celui qu'il avoit lors de la création de la rente.

Néanmoins le Parlement de Rouen juge que la qualité des rentes sur Particuliers se doit régler par la Coutume du domicile du débiteur. Mais le Parlement de Paris, quand il s'agit d'une succession ouverte dans son ressort, dans laquelle il y a des rentes dûes en Normandie, juge que les rentes seront partagées suivant le domicile du créancier.

Comme le mot de dette comprend tout ce qui nous est dû; tant en choses mobiliaires qu'immobiliaires, celui qui a constitué une rente, quand même il n'en devroit aucuns arrérages, est toujours débiteur envers celui à qui il l'a constituée, & par conséquent une rente est une dette. En effet une rente n'est autre chose qu'un revenu annuel au profit du créancier de la rente; & celui qui se rend débiteur d'un revenu annuel se constitue débiteur de tous les arrérages qui en doivent échoir jusqu'au rachat, parce que les prestations annuelles sont toutes dûes dès le moment, que le contrat a été fait: ces arrérages ne sont pas néanmoins tous exigibles en même temps; aussi le débiteur n'y est pas obligé, mais seulement à les payer successivement année par année, & à mesure que le tems du payement échoira.

Cela fait que l'obligation de tous les arrérages est née dès le moment de la constitution; au lieu que l'action ne naît pour les arrérages que d'année en année. Ainsi dans le contrat de constitution il n'y a qu'une seule dette, une seule obligation, & une seule action; & il n'y a que les payemens qui doivent être fait en conséquence, qui doivent être distribué dans les différens temps qu'ils doivent échoir.

En permettant les rentes constituées à prix d'argent on a fixé les intérêts que l'on en pouvoit exiger, parce qu'il eût été trop dangereux d'en laisser la fixation à l'arbitrage des Particuliers.

Il y a eu différentes fixations de rentes sous le regne de Louis XIV, & sous le commencement du regne de Louis XV, à présent régnant. Enfin l'Edit du mois de Juin 1715. fixe les rentes sur les Particuliers au denier vingt.

L'Ordonnance de Louis XII. de l'an 1510. art.

71. porte qu'on ne peut demander que cinq années d'arrérages de rentes conſtituées.

Les rentes conſtituées à prix d'argent ſont perſonnelles, comme nous l'avons dit ci-deſſus ; mais parce que les fonds y ſont hypothéqués, elles ſont indiviſibles, comme leur hypotheque, qui eſt indiviſible.

Voyez le Recueil arphabétique de M. Bretonnier, & ce que j'ai dit des rentes conſtituées dans la Science parfaite des Notaires, liv. 5. chap. 18. & ſur le commencement du ſecond titre de la Coutume de Paris. *Voyez* auſſi ce que je vais dire ſur ce qui ſuit, où je rapporte les différences qu'il y a entre les rentes conſtituées & les rentes foncieres.

RENTE FONCIERE, eſt celle qui eſt dûe la premiere après le cens ; ce qu'on appelle ſur-cens ou fonds de terre. Ce n'eſt pas que le cens ne ſoit quelquefois appellé rente fonciere ; mais c'eſt une rente fonc
fonciere ſeigneuriale qui emporte la directe ſeigneurie de l'héritage, & par conſéquent les lots & ventes.

La rente foncière eſt celle qui eſt conſtituée pour être dûe par le fonds d'un héritage ; en ſorte qu'elle en tient lieu, comme étant ſubrogée en ſa place; ce qui fait que la rente foncière eſt au bailleur de l'héritage de même qualité que lui étoit cet héritage, c'eſt-à-dire propre ou acquêt.

Cette rente eſt appellée foncière, parce qu'elle eſt dûe par le fonds, & en tient lieu au bailleur ; à la différence des rentes conſtituées, leſquelles ſont pures perſonnelles, & ne ſont point dûes par les héritages affectés & hypothéqués pour la ſûreté d'icelles. Ainſi le débiteur eſt tenu perſonnellement de la rente conſtituée, quoiqu'il ait aliéné l'héritage qui a eſt hypothéqué ; au lieu que le preneur à rente foncière n'en eſt plus tenu, après qu'il a, en déguerpiſſant, mis hors de ſes mains l'héritage qu'il avoit pris à rente foncière. Mais celui qui a hypothéqué un fonds pour la ſûreté d'une rente conſtituée, n'en eſt pas liberé en déguerpiſſant le fonds qu'il a hypothéqué pour ladite rente.

Les rentes foncieres différent encore des rentes conſtituées, en ce que les rentes foncieres ſont de leur nature non rachetables, & le preneur ne s'en peut décharger qu'en délaiſſant & abandonnant le fonds, ainſi que je l'ai expliqué ſur l'art. 120. de la Coutume de Paris ; au lieu que les reutes conſtituées à prix d'argent ſont de leur nature rachetables à toujours, & à la volonté du débiteur, mais qui ne peut pas être conſtraint d'en faire le rachat. Les rentes conſtituées étant de leur nature rachetables, ce ſeroit une clauſe vicieuſe & de nul effet, que celle par laquelle on déclareroit une rente conſtituée non rachetable.

Les rentes foncieres ſont indiviſibles, à cauſe de l'intérêt que le Seigneur a d'être payé de ſa rente, qui eſt ſouvent un revenu aſſez fort. De ce que ces ſortes de rentes ſont indiviſibles, il s'enſuit que quand il arrive que les fonds par qui elles ſont dûes ſont diviſés, ces rentes ne le ſont pas. Les rentes conſtituées au contraire ſont diviſibles ; mais parce que les fonds y ſont hypothéqués, elles ſont indiviſibles, comme leur hypotheque eſt indiviſible.

Les rentes foncieres, quoique ſtipulées rachetables, ne peuvent être réduites en argent, quand elles ont été

conſtituées en bled ou autres eſpeces ; au lieu que les autres rentes conſtituées en bled ou autres eſpeces, ſont réduites en argent par l'Ordonnance de 1553.

Le retrait lignager a lieu pour les rentes foncieres non rachetables ; mais il n'a pas lieu pour les rentes conſtituées.

Les criées des rentes foncieres ſe font de la même maniere que celles des héritages, mais les rentes conſtituées ſe décretent autrement.

On peut demander vingt-neuf années d'arrérages des rentes foncieres ; mais on ne peut demander que cinq années d'arrérages de rentes conſtituées.

Pour les arrérages d'une rente foncière, on peut procéder par voie d'arrêt ou brandon ſur les fruits, ce qui n'a pas lieu pour la rente conſtituée. *Voyez* d'autres différences entre les rentes foncieres & les rentes conſtituées ; dans Loyſeau, liv. 1. des rentes, chap. 3.

Quoique les rentes foncieres ſoient non rachetables de leur nature, elles peuvent néanmoins être rachetables en vertu d'une convention expreſſe appoſée au contrat de conſtitution deſdites rentes.

La rente foncière ſtipulée rachetable eſt une vraie vente, & elle en produit tous les effets. L'acquéreur, au lieu de payer le prix de l'héritage, conſtitue ſur lui une rente rachetable, qui eſt réputée le prix convenu ; duquel l'acquéreur eſt obligé de payer les intérêts au vendeur juſqu'au rembourſement de ladite rente.

Et comme cette rente foncière ſtipulée rachetable eſt une vraie vente, les droits de lots & ventes ſont dûs au Seigneur dès le tems du contrat, ſans qu'il ſoit tenu d'attendre le rachat de la rente.

Mais le bail à rentec foniere non rachetable n'eſt point réputé vente. Ainſi, quand l'acquéreur, au lieu de l'héritage qu'il acquiert, conſtitue une rente non rachetable, il ne doit point les droits ſeigneuriaux, parce que cette rente tient lieu du fonds : c'eſt pourquoi, lorſque l'on vend cette rente, les droits ſont dûs, & l'aliénation devient parfaite.

Les rentes foncieres ſe diviſent en rentes ſeigneuriales, & ſimples rentes foncieres.

Les rentes foncieres ſeigneuriales ſont celles qui ſont dûes au Seigneur de fief, dans la mouvance duquel eſt l'héritage baillé à rentes.

Les ſimples ſont dûes à celui qui a aliéné l'héritage, à la charge d'une rente foncière, perpétuelle & non rachetable. *Voyez* ci-après Rente ſeigneuriale. *Voyez* auſſi ce que j'ai dit ſur le commencement du ſecond titre de la Coutume de Paris.

Touchant les rentes foncieres, *voyez* ci-deſſus Bail d'héritage, & la Science des Notaires, liv. 5. chap. 23.

RENTE DONT ON IGNORE L'ORIGINE, EST RÉPUTÉE RENTE FONCIERE, ET QUELQUEFOIS RENTE CONSTITUÉE. Elle eſt réputée rente conſtituée & rachetable, quand elle n'eſt pas fort ancienne. Mais quand une redevance, dont on ne peut prouver l'origine & la cauſe, eſt fort ancienne, & qu'elle eſt dûe en grains ſur des terres, on ne préſume point alors qu'elle ait été conſtituée pour argent, & par conſéquent cette redevance eſt reputée rente foncière non rachetable.

comme le dit Chopin fur la Coutume de Paris , liv. 3. chap. 2. nomb. 12.

C'eſt auſſi ce qui a été jugé par pluſieurs Arrêts rapportés par cet Auteur ; & par Pithou ſur l'art. 67. de la Coutume de Troye ; par le Veſt , Arrêt 20. & par Bouguier , lett. R , nomb. 7.

Enfin , par Arrêt du 31. Décembre 1741. & ſur les concluſions de M. Dagueſſeau , Avocat général , il a été jugé qu'une rente de trente ſix bichets de bled , acquiſe en 1282. par les Religieux du Reconfort , ſur les moulins de Saint Didier en Nivernois , moyennant la ſomme de vingt-cinq livres , étoit une rente fonciere & non rachetable ; & l'on a infirmé la Sentence des Requêtes du Palais , qui avoit jugé le contraire.

RENTES FONCIERES ASSIGNÉES SUR LES MAISONS SITUÉES DANS LA VILLE DE PARIS , ſont toujours rachetables , nonobſtant toute preſcription ou convention contraire. Ce qui a été ainſi accordé par nos Rois à la Ville de Paris & à quelques autres ; afin que les Habitans des Villes qui jouiſſent de ce privilege , ſoient plus ſoigneux de conſerver & d'augmenter les bâtimens , & ne les negligent pas pour raiſon des charges perpétuelles & non rachetables dont ils ſeroient chargés , & dont ils ne pourroient ſe libérer. Voyez ce que j'ai dit ſur l'article 121. de la Coutume de Paris.

RENTES FONCIERES APPARTENANTES AUX EGLISES ET FABRIQUES , ne ſont jamais rembourſables , nonobſtant toute convention contraire. C'eſt une aliénation qui leur eſt interdite ; à moins que l'on ne faſſe leur condition ſi avantageuſe , ou par échange , ou par remploi , qu'il y auroit une perte évidente pour l'Egliſe de ne s'y pas tenir.

RENTE ARRIERE FONCIERE , eſt celle qui a été créée après la premiere & la plus ancienne rente fonciere , de même que le ſur-cens eſt celui qui a été créé après le premier & chef-cens.

RENTE DE FIEF , ou rente féodale, eſt celle qui eſt dûe au Seigneur , à cauſe de ſon fief ; comme quand un vaſſal donne une partie de ſon fief , à la charge d'une rente fonciere non rachetable , en ſe retenant la foi & hommage , & que le Seigneur dominant l'a inféodée , ou que le vaſſal a donné une partie de ſon fief à bail emphitéotique , à la charge d'une penſion ou rente.

RENTE SEIGNEURIALE , eſt comme nous venons de dire , celle qui eſt dûe au Seigneur de fief , dans la mouvance duquel eſt l'héritage baillé à rente ; au lieu que la ſimple rente fonciere eſt celle qui eſt dûe à celui qui a aliéné l'héritage à la charge d'une rente fonciere , perpétuelle & non rachetable.

Elles different , I°. en ce que les rentes ſeigneuriales emportent lods & ventes , ſaiſines & amendes : mais les ſimples rentes foncieres n'emportent point lods & ventes , n'étant point la marque de la directe Seigneurie ; c'eſt pourquoi elles ſont appellées par quelques Coutumes rentes ſeches.

II°. Les rentes ſeigneuriales ne peuvent être preſcrites que par rapport à la quotité , de même que le cens qu'elles repréſentent ; au lieu que les ſimples rentes foncieres ſe preſcrivent par trente ans par le preneur ou ſes héritiers , & par dix ou vingt ans par

un tiers détenteur de bonne foi de l'héritage qui eſt chargé de ces rentes , ſuivant l'art. 114. de la Coutume de Paris.

III°. Les rentes foncieres ſeigneuriales ſont nobles & féodales comme le cens , & partant ſe partagent comme elles ; mais les ſimples rentes foncieres ſont roturieres comme le cens ; parce que les premieres repréſentent une partie du fief qui a été donné à la charge d'icelles ; au lieu que les autres repréſentent l'héritage qui en eſt chargé.

IV°. Un héritage peut être chargé de pluſieurs rentes foncieres , mais non pas de pluſieurs rentes ſeigneuriales ; parce qu'un héritage ne peut pas reconnoître deux Seigneurs in ſolidum pour Seigneurs directs.

Voyez ce que j'ai dit ſur le commencement du ſecond titre de la Coutume de Paris , au paragraphe troiſieme.

RENTE INFEODÉE. Voyez Inféodation.

RENTE SECHE , eſt celle qui n'eſt point la marque de la directe Seigneurie , & qui n'eſt point impoſée par le Seigneur du fief , mais par l'emphytéote , ou par le ténancier de l'héritage.

Elle eſt appellée ſous-acaſement ; & comme elle n'emporte point lods & vente , elle eſt appellée en quelques Coutumes rente ſeche. Voyez Acaſer.

RENTE VIAGERE , eſt celle qui n'eſt qu'à vie , & qui s'éteint par la mort de celui au profit de qui elle eſt conſtituée.

On tient que celui au profit de qui elle eſt conſtituée , ne peut pas être contraint d'en recevoir le rembourſement. Nous avons parlé de ces ſortes de rentes dans la Science parfaite des Notaires , liv. 5. ch. 22. Nous remarquerons ſeulement ici ,

I°. Que les rentes viageres conſtituées entre-vifs , ou laiſſées par teſtament à quelqu'un , tiennent lieu d'alimens : or comme les alimens peuvent être donnés à toute ſorte de perſonne , même à un étranger non naturaliſé , à une concubine , à des bâtards adulterins , aux enfans des Prêtres , par leur pere & mere , les rentes viageres qui leur ſont faites par ceux qui ne pourroient faire en leur faveur de legs univerſels , ſont valables , à moins que ces rentes ne ſoient exorbitantes par rapport à la qualité des perſonnes , & par rapport à leurs biens ; auquel cas elles ſeroient reductibles.

II°. Qu'on ne peut demander que cinq années d'arrérages d'une rente viagere , de même que d'une rente conſtituée.

III°. Que ces ſortes de rentes ne peuvent pas être rachetées,que du conſentement de toutes les Parties, & ſuivant la compoſition qui s'en peut faire entr'elles.

IV°. Qu'elles ne peuvent pas être ſaiſies par les créanciers de celui au profit de qui elles ſont conſtituées.

L'Edit du mois d'Août 1661. regiſtré en Parlement le 2. Septembre ſuivant , défend à toutes perſonnes de donner à l'avenir aucuns deniers comptans , héritages aux rentes ou Communautés eccléſiaſtiques regulieres & ſeculieres , à l'exception de l'Hôtel-Dieu de Paris , du Grand-Hôpital de Paris,& de la Maiſon des Incurables , par donations entre-vifs , ou autres contrats , à condition d'une rente leur vie durant ;

plus forte que ce qui est permis par les Ordonnances, ou qui excede le légitime revenu des biens vendus ou donnés, à peine de nullité du contrat & d'amende. Entre Particuliers, les rentes viageres se fixent depuis le denier dix jusqu'au denier vingt, selon l'âge de ceux à qui on constitue la rente.

RENTES CRÉES PAR LE ROI, sont celles qui sont assignées sur les Tailles, Gabelles, Aides, Entrées, Décimes & Clergé, ou sur les dons gratuits, & autres revenus appartenans au Roi.

Toutes ces rentes sont dans le commerce, & se peuvent vendre. Pour les acquérir sûrement, il faut que l'acquéreur prenne au Sceau des Lettres de ratification, & se fasse immatriculer. *Voyez* Ratification.

Mais on demande si le transport d'une telle rente, fait avec promesse de fournir & faire valoir, donne au cessionnaire son recours contre le cédant, lorsque le Roi ne veut pas payer?

Cette clause à laquelle on ajoutoit ordinairement ces mots: *nonobstant le fait du Prince, cas d'hostilité, retardement de deniers, détournement d'assignations, changement de monnoie, & généralement tous cas fortuits & inopinés, exprimés & non exprimés,* avoit causé une infinité de procès entre les cessionnaires & les cédans, & leurs successeurs pendant le tems des troubles; & la Cour par ses Arrêts condamnoit ceux qui avoient baillé en échange, ou cedé & transporté des rentes sur le Roi avec la susdite garantie, sans aucune discussion préalable, à payer les arrérages d'icelles, les continuer & garantir de tous cas fortuits & autres inconveniens, même du fait du Prince, si mieux ils n'aiment consentir la résolution de leur contrat d'échange, ou les rembourser du prix desdites rentes avec les arrérages qui en étoient échus.

Cela donna lieu à l'Edit des surséances, fait par le Roi Henry IV. le 10. Mai 1597. vérifié au Parlement le Roi y séant, le 21. du même mois, portant surséance de toutes instances & poursuites, condamnations & exécutions faites pour la garantie des rentes de l'Hôtel de Ville, & ce pour deux ans; faisant défenses à toutes personnes de quelque qualité & condition qu'elles fussent, d'en faire poursuite pendant le tems de la surséance, à peine de nullité des procédures, & de faire mettre à exécution les Jugemens donnés & à donner pour ce regard; à tous Avocats & Procureurs d'occuper pour le fait d'icelles: à tous Huissiers ou Sergens de faire aucuns exploits & contraintes, à peine de nullité, & de tous dépens, dommages & intérêts: évoquant tous les procès, instances & exécutions d'Arrêts, circonstances & dépendances, en son Conseil, avec interdiction à tous Juges d'en connoître, à peine de nullité des procédures, & de tous dépens, dommages & intérêts; faisant main levée de toutes les saisies faites pour raison de ce.

Cet Edit a été depuis continué pendant plusieurs années par d'autres Lettres, par lesquelles au moyen de la surséance, le Roi demeuroit garant des rentes, & par conséquent ses sujets ne pouvoient être poursuivis pour raison de la garantie qui étoit son fait.

Comme cette surséance n'ôtoit pas entièrement aux cessionnaires l'espérance de recours contre leurs cédans, & que la cessation de leurs poursuites n'étoit que pour un tems, & jusqu'à ce qu'il plût

au Roi de la faire cesser, il se présenta une difficulté; sçavoir, si le cessionnaire pouvoit s'opposer aux criées des héritages de son cédant, pour raison de la susd. clause & de la garantie des rentes qu'il avoit cedées, nonobstant les susdits Etats des surséances, & s'il pouvoit demander d'être mis en ordre, & d'être remboursé de sa rente, attendu qu'autrement il perdroit son hypotheque?

Le Prévôt de Paris jugea que son opposition étoit bonne & valable, & qu'il devoit être mis en ordre du jour de son hypotheque, & être nonobstant la surséance payé sur les deniers provenans de la vente des héritages de son cédant en donnant caution, ou en se constituant dépositaire des biens de Justice, pour rendre ce qu'il auroit reçu aux créanciers postérieurs, s'il étoit ainsi ordonné.

La Cour par ses Arrêts jugea au contraire que la surséance ayant lieu, il n'étoit pas juste que les cessionnaires fussent payés, en privant les débiteurs du bénéfice du Prince, & qu'il suffisoit si les garants étoient assurés au cas que la surséance fût levée; & en infirmant les Sentences du Prévôt de Paris, ordonna que les créanciers postérieurs aux garanties, seroient payés auparavant eux, en baillant bonne & suffisante caution de restituer les sommes par eux reçues, & au cas que la surséance fût levée. *Voyez* Louet & son Commentateur, lett. C, somm. 41. & le Prêtre, cent. 2. chap. 26.

Nonobstant ces Arrêts, une nouvelle Jurisprudence s'étoit depuis introduite, que quelque clause de garantie qui fut apposée dans la vente, échange, cession ou transport des rentes sur le Roi, le vendeur ou cédant ne seroit tenu que de la garantie simple, générale; & de son fait, que la rente lui appartient & lui est dûe: c'est pourquoi dans les transports de ces rentes, on mettoit ordinairement, que *le cédant s'oblige garantir de tous troubles & empêchemens généralement quelconques, excepté du fait du Prince seulement.*

Enfin, voici la derniere Jurisprudence, qui conformément à ce qui étoit anciennement observé à cet égard, est que la garantie des faits du Prince doit avoir lieu quand elle est expressément stipulée, comme nous avons dit lettre G, en parlant de la garantie des faits du Prince, où j'ai rapporté un Arrêt rendu au Parlement de Paris, le 21. Mai 1715. qui a déclaré valable la stipulation de la garantie des faits du Roi, en matieres de rentes sur l'Hôtel-de-Ville.

Mais on demande si la cession d'une rente sur l'Hôtel de Ville, avec promesse *de garantir & faire jouir sans aucun trouble,* produit le même effet que la cession faite avec promesse de *fournir & faire valoir?* Il faut dire que non; parce que faire jouir ne regarde que le titre de la rente, & non pas la bonté de la rente: ainsi cette clause ne dénote rien autre chose, si ce n'est que la rente cedée au cessionnaire est existente; & comme par cette cession il en est devenu propriétaire, la perte ou la diminution de cette rente qui pourroit survenir dans la suite, doit tomber sur lui, sans aucuns recours contre son cédant: *nam res sua Domino perit.*

RENVOI, est un changement de Jurisdiction

en une autre que celle où l'on a été affigné. Ce renvoi s'accorde en conféquence d'une exception déclinatoire, qui eft une voie de droit dont fe peut fervir un défendeur qui eft ajourné pardevant un autre Juge que celui de fon domicile, ou que celui pardevant lequel il a fes caufes commifes, comme ceux qui jouiffent du privilege de fcholarité : en ce cas il doit demander fon renvoi pardevant fon Juge, & celui pardevant lequel il a été affigné eft obligé de l'accorder ; & même les Juges doivent de leur chef renvóyer les caufes qui ne font pas de leur compétence.

Cela eft ainfi ordonné, afin que les Juges n'entreprennent point l'un fur l'autre, contre le droit & la reftriction de leur pouvoir, & au préjudice d'autre Jurifdiction.

Il faut remarquer, I°. Que le Juge inférieur ou égal ne doit pas ufer de ce mot renvoi, ni renvoyer les Parties pardevant fon fupérieur ou fon égal ; mais il doit ordonner que les Parties fe pourvoiront.

II°. Que fi c'eft un Juge inférieur qui releve de lui, il peut ufer du terme de renvoi.

III°. Que les renvois aux Requêtes en vertu d'un Committimus, fe font par exploit d'affignation donnée à la Partie, ou à fon Procureur, s'il y en a un conftitué, fans que les Huiffiers ou Sergens foient tenus d'en faire requifition au Juge pardevant lequel celui qui a droit de committimus a été affigné ; mais à Meffieurs des Requêtes, qui font Juges fuffifans fur ce qui concerne leur compétence.

Voyez Committimus.

De ce que nous avons dit ci-deffus il s'enfuit, que quand celui qui a été affigné pardevant un Juge demande valablement fon renvoi, il doit lui être accordé.

C'eft la difpofition de l'article 1. du tit. 6. de l'Ordonnance de 1667. qui ordonne au Juge de renvoyer les Parties pardevant les Juges qui doivent connoître de la conteftation, ou d'ordonner qu'elles fe pourvoiront, à peine de nullité des Jugemens ; & en cas de contravention, pourront les Juges être intimés & pris à partie.

La nullité des Jugemens eft en ce cas tirée de la difpofition du Droit civil. *Sententia à non idoneo, vel ab incompetente Judice lata, ipfo jure nulla eft. Leg. 6. §. 10. ff. de injuft. rupt. & irrit. fact. teftam. & tit. 1. ff. fi à non competente Judice.*

L'article 4. du titre 6. de l'Ordonnance de 1667. dit, que les appellations de déni de renvoi feront vuidées par l'avis des Avocats & Procureurs généraux.

Les Juges peuvent être intimés & pris à partie, faute par eux de déferer au renvoi qui leur eft demandé, comme il eft dit dans ledit article 1. du tit. 6. de l'Ordonnance de 1669.

Mais cela n'a lieu que lorfqu'il paroît par évidence de fait, que les Juges ont retenu la connoiffance d'une caufe qui n'étoit point de leur compétence ; comme fi les Elus avoient retenu une caufe concernant les matieres bénéficiales.

RENVOI NE PEUT ETRE DEMANDÉ APRÈS CONTESTATION EN CAUSE, par celui qui auroit été affigné pardevant quelqu'autre Juge que celui de fon domicile.

RENVOYER, fe dit des affaires qu'on tire d'une Jurifdiction pour les porter en une autre, comme nous venons de dire, *verbo* Renvoi.

Ce terme eft auffi employé en plufieurs prononciations de Jugemens. Un homme, par exemple, eft renvoyé quitte de la demande qu'on lui a faite ; ou bien, en matiere criminelle, il eft renvoyé abfous de l'accufation qu'on avoit formée contre lui.

Les Juges renvoient quelquefois pardevant d'autres Juges l'inftruction d'une affaire : fur quoi il faut remarquer que la Cour ne rénvoie jamais l'inftruction d'une affaire, que pardevant des Juges royaux.

REPARATION CIVILE, eft une fomme à laquelle un criminel eft condamné envers quelqu'un pour lui tenir lieu de dédommagement du tort qu'il lui a caufé par fon crime.

On diftingue en matiere criminelle les dommages & intérêts des réparations civiles. Ces dommages & intérêts ne produifent la contrainte par corps qu'après les quatre mois, & s'ils excédent deux cens liv. Ordonnance de 1667. tit. 34. art. 2. Au lieu que les réparations civiles emportent de droit la contrainte par corps, indépendamment de la fomme à laquelle elles peuvent monter. *Voyez* l'Ordonnance criminelle, tit. 13. art. 29. & Bornier, *ibid.*

La mere & fes enfans doivent participer par moitié aux deniers de la réparation adjugée pour l'homicide commis en la perfonne de fon mari.

La mere fe remariant après la réparation adjugée à la pourfuite, n'eft point privée de la part qu'elle doit avoir dans les deniers qui en proviennent ; parce qu'ils lui font dûs en confidération de la perte qu'elle a faite de fon mari, & pour la dédommager des peines qu'elle s'eft données dans cette pourfuite. D'ailleurs, il n'y a point de Loi qui l'oblige de demeurer en viduité, pour être capable de participer aux deniers de cette réparation.

Femme veuve prend part à la réparation civile adjugée par la mort de fon mari, quoiqu'elle renonce à la communauté ; de même que l'enfant du défunt, quoiqu'il ne foit pas fon héritier. *Voyez* l'art. 24. de la Coutume de Lille, avec le Commentaire de Bouke.

Brodeau fur Louet, lett. D, fomm. 1. nomb. 29. & 30. & lett. H, fomm. 2.

Quand le délit a été commis en la perfonne d'un fils qui n'a point d'enfans, la réparation doit appartenir au pere ; & fi le pere étoit prédécédé, elle appartiendroit à la mere ; & au défaut de pere & de mere, à fes freres & fœurs.

Pour avoir part à cette réparation, il faut en avoir fait la pourfuite ; mais fi les enfans n'avoient pas le moyen de pourfuivre la réparation de l'homicide commis en la perfonne de leur pere, ils n'en feroient pas privés, parce que leur pauvreté les excuferoit.

Les réparations civiles emportent la contrainte par corps, & doivent être payées à celui à qui elles font adjugées préférablement à l'amende adjugée au Roi fur les biens du condamné

Ainfi le 28. Février 1681. à l'Audience tenue le matin en la Grand'Chambre par M. le Préfident de Novion, & la Cour, en confirmant la Sentence des Juges

Juges du Tréfor a Jugé que la fomme adjugée pour réparation civile & dommages & intérêts, devoit être prife fur les biens du condamné, préférablement à l'amende adjugée au Roi.

Il s'agiffoit des biens de la femme du Commiffaire Defclaircins, exécutée à mort pour avoir fait affaffiner fon mari. La conteftation étoit entre la mere du Commiffaire Defclaircins, & le Fermier du Domaine.

Lorfque plufieurs font accufés du même crime, la réparation eft adjugée entre tous folidairement, fauf leurs recours contre les autres, pour repeter fur chacun d'eux fa part de ladite réparation. *Leg. 6. ff. de publican. & vectigalib.*

REPARATION D'HONNEUR, eft le rétabliffement de l'honneur que l'on fait à une perfonne que l'on a injuriée.

Toute offenfe demande une réparation. Il n'y a perfonne qui n'ait cette Loi gravée dans fon cœur, & qui ne fe fente combien il eft intéreffé à ce qu'elle foit obfervée à la rigueur. En effet, elle eft un des plus forts liens de la fociété, & on ne pourroit s'en écarter fans en déranger tout l'ordre. De là vient que dans les Tribunaux de la Juftice, & dans les Tribunaux militaires, les réparations font réglées par différens genres d'offenfes, même pour les fimples paroles injurieufes.

Quand l'injure eft légere, la réparation fe fait par un acte que l'on fait au Greffe, par lequel on déclare que l'on tient celui que l'on a injurié pour perfonne d'honneur.

Lorfque l'injure eft forte, celui qui l'a faite eft condamné à faire une femblable déclaration que deffus devant les témoins.

Ainfi, par Arrêt du Parlement de Touloufe du 15. Décembre 1679. rapporté par M. de la Rocheflavin; liv. 2. *verbo* Injure, art. 1. le Sieur Dénis Pafcal, de Nîmes, pour avoir appellé Etienne Guinhoux banqueroutier, fut condamné d'aller dans fa maifon, où il déclareroit en préfence de fix Marchands amis dudit Guinhoux, & en préfence du Syndic des Marchands, pardevant M. Dulbénas, Viguier, qui fut commis pour cet effet, que mal-à-propos il avoit calomnié & offenfé ledit Guinhoux, & qu'il le tenoit pour homme de bien & d'honneur.

Ces fortes de fatisfactions ne font pas pour tout le monde; & comme les gens de la lie du peuple fouffrent moins d'une injure, par rapport à leur condition vile & abjecte, que les autres perfonnes, on les traite auffi avec moins de cérémonie, & une condamnation pécuniaire leur plaît infiniment mieux qu'une réparation d'honneur.

REPARATION EN FAIT DE BATIMENT, eft le rétabliffement des chofes qui fe trouvent détruites ou détériorées, le bâtiment fubfiftant d'ailleurs en fon entier, ou au moins en partie. Ainfi il ne faut pas confondre la réédification d'une maifon avec les réparations & entretenemens.

On diftingue de trois fortes de réparations; fçavoir, les groffes réparations, & les réparations viageres, & les menues réparations.

GROSSES REPARATIONS, font les quatre gros murs, les gros murs de refend, les efcaliers, les cheminées appliquées aux gros murs, quand on refait lefdits murs, les poutres, les voutes, les couvertures entieres ou les couvertures en partie, quand il faut entiérement changer les lattes.

Ces réparations font toujours à la charge du propriétaire, & jamais à la charge de la douairiere, & de tout autre ufufruitier; parce que ces réparations ne doivent pas feulement fervir à la commodité préfente de l'édifice, mais à fon utilité perpétuelle: ainfi elles ne confervent pas feulement l'ufage, mais auffi la fubftance & la propriété.

REPARATIONS VIAGERES, font celles qui fe font pour l'entretenement & l'ufage préfent de l'édifice; comme font de mettre des goutieres neuves en la place de celles qui font vieilles, & qui ne peuvent plus fervir, la vuidange des lieux & latrines; les âtres & contremurs des cheminées; la réparation des trous qui font aux planchers & aux dégrés; & plufieurs autres femblables réparations qui ne regardent point la fubftance & la propriété de l'édifice.

Ces réparations font à la charge de la douairiere, ou de tout autre ufufruitier, quand même les revenus de l'édifice ne feroient pas fuffifans pour fournir à ces réparations d'entretenement; parce que celui qui prend & accepte l'ufufruit d'une maifon, s'oblige perfonnellement d'en faire les réparations, tant que durera fa jouiffance, étant jufte que celui qui retire tout l'émolument d'une chofe, en fupporte les charges qui fervent à la faire jouir, & qui regardent fa commodité préfente & actuelle, plutôt que la fubftance & la propriété de la chofe.

MENUES REPARATIONS, font celles qui regardent l'ufage préfent & actuel d'une maifon, mais qui font d'une dépenfe modique, comme le raccommodages des ferrures, le remplacement des vitres caffées, celui des clefs des portes, & des carreaux (quand il ne s'agit point de recareler entiérement une chambre,) le raccommodage des gonds, des portes & des fenêtres, & autres femblables réparations qui font à la charge du locataire, & à plus forte raifon de l'ufufruitier, qui eft tenu, comme nous avons dit, de toutes réparations viageres. Bacquet, des Droits de Juftice, chap. 21. nomb. 276.

REPARATIONS DES BIENS SAISIS RÉELLEMENT, font celles qu'il convient de faire à des maifons & héritages faifis réellement, & dont il a été fait baux judiciaires.

Pour parvenir à les faire, voici ce qui fe pratique. L'adjudicataire d'un bail judiciaire, avant que de fe mettre en poffeffion, dit préfenter Requête au Juge de la Jurifdiction où le bail a été fait, quand les biens faifis y font fitués, finon au plus prochain Juge royal des lieux; & conclure à ce qu'il foit permis de faire vifiter les lieux, afin que l'état foit conftaté par la vifite qui en fera ordonnée.

Le Juge à qui la Requête a été préfentée, nomme des Experts, qui en conféquence font leur vifite, & dreffent procès-verbal de l'état des lieux, & des réparations qui y conviennent faire; & le Juge qui les a commis taxe leurs vacations.

Si par le procès-verbal il paroît que les lieux font en péril, & ne font pas logeables, ni en état de fervir à leurs ufages, le Fermier judiciaire donne une conde Requête , par laquelle il demande qu'il lui foit permis de faire faire les réparations néceffaires , & d'en avancer les deniers en déduction du prix du bail ; ce faifant, que le Commiffaire aux Saifies réelles fera tenu de prendre les quittances des Ouvriers pour deniers comptans , en payement du prix du bail judiciaire, lefquelles lui feront allouées & paffées en compte , enfemble les frais faits pour la vifite des lieux ; c'eft ce qu'on ordonne : & quand les réparations font confidérables , il faut les faire adjuger par un bail au rabais.

Ces Requêtes & procédures faites en conféquence doivent être fignifiées au Procureur du pourfuivant & du faifi , à celui qui eft le plus ancien des oppofans, & auffi à celui du Commiffaire des faifies réelles.

Si pendant le cours du bail judiciaire il eft néceffaire de faire de groffes réparations en l'héritage faifi réellement, le fermier judiciaire fait affigner le pourfuivant , le faifi & le plus ancien des oppofans, à ce qu'il lui foit permis de les faire , & d'en avancer les deniers , fauf à s'en faire tenir compte , vifite des lieux préalablement faite par autorité de Juftice.

Un Fermier judiciaire ne peut employer en réparations que le tiers du prix du bail , quand le bail eft de mille livres par an , la moitié lorfqu'il eft au deffous , & le quart lorfqu'il eft au deffus ; mais quand un bien faifi menace une ruine évidente , le Juge peut avec connoiffance de caufe , ordonner que le prix entier de trois années du bail judiciaire fera employé à en faire les reparations néceffaires , pour empêcher & prévenir la ruine qui en pourroit arriver , faute de les avoir faites.

Quand il s'agit de faire des réparations qui paffent les fommes qu'on y peut employer fuivant les Réglemens ; fçavoir la moitié , le tiers ou le quart , conformément à ce que nous venons de dire , il faut qu'elles fe faffent en vertu d'une vifite extraordinaire, qui ne fe fait point à la Requête du Fermier , mais en vertu d'un Jugement rendu à la Requête du pourfuivant criées fur l'avis que le Fermier lui donne de ruines arrivées aux bâtimens ; & cet avis donné par écrit , fuffit pour valable décharge à fon égard.

Il y a un Réglement du 23. Juin 1678. qui eft rapporté dans le Journal des Audiences , tom. 4. liv. 1. chap. 9. concernant les réparations qui doivent être faites pendant le tems des baux judiciaires , & les formalités qui doivent y être obfervées.

REPARATIONS FAITES PAR L'ACQUEREUR D'UN HERITAGE PENDANT L'AN ET JOUR, tombent fur lui en pure perte , lorfque l'héritage vient à être retiré par retrait lignager , à moins qu'elles n'aient été néceffaires , & n'aient été faites par l'Ordonnance du Juge fur rapport d'Experts , & après marché fait pardevant Notaires.

L'acquéreur doit encore pour fa fûreté tirer quittance des Ouvriers , paffée pardevant Notaires , des fommes à eux par lui données, afin que fur icelles il en puiffe tirer le rembourfement fans aucune difficulté ni diminution.

A l'égard des réparations faites pour améliorer l'héritage , ou pour le décorer , l'acquéreur ne les peut point répéter au cas du retrait ; il peut feulement les ôter, au cas qu'il le puiffe faire , fans dé-

tériorer l'héritage , & qu'en les retirant il en puiffe tirer quelque profit , à moins que le retrayant ne lui en veuille payer l'eftimation.

Comme pendant l'an & jour l'acquéreur n'eft pas propriétaire incommutable de l'héritage , il doit être prévenu qu'il en peut être évincé par les parens lignagers du vendeur. Ainfi , lorfqu'il fait des changemens & améliorations à l'héritage avant que le tems du retrait foit paffé , il doit s'attendre à n'en pouvoir faire de répétition , que conformément à ce qui en eft décidé par la Coutume.

Si la chofe n'étoit pas ainfi réglée , les acquéreurs feroient fouvent maîtres d'empêcher le retrait , en faifant des bâtimens inutiles , ou des réparations peu urgentes , dans le deffein de mettre hors d'état les lignagers de pouvoir exercer le retrait , faute de pouvoir rembourfer l'acquéreur des impenfes qu'il auroit faites dans l'héritage pendant l'an & jour du retrait.

Il n'en eft pas de même du retrait de mi-denier : celui fur qui ce retrait eft exercé eft en droit de répéter toutes les impenfes néceffaires , utiles & volontaires. La raifon eft , que l'an & jour de ce retrait ne court que du jour du décès de l'un des conjoints , qui font confidérés comme propriétaires incommutables , vû que ce retrait ne peut être exercé pendant tout le tems que dure la communauté.

REPARATIONS DES BIENS APPARTENANS A DES MINEURS , ne peuvent être allouée aux tuteurs que quand ils les ont faites en vertu d'avis de parens , lorfqu'elles font confidérables.

En Normandie , il faut que le tuteur préfente fa Requête au Juge , qui ordonne que les lieux feront vûs & vifités , & qu'il en fera dreffé procès verbal : après quoi il permet de faire les réparations jufqu'à la concurrence d'une certaine fomme. Si les tuteurs ne prenoient pas cette précaution, on ne leur alloueroit aucunes réparations.

REPARATIONS DES EGLISES. Le Bénéficier étant réputé ufufruitier , quant au for extérieur , & entiérement tenu des réparations viageres de fon tems ; M. le Prêtre , cent. 1. chap. 91. & il y a hypotheque pour cet effet fur tous fes biens du jour de fa prife de poffeffion. M. Louet , lett. R , fomm. 50.

Pour ce qui eft des réparations qui viennent de caducité , & qui vont à rétabliffement entier , le Bénéficier n'en eft tenu que jufqu'au tiers du revenu de fon Bénéfice ; de forte qu'on lui laiffe les deux autres tiers pour fubfifter , & pour faire le fervice pendant le tems que fe font lefdites réparations.

Il en eft de même des réparations viageres qui ont dû être faites du tems de fon prédéceffeur, dont la fucceffion fe trouve infolvable ; car celui qui lui fuccede dans le Bénéfice , n'eft tenu que du tiers.

Pour établir ces diftinctions , le Bénéficier doit avant que d'entrer en jouiffance , faire vifiter les lieux par des Experts , en vertu d'une Ordonnance du plus prochain Juge royal , & en doit garder le procès-verbal.

Les réparations dont nous parlons ne s'entendent pas feulement de celles qu'il faut faire aux Eglifes , mais auffi de celles qu'il faut faire aux maifons , fermes, granges, & généralement à tous bâtimens dépendans des Bénéfices.

Pour ce qui est des réparations qu'il convient de faire aux Eglises paroissiales qui n'ont point de revenu destiné pour la Fabrique, on en distingue les parties qui sont à réparer.

Le Curé, ou tout autre qui jouit des grosses dixmes, est tenu des réparations du chœur & du chancel; les habitans sont tenus du reste, & de loger le Curé.

C'est à l'Evêque, dans le cours de sa visite, à ordonner les réparations nécessaires, & il peut y contraindre par censures ecclésiastiques; mais cela n'empêche pas que les Juges royaux en France n'y doivent aussi tenir la main, & y contraindre les Bénéficiers par saisie de leur temporel, parce que le Roi est le protecteur de la discipline extérieure. Voyez l'Ordonnance d'Orléans, art. 21. & celle de Blois, article 52.

Comme il est naturel que ceux qui perçoivent les revenus attachés à l'Eglise, fournissent aux frais des réparations qu'il convient d'y faire; quand il y a des réparations à faire dans une Eglise cathédrale, si le tiers du revenu destiné pour cela ne suffit pas, l'Evêque & les Chanoines doivent y contribuer, selon le revenu qu'ils en tirent.

A l'égard des Abbayes en commende, les Abbés sont tenus des réparations des biens dépendans de la mense abbatiale, suivant le partage fait entr'eux & les Religieux. Si les réparations sont à faire dans l'Eglise, l'Abbé & le Monastere sont obligés d'y contribuer.

Enfin la réparation des Eglises collégiales, & des biens en dépendans, se doivent faire aux dépens du Chapitre & des Chanoines. Voyez dans le Dictionnaire de M. Brillon ce qui est dit des réparations des Eglises & Bénéfices.

REPARATIONS DES CHEMINS. Comme les grands chemins appartiennent au Roi, Sa Majesté ordonne qu'ils soient réparés à ses dépens, à moins que ce ne soit dans des endroits où les Seigneurs particuliers prennent des péages, barrages, & autres droits semblables; auquel cas c'est à ceux qui levent ces sortes de droits à réparer les grandes routes, parce qu'ils n'ont été anciennement accordés par nos Rois à quelques Seigneurs, que pour tenir les chemins en bon état, & les réparer en cas de besoin. Voyez ci-dessus Péage; & Bacquet en son Traité des Droits de Justice, chap. 30. nomb. 27.

Les Péages doivent contribuer, non-seulement à entretenir les ponts & chaussées des grands chemins, mais encore ceux de traverses, voisinaux & petits, qui sont dans la Jurisdiction des péages, suivant la Déclaration du mois de Janvier 1663.

Mais quand le Seigneur n'a point de péage, il n'est obligé que de contribuer avec les habitans de la Seigneurie, aux réparations d'un chemin du Village dont il est jugé; comme il a été jugé au Parlement de Paris le 21. Mai 1686. rapporté dans le Journal des Audiences.

Touchant les réparations des chemins, voyez le Dictionnaire de M. Brillon, verbo Chemin, nomb. 8.

REPARTIR, signifie repliquer. il signifie aussi diviser une somme en plusieurs autres.

REPARTITION, est une division, régalement d'une imposition ou d'une charge sur plusieurs Particuliers, pour sçavoir ce que chacun en doit porter.

REPETITION, est le droit qu'on a de redemander en Justice ce qu'on a avancé pour quelqu'un, ou ce qu'on lui a payé de trop, ou enfin ce qu'il n'est plus en droit de posséder ou de retenir.

Ce terme signifie quelquefois la réitération de quelque acte ou de quelque fait.

REPETITION DE DOT, est un droit accordé à la femme ou à ses héritiers, tant en pays coutumier, qu'en pays de Droit écrit, de pouvoir répéter sa dot après la dissolution du mariage, ou après la dissolution de la Communauté, s'il n'y a stipulation au contraire.

Par le Droit Romain, la femme a non-seulement pour la répétition de sa dot une hypotheque tacite sur les biens de son mari, mais cette hypotheque emporte une préférence aux créanciers hypothécaires, même antérieurs à l'exception du fisc.

Cela n'est pas reçu parmi nous en pays coutumier; car la femme n'a pour la répétition de sa dot, d'hypotheque pour les immeubles de son mari, que du jour du contrat de mariage, s'il y en a un; & s'il n'y en a point, du jour de la bénédiction nuptiale.

REPETITION D'UNE CHOSE DONNE'E SOUS QUELQUE CONDITION NON ACCOMPLIE, se fait par une action non personnelle, appellée en Droit *conditio causa data, causa non secuta.* Pour que cette action ait lieu il faut que la chose ait été donnée pour une cause future & honnête; par exemple, si je donne mon cheval à Titius pour aller à Rouen dans quinze jours y terminer une affaire que j'y ai. Mais si la chose étoit donnée pour une cause qui auroit été déjà terminée, la répétition n'auroit point lieu, *quoniam donatio intelligeretur; donatio autem nullam aliam causam requirit, præter donatoris liberalitatem.*

Cette action a lieu premiérement lorsque celui qui a donné la chose *ob causam futuram*, la redemande, les choses étant encore dans le même état; *quia datio ob causam contractus est innominatus, at in contractibus innominatis pænitentiæ locus est, ita ut is qui dedit ob causam, alium statim obliget; ipse verò si non obligetur, priusquam alter conventionem impleverit.* Leg. 3. §. 2. ff. de condict. causf. dat. causf. non secut.

J'ai dit qu'il falloit que les choses fussent encore dans le même état, *pænitentia enim locus tantùm est rebus integris;* car si celui qui a reçu la chose avoit fait quelque dépense pour exécuter la cause pour laquelle la chose lui auroit été donnée, la chose n'étant plus entiere la répétition resteroit; *quia re non integra non licet pænitere, quapropter actio repetere volenti non daretur vel saltem qui acceperat, indemnis esset prestandus.* Leg. 5. ff. eodem.

En second lieu, cette répétition est admise, lorsque la cause pour laquelle la chose auroit été donnée n'auroit point eu d'exécution: mais il faut qu'il s'agisse d'un contrat innommé; car dans les contrats nommés de la répétition *ob causam non secutam* n'a point lieu. Par exemple, dans le contrat de vente, la répétition de la chose vendue & livrée ne seroit pas admise, parce que l'acheteur n'en auroit pas payé le prix, & le vendeur n'auroit que l'action *ex vendito pretii nomine ; quia caufa tradendæ , rei venditæ non eft folutio pretii , nec vice verfa , fed obligatio ipfa exemptionis venditionis contractu defcendens.*

Enfin , il faut que la caufe pour laquelle la chofe a été donnée , n'ait pas eu fon exécution , par la faute de celui qui s'en étoit chargé , ou bien que ce manque d'exécution ait été caufé par cas fortuit. *Leg. 1. §. 1. leg. 4. in prin. leg. ult. ff. 5. leg. 1. cod.* Mais fi ce manque d'exécution eft caufé par la faute de celui qui a donné la chofe , la repétition n'a point lieu.

REPÉTITION DE CE QUI A ÉTÉ DONNE' POUR CAUSE DESHONNETE OU INJUSTE. Pour fçavoir quand on peut répéter ce que l'on a donné pour caufe deshonnête , il faut diftinguer trois cas ; ou il y a feulement de la turpitude de la part de celui qui a donné , ou feulement de la part de celui qui a reçu , ou enfin de la part de l'un & de l'autre.

S'il n'y a de la turpitude que de la part de celui qui a donné la répétition ne peut avoir lieu ; *quia non eft audiendas propriam turpitudinem allegans , & quia tunc nihil imputari poteft ei qui accepit.* Par exemple , fi l'on a donné de l'argent à une femme de mauvaife vie , *libidinis implendæ caufa*, on ne le peut pas répéter ; car quoiqu'elle foit fort blâmable de faire un tel commerce , on ne peut pas répéter ce qu'on lui a donné , parce que ce n'eft pas en recevant cet argent qu'il y a de la turpitude de fa part : *turpiter enim facit quod fit meretrix , fed eum fit meretrix turpiter non accipit. Leg. 4. §. 3. ff. de condict. ob turp. vel injuft. cauf.*

S'il y a de la turpitude que de la part de celui qui a reçu , la répétition a lieu. Par exemple , fi un dépofitaire fe fait donner quelque chofe pour reftituer le dépôt qui lui auroit été fait , ou fi un homme fe fait donner quelque chofe pour ne pas affaffiner quelqu'un ; *quia tunc nulla ex parte dantis verfatur turpitudo , fed tantùm ex parte accipientis : turpitur enim quis mercedem accipit pro eo quod ex jure vel Officio facere tenetur. Leg. 2. ff. eod.*

S'il y a de la turpitude de la part de celui qui a donné , & de la part de celui qui a reçu , la répétition ceffe. Par exemple , fi l'on a donné de l'argent à un Juge pour mal Juger , ou fi l'on en a donné à quelqu'un pour débaucher une femme ou une fille , *leg. 3. & 4. ff. eod. quia non in pari caufa melior eft conditio poffidentis , tuncque datum apud accipientem remanet ; is enim à quo datum eft non poffet illud aliter repetere , quàm fuam allegando turpitudinem , at non audiendus propriam turpitudinem allegans.*

Au refte , ce qui a été livré pour une caufe injufte en conféquence d'une ftipulation extorquée par dol ou par violence , peut être redemandé , ne alicui fua violentia aut dolus profit. *Leg. 6. & 7. ff. de condict. ob turp. ve'. injuft. cauf. juncta gloffa , cum notis Cujacii ad dictas leges.*

REPÉTITION D'UNE CHOSE NON DUE , PAYE'E PAR ERREUR, eft une action perfonnelle , qui eft appellée en Droit *conditio indebiti.* Elle eft accordée à celui qui a payé par erreur de fait une chofe qui n'étoit pas dûe , à l'encontre de celui qui en a reçu

le payement , & qu'il eft obligé de la rendre , comme s'il l'avoit reçue à titre de prêt.

Elle ne provient point d'un véritable confentement que les Parties aient eu de contracter une obligation , mais feulement d'un confentement fictif & préfumé : elle ne provient donc point d'un contrat , mais feulement d'un quafi-contrat.

Pour que cette action ait lieu , plufieurs conditions font requifes. La premiere , que le payement ait été fait d'une chofe qui n'étoit point dûe même naturellement : cette répétition n'étant fondée que fur la feule équité naturelle , celui qui a payé ce qu'il devoit naturellement , a payé ce à quoi il s'étoit obligé par l'équité naturelle ; ainfi cette même équité naturelle le rend non recevable à redemander ce qu'il a payé.

La Seconde , que ce payement ait été fait par erreur ; parce que celui qui paye fciemment ce qu'il ne doit pas , eft préfumé vouloir donner par pure libéralité.

La troifieme , que ce payement ait été fait par erreur de fait , & non par erreur de droit ; parce que le droit étant reftraint dans certaines regles , & ne pouvant être connu de tous les citoyens d'une Province , on ne peut pas être admis à demander quelque grace , fous prétexte de l'avoir ignoré ; au lieu que les faits font infinis , & trompent fouvent les plus fages & les plus habiles.

La quatrieme , que ce payement ait enrichi celui qui l'a reçu ; car la répétition de la chofe qui a été payée fans être dûe , n'a été introduite que fur le fondement de l'équité naturelle , qui ne permet pas que quelqu'un s'enrichiffe au préjudice d'un autre : c'eft pourquoi fi celui qui a reçu le payement d'une chofe qui ne lui étoit pas dûe , n'en a pas augmenté fon patrimoine , foit parce qu'il l'a confumée de bonne foi , foit parce qu'elle eft périe , il n'eft pas tenu de la reftituer.

L'effet de cette action eft , que le Juge ordonne que la chofe qui a été , quoique non dûe , payée par erreur , foit rendue à celui qui en a fait le payement.

Mais on demande fi celui qui a payé par erreur une chofe non dûe , peut demander les profits que l'autre en a perçus pendant fa jouiffance.

Il faut diftinguer ; ou la chofe payée par erreur produit naturellement des fruits , comme un héritage ; ou elle eft ftérile de fa nature , & ne produit d'elle-même aucuns fruits , comme une fomme d'argent.

Au premier cas , celui qui intente cette action , peut demander que la chofe lui foit rendue , avec tous les fruits que le défendeur en a perçus pendant fa jouiffance ; *quia fructus funt quafi pars rei , & jure naturali ad rei dominum pertinent , acceffionis jure. Igitur præter rem , de qua principaliter agitur in hanc actionem veniunt acceffiones naturales ; atque ideo qui agit hâc actione , non tantùm concludere debet ut res data rei reddatur , fed & rei folutæ acceffiones , quæ vel per alluvionem accreverunt , peccorumque fœtus , necnon mercedes habitationis. Leg. 15. & 65. §. penult. ff. de conditione indebiti.*

Au fecond cas , c'eft-à-dire , quand il s'agit d'une

chofe ftérile de fa nature , celui qui l'a payée par erreur n'en peut pas demander les intérêts ; il fe doit contenter qu'on lui rende le principal : *Sola quantitas poteſt repeti quæ indebitè ſoluta eſt. Leg. 1. cod. de condict. indebiti ; nam cùm conditio naturali æquitate nitatur æquitas non patitur , ut plus reddatur , quàm datum ſit , neque vult , ut qui ſolvit lucretur cum alterius jactura , ſed ne damno afficiatur. Leg. 13. & ſeq. cod. de condict. indeb.*

Celui qui paye par erreur une fomme , ou une autre chofe ftérile de fa nature , qu'il ne doit pas , eſt cenfé en faire un prêt ; c'eſt ce qui fait que dans ce cas il n'a pas plus de privilege que n'en ont ceux qui paffent un tel contrat. Cette difpofition des Loix Romaines eſt obfervée parmi nous , tant en pays coutumier , qu'en pays de Droit écrit. *Voyez* ce que j'ai dit dans ma Traduction des Inſtitutes , livre 3. tit. 28. §. 6. & 7. Henrys , tome 2. livre 4. queſt. 32. & Duperier , tome 1. pag. 447.

REPETITION DE RETRAIT , eſt en quelques Coutumes le droit qu'a un parent lignager de retirer un héritage , qui ayant été retiré par retrait par le plus proche parent du côté & ligne , & a enfuite été par lui vendu à un étranger.

Pour entendre ce que c'eſt , il faut fçavoir qu'en quelques Coutumes le plus proche parent du côté & ligne du vendeur d'un héritage , peut le retirer par retrait lignager , lorfqu'il a été vendu à un autre parent du côté & ligne qui n'étoit pas le plus proche.

Mais fi le parent le plus proche , après avoir ufé du retrait , vend enfuite l'héritage retiré à un étranger , le parent le plus éloigné , fur qui le retrait a été exercé , en a la répétition , & peut retirer l'héritage vendu , non fur le pied du fecond contrat , mais fur le pied du premier.

Cette répétition du retrait a été fagement introduite , pour empêcher les fraudes des lignagers , qui ne fe fervent du retrait que dans la vûe d'y gagner , & non pas pour conferver les biens dans la famille , fuivant l'efprit de nos Coutumes.

REPETITION DE TEMOINS , eſt une nouvelle audition de témoins , qui fe fait quand une affaire civile , fur laquelle il y eu enquête , eſt convertie en procès criminel , fur le requifitoire des Gens du Roi. En ce cas il faut que les témoins qui ont été ouis dans l'enquête , le foient de nouveau en conféquence de l'information ; parce que quoiqu'une information fe puiffe convertir en enquête , une enquête ne fe convertit jamais en information.

REPETITION ET REITERATION DE QUESTION , étoit autrefois admife quand il y avoit de nouveaux indices contre l'accufé , plus forts & plus preffans que les premiers , & différens en efpece & en fubftance des autres. Mais l'Ordonnance de 1670. tit 19. art. 12. en a décidé autrement. Voici les termes de cet article : *Quelque nouvelle preuve qui furvienne , l'accufé ne pourra être appliqué deux fois à la queſtion pour un même fait.*

REPIT n'eſt autre chofe qu'un délai , & furféance accordé à un débiteur pour payer fes créanciers. Ainfi par Lettres de répit , on entend des Lettres de furféance ou de délai de payer. *Voyez* fur cette

matiere le titre 6. de l'Ordonnance de 1669.

Il n'y a que le Roi qui puiffe accorder ces fortes de Lettres : elles ne peuvent être expédiées qu'au grand Sceau , de même que les Lettres d'Etat. Ainfi celles qui feroient obtenue ès Chancelleries près les Cours , feroient nulles , comme il a été jugé par Arrêt du Parlement de Provence le 4. Février 1667. rapporté par Boniface , tome 3. livre 3. titre 2. chapitre 3.

Pour que ces lettres foient valables , il faut qu'elles foient fondées fur des confidérations très-fortes ; comme s'il eſt arrivé des pertes confidérables à celui qui requiert ces Lettres , fans qu'il y ait de fa faute , c'eſt-à-dire par cas fortuit , ou par des banqueroutes véritables , dont il y a un commencement de preuves par actes authentiques , lefquelles doivent être expliquées dans les Lettres attachées fous le contre-fcel , fuivant l'article 2. du même titre de ladite Ordonnance de 1669.

Ces Lettres doivent être adreffées au plus prochain Juge royal du domicile de l'impétrant , à moins qu'il n'y ait inftance pendante pardevant un autre Juge , avec la plus grande partie des créanciers hypothécaires ; en ce cas les Lettres doivent lui être adreffées ; en forte qu'aucune des Parties ne pourroit demander évocation ni renvoi pour caufe de fon privilege , fuivant l'article 3.

Les Lettres de répit portent mandement exprès au Juge à qui elles font adreffées , qu'en procédant à l'entérinement d'icelles , les créanciers appellés , il donne à l'impétrant tel délai qu'il jugera raifonnable pour payer fes dettes ; mais il ne peut être que de cinq ans , fi ce n'eſt du confentement exprès des deux tiers des créanciers hypothécaires.

Par ces mêmes Lettres il eſt accordé à l'impétrant un délai de fix mois pour en pourfuivre l'entérinement , pendant lequel délai défenfes font faites d'attenter à fa perfonne , & meubles meublans fervans à fon ufage , fur peine de cens livres d'amende contre chacun des Huiffiers ou Sergens , moitié envers le Roi , & moitié envers la Partie , & des dépens , dommages & intérêts contre chacun des créanciers contrevenans : ce qui doit être ordonné le Juge auquel les Lettres font adreffées , au cas qu'il foit requis , ainfi qu'il eſt porté en l'article 4.

Cette furféance de fix mois , portées dans les Lettres de répit , commence à courir du jour de la fignification d'icelles , avec affignation pour procéder à l'entérinement , fuivant l'article 5. c'eſt-à-dire , que l'impétrant doit faire fignifier fes Lettres , & en même tems faire donner affignation à fes créanciers , au moins aux plus confidérables , pour les voir entériner , afin qu'ils puiffent y former empêchement , au cas qu'ils aient de juftes caufes pour le faire ; comme fi les moyens fur lefquels les Lettres auroient été obtenues , étoient faux & fuppofés.

Si la fignification des Lettres de répit ne portoit pas affignation pour procéder à l'entérinement d'icelles , rien n'empêcheroit alors les créanciers d'agir contre leur débiteur , & de le contraindre de payer par toutes fortes de voies , jufqu'à ce qu'elles foient fignifiées comme deffus.

Les créanciers peuvent , nonobftant les Lettres

de répit, faire faifir & exécuter les meubles de leur débiteur, comme il eſt porté en l'article 6. du titre des Répis de l'Ordonnance de 1669. Ce même article leur permet auſſi de mettre ſes immeubles en criées,& de faire procéder au bail judiciaire; de forte néanmoins que pendant le délai accordé par les Lettres, par le Juge auquel elles ont été adreſſées, il ne peut être procédé à la vente & adjudication des choſes faifies, ſi ce n'eſt du conſentement du débiteur & de ſes créanciers, excepté quant aux meubles qui pourroient dépérir pendant la faiſie.

Si tous les biens de l'impétrant, ou la plus grande partie d'iceux étoient faifis, proviſion lui feroit adjugée, telle que de raiſon, ſur les fruits & revenus de ſes immeubles, les créanciers appellés pardevant le Juge qui a entériné leſdites Lettres de répit. Article 8.

Les Ordonnances du Juge à qui ſont adreſſées les Lettres de répit, s'exécutent par proviſion, nonobſtant oppoſitions ou appellations, ſoit que leſdites Ordonnances ſoient préparatoires, ou définitives. Article 7.

Les Sentences des Juges à qui le renvoi des Lettres de répit eſt adreſſé, reſſortiſſent ſans moyen aux Cours de Parlement, article 9. afin que paſſant un dégré de Juriſdiction, lorſque les Lettres ſont préſentées à un Juge qui ne reſſort pas nûement au Parlement, l'inſtance de répit ſoit plutôt terminée pour l'intérêt des créanciers.

Suivant l'article 111. de la Coutume de Paris: & l'article 11. du titre 6. de l'Ordonnance de 1669. les Lettres de répit ne peuvent pas avoir lieu Iᵛ. Pour penſions & alimens. Comme ils ne ſont ordinairement données qu'à ceux qui en ont beſoin, & qui n'ont pas le moyen d'attendre, leur cauſe eſt toujours très-favorable. Il en eſt de même des médicamens, dont la cauſe ne l'eſt pas moins.

IIº. Pour loyers de maiſons. Le propriétaire eſt préféré aux autres créanciers, pour les loyers qui lui ſont dûs, ſur les meubles qui ſont dans la maiſon, par un droit & un privilege ſpécial, fondé ſur ce que les meubles ont occupé la maiſon, & que les loyers ſont plutôt dûs à raiſon des meubles, que de la perſonne à qui ils appartiennent. Ainſi, les Lettres de répit ne peuvent point empêcher qu'il ne pourſuive le payement de ſes loyers ſur leſdits meubles, en les faiſant faifir, exécuter & vendre, ſelon la Coutume; mais ce privilege n'a point lieu ſur les meubles qui ſe trouveroient appartenir au locataire, & qui n'auroient pas occupé la maiſon, pour leſquels les Lettres de répit auroient leur effet.

IIIº. Pour moiſſon de grain. La cauſe en eſt favorable; il ne feroit pas juſte qu'un Fermier eût conſumé les fruits du fonds qui lui auroit été donné à ferme, & qu'il obtînt, au préjudice du propriétaire, furſéance de payer.

IVº. Pour gages domeſtiques, journée d'artiſans & mercenaires, d'autant que ces ſortes de gens attendent leurs alimens de ce qu'ils gagnent par leur travail.

Vº. Pour reliquats de compte de tutelle. Les deniers pupillaires ſont très-privilégiés. Un tuteur eſt contraignable par corps pour payer le reliquat de ſon compte, ſuivant l'article 3. du titre de la Décharge des contraintes par corps de l'Ordonnance de l'an 1667. Il en eſt de même de ceux qui manient des deniers privilégiés, comme ceux des Hôpitaux & des Egliſes, pour raiſon deſquels les Lettres de répit n'ont point lieu.

VIº. Pour maniement des deniers publics, & pour dépôts néceſſaires.

VIIº. Pour lettres de change; il eſt de l'intérêt du commerce qu'elles ſoient payées ſans délai. Pour marchandiſes vendues ſur l'étape, c'eſt-à-dire, au lieu deſtiné pour la vente des marchandiſes. Pour marchandiſes achetées aux Foires, Marchés, Halles & Ports publics; ce qui eſt fondé ſur l'intérêt du commerce. Pour poiſſon de mer, frais, ſec & ſalé; ce qui a été ainſi ordonné pour entretenir le commerce avec les Marchands étrangers.

VIIIº. Pour cautions judiciaires à cauſe de l'autorité des Jugemens, c'eſt-à-dire que celui qui a ſervi de caution judiciaire, ne ſe peut ſervir des Lettres de répit qu'il auroit obtenues.

IXº. Pour frais funéraires : cette dette eſt ſi favorable, qu'elle eſt préférée à toute autre, même aux loyers, ſur les meubles qui occupoient la maiſon où demeuroit celui auquel ils appartenoient.

Xᵉ. Pour arrérages des rentes foncieres & redevance de baux emphythéotiques, qui ſemblent être deſtinés pour ſervir aux alimens de celui à qui elles ſont dues; mais les arrérages de rentes conſtituées ne ſont pas privilégiés, comme ceux des rentes foncieres.

XIº. Pour dû adjugé par Sentence définitive & contradictoire. Article 111. de la Coutume de Paris.

XIIº. Pour dettes des mineurs contractés avec les mineurs ou leurs tuteurs, durant leur minorité. Ibid.

Quant à ce qui eſt dit dans l'article 111. de la Coutume de Paris, que le répit n'a pas lieu contre le dû adjugé par Sentence, cela n'eſt pas obſervé, à moins que ce ne fût pour dettes privilégiées; autrement il arriveroit rarement qu'un débiteur pût utilement obtenir des Lettres de répit, étant aſſez difficile qu'un homme qui eſt mal dans ſes affaires, n'ait été pourſuivi par quelques-uns de ſes créanciers, & n'ait été condamné envers eux; ainſi il ne pourroit pas ſe ſervir des Lettres de répit contr'eux : en ſorte que nonobſtant leſdites Lettres ils ne laiſſeroient pas de faire vendre ſes meubles, & de pourſuivre les criées & adjudications de ſes meubles.

Mais elles n'auroient pas lieu pour ſommes adjugées à cauſe de réparation de crimes, ſuivant l'art. 321. de la Coutume de Melun, ni pour dépens adjugés par Sentence ou Arrêt, parce que cette dette eſt privilégiée, d'autant qu'elle eſt cauſée par la faute du condamné, quoique ce ſoit en matiere civile.

C'eſt auſſi la raiſon pour laquelle l'Ordonnance de l'an 1667. titre 4. qui a défendu les condamnations par corps en matiere civile, permet néanmoins de les ordonner, par l'article 2. du même titre, après les quatre mois, pour dépens adjugés, s'ils montent à deux cens livres, & au-deſſus.

Quant à ce qui eſt dit dans ledit article 111. de la Coutume de Paris, des dettes contractées avec les mineurs , ou avec leurs tuteurs, quoique l'Ordonnance n'en parle point , néanmoins il eſt obſervé en faveur des mineurs, quand les dettes ont été contractées de leurs deniers , & non quand c'eſt des deniers dûs à ceux auxquels ils ont ſuccédé : c'eſt-pourquoi cet article ne parle que des dettes contractées avec les mineurs, ou avec leurs tuteurs.

On ne peut valablement renoncer au bénéfice des Lettres de répit. L'article 12. du titre 6. de l'Ordonnance de 1669. déclare telles rénonciations nulles & de nul effet ; mais cet article n'a point lieu dans les Coutumes qui en diſpoſent au contraire , comme celle d'Auvergne.

Il ſeroit innutile d'accorder ce bénéfice, ſi les créanciers y pouvoient faire renoncer leurs débiteurs : cette clauſe dans la ſuite du tems entreroit toujours dans le ſtile des Notaires , & ſe trouveroit dans tous les contrats qu'ils paſſeroient. C'eſt auſſi pour cette raiſon qu'on ne peut renoncer au bénéfice de ceſſion.

On ne peut obtenir pluſieurs Lettres de répit les unes après les autres. L'art. 13. du même titre défend d'accorder des ſecondes Lettres de répit , ſi ce n'eſt pour des cauſes nouvelles & conſidérables , dont il y ait commencement de preuves , ſans que , pour quelque cauſe que ce ſoit , on en puiſſe accorder d'autres.

Les Lettres de répit doivent contenir , Iº. Les cauſes pour leſquelles elles ſont demandées ; ſçavoir , les pertes que l'impétrant a faites , ſoit par banqueroutes , ou autrement, dont il doit y avoir commencement de preuves par actes authentiques attachés ſous le contre-ſcel , ſuivant l'article 2.

IIº. L'adreſſe des Lettres au Juge royal plus prochain du lieu du domicile de l'impétrant, ou de celui avec lequel il y a inſtance pendante avec la plus grande partie des créanciers, hypothécaire, ſuivant l'article 3.

IIIº. Le mandement exprès au Juge de donner un délai raiſonnable , les créanciers étant appellés par-devant lui.

IVº. Le délai de ſix mois accordé à l'impétrant pour en pourſuivre l'entérinement.

V. La défenſe à tous Huiſſiers & Sergens d'attenter à la perſonne de l'impétrant , & à ſes meubles meublans.

Pour qu'un Négociant , Marchand ou Banquier puiſſe obtenir des défenſes générales , ou des Lettres de répit , il faut qu'il y ait auparavant mis au Greffe de la Juriſdiction dans laquelle les défenſes ou l'entérinement des Lettres devront être pourſuivis , de la Juriſdiction conſulaire s'il y en a , ou de l'Hôtel commun de la Ville , un état certifié de tous ſes effets , tant meubles qu'immeubles , & de ſes dettes ; & qu'il ait repréſenté à ſes créanciers , ou à ceux qui auront pouvoir d'eux , s'ils le requierent , ſes Livres & Regiſtres , dont il eſt tenu d'attacher le certificat ſous le contre-ſcel des Lettres , ainſi qu'il eſt porté en l'art. 1. du tit. des Défenſes & Lettres de répit du Code Marchand.

En effet , il ne ſeroit pas juſte que ceux qui obtiennent des défenſes générales , ou des Lettres de répit, puiſſent détourner leurs effets pendant le délai qui leur eſt accordé. Ainſi , afin qu'ils ne puiſſent pas fa-

cilement tromper leurs créanciers , ils ſont obligés de leur repréſenter leurs Regiſtres & leurs Livres journaux , pour voir ſi l'état qu'ils ont mis au Greffe eſt conforme à leurs Regiſtres , ou à leurs Livres.

Quant à ce qui eſt dit dans cet article , que celui qui veut obtenir des défenſes générales , ou des Lettres de répit , doit auparavant repréſenter à ſes créanciers , s'ils le requierent , ſes Livres & Regiſtres : cela ne s'obſerve pas , d'autant que les créanciers commenceroient par empriſonner leur débiteur , ſans vouloir voir ni examiner ſes Regiſtres ; ainſi cela lui ſeroit inutile : mais le débiteur doit commencer par obtenir des défenſes générales , c'eſt-à dire , un Arrêt de défenſes contre tous ſes créanciers , ou des Lettres de répit , & enſuite repréſenter les Livres à ſes créanciers , pour les examiner & voir s'ils ſont conformes à l'état qu'il a mis au Greffe de tous ſes effets.

Si l'état ſe trouvoit frauduleux , & qu'il ne fût pas conforme aux Regiſtres & aux Livres de l'impétrant , il ſeroit déchu d'icelles , quoiqu'elles fuſſent entérinées , ou accordées contradictoirement ; & il ne pourroit plus en obtenir d'autres , parce que par ce moyen il s'en ſeroit rendu indigne , étant préſumé avoir voulu tromper ſes créanciers , & avoir caché ſes effets ; il ne ſeroit pas même reçu au bénéfice de ceſſion , ſuivant l'art. 2. du même titre.

Les défenſes générales & les Lettres de répit , doivent être ſignifiées aux créanciers & à ceux qui y ont intérêt , dans huitaine , à compter du jour de leur impétration , ſuivant l'article 3. du même titre , qui veut qu'elles n'aient effet qu'à l'égard de ceux auxquels elles ont été ſignifiées : ce qui a été ainſi établi , afin que les créanciers informés des Lettres de répit , ou des défenſes obtenues par leur débiteur, puiſſent déduire leurs cauſes & moyens d'oppoſition contre , & qu'ils puiſſent faire connoître le dol & la fraude de leur débiteur.

Ceux qui ont obtenu des défenſes générales ou des Lettres de répit , ne peuvent pas payer un de leurs créanciers au préjudice des autres , à peine d'être déchus deſdites défenſes & Lettres de répit , ſuivant l'art. 4.

Comme par le moyen de ces défenſes générales & de ces Lettres , tous leurs biens ſont réputés être ſous la main & l'autorité de la Juſtice , ils ne peuvent plus diſpoſer au profit de l'un au préjudice de tous les autres.

Les Lettres de répit à l'égard de l'impétrant ont deux effets , l'un utile , & l'autre onéreux.

L'utile , en ce qu'elles donnent d'abord ſix mois de ſurféance à toutes les contraintes , tant contre ſa perſonne , que ſes meubles meublans ; & après ſi elles ſont entérinées , il lui eſt donné un délai conſidérable pour ſatisfaire ſes créanciers , juſqu'à cinq ans ; & pendant le cours de la procédure qui ſe fait pour le faire entériner , en cas que tous ſes biens ſoient ſaiſis, il peut encore obtenir une proviſion ; & afin que rien n'en puiſſe retarder l'exécution , l'art. 7. du titre 6. de l'Ordonnance de 1669. veut que les Ordonnances tant préparatoires que définitives ; du Juge qui connoîtra de l'entérinement des Lettres , ſoient exécutées par proviſion , nonobſtant oppoſitions ou appellations; leſquelles appellations, ſuivant l'art. 9. ſe doivent relever ès Cours de Parlement , & non ailleurs. L'effet onéreux des Lettres de répit est que , suivant l'art. 5. du titre 9. de l'Ordonnance de 1673. ceux qui ont obtenu des Lettres de répit , ou des défenses générales , ne peuvent être élus Maires ou Echevins des Villes , Juges ou Consuls des Marchands, ni avoir voix active & paisible dans le Corps & Communauté , ni être Administrateurs des Hôpitaux , ni parvenir aux autres fonctions publiques , jusqu'à ce qu'ils aient obtenu des Lettres de réhabilitation. Cet article veut même qu'ils en soient exclus , en cas qu'ils fussent actuellement en charge. La raison est , que ces Lettres sont odieuses , & portent avec elles une espece d'infamie , & donnent atteinte à leur réputation. Ainsi , comme les Charges & les administrations publiques requierent dans les personnes que l'on y reçoit , non-seulement de la probité , mais un bien suffisant , pour y répondre , quelle apparence y a-t-il d'y admettre des gens dont les affaires sont en désordre , & dont la réputation est en quelque façon flétrie , *apud graves & bonos viros. Voyez* ce qui est dit dans Bornier sur cet art. 5. du tit. 9. de l'Ordonnance de 1673.

Au reste , des coobligés , cautions & vérifications , ne peuvent point jouir du bénéfice des Lettres de répit accordée au principal débiteur , comme , il est dit en l'art. 10. du tit. 6. de l'Ordonnance de 1669. En effet , les Lettres de répit & de cession sont personnelles , & par conséquent ne peuvent servir à d'autres qu'à celui qui les a obtenues.

Il faut donc distinguer entre les exceptions personnelles & celles qui sont réelles : les personnelles ne passent jamais aux fidéjusseurs ni à d'autres , elles sont inhérentes à la personne en faveur de qui elles ont été introduites ; mais les réelles étant inhérentes à la chose même , sont accordées à tous ceux qui y ont intérêt. *Voyez* ce que j'ai dit sur le paragraphe dernier du titre 14. du quatrieme Livre des Institutes.

Touchant les Lettres de répit , *voyez* le titre 6. de l'Ordonnance de 1669. avec les Commentaires de Bornier ; & ce que j'ai dit sur l'article 111. de la Coutume de Paris. *Voyez* aussi la Déclaration du 18. Décembre 1699. portant réglement pour les Lettres de répit.

Présentement les Lettres de répit sont peu en usage ; le débiteur préfere ordinairement de faire un contrat d'attermoyement avec ses créanciers.

REPLIQUES , sont les réponses que le demandeur fait aux défenses qui ont été fournies à sa demande.

REPONSES , sont des défenses , des réparties aux moyens & raisons qu'on nous objecte , dans la vûe de détruire le droit dans la chose dont est question.

REPONSES a griefs et aux causes d'appel , sont les moyens qu'on allégue contre les griefs ou contre les causes d'appel.

REPREHENSION , signifie la réprimande qu'un Supérieur fait à quelqu'un de ceux qui lui sont soumis , & qui ont failli ou manqué à leur devoir.

REPRENDRE un procés. *Voyez* Reprise de procès.

REPRENDRE un fief. *Voyez* Reprise de Fief.

REPRESAILLES. Ce terme signifie le droit qu'ont les Princes de reprendre sur leurs ennemis les choses qu'ils leur retiennent injustement , ou des choses équivalentes.

Lorsqu'on retient une Place à un Prince , il s'empare d'une autre par droit de représailles. On prend aussi quelquefois des gens d'un parti ennemi par droit de représailles.

Ce terme s'employe aussi quelquefois pour signifier des Lettres que les Rois accordent à leurs Sujets , en grande connoissance de cause , pour reprendre sur les premiers biens appartenans à quelqu'un du parti ennemi , l'équivalent de ce qu'on leur aura enlevé par violence , & dont le Roi ennemi ne leur aura pas voulu faire justice.

La maniere d'obtenir ces Lettres , & ce à quoi les impétrans sont obligés , se trouve dans le tit. 10. du liv. 3. de l'Ordonnance de la Marine. Ce droit de représailles s'appelle droit de marque & d'arrêt; *quia est jus transeundi in alterius Principis marchas , seu limites , & bona eorum occupare , qui nostra usurparunt.*

Droit de représailles , est aussi un droit que peut exercer celui qui ayant été pris prisonnier , à été obligé de payer sa rançon pour sa propre liberté. Ce droit consiste à pouvoir faire prisonnier ceux du parti contraire qu'il pourra ensuite arrêter ; & en faisant déclarer la prise bonne & valable par Sentence ou Arrêt , leur faire payer par droit de représailles une somme , pour le récompenser des pertes qu'il a soufffertes en guerre , & de ce qu'il a payé pour sa rançon.

REPRESENTATION , est l'exhibition d'une personne , ou l'exhibition de quelque chose , pour découvrir la vérité d'un fait.

Quand on s'inscrit en faux contre une piece , le Juge ordonne qu'on en fera la représentation. Quand on fait le procès à un accusé d'avoir commis un homicide , on lui fait la représentation des armes dont il s'est trouvé saisi lorsqu'il a été pris ; on lui fait aussi la représentation du corps mort de l'assassiné , & de tous les indices qui sont contre lui. *Voyez* Exhibition.

REPRESENTATION de meubles saisis , est celle à laquelle sont obligés par corps ceux qui s'en sont rendus gardiens.

Mais les Huissiers ne peuvent pas , de leur autorité privée , emprisonner un gardien établi aux saisies de meubles , faute de les représenter.

REPRESENTATION d'un accusé , est celle à laquelle est obligé par corps l'Huissier à la garde duquel un accusé a été mis.

La promesse qu'un Huissier a faite de représenter quelqu'un , se résoud toujours en des dommages & intérêts seulement , & jamais à la condamnation de la peine afflictive que pourroit mériter l'accusé.

REPRESENTATION d'un condamné par contumace. *Voyez* Contumace.

REPRESENTATION en matiere de succession , est le droit de succéder à quelqu'un du chef d'une personne prédécédée ; de sorte que ceux qui le représentent , en quelque nombre qu'ils soient , ne sont admis

admis à la fucceffion, que pour la part & portion qu'auroit eue la perfonne prédécédée, fi elle étoit vivante, & qu'elle recueillit la fucceffion du défunt. Tous les repréfentans ne peuvent pas avoir plus de droit à une fucceffion que celui qu'ils repréfentent.

Quand la repréfentation a lieu, comme ceux qui viennent à la fucceffion en vertu de ce droit, n'y viennent pas de leur chef, mais du chef de la perfonne qu'ils repréfentent, s'ils fe trouvent plus éloignés en degré de parenté, que d'autres avec qui ils concourent, ils ne laiffent pas d'être admis, comme occupant le degré de la perfonne qu'ils repréfentent.

Ainfi, par le moyen de la repréfentation, des héritiers plus éloignés en degré viennent avec des héritiers plus proches en la fucceffion du défunt; enforte que les plus éloignés ne font pas exclus par les plus proches, les plus éloignés fuccédant par repréfentation de ceux defquels ils defcendent.

Jamais on ne fuccede par repréfentation, que la Loi ne le décide expreffement; parce que l'effet de la repréfentation étant de rapprocher celui qui eft plus éloigné, pour le faire concourir avec un parent plus proche en degré, & de faire que ceux qui font en même degré, fuccedent quelquefois inégalement, la repréfentation apporte une exception à la regle fondamentale des fucceffions, qui veut que les plus proches en degré fuccedent à l'exclufion de tous les autres, & que ceux qui font en pareil degré fuccedent également entr'eux; & cette exception ne fçauroit jamais être admife que par une difpofition précife de la Loi.

Suivant les Loix Romaines, la repréfentation a toujours eu lieu en ligne directe jufqu'à l'infini. *Ratio eft, quia pater & filius pro una eademque perfona habentur: qua propter filii etiam vivo patre rerum paternarum domini effe intelliguntur, & ideò mortuo eo in ejus locum fuccedunt quoad hæreditatis afcendentium, propter arctiffimum, quo liberi junguntur parentibus, vinculum.*

Là liaifon, pour ne pas dire l'identité du pere & du fils, fait que le petit-fils & l'arriere petit-fils, qui tirent leur origine de celui de la fucceffion duquel il s'agit, viennent par repréfentation à fa fucceffion, quand leur pere ou autre afcendant décédés ne rempliffent par leur degré. *Natura enim veluti tacita lex, bona parentum liberis addicit; atque adeò æquiffimum eft, ut filius præmortuum patrem in fucceffione avi aut alterius afcendentis repréfentet.*

Ainfi les petits-fils, au défaut de leur pere décédé, fuccedent à leur aïeul avec leurs oncles fils du défunt. Pareillement, les petits neveux fuccedent à leur bifaïeul avec leurs grands-oncles, par repréfentation.

Enfin, la repréfentation a lieu en ligne directe à l'infini; & cette décifion eft tirée des fentimens que la nature infpire à toutes les perfonnes raifonnables: enforte que c'eft une décifion du Droit de nature, plutôt qu'une décifion du droit civil.

De ce principe il s'enfuit, que fi trois enfans iffus de l'aïeul étoient décédés avant lui, le premier laiffant deux enfans, l'autre trois, & le dernier

quatre, tous ces petits-fils, encore qu'ils foient tous joints à leur aïeul en pareil degré, viendroient *in ftirpes* à la fucceffion de leur aïeul, *tantam de hæreditate morientis partem accipientis quanticunque fint, quantam eorum parens habuiffet fi viveret.* Et c'eft ce que nous appellons fuccéder par fouches, & non par têtes. Ces petits-fils ne venant pas de leur chef à la fucceffion de leur aïeul, mais du chef de leur pere qu'ils repréfentent, ils ne peuvent prendre que la part & portion qu'il auroit eue, s'il étoit lui-même admis à la fucceffion du défunt.

En ligne collatérale, la repréfentation n'avoit point lieu, fuivant la difpofition des Loix Romaines, parce que les collatéraux ne tirent point leur origine les uns des autres. Les enfans n'étoient point admis à remplir le degré de leur pere, dans une fucceffion collatérale, qui n'eft point dûe par le droit de nature, comme l'eft véritablement la fucceffion des afcendans à leurs defcendans.

Mais Juftinien, par fa Novelle 118. a voulu que la repréfentation foit admife en ligne collatérale dans un cas; fçavoir, en faveur des neveux & niéces, quand ils concourent avec un oncle ou une tante, à la fucceffion d'un autre oncle ou tante; auquel cas les neveux & niéces fuccedent à leur oncle ou tante par repréfentation de leur pere ou de leur mere, quoiqu'ils foient plus éloignés en degrés que leurs oncles ou tantes avec qui ils fuccedent.

Comme dans ce cas la repréfentation a été introduite par Juftinien, contre les regles & les principes du Droit, on n'en a point fait d'extenfion ni d'interprétation favorable. Ainfi hors ce cas la repréfentation n'a point lieu en ligne collatérale; & les collatéraux, à l'exception de ce cas, fuccedent par têtes, & non point par fouches; enforte que le plus proche exclut toujours le plus éloigné.

Cela s'obferve même entre les neveux de plufieurs freres ou fœurs, lorfqu'ils fuccedent à leur oncle ou à leur tante de leur chef, c'eft-à-dire, qu'ils ne concourent point à fa fucceffion avec un autre oncle ou tante; & alors ils partagent tous également & par têtes.

En pays de Droit écrit, la repréfentation eft admife à l'infini en ligne directe, dont la faveur eft très-grande; en ligne collatérale, la repréfentation n'y eft admife que dans le cas défini par la Novelle 118. de l'Empereur Juftinien.

La Coutume de Paris, & un très-grand nombre d'autres, ont une femblable difpofition. Mais il y a plufieurs coutumes dans le Royaume, qui ont fur ce point des difpofitions fi particulieres & fi bizarres, qu'il feroit difficile, pour ne pas dire impoffible, d'en rendre de bonnes raifons.

Sans entrer dans le détail de ces Coutumes, qui meneroit trop loin, il faut tenir pour principe, que par le Droit commun du Royaume, la repréfentation eft admife à l'infini en ligne directe; & en ligne collatérale, dans le cas feulement de la Novelle 118.

Comme la repréfentation eft un droit, en vertu duquel des enfans fuccedent au lieu de leur pere ou de leur mere, qui font décédés avant que la succession soit ouverte, on ne peut pas représenter une personne vivante. La raison ne veut pas qu'on entre dans la place d'un homme vivant qui remplit son degré.

Quand plusieurs enfans viennent par représentation de leur pere ou de leur mere à une succession, ils n'y peuvent venir que pour la part & portion qui auroit appartenu à leur pere ou à leur mere, s'ils étoient vivans; car ils remplissent le degré de la personne qu'ils représentent, & par conséquent il faut partager la succession entre les cohéritiers, comme si la personne représentée étoit vivante & succédoit; ce que nous appellons partager par souches.

Ainsi, quand un homme décede laissant un fils & quatre enfans d'un autre fils prédécédé, les petits-fils qui viennent par représentation de leur pere, ne prennent tous ensemble dans la succession que la portion que leur pere auroit eue s'il avoit survécu le défunt.

Pareillement, lorsque le défunt n'a laissé que des petits-fils issus de divers enfans prédécédés, chacun des petits-enfans ne prend pas une portion de la succession de l'aïeul; mais tous les petits-enfans issus d'un fils ou d'une fille, prennent à eux tous la part que leur pere auroit dû avoir; & par ce moyen, s'il n'y a qu'un petit-fils d'une branche, il aura autant à lui seul, que tous ceux d'une autre branche, sussent-ils douze ou plus.

Quelques-unes de nos Coutumes qui n'admettent point la représentation en ligne directe descendante, sont très-odieuses, comme celle de Ponthieu. Dans ces Coutumes, le rappel fait à l'égard d'un des enfans, est réputé fait au regard de tous les autres qui sont dans le même cas; c'est-à-dire, que quand un aïeul qui a des enfans vivans, rappelle un de ses petits-enfans dont le pere est décédé, le rappel profite à tous les autres petits-enfans sans distinction.

Ainsi jugé au Parlement de Paris, dans la Coutume de Ponthieu, le 27. Janvier 1648. sur les conclusions de M. l'Avocat général Talon, qui dit que quand un pere ou une mere veulent déroger au Droit public, & à la Loi établie par la Coutume, pour un intérêt domestique & particulier, ils ne le peuvent pas faire en faveur de quelques-uns de leurs enfans, sans y comprendre tous les autres qui sont dans le cas de jouir du même droit. M. Soefve, tome 1. cent. 2. chap. 58.

Voyez aussi M. le Brun en son Traité des Successions, liv. 3. chap. 10. sect. 3. où il dit que le rappel ou la réserve faite en ligne directe pour une branche, ou pour un des enfans d'une branche, profite aux autres branches; parce que l'aïeul ayant une fois voulu modérer la rigueur de la Loi, l'égalité qu'il a souhaitée doit être universelle pour tous ses petits-enfans.

Il n'est pas nécessaire d'être héritier de celui qu'on veut représenter, ni dans la directe, ni dans la collatérale; l'effet de la représentation, qui n'est autre que de reparer le défaut de la personne représentée, & de la feindre présente en entrant en son lieu & place, ne viennent que de la liaison du pere & du fils.

C'est aussi pour cela qu'il n'y a que les enfans qui représentent, & que cela ne s'est jamais permis en quelque cas que ce soit aux collatéraux. Ce droit ne vient point d'une qualité civile d'héritier; mais il a son fondement dans la nature, qui fait une subrogation perpétuelle des enfans au pere, & rend un pere mort en la personne d'un fils qui lui survit. Et c'est une des différences qu'il y a entre la transmission & la représentation, en ce que nous ne pouvons transmettre qu'à celui qui nous succede; mais un pere peut être représenté par son fils, soit que ce fils lui succede ou non.

On ne peut pas, comme nous avons dit ci-dessus, représenter une personne vivante; il faut que celui que l'on veut représenter, soit mort d'une mort naturelle ou d'une mort civile. D'où il s'ensuit que quand un fils est vivant, & qu'il renonce à la succession de son pere, ses enfans n'y peuvent pas être admis en sa place par la voie de la représentation, tant qu'il y a des enfans ou des petits-enfans qui viennent par représentation. Mais lorsqu'il n'y a point de petits-enfans d'un fils prédécédé, & que tous les enfans du prédécédé ont renoncé, alors les petits-enfans du fils qui a renoncé, succedent de leur chef à leur aïeul, & non pas par représentation.

Voyez ce que j'ai dit sur l'article 319. de la Coutume de Paris; & dans ma Traduction des Institutes, sur le premier titre du troisieme Livre. Voyez aussi ce qui est dit ici après verbo Transmission.

La représentation n'a jamais lieu en ligne directe ascendante; c'est-à-dire, qu'elle n'est point admise entre les ascendans, lorsqu'ils succedent à leurs descendans; on a seulement égard entr'eux à la proximité du degré de parenté; ainsi le plus proche en degré exclut toujours le plus éloigné: c'est pourquoi si quelqu'un décede sans enfans, & qu'il laisse son pere ou sa mere, & son aïeul ou aïeule du côté du prédécédé de ses pere & mere, l'aïeul ou l'aïeule ne concourt point avec le pere ou la mere du défunt. Si plurimi ascendentium vivunt, hos præponi jubemus, qui proximi gradu reperiuntur, masculos & fæminas, sive paterni sint, sive materni sint. Novella 118. capite 2.

Mais on demande si en pays coutumier, lorsque plusieurs aïeuls concourent & sont admis à la succession de leurs petits-enfans, ils succedent par têtes ou par souches?

Il faut dire qu'ils succedent par têtes, & non par souches, parce que la représentation n'a point lieu en ligne directe ascendante: les aïeuls & aïeules ne succedent qu'au défaut des peres & meres, & par conséquent également & par têtes; car suivant l'esprit du Droit, on ne succede par souches, soit en ligne directe ou collatérale, que quand on succede par représentation. Loysel en a fait une regle dans ses Institutes coutumieres, au titre des Successions.

Dumoulin dans son Apostille sur l'article 241. de la Coutume du Maine, décide que la représentation n'a jamais lieu en ligne directe ascendante; qu'ainsi on n'y peut succéder par souches.

Le chapitre second de la Novelle 118. est donc contraire & à l'esprit de l'ancien Droit Romain, & à l'esprit du Droit coutumier, lorsqu'il a ordonné le partage par souches entre les ascendans. Mais cette décision n'est pas suivie dans le pays coutumier. Voyez ci-après, Succéder par souches.

Touchant la repréſentation, *voyez* ce qui en eſt dit dans le Recueil alphabétique de M. Bretonnier, *verbo* Repréſentation , & *verbo* Succeſſion.

REPRISE EN GENERAL , ſignifie l'action par laquelle on reprend une choſe.

REPRISE DE FIEF , ſignifie la priſe de poſſeſſion d'un fief que fait l'héritier du vaſſal dont il hérite , laquelle poſſeſſion il reçoit du Seigneur , en lui faiſant la foi & hommage , & lui payant ſes droits ; car anciennement les fiefs retournoient aux Seigneurs après le décès des vaſſaux , & les héritiers des vaſſaux en devoient être inveſtis par les Seigneurs.

On appelle auſſi fiefs de repriſe ceux qui ne procedent pas de vraie conceſſion : mais qu'ayant été originairement des aleux , ont été cédés par les propriétaires à des Seigneurs , & repris d'eux auſſi-tôt pour être tenus à foi & hommage.

REPRISE DE PROCÈS , eſt une procédure qui a lieu quand une des Parties vient à décéder, à l'effet d'obliger ſes héritiers à reprendre la cauſe , l'inſtance ou le procès où le défunt étoit Partie , lorſque ſes héritiers ne font point la repriſe d'eux-mêmes.

Le Jugement d'un Procès qui eſt en état d'être jugé , c'eſt-à-dire , lorſque les forcluſions ſont acquiſes, ou qu'il a été ſatisfait de part & d'autre à tous réglemens , ne peut être différé par la mort d'une des Parties , ou de ſon Procureur , ſuivant l'article 1. du titre 46. de l'Ordonnance de 1667.

En ce cas il n'eſt donc pas néceſſaire de faire aſſigner en repriſe les héritiers du décédé , ſauf à faire déclarer exécutoire contr'eux le Jugement qui interviendra ; mais cela ne ſe doit entendre que des procès civils , & non des procès criminels , parce que les crimes s'éteignent par la mort des criminels , & les procès finiſſent auſſi par leur décès , quant à la vengeance publique.

Si toutefois il s'agiſſoit de quelque amende ou intérêt adjugé ou pourſuivi on y garderoit la même forme qu'en matiere civile.

Cela poſé, quand en matiere civile une Partie decede pendant la pourſuite d'un cauſe , inſtance ou procès , avant le Jugement , ſes héritiers peuvent reprendre ſans qu'ils ſoient aſſignés pour cela , & font la repriſe par un acte paſſé au Greffe de la Juriſdiction , ou pardevant Notaires ; & leur Procureur ayant fait ſignifier la repriſe , & obtenu un Jugement qui tient l'inſtance pour repriſe , les Parties procedent comme auparavant le décès.

Si les héritiers de celui qui eſt décédé ne reprennent d'eux-mêmes , la Partie adverſe doit les faire aſſigner pour reprendre le procès ſuivant les derniers erremens ou actes du procès , dont il faut donner communication aux héritiers qui ſont aſſignés en repriſe. Autrement les procédures faites , & les Jugemens intervenus depuis le décès d'une des Parties , ſont nuls , ſuivant l'article 1. du titre 26. de l'Ordonnance de 1667.

Mais cet article ſe doit interpréter par l'article ſuivant qui veut que le Procureur qui ſçait le décès de la Partie , ſoit tenu de le faire ſignifier à l'autre , & que les pourſuites ſoient valables juſqu'à la ſignification du décès. Ainſi toutes les procédures faites depuis le décès d'une Partie , ſont valables juſqu'à

ce qu'il ait été déclaré & ſignifié à la Partie adverſe ; enſorte que l'article 2. qui déclare nuls les procédures & les Jugemens intervenus depuis le décès , ſe doit entendre au cas que le décès ait été ſignifié ou que la Partie adverſe en ait eu connoiſſance d'ailleurs.

Si celui à qui la ſignification du décès a été faite , prétend que la Partie n'eſt pas décédée , il peut continuer ſa procédure ; enſorte néanmoins que ſi le décès ſe trouve véritable , tout ce qui aura été fait depuis la ſignification , ſera nul , ſans que les frais puiſſent entrer en taxe , ni même être employés par le Procureur à ſa Partie dans ſon mémoire de frais & ſalaires , ſi ce n'eſt qu'elle eût donné un pouvoir ſpécial & par écrit de continuer la procédure , nonobſtant la ſignification du décès.

L'aſſignation qui ſe donne en repriſe dans les Cours ſouveraines , ſe fait ou en vertu d'une permiſſion que l'on fait mettre au bas d'une Requête préſentée , ou en vertu d'une Commiſſion que l'on obtient en Chancellerie.

Si la Partie que l'on veut faire aſſigner en repriſe demeure à Paris , on lui fait donner l'aſſignation en préſentant Requête ſur laquelle on fait mettre une Ordonnance de ſoit Partie appellée.

Si la Partie demeure en Province , on prend une Commiſſion en Chancellerie , en vertu de laquelle on l'aſſigne en repriſe.

Quand les héritiers comparoiſſent ſur l'aſſignation à eux donnée & reprennent l'inſtance ou procès , il faut procéder ſuivant les derniers erremens ; mais s'ils comparoiſſent , & qu'ils fourniſſent des défenſes , le Juge doit ordonner ce que de raiſon.

Les héritiers ou la veuve aſſignés en repriſe , peuvent oppoſer contre cette demande , 1°. Les délais qui leur ſont accordés pour délibérer ; 2°. L'acte de renonciation à la ſucceſſion du défunt , ou à la communauté.

S'ils comparoiſſent ſans répondre & ſans fournir des défenſes , on prend au Greffe un defaut faute de défendre , que l'on fait juger , & il tient l'inſtance pour repriſe.

S'ils ne comparoiſſent pas , on prend au Greffe un defaut faute de comparoir , que l'on fait juger à l'ordinaire , & qui pour le profit tient l'inſtance pour repriſe.

Ce defaut étant jugé , on le fait ſignifier avec aſſignation à la Partie , pour procéder ſuivant les derniers erremens de l'inſtance qui a été tenue pour repriſe , ce faiſant voir adjuger les concluſions.

S'ils ne comparoiſſent pas ſur cette aſſignation , on prend encore un defaut faute de comparoir , qui adjuge les concluſions.

Touchant les repriſes de procès. *Voyez* le Dictionnaire de M. Brillon, *verbo* Procédure, nomb. 21. & ſuivans.

REPRISE EN FAIT DE COMPTE. Pour entendre ce que c'eſt , il faut ſçavoir que les comptes ont trois ſortes de chapitres ; ceux de recette , ceux de dépenſe , & ceux de repriſe. Pour garder l'ordre du compte , le rendant emploie dans la chapitre de recette un ſomme entiere , dont il n'a reçu qu'une partie ; mais c'eſt à la charge de repriſe , c'eſt-à-dire , de mettre dans le chapitre de reprife les deniers comptés dans le chapitre de recette, qu'il n'a pas reçus. Ainfi on entend par chapitre de reprife celui où le comptable a employé les deniers qu'il n'a pas reçus, & dont il demande la déduction.

REPRISE DE LA FEMME, en renonçant à la communauté, font tout ce qu'elle a droit de reprendre fur les biens communs, ou fur les biens de fon mari, après le décès d'icelui, foit par la difpofition du Droit, comme fes deniers dotaux qu'elle s'eft ftipulés propres, ou ce qui lui eft avenu pendant le mariage par fucceffion, ou ce qu'elle reprend par convention ou ftipulation portée par le contrat de mariage; ce qu'on appelle conventions matrimoniales.

La ftipulation de reprife eft une claufe appofée dans un contrat de mariage, par laquelle il eft porté que la femme, au cas qu'elle renonce à la communauté, reprendra franchement & quittement tout ce qu'elle aura mis dans ladite communauté. On y ajoute auffi ordinairement, I°. Tout ce qui échoira à la femme pendant le mariage par fucceffion, donation, legs ou autrement; II°. le préciput & les avantages faits par le mari.

Cette ftipulation eft néceffaire, & non pas pour que la femme puiffe renoncer à la communauté, puifque cette faculté lui appartient de droit; mais pour qu'elle puiffe en renonçant à la communauté reprendre franchement & quittement ce qui feroit tombé de fes propres biens dans ladite communauté, & ce qui y auroit été confondu dans ladite ftipulation.

Si elle étoit omife dans le contrat de mariage, la femme, en renonçant à la communauté, perdroit tout ce qu'elle y auroit mis, & ne pourroit reprendre & demander que ce qui lui auroit été ftipulé propres, & les immeubles qui lui feroient avenus & donnés en ligne directe, ou échus par fucceffion, tant en ligne directe que collatérale. La raifon eft, que le mari eft le maître de la communauté, & par conféquent de tout ce qui y entre: & la femme en y renonçant, n'y ayant plus de part, n'en peut rien prétendre, & perd par conféquent tout ce qu'elle y a mis.

Mais quand par une fage prévoyance la femme a ftipulé, qu'en renonçant à la communauté lors de la diffolution d'icelle, elle a fait dans fon contrat de mariage une ftipulation de reprife franche & quitte de toutes dettes, elle peut en ce cas renoncer à la communauté, & néanmoins reprendre franchement & quittement tout ce qu'elle a apporté en dot, & tout ce qui lui eft échu par fucceffion ou autrement fuivant la convention énoncée dans le contrat de mariage.

Cette claufe de reprife n'eft jamais fous-entendue, & ne fe fupplée point, parce qu'elle n'eft pas accordée à la femme par le Droit Coutumier; ainfi la faculté que donne cette claufe étant extraordinaire & contre le Droit commun, elle ne fe peut exercer qu'en vertu d'une ftipulation expreffe appofée au contrat de mariage.

De ce principe il s'enfuit, que la faculté de renoncer à la communauté exprimée dans le contrat de mariage, n'emporte point la faculté de reprife.

Il n'en eft pas de même de la caufe de reprife appofée en faveur de la future époufe; elle emporte toujours la faculté de renoncer, quoique non exprimée dans le contrat de mariage; parce que la claufe de reprife eft une conféquence du pouvoir de renoncer à la communauté: pouvoir d'ailleurs que la femme tient de la difpofition de la Coutume.

La caufe de reprife étant contre le Droit commun, eft reftreinte aux termes dans lefquels elle eft conçue; ainfi elle ne peut rien opérer au delà de ce qu'elle contient expreffément. C'eft un droit étroit, une faculté extraodinaire qui s'interprète & s'exécute à la lettre fuivant la propre fignification des termes dans lefquels cette claufe eft conçue, & avec limitation aux chofes & aux perfonnes qui font expreffément dénommées dans la ftipulation; c'eft pourquoi cette claufe ne s'étend point d'un cas en un autre, d'une perfonne à une autre ni d'une chofe à une autre.

La caufe de reprife ne s'étend pas d'un cas à un autre; elle n'eft point tranfmiffible hors le cas de la ftipulation; c'eft pourquoi fi la reprife n'a été ftipulée qu'en cas de diffolution de mariage, elle ne peut être étendue au cas où la communauté feroit rompue, autrement que par la mort naturelle du mari.

On la doit donc ftipuler, non pas fimplement au cas de diffolution du mariage, mais en général, au cas de diffolution de communauté; afin que fi la communauté eft rompue par la mort civile du mari ou par la féparation des biens accordée en Juftice à la femme, ou par quelqu'autre maniere que ce foit, la femme puiffe exercer fa reprife.

En vertu d'une telle claufe au cas de diffolution de communauté, la femme ayant exercé la reprife en conféquence de la diffolution de communauté pour caufe de féparation, & venant enfuite à décéder avant fon mari, le mari furvivant n'eft pas en droit de redemander cette reprife aux héritiers de la femme, comme il a été jugé par Arrêt du 30. Décembre 1718. rendu fur les conclufions de M. Gilbert de Voifins, lors Avocat général.

La raifon eft, que la reprife que fait la femme dans le temps de la féparation des biens, n'eft pas feulement provifoire, mais définitive, & que fans que la femme furvive, elle acquiert irrévocablement pour elle & fes héritiers par la féparation, ce qu'elle auroit droit de reprendre, fi elle furvivoit à fon mari, quand il eft dit que la caufe aura lieu, arrivant la diffolution de la communauté.

La caufe de reprife étant un droit extraordinaire, & par conféquent perfonnel, ne s'étend pas d'une perfonne à une autre: c'eft pourquoi quand la reprife n'eft accordée qu'à la femme, elle ne peut être exercée par fes héritiers; c'eft une faculté perfonnelle qui s'éteint avec la perfonne. Ainfi cette claufe étant conditionnelle, c'eft-à-dire, n'étant accordée à la femme, qu'en cas qu'elle furvive à fon mari, fi elle meurt la première, la faculté de reprife qui lui étoit perfonnelle, devient caduque; & la condition de furvie n'étant pas arrivée, la faculté de reprife ftipulée en faveur de la femme, eft éteinte par fa mort.

La faculté de renoncer eft toujours accordée aux héritiers de la femme, tant en ligne directe que collatérale; parce qu'autrement la communauté introduite en faveur de la femme, seroit préjudiciable à ses héritiers. Mais la stipulation de reprise ne sert point à ses héritiers, à moins qu'ils n'y soient compris; parce qu'étant extraordinaire & contre le Droit commun, elle n'est point extensive, & par conséquent ne peut servir qu'à ceux en faveur desquels elle est expressément faite. Ainsi jugé par Arrêt en 1697. rapporté dans le Journal des Audiences, tome 5. liv. 13. chap. 7.

Par cette raison, quand la clause de reprise est faite au profit de la femme & des siens, elle ne peut être exercée que par elle, ou par ses enfans.

Pour qu'elle puisse être exercée par d'autres héritiers de la femme, il faut que la clause de reprise soit faite *tant pour la future épouse que pour les siens & ses héritiers collatéraux.* Mais il n'est pas ordinaire qu'on accorde la faculté de reprise à d'autre qu'à la femme & aux siens, ou à leur défaut, à ses pere & mere.

Quand la faculté de reprise n'est précisément accordée qu'à la femme, elle ne peut être exercée par ses héritiers ni par ses créanciers lorsque la femme meurt avant son mari.

Mais cette faculté est transmissible aux héritiers ou aux créanciers de la femme, lorsqu'elle a survécu à son mari, & qu'elle vient ensuite à décéder sans avoir renoncé à la communauté, & sans avoir demandé ses reprises franches & quittes, conformément à son contrat de mariage; comme il a été jugé par Arrêt du 3. Juillet 1716.

Le droit de reprendre ayant par le décès du mari été acquis à la femme survivante, ce droit faisant partie de sa succession, peut être exercé de son chef par ses héritiers ou ayans cause, comme la représentant lorsqu'elle est décédée sans être expliquée à cet égard, d'autant que son silence n'est pas suffisant pour faire perdre à ceux qui la représentent, un droit qui lui étoit acquis avant son décès.

M. Renusson en son Traité des Propres, chap. 4. sect. 9. rapporte un Arrêt du Parlement de Rouen du dix-neuf Août 1676. qui dans la même espece a jugé le contraire; mais j'ignore sur quel fondement, & je crois que la décision de l'autre Arrêt est incontestable, suivant la raison que nous en venons de rendre.

La faculté de reprise étant un droit extraordinaire & contre le Droit commun, elle ne souffre point d'extension d'une chose à une autre, & n'est admise que pour les choses qui sont nommément comprises dans la stipulation; c'est pourquoi si la stipulation qui est faite à ce sujet, porte seulement que la future épouse renonçant à la communauté, reprendra tout ce qu'elle y aura apporté, cette clause ne sera pas suffisante pour lui donner droit de reprendre ce qui lui seroit échu par legs, donation ou autrement; parce que cette clause ne peut être entendue précisément que des choses qui sont effectivement entrées dans la communauté au moment qu'elle a été contractée; comme il a été jugé par Arrêt du seize Juillet 1677, rapporté dans le journal des Audiences; & par un autre Arrêt du 18. Juin 1687. rapporté dans le Journal du Palais.

Ainsi, pour que la clause soit complette à cet égard il faut qu'elle comprenne non-seulement tout ce que la femme aura apporté à la communauté, mais aussi tout ce qui lui sera échu pendant le mariage, à quelque titre que ce soit.

L'hypotheque de la femme pour ses reprises est du jour du contrat de mariage, attendu que la clause de reprise fait partie du contrat.

La clause de reprise n'empêche pas le don mutuel; ainsi quoiqu'il y ait clause de reprise pour la femme, les siens, & ayans cause, après son décès, ses pere & mere renonçant à la communauté, les choses mobiliées de la femme prédécédée ne laissent pas d'être sujettes au don mutuel. Ainsi jugé en la Grand'Chambre le 8. Juin 1694. rapporté dans le Journal des Audiences, tome 5. livre 10. chapitre 11.

Touchant la faculté de reprise, *voyez* ce que j'ai dit sur l'article 237 de la coutume de Paris, §. 2. & dans la Science parfaite des Notaires, livre 4. chapitre 15. & 16.

REPRISE DE DENIERS STIPULÉS PROPRES, est un droit qui s'exerce après la dissolution de la communauté par les conjoints ou par l'un d'eux, avant toute autre reprise.

Cette reprise des deniers stipulés propres, quand elle se fait pour la femme ou pour ses héritiers, se prend sur la communauté en cas d'acceptation; & en cas de renonciation, elle se prend sur les biens du mari.

Quand elle se fait pour le mari ou pour ses héritiers, elle ne se prend que sur les biens de la communauté; & en cas de renonciation, il n'y a point de reprise.

La reprise cesse quand les deniers ont été dûement réalisés; car pour lors la femme ou ses héritiers reprennent l'héritage acquis par l'emploi.

De la reprise des propres en cas de renonciation, *voyez* M. le Brun en son Traité de la Communauté, livre 3. chapitre 2. section 1. dist. 1. & ce que j'ai dit sur l'art. 237. de la Coutume de Paris. §. 2.

REPROCHES DE TEMOINS, sont les moyens ou raisons qu'on allegue contre les témoins pour empêcher que le Juge n'ajoute foi à leur déposition, soit en matiere civile ou criminelle; comme si la Partie justifie que les témoins produits en une enquête, sont parens très-propres de la Partie adverse, ou qu'ils ont intérêt dans l'affaire, ou qu'ils sont obligés de prendre le parti de celui qui les produit, ou parce qu'ils sont des domestiques, ou pour d'autres raisons; ou qu'ils sont ennemis capitaux de la Partie adverse; ce que la Partie leur a donné de l'argent pour déposer en sa faveur. *Voyez* ce qui est dit ici *verbo* Témoins.

Les reproches se font encore contre les témoins, par rapport à leur vie, leurs mœurs & leur condition; comme si l'on justifie qu'ils ont été condamnés pour vol, pour meurtre ou autre crime semblable, ou pour avoir déjà fait un faux témoignage.

En matiere civile, on propose les reproches par un dire, & ils doivent être pertinens & circonstanciés; autrement on n'y a point d'égard, & ils ne donnent point d'atteinte aux dépositions des témoins de l'enquête: les faits sont même réputés calomnieux s'ils ne sont justifiés avant le Jugement du procès.

Celui qui a fait faire l'enquête, peut, si bon lui semble, fournir par un autre dire de réponses aux reproches ; ces réponses doivent être signées de la Partie qui les fait, & doivent être signifiées à la Partie adverse.

Les Juges ne doivent point appointer les Parties à informer sur les faits contenus dans les reproches & dans les réponses, si ce n'est qu'en voyant le procès, ils connuffent que les moyens de reproches font pertinens & admiffibles.

L'ordre est de juger les reproches avant le procès ; & s'ils font trouvés pertinens & fuffifamment juftifiés, les dépofitions des témoins reprochés ne doivent pas être lûes.

Les Procureurs ne doivent point propofer de reproches fans procuration fpéciale, ou fans qu'ils foient fignés de la Partie.

En matiere criminelle, l'accufé eft obligé de fournir dans le tems même de la confrontation, fes reproches contre le témoin ; & le Juge le doit avertir qu'il n'y fera plus reçu après avoir ouï la lecture de la dépofition.

Au cas que l'accufé en propofe, le Greffier rédige par écrit le reproche que fait l'accufé, & la réponfe du témoin. Cependant les reproches font entendus en tout état de caufe, quand ils font prouvés par écrit.

Entre plufieurs accufés, les reproches fournis par l'un d'iceux contre les témoins, fervent aux autres accufés qui n'en ont point propofé, à caufe de la connexité de l'affaire ; mais cela ne s'étend pas jufques aux complices qui font contumaces, parce que la contumace eft fi odieufe, qu'elle emporte avec foi une déchéance de toutes fortes d'exceptions.

Si un accufé, après avoir fubi les confrontations, brife les prifons, les objets ou reproches par lui baillés contre les témoins qui lui ont été confrontés ne font pas lus, car fa fuite eft une préfomption qui fait contre lui.

Celui qui a fait entendre des témoins à fa requête, pour lui, ne les peut reprocher, fi en une autre affaire ils dépofent contre lui, pour raifon de quoi lefdits témoins font appellés affidés, à moins qu'il ne prouve que depuis ces témoins font devenus fes ennemis, ou qu'ils ont été convaincus du crime, ou qu'ils ont été corrompus par argent.

Il ne fuffit pas de propofer des reproches contre les témoins qui font produits par la Partie adverfe ; il les faut prouver : autrement le Juge n'y a point d'égard.

Voyez le Dictionnaire de M. Brillon, *verbo* Témoins ; Defpeiffes, au titre des reproches des témoins ; Papon fur la même titre ; Louet & fon Commentateur, lettre R, chap. 4. & 5. la Note de M. le Préfident de Perchambault, fur l'art. 151. de la Coutume de Bretagne ; & le tit. 23. de l'Ordonnance de 1667. avec les notes de Bornier.

REPUDIER SA FEMME, fignifie l'abandonner, & rompre l'engagement de mariage que l'on avoit contracté avec elle ; en un mot, c'eft faire avec elle divorce, *quoad fœdus & vinculum matrimonii.* Mais cela ne peut avoir lieu chez les Catholiques,

d'autant que chez eux le lien du mariage légitimement contracté, eft un lien qui ne peut être diffous, & leur divorce n'aboutit jamais qu'à une féparation de corps & de biens. *Voyez* Divorce. *Voyez* Séparation.

REPUDIER UNE SUCCESSION, fignifie en pays de Droit écrit, déclarer qu'on n'accepte point la fucceffion qui nous eft déférée, ou par teftament ou *ab inteftat.* En pays coutumier, on dit renoncer à une fucceffion, de même que l'on dit renoncer à un legs. *Voyez* Renonciation.

REQUERIR, fignifie former une demande, ou conclure à quelque chofe.

REQUESTE, eft une demande qu'on fait en Juftice, ou un acte par lequel on fupplie le Juge de vouloir adjuger au fuppliant les conclufions qu'il y a prifes.

Cet acte commence par l'adreffe, à *Monfieur le Lieutenant civil*, ou à *Noffeigneurs du Parlement*, ou par l'intitulé d'autres Juges pardevant qui l'on procéde ; enfuite on met le nom & les qualités du fuppliant ; après quoi on expofe le fait dont il s'agit ; & enfin on déduit fes conclufions en commençant par ces termes : *Ce confidéré Monfieur* ou *Noffeigneurs il vous plaife* permettre au fuppliant telle chofe, ou ordonner telle chofe.

Il n'eft pas néceffaire que les Requeftes foient fignées par les Parties ; il fuffit qu'elles le foient par leur Procureur : cependant quand elles tirent à conféquence, un Procureur doit pour fa fûreté, les faire figner par les Parties, de crainte de defaveu.

Le Juge à qui on préfente une Requefte, y répond, à l'effet que celui qui l'a préfentée, donne affignation à la Partie adverfe, pour que le Juge puiffe connoître s'il doit adjuger ou non les conclufions qui font prifes dans la Requefte.

Au refte, il y a de fimples Requeftes à fin d'oppofition à quelque Sentence ou Arrêt ; d'autres fimples requeftes pour fe pourvoir contre les Sentences préfidiales ; d'autres requeftes appellées requeftes civiles. Il y a requefte principale, requefte incidente, & plufieurs autres efpeces de requeftes.

REQUESTE D'INTERVENTION, eft une requefte par laquelle on fupplie la Cour de vouloir recevoir le fuppliant partie intervenante dans une inftance pendante en la Cour entre tel & tel, à caufe de l'intérêt qu'il y a.

Il faut, pour être reçu partie intervenante dans un procès, 1°. Donner copie de fes moyens & des pieces juftificatives. Article 28. du titre 1. de l'Ordonnance de 1667.

2°. Il faut prendre des conclufions, fauf à augmenter fi le procès eft appointé, après qu'on en aura eu communication ; car fi on ne prenoit aucunes conclufions dans un procès en état de juger, l'intervention ne feroit pas reçue, elle reffentiroit la chicane, & l'intervention mandiée.

REQUESTE VERBALE. Au Châtelet & aux requeftes du Palais, les Procureurs donnent des requeftes appellées *verbales*, parce qu'autrefois elles fe faifoient verbalement & judiciairement l'Audience tenant : préfentement on les rédige de même que fi elles avoient été faites en Jugement ; mais on fe contente de les faire fignifier, afin de ne pas furcharger l'Audience de tous ces incidens. Au Châtelet, ces Requêtes commencent par ces mots : *A venir plaider au Parc civil par un tel, contre un tel, &c.* Et à la fin il est dit : *A ces caufes le demandeur conclut, &c.*

Aux Requêtes du Palais, ces Requêtes fe donnent pour procéder au Parquet, ou pour faire évoquer. Elles commencent par ces mots : *Sur ce que M. tel Procureur ;* & finiffent ainfi : *Sur quoi la Cour ordonne, &c. & foit fignifié.*

REQUESTE D'EMPLOI, eft une Requête qui fe fait en procès par écrit, pour fuplier la Cour qu'il lui plaife donner acte de ce que le fupliant emploie pour réponfes à telles piecces produites par fa Partie, celles qu'il auroit déjà produites auparavant. Le Rapporteur met au bas de la Requête : *Ait acte d'emploi & foit fignifié ;* comme fi l'intimé fuplioit la Cour de lui donner acte qu'il emploie ce qu'il a dit dans fes réponfes à griefs, contre les écritures qui feroient faites contre lui par fa Partie.

REQUESTE EN CASSATION, *voyez* ci-deffus Caffation.

REQUESTE CIVILE, eft une voie par laquelle on revient contre un Arrêt ou Jugement en dernier reffort, contre lequel on ne peut point venir par oppofition. Il en eft amplement traité dans le titre 36. de l'Ordonnance de 1667.

Requête civile s'entend auffi de la Requête que l'on donne à cet effet, & du moyen fur lequel eft fondée ladite Requête.

Le Droit Romain ne permettoit, pas d'interjetter appel d'un Jugement rendu par le Préfet du Prétoire, parce que *vice facrâ Principis judicabat* : on pouvoit feulement préfenter une Requête tendante à ce que révifion fut faite du procès ; de forte que fi l'équité le permettoit, le Jugement du Préfet du prétoire étoit infirmé. *Leg. unica, cod. de Sentent. Præfecti Prætorio.*

Ratio differentiæ eft, quia fcilicet appellatio iniquitatis Sententiæ querelam continet. Leg. 17. ff. de minorib. At verò illa fupplicatio, quâ petebatur revifio litis Sententia Præfecti Prætorio decifæ, erat tantùm imploratio ejufdem Magiftratus clementiæ, ad quam fupplicans, tanquam ad Juftitiæ & æquitatis afylum confugiebat.

Plufieurs prétendent que l'ufage des Requêtes civiles s'eft introduit parmi nous, fur le fondement de ces-fuppliques, qui étoient admifes par le Droit Romain contre les Jugemens du Préfet du Prétoire, contre lefquels il n'étoit pas permis de fe pourvoir par la voie d'appel.

Ce moyen de fe pourvoir contre des Arrêts ou Jugemens en dernier reffort, paroît odieux, en ce que l'autorité de ces Jugemens femble exclure toutes fortes de voies de revenir contre ; cependant on a trouvé à propos de l'admettre pour la confervation de la Juftice, *ne injuria nafcatur unde jura.*

Les Requêtes civiles s'obtiennent par Lettres royaux, lefquelles doivent contenir le fait, la procédure, & le difpofitif de l'Arrêt contre lequel on veut fe pourvoir. Ainfi, par Requêtes civiles on entend des Lettres royaux obtenues en la petite Chancellerie, par lefquelles on fe pourvoit pour faire avec connoiffance de caufe, & fur des juftes raifons autori-

fées par l'Ordonnance, retracter un Arrêt rendu avec nous, & auquel nous avons été Partie.

Les Ordonnances ont défendu d'avoir aucun égard aux Requêtes préfentées contre des Arrêts, à moins que ce ne fût en vertu de Lettres expédiées en Chancellerie ; parce qu'il ne doit pas être permis aux Particuliers de revenir contre des Jugemens rendus par des Cours fouveraines, à moins qu'ils n'en aient obtenu la permiffion du Roi : ce qui eft fondé fur l'autorité que doivent avoir les chofes jugées par de tels Juges, auxquels le Roi attribue une partie de fa puiffance ; *ita ut judicent vice facrâ Principis : at credit Princeps eos, qui ob fingularem induftriam, exploratâ eorum fide & gravitate ad ejus officii magnitudinem adhibentur, non aliter judicaturos effe, pro fapientia ac luce dignitatis fuæ, quam ipfe foret judicaturus. Leg. un. §. pen. ff. de offic. Præf. Prætor.*

Ce moyen de fe pourvoir contre les Arrêts, eft appellé Requête civile, non-feulement parce qu'on préfume que cette Requête ne contient rien d'incivil, mais encore parce qu'elle n'offenfe pas les Juges, en ce qu'elle ne les taxe point d'erreur ni d'ignorance, & n'eft ordinairement fondée que fur le fait & le dol perfonnel de la Partie adverfe, ou fur d'autres circonftances, qui n'influent prefque jamais fur l'honneur des Juges qui ont rendu l'Arrêt contre lequel on fe pourvoit par Requête civile.

Il faut avoir été Partie au procès pour pouvoir obtenir des Lettres de Requête civile contre l'Arrêt qui eft intervenu. Article 1. de l'Ordonnance de 1667. Quand on n'a pas été Partie au procès, ou duement appellée, on peut fe pourvoir contre l'Arrêt par fimple Requête à fin d'oppofition ; *neque enim autoritas rei judicatæ locum habet, nifi inter eos inter quos fuit judicata.* Ainfi la chofe fe pouvant réparer par la fimple Requête à fin d'oppofition, il ne doit pas être permis d'avoir recours à un remede extraordinaire.

Non-feulement ceux qui ont été Parties principales dans un procès, peuvent faire retracter l'Arrêt par Lettres en forme de Requête civile, mais auffi ceux qui par intervention ou autrement, auront été compris dans l'inftance ou procès, quand même il n'y auroit eu qu'une jonction de leur conteftation à l'inftance ou procès qui leur étoient étrangers, & qui n'avoient pas été réglés avec eux, parce que la jonction rend tous les réglemens communs ; comme il a été jugé au Parlement de Paris, par Arrêt rendu en la cinquieme des Enquêtes, le 12. Mai 1712.

On ne fe pourvoit par Requête civile que pour faire retracter entiérement l'Arrêt : c'eft pourquoi celui qui prétendoit feulement faire changer, modifier, ou interpréter quelque claufe un Arrêt en ce qu'elle eft obfcure ou ambiguë, pourroit, fans avoir recours à une Requête civile, fe pourvoir par interprétation, fuivant l'Ordonnance de 1539. art. 109. & celle de 1545. article 8.

On peut fe pourvoir par fimple Requête contre les Arrêts & Jugemens en dernier reffort qui auroient été rendus faute de fe préfenter, ou en l'Audience faute de plaider, pourvû que la Requête foit donnée dans la huitaine du jour de la fignification à perfonne ou domicile de ceux qui feront condamnés , s'ils n'ont conftitué Procureur ; ou au Procureur , quand il y en a un. Sur quoi il faut remarquer I°. Que le jour de la fignification eft compris dans la huitaine , & qu'ainfi l'oppofition qui viendroit le neuvieme jour , ne feroit pas recevable. II°. Qu'il ne fuffit pas que la Requête d'oppofition foit repondue dans la huitaine ; il faut qu'elle foit fignifiée.

Ce que nous venons de dire , que l'on peut fe pourvoir par fimple Requête contre les Arrêts & Jugemens en dernier reffort qui auroient été rendus faute de plaider , n'a pas lieu quand la caufe a été appellée à tour de rôle : car en ce cas les Parties ne peuvent fe pourvoir contre par Requête civile : parce que quand la caufe eft apellée à tour de rôle , le demandeur & le défendeur doivent être prêts de plaider.

Les caufes fur lefquelles les Requêtes civiles peuvent être fondées , que l'on appelle ouvertures de Requêtes civiles , font , à l'égard des majeurs, énoncées dans l'article 34. du titre 35. de l'Ordonnance de 1667.

La premiere eft le dol perfonnel de la Partie adverfe dans l'obtention de l'Arrêt contre lequel on fe pourvoit. Ce qui eft fondé fur une difpofition du Droit Romain , qui met le dol au nombre des caufes pour lefquelles on peut fe faire reftituer en entier ; *quia dolus nemini patrocinari debet.* Ainfi par Arrêt du Parlement de Provence du 23. Juin 1644. il a été jugé qu'il y avoit ouverture de Requête civile contre un Arrêt obtenu par dol & fraude de la Partie adverfe, qui avoit fupprimé une piece importante. Boniface , tom. 4. liv. 1. tit. 12. nomb. 10.

La deuxieme eft , fi la procédure établie par les nouvelles Ordonnances , n'a pas été obfervée dans les Arrêts rendus depuis qu'elles ont été publiées , mais non pas à l'égard de ceux qui auroient été rendus auparavant. *Voyez* la Novelle 115. chap. 1.

La troifieme eft , fi l'Arrêt prononce fur des chofes non demandées & non conteftées. Les Juges doivent donc prononcer fur tous les chefs de demandes & même fur les demandes qui ont été faites dans le cours du procès.

La quatrieme eft , fi l'Arrêt adjuge à l'une des Parties plus qu'elle n'a demandé. Par exemple , fi le demandeur avoit conclu à ce que le défendeur fût condamné de lui payer quatre cens livres , le Juge ne pourroit pas condamner le défendeur à lui en payer cinq cens , ni adjuger la totalité d'un héritage à celui qui n'en auroit demandé par fon exploit que la moitié ; *quia Sententia debet effe libello conformis , & poteftas Judiciis ultra id quod in judicium deductum eft , necquaquam poteft excedere. Leg.* 18. *ff. de communi dividendo.*

De ce que le Jugement doit être entierement conforme aux conclufions prifes par le demandeur , il s'enfuit encore I°. Que le Juge ne peut pas adjuger au demandeur une autre chofe que celle qu'il demande. II°. Que le Juge doit prononcer conformément aux qualités fous lefquelles les Parties ont procédé. C'eft pourquoi il y auroit lieu à la Requête civile fi un Arrêt condamnoit en fon propre & privé nom celui qui n'auroit été affigné qu'en qualité de tuteur,

ou s'il condamnoit comme héritier pur & fimple celui qui n'auroit procédé qu'en qualité d'héritier par bénéfice d'inventaire.

La cinquieme eft , s'il y a contrariété d'Arrêts ou Jugemens en dernier reffort entre les mêmes Parties, fur les mêmes matieres , & en mêmes Cours & Jurifdictions ; fauf , en cas de contrariété en différentes Jurifdictions , à fe pourvoir au Grand Confeil. C'eft une des difpofitions de l'article 34. du titre 35. de l'Ordonnance de 1667.

Il réfulte des termes de cet article , que la contrariété d'Arrêts ou Jugemens en dernier reffort eft un moyen de Requête civile , quand ils ont été rendus entre les mêmes Parties , fur les mêmes matieres , & en mêmes Cours & Jurifdictions ; & alors la Requête civile fe pourfuit pardevant les mêmes Juges qui ont rendu ces Arrêts.

Mais quand les Arrêts ont été rendus en différens Tribunaux , la contrariété qui s'y rencontre produit un moyen particulier de fe pourvoir contre au Grand Confeil. Comme les Cours fouveraines font toutes indépendantes l'une de l'autre , aucune d'elles n'eft en droit de juger de ce qui eft décidé par un autre. *Voyez* ci-deffus , Contrariété d'Arrêts.

La fixieme eft , fi dans un même Arrêt il y a des difpofitions contraires. Plus une décifion eft abfolue, & plus ceux qui en font les Auteurs doivent prendre de foin pour la rendre claire , certaine & fans contrariété ; autrement il y auroit lieu à revenir contre par Requête civile.

La feptieme eft , fi dans les chofes qui concernent le Roi , l'Eglife , le Public ou la Police , l'Arrêt a été rendu fans que les pieces ou le procès ait été communiqué à Meffieurs les Gens du Roi , il y a ouverture de Requête civile. Comme ils font les défendeurs des droits du Roi , de l'Eglife & du Public , il ne convient pas qu'on Juge aucunes pareilles affaires fans leur participation.

Il faut obferver à ce fujet , que le défaut de conclufions des Gens du Roi dans un procès où une Communauté eccléfiaftique eft partie , n'eft pas un moyen fuffifant de Requête civile , lorfqu'il ne s'agit pas d'un domaine de l'Eglife , & qu'il n'eft queftion que des fruits & revenus dont les perfonnes qui compofent la Communauté font maîtreffes , & ont la libre adminiftration. Ainfi jugé au Parlement de Paris , par Arrêt du 27. Novembre 1703. rapporté par M. Augeard , tome 3. Arrêt 64.

La huitieme eft , fi l'Arrêt a été rendu fur ces pieces fauffes. Mais l'impétrant doit en ce cas prouver que non-feulement les pieces produites font fauffes , mais auffi que les Juges ont fondé leur Jugement fur icelles. *Leg.* 3. *cod. fi ex falf. inftrum. vel teftimon. judicat. fit.* M. le Prêtre , cent. 2. chap. 72. En effet , il fe peut faire qu'outre les pieces maintenues fauffes , la Partie en ait produit d'autres vraies & valables , fur lefquelles les Juges aient affis leur Jugement.

Pour que des pieces fauffes produites au procès foient un moyen de Requête civile , il faut encore qu'en l'inftance fur laquelle eft intervenu l'Arrêt , les pieces n'aient pas été impugnées & débatues de faux ; parce qu'en ce cas ce feroit une pure propofition d'erreur, puifque la queftion de faux auroit déjà été jugée.

La

La neuvieme eſt, ſi l'Arrêt a été rendu ſur des offres ou conſentemens qui aient été déſavoués, & dont le déſaveu a été jugé valable, pourvû qu'il apparoiſſe du dol, de la ſurpriſe, & de l'erreur intervenue dans ces offres ou conſentemens; auquel cas la requête civile eſt reçue.

La Requête civile eſt donc reçue contre un Arrêt rendu par expédient, lorſque celui qui ſe prétend lézé par ledit Arrêt, déſavoue ſon Procureur pour l'avoir accordé & paſſé ſans mandement ſpécial; mais il faut qu'il faſſe voir que s'il eût été ouï, l'Arrêt auroit jugé autrement. Le fait d'un Procureur ou d'un curateur n'eſt pas un moyen ſuffiſant pour revenir contre un Arrêt, d'autant que le préjudice & le dommage que le mineur en peut ſouffrir, eſt réparable par le recours qui leur eſt accordé contre le Procureur ou le Curateur.

La dixieme eſt, s'il y a des pieces déciſives qui changent l'état de la cauſe & de la premiere conteſtation, qui ſoient nouvellement recouvrées, & qui aient été auparavant détenues par le fait de la Partie adverſe. Hors ces cas, le recouvrement de pieces déciſives ne donneroit pas lieu à la Requête civile.

Il en eſt à cet égard de même que de la tranſaction, *quæ prætextu inſtrumentorum de novo repertorum retractari non poteſt*; comme il eſt dit en la Loi 4. cod. *de re judicat.* en ces termes, *ſub ſpecie novorum inſtrumentorum poſteà repertorum res judicatas retractari exemplo grave eſt.*

Outre les cauſes alléguées ci-deſſus, les Eccléſiaſtiques, les Communautés & les mineurs peuvent encore ſe pourvoir par Requête civile, au cas qu'ils n'aient pas été défendus; ou qu'ils ne l'aient pas été valablement; comme ſi dans leurs défenſes & dans leurs écritures on a omis de bons moyens par leſquels ils auroient pu obtenir gain de cauſe, ſuivant l'art. 35. du tit. 35. de l'Ordonnance de 1667.

Mais cette ouverture n'a lieu en faveur des Eccléſiaſtiques, que contre les Arrêts par leſquels les droits de l'Egliſe ou des Bénéfices qu'ils poſſedent ont reçu quelque dommage. Ainſi un Eccléſiaſtique ne pourroit pas ſe ſervir de cette ouverture de Requête civile, s'il s'agiſſoit d'un Arrêt qui eût été contre lui rendu par rapport à ſon patrimoine particulier, & à ſes biens temporels.

A l'égard du mineur qui auroit été défendu par ſon curateur, il ne ſeroit pas reſtituable en ſa Requête civile, comme il a été jugé par un Arrêt du vingt-trois Mai 1561. rapporté par Charondas ſur le Code Henry, liv. 9. tit. 9. art. 1.

Il faut excepter le cas où il s'agiroit de l'état d'un mineur; car il ne ſeroit pas alors ſenſé avoir été ſuffiſamment défendu, s'il n'avoit point eu de tuteur dans cette conteſtation, mais ſeulement un curateur aux cauſes. Ainſi jugé par un Arrêt du 21. Février 1592. rapporté dans le Journal des Audiences. Il s'agiſſoit d'un Arrêt rendu contre un mineur dont on conteſtoit l'état, en débattant de nullité le mariage de ſa mere, & le prétendant nul quant aux effets civils. Il fut jugé qu'il étoit un moyen valable de Requête civile pour lui, de ce que dans une affaire de cette importance il n'avoit eu qu'un curateur aux cauſes, qui étoit ſon Procureur.

Quant aux inſtances ou procès touchant les droits de la Couronne ou du Domaine, où les Procureurs généraux ou les Procureurs du Roi ſur les lieux ſont Parties, ils doivent être mandés en la Chambre du Conſeil, avant que de mettre l'inſtance ou le procès ſur le Bureau, pour ſçavoir s'ils n'ont point d'autres pieces ou moyens, dont il doit être fait mention dans l'Arrêt ou Jugement en dernier reſſort; & au cas que cette formalité n'ait pas été obſervée, il y a ouverture à la Requête civile pour le Roi, ſuivant l'art. 35.

On ne peut ſe pourvoir contre un Arrêt, ſous p. étexte du mal jugé au fonds, à moins qu'il n'y ait d'ailleurs quelque ouverture à la Requête civile.

L'Ordonnance fait défenſes d'employer d'autres ouvertures à la Requête civile, que celles dont il vient d'être fait mention ci-deſſus, & qu'elle a énoncées dans les articles que nous avons cités.

Il faut donc établir pour principe, que l'erreur n'eſt pas une ouverture de Requête civile, puiſque l'Ordonnance de 1667. n'en fait point mention.

Au contraire, l'article 42. du titre 35. abroge les propoſitions d'erreur, & défend aux Parties de les obtenir, & aux Juges de les permettre, à peine de nullité & de tous dommages & intérêts. *Voyez* ci-deſſus Propoſitions d'erreur, & ci-après Réviſion d'Arrêt, & le Commentaire de Bornier ſur ledit article.

Cependant, ſi l'erreur de fait prévenoit de la fraude de celui qui a obtenu gain de cauſe par l'Arrêt, ayant avancé des faits faux, ou pour en avoir dénié de véritables qui ſoient vérifiés par la Partie adverſe, ce ſera pour lors un moyen de Requête civile, à cauſe du dol & de la mauvaiſe foi de la Partie adverſe; mais ſi l'erreur procédoit du fait & de la faute de celui qui auroit ſuccombé, ce ne ſeroit point un moyen de ſe pourvoir contre un Arrêt.

A l'égard de l'erreur de droit, elle ne peut pas ſervir de moyen pour ſe pourvoir par Requête civile contre un Arrêt.

L'article 32. du même titre porte préciſément, que les Arrêts & Jugemens en dernier reſſort ne ſeront retractés, ſous prétexte du mal Jugé au fonds, s'il n'y a d'ailleurs ouverture de Requête civile. Ainſi l'erreur de droit ne peut pas ſervir de moyen de Requête civile contre un Arrêt. Cela eſt tiré de la Juriſprudence Romaine, ſuivant laquelle l'autorité des Ordonnances & des Jugemens du Sénat étoit ſi grande, qu'il n'étoit pas permis aux Particuliers de revenir contre, ſous quelque prétexte que ce fût, pas même ſous prétexte d'erreur de droit; *quia Senatus præſumebatur habere omnia jura in ſcrinio pectoris.*

Cependant, ſi l'Arrêt avoit jugé directement contre la diſpoſition expreſſe de l'Ordonnance ou de la Coutume des lieux, on pourroit ſe pourvoir en caſſation au Conſeil privé; d'autant que les Cours ſouveraines, comme les autres, ſont tenues de juger conformément aux Ordonnances, qui ſont les Loix générales du Royaume; & aux Coutumes, qui ſont les Loix particulieres des lieux, ayant été rédigées par l'autorité des Rois de France.

Au ſurplus, quand il y a ouverture de Requête civile, celui qui après l'entérinement pourſuit pour le fonds, peut toujours cumuler les queſtions de

Droit , & les difputer contre l'Arrêt , à l'effet d'obtenir gain de caufe au principal.

Pour fe pourvoir par Requête civile , il faut premiérement confulter deux anciens Avocats , pour
fçavoir s'il y a ouverture de Requête civile : leur
confultation doit être rédigée par écrit , & contenir
fommairement les ouvertures de Requête civile , &
être fignée par eux & par celui qui a fait le rapport
de la caufe. Ce qui a été ainfi ordonné , pour empêcher que les Parties ne s'engagent trop légerement
dans une telle pourfuite.

En conféquence de cette confultation , on fait
dreffer des Lettres de Requête civile , dans lefquelles il faut déduire le fait & l'Arrêt contre lequel on
veut fe pourvoir , ce qu'il a jugé , les ouvertures
qu'on a de Requête civile , & les noms des Avocats
qui ont figné la confultation. A l'égard des moyens
qui donnent ouverture à la requête civile , ils doivent y être énoncés , afin que la Partie adverfe en
ait connoiffance , & puiffe y fournir de réponfe.

Ces Lettres contiennent enfuite un *Mandement aux
Juges qui ont rendus l'Arrêt , que s'il leur eft juftifié
que l'expofé foit véritable , ils remettent les Parties au
même état qu'elles étoient avant l'Arrêt.* Ces Lettres
finiffent par une commiffion au premier Huiffier
ou Sergent d'affigner la Partie pardevant la Cour ,
& la confultation des Avocats doit être attachée
aux Lettres de requête civile pour les impétrer.
Article 13.

L'article 15. a abrogé l'ufage de clorre les Lettres
de requête civile , & d'y attacher une commiffion.

L'article 16. veut feulement , que celui qui a
obtenu des Lettres de requête civile contre des
Arrêts contradictoires , préparatoires ou définitifs ,
préfente requête à la Cour à fin d'entérinement
d'icelles , & en conféquence qu'il lui plaife remettre les Parties en l'état qu'elles étoient avant
l'Arrêt.

En préfentant cette requête , il doit configner la
fomme de trois cens livres pour l'amende envers le
Roi , & cent cinquante livres envers la Partie.

Si l'Arrêt eft par défaut , il fuffit de configner la
fomme de cent cinquante livres pour l'amende envers le Roi , & foixante-quinze livres pour celle envers la Partie. Ces fommes font payées au Receveur
des Amendes , pour être rendues à ceux qu'il appartiendra , fuivant le même article.

L'amende étant confignée , il faut fignifier la requête civile avec affignation , & donner copie tant
des Lettres que de la confultation.

Enfuite la caufe eft mife au rôle ou portée à
l'Audience fur deux actes , l'un pour communiquer
au Parquet , & l'autre pour venir plaider fans autre
procédure , ainfi qu'il eft porté en l'article 17.

Cette communication au Parquet eft abfolument
néceffaire ; faute de quoi , l'Arrêt qui interviendroit fur une Requête civile non communiquée
au Parquet , pourroit être caffé ; comme il a été
jugé par Arrêt du Confeil d'en haut du 23. Septembre 1668. rapporté dans le Recueil des Arrêts
donnés en interprétation des nouvelles Ordonnances,
page 217.

Lors de la communication au Parquet , fera repréfenté l'avis figné des Avocats qui auront été
confultés.

Après la communication , fi la caufe eft portée
à l'Audience , il faut faire fignifier un avenir ; fi
au contraire elle eft mife au rôle , il faut le déclarer par un acte fignifié au Procureur de la Partie
adverfe.

Il n'eft plus néceffaire aujourd'hui de faire trouver
à l'Audience , lors de la plaidoirie , les Avocats qui
ont été confultés ; l'article 30. en a abrogé l'ufage, &
ordonne feulement à l'Avocat du demandeur , avant
de plaider , de déclarer les noms des Avocats , par
l'avis defquels la Requête civile a été obtenue.

Si depuis les Lettres obtenues le demandeur en
Requête civile a découvert d'autres moyens contre
l'Arrêt ou Jugement donné en dernier reffort , que
ceux qui ont été employés en fa Requête , il eft tenu
de les énoncer dans une Requête qu'il fait fignifier
au Procureur du défendeur , fans obtenir Lettres
d'ampliation qui ne font plus d'ufage , fuivant l'article 29.

Par cette requête , après avoir énoncé les nouveaux moyens qu'on a découvert contre l'Arrêt , on
conclut *à ce qu'il plaife à la Cour donner acte au Suppliant , de ce que pour ampliation de fa Requête civile ,
il emploie le contenu ci-deffus ; & en conféquence ordonner que lefdites Lettres en forme de requête civile
feront entérinées : ce faifant , remettre les Parties en tel
état qu'elles étoient ledit Arrêt.*

La raifon pour laquelle le demandeur en entérinement des Lettres en forme de requête civile , eft obligé d'alléguer fes nouveaux moyens dans
une Requête fignifiée à la Partie adverfe , eft fondée fur l'article 31. qui ne permet pas à l'Avocat
du demandeur en requête civile , d'alléguer en
plaidant d'autres ouvertures que celles qui font
mentionnées & expliquées aux Lettres , & en la
requête tenant lieu d'ampliation ; autrement il y
auroit de la furprife , fi l'Avocat du demandeur
plaidoit d'autres moyens auxquels l'Avocat du défendeur ne fe feroit pas attendu , & contre lefquels
il ne fe feroit pas préparé.

Cette Requête d'ampliation , après avoir été fignifiée , doit être communiquée au Parquet avant le
jour de la plaidoierie de la caufe , ainfi qu'il eft
prefcrit par ledit article 31.

Le tout étant inftruit dans les regles , intervient
fur la plaidoierie des Avocats , Arrêt qui entérine
les Lettres de Requête civile , ou qui en déboute
celui qui les a obtenues.

Si la Cour juge qu'il y ait lieu d'entériner les Lettres , elle dit *qu'ayant égard aux Lettres obtenues par le
demandeur contre l'Arrêt du... & icelles entérinant , a
remis & remet les Parties en l'état qu'elles étoient auparavant ledit Arrêt , & condamne le défendeur aux dépens.*

L'article 33. veut qu'en ce cas les Parties foient
remifes en pareil état qu'elles étoient avant l'Arrêt ,
quoique ce fût une pure queftion de Droit ou de Coutume qui eût été jugées ; parce que la Cour ne doit
juger que le refcindant , fans toucher à la queftion
principale , laquelle eft fenfée n'avoir point été décidée au moyen de l'entérinement des Lettres de Requête civile. *Voyez ci-après , Refcindant & Refci-*

foire en matiere de Requête civile.

S'il n'y a point d'ouvertures de Requête civile ; ou si la Cour ne trouve pas fuffifantes celles qui auroient été propofées par le demandeur, elle le déboute des Lettres par lui obtenues contre l'Arrêt du ... & le condamne en l'amende & aux dépens.

Cette amende eft réglée & définie par l'article 39. du titre 35. de l'Ordonnance de 1667. qui porte, que fi les ouvertures des Requêtes civiles ne font jugées fuffifantes, le demandeur fera condamné aux dépens, & à l'amende de trois cens livres envers le Roi, & cent cinquante livres envers la Partie, fi l'Arrêt contre lequel la Requête civile aura été prife eft contradictoire, foit qu'il foit préparatoire, ou définitif ; & en cent cinquante livres envers le Roi, & foixante-quinze livres envers la partie, s'il eft par défaut ; fans que les amendes puiffent être remifes ni modérées.

Lorfque les Lettres en forme de Requête civile font entérinées, il faut faire juger le procès principal en la même Chambre où l'Arrêt contre lequel les Lettres ont été obtenues a été rendu, ainfi qu'il eft porté en l'article 22. Il faut excepter le cas où il s'agiroit du fait ou de la faute des Juges ; car alors l'affaire principale devroit être renvoyée en une autre Chambre que celle où elle auroit été jugée. *Voyez* l'art. 61. de l'Ordonnance de Moulins.

Voilà de quelle maniere fe pourfuit l'entérinement des Requêtes civiles, & les prononciations qui interviennent en conféquence. Entrons à préfent dans l'examen de quelques queftions qui peuvent fe rencontrer au fujet de ces Lettres.

Il faut d'abord tenir pour principe, que les Lettres en forme de Requête civile doivent être départies & plaidées aux mêmes Cours où les Arrêts ou Jugemens en dernier reffort ont été rendus. Néanmoins dans les Cours où il y a une Grand'Chambre appellée Chambre de Plaidoyé, les Requêtes civiles y doivent être plaidées, quoique les Arrêts ayant été rendus aux Enquêtes ou aux autres Chambres.

Mais fi les Parties étoient appointées fur la Requête civile, les appointemens font renvoyés aux Chambres où les Arrêts ont été donnés, pour y être inftruits & jugés, & fuivant les articles 20. & 21.

Cela fouffre une exception contenue en l'article 23. fçavoir, que les Requêtes civiles qui feront renvoyées aux Chambres des Enquêtes par des Arrêts du Confeil d'en-haut, y doivent être plaidées, fans que les Parties en puiffent faire aucunes pourfuites aux Grands'Chambres ou Chambre du Plaidoyé, après que la caufe renvoyée par l'Arrêt du Confeil qui en attribue la Jurifdiction, aura été préalablement retenue ; fans quoi la caufe n'y pourroit pas être plaidée, la plaidoierie en étant affectée dans les Cours de Parlement & autres Cours ; à la Grand'-Chambre, fuivant l'article 21.

Les Juges d'attribution n'étant que des Commiffaires, leur compétence eft renfermée en eux-mêmes, & les autres Chambres n'ont aucun pouvoir d'en connoître.

Les Requêtes civiles ne peuvent point être appointées, fi ce n'eft en plaidant, ou du confentement des Parties ; article 27. Mais lorfqu'il y a un trop

grand nombre de Requêtes civiles accumulées, le Roi donne de tems en tems une Declaration, qui ordonne un appointement général pour toutes ces Requêtes civiles.

La caufe étant appointée, celui qui a été Rapporteur de l'Arrêt, ne peut point être Rapporteur ni du refcindant ni du refcifoire, article 38. parce qu'il y a lieu de croire que le Rapporteur ne voudroit pas changer l'avis qu'il auroit donné dans le premier Jugement de l'affaire.

Quand la Requête civile eft appointée au Confeil, la Cour ne peut pas juger par un même Jugement le fonds & la Requête civile ; comme nous avons dit, *verbo* Refcindant & Refcifoire.

Celui qui a été débouté de l'entérinement des Lettres en forme de Requête civile, ou dont les Lettres auroient été entérinées fur le refcindant, mais qui auroit fuccombé au refcifoire, eft non recevable à fe pourvoir par d'autres Lettres, foit contre le premier Arrêt ou Jugement en dernier reffort, ou contre celui qui l'auroit débouté de l'entérinement de fes Lettres, ou enfin contre celui par lequel il auroit fuccombé au refcifoire, fuivant l'article 41. La raifon eft, qu'autrement un procès ne finiroit jamais.

Les Requêtes civiles, obtenues & fignifiées, n'empêchent point l'exécution des Arrêts, à caufe de l'autorité des Jugemens rendus en dernier reffort & pour détourner les Parties de fe pourvoir par Requête civile pour les faire caffer. C'eft la difpofition de l'article 18. qui défend en ce cas aux Cours de donner aucunes défenfes ni furféances. Pareillement l'exécution des Sentences préfidiales au premier chef de l'Edit, n'eft point retardée ni furfife par les Requêtes préfentées contre lefdites Sentences.

L'article fuivant veut & ordonne, en conféquence dudit article 18. que ceux qui ont été condamnés de quitter la poffeffion & la jouiffance d'un Bénéfice, ou de délaiffer quelques héritages ou autre immeuble, rapportent la preuve de l'entiere exécution de l'Arrêt ou Jugement en dernier reffort au principal, avant qu'ils puiffent faire aucune pourfuite pour communiquer & plaider fur les Lettres en forme de Requête civile ; & jufqu'à ce qu'ils en aient fait preuve, ils font déclarés non recevables.

Si les Arrêts contre lefquels on auroit obtenu des Lettres de Requête civile, avoient condamné l'impétrant à la reftitution des fruits, dommages, intérêts & dépens, le défendeur en l'entérinement defdites Lettres pourroit faire exécuter l'Arrêt pendant le cours de la requête civile par les autres voies, fans que lefdites Lettres y puiffent mettre aucun empêchement, fuivant ledit article 19.

Les Procureurs des défendeurs qui ont occupé en la caufe, inftance ou procès fur lequel eft intervenu l'Arrêt ou Jugement en dernier reffort, doivent occuper fur la requête civile fans un nouveau pouvoir ; article 6. La requête civile étant une dépendance de la caufe principale, il y a lieu de croire que le défendeur en l'entérinement des Lettres de requête civile, confent à ce que le Procureur qui avoit en l'inftance occupe auffi pour le regard defd. Lettres ; autrement il l'auroit révoqué : car quoique par cet article ce Procureur foit tenu d'occuper, néanmoins il eſt au pouvoir de la Partie de le révoquer.

Suivant ce même article 6. cette regle reçoit une exception, où le Procureur qui a occupé dans la cauſe, inſtance ou procès, ſur lequel eſt intervenu l'Arrêt contre lequel les Lettres ont été obtenues, ne peut pas occuper ſur la Requête civile, ſans un pouvoir ſpécial ; ſçavoir, lorſque la Requête civile n'a pas été obtenue, ou n'a pas été à lui ſignifiée dans l'année du jour & date de l'Arrêt. *Voyez* Bornier ſur cet art.

Les Requêtes civiles ne ſont point néceſſaires contre les Sentences préſidiales au premier chef : l'article 4. défend de s'en ſervir, ordonnant qu'on ſe pourvóie ſeulement par ſimple Requête au même préſidial. Par cette Requête, il faut expliquer les moyens & ouvertures ; & enſuite on conclut à ce que les Parties ſoient remiſes en pareil état qu'elles étoient avant la Sentence préſidiale.

Ainſi les Jugemens en dernier reſſort, dont il eſt parlé dans pluſieurs articles du titre des Requêtes civiles, vont de pas égal avec les Arrêts ; ce ſont les Jugemens donnés par des Cours qui jugent en certains cas ſouverainement, comme les Requêtes de l'Hôtel, & les Eaux & Forêts.

Mais quoique les Sentences préſidiales ſoient en dernier reſſort & ſans appel, néanmoins l'Ordonnance les diſtingue des Jugemens donnés en dernier reſſort & ſouverainement, comme ceux qui ſont rendus par les ſuſdites Juriſdictions en certains cas.

Pour pourſuivre par Requête civile, l'Ordonnance accorde des temps différens, ſuivant la diverſité des perſonnes.

L'ancien Droit Romain donnoit dix ans entre préſens, & vingt ans entre abſens, pour demander la rétraction ou révocation & réformation des choſes jugées dont on ne pouvoit pas appeller. Dans la ſuite, ce temps a été reduit à un an, ſauf à le proroger pour juſte cauſe.

Mais à cauſe de l'autorité des choſes jugées, nos Ordonnances ne donnent que ſix mois entre majeurs. Ainſi à leur égard les Requêtes civiles doivent être obtenues & ſignifiées, & les aſſignations données, ſoit au Procureur ou à la Partie, dans les ſix mois, à compter du jour de la ſignification qui leur a été faite des Arrêts & Jugemens en dernier reſſort, à perſonne ou à domicile, ſuivant l'article 5. ce qui eſt fondé ſur l'autorité des choſes jugées & l'utilité publique, qui requierent que celui qui en vertu des Arrêts a été ſix mois en repos, ſoit par ce temps à couvert de toutes preſcriptions & de toutes recherches.

Voyez M. Louet & ſon Commentateur, lett. R, ſomm. 49.

Le même temps de ſix mois eſt donné aux mineurs, mais à compter du jour de la ſignification qui leur a été faite de l'Arrêt à perſonne ou à domicile depuis leur majorité, ſuivant le même article 5. du titre 35. de l'Ordonnance de 1667. Ainſi une Requête civile eſt non-recevable après les ſix mois de majorité, quand on a exécuté l'Arrêt, quoique des mineurs prétendent avoir été mal défendus, s'il y a eu des majeurs en cauſe qui ſe ſoient défendus ; comme il a été jugé au Parlement de Paris le 13. Avril 1696. rapporté dans le Journal des Audiences.

Si ces Jugemens en dernier reſſort ont été donnés contre ou au préjudice des perſonnes qui ſoient décédées dans les ſix mois du jour de la ſignification à eux faite, leurs héritiers, ſucceſſeurs, ou ayans cauſe, ont le même délai de ſix mois, à compter du jours de la ſignification qui leur a été faite des mêmes Jugemens & Arrêts en dernier reſſort, s'ils ſont majeurs : mais s'ils ſont mineurs, le délai de ſix mois ne court que du jour de la ſignification qui leur ſera faite depuis leur majorité. Article 8.

Les Eccléſiaſtiques, les Hôpitaux & les Communautés, tant laïques qu'eccléſiaſtiques, ſéculieres & regulieres, & ceux qui ſont abſens du Royaume pour cauſe publique, ont un an pour obtenir & faire ſignifier les Requêtes civiles, à compter du jour des ſignifications qui leur ont été faites au lieu ordinaire des Bénéfices, des Bureaux, des Hôpitaux, ou aux Syndics ou Procureurs des Communautés, ou au domicile. Article 7.

Celui qui a ſuccédé à un Bénéfice durant l'année, à compter du jour de la ſignification faite de l'Arrêt ou Jugement en dernier reſſort à ſon prédéceſſeur, auquel il a ſuccédé par autre voie que par réſignation, a encore une année pour ſe pourvoir par Lettres de Requête civile, du jour de la ſignification qui lui en eſt faite, article 5. attendu que ce ſucceſſeur peut ignorer l'Arrêt ou Jugement en dernier reſſort rendu contre ſon prédéceſſeur.

Mais ſi ce ſucceſſeur avoit ſuccédé par réſignation, il n'auroit que le temps de l'année qui reſtoit à ſon réſignant ; parce qu'il y a lieu de préſumer que le réſignant n'auroit pas manqué de lui faire ſçavoir l'Arrêt ou le Jugement en dernier reſſort qui lui auroit été ſignifié : c'eſt pourquoi cet art. dit, *dont il n'eſt réſignataire*, pour nous faire connoître que le réſignataire n'a pas plus de droit que le réſignant en ce cas.

Si les Lettres de Requête civile contre les Arrêts ou Jugemens donnés en dernier reſſort, ou les Requêtes données contre les Sentences préſidiales au premier chef, ſont fondées ſur pieces fauſſes, ou ſur pieces nouvellement récouvrées, qui euſſent été retenues ou détournées par le fait de la Partie adverſe, le temps d'obtenir & faire ſignifier les Lettres ou Requêtes, ne commencera à courir que du jour que la fauſſeté, ou que les pieces auront été découvertes, ſuivant l'article 12.

Il ſuffit de ſignifier la Requête civile dans le temps de l'Ordonnance, ſans donner aſſignation dans ce même temps, ſelon l'Arrêt du 4. Mai 1682. donné en l'Audience de la Grand'Chambre.

Cette queſtion a été décidée en la faveur de la Communauté des Maîtres Paſſementiers de cette Ville de Paris, que la ſignification dans le temps de l'Ordonnance ſuffit : ce qui ſemble contraire à l'article 5. qui porte que les Requêtes civiles ſeront obtenues & ſignifiées, & aſſignations données dans les ſix mois, &c.

Mais l'article 7. ne parle que de la ſignification des Requêtes civiles, & ne parle point de l'aſſignation donnée en conſéquence : cependant cet article 7. étant rélatif au 5. il y avoit lieu de dire que l'aſſignation devoit être faite dans le temps de l'Ordonnance ; mais la Cour a jugé autrement par cet Arrêt.

Suivant l'article 14. aucunes Lettres en forme de Requête civile ne peuvent être accordées par Monfieur le Chancelier, Garde des Sceaux, Messieurs les Maîtres des Requêtes, que dans le temps & aux conditions expliquées ci-deſſus, ſans qu'il puiſſe y avoir clauſe portant difpenſe ou reſtitution de temps pour quelque cauſe & prétexte que ce ſoit.

Si quelques-unes avoient été obtenues & ſignifiées après le temps & délai porté par l'Ordonnance, ou ne contenoit point les ouvertures & les noms des Avocats qui en auroient donné l'avis, elles feroient nulles, & ſes Juges n'y auroient aucun égard, ſur peine de nullité de tout ce qui auroit été jugé ou ordonné au contraire.

L'article 11. veut que la ſignification des Arrêts ou Jugemens en dernier reſſort, ou des Sentences préſidiales, pour en induire les fins de non recevoir contre les Requêtes civiles, ou Requêtes dans le temps requis par l'Ordonnance, ſoit faite aux perfonnes, ou au domicile, quoique les Arrêts, Jugemens ou Sentences préſidiales au premier chef, euſſent été rendus contradictoirement en l'Audience, ou ſignifiées au Procureur.

Cela fut ainſi ordonné par l'article 11. afin que celui qui pourroit ſe pourvoir par Requête civile contre un Arrêt, ne puiſſe ignorer le Jugement qui auroit été rendu contre lui; car ſi la ſignification s'en faifoit chez ſon Procureur, il pourroit n'en être pas averti.

Cet article néanmoins déclare que c'eſt ſans tirer à conféquence pour les hypotheques, ſaiſies & exécutions, & autres choſes, à l'égard deſquelles les Arrêts, Jugemens & Sentences contradictoires donnés en l'Audience ont leurs effets, quoiqu'ils n'aient point été ſignifiés, & ceux donnés par défaut en l'Audience, & ſur voie par écrit, à compter du jour qu'ils ont été ſignifiés aux Procureurs.

Quand la Requête civile a été entérinée, parce que la Cour auroit adjugé plus qu'il n'étoit demandé, l'uſage de toutes les Cours ſouveraines & que l'Arrêt ſoit caſſé pour tous les chefs, parce qu'on preſume par-là que les Juges n'ont pas été ſuffiſamment inftruits. Il en faut dire de même, au cas que la procédure n'ait pas été obfervée pour un chef ſeulement, auquel cas la Requête civile étant entérinée, elle l'eſt pour tous les chefs.

Après avoir rapporté & expliqué les articles du titre 35. de l'Ordonnance de 1667. qui parlent des Requêtes civiles, il ne nous reſte plus qu'à faire quelques obſervations ſur cette matiere.

La premiere, eſt que l'on peut obtenir des Lettres en forme de Requête civile contre quelques chefs d'un Arrêt, ſans donner atteinte aux autres; comme il a été jugé au Parlement de Paris par Arrêt du dernier Juillet 1685. rapporté dans le Journal du Palais.

Lorſque la Requête civile eſt ouverte contre un chef d'un Arrêt, les autres ſubſiſtans, l'amende conſignée doit être reſtituée quoique ladite Requête civile n'ait pas été ouverte contre tous les chefs. Boniface, tom. 1. liv. 3. tit. 4. chap. 1. & 2. rapporte deux Arrêts qui l'ont jugé ainſi.

La deuxieme, qu'on ne peut obtenir Requête ci-

vile contre un Arrêt provifionnel, interlocutoire, ou de récréance, à moins que les choſes fuſſent irréparables en definitives. M. Dolive, liv. 1. chap. 25. Boniface, tom. 4. liv. 1. tit. 22. nomb. 1. & 2. Deſpeiſſes, tom. 2 pag. 569.

La troiſieme eſt, qu'une Requête civile ne doit point être admiſe, quand la cauſe au fonds eſt notoirement injuſte à l'égard de celui qui en demande l'entérinement. Boniface, tome 1. livre 3. titre 4. chapitre 3.

La quatrieme eſt, qu'une inſtance de Requête civile périt par trois ans; parce qu'il n'eſt pas juſte de donner plus de temps à ces ſortes d'inſtances, qu'à celles des appellations des Sentences. Boniface, tome 4 liv. 1. tit. 22. nom. 11.

La cinquieme eſt, que lorſqu'en conféquence des Lettres de Requête civile entérinées, le premier Arrêt vient à être retracté par celui qui eſt enſuite rendu ſur le principal, l'autre ne ſubſiſtant plus, les dépens tombent ſur celui en faveur de qui il avoit été rendu : c'eſt pourquoi, s'il s'en étoit fait payer, il feroit tenu de les rembourſer, comme les ayant reçus mal-à-propos.

La ſixieme eſt, que quand celui qui a obtenu des Lettres de Requête civile, ſe voyant mal fondé, tranſige avec ſa Partie, & pour retirer les amendes qu'il a conſignées, & qui de droit doivent appartenir à Sa Majeſté & aux Fermiers de ſon Domaine, paſſe un Arrêt par appointé ſur des actes frauduleux, en vertu duquel il fait entériner ſa Requête civile, & fait prononcer la reſtitution de l'amende, cet Arrêt doit être caſſé par Arrêt du Conſeil d'Etat; enforte que celui qui a obtenu une telle décharge, eſt condamné au payement de la ſomme de l'amende dûe à Sa Majeſté, à cauſe de ladite Requête civile dont il s'eſt déſiſté par ſa tranſaction, comme il a été jugé par Arrêt du Conſeil d'Etat du 7. Mars 1676. qui fait défenſes aux Notaires & à tous autres de recevoir & paſſer de femblables actes, & aux Procureurs de ſigner de pareils Arrêts par appointé, à peine de mille livres d'amende pour chacune contravention, & d'interdiction de leurs Offices.

REQUESTE CIVILE EN MATIERE CRIMINELLE, ne doit point être écoutée; parce qu'il feroit odieux qu'on attaquât journellement des Arrêts en matiere criminelle, pour raiſon de l'une des caufes marquées dans l'Ordonnance de 1667. titre 35. d'autant que la faculté de ſe pourvoir par tant de moyens contre tels Arrêts, pourroit faciliter les accuſations, ou procurer l'impunité des crimes qui auroient été commis.

C'eſt auſſi la raiſon pour laquelle tous les moyens de Requête civile ſont marqués dans l'Ordonnance civile, & que pour revenir contre les Arrêts rendus en matiere criminelle, l'Ordonnance de 1670. qui traite de ces ſortes de matieres, a ouvert une autre voie de ſe pourvoir contre les Arrêts rendus dans ces ſortes de matieres, qui ſont les Lettres de réviſion que le Roi accorde pour revenir contre la procédure faite dans l'inſtruction d'un procès criminel, fondées ſur les nullités qui y auroient été faites. Elles ſont en matiere criminelle ce que ſont les Lettres de Requête civile en matiere civile ; mais les caufes des Lettres de révifion font reftreintes aux nullités de la procédure ; au lieu que les moyens de Requêtes civiles font en affez grand nombre , comme il paroît par les articles 34. & 35. de l'Ordonnance de 1667. dans lefquels ils font rapportés.

Le 4. Septembre 1699. il a été jugé à la Tournelle criminelle , fur les conclufions de M. Joly de Fleury , Avocat Général qu'on n'étoit pas recevable à prendre Requête civile contre un Arrêt définitif rendu au grand criminel , & qu'il n'y a que la révifion.

Le 13. Mai 1710. il a été jugé au Grand Confeil , qu'un accufateur ne peut point prendre de Requête civile contre un Arrêt qui met hors de Cour fur la plainte , & renvoie l'accufé abfous.

Cependant il y a trois cas dans lefquels on pourroit obtenir Requête civile contre des Arrêts rendus en matière criminelle.

Le premier eft , fi l'Arrêt n'étoit point définitif , & ne regardoit que l'inftruction & la procédure.

Le deuxieme eft , fi dans l'Arrêt définitif , rendu à la décharge de l'accufé , il y avoit eu dol de fa part.

Le troifieme eft , s'il y avoit de la fauffeté dans les informations.

Hors ces trois cas , je n'eftime pas que celui qui auroit obtenu des Lettres de Requête civile en matiere criminelle , dût être écouté. *Voyez* le Dictionnaire des Arrêts , *verbo* Requête civile , nomb. 42. & fuivans ; & le Commentaire de Bornier fur l'article 34. du titre 35. de l'Ordonnance de 1667.

REQUETE CONTRE UNE SENTENCE PRESIDIALE RENDUE AU PREMIER CHEF DE L'ÉDIT , eft un moyen de fe pourvoir contre une telle Sentence par une fimple Requête préfentée au même Préfidial.

Ainfi , quand les Préfidiaux ont jugé en dernier reffort , c'eft-à-dire , jufqu'à deux cens cinquante livres à une fois payer , ou dix livres de rente ou revenu annuel , ce qu'on appelle le premier chef de l'Edit , on ne fe pourvoit point contre ces fortes de Jugemens par Requête civile ; mais feulement par une fimple Requête préfentée au même Préfidial ; ce qui a été ainfi ordonné pour relever les Parties des frais qui fe font pour l'obtention defdites Lettres.

Pour le furplus , & à la réferve du temps donné pour fe pourvoir , les mêmes chofes doivent être obfervées , tant pour les Requêtes contre les Sentences préfidiales au premier chef de l'Edit , que pour les Arrêts & Jugemens en dernier reffort. Les moyens d'ouverture pour ces fortes de Requêtes , font les mêmes que ceux de Requête civile contre les Arrêts. A l'égard du temps dans lequel il faut obtenir & fignifier ces fortes de Requêtes.*Voyez* l'article 10. du titre 35. de l'Ordonnance de 1667.

Quand à la procédure pour l'inftruction des inftances des Requêtes contre les Sentences préfidiales au premier chef de l'Edit , c'eft la même que celle contre les Arrêts.

De plus , ces Requêtes contre ces Sentences préfidiales , n'empêchent point l'exécution defdites Sentences , fans qu'on puiffe donner aucunes défenfes où furféances en aucun cas. *Voyez* les articles 10. 18. & 19. du même titre de l'Ordonnance de 1667.

REQUESTE D'AMPLIATION , eft une Requête que préfente celui qui a obtenu des Lettres en forme de Requête civile , à l'effet de pouvoir fe fervir des nouveaux moyens de Requête civile qu'il a découverts depuis que les Lettres en forme de Requête civile ont été par lui obtenues. *Voyez* ce que j'en ai dit en parlant des Requêtes civiles.

REQUETES DE L'HÔTEL , fignifient la Jurifdiction de Meffieurs les Maîtres des Requêtes , qui connoiffent des caufes perfonnelles & mixtes entre les Officiers de la Maifon du Roi , & des caufes perfonnelles poffeffoires & mixtes des Meffieurs des Requêtes du Palais , & de leurs veuves , des Secrétaires du Roi , Officiers du Grand Confeil.

Ceux qui ont leurs caufes commifes , peuvent choifir , ou les Requêtes de l'Hôtel ou du Palais. Il faut excepter Meffieurs des Requêtes du Palais du Parlement de Paris , qui ne peuvent plaider en vertu de leur privilege qu'aux Requêtes de l'Hôtel , de même que Meffieurs des Requêtes de l'Hôtel ne peuvent plaider en vertu de leur privilege qu'aux Requêtes du Palais à Paris. *Voyez* ce que j'ai dit ci-deffus à ce fujet *verbo* Committimus.

Les appellations des matieres dont Meffieurs des Requêtes connoiffent à l'ordinaire , & concurremment avec Meffieurs des Requêtes du Palais , vont au Parlement ; mais Meffieurs des Requêtes de l'Hôtel jugent de certaines matieres à l'extraordinaire & fouverain , & privativement à tous autres Juges ; & alors on ne fe peut pourvoir contre leurs Jugemens que par Requête civile.

Ils jugent à l'extraordinaire fouverainement & en dernier reffort des affaires qui naiffent en exécution des Arrêts du Confeil privé , des renvois du Confeil privé ou d'Etat des appellations , des appointemens donnés par un Maître des Requêtes dans l'inftruction d'un procès au Confeil , des taxes & exécutoires de dépens , & des caufes intentées pour falaire d'Avocat au Confeil.

Lorfque Meffieurs des Requêtes de l'Hôtel procedent au fouverain contre des Eccléfiaftiques accufés de crimes , fur le renvoi qui leur en eft fait par le Confeil , ils n'inftruifent pas conjointemet avec les Officiers ; mais ils ne privent point les Juges de l'Eglife de prendre connoiffance des crimes , & de juger les coupables: ils leur renvoient les accufés: & après que le procès a été inftruit & jugé dans les Cours d'Eglife , l'accufé eft conduit dans les prifons royales , & le procès porté au Greffe des Requêtes de l'Hôtel , ou remit au Rapporteur. *Voyez* les Mémoires du Clergé , Edition de 1719. tom. 7. pag. 949.

Quand ils prononcent dans leurs Jugemens fouverains , ils commencent leur prononciation par ces mots : *Les Maîtres des Requêtes , Juges fouverains en cette partie, &c. Voyez* Maîtres des Requêtes. *Voyez* Committimus.

REQUETES DU PALAIS , fignifient une Jurifdiction compofée des Confeillers de la Cour , Commiffaires en cette partie, qui connoiffent en premiere inftance , concurremment avec Meffieurs des Requêtes de l'Hôtel , des matieres perfonnelles , poffeffoires mixtes & entre privilégiés ; c'eft-à-dire , ceux qui ont leurs caufes commifes en vertu des Lettres que nous appellons *Committimus*.

Ils connoissent encore des causes des Eglises de fondation royale, & de toutes celles qui ont leurs causes commises en vertu des Lettres appellées *Gardes gardiennes*; c'est-à-dire, qui mettent les Eglises & les Ecclésiastiques ausquels elles sont accordées, en la protection & garde de Messieurs des Requêtes du Palais.

Pour entendre comment la Jurisdiction des Requêtes du Palais a été établie, il faut sçavoir que les Matres des Requêtes n'ont pu d'abord tenir leur Jurisdiction exactement ; car ils étoient dans les premiers tems en très-petit nombre, & continuellement occupés à la suite de la Cour; ce qui fit que les causes des Officiers commensaux furent entiérement négligées.

Cela donna lieu au Parlement de Paris d'en prendre soin ; pour raison de quoi il députa plusieurs de ses Conseillers, pour les juger au lieu & place des Maîtres des Requêtes ; desquels ils prirent le nom : mais pour les distinguer, on appella ces Conseillers les Députés aux Requêtes du Palais ; ce qui leur est resté jusqu'à présent.

Cet établissement, qu'on tient avoir été fait entre le regne de Philippe le Bel & celui de Philippe de Valois, fut approuvé par Charles V. lequel par l'article 1. de son Ordonnance de 1364. enjoignit aux Gens tenans les Requêtes du Palais, de venir au Siege tous les jours que les Présidens & les Conseillers vont à la Chambre ; & par l'article 15. de la même Ordonnance, il leur enjoignit de garder & observer le stile du Parlement.

Cette Chambre des Requêtes du Palais a toujours été remplie des plus anciens Conseillers du Parlement jusqu'à François I, lequel par son Édit du mois d'Août 1544 créa un nouveau Commissaire aux Requêtes du Palais. Ensuite Charles IX, par autre Edit du mois de Novembre 1567. en créa trois, à la charge qu'ils seroient pris du Corps du Parlement. Les affaires s'étant multipliées, Henrys III, par Édit donné à Saint Maur au mois de Juin 1580. créa une seconde Chambre des Requêtes du Palais : & le nombre des Juges de ces deux Chambres a été augmenté dans la suite, de maniere qu'il y a aujourd'hui dans chacune trois Présidens & quinze Conseillers.

Les Commissaires aux Requêtes n'ont jamais cessé d'être du Corps du Parlement ; & les commissions pour juger ausdites Requêtes, ne se délivrent qu'aux Conseillers de la Cour : autrefois elles n'étoient données qu'aux anciens; mais aujourd'hui elles se donnent sans distinction aux Conseillers de la Cour qui en achetent de ceux qui en sont revêtu.

Ceux qui se sont demis de leur Commission, peuvent, en conservant leur Office de Conseiller, entrer au Parlement, & y prendre séance.

Ces Commissaires sont toujours appellés lorsque le Parlement s'assemble, soit pour la vérification des Edits & Ordonnances, ou pour la reception des Officiers de la Cour ; & quand il se fait quelque assemblée publique, comme quand le Parlement va en procession, ou assiste à quelque *Te Deum*, ils marchent selon l'ordre de leur reception.

Ils ont le droit de faire des Réglemens, pour être observés par les Officiers de leur Jurisdiction.

Outre les deux Chambres des Requêtes du Palais, il y a encore un Parquet, qui est au lieu où originairement se tenoient les Audiences des Requêtes du Palais. Maintenant on y plaide les affaires de peu de conséquence, sur tout celles qui concernent la procédure. C'est aussi là que se font toutes les instructions pour obliger un défendeur à fournir de défenses ; on y obtient les Sentences de retention, d'évocation & de cassation ; enfin on y fait généralement tous les actes concernant la poursuite des criées, & on y fait les adjudications par décret forcé ou volontaire.

Cette Audience est tenue par un Président & un Conseiller. Comme ce Parquet sert pour les deux Chambres des Requêtes du Palais, les Officiers de l'une & de l'autre y doivent le service chacun à leur tour.

Messieurs des Requêtes de l'Hôtel ont pareillement un Parquet, où chaque Maître des Requêtes en quartier va expédier seul à son tour les mêmes causes à l'exception des adjudications qui se font à la Chambre.

S'ils se présentent au Parquet, tant aux Requêtes de l'Hôtel que du Palais, quelque demande de conséquence, on renvoie les Parties à l'Audience de la Chambre.

Lorsque les Sentences du Parquet sont contradictoires, ou que l'opposition n'en est pas recevable contre celles qui sont rendues par défaut, ou que l'opposant en a été débouté, il n'y a que la voie de droit pour se pourvoir contre, qui est l'appel au Parlement.

Voilà quel a été le commencement & le progrès des Requêtes du Palais jusqu'à présent.

On y connoît les mêmes affaires qui se jugent aux Requêtes de l'Hôtel, comme Jurisdiction commise en vertu du privilege de *Committimus*, & aux mêmes conditions.

Lorsqu'une cause est portée aux Requêtes du Palais la Partie qui fait signifier le premier avenir, saisit la premiere ou la seconde Chambre de cette Jurisdiction.

R E Q U I N T, est la cinquieme partie du quint. *Voyez* Quint.

REQUISITION, est une demande qui se fait à l'Audience sur quelque incident.

REQUISITOIRE, est une demande que l'on fait par quelque exception ou signification.

RESCINDANT, est ce que la Partie soutient devoir être cassé ou retracté. Le rescisoire est ce qu'elle soutient devoir être ordonné en conséquence du rescindant.

Pour entendre ce que ces termes signifient, il faut sçavoir que la rescision est la cassation d'un acte ou contrat laquelle s'obtient par Lettres royaux, pour plusieurs causes, comme pour lézion & minorité, pour dol & fraude de la Partie adverse, pour violence & juste crainte, & autres causes légitimes que nous avons expliquées ailleurs.

Le rescindant est le Jugement par lequel le Juge entérine les Lettres de rescision, & ôte l'obstacle qui empêchoit celui qui est restitué, d'agir & de poursuivre ses droits, & le rétablir dans le même état qu'il étoit au tems qu'il a fait le contrat contre lequel il a obtenu Lettres de reftitution.

Le refcifoire eft ce que l'impétrant obtient en vertu du refcindant ; c'eft pour cela que le refcifoire eft appellé l'exécution, la fuite & l'effet du refcindant. Par exemple, un mineur renonce à une fucceffion, ou fon tuteur pour lui ; étant parvenu à fa majorité, il obtient des Lettres de refcifion contre fa renonciation. Par ces Lettres il demande que fa renonciation foit caffée : voilà le refcindant. En conféquence du Jugement qui intervient, il fe conftitue demandeur contre le détenteur & poffeffeur des chofes aliénées, concluant à ce qu'il foit condamné à les lui reftituer avec les fruits : c'eft ce que nous appellons refcifoire.

Ainfi quand le refcifoire eft pourfuivi contre un autre que celui contre lequel on demande la caffation de l'acte ou du contrat, le refcindant & le refcifoire font différens ; mais quand le refcindant & le refcifoire font pourfuivis contre la même perfonne ou le même défendeur, le Juge par un même Jugement prononce fur l'un & fur l'autre.

Lorfque le refcindant & le refcifoire font accumulés, il eft au choix de l'impétrant de faire adreffer les Lettres au Juge du domicile du défendeur, ou au Juge de l'affiette des chofes en queftion, foit que l'impétrant pourfuive l'entérinement defdites Lettres contre celui avec lequel il a contracté, foit qu'il le pourfuive contre un tiers détenteur. Voyez Papon, liv. 7. tit. 7. nomb. 24.

RESCINDANT EN FAIT DE REQUETE CIVILE. Le refcindant eft la caffation de l'Arrêt, qui eft demandée & pourfuivie en vertu des Lettres en forme de Requête civile. Le refcifoire eft la queftion principale décidée par l'Arrêt contre lequel les Lettres de Requête civile ont été obtenues.

En fait de Requête civile, il n'eft pas permis aux Juges de juger le fonds avec la Requête civile, dans le cas même où la Requête civile auroit été appointée au Confeil, ainfi qu'il eft porté en l'article 40. du titre 35. de l'Ordonnance de 1667. parce que ce feroit une chofe innutile & illufoire d'entrer dans le Jugement du fonds & du principal, fi l'impétrant n'avoit pas des moyens & des ouvertures fuffifantes pour gagner le refcindant ; c'eft-à-dire, pour être remis au même état qu'il étoit avant l'Arrêt contre lequel il a pris Requête civile.

Ainfi, entériner une Requête civile par le mérite du fonds, ce feroit non-feulement recevoir des griefs contre un Jugement de Cour fouveraine, mais encore multiplier inutilement les procès, que de reftituer les Parties contre un Arrêt, lorfqu'on connoîtroit qu'il auroit bien jugé au fonds, & que ce ne feroit qu'en la forme qu'il y auroit quelque chofe à redire.

Il n'eft donc pas permis aux Juges d'accumuler le fonds avec la Requête civile : en entérinant une Requête civile, ils ne peuvent que remettre les Parties en pareil état qu'elles étoient avant l'Arrêt contre lequel les Lettres en forme de Requête civile ont été obtenues ; & voilà ce qui fe pratique ordinairement.

Cependant, lorfque la piece qui ordonne ouverture à la Requête civile, fait la décifion du fonds, il paroît naturel que les Juges qui entérinent la Requête civile, puiffent auffi décharger en même tems

celui qui a obtenu lefdites Lettres, de la condamnation portée par l'Arrêt : autrement ce feroit engager les Parties dans deux procès pour un.

Pofons pour exemple qu'un héritier ait été condamné à payer une dette du défunt, & qu'enfuite il ait recouvré la quittance ; ce qui lui auroit donné occafion de fe pourvoir par Requête civile contre l'Arrêt.

Il faut demeurer d'accord que ce cas & autres femblables n'ont pas été prévus par l'Ordonnance. En effet, cette quittance recouvrée emporte néceffairement l'entérinement de la Requête civile, & la décharge de la condamnation ; en forte qu'il y auroit de l'injuftice d'obliger celui qui auroit recouvré cette quittance, d'avoir deux procès pour un, & d'être encore obligé de demander fa décharge, après que fa quittance auroit été déclarée bonne & valable par les Juges, lorfqu'ils ont entériné la Requête civile.

C'eft auffi la raifon pour laquelle en ce cas & autres femblables, dans lefquels la Requête civile & le principal font inféparables, il eft permis aux Juges de prononcer fur la Requête civile & fur le principal par le même Arrêt.

Par exemple, lorfqu'il s'agit d'un mineur qui prétend n'avoir pas été défendu, ou d'une contrariété d'Arrêts ; dans ces cas le fonds même fert de moyen de Requête : c'eft pourquoi il dépend alors de la prudence & de la religion des Juges, de ne point féparer la forme d'avec le fonds.

RESCINDER, fignifie caffer ou annuller un acte ou contrat pour une jufte caufe, en conféquence de Lettres de Chancellerie obtenues à cet effet ; fans quoi les Juges ne peuvent refcinder un contrat, attendu que les voies de nullité n'ont point lieu en France.

RESCISION, eft la caffation d'un contrat ou d'un autre acte, en conféquence de Lettres de Chancellerie obtenues à cet effet. Par ces Lettres, le Roi caffe & annulle les actes qui font fujets à caffation ; & on les appelle pour cela Lettres de refcifion.

Comme Sa Majefté n'entre point dans l'examen de l'expofé de ces Lettres, & ne s'informe point par elle-même fi les actes contre lefquels on veut fe pourvoir font fujets à caffation, elle adreffe fes Lettres à des Juges pour qu'ils en décident.

Les Lettres de refcifion n'ont donc point d'effet par elles-mêmes, mais feulement le moyen de l'entérinement, quand il eft ordonné par le Jugement qui intervient fur l'examen qui s'en fait par les Juges dénommés dans lefdites Lettres, Parties préfentes ou dûement appellées.

Ainfi, lorfque dans le cours d'une caufe, inftance ou procès, l'une des Parties oppofe à l'autre une obligation ou une tranfaction, ou un autre acte qui peut lui nuire, & qu'elle prétend devoir être déclaré nul, attendu qu'elle a été furprife & lézée en le paffant ; après avoir obtenu en Chancellerie des Lettres de refcifion, elle doit en pourfuivre l'entérinement, & préfenter au Juge une Requête à cet effet.

Après que le Juge a mis au bas de cette Requête une Ordonnance de *Viennent*, il faut faire fignifier cette Requête avec les Lettres de refcifion.

Si la caufe d'entre les Parties n'a pas été appointée, l'affaire eft portée à l'Audience, & l'on plaide fur le tout, c'eft-à-dire, fur ce qui forme la conteftation d'entre les Parties, & fur la demande en entérinement des Lettres de refciſion.

Si l'affaire eft appointée, l'on prend fur la Requête à fin d'entérinement des Lettres, une Sentence ou Arrêt d'appointé en droit & joint ; en conféquence de quoi les Parties écrivent & produifent en la maniere ordinaire.

Voyez ci-deſſus, Nullités, où nous avons expliqué dans quel cas il faut obtenir des Lettres du Prince, pour revenir contre des actes que l'on a paſſés.

Voyez Lettres de refciſion. *Voyez* auſſi Reſtitution en entier.

RESCRIPTION, eft un mandement qu'on donne à un fermier, à un débiteur, ou à un correſpondant, pour payer une fomme exprimée dans le billet à celui qui en eft porteur, avec promeſſe de la part de celui qui a donné le mandement, de tenir compte à fon fermier ou à fon débiteur, de la fomme qu'il aura payée en conféquence.

Ces fortes de refcriptions ou mandemens fe font ordinairement par des perſonnes, qui ordonnent à leurs Tréforiers, Commis, Caiſſiers, Receveurs & Agens, de payer les fommes qu'ils leur donnent à leurs créanciers ; & il leur en eft tenu compte par leurs maîtres ou amis, fur l'argent qu'ils peuvent avoir entre leurs mains.

Si ces Commis, Fermiers & Receveurs ne fatisfont pas aux refcriptions qui leur font adreſſées, & qu'ils deviennent infolvables, ceux qui ont donné les refcriptions, ne peuvent pas en rendre reſponſables les perſonnes au profit de qui ils les ont faites, pour n'avoir pas fait les proteſts dans le tems preſcrit par l'Ordonnance.

La raiſon eft, que ces refcriptions ne portent pas qu'elles foient faites pour valeur reçue en deniers, marchandifes ou autres effets ; mais feulement que lorſque celui qui en eft porteur en fera payé, celui qui a donné le mandement en tiendra compte, & en fera obligé à celui-là que le mandataire lui doit. Or le titre 5. de l'Ordonnance du Commerce de 1673. n'entend pas parler de fimples refcriptions & mandemens, mais feulement des Lettres de change, qui ne font reputées telles, que quand le tireur a pardevers lui pareille fomme qu'il reçoit en change de la perſonne fur laquelle il tire la Lettre, ou bien qu'il tire fur fon crédit ; parce que c'eft ce qui donne le nom axu Lettres de change.

RESCRITS, font des Lettres de Chancellerie que le Roi adreſſe aux Juges pour faire exécuter fes ordres. Ces Lettres font, ou des Lettres de grace, comme des Lettres de rémiſſion ; ou des Lettres de Juftice, comme des Lettres de reſtitution en entier, & autres.

RESEPAGE, terme des Eaux & Forêts, qui fignifie une nouvelle coupe de bois qui a été mal coupée, ou qu'il n'eft pas de belle venue. *Voyez* le Dictionnaire de Trévoux.

RESERVATION, eft un acte ou claufe par laquelle on referve & on retient quelque chofe fur ce que l'on vend, ou fur ce que l'on donne à quelqu'un. Ces réferves doivent être expreſſément dénommées ; autrement on n'y auroit point égard. Ainſi, quand on veut retenir une fervitude fur un héritage que l'on vend, il faut abfolument en faire mention, ſi l'on veut qu'elle ait lieu.

RESERVE, eft la même chofe que réfervation ; mais le mot de réferve eft bien plus en ufage que l'autre. On dit, par exemple, qu'un Procureur a vendu fa Pratique, mais qu'il a fait pluſieurs réferves.

RESERVES COUTUMIERES, font les parts & portions que les Coutumes aſſurent à nos héritiers *ab in : teftat*, dans nos propres ou dans nos autres biens. Cette réferve eft une efpece de légitime qui a été établie en faveur de tous les héritiers *ab inteftat*, foit en ligne directe, foit en ligne collatérale.

Voyez ci-deſſus, Quatre-Quints, & ce que j'ai dit fur l'art. 292. de la Coutume de Paris, glofe derniere à la fin, & fur l'article 295. glofe premiere. *Voyez* auſſi M. le Brun en fon Traité des Succeſſions, liv. 2. chap. 4.

RESIDENCE, eft le lieu de la demeure actuelle de quelqu'un. On dit, par exemple, qu'on ne reçoit point de caution qui n'ait une actuelle réfidence fur le lieu, & qu'il n'y foit domicilié.

Réfidence fe dit fpécialement de la demeure des Bénéficiers & des Officiers, à l'effet de deſſervir leur Eglife, ou d'exercer leur Office, comme il leur eft enjoint.

RESIDENT, eft celui qui fait fa demeure actuelle dans un lieu.

RESIDU, eft ce qui refte à payer d'une obligation, ou le réliqua de compte.

On appelle réfidu de procédure ce que le Procureur garde pardevers lui, & qu'il n'a mis dans les facs & productions, comme étant inutile.

RESIGNANT, eft celui qui fe démet d'un Bénéfice ou d'une Charge.

RESIGNATAIRE, eft celui en faveur de qui eft faite la démiſſion d'un Bénéfice ou d'une Charge, ou la procuration *ad refignandum*.

RESIGNATION EN MATIERE D'OFFICE, eft une démiſſion d'icelui, faite par celui qui en eft pourvû, en faveur d'un autre. *Voyez* Procuration *ad refignandum*. *Voyez* auſſi Démiſſion.

RESIGNATION EN MATIERE DE BENEFICE, eft la démiſſion qui fe fait pardevant l'Ordinaire ; ce qu'on appelle réfignation pure & fimple, laquelle ne fe fait gueres qu'après une aſſurance fecrette que le Bénéfice fera conféré à celui qui aura été nommé à l'Ordinaire.

Quand on n'eft pas aſſuré de la foi de l'Ordinaire, on envoie la réſignation en Cour de Rome ; car les procurations *ad refignandum*, qui fe paſſent devant le Pape en faveur d'autrui, ne font aucunement hazardeufes pour le réfignant, à caufe des claufes qu'on y infere ; fçavoir, *non alius, non aliter dummodo ipſe N. acceptare voluerit, & non aliàs ; non intendens reſignationem fortiri effectum, donec N. dicti Beneficii poſſeſſionem coeperit actualem, &c.*

RESILIMENT, eft un acte par lequel les Parties qui avoient précédemment paſſé un contrat, s'en départent réciproquement, & confentent que ce contrat ne fera point exécuté. Les Jurifconfultes appellent un tel acte *diftractus*, comme étant oppofé à *contractus*.

RESOLUTION D'UN CONTRAT DE LOUAGE AVANT QUE LE TEMS PORTÉ PAR ICELUI SOIT EXPIRÉ. La regle eft, que le bailleur ne peut empêcher le preneur de jouir de la chofe qu'il a prife à bail, qu'après que le tems du bail eft expiré.

Il y a néanmoins cinq cas efquels un contrat de louage peut être réfolu avant que le tems convenu foit expiré.

Le premier eft, lorfque le locataire ou le fermier ont été deux ans fans payer le loyer, ou fans exécuter d'autres conventions portées par le bail.

Le deuxieme eft, fi le locataire ou le fermier malverfe dans la maifon ; comme s'il y tient un commerce infame, ou s'il abufe de fon bail pour détruire ou dégrader les lieux.

Ces deux premiers cas font communs aux fermiers & aux locataires des maifons ; & dans l'un & l'autre cas il n'y a pas lieu aux dommages & intérêts du preneur, ni à aucune remife de loyers échus, parce que le bail n'eft réfolu que par fa propre faute.

Le troifieme cas eft, fi le locataire d'une maifon ne la garnit pas de meubles exploitables pour fûreté de fon louage ; auquel cas le propriétaire l'en peut faire fortir.

Le quatrieme cas, eft fi le propriétaire d'une maifon qui menace ruine, la veut faire rebâtir. Cette réparation étant abfolument néceffaire, le propriétaire de la maifon ne doit au locataire, pour tous dommages & intérêts, que la remife des loyers pour le tems que le locataire ne peut pas y habiter.

Mais s'il n'y avoit point de néceffité preffante, & que le propriétaire ne fît rebâtir fa maifon que pour la rendre plus agréable & plus commode, il feroit tenu des dommages & intérêts du locataire, outre la remife des loyers pour le tems de fa non-jouiffance.

Le cinquieme cas eft, quand le propriétaire veut venir loger lui-même dans fa maifon avant le bail expiré : auquel cas il doit donner un tems raifonnable au locataire pour chercher une autre maifon; comme trois mois ou fix mois, fuivant la qualité des maifons & des locataires.

Dans ces cas on adjuge ordinairement au locataire des dommages & intérêts, qui font liquidés à une demi-année, ou à trois mois de remifes des loyers, fuivant les circonftances & la qualité des perfonnes.

On a agité autrefois cette queftion ; fçavoir fi l'apparition des corps morts qui apparoîtroient dans un héritage donné à bail pourroit le faire réfoudre ? Mais je crois aujourd'hui que cette queftion ne feroit pas écoutée ; & il me paroît que c'eft auffi le fentiment de Papon, liv. 10. tit. 5. nomb. 9.

Voyez la Science parfaite des Notaires, liv. 6. chap. 3. M. le Prêtre, cent. 2. chap. 54. & Brodeau fur Louet, lett. L, fomm. 4.

RESOLUTOIRE, fe dit d'une convention particuliere par laquelle on convient qu'un contrat demeurera comme non fait, en cas que l'une des Parties n'exécute point ce à quoi elle s'eft obligée. *Voyez* Claufe réfolutoire.

RESOUDRE, fignifie caffer, annuller ou détruire un acte par un acte contraire.

RESPECTIF, fignifie réciproque de part & d'autre. Ainfi on dit qu'un Jugement eft contradictoire, quand il eft rendu fur les demandes & défenfes refpectives des Parties, ou fur leurs productions refpectives. On dit auffi dans ce même fens, que les tranfactions fe font fur les prétentions refpectives des Parties.

RESPECTIVEMENT, fignifie d'une maniere refpective de part & d'autre. Ainfi dans l'article 1. du titre 22. de l'Ordonnance de 1667. il eft dit qu'en matiere où il échoira de faire des enquêtes, le même Jugement qui les ordonnera, contiendra les faits des Parties, dont elles informeront refpectivement, fi bon leur femble, c'eft-à-dire, de part & d'autre.

RESPONDANT, eft celui qui cautionne un domeftique, & qui répond de lui ; de forte qu'il s'oblige de réparer le tort qu'il pourra faire à celui envers qui il en a répondu.

RESPONDRE, fignifie cautionner quelqu'un, & fe charger d'une dette à laquelle il eft obligé. Auffi le mot de répondre a-t-il été dit en latin en cette fignification, comme qui diroit *pro alio fpondere*. C'eft dans ce fens qu'on dit que les cautions & les certificateurs répondent de celui pour qui ils s'obligent, ou dont il pourra être tenu dans la fuite.

RESPONDRE, fignifie auffi fe charger de quelqu'un. Un exempt à qui on a donné un prifonnier en garde, eft tenu de le repréfenter, parce qu'il en a répondu.

RESPONDRE UNE REQUESTE, fe dit de l'Ordonnance que le Juge met au bas.

RESPONSABLE, fignifie Garant.

RESSEMBLANCE, qu'un Auteur a dit être un je ne fçai quoi qu'on ne peut définir, n'eft autre chofe que la conformité qui fe trouve quelquefois entre des perfonnes, foit par rapport à leurs vifages, à leurs voix, à leurs airs, & à leurs tailles.

La nature fait naître quelquefois deux perfonnes fi femblables qu'elles n'ont pas befoin de chercher leurs images, ni dans le miroir, ni dans une onde vive & pure ; mais qui la trouvent dans d'autres eux-mêmes, pour ainfi dire. Rufticus & Augufte fe reffembloient parfaitement ; Pompée & Vibius étoient très-femblables ; & tant d'autres qui font foi ; que pour reffembler à un autre, on n'eft ni fon fils ni fon parent.

La reffemblance n'eft donc qu'un jeu de la nature, qui eft le plus folide argument des impofteurs ; mais quelque parfaite qu'elle puiffe être, ce n'eft jamais un argument invincible, qui prouve que qui fe veut faire paffer pour celui auquel il reffemble, le foit effectivement. Si c'en étoit un, que de confufion & que d'incertitude il y auroit dans l'état des hommes ! & combien d'impofteurs, qui ont tenté de fe prévaloir de la reffemblance qu'ils avoient avec une autre perfonne, n'auroient point été confondus comme ils l'ont été ! Mais la divine Providence permet qu'une telle impofture foit tôt ou tard découverte.

Le nommé Arnauld Tilly, dit Parifete, fe dit Martin Guerre, à qui il reffembloit parfaitement, & pendant fon abfence s'étant tranfporté chez lui, on l'y reçut, comme étant celui dont il avoit emprunté le nom, & qu'il croyoit être décédé à la guerre, où il en avoit fait connoiffance, & où il s'étoit informé de lui de tout ce qui lui étoit arrivé jufqu'au tems qu'il étoit hors de chez lui. Cet Arnauld Tilly fut reçu de tout le monde pour Martin Guerre, & abufa de fa femme au moyen de cette reffemblance & des dif-cours qu'il lui tint fur tout ce qu'il avoit appris être arrivé à Martin Guerre : en forte qu'entretenant cet-te femme dans fon erreur, il vécut avec elle pendant plufieurs années, & en eut une fille. Mais le vrai Martin Guerre revint dans fa maifon, & eut bien de la peine à fe faire reconnoître. Enfin, après de très-longues difcuffions, la Cour ayant avec beaucoup de peine & beaucoup d'adreffe découvert l'impofture de ce fcélérat, le condamna à faire amende hono-rable, & fe fit pendu, enfuite brûlé ; fes biens, at-tendu la bonne foi de la femme dont il avoit abu-fé, adjugés à la fille qu'il avoit eu d'elle. Cet Arrêt a été rendu au Parlement de Touloufe le 12. Sep-tembre 1560. & rapporté avec toutes les circonftan-ces des faits dans Papon, liv. 22. tit. 9. nomb. 20. & dans le premier tome des Caufes Célebres.

Dans un Bailliage près d'Orléans, un jeune homme prit le nom d'un autre à qui il reffembloit, & fe fit paffer pour lui : la mere & les autres parens de l'ab-fent le prirent pour celui dont il avoit pris le nom, & le marierent à une jeune fille d'égale condition que la leur. Le vrai fils étant venu, & fa fuppofition étant découverte & juridiquement prouvée, ce fauffaire fut condamné d'être pendu. L'exécution ayant été faite, la fille que les parens de ce malheureux lui avoient fait époufer, intenta action contr'eux, tant pour la reftitution de fa dot, que pour fes dommages & in-térêts. Ils répondirent qu'eux-mêmes avoient été trompés les premiers, en difant que, id fecerat natura, non dolus, & furent déchargés de cette demande. V. M. Corbin en fes Plaidoyés, chap. 87. où il rapporte l'Arrêt rendu au Parlement de Paris, le 8. Mars 1607.

RESSORT, eft tout ce qui eft compris dans l'é-tendue d'une Jurifdiction. Il eft pris auffi pour le lieu où les appellations des Juges inférieurs font portées & reffortiffent. Ainfi reffort dans ce dernier fens, eft le détroit de Juge qui a droit de connoître des cau-fes d'appel.

Les Juges des Seigneurs ne peuvent avoir ce droit fi les Seigneurs n'en ont un titre exprès, ou ne font fondés en poffeffion immémoriale. Voyez la Coutume de Meaux, art. 185. & celle de Senlis art. 1. & fuiv.

RESSORTIR, fe dit en parlant des Tribunaux des Juges fupérieurs, où fe relevent les appellations des Juges inférieurs.

RESTITUER, eft rendre un Jugement, par lequel au moyen de la refcifion de quelqu'acte ou contrat, fondé fur une jufte caufe, le Juge remet les Parties au même état qu'elles étoient auparavant.

RESTITUTION EN ENTIER, eft un bénéfice de droit, par lequel celui qui a été lézé & trompé en paffant quelqu'acte ou contrat, ou par le fait & l'omiffion de quelque chofe, eft remis au pareil état qu'il étoit auparavant, en obtenant des Lettres de refcifion du Prince, qui caffent & annullent l'acte ou contrat qui a été fait.

La reftitution en entier eft donc l'effet de la refci-fion, c'eft-à-dire, le Jugement qui intervient fur les Lettres de refcifion & qui en ordonne l'entérinement.

Comme les voies de nullité n'ont point lieu en France, fi la nullité n'eft exprimée par les Ordon-nances ou par les Coutumes, la reftitution contre un contrat ne fe donne que par Lettres royaux qu'il faut obtenir en Chancellerie, & faire entéri-ner en Juftice.

Mais quand un contrat eft nul de nullité d'Ordon-nance ou de Coutume, il ne faut point des Lettres de refcifion. Par exemple, fi un bien d'Eglife a été aliéné fans les formalités requifes, l'acte eft nul de plein droit ; & par conféquent il doit être déclaré tel par le Juge, fans qu'il foit befoin de Lettres de refcifion pour cela. Il en eft de même de l'obliga-tion qu'une femme mariée auroit paffée en pays cou-tumier fans être autorifée de fon mari.

Dans ces cas & autres femblables, on déclare les actes nuls ; & fuppofé que l'on eût obtenu des Let-tres de refcifion, le Juge prononce la nullité de ces actes, & ajoute que c'eft fans avoir égard aux Lettres de refcifion, pour montrer qu'elles ne font pas nécef-faires.

Ces Lettres font appellées Lettres de refcifion, par-ce qu'elles font caffer l'acte ou contrat par lequel on eft lézé ; & le Juge ne les entérine qu'au cas que les caufes pour lefquelles les Lettres ont été obtenues fe trouvent véritables : ainfi la reftitution eft une fuite de refcifion, comme nous avons dit ; car l'acte ou contrat étant caffé, les Parties font remifes au même état qu'elles étoient auparavant.

Les caufes de reftitution font le dol, la crainte, la violence, la minorité, la déception, la lézion d'outre moitié de Jufte prix, ou du tiers au quart dans les partages, & l'abfence néceffaire ou utile à la République. Voyez Dol, Mineur, Lézion d'outre moitié, Lézion du tiers au quart. Voyez auffi abfent pour caufe néceffaire ou utile à la République.

Ce bénéfice de reftitution en entier eft accordé à toutes fortes de perfonnes, tant mineurs que majeurs; il n'y a de différence, qu'en ce qu'un mineur peut fe faire reftituer en juftifiant avoir été lézé par l'acte qu'il a paffé ; mais à l'égard du majeur, il faut qu'ou-tre la lézion il prouve qu'il y a eu dans la paffation de l'acte une jufte crainte de fa part, ou dol de la part de celui avec qui il a contracté, ou quelqu'au-tre circonftance qui donne lieu à la reftitution ; car la lézion feule, à moins qu'elle ne foit énorme, n'eft pas une caufe fuffifante pour donner lieu à la refti-tution d'un majeur.

La reftitution doit être demandée dans les dix ans, à compter du jour du contrat pour les majeurs, ou du jour de la majorité acquife par les mineurs ; autre-ment il n'y eft plus reçu. Voyez Bouguier, lett. R. nomb. 14. Henrys, tom. 2. liv. 4. queft. 21. le Re-cueil alphabétique de M. Bretonnier, verbo Bénéfice de reftitution, & Louet lett. D, fomm. 25.

A l'égard de la reftitution pour caufe d'abfence, les dix années ne courent que du jour du retour de l'abfent ; comme nous l'avons dit, lett. A, en parlant de l'abfence pour caufe néceffaire & utile à la République.

Il ne faut pas feulement que les Lettres foient obtenues dans les dix ans, il faut encore qu'elles foient fignifiées; autrement l'impétrant feroit déchu de l'entérinement d'icelles. *Mornacius, ad leg. 1. cod. de diverf. refcript.*

Le droit de fe faire reftituer en entier paffe à l'héritier; il paffe même au fucceffeur à titre fingulier, lorfqu'il a eu la précaution de fe faire céder dans fon contrat d'acquifition par fon auteur, les actions refcindantes & refcifoires; avec toutefois cette reftriction, que le tems de fe faire reftituer ne fe proroge pas en faveur de l'héritier du mineur, ou de celui qui eft en fon lieu & place, ainfi qu'il auroit été prorogé en faveur du mineur. *Mornacius, ad leg. 2. cod. de temporib. in integ. reftitut.*

Au refte, toute reftitution eft réciproque entre les Parties qui ont contracté l'engagement contre lequel l'une des Parties fe fait reftituer. *Rstitutio in integrum ita facienda eft, ut unufquifque in integrum jus fuum recipiat. Leg.* 24 §. 4. *ff. de minoribus.* Ainfi, quand un acte ou contrat eft caffé par la reftitution en entier, les Parties font remifes dans le même état qu'elles étoient auparavant, fans que cet acte ou contrat puiffe produire aucun effet, & caufer le moindre préjudice à aucune des Parties, directement ou indirectement.

RESTITUTION EN ENTIER DES MINEURS, eft celle qui leur eft accordée pour raifon de la lezion qu'ils ont foufferte, *dolo vel callidate adverfarii vel ætatis lubrico, aut inconfulta facilitate.*

Nous avons déja parlé, *verbo* Mineurs. Il nous refte à remarquer ici, que ceux qui ont contracté avec le mineur, ne peuvent pas l'obliger de fe fervir du bénéfice de reftitution; *quia unicumque licet ea contemnere, quæ pro fe introducta funt. Leg.* 41. *ff. de minoribus.*

Voyez Belordeau en fes obfervations forenfes, lettre C, art. 38. & 39. & lettre E, art. 4. *Voyez* auffi Henrys, tome 1. liv. 4. chap. 6. queft. 25. & le Recueil alphabétique de M. Bretonnier, *verbo* Bénéfice de reftitution.

RESTITUTION ACCORDÉE A DES MINEURS NE SERT PAS AUX MAJEURS. Quoique leurs intérêts foient femblables, les chofes font divifibles & féparables de leur nature, attendu que cette reftitution n'eft fondée que fur la minorité, & fur la lézion qu'ils ont foufferte. *Solis minoribus prodeft in integrum reftitutio ex caufa minoris ætatis, adeo ut minorum occafione majorum non profit. Leg.* 3. §. 4. *ff. de minoribus.*

Ce bénéfice étant alors uniquement attaché à la perfonne du mineur, il ne peut paffer en la perfonne d'un autre; d'autant plus qu'il eft à préfumer que celui qui a contracté avec le mineur, ne l'auroit pas fait, s'il n'y eut que lui qui fût tenu de l'obligation réfultante du contrat. D'où il s'enfuit:

Iº. Que le majeur qui s'eft porté caution d'une dette contractée par un mineur, fi ce mineur fe fait reftituer, fon fidéjuffeur reftera toujours obligé, fans pouvoir fe faire relever de fon cautionnement. *Voyez* Chenu, cent. 2. Henrys, liv. 4. chap. 1. queft. 3. & Lapeyrere, lettre R.

IIº. Que le mari majeur qui s'eft obligé de faire ratifier fa femme lorfqu'elle fera majeure, ne peut

fe faire reftituer contre cette obligation, quoique fa femme puiffe s'en faire relever de fon chef; comme il a été jugé par Arrêt du 8. Février 1603. rapporté par M. le Prêtre, cent. 3. chap. 60.

IIIº. Qu'une rente conftituée, ou autre dette contractée par un mineur & un majeur, étant une chofe divifible de foi, nonobftant l'invidiuté de l'hypotheque, le bénéfice de reftitution accordée en ce cas au mineur, ne peut point donner lieu au majeur de fe faire reftituer; comme il a été jugé par Arrêt du mois de Mars 1650. rapporté par Brodeau fur Louet, lett. H, chap. 20.

Il faut dire au contraire, que quand il s'agit de chofes & de droits indivifibles, dans lefquels les majeurs ont un intérêt commun, la reftitution du mineur fert au majeur, comme dans les fervitudes. *Arg. leg.* 10. *in princ. ff. quemadmodum fervit. amit. & leg.* 72. *ff. de verb. oblig.* C'eft pourquoi, fi un majeur & un mineur ont laiffé prefcrire une fervitude réelle qui étoit dûe à un héritage commun & poffédé par indivis, la reftitution du mineur à l'encontre de cette prefcription doit fervir au majeur, parce que cette prefcription regarde le fonds, & que le mineur ne peut recouvrer le droit de fervitude dû à l'héritage commun par le moyen de la reftitution, que le majeur n'en profite. *Itaque in rebus indivifis reftitutio minoris majori prodeft, gloffa ad leg.* 1. *cod. fi in communi eademque caufa in integrum reftitutio poftuletur. Leg. loci,* §. *fi fundus, ff. fi fervit. vindic.*

Enfin, toutes les fois que l'acte fait par un mineur conjointement avec un majeur, eft nul & vicieux, ou que la reftitution accordée au mineur eft plutôt fondée fur la chofe que fur la perfonne du mineur, comme quand il a été lézé, & que la lézion procede du dol de la partie avec laquelle il a contracté, dont le mineur releve le majeur, le fidéjuffeur du mineur eft reftituable. C'eft ainfi que fe doit entendre la Loi 46. *ff. de fidejufforib.*

On demande fi le bénéfice de reftitution accordé au mineur, profite à fes cohéritiers majeurs, pour arrêter le cours de la prefcription de l'action hypothécaire? Le Commentateur d'Henrys, tome 2. liv. 4. queft. 35. tient que non; parce que le droit ne communique le bénéfice de reftitution aux majeurs, que dans les chofes individues: or quand on dit que l'hypotheque eft indivifible, cela ne fe doit entendre que par rapport aux héritages fur lefquels elle eft affignée; ainfi l'hypotheque demeure toujours indivifible fur chaque piece d'héritages, quoiqu'ils paffent entre les mains de différens poffeffeurs, *tota eft in toto & tota in qualibet parte;* comme l'explique Loifeau dans fon Traité du Déguerpiffement, liv. 2. chap. dernier.

RESTITUTION DE FRUITS, eft celle qui s'adjuge dans les actions réelles, quand le défendeur eft condamné à fe départir de la poffeffion d'un héritage; auquel cas il eft auffi condamné à reftituer les fruits qu'il a perçus pendant le tems de fon injufte détention.

Le poffeffeur de mauvaife foi, doit non feulement reftituer les fruits qu'il a effectivement perçus, mais auffi ceux que le propriétaire auroit pu percevoir, s'il n'en eût été empêché par l'injufte détention du possesseur de mauvaise foi. *Voyez* ce que j'ai dit dans ma Traduction des Instituts , liv. 2. tit. 1. §. 35.

L'Ordonnance de 1539. art. 94. porte : *Qu'en toutes matieres réelles , pétitoires & personnelles , intentées pour héritages & choses immeubles, s'il y a restitution de fruits,ils seront adjugésnon-seulementdepuislacontestation en cause , mais aussi depuis le tems que le condamné a été en demeure de mauvaise foi auparavant la contestation.* Sur quoi, *voyez* les Commentaires qui ont été faits sur cette Ordonnance, & qui se trouvent dans le Neron de l'édition de 1720. *Voyez* aussi Bacquet des Droits de Justice , chap. 8. nomb. 25. & la remarque.

Touchant la liquidation des fruits , *voyez* Liquidation. *Voyez* aussi Registres des gros fruits.

Au reste , quand on dit que si les fruits ne sont pas demandés , le Juge ne peut les adjuger à celui qui obtient gain de cause , cela s'entend de ceux qui avoient été perçus avant la contestation en cause: mais pour ce qui est de ceux qui ont été perçus après , ils peuvent être adjugés par le Juge , quoiqu'ils n'aient été demandés.

RESTREINDRE , signifie modifier, limiter. C'est une maxime de Droit , qu'il faut étendre les dispositions favorables , & restreindre celles qui sont odieuses. *Favores sunt ampliandi , odia verò sunt restringenda.*

RESTRICTION , signifie modification , limitation d'une Loi , ou d'une convention , en lui donnant des bornes dans lesquelles on veut la restreindre.

Les Loix générales souffrent toujours quelque restriction. Les Edits & Déclarations se vérifioient autrefois avec quelque restriction.

Un demandeur peut faire signifier une restriction de sa demande en expliquant les bornes dans lesquelles il la restraint. Les Juges mettent quelquefois quelque restriction à leur Jugement.

RESULTAT , est le précis & la substance d'une conférence, d'une consultation, d'une Loi, ou de quelqu'autre chose. Dans les Conseils des Princes du Sang , on appelle *résultat du Conseil* , ce qu'il y a été arrêté par délibération.

RESUMER , signifie reprendre sommairement la substance d'une Loi , ou d'un discours , pour en tirer des conséquences, ou pour y répliquer.

Il est de l'habileté d'un Avocat de sçavoir bien résumer les moyens de la Partie adverse pour les réfuter.

RÉTABLIR , signifie mettre quelqu'un en possession de quelques biens, honneurs & dignités , dont il étoit déchu. Quand on entérine une Requête civile , ou des Lettres de rescision , on remet les personnes au même état qu'elles étoient avant l'Arrêt ou avant le contrat.

RETABLISSEMENT DE MEMOIRE , *voyez* purger la mémoire d'un défunt.

RETENIR PAR PUISSANCE DE FIEF , *voyez* Puissance de Fief. *Voyez* aussi Retrait féodal.

RETENTION , signifie réserve. On peut en faisant une donation d'un héritage à quelqu'un, y mettre la rétention de l'usufruit.

RETENTION DE CAUSE , est une Sentence , par laquelle sur un renvoi demandé aux requêtes par une Partie sur la contestation des Parties , Messieurs des requêtes retiennent la cause pour en connoître , comme étant Juges compétens.

Par un droit particulier , Messieurs des requêtes de l'Hôtel ou du Palais sont toujours Juges de leur compétence. D'où il s'ensuit , 1°. que si un privilégié fait , en vertu de son *Committimus* , donner assignation aux requêtes à son débiteur , & que celui qui est assigné prétende que le demandeur n'a pas droit de *Committimus* dans cette Jurisdiction , ou que la chose pour raison de laquelle il est assigné n'est pas de la compétence des requêtes, il faut qu'il propose ses moyens declinatoires pardevant Messieurs des requêtes , pardevant qui il est assigné ; & si le défendeur est bien fondé dans ses exceptions declinatoires, ils renvoient la cause pardevant le Juge qui doit en connoître : si au contraire il est mal fondé , Messieurs des requêtes rendent une Sentence de retention , & le défendeur est obligé de procéder en leur Jurisdiction , à moins qu'il n'appelle de cette Sentence , & fasse juger le contraire au Parlement.

II°. Que si un privilégié qui a ses causes commises aux requêtes , est assigné au Châtelet , il prend aux requêtes une Sentence de renvoi ; & si le demandeur prétend que le défendeur n'a pas droit de *Committimus*, ou qu'il est mal fondé par rapport à la matiere dont il s'agit à demander son renvoi, c'est à Messieurs des requêtes à faire droit sur ce déclinatoire. Ainsi ils renvoient la cause , si le défendeur est bien fondé en son déclinatoire ; ou ils rendent une Sentence de retention,s'ils jugent que la cause est de leur compétence.

Il y a encore une autre espece de retention , qui a lieu quand par un Arrêt du Conseil privé les Partiesfont renvoyées au Parlement : en ce cas , pour y procéder , il faut un Arrêt de rétention ; & c'est le Procureur le plus diligent qui fait signifier l'Arrêt de renvoi du Conseil privé à l'autre , avec assignation en la Cour pour y procéder , & obtenir un Jugement de retention.

RETENTUM , est une secrette délibération de la Cour, qui est mise au bas d'un Arrêt de condamnation de mort , à l'effet d'adoucir la peine du supplice ; comme si le criminel étoit condamné d'être rompu & d'expirer sur la roue , la Cour met quelquefois un *retentum* au bas de l'Arrêt, portant *qu'il sera étranglé après avoir reçu les coups , ou après une heure ou deux qu'il aura été mis sur la roue.*

Les Arrêts rendus en matiere civile contiennent aussi quelquefois un *retentum*, pour augmenter ou diminuer la condamnation de dépens. Sur quoi il faut remarquer que les Cours inférieures ne peuvent faire aucun *retentum*. *Voyez* Despeisses , tom. 2. pag. 566,

RETENUE , *voyez* Droit de retenue.

RETIRER , signifie rentrer en vertu du retrait en possession d'un héritage. *Voyez* Retrait.

RETOUR , en terme de Palais , se dit de ce qui est sujet à reversion : par exemple on dit , en parlant des douaires, qu'il y en a qui sont sujets à reversion , & d'autres qui sont sans retour ; c'est-à-dire qui par une stipulation particuliere , appartiennent en propriété à la femme , en cas qu'elle survive à son mari décédé sans enfans issus de leur mariage.

RETOUR. Droit de retour ou droit de reversion, est un droit en vertu duquel les immeubles donnés par les ascendans à leurs descendans, retournent aux donateurs, lorsque les enfans donataires décédent sans hoirs.

Ce droit qui se pratique aujourd'hui, tant dans le pays coutumier, que dans le pays de Droit écrit, est fondé sur plusieurs motifs. Le premier a été de diminuer la douleur d'un pere qui a vû troubler l'ordre naturel dans le prédécédé de ses enfans. Ainsi ce droit de retour est une sage invention des législateurs, qu'ils ont admis pour diminuer quelque chose de la douleur que cause à des peres & meres la mort prématurée de leurs enfans, qui renverse l'ordre de la nature & de la mortalité. *Argum. leg. 6. ff. de jure dotium.*

Le second a été d'exciter les peres à faire de leur vivant des libéralités à leurs enfans, en leur faisant espérer que si leurs enfans viennent à mourir avant eux, les choses qu'ils leur auront données, leur reviendront : *Nè aliàs parentum in liberos magnificentia retardaretur. Leg. 2. cod. de bon. quæ liber.*

La troisieme est, que le pere qui a songé en établissant ses enfans pourvoir à sa postérité, est présumé n'avoir point en vue que les biens qu'il leur a donnés, passent à des étrangers.

En effet, les donations faites par les ascendans à leurs descendans, leur sont censées faites en avancement d'hoirie, c'est-à-dire, de leur succession qui leur est dûe par la Loi naturelle & par la Loi civile, à l'effet d'être transmises à leurs descendans. C'est pourquoi quand l'enfant donataire decede sans enfans, il est juste que le donateur reprenne ce qu'il a donné, la cause cessant. Et c'est principalement sur ce motif que le droit de retour est fondé, & sur ce que ce droit de reversion est tacitement inhérent à la donation ; de sorte qu'elle est présumée faite sous cette condition, quoiqu'elle ne soit pas exprimée.

Les collatéraux ne doivent pas envier ce droit aux ascendans, puisque les héritages donnés par les ascendans à leurs descendans, ne rentrent en la possession des ascendans dont ils sont provenus, que pour revenir à ces mêmes collatéraux. Ainsi ce retour ne leur cause aucun préjudice, puisque ces héritages ne sortent pas hors la ligne.

D'ailleurs, rien n'est plus conforme à l'équité naturelle, que ce droit de retour ; car il ne seroit pas juste qu'un pere qui se seroit dépouillé pour avancer son fils, demeurât dans le besoin pendant qu'il verroit son bien entre les mains des héritiers collatéraux de son fils, que la Loi ni le pere n'ont eu dessein d'enrichir au préjudice de ses ascendans qui dans l'ordre naturel doivent mourir les premiers.

Enfin il y auroit de l'inhumanité de leur refuser ce secours dans le tems qu'ils peuvent en avoir un plus grand besoin ; & ce seroit agir en quelque maniere contre l'ordre de la Providence, qui a donné ses biens au pere avant que de les donner au fils.

Il y a cependant quelques Coutumes qui exigent que la reversion soit entiérement stipulée ; autrement elle n'auroit pas lieu. Mais ce droit a paru si équitable, qu'il a été reçu dans les Coutumes qui n'en parlent point ; & cette reversion est une exception de la regle généralement observée en pays coutumier, qui est que propre ne remonte point.

L'article 313. de la Coutume de Paris ne dit pas précisément, que quand le fils donataire de son pere meurt sans enfans, les choses données retournent au pere qui a fait la donation ; il dit seulement, *que les ascendans succedent aux choses par eux données à leurs enfans décédans sans enfans, & descendans d'eux.* Mais les termes dans lesquels cet article est conçu, sont plus que suffisans pour admettre ce droit dans cette Coutume.

La plûpart des autres ont une disposition semblable ; & par un droit commun de la France coutumiere, non-seulement le droit de retour y a été admis, mais encore dans celles qui n'en parlent en aucune maniere, comme nous l'avons dit ci-dessus.

Dans le pays coutumier, le droit de retour est reçu d'une maniere différente de celle qui se pratique à cet égard dans les Parlemens de droit écrit.

Dans ces Parlemens, par le droit de retour conformément à la Jurisprudence Romaine, les choses données retournent au donateur sans charge de dettes & sans hypotheques, & les donataires n'en peuvent pas disposer au préjudice de la reversion. Ainsi par Arrêt du Parlement de Toulouse du 26. Juin 1581. il a été jugé que la dot constituée par la mere retourneroit à ladite mere, & la fille prémourant sans enfans, quoique la fille eût disposé de la totalité de ses biens par testament ; *idque ex Leg. 2. cod. de bon. quæ liber. quæ licet vulgò interpretatur de patre, habet etiam locum in matre quæ dotem dedit.* La Rocheflavin, livre 3. titre 9. article 1.

Dans la France Coutumiere, le droit de retour est mixte ; il participe du droit de reversion & du droit de succession tout ensemble. Le donataire est propriétaire des biens donnés, & a par conséquent la faculté de les aliéner ou hypothéquer entre vifs.

A l'égard des dispositions de derniere volonté, celle que le donataire en auroit faite, ne seroit valable que pour le quint, & les quatre quints retourneroient au donateur.

Le donateur n'exerçant le droit de révision qu'en qualité de successeur, est obligé aux dettes de la succession du donataire pour sa part, *saltem pro modo emolumenti;* mais il n'est pas tenu de la totalité : car celui qui exerce ce droit, n'est pas proprement héritier, il n'est que successeur *in re singulari*, de même que le Fisc & les Seigneurs hauts-justiciers, lesquels ne sont tenus des dettes que jusqu'à concurrence de ce qu'ils amendent des biens, pourvû qu'ils aient fait faire inventaire.

En pays coutumier, par le moyen de retour exercé, la chose retourne au donateur en la même qualité qu'elle avoit en sa personne lors de la donation ; c'est pourquoi elle reprend sa qualité d'acquêt, si elle l'étoit, quoiqu'elle fut devenue propre en la personne du donataire, & quoiqu'il la reprenne comme successeur. En effet, le retour cause en quelque façon la résolution de la donation par une condition résolutive qui est toujours sous-entendue. Par la même raison, si la chose donnée étoit un propre au donateur, elle en reprend la qualité en sa personne.

En pays coutumier, comme en pays de Droit écrit,

pour que le droit de retour ait lieu, il faut que le donataire décede avant le donateur, sans enfans, parce que la donation est censée faite, tant pour le donataire, que pour ses descendans qui le représentent.

Le retour n'a lieu qu'au profit du donateur : ainsi, quand l'aïeul a donné un propre, après la mort du petit-fils donataire arrivée sans enfans, ce propre appartient à l'aïeul & non pas au pere.

Cela fait voir que par le droit de retour, les héritages remontent jusqu'à la personne de l'ascendant qui a fait la donation, quoiqu'il y ait un autre ascendant du donataire, & du même côté, qui se trouve entre lui & le donateur.

Il faut dire aussi, que lorsque le pere a donné un héritage à son fils, & que le pere donateur vient à décéder, & qu'ensuite le fils donataire décéde sans enfans, l'aïeul ne peut pas jouir du droit de retour, parce que ce n'est pas lui qui a donné.

Les véritables immeubles corporels ou incorporels, même les immeubles par fiction, comme les Offices & les rentes constituées, sont sujets à reversion. Pour ce qui est des choses mobiliaires, comme sommes de deniers, celles qui sont données en dot sont sujettes au droit de retour dans les Parlemens de Droit écrit ; & c'est par elles que ce droit avoit commencé chez les Romains.

En pays coutumier, ce droit de retour n'est pas admis pour les meubles. La raison est que les deniers ou autres meubles, estimés comme ils le sont ordinairement dans les donations faites aux ascendans à leurs enfans, sont censés n'être plus existans dès qu'ils sont confondus avec d'autres. Or le retour suppose l'existence des choses qui retournent, & partant la reversion cesse au cas de la donation des meubles.

Mais lorsque les meubles se trouvent en nature lors du décès du donataire, comme si ce sont des obligations, le retour peut avoir lieu ; parce que les raisons pour lesquelles nous avons reçu ce droit dans nos Coutumes, ont alors lieu : ainsi les choses données étant existantes, elles peuvent se reprendre.

Suivant le Droit Romain, le droit de retour n'a lieu qu'en faveur du pere & de l'aïeul paternel qui ont fait la donation, parce que son origine vient de la puissance paternelle. Ainsi la mere ou tout autre, ne peut prétendre ce soit, sans une stipulation expresse, selon la Novelle 25. de l'Empéreur Léon.

Mais parmi nous, comme nous apprend M. Maynard, livre 9. chapitre 90. tant en pays de Droit écrit, que dans les Provinces coutumieres, la mere jouit du droit de retour. Ce qui nous est assez marqué par l'article 313. de la Coutume de Paris, qui porte en général & sans distinction, que les ascendans succedent aux choses par eux données à leurs enfans, &c.

Il n'est pas accordé aux collatéraux, si ce n'est dans la Coutume d'Auxerre, article 242. & dans le Parlement de Toulouse, au rapport de M. Maynard, liv. 9. chap. 16. & de M. Dolive, liv. 4. chap. 7. Mais ce droit de retour qui est reçu dans ces Coutumes en faveur des collatéraux, n'est pas étendu au delà des oncles & des tantes.

Quand on dit que le droit de retour a lieu en faveurs des ascendans, cela ne s'entend que par rapport à leurs enfans légitimes ; car le pere naturel ne

pourroit pas exercer ce droit sur les choses par lui données à son bâtard.

Les Loix ne donnent au pere naturel aucun des droits qu'elles accordent au pere légitime ; *pater est quem justæ nuptiæ demonstrant* : au contraire, les enfáns nés hors le mariage légitime, *patrem habere non intelliguntur, nec gentem, nec familiam habent* ; ils ne succedent point à leurs pere & mere, & leurs pere & mere ne leur succedent point ; ils ne peuvent obliger leur pere de les doter ; ils peuvent seulement lui demander des alimens. Ainsi la succession du pere naturel n'étant point dûe à ses enfans ; ce qu'il leur donne n'est pas censé donné en avancement d'hoirie, à l'effet de retourner au donateur, au cas que le donataire decede sans enfans.

La réversion accordée aux ascendans a lieu, soit que la donation soit faite par contrat de mariage, ou hors le contrat de mariage de l'enfant donataire ; il y a en l'un & l'autre cas parité de raison, attendu que la donation est toujours faite aux enfans par leurs ascendans en avancement d'hoirie, & pour leur établissement. Quand le donateur est héritier des meubles & acquêts, & que par droit de réversion il reprend les choses par lui données à l'enfant donataire, ce sont deux différens droits successifs qui concourent en la même personne.

Mais quand l'aïeul a donné quelque chose à son petit-fils ; & que ce petit-fils décede sans enfans, le pere est héritier des meubles & acquêts, & l'aïeul donateur prend par droit de réversion les choses par lui données.

Cela fait voir que quoique le droit de retour participe de la succession, & même qu'on ne puisse jouir de ce droit que *titulo successionis*, néanmoins ce droit ne suit pas toujours l'ordre de la succession, & peut être séparé de la qualité d'héritier, puisqu'il peut appartenir à un autre qu'à celui qui est héritier du défunt.

Touchant le droit de retour, *voyez* ce que j'en ai dit sur l'article 313. de la Coutume de Paris. *Voyez* aussi M. Perchambault sur la Coutume de Bretagne, titre 23. §. 32. Henrys & son Commentateur, tome 1. livre 6. chapitre 2. question 8. & chapitre 5. question 12. 13. & 14. M. le Brun en son Traité des Successions, livre 1. chapitre 5. sect. 2. & 14. & le Traité de Droit de réversion par M. Bechet, qui se trouve dans la nouvelle édition de son Livre intitulé Usance de Saintonge. Enfin, *voyez* le Traité du Droit de retour des dots, des donations, des institutions contractuelles, & des testamens mutuels, faits par Arnaud de la Rouviere, Avocat au Parlement de Provence, imprimé à Paris en 1737.

RETOUR EN FAIT D'APPANAGE, est celui qui a lieu à l'égard des terres qui sont données par le Roi aux Puînés de France ; pour leur tenir lieu de légitime sous condition de retour & ou de réunion au Domaine de la Couronne, par défaut de mâles, & non autrement. *Voyez* Appanage.

RETOUR QUANT A L'USUFRUIT, est la réversion de l'usufruit, que la Coutume de Paris, en l'article 314. accorde aux pere & mere, des conquêts de leur communauté, qui, par le décès de l'un d'eux, étoient avenus à l'un de leurs enfans, au cas qu'il décede fans enfans & fans freres & fœurs , & autres defcendans du prédécédé.

Cet article a été ajouté à l'ancienne Coutume de Paris, parce qu'il a paru équitable aux Réformateurs de cette Coutume de donner dans le cas marqué ci-deffus, au furvivant de pere & mere , la jouiffance de ces biens , puifque s'il n'y avoit contribué, ils ne fe trouveroient pas dans la fucceffion de cet enfant.

La raifon pour laquelle le furvivant des pere & mere ne fuccede pas dans la propriété de ces biens, eft tirée de l'article 312. de la Coutume de Paris , qui ne permet pas que les propres remontent : or le conquêt parvenu au fils par la mort de fon pere , eft devenu propre paternel naiffant en fa perfonne ; ainfi la mere n'y peut pas fuccéder, à l'exclufion des collatéraux paternels ; & vice verfâ.

Cette jouiffance eft contraire au droit commun , & par conféquent ne s'étend pas aux Coutumes qui ne l'accordent pas.

Voyez ce que j'ai dit fur l'article 314. de la Coutume de Paris.

RETRAIRE, fignifie retirer un heritage des mains d'un acquéreur par la voie du retrait.

RETRAIT, eft le droit de retirer un héritage aliéné. Il y en a de quatre fortes ; fçavoir le conventionnel , le lignager , le féodal , & le cenfuel.

Le retrait conventionnel eft préféré au retrait ligna-ger & au retrait féodal ; parce qu'il procéde de la volonté des Parties , fans laquelle la vente n'auroit pas été faite. Le retrait lignager l'emporte fur le féo-dal, quoique le Seigneur prétende être fondé fur un ancien droit de réverfion. Les fiefs étant rendus héréditaires, & patrimoniaux, les Seigneurs en fe de-pouillant & en transferant la propriété d'iceux à une perfonne & à fa famille, contreviendroient à leur propre fait , s'ils vouloient ufer du retrait au préju-dice de ceux de la famille. Voyez Loyfel, liv. 3. tit. 5. art. 4. & la Note de M. Lauriere.

RETRAIT CONVENTIONNEL , eft celui dont les Parties font convenues par contrat de vente : ainfi c'eft la faculté que le vendeur s'eft refervée de reti-rer fon héritage dans un certain temps qui produit l'action de réméré.

Ce retrait ftipulé au contrat eft préféré au retrait lignager ; parce que fi la claufe a lieu , & fi en vertu de la faculté de réméré, le vendeur rentre en la pof-feffion de fon héritage qu'il a vendu, il ne peut pas y avoir lieu au retrait lignager, par la raifon que l'hé-ritage ne fort pas de la famille , & que la vente n'en a été faite que fous condition de réméré.

La faculté accordée au vendeur de pouvoir rache-ter l'héritage par lui vendu, n'empêche point le cours du retrait lignager ou féodal ; mais en concurrence, le conventionnel eft préféré à l'un & à l'autre : ainfi un lignager où le Seigneur peut retraire un héritage ven-du avec faculté de réméré, de la même maniere que fi la vente étoit pure & fimple , & par conféquent dans le temps porté par la coutume , fauf néanmoins le droit du vendeur, auquelle retrait lignager ou féo-dal ne peut préjudicier , foit que la faculté de rémé-ré foit portée par le contrat, ou auparavant , ou de-puis, pourvu que ce ne foit point en fraude des ligna-gers depuis l'action intentée ; car après que la de-

mande en retrait lignager ou féodal a été portée en Juftice , les conventions qui fe font faites depuis en-tre le vendeur & l'acheteur, ne peuvent nuire ni pré-judicier au demandeur en retrait lignager ou féodal.

Quand l'héritage vendu à faculté de réméré eft ré-tiré par un lignager, le vendeur qui par après fe fert du retrait conventionnel contre le lignager, n'eft pas tenu de lui rembourfer les frais faits à l'effet du re-trait lignager. La raifon eft , que le lignager a dû prévoir que le vendeur pourroit le retirer en vertu de la faculté qu'il s'en étoit refervée.

Mais fi le vendeur qui s'eft réfervé par le contrat la faculté de réméré , vend enfuite ou tranfporte à titre de donation cette faculté à un étranger , le lignager doit être en ce cas préféré à l'étranger qui veut exer-cer le retrait conventionnel ; autrement ce feroit ou-vrir le chemin aux fraudes ; & donner occafion de tromper les lignagers , & rendre leur droit entiére-ment inutile.

Voyez ci-deffus , Réméré ; le Recueil alphabéti-que de M. Bretonnier, verbo Retrait conventionnel ; & ce qui en eft dit dans fes Obfervations fur le di-xieme Plaidoyé d'Henrys.

RETRAIT LIGNAGER , eft un droit en vertu duquel un parent du côté & ligne dont eft venu au vendeur un héritage vendu, peut le retirer des mains de l'acquéreur, en intentant l'action en retrait dans le temps prefcrit , à l'effet de le conferver dans la famille.

Ce retrait inconnu dans le Droit Romain, & qui n'a point lieu dans le pays de Droit écrit, eft une fui-te de propres, & a été introduit dans le pays cou-tumier, pour conferver dans les familles les propres lorfque ceux qui en font propriétaires les vendent , ou qu'ils font vendus fur eux, à la requête de leurs créanciers, pour le payement de leurs dettes.

Il eft appellé lignager , parce qu'il ne peut être exercé que par un parent du côté & ligne dont l'hé-ritage étoit échu à celui qui l'a vendu.

Le retrait n'a véritablement été introduit que pour conferver les héritages dans la famille de ceux qui les ont acquis : ce qui paroît conforme à la raifon , qui nous infpire une affection particuliere pour ces fortes de biens ; & un defir ardent de les tranfmettre à l'infini à nos defcendans.

Hoc ipfum probat quod teftatur Ariftoteles, lib. 2. Po-liticorum, cap. 5. Nimirum olim apud Locros Lege veti-tum fuiffe , ne quis antiquum patrimonium alienare pof-fet, nifi evidentem calamitatem fuperveniffe oftenderet : etenim legitimo quodam & innato defiderio moveri fole-mus ad poffeffiones paternas, vel avitas , quantum fieri poteft , confervandas , eafque in æternum gentis noftræ decus & perpetuam nominis dignitatem in familias reti-nendas.

Pafquier dans fes Recherches, liv. 2. chap. 16. dit que le retrait lignager, le droit d'aîneffe , la pro-hibition de difpofer par teftament de tous fes propres, & l'affectation des propres dans les lignes par la re-gle paterna paternis , materna maternis , & les autres Loix qui tendent à conferver les biens dans les fa-milles, & qui font particulieres pour le Droit coutu-mier, ont commencé fous le regne de Hugues Capet , qui vivoit en 990.

Chopin

Chopin , *lib.* 1. *de Domanio , tit.* 23. *num.* 1. fait remonter plus haut le retrait lignager. Quelques Auteurs ont prétendu qu'il nous venoit de la Loi de Moïse , au *Levit.* chap. 25. & qu'il en est aussi parlé au livre de *Ruth* , chap. 4.

Quoiqu'il en soit , il est certain qu'à présent le retrait lignager a lieu dans toute la France coutumiere, à l'exception de quelques Coutumes locales , comme en la Ville d'Issoudun , en la Coutume de Berry , art. 30. & dans quelques Provinces qui se régissent par le Droit écrit , comme dans le pays de Forez , & celui de Lyonnois : nonobstant l'Ordonnance d'Henri III. de l'année 1581. qui porte que dorénavant le retrait lignager aura lieu en tous les pays du Royaume , même en pays de Droit écrit ; car cette Ordonnance a été révoquée par l'Edit du mois de Novembre 1584. verifié au Parlement le 20. du même mois , & par l'Edit du mois de Mai   verifié en la Cour le

Cependant il est en usage dans quelques lieux du pays de Droit écrit , sçavoir en Provence. *Voyez* Chopin sur le titre du retrait lignager de la Coutume de Paris , *num.* 17. Il est aussi reçu dans le Maconnois & dans le Dauphiné.

Dans une partie des Provinces qui se reglent par le Droit écrit , le retrait lignager n'a pas lieu , parce que les Loix Romaines ne connoissent point les qualités de propres , comme dit l'Auteur des Observations sur Henrys , tome 1. liv. 2. chap. 4. quest. 16. & au tome 2. Plaidoyé 16.

Ce droit ou plutôt cette grace accordée à la famille , paroît favorable , en ce qu'il est fondé sur la raison du sang , & qu'il tend à perpétuer , autant qu'il est possible , un héritage dans la famille du vendeur.

Mais on peut dire que l'action en retrait est d'un autre côté défavorable , en ce qu'elle est entiérement opposée à la liberté du commerce , qui consiste à pouvoir vendre son bien à telles personnes qu'il nous plaît. Ainsi le retrait lignager est un droit singulier , & extraordinaire , introduit contre le Droit commun des contrats de vente , qui sont du Droit des gens. Louet , lettre R , sommaire 52.

C'est qui a donné lieu à toutes les formalités sévéres que nos Coutumes semblent n'avoir introduites , sous peine de nullité , que pour rendre le plus souvent cette action sans effet : car tout ce qui est prescrit par la Coutume du lieu , au sujet du retrait lignager , doit être observé par le retrayant *in forma specifica,* à peine d'être déchu du retrait ; de maniere que *qui cadit à syllaba , cadit à toto.* Aussi quand il se rencontre quelque incident douteux , ou quelque article de Coutume sujet à interprétation , on décide ou on interprete toujours contre le retrayant.

L'action en retrait est mixte , en laquelle la personne , comme étant plus noble , attire la chose ; c'est pourquoi elle doit être intentée par le demandeur par devant le Juge de l'acquéreur : & si le retrayant jouit du privilege de *Committimus,* il a à son choix de faire cette demande devant le Juge ordinaire du domicile de l'acquéreur , ou devant Messieurs des Requêtes de l'Hôtel ou du Palais : car l'action en retrait , comme étant mixte , Messieurs des Requêtes

Tome II.

en connoissent , quand l'une des Parties a droit de *committimus.*

Il y a des Coutumes , comme celles de Châteauneuf , où l'action en retrait est réelle ; & alors la chose attire la personne : ainsi dans ces Coutumes , le retrayant peut poursuivre le retrait en la Jurisdiction où est situé l'héritage qu'il veut retraire , ou devant le Juge du domicile du défendeur.

Le retrait lignager n'a lieu qu'en cas de vente d'un héritage propre au vendeur , faite à un étranger de la ligne , ou en cas d'acte équipollent à la vente.

La vente s'entend d'une vente parfaite , soit par devant Notaires , ou sous signature privée , non resolue du consentement des Parties , avant l'action en retrait intentée par les lignagers.

L'acte équipollent à la vente , est quand l'héritage est donné en payement d'une somme dûe , ou à la charge d'acquitter le vendeur de ses dettes envers ses créanciers.

Non-seulement le retrait a lieu en contrat de vente volontaire à charge de décret , mais aussi en adjudication par décret forcé , excepté en quelques Coutumes , qui n'admettent pas le retrait en ce dernier cas.

La Coutume de Paris en l'article 150. celle de Sens , article 45. celle d'Auxerre , article 167. celle de Melun , article 168. celle de Reims , article 162. & plusieurs autres , donnent cette faculté aux lignagers de retirer l'héritage propre vendu par décret.

Mais il en arrive quelquefois de grands inconvéniens , & cela donne lieu à quantité de fraudes qui vont à la perte des créanciers ; car la Partie saisie tâche ordinairement d'écarter les enchérisseurs , sous prétexte que l'héritage sera retiré , ce qui le fait adjuger à vil prix , ensuite de quoi , sous le nom d'un parent affidé , il le fait retirer ; & par ce moyen les derniers créanciers se trouvent de leur dû.

En échange non frauduleux d'héritage contre héritage fait but à but , le retrait lignager n'a lieu : c'est la disposition de l'article 143. de la Coutume de Paris : parce que l'héritage échangé tient lieu de celui qui est donné en contr'échange , & sortit même nature de propre.

L'échange est réputé frauduleux , quand l'un des contractans jouit de l'un & de l'autre héritage , à moins qu'il y ait cause légitime.

En échange d'héritage contre meubles , retrait a lieu , parce que les meubles reçoivent un certain prix & une certaine estimation ; ensorte que l'échange en ce cas est une véritable vente. D'ailleurs *mobilium, vana , & momentanea est possessio.* Ainsi , comme les choses mobiliaires changent perpétuellement de mains , elles ne restent pas ordinairement dans la famille , & par conséquent ne lui peuvent pas tenir lieu d'un héritage qui en est sorti.

En quelques Coutumes , comme Paris & Orléans , en échange , s'il y a soulte excédant la valeur de la moitié , l'héritage est sujet à retrait pour portion de la soulte , parce que c'est un contrat mêlé d'échange & de vente , & la vente excédant l'héritage donne lieu au retrait pour raison de la soulte. Mais si la

V u u

foulté eft moindre que la moitié, il n'y a lieu au retrait, excepté en quelques Coutumes qui ont une difpofition contraire. *Voyez* ce que j'ai dit fur l'article 145. de la Coutume de Paris.

Propre héritage baillé à rente rachetable à perfonne étrange, eft fujet à retrait; parce que le principal, pour lequel la rente eft ftipulée rachetable, tient lieu du prix de l'héritage baillé à rente; & le retrayant eft obligé de rembourfer le fort principal de la rente, & les arrérages échus depuis l'ajournement, à moins que le vendeur n'en veuille décharger le premier débiteur, & prendre en fon lieu & place le retrayant; car le retrayant ne peut contraindre celui qui a baillé l'héritage à rente rachetable, de le prendre pour le débiteur de la rente en l'acquit du preneur fur lequel il veut exercer le retrait. *Voyez* ce que j'ai dit fur l'article 137. de la Coutume de Paris.

A l'égard des baux à quatre-vingt-dix-neuf années, ils font fujets à retrait, fuivant l'article 149. de la même Coutume.

En partage d'une fucceffion, l'héritage propre qui fort de la ligne, n'eft fujet à retrait.

M. de Perchambault fur l'article 317. de la Coutume de Bretagne, dit que le retrait ne doit point avoir lieu en tranfaction, parce que la tranfaction eft un titre non tranflatif, mais déclaratif de propriété des chofes; & que fi elle porte qu'on donne quelque argent à celui qui abandonne l'héritage, ce n'eft pas dans le deffein de l'acheter; mais pour fe délivrer d'un procès. Ainfi, fuivant cet Auteur, la tranfaction étant préfumée faite, *ut lite difcedatur*, fa faveur doit l'emporter fur toute autre confidération.

Charondas fur l'article 157. de la Coutume de Paris dit que reguliérement le retrait lignager n'a pas lieu en la tranfaction, parce que par icelle on ne tend pas à la propriété & feigneurie de la chofe, mais à fortir d'un procès; mais s'il y a argent baillé, foit que le poffeffeur quitte la chofe ou la retienne, il y a lieu au retrait pour le droit qui eft ainfi quitté; car c'eft l'eftimation de la chofe litigieufe & du droit qui eft en procès, laquelle eft comparée à la vendition.

M. Dupleffis, Traité du retrait lignager, chap. 7. feffion 2. dit qu'il eftime que le retrait n'a jamais lieu au cas de la tranfaction. Si toutefois la fraude & le déguifement paroiffoit évidemment, & que celui qui cede l'héritage en eut auparavant la poffeffion & le droit le plus apparent, & que les deniers à lui baillés par la tranfaction approchaffent de la valeur de l'héritage, il y auroit lieu au retrait.

Quoiqu'il en foit, voici quel eft l'ufage. En tranfaction où il n'y a bourfe déliée, retrait n'a lieu; ni en tranfaction où il y auroit bourfe déliée, fi la fomme donnée pour fortir de procès, étoit moindre de la moitié du prix de l'héritage.

Cela eft fondé fur ce que, dès qu'il y a évaluation & eftimation par la ftipulation d'une fomme d'argent tout acte d'où réfulte un abandonnement d'un immeuble litigieux ou non, ouvre la voie au retrait, de quelque nom qu'on ait affecté de déguifer le contrat.

Sur ce principe, il faut dire qu'un acte en forme de donation ne feroit pas exempt du retrait, fi la

donation étoit rémunératoire ou onéreufe, ni l'acte en forme de tranfport, de récompenfe & de payement ainfi que s'expliquent plufieurs Coutumes, comme celles de Tours & du Maine; & comme nos plus doctes Jurifconfultes, tels que font Dumoulins fur les Coutumes d'Orléans & du Maine, Chaffanée fur celle de Bourgogne, & Coquille fur celle de Nivernois.

Il ne fuffit pas, pour donner lieu au retrait lignager que le propre foit vendu ou aliéné par acte équipollent à la vente; il faut que la vente foit faite à un étranger de la ligne.

Il n'y a que les véritables propres qui foient fujets au retrait lignager; parce que le motif fur lequel eft fondée la faculté de retrait, au préjudice de la liberté du commerce, a été de maintenir & de conferver dans les familles les héritages propres, & les fonds patrimoniaux. *Retractus eft jus confervatorium, non acquifitorium*; c'eft pourquoi le retrait ne doit point être admis dans la vente des acquêts.

Nous avons cependant quelques Coutumes extraordinaires qui admettent auffi le retrait dans la vente de ces fortes de biens, comme Anjou, Bourdeaux, Maine, Normandie, Poitou, Tours & Auvergne. Mais leur difpofition à cet égard eft exorbitante du Droit commun, & ne peut par conféquent tirer à conféquence pour toute autre Coutume.

Propre en matiere de retrait lignager eft un immeuble échu par fucceffion directe ou collatérale ou par donation en ligne directe. Par un immeuble on entend ici non-feulement les maifons & héritages, mais encore les cens & rentes foncieres non rachetables, & les fiefs en l'air & fans domaine, parce que des droits incorporels qui ont la qualité d'immeubles; & comme ils font fouches dans les familles, & paffent aux parens par fucceffion, ils ont la qualité de propres, & font fujets à retrait.

La chofe prife en contre change d'un propre, prend la qualité de propre, par une fubrogation qui fe fait de plein droit; *Subrogatum capit naturam fubrogati*; c'eft pourquoi l'héritage échangé contre un propre, eft fujet à retrait.

Les immeubles par fiction, comme les Offices venaux, les rentes conftituées à prix d'argent, & les rentes foncieres rachetables, ne font point fujets à retrait.

Les chofes mobiliaires n'y font point fujettes, excepté quand elles font venues conjointement avec l'héritage pour un feul & même prix. Ainfi, comme une coupe de bois n'eft qu'un effet mobilier, lorfque la vente d'une coupe de bois a été faite fans fraude, il n'y a pas lieu au retrait. Mais il y a préfomption de fraude qui donne lieu au retrait, lorfque la coupe fans le fonds, & le fonds fans la coupe, font vendus à la même perfonne par deux contrats féparés & en divers tems non éloignés, comme dans l'efpace d'un an.

L'ufufruit d'un propre, excepté en la Coutume de Normandie, n'eft point fujet à retrait; parce que l'ufufruit ne confifte que dans la jouiffance & perception des fruits qui eft perfonnelle, & qui par conféquent ne regarde point la propriété de la chofe: ainfi par l'ufufruit, l'héritage ne fort point de la famille. Mais s'il y a préfomption de fraude, c'eft-à-dire, fi quelque temps après l'usufruit constitué au profit d'une personne, la vente du fonds se faisoit à la même, le tout seroit sujet à retrait.

A l'exception de la Coutume de Normandie, le retrait n'a point lieu en vente de coupe de bois de haute futaie ni en vente des autres fruits d'un héritage, comme nous l'avons dit; parce que le retrait n'a été introduit que pour conserver le corps de l'héritage dans la famille de celui qui le vend, & non pas pour y conserver les fruits, autrement ce seroit ôter au propriétaire la jouissance de son droit de propriété que de lui ôter la liberté de se choisir un Marchand pour la vente des fruits de son héritage. On demeure d'accord que les bois qui sont sur pied au tems de la vente, font partie du fonds; mais il est également certain, que quand ils sont vendus séparément du fonds ils sont regardés comme s'ils étoient déjà surcoupés, & par conséquent comme meubles. De ce que nous venons de dire, il résulte que le retrait ne peut point avoir en vente de coupe de bois de haute-futaie, taillis, & autres arbres vendus à l'effet d'être coupés & abbatus; de même que le retrait n'a point lieu, quand une maison est vendue à condition de la détruire, & d'en faire enlever les matériaux; de maniere que la propriété du sol demeure au vendeur.

Pour exercer le retrait lignager, il faut être parent lignager du vendeur, en quelque dégré que ce soit il n'importe; excepté dans les Coutumes qui restraignent le droit de retraire au septieme ou neuvieme dégré.

Ce droit étant inhérent à la qualité de lignager, un parent ne doit point céder le droit qu'il a de retraire à un étranger de la ligne; & au cas qu'il le fasse, la cession est nulle & sans effet, si ce n'est qu'elle fait déchoir le lignager qui l'a faite de son action & de son droit. Voyez Loysel, liv. 3. tit. 5. art. 7. & la Note de M. Lauriere.

Le retrait lignager n'ayant été introduit que pour empêcher que les héritages propres sortent de la famille, lignager sur lignager n'a droit de retenue. Article 156. de la Coutume de Paris. Loisel, loco citato, nomb. 9.

Un lignager ne peut pas prêter son nom à un étranger de la ligne. Quand l'acquéreur sur lequel le retrait a été exercé, justifie que le retrayant a eu dessein de céder l'héritage à un étranger, & que la fraude a été exécutée, l'acquéreur peut répéter l'héritage.

L'action en retrait n'est pas mise au rang des biens & droits du défunt; parce qu'elle n'est pas considérée comme un profit & un intérêt pécuniaire, mais comme un droit accordé à cause de l'affection qu'un lignager peut avoir pour les héritages qui font de la ligne; & qui sont sortis de là famille par la vente qui en a été faite.

De ce principe il s'ensuit, que si le retrayant décede après l'action en retrait par lui intentée, ses héritiers qui sont de la ligne, succedent dans la poursuite de l'instance, lorsqu'elle a été contestée du vivant du retrayant. Mais si le défunt n'a laissé aucuns héritiers de la ligne d'où est échu l'héritage, l'action en retrait, quoique contestée, est entiérement éteinte,

& ne peut être reprise par les héritiers du retrayant qui ne font pas de la ligne.

Par quelques Coutumes comme Orléans, Melun & autres qu'on appelle soucheres, il faut pour être admis à intenter l'action en retrait lignager, être descendu en ligne directe de l'acquéreur qui a mis l'héritage dans la famille.

Dans d'autres, comme Paris, & Meaux, il suffit, d'être parent au vendeur du côté & ligne de l'acquéreur: mais il n'est pas requis de lui être parent en ligne directe. Ainsi pour sçavoir si quelqu'un est habile à exercer le retrait dans ces Coutumes, il faut remonter jusqu'au premier acquéreur de l'héritage, & voir si le retrayant est parent au vendeur du côté & ligne de l'acquéreur qui a mis le premier l'héritage dans la famille.

Par exemple, si un fils vend un héritage qui lui est échu de son pere, & que cet héritage fût échu au pere par la succession de l'aïeul qui en étoit l'acquéreur; en ce cas il ne suffit pas d'être parent du vendeur du côté du pere, il faut l'être du côté de l'aïeul paternel; de forte que celui qui le seroit du côté de l'aïeule maternelle, ne seroit pas reçu à retraire cet héritage. Et cette disposition à été étendue aux Coutumes qui ne décident point cette question.

Enfin dans d'autres Coutumes, comme Reims, il suffit d'être parent au vendeur du côté paternel ou maternel d'où l'héritage lui est échu, sans l'être à celui qui a mis l'héritage dans la famille.

Suivant le Droit commun coutumier quand plusieurs lignagers ont intenté l'action en retrait, le plus diligent est préféré même aux plus proches parens du vendeur du côté & ligne. Voyez l'article 140. de la Coutume de Paris, & la Conférence.

En concurrence d'assignations données le même jour, le plus proche parent lignager du vendeur est préféré, suivant le Droit commun coutumier; & en concurrence de tems & de degré ils viennent au retrait chacun pour leur part.

Mais pourquoi, quand plusieurs lignagers ont intenté en différens jours leur action en retrait, préfere-t-on le plus diligent? C'est qu'il suffit que l'héritage rentre dans la famille du vendeur par quelqu'endroit que ce soit, puisque le retrait n'a été introduit que pour conserver les héritages dans les familles, & non pas pour le faire passer par degré aux présomptifs héritiers, & aux parens les plus proches. D'ailleurs, il est juste de récompenser les plus diligens. Jura vigilantibus profunt; & sua cuique damnosa esse debet mora.

Il y a cependant quelques Coutumes qui suivent dans le retrait l'ordre & la nature des successions. Telles sont les Coutumes d'Anjou, article 370. de Tours, article 154. de Chartres, article 68. & quelques autres, qui veulent que les parens ne puissent venir au retrait qu'en leur rang, & suivant la prérogative du degré. Dans ces Coutumes, quoiqu'un parent ait formé sa demande en retrait, si celui qui est plus proche vient dans l'an & jour, & avant le remboursement actuel fait par le premier demandeur en retrait, il sera reçu à retirer l'héritage à son exclusion. Loysel en ses instituts, coutumieres, liv. 3. tit. 5. art. 10. en a fait une regle en ces termes : *Le lignager qui prévient, exclut le plus prochain, fors les lieux où l'on peut venir entre la bourse & les deniers.*

Quiconque est habile à succéder, est habile à retraire ; c'est-à-dire, que quiconque n'a point d'empêchement peut être héritier du vendeur, dans le cas où il se trouveroit son plus proche parent, peut exercer le retrait. Et au contraire, quiconque ne peut être habile à succéder, ne peut retraire, comme le bâtard légitimé par Lettres du Prince, les Religieux profès, le condamné à mort civile ou naturelle & non rehabilité ; & les aubains.

A l'égard du bâtard légitimé par subséquent mariage, comme il est par la légitimation rendu habile à succéder, il est devenu habile à exercer le retrait ; & il suffit qu'il soit légitimé au tems qu'il intente l'action en retrait, & que le tems préfini pour l'intenter ne soit pas expiré.

Ce principe, que quiconque est habile à succéder, est habile à retraire, ne s'entend pas précisément de celui qui est le plus proche parent du vendeur, & qui a droit de lui succéder *re & effectu*, il s'entend aussi de celui qui lui pourroit succéder si le degré ou les degrés qui le précédent n'étoient pas remplis ; parce que le retrait n'est plus accordé *jure hæreditario tantùm sed & jure sanguinis.*

Il en est de même du fils exhérédé, qui, quoiqu'incapable de succéder, ne laisse pas d'être en droit d'exercer le retrait ; parce qu'il suffit d'être parent du côté & ligne du vendeur pour exercer le retrait, sans qu'il soit besoin d'être dans le cas de lui succéder *re & effectu*.

Le retrait peut être exercé au nom de l'enfant qui est *in utero*, par son tuteur ou curateur, pourvû qu'il vienne au monde dans l'an & jour de la vente. La raison est, *que qui sunt in utero pro jam natis habentur quoties de eorum commodis agitur. Voyez* Buridam sur l'art. 292. de la Coutume de Reims ; & Maynard, liv. 9. chap. 2.

Le fils peut retirer les propres vendus par ses pere & mere, quoiqu'il en soit héritier, d'autant qu'il n'exerce pas le retrait en qualité d'héritier, mais en qualité de parent lignager.

Il arrive même souvent que le vendeur retire sous le nom de ses enfans l'héritage par lui vendu ; mais il ne pourroit pas le retraire en son nom, parce qu'ils ne peuvent revenir contre son propre fait.

Quoique la faculté de retirer un propre vendu ne soit pas accordée au vendeur, néanmoins si la vente avoit été faite à un lignager, qui l'eût ensuite revendu à un étranger ; en ce cas non-seulement les parens du dernier vendeur pourroient le retraire, mais le premier vendeur y sera aussi reçu ; parce que le premier vendeur, en vendant son héritage à un parent de son lignage ne l'a point mis hors de la famille ; son intention au contraire étoit de le lui conserver.

L'action de retrait lignager est mixte personnelle *in re scripta*, participante de la personnelle & de la réelle, comme je l'ai expliqué sur l'art. 129. de la Coutume de Paris, glose 5. nomb. 9. de sorte que celui que l'on assigne doit être traduit devant le Juge de son domicile dans les Coutumes qui n'en parlent point. Ainsi, quoique l'action mixte donne le choix

au demandeur d'intenter son action pardevant le Juge du défendeur, ou pardevant le Juge du lieu où la chose est située, & qu'il y ait ici plus de réalité que de personnalité, néanmoins il seroit trop rude d'obliger l'acquéreur ou le possesseur de l'héritage d'aller se défendre dans un lieu éloigné de son domicile.

Quelques Coutumes veulent que cette action ne se puisse valablement intenter que pardevant le Juge du lieu de l'héritage ; comme Anjou, art. 382. Maine, art. 392. dans lesquelles l'action de retrait est réelle : d'où il s'ensuit, que quand elle est intentée devant un Juge incompétent, c'est-à-dire, devant un autre Juge que celui où est situé l'héritage que l'on veut retraire, cette assignation n'empêche pas que l'an du retrait ne court ; comme il a été jugé par Arrêt du 1. Mars 1701. rapporté dans le Journal des Audiences.

D'autres Coutumes permettent d'intenter cette action, ou pardevant le Juge du domicile de l'acquéreur, ou pardevant celui du lieu où l'héritage est situé, au choix du retrayant ; comme Rheims, art. 198. Mais la regle est que l'assignation en retrait soit donnée pardevant le Juge du domicile de l'acquéreur, & non du lieu où la chose est située, dans les Coutumes qui n'en parlent point.

Pour que le retrait ait lieu, il faut que l'assignation soit revêtue de toutes les formalités requises par l'Ordonnance & la Coutume, sur peine de déchéance du retrait, quoique le retrayant soit encore dans le tems pour donner une nouvelle assignation en retrait. Mais l'assignation donnée pardevant un Juge incompétent, ne cause que la nullité d'icelle, & non la déchéance du retrait, si le tems pour former une nouvelle action n'est point passé.

Une nullité dans l'exploit, fondée sur la Coutume ou sur l'Ordonnance, ne se couvre point par une nouvelle assignation ; & elle se peut alléguer en tout état de cause, même en cause d'appel, quoiqu'elle n'ait pas été proposée en premiere instance.

Une simple erreur, comme si un parent maternel du vendeur s'étoit dit dans l'exploit parent paternel, se peut corriger avant ou après contestation en cause ; pourvû que ce soit dans l'an & jour, parce qu'une telle méprise n'est pas une nullité prononcée par la Coutume ni par l'Ordonnance.

Il faut dire aussi, que quoique le retrayant n'ait point marqué dans son exploit de demande la qualité de l'héritage qu'il prétend retraire, ni cotté le degré de sa parenté, cette omission ne produit point de nullité ; comme il a été jugé par Arrêt du 26. Juillet 1674. rapporté par Soefve, tom. 2. cent. 4. chap. 87.

Le tems pour intenter l'action en retrait, est d'an & jour par la plus grande partie de nos Coutumes ; ce qui a lieu dans celles qui n'en parlent pas. Ce tems, qui court tant contre les mineurs que contre les majeurs, étant passé, les lignagers ne sont plus recevables à en faire la demande. Le retrait étant contraire à la liberté publique, il a été des regles d'en borner & restreindre l'action dans certain tems, même à l'égard des mineurs & des absens ; ainsi après l'an & jour, les mineurs & les absens ne l'ont plus sans espérance de restitution. *Ea quæ tempore ipso jure pereunt, hæc pereunt minori. Cujacius, ad leg. 30. ff. de minoribus.*

L'an & jour fe prend pour les héritages tenus en cenfive, du jour que l'acheteur a été enfaifiné; fi c'eft un fief, du jour qu'il a été reçu à foi & hommage; & fi c'eft un franc-aleu, du jour que le contrat de vente a été publié & infinué en Jugement. A préfent, depuis l'Edit des infinuations laïques, l'an & jour ne ne commence que du jour des infinuations.

Dans toutes nos Coutumes, le jour du terme *à quo* n'eft point à la vérité compris dans l'an & jour; mais le jour du terme *ad quem* y eft compris : ce qui eft contre la regle des autres termes & délais, dans lefquels le jour du terme *ad quem* ne fe compte point.

La raifon pour laquelle dans le retrait, *dies termini computatur in termino*, eft que l'intention de la Coutume n'a été de donner, pour intenter l'action en retrait, que le terme d'une année entiere. Ainfi le jour qu'elle accorde par-deffus l'an, n'eft que pour faire que l'année foit complette : après quoi la prefcription eft acquife. Mais le jour *à quo* n'eft pas compris, parce que l'intention de la Coutume a été de donner un an entier pour intenter l'action en retrait. *V.* An & Jour.

Il fuffit que l'affignation foit donnée dans l'an & jour, quoique le délai d'icelle ne doive échoir qu'après, fi ce n'eft en Coutume qui eft une difpofition contraire, comme Paris, article 130. qui porte que l'affignation en retrait lignager doit échoir dans ledit an & jour.

Pour le tems de l'affignation, comme pour les autres formalités du retrait, on fuit la Coutume du lieu où l'héritage eft fitué, quoique le retrait fe pourfuive ailleurs, parce que les héritages fe reglent par les Coutumes des lieux où ils font fitués.

Celui qui veut avoir par retrait lignager un héritage propre, eft tenu d'obferver dans la pourfuite du retrait toutes les formalités prefcrites par l'Ordonnance & par la Coutume du lieu où l'héritage eft fitué, faute de déchéance fi une feule de ces formalités étoit omife.

L'acquéreur peut en tout état de caufe propofer l'omiffion qui en auroit été faite par le retrayant, cette omiffion ne fe couvre point par les procédures, mais feulement par l'Arrêt qui adjuge le retrait.

Les principales formalités requifes par la pourfuite d'un retrait lignager, que la plûpart de nos Coutumes prefcrivent, font que le retrayant faffe à l'acquéreur *offre de bourfe, deniers, loyaux-coûts, à parfaire*, dans l'exploit d'ajournement, & dans chaque journée de la caufe principale, jufqu'à conteftation en caufe inclufivement. *Voyez* l'article 140. de la Coutume de Paris, & ce que nous avons dit ci-deffus. Nous dirons feulement ici qu'il ne faut point d'offres dans les procédures, mais feulement dans ce qui fe fait, ou eft préfumé fait par le Juge, & dont l'acte eft expédié par un Greffier.

Dans tous les actes où les offres font requifes, elles doivent être faites *in forma fpecifica*, en fe fervant des mêmes termes que ceux qui font marqués par la coutume; & il ne fuffiroit pas de fe fervir de termes équipolens, parce qu'en matiere de retrait lignager, qui eft de rigueur, les formalités prefcrites par la Coutume font de droit étroit, & doivent être obfervées *ad unguem*. Ainfi l'on eft déchu du retrait pour la moindre faute ou la moindre omiffion, & l'on ne

peut à cet égard rectifier ce à quoi l'on a manqué.

En quelques Coutumes le retrayant eft obligé, fur peine de déchéance du retrait, de préfenter actuellement & réellement la fomme entiere du fort principal, par l'ajournement en retrait & à chaque journée de la caufe, & une fomme pour les loyaux coûts.

On eft déchargé des formalités des offres en toute Coutume, en faifant la confignation dès le commencement de l'inftance, par l'Ordonnance du Juge.

Le retrayant auquel l'héritage eft adjugé par retrait doit payer & rembourfer l'acheteur du prix qu'il a payé au vendeur pour l'achat de l'héritage, ou configner, au refus fait par l'acheteur de recevoir le rembourfement dans le tems porté par la Coutume, & fous les conditions d'icelle.

Ce rembourfement fe doit faire du prix entier porté par le contrat, & de tout ce qui en fait partie; ou en cas de fraude, & de la fomme feulement que l'acquéreur en aura payée, fans que le retrayant puiffe compenfer des fommes liquides qui lui feroient dûes par l'acquéreur.

Le rembourfement ou la confignation doit être faite en bonnes efpeces, de poids & ayant cours, fur peine de déchéance du retrait.

L'acte des offres doit contenir une énumération & défignation précife de la qualité de toutes les efpeces offertes, tant en or qu'en argent; & en cas de refus fait par l'acquéreur de recevoir le rembourfement, le retrayant n'en doit point configner d'autres que celles qu'il a offertes.

Les efpeces fe payent ou fe confignent par le retrayant, fuivant la valeur qu'elles ont au tems du rembourfement, & non au tems que l'acquéreur les a payées, en cas qu'elles foient depuis augmentées ou diminuées; mais la diminution furvenue depuis la confignation regarde l'acquéreur.

Il n'eft donc pas néceffaire que le rembourfement ou la confignation fe faffe dans les mêmes efpeces que celles qui font portées par le contrat d'acquifition; il fuffit qu'elles foient dans le commerce.

Si par l'événement il fe trouvoit dans la confignation des efpeces fauffes ou décriées, l'acquéreur pourroit faire déclarer les offres & la confignation nulle, fans que le retrayant pût être reçu à fubftituer de bonnes efpeces en la place des mauvaifes, parce que tout eft de rigueur en matiere de retrait, & que *qui cadit à fyllaba, cadit à toto*.

C'eft auffi pour cette raifon que celui entre les mains duquel la confignation a été faite, ne peut pas exhiber à l'acquéreur les efpeces confignées, de crainte que fous prétexte de les examiner il n'en fubftitue de fauffes pour avoir occafion de débattre enfuite de nullité la caffation. Ainfi jugé par deux anciens Arrêts rapportés par chopin, tit. du Retrait, nomb. 4.

Quand l'acquéreur n'a payé qu'une partie du prix, le retrayant eft tenu de l'en rembourfer, & de payer au vendeur ce qui lui en refte dû; en un mot faire que l'acquéreur en demeure entiérement déchargé.

Le tems pour faire le rembourfement ou la confignation par le retrayant, ne commence à courir qu'après la Sentence adjudicative du retrait, & que l'acquéreur a mis fon contrat au Greffe, partie préfente ou dûement appellée, & affirme le prix; s'il en est requis.

Par quelques Coutumes, ce tems eft de quinze jours; par quelques-unes, de huitaine. Celle de Paris & la plus grande partie des autres, ne donnent que vingt-quatre heures après que l'affirmation a été faite, & les contrats & titres mis au Greffe; & fi dans ce tems le remboursement n'a pas été fait par le demandeur en retrait, il eft déchu de fa demande quelque compensation qu'il prétendit faire des fommes liquides à lui dûes par l'acquéreur.

Au cas de l'acquiescement an retrait fait par l'acquéreur, ce tems ne court que du tems que la Sentence eft intervenue, portant acquiescement & adjudication du retrait, & que l'acquéreur a affirmé le prix de fon acquifition, & mis fes contrats & titres au Greffe.

Les vingt-quatre heures que la Coutume de Paris donne pour l'exécution du retrait, la nuit & le jour fe continuent.

Il y a plufieurs cas dans lefquel le retrayant n'eft pas débouté du retrait, pour n'avoir pas fait la confignation dans les vingt-quatre heures après la Sentence adjudicative du retrait, & que l'acquéreur a mis fon contrat au Greffe. Je les ai rapportés fur l'article 126. de la Coutume de Paris.

Le retrait adjugé produit plufieurs effets.

Le premier eft d'ôter au retrayant la faculté de fe départir du Jugement qui le lui adjuge, fans que l'acquéreur y confente; parce qu'il peut arriver que l'acquéreur ait intérêt que le retrayant l'exécute. Lorfque l'acquéreur a rendu le giron après conteftation en caufe, le retrayant peut aufli être contraint par les voies de droit d'exécuter le retrait.

Le deuxieme eft, que fuivant la Coutume de Paris & plufieurs autres, les fruits pendans par les racines à l'héritage tombé en retrait, font dûs au retrayant du jour de l'ajournement & offre de bourfe, deniers, loyaux coûts & à parfaire, à la charge feulement de rembourfer à l'acquéreur les frais des labours & fémences. Ce qui paroit fondé fur ce que le retrayant a mis l'acquéreur en demeure, par les offres qu'il lui a faites pendant le cours de l'inftance: cependant par difpofition de plufieurs autres Coutumes, le retrayant ne gagne les fruits que du jour de la confignation réelle & actuelle du prix de la vente entre les mains de perfonne publique.

La troifieme eft, que l'acquéreur doit payer les dépens à celui à qui le retrait a été adjugé, s'il a laiffé rendre Sentence contre lui.

Le quatrieme eft, que le retrait adjugé, le retrayant rentre dans la place de l'acquéreur, en lui rembourfant feulement le prix qu'il en a payé, & les loyaux-coûts, qui font les frais & dépenfes faites par l'acquéreur pour l'acquifition de l'héritage, tant auparavant qu'après; fçavoir, les frais du contrat, le vin du marché, les épingles de la femme, ce qui a été donné aux entremetteurs, & les droits payés au Seigneur féodal ou cenfier; en un mot, tout ce que l'acquéreur a payé pour l'acquifition de l'héritage, & pour y parvenir.

Mais pour les réparations faites par l'acquéreur durant l'an & jour du retrait, il ne peut demander au retrayant que les réparations néceffaires; encore faut-il qu'elles aient été faites par Ordonnance du Juge, fur rapport d'Experts.

Les réparations néceffaires font celles fans lefquelles la maifon ne pourroit être habitée & tomberoit en ruine, comme le rétabliffement d'un mur qui menace ruine, le remplacement d'une poutre endommagée, & autres femblables réparations urgentes.

L'acquéreur ne peut donc, pendant l'an & jour du retrait, faire aucunes améliorations dans l'héritage fujet à retrait, qu'il puiffe répéter le retrait ayant lieu; à plus forte raifon il ne peut empirer l'héritage, que ce ne foit à fes rifques, périls & fortunes.

Celui qui achete un héritage propre au vendeur, ne peut s'en dire propriétaire incommutable jufqu'à ce que l'an & jour du retrait foit paffé. Il ne peut donc pas faire abbattre un édifice, ni faire couper les bois de haute futaie.

A l'égard des bois taillis, il ne peut les faire couper avant le tems ordinaire, ni faire pêcher dans les étangs, que lorfque le tems de la pêche arrive; car quoique les poiffons & les bois taillis foient des fruits de l'héritage, ces fortes de fruits ne fe perçoivent pas annuellement: ainfi celui fur lequel héritage peut être retrait, n'en peut pas prévenir le tems, puifqu'il n'eft pas affuré que l'héritage lui reftera.

Suppofé donc que l'acquéreur eût fait pendant l'an & jour quelque chofe de femblable, ou perçu des fruits avant le tems que l'on a coutume de les percevoir, l'héritage venant à être retiré par retrait lignager, l'acquéreur fera tenu de reftituer ce qu'il aura perçu, avec dommages & intérêts.

Cependant fi lors de l'acquifition faite, les bois étoient en coupe, & les étangs en pêche, & que l'acquéreur eût perçu les fruits avant l'ajournement, ils lui appartiendroient.

Quoique celui qui achete un héritage propre au vendeur, ne s'en puiffe pas dire propriétaire incommutable jufqu'à ce que l'an & jour du retrait foit paffé, il peut néanmoins, jufqu'au jour de l'ajournement en retrait, le revendre, parce qu'il eft toujours interim le véritable propriétaire; mais en ce cas, s'il revend à un parent du lignage du vendeur, les autres parens de ce premier vendeur ne pourront pas intenter contre lui une demande en retrait. Cela eft fondé fur ce que le retrait lignager n'a été introduit que pour remettre dans la famille un héritage qui en eft forti: or dès que cet héritage y eft rentré par la demande en retrait, cette raifon ceffe; ainfi le retrait ne peut plus avoir lieu.

Le cinquieme effet du retrait adjugé eft, qu'il fubroge le retrayant en la place de l'acquéreur, comme fi la vente n'avoit pas été faite à l'acquéreur, mais au retrayant. Ce qui a fait dire à M. Charles Dumoulin: *Perindè eft, ac fi emiffet ab ipfo venditore, & primus emptor non eft amplius in confideratione, & perindè habetur ac fic non emiffet.* D'où il s'enfuit:

1°. Que les charges, fervitudes & hypotheques créées ou conftituées par l'acquéreur, font éteintes, & le bail par lui fait, réfolu. Ainfi, quoique par le moyen du retrait adjugé, le retrayant foit entièrement fubrogé au lieu & place de l'acquéreur, il n'eft point tenu de tous les engagemens qu'il a faits au fujet de l'héritage en qualité de propriétaire ; *quia primus emptor non eſt amplius in conſideratione , ſicque reſoluto jure dantis, jus accipientis reſolvitur ; & qui cum eo contraxerunt, non poſſunt agere ratione ejus quod intereſt , quia potuerunt illud prævidere. Arg. leg. 9. §. 1. ff. locat. cond.*

II°. Qu'il n'eſt dû que ſimples droits au Seigneur pour la vente & ſur le retrait , parce que le retrait n'eſt pas conſidéré comme une ſeconde vente.

III°. Que le retrayant eſt tenu de toutes les charges & conditions portées par le contrat d'acquiſition, attendu que le retrayant eſt entiérement ſubrogé au lieu & place de l'acquéreur : ce qui fait auſſi que toutes les clauſes qui ſont faites en faveur de l'acquéreur , doivent être exécutées en faveur du retrayant.

IV°. Que l'héritage retiré eſt véritablement acquêt en la perſonne du retrayant , & néanmoins eſt propre en deux cas. Le premier , en ce qu'il eſt ſujet au retrait , ſi le lignager qui a fait le retrait de cet héritage , le vend enſuite à un étranger. Le ſecond , en ce qu'il eſt tellement affecté à la famille , que ſi le retrayant meurt laiſſant un héritier des acquêts , & un héritier des propres , l'héritage retiré par retrait lignager , doit appartenir à l'héritier des propres & non pas à l'héritier des acquêts , en rendant dans l'an & jour du décès à l'héritier des acquêts le prix de l'héritage.

L'acquéreur n'a aucun recours contre ſon vendeur pour ſes dommages & intérêts , en cas d'éviction par retrait lignager , à moins qu'il ne s'y ſoit obligé par convention expreſſe ; d'autant que l'éviction par retrait lignager ne provient pas du fait du vendeur mais de l'autorité de la Loi, dont on n'eſt garant que quand on s'y oblige expreſſément ; car alors on eſt obligé par ſon propre fait aux dommages & intérêts , au cas que la promeſſe qu'on a faite ne ſoit pas exécutée.

De même que quand on a paſſé un an & jour pour intenter l'action du retrait lignager , l'on ne peut plus être admis à en faire la demande ; de même auſſi, quand après l'avoir intenté on ceſſe toutes pourſuites pendant l'an & jour , à compter du jour de l'exploit la péremption eſt acquiſe. Papon , liv. 12. tit. 3. nomb. 20. le Veſt , Arrêt 168. Comme l'inſtance eſt la fille de l'action , elle ne peut pas durer plus de tems que l'action d'où elle procede : ainſi l'action de retrait étant annale , l'inſtance de retrait non conteſtée , ne peut par conſéquent durer plus d'un an.

Je dis l'inſtance de retrait non conteſtée , parce que ſi la cauſe eſt conteſtée , l'inſtance ne tombera en péremption que par l'eſpace de trois ans. Chenu, centurie 2. queſt. 96.

Enfin, ſi l'affaire eſt portée au Parlement, & qu'elle ſoit appointée , elle ne périt point par trois ans, parce qu'il ne dépend pas des Parties qu'elle ſoit jugée. Brodeau ſur Louet , lettre I , ſom. 2. Boniface , tom. 1. liv. 8. tit. 1. chap. 9.

Cependant M. Brillon , *verbo* Péremption, nomb. 40. rapporte un Arrêt rendu au Grand Conſeil le 2. Janvier 1705. qui a jugé que pour acquérir la pé-

remption d'inſtance, dans le cas du retrait lignager, l'interruption des procédures pendant une année n'étoit pas ſuffiſante ; & il paroît par ce que cet Auteur rapporte au ſujet de cet Arrêt , qu'il a été rendu dans le cas où l'inſtance n'étoit pas conteſtée: ainſi cet Arrêt pourroit bien contenir une Juriſprudence nouvelle , & contraire à ce qui étoit obſervé auparavant.

Les Sergens ſont garants des nullités de Coutumes & d'Ordonnances , ſur-tout en matiere de retrait;& pour raiſon de ce , peuvent être condamnés aux dommages , intérêts & dépens de celui qui avoit intenté l'action de retrait , comme il a été jugé par deux Arrêts. Il y en a un premier par défaut du 10. Juin 1704. conformément aux concluſions de M. l'Avocat général le Nain ; un ſecond contradictoire du 12. Mai 1705. ſuivant les concluſions de M. l'Avocat général Portail. Cependant on dit communément , à *mal exploiter point de garans* ; mais les affaires de retrait ſont ſi délicates , qu'il ſeroit à craindre que les Sergens ne ſe laiſſaſſent gagner par un acquéreur , s'ils étoient ſûrs de n'en être point tenus.

La matiere du retrait lignager eſt d'une très-grande diſcuſſion. Il en eſt parlé dans le Recueil alphabétique de M. Bretonnier , & dans ſes Obſervations ſur le dixieme Plaidoyer d'Henrys. Je l'ai amplement traitée dans le titre 7. de la Coutume de Paris , où je renvoie le Lecteur.

RETRAIT DE MI-DENIER , eſt un retrait qui a lieu quand un héritage eſt acheté pendant la communauté de deux conjoints , dont l'un eſt parent lignager du vendeur , & après la diſſolution de la communauté par la mort de l'un des conjoints , l'héritage eſt partagé comme acquêt de la communauté qui étoit entre le ſurvivant & les héritiers du prédécédé; en ce cas la moitié de cet héritage eſt ſujette au retrait contre le ſurvivant qui n'eſt pas parent lignager du vendeur , ou contre les héritiers du prédécédé qui n'étoit pas parent du vendeur.

Ce retrait eſt appellé retrait de mi-denier , parce que le retrayant ne retire que la moitié de l'héritage , qui par le partage de la communauté , eſt ſortie hors la ligne.

Il ſe doit faire dans l'an & jour de la mort du prédécédé des conjoints , en rendant & payant par le retrayant la moitié du ſort principal , frais & loyaux-coûts. Ainſi ce retrait n'eſt pas une eſpece diſtincte du retrait lignager , puiſqu'il ne ſe regle pas par d'autres regles , ni par d'autres formalités.

Comme ce retrait, de même que le retrait lignager eſt une grace accordée contre le droit commun , il faut y obſerver ſcrupuleuſement toutes les formalités requiſes par la Coutume , tant pour le tems, que pour la maniere des offres.

La ſeule différence qui ſoit entre le retrait de mi-denier , & le retrait commun , c'eſt que dans le retrait de mi-denier , il faut offrir non-ſeulement la moitié du ſort principal, frais & loyaux-coûts , mais encore la moitié des améliorations qui ont été faites en l'héritage , comme des bâtimens , & autres accommodemens néceſſaires & utiles.

Ces augmentations & impenſes ayant été faites des deniers de la communauté , dont la moitié appartient au furvivant, fans ce remboursement fa part fe trouveroit diminuée d'autant : ce qui ne feroit pas jufte.

D'ailleurs il eſt certain que pendant tout le tems que les conjoints ont joui de l'héritage acquis pendant leur communauté, ils ont été en droit de faire telles augmentations qu'ils ont jugé à propos, puifque pendant leur jouiſſance ils l'ont été confidérés comme propriétaires incommutables, vû que ce retrait ne peut être exercé qu'après la diffolution de la Communauté par le décès de l'un defdits conjoints.

Enfin, au cas du retrait commun, l'acquéreur n'a qu'un fin à attendre, pendant lequel il ne peut faire aucunes impenſes, fi elles ne font néceſſaires ; mais quand pendant le mariage un héritage du côté & ligne de l'un des conjoints, eſt par eux acquis pendant la Communauté, ce feroit une incommodité trèsgrande pour eux, s'ils ne pouvoient faire aucunes impenſes pendant le mariage, qui pourroit durer quarante ans & plus, à compter depuis l'acquifition. Quoique le mariage ne foit pas diſſous par la mort civile, néanmoins elle donne ouverture à ce retrait, fi par le partage de la Communauté, la moitié de l'héritage qui n'eſt point confifquée, paſſe à l'autre conjoint qui eſt étranger de la ligne d'où l'héritage eſt échu à l'autre conjoint qui eſt mort civilement.

Deux conditions font requifes pour donner lieu à ce retrait. La première, qu'un héritage propre à l'un ou l'autre des conjoints, ait été acheté pendant le mariage : s'il étoit échu pendant le mariage à l'un d'eux par tout autre titre d'acquifition, il ne feroit pas fujet à retrait.

En effet, s'il lui eût été donné en avancement d'hoirie, ou échu par fucceffion, il lui feroit propre pour le tout, & il le reprendroit en entier, ou fes héritiers, après la diſſolution du mariage ; & s'il lui avoit été donné ou légué par un étranger, ou par un parent lignager en ligne collatérale, il lui feroit acquêt, & tomberoit en communauté ; & en cas de partage, il n'y auroit pas lieu au retrait.

Enfin, quand l'héritage propre eſt retiré par retrait lignager par l'un des conjoints, il lui eſt propre pour le tout ; à la charge de rembourfer l'autre des conjoints, ou fes héritiers, de la moitié du prix tiré de la communauté pour exécuter le retrait ; mais s'il eſt partagé comme conquêt après la diſſolution du mariage fans enfans iſſus d'icelui, la moitié échet en retrait.

La deuxieme condition eſt, que l'un des conjoints foit mort fans enfans iſſus du mariage, & qu'après fa mort la moitié de l'héritage foit fortie hors la ligne : car quand le furvivant qui n'eſt en ligne a des enfans qui font en ligne, retrait n'a lieu. La raifon eſt que les héritiers qui font en ligne, étant préfomptifs héritiers du furvivant qui n'eſt en ligne, confervent, par l'efpérance qu'ils ont de lui fuccéder, l'héritage dans la famille, & empêchent que les lignagers n'exercent le retrait contre lui à leur préjudice. Voyez ce que j'ai dit fur l'article 158. de la Coutume de Paris.

Mais les enfans qui font en ligne étant décédés après la mort du prédécédé de leur pere & mere ; retrait a lieu contre le furvivant qui n'eſt en ligne, dans l'an & jour du décès du dernier décédé. La raifon eſt que de ce jour feulement l'héritage eſt demeuré en

des mains étrangeres, fans efpérance de rentrer dans la famille par les enfans du poſſeſſeur.

Il n'y a pas de doute que les enfans d'un premier lit qui font en ligne, ne foient en droit de retirer, contre le furvivant qui n'eſt point en ligne, la portion de l'héritage acquis pendant le fecond mariage.

Nous avons même quelques Coutumes, comme celle d'Anjou, art. 397. qui permettent aux enfans d'uſer du retrait contre leurs pere & mere. D'autres comme celle de Paris n'en parlent point ; & dans ces Coutumes les enfans ne doivent point y être admis.

Alibi in auditum, dit Chopin fur l'art. 397. de la Coutume d'Anjou, & novum eſt liberos ipſos à parentibus retrahere gentilitate prædiorum, cum ad eos cuncta reditura fint proximo legitimarum hæreditatum ordine.

De l'Hommeau, titre du Retrait, maxime 181. dit que les enfans ne peuvent uſer du retrait contre leurs pere & mere, de qui ils tiennent la vie, les biens & les droits du fang.

Le furvivant qui eſt en ligne, ne peut pas non plus exercer le retrait fur fes enfans communs, fousprétexte que le prédécédé des deux conjoints n'étoit pas de la ligne, parce qu'il feroit abfurde de dire que les enfans de celui qui eſt en ligne, ne font pas en ligne.

Quand il n'y a point d'enfans iſſus du mariage, l'action en retrait de mi-denier doit être intentée dans l'an & jour de la mort du prédécédé, avec proteftation de la pourfuivre, au cas que par le partage de la Communauté, l'héritage forte de la ligne, en tout ou en partie.

L'an & jour accordé aux collatéraux pour intenter ce retrait, ne court que du jour de la mort du prédécédé des deux conjoints ; parce que celui qui eſt en ligne, conferve le droit de la ligne pendant le tems que dure le mariage ; mais quand l'un des deux vient à décéder, la moitié de l'héritage appartient du jour de fon décès au furvivant pour moitié, & pour l'autre moitié, elle appartient aux héritiers du prédécédé; enforte que la moitié eſt dès ce jour cenfée hors la ligne.

Cependant comme il ne feroit pas jufte que des parens lignagers obligeaſſent le furvivant & les héritiers du prédécédé de partager par moitié l'héritage, & même qu'il peut arriver que par le partage de la communauté il forte entièrement de la ligne, ou qu'il demeure pour le tout dans la ligne, les lignagers peuvent intenter leur action contre le furvivant qui n'eſt en ligne, ou contre les héritiers du prédécédé qui ne font de la ligne, fans pouvoir néanmoins la pourfuivre qu'après le partage, en proteftant comme deſſus ; en forte que l'action avec cette proteftation intentée, & faite dans l'an & jour du décès, conferve le droit de celui qui l'intente, dans quelque tems que le partage foit fait dans la fuite.

Quand on dit que l'action de retrait de mi-denier doit être intentée dans l'an & jour de la mort du prédécédé des conjoints, & qu'après ce tems les parens lignagers en font exclus, cela s'entend lorfque le contrat d'acquifition de l'héritage a été inféodé, enfaifiné ou publié, & de plus enregiftré au Greffe des infinuations laïques.

Touchant le retrait de mi. denier, voyez ce que j'en ai dit fur les art. 155. 156. & 157. de la Coutume de Paris; Mornac fur la Loi 71. ff. pro focio ; & la Loi 78.
ff. de

ff. de jure dotium, §. si fundus; M. le Prêtre, cent. 3. chap. 99. Chopin sur la Coutume de Paris, liv. 2. tit. 6. nomb. 19.

RETRAIT QU'IL NE FAUT PAS CONFONDRE AVEC LE RETRAIT DE MI-DENIER, quoiqu'il ait avec lui quelque rapport, est le retrait qui se fait de la moitié d'un héritage qui avoit été acquis par retrait lignager pendant la communauté.

Le principe est, que si le mari pendant la communauté retire en son nom un héritage propre de son côté, il n'entrera point dans la communauté, & lui sera propre; & que sic'est un propre de sa femme que le mari retire, cet héritage sera pareillement propre à sa femme, & n'entrera point dans la communauté; ce qui est fondé sur ce que le retrait lignager a été introduit pour conserver les propres dans les familles.

Mais après la dissolution de la communauté, si cet héritage est partagé comme conquêt, il est loisible au conjoint à qui cet héritage est propre, ou à son héritier, de déclarer dans l'an & jour de la dissolution du mariage, qu'il entend retenir entièrement l'héritage; aux offres de rembourser à l'autre conjoint, ou à ses héritiers, la moitié du sort principal qui a été donné pour faire le retrait de cet héritage, avec la moitié des frais & loyaux coûts, & la moitié des augmentations qui ont été faites sur l'héritage; & si le conjoint lignager a laissé des héritiers des acquêts, l'héritier des propres qui veut succéder dans l'héritage retiré, est tenu faire deux remboursemens; sçavoir, moitié au survivant des conjoints, & l'autre à l'héritier des acquêts.

Dans cette déclaration, qui se doit faire dans l'an & jour de la dissolution du mariage, qu'on veut retenir l'héritage tout entier, il n'est requis aucune formalité; au lieu que, dans le retrait de mi-denier, les mêmes formalités sont requises, que celles qui doivent être observées dans le retrait lignager. Voyez la Coutume de Troyes, art. 150. celle d'Orléans, art. 382. & celle de Sens, art. 62.

Voici deux choses en quoi ces deux sortes de retraits conviennent. La première est, que dans l'un & l'autre, l'an & jour ne commence à courir que du jour de la mort de l'un des conjoints.

La seconde est que, quoique dans le cas du retrait lignager commun, le retrayant ne soit tenu que de rembourser les réparations absolument nécessaires, néanmoins dans le retrait de mi-denier, & dans celui dont nous parlons, le survivant, ou les héritiers du prédécédé, doivent rembourser la moitié des réparations nécessaires & utiles, & la moitié des améliorations qui ont été faites des deniers de la communauté; & cela pour conserver l'égalité dans le partage des biens de la communauté.

RETRAIT FÉODAL, ou retenue féodale, ou retenue de fief par puissance de fief, est un droit qu'a le Seigneur féodal, de retraire des mains de l'acquéreur un fief mouvant de lui, qui a été vendu par son Vassal, pourvu que le retrait se fasse dans le tems prescrit. Ce droit est fondé sur ce qu'autrefois les fiefs n'étoient donnés qu'à vie : quand ils ont été depuis rendus héréditaires & patrimoniaux, les démembremens des fiefs ont été faits à la charge du retour & de la réversion en cas de vente, en payant & remboursant

Tome II.

les acquéreurs. De-là vient que presque toutes nos Coutumes en ont une disposition expresse; de sorte que le retrait féodal est reçu, non seulement dans les Coutumes qui n'en parlent pas, mais aussi dans les pays de Droit écrit. Voyez Henrys, tom. 1. liv. 3. quest. 16. avec les observations.

Cependant, quelque favorable que soit le retrait féodal, la plupart de nos Coutumes veulent que le retrait lignager lui soit préféré, comme nous avons dit ci-dessus en parlant du retrait en général. Sur quoi il faut remarquer que dans les pays de Droit écrit, où le retrait lignager est reçu, le retrait féodal est préféré au retrait lignager. La Rocheflavin, des Droits seigneuriaux.

Le retrayant lignager qui évince le Seigneur de l'héritage qu'il avoit réuni à sa table par puissance de fief, est tenu de lui payer ses droits avant que le Seigneur soit obligé de le recevoir en foi. Voyez ce que j'ai dit sur l'article 22. de la Coutume de Paris.

Cette même Coutume, en l'article 159. permet aux lignagers de retirer sur le Seigneur féodal l'héritage qu'il a retenu par puissance de fief, en formant leur demande dans l'an & jour que la retenue féodale a été publiée en Jugement au plus prochain Siege royal : & cette disposition doit avoir lieu dans toutes les Coutumes qui n'en disposent pas autrement.

Ce droit est cessible; c'est-à-dire, que les Seigneurs féodaux peuvent céder le retrait féodal, quoique le retrait lignager ne soit pas cessible, comme nous avons dit ci-dessus. La raison de la différence est, que le retrait lignager est restraint & borné aux lignagers du vendeur, & par conséquent il ne peut être cédé à des étrangers de la famille; mais le retrait féodal est un droit domanial, utile & profitable au Seigneur, faisant partie de ses biens : c'est pourquoi il le peut céder à ceux qu'il lui plaît, sans que ses Vassaux y puissent trouver à redire.

D'ailleurs, le retrait lignager n'est pas un droit *in re*, ou foncier, ou adhérant au fonds; mais un droit personnel *ad rem*, fondé sur l'affection. Le retrait féodal au contraire est un droit *in re*, ou foncier, accordé au Seigneur, pour qu'il ne soit pas contraint d'accepter & de recevoir un Vassal malgré lui, ou pour éviter la fraude qu'on pourroit lui faire en vendant à vil prix un héritage, pour que le quint denier en fût moindre.

On a douté autrefois si le Roi pouvoit user du retrait féodal : mais aujourd'hui on tient qu'il le peut, parce qu'il ne doit pas être de pire condition que les autres Seigneurs de son Royaume. Ainsi le Roi peut retraire les fiefs mouvans immédiatement de la Couronne, mais non pas les arriere-fiefs qui ne sont mouvans de la Couronne que médiatement; parce que si le Roi pouvoit retirer les arriere-fiefs, il auroit à la fin tous les fiefs du Royaume.

Pour ce qui est des Engagistes, ils peuvent user aujourd'hui du retrait féodal, comme je l'ai dit *verbo* Engagistes.

Plusieurs Coutumes, comme Berry, Lorris, Bourbonnois, décident que l'Eglise ne peut user du retrait féodal; mais dans les autres Provinces, l'Eglise peut user de ce droit, à la charge de vuider ses mains dans l'an. Voyez les Observations de M. Bretonnier, sur le dix-neuvieme Plaidoyé d'Henrys.

Ce retrait n'a lieu qu'en vente de fief, ou acte équipollent à la vente, soit que le fief soit vendu en entier, ou en partie.

Il faut excepter, I°. Quand la vente est nulle & non parfaite ; II°. quand elle est faite à un parent lignager ; parce que le retrait lignager est préféré au féodal, & par conséquent le retrait cesse quand la vente du fief a été faite à un lignager ; III°. quand le Seigneur a reçu l'acquéreur en foi, ou lui a donné souffrance, ou a reçu ses droits, ou en a composé.

Le retrait féodal est un droit domanial & foncier, auquel l'usufruitier ne peut donner atteinte, sauf au propriétaire à lui faire raison du quint. Ainsi l'usufruitier d'un fief ne peut pas, en recevant les droits, exclure le propriétaire du fief, & l'empêcher d'exercer le retrait : il y sera toujours reçu, en remboursant l'acquéreur des droits, si aucuns il a payé à l'usufruitier, ou en tenant compte à l'usufruitier, s'il ne les a point encore reçus.

Mais on demande si une femme étant propriétaire d'un fief dominant, son mari peut préjudicier au droit de retrait féodal par la reception des droits de quint, ou autrement ? Dumoulin prétend que le mari peut y préjudicier ; *quia non est simplex fructuarius, sed est quasi dominus & administrator totorum bonorum uxoris*. Il n'en seroit pas de même, si la femme étoit séparée de biens.

Enfin, comme le tuteur est l'administrateur des biens de son mineur, & par conséquent *loco domini*, lorsqu'il reçoit les droits, il exclut son mineur du retrait, sans espérance de restitution.

Le retrait féodal n'a pas lieu en cas d'échange, si ce n'est lorsque la soulte excede la valeur de la moitié de l'héritage donné en contr'échange ; auquel cas le retrait n'a lieu que pour l'excédent ; à moins que l'acquéreur n'aime mieux abandonner le tout.

En pays coutumier, lorsque dans un contrat de vente il y a des fiefs relevans de différens Seigneurs, si l'un d'eux veut user du retrait, il n'est obligé que de retirer les fiefs relevans de lui ; mais en pays de Droit écrit, le retrait féodal est indivisible, si ce n'est du consentement de l'acquéreur.

Ce retrait ne peut être exercé que par voie d'action, & en vertu d'une Sentence qui l'adjuge ; mais il est exempt de toutes les formalités du retrait lignager.

Le tems pour l'exercer est défini dans nos Coutumes ; la plus grande partie ne donne que quarante jours, à compter, non pas du jour que la vente a été faite, mais du jour de la notification de la vente, & exhibition du contrat faite au Seigneur, par copie du contrat de vente. Aujourd'hui ce n'est que du jour de l'insinuation ou enregistrement du contrat de vente.

En cas de fraude, le tems ne court que du jour qu'elle est découverte ; & si l'acquéreur ne fait aucune exhibition du contrat, l'action de retrait dure trente ans. Mais le Seigneur a toujours la faculté de l'intenter, sans attendre l'exhibition ni les quarante jours.

A l'égard de l'instance faite au sujet du retrait féodal, quoique non contestée, elle dure trois ans ; comme je l'ai remarqué sur l'article 129. de la Cou-

tume de Paris, glose 6. nombre 8.

La notification doit être faite au propriétaire, à sa personne, ou en son domicile, ou au principal manoir du fief ; car c'est le lieu où les significations des actes concernant les fiefs se font, attendu que le principal manoir est réputé le domicile du Seigneur féodal, pour ce qui concerne les droits du fief.

Le Seigneur qui exerce le retrait féodal, doit rembourser à l'acquéreur le prix entier de la vente, quoiqu'il n'en ait payé qu'une partie, & fait une obligation ou un contrat de constitution pour l'autre, ou l'en décharger envers le vendeur ; parce qu'au cas du retrait, soit lignager ou féodal, l'acquéreur doit être entièrement indemnisé envers le vendeur, en sorte qu'il ne puisse en aucune façon être poursuivi pour raison de son action.

Le tems pour le remboursement n'étant point défini par nos Coutumes, c'est au Juge à le définir, comme de huit ou quinze jours, plus ou moins, suivant qu'il le trouve à propos, à compter du jour qu'après la Sentence adjudicative du retrait féodal, l'acquéreur aura en Justice affirmé le prix de son acquisition : ce tems passé, le Seigneur est déchu du retrait.

Le Seigneur peut user de compensation envers l'acquéreur, & même envers le vendeur, si le prix ou partie ne lui a pas encore été payé, parce que ce retrait ne requiert aucunes solemnités ; ainsi la compensation étant un payement, l'acquéreur ne la peut pas refuser.

Le Seigneur est obligé de reconnoître toutes les charges & servitudes imposées par le vendeur sur le fief retiré par retrait féodal, par la raison qu'il entre au lieu & place du vendeur ; mais il est déchargé de celles qui ont été imposées par l'acquéreur, parce que son acquisition est rendue nulle par le retrait.

L'héritage reuni au fief, qui est propre au Seigneur retrayant, ne lui est qu'acquêt. Arrêt qui l'a jugé ainsi le 24 Janvier 1623, rapporté par Bardet, tom. 1. liv. 1. chap. 100.

De plus, le retrait féodal est mis au nombre des fruits de la Seigneurie : c'est pourquoi le fief retiré par retrait féodal, n'étant pas réuni au fief dominant, n'en fait pas partie.

Voyez ce qui est dit du retrait féodal dans le Recueil alphabétique de M. Bretonnier ; & les Observations de cet Auteur sur le liv. 3. chap. 3. quest. 16. & sur le 15e. Plaidoyers d'Henrys. *Voyez* aussi ce que j'ai dit sur les articles 20. 21. & 22. de la Coutume de Paris.

RETRAIT CENSUEL, est un retrait en vertu duquel un Seigneur censier retire, par puissance de Seigneurie, l'héritage qui est tenu de lui à cens, lorsqu'il est aliéné.

Il faut donc distinguer le retrait seigneurial & censier, d'avec le retrait féodal. On appelle retrait seigneurial & censier celui qui se fait des rotures ; & on appelle retrait féodal celui qui se fait des fiefs.

Ce dernier a lieu par tout le Royaume ; mais le retrait censuel n'est point aujourd'hui en usage dans la Coutume de Paris, & n'a lieu que dans les Coutumes qui l'admettent ; comme dit Brodeau sur l'article 20. de la Coutume de Paris, nomb. 4. & Charondas, liv. 2. réponse 11.

Telles sont celles de Berry, tit. 13. art. 6. tit. 14.

art. 13. de Montreuil, art. 9. & 35. de Peronne, art. 255. de Boulonnois, art. 53. & 139. & en l'ancienne, art. 114. & 120. de Saint - Omer en Artois, art. 45. du Comté de Bourgogne, art. 71.

Dans ces Coutumes, le Seigneur cenfier eft préféré au parent lignager.

Plufieurs de ces Coutumes, qui accordent ce retrait feigneurial des héritages tenus en roture, diftinguent les fiefs fans Juftice, voulant que le Seigneur cenfier ne puiffe exercer ce retrait, fi le droit de Juftice n'eft attaché à fon fief.

D'autres au contraire ont accordé ce droit de retenue au Seigneur du fief, quoiqu'il n'y ait point de Juftice qui y foit annexée.

La difpofition de ces dernieres Coutumes eft fondée fur ce que les héritages en roture ayant été diftraits du fief dont ils faifoient partie avant qu'ils euffent été donnés en cenfive, la réunion qui s'en fait par le moyen de ce retrait femble favorable, & qu'ainfi tout Seigneur de fief peut l'exercer quand il veut éteindre les cens & rentes, & les autres charges par lui impofées fur ces héritages.

Ce retrait ne peut appartenir au Seigneur fuzerain, mais feulement au Seigneur foncier, direct & immédiat, qui a donné les héritages, auquel le cens appartient, & à qui font dûs les lods & ventes.

Ces héritages étant le gage de cens, la fûreté & la chofe du Seigneur bailleur, il lui eft loifible de laiffer ces héritages entre les mains d'un autre tenancier que le premier, ou de les reprendre fi bon lui femble, fi le nouvel acquéreur ne lui plaît pas, ou fi pour diminuer fes droits, la chofe a été vendue à vil prix. C'eft donc à ce Seigneur foncier & direct que ce droit de retenue appartient, lequel eft fubftitué au lieu & place du cens que ce retrait anéantit.

Dans la plûpart de celles où il eft reçu, il eft ceffible; Loyfel, liv. 3. tit. 5. article 7. ce qui rend ce droit très-incommode & très-contraire à la liberté du commerce des héritages. Ainfi les Habitans de la campagne ne peuvent point dans les Coutumes qui admettent ce droit, acquérir aucun héritage fans la permiffion du Seigneur.

A l'égard des pays de Droit écrit, les Parlemens de Touloufe & de Bourdeaux ont reçu le retrait cenfuel, autrement dit, droit de prélation. Mais il n'eft pas reçu dans les Parlemens de Grenoble & de Provence: il ne l'eft pas non plus dans les pays de Droit écrit qui font du reffort du Parlement de Paris, fi ce n'eft quand il eft ftipulé par les terriers; & alors c'eft en vertu de la convention des Parties.

Voyez ce qui eft dit du retrait cenfuel dans le Recueil alphabétique de M. Bretonnier.

RETRAIT DE BIENSEANCE, eft celui qui peut être exercé par l'un de plufieurs copropriétaires qui poffédoit un héritage par indivis, pour retirer la portion vendue par fon affocié ou codétenteur. Il n'a lieu que dans un pétit nombre de Coutumes qui l'admettent, telles que celles d'Acqs, titre 10. article 17. & 18. Lille, article 19. la Marche, article 271.

Ce retrait eft imité du Droit ufité en allemagne, appellé Jus congrui, par lequel il eft permis de retirer l'héritage voifin & contigu au fien, lorfqu'il eft ven-du. Voyez Math. de afflictis, Decif. Neapolit. 338. & 339. Miffing. cent. 3. obferv. 5.

RETRAIT DE CHOSES DONNÉES PAR DONATION ALIMENTAIRE, eft celui que peuvent exercer en quelques Coutumes, les héritiers préfomptifs de celui qui a donnés fes biens par donation alimentaire, pourvû qu'ils faffent au donateur offres de le rembourfer & indemnifer dans l'an à compter du jour que la donation leur a été fignifiée.

Ce retrait eft admis dans la Coutume d'Angoumois & dans celle de Poitou, & n'eft point fujet aux formalités du retrait lignager. Voyez ce que nous avons dit ci-deffus, en parlant de la donation alimentaire.

RETRAIT ECCLESIASTIQUE, eft celui qui eft exercé en vertu des Déclarations du Roi, qui donnent à l'Eglife la faculté de rentrer dans fes domaines aliénés.

La derniere Déclaration qui donne cette faculté, eft du mois de Juillet 1701. en exécution de laquelle il y a eu nombre de procès portés au Grand Confeil, qui ont donnés lieu à prefqu'autant de demandes en garantie.

Voyez ce qu'a dit à ce fujet M. Brillon dans fon Dictionnaire, verbo Aliénation des biens d'Eglife nomb. 186. & verbo Garantie, nombre 31. & verbo Retrait, nombre 2.

RETRAYANT, eft celui qui exerce l'action de retrait.

RETRANCHEMENT, fignifie diminution. C'eft dans ce fens que l'on dit, qu'en pays coutumier il fe fait un retranchement dans les legs qui excedent le quint des propres.

En pays de droit écrit, les legs font fujets au retranchement de la falcidie, & les fidéicommis au retranchement de la quarte trébellianique. Voyez Falcidie.

Dans tout le Royaume, les donations faites par ceux qui fe remarient ayant des enfans, font fujettes au retranchement de l'Edit des fecondes Nôces. Voyez Secondes Nôces.

RETRANCHEMENT DES LEGS QUI SE FAIT LORSQUE LE TESTATEUR A LEGUÉ PLUS QUE LE QUINT DE SES PROPRES, eft la diminution qui fe fait defdits legs en ce cas, lorfque l'héritier ne trouve pas dans les biens du teftateur de quoi, après avoir pris fes quatre quints des propres, payer les dettes & les legs en entier.

Il faut d'abord fçavoir que la plupart de nos Coutumes défendent de difpofer par teftament, au préjudice des quatre quints, qui doivent être laiffés aux héritiers de propres & permettent à ces héritiers de fe tenir à cette légitime ou referve coutumiere, accordée aux héritiers du fang, & d'abandonner tous les autres biens de la fucceffion, c'eft-à-dire tous les meubles, acquêts & conquêts & le quint des propres.

Si tous les biens abandonnés par l'héritier aux légataires, ne fuffifent pas pour faire la délivrance des legs entiers qui leur ont été faits, ils en doivent fouffrir la réduction.

Ainfi les quatre quints des propres doivent demeurer à l'héritier francs & quittes de tous legs; & fur l'autre quint des propres, & fur les meubles, acquêts

& conquêts, jufqu'à la concurrence d'iceux, l'héritier fait la délivrance des legs aux Légataires.

Suivant l'ufage fondé fur la Jurifprudence des derniers Arrêts, quand le teftateur a légué au delà du
quint des propres, & qu'il a laiffé des meubles &
acquêts dont il n'a pas difpofé, l'héritier eft obligé
d'abandonner le propre aux légataires, ou de lui donner récompenfe, fi les meubles & acquêts valent
mieux ou autant que les quatre quints des propres
dont il n'a pu difpofer.

Le retranchement de ces quatre quints ne doit
s'entendre, que les dettes préalablement déduites &
payées fur tous les effets de la fucceffion : *quia fci-*
licet bona non eftimantur, nifi deducto œre alieno.

Le teftateur eft obligé de conferver en chaque ligne
paternelle & maternelle les quatre quints des propres, & il ne lui fuffit pas de laiffer les quatre quints
des propres de quelque ligne qu'ils puiffent être.

Par exemple, un teftateur qui a des propres paternels & maternels, legue tous ces propres maternels,
qui ne compofent que le quint de tous fes propres de
l'un & l'autre ligne. Il faut dire que la réduction
portée par nos Coutumes, doit s'entendre pour chaque ligne féparément : de maniere que quand le teftateur a légué un propre qui n'excede pas le quint
de la totalité de tous les propres qu'il poffede, mais
qui excede le quint des propres de la ligne de laquelle
il eft, le legs fera réductible au quint des propres de
cette ligne, fans que le légataire puiffe prétendre de
récompenfe fur le quint des propres de l'autre ligne.
La raifon eft, que tous les propres de chaque ligne
compofent un patrimoine diftinct & féparé.

Le retranchement de ces quatre quints ne fe fait,
qu'eu égard aux propres que le teftateur poffede au
jour de fon décès, & non de ceux qu'il a eu pendant fa vie, & qui ont été par lui aliénés ou donnés
depuis par fon teftament.

Quand les legs ne font que des fommes de deniers,
& qu'ils excedent le quint des propres, l'héritier fait
lui-même délivrance des legs, ou l'exécuteur teftamentaire ; & s'il n'y a point dans la fucceffion d'effets
mobiliaires pour acquitter ces legs, on ne les paye
que jufqu'à concurrence du quint des propres ; de
forte que les quatre quints reftent à celui qui en eft
héritier.

Mais s'il a pris les meubles fans faire inventaire,
il ne peut point prétendre les quatre quints des propres, fous prétexte que les legs des fommes de deniers
qui ont été faits par le défunt, excedent le quint des
propres. *Voyez* M. Louet, lett. I, chap. 7. Henrys,
tom. 1. liv. 5. & Montholon, Arrêt 109.

L'héritier, foit qu'il foit pur & fimple, ou par
bénéfice d'inventaire, doit s'imputer d'avoir omis de
prendre cette précaution, & il ne feroit pas recevable à prouver que les meubles & le quint des propres ne fuffifent pas pour faire la délivrance des
fommes léguées, parce qu'il y a lieu de préfumer
le contraire. D'ailleurs, l'héritier qui a pris les meubles fans en faire inventaire, eft cenfé fe foumettre
à payer les legs en entier, comme ayant renoncé au
privilege que la coutume lui donne de fe tenir aux
quatre quints des propres.

Voyez ce que j'ai dit fur l'art. 192. de la Coutume

de Paris, glofe 3. nomb. 26. à la fin ; & fur l'art.
295. glofe 1. nomb. 2. & fuiv.

RETROACTIF, eft une qualité qui fe don-
ne aux actes & aux chofes qui produifent leur effet
pour le paffé.

Par exemple, la ratification, qui eft un confentement furvenu après qu'un acte a été paffé, a un
effet retroactif, elle produit le même effet que fi le
confentement de la perfonne qui a ratifié l'acte, fût
intervenu au tems même qu'il a été paffé. *Voyez*
Ratification.

Les Loix n'ont point d'effet retroactif ; elles n'ont
d'effet que pour le futur, & non pour le paffé. *Leg.*
7. cod. de legib.

RETROCEDER, fignifie céder à un cédant ce qu'il
avoit cédé, & de lui en faire une nouvelle ceffion.

RETROCESSION de transport, eft l'acte par
lequel le ceffionnaire remet le cedant dans fes droits
en lui faifant un transport de la dette ou obligation
qu'il lui avoit cédé.

Par exemple, Titius transporte à Mœvius une
obligation de Caïus, à l'effet de demeurer quittes
enfemble d'une pareille fomme qui étoit dûe à Mœvius par Titius. Il arrive après que Mœvius veut
rendre & remettre entre les mains de Titius fon
transport : ce qui fe peut faire du confentement des
Parties. L'acte par lequel Titius transporte à Mœvius
l'obligation qu'il lui avoit cédée fur Caïus, eft appellée retroceffion.

Cet acte eft néceffaire, lorfque le premier tranfport a été fignifié au débiteur ; car en ce cas le ceffionnaire eft devenu le propriétaire de la dette, &
fans retroceffion le premier cédant n'a aucun droit
de l'exiger, quoique ce foit lui qui en ait été originairement le créancier.

RETROCESSION d'un bail, eft l'acte par lequel celui qui avoit eu par transport le bail d'une
ferme, maifon ou terre, paffé par un autre, fait un
nouveau transport de bail à fon cédant.

On donne auffi quelquefois à la ceffion d'un bail
le nom de rétroceffion ; mais alors on emploie le terme de rétroceffion dans une fignification impropre
& trop étendue.

RETULIT. Ce terme latin fe dit de l'expédition
qu'un Notaire fait & délivre d'un acte paffé par fon
prédéceffeur.

REVELATIONS, font les déclarations qui fe font
entre les mains d'un Curé ou d'un Vicaire, après &
en conféquence de la publication d'un Monitoire,
de ce qui s'eft paffé de fecret dans l'affaire pour laquelle le Monitoire a été publié.

Les révélations ne font point foi en juftice, jufqu'à ce que les témoins aient été répétés, & aient
dépofé devant le Juge.

REVENDICATION, eft l'action réelle par laquelle nous révendiquons ce qui nous appartient.
Voyez Action réelle.

Quoique ce terme fe puiffe dire des meubles &
des immeubles, toutefois il fe prend pour la révendication des meubles, & ne fe dit qu'improprement
des immeubles, pour lefquels nous nous fervons de
l'action réelle, ou de l'action pétitoire.

Par exemple, je ne dis pas *je révendique un tel*

héritage ; mais je *pourſuis le poſſeſſeur d'un tel hérita-*
ge par action réelle ; au contraire je ne dis pas, *j'a-*
gis par action réelle contre un tel , *pour une tapiſſerie*
qu'il poſſede , *que je prétens être à moi* ; mais je
dis , *je révendique ou réclame une telle tapiſſerie qui*
m'appartient.

REVENDICATION DE CHOSES MOBI-
LIAIRES VENDUES, a lieu dans le cas de l'art. 177.
de la Coutume de Paris, qui porte que , *qui vend*
choſe mobiliaire ſans jour & ſans terme , *eſpérant être*
payé promptement , *il peut la choſe pourſuivre en quel-*
que lieu qu'elle ſoit tranſportée , *pour être payé du prix*
qu'il l'a vendue.

L'article ſuivant dit : *Et néanmoins encore qu'il eût*
donné terme , *ſi la choſe ſe trouve ſaiſie ſur le detteur*
par autre créancier , *il peut empêcher la vente* , *& eſt*
préféré ſur la choſe aux autres créanciers.

Voyez ce que j'ai dit ſur ces deux articles de la
Coutume de Paris.

REVENDICATION DE MARCHANDISES VENDUES
A UN MARCHAND QUI A FAIT DEPUIS BANQUEROUTE
a lieu , ſoit que le vendeur les ait vendues à terme ,
ou ſans terme ; en ſorte qu'il peut empêcher qu'elles
ſoient vendues avec les autres marchandiſes & effets mobiliaires de celui qui a fait banqueroute. Mais
pour que la révendication ſoit bonne & valable , il
faut que les pieces de marchandiſes ſoient entieres ,
n'aient point changé de nature. *Voyez* le quatre vingt-
cinquieme Parere de M. Savary , où cette queſtion
eſt parfaitement bien traitée.

REVENDIQUER , ſignifie redemander en Juſtice
par action réelle , un meuble qui nous appartient.
Sur quoi il faut remarquer qu'on ne peut révendi-
quer les meubles vendus à l'encan , c'eſt-à-dire , en
place publique , par autorité de Juſtice. *Voyez* Vente
publique.

REVENDIQUER , ſe dit auſſi des perſonnes & des
cauſes en matiere de Juriſdiction. Ainſi un Procureur
du Roi , ou un Procureur fiſcal , peut d'office revendiquer un Juſticiable qui a diſtrait la Juriſdiction ;
en révendiquant la cauſe , en demander le renvoi.

REVENIR CONTRE SON PROPRE FAIT. C'eſt un
principe certain , qu'on ne doit pas être admis à
revenir contre ſon fait. *Nemo adverſus factum ſuum*
venire poteſt. Leg. 25. ff. de adoptionib.

Voyez ce qui eſt dit à ce ſujet dans le quinzieme
tome des Cauſes célebres , à l'endroit où il eſt parlé
de la demande en caſſation de mariage , intentée par
une fameuſe Commédienne , qui en fut déboutée par
Sentence de l'officialité rendue le 21. Juin 1730.
fondée en partie ſur ce que le défaut qui ſe trouvoit dans la célébration du mariage , provenoit du
fait de la demandereſſe qui prétendoit le faire déclarer nul.

REVENTE , eſt une vente réitérée. On fait une
revente à la folle enchere de celui à qui un effet a
été adjugé faute par lui d'avoir rempli les conditions
de l'adjudication; cette revente ſe fait à ſes riſques ,
périls & fortunes. *Voyez* Folle enchere.

REVENTE DU DOMAINE DU ROI , eſt celle qui ſe
fait quand il a été adjugé à trop vil prix , à la charge de rembourſer les premiers Engagiſtes du prix
qu'ils en ont payé.

REVERSIBLE , ſignifie ce qui eſt ſujet à
retourner.

Le douaire eſt , après la mort de la femme , reverſible aux héritiers du mari , à moins qu'il ne ſoit
ſtipulé ſans retour.

Le douaire fixe qui a été aliéné , eſt reverſible ,
& ſujet à être en quelque tems que ce ſoit , réuni
à la couronne , en rembourſant par le Roi , le prix
que l'acquéreur en a payé.

REVERSION , ſignifie retour. On donne les appanages & les douaires à la charge de reverſion.

On appelle auſſi reverſion du fief ſervant au fief
dominant , la confiſcation qui ſe fait du fief ſervant ,
cauſée par l'ingratitude du vaſſal , c'eſt-à-dire , par
défaveu ou par félonie. *Voyez* Commiſe.

La reverſion a auſſi lieu à l'égard des terres bail-
lées à bail emphytéotique , lorſque le tems pour lequel il a été fait eſt expiré.

Les immeubles donnés par les aſcendans à leurs
deſcendans , retournent aux donateurs par droit de
reverſion , lorſque les enfans donataires decedent
ſans hoirs. *Voyez* Retour.

Il faut remarquer que dans les cas de reverſion ,
reſoluto jure dantis , *reſolvitur jus accipientis* ; & par
conſéquent l'immeuble auſſi retourné & conſolidé ,
reprend ſa premiere origine ; en ſorte que les hypotheques & les ſervitudes créées deſſus , *medio tem-*
pore , ſont éteintes.

Il faut excepter le cas de reverſion des immeubles
donnés par les aſcendans à leurs deſcendans , qui retournent aux donateurs par la mort de leurs enfans
décédés ſans hoirs ; car alors du moins en pays coutumiers le donataire ayant pû les aliéner & hypothéquer entre-vifs , les hypotheques qu'il auroit créées
deſſus ne ſeroient point éteintes , & ces immeubles
reviennent aux donateurs , moins par droit de retour que par celui de ſucceſſion.

REVESTIR , ſe prend au Palais en différens
ſens. On dit , revêtir quelqu'un d'un Office ou d'une
Dignité.

On dit qu'un acte eſt revêtu de toutes ſes formes ,
pour dire qu'il a toutes les qualités & toutes les
formalités qui ſont néceſſaires pour le rendre valable.

On dit revêtir quelqu'un d'un héritage , pour ſignifier l'en ſaiſir , & l'en faire prendre poſſeſſion.
C'eſt ainſi que les Notaires s'en expliquent dans les
contrats de donation ou de vente , en diſant que le
donateur ou le vendeur s'eſt démis & déſaiſi d'un tel
héritage , & en a ſaiſi & revêtu l'acheteur ou le
donataire.

On dit auſſi qu'un Seigneur a revêtu un vaſſal d'un
fief , quand il l'a reçu en foi & hommage.

REVISION , eſt l'examen , la correction , ou la
réformation de quelque choſe.

REVISION , DROIT DE REVISION , eſt un droit
accordé aux Procureurs , pour revoir & relire les
écritures que les Avocats font pour leurs parties.

Ce droit qui étoit de dix ſols par rôle de groſſe ,
avoit été aboli par l'Ordonnance de 1667. mais il
a été rétabli au profit & en faveur des Procureurs
du Parlement de Paris , par la Déclaration du 16.
Mai 1693.

Ce droit eſt attribué aux Procureurs, parce qu'ils ſont dans l'obligation de relire les écritures des Avocats, attendu qu'ils ſont reſponſables des demandes & des faits poſés dans toutes les écritures qu'ils produiſent pour leurs Parties. Les Procureurs ne doivent donc pas être moins attentifs à s'acquitter des engagemens pour leſquels ce droit leur a été accordé, qu'ils ne le ſont à s'en faire payer.

REVISION DE COMPTE, étoit un nouvel examen d'un compte qui n'a plus lieu aujourd'hui. L'article 21. du titre 29. de l'Ordonnance de 1667. porte qu'il ne ſera ci-après procédé à la reviſion d'aucun compte.

Mais s'il y a dans un compte des erreurs, omiſſion de recette ou faux emplois, les Parties pourront en former leur demande, ou interjetter appel de la clôture du compte, & plaider leurs prétendus griefs en l'Audience.

REVISION DE PROCÈS JUGÉ PAR SENTENCE DONT ON PEUT INTERJETTER APPEL, ne peut pas être admiſe ſous quelque prétexte que ce ſoit. Il faut ſe pourvoir contre par la voie d'oppoſition, ſi la Sentence a été rendue par défaut ; on ſe pourvoit par la voie d'appel, ſi la Sentence a été rendue contradictoirement.

REVISION D'ARREST EN MATIERE CIVILE, n'a point lieu en France ; car la propoſition d'erreur étant aujourd'hui abrogée, la reviſion d'Arrêt n'a pas lieu, ou du moins en matiere civile. Il n'y a que la Requête civile & la voie de caſſation dont on puiſſe ſe ſervir pour revenir contre un Arrêt quand on ne peut pas ſe pourvoir contre, par la voie d'oppoſition.

Voyez Oppoſition, Requête civile, Caſſation. Voyez auſſi le Commentaire de Bornier, ſur l'art. 42. du tit. 35. de l'Ordonnance de 1667.

REVISION D'ARREST EN MATIERE CRIMINELLE eſt un moyen extraordinaire, dont peut ſe ſervir celui qui prétend avoir été définitivement mal jugé, à cauſe des nullités qui ſe trouvent dans l'inſtruction du procès.

Ce remede extraordinaire ne peut être admis qu'en vertu des Lettres de reviſion obtenues en Chancellerie qui ſont en matiere criminelle ce que ſont les Requêtes civiles en matiere civile.

Ainſi, pour maintenir l'autorité des choſes jugées & empêcher que les parties ne reviennent contre témérairement & ſans une juſte cauſe, l'Ordonnance veut que ces Lettres de reviſion paſſent par l'avis des Maîtres des Requêtes, avant que d'en renvoyer la connoiſſance aux Cours où le procès auroit été jugé, & que les impétrans qui y ſeroient mal fondés, encourent la même peine qu'encourent ceux qui viennent à ſuccomber dans les Requêtes civiles.

Celui qui déſire obtenir des Lettres de reviſion d'Arrêt, doit commencer par expoſer le fait avec toutes ſes circonſtances dans une Requête, & ne doit demander à revenir contre l'Arrêt qui a été rendu contre lui, que pour raiſon des nullités qui ſe trouvent dans l'inſtruction du procès.

Cette Requête doit être rapportée au Conſeil du Roi, & eſt enſuite renvoyée, ſi le Conſeil le juge à propos, aux Maîtres des Requêtes, pour ſur l'impé-

tration des Lettres, donner leur avis, lequel doit être enſuite rapporté au Conſeil : & au cas que les Lettres ſoient trouvées juſtes, elles ſont expédiées & ſcellées par Arrêt du Conſeil ; mais pour cet effet elles doivent être ſignées par un Secrétaire des Commandemens du Roi.

Lorſque les clauſes pour leſquelles ces Lettres ſont demandées, ſont trouvées juſtes & raiſonnables, le Roi ordonne aux Juges auxquels elles ſont adreſſées, qui ſont ceux qui ont rendu l'Arrêt, qu'ils aient à procéder à la reviſion du procès, à l'examen des preuves, & au Jugement qu'ils ont rendu, de même que ſi l'affaire n'eût point été jugée.

Quoique, comme nous avons dit, les Lettres de reviſion ſoient en matiere criminelle ce que ſont les Requêtes civiles en matiere civile, il y a néanmoins quelque différence entr'elles, principalement en ce que lorſqu'on procede à l'entérinement des Lettres de reviſion, on peut juger le reſcindant & le reſciſoire, & par un même Arrêt révoquer la condamnation, & adjuger au condamné des dommages & intérêts, ſi le cas y échoit ; au lieu qu'on ne le peut pas en matiere de Requête civile. C'eſt auſſi pour cela que les Lettres de reviſion ſont beaucoup plus difficiles à obtenir, & qu'il faut qu'elles ſoient ſignées par un Secrétaire des Commandemens.

Touchant la reviſion d'Arrêt, voyez les articles 8. 9. & 10. du tit. 16. de l'Ordonnance de 1670. & ce que j'en ai dit ci-deſſus, en parlant des Requêtes civiles en matiere criminelle.

REVISION DES PROCÈS CRIMINELS JUGÉS EN DERNIER RESSORT PAR LES PRESIDIAUX, OU LES PREVÔTS DES MARECHAUX, eſt ordinairement renvoyée au Parlement ou au Grand Conſeil, & jamais aux Juges qui ont rendu le Jugement. La raiſon eſt, que ce n'eſt pas tant une reviſion, que c'eſt un appel deſdits Jugemens, quoique rendu en dernier reſſort, qui eſt reçu par le Roi, lequel renvoie le procès & les Parties au Parlement ou au Grand Conſeil pour en connoître.

RÉUNION, eſt le retour d'une choſe à une autre dont elle avoit été démembrée.

RÉUNION A LA COURONNE, ſe dit lorſqu'une choſe démembrée du Domaine du Roi, y eſt enſuite réunie, & eſt appellée par Chopin, fiſcalis patrimonii redhibitorium jus, lib. 3. de ſacr. polit. tit. 1. num. 12.

Cette réunion ou reverſion au Domaine du Roi, d'une choſe qui en avoit été démembrée, ne peut avoir lieu que pour celles qui ſont du domaine fixe, & non pas pour les choſes qui ſont du domaine caſuel.

Le Domaine caſuel n'eſt pas conſidéré comme un véritable domaine conſacré à la Couronne ; c'eſt pourquoi les Rois en peuvent diſpoſer, ſoit par donations ou ventes.

A l'égard du domaine fixe, il eſt inaliénable de ſa nature, ainſi qu'il eſt prouvé par Chopin, liv. 2. tit. 3. de ſon Traité du domaine, & décidé par l'Ordonnance de 1539. & celle de Moulins faite pour la réunion du Domaine en 1566.

Mais cette regle ſouffre deux exceptions qui donnent lieu à la réunion à la Couronne.

La premiere eſt, que le Roi peut vendre & aliéner ſon Domaine en cas de néceſſité préſſante pour cauſe de guerre ; mais cette vente ſe fait toujours avec faculté perpétuelle de racheter & de retirer la choſe du Domaine aliénée, pour en faire la réunion à la Couronne, en rembourſant par le Roi aux acquéreurs le prix qu'ils en ont payé.

Cette faculté de racheter ne ſe preſcrit point à l'égard du Domaine du Roi, comme nous l'avons fait voir, *verbo* Domaine : au lieu qu'un particulier qui vend un immeuble avec faculté de rachat, cette faculté ſe preſcrit par l'eſpace de trente ans.

La deuxieme eſt pour les appanages qui ſont donnés aux enfans mâles de France, leſquels paſſent à leurs enfans mâles graduellement en ligne directe ; mais retournent à la Couronne, lorſque les enfans mâles manquent.

Suivant ce que nous venons de dire, jamais les aliénations qui ſe font du domaine fixe, ne ſont incommutables, puiſque les biens aliénés pour appanage retournent à la Couronne au défaut d'enfans mâles, & que les ventes que nos Rois font en cas de néceſſité, ſont toujours faites avec faculté perpétuelle de retirer la choſe du domaine aliénée, pour en faire la réunion à la Couronne, en rembourſant par le Roi aux acquéreurs le prix qu'ils en ont payé.

Le Roi donne de tems en tems des Déclarations ou des Arrêts du Conſeil d'Etat, concernant la réunion à la Couronne, des Domaines, Juſtices, Seigneuries, & autres droits domaniaux engagés, & concernant la revente d'iceux, avec la forme des rembourſemens & des nouvelles encheres.

M. Brillon en a rapporté pluſieurs *verbo* Domaine.

RÉUNION DE FIEF. eſt l'acquiſition qui ſe fait par un Seigneur d'un fief mouvant de ſa ſeigneurie, ou l'acquiſition du fief dominant par le Seigneur du fief ſervant.

Elle ſe fait donc dans deux cas. Le premier, lorſque le Seigneur du fief dominant acquiert le fief ſervant, ou qu'il le retire par retrait féodal : ſur quoi *voyez* Commiſe, *voyez* auſſi Retrait féodal. L'autre arrive quand le Seigneur du fief ſervant acquiert le fief dominant ; & dans ces deux cas, par le moyen de la réunion, ces deux fiefs ne font qu'un même corps.

Il s'enſuit delà, que les biens acquis par réunion deviennent au Seigneur un véritable propre, quand ils lui ſont adjugés ſans bourſe déliée & à titre lucratif, pourvû que ce fief lui ſoit propre ; mais ils lui ſeront acquêts, s'il le réunit à titre onéreux : alors ſon héritier des propres pourra tenir le fief réuni, en indemniſant l'héritier des acquêts du prix qu'il aura coûté.

Suivant ce que nous venons de dire, la réunion du fief imprime à l'héritage réuni, non-ſeulement la qualité féodale, mais encore la qualité de propre, ſi le fief auquel il eſt réuni eſt de cette qualité, quand la réunion s'eſt faite à titre lucratif & ſans bourſe déliée.

Cependant pluſieurs de nos fameux Auteurs tiennent que la réunion n'imprime que la qualité féodale à l'héritage réuni qu'il n'avoit pas, mais non point

celle de propre de ligne qu'a l'héritage auquel il eſt réuni ; de ſorte qu'il doit être partagé dans la ſucceſſion de celui à qui il a été réuni comme acquêt. *Voyez* ce que j'ai dit ſur l'art. 53. de la Coutume de Paris, gloſe 1. nomb. 22. & ſuiv.

Si la réunion ſe fait par retrait féodal ou par acquiſition, elle n'a lieu qu'à la charge des dettes auſquelles le fief réuni eſt hypothéqué.

Il y a encore lieu à la réunion de fief par l'expiration de l'inféodation, ou à défauts d'enfans mâles, ou par la commiſe : & dans la plupart des Coutumes, cette réunion eſt exempte de charges & de dettes, à moins qu'elles n'aient été inféodées, c'eſt-à-dire, conſenties par le Seigneur ; parce que le fief n'a été accordé par le Seigneur féodal, qu'à la charge de réunion, lorſque l'un de ces cas arrivera.

Cependant quelques Coutumes, comme celle de Normandie, art. 101. titre des Fiefs, portent que le vaſſal peut vendre, engager & hypothéquer ſon fief, ſans le congé de ſon Seigneur ; & dans ces ſortes de Coutumes, la réunion ne ſe fait qu'à la charge des dettes dont eſt tenu le fief réuni, de quelque maniere que cette réunion ſe faſſe.

Pour ce qui eſt des Coutumes qui n'ont point de diſpoſition expreſſe ſur cela ; *voyez* ce que j'ai dit ſur l'art. 53. de la Coutume de Paris.

A l'égard des effets que produit la réunion, *voyez* la fin de l'article qui ſuit, où il eſt parlé de la réunion de cenſive au fief.

RÉUNION DE CENSIVE AU FIEF, ſe fait quand les héritages qui ſont dans la cenſive d'un Seigneur, ſont acquis par ce même Seigneur, ou lorſque le propriétaire d'un bien en cenſive acquiert le fief de la Seigneurie dont les héritages étoient mouvans. Elle ſe fait de plein droit, ſi le Seigneur n'y fait une déclaration expreſſe qu'il veut le tenir ſéparément. *Voyez* ce que nous avons dit ſur l'art. 53. de la Coutume de Paris.

La Coutume d'Orléans, qui a été reformée trois ans après celle de Paris, veut que cette déclaration ſoit faite par le contrat d'acquiſition, ce qui eſt très-juſte pour éviter les conteſtations qui pourroient naître au ſujet du tems auquel cette déclaration doit être faite, s'il n'étoit pas défini & arrêté.

Un héritage qui a été baillé à cens par un Seigneur de fief, & qui eſt déguerpi par le tenancier, retourne au fief, par la renonciation faite, ſoit par le tenancier, ſoit par l'héritier.

La raiſon eſt, qu'au moment qu'un héritage a été démembré d'un fief, la réunion s'en fait toujours de droit, d'abord que le Seigneur y peut rentrer. Il faut même regarder l'aliénation d'une partie d'un fief comme un jeu de fief, pour raiſon duquel on doit retenir un droit ſeigneurial, qui repréſente la partie aliénée par rapport au Seigneur dominant qui ne peut s'en plaindre, pourvû que l'aliénation n'excede pas les deux tiers du fief, & que celui qui l'a fait ſe réſerve la foi & hommage.

La Coutume de Saint Omer, article 3. celle de Sens, article 237. celle de Bourbonnois, article 399. celle d'Orléans, article 134. celle de Rheims article 146. celle de Montreuil, article 14. de Ponthieu, article 91. & d'Auxerre, article 92. portent que fi le tenancier veut fe décharger du payement du fens, il peut renoncer à l'héritage, en payant les arrérages échus.

Que ce foit le preneur, foit héritier ou autre qui renonce, il n'importe ; il fuffit que la renonciation foit faite & acceptée par le Seigneur du fief duquel l'héritage a été démembré, & en la cenfive duquel il eft refté.

Le Seigneur jouit donc de fes héritages délaiffés par droit de réunion : d'où il s'enfuit que le Haut-Jufticier n'y peut rien prétendre, parce qu'ils ne font pas vacans, puifqu'en ceffant d'être au tenancier, ils appartiennent dans le même inftant au Seigneur du fief dans la cenfive duquel ils font, d'autant qu'il les arrête & retient comme fon propre bien, en vertu du domaine direct qu'il a deffus.

Ainfi cette réunion ne fe fait point par rapport à la Juftice : mais par rapport au fief dont une portion peut être baillée à cens ; au lieu que la Juftice ne peut pas être baillée à cens, ni pour le tout, ni pour une partie.

Il n'en eft pas de même des héritages qui font dans le cas de la deshérence, de biens vacans, de confifcation, ou droit de bâtardife, lefquels appartiennent au Seigneur Haut-Jufticier, ainfi qu'on l'a expliqué en parlant de ces différens cas dans leur ordre.

La réunion produit deux effets, le premier eft, que la cenfive & l'arriere-fief réunis au fief, font partie du fief & relevent du Seigneur dominant, & font fujets avec lui, quand le cas y échoit, à la faifie féodale, aux droits de quint, au retrait féodal & à la commife, & doivent être mis dans le dénombrement qui fera donné à la mutation fuivante lequel ne pourra plus s'en faire que conformément à l'art. 51. de la Coutume de Paris.

Le fecond effet de la réunion eft, que les héritages réunis font partagés noblement entre les héritiers, & que le Seigneur dominant les exploits réunis pendant la faifie féodale du fief auquel la réunion a été faite, & qu'il en jouit au cas que par l'ouverture qui arrive enfuite, il lui foit dû relief par le nouveau vaffal.

On demande fi la réunion qui fe fait du fief fervant au fief dominant, ou d'une cenfive qui fe fait au Seigneur cenfier, éteint les hypotheques conftituées *inter medio tempore* ?

Il faut diftinguer, ou la réunion fe fait *ex primæva obligatione*, *ex neceffitate*, & faute de l'accompliffement de la convention, c'eft-à-dire, pour une caufe inhérente à la tradition de la chofe ; ou la réunion fe fait pour autre caufe furvenue depuis.

Au premier cas, comme le fief retourne alors *ipfo jure* au Seigneur, en vertu de la directe Seigneurie & puiffance féodale, toutes les hypotheques & fervitudes impofées par le Vaffal font réfolues & éteintes, parce qu'il eft alors cenfé n'avoir jamais poffédé le fief : c'eft ce qui fait que cette réunion a un effet rétroactif.

Au fecond cas, la réunion n'en a point ; ainfi les charges & hypotheques conftituées par le Vaffal, demeurent attachée au fief. *Ratio eft, quia licet feudum tunc ad Dominum revertatur, ad eum redit non tanquam ad dominum, fed tanquam ad Privatum.*

Voyez ce que j'ai dit fur l'art. 43. de la Coutume

de Paris, glofe 1. §. 4. & fur l'article 53. glofe 1. nomb. 13.

RÉUNION DE FRANC ALEU AU FIEF NE PEUT AVOIR LIEU ; c'eft-à-dire, que fi des terres tenues en franc-aleu, & qui ne font chargées d'aucuns fens, étoient achetées par un Seigneur haut, moyen, ou bas-Jufticier, dans l'étendue de fon territoire, cette acquifition ne feroit point de réunion à fon fief ; parce que, n'en ayant jamais fait partie, elles ne peuvent par conféquent en avoir été démembrées.

REVOCABLE, qui peut fe révoquer. Le caractere de la donation entre-vifs eft d'être irrévocable ; au lieu que la donation à caufe de mort eft toujours révocable, de même que les teftamens & autres difpofitions de derniere volonté.

Mais il ne s'agit plus aujourd'hui de donations à caufe de mort, ni par conféquent de la maniere dont elles peuvent être révoquées.

REVOCATION DE PROCUREUR, eft un acte par lequel une Partie révoque un Procureur qui avoit charge d'occuper pour elle, & en conftitue un autre au lieu & place de celui qui eft révoqué.

On peut révoquer fon Procureur *ad lites* quand on veut, même après la conteftation en caufe ; mais pour qu'une révocation de Procureur foit valable, il faut que l'acte contienne conftitution de nouveau Procureur au lieu & place de celui qui eft révoqué.

La raifon eft, qu'autrement la Partie adverfe feroit dans l'obligation de faire affigner celui qui auroit fait la révocation ; en conftitution de nouveau Procureur ; ce qui n'eft obfervé que dans le cas du décès du Procureur, & non dans le cas d'une révocation volontaire de Procureur, laquelle dépend à la vérité de celui qui l'a conftitué ; mais elle doit fe faire de maniere que le procès qui eft entre les Parties n'en reçoive aucun retardement.

REVOCATION DE DONATION, eft un acte par lequel on révoque une donation que l'on a faite.

La donation à caufe de mort peut fe révoquer de plufieurs manieres, & entr'autres par le feul changement de volonté du donateur, parce que la donation à caufe de mort eft une derniere volonté : *At fuprema hominis voluntas ambulatoria eft, ufque ad extremum vitæ fpiritum.*

Mais la donation entre-vifs eft de la nature des contrats ; ainfi comme les contrats *funt ab initio voluntatis & ex poft facto neceffitatis*, la donation entre-vifs eft irrévocable, & ne peut fe révoquer que pour caufe approuvée par les Loix ; fçavoir, pour caufe d'ingratitude, & par la furvenance des enfans, comme nous avons dit fur le titre feptieme du fecond Livre des Inftitutes.

Touchant ce que nous venons de dire, que la donation à caufe de mort étant une difpofition de derniere volonté, étoit révocable, il faut remarquer que cela ne peut plus avoir lieu parmi nous, puifque les donations à caufe de mort ne peuvent plus être admife depuis la Déclaration du mois de Février 1731.

A l'égard de ce que nous avons dit, que la donation entre-vifs eft irrévocable, cela doit s'entendre de la donation qui eft parfaite ; car celle qui n'eft n'eſt pas acceptée peut toujours être révoquée par le donateur.

Comme l'Ordonnance de Louis XV. du mois de Février 1731. faite au ſujet des donations, contient pluſieurs déciſions remarquables touchant la révocation des donations, nous avons jugé à propos de rapporter ici les articles de cette Ordonnance qui en parlent, comme faiſant un Droit qui doit être aujourd'hui obſervé par tout le Royaume.

» Article XXXIX. Toutes donations entre-vifs fai-
» tes par perſonnes qui n'avoient point d'enfans ou
» des deſcendans actuellement vivans dans le tems
» de la donation, de quelle valeur que leſdites do-
» nations puiſſent être, & à quelque titre qu'elles
» aient été faites, & encore qu'elles fuſſent mu-
» tuelles ou rémunératoires, mêmes celles qui au-
» roient été faites en faveur de mariage par autres
» que par les conjoints ou par les aſcendans, de-
» meureront révoquées de plein droit, par la ſur-
» venance d'un enfant légitime du donateur, mê-
» me d'un poſthume, ou par la légitimation d'un
» enfant naturel par mariage ſubſéquent, & non
» par aucune ſorte de légitimation.

» XL. Ladite révocation aura lieu, encore que
» l'enfant du donateur ou de la donatrice fût conçu
» au tems de la donation.

» XLI. La donation demeurera pareillement révo-
» quée, quand même le donataire ſeroit entré en
» poſſeſſion des biens donnés, & qu'il y auroit été
» laiſſé par le donateur depuis la ſurvenance de l'en-
» fant, ſans néanmoins que ledit donataire ſoit
» tenu de reſtituer les fruits par lui perçus. de quel-
» que nature qu'ils ſoient, ſi ce n'eſt du jour que la
» naiſſance de l'enfant, ou ſa légitimation par ma-
» riage ſubſéquent lui aura été notifiée par exploit
» ou autre acte en bonne forme; & ce, quand mê-
» me la demande pour rentrer dans les biens don-
» nés, n'auroit été formée que poſtérieurement à
» ladite notification.

» XLII. Les biens compris dans la donation révo-
» quée de plein droit, rentreront dans le patrimoi-
» ne du donateur, libres de toutes charges & hypo-
» theques du chef du donataire, ſans qu'ils puiſſent
» demeurer affectés, même ſubſidiairement à la réſ-
» titution de la dot de la femme dudit donataire,
» repriſes, douaires, ou autres conventions matrimo-
» niales; ce qui aura lieu, quand même la donation
» auroit été faite en faveur du mariage du donatai-
» re, & inſéré dans le contrat, & que le donateur
» ſe ſeroit obligé, comme caution, par ladite do-
» nation, l'exécution du contrat de mariage.

» XLIII. Les donations ainſi révoquées ne pour-
» ront revivre ou avoir de nouveau leur effet ni par
» la mort de l'enfant du donateur, ni par aucun acte
» confirmatif; & ſi le donateur veut donner les mê-
» mes biens au même donataire ſoit avant ou après
» la mort de l'enfant par la naiſſance duquel la do-
» nation avoit été révoquée, il ne pourra le faire
» que par une nouvelle diſpoſition.

» XLIV. Toute clauſe ou convention par laquelle
» le donateur auroit renoncé à la révocation de la
» donation par ſurvenance d'enfans, ſera regardée
» comme nulle, & ne pourra produire aucun effet.

Tome II.

» XLV. Le donataire, ſes héritiers ou ayans cau-
» ſe, ou autres détenteurs des choſes données ne
» pourront oppoſer la preſcription pour faire valoir
» la donation révoquée par la ſurvenance d'enfans,
» qu'après une poſſeſſion de trente années, qui ne
» pourront commencer à courir que du jour de la
» naiſſance du dernier enfant du donateur, même
» poſthume: & ce ſans préjudice des interruptions
» telles que de droit.

A l'égard de la révocation qui peut ſe faire pour cauſe d'ingratitude de la part du donataire envers ſon bienfaiteur, *voy.* ce que j'en ai dit *verbo* Ingratitude.

Pour ce qui eſt de la révocation qui ſe fait par la ſurvenance des enfans au donateur, *voyez* le Recueil alphabétique de M. Brétonnier, *verbo* Donation.

RÉVOCATION D'UN TESTAMENT, eſt un acte par lequel le teſtateur révoque expreſſément ou tacitement un teſtament qu'il a fait. D'où il s'enſuit que cette révocation eſt expreſſe ou tacite.

La révocation expreſſe d'un teſtament eſt une déclaration du teſtateur, par laquelle il marque qu'il n'entend pas que le teſtament qu'il a fait ait ſon exécution.

En pays coutumier, un ſimple acte reçu par deux Notaires, ou par un Notaire & deux témoins, ſans être revêtu d'aucune forme teſtamentaire, ſuffit pour révoquer un teſtament, & réduire les choſes à l'ordre des ſucceſſions légitimes.

Il y a plus, c'eſt qu'une ſimple déclaration ſous ſeing privé écrite & ſignée de la main du teſtateur, portant qu'il révoque le teſtament qu'il a fait, eſt ſuffiſante pour le révoquer, & empêcher qu'il n'ait ſon exécution.

Mais en pays de Droit écrit, une telle déclaration même paſſée pardevant Notaires, n'empêcheroit pas un teſtament d'avoir ſon effet, & ne ſuffiroit pas pour réduire les choſes à l'ordre des ſucceſſions légitimes, à moins que le laps de dix ans ne concourût avec un tel acte.

La révocation tacite d'un teſtament, eſt celle qui ſe préſume par un teſtament poſtérieur revêtu de toutes les formalités réquiſes pour ſa validité; & cette révocation eſt admiſe en pays de Droit écrit, conformément à la diſpoſition des Loix Romaines. Un teſtament eſt une diſpoſition univerſelle: or il ne peut pas y avoir une diſpoſition univerſelle d'une même perſonne; c'eſt pourquoi la derniere doit être préférée à celle qui la précede.

Cela eſt ſi vrai, qu'un teſtament fait en faveur de la cauſe pieuſe, eſt révoqué par un poſtérieur, quoiqu'il n'y ait point de révocation expreſſe du premier; comme il a été jugé au Parlement d'Aix par Arrêt du 20. Novembre 1670. rapporté par Boniface tom. 5. liv. 1. tit. 14. chap. 3.

C'eſt donc un principe certain fondé ſur la raiſon & ſur l'autorité des Loix, qu'un acte qui contient la derniere diſpoſition univerſelle du teſtateur, révoque de plein droit toutes les autres de cette natu-re, ſans qu'il ſoit beſoin que le teſtateur le révoque expreſſément.

Il n'en eſt pas de même des codicilles; car comme ce ne ſont pas des diſpoſitions univerſelles, mais ſeulement des diſpoſitions des choſes particulieres, quand les codicilles ne ſont pas contraires les uns aux autres, rien ne peut empêcher qu'une perfonne ne laiffe plufieurs codicilles qui aient tous leur exécution.

Mais pour qu'un teftament foit caffé par un poftérieur, il faut que ce poftérieur foit fait fuivant toutes les formalités réquifes ; *quia quæ jure contrahuntur contrario tantùm jure pereunt. Leg. 35. & leg. 100. ff. de reg. jur.*

Il faut excepter : I°. lorfque dans le premier teftament l'héritier inftitué n'eft pas du nombre des héritiers du fang, & que dans le fecond le teftateur a inftitué celui qui lui devoit fuccéder *ab inteftat*.

II°. Quand l'acte de révocation eft revêtu de toutes les folemnités réquifes pour un teftament, à l'exception de l'inftitution d'héritier qui ne s'y trouve point : car en ce cas, quoique cet acte ne contienne pas d'inftitution d'héritier, le teftament eft révoqué de plein droit dans le pays de Droit écrit où elle a lieu. La raifon eft, qu'on préfume alors que le teftateur a inftitué fes héritiers *ab inteftat*.

Pour ce qui eft du pays coutumier, la révocation tacite d'un teftament par un teftament poftérieur, n'a point lieu ; parce qu'en pays coutumier, les teftamens ne font à proprement parler que des codicilles ; ainfi plufieurs teftamens d'une même perfonne ne peuvent valoir, s'il paroît que telle a été la volonté du teftateur.

Touchant cette matiere, voyez ce que j'ai dit dans ma Traduction des Inftitutes fur le titre 17. du fecond Livre.

RÉVOCATION DE LEGS, eft un acte par lequel le teftateur révoque expreffément ou tacitement le legs qu'il a fait à quelqu'un. D'où il s'enfuit, que cette révocation peut être expreffe ou tacite.

Voyez ce que j'ai dit dans ma Traduction des Inftitutes, fur le titre 21. du fecond livre ; & fur le paragraphe 12. du titre précédent. *Voyez* auffi ce que j'ai dit ici, *verbo* Legs révoqué, & *verbo* Tranflation.

RÉVOCATION D'EXHEREDATION, eft un acte par lequel celui qui avoit exhérédé un de fes enfans, déclare vouloir qu'il foit admis à fa fucceffion.

Cette révocation doit être expreffe ; en forte que l'exhérédation ne peut être tacitement révoquée, foit par diffimulation, foit par acte équipollent ; comme il a été jugé par Arrêt du 38. Juin 1656. rapporté par Soefve, tom. 2. cent. 1. chap. 39.

Par cette raifon, la bénédiction feule, à l'article de la mort, donnée par le pere à un enfant exhérédé, n'eft pas fuffifante pour révoquer l'exhérédation. *Voyez* un Arrêt du 27. Avril 1660. qui eft rapporté dans le Journal des Audiences, qui l'a jugé ainfi.

L'exhérédation du fils faite par le pere pour s'être marié fans fon confentement, ne feroit pas non plus révoquée par la converfation que le fils & fa femme auroient avec le pere depuis l'exhérédation. Peleus, queftion 24.

Il y a néanmoins un cas où l'exhérédation eft tacitement révoquée, qui eft lorfque l'action dont on infere une révocation tacite, donne à connoître que par une rémiffion pleine & entiere de la part du pere, les juftes reffentimens qui avoient donné lieu à l'exhérédation font diffipés, & que la tendreffe paternelle a entierement pris le deffus ; comme je l'ai

dit, en parlant du rappel qui releve les enfans de leur exhérédation.

Outre que reguliérement la révocation d'une exhérédation doit être faite par un acte, il faut que cet acte foit paffé pardevant Notaire.

Touchant la forme & la révocation des exhérédations, *voyez* Henrys, tom. 2. liv. 5. queft. 47. Bardet, tom. 1. liv. 3. chap. 55. & tom. 2. liv. 3. chap. 20. Soefve, tom. 2. cent. 1. chap. 25.

RÉVOCATION DE PRIVILEGES, fe fait par un Edit par lequel le Roi révoque des priviléges. Il y a un Edit du mois d'Août 1705. qui révoque tous les priviléges accordés depuis le premier Janvier 1689. c'eft-à-dire, les exemptions attribuées à plufieurs charges de nouvelle création, excepté les Offices de Judicatures & quelqu'autres. Cet Edit eft rapporté dans le Mémorial alphabétique de la Cour des Aides, *verbo* Révocation, où eft auffi l'Edit du mois de Septembre 1706. rendu en interprétation.

REVOIR UN PROCES. *Voyez* Révifion de procès.

REVOLTE, eft la rébellion que des Sujets font contre l'autorité legitime de leur Souverain. Ce terme fignifie auffi la réfiftance & la défobéiffance à l'égard d'un fupérieur, comme d'un pere.

REVOLU, fignifie un terme qui eft achevé & fini. Ainfi une année revolue eft un efpace de douze mois complets, & un jour révolu eft une durée de vingt-quatre heures.

REVOQUER, fignifie ordinairement caffer, annuller ; comme quand on dit, que le Roi a révoqué un tel Edit.

Quelquefois ce terme fignifie ôter le pouvoir qu'on a donné. Ainfi on dit qu'on revoque un Procureur quand on lui ôte le pouvoir qu'on lui avoit donné.

Ce terme fignifie quelquefois retracter ce qu'on a fait : comme quand on dit, un tel avoit fait un teftament en ma faveur, mais il l'a révoqué.

On dit auffi, que la volonté des hommes eft ambulatoire, en parlant des teftamens, parce que l'on a toujours la liberté de les révoquer.

REZ DE CHAUSSÉE, eft la fuperficie du fol ou du fonds fur lequel une maifon eft bâtie ; comme dans les articles 69. 187. 188. 200. & 209. de la Coutume de Paris. *Voyez* ce que j'ai dit fur l'article 187. de cette Coutume.

R I

RIGUEUR, fignifie exacte obfervation de la Loi à la lettre, que le Juge n'eft pas obligé de fuivre, quand l'équité lui fuggere d'adoucir la rigueur du Droit & la févérité de la Loi, par une jufte interprétation tirée pour ainfi dire de la Loi même. *Voyez* ce que j'ai dit, *verbo* Equité.

Dans les cas favorables, on peut étendre & adoucir les Loix par une jufte interprétation : mais dans les cas odieux, il faut fuivre la difpofition des Loix à la rigueur.

En matiere criminelle, les Juges fouverains peuvent par des raifons particulieres, adoucir & diminuer les peines qui font établies par les Loix ; mais les Juges fubalternes font Juges de rigueur.

En matiere criminelle, quand il n'y a pas de preuves, mais feulement de légeres préfomptions contre l'accufé, le Juge ne doit point le condamner; & dans le doute, non-feulement il doit tenir fon glaive en fufpens, mais il doit renvoyer l'accufé. *Voyez* ce que j'ai dit, lettre C, en parlant de la condamnation à mort.

Au refte, l'expérience nous fait connoître que les crimes font moins communs dans les lieux, où étant prouvés pleinement, ils font punis à toute rigueur.

RIVAGE, eft le bord de la mer ou d'un fleuve. Les rivages de la mer font, quand à l'ufage, de même nature que les bords des rivieres; c'eft-à-dire, que l'ufage en eft public & libre à un chacun, pourvu que les chofes que l'on y met ne nuifent point à la navigation; mais la propriété de ces rivages appartient au Roi. Pour ce qui eft de la propriété des bords des rivieres, elle appartient à ceux qui font propriétaires des terres adjacentes. *Voyez* ce que j'ai dit dans ma Traduction des Inftitutes, fur le §. 4. & 5. du premier titre du fecond livre.

RIVAGE (DROIT DE) eft un droit pour le vin & autres marchandifes qui entrent en l'eau par bâteaux, ou qui en fortent.

RIVERAINS, font des habitans de certains villages voifins des forêts ou des rivieres, qui ont des droits d'ufage dans ces forêts, foit qu'elles appartiennent au Roi, ou à des Seigneurs particuliers. Ces ufages font réglés par le titre des Villages & Communautés de ces Riverains, & confiftent ou à mener paître leurs porcs & bêtes aumailles dans les forêts, dans le tems de la paiffon & glandée, ce qu'on appelle drots de pâturage & pâcage ;[ou à prendre du bois pour leur chauffage, même pour bâtir & réparer leurs maifons.

Dans les forêts du Roi, on ne donne plus de chauffage en efpece, fi ce n'eft aux Communautés eccléfiaftiques, auxquels ils ont été accordés. Pour ce qui eft des autres chauffages, dont les forêts du Roi étoient autrefois chargées, ils ont été réduit en argent, ou entiérement fupprimés.

Il nous refte à remarquer ici, I°. que les Riverains des forêts du Roi font tenus de faire des foffés à leurs dépens de quatre pieds de large, & de cinq pieds de profondeur, pour faire la féparation de leurs bois.

II°. Que les Riverains des rivieres font tenus de laiffer dix-huit pieds fur le bord de la riviere, pour la facilité de la navigation.

RIVIERE, eft une eau abondante & perpétuelle qui vient de quelque fource, & qui coule dans une efpece de canal qu'on appelle lit.

Il y a plufieurs efpeces de rivieres; fçavoir, les rivieres navigables, & celles qui ne le font pas.

Les rivieres navigables font celles qui portent bâteaux; au contraire, les non navigables font celles qui ne portent point bâteaux.

Les rivieres navigables font appellées royales, comme appartenantes au Roi *jure regio*, & font comprifes parmi les droits qui font refervés à la Couronne.

Quoique les rivieres prennent leurs cours par les terres des Seigneurs hauts jufticiers, lefdits Seigneurs ne peuvent pas prendre connoiffance des malverfations qui fe commettent tant fur l'eau que fur le ri-

vage, fuivant les Ordonnances des Eaux & Forêts.

Cela eft fondé fur ce que les chofes qui font publiques & du Droit des gens, comme les grandes rivieres, les rivages, les grands chemins, font dépendantes du Souverain.

Les grands fleuves font donc en la protection particuliere du Roi, foit à caufe de l'utilité de la navigation qui porte les marchandifes d'un pays à un autre, ce qui eft un des biens de la fociété civile, een quoi l'Etat fe trouve intéreffé; foit parce qu'ils fervent communement de limites & de défenfes aux Royaumes; & il y auroit de l'inconvénient que Sa Majefté n'en eût pas l'entiere propriété.

Ainfi les ifles qui s'élevent dans les fleuves ou dans les rivieres navigables, appartiennent au Roi, par le feul droit de propriété qu'il a deffus, auffi-bien que les péages, paffages, ponts, bacs, bâteaux, pêches, moulins, & autres chofes ou droits que ces fleuves ou rivieres produifent.

Il en eft de même des héritages qu'un fleuve ou une riviere navigable enferme comme des ifles; ils appartiennent auffi au Roi.

Mais les petites rivieres non navigables, & les ifles qui s'y forment, appartiennent à ceux qui font propriétaires de ces rivieres.

Sur le fondement que les fimples ruiffeaux ou rivieres non navigables appartiennent aux Seigneurs Hauts-jufticiers, la riviere de Loire, dans l'étendue du pays de Forez, où elle ne porte pas bâteau, eft au Seigneur Haut-Jufticier, qui a droit d'y permettre les moulins & les prifes d'eau. Ainfi jugé par Arrêt du Parlement de Paris du 9. Décembre 1651. rapporté par Henrys, tom. 2. liv. 3. queft. 5. & 6.

Ce même Auteur en la queftion fuivante dit, que le fleuve de Loire étant entre deux Seigneurs, l'un d'eux y faifant un avaloir ou moulin, ne peut pas l'apuyer fur la terre & Seigneurie de l'autre.

Tous les droits des rivieres navigables, comme droits de péage, pontage, de bac, & autres appartiennent au Roi, privativement aux Seigneurs Hauts-Jufticiers, à l'exception de ceux qui ont un titre ou une poffeffion immémoriale au contraire.

Voyez l'Edit du mois de Décembre 1672. qui eft rapporté dans le Traité de la Police, tom. 2. liv. 5. tit. 1. chap. 2. & ce que j'ai dit ici, *verbo* Atterifement. *Voyez* auffi Bacquet, des Droits de Juftice, chapitre 30.

R O

ROBE LONGUE, ROBE COURTE. *Voyez* ci-deffus; *verbo* Lieutenant.

ROLLE fignifioit autrefois un affemblage de feuilles de papier ou de parchemin, qu'on attachoit enfemble, ou que l'on colloit bout à bout, & que l'on rouloit.

Aujourd'hui ce terme n'eft guere employé, que pour fignifier les feuilles des actes & contrats paffés pardevant Notaires, & des Sentences, Jugemens & Arrêts, les feuillets des écritures d'Avocats, des requêtes, inventaires, & autres écritures faites par les Procureurs. Ainfi on dit, il y a tant de rôles de minutes ou de groffes, c'eft-à-dire, tant de feuillets, qui contiennent chacun deux pages d'écriture.

ROLLE, se prend encore pour une liste ou un état qui contient les noms de plusieurs personnes qui sont de même condition, ou dans le même engagement. On entend donc par rolle un état de taxes ou de droits, dont le recouvrement est à faire, de ce que chacun en doit porter, suivant le réglement qui en est fait par les Officiers qui ont droit de le faire; & c'est dans ce sens qu'on dit le rolle de la Capitation, le rolle des Tailles.

ROLLE DES TAILLES, qui est la liste de tous les Taillables, doit être fait par les Assesseurs & Collecteurs, & doit être vérifié par les Elus. Il est toujours exécutoire par provision, sauf le rejet, si les Collecteurs sont avoués par les Habitans; autrement les Collecteurs en répondent personnellement.

ROLLES, sont les listes dans lesquelles on met les causes pour être jugées en l'Audience de la Grand'-Chambre.

Toutes les appellations verbales des Jurisdictions qui se relevent au Parlement, vont à la Grand'-Chambre, pour être vuidées en l'Audience. Dès que l'appel est interjetté d'une Sentence rendue en l'Audience, il faut mettre la cause au rolle ordinaire, ou à celui des Jeudis, ou bien pour suivre l'Audience par placet présenté à M. le Premier Président.

Les rôles ordinaires sont ceux des Bailliages, dans lesquels on met les appellations qui ont été interjettées desdits Bailliages & Sénéchaussées.

Il y a huit rôles ordinaires des Provinces ou Bailliages, dont les appellations ressortissent au Parlement, qui sont suivant leur ordre, les rôles de Vermandois, d'Amiens, de Senlis, de Paris, de Champagne & Brie, Poitou, Lyon, Chartres & Angoumois. Une cause dont est appel du Présidial d'Amien, est mise au rôle d'Amien, & ainsi des autres.

Les rôles se font selon l'ordre de M. le Premier Président; en sorte que la premiere cause du rôle est celle qui lui plaît, ainsi des autres en suivant; excepté que les Officiers du Châtelet de Paris ont droit de mettre la premiere cause du rôle de Paris.

Mais d'autant qu'on ne plaide que très-peu de cause de chaque rôle, toutes les autres demeurent appointées au Conseil, pour être jugées par écrit; & il faut que les Parties prennent appointement à bailler causes d'appel, & réponses aux causes d'appel dans les délais de l'Ordonnance, & à écrire, produire & poursuivre le Jugement, comme aux instances qui sont appointées au Conseil, en l'Audience.

Il y a encore des rôles extraordinaires, qui sont celui des Jeudis le matin, & ceux des Mardis & Vendredis de relevée, dans lesquels on ne peut faire mettre aucune cause, que par placet présenté à M. le Premier Président.

Dans ces rôles extraordinaires, on met toutes les causes qu'on veut faire plaider promptement, de quelque Province que ce soit.

Ces rôles se font par le Secrétaire de Monsieur le Premier Président, & les rôles ordinaires se font par le Greffier des Présentations.

Il y a encore le rôle des Mercredis & Samedis matin, que l'on appelle petit rôle, qui se renouvelle de quinzaine en quinzaine, dans lequel on met deux sortes de causes; sçavoir, celles qu'on veut faire juger sur un appointement offert, & celles de matiere provisoire ou de procédure.

L'appointement offert est un écrit que le Procureur signifie au Procureur de la Partie adverse qui contient les qualités des Parties, & le prononcé de l'Arrêt qu'on veut obtenir après la signification de cet Acte.

Ensuite on présente à l'un de Messieurs les Avocats généraux un placet sur lequel il met vû; on le porte ensuite au Secrétaire de Monsieur le Premier Président, qui l'insere dans le rôle suivant son rang. Le Procureur qui a offert cet appointement, fait signifier un autre acte, par lequel il somme le Procureur de la Partie adverse de venir communiquer au Parquet sur cet appointement; sinon déclare qu'il en communiquera & fera arrêter ledit appointement par M. l'Avocat général qui aura reçu la communication, qui est toujours celui auquel on a fait viser le placet.

Si le Procureur de la Partie adverse comparoît au Parquet pour communiquer, ou son Avocat, après que l'affaire a été débattue de part & d'autre, M. l'Avocat général, qui a entendu les moyens des Parties, ouvre son avis ordinairement; & s'il trouve quelque chose à réformer dans l'appointement, il le déclare aux Procureurs ou aux Avocats des Parties qui se trouvent à l'Audience; les uns pour demander la reception de l'Appointement quand la cause est appellée, & les autres pour empêcher la reception dudit appointement.

Monsieur l'Avocat général, pardevant lequel les contestations ont été agitées, donne rarement le tems aux Procureurs ou Avocats de plaider: pour ne point faire passer inutilement l'Audience, il se leve; & après avoir expliqué sommairement les moyens sur lesquels chaque Partie fonde la justice de sa cause il dit son avis à la Cour, qui est presque toujours confirmé.

Quand le Procureur auquel on a offert l'appointement ne comparoît point, ni son Avocat, on obtient par défaut la reception de l'appointement, à moins que Monsieur l'Avocat général n'en voulut réformer quelque chose; & pour lors on l'obtient tel qu'il l'a résolu.

Il est à remarquer que contre les Arrêts qui interviennent à tour de rôles sur ces Requêtes ou appointemens offerts, soit contradictoirement, soit par défaut, on ne peut se pourvoir que par Requête civile ou par cassation.

ROLLES DE LA COUR DES AIDES. Il y a deux sortes de rôles qui s'expédient à la premiere Chambre, l'un appelle le rôle ordinaire, & l'autre appelle le rôle extraordinaire.

Les causes qui sont sur le rôle ordinaire, se plaident les Mercredis & vendredis matin; & celles qui sont sur le rôle extraordinaire, se plaident le Mardi de relevée, depuis le mois de Décembre jusqu'à la S. Jean.

ROLLES DES PRESIDIAUX, sont les rôles sur lesquels on met toutes les causes d'appel qui vont des Jurisdictions inférieures au Présidial.

ROLLES des oppositions , font des Registres qui contiennent les oppositions que l'on forme à la vente des Offices , ou des rentes fur l'Hôtel-de-Ville , qui font reçues par des Officiers , dont les uns font appellés Gardes-rôles , & les autres font appellés Conservateurs des hypotheques. *Voyez* ce que j'ai dit de ces Officiers , lettre C & lettre G.

ROTE , eft la Cour fouveraine de l'Etat du Pape , comme les Parlemens en France. Ses décifions ne font point fujettes à être reformées par la voie d'appel. Elle eft établie par les Papes dans leurs Etats , à l'inftar des Parlemens établis par nos Rois dans le Royaume.

Cette Jurifdiction fouveraine eft compofée de douze Docteurs , qu'on appelle Auditeurs de *Rote* qui font pris dans les quatre Nations , d'Italie , France , Efpagne & Allemagne. Il y en a trois Romains , un Tofcan , un Milanois , un Bolonois , un Ferrarois , un Venitien , un François , deux Efpagnols & un Allemand : chacun d'eux a 4. Clercs ou Notaires fous lui. Ils jugent de toutes les caufes bénéficiales & profanes , tant de Rome , que des Provinces de l'Etat Eccléfiaftique , en cas d'appel , & de tous les Procès des Etats du Pape au-deffus de cinq cens écus. Ils s'appellent auffi Chapelins du Pape , ayant fuccédé aux anciens Juges du facré Palais , qui jugeoient dans fa Chapelle.

Ce mot de *Rote*, vient , dit-on , ou de ce que les Juges de cette Jurifdiction y fervent tour à tour , ou de ce que les plus importantes affaires du monde Chrétien roulent devant eux. Du Cange le dérive de *Rota Porphirica*, à cause que le pavé de la Chambre étoit autrefois de porphyre , & taillé en forme de roue : ce qui a donné lieu à nommer ainfi la Jurifdiction qui s'y tient. Ce fut Jean XXII. qui l'établit.

Il y a un Recueil fameux des Jugemens rendus par les Juges de cette Jurifdiction , qu'on appelle *Decifiones Rotæ*.

ROTURE , eft un héritage tenu en cenfive ; à la différence des fiefs , qui font des héritages tenus noblement. La foi & hommage , le dénombrement , le relief , le quint , la main-mife , le retrait féodal , ni la commife n'ont point lieu dans les rotures.

Les héritages tenus en roture ne doivent que deux principaux droits ; fçavoir , le cens par chacun an , & les lods & ventes , qui font dûs au Seigneur cenfier par l'acquéreur à titre de vente , ou autre équipollent à la vente.

A ces deux droits il faut ajouter les amendes faute de payemens de cens , ou faute de notification de vente ; la première eft de cinq fols parifis ; la feconde de trois livres quinze fols.

ROTURIER , eft celui qui n'eft pas Noble. *Voyez verbo* Nobleffe , où nous avons expliqué les principaux privileges des Nobles , qui dénotent en quoi ils différent des Roturiers.

Les Roturiers compofent le troifieme ordre des trois Etats de France ; ils font Bourgeois ou Vilains , dit Loyfel , liv. 1. tit. 1. regle 8. Sur quoi M. Lauriere obferve que les Bourgeois font les habitans des groffes Villes , qui étoient anciennement en France toutes fortifiées ; & que vilains étoit le nom

que l'on donnoit aux Roturiers qui poffedoient des héritages tenus en vilenage , c'eft-à-dire , chargés de rente ou de champart : c'eft pourquoi on les appelloit vilains.

Les Roturiers ou Vilains font jufticiables des Seigneurs defquels ils font couchans & levans. *Voyez* Loyfel , liv. 1. tit. 1. regle 19. & la note de M. Lauriere.

ROUAGE , eft un droit qui fe paye au Seigneur , en quelques pays , fur chaque piece de vin , vendu en gros , pour avoir de lui la permiffion de l'enlever. Ce droit eft ainfi appellé , parce qu'il doit être payé avant que la roue tourne , & pour avoir le droit de la faire rouler fur fes terres.

Le droit de rouage eft dans quelques endroits plus étendu , fuivant Bacquet , des droits de Juftice , chap. 30. nomb. 22. où il dit , que c'eft un droit appartenant à un Seigneur , de prendre pour chaque charriot ou charrete vuide , ou chargée de marchandifes , paffant par fa feigneurie , certaine fomme de deniers.

ROUE , fignifie un fupplice que l'on fait fouffrir aux affaffins & voleurs de grands chemins , à qui l'on brife les os avec une barre de fer fur un échaffaut : après quoi on les expofe fur une roue la face tournée vers le ciel , jufqu'à ce qu'ils foient expirés ; & même fouvent pour l'exemple , quand le Jugement a été prononcé par un Arrêt du Parlement , on les y laiffe pendant vingt-quatre heures.

Ce cruel fupplice qui étoit inconnu aux anciens , a été inventé en Allemagne. On tient qu'il n'étoit pas fort ufité en France avant François I. qui par fon Edit de l'année 1534. ordonna d'y condamner les voleurs de grands chemins.

Le Jugement qui condamne à ce fupplice eft ainfi conçu : *Nous avons ledit . . . . . déclaré dûement atteint & convaincu de . . . . . . pour réparation de quoi , le condamnons d'avoir les bras , jambes , cuiffes & reins rompus vifs fur un échaffaud , que pour cet effet fera dreffé fur la place de . . . & mis enfuite fur une roue , la face tournée vers le Ciel , pour y finir fes jours , tant qu'il plaira à Dieu le laiffer vivre ; ce fait , fon corps mort porté par l'Exécuteur de la haute Juftice , fur le chemin de . . . . . fes biens acquis & confifqués.*

Lorfqu'il y a un *retentum* , on met au bas de l'Arrêt : *Et a été arrêté que ledit . . . . fera étranglé avant que de recevoir les coups , ou après en avoir reçu un tel nombre , ou bien une heure après qu'il aura été mis fur la roue.*

ROY , eft un Souverain , un Monarque , un Prince , qui a droit de commander à fes fujets , & qui ne reconnoît de fupérieur que Dieu feul.

Comme Dieu fait les Rois pour tenir fur terre fa place au-deffus des hommes , il ne les a élus à ce haut rang , que pour fe faire regner lui-même par l'empire de la Juftice qu'il met entre leurs mains ; & c'eft pour foutenir la grandeur d'un miniftere fi augufte qu'il leur communique tant de puiffance & tant de gloire. Il ne les a donc pas établis pour donner au Peuple le vain fpectacle d'une grandeur & d'une magnificence mondaine , ou pour recevoir les vœux de leurs Sujets dans l'oifiveté ; mais pour les défendre envers & contre tous , les maintenir en paix dans leurs Royaumes , & y faire régner la Religion, la Justice & le bon ordre.

Un Roi est par rapport à son Royaume , ce que le cœur est à l'égard du corps de l'homme ; & de même que dans l'homme le cœur est le principe de la vie, le Roi est aussi après Dieu le premier mobile de ses États. Un Roi n'est donc pas à soi , mais il se doit tout entier à son peuple , qui le doit chérir & respecter avec une parfaite soumission , & le regarder comme la vive image de Dieu, dont il tient la place sur la terre.

Saint Chrysostome dit que la Royauté est un assemblage de soins & d'inquiétudes pour le repos & le bonheur des Peuples. Aussi les Chinois disent que les Rois doivent avoir dans l'Empire toute la tendresse d'un pere , & les peres dans leur famille toute l'autorité des Rois.

Les Rois sont les Maîtres & les arbitres des Loix; mais il est de leur sagesse de ne les changer qu'à propos , & de s'y soumettre eux-mêmes dans les affaires qui les regardent. Aussi la cause du fisc n'est jamais favorable sous un bon Prince, pour peu qu'il trouve de doute à se déterminer en sa faveur. Il assujettit lui-même les actes & contrats qu'il fait à toutes les regles auxquelles sont soumis ceux des Particuliers.

Les Rois qui sont les images de Dieu même , ont le pouvoir de ne suivre aucune formalité dans leurs Jugemens , lorsque les crimes sont dans la derniere évidence. Ainsi Josué jugea Acham, qui avoit transgressé la Loi , & le condamna par son Jugement à une peine capitale ; ainsi Saül alloit condamner son fils Jonatas , si l'avenir ne l'avoit pas dérobé à sa Justice.

Soit que les Rois agissent comme Rois , ou qu'ils agissent comme Particuliers, ils sont toujours esclaves de leur parole. Quand ils agissent en qualité de Rois, ils représentent le Peuple & l'État entier : il est du droit naturel qu'un État & un Peuple exécute sa parole. A l'égard des actes que les Rois font en qualité de Particuliers , ils sont tous soumis aux mêmes Loix que ceux qui se font par leurs Sujets. *Grotius , lib. 2. de jure belli & pacis , cap. 15.*

On peut dire même qu'un Roi est plus obligé d'exécuter ses promesses qu'un particulier, puisqu'il est l'arbitre & le modérateur de la Justice , & que la foi & l'autorité publique résident en lui; & de plus, parce qu'il doit l'exemple à ses Sujets.

Heureux font les Peuples dont les Rois mettent toute leur application à remplir dignement tous leurs devoirs , & à servir d'exemple à leurs Sujets dans le chemin de la vertu. *Regis ad exemplum totus componitur orbis.*

Il faut aussi demeurer d'accord que le bonheur des Peuples dépend de leur soumission aux Loix de l'État, & aux ordres de ceux à qui Dieu en a confié la conduite. La tranquillité & la paix d'un Royaume consistent dans l'harmonie & dans l'union du Souverain & de ses Sujets. C'est donc au Roi à commander , & à ses sujets à obéir.

Ainsi , pour entretenir l'harmonie d'un Royaume , il faut qu'il y ait un commerce ou un retour des de-

voirs du Souverain à ses Sujets , & de ceux-ci au Souverain. Mais cette bonté , cette équité, cette justice que doit avoir un Prince , ne doit en rien diminuer la subordination & l'obéissance du Peuple. Si un Prince doit être le Pere de ses Sujets , ils doivent avoir pour lui la soumission des enfans ; & les devoirs des uns sont aussi sacrés que celui des autres. Aussi voit-on que tout prospere , que tout abonde , dans une Monarchie où cette union du Souverain & de ses Sujets est bien observée.

Un Roi véritablement digne de commander , est un des plus précieux présens que le Ciel puisse faire à la terre. Les Infidéles même l'ont avoué , & les ténebres de leur fausse Religion n'ont pû leur cacher ces deux vérités , que Dieu seul donnoit des bons Rois , & qu'un tel don en renfermoit beaucoup d'autres ; parce que rien n'étoit plus excellent que ce qui ressembloit plus parfaitement à Dieu ; & que l'image la plus noble de la divinité , étoit un Prince juste, modéré, saint, & qui ne regnoit que pour faire régner la vertu.

Au reste , Dieu ne donne de l'autorité aux Rois que pour le bien des Peuples ; c'est-à-dire , pour rendre justice , pour empêcher les violences , pour conserver l'égalité & la paix , pour récompenser la vertu & pour punir le vice.

Pour ce qui est des aliénations , ventes , substitutions , & transports que les Rois peuvent faire , il faut remarquer qu'ils ont deux sortes de patrimoine ; sçavoir , le Domaine , qui est le vrai patrimoine de leur Couronne , qui leur appartient en qualité de Rois; & leur patrimoine particulier , qui leur appartient au moyen des acquisitions qu'ils ont faites , ou par succession de leurs parens.

Les biens du premier genre ne sont point à leur disposition , parce qu'ils n'en jouissent que comme usufruitiers & en qualité de Princes ; mais comme les autres leur appartiennent en pleine propriété, ils peuvent en disposer comme bon leur semble, *voyez* ce que dit à ce sujet M. Gundelin , Docteur de l'Université de Hal, dans son traité du Contrat pignoratif , imprimé en 1706.

Pour ce qui est des titres & qualités que l'on donne aux Princes , ceux qui sont parfaitement souverains , comme le Roi de France , c'est-à-dire , ceux qui ne sont en vasselage , ni tributaires, & principalement les Rois, sont qualifiés du titre de Majesté, qui signifie souveraineté parfaite : d'où vient que ceux qui l'offensent, sont dits coupables de leze-Majesté.

Ce titre est le plus haut & le plus auguste qui ait jamais été inventé ; de sorte même qu'on peut dire qu'il appartient proprement à Dieu.

Pour ce qui est des Princes qui ne sont pas parfaitement souverains , ils ne prennent pas le titre de Majesté ; mais ou celui d'Altesse , comme le Duc de Lorraine , Florence, Mantoue & Ferrare ; ou celui d'Excellence, comme les Princes de pays de suréance ; ou finalement celui de Sérénité , comme les Ducs de Venise.

La souveraineté des Rois est encore marquée par certains ornemens qui annoncent leur puissance & leur grandeur ; sçavoir le Sceptre & le Diadême; le Sceptre est un signe de puissance, comme le Diadême est un signe d'honneur. L'un & l'autre font tellement les marques de la Souveraineté des Rois, que dans les bons Auteurs ces termes font employés pour fignifier la Royauté même.

Le Sceptre aujourd'hui eft fait d'or, qui eft le métail fouverain; on y met au haut la figure d'une aigle ou d'une cigogne; & les Rois de France y font mettre une fleur de-lys. Le Diadême eft aujourd'hui une Couronne d'or, enrichie de perles & de diamans précieux.

Pour ce qui regarde les droits utiles de la royauté voyez ce que j'en ai dit, *verbo* Régale. *Voyez* auffi Loi, Puiffance royale & Souverain.

ROY DE FRANCE, eft un Prince faifi de plein droit par fucceffion de la Coutume de France.

Je dis *un Prince*; fur quoi il faut remarquer que ce terme fe prend dans une fignification étroite, de manière qu'il ne comprend que les mâles; parce que le Royaume de France ne tombe point en quenouille, quoique les femmes foient capables de tous autres Fiefs. Loyfel, livre 4. titre 3. regle 86.

Le Pere le Long, dans fon Hiftoire politique de France, liv. 3. chap. 7. dit que les Auteurs même entre les François, font partagés au fujet de la Loi Salique.

Les uns prétendent que c'eft en vertu de cette Loi, que les femmes font privées du droit de fuccéder à la Couronne de France.

D'autres foutiennent que ce n'eft pas en vertu de cette Loi, dont l'antiquité ne leur eft pas fi connue, que par une Coutume immémoriale, qu'ils croient établie dès le commencement de la Monarchie Françoife, quoiqu'elle n'ait eu lieu pour la première fois que du tems de Philippe de Valois coufin germain des Rois Louis Hutin, Philippe le Long & Charles le Bel auquel il fuccéda, à l'Exclufion d'Edouard III. Roi d'Angleterre, fils d'Izabeau de France, fille de Philippe le Bel, & fœurs des trois derniers Rois de France.

Sans trop examiner laquelle des deux opinions eft à préferer, c'eft aujourd'hui un proverbe commun, que le Royaume de France ne tombe point en quenouille, & qu'il eft déféré par fucceffion au Prince qui fe trouve être le plus proche parent du Roi qui eft décédé. Lorfqu'il y a plufieurs Princes du Sang dans un égal dégré de parenté, comme quand le Roi décede laiffant plufieurs enfans, celui d'entr'eux qui eft l'aîné eft feul faifi de la Couronne. *Voyez* ci-deffus Couronne de France.

Nos Rois ne tiennent point leur Couronne de l'élection de leurs Sujets. Ayant conquis les Gaules par le droit de la guerre, & par la force de leurs armes, ils ne tiennent leur puiffance que de Dieu feul & de leur épée.

En effet le Roi de France eft Empereur en fon Royaume, & feul Souverain en icelui, ne reconnoiffant aucun Supérieur, & le tenant immédiatement de Dieu, qui par fa grace l'a établi. Auffi fe difent-ils Roi par la grace de Dieu, pour marquer leur autorité fouveraine & leur indépendance. Du Tillet dans fon Recueil des Rois, pag. 261. & fuivantes. Anciennement les Ducs & les Comtes de France avoient ufurpé une efpece de fouveraineté, jufqu'à fe qualifier tels par la grace de Dieu, mais une des trois chofes que Louis XI. défendit au Duc de Bretagne par le Traité qu'il fit avec lui, fut de fe qualifier Duc par la grace de Dieu.

Bodin remarque que les grands Officiers de France ufoient de cette adjonction, jufques-là, dit-il, qu'un Elu de Meaux s'étoit qualifié Elu par la grace de Dieu: en quoi il s'eft trompé; car ce n'étoit pas un Elu fur le fait des Aides & des Tailles, mais celui qui étoit élu Evêque de Meaux.

Lorfqu'ils font facrés, ils prennent leur épée (qui eft la marque de leur puiffance) de deffus l'Autel, & non pas de la main d'aucun de ceux qui affiftent à leur Sacre, pour faire voir que c'eft à Dieu feul qu'ils font redevables de leur autorité fuprême. Fauchet dans fes Origines, liv. 7. chapitre 17.

Anciennement on ne comptoit les règnes de nos Rois, que du jour de leur facre & couronnement; ce qui étoit caufe qu'il fe trouvoit un intervalle de tems entre le décès du dernier Roi & le facre de celui qui lui fuccédoit: ainfi la France étoit pendant une efpace de tems fans Roi.

Mais à préfent le Roi ne meurt jamais, c'eft-à-dire que le Trône ne vaque pas un feul moment; parce que dès que le Roi eft décédé, fon fucceffeur eft à l'inftant faifi de plein droit de la Royauté, & tous les hommes de fon Royaume deviennent fes fujets.

Tous les héritages fitués dans fon Royaume lui appartiennent par le droit de fon Empire; c'eft-à-dire, qu'il en a la Seigneurie directe & primordiale, & que le domaine utile en appartient à ceux de fes Sujets qui en jouiffent; en forte qu'il ne peut pas fe les attribuer, ni en difpofer à fa volonté. *Voyez* Souverain.

Mais il peut difpofer à fa volonté de tous les biens qu'il auroit acquis, ou qui lui feroient échus par fucceffion, indépendamment de fa Couronne. *Voyez* Bacquet en fon Traité de la deshérence, chap. 7. nombre 9. & fuivans; & Chopin fur la Coutume de Paris, livre 1. titre 2. nombre 28.

Le Roi peut bien céder & quitter les droits féodaux, comme de Juftice, cenfives & autres; mais il ne peut céder les droits royaux & de fouveraineté. *Voyez* ce que j'ai dit, *verbo* Régales.

Il n'y a en France que le Roi qui plaide par Procureur. M. Augeard, tome 2. chapitre 39. rapporte un Arrêt du Parlement de Metz du 29. Janvier 1697. qui a Jugé que le Roi de Suede ne pouvoit pas plaider en France par Procureur.

Voici une obfervation à faire touchant l'autorité fouveraine de nos Rois & leur indépendance, qui eft que le 2. Janvier 1615. toutes les Chambres du Parlement étant affemblées, M. le Procureur général remontra que les maximes de tout tems tenues en France, étoient que le Roi ne reconnoît aucun Supérieur au temporel de fon Royaume, finon Dieu feul; & que nulle puiffance n'a droit ni pouvoir de difpenfer fes Sujets du ferment de fidélité & obéiffance qu'ils lui doivent, ni le fufpendre, priver ou dépofer de fon Royaume, & moins encore d'attenter ou faire attenter par autorité, foit publique ou privée, fur les perfonnes facrées des Rois; que quoique ces maximes ayent été confirmées par plufieurs Arrêts, néanmoins quelques perfonnes fe donnoient la liberté de les révoquer en doute, & le tenir pour problématiques. A ces caufes, il requit qu'il plût à la Cour ordonner que les anciens Arrêts feront renouvellés, &c.

Sur ces remontrances, la Cour ordonna que les Arrêts des 2. Décembre 1561. 29. Décembre 1594. 7. Janvier & 19. Juillet 1595. 27. Mai, 8. Juin & 26. Novembre 1510. & 26. Juin 1614. feront gardés & obfervés felon leur forme & teneur. Défenfes à toutes perfonnes, de quelque qualité & condition qu'elles foient, d'y contrevenir, fous les peines y contenues, &c. Bibliotheque canonique, tom. 2. pag. 338.

Dans les Monarchies parfaites, telle que celle de France, il n'y a que le Roi feul qui puiffe faire des Loix; & quoique par une bonté finguliere nos Rois aient permis à des Provinces de fuivre leurs ufages comme Loix, il faut toujours que ces Coutumes foient non-feulement arrêtées par l'exprès commandement de Sa Majefté, & pardevant des Commiffaires par lui députés, mais encore qu'elles foient approuvées & vérifiées par lui en fon Parlement.

La puiffance publique n'appartient entiérement & parfaitement qu'au Roi; ainfi nul autre que lui ne peut avoir de puiffance fur fes Sujets: mais comme il ne peut pas être par-tout, ni donner fes ordres en tous lieux, il eft obligé de communiquer l'exercice de cette puiffance publique à ceux que nous appellons Officiers; lefquels, par rapport aux emplois qu'il leur donne, repréfentent fa perfonne & font fa fonction publique, comme fes commis & fes Procureurs.

Le droit de Juftice appartient en France au Roi feul, qui eft fondé du droit commun en toute Juftice haute, moyenne & baffe, dans toute l'étendue de fon Royaume. Nul Seigneur ne peut donc prétendre avoir droit de Juftice en aucun Fief, Terre ou Seigneurie fitués en France, fans titre particulier, conceffion ou permiffion du Roi, ou fans une poffeffion immémoriale qui tienne lieu de titre. Voyez ce que j'ai dit, lettre D, en parlant du Droit de Juftice; & le Traité de Bacquet, des Droits de Juftice, chapitre 4.

Au refte, Loyfeau en fon Traité des Seigneuries, chap. 2. vers la fin, après avoir fait voir les inconvéniens qui fe trouvent aux Etats électifs, dit que le Royaume de France eft la Monarchie la mieux établie qui ait jamais été au monde, étant en premier lieu une Monarchie royale, & non pas feigneuriale; une Souveraineté parfaite, à laquelle les Etats n'ont aucune part; fucceffive, non élective, non héréditaire purément, ni communiquée aux femmes, mais déférée au plus proche mâle par la Loi fondamentale de l'Etat. Occafion, dit cet Auteur, pourquoi ce Royaume a déjà plus duré qu'aucun autre qui ait jamais été.

Le Pere le Long, dans fon Hiftoire politique de France, livre 3. chapitre 5. rapporte les Traités qui ont été faits fur les prérogatives des titres & prééminences des Rois de France, avec les noms de leurs Auteurs.

M. le Bret a fait un Traité particulier de la Souveraineté, dans lequel il explique les droits de la Royauté, blâme l'erreur de ceux qui difent que la France doit dépendre de l'Empire; parle des Loix fondamentales du Royaume; de la majorité des Rois acquife à quatorze ans; des droits des femmes, veuves, enfans & freres des Rois; du pouvoir qu'ils ont fur les Bénéfices & de la Régale fpirituelle dont ils jouiffent; de la collation de ceux dont ils font Patrons & Fondateurs; de l'obéiffance due aux commandemens & refcrits du Prince; du pouvoir qu'il a de faire feul des Nobles, naturalifer les étrangers, légitimer les bâtards, & faire battre monnoie.

Il parle auffi des droits qu'a le Roi de France fur la mer, fur les fleuves navigables, fur les grands chemins; du droit de marque & de repréfailles, de celui qui lui appartient d'établir des poftes & des courriers publics, d'écrire au Parlement en corps & aux armées.

Enfin, il parle de plufieurs autres droits dépendans de la Souveraineté, comme ceux qu'il a fur les mines & métaux, biens vacans par defhérence, de ceux qui font acquis par confifcation, de l'autorité & droits de fes Sceaux, du dernier reffort, & de la puiffance du glaive.

Voyez ce que j'ai dit, verbo Régales, & verbo Souverain, où j'ai rapporté les principaux droits en quoi confifte la Souveraineté. Voyez auffi ce que j'ai dit, verbo Main-garnie, où j'ai expliqué de quelle maniere fe doit entendre cette maxime qui dit que le Roi plaide toujours main-garnie. Voyez auffi Bacquet, des Droits de Juftice, chap. 7. & ce que dit Coquille dans fon Inftitution au Droit François, en l'article qui a pour titre, du Droit de Royauté.

Voici un extrait d'un Manufcrit touchant les droits royaux, qui fe trouve dans la Bibliotheque de Bouchel, verbo Roi: comme il m'a paru affez jufte, j'ai cru le pouvoir rapporter ici.

Iº. Nul ne peut lever aucuns deniers en France fur les Sujets y demeurans, quelqu'autorité qu'il ait, pour quelque caufe que ce foit, à moins qu'il en ait des Lettres expreffes & précifes de Sa Majefté.

IIº. Nul ne peut faire affemblées de gens, ni aucun port d'armes, fans congé & permiffion expreffe du Roi.

IIIº. Nul Sujet, de quelqu'état, qualité, autorité, ou condition qu'il foit, ne peut entrer en aucune affociation, intelligence, participation, ou ligue offenfive ou défenfive, avec Princes, Potentats, Républiques, Communautés, dedans ou dehors le Royaume, directement ou indirectement par eux, ou par perfonnes interpofées, verbalement ou par écrit; faire aucune levée ou enrollement de gens de guerre fans exprès congé du Roi, fous peine d'être déclarés criminels de léze-Majefté, & prodeurs de leur patrie, incapables & indignes, eux & leur poftérité de tous états, Offices, titres, honneurs, privileges, & tous autres droits.

IVº. Nul Prince ou Seigneur du Roi de France, ne peut contracter mariage avec une perfonne étrangere, fans le confentement exprès de Sa Majefté.

Vº. Nul ne peut lever ou avoir pont levis en fa Maifon ou Châtelet, s'il n'eft Duc, Comte, Baron ou Châtelin, fans le congé & permiffion du Roi ou de fon Suzerain; & nul ne peut faire clore Village fans l'exprès congé du Roi.

VIº.

VI°. Au Roi feul appartient de donner rémiſſion & rappel de ban.

VII°. Aux feuls Juges royaux appartient la vérification & entérinement de toutes graces, pardons & rémiſſions par lui faites à quelques perſonnes, & pour quelques crimes ou excès que ce ſoit, ſans qu'aucun Seigneur, Baron ou Clerc, ou autre de ce Royaume, puiſſent en aucune maniere s'y entremettre.

VIII°. Au Roi feul appartient créer nouvelles Juriſdictions dans ſon Royaume, & nul autre que lui ne le peut faire ſans ſon congé.

IX°. C'eſt auſſi à lui feul qu'appartient le droit de créer & ordonner de nouvelles Foires & de nouveaux Marchés dans tout ſon Royaume, & d'octroyer tels privileges & franchiſes que bon lui ſemble.

X°. A lui feul appartient donner Lettres de nobleſſe & de légitimation par tout ſon Royaume.

XI°. A lui feul appartient bailler poids & meſures par-tout ſon Royaume, d'y faire battre monnoie, & punir les faux monnoyeurs.

XII°. Il n'y a que le Roi de France qui puiſſe dans ce Royaume donner & permettre le droit de marque, c'eſt-à-dire, répréſailles, & donner ſauvegarde.

XIII°. La connoiſſance ſouveraine & ſans reſſort des Egliſes cathédrales, & des Egliſes qui ſont de fondation royale & garde antique, & autres qui ſont réſervées ſpar privilege, ou d'autre maniere, en chef ou en membre, appartient au Roi feul; comme auſſi la connoiſſance de leurs ſujets, hommes & ſerviteurs, terres & poſſeſſions, & autres droits à eux appartenans en quelque maniere que ce ſoit.

XIV°. La deſtruction des Villes & Châteaux appartenans à des malfaiteurs, ne ſe peut faire que par les Ordres de Sa Majeſté.

XV°. Au Roi feul appartient la ſucceſſion des aubains.

XVI°. Item, le tréſor trouvé, la ſucceſſion des bâtards, les biens vacans, la desherence, s'il n'y a Coutume au contraire.

XVII°. Le Roi de France a pluſieurs autres droits particuliers & différens dans chaque Province, tels qu'ils appartiennent aux Ducs, Comtes, Barons & autres Seigneurs auparavant que leſdites Provinces fuſſent réunies à la Couronne.

XVIII°. Il ne doit aucune foi & hommage pour un arriere-fief à lui adjugé, mouvant d'un fien Vaſſal.

XIX°. Aucune preſcription, telle qu'elle ſoit, ne peut courir contre le Domaine de la Couronne.

XX°. Il y a droit de gîte dans tous les Monaſteres de fondation royale, & auſſi droit d'oblat.

XXI°. Il a le droit de Régale, en vertu duquel il jouit du fruit des Evêchés & Archevêchés de ſon Royaume tant qu'ils ſont vacans, & juſqu'à ce que le nouvel Evêque ou Archevêque lui ait prêté le ſerment de fidélité.

XII°. Le Roi peut de ſa propre autorité lever des ſubſides ſur les Egliſes & ſur les Eccléſiaſtiques,

Tome II.

pour le maintien & la défenſe de ſon Royaume.

XXIII°. Il ne reconnoît aucun Supérieur dans ſon Royaume, & aucun n'y peut prendre puiſſance.

XXIV°. Tous les Evêques & Archevêques ſont tenus de lui faire la foi & hommage.

XXV°. Le Roi ne peut être excommunié, ni ſes Officiers, pour raiſon de leurs Offices; & aucune monition, ſuſpenſion ou interdiction ne peut être publiée ni exécutée contre les Prélats du Royaume de France.

XXVI°. Les Légats du Pape ne peuvent entrer dans ce Royaume, & uſer de leurs facultés ſans permiſſion expreſſe du Roi. *Voyez* l'article 11. des Libertés de l'Egliſe Gallicane de M. Pithou.

XXVII°. Les Rois de France ont droit de faire aſſembler Conciles provinciaux & nationaux, ſelon les occurrences & néceſſités de leurs Etats. *Voyez* l'article 10. des Libertés de l'Egliſe Gallicane.

XXVIII°. Les Prélats de l'Egliſe Gallicane, quoique mandés par le Pape, ne peuvent ſortir du Royaume ſans congé du Roi. *Voyez* l'article 13.

Le Lecteur peut voir dans les Libertés de l'Egliſe Gallicane de Monſieur Pithou, pluſieurs autres articles qui marquent la puiſſance & l'indépendance de nos Rois.

ROY D'YVETOT, étoit autrefois le Seigneur qui poſſédoit cette petite contrée de Normandie, dans le pays de Caux.

Un Arrêt de l'Echiquier de Normandie en l'an 1392. donne le titre de Roi au Seigneur de cette Terre. On trouve pluſieurs autres actes où l'on donne la qualité de Roi au Seigneur d'Yvetot, & celle de Reine à Madame d'Yvetot.

L'Hiſtorien Froiſſart raconte que Clotaire I, Roi de France, ayant tué Gautier, ſon Sujet & Seigneur d'Yvetot, dans l'Egliſe de Soiſſons: le jour du Vendredi ſaint, dans le tems qu'on faiſoit la cérémonie de l'adoration de la Croix, le Pape Agapet, premier du nom, enjoignit à Clotaire de réparer cette faute par quelque choſe d'authentique; & que ce Roi, pour l'expiation de ce crime, érigeât en Royaume indépendant la Terre d'Yvetot. Mais comme cet Auteur a écrit plus de cent cinquante ans après le tems qu'il dit que cela eſt arrivé, & qu'il n'en rapporte aucuns témoins ni aucunes preuves, on regarde ce recit comme une fable.

Quoiqu'il en ſoit, le Seigneur de cette Terre n'a plus que la qualité de Prince d'Yvetot. Mais ce Bourg s'eſt toujours maintenu dans l'indépendance, & dans l'exemption des Tailles & autres impoſitions; & de plus ceux qui en ſont Seigneurs perçoivent les droits de quatrieme dans leur Terre, de la même maniere que les Fermiers du Roi les perçoivent en Normandie: ſur quoi pluſieurs Arrêts des Cours ſouveraines ont été rendus.

ROY DE LA BASOCHE étoit autrefois celui qui préſidoit à cette Juriſdiction qui avoit été établie par Philippe le Bel, ſous le magnifique & pompeux titre de Royaume.

Mais Henri III. voyant que le nombre des Clercs alloit à près de dix mille, défendit qu'aucun Sujet du Royaume prît le nom de Roi; & dès ce tems-là tous les droits du Roi de la Basoche passerent en la personne de son Chancelier.

Voyez Basoche.

ROY des Ribauds, étoit autrefois l'Officier à qui le nom de Prévôt de l'Hôtel a été donné par Charles VI. *Voyez* Grand Prévôt de l'Hôtel.

ROYAL, se dit de tous les Officiers de Justice établis par le Roi, & des Sieges où la Justice se rend en son nom. Ainsi on dit un Siege, un Bailliage

royal. On dit aussi un Juge, un Notaire, un Sergent royal.

ROYAUME, est un pays réduit sous l'autorité d'un Roi, d'un Monarque.

R U

RUBRIQUES, est le nom qu'on donne aux titres des Livres du Corps de Droits. On les nomme ainsi parce que ces titres étoient anciennement écrits en lettres rouges.

S

S A

SAC en terme de Palais, se prend communément pour les pieces qui sont enfermées dans les sacs proprement dit. C'est en ce sens qu'on dit se communiquer les sacs, pour dire communiquer les pieces de la cause. Les Avocats se communiquent les sacs de la main à la main; les Procureurs se les communiquent sous leur recepissé. On appelle Greffier garde-sacs, celui qui a le dépôt du Greffe, & qui se charge des productions des Parties.

Les Avocats, Procureurs, leurs veuves & héritiers, sont déchargés de la représentation des sacs, nonobstant leur recepissé après cinq ans. Messieurs du Parlement de Paris après trois ans; Louet, lettre S, somme 21. *V.* ce qui est dit à ce sujet dans le dictionnaire de M. Brillon, *verbo* Sacs; & ce que j'ai dit ci-dessus, *verbo* Recherche de procès & instances.

SACQUIER, est un petit Officier établi en quelques Ports de mer, dont la fonction consiste à charger & décharger les Vaisseaux de sel & de grains, en le transportant dans des sacs, comme il y a des Mesureurs de sel, & des Compteurs de poisson.

Ces Officiers sont fort anciens, puisqu'il en est parlé dans le Code Théodosien, liv. 14. tit. 22. *de Saccari's, portus Romæ.*

SACRE des Rois de France, est une cérémonie solemnelle, qui se fait ordinairement à Reims dans l'Eglise de Saint Remy, & à laquelle assistent les Princes & les Pairs de France.

L'Archevêque y donne une sainte onction aux Rois de France, avec une huile qui leur a été envoyée du Ciel dans la sainte Ampoule.

Le Roi jure dans son Sacre d'observer les Loix de l'Eglise & de l'Etat.

Le Roi acquiert par l'onction de son Sacre une espece de participation au Sacerdoce.

L'on ne comptoit anciennement le regne de nos Rois, que du jour de leur Sacre, comme j'ai dit, *verbo* Roi de France.

Voyez ce qui est dit du Sacre des Rois de France dans le Dictionnaire de M. Brillon, & les Auteurs qu'il indique.

S A

SACRILEGE, est la profanation des lieux saints, & des choses sacrées.

On distingue ordinairement de trois sortes de sacrileges, la premiere est, lorsqu'on vole une chose sacrée dans un lieu saint; comme seroit le Ciboire, le Soleil où l'on met l'Hostie sacrée, & les Vases destinés pour le Service divin; ou lorsque l'on commet un meutre d'un Prêtre dans l'Eglise, faisant ses fonctions sacerdotales. La seconde, quand on vole une chose sacrée dans un lieu qui n'est pas sacré. La troisieme, quand on vole une chose profane dans un lieu sacré, ou qu'on y commet des homicides, larcins, irrévérences & autres crimes.

La peine du sacrilege est arbitraire parmi nous. Quelquefois ce crime est puni de la peine des galeres & quelquefois du dernier supplice; ce qui dépend des circonstances eu égard à la qualité, l'âge & le sexe du coupable. Mais ordinairement celui qui est convaincu de ce crime, est condamné à faire amende honorable, à avoir le poing de la main droite coupé, & à être brulé vif. *Voyez* les Décisions de Jean Fileau, décision 8. & le Traité des matieres criminelles de M. Bruneau, tit. 30. où plusieurs Arrêts notables rendus contre des profanateurs de choses saintes, sont rapportés. *Voyez* aussi Julius Clarus, *lib. 5. Sententiar.* & aux additions, *§. Sacrilegium*; & Papon, liv. 14. tit. 10. n. 3. & 4.

Les Juges royaux connoissent de ce crime, à l'exclusion des Juges des Seigneurs, si ce n'est quand le vol a été fait sans effraction.

Les Clercs qui ont commis sacrilege ne peuvent demander leur renvoi au Juge d'Eglise. *Voyez* la Bibliotheque canonique, tom. 2. pag. 46. & suiv.

La déposition des complices de ce crime est admise, & fait foi. *Can. in primis* 12. *quæst.* 1. *Can. qui autem* 17. *quæst*: 4.

Il y a une Déclaration du Roi du 21. Janvier 1783. donnée en exécution de celle du 21. Mars 1675. qui défend à toutes les Cours & Juges de prononcer des condamnations d'aumônes pour employer en œuvres pies, si ce n'est pour sacrileges, & autres cas esquels il n'echet pas d'amende; & ordonne que lesdites aumônes ne pourront être appliquées qu'au pain des prifonniers, ou au profit des Hôpitaux, Religieux mendians, & legs pitoyables. *Voyez* le Recueil du Domaine, pag. 697.

SAGES FEMMES, que l'on nomme auffi Matrones, font des femmes prudentes, qui ont été reçues pour affifter les femmes groffes, & les aider à fe délivrer de leur fruit. On nomme auffi en Juftice des Sages femmes pour vifiter les filles que l'on prétend avoir été déflorées, pour, fur leur rapport, juger ce qui en eft.

Il faut pour être reçues, qu'elles aient étudié en anatomie. A Paris, il faut encore qu'elles foient reçues à S. Cofme par le Corps de Chirurgie, en préfence de la Faculté de Médecine fur la préfentation & inftruction faite par une Jurée Sage femme en titre d'office au Châtelet.

SAISIE EN GENERAL, eft un exploit de Sergent, par lequel il s'empare au nom du Roi & de la Juftice, des meubles d'un débiteur, ou de fes immeubles; ou arrête entre les mains de quelqu'un ce qu'il doit à celui fur qui eft faite la faifie, à l'effet que le créancier au nom de qui la faifie eft faite, puiffe être payé de fon dû.

On ne peut faire faifir qu'en vertu d'une obligation paffée pardevant Notaire dans l'étendue de fon reffort ou en vertu de Jugement portant condamnation de payer quelque fomme, ou d'exécutoires de dépens, pourvû que les obligations & Jugemens foient fcellés du fceau de la Jurifdiction; car c'eft le fceau qui donne l'exécution.

Il faut encore, fuivant l'article 166. de la Coutume de Paris, que l'obligation ou Sentence foit de chofe certaine & liquide en fomme ou efpece; mais fi l'efpece eft fujette à appréciation, on peut exécuter & ajourner afin d'appréciation. *Voyez* ce que j'ai dit fur cet article de la Coutume de Paris.

Il y a quelques cas efquels on peut faifir & exécuter fans obligation, condamnation, ni permiffion du Juge; fçavoir, en vertu de la fimple gagerie, laquelle a lieu dans la Coutume de Paris en trois cas énoncés ci-deffus, *verbo* Gagerie.

Il y a encore deux cas où il eft permis d'ufer de faifie fans obligation ni condamnation précédente.

Le premier eft énoncé en l'article 175. de la même Coutume, qui permet aux Bourgeois de Paris de procéder par voie d'arrêt fur les biens de leurs débiteurs forains trouvés dans la Ville de Paris; mais telle faifie ne fe peut faire que par permiffion de M. le Lieutenant civil, qui fe donne fur Requête.

L'autre cas eft énoncé en l'article 175. qui permet à un Hôtelier de faifir & arrêter les chevaux & hardes de fes Hôtes, pour dépens d'hôtelage à eux livrés ou à leurs chevaux.

Pour procéder par voie de faifie, il faut être créancier; il n'importe qu'on le foit de fon chef, ou du chef d'un défunt auquel on fuccede, par la maxime *le mort exécute le vif, mais le vif n'exécute pas le mort*; c'eft-à-dire que les héritiers d'un défunt peuvent mettre à exécution par voie de faifie un contrat ou Jugement fur les biens du débiteur du défunt.

Mais le créancier vivant ne peut exécuter fon obligation ou Jugement contre les héritiers de fon débiteur mort, fans faire préalablement déclarer l'obli-

gation ou le Jugement exécutoire contr'eux.

Néanmoins fuivant l'article 168. de la Coutume de Paris, les créanciers peuvent, pour la confervation de leur dû, faifir & arrêter les biens du défunt par permiffion du Juge, qui fe donne fur Requête, ou commandement préalablement faits aux héritiers.

La faifie fe fait, ou de meubles & effets mobiliers ou de fommes dûes à un débiteur, ou enfin d'immeubles.

La faifie de meubles s'appelle *faifie & exécution*; la faifie des deniers dûs à un débiteur, s'appelle *faifie & arrêt*; la faifie d'immeubles fe nomme *faifie réelle*.

Il y a encore la faifie féodale, qui eft une efpece de faifie particuliere.

Voici une remarque importante à faire au fujet des faifies; c'eft que la vente que feroit un débiteur d'un bien faifi fur lui, feroit abfolument nulle; *quia tunc res eft fub Prætorio pignore, quod rem ipfam afficit.*

Voyez Maynard, liv. 2. chap. 63.

Il n'en eft pas de même de la faifie féodale, à l'égard de laquelle cette raifon ceffe. Ainfi celui fur lequel un héritage eft faifi féodalement, peut aliéner nonobftant cette faifie. *Voyez* M. le Prêtre, cent. 2. Chap. 54.

SAISIE ET EXECUTION, eft un exploit de faifie de meubles & chofes mobiliaires, fait par un Sergent affifté de deux Records, à la Requête d'un créancier, pour être vendus à huitaine aux lieux, jours & heures accoutumés, pour être le prix de la vente donné au créancier faififfant, jufqu'à concurrence de fon dû, les frais de Juftice préalablement payés.

Voyez le titre 33. de l'Ordonnance de 1667.

Cette faifie, appellée faifie mobiliaire, doit être précédée d'un commandement, & ne fe peut faire qu'en vertu d'un titre exécutoire, c'eft-à-dire, d'un contrat ou d'un Jugement en forme exécutoire.

Toutes les formalités qui font requifes pour les ajournemens doivent être obfervées dans les exploits de faifies & exécutions, art. 3. du tit. 33. de l'Ordonnance de 1667. mais il y en a encore d'autres qui font abfolument néceffaires pour leur validité.

I°. Il faut que les exploits de faifies & exécutions de meubles ou de chofes mobiliaires, contiennent l'élection du domicile du faififfant dans la Ville où la faifie & exécution eft faite; & fi la faifie n'eft pas dans une Ville, Bourg ou Village, le domicile doit être élu dans le Village ou la Ville qui eft la plus proche, article 1. du titre 33. de l'Ordonnance de 1667. afin que le débiteur fçache le lieu où il peut s'adreffer pour fatisfaire à fon créancier & faire fes offres. Cependant, lorfqu'il s'agit des deniers de Sa Majefté, les Procureurs, Fermiers & autres employés à les recouvrer, peuvent faire élection de domicile en leur Bureau & ne font point obligés d'en élire dans le Village ou la Ville qui eft plus proche du lieu où la faifie & exécution eft faite, article 2. de l'Edit du mois de Mars 1668: ce qui s'obferve pareillement pour les chofes qui ont le privilege des deniers royaux.

II°. Les Huiffiers ou Sergens font obligés de mettre

Z z z ij

le tems , avant ou après midi , qu'ils font leurs faifies & exécutions , fuivant l'article 4. du titre 33. de
l'Ordonnance de 1667. ce qui n'eft pas requis dans
les autres exploits. L'article 15. du titre 19. de la
même Ordonnance porte auffi , que les Huiffiers ou
Sergens déclareront par leurs procès verbaux fi les
exécutions ont été faites avant ou après midi , &
qu'ils fpécifieront par le menu les chofes faifies.

IIII°. Il faut que la faifie fe faffe un Sergent affifté de deux Records , qui fignent auffi l'exploit de
faifie. Quoique par l'Edit du Contrôle l'ufage de fe
faire affifter de deux Records ait ceffé d'être néceffaire ; néanmoins , comme une faifie mobiliaire eft
un exploit de rigueur , qui conduit à faire vendre les
meubles de celui fur qui la faifie eft faite , il faut
abfolument que le Sergent qui le fait , foit affifté aux
deux Records , fans préjudice toutefois du contrôle.

Pour parvenir à faire une faifie & exécution , il
faut que le créancier faffe donner à fon débiteur copie
de fon titre exécutoire , & lui faffe faire commandement de lui payer le contenu ; après quoi il peut
dès le lendemain exécuter fon débiteur.

L'Huiffier ou Sergent , avant que d'entrer dans une
maifon pour y fervir & exécuter les meubles , doit ,
fuivant l'article 4. du titre 33. de l'Ordonnance de
1667. appeller deux voifins au moins pour y être
préfens , qui fignent fon exploit ou procès verbal ,
s'ils fçavent & veulent figner ; fi non il en doit faire
mention.

S'il n'y a point de voifins , il eft obligé de le déclarer dans l'exploit , & le faire parapher par le Juge
le plus prochain incontinent après l'exécution , fuivant l'article 4. ce qui fe doit entendre quand la faifie eft faite dans une maifon qui fe trouve feule dans
la campagne.

Par un Edit du mois de Mars 1668. portant reglement pour les procédures touchant les affaires de Sa
Majefté , art. 3. il eft porté que lorfque l'Huiffier ou
Sergent qui doit faifir pour les deniers du Roi , ne
trouve aucuns voifins pour l'accompagner dans la
maifon où il veut faire la faifie , il fera incontinent
après l'exécution , parapher l'exploit par un Officier
de l'Election ou du Grenier à fel , ou autre qui doit
connoître de la faifie & exécution.

Si les portes de la maifon font fermées , & qu'il
n'y ait perfonne pour les ouvrir , ou que ceux qui y
font ne veuillent pas ouvrir , l'Huiffier ou Sergent
doit dreffer fon procès verbal , & enfuite fe retirer
pardevant le Juge du lieu , lequel au bas de l'exploit
ou procès verbal du Sergent , doit nommer deux perfonnes , en préfence defquelles l'ouverture des portes
& la faifie & exécution feront faites , & figneront
l'exploit ou procès-verbal la faifie avec les Records , ainfi qu'il eft porté en l'article 5.

Mais comme les perfonnes que le Juge auroit nommées , pourroient refufer de prêter leur miniftere ,
M. le Lieutenant civil ordonne qu'un tel Commiffaire fe tranfportera en la maifon pour en faire
l'ouverture.

Quand c'eft en vertu d'un Arrêt de Cour fouveraine , l'Huiffier dreffe fon procès verbal comme quoi
il a trouvé les portes fermées , & en conféquence fe
retire pardevers la Cour , & lui demande permiffion
de faire ouvrir les portes ; & après l'avoir obtenue ;
il les fait ouvrir : mais il faut que le tout fe paffe en
préfence de deux perfonnes , & qu'elles fignent le
procès-verbal , afin qu'on ne l'accufe point de violence , ou d'avoir pris quelque chofe.

Après que l'Huiffier ou Sergent eft entré dans la
maifon , il doit faire fon exploit ou procès-verbal de
faifie & exécution , & déclarer par le menu & en
détail tous les meubles qui s'y font trouvés , fuivant l'article 6.

Si en procédant à une faifie de meubles , il fe trouve dans une chambre des coffres ouverts , le Sergent
peut en faire la defcription , & exécuter ce qui s'y
trouve ; s'ils font fermés , & qu'on les ouvre , il en
peut faire de même.

Lorfque le débiteur refufe de les ouvrir , le Sergent ne peut les exécuter , ni faire ouvrir fans permiffion du Juge ; & pour y parvenir , le Sergent laiffe ce
qu'il a déja exécuté en la garde de fes Records , &
donne affignation au débiteur en l'Hôtel du Juge ,
pour dire les caufes de fon refus ; finon permis de
faire ouvrir les portes par un Serrurier , en préfence
d'un Commiffaire ou de deux témoins.

Cette affignation , qui requiert célérité , fe donne
du matin à l'après-diné , & même d'une heure à
l'autre ; & en conféquence de l'Ordonnance du
Juge , le Sergent procede à l'ouverture & faifie
des coffres.

L'Huiffier ou Sergent qui procede par faifie & exécution , eft obligé de n'y point comprendre les chofes qui ne peuvent pas être faifies ; fçavoir , une
vache , trois brebis & deux chevres , pour aider au
débiteur faifi à vivre ; ce qui concerne les faifies faites fur les perfonnes qui vivent à la campagne.
Néanmoins telle faifie auroit lieu , fi la créance
pour laquelle la faifie feroit faite , procédoit de la
vente des mêmes beftiaux , pour avoir prêté l'argent
pour les acheter , fuivant l'art. 14.

En fecond lieu , il ne peut pas faifir le lit dont le
faifi fe fert pour lui , ni l'habit dont il eft vêtu & couvert , fuivant le même article. Il en eft de même
des habits dont les enfans du faifi fe fervent , ou
dont ils font couverts.

Par l'Ordonnance de Louis XIII. art. 195. les
chevaux & armes des Gentilshommes , Gendarmes ,
Chevaux-Legers & Capitaines des Régimens entre-
tenus , fervant à leurs perfonnes , jufqu'à deux chevaux , ne peuvent être faifis , fi ce n'eft à la requête de ceux qui les ont vendus. *Creditori interdi-
citur manum in equum & arma militis injicere. Mornacius* , ad leg. cod. ercifcundæ. Bouvot. tom. 2.
verbo Saifie , queft. 41.

En troifieme lieu , les meubles deftinés au Service
divin , ou fervant à l'ufage néceffaire , de quelque
valeur qu'ils puiffent être , appartenant aux perfonnes conftituées aux Ordres facrés. On ne peut pas
même faifir leurs Livres , à moins qu'on ne leur en
laiffe jufqu'à la fomme de cent cinquante livres ,
fuivant l'article 15. du titre 33. de l'Ordonnance
de 1667.

En quatrieme lieu , les chevaux , bœufs & autres
bêtes de labourage , charrues , charettes , & uftenfiles fervant à labourer & cultiver les terres , vignes

& prés : ce qui eſt fondé ſur l'utilité publique. *Voyez* Belordeau en ſes Obſervations forenſes , lettre B , art. 12. Il faut excepter ſi c'eſt pour deniers royaux que les ſommes fuſſent dûes au vendeur , ou à celui qui auroit prêté l'argent pour l'achat des mêmes beſtiaux & uſtenſiles ; & ce qui ſeroit dû pour les fermages & moiſſons des terres où ſeront les beſtiaux & uſtenſiles , ſuivant l'article 16.

Comme le Sergent ne peut pas vendre les meubles ſaiſis & exécutés , qu'après la huitaine de la ſaiſie & exécution , pour ôter au ſaiſi le pouvoir de détourner ſes meubles , & rendre par ce moyen la ſaiſie inutile & ſans effet pour le ſaiſiſſant , le Sergent peut y mettre un gardien , & eſt obligé de ſignifier au ſaiſi par le même procès verbal , dont il lui doit donner copie ſur le champ , ſignée des mêmes perſonnes qui ont ſigné l'original , le nom & domicile de celui en la garde duquel les choſes ſaiſies ont été données en garde , ſuivant les articles 7. & 8. & en ce cas les meubles ſont tranſportés en la poſſeſſion du gardien.

L'article 15. du titre 19. veut que les gardiens ſoient mis en poſſeſſion des choſes ſaiſies , s'ils le requierent ; néanmoins le ſaiſi peut offrir un gardien ſolvable qui accepte la garde des choſes ſaiſies , pour les repréſenter en tems & lieu , ſans que pour lors le Sergent puiſſe déplacer les meubles , & le donner en garde à un autre.

Par acte de notoriété donné par le Lieutenant civil du Châtelet de Paris le 22. Septembre 1688. il eſt dit que les Huiſſiers & Sergens faiſant des ſaiſies de meubles , doivent laiſſer copie du procès verbal de ſaiſie aux Commiſſaires qu'ils établiſſent , & aux gardiens qui ſe chargent volontairement des choſes ſaiſies ſans les déplacer. *Voyez* le Recueil de ces actes , pag. 53. & ſuiv.

Si l'Huiſſier ou Sergent prétend que le gardien préſenté n'eſt pas ſolvable , il le doit refuſer , & donner aſſignation au ſaiſi par devant le Juge des lieux , à une certaine heure du même jour , pour voir ordonner qu'il préſentera un autre gardien ; ſinon qu'il ſera établi garniſon.

Le Juge , ſur les raiſons alléguées de part & d'autre , & eu égard à la qualité du gardien , à la valeur des choſes ſaiſies , déclare le gardien ſolvable , ou inſolvable ; & en conſéquence ordonne que le ſaiſi en préſentera un autre , & qu'à faute de ce , il ſera établi garniſon.

Lorſque la conteſtation énoncée ci-deſſus arrive , le Sergent doit ſe tranſporter à l'heure de l'aſſignation en l'Hôtel du Juge ; & cependant il faut qu'il laiſſe un Record en garniſon , de peur que le ſaiſi ne détourne ſes meubles.

Le Sergent n'eſt pas reſponſable de l'inſolvabilité du gardien , en cas que les meubles fuſſent détournés par le ſaiſi , ſi celui qui lui a été préſenté pour gardien pouvoit paſſer pour ſolvable , eu égard à la valeur des choſes ſaiſies ; autrement les Huiſſiers ou Sergens ne feroient jamais aucunes exécutions , qu'ils ne conteſtaſſent la ſolvabilité de ceux qui ſeroient préſentés pour gardiens ; ce qui cauſeroit de grands inconvéniens : c'eſt pourquoi quand l'inſolvabilité d'un gardien qui auroit été réputé ſolvable arriveroit dans la ſuite , le Sergent n'en ſeroit pas tenu.

Le devoir de gardien eſt de conſerver & avoir ſoin des choſes ſaiſies qui leur ont été données en garde , & d'en rendre compte au ſaiſi & à ſes créanciers , & de tout ce qui en peut provenir ; comme ſi ce ſont des beſtiaux , leſquels produiſent des profits & revenus , ſuivant l'article 10.

Les gardiens ſont déchargés de plein droit dès que les conteſtations entre les Parties ont été jugées définitivement , & deux mois après que les oppoſitions ont été jugées , ſans qu'il ſoit beſoin pour cet effet d'obtenir aucun Jugement de décharge ; article 20. du titre 19.

Néanmoins ceux qui ont eu en poſſeſſion les choſes ſaiſies , ſont obligés de rendre compte de leur adminiſtration & des choſes qui leur auront été données en garde.

L'article 172. de la Coutume de Paris porte , que les exécutans ſont tenus de faire vendre les biens ſaiſis dans deux mois après les oppoſitions jugées ou ceſſées.

Suivant l'article 22. du titre 19. de l'Ordonnance de 1667. les ſaiſiſſans doivent faire vuider les oppoſitions dans un an ; autrement les gardiens ſont déchargés après l'an : à compter du jour de leur commiſſion.

Les meubles & effets mobiliers ne peuvent être vendus , qu'il n'y ait au moins huit jours francs entre l'exécution & la vente. Ce tems eſt accordé pour l'intérêt du ſaiſi & celui des autres créanciers , afin que le ſaiſi puiſſe dans ce tems ſatisfaire aux cauſes de la ſaiſie , & empêcher par ce moyen la vente de ſes meubles , qui reduit ordinairement le ſaiſi dans la derniere extrémité , & pour donner lieu à ſes créanciers de faire oppoſition à la ſaiſie , afin de venir à contribution avec le ſaiſiſſant , au cas d'inſolvabilité , à moins que le ſaiſiſſant ne fût privilégié , ainſi que nous avons dit ſur la Coutume de Paris , au titre des Arrêts , Exécutions & Gageries.

Si les ſaiſies ſont faites pour choſes conſiſtantes en eſpeces , il faut ſurſeoir à la vente juſqu'à ce que l'appréciation en ait été faite , ſuivant l'article 2. car juſqu'à ce que les choſes ſoient appréciées , on ne peut pas dire la ſomme qui eſt dûe au ſaiſiſſant , & les Sergens ſaiſiſſans ne peuvent vendre que pour payer & ſatisfaire le ſaiſiſſant , & non pour plus. Il ſeroit injuſte de vendre , par exemple , pour mille écus de meubles , pour une ſomme de mille livres : c'eſt pourquoi l'Ordonnance a voulu que les eſpeces fuſſent appréciées auparavant que de vendre les meubles ſaiſis du débiteur.

La vente des choſes ſaiſies ſe fait ſans Ordonnance du Juge , quand elle ſe fait en vertu d'une obligation ſcellée , ou d'un Jugement qui ſoit ſcellé , & qui ait force de choſe jugée , pourvû qu'il n'y ait point d'oppoſition ; car s'il y en a , il les faut faire vuider auparavant.

Quelquefois le juge ordonne que les meubles ſeront vendus à la diligence du ſaiſiſſant ; & que juſqu'à ce que les oppoſitions ſoient vuidées , le Sergent demeurera dépoſitaire des deniers de la vente d'iceux.

Le Sergent doit ſignifier à la perſonne & au domicile du ſaiſi , le jour & l'heure de la vente , à ce qu'il ait à faire trouver des enchériffeurs, fi bon lui femble, fuivant l'article 11. & d'autant que cet article ordonne que la vente des chofes faifies foit faite au plus prochain marché public , aux jours & heures ordinaires des marchés , les Sergens doivent auffi déclarer au faifi , dans la même fignification , dans quel marché la vente fera faite.

Si le Sergent ne peut faire enlever les meubles le jour que la vente en doit être faite , faute par le gardien de les repréfenter , il doit lui faire commandement de les repréfenter;& à faute de ce faire, lui donner affignation à comparoir pardevant le Juge , pour s'y voir condamner par corps, fuivant l'Ordonnance, comme dépofitaires des biens de Juftice, avec dépens, dommages & intérêts de l'inftance contre le faifi.

Sur cette affignation , le Juge doit condamner par corps le gardien à repréfenter les meubles qu'il a pris en garde.

Quand le gardien a repréfenté les meubles faifis , le Sergent les doit faire tranfporter au marché public pour les vendre , ainfi qu'il a été dit ci-deffus.

Les chofes y doivent être adjugées au plus offrant & dernier enchériffeur , & les adjudicataires doivent en payer le prix fur le champ, art. 17. finon l'Huiffier ouSergen en feroit refponfable,commes'il l'avoitreçu.

Pour empêcher que les Huiffiers ou Sergens , en faifant des ventes , ne prennent pour eux les chofes faifies, ils font obligés de déclarer dans leurs procès verbaux le nom & le domicile des adjudicataires, art. 18.

Il y a néanmoins de certaines chofes lefquelles ne peuvent pas être adjugées le premier jour au plus offrant & dernier enchériffeur, dont il eft parlé dans l'art. 13. fçavoir , les bagues & vaiffelle d'argent de valeur de trois cens livres ou plus, lefquelles ne peuvent être vendues qu'après trois expofitions, à trois jours de marché différens, à moins que le faififfant & le faifi n'en conviennent par écrit , lequel fera mis entre les mains du Sergent pour fa décharge.

Les formalités requifes pour les exploits de faifie , & pour la vente des chofes faifies , doivent être gardées par les Huiffiers ou Sergens , à peine de nullité des exploits de faifie & procès verbaux de vente , dommages & intérêts envers le faififfant & le faifi d'interdiction , & de cent livres d'amende , art. 19.

Suivant l'article 10. le Sergent qui a fait la vente doit délivrer au faififfant les deniers provenans d'icelle, jufqu'à concurrence de fon dû , & le furplus delivré au faifi ; & en cas d'oppofition , à qui par Juftice il fera ordonné ; fur peine contre l'Huiffier ou Sergent d'interdiction , & de cent livres d'amende, appliquable moitié au Roi, & moitié à celui qui doit recevoir les deniers; & à faute par le Sergent de payer les deniers de la vente aux termes de cet art. il faut le faire affigner pardevant le Juge pour voir déclarer les peines qui y font portées , encourues contre lui.

Ainfi, quand il y a entre les mains du Sergent qui a fait la vente , des oppofitions à la délivrance des deniers , il retient le tout jufqu'à ce que les oppofitions aient été levées & jugées ; mais lorfqu'il y a trois oppofitions entre les mains du Sergent , le Receveur des Confignations, quand il en a avis, fait porter les deniers aux Confignations.

Les Huiffiers ou Sergens après que la vente eft faite, doivent , pour faire régler leur falaire, porter la minute de leur procès verbal de vente au Juge , lequel , fans frais, doit taxer de fa main ce qu'il conviendra à l'Huiffier ou Sergent pour fon falaire à caufe de la faifie, vente & exécution.

Les Huiffiers ou Sergens doivent faire mention de cette taxe dans les groffes de procès verbaux , fur peine d'interdiction , de cent livres d'amende envers le Roi , fuivant l'article 21. & cette taxe fe met au bas du procès-verbal.

Sur la Sentence qui provient de la faifie & exécution de meubles, le premier faififfant eft ordinairement préféré: mais quand il y a déconfiture , alors tous les créanciers font égaux , & viennent par contribution au fol la livre , pourvû que leur oppofition ait été formée avant la contribution faite & jugée ; comme je l'ai dit , verbo Contribution.

La décifion de l'article 231. de la Coutume de Bretagne , eft donc contraire à ce qui fe pratique à ce fujet dans toute la France ; car cet article porte , que fi un créancier a fait exécuter & vendre pour fon dû des biens de fon débiteur, un créancier antérieur peut dedans huit jours après la vente faire Arrêt fur lefdits biens , pour être payé de fon dû, préférablement au créancier qui les a fait vendre en conféquence de fa faifie.

SAISIE ET ARREST , eft fa faifie qu'un créancier fait d'une dette ou autre chofe dûe par quelqu'un à fon débiteur.

Cette faifie eft appellée arrêt , parce qu'elle ne fait qu'arrêter ce qui eft dû au débiteur, jufqu'à ce que le faififfant ait obtenu Sentence , portant que les deniers faifis lui feront entre les mains jufqu'à concurrence ou en déduction de fon dû.

Pour y parvenir, en faifant la faifie & arrêt, il faut donner affignation à ceux entre les mains defquels on faifit , pour voir déclarer la faifie bonne & valable , & affirmer par eux la fomme qu'ils doivent au débiteur fur lequel la faifie eft faite , & en vuider leurs mains en celle du faififfant.

Il faut pareillement faire donner affignation au faifi , pour voir ordonner que ceux entre les mains defquels on faifit , vuident leurs mains en celles du faififfant , jufqu'à concurrence.

Si ces débiteurs ne comparoiffent pas à l'affignation à eux donnée , ils feront réputés débiteurs , & en conféquence condamnés à vuider leurs mains au profit du faififfant , jufqu'à concurrence de fon dû.

S'ils comparoiffent & affirment ne rien devoir , ils feront renvoyés abfous avec dépens , à moins que le faififfant n'eût des moyens fuffifans pour juftifier du contraire.

Mais s'ils reconnoiffent devoir une telle fomme au débiteur du créancier qui a faifi , ils feront condamnés à vuider leurs mains en celles du faififfant jufqu'à concurrence,fi la fomme excede fa créance , fuppofé que le débiteur du créancier faififfant n'allegue aucuns moyens valables pour l'empêcher, comme la prefcription , la compenfation & autres.

On ne peut pas arrêter les deniers dûs au débiteur en vertu d'une fimple promeffe , fi ce n'eft en vertu d'une permiffion du Juge, laquelle s'obtient fur fim-

ple Requête. On demande par cette Requête, qu'il
soit permis de faire affigner fon débiteur pour reconnoître fa promeffe; & cependant permis de faire faifir les deniers qui lui appartiennent, ou qui lui font
dûs. Le Juge met au bas de la Requête : Soit donné affignation, & cependant permis de faifir & arrêter.

Il y a des chofes qu'il n'eft pas permis de faifir &
arrêter. I°. Les diftributions quotidiennes & manuel-
les ; & le droit des miches & pains qui fe diftribuent
chaque jour aux Chanoines & Prébendiers; les obla-
tions & autres menues rétributions des Bénéficiers,
parce qu'elles tiennent lieu d'alimens.

A l'égard des autres revenus des Bénéfices, ils peuvent être faifi ; mais le Bénéficier fur lequel la faifi
en eft faite, eft en droit de demander fur les revenus
de fon Bénéfice une penfion alimentaire pour fa fubfiftance. Voyez la Rocheflavin, liv. 2. tit. 1. Arrêt 21.
& lett. A, tit. 4. Arrêt 7. liv. 6. tit. 36. Arrêt 3.
Maynard, liv. 1. chap. 15. Catellan, liv. 6. chap.
23. & Bafnage fur la Coutume de Normandie, article 514.

Cela eft fi vrai, que quand les Evêques fe font expofés par leurs dépenfes aux pourfuites des créanciers, & que leurs biens ont été faifis, ils obtiennent
la troifieme partie de leurs revenus. Voyez M.
Duperay, liv. 1. chap. 9. n. 9.

II°. Les émolumens des Profeffeurs dans les Univerfités, ne peuvent être faifis. Il n'en eft pas de
même des gages ; comme il a été jugé par Arrêt du
Parlement de Touloufe du 16. Mars 1675.

Cette décifion a lieu à l'égard des Officiers royaux,
fuivant un Arrêt du 11. Avril 1676. Voyez Catellan,
liv. 6. chap. 23.

III°. Les gages qui tiennent lieu à un Officier, de
diftributions journalieres, pour le fervice qu'il rend
dans fon miniftere.

IV°. Les gages des Officiers de la Maifon du Roi,
faifant le fervice ordinaire.

V°. Les penfions ou récompenfes attribuées par Sa
Majefté à fes Officiers.

VI°. Les gages des Prévôts des Maréchaux, de
leurs Lieutenans & Archers, fi ce n'eft pour dépenfes de bouche, armes ou chevaux.

VII°. Les appointemens des Commis des Fermes,
fuivant l'Ordonnance des Aides.

SAISIE RÉELLE, eft la prife de poffeffion qui fe
fait au nom du Roi & de la Juftice, à la requête
d'un créancier, & par un Huiffier ou Sergent, d'un
immeuble appartenant à celui fur qui la faifi eft
faite, faute de payement de ce qu'il doit au faififfant.

Cette faifi eft appellée réelle, parce qu'elle eft
de biens ftables & droits réels, & differe de la faifi
mobiliaire, c'eft-à-dire, de la faifi & exécution de
meubles.

La faifi réelle fe fait par le miniftere d'un Sergent,
à l'effet que la vente & adjudication en fera pourfuivie à la diligence & requête du faififfant, en obfervant toutes les formalités réquifes.

Pour empêcher que les Parties n'en viennent aux
mains, & que le faififfant ne fe faffe juftice à lui-
même, il ne peut pas fe mettre en poffeffion de la
chofe faifi. Mais le Sergent qui a fait la faifi réelle,
doit déclarer qu'il établit le Commiffaire aux faifies

réelles pour le régime & le gouvernement d'icelle,
en la poffeffion duquel il met la chofe faifi ; pour
après être par lui donnée à louage ou à ferme au plus
offrant & dernier enchériffeur, pendant qu'il fera procédé aux criées, décret & adjudication d'icelle, à
la pourfuite du faififfant ; autrement la faifi réelle
feroit nulle & de nul effet.

Plufieurs conditions font réquifes pour rendre une
faifi réelle, bonne & valable.

La premiere, qu'elle foit précédée d'un commandement fait au domicile du débiteur, lequel commandement foit recordé de deux témoins. Quoique
l'Edit qui établit le contrôle, difpenfe les Sergens
d'avoir des Records pour les exploits, celui de la
faifi réelle étant de rigueur & d'une très grande importance, a été excepté par l'ufage.

M. le Camus, Lieutenant civil, en a donné un Acte
de notoriété pour le châtelet de Paris, le 23. Mai
1699. La raifon eft, que cette procédure étant néceffaire pour parvenir à la faifi réelle, eft cenfée en
faire partie, & que les formalités qui affurent la ve-
rité d'un Acte auffi important, doivent être plus
grandes que celles des autres exploits.

Si ce commandement étoit nul, la faifi réelle,
& toute la procédure faite en conféquence, feroit
annullée ; mais fi la faifi étoit mal faite, & que le
commandement fût valable, il ne feroit pas néceffaire de faire faire un nouveau commandement.

Quand le débiteur vient à décéder après le commandement, mais avant la faifi réelle, il n'eft pas
néceffaire de faire faire à l'héritier une nouvelle fommation de payer, pour procéder à la faifi
réelle & aux criées ; mais il faudroit toujours faire
condamner l'héritier à la dette du défunt.

La feconde condition réquife pour rendre une faifi
réelle bonne & valable, eft que le titre en vertu duquel on faifit foit valable, & foit en forme exécutoire, c'eft-à-dire en groffe, & muni du fcel de la Jurifdiction d'où il eft émané ; & cela contre celui à qui
l'immeuble que l'on faifit appartient ; car la faifi
faite fuper non domino, n'eft pas valable.

La troifieme, qu'elle foit faite par un Sergent ayant
pouvoir & caractere pour cet effet, qui fe tranfporte
fur les lieux, y faffe la faifi, & mention de fon
tranfport. L'Huiffier ou Sergent qui procede à une
faifi réelle, doit donc fe tranfporter fur les lieux
où font fitués les biens qu'il veut faifir. C'eft ce qui
a été prefcrit par l'art. 1. de l'Edit de 1551. pour
empêcher les faifies vagues & générales qui fe faifoient auparavant en plufieurs Provinces de tous
les biens du débiteur, en quelques lieux qu'ils fuffent fitués.

La quatrieme, qu'il faffe la faifi réelle de la maniere qu'il eft réquis par les Ordonnances ; fçavoir
quant aux Terres nobles, Fiefs & Seigneuries, que
les principaux manoirs de chacun Fief foient faifis,
nommément & expreffément avec les appartenances
& dépendances ; & quant aux Terres roturieres, il
faut qu'elles foient déclarées & fpécifiées par le
menu, tenans & aboutiffans.

Ainfi, quand on faifit une maifon, il faut la défigner par la fituation & confiftance, l'enfeigne,
s'il y en a, tenans & aboutiffans ; comme il a été

ordonné par l'article 1. de l'Ordonnance de 1551. & par l'article 346. de la Coutume de Paris. Cela est fondé sur ce qu'il est de l'intérêt public que les choses saisies soient connues d'un chacun, afin que ceux qui pourroient y avoir quelque intérêt, puissent former leurs oppositions à la saisie, pour ce qu'ils prétendroient leur appartenir, & qui auroit été compris dans la saisie.

Il y a encore une autre raison qui est, afin que les enchérisseurs soient certains de ce qu'ils veulent acheter, & qu'ils fassent des enchères plus fortes à l'avantage du débiteur & de ses créanciers, sachant la valeur de ce qui doit être adjugé par decret.

La cinquieme, que le Sergent fasse élection de domicile du créancier au lieu où la saisie est faite, quoiqu'il ait son domicile ailleurs; que l'exploit soit daté d'an & jour, avec déclaration du tems de devant ou après-midi, & que le Sergent fasse itératif commandement de payer pour les causes mentionnées au commandement fait avant la saisie réelle, déclarant qu'à faute de ce, il se pourvoira par criées & subhastations, par quatre quatorzaines ordinaires & accoûtumées.

La sixieme, que le sergent déclare par l'exploit, qu'il saisit réellement & de fait le fonds & trésfonds de tels héritages, & énonce les causes de la saisie, & le nom de la personne sur qui la saisie réelle est faite.

La septieme, qu'il établisse au régime & gouvernement de la chose saisie, le Commissaire aux Saisies réelles, ou un Commissaire dans les lieux où il n'y a point de Commissaires aux Saisies réelles, & déclare qu'il le commet pour régir & gouverner l'immeuble qu'il saisit.

La huitieme, que l'exploit de saisie recordé, comme nous avons dit, soit controllé aux lieux où la saisie est faite, & soit signifié au saisi, à sa personne ou domicile, avec copie baillée, & la signification dûement recordée, & que mention du tout soit dans la saisie réelle.

Pour ce qui est de l'exploit d'une saisie réelle, il faut observer, I°. Que si le saisissant a droit de Committimus, & qu'il veuille s'en servir, l'Huissier doit faire mention dans la saisie, de la date du Committimus en vertu duquel le créancier veut faire porter le décret aux Requêtes du Palais ou de l'Hôtel; & en ce cas l'Huissier doit donner copie du Committimus avec l'exploit de signification de la saisie.

II°. Que dans les saisies réelles qui se font de Fiefs, il suffit, suivant l'Edit d'Henri II°. de 1551. & l'article 345. de la Coutume de Paris, que les principaux manoirs de chacun des Fiefs soient saisis nommément & expressément, avec les appartenances & dépendances, comme nous l'avons dit ci-dessus; & quant aux Terres roturieres, il faut qu'elles soient déclarées & spécifiées par le menu, tenans & aboutissans.

Mais on demande par quelle raison il suffit, par rapport aux Fiefs, de saisir expressément le principal manoir avec ses appartenances & dépendances, sans les exprimer en particulier. C'est ce qu'il seroit difficile au saisissant de recouvrer les aveux par les-

quels il pourroit être en état d'expliquer les domaines & les droits seigneuriaux d'un Fief.

III°. Que dans la plûpart de nos Coutumes, le Fief & la Justice n'ont rien de commun: de sorte que le Fief peut être sans Justice; ainsi, à l'exception de quelques Coutumes, comme celle de Bretagne, où la Justice est une dépendance du Fief, on ne peut se dispenser de faire mention de la Justice dans la saisie réelle, faute de quoi elle n'y seroit pas comprise.

Mais comme le Patronage attaché à un Fief est censé en faire partie, & qu'il suit ipso jure la propriété du fonds; il est toujours compris dans la saisie du principal manoir, comme une dépendance du Fief.

IV°. Que si le fief est incorporel, comme ceux que l'on appelle Fiefs en l'air, qui ne consistent qu'en droits qui sont dûs aux propriétaires de ces Fiefs, soit par un Seigneur supérieur, soit par des vassaux ou des censitaires, il suffit de saisir ce Fief, & de désigner en général les fonds sur lesquels les droits qui en dépendent sont assis.

V°. Que dans la saisie réelle d'un franc-aleu noble, qui a Justice, fief ou censive, il suffit de saisir le principal manoir, les circonstances & dépendances. La raison est, que l'article 1. de l'Edit de 1551. permet cette espece de saisie générale, non-seulement pour les Fiefs, mais encore pour les Seigneuries. Or sous ce terme de Seigneurie, on comprend toute espece de Terre qui donne à celui qui en est propriétaire l'autorité sur les personnes par rapport à la Justice, ou le domaine direct sur les fonds qui en sont tenus, soit en fief, soit en censive, & par conséquent les francs-aleux qui ont Justice, fief ou censive.

VI°. Que lorsqu'on saisit un fief & des rotures sur un débiteur, il suffit de saisir le principal manoir du Fief, ses circonstances & dépendances; mais il faut toujours déclarer les rotures par tenans & aboutissans, même dans le cas où les rotures seroient enclavées dans les Terres tenues en fief, où les propriétaires les auroient affermées avec la Seigneurie. La raison est, que ce bail général ne change point la nature de chaque partie du bien, & ne fait point que la roture devienne la partie du Fief. Ainsi toute partie d'un domaine roturier, qui n'est point déclarée dans la saisie réelle par tenans & aboutissans, n'est point censée saisie, & n'appartient point à l'adjudicataire.

VII°. Que la saisie réelle d'une maison seroit nulle, faute par le Sergent d'en avoir déclaré les tenans & aboutissans, quoiqu'elle fût d'ailleurs connue par autre démonstration, comme par l'enseigne que le Sergent auroit déclaré, & par le nom de la rue & de la ville.

M. le Maître en son Traité des Criées, chapitre 4. prétend que la saisie n'en seroit pas moins valable, d'autant que la cause pour laquelle l'Ordonnance veut que les ténans & aboutissans soient déclarés dans une saisie réelle, & afin que la chose saisie soit connue: d'où il conclut, que si on ne pouvoit pas douter de la chose saisie par quelque démonstration particuliere, il ne seroit pas nécessaire d'en déclarer les ténans & les aboutissans.

Mais

Mais fon avis n'a pas été fuivi , & l'on tient communément qu'il n'y a point de démonftration qui puiffe dans ce cas difpenfer de faire dans une faifie réelle la déclaration des ténans & aboutiffans ; parce que quand les termes d'une Loi font précis , il n'eft pas permis aux Particuliers de ne point en exécuter la difpofition à la lettre , fous prétexte qu'on en a fuivi l'efprit. D'ailleurs, l'étendue & les dépendances d'une maifon ne font point auffi connues par l'indication de la fituation de la maifon & de l'enfeigne , comme elles le font par la déclaration des tenans & aboutiffans.

VIIIº. Qu'on ne fignifie point la faifie au commiffaire aux Saifies réelles ; on la lui porte pour l'enregiftrer. Le Commiffaire cotte à la marge des faifies le jour qu'elles ont été apportées pour être enregiftrées. Cet enrégiftrement doit être fait dans les vingt-quatre heures de l'apport : mais fi on commet des Commiffaires particuliers , il faut les faire figner en l'exploit , ou mettre qu'ils ont déclaré ne fçavoir figner , ou qu'ils ont refufé de le faire , de ce interpellés ; & dans ce dernier cas il faut que le Sergent faffe figner l'exploit par Notaires , & au défaut de Notaires , par le Greffier des lieux , & qu'il laiffe au Commiffaire copie de la faifie & de l'exploit.

IXº. Que le Greffier des oppofitions de la Jurifdiction où fe pourfuit la faifie , doit auffi l'enregiftrer , & mettre en marge le jour de l'enregiftrement, le volume & le folio.

Xº. Qu'on ne peut faire des décrets que dans les Juftices royales , ou dans les Juftices des Pairies qui reffortiffent directement au Parlement , & non dans les autres Juftices feigneuriales.

C'eft ce qui a été jugé par plufieurs Arrêts , & entr'autres par un du 22. Décembre 1688. en la Grand'Chambre , fur les conclufions de M. l'Avocat général Talon , entre Boullay , Greffiers de la Haute-Juftice de Preaux , appellant d'une Sentence rendue par le Lieutenant général de Belefme , le 1. Juillet de la même année , par laquelle l'évocation avoit été ordonnée des faifies réelles & décrets encommencés dans les Juftices fubalternes & non royales , dépendantes du Siege royal de Belefme , avec défenfes à toutes perfonnes , même aux Huiffiers & Sergens , de porter & pourfuivre aucunes faifies réelles & décrets dans lefdites Jurifdictions fubalternes & non royales dudit reffort , & au commiffaire aux Saifies réelles , de faire aucuns baux judiciaires des biens faifis réellement. Par l'Arrêt contradictoire intervenu fur cet appel , la Cour mit l'appellation au néant , ordonna que ce dont avoit été appellé fortiroit effet , condamna l'appellant en l'amende de douze livres & aux dépens.

XIº. Que quand la faifie réelle eft enrégiftrée , & que le faifi a été dépoffedé par un bail judiciaire adjugé & exécuté , elle dure trente ans ; autrement elle périt par trois.

La faifie réelle n'étant point une action , mais une exécution en vertu d'un titre , devroit naturellement durer pendant trente ans , quoique non enregiftrée , & non fuivie de bail judiciaire ; néanmoins comme elle ne fe fait que pour parvenir à une adjudication en Juftice , & que l'on y marque le Juge

Tome II.

devant lequel les procédures feront faites , on regarde ici l'exploit de faifie réelle comme une efpece d'inftance fujette à péremption , par la difcontinuation de procédure pendant trois ans , à moins , comme nous avons dit , qu'elle n'ait été enregiftrée & fuivie de bail judiciaire. *Voyez* le Traité de la vente des immeubles , chap. 6. nomb. 17. où cette queftion eft parfaitement bien traitée.

Outre les conditions que nous avons rapportées ci-deffus pour la validité d'une faifie-réelle , il y a des Coutumes qui ont des difpofitions particulieres , & qui requierent des certaines formalités dans les faifies réelles , à peine de nullité ; & c'eft à quoi il faut bien prendre garde.

Par exemple , la Coutume d'Orléans , art. 465. défire entr'autres formalités qu'après le commandement de payer fait au débiteur , celui qui veut parvenir au décret , obtienne une commiffion fpéciale du Juge , contenant la dette & caufe pour laquelle il prétend faire procéder par faifie réelle & criées.

La Coutume de Ponthieu a une femblable difpofition en l'article 117.

Au Châtelet de Paris , l'ufage eft d'obtenir une commiffion pour faifir , lorfque les biens font fitués hors la Prévôté , ou que la faifie fe doit faire par un autre qu'un Huiffier à cheval , ou Sergent au Châtelet.

Par la Coutume de Nivernois , chap. 31. il eft requis qu'au fait de la faifie réelle & criées , il y ait un Notaire ou un Sergent.

Pour faifir les immeubles des mineurs , il faut faifir fur leur tuteur ou curateur , difcuffion préalablement faite de leurs effets mobiliers.

Cette difcuffion n'a plus lieu dans les faifies que l'on fait des biens de ceux qui appartiennent à des majeurs , même dans les coutumes qui l'ordonnent, comme celle de Chartres , art. 84.

La raifon eft , que cette Coutume eft de 1508. ainfi la difpofition de cet article n'eft pas fuivie , à caufe de l'art. 74. de l'Ordonnance de Villiers-Cottérêts , qui eft poftérieur de trente-un ans à cette Coutume , laquelle Ordonnance a dérogé au fujet de cette difcuffion à toute Coutume antérieure contraire.

Pour revenir à la faifie & criées des biens appartenans à des mineurs , elles doivent donc être faites fur le tuteur , contre lequel , avant que de faire faire , il faut que le titre de créancier foit déclaré exécutoire , & ledit tuteur eft tenu de rendre compte avant la certification des criées ; parce que , comme nous avons dit , les immeubles des mineurs ne peuvent être vendus , que la difcuffion de leurs effets mobiliers n'ait été préalablement faite ; ce qui fe fait par le moyen de la reddition de compte.

Si la difcuffion des effets mobiliers du mineur en la forme ci-deffus n'avoit pas été faite , & qu'il apparût que le mineur en avoit , le décret feroit infirmé fans reftitution des fruits contre l'adjudicataire poffeffeur de bonne foi , à la charge de payer dans un certain tems par le mineur le prix de l'adjudication ; après lequel tems paffé , le décret fortira fon plein & entier effet.

Pour ce qui eft de la faifie & criées des biens appartenans à une femme qui eſt en puiſſance de mari, elles doivent être faites tant ſur elle que ſur ſon mari, encore qu'il ne ſoit obligé à la dette; mais le mari peut ſe faire décharger de la pourſuite, en repréſentant ce que ſa femme lui a apporté par l'inventaire qui en auroit été fait lors du mariage, ainſi que des dettes par chacun d'eux contractées : auquel cas le créancier doit faire autoriſer ladite femme par Juſtice, au refus de ſon mari; & alors l'adjudication de l'immeuble ſaiſi réellement pourra être faite ſur ladite femme, pourvû néanmoins qu'elle ſoit majeure ; autrement les pourſuites doivent être faites contre ſon tuteur, contre lequel il ſera beſoin de faire déclarer toutes les pieces exécutoires.

Voyons préſentement quelles procédures ſe font ordinairement en conſéquence d'une ſaiſie réelle, à l'effet de parvenir à l'adjudication par décret. Mais avant que d'entrer dans une explication particuliere, il faut remarquer que la procédure d'un décret, tant forcé que volontaire, eſt ordinairement compoſé de onze pieces. La premiere, eſt le commandement de payer. La deuxieme, eſt la ſaiſie réelle. La troiſieme, eſt la ſignification des criées & des affiches. La quatrieme, ſont les affiches. La cinquieme, eſt le procès-verbal de criées. La ſixieme, eſt le procès-verbal de rapport deſdites criées. La ſeptieme, eſt l'exploit d'aſſignation pour l'interpoſition du décret, c'eſt-à-dire, pour propoſer moyens de nullité par le ſaiſi. La huitieme, le congé d'adjuger. La neuvieme, ſont les affiches à la quarantaine. La dixieme, eſt la ſignification deſdites affiches. La onzieme & derniere, eſt l'adjudication.

Premiérement, le pourſuivant doit porter l'exploit de ſaiſie réelle au Commiſſaire des Saiſies réelles, & le lui faire enregiſtrer. Sur quoi il faut remarquer, que par l'article premier de l'Arrêt du Parlement du 12. Août. 1664. portant Réglement du Commiſſaire aux Saiſies réelles dans cette Ville de Paris, il eſt ordonné que le Commiſſaire cottera à la marge des ſaiſies réelles les jours qu'elles lui auront été apportées pour être enregiſtrées dans vingt-quatre heures, & ſignera ledit enregiſtrement.

La raiſon eſt, que c'eſt la premiere enregiſtrée qui doit être préférée, en ſorte que les autres ſont converties en oppoſitions ; à moins qu'on ne juſtifie que la ſaiſie qui a été la premiere enregiſtrée eſt frauduleuſe, & que celle qui a été enregiſtrée depuis, eſt pour une ſomme plus conſidérable.

Un autre devoir de Commiſſaire aux Saiſies réelles, eſt de faire procéder inceſſamment au bail judiciaire des choſes ſaiſies au plus offrant & dernier enchériſſeur, en donnant bonne & ſuffiſante caution, ſuivant l'article 82. de l'Ordonnance de 1539. & l'article 4. de l'Edit des Criées. Et pour y parvenir, il doit faire ſaiſir & arrêter ès mains du principal locataire, s'il en a, les deniers qu'il doit, & lui donner aſſignation pour voir affirmer ce qu'il doit, & exhiber ſon bail & ſa derniere quittance. Voyez Baux judiciaires.

Par l'article 4. de l'Edit des Criées de 1551. il eſt défendu au débiteur ſaiſi de troubler le Commiſſaire établi dans la jouiſſance de ſa commiſſion ; & quoique cet Edit le défende expreſſément à tous proprié-

taires des choſes ſaiſies, & à tous autres, néanmoins cette défenſe ne ſe doit entendre qu'au cas que les débiteurs ſaiſis ſoient propriétaires deſdites choſes ; car autrement ceux à qui elles appartiendroient auroient droit d'expulſer & chaſſer les Commiſſaires établis dans leurs biens.

Auſſi la Cour vérifiant cet Edit, déclara que les défenſes y portées de ne troubler ni empêcher le Commiſſaire établi, n'auroient point lieu contre les tiers oppoſans à fin de diſtraire, leſquels lors de la ſaiſie ſeroient poſſeſſeurs & actuellement jouiſſans des choſes ſaiſies, pour la diſtraction deſquelles ils ſe ſeroient rendus oppoſans.

Le pourſuivant, après avoir porté l'exploit de ſaiſie réelle au Commiſſaire des ſaiſies réelles, doit faire dreſſer les affiches, & les faire appoſer par le Sergent.

Ces affiches doivent contenir au long la deſcription des choſes ſaiſies, à la requête de qui, ſur qui, & les cauſes de la ſaiſie, avec dénonciation à toutes perſonnes y prétendant droit, ſoit de propriété, d'hypotheque, ou autre, qu'ils aient à s'y oppoſer, ſi bon leur ſemble ; qu'autrement ils en ſeront déchus.

Ces affiches doivent être miſes & appoſées à la porte principale & entrée de l'Egliſe paroiſſiale des lieux ſaiſis.

Si les héritages ſont ſituées en diverſes Paroiſſes, elles doivent être miſes à la porte de chacune d'icelles, pour le regard de ce qui ſera ſitué.

Quant aux ſaiſies des maiſons, il faut de plus appoſer une affiche à l'entrée principale de la maiſon ſaiſie.

Mais une choſe qui eſt générale pour toutes ſaiſies, c'eſt que ces affiches doivent être appoſées à la porte de l'Auditoire de la Juriſdiction, à la porte principale de l'Egliſe paroiſſiale de la Juriſdiction où les criées ſe pourſuivent, afin que la ſaiſie & les criées viennent à la connoiſſance d'un chacun, ainſi qu'il eſt ordonné par les articles 2. & 3. de l'Edit des criées.

Si la choſe ſaiſie eſt ſituée dans l'étendue d'une Egliſe ſuccurſale, il faut y appoſer les affiches, parce qu'elle ſuccede au lieu de l'Egliſe paroiſſiale.

Lorſque l'héritage eſt ſur les limites de deux Paroiſſes, & qu'on ignore en laquelle il eſt ; ſi c'eſt une maiſon, elle doit être réputée de la Paroiſſe vers laquelle elle a ſon entrée & porte principale ; mais le plus ſûr eſt de faire appoſer des affiches aux portes des deux Egliſes ; & ſi c'eſt une terre labourable, elle eſt réputée de la Paroiſſe à laquelle la dixme a coutume d'être payée.

L'appoſition des affiches eſt abſolument néceſſaire, ſur peine de nullité des criées qui ſeroient faites enſuite.

Il eſt d'uſage de ſignifier au ſaiſi l'appoſition des affiches ; mais cela n'eſt pas requis, ni par l'Ordonnance, ni par la Coutume ; & il n'y a aucune néceſſité de le faire, vû que le débiteur ne le peut ignorer, en ce que l'appoſition des affiches eſt pour rendre la choſe publique.

Après l'appoſition des affiches, il faut faire les quatre criées, qui ſont quatre publications ou proclamations publiques, qui ſe font par quatre Dimanches de quatorze jours en quatorze jours conſécutivement, par un Huiſſier ou Sergent, en la maniere que nous avons dit ci-deſſus, *verbo* Criées.

Il eſt d'uſage de faire ſignifier chaque criée au ſaiſi quoique l'Ordonnance n'en parle point : la Coutume de Ponthieu le requiert expreſſément en l'art. 123. & celle de Vitry en l'art. 138.

Lorſqu'il y a appel d'une ſaiſie réelle on ne peut procéder aux criées avant d'avoir fait ſtatuer ſur l'appel, pourvû que l'appel ait été interjetté avant la premiere criée ; car ſi elles ſont commencées, elles doivent ſe continuer nonobſtant l'appel.

Quand les biens ſaiſis ſont de peu de valeur, & qu'on a ſujet de craindre qu'ils ne ſe conſomment en frais de criées & de conſignation, les créanciers peuvent demander qu'ils ſoient vendus ſur trois publications, après priſée & eſtimation, conformément à l'article 9. du Réglement du 29. Janvier 1658. rapporté dans le Journal des Audiences, qui porte, que ſi par l'eſtimation qui ſera faite, les biens ſaiſis n'excedent point la ſomme de deux mille livres, ils peuvent être vendus après trois publications faites ſur les lieux, & qu'on ſera tenu de rapporter préalablement un certificat que les publications ont été faites.

Les créanciers hypothécaires peuvent auſſi demander que les biens ſaiſis, qui ſont de peu de valeur, leur ſoient donnés après priſée & eſtimation faite par Experts, ſelon l'ordre de leur hypotheque ; de même que les créanciers privilégiés & bailleurs de fonds ſaiſi, peuvent demander que le bien ſur lequel ils ont privilege ſpécial, leur ſoit donné, ſur & en déduction de leur dû, ſi mieux n'aiment les créanciers oppoſans s'obliger de les faire vendre à ſi haut prix, que le créancier privilégié puiſſe être entiérement payé de toutes les ſommes à lui dûes en principaux, intérêts & frais.

Cela paroît très-équitable, n'étant pas juſte que des créanciers hypothécaires, qui n'ont rien à prétendre ſur les biens ſaiſis, donnent lieu à des frais qui abſorbent une partie du prix, & empêchent que les privilégiés & les anciens ne puiſſent toucher leur dû.

Il y a eu pluſieurs Arrêts rendus, tant en faveur des créanciers privilégiés, qu'en faveur des anciens créanciers hypothécaires. *Voyez* celui du 19. Janvier 1647. rapporté dans le Journal des Audiences.

Mais lorſqu'il ne paroît point de créancier qui demande les biens pour ſon dû, & que la partie ſaiſie n'a point interjetté appel de la ſaiſie réelle, le ſaiſiſſant doit faire dreſſer des affiches, & procéder à la publication des criées, comme nous avons dit.

Après que l'Huiſſier ou Sergent a fait les quatre criées, il doit en dreſſer ſon procès-verbal. Enſuite de quoi le pourſuivant criées en porte la groſſe ſignée de l'Huiſſier aux Certificateurs des criées, avec les titres de ſa créance, les exploits de commandement, de ſaiſie réelle, affiches, ſignifications des criées, pour les certifier.

Les Certificateurs les ayant vûes & examinées, mettent leur certification au bas du procès-verbal, ſur laquelle le Greffier expédie l'acte de certification.

Par cet acte, ſur le rapport fait par les Certificateurs en Jugement, l'Audience tenant, des ſaiſies

& criées dont eſt queſtion, le Juge prend l'avis de pluſieurs Praticiens du Siege, comme Avocats & Procureurs, qui ſont préſens à l'Audience ; & ſi après lecture faite, les criées ſe trouvent ſelon l'uſage & la coutume des lieux, ils les déclarent bien & dûement faites, & bonnes & valables, & rend une Sentence qui les déclare telles.

Si les Certificateurs trouvoient quelque choſe à redire aux criées, ils en feroient leur rapport ; & ſi elles emportoient nullité d'icelles, le Juge refuſeroit de les certifier.

Les criées doivent être certifiées pardevant les Juges des lieux où ſont ſitués les héritages ſaiſis ; en ſorte même qu'elles ſe certifient pardevant les Juges ſubalternes, excepté celle des Seigneuries qui reſſortiſſent au Châtelet de Paris ; car la certification des biens ſaiſis réellement, ſitués dans l'étendue de la Prévôté de Paris ſe fait au Châtelet, quoique le décret & les criées fuſſent pourſuivies au Parlement, ou aux Requêtes du Palais ou de l'Hôtel, ou au Grand Conſeil, ou en la Cour des Aides, ou en quelque Juſtice ſubalterne.

A l'égard des criées qui ſe pourſuivent pardevant le Baillif du Palais, elles s'y certifient à l'Audience, par l'avis des Avocats & Procureurs qui ſont alors ſur le Barreau.

En quelque Juriſdiction que ſe faſſe la certification des criées, la Partie ſaiſie ne doit point y être appellée, ſi ce n'eſt dans les Coutumes qui l'ordonnent, parce qu'il n'eſt pas Partie capable pour l'empêcher. D'ailleurs il ne ſouffre en cela aucun grief en ce qu'il ſoit par après être appellée pour bailler ſes cauſes & moyens de nullité contre les ſaiſies & criées.

Si la certification avoit été mal faite, il n'y auroit pas pour cela nullité dans les criées ; mais il faudroit faire faire une autre certification. C'eſt le ſentiment de M. le Maître ſur l'art. 5. de l'Edit des Criées.

Les criées étant certifiées, il faut en bailler le procès-verbal au Greffier de l'Audience, lequel délivre un acte contenant le rapport de certification de criées. Après quoi le pourſuivant criées doit faire ajourner le ſaiſi pour voir adjuger & interpoſer le décret au quarantieme jour.

Après que les criées ont été certifiées, le pourſuivant criées doit faire vuider & terminer les oppoſitions, avant que de parvenir à l'adjudication par décret.

Il y a quatre ſortes d'oppoſitions ; ſçavoir, l'oppoſition à fin d'annuller, l'oppoſition à fin de diſtraire, l'oppoſition à fin de charge, & l'oppoſition à fin de conſerver. Sur quoi *V.* ce que j'ai dit *verbo* Oppoſition.

Les Oppoſitions à fin d'annuller, de diſtraire & de charge, doivent être vuidées avant que d'obtenir un Jugement portant congé d'adjuger au quarantieme jour.

Il faut encore que les ſaiſies réelles & criées ſoient enregiſtrées un mois auparavant le congé d'adjuger.

Cela étant obſervé, le pourſuivant criées doit faire aſſigner le ſaiſi, pour voir adjuger & interpoſer le décret au quarantieme jour comme nous l'avons dit ; & c'eſt alors que commence la procédure contradictoire.

Si celui ſur qui les ſaiſies réelles & criées ſont faites eſt oppoſant, il faut qu'il ſoit ajourné pour deux fins ; ſçavoir, pour bailler ſes cauſes d'oppoſition & moyens de nullité, s'il y en a, & auffi pour voir adjuger & interpofer le décret. S'il n'eft point oppofant avant la certification des criées, il ne faut pas lui donner affignation pour propofer fes moyens de nullité, puifqu'il y a lieu de croire qu'il n'en a point, & qu'il n'en veut point propofer, ne s'étant pas oppofé.

La Coutume de Paris en l'art. 359. veut qu'avant de procéder à l'adjudication des chofes faifies, le débiteur foit ajourné parlant à fa perfonne, pour voir adjuger par décret, quarante jours après le Jugement donné, &c. Et qu'où l'on ne pourroit pas parler à la perfonne du faifi, il fuffit de faire l'ajournement au domicile du faifi, au Prône de l'Eglife paroiffiale du lieu où l'héritage eft affis, avec affiche à la principale porte de ladite Eglife, afin que le débiteur foit plus amplement contumacé, & averti de l'affignation, & qu'il n'en puiffe point prétendre caufe d'ignorance. Mais comme cette difpofition eft particuliere, elle n'eft pas requife dans les autres Coutumes.

Si le défendeur ne comparoît pas, on obtient par défaut une Sentence de congé d'adjuger : s'il comparoît, le pourfuivant criées doit le pourfuivre de bailler caufe & moyens de nullité contre lefdites faifies & criées ; finon il obtiendra une Sentence de congé d'adjuger par défaut.

S'il fournit moyens de nullité, le pourfuivant criées donnera fes réponfes, & les Parties feront appointées en droit.

Si le propriétaire donne fes moyens de nullité, & empêche par ce moyen l'adjudication par décret, juftifiant que les criées ont été mal faites, & que les folemnités n'y ont pas été obfervées, elles feront déclarées nulles, & le faififfant fera condamné en tous les dépens, dommages & intérêts du propriétaire.

De plus, fi les criées étoient déclarées nulles, les oppofitions qui auroient été faites, le feroient auffi.

Si le défendeur n'a propofé aucuns moyens de nullité, le Juge rend fa Sentence de congé d'adjuger ; mais fi ceux qu'il a fournis ne font pas admiffibles, le Juge l'en déboute, & ordonne qu'il fera paffé outre à la vente & adjudication par décret des biens faifis.

En exécution de la Sentence qui déclare les faifies réelles & criées bonnes & valables, & qui ordonne qu'au quarantieme jour il fera procédé à la vente & adjudication des biens faifis, il faut dreffer une enchere de quarantaine. V. ci-deffus enchere de quarantaine.

Cette enchere qui eft dreffée par le Procureur du pourfuivant criées, doit être par lui mife entre les mains du Greffier de l'Audience, qui la paraphe & la fait publier par un Huiffier ; enfuite elle doit être attachée à la porte de l'Auditoire du lieu où les criées font pourfuivies, au marché public, & à l'Eglife paroiffiale des lieux où les chofes font fituées, pour y demeurer quarante jours, qui ne commencent à courir que du jour que les affiches des encheres ont été mifes.

Outre le tems de quarante jours pour faire l'adjudication au plus offrant & dernier enchériffeur, l'Edit des criées accorde encore quinzaine ; en forte que l'adjudication fe faffe fauf quinzaine, pendant laquelle toutes encheres font indifféremment reçues.

Cette adjudication fauf quinzaine doit être publiée en Jugement, l'Audience tenant ; & pendant cette quinzaine, ceux qui voudront enchérir, feront tenus de comparoir au plus prochain jour de Mercredi ou Samedi en fuivant ladite quinzaine à l'Audience, ou pardevant un des Confeillers commis pour cet effet, pardevant lequel tous enchériffeurs font reçus, & le Greffier dreffe un acte defdites encheres.

Si la derniere enchere n'eft pas fuffifante, le pourfuivant, le faifi & les oppofans demandent la remife de l'adjudication à quinzaine, laquelle en ce cas eft accordée par le Juge ou le Confeiller commis, après laquelle il peut adjuger.

Cette remife doit être fignifiée aux Procureurs du faifi & oppofans, & au dernier enchériffeur.

L'ufage du Châtelet eft, que les adjudications par décret ne fe faffent qu'après trois remifes pour le moins de quinzaine en quinzaine.

Le jour que l'affiche eft mife, ni le jour que la quinzaine échoit, ne font pas comptés ; parce qu'il n'eft pas jufte que ce tems, où il s'agit de dépouiller un propriétaire de fes biens, foit compté de momento ad momentum.

L'adjudication fauf quinzaine fe prend les jours ordinaires de criées, en la Jurifdiction où le décret fe pourfuit.

Cette adjudication, auffi bien que les autres, fe fait à la pourfuite & diligence du Procureur pourfuivant criées ; à la différence des baux judiciaires qui fe font à la requête du Commiffaire aux faifies réelles.

Les formalités pour les encheres font, I°. que tous enchériffeurs nomment leur Procureur en faifant leur enchere, & élifent domiciles en la maifon dudit Procureur ; autrement l'enchere ne feroit pas reçue, Article 9. de l'Edit des Criées.

II°. Que tout enchériffeur faffe fignifier fon enchere au dernier précédent enchériffeur ; autrement l'enchere feroit nulle. Il faut excepter la derniere enchere, par laquelle l'adjudication eft faite dans la derniere remife, laquelle ne doit point être fignifiée. Article 10.

Suivant l'article 11. les Procureurs ne font point reçus à enchérir fans une procuration fpéciale, de même que les Parties ne font point reçues à enchérir fans conftituer Procureur, afin qu'on ne reçoive pas les encheres de gens de néant ou fuppofés, & que le décret n'en foit pas retardé.

Voyez touchant les encheres, ce que j'en ai dit verbo Encheres.

Après que les remifes font finies, le Juge adjuge par décret l'héritage faifi réellement au plus offrant & dernier enchériffeur. Cette adjudication étant faite, le Procureur pourfuivant criées eft tenu de mettre entre les mains du Greffier toutes les pieces de pourfuites & procédures néceffaires des criées pour dreffer le décret ; & après qu'il eft expédié en parchemin, le Procureur pourfuivant reprend ces pieces du Greffier, pour les garder & s'en fervir en cas de befoin, parce qu'il eft garant envers l'adjudicataire des nullités de la procédure au cas qu'il y en ait.

La groffe du décret par lequel l'adjudication a été faite, fe met entre les mains du Garde-fcel où elle refte vingt-quatre heures ; & au bas du décret il met : Scellé le . . . . jour . . . . . après avoir refté *vingt-quatre heures en mes mains, suivant l'Ordonnance & la Coutume.*

L'adjudicataire est tenu de fournir au poursuivant l'ordre, une copie signée du décret pour produire. Il est encore obligé de consigner le prix de l'adjudication dans la huitaine ; après lequel tems la contrainte par corps est délivrée contre lui au poursuivant criées ou opposans, sans que le Receveur des Consignations puisse faire les contraintes.

Outre le prix de l'enchere, l'adjudicataire est tenu des frais ordinaires de criées qu'il doit payer au Procureur du poursuivant criées suivant son mémoire ; & ces frais sont toujours sous-entendus, quoique dans l'enchere il n'en soit point fait mention ; de sorte que si l'adjudication étoit faite à plusieurs differentes choses saisies sur un même propriétaire, & par un même décret, & à divers prix, ils seroient tous tenus entr'eux de rembourser les frais des criées, chacun par contribution, à proportion du prix des choses qui leur seroient respectivement adjugées : ce qui s'entend des frais de la saisie, établissement de Commissaire, des criées, affiches, significations, assignations & délivrance d'exploits au propriétaire, certification des criées, Sentence de congé d'adjuger, &c.

Quant aux frais extraordinaires, comme pour instruire & juger les oppositions & les procédures qui pourroient avoir été faites pour l'intérêt particulier du poursuivant, ou des opposans, ou du débiteur saisi, ils ne se remboursent point par l'adjudicataire ; mais ils doivent être supportés par chacun de ceux qui en reçoivent du profit, ou par ceux qui ont contesté témérairement, ou qui ont succombé dans la contestation.

Ces frais sont mis & employés en frais extraordinaires de criées, pour lesquels le poursuivant est préféré à tous autres créanciers, quoiqu'il ne vienne pas en ordre pour son dû ; car il ne seroit pas raisonnable que les frais faits pour l'établissement des droits des premiers créanciers, ne fussent pas portés par les biens saisis & décretés.

Il faut excepter les droits dûs au Seigneur, lesquels par l'article 358. de la Coutume de Paris, sont préférables à ces frais.

Il y a un cas auquel l'adjudicataire n'est pas obligé de consigner dans la huitaine, qui est lorsqu'il y a appel de la Sentence du décret adjugé ; parce que par le moyen de l'appel, l'exécution de la Sentence étant tenue en suspens, l'adjudicataire ne peut pas être contraint de consigner, attendu que la Sentence n'ait son effet par le Jugement qui doit intervenir sur l'appel.

Si pendant la poursuite de l'appel l'héritage décreté déperit, & souffre un notable dommage, ou même une ruine totale, il semble que la perte ne doit pas tomber sur l'adjudicataire, parce qu'elle n'est pas arrivée par sa faute ; & l'adjudication n'étant pas présumée parfaite, au moyen de l'appel interjetté de la Sentence d'adjudication ; la perte ne doit pas tomber sur lui.

Il faut néanmoins dire le contraire, parce que, quoique par une telle Sentence il ne soit pas rendu propriétaire de la chose, d'autant que la tradition ne lui en a pas été faite, & qu'il n'en avoit pas encore pris possession au tems de la perte ; toutefois,

d'autant que la perte des choses tombe quelquefois, non pas sur ceux qui en sont propriétaires, mais sur ceux à qui elles sont dûes, dans cette espece on doit dire que la perte le regarde ; de même que quand la perte de la chose vendue earrive après que le contrat de vente a été parfait, elle tombe sur l'acheteur, quoiqu'il n'en soit pas propriétaire, & même qu'il n'en ait pas pris possession, *toto titulo ff. & cod. de pericul. de commod. rei vendit.*

Si les deniers consignés au Greffe étoient perdus, il semble que la perte n'en doit pas tomber sur les créanciers, mais sur le saisi, d'autant que le débiteur n'est point délivré de sa dette & de l'obligation qu'il a contractée, que par le payement de ce qu'il doit ; que les deniers consignés par l'adjudicataire des biens décretés étant perdus sur le fait des créanciers, on ne peut point leur imputer si les deniers ont été consignés, & le débiteur ne peut point valablement prétendre être déchargé envers eux jusqu'à la concurrence desdits deniers, d'autant qu'ils n'en ont rien touché, & que quoique la consignation ait été faite à leur requête, néanmoins on la doit considérer plutôt comme étant faite par la nature de la vente par décret, & même que c'est par la faute du débiteur ; car s'il avoit satisfait à ses créanciers comme il le devoit, ils n'auroient pas été contraints de se pourvoir par la voie des saisies réelles, & il n'auroit pas été besoin de consignation, & par conséquent la perte des deniers consignés ne seroit pas arrivée.

Et pour faire voir que le débiteur n'est point déchargé des obligations des créanciers saisissans & opposans, par la perte des deniers consignés, c'est que nonobstant la consignation, les intérêts ne laissent pas de courir à leur profit jusqu'à ce que l'ordre soit fait, & qu'on ne peut rien imputer aux créanciers qui ne peuvent tirer leur dû jusqu'à ce que l'ordre soit fait.

Néanmoins il a été jugé que cette perte tombe sur les créanciers & non pas sur le débiteur. M. Louet, lettre C, chapitre 50. rapporte deux Arrêts qui l'ont jugé ainsi, par la raison que par l'adjudication des biens saisis & décretés sur le débiteur, il en perd la propriété & la possession, sans qu'il y puisse rien prétendre, puisque la propriété en est transférée en la personne de l'adjudicataire ; lequel en est tenu propriétaire incommutable par le moyen de l'adjudication qui lui en a été faite ; comme *unaquæque res domino perit*, le saisi ayant perdu le droit de propriété en la chose décretée, ne peut plus être tenu du péril du cas fortuit, ni de la perte du prix qui représente la chose décretée auquel prix le saisi n'a & ne peut prétendre aucune chose, jusqu'à ce que les créanciers soient entierement satisfait.

Si les créanciers prétendent qu'il n'y a point eu de leur faute, il y en a encore moins de la part du pauvre débiteur dont le bien a été vendu, & qui en est dépossédé, au profit de ses créanciers.

Celui qui auroit mis enchere, ne seroit pas tenu du péril de la chose, arrivée avant l'adjudication, parce qu'avant icelle, non-seulement il n'est point le propriétaire de la chose ; mais encore elle ne lui eſt point dûe ; ainſi la perte ne doit point tomber ſur lui, mais ſur le ſaiſi qui en conſerve la propriété juſqu'au décret d'adjugé.

De ce que nous venons de dire, il s'enſuit, que ſi au tems de l'enchére, la terre ſaiſie & miſe en criées étoit couverte de fruits prêts à cueillir, & qu'après l'enchere, par quelque malheur, tous les fruits fuſſent perdus, comme par une grêle ou autrement ; en ce cas, ſi l'adjudication étoit faite en conſéquence de cette enchere, l'enchériſſeur pourroit demander avec juſtice que l'on rabatte ſur le prix de l'enchere la valeur deſdits fruits, ſuivant l'eſtimation qui en ſera faite par experts.

Les adjudications par décret ſe font publiquement en l'Audience de la Juriſdiction & de vive voix, & aux jours marqués & heures pour ce aſſignées.

Le principal effet de l'adjudication par décret, eſt la tranſlation de tous droits de propriété en la perſonne de l'adjudicataire, ſans qu'il puiſſe être inquiété par des créanciers hypothécaires qui n'auroient pas fait leurs oppoſitions, ou autres prétendans droits de propriété dans quelque partie des choſes ſaiſies, criées & adjugées ; d'autant que le décret purge tous droits de propriété & d'hypotheque, & toutes charges réelles & foncieres, faute d'oppoſition.

Il faut excepter, I°. les héritages ſitués dans des Coutumes où l'on ne peut acquérir droit de propriété & poſſeſſion, que par démiſſion & inveſtiture ès choſes féodales, veſt & deveſt, ſaiſine & déſaiſine ; ès choſes cenſuelles, comme ſont les Coutumes de Vermandois, de Reims, Ribemont, Chauni & autres.

II°. Il faut excepter les fiefs qu'on appelle de danger, dans leſquels, dans les Coutumes de Bar-le-Duc & de Chaumont, le nouvel acquéreur ne peut pas entrer, ni prendre poſſeſſion des fiefs qui y ſont ſitués, qu'il n'ait été auparavant inveſti, & fait les foi & hommage au Seigneur dont ils ſont mouvans, & à ſon refus au Seigneur ſuzerain, à peine de commiſe ; car en ce cas il faut que l'adjudicataire, avant que de ſe mettre en poſſeſſion deſdits fiefs, en prenne l'inveſtiture, & faſſe les ſoumiſſions ordinaires envers le Seigneur, ſuivant la diſpoſition de ces Coutumes.

Après que l'adjudication par décret eſt faite, le pourſuivant criées doit, comme nous avons dit ci-deſſus, mettre toutes les pieces néceſſaires des procédures & pourſuites de criées entre les mains du Greffier pour dreſſer le décret ; & après qu'il eſt dreſſé, il faut le mettre entre les mains du Scelleur, lequel le garde pendant vingt-quatre heures, dont il doit faire mention au bas. Pendant ce tems-là, on reçoit au Greffe toutes les oppoſitions à fin de conſerver ; & après ce tems de vingt-quatre heures on n'en reçoit plus. Ainſi les créanciers qui n'ont pas eu le ſoin de faire dans les vingt-quatre heures leur oppoſition à fin de conſerver, n'ont plus d'autre reſſource, que de procéder par voie de ſaiſie & arrêt ſur les deniers revenans bons ès mains du Receveur des conſignations.

Enfin, après que le décret eſt délivré, le Procureur du pourſuivant criées leve au Greffe un extrait des oppoſans, contenant leurs noms & ceux de leurs Procureurs ; & il prend un appointement en droit à écrire & produire ſur l'ordre.

Il faut que le Procureur prenne des meſures juſtes pour n'omettre aucun des créanciers oppoſans ; car s'il en omettoit quelqu'un, il demeureroit reſponſable en ſon nom de la dette du créancier qu'il auroit mis, ſuivant l'art. 13. du Réglement de la Cour du 23. Novembre 1598. Ce qui ne ſe doit entendre que du cas où ce créancier auroit été utilement colloqué, ſi l'appointement avoit été pris avec lui.

L'appointement ſur l'ordre qui eſt pris au Greffe par le Procureur pourſuivant, doit être par lui ſignifié tant au Procureur de la Partie ſaiſie, qu'à ceux des oppoſans.

Huitaine après cette ſignification, le Procureur pourſuivant doit fournir les cauſes & moyens d'oppoſition de ſa Partie ; enſuite il produit les titres & les pieces de ſon oppoſition ; & enfin il fait ſommer les Procureurs de la Partie ſaiſie & des oppoſans de produire de leur part dans la huitaine, & par un ſecond acte il les ſomme de contredire.

Le plus ancien des Procureurs des oppoſans eſt, dans cette procédure, regardé en quelque maniere comme le Syndic de tous les oppoſans ; auſſi prend-il communication de l'inſtance d'ordre. Il fournit de contredits non-ſeulement contre la production des oppoſans, mais encore contre toutes celles qui lui ſont communiquées. Cela n'empêche pas que les autres oppoſans ne puiſſent prendre auſſi communication de l'inſtance d'ordre, & contredire les moyens d'oppoſition des créanciers qui prétendent mal-à-propos être colloqués avant eux.

Enfin, quand l'inſtance eſt en état, on procede à l'ordre, c'eſt-à-dire, au Jugement qui fixe le rang dans lequel les créanciers qui ont formé leur oppoſition au décret, doivent être payés ſur les deniers provenant du prix des héritages vendus par décret, & ſur ceux qui ſont entre les mains du Commiſſaire aux ſaiſies réelles, provenans des baux judiciaires deſdits héritages, ſuivant l'ordre des privileges & hypotheques, ou comme créanciers chirographaires, pour ceux qui n'ont point d'hypotheque.

Au Châtelet, on nomme un des Commiſſaires pour faire l'ordre des créanciers. L'adjudicataire doit lui remettre le décret & la quit'ance de conſignation du prix de l'adjudication. Cela étant fait, le Commiſſaire rend une Ordonnance, portant que les créanciers oppoſans remettront entre ſes mains leurs titres dans la huitaine ; & ſi après une ſeconde ſommation, avec un pareil délai de huitaine, les oppoſans manquent à y ſatisfaire, on obtient contr'eux une Sentence, qui en leur accordant un nouveau délai de huitaine pour remettre leurs titres entre les mains du commiſſaire, ordonne que faute par eux de ſatisfaire à ce Réglement, ſans qu'il ſoit beſoin d'autre Sentence, il ſera procédé à l'ordre par le Commiſſaire, nonobſtant les oppoſitions, deſquelles on déboute ceux qui manqueront de produire leurs titres.

Le Commiſſaire ayant dreſſé l'ordre, on aſſigne les oppoſans au domicile qu'ils ont élu, pour en prendre communication dans la huitaine, pour accorder l'ordre ou pour le conteſter.

Si après une feconde ſommation, quelques-uns des créanciers oppoſans ont manqué de prendre communication de l'ordre, on obtient contr'eux une Sentence, qui porte que, faute par eux de prendre communication dans la huitaine de l'ordre dreſſé par le Commiſſaire, il ſera tenu pour accordé par rapport à eux, ſans qu'il ſoit beſoin d'un nouveau Jugement.

Lorſque les oppoſans comparoiſſent, & conteſtent quelques collocations de l'ordre, le Commiſſaire leur en donne acte dans ſon procès verbal, & il renvoie les parties devant le Lieutenant civil, pour être fait droit ſur leurs conteſtations.

Ce renvoi n'a lieu que pour les oppoſans entre leſquels il y a quelque conteſtation ; car les premiers créanciers dont la collation n'eſt conteſtée par aucunes des parties, peuvent toucher les ſommes pour leſquelles ils ont été colloqués, ſans prendre aucune part à l'inſtance d'entre les autres oppoſans.

A l'égard de ces derniers oppoſans, il intervient un appointement à écrire & produire, que l'on inſtruit à la maniere ordinaire des autres inſtances.

Dans d'autres Tribunaux, il y a des procédures différentes de celles que nous venons d'expliquer, pour parvenir à faire l'ordre des créanciers. Comme l'Edit des Criées de 1551. & les autres Loix, n'ont rien déterminé là-deſſus, il faut ſuivre les uſages de chaque Juriſdiction.

Mais la maniere de colloquer chaque créancier dans l'ordre, ſoit comme privilégié, ſoit comme hypothécaire, ſoit comme chirographaire, a des regles plus certaines. Nous les avons expliquées, lettre C, en parlant de ces créanciers.

Au reſte, en matiere de décret, toutes les formalités ſont tellement de rigueur, que l'omiſſion de quelqu'une rend abſolument nulle toute la procédure, auſſi-bien que l'adjudication qui auroit été faite en conſéquence. C'eſt pourquoi il faut bien prendre garde.

S A I S I E S ET CRIÉES DE RENTES. Les ſaiſies & criées de rentes foncieres ſe font en la même forme que celles des héritages ſujets aux rentes foncieres, ſuivant l'article 349. de la Coutume de Paris.

Le Sergent doit ſe tranſporter ſur l'héritage ſujet à la rente fonciere, & y ſaiſir la rente dûe, déclarant par ſon procès verbal qu'il ſaiſit une telle rente, à prendre ſur tel héritage, lequel il doit déſigner & déclarer par le menu, par tenans & aboutiſſans ; & les criées en doivent être faites en la Paroiſſe où les héritages ſujets à la rente ſont ſitués.

Il faut obſerver la même choſe pour les rentes du bail d'héritage.

Pour ce qui eſt des rentes conſtituées ſur Particuliers, la ſaiſie en doit être faite ès mains du débiteur, avec défenſes de racheter, ni vuider ſes mains du principal & arrérages d'icelles au préjudice du ſaiſiſſant.

Les criées en doivent être faites devant la prin-

cipale porte de l'Egliſe paroiſſiale du ſaiſi créancier de la rente ; & il faut mettre affiches & pannonceaux, tant contre la maiſon du ſaiſi, qu'en la principale porte de ladite Egliſe & Paroiſſe dudit ſaiſi créancier de la rente, ſuivant l'article 348. de la Coutume de Paris.

A l'égard des rentes conſtituées ſur l'Hôtel-de-Ville de Paris, qui ſont préſumées avoir une aſſiette à Paris, la ſaiſie s'en fait entre les mains des Receveurs & Payeurs d'icelles : on doit y déclarer par le menu, la nature des rentes & la date de la conſtitution. Pour ce qui eſt des criées, il faut les faire devant la principale porte de l'Egliſe paroiſſiale de l'Hôtel-de-Ville, qui eſt Saint Jean en Greve, & mettre affiches & pannonceaux contre les portes de ladite Egliſe & de l'Hôtel-de-Ville, ſuivant l'article 347. de la Coutume de Paris.

Aujourd'hui l'on ne fait point de criées de rentes ſur l'Hôtel-de-Ville, ni des rentes conſtituées ſur des Particuliers ; mais on peut les ſaiſir réellement, & la vente s'en fait après les affiches & pannonceaux royaux aux lieux requis ſur trois publications, qui ſe font, pour les rentes de l'Hôtel-de-Ville, en l'Egliſe de S. Jean ſa Paroiſſe, en la Paroiſſe du ſaiſi, & en celle de la Juriſdiction où la ſaiſie eſt pourſuivie.

Pour les rentes conſtituées ſur Particuliers, en la Paroiſſe du ſaiſi, & en celle de la Juriſdiction où la ſaiſie réelle ſe pourſuit.

Après que cela eſt fait, la vente deſdites rentes qui ont été ſaiſies réellement, ſe fait à la Barre de la Cour, ſi c'eſt au Parlement ; & en l'Audience, ſi c'eſt au Châtelet ou ailleurs.

SAISIES ET CRIÉES DES OFFICES ROYAUX COMPTABLES EN LA CHAMBRE DES COMPTES A PARIS. Cette ſaiſie doit être faite ſur le ſaiſi, le Sergent déclarant *qu'il ſaiſit & met en la main du Roi l'état & Office de* ... *dont le ſaiſi eſt pourvu & titulaire, & les émolumens qui y ſont attribués, ſans aucune réſerve ni exception, &c.*

Cette ſaiſie doit être ſignifiée à M. le Chancelier, à ce qu'il lui plaiſe n'admettre aucunes Lettres de réſignation ni proviſion de l'Office. Elle doit être auſſi ſignifiée au Payeur de gages dudit Office, à ce qu'il n'en prétende cauſe d'ignorance, lui faiſant défenſes de payer les gages à autres qu'au Commiſſaire établi, ſur peine de payer deux fois ; car par l'exploit de ſaiſie réelle, le Sergent doit établir Commiſſaire aux Saiſies réelles pour la perception des gages & émolumens.

Si cette ſaiſie n'étoit pas ſignifiée à M. le Chancelier, le titulaire de l'Office le pourroit vendre ; & n'y ayant point d'oppoſition au Sceau, l'acquéreur ſeroit par ſes proviſions en ſûreté contre les créanciers de ſon vendeur, d'autant que le Sceau purge les hypotheques pour les Charges, comme le décret purge celles qui ſont ſur les héritages.

Quand on dit qu'il faut ſignifier cette ſaiſie à Monſieur le Chancelier Garde des Sceaux, cela s'entend en parlant au Garde-Rôle des Offices de France étant en exercice.

Quant aux criées, elles doivent être faites, ſuivant l'article 350. de la Coutume de Paris, devant la principale porte de l'Eglise S. Barthelemy, Paroisse de la Chambre des Comptes ; & les affiches & pannonceaux se doivent mettre, tant contre la principale porte de ladite Eglise, que contre la maison où est demeurant le débiteur, au cas qu'il soit demeurant en la Ville ou Fauxbourgs de Paris.

S'il demeuroit ailleurs, il faudroit outre la solemnité susdite, faire les criées en la Paroisse de son domicile, & mettre pannonceaux, tant contre la principale porte de l'Eglise paroissiale, que contre la maison du saisi. Art. 351. de la Coutume de Paris.

La vente de ces Offices se poursuit en la Cour des Aides, suivant l'Edit du mois d'Août 1669. concernant la vente des biens des Comptables.

SAISIE DES OFFICES QUI NE SONT POINT COMPTABLES EN LA CHAMBRE DES COMPTES, comme de Sergens, Notaires, Greffiers, doit être faite sur le débiteur, & signifiée à celui qui en donne les provisions, & aussi à celui qui en paye les gages, avec défenses de les payer à autre qu'au Commissaire établi, à peine de payer deux fois.

A l'égard des criées, elles doivent être faites en la Paroisse du Siege dont dépend l'Office saisi, & où s'en fait le principal exercice ; suivant l'article 351. de la Coutume de Paris.

SAISIES DES OFFICES DE JUDICATURE. Autrefois ces Offices ne pouvoient pas être saisis réellement : mais cette Jurisprudence a été changée par l'Edit du mois de Mars 1683. suivant lequel la saisie de ces Offices se fait sans criées, vû que la vente ne s'en fait point par décret ; mais on saisit seulement l'Office sur le débiteur ; & on lui donne assignation dans les délais de l'Ordonnance, pour voir ordonner qu'il passera une procuration ad resignandum, & qu'à faute de ce faire, la Sentence qui interviendra, vaudra ladite procuration, pour être en conséquence d'icelle ledit Office vendu après trois publications en la maniere accoutumée.

Si le débiteur ne comparoît point, le Juge ordonne que dans quinzaine pour tous délais, le débiteur fournira sa procuration ad resignandum de l'Office sur lui saisi ; & qu'à faute de ce faire, la Sentence vaudra procuration.

Ensuite le saisissant doit faire faire trois publications de quinzaine en quinzaine, les jours de Dimanche, à l'issue de la Messe paroissiale à la principale porte de l'Eglise paroissiale du saisi, & de la Jurisdiction où se poursuit la vente.

Par Edit du mois de Février 1683. rapporté par Neron, il a été ordonné, I°. Que les créanciers opposans au Sceau & expédition des provisions des Offices, seront préférés à tous autres créanciers qui auront omis de s'y opposer, quoique privilégiés, & même à ceux qui auront fait saisir réellement les Offices, ou seroient opposans à la saisie réelle.

II°. Les Directeurs valablement établis par les créanciers de l'Officier, pourront s'opposer au Sceau audit nom de Directeurs, & conserveront les droits de tous lesdits créanciers.

III°. Entre les créanciers opposans au sceau, les privilégiés seront les premiers payés sur le prix des Offices ; après les privilégiés acquittés, les hypothécaires seront colloqués sur le surplus dudit prix selon l'ordre de priorité ou de postériorité de leurs hypotheques ; & s'il en reste quelque chose après que les créanciers privilégiés & hypothécaires opposans au sceau auront été entièrement payés, la distribution s'en fera par contribution entre les créanciers chirographaires opposans au sceau.

IV°. Si aucun des créanciers ne s'est opposé au sceau, ou si tous les créanciers opposans au sceau étant payés, il reste une partie du prix à distribuer, la distribution s'en fera premièrement en faveur des créanciers hypothécaires, suivant l'ordre de leur hypotheque, & le surplus distribué entre tous les autres créanciers par contribution, sans avoir égard à aucunes saisies de deniers faites ès mains de l'acquéreur de l'Office, du Receveur des Consignations, ou autres dépositaires d'un prix d'icelui, ni à la saisie réelle & opposition, dont les frais de poursuites seulement seront remboursés par préférence.

V°. Après la saisie réelle enregistrée, le titulaire de l'Office ne pourra traiter qu'en présence des saisissans & opposans, si aucun y a, ou eux duement appellés, & ce traité fait par l'Officier sera nul, quoique les oppositions ne fussent que pour conserver, & non au titre, si ledit traité n'est homologué avec les créanciers.

VI°. Le créancier qui aura saisi réellement l'Office, sera tenu de faire enregistrer la saisie réelle au Greffe du lieu d'où dépend & où se fait la principale fonction de la Charge, quand même l'adjudication seroit poursuivie en une autre Jurisdiction ; & six mois après ledit enrégistrement signifié à la personne ou domicile de l'Officier, quand il sera d'une Compagnie supérieure, & trois mois à l'égard de l'Officier d'une Compagnie subalterne & de tout autre, le créancier pourra faire ordonner que le titulaire de l'Office sera tenu de passer procuration ad resignandum de ladite Charge ; sinon que ce Jugement vaudra procuration, pour être procédé à l'adjudication après trois publications ; qui seront faites de quinzaine en quinzaine aux lieux accoutumés, & même au lieu où la saisie réelle aura été enregistrée.

VII°. Après les trois publications, il sera donné deux remises de mois en mois, avant que de procéder à l'adjudication de ladite Charge.

VIII°. Quand il aura été ordonné par un Jugement contradictoire, ou rendu Partie duement appellée, dont il n'y aura point d'appel, ou qu'il aura été confirmé par Arrêt, que le Titulaire de l'Office sera tenu de passer procuration ad resignandum, sinon que le Jugement vaudra procuration, l'Officier demeurera de plein droit interdit de la fonction de sa Charge, trois mois après la signification dudit Jugement faite à personne ou domicile dudit Officier, & au Greffe du lieu d'où dépend & où est fait la principale fonction de la Charge saisie, & ce en vertu dudit Jugement, sans qu'il puisse être réputé comminatoire, ni qu'il en soit besoin d'autre, & sans que les Juges pour quelque cause que ce soit, puissent proroger ou renouveller ledit délai.

IX°.

IX°. L'adjudication faite en Juſtice, & la Sentence ou Arrêt portant que l'Officier ſera tenu de paſſer procuration *ad reſignandum*, ſinon ledit Jugement vaudra procuration, au cas où il ne ſera beſoin d'adjudication, tiendront lieu de la procuration de l'Officier, & ſeront en conſéquence les Lettres de proviſions expédiées.

X°. Ce qui regarde la préférence des créanciers oppoſans au Sceau, ſur ceux qui ont omis de s'oppoſer ſera exécuté tant pour le paſſé que pour l'avenir; la diſtribution du prix des Offices par ordre d'hypotheque entre les créanciers hypothécaires aura lieu à l'égard des Charges qui ſeront vendues après la date des Préſentes, ſoit par contrat volontaire ou par autorité de Juſtice; & la forme de procéder à la vente des Charges, ſera obſervée ſeulement à l'égard des Charges qui ſeront ſaiſies depuis la date de notre préſent Edit, lequel nous voulons être exécuté nonobſtant le contenu en la Coutume de Paris, même l'article 95. & toutes autres Coutumes, Stiles & Ordonnances, auxquelles nous avons expreſſément dérogé & dérogeons par ces Préſentes.

XI°. N'entendons néanmoins comprendre au préſent Edit les Offices comptables, à l'égard deſquels voulons que celui du mois d'Août 1669. ſoit exécuté, tant pour la forme de procéder à la vente, que pour le Jugement de l'Ordre & diſtribution du prix. Si donnons en mandement à nos amés & féaux Conſeillers les Gens tenans notre Cour, &c.

SAISIE FEODALE, eſt la ſaiſie du fief du Vaſſal faite par le Seigneur, faute par le Vaſſal d'avoir fait la foi & hommage au Seigneur de qui ſon fief releve, ou de lui avoir payé ſes droits, ou faute d'aveu & dénombrement.

Pluſieurs conditions ſont requiſes pour la validité de la ſaiſie féodale.

La premiere, qu'elle ſoit faite faute par le Vaſſal d'avoir fait la foi & hommage au Seigneur de qui ſon fief releve, & de lui avoir payé ſes droits, ou faute d'aveu & dénombrement.

La deuxieme, qu'elle ſoit faite dans le temps porté par la Coutume. *Voyez* l'article 7. de la Coutume de Paris.

La troiſieme, qu'elle ſoit faite par forme de Juſtice, c'eſt-à-dire par un Sergent, & en vertu de l'Ordonnance du Juge du Seigneur, laquelle doit être particuliere pour tel fief dénommé, ſi ce n'eſt dans les Coutumes qui permettent au Seigneur de ſaiſir de ſa propre autorité.

La quatrieme, que le fief conſiſte en fonds de terre & maiſons, le Sergent ſe tranſporte ſur les lieux.

Si ce ſont cenſives & rentes inféodées, le Seigneur doit ſignifier par un Sergent aux débiteurs d'icelles, & au créancier qui en eſt propriétaire & Vaſſal du Seigneur, qu'il ſaiſit leſdites redevances.

La cinquieme que les cauſes de la ſaiſie y ſoient énoncées, afin que le Vaſſal ne l'ignore pas, & qu'il y ſatisfaſſe.

La ſixieme, que la ſaiſie ſoit faite au nom & à la requête du Seigneur, & non pas au nom du Procureur Fiſcal.

La ſeptieme, que cette ſaiſie ſoit notifiée au Vaſſal.

La huitieme, qu'elle ſoit faite du fief, & non pas ſimplement des fruits.

La neuvieme, que le Seigneur qui ſaiſit le fief mouvant de lui, y faſſe établir Commiſſaire, lorſque la ſaiſie eſt faite faute d'aveu & dénombrement.

Il y a deux ſortes de ſaiſies féodales; les unes emportent la perte des fruits, les autres ne l'emportent pas.

Celle qui ſe fait faute de foi & hommage, & droits non faits & non payés dans les quarante jours preſcrits par la Coutume, emporte la perte des fruits du fief au profit du Seigneur; de ſorte qu'ils lui appartiennent, & qu'il n'eſt pas obligé de les rendre, ſuivant ce que j'ai dit lettre F, en parlant des fruits que le Seigneur gagne au moyen de la ſaiſie féodale, & où j'ai expliqué pluſieurs queſtions qui concernent cette ſaiſie.

Mais celle qui ſe fait faute d'aveu & dénombrement donné au Seigneur dans les quarante jours, à compter du jour que le Vaſſal a été reçu en foi & hommage, n'emporte pas perte de fruits; en ſorte que dans ce cas, le Seigneur qui ſaiſit le fief relevant de lui, ne le met point à ſa table.

C'eſt auſſi la raiſon pour laquelle, quand la ſaiſie féodale eſt faite faute de foi & hommage, il ne faut point d'établiſſement de Commiſſaire, par la raiſon que comme ſaiſie emporte perte de fruits, le Seigneur les retient par ſes mains. Au contraire, dans celle qui eſt faite faute de donner un dénombrement, il faut néceſſairement établir un Commiſſaire, à peine de nullité, parce que le Seigneur ne fait pas les fruits ſiens pendant que la ſaiſie dure.

La ſaiſie féodale faite faute de foi & hommage, & du payement des droits, ceſſe dès que le Vaſſal a fait la foi & hommage à ſon Seigneur, & lui a payé les droits; & le Seigneur ne rend point compte des fruits par lui perçus.

Celle qui eſt faite faute d'aveu & dénombrement ceſſe dès le moment que l'aveu a été donné au Seigneur par le Vaſſal: après quoi le Commiſſaire doit rendre les fruits qu'il a perçus au Vaſſal, ou lui en rendre compte.

La ſaiſie féodale a ce privilege, qu'elle n'eſt jamais convertie en oppoſition, & qu'elle eſt préférée à toute autre, en ce qu'il retient toujours le nom de ſaiſie.

En effet, c'eſt un droit qui eſt inhérant à la choſe, & qui la ſuit en quelque main qu'elle paſſe, lequel droit eſt réel; & plus ancien que celui de tous les créanciers qui ont ſaiſi le fief de leur débiteur. Il n'y a donc rien qui puiſſe empêcher les effets de la ſaiſie féodale faite faute d'homme, droits & deniers non faits & non payés; c'eſt-à-dire, que les fruits du fief ſaiſi par le Seigneur pour les ſuſdites cauſes appartiennent au Seigneur tant que la cauſe de ſa ſaiſie dure, étant au pouvoir du Vaſſal ſaiſi, ou de ſes créanciers à ſon refus, de ſatisfaire aux cauſes de la ſaiſie, & par ce moyen d'en obtenir main lévée.

B b b b

Voyez Coquille en son Institution au Droit Français, titre des Fiefs, & ce qui est dit de la saisie féodale dans le dictionnaire de M. Brillon. *Voyez* aussi ce que j'ai dit sur les articles premier & neuf suivant la Coutume de Paris.

SAISIE FEODALE EST PUREMENT RÉELLE, & ne peut passer pour être ni personnelle, ni mixte.

La raison est que cette saisie est une réunion du fief à la table du Seigneur qui se fait *jure feudi*, & en conséquence du domaine direct. C'est pour cela que Dumoulin sur l'article 1. de la Coutume de Paris, glose 4. nombre 24. dit ; *Ista apprehensio dominicalis est juris privati & patrimonialis, sive ut ita loquar, domanialis* ; & dans la glose 5. nombre 1. il ajoute que cette saisie ne se fait point sur la personne du Vassal, mais sur le fief. *Nulla manus injectio potest fieri in personam vassali, sed solum in feudum ipsum, & in rem beneficiariam.*

Enfin dans la glose neuvieme, nombre 47. il décide en termes formels que c'est une matiere entiérement réelle. *Manus injectio feudalis, non est personalis, sed realis, nec fit in personam, sed in rem ipsam, quam solum & non personam afficit .... & sic non inducit jus personale, sed jure in re.*

La saisie féodale étant une matiere purement réelle, elle ne peut être évoquée aux Requêtes de l'Hôtel ou du Palais. L'Ordonnance de Louis XII. de l'année 1499. art. 43. défend expressément à Messieurs des Requêtes de prendre connoissance, sous ombre de *Committimus* ou autrement, sinon des causes personnelles & possessoires, quand même ce seroit du consentement des Parties. C'est pourquoi cette Ordonnance ajoute : *Nous enjoignons à notre Cour de Parlement, & à nos Procureurs & Avocats généraux, qu'ils empêchent lesdits renvois.*

L'article 24. du titre de *Committimus*, de l'Ordonnance de 1669. a confirmé cette ancienne Ordonnance d'une maniere bien précise. Voici les termes ; *Ne pourront aussi avoir lieu les Committimus ès demandes, passer déclaration ou titre nouvel de censives ou rentes foncieres, ni pour payement des arrerages qui en seront dûs, à quelques sommes qu'ils puissent monter, ni aux fins de quitter la possession d'héritages ou immeubles, ni pour les élections, tutelles, curatelles, scellés, inventaires, acceptation de garde noble, ou pour matieres réelles, encore que par le même exploit la demande fût faite à fin de restitution des fruits.*

Si par cet article on n'est point en droit d'évoquer des demandes pour passer déclaration ou titre nouvel de censives ou rentes foncieres, ni pour payement des arrérages qui en sont dûs, on ne peut à plus forte raison évoquer une saisie féodale, qui contient non seulement un droit réel, mais encore la réunion du fief servant au fief dominant, qui se fait par puissance féodale.

Il faut cependant demeurer d'accord qu'anciennement on pouvoit évoquer aux Requêtes les choses foncieres & exploits domaniaux, qui appartiennent originairement à la Justice fonciere, & font partie d'icelle ; mais c'étoit un abus, comme le remarque fort bien Dumoulin sur l'article 23. de

la Coutume de Sens, & après lui Louet, lettre R, somm. 36.

Aussi par Arrêt rendu au Parlement de Paris, sur les conclusions de M. l'Avocat général Joly de Fleury, le 4. Juin 1703, il a été jugé que la saisie féodale ne pouvoit être évoquée aux Requêtes de l'Hôtel ou du Palais. Cet Arrêt est rapporté par M. Augeard, tome 1. Arrêt 41.

SAISIE FEODALE, ne peut être faite dans les pays de droit écrit, qu'après que le Seigneur a mis & constitué le Vassal en demeure. Ainsi après le refus & la contumace du Vassal, il faut que le Seigneur se pourvoie en Justice, pour avoir permission de faire saisir les fruits du fief servant, encore cette saisie n'emporte point la perte des fruits, à moins que la contumace ne soit outrée, & que cela ne soit ainsi ordonné en justice avec connoissance de cause. Henrys, tome 1. livre 3. quest. 2.

S A I S I E VERBALE, dont il est parlé dans l'article 11. de la Coutume d'Angoumois, étoit une saisie féodale, qui se faisoit par le Seigneur du fief qui n'avoit exercice de Jurisdiction.

Cette saisie se faisoit en conséquence du seing privé du Seigneur, & du scel de ses armes, & étoit signifiée par un Sergent emprunté.

Quand le Seigneur du fief vouloit faire une saisie réelle & effective, il prenoit commission & conforte main de son Seigneur suzerain, pour confirmer sa saisie verbale ; & en conséquence il faisoit saisir & établir Commissaire par un Sergent du même Seigneur suzérain, & faisoit présenter le bail devant le Juge dudit Seigneur.

La Justice fonciere & la saisie verbale, dont il est parlé audit article 11. de la Coutume d'Angoumois ne sont plus en usage.

Voyez Vigier aux dernieres additions sur cet article 11.

S A I S I E ET ANNOTATION DE BIENS. *Voyez* Annotation de biens. *Voyez* aussi Contumace.

SAISIE SUR SAISIE NE VAUT. Il n'y a que la premiere qui soit appellée saisie ; toutes les autres sont converties en oppositions.

Cette maxime a lieu, tant pour la saisie & exécution de meubles, que pour la saisie réelle. La premiere saisie en fait de meubles est toujours préférable aux autres, en ce que le premier saisissant les meubles ou autres choses mobiliaires de son débiteur, est le premier payé sur le prix provenant de la vente d'iceux, si ce n'est en cas du privilege de l'opposant ou postérieurement saisissant, ou en cas de déconfiture.

Pour ce qui est de la saisie réelle, le premier saisissant réellement, c'est-à-dire, le créancier dont la saisie réelle se trouve enregistrée la premiere, est préféré à tout autre, non pas pour être payé de son dû par préférence, mais pour poursuivre les criées & le décret, pour le prix en provenant être distribué entre lui & les créanciers opposans selon l'ordre de leurs privileges & hypotheques.

Ainsi cette premiere saisie réelle retient seule le nom de saisie ; & celles qui se trouvent avoir été faites après, sont appellées oppositions, & n'ont point d'autres effets ; c'est-à-dire , que ceux à la requête desquels elles font faites, s'opposent à ce que les criées , décret & adjudication des chofes faifies ne fe faffent , fi ce n'eft à la charge d'être confervées dans leurs droits & hypotheques, & être mis en ordre felon le temps de leur créance ou de leur privilege s'ils y font privilégiés.

Il faut excepter la faifie féodale , laquelle étant faite fur une faific à la requête des créanciers du vaffal faifi , vaut comme fi elle étoit faite la premiere, & n'eft pas convertie en oppofition ; à caufe que le droit en vertu duquel la faifie féodale eft faite , eft plus ancien que celui des créanciers qui ont faifi le fief de leur débiteur , comme je l'ai remarqué , *verbo* Saifie féodale.

Il faut encore excepter de cette regle générale, *faifie fur faifie ne vaut* , lorfqu'il y a intervalle ou ceffation de pourfuites du premier faififfant d'environ fix mois. La Rocheflavin, livre 2. titre 1. Arrêt 33.

Enfin faifie fur faifie ne vaut , lorfqu'elle eft faite au vû & fçu du premier faififfant , qui ne s'y oppofe pas. Peleus , liv. 3. art. 34. Baffet , tome 2. liv. 7. tit. 7. chap. 1.

SAISINE , eft la prife de poffeffion par l'acquéreur d'un héritage , par le moyen de la notification du contrat d'acquifition, qui fe fait au Seigneur de qui releve l'héritage. Ainfi faifine eft une efpece d'inveftiture que donne le Seigneur , pour laquelle il lui eft dû un droit appellé droit de faifine.

Cette faifiné & défaifine s'appelle *entrée & iffue* , en la Coutume d'Artois, art. 29.

Suivant la Coutume de Paris , article 82. ne prend faifine qui ne veut , mais fi on prend faifine fera payé douze deniers parifis pour la faifine de l'héritage cenfuel.

Néanmoins il n'y a perfonne qui ne doive faire enfaifiner fon contrat d'acquifition , quoique cette Coutume n'y oblige pas , parce que l'action du retrait ne court que du jour de l'enfaifinement du contrat d'acquifition & dure un an entier à compter de ce jour.

Cependant depuis l'Edit des infinuations laïques , l'an du retrait ne court que du jour que le contrat d'acquifition a été infinué ; mais il faut toujours que le contrat foit enfaifiné pour jouir en repos de l'héritage acquis , après que l'année du retrait fera finie.

Nous avons des Provinces dans le Royaume qu'on appelle pays de faifine , comme font les Coutumes de Clermont en Beauvoifis , de Senlis & du Valois.

La faifine en fes Coutumes eft une formalité femblable à celle du nantiffement, en ce que l'acquéreur d'un héritage , ou le créancier d'une terre , prend par ce moyen une efpece de poffeffion & mife de fait du Seigneur qui relevent & font tenus en cenfive les biens acquis & hypothéqués.

Mais elle differe du nantiffement , en ce que l'effet de cette faifie ne pas de donner l'hypotheque aux contrats ; car il eft certain qu'elle eft acquife indépendamment de la faifine , dès-lors que

le contrat eft paffé fous le fcel royal & authentique. Mais la faifine fert à donner la préférence entre un genre de créanciers qui ont déjà hypotheque acquife quand il s'agit entr'eux d'être colloqués utilement fur le prix du bien décreté fur leur débiteur commun.

Voilà la différence qu'il y a de ces Coutumes de faifine à celle de Picardie , où il n'y a point d'hypotheque en vertu des contrats ordinaires paffés devant Notaires , fans nantiffement , ou fans Jugement portant condamnation.

Au refte , les contrats de mariage non pas befoin d'être enfaifinés dans ces Coutumes, non plus que d'être nantis dans les Coutumes de nantiffement. *Voyez* Nantiffement.

Touchant la faifine, *voyez* ce qui en eft dit dans le Gloffaire du Droit François. *Voyez* auffi Ricard fur le titre 14. de la Coutume de Senlis ; l'inftitution au Droit François de Coquille , page 122 ; Charondas, liv. 4. rep. 38. & liv. 5. rép. 60. Soefve, tom. 1. cent. 2. chap. 87. & ce que j'ai dit fur l'article de la Coutume de Paris.

SAISINE EN MATIERE DE COMPLAINTE , fignifie poffeffion. Quand on y eft troublé, l'on peut dans l'an & jour du trouble former complainte. C'eft ce que marquent ces termes ; *Complainte en cas de faifine & de nouvelleté.*

Mais la complainte en cas de faifine & de nouvelleté eft différente du cas de fimple faifine, dont il eft fait mention dans plufieurs de nos Coutumes: car celui qui la derniere année précédente le trouble pour lequel fe forme la complainte poffeffoire, a poffédé & joui paifiblement d'aucun héritage , cens , rente , ou autre droit corporel , *non vi, nec clam , nec precario ab adverfario* , eft bien recevable pour raifon d'iceux à intenter complainte en cas de nouvelleté dans l'an & jour du trouble , s'il eft troublé ou empêché en fa poffeffion & jouiffance , pour être confervé en fa poffeffion.

S'il y a défaut de telle jouiffance d'an & jour derniers , & qu'auparavant & depuis dix ans il en ait joui paifiblement , foit continuellement , ou par intervalle , & par la plus grande partie dudit temps , encore qu'il ne foit fondé en titre ; néanmoins il eft bien recevable d'intenter le cas de fimple faifine , afin d'être remis en la poffeffion qu'il avoit perdue.

La fimple faifine n'eft donc autre chofe qu'un droit que celui qui avoit jouit d'une rente , ou d'autre charge réelle fur un héritage , auparavant & depuis dix ans , & pendant la plus grande partie de ce temps , pouvoit autrefois exercer contre celui qui l'y troubloit dans les dix années, pour être remis dans la faifine & la poffeffion de fa rente , ou autre charge réelle , encore qu'il ne fût fondé en titre.

Ainfi, en ce cas de fimple faifine, le poffeffeur jouit durant le procès , quoiqu'il ait pris poffeffion fans jufte caufe ou jufte titre , d'autant qu'il a joui plus d'un an ; mais en cas de complainte de nouvelleté , celui-là doit jouir qui peut montrer de fes derniers exploits & actes de poffeffion , & comme il a été de nouveau troublé en icelle.

Bouteiller prétend que simple saisine ne se doit asseoir que sur trouble de servitude ou de prestation de rente. L'article 98. de la Coutume de Paris, semble n'admettre la simple saisine que dans le cas de prestation de rente, lorsque celui qui possédoit une rente, a été troublé en la jouissance d'icelle : mais aujourd'hui la simple saisine n'a plus lieu dans la Coutume de Paris, comme nous l'avons remarqué sur ledit article 98. & je ne crois pas qu'elle soit usitée ailleurs ; car il paroît absurde qu'une action possessoire se puisse intenter dans les dix ans du trouble & de la cessation, & qu'elle dure plus que la complainte effective, qui ne dure qu'un an.

D'ailleurs, en concurrence de prétentions différentes, l'on doit toujours dans le doute, & lorsqu'il n'apparoît d'aucun titre de part ni d'autre, ou qu'il est incertain lequel est le plus considérable, conserver celui qui est en possession ; & celui qui a été troublé en la sienne, doit s'imputer de n'avoir pas agi au possessoire dans l'an & jour du trouble : s'il est réduit à agir au pétitoire, c'est sa faute d'avoir laissé passer le tems qui lui étoit accordé pour intenter la complainte.

SAISIR, c'est livrer, mettre en possession, entrer en jouissance : *Le mort saisit le vif*, c'est-à-dire, qu'il ne faut point demander en Justice la délivrance d'une succession, comme celle d'un legs.

SAISIR LES BIENS DE SON DÉBITEUR, c'est, selon le Droit Romain, *mitti in possessionem*. Saisir parmi nous, c'est déposséder un propriétaire des meubles, héritages & autres biens qui lui appartiennent : ce qui se fait par le ministere d'un Sergent, qui déclare par un exploit, qu'il saisit par autorité de Justice une telle chose à la Requête d'un tel, faute de payement de telle somme à lui dûe.

Suivant notre usage, un débiteur n'est dépossédé de ses meubles, que par la saisie & exécution qui en est faite, & qui est suivie d'établissement de gardien. A l'égard des immeubles, le propriétaire sur qui ils sont saisis réellement, n'en est dépossédé que par le bail judiciaire.

SE SAISIR, signifie s'emparer de quelque chose.

SALAIRE, est la récompense du travail que l'on a fait pour quelqu'un, & des services qu'on lui a rendus.

Vignerons, mercénaires & gens de journée, sont tenus de travailler dès le soleil levé jusqu'au soleil couché ; autrement ne leur est dû salaire.

Quand on n'a rien promis de certain aux ouvriers en les louant, & que les uns payent plus, les autres moins, il faut choisir un milieu entre le plus grand & le moindre prix.

Un Sergent ne peut retenir les meubles des débiteurs pour payement de ses salaires. Il ne peut pas non plus demander le payement de ses salaires après un an.

Touchant le salaire des témoins. *Voyez* Témoins.
Touchant le salaire des Procureurs. *Voyez* Procureur.

SALAIRE DES TUTEURS, sont adjugés par le

Juge, quand pour solliciter les dettes des mineurs, ils ont été obligés de faire des diligences, & commettre des solliciteurs. *Voyez* Maynard, liv. 6. chap. 55. & Boniface, tom. 4. liv. 4. tit. 1. chap. 9.

Au Châtelet de Paris, la regle est, que les tuteurs ne peuvent demander des appointemens & salaires, à moins qu'il n'y ait un avis des parens qui les leur adjuge & le fixe. Dans le Recueil des Actes de notoriété donnés par M. le Camus, Lieutenant civil, il y en a deux qui le déclarent ainsi.

Le premier est du 7. Mars 1685. qui porte que l'usage du Châtelet est que l'on passe au tuteur les frais nécessaires pour la perception des droits du mineur, même l'entretien d'un homme d'affaires & voyages, lorsqu'il a été ainsi réglé par l'avis des parens assemblés, ou pour l'élection des tuteurs ; & que tous les comptes de tutelle se rendent aux dépens du mineur, sans que le tuteur soit obligé d'en porter aucune chose.

Le deuxieme est du 19. Juin 1708. qui porte que les appointemens & les voyages des tuteurs des mineurs ne doivent point être passés dans les comptes de tutelle, s'ils ne sont fixés par l'avis des parens, ou si les Juges n'ont décidé quelle dépense en est nécessaire.

SALAIRES DE DOMESTIQUES, SERVITEURS LABOUREURS ET AUTRES, doivent être demandés dans l'an, à compter du jour qu'ils sont sortis de service ; & ce pour trois années s'il n'y a promesse ou autre titre, ou interpellation judiciaire : mais ils n'ont de privilege que pour la derniere année. *Voyez* ce que j'ai dit sur l'art. 127. de la Coutume de Paris, & le Commentateur d'Henrys, tom. 1. liv. 4. quest. 20.

SALINE, est le lieu où sont les eaux, les chaudieres, les fontaines, les puits, & tous les outils propres pour faire le sel, où l'on en fabrique.

Il y a une Déclaration du mois de Janvier 1691. portant réglement pour la levée du quart-bouillon sur les salines de la Province de Normandie.

L'Edit du mois d'Août 1692. est un réglement pour les salines du Comté de Bourgogne.

Voyez le Dictionnaire de M. Brillon.

SALIQUE, *voyez* Loi Salique.

SALPETRE, est une espece de minéral qui se trouve dans les cavernes, caves, bergeries, étables, écuries, rochers, masures & carrieres, qui a de la saveur & du sel chaud & sec.

Il est défendu de transporter le salpêtre hors le Royaume.

Il est permis aux Salpêtriers d'entrer dans les maisons pour le recueillir.

L'Edit donné à Blois au mois de Mars 1672. est un réglement général pour la vente des salpêtres & poudres.

Voyez le Dictionnaire de M. Brillon & celui de Chasses.

SALVAGE ou SAUVELAGE, est un droit qui appartient à ceux qui ont aidé à retirer du naufrage des marchandises qui étoient sur le point de périr.

Ce droit eft ordinairement la dixieme partie de ce qu'on fauve.

S A L V A T I O N S, fe dit de tout ce qui eft propofé pour foutenir ce qui a été auparavant expofé de notre part, pour refuter les argumens que la Partie adverfe a objeftés contre les pieces que nous avons produites.

Ainfi falvation de caufes d'appels ou de griefs, ou de contredits, font les écrits qui fervent de réponfes aux réponfes, aux caufes d'appels, ou aux réponfes à grief ou autres contredits.

Pareillement les réponfes aux reproches des témoins faites par la partie adverfe, font falvations par lefquelles celui qui a fait l'enquête foutient la difpofition des témoins, & réfute les reproches de la Partie adverfe.

Quand la preuve d'un fait fe fait par aftes, les défenfes contre ces aftes font appellés contredits, & les réponfes aux contredits font appellés falvations.

S A U F, fignifie excepté, à la réferve, à la charge, pourvû que. On ajoute ce mot dans tous les défauts comminatoires qui portent quelque délai.

On donne à l'Audience des défauts fauf l'heure, c'eft-à-dire, au cas que le défaillant ne comparoiffe pas avant la fin de l'Audience.

S A U F notre droit et le droit d'autrui, eft une claufe qui eft toujours fous entendue dans les dons, graces, privileges, & aftes du Prince; & fur-tout par rapport à la derniere partie de cette claufe, qui regarde le droit d'autrui.

Les Princes fouverains font à la vérité maîtres de tout; mais cela ne s'entend que de la directe Seigneurie & Juftice fouveraine, & non pas de la poffeffion & propriété des biens en particulier, qui appartient à ceux de leurs Sujets qui en jouiffent.

Itaque beneficium Imperatoris latiffimam recipit interpretationem, fi nullius privati læfionem contineat; fecus vero ftrictam. **Leg. 3. ff. Conftitution. Princip.** junfto Gotofr. ibidem.

Voyez la Bibliotheque du Droit François *verbo* Sauf. Au refte, cette claufe, fauf notre droit & celui d'autrui, fe met toujours dans les enfaifinemens des contrats.

SAUF-conduit, eft une affurance qu'on donne par écrit à quelqu'un pour la fûreté de fa perfonne pour aller & venir en liberté.

Il n'y a que le Roi qui accorde des faufs-conduits, ou celui qui le repréfente. Les créanciers qui ont la contrainte par corps contre leur débiteur, peuvent bien en accorder lui en accorder une furféance, qui lui tienne lieu de fauf-conduit pendant un tems, à l'effet de régler fes affaires; pendant lequel tems ils confentent que la contrainte par corps foit furfife, fans néanmoins lui donner aucune furféance des pourfuites qu'ils exercent ou peuvent exercer fur fes biens.

Les Juges peuvent quelquefois donner des faufconduits à des délinquans ou à des prifonniers, pour agir en leurs affaires; mais cela ne fe doit

faire qu'avec une grande connoiffance de caufe, & pour quelque jufte confidération.

Voyez Julius Clarus, *liv. 5. Senten. §. finali,* quæft. 31. aux additions; & Franc. Marcus, tome 2. queft. 68.

SAUF-REPIT. Ce terme qui fe trouve dans les art. 267. & 352. de la Coutume de Brétagne, fignifie la fouffrance que le Seigneur baille à fon Vaffal pour lui faire hommage.

S A U V E - G A R D E, font les Lettres, que le Roi donne à ceux qui ont jufte fujet d'appréhender d'être opprimés par des plus puiffans qu'eux, & d'être troublés dans leurs biens & poffeffions. Le Roi mande par ces Lettres au premier Huiffier ou Sergent, de conferver & maintenir le fuppliant dans fes biens, poffeffions & droits, contre tous ceux qui voudroient l'y troubler.

Telles Lettres doivent être publiées & fignifiées ès lieux aux perfonnes qu'il appartient. On peut même en faire afficher des copies avec pannonceaux & armes Royaux aux poffeffions & héritages de l'impétrant.

Celui qui enfreint la fauve-garde doit être puni de peine capitale, fi les défenfes de l'enfeindre font fous peine de la vie; à tout le moins il doit être puni de peine corporelle & exemplaire, fi l'infraction eft faite quant au corps.

Si au contraire l'infraction eft faite quant aux biens la punition eft d'amendes arbitraires, felon la qualité des perfonnes & exigence des cas.

Quand celui qui a obtenu fauve-garde fe trouve bleffé, battu ou tué, il eft préfumé que celui contre lequel la fauve-garde a été obtenue a fait le coup à moins qu'il ne faffe apparoir de fon innocence.

Quelques Auteurs tiennent que la différence qu'il y a entre la fauve-garde & l'affurément, eft qu'il n'appartient qu'au feul Juge royal de donner des fauve-gardes, & que les Juges des Seigneurs Hauts-Jufticiers ne peuvent donner que des affurémens. *Solus rex poteft in Regno dare cuftodiam,* five falvagardiam. Gouffet fur l'art. 100. de la Coutume de Chaumont en Baffigny; Bacquet en fon Traité des Droits de Juftice, chap. 7. nomb. 32. Ferault en l'art. 16. de fon Traité des Privileges des Rois de France.

Néanmoins dans la Coutume de Sens & plufieurs autres le droit de donner fauve-garde appartient, tant au Juge Royal, qu'aux Juges des Seigneurs Hauts Jufticiers; & à Langres on ne fait aucune différence entre affurément & fauve-garde du Roi: chaque Juge dans fon territoire peut donner affurément & fauve-garde.

Voyez Affurément, & la Conférence des Coutumes, partie 5. pag. 127. *Voyez* auffi Bacquet, des Droits de Juftice titre 7. nomb. 31.

S A U V E M E N T, eft un droit feigneurial qui eft femblable au droit de vintain. Il confifte en la douzieme partie des bleds & vins, que les vaffaux donnoient autrefois à leur Seigneur, à la charge de conftruire & d'entrenir à fes dépens les murailles du Bourg, pour la fûreté des habitans & la confervation de leurs biens, en cas de guerre ou de quelqu'autre accident.

Il eft traité de ce droit dans Salvaing, en fon Traité de l'ufage des Fiefs, chap. 48.

S C

S C E A U, fignifie cachet public gravé de la figure ou des armes du Roi, de l'Etat ou du Magiftrat, avec lequel on fcelle les Contrats, les Jugemens & les Lettres du Prince; parce qu'on ne peut pas fi facilement contrefaire les Sceaux que les fignatures.

L'ufage en eft fi ancien, qu'on n'en peut trouver l'origine. *Voyez* ce qui en eft dit dans le Dictionnaire de Trevoux. On fçait feulement, que la plûpart des Peuples s'en font fervis, mais ils n'avoient pas de grands Sceaux comme les nôtres: c'étoient de petits cachets tels que ceux d'aujourd'hui qui fervent de bagues.

Les anciens imprimoient ces Sceaux fur diverfes matieres, les uns fur une certaine efpece de terre; d'autres fur de la cire. Ils fe fervoient de ces cachets à divers ufages; ils les appofoient principalement fur les contrats & fur les teftamens.

En France, les Sceaux ont été plus communs dans le commencement de la Monarchie, qu'ils n'avoient été parmi les autres peuples.

On ne fçavoit ce que c'étoit que de figner des actes; les Rois & les Juges avoient leurs Sceaux qui faifoient autant de foi que la fignature en fait aujourd'hui.

Cet ufage des Sceaux en France venoit de ce que hors les gens d'Eglife, très-peu de perfonne fçavoient lire & écrire; & comme les contrats fe paffoient fous l'aveu des Juges, les contrats, de même que les Sentences, étoient fcellés du Sceau du Juge, qui étoit bien plus connu que fa fignature. *Voyez* Loyfeau, liv. 2. des Offices chap. 4.

Mais Philippe le Long crut qu'il étoit de la Majefté Royale que la principale marque des actes de Juftice qui les rendoit authentique, fût celle du Roi: c'eft pourquoi il inftitua des Sceaux royaux; & comme le falaire qu'on donnoit à ceux qui les imprimoient produifit un revenu confidérable, il en fit un droit domanial.

Depuis ce tems les Sceaux des Juftices Royales, & ceux qui font appofés aux contrats paffés pardevant les Notaires royaux, font tous gravés des armes de France, quoiqu'auparavant il n'y eût que les expéditions de Chancellerie & les Arrêts des Cours fouveraines qui fuffent fcellés des armes de France.

Il y a trois fortes de Chancellerie, & par conféquent trois efpeces de Sceaux; fçavoir celui de la grande Chancellerie de France, celui des Parlemens, & celui des Préfidiaux; à quoi il faut ajouter le petit Sceau.

Le Roi n'adreffe jamais fes Lettres qu'à fes Officiers, pour les fignifier enfuite aux Juges des Seigueurs qui peuvent connoître de l'affaire.

Il n'appartient qu'aux Juges royaux, à l'exclu-

fion des fubalternes, de connoître du crime de faut commis aux Sceaux.

C'eft le Chancelier de France, ou le Garde des Sceaux qui a le pouvoir de régler les fonctions des Officiers des Sceaux, d'examiner s'ils s'acquittent bien de leurs Charges, & de fixer leurs droits & émolumens.

Tous les Sceaux des Chancelleries font en cire qui paroît au dehors; à la différence des petits Sceaux des Juftices & des contrats, dont la cire eft couverte d'un morceau de papier.

SCEAU DE LA GRANDE CHANCELLERIE, appellé communément le Grand Sceau; eft celui qui a d'un côté la repréfentation du Roi affis en fon Trône, le Sceptre en la main, & de l'autre côté les armes de France; il eft gardé par M. le Chancelier ou le Garde des Sceaux de France.

Il fert à fceller les Edits, Ordonnances & Déclarations, les Lettres de provifions d'Offices, les abolitions & rémiffions, légitimations, naturalités, dons, expéditions de Finances, & toutes les autres Lettres de grande importance qui ne font pas du ftile ordinaire de la Juftice, & qui ont befoin de la fignature & entiere autorité du Roi.

Le grand Sceau fert auffi à fceller les Commiffions fur les Arrêts du Confeil du Roi, Grand Confeil; & même ceux des Cours de Parlemens, lorfqu'ils doivent être portés hors de leur reffort pour y être exécutés; car l'autorité du grand Sceau eft reconnue dans toutes les terres de l'obéiffance du Roi.

Enfin, l'on expédie au grand Sceau des Paréatis fur toutes fortes d'actes de Juftice, pour être exécutés dans toute l'étendue du Royaume.

Le grand Sceau a fon contre-fcel, dans lequel eft gravé l'écuffon de France. On fe fert de ce contre-fcel pour attacher à la piece principale celles qu'il eft néceffaire d'y joindre; ou pour les rendre exécutoires, ou pour en conftater la vérité, & empêcher qu'on ne les puiffe changer ni en fuppofer d'autres.

Les Edits fe fcellent en cire verte; mais les Lettres qui doivent durer toujours, les Provifions d'Offices héréditaires, les actes & commiffions de Juftice, font fcellés de cire jaune.

Des Sceaux du Roi, de leur autorité & de leurs droits, de la dignité du Garde des Sceaux, *voyez* M. le Bret en fon Traité de la Souveraineté, liv. 4. ch. 1.

SCEAU DES PARLEMENS, eft celui des Chancelleries établies près les Parlemens, qui ont chacune un Sceau particulier; néanmoins la même empreinte des armes de France, qui font trois fleurs-de-lys, fe trouve à tous.

Ces Chancelleries font une émanation de la grande, pour lui fervir d'aide.

Le Sceau du Parlement de Paris a pour infcription autour *Sigillum parvum pro abfentiâ magni*, pour dire qu'en l'abfence du Grand Sceau, on y peut fceller toute forte de Lettres, particuliérement les Commiffions fur Arrêts du Parlement & du Grand Confeil, & autres expéditions de Juftice; qui autrement ne pourroient être fcellées qu'au grand Sçeau: ce que l'Hiſtoire nous apprend s'être pratiqués dans de tems de guerres & de troubles.

On ſcelle ordinairement au Sceau des Parlemens les actes de moindre conſéquence, qui font du ſtile ordinaire de la Juſtice, & qui n'ont pas beſoin de la pleine grace & entiere autorité du Roi. Telles ſont les Lettres d'émancipation ou de bénéfice d'âge, les Lettres de bénéfice d'inventaire, les Commit. timus, les Terriers, les Lettres d'attribution de Juriſdiction pour criées, les Lettres de main ſouveraine, les reliefs d'appel, les anticipations, les debitis, les compulſoires, les déſertions, les reſciſions, les requêtes civiles & autres.

Les Lettres que l'on paſſe ſous le Sceau de la Chancellerie d'un Parlement, ne ſont exécutoires que dans l'étendue de ſon reſſort, ſi ce n'eſt qu'on ſe ſervit du Sceau du Parlement de Paris en l'abſence du grand Sceau, comme nous avons dit: auquel cas, ſelon la qualité des matieres, le Sceau du Parlement de Paris feroit exécutoire par-tout le Royaume.

Meſſieurs les Maîtres des Requêtes le tiennent chacun tour à tour.

Le Doyen a droit de le tenir pendant un quartier de l'année tout entier, & durant tous les premiers mois des trois autres quartiers; & par conſéquent ſix mois entiers de l'année; & pendant les autres mois, les Sceaux ſont tenus par les Maîtres des Requêtes plus anciens de chaque quartier ſucceſſivement, entre les mains deſquels les Sceaux de cette Chancellerie ſont dépoſés.

Le Procureur du Roi, des Requêtes de l'Hôtel, qui a titre & fonction de Procureur général de la grande Chancellerie & de toutes les autres Chancelleries du Royaume, a droit d'entrée dans la grande Chancellerie de France, de ſéance dans celle du Parlement & d'inſpection ſur les Lettres & ſur les Officiers du Sceau, pour empêcher les mauvaiſes clauſes & ſurpriſes des Lettres, & faire garder la diſcipline aux Officiers.

Dans les Chancelleries établies près les autres Parlemens, il y a un Garde des Sceaux, qui a ordinairement un Office de Conſeiller au Parlement joint à ſa Charge qui eſt dépoſitaire du Sceau.

Mais dans la plupart de ces Chancelleries le Sceau eſt mis dans un coffre fermé de trois clefs; l'une eſt pour la garde des Sceaux, l'autre pour l'Audiencier, & la troiſieme pour le Contrôleur.

Les fonctions de ces Gardes des Sceaux ſont ſemblables à celles des Maîtres des Requêtes dans la Chancellerie du Parlement de Paris.

S C E A U DES CHANCELLERIES PRESIDIALES, eſt celui de chaque Siege préſidial où ſont repréſentées les armes du Roi, mais beaucoup plus petites qu'à celui des Chancelleries établies près les Parlemens.

Il étoit anciennement gardé par un Garde des Sceaux inſtitué pour cet effet, qui étoit Conſeiller du Siege; mais cette Charge ayant été ſupprimée, cette garde a été attribuée aux Juges préſidiaux tour à tour, qui toutefois la négligent, & la laiſſent ordinairement à celui qui en a les émolumens.

Il ſert ſeulement pour expédier les reliefs d'appel

& anticipations des Sieges préſidiaux, les Sentences préſidiales, c'eſt-à-dire celles qui ſont données aux deux chefs de l'Edit, & les Exécutoires émanés des Juges préſidiaux.

Ce Sceau eſt exécutoire par-tout où reſſortit le Siege préſidial.

S C E A U DE JUSTICE, OU PETIT SCEAU, eſt le Sceau qui ſert à ſceller les contrats, Sentences, & autres mandemens expédiés ſous le nom des Juges royaux inférieurs.

Ces petits Sceaux des Juſtices & des contrats ont les armes du Roi empreintes, mais en une forme plus petite que ceux des Chancelleries préſidiales.

Ils n'ont qu'une fleur-de-lys & celui du Châtelet n'en a encore qu'une. Ils ſont gardé par des Officiers Garde des Sceaux, qui furent créés en titre d'Office en 1568.

Ces Sceaux qui ſervent aux Juſtices royales, ſervent auſſi à ſceller les contrats qui ſont paſſés dans l'étendue de ces Juſtices; mais ils ne ſont pas également exécutoires pour l'un & l'autre.

Les contrats paſſés ſous le Sceau royal ſont exécutoires par tout le Royaume, ſuivant l'art. 65. de l'Ordonnance de 1539.

Les Sentences ſcellées du Sceau royal ſont de ſoi exécutoires ſeulement dans l'étendue de la Juriſdiction où elles ont été rendues; & hors du reſſort, elles ne ſont exécutoires que par la permiſſion & le pareatis du Juge des lieux où on les veut mettre à exécution.

Voyez dans les obſervations ſur Henrys, tom. 1. Liv. 2. chap. 4. queſtion 25. la Déclaration du 27. Septembre 1697. qui porte rétabliſſement des Offices des Gardes des petits Sceaux, & qui les unit au Corps des Notaires; & qui fait défenſes aux Notaires des Seigneurs de recevoir un acte entre des perſonnes demeurantes hors de leur Juriſdiction, ni pour raiſon d'immeubles ſitués ailleurs.

SCEAU SEIGNEURIAL appellé authentique, eſt celui des Juſtices ſubalternes & ſeigneuriales; car les Seigneurs font appoſer par les Officiers de leurs Juſtices un Sceau de leurs armes aux Sentences & Actes judiciaires qui ſont rendus dans leurs Juſtices.

A l'égard des Seigneuries dans l'étendue deſquelles il y a des Notaires, l'on appoſe auſſi à ces contrats les Sceaux des Seigneurs pour les pouvoir mettre à exécution; mais les obligations paſſées ſous le Sceau authentique & non royal, ne ſont exécutoires qu'aux cas que les obligés fuſſent demeurans dans le détroit où ce Sceau eſt authentique; autrement une telle obligation ne paſſeroit que pour une promeſſe ſous ſignature privée.

Pour ce qui eſt des obligations paſſées ſous le Sceau Royal, elles ſont exécutoires par tout le Royaume, ſoit que les parties obligées fuſſent demeurantes dans le reſſort de la Juriſdiction du Sceau de laquelle les obligations ſont ſcellées, ou qu'elles fuſſent demeurantes ailleurs.

Cette différence vient de ce que l'autorité du Roi s'étend par tout le Royaume; par conſéquent il ſeroit abſurde de reſtraindre le pouvoir du Sceau royal dans certains lieux, outre que le Sceau du Roi eſt connu par tout, & perſonne ne le peut ignorer.

Mais comme l'autorité & le pouvoir des Seigneurs eſt reſtraint dans les limites de leurs Juſtices, & ſur leurs Juſticiables ſeulement, les obligations qui y ſont paſſées ne ſont point exécutoires ſur les biens de ceux qui n'y étoient point domiciliés lorſqu'elles y ont paſſées. *Voyez* l'art. 165. de la Coutume de Paris.

Après avoir parlé des différentes eſpeces de Sceaux ordinaires, nous allons parler de quelques eſpeces de Sceaux qui ſont particuliers ; ſçavoir, du Sceau Dauphin, du Sceau des grands jours, du Sceau des Compagnies Orientales & Occidentales, & du Sceau des Reines & des enfans de France : mais nous croyons devoir dire auparavant quelque choſe du Sceau attributif de Juriſdiction.

S C E A U ATTRIBUTIF DE JURISDICTION. Les Sceaux dont les obligations & contrats ſont munis, ne ſont point attributifs de Juriſdiction ; & en cela nous ne ſuivons point en France la diſpoſition du Droit Romain & du Droit Canon, qui porte que l'action perſonnelle doit être intentée pardevant le Juge au lieu où la contrat a été paſſé. *Leg. 19. §. 1. & leg. ſequen. ff. de Judiciis, cap. Romana, §. contrahentes de foro compet. in ſexto.*

Ainſi en France, quoique les obligations & les contrats ſoient paſſés ſous le Sceau Royal, & que les parties contractantes ſe ſoient ſoumiſes généralement ou ſpécialement à la Juriſdiction du Juge Royal ſous lequel l'acte a été paſſé, le Juge royal, ſous prétexte de cette commiſſion, ne peut connoître des cauſes & procès mûs à raiſon des contrats paſſés ſous ſon Sceau, ſi les parties contractantes ne ſont ſes Juſticiables ; ſinon le créancier, nonobſtant la ſoumiſſion générale ou ſpéciale, eſt tenu de pourſuivre ſa dette pardevant le Juge en la Juſtice duquel le débiteur eſt demeurant, ſans avoir égard au lieu où le contrat a été paſſé, ni à la ſoumiſſion générale ou ſpéciale que les parties auroient faite à la Juriſdiction d'un autre Juge.

Il faut néanmoins excepter de la regle les Sceaux du Châtelet de Paris, d'Orléans & de Montpelier, qui ſont attributifs de Juriſdiction. *Voyez* Prorogation de Juriſdiction, & ce que j'ai dit ſur l'art. 164. de la Coutume de Paris, nomb. 11. & ſuiv. *Voyez* auſſi ce que j'ai dit ci-deſſus, lettre C, en parlant du Châtelet de Paris.

S C E A U DAUPHIN, eſt un grand Sceau, qui eſt particulier pour ſceller les expéditions qui concerne la Province du Dauphiné.

Dans ce Sceau eſt repréſenté l'image du Roi à cheval & armé, ayant un écu pendu au col, dans lequel ſont empreintes les Armes écartelées de la France & du Dauphiné, le tout dans un champ ſemé de fleurs de lys & de Dauphins.

Ce Sceau a ſon contre-ſceau, dans lequel ſont empreintes les armes de France & du Dauphiné ; & ce contre-ſceau a pour ſuppôt un Ange qui le ſoutient.

Les Lettres concernant le Dauphiné, appellées Chartes, & autres qui ſont accordées à perpétuité, ſont ſcellées en verd de ce grand Sceau Dauphin.

Pour ce qui eſt des autres Lettres qui ſont à tems, comme proviſions d'Office, Arrêts & expéditions de Juſtice, qui doivent avoir leur exécution dans le pays du Dauphiné, elles ſont ſcellées en cire rouge, de ce même Sceau de la Chancellerie du Parlement du Dauphiné.

SCEAU DES GRANDS JOURS, eſt celui que le Roi envoie dans les Provinces, pour ſceller les Actes & expéditions qui y ſeront arrêtés aux grands jours qui s'y tiendront.

C'eſt Mr. le Chancelier qui donne les Sceaux pour la Commiſſion de ces grands jours ; & ces Sceaux lui ſont rendus, lorſque la Commiſſion eſt finie.

Comme il y a ordinairement un Maître des Requêtes nommé dans ces Commiſſions, c'eſt lui que M. le Chancelier en rend dépoſitaire.

SCEAU DES COMPAGNIES ORIENTALES ET OCCIDENTALES, eſt un Sceau particulier que le Roi a fait faire, où eſt d'un côté l'effigie de Sa Majeſté, & de l'autre les Armes de France. Ce Sceau ſert pour la nouvelle France, & pour les Indes Orientales & Occidentales.

SCEAU DES REINES ET DES ENFANS DE FRANCE. Les Reines & les Enfans de France ont un Chancelier, & un Sceau qui ſert pour expédier les proviſions des Offices de leur maiſon, & les autres actes qui ſont expédiés ſous leurs noms.

SCEAU ECCLESIASTIQUE, eſt le Sceau de l'Evêque, qui ſert à ſceller les Lettres & expéditions qui ſe font ſous ſon nom & ſous ſon autorité. Ce Sceau fait foi en Juſtice ; mais il n'emporte point exécution ni hypotheque. Louet, Let. H, ſomm. 15. Coquille, queſtion 218.

SCEAU DES COMMUNAUTÉS, eſt celui dont les Communautés ſe ſervent pour manifeſter leurs actes, & faire connoître qu'ils viennent d'eux. *Arca communis & Sigillum*, ſont les caracteres auxquels on reconnoît une Communauté faiſant corps.

SCEAU PRIVÉ, eſt le cachet de chaque particulier, qui étoit autrefois d'un uſage commun dans les actes que l'on faiſoit.

Paſquier en ſes recherches, liv. 4. chap. 11. dit qu'il y a eu un tems avant l'Ordonnance d'Orléans, pendant lequel, au lieu de ſeing, les parties qui faiſoient quelqu'acte mettoient au bas leur ſceau, comme il ſe voit en pluſieurs anciens titres. Cela s'obſerve même encore aujourd'hui en Suiſſe & en Allemagne.

La raiſon pour laquelle le Sceau tenoit autrefois lieu de la ſignature, vient, ſelon quelques-uns, de ce que les anneaux ſont le ſymbole myſtérieux de la foi, qui eſt le fondement de tous les contrats. Loyſeau, liv. 2. du droit des Offices, chapitre 4. en rend une autre raiſon, & dit que cela vient de ce que tout le monde eſt capable d'appliquer ſon cachet au bas d'un acte, mais non pas d'y mettre ſon ſeing.

L'Hiſtoire nous apprend que du tems des Rois Merovingiens, les ſciences étoient tellement négligées, qu'il n'y avoit que les Moines & les autres gens d'Egliſe que l'on appelloit Clercs qui ſçuſſent lire & écrire ; ce qui fit que la ſcience fut appellée Clergie, comme n'étant connue que des Clercs.

Mais

Mais depuis que les Laïcs se font fait instruire des choses dont la connoissance est absolument nécessaire dans le commerce de la vie pour bien régler les affaires, l'écriture est devenue plus commune, & l'usage s'est introduit de faire signer les actes par les Parties, au lieu de leur y faire mettre leur Sceau.

SCEL, est la même chose que Sceau; mais ce terme n'est aujourd'hui en usage que dans quelques phrases. On dit, par exemple, sous le scel du Châtelet de Paris. On dit le Scel secret du Roi. Il entre aussi dans la composition de quelques mots, comme Garde-scel, contre-scel, qui est un petit Sceau qui s'appose au derriere du grand Sceau.

SCELLÉ, est l'apposition du Sceau aux Armes du Roi, faite par le Juge du lieu, ou par un Commissaire au Châtelet de Paris, sur les coffres, cabinets & portes des chambres où sont les biens, meubles & papiers d'un défunt ou d'un absent, pour les conserver à ses héritiers ou à ses créanciers; en sorte qu'on ne peut rompre ou lever le scellé qu'en présence de celui qui l'a posé.

Après la levée du scellé, on procede à l'inventaire des biens, meubles & papiers qui se trouvent dans les lieux scellés en présence de ceux qui y ont intérêt, ou des Notaires ou Procureurs par eux commis pour veiller à leurs intérêts, & empêcher qui ne se fasse aucune soustraction.

Il y a plusieurs causes pour lesquelles le scellé peut être apposé. Iº. Le créancier peut faire apposer le scellé sur les biens de son débiteur décédé, pourvu qu'il soit fondé en titre valable qui le fasse créancier d'une somme certaine; ou bien il faut, pour apposer le scellé sur les biens d'un défunt, justifier qu'on a un intérêt notable de conserver & reclamer des choses qu'on auroit donné au défunt en nantissement, ou qu'on lui auroit prêtées.

IIº. La veuve, pour la répétition de ses conventions matrimoniales, ou les héritiers d'un défunt qui appréhendent que la veuve ou quelqu'autre personne ne détourne les effets de la communauté.

IIIº. L'exécuteur testamentaire, pour rendre un compte fidele & exact de ce dont il aura été saisi pendant l'an & jour de son exécution.

IVº. Les créanciers d'un débiteur, quoique vivant, peuvent faire apposer le scellé sur ses biens, en cas d'absence & de latitation, de faillite, de banqueroute, ou d'emprisonnement pour dettes. Mais on ne peut point apposer le scellé sur les biens d'un homme vivant & résidant dans sa maison; on peut seulement faire mettre ses biens en sequestre.

Vº. Le Procureur du Roi peut d'office faire apposer le scellé sur les biens d'un défunt, pour la conservation des biens & des droits des enfans mineurs, au cas qu'il n'y ait point de tuteur ou de curateur, & que les pere & mere soient décédés; car quand il y a un tuteur nommé, c'est à lui à faire l'inventaire & les peines de droit.

VIº. Le scellé peut s'apposer en matiere criminelle, sur les biens volés ou recélés.

L'article 18. de l'Arrêt du Parlement du 10. Juillet 1665. porte: » Ne pourront aucuns Juges apposer les scellés sur les biens des défunts, ni les

» Substituts les requérir, s'ils n'en sont requis par » les Parties, auxquelles il sera libre de faire procéder auxdits inventaires par les Notaires, cha- » cun dans leur détroit; ce qui aura lieu, même » pour les biens des mineurs qui seront assistés de » tuteurs; & néanmoins en cas d'absence des hé- » ritiers légitimes, ou des Seigneurs ayant droit par » confiscations, aubaines & deshérences, feront » lesd. scellés apposés, le Substitut présent & re- » quérant, lesquels scellés & inventaires pour les » Nobles, seront faits par les Lieutenans généraux » ès Bailliages & Sénéchauffées; & pour les per- » sonnes coutumieres, seront faits par les Juges » ordinaires, quand ils en seront requis; sans par » lesd. Juges substituer autres Officiers, faire au- » cune dépense de bouche dans les maisons des Par- » ties, ni que pour raison de ce, il leur soit taxé » ou payé aucune chose outre le salaire tel qu'il » sera réglé ci-après.

Pour faire apposer le scellé sur les biens d'un défunt, il faut le faire peu de tems après sa mort; car douze ou quinze jours plus tard, les choses ayant pû changer de nature ou d'état, l'héritier n'a que l'action en partage, & le créancier la voie de faire déclarer ses titres exécutoires.

Les appositions des scellés & inventaires ne doivent pas être évoquées pardevant les Juges de privilege, par la raison que cela regarde naturellement la fonction des premiers Juges.

Il faut excepter les scellés & les inventaires des Princes du Sang, & de ceux des Officiers publics de la Cour.

On ne peut apposer le scellé sur les effets d'un défunt ou d'un absent, si ce n'est à la requête de quelque partie qui ait intérêt à la conservation de ses biens. Aussi la Cour par plusieurs Arrêts a reprimé l'ardeur excessive de quelques Procureurs du Roi ou Fiscaux, qui les portoit à faire faire indiscretement des scellés sans en être requis; en conséquence de quoi ils ont été condamnés aux dépens, dommages & intérêts des héritiers.

Il n'est pas non plus permis de faire apposer le scellé sur les effets d'une personne qui est à l'article de la mort, quelqu'intérêt que l'on ait à la conservation de ses biens, il faut attendre qu'elle soit décédée.

Celui qui n'est pas créancier du défunt, mais de quelqu'un de ses héritiers, peut bien saisir les effets de la succession, mais non pas faire apposer le scellé dessus, parce que l'apposition du scellé est une espece d'exécution. Ainsi par Sentence du mois d'Avril 1717. main levée a été donnée du scellé apposé à la requête d'un créancier de M. Romanet Président au Grand Conseil, en la maison de la Dame Romanet sa mere.

Pour faire apposer le scellé, il faut présenter requête au Juge ordinaire des lieux, tendante à ce qu'il lui plaise permettre au suppliant de faire procéder par voie de saisie & scellé sur tous les biens & effets de la succession d'un tel. Sur cette requête le Juge met: *Permis de faire saisir & sceller, & à cette fin commis.*

Au Châtelet de Paris, il y a des Commissaires

qui ont le droit d'appofer le fcellé fans Ordonnance du Lieutenant civil, quand le corps du défunt eft encore dans la maifon; & cela fur la fimple requifition des héritiers ou des créanciers qui ont des titres en bonne forme. Voilà le cas où ils peuvent appofer le fcellé fans être commis par le Juge.

Dans les Provinces, ce font les Prévôts & Baillifs qui appofent eux-mêmes le fcellé. *Voyez* l'Arrêt du 16. Mars 1701. dans le Journal des Audiences, qui a adjugé par provifion au Prévôt de Chartres, le droit d'appofer le fcellé dans la Ville de Chartres chez un Noble.

Il faut remarquer I°. que les Huiffiers du Parlement exécutans les Arrêts de la Cour, font en droit d'appofer le fcellé. Ainfi jugé par Arrêt du 14. Decembre 1675. rapporté par Soefve, tom. 2. cent. 4. chap. 91.

II°. Que le Procureur du Roi ne peut faire appofer le fcellé, qu'il n'y ait des mineurs ou des abfens : néanmoins il a été jugé que dans le cas d'un teftament, où l'argent comptant & les meubles en nature étoient légués aux pauvres, fans défignation d'un certain Hôpital, & d'un corps de pauvres, le Procureur du Roi avoit pû faire appofer le fcellé & faire inventaire ; mais celui de Sezanne & autres Officiers furent condamnés à rendre les vacations qu'ils avoient prifes ; parce qu'en cas de pauvres, le miniftere des Officiers de Juftice doit être gratuit. L'Arrêt du Parlement qui l'a jugé ainfi,eft du 17. Décembre 1701.

III°. Que les Officiers du Châtelet de Paris ont droit de fuite pour l'appofition des fcellés & la confeftion des inventaires, quand le défunt avoit fon principal domicile à Paris ; mais autrement ils n'auroient pas droit de fuite, quoiqu'ils euffent appofé les fcellés & fait inventaire à la requête d'un créancier porteur d'un titre paffé fous le fcel du Châtelet de Paris. Ainfi jugé par Arrêt du 23. Février 1714.

IV°. Que les Officiers d'un Seigneur haut-jufticier ne font pas en droit d'appofer le fcellé dans leurs Châteaux, faire inventaire de leurs effets, & donner des tuteurs à leurs enfans mineurs, à l'exclufion des Officiers royaux ; comme il a été jugé par plufieurs Arrêts du Parlement, & récemment par deux.

Le premier a été rendu en la Grand'Chambre fur les conclufions de M. l'Avocat général le Nain, le 6. Février 1702. Cet Arrêt ordonna que les Seigneurs de Binainville & d'Orvillers feroient appellés, pour le réglement être fait avec eux ; & jufqu'à ce, & par provifion, accorda aux Officiers du Préfidial de Mantes le droit d'appofer le fcellé, & de faire l'inventaire des effets de tous les Seigneurs hauts-jufticiers de leur Jurifdiftion, fi le cas y échet, même donner des tuteurs à leurs enfans, le tout au cas du Réglement, c'eft-à-dire, fi la réquifition leur en eft faite.

L'autre Arrêt a été auffi rendu en la Grand'Chambre le 4. Février 1704. fur les conclufions de M. l'Avocat général de Lamoignon. Par cet Arrêt, le Commiffaire aux inventaires d'Etampes fut maintenu pour la levée des fcellés qu'il avoit

appofés fur les effets d'un Seigneur voifin, au préjudice des Officiers de la Seigneurie qui avoient auffi fcellé.

On ne peut pas dire que cette décifion foit fondée fur ce que le pouvoir des Juges des Seigneurs finit par la mort des Seigneurs, mais feulement les raifons que nous allons déduire.

On demeure d'accord que tout mandat ceffe par la mort non-feulement du mandataire, mais auffi par celle du mandant : or les provifions d'un Juge ne doivent pas être regardées comme un fimple mandat, puifqu'elles impriment à un Juge le caraftere attaché à fes fonftions, qui ne l'abandonne que lorfqu'il eft valablement deftitué.

La raifon de la décifion de ces Arrêts eft, qu'on a toujours mis au nombre des droits royaux, celui de fe rendre juftice à foi-même, & que par conféquent ce droit n'appartient qu'au Roi. Or fi les Officiers des Seigneurs appofoient le fcellé fur les effets de leurs Seigneurs, s'ils en faifoient l'inventaire, & s'ils donnoient des tuteurs à leurs enfans, qui par la mort de leur pere deviennent eux-mêmes les Seigneurs de ces Officiers, il arriveroit de-là que les Seigneurs, que leurs Officiers ne font que repréfenter, & qui ne font que les interprétes de leurs volontés, fe rendroient juftice à eux-mêmes.

D'ailleurs, le Réglement de 1665. qui regle le pouvoir des Officiers des Seigneurs par rapport à leurs Seigneuries, permet à ces Officiers de connoître des baux & fous-baux de leurs Seigneurs, des droits de leurs domaines, pour les en faire payer ; mais il leur interdit la connoiffance des aftions intentées contre leurs Seigneurs, & des affaires où ils pourroient avoir quelqu'intérêt.

Tels font certainement les fcellés, les inventaires & les nominations des tuteurs, chofes qui reglent ordinairement la fortune des Seigneurs & de leurs Créanciers dont la connoiffance eft attribuée aux feuls Juges royaux, & où fans cela il arriveroit tous les jours des abus par des levées de fcellé précipitées ; par des fouftraftions d'effets non compris dans l'inventaire, que les Officiers des Seigneurs ne pourroient pas empêcher dans la crainte d'être deftitués.

Cependant M. Augeard, tom. 2. chap. 61. rapporte un Arrêt rendu en la Grand'Chambre le 23. Avril 1704. fur les conclufions de M. l'Avocat général le Nain, qui eft entiérement contraire à la décifion que nous venons de donner ; car fans avoir égard à l'intervention de la communauté des Notaires du Châtelet de Paris, il jugea que l'inventaire de M. le Cardinal de Fuftemberg feroit parachevé par les Officiers du Bailliage.

Il réfulte de-là, qu'il jugea qu'après le décès des Seigneurs hauts-jufticiers, leurs Officiers peuvent, à l'exclufion des Officiers royaux, appofer le fcellé dans leurs palais, & faire inventaire de leurs effets. *

M. l'Avocat général dit, qu'il falloit en cela mettre de la différence entre les Officiers des Seigneurs laïcs, & les Officiers des Seigneurs eccléfiaftiques. Au premier cas le Juge ne peut appofer le ſcellé chez ſon Seigneur, ni faire l'inventaire de ſes effets, parce qu'il ne peut connoître des cauſes de ſon Seigneur, ni par conſéquent de celle de ſes héritiers, qui en lui ſuccédant dans ſa Terre, deviennent au moment de ſa mort Seigneurs du Juge. A quoi M. l'Avocat général ajouta, qu'il en ſeroit peut-être autrement, ſi les héritiers du Seigneur avoient renoncé à ſa ſucceſſion, ou que ſa ſucceſſion fût vacante.

Mais lorſque le Seigneur eſt eccléſiaſtique, il eſt conſtant que ſes propres Juges peuvent appoſer le ſcellé ſur ſes effets, & en faire inventaire ; parce que ſes héritiers n'ont aucun intérêt dans ſa Seigneurie, puiſqu'ils n'ont aucun droit de lui ſuccéder dans le Bénéfice, auquel ſa Seigneurie eſt jointe.

Le procès-verbal d'appoſition du ſcellé contient l'énoncé de la requête qui a été donnée à cet effet; & enſuite celui qui appoſe le ſcellé, fait une deſcription des endroits où il l'a appoſé. Après quoi, ſuit une deſcription des meubles trouvés en la maiſon du défunt.

Cela étant fait, il laiſſe tous les ſcellés & les meubles trouvés en ladite maiſon, en la garde d'un tel qui s'en eſt volontairement chargé, & promis de les repréſenter lorſqu'il ſera ainſi ordonné, comme dépoſitaire des biens de Juſtice.

On peut s'oppoſer à la levée d'un ſcellé, ou en faiſant inſérer ſon oppoſition dans le procès-verbal du Commiſſaire, ou en lui faiſant ſignifier ſon oppoſition par un acte ſéparé.

Pour faire lever le ſcellé, il faut que les Parties intéreſſées & oppoſantes ſoient appellées en conſéquence d'une Ordonnance du Juge appoſée au bas d'une requête tendante à cet effet.

Les Parties intéreſſées étant aſſignées pour voir procéder à la levée des ſcellés, le Juge ou Commiſſaire au jour marqué par l'aſſignation ſe tranſporte en la maiſon où il a appoſé les ſcellés, & procede à la levée d'iceux, après les avoir reconnus ſains & entiers, dont il dreſſe ſon procès-verbal : enſuite on fait inventaire de ce qui ſe trouve ſous les ſcellés.

Si toutes les Parties ſont préſentes, ou leur Procureur pour elles, il n'eſt pas néceſſaire que le procureur du Roi ni ſon Subſtitut y ſoient, ſi le ſcellé a été appoſé à la requête de la veuve, & qu'il ſoit levé à ſa diligence.

En travaillant aux oppoſitions & levées des ſcellés & inventaires, les Officiers qui y ſont employés ne prendront aucuns répas ni nourriture ſur les effets de la ſucceſſion, ni aux dépens d'aucunes des Parties intéreſſées, à peine de concuſſion & de reſtitution du quadruple contre chacun deſdits Juges, Procureurs Fiſcaux, Greffiers & Sergens ſolidairement ; mais ſe contenteront des ſalaires raiſonnables.

C'eſt ce que porte l'article 57. de l'Arrêt de la Cour du 10. Juillet 1665.

Voyez Cet Arrêt qui dans d'autres articles regle ce qui eſt dû aux Officiers de Juſtice pour faire leurs vacations. Il ſe trouve dans le Recueil des nouveaux Réglemens pour l'adminiſtration de la Juſ-tice, auſſi-bien que ceux dont je vais rapporter le prononcé, au ſujet de l'appoſition & de la levée des ſcellés.

Par Arrêt du 12. Janvier 1666. la Cour a ordonné, qu'à la diligence des Subſtituts du Procureur général, & des Procureurs Fiſcaux, les ſcellés ſeront appoſés ſur les biens des mineurs qui n'auront point de tuteurs, ſans néanmoins qu'ils puiſſent aſſiſter à la levée deſdits ſcellés, après qu'ils auront été reconnus ; ni aux inventaires, ſous prétexte de minorité ou abſence de l'une des Parties ; & ſeront tenus ceux qui provoqueront la levée deſdits ſcellés, d'accorder un délai compétent pour élire un tuteur aux mineurs, & pour avoir procuration de l'abſent, ſinon qu'il y eût un péril évident en la demeure, à peine de reſtitution de ce qu'ils auront pris pour leurs ſalaires : & au ſurplus leſdits dix-huitieme & cinquante-quatrieme articles ſeront exécutés ; & que le vingt unieme article aura lieu, & ſera exécuté pour la ſomme de quarante livres & au-deſſous, à l'égard des Bailliages & Sieges préſidiaux ; pour la ſomme de vingt-cinq livres & au-deſſous, à l'égard des Prévôtés & Sieges ſubalternes.

Le 15. Janvier 1671. la Cour a fait un Réglement touchant les taxes que les Officiers ſubalternes peuvent prendre pour les appoſitions des ſcellés, inventaires & clôtures, & a condamné ceux qui avoient pris au de-là de ce qu'il convenoit à rendre ce qu'ils avoient pris de trop, & aux dépens.

Par autre Arrêt du 15. Janvier 1684. la Cour a fait défenſes à tous Prévôts & autres Juges royaux, Officiers & Praticiens exerçans les Juſtices des Particuliers aux Greffiers, Notaires & Sergens qui travailleront de leurs Ordonnances, d'appoſer des ſcellés dans les maiſons des défunts ſans en être requis par les Parties. Et en ce cas que les enfans ou héritiers préſomptifs deſdits défunts ſoient mineurs, ordonne qu'il ſera procédé à l'appoſition du ſcellé à la requête du Procureur Fiſcal, & enſuite à la nomination du tuteur à la pourſuite du parent le plus prochain qui ſe trouvera dans le lieu & du Procureur Fiſcal s'il n'y en a point ; après quoi le ſcellé ſera levé, & procédé, ſi beſoin eſt, à l'inventaire par un Notaire, lequel en ce cas ſera payé de ſes vacations, ſans que la préſence du Juge ou autre Officier y ſoit néceſſaire. Et ſi leſd. héritiers préſomptifs ſont abſens, le ſcellé pourra être appoſé à la requête du Procureur du Roi ou Procureur Fiſcal, ſans qu'en aucun deſdits cas leſdits Juges & Officiers puiſſent prendre aucunes vacations ni ſalaires pour les appoſitions de ſcellés & inventaires faits ſans réquiſition des Parties, lorſque les meubles, beſtiaux & effets mobiliers des ſucceſſions dont il ſera queſtion, ne monteront qu'à deux cens livres & au-deſſous. Fait pareillement défenſes à tous leſdits Juges, Officiers, Greffiers, Notaires & Sergens, de prendre directement ou indirectement aucune promeſſe ou obligation ſous leurs noms, & ſous ceux d'autres perſonnes, pour les taxes, ſalaires & vacations qui leurs appartiendront pour toutes expéditions de Juſtice par eux faites, ou par les Officiers du même Siege; le tout à peine d'interdiction de leurs charges, & de tous dépens, dommages & intérêts des Parties.

Par un autre Arrêt du 8. Juillet 1693. la Cour faifant droit fur les conclufions du Procureur général du Roi, fait défenfes à tous Juges, Commiffaires & Notaires du reffort, de procéder à la levée des fcellés, confections des inventaires, & à tous Procureurs de les requérir, & d'y affifter que vingt-quatre heures après les enterremens faits publiquement des corps des défunts, à peine de nullité des inventaires, d'interdiction, & de cent livres d'amende contre les Commiffaires, Notaires & Procureurs. Et fera le préfent Arrêt lû & publié dans tous les Sieges du reffort.

Enfin par un Arrêt de Réglement du . . . Juillet 1733. la Cour a fait défenfes de procéder à la levée des fcellés & confections des inventaires, que trois jours francs après les funérailles faites publiquement.

Ces défenfes font faites pour donner aux créanciers du défunt le tems de prendre leurs mefures pour affurer leur gage.

Une remarque à faire touchant les fcellés, c'eft que lorfqu'il échoit à Sa Majefté une fucceffion par droit d'aubaine, bâtardife, deshérence ou autrement, le fcellé doit être mis fur les effets en provenans, par les Commiffaires aux inventaires créés par l'Edit du mois de Mars 1702. affiftés de leurs Greffiers, & les inventaires enfuite faits par eux, à la réquifition du Procureur du Roi du Bureau des Finances, & en préfence du Tréforier de France qui aura été pour ce commis, lequel, en cas de conteftation, ordonnera ce qu'il appartiendra, ou fera les référés au Bureau pour y être ftatué ; comme il eft ordonné par deux Arrêts du Confeil d'État du 20. Mars 1703. & du 5. Juin de la même année.

SCELLÉ SUR LES BIENS DES OFFICIERS COMPTABLES, doit être appofé en la forme prefcrite par Arrêt du Confeil d'Etat du Roi du 19. Octobre 1706. par lequel Sa Majefté ordonne qu'après le décès des Officiers comptables, les fcellés feront appofés par l'un des Tréforiers de France, avec le Procureur de Sa Majefté du Bureau, dans la Généralité duquel les comptables avoient leurs domiciles.

Et en cas que les Officiers du Bureau des Finances foient prévenus, & que fur la requifition des veuves, enfans ou héritiers des Officiers comptables, les fcellés aient été appofés par les Officiers des Juftices ordinaires ou Commiffaires aux inventaires, ils appoferont leurs fceaux fur ceux de la Juftice ordinaire, & fera par eux inceffamment procédé à la reconnoiffance & levée des fcellés qu'ils auront appofés, ceux qui auront été mis par les Officiers de la Juftice ordinaire ou Commiffaires aux inventaires, préalablement reconnus, auquel effet ils feront appellés pour les reconnoître.

Et faute par eux de comparoir aux affignations qui leur feront données à la requête du Procureur de Sa Majefté du Bureau, lefdits fcellés feront brifés & ôtés, après avoir été reconnus par un Gra-

veur ou autre Expert pour ce mandé d'office.

Veut Sa Majefté, qu'après la reconnoiffance & levée defdits fcellés en préfence des oppofans ou dûement appellés, il foit procédé à l'inventaire des deniers comptans & autres effets, acquits & pieces fervant à l'appurement des comptes rendus ou qui feront à rendre par les héritiers ou ayant caufes des comptables décédés, qui feront mis à part ; & en cas que les veuves, enfans ou héritiers des comptables décédés déclarent avant que l'inventaire du furplus des effets foit fait, qu'ils acceptent la fucceffion, & faffent leurs foumiffions entre les mains du Tréforier de France commis, de repréfenter les états au vrai, & de compter des exercices defdits comptables, ledit Tréforier de France fe retirera, & lefdits effets enfemble les autres meubles, titres & papiers, feront remis auxdits héritiers, ou aux Juges ordinaires & Commiffaires aux inventaires, pour en faire inventaire en la maniere accoutumée : & fi après que lefdits deniers & acquits auront été mis à part, lefdites veuves, enfans & héritiers n'ont point fait lefdites foumiffions, led. Tréforier de France commis fera inventaire fommaire des meubles, effets, titres & papiers appartenans aux fucceffions defdits comptables.

Ordonne néanmoins Sa Majefté, que fi dans le mois du jour que les inventaires auront été faits, lefdites veuves, enfans & héritiers font lefdites foumiffions, tous lefdits meubles, effets, titres & papiers appartenans auxdites fucceffions leur feront remis, ou aux Officiers ordinaires pour en faire inventaire en la maniere accoutumée.

Et en cas de rénonciation par les veuves à la communauté & par les héritiers à la fucceffion, veut Sa Majefté, qu'à la requête de fon Procureur au Bureau de fes Finances, après les formalités en ce cas requifes & obfervées, les meubles foient vendus de l'Ordonnance du Tréforier de France ; & les deniers en provenans, enfemble ceux qui auront été trouvés fous les fcellés, mis & dépofés dans leur Greffe, jufqu'à ce que Sadite Majefté en ait autrement ordonné.

Et fera le préfent Réglement exécuté dans tous les fcellés qui feront appofés fur tous les effets des Officiers comptables décédés, ou qui s'abfenteront fans avoir compté, le tout fans préjudice des droits qu'ont les Officiers des Chambres des Comptes d'appofer les fcellés fur les effets des Comptables en la maniere accoutumée.

SCELLEUR, eft un Officier qui a été érigé en 1568. en chaque Jurifdiction, pour garder les Sceaux & les appofer aux Sentences & contrats.

SCHEDULE. Ce terme qui s'écrivoit ainfi autrefois, eft aujourd'hui transmis en celui de cédule ou fcédule. Sur quoi voyez ce qui en eft dit dans le Dictionnaire de Trévoux ; & ce que j'ai dit ci-devant, verbo Cédule.

SCHOLARITÉ (PRIVILEGE DE) eft un privilege particulier accordé aux Recteurs, Principaux des Colléges, Regens, Lecteurs des Univerfités exerçans actuellement, & autre Suppôts, qui leur fait avoir leurs caufes commifes en premiere inftance pardevant les Juges Confervateurs des Priviléges des Univerfités, aufquels l'attribution en a été faite par les titres de leurs établiffemens.

Ce privilege de Jurifdiction eft un effet de la protection dont les Rois de France ont toujours honoré les Univerfités, & les gens de Lettre qui les compofent. Il eft parlé de ce privilege dans les art. 28. 29. 30. & fuiv. du tit. 4. de l'Ordonnance du mois d'Août 1669. qu'il faut voir avec les Notes de Bornier.

Quand aux Ecoliers étudians dans les Univerfités, ceux qui y étudient actuellement depuis fix mois, jouiffent des privileges de fcholarité, & ne peuvent être diftrait, tant en demandant qu'en défendant, de la Jurifdiction des Juges de leur privilege, fi ce n'eft en vertu d'actes paffés avec des perfonnes domiciliées hors la diftance de foixante lieues de la Ville où l'Univerfité eft établie.

Mais ils ne peuvent pas s'en fervir, non plus que les Régens, à l'égard des ceffions & tranfports qu'ils auroient acceptés, & des faifies & arrêts faits à leurs requêtes fuivant ledit article 30. du titre 4. de l'Ordonnance de 1669. fi ce n'eft en la forme & maniere ordonnée par les Committimus, & portée aux articles 21. 22. & fuivans du même titre de cette Ordonnance.

Le privilege de fcholarité ne s'étend pas aux matieres purement réelles, non plus que celui du Committimus.

Les Ecoliers ne jouiffent plus du privilege de fcholarité, dès qu'ils ceffent d'étudier dans l'Univerfité qui leur procuroit ce privilege; d'autant que la caufe ceffant, l'effet doit ceffer auffi.

Il en eft de même des Régens profeffeurs & Suppôts des Univerfités, dont le privilege ne dure qu'autant qu'ils font en exercice actuel de leurs fonctions, excepté toutefois à l'égard de ceux qui auront regenté pendant vingt ans dans les Univerfités, lefquels jouiffent de ce privilege tant & fi longuement qu'ils continuent d'y faire leur actuelle demeure, fuivant l'article 31. du titre 4. de l'Ordonnance de 1669.

Ceux qui font du corps des Univerfités, & qui tiennent des Penfionnaires, peuvent faire affigner de tous les endroits du Royaume, pardevant les Juges des lieux de leur domicile, ceux qui leur font redevables des penfions : & autres chofes par eux fournies à leurs Ecoliers fans que le privilege de l'affigné en puiffe diftraire la caufe, ni l'évoquer ailleurs, comme il eft porté en l'article 28.

En 1315. Louis Hutin exempta les Ecoliers étrangers du droit d'aubaine. La Charte de ce privilege eft confervée dans la Bibliotheque du Collége de Navarre.

Les Clercs de Procureurs ne jouiffent pas du privilége de fcholarité. Voyez Papon en fes Arrêts, pag. 410.

Voyez ci-deffus, Confervateurs des privileges des Univerfités. Voyez auffi Peleus, queftion 123. Bacquet, traité des droits de Juftice, chap. 8. nomb. 40. & 54. Dolive liv. 1. chap. 32.

SCRUTIN, fignifie la maniere de recueillir les

voix fecretement, & fans qu'on fçache les noms de ceux qui ont donné leurs fuffrages.

Par exemple s'il s'agit d'une élection, on donne aux fuffragans autant de billets qu'il y a de perfonnes qui peuvent être élues & chacun jette dans un vafe ou capfe, le billet qui contient le nom de la perfonne qu'il veut élire.

S E

SEANCE, fe dit de chaque vacation des Juges qui fe font affemblés pour voir & juger un procès.

SEANCE, fe prend auffi fouvent pour le droit qu'on a d'avoir une place honorable dans une affemblée.

Les Ducs & Pairs ont droit de féance à la Grand'-Chambre du Parlement. C'eft auffi fur ce fondement qu'on l'appelle la Cour des Pairs.

Lorfque dans une caufe il s'agit de l'intérêt particulier du Roi, fon Procureur général, fous le nom de qui l'affaire eft pourfuivie, quitte fa place ordinaire & fe met au Barreau des Pairs de France.

SEANCE, fe dit auffi de la vifite que Meffieurs du Parlement de Paris font aux Prifons de la Conciergerie, & au Parc civil du Châtelet pour les Prifonniers, à l'effet de vuider leurs demandes en liberté, & ce cinq fois l'année; fçavoir, le Mardi de la Semaine Sainte, le Vendredi de devant la Pentecôte, la veille de la Nôtre Dame d'Août qui eft le 14. la veille de Saint Simon & Saint Jude & la veille de Noël.

Aux féances que Meffieurs du Parlement font au Châtelet, les Avocats & les Procureurs du Châtelet plaident devant eux les caufes dont ils font chargés, de la même maniere qu'ils ont Coutume de plaider devant Monfieur le Lieutenant civil.

SECONDES NÔCES. Par ces termes nous entendons non feulement les Nôces qui fuivent les premieres, mais auffi tous autres mariages qui font contractés après les premiers, comme le troifieme mariage, le quatrieme ou autre. Sur quoi il faut remarquer.

I°. Que le premier mariage non valablement contracté & déclaré nul, n'eft pas confidéré comme un mariage, & par conféquent mis en ligne de compte; *quia quod nullum eft nullum de jure parit effectum.*

II°. Que le mariage non confommé, quoique légitimement contracté, s'il eft diffous par la profeffion monaftique de l'un des conjoints, n'eft pas auffi regardé comme le premier mariage de celui des conjoints qui refte dans le monde.

Les feconds mariages n'ont jamais été regardés favorablement : ils font à la vérité permis, mais ils font odieux ; fur-tout quand on s'y porte par une paffion affez aveugle pour fe fouftraire aux devoirs inviolables que la nature infpire, en favorifant la perfonne que l'on époufe de la meilleure partie de fes biens au préjudice de fes enfans.

Auffi Saint Ambroife en fon exameron dit, *Mutato concubitu, parentes depravantur prælatis filiis posterioris copulæ, neglectis autem his qui ex priore progeniti sunt.* Il y a d'anciens Canons qui défendent aux Ecclésiastiques qui sont *in sacris*, de se trouver aux festins des secondes nôces. Les Bigames ont besoin de dispense pour être admis aux Ordres sacrés. Tertulien appelle les secondes nôces un adultere. Valere Maxime dit que les secondes Nôces & cette vicissitude de mariages sont un aveu d'intempérence. Enfin, les Loix Romaines parlent des secondes nôces en termes durs & odieux.

Quoiqu'il en soit, les secondes nôces sont permises, *idque propter necessitatem ; quia melius est nubere quam uri*, comme le dit Saint Paul, Ép. 1. Cor. chap. 7. vers. 9. Saint Augustin parlant contre les montanistes qui soutenoient que les secondes nôces ne différoient en rien d'une conjonction illicite & prohibée par les Loix dit : *Stulta est eorum persuasio, quia peccata interdixit Deus, non matrimonia.*

Mais quoique les secondes nôces soient permises, il y a néanmoins quelque différence entre les premieres nôces & les secondes, quant à la célébration qui s'en fait. On prive les secondes nôces de la bénédiction nuptiale, à cause qu'elles n'ont pas la pleine est entiere signification de l'union de Jesus-Christ avec l'Eglise ; *quia scilicet non sunt unius duntaxat unio cum una* ; c'est pourquoi elles ne mérite pas les mêmes cérémonies que les premieres. D'ailleurs, Dieu n'ayant beni que le premier mariage, & les secondes une présomption d'incontinence, on a cru qu'elles ne méritoient pas de recevoir la bénédiction nuptiale.

Les secondes nôces ayant toujours été regardées comme un effet d'intempérance, & faisant connoître le peu d'amour du survivant des conjoints qui les contracte, a conservé pour le prédécédé avec qui il étoit auparavant uni par le mariage, & pour les enfans qui lui en sont restés, ce n'est pas sans raison qu'on a établi diverses peines contre ceux qui les contractent.

Les Loix Romaines ont établi des peines contre les secondes nôces, quand elles sont prématurées ou qu'elles sont intempérées.

Les secondes nôces *prématurées* sont celles que les femmes contractent dans l'an du deuil de leurs maris ; par la raison qu'il y a trop de précipitation à se remarier ainsi, sans passer l'an du deuil à pleurer leurs maris ; d'ailleurs à cause que l'enfant qui peut provenir dans cette année du deuil, peut jetter dans l'incertitude s'il est du dernier ou du précédent mariage. Et comme le mari n'est pas dans l'obligation de pleurer sa femme, & que *in eo cessat prolis incertitudo*, les maris n'étoient point sujet aux peines des secondes nôces prématurées.

La Loi premiere au Code, *titulo de secundis nuptiis*, nous marque cinq peines dont les femmes sont punies, quant elles passent à des secondes nôces avant l'an du deuil expiré.

La premiere est la note d'infamie qu'elle encourt *ipso jure* ; celui qui l'épousoit, ou le pere de la veuve qui consentoit au mariage, étoient sujets à cette peine.

Mais cette peine d'infamie n'a jamais eu lieu en France pour des secondes nôces, parce qu'elles sont permises par l'Eglise, & que le Droit canon a rejetté cette peine.

L'amour peut quelquefois pousser une femme à s'oublier elle-même ; ainsi on fait très-bien de ne pas noter d'infamie une veuve qui se remarie dans l'an du deuil, pour ne pas l'exposer à un plus grand désordre, si elle n'avoit pas la liberté de se remarier dans le temps qu'elle en auroit envie quoique destinée à pleurer son premier mari.

L'Eglise ayant jugé que l'incontinence n'étant pas moins dans le sexe que dans les hommes, il ne falloit pas défendre, sous peine d'infamie, aux femmes ce qui étoit permis aux hommes, n'a point écrit aucun temps aux veuves pour se remarier, suivant ce que dit l'Apôtre en son Epître premiere aux Corinthiens, chap. 7. verset 39. & c'est ce qui s'observe parmi nous.

Cependant la Cour ne laisse pas quelquefois de punir les secondes nôces quand elles sont trop précipitées, comme il paroît par le Jugement qu'elle a rendu dans l'espece suivante. Une femme se rémaria trois jours après la mort de son mari, & accoucha neuf mois après moins quelques jours. Elle fit batiser cet enfant sous le nom de son premier mari, dont elle n'avoit point eu d'autre enfant les héritiers collatéraux de son premier mari prétendirent que cet enfant n'étoit point de lui, mais du second mari de cette femme.

M. l'Avocat Général Bignon dit, que l'enfant étant né dans le neuvieme mois de l'un & de l'autre mariage, il étoit difficile de connoître qui des deux maris en étoit le pere ; & que cette question avoit été diversement définie par les Auteurs qui l'avoient traitée. Mais enfin il dit que tout bien consideré, l'enfant étant né dans le neuvieme mois de l'un & de l'autre, il lui paroissoit plus juste de le donner au second mari, qui aussi bien que sa femme étoit inexcusable de s'être engagé avec tant de précipitation dans des nôces qui étoient contre l'honnêteté qui paroissoient même être en quelque façon contre l'honnêteté publique.

Par ces raisons la Cour jugea que cette femme qui s'étoit remariée trois jours après la mort de son mari, seroit privée de son douaire, & l'enfant qu'elle avoit eu dans le neuvieme mois de l'un & de l'autre mariage, appartiendroit au second mari. Cet Arrêt rendu le 10. Juin 1664. en l'audience de la Grand'Chambre, est rapporté dans le Journal des Audiences.

La deuxieme dont les femmes sont punies par le Droit Romain, quand elles passent à de secondes nôces avant l'an du deuil expiré, est que la veuve qui fait un tel mariage ne peut donner en dot à son second mari, ou lui laisser par testament plus que la troisieme partie de ses biens en cas qu'il n'ait aucuns enfans issus d'un autre mariage précédent. Cette peine est observée dans les Parlemens qui sont dans les Provinces du Droit écrit, & notamment dans celui de Toulouse. *V.* M. Maynard chap. 89. liv. 3. de la Rocheflavin, lettre M, titre 4. Arrêt 17. M. Dolive, liv. 3. chap. 11.

La troifieme peine eft, que celle qui fe remarie dans l'an du deuil ne peut rien recevoir en vertu de quelque ordonnance que ce foit de derniere volonté, faite par d'autres en fa faveur. Ce qui a été reçu dans les Parlemens des Provinces du Droit écrit.

La quatrieme eft, que tout ce qui lui a été laiflé par derniere volonté de fon défunt mari, lui eft ôté, comme indigne de le recevoir ; elle perd même ce qui lui devroit revenir en conféquence de fes conventions matrimoniales. Une veuve qui fe remarie dans l'an du deuil, manquant de refpect envers les manes de fon mari, eft indigne de recevoir quoi que ce foit de fes libéralités. Cette peine eft en ufage dans les Parlemens de Touloufe, de Grénoble & d'Aix. *Voyez* M. Maynard, liv. 3. chap. 88. & 92. & aux chapitres 9. & 94. M. du Vair, Arrêt 5. en l'addition à M. d'Expilly, plaidoyé 38. la Rochaflavin, lett. M. titre 4. Arrêt 1. & 3. & 15. Charondas en fes Réponfes, liv. 7. chap. 164. & Mornac fur la Loi 11. §. 1. *ff. de his qui notant infam.*

La cinquieme peine eft, que la veuve qui fe remarie dans l'an du deuil ne peut pas accepter une fucceffion *ab inteftat*, qui lui échoit par de-là le troifieme degré de parenté. Ce qui eft d'ufage dans les Parlemens de Droit écrit.

La premiere de ces peines, qui eft l'infamie, n'eft point en ufage dans les Provinces du Droit écrit, ni dans celles du Droit Coutumier, comme nous avons dit ci-deffus. A l'égard des quatre autres, elles ne font point reçues dans tous les Parlemens des Provinces qui font régies par le Droit coutumier : les veuves qui fe remarient avant l'année du deuil fini, n'y font pas punies d'autres peines que celles qui fe remarient après l'an du deuil. C'eft le fentiment de Charondas, *loco citato* ; de Boerius, queftion 186. de Papon, liv. 15. titre 1. Arrêt 12. & 15. de M. du Vair, Arrêt 5. & de plufieurs autres.

Les fecondes nôces *intempérées* font celles qui font contractées par un homme veuf, ou une femme veuve, qui ont des enfans d'un mariage précédent. La faveur des enfans méritoit bien que l'on établit des peines contre ceux qui paffent à des fecondes nôces, au préjudice des droits du fang & de la nature.

La Loi *hac edictali 6. cod. de fecund. nupt.* qui eft un Edit des Empereurs Leon & Anthemius, établit des peines contre ceux & celles qui ayant des enfans, convolent à des fecondes nôces.

Dans le commencement de cette Loi, il eft défendu à celui ou à celle qui fe rémarie ayant des enfans d'un précédent mariage, d'avantager fa feconde femme ou fon fecond mari de fes propres biens plus qu'un de fes enfans peut avoir ; & en cas que les enfans du premier lit foient avantagés les uns plus que les autres, l'avantage fait à la feconde femme ou au fecond mari, doit être réglé felon la portion du moins prenant des enfans.

Le premier paragraphe de cette Loi décide que

celle qui fe remarie, eft obligée de réferver à fes enfans du premier lit les gains nuptiaux, & autres avantages qui lui ont été faits par fon premier mari.

Voilà les deux principales peines qui ont été établies par les Loix Romaines, contre les perfonnes qui ayant des enfans d'un premier lit, fe remarient, fes peines font obfervées dans tous les Pays de la France, de la maniere qui fuit.

Premiérement, quand on fe remarie ayant des enfans du premier lit, il n'eft pas permis d'avantager de fes propres biens celui ou celle avec qui on contracte un fecond mariage plus que le moins prenant de fes enfans. Sur quoi il faut remarquer que la réduction des donations faites aux feconds maris, ne regle qu'au jour du décès de celles qui les ont faites pour fçavoir quel eft l'enfant qui fera le moins prenant, comme il eft porté en la novelle 22. chap. 28. dont on fuit en France la difpofition. *Voyez* M. Maynard, liv. 3. chap. 83. M. Cambolas liv. 1. chapitre 16. & M. Louet, lett. N. fomm. 2.

En fecond lieu, celui ou celle qui fe remarie, ne peut avantager fa feconde femme ou fon fecond mari, des libéralités de fa premiere femme ou de fon premier mari ; de forte qu'il eft obligé de les réferver à fes enfans du premier lit.

L'Edit de François II. du mois de Juillet 1560. vulgairement appelé l'Edit des fecondes Nôces, contient deux articles qui décident ce que nous venons de dire.

Le premier eft conçu en fes termes :» Que les » femmes veuves ayant enfans, ou enfans de leurs » enfans : fi elles paffent à de nouvelles nôces, ne » peuvent & ne pourront en quelque façon que ce » foit, donner de leurs biens & meubles, acquêts » ou acquis que par elles d'ailleurs que leurs premiers » maris, ni moins propre à leurs nouveaux » maris, peres, meres ou enfans defdits maris, ou » autres perfonnes, qu'on puiffe préfumer être par » d'(i ou fraude interpofées, plus qu'à un de leurs » enfans, ou enfans de leurs enfans ; & s'il fe trouve » divifion inégale de leurs biens faite entre leurs » enfans ou enfans de leurs enfans, les dona- » tions par elles faites à leurs nouveaux maris » feront reduites & méfurées à raifon de celui qui » en aura le moins. »

Ce premier article de l'Edit des fecondes Nôces, qui eft conforme à la Loi *hac edictali 6. cod. de fecund.* défend à la veuve qui fe remarie de donner de fes biens à fon fecond mari, plus qu'un de fes enfans le moins prenant peut en avoir.

Cet article ne parle point des hommes, qui ayant des enfans du premier lit, fe remarient ; mais fa décifion a été par les Parlemens du Royaume étendue à eux, attendu qu'il y a parité de raifon, & qu'il n'eft pas extraordinaire que des hommes aient la même foibleffe que les femmes, de fe dépouiller entierement de l'amour qu'ils doivent avoir pour leurs enfans du premier lit, lorfqu'ils convolent en fecondes nôces.

Le fecond article de ce même Edit eft conçu en ces termes ;» Et à l'égard des biens à icelles ven-

» ves acquis par dons & libéralités de leurs défunts
» maris, ains elles feront tenues les réferver aux
» enfans communs d'entr'elles & leurs maris, de la
» libéralité defquels iceux biens leur feront advenus.
» Le femblable voulons être gardé ès biens qui font
» advenus aux maris par dons & libéralité de leurs
» defuntes femmes; tellement qu'ils n'en pourront
» faire don à leurs fecondes femmes, mais feront
» tenus les réferver aux enfans qu'ils ont eu de leurs
» premieres. Toutefois n'entendons par ce préfent
» notre Edit, bailler aufdites femmes plus de pou-
» voir & liberté de donner & difpofer de leurs
» biens, qu'il ne leur eft loifible par les Coutumes
» des Pays, aufquelles par ces Préfentes n'eft dé-
» rogé, en tant qu'elles reftraignent plus ou autant
» la libéralité defdites femmes.

Ce deuxieme article de l'Edit des fecondes Nôces eft tiré de la Loi *fœmina* 3. *cod. de fecund. nupt.*
qui veut qu'une femme qui fe remarie, laiffe à fes
enfans du premier lit les avantages qu'elle a reçus
de fon premier mari : fur quoi il faut remarquer
que tout ce qui auroit été donné par les parens de
fon premier mari, eft fujet à la referve portée par
ce deuxieme article de cet Edit; fçavoir, la dot
& la donation à caufe des nôces, comme il eft ftatué par la Loi 5. *cod. de fecund. nupt.* attendu que
ces donations ont été faites à la femme par rapport
à fon futur époux.

Mais quand il s'agit de quelque donation particuliere faite fans contemplation du futur mariage
au fiancé ou à la fiancée, par les parens de l'un
ou de l'autre, cette donation n'eft pas fujette à la
referve portée par le deuxieme article de l'édit des
fecondes Nôces, parce qu'elle n'y eft pas comprife,
& que comme il s'agit d'une peine, la Loi ne doit
point recevoir en cela d'extention. *Voyez* Bechet
en fon traité des fecondes Nôces, chap. 13. & d'Expilly, plaidoyé 19.

Au refte, comme l'Edit des fecondes Nôces n'a
été fait qu'en faveur des enfans du premier lit, il
s'enfuit, I°. que s'il n'y a point d'enfans du premier
mariage qui foient vivans lors des fecondes noces ou s'il y en a qui foient morts civilement, la
prohibition portée par cet Edit ceffe. II°. Qu'elle
ceffe auffi, lorfqu'au temps de la mort du donateur, les enfans qui étoient vivans lors du fecond
mariage, font tous morts dans le tems qu'il eft
décédé.

Comme la faveur des enfans du premier lit a fait
reftraindre & borner les dons & libéralités, que
ceux qui convolent en fecondes noces, exercent
inconfidérément & avec profufion envers la perfonne qu'ils époufent en fecondes nôces, il eft jufte
que cette caufe ceffant pendant le fecond mariage,
la difpofition qui en auroit été faite au profit du
fecond mari ou de la feconde femme foit valable,
fuivant la regle, *ceffante caufâ ceffat effeƈus*.

Il y a un aƈte de notoriété en exécution de l'Edit
des fecondes Nôces de François I. & de l'art. 279.
de la Coutume de Paris. Cet aƈte eft du premier
Mars 1691. qui fixe la part du mari qui a droit de
prendre autant que l'un des enfans le moins prenant, dans la fucceffion d'une femme, qui en paf-

fant à de fecondes ou autres nôces, a fait cet avantage à fon fecond ou autres maris.

Il nous refte à remarquer qu'elles peines encourent les meres qui fe marient fans avoir fait pourvoir d'un tuteur à leurs enfans du premier lit, rendu compte, & payé le reliquat.

C'eft une maxime certaine en Droit, qu'elles
font privées de leur fucceffion, & du bénéfice de
la fubftitution pupillaire, & les biens de leur fecond mari font hypothéqués tacitement au payement du reliquat du jour de la tutelle, *Leg.* 2. *qui pe-
tunt tutor.* Les Empereurs Theodofe & Valenti-
nien étendirent cette peine à la perte de la fubftitution pupillaire; & à l'égard de la mere tutrice de
fes enfans qui paffe à des fecondes nôces, ils l'affu-
jettiffent aux mêmes peines; quand elle fe remarie
avant que d'avoir rendu compte, & payé le reliquat. *Leg.* 6. *cod. ad S. C. Tertull.* Juftinien par fa
Novelle 22. chap. 40. prononce contre la mere qui
fe remarie fans avoir fait pourvoir d'un tuteur à fes
enfans du premier lit, rendu compte, & payé le
reliquat, la même peine que contre celle qui fe remarie avant la fin de l'année du deuil.

Aucune de ces Loix n'eft fuivie au Parlement de
Paris; & ces peines n'y ont pas lieu, à la referve
de l'hypothéque tacite fur les biens du fecond mari.

A l'égard du Parlement de Touloufe, Catelan,
tome 2. liv. 4. chap. 21. affure que les peines de
la Novelle y font fuivies. Il rapporte un Arrêt du
14. Août 1694. qui a privé une mere de l'ufufruit
des libéralités de fon premier mari, pour s'être remariée fans avoir fait nommer un tuteur à fa fille
du premier lit. Dans le chapitre 58. il dit la même
chofe, & rapporte un Arrêt du 17. Juin 1660. rendu après un partage, lui étant Compartiteur, par
lequel une mere fut privée de fon augment, fans
efpérance de le recouvrer après la mort de fon fils
unique du premier lit.

Au refte, ces peines ceffent, I°. fi les enfans décédent après la puberté; II°. fi la mere lors de fon
fecond mariage étoit mineure. Dolive, liv. 3. ch.
5. Cambolas, liv. 6. ch. 36. & 43.

Touchant les fecondes nôces prématurées ou intempérées, *voyez* ce que j'ai dit fur l'article 279.
de la Coutume de Paris, où j'ai expliqué de quelle
maniere les peines établies par les Loix Romaines
contre les fecondes nôces, font obfervées en France, & où j'ai donné un ample Commentaire fur
l'Edit des fecondes Nôces. *Voyez* Auffi Henrys, livre 4. queftion 14. & le Recueil alphabétique de
M. Bretonnier.

SECONDE GROSSE D'UNE OBLIGATION,
Voyez Groffe.

SECRETAIRE, eft un Clerc qui écrit & fait des
extraits pour celui par qui il eft employé.

Quelques-uns prétendent que le mot de *Secretaire* eft venu de Perfes, qui adoroient le Dieu du
fecret & du filence, pour montrer la fidélité avec
laquelle ceux qui font chargés d'une telle commiffion doivent en garder les fecrets, fur-tout les Secretaires d'Etat.

Les Confeillers & les Magiftrats ont des Secretaires qui font les extraits des inftances & procès
qu'ils

qu'ils doivent juger. Cet emploi eſt très-bon, il faut ſeulement le ſçavoir faire valoir.

SECRETAIRES DU CONSEIL, ſont ceux qui expédient au Conſeil les réſolutions qui y ſont arrêtées dans les affaires de Finance.

A l'égard de ceux qui expédient les Arrêts du Conſeil qui ſe rendent ſur les affaires des Parties, on les appelle Greffiers.

SECRETAIRES DU ROI, ſont des Officiers de la Grande Chancellerie, qui ont droit d'en expédier & ſigner les Lettres, & d'aſſiſter au Sceau.

Le Roi eſt le Chef de leur Compagnie; & pour cette raiſon, dans le partage des émolumens du Sceau, la premiere bourſe eſt reſervée au Roi.

Monſieur le Chancelier eſt Juge des matieres qui concernent leurs charges & fonctions.

Ils étoient autrefois diſtribués en pluſieurs Colleges, qui ont été réunis en un ſeul corps au mois d'Avril 1671.

Les Secretaires du Roi, Maiſon, Couronne de France & de ſes Finances, ſont auſſi Commenſaux de la maiſon du Roi, quoiqu'ils ne ſoient plus Officiers de la Maiſon pour ſervir auprès de ſa perſonne, comme ils faiſoient dans leur Inſtitution, & qu'ils ne ſoient plus ſimples Officiers de la Chancellerie.

Il n'y en avoit d'abord que ſoixante pour expédier toutes les Lettres de Chancellerie. On en ajouta ſoixante ſous Louis XI. Enſuite Henry II. en 1554. en créa quatre-vingt. Henry III. en créa encore cinquante-quatre, dont il fit un College à part. On en fit encore vingt. Enfin préſentement ils ſont au nombre de trois cens quarante, ſuivant l'Edit du mois de Mars 1704.

Ils jouiſſent de pluſieurs honneurs, immunités, droits & privileges.

Un des plus beaux, c'eſt que leur charge annoblit celui qui la poſſéde & ſa poſtérité, pourvû qu'il meure revêtu de cette charge, ou qu'il ne s'en ſoit démis qu'après vingt années d'exercice. Ils ont pour cela un grand nombre de Lettres patentes & d'Arrêts rendus en leur faveur.

Les plus conſidérables ſont celles du Roi Charles VIII, données à Paris en Février 1484. dans leſquelles Sa Majeſté dit qu'elle les rend dignes de parvenir à la Chevalerie, & à toutes ſortes de dignités eccléſiaſtiques & ſéculieres, comme ſi leur nobleſſe étoit ancienne, & qu'elle remontât à la quatrieme génération.

Ils ont le droit d'acquérir, tenir & poſſéder des Fiefs, Seigneuries, & Terres nobles dans la mouvance de Sa Majeſté, ſans payer aucun droit de nouveaux acquêts, lods & ventes, &c. Droit qu'ils tiennent de Louis XI. par Edit donné au Pleſſis-lès-Tours, en Novembre 1482.

Ce privilége des Secretaires du Roi, pour l'exemption des droits ſeigneuriaux, a lieu dans le cas de l'ouverture de la Régale; enſorte que le jouiſſant de la Régale temporelle d'un Evêché, ſi un Secretaire du Roi acquiert des héritages dans la mouvance de l'Evêché, il eſt exempt des droits ſeigneuriaux.

Tome II.

Mais ce privilege n'a pas lieu pour les droits d'échange appartenans au Roi dans l'étendue des Seigneuries particulieres des Seigneurs ſujets au Roi. *Voyez* l'Arrêt du Conſeil du 21. Mars 1692. qui eſt dans le Récueil des Ordonnances & Edits pour le Domaine, pages 660. & ſuiv.

Un Secretaire du Roi, retirant un héritage par retrait lignager, n'eſt point obligé de rendre les droits ſeigneuriaux à l'acquéreur auſſi Secretaire du Roi. Mais un Secretaire du Roi eſt obligé de rembourſer les droits ſeigneuriaux, quand il retire un héritage ſur un acquéreur non privilégié.

Comme cette décharge des droits ſeigneuriaux eſt perſonnelle, & fait partie de l'Office des Secretaires du Roi, quand un non privilégié retire un héritage par retrait lignager ſur un Secretaire du Roi, il doit lui rembourſer les droits ſeigneuriaux, comme s'il les avoit payés au Roi. *V.* Louet & ſon Commentateur, ſur la Lett. S, ſom. 22.

On met au nombre de leurs privileges, le droit qu'ils ont d'être après vingt années vétérans, ſans qu'il leur ſoit beſoin pour cela d'obtenir des Lettres particulieres du Roi.

Les Secretaires du Roi, tant ceux qui ſont revêtus actuellement de leurs Offices, que les véterans après un ſervice de vingt années, & leurs veuves pendant leur viduité, ont le privilege de vendre le vin de leur crû dans leur maiſon d'habitation, qui ne doit être qu'à Paris, à huis coupé & pot renverſé, dans les quartiers de Janvier & Juillet, ſans payer les droits de détail & d'augmentation; & à cet effet, ils ſont tenus de fournir déclaration par chacun an, par tenans & aboutiſſans, des vignes qu'ils ſont façonner, & du vin qu'ils y recueillent, enſemble de déclarer au Bureau, avant que de vendre; & ils ſont obligés de ſouffrir les viſites de Commis. Le tout à peine de déchéance de ce droit, comme il eſt porté à l'art. 1. du tit. 9. des Exemptions du détail, de l'Ordonnance de 1680.

La déclaration du 13. Décembre 1701. porte: » Nous ordonnons que nos Secretaires jouiront » pleinement, paiſiblement & perpétuellement » des droits, privileges, exemptions & immuni- » tés, qui leur ont été accordés par Edits & Décla- » rations bien & dûement enregiſtrées, & Arrêts » de notre Conſeil rendus en conſéquence, ſans » que pour raiſon d'augmentation des droits attri- » bués à aucuns des Officiers, ſuppreſſion de re- » vente faite d'iceux à nouveaux acquéreurs, ou » que leſdits droits ſe perçoivent à notre profit, ou » aient été engagés depuis leſdites conceſſions, » l'on puiſſe prétendre noſdits Secretaires y être ſu- » jets, même ſans la dénomination d'exempts & » non exempts privilégiés & non privilégiés, au pré- » judice de noſdits Edits & Déclarations, que nous » voulons être exécutés ſelon leur forme & teneur. » Et quoique ſur ce fondement noſdits Conſeil- » lers Secretaires ne puiſſent être cenſés ſujets à » aucunes charges, à moins qu'ils ne ſoient ſpécia- » lement dénommés dans nos Edits & Déclara- » tions; néanmoins, comme par pluſieurs Décla- » rations rendues à l'occaſion des ſurvivances, & » entr'autres celles des années 1638. 1646. 1661.

» & 1663. nous les avons nommément exceptés » de l'exécution d'icelles, ce qui a été omis dans » notre Edit du mois d'Août dernier, concernant » les furvivances, nous déclarons n'avoir entendu » les y comprendre, ni qu'ils foient en vertu d'ice- » lui tenus de nous payer aucunes finances, pour » raifon de la furvivance de leurs Offices.

» Et comme nous fommes informés que quel- » ques-uns de nofdits Secretaires ont été troublés » dans l'exemption de taille à eux accordée par nos » anciens Edits & Déclarations, pour les héritages » qu'ils font valoir par leurs mains, & ce fur le » fondement de notredit Edit du mois de Mars 1667. » auquel les Officiers de nos Cours des Aides & » Elections ont donné en aucun cas des interpré- » tations différentes & contraires à nos intentions, » nous voulons & entendons, de même que nous » nous fommes expliqués à cet égard par notre » Édit du mois d'Octobre dernier, que nofdits » Secretaires puiffent exploiter & faire valoir par » leurs mainsune feule ferme, dont le labour n'ex- » céde pas la valeur de quatre charrues, encore » que les héritages qui la compofent, foient fitués » en différentes Paroiffes.

» Voulons en outre & nous plaît, que toutes les » conteftations & procès nés & à naître, au fujet » des droits, privileges & exemptions de nofdits » Confeillers-Secretaires, foient inftruits & jugés » par nos amés & féaux Confeillers, les Gens te- » nans notre Grand Confeil, Juges-Confervateurs » defdits Privileges, conformément aux attribu- » tions qui leur en ont été ci-devant données par » plufieurs Edits & Déclarations ; & en vertu des » Préfentes, encore qu'il s'agiffe de droits de nos » Domaines engagés ou régis par nos Fermiers, & » de tous autres droits à nous appartenans.

Louis XIV. leur a confirmé le privilege de No- bleffe, & l'exemption des droits énoncés ci-def- fus par Edit du mois de Mars 1704.

Enfin, il a été donné à Chantilly au mois de Juillet 1724. un Edit enregiftré le 2. Août fuivant, qui fixe l'état & le nombre des Secretaires du Roi.

J'ai cru devoir en rapporter ici les articles, at- tendu qu'ils reglent auffi les droits & privileges des Secretaires & autres Officiers des Chancelleries près les Cours fupérieures, & des Chancelleries Préfidiales.

Article I. » Nous avons par le préfent Edit per- » pétuel & irrévocable, éteint & fupprimé, étei- » gnons & fupprimons cent Offices de nos Confeil- » lers-Secretaires, Maifon, Couronne de France & » de nos finances ; au moyen de quoi la compag- » nie de nofdits Confeillers-Secretaires fera & dé- » meurera pour toujours réduite & fixée, à comp- » ter du jour & date de la publication du pre- » fent Edit, au nombre de deux cens quarante, » conformément à celui du mois d'Avril 1672.

» Article II. Ladite fuppreffion aura lieu pour » tous les Offices qui font actuellement vacans ; & » enfuite que les Offices des derniers pourvûs, à » l'exception feulement de ceux qui pour l'exercice » des charges dont ils font revêtus, font obligés » d'avoir des Offices de nos Confeillers-Secretaires,

» & de ceux qui ont actuellement la Nobleffe indé- » pendamment de leurs Offices, lefquels en demeu- » rent exceptés, à condition par eux de garder leurs » Charges pendant fix années. Voulons & ordon- » nons que fans aucune autre exception fous quel- » que prétexte & occafion que ce foit, ladite fuppref- » fion ait lieu, à commencer par l'Office du dernier » pourvû, & fucceffivement en remontant jufqu'au » nombre de cent, y compris les Offices vacans.

» Article III. Et pour favorifer autant qu'il nous » fera poffible ceux de nofdits Confeillers-Secretai- » res, dont les Offices fe trouveront fupprimés, » voulons & ordonnons que ceux des Titulaires def- » dits Offices fupprimés, qui dans l'efpace de deux » années, à compter du premier du préfent mois, » auront acquis avec notre agrément un defdits » deux cens quarante Offices refervés, rentrent dans » l'exercice de leurs Charges, en vertu de leurs an- » ciennes provifions, fans payer aucuns droits ni « frais de reception, & que le tems qu'ils ont fervi » en ladite qualité jufqu'au jour de leur fuppreffion » leur foit compté pour remplir le nombre des vingt » années néceffaires pour parvenir à la véterance » defdits Offices.

» Article IV. La finance de cent Offices fuppri- » més par le préfent Edit montant à la fomme de » huit millions de livres, fuivant la fixation portée » par l'Edit du mois de Juin 1715. fera payée & » rembourfée par la Compagnie des deux cens qua- » rante nos Confeillers Secretaires refervés par le » préfent Edit, en quatre termes égaux, de trois » mois en trois mois, à commencer du premier Oc- » tobre prochain; à l'effet de quoi les titulaires & » propriétaires de cent Offices fupprimés feront te- » nus d'en répréfenter inceffamment les titres au » Tréforier de ladite Compagnie, ou autre qu'elle » commettra pour en faire la vérification.

» Article V. Les intérêts de ladite fomme de » huit millions feront payés par ladite Compagnie » à raifon du denier trente, à compter du premier » du préfent mois, & jufqu'au parfait rembourfe- » ment, fauf toutefois la réduction defdits intérêts, » à proportion des payemens qui feront faits par » ladite Compagnie.

» Article VI. Au moyen du rembourfement que » doit faire lad. Compagnie, conformément au pré- » fent Edit des finances, des cent Offices fupprimés » feront & demeureront à perpétuité unies au titre » & finances de deux cens quarante Offices » refervés.

» Article VII. Pour indemnifer la Compagnie de » nos deux cens quarante Secretaires du rembour- » fement qu'elle eft tenue de faire de ladite fomme » de huit millions de livres, & des intérêts d'icelle » jufqu'au parfait payement, nous avons accordé » & accordons à ladite compagnie cent mille liv. » de gages, à commencer du premier du préfent » mois, à prendre dans les deux cens vingt mille » livres qui étoient attribués aux cent Officiers » fupprimés, & dont l'emploi fera fait chaque an- » née dans nos Etats au nom de ladite Compagnie, » pour caufe du rembourfement ordonné par le pré- » fent Edit, pour être lad. fomme de cent mille liv.

» de gages payée au tréforier de ladite Compagnie,
» dans les mêmes termes que doivent être payés
» les gages des deux cens quarante nos Conseillers-
» Secrétaires reservés par le présent Edit.

» Art. VIII. Nous avons pareillement accordé &
» accordons, à commencer du premier jour du
» présent mois, à la Compagnie de nos deux cens
» quarante Conseillers-Secrétaires, les bourses &
» autres droits qui pouvoient appartenir aux cent
» Officiers supprimés, sans qu'aucuns autres pre-
» nans bourse en notre grande Chancellerie, puis-
» sent participer aux bourses & autres droits des
» cent Officiers supprimés, attendu que le rem-
» boursement desdits Officiers ne doit être fait &
» contribué que par nosdits deux cens quarante
» Conseillers-Secrétaires reservés.

» Article IX. Et à l'égard des cent-vingt mille
» livres restans des deux cens vingt mille livres de
» gages de cent Officiers supprimés par le présent
» Edit, nous nous les sommes retenus & reservés
» pour les employer à l'indemnité que nous nous
» sommes proposés d'accorder aux Officiers des
» Chancelleries près nos Cours, & aux Gardes-
» scel de nos Chancelleries Présidiales, dont
» nous jugeons à propos de restraindre les privile-
» ges, ainsi qu'il sera expliqué ci-après.

» Article X. Pour faciliter à nosdits Conseillers-
» Secretaires le payement de ladite somme de huit
» millions, nous leur permettons de l'emprunter
» en tout ou en partie, & d'affecter les emprunts
» spécialement & par privilege de cent mille livres
» de gages, & les cent bourses & autres droits réu-
» nis à leur Compagnie, à cause de cent Offices
» supprimés par le présent Edit.

» Art. XI. Et pour marquer à nosdits Conseil-
» lers-Secretaires l'estime & la satisfaction que
» méritent de notre part le zele qui les a distingués
» en toutes occasions, & les preuves qu'ils conti-
» nuent de donner de leur attachement à notre ser-
» vice, en concourant comme il faut aux vûes &
» dessein que nous avons de soulager notre Etat;
» voulons que nosdits Conseillers-Secretaires.soient
» & demeurent maintenus & confirmés, comme
» nous les maintenons & confirmons dans tous les
» droits, avantages, immunités, privileges, exem-
» ptions & prérogatives qui leur ont été accor-
» dés, & dans lesquels ils ont été confirmés par
» nous, ou par les Rois nos prédécesseurs, pour en
» jouir conformément aux Edits, Déclarations,
» Lettres-patentes & Arrêts rendus en leur faveur,
» & notamment aux Edits des mois de Novembre
» 1482. Février 1484. Avril 1672. Mars 1704. &
» Juin 1715. & à la Déclaration de 1743.

» Article XII. Le motif qui nous a déterminé à
» la suppression de cent Offices dans la Compagnie
» de nos Conseillers-Secretaires, nous détermine
» de même à restraindre les privileges accordés
» à nos Conseillers-Secretaires & autres Officiers
» des Chancelleries près nos Cours, & aux Gardes-
» scel des Chancelleries présidiales; & pour cet effet
» nous avons révoqué & révoquons par le présent
» Edit, la noblesse au premier dégré accordé à
» nos Conseillers-Secretaires, & autres Officiers

» de Chancelleries près nos Cours & Conseils supé-
» rieurs provinciaux, & aux Gardes-scel des
» Chancelleries présidiales, ainsi que l'exemption
» des droits de lods & ventes & autres droits sei-
» gneuriaux, par quelques Edits que lesdits privile-
» ges & exemptions leur aient été accordés.

» Article XIII. Voulons néanmoins que lesdits
» Offices ayant été exercés & remplis de pere en
» fils successivement & sans interruption pendant
» soixante années, le titulaire dans la personne du-
» quel les soixante années de service de pere en fils
» se trouveront accomplies & révolues, soit censé
» & réputé noble, & qu'il transmette la noblesse à
» sa postérité. Voulons en outre que les titulaires
» desdits Offices des Chancelleries près nos Cours
» & Conseils supérieurs & provinciaux, & Gardes-
» scel des Chancelleries présidiales, jouissent &
» leurs successeurs auxdits Offices, des franchises,
» exemptions & privileges personnels, dont jouit
» la Noblesse de notre Royaume, tant qu'ils seront
» revêtus desdits Offices, & qu'ils puissent en obte-
» nir des Lettres d'honneur après y avoir servi vingt
» années ; auquel cas ils jouiront desdites exemp-
» tions & privileges leur vie durant, & leurs veuves
» tant qu'elles demeureront en viduité.

» Article XIV. Pour indemniser nos Conseillers-
» Secretaires & autres Officiers des Chancelleries
» près nos Cours & Conseils supérieurs & pro-
» vinciaux, Garde-scel des Chancelleries présidia-
» les de la noblesse au premier dégré qui leur étoit
» attribué, & qui se trouve révoquée par le pré-
» sent Edit, nous leur accordons outre & par des-
» sus les priviléges de la noblesse personnelle ci-des-
» sus énoncés, cent vingt mille livres de gages par
» augmentation, qui seront reparties entr'eux au
» prorata des gages dont ils jouissent actuellement, &
» qui seront attachées & réunies au corps de leurs
» Offices, pour sortir même nature, & être assi-
» gnées sur les mêmes fonds que leurs anciens ga-
» ges, & pour leur être payée chaque année dans
» les mêmes termes & par les mêmes payeurs que
» lesdits anciens gages, sans que sous prétexte de
» ladite augmentation, ils soient, ni leurs succes-
» seurs, tenus de payer plus grands droits que ceux
» qu'ils payoient avant, & sans que les Trésoriers-
» Payeurs de leurs gages puissent prétendre aucune
» taxation sur & pour raison de l'augmentation
» desdits gages.

SECRÉTAIRES D'ETAT, sont des Secrétaires
du Roi & de ses Commandemens, qui ont souvent
la qualité de Ministres, & dont les qualités sont
très-nobles & très-distinguées.

On les appelle Secrétaires d'Etat & des Commandemens, à cause du secret & des affaires importantes qui leur sont communiquées.

Ils sont aussi appellés Notaires du Prince souverain, parce que leurs fonctions approchent de celles des Notaires, en donnant foi & autorité aux
actes du Prince, qu'ils contresignent pour lui, en
sorte qu'ils ont la même autorité que s'ils étoient
signés de sa main.

Ils expédient les dépêches de Sa Majesté, ses
Lettres de cachets, ses Brevets, les Arrêts du Con-

feil d'en-haut , & les provifions qu'ils fignent en commandement.

Ils gardent & fignent les minutes des Traités de paix , des contrats de mariage paffés en préfence du Roi , & des autres affaires importantes de la Couronne.

Enfin , ils expédient les dons & les graces que Sa Majefté accorde pendant les mois qui leur font affignés.

Au fujet des contrats de mariage qu'ils paffent en préfence du Roi , il faut rémarquer qu'ils ont même hypotheque & vertu que ceux qui font reçus par les Notaires.

Le Secrétaire d'Etat qui a paffé un tel contrat , peut en garder une minute , & en délivrer des expéditions ; mais il en doit dépofer une copie chez un Notaire , pour fervir de minute à celui-ci. *Voyez* la Déclaration du 21. Avril 1692. rapportée dans le Journal des Audiences.

Ils étoient autrefois qualifiés de Secrétaires des Finances , & étoient tirés du corps des Secrétaires du Roi , ils font encore aujourd'hui obligés de s'y faire admettre , ou d'obtenir les Letttes qui les en difpenfent pour exercer leurs fonctions.

Jufqu'en 1588. ils avoient prêté ferment entre les mains du Chancelier ou du Garde des Sceaux ; mais Henri III. voulut qu'un nouveau pourvu de cette Charge prêtât le ferment immédiatement entre fes mains : ce qui a toujours été obfervé depuis.

Louis XIII. par un Réglement du 11. Mars 1626. fixa le département des quatre Secrétaires d'Etat: ce qui a reçu depuis quelques changemens.

Ils conduifent les Députés des Parlemens , des Etats , des Provinces , &c. à l'Audience de Sa Majefté , chacun fuivant le département dans lequel ces Compagnies font fituées.

Toutes les Lettres qui font écrites au Roi par les Provinces , ou par les Parlemens , doivent aussi être adreffées à celui des Secrétaires d'Etat , dans le département duquel elles font tombées.

Ils fe trouvent ordinairement au lever du Roi , & par-tout où Sa Majefté l'ordonne , pour être à portée de recevoir fes ordres.

Ils ont été pendant long-tems , au nombre de quatre. A la mort de Louis XIV. ils ont été réduit à trois : mais à la fin de Septembre 1718. ils ont été établis au nombre de cinq, dont les deux derniers ne font que par commiffion.

Voyez le Traité qu'a fait du Tot , des Secrétaires d'Etat.

SECRETAIRES DU CABINET , font des Officiers qui écrivent les Lettres particulieres du Roi. Il y en a quatre. Ils fe qualifient Confeillers du Roi en tous fes Confeils. Sur l'Etat , ils font qualifiés Secrétaires de la Chambre & du Cabinet.

SECRETAIRES DES PRINCES ECCLESIASTIQUES ET LAÏCS , font ceux qui expédient leurs dépêches & leurs mandemens ; en forte que foi doit y être ajoutée , comme s'ils étoient fignés de leurs mains.

SECULARISER , fignifie rendre féculier ce qui étoit régulier. Un Religieux eft féculariié par fa feule promotion à l'Epifcopat , qui le difpenfe de l'obfervation de fa regle. On féculariie un Abbaye ou autre Maifon religieufe en y introduifant des Seculiers.

SECULIER , fe dit d'un Laïc qui vit dans le monde. On le dit auffi d'un Eccléfiaftique qui n'eft engagé par aucuns vœux , ni affujetti aux regles particulieres d'une Communauté religieufe.

SEDITION , eft une offenfe qui bleffe la Majefté du Prince , & trouble la tranquillité publique , par une entreprife qui met ceux qui doivent obéir à la place de ceux qui ont droit de commander , & qui rend des mutins & des fcélérats difpenfateurs de l'autorité publique, qui n'appartient qu'au Souverain , qui feul a droit de lever des troupes & déclarer la guerre.

Il n'eft donc loifible à perfonne , tel qu'il foit , de faire aucune levée ou enrollement de gens de guerre fans permiffion , congé ou licence du Roi, portée par Lettres patentes , fous peine de crime de leze-Majefté au premier chef.

Ceci eft tiré des Edits de François I. en Septembre 1523. article 4. & 5. & en Janvier 1544. & de l'article 15. de l'Edit de 1562. confirmé par celui d'Henri III. en Juillet 1575. article 5. 6. & 7. Ce crime eft conforme aux Loix Romaines. *Vide Leg.* 1. 3. & 10. ff. ad Leg. Jul. Majeft. Leg. pen. cod. de re milit. in Novel. 85. Juftiniani.

Ce crime eft appellé fédition ; leg. 1. & 2. cod. de feditiof. On le nomme auffi communément rébellion , eft puni de mort. *Voyez* Rébellion.

SEDUCTEUR , eft celui qui par des follicitations fecretes , & abufant du peu d'expérience d'une Jeune fille , la fait confentir à fe marier avec lui fans le confentement de fes pere & mere. *Voyez* Rapt de féduction.

On appelle auffi féducteur celui qui , abufant du peu d'expérience d'une Jeune fille , l'engage à vivre avec lui dans une union parfaite , fans contracter mariage ; au moyen de quoi elle devient fa concubine.

Quoique les Juges fixent ordinairement à un fimple ufufruit les donations faites à une concubine , il eft néanmoins d'ufage d'excepter le cas où une perfonne d'une conduite irréprochable auroit été féduite ; car alors les Juges ajoutent aux alimens un dédommagement convenable , pour réparer la honte & le dérangement d'une perfonne qui n'a pû réfifter à des follicitations trop féduifantes.

Sur quoi il faut remarquer que ce dédommagement doit être réglé fuivant la qualité des perfonnes & les circonftances. *Voyez* ce qui eft dit à ce fujet dans le feptieme Tome des Caufes célèbres , pag. 92. & fuiv.

SEGORAGE ou SECREAGE , eft un droit qui confifte en la cinquieme partie des bois qui fe vendent par les vaffaux, laquelle eft dûe au Seigneur avant la coupe de ces bois ; & avant même que de les expofer en vente , le propriétaire eft tenu de le déclarer à fon Seigneur ou à fes Officiers , & le prix qui lui en aura été offert. *Voyez* le Gloffaire du Droit François.

SECRERIE , eft un fynonime de grurie.

& de grairie, qui fignifie la même chofe, & dont le Roi prend les mêmes droits. *Voyez* Bois tenus en grurie.

SEIGNEUR, fignifie le propriétaire d'un fief ou d'une terre, à qui certains droits ou devoirs font dûs par ceux qui relevent de lui.

Ce mot eft auffi pris pour un titre d'honneur, & un nom d'autorité, qui fignifie celui qui tient l'autorité publique, fuivant ce que dit Loyfeau, au Traité des Seigneuries. Auffi tient-on communément que ce terme vient du mot latin *Senior*, qui fignifie un homme recommandable & refpeétable.

Ce terme dans fa propre fignification fe prend, comme nous avons dit, pour le propriétaire d'un fief, ou pour le propriétaire d'une terre ; & dans ce fens il eft oppofé à celui de vaffal, ou à celui de cenfitaire.

Touchant les droits des Seigneurs, *voyez* ce que j'en ai dit en parlant des fiefs, en parlant des Droits feigneuriaux, & en parlant de la Félonie.

A l'égard des devoirs des Seigneurs dans leurs terres, *voyez* le Traité qui en a été imprimé à Paris en 1668. chez Pierre le Petit, qui eft divifé en trois parties ; la première, des devoirs des Seigneurs envers l'Eglife, & ce qui en dépend ; la feconde, des devoirs des Seigneurs touchant la Juftice & la police ; la troifieme, de ce que les Seigneurs doivent faire pour le foulagement de leurs fujets, & particuliérement des pauvres.

Il y a plufieurs fortes de Seigneurs ; en tant que ce terme fignifie le propriétaire d'un fief ou d'une terre ; fçavoir, le Seigneur cenfier, le Seigneur féodal, &c.

SEIGNEUR CENSIER, eft le propriétaire d'un fief ou d'un franc-aleu noble, duquel un héritage tenu en cenfive releve ; en forte que le propriétaire de l'héritage cenfuel eft obligé de payer au Seigneur cenfier le cens, qui eft une certaine rente annuelle, feigneuriale & perpétuelle, en argent, grain, vin, ou volaille.

Voyez Cens, *voyez* Surcens.

L'ufage qui a été redigé par écrit dans nos Coutumes, a introduit des certains droits dûs aux Seigneurs cenfiers en certains cas par les détenteurs, propriétaires & poffeffeurs des héritages cenfuels, qui font les lods & ventes, les faifines & amendes, qui font appellés droits feigneuriaux, & qui viennent en conféquence du cens, quoiqu'il n'en foit point fait mention.

Le Seigneur cenfier eft auffi appellé Seigneur foncier, d'autant qu'il eft Seigneur direét du fonds de la terre qu'il a donné à cens.

Le Seigneur eft pour fes droits de lods & ventes préférés au bailleur de l'héritage, & à tous autres créanciers qui pourroient avoir quelque hypotheque fur ledit héritage ; parce que ledit Seigneur étant le premier bailleur du fonds dès-lors du bail par lui fait, il a retenu droit d'hypotheque fur ledit héritage pour fes droits de lods & ventes, quand ledit héritage feroit vendu. La Loi 15. *ff. qui potior. in pig. hab.* le décide en termes exprès. *Etiam fuperficies in alieno folo pofita pignori dari poteft, ita tamen ut prior caufa fit Domini foli, fi nonfolvatur*

ei folarium. La raifon eft, que *quidquid folo in ædificatum eft, folo cedit. Leg. Paulus, ff. de pignorib. & hypot.*

Auffi M. Bouguier, tit. 5. chap. 12. remarque un Arrêt donné à fon rapport l'an 1626. qui a donné la préférence au Seigneur pour fes redevances, aux Maçons & Charpentiers, eu égard à l'eftimation de la chofe au tems du contrat d'accenfement ou d'arrentement, & ventillation faite d'icelle.

SEIGNEUR FÉODAL eft le propriétaire du fief dominant, ou du franc-aleu noble, duquel releve un fief ; car quoique le franc-aleu ne foit pas fief ; néanmoins celui qui le poffede eft réputé Seigneur féodal à l'égard des fiefs qui en relevent, d'autant que le franc-aleu peut avoir de fief dans fa mouvance.

Au Seigneur féodal font dûs en certains cas droits & devoirs féodaux, qui font la foi & hommage, l'aveu & le dénombrement, le quint ou le rachat, autrement dit relief. Mais il eft dû fur-tout un très-grand refpeét au Seigneur par fes Vaffaux ; de forte que le Vaffal qui commet félonie envers fon Seigneur, confifque & perd fon fief. *Voyez* Félonie.

Le Seigneur doit de fon côté agir avec douceur envers fes Vaffaux ; & fuivant la Loi des fiefs, le Seigneur qui outrage grievement fon Vaffal, perd les droits qu'il avoit fur lui.

Au refte, le Seigneur qui eft offenfé par fon Vaffal, lui peut faire faire fon procès par fes Officiers : toutefois Henrys, tome 1. livre 3. chapitre 1. queftion 5. eft d'avis de fe pourvoir en cas femblable plutôt devant le Juge royal fupérieur, que devant fes Officiers.

SEIGNEUR DOMINANT, eft celui duquel releve le fief poffédé par un autre. Il eft auffi appellé Seigneur féodal. Son Vaffal eft appellé Seigneur du fief fervant, lequel eft appellé Seigneur profitable en la Coutume de Clermont, article 108. & 109. parce qu'il jouit du fief ; à la différence de celui auquel on en doit la foi & hommage qui s'appelle direét.

SEIGNEUR DIRECT, eft donc le Seigneur duquel releve un fief, ou duquel un héritage eft tenu en cens ou cenfive ; & celui qui eft propriétaire du fief fervant, ou d'un héritage tenu en cenfive, eft appellé Seigneur utile.

La raifon eft, qu'il tire toute l'utilité du fonds dont il a la propriété, à la charge néanmoins de reconnoître qu'il tient fon héritage du Seigneur direét ; en témoignage de quoi il eft obligé, ou de lui faire foi & hommage au commencement de fa poffeffion, fi c'eft un fief ; ou de lui payer le cens ou cenfive, fi c'eft une roture.

Par la même raifon, le preneur à titre d'emphitéofe eft auffi appellé Seigneur utile, & le bailleur eft appellé Seigneur direét.

SEIGNEURS HAUTS-JUSTICIERS, font ceux qui ont haute, moyenne & baffe Juftice. Ils ont, après les Patrons, les premiers honneurs dans les Eglifes bâties dans l'étendue de leur haute Juftice.

S'il n'y a point de Patron, ils doivent avoir leur fiege au lieu le plus honorable & le plus éminent de l'Eglife; & après leur mort, leurs héritiers y peuvent faire mettre une litre ou ceinture funebre fur laquelle leurs armes foient peintes.

Celui qui a la haute-Juftice, eft fondé d'avoir la moyenne & baffe; ce qui eft commun au Châtelain & autres Seigneurs de dignité plus éminente. Vigier fur Angoumois, article 6.

Toute Juftice leur eft donnée au-dedans de leurs terres; mais comme eux ou leurs auteurs peuvent en avoir concedé une partie à leurs Vaffaux, cette maxime que celui qui a la haute Juftice eft fondé d'avoir la moyenne & baffe, fouffre une exception; fçavoir, fi un autre ne les y a pas au même lieu, par conceffion du Prince, convenance ou ufance ancienne; Angoumois, art. 6. Poitou, art. 14. Anjou, art. 42. fans préjudice des droits que les inférieurs ont fous lui.

Ainfi le Haut-Jufticier peut exercer tous les degrés de Juftice dans le territoire fujet à fa Jurifdiction, fi aucun n'y poffede la moyenne ou la baffe; parce qu'il ne peut pas prétendre des droits poffédés par un autre en vertu d'un jufte titre.

Ce jufte titre pour acquérir les degrés de Jurifdiction eft, Iᵘ. Une conceffion faite par le Prince. Ainfi dans la Coutume d'Angoumois on peut avoir la Juftice par une conceffion faites par le Comtes d'Angoulême, qui étoient Princes de la lignée royale, & qui pouvoient difpofer de leurs acquêts, & de plufieurs Terres & Juftices qu'ils avoient ajoutées au domaine ancien de leur Comté.

IIᵒ. Une convenance ou contrat, par lequel les poffeffeurs juftifient avoir acquis la moyenne & baffe-Juftice du Haut-Jufticier & fes auteurs, ou de quelqu'autre Seigneur propriétaire de ces deux degrés de Juftice.

IIIᵒ. Une ufance ancienne & une longue poffeffion de ces deux degrés, continué par un fi long-temps, qu'il fe trouve fuffifant pour s'être affuré de la propriété par prefcription. Le long ufage & l'exercice de la Jurifdiction, juftifié par le rapport des actes de Juftice, en fait en ce cas préfumer qu'il y avoit eu un titre de conceffion qui avoit fervi de fondement à cette poffeffion laquelle par conféquent fe peut maintenir & conferver. *Faber*, §. *Servitus autem*, *inftit. de jure perfon.* §. *retinendæ*, *num.* 25. & 26. *de interdict.* & *leg.* 1. *num.* 4. *cod. de emancip.*

La haute-Juftice ne fe peut acquérir par prefcription, parce qu'il eft néceffaire pour l'établir d'en avoir des Lettres patentes. Il n'en eft pas de même de la moyenne & baffe qui fe peut acquérir par convention & par la poffeffion ancienne, fuivant l'art. 6. de la Coutume d'Angoumois.

La queftion eft, comment on doit entendre cette poffeffion ancienne? Quelques-uns croient qu'il faut qu'elle foit immémoriale: cependant, comme il ne s'agit point des droits du Roi, mais feulement de l'intérêt des Seigneurs Hauts-Jufticiers, qui font fondés par la Coutume d'avoir en même lieu la moyenne & la baffe-Juftice, je tiens qu'il faut fuivre ce qui eft dit à ce fujet dans les additions fur

Vigier, art. 6. de la Coutume d'Angoumois; fçavoir, que cette ancienne ufance, dont il eft parlé dans cet article, fe doit prendre dans la maniere ordinaire dont on fe fert pour prefcrire les autres droits, comme les cens & rentes.

La Juftice, felon notre ufage, eft patrimoniale & inféodée fufceptible des mêmes conventions que les autres droits réels & incorporels, pouvant fe détacher du fief, être vendue, échangée, divifée comme le refte de nos biens. *Molin. art.* 1. des Fiefs, *glof.* 5. *num.* 62. & 63. Dargentré, article 271. de la Coutume de Bretagne, *verbo* Sans titre, *nombre* 28. D'où il s'enfuit qu'elle peut être poffédée & prefcrite de la même maniere, par dix ans entre préfens, & par vingt ans entre abfens avec titre & bonne foi, ou par trente ans fans titre, laquelle poffeffion de trente ans s'appelle en Droit une ufance ancienne & une prefcription de très-long-temps.

Les piliers, les prifons & ceps, font les marques de la haute-Juftice, & les inftrumens qui fervent à fon exercice & exécution; mais le Haut-Jufticier ne peut point prefcrire contre la Coutume, pour s'attribuer un plus grand nombre que celui de deux piliers.

Pour ce qui eft des droits honorifiques que les Seigneurs Hauts-Jufticiers s'attribuent, *voyez* ce que j'en ai dit, *verbo* Droits honorifiques.

Touchant les autres droits qui appartiennent au Seigneur Haut-Jufticier, *voyez* ci-après Seigneur d'un Boug ou Village; & ce que j'ai dit lettre J, en parlant de la Juftice haute, moyenne & baffe.

SEIGNEUR D'UN BOURG OU VILLAGE eft celui qui a droit d'en porter le nom.

Les Seigneurs Hauts-Jufticiers prétendent qu'il n'y a qu'eux qui ayent le droit de fe qualifier Seigneurs du Bourg ou Village. Les Seigneurs féodaux ont foutenu au contraire que ce titre leur étoit commun avec les Seigneurs Hauts-Jufticiers; mais les derniers Arrêts rapportés par Brodeau fur Louet, lettre F, chap. 31. ont jugé que les Seigneurs féodaux ne peuvent pas prendre le titre de Seigneur du Village, en tout ni en partie, au préjudice du Seigneur Haut-Jufticier.

Les Seigneurs Hauts-Jufticiers doivent en effet être nommés Seigneurs du lieu, à raifon des habitans qui font leurs fujets, & qui en cette qualité font obligés de leur obéir, & à leurs Juges, dont les Jugemens s'exécutent fous le nom & l'autorité des Seigneurs, lefquels repréfentent le Roi en leur Juftice. En un mot, les Seigneurs Hauts-Jufticiers ont droit de décider de la vie & de la fortune de leurs fujets.

Mais les fimples Seigneurs féaudaux ou cenfiers, ne peuvent être appellés Seigneurs qu'improprement, à raifon, non pas tant des perfonnes qui font leurs vaffaux ou cenfiers, que des terres qui font en leur mouvance féodale ou cenfive: ainfi ceux qui les poffedent ne font appellés fujets qu'improprement, attendu qu'il n'y a que le droit de Juftice qui donne le droit de Seigneurie, de dépendance, & de fujétion.

Outre les Arrêts qui font rapportés par Brodeau , *loco citato* , *voyez* celui qui eft rapporté par Baffet, tome 2. tit. 5. chap. 1. & ceux qui font rapportés par Boniface, tom. 1. liv. 3. tit. 2. chap. 8. §. 1. qui ont auffi jugé que les Seigneurs qui n'ont point la haute Juftice , ne peuvent pas fe qualifier Seigneur du lieu.

Lorfqu'une terre qui a haute-Juftice eft divifée & partagée , l'aîné en ligne directe , ou celui qui poffede la principale partie du fief , retient la qua- lité entiere de Seigneur ; & ceux qui en poffedent les autres parties , font obligés de prendre la qua- lité de Seigneur en partie , & leur maifon doit être appellée la maifon du Seigneur d'un tel fief en par- tie : ce qui a lieu pareillement, quoique l'aîné ait vendu fa portion à des étrangers. Mais fi la terre eft poffédée par indivis , & qu'il n'apparoiffe pas lequel eft defcendu de l'aîné, aucun d'eux ne fe peut dire & qualifier feul Seigneur , mais feule- ment Seigneur en partie.

Celui qui eft Seigneur & propriétaire de la par- tie principale de la Terre , Seigneurie & Juftice , a droit de fe dire feul & indéfiniment Seigneur , avec préférence en tous les droits honorifiques, & par conféquent doit être nommé le premier en tous les actes de Juftice & Seigneurie ; fauf aux autres Seigneurs de fe dire Seigneurs en partie.Ainfi jugé par Arrêt du 26. Février 1661. rapporté dans le fecond tome du Journal des Audiences.

A l'égard du Seigneur qui n'a que la moyenne ou baffe Juftice , il ne peut fe dire Cofeigneur fim- plement ; il faut qu'il ajoute , *en la moyenne ou baffe Juftice* : & pour ce qui eft de celui qui n'a que la directe , il ne peut pas non plus fe dire Cofeigneur fimplement ; il peut feulement fe dire Seigneur di- rect du fief , & non pas du lieu. *Voyez* Cambolas , liv. 3. chap. 33. qui rapporte deux Arrêts du Parle- ment de Touloufe qui l'ont jugé ainfi.

Pour ce qui eft des Appanagiftes. *Voyez* ce que j'en ai dit *verbo* Appanage.

Nouveau SEIGNEUR, fe dit feule- ment de celui qui a nouvellement acquis un fief , à l'égard des Vaffaux qui relevent du fief qu'il a acquis.

LE SEIGNEUR PLAIDE TOUJOURS MAIN GARNIE. Cela fignifie que la faifie feodale valable- ment faite par le Seigneur , dure nonobftant oppo- fition ou appellation ; en forte qu'il n'y a jamais lieu à la provifion pour le Vaffal , jufqu'à ce qu'il ait fatisfait aux caufes de la faifie.

Il faut excepter trois cas où cette regle ceffe ; le premier , quand le Vaffal défavoue fon Sei- gneur ; le deuxieme , quand il y a conteftation entre deux Seigneurs pour la mouvance , & que le Vaffal fe fait recevoir par main fouveraine ; le troifieme , quand le Vaffal a fait offres fuffifan- tes à fon Seigneur , pour les droits qui lui font dûs pour la mutation.

Voyez ce que j'ai dit à ce fujet fur l'article pre- mier de la Coutume de Paris , glof. 3.

SEIGNEURS SUZERAINS, font ceux def- quels relevent des terres en arriere-fiefs , comme font les Ducs , les Comtes , & autres grands Sei- gneurs qui relevent immédiatement du Roi , & de

qui d'autres fiefs relevent. *Voyez* Fief fuzerain.

SEIGNEURS PEAGERS, font ceux à qui les droits de péages appartiennent , & qui , fuivant l'art. 107. de l'Ordonnance d'Orléans de l'année 1560. font tenus d'entretenir en bonne & due re- paration les ponts , chemins & paffages.

La même Ordonnance les oblige de rétablir les ponts , quand ils font tombés faute d'avoir été en- tretenus comme il faut ; mais quand ils font tom- bés par cas fortuit , comme par des glaces , le pea- ger n'eft obligé à les refaire , qu'à proportion du revenu qu'il en reçoit. *Voyez* Réparation.

SEIGNEURIAL , fe dit de ce qui appar- tient au Seigneur. On dit , par exemple , que les lods & ventes font des droits feigneuriaux. On dit auffi qu'on doit porter foi & hommage au manoir feigneurial.

SEIGNEURIE, eft une terre féodale. Il y en a de deux fortes ; fçavoir , la directe & l'utile.

La feigneurie directe eft celle de qui d'autres terres relevent , foit en fief , foit en cenfive.

La feigneurie utile eft celle du propriétaire du fief fervant , ou d'un héritage tenu en cenfive.

SEING , eft la fignature qui fe met au bas des actes , qui y marque que celui qui a mis fon nom , en connoît ou en confirme & autorife la teneur.

Autrefois on mettoit fon fceau au bas des actes , au lieu de fon feing, comme nous avons dit *verbo* Sceau privé.

Il y a deux fortes de feings ; fçavoir le feing pu- blic , & le feing privé.

SEING PUBLIC , eft le feing d'une perfonne publique , comme celui des Notaires & des Gref- fiers , qui rend authentique & exécutoire l'acte au- quel il eft appofé ; c'eft un témoignage public qui donne autorité à l'acte.

SEING PRIVÉ , eft la fignature que les Par- ties appofent aux écrits qu'elles paffent , qui mar- que qu'elles reconnoiffent pour véritable ce qui y eft énoncé , & en confentent l'exécution.

Quand cette fignature des Parties eft appofée à un acte qui eft revêtu de l'autorité publique , cet acte devient authentique & exécutoire ; mais quand cette fignature eft appofée à une écriture privée , il eft appellé acte fous feing privé.

Un tel acte ne fait foi en Juftice que du jour qu'il a été reconnu. De plus , un tel acte n'a point de date au préjudice d'un tiers ; c'eft-à-dire, qu'a- vant qu'il ait été reconnu pardevant Notaires ou en Juftice , fa date ne peut donner aucune préro- gative de temps , au préjudice d'autres perfonnes qui agiffent en vertu d'actes publics , par la raifon que les Parties qui font des actes fous fignature privée , peuvent leur donner telle date que bon leur femble.

Ainfi une vente de meubles & effets mobiliers , un contrat de fociété , de dépôt & autres étant fous fignature privée , ne fçauroient en cas de déconfi- ture préjudicier aux créanciers qui ont des actes exécutoires , ni à un premier faififfant dans le cas d'une faifie particuliere.

Un acte sous seing privé n'est point exécutoire, parce que toute exécution parée, procede de l'autorité publique que les Particuliers ne peuvent pas donner eux-mêmes aux actes qu'ils passent.

On n'ordonne jamais le payement d'un billet sous seing-privé, qu'après en avoir fait reconnoître la signature par celui qui l'a passé, ou après avoir fait dûement vérifier la signature par comparaison de pieces authentiques & reconnues.

Les écritures privées ne font pas foi en Justice par elles-mêmes ; parce qu'on a voulu prévenir la témérité des faussaires, qui obtiendroient des Sentences, & jetteroient la consternation dans les familles, auxquelles il ne resteroit que le triste remede de l'inscription de faux, dont on reconnoît les longueurs, & bien souvent l'impuissance.

Enfin, un acte sous seing-privé n'emporte point hypotheque, quand même les Parties en seroient convenues ; parce que parmi nous ce n'est pas la convention qui établit l'hypotheque, c'est l'autorité publique.

Touchant la forme de la reconnoissance des cédules & promesses sous seing-privé, voyez ce que j'ai dit verbo Reconnoissance & verbo Simple promesse.

De ce que nous avons dit ci-dessus, il s'ensuit, que ceux qui contractent sous seing-privé, sont également obligés que s'ils avoient passé l'acte pardevant Notaires. Toute la différence qu'il y a, c'est que les actes sous seing-privé ne sont pas exécutoires d'eux-mêmes, ne donnent point d'hypotheque sur les biens de l'obligé, & n'ont point de date en Justice, que du jour qu'ils sont reconnus pardevant Notaires, ou pardevant le Juge.

Il faut excepter de la regle générale, 1°. Les contrats de mariage qui ne font point obligatoires, & ne produisent aucun effet ; à moins qu'ils ne soient passés pardevant Notaires. La raison est, que ces contrats étant une loi qui doit régler non-seulement les droits des futurs conjoints, mais aussi ceux de leur famille, la date de ces contrats doit être certaine & publique. D'ailleurs il est juste d'empêcher les avantages indirects qui se pourroient faire entre mari & femme, au préjudice de leurs héritiers, contre la prohibition de la Loi.

II°. Les donations, parce qu'elles ne font pas valables à moins qu'elles ne soient insinuées, c'est-à-dire transcrites dans les Regîtres publics. Or on ne peut enregîtrer & reconnoître publiquement une écriture qui n'est point authentique.

III°. Les actes de foi, aveux & dénombremens en fait de fiefs, & les déclarations en censive. Tous ces actes doivent toujours être en forme probante & authentique ; autrement les successeurs de ceux qui les auroient donnés, ne seroient pas obligés de les exécuter. Il y a plus, c'est qu'en fait de fiefs, le Seigneur suzerain ne seroit pas tenu de les reconnoître.

Pour ce qui est des billets ou promesses causés pour valeur en argent, voyez ce qui en est dit verbo Signature privée.

BLANC SEING, ou blanc signé ; voyez ce que j'en ai dit, verbo Blanc.

SEJOUR, signifie au Palais le tems qu'on demeure en un lieu. On taxe à ceux qui plaident, leur voyage & leur séjour. Voyez l'Arrêt de la Cour du 10. Avril 1691. qui est à la fin de ce Volume.

SEL GABELLÉ, est celui qui a passé dans le grenier ou dépôt public dans lequel on met le sel que le Roi vend à son Peuple. Le faux sel au contraire est celui qui est vendu secretement par des particuliers qui ont fraudé les droits du Roi.

Il y a donc un dépôt public où l'on amene le sel. Il y est porté par mesure en présence des Greneriers, Contrôleurs, Avocats & Procureurs du Roi, & Greffiers, qui délivrent au Marchand un certificat de la quantité de sel qu'il y a apportée, & reçoivent du Marchand pareil certificat, pour servir auxdits Officiers, à la reddition de leur compte ; & ils font Procès verbal de chaque descente de sel qui est portée audit grenier.

SEL PAR IMPÔT, est le sel que l'on oblige chaque Particulier de prendre au grenier du Roi tous les ans, qu'on leur taxe suivant ce qu'ils en peuvent consommer. C'est ce qui se pratique dans les pays voisins des salines, où il est aisé de frauder la gabelle.

SEL SANS GABELLE, est celui qui est délivré à de certaines personnes, qui ont le privilege de n'en point payer la gabelle, mais seulement le prix du Marchand.

SELLETTE, est un petit siége de bois, sur lequel on fait asseoir les criminels quand ils subissent leur dernier interrogatoire devant les Juges.

Ce dernier interrogatoire se fait sur la sellette, lorsqu'il y a contr'eux des conclusions du Procureur du Roi à peine afflictive. Art. 24. du titre 14. de l'Ordonnance de 1670.

Mais quand lesdites conclusions ne vont pas à peine afflictive les criminels subissent le dernier interrogatoire de bout derriere le Barreau.

SEMENCE Voyez Labour.

SEMESTRE. Ce terme signifie le tems de six mois, & se dit aussi de la moitié de l'année pendant laquelle la moitié d'une Compagnie s'assemble pour tenir la séance alternativement.

La Chambre des Comptes, la Cour des monnoies & le Grand Conseil, sont des Compagnies semestres. Le Parlement de Metz l'est aussi. Dans le Conseil d'Etat il y a douze Conseillers d'Etat qui sont semestres.

Le pouvoir des Officiers semestres est limité à certains tems ; c'est pourquoi ils ne peuvent de leur autorité privée le porter au-delà : ainsi lorsque le bien de la Justice exige que leur pouvoir soit prorogé, il faut que ce soit en vertu d'un ordre spécial de la puissance suprême dont il est émané.

Il est souvent à propos, pour le bien de la Justice, & l'intérêt même des Parties qui ont le malheur de plaider entr'elles, que les Juges qui ont commencé une affaire, continuent d'en connoître

jusqu'à

jufqu'à la fin ; c'eft ce qui dépend de la nature de l'affaire, & ce qu'on voit arriver tous les jours dans les Compagnies femeftres, & dans tous les Tribunaux dont le pouvoir eft borné à certain tems ; mais alors on doit avoir recours à l'autorité fouveraine, de laquelle, tout pouvoir eft émané : on repréfente les raifons qui portent à penfer qu'il feroit utile qu'un Rapporteur inftruit d'une affaire majeure & embarraffée, foit continué au-delà du tems de fon fervice ordinaire, même que le Tribunal dont le fervice eft limité à un certain tems, foit pareillement continué ; & quand le Souverain l'approuve, il donne des Lettres patentes, avec le fecours defquelles tout pouvoir devient parfaitement légitime.

Les Magiftrats, quelque éminente que foit leur dignité, ne la tiennent que du Roi ; ils n'ont de pouvoir que celui qu'il a plû à Sa Majefté de leur confier, & ce pouvoir ne peut, fans l'autorité de Sa Majefté, fortir des bornes dans lefquelles elle a jugé à propos de le renfermer. Si donc il fe trouve limité à certaines circonftances & à certains tems, nulle autorité que la fienne ne peut ni l'étendre, ni le proroger.

SEMI-PREUVE. *Voyez* Preuve pleine & complette.

SENAT, eft l'affemblée, le Confeil des plus notables Habitans d'une République, qui ont part au Gouvernement, lefquels font appellés Sénateurs. *Voyez* ce qui en eft dit dans le Dictionnaire de Trévoux.

SENATUSCONSULTE, fuivant la définition qu'en donne Juftinien, §. 5. *tituli Inftitut. de jur. natur. gent. & civil.* eft un Décret du Sénat, par lequel il ordonne & établit quelque chofe.

Le Senat ayant été créé pour avoir la plus grande part dans l'adminiftration des affaires publiques, il ne faut pas douter qu'il n'ait de tout tems fait des Sénatufconfultes fur les affaires les plus importantes & qui intéreffoient l'Etat.

On avoit à Rome défini quel nombre de Sénateurs étoit requis, pour faire un Sénatufconfulte ; & ce nombre a augmenté ou diminué au tems que fe faifoit le Sénatufconfulte.

Celui qui préfidoit à l'affemblée prenoit les voix des Sénateurs, & réfumoit leurs avis, pour conclure à la pluralité des voix ; de maniere que ce qui étoit arrêté par le plus grand nombre, étoit fuivi & exécuté.

Quand les fuffrages étoient partagés de maniere que celui qui préfidoit à l'affemblée ne connoiffoit pas d'abord le plus grand nombre, pour compter les fuffrages plus facilement, il faifoit paffer d'un côté du Sénat tous ceux qui étoient d'un avis, & de l'autre ceux qui étoient d'un avis contraire.

Il étoit alors permis de changer de fentiment ; de forte que ceux qui avoient opiné d'une maniere, pouvoient fe retracter en fe rangeant du côté de ceux qui étoient d'un avis contraire.

Après qu'un Sénatufconfulte avoit été arrêté à la pluralité des voix, l'affemblée finie, & l'Arrêt

Tome II.

étant entièrement dreffé, un Senateur en faifoit lecture devant le Peuple affemblé.

Le Peuple Romain a reçu dans tous les tems des Sénatufconfultes : il s'en eft fait du tems de la République, auffi bien que du tems des Rois ; mais il s'en falloit beaucoup qu'ils euffent force de Loi.

Dans ce tems-là on ne confultoit le Sénat que pour avoir fon avis. Un Sénatufconfulte n'ayant donc de lui-même aucune autorité, il falloit qu'il fût confirmé par une loi faite du confentement de tout le Peuple ; ce qui a donné lieu à cette formule *Populus jubet, Senatus auctor eft.*

Sous l'Empereur Tibere, les Sénatufconfultes commencerent à avoir force de Loi, parce qu'ils fe firent fur la réquifition du Prince & fous fon autorité. Auffi le Sénatufconfulte qui étoit fait de cette maniere étoit il appellé *Senatufconfultum factum ad orationem Principis*, & avoit une pleine & entiere autorité.

L'ufage des Sénatufconfultes qui fe faifoient *ad orationem Principis*, fut un effet de la politique de Tibere, qui voulut qu'au lieu de confulter le Peuple, on confultât le Sénat, fous prétexte que le nombre des Citoyens Romains, étoit fi fort augmenté, qu'il n'étoit pas poffible de les réunir tous dans une même affemblée.

Ainfi l'Empereur revêtu par la Loi Regia de toute l'autorité du Peuple, faifoit affembler le Sénat, pour lui propofer la Loi qu'il avoit deffein d'établir ; & les Décrets du Sénat, faits fur la réquifition de l'Empereur, n'avoient pas moins d'autorité que les Loix établies pendant la République, non pas à la vérité par le pouvoir du Sénat, mais en conféquence & en vertu de l'autorité du Prince.

Sous les derniers Empereurs, le Sénat eut le pouvoir de faire des Réglemens de fon chef & fans la réquifition du Prince ; mais ces Sénatufconfultes ne fe pouvoient faire que pour des chofes de peu d'importance ; par exemple, lorfqu'il s'agiffoit de réprimer le luxe des habillemens.

Sous l'Empereur Juftinien, l'autorité du Sénat étoit beaucoup diminuée. Enfin Leon le Philofophe ôta entièrement au Sénat le droit de faire des Ordonnances fur quelque matiere que ce fût.

Dans le tems même où le Sénat n'a pas eu le pouvoir de faire des Réglemens qui euffent force de Loi, il a néanmoins toujours eu le droit d'examiner & de donner fon approbation aux Loix que les Princes faifoient.

On peut à cela rapporter ce qui s'obferve parmi nous, touchant les enregiftremens des Edits & Déclarations de nos Rois dans les Parlemens & autres Cours fouveraines.

Au tems même que le Sénat a ceffé de pouvoir faire des Sénatufconfultes, ceux qui avoient été fait auparavant n'ont pas déchu pour cela de leur autorité, & ils font toujours reftés en vigueur, comme les Sénatufconfultes Velléien, Macedonien, Trebellien, Tertulien, Orphitien & autres. *Voyez* touchant le Sénat Romain & les Sénatufconfultes ce que j'en ai dit dans mon Hiftoire du droit civil.

SENATUSCONSULTE Tertulien. *Voyez* ce que j'en ai dit dans ma Traduction des Inſtitutes, liv. 3. tit. 3.

SÉNATUSCONSULTE Orphitien. *Voyez* ce que j'en ai dit dans ma Traduction des Inſtitutes, livre 3. titre 4.

SENATUSCONSULTE Velleïen. *Voyez* Velleïen.

SENATUSCONSULTE Macedonien, eſt un ſénatuſconſulte par lequel il fut ordonné que toute action fut déniée, à celui qui prêteroit de l'argent à un fils en puiſſance de pere.

Il faut excepter, Iº. Si le créancier a été déçu, croyant ſon débiteur pere de famille, pour l'avoir vû exercer des Charges & élevé à des dignités, tenir des fermes publiques & particulieres. *Leg. 3. ff. de Senatuſconſ. Maced. Leg. 1. & 2. ff. eod.*

IIº. Si le fils de famille a emprunté autre choſe que de l'argent, à moins que ce ne fut en fraude de ce ſénatuſconſulte. *Leg. 3. §. pen. & leg. 3. §. 3. ff. eod.*

IIIº. Si le fils de famille a emprunté de l'argent pour les affaires de ſon pere, ou même ſi ayant fait l'emprunt en ſon propre nom, il l'a employé pour une choſe où le pere auroit mis du ſien, *veluti ſtudiorum cauſa. Leg. 2. cod. 5.*

IVº. Si le fils de famille a emprunté de l'argent pour acquitter une autre créance à qui on ne pouvoit oppoſer aucune fin de non recevoir. *Leg. 8. §. 14. ff. 5. t.*

Vº. Si l'argent a été prêté à un fils de famille ſans que ſon pere s'y ſoit oppoſé, en ayant connoiſ-ſance. *Leg. 7. §. 12. leg. 12. leg. 16. ff. 5. t. leg. 2. 4. cod. eodem.*

VIº. Si le pere a ratifié le prêt fait à ſon fils *ratihabitio retrotrahitur ad initium. Leg. 7. §. penult. ff. 5. t. leg. ult. cod. eod.*

VIIº. Si le fils de famille a emprunté de l'argent à un pécule caſtrenſe ou quaſi-caſtrenſe; car le ſé-natuſconſulte Macedonien n'a point lieu à l'égard de ces ſortes de biens; *quia in his filius familias pro patre familias habetur. Leg. 1. §. ult. ff. 5. t. leg. 2. ibid. leg. 4. cod. eod.*

VIIIº. Si un fils de famille a emprunté de l'argent d'un autre fils de famille, quoique celui qui a prêté l'argent ait la libre adminiſtration du pé-cule; *huic enim perdere peculium non licuit. Leg. 3. §. 2. ff. 5. t.*

IXº. Si celui qui a prêté de l'argent au fils de fa-mille étoit mineur; *ætatis enim beneficium Senatuſ-conſulto potentius eſt. Leg. 34. ff. de minorib.*

Xº. Si le fils de famille qui ayant emprunté de l'argent, ratifie ce prêt étant devenu pere de famille; *veluti ſi partem debiti ſolverit, tunc enim & in reſi-duo Senatuſconſultum ceſſat. Leg. 7. §. ult. ff. 5. t.*

Ce ſénatuſconſulte n'eſt point reçu en pays cou-tumier, & les enfans de famille ſe peuvent vala-blement obliger pour prêt d'argent, s'ils ſont ma-jeurs; mais s'ils ſont mineurs, ils peuvent recourir au bénéfice de reſtitution.

En pays de droit écrit, même dans ceux du reſſort du Parlement de Paris, ce ſénatuſconſulte eſt obſervé, comme j'ai dit ſur le §. 7. du titre 7.

du quatrieme livre des inſtitutes, où j'ai fait auſſi quelques obſervations touchant ce ſénatuſconſulte.

Voyez le Recueil alphabétique de M. Bretonnier, *verbo* Fils de famille.

Au reſte il y a bien de la différence entre le ſé-natuſconſulte Macedonien & le ſénatuſconſulte Velleïen; car comme le premier a été fait en haine des uſuriers qui prêtent de l'argent aux fils de fa-mille pour fournir à leurs débauches, les fils de fa-mille n'y peuvent pas valablement renoncer; l'au-tre au contraire ayant été fait en faveur des fem-mes, il leur eſt permis d'y renoncer, ſuivant la ré-gle qui veut que *quilibet poſſit renunciare juri pro ſe introducto.*

SENATUSCONSULTE Trebellien. *Voyez* Quarte Trebellianique, & ce que j'ai dit dans la nouvelle Traduction des Inſtitutes, ſur le titre 23. du livre deuxieme.

SÉNÉCHAL, eſt un Officier de Robe-courte, au nom duquel ſe rend & s'exerce la Juſtice, qui a l'honneur de la ſéance à l'Audience, & au nom duquel les Sentences de la Sénéchauſſée rendues par ſon Lieutenant ſont intitulées, auſſi-bien que les contrats qui ſont paſſés dans l'étendue de ſon reſſort.

Suivant l'opinion commune, ce mot vient de *ſenex & Caballus*, qui ſignifie vieil Chevalier. *Voyez* ce qui eſt dit de l'étimologie de ce mot dans le Dic-tionnaire de Trevoux.

C'eſt au Sénéchal que s'adreſſent les Lettres, Commiſſions & Ordonnances du Roi pour tout ce que Sa Majeſté veut faire exécuter dans le Bail-liage; & les cris, proclamations & actes de Juſti-ce, ſe font ſous le nom de cet Officier.

Il eſt auſſi du devoir de ſa Charge de convoquer, aſſembler & conduire le ban & arriere-ban, d'en faire la montre & revûe, & auſſi de ſe faire repré-ſenter par ceux qui font levée de gens de guerre en ſon reſſort, leur pouvoir & commiſſion.

Enfin il doit tenir main-forte à la juſtice, & où beſoin eſt d'avertir le Gouverneur.

Comme le Sénéchal n'eſt plus aujourd'hui qu'un Magiſtrat titulaire & honoraire, le droit de la Ju-riſdiction eſt dévolu à ſon Lieutenant, dont les appellations ſont portées au Parlement.

Le Sénéchal eſt dans pluſieurs endroits ce qu'eſt le Baillif dans d'autres; ils ſont de même pouvoir & de même autorité.

L'origine des Sénéchaux vient de ce que les Ducs s'étant emparés de la puiſſance d'adminiſtrer la Juſtice, & ne voulant pas l'exercer en perſon-ne, établirent des Officiers pour la rendre en leur nom & ſous leur autorité, & ils appellerent ces Officiers Baillifs en certains lieux, & Sénéchaux en d'autres; & dans ces premiers tems ils étoient révocables à volonté.

Après que les Rois de la troiſieme Race eurent réuni à la Couronne les Villes qui en avoient été démembrées, les Baillifs & Sénéchaux ſuccéde-rent en quelque ſorte à toute l'autorité des Ducs & des Comtes; en ſorte qu'ils eurent l'adminiſtration de la Juſtice, des Armes & des Finances.

Les Baillifs & Sénéchaux furent auſſi revêtus du

pouvoir qu'avoient eu fous la feconde Race de nos Rois les Commiffaires royaux , ou *Miffi Dominici*, qui jugeoient les caufes d'appel dévolues au Roi : c'eft pourquoi les Baillifs & Sénéchaux connurent des caufes d'appel du territoire des Comtes, & jugerent en dernier reffort jufqu'au tems que le Parlement fut rendu fédentaire par Philippe-le-Bel.

Toutes les Charges étant devenues perpétuelles par l'Ordonnance de Louis XI. les Baillifs & les Sénéchaux non contens de n'être plus révocables, tâcherent de rendre leurs Charges héréditaires.

Mais les Rois appréhendant qu'ils n'ufurpaffent l'autorité fouveraine , comme avoient fait les Ducs & les Comtes, leur ôterent d'abord le maniement des Finances , puis le commandement des Armées par l'établiffement des Gouverneurs , & ils leur laifferent feulement la conduite de l'arriere-ban , pour marque de leur ancien pouvoir , avec quelques honneurs & prérogatives.

SÉNÉCHAL EN NORMANDIE. *Voyez* ce qui en eft dit ci-deffus, *verbo* Grand Sénéchal.

SÉNÉCHAUSSÉE , eft l'étendue de la Jurifdiction d'un Sénéchal.

Sénéchauffée fe prend auffi quelquefois pour le lieu de la Jurifdiction, ou pour la Jurifdiction même du Sénéchal , où font portées les appellations , tant des Prévôts royaux , que des Seigneurs-Hauts-Jufticiers qui font dans le reffort.

On y connoît auffi , privativement à tous autres Juges , de toutes caufes en matieres civiles & poffeffoires des Nobles, & de plufieurs autres matieres. *Voyez* l'Edit de Cremieu.

SENTENCE , eft un Jugement rendu par des Juges inférieurs fur le différend de deux ou plufieurs Particuliers. *Judicium appellatur Sententia , quia eò declarat , quid ftatuat fuper re propofita.*

Ce Jugement eft ou définitif, ou interlocutoire. *Voyez* Jugement.

Celui qui eft condamné par une Sentence, peut fe pourvoir contre par la voie d'appel, excepté ,

Iº. Quand les Sentences font rendues par les Préfidiaux , préfidialement & en dernier reffort. *Voyez* Sentence préfidiale.

IIᵉ. Quand celui contre qui la fentence a été rendue y a acquiefcé , à moins qu'il n'eût des caufes légitimes pour revenir contre fon acquiefcement, comme le dol , la force & la furprife de la part de la Partie adverfe ; auquel cas il faudroit qu'il fe fît reftituer contre fon acquiefcement.

IIIº. Lorfque l'appel n'a pas été interjetté dans le tems de l'Ordonnance , & que par ce moyen la fentence a paffé en force de chofe jugée.

L'appel valablement interjetté d'une fentence produit ordinairement deux effets , l'un dévolutif, & l'autre fufpenfif, comme nous avons dit , *verbo* Dévolutif.

SENTENCE PROVISIONNELLE ET EXECUTOIRE NONOBSTANT L'APPEL , eft celle qui , fur une raifon apparente d'équité , adjuge par provifion pendant l'inftruction à l'une des Parties quelque chofe ; comme celle qui eft donnée en répétition de dot ou de douaire, de dation de tutelle , de confection d'inventaire , d'interdiction de biens aux furieux ou aux prodigues , pour alimens ou médicamens , pour falaires des ferviteurs , reftitutions de fruits & autres femblables.

Les fentences provifionnelles font exécutées par provifion nonobftant l'appel qui en ce cas n'eft point fufpenfif. *Voyez* les articles 13. & 14. du titre 17. de l'Ordonnance de 1667.

Il y a un Arrêt du Parlement de Paris du 7. Décembre 1689. qui fait défenfes à tous Juges de reffort d'ordonner l'exécution provifoire de leurs fentences nonobftant l'appel , finon dans les cas portés par les Ordonnances , & qui veut à cet effet que lorfque l'on prononce l'exécution provifoire d'une fentence , la caufe & le motif y foient inférés.

Au refte , ce qui eft irréparable en définitive , ne fe peut exécuter par provifion.

SENTENCE DE RETENTION. *Voyez* Retention. *Voyez* Exception déclinatoire.

SENTENCE D'INTERDICTION. *Voyez* ci-deffus Interdit. Nous remarquerons feulement ici , que les Sentences d'interdiction doivent être publiées & rendues dans le Tribunal ou Chambre du Confeil , & qu'à Paris on les fait fignifier aux Syndics des Notaires qui ont foin de faire infcrire les noms des interdits fur un tableau qu'ils ont dans leurs Etudes , afin que les perfonnes qui contractent avec eux n'aient point d'excufe , ni d'autre recours que contre les Notaires qui ont reçu les actes fans les avertir.

SENTENCE PRESIDIALE,eft celle qui eft rendue en dernier reffort , c'eft-à-dire , fans appel , & au premier chef de l'Edit des Préfidiaux.

Ce premier chefporte que les Préfidiaux peuvent juger définitivement , par Jugement dernier & fans appel , jufqu'à la fomme de deux cens cinquante livres pour une fois payer , & jufqu'à dix livres de rente ou revenu annuel, & aux dépens , à quelque fomme qu'il puiffe monter. Sur quoi , *voyez* ce que j'ai dit ci-deffus *verbo* Préfidiaux.

Nous remarquerons feulement ici , que quand il y a une fentence préfidiale dont il y a appelinterjetté par celui qui a été condamné par lad. fentence. Il faut aller au Grand-Confeil, où la Partie qui a intérêt de foutenir la préfidialité, ainfi que la Partie qui a intérêt de faire recevoir & juger fon appel, obtiennentune commiffion en réglement de Juges entre le Préfidial & le Parlement.

L'effet de ce réglement de Juge eft , que fi le Grand-Confeil Juge que la fentence eft été rendue dans le cas de la préfidialité , il renvoie au Préfidial pour procéder en exécution d'icelle. Si au contraire il juge que la fentence n'a pas été rendue en dernier reffort , le Grand-Confeil renvoie au Parlement, pour procéder fur l'appel qui en a été interjetté.

Mais les Parlemens qui fçavent mefurer & ne point compromettre leur autorité , ne s'avifentpas de recevoir l'appel d'une fentence qualifiée préfidiale ; ils ordonnent que les Parties fe pourvoiront & leur indiquent par ce moyen la voie d'aller au Grand Confeil, & d'y prendre une Commiffion en réglement des Juges.

SENTENCE D'ORDRE, est un Jugement rendu par un Juge inférieur qui contient la suite selon laquelle un chacun des créanciers est mis pour être payé de sa dette sur les deniers provenans de la vente des biens immeubles de leur débiteur, suivant leurs droits, privileges & hypotheques.

L'art. 19. de l'Arrêt du Parlement du 10. Juillet 1665. porte, que tous Juges seront tenus dans les Sentences d'ordre de régler & liquider toutes les sommes pour lesquelles les créanciers opposans seront colloqués, tant en principal, qu'arrérages, dommages & intérêts, sans reserver d'en faire la liquidation par procès-verbal, ou autre Jugement ou mandement séparé, ni prendre aucun salaire particulier, outre les épices réglées, sur la Sentence d'ordre en la forme ci-dessus; en vertu de laquelle Sentence d'ordre seront les Receveurs des Consignations ou autres dépositaires, contraints de vuider leurs mains des deniers adjugés aux dénommés en icelle, nonobstant tous stiles & usages contraires, à peine de concussion, amende & répétition.

L'art. 20. du même Arrêt porte qu'aucuns Juges ne pourront assister aux distributions & numérations de deniers provenans des biens décrétés & licités ou déposés, qui seront payés par les Receveurs des Consignations ou Greffiers en leurs Bureaux; ni pour raison de ce prétendre aucune taxe, ou recevoir aucun salaire, encore qu'ils eussent été requis par les Parties d'y assister. Voyez Ordre des créanciers.

SENTENCE ARBITRALE, est celle qui est rendue par les Arbitres, en conséquence du pouvoir qui leur a été donné par écrit par les Parties.

Lorsque les Arbitres sont de différens avis, c'est le plus grand nombre des voix qui l'emporte; mais quand les arbitres sont partagés en opinions, ils peuvent convenir d'un sur-arbitre sans le consentement des Parties, comme il est dit en l'art. 11. de l'Ordonnance du Commerce, titre des Sociétés; & si les Arbitres ne conviennent d'un sur-arbitre, le Juge en doit nommer un.

Le Jugement des arbitres est exécutoire nonobstant opposition ou appellation quelconque, & sans préjudice d'icelles, soit que les parties eussent stipulé une peine ou non dans les compromis contre le contrevenant.

Mais il est permis aux Parties de se pourvoir par appel contre le Jugement des Arbitres pardevant les Cours Souveraines, & non pardevant les Juges subalternes.

Nonobstant l'appel interjetté d'une Sentence arbitrale, elle peut donc être mise à exécution selon sa forme & teneur; & cela par l'autorité du Juge royal.

Les Juges subalternes ou des Seigneurs ne peuvent donc pas mettre à exécution une Sentence arbitrale, parce que les appellations des Sentences arbitrales vont directement aux Cours souveraines, pardevant lesquelles ces appellations ne seroient pas reçues, si les Jugemens des Arbitres étoient confirmés & rendus exécutoires par des Juges subalternes.

Les Parties ne peuvent pas convenir dans le compromis, qu'il ne leur sera pas permis d'appeller de la Sentence qui sera rendue par les Arbitres qu'elles ont nommés. La raison est, qu'elles ne peuvent pas par leur consentement donner au Jugement des Arbitres, plus d'autorité que celle qui lui est donnée par les Ordonnances. Or par l'Ordonnance de François I. de l'an 1560. les Jugemens des Arbitres n'ont force ne de Sentence, dont il peut être interjetté appel aux Cours souveraines.

Quoique réguliérement un chacun puisse renoncer à son droit, néanmoins cela se doit entendre, pourvû que ce soit sans préjudicier au droit d'un tiers. Or si une telle convention des Parties étoit valable, elle porteroit préjudice aux Cours souveraines, en ce qu'elle donneroit la même force aux Jugemens des Arbitres qu'aux Arrêts.

Mais pour empêcher que celui qui perdra son procès par le Jugement des Arbitres, n'en puisse interjetter appel, les Parties peuvent apposer une peine pécuniaire, même très-forte, qui sera encourue de plein droit contre celui qui appellera du Jugement des Arbitres. Cette peine est toujours dûe par celui qui a interjetté appel du Jugement, dès l'instant qu'il a interjetté, sans qu'il soit récevable à renoncer à son appel; & si plusieurs ont appellé, la peine est dûe in solidum à ceux qui ont acquiescé à la Sentence.

Il est si vrai que la peine est dûe ipso jure, dès l'instant que l'appel est interjetté, que l'appellant ne peut point être admis à poursuivre son appel, avant que d'avoir payé la peine, & que toute Audience lui est déniée, jusqu'à ce qu'il ait entiérement satisfait.

Cependant un mineur pour lequel un tuteur auroit compromis avec une peine contre le contrevenant, ne seroit pas obligé de payer la peine, parce que celui qui ne peut pas aliéner, ne peut pas compromettre; mais le Jugement ne laisseroit pas d'avoir l'autorité d'une Sentence dont l'appel seroit porté au Parlement.

Mais si un tuteur avoit compromis tant en son nom qu'en qualité de tuteur, pour un intérêt commun, il seroit obligé de payer la moitié de la peine pour lui, à moins qu'il n'y eût obligation solidaire de payer toute la peine.

Si le tuteur & le pupille avoient des intérêts différens à discuter avec un autre; en ce cas si le tuteur appelloit tant en son nom qu'en qualité de tuteur, il devroit la peine entiere pour lui: au lieu que quand l'intérêt est commun, la peine doit être partagée; en sorte qu'il n'est dû alors qu'une seule peine. La raison est, qu'il n'est pas juste que celui qui compromet avec plusieurs, ayant un intérêt commun, apposant une peine au compromis, puisse avoir autant de peines qu'il y a de personnes avec lesquelles il a compris.

On ne peut apposer pour peine dans un compromis, que celui qui appellera du Jugement des Arbitres, perdra tous les droits qu'il peut prétendre dans la chose dont il s'agit. Une telle clause ôteroit aux Parties la faculté de pouvoir appeller du Jugement des Arbitres.

Il y a des cas esquels on peut appeller d'une Sentence arbitrale, sans être obligé de payer la peine apposée dans le compromis; sçavoir quand il y a quelque nullité dans le compromis, ou dans la Sentence qui eſt intervenue en conſéquence, comme dans les cas ſuivans.

Le premier eſt, quand tous les Arbitres dont les Parties ſont convenues ne ſe ſont pas trouvés au Jugement. Mais au contraire le Jugement ſeroit valable, ſi tous les Arbitres s'étant trouvés, un d'eux avoit refuſé de dire ſon avis ; & le Jugement rendu ne ſeroit pas moins valable quoiqu'il eût refuſé de le ſigner.

Le deuxieme eſt, lorſque les Arbitres n'ont pas jugé tous les chefs du procès, lorſqu'ils ont été en pouvoir de le faire, ou quand ils ont jugé plus qu'il n'étoit porté par le compromis.

Le troiſieme eſt, quand les Arbitres ont rendu une Sentence après l'expiration du tems convenu par les Parties pour la déciſion de leur différend ; à moins que le tems n'eût été prorogé par les Parties pardevant Notaires, ou ſous ſignature privée ; car lorſque le tems défini par le compromis eſt paſſé, les Parties ne ſont pas obligées de le proroger, & l'Arbitre n'a plus de pouvoir, parce qu'il étoit limité dans un certain tems.

Il y a encore un cas où l'on peut appeller d'une Sentence arbitrale, ſans être tenu de payer la peine appoſée au compromis ; ſçavoir, lorſque l'appel eſt interjetté de la Sentence rendue par le Juge pour l'exécution de la Sentence arbitrale ; comme il a été jugé par Arrêt du 12. Août 1607. rapporté par Mornac ſur la Loi 29. ff. de recept.

Au reſte, quoique la peine appoſée aux compromis ſoit dûe, ſuivant la convention des Parties, par celui qui interjette appel d'une Sentence arbitrale cette peine eſt néanmoins ſouvent regardée comme comminatoire ; en ſorte que quand on ſoutient la Partie appellante non-recevable dans ſon appel, faute d'avoir ſatisfait à la peine portée au compromis, on a coutume de joindre cet incident au fonds, & rarement adjuge-t-on la peine ſtipulée, quoique par l'événement la Sentence arbitrale ſoit confirmée.

Les Arbitres, de même que les Juges, doivent rendre leurs Jugemens ſelon les formalités & procédures ordinaires, & ſelon ce qui eſt produit pardevant eux ; car pardevant un Arbitre on inſtruit un procès de même que pardevant le Juge, quand c'eſt une affaire qui mérite que les Parties produiſent, contrediſent & juſtifient par actes & titres leurs prétentions.

Néanmoins quand il eſt queſtion de conteſtation entre Marchands, les Arbitres peuvent juger ſur les pieces & mémoires qui leur ſont remis, ſans aucune préſence de Juſtice, nonobſtant l'abſence de quelques-unes des Parties, ſuivant l'Edit du Commerce, titre des ſociétés, art. 12.

L'Arbitre prononce ſa Sentence par écrit, de même que le Juge, ſur le vû de toutes les pieces produites par les Parties ; & quand la queſtion le requiert, il rend des Sentences interlocutoires, pour faire preuve, produire témoins pardevant lui, & les entendre.

L'Arbitre doit, ainſi que le Juge, condamner aux dépens celui qui ſuccombe au principal, ſui-

vant l'Ordonnance de 1667. titre des dépens, article 2. ſi ce n'eſt qu'il y ait eu dans le compromis une clauſe expreſſe portant pouvoir de les remettre, modérer & liquider, ou qu'il ne s'agit d'une cauſe où il y eût lieu de compenſer les dépens, ainſi que les Juges ont coutume de faire dans certains genres de cauſes ; comme nous avons dit ci-deſſus lett. D, en parlant des Dépens.

Néanmoins ſi l'Arbitre avoit omis de condamner aux dépens dans le cas où il l'auroit dû faire, ſa Sentence ne ſeroit pas nulle pour cela ; mais celui au profit de qui elle auroit été rendue, ſeroit en droit de ſe pourvoir pardevant le Juge ordinaire, à l'effet d'en faire prononcer la condamnation, ſuivant la diſpoſition de l'Ordonnance.

Quoique, ſuivant ce que nous venons de dire, les Juges & les Arbitres conviennent en pluſieurs choſes, il y a néanmoins entr'eux quelques différences conſidérables. I°. Les arbitres ne peuvent contraindre les témoins de venir dépoſer pardevant eux. II°. Les arbitres ne peuvent faire mettre à exécution les Jugemens qu'ils rendent, parce qu'ils n'ont point de Juriſdiction. Il faut que celui au profit de qui la Sentence arbitrale, a été rendue, la faſſe homologuer par le Juge ordinaire du lieu, & que ſous l'autorité du ſcel de la Juſtice, il la faſſe mettre à exécution ſelon les voies ordinaires ; ſçavoir, par ſaiſie & exécution des meubles du condamné, & par la ſaiſie réelle de ſes immeubles.

Toutefois la Coutume de Bretagne, en l'article 18. excepte un cas auquel un Arbitre peut mettre ſa Sentence à exécution, qui eſt quand les choſes contentieuſes ſont entre ſes mains ; auquel cas il peut les délivrer à celui qui aura obtenu gain de cauſe, & ainſi mettre ſon Jugement à exécution.

L'Edit du commerce au titre des Sociétés, article 3. porte que les Sentences arbitrales entre aſſociés pour négoce, marchandiſes ou banques, ſeront homologuées en la Juriſdiction conſulaire, s'il y en a, ſinon ès Siéges ordinaires royaux, ou ès Juſtices des Seigneurs.

Pluſieurs raiſons obligent de faire homologuer en Juſtice les Sentences arbitrales.

La premiere eſt, afin que le Jugement de l'Arbitre ait l'autorité d'un Jugement judiciaire ; autrement il ne l'auroit pas, par la raiſon qu'il n'eſt pas rendu par une perſonne publique, qui ait le pouvoir de décider des différens des Particuliers ; de ſorte qu'il ne pourroit pas être mis à exécution au cas que la Partie qui eſt condamnée par un tel Jugement, n'y voulût pas ſatisfaire. Sur quoi il faut remarquer que les Sentences des Arbitres étant homologuées, ſont exécutoires nonobſtant oppoſitions ou appellations quelconques, tant pour le principal que pour les dépens, ſuivant l'Ordonnance de 1560.

La deuxieme eſt, afin que le Jugement de l'Arbitre en porte hypotheque ſur les biens du condamné ; parce que l'hypotheque ne peut être conſtituée que par un acte public, comme nous avons dit, verbo Hypotheque.

Avant que de faire homologuer une Sentence

arbitrale , il faut que les Arbitres l'aient prononcée aux Parties ; car quoique par l'Article 7. du titre 26. de l'Ordonnance de 1667. la formalité des prononciations des Arrêts & Jugemens ait été abrogée , néanmoins pour la validité d'une Sentence arbitrale , elle doit être non seulement datée , mais prononcée dans le tems du compromis , sinon elle est nulle , parce que c'est la prononciation qui en assure la date , & non pas la date qui y est donnée par les Arbitres ; comme il a été jugé par Arrêt de la Grand'Chambre le 18. Juin 1698. & par un autre Arrêt rendu aussi en la Grand'Chambre , au rapport de M. l'Abbé Pucelle , le 20. Février 1713.

Après que la Sentence des Arbitres a été par eux prononcée , elle doit être mise dans les vingt-quatre heures entre les mains d'un Notaire choisi par les Arbitres , lequel peut seul en délivrer les expéditions en papier à chacune des Parties requérantes , suivant l'Edit du mois de Mars 1679. Voyez Dépôt de Sentence arbitrale.

Celui à qui la Sentence arbitrale donne gain de cause , en ayant levé une expédition , en poursuit l'homologation par une demande judiciaire qu'il forme pardevant le Juge ordinaire des lieux ; lequel en connoissance de cause homologue la Sentence arbitrale , & en conséquence en ordonne l'exécution.

Cette homologation donne droit à celui au profit de qui la Sentence arbitrale a été rendue , de la faire mettre à exécution , nonobstant oppositions ou appellations quelconques , mais sans y préjudicier.

Quand il se trouve quelque difficulté pour l'interprétation d'une Sentence arbitrale , les Parties , sans en interjetter appel , peuvent s'adresser à l'Arbitre pour en faire l'interprétation ; & s'il étoit décédé , ce seroit pardevant le Juge ordinaire qu'il faudroit qu'elles se pourvussent pour cela.

Il ne faut pas confondre les Sentences arbitrales rendues en vertu d'un compromis , avec les avis que rendent les Avocats en conséquence des renvois qui leur sont faits par la Cour.

Comme les Parties ne peuvent donner ni communiquer aux Arbitres un plus grand pouvoir que de rendre une Sentence arbitrale , elles ne peuvent en empêcher l'appel ; elles peuvent seulement stipuler une peine payable par celle des Parties qui en appellera.

Mais la Cour semble , par les Arrêts de renvoi , communiquer son pouvoir aux Avocats qu'elle nomme , pour juger les contestations des Parties ; ainsi leur avis est reçu par appointement , & n'est point sujet à l'appel.

Si cela étoit autrement , la Cour nommant des Avocats par son autorité pour tirer les Parties d'affaire , ce renvoi , au lieu de faire du bien aux Parties , leur seroit très-préjudiciable , si les Arbitres ne pouvoient rendre qu'une Sentence arbitrale dont il fût permis d'interjetter appel. La raison est , que ce seroit un nouveau dégré de Jurisdiction par lequel elles seroient obligées de passer.

Voici comment se fait en Parlement la reception de cet avis. Celui au profit de qui il est rendu ,

donne à l'Avocat des qualités , au bas desquelles l'Avocat redige son avis , que l'on signifie avec sommation de signer l'appointement , sinon qu'on en poursuivra la reception à l'Audience en la maniere accoutumée ; & sur le vû de la sommation & de l'avis signé par l'Avocat , le Greffier expédie l'Arrêt.

La Partie dont le Procureur n'a point signé l'appointement , ne peut point former l'opposition à cet Arrêt ; & quand cela arrive , elle en est déboutée avec dépens : car , comme nous l'avons dit , quand la Cour a renvoyé une affaire pour être jugée par l'avis d'Avocats , elle adopte leur décision , & la regarde comme si elle l'avoit prononcée elle-même.

SENTENCE PASSÉE EN FORCE DE CHOSE JUGÉE , est celle dont on ne peut point interjetter appel. Telle est une Sentence rendue en dernier ressort , dont nous venons de parler , verbo Sentence présidiale. Telle est aussi une Sentence dont l'appel n'est pas recevable , parce que les Parties y ont formellement acquiescé , ou tacitement , pour n'en avoir pas interjetté appel dans le tems prescrit , ou pour avoir laissé périr l'appel qui en avoit été interjetté , suivant l'art. 5. du tit. 27. de l'Ordonnance de 1667.

Il y a donc une grande différence entre ce que nous apellons Sentence , & ce que nous appellons chose jugée : *Differunt enim tanquam causa & effectus.*

La Sentence est la cause , & la chose jugée est l'effet de la Sentence. En effet , la Sentence définitive est la prononciation & la décision du différend qui est entre les Parties , faite par le Juge selon les formalités requises ; au lieu que la chose jugée est celle qui est décidée par un Jugement rendu en dernier ressort , ou dont l'appel n'est pas recevable , pour les causes que nous venons de déduire.

Sententia non transit in rem judicatam , quandiu ab ea potest appellari ; sed elapso appellandi tempore , Sententia lata secundum leges vim habet rei judicatæ , ita ut ab ea non possit amplius appellari : proindè controversiæ finem imponit , jamque res sit judicata quæ executioni mandari possit , illiusque executio nullatenus possit impediri , ne quidem sub instrumentorum de novo repertorum pretextu. Voyez Chose jugée.

SENTENCE RENDUE EN JURISDICTION ECCLÉSIASTIQUE , PASSE EN FORCE DE CHOSE JUGÉE , QUAND ELLE EST CONFORME A DEUX AUTRES QUI L'ONT PRECEDÉE ; car alors on ne peut plus interjetter appel de la troisieme Sentence. *Enim verò his tantum Jure canonico in qualibet causa appellare licet ; ad eo ut trino Judicio superatus appellare amplius non possit.* Cap. 65. extra de Sententia & re judicata. Voyez le Dictionnaire de Trévoux.

SENTENCES QUI NE PASSENT POINT EN FORCE DE CHOSE JUGÉE , sont celles qui sont rendues contre les Loix , comme nous l'avons dit lettre J , en parlant du Jugement qui est rendu contre les loix.

Les Sentences rendues par les Juges d'Eglise *in causa matrimonii* , ne passent aussi jamais en force de chose jugée , soit qu'elles déclarent valable un mariage qui est nul , soit qu'elles prononcent la nullité d'un mariage qui est valablement contracté , comme dans l'espece du chapitre 7. *extra de Sen-*

tentia & re judicata ; & dans ce dernier cas , dès que l'Eglife reconnoît qu'elle a été trompée fur les faits qui lui ont donné lieu d'ordonner aux Parties de fe feparer , elle leur enjoint de fe réunir. *Dicto capitulo 7. extra de Sententia & re judicata.*

Dans les autres caufes , celui qui n'interjette pas appel d'une Sentence dans le tems porté par la loi , eft cenfé acquiefcer ladite Sentence , & renoncer au droit d'en appeller , ce qui fait qu'elle paffe en force de chofe jugée ; mais le confentement d'une Partie & fa renonciation expreffe ou tacite au droit d'appeller ne peut pas rendre valable un mariage qui eft nul pour raifon de quelque empêchement dirimant , ni faire qu'un mariage légitimement contracté foit diffous , & les conjoints féparés ; *quoad vinculum matrimonii* , contre l'ordre de Dieu , qui veut que le mariage foit indiffoluble , *quod Deus conjunxit , homo non feparet* ; parce qu'un tel Jugement entretiendroit les Parties dans le péché , ou en feparant les conjoints légitimément unis , ou en joignant ceux qui ne pourroient l'être.

SENTIER. Ce terme qui eft en l'article 194. de la Coutume de Senlis , fignifie un petit chemin de quatre pieds de largeur , dans lequel on ne doit point mener de charrête. *Voyez* Beaumanoir , ch. 15. au commencement ; & M. Salvaing en fon Traité de l'ufage des Fiefs , chap. 38.

SEPARATION , eft un Jugement rendu par le Juge féculier , par lequel il fépare d'habitation & de biens la femme d'avec fon mari , ou des biens feulement.

Il y en a donc de deux fortes ; fçavoir , la féparation de biens & d'habitation , & la féparation de biens feulement.

La premiere peut fe demander par le mari ou par la femme. Quand c'eft la femme qui la demande elle peut accepter ou renoncer à la communauté ; & en cas qu'elle l'accepte , elle doit demander que partage en foit fait , d'autant que cette communauté eft réfolue pour l'avenir , au moyen de la féparation.

La feconde ne fe peut demander que par la femme , pour caufe de mauvais ménage provenant de la diffipation de fon mari : c'eft pourquoi il faut que la femme qui la demande renonce à la communauté ; autrement l'acceptation qu'elle en feroit feroit une preuve qui détruiroit la raifon de diffipation de fon mari fur laquelle fa demande en féparation doit être fondée.

Cependant le défaut de renonciation à la communauté des biens , ne feroit pas un moyen de nullité dans une Sentence de féparation que la femme auroit obtenue contre fon mari : mais dans l'exécution de cette Sentence , la femme qui n'a pas renoncé demeure commune , & perd tout ce qu'elle a apporté dans la communauté. *Voyez* un Acte de notoriété de M. le Lieutenant civil le Camus , en date du 16. Juillet 1707.

Le Juge d'Eglife n'eft point compétent de connoître d'une demande en féparation entre mari & femme , l'on ne peut fe pourvoir pour un tel fujet , que pardevant le Juge Laïc. *Voyez* Soefve , tome 1. cent. 2. chap. 82.

Une femme qui veut fe faire féparer d'habitation & de biens , ou même de biens feulement , doit fe faire en pays coutumier autorifer par Juftice.

Quand elle pourfuit la féparation d'habitation pour mauvais traitement , & qu'elle paroît bien fondée , le Juge ordonne par provifion , qu'elle fe retirera dans la maifon de quelqu'une de fes parentes , avec défenfe au mari de la maltraiter.

Pendant le procès pour les févices , la Cour adjuge à la femme des provifions & penfions fur le mari , lefquelles , faute de payement , fe prennent fur les biens de la communauté , ou fur les propres du mari par faifie.

Quand il y a des créanciers , il eft à propos de les faire fommer , qu'ils aient à affifter à l'inftance de féparation , afin qu'ils ne la puiffent débatre de collufion entre le mari & la femme.

La Sentence de féparation fait regarder la femme féparée , comme une perfonne émancipée ; de maniere qu'elle peut , fans l'autorifation de fon mari , s'obliger jufqu'à concurrence de fes meubles & du revenu de fes immeubles , efter en Jugement fans le confentement de fon mari , & fans être autorifée par Juftice , pourvû toutefois que la féparation foit faite en Juftice , & non par tranfaction particuliere.

Voyez un acte de notoriété de M. le Camus du 8. Mai 1603. pag. 178. & fuiv. *Voyez* auffi ce que j'ai dit ci-deffus *verbo* Femme féparée.

Il faut de plus que la féparation foit exécutée. Ce qui a fait naître plufieurs difficultés pour fçavoir ce qu'il faut faire , pour qu'une Sentence de féparation foit cenfée exécutée , de maniere qu'on ne la préfume pas frauduleufe.

La maniere la plus ordinaire eft de faire , en cas de féparation de biens feulement , un procès-verbal de vente des meubles du mari. *Voyez* ce que j'ai dit fur l'art. 224. de la Coutume de Paris.

Mais comme il fe trouve fouvent que les meubles ont été faifis par les créanciers , alors une reftitution des propres faite par le mari à fa femme , ou quelqu'autre acte , fuffit pour juftifier qu'il n'y a point de fraude , comme une faifie réelle , ou autres actes forcés.

La féparation non exécutée eft nulle , même entre le furvivant des conjoints & leurs héritiers & ayans caufe ; comme il a été jugé par un Arrêt du Parlement de Paris rendu à la Grand'Chambre le 30. Mai 1712. au rapport de M. Mengui.

Au refte , un mari ne perd jamais l'autorité qu'il a fur la conduite & fur les mœurs de fa femme : ainfi , quelque féparation qui ait été prononcée en Juftice , fi la femme fe comportoit mal , le mari pourroit la pourfuivre en Juftice pour crime d'adultére.

SEPARATION DE CORPS ET D'HABITATION , eft un Jugement qui ordonne que les conjoints par mariage feront féparés d'habitation & de biens , en conféquence des mauvais traitemens faits par le mari à fa femme , ou de fes débauches ; de forte que la femme ne demeurera plus avec fon mari ; & que le mari reftituera les biens qui appartiennent à fa femme , & lui donnera la part qui lui appartient en la communauté , à moins qu'elle n'y renonce.

On ne sépare ceux que la dissention éloigne de cet esprit de paix qui entretient la société conjugale , que pour empêcher de plus grands désordres & non pas pour permettre aux conjoints de passer à d'autres nôces , jusqu'à ce que l'un d'eux soit décédé ; parce qu'un mariage légitimement contracté est indissoluble.

Ainsi nous n'admettons point , suivant le Droit Canonique , de divorce *quoad fœdus & vinculum* ; mais nous admettons le divorce *quoad thorum & habitationem* ; c'est-à-dire , une séparation d'habitation & de biens , laquelle est plus souvent demandée par la femme que par le mari.

Mais pour que cette séparation soit accordée à celui des conjoints qui la demande , il faut qu'il justifie pleinement qu'il est contraint de le faire par de très-fortes raisons. Ainsi les altercations entre maris & femmes , ne sont à cet égard jamais regardées que comme des accidens inséparables de la condition humaine : c'est aussi pourquoi on ne sauroit trop fermer les yeux sur les petits accidens qui troublent la paix domestique. En effet, comme le mariage est le plus solide appui de la société civile , on ne peut trop écarter tout ce qui tend à séparer ceux qui sont unis par ce lien sacré.

Il faut donc, au lieu de rendre les divorces aisés, y apporter tous les obstacles qu'on peut y opposer. Aussi nos Législateurs persuadés qu'entre les femmes , toutes celles qu'un heureux naturel & une raison éclairée ne conduisent pas , ou sur qui la Religion n'a pas pris un empire absolu , ne respirent que l'indépendance, ont-ils songé à les retenir. Ils ont compris que les femmes de ce caractere ne se mettent sous le joug d'un mari, que pour sécouer celui du pere & de la mere ; & qu'ensuite elles ne cherchent à rompre le joug du mari, que pour se livrer plus librement aux plaisirs. Ils ont considéré qu'en rendant les routes de la séparation de corps & de biens presque impraticables , les femmes qui ne trouveroient pas dans la Religion & dans la raison des motifs suffisans pour s'acquitter de leur devoir , ne laisseroient pas de mettre toutes choses en usage pour bien vivre avec leurs maris, voyant la difficulté qu'il y auroit à s'en séparer.

Il y a plusieurs causes pour lesquelles une femme peut demander une telle séparation.

La première , est les sévices & mauvais traitemens du mari envers sa femme ; mais il faut qu'ils soient considérables & souvent réiterés : & comme dit le chap. 13. *extra de restitutione spoliatorum , si tanta sit viri sævitia , ut mulieri trepidanti non possit sufficiens securitas provideri , non solum non debet restitui , sed ab eo potius removeri.*

Ainsi les ménaces faites le mari à sa femme , ne sont pas causes suffisantes pour qu'elle puisse demander la séparation de corps & de biens ; comme il a été jugé par Arrêt du 12. Juin 1655. rapporté par Boniface, tom. 1. liv. 5. tit. 8. Cependant les menaces graves & accompagnées d'injures attroces envers une personne d'une condition élevée pourroient toucher les Juges , & donner lieu à la séparation ; parce qu'alors entre les personnes

de qualité , les injures sont aussi sensibles que les sévices , & les mauvais traitemens entre gens ordinaires.

La deuxieme est , si le mari est convaincu d'avoir attenté à la vie de sa femme.

La troisieme est , si le mari a donné plusieurs fois la vérole à sa femme , & qu'il continue de vivre dans la débauche. *Voyez* M. le Prêtre cent. 1. ch. 100. & Soefvé , tome 2. cent. 3. chap. 75.

La quatrieme est , si le mari accuse sa femme d'adultere , & qu'il y succombe ; ou si le mari a fait des plaintes & enquêtes sur faits graves contre sa femme , sans le convaincre ; comme il a été jugé le premier Février 1717. par Arrêt rendu en la Grand'-Chambre , au rapport de M. Ferrand.

La cinquieme est , la folie , & la fureur qui donnent lieu d'appréhender que le mari n'attentât à la vie de sa femme. A l'égard de l'épilesie , ou mal caduc , la question s'étant présentée , sçavoir si c'étoit une cause de séparation , l'affaire fut appointée au Parlement de Paris par Arrêt du 22. Mai 1663. rapporté dans le Journal des Audiences.

La sixieme est , si le mari a conçu contre sa femme une haine capitale.

Un mari peut aussi demander la séparation de corps & de biens contre sa femme , si elle a attenté à sa vie ou à son honneur ; si elle l'a impliqué dans une accusation capitale ; si par intrigues & menées , elle l'a fait soupçonner de conjuration ; si elle a commis adultere. Mais il faut que le mari qui intente la demande en séparation contre sa femme pour quelqu'une de ces causes , puisse la convaincre d'en être coupable.

Pour ce qui concerne le cas où une femme auroit été à la poursuite de son mari, convaincue du crime d'adultere. *Voyez* ce que j'en ai dit ci-dessus *verbo* Adultere.

L'honneur du mariage exige que la demande en séparation de corps & de biens ne se poursuive que civilement , & non par la voie extraordinaire. Bardet , tom. 2. liv. 5. chap. 7. rapporte un Arrêt du 21. Février 1636. qui l'a jugé ainsi.

Il faut néanmoins excepter , s'il s'agissoit d'une accusation capitale , comme si l'un des conjoints avoit voulu faire assassiner l'autre ; en ce cas la séparation pourroit être poursuivie extraordinairement.

Comme la séparation d'habitation demandée par la femme n'est fondée que sur des mauvais traitemens articulés par la femme , on ordonne une information ou une enquête respective ; parce que cette séparation dépend absolument de la déposition des témoins.

Quand les Juges ne se déterminent pas sur la demande en séparation d'habitation , avant qu'ils prononcent définitivement , ils ordonnent que la femme se retirera pendant un an , plus ou moins , dans un Couvent que le mari doit lui indiquer , dans lequel il est tenu de lui fournir les meubles & hardes nécessaires suivant son état , & de payer sa pension ; à lui cependant permis de la voir quand bon lui semblera.

Ce

Ce fage tempérament eft pour empêcher que la femme ne paffe pas fubitement de l'Audience en la maifon de fon mari, où les efprits ne manqueroient pas de s'irriter, & afin que cette retraite puiffe les réunir.

Lorfqu'une femme fe fait féparer de fon mari pour févices, il ne peut pas l'obliger à retourner avec lui, quelques efforts qu'il faffe de la traiter maritalement. Ainfi jugé par Arrêt du 18. Juin 1673. rapporté par Boniface, tom. 4. liv. 5. tit. 13. ch. 2.

La féparation de corps & d'habitation empêche la fucceffion d'entre les conjoints en cas de deshérence; parce que l'objet qu'on a eu en établiffant la fucceffion réciproque entre conjoints, appellée *unde vir & uxor*, a été d'honorer en la perfonne du furvivant le fouvenir d'un mariage bien concordant & d'accomplir en cela la volonté du défunt qui eft préfumé avoir voulu préférer fon conjoint au fifc. *Voyez* M. le Brun en fon traité des Succeffions, liv. 1. chap. 7. nomb. 19.

L'effet de la féparation d'habitation emporte toujours la féparation de biens, quoiqu'il n'y ait point de diffipation, & que la communauté foit opulente; parce qu'il n'eft pas jufte que le mari jouiffe des biens de fa femme, lorfqu'il ne la traite pas maritalement. Aux termes des Edit & Déclaration du Roi des mois de Décembre 1703. & 19. Juillet 1704. les féparations de corps & de biens doivent être infinuées.

Lorfque le mari & la femme qui ont été féparés de corps & de biens, fe remettent enfemble en communauté, l'effet de la féparation ceffe: ainfi par la reconciliation les chofes font rétablies dans l'état auquel elles étoient auparavant. *Voyez* ce que j'ai dit à ce fujet fur l'article 224. de la coutume de Paris, glofe 2. nomb. 41. & fuiv.

SEPARATION DE BIENS, eft un Jugement qui diffout la fociété & communauté de biens entre les conjoints par mariages, pour la mauvaife conduite du mari dans l'adminiftration de fes biens & de ceux de fa femme, & qui ordonne au mari de reftituer à fa femme les biens qu'elle lui a apportés en mariage pour en avoir l'adminiftration.

Les caufes de cette féparation font, ou la prodigalité du mari, ou fon incapacité d'adminiftrer fes biens; en forte qu'il les perde & les diffipe y ayant fujet de craindre qu'il ne diffipe auffi ceux de fa femme.

La caufe ordinaire de cette féparation eft la diffipation & le mauvais ménage du mari. *Si maritus vergat ad inopiam, matrimonio conftante, mulier fibi profpicere poteft dotem repetendo, fi evidentiffime appareat mariti facultates ad dotis exactionem non fufficere: quod dignofcitur quando neque tempus neque finem impenfarum habet, & annuatim impendit plufquam habet ex reditu. Leg. 24. ff. folut. matrim. Leg. 29. cod. de jure dot. Leg. 1. cod. de curat. furiof.*

Cette féparation doit être exécutée par la renonciation à la communauté & vente des meubles du mari, ou par inventaire & partage fait d'icelle entre le mari & la femme.

Tome II.

Cette féparation ne donne à la femme que l'adminiftration & la jouiffance de fes revenus, comme nous avons dit ci-deffus, *verbo* Femme féparée.

En pays de droit écrit, une femme féparée des biens par la faillite de fon mari, jouit de fon augment de dot en baillant caution, quoique la propriété ne lui en appartienne qu'en cas de furvie à fon mari; comme il a été jugé par Arrêt du 18. Juillet 1656. rapporté dans le Journal des Audiences. *V.* Henrys, tom. 2. liv. 4. queft. 1.

Plufieurs conditions font requifes pour la validité de cette féparation, attendu qu'elle donne atteinte à un contrat de mariage public & folemnel.

La première, qu'elle foit faite par autorité publique, c'eft-à-dire, qu'elle foit prononcée par le Juge. D'où il réfulte que la féparation ne peut pas être faite du confentement mutuel des deux conjoints, par un acte particulier de tranfaction ou autre; car il feroit nul de plein droit.

La deuxieme qu'elle ne foit prononcée qu'avec connoiffance de caufe, après enquête du mauvais ménage du mari, à moins que la diffipation ne fut notoire: d'où il s'enfuit qu'elle ne peut être faite par une Sentence du confentement des Parties, fans fujet ni connoiffance de caufe.

Enfin pour que la Sentence de féparation ait lieu, il faut néceffairement qu'elle foit réellement exécutée par une renonciation de la femme à la communauté, ou par un inventaire & partage des biens d'icelles. Quand la féparation auroit été faite dans toutes les formes, fi elle n'eft point réellement exécutée, il n'y a point de féparation.

Ainfi lorfque la Sentence de féparation eft demeurée fans exécution, la femme ou fes héritiers peuvent, s'ils le veulent, demander part en la communauté.

Brodeau tient que les créanciers pourroient toujours prétendre auffi la nullité de la féparation, fur le fondement qu'elle n'auroit pas été réellement exécutée.

La féparation des biens entre mari & femme eft valable, quoique la Sentence de féparation ne foit pas publiée en Jugement, fi ce n'eft en coutume qui l'ordonne; ou entre Marchands & Négocians pour l'intérêt du commerce, & empêcher que des créanciers de bonne foi ne foient trompés par une féparation qui ne leur auroit pas été connue.

Dans la Coutume de Paris, il fuffit que la femme fe faffe autorifer par le Juge pour affigner fon mari qu'elle obtienne dans les délais fa féparation fur les enquêtes ou autres titres qui prouvent la diffipation de fon mari, comme les faifies & exécutions, faifies réelles, & autres preuves littérales & teftimoniales, & qu'après que la féparation a été prononcée, elle foit exécutée fans fraude.

Dans celle de Ponthieu, les affignations fe donnent au mari & aux créanciers par un cri public; & après avoir communiqué au Procureur du Roi, fe rend la Sentence de féparation qui s'affiche & fe publie.

Dans la Coutume de Normandie il faut de Lettres de Chancellerie, & plufieurs autres formalités;

de maniere que la validité de la procédure dépend de l'usage de la Jurisdiction où elle se fait.

Mais il est certain que celle d'un Siege ne regle pas les autres ; & revenant au même principe, l'on peut dire que les Jugemens ne peuvent pas être blâmés, pourvû qu'il n'y ait rien contre les Ordonnances qui produisent une nullité dans la procédure, & qu'on ait observé les formalités ordinaires du Siege où ils sont rendus.

L'usage du Parlement de Dijon est singulier à l'égard d'une femme qui a demandé & obtenu en Justice la séparation de biens, fondée sur la dissipation de son mari ; en ce que du vivant de son mari elle ne peut obtenir de provision, préciput, ni autres droits, & perd non-seulement ses bagues & joyaux, mais encore tous les avantages à elle faits par son mari ; elle ne prend pas la même portion de sa dot qui a entré en communauté, appellée à Dijon la Communion.

La raison de cet usage est, qu'il est impossible de traiter ces sortes de demandes sans aigreur & sans blesser la réputation d'un mari, qui souvent par trop de complaisance pour sa femme, ne menage pas comme il devroit le bien de la communauté & le sien propre.

La demande en séparation de biens ne peut être demandée par le mari, parce qu'étant le maître de la communauté, quelque dissipation que fasse sa femme, c'est à lui-même qu'il doit s'en prendre, & c'est sa propre faute s'il n'y met pas ordre.

Il y a cependant un cas où l'on doit permettre au mari de demander la séparation des biens ; c'est quand les affaires de sa femme sont si intriguées, que l'application & la fortune du mari n'y peuvent pas suffire. Il y a un Arrêt du 27. Février 1602. rendu en faveur d'un mari, sur ce que sa femme avoit cent quatorze procès indécis. Peleus rapporte cet Arrêt liv. 5. des Actions forenses, action 28.

La femme séparée de biens est tenue de nourrir son mari, lorsqu'il a perdu son bien par malheur, & non pas par ses dissipations par sa faute. Voyez Brodeau sur Louet, Lettre C, sommaire 26. Coquille en sa question 2. vers le milieu.

Quand après une simple séparation de biens pour le mauvais ménage du mari, la femme lui laisse l'administration de ses biens, comme étant devenu meilleur ménager, la séparation n'est pas pour cela seul anéantie, à moins que le mari n'eût fait après des acquisitions en son nom & au nom de sa femme, & qu'ils eussent fait d'autres actes par lesquels il parût que la femme a bien voulu se départir de l'avantage de la séparation, & le mari remettra sa femme dans la communauté, de laquelle elle auroit été exclue par la Sentence de séparation. Voyez ce que j'ai dit sur l'article 224. de la coutume de Paris, glose 1. nomb. 41.

SEPARATION DE BIENS D'UNE SUCCESSION, est un Jugement qui ordonne que les biens de l'héritier seront séparés des biens du défunt.

Cette séparation a lieu quand les Créanciers d'un débiteur décédé appréhendent que les biens du défunt leur débiteur, & ceux de son héritier, ne

soient pas suffisans pour les satisfaire & payer les créanciers de l'héritier ; en ce cas, ayant droit spécial sur les biens du défunt, ils peuvent demander au Juge que lesdits biens soient séparés de ceux de l'héritier pour être payé sur iceux, sauf aux créanciers de l'héritier à se pourvoir sur les biens qui lui appartiennent, autres que ceux qui lui sont échus par la succession de leur débiteur. C'est ce qu'on appelle séparation de biens.

Loysel, liv. 3. tit. 7. article 12. dit qu'en séparation de biens les créanciers chirographaires du défunt sont préférés à tous les créanciers de son hétitier. Vide Cujacium in Parat. ad tit. ff. de separat.

En France ce bénéfice ne s'accorde pas seulement aux créanciers d'un défunt, mais aussi aux créanciers de l'héritier.

Notre usage est en cela contraire à celui du Droit Romain, par lequel ce bénéfice ne s'accordoit qu'aux créanciers du défunt, & non à ceux de l'héritier qui en sont exclus. Leg. 1. §. ex contrario, & §. secundum ff. de separationib. dont la disposition ne s'observe point parmi nous.

La raison de cette différente pratique est, que parmi nous les biens de l'héritier, même pur & simple, ne sont point obligés ni hypothéqués aux créanciers hypothécaires par l'addition de l'hérédité, comme ils l'étoient par le Droit Romain ; mais seulement du jour du titre nouvel par lui passé, ou de la Sentence contre lui rendue, qui déclare le contrat du défunt exécutoire contre lui. Ainsi, avant que l'héritier ait passé titre nouvel, ou que le contrat fait par le défunt ait été déclaré exécutoire contre l'héritier, ses créanciers peuvent demander la séparation des patrimoines.

M. le Prêtre, cent. 1. chap. 40. 75. & 76. fait voir que la séparation des biens étant demandée contre les créanciers de l'héritier, les créanciers du défunt ne peuvent demander hypotheque sur les biens de l'héritier, que du jour du titre nouvel, ou reconnoissance en Jugement, attendu que par l'addition, l'héritier n'est tenu que personnellement.

De ce que nous venons de dire, il résulte, que les créanciers d'un défunt sont préférables sur ses biens aux créanciers de l'héritier, soit qu'ils soient antérieurs ou postérieurs en date ; comme aussi les créanciers de l'héritier sont pareillement préférables sur les biens de l'héritier aux créanciers du défunt.

Suivant le Droit Romain, la séparation des biens d'une succession, qui ne s'accordoit, comme nous avons dit, qu'aux créanciers d'un défunt, & non aux créanciers de l'héritier, devoit être demandée dans les cinq ans, à compter du jour de l'addition de l'hérédité. Leg. 1. §. 13. ff. de separationibus & leg. penult. cod. de hæreditariis actionibus.

Mais cette Jurisprudence n'est pas reçue parmi nous ; car elle peut être demandée jusqu'à trente ans, si l'occasion s'en présente, avant que la prescription de trente ans ait lieu, comme l'a fort bien remarqué Mornac sur la Loi penultieme. cod. de hæreditariis actionib. où il dit que les prescriptions ou fins de non-recevoir, introduites par le Droit Romain, n'ont point lieu en France, à moins qu'elles ne soient confirmées par les Ordonnances ou par la coutume du lieu.

Touchant cette séparation de biens, voyez Bouvot, tome 1. verbo Créancier, quest. 1. M. le Prêtre, à l'endroit cité ci-dessus; les Loix civiles, liv. 3. titre 2. Boniface, tome 3. livre 1. titre 30. chap. 1. Belordeau en ses Observations forenses, lettre S, article 14. Bacquet, des Droits de Justice, chapitre 21. nomb. 416. Bouguier, lettre A, chap. 2. Henrys, liv. 4. quest. 28. & ce que j'ai dit sur l'art. 333. glose premiere, nombre 33. & les sept suivans.

SEPTUAGENAIRES, ne peuvent être emprisonnés pour crime de stellionat, recelé, & dépens en matiere criminelle, & que les condamnations soient par corps, ainsi qu'il est porté en l'article 9. du titre 34. de l'Ordonnance de 1667.

Voyez les Arrêts des 8. & 14. Mai 1668. qui sont rapportés dans le Recueil des Arrêts, en interprétation des nouvelles Ordonnances, p. 177.

Le dernier de ces Arrêts fait voir que quand il y a fraude, les septuagenaires cessent d'être favorables.

Quand il s'agit de toutes autres dettes civiles que de celles que nous venons de rapporter, les septuagenaires ne peuvent donc pas être condamnés par corps à les payer.

C'est une question, sçavoir si l'on entend à cet égard ceux qui sont entrés dans la soixante-dixieme année de leur âge, ou ceux qui l'ont accomplie? L'Ordonnance ne s'en explique pas, & je trouve deux Arrêts rendus à ce sujet au Parlement de Paris, qui sont absolument contraires l'un à l'autre. Voyez M. Brillon, tome 5. page 490.

Le premier est du 24. Juillet 1700. rendu en la Grand'Chambre, conformément aux conclusions de M. l'Avocat général Portail, & depuis Premier Président du Parlement, qui juge que celui qui avoit atteint sa soixante-dixieme année, jouissoit de la décharge de la contrainte par corps sur le principe que, in favorabilibus annus inceptus habetur pro completo. Or il n'y a rien de si précieux & de si favorable que la liberté. Voyez l'Auteur des Notes sur M. Dupleffis, au traité des saisies réelles; & le Journal des Audiences, tome 5. liv. 16. chap. 5.

Le second est du 6. Septembre 1706. rendu en la Grand'Chambre, sur les conclusions de M. Joly de Fleury, lors Avocat Général, & depuis Procureur Général, qui a jugé tout le contraire, & que la soixante-dixieme année devoit être accomplie. Cet Arrêt est rapporté par M. Augeard, tome 1. chap. 78.

Quoiqu'il en soit, j'inclinerois beaucoup plus pour la décision du précédent. Ainsi la Peyrere, de l'édition de 1706. lettre P, nombre 181. rapporte un Arrêt du Parlement de Bourdeaux du 17. Août 1702. qui a jugé qu'un Prisonnier pour dettes doit être élargi, dès qu'il est entré dans sa

soixante-dixieme année, & qu'il n'est pas besoin qu'elle soit accomplie: ce qui est fondé sur l'avis de Messieurs les Commissaires députés par le Roi dans le procès verbal qu'ils ont fait sur l'Ordonnance de 1667. où il est dit qu'il suffit que le septuagenaire soit entré dans sa soixante-dixieme année.

Cependant par Arrêt du 24. Juillet 1737. plaidant M. Gaffiot pour Germain de Bauve, prisonnier pour dettes civiles, âgé de soixante-neuf ans six mois douze jours, demandeur en liberté, & M. Baudoin pour Alexandre Bouffon, créancier, les Parties ont été mises hors de Cour quant à présent.

Il s'est présenté une autre question, sur laquelle il n'est pas plus aisé de se déterminer que sur la précédente; c'est de sçavoir si le septuagenaire est contraignable par corps, quand il s'agit de deniers royaux?

Par Arrêt donné en la Cour des Aides au mois de Mars 1716. il a été jugé que non. Mais le contraire a été jugé au Parlement de Paris, sur les conclusions de M. Chauvelin, Avocat Général, le premier Avril de la même année.

En vain allegue-t-on l'Arrêt de la Cour des Aides; on répondit que c'étoit tout au plus un préjugé, & que les deniers royaux avoient un privilége singulier, en ce que celui qui les a est un retentionnaire, & qu'il y a du dol dans la retention.

Il y a d'ailleurs un Arrêt du Conseil d'Etat du 28. Mars 1680. qui a assujetti à la contrainte par corps les septuagenaires qui sont comptables envers le Roi, fondé sur ce que le Roi ne donne point de privilege contre lui-même.

Les septuagenaires emprisonnés pour dettes avant l'âge de soixante-dix ans, doivent-ils être mis hors des prisons lorsqu'ils ont atteint cet âge.

Il y a un Arrêt du Conseil du 8. Mai 1668. par lequel Sa Majesté, conformément à son Ordonnance de 1667. fait défenses d'emprisonner aucuns septuagenaires, ni de les retenir pour dettes purement civiles; mais veut qu'incontinent après qu'ils auront atteint l'âge de soixante dix ans, ils soient mis hors desdites prisons, encore que l'Edit des quatre mois leur ait été signifié, ou qu'ils eussent été emprisonnés avant la publication de l'Ordonnance de 1667. & avant qu'ils fussent parvenus à l'âge de soixante-dix ans; si ce n'est que lesdits septuagenaires aient été condamnés pour stellionat, recelé, ou pour dépens en matiere criminelle, & que les condamnations soient par corps. Cet Arrêt se trouve dans Bornier au Recueil des Arrêts en interprétation des nouvelles Ordonnances.

SEPULTURE, est le lieu ou la terre dans laquelle on enterre les corps morts.

Ce lieu chez toutes les Nations a toujours été considéré comme une chose religieuse, & qui ne pouvoit pas être profané impunément; & elles ont établi des peines pour en conserver la sainteté.

La mort étant commune à tous les autres,

l'humanité a engagé les vivans à veiller avec soin à la sepulture des morts; & c'est un devoir ausquels on est obligé les uns envers les autres, à mesure que l'on passe de cette vie dans l'autre.

Sans entrer dans ce qui se pratiquoit autrefois & dans ce qui se pratique encore aujourd'hui chez quelques Nations, au sujet des sépultures, nous allons donner quelques principes généraux à ce sujet, par rapport à ce qui se pratique parmi nous.

La sépulture des Paroissiens qui meurent dans les bornes de leur Paroisse, doit être faite dans leur Eglise paroissiale, à moins qu'ils n'aient élû leur supulture ailleurs. Boniface, tom. 1. liv. 2. tit. 15. chap. 1.

Ceux qui élisent ailleurs leur sépulture, le doivent faire par testament ou par quelqu'autre acte par écrit ; autrement le Curé de la Paroisse ne seroit pas dans l'obligation de permettre le transport du corps du défunt dans une Eglise. Voyez le huitieme plaidoyer de M. Patru.

Quand il y a élection de sépulture dans une autre Eglise que dans la Paroisse du défunt son corps doit être inhumé dans l'Eglise qu'il a désignée ; mais il faut qu'il soit porté à l'Eglise paroissiale, avant que d'être présenté à l'Eglise choisie ou destinée pour sa sépulture.

Ceux qui meurent dans la foi catholique ne peuvent pas être privés de la sépulture ordinaire, excepté ceux qui sont condamnés à mort, & ceux qui meurent de la peste.

Il n'appartient qu'aux Curés, Patrons & Seigneurs hauts Justiciers de se faire inhumer dans le chœur de l'Eglise.

Il y a bien d'autres choses à remarquer sur cette matiere que j'ai expliquées dans mon Dictionnaire de Droit canonique.

SEQUELLE, est un droit de demi-dixme, qui est dû au Curé sur les terres de la Paroisse par quiconque qu'elles soient labourées.

Bouvot, tom. 1. verbo Sequelle, explique en vertu de quoi ce droit peut être prétendu, & en quoi il consiste.

S E Q U E S T R E, est une tierce personne, & par conséquent autre que les contendants, qui est commise par autorité de Justice, ou du consentement des Parties, au regime & gouvernement d'une chose litigieuse, & qui en est comme le dépositaire, à la charge de la rendre à celui à qui elle sera adjugée ; en quoi le sequestre differe du gardien qui est établi Commissaire par l'Huissier ou Sergent qui a saisi & exécuté les meubles, ou saisi réellement des immeubles.

Tout sequestre est obligé de rendre compte des fruits par lui perçus, après que sa commission est finie ; & faute par lui de le faire, il y peut être contraint par corps, quand le sequestre s'est fait par autorité de Justice.

Les mâles qui ont accompli leur vingt-cinquieme année, peuvent être nommés sequestres par le Juge, pourvû qu'ils soient suffisans & solvables, & qu'ils demeurent dans le lieu où les choses dont il s'agit sont situées.

Les femmes & les mineurs ne peuvent être contraint d'accepter un sequestre.

Quand aux femmes mariées, elles ne le pourroient pas faire valablement sans être autorisées par leurs maris, & elles ne pourroient point être poursuivies par quelque maniere que ce fût, pour les pertes qu'elles auroient causées dans les choses sequestrées.

A l'égard de celles qui sont indépendantes & majeures de vingt-cinq ans, elles peuvent accepter cette charge, & en conséquence être poursuivies pour rendre compte de leur administration : mais les Juges ne donnent pas ordinairement de semblables commissions à des femmes.

Elles peuvent néanmoins prendre le bail judiciaire des choses sequestrées, au cas qu'elles soient suffisantes & solvables.

Entre les majeurs de vingt-cinq ans, il y en a que le Juge ne peut pas nommer sequestres. Par exemple, le Juge ne peut pas nommer pour sequestres ses parens & alliés jusqu'au degré de cousin germain inclusivement, à peine de nullité, de cent livres d'amende, & de répondre en son nom des dommages & intérêts des Parties, en cas d'insolvabilité du sequestre, suivant l'article 5. de l'Ordonnance de 1667. titre des sequestres.

Le Juge ne peut pas non plus donner cette commission à l'une des Parties, à cause que ce seroit la mettre par ce moyen en la possession des choses sequestrées.

Les sujets justiciables d'un Seigneur ne peuvent pas être nommés sequestres de ses biens. Voyez la Rocheflavin, liv. 2. tit. 1. Arrêt 56.

Un septuagenaire peut demander à être déchargé de la Commission de sequestre. Il n'y auroit pas même de sûreté à l'établir, parce qu'il n'est plus sujet à la contrainte par corps pour dettes civiles.

Celui qui empêcheroit par violence l'établissement ou l'administration du sequestre, ou la levée des fruits, perdroit le droit qu'il auroit pû prétendre sur les fruits par lui pris & enlevés, lesquels appartiendroient en ce cas à l'autre Partie ; & de plus il seroit condamné en trois cens livres d'amende envers le Roi dont il ne pourroit être déchargé ; & l'autre Partie seroit mise en possession des choses contentieuses, sans préjudice des poursuites extraordinaires qui pourroient être faites par les Procureurs généraux, ou par les Procureurs du Roi sur les lieux, contre celui qui auroit fait la violence, suivant l'article 16. du titre des Sequestres de l'Ordonnance de 1667.

Le sequestre doit être mis en possession de la chose sequestrée, & en conséquence il la posséde véritablement tant que dure sa commission.

Quand les choses sequestrées consistent en quelque jouissance, le sequestre doit incessamment faire procéder en Justice, les Parties dûement appellées, au bail judiciaire. Au terme de l'article 10. dudit titre 19. de l'Ordonnance de 1667. les sequestres sont obligés de faire faire les baux en Justice, les Parties intéressées dûement appellées & trois publications faites , & affiches appofées aux lieux accoutumés.

Ils ne peuvent faire faire ces baux que pour un , deux ou trois ans tout au plus ; le tout à peine de nullité , & de dommages & intérêts.

Quand il y a un bail conventionnel , le fequeftre le fait convertir en Judiciaire , avec défenfes à celui qui tient le bail de payer à autres qu'au fequef tre,à peine de payer deux fois , & d'y être contraint par corps en la maniere accoutumée.

Dans les bailliages , Prévôtés & autres Juftices fubalternes , ces baux fe font par le Juge en l'Au dience.

En la Cour , ou aux Requêtes de l'Hôtel ou du Palais , le fequeftre doit faire commettre par le Préfident un de Meffieurs des Requêtes de *com mittitur* , & le Préfident met au bas de la Re quête : *Commis Maître tel , aux fins de la Requête. Fait , &c.*

Après qu'un de Meffieurs eft commis pour pro céder au bail judiciaire , il faut qu'en vertu de l'Or donnance du Commiffaire , le fequeftre faffe af figner les Parties intéreffées à comparoir tel jour à dix heures au Parquet de , &c. pour voir procéder au bail judiciaire à loyer des chofes fequeftrées ; & qu'à faute d'y comparoir , il fera procédé tant en préfence qu'abfence.

Il faut auffi que le fequeftre faffe proclamer aux Prônes des Paroiffes qu'il fera procédé au bail ju diciaire , & faffe mettre des affiches aux lieux né ceffaires & accoutumés.

Les Parties ne peuvent prendre directement ni indirectement le bail des chofes fequeftrées, à peine de nullité, fuivant l'article 18. du titre 19. de l'Or donnance de 1667.

Si les Parties comparoiffent & qu'il y ait des enchériffeurs , le Commiffaire doit en faire men tion dans fon procès verbal ; mais il ne peut pas adjuger , qu'il n'y ait trois remifes au moins , & il faut à chaque remife faire mettre de nouvelles af fiches par l'Ordonnance du Commiffaire.

Lors de l'adjudication , le Commiffaire arrête les frais du bail à la fomme qu'il trouve à propos , fuivant l'article 11. du même titre.

Au cas qu'il foit néceffaire de faire des répa rations & impenfes aux chofes fequeftrées , l'article 12. veut qu'elles foient faites par autorité de Juftice, en conféquence d'un rapport d'Experts , les Parties dûement appellées ; voulant que fi elles font faites autrement elles tombent en pure perte fur ceux qui les auroient fait faire.

Le fequeftre ne peut pas s'en rendre adjudica taire , fuivant le même article ; ce qui eft ainfi or donné pour empêcher que le fequeftre ne fît des ré parations & des impenfes fans néceffité , pour en profiter au préjudice des Parties.

Les fequeftres demeurent déchargés de plein droit de leur commiffion, dès que les conteftations des Parties ont été jugées définitivement , en ren dant compte de leur geftion, fuivant l'article 10. du même titre.

Ils en font auffi déchargé , fi celui à la requête de qui les fequeftres ont été établis , ne fait juger

les différends & oppofitions dans trois ans , à comp ter du jour de l'établiffement fans qu'il foit nécef faire d'obtenir une autre décharge , à moins que le fequeftre ne fût continué par le Juge avec connoif fance de caufe , fuivant l'art. 11. du même titre.

Nous allons expliquer ce qui regarde la maniere d'établir les fequeftres , & le cas où il eft befoin d'en nommer.

SEQUESTRE , fignifie quelquefois le Juge ment par lequel quelqu'un eft établi Commiffaire aux chofes fequeftrées, comme il arrive quand il n'apparoît pas qui a le droit le plus apparent ; en ce cas les Parties , ou l'une d'icelles peuvent de mander le fequeftre ou le Juge peut l'ordonner de plein droit , quand il fe trouve à propos ; ce qu'il ne doit cependant faire , que lorfque la poffeffion ne peut être adjugée par aucune raifon à celui qui la demande.

Cum non apparet quis litigantium potiori jure poffi deat , res pendente lite debet fequeftrari , ut inte rim neuter litigantium poffideat , fed fequefter difini tivoque judicio rei poffeffio victori reftituatur. Leg. 17. ff. de pof.

Le fequeftre peut auffi avoir lieu , quoique l'une des Parties ait un droit plus apparent que l'autre ; fçavoir , lorfqu'elle ne peut pas donner caution fuf fifante pour la recréance : car en ce cas la Partie adverfe peut demander que la chofe foit fequef trée , faute par fa Partie de préfenter bonne & fuf fifante caution.

Ordinairement celui qui pourfuit par action pof feffoire le poffeffeur d'une chofe , demande qu'a vant faire droit fur le poffeffoire & fur la recréance qu'il demande , le fequeftre foit ordonné.

Les meubles & les immeubles fe peuvent mettre en fequeftre : car quoique les chofes mobiliaires fe donnent plutôt en garde & en dépôt qu'en fequef tre , néanmoins quand la garde des chofes mobi liaires eft ordonnée par Juftice , c'eft un fequeftre, & non pas un dépôt , comme il arrive quand il eft ordonné par Juftice que la fucceffion mobiliaire d'un défunt fera mife en main tierce : c'eft propre ment un fequeftre.

Il y a donc une différence effentielle entre le fe queftre & dépôt ; le fequeftre n'a lieu que quand il y a débat & conteftation entre les Parties , tou chant la chofe qu'on donne en garde ; le dépôt au contraire a lieu quand il n'y a point de contefta tion fur la chofe que l'on dépofe. De plus , le fe queftre poffede la chofe fequeftrée ; au lieu que le dépofitaire ne poffede point la chofe qui eft mife en dépôt.

Le fequeftre peut fe demander en tout état de caufe , même avant conteftation , tant en matiere profane que bénéficiale , par celui qui eft dépoffe dé , & qui a intérêt que la Partie adverfe ne diffipe pas les fruits pendant le procès.

Cette demande fe forme par une Requête préfen tée au Juge , qui peut même d'office l'ordonner quand il y a néceffité de le faire. Cette Requête fe répond par un *viennent les Parties* ; & après avoir été fignifiée au Procureur du défendeur ; elle eft portée à l'Audience fur un fimple avenir.

La Sentence qui intervient en conféquence, quand elle ordonne le fequeftre, doit nommer le Commiffaire devant lequel les Parties procéderont, & aufli prefcrire le tems dans lequel les Parties feront affignées pardevant lui pour convenir de fequeftre. Ces Sentences doivent être exécutées par provifion, nonobftant & fans préjudice de l'appel.

En conféquence de cette Sentence, le Commiffaire nommé pour établir un fequeftre doit rendre fon Ordonnance, à l'effet de donner affignation au défendeur de comparoir le lendemain à telle heure en fon Hôtel, pour nommer & convenir d'un fequeftre, en exécution de la Sentence rendue entre les Parties le . . . . . . & à faute de comparoir, fera fait droit. Donné, &c.

Si l'une des Parties ne comparoît pas, ou fi elle n'en veut pas convenir, il en eft nommé d'office par le Juge, de laquelle nomination fera dreffé procès-verbal.

Dès que le fequeftre eft nommé, il faut lui donner affignation pour venir prêter ferment, devant le Juge commis; à quoi il pourra être contraint par amende & par faifie de fes biens : ce qui fe prononce par le Commiffaire, & fe met dans la continuation du procès-verbal.

Si le fequeftre vient prêter ferment, il doit être mis en poffeffion des chofes commifes à fa garde par un Sergent, à la requête de la Partie pourfuivante; & ce en vertu d'une Ordonnance du Juge, fans qu'il y foit préfent.

Les chofes fequeftrées doivent être fpécialement énoncées & déclarées par un procès-verbal qui en doit être dreffé, & qui doit être figné du fequeftre, du Sergent & des deux témoins.

Lorfque le fequeftre eft ordonné, celui qui étoit en poffeffion de la chofe eft obligé, non-feulement de la reftituer, mais encore les fruits qu'il en a perçus pendant l'année, & de les rendre au fequeftre; & c'eft ce qu'on appelle fourniffement de complainte.

Quand les chofes fequeftrées confiftent en quelque jouiffance, le fequeftre doit inceffamment faire procéder en Juftice, les Parties dûement appellées, au bail judiciaire, s'il n'y en a point de conventionnel, ou qu'il ait été fait en fraude & à vil prix.

Voyez ce que j'ai dit ci-deffus en parlant du Sequeftre, en tant qu'il fignifie celui qui eft commis au régime & gouvernement d'une chofe litigieufe.

SEQUESTRE EN MATIERE BENEFICIALE. Le Juge n'ordonne gueres le fequeftre en matiere bénéficiale; & quoique les droits & titres des Parties foient fi douteux, qu'il n'y ait pas lieu d'adjuger la maintenue à l'une des deux, le Juge doit adjuger la recréance au poffeffeur, comme nous avons dit en parlant de la recréance.

SEQUESTRE VOLONTAIRE OU CONVENTIONNEL, ne fe dit qu'en fait d'immeubles, lorfque du confentement des Parties on met la chofe litigieufe en main tierce, pour être gardée jufqu'à la fin du procès, ou jufqu'à ce qu'il en foit autrement ordonné.

SERFS ET GENS DE MAIN - MORTE, font

des gens qui font dans une efpece de dépendance, qui diminuent en quelque maniere leur liberté, & qui les foumet à certaines redevances, & affujettit à certains droits envers leur Seigneur. Il y en a encore parmi nous quelques-uns dans quelques Coutumes.

Ce ne font pas des efclaves, car il n'y en a point en France, mais des perfonnes fujettes à de certaines fervitudes.

Il y en avoit autrefois de ces fortes de ferfs dans prefque toutes les Coutumes du Royaume; mais ils ont été pour la plupart affranchis.

Cette efpece de fervitude, dont il eft parlé dans les Coutumes de Bourbonnois, de Bourgogne, de Vitry, de Troyes & Nivernois, nous vient du tems que les Romains occupoient les Gaules.

Elle n'eft pas néanmoins femblable à celle qui étoit en ufage chez eux; car c'eft une maxime parmi nous, que tout homme eft libre en France, & qu'un efclave devient libre & eft affranchi, fi-tôt qu'il met le pied en France; mais quelques Coutumes ne laiffent pas d'admettre encore des ferfs & gens de main-morte.

Il y a deux fortes de ferfs ou gens de main-morte; les uns le font par la naiffance, & font appellés gens de pourfuite, c'eft-à-dire qu'ils peuvent être pourfuivis par le Seigneur pour le payement de la taille qu'ils lui doivent, en quelque lieu qu'ils aillent demeurer, les autres ne font proprement ferfs, qu'à caufe des héritages qu'ils poffedent.

Ceux qui font ferfs par naiffance, peuvent être affranchis par la prefcription, ou par la manumiffion faite par le Seigneur immédiat, & confirmée par le Roi & les Seigneurs médiats fupérieurs.

Ceux qui ne font que main-mortables d'héritages, comme ils ne font pas perfonnellement ferfs & gens de corps, mais qu'ils font feulement ferfs par le tenement qu'ils font d'un héritage fervile, ils peuvent s'en affranchir par l'abandonnement de cet héritage, avec les meubles qu'ils ont dans l'étendue de la Seigneurie.

Comme la fervitude des ferfs de cette derniere efpece eft purement réelle, ils ne peuvent jamais prefcrire la franchife tant qu'ils poffedent l'héritage, parce que les droits feigneuriaux ne font pas fujets à prefcription.

Il feroit très-difficile d'établir des principes certains fur les différens droits aufquels les ferfs font obligés envers leurs Seigneurs; car non feulement ces droits font différens fuivant les diverfes Coutumes, mais encore dans la même Coutume ces droits font fouvent réglés fuivant les titres des Seigneurs, qui ne font pas toujours femblables.

Il faut cependant demeurer d'accord qu'il y a des charges de la fervitude qui font ordinaires. Premiérement, de payer par les ferfs une taille à leur Seigneur, fuivant leurs facultés, au dire de Pru-d'hommes, ou de lui payer par an une fomme fixe, que l'on appelle taille abonnée. *Voyez* ce que j'ai dit fur ce mot.

En fecond lieu, de ne fe pouvoir marier à des perfonnes d'une autre condition, c'eft-à-dire, francs ou ferfs d'un autre Seigneur. *Voyez* For mariage,

Ils ne peuvent auffi embraffer l'état eccléfiaftique fans le confentement de leur Seigneur ; & s'ils le font autrement , la Clericature & les Ordres ne les délivrent pas de la condition fervile , hors les corvées de corps. C'eft la difpofition de la Coutume de Nivernois , titre des Servitudes , article 7.

En troifieme lieu , ils ne peuvent aliéner le tenement ferf qu'à des ferfs du même Seigneur ; autrement le Seigneur peut faire faire commandement à l'acquéreur de remettre l'héritage entre les mains d'un homme de la condition requife ; & s'il ne le fait dans l'an & jour , l'héritage vendu eft acquis au Seigneur , fuivant l'art. 18. du même titre de la Coutume de Nivernois.

En quatrieme lieu , ils ne peuvent difpofer de leurs biens par teftament , ni faire héritier ou convention de fuccéder , même par contrat de mariage , au préjudice de leur Seigneur. Voyez le chapitre 27. de la coutume d'Auvergne.

En cinquieme lieu , ils n'ont point d'autres héritiers que ceux avec lefquels ils font en communauté. Voyez l'art. 13. du ch. 9. de la Coutume du Duché de Bourgogne.

Cette regle a été introduite afin que les terres fuffent mieux & plus aifément cultivées. En quelques Coutumes elle eft tellement obfervée à la rigueur , que ces malheureux ne fe fuccédent plus lorfque pendant une année ils n'ont pas eu le même domicile. Voyez la Coutume de Nivernois , chap. 8. art. 13. En d'autres Coutumes , quoiqu'ils aient un domicile commun , ils ne fe fuccedent plus lorfqu'ils ne vivent plus à feu , à pain & fel communs. C'eft la difpofition de la Coutume du Comté de Bourgogne , chap. 15. art. 17.

Voyez Mortaillables , & Henrys & fon Commentateur , liv. 3. chap. 3. queft. 69. Voyez auffi le tit. 8. de la Coutume de Nivernois , avec le Commentaire de M. Guy Coquille.

SERF DE CORPS , eft celui qui eft de condition fervile , à la différence de celui qui eft ferf à caufe de fes héritages. Voyez ce que je viens de dire fur l'article précédent.

SERGENT , eft le dernier Officier de Juftice , établi pour fignifier les actes de procédure , & mettre à exécution les Jugemens qui font rendus en conféquence : ce qui fait voir qu'un Sergent eft le ferviteur du Juge.

C'eft auffi le fentiment de M. Pafquier , qui paroît fort jufte que Sergent vient de ferviens , par un changement d'U en G. En effet , c'eft par ce changement que de ces mots , vafco , vaftare , vagina , l'on a fait autrefois Gafcon , gâter , gaîne. Ainfi nos anciens François firent du Latin ferviens , un Sergient , que nous avons depuis appellé Sergent ; & l'on trouve d'anciens Livres où le mot de Sergent eft employé pour celui de ferviteur : ce qui eft fi vrai , que l'on a appellé autrefois Sergens de Dieu les Dévots , au lieu de dire Serviteur de Dieu. On tient même que les Sergens ont été ainfi appellés , parce qu'anciennement les Baillifs & Sénéchaux employent leurs ferviteurs & domeftiques à exécuter leurs mandemens , & à faire les autres fonctions qui concernent les Sergens.

C'eft apparemment pour cette raifon que les Sergens de Juftices fubalternes étoient autrefois appellés Bédaux ; & les Sergens royaux , quand ils plaident contr'eux , les qualifient encore de ce nom.

Le Prévôt de Paris donnoit auffi ces fortes d'emplois à fes domeftiques , qu'il commettoit pour l'éxécution de fes mandemens & de fon fceau ; en forte qu'il n'y avoit qu'eux qui puffent exécuter le fcel & les mandemens du Prévôt de Paris par tout le Royaume. Mais on tient que S. Louis divifa les Sergens en deux corps , & ordonna qu'une partie feroit fa réfidence dans la Ville de Paris , & l'autre partie hors ladite Ville.

Les Sergens qui doivent faire leur réfidence à Paris , furent nommés Sergens à verge ou à pied , & reçurent le pouvoir d'exploiter tous mandemens de Juftice , & même le fcel du Prévôt de Paris , à l'exclufion de tous autres. On leur donna auffi le droit de faire la Police , comme ils la font encore aujourd'hui fous les Commiffaires du Châtelet , qu'ils font tenus d'accompagner lorfqu'ils font cette fonction. Le nom de Sergent à verge leur fut donné , parce que la verge du Sergent démontre fon pouvoir.

Auffi les Huiffiers ou Sergens royaux exploitans en leur reffort , portoient autrefois en leur main une verge ou baguette , dont ils touchoient ceux aufquels ils avoient chargés de faire exploit ou commandement de Juftice.

Les Sergens qui doivent demeurer hors la Ville de Paris , dans les Bailliages & Sénéchauffées , furent appellés Sergens à cheval , & reçurent le pouvoir d'exécuter auffi feuls les mandemens & le fcel dudit Prévôt à la campagne & hors la Ville de Paris , avec défenfes expreffes d'exploiter en ladite Ville & Banlieue de Paris , à peine de nullité ; & parce qu'ils n'avoient droit d'exploiter qu'à la campagne , ils furent appellés Sergens à cheval.

Enfuite il fut créé un grand nombre d'Huiffiers dans les Compagnies fouveraines , & dans les Juftices fubalternes de la Ville de Paris , aufquels il fut permis d'exploiter en icelle.

Les Sergens à verge voyant que leur emploi étoit dans la Ville de Paris diminué de beaucoup , obtinrent du Roi François I. le pouvoir d'exploiter non feulement dans la Ville , mais encore dans toute l'étendue de la Prévôté & Vicomté de Paris. Les Lettres patentes qu'ils en obtinrent font du mois de Novembre 1543.

Ce dédommagement accordé aux Sergens à verge , donna lieu aux Sergens à cheval de demander auffi de leur côté le pouvoir d'exploiter en la Ville & Banlieue de Paris : ce qui fut accordé à deux cens foixante d'entr'eux , par un Edit du mois d'Avril 1544.

Une des principales fonctions des Sergens du Châtelet , étoit de prifer & de vendre les meubles ; mais plufieurs plaintes ayant été portées contre ceux à cheval , qui s'engagoient dans de longs voyages , pendant lefquels il n'étoit pas poffible de retirer de leurs mains les deniers des meubles par eux vendus , le Roi créa dans toutes les Villes du

Royaume des Priseurs & Vendeurs de meubles.

Lesdits Sergens Priseurs & Vendeurs de meubles furent réunis & incorporés au Corps & Communauté des Sergens à verge, par un Edit de 1575.

Les Sergens à cheval ayant obtenu Lettres patentes au mois de Juillet 1587. qui leur accordoient le droit de faire aussi toutes prisées & ventes de meubles, sur l'opposition qui fut faite par les Sergens à verge à la vérification desdites Lettres, les Sergens à cheval en ont été déboutés par plusieurs Arrêts du Parlement & du Conseil privé du Roi.

Depuis en l'année 1690. le Roi a créé un certain nombre d'Huissiers Priseurs & Vendeurs de meubles, qui font Corps & Communauté séparée des autres Huissiers du Châtelet à verge ou à cheval.

Ces Huissiers Priseurs font toutes les fonctions des autres, & ont spécialement, & à l'exclusion d'eux, le droit de faire les ventes de meubles.

Outre les Sergens à verge & à cheval du Châtelet de Paris, il y en a encore de deux autres sortes, les uns nommés Sergens fieffés, & les autres Sergens de la douzaine.

Les sergens fieffés font au nombre de quatre seulement, qui ont pouvoir d'exploiter dans la Ville, Prévôté & Vicomté de Paris, & par tout le Royaume.

Les sergens de la douzaine font au nombre de douze, qui étoient anciennement les serviteurs & domestiques du Prévôt de Paris, établis pour la garde de sa personne, lesquels font gagés du Roi.

Ils portent les couleurs & livrées dudit Prévôt, & doivent par leur institution porter hoqueton & hallebarde. Ils ont leur Confrairie distincte & séparée des autres.

Ces Sergens n'ont d'autre droit que de pouvoir exploiter en ladite Ville, Fauxbourgs & banlieue de Paris seulement : celui d'y faire prisée & vente de meubles ne leur a jamais été accordé.

Autrefois les Charges de sergens & Huissiers étoient plutôt des Commissions, que de véritables Offices; mais ces Charges ont été depuis créées en titre d'Offices héréditaires.

Il n'y a que le Roi qui ait le pouvoir de créer des sergens ou Huissiers dans son Royaume; & s'il y a des Seigneurs qui ont droit d'en nommer dans l'étendue de leur Justice, ce n'est qu'en vertu du pouvoir qu'ils en ont reçu du Roi, ou de la possession immémoriale dans laquelle ils font d'en nommer, & qui leur tient lieu d'un pouvoir exprès du Prince. Ainsi il y a des sergens royaux qui font pourvûs de leur Office par le Roi, & d'autres non royaux qui font pourvûs de leur Office par quelque Seigneur subalterne.

Les premiers n'ont droit que d'exploiter dans l'étendue de la Justice royale à laquelle ils font nommés; & les autres dans l'étendue de la Justice du Seigneur qui les a pourvus de leur Office.

Il y a encore des sergens fieffés nommés par les Seigneurs : ces sergens n'ont que la charge & le pouvoir de faire les exploits nécessaires pour la recherche & conservation des droits féodaux du Seigneur.

Les sergens qui exécutent la commission d'un Juge dans l'étendue de la Jurisdiction d'un autre Juge, & qui commettent des excès & violence, doivent répondre sur ces faits devant le Juge du lieu du délit.

Cependant ceux du Châtelet ont attribution de toutes leurs causes, tant civiles que criminelles, pardevant le Prévôt de Paris.

Comme les Sergens font personnes publiques, doivent-la foi & la vérité au Public, & qu'ils ne pourroient pas répondre de leurs exploits, s'ils ne sçavoient lire & écrire, nous avons plusieurs Ordonnances qui défendent à toutes personnes qui ne sçavent écrire ni signer de s'entremettre de faire l'Office d'Huissier ou sergent. V. Bornier sur l'art. 14. du titre 2. de l'Ordonnance de 1667.

Plusieurs Particuliers prenoient autrefois la qualité d'Huissiers ou sergens royaux, & s'ingeroient d'exploiter, quoiqu'ils n'eussent aucune commission de Sa Majesté. Par Arrêt du Conseil d'Etat donné à Fontainebleau le 16. Septembre 1681. défenses ont été faites à toutes personnes d'exploiter ni faire aucune fonction d'Huissier ou sergens royaux, s'ils ne font pourvus par Lettres de Sa Majesté scellées du grand Sceau, à peine d'être procédé contr'eux comme faussaires.

Pour ce qui regarde les fonctions des sergens, elles se bornent à ce que l'on appelle exploits d'assignations, de saisies, de signification, ventes de meubles, à certains procès verbaux, & à la prisée des meubles, quand ils en ont la faculté par leurs Edits de création.

Ils ne peuvent donc pas s'immiscer dans la fonction des Notaires, & par conséquent ne peuvent point faire des inventaires.

Ils ne peuvent pas non plus faire des enquêtes; c'est l'affaire des Juges & des Commissaires, ou autres Officiers nommés Enquêteurs.

Quand les sergens excedent leur pouvoir, ou qu'ils font des actes qu'ils n'ont pas droit de faire, les actes font nuls, & ils peuvent être pris à partie; comme il a été jugé au Parlement de Paris par Arrêt du 10. Février 1579. rapporté par Papon, liv. 7. tit. 7. nomb. 49.

Pour ce qui est des lieux dans l'étendue desquels ils peuvent exploiter & instrumenter, il faut distinguer de trois fortes de sergens; sçavoir, les sergens des Seigneurs, les sergens royaux, & les sergens du Châtelet.

Les Seigneurs Hauts-Justiciers font en possession d'établir des sergens ordinaires dans l'étendue de leurs Terres, à qui ils donnent des provisions, lesquelles font enregistrées au Greffe de la Jurisdiction; mais il ne leur est pas permis d'exécuter, ni de faire aucun acte ni signification hors la Terre, ni d'exécuter les mandemens de la Cour ni des Juges royaux dans la Terre même. Voyez Chorier en sa Jurisprudence de Gui-Pape, page 110. Comme les Seigneurs n'ont point de Jurisdiction hors l'étendue de leurs Terres, les sergens par eux commis ne peuvent pas exploiter hors l'étendue de leurs Seigneuries.

Les sergens des Seigneurs ne peuvent donc instrumenter ni exploiter, que dans l'étendue de la Justice dans laquelle ils font reçus. Ainsi jugé par Arrêt

Arrêt du vingt Mars 1603. rapporté par M. le Prêtre, cent. 3. chap. 126. & par un autre rendu au Parlement de Toulouse le 14. Juillet 1678. rapporté par la Rocheflavin, liv. 2. lettre N, Arrêt 1.

Voici un autre Arrêt que depuis peu a jugé de même. Un Bourgeois de Paris s'étant pourvu en la Chambre du Domaine, pour raison d'une demande en déclaration d'hypothéque, contre un Particulier demeurant à Genevilliers, & ayant obtenu une commission sur Requête pour faire mettre l'Ordonnance de soit Partie appellée à exécution, un Sergent de la Duché Pairie de S. Denis fut chargé de donner assignation à celui contre qui cette demande devoit être faite. La Partie assignée a soutenu en la Chambre du Domaine, que cette assignation donnée par un Sergent de Justice seigneuriale étoit nulle, parce que la commission obtenue sur la Requête en question ne pouvoit s'adresser qu'à un Sergent royal. Par Sentence du 30. Avril 1738. rendue en la Chambre du Domaine, l'exploit a été déclaré nul, avec dépens.

Le demandeur originaire ayant interjetté en la Cour appel de cette Sentence, & l'ayant dénoncé au Sergent de S. Dénis qui avoit donné l'assignation, ce Sergent a eu la complaisance de prendre le fait & cause de l'appellant.

Par Arrêt contradictoire rendu au Parquet le 6. Septembre de la même année 1738. la Sentence de la Chambre du Domaine a été confirmée avec amende & dépens, & le Sergent a été condamné à garantir l'appellant des condamnations contre lui prononcées, à compter du jour de la demande en sommation ; le tout aussi avec dépens.

A l'égard des Sergens royaux, ils ont la faculté d'exploiter dans toute l'étendue de la Jurisdiction royale dans laquelle ils sont immatriculés, & ne peuvent exploiter dans les lieux qui sont hors son ressort ; mais ils peuvent exercer leurs Offices dans l'étendue des terres qui ont haute, moyenne & basse Justice, & qui sont dans l'enclos de la Jurisdiction royale dans laquelle ils sont immatriculés.

Enfin les Sergens du Châtelet ont le pouvoir d'instrumenter & exploiter dans tout le Royaume, par un droit qui leur est particulier.

Les Sergens des Seigneurs coégaux ne peuvent donc pas mettre à exécution les Jugemens & Ordonnances de leurs Juges hors de leurs territoires sans la permission du Juge ; *quia par in parem non habet imperium, cap. 20. extr. de elect. Leg. 3. in fin. & leg. 4. ff. de recept. leg. 13. §. 4. ff. ad Senatusconf. Trebel. junctô Gotofredo.*

Mais les Sergens des Juges supérieurs ou des Juges royaux peuvent, sans requérir la permission du Juge des Seigneurs, mettre à exécution les Ordonnances de leurs Juges sur le territoire des Juges inférieurs qui sont dans le ressort de la Justice supérieure ou royale.

Les Sergens royaux peuvent néanmoins sans permission mettre à exécution les Jugemens des Chambres qui n'ont point, à proprement parler, de territoire, comme les Requêtes du Palais, de la Table de marbre, du Domaine, dans le ressort du

Parlement de Paris ; & de la Prévoté de l'Hôtel, du Grand Conseil, & des Requêtes de l'Hôtel partout le Royaume.

Lorsqu'un Sergent a exploité dans le territoire d'un Juge étranger sans sa permission, l'exploit est nul ; & non-seulement la Partie publique en peut requérir la nullité, mais aussi le Particulier à qui cette assignation a été donnée ; ce qui peut lui être d'une très grande importance, par exemple, dans l'action de retrait, dans la prescription, dans la possession pour l'interrompre, parce que si l'exploit est nul, il ne produit aucun effet.

Les Sergens sont responsables envers les Parties des manquemens des formalités qui se trouvent dans les exploits qu'ils font. Boniface, tom. 1. tit. 21. nomb. 5. Mais ils se prétendent à couvert de ce recours, au moyen de la maxime *à mal exploiter point de garant.*

Voyez ce que j'ai dit, *verbo* Retrait lignager, vers la fin.

SERGENS ET HUISSIERS SONT A PEU PRÉS LA MEME CHOSE, si ce n'est que les Huissiers se disent des Cours supérieures, & les Sergens des Justices subalternes.

Il y a néanmoins dans les Présidiaux & bailliages des Huissiers audienciers ; mais ces Huissiers ne sont point Sergens ; & diffèrent d'eux en ce que les Sergens ne font qu'exploiter & instrumenter, & n'ont point de fonctions dans le Corps intérieur des Magistrats, comme les Huissiers, dont le principal service est d'assister les Juges dans leurs fonctions, les accompagner dans leurs cérémonies, & exécuter les ordres de la Justice.

Voyez ce que j'ai dit sur le mot d'Huissier où j'ai expliqué ce qui regarde également les Sergens & les huissiers.

SERGENT DELINQUANT, est justiciable du Juge du lieu où le délit a été commis, quand le délit a été commis par le Sergent, dans un fait qui ne regarde point son Office.

Mais quand il délinque dans ce qui regarde ses fonctions, il doit être puni par le Juge qui l'a institué. Il faut excepter le cas où un Sergent auroit délinqué en exécutant un mandement de Justice ; car alors il ne seroit tenu de répondre du fait de sa commission, que pardevant le Juge de qui elle seroit émanée.

Voyez Papon, liv. 6. tit. 7. nomb. 2. & 49. liv. 5. tit. 8. nomb. 2. & le Journal des Audiences, tom. 1. liv. 1. chap. 85.

SERGENT BATTU ET EXCEDÉ FAISANT ET EXÉCUTANT ACTES DE JUSTICE. Suivant les Ordonnances de nos Rois, ceux qui sont coupables de ce crime sont punis de mort, ou ont le poing coupé, à cause de l'injure faite au Souverain & à la Justice. Ordonnance de Moulins, art. 34. Ordonnance de Blois, art. 190. Edit d'Amboise de l'an 1584.

Mais cela ne s'observe pas toujours à la rigueur ; ainsi cette peine est arbitraire, & est souvent réduite à quelques réparations envers la Justice, & même quelquefois en une simple peine pécuniaire. *Voyez* Rebellion. *Voyez* Bouvot, tome 1. partie 2. *verbo* Sergent ; les reliefs forenses de Rouillard, ch.

22. la Rocheflavin, des Parlemens de France liv. 2. chap. 16. nomb. 85. & fuivant ; Chorier, Jurif-prudence de Guy-Pape, page 273. & 283. & M. Brillon, *verbo* Huiffier, nomb. 15. & fuiv.

Ce dernier Auteur remarque à l'endroit cité ci-deffus, que fi un Huiffier ou Sergent excede ou tue celui qu'il vouloit emprifonner, il ne fera tenu d'aucune chofe, pourvû qu'il prouve qu'on lui a fait réfiftance.

Au refte, quelque croyance qui foit dûe au rap-port d'un Sergent, le Juge ne doit point difcerner de prife de corps fur le fimple rapport que fait un Sergent qu'il a été offenfé.

Quand le rapport eft figné de deux témoins, tout ce que le Juge peut faire, c'eft de décerner un ajournement perfonnel, lorfqu'il paroît par le rapport que l'excès a été grand.

SERMENT, eft l'affirmation que l'on fait par laquelle on prend Dieu à témoins qu'on dira la vérité touchant les chofes fur lefquelles on eft in-terrogé. Ainfi c'eft l'invocation du nom de Dieu, par laquelle nous le prions d'être témoin de notre affirmation, & de nous punir fi fous un menfonge nous déguifons la vérité.

Dans le ferment, l'homme appelle Dieu à témoin de ce qu'il dit, à caufe que Dieu eft la vérité.

Les Saints Peres l'appellent le commun Sacre-ment des hommes, le lien de la foi publique, & le gage le plus affuré que nous puiffions donner de nos promeffes. En effet, le ferment eft l'affurance des bons, la terreur des méchans, & le frein qui les retient, puifqu'on ne le peut violer fans man-quer de parole à Dieu même, & fans trahir fa confcience dans ce qu'il y a de plus facré & de plus effentiel. On fe doit donc bien donner de garde de jurer témérairement & fans néceffité, & encore plus d'être parjure.

N'eft-ce pas faire une infulte atroce à la Majefté divine, & marquer n'y pas croire, que de compro-mettre en vain fon exiftence ? Ferdinand, Roi de Caftille, avoit coutume de prendre Dieu à témoin de ce qu'il difoit avoir fait, ou de le rendre garant de ce qu'il devoit faire ; ce qui donna fujet à un Prince d'Italie de dire un jour : Je voudrois que Ferdinand jurât par un Dieu en qui il crût, avant que de me fier à fes fermens.

Quoiqu'il en foit, il faut demeurer d'accord que le ferment n'a été introduit qu'à la honte de l'humanité ; il fuffit à l'homme de bien de con-noître fes devoirs pour n'y pas manquer ; la religion du ferment n'ajoute rien à l'étendue des obliga-tions, comme la fuppreffion du ferment ne difpen-fe point de les remplir.

D'ailleurs c'eft la probité, & non pas le ferment, qui empêche un homme de trahir la vérité ; car les fermens ne font point naître en nous les vertus : c'eft pourquoi celui qui feroit d'affez mauvaife-foi pour ofer certifier une fauffeté à la face de la Juftice, l'eft ordinairement pour violer fon fer-ment ; & ceux qui ont quelques principes d'hon-neur, n'ont pas befoin d'être effrayé par la reli-gion du ferment, pour avoir horreur d'un tel menfonge.

Cependant, pour donner plus de poids aux di-res que les hommes font en Juftice, on a trouvé à propos de leur faire faire auparavant cette invo-cation du nom de Dieu, par laquelle ils le prient d'être témoin de leur affirmation, & de les punir fi fous un menfonge, ils déguifent la vérité, étant à préfumer qu'il s'en peut trouver beaucoup qui s'étoient par ce moyen détournés de faire un men-fonge qu'ils auroient peut-être fait fans cela.

Concluons donc que le ferment n'a été intro-duit que pour retenir les hommes, & les détour-ner de celer la vérité par une efpece de crainte de Dieu : *Licet omnia Deo plena fint, plurimum tamen va-let ad metam delinquendi præfentia religionis urgeri, ut ait Simmacus, libro Epiftol.* 54.

Comme on a recours au ferment que pour dé-couvrir la vérité d'un fait, ou pour autorifer une promeffe légitime, tout ferment qui contiendroit une promeffe contraire aux Loix ne feroit point obligatoire. Papon, livre 9. titre 6. nombre 23. Ricard en fon Traité des Donations, part. 1. chap. 4. fect. 2.

Pour que le ferment produife fon effet, il faut qu'il ait été déféré à celui qui l'a prêté, autrement on n'y auroit pas égard.

Le ferment qui fe prête en Juftice eft déféré ou par le Juge, ou par l'une des Parties à l'autre. Dans l'un & l'autre cas, le ferment eft appelé judiciai-re, parce qu'il fe prête par autorité de Juftice ; mais il n'y a que celui qui eft déféré par l'une des Parties à l'autre qui foit appellé décifoire, pour marquer qu'il décide tellement la conteftation d'en-tre les Parties, qu'on ne peut plus revenir contre, par quelque moyen & fous quelque prétexte que ce puiffe être.

Soit que le ferment foit déféré par le Juge, foit qu'il foit déféré par l'une des Parties à l'autre, il fe prête à l'Audience, ou devant le Rapporteur du procès, & celui qui le prête leve la main droite, ou s'il eft Prêtre met la main *ad pectus*, & promet à Dieu de dire la vérité.

Le ferment peut être déféré en tout état de caufe. Charondas, liv. 12. rep. 7.

Celui à qui le ferment eft déféré ne peut fe dif-penfer de le prêter ; & s'il ne le fait, il doit être condamné : *quia manifeftæ pravitatis eft, nec ju-rare velle, nec folvere. Leg. manifeftæ, ff. de jure-jurando.*

Il faut excepter le cas où il s'agit d'un fait dont on n'a pas une parfaite connoiffance. Ainfi un hé-ritier peut refufer le ferment, parce qu'il n'eft pas préfumé inftruit de ce qui a été fait par le défunt. Soefve, tom. 1. cent. 3. chap. 19. ou du moins il ne peut être contraint de jurer que fur ce qui en eft parvenu à fa connoiffance. *Itaque hæres poteft tantum cogi jurare, fe credere rem ita effe peractam, nec ab eo quidquam aliud poteft exigi, juramento de credulitate preftito.*

Lorfque le ferment eft déféré à une Partie, fi elle décede fans l'avoir prêté, & qu'il y ait eu en cela de fa négligence, le ferment eft tenu pour non prêté, & ce qu'on lui avoit adjugé, ou la décharge qu'on lui avoit donnée en conféquence du ferment, ne doit point avoir d'exécution.

C'eſt ce qui a été jugé en l'Audience de la ſeconde chambre des Enquêtes du Parlement de Paris, le 15. Janvier 1714. dans cette eſpece. Un Rôtiſſeur ayant fait aſſigner les Sieur & Dame de Saint Mayoul à lui payer une ſomme pour viandes à eux fournies, en conſéquence de la fin de non recevoir qu'ils lui oppoſerent, ils furent déchargés en affirmant. Huit jours après le Rôtiſſeur les ſomme d'affirmer ; ils n'y ſatisfont pas. Le Sieur Mayoul meurt dix mois après, & ſa femme enſuite. Le Rôtiſſeur demande que le ferment déciſoire lui ſoit déféré ; les légataires univerſels offrent leur ferment de crédulité ; le Rôtiſſeur dit qu'il n'eſt plus tems : L'Arrêt donne gain de cauſe au Rôtiſſeur.

Mais tout au contraire, quand celui à qui le ferment a été déféré, décede ſans avoir prêté le ferment, & qu'il n'a pas tenu à lui qu'il ne l'aît prêté, dans ce cas le ferment eſt réputé avoir été prêté ; & les avantages qui lui avoient été adjugés à condition de prêter le ferment, lui ſont conſervés. Voyez la Peyrere, lettre S.

Le ferment déféré & ordonné, ne peut être révoqué par la Partie, ſous prétexte de faire preuve par témoins ; mais il pourroit être révoqué en rapportant une preuve par écrit de ce qui fait l'objet de la conteſtation. Ibidem.

De la preuve par ferment, voyez Deſpeiſſes, tome 2. pag. 527. & ſuiv.

SERMENT DÉFÉRÉ PAR LE JUGE, eſt celui qui eſt, dans les affaires obſcures & douteuſes, déféré d'office par le Juge, ſans qu'il en ſoit requis.

Le ferment ſe défere ordinairement par le Juge au défendeur : ainſi quand la demande n'eſt pas prouvée ; le Juge décharge le défendeur, en affirmant par lui qu'il ne doit point la ſomme ou la choſe qu'on lui demande.

Il y a néanmoins des cas où le ferment eſt déféré par le Juge au demandeur, & principalement lorſqu'il y a quelque préſomption qui faſſe en ſa faveur, ce qui dépend de la prudence du Juge, qu'il ne doit pas s'écarter des régles ordinaires ſans quelque raiſon.

Par exemple, le Juge doit déférer le ferment à celui qui auroit en ſa faveur la ſemi-preuve réſultante d'une enquête, préférablement à l'autre Partie, ſoit qu'il fût demandeur ou défendeur.

Aux Conſuls, quand un Marchand en fait aſſigner un autre, pour lui payer une ſomme qu'il prétend lui être dûe depuis deux ans, conformément à ſon livre journal en bonne forme, quoique la preſcription marquée par la Coutume & par l'Ordonnance ſoit bien acquiſe, les Juges de cette Juriſdiction ne laiſſent pas de condamner le défendeur & par corps à payer la ſomme contenue en l'exploit de demande, en affirmant par le demandeur qu'elle lui eſt bien & légitimement dûe.

Cet uſage eſt fondé ſur une préſomption de bonne foi, que l'expérience nous enſeigne regner de tout tems dans le commerce. Ainſi on ne préſume pas qu'un Marchand, par une longue prévoyance, conçoive le deſſein d'en tromper un autre,

en couchant ſur ſes Regiſtres des ſommes qui ne lui ſeroient pas dûes.

Au Châtêlet, quand la preſcription eſt acquiſe contre la demande intentée, on décharge toujours le défendeur, à moins que le demandeur ne s'en rapporte à ſon ferment ; auquel cas le Juge ne décharge pas purement & ſimplement le défendeur, mais en affirmant par lui qu'il ne doit point la choſe qui lui eſt demandée.

SERMENT DÉCISOIRE, eſt celui qui eſt prêté en Juſtice, & qui a été déféré par la Partie adverſe, à l'effet de s'en rapporter à ce ſerment ; ce qui fait que celui à qui il eſt déféré eſt, pour ainſi dire, conſtitué Juge dans ſa propre cauſe.

Ce ferment a tant de force, que comme il tient lieu de tranſaction ou de payement, on n'eſt plus recevable à faire retracter le Jugement qui a été rendu en conſéquence, ſous quelque prétexte que ce ſoit, même de parjure.

Après le ferment, tout eſt jugé pour l'abſolution ou pour la condamnation : c'eſt une eſpece de tranſaction qui a plus d'autorité de la choſe jugée. Leg. 1. cod. de rebus credit. leg. 3. §. 3. leg. 5. §. 2. leg. 34. in fine, ff. de jurejurando, §. 11. inſtit. tit. de actionib. leg. 1. ff. quar. rerum act. non det leg. 2. & 40. ff. de jurejurando ; leg. 22. ff. de dolo malc. Louet, lettre S, ſomm. 4. Papon, liv. 9. tit. 6. nomb. 16. & 17. Journal des Audiences, tom. 5. liv. 14. chap. 3. Pinault tome 1. Arrêt 70.

Ce que nous venons de dire ne ſe doit entendre que du ferment déféré par l'une des parties à l'autre, & non pas de celui qui eſt déféré d'office par le Juge à l'une des Parties ; car l'autre eſt toujours recevable à prouver le contraire. Quand le ferment eſt déféré par une Partie à l'autre, celle qui la défere ſe doit imputer de s'en être rapporté à la conſcience de ſa Partie adverſe, & de l'avoir, pour ainſi dire, conſtitué Juge dans ſa propre cauſe ; mais quand le ferment a été déféré par le Juge à une des parties, on ne peut pas lui imputer qu'elle s'en ſoit rapportée à la conſcience de l'autre, & qu'elle l'ait conſtitué Juge dans ſa propre cauſe, comme je l'ai obſervé dans ma Traduction des inſtitutes, ſur le §. 11. du titre 6. du quatrieme Livre.

L'acte par lequel une Partie défere le ferment à l'autre, eſt une eſpece d'aliénation. D'où il s'enſuit, 1º. que ceux qui n'ont pas la libre adminiſtration de leurs biens, ne peuvent pas déférer le ferment. IIº. Qu'un Procureur ne peut pas déférer le ferment à la Partie adverſe, ſans en avoir une procuration ſpéciale. La Peyrere, lettre S.

Le ferment peut être déféré par une Partie à l'autre en tout état de cauſe, Papon, liv. 9. tit. 6. nomb. 5. & non-ſeulement en matiere civile, mais auſſi en matiere criminelle, lorſqu'il ne s'agit que d'un délit qui ſe réſout en dommages & intérêts. Ibidem.

Le ferment ne peut être demandé quand le débiteur oppoſe la preſcription de cinq ans. Voyez Henrys, liv. 4. chap. 6. queſt. 73.

Le ferment déféré en matiere civile vaut conteſtation en cauſe, & en fait durer l'action trois ans , comme la conteſtation. Mornac *ad Leg. 9. §. ſi iis , ff. de Jurejurando.*

La Partie qui a déféré le ſerment peut revoquer ſa déclaration, *re integrâ*, & prouver par témoins ce qu'elle avance , ſuivant la Loi 11. *cod. de reb. credit.* Ainſi jugé par Arrêt du 26. Novembre 1590. La Rocheflavin , liv. 3. lettre S, Arrêt 1. page 262.

Après que la choſe eſt jugée, le ſerment ne peut plus être déféré devant le même Juge. Cambolas , liv. 2. chap. 38.

Le ſerment déciſoire du fidéjuſſeur ne décharge point le principal obligé , ſi ce qui fait la décharge du fidéjuſſeur , ne concerne le fidéjuſſeur que perſonnellement. *Voyez* M. le Prêtre cent. 1. ch. 10.

Celui qui défere le ſerment à la Partie adverſe, ne peut pas demander qu'elle jure ſur un fait à charge , ſans pouvoir alleguer ſes exceptions à décharge. Ainſi le demandeur qui prétend avoir prêté une ſomme au défendeur , ne peut pas demander que le ſerment lui ſoit déféré , s'il n'eſt pas vrai qu'il lui a prêté cette ſomme , ſans lui permettre d'affirmer auſſi qu'il l'a rendue au demandeur. Dupinault , Arrêts 63. & 145.

Voyez ce qui eſt dit touchant ce ſerment dans M. le Prêtre, cent. 1. chap. 65. Papon , liv. 9. tit. 6. Cambolas , liv. 2. chap. 37. & 38. liv. 3. chap. 28. du Fail, liv. 2. chap. 292. Henrys, liv. 4. queſt. 21. Dupinault , tom. 1. Arrêts 7. 36. 70. 103. tom. 2. Arrêts 213. & 262.

SERMENT SUR L'ESTIMATION D'UNE CHOSE POUR LAQUELLE IL Y A PROCÉS. Ce ſerment , qui étoit appellé chez les Romains *juſjurandum in litem*, eſt déféré par le Juge au demandeur touchant l'eſtimation de la choſe pour laquelle il y a procès , lorſque le défendeur contre l'Ordonnance du Juge ou par fraude , n'a pas repréſenté ou reſtitué une choſe à la demande de ſa Partie , ou a empêché frauduleuſement qu'elle ait été préſentée ou reſtituée.

Ainſi c'eſt la contravention à l'Ordonnance du Juge, ou la fraude du défendeur , qui donne lieu à ce ſerment , lorſque la choſe eſt périe par la faute ou la fraude du défendeur , & que l'on n'en peut pas ſçavoir autrement l'eſtimation. *Leg. 3. & 5. §. 4. ff. de in litem jurando.*

Ce ſerment eſt principalement uſité dans les actions de bonne foi , comme dans l'action du commodat. , dans celle du dépôt ; dans l'action qui eſt donnée contre le mari pour la reſtitution de la dot ; dans l'action de tutelle , pour répétition des choſes appartenantes aux mineurs ; dans les actions arbitraires & autres , tant réelles que perſonnelles, pourvû qu'il ſoit queſtion de la reſtitution de quelque choſe. *Leg. 5. ff. eod. & leg. 68. ff. de rei vindicat.*

Il n'a donc pas lieu dans les actions dans leſquelles il ne s'agit point de reſtitution , mais par leſquelles nous demandons qu'il nous ſoit donné ou fait quelque choſe pour notre utilité ; *dicta leg. 5. ff. ult. & leg. ſeq. ff. de in litem jurando.*

Il eſt permis au demandeur d'eſtimer tant qu'il voudra la choſe dont il s'agit ; & touchant l'eſtimation qu'il prétend lui être reſtituée , il prête ſer-

ment devant le Juge , lequel peut toutefois lui preſcrire des bornes , & lui défendre que ſon eſtimation excede une certaine ſomme eu égard à la choſe ou au fait dont il s'agit. *Leg. 4. juncta gloſſa , ff. eod.*

Dumoulin article 9. de la nouvelle Coutume , dit que ce ſerment ne doit être fait , ſinon *per Judicem præmiſſâ taxatione ;* ce que M. Raſſicod , dans ſes notes ſur le Traité des Fiefs de Dumoulin , pag. 69. *in fine*, explique par ces mots ; *Ita ut , dit-il , infra aut in tantum , ſed non ultra poſſit jurari , id quæ dicimus ,* jurer & affirmer juſqu'à la ſomme déſignée par le Juge.

Par Arrêt du 12. Décembre 1654. rapporté dans le Journal des Audiences , le ſerment *in litem* a été déféré par la Cour à un homme qui avoit été volé dans une Hôtellerie de cette Ville , & ordonné qu'il ſeroit cru à ſon ſerment , juſqu'à la concurrence ſeulement de la ſomme de cinq cens livres.

SERMENT DE CALOMNIE , étoit un ſerment que les Plaideurs prêtoient chez les Romains , par lequel chaque Partie affirmoit qu'elle ne conteſtoit , que parce qu'elle croyoit avoir bon droit.

Le défendeur affirmoit que ce n'étoit point par calomnie qu'elle avoit formé ſa demande , mais parce qu'il croyoit ſa cauſe bonne.

Le demandeur affirmoit qu'il ne conteſtoit la demande qui étoit intentée contre lui , que parce qu'il croyoit avoir de juſtes raiſons de le faire.

Celui qui prêtoit ce ſerment ne juroit pas que la choſe étoit effectivement comme il le diſoit , mais ſeulement qu'il le croyoit ainſi : c'eſt pourquoi celui qui , après avoir prêté un tel ſerment , perdoit ſa cauſe , n'étoit pas parjure pour cela.

Mais ſi le demandeur refuſoit de prêter ce ſerment , il étoit débouté de ſa demande ; & ſi le défendeur étoit refuſant de le prêter , il étoit condamné ; *ſi quidem habetur pro confeſſo.*

Ce ſerment a été reçu par le Droit canonique : auſſi en eſt-il traité dans le ſeptieme titre du ſecond livre des Décrétales , en conſéquence de quoi il s'étoit anciennement introduit dans ce Royaume.

Nous avons quelques anciennes Ordonnances qui enjoignent au demandeur d'affirmer ſur les ſaints Evangiles , qu'il croit que ſa demande eſt juſte ; & qui obligent auſſi le défendeur de jurer de la même maniere ſur les défenſes dont il ſe veut ſervir pour défendre à la demande qui eſt intentée contre lui.

Mais il y a long-tems que ce ſerment n'eſt plus en uſage parmi nous. Il y a lieu de croire que la crainte que l'on a eue que ce ſerment pourroit donner lieu à quantité de parjures , n'ait beaucoup contribué à le faire abolir.

Cependant il ſeroit à ſouhaiter qu'il fût aujourd'hui en uſage ; peut être que cela diminueroit le nombre exceſſif de mauvais procès que quantité de perſonnes pourſuivent , ou ſoutiennent avec opiniâtreté , ſans aucun fondement légitime. *Voyez* Deſpeiſſes , tom. 2. pag. 471.

SE PURGER PAR SERMENT , *voyez* PURGER.

SERMENT DE FIDELITÉ, eſt une promeſſe ſolemnelle, par laquelle le Sujet s'oblige d'être toujours fidele à ſon Prince, & le Vaſſal d'être toujours fidele à ſon Seigneur.

Comme il y a des fiefs liges & des fiefs ſimples, il y a auſſi des ſermens de fidélité particuliers pour ces deux ſortes de fiefs. Dans les fiefs ſimples, le Vaſſal ne s'oblige d'être fidele à ſon Seigneur, que par la foi & le ſerment de ſon corps; au lieu que dans le fief lige, le Vaſſal s'oblige plus étroitement de lui être fidele, par la foi & le ſerment de ſon corps, & ſur les ſaints Evangiles. *Voyez* ce que j'ai dit ci-deſſus, *verbo* Fief lige.

SERMENT DE FIDELITÉ DES EVEQUES, eſt le ſerment de fidélité qui doit être prêté par les nouveaux Evêques, qui ſont obligés d'en prendre Lettres du Sceau, de les faire enregiſtrer en la Chambre des Comptes de Paris pour obtenir main-levée de la Régale.

La premiere prébende qui vaque après que les Archevêques & Evêques ont prêté ſerment de fidélité, eſt ce que l'on appelle l'expectative du ſerment de fidélité à quoi ils ſont obligé de ſatisfaire.

Cependant la prévention du Pape a lieu contre les nommés par le Roi pour le ſerment de fidélité, quoiqu'elle n'ait pas lieu en Régale, ni contre les Indultaires.

SERMENT DE JUGE, eſt preſcrit par l'Ordonnance de Charles VIII. art. 3. & 62. Il avoit été tiré mot à mot de la Loi *Sancimus*, *cod. ad leg. Jul. repetund.*

Il contenoit deux choſes; l'une de n'avoir rien baillé ni promis directement ou indirectement, pour parvenir à ſon Office; l'autre de garder les Ordonnances; & au ſurplus de faire bonne & briève juſtice.

La vénalité des Charges ayant été tollerée en France, le premier art. de ce ſerment n'a duré que juſqu'en l'année 1597. que dans l'Aſſemblée de Rouen il fut arrêté qu'il ne ſeroit plus exigé, d'autant qu'il étoit honteux que les Juges entraſſent en leurs Offices par un parjure ſolemnel, & qu'en l'acte de leur réception ils commiſſent une fauſſeté publique. Loyſeau en ſon traité des Offices, liv. 1. chap. 4. nomb. 89.

Aujourd'hui on les fait donc ſeulement jurer de garder les Ordonnances, (qui eſt ce qu'on diſoit à Rome, *jurare in leges*;) & au ſurplus de faire bonne & brieve juſtice: bonne, c'eſt-à-dire, de juger, au défaut des Ordonnances, ſelon la raiſon & l'équité, *ut æquius melius videtur*: brieve, c'eſt-à-dire, prompte autant qu'il peut être au pouvoir du Juge.

SERMENT DES TEMOINS, eſt celui que les témoins ſont obligés de prêter avant que de dépoſer, par lequel ils jurent & promettent à Dieu de dire la vérité.

Ce ſerment eſt tellement néceſſaire, que ſi un témoin avoit dépoſé ſans l'avoir prêté, ce ſeroit un moyen de nullité contre l'enquête ou contre l'information.

SERMENT DES PRETRES ET DES RELIGIEUX, ne ſe fait pas en Juſtice de la même maniere que celui des Laïcs en levant la main droite, mais en mettant la main *ad pectus*; ce qui a été introduit pour mettre la différence entre les Prêtres & les Laïcs.

SERMENT DES EXPERTS, eſt celui qu'ils prêtent entre les mains du Juge commis pour procéder à la nomination des Experts & rapport, avant que de paſſer outre à la viſite & examen des lieux qui ſont le ſujet de la conteſtation d'entre les Parties. Par ce ſerment ils promettent de bien & ſoigneuſement viſiter, & de fidélement rapporter.

Quoiqu'ils ſoient Officiers, & aient prêté ſerment à Juſtice, ils doivent néanmoins le réitérer pour le fait particulier de la viſite & du rapport dont il s'agit.

SERMENT PRETÉ A JUSTICE; eſt celui que prêtent en Juſtice les Officiers publics, lors de leur réception, de s'acquitter fidélement des fonctions de leurs Charges.

L'effet de ce ſerment eſt, qu'un Officier eſt cru ſur le rapport qu'il fait par écrit, de ce qui dépend préciſément & directement de ſa charge, principalement lorſqu'il n'y va nullement de ſon intérêt particulier. Ayant prêté ſerment à Juſtice, & étant approuvé & reconnu Officier public par une réception ſolemnelle, les actes qui concernent ſon miniſtere, & qui ſont faits en bonne forme, ſont munis de la foi publique, & par conſéquent ſervent de preuve pleine & complette.

Tels ſont les actes de Greffiers, Notaires, Huiſſiers & autres.

SERMENT DU DEMANDEUR EN RETRAIT LIGNAGER, eſt celui qui eſt tenu de prêter, s'il en eſt requis par l'acquéreur. Ce ſerment contient trois choſes que le demandeur en retrait affirme; ſçavoir, que c'eſt pour lui qu'il agit, que c'eſt ſans dol, & pour ſon profit.

Mais il n'eſt pas obligé de jurer que c'eſt dans le deſſein de conſerver l'héritage en ſa famille, qu'il exerce le retrait; car ils peuvent avoir en vûe de le retirer, & enſuite de le revendre pour y gagner.

Ce ſerment a été introduit pour obvier aux fraudes qui ſe peuvent commettre par des lignagers, qui prêteroient leurs noms à des étrangers.

Il n'eſt cependant point dû, s'il n'eſt requis; mais après qu'il a été requis par le défendeur juſqu'à ce que le demandeur en retrait y ait ſatisfait, le défendeur ne peut être contraint de céder les lieux.

SERMENT DU DEFENDEUR EN RETRAIT, eſt celui que le défendeur en retrait eſt obligé de faire lorſqu'il a rendu le giron; ou que le Jugement qui eſt intervenu adjuge le retrait au demandeur: alors le défendeur eſt tenu de montrer & d'exhiber judiciairement ſon contrat & titres d'acquiſition, & affirmer par ſerment que le contenu en ſon contrat eſt véritable.

Il doit pareillement affirmer par ſerment ſes frais & loyaux-coûts, lorſqu'ils les aura donné par déclaration.

Cette exhibition & ce ſerment ſont abſolument néceſſaires pour rendre le demandeur certain de la vérité du prix & des loyaux coûts, afin qu'il en faffe le rembourfement.

Ainfi quand l'acquéreur affirme fon contrat de vente véritable & fans déguifement, il rend par le moyen de ce ferment le prix de la vente certain, qui pourroit avoir été augmenté dans l'acte en fraude par un confentement mutuel des contractans.

Ce ferment du défendeur en retrait eft toujours néceffaire, quoiqu'il ne foit pas requis; d'autant que jufqu'à ce que le défendeur l'ait prêté, le démandeur en retrait n'eft point en demeure de faire le rembourfement: c'eft pourquoi fon droit lui eft toujours confervé, jufqu'à ce qu'il ait été rendu certain par cette formalité du prix qu'il lui faut rembourfer.

SERMENT D'OFFICIER, eft la promeffe & proteftation que fait un Officier, de s'acquitter fidélement de l'Emploi qu'il va exercer, pour raifon de quoi il prie Dieu d'être témoin de fon affirmation.

SERPAULT ou SERPOL, fignifie Trouffeau. Voyez ce que je dis fur ce mot, lett. T.

SERVAGES ou SERVAIGES, font des redevances dûes par des perfonnes de condition fervile.

SERVANTE voyez Serviteurs. Nous remarquerons feulement ici, I°. Que les Eccléfiaftiques ne doivent point avoir de jeunes fervantes.

II°. Que quand une fervante eft devenue groffe chez un maître, il eft dans le doute préfumé l'avoir engroffée. Voyez le fixieme plaidoyer d'Ayrault; & Peleus, queftion 91.

Au refte, un tel commerce d'un maître avec fa fervante eft bien infame: il opere une débauche très-nuifible à la paix domeftique ou des mariages de confcience qui font un concubinage marqué, ou enfin une déroute épouvantable dans la fortune des hommes.

SERVICE, eft le devoir auquel un fujet eft tenu envers fon Seigneur féodal. Voyez le Gloffaire du Droit François.

SERVICE DE CHEVAL. Voyez Sommage & cheval de fervice.

SERVICE DE COUR ET DE PLAIDS, fignifie l'obligation dont les Vaffaux font tenus en quelques Coutumes, d'affifter aux plaids de leur Seigneur féodal ou de fes Officiers. Voyez le Gloffaire du Droit François, verbo Service de Cour, & verbo Pairs.

SERVIR LE FIEF, c'eft faire la foi & hommage au Seigneur dominant, lui offrir & jurer le fervice féodal accoutumé.

SERVIS. Ce terme en quelques pays fignifie les cens & autres petits devoirs annuels nobles qui font dûs au Seigneur foncier par les fujets & tenanciers des héritages, & reconnoiffance de la Seigneurie directe.

On dit cens & fervis. Ces termes font ordinairement conjoints; ils ne font guéres ufités que dans les pays de Droit écrit.

SERVITEURS, font ceux qui font aux gages d'un maître, ou qui font attachés à lui par l'efpoir d'une récompenfe.

Ils doivent le refpect à leur maître, & ne pas abufer de la confiance qu'il a en eux.

De ce que les ferviteurs doivent refpecter leur maître, il s'enfuit I°. Qu'un ferviteur n'eft pas recevable à agir criminellement contre fon maître; Papon, liv. 24. titre 2. nomb. 9. Ils ne peuvent pas non plus être ouis en témoignage contre leur maître, fi ce n'eft pour crime de leze-Majefté, aut adulterii; Bouvot tome 2. verbo Injure, queft. 38.

A l'égard du crime de leze-Majefté l'importance de ce crime fait qu'il n'y a point de perfonnes qui puiffent être difpenfées porter témoignage à cet égard; & pour ce qui eft du crime d'adultere, les ferviteurs & domeftiques font admis à rendre témoignage pour raifon de ce crime, parce qu'alors ils font témoins néceffaires d'autant que ce crime ne fe commet qu'en fecret.

II°. Qu'un ferviteur qui injurie fon maître, doit être puni plus feverement qu'un particulier qui auroit fait la même injure à un autre, dans la dépendance duquel il ne feroit pas. Voyez du Luc, liv. 12. tit. 3. chap. 6. la Rocheflavin, liv. 2. tit. 5. art. 4. la Bibliotheque de Bouchel, verbo Chambriere; Boniface, tome 2. part. 3. liv. 1. tit. 2. ch. 18. Bouvot, tome 2. verbo Injure, queft. 11. & verbo Serviteur, queft. 6.

III°. Qu'un ferviteur mérite peine afflictive, lorfqu'il abufe de la fille de fon maître, quoique majeure, & quoiqu'elle dife l'en avoir prié, & même qu'elle veuille l'époufer; comme il a été jugé par un Arrêt rendu à la Tournelle criminelle du Parlement de Paris le 30. Janvier 1694. & rapporté dans le Journal des Audiences.

Enfin, la dépendance dans laquelle font les ferviteurs, fait qu'en quelques Provinces ils ne peuvent fortir de la maifon de leur maître fans congé, avant le terme; & quand ils le font, ils font condamnés à une amende. Voyez Boniface, tome 1. liv. 8. tit. 14. chapitre 1. & Bouvot, tome 1. part. 2. verbo Serviteurs.

De ce que les ferviteurs ne doivent pas abufer de la confiance que leurs maîtres ont Coutume d'avoir en eux, il s'enfuit, I°. Qu'un ferviteur feroit puniffable, s'il avoit découvert le fecret de fon maître dans une affaire de grande importance, en cas que fon indifcrétion lui ait caufé quelque préjudice. II°. Que les vols domeftiques font toujours punis de mort; quand même la chofe volée feroit peu confidérable. Voyez ci-après, vol qualifié par rapport à la perfonne qui le commet.

Les maîtres doivent avoir pour leurs ferviteurs beaucoup de bienveillance: d'où il s'enfuit, I°. qu'ils ne doivent pas les maltraiter avec excès. Voyez la Rocheflavin, liv. 3. lettre S. tit. 5. Ainfi un ferviteur ou fervante peuvent faire informer d'outrages exceffifs, & avec effufion de fang, commis en leurs perfonnes par leurs maîtres ou maîtreffes. Bouvot, tome 2. verbo Serviteur, queft. 1.

II°. Que le maître eft recevable à pourfuivre l'injure faite à fon domeftique. Boniface, tom. 2. part. 3. liv. 1. tit. 3. chap. 18. & tom. 5. liv. 3. tit. 7. chap. 4.

Cependant un maître n'eft pas admis en ce

Royaume à pourfuivre par accufation l'hômicide commis en la perfonne de fon domeftique ; il peut feulement fe rendre dénonciateur, *quia nullus admittitur ad accufationem, nifi ut tueatur jus fuum, vel fuorum liberorum, parentum aut confanguineorum.* *Voyez* Bacquet, des Droits de Juftice, ch. 16.

Les maîtres doivent être portés à faire du bien à leurs domeftiques, autant qu'ils peuvent leur en procurer. D'où il s'enfuit, que les libéralités qui font faites par un Maître à fes domeftiques, reçoivent toujours une interprétation favorable, & que les legs que les maîtres font à leurs domeftiques, font payés par privilege & préférence à tous autres. *Voyez* M. Brillon, *verbo* Legs, nomb. 63. & 141.

C'eft auffi fur le fondement de cette interprétation favorable, qu'une convention par laquelle un particulier s'étoit obligé de fervir un Curé moyennant quarante livres de penfion viagere a été déclarée exigible contre les héritiers du Curé, quoique celui qui s'étoit obligé de le fervir pendant fa vie, eût été empêché par maladie de continuer fon fervice. L'Arrêt qui eft du 16. Avril 1641. eft rapporté par Soefve, tom. 1. cent. 1. chap. 37.

Pour ce qui eft des gages des Serviteurs, *voyez* ce que j'en ai dit *verbo* Gages.

A l'égard des cas où les Maîtres font tenus des dommages caufés par leurs Serviteurs, *voyez* Domeftiques.

Touchant les femmes qui fe remarient avec leurs valets & gens de baffe naiffance, *voyez* ce que j'en ai dit ci-deffus, *verbo* Mariage inégal ; & M. Ricard en fon Traité des Donations, part. 3. chapitre 9.

SERVITUDE. Il y en avoit chez les Romains de deux fortes ; fçavoir, celle par laquelle une perfonne eft affujettie à une autre, & celle en vertu de laquelle un héritage eft affujetti à certaines charges au profit d'un autre héritage ou de quelque perfonne qui n'eft pas propriétaire de l'héritage fervant.

Il y avoit donc chez les Romains une fervitude d'une perfonne affujettie à une autre, une fervitude d'un héritage envers un autre héritage, & enfin, une fervitude dûe par un héritage à une perfonne.

Voyez ce que j'ai dit fur le titre 3. du premier Livre des Inftitutes de Juftinien, & fur le troifieme, quatrieme & cinquieme titre du fecond Livre.

SERVITUDE PAR LAQUELLE UNE PERSONNE EST ASSUJETTIE A UNE AUTRE, fe pratiquoit autrefois chez les Romains, & eft encore ufitée chez quelques Nations. Elle donne aux Maîtres droit de vie & de mort fur leurs efclaves, & tient les efclaves dans une fi grande dépendance, qu'ils ne peuvent rien acquérir pour eux-mêmes.

La Loi de l'Evangile n'a pu fouffrir cette inégalité dans la condition des hommes ; elle les confidére tous comme libres, & tels qu'ils font de droit naturel. C'eft pour cette raifon que toutes perfonnes font libres en France, & que fi-tôt qu'un efclave y entre, il acquiert la liberté ; ce qui n'eft

établi par aucune loi, mais feulement par un long ufage qui a force de Loi.

Néanmoins dans quelques coutumes du Royaume il y a des hommes que l'on appelle mainmortables, hommes ou gens de corps, de pote, qui reffemblent à ceux que les Romains appelloient *adfcriptii, agricolæ, coloni, cenfiti, & membra five fervi terræ.* Mais ils ne laiffent pas pour cela d'être libres : toute leur fujetion ne fe reduit qu'à certains devoirs qui ne bleffe point abfolument les droits de la liberté naturelle. *Voyez* Serfs.

Il y a même aujourd'hui des efclaves dans l'Amérique ; & cette regle, que tout efclave eft libre dès l'inftant qu'il a mis le pied dans le Royaume de France, n'a pas lieu pour les Négres de ces ifles qui viennent ici avec leurs Maîtres, lorfqu'ils s'y en retournent avec eux.

SERVITUDE D'HERITAGES, eft un droit établi fur un héritage contre fa liberté naturelle, en conféquence duquel droit un héritage eft affujetti à certaines charges au profit d'un autre héritage, ou de quelque perfonne qui n'eft pas le propriétaire de l'héritage fervant.

La fervitude eft donc un droit, c'eft-à-dire, une chofe incorporelle, qui par conféquent ne peut fubfifter d'elle-même, & qu'il faut attacher & appliquer à un certain corps, c'eft-à-dire, l'héritage qui doit la fervitude à celui à qui elle eft due, dont elle augmente la valeur.

La fervitude étant un droit & une chofe incorporelle, elle ne reçoit ni tradition ni divifion. *Leg.* 43. §. 1. *ff. de acq. rer. domin. leg.* 32. §. 1. *ff. de fervit. prædior. urbanor. leg.* 14. & 17. *ff. fi fervit. vindicet.* Si une fervitude eft établie fur un héritage voifin en faveur d'un autre héritage, cette fervitude étant indivifible, eft toute en tout l'héritage dominant & l'héritage fervant, & toute en chaque partie, comme l'ame eft toute en tout le corps, & toute en chacun de fes membres.

Si un héritage eft commun à plufieurs par indivis, pas un ne peut donc impofer un droit de fervitude que tous les autres n'y aient confenti ; parce que cette fervitude étant répandue fur tout l'héritage, elle engageroit les portions qui n'appartiennent pas à celu. qui l'auroit impofée.

Un des coproprietaires d'un héritage poffédé entre plufieurs par indivis, ne peut pas auffi ftipuler un droit de fervitude pour cet héritage ; parce qu'il l'acquéroit généralement à tout l'héritage, & par conféquent aux portions qui ne lui appartiennent pas.

Les Servitudes étant de leur nature individues, c'eft-à-dire, ne fe pouvant pas divifer, on ne peut, fuivant ce que nous venons de dire, acquérir une fervitude pour une partie d'un héritage, parce que la fervitude eft toute dans le fonds qui la doit, & toute dans chaque partie d'icelui ; *Leg.* 9. *ff. de fervit.* Et on ne peut pas ftipuler une fervitude pour une partie indivife, parce que l'ufage d'une fervitude ne fouffre point de divifion ; c'eft-à-dire, que nous ne pouvons pas nous en fervir pour une partie, & lorfque nous nous en fervons, nous nous en fervons pour le tout & folidairement. *Leg.* 17. *ff. eod.*

C'est pour cette raison , qu'en conſtituant des ſervitudes ſur des héritages , on a coutume de convenir ſur quel endroit de l'héritage la ſervitude eſt établie ; auquel cas les autres parties ſont libres & exemptes de la ſervitude ; mais la partie ſur laquelle on a aſſigné , la ſervitude y eſt ſeule obligée , comme ſi elle étoit ſéparée des autres. *Leg. 13. §. 1. Leg. 23. ff. de ſervitutibus prædiorum ruſticorum.*

La ſervitude eſt un droit établi ſur un héritage contre la liberté naturelle , parce que la nature a fait tous les héritages libres. Elle a cependant établi quelques dépendances néceſſaires ſur certains héritages ; ainſi l'eau qui tombe ſur les montagnes & les lieux élevés , coule enſuite néceſſairement dans les vallées & dans les lieux bas ; mais ces dépendances ne ſont pas de véritables ſervitudes, parce qu'elles viennent de la nature même , & de l'ordre qu'elle a établi ſur ces héritages plus élevés ou plus bas.

La ſervitude étant un droit établi ſur un héritage contre la liberté naturelle , tous les héritages ſont réputés libres; en ſorte que celui qui prétend droit de ſervitude ſur l'héritage d'autrui , eſt tenu de le juſtifier. *Leg. latius cod. de ſervitutibus & aquis.*

En matiere de ſervitude il faut donc un titre : telle eſt la diſpoſition de la Loi municipale , conforme en cela au droit des Gens, & à l'équité naturelle , qui veulent que chacun uſe de ſon bien ainſi qu'il le juge à propos ; car tout propriétaire à qui appartient le ſol , peut en ligne droite au-deſſus & au-deſſous, faire tout ce qu'il lui plait, ſoit en y faiſant bâtir , ſoit en y faiſant planter des arbres. Il faut donc, pour gêner cette liberté , qu'il y ait un titre ; ſans quoi l'on rentre dans le droit commun : *nulle ſervitude ſans titre.*

C'eſt à celui qui impoſe une ſervitude à s'expliquer clairement , & à déſigner la portion du fonds qui y eſt aſſujettie ; c'eſt lui qui impoſe la Loi, & qui eſt en droit d'en déterminer l'objet ; & tout ce qui n'eſt point enveloppé dans cette Loi, jouit de ſa liberté primitive. *Servitutibus tempore conſtitutionis modus ad certam partem fundi tam remitti quàm conſtitui poteſt. Leg. 6. ff. de ſervitutibus.*

Mais quand une fois la ſervitude eſt impoſée , qu'elle eſt déterminée à une certaine portion d'héritage , il n'eſt plus permis d'en changer l'ordre. *Quando modus ſervituti impoſitus eſt , non conceditur conſtituenti pluſquam pactum eſt in ſervitute habere.*

Le motif de cette Loi eſt puiſé dans l'équité, & conforme aux principes de Droit. *Unius incluſio eſt excluſio alterius , maximè in odioſis ; at ſervitus , ut potè contra naturam , odioſa eſt , libertas verò res favorabilis eſt ; favores autem ſunt ampliandi.*

Les ſervitudes étant contre la liberté naturelle , ne ſe préſument point ; ainſi une ſervitude impoſée ſur une partie expreſſément dénommée d'un fonds , ne peut jamais s'étendre ſur le reſte.

Il faut donc une dérogation expreſſe & bien ſpécifiée pour détruire la liberté ; & ſi cette dérogation n'eſt pas claire & formelle , la Loi ſe détermine en faveur de la liberté. *Quoties dubia interpretatio libertatis eſt , ſecundùm libertatem reſpondendum eſt. Leg. 20. ff. de reg. jur.*

D'ailleurs , on explique toujours une clauſe obſcure inſérée dans un contrat , contre celui en faveur de qui elle a été miſe , & qui a été le maître de la faire rédiger plus clairement. *Veteribus placuit pactionem obſcuram vel ambiguam iis nocere , in quorum poteſtate fuit legem apertius conſcribere. Leg. 39. ff. de pactis.*

Voyez l'article 215. de la coutume de Paris.

Il y a deux ſortes de ſervitudes d'héritages ; ſçavoir , les ſervitudes réelles qui ſont dûes par les héritages aux héritages d'autrui , & les mixtes qui ſont dûes par les héritages d'autrui à quelqu'autre perſonne qu'à celui qui en eſt le propriétaire ; & ces ſervitudes ſont ordinairement appellées perſonnelles, qui ſont au nombre de trois, l'uſufruit, l'uſage & l'habitation, dont j'ai parlé en leur lieu ; c'eſt pourquoi je n'en dirai rien en cet endroit. Je vais ſeulement parler des ſervitudes réelles , & de ce qui les concerne.

§. I. *Des ſervitudes réelles.*

La ſervitude réelle eſt celle qui aſſujettit un héritage à certaines choſes en faveur d'un autre héritage.

La ſervitude réelle eſt attachée à l'un & l'autre fonds , c'eſt à-dire , à celui par qui elle eſt dûe, & à celui à qui elle eſt dûe ; en ſorte qu'elle paſſe aux ſucceſſeurs , & ſuit toujours ces héritages, en quelques mains qu'ils puiſſent tomber.

Un droit qui auroit été accordé à quelqu'un en particulier , *ut in leg. 8. ff. de ſerv.* ne ſeroit donc pas une ſervitude réelle , puiſqu'une telle conceſſion ne ſeroit pas perpétuelle , & ne paſſeroit pas la perſonne en faveur de qui elle auroit été faite , mais ſeroit éteinte à ſa mort.

Comme les ſervitudes réelles ne peuvent être dûes que par des héritages à d'autres héritages , celui qui n'a point d'héritage dans un endroit , ne peut y acquérir aucune ſervitude de cette nature , ni en être chargé.

Il faut de plus que les deux héritages , c'eſt-à-dire, le dominant & le ſervant , ſoient voiſins ; *leg. 1. §. 1. ff. 1. commun. prædior. tam urban. quam ruſt. leg. 23. §. ult. ff. de ſervit. præd. urban. leg. 10. ff. de ſervit. præd. ruſtic.* En ſorte que la diſtance qui ſe trouveroit entre deux héritages , & qui empêcheroit l'uſage d'une ſervitude, empêcheroit auſſi qu'on ne la pût valablement impoſer. *Leg. 7. in fin. ff. eod. leg. 14. §. 2. ff. de ſervit. leg. 38. ff. de ſervit. præd. urban.*

Pour qu'une ſervitude réelle ſoit valablement conſtituée , il faut que l'héritage dominant & l'héritage ſervant appartiennent à différens propriétaires ; *quia nemini res ſua ſervit , ſed prodeſt jure proprietatis domino.*

La ſervitude réelle eſt proprement un droit & une qualité du fonds dominant auquel elle eſt dûe ; ainſi elle en augmente la valeur , & en rend l'uſage plus commode & plus agréable. Au contraire, elle diminue le prix du fonds ſervant qui en eſt chargé ,

&

& en rend la poffeffion onéreufe & incommode.

On entend par héritage une chofe incorporelle immobiliaire, qui eft dans le commerce des hommes. Il y en a de deux fortes ; fçavoir les héritages urbains, & les héritages ruftiques.

Les héritages urbains font les édifices qui font bâtis pour fervir d'habitation aux peres de famille, foit dans les Villes, foit dans les Villages, & à la campagne.

Les héritages ruftiques font les terres & les héritages où il n'y a point d'édifice ; ou s'il y en a, ils ne font pas deftinés pour fervir d'habitation aux peres de famille, foit que ces héritages foient fitués dans les Villes, foit qu'ils le foient au Village & à la campagne, comme font des étables & des granges ; parce que cette diftinction d'héritages urbains & ruftiques ne fe retire pas du lieu où ils font fitués, mais de leur deftination & de leur ufage. *Leg. 166. leg. 198. ff. de verb. fignif.*

Les fervitudes réelles font auffi de deux fortes ; il y en a d'urbaines, & d'autres qui font ruftiques : ce qui dépend de la qualité de l'héritage dominant. *Servitutes prædiales nomen & differentiam fumunt à prædio dominante, non à ferviente ; fi quidem funt jura & qualitates prædiorum, in quorum utilitatem & commodum conftituuntur.*

Les fervitudes urbaines font donc celles qui font dûes aux édifices, en quelque lieu qu'ils foient bâtis, pour fervir d'habitation aux peres de famille, quoiqu'elles foient dûes par ceux des champs.

Les fervitudes ruftiques au contraire font celles qui font dûes aux terres & héritages où il n'y a point d'édifices deftinés pour fervir d'habitation à un pere de famille, quoiqu'elles foient dûes par des héritages des Villes.

§. II. *Des fervitudes des héritages des Villes.*

Ces fervitudes font appellées urbaines, comme nous avons dit ci-deffus.

La premiere de ces fervitudes eft appellée en Droit, SERVITUS ONERIS FERRENDI, c'eft à-dire, la fujetion de fupporter les charges de la maifon voifine, *leg. 33. ff. de fervit. præd. urban.* comme fi celui à qui appartient un mur, depuis les fondemens jufqu'au plancher du premier étage d'une maifon appartenante au voifin, eft obligé de fupporter le mur qui eft bâti deffus.

Ce droit qu'on a d'obliger le voifin à fouffrir qu'on faffe porter les charges de fa maifon fur la fienne, a quelque chofe de particulier ; car toute autre forte de fervitude ne confifte que dans une pure fouffrance & une fimple tolérance de la part du propriétaire de l'héritage fervant, *leg. 15. §. 1. de fervitutib.* Mais dans cette fervitude, le propriétaire de l'héritage qui en eft chargé, eft abfolument tenu de foutenir la charge du bâtiment de l'héritage dominant, & d'entretenir à fes frais & dépens le mur ou le pilier qui foutient le bâtiment de l'héritage dominant ; parce que c'eft en quoi confifte principalement cette fervitude *oneris ferrendi* ; ce qui fait que celui qui la doit, eft ordinairement propriétaire du mur, depuis les fondemens

Tome II.

jufqu'au premier plancher. *Leg. 33. ff. de fervit. prædior. urban. leg. 6. ff. fi fervit. vindicet.*

La deuxieme eft appellée en Droit, SERVITUS TIGNI IMMITTENDI, c'eft-à-dire, le droit de pofer fes poutres dans le mur du voifin. Dans cette fervitude, l'on eft tenu de fouffrir que le voifin enfonce & appuye fes poutres dans notre mur, fans néanmoins être tenu de réparer & d'entretenir ce mur : en quoi la fervitude de *tigni immittendi* differe de celle d'*oneris ferrendi.*

La troifieme eft appellée JUS TIGNI PROJICIENDI, qui n'eft autre chofe que le droit d'avancer fon bâtiment fur l'héritage d'autrui, de maniere toutefois qu'il repofe dans le mur de l'héritage dominant, comme font les faillies, balcons & avances. *Leg. 142. §. 2. ff. de verb. fignif.*

La quatrieme eft appellée SERVITUS STILLICIDII RECIPIENDI, VEL NON RECIPIENDI. Celle qui eft appellée JUS STILLICIDII RECIPIENDI, eft une fervitude en vertu de laquelle le voifin eft obligé de recevoir dans fa maifon, dans fa cour ou cloaque l'eau qui tombe de notre toît. Celle qui eft appellée JUS STILLICIDII NON RECIPIENDI, eft une fervitude en vertu de laquelle le voifin eft exempt de recevoir dans fa maifon, cour ou cloaque, les eaux qui tombent du toît de la maifon voifine.

L'on ne peut concilier cette fervitude avec la précédente, qu'en difant que cela dépend abfolument de l'ufage comme du lieu où ces héritages font fitués : *Nam fi jus commune civitatis fit jus ftillicidiirecipiendi, contrarium erit fervitus & vice verfâ.*

La cinquieme fe nomme SERVITUS FLUMINIS RECIPIENDI, VEL NON RECIPIENDI. *Servitus fluminis recipiendi*, eft une fervitude qui nous donne droit de faire écouler dans la maifon de notre voifin l'eau qui eft tombée de notre toît dans une goutiere. *Servitus fluminis non recipiendi* ; eft une fervitude qui nous donne droit de ne pas recevoir dans notre maifon, cour ou cloaque, les eaux qui tombent du toît de la maifon voifine, & que l'on en fait écouler le le moyen d'une goutiere. Il faut dire de cette fervitude ce que nous avons dit de la précédente, c'eft-à-dire, qu'elle eft *jus fluminis recipiendi*, aut jus *fluminis non recipiendi*, *fecundum jus commune civitatis in qua fita funt prædia.*

La fixieme eft JUS ALTIUS NON TOLLENDI ; c'eftà-dire, le droit d'empêcher fon voifin d'élever fon bâtiment au-delà d'une certaine hauteur. On peut auffi établir une fervitude, en vertu de laquelle on puiffe élever fon bâtiment au-delà de la hauteur ordinaire. Mais cela ne peut avoir lieu, que quand le Droit commun du lieu où font fitués les héritages, fait confifter la liberté dans le contraire.

La feptieme eft, JUS PROSPECTUS, AUT NE LUMINIBUS OFFICIATUR, qui fignifie le droit qu'on a d'empêcher le voifin de rien faire qui puiffe nous ôter la vûe, & rendre notre maifon plus obfcure par quelque maniere que ce foit, comme en faifant planter des arbres, qui par leur hauteur ou par l'épaiffeur de leurs feuillages, empêcheroient la pénétration de la lumiere jufqu'à notre maifon, ou en borneroient la vûe. *Leg. 3. 4. 15. 17. & 23. ff. de fervit. præd. urban.*

Il y a encore une autre servitude urbaine, qui est approchante de celle-ci ; sçavoir, le droit d'obliger le voisin à souffrir que nous tirions du jour de son héritage. Cette servitude est appellée SERVITUS LU-MINUM, & consiste à pouvoir avoir dans notre héritage certains endroits ouverts sur l'héritage du voisin pour en tirer du jour, contre le commun usage du lieu où les héritages sont situés.

Ceux qui ne sont pas chargés de la servitude *altiùs non tollendi*, dont nous venons de parler, ont la liberté entiere d'élever leurs maisons tant qu'il leur plaît, suivant cette maxime, que *quiconque est propriétaire du sol, l'est aussi de tout ce qui est au-dessus ou au-dessous jusqu'à l'infini*, si ce n'est qu'il leur soit défendu par les Loix du pays de faire aucune élévation qui excede la forme des anciens bâtimens, ou la forme que les Statuts particuliers de la Ville ont prescrite.

Toutefois si quelqu'un vouloit élever un bâtiment jusqu'à une hauteur extraordinaire qui pourroit être incommode à ses voisins, il pourroit en être empêché, suivant la Loi 11. *ff. de servit. urban. prædior.* qui est d'usage en France, selon l'opinion de Chopin sur la coutume de Paris, liv. 1. tit. 5. & de Cujas sur ladite Loi. Charondas sur l'article 187. de la même coutume, rapporte deux Arrêts, l'un du 4. Février 1559. & l'autre du 29. Janvier 1588. par lesquels il a été jugé que des bâtimens élevés extraordinairement seroient rabaissés jusqu'à une certaine hauteur.

Au reste, celui qui possede une maison libre de toutes servitudes, ne peut pas faire en son fonds ce qui ne peut pas lui être utile, & qui peut nuire à son voisin, comme en bouchant les vûes, & en lui ôtant sa clarté ; comme il a été jugé par Arrêt du 4. Février 1554. cité par l'Hommeau, titre des Servitudes, maxime 420.

§. III. *Des servitudes des héritages des champs.*

Les servitudes des héritages des champs sont les servitudes que l'on nomme rustiques. Les principales sont, suivant le Droit Romain, *iter*, *actus* & *via.*

ITER, est un droit de passage, c'est-à-dire la liberté d'aller & de se promener, sur l'héritage d'autrui, à pied ou à cheval, ou en litiere, avec pouvoir de remuer la terre, de l'applanir & de faire toutes choses nécessaires pour l'usage & l'exécution de ce droit, qui est appellé en Latin *Iter*, qui vient du mot *ire.*

ACTUS, qui vient d'*agere*, conduire, est le droit de faire passer des bêtes de charge, ou de conduire une charette ou un chariot sur l'héritage d'autrui. Celui qui a ce droit, n'a pas le droit de sentier ou le droit de passage, comme une servitude distincte & séparée, *leg. 4. §. 1. ff. si servit. vind.* mais il en a la commodité & l'usage, & il s'en peut servir même sans bête de charge & sans voiture. *Leg. 1. ff. de servitutibus prædior. rusticor. & arg. leg. 1. ff. de adimend. legat. & lege 9. ff. si servit. vindicet.*

VIA, est une servitude qui contient directement,

& le droit d'aller & de se promener sur le fonds d'autrui, & celui d'y faire passer des bêtes de charge ou des voitures ; en sorte qu'il peut agir séparement pour chacune de ces deux servitudes, si bon lui semble : *arg. leg. 13. §. 1. ff. de acceptilationib. junéto Cujacio, lib. 22. observat. cap. 35.* Et en cela le droit de *via* est différent du droit d'*actus* : Nam licet qui *actum* habet, *iter* quoque habeat per consequentias, *leg. 1. ff. de servit. prædior. rusticor. & arg. leg. 1. ff. de alimend. legat. directo tamen iter vindicare non potest, leg. 4. ff. eodem ; via verò utrumque etiam directò continet, arg. leg. 13. §. 1. ff. de acceptilation. junéto Cujacio, loco supra citato.*

De plus, la largeur de la servitude appellée *actus*, n'étant pas réglée par les Loix, dépend toujours de la volonté des Parties ; mais la largeur de la voie est définie à huit pieds quand le chemin est droit ; & à seize quand le chemin va en tournant, *leg. 13. §. 2. leg. 8. ff. de servit. præd. rusticor.* quoique la largeur puisse avoir plus ou moins d'étendue par convention faite entre les Parties.

Enfin celui qui n'a que la servitude d'*actus*, ne peut pas conduire un chariot chargé à la hauteur d'une pique, ni traîner par l'héritage servant des poutres & de grosses pierres ; mais celui qui a la servitude de *via*, est en droit de faire tout cela. *Leg. 1. & 7. ff. de servit. præd. rusticor.*

Nous ne distinguons point en France ces trois sortes de servitudes rustiques, de la même maniere qu'elles étoient en usage chez les Romains : nous reconnoissons seulement la servitude de chemin pour les gens de pied, la servitude pour les bêtes de charge & la servitude pour les chariots & autres voitures ; & ce ne sont que les clauses particulieres que l'on y insere qui les rendent plus ou moins étendues.

Il y a encore huit servitudes rustiques, dont il est parlé dans les Loix Romaines, & dont l'usage est reçu parmi nous.

La premiere, *aquæduétus*, qui est le droit d'acqueduc, c'est-à-dire, de faire passer de l'eau par l'héritage d'autrui, par tuyaux de plomb, de bois, de pierre, ou autrement. *Leg. 1. ff. de servit. præd. rusticor. leg. 2. ff. de aqua quotidiana.*

La deuxieme est, *aquæ haustus*, qui est le droit de puiser de l'eau dans la fontaine ou dans le puit de son voisin. *Leg. 5. in fin. ff. de servit. præd. rusticor.*

La troisieme est, *pecoris ad aquam appulsus*, qui est le droit d'abreuver ses bestiaux à la fontaine, à la citerne, au puits, ou à la mare de son voisin. *Leg. 1. Leg. 2. §. ult. ff. eod.*

La quatrieme est, *jus pascendi pecoris*, c'est-à-dire le droit de pâturage, ou le droit de faire paître ses bestiaux dans les terres d'autrui. *Ibid.*

Cette derniere servitude & la précédente peuvent être personnelles, & n'être dûes qu'à la personne en faveur de qui elles auront été accordées, *leg. 4. ff. de servit. prædior. rusticor.* auquel cas elles sont éteintes par sa mort, & ne passent point en la personne de ses héritiers. *Leg. penul. ff. eod.*

La cinquieme est, *jus calcis coquendæ*

c'eſt-à-dire le droit de faire cuire de la chaux dans le fonds d'autrui.

La ſixieme eſt, *jus arenæ fodiendæ*, c'eſt-à-dire le droit de faire tirer du ſable dans les terres d'autrui.

La ſeptieme eſt, *jus cretæ fodiendæ*, qui eſt le droit de tirer de la terre blanchie, que l'on nomme communement craie, dans les terres d'autrui.

La huitieme eſt, *jus eximendi lapidis*, qui eſt le droit de faire tirer de la pierre dans le fonds d'autrui.

§. IV. *En quoi les ſervitudes urbaines & ruſtiques conviennent.*

Les ſervitudes des héritages des Villes, & les ſervitudes des héritages des champs, conviennent en pluſieurs choſes. I°. en ce que toute ſervitude réelle, ſoit urbaine ou ruſtique, ne peut être dûe que par un héritage : d'où il s'enſuit, que celui qui n'a point d'héritage dans un endroit, ne peut pas y acquérir aucune ſervitude de cette nature, ni en être chargé.

II°. En ce que toutes les ſervitudes réelles ſont individues, auſſi bien que les ſervitudes perſonnelles, à l'exception toutefois de l'uſufruit, comme nous l'avons fait voir ailleurs.

III°. En ce que les ſervitudes réelles ont une cauſe perpétuelle, à la différence des ſervitudes perſonnelles qui n'ont qu'une cauſe temporelle ; ainſi les ſervitudes réelles étant inhérentes à l'héritage à qui elles ſont dues, ne s'éteignent point par la mort du propriétaire de l'héritage dominant, mais paſſent en la perſonne de ſon héritier, & en celle de tout autre acquéreur de cet héritage.

Comme la cauſe des ſervitudes réelles eſt perpétuelle il faut qu'elles ſoient établies en des choſes dont celui à qui l'héritage dominant appartient, puiſſe continuellement ſe ſervir, quoique l'uſage n'en ſoit pas toujours continuel, mais intermittent, comme celui des ſervitudes appellées *itineri*, *actûs*, *viæ*, *pecoris ad aquam appulſûs*, &c. L'acte de la ſervitude doit donc toujours pouvoir exiſter, quoiqu'il ceſſe très-ſouvent, parce que la nature des ſervitudes n'eſt pas que quelqu'un faſſe quelque choſe, mais qu'il ſouffre qu'on faſſe quelque choſe dans ſon fonds ; ou qu'il ne faſſe pas dans ſon fonds, ce qu'autrement il auroit droit d'y faire. *Leg.* 15. §. *ult. ff. de ſervitutibus.*

De ce que les ſervitudes réelles ont une cauſe perpétuelle, il s'enſuit encore qu'elles ne peuvent pas être conſtituées *ex tempore vel ad certum tempus*, *ſub conditione*, *aut ad certam conditionem*. Cependant ſi une ſervitude étoit conſtituée pour un certain temps ou ſous condition, cette convention ou autre ſemblable ſeroit maintenue en Juſtice, par le moyen de l'exception réſultante d'une telle clauſe appoſée à la conſtitution de la ſervitude. *Leg.* 4. *ff. de ſervit. leg.* 28. *ff. de ſervit. præd. urban.*

Il eſt encore certain, que quoiqu'une ſervitude réelle ait une cauſe perpétuelle, néanmoins on peut en reſtraindre l'uſage, en ſpécifiant la maniere dont le propriétaire de l'héritage dominant pourra s'en ſervir. Par exemple, les parties peuvent convenir que le propriétaire de l'héritage dominant, auquel la ſervitude d'*actûs* eſt accordée, ne pourra faire paſſer que des caroſſes, & non pas des charettes, dans le fonds qui eſt redevable de cette ſervitude.

On peut auſſi convenir qu'il ne ſe ſervira de cette ſervitude que dans un certain tems de la journée, comme l'après-midi ſeulement, ou pendant le jour & non pas durant la nuit, ou pendant certains mois ou certains jours de chaque année.

On peut encore convenir qu'une ſervitude de paſſage, n'aura lieu que pour faire tranſporter ſes vendanges en ſa maiſon par l'héritage de ſon voiſin.

Ces ſortes de clauſes ne finiſſent & ne retardent pas l'uſage des ſervitudes ; elles ne font que les limiter. *Leg.* 4. *ff. de ſervit.*

IV°. Les ſervitudes réelles ſoit urbaines ou ruſtiques, conviennent en ce que les unes & les autres s'acquierent, ſe pourſuivent & s'éteignent par les mêmes manieres.

Enfin, celui qui eſt propriétaire de deux héritages, peut en aliénant l'un des deux, charger celui qu'il lui plait d'une ſervitude envers l'autre, *leg.* 3. 5. & 6. *ff. communia prædior.* Mais il faut pour cela que ſa deſtination ſoit par écrit, & qu'il l'ait marqué dans l'aliénation qu'il en a faite.

Ainſi un pere de famille ayant fait bâtir deux maiſons, & les ayant chargées de quelques ſervitudes l'une envers l'autre, & les vendant à deux Particuliers ſans exprimer les ſervitudes dont il entend qu'elles ſoient chargées, leſdites ſervitudes ſont éteintes de plein droit ; comme il a été jugé par Arrêts de 26. Mai 1601. & 5. Décembre 1603. cités par Brodeau ſur Louet, lettre S, chapitre 1. conformément aux articles 215. & 216. de la Coutume de Paris.

§. V. *Par quels moyens s'acquierent les ſervitudes.*

Suivant le Droit Romain, les ſervitudes s'acquierent & nous ſont acquiſes par la quaſi-tradition, qui ſe fait par l'uſage qu'en fait le propriétaire du fonds dominant, & la ſouffrance du propriétaire du fonds ſervant : *Quaſi traditio ſit uſu ex parte domini prædii dominantis, & patientiâ ex parte domini prædii ſervientis. Leg. ult. ff. de ſervitutibus.*

On peut auſſi acquérir une ſervitude par l'adjudication qui s'en fait par le Juge, lorſque partageant les biens d'une ſucceſſion ou d'une ſociété il ordonne qu'un héritage qu'il adjuge à un des cohéritiers ou des aſſociés, ſera ſujet à une ſervitude envers l'héritage qu'il adjuge à un autre des cohéritiers ou des aſſociés.

Un teſtateur peut par acte de derniere volonté établir ſur un de ſes héritages une ſervitude. Par exemple un teſtateur peut par ſon teſtament défendre à ſon héritier d'élever ſa maiſon au-deſſus d'une certaine hauteur, pour ne pas ôter le jour à une maiſon voiſine. Il peut auſſi ordonner que ſon héritier recevra dans ſon mur les poutres & les ſolives de la maison voisine , ou qu'il sera obligé de souffrir la servitude de l'écoulement & de la chûte des eaux , ou qu'il laissera aller & venir par son fonds le propriétaire de l'héritage voisin , soit à pied , soit avec une bête de charge ou une voiture , ou qu'il lui permettra de conduire par son fonds de l'eau dans le sien.

Enfin on peut , suivant la disposition des Loix Romaines , acquérir une servitude par une longue possession de bonne foi , c'est-à-dire de dix ans entre présens , & de vingt ans entre absens.

Nous avons expliqué jusques ici par quelles manieres les servitudes peuvent nous être acquises par les Loix Romaines : voyons présentement par quelles voies elles peuvent nous être dûes.

Suivant les Loix Romaines , les servitudes ne nous peuvent être dûes , que quand elles nous ont été promises par une stipulation , ou par un simple pacte qui a été ajouté sur le champ à un contrat de bonne foi.

Tout ce que nous venons de dire est d'usage par toute la France , si ce n'est par rapport à deux articles.

Le premier regarde ce que nous avons dit de la prescription des servitudes , qui étoit admise chez les Romains ; car parmi nous dans la plûpart des Provinces qui sont régies par le Droit coutumier , les servitudes ne s'acquierent pas par la prescription sans titre , quelque long-temps qu'on les ait possédées.

Il n'y a qu'en pays de droit écrit qu'on les peut acquérir par une longue possession ; conformément au droit Romain ; encore faut-il que ces pays de Droit écrit ne soient pas de ceux qui sont du ressort du Parlement de Paris ; car ils suivent la maxime que la plûpart de nos Coutumes ont établie là dessus ; sçavoir , que les servitudes ne peuvent s'acquérir sans titre , quelque longue qu'ait été la possession pendant laquelle on en a joui.

Cette maxime , *nulle servitude sans titre* , s'est introduite parmi nous , pour obvier aux entreprises qui se faisoient par succession de temps entre voisins , sous couleur de souffrance & tolérance , pour cause d'amitié & familiarité , dont on abusoit très-souvent. Ainsi l'on n'a point trouvé de plus sûr moyen pour empêcher les désordres qui provenoient de ces abus , que nulle servitude ne se peut acquérir par la seule possession immémoriale quand même elle seroit de cent ans & plus.

On n'a donc point d'égard à la longueur de la possession : & on présume que quand elle est destituée de titre , ce n'est qu'une simple souffrance ou une usurpation.

Voyez ce que j'ai dit à ce sujet dans mon Commentaire de la Coutume de Paris sur l'article 186. & ce que j'ai dit ci-dessus , *verbo* Complainte.

Le deuxieme regarde ce que nous avons dit , que les servitudes ne sont véritablement dûes , que quand elles sont promises par stipulation , ou par un simple pacte qui a été sur le champ ajouté à un contrat de bonne foi ; car parmi nous , les simples pactes n'obligent pas moins par eux-mêmes , que les conventions auxquelles les Romains donnoient le nom de contrat , comme je l'ai fait voir sur le titre 14. du troisieme liv. des institutes.

Touchant les actions en vertu desquelles on peut agir en Jugement pour raison de quelque servitude , *voyez* ce que j'en ai dit dans ma Traduction des Instituts , sur le §. 2. du titre sixieme du quatrieme livre.

Suivant ce que nous avons dit ci-dessus , le droit de servitudes ne se peut pas acquérir par décret sans titre précédent , parce que le lieu ne peut être vendu & adjugé qu'avec le droit que le saisi sur lequel il est adjugé y avoit ; & il se peut faire qu'il jouissoit d'une servitude de mur , égoût ou autre , par la courtoisie de son voisin & à titre de précaire. Ainsi en termes de Droit , *qui uti optimâ maximâque sunt ædes tradit , non hoc dicit , servitutem illis deberi , sed illud solum , ipsas ædes liberas esse , hoc est nulli servire. leg. 90. leg. 126. ff. de verbor. signif. leg. 10. ff. de contrah. emp. Leg. penult. ff. de evictionib.*

Cela recevroit néanmoins de la difficulté , dit M. Louet , *verbo* Servitude , si la saisie , les criées , l'enchere , & les autres procédures du décret , faisoient mention expresse & spécifique de la servitude active , soit de mur , égoût ou autre , dont les marques anciennes se rencontreroient , & qu'il n'y eût point eu d'opposition formée de la part du propriétaire de la maison voisine sur laquelle la servitude exprimée seroit prétendue. Ce silence seroit un tacite acquiescement qui feroit présumer un titre perdu adhéré : & l'adjudicataire qui auroit contracté avec la Justice , sous l'autorité de la foi publique , seroit surpris , n'ayant le plus souvent point d'autre titre que son décret.

Cependant plusieurs Arrêts sont rapportés par nos Auteurs , & notamment par M. le Prêtre en ses Arrêts de la Cinquieme , qui ont jugé que l'adjudicataire par décret d'une maison qui avoit des vues sur celle de son voisin , étoit tenu de les retirer , quoique le propriétaire de la maison voisine ne se fût pas opposé au décret. Le Grand sur l'article 61. de la Coutume de Troyes , glose 2. nomb. 45. & suivant , dit qu'il faut un titre précédent. Le Maître est de même avis aussi bien que M. Auzanet qui en ses Mémoires en a fait un article exprès.

§. VI. *Par quels moyens les servitudes réelles sont éteintes.*

Il y a plusieurs moyens par lesquels les servitudes réelles sont éteintes.

Le premier est la confusion de la propriété ; c'est-à-dire lorsque le propriétaire de l'héritage dominant acquiert l'héritage qui doit la servitude , *aut vice versâ* ; de maniere que les propriétés de deux héritages , l'un desquels doit une servitude à l'autre , se trouvent réunies en une même personne. *Leg. 1. leg. 15. ff. si servit. vindicet.* En effet , on ne peut pas avoir droit de servitude sur un héritage dont on a la propriété , *si quidem nemini res sua servit.* Ainsi dès que quelqu'un acquiert l'héritage qui servoit au sien ou auquel le sien devoit une servitude , la servitude est anéantie & ne peut plus subsister

quand même l'héritage feroit enfuite aliéné. *Leg.*
3. communia prædior.

Le fecond eft le non ufage pendant le tems déterminé par les Loix. Ce tems eft de dix ans entre
préfens, & de vingt ans entre abfens, fuivant les
Loix Romaines. *Leg. 6. §. 1. ff. quemadmodum fervi-*
tutes amittantur; & Leg. penult. cod. de fervitutib.
Mais parmi nous, la liberté ne fe peut réacquérir
contre un titre de fervitude; que par trente ans
entre âgés & non privilégiés, fuivant l'art. 186. de
la Coutume de Paris.

La fervitude ne s'éteint pas feulement par le non
ufage, mais encore par un ufage qui n'eft pas conforme à la maniere portée par l'acte qui a établi la
fervitude; comme fi celui qui a droit de puifer de
l'eau dans le fonds d'autrui pendant la nuit, ou à de
certaines heures feulement, en puife pendant le
jour, ou à d'autres heures. *Leg. 10. §. 2. & feq.*
Leg. 18. ff. quemadmodum feryitut. amittantur.

Il faut ici remarquer une différence notable à
l'égard de la fervitude d'un héritage de Ville, en
ce que la fervitude d'un héritage des champs
s'éteint par le feul non ufage, c'eft-à-dire, pour
ne s'en pas fervir, quoique le propriétaire du fonds
qui doit la fervitude, n'ait fait aucun acte qui y
foit contraire.

Mais la fervitude d'un héritage de Ville ne s'é-
teint point par le feul non ufage; il faut qu'il foit
accompagné de quelqu'acte contraire à la fervitude fait par le propriétaire de l'héritage qui en eft
chargé; comme fi la maifon voifine étoit affujettie
à la fervitude de ne pouvoir être élevée au delà
d'une certaine hauteur, fans le confentement du
propriétaire de l'héritage dominant, il faudroit,
pour que cette fervitude fût éteinte, que le propriétaire de l'héritage chargé de cette fervitude, eût
hauffé fa maifon au-delà de ce qui eft porté par l'acte, & que le propriétaire de l'héritage dominant
ne s'y fût pas oppofé.

Comme la fervitude ruftique confifte dans l'exercice & le fait du propriétaire de l'héritage à qui
elle eft dûe, dès qu'il ceffe de s'en fervir, le tems
du non ufage commence à courir. La fervitude urbaine au contraire ne confifte pas dans l'exercice
& le fait du propriétaire de l'héritage, à qui elle
eft dûe, mais dans la patience & tolérance du propriétaire de l'héritage qui la doit: cela fait qu'elle
ne s'éteint pas par le non ufage, & fe conferve
toujours dans l'édifice, fans le fait du propriétaire
de l'héritage pour lequel elle a été établie; de maniere que tant que l'édifice fervant fe trouve capable de fouffrir la fervitude, & qu'il n'eft point intervenu de fait contraire de la part de celui qui en
eft le propriétaire, la poffeffion & le droit de s'en
fervir fubfifte toujours, par rapport au propriétaire
de l'héritage à qui elle eft dûe. *Leg. 6. in fine ff. de*
fervit. præd. urban.

Le troifieme moyen eft la renonciation à la fervitude, faite par le propriétaire de l'héritage, à
qui elle eft dûe. *Leg. 8. ff. quemadmod. fervit. amit-*
tant, parce que chacun peut renoncer à fes droits
particuliers.

Le quatrieme eft la refolution du droit de celui

qui a conftitué la fertitude; car elle en caufe auffi
l'extinction. *Leg. 11. §. 1. ff. eodem.* L'efpece de
cette Loi eft, qu'un héritier avoit chargé d'une
fervitude d'un fond légué fous condition, laquelle
étant arrivée, le Jurifconfulte répondit que cette
fervitude étoit éteinte; *quia fcilicet refoluto jure*
dantis, refolvitur jus accipientis, & quia nemo plus
juris in alium transferre poteft quam ipfe habet. Leg.
9. ff. de. reg. jur. Par cette raifon, fi le poffeffeur
d'un héritage à titre de bail emphitéotique conftitue deffus quelque fervitude pendant fa jouiffance,
cette fervitude fera éteinte par l'extinction de fon
bail.

Le cinquieme eft la perte de l'héritage qui doit
la fervitude; comme fi un champ qui eft redevable d'un droit de chemin ou paffage au propriétaire d'un héritage voifin, fe trouve entiérement
couvert & occupé par un fleuve. *Leg. 14. ff. quem*
admod. fervit. amittant. Il en feroit de même fi la
fource d'eau étoit tarie, par rapport à la fervitude
aquæ hauriundæ. Mais fi les chofes font rétablies
dans la fuite, la fervitude éteinte reffufcite, & a
le même effet qu'auparavant. *Leg. 35. ff. de fervit.*
præd. ruftior.

Le fixieme eft une claufe particuliére appofée
dans la conftitution de la fervitude, qui en contient la deftruction: comme fi une fervitude eft établie à condition qu'elle fera éteinte, fi celui à qui
elle eft dûe fait une telle chofe; le cas arrivant la
fervitude eft éteinte.

La mort naturelle ou civile n'eft pas un moyen
d'éteindre les fervitudes réelles, parce qu'elles font
dûes aux héritages, & non pas à ceux qui en font
les propriétaires. *Servitutes prædiales funt jura præ-*
diorum, non verò perfonarum. Leg. 3. ff. quemad-
modum fervit. amittant.

Suivant la difpofition des Loix Romaines, les
ventes publiques des héritages qui font chargés de
fervitudes, ou auxquels les fervitudes font dûes,
n'en caufent pas l'extinction. *Leg. 23. §. 2. ff. de*
fervit. prædior. rufticor. verba funt: Si fundus fer-
viens, vel is cui fervitus debetur, publicaretur utro-
que cafu, durant fervitutes; quia cum fua conditione
quifque fundus publicaretur.

Mais cette Loi n'eft pas fuivie parmi nous; car
le décret purge les fervitudes, du moins celles qui
font cachées & non vifibles, parce que l'adjudicataire n'en a pû avoir aucune connoiffance; ainfi,
pour empêcher qu'il foit trompé, & n'ait porté plus
haut le prix de l'adjudication qu'il n'auroit fait s'il
avoit eu connoiffance de la fervitude impofée fur
l'héritage, on a trouvé à propos que le décret pur-
geât ces fortes de fervitudes.

A l'égard des fervitudes qui font vifibles & apparentes, comme font les fervitudes d'égoût &
autres femblables, le décret ne les purge pas, parce
que l'adjudicataire par décret de l'héritage qui en
eft chargé, n'en a dû prétendre caufe d'ignorance, ayant pû les voir, ou les faire voir par des
Experts.

Voilà, dit M. Auzanet fur l'art. 186. de la Coutume de Paris, ce qui fe pratique pour les fervitudes paffives auxquelles l'héritage faifi eft fujet:

mais pour les fervitudes actives que l'héritage faifi a fur les héritages voifins, elles ne font point acquifes & confervées par le décret, fi elles ne font déclarées expreſſement dans la faifie réelle, & dans les autres procédures du décret.

Voyez ce que j'ai dit fur le commencement du tit. 9. de la Coutume de Paris, nomb. 22.

SERVITUDES PERSONNELLES, font celles qui font dûes par les héritages aux perfonnes. Il y en a trois ; ſçavoir, l'ufufruit, l'ufage & l'habitation. Le Lecteur pourra voir ici en leur lieu, en quoi ces fervitudes confiftent.

SERVITUDE DE TALH ET DALH, eſt le droit de couper & prendre du bois dans une forêt : car talh & dalh font les inftrumens dont on fe fert pour couper les bois.

SERVITUDE DE PEXE, eſt le droit de faire paître fon troupeau.

SERVITUDE DE DENT ET JASILHA. La fervitude de dent, eſt le droit de faire paître fon troupeau. La fervitude de Jafilha eſt le droit de le faire coucher fur une terre, & l'y faire repofer pendant deux nuits.

SEVICES. Ce terme qui n'eſt en ufage qu'au Palais, fignifie outrages & mauvais traitemens envers une perfonne, fur laquelle on a quelque puiſſance ou autorité, & que l'on traite avec trop de rigueur.

Lorfqu'un Maître ufe de grands fervices envers fon apprenti, il y a lieu de réfoudre fon obligé ; & les Juges doivent le pourvoir d'un autre Maître.

Quand il y a preuves de fevices, une femme eſt en droit de demander féparation d'avec fon mari.

SEXE MASCULIN COMPREND LE FEMININ, foit dans les difpofitions entre-vifs, foit dans les difpofitions à caufe de mort, à moins qu'il n'y ait quelque raifon évidente qui porte à croire que ce qui eſt dit du fexe mafculin ne regarde point le fexe féminin. *Sed regulariter fexus mafculinos fœmineum complectitur. Leg. 62. ff. de legatis III. verbum hoc , fi quis , tàm mafculos quam fœminas complectitur. Leg. 1. ff. de verbor. fignif. Pronunciatio fermonis in fexu mafculino ad utrumque fexum plerumque porrigitur. Leg. 195. ff. eodem.*

SEXTELLAGE, eſt le droit qui fe paye pour raifon des grains vendus aux Halles. *Voyez* ce qui en eſt dit dans le Gloſſaire du Droit François.

S I

SIEGE, fe prend pour toutes fortes de Jurifdictions eccléfiaftiques ou féculieres, & pour le lieu où elle s'exerce.

SIEGE ECCLESIASTIQUE. *Voyez* Juge eccléfiaftique.

SIEGE ROYAL. *Voyez* Juges royaux, & Jurifdiction royale.

SIEGE SEIGNEURIAL. *Voyez* Juges des Seigneurs & Jurifdiction inférieure ou feigneuriale.

SIEGE DES MONNOIES, font les Jurifdictions fubalternes qui connoiſſent dans leur diftrict des abus & malverfations qui fe commettent par les

Officiers des Monnoies, & par les ouvriers qui travaillent en or & argent.

Il y en a de quatre fortes ; ſçavoir, les Généraux provinciaux des Monnoies, les Juges-Gardes des Monnoies, les Prévôts généraux, & les Juges des Mines & Minieres. Toutes les appellations qui s'interjettent de leurs Jugemens, reſſortiſſent aux Cours des Monnoies.

Outre ce que nous allons dire de ces Jurifdictions, on peut voir les Traités des Monnoies des fieurs Conftant & Boizard.

§. I. Des Généraux provinciaux des Monnoies.

Il a été un tems que ces Généraux ont fouffert différentes variations dans leurs qualifications, leur nombre & leurs fonctions. Ils ont été plufieurs fois créés, fupprimés & rétablis. Enfin leur nombre eſt devenu certain par l'Edit du mois de Juin 1696. par lequel Louis XIV. a fupprimé tous les Généraux provinciaux des Monnoies qui exiftoient alors, & en a créé vingt-huit autres fous la même dénomination pour les différentes Généralités & Monnoies du Royaume, ſçavoir,

Iᵛ. Un pour la Généralité de Rouen. IIᵉ. Un pour Caen & Alençon. IIIᵉ. Un pour Rennes, Dol, Saint-Malo, Saint-Brieux, Tréguier, & Saint-Pol de Léon. IVᵉ. Un pour Nantes, Vannes & Cornouailles. Vᵉ. Un pour la Ville de Tours, la Touraine & l'Orléannois. VIᵉ. Un pour Angers, & les Provinces d'Anjou & Touraine. VIIᵉ. Un pour la Ville & Généralité de Limoges. VIIIᵉ. Un pour la Ville de Bourges & le Nivernois. IXᵉ. Un pour la Ville & Généralité de Poitiers. Xᵉ. Un pour la Rochelle, Pays d'Aunis, & la Province de Xaintonge. XIᵉ. Un pour Bourdeaux, & les Elections de Périgueux, Agen, Condom & Sarlat. XIIᵉ. Un pour Bayonne, l'Election d'Acqs, le Pays du Soule & de Labour, & le Comté de Marfan. XIIIᵉ. Un pour la Ville & reſſort du Parlement de Pau. XIVᵉ. Un pour la Ville & Diocefe de Touloufe, & ceux de Mirepoix & autres circonvoifins. XVᵉ. Un pour Narbonne & Diocefe des environs. XVIᵉ. Un pour Montpellier & autres lieux adjacens. XVIIᵉ. Un pour Lyon & Pays Lyonnois, Forez & Beaujolois. XVIIIᵉ. Un pour le Dauphiné, la Savoye & le Piémond. XIXᵉ. Un pour la Ville & Reſſort du Parlement d'Aix. XXᵉ. Un pour Rion, & les Provinces d'Auvergne & Bourbonnois. XXIᵉ. Un pour la Ville & reſſort du Parlement & Chambre des Comptes de Dijon. XXIIᵉ. Un pour la Ville & reſſort du Parlement de Befançon. XXIIIᵉ. Un pour Metz & Province de Luxembourg. XXIVᵉ. Un pour la Ville & Généralité d'Amiens, Boulonnois, Pays conquis & reconquis. XXVᵉ. Un pour la Ville de Lile, la Province d'Artois, & le Pays conquis nouvellement en Flandre & Hainault. XXVIᵉ. Un pour Reims & Elections circonvoifines. XXVIIᵉ. Un pour Troyes & autres lieux circonvoifins. XXVIIIᵉ. Un pour l'Alzace, & autres lieux de la frontiere d'Allemagne.

Ces Généraux ont féance après le dernier Confeiller des Cours des Monnoies où ils reſſortiſſent,

& ils y ont voix délibératives pour les matieres de leur Jurifdiction & reffort feulement, lorfqu'ils s'y trouvent pour le fait de leurs charges.

Ils connoiffent en premiere inftance & à la charge de l'appel efdites Cours des Monnoies, de tout ce qui eft de la Jurifdiction privative defdites Cours, même de la cumulative & concurrente, lorfqu'il ne s'agit que d'amendes & confifcations mobiliaires; & ils connoiffent en dernier reffort & fans appel ce qui eft de furplus de la Jurifdiction cumulative & concurrente, en appellant avec eux le nombre de huit Gradués, ou fept au moins.

La Jurifdiction primative des Cours des Monnoies eft de connoître, privativement à toutes autres Cours & Juges.

I°. De l'enregiftrement des Edits, Déclarations & Réglemens fur le fait des Monnoies, & de leur exécution, circonftances & dépendances.

II°. De la fabrication, poids & titres des Monnoies.

III°. Des adjudications & baux des Monnoies, & des encheres faites en conféquence.

IV°. Des conteftations qui naiffent en exécution de ces baux, pour raifon de traités, fociétés & marchés faits par les Marchands, & autres perfonnes qui apportent des matieres dans les Monnoies, ou qui y fourniffent les chofes néceffaires au travail, circonftances & dépendances.

V°. Des abus & malverfations des Maîtres des Monnoies & de leurs Commis, des Juges-Gardes des Contre-Gardes, des Effayeurs, Tailleurs, Ouvriers, Monnoyeurs & autres Officiers des Monnoies; comme auffi des larcins commis par les Maîtres des Monnoies, & toutes autres perfonnes dans les Monnoies.

VI°. Des fautes & malverfations des Changeurs, Affineurs & Départeurs, des Batteurs & Tireurs d'or, & d'argent, des gens employés aux Mines & Minieres, des Cueilleurs d'or de puillole, Orfévres, Lapidaires, Graveurs, Fondeurs & mouleurs en fable, des Diftillateurs d'eau-forte & d'eau-de-vie, des Horlogers, Fourbiffeurs & autres travaillans en ouvrages d'or & d'argent.

VII°. Des Privileges, Statuts & Réglemens des réceptions & des Jurandes de tous ces arts & métiers, des faifies faites par leurs Gardes & Jurés, & des conteftations qui peuvent naître en conféquence, & généralement de toutes celles qui peuvent naître entre les Marchands, Artifans & autres perfonnes avec eux, pour raifon de leurs fonctions, & exercices de leur art & métier.

VIII°. Des Marques & contre-marques appliquées fur les ouvrages & matieres d'or & d'argent, & des poinçons de marque & de contre-marque qui fe trouvent infculpés aux Greffes defdites Cours & Chambre des Monnoies.

IX°. Des appellations des Jugemens rendus tant en matiere civile que criminelle par les Commiffaires des Cours des Monnoies, les Généraux provinciaux, les Prévôts généraux des Monnoies, les Juges gardes, les Juges des Mines & Minieres, & par les Juges ordinaires commis par les Cours des Monnoies, à caufe de l'abfcence des Préfidens & des Confeillers defdites Cours dans les Provinces du Royaume.

La Jurifdiction concurrente & cumulative des Cours des Monnoies eft de connoître par concurrence & prévention avec les Baillifs, Sénéchaux & autres Juges royaux, des larcins faits des matieres & ouvrages d'or & d'argent chez les Orfévres & autres Jufticiables defdites Cours, par leurs compagnons ou apprentifs, & des crimes de fabrication & expofitions de fauffes monnoies, rognure & altération d'efpeces, fabrication, vente & commerce d'outils, machines, poudres & ingrediens pour faire de la fauffe monnoie, ou pour altérer la bonne, & de billonnement & tranfport des efpeces, circonftances & dépendances.

Au refte, les Généraux provinciaux ne connoiffent point de l'enregiftrement des Edits, Déclarations & Réglemens fur le fait des Monnoies, non plus que de la réception des Officiers fubalternes des Cours, s'ils ne leur font adreffés par le Roi, ou renvoyé par lefdites Cours. Ils ne connoiffent pas non plus de la fabrication du poids du titre des Monnoies.

§. II. *Des Juges-Gardes des Monnoies.*

Leur établiffement remonte à l'année 689. ou pour fuivre la plus commune opinion, à l'année 864. au tems de Charles le Chauve. Ils ont, de même que les Généraux provinciaux, effuyé quantité de changemens, jufqu'à ce que le Roi Henri III. eut, par fon Edit du mois de Juillet 1581. fixé leur état.

Il y a autant des Juges-Gardes des Monnoies, qu'il y a des Villes où l'on bat monnoie; fçavoir, Paris, Rouen, Caën, Tours, Angers, Poitiers, la Rochelle, Limoges, Bourdeaux, Dijon, Orléans, Nantes, Troyes, Amiens, Bourges, Rennes, Strafbourg, Befançon, Lille, Lyon, Bayonne, Touloufe, Montpellier, Rion, Perpignan, Grenoble, Aix, Metz & Pau.

Les vingt premiers Sieges reffortiffent en la Cour des Monnoies de Paris, les huit qui fuivent reffortiffent en la Cour des Monnoies de Lyon; & à l'égard de ceux de Metz & Pau, ils reffortiffent chacun aux Parlemens defdites Villes, qui font en même tems Cours des Monnoies dans l'étendue de leur reffort.

Ces Sieges font compofés de deux Juges-Gardes, d'un Controlleur Contre-garde, d'un Procureur du Roi, d'un Avocat du Roi, d'un Greffier, d'un Garde-fcel & de deux Huiffiers; tous lefquels Officiers font auffi pour les Généraux provinciaux.

Les Juges-Gardes connoiffent, privativement aux Généraux provinciaux, & autres Juges fubalternes des Cours des Monnoies, de la fabrication des efpeces, circonftances & dépendances; & concurremment & par prévention avec lefdits Juges, de toutes les matieres qui font de la Jurifdiction privative & cumulative des Cours des Monnoies;

le tout néanmoins à la charge de l'appel efdites Cours.

Obfervez cependant, I°. Que les Juges-Gardes des Monnoies de Paris, Lyon, Metz & Pau, ne connoiffent uniquement que de la fabrication des efpeces, & qu'ils n'ont aucune Jurifdiction contentieufe, ces quatre Cours ayant le premier dégré de Jurifdiction dans les refforts de ces Juges-Gardes, le tout néanmoins en dernier reffort.

II°. Qu'on ne bat point monnoie en la Ville d'Angers; en forte que les Juges-Gardes de cette Ville n'ont que la Jurifdiction contentieufe pour les affaires qui font de la connoiffance primative & cumulative des Cours des Monnoies de Paris.

III°. Que les Juges-Gardes des Monnoies de Strasbourg & Befançon ne reffortiffent en la Cour des Monnoies de Paris, que pour ce qui concerne la fabrication des efpeces ; car à l'égard des autres matieres qui font de Jurifdiction contentieufe, les Juges-Gardes de Strasbourg reffortiffent au Parlement de Metz, comme Cours des Monnoies, & ceux de Befançon reffortiffent pour les matieres civiles en la Chambre des Comptes de Dole, & pour les criminelles au Parlement de Befançon.

§. III. Des Prévôts généraux des Monnoies.

Il y en a deux en France, celui de Paris, & celui de Lyon.

Celui de Paris a été créé par Édit du mois de Juin 1635. avec un Lieutenant, trois exempts, un Greffier, quarante Archers & un Archer Trompette.

Par un autre Édit du mois de Juillet 1639. il a été créé un Affeffeur & un Procureur du Roi, dont les Charges ont été depuis réunies à celles des Subftituts du Procureur Général de la Cour des Monnoies, qui en font les deux fonctions.

Le Prévôt général de la Cour des Monnoies de Lyon a été créé à l'inftar de celui de Paris, & aux mêmes prérogatives & fonctions, avec un Lieutenant, un Affeffeur, un Procureur du Roi, quatre Exempts, un Greffier, trente Archers & un Archer Trompette. Sa création a été faite en même tems & par le même Édit d'érection de la Cour des Monnoies de Lyon, lequel eft du mois de Juin 1704.

Comme le Prévôt général de la Cour des Monnoies de Lyon a été créé à l'inftar de celui de Paris, & aux mêmes prérogatives & fonctions, nous rapporterons feulement ici ce qui a été réglé à l'égard de celui de Paris & de fa Compagnie.

L'objet de leur établiffement a été de faciliter l'exécution des Édits & Réglemens pour le fait des Monnoies, pour raifon de quoi ils font tenus de prêter main forte aux Députés de la Cour des Monnoies de Paris, pour exécuter les Arrêts & Commiffions qui leur font par elle adreffées ; & à cet effet fournir des Archers plus ou moins, felon que la néceffité le requerra, & toutesfois & quantes qu'il fera ordonné par ladite Cour, & qu'ils en feront requis par les Commiffaires d'icelles.

Le Prévôt général des Monnoies de Paris a féance en la Cour des Monnoies, après le dernier Confeiller fans voix délibérative, quand il y eft mandé, ou qu'il a quelque repréfentation à y faire pour le fervice du Roi & les fonctions de fa Charge.

Le Prévôt général des Monnoies & fes Lieutenans connoiffent privativement, à tous autres Prévôts, & Juges royaux, & par concurrence avec les Généraux provinciaux & autres Juges fubalternes de la Cour des Monnoies, même avec ladite Cour hors la Ville & Fauxbourgs de Paris de tous les délits commis par les Jufticiables d'icelle, jufqu'à Sentence définitive inclufivement, fauf l'appel en ladite Cour.

Ils connoiffent en dernier reffort & fans appel, même dans la Ville de Paris, de tous Faux monnoyeurs, Rogneurs, Billonneurs, Tranfporteurs des monnoies, marchandifes d'or & d'argent, & autres prohibées, dedans & dehors le Royaume, avec pouvoir d'informer, décreter & conftituer prifonniers pour tous lefdits cas, ceux qui s'en trouveront chargés, auxquels ils feront & parferont le procès, appellant avec eux un Affeffeur pour leurs inftructions : mais ils doivent faire Juger en la Cour des Monnoies les procès par eux inftruits aux Jufticiables d'icelle dans l'étendue de la Ville & Banlieue de Paris ; & à l'égard de ceux qui font inftruits hors ladite étendue, ils doivent les faire juger au plus prochain préfidial, en appellant avec eux le nombre des Juges portés par les Ordonnances après en avoir fait juger la compétence.

Il faut remarquer que la Compagnie du Prévôt général des Monnoies de Paris a été augmentée par un Édit du mois de Mars 1645. de quatre Lieutenans, de quatre Exempts, de quatre Greffiers & de vingt Archers. Par ce même Édit, le Roi créa quatre Préfidens & quinze Confeillers de la Cour des Monnoies de Paris, avec dix-neuf Commiffions attachées à ces Charges ; lefquels Préfidens doivent être diftribués dans quatre Départemens du Royaume, & les Confeillers dans quinze expliqués par l'Édit, pour connoître en premiere inftance, à la charge de l'appel en la Cour des Monnoies, de tous les délits, abus & malverfations qui fe commettent par les Jufticiables d'icelles ; & les Lieutenans, Exempts, Greffiers & Archers du Prévôt général des Monnoies doivent faire auprès de ces Préfidens & Confeillers Commiffaires, ce que les autres Officiers & Archers de cette Compagnie font auprès de la Cour des Monnoies de Paris.

Ces Préfidens & Confeillers-Commiffaires nouveaux créés avoient pouvoir de défunir leurs Commiffions & de les vendre, pourvu que ce fût à des Préfidens & Confeillers de la Cour des Monnoies : mais par un autre Édit du mois de Juin 1646. le Roi a fupprimé deux Préfidens & huits Confeillers de ces nouveaux créés, & quatre Commiffions, en forte qu'il ne reftoit plus que quinze Commiffions, dont fix pourroient être poffédées par ceux des Confeillers de la Cour qui les voudroient louer, & les neufs autres feroient retenues par les deux Préfidens

Préfidens & les fept Confeillers, qui reftoient de la création de 1645. ou par ceux de ladite Cour aufquels ils les pourroient vendre. Enfin , par Lettres patentes du mois d'Oĉtobre 1647. les fonĉtions de ces quinze Commiffions ont été fupprimées , & il n'en refte. aujourd'hui que le titre & les gages à ceux qui les avoient , lefquelles ont été réunies au Corps de la Cour des Monnoies , & en conféquence , les Lieutenans , Exempts , Greffiers , Archers de la Prévôté des Monnoies ont été réunies à ladite Prévôté , avec pouvoir & faculté à eux de réfider en telles Villes & endroits du Royaume que bon leur fembleroit.

Au refte , le Prévôt, fes Lieutenans , Exempts , Greffiers , Archers & trompettes jouïffent des mêmes honneurs , autorités , prérogatives , prééminences ; exemptions , pouvoir & Jurifdiĉtion , que les autres Prévôts , Lieutenans , Exempts , Greffiers & Archers des Marechauffées ; & les Archers dudit Prévôt ont le pouvoir d'exploiter par tout le Royaume , & mettre à exécution tous Arrêts en forme & mandement , de même que les Huiffiers du Châtelet de Paris ; excepté pour ce qui eft du fcellé dudit Châtelet.

§. I V. *Des Juges des Mines & Minieres.*

Ils ont été créés par Lettres patentes du Roi Charles VI. en date du 30. Juin 1413. qui portent que les Marchands & Maîtres faifant faire l'ouverture des mines , qui demeureront & feront réfidence fur le lieu du Martinet ou Mines , auront à l'avenir un Juge & Commiffaire pour connoître & déterminer de tous les cas mûs & à mouvoir qui pourront toucher lefdits Marchands, Maîtres & Ouvriers ; auquel Juge & Commiffaire fera baillé par les Généraux des Monnoies , aujourd'hui repréfentés par la Cour des Monnoies de Paris, les Ordonnances & inftruĉtions pour le fait defdites Mines, & duquel le Juge ne pourra être appellé ailleurs que pardevant lefdits Généraux des Monnoies , ce qui a été confirmé par d'autres Lettres-patentes des années 1437. 1438. & 1508.

Henry II. a créé un Maître général & Surintendant général des Mines & Minieres de France , par Lettres patentes du 23. Mars 1553. qui portent, que les appellations feront relevées en ladite Cour des Monnoies , érigée telle par le même Roi par Edit du mois de Janvier 1551.

Louis XIV. a auffi créé deux Surintendans des Mines & Minieres de France , à l'inftar des Grands Maîtres Généraux , Réformateurs des Eaux & Forêts , par Edit du mois de Mars 1647. mais aujourd'hui c'eft Monfieur le Duc qui eft par commiffion feul Surintendant général des Mines & Minieres , & qui charge ceux qu'il juge à propos de veiller à l'ouverture & à l'exploitation des Mines & Minieres.

A l'égard des Juges qui avoient été créés pour en connoître à la charge de l'appel en la Cour des Monnoies , il en refte peu , ou pour mieux dire , point du tout. D'ailleurs ; comme ce qu'il y a en France de Mines fe trouvent prefque toujours dans

les pays du reffort du Parlement de Pau , le Roi donne des Commiffions à des Magiftrats de ce Parlement, ou à d'autres perfonnes qui réfident fur les lieux , pour connoître en dernier reffort de tout ce qui peut concerner les Mines & Minieres ; en forte qu'à préfent tout le droit de la Cour des monnoies de Paris concernant les Mines & Minieres , fe trouve réduit à la réception , police & Jurifdiĉtion fur cent cinquante Huiffiers des Mines & Minieres, qui ont été créés par Edit du mois de Mars 1645. pour une plus prompte exécution des Arrêts de la Cour des monnoies , & des Jugemens & Ordonnances des Commiffaires créés par le même Edit ; à l'effet de quoi ces cent cinquante Huiffiers devoient être repartis au nombre de dix dans chacun des quinze Départemens defdits Confeillers Commiffaires , & reçus pardevant eux.

Mais comme il a été dit ci-deffus , les fonĉtions de ces Commiffaires ayant été fupprimées , & ces Commiffaires ayant été renvoyés pour faire le fervice en la Cour des Monnoies , ces Huiffiers font à préfent reçus pardevant elle, avec le titre d'Huiffier en la Cour des monnoies , Mines & Minieres , & ont au furplus les mêmes pouvoirs & fonĉtions que les autres Huiffiers de ladite Cour, à l'exception qu'ils ne peuvent pas y faire le fervice , & qu'ils n'ont point part aux rétributions qui en reviennent.

S I E N S, dans fa propre fignification , ne s'applique qu'aux enfans & défcendans ; & de-là vient que la ftipulation d'un propre fiĉtif au profit du futur & des fiens , ne s'entend que de lui & de fes enfans , & ne comprend pas fes héritiers collatéraux , quand la claufe ne porte pas , *aux fiens de fon côté & ligne direĉte.*

Si au lieu de la ftipulation de propre pour le futur & les fiens ou enfans , la claufe portoit la converfion du propre pour le futur , fes hoirs , héritiers, ou poftérité , elle feroit toujours bornée aux enfans & defcendans , & ne comprendroit pas les héritiers collatéraux , fuivant Auzanet , tit. 3. de la Coutume , art. 43. parce que fi l'on avoit voulu y faire entrer les collatéraux , on fe feroit fervi des termes propres & ordinaires pour cela , & qui font *de fon eftoc , côté & ligne.*

Le mot *Siens* peut néanmoins s'entendre auffi des collatéraux , comme dans les Contrats de vente & autres aĉtes, dont l'exécution aĉtive , ou paffive regarde tous les héritiers indiftinĉtement , de quelque qualité qu'ils foient quoiqu'on ne fe foit fervi que du mot *Siens.* La raifon eft , que les contrats paffent aux héritiers , quoiqu'ils ne foient pas defcendans de celui qui a contraĉté. *Qui enim contrahit non tantum fibi profpicit , fed etiam fuis hæredibus. Leg. 9. ff. de probat. Sicut etiam qui contrahendo fe obligat , non tantum fe , fed etiam hæredes fuos relinquit obligatos ; quia fcilicet hæres fuccedit in jus univerfum & caufam defunĉti.*

Cependant fi la claufe d'un aĉte entre-vifs, comme une donation , portoit que la chofe dónnée appartiendroit aux fiens defcendans de lui , alors la double qualité d'héritier & de defcendant , qui a été l'objet de la difpofition , feroit requife.

. Dans les difpofitions teftamentaires & de derniere volonté, le mot *Siens* en pays coutumier fignifie feulement ceux qui fuccedent à la perfonne, à l'exclufion de tout autre. *Vide Ferrerium ad Guidonem Papam*, *quæft.* 230. & le Recueil des Confultations imprimé chez Montalant, tom. 1. le Traité des Subftitutions fidéicommis & Elections, chap. 61. & 62. tom. 2.

Quoique fous le mot *Siens* les enfans de l'un & l'autre fexe foient également compris, néanmoins en Provence, où les filles ne fuccedent point, elles ne font comprifes fous le mot *Siens*, que quand il n'y a point d'enfans mâles.

Enfin en pays de Droit écrit, dans un teftament ou autre difpofition de derniere volonté, le mot *Siens* fe rapporte en premier lieu aux defcendans, & à leur défaut aux collatéraux.

SIGNALEMENT, eft un portrait ou defcription exacte ou générale, non-feulement du nom, furnom, âge, traits de vifage, couleur du poil, taille, marche, attitude & contenance d'une perfonne abfente que l'on cherche, ou qui eft en fuite pour raifon de quelque crime, mais auffi de la couleur & façon des habits dont elle fe fert ordinairement.

Quand un criminel prévient par fa fuite un décret de prife de corps, l'ufage eft de faire dreffer fon fignalement avec le plus d'exactitude & de reffemblance qu'il eft poffible : on en donne un à l'Officier porteur du décret, & l'on envoie ordinairement les autres aux Prévôts des Maréchaux des différentes Provinces que le criminel eft foupçonné habiter tour à tour, on en adreffe même fouvent aux Gouverneurs, Commandans, Lieutenans du Roi, ou autres principaux Officiers qui compofent l'état Major des Villes frontieres, afin que les criminels ne puiffent échaper à la recherche, ni paffer dans les pays étrangers.

Les Officiers dès Troupes ont auffi coutume de fignaler par écrit les Soldats qu'ils engagent au fervice du Roi, & pour y avoir recours en cas de défertion.

L'ufage de fignalement eft auffi commun qu'il eft néceffaire ; car par leur exactitude on peut connoître & s'affurer de la vérité d'une perfonne que l'on n'a jamais vûe ni connue.

SIGNATURE, eft la foufcription ou appofition de fon nom au bas d'un acte, mife de fa propre main.

Anciennement les Parties ne fignoient point les actes qu'elles paffoient pardevant Notaires, elles y mettoient feulement leurs fceaux ; & la feule préfence des Notaires, qui font Officiers publics, fuffifoit pour faire valider ces actes ainfi paffés, & pour les rendre authentiques. Auffi en cette qualité donnoient-ils aux Parties hypotheque du jour de leur date.

Les inconvéniens qui font arrivés de cet abus ont donné lieu aux Ordonnances de 1554. à celle d'Orléans, en 1560. article 84. & à celle de Blois en 1579. art. 165 qui ont enjoint aux Notaires de faire figner les Parties & les Témoins, au cas qu'ils fçachent figner ; finon de les interpeller de le faire, &

faire mention de leur réponfe qu'ils ne fçavent pas figner. Ainfi une perfonne qui figneroit pour une autre, ne rendroit pas l'acte valable ; il faut que les Parties contractantes fignent pour elles-mêmes, & non d'autres pour elles. Belordeau, lett. F. art. 7. *voyez* le chap. 14. du premier livre de la Science des Notaires.

SIGNATURE PRIVÉE EN FAIT DES BILLETS OU PROMESSES CAUSÉES POUR VALEUR EN ARGENT. Voici ce que porte la Déclaration du Roi du 22. Septembre 1733. *Tous billets fous fignature privée, au porteur, à ordre ou autrement, caufés pour valeur en argent, autres néanmoins que ceux qui feront faits par des Banquiers, Négocians, Marchands, Magnufacturiers, Artifans, Fermiers, Laboureurs, Vignerons, Manouvriers & autres de pareille qualité, feront de nul effet & valeur, fi le corps du billet n'eft écrit de la main de celui qui l'aura figné, ou du moins fi la fomme portée audit billet n'eft reconnue par une approbation écrite en toutes lettres ainfi de fa main; faute dequoi le payement n'en pourra être ordonné en Juftice.*

Néanmoins celui qui refufera de payer le contenu aufdits billets ou promeffes, fera tenu d'affirmer qu'il n'en a point reçu la valeur.

Et à l'égard de fes héritiers ou repréfentans, ils feront tenus feulement d'affirmer qu'ils n'ont aucune connoiffance que lefdits billets ou promeffes foient dus.

SIGNER, fignifie écrire fon nom de fa main au bas d'un acte pour l'approuver, & s'obliger à l'exécution de ce qu'il contient, ou pour l'attefter.

SIGNIFICATION, eft la notification d'un acte qu'on fait à une Partie, par la copie qui lui en eft donnée, & atteftée par un Officier de Juftice.

Ainfi un Huiffier met au bas des fignifications l'atteftation qu'il fait d'en avoir donné copie.

Les fignifications des expéditions ordinaires fe font fimplement de Procureur à Procureur, & néanmoins par le miniftere des Huiffiers ; mais il y a d'autres expéditions, comme les exploits de demandes, les faits & articles, &c. qui doivent être fignifiés à la perfonne ou domicile de la Partie.

SIGNIFIER UN ACTE, c'eft en bailler copie.

SIMONIE, eft une volonté déterminée de vendre ou d'acheter une chofe fpirituelle, ou qui eft annexée à une chofe fpirituelle. J'en ai traité amplement dans l'Ouvrage que j'efpere donner au Public fur les Matieres canoniques ; ainfi je n'en dirai ici que deux mots.

Le crime de fimonie commis par un Eccléfiaftique, eft de la Jurifdiction du Juge d'Eglife qui peut le déclarer indigne & incapable de pofféder aucun Bénéfice, fuivant le Chapitre *de hoc*, *extra de fimoniâ* ; mais fi la fimonie avoit été commife à fon infçu par un parent ou ami du pourvu de Bénéfice, & qu'il n'y donne point fon confentement, la provifion fera nulle, & le Bénéfice vaquera, fans que rien n'empêche de pouvoir poffeder le Bénéfice en vertu d'autres provifions. *cap. ex infinuatione*, *extra eod. titulo*, *ex cap. penult. extr. de electione & electi poteft.*

A l'égard de la fimonie commife par des Laïcs,

ils étoient excommuniés par les anciens Canons : mais suivant l'art. 21. de l'Ordonnance de Blois , les Laïcs qui sont convaincus d'avoir commis ce crime , doivent être punis par le Juge Laïc.

Il y a même un cas où le Juge laïc connoît de la simonie commise par un Ecclésiastique , c'est quand il s'agit du possessoire du bénéfice : alors il déboute ordinairement du possessoire celui qui a obtenu le Bénéfice par simonie.

SIMPLE PROMESSE , est un écrit sous seing privé qui est obligatoire, mais qui doit être reconnu par-devant Notaires ou en Justice ; & jusqu'à ce, il n'emporte point hypotheque , & n'est point exécutoire ; en quoi les écrits sous seing privé different des actes passés pardevant Notaires.

L'on n'ordonne donc jamais le payement d'un billet sous seing privé , qu'après que celui au profit de qui il est fait a fait reconnoître la signature de celui qui l'a passé , ou après qu'elle a été dûement vérifiée. Par comparaison des pieces authentiques ou reconnues, je l'ai dit , verbo Seing privé.

Tout porteur de billet , promesse , ou autres écrits sous signature privée , & dont il veut faire demande en Justice , doit avant toutes choses , faire controller l'acte, à peine de nullité & d'amende, comme nous avons dit , verbo Controlle.

Quand la promesse ou le billet sous seing privé a été controllé, celui qui en veut demander le payement , doit en faire donner copie avec l'exploit, & conclurre à ce que le défendeur soit tenu de venir reconnoître sa cédule ou promesse , sinon qu'elle sera tenue pour reconnue ; & en conséquence , qu'il sera condamné à payer au demandeur la somme de . . . contenue en lad. promesse , avec les intérêts , & aux dépens.

Le délai auquel on donne cette assignation , est au moins de trois jours francs , quand les Parties sont demeurantes dans le lieu de l'établissement du Siege où l'assignation est donnée. C'est le délai que donne , pour les assignations en reconnoissance d'écriture l'Edit de 1684. mais cela n'a lieu que dans le cas que nous venons de marquer : ainsi quand le défendeur a son domicile ailleurs que dans la Ville où est le Siege de la Jurisdiction où l'assignation est donnée , on suit la disposition de l'Ordonnance de 1667. qui accorde pour toutes sortes d'assignations un délai compétent , suivant la distance des lieux, à laquelle cet Edit n'a point dérogé.

Comme pendant les délais ordinaires de l'assignation un débiteur pourroit préjudicier à son créancier , en éloignant par ses chicanes la condamnation du payement de la somme portée par son billet , & en créant de nouvelles lettres pardevant Notaires, lesquelles seroient hypothécaires & antérieures à celle du créancier par simple promesse sous signature privée, celui au profit de qui une telle promesse est faite peut , au cas de cet Edit , assigner le débiteur par un même exploit , à comparoir à trois jours à l'Audience du Juge , pour reconnoître ou nier sa signature , & à comparoir à autre délai compétent pour être condamné au payement de la somme contenue en sa promesse.

L'Huissier donne d'abord assignation au débiteur,

à ce qu'il ait à comparoir à trois jours à l'Audience de tel Juge , pour reconnoître ou nier sa signature , étant au bas du billet par lui fait au profit du demandeur le tel jour, la somme de . . & dûement controllé par . . . sinon voir dire que ledit billet demeurera pour reconnu ; & en outre , donne pareille assignation audit . . . à comparoir à huitaine , pour se voir condamner à payer au demandeur ladite somme de . . contenue audit billet , & aux intérêts , suivant l'Ordonnance , & aux dépens.

Si le défendeur ne comparoît pas sur l'assignation à lui donnée pour reconnoître ou nier sa signature le Juge ordonne que la promesse demeurera pour reconnue, & que les Parties viendront plaider dans les délais ordinaires ; mais s'il constitue Procureur & fournit de défenses , & que par icelles il nie que l'écriture ou signature dont est question soit de lui , le demandeur le doit sommer de comparoître pardevant le Juge , pour procéder à la vérification de l'acte, sans qu'il soit besoin de prendre aucune Ordonnance du Juge pour cet effet. Voyez Reconnoissance. Voyez Cédule reconnue.

SIMPLE SAISINE. Voyez Saisine.

SIMPLE GAGERIE. Voyez Gagerie.

SIMULATION DONT ON S'EST SERVI DANS UN CONTRAT , peut être prouvée par témoins , sans recourir à l'inscription de faux. Voyez Actes authentiques.

SIRE , est un nom d'honneur , qui signifie le Seigneur & le maître.

Ce nom étoit autrefois donné aux Seigneurs des fiefs de dignité ; mais aujourd'hui ce titre n'appartient qu'à la Sacrée personne du Roi , comme une marque de sa Souveraineté dans toute l'étendue de son Royaume.

Les Consuls prennent néanmoins encore ce titre; mais à leur égard , c'est la même chose que si on disoit sieur un tel.

S O

SOCIÉTÉ , est un contrat , par lequel deux ou plusieurs personnes entrent en communication de tous leurs biens , ou d'une partie , ou de quelque négoce & trafic , pour être participantes du gain ou de la perte qui en peut provenir , à proportion de ce que chacun d'eux a contribué dans la société , s'il n'a été convenu autrement entre les Parties.

La société est donc universelle, ou particuliere.

La société universelle est celle qui se fait de tous les biens que les associés ont , ou qui leur peuvent échoir , tant par succession qu'autrement , à l'effet de les rendre communs entre les associés.

La société particuliere est celle qui se fait d'une partie des biens des associés , pour faire quelque négoce ou trafic , à l'effet de partager le gain ou la perte qui se trouvera au tems que la société sera finie.

Ce contrat produit une obligation mutuelle entre les Parties , une action appellée actio pro socio , laquelle est directe de part & d'autre , parce que la condition de tous les associés est égale. Om-

nium sociorum æque principaliter interest, atque adeo non potest uni ex sociis actio directa competere, alteri vero contraria.

Celui qui intente cette action conclut, *à ce que ses associés soient condamnés à lui faire raison de ce que l'équité exige de chacun des associés envers les autres, en conséquence de leur société, suivant les clauses & conventions de leur contrat, & principalement à faire entre tous les associés une distribution juste & raisonnable du gain ou de la perte qui doit revenir à chacun d'eux.*

On peut demander aussi par cette action la réparation du dommage causé par l'un des associés dans les biens de la société; par son dol, ou par sa lourde faute, ou même par sa faute légere, dont naturellement un associé est responsable; mais pour ce qui est de la faute très-légere, un associé n'en est point tenu. Ce contrat, qui se fait toujours pour l'utilité de tous les associés, ne requiert entr'eux qu'une diligence exacte & ordinaire dans les choses qui concernent la société, d'autant plus que les associés doivent s'imputer à eux-mêmes d'avoir fait un tel contrat avec des personnes qui ne font pas aussi diligentes qu'ils l'auroient pû souhaiter.

Ce contrat qui est très-usité, donne lieu à quantité de question qui se décident par des principes de droit & d'équité, que j'ai expliquées dans ma Traduction des Instituts, sur le titre 28. du 3e. Livre.

Dans les Loix civiles, livre 1. tit. 8. section 1. & suivantes, il est traité de la nature de ce contrat, de ses différentes sortes, de combien de manieres il se dissout, & des effets qu'il produit.

Au reste, il faut remarquer que la société finit par la mort de l'un des associés, en sorte que son héritier n'a pas droit de s'immiscer dans la société; il a seulement celui de prendre connoissance de l'état où elle se trouve, & de s'en faire rendre compte, & les autres associés la peuvent continuer entr'eux. *Voyez* Henrys, tom. 1. liv. 4. question 125.

Touchant cette matiere on peut voir aussi le Commentaire de M. Perchambault sur la Coutume de Bretagne, tit. 11. §. 74. Louet lettre S, chapitre 13. Despeysses, tome 1. Bouvot, *verbo* Société; Henrys, tome 1. liv. 4. chap. 6. quest. 9. & tom. 2. liv. 6. question 15. la Peyrere, lettre S, nomb. 69. & 70.

Nous ferons seulement ici quelques observations importantes.

La société ne peut & ne doit s'étendre qu'à un commerce honnête & licite.

Il faut que tous les associés consentent & agréent volontiers toutes les conditions de la société, pour qu'elle soit valable; mais il n'y en doit entrer aucune qui blesse la bonne foi & l'équité.

Il n'y a pas même d'actes où la fidélité & la bonne foi soit plus requise que dans ce contrat : ce qui fait que si un des associés s'approprie ou recele ce qui est en commun, on le tourne à son profit contre la raison & l'équité, il commet un larcin, & il est tenu d'en dédommager ses associés; & s'il a entre ses mains de l'argent appartenant à la société qu'il employe à ses affaires particulieres, il en devra les

intérêts par forme de dédommagement & de peine de son infidélité. *Leg.* 45. *ff. pro socio.*

Toutes les obligations contractées par un des associés, n'obligent pas toujours les autres qui n'ont pas contracté, mais seulement celles qui concernent la société. *Voyez* Henrys, tome 2. liv. 4. qu. 52.

Cela se présume par la qualité, quantité & tems de l'obligation; & même dans ce cas les associés qui n'ont pas contracté, ne sont obligés que jusqu'à la concurrence de la société, à moins qu'il n'y eût de l'intelligence & de la fraude.

Il faut excepter si les associés sont marchands, Banquiers, ou s'il s'agit des deniers royaux; car alors ils seroient obligés tous solidairement pour dettes concernant la société, attendu la nécessité du commerce & le privilege des deniers royaux. La Peyrere, à l'endroit marqué ci-dessus.

Un billet signé par deux associés emporte aussi une solidité en faveur du créancier, contre les deux associés débiteurs de la somme prêtée, quoique la solidité ne soit point stipulée par led. billet, & qu'il ne soit point dit que l'emprunt est fait pour employer aux affaires de la société, lorsque d'ailleurs il y a lieu de la présumer. Ainsi jugé par Arrêt de la Tournelle civile du mois de Décembre 1689.

Un associé qui a été condamné solidairement à la Bourse, avec contrainte par corps envers un créancier de la société, lorsqu'il a payé à pareille contrainte par corps contre l'associé, pour le remboursement de sa moitié.

L'associé dans les affaires du Roi qui paye plus que sa part obtient contre ses associés la même contrainte qu'il y avoit contre lui.

En fait de société, le livre de raison de celui qui est chargé par ses associés de le tenir, fait pleine preuve entr'eux. Mornac, *ad leg.* 5. *cod. de edendo.*

Un créancier de la société est préféré sur les effets de la société au créancier de l'associé, quoique ce créancier soit antérieur à celui de la société. Ainsi les femmes des associés ne peuvent être préférées aux créanciers de la société sur les effets de lad. société; comme il a été jugé par Arrêt du 25. Janvier 1677. rapporté dans le Journal des Audiences.

La société ne se peut prouver par témoins, il la faut prouver par écrit. Mornac, *ad leg.* 31. *pro socio*; la Peyrere, lett. T, nomb. 24.

En fait de délit, il n'y a point de société; de sorte que les biens de la société, fût-elle universelle de tous biens, n'en peuvent souffrir. *Socius numquam tenetur ex delicto socii, etiamsi essent socii omnium bonorum; sed qui maleficium commisit, ipse tantum sentire debet, & de suo præstare, non autem de communi. leg. si fratres,* §. *ult. ff. pro socio.*

Suivant le Droit Romain, la société finit par la mort de l'un des associés; en sorte que l'héritier d'un associé qui est décédé, n'a pas droit de s'immiscer dans la société; il a seulement celui de prendre connoissance de la société, & de s'en faire rendre compte. Mais cette disposition n'est pas suivie par toutes nos Coutumes; celle d'Auvergne fait passer les fociétés jufqu'aux defcendans. *Voyez* Henrys, tome 2. liv. 4. queft. 125.

Il eft libre à un affocié de renoncer à la fociété, foit qu'elle lui foit à charge ou autrement, fi ce n'eft qu'il le fit avec mauvaife foi, comme dans le cas d'une fociété univerfelle de biens, où il demanderoit à fe retirer pour recueillir feul une fucceffion qui lui échoiroit. De même la renonciation à contre tems n'eft point permife, foit que le contrat de fociété y ait pourvû ou non ; car elle blefferoit la fidélité qui y eft effentielle.

On peut expulfer un affocié, lorfque fes affaires font totalement dérangées, & qu'il eft réduit dans la pauvreté, ou quand fes créanciers lui ont fait vendre fon bien, ou qu'il a lui-même fait ceffion. Cette exclufion ne doit cependant s'entendre que pour l'avenir ; car elle ne peut pas préjudicier au droit qui lui eft déjà acquis dans la fociété.

SOCIÉTÉ APPELLÉE ASSOCIATION. *Voyez* Affociation. *Voyez* auffi Convenance de fuccéder.

SOCIÉTÉ ENTRE MARCHANDS. *Voyez* l'Ordonnance de 1673. tit. 4. avec les remarques de Bornier ; & ce que j'ai dit ici, *verbo* Marchands.

SOCIÉTÉ TAISIBLE, eft celle qui fe contracte par le confentement tacite des Parties, & qui fe préfume par la demeure & dépenfe commune, & par la confufion & mélange des biens.

Elle a lieu, I⁰. entre les freres & fœurs après le décès de leurs pere & mere ; ou lorfqu'ils font cenfés émancipés & demeurent féparément de leursdits pere & mere, étant perfonnes de leurs droits.

II⁰. Entre l'oncle & le neveu, les coufins germains & autres parens plus éloignés.

Entre perfonnes tout-à-fait étrangeres.

Cette fociété taifible comprend tous les meubles & les acquêts faits pendant fa durée ; Poitou, art. 231. Les propres n'y entrent point, ni les deniers tenant lieu de propres, mais les fruits feulement.

Pour former cette fociété, cinq conditions font requifes. I⁰. Que tous les participans foient majeurs de vingt-cinq ans ; Poitou, article 231. Saintonge, titre 7. article 58. Angoumois, article 41. Les mineurs ne font pas capables de la contracter, parce qu'ils ne peuvent pas difpofer de leurs biens.

II⁰. Qu'ils foient tous de roturiere condition, parce que cette fociété eft une efpece de négoce & de commerce interdit aux Nobles & même aux Eccléfiaftiques.

III⁰. Qu'ils foient ufans de leurs droits : ainfi les femmes mariées & les enfans de famille n'y participent pas fans convention expreffe.

IV⁰. Qu'ils communiquent tous enfemble & vivent de biens communs ; Angoumois, Poitou, Saintonge, ès articles ci-deffus. Berri, titre 8. art. 10. ajoute qu'avec la demeure & dépenfe commune, il y ait communication de gains, profits & pertes. Ainfi par Arrêt du 15. Mai 1698. rapporté dans le Journal des Audiences, il a été jugé qu'une pauvre fille, que fa fœur veuve avoit retirée, logée & nourrie chez elle pendant quelques années, n'étoit pas en droit par cette feule cohabitation, fans aucune mention, convention, penfée

ni volonté de communauté, & fans communication de gains & profits, de demander par droit de communauté la moitié dans tous les biens de fa défunte fœur, en vertu de l'art. 231. de la Coutume de Poitou.

V⁰. Qu'ils demeurent par an & jour entier en cette fociété.

Voyez Vigier en fon commentaire, avec les additions fur l'article 41. de la Coutume d'Angoumois, où cette matiere eft très-bien expliquée ; & le Traité qu'en a fait M. le Brun, & qu'il a inféré dans fon livre de la coutume. *Voyez* auffi le chapitre 22. de la communauté de Nivernois, avec les Commentaires de Coquille, où font traitées toutes les queftions qui peuvent concerner cette matiere.

SOCIÉTÉ EN COMMANDITE ; eft celle où l'un des affociés fournit l'argent, & l'autre, fous le nom duquel le commerce fe fait, fon induftrie, à la charge de partager entr'eux le profit.

Dans cette fociété, où l'un fournit l'argent & l'autre l'induftrie, l'argent n'eft point fait commun ni le péril d'icelui ne touche point l'affocié qui ne fournit à la fociété que fon induftrie. Fachin, liv. 2. chap. 95. & 96.

La Peyrere, lett. S, nomb. 47. dit que la raifon de douter fe prend de la Loi 1. *ff. pro focio*, qui veut que ce qui eft porté dans la fociété foit commun entre les affociés ; mais comme celui qui n'y fournit que fon induftrie n'y met rien de réel, il n'eft pas jufte qu'il ait part à ce qui eft porté par l'autre ; & par cette même raifon il ne court pas auffi rifque de ce que l'autre y a fourni. *Voyez* Banque. *Voyez* Coquille fur l'article 4. du titre 24. de la Coutume de Nivernois.

SOCIÉTÉ LEONINE, eft celle où il eft convenu que l'un des affociés fera tenu de la perte ou d'une part d'icelle, & n'aura aucune part dans le gain. Elle eft appellée fociété leonine, en ce qu'elle eft femblable à celle qu'Efope raconte que le lion fit avec d'autres animaux ; & c'eft avec raifon qu'elle eft réprouvée par les Loix. *Leg.* 29. §. 1. *ff. pro focio*.

SODOMIE, eft un crime abominable & contre nature, qui a été ainfi appellé du nom de la Ville de Sodome, qui périt par le feu, à caufe de cet exécrable péché.

SŒUR. Ce terme relatif fignifie une fille qui eft née d'un même pere & d'une même mere qui ont une autre fille ou un autre fils. Il y a des fœurs qui ne font que d'un côté fœurs de pere, fœurs de mere ; de même qu'il y a des freres qui ne font que d'un côté freres de pere, freres de mere. *V.* Freres.

SOI-DISANT, fignifie qu'on ne demeure pas d'accord de la qualité que prend la Partie adverfe.

SOIENT PARTIES APPELLÉES. *Voyez* ce qui eft dit ci-après fur ces termes, *viennent*, *ou foient Parties appellées*.

SOL LA LIVRE, eft la réduction de la livre en fol dans une contribution entre créanciers, dans le cas de déconfitures. *Voyez* Contribution & Déconfiture.

SOL DE TERRE eſt le fonds ſur lequel un édi-fice a été conſtruit.

Quiconque a le ſol , doit auſſi avoir le deſſus & le deſſous de ſon ſol ; c'eſt-à-dire , qu'il peut bâtir ſi haut & ſi bas qu'il veut.

Dans les textes de Droit, le fonds eſt appellé ſo-lum, & l'édifice ſuperficies ; parce que la ſuperficie, c'eſt-à-dire , ædificium ſuperpoſitum , ſine dolo , con-ſiſtere non poteſt.

Auſſi les Loix ont décidé que l'édifice cede au fonds, n'en étant que l'acceſſoire. Ainſi un créan-cier du ſol qui a vendu la place pour bâtir, eſt plus privilégié que celui qui a fourni les deniers pour conſtruire le bâtiment qui eſt deſſus.

Voyez Louet , lett. S , chap. 1. l'Hommeau en ſes maximes, nomb. 3. art. 416. ce que j'ai dit ſur l'art. 187. de la Coutume de Paris , & dans ma Traduction des Inſtitutes , ſur les paragraphes 29. & 30. du premier titre du ſecond livre.

SOLDATS. Dans les Loix Romaines & dans les Ordonnances de nos Rois , on n'entend pas or-dinairement par Soldats des Fantaſſins & hommes de guerre , qui ſervent à pied moyennant certaine ſolde ou paie journaliere , mais généralement tous les hommes de guerre qui ſont occupés à défendre leur patrie.

Ceux qui expoſent leurs vies pour elle , méritent certainement qu'on ait pour eux de grands égards : auſſi leur a-t-on de tout tems accordé pluſieurs pri-vileges très-conſidérables.

Claude Dottier , Juriſconſulte de Tours a fait un ſçavant Traité de Privilegiis militum. La facul-té de teſter jure militari n'eſt pas un des moindres. Sur quoi voyez ce que j'en dis verbo Teſtament mi-litaire.

SOLEMNEL , ſe dit d'un acte qui eſt authenti-que & revêtu de toutes les formalités établies par les Loix pour le rendre valable. Un mariage ſolem-nel doit être fait devant ſon Curé , en préſence de témoins , & après publication de ban.

SOLEMNITÉ , ſe dit au Palais des procédures & formalités requiſes par les Loix , pour rendre un acte valable, authentique, & qui faſſe preuve en Juſtice. En effet , un acte fait avec toutes les for-malités requiſes , ne peut être conteſté.

SOLIDITÉ , eſt une obligation de pluſieurs dé-biteurs, dont chacun eſt tenu de la totalité, com-me quand une ſomme a été prêtée à pluſieurs per-ſonnes conjointement , ou quand la caution ou le fidéjuſſeur s'oblige ſolidairement avec le principal débiteur au payement de la ſomme qui a été prêtée.

Solidité n'eſt donc autre choſe que la qualité d'une obligation , qui eſt exigible contre chacune des Parties qui l'ont contractée pour le tout, ſans que le créancier ſoit obligé à la diſcuſſion des autres.

La clauſe de ſolidité ne regarde les coobligés, que par rapport aux créanciers , & non par rap-port à eux; c'eſt pourquoi pluſieurs obligés enſem-ble ſolidairement envers un créancier , tous en-tr'eux ne ſont tenus de cette obligation que per-ſonnellement pour leurs parts & portions ; en ſorte

que ſi l'un des coobligés eſt pourſuivi pour le paye-ment de la dette entiere, comme obligé ſolidaire-ment, il a ſon recours contre ſes coobligés , quoi-que l'acte ne contienne aucune clauſe de garantie, laquelle eſt en ce cas ſuppléée par la diſpoſition du Droit.

Chacun des débiteurs qui ſe ſont obligés ſolidai-rement, peut être pourſuivi & contraint pour le tout, quoique dans l'acte il n'ait pas renoncé au bénéfice de diviſion & de diſcuſſion ; parce qu'il ſuffit pour cela qu'ils ſe ſoient obligés par contrat ſolidairement , & il n'eſt pas néceſſaire qu'il y ait dans l'acte une renonciation expreſſe au bénéfice de diviſion & de diſcuſſion.

Voyez Henrys & ſon Commentateur , tome 2. liv. 4. queſt. 152.

Mais il faut que dans l'acte le mot de ſolidité ou de ſolidaire ſoit employé , ſuivant la Novelle 99. de l'Empereur Juſtinien ; autrement il n'y auroit point d'obligation ſolidaire , & chacun des obligés ne ſeroit tenu envers le créancier que pour ſa part & portion.

Il y a néanmoins des cas où l'obligation ſolidaire ne provient point du conſentement des Parties , mais de la diſpoſition du Droit. Par exemple , les réparations civiles & amendes pour crimes , & les dépens adjugés pour tenir lieu de réparations civi-les, peuvent être demandés ſolidairement à chacun des accuſés, ſauf ſon recours contre les autres. Be-lordeau, lett. D, art. 13.

Mais les dépens en matiere criminelle , adjugés purement & ſimplement , de même que ceux qui ſont adjugés en matiere civile , ſont diviſés entre ceux qui ſont condamnés par un même Jugement ; de ſorte que l'une des Parties ne peut être pourſui-vie pour les portions des autres.

Les proviſions d'alimens en matiere civile & cri-minelle, & les amendes adjugées pour crimes, les amendes du ſol appel , de requête civile , ou pour d'autres cauſes en matiere civile , peuvent être de-mandées ſolidairement à chacune des Parties con-damnées , ſauf leur recours contre les autres.

Suivant ce que nous avons dit ci-deſſus , quand pluſieurs ſe ſont obligés ſolidairement envers un créancier , il lui eſt loiſible de faire aſſigner pour le tout celui qui lui plaît , & il conclut à ce qu'attendu la ſolidité , celui qu'il aſſigne ſoit condamné à lui payer la totalité de la dette , ſauf ſon recours ſur ſes coobli-gés , ainſi qu'il aviſera.

Voyez , touchant les obligations ſolidaires , ce que j'en ai dit dans ma Traduction des Inſtitutes , ſur le titre 17. du troiſieme livre.

SOLIDITÉ ENTRE MARCHANDS , a lieu lorſque pluſieurs ont acheté conjointement des marchandiſes ; ils ſont tous alors obligés ſoli-dairement pour le prix , à moins qu'il n'y ait convention contraire : ce qui eſt fondé ſur le pri-vilege & la ſûreté du commerce. Voyez ci-deſſus Marchands.

SOLLICITATIONS AUPRÉS DES JUGES POUR FAIRE OBTENIR GAIN DE CAUSE A UNE DES PAR-TIES QUI PLAIDENT , ne doivent point faire d'im-preſſion ſur l'eſprit des Juges , & ne peuvent pas autorifer & rendre valable une promeffe qui auroit été faite pour raifon de ce.

La Juftice n'appuyera jamais de fon autorité un pareil acte, ne pouvant fe prêter à favorifer un commerce auffi honteux, auffi préjudiciable au bien de l'Etat & à l'intérêt public.

Il n'étoit pas même permis à Rome de recevoir de l'argent pour folliciter l'Empereur d'accorder quelque grace. Il en coûta la vie à un homme, qui fe croyant en faveur auprès de l'Empereur, avoit reçu d'un Officier d'armée cent écus d'or pour le recommander. Son corps fut expofé fur le chemin qui conduifoit du Palais du Prince à une de fes maifons de plaifance, fituée dans le Fauxbourg de Rome, afin que tout le monde fut intimidé par cette terrible leçon. Un autre qui prenoit de l'argent de ceux dont il louoit au Prince le mérite, fut condamné à être étouffé par la fumée, un Heraut criant à haute voix que c'étoit ainfi que devoit périr quiconque vendoit une fumée en vendant fon crédit. Voyez Lampride dans la vie de l'Empereur Alexandre Severe.

Comme le crédit ne peut jamais être un effet de commerce, on doit regarder le gain qu'en tirent ceux qui le vendent, comme un gain honteux qu'on eft obligé de reftituer.

Si quelqu'un étoit affez témeraire pour dire que ces principes fe font bons que pour ce qui eft de la confcience, il n'a qu'à répondre que la morale de l'honnête homme eft auffi ennemie de la vente du crédit que celle de l'Evangile, puifque cela eft profondement gravé dans le cœur de tous les honnêtes gens.

S O L L I C I T E U R, eft un homme qui s'occupe à pourfuivre les affaires & les procès de ceux qui ne peuvent ou ne veulent pas faire eux-mêmes les pas & les démarches néceffaires pour cela. Auffi on peut dire qu'un Solliciteur eft un homme toujours prêt à aller où l'on dirige fa courfe.

Comme la profeffion d'Avocat confifte à fe renfermer uniquement dans les travaux du cabinet, le Solliciteur eft l'antipode de l'Avocat.

Il feroit à fouhaiter que chacun fut le folliciteur de fes propres affaires: le plus fouvent celui qui fe charge d'un tel emploi, fonge plus à travailler pour fes intérêts, qu'à faire le profit & l'avantage de ceux aux gages defquels il eft.

D'ailleurs, comme les folliciteurs ne trouvent à s'enrichir que quand les affaires dont ils fe mêlent font dans le défordre & dans la confufion, il y a toujours à craindre quelque mauvaife manœuvre de leur part, à moins qu'ils ne foient d'une très-grande probité.

Le legs univerfel fait à un Solliciteur par celui dont il étoit agent, eft nul: comme il a été jugé au Parlement de Paris en la Troifieme Chambre des Enquêtes, le premier Juin 1713.

A l'égard des donations particulieres qui font faites à des Solliciteurs par ceux dont ils font agens, quand elles font exceffives, elles font réductibles à une jufte proportion par rapport aux fervices qu'ils peuvent avoir rendus.

SOLUTION, c'eft-à-dire, payement. Voyez ce que j'en ai dit, lettre P.

SOMMAIRE. Voyez Matiere fommaire.

SOMMAIREMENT, fans circuit de procédures, c'eft-à-dire en latin, de plano, fummatim & fummariè.

SOMMATION, eft un acte par lequel on fomme & interpelle quelqu'un de faire quelque chofe, afin de le conftituer en demeure, faute d'avoir fatisfait à la fommation.

SOMMATION, fignifie quelquefois une demande en garantie, une dénonciation de pourfuites que fait une Partie à celui qui eft tenu de l'en acquitter.

SOMMATIONS RESPECTUEUSES, font des fommations que les enfans feront tenus de faire à leurs pere & mere, à l'effet de fe pouvoir marier fans leur confentement, & ne point encourir le rifque d'en être exhérédés.

Par ces fommations, les enfans prient & interpellent leurs pere & mere de donner leur confentement à leur mariage; mais il faut que les garçons aient trente ans accomplis, & les filles vingt-cinq accomplis.

Il a été jugé qu'un fils majeur pouvoit fe marier fans attendre le confentement de fes pere & mere, & fans leur faire les fommations refpectueufes; mais dans ce cas il peut être deshérité.

Ces fommations doivent être faites par des Notaires, & non pas par des Huiffiers; parce qu'elles ne font point des actes judiciaires, mais des actes de refpect & de foumiffion. Il faut même, avant que de les faire, en avoir demandé la permiffion aux Juges royaux des lieux où les pere & mere ont leur domicile.

L'Arrêt de réglement du Parlement de Paris du 27. Août 1692. rapporté dans le Journal des Audiences, porte:» La Cour faifant droit fur le requifi-
» toire du Procureur général du Roi, a ordonné &
» ordonne qu'en attendant qu'il plût au Roi d'y
» pourvoir, les fils & les filles, même les veuves,
» qui voudroient faire fommer leurs pere & me-
» res aux termes de l'Ordonnance, de confentir à
» leurs mariages, feront tenus à l'avenir d'en de-
» mander permiffion aux Juges royaux des lieux
» des domiciles des pere & mere, qui feront te-
» nus de la leur accorder fur requête, & que les
» fommations feront faites en cette Ville de Paris
» par deux Notaires, & par-tout ailleurs par deux
» Notaires, ou un Notaire royal & deux témoins
» domiciliés, qui figneront avec le Notaire; le
» tout à peine de nullité.

Pour ce qui regarde les fils & les filles de famille qui veulent entrer dans une Maifon réligieufe, & y faire profeffion, ces fortes de fommations n'ont point lieu; & il a été jugé au Parlement de Bordeaux qu'une fille majeure pouvoit entrer en Religion contre le gré de fon pere, & qu'il pouvoit être contraint de payer la penfion du Noviciat, l'aumône dotale, & autres frais néceffaires pour l'entrée en Religion. L'Arrêt eft du 21. Décembre 1718. rapporté par la Peyrere, édition de 1725, aux additions qui font à la page 4.

SOMMER, fignifie interpeller, requérir, demander à quelqu'un l'exécution d'une chofe qu'il doit faire.

SORCIER, eft un magicien, un enchanteur, qui, fuivant l'opinion de quelques-uns, a communication avec le diable, qui lui fait faire des chofes merveilleufes.

SORT principal, eft le fonds, le capital d'une fomme qui porte intérêt ; ou bien c'eft la fomme pour laquelle une rente a été conftituée au profit de celui qui a donné ladite fomme d'argent.

Ainfi, fort principal fe dit par rapport aux intérêts ou aux arrérages, qui font l'acceffoire d'une fomme ou de la rente conftituée qui les produits.

SORTILEGE, eft un maléfice qui fe fait par des fuperftitions & enchantemens, & qui, felon quelques-uns, fe fait par l'opération & le fecours du diable ; mais les fortileges bien approfondis ne font que des empoifonnemens ou des profanations, & il n'y a que les ignorans qui attribuent à la forcellerie les effets furprenans dont ils ne peuvent pénétrer la caufe.

Les impofteurs qui font convaincus d'avoir caufé quelque dommage, foit par la perte des beftiaux, ou par des maladies, ou la mort qu'ils auroient procurée à quelqu'un, doivent être condamnés d'être pendus, leurs corps enfuite brûlés & réduits en cendre.

On les doit même condamner à être brûlés vifs, fuivant l'exigence des cas & l'attrocité de leurs maléfices.

La connoiffance & Jugement des accufés de forcellerie appartient au Juge laïc ; mais il a été un tems que les Juges d'Eglife en connoiffoient, lorfqu'ils s'arrogeoient une autorité qui ne fubfifte plus aujourd'hui.

Le Parlement de Paris ne fouffre point que l'on faffe le procès à perfonne fimplement pour fortilége, mais pour maléfice & pour les autres crimes qui accompagnent ordinairement l'extravagante manie de ceux qui difent forciers.

En 1672. le Parlement de Rouen avoit fait arrêter quantité de Bergers & autres gens accufés d'être forciers, auxquels ils avoient commencé de faire le procès ; mais le Roi par un Arrêt du Confeil les fit tous relâcher ; & depuis ce tems-là on n'a plus entendu parler de forciers en Normandie. Henrys avec les Obfervations, tom. 1. liv. 4. chap. 6. queft. 99.

Voyez l'article 36. de l'Ordonnance de Blois & les articles 1. 2. & 3. de la Déclaration donnée à Verfailles au mois de Juillet 1682. Voyez auffi le Traité de la Police, tom. 1. liv. 3. tit. 7. chapitre 4. Charondas, livre 9. réponfe 64. ce que j'ai dit des forciers dans la Traduction des Inftitutes, fur le paragraphe 5. du titre 18. du quatrieme livre;& ce qui en eft rapporté dans le onzieme tome des Caufes célébres, pag. 220. & fuivantes.

SORTIR EFFET, fignifie avoir fon effet. Un acte conditionnel ne peut fortir fon effet, que la condi-

tion ne foit accomplie. Les Arrêts qui confirment une Sentence, porte qu'elle fortira fon plein & entier effet. On ftipule dans des contrats de mariage, qu'une partie de la dot entrera en communauté, & le refte fortira nature de propre.

SOUCHE, eft la perfonne dont les defcendans ont tiré leur origine, & à laquelle il faut remonter pour voir par le nombre des perfonnes engendrées, combien il y a de degrés de parenté entre deux collatéraux.

On appelle donc fouche commune, celui qui eft le chef de plufieurs defcendans de différentes lignes, qui tirent de lui leur origine. *Stipes eft gentis vel familiæ caput, feu ea perfona ex qua cæteræ, de quibus agitur, fuam ducunt originem ; adeo ut ftipes pofterorum refpectusfit,quod eft truncus arboris refpectu ramorum.*

Ainfi fouche commune de deux collatéraux, fignifie l'afcendant de qui ils tirent leur origine. Par exemple, le pere eft la fouche commune à l'égard des freres & fœurs. A l'égard de l'oncle & du neveu, la fouche commune eft le pere de l'oncle qui eft l'ayeul du neveu. Pour ce qui eft des deux coufins germains, leur ayeul eft leur fouche commune, ainfi des autres.

Il y a des Coutumes *foucheres*, ou pour fuccéder à un héritage propre, il faut être defcendu de celui qui a mis l'héritage dans la famille ; au lieu que dans les coutumes de côté & ligne, ou de fimple côté, il fuffit d'être parent de la ligne, ou du côté d'où l'héritage eft provenu au défunt, *voyez* coutumes foucheres.

SOUCHE, (SUCCEDER PAR) eft oppofé à fuccéder par têtes. *Voyez* Succéder.

SOUCHETAGE, eft la marque que font les Officiers des Eaux & Forêts après la coupe des bois, pour compter le nombre & la qualité des fouches abbatues.

On appelle auffi fouchetage, le compte & la marque des bois de futaie, que l'Ordonnance veut être faits avant l'adjudication. *Voyez* l'Ordonnance des Eaux & Forêts, titre 15. article 50. & tit. 16. art. 2. 3. 4. 5. & 6.

SOUFFLER UN EXPLOIT, fignifie n'en point donner de fignification aux Parties ni à leurs Procureurs.

SOUFFLET, eft un affront très-injurieux, *quia in vultu totus homo eft.* En effet, la tête eft autant diftinguée des autres parties du genre humain, que le Souverain l'eft de fes fujets. La fource de cette diftinction, c'eft que l'ame réfide dans la tête, & qu'elle y fait toutes fes fonctions. Et dans la tête, le vifage eft la partie la plus éclatante, puifque c'eft dans les yeux que l'ame eft peinte, c'eft fur fa face que fes paffions font repréfentées. Enfin le vifage de l'homme eft le plus beau fpectacle de la nature. Ainfi, donner un foufflet à un homme, c'eft outrager ce qui éclate le plus dans lui, c'eft infulter toutes fes graces, c'eft méprifer l'ame même dans le fidele miroir qui la repréfente, & par conféquent c'eft faire effuyer à l'homme l'ignominie la plus attroce & la plus flétriffante ; c'eft pourquoi un homme d'honneur en
doit

doit toujours pourfuivre la vengeance, & agir pour raifon de ce par la voie extraordinaire.

Quand cette injure eft faite à un gentilhomme, ou à une perfonne de quelque confidération, celui qui eft convaincu de lui avoir fait cet outrage, eft condamné en de groffes amendes, & à demander, l'Audience tenant, pardon à la perfonne à qui il a fait une telle infulte, & lui dire, que *follement & brutalement il lui a donné un foufflet, & qu'il s'en repent.* Il eft même quelquefois condamné au banniffement; ce qui dépend des circonftances.

Voyez Boniface, tome 2. partie 3. chapitre 6. & tome 2. liv. 3. tit. 10. chap. 2. Sur les peines & réparations qui doivent être ordonnées pour un foufflet, *voyez* l'Edit du mois de Décembre 1704. articles 3. & 4.

SOUFFRANCE EN MATIERE FEODALE, eft une furféance ou délai de faire la foi & hommage, que le Seigneur donne à fon nouveau vaffal pour quelque jufte caufe, comme pour minorité ou abfence néceffaire.

Comme nous n'allons donner ici que les principes généraux qui concernent cette matiere, ceux qui voudront en avoir une parfaite connoiffance, n'auront qu'à voir ce que nous avons dit fur les articles 21.35.41.42. & 67. de la Coutume de Paris.

Budée fur la Loi *Herennius 63. ff. de evictionib.* appelle cette fouffrance dont il eft parlé dans nos coutumes, *precarium clientelare, patientiam, tolerantiam, inducias fidei.*

On diftingue deux fortes de fouffrance; l'une eft légale & coutumiere, néceffaire & forcée, laquelle fe donne aux mineurs ou à leurs tuteurs pour caufe de minorité, fans que le Seigneur à qui elle eft demandée puiffe la réfufer; l'autre eft volontaire, qui fe donne par le Seigneur au vaffal pour quelque jufte empêchement, dont il eft parlé en l'art. 67. de la Coutume de Paris.

Ce n'eft pas que la fouffrance qui fe demande par un vaffal ou par Procureur pour lui, fe puiffe refufer quand elle eft demandée pour quelque jufte empêchement; mais c'eft qu'il fuffit de la demander pour les mineurs, en juftifiant leur minorité, & qu'elle leur eft accordée de plein droit dèsqu'elle eft demandée. *Induciæ illæ propter minorem ætatem legales funt, & ipfo jure competunt, abfque ulla mora & conteftatione, ftatim ac petitæ funt; allegata duntaxat & probata minori ætate.*

Mais la demande de la fouffrance pour quelqu'autre empêchement eft fujette à conteftation; car elle doit être fondée fur une excufe valable & fuffifante: or ce que c'eft qu'une excufe valable n'eft point défini par la coutume; & comme c'eft une chofe qui dépend de la décifion du Juge, qui doit être par lui reglée fuivant les circonftances, & les conditions des perfonnes, leur emplois & l'éloignement des lieux, cette fouffrance n'eft point légale, néceffaire ni forcée, mais volontaire & fujette à conteftation.

La fouffrance accordée aux mineurs de minorité féodale étant forcée & néceffaire, doit être accordée par le Seigneur, fans que pour ce il lui foit rien dû, finon les droits ordinaires, au cas qu'il en foit

dû pour la mutation arrivée en leur perfonne.

Il faut dire la même chofe de celle qui eft accordée pour quelque jufte empêchement, fuivant l'article 67. de la coutume de Paris; parce que la coutume veut que le Seigneur l'accorde, fans pour ce exiger aucun droit.

L'une & l'autre fouffrances doivent être demandées dans le tems de quatre jours; finon le Seigneur a droit de faifir, & la faifie produit fon effet qui eft la perte des fruits perçus par le Seigneur, quoique le vaffal fût bien fondé de la demander pour caufe de minorité, ou pour autre legitime empêchement.

La fouffrance n'eft accordée que pour différer la foi & hommage dans un tems auquel le vaffal la pourra faire, & non pour différer le payement des droits féodaux qui feroient dûs par le vaffal qui auroit une caufe légitime pour demander fouffrance.

Cette regle a même lieu à l'égard des mineurs; de forte que le Seigneur peut ne leur point accorder la fouffrance, ou à leur tuteur pour eux, qu'il ne foit payé de fes droits; & jufqu'à ce, la faifie féodale dure en pure perte pour eux, fauf leurs recours contre leur tuteur.

La raifon de la différence entre la foi & hommage & les droits pécuniaires, eft que le Seigneur ne peut pas exiger de fon vaffal ce que l'âge, l'infirmité ou l'abfence ne lui permettent pas de faire; & comme il feroit injufte que ce défaut portât préjudice au vaffal, la Loi a voulu que le Seigneur fût tenu de lui bailler fouffrance, jufqu'à ce qu'il fût en état de s'acquitter en perfonne de ce devoir.

Mais les profits des fiefs n'ont rien de commun avec la foi & hommage, & ils fe peuvent exiger de toutes fortes de perfonnes qui les doivent, de quelqu'âge qu'ils foient, préfens ou abfens.

La raifon eft, que l'empêchement de faire la foi & hommage de la part du vaffal, ne doit point caufer du dommage au Seigneur, ni apporter aucun retardement au payement des droits qui lui font dûs.

Après avoir donné ces principes généraux qui concernent cette matiere, nous allons faire quelques obfervations fur les différentes caufes qui peuvent donner lieu à la fouffrance pour caufe de minorité, ou pour tout autre caufe.

§. I. *Obfervations fur la fouffrance pour caufe de minorité féodale.*

Quoique l'article 41. de la coutume de Paris ne parle que d'enfans mineurs comme héritiers en ligne directe, néanmoins le bénéfice de la fouffrance a lieu pour tous les mineurs qui fe trouvent propriétaires d'un fief, foit par fucceffion en ligne directe ou collatérale, ou par toute autre caufe; parce que cette difpofition n'eft fondée que fur la minorité du vaffal.

L'émancipation faite d'un mineur avant la majorité féodale ne donne pas droit au Seigneur de lui refufer fouffrance; parce que l'émancipation rend à la vérité les enfans capables d'adminiftrer leurs biens, d'en faire baux à loyer ou à ferme &

de difpofer de leurs meubles & effets mobiliers ; mais elle ne les rend pas pour cela capables & habiles de faire la foi & hommage.

La fouffrance pour caufe de minorité féodale, doit être baillée par le Seigneur ; non feulement aux vaffaux mineurs déjà nés, mais auffi à ceux qui font conçus & qui ne font pas encore nés ; & la fouffrance en ce cas doit être demandée par un curateur créé au ventre.

Cette décifion eft fondée fur ce que *qui funt in utero, pro jam natis habentur, quóties de eorum commodis & utilitate, agitur.*

La fouffrance accordée à un mineur vaut pour tout le fief ; ainfi le mineur n'eft point obligé de la redemander dans la fuite pour les portions qui lui feront échues depuis la fouffrance accordée, par la raifon que le mineur ne doit pour tout le fief qu'une foi & hommage, laquelle eft individue.

Il faut dire le contraire des nouveaux fiefs qui feroient échus à un mineur ; car il feroit tenu d'en demander fouffrance, s'ils lui étoient échus au tems de fa minorité féodale. Comme la fouffrance vaut foi tant qu'elle dure, & que la foi eft due pour chaque fief mouvant du même Seigneur, il y a lieu de conclure que le mineur eft tenu de demander une autre fouffrance pour un autre fief qui lui eft échu après la fouffrance qu'il a précédemment obtenue pour un autre fief.

Le Seigneur ne peut pas obliger le tuteur du mineur de lui faire la foi & hommage pour & au nom du mineur, & jufqu'à ce refufer main-levée de la faifie. La coutume dit bien en l'article 41. que le Seigneur eft tenu de bailler fouffrance ; mais elle ne dit pas que le Seigneur pourra contraindre le tuteur de lui venir rendre la foi & hommage pour le mineur.

Quoique la fouffrance que le Seigneur accorde aux mineurs foit forcée & néceffaire, provenant de la difpofition de la Loi, qui veut que la fouffrance ne puiffe leur être refufée, il faut toujours que les mineurs ou leur tuteur la demandent dans les 40. jours, à compter du jour de l'ouverture du fief ; faute de quoi le Seigneur féodal peut faifir le fief, & cette faifie féodale dure en pure perte des fruits jufqu'à ce que la fouffrance foit demandée, fauf au mineur fon recours contre fon tuteur.

La raifon eft, que tant que la fouffrance n'eft pas demandée au Seigneur, il peut prétendre caufe d'ignorance de la minorité féodale de fon vaffal. D'ailleurs, la fouffrance vaut foi tant qu'elle dure, & c'eft une marque de foumiffion que de la demander, femblable en quelque façon à la foi & hommage : c'eft pourquoi elle doit être demandée ; & par ce moyen, celui au nom duquel elle eft demandée, eft reputé le vaffal du Seigneur, comme s'il avoit été par lui reçu en foi & hommage.

La fouffrance doit être demandée par le tuteur en perfonne ou par Procureur fondé de procuration fpéciale.

Cette demande fe fait au principal manoir où fe fait la foi & hommage, & toutes les offres & fignifications & autres actes concernant le fief ; & le tuteur n'eft pas tenu d'aller chercher le Seigneur en fon domicile ou domaine qui pourroit être éloigné du fief dominant.

Néanmoins la fouffrance peut être demandée au Seigneur au lieu de fon domicile, quoique ce ne foit pas le lieu du fief dominant, & que la foi & hommage ne fe puiffe pas rendre en un autre lieu qu'au principal manoir, fi ce n'eft du confentement du Seigneur.

La raifon eft, que la foi & hommage eft un devoir perfonnel & réel qui ne fe peut rendre au Seigneur qu'au lieu du fief dominant ; mais la fouffrance n'eft qu'une furféance, laquelle eft plus perfonnelle que réelle. D'ailleurs, ce n'eft pas tant un devoir de fief, qu'une inftruction qu'on eft obligé de donner au Seigneur de l'état & des âges de fes vaffaux.

La fouffrance doit être demandée en préfence de deux Notaires, ou d'un Notaire & deux témoins, & on lui doit faire les offres de fes droits, fi aucuns lui font dûs, & déclarer les noms & âges des mineurs pour lefquels la fouffrance eft demandée ; parce qu'il eft jufte que le Seigneur foit inftruit du tems auquel chacun des mineurs aura l'âge pour lui rendre la foi & hommage, afin que faute par de venir lui rendre ce devoir, il puiffe faifir la part de ceux qui y auront manqué.

Les Notaires doivent laiffer au Seigneur une copie de cet acte, & en donner une autre au tuteur, pour lui fervir en cas de befoin, le tout aux frais du mineur.

Quand le Seigneur eft refufant de bailler fouffrance, & la main-levée de la faifie, il faut en lui donnant copie de la demande de la fouffrance, que le tuteur protefte de fe pourvoir en Juftice, pour faire déclarer fes offres bonnes & valables, & obtenir main-levée de la faifie du jour de la demande & des offres ; & pour cet effet il doit enfuite le faire affigner.

Si le Seigneur n'eft pas dans le lieu feigneurial, les Notaires doivent déclarer dans l'acte, que le tuteur d'un tel ou de tels, s'eft transporté audit lieu pour lui demander fouffrance pour fes mineurs, en lui offrant les droits qui lui font dûs, proteftant de fe pourvoir en Juftice, &c. *comme deffus.*

La furféance ou délai que le Seigneur accorde à fon vaffal pour caufe de minorité, produit le même effet que fi le vaffal lui avoit véritablement rendu fes devoirs, au moins tant que cette fouffrance dure.

Mais quoique le vaffal ne fe préfente point après la fouffrance finie, pour faire la foi & hommage à fon Seigneur, néanmoins le Seigneur ne gagne pas les fruits du fief en vertu de la faifie féodale qu'il auroit faite avant que d'avoir accordé la fouffrance.

La raifon eft, que par la fouffrance le vaffal obtient pleine & entière main-levée de fon fief, & rentre en la poffeffion d'icelui, comme s'il n'avoit jamais été faifi : c'eft pourquoi le Seigneur ne peut gagner les fruits qu'il n'ait été remis en la poffeffion du fief par une nouvelle faifie féodale.

Cette nouvelle faifie ne fe peut faire qu'après que la fouffrance eft entièrement expirée ; celle qui feroit faite auparavant, feroit abfolument nulle: de forte que, non-feulement il ne pourroit pas gagner les fruits du fief, il feroit encore condamné envers le vaffal en tous fes dépens, dommages & intérêts.

Quand la fouffrance a été accordée à plufieurs mineurs, elle ceffe à mefure que chacun d'eux atteint la majorité féodale; de forte que la fouffrance dure & fubfifte pour les autres mineurs: & s'il ne fait pas la foi & hommage, le Seigneur peut bien faifir la part qu'il a dans le fief, mais non pas celle des autres. Cela eft fondé fur ce que la fouffrance accordée à plufieurs mineurs eft divalue; ainfi ce font alors autant de fouffrances qu'il y a des mineurs, lefquelles prennent fin en divers tems, felon & à méfure que ceux auxquels elles font accordées, deviennent majeurs de la majorité féodale.

§. II. *Obfervations fur la fouffrance pour autre caufe que pour la minorité féodale.*

Comme le Seigneur a intérêt de connoître fon vaffal, on a réglé que la foi & hommage étoit un devoir perfonnel qui ne pouvoit pas être rendu par Procureur, fi ce n'eft en certains cas, & principalement quand le vaffal eft bien fondé à demander fouffrance pour caufe légitime & excufe fuffifante; auquel cas le Seigneur eft tenu de recevoir la foi & hommage par Procureur, fi mieux n'aime accorder fouffrance.

Les excufes fuffifantes font les empêchemens legitimes, qui empêchent le vaffal de venir rendre en perfonne la foi & hommage à fon Seigneur. Ces empêchemens font perfonnels ou réels.

Les empêchemens perfonnels viennent de la perfonne du vaffal; comme s'il eft pourvu d'une Charge qui l'oblige à une réfidence continuelle & actuelle: par exemple, s'il eft Préfident, Confeiller, Greffier, ou Huiffier de la Cour.

On met au nombre des empêchemens perfonnels les abfences, les emprifonnemens, la captivité, les maladies tant du corps que de l'efprit, qui ne permettent pas de fe tranfporter au lieu où fe doit faire la foi & hommage.

Les empêchemens réels regardent le lieu où la foi & hommage doit être faite, lorfque le vaffal n'y peut pas venir fans encourir le rifque de la vie; comme s'il eft obligé pour venir au fief dominant, de paffer proche des ennemis, ou par des lieux infectés de maladie contagieufe, ou par une riviere extraordinairement débordée, ou enfin, s'il y a des inimitiés capitales entre le Seigneur & le vaffal, fuivies de menaces & attentats, qui donnent au vaffal un jufte fujet de craindre que fon Seigneur ne le maltraite.

Au cas d'excufe fuffifante, notre coutume, en l'Article 67. donne le choix au Seigneur, ou d'accorder fouffrance à fon vaffal jufqu'à ce que l'excufe ceffe, ou de recevoir la foi par un Procureur fondé de procuration fpéciale.

Pour cet effet, le vaffal doit donner une procuration fpéciale pour demander ou la fouffrance au

Seigneur, ou pour lui faire la foi & hommage au nom du vaffal, s'il aime mieux recevoir la foi par Procureur.

Les caufes légitimes pour lefquelles le vaffal demande fouffrance, doivent être contenues & exprimées dans l'acte de procuration.

Ce même acte doit contenir l'affirmation du Procureur, que les caufes qui y font énoncées font véritables, afin que le Seigneur puiffe les contefter, & que le Juge en connoiffance de caufe puiffe décider fi elles font valables ou non.

Enfin, il faut que le Procureur exhibe le titre de propriété du vaffal, & faffe voir s'il eft vraiment propriétaire du fief par acquifition ou autrement.

Si l'excufe eft raifonnable, le Seigneur eft obligé de l'admettre, & de recevoir la foi par le Procureur, ou de donner fouffrance au vaffal, en payant par le vaffal les droits dûs pour fa mutation; faute de quoi le Seigneur feroit en droit de refufer la fouffrance, & la faifie féodale qu'il auroit faite auparavant, continueroit fon cours jufqu'aux offres valables: c'eft pourquoi le vaffal, en faifant propofer fon excufe, doit déclarer fous peine de nullité, le titre de la mutation; & en cas d'acquifition, il en doit exhiber le contrat, & faire des offres fuffifantes.

Il dépend du Seigneur de recevoir les excufes qui lui font propofées par le vaffal, ou de n'y point avoir égard: mais en cas de refus, le vaffal doit faire affigner fon Seigneur pardevant le Juge, pour voir déclarer l'excufe légitime, & ordonner la main-levée du jour que la procuration lui a été notifiée & fignifiée à la requête du Procureur envoyé par le vaffal.

Si elle eft jugée légitime, la faifie ceffe du jour qu'elle a été propofée & notifiée, & le Seigneur eft tenu de donner fouffrance, ou de recevoir la foi par Procureur, fans préjudice des fruits échus avant la notification de l'excufe faite au Seigneur, qui lui demeure acquis. Mais fi elle n'eft pas déclarée jufte, le vaffal eft condamné de faire la foi & hommage en perfonne, & la faifie continue jufqu'à ce qu'il s'en foit acquitté.

Quand aux inimitiés que le Seigneur & le vaffal ont l'un contre l'autre, en conféquence defquelles le vaffal prétend faire la foi par Procureur, il le doit faire ordonner; & le Juge ne doit recevoir cette excufe, ni décharger le vaffal de faire la foi & hommage en perfonne, s'il ne voit que les inimitiés font fi grandes, que le vaffal pourroit être en danger de vie, s'il fe tranfportoit au fief dominant, & la grandeur des inimitiés fe tire des procès criminels, des batteries & outrages exercés entre l'un & l'autre, & par d'autres circonftances de faits particuliers.

La fouffrance accordée par le Seigneur vaut foi tant que dure l'empêchement, de forte que le Seigneur ne peut plus faifir; & s'il a faifi, cette fouffrance eft une main-levée de la faifie faite auparavant, quoique le Seigneur n'eût pas déclaré qu'il accordoit la main-levée. Parce que le Seigneur accorde la fouffrance, le vaffal eft préfumé avoir fatisfait aux caufes de la faifie, & le Seigneur en être content, au moins pendant le tems que durera l'empêchement, en conféquence duquel la foufirance a été accordée.

Si après l'empêchement ceffé il en furvenoit un autre au vaffal, il feroit tenu de demander au Seigneur une nouvelle foufirance ; autrement le Seigneur pourroit faifir fon fief en pure perte des fruits. La raifon eft, que dès que l'empêchement ceffe, la foufirance ne fubfifte plus ; ainfi il en faut une feconde pour raifon du nouvel empêchement qui eft furvenu au vaffal.

Il arrive quelquefois que la caufe de l'excufe propofée par le vaffal fe trouve fauffe & fuppofée : auquel cas, la chofe étant prouvée, le Seigneur peut avec raifon prétendre contre fon vaffal que la faifie féodale a continué fon cours, nonobftant la foufirance qui lui a été accordée fous un faux expofé ; attendu que le Seigneur eft cenfé n'avoir accordé foufirance au vaffal que fous cette condition, fi l'excufe par lui propofée eft véritable : ainfi l'excufe fe trouvant fauffe, on peut dire qu'il n'y a point eu de foufirance ; c'eft pourquoi le vaffal doit être condamné par le Juge à la reftitution des fruits par lui perçus depuis la faifie féodale.

Si le Seigneur n'avoit point fait faifir avant la foufirance accordée, quoique la caufe de l'excufe fe trouvât fauffe, il ne pourroit pas prétendre les fruits du fief ; d'autant qu'il n'y a que la faifie féodale qui puiffe faire gagner au Seigneur les fruits du fief fervant.

Mais quand le Seigneur doute de la vérité de l'excufe propofée, il doit pour fa fûreté & pour le gain des fruits, au cas que la fuite elle fe trouve fauffe, commencer par faire faifir le fief, & enfuite accorder foufirance à fon vaffal, avec proteftation que la foufirance, ou la reception en foi par le Procureur, ne lui pourra nuire ni préjudicier, & ne pourra empêcher l'effet de la faifie féodale qu'il a faite, qu'il veut & entend fubfifter, au cas que l'excufe fe trouve fauffe.

Par cette proteftation, le Seigneur conferve les droits qu'il a fur les fruits du fief faifi ; fans quoi le Seigneur qui auroit accordé foufirance purement & fimplement, pourroit être débouté de la demande des fruits pendant le tems de la foufirance, fous prétexte que la caufe pour laquelle elle auroit été demandée étoit fauffe.

SOUFFRANCE EN MATIERE DE COMPTE, fe dit des délais qu'on donne aux comptables pour rapporter les quittances des fommes mentionnées en l'article des fommes qu'ils ont payées.

SOULTE, eft une fomme qui fe paye en forme de fupplément par un des copartageans à l'autre, pour par ce moyen que leurs lots foient égaux. Ainfi fouvent dans un partage un immeuble eft mis dans un lot, à la charge que celui auquel il échoira, fera obligé de recompenfer les autres copartageans en argent, pour rendre toutes les portions égales.

Ce terme vient de *folvere* ; car c'eft une efpece de folution ou de payement qui fe fait aux autres copartageans de la portion qu'ils pourroient autrement avoir dans un immeuble.

Toute cédule, promeffe & obligation faite pour

foulte de partage, ou pour vente d'immeubles, appartenans à l'un des conjoints, eft reputée immeuble, à l'effet feulement d'empêcher que les biens des conjoints par mariage ne tombent indirectement dans la communauté, & qu'ils ne fe puiffent avantager par ce moyen indirectement pendant le mariage, contre la difpofition du droit Coutumier, en convertiffant leurs immeubles en deniers & chofes mobiliaires.

Mais cette fiction ne s'étend point hors ce cas ; c'eft pourquoi elle n'empêche pas que telle obligation ne foit confidérée comme meuble dans la fucceffion de celui à qui elle appartient, & qu'il n'en puiffe difpofer entiérement à fa volonté comme d'un effet mobilier par Ordonnance de derniere volonté, nonobftant les articles 292. & 295. de la Coutume de Paris, qui ne fe doivent entendre que des véritables immeubles.

De ce que la foulte ou fupplément de partage eft reputée immeuble à l'effet de ne point entrer dans la communauté, il s'enfuit que celui des conjoints à qui il appartient comme propre de communauté, lui doit demeurer, fans que lui ni fes héritiers en doivent récompenfe de mi-denier à l'autre.

Il n'en eft pas de même, lorfque la foulte a été payée des deniers de la communauté, pour un héritage échu à l'un des conjoints ; car en ce cas cet héritage devroit être conquêt à proportion de la foulte : mais à caufe de la difficulté du partage, il eft propre pour le tout à celui auquel il eft échu ; & il eft dû à l'autre ou à fes héritiers le mi-denier de la foulte, pour les indemnifer du payement de la foulte qui a été faite des deniers de la communauté.

De ce que la foulte dans les fucceffions eft reputée une dette mobiliaire, il s'enfuit que tous les héritiers du défunt font obligés de contribuer à la foulte à laquelle le défunt étoit obligé envers fes cohéritiers, comme étant une dette mobiliaire & perfonnelle, quoique dûe pour raifon des héritages aufquels fes héritiers des meubles & conquêts ne fuccédent point, mais feulement fes héritiers des propres. *Voyez* Charondas liv. 8. rep. 46.

Pour ce qui eft du privilége de la foulte de partage il eft fur le total de l'héritage qui la doit, & non pas fur une partie feulement. *V.* M. le Brun en fon Traité des Succeffions, liv. 4. chap. 1. nomb. 35.

SOULTE, a auffi lieu dans les échanges, quand deux héritages font échangés, & que l'un vaut plus que l'autre.

En fait de foulte dans un échange d'héritages, lorfque la foulte excède la valeur de la moitié d'un des héritages échangés, il y a lieu au retrait lignager pour portion de la foulte : mais quand la foulte n'excede pas ladite moitié : il ne peut pas y avoir lieu au retrait. *Voyez* ce que j'ai dit fur l'article 145. de la Coutume de Paris.

SOULTE, fe dit auffi du débet d'un compte arrêté en une fociété.

SOUMISSION, fignifie obligation, promeffe de payer ou de faire quelque chofe, fous les peines portées par les Loix, ou exprimées dans l'acte de foumiffion.

Par exemple, les cautions judiciaires & leurs

certificateurs font au Greffe les foumiſſions en tels
cas réquiſes & accoutumées.

Pareillement, lorſqu'une ſomme eſt adjugée à
quelqu'un à ſa caution juratoire, il faut pour la
toucher qu'il faſſe les foumiſſions ordinaires; c'eſt-
à-dire, qu'il s'oblige de la reſtituer, en cas que par
la ſuite la reſtitution en ſoit ordonnée.

Ces commiſſions emportent la contrainte par
corps à rendre & reſtituer les ſommes touchées,
quand par l'événement on y eſt condamné.

S O U M I S S I O N A UNE AUTRE JURISDICTION
qu'à celle dont on eſt juſticiable. *Voyez* Prorogation de Juriſdiction.

S O U R C E D'EAU. Le propriétaire d'un héritage peut diſpoſer à ſa volonté de l'eau d'une fontaine dont la ſource eſt dans ſon héritage, & la
détourner de l'héritage de ſon voiſin ſur lequel elle
avoit coutume de paſſer, au cas que ce voiſin
n'y eut aucun droit de ſervitude. La raiſon eſt, que
l'eau qui a pris ſa ſource dans un héritage, en fait
en quelque façon partie; ainſi le propriétaire de
cet héritage en peut diſpoſer à ſa volonté, & la détourner pour en faire ſon profit, la propriété de
l'eau appartenant à celui *in cujus fundo naſcitur.*

Voyez ce que j'ai dit ſur l'art. 187. de la Coutume de Paris, nomb. 11. & ſuivans.

SOURD. La ſurdité qui empêche celui qui en
eſt attaqué de pouvoir vacquer à ſes propres affaires, lui ſert d'excuſe pour s'exempter de la tutelle.
Papon, liv. 15. tit. 5. nomb. 11.

Les ſourds ſont exclus d'être Juges, Arbitres,
& promus aux Ordres: mais à cet égard on n'entend pas par ſourds ceux qui ont l'ouïe un peu dure, mais qui n'entendent point du tout, ou qui
n'entendent qu'avec beaucoup de peine.

Pour ce qui eſt de la queſtion, ſçavoir ſi un ſourd
peut faire un teſtament, *voyez* ce que j'en ai dit
dans ma Traduction des Inſtitutes, ſur le paragraphe 3. du tit. 12. du ſecond livre.

Touchant la maniere de faire le procès aux
muets & ſourds, *voyez* le titre 18. de l'Ordonnance de 1670.

S O U S - B A I L, eſt une partie d'une maiſon
qu'un principal locataire loue à un autre. *Voyez*
Sous-Locataire.

SOUSCRIPTION, eſt la ſignature qu'on met
au bas d'un écrit.

Ce terme ſignifie auſſi le cautionnement que l'on
fait du contenu en une lettre ou autre écrit, par
celui qui y joint ſa ſignature.

SOUSCRIRE, ſignifie ſigner au bas de quelque
choſe. Les Notaires ſouſcrivent au bas des actes,
pour les rendre authentiques.

SOUSCRIRE, ſignifie encore ſe rendre caution
d'un autre, s'obliger à payer la ſomme contenue
en un acte qu'on ſouſcrit avec lui.

SOUS-FERME. *Voyez* Sous-Bail.

SOUS-FERMIERS, ſe dit ordinairement de
ceux qui ont fait un ſous-bail des droits du Roi
avec les Fermiers généraux. V. Fermiers du Roi.

SOUS - INFEODATION. *Voyez* Accenſement.

SOUS - INFEODER, ſignifie faire départie de
ſon fief ou arriére-fief, dont on retient la foi &

hommage, & autres droits féodaux en dependans.
Voyez Démembrer un Fief.

SOUS-LOCATAIRE, eſt celui qui loue une
portion de maiſon dudit principal locataire, lequel
en fait les deniers bons au propriétaire.

On demande ſi le propriétaire a droit de faire
ſaiſir les meubles des ſous-locataires?

Il ſemble qu'il ne le peut, puiſqu'ils ne ſont pas
obligés envers lui, ni par contrat, ni par quaſicon-
trat, ni par autre cauſe, attendu que les ſous-locataires, ne ſont obligés qu'envers le principal locataire, de qui ils tiennent à titre de loyer leur habitation. Néanmoins il faut dire que les meubles
de ſous-locataires ſont tenus de louage à proportion du tems & du lieu qu'ils ont occupé.

La raiſon eſt, que cette obligation deſdits meubles envers le propriétaire de la maiſon ſe contracte
fine conventione, ſed re ipſa, d'autant qu'ils occupent la maiſon du propriétaire; ainſi le principal
locataire ne payant pas la convention qui eſt faite
entre lui & les ſous-locataires ſert au propriétaire,
comme ſi en effet elle avoit été faite avec lui.

Mais les meubles des ſous-locataires, ne ſont pas
reſponſables de tous les loyers qui pourroient être
dûs par le principal locataire, mais ſeulement de
ceux qui ſe trouvent dûs par les ſous-locataires. *leg.*
11. §. 5. *ff. de pign. act.* La raiſon eſt, qu'il ſeroit
abſurde que le propriétaire d'une maiſon eût plus
de droit ſur les ſous-locataires, que le principal
locataire n'en pourroit avoir ſur eux.

Voyez ce que j'ai dit ſur l'art. 162. de la Coutume de Paris.

SOUS-ORDRE, eſt une diſtribution de la ſomme pour laquelle un créancier a été colloqué dans
un ordre, entre les créanciers de ce créancier colloqué, qui ſe ſont oppoſés ſur lui en ſous-ordre,
ou comme exerçans ſes droits, ou qui ont ſaiſi ſa
collocation.

Exemple, Titius eſt la partie ſaiſie: Caïus eſt
un de ſes créanciers qui a formé oppoſition aux
criées. Mœvius créancier de Caïus forme oppoſition à ce que les deniers que Caïus doit toucher
lui ſoient donnés en payement, ou juſqu'à la concurrence de ſon dû. C'eſt le cas de l'oppoſition en
ſous-ordre, ſuivant l'Arrêté du Parlement du 22.
Août 1691.

I°. On ne doit prendre aucun appointement ſur
les oppoſitions en ſous-ordre portant jonction à
l'ordre; & leſdites oppoſitions doivent être jugées
après que l'on aura prononcé ſur l'ordre, & par un
Arrêt ou Sentence ſéparés.

II°. Les oppoſitions en ſous-ordre doivent être
jugées au rapport de celui qui a fait le rapport de
l'ordre.

3°. Les frais néceſſaires pour la pourſuite, inſtruction & jugement des oppoſitions en ſous-ordre,
ſe prennent ſur la ſomme qui a été adjugée au
créancier ſur lequel leſdites oppoſitions ont été
faites, ou peuvent être avancées par les oppoſans,
ſi bon leur ſemble, ſans qu'en aucuns cas ils puiſſent
être pris ſur les revenus, ni ſur le reſte du prix des
immeubles qu'il s'agit de diſtribuer entre les
créanciers.

4°. Les créanciers d'un oppofant qui ne forment extr'eux aucune contestation, peuvent intervenir dans l'ordre, s'ils le jugent à propos, pour y faire valoir la créance de leur débiteur commun.

SOUSSIGNER, est souscrire un acte, mettre au bas son nom, & donner à connoître par cette approbation qu'on en est qu'on en content l'exécution.

A l'égard des Notaires, ils ne soussignent que pour attester les actes & les rendre authentiques.

SOUS-TENANT en matiere feodale, est un arriere-vaffal qui-dépend d'un chef-Seigneur, non pas immédiatement, mais médiatement & par le moyen d'un autre Seigneur immédiat, qui dépend lui-même du chef-Seigneur.

SOUTRACTION de biens, signifie enlevement d'effets mobiliers, ou de titres & papiers, que l'on fait au préjudice d'une autre personne.

Par exemple, une veuve souftrait ou cache après la mort de son mari des biens communs au préjudice des héritiers du mari; ou au contraire, les héritiers du mari souftraient ou cachent des biens communs pour en profiter, contre les intérêts de la veuve. Voyez Recelé.

SOUSTRAIRE, signifie dérober, détourner, receler, ôter, enlever des effets mobiliers, ou des titres & papiers, au préjudice de quelqu'un.

SOUS-TRAITANT, est celui qui traite des Fermes avec ceux qui en ont traité en premier lieu.

Voyez Ferme du Roi.

SOUTENEMENS, sont des défenses que fournit un rendant compte pour en défendre les articles, & répondre aux débats qui ont été formés contre.

SOUS-VASSAL, est un vaffal qui releve d'un Seigneur, lequel releve lui-même d'un autre. Voyez les articles 54. 55. & 162. de la Coutume de Paris, & ce que j'ai dit ci-deffus.

SOUVERAIN, qui vient de Superior, signifie celui qui est supérieur à un autre; mais ce terme aujourd'hui semble être consacré pour signifier les Rois & les Princes qui n'ont personne au deffus d'eux, qui sont absolus & indépendans, qui ne relevent que de Dieu & de leur épée, dont, puissance n'est bornée que par la Loi divine, les Loix naturelles & les Loix fondamentales de l'Etat.

Ils ont droits de porter le titre de Majesté; leurs Sujets sont obligés de leur obéir dans ce qui concerne les devoirs de la sujetion, & les droits de la Souveraineté. En un mot, ils n'ont aucun supérieur que Dieu seul; c'est-à-dire, qu'ils n'en ont point fur terre ni pour la mouvance, ni pour la Jurisdiction. Mais aussi pour qu'un Prince, s'acquitte de ses devoirs, il faut qu'il soit Juste, modéré, saint, & qu'il ne regne sur la terre que pour y faire régner la vertu comme nous avons dit, verbo Roi.

Comme les souverains sont sur la terre les images visibles de la Divinité, on doit respecter les motifs cachés qui les font quelquefois agir, ainsi qu'on doit en user à l'égard des Jugemens secrets de Dieu.

Le premier & le principal droit de souveraineté,

est celui de donner la loi à tous en général, & à chacun en particulier. Sur quoi voyez ce que j'ai dit, verbo Loi.

De ce premier & principal droit en dérivent plusieurs autres.

I°. Le droit de faire battre monnoie au nom du Souverain, & d'en fixer le titre & la valeur.

II°. Le droit d'instituer les principaux Officiers & premiers Magistrats.

III°. Le droit de décerner la guerre ou de traiter de la paix. Ainsi nul ne peut lever une armée, faire la guerre, prendre les armes sans le commandement du Prince; il n'appartient qu'à lui de faire alliance, paix ou treve avec l'ennemi.

IV°. D'octroyer privileges, exemptions, immunités, & dispenser des Edits & Ordonnances sans en rendre de raison; comme aussi d'accorder grace aux condamnés contre la rigueur des Loix, foit pour la vie, pour les biens, pour l'honneur, ou pour rappel de ban.

V°. De mettre sur les Sujets tailles & impôts ou les ôter.

VI°. les droits de la mer, les brefs de conduite de bris ou de varec, de confiscation pour crime de léze-Majesté, d'héresie ou de fausse monnoie.

VII°. Le droit de naturaliser les étrangers, & de légitimer les batards pour les effets civils; celui d'annoblir les roturiers; & aussi celui d'amortir les héritages tenus par gens de main-morte.

VIII°. Le droit de Régale, celui d'aubaine, & le droit de foi & hommage lige.

IX°. Le pouvoir d'Octroyer droit de foire, de marque ou de représailles.

Il est traité de quelques-unes de ces marques de Souveraineté au premier livre du grand Coutumier; dans Bodin en sa République, liv. 1. & dans le premier chapitre des Instituts de Coquille. Voyez ce que j'en ai dit ci-deffus, verbo Loi, verbo Puiffance royale, verbo Roi.

X°. Les héritages situés dans son Royaume lui appartiennent par le droit de son Empire & de sa Souveraineté. Omnia funt Principis quantum ad superioritatem non verò quantum ad dominium & proprietatem; quia singulæ res funt singulorum. Unde seneca, lib. 7. de beneficiis ad Reges sic loquitur: ad Reges potestas omnium pertinet, ad singulos proprietas.

En conséquence de ce principe, tous les héritages qui sont situés dans ce Royaume, tant nobles que roturiers font tenus en fief ou arriere-fief, censive ou arriere-censive du Roi; & à l'égard des héritages tenus en franc-aleu, sont tellement sous sa dépendance; tellement que la Seigneurie directe & primordiale appartient à Sa Majesté, & aux propriétaires le domaine utile seulement: d'où il s'ensuit que le Roi ne peut s'attribuer ces héritages appartenans à ses Sujets, ni en disposer à sa volonté. Bacquet en son Traité du droit d'aubaine; chap. 36. nomb. 5.

Au reste, la Souveraineté est le comble de la puissance qui est sans bornes, c'est-à-dire, qui n'est bornée que par trois choses; sçavoir, I°. par la Loi de Dieu, II°. par les Loix fondamentales de l'Etat, III°. par les loix naturelles de la Justice.

Touchant les Droits des Souverains, *voyez* ce qui en est dit dans le Dictionnaire de M. Brillon, *verbo* Souveraineté ; Dans Loiseau en son Traité des Seigneuries.

SOUVERAIN, se dit aussi des Juges qui ont pouvoir du Prince de juger les procès de ses Sujets en dernier ressort & sans appel.

A Paris il y a cinq Compagnies souveraines ; le Parlement, la Chambre des Comptes, la Cour des Aides, le Grand-Conseil, & la Cour des Monnoies.

Il y a encore outre cela au Palais, la Chambre souveraine du Domaine, des Franc-fiefs, établie par commission particuliere.

Les Maîtres des Requêtes se disent aussi Juges souverains en cette partie, quand les affaires leur sont renvoyées du Conseil : mais pour qu'ils puissent juger du Souverain, c'est-à-dire, sans appel, il faut qu'ils soient au moins sept.

SOUVERAINEMENT, signifie d'une autorité souveraine, en dernier ressort & sans appel.

SOUVERAINETÉ, est la qualité & l'autorité du Prince souverain qui ne connoît point de Supérieur, dont nous avons rapporté sommairement les marques, *verbo* Souverain.

S P

SPECIALITÉ, *voyez* Hypothéque spéciale.

SPECIFICATION, est une espéce d'accession qui nous rend propriétaires d'un ouvrage fait d'une matiere appartenante à autrui.

Cette question a partagé les sentimens des Jurisconsultes. Les Sabiniens donnoient indistinctement la propriété de la nouvelle espece qui avoit été faite à celui qui étoit propriétaire de la matiere : & cela fondé sur ce qu'un corps ne peut pas subsister sans matiere.

Les Proculeïens au contraire donnoient la propriété de la matiere à celui qui l'avoit mise en œuvre, fondés sur ce que la forme donne l'existence à la chose.

Les Jurisconsultes appellés *Erciscundi* par un juste tempérament adjugeoient la nouvelle espéce au propriétaire de la matiere, au cas que cette nouvelle espéce pût retourner à son premier état, & l'adjugeoient à l'ouvrier dans le cas contraire.

Cette distinction est d'autant plus juste, qu'elle est fondée sur un principe certain, qui est que les ouvrages qui peuvent retourner à leur premier état conservent toujours un corps de matiere que la force de l'art n'a pû éteindre & consumer ; au lieu que dans les ouvrages qui ne peuvent retourner à leur premier état, la matiere est comme éteinte & consumée, la main de l'ouvrier lui ayant donné une existance qu'elle n'avoit pas : raison pour laquelle il paroît naturel de lui adjuger l'ouvrage en remboursant néanmoins au propriétaire de la matiere le prix d'icelle ; comme aussi dans le premier cas le propriétaire de la matiere, devenu par droit de suite propriétaire de l'ouvrage, auquel sa matiere a été employée, doit payer à l'ouvrier le prix de son travail.

La décision que nous venons de rapporter fait naître une autre question, à l'égard de celui qui auroit mis en œuvre sa propre matiere, & qui auroit fait entrer dans son ouvrage partie de la matiere d'autrui.

Dans ce cas l'ouvrage doit appartenir à celui qui a mis la matiere en œuvre, puisqu'il a contribué à cet ouvrage de deux manieres, & par sa propre matiere qu'il y a employée, & par son propre travail.

Voyez le paragraphe 25. du premier titre du second livre des Institutes de Justinien, & ce que j'ai dit ci-dessus.

SPECIFIER, signifie designer par le menu, & fait un dénombrement & une spécification particuliere de quelque chose, comme quand on dit, il est bon dans un bail de spécifier par le menu les dépendances d'une terre.

SPECTRE, signifie fantôme. Un locataire n'est pas en droit de demander la résolution de son bail, sous prétexte qu'il apparoît un spectre dans le lieu qu'il a loué ; comme je l'ai dit, *verbo* Résolution de bail.

SPOLIATION, est l'expulsion violente, ou l'action par laquelle on déjette quelqu'un de la possession d'un bien ou d'un droit dont il jouissoit.

Elle donne lieu à la réintégrande, par laquelle celui qui est spolié, doit être avant toutes choses remis en la possession de l'héritage dont il a été dejetté, & qu'il possédoit véritablement depuis an & jour. *Spoliatus ante omnia restituendus est. Voyez* Réintégrande.

SPOLIER, signifie déjetter quelqu'un de la possession paisible d'un héritage qu'il possédoit. Ce qui donne lieu à la réintégrande suivant ce que nous venons de dire.

Ce terme signifie aussi la soustraction frauduleuse que l'on fait des effets de quelqu'un ou d'une succession. Et dans ce sens on dit qu'un tel héritier spolie les effets & les titres de la succession en fraude de ses cohéritiers, ou des créanciers de la succession.

S T

STATUER, signifie juger, décider, ordonner : termes qui expriment la propriété des Jugemens, Réglemens, Loix & Ordonnances. Ainsi le Roi dit dans ses Edits. *Nous avons dit, statué & ordonné.*

Il se présente assez souvent des questions importantes sur lesquelles les Loix n'ont rien statué ; ce qui fait qu'étant indécises, elles se jugent diversement dans les Tribunaux. Mais il seroit à souhaiter pour le bien public, que le Roi fît sur chacune de ces questions une Ordonnance qui établi une Jurisprudence certaine.

STATUT, signifie un certain droit selon lequel sont régis & gouvernés les personnes & les biens immeubles d'une Province, d'un Bailliage, d'une Ville, & quelquefois même d'un Bourg ou autre lieu. De cette définition il résulte qu'il y a des statuts réels & des statuts personnels.

Le statut personnel est celui qui forme & regle

principalement l'état & la condition de la personne sans rien régler sur ce qui regarde ses biens. Tel est par exemple, le statut qui regle la majorité & celui qui met les femmes sous l'autorité de leurs maris.

L'effet du statut personnel est, que la personne porte par-tout la puissance, ou l'impuissance, la capacité ou l'incapacité que lui donne le statut qui la regit, qui est la coutume de son domicile. Ainsi celui qui est majeur dans la coutume de sa naissance & de son domicile, l'est toujours dans quelque coutume qui se rencontre, où la majorité seroit fixée à un âge plus avancé.

Il faut dire aussi que la femme qui est sous la puissance de son mari, & qui par la conséquence qui en résulte, ne peut ni vendre ni aliéner ses biens, ni s'obliger sans l'autorisation de son mari, porte cette incapacité dans les pays même, où la femme n'a pas besoin pour toutes ces choses, d'être autorisée de son mari.

Suivant ce principe, qu'en fait de statuts personnels il faut suivre la coutume du domicile de la personne, il a été jugé qu'une fille âgée de dix-sept ans, ayant fait son testament à Paris, où la coutume requiert vingt ans pour disposer par testament de ses meubles & acquêts immeubles, & vingt-cinq ans pour disposer du quint de ses propres, la disposition testamentaire que cette fille avoit faite étoit valable, quant aux biens qu'elle avoit en Auvergne, où elle avoit établi son domicile, dont la coutume ne régloit point l'âge pour tester, & où par un privilege accordé par nos Rois on suivoit la disposition du Droit Romain.

Le statut réel est celui dont la disposition concerne & regle, pour certains cas seulement, les immeubles situés dans l'étendue du lieu où il est en vigueur, indépendamment des personnes à qui ces biens appartiennent.

On met au nombre des statuts réels, ceux qui défendent de disposer par testament que du quint de ses propres; ceux qui excluent les filles de la succession des fiefs; ceux qui les excluent de toutes prétentions, même de légitime, lorsqu'elles ont été dotées; ceux qui reglent la maniere de succéder, ou par souche, ou par tête.

L'effet du statut réel est de régler seulement les choses, sans que sa disposition s'étende au-delà des limites de son territoire: ainsi tous les statuts réels ne gardent que les biens qui sont situés dans les coutumes qui les prononcent. Comme les immeubles ont une assiette fixe & immuable, chaque coutume a un empire souverain sur ceux qui sont situés dans son distrit; & cet empire n'en passe pas les bornes.

Ainsi la prohibition de disposer au-delà du quint de ses propres, étant un statut réel, cette prohibition ne s'étend point au-delà du lieu où elle est reçue.

En conséquence de ce principe, que pour ce qui est des biens dont on peut disposer entre vifs ou par testament, il faut recourir aux coutumes où les héritages sont situés, il a été jugé qu'un homme qui avoit son domicile en la coutume de Paris,

avoit pû instituer sa femme héritiere des biens qu'il avoit dans le Pays de Droit écrit. L'Arrêt qui est du 14. Août 1574. est rapporté par Marion au huitieme de ses plaidoyers.

Comme les héritages se reglent par la disposition des coutumes dans l'étendue desquelles ils sont situés, si dans une succession il y a trois fiefs situés dans trois coutumes différentes, ces fiefs se regleront selon lesdites coutumes; en sorte que l'un pourra appartenir entiérement à l'aîné; un autre se pourra partager également entre tous les enfans sans droit d'aînesse; & dans l'autre l'aîné prendra son préciput & son droit d'aînesse.

Par la même raison que les héritages se reglent par la disposition des coutumes dans lesquelles ils sont situés, la regle générale, qu'entre les filles il n'y a point de droit d'aînesse, ne se doit entendre que pour les fiefs qui se trouvent situés dans les coutumes qui en ont ainsi disposé, & non dans les autres.

Comme la succession des immeubles se regle par les coutumes des lieux où ces immeubles sont situés, il faut donc pour en régler les partages, faire autant d'opérations différentes qu'il y a diversités de coutumes dans lesquelles ces immeubles sont situés.

De ce que nous venons de dire il s'ensuit, que les statuts réels n'exercent aucun empire au-delà des bornes qui leur ont été prescrites par le Législateur, & que néanmoins ils ne laissent pas d'assujettir à leurs dispositions, ceux qui ne résident point dans leur territoire, par rapport aux immeubles qu'ils y possedent.

Au contraire, les statuts personnels ont un pouvoir d'une plus grande étendue: ils ne se contentent pas d'ordonner dans le lieu de leur établissement, ils suivent par-tout les personnes en quelqu'endroit qu'elles aillent; mais avec cette restriction, qu'ils ne se font valoir que sur les personnes naturellement sujettes à leurs dispositions, & non sur celles qui n'y sont pas soumise; attendu qu'elles ont leur domicile ailleurs, & que l'homme qui est né pour se transporter d'un lieu à un autre, & ne pas toujours rester dans le même endroit, ne doit pas pour cela être sujet à recevoir, par rapport à sa personne, la Loi d'une main étrangere.

Quelques Auteurs ajoutent à ces deux especes de statuts, une troisieme; sçavoir, des statuts mixtes, qui sont ceux qui regardent les choses & les personnes: mais il ne paroît pas qu'il soit fort important d'admettre cette troisieme espece de statuts, puisque quelque couleur qu'on veuille leur donner, ils n'ont pas plus de pouvoir, ni des effets d'une plus grande étendue que les statuts réels.

Voyez ce que j'ai dit des statuts personnels & réels, lettre C, en parlant de la coutume suivant notre Droit François.

Il se peut présenter plusieurs questions sur les statuts réels & sur les statuts personnels. M. Froland, ancien Avocat, a fait d'amples Mémoires sur la nature & la qualité de ces statuts. Ces Mémoires ont été imprimés en 1729, en deux volumes *in-quarto.*

STATUTS

STATUTS, font des réglemens faits par des Corps & Communautés, touchant la police & la difcipline de leur Compagnie.

Il n'appartient qu'au Roi d'autorifer les ftatuts des Corps & Communautés, & leur en octroyer Lettres, fuivant l'Ordonnance d'Orléans, article 99. qui doivent être vérifiées, entérinées & régiftrées aux Cours fouveraines, fur ce oüi M. le Procureur général. Et il eft défendu aux Préfidiaux d'en faire publier, s'ils n'ont été enregiftrées & publiées en la Cour.

Les peines portées par les Statuts des Corps & Communautés, ne peuvent être demandées contre les contrevenans, que par action civile. Voyez Boniface, tome 3. liv. 4. tit. 4. chap. 2.

Ces Statuts ne font point obligatoires, quand ils fe trouvent contraires à l'intérêt public. Voyez Baffet, tome 1. liv. 3. tit. 14. chap. 2. Le long-tems n'excufe pas auffi les Statuts des Eglifes qui contreviennent aux faints Décrets. Voyez Charondas, liv. 7. réponfe 170. Enfin, par Arrêt de Réglement fait au Parlement de Paris, en date du 8. Mars 1717. les Statuts des Ordres réguliers ne peuvent avoir d'exécution, qu'ils n'aient été confirmés par des Lettres patentes dûement enregiftrées en la Cour.

STATUTS DE QUERELLE, eft dans le reffort du Parlement de Provence, ce qui eft appellé complainte par tout ailleurs. Voyez ce qui en eft dit dans le Dictionnaire de M. Brillon.

STELLIONAT, eft une efpece de larcin qui fe commet par celui qui vend ou qui engage des immeubles qui ne lui appartiennent pas; ou qui les hypotheque comme francs & quittes, quoiqu'ils ne le foient pas; ou qui les vend comme étant propriétaire de la totalité, quoiqu'il ne le foit que d'une partie.

Un homme commet auffi ftellionat, qui prend la qualité d'une terre, & qui l'hypotheque comme propriétaire, fans déclarer qu'il n'en eft qu'ufufruitier; ou qui oblige & hypotheque un héritage qui eft fubftitué, fans faire mention de la fubftitution. Voyez Brodeau fur Louet, lettre S, chapitre 18. nomb. 9. & Henrys, tome 1. livre 4. chapitre 6. queft. 38.

Suivant le Droit Romain, le ftellionat étoit cenfé commis, lorfqu'un débiteur qui conftituoit une feconde hypotheque, ne déclaroit point en avoir déjà conftitué une première. Stellionatûs criminis reus eft, qui rem alteri obligatam denuò obligavit, diffimulata priori obligatione. Leg. 1. cod. de crimine ftellionatus. Mais cette difpofition du Droit Romain n'eft pas reçue en France.

De ce que nous avons dit ci-deffus, il réfulte que le ftellionat eft un contrat frauduleux, qui a pour principe & fondement du côté du débiteur, le dol & la fraude qu'il emploie pour tromper la bonne foi du créancier. C'eft une tromperie qui trouble la fociété civile, & le commerce fe fait par le moyen des contrats, qui eft du droit des gens. Auffi appelle-t-on ces débiteurs malicieux, ftellionataires & faux vendeurs.

M. Cujas dit que le mot Stellionatus vient de

Tome II.

Stellio, qui eft une efpece de petit lezard extrêmement fin; de forte qu'on appelle en Droit de ce nom toute forte de dol & de tromperie, qui ne peut être défigné par un nom propre. Il en eft traité au Digefte, liv. 47. titre 20. & au Code, liv. 9. titre 34.

Le ftellionat eft, comme nous avons dit, une efpece de crime: cependant la maniere la plus ordinaire & la plus facile de pourfuivre ceux qui en font coupables, eft la voie civile.

Le créancier exerce contre le ftellionataire l'action qu'il a contre lui, pour le faire condamner à rachetter la rente, ou à rendre ce qu'il a reçu & par corps, comme ftellionataire.

On peut prendre la voie de la pourfuite extraordinaire; mais cela ne fe pratique pas, d'autant que par l'action civile le créancier vient à fes fins avec moins d'embarras.

Les femmes ne peuvent être réputées ftellionataires, que quand elles font libres.

En pays coutumier, quand les femmes en puiffance de mari fe font obligées conjointement avec lui, elles peuvent bien être pourfuivies perfonnellement par faifie & vente de leur bien, mais non pas comme ftellionataires & par corps. Ainfi dans le cas où il y a communauté de biens entre le mari & la femme, & qu'ils ont paffé l'un & l'autre un contrat frauduleux, le mari feul eft coupable de ftellionat.

Comme ordinairement les femmes n'ont point connoiffance des affaires de leurs maris, il ne feroit pas jufte qu'une femme fût, par le dol de fon mari; contraignable par corps. Ainfi jugé par Arrêt du Confeil privé du Roi le 5. Juillet 1580. rapporté dans le Journal des Audiences. Mais les femmes & les filles majeures peuvent être contraintes par corps pour caufe de ftellionat procédant de leur fait, fuivant l'article 8. du titre 34. de l'Ordonnance de 1667. ce qui paroît très jufte, quoique fuivant le Droit commun, les femmes ne foient pas contraignables par corps; mais c'eft ici une dette qui provient du délit, & non pas une dette civile.

Le ftellionat eft toujours confidéré comme crime; & d'autant que tous délits font perfonnels, fi un des coobligés commet ftellionat, la peine, qui eft d'être contraignable par corps au rembourfement, n'a lieu qu'à fon égard: les autres coobligés qui n'y participent point, ne peuvent point être pourfuivis comme ftellionataires, quoiqu'obligés folidairement. Voyez Brodeau fur Louet, lett. S, chap. 18. nomb. 10.

La condamnation pour crime de ftellionat emporte infamie Crimen ftellionatus infamiam irrogat Leg. 13. ff. de his.

Les Prêtres qui font convaincus de ftellionat, ne font pas exempts de la contrainte par corps; parce que ce n'eft pas une dette civile, mais une dette qui provient du délit.

Les Septuagenaires qui en font convaincus, font auffi contraignables par corps, par la même raifon. Voyez Septuagenaires.

STERILITÉ, eft une caufe pour laquelle

un fermier eſt en droit de demander au propriétaire de la terre la remiſe de la penſion pour le tems que la ſtérilité a duré, à moins que la fécondité d'une année précédente ou ſuivante ne fut aſſez grande pour dédommager le fermier de la perte qu'il auroit ſoufferte ; *leg.* 15. §. 4. *ff. locati conducti* ; ou à moins que le fermier ne ſe fut chargé de ſupporter la perte qui pourroit être cauſée par la ſtérilité.

La ſtérilité donne donc ordinairement lieu à la remiſe de la penſion du fermier ; parce que cette penſion eſt donnée en conſidération de la récolte, & qu'ainſi elle n'eſt promiſe que ſous la tacite condition qu'il naîtra des fruits. *Voyez* Bail à ferme.

Damnum ſterilitatis reſpicit locatorem, ſicque remittenda eſt penſio colono, ſi propter ſterilitatem vi majore contigentem nullos omnino fructus perceperit ; ne colonus ſupra damnum ſeminis amiſſi mercedem præſtare cogatur, & quia penſio in ſingulos annos conſtituta eſt, ſub tacita conditione ſi conductor fructus percipiat ; qua propter nullis omnino natis fructibus, penſio ipſi remitti debet. Leg. 15. §. 7. *leg.* 25. §. 6. *ff. locati conducti ; & leg.* 8. *&* 18. *cod. de locato & conducto.*

Cette remiſe n'a pas lieu pour la penſion qui ſe paye pour l'emphytéoſe, comme il eſt décidé en la premiere Loi, au Code, *titulo de jure amphyteutico,* qui décide que le dommage qui arrive au fonds donné à bail emphitéotique (pourvû qu'il ne périſſe pas entiérement) regarde le preneur, & partant la perte des fruits de pluſieurs années tombe entiérement ſur lui, ſans qu'il puiſſe en aucune maniere demander la remiſe de la penſion annuelle à laquelle il eſt obligé ; parce que cette penſion eſt toujours très-modique, & qu'elle ne ſe paye pas *pro perceptione fructuum,* (*ut in locationem conductione,*) *ſed in recognitionem directi dominii. Sic apud nos judicatum fuit Arreſto lato die* 27. *Julii* 1599. *Mornacius ad leg.* 2. *cod. de jure emphyteutico.*

Cette remiſe n'a pas lieu non plus à l'égard du fermier partiaire. *Ratio eſt, quia quaſi ſocietatis jure damnum & lucrum cum domino partitur. Leg.* 25. §. 6. *ff. locat. & cond.*

Quoique la remiſe de la penſion doive être accordée au fermier pour les années qui auront été entiérement ſtériles, de ſorte que ſes terres n'aient rapporté aucuns fruits, néanmoins il ne peut pas demander que la penſion lui ſoit diminuée pour l'exiguïté & médiocrité des récoltes qu'il auroit ſouffertes. C'eſt la déciſion de la Loi 15. §. 5. *ff. locati conducti, his verbis : Cum quidam de fructuum exiguitate quæretur non eſſe rationem ejus habendam, reſcripto divi Marci continetur.*

Mais la plûpart de nos Auteurs tiennent que quand la récolte eſt conſidérablement moindre que de coutume, le fermier peut demander quelque diminution de la penſion. *Voyez* Deſpeiſſes, tom. 1. pag. 97. & ce que j'en ai dit ſur l'art. 171. de la Coutume de Paris, gloſe 3. nomb. 22.

STILE, eſt l'ordre judiciaire, la pratique & maniere de commencer & conduire un procès, confirmé par l'uſage, c'eſt-à-dire, la forme de procéder en Juſtice, & dreſſer des actes de procédures,

de la maniere & dans les termes dont ils doivent être conçus, ſuivant les Ordonnances & les Réglemens établis en chaque Juriſdiction.

In iis quæ ad ordinationem litis ſpectant ſtilum quidem ſervari æquum eſt, in quo Judicium redditur ; ſed non ita in iis quæ ad deciſionem. Mornacius, ad tit. cod. uti lite penden. &c.

On entend auſſi quelquefois par ſtile, la maniere de dreſſer un contrat ou autre acte de Notaire, dans les formes ordinaires, ſuivant les regles & l'uſage des lieux.

Au reſte, quand le ſtile d'un acte eſt preſcrit par les Ordonnances, il doit être exactement obſervé ; & ſi l'on s'en écarte, on donne ouverture à des Requêtes civiles, ou à des caſſations d'Arrêts.

STIPULATION, priſe ſuivant le Droit Romain, eſt un contrat du Droit civil, dont la ſubſtance conſiſte dans une certaine formalité de paroles, par lequel celui qui eſt interrogé répond ſuivant l'interrogation qui lui eſt faite, qu'il fera ou donnera à l'autre ce qu'il ſtipule de lui. Par exemple : *Titius, me promettez-vous de me donner cent écus au premier jour du mois prochain ?* Titius répond : *Oui je vous le promets* : c'eſt un contrat appellé ſtipulation.

Parmi nous cette ſolemnité de paroles n'eſt pas en uſage, même dans les pays de Droit écrit. On a trouvé à propos de rendre obligatoires toutes les conventions & accords qui ſe font entre les hommes, pourvû qu'il n'y ait point de raiſon qui en cauſe la nullité.

Stipulations, ſuivant l'uſage de France, ſont les clauſes & les conventions portées par les contrats ; ainſi dans les contrats de vente on dit : par exemple, que le vendeur a ſtipulé que l'acheteur lui payeroit les intérêts du prix convenu juſqu'à l'entier payement d'icelui, ou qu'il donneroit une telle caution pour ſûreté.

Touchant les ſtipulations, *voyez* ce que nous avons dit dans notre traduction ſur les Inſtitutes, au troiſieme livre, au tit. 16. & ſuiv.

Nous allons ſeulement faire ici quelques obſervations ſur les ſtipulations, en tant que ce terme ſe prend pour toutes ſortes de conventions & accords qui ſe font entre les hommes.

STIPULATION FAITE EN FAVEUR DE QUELQU'UN, NE DOIT POINT S'INTERPRETER A SON PREJUDICE. C'eſt la diſpoſition de la Loi 25. au Digeſte, *titulo de Legib.*

Ainſi la ſtipulation de propre n'empêche pas le ſtipulant de diſpoſer par teſtament du meuble ſtipulé propre. *Voyez* ce que j'ai dit ſur l'article 292. de la Coutume de Paris, gloſe 3. nomb. 11. & 12.

STIPULATION FAITE EN FAVEUR DE LA CAUSE PUBLIQUE, SE DOIT TOUJOURS INTERPRETER FAVORABLEMENT : d'où il s'enſuit qu'elle reçoit les extenſions que l'intérêt public requiert. La raiſon eſt, que l'utilité publique eſt préférable à celle des Particuliers.

STIPULATION CONFORME AU DROIT COMMUN PEUT RECEVOIR UNE EXTENSION FAVORABLE, dans le cas où il y a parité de raiſon.

STIPULATION CONTRAIRE AU DROIT COMMUN , NÉ REÇOIT POINT D'EXTENSION d'un cas à un autre , d'une chofe à une autre , ni d'une perfonne à une autre : ainfi dans tout ce qui n'eft pas expreffément compris , elle eft fans effet, & l'on fuit alors le Droit commun, fans avoir aucun égard à la ftipulation.

Par exemple , la ftipulation de propre appofée dans un contrat de mariage , n'a d'effet que par rapport au cas , aux chofes & aux perfonnes qui font expreffément énoncées dans la ftipulation. *Voyez* ci-après , Stipulation de propre.

Il en eft de même de la ftipulation de reprendre par la femme , franchement & quittement de toutes dettes, ce qu'elle a mis dans la communauté , en y renonçant. Si cette ftipulation n'eft faite précifément qu'en fa faveur , elle ne s'entend pas à fes héritiers , enfans ou collatéraux. *Voyez* ce que j'ai dit fur l'art. 237. glof. 1. nomb. 14. & fuiv.

STIPULATION FAITE DE PLUSIEURS CHOSES PEUT VALOIR POUR QUELQUES-UNES , ET ESTRE NULLE POUR D'AUTRES. La raifon eft , qu'il y a autant de ftipulations que des chofes qui font comprifes dans l'acte.

Voyez ce que j'ai dit dans ma Traduction des Inftitutes , fur le §. 18. du titre 10. du troifieme Livre.

STIPULATION PENALE N'EST PAS REÇUE FAVORABLEMENT. Ainfi , pour peu qu'une ftipulation paroiffe ufuraire , elle eft réprouvée , & réputée comme non faite. *Sic pæna adjecta dationi quantitatis à Senatu folet ufuraria judicari. Vide Mornacium , ad leg. 44. ff. de ufur.*

Je crois auffi qu'on ne peut pas ftipuler une rente à plus haut prix que celui de l'Ordonnance pour le prix d'une vente d'héritage ou d'Offices, jufqu'au payement du prix dont on eft convenu. *Voyez* ce que j'ai dit fur le commencement du deuxieme titre de la Coutume de Paris , §. 2.

STIPULATION PENALE FAUTE D'EPOUSER LA PERSONNE QUE L'ON AVOIT PROMIS D'EPOUSER N'EST PAS ORDINAIREMENT SUIVIE ; car quoique la Cour adjuge quelquefois des dommages & intérêts contre celui des fiancés qui n'a pas voulu accomplir le mariage , néanmoins elle n'autorife pas ordinairement les ftipulations des peines fautes d'époufer.

La Loi *Titia* , ff. de verb. oblig. dit que *inhoneftum eft vinculo pæne aftringi matrimonia*. D'ailleurs , fi la fubftance de tous les contrats confifte dans le confentement des Parties , ce confentement eft beaucoup plus néceffaire dans les contrats de mariage , dans lefquels on a toujours remarqué que la contrainte produit de très-fâcheux effets: *Coacta matrimonia triftes ac difficiles exitus habere folent.*

S'il étoit permis de ftipuler des peines contre celui qui refuferoit d'accomplir le mariage dont on feroit convenu, cette liberté tant requife par les loix ne fe trouveroit plus dans les mariages , & on ne manqueroit jamais d'en ftipuler ; & fouvent pour ne pas payer la peine ftipulée , on contracteroit des mariages qu'on n'auroit pas voulu contracter.

Quoique l'Empereur Leon par fa Novelle 18. ait ordonné que les peines ftipulées faute d'époufer feroient payées , on n'a pas fuivi fa Conftitution. L'Empereur Juftinien ne l'a pas voulu inférer dans le Corps du Droit civil ; & le Corps du Droit canonique , *cap. 17. & 29. extra de fponfalib. matrimon.* en forme une décifion qui eft abfolument contraire , & que nous fuivons en France.

Ainfi dans ce Royaume les Juges ne s'arrêtent point aux ftipulations des peines portées dans les promeffes de mariages ; & quant aux dommages & intérêts , ils dépendent toujours *ex arbitrio Judicis* & non de la convention des Parties, pour ne point autorifer de femblables ftipulations.

Ce n'eft pas que la Cour n'adjuge quelquefois les peines ftipulées entre les futurs conjoints , mais ce n'eft que quand elle voit que les peines ftipulées n'excédent pas les dommages & intérêts auxquels celui qui refufe d'accomplir le mariage doit être condamné. *Voyez* Louet & fon Commentateur , lett. M , fomm. 24. & ce que j'ai dit lett. P, en parlant des Promeffes de mariage.

STIPULATION FAITE CONTRE LE DROIT PUBLIC , N'EST PAS VALABLE. Les Particuliers peuvent faire des accords & ftipulations pour ce qui les concerne en particulier ; mais ils ne peuvent pas donner atteinte au droit public.

Pafcifci poffumus de re duntaxat privatâ & familiari ; de his verò quæ ad caufam publicam pertinent pactum eft inutile. Leg. 27. §. 4. ff. de pact. Jus enim publicum privatorum pactis mutari non poteft. Leg. 38. ff. eodem.

Ainfi la convention appofée dans un contrat de mariage , que la femme ne pourra pas renoncer à la communauté eft nulle , & la femme ou fes héritiers peuvent revenir contre , parce que le droit qu'a la femme de renoncer à la communauté eft public. *Voyez* ce que j'ai dit fur l'article 237. de la Coutume de Paris , glofe 1. §. 1. nomb. 13.

STIPULATION FAITE CONTRE LES BONNES MŒURS EST NULLE. C'eft la difpofition de la Loi 27. §. 3. & feq. ff. de pact. quia quæ bonos mores lædunt viro probo impoffibilia videntur. Par exemple , s'il étoit convenu entre les Parties contractantes qu'un dépofitaire ne feroit point tenu du dommage qu'il pourroit caufer par fon dol à la chofe dépofée , telle convention feroit abfolument nulle : *illa conventio effet contra bonos mores , fi quidem invitaret ad delinquendum. Leg. 1. §. 2. ff. depofiti ; & leg. 23. ff. de reg. juris.*

Le pacte qui feroit fait touchant la fucceffion d'un homme vivant , eft pareillement nul , étant contre les bonnes mœurs , s'il n'eft fait de fon confentement. *Pactum de hæreditate viventis , nifi ipfe de cujus bonis agitur confenferit , non valet ; quia hæc conventio eft contra bonos mores fiquidem inducit corvinam follicitudinem mortis alienæ. Leg. ultimam cod. de pactis ; leg. 4. cod. de inutilib. ftipulat.*

Il faut dire auffi que la promeffe que feroit un homme de payer une fomme au tems de la fucceffion ouverte de fes pere & mere , ou autre dont il eft préfomptif héritier , feroit illicite & contraire aux bonnes mœurs, parce qu'elle donneroit occasion de souhaiter la mort d'autrui.

Voyez Mornac sur la Loi 17. *ff. de condict. indeb.* & Brodeau sur Louet lett. H, chap. 6. Mais la convention seroit valable, si elle étoit faite du consentement de celui de la succession duquel il seroit question.

STIPULATION DE PROPRE, est une clause portée par un contrat de mariage, par laquelle les contractans ou l'un d'eux, stipulent qu'une somme de deniers sortira nature de propre au stipulant.

L'effet de cette stipulation est d'empêcher que cette somme tombe dans la communauté; en sorte qu'avenant la dissolution du mariage, le stipulant reprend, hors part & sans confusion des biens de la communauté la somme qui lui est stipulée propre.

Si le stipulant décede, ses héritiers ont la même faculté de reprendre cette somme, comme étant propre au défunt ou à la défunte par stipulation & destination.

La faveur des mariages a fait introduire la fiction des propres, comme celle des meubles; parce que sans cela un homme qui n'auroit que des propres trouveroit difficilement à se marier; & celui qui n'auroit que des meubles, seroit en se mariant trop de tort à sa famille. Ainsi, bien loin que cette stipulation intervertisse l'ordre des succession, elle en est au contraire le fondement, puisqu'elle conserve les biens dans la ligne du sang.

Cette stipulation de propre apposée dans un contrat de mariage, produit différens effets, suivant qu'elle est plus ou moins étendue; ce qui dépend des termes dont on s'est servi pour l'exprimer.

Pour entendre cette matiere, il faut donc observer qu'il y a quatre clauses différentes de stipulation de propre, qui produisent différens effets; & que lorsque le propre fictif est parvenu à ceux au profit de qui la stipulation est faite, elle est éteinte, & ne produit plus aucun effet.

La premiere clause est la simple stipulation de propre: c'est-à-dire, *que la somme apportée en dot ou partie d'icelle, sera propre à la future épouse.* Cette stipulation ne produit point d'autre effet, que d'empêcher que la somme stipulée propre entre dans la communauté. Pour ce qui regarde la succession des deniers stipulés propres, il faut observer que si le stipulant décede le premier délaissant des enfans communs, en ce cas les deniers stipulés propres leur appartiennent, à l'exclusion du survivant.

Il en faut dire de même des collatéraux qui succédent dans ces deniers à l'exclusion du survivant, s'il n'y a point d'enfans communs ou des enfans nés de la défunte d'un mariage précédent; mais dès-lors que ces deniers sont parvenus aux enfans comme héritiers de leur mere, telle stipulation est consommée, ayant eu son effet; en sorte que tels deniers ne sont plus considérés que comme meuble, & selon leur véritable nature, la destination ne pouvant s'étendre plus loin que les termes dont elle est conçue & exprimée: ainsi le

pere succede à ces deniers quand il suivit à ces enfans, quoiqu'ils décedent en minorité, à l'exclusion de ses autres enfans, qui sont leurs freres & sœurs.

La deuxieme clause est, *que les deniers ou meubles que l'un des contractans apporte en mariage, lui sortiront nature de propre & aux siens.* En ce cas les enfans communs, au profit desquels cette stipulation est faite, succédent dans ces deniers ou meubles, à l'exclusion du survivant; ils y succédent même les uns, aux autres jusqu'au dernier, sans que le survivant y puisse rien prétendre; mais il succéde au dernier mourant des enfans, comme héritier mobiliaire, à l'exclusion des collatéraux, parce que telle stipulation est consommée en la personne du dernier des enfans, quoiqu'il décéde en minorité.

La troisieme clause est, *que les deniers ou meubles d'un des contractans seront propres à lui & aux siens de son côté & ligne*; auquel cas les collatéraux succédent au dernier mourant des enfans à l'exclusion du pere ou de la mere survivant; que si les deniers ont été donnés par le pere & la mere de la fille les collatéraux paternels & maternels du dernier des enfans y succédent également; mais s'ils ont été donné par l'un ou l'autre, comme par le pere de la fille, lequel auroit fait cette stipulation, en ce cas les collatéraux du dernier mourant des enfans du côté de leur ayeul maternel y succéderont, supposé que leur ayeul fût décédé; car autrement, nonobstant telle stipulation, il y succéderoit par droit de réversion, suivant l'article 313.

La quatrieme clause est, *que les deniers donnés par pere & mere à leur fille, seront employés en héritages, pour lui sortir nature de propre, à elle & aux siens de son estoc & ligne, ou seulement pour lui sortir nature de propre ancien, comme échu par succession des ascendans.* Cette stipulation a le même effet que la précédente.

Mais si la stipulation porte seulement l'emploi des deniers, sans la clause *des siens, estoc, côté & ligne* le pere ne laisse pas de succéder à ses enfans dans les deniers non employés, à l'exclusion même de ses enfans, en sorte que le pere succede à son fils, dans les deniers non employés préférablement à ses autres enfans; pourvû que celui de la succession duquel il s'agit soit décédé en majorité, car autrement tels deniers non employés passeroient à ses freres & sœurs, comme tenant lieu de l'immeuble en l'exploit duquel ils ont été destinés. La raison est que la stipulation n'est pas consommée jusqu'à ce que les enfans soient majeurs, les biens qui leur échéent conservant toujours leur qualité soit naturelle ou accidentelle, jusqu'à leur majorité.

La stipulation de propre n'a pas un effet perpétuel comme nous avons dit ci-dessus. D'où il s'ensuit, 1°. Que lorsqu'il y a dans un contrat de mariage une stipulation qu'une somme sera propre à la future épouse, & aux siens de son côté & ligne, même qu'elle sera employée en héritages ou rentes, cette stipulation n'a effet contre le mari, que pour empêcher qu'il ne profite à cause de la communauté, & pendant la minorité de fes enfans : mais quand ils font devenus majeurs, & que la fomme leur a été remife, la fiction de propre & la néceffité de l'emploi ceffent entiérement, en forte que le plus proche parent héritier mobilier y fuccede. Ainfi jugé par Arrêt du 16. Mai 1692. rapporté dans le Journal des Audiences tom. 5. livre 8. chap. 12.

II°. Que les deniers ftipulés propres à un mari par un premier contrat de mariage, ont repris après la mort de fa femme la même qualité de deniers, & qu'il en a pû difpofer comme de chofe mobiliaire. Ainfi jugé au Parlement de Paris le 29. Août 1719.

Les propres conventionnels ftipulés par contrat de mariage ne font donc confidérés en ladite qualité de propres qu'entre les conjoints, & l'on ne peut difpofer de la totalité d'iceux à l'égard des tierces perfonnes.

Touchant les propres conventionnels, *voyez* Louet, lettre D, fomm. 66. lettre R, fomm. 44. & lettre V, fommaire 3. Bouguier, lettre R, nomb. 1. lettre S, nomb. 6. le Journal des Audiences tom. 1. liv. 1. chap. 131. & livre 8. chap. 35. Ricard, des Donations entre-vifs, part. 3. chap. 10. fect. 1. nomb. 1419. & fuiv. M. le Prêtre, centurie 1. chap. 42. & cent. 2. chap. 80. Montholon, Arrêt 93. Henrys tom. 2. liv. 4. queft. 3. & ce que j'ai dit ci-deffus *verbo* Propre fictif: & mon Commentaire fur l'art. 93. de la Coutume de Paris.

STIPULATION DE REPRISE, *voyez* Reprife.

STIPULER, fignifie demander, exiger, faire promettre, faire convenir des claufes & condition d'un contrat, à l'effet que l'acceptation qui en fera faite regle le droit des Parties, & les oblige à les exécuter.

En France on peut ftipuler pour un abfent; auquel cas le Procureur ou l'Agent qui ftipule pour lui, promet de le faire ratifier.

S U

SUBALTERNE, eft une qualité de l'Officier qui exerce fa charge fous le commandement ou fous le reffort d'un autre.

On joint quelquefois ce terme aux Jurifdictions royales : mais il convient plus fpécifiquement aux Juges & Jurifdictions des Juftices des Seigneurs. *Voyez* Juftice fubalterne.

SUBDELEGUER, eft nommer un autre Juge, auquel on communique une partie du pouvoir qui nous a été donné par une premiere délégation; mais un Juge délégué ne peut pas fubdéléguer, fi ce pouvoir ne lui a été expreffément accordé dans fa commiffion.

SUBDELEGUÉ, eft un Juge auquel un Intendant de Province communique une partie de fon pouvoir, à l'effet d'exécuter les ordres de Sa Majefté, & de repréfenter l'Intendant en cas d'abfence. Ainfi comme les Intendans font ambulans & ne réfident pas toujours dans les principales Villes des Généralités, ils ont des Subde-

légués qui inftruifent les affaires en leur place.

Les Offices de Subdélégués & de leurs Greffiers ont été fupprimés par Edit du mois d'Août 1715.

Touchant les droits qui étoient attribués aux Subdélégués des Intendans des Provinces, *voyez* M. Brillon, *verbo* Subdélégués.

SUDIVISER, fignifie divifer une partie d'un tout déja divifé.

Les biens d'une communauté entre mari & femme, après le décès du premier mourant, fe divifent d'abord en deux parts, dont l'une appartient au furvivant des conjoints; & l'autre qui appartient aux enfans, fe fubdivife pour être partagée entre eux par portions égales.

SUBHASTATION. Ce terme dans l'art. 150. de la Coutume de Paris, fe prend pour la vente des immeubles qui fe fait par criées & par décret.

Mais ce terme généralement pris, fignifie toute forte de vente publique qui fe fait à l'encan & à cri public, au plus offrant & dernier enchériffeur.

Ce terme vient de ce que chez les Romains, pour marque de vente publique on mettoit une pique appellée *hafta*, ou dans le marché, ou dans le lieu où la vente devoit être faite.

Itaque fubhaftare eft fub hafta diftrahere ; quia fcilicet hafta erat præcipuum fignum eorum quæ publicè venundabantur fub hafta à præcone. *Voyez* le Gloffaire du Droit François, *verbo* Subhafter.

Subir fignifie fouffrir de gré ou de force le commandement d'un Supérieur ou la peine qui a été impofée.

SUBIR INTEROGATOIRE, fignifie fe préfenter devant le Juge pour être par lui interrogé.

SUBORDONNÉ, fe dit de ce qui eft fous la fupériorité d'un autre. On dit par exemple, que la Jurifdiction du Châtelet eft fubordonnée à celle du Parlement.

SUBORNATION. *Voyez* Rapt de féduction.

SUBREPTICE, eft une qualité que l'on donne à une conceffion obtenue du Supérieur par furprife.

Il en eft de même du terme d'obreptice, avec cette différence, qu'obreptice fignifie l'omiffion d'un fait qui auroit pû empêcher que la grace ne fut accordée; au lieu que fubreptice fignifie, non pas l'omiffion du fait, mais le déguifement dont on s'eft fervi dans l'expofé du fait & de fes circonftances. *Voyez* Obreption & Subreption.

SUBREPTION, eft ce que l'on ajoute ou déguife dans l'expofition du fait pour faire paffer des Lettres. Obreption, eft l'omiffion & la fubreption des faits & circonftances dans l'expofé, qui pourroient fervir d'obftacle à l'impétrant.

Itaque in eo differunt fubreptio & obreptio, quod per fubreptionem exprimenda filentio prætermittantur, per obreptionem verò requifita falfo fupponantur; comme je l'ai dit, *verbo* Obreption.

SUBROGATION. Ce mot pris généralement, fignifie toute forte de fucceffion foit d'une chofe à une autre dont il y a un exemple dans l'article 143. de la Coutume de Paris, ou d'une perfonne à une autre perfonne, à titre univerfel, ou à titre particulier.

SUBROGATION EN MATIERE DE CREANCE,

est une substitution en la place & aux droits d'un autre créancier.

Il y en a de deux sortes, l'une conventionnelle, l'autre légale qui se règlent diversement. *Voyez* ce que j'ai dit de l'une & de l'autre sur l'article 108. de la Coutume de Paris. Nous en allons donner ici les premiers principes.

Une observation préliminaire qu'il convient de faire, est qu'un étranger qui n'est point créancier a trois voies pour entrer en la place d'un créancier hypothécaire; la première quand il offre lui-même les deniers au créancier, auquel cas il est nécessaire qu'il prenne cession de ce créancier; la seconde, par Sentence du Juge, avec adjudication des mêmes droits; la troisième par convention & subrogation du débiteur. *Voyez* Brodeau sur Louet lettre C, somm. 38. nomb. 2.

Le créancier qui ne peut pas se servir de l'une de ces trois voies, quoiqu'il ait acquitté une dette de ses deniers, ne peut pas prétendre succéder aux droits du créancier qu'il a payé.

Ainsi le payement fait par un fidéjusseur étant contraint, ne lui acquiert pas de droit la subrogation aux droits & actions du créancier principal contre d'autres cautions, sans stipulation ni subrogation expresse; comme il l'a été jugé par Arrêt du 26. Août 1760. rapporté par M. Augeard, tome I. chap. 75.

SUBROGATION CONVENTIONNELLE, est un contrat par lequel le créancier transfère sa créance avec tous ses accessoires, au profit d'une tierce personne.

Cette subrogation est une espèce de vente d'une dette, & de toutes les actions personnelles & hypothécaires qui en dépendent.

Elle se fait par une convention entre le créancier & celui à qui le créancier transfère tous ses droits sans la participation & la convention du débiteur; mais cette subrogation appellée cession ne saisit pas étant faite entre le cédant & celui au profit de qui elle est faite, sans la participation du débiteur, qui, nonobstant cette cession demeure toujours obligé envers le cédant, & non envers celui au profit de qui elle est faite.

Il faut donc, pour que le cédant soit désaisi de la dette qu'il a cédée, que celui au profit de qui la cession est faite la signifie au débiteur.

Voyez ci-après, *verbo* Transport. *Voyez* aussi ce que j'ai dit sur l'article 108. de la Coutume de Paris; le Traité de la Subrogation, par M. de Renusson; le Recueil alphabétique de M. Bretonnier; & Henrys, liv. 4. quest. 5. 6. & 7.

SUBROGATION LEGALE, est celle qui se fait par la Loi en faveur de celui qui paye les créanciers d'un débiteur; auquel cas, sans la participation desdits créanciers, par la seule convention faite avec le débiteur, & par la déclaration que fait ce même débiteur dans la quittance de remboursement que les deniers dont le payement est fait proviennent d'un tel, il se fait une transmission légale de tous les droits des créanciers remboursés en la personne du nouveau créancier qui a prêté ses deniers pour les rembourser.

Cette subrogation est proprement ce qu'on appelle *subrogation*, & n'est pas appellée cession, quoique la cession soit appellée subrogation.

La raison est que le débiteur qui consent que la substitution soit faite des droits du créancier antérieur en la personne du nouveau créancier, ne peut pas céder les droits que son créancier a contre lui; mais il en peut consentir la subrogation, laquelle se fait par l'autorité de la Loi.

Ainsi, quand il s'agit d'une hypothèque spéciale & privilégiée, la subrogation est suffisante, & il ne faut point de cession. M. le Prêtre, cent. I. chapitre 69.

Cette subrogation a été introduite par les Loix en faveur des débiteurs, pour faciliter à un homme qui a un créancier trop dur & trop incommode, un moyen de se tirer de ses mains, en lui subrogeant un nouveau créancier qui le rembourse de ses deniers, & qui entre dans tous ses droits de la même manière que s'il avoit été créancier originaire, attendu que le changement de personne n'en produit aucun par rapport au droit qu'une subrogation régulière fait subsister au même état.

La subrogation légale est donc une véritable succession à l'obligation personnelle de l'ancien créancier, qui donne au nouveau créancier le même avantage qu'avoit l'ancien contre ses débiteurs; c'est-à-dire, que le nouveau créancier a la même action que l'ancien, non de son chef propre, mais du chef de cet ancien créancier.

Si c'étoit de son chef propre, il n'auroit que l'action simple *negotiorum gestorum*; il faut donc nécessairement que l'obligation personnelle à laquelle il a succédé, lui ait donné une action, laquelle est l'effet de cette succession légale, & qu'il exerce comme créancier personnel.

Elle a l'effet d'une cession pour conserver l'hypothèque sur tous les cobligés, & l'hypothèque subsiste contre un cobligé qui n'a point parlé, ni été partie dans la quittance & acte de subrogation.

On appelle cette subrogation légale, pour la distinguer de la subrogation conventionnelle, qui est un transport d'une dette, fait par un créancier à celui qui le rembourse. La subrogation légale au contraire est le seul ouvrage de la Loi.

Nous en avons dans le Code un titre, *de his qui in priorum creditorum locum succedunt*. Les dispositions qui s'y trouvent sont admises dans toute la France par un Edit d'Henri IV. du mois de Mai 1609. qui porte que quand un étranger prête ses deniers au débiteur pour acquitter un créancier privilégié; ou qui a d'anciennes hypothèques, il peut se faire subroger en son lieu & place.

Mais cet Edit porte qu'il faut pour cela que dans l'obligation ou dans le contrat de constitution que le débiteur fait à son profit, il soit fait mention que les deniers empruntés sont pour employer au payement d'une telle dette, & que dans la quittance que l'ancien créancier donne au débiteur, il y ait une déclaration que la somme payée provient des deniers empruntés d'un tel.

Il faut nécessairement que cette déclaration soit insérée dans la quittance; car si c'étoit dans un acte séparé de la quittance , quoique ce fut dans le même moment , elle ne seroit plus valable , parce que la dette ayant été une fois éteinte par le moyen du payement , on ne pourroit plus la faire revivre par une subrogation postérieure.

Cette subrogation se fait par la seule volonté du débiteur , sans la participation du créancier qu'il rembourse : ce qui est fondé sur ce que le débiteur est , pour ainsi dire , le créateur de l'hypotheque qu'il a constituée à l'ancien créancier ; & comme il ne lui a donné cette sûreté que jusqu'au tems qu'il le rembourseroit , le débiteur est le maître de la lui ôter en le payant , pour la donner à un étranger , dont les deniers sont employés au payement de la dette. Ainsi cette hypotheque que le débiteur donne au nouveau créancier est la même que l'ancien créancier avoit avant qu'il fût payé.

Mais on a douté si l'étranger qui prête son argent à un de plusieurs débiteurs , peut prétendre que cette subrogation ait son effet contre tous ceux qui sont obligés de l'ancienne dette.

Il semble que le débiteur à qui l'argent a été prêté , a bien pû subroger contre lui le nouveau créancier , comme étant maître de l'hypotheque qu'il a créé sur les biens ; mais que n'étant pas le maître des hypotheques que ses cobligés ont constituées sur leurs biens , il n'a pu accorder la subrogation que contre lui seul & non contr'eux.

Cependant la Cour a décidé le contraire par son Arrêt de Réglement du 6. Juillet 1690. qui comprend non-seulement les cobligés , mais encore la caution ; en voici les termes.

» Ce jour la Cour , toutes les Chambres assem-
» blées , après avoir délibéré sur les articles présen-
» tés par les Gens du Roi , a arrêté & ordonné sous
» le bon plaisir dudit Seigneur Roi , que pour suc-
» céder & être subrogé aux actions , droits , hypo-
» theques & privileges d'un ancien créancier , sur
» les biens de tous ceux qui sont obligés à la dette ,
» ou de leurs cautions , & pour avoir droit de les
» exercer ainsi & en là maniere que lesdits créan-
» ciers l'auroient pû faire , il suffit que les deniers
» du nouveau créancier soient fournis à l'un des dé-
» biteurs , avec stipulation faite par acte passé par-
» devant Notaires , qui précede le payement , ou
» qui soit de même date ; que le débiteur employe-
» ra lesdits deniers au payement de l'ancien créan-
» cier ; que celui qui les prête sera subrogé aux
» droits dudit ancien créancier ; & que dans la
» quittance ou dans l'acte qui en tiendra lieu , les-
» quels seront aussi passés pardevant Notaires , il
» soit fait mention que le remboursement a été
» fait des deniers fournis à cet effet par le nou-
» veau créancier , sans qu'il soit besoin que la
» subrogation soit consentie par l'ancien créancier ,
» ni par les autres débiteurs & cautions , ou qu'elle
» soit ordonnée par Justice ; & qu'en attendant que
» ledit Seigneur Roi en ait autrement ordonné , la
» Compagnie suivra cette Jurisprudence dans tou-
» tes les occasions qui s'en présenteront : ordonne
» que le présent Arrêt sera envoyé aux Bailliages
» & Sénéchaussées du ressort , pour y être pareil-
» lement observé , & à cet effet lû , publié & en-

» registré. Enjoint aux Substituts du Procureur gé-
» néral du Roi d'y tenir la main , & d'en certifier
» la Cour dans un mois. Fait à Paris en Parlement
» le 6. Juillet 1690.

Il y a un autre Arrêt de réglement au sujet des subrogations & de la forme des oppositions aux décrets , qui est du 31. Août 1690. & qu'on peut voir dans le Journal des Audiences.

Voyez ce que j'ai dit sur l'article 108. de la Coutume de Paris ; le Recueil alphabétique de M. Bretonnier. *Voyez* aussi Henrys , liv. 4. quest. 5. 6. & 7. & le Traité de la Subrogation , fait par M. de Renusson.

SUBROGATION RÉELLE , est celle qui se fait d'une chose subrogée à la place d'une autre , auquel cas la chose subrogée prend la qualité de celle à la place de laquelle elle est. Aussi tient-on pour maxime , *subrogatum sapit naturam subrogati :* ce qui a lieu.

I°. Quand celui qui est chargé d'un fidéicommis en aliene les biens , & que du prix en provenant il acquiert d'autres héritages.

II°. En matiere d'échange d'héritage.

III°. A l'égard des héritages acquis des deniers des mineurs par leur tuteur ou curateur.

IV°. A l'égard des héritages acquis des deniers dotaux d'une femme.

Voyez Louet & son Commentateur , lettre S , chap. 10. & le Recueil alphabétique de M. Bretonnier.

SUBROGATION DE CRIÉES , est une substitution au droit de poursuivant criées , qui se fait au profit d'un des opposans , faute par le poursuivant de faire les poursuites nécessaires pour parvenir à l'adjudication par décret.

Quelquefois les débiteurs font saisir réellement leurs biens à la Requête d'un créancier supposé , lequel ne poursuit les criées qu'autant qu'il plaît au débiteur , pour ôter à un légitime créancier le moyen de les faire vendre promptement , pour demeurer ainsi en la possession d'iceux : pour lors un autre créancier qui a intérêt que les criées se fassent promptement , peut demander la subrogation aux criées , au lieu du saisissant & du poursuivant , en le remboursant de ses frais.

Cette subrogation se fait encore quand celui qui poursuit les criées est satisfait de ce qui lui est dû par le débiteur.

Pour parvenir à la subrogation , il faut présenter requête au Juge de la Jurisdiction où se poursuivent les criées , & exposer que *le demandeur en subrogation est légitime créancier de tel* .... *telle somme portée par le contrat , &c. qu'il s'est opposé aux criées de telles choses saisies sur tel* ... *à la requête de tel* ... *qui est négligent de parachever les criées encommencées ; & en conséquence de ce , il demande que dans deux mois ledit tel , saisissant , soit tenu de faire mettre à fin desdites criées ; sinon que ledit tems passé , ledit tel , demandeur , sera subrogé à la poursuite desdites criées , sous les offres qu'il fait de rembourser de ses frais ; & qu'en conséquence le Procureur dudit poursuivant sera tenu de rendre & remettre les pieces , pour-*

fuites & procédures entre les mains dudit tel ; & qu'à faute de ce faire, ledit tel, Procureur du pourfuivant fera contraint par corps ; & en ce faifant, demeurera déchargé, &c.

Sur cette Requête fignée du Procureur de celui qui demande la fubrogation, un Confeiller ou le Greffier met : *viennent les Parties au premier jour.*

Après qu'elle eft fignifiée, la Cour ordonne que dans deux ou trois mois, ou autre délai felon qu'elle le trouve à propos, le pourfuivant mettra les criées à fin ; finon ledit tems paffé, fera fait droit fur la fubrogation requife.

Quelquefois la Cour accorde plufieurs délais les uns après les autres ; & enfin fi elle voit qu'il y ait de la collufion & de la négligence, elle accorde la fubrogation à celui qui l'a demandée.

Cette fubrogation ne peut être demandée que par un des créanciers oppofans ; parce que pour être pourfuivant criées, il faut être faififfant : or tout oppofant eft faififfant : mais par l'argument des contraires, celui qui n'eft point oppofant, n'eft point faififfant.

Pour qu'un Procureur puiffe demander pour fa Partie une fubrogation de criées, il faut qu'il foit fondé de procuration fpéciale ; autrement il feroit fujet à défaveu.

La fubrogation accordée, le fubrogé doit faire fignifier le Jugement de fubrogation, tant au Procureur du pourfuivant criées fur lequel il eft obtenu, qu'à celui du débiteur & au plus ancien des oppofans, & enfuite le faire enregiftrer par le Greffier des oppofitions, afin qu'on fache qui eft le pourfuivant criées.

Le créancier qui eft fubrogé à une pourfuite de criées, doit payer au pourfuivant & à fon Procureur les frais qui ont été faits avant la fubrogation : mais il ne peut pas les obliger de demeurer garants de leurs procédures pour les frais qu'il leur rembourfe ; comme il a été Jugé par Arrêt du 6. Juillet 1678. rapporté dans le Journal du Palais.

Lorfque celui qui a été fubrogé à une pourfuite de criées, reconnoît que l'immeuble faifi ne mérite pas les frais d'un décret, il peut préfenter fa Requête, & obtenir en conféquence un Jugement qui ordonne qu'il fera vendu par forme de licitation ; & alors le tout doit être dénoncé aux oppofans.

SUBROGATION D'ACQUETS AUX PROPRES, eft un droit particulier établi dans quelques Coutumes, comme dans celle de Poitou en vertu duquel celui qui n'a point de propres ne peut difpofer de fes acquêts, que jufqu'à concurrence d'une certaine partie.

Comme cette difpofition renferme un droit tout particulier, elle ne peut être étendue aux Coutumes qui n'en parlent point. *Voyez* Soefve, tom. 1. cent. 3. chap. 30. ce que j'ai dit fur l'article 292. de la Coutume de Paris, glofe 2. nomb. 26. & Dupineau, nouvelle édition, liv. 6. chap. 8.

SUBROGATIS. Ce terme latin fe dit au Palais, de l'Ordonnance du Chef d'une Compagnie, par laquelle il fubroge & donne un nouveau Rappor-

teur, au lieu & place de celui qui ne peut rapporter une affaire dont il étoit chargé.

SUBROGATUR. Ce terme latin fignifie au Confeil privé, l'acte par lequel un rapporteur eft fubrogé en la place d'un autre.

SUBROGÉ TUTEUR eft celui qui eft donné à un mineur quand le tuteur eft fon créancier ou fon débiteur ; en forte qu'il peut avoir des droits à démêler avec lui. Ainfi, pour l'empêcher de détourner les pieces & inftrumens qui concernent fa dette ou fa créance, on lui donne un fubrogé tuteur, pour être préfent, & affifter à l'inventaire fait par le principal tuteur, & empêcher qu'il ne fe paffe rien dans la confection de cet inventaire qui foit préjudiciable au mineur.

Il doit donc empêcher les malverfations & recélés, & revendiquer ce qui pourroit avoir été détourné, fi le tuteur ne fait pas les diligences néceffaires contre ceux qui ont fait les divertiffemens.

Il doit auffi, en cas de malverfation de la part du tuteur, faire affembler les parens pour le deftituer de la tutelle & agir contre le tuteur, fi le mineur a des actions à intenter contre lui, ou défendre celles que le tuteur peut intenter contre le mineur.

Comme le fubrogé tuteur n'a point d'autres fonctions que celles que nous venons de dire, il n'eft point tenu de l'adminiftration, ni du reliquat de compte de tutelle, pourvû qu'il n'y ait point de fraude de fa part, & que l'inventaire ait été loyalement fait en fa préfence.

Voyez ci-après, *verbo* Tuteur ; & Brodeau fur Louet lett. T, fomm. 13.

SUBROGER, fignifie céder fon droit, mettre quelqu'un en fon lieu & place ; comme quand on fait un tranfport, on fubroge le ceffionnaire, en fes droits, noms & actions, privileges & hypotheques.

SUBSIDE, eft un nom général qu'on donne à toutes les impofitions qu'on fait fur le peuple, ou fur les marchandifes, au nom du Roi ou de l'Etat, pour fubvenir à fes néceffités & à fes charges.

La fubvention, les aydes & autres impofitions femblables, font des fubfides.

Il n'y a que le Roi qui puiffe lever des fubfides fur le peuple.

SUBSIDIAIRE, fe dit des moyens qui ne font pas principaux, mais qui font furabondans, dont on fe fert, non pas pour établir fon droit, mais pour le fortifier.

On appelle auffi fubfidiaires, les conclufions incidentes que l'on prend dans le cours d'une affaire pour fervir au cas que les premiers fouffrent quelque difficulté.

SUBSIDIAIREMENT, fignifie d'une maniere fubfidiaire, c'eft-à-dire, par furabondance de droit, ou pour derniere reffource, au défaut d'autre expédient.

C'eft dans ce dernier fens que la Coutume de Berry a employé ce terme dans l'article 5. du titre 19. qui porte, que quand un afcendant a donné des héritages à un de fes enfans, & que le donataire vient à décéder fans hoirs, lefdits héritages retournent au donateur fans charges de dettes perfonnelles, au payement defquelles il ne pourra être

tenu

tenu que fubfidiairement , dans le cas où le reftant des biens du défunt ne fuffiroit.

SUBSISTANCE , eft un droit qu'on a commencé de lever depuis quelques années , pour faire fubfifter les foldats dans les quartiers d'hyver ; au moyen de quoi on eft exempt du logement de la Gendarmerie durant l'hyver.

Ce droit fe paye comme la taille & le taillon.

SUBSTITUTION , eft une inftitution d'héritier faite au fecond dégré , ou autre plus éloigné. Elle fe fait , ou par une difpofition entre-vifs , ou par une difpofition de derniere volonté. *Voyez* le Recueil alphabétique de M. Bretonnier , & le Traité des Subftitutions de M. Marie Ricard ; & la nouvelle Ordonnance concernant les Subftitutions , du mois d'Août 1747. qui reglent les biens qui peuvent être fubftitués , les claufes , conditions & la durée des Subftitutions , les droits qui peuvent être exercés fur lefdits biens , les regles que doivent obferver ceux qui font grévés de fubftitution , les Juges qui en doivent connoître , & de l'autorité de leurs Jugemens.

SUBSTITUTION FAITE PAR UNE DISPOSITION ENTRE-VIFS , eft celle qui eft faite par une donation entre-vifs , à la charge d'une fubftitution au profit d'un autre dont le donataire eft chargé. Comme cette fubftitution eft faite par une donation entre-vifs , elle eft irrévocable.

Un particulier peut par le contrat de mariage d'une perfonne qu'il affectionne , l'inftituer fon héritier , & le charger de reftituer les biens qui lui viendront de fa fucceffion , aux enfans qui naîtront de ce mariage. Mais le cas le plus ordinaire eft d'un pere , qui mariant fon fils , l'inftitue fon héritier par le contrat de mariage , & le charge de reftituer les biens qui viendront de fa fucceffion aux enfans qui naîtront de ce mariage. Voilà une fubftitution contractuelle qui empêche que l'héritier inftitué puiffe aliéner les biens fujets à reftitution , au préjudice des enfans fubftitués. *Voyez* Inftitution contractuelle.

SUBSTITUTION FAITE PAR UNE DISPOSITION DE DERNIERE VOLONTÉ , eft celle qui eft faite par teftament , ou par codicille , ou par tout autre acte , que l'on déclare ne pouvoir avoir fon effet qu'après la mort de celui qui fait la fubftitution ; c'eft-à-dire , qui en la perfonne grevée de la fubftitution ne transfere aucun droit de propriété des biens de celui qui fait la fubftitution ; en forte qu'il eft toujours en droit de la révoquer jufqu'au dernier moment de fa vie.

Il y a trois fortes de fubftitutions qui fe font par difpofition de derniere volonté ; fçavoir , la vulgaire , la pupillaire , & l'exemplaire , ou quafi pupillaire.

Mais avant que d'entrer dans l'explication de ces trois efpeces de fubftitutions teftamentaires , qui n'ont lieu qu'en pays de Droit écrit , il faut obferver qu'en pays coutumier on ne peut fubftituer par teftament , que la portion des biens dont on a la libre difpofition : ainfi la fubftitution faite au profit d'un étranger , ne comprend que le quint des propres , attendu que les quatre autres quints

Tome II.

doivent toujours appartenir aux héritiers des propres , francs & quittes de toutes les difpofitions teftamentaires.

SUBSTITUTION VULGAIRE , eft celle par laquelle on fubftitue à l'héritier inftitué , de quelque âge & qualité qu'il foit , au cas qu'il ne fe porte pas héritier. Par exemple *Titius foit mon héritier* : *fi Titius n'eft pas mon héretier ; Mœvius foit mon héritier.*

Les Romains , jaloux de l'accompliffement de leur derniere volonté , inventerent cette fubftitution , afin que fi l'héritier inftitué par le teftateur dans le premier degré venoit à manquer , celui qui feroit inftitué dans le fecond ou autre dégré plus éloigné , pût recueillir la fucceffion , & faire valider fon teftament.

Cette fubftitution a lieu dans le pays du Droit écrit & autres , où les inftitutions font néceffaires pour la validité des teftamens.

Mais dans la France coutumiere , où les inftitutions , ne valent que comme des legs univerfels , comprenant tous les biens dont le teftateur pouvoit difpofer , les fubftitutions vulgaires n'ont lieu que pour fubroger les fubftitués au lieu & place des inftitués , c'eft-à-dire , des légataires univerfels , au cas qu'ils ne puiffent pas accepter le legs fait en leur faveur.

Voyez ce que j'ai dit fur le titre 15. du fecond livre des Inftitutes.

SUBSTITUTION PUPILLAIRE , eft celle qui fe fait à un pupille par celui en la puiffance duquel il eft , au cas qu'il décede avant que d'être parvenu à fa puberté.

L'ufage a introduit cette fubftitution chez les Romains , fous couleur , qu'en conféquence de la puiffance paternelle , le pere & le fils n'étant cenfés qu'une même perfonne , la volonté du fils n'étoit autre que celle du pere.

Cette fubftitution s'éteint par la puberté , c'eft-à-dire , dès que les mâles ont quatorze ans accomplis & les femelles douze.

Il n'eft pas au pouvoir du pere d'étendre cette fubftitution au-delà de cet âge. *Legibus conceffum eft parentibus confilium capere pro liberis , quandiu confilii effent incapaces ; fed noluerunt leges in patriam poteftatem extendi , poft mortem parentum , ultra liberorum pubertatem.* Ainfi , quand un pere fubftitue les enfans au-delà de la puberté , une telle fubftitution eft reduite à l'âge prefcrit par les Loix.

Un pere qui a plufieurs enfans impuberes , peut fubftituer pupillairement à quelqu'un d'eux , fans le faire à l'égard des autres.

La fubftitution pupillaire expreffe exclut la mere de la légitime ; il n'y a que le Parlement de Bourdeaux qui donne toujours & dans tous les cas la légitime entiere à la mere. Mais la fubftitution tacite n'exclut pas la mere de la légitime. *Voyez* le Recueil alphabétique de M. Bretonnier.

La fubftitution pupillaire fe divife donc en expreffe & en tacite. Celle-là fe fait *verbis expreffis* au cas que le fils décede avant la puberté , ou avant que d'avoir atteint l'âge de pouvoir tefter. Celle-ci fe fait tacitement , & eft compris fous la vulgaire

M m m m

expresse, & par une interprétation de la volonté du testateur, qui substituant à son fils *in casum vulga-rem, si hæres non erit*, est présumé lui succéder ta-citement *in casum, si hæres erit, & nondum puber factus decesserit.*

Cette espece de substitution n'a lieu que dans les pays du Droit écrit, & non pas dans la France cou-tumiere, où les institutions ne sont point en usage. *Voyez* ce que j'ai dit sur le titre 16. du second livre des Institutes.

SUBSTITUTION EXEMPLAIRE, est celle qui se fait par les parens à leurs enfans, de quelque degré, âge & sexe qu'ils soient, quand la foiblesse de leur esprit les empêche de pouvoir régler leur derniere volonté, déclarer celui qu'ils veulent insti-tuer leur héritier, comme sont les prodigues, les furieux, les imbécilles & dépourvûs de jugement.

Cette substitution est appellée.exemplaire, par-ce qu'elle a été introduite par l'Empereur Justi-nien, à l'exemple de la substitution pupillaire; car avant lui les peres n'avoient pas cette faculté, si elle ne leur étoit accordée par des Lettres du Prince.

Cette faculté reçoit encore aujourd'hui une es-pece de restriction, en ce que si celui qui est furieux ou en demence a des neveux, ou au défaut s'il a des freres & sœurs, le pere qui lui substitue ne peut pas lui donner pour héritier un étranger; mais il est tenu de lui substituer ses enfans, ou un d'eux, & au défaut d'enfans, ses freres & sœurs, ou quel-qu'un d'entr'eux.

Cette substitution se fait par les ascendans, tant paternels que maternels, à leurs descendans sans distinction de sexe, de degré ni d'âge; & comme elle ne se fait point *jure patriæ potestati sed huma-nitatis intuitu*, elle se peut faire aux enfans que le testateur n'a pas dans sa puissance; en quoi elle differe de la substitution pupillaire, qui se fait *pa-triæ potestatis jure.*

Cette substitutionn'a lieu qu'en pays de Droit écrit. *Voyez* ce que j'ai dit sur le paragraphe dernier du titre 16. du second livre des Institutes.

SUBSTITUTION QUI EST REÇUE EN PAYS COU-TUMIER POUR EMPECHER LES SUITES FACHEUSES DE LA DISSIPATION DES ENFANS. Les substitutions dont nous venons de parler dans les articles précé-dens, ne sont parmi nous reçues, qu'en pays de droit écrit; mais nous avons reçu, même en pays coutumier,une autre espece de substitution tirée de la Loi. *Si furioso*, §. *ff. de curator. furiosi.*

Cette substitution est le seul remede dont les pe-res & meres se puissent servir pour arrêter la dissi-pation de leurs enfans, & empêcher que par leur mauvais ménage ils ne se reduisent eux-mêmes & leurs enfans à une extrême nécessité.

C'est donc avec beaucoup de raison qu'on laisse à la prudence des peres & meres la faculté de pré-venir un tel malheur, en leur permettant de trans-mettre directement en la personne de leurs petits-fils la propriété des biens qui composent leurs suc-cessions, & d'en priver leurs enfans qu'ils sçavent être dissipateurs, pourvû qu'ils leur laissent la légi-time, & leur donne l'usufruit des biens substitués.

Cette disposition est toute favorable pour les pe-

tits-fils au profit de qui est faite la substitution, & n'est pas moins avantageuse aux enfans dont les biens sont substitués; puisqu'au moyen du legs d'u-sufruit de ces mêmes biens, ils ne courent point risque de tomber dans l'indigence, dans laquelle leur prodigalité les auroit probablement réduits.

Suivant les termes de cette Loi. *Si furioso ff. de curator. furiof.* Il y a trois choses qui doivent néces-sairement être observées pour la validité d'une subs-titution de cette nature.

La premiere est de réserver au fils dont le pere veut substituer les biens,une portion suffisante pour lui fournir des alimens: *eique*, dit la Loi, *alimento-rum nomine aliquid legasset.*

La seconde est de faire la substitution au profit des petits-fils: *debet pater providere nepotibus.*

La troisieme enfin est d'en expliquer les causes & les motifs: *additâ causâ, necessitateque judicii.*

Pour faire une substitution valable, aux termes de cette Loi, les peres & meres doivent donc pre-miérement réserver quelque chose à leurs fils; au-trement ce seroit une véritable exhérédation, dont la rigueur dépouilleroit entiérement le fils deshé-rité de la portion qu'il doit avoir dans la succes-sion de ses pere & mere; ce qui ne pourroit pas être admis sans une des causes pour lesquelles il est per-mis aux peres & meres d'exhéréder leurs enfans.

Il faut encore que les peres & meres n'ayent en vûe que l'avantage de leurs petits-fils, & faire la substitution entiérement à leur profit: sans cela cette disposition ne seroit pas moins odieuse que l'exhérédation, dont la peine s'étendroit jusques sur les petits-enfans.

Enfin il faut qu'ils alléguent & expriment la cause qui les a porté à faire une telle substitution.

Autrefois cette derniere condition devoit être observée aussi-bien que les deux autres; & l'on déclaroit nulles les substitutions faites sans cause, sur le fondement de la Loi. *Si furioso*, *ff. de curat. furiof.* en ces termes:*additâ causâ, necessitateque judi-cii*, qui l'avoit ainsi ordonné; & le fondement que cette substitution est une espece d'exhéréda-tion, dont par conséquent le testateur est obligé d'exprimer la cause.

Mais aujourd'hui, suivant la derniere Jurispru-dence des Arrêts cette derniere condition n'est point requise. Il y en a un dans le Journal du Pa-lais, rendu le premier Avril 1686. & un plus recent rendu le 19. Février 1704. sur les conclusions de M. l'Avocat général Joly de Fleuri, qui ont jugé les substitutions valables, quoique le pere n'en eût allégué aucune cause. Ces Arrêts ordonnent seule-ment la distraction de la légitime.

Quid juris, si le pere ou la mere qui ont fait une telle substitution,en ont énoncé les motifs,en mar-quant que c'est à cause de la dissipation, qu'ils ont reconnu dans la personne de celui dont ils substi-tuent la part & portion?

Si les motifs sont vrais, qu'il soit prouvé que le grevé de substitution,par l'excès de ses profusions & de ses dépenses frivoles, travailloit à sa ruine & à celle de sa famille, la substitution est valable; mais si les motifs d'une telle substitution sont faux, elle doit être déclarée nulle , fi celui à qui elle eft faite en veut pourfuivre la nullité. De pareilles allégations deshonorent le grevé de fubftitution. Or il ne doit pas être permis à un pere de priver fes enfans de la propriété d'un bien qui leur doit appartenir , & par le même acte d'imprimer fur eux une note qui les deshonore , lorfqu'ils ne fe font point attirés un tel affront par leur mauvaife conduite. C'eft l'efpece des Arrêts de Raiffant & de Millet , des 27. Mars 1669. & du 31. Mai 1681. qui ont déclarées nulles les fubftitutions faites *cum elogio* , témérairement & fans jufte caufe.

Ces fortes de fubftitutions paroiffent peu favorables , en ce qu'elles mettent les biens fubftitués hors le commerce ordinaire , & qu'elles privent celui qui eft grevé de fubftitution de la propriété d'un bien qui lui devoit appartenir de droit commun ; auffi lui donne-t-on le nom d'exhérédation. Mais quand la fubftitution eft faite à un prodigue , c'eft une exhérédation officieufe , qui n'eft que l'effet de la prudence & de la fageffe d'un pere de famille , qui fe trouve obligé de grever de fubftitution un fils diffipateur , pour garantir fon petit-fils & fon fils même de la mifere. Auffi le caractere de la fubftitution véritablement officieufe , eft de conferver des alimens au fils prodigue , & la propriété des biens au petit-fils.

Mais dans les cas où ces inconveniens ne font point à craindre , un pere & une mere peuvent toujours fubftituer l'excédent de la légitime ; parce que les hommes ont une pleine & entiere liberté de difpofer de leurs biens , en laiffant la légitime à leurs enfans , pourvû que leur difpofition ne foit accompagnée d'aucune note qui flétriffe l'honneur & la réputation du grevé de fubftitution.

Dans les grandes Maifons , dont les biens confiftent en Terres tirées , les fubftitutions font devenues prefque néceffaires , par les prodigieufes dépenfes où font entraînés les Seigneurs qui ont à foutenir des noms illuftres , & de emplois proportionnés à leur naiffance.

Quoique les fubftitutions foient regardées en quelque maniere comme des exhérédations , il paroît par ce que nous venons de dire qu'elles ne fe réglent pas abfolument par les mêmes principes.

Premiérement , un pere ne peut pas exhéréder fon fils , & le retrancher de fa famille , que pour quelqu'une de ces caufes graves que la Loi a eu la fage précaution de définir. En effet , il ne convient pas qu'une affaire d'une fi grande importance ne foit pas définie par la Loi , & dépende du caprice & de la décifion des hommes.

En fecond lieu , ce n'eft pas affez que le motif de l'exhérédation foit jufte , le pere eft obligé de l'exprimer ; parce que quand on ôte les biens à fes enfans par une exhérédation rigoureufe , on en doit marquer le motif , parce que comme celui qui exhérede prononce l'exhérédation , laquelle eft une véritable peine , il faut du moins en fpécifier la caufe , pour connoître fi elle eft jufte & conforme aux Loix , qui ne permettent d'exhéréder qu'en certains cas.

Enfin il faut pour qu'une exhérédation foit valable , que la caufe pour laquelle le teftateur a déclaré l'avoir faite , foit par l'héritier prouvée être conforme à la vérité ; car quoique la Loi ait accordé aux peres & meres une efpece de magiftrature, & quoique leurs jugemens , qu'on préfume dictés par l'amour qu'ils ont ordinairement pour leurs enfans , outre qu'ils font obligés d'en expliquer les motifs , l'équité veut que leurs jugemens foient réprimés , fi la juftice & la raifon n'en ont pas été les principes.

Il n'en eft pas de même des fubftitutions ; elles font permifes en général , pourvû que la légitime foit confervée au grevé de fubftitution , & que le pere en la prononçant ne paroiffe pas avoir eu intention de faire injure à celui de fes enfans dont il a voulu que la part & portion fût fubftituée.

Dans les fubftitutions qui ne font que des exhérédations officieufes , il n'eft donc pas néceffaire d'avoir une caufe légitime pour fubftituer , & encore moins de rendre compte au Public du fujet qui nous a porté à le faire.

Cependant , quoique celui qui fait une telle fubftitution ne foit pas tenu d'en exprimer les motifs , quand il le fait , il faut abfolument que ces motifs fe trouvent véritables ; autrement le fils feroit en droit de revenir contre , & de faire caffer la fubftitution comme calomnieufe & déraifonnable , fuivant ce que nous avons dit ci-deffus.

Il réfulte de tout ceci , qu'il ne faut pas confondre une difpofition auffi favorable que l'eft celle-ci avec un acte auffi odieux que l'eft une exhérédation , ni prétendre que la fubftitution foit affujettie à la févérité des maximes rigoureufes qui fe trouvent dans la Novelle 115. de Juftinien , puifqu'elles ne regardent que la véritable & inofficieufe exhérédation , & non pas celle que l'on qualifie d'exhérédation officieufe , & qui n'eft pas une véritable exhérédation : en effet , cette fubftitution n'eft autre chofe qu'un legs ; c'eft un legs de propriété en la perfonne des petits-fils ; c'eft un legs d'ufufruit en la perfonne du fils , & non pas une exhérédation.

Il ne faut pas non plus confondre la fubftitution dont nous parlons ici , & qui eft obfervée en France tant en pays de Droit écrit qu'en pays coutumier , avec les trois efpeces de fubftitutions qui avoient été introduites par les Loix Romaines , & qui ne font en ufage parmi nous que dans les pays de Droit écrit ; fçavoir , la vulgaire , la pupillaire, & celle qui eft appellée fubftitution exemplaire , dont nous avons parlé ci-deffus.

SUBSTITUTION NE SE PEUT FAIRE A DES ENFANS , QUE DE L'EXCEDANT DE LEUR LEGITIME.

Comme la portion légitimaire eft facrée , les peres & meres ne peuvent l'altérer , la diminuer , ni même la fubftituer ; autrement leur difpofition pafferoit plutôt pour une véritable exhérédation , que pour une fubftitution.

Il n'y a qu'un cas auquel ils peuvent fubftituer la légitime , qui eft celui de la diffipation : mais pour qu'une telle fubftitution vaille à l'égard de la légitime , il faut , I°. que le pere faffe mention de la diffipation de fon fils. II°. Qu'il lui laiffe l'ufufruit de fa portion héréditaire en entier. III°. Qu'il en laiffe la propriété aux enfans nés ou à naître de lui.

Ainfi lorfqu'un pere prive par une telle fubftitution, un de fes enfans de la propriété de fa légitime, il faut qu'il en explique difertement les caufes, & qu'il déclare qu'il ne le fait *que par la crainte de la diffipation de fon fils*. En ce cas-là, quoique les raifons que le pere allegue contre fon fils foient fâcheufes, elles ne font point confidérées comme un témoignage de fa haine, mais comme un effet de fa prévoyance & de fa fageffe.

Comme la nature & toutes les Loix déferent aux enfans cette portion légitimaire des biens de leurs peres & meres, il faut néceffairement qu'ils faffent connoître les motifs qu'ils ont de fe difpenfer de leur payer une dette fi légitime.

Ainfi par Arrêt rendu en la Grand'Chambre le 23. Avril 1708. il a été jugé qu'une mere ayant fubftitué le legs fait par elle à fes enfans, à leurs enfans à naître, fans avoir marqué la caufe de fa difpofition, les enfans devoient avoir la diftraction de leur légitime ; mais que le furplus demeureroit fubftitué.

Il en feroit de même fi le teftateur s'étoit fervi de termes généraux ; comme de dire qu'il fubftitue le legs par lui fait aux enfans d'un tel fon fils, pour des bonnes & juftes confidérations, parce que ce n'eft pas là fatisfaire à la Loi qui veut une caufe légitime : & pour fçavoir fi elle eft de cette nature, il la faut exprimer en termes formels. Ces confidérations vagues & indéfinies ne défignent rien pour trop défigner. Quiconque peut fe réfoudre à deshériter ainfi fon fils, en lui fubftituant jufqu'à fa légitime, en peut bien dire le fujet; l'expreffion de la caufe n'ajoute rien à l'injure qu'il lui fait. La plus grande qu'il lui puiffe faire eft cette exhérédation ; mais il faut qu'on en fache le motif, & il n'eft pas permis de l'envelopper dans des éloges myftérieux & énigmatiques, qui font foupçonner ce qui n'eft pas, & dont on ne fe fert que quand on manque de véritables raifons pour faire une femblable difpofition.

Lorfqu'une fubftitution de la totalité ou de la portion héréditaire d'un fils eft accompagnée des trois conditions que nous avons rapportées ci-deffus, le fils ne peut pas revenir contre. *Voyez* le Journal des Audiences, tome 1. livre 2. chap. 146. & liv. 5. chapitre 15. & Soefve, tome 1. cent. 1. chap. 16.

Mais s'il y a des créanciers qui demandent la diftraction de la légitime du fils, pour être payés deffus, il eft naturel de la leur accorder ; pourvû I°. que leur créance foit antérieure à la publication de la fubftitution ; II°. que leur créance paroiffe avoir été par eux contractée de bonne foi, & ayant aucune connoiffance de fa diffipation.

SUBSTITUTION RECIPROQUE, eft une efpece particuliere de fubftitution par laquelle plufieurs inftitués font fubftitués les uns aux autres ; comme quand le teftateur dit : *j'inftitue Titius, Mævius & Caïus mes heritiers, & je les fubftitue les uns aux autres.*

Voyez ce que j'ai dit fur le §. 1. du titre 15. du fecond livre des Inftitutes.

SUBSTITUTION DIRECTE, eft celle par laquelle les biens de la fucceffion fe transferent directement de la perfonne du teftateur en celle du fubftitué.

On peut fubftituer directement autant de perfonnes que l'on veut, comme il eft expreffément décidé au commencement du titre 15. du livre fecond des Inftitutes.

Cela eft obfervé en France dans les pays de Droit écrit, où la fubftitution vulgaire a lieu : car ni l'Ordonnance d'Orléans, ni celle de Moulins, qui réglent les degrés de fubftitution, n'ont lieu que pour les fubftitutions fidéicommiffaires, non pas pour les directes qu'on peut faire jufqu'à l'infini. La raifon eft, que cómme la fubftitution directe s'éteint par l'addition de l'hérédité, il n'y a jamais qu'un degré de fubftitution qui puiffe réuffir ; les autres qui fuivent font éteints de plein droit, à l'inftant que la fucceffion eft appréhendée par celui qui étoit avant.

SUBSTITUTION FIDEICOMMISSAIRE, eft celle par laquelle un homme charge fon héritier teftamentaire, ou *ab inteftat*, de rendre toute fa fucceffion, ou partie d'icelle à quelqu'un, après le décès de l'héritier.

Elle eft appellée oblique, parce que les termes dans lefquels elle eft conçue ne tombent pas directement fur la perfonne au profit de laquelle elle eft faite ; mais ce font des prieres & des recommandations qui font adreffées à celui qui eft chargé de la reftitution du fidéicommis. Par exemple : *J'inftitue Titius, & le prie de reftituer ma fucceffion à Sempronius.*

Ordinairement la priere de reftituer ne fe fait qu'après que le grevé de fubftitution aura joui des biens pendant fa vie ; car nous ne voyons prefque plus de fidéicommis où l'héritier foit chargé de rendre immédiatement après avoir recueilli la fucceffion, mais feulement après fa mort.

Cette fubftitution fe fait donc à la charge de reftitution de la fucceffion au profit d'un autre, foit né, foit à naître. Et telles fubftitutions font en ufage par toute la France.

Les biens de la fucceffion ne s'y transferent pas directement de la perfonne du défunt, mais indirectement & obliquement, en paffant par les mains de celui qui eft chargé de la reftitution du fidéicommis ; ce qu'il peut néanmoins entendre, de maniere que fi l'inftitué fe trouvoit mort avant le décès du teftateur, la fubftitution fidéicommiffaire ne laifferoit pas que de valider.

Dans cette fubftitution le fubftitué fuccede donc après celui qui eft chargé de la reftitution du fidéicommis : ce qui eft le premier effet de cette fubftitution. L'autre effet eft de conferver les biens, & d'empêcher que l'héritier les diffipe, au préjudice de celui au profit de qui la fubftitution eft faite ; la volonté du teftateur étant que le fubftitué en jouiffe à fon tour.

Ainfi une telle fubftitution emporte une prohibition abfolue d'aliéner ni engager, tandis qu'il y a des degrés fuivans des perfonnes fubftituées qui ont efpérance d'être un jour appellées à cette fubftitution ; car quand l'ouverture s'en fait, les fubftitués prennent les biens fans aucune charge des dettes des précédens institués ou subftitués, comme s'ils les prenoient de la main du défunt ; & ils font en droit de revendiquer les biens fubftitués, qui auroient été aliénés au préjudice de la fubftitution.

Celui qui eft chargé d'une telle fubftitution, doit donc être confidéré comme fimple ufufruitier, quoique néanmoins fon droit foit plus grand, au cas que les perfonnes appellées après lui à la fubftitution viennent à décéder avant lui, ou ne naiffent point ; car pour lors le poffeffeur qui eft chargé de la fubftitution dont l'ouverture ne peut plus arriver, devient propriétaire incommutable des biens fubftitués, & il en peut librement difpofer, tant entre-vifs que par dernière volonté ; & ne l'ayant pas fait, il les tranfmet à fes héritiers fuivant l'ordre légitime des fucceffions.

Bien plus, ceux qui étoient appellés à la fubftitution, s'ils décedent avant l'ouverture de la fubftitution, quoiqu'ils laiffent des enfans vivans lors de cette ouverture, ces enfans n'y feront pas appellés. La raifon eft, qu'ils n'y peuvent venir de leur chef ; puifque les dons ne s'étendent jamais au-delà des perfonnes dénommées.

Ils n'y peuvent pas non plus venir par droit de repréfentation, d'autant qu'un bien qui ne nous eft pas encore acquis, n'eft point tranfmiffible à nos héritiers.

Une différence qu'il faut obferver entre fa fubftitution directe & la fubftitution précaire, eft que la fubftitution directe faifit de plein droit, du moins en pays de Droit écrit, celui au profit de qui elle eft faite ; mais la fubftitution précaire ne faifit point, même en pays de Droit écrit, ainfi c'eft au fubftitué de fe pourvoir par action fimple, en ouverture de fubftitution contre l'héritier grevé ou fon héritier, le cas d'icelle arrivant ; comme il a été jugé par un Arrêt rendu au Parlement de Bourdeaux, le 5. Août 1695. rapporté par la Peyrere, lettre S, nombre 107.

Par autre Arrêt rendu en l'Audience de la Grand'-Chambre du Parlement de Paris le 26. Février 1715. il a été jugé, I°. que la priere faite par un teftateur au légataire de vouloir conferver fon legs à une autre perfonne, forme un fidéicommis. II°. Que le légataire étant décédé avant le teftateur, quoique par ce moyen fon legs fût devenu caduc, la charge du fidéicommis fubfiftoit, & que l'héritier étoit tenu de l'acquitter, comme auroit été obligé de faire le légataire, s'il avoit furvécu au teftateur.

Il nous refte à remarquer que plufieurs de nos Coutumes rejettent les fubftitutions teftamentaires de fidéicommis ; fçavoir, Normandie, Auvergne, la Marche, Bourbonnois, Nivernois, Montargis, Sedan. Ces Coutumes ne font pas raifonnables : puifqu'elles permettent les legs, elles doivent permettre les fidéicommis ; car l'on peut fubftituer dans le legs auffi-bien que dans les hérédités, fuivant le titre *de fingularibus rebus per fideicommiffum relictis*, qui eft le vingt-quatrieme titre du fecond livre des Inftitutes de Juftinien, & fuivant la Loi unique, *cod. de caduc. col. §. 7.*

Pour juftifier la difpofition de ces Coutumes,

l'on ne peut pas dire qu'elles rejettent ces fubftitutions teftamentaires pour éviter les procès qu'elles caufent, puifque ces mêmes coutumes admettent les fubftitutions contractuelles, qui ne caufent pas moins de procès que les teftamentaires.

SUBSTITUTION FAITE A UN FILS GREVÉ DE RESTITUER LE FIDEICOMMIS A UN ETRANGER. Lorfqu'il meurt avant l'ouverture du fidéicommis les enfans de ce premier fubftitué font préféré à cet étranger, quoiqu'il y fût nommément appellé par le teftateur.

Voyez Tranfmiffion de fubftitution.

SUBSTITUTION Graduelle & perpétuelle, eft une efpece de fubftitution fidéicommiffaire, par laquelle on fait des degrés de fubftitution jufqu'à l'infini ; c'eft pourquoi le premier appellé à la fucceffion y ayant fuccédé, tranfmet, avenant l'ouverture de la fubftitution, les biens fubftitués au fecond, celui-ci au troifieme, & ainfi fucceffivement de degré en degré à l'infini.

Mais par l'Ordonnance d'Orléans, art. 59. les fubftitutions graduelles, foit contractuelles, foit teftamentales, ont été réduites à deux degrés, l'inftitution non comprife ; ce qui emporte prohibition d'en faire davantage.

Comme cette Ordonnance ne parloit que pour l'avenir, & non pour les fubftitutions faites auparavant ; par celle de Moulins, art. 57. les fubftitutions faites auparavant l'Ordonnance d'Orléans, furent reduites au quatrieme degré, l'inftitution non comprife.

Quand il y a plufieurs degrés dans la fubftitution au-delà de ce que permet ladite Ordonnance d'Orléans, la fubftitution ne fe termine pas dans le deuxieme degré, à moins que les deux degrés, l'inftitution non comprife, n'aient été effectivement remplies, c'eft-à-dire, la fubftitution exécutée dans les deux degrés.

La fubftitution au premier & au fecond degré ayant étéexécutée, la fubftitution s'évanouit en la perfonne du poffeffeur qui fe trouve au dernier degré limité par l'Ordonnance ; en forte que ne reftant plus grevé, il a les biens fubftitués libres & en la pleine & entiere difpofition.

Voyez le Prêtre, cent. 2. chap. 21. Ricard, des Subftitutions, traité 3. chap. 9. fect. 6. part. 1. nomb. 822. & 853. les Obfervations fur Henrys, tome 3. liv. 5. queft. 93. & le livre intitulé Queftion de Droit, *verbo* Subftitutions.

SUBSTITUTION FAITE EN FAVEUR DES MASLES exclut les femelles, quoique plus proches en degré que les mâles. *Voyez* Guy-Pape, queftion 483.

Un teftateur ayant plufieurs enfans mâles & une fille, inftitue les mâles héritiers univerfels, & la fille en certaine fomme d'argent, & fait une fubftitution en ces termes : *Si quelqu'un d'eux vient à décéder fans enfans, que fa portion vienne au plus prochain de la race.* Un des mâles étant décédé, les autres mâles doivent être appellés à la fubftitution à l'exclufion de la fille. *V.* Maynard, liv. 8. chap. 2.

Sous le nom des mâles, le fils de la fille n'eft pas compris, quand la fubftitution eft faite aux mâles premiérement, Peleus, queftion 48. Ricard, des

Subſtitutions, troiſiente traité, chapitre 9. ſection 6. nombre 771.

SUBSTITUTION A LA CHARGE DE PORTER LE NOM ET LES ARMES, eſt ſouvent pratiquée par les gens de qualité ; & elle a lieu à l'égard des filles, à condition que leur mari porteront le nom & les armes du teſtateur.

Lorſqu'une Terre noble eſt ſubſtituée au profit d'un parent & de ſes hoirs mâles, portant le nom & les armes de ſa maiſon, cette terre appartient pour le tout au fils aîné du parent ſubſtitué.

Une ſubſtitution où il eſt parlé de porter le nom & les armes de la famille, eſt réputée maſculine, & donne l'excluſion à une fille deſcendant directement de l'inſtitué : ce qui n'auroit pas lieu dans les ſubſtitutions où il ne ſeroit point parlé de porter le nom & les armes ; comme il a été jugé par un Arrêt rendu en la Grand'Chambre le 23. Juillet 1696. rapporté dans le Journal des Audiences.

SUBSTITUTION FAITE EN VUE DE L'AGNATION, eſt toujours cenſée faite en faveur des ſeuls mâles deſcendans par mâles ; ce qui ſe préſume quand l'inſtitution ou la ſubſtitution a commencé par un mâle ; auquel cas le terme d'enfans mâles ne comprend jamais les mâles iſſus d'une fille.

Mais quand l'inſtitution ou la ſubſtitution a commencé par une fille, en ce cas le teſtateur n'eſt pas préſumé avoir en l'agnation en vûe, puiſqu'il a inſtitué ou ſubſtitué une fille qui n'étoit point dans l'agnation ; & alors les mâles iſſus des filles ſont appellés à la ſubſtitution.

C'eſt la doctrine de M. Charles Dumoulin, dans ſon Commentaire ſur l'article 25. de la Coutume de Paris, gloſe 1. nombres 6. & 7. qui eſt adoptée par tout ce qu'il y a de ſçavans Docteurs ſur cette matiere. Voyez un Memoire de M. Terraſſon, que M. Brillon rapporte, verbo Subſtitution nombre 97.

SUBSTITUTION CONTRACTUELLE, eſt une eſpece de ſubſtitution graduelle qui ſe fait par contrat de mariage, ou autre diſpoſition entre-vifs. Elle a été reçue en France par un uſage particulier, contre la diſpoſition du Droit Romain.

Ainſi parmi nous, un pere peut inſtituer ſon fils ſon héritier par contrat de mariage, & le charger de reſtituer ſes biens aux enfans qui naîtront de ſon mariage ; auquel cas le fils inſtitué ne pourra pas aliéner les biens ſujets à reſtitution, au préjudice des enfans ſubſtitués.

L'Ordonnance d'Orléans, qui réduit les degrés des ſubſtitutions graduelles, ne concerne pas ſeulement les teſtamentaires, mais encore les contractuelles.

SUBSTITUTION DOIT ESTRE PUBLIÉE ET ENREGISTRÉE par l'héritier : ainſi le défaut de publication & d'enrégiſtrement ne peut être oppoſé en aucun cas aux ſubſtitués par les héritiers teſtamen aires ou ab inteſtat ; parce que cette néceſſité de publication & d'enrégiſtrement n'a été impoſée qu'en faveur des créanciers & contractans, avec les inſtitués & premiers ſubſtitués.

Voyez ci-deſſus Publication de ſubſtitution. Voyez auſſi Inſinuation de Subſtitution, & le Recueil

alphabétique de M. Bretonnier, verbo Subſtitution.

SUBSTITUTION EMPECHE L'ALIENATION DES BIENS SUBSTITUÉS. Cette maxime eſt tirée de l'Authentique Res quæ, cod. commun. de legat.

Par Arrêt rendu au mois de Février 1703. un contrat de vente d'une maiſon vendue franche & quitte de ſubſtitution, a été déclaré nul & réſolu, avec reſtitution du prix des intérêts & dépens, quoiqu'alors la ſubſtitution ne fût point encore ouverte, & que l'on prétendit qu'il étoit évident que la ſubſtitution & le codicile contenant la ſubſtitution, étoient nuls.

Quoique la clauſe que la maiſon ſubſtituée étoit franche & quitte de ſubſtitution, ne fût pas appoſée dans le contrat de vente, le vendeur d'un bien ſubſtitué, peut toujours être pourſuivi par l'acquéreur, qui peut agir pour faire réſilier ſon contrat avant l'éviction, & même avant le trouble. Voyez Henrys, tome 1. livre 4. chapitre 6. queſtion 36. & le Journal des Audiences, tome 1. livre 7. chapitre 10. Mais par rapport à celui au profit de qui une ſubſtitution conditionnelle eſt faite, l'aliénation des biens ſubſtitués, demeure en ſuſpens juſqu'à l'événement de la condition ſous laquelle eſt faite la ſubſtitution. Maynard, tome 1. livre 5. chapitre 54.

Il faut donc que la ſubſtitution ſoit ouverte, pour que celui au profit de qui elle eſt faite, puiſſe agir par révendication contre les acquéreurs & détenteurs des biens ſubſtitués ; ce qu'il peut faire ſans être obligés d'agir préalablement contre les héritiers de celui qui étoit chargé de la ſubſtitution.

Le ſubſtitué, avenant le cas de la ſubſtitution, a une hypotheque tacite ſur les biens de l'héritier grevé, pour raiſon des aliénations & dégradations par lui faites dans les biens ſubſtitués ; & cette hypotheque eſt du jour de l'aliénation, & non pas du jour de la condamnation ; comme ſi l'héritier a vendu des bois de haute-futaie, avec les intérêts du jour de la demande. Ainſi jugé par Arrêt du 29. Mars 1675. rapporté dans le Journal du Palais.

L'Authentique Res quæ, cod. communia de legatis, qui défend l'aliénation des choſes ſujettes à reſtitution, permet néanmoins de les aliéner, ou partie d'icelles, pour la dot & pour la donation à cauſe de nôces : ce qui eſt obſervé parmi nous, tant en pays coutumier, qu'en pays de droit écrit. Sur quoi voyez ce que mon pere a dit ſur la Novelle 39. de l'Empereur Juſtinien.

Il y a encore d'autres cas eſquels les biens ſujets à reſtitution peuvent être aliénés. I°. Pour acquitter les dettes du teſtateur ; quia bona non eſtimantur, niſi deducto ære alieno ; mais il faut en ce cas que l'héritier ait accepté la ſucceſſion par bénéfice d'inventaire, ou à titre de légataire univerſel : & alors le ſubſtitué ne peut revenir contre la vente, ni même recouvrer les biens en rendant le prix aux acquéreurs. Catelan, liv. 7. chap. 4. II°. Pour payer la rançon de celui qui eſt chargé de la ſubſtitution. Voyez la Rocheflavin, livre 3. lettre S, titre 9. article 2.

Enfin, lorſque le ſubſtitué a conſenti à l'aliénation des biens fubftitués, il ne pourra plus, après que la fubftitution fera ouverte, revenir contre la vente, parce qu'il eft cenfé avoir tacitement renoncé à la fubftitution. La Rocheflavin, livre 3. lettre S, titre 9. article 6. Cambolas, livre 1. chap. 25. Mais s'il n'avoit reçu, en qualité de Procureur, que le prix de la vente des biens fubftitués, faite par l'héritier, cela ne pourroit pas lui nuire, lorfque dans la fuite le cas de fidéicommis feroit échu. M. Dolive liv. 5. chap. 28.

Touchant l'aliénation des biens fubftitués, *voyez* Brodeau fur Louet, lettre S, fomm. 9. nomb. 4. & fuivans; Montholon, Arrêts 28. & 45. Bouvot, tome 1. partie 3. queft. 3. *verbo* Subftitution, & la Peyrere, *verbo* Subftitution.

SUBSTITUTION NE PEUT ESTRE FAITE DES BIENS DONNÉS ENTRE VIFS PUREMENT ET SIMPLEMENT. Cette régle eft fuivie au Parlement de Paris, où le donateur ne peut après coup charger de fubftitution les biens par lui donnés purement & fimplement à un de fes enfans.

Au Parlement de Touloufe, il le peut fous trois conditions. I°. Que la fubftitution comprenne expreffément les biens donnés. II°. Au cas que le donataire decede fans enfans. III°. Que la fubftitution foit faite en faveur des enfans ou petits-enfans du donateur.

Au Parlement de Bourdeaux, l'on ne peut fubftituer aux biens donnés par contrat de mariage, mais l'on peut fubftituer aux biens donnés par des actes particuliers.

SUBSTITUTS. Les Procureurs généraux des Parlemens ont pour leurs Subftituts les Procureurs du Roi, établis dans les Bailliages & Sénéchauffées, & autres Jurifdictions royales inférieures, pour intervenir dans les affaires dans lefquelles le Roi, le Public, les Mineurs ou l'Eglife ont intérêt; & chaque Procureur du Roi a un Avocat du Roi, & leurs fonctions fe reglent prefque de même que celles de Procureurs & Avocats généraux.

Meffieurs les Procureurs généraux ont encore des Officiers à qui ils diftribuent les inftances & les procès qui doivent paffer au parquet, qui font auffi appellés Subftituts. Ce font eux, qui en cas d'abfence de Monfieur le Procureur général en font les fonctions; & c'eft fur leur rapport que les conclufions du Parquet font délivrées.

Il y a dans le Recueil des Reglemens pour l'adminiftration de la Juftice, une Déclaration du Roi du 29. Juin 1704. donnée en faveur des Subftituts du Procureur général du Roi au Parlement de Paris, touchant la Nobleffe, & tous les droits, privileges, franchifes, immunités, rang, féance & prééminence des Nobles.

SUBSTITUTS DES PROCUREURS POSTULANS, font des Procureurs qui occupent pour d'autres, en cas d'abfence ou de maladie, & aufquels les Huiffiers font leurs fignifications. Au Parlement de Paris, chaque Procureur a au moins deux Subftituts.

SUBVENTION, eft une levée qui fe fait quand il plaît au Roi fur les Villes clofes & gros Bourgs. Anciennement la fubvention ne fe levoit que de trois en trois ans, & s'en faifoit l'affiette par les Baillifs & Sénéchaux, en vertu de Lettres Patentes du Roi. Cependant les Elus ont prétendu que cela leur appartenoit.

SUCCEDER A QUELQU'UN, fignifie être en fon lieu & place, foit à titre univerfel, ou à titre particulier: à titre univerfel quand on fuccede à quelqu'un en qualité d'héritier: à titre particulier quand on fuccede à quelqu'un dans une chofe, à titre de vente, de donation, de legs & autres femblables.

SUCCEDER A QUELQU'UN A TITRE D'HÉRITIER, fignifie donc lui fuccéder à titre univerfel: titre en vertu duquel l'héritier repréfente la perfonne du défunt, & par conféquent fuccede dans tous fes droits, noms & actions, & pareillement dans toutes fes dettes. *Si quidem par debet effe ratio commodi & incommodi.*

C'eft une maxime certaine, que pour pouvoir fuccéder à une perfonne à titre d'héritier, il faut qu'elle foit capable de nous fuccéder auffi à titre d'héritier. *Si vis mihi fuccedere, fac ut tibi fuccedere valeam.* Maxime que j'ai expliquée, *verbo* Héritier.

Pour pouvoir fuccéder à quelqu'un à titre d'héritier, il faut être né ou conçu au tems que fa fucceffion eft échue. *Voyez* Charondas liv. 5. rep. 63. Louet, lett. R, fomm. 38. & Henrys tome 2. liv. 6. queft. 25.

On fuccede à titre d'héritier à quelqu'un, ou par fouches ou par têtes.

SUCCEDER PAR SOUCHES, eft quand on fuccede par repréfentation d'une perfonne décédée; de forte que ceux qui la repréfentent, en quelque nombre qu'ils foient, n'emportent de la fucceffion que la part & portion qu'auroit eu celui qu'ils repréfentent, s'il étoit vivant.

Quando fucceditur in flirpes, nulla habetur ratio numeri perfonarum fuccedentium, fed omnes ex uno latere, quodquod fint, eam tantùm hæreditatis partem capiunt, quam habiturus fuiffet is, quem repræfentant fi viveret, fi quidem in ejus locum fuccedunt.

De plus, quand on fuccede par fouches, les plus proches n'excluent pas les plus éloignés; mais les plus éloignés fuccedent avec les plus proches, par repréfentation de la perfonne aux droits de laquelle ils font fubrogés.

Par exemple, un homme decede & laiffe un fils, & quatre petits-fils d'un autre fils prédécédé: ces quatre petits-fils viennent à la fucceffion de leur aïeul par repréfentation de leur pere, & ne prennent que la part qu'il y prendroit s'il étoit vivant.

Voici un autre exemple. Quand les enfans d'un frere décédé fuccedent à leur oncle, avec leurs oncles freres du défunt, ils lui fuccedent par fouches; enforte qu'ils ne font reputés que pour un, en quelque nombre qu'ils foient.

De ce que nous venons de dire il s'enfuit, qu'on ne fuccede par fouches que dans le cas de la repréfentation; & que quand les héritiers fuccedent tous de leur chef, ils fuccedent par têtes.

Il faut excepter un cas ou Juftinien dans fa Novelle 118. a voulu qu'une fucceffion fe partageât par fouches, quoiqu'il n'y eût point lieu à la re-préfentation ; fçavoir, quand d'un côté il y a aïeul & aïeule, & de l'autre un des deux feule-ment; il eft certain qu'il ne peut pas en ce cas y avoir lieu à la repréfentation, puifqu'en ligne di-recte afcendante la repréfentation n'a jamais lieu : cependant Juftinien a voulu que la fucceffion fe partageât par fouches; de forte que l'aïeul & l'aïeule n'en aient que la moitié, & que l'autre appartienne en entier à l'autre aïeul ou aïeule du défunt.

Mais cette difpofition n'eft point fuivie en pays coutumier, comme je l'ai remarqué fur l'article 311. de la Coutume de Paris. Cela doit être au-jourd'hui hors de doute, puifque par Arrêt de la Grand'Chambre du 30. Mai 1702. il a été jugé que dans la Coutume de Paris, trois aïeuls d'une petite fille décédée fans enfans, viennent à la fuc-ceffion de fes meubles & acquêts par têtes & non par fouches. Cet Arrêt a été rendu avec beaucoup de folemnité ; & la Cour a cru fa décifion fi im-portante pour l'avenir qu'elle a voulu qu'il fût lu & publié au Châtelet, & qu'on y inférât l'extrait des moyens allégués par les Parties, & de ceux par lefquels fe détermina M. l'Avocat général le Nain qui porta la parole dans cette caufe.

On trouve dans M. Augeard, tom. 2. chapitre 55. cet Arrêt tel qu'il eft dans les Regiftres du Par-lement. Nous nous contenterons de rapporter ici ce que dit M. le Nain, dont les conclufions ont été fuivies.

Ce Magiftrat commença par dire : » Que la » queftion qui fe préfente, n'eft décidée ni par la » difpofition de la Coutume de Paris qui régit les » Parties, ni par le préjugé d'aucun Arrêt, & » qu'ainfi elle doit être examinée comme une quef-» tion nouvelle; que ce n'eft pas dans les principes » du Droit Romain qu'il en faut chercher la déci-» fion, mais dans l'efprit de la Coutume de Paris, » & dans l'efprit général du Droit Coutumier; qu'il » y a deux principes communs à toutes les Coutu-» mes du Royaume, qui concourent à faire con-» noître le bien jugé de la Sentence, & à établir » que les aïeuls, dans le cas auquel la Coutume les » admet à la fucceffion, doivent y venir par têtes » & non par fouches.

» Le premier eft, que l'on ne fuccede jamais » par fouches, que lorfque l'on fuccede par repré-» fentation. L'autre, que les aïeuls ne font jamais » appellés par repréfentation à la fucceffion de » leurs petits enfans, mais qu'ils y viennent tou-» jours de leur chef. On peut dire que cette regle, » qu'on ne fuccede jamais par fouches que lorf-» que l'on fuccede par repréfentation, & que toutes » les fois que l'on fuccede par repréfentation on fuc-» cede par fouches, ne fouffre aucune exception.

» La raifon eft évidente; auffi dans les différens » changemens que le temps a apporté aux difpofi-» tions des Coutumes, par rapport aux fucceffions, » foit dans l'ancienne Coutume de Paris, foit » dans la Coutume réformée, foit en directe, foit » en collatérale, on s'eft jamais écarté de cette » regle.

» Elle avoit même lieu avant la rédaction de cet-» te Coutume, comme il paroît par le procès ver-» bal de l'ancienne Coutume de Paris fur les arti-» cles 122. & 133.

» C'eft pourquoi M. Loyfel a fait de cette maxi-» me une regle du pays coutumier. Or il eft conf-» tant que les aïeuls ne fuccedent jamais à leurs » petits-enfans par repréfentation, mais de leur » chef.

» Jamais on ne fuccede par repréfentation, que » la Loi ne l'ait décidé expreffément ; parce que » l'effet de la repréfentation étant de rapprocher » celui qui eft plus éloigné pour le faire concourir » avec un parent plus proche en degré, & de faire » que ceux qui font en même degré fuccedent quel-» quefois inégalement, la repréfentation apporte » une exception à la regle fondamentale des fuc-» ceffions qui veut que les plus proches en degré » fuccedent à l'exclufion de tous les autres, & que » ceux qui font en pareil degré fuccedent égale-» ment entr'eux ; & cette exception ne fçauroit » jamais être admife que par une difpofition pré-» cife de la Loi.

» La Coutume de Paris, en appellant les aïeuls » à la fucceffion de leurs petits-enfans, ne porte » pas qu'ils y viendront par repréfentation, ce qui » fuffiroit pour les en exclure; mais les exclut po-» fitivement par l'article 311. d'un des effets né-» ceffaires de la repréfentation ; fçavoir, de con-» courir avec ceux du degré plus proche, puif-» qu'elle porte que les aïeuls ne fuccedent qu'au » défaut des peres & meres ; ce qui emporte l'ex-» clufion de l'autre effet de la repréfentation, qui » devroit produire également ces deux effets.

» Il eft vrai que le Droit Romain admet un de » ces effets & rejette l'autre, & que fuivant la » Novelle 118. les aïeuls ne fuccedent qu'au dé-» faut des peres & meres; que cependant ils fuc-» cedent par fouches dans le cas auquel ils font ap-» pellés à la fucceffion, & que quelques-unes de nos » Coutumes ont fuivi cette difpofition : mais il » faut regarder cette difpofition de la Novelle » 118. comme une de ces irrégularités qui fe ren-» contrent plus fouvent dans cette partie du Droit » Romain, que dans les autres : à moins qu'on ne » veuille dire, comme le prétend Daumat, que » comme dans le Droit on ne connoiffoit point, » comme dans nos Coutumes, la différence des » propres & des acquêts, ni par conféquent l'affec-» tation des propres à la ligne dont ils venoient, » Juftinien a été obligé de fe fervir de ce moyen, » pour empêcher que les biens d'une famille paf-» faffent dans une autre.

» Quelques Coutumes, à la vérité, fans exami-» ner la raifon de cette difpofition, l'ont adoptée ; » mais nous qui ne fommes point foumis à l'auto-» rité du Droit Romain, & qui ne le fuivons qu'au-» tant qu'il eft conforme à la raifon & à l'efprit » de nos Coutumes, nous ne faifons point de diffi-» culté de nous écarter de cette difpofition, laquelle » n'eft point fondée en raifon, ou eft fondée fur une » raifon qui n'a point lieu dans le Pays Coutumier.

Voyez ce que j'ai dit à ce fujet, fur le titre premier

du

du troifieme livre des Inftitutes ; & ce que j'ai dit ici *verbo* Repréfentation.

SUCCÉDER PAR TETES, c'eft quand ceux qui fuccédent à un défunt, fuccedent entr'eux également fans repréfentation. *Quando fucceditur in capita habetur ratio numeri perfonarum fuccedentium, & tot fiunt partes hæreditatis, quot funt perfonæ fuccedentes ; quia finguli hæredes fuo non alieno jure fuccedunt.*

Cette maniere de fuccéder a donc toujours lieu, lorfque tous les héritiers du défunt viennent à fa fucceffion de leur chef ; auquel cas, les parts & portions de la fucceffion fe reglent par rapport au nombre des héritiers ; de forte qu'on en fait autant de portions qu'il y a de perfonnes qui fuccedent, foit en ligne directe foit en ligne collatérale.

En ligne directe, lorfqu'un pere décede laiffant trois enfans, fa fucceffion fe divife en trois portions égales dont chacune appartient à chacun d'eux, parce qu'ils fuccedent tous à leur pere de leur chef.

En ligne collatérale, par exemple, quand il n'y a que des enfans des freres qui font neveux du défunt auquel ils fuccedent, en ce cas ils fuccedent tous également par têtes ; c'eft-à-dire, que s'il y a un fils d'un frere décédé, & quatre d'un autre frere décédé, la fucceffion fe partagera en cinq portions égales entre ces cinq neveux du défunt. *Voyez* ce que j'ai dit dans ma Traduction des inftitutes, fur le premier titre du troifieme livre.

SUCCESSEUR, eft celui qui eft aux droits d'un autre. On en diftingue de deux fortes ; fçavoir, le fucceffeur à titre univerfel, & le fucceffeur à titre particulier.

SUCCESSEUR A TITRE UNIVERSEL, eft celui qui fuccede dans tous les droits, noms, raifons & actions de celui qu'il repréfente, & au lieu duquel il eft, enforte qu'il eft généralement tenu de tous fes faits & promeffes : tel eft l'héritier d'un défunt. *Voyez* Héritier.

Outre l'héritier, nous avons d'autres perfonnes qui fuccedent aux biens d'un défunt à titre univerfel, & qui ne font pas fes véritables héritiers, mais *loco hæredum* : auffi les appelle-t-on héritiers irréguliers.

Tels font les légataires & les donataires de tous les biens, de tous les meubles, ou de la moitié, ou autre portion de l'univerfalité des biens. Tels font auffi les Seigneurs hauts-Jufticiers, qui fuccedent aux biens vacans par droit de desherence, ou par droit de bâtardife : & enfin ceux à qui la confifcation appartient.

Tous ces divers fucceffeurs univerfels, & non héritiers, ne fuccedent pas à la perfonne, mais aux biens du défunt : c'eft pourquoi ils ne font pas obligés indéfinitivement aux dettes de même que le feroit un véritable héritier, mais feulement jufqu'à concurrence des biens de la fucceffion en faifant faire un bon & loyal inventaire, avant que de s'immifcer dans les biens ; faute de quoi ils feroient tenus de toutes les dettes.

SUCCESSEUR A TITRE PARTICULIER, eft celui qui eft fubrogé à quelqu'un dans quelque chofe qu'il a acquife de lui à titre de vente, de dona-

Tome II.

tion, ou autre femblable. L'acheteur ou le donataire, ou autre fucceffeur à titre particulier, n'eft pas obligé d'entretenir les conventions faites par fon auteur.

De ce principe, il s'enfuit que fi le propriétaire a vendu une maifon, ou une ferme durant le bail, l'acquéreur n'eft pas obligé d'entretenir le bail fait par le vendeur quand par le contrat d'acquifition l'acquéreur ne s'eft pas chargé d'entretenir le bail, ou qu'il ne l'a pas approuvé par quelqu'autre acte : fauf au locataire à fe pourvoir contre fon auteur pour fes dommages & intérêts. Ce qui eft tiré du Droit Romain.

La raifon eft que l'acheteur, ou tout autre fucceffeur à titre particulier, ne repréfente point fon vendeur, ou autre auteur femblable : ainfi, n'ayant point contracté avec le locataire, il n'eft point tenu des faits & promeffes de celui aux droits duquel il eft fubrogé dans la chofe qu'il a acquife de lui.

Comme le droit du vendeur eft réfolu par la vente de l'héritage qu'il avoit baillé à louage, il s'enfuit que le droit du locataire eft auffi entiérement réfolu, fuivant la maxime, *refoluto jure dantis, folvitur jus accipientis.*

SUCCESSION, eft la fubrogation qui fe fait de tous les droits & charges d'un défunt en la perfonne de fon héritier. Il y en a de deux fortes ; fçavoir, celle qui fe défere par teftament qui eft appellée fucceffion teftamentaire, & eft celle qui eft déférée par la Loi qui eft appellée fucceffion légitime, ou fucceffion *ab inteftat.*

SUCCESSION TESTAMENTAIRE, eft celle qui eft déférée par teftament à l'héritier inftitué. Elle a lieu en pays de Droit écrit, & non pas dans la France coutumiere, où l'inftitution d'héritier n'a pas lieu ; car nos Coutumes ne reconnoiffent point d'autres héritiers que ceux du fang, fuivant cette regle : *Le mort faifit le vif, fon hoir plus proche & habile à lui fuccéder.*

Les Romains, au contraire, n'admettoient les héritiers légitimes, qu'au défaut des héritiers teftamentaires, par l'attachement particulier qu'ils avoient pour les teftamens ; ce qui eft encore aujourd'hui en ufage parmi nous dans les pays de Droit écrit : enforte que cette regle du Droit Romain y a lieu. *In ultimis voluntatibus difpofitio hominis tollit difpofitionem legis, lege permittente. Voyez* Inftitution d'héritier.

Suivant les Loix Romaines, une fucceffion teftamentaire eft ordinairement divifée en douze parties qu'on appelle onces, lefquelles ont chacune leur nom. *Uncia*, eft un douzieme, c'eft-à-dire, une once de douze. *Sextans*, eft un fixieme, qui fait deux onces de douze. *Quadrans*, eft le quart de la fucceffion, & par conféquent trois onces de douze. *Triens*, eft le tiers, qui fignifie quatre onces de douze. *Quincunx*, c'eft-à-dire, cinq onces. *Semis, feu femi as*, fix onces ou la moitié de douze. *Septunx,* fept onces. *Bes*, *quafi bis triens*, deux tiers, & par conféquent huit onces. *Dodrans, quafi dempto quadrante as*, neuf onces qui font les trois quarts de la fucceffion. *Dextrans, quafi dempto fextante as*, c'eft à dire, dix onces de douze. *Deunx*, *quasi demptâ uncia as*, & par conséquent onze onces de douze. *As*, signifie toute la succession : car ce mot latin signifie dans la division d'une chose, sa totalité, ou le tout qui pouvoit être divisé en douze onces, lesquelles faisoient une livre Romaine.

Cette division d'une succession testamentaire est d'usage en France, dans le pays où l'institution d'héritier est reçue ; en ce que les testateurs qui instituent plusieurs héritiers, ont coutume d'assigner à chacun d'eux une certaine portion de sa succession.

Voyez ce que j'ai dit dans ma traduction des Institutes, sur le §. 5. du titre 14. du second livre.

SUCCESSION FIDEICOMMISSAIRE est celle qui est déférée à quelqu'un, en conséquence d'un fidéicommis universel qui lui a été fait par le défunt. *Voyez* ce que j'ai dit dans ma Traduction des Institutes sur le titre 23. du second livre.

SUCCESSION LE'GITIME, est celle qui est déférée par la seule disposition de la Loi aux héritiers du sang. Elle n'a lieu en pays de Droit écrit conformément au Droit Romain que quand celui duquel il s'agit, est décédé sans avoir fait de testament ; ou s'il en a fait, il faut que son testament soit nul, ou ait été infirmé, ou que personne ne se soit porté héritier en conséquence.

Mais en pays coutumier, on n'y reconnoît que l'héritier du sang ; & l'institution d'héritiers n'y a pas lieu de la même maniere qu'elle étoit admise chez les Romains ; car elle ne vaut pas en pays coutumier, comme institution d'héritier & ne peut valoir que comme legs universel qui est sujet à délivrance ; outre qu'en pays coutumier, l'héritier institué n'est tenu des dettes que comme légataire, jusqu'à concurrence de ce qu'il amende des biens du défunt au lieu qu'en pays de Droit écrit, l'héritier pur & simple est tenu de toutes les dettes du défunt comme le représentant.

Il y a trois sortes de personnes qui sont admises à la succession d'un défunt tant par le Droit Romain, que par notre Droit Coutumier ; sçavoir, les descendans, les ascendans & les collatéraux, dont nous allons parler ici. Sur quoi on peut voir aussi le Traité que j'en ai fait, qui se trouve dans ma Traduction des Institutes, au commencement du troisieme livre ; & le recueil alphabétique de M. Bretonnier *verbo* Succession.

SUCCESSION LEGITIME SELON LE DROIT ROMAIN, est celle qui se défere parmi nous en Pays de Droit écrit, suivant Justinien, Novelle 118. qui a introduit trois ordres d'héritiers légitimes.

Le premier est celui des descendans nés en légitime mariage, ou légitimés par mariage subséquent. En quelque degré qu'ils soient, ils succedent à leurs peres & meres & autres ascendans, sans aucune distinction des mâles ni des filles, des aînés ni des puînés. Tous les descendans succedent à leurs peres & meres par souches, & non par têtes, quand ils sont en degré inégal ; de maniere que jamais les plus proches en degré, n'excluent ceux qui sont les plus

éloignés ; parce qu'en ligne directe descendante, la représentation a lieu à l'infini, comme nous avons dit, *verbo* Représentation.

Le deuxieme est celui des ascendans, qui sont les peres & meres, aïeuls & aïeules & autres, qui ne sont appellés à la succession que par promixité des degrés de cognation ; ensorte qu'au défaut des descendans au défunt, ils lui succedent à l'exclusion des collatéraux. Il faut excepter les freres & sœurs du défunt, qui sont admis à sa succession conjointement avec ses pere & mere, pourvû qu'ils soient joints par le double lien de parenté. A l'égard de la représentation, elle n'a jamais lieu entre les ascendans, comme nous avons dit, *verbo* Succéder par souches.

Le troisieme est celui des collatéraux lesquels au défaut des descendans & d'ascendans du défunt, lui succedent par droit de proximité sans aucune différence du sexe, & sans aucun droit d'aînesse. Ainsi le plus proche parent du défunt lui doit succéder ; & s'ils sont plusieurs en même degré, ils partagent tous également.

Le plus proche parent en collatérale exclut donc le plus éloigné ; & entre collatéraux, la succession se partage par têtes, & non par souches. Mais cette regle qu'en succession collaterale le plus proche succede au défunt, & exclut les plus éloignés en degré, cesse quand un frere ou une sœur concourent avec des neveux ou nieces d'un autre frere ou sœur prédécédés ; car alors les enfans des freres ou sœurs viennent conjointement avec leur oncle ou tante à la succession de leur oncle défunt, ou de tante décédée. Et c'est l'unique cas où le Droit Romain ait introduit la représentation en ligne collatérale. *Novel.* 118.

Il y a aussi un cas où plusieurs collatéraux, quoiqu'en même degré ne sont pas admis à la succession de leur parent ; sçavoir, quand il se trouve des freres ou sœurs du défunt qui lui sont joints par le double lien ; & qu'il y en a d'autres qui ne lui sont joint que du côté paternel ou maternel ; car alors les freres ou sœurs joints par le double lien, sont préférés aux autres. *Voyez* Double lien.

SUCCESSION LÉGITIME SELON LE DROIT COUTUMIER. Par le Droit commun de nos Coutumes il y a trois sortes de successions légitimes : sçavoir, la succession en ligne directe descendante, la succession en ligne directe ascendante, & la succession en ligne collatérale.

La succession en ligne directe descendante, se défere dans nos Coutumes aux enfans & autres descendans par égales portions, à l'exception du droit d'aînesse pour les fiefs ; & la représentation a lieu à l'infini dans cette succession ; en sorte que les descendans succedent à leurs ascendans par souches, & non par têtes.

Ainsi nos Coutumes sont pour la plûpart conformes au Droit Romain, pour ce qui est de la représentation en ligne directe descendante. Mais elles n'y sont pas conformes en tout ; car la plûpart donnent des grands avantages à l'aîné, & plusieurs excluent les filles de la succession en ligne directe descendante, à qui elles ne donnent qu'un mariage avenant ; qui eſt réglé par les parens communs.

La ſucceſſion en ligne directe aſcendante ſe défere aux pere & mere, aïeul, aïeule, & aux autres aſcendans du défunt.

En pays coutumier, les aſcendans excluent tous les collatéraux de la ſucceſſion de leurs enfans, ſans excepter les freres & ſœurs du défunt, pour les meubles, acquêts & conquêts immeubles ; parce que ces biens n'étant point affectés à la ligne paternelle ou maternelle, ils appartiennent aux plus proches. héritiers. Or il eſt ſans difficulté que les pere & mere du défunt lui ſont plus proches que ſes freres & ſœurs.

Mais on demande, ſi le défunt n'a laiſſé que des aïeuls & aïeules, & des freres & ſœurs, qui en ce cas doit être admis à la ſucceſſion de ſes meubles, acquêts & conquêts immeubles ? Il n'y a pas de difficulté, quand cette queſtion ſe préſente dans une Coutume qui défere nommément la ſucceſſion au pere, mere, aïeul & aïeule du défunt, comme celle de Paris, en l'article 310. car alors l'aïeul & l'aïeule y ſont admis à l'excluſion de la des freres & ſœurs du défunt, par la diſpoſition de la Coutume.

A l'égard des Coutumes qui n'appellent à la ſucceſſion que les pere & mere du défunt, ſans faire à leur défaut mention des aïeuls & aïeules, on a autrefois douté ſi les aïeuls & aïeules excluoient les freres & ſœurs du défunt.

M. le Brun en ſon Traité des Succeſſions, livre 1. chap. 5. ſection 1. nombre 10. incline pour ce parti, attendu I°. que la ſucceſſion des aſcendans eſt plus favorable que celle des collatéraux. II°. Que l'aïeul a beſoin en ce cas d'une double conſolation pour la perte de ſon fils & de ſon petit-fils. Enfin, les freres du petit-fils n'ont pas ſujet de ſe plaindre d'une jouiſſance momentanée d'un aïeul dont ils doivent être dans peu les héritiers.

On peut ajouter à toutes ces raiſons de M. le Brun, ce que le Commentateur de la Coutume de la Rochelle dit ſur le titre 18. ſection 3. que par la conférence & raiſon naturelle des autres Coutumes, l'aïeul, aïeule & autres aſcendans ſont implicitement compris ſous le nom de pere & mere, *Leg.* 201. *ff. de verb. ſignif.*

Voici une autre raiſon qui paroît déciſive ; c'eſt que comme la plûpart des Coutumes admettent les aïeuls & aïeules au défaut des peres & meres & autres aſcendans, *ſalvâ prerogativâ gradûs*, à l'excluſion des freres & ſœurs du défunt, il eſt juſte d'étendre cette diſpoſition à la Coutume de Paris à celles qui n'ont pas de diſpoſition contraire, attendu que cela doit paſſer pour un droit commun.

Voyez ce que j'ai dit ſur l'art. 310. de la Coutume de Paris.

Pour ce qui eſt des propres, les pere & mere ou autres aſcendans du défunt ne ſuccedent point à leurs enfans, à moins qu'il ne s'agit d'immeubles qui leur euſſent été donnés par leurs pere & mere en avancement d'hoirie.

La ſucceſſion en ligne collatérale eſt celle qui, au défaut de deſcendans & d'aſcendans du défunt,

eſt déférée au plus proche de ſes collatéraux ; en ſorte que le plus proche en dégré exclut le plus éloigné.

Il n'y a point dans cette ſucceſſion lieu à la repréſentation, ſinon en ce cas ; ſçavoir, quand les enfans des freres ou des ſœurs viennent avec leur oncle ou leur tante à la ſucceſſion de leur oncle ou de leur tante. Telle eſt la diſpoſition de la Coutume de Paris, & de beaucoup d'autres. Mais il y en a pluſieurs qui rejettent entiérement la repréſentation en ligne collatérale, comme Boulonnois, article 330. d'autres l'admettent à l'infini, tant que l'on peut prouver le lignage, comme Anjou, art. 225. & d'autres enfin ne l'admettent que pour les immeubles, & la rejettent à l'égard des meubles qu'elles donnent toujours au plus proche, comme Nivernois, chap. 34. tit. 13.

Touchant les ſucceſſions collatérales, il nous reſte à remarquer, I°. Que les femelles ne ſuccedent point aux fiefs en pareil degré.

II°. Que dans les meubles & acquêts, les freres & ſœurs ſuccedent à leurs freres & ſœurs conjointement & également, tant ceux qui ne ſont que du coté paternel ou maternel, que ceux qui ſont joints des deux côtés, à l'exception de quelques Coutumes où le Droit de double lien eſt expreſſément reçu. Nous avons cependant quelques Coutumes, comme celle de Nivernois, chapitre 34. art. 14. qui préfere les freres à la ſœur, les neveux iſſus d'un frere aux neveux iſſus d'une ſœur ; & quand les enfans d'un frere ſuccedent avec leur tante, ces Coutumes donnent les meubles à la tante, & les immeubles aux enfans des freres. D'autres préferent toujours les mâles aux filles en pareil dégré, à l'égard des immeubles en ligne collatérale, comme la Coutume de Lille, titre 2. articles 26. 27. 31. & 33. Enfin il y a des Coutumes dans leſquelles les meubles & acquêts du défunt ſe diviſent en deux parties égales, dont l'une eſt donnée à la ligne paternelle, & l'autre à la ligne maternelle.

III°. Que ſuivant la regle *paterna paternis, materna maternis*, les propres appartiennent à ceux qui ſont parens du défunt du côté duquel ces héritages lui ſont parvenus, quoiqu'il y ait d'autres parens qui ſoient plus proches au défunt d'un autre côté que celui d'où proviennent leſdits propres.

Mais pour ce qui eſt des meubles ou acquêts immeubles, les collatéraux y ſuccedent ſelon la prérogative des dégrés de parenté ; c'eſt-à-dire, que les plus proches de l'une ou l'autre ligne ſuccedent au défunt à l'excluſion de tous autres collatéraux qui ſont dans un dégré plus éloigné. Il faut excepter le cas où la repréſentation a lieu par la diſpoſition de la Coutume.

IV°. Qu'il n'y a jamais de rapport à faire en collatérale, ſoit pour les acquêts, ſoit pour les propres ou pour les fiefs ; à moins que la Coutume ne l'ordonne expreſſément, comme ſont les Coutumes d'égalité. *Voyez* Coutume d'égalité.

Comme la ſucceſſion des immeubles ſe regle par les Coutumes des lieux où ces immeubles ſont ſitués, il arrive que pour en faire les partages, on eſt obligé de faire autant d'opérations qu'il y a de diverſité de Coutumes dans leſquelles ces immeubles font fitués. *Voyez* Statuts.

SUCCESSION des propres, eſt une ſucceſſion inconnue dans tous les pays de Droit écrit, introduites par nos Coutumes, qui pour conſerver dans les familles les immeubles qui nous viennent de nos peres & meres, appellent à la ſucceſſion de ces biens les parens de la ligne d'où ils ſont venus au défunt, en quelque dégré qu'ils ſoient ; de ſorte qu'ils ſont préférés à ceux de l'autre ligne, quoiqu'ils ſoient les plus proches parens du défunt. Il y a plus, c'eſt que pour conſerver les propres dans les familles, nos Coutumes ne permettent d'en diſpofer que du quint par teſtament, ou autre diſpofition de derniere volonté, comme nous avons dit ci-deſſus, *verbo* Quatre-quint.

Au ſujet de la ſucceſſion des propres, nos Coutumes ont des difpoſitions bien différentes : on les peut réduire à trois principales ; ſçavoir, les Coutumes foucheres, les Coutumes d'eſtoc & ligne, & les Coutumes où il ſuffit d'être parent paternel ou maternel pour ſuccéder aux propres.

Voyez ce que j'ai dit ci-deſſus, *verbo* Propres, *verbo* Coutumes, & ſous les mots *paterna paternis.* *Voyez* auſſi ce que j'ai dit ſur l'article 326. de la Coutume de Paris, & le Traité des propres de M. Renuſſon.

Au reſte, les mêmes choſes s'obſervent entre les héritiers de la ligne en la ſucceſſion des propres, comme en la ſucceſſion des meubles & acquêts ; de ſorte que dans le cas où la repréſentation a lieu dans la ſucceſſion des acquêts, elle a pareillement lieu dans la ſucceſſion des propres.

SUCCESSION d'un mineur qui laisse un héritier des propres et un heritier des meubles et acquets, ſe partage comme celle du majeur, quand il n'y a pas quelque particularité qui forme une exception à la regle générale, ſuivant laquelle les ſucceſſions ſe partagent en l'état qu'elles ſe trouvent au tems du décès du défunt.

Par exemple, ſi en pays coutumier avant le décès d'un mineur, le débiteur d'une rente conſtituée en avoit fait le rachat, les deniers provenans de ce rembourſement n'appartiendroient pas à l'héritier des meubles, ſi la rente étoit propre, mais aux parens du côté & ligne dont la rente eſt procédée ; par la raiſon que, ſuivant l'article 94. de la Coutume de Paris, les deniers provenans du rachat des rentes appartenantes à des mineurs, ſont cenſés de même nature & qualités d'immeubles que l'étoient leſdites rentes, pour retourner aux parens du côté & ligne d'où ils ſont échus au défunt.

Il en ſeroit de même ſi le remploi des deniers rembourſés avoit été fait en autres rentes ou héritages.

Mais pour que cela ſoit, il eſt néceſſaire que le mineur créancier de la rente ait été domicilié dans une Coutume où les rentes ſont réputées immeubles, parce que c'eſt le domicile du créancier qui décide de leur qualité.

Par une ſuite néceſſaire de ce que nous venons de dire, lorſque le tuteur employe les deniers pro-

venans du rachat des rentes de ſon mineur au payement des dettes de ce mineur décédé en minorité, les héritiers du côté & ligne de la rente, qui auroient ſuccédé auxdits deniers non employés, peuvent demander le remploi ſur les meubles & acquêts ; & s'ils ne ſuffiſent pas, le ſurplus doit être ſupporté par tous les héritiers, à proportion de ce qu'ils amendent des biens de la ſucceſſion, la part confuſe des héritiers qui demandent le remploi. La raiſon eſt, que ſi la rente n'avoit pas été rachetée ; & les deniers non employés au payement des dettes, elles auroient été acquittées par tous les héritiers, qui y auroient contribué à proportion de ce qu'ils auroient amendés des biens d'un mineur.

Voyez Ce que j'ai dit ſur l'article 94. de la Coutume de Paris.

SUCCESSION contractuelle, eſt celle qui ſe fait en vertu d'une inſtitution contractuelle. *Voyez* Inſtitution contractuelle.

SUCCESSION des meres. *Voyez* Edit des Meres.

SUCCESSION en ligne collaterale, est deferée au plus proche parent, en quelque degré qu'il soit, pourvû qu'il juſtifie de ſa parenté, ſoit qu'elle provienne du côté paternel ou maternel ; en ſorte que le droit de ſuccéder en collatérale s'étend juſqu'à l'infini ; ce qui n'avoit pas lieu chez les Romains avant la Novelle 118. du moins à l'égard des cognats, dont la ſucceſſion ſe renfermoit dans la fixieme dégré de parenté, à l'exception de deux perſonnes ; ſçavoir, de fils ou de la fille du coufin ou coufine iſſus de germain, leſquels, quoiqu'au ſeptieme dégré, ne laiſſent pas d'être appellés à la ſucceſſion par le droit du Préteur. *Voyez* ce que j'ai dit ſur le §. dernier du cinquieme titre du troiſieme livre des Inſtitutes de Juſtinien.

SUCCESSION appellée *unde vir & uxor*, eſt une ſucceſſion particuliere, introduite originairement par le Droit Romain, & obſervée par toute la France, tant en pays coutumier qu'en pays de Droit écrit, en vertu de laquelle le ſurvivant des conjoints par mariage ſuccede au prédécedé à l'excluſion du fifc. Ainſi, pour que cette ſucceſſion ait lieu, il faut que le prédécedé des conjoints n'ait laiſſé, ni deſcendans, ni aſcendans, ni collatéraux.

Cette ſucceſſion en vertu de l'Edit *unde vir & uxor*, qui défere la ſucceſſion de l'un des conjoints à l'autre, eſt en uſage en France, non-ſeulement en cas de desherence, mais encore quand le prédécedé eſt bâtard, ou aubain, ou naturaliſé, & ne laiſſe aucuns héritiers ; auquel cas le ſurvivant lui ſuccede, à l'excluſion du Roi ou Seigneur Haut-Juſticier. *Voyez* Brodeau ſur Louet, lettre V, chap. 13.

Le véritable fondement de cette Juriſprudence, eſt la maxime admiſe dans tous les Etats bien gouvernés, que le fifc ſuccede toujours le dernier, & que toutes ſortes de perſonnes qui ont en leur faveur quelque raiſon, ſoit naturelle ſoit civile, lui ſont toujours préférées, *fiſcus poſt omnes*.

Bacquet, en ſon Traité du Droit D'Aubaine ch. 33. tient le contraire ; mais ſon avis n'a pas été ſuivi.

Touchant la fucceſſion *unde vir & uxor*, *voye₇* ce que j'en ai dit ſur l'article 310. de la Coutume de Paris, gloſe 3. ſection 1. & le recueil alphabétique de M. Bretonnier. *Voye₇* auſſi Henrys, tom. 3. liv. 5. chap. 6. queſt. 17. 18. & 19.

SUCCESSION DE SERFS ET MAINMORTABLES. Les gens de condition ſervile ne ſe ſuccedent'point les uns aux autres, que quand ils ſont vivans en communauté. *Voye₇* le Gloſſaire du Droit François *verbo* Chanteau.

SUCCESSION DU FISC, eſt celle qui eſt déférée au Roi ; telle eſt la fucceſſion qui lui appartient par droit d'aubaine.

On peut dire la même choſe des ſucceſſions qui ſont déférées par droit de deshétence ; car elles appartiennent au fiſc qui eſt repréſenté par les Seigneurs Hauts-Juſticiers. *Voye₇* Droit d'Aubaine & Droit de deshérence. *Voye₇* auſſi Droit de Bâtardiſe.

SUCCESSION D'UNE PERSONNE VIVANTE N'EST SUSCEPTIBLE D'AUCUNE PACTION. *Voye₇* ce que nous avons dit ci-deſſus, *verbo* Stipulation contre les bonnes mœurs.

SUCCESSION QUI DEMEURE EN SUSPENS, eſt celle qui eſt échue à un condamné à mort naturelle ou civile, pendant les cinq ans qu'il a pour ſe repréſenter. *Voye₇* Contumace en matiere criminelle.

SUFFISANCE, ſe dit d'un débiteur dont les biens ſont ſuffiſans pour ſatisfaire ſes créanciers.

SUFFRAGE, ſignifie la voix que l'on donne dans une aſſemblée où l'on délibere de quelque choſe.

SUGGESTION, eſt une fauſſeté artificieuſement déguiſée, à la faveur de laquelle le ſéducteur eſt parvenu à ſubſtituer ſa volonté à la place de celle du teſtateur, à la lui inſinuer avec aſſez d'adreſſe pour la lui faire adopter comme ſa ſienne, ou la lui faire prononcer comme ſi elle étoit partie de ſon propre mouvement.

C'eſt un artifice qui induit une perſonne à faire une choſe, ou à ſouſcrire à quelque diſpoſition, ſans y être porté d'une pleine & entiere volonté, mais ſeulement par ſurpriſe ou par condeſcendance aux violentes ſollicitations qu'on lui a faites. Ainſi un teſtament eſt ſuggéré, quand il eſt fait à la ſollicitation de quelqu'un ; comme ſi un Notaire ou autre interrogeoit un teſtateur, & lui diſoit : *Ne voulez-vous pas faire un tel votre légataire univerſel?* Ou ſi l'on apportoit un teſtament écrit, pour le faire tranſcrire par les Notaires, & le faire enſuite ſigner par le teſtateur.

On appelle encore ſuggeſtion, quand un autre que le teſtateur dicte le teſtament, ou enfin quand on prévient ſa volonté de telle ſorte par ſes diſcours, qu'on le pouſſe à nous laiſſer quelque legs : car c'eſt lui arracher en quelque ſorte un préſent qu'il n'avoit pas deſſein de faire ; & l'on tient que la perſuaſion n'eſt pas à cet égard moins pernicieuſe que la force ouverte.

Quand on prouve qu'un teſtament a été fait par ſuggeſtion, il eſt déclaré nul. Il y a même des Coutumes où pour la validité d'un teſtament, il

faut exprimer qu'il a été fait ſans ſuggeſtion.

La ſuggeſtion, lorſqu'elle eſt bien établie, eſt certainement le plus formidable de tous les moyens dont on puiſſe ſe ſervir contre un teſtament, puiſqu'un teſtament eſt *ſententia voluntatis noſtræ, & non alienæ* ; mais l'abus qu'on fait de ce moyen, eſt ſi fréquent, qu'on n'y a pas d'égard, à moins qu'on n'en produiſe des preuves évidentes.

Il ne faut pas ſe perſuader que parce qu'un teſtateur aura demandé les conſeils des perſonnes ſages & éclairées, en qui il aura eu confiance, il en puiſſe réſulter ni preuve, ni même la moindre préſomption de ſuggeſtion. Au contraire, le ſoin qu'il prend pour aſſurer l'exécution de ſes diſpoſitions, de conſulter des perſonnes qu'il croit capables de le guider dans une affaire importante, eſt la preuve la plus claire, & de la démonſtration la plus complette de la certitude & la démonſtration de ſes volontés.

Que faut-il donc pour établir ce qu'on peut appeller ſuggeſtion ? Il faut appercevoir au moins du côté du teſtateur les traces d'une volonté contraire aux diſpoſitions qu'il a faites ; & du côté de ceux auxquels on impute la ſuggeſtion, des veſtiges de cet artifice qui la caractériſe, à la faveur de quoi on découvre qu'ils ſont parvenus à déterminer le teſtateur, à adopter comme ſienne une volonté étrangere. Si ces deux points ſe trouvent réunis, la ſuggeſtion eſt une chimere, incapable de faire la plus legere impreſſion.

La queſtion ſi les faits de ſuggeſtion peuvent être prouvés par témoins, dépend entiérement des circonſtances ; mais il eſt de la prudence des Juges de ne la point admettre, à moins qu'il n'y ait de fortes préſomptions que le teſtament a été ſuggéré, à quoi peut beaucoup ſervir un commencement de preuve par écrit.

M. Ricard, titre des donations, part. 3. chap. 1. nomb. 3. 4. & 5. poſe pour principe que l'Ordonnance de Moulins, qui défend la preuve par témoins au-deſſus de cent livres, n'a point été faite pour favoriſer les mauvaiſes intentions des hommes, & n'a d'application qu'aux cas que l'on peut avoir fait des contrats ou des actes par écrit ; & qu'ainſi elle n'a pas lieu en matiere de ſuggeſtion, dans laquelle il s'agit de la preuve d'un fait arrivé contre la volonté de l'une des Parties.

Il diſtingue enſuite deux ſortes de faits de ſuggeſtion, ceux qui ſe ſont paſſés lors du teſtament, & ceux qui ſe ſont paſſés avant. Pour être admis à la preuve des premiers, il faut s'inſcrire en faux, quand le Notaire a exprimé que le teſtament a été fait ſans ſuggeſtion, ſuivant la Coutume des lieux qui le requiert, parce que l'énonciation du Notaire ſuffit. Mais à l'égard des faits de ſuggeſtion arrivés avant le teſtament, comme le Notaire ne peut rendre raiſon de ce qui ſe paſſe devant lui quand il auroit exprimé que le teſtament a été fait ſans ſuggeſtion, la preuve du contraire ſeroit admiſe en ce cas ſans inſcription de faux, & à plus forte raiſon dans les teſtamens paſſés dans l'étendue des autres Coutumes qui ne requierent pas cette expreſſion.

Au reste, pour que les Juges y aient égard, il faut que les faits allégués soient pertinens, décisifs, & capables de donner atteinte au testament. On appelle faits de suggestion décisifs, ceux qui sont fondés dans des présomptions de Droit écrit, & marqués par l'Ordonnance ou par la Coutume: par exemple, lorsqu'on articule qu'un Novice à la veille de sa profession a disposé en faveur du Monastere où il a été depuis reçu Profès, & autres semblables.

Mais pour ce qui est des faits de suggestion qui font vagues & incertains, & qui ne décident rien précisément, la preuve en doit être rejettée.

Voyez ce que j'ai dit sur l'article 289. de la Coutume de Paris.

SUJETS, sont ceux qui demeurent dans l'étendue de la Seigneurie d'un Seigneur ayant Justice; ainsi les Justiciables des Seigneurs sont appellés sujets des Seigneurs.

Néanmoins il n'y a véritablement que le Roi qui ait des sujets; mais comme il falloit un nom duquel les Seigneurs pussent se servir pour dénoter ceux qui dépendent de leur Seigneurie, celui de vassal ne signifiant que ceux qui possedent des fiefs, on a adopté le nom de sujets, pour signifier ceux qui possedent des roturés à titre de cens dans l'étendue d'une Seigneurie, & les autres habitans qui n'y possedent aucuns immeubles. L'on n'a pas cru que cela pût donner aucune atteinte à la Majesté du Roi qui est le souverain Seigneur dans son Royaume.

Appeller vassaux les Justiciables des Seigneurs, ce seroit tout confondre, puisque les vassaux ne peuvent être sans fiefs: aussi le Roi, la Cour & tous les Etats n'ont point fait difficulté de se servir du nom de sujets, pour signifier les Justiciables des Seigneurs. Henri II. dans l'art. 2. de la troisieme Déclaration donnée en interprétation de l'Ordonnance de Cremieu, dit que la prévention des Baillifs & Sénéchaux n'aura lieu contre les Prévôts qu'à l'égard des sujets des Hauts-Justiciers.

Le Parlement jugeant les oppositions formées à l'enregistrement des Letres patentes données à Laon le 17. Juin 1545. a ordonné par son Arrêt que quand les *sujets* des Gentils-hommes seront poursuivis devant les Baillifs ou devant les Prévôts royaux, alors la prévention aura lieu, si les Seigneurs Hauts-Justiciers n'en demandent le renvoi.

La Coutume de Paris en l'article 71. se sert du mot de sujets pour signifier les justiciables des Seigneurs.

SUITE en conséquence du Sceau du Châtelet. *Voyez* Droit de suite.

SUITE PAR HYPOTHEQUE, est la poursuite qu'un créancier hypothécaire est en droit d'exercer contre le possesseur de la chose qui lui est hypothéquée, quoiqu'elle ne soit plus en la possession du débiteur qui a constitué l'hypotheque, & ait passé en la possession du nouvel acquéreur qui n'est point obligé à la dette.

Cela provient de ce que l'action hypothécaire est réelle: or la nature de l'action réelle est d'être donnée à celui qui a droit de propriété ou autre semblable, contre le possesseur de la chose, quoiqu'il ne soit point obligé envers celui qui l'intente; à la différence de l'action personnelle, qui n'est donnée qu'à un créancier contre son débiteur, & ne peut être donnée contre une autre personne.

En conséquence de ce droit de suite, le créancier peut, par l'action qui descend de l'hypotheque constituée, poursuivre différens droits & différentes prétentions; car si le gage affecté à une rente constituée au profit du demandeur a été aliéné par le débiteur de la rente, le créancier peut poursuivre le nouvel acquéreur de cet héritage en vertu de son hypotheque, pour continuer la rente & payer les arrérages qui en sont dûs, ou déguerpir & abandonner l'héritage.

Ses conclusions doivent donc tendre *à ce que cet héritage soit déclaré, affecté & hypothéqué au payement & continuation de la rente, & en passer titre nouvel, & payer les arrerages dûs d'icelle, & les continuer à l'avenir; sinon déguerpir & abandonner l'héritage, pour être vendu & adjugé par décret, pour les deniers en provenans être donnés au demandeur jusqu'à concurrence de son dû.*

L'action qui dérive du droit de suite par l'hypotheque est appellée pure hypotheque, & elle est intentée dans la Coutume de Paris, avant la discussion du principal obligé. *Voyez* ci-dessus Hypotheque. *Voyez* demande en déclaration d'hypotheque.

Le droit de suite par hypotheque n'a lieu que pour les immeubles, & non pas les meubles quelques précieux qu'ils soient; parce qu'il n'y a parmi nous, que les immeubles qui soient susceptibles d'hypotheque. Comme les meubles n'ont point de situation fixe, permanente, assurée & perpétuelle, ils peuvent être facilement transportés d'un lieu à un autre; & s'ils avoient suite par hypotheque, il n'y auroit presque personne qui en voulut acheter sans autorité de Justice; ce qui empêcheroit tout commerce.

L'article 170. de la Coutume de Paris, porte, que *meubles n'ont point de suite par hypotheque;* mais cet article ajoute, *quand ils sont hors de la possession du débiteur.*

Comme cette suite par hypotheque ne peut avoir lieu que quand la chose hypothéquée a passé de la personne de notre débiteur en la possession d'une autre personne, on ne peut pas inferer des derniers termes de cet article, par un argument *à contrario*, que les meubles aient suite par hypotheque, quand ils sont en la possession du débiteur.

En effet, le sens de cet article est, que nous ne pouvons poursuivre ni saisir le meuble de notre débiteur quand il est hors de sa possession; mais que tant qu'il est en la possession du débiteur, le créancier le peut saisir, & au moyen de cette exécution, en faire un gage de Justice; de maniere que le créancier puisse après suivre le meuble saisi, contre celui qui s'en trouveroit possesseur.

C'est ce que Loyseau appelle *suite provenant de l'exécution, ou gage de Justice:* suite fondée sur ce qu'au moyen de la saisie, le nouvel acquéreur n'a pas pû recevoir à titre tranflatif de propriété le meuble saisi, & l'acquérir du propriétaire, qui étoit dépossédé de tout droit de propriété par autorité de Justice.

Voyez ce que j'ai dit sur l'article 170. de la Coutume de Paris ; & Coquille, quest. 63.

Par le Droit Romain, non-seulement le prix provenant de la vente des meubles se distribue suivant l'ordre des hypotheques, mais encore les meubles ont suite par hypotheque, lorsqu'ils ne sont plus entre les mains des débiteurs.

Mais quoique la distribution des meubles par hypotheque ait été parmi nous conservée dans le pays de droit écrit, on n'y a pas cependant suivi la maxime du Droit Romain, qui veut que les meubles même aient suite par hypotheque, lorsqu'ils ne sont plus entre les mains du débiteur.

C'est le sentiment de tous les docteurs qui ont traité cette matiere, que *mobilia traslata non subjiciuntur pignori.*

SUPERCESSIONS, sont des Arrêts du Conseil d'Etat qui concernent la décharge des Comptables.

SUPERSEDER, signifie surseoir. Les Lettres d'Etat font superseder à toutes poursuites.

SUPPLÉMENT DE LEGITIME, est le supplément de ce qui manque au légitimaire, c'est-à-dire à celui qui demande sa légitime, pour l'avoir entiere sur les biens de celui sur lesquels elle est due, & qui ne lui en a laissé qu'une portion qui n'est pas assez forte pour la remplir.

En effet, quand les parens ne laissent à leurs enfans qu'une portion de leurs biens qui ne remplit pas leur légitime ou qu'ils font dépendre la portion qu'ils leur laissent de quelque condition qui en suspend l'effet, ou d'un tems qui le retarde, ces enfans ne peuvent se plaindre que le testament soit inofficieux ; ils peuvent seulement demander le supplement de leur légitime, & que les conditions & autres causes de retardement soient sans effet. *Leg.* 29. & tribus sequentibus, *cod. de inoff. testam.*

Quand l'Empereur Justinien, dans la Loi 30. de ce titre ordonne que les enfans à qui le pere a laissé moins que la légitime, n'en puissent demander que le supplement, sans attaquer son testament comme étant inofficieux, il est évident que cet Empereur entend parler d'une portion raisonnable qui approche de la légitime, & non pas d'une somme modique, comme de cinq sols, qui est plutôt une illusion qu'une institution, & qui augmente plutôt l'inofficiosité qu'elle ne la diminue. *Si quod relictum est sit vilissimum & ridiculum, non minuit, sed auget fraudem & inofficiositatem. Molinæus, ad titulum, cod. de inoffic. testam.*

Plusieurs Parlemens ont tenu que l'institution d'héritier en la somme de cinq sols n'étoit pas suffisante pour couvrir la prétérition à l'égard des enfans. D'autres au contraire ont tenu qu'elle l'étoit.

Celui de Toulouse a tenu que quand un des enfans étoit institué héritier universel, il suffisoit d'instituer les autres en la somme de cinq sols ; mais que quand l'institution étoit au profit d'un étranger, l'institution des enfans ne couvroit pas la prétérition. Albert, lett. T, art. 28.

Voici ce que porte l'art. 51. de l'Ordonnance des Testamens du mois d'Août 1735. Quelque modique que soit la somme ou l'effet pour lesquels ceux

qui ont droit de légitime auront été institués héritiers, le vice de la prétérition ne pourra être opposé contre le testament, encore que le testateur eût disposé de ses biens en faveur d'un étranger.

L'article suivant permet à ceux auxquels il aura été laissé moins que leur légitime à titre d'institution, de former leur demande en supplement de légitime : ce qui est ainsi réglé pour l'avenir, même dans les pays où elle n'étoit pas admise jusqu'alors, où étoit prohibée en certains cas.

Voyez ce que j'ai dit sur le §. 3. du titre 18. du second livre des Institutes ; & Henrys, liv. 4. quest. 12.

SUPPLEMENT DU JUSTE PRIX D'UN IMMEUBLE. *Voyez* Lézion d'outre moitié du juste prix.

SUPPLEMENT DE PARTAGE. *Voyez* Soulte.

SUPPOSITION DE NOM, est le crime que commet celui qui prend un autre nom que le sien, dans la vûe de tromper quelqu'un, en se faisant passer pour la personne dont il a pris le nom : ce qui a causé quelquefois de grands troubles dans des familles. *Voyez* l'histoire du faux Caille, qui est rapportée dans le second tome des Causes célébres.

La peine de ce crime est arbitraire ; quelquefois elle est capitale, suivant les circonstances & suivant les crimes qui ont accompagné cette supposition de nom.

Bouchel dans sa Bibliotheque, *verbo* Supposition, rapporte un Arrêt rendu le 8. Mars 1596. qui condamna à être pendu un nommé Jacques de la Ramée, qui se disoit fils du Roi Charles IX. & qu'il s'appelloit François de Valois, mais que la Reine Elizabeth accoucha de lui, la Reine mere ayant supposé une fille en son lieu, & qu'il fut baillé à nourrir à un personnage qu'il nommoit, & lequel avant que de mourir lui avoit dit la vérité de son extraction. Il disoit qu'il avoit eu revelation de s'aller faire sacrer à Reims : de fait il y fut fait prisonnier ; & un quidam prisonnier avec lui, pour avoir dit qu'il avoit entendu de nuit une voix disant : *François de Valois prend courage, la Couronne t'appartient,* fut condamné à avoir le fouet, & assister à l'execution de l'autre.

Soefve, tome 2. cent. 1. chap. 85. rapporte un Arrêt du Parlement de Paris du 19. Janvier 1658. qui condamna un Ecclésiastique, lequel se disoit fils de M. de la Porte, Conseiller d'Etat, de comparoir en la Chambre, & là étant à deux genoux, déclarer en sa présence que témairement & malicieusement & sans preuve il avoit pris le nom dudit Conseiller d'Etat, qu'il lui en demande pardon & à la Justice, lui fait défenses de plus porter ce nom, à peine de punition exemplaire ; & le condamne en cinq cens livres de réparation civile, & aux dépens du procès.

Boniface, tome 1. part. 3. livre 1. titre 18. rapporte un Arrêt du Parlement de Provence du 23. Avril 1664. qui condamne un imposteur à mort, qui s'étoit adopté un nom pour succéder à ceux de la famille.

Bardet, tome 2. liv. 5. chap. 2. rapporte un Arrêt du dernier Janvier 1636. qui fait défenses à un imposteur de prendre le surnom qu'il se donnoit fauffement , à peine de punition corporelle.

De même qu'il n'eft pas permis de prendre le nom d'une famille , il n'eft pas permis d'en prendre les armes ni le cachet.

La reffemblance donne quelquefois à des malheureux occafion de fe faire paffer pour ceux à qui ils reffemblent. *Voyez* ce que j'ai dit à ce fujet *verbo* Reffemblance.

SUPPOSITION DE QUALITÉ , eft la prévarication que commet celui qui fe donne une qualité qu'il n'a pas.

Il a été rendu un Arrêt au Parlement de Paris le 14. Août 1723. contre Louis de Navarre , Archer de Robbe courte , & le nommé Crebey , dit Tourraine ou Tourangeau , Soldat. Navarre atteint & convaincu de prévarication & de fuppofition d'ordre pour arrêter différens particuliers , fous ce prétexte en avoit extorqué de l'argent ; pour réparation de quoi il fut par cet Arrêt condamné au carcan , avec écriteau devant & derriere , portant ces mots : *Archer de Robbe courte prévaricateur & impofteur* ; & enfuite mené aux Galeres pour y fervir le Roi à perpétuité ; fes biens acquis & confifqués au Roi , ou à qui il appartiendra. Et à l'égard de Crebey , dit Tourraine ou Tourangeau , l'Arrêt ordonne qu'il fera plus amplement informé pendant un an , pendant lequel tems il tiendra prifon.

Celui qui contrefait le Juge ou le Magiftrat commet crime de faux , s'ingérant en une affaire dont la connoiffance ne lui appartient pas ; ce qui fait qu'on peut pour raifon de ce procéder criminellement contre lui ; & cela s'eft pratiqué à l'égard d'un particulier , qui feignant d'être Magiftrat , prit des levraux à la porte de la Ville , par Arrêt du Parlement de Dijon du 7. Août 1613. rapporté par Bouvot , tome 2. *verbo* Office , queft. 41.

Par Arrêt du Parlement de Bourdeaux , rendu le 3. Janvier 1525. un foi-difant fauffement Prévôt des Maréchaux , qui avoit fait mourir fept femmes accufées de forcellerie fans preuve , fut condamné à avoir la tête tranchée. Papon , liv. 4. tit. 13. nomb. 7.

SUPPOSITION DE PART , eft le crime que commet celui ou celle qui fuppofe un enfant, comme étant né de perfonnes qui ne lui ont pas donné l'être; en un mot , c'eft une action par laquelle à un enfant fa véritable naiffance pour lui en donner une fauffe , en enlevant cet enfant à celui dont il eft né , pour l'attribuer à celui qui n'en eft pas le pere.

Ce crime fe commet en fuppofant un enfant pour & en la place d'un autre , en en fuppofant un à un homme ou à une femme qui ne feroient pas fes pere & mere ; ou quand un homme & une femme fe difent pere & mere d'un enfant qui n'eft pas d'eux.

Ce crime eft très-énorme , puifqu'il offenfe non-feulement la vérité , mais la nature même, Il trouble l'ordre des familles , & ôte le bien à des légitimes héritiers , en faifant paffer dans le monde le phantôme de la fuppofition pour l'ouvrage de la nature & les fruits du mariage. *Publicè intereft partus non fubjici , ut ordinum digni-*

tas familiarumque falva fit. Leg. 9. §. 1. ff. de infpiciendo ventre.

Les Magiftrats font donc obligés , pour l'intérêt de l'Etat , pour l'intérêt de la Juftice , pour la Police de la nature inébranlable , pour le repos du Public , de fupprimer la naiffance de ces enfans étrangers introduits dans des familles par l'impofture des fauffes meres. Mafcardus , *de probationibus* cap. 1147. num. 20. dit que dans la fuppofition de part qui eft ordinairement une de ces queftions d'état très-obfcures , les préfomptions y doivent être admifes. *In his enim fimulatis actibus ac fraudulentis , qui occultè patrari folent , fufficit probatio per conjecturas & præfumptiones.*

Ce crime eft quelquefois puni de banniffement , précédé d'une amende honorable ; comme il a été jugé au mois de Mars 1730. par Arrêt rendu au Parlement de Paris , les Chambres affemblées. Quelquefois il eft puni d'une moindre peine. Ainfi par Arrêt du 5. Juin 1636. la veuve du Lieutenant général du Maine a été privée de fon douaire, pour avoir fuppofé un enfant. *Voyez* le trentieme plaidoyer de M. le Maître , & le Journal des Audiences , tom. 1. liv. 3. chap. 29. Enfin ce crime doit être puni très-févérement à l'égard des Sages femmes qui le commettent.

Toutes fortes de perfonnes ne font pas admifes à intenter l'action en fuppofition de part : elle n'eft recevable dans un Particulier , qu'autant qu'il paroît avoir intérêt de l'intenter.

Les regles qui font obfervées à l'égard de la fuppofition de part , font à-peu-près femblables à celles que l'on admet au cas de l'adultere , ou l'action n'eft pas comme dans les autres crimes , une action publique.

Dans les cas de fuppofition de part , il n'y a que les peres & meres , & ceux à qui l'enfant appartient par un intérêt préfent , qui puiffent être écoutés : c'eft une action qui tend à arracher un enfant d'une famille , pour le transplanter dans une autre: c'eft l'intérêt de deux familles , & par conféquent il n'y a que ceux qui compofent ces deux familles qui puiffent intenter ces fortes d'actions , attendu qu'elles y font intéreffées , & toutes autres n'y font pas recevables. *De partu fuppofito accufant parentes , aut hi ad quos res pertinet , non quilibet ex populo , ut publicam accufationem intendat. Leg. 30. §. 1. ff. ad Leg. Cornel. de falf.* C'eft auffi ce que remarque M. Cujas fur ce même titre du Code , qui dit que quand la Loi parle cette occafion parle de ceux qui ont intérêt , elle ne parle point d'un intérêt trop curieufement prévu , & qui dépend d'un futur contingent & d'un événement incertain ; mais d'un intérêt ouvert , actuel , acquis & inconteftable. Cela eft auffi reçu parmi nous.

Ainfi la pourfuite pour raifon de fuppofition de part , ne peut être faite que par le mari pendant qu'il eft en vie , & après fa mort par fon plus proche héritier. C'eft ce qui fit que dans l'affaire de Saint-Geran on ne reçut point l'intervention des héritiers préfomptifs du fieur Saint-Geran dans la procédure , où l'on prétendoit découvrir une fuppofition de part.

Il y a encore un Arrêt rendu le 16. Juin 1638. rapporté dans le Journal des Audiences, qui a jugé que la mere & la fœur d'une femme mariée ne pouvoient, du vivant de fon mari, être admife à intenter l'action en fuppofition de part. *Voyez* le Recueil d'Arrêts de Defmaifon, lettre S, chap. 1. & Bardet, tom. 2. livre 7. chap. 31.

Le crime de fuppofition de part ne fe prefcrit que par trente ans, fuivant Charondas, liv. 10. réponfe 76. & Expilly, Plaidoyé 8. Cependant je crois que ce crime fe prefcrit, comme tout autre, par vingt ans; quoique la Loi 19. §. 1. *ff. ad Legem Corneliam de falfis*, dife le contraire. Voici les termes; *Accufatio fuppofiti partus nulla temporis præfcriptione depellitur.* Mais M. Cujas, *Obfervat. lib. 4. cap. 14.* dit que cela fe doit entendre, *nifi vice unium præterierit.* Auffi M. Soefve, tom. 2. cent. 3. chap. 53. rapporte un Arrêt du 28. Mars 1665. qui a jugé ainfi.

Touchant la fuppofition de part, *voyez* Henrys, tom. 2. liv. 6. queft. 56. 57. & 59. Boniface, tom. 5. livre 3. titre 22. chapitre 1. & 2. Soefve, tome 1. centurie 1. chapitre 87. & centurie 2. chapitre 89. Defpeiffes, tome 2. page 973. & fuiv. Menochius, *de Præfumptionibus*, tome 2. livre 5. chapitre 24. Mafcardus, *de Probationibus*, tome 3. conclufion 1147. le douzieme tome des Caufes célébres, page 1. & fuivant; & l'Arrêt du 21. Juillet 1633. rapporté dans le Journal des Audiences.

SUPPOTS DES UNIVERSITÉS ET COLLEGES, jouiffent des droits & priviléges qui font accordés au Corps dont ils font les Suppôts.

SUPPRESSION, eft l'extinction & l'anéantiffement qui fe fait par le Souverain, de Charges, de rentes, ou de droits.

SUPPRESSION DE PART, eft le crime de celui ou celle qui met obftacle à la naiffance d'un enfant, ou qui ôte la connoiffance de fon exiftence ou de fon état.

Si la conception illicite eft un crime; c'eft l'augmenter d'un nouveau encore plus grand que de fupprimer fon fruit ou le faire avorter, foit par refpect humain, mauvaife honte, efprit d'intérêt ou mouvement de défefpoir : c'eft pourquoi ce crime eft puni de mort. *Voyez* Avortement.

SURANNATION. LETTRES DE SURANNATION, font Lettres de Chancellerie, qu'on obtient pour faire valider d'autres Lettres de vieille date à caufe que la force du Sceau ne dure qu'un an pour les chofes qui ne font pas jugées ou exécutées. *Voyez* ci-deffus, Lettres de furannation. *Voyez* auffi Loifeau, des Offices, livre 2. chapitre 4. des Sceaux, nombre 44. & fuiv.

SURARBITRE. Les arbitres font ordinairement élus en nombre impair ; mais quand ils font choifis en nombre pair, ordinairement par le même compromis, on nomme un tiers, ou bien on leur donne pouvoir d'en prendre un tel qu'ils voudront, pour décider entr'eux, au cas qu'ils fe trouvent partagés; & ce tiers eft appellé Surarbitre.

SURCENS, eft le fecond cens qui eft impofé à un héritage cenfuel, & qui eft dû après le chef & premier cens.

Tome II.

Il eft appellé croit de cens, c'eft-à-dire augmentation de cens, ou fecond cens non feigneurial & n'emporte point lods & ventes.

Le furcens n'eft donc que la feconde charge, & le cens la premiere. Celui qui a donné l'héritage à furcens, croit de cens, ou rente fonciere, eft en quelque façon Seigneur foncier ; mais celui qui a le premier donné l'héritage à cens, eft véritablement Seigneur cenfier & foncier : c'eft lui qui eft le chef-Seigneur, c'eft lui qui eft le Seigneur très-foncier, c'eft lui enfin qui a la Seigneurie la plus proche du fonds, & par conféquent c'eft à lui qu'appartiennent les lods & ventes.

Le furcens n'a pas les mêmes priviléges que le cens : comme il eft une feconde redevance créée plutôt pour le profit du Seigneur, que pour marquer fa Seigneurie, il ne participe en rien à ce qu'on appelle cens, chef-cens ; c'eft pourquoi il fe purge par décret faute d'oppofition. *Voyez* les articles 355. & 357. de la Coutume de Paris.

Voyez Dumoulin fur l'article 55. de la Coutume de Paris, glofe 4. nomb. 1. 2. & 3. Loyfeau du Déguerpiffement livre 1. chapitre 6. nombre 11. & 12. *Voyez* ci-deffus Cens, & ce qui eft dit dans le Gloffaire du Droit François, *verbo* Surcens. *Voyez* auffi Belordeau en fes Obfervations forenfes, lettre C, article 7.

SURINTENDANT DES FINANCES, eft l'Ordonnateur général des Finances du Roi. Il a le privilege de n'être point comptable. Il n'y a pas toujours un Surintendant des Finances. Il n'y en a même pas eu depuis long-tems. Lorfqu'il n'y a point, le Contrôleur général eft le Chef des Officiers des Finances.

SURNOM, eft un nom qu'on ajoute au nom de famille.

SURPOIDS, fignifie les bois en coupe, qui font poids fur la terre. *Voyez* le Gloffaire du Droit François.

SURSEANCE, fignifie grace, terme, délai qu'on accorde à quelqu'un qui étoit obligé de payer actuellement une dette, ou de faire quelque chofe.

SURSEOIR, c'eft fufpendre, retarder, différer le Jugement d'une affaire, ou l'exécution d'une contrainte.

SURTAUX, eft un taux exceffif, qui excede les forces de celui ou de ceux fur qui il eft impofé, ou qui excede la proportion dont chaque Généralité ou chaque élection ou chaque particulier doit être tenu.

Il y en a de trois fortes; fçavoir, le furtaux de Généralité, celui d'Election, & celui d'un particulier.

Les oppofitions en furtaux doivent être jugées à l'Audience, & ne peuvent être appointées. Touchant la forme des oppofitions en furtaux, *voyez* le Mémorial alphabétique des Tailles, *verbo* Surtaux.

SURVENANCE D'ENFANS, eft une caufe pour laquelle une donation entre-vifs eft révoquée de plein droit. *Voyez* Révocation de donation.

SURVIE, eft une vie plus longue que celle d'un autre avec qui on a relation.

En pays de Droit écrit, on stipule le droit de survie dans les contrats de mariage comme un préciput. *Voyez* Gain de survie.

S U R V I E, se prend aussi pour un certain espace de tems que quelques Coutumes exigent se trouver entre le partage qu'un pere a fait de ses biens au profit de ses enfans, & le moment de son décés. *Ne scilicet sua dividens inter liberos bona, nimium vicinus morti facile erret in æquali distributione.*

Cette survie est dans quelques Coutumes de vingt jours, & dans quelques autres de quarante. Sur quoi il faut remarquer,

Iº. Que quand le pere démettant a des biens situés dans différentes Coutumes, dont les unes exigent une survie de vingt jours, les autres une survie de quarante, & les autres n'en exigent point, en ce cas le partage que le pere a fait de ses biens ne vaut pas, s'il n'a survécu les vingt ou quarante jours prescrits par la Coutume du lieu où les biens sont situés. En un mot, c'est la Coutume de la situation des biens que l'on suit, & qui détermine de la validité du partage par rapport aux biens qui y sont situés.

IIº. Qu'en Normandie on exige la survie du démettant, pour les biens situés dans cette Province, quoiqu'il soit domicilié dans une Coutume où cette suivie n'est pas admise. *Voyez* Taisand sur l'article 9. du titre 7. de la Coutume de Bourgogne; & Basnage sur l'article 422. de celle de Normandie.

S U R V I V A N C E, est la grace que le Roi fait aux enfans ou autres héritiers des Titulaires des Charges périssables par la mort, de leur en assurer la jouissance.

Les Officiers reçus en survivance en des Offices de Judicature, en quelque Cour & Jurisdiction que ce soit, ne peuvent exercer aucunes fonctions, ni y avoir entrée, rang, séance, ni voix délibérative, qu'après la mort ou la démission pure & simple des résignans, à moins qu'il ne soit autrement porté par leurs provisions, comme il est ordonné par la Déclaration du Roi du 4. Mai 1703.

S U S P E N S I O N, est une défense de faire pendant un tems les fonctions attachées à une Charge ou Dignité ecclésiastique ou séculiere. La suspension ne regarde que l'exercice; & n'ôte par conséquent rien du rang ni du caractère de l'Officier.

S U S P E N S I F. On dit que l'appel d'une Sentence a ordinairement un effet dévolutif & suspensif, comme nous avons dit, *verbo* Dévolutif. *Voyez* aussi Sentence provisionnelle.

S U S P I C I O N, signifie soupçon, défiance. On dit, par exemple, il y a une véhémente suspicion de faux contre cette piece. Un bon Juge se doit déporter d'une affaire, dès qu'il y a la moindre suspicion contre lui.

S U Z E R A I N, *voyez* Seigneur Suzerain.

S Y

S Y N A L L A G M A T I Q U E. Ce terme qui est tiré du Grec, signifie obligatoire de part & d'autre.

Nous avons des contrats qui ne sont obligatoires que d'une part, comme le prêt; & d'autres qui sont obligatoires de part & d'autre, comme le commodat, le dépôt, le gage, la vente, le louage, la société & le mandat; & ces contrats sont appellés Synallagmatiques.

Voyez ce que j'ai dit sur chacun de ces contrats, & dans ma Traduction des Institutes, au titre 15. & au titre 24. & suivant du troisieme Livre.

S Y N D I C S ou Procureurs Syndics, sont ceux qui sont élus dans les Communautés ou Corps, pour avoir le soin des procès & des affaires de la Communauté.

Comme ceux qui forment un Corps ou Communauté, ne peuvent pas vacquer à tout ce qui regarde leur communauté, ils peuvent préposer des personnes qui en prennent soin, ausquelles on donne ordinairement le nom de Syndics.

La nomination s'en fait par ceux qui composent la Communauté, à moins que quelque Loi eût autrement pourvu au choix des personnes.

Si le Corps entier est tel, que tous ceux qui en sont ne puissent s'assembler, ou ne doivent pas tous avoir part à la direction des affaires communes, on en choisit un certain nombre, selon que les Réglemens & les Usages y ont pourvu; & ce nombre, qui représente le Corps entier, fait la nomination de ceux qui doivent être chargés du soin des affaires.

Ces nominations de Syndics se doivent faire à la pluralité des voix, par ceux qui ont droit de les nommer : on doit y observer les formalités réquises, à peine de nullité.

Le pouvoir de ces Syndics ne peut excéder les bornes qui leur sont prescrites; & les Communautés ne sont engagées par le fait de leur Syndic, que dans l'étendue de sa commission, & en tant que l'affaire a tourné à l'avantage du Corps, & qu'on y a observé toutes les formalités prescrites.

Une communauté qui aura donné pouvoir d'emprunter, ne sera obligée que pour les sommes dont il aura été fait un emploi utile; si elle a donné pouvoir de vendre, la vente ne subsistera qu'en cas qu'elle ait été faite pour une cause utile, & qu'on ait observé les formes prescrites pour ces sortes de ventes.

Les Syndics qui entreprennent une affaire par l'ordre du Corps, sont obligés de prendre soin de toutes les suites, & ne peuvent être personnellement contraint au payement des dépens obtenus contr'eux en ladite qualité de Syndics. La Peyrere, édition de 1717. page 90.

Celui qui est chargé d'intenter un procès, est tenu d'y procéder dans toute la suite pendant la durée de son administration.

En général, il est obligé de répondre de sa conduite envers ceux qui l'ont préposé, & de justifier de son pouvoir envers ceux contre qui il agit, ou avec qui il traite, & de faire ratifier par la Communauté ce qu'il aura geré.

La Communauté est tenue de le faire, si le Syndic n'a pas excédé son pouvoir, & s'il a fait les choſes dans les regles ; elle eſt même obligée en ce cas d'allouer au Syndic les dépenſes raiſonnables qu'il a employées pour les affaires dont il a été chargé.

Les Syndics ſont obligés d'apporter dans leur geſtion les mêmes ſoins & les mêmes diligences qu'un mandataire des affaires d'un Particulier eſt tenu d'y apporter ; autrement il eſt tenu du dommage qui ſurviendroit par ſon dol, par ſa faute groſſiere, ou par ſa faute légere.

Mais cette obligation n'a pas lieu entre les Procureurs des Maiſons religieuſes, qui ſont des perſonnes mortes civilement, & contre leſquelles la Communauté n'a pas ce recours.

Le pouvoir des Syndics finit qu'avec leurs Charges, lorſqu'elles expirent. Il ceſſe auſſi par une révocation faite dans les regles, & connue à celui qui eſt révoqué & à ceux qui avoient à traiter avec lui.

T

TA

TABELLION ET NOTAIRE, ſont différens en quelques endroits où leurs fonctions n'ont pas été réunies. Le Notaire reçoit & fait la minute de l'acte, & le Tabellion en fait la groſſe ſur la minute du Notaire.

Les Notaires reçoivent donc & paſſent ſeulement la minute des contrats & les peuvent délivrer aux Parties en brevet ; mais quand ils ne les délivrent pas en brevet, ils ſont tenus de les porter aux Tabellions, pour les garder & les délivrer en groſſe aux Parties (ſi elles le requierent) pour avoir une exécution parée.

Mais à Paris & en pluſieurs autres endroits du Royaume, ces deux fonctions ont été réunies par les Edits du Roi Henry IV. ce qui fait qu'on appelle aujourd'hui communément Notaires tous les Officiers royaux qui reçoivent les conventions & actes, & les délivrent aux Parties ; & on nomme Tabellions les Officiers qui font la même fonction dans les Seigneuries & Juſtices ſubalternes.

Au reſte, le nom de Tabellion vient du terme Latin Tabulæ, qui ſignifie Tablettes, parce que les anciens écrivoient ſur des Tablettes leurs contrats, leurs teſtamens, & leurs actes les plus importans.

Voyez Notaires.

TABELLIONAGE, eſt en quelques Juſtices un droit accordé par le Roi au Seigneur Châtelain ou Haut-Juſticier, de pouvoir inſtituer Notaire pour inſtrumenter dans l'étendue de leur Seigneurie.

Ce droit ne leur appartient qu'en tant qu'il leur eſt accordé par le Roi d'une conceſſion expreſſe ou tacite. Auſſi voyons-nous que ſous le bon plaiſir de nos Rois pluſieurs Coutumes ont accordé aux Seigneurs Châtelains le droit de Tabellionage. On a même prétendu que le droit d'avoir des Notaires ſe preſcrit contre le Roi par une poſſeſſion immémoriale.

En effet, ce qui s'accorde par le Roi par grace & privilege, eſt ſujet à preſcription, & ſe peut acquérir par le même moyen. Or le droit de créer des Notaires ſe peut acquérir par grace & privilege ſpécial ; ce qui eſt ſans difficulté ; d'où il ſem-

ble qu'on peut conclure que ce droit ſe peut preſcrire.

Néanmoins comme le droit de créer des Notaires appartient au Roi, il a été réuni au Domaine par Ordonnance de Philippe I. de 1319. & que ce qui eſt réuni au Domaine de la Couronne eſt impreſcriptible, il faut conclure que le Roi ſeroit toujours en droit de caſſer une pareille uſurpation.

TABLE, METTRE EN SA TABLE, ſe dit du Seigneur qui réunit à ſon domaine ou à ſon fief le fief de ſon vaſſal par retrait féodal, art. 21. de la Coutume de Paris ; & en ce cas Table, ſelon quelques-uns, ſe prend pour Catalogue, dans lequel ſont contenus toutes les terres & droits dans leſquels conſiſte le fief auquel la réunion a été faite.

TABLE DE MARBRE, au Palais, ſe prend pour trois Juriſdictions ; l'une eſt à la Connétablie & Maréchauſſée de France ; l'autre eſt l'Amirauté ; l'autre enfin eſt le Siege de la Réformation générale des Eaux & Forêts, qui juge au Souverain, quand un Préſident à Mortier & des Conſeillers de la Grand'Chambre y vont tenir le Siege avec les Juges de cette Juriſdiction.

Ce nom eſt demeuré à ces trois Juriſdictions, à cauſe d'une grande table de marbre qui tenoit autrefois tout le travers de la grande Salle, ſur laquelle ils tenoient leur Juriſdiction. Elle fut détruite lors de l'incendie du Palais en 1618.

TABLEAUX, non attachés à fer & à clou, ni ſcellés en plâtre, ſont meubles. Voyez ce que j'ai dit ſur l'article 90. de la Coutume de Paris. Pour ce qui eſt des tableaux de Chapelle, quoique non attachés à fer & à clou, ni ſcellés, ils ſont réputés immeubles, ſuivant la Note de M. Ricard ſur cet article de la Coutume de Paris.

TABLEAUX DE FAMILLE, appartiennent à l'aîné, de même que les manuſcrits du pere, les titres & papiers de la maiſon. Voyez Perchambault ſur l'article 586. de la Coutume de Bretagne.

TACITE RECONDUCTION, eſt la continuation d'un bail, par le conſentement tacite & mutuel du bailleur & du preneur, à pareil prix & aux conditions portées par le bail.

Ce tacite consentement se tire de la jouissance du preneur à bail, après le tems expiré, sans aucune dénonciation de vuider les lieux faite de la part du propriétaire.

La tacite reconduction est dans la plus grande partie du Royaume pour un an, pour les héritages des champs, en payant les labours & semences qui pourroient avoir été faits pour les années à venir.

Cependant, lorsqu'une terre est de nature qu'il y ait inégalité de revenu d'une année à l'autre, (comme si dans un bail à ferme de terres labourables pour plusieurs années, il y avoit une plus grande quantité ou de meilleures recoltes une année que l'autre) la tacite reconduction ne pourroit être moindre que pour deux ou trois ans.

Pour les Baux à loyers des maisons, la prorogation n'en dure qu'autant que l'habitation du locataire dureroit s'il n'y avoit point eu de bail : car le bailleur & le preneur peuvent, quand bon leur semble, interrompre la reconduction, en donnant congé dans le tems réglé par la Coutume.

Néanmoins si c'est un lieu dont l'usage de sa nature demande une plus longue prorogation, elle aura lieu pour le tems de cet usage. Ainsi la reconduction d'une grange s'étend au tems de la moisson, & la réconduction d'un pressoir au tems des vendanges.

La tacite reconduction qui renouvelle le bail par le tacite consentement des Parties en renouvelle aussi toutes les conditions ; ce n'est qu'une continuation de bail avec toutes ses suites. Par exemple, posons qu'il y ait dans le bail une clause par laquelle le locataire s'oblige de souffrir les grosses réparations qu'il seroit nécessaire de faire dans la maison qu'il loue, pendant le tems du bail, cette clause continue toujours tant que le locataire restera dans la maison, en vertu de la reconduction tacite.

Mais cette reconduction ne doit point d'hypotheque pour le tems de la prorogation, au préjudice des créanciers intermédiaires ; & si dans le bail il y avoit des cautions, leur engagement finit avec le bail, & n'est pas renouvellé par la reconduction, parce que leur obligation étoit bornée au tems du bail où ils s'étoient obligés.

Par Arrêt du 22. Août 1604. il a été jugé que l'hypotheque d'une tacite reconduction, n'a effet retroactif à l'ancien bail, à l'égard des créanciers, & que ladite hypotheque ne commence que du jour de ladite reconduction ; parce que c'est une hypotheque tacite, qui par conséquent ne peut pas retrograder au préjudice d'un tiers.

À l'égard de celui qui s'est rendu caution du preneur à bail, comme il ne s'est obligé que pour le tems que le bail devoit durer, il n'y auroit pas de raison d'étendre son obligation au-delà du tems du bail ; & par conséquent il ne peut pas être tenu de la prorogation du bail qu'il s'en est ensuivie par la tacite reconduction. De même si la contrainte par corps étoit stipulée pendant le bail, elle s'éteindroit avec lui, & n'auroit pas lieu dans la tacite reconduction.

La tacite reconduction n'a lieu qu'aux baux conventionnels, & non pas aux baux judiciaires, lesquels étant fini sans que le Commissaire ait fait procéder à un nouveau bail, le Fermier judiciaire doit compter des fruits ou loyers, au dire des gens connoissans, pour le tems qu'il a joui, au-delà de son bail.

Elle n'a pas lieu non plus à l'égard des baux emphytéotiques, comme je l'ai dit, verbo Emphytéose.

TAILLABLES, sont ceux qui sont sujets à la taille : tels sont les roturiers & gens de trafic. Voyez ce qui est dit sur ce mot dans le Dictionnaire de Trévoux.

TAILLES, sont des sommes qui se levent aujourd'hui tous les ans pour le Roi, & pour soutenir les charges de l'Etat.

Ce tribut & imposition porte le nom de taille, soit à cause qu'on a coutume de départir & égaler ces deniers sur les sujets à proportion de leurs biens & revenus, soit à cause que dans l'origine de cette imposition, ceux qui étoient préposés pour la levée de ces sortes de deniers, (comme sont aujourd'hui les Collecteurs,) avoient des tailles de bois sur lesquelles ils marquoient ce que chaque habitant payoit en déduction de sa cotte ou taille.

Quoiqu'il en soit, les premieres tailles qui furent levées en France, furent appellées fouages, & ne duroient qu'un an. Depuis on les appella tailles, lorsque sous Charles VII. elles furent rendues perpétuelles.

Les tailles dans quelques endroits du Royaume, comme en Languedoc, sont pures réelles : *Adeò ut ipsissimet fundis duntaxat indicantur, & inhæreant.*

Mais dans la plus grande partie du Royaume de France, les tailles sont mixtes, c'est-à-dire, réelles & personnelles.

Elles sont réelles, en ce qu'elles se payent par les roturiers, à raison de leurs biens patrimoniaux.

Elles sont personnelles, par rapport à la demeure qui détermine le lieu où elles se doivent imposer sur chaque taillable ; & aussi en ce qu'elles s'imposent non-seulement par rapport aux biens patrimoniaux qu'un taillable possede, mais encore par rapport au gain qu'il fait par son travail & son industrie.

Quoique dans la plus grande partie de ce Royaume les tailles soient mixtes, elles sont néanmoins censées plus personnelles que réelles. *Ratio est, quia imponàntur quidem pro modo patrimonii, sed inducuntur personæ, non habità tantùm ratione patrimonii, sed etiam redituum ex laboribus & industria provenientium.*

De ce que les tailles mixtes sont censées plus personnelles que réelles, il s'ensuit que chaque Particulier n'est tenu de payer par an qu'une seule taille & en une seule Paroisse, c'est-à-dire, celle où il est demeurant au jour de Saint Remi, quoiqu'il ait plusieurs biens & héritages situés en différentes Paroisses.

Les aides au contraire ne sont jamais que des impositions réelles qui ne se prennent qu'à proportion des marchandises dont on doit payer l'entrée ou la fortie , fans aucune diftinction de nobles ou de roturiers.

Néanmoins comme nous avons dit ci-deffus, en Languedoc, en Provence, en Dauphiné, & en quelques autres lieux où les héritages roturiers font taillables, les tailles font purement réelles ; en forte qu'elles ne fe levent que fur les héritages roturiers.

Cela fait que chaque particulier noble ou non noble , eft tenu de payer ces fortes de tailles par rapport aux héritages roturiers qu'il poffede , d'autant qu'elles font dans ces pays *prædiorum onera*, *non verò perfonarum*.

Ainfi les roturiers n'y doivent rien pour les biens nobles qu'ils poffedent dans ces Provinces ; & au contraire les Gentils-hommes y doivent la taille des héritages roturiers qu'ils y ont.

Les tailles mixtes, c'eft-à-dire , réelles & perfonnelles fe payent par ceux du tiers Etat, c'eft-à-dire, par les habitans roturiers des Villes non franches, Bourgs & Villages à proportion des biens du taillable , de quelque nature qu'ils foient , & en quelque part qu'ils foient affis, d'où il s'enfuit , I°. que les Gens d'Eglifes , les Gentils-hommes & les ennoblis en font exempts. II. Que les Bourgeois de Paris & des autres Villes franches du Royaume, font auffi exempts de ces tailles ; mais ils payent d'autres droits , qui en leur laiffant l'honneur de cette affranchiffement , ne leur en procurent pas une utilité abfolue. Après tout , il eft jufte que chacun contribue , il n'importe à quel titre , au foulagement & au bien de l'Etat.

Il y a encore d'autres perfonnes qui font exemptes de la taille. I°. Les Officiers des Cours fouveraines , les Secrétaires du Roi , les Officiers commenfaux des Maifons Royales , fervant actuellement par quartier , par femeftre , ou toute l'année, qui reçoivent au moins foixante livres de gages , & font employés aux états enregiftrés en la Cour des Aides.

II°. Les Officiers des Sieges préfidiaux , Sénéchauffées , Prévôtés , Vicomtés , Vigueries, Eaux & Forêts , Traites-Foraines , Elections, Greniers à fel , & de toutes les autres Juftices & Jurifdictions royales du Royaume.

III°. Les véterans de plufieurs des Offices énoncés ci-deffus.

IV°. Les veuves de certains Officiers , durant leur viduité.

V°. Ceux qui ont douze enfans. Sur quoi il faut remarquer que la repréfentation n'a pas lieu à cet égard comme en fucceffion : ainfi plufieurs enfans d'un fils ou d'une fille décédés ne feroient point comptés. M. de Xaintonge , page 353. rapporte un Arrêt du Parlement de Dijon qui l'a jugé ainfi le 13. Mars 1617.

Pour que les exempts de taille qui demeurent dans les Villes non franches , jouiffent de leur privilege , il faut qu'ils faffent aucun trafic , fi ce n'eft du revenu de leurs terres , qu'ils peuvent vendre librement , mais fans pouvoir tenir des terres d'autrui à ferme.

Les tailles , fuivant ce que nous enfeigne Ra-

gueau , ne fe levoient autrefois que dans la néceffité des affaires , & la levée ne s'en faifoit que par avis, délibérations & confentement des Etats du Royaume ; mais aujourd'hui elles fe perçoivent annuellement dans chaque Paroiffe.

Voici de quelle maniere elles fe levent. Après que la fomme qu'il plaît au Roi de lever fur fon peuple a été arrêtée au Confeil de Sa Majefté , on envoie des commiffions aux Tréforiers généraux de France établis aux Bureaux des Généralités.

Ces commiffions portent , que les Tréforiers généraux feront le département de la fomme qu'il leur eft enjoint de lever , aux Elections dépendantes de leurs Généralités , avec le plus d'égalité & de juftice qu'ils pourront.

Ils les envoient aux Elus qui font les Juges des Elections , avec leur attache , qui leur ordonnent de lever une telle fomme dans l'étendue de leur Election , ni plus ni moins.

Les Elus s'affemblent & font enfuite le rôle des tailles , par lequel ils cottifent les Villes , Bourgs & Villages dans leur Election : ils rendent après ces rôles à chaque Paroiffe , qui élit tous les ans pour la levée du nouveau rôle , des Collecteurs des tailles d'entre les habitans de la même Paroiffe.

Ces Collecteurs font obligés de faire le rôle de leurs Paroiffes , & de cottifer chacun des habitans felon & à proportion de fes facultés.

Ils font encore tenus de lever les deniers , & de les porter aux receveurs des tailles de chaque Election , & ceux-ci aux Receveurs généraux de leur Généralité , qui les portent au Tréfor royal.

Les Nobles , les Eccléfiaftiques & les Privilégiés , de quelque qualité & condition qu'ils foient , peuvent faire valoir leurs terres par eux-mêmes , & les faire labourer par leurs ferviteurs , domeftiques , fans être pour ce fujet contribuable aux tailles des Paroiffes dans lefquelles font fitués leurs héritages.

La déclaration du 16. Janvier 1650. exempte les Nobles de la taille pour tous leurs biens , quand ils les font valoir par leurs mains. Mais depuis il eft intervenu un Edit au mois d'Avril 1667. qui reftraint ce privilege à une feule terre de l'exploitation de quatre charrues feulement.

Par cet Edit il eft ordonné que les Eccléfiaftiques, les Gentils-hommes , les Officiers privilégiés , & les Bourgeois de Paris , ne pourront tenir qu'une ferme par leur main dans une même Paroiffe ; fçavoir, les Eccléfiaftiques & les Gentils-hommes , le labour de quatre charrues , & les Officiers & Bourgeois de deux charrues , fans qu'ils puiffent jouir de ce privilege , que dans une feule Paroiffe : & s'ils ont des héritages ailleurs , ils feront tenus de les bailler à ferme à gens taillables ; autrement ils feront eux-mêmes cottifés , comme feroit un fermier qui exploiteroit lefdits héritages.

Il y a une Déclaration du Roi , portant Reglement fur le fait des Tailles , du 16. Août 1683. vérifiée en la Cour des Aides le 29. Novembre de la même année , qui contient plufieurs décifions importantes touchant le domicile par rapport aux tailles. *Voyez* Domicile en matiere de Tailles.

Il y a dans Henrys tome 1. livre 2. chap. 4. queſt. 32. un Edit du mois de Décembre 1689. qui attribue à tous les Officiers des Baillages & Sénéchauſſées l'exemption des tailles, & de logement de gens de guerre.

TAILLE SEIGNEURIALE, eſt une taille qui eſt dûe au Seigneur dans quelques Coutumes, pour les héritages qui relevent d'eux.

Dans les premiers temps la taille ſeigneuriale étoit à la volonté, & s'impoſoit par le Seigneur ſur les héritages ou ſur les perſonnes taillables, quand bon lui ſembloit, & montoit à la ſomme qui lui plaiſoit exiger.

Mais dans la ſuite des temps cette taille a été réglée dans quelques lieux pour de certains cas, & dans d'autres elle a été du conſentement des Seigneurs & des taillables abonnée à une certaine ſomme payable tous les ans.

TAILLE QUI SE PAYE EN CERTAINS CAS, eſt une taille ſeigneuriale qui eſt dûe au quatre cas, ſçavoir, I°. Quand le Seigneur eſt fait priſonnier dans une juſte guerre. II°. Quand il fait ſon fils aîné Chevalier; III°. Quand il marie ſa fille aînée à un Gentilhomme; IV°. Quand il entreprend le voyage d'Outremer. Mais je crois que cette taille n'eſt plus en uſage aujourd'hui.

Elle étoit appellée taille franche, parce qu'elle a été impoſée ſur des hommes libres & francs, ou tenans héritages affranchis.

Cette taille étoit auſſi appellée aide & n'étoit anciennement due d'obligation, enſorte qu'elle ſe payoit volontairement par les vaſſaux.

Dans la ſuite les Seigneurs en firent un droit qu'ils exigerent de force. Illæ collationes erant ab initio quaſi ultrò tributa ; ſed quod à principio beneficium fuit, uſu atque ætate factum eſt debitum. Mais ce n'eſt pas la ſeule uſurpation qu'ils ont faite.

Cette taille étoit le cens double: aujourd'hui elle n'eſt plus guere en uſage ; & les Seigneurs ne ſont pas en droit de la demander, à moins qu'ils ne ſoient fondés en titre.

Touchant cette taille ſeigneuriale qui eſt dûe ès quatre cas, voyez Papon, livre 13. titre 3. Boyer, déciſion 126. & 129. la Coutume du Duché de Bourgogne, titre 1. des Juſtices, article 4. le Veſt, Arrêt 42. Dolive, livre 2. chapitre 6. & 7. Henrys & ſon Commentaire, tome 2. livre 3. queſtion 68. Catelan, livre 3. chapitre 16. & Chorier, Juriſprudence de Guy-Pape, page 145.

Une choſe à obſerver eſt que le Seigneur ne peut rien exiger de ſes ſujets pour ſes dettes civiles, ſi ce n'eſt pour payer ſa rançon aux ennemis qui l'ont pris du ſervice du Roi, & non autrement. Ainſi le Seigneur détenu pour dettes & amendes, ne pourroit pas contraindre ſes vaſſaux de le tirer de priſon. Boyer déciſion 128. nombre 8. & Papon livre 7. titre 1. nombre 9.

TAILLE ABONNÉE eſt une taille ſeigneuriale impoſée dans certaines Coutumes par le Seigneur aux gens de condition ſervile, & à laquelle ils ſe ſont ſoumis pour ſe redimer & affranchir de la taille arbitrale, ou d'autres droits & corvées que les Seigneurs exigeoient de leurs fiefs avec dureté.

Cette taille eſt appellée taille ſerve à cauſe qu'elle a été impoſée à des ſerfs, c'eſt-à-dire, à des gens de condition ſervile.

Comme cette taille eſt pour l'ordinaire perſonnelle, elle ſuit l'homme de main-morte en quelque lieu qu'il ſe tranſporte. C'eſt pourquoi la Coutume de Troyes les appelle taillables de pourſuite.

Cette taille étant un droit & une impoſition extraordinaire, le Seigneur ne la peut exiger qu'en vertu d'un titre en bonne forme qui juſtifie que les ſerfs s'y ſont ſoumis envers lui ; & le droit de percevoir une telle rente ſe doit entiérement régler conformément à la diſpoſition de ce même titre.

Elle n'eſt pas miſe au nombre des droits ſeigneuriaux ordinaires ; ainſi le décret auquel le Seigneur ne ſe feroit pas oppoſé pour la conſervation d'icelle purgeroit entiérement l'héritage qui en auroit été chargé.

Elle ſe paye au Seigneur une fois par an à la différence de la mortaille, qui ne ſe payoit autrefois qu'au décès de l'homme de condition ſervile ſur tous les biens qu'il délaiſſoit, ou ſur une partie quand il décédoit ſans parens avec qui il vivoit en commun ; car les ſerfs ou main-mortables ne ſuccédoient que lorſqu'ils vivoient en commun : ce qui avoit été introduit ainſi, afin que les terres fuſſent mieux & plus aiſément cultivées.

Cela étoit ſi rigoureuſement obſervé, que ces malheureux ne ſe ſuccédoient plus, lorſque pendant une année ils n'avoient pas eu le même domicile.

TAILLE BAPTISÉE. Voyez Capitainage.

TAILLIS. On appelle bois taillis ceux qui ſont ſujets aux coupes ordinaires, qui ne peuvent être faites que tous les dix ans, en y reſervant ſeize balivaux par arpent, & qui n'ont pas les mêmes effets que les bois de haute futaie. Voyez l'article 1. du titre 26. de l'Ordonnance des Eaux & Forêts, & ce que j'en ai dit ici, lettre B.

TAILLON, eſt une nouvelle taille, ou une augmentation de taille, établie par Henri II, en l'an 1149, pour l'entretement, vivres & munitions des gendarmes.

Ce taillon monte au tiers de la taille ; mais il eſt à préſent aboli & confondu avec la taille.

TALION, eſt une peine égale & ſemblable au crime commis. Elle a été établie par la Loi de Moïſe, œil pour œil, dent pour dent, comme il eſt porté dans l'Evangile.

Les Grecs & les Romains ont autoriſé cette peine ; & les Loix canoniques l'ont auſſi autoriſée à l'égard des calomniateurs, en les condamnant à ſouffrir la même peine qu'ils ont voulu faire ſouffrir à celui qu'ils ont accuſé fauſſement. Calumniator, ſi in accuſationem defecerit, talionem recipiat, Canone 2. queſt. 3.

Anciennement cette parité de peine, ou cette Loi de pareille peine a été approuvée & reçue par la plûpart des peuples les mieux policés : mais cette peine s'eft trouvée dans la fuite des tems une chofe difficile à pratiquer ; ce qui fait qu'elle n'eft reftée en ufage que chez quelques Nations, encore ce n'eft qu'à l'égard des calomniateurs.

Parmi nous, elle n'eft pas en ufage, Papon, liv. 24. tit. 1. nomb. 3. finon en fait de crime de leze-Majefté. Mornac, *ad legem* 1. *ff. de calumniatoribus.*

Voyez Coquille fur la Coutume de Nivernois, article 23. titre des Juftices & droits d'icelles ; qui marque quelques cas où la peine du talion a lieu ; & dit que dans les autres crimes où le talion n'eft pas en ufage en France, c'eft à l'arbitrage du Juge de punir le coupable.

TANTE, ce terme qui eft relatif, fignifie la fœur de mon pere, ou la fœur de ma mere ; ce qui fait la diftinction des tantes paternelles ou maternelles. *Grande tante*, eft celle qui a les mêmes qualités à l'égard de mon aïeul ou de mon aïeule. Neveu & niéce, font des termes oppofés à oncle & tante.

TASQUE, eft un droit de terrage, une efpece de droit de champart, qui s'appelle quelquefois vingtain. *Voyez* ce qui en eft dit dans le Dictionnaire de M. Brillon.

TAUREAU BANNAL, Droit de taureau bannal, eft un droit que des Seigneurs ont en certains lieux, d'avoir un taureau bannal pour les vaches de leurs fujets, avec défenfes de les faire couvrir par d'autres ; & pour chaque vache qui eft amenée au taureau bannal, les Seigneurs Hauts-Jufticiers & féodaux prennent un certain droit.

TAUX DU ROI, eft le denier auquel le Roi a fixé les arrérages de rentes & les intérêts des fommes dûes dans les cas efquels on peut y condamner. Il n'eft pas permis d'excéder ce taux. *Voyez* la Science parfaite des Notaires, liv. 5. chap. 18. *Voyez* auffi le Recueil alphabétique de M. Bretonnier, *verbo* Intérêts.

TAXE, eft une cottifation de chaque particulier, de la part qu'il doit porter de chaque impofition publique.

TAXE D'OFFICE EN MATIERE DE TAILLES, eft celle qui eft faite par les Elus ou par l'Intendant ; au lieu que les taxes ordinaires font faites par les Collecteurs.

TAXE D'OFFICIERS, eft une impofition qui fe fait fur une compagnie, & qui doit être payée par chaque Officier. Le défaut de payement de taxe ne prive pas l'Officier de fa charge, mais feulement de fes gages, droits, émolumens & revenus, par faifie d'iceux, fuivant l'Arrêt du Confeil d'Etat du 13. Juin 1672.

TAXE SUR LES GENS D'AFFAIRES font des impofitions que le Roi fait de tems en tems, pour les punir de ce qu'ils ont pris de trop fur fes fujets, ou pour reprendre une partie des gains exceffifs qu'ils ont faits dans les traités qu'ils ont paffés avec fa Majefté.

Pour raifon de ces fortes de taxes, le Roi a hypothéque fur les biens des Traitans & Financiers, du jour qu'ils ont commencé d'entrer dans les affaires de Sa Majefté, de même que pour toutes les autres dettes qu'ils ont contractées avec elle.

TAXE DE DÉPENS, eft la liquidation des dépens faits en un procès, aufquels une des Parties eft condamnée. *Voyez* le titre 31. de l'Ordonnance de 1667.

Cette taxe de dépens fe fait quand celui qui a été condamné n'a point faits d'offres, ou que celles qu'il a faites n'ont point été acceptées.

Pour faire taxer des dépens, il faut que celui qui les a obtenus en faffe dreffer une déclaration, dont il doit donner copie au Procureur de la Partie adverfe, avec copie du Jugement qui les adjuge.

Ce Procureur ayant reçu cette fignification, doit prendre communication des piéces fignificatives des articles, par les mains & au domicile du demandeur en taxe, fans déplacer dans les délais portés par l'article 5. du titre 31. de l'Ordonnance de 1667.

Huitaine après, il doit fignifier au demandeur des offres de telle fomme qu'il jugera à propos, defquelles il fera délivré exécutoire en cas d'acceptation.

Si le demandeur en taxe n'accepte pas les offres, & que nonobftant icelles, il faffe taxer les dépens ; pour lors au cas que le calcul n'excede point lefdites offres, les frais de la taxe feront portés par le demandeur en taxe, & non compris dans l'exécutoire.

Si dans le délai ci-deffus le défendeur n'a point fait d'offres, ou qu'elles foient conteftées, le Procureur du demandeur doit remettre fa déclaration ès mains d'un Procureur tiers, qui doit cotter au bas le jour qu'elle lui aura été laiffée.

Le Procureur du demandeur doit la faire fignifier au Procureur du défendeur, avec fommation d'en prendre communication par les mains du tiers, fans déplacer.

Trois jours après cette premiere fommation, il faudra derechef le fommer de fe trouver en l'Etude du tiers, à certain jour & heure pour voir arrêter les dépens contenus en la Déclaration, & les figner.

S'il comparoît, les dépens feront arrêtés par le Procureur tiers en fa préfence ; finon fera tenu le tiers de les arrêter dans huitaine pour ceux qui ne contiennent que deux cens articles, & dans quinzaine pour ceux qui en contiennent plus ; & le tiers fur chaque piece entrée en taxe, met *Taxé* avec paraphe.

Dès que la déclaration aura été arrêtée par le tiers, il la faudra fignifier au Procureur du défendeur, avec fommation de la figner, & proteftation qu'à faute d'y fatisfaire, elle fera fignée par le Commiffaire.

Si le défendeur ne figne l'arrêté de dépens, le calcul eft figné par le Commiffaire; enfuite de quoi fe délivre l'exécutoire de dépens, fuivant le calcul qui en a été fait par le tiers.

T E

TEMOIGNAGE, eft la révélation que fait une perfonne d'une chofe qu'elle dit fçavoir pour l'avoir vûe, ou pour l'avoir entendue. Ceux qui font affignés pour rendre témoignage des faits qu'ils ont vus, ou des chofes qu'ils ont entendues, concernant une affaire, pour raifon de laquelle il y a procès, font obligés en confcience de rendre témoignage à la vérité.

TÉMOIGNAGE de perfonne idoine & non fufpecte, fait foi en Juftice, tant en matiere criminelle qu'en matiere civile, non feulement fuivant les Loix humaines, mais encore fuivant le Droit divin.

En effet, Dieu ordonne expreffement en plufieurs endroits des Livres Saints, d'ajouter foi au témoignage de deux ou trois perfonnes qui certifient avoir vû. *In ore duorum vel trium teftium ftabit omne verbum. Paulus 2. ad Cor. cap. 13. verf. 1. Chriftus dixit : in lege noftrâ fcriptum eft, quia duorum hominum teftimonium verum eft. Joan. cap. 8. verf. 17.* Enfin, Dieu ordonne dans le Deuteronome, de punir de mort celui qui fera convaincu d'un crime par le témoignage de deux ou trois témoins. *In ore duorum vel trium peribit qui interficietur.*

L'Ecriture Sainte nous fournit auffi plufieurs exemples qui prouvent que la défobéiffance à cette Loi, c'eft-à-dire, le refus de s'en rapporter à la déclaration de témoins non fufpects, a été regardé de Dieu comme un crime contraire à la confiance qu'il a lui-même mis dans le cœur de l'homme, à l'égard du témoignage des autres, quand ils ne font pas fufpects.

Dans quel cahos d'incertitude, dans quel trouble épouvantable ne feroit-ce pas fe jetter, que d'établir pour principe qu'on n'eft pas obligé d'ajouter foi au témoignage des hommes ? Et comment les Juges établis pour régler leurs conteftations & décider de leur fort, pourroient-ils rendre la Juftice, s'ils refufoient de croire les témoins, quoique fouvent ils ne connoiffent point la probité de ceux qui leur font produits !

Une grande partie des actes fur lefquels ils jugent, & finguliérement ceux qui ne fçavent pas figner, n'eft autre chofe que le témoignage, ou pour mieux dire, une efpece de certificat donné par des Officiers publics, qui atteftent que tels & tels ont fait enfemble telle convention.

L'état & la condition des hommes ne font établis que fur la déclaration de ceux qui préfentent un enfant au Baptême, qui eft fimplement portée dans un Regiftre par un Prêtre, qui fouvent ne connoît ni le pere, & la mere de l'enfant, ni ceux qui le lui préfentent, & qui ne prend point le ferment de ceux qui lui font cette importante déclaration. Voilà cependant le titre principal par lequel les hommes prouvent leur condition, & fur le fondement duquel ils récueillent les biens dont ils héritent ; en un mot le principal titre fur lequel leur état eft fondé.

Quant aux matieres criminelles, qui font de toutes les plus importantes, puifqu'il y eft fouvent queftion de l'honneur & de la vie des hommes, n'eft-ce pas prefque uniquement par la dépofition des témoins que les Juges font obligés de les décider ?

Ce que nous venons de dire, fait bien voir que la confiance qu'on a dans le témoignage des autres, eft l'effet naturel de notre raifon ; puifque fans un tel fecours, les hommes ne pourroient jamais entretenir entr'eux de fociété ; puifque de-là dépend la décifion de leurs conteftations, & la punition des crimes ; fans quoi les biens & la vie des honnêtes gens feroient livrés à l'avidité & à la fureur des fcélérats.

TÉMOINS, font des perfonnes qui ont été préfentes à un fait, & que l'on fait appeller en Juftice, pour déclarer ce qu'ils fçavent d'un fait contefté entre les Parties.

La déclaration qu'ils en font, eft leur témoignage, qui fait foi en juftice. *Voyez* Preuve teftimoniale où il eft parlé des cas efquels cette preuve eft admife ou non.

Les Praticiens nomment le témoin l'ame du procès. Il faut qu'il y ait une action préparée avant que d'ouir la dépofition des témoins, & une permiffion & Ordonnance du Juge pour leur donner affignation, excepté le cas de l'information faite en flagrant délit, comme nous avons dit *verbo* Information.

Toutes perfonnes de l'un & de l'autre fexe peuvent être témoins, s'il n'y a pas d'exception réglée par quelque Loi.

On met au nombre de ceux qui ne peuvent être témoins, les enfans, les infenfés, les perfonnes dont l'honneur a reçu quelqu'atteinte, ou par une condamnation en Juftice, ou par l'infamie de leur profeffion.

Il en feroit de même de ceux qu'on prouveroit avoir reçu de l'argent pour porter témoignage, ou être intéreffés aux faits qu'on veut prouver, ou prendre part à l'intérêt des perfonnes que ces faits regardent. On ne reçoit pas par cette raifon le témoignage de ceux qui font liés de parenté ou d'alliance aux perfonnes intéreffées au degré défendu.

Nemo idoneus eft teftis in rem fuam. Leg. 10. ff. de teftibus ; & domefticum teftimonium reprobatur in judiciis faltem, hoc eft teftimonium eorum, quibus imperari poteft ut teftes fint. Reprobatur quoque teftimonium eorum : quos refpicit negotium de quo controvertitur, vel ratione cognationis, aut affinitatis, vel aliâ quâlibet.

L'article 11. du tit. 22. de l'Ordonnance de 1667. porte, que les parens & alliés des Parties, jufqu'aux enfans des coufins iffus de germains inclufivement ne pourront être témoins en matiere civile, pour dépofer en leur faveur ou contr'eux. *Voyez* Bornier fur cet article.

A l'égard des matieres criminelles, l'Ordonnance ne s'explique pas fur cela ; mais il y a fujet de croire que fon intention eft que les parens & alliés ne puiffent pas être témoins pour ou contre : car l'article 5. du titre 6. de l'Ordonnance de 1670. veut que les témoins foient enquis s'ils font parens ou alliés des Parties, & en quel degré, & qu'il en foit fait mention, à peine de nullité de la dépofition. Cela feroit inutile, fi la dépofition pouvoit être reçue.

Il faut donc conclure qu'un témoin eft récufable, tant

tant en matiere criminelle que civile ; quand il eſt parent ou allié aux deux Parties, de même qu'un Juge peut être recuſé , quand il eſt parent ou allié commun des Parties. *Voyez* les *Obſervations ſur Henrys* , tome 1. liv. 2. queſt. 35.

Les liaiſons étroites peuvent auſſi rendre ſuſpect le témoignage d'un ami dans la cauſe de ſon ami , auſſi-bien que les inimitiés qu'un témoin auroit contre un accuſé , ou contre la partie contre laquelle il s'agit de porter témoignage.

Les perſonnes qui ſont dans la dépendance de celui qui veut ſe ſervir de leur témoignage, comme ſont les domeſtiques , peuvent être valablement ſoupçonnées de favoriſer l'intérêt de leur maître ; c'eſt pourquoi leur témoignage doit être rejetté , ſi ce n'eſt quand il s'agit de faits qui ſe ſont paſſés dans l'intérieur de la maiſon. *Voyez* Témoins néceſſaires.

La Juſtice qui demande l'éclairciſſement de la vérité , le demande par la bouche des gens qui ne ſont point flétris , & au témoignage de qui on puiſſe ajouter foi : c'eſt pourquoi ceux qui ſont notés d'infamie , ne peuvent pas être témoin. *Leg.* 3. §. *pen. ff. de teſtibus.*

Dans tous les cas où la preuve des témoins peut être reçue, il en faut au moins deux, & ils peuvent ſuffire , ſi ce n'eſt dans le cas où la Loi en demande un plus grand nombre ; mais un ſeul témoin , de quelque qualité qu'il puiſſe être , ne fait point de preuve.

Les témoins doivent être ouis par leur bouche après avoir prêté ſerment de dire vérité.

Lorſqu'un témoin aſſigné pour dépoſer , ne comparoît pas à la première aſſignation , le Juge décerne Ordonnance , portant que le témoin ſera tenu de comparoir à une nouvelle aſſignation , à peine de dix livres d'amende.

Si le témoin refuſe encore de comparoir , le Juge rend une autre Ordonnance , portant la peine de dix livres d'amende encourue contre lui , au payement de laquelle il ſera contraint, & qu'il ſera tenu de comparoir même par corps , à une autre aſſignation qui lui ſera donnée à cet effet ; & l'Ordonnance exécutée nonobſtant oppoſitions ou appellations quelconques , & ſans préjudice d'icelles , attendu qu'il s'agit d'inſtruction ; qu'on doit dire la vérité lorſqu'on en eſt requis , & que la force doit demeurer à Juſtice.

Voyez l'article 3. du titre 6. de l'Ordonnance de 1670. *Voyez* ci-devant Information , où j'ai remarqué ce qui concerne les Commiſſaires au Châtelet à cet égard.

Les Eccléſiaſtiques y ſont auſſi contraints par ſaiſie de leur temporel, pour le payement de l'amende. A l'égard des Réligieux , on oblige les Supérieurs par ſaiſie de leur temporel, à faire comparoir leurs Réligieux.

Ceux qui n'ont point de revenus , comme les Mendians, on leur fait défenſes de pouvoir quêter juſqu'à ce qu'ils aient obéi à Juſtice.

Les femmes peuvent être témoins ès matieres civiles & criminelles , & il n'y a que les teſtamens & actes de dernière volonté où leur té-

Tome II.

moignage ne ſoit pas admis , comme je l'ai dit *verbo* Femme.

Lorſqu'une enquête ſe fait dans le lieu de la réſidence du Juge qui l'a ordonnée , ſi les témoins qu'il convient d'entendre , ſont éloignés du lieu où le Juge fait ſa réſidence , il doit bailler Commiſſaire *ad partes* , pour examiner les témoins dans les lieux de leur demeure , ſi les Parties en conviennent , afin qu'ils puiſſent être examinés à moins de fraix , ſuivant l'Ordonnance du Roi Philippe-le-Bel ; & lorſqu'il s'agit de cauſes de petite importance, le Juge doit bailler la commiſſion à la réquiſition de l'une des parties , quoique l'autre n'y conſente pas ; mais cela ſe doit entendre quand les témoins ſont fort éloignés du lieu où le Juge fait ſa réſidence ; *quia teſtes non temere evocandi ſunt ſuper longum iter.* Bornier ſur l'article 10. de l'Ordonnance de 1667.

En matiere civile , l'on ne peut faire entendre ſur chacun fait que dix témoins ; mais au criminel on en peut faire entendre tant qu'il y en a qui dépoſent du fait.

Les témoins ouis ſur un chef peuvent être ouis ſur un autre chef dans le même procès.

Un Juge ne peut & ne doit entendre les témoins qu'en la préſence du Greffier , parce que le Greffier eſt comme témoin de ce que le Juge fait , & l'un ne peut rien faire ſans l'autre.

Le témoin qui veut dépoſer ſur un autre fait que celui pour lequel il eſt appellé pour dépoſer, ne doit pas être oui.

On ne doit pas non plus recevoir la dépoſition d'un témoin par ces termes , *je crois* , ou *je ne crois pas.* Cependant on en reçoit quelquefois au criminel , faute d'autres preuves ; mais une ſemblable dépoſition ne prouve preſque rien.

Il y a une Loi qui ne veut pas qu'on ajoute foi à un témoin qui parle par oui dire. *Teſtis ex auditu fidem non facit. Leg. divus* 24. *ff. de teſtam. milit.* Mais on tient que cette Loi ne comprend pas ceux qui diſent avoir oui dire quelque choſe à un accuſé.

Au reſte un témoin unique , tel qu'il ſoit , ne prouve rien. *Unus teſtis , nullus teſtis. Leg.* 9. §. 1. *cod. de teſtibus.*

Pour ce qui eſt des témoins en matiere criminelle, *voyez* le titre 6. de l'Ordonnance de 1670. *Voyez* auſſi le titre 15. de la même Ordonnance.

A l'égard de l'effet que produit la preuve par témoins , *voyez* ce que j'en ai dit en parlant de la preuve teſtimoniale.

TEMOINS NECESSAIRES , ſont ceux qui par rapport à leur état ne ſont pas régulièrement admis à porter témoignage dans les affaires qui concernent les perſonnes dans la dépendance deſquelles ils ſont, dont néanmoins le témoignage eſt reçu par néceſſité dans les choſes dont il n'y a gueres qu'eux qui puiſſent en avoir connoiſſance.

Ainſi quoique régulièrement le témoignage des domeſtiques ſoit rejetté , comme nous l'avons dit ſur l'article précédent, néanmoins il doit être admis quand il s'agit de faits qui ſe ſont paſſés dans l'intérieur de la maiſon , ſauf à y avoir tel égard que de raison. *Leg. consensu , cod. de repud. & leg.* 3. *cod. de testib. ad quam Gotophredum & Mornacium vide.*

Voyez ce que j'ai dit, lettre P, en parlant de la preuve de crimes qui ne se commettent qu'en cachette.

T E M O I N S SINGULIERS, qui déposent différens faits qui ont rapport à un fait général , & en forment une preuve complette. Il est certain qu'il faut que les témoins soient concordans , comme nous l'avons dit ci-dessus *verbo* Preuve testimoniale ; mais cela n'empêche pas que lorsque dans un cas où il s'agit de prouver une habitude continuelle, & qu'on traite de cette habitude en général , le genre se constate par la preuve de plusieurs espéces de faits particuliers : car alors, quoique les témoins déposent divers faits, on admet leurs dépositions : parce que ces faits ont pour objet le même genre , & tendent à la même fin. Ainsi , en matiere des preuves , quand plusieurs parties tendent à former un tout , ces parties separées , qui ne seroient d'aucun usage , font par leur assemblage un genre complet. *Quando plura tendunt ad perficiendum unum totum , tunc quæ non prosunt singula , si sint simul collecta juvant. Bart. ad leg.* 1. §. 4. *ff. de quest.*

Il est donc certain que quoique des témoins n'attestent pas tous les mêmes faits particuliers, & qu'à cet égard chacun d'eux puisse être regardé comme un témoin unique, dès qu'ils conviennent tous dans le fait général qu'on doit établir, les faits singuliers qu'ils expliquent servent à le prouver. En effet , le genre contenant plusieurs especes, tout ce qui tend à établir ces espéces prouve parfaitement le fait principal.

Tous les Docteurs qui ont traité cette question , disent que des témoins qui ne s'accordent pas dans leurs dépositions, ne sont pas suffisans pour prouver un fait particulier, mais qu'ils peuvent établir un fait général qui résulte de leurs dépositions; comme , par exemple, qu'un homme est un infame, qu'il est brutal, violent, maltraite sa femme, &c. Il n'est donc pas permis de douter que des témoins singuliers forment une preuve complette , lorsqu'il est question de prouver quelque chose en général sur des faits particuliers , d'où résulte la preuve du fait général dont est question.

Voyez Alexandre dans son Conseil 41. de son 1. volume nom. 4. dans son Conseil 13. du septieme volume , nomb. 23. & dans son Conseil 47. nombre 19. du m^me volume. *Voyez* aussi Despeisses , tome. 2. tit. 10. sect. 2.

TEMOINS PEUVENT ESTRE REUNIS DANS UNE SECONDE INFORMATION quand la première a été cassée , ou par l'incompétence du Juge , ou par la nullité ; & cela , à cause de la faveur des preuves, a été jugé au Parlement de Grenoble, par Arrêt du 30. Mars 1666. rapporté par Basset , tom. 2. liv. 7. tit. 2. chap. 1.

TEMOINS MUETS , font des choses inanimées, qui servent à la conviction d'un accusé. Ils ne font point de preuve pleine & entiere ; ils ne peuvent passer que pour des semi-preuves.

Par exemple , un homme a été égorgé en sa Chambre ; on y trouve le couteau d'un autre ; ce couteau est un témoin muet, qui dénote que celui à qui il appartient est l'assassin ; mais cela ne passe pas pour une preuve.

T E M O I N S EN TERMES D'ARPENTAGE , font de petits tuileaux, ou autres marques que les Arpenteurs mettent sous les pierres qui servent de bornes aux héritages. On ordonne souvent qu'on levera la borne , afin de voir s'il y a des témoins qui marquent que c'en soit un effectivement.

TEMPS , signifie un terme , un jour certain & précis , dans lequel il faut qu'une chose soit faite , pour qu'elle soit valable.

TEMPS ACCORDÉ POUR INTERJETTER APPEL , est défini en l'article 12. & en l'article 17. du titre 27. de l'Ordonnance de 1667.

Voici les termes de l'article 12. » Si aucun est » condamné par Sentence, & qu'elle ait été signifiée » avec toutes les formalités ordonnées pour les ajour- » nemens, & qu'après trois ans écoulés depuis la sig- » nification ; celui qui a obtenu la Sentence l'ait som- » mé avec pareille solemnité d'en interjetter appel ; » celui qui est condamné ne sera plus recevable à en * appeler six mois après la sommation ; mais la » Sentence passera en force de chose jugée : ce » qui aura lieu pour les domaines de l'Eglise , Hô- » pitaux , Colleges , Universités & Maladreries , » si ce n'est que le premier délai sera de six ans » au lieu de trois.

L'article 17. porte : » Au défaut des sommations » ci-dessus , les Sentences n'auront force de choses » jugées qu'après dix ans , à compter du jour de » leur signification , & qu'après vingt années à l'é- » gard des domaines de l'Eglise , Hôpitaux , Col- » leges , Universités & Maladreries , à compter aussi » du jour de la signification des Sentences ; lesquel- » les dix & vingt années courront , tant entre pré- » sens qu'absens.

Voyez ce qu'a dit Bornier sur ces articles. Nous remarquerons seulement ici que l'on n'est point d'accord au Palais de quelle maniere se doivent entendre ces termes : *Que les Sentences passeront en force de chose jugée , six mois après les sommations d'en interjetter appel , ou dix ans après la signification , quand il n'y a point eu de sommation.*

Les uns prennant ces termes de l'Ordonnance à la lettre , disent qu'il n'est plus permis dans ce cas d'en interjetter appel ; & par conséquent que cette disposition rend celui qui est condamné par la Sentence non-recevable à en interjetter appel.

D'autres , au contraire prétendent que l'effet de cette disposition de l'Ordonnance, n'est que de rendre le Jugement exécutoire nonobstant l'appel, & non pas d'empêcher que l'appel ne soit recevable dans les trente années. Cet avis paroît contraire au texte de l'Ordonnance ; mais il faut demeurer d'accord qu'il y a quelques articles des Ordonnances qui n'ont jamais été reçus par l'usage : Or ceux qui tiennent cette opinion, alléguent quelques Arrêts, qui contiennent une semblable décision à leur avis ; enfin ils le fondent sur ce que le Roi n'a point dérogé expressément à l'usage établi avant l'Ordonnance, de recevoir les appellations pendant trente années.

Cependant l'Auteur des notes fur Bornier, en l'article 17. cité ci-deffus, dit que l'on a vécu long-tems au Palais , même depuis l'Ordonnance de 1667. dans un ufage contraire à cet article , & qu'on ne donnoit aux Sentences force de chofe jugée qu'après trente ans ; mais enfin on s'eft rendu à cette difpofition qui n'accorde que dix années, à compter du jour de leur fignification, pourvu qu'elle foit faite au véritabie domicile : car une fignification qui feroit faite à un domicile élu par un acte paffé entre les Parties, n'opéreroit pas la fin de non-recevoir après les dix années , & il faudroit alors trente ans. Il en faut dire de même de la fignification qui feroit faite au domicile d'un Procureur.

TEMPS QUE L'ON A POUR METTRE A EXÉCUTION UNE FACULTÉ. Il faut diftinguer entre la faculté qui procède de la nature ou de la Loi , & celle qui provient de la convention des Parties. La premiere ne s'éteint par quelque prefcription que ce foit ; & l'autre fe prefcrit par trente ans , quand elle eft fans préfinition de tems ; mais quand le tems en eft préfini , ce délai n'eft pas péremptoire ; il faut encore une Sentence qui porte quelque tems pour faire ce dont eft queftion , & qui porte qu'après ce tems l'on en fera déchu. Voyez lettre F , ce que j'ai dit verbo Faculté de faire quelque chofe.

TEMPS QUE L'ON A POUR PAYER UNE LETTRE DE CHANGE , voyez Change ; voyez Délai de dix jours après l'échéance des lettres & billets de change , accordé pour en faire le payement.

TEMPS DANS LEQUEL LA FOI ET HOMMAGE DOIT ÉSTRE FAITE. Voyez Foi & Hommage.

TEMPS DANS LEQUEL DOIT ESTRE FAIT L'AVEU ET DENOMBREMENT. Voyez Aveu.

TEMPS DANS LEQUEL DOIT ESTRE INTENTÉE L'ACTION EN RETRAIT. Voyez Retrait.

TENANCIER , fe dit du propriétaire ou détempteur d'un héritage tenu à cens ou à rente fonciere , ou à bail emphitéotique , à l'égard du Seigneur auquel le cens ou la rente fonciere eft dûe , ou qui a baillé à titre d'emphitéofe ; autrement ce terme ne fe peut pas prendre fimplement pour propriétaire ; & je ne puis pas dire , je fuis tenancier d'un tel fonds , pour dire j'en fuis le propriétaire.

TENANCIER , fe dit auffi quelquefois des fermiers d'une petite métairie dépendante d'une plus groffe ferme.

TENANT. Ce terme indéclinable fignifie celui qui tient.

TENANS ET ABOUTISSANS , font les héritages voifins qui bornent une terre de tous côtés, lefquels doivent être exprimés & déclarés en action réelle ou hypothécaire , afin que le défendeur ne puiffe point ignorer pour quel heritage il eft pourfuivi. Voyez Défignation.

Cette formalité de déclarer les héritages rotures par tenans & aboutiffans , confifte à les orienter & défigner par les Soleils , en déclarant chaque bout

& côté, fi c'eft au midi, au feptentrion, à l'orient , ou à l'occident qu'il eft expofé , & les noms des propriétaires à qui appartiennent les héritages y contigus.

Cette formalité eft fi effentielle pour la validité de la faifie réelle, que fi elle étoit omife, il y auroit nullité , tant pour la faifie , que pour les criées.

S'il y a des rotures avec des fiefs , il faut déclarer les rotures par le menu , & par tenans & aboutiffans , & les fiefs par appartenances & dépendances. Voyez l'article 345. & le fuivant de la Coutume de Paris.

TENEMENT , eft une métairie qui dépend d'une Seigneurie. Ce terme fignifie auffi une piece de terre de plufieurs arpens qui tiennent tous enfemble. Enfin il fignifie une prefcription particuliere, laquelle a lieu dans les Coutumes d'Anjou , du Maine , de Tourraine & du Loudunois.

Par cette prefcription , un héritage ou autre immeuble , acquis à jufte titre de bonne foi , & poffédé pendant cinq ans ou pendant dix ans , paiffiblement & fans interruption , ni inquiétation , eft déchargé de toutes charges , rentes & hypotheques conftituées fur l'héritage , à moins que l'héritage n'eût été baillé à rente ou à la charge dont feroit queftion , ou que ce ne fut contre le Seigneur du fief, contre lequel cette prefcription n'eft point admife.

Cette prefcription n'a point lieu de la même maniere dans toutes ces Coutumes. En Anjou , & au Maine , l'acquéreur fe peut défendre par le tenement de dix ans , contre toutes hypotheques créées avant trente années ; & par le tenement de cinq ans , contre toutes celles qui font créées depuis trente ans.

Dans les Coutumes de Tourraine & du Loudunois , l'acquéreur fe peut défendre par le tenement de cinq ans contre les acquéreurs de rentes conftituées , dons & legs faits depuis 30. ans ; mais à l'égard des autres dettes hypothécaires , contractées avant ou depuis trente ans , elles ne font point fujettes au tenement.

Le tenement dans fon origine n'étoit autre chofe que la faifine , ou la poffeffion d'an & jour ; mais comme cette prefcription étoit trop courte, on l'étendit au tems de cinq années.

Voyez la Differtation qu'a fait M. Lauriere fur les tenemens de cinq ans ; Dupineau, nouvelle édition , Arrêt 7. chapitre 11. & le Journal des Audiences , tom. 5. liv. 13. chap. 7.

TENEUR , fignifie ce qu'un écrit porte , ce qu'il contient en fubftance, & quelquefois il fignifie une copie d'un acte dans toute fon étendue , comme quand on dit : voici un tel acte dans toute fa teneur.

Les Arrêts confirmatifs des Sentences portent , qu'elles feront exécutées felon leur forme & teneur; c'eft-à-dire , dans tout ce qu'elles contiennent.

Les procès verbaux & les comptes commencent à faire mention de la Sentence ou commiffion, dont ils difent que la teneur s'enfuit , c'eft-à-dire , la copie.

TENUE , fe dit des Etats , Conciles , & autres

affemblées qui fe tiennent durant certains temps.

TENUES NOBLES EN MATIERE FÉODALE, font les fiefs qu'on tient ligement & fans moyen. *Voyez* ce qui en eft dit dans le Gloffaire du Droit Fran- çois , *verbo* Ligement.

TENURE , fignifie relevance d'un fief. *Voyez* Bafnage fur l'article 103. & fur l'article 138. de la Coutume de Normandie.

TERGIVERSER , fignifie chicaner , biaifer , met- tre des obftacles pour empêcher la conclufion ou le Jugement d'une affaire.

TERME , eft le tems où les chofes aboutiffent. *Voyez* Echéance.

Les loyers de maifons fe payent ordinairement aux quatre termes de l'année , qui font Pâques , la S. Jean , la S. Remi & Noël.

On dit en commun proverbe , qui a terme ne doit rien , pour dire que qui a terme ne peut pas être contraint à payer que le terme ne foit échu.

Celui qui a un terme pour payer , ou pour déli- vrer , ou pour faire quelque chofe n'eft en de- meure , & ne peut être valablement pourfuivi , qu'après le dernier moment du terme expiré ; car on ne peut pas dire qu'il n'ait point fatisfait juf- qu'à ce que le délai entier fe foit écoulé ; *quia quan- do folutioni dies adjicitur in gratiam debitoris totus hic dies ejus arbitrio tribuitur.*

Ainfi celui qui doit dans une année , dans un mois , dans un jour , a pour fon délai tous les mo- mens de l'année , du mois , ou du jour. *Leg.* 50. *ff. de obligat. & actionib. Leg.* 42. *ff. de verbor. obligat.*

Il faut excepter quand quelqu'un promet de don- ner *hodie* dans ce jour ; car alors on peut agir le jour même , parce que ce jour eft ajouté en fa- veur du créancier. *Leg.* 118. *ff. de verbor. obligat. Voyez* ce que j'ai dit fur le titre 16. du troifieme livre des Inftitutes.

Autrefois le terme de payer qu'accordoit un créan- cier privilégié , le faifoit déchoir de fon privile- ge, & rendoit fa dette commune & ordinaire ; mais cet ufage a été aboli par l'article 177. de la Coutu- me de Paris, qui décide que quand le vendeur d'une chofe mobiliaire auroit donné terme , fi la chofe fe trouvoit faifie fur le débiteur par un au- tre créancier, il pourroit empêcher la vente , & être préféré fur la chofe aux autres créanciers. *Voyez* Loifel, liv. 3. tit. 1. article 8. & la note de M. Lauriere.

TERME , fe prend dans nos Coutumes pour un quartier de l'année.

TERME enfuivant , fignifie le terme qui fuit celui qui court , comme je l'ai remarqué fur l'article 109. de la Coutume de Paris.

TERMES , font des mots qui fervent aux hommes pour exprimer leurs fentimens , ou pour faire connoître les chofes comme fi elles étoient préfentes ; mais comme beaucoup de termes fe prennent , ou dans leur propre fignification , ou dans une fignification moins propre , il eft de la prudence de ceux qui font quelque difpofition en- tre-vifs ou à caufe de mort de ne fe fervir que de termes convenables à leur intention , & qui les ex-

priment fi clairement , qu'ils ne laiffent aucun fu- jet d'en douter ; autrement on eft expofé à fubir bien des conteftations qui naiffent à ce fujet , & qui ne font pas toujours faciles à décider , quel- ques regles que les Jurifconfultes ayent données pour l'interprétation des chofes douteufes. *Voyez* ci-deffus Chofes douteufes.

TERMES ESSENTIELS , font des termes qui par la difpofition de la Coutume , doivent être né- ceffairement exprimés , à peine de nullité de l'acte ; enforte qu'ils ne peuvent être fuppléés par des ter- mes équivalens. Nous en avons quelques-uns dans la Coutume de Paris.

Au fujet du retrait lignager , il faut que le de- mandeur en retrait , offre *bourfe , deniers , loyaux- coûts & à parfaire,* tant par l'ajournement qu'à chaque journée de la caufe principale , jufqu'à con- teftation en caufe inclufivement , & d'appel auffi inclufivement , ainfi qu'il eft porté en l'article 140.

Pour l'autorifation de la femme mariée qui s'o- blige, il faut , pour que l'autorifation foit valable, que le mari fe ferve du terme d'autorifation , ou d'autorifer tous autres termes équipolens ne fuffi- roient pas. *Autoritas quæ interponi debet à marito , debet formalizer infcribi in contractu per verbum autorifo , & non fufficeret illum exprimere per equi- pollens.*

A plus forte raifon l'omiffion qui feroit faite de ce terme , cauferoit la nullité de l'acte , comme nous l'avons dit fur l'article 223. de la Coutume de Paris.

A l'égard des teftamens , avant la derniere Or- donnance du mois d'Août 1735. les mots de *dicté , nommé , relu,* étoient abfolument effentiels pour qu'ils fuffent valables ; mais depuis il n'eft plus ab- folument néceffaire de fe fervir de ces termes , ou d'autres qui étoient autrefois requis par les Coutu- mes & Statuts : enforte que leur omiffion ne cau- feroit plus la nullité du teftament , fuivant l'arti- cle 23. de cette nouvelle Ordonnance.

TERMES DEMONSTRATIFS OU LIMITATIFS. Pour entendre la différence qu'il y a entre la fignification de ces deux termes , il faut fçavoir qu'on peut af- figner un legs fur un fonds ou fur une dette , de forte que le legs ou le legs fe puiffe prendre fur le fonds ou la dette défignée , & auffi fur les au- tres biens du défunt : ou biens uniquement fur le fond ou fur la dette défignée , fans aucun recours fur les autres biens du teftateur.

Au premier cas , c'eft-à-dire , quand l'affignat eft démontratif , l'héritier n'eft pas libéré par la per- te de la chofe , ni par l'abandonnement qu'il en feroit.

Au fecond cas , c'eft-à-dire , quand l'affignat eft limitatif , l'héritier eft libéré par la perte de la cho- fe , ou l'abandonnement qu'il en feroit.

La queftion eft de fçavoir , quand les termes de l'affignat font démonftratifs ou limitatifs.

Il faut diftinguer fi c'eft une efpéce , un corps certain que legue le teftateur , ou fi c'eft une fom- me , une quantité.

Si c'eft un corps certain que légue le teftateur , l'affignat eft limitatif , & il fuffit à l'héritier de li-

vrer le corps tel qu'il eſt ; & s'il n'eſt point en nature , ou s'il n'eſt pas ſuffiſant pour ſatisfaire à la
volonté du défunt , il n'eſt rien dû davantage.

Si c'eſt une ſomme, une quantité qui eſt léguée,
il faut délivrer la ſomme entière ; & ſi les biens aſſignés ne ſuffiſent pas , le légataire peut ſe pourvoir
ſur les autres biens , pourvû que la ſomme ou la
quantité léguée ne tiennent pas lieu d'un corps
certain.

Par exemple , ſi le teſtateur avoit légué la ſomme
de mille livres que Titius lui doit par une promeſſe , ce legs ſeroit fait d'un corps certain ; ce ſeroit
nomen legatum , le legs de la dette de Titius. Il en
eſt de même du legs que le teſtateur feroit de cent
piſtoles qui ſont dans ſon coffre : car s'il y en avoit
moins , l'héritier ſeroit déchargé en donnant au
légataire ce qui s'y trouveroit ; & s'il n'y en avoit
point , le legs deviendroit nul. *Leg.* 108 , §. 10.
ff. de legat. 1.

Voyez ce que j'ai dit ſur l'article 99. de la Coutume de Paris , & les Arrêts des 31. Août 1675.
& 1. Septembre 1681. qui ſont rapportés dans le
Journal du Palais; & le Dictionnaire de M. Brillon,
tom. 4. pag. 50. & 58.

TERMES DIRECTS , ET TERMES OBLIQUES OU
INDIRECTS , font une ſignification bien différente.

Termes directs , ſont ceux qui tombent directement ſur la perſonne de celui qu'un teſtateur fait
héritier , ou à qui il laiſſe quelque choſe , ſans l'entremiſe d'une autre perſonne. *Leg. eam , cod. de fideicom. juncta gloſſa.*

Termes obliques ou indirects , ſont ceux dont on
ſe ſert pour laiſſer quelque choſe à quelqu'un par
l'entremiſe d'une autre perſonne , pour la recevoir
par ſes mains. *Leg. cohæredi , §. cum filiæ. ff. de
vulg. & pupil. ſubſtit.*

Toute inſtitution d'héritier doit être faite en termes directs ; & celle qui eſt faite en termes obliques
& indirects , eſt appellée fidéicommis univerſel ,
quand elle eſt faite dans le premier degré ; mais
quand elle eſt faite dans le ſecond , ou autre plus
éloigné , elle eſt appellée ſubſtitution fidéicommiſſaire.

On appelle auſſi legs , toutes les libéralités qu'un
teſtateur fait à titre particulier à quelqu'un en termes directs ; & au lieu qu'on nomme fidéicommis ,
les libéralités particulieres qu'un teſtateur fait à quelqu'un en termes obliques & indirects.

TERMES PROHIBITIFS ET NEGATIFS , ſont des
termes qui ſe trouvent dans les Ordonnances &
dans nos Coutumes , qui marquent qu'elles défendent quelque choſe , & annullent tout ce qui pourroit être fait au contraire , quoique la clauſe irritante n'ait pas été ajoutée à cette prohibition. Ainſi , quand l'Ordonnance eſt conçue en termes prohibitifs , par exemple , *ne pourront, &c.* elle emporte avec ſoi peine de nullité de ce qui ſe fait au préjudice de cette prohibition. *Legiſlatori prohibuiſſe
ſufficiat ; nam quæ lege fieri prohibentur , ſi fuerint
facta pro infectis habentur. Leg.* 5. *cod. de legib. Voyez*
Clauſe irritante.

La plupart des articles du titre 10. de la Coutume de Paris ſont , à l'égard des femmes , conçus
en termes négatifs d'où il faut conclure que dans
cette Coutume la femme mariée ne peut rien faire
d'elle-même en Jugement ou hors Jugement , ſans
le conſentement ou l'autorité de ſon mari ; & que
les actes, qu'elle feroit autrement ſeroient nuls , de
plein droit , ſi ce n'eſt dans le cas où la Coutume
par forme d'exception , a donnée la liberté aux
femmes d'agir par elles-mêmes , ſans l'autorité &
le conſentement de leurs maris.

TERMES LATINS QUI ONT ÉTÉ FRANCISÉS
par les Práticiens , pour plus grande commodité &
briéveté.

Ragueau ſur le mot d'*iterato* , en rapporte pluſieurs. Il dit d'abord que ce terme ſignifie une ſeconde commiſſion ou décret de la Cour de Parlement , par lequel il eſt mandé de mettre à exécution ce qui avoit été ordonné , nonobſtant le ſuſan ;
ou pour paſſer outre à l'exécution d'un exécutoire
de dépens , nonobſtant oppoſition ou appellation ,
pour avoir été taxés en la préſence de la Partie condamnée. Il dit enſuite que les Praticiens ont retenu en uſage pluſieurs autres dictions & phraſes priſes du latin , duquel ils uſoient anciennement en
Juſtice ou finance ; comme *viſa* , *contentor* , *placet* ,
pareatis , *vidimus* , *recuperetur* , *oſtendatur* , *adver-
tatur* , *interdit* , les *debentur* des Chambres des
Comptes , *capiatis* , *capiatur* , *radiatur* , *idem* ,
item , *hinc* , *inde* , *ne varietur* , *ad inſtar* , *quouſque* ,
tradita , *deficit* , *tenet* , *pro media.*

Nous avons encore *ab inteſtat* , *dictum* , *tranſeat* ,
pro vino , *alias comparuit* , *reſultat* , *congé ex
nunc* , appeller *omiſſo medio* , *toties quoties* , *ſub pœna convicti* , *in mente curiæ fiat* , *vel conceſſum ut
petitur* , Juger *an benè vel malè* , Juge *à quo* , Juge *ad quem* , procuration *ad lites* , procuration *ad
reſignandum* , commiſſion *ad partes* , à juger les dépens *pro rata victoriæ* , Lettres de *debitis* ou *debentur* , condamner *in petitis* , réponſe par *credit vel
non* , Lettres *ne lite pendente* , *alibi* , *ex officio* , *illico* , *ſervivi* , & l'*ita eſt* du Garde du ſcel aux contrat de la Prévôté de Paris ; le *biſcapit* de la Chambre des Comptes , quand une Partie eſt deux fois
employée en dépenſe ; le *ſtipes* & le *nobis* qui appartiennent aux Gens des comptes & le *refutata*
de Chancellerie.

Enfin pluſieurs autres dictions & phraſes de Pratique tirent leur origine de la Langue latine : comme *recepiſſé* , *compulſoire* , *exécutoire* , *quinqueneles* ,
ſubhaſtations , *certificat* , *ſubreption* , *obreption* , *adjudication* , *licitation* , *examen à futur* , *indults* , *regret* ,
graces expectatives , *examiner témoins en turbe* , *eſter
à droit* , & autres manieres de parler.

TERRAGE , eſt un droit de gerbe de bled & légumes que le Seigneur de la terre prend. Le terrage & le champart ſont une même redevance ; auſſi
ſont-ils joints enſemble dans pluſieurs de nos Coutumes , comme en celle de Dunois , article 28. &
51. d'Amiens , article 193 , 195 & 197.

Voyez Champart , & ce qui eſt dit ſur le mot
Terrage dans le Dictionnaire de Trévoux.

TERRAGEAU , eſt le Seigneur auquel appartient le droit de terrage ; & celui qui poſſede terre
ſujette à ce droit eſt appellé terragier.

TERRE, fignifie, I°. une grande étenduë de pays, un Etat, un Royaume; II°. un canton, une contrée, un fief qui a des dépendances & des redevances; III°. un fimple domaine, un héritage, un champ.

TERRES ALLODIALES, font celles qui font tenues en franc-aleu, à la différence des fiefs & des cenfives.

TERRES EMBLAVÉES, font des terres chargées de bled qui est déjà levé; & quand le bled n'est pas encore levé, les terres dans lefquelles le bled eft enfemencé, font appellées terres femées ou en-femencées.

TERRES JECTISSES, font des terres jettées & amaffées par main d'homme dans un lieu pour l'ex-hauffer, & non pas celles qui par leur affiette natu-relle, font plus hautes d'un côté que d'un autre.

Voyez Coquille fur l'art. 12. du tit. 16. de la Cou-tume de Nivernois, & ce que j'ai dit fur l'art. 192. de la Coutume de Paris.

TERRES LABOURÉES ET FUMÉES, font celles où l'on plante des herbes, foit médicinales ou potage-res, fleurs, arbres & généralement toutes fortes de plantes.

Voyez ce que j'ai dit fur l'art. 172. de la Coutume de Paris.

TERRIER. Voyez Papier terrier.

TERRITOIRE, fe prend pour l'étendue des terres qui font fujettes à une Seigneurie ou à une Jurifdiction: ainfi il y a grande différence entre ter-rein, terroir & territoire.

Territorium ab eo dictum eft, quod Magiftratus jus ibi terrendi habeat. Leg. 239. §. 8. ff. de verbor. fignificat.

TESTAMENT, eft une déclaration & une ordon-nance folemnelle de ce que nous voulons être exé-cuté après notre mort. Cette déclaration eft un acte fait par les formes prefcrites par les Loix ou par les Coutumes locales, qui marquent les der-nieres volontés d'une perfonne au fujet de fes biens après fa mort.

Cette déclaration eft folemnelle; en quoi par le Droit Romain elle differe des codicilles, comme nous avons dit, verbo Codicille.

Elle contient une difpofition de derniere volon-té, qui ne commence par conféquent à avoir effet qu'après la mort du teftateur, & qui peut toujours être par lui revoquée jufqu'au dernier moment de fa vie.

La volonté du teftateur eft l'ame de fon tefta-ment. Semper veftigia voluntatis teftatorum fequimur. Leg. 5. cod. de neceff. ferv. hæred. inft. Cette volonté eft refpectée jufques dans les expreffions ambiguës qui la cachent. Leg. 3. ff. de rebus dubiis. Ainfi, de quelque façon que la volonté du teftateur fe puiffe développer, les nuages dont elle eft environ-née ne lui font aucun obstacle; elle s'obferve in-violablement, pour peu qu'on la puiffe connoître.

Le teftament eft ainfi appellé, pour marquer que c'eft une déclaration de notre volonté faite de-vant des témoins. Teftatio mentis, hoc eft voluntas teftata, feu téftibus adhibitis declarata & probata; deducto teftamenti nomine ex ipfa rei fubftantia, non verò ex ipfis verbis. Ainfi mal-à-propos certains Grammairiens ont voulu glofer fur cette étymolo-gie, difant: Teftamentum ex eo appellatur, quod fit teftatio mentis, eadem ratione, quâ dicitur calcea-mentum calcatio mentis.

Une condition effentielle pour la validité d'un teftament, eft que le teftateur ait la faculté de tefter: Quæ quidem facultas competit non jure domi-nii, fed jure legis; comme je l'ai dit verbo Fa-culté.

Voyez touchant les teftamens, ce que j'ai dit fur le titre 10. du fecond livre des Inftitutes, & les titres fuivans du même Livre, où il eft parlé des conditions qui étoient requifes chez les Ro-mains pour qu'un teftament pût avoir fon exécu-tion, & où nous remarquerons ce qui fe pratique parmi nous à cet égard tant en pays coutumier, qu'en pays de droit écrit. Voyez auffi ce que j'ai dit fur les articles du titre 14. de la Coutume de Paris, où la matiere des teftamens eft amplement traitée.

Pour ce qui eft de l'âge auquel on peut tefter, voyez ci-deffus verbo Age.

A l'égard des biens dont on peut difpofer par teftament, il faut diftinguer les pays de Droit écrit d'avec les pays de Droit coutumier.

En pays de Droit écrit, on peut difpofer par teftament de fes biens de quelque nature qu'ils foient: mais en pays coutumier on ne peut difpo-fer que du quint de fes propres, comme je l'ai dit verbo Propre, & verbo Quatre-quint.

Comme les meubles ne font pas de longue du-rée, & que la poffeffion en eft momentanée, fi-quidem res mobilia poteft una hora tranfire per centum manus, nos Coutumes permettent d'en difpofer à notre volonté. Elles nous accordent la même fa-culté à l'égard des immeubles qu'on a acquis par fon travail, & par fon économie, & généralement de tous les immeubles qui font acquêts en notre perfonne.

La raifon eft, qu'il eft jufte de laiffer à un hom-me la fatisfaction de favorifer en mourant ceux qui lui ont été chers & qui ont mérité fon amitié, puifque la feule confolation qui nous refte en quit-tant les chofes de ce monde, eft de les laiffer à nos amis, fur-tout quand on décede fans enfans; car quiconque eft a lorfqu'il decede, doit leur laiffer au moins leur légitime.

Par le Droit Romain, les teftamens font ou écrits, ou nuncupatif. Il y a deux autres fortes de teftamens qui font en ufage parmi nous en pays coutumier; fçavoir, le teftament olographe, & le teftament folemnel.

TESTAMENS ECRITS, font ceux que le tefta-teur redige ou fait rediger par écrit, en préfence de fept témoins convoqués exprès de fa part pour ce fujet, lequel teftament doit être muni de l'ap-pofition des cachets des témoins, & de la fignature du teftateur & de celles des témoins.

Touchant les témoins, il faut remarquer qu'ils doivent être du fexe mafculin, puberes & capables de recevoir par teftament.

TESTAMENS NUNCUPATIFS, font ceux qui fe faifoient de vive voix devant fept témoins mâles, âgés de quatorze ans & capables de recevoir par teſtament ; en ſorte qu'il ſuffiſoit pour leur validité que le teſtateur déclarât ſa derniere volonté en préſence de ſept témoins par lui priés & convoqués à cet effet.

Ainſi les teſtamens nuncupatifs ſe faiſoient ſans écrits, ſans ſignature, & ſans appoſition de cachets; & la preuve de ces ſortes de diſpoſitions ſe faiſoit par les témoins après la mort du teſtateur, leſquels manifeſtoient ſa volonté.

Ce genre de teſtamens entraîne après ſoi de grands inconveniens. I°. Les témoins peuvent mourir avant le teſtateur. II°. Ils peuvent oublier les différentes diſpoſitions du teſtateur. III°. Ils peuvent être corrompus pour les augmenter ou diminuer. Enfin ce genre de teſtamens eſt contraire aux Ordonnances, qui défendent la preuve par témoins au deſſus de cent livres.

Aujourd'hui toutes diſpoſitions teſtamentaires ou à cauſe de mort, de quelque qualité qu'elles ſoient, doivent être faite par écrit : ainſi celles qui ſont faites verbalement ſont nulles; de ſorte que la preuve par témoins, même ſous prétexte de la modicité de la ſomme dont on auroit diſpoſé, n'eſt pas admiſſible.

Mais l'uſage des teſtamens nuncupatifs écrits, & des teſtamens myſtiques ou ſecrets, a toujours lieu dans les pays de Droit écrit, & autres où leſdires formes de teſter ſont autoriſées par les Coutumes & Statuts.

Voyez ce que j'ai dit ſur le §. dernier du titre 10. du ſecond livre des inſtitutes, & les douze premiers articles de la nouvelle Ordonnance des Teſtamens du mois d'Août 1735.

TESTAMENT OLOGRAPHE, eſt un teſtament qui eſt entierement écrit, daté & ſigné de la main du teſtateur.

S'il y avoit des choſes écrites d'une autre main, cela cauſeroit la nullité du teſtament.

Les témoins ne ſont point néceſſaires dans le teſtament olographe dans la Coutume de Paris, ni dans les autres qui n'en parlent point, parce que cette eſpece de teſtament ne requiert aucune ſolemnité.

A l'égard de la preuve, elle s'en fait par l'écriture & la ſignature du teſtateur, par comparaiſon d'autres écritures & ſignatures faites par lui.

Ce teſtament eſt en uſage dans le pays coutumier, & non pas dans le pays de Droit écrit, ſi ce n'eſt dans ceux qui ſont du reſſort du Parlement de Paris.

Il faut néanmoins excepter le Beaujolois, où le teſtament olographe n'eſt pas valable, quoique le Beaujolois ſoit du Parlement de Paris (comme il a été jugé par un Arrêt très notable, rendu en la Grand'Chambre le 20. Août 1725. & ordonné être lû & publié au Bailliage de Villefranche & Beaujolois.

Quoique les teſtamens olographes ne ſoient pas valables dans les pays de Droit écrit, néanmoins ils y ſont valables quand ils ſont faits par le pere ou par la mere entre leurs enfans, pourvû qu'ils ſoient entierement écrits, datés & ſignés de la main du teſ-

tateur ou de la teſtatrice. Voyez l'article 16. & les ſuivans de la nouvelle Ordonnance.

Touchant le teſtament olographe, voyez ce que j'en ai dit ſur l'article 289. de la Coutume de Paris.

TESTAMENT SOLEMNEL, eſt celui qui eſt dicté par le teſtateur, reçu par perſonnes publiques, & revêtu des ſolemnités requiſes par les Ordonnances & par la Coutume du lieu où il eſt fait.

Il doit donc être dicté par le teſtateur, & non pas par une autre perſonne en ſon lieu & place.

Il doit être reçu par perſonnes publiques, c'eſt-à-dire, qu'il doit être paſſé pardevant deux Notaires, ou pardevant le Curé de la Paroiſſe du teſtateur, ou ſon Vicaire général & un Notaire, ou pardevant ledit Curé ou Vicaire & trois témoins, ou enfin pardevant un Notaire & deux témoins ; iceux témoins idoines, ſuffiſans, mâles, âgés de vingt ans accomplis, & non légataires.

Dans la Coutume de Paris & dans pluſieurs autres, il ne ſuffiſoit pas que ce teſtament eût été dicté & nommé par le teſtateur, il falloit encore qu'il lui eût été relû, & qu'il fût fait mention audit teſtament qu'il avoit été ainſi dicté, nommé & relû ; mais aujourd'hui ces termes ne ſont pas préciſément néceſſaires, ſuivans l'article 23. de la nouvelle Ordonnance de 1735.

Enfin pour la validité de ce teſtament, il faut qu'il ſoit ſigné par le teſtateur & par les témoins, ou que mention ſoit faite qu'ils ont été interpellés de ſigner & de la cauſe pour laquelle ils n'ont pû ſigner. Il faut cependant qu'il y ait un témoin qui ſigne le teſtament, à peine de nullité.

TESTAMENT MYSTIQUE OU SECRET, eſt celui que le teſtateur a écrit ou fait écrire, & mis dans une enveloppe cachetée de ſon ſceau, qu'il préſente enſuite à ſept témoins au moins y compris le Notaire ou Tabellion : ou qu'il fait écrire & ſceller en leur préſence en déclarant que le contenu audit papier eſt ſon teſtament écrit & ſigné de lui, ou écrit par un autre & ſigné de lui, dont le Notaire ou Tabellion en dreſſe l'acte de ſubſcription, qui doit être écrit ſur ledit papier & ſur la feuille qui doit ſervir d'enveloppe ; & ledit acte doit être ſigné tant par le teſtateur que par le Notaire ou Tabellion, enſemble par les autres témoins ſans qu'il ſoit néceſſaire d'y appoſer le ſceau de chacun deſdits témoins : ce qu'il doit être de ſuite & ſans divertir à d'autres actes ; & au cas que le teſtateur, par un empêchement ſurvenu depuis la ſignature du teſtament, ne puiſſe ſigner l'acte de ſubſcription, il doit être fait mention de la déclaration qu'il en fera, ſans qu'il ſoit beſoin en ce cas d'augmenter le nombre des témoins.

Ce genre de teſtament introduit par la Loi 21. cod. de teſtament. eſt appellé myſtique, parce qu'il participe du nuncupatif & de l'olographe. Il y a des Provinces où il eſt appellé teſtament ſolemnel, dans d'autres teſtament ſecret, & pluſieurs teſtament clos & caché.

Si le teſtateur ne ſçait pas ſigner, ou s'il n'a pû le faire lorſqu'il a fait écrire ſes diſpoſitions, il doit être appellé à l'acte de ſubſcription un témoin outre le nombre porté ci-deſſus, lequel doit ſigner ledit acte avec les autres témoins ; & mention doit être faite de la cauſe pour laquelle ledit témoin aura été appellé.

Ceux qui ne ſçavent ou ne peuvent lire, ne pourront faire de diſpoſition dans la forme du teſtament myſtique.

Cependant ſi le teſtateur ne ſçait pas parler, mais qu'il puiſſe écrire, il peut faire un teſtament myſtique à la charge que ledit teſtament ſoit entiérement écrit, daté & ſigné de ſa main ; qu'en cet état il le préſente au Notaire ou Tabellion, & aux autres témoins ; & qu'au haut de l'acte de ſubſcription il écrive en leur préſence, que le papier qu'il préſente eſt ſon teſtament : après quoi ledit Notaire ou Tabellion doit écrire l'acte de ſubſcription, dans lequel il doit faire mention, que le teſtateur a écrit ces mots en préſence dudit Notaire ou Tabellion & des témoins ; & au ſurplus, doit être obſervé tout ce qui eſt preſcrit par l'article 9. de l'Ordonnance des Teſtamens du mois d'Août 1735. dont nous avons ci-deſſus rapporté la teneur.

Indépendamment du nombre des témoins requis par ledit article 9. on peut cependant ſuivre les Statuts & Coutumes obſervées dans les lieux régis par le Droit écrit, qui exigent un moindre nombre de témoins que celui qui eſt ordonné par ledit art. 9. à la charge néanmoins d'appeller un témoin outre le nombre requis par leſdites Coutumes ou Statuts, dans le cas mentionné en l'art. 10.

Il faut enfin dans le cas du teſtament myſtique, y mettre la date des jours, mois & an, tant pour celle de la diſpoſition, que pour celle de la ſubſcription.

Tout ceci eſt tiré des articles 9. 10. 11. 12. 13. & 38. de l'Ordonnance des Teſtamens du mois d'Août 1735.

TESTAMENT D'UNE FEMME EN PUISSANCE DE MARI. La regle eſt certaine, qu'en pays coutumier une femme en puiſſance de mari ne peut point contracter ni s'obliger, ſans être autoriſée de ſon mari ; & au défaut de cette autoriſation, il faut, pour la validité des actes qu'elle paſſe, qu'elle ſoit autoriſée par Juſtice.

Mais cette regle n'a point lieu pour les teſtamens ; & une femme mariée, ſéparée ou non, peut dans preſque toutes nos Coutumes diſpoſer de ſes biens par derniere volonté, ſans être autoriſée de ſon mari, ni par Juſtice. La raiſon eſt, que le teſtament eſt le dernier acte de la vie, que la Loi a laiſſé entiérement au libre arbitre & à la ſeule volonté du teſtateur. *Firma eſſe debent teſtamentorum jura, nec ex alieno pendere arbitrio ; ideòque teſtamentum definitur voluntatis noſtræ juſta ſententia, non verò alienæ.*

D'ailleurs le teſtament n'a lieu qu'après la mort de celui ou de celle qui l'a fait, tems auquel la puiſſance maritale eſt entiérement éteinte. Or il n'eſt pas juſte que l'effet s'étende au-delà de ſa cauſe.

Enfin, quand nos Coutumes qui ſont de Droit écrit ont défendu à la femme mariée de contracter ſans l'autorité de ſon mari, le terme de contracter ne concerne point les diſpoſitions de derniere volonté, ſuivant la Loi 20. *de verborum ſignificatione*, qui dit préciſément, que *verba geſſerunt contraxerunt non pertinent ad jus teſtandi.*

TESTAMENT FAIT PAR LE PERE OU PAR LA MERE, QUI CONTIENT UNE DISPOSITION DE LEURS BIENS ENTRE LEURS ENFANS, eſt valable en pays de Droit écrit, pourvû qu'il ſoit fait en préſence de deux Notaires ou Tabellions, ou d'un Notaire & de deux témoins. Ainſi, pour la validité de ces ſortes de teſtamens, il n'eſt pas néceſſaire d'appeller le nombre des témoins requis dans les autres, ce qui marque combien ils ſont favorables. De plus, s'il eſt olographe, c'eſt-à-dire entiérement écrit, daté & ſigné de la main du teſtateur, il ſera valable entre les enfans & deſcendans, ſuivant les art. 15. & 16. de la nouvelle Ordonnance des Teſtamens, qui déroge à la Novelle 107. de Juſtinien, dont la diſpoſition étoit ſuivie en pays de Droit écrit, avant cette Ordonnance des Teſtamens ; car ſuivant cette Novelle 107. de Juſtinien, un teſtament fait par le pere ou la mere entre leurs enfans, quoiqu'imparfait & deſtitué des formalités réquiſes, étoit valable, pourvû que le teſtateur ſçut lire & écrire, & ſuivit ce que preſcrit cette Novelle.

Enfin il faut remarquer, que ſuivant l'article 38. de la nouvelle Ordonnance des Teſtamens, tous les teſtamens, codicilles, & actes de partages faits par le pere ou la mere entre leurs enfans, ou autre diſpoſition à cauſe de mort, en quelque pays, en quelque forme qu'ils ſoient faits, doivent contenir la date des jours, mois & ans, & ce encore qu'ils fuſſent olographes.

A l'égard du pays coutumier, les teſtamens des peres & meres entre leurs enfans, n'y ont jamais été reçus ſans être revêtus de toutes les ſolemnités réquiſes par les Coutumes des lieux où ils ſont paſſés, de même que cela ſe pratique encore aujourd'hui dans ce Royaume. *Voyez* ce que j'ai dit ci-deſſus, *verbo Partage. Voyez* auſſi Teſtament olographe.

TESTAMENT MILITAIRE, eſt celui qui eſt fait à l'armée par un homme de guerre, & qui n'eſt aſſujetti à aucunes ſolemnités réquiſes pour la validité des teſtamens, pourvû qu'il ſoit fait *in expeditione*.

M. Ricard en ſon Traité des Donations, part. 1. ſect. 10. chap. 3. nomb. 1628. remarque que les teſtamens militaires n'ont été introduits en France qu'en 1409. ſuivant ce que dit l'auteur du grand Coutumier, qu'ils ont été enſuite autoriſés, quoique non rédigés par écrit, par les Ordonnances d'Henry III. de 1576. & 1577. articles 31. & 32. ſur la pacification des troubles, ce qui a depuis été reſtraint par l'Ordonnance de Moulins, qui ne permet pas la preuve par témoins pour choſe excédente la ſomme de cent livres.

Ce privilege, introduit par les Loix Romaines en faveur des ſoldats, eſt donc aujourd'hui reçu en France ; mais l'Ordonnance des Teſtamens du mois d'Août 1735. en a réglé les formalités, qu'il faut *ſuivre*

suivre à la lettre à peine de nullité. Voici ce qu'elle porte.

Les teſtamens militaires de ceux qui ſervent dans les armées, en quelque tems que ce ſoit, doivent être faits en préſence de deux Notaires ou Tabellions, ou d'un Notaire ou Tabellion & deux témoins, ou en préſence de deux Officiers ; ſçavoir, les Majors & les Officiers ſupérieurs d'un Régiment, les Prévôts des Camps & armées, leurs Lieutenans ou Greffiers, & les Commiſſaires des Guerres, ou l'un deſdits Officiers avec deux témoins; & en cas que le teſtateur ſoit malade ou bleſſé, il peut auſſi faire ſes dernieres diſpoſitions en préſence d'un Aumônier des Troupes ou des Hôpitaux avec deux témoins, & ce encore que leſdits Aumôniers fuſſent réguliers. C'eſt la diſpoſition de l'article 27. de ladite Ordonnance.

Le teſtateur doit ſigner ſon teſtament ou telle autre diſpoſition, s'il ſçait & peut ſigner, & en cas qu'il déclare ne ſçavoir ou ne pouvoir le faire, il en doit être fait mention. Leſdits actes doivent être pareillement ſignés par celui ou ceux qui les recevront, enſemble par les témoins, ſans cependant qu'il ſoit néceſſaire d'appeller des témoins qui ſçachent & puiſſent ſigner, ſi ce n'eſt lorſque le teſtateur ne ſçaura ou ne pourra le faire ; & à la réſerve de ce cas, lorſque les témoins, ou l'un d'eux, déclareront qu'ils ne ſçavent ou ne peuvent ſigner, il ſuffira d'en faire mention. C'eſt ce que porte l'article 28.

Les teſtamens olographes faits par ceux qui ſervent dans les armées, en quelque pays que ce ſoit, ſont valables, pourvû qu'ils ſoient entiérement écrits, datés & ſignés de la main de celui qui les aura faits, comme il eſt dit en l'art. 29.

Ces diſpoſitions ne doivent avoir lieu qu'en faveur de ceux qui ſeront actuellement en expédition militaire, ou qui ſeront en quartier ou en garniſon hors le Royaume, ou priſonniers chez les Ennemis, ſans que ceux qui ſont en quartier ou en garniſon dans le Royaume puiſſent profiter de ces diſpoſitions, ſi ce n'eſt qu'ils fuſſent dans une Place aſſiégée ou dans une Citadelle, ou autre lieu dont les portes fuſſent fermées, & la communication interrompue à cauſe de la guerre. Ainſi ordonné par l'article 30.

Ceux qui n'étant ni Officiers, ni engagés dans les Troupes, ſe trouveront à la ſuite des Armées ou chez les Ennemis, ſoit à cauſe de leurs emplois ou fonctions, ſoit pour le ſervice qu'ils rendent aux Officiers, ſoit à l'occaſion de la fourniture des vivres & munitions des Troupes, pourront faire leurs dernieres oppoſitions dans la forme portée par les articles 27. 28. & 29. & dans les cas marqués par l'article 30. comme il eſt dit en l'article 31.

Mais quelques favorables que ſoient les teſtamens militaires ils demeurent nuls ſix mois après que ceux qui les auront faits ſeront revenus dans un lieu où ils puiſſent avoir la liberté de teſter en la forme ordinaire, ſi ce n'eſt qu'ils fuſſent faits dans les formes qui ſont réquiſes de Droit commun dans le lieu où ils auront été faits.

Tome II.

Le teſtament militaire eſt encore ſujet parmi nous aux diſpoſitions des Coutumes, pour la prohibition de teſter des propres au-delà d'une certaine quotité, & pour l'âge de teſter.

Touchant le teſtament militaire, *voyez* ce que j'ai dit ſur le onzieme titre du ſecond livre des Inſtitutes.

TESTAMENT MARITIME, eſt celui qui eſt fait ſur mer dont la forme eſt preſcrite par l'Ordonnance de la Marine du mois d'Août 1681.

L'article 1. du titre 11. porte, que les teſtamens faits ſur mer par ceux qui décideront dans les voyages ſeront réputés valables, s'ils ſont écrits ou ſignés de la main du teſtateur, ou reçus par l'Ecrivain du Vaiſſeau en préſence de trois témoins qui ſigneront avec le teſtateur ; & que ſi le teſtateur ne peut ou ne ſçait pas ſigner, il ſera fait mention de la cauſe pour laquelle il n'aura pas ſigné.

Il eſt dit en l'article ſecond, qu'aucun ne pourra par teſtament reçu par l'Ecrivain, diſpoſer des effets qu'il aura dans le Vaiſſeau, & des gages qui lui ſeront dûs.

L'article 3. ajoute, que les diſpoſitions ne pourront valoir au profit des Officiers du Vaiſſeau, s'ils ne ſont parent du teſtateur.

Cette Ordonnance ne parlant point du teſtament militaire, il y a lieu de croire qu'elle ne l'exclut pas, & qu'ainſi les Soldats qui ſont ſur mer peuvent faire un teſtament militaire, quand ils ſont *in expeditione.*

TESTAMENT FAIT EN TEMS DE PESTE. La Loi 8. *cod. de teſtament.* dit que l'on peut relâcher quelque choſe des formalités des teſtamens, ſans marquer ce que l'on en peut relâcher ; ce qui avoit donné lieu à différens Parlemens d'en relâcher plus ou moins.

Voyez le Recueil alphabétique de M. Bretonnier, *verbo* Teſtament, vers la fin.

Mais l'Ordonnance du mois d'Août 1735. a établi une Juriſprudence uniforme dans tout le Royaume, à l'égard des teſtamens fait en tems de peſte.

L'article 33. porte, qu'en tems de peſte les teſtamens, codicilles, & autres diſpoſitions à cauſe de mort pourront être faits, en quelque pays que ce ſoit, en préſence de deux Notaires ou Tabellions, ou de deux Officiers de Juſtice royale, ſeigneuriale ou municipale, juſqu'aux Greffiers incluſivement, ou pardevant un Notaire ou Tabellion avec deux témoins, ou pardevant un des Officiers ci-deſſus nommés, auſſi avec deux témoins, ou en préſence du Curé ou Deſſervant, ou Vicaire, ou autre Prêtre chargé d'adminiſtrer les Sacremens aux malades, quand même il ſeroit régulier, & de deux témoins.

Voici les quatre articles ſuivans de cette Ordonnance, où il eſt encore parlé des teſtamens faits en tems de peſte.

Article 34. ce qui a été réglé par l'article 28. pour les teſtamens militaires, ſur la ſignature tant du teſtateur, que de celui ou ceux qui recevront le teſtament, & des témoins, ſera auſſi obſervé par rapport aux teſtamens, codicilles, ou autres diſpoſitions faites en tems de peſte.

Article 35. Seront en outre valables en tems de peste, en quelque pays que ce soit, les testamens, codiciles & autres dispositions à cause de mort, qui seront entierement écrits, datés & signés de la main de celui qui les aura faits. Déclarons nuls tous ceux qui ne seroient pas revêtus au moins d'une des formes portées aux deux articles précédens & au présent article.

Article 36. La disposition des articles 33. 34. & 35. aura lieu, tant à l'égard de ceux qui seroient attaqués de la peste, que pour ceux qui seroient dans les lieux infectés de ladite maladie, encore qu'ils ne fussent pas actuellement malades.

Article 37. Les testamens, codiciles, & autres dispositions à cause de mort, mentionnés dans les quatre articles précédens, demeureront nuls six mois après que le commerce aura été rétabli dans le lieu où le testateur se trouvera, ou qu'il aura passé dans un lieu où le commerce n'est point interdit, si ce n'est qu'on eût observé dans lesdits actes les formes requises de Droit commun dans le lieu où ils auront été faits.

TESTAMENT MUTUEL, est un testament réciproque fait entre conjoints ou autres au profit du survivant; mais l'usage des testamens ou codiciles mutuels a été abrogé par l'art. 77. de l'Ordonnance des testamens du mois d'Août 1735.

TESTAMENT COMMUN, est celui par lequel deux personnes disposent conjointement de leurs biens en faveur d'une autre personne: comme quand le testament est fait par des peres & meres conjointement au profit de leurs enfans.

Le testament mutuel & le testament commun ont été abrogés par l'article 77. de l'Ordonnance de 1735.

TESTAMENT INOFFICIEUX, est celui dans lequel le testateur a passé sous silence, ou exhérédé ceux que le devoir de piété ou l'affection naturelle l'obligeoit d'instituer ses héritiers.

Ce testament n'est pas nul de plein droit; mais il peut être cassé par le moyen de la plainte d'inofficiosité, laquelle est accordée aux héritiers passés sous le silence ou exhérédés injustement, à qui la succession du défunt étoit dûe, sous couleur que le testateur étoit furieux ou insensé lorsqu'il a fait une telle disposition.

Ceux à qui la fureur a troublé le sens & devoyé l'esprit, ou qui sont insensés, sont tellement incapables de tester, que pour casser un testament fait contre les devoirs de la piété naturelle, les Jurisconsultes n'ont point trouvé de moyen plus propre à cet effet, que de feindre que celui qui avoit fait un testament inofficieux étoit alors furieux ou insensé.

Voyez ci-dessus, Querelle d'inofficiosité, & ce que j'ai dit sur le titre 18. du second livre des instutes.

TESTAMENT FAIT ab irato, est celui qui par lequel un testateur paroît s'être laissé emporter par des mouvemens de haine & de colere injustes, contre ses héritiers présomptifs, qui en ce cas sont bien fondés à soutenir qu'il ne doit point être exécuté.

TESTAMENT DE MORT, est la déclaration que fait un criminel condamné à mort, après que sa condamnation lui a été prononcée, soit dans la prison, soit au lieu du supplice.

Il se fait, Iº. Par l'aveu du crime pour lequel le coupable a été condamné, & qu'il n'auroit pas confessé auparavant. IIº. Par l'aveu d'autres crimes, desquels il n'auroit point été accusé. IIIº. Par l'aveu de ses complices, ou des coupables d'autres crimes.

Ce testament est reçu par le Juge qui assiste à l'exécution. Il n'a lieu que pour les coupables condamnés à mort, & ne peut être dit testament de mort, qu'après que le coupable est mort civilement par la prononciation de son Jugement, & qu'il a été livré à l'exécuteur, qui en a pris possession.

Quand il contient l'aveu de quelque crime pour lequel le coupable n'a point été condamné, il n'augmente point la peine prononcée contre lui.

Il ne sert à l'égard des complices, que d'indice contr'eux, à l'effet de les faire emprisonner. Cependant deux testamens de mort conformes contre une même personne, forment un soupçon violent, & peuvent, suivant les circonstances, suffire pour faire appliquer à la question, sur-tout quand il y a eu confrontation.

La raison est, qu'on ne peut pas présumer qu'un homme voulût mentir, lorsqu'il ressent sur sa personne les effets de la colere de Dieu & des hommes, lorsqu'il voit sur sa tête le glaive foudroyant de la Justice, & qu'il se trouve prêt de comparoître devant le Tribunal de celui qui est la Vérité & la Justice même.

Quoiqu'il en soit, les testamens de mort ne sont jamais une preuve complette; car si ceux qui après avoir mené une vie dont ils ont rempli exactement tous les devoirs, quand ils se sentent approcher de la mort, s'élevent au-dessus de toutes les choses de la terre, & ne sont présumés dire que la vérité; ceux au contraire que leur mauvaise manœuvre a réduits à finir leur vie en public par un supplice qu'ils ont mérité, ne respirent souvent que rage, que désespoir, que fureur, & qu'un desir funeste d'en voir tomber d'autres en des semblables malheurs. Leg. ult. cod. de accusat. & inscrip. Ainsi leur testament de mort ne peut jamais faire une preuve complette, tant à cause de l'infamie qui environne celui qui est, ou qui va être conduit au dernier supplice, & qui le rend intestable, que parce qu'il n'est point en état de pouvoir être ni récolé, ni confronté, qui sont les formes essentielles pour rendre un témoignage légitime & complet en matiere criminelle, auquel on soit obligé d'ajouter foi.

TESTE. Voyez Succéder par tête.

T I

TIERCE OPPOSITION, est celle qui est formée à l'exécution d'un Jugement par un tiers qui n'a point été partie dans la contestation qui a été décidée par ce Jugement.

Cette opposition se forme devant le Juge qui a rendu le Jugement, contre celui au profit de qui il a obtenu gain de cause ; & si son opposition est bien fondée, le Jugement est retracté à son égard seulement : mais si celui qui l'a formée n'avoit aucun intérêt dans la chose, il est condamné aux dépens, & en l'amende portée en l'article 10. du tit. 27. de l'Ordonnance de 1667.

La tierce opposition se peut former en quelque tems que ce soit ; de sorte que si c'est contre une Sentence, on la peut former après que le terme d'en interjetter appel est passé, parce qu'une Sentence ne passe point en force de chose jugée que par rapport à ceux contre lesquels elle a été rendue. *Voyez* l'Ordonnance de 1667. titre 27. article 10. & titre 35. article 2.

Voyez Chose jugée. *Voyez* Tiers opposans. *Voyez* aussi ce qui en est dit dans le second Tome des Causes célébres, page 315.

TIERCEMENT, est une enchere qu'on fait sur l'adjudicataire du bail d'une terre ou maison adjugée en justice, du tiers du prix au-delà de celui de l'adjudication : ainsi, pour tiercer un bail de 300. livres, il faut encherir 100. livres au-dessus.

L'Ordonnance des Eaux & Forêts regle aussi le tiercement au tiers du prix de la vente d'un bois, qui fait le quart au total ; de sorte que de quinze cens livres, c'est cinq cens livres, & le demi-tiercement est de deux cens cinquante livres.

TIERCEMENT EN FAIT DES FERMES DU ROI, est le triple de la derniere enchere, en conséquence de laquelle a été faite l'adjudication.

En fait de baux qui se font des Fermes du Roi, après l'adjudication pure & simple, aucune personne n'est reçue à examiner, à enchérir à moins que son enchere ne triple la derniere. Par exemple si l'enchere courante est de cent mille livres, celle qui se fait par tiercement doit être de trois cens mille livres.

Le tiercement, pour être valable, doit être fait au Greffe du Conseil dans le jour suivant de l'adjudication, jusqu'à huit heures du soir : l'acte en doit être en même tems signifié à l'Avocat de l'adjudicataire.

L'enchere de tiercement doit être publiée au premier jour du Conseil suivant où aucunes encheres ne seront reçues, que celle de l'adjudicataire, & de celui qui a fait le tiercement.

Toutes personnes sont reçues au triplement du tiercement, huit jours après l'adjudication, soit qu'elle soit faite sur le tiercement, ou non.

Le triplement sur le tiercement est le triple du tiercement ; & par conséquent si le tiercement est de trois cens mille livres, le triplement est de neuf cens mille.

Ce triplement doit être signifié dans la huitaine au Greffe du Conseil, & dans le jour suivant à l'Avocat de l'adjudicataire.

L'enchere du triplement du tiercement se publie au premier jour du Conseil suivant, & l'adjudicataire avec celui qui a fait le triplement, sont seuls reçus, à l'exclusion de tous autres, à enchérir par simple enchere ; & sur le champ l'adjudication se fait, sans qu'on puisse revenir contre, & sans que les adjudicataires puissent être dépossédés de leurs baux.

Suivant ce que nous avons dit, on peut venir par tiercement contre les adjudications des Fermes ou Domaines du Roi. On peut aussi revenir contre par doublement, qui est le double du tiercement. Sur quoi on peut voir le Réglement qui a été fait pour les doublemens & tiercemens en l'année 1682.

Il y a eu depuis plusieurs Arrêts rendus au Conseil d'Etat sur ce sujet. Le dernier est du 12. Juin 1725. Voici ce qu'il porte : *Après que les adjudications auront été faites des Domaines par les Commissaires généraux à ce députés, il ne pourra être reçu de tiercemens, s'ils ne sont faits dans les vingt-quatre heures des adjudications, & s'ils ne sont au moins du tiers du prix principal, auquel cas l'adjudication définitive sera remise à quinzaine pour tout délai, après laquelle ne pourra plus être reçu d'enchere que par doublement, qui ne pourra être moindre de moitié du prix de ladite adjudication, ni être reçue que dans l'espace de huitaine d'icelle ; sauf néanmoins le doublement du prix total & principal des adjudications définitives, & qui pourra être reçu, pourvu qu'il soit fait & signifié dans six mois du jour des adjudications, conformément à l'Arrêt du Conseil du 20. Novembre 1703.*

TIERCER, signifie faire un tiercement ou une enchere du tiers du prix, sur une adjudication déjà faite ; mais il signifie dans les Fermes du Roi enchérir du triple de l'enchere courante comme nous venons de dire en parlant du Tiercement.

TIERCEUR, est l'enchérisseur qui fait une enchere d'un tiers, ou un tiercement après l'adjudication.

L'Ordonnance des Eaux & Forêts veut qu'après les tiercemens & doublemens on ne reçoive les encheres qu'entre le tierceur & le doubleur.

TIERS, signifie la troisieme partie d'un tout. Ce terme signifie aussi quelquefois une personne préposée pour régler à quoi on s'en doit tenir au sujet de deux avis qui sont contraires. Tel est un tiers Arbitre, un tiers Expert.

TIERS-ETAT, signifie le Peuple. Le Royaume étant composé de trois Membres ; sçavoir, du Clergé, de la Noblesse, du Tiers-Etat, par ce dernier on entend le Peuple.

TIERS COUTUMIER, en Normandie est une espece de légitime ou portion alimentaire, que la Coutume accorde en propriété aux enfans sur certains biens de leurs pere & mere décédés, au cas qu'ils renoncent à leur succession, & dont les pere & mere ne peuvent les priver, sinon par voie d'exhérédation prononcée pour juste cause. L'usufruit du tiers des biens du pere affectés aux enfans, est donné à la femme pour son douaire ; ce qui fait qu'en Normandie on confond quelquefois le tiers coutumier & le douaire : cependant la femme peut avoir moins que l'usufruit de ce tiers ; au lieu que les enfans ne peuvent, comme on l'a dit, être privés du tiers en propriété.

Voyez Basnage & Berault, sur les articles 371. 399. & suivans de la Coutume de Normandie. *Voyez* aussi l'article 404.

TIERS AU QUART. *Voyez* ci-deſſus Lézion du tiers au quart.

TIERS ET DANGER, eſt un terme d'Eaux & Forêts, qui ſignifie un droit qui appartient au Roi, ou à quelques Seigneurs, ſur-tout en Normandie, ſur les bois poſſédés par les vaſſaux.

Ce droit conſiſte au tiers de la vente qui ſe fait d'un bois, ſoit en argent, ſoit en eſpece, & outre cela au dixieme : ainſi de ſoixante arpens, c'eſt vingt-ſix arpens ; de ſix mille livres, c'eſt deux mille ſix cens livres.

Comme en Normandie le Roi a le tiers dans le prix des ventes de bois, ces ventes ne doivent point être faites ſans ſa permiſſion, à peine de forfaiture & de confiſcation des deux autres tiers du prix.

Pous obtenir du Roi cette permiſſion de vendre ces bois, on lui donnoit la dixieme partie du total du prix des ventes. Au moyen de ce droit, la permiſſion de vendre étant obtenue, le danger qu'il y avoit de vendre ces bois étoit ôté, & il n'y avoit plus par conſéquent de confiſcation à craindre : raiſon pour laquelle ce droit a été appellé droit de danger, ou plutôt du Latin *denarius*, qui ſignifie dixieme.

Ce Droit qu'a le Roi ſur la Province de Normandie eſt univerſel. L'Ordonnance de 1669. au titre 23. le déclare impreſcriptible.

Il y a cependant de bois qui ne ſont ſujets qu'au tiers ſans danger, & d'autres qui ne ſont ſujets qu'au danger ſans tiers. Sur quoi *voyez* Terrien, ſur le chapitre 37. du livre 14. de l'ancienne Coutume de Normandie, nombre 3.

Touchant le tiers & danger, *voyez* le Traité qu'en a fait M. Berault, qui eſt rapporté dans la Bibliotheque du Droit François de Bouchel, *verbo* Tiers & Danger. *Voyez* auſſi le titre 23. de l'Ordonnance de 1669. avec l'Edit du mois d'Avril 1673. qui eſt rapporté dans le nouveau Neron, tome 2. page 119. & Bacquet, des droits de Juſtice chap 10. nombre 5. *Voyez* auſſi le Dictionnaire de Chaſles, *verbo* Tiers & Danger.

TIERS ARBITRE, *voyez* Surarbitre.

TIERS EXPERT, eſt celui qui eſt prépoſé pour décider lequel rapport des Experts nommés par les Parties doit prévaloir, lorſqu'ils ſont d'avis contraires. On appelle auſſi tiers expert, celui qui eſt nommé d'office, & ſubſtitué par le Juge en la place de celui qui eſt rejetté par l'une des Parties. Sur quoi il faut remarquer que le premier Expert nommé par l'une des Parties, peut être par l'autre rejetté ſans aucune raiſon pertinente ; il ſuffit que celui qui le recuſe, diſe qu'il lui eſt ſuſpect. Mais quant à l'Expert qui eſt nommé d'office, on ne le peut rejetter qu'en vertu d'une juſte cauſe de récuſation, *ne detur proceſſus in infinitum*.

D'ailleurs, le tiers Expert nommé d'office n'étant pas choiſi par aucune des Parties, il n'y a pas à préſumer qu'il ſoit porté à faire quelqu'avantage à l'une des deux au préjudice de l'autre.

TIERS EN MATIERE DE TAXE DE DEPENS, eſt un Procureur qui regle les différends que le demandeur & le défendeur en taxe peuvent avoir ſur quelques articles contenus en la déclaration de dépens.

On lui donne le nom de *Tiers*, parce que c'eſt une tierce perſonne entre le demandeur en taxe & le défendeur, pour les accorder.

On l'appelle *référendaire*, à cauſe que quand les Parties ne veulent pas en paſſer par ſon avis, il fait rapport des conteſtations à ceux qui les doivent régler, c'eſt-à-dire, à la Chambre des Tiers.

Lorſque le Procureur tiers a réglé les dépens, celui qui en a pourſuivi la taxe, obtient un exécutoire, duquel il eſt permis d'interjetter appel au Parlement ; parce que cet exécutoire n'eſt pas un Arrêt de la Cour, mais un ſimple arrêté d'un Conſeiller.

La charge de régler & taxer les dépens, appartient aux Procureurs, dans les Juriſdictions où il y a des Procureurs tiers en titre d'office ; & dans quelqu'autres il y a des Commiſſaires, Examinateurs, comme au Châtelet, qui réglent & taxent les dépens.

TIERS ACQUEREUR, ſe dit de celui qui a acquis un héritage affecté & hypothéqué par celui qui a été propriétaire du fonds avant lui.

TIERS DETENTEUR, ſe dit dans le même ſens que tiers acquereur.

TIERS OPPOSANS, ſont ceux qui n'ayant pas été Parties ni dénommés dans un Jugement forment oppoſition à ce qu'il ſoit à leur égard exécuté, à cauſe de l'intérêt qu'ils ont d'en empêcher l'exécution.

L'oppoſition de la part d'un tiers qui n'a pas été Partie dans une cauſe ou procès, ſe peut donc faire, quoique le Jugement ait été rendu contradictoirement entre d'autres perſonnes. Ce qui eſt fondé ſur cette maxime inconteſtable, que *res inter alios judicatæ nullum aliis præjudicium faciunt. Leg. 1. ff. de except. rei judic. & toto titulo 60. libri ſeptimi Codicis.*

Ceux qui n'ont point été Parties dans un Jugement, & qui ont intérêt d'en empêcher l'exécution, n'ont point d'autre moyen de ſe pourvoir contre ; car ſi c'eſt un Arrêt, il n'y a que ceux qui y ſont dénommés qui puiſſent revenir contre par la voie de caſſation ; ſi c'eſt une Sentence, il n'y a auſſi que ceux entre leſquels elle a été rendue, qui puiſſent en interjetter appel : ainſi c'eſt avec beaucoup de raiſon que cette oppoſition a été introduite.

Mais pour empêcher ceux qui ſont condamnés par Sentence ou Arrêt ſe ſervent par perſonnes interpoſées de ce moyen pour en arrêter l'exécution, & afin de détourner les Parties non intéreſſées de former témérairement des oppoſitions à des Jugemens, le tiers oppoſant qui ſe trouve mal fondé & qui eſt débouté de ſon oppoſition, eſt condamné aux dépens, & à l'amende qui eſt de ſoixante quinze livres, ſi l'oppoſition a été formée à l'exécution d'une Sentence, & 150. livres, ſi l'oppoſition a été formée à l'exécution d'un Arrêt, ſuivant l'article 10. du tit. 27. de l'Ordonnance de 1667.

La raiſon eſt, qu'il ne faut pas mal à propos & témérairement s'oppoſer à l'exécution des Jugemens ; on ne le doit faire que quand on a un intérêt formel dans la choſe. *Voyez* Tierce oppoſition.

TIMBRÉ. *Voyez* Papier & Parchemin timbrés.

TIRET, est un filet de parchemin qui sert aux Clercs de Procureur pour attacher leurs écritures, les piéces de leurs dossiers, les étiquettes sur les sacs.

TIREUR en fait de Lettres de change, est celui qui demande à un Marchand ou négociant de payer une lettre de change.

TITRE, est la clause en vertu de laquelle nous possédons quelque chose.

Il y en a de deux sortes : sçavoir, le titre tanslatif de propriété, & celui qui n'est point translatif de propriété.

TITRE TRANSLATIF DE PROPRIETÉ, est celui qui se fait à perpétuité, & en vertu duquel la propriété de la chose est tranférée quand la tradition en est faite par celui qui en est le propriétaire, comme la vente, la donation, l'échange, & autres.

Si la chose m'est livrée pour une de ces causes par une personne qui en ait la propriété, & qui ait la faculté d'aliéner ses biens, par la tradition qu'il m'en fait, il m'en transfere la propriété ; s'il n'en est pas le propriétaire, la possession qu'il m'en transfere me donne lieu de la prescrire. Voyez ce que j'ai dit sur l'article 313. de la Coutume de Paris, glose 3.

Au reste, le titre translatif de propriété ne produit son effet, & ne la transfere qu'en conséquence de la tradition de la chose. Quia non pactionibus, sed traditionibus dominis rerum transferuntur, comme je l'ai dit, verbo Tradition.

TITRE NON TRANSLATIF DE PROPRIETÉ, est celui qui ne se fait pas à perpétuité, & qui n'est pas capable de transférer la propriété d'une chose en la personne du possesseur, comme le commodat, le gage, le dépôt, le louage & autres semblables, qui ne sont point des causes légitimes de transférer le domaine.

En vertu de la tradition qui seroit faite en conséquence d'une semblable cause le possesseur ne seroit pas en droit de prescrire la chose qui lui auroit été ainsi livrée par celui qui n'en étoit pas le propriétaire ; parce que le titre non translatif de propriété ne transfere que la possession naturelle, & non pas la possession civile laquelle est absolument nécessaire pour la prescription.

Tout titre non translatif de propriété est donc vicieux quant à la prescription, en ce qu'il annonce & prouve que le bien dont il s'agit, appartient à un autre que celui qui le possede, & que sa possession a commencé & a été continuée par la mauvaise foi, ce qui fait qu'il ne le peut point acquérir par la prescription. Et c'est dans ce sens que l'on dit communement, satius est non habere titulum, quàm habere vitiosum. C'est pourquoi il faut suivre le conseil de Dumoulin, qui est que, satius est non ostendere titulum, quam vitiosum exhibere.

Titre onéreux. Le titre se divise encore en titre onéreux, & titre lucratif.

Titre onéreux, est celui par lequel on acquiert une chose en payant la valeur en argent ou en autre chose, ou à de certaines charges & conditions, comme l'achat l'échange la dot.

TITRE LUCRATIF, au contraire, est celui par lequel on acquiert une chose sans qu'il en coûte rien & sans charge, comme la donation, le legs.

Un Seigneur peut destituer l'Officier qu'il a pourvû à titre lucratif ; mais quand il a pourvû à titre onéreux, c'est-à-dire, quand il lui a vendu sa charge, il faut qu'il le rembourse s'il veut le destituer, comme je l'ai dit, lettre D, en parlant de la destitution d'Officier.

TITRE VICIEUX, est un titre qui se trouve contraire à la possession de celui qui veut se prévaloir de la prescription.

Mais quand on oppose un tel titre au possesseur du bien d'autrui, quelque longue qu'ait été sa possession, fût-elle immémoriale, & même de plusieurs siécles, tant par rapport à lui que par rapport à ses successeurs, la prescription ne pourroit pas avoir lieu, vû qu'aucun possesseur ne peut prescrire contre son titre. Satius est non habere titulum, quàm habere vitiosum.

Mornac sur la Loi 13. ff. de public. in rem acti, dit que ; si titulus non sit idoneus ad dominium transferendum, vel si possessum est contra titulum, etiam per 350. annos, dominium revocatur à possessore. Ainsi jugé en 1551. pour la Reine Catherine de Médicis, contre l'Evêque de Clermont.

Voyez ce que j'ai dit ci-dessus, verbo Prescription, & sur l'article 113. de la Coutume de Paris, glose 3. nombre 40.

TITRE PRESUMÉ, est celui qui se tire d'une jouissance & possession paisible pendant le temps requis pour la prescription.

Par exemple, un homme a possédé paisiblement un héritage appartenant à autrui pendant dix ans entre présens, ou bien a perçu pendant cette espace de tems une rente du propriétaire d'un fonds, qui en cette qualité croyoit en être redevable ; on demande si ce titre présumé est suffisant pour donner lieu à la prescription ?

Il faut dire que la maxime, possideo quia possideo, est admise dans la prescription de trente ans, dans laquelle à cause du très-long-tems qu'elle requiert, il n'est réquis ni bonne foi ni titre.

Mais la prescription ordinaire c'est-à-dire de dix ou de vingt ans, ne peut avoir lieu, à moins que le possesseur n'ait un titre. Or un titre présumé n'est point véritablement un titre, il faut pour prescrire avoir un titre qui soit réel & effectif : ainsi un titre présumé ne peut point servir à prescrire un héritage qu'on auroit possédé pendant dix ans, ni induire une obligation d'une rente pour l'avenir en faveur de celui qui l'auroit perçue pendant l'espace de dix années.

C'est à mon avis l'opinion qu'il faut tenir, sans s'arrêter à la distinction que d'Argentré donne à ce sujet, & que j'ai rapporté sur l'article 113. de la Coutume de Paris, glose 3. nomb. 30.

TITRE EN FAIT DE SERVITUDE. Voyez Servitude.

TITRE nouvel, est un acte par lequel celui qui le fait, reconnoît qu'il est propriétaire d'un fonds affecté & hypothéqué à une rente due à un tel, &

conféquence promet payer & continuer à l'avenir les arrérages & intérêt, ou que cet héritage eſt chargé de tels droits ou rentes, ou autres redevances annuelles pour empêcher la prefcription de dix vingt, trente ou quarante ans.

Le titre nouvel ſe fait auſſi par celui qui doit une rente conſtituée à quelqu'un, reconnoiſſant par icelui qu'il eſt redevable de cette rente envers lui, qu'il lui en a payé les arrérages, & promet de les lui continuer à l'avenir juſqu'à l'entier rachat d'icelle, ce qui ſe fait pour empêcher la prefcription de trente ans, que le débiteur pourroit oppoſer à ſon créancier, auquel même il auroit payé les arrérages de la rente pendant ce temps, & dont il auroit eû des quittances, le créancier n'ayant rien pardevers lui pour pouvoir prouver que les arrérages de ſa rente lui en auroient été payés : c'eſt pour cela que de dix en dix ans il peut obliger le débiteur de la rente de lui paſſer titre nouvel ou reconnoiſſance d'icelle ce que nous appellons en Droit *antapocha*, c'eſt-à-dire contre quittance, ou *ſecunda cautio.*

Voyez ce que j'ai dit du Titre nouvel dans la Science parfaite des Notaires, livre 5. chapitre 20. & ſur l'article 118. de la Coutume de Paris nombre 19.

TITRE PRIMORDIAL, eſt le titre originaire qui contient l'époque d'un droit qui nous appartient, & pour raiſon duquel ce titre a été fait & paſſé ; à la différence des autres titres qui ont été faits en conféquence, & qui n'en ſont qu'une ſuite.

La reconnoiſſance d'une cauſe, quoique le titre primordial ne ſoit pas exhibé, oblige les ſucceſſeurs des terres ſur qui la rente a été conſtituée ; mais une ſimple reconnoiſſance non ſuivie d'aucune preſtation, ne prouve pas contre un tiers poſſeſſeur. Bouguier, lettre T, nombre 6.

TITRE EXÉCUTOIRE, eſt un titre en vertu duquel on peut ſaiſir, arrêter, & exécuter ; ſçavoir une obligation paſſée pardevant Notaires, miſe en groſ-ſe & ſcellée, ou une Sentence, ou Arrêt ſigné & ſcellé ; ou enfin une permiſſion du Juge à cet effet.

Une obligation paſſée ſous le ſcel royal eſt exécutoire par-tout le Royaume, après un commandement fait au débiteur de payer ; mais celle qui eſt paſſée ſous le ſceau non royal, ſi l'obligé n'étoit point demeurant dans le droit où ce ſceau eſt authentique, n'eſt pas exécutoire, & telle obligation ne peut paſſer que pour un billet ſous ſeing privé ; mais ſi le débiteur y étoit demeurant, elle ſeroit exécutoire par-tout le Royaume.

Comme tous les titres ne ſont exécutoires que contre ceux qui y ſont expreſſément dénommés, on ne peut mettre à exécution un titre contre les héritiers de l'obligé, qu'après avoir fait déclarer le titre exécutoire contr'eux.

Il y a des cas où l'on peut exécuter ſans titre. *Voyez* Gagerie.

TITRE CLERICAL, eſt une rente au moins de cent cinquante livres, accordée à un Eccléſiaſtique ſa vie durant, ou en pleine propriété, par ſes pa-

rens ou autres ; ſans quoi il ne pourroit être admis à l'Ordre de Prêtriſe, à moins qu'il ne fût pourvû d'un Bénéfice.

La conſtitution du titre clérical ne peut être altérée, diminuée ni détruite par aucune convention ſécrette & tacite ; comme ſi celui à qui l'uſufruit d'une rente eſt accordé ſa vie durant, pour lui ſervir de titre clerical, en décharge le donateur lui promettant de ne lui en jamais rien demander, telle convention eſt abſolument nulle, & la penſion doit être payée & continuée pendant la vie du donataire ; comme il a été jugé par les Arrêts de la Cour, ainſi que le remarque Mornac ſur la Loi 106. *ff. de legatis 1°.*

Voyez ce que j'ai dit au ſujet du Titre clérical dans la ſcience parfaite des Notaires, Livre 5. chapitre 19.

TITRES D'UNE FAMILLE DOIVENT ESTRE CONFIÉS A L'AINÉ, comme le chef de la famille, en conféquence d'un inventaire qui en doit être fait afin que chacun des héritiers ayant eût ce qui lui appartient en la ſucceſſion du défunt, puiſſe en cas de beſoin avoir communication des actes & titres concernant ſon lot.

Voyez Belordeau en ſes Obſervations forenſes, liv. 1. part. 1. art. 29.

TITULAIRE, eſt celui qui a un titre en vertu duquel il poſſede une Charge ou un Bénéfice, ſoit qu'il en faſſe les fonctions ou non. Un Officier eſt toujours titulaire, juſqu'à ce qu'il ait donné ſa démiſſion, & qu'elle ait été admiſe : il eſt oppoſé à ſurvivancier, & à celui qui exerce par commiſſion.

T O

TOMBE, ſignifie le droit qu'ont les gens d'une famille d'être enterrés ſur une tombe particuliere qu'ils ont fait mettre dans une Egliſe, & dont la place leur appartient. *Voyez* ce qui en eſt dit dans le Dictionnaire de Trevoux, & dans celui de M. Brillon, où il eſt dit qu'il n'y a que le Patron & le Seigneur haut-Juſticier qui aient droit d'avoir une tombe relevée dans le Chœur.

TORTIONNAIRE, ſignifie inique & contre raiſon. On dit, par exemple, qu'une ſaiſie ou un empriſonnement ont été déclarés injurieux, tortionnaires & déraiſonnables.

TORTURE, *voyez* Queſtion.

TOTAL, ſignifie l'aſſemblage de pluſieurs choſes qui eſt complet. On dit le total d'une dette, le total d'une ſucceſſion.

TOUR DE L'ECHELLE, eſt une ſervitude en vertu de laquelle celui à qui elle eſt due, lorſqu'il fait refaire ſon mur, ou qui fait conſtruire quelque bâtiment peut paſſer une échelle ſur l'héritage d'autrui & occuper l'eſpace de terre qui eſt néceſſaire pour le tour de l'échelle ; ce qui peut aller à cinq ou ſix pieds. Ragueau, *voyez* Echellage.

Monſieur le Lieutenant civil, dans un acte de notoriété qu'il a donné le 23. Août 1701. dit que le tour de l'échelle eſt de trois pieds de diſtance. Voici les termes.

» SUR LA REQUETE, &c. Contenant ; que par

» un traité il a été convenu, que pour féparer les
» cours & le jardin des Parties, Nicolas feroit à fes
» frais un mur au lieu des haies & paliffades qui
» féparoient les cours & jardin, dans le même ali-
» gnement, avec ftipulation que Françoife fe réfer-
» voit le tour de l'échelle le long du mur du côté
» de Nicolas, en cas qu'elle voulut conftruire quel-
» que bâtiment contre ce mur.

» Nous APRE'S, &c. atteftons par acte de noto-
» riété, que le tour de l'échelle eft de trois pieds
» de diftance du pied du mur au rez de chauffée, à
» laquelle diftance l'échelle doit être mife pour être
» pofée au haut du mur; mais que ce tour de l'échel-
» le ne s'établit pas fans titre entre voifin; d'au-
» tant que celui qui bâtit, peut bâtir fur fon héri-
» tage jufqu'à l'extrêmité d'icelui, ou d'un mur mi-
» toyen, aufquels il n'y a point de droit pour
» le tour de l'échelle; & que s'il convient faire
» quelque rétabliffement d'un mur non mitoyen,
» & bâtir entièrement fur l'héritage de celui qui le
» veut faire rétablir, il doit faire le fervice & les
» ouvrages de fon côté; & s'il eft mitoyen des deux
» côtés refpectivement, & fi une perfonne en bâ-
» tiffant un mur s'eft retiré de foi de trois pieds,
» comme il eft propriétaire de ces trois pieds, c'eft
» en ce cas qu'il a droit du tour de l'échelle; &
» qui n'eft pas une-fervitude, mais une jouiffance
» du droit que chaque propriétaire a de jouir de
» fon héritage.

TOURNELLE CIVILE, TOURNELLE CRIMINELLE.
Voyez Chambre. *Voyez* Parlement.

TOURNOIS, *voyez* Parifis.

TR

TRADITION, eft la tranflation de la poffeffion d'une chofe dont on rend poffeffeur celui entre les mains de qui on la met. Sur quoi il faut remarquer que la tradition eft un moyen d'acquérir,
quand une chofe eft livrée & mife entre les mains
de quelqu'un, en vertu d'une caufe tranflative de
propriété, par celui qui en eft le propriétaire; &
qui eft capable d'aliéner fes biens.

Ainfi, lorfque le propriétaire d'un fonds m'en
fait une donation, & me met en poffeffion d'icelui,
j'en deviens le propriétaire par cette tradition, fans
laquelle je n'aurois que *jus ad rem*, c'eft-à-dire, le
droit de pourfuivre le donateur, pour me livrer le
fonds qu'il m'auroit donné; & je n'en aurois pas *jus
in re*, c'eft-à-dire, le domaine & la propriété; *quia
non pactionibus, fed traditionibus dominis rerum
transferuntur.* D'où il s'enfuit, que de deux acheteurs ou donataires d'un même fonds, celui qui en
a été mis en poffeffion le premier, en eft propriétaire, quoique fon contrat foit poftérieur à celui
de l'autre, fuivant la Loi *Quoties* 15. *cod. de rei
vind. leg;* 31. §. *ult. ff. de action. empt. & leg.* 9.
§. 4. *ff. de public. in rem act.* dont les décifions
font obfervées en France. *Voyez* Charondas, liv.
5. rép. 19. Louet, lettre V, fomm. 1. & Catelan, liv. 5. chap. 28. où il dit que la tradition qui fe fait avec la retention de l'ufufruit, n'eft
pas confidérée à cet égard, & que la poffeffion

réelle l'emporte; comme il a été jugé au Parlement de Touloufe, par Arrêt du 23. Février 1668.

Régulièrement la tradition qui eft faite à titre
tranflatif de propriété par celui qui eft propriétaire de la chofe, & qui a la libre adminiftration
de fes biens, transfére la propriété de la chofe
dont il transfére la poffeffion.

Il faut excepter la tradition qui fe fait pour caufe
de vente; car il ne fuffit pas que la chofe vendue
foit livrée par le propriétaire, pour que la propriété en foit transférée en la perfonne de l'acheteur; il faut encore que le prix en foit payé au
vendeur.

C'eft pour cette raifon que celui qui a vendu &
livré la chofe, la peut revendiquer, fi le prix ne
lui en a point été payé, à moins que la chofe livrée n'ait été vendue fans terme.

Voyez ce que j'ai dit fur le paragraphe 40. du
premier titre du livre 2. des Inftitutes de Juftinien.

TRAFIC, fignifie commerce, négoce, vente,
ou échange de marchandifes, de billets, d'argent.

Il n'y a que le trafic en détail qui déroge à la nobleffe, comme nous l'avons dit, *verbo* Nobleffe.

TRAHISON, fignifie fourberie, perfidie, manque
de fidélité à fon Prince, à fon ami, à celui enfin
qui fe fioit en nous. *Voyez* ce qui en eft dit dans
le Dictionnaire de Trevoux.

TRAITANS, font ceux qui ont fait des traités
avec le Roi pour le recouvrement des droits & impofitions qu'il léve fur le peuple. On les appelle
ordinairement Partifans, Gens d'affaires.

Ils font civilement refponfables du délit de leurs
Commis dans l'exercice de la Commiffion. Ainfi
jugé par Arrêt de la Cour des Aides, rendu le 7.
Août 1683. rapporté dans le Journal du Palais.

Un traitant n'eft point reçu au bénéfice de ceffion de biens à l'égard du Roi, ni à l'égard de fon
affocié qui a payé pour lui le prix entier du traité
commun, quoiqu'il l'ait fait fans avoir pris communication. Ainfi jugé par Arrêt de la Cour des
Aides, le 20. Décembre 1671. rapporté dans le
Journal du Palais.

Touchant l'hypotheque qu'a le Roi fur les biens
des Traitans, *voyez* Comptables.

TRAITÉS, *voyez* Contrat.

TRAITE FORAINE. Sur les Frontieres de
France, il y a des Bureaux où l'on paye certains
droits impofés fur les marchandifes qui entrent
dans le Royaume, ou qui en fortent; ce qu'on appelle Douane.

Ces droits qui fe levent fur les marchandifes qui
entrent dans le Royaume, & qui en fortent, font
appellés traites foraines.

Ainfi, traite foraine eft une efpece de droit & impofition qui fe leve fur toutes les marchandifes &
denrées qui entrent ou qui fortent du Royaume,
duquel droit jouiffent les fermiers des cinq groffes
Fermes.

Il y a des Juges que l'on appelle Maîtres de ports,
qui connoiffent de ces Droits, des marchandifes de
contrebande, & de plufieurs autres chofes qui regardent l'entrée & la fortie des perfonnes & des
chofes.

Les appellations de leurs Jugemens reffortiffent aux Cours des Aides de leur reffort, & doivent être relevées dans quarante jours.

Voyez Douane. *Voyez* Juges des Traites foraines, & le Dictionnaire de Trevoux.

TRAITE D'ANJOU, eft un droit qui fe prend fur toutes les marchandifes qui paffent tant par eau que par terre par les Pays d'Anjou, Vicomtés de Thouars & de Beaumont, foit vin, denrées & autres marchandifes, pour le mener dans la Bretagne, ou hors du Royaume, ou dans d'autres lieux où les Aides ne font point établies : pour raifon de quoi, l'Ordonnance de François I. du mois d'Avril 1518. article 1. veut qu'avant de déplacer, il foit payé vingt fols tournois de chaque pipe de vin, pour le droit d'acquit de la traite, & douze deniers pour livre pour l'impofition des vins & autres marchandifes, eu égard au prix que les vins & marchandifes vaudront, dont le Commis eft tenu de donner acquit à celui qui les fait tranfporter, pour les montrer au Receveur par où il paffera, & le laiffer entre les mains du dernier Receveur de la route, fous peine de confifcation des vins, marchandifes, chevaux & voitures, & d'amende arbitraire : lequel Receveur donne au voiturier une reconnoiffance de cet acquit.

Suivant l'article 11. du même Edit, tous les vins, vendanges, bled, beftial & autres chofes qui feront menées & tranfportées des lieux de Chantoceaux, Saint Florent-le-viel, Bonzillé, Ingrande, & autres lieux du pays d'Anjou, Vicomtés de Thouars & de Beaumont, ou d'ailleurs en ce Royaume, où les Aides n'ont cours dans les lieux, doivent payer le droit de traite & impofition foraine, fur peine de confifcation de vins, vendanges & autres marchandifes & voitures, & d'amende arbitraire.

Voyez Fontanon, tom. 2. liv. 2. chap. 16.

TRANSACTION, eft un accord qui fe fait entre deux ou plufieurs perfonnes, touchant la décifion d'un procès ou d'un différend dont l'événement eft douteux & incertain, en donnant, promettant ou retenant quelque chofe par l'une des Parties ; fans quoi ce ne feroit pas une tranfaction, mais un acte par lequel on renonceroit *gratis* & libéralement aux droits qu'on pourroit prétendre. *Tranfactio enim, nullo dato, vel retendo aut promiffo, minimè procedit. Leg. 38. cod. de tranfact.*

La tranfaction ne s'étend point aux chofes qui ne font point exprimées.

Comme la fin de toute tranfaction eft de finir ou prévenir un Procès, il eft plus difficile de donner atteinte aux tranfactions qu'aux contrats; & les Lettres de refcifion que l'on prend pour fe faire reftituer contre, font rarement entérinées.

Telle eft la faveur des tranfactions, que quand elles font paffées fans fraude, dol & force entre majeurs, fur des chofes qui font en leur difpofition, aucune des parties n'eft admife à fe pourvoir contre, fous quelque prétexte que ce foit ; ainfi qu'il eft dit expreffément dans l'Ordonnance de Charles IX. de l'an 1560. *Nulla reftitutio contra tranfactionem inter majores initam conceditur ex*

caufa lafionis, fed doli, aut metûs, caufa tantùm. *Voyez* M. le Prêtre, cent. 4. chap. 30. Charondas, liv. 3. rep. 79.

Touchant les tranfactions, *voyez* ce qui en eft dit dans le Dictionnaire de M. Brillon, & ce que j'en ai dit dans la Science parfaite des Notaires.

Quoique le bénéfice de reftitution qui appartient au mineur, paffe régulièrement en la perfonne de ceux qui lui fuccedent & qui ont fes droits, néanmoins un ceffionnaire des droits d'un mineur n'eft pas recevable à demander la refcifion d'une tranfaction faite avec le mineur, quand lui-même ne s'eft pourvû contre.

TRANSACTION EN MATIERE CRIMINELLE. Quoique les Parties aient tranfigé, la Partie publique ne laiffe pas de pourfuivre celui qui eft préfumé coupable d'un crime capital, ou fujet à peine afflictive.

Voici ce que porte l'article 19. du titre 25. de l'Ordonnance de 1670. » Enjoignons à nos Procu-
» reurs & à ceux des Seigneurs de pourfuivre inceffament ceux qui feront prévenus de crimes capitaux, ou aufquels il échoit à peine afflictive, nonobftant toutes tranfactions & ceffions de droits faites par les Parties. Et à l'égard de tous les autres, feront les tranfactions exécutées, fans que nos Procureurs ou ceux des Seigneurs puiffent en faire aucune pourfuite.

TRANSCRIRE, fignifie copier, décrire. Il fignifie auffi inférer un acte tout au long dans un autre. Dans les Arrêts d'homologation d'une tranfaction d'un partage, on y infère les actes tout au long.

TRANSFUGE, eft un homme qui fort du Royaume & quitte fa Patrie, avec la réfolution de n'y plus revenir, & de s'établir en pays étranger.

TRANSLATION DE DOMICILE PAR GENS SUJETS A LA TAILLE. *Voyez* Domicile en matiere de Tailles.

TRANSLATION DE LEGS, eft une déclaration par laquelle un teftateur transfére un legs. I°. De la perfonne à qui il eft fait, en la perfonne d'un autre. II°. De la perfonne de l'héritier qui en étoit chargé, en celle d'un autre héritier que le teftateur en charge. III°. En changeant la chofe leguée en une autre.

Voyez ce que j'ai dit dans ma Traduction des Inftitutes fur le §. 1. du titre 21. du fecond Livre.

TRANSMETTRE, fignifie céder, faire paffer à un autre ; mettre ce qu'on poffede en la poffeffion d'un autre.

TRANSMISSION, eft une tranflation qui fe fait de plein droit en la perfonne de nos héritiers, des droits qui fe trouvent nous être acquis au tems de notre mort.

Par exemple, fi un fils decede après la mort de fon pere décédé avant qu'il ait accepté fa fucceffion, fes droits paffent & font tranfmis à fes héritiers, du moins en pays Coutumier, où le mort faifit le vif : mais en pays de Droit écrit, l'héritier *ab inteftat* ne tranfmet point l'hérédité, fi avant la mort il ne l'a pas acceptée. *Voyez* dans le Journal du Palais un Arrêt rendu au Parlement de Dijon le 18. Juillet

1681. & Ricard en fon Traité des Donations entre-vifs, part. 1. chap. 4. fect. 2. où eft l'Arrêt d'Albiat du 16. Juillet 1613.

La tranfmiffion fuppofe un droit qui eft déjà commencé à former : en quoi ce droit de tranfmiffion differe de celui de repréfentation; car la repréfentation fuppofe une fimple efpérance.

Celui qui repréfente, vient *fuo jure*; au lieu que celui en la perfonne duquel la fucceffion fe tranfmet, vient *jure alieno*. C'eft pour cette raifon que M. Dumoulin fur la Coutume de Paris, §. 53. glofe 1. queft. 31. nomb. 101. & 102. dit que la tranfmiffion produit ordinairement un double relief.

La tranfmiffion fait une fucceffion médiate, & la repréfentation une immédiate.

Celui qui vient par tranfmiffion, doit obtenir ce que le défunt a eu ; mais celui qui vient par repréfentation, obtient ce que celui qu'il repréfente auroit dû avoir, s'il n'étoit pas prédécédé.

On ne peut tranfmettre qu'à fon héritier ; au lieu qu'un fils peut venir par repréfentation de fon pere ou de fa mere, foit qu'il foit leur héritier,foit qu'il ne foit pas. M. le Brun dans fon Traité des Succeffions, livre 3. chapitre 5. fect. 1.

TRANSMISSION en fait de fubftitution, eft une préférence accordée aux enfans du premier fubftitué defcendant du teftateur, qui meurt avant l'ouverture du fidéicommis, à un étranger qui feroit nommément appelé au fidéicommis par le teftateur ; & cette préférence leur eft accordée, quoiqu'il n'en ait point fait mention; enforte qu'ils ne le repréfentent, & ont droit de fe mettre en fa place, à l'effet de recueillir le fidéicommis au moment qu'il vient à s'ouvrir par le décès du grevé.

Cette préférence eft fondée fur une vocation précife, quoique tacite, qui a le même effet que fi le fubftitué avoit vécu lui-même : ce qui fait que le tranfmiffaire recueille tous les droits du fubftitué au même titre que lui-même. Ainfi la tranfmiffion ne fait point ceffer le fidéicommis ; au contraire, elle le foutient.

Les Tranfmiffaires recueillant les biens du fubftituant fans être héritiers du fubftitué ne tiennent ces biens qu'en qualité de fucceffeurs de celui qui a fait la fubftitution, & non point du fubftitué. Ainfi ils ne font point tenus des dettes auxquelles il étoit obligé ; *quia fcilicet fideicommiffum illud ad nos pervenit ab ipfo gravante, non verò à gravato, qui mortuus ante teftatorem ei non fucceffit, & cujus liberi fuperftites ei non fuccedunt fed teftatori.*

Dans les Parlemens de Paris & de Grenoble, la tranfmiffion n'eft pas reçue ; mais elle eft admife dans les Parlemens de Touloufe, de Bourdeaux & de Provence.

Quoique cette Jurifprudence foit contraire aux véritables principes du Droit, qui ne permettent pas de tranfmettre un droit qui n'eft pas encore acquis ; cependant l'équité demande qu'on admette la tranfmiffion en faveur des enfans : c'eft pourquoi M. le Premier Préfident de Lamoignon, dans fes Arrêts,au titre de Fidéicommis,art.7.eft d'avis qu'on l'admette en ligne directe dans tout le Royaume.

Voyez M. Brillon, tome 6, page 314. & fuivantes, où ce droit de tranfmiffion eft traité fort au long.

TRANSMISSION en fait de legs & de fidéicommis, a lieu à l'égard de ceux qui font laiffés purement & fans condition ; de forte que dans ce cas, quoique celui à qui un legs ou un fidéicommis a été laiffé, décéde avant que l'héritier ait accepté l'hérédité, il fuffit qu'il ait furvécu le teftateur, pour qu'il tranfmette à fes héritiers les legs ou le fidéicommis qui lui a été fait.

A l'égard des legs ou fidéicommis qui ne font payables qu'à un certain jour, ils font pareillement dûs au moment de la mort du teftateur, & par conféquent tranfmiffibles aux héritiers des légataires qui ont furvécu le teftateur, quoiqu'ils foient décédés avant l'arrivée du jour marqué par le défunt ; mais ils ne peuvent être demandés avant l'échéance de ce jour.

Enfin, pour ce qui eft des legs & fidéicommis conditionnels,ils ne font ni dûs ni exigibles qu'après l'événement de la condition qu'il leur a été appofée par le teftateur ; & ils ne font point tranfmiffibles aux héritiers des légataires, lorfque ces légataires décédent avant l'événement de cette condition.

Voyez ce que j'ai dit ci-deffus lettre L. en parlant des legs qui ne commencent à être dûs qu'au jour du décès du teftateur. *Voyez* auffi ce que j'ai dit dans mes Paratitles du Digefte, fur le titre 4. du 34. Livre.

TRANSPORT. Les ceffions & tranfports font des actes qui ont été inventés pour faire paffer la propriété des droits & actions d'une perfonne à une autre, par le moyen de la fignification du tranfport faite au débiteur. Celui qui fait le tranfport, eft appelé cédant ; & celui au profit de qui il eft fait, eft appelé ceffionnaire, *voyez* Ceffion.

Le tranfport fe fait avec garantie ou fans garantie. Quand il eft fait fans garantie,par un débiteur à fon créancier, il anéantit la dette, quoique le créancier n'en foit point payé,à caufe de l'infolvabilité de celui qui eft débiteur de la dette tranfportée ; mais s'il eft fait avec garantie ; le créancier n'étant pas payé, & ayant fait les diligences néceffaires pour l'être, le débiteur demeure obligé comme auparavant. *Voyez* Garantie.

TRANSPORT ne faifit que du jour qu'il a été fignifié ; c'eft-à-dire, qu'il n'a effet à l'égard du débiteur fur qui le tranfport eft fait, & des autres tierces perfonnes que du jour qu'il a été bien & duement fignifiée, & copie baillée au débiteur. D'où il s'enfuit.

I°. Que le payement fait au cédant par le débiteur eft valable, nonobftant le tranfport, quand il n'a pas été fignifié ; en forte qu'au moyen d'un tel payement, le débiteur eft quitte & libéré.

II°. Qu'un créancier du cédant, même celui qui a une hypotheque poftérieure au tranfport,peut faire faifir & arrêter la dette cédée, comme nous dirons ci-après.

III°. Que fi un débiteur avoit cédé & tranfporté

une dette à quelqu'un qui n'eût pas fait fignifier fon tranfport, & que ce même débiteur eût tranf-porté le même effet à une autre perfonne qui eût fait fignifier fon tranfport, ce dernier ceffionnaire, quoi-que poftérieur, feroit préféré à l'autre. La raifon eft, que la fignification du tranfport équipole à une pri-fe de poffeffion. Or, fuivant la difpofition des Loix, en concurrence de deux acheteurs, on ne confide-re point la date des contrats, mais le tems de la prife de poffeffion.

La fignification du tranfport eft donc abfolument néceffaire pour mettre la dette tranfportée hors de la poffeffion du cédant.

Cela coupe racine à quantité de fraudes qui fe commettroient tous les jours, par le moyen des tranfports fimulés que l'on mettroit au jour, pour fruftrer des créanciers légitimes qui auroient con-tracté de bonne foi en un tems auquel le tranfport étoit inconnu.

Néanmoins, nonobftant le défaut de fignifica-tion, le tranfport eft valable, & a fon effet au pro-fit du ceffionnaire contre le cédant.

Mais fi faute de fignification du tranfport, le cé-dant avoit touché la dette au préjudice du tranf-port, ou qu'il l'eût cédée à une autre perfonne, ou que d'autres créanciers l'euffent faifie & arrêtée, le ceffionnaire feroit en droit d'agir perfonnellement contre le cédant ou fes héritiers.

En comparant la délégation avec le tranfport, & rappellant les principes de l'un & de l'autre, il eft aifé de voir qu'il y a une très-grande différence en-tre la délégation & le tranfport.

La délégation faifit fans qu'il foit befoin de figni-fication; au lieu que le tranfport ne faifit point, & que celui auquel le tranfport eft fait, n'eft pré-fumé propriétaire des droits qui lui font tranfpor-tés, que par la fignification du tranfport fait au débiteur.

Ainfi les créanciers du cédant peuvent, jufqu'à la fignification du tranfport, faire faifir la dette ou les droits cédés entre les mains du débiteur; auquel cas ils feroient préférés au ceffionnaire.

Mais la fignification avec copie délaiffée au débi-teur, rend le ceffionnaire maître, & fait qu'il eft préféré à tous créanciers du cédant, qui auroient faifi poftérieurement à la fignification du tranfport. Lorfqu'un tranfport a été accepté par le débiteur de la chofe cédée & tranfportée, il n'a pas befoin d'être fignifié.

Voyez ce que j'ai dit fur l'article 108. de la Cou-tume de Paris; & le Traité de la Subrogation de M. de Renuffon. Voyez auffi ce que j'ai dit ici, verbo Su-brogation, & verbo Tranfport; & Belordeau en fes Obfervations forenfes, lettre C, art. 11.

TRANSPORT de rentes créées par le Roi. Comme elles font dans le commerce, elles peu-vent, par ceux qui les ont acquifes, être vendues & tranfportées à d'autres; mais le vendeur ou le cédant n'eft jamais tenu que de fes faits, promeffes & obligations; c'eft-à-dire, que fi la rente n'étoit pas bien & duement conftituée, ou fi avant la vente ou ceffion le vendeur ou le cédant l'avoit vendue & aliénée, ou obligée & hypothéquée,

en ce cas, comme ftellionataire & faux vendeur, il feroit tenu, d'autant qu'il feroit queftion de fes faits, promeffes & obligations, & non des faits du Prince.

Mais hors ce cas, le vendeur ou le cédant n'eft jamais tenu de la garantie de telles rentes, quelque claufe de garantie qu'il eût fait inférer dans le con-trat. Voyez ci-deffus Rentes créées par le Roi.

TRANSPORT de droits litigieux, eft celui qui eft fait de droits qui font conteftés, & qui dépen-dent de l'évenement d'un procès qu'il faut effuyer avant que d'en pouvoir jouir.

Quoiqu'en France on puiffe céder & tranfporter toutes fortes de dettes & actions, même les dettes & droits litigieux, néanmoins par plufieurs Or-donnances de nos Rois, les Juges & Officiers, Avocats, Procureurs & Sollicíteurs de Procès, ne peuvent point prendre ceffion des droits litigieux pour lefquels les actions font intentées pardevant eux, ou par eux.

L'article 54. de l'Ordonnance d'Orléans y eft précis. Défendons à tous nos Juges, & à nos Avocats & Procureurs, d'accepter directement ou indirectement aucun tranfport ou ceffion des procès & droits litigieux ès Cours, Sieges & reffort où ils feront Officiers: fem-blables défenfes faifons aux Avocats, Procureurs & Sollicíteurs des Parties, pour le regard des caufes & procès dont ils auront charge, fur peine de punition exemplaire.

Ainfi, aux termes de cette Ordonnance, un Juge ne peut recevoir la ceffion d'un droit dans une affai-re dont il a été Juge.

Un Avocat ne peut pas non plus accepter de fon client le tranfport du procès dont il étoit le dé-fenfeur.

L'Ordonnance limite donc la prohibition aux procès dont ils auront été Juges, ou dont ils auront été les défenfeurs.

Cette Ordonnance n'a pour objet que de punir le crime: ce n'eft pas contre le nom de Juge ou d'Avocat qu'elle s'éleve, c'eft contre l'abus & la fonction du miniftere.

Il ne faut pas que le Juge, & les Avocats ou Procureurs abufent de la confiance des Parties ou de leurs cliens, pour, à l'abrit des connoiffances qu'ils ont acquifes par leur capacité & leur expé-rience, les dépouiller ou faire vexation. Hæc omnia bono publico introducta funt ad vitandas fori cal-liditates.

Touchant les droits litigieux, il faut encore ob-ferver que, fuivant la difpofition des Loix per di-verfas & ab Anaftafio, cod. mandati, celui qui a pris ceffion de droits litigieux, ne peut demander au débiteur que la fomme qu'il a effectivement payée avec les intérêts de l'argent qu'il a débourfé: mais ces Loix ne font point aujourd'hui obfervées dans ce Royaume; & à l'exception des Parlemens de Touloufe & de Grenoble, l'on juge que la ceffion doit avoir fon effet, & que le ceffionnaire peut exi-ger du débiteur la totalité.

Voyez le Recueil alphabétique de M. Bretonnier, verbo Droits litigieux; & Henrys, liv. 4. queft. 5. & les deux fuivantes.

T R A N S P O R T DE BAIL. *Voyez* Ceſſion de bail.

T R A N S P O R T FRAUDULEUX, eſt celui qui eſt fait par un Marchand en fraude de ſes créanciers. Voici ce que porte l'article 4. du titre 11. de l'Ordonnance de 1673. *Déclarons nuls tous transports, ceſſions, ventes & donations de biens meubles & immeubles, faits en fraude des créanciers. Voulons qu'ils ſoient rapportés à la maſſe des créanciers.*

La queſtion eſt de ſçavoir, quand eſt-ce que ces transports ſont réputés frauduleux?

Il n'eſt pas facile de donner des régles certaines pour conſtater la fraude qui ſe peut trouver dans ces ſortes de transports, d'autant que cela ne ſe peut faire que par rapport aux circonſtances qui donnent lieu de préſumer que les transports n'ont été faits que pour ſouſtraire les effets du débiteur, & les mettre à couvert de la ſaiſie qu'en pourroient faire ſes créanciers.

La premiere de ces circonſtances qui ſont préſumer la fraude, eſt ſi le transport ou autre acte a été fait par un Marchand ou Négociant, peu de tems avant ſa banqueroute.

La ſeconde, ſi celui qui méditoit ſa banqueroute, s'eſt ſervi des noms interpoſés pour céder ſes dettes actives.

La troiſieme, ſi le ceſſionnaire de celui qui a fait banqueroute s'eſt hâté de payer avant l'échéance.

La quatrieme, s'il y avoit des liaiſons étroites entre le cédant qui a fait banqueroute, & celui au profit de qui le transport a été par lui fait.

Mais comme les inductions que l'on tiroit de ces circonſtances pouvoient être quelquefois fauſſes, d'ailleurs comme elles donnoient lieu à quantité de conteſtations, la Déclaration du 18. Novembre 1702. a levé le doute qui réſultoit à cet égard de l'art. 4. du titre 11. de l'Ordonnance de 1673.

Cette déclaration, en interprétant ledit article 4. ordonne *que toutes ceſſions & transports ſur les biens des Marchands qui ont failli, ſeront nuls & de nulle valeur, s'ils ne ſont faits dix jours au moins avant la faillite publiquement connue; comme auſſi que les actes & obligations qu'ils paſſeront par-devant Notaires au profit de quelques-uns de leurs créanciers, ou pour contracter de nouvelles dettes, enſemble les Sentences qui ſeront rendues contr'eux, n'acquerront aucune hypotheque ni préférence ſur les créanciers chirographaires, & ſi leſdits actes & obligations ne ſont paſſés, & ſi leſdites Sentences ne ſont rendues pareillement dix jours au moins avant la faillite publiquement connue. Voyez* Banqueroute.

T R A N S P O R T DE MARCHANDISES HORS LE ROYAUME. Il étoit défendu par pluſieurs Conſtitutions des Empereurs Romains, ſous peine de la vie, de transporter dans des Pays étrangers, ou de vendre à des Etrangers pour transporter hors l'Empire, du vin, de l'huile, toute ſorte de légumes, du fer ou des armes, comme on peut voir dans le titre du Code, *quæ res exportari non debeant.*

En France, le commerce & le transport de toutes choſes eſt défendu avec ceux contre leſquels la guerre eſt déclarée; & pendant la paix il n'eſt pas permis de transporter des marchandiſes hors le Royaume ſans payer un Droit, que nous appellons *la Douane* ou *Traites foraines.*

Il y a certaines choſes qu'il eſt défendu de transporter hors le Royaume, même en tems de paix, ſous peine de confiſcation; ſçavoir, de l'or & de l'argent monnoyé, en plus grande quantité qu'on en a beſoin pour ſon voyage, du fer, des armes, & autres ſortes de choſes ou marchandiſes défendues, appellées marchandiſes de contrebande.

TRANSPORT DE JUGES, ſe dit des deſcentes des Juges ſur des lieux contentieux, qui eſt ordonné pour, ſur la viſite & le procès verbal qu'ils feront dreſſer de l'état où ils les auront trouvés, être ordonné ce que de raiſon.

TRANSPORT DE PRISONNIERS. Quand un accuſé a été condamné par un Juge inférieur à une peine corporelle, la Sentence ne peut être miſe à exécution, ſi elle n'eſt confirmée par la Cour. Ainſi dès que le Jugement eſt rendu, ſoit qu'il y ait appel ou non, l'accuſé & ſon procès doivent être envoyés aux priſons de la Cour ſupérieure.

L'uſage eſt de charger les Meſſagers & de les rendre reſponſables des priſonniers, ſi par leur fraude ou manque d'avoir une eſcorte ſuffiſante, les priſonniers leur échappent; ainſi qu'il a été jugé par deux Arrêts du Parlement de Paris.

Le premier eſt du 10. Mars 1690. rendu à la requête de M. le Procureur général, contre le nommé Courtinault, Conducteur de la Meſſagerie de Niort à Paris, par lequel il eſt dit que ce Meſſager ſera tenu de conſtituer priſonnier le nommé Bertrand, qui lui avoit été donné, & ce dans trois mois; ſinon le tems paſſé, qu'il y ſera contraint par corps. Cet Arrêt lui enjoint, lorſqu'il ſera chargé de la conduite des priſonniers, de les mener avec une eſcorte ſuffiſante, & de marcher entre deux ſoleils, à peine d'en répondre; & en outre, que les Meſſagers & autres conducteurs de priſonniers, ſeront tenus d'obſerver les Arrêts & Réglemens de la Cour: ce faiſant, que ceux qui ameneront des priſonniers dans la Conciergerie du Palais, prendront leur décharge au Greffe de la Géole, pour la remettre dans le mois entre les mains des Greffiers des Sieges & Juriſdictions des priſons deſquelles les priſonniers auront été transferés; & que ceux qui transfereront des priſonniers des priſons de la conciergerie en celles d'autres Sieges, s'en chargeront ſur le Regiſtre de la Géole de la conciergerie; & feront tenus de rapporter dans le mois au Greffier de ladite Géole un certificat des Géoliers deſdites priſons, viſé par le Juge de la priſon, & du Subſtitut du Procureur général du Roi, & du Procureur Fiſcal, faiſant mention du jour que les priſonniers auront été amenés en leurs priſons, pour être le certificat remis entre les mains du Procureur général; le tout à peine de cinquante livres d'amende pour chaque contravention, au payement de laquelle les Meſſagers & Conducteurs ſeront contraints par corps, ſur le rôle qui en ſera délivré au Receveur des amendes, & certifié par les Greffiers des Sieges, ou de la Géole de la Conciergerie, chacun à leur égard. Et il eſt dit que l'Arrêt ſera lû & publié l'Audience tenant, dans les Bailliages, Séné-chauſſées, & autres Sieges royaux du reſſort de la Cour, & regiſtré dans leurs Greffes.

Le ſecond Arrêt de Réglement a été rendu le 26. Août 1704. ſur le procès criminel inſtruit à la re-quête de M. le Procureur général, contre Jacques Sergent, Cocher de la Meſſagerie de Chartre, & Laurent le Moine, Facteur de la même Meſſage-rie, par lequel la Cour a déclaré la contumace bien inſtruite contre Jacques Sergent; & adju-geant le profit pour les cas réſultans du procès, le nommé Sergent a été condamné d'être conduit aux Galeres du Roi, pour y ſervir comme forçat l'eſpace de cinq ans; & après que Laurent le Moi-ne, pour ce mandé en la Chambre de la Tournel-le, a été admoneſté, il a été condamné d'aumô-ner au pain des priſonniers de la Conciergerie du Palais la ſomme de quatre livres : ordonné que dans les trois mois les nommé Cherrier, Pean, & autres Aſſociés pour la Meſſagerie de Chartres, ſe-ront tenus de conſtituer priſonnier Claude Thi-bault Janvilliers; ſinon le tems paſſé, contraints par corps. Ordonne que l'Arrêt du 20. Mars 1690. ſera exécuté; en conſéquence, que les certificats y mentionnés ſeront viſés gratuitement par les Ju-ges, les Subſtituts du Procureur général, & les Procureurs Fiſcaux; & que lorſque les priſonniers feront transférés des priſons des Sieges & Juriſdic-tions du reſſort de la Cour en celles de la Con-ciergerie du Palais, les Subſtituts & Procureurs Fiſcaux ſeront tenus d'envoyer au Procureur géné-ral copie de l'acte par lequel les Conducteurs des priſonniers s'en feront chargés, contenant leurs noms, qualités & demeure des priſonniers & Conducteurs, & le jour de leur départ, laquelle co-pie ſera ſignée du Greffier, & ce dans le jour du dé-part, & par autre voie que celle des Conducteurs; le tout à peine par les Subſtituts & Procureurs Fiſ-caux d'en répondre en leurs propres & privés noms. Et il eſt dit que l'Arrêt du 20. Mars 1690. & celui-ci ſeront lûs & publiés l'Audience tenant, aux Bail-liages, Sénéchauſſées & autres Sieges royaux du reſſort de la Cour, & regiſtrés aux Greffes des mê-mes Sieges.

Voici un autre Arrêt qui a été rendu au ſujet de la tranſlation de ceux qui ſont condamnés à mort, & renvoyés pardevant les premiers Juges, pour l'exécution de leurs Jugemens confirmés par la Cour.

Le premier Juin 1680. a été rendu un Arrêt de réglement à la Tournelle, ſur appointement à met-tre, qui fait défenſes aux Greffiers & Géólier de la Conciergerie de délivrer aucuns priſonniers à l'avenir à aucun Sergent ou Archer, autres que ceux qui les auront amenés, pour les transférer en exécu-tion d'un ordre de la Cour; ni à eux de s'en charger, ſi ce n'eſt de l'Ordonnance d'icelle, à peine de tous dépens, dommages & intérêts.

Le motif a été de réprimer le brigandage qui ſe faiſoit journellement dans la Conciergerie par les Guichetiers, Géóliers & Greffiers de la Géóle, pour la conduite des priſonniers, qui les mettoient

entre les mains de qui il leur plaiſoit, ſurprenoient des exécutoires des ſommes immenſes, qu'ils con-traignoient les Fermiers des Seigneurs de payer avec toutes ſortes de rigueurs, & partageoient en-ſuite entr'eux.

TREBELLIANIQUE, eſt le quart de l'héré-dité qui doit reſter à l'héritier qui eſt chargé de la rendre.

Voyez Quarte Trébellianique.

TREILLIS, *voyez* Fer maillé.

TREIZIEME, qui ſignifie la treizieme partie d'un tout, eſt en quelques Coutumes un droit qui eſt dû au Seigneur, en cas de vente d'un fief ſervant ou d'une roture. *Voyez* ce qui en eſt dit dans le Gloſſaire du Droit François, dans le Dictionnaire de Trevoux, & dans celui de M. Brillon.

TREPAS DE LOIRE, eſt un droit qui ſe prend ſur toutes denrées & marchandiſes paſſant, mon-tant, traverſant par la Riviere de Loire, entre les Ports de Candes & d'Ancenis.

On prend là pour chaque muid de ſel, meſure de Paris, deux ſols ſix deniers, & ainſi de toutes les autres marchandiſes, conformément à l'Ordon-nance d'Henri II. du mois de Février 1554. qui veut que ce Droit ſoit levé ſur toutes ſortes de perſon-nes & marchandiſes, ſuivant les Pancartes.

Il y a cependant quelques perſonnes qui en ſont exemptes, comme les Maîtres des Requêtes, les Secrétaires du Roi, & autres dont le privilege en eſt attribué à leurs Charges.

Henri IV. fit une Déclaration au mois de Sep-tembre 1694. qui contient l'énumération de toutes les marchandiſes qui ſont ſujettes à ce droit.

Au reſte, il paroît que ce mot *trépas de Loire*, eſt dit par corruption *outrepaſſer*, parce que ce droit ſe paye pour les marchandiſes que l'on fait paſſer outre la Loire, & que l'on conduit en Bre-tagne, qui étoit autrefois une Province étrangere. On diſoit même autrefois *trépaſſer* un commande-ment, pour dire l'enfreindre, paſſer outre, com-me il eſt marqué dans le Dictionnaire de Trévoux, *verbo* Trépas.

Voyez Fontanon, tom. 2. liv. 4. chap. 6.

TRÉS-FONCIERS, ſont des Particuliers qui ont des Bois, ſur leſquels le Roi prend le tiers & danger, grurie & grairie & autres : le fonds deſ-dits bois leur appartient, & néanmoins ils ne peu-vent en diſpoſer au préjudice des droits appartenans au Roi.

Ces droits appartiennent au Roi, parce qu'ils ſont gardés par les Officiers de Sa Majeſté, & que leſ-dits Officiers ſont gagés & payés du Domaine de Sa Majeſté, & qu'iceux Officiers font Juſtice aux Par-ticuliers des délits qui y ſont commis.

TRESOR, eſt un amas d'argent qui étoit caché, & dont on ignore le propriétaire.

Suivant le Droit Romain, celui qui trouve dans ſon héritage un tréſor, en devient propriétaire. Ce-lui qui en trouve un dans le fond d'autrui, le partage par moitié avec le propriétaire du fonds. *Leg. un. cod. de theſaur.*

C'eſt auſſi ce qui ſe pratique en pluſieurs lieux du pays de Droit écrit, à l'excluſion du Seigneur

Haut-Justicier & du Roi ; comme il a été jugé par Arrêt du mois de Février 1631. rendu en la Chambre de l'Edit de Grenoble, entre le Prince d'Orange, Haut-Justicier d'Orpiere ; le nommé Damian, Maçon ; & Michel Abel, propriétaire d'une maison, dans le mur de laquelle Damian avoit trouvé un pot rempli de pieces d'or.

Il fut jugé par cet Arrêt que le Maçon auroit la moitié du tréfor, & le propriétaire l'autre moitié, fans avoir égard à la demande formée par le Prince d'Orange, comme Seigneur Haut-Justicier.

Par un autre Arrêt du 31. Janvier 1641. le Roi a été débouté de la demande formée à fin d'un tiers d'un tréfor trouvé dans une muraille, par la raison que le Droit Romain est obfervé à Castres.

En pays coutumier, la regle ordinaire est que le tréfor qui est trouvé par le propriétaire dans fon fonds, fe partage par moitié entre lui & le Seigneur Haut-Justicier du lieu où il est trouvé. Bacquet, des Droits de Justice, chap. 32. & chap. 2. nomb. 10. Charondas, liv. 3. rép. 20. Papon, liv. 13. tit. 2. nomb. 2. le Bret, en fon Traité de la fouveraineté, liv. 3. chap. 6.

Celui qui est trouvé dans le fonds d'autrui, fe partage en trois portions égales, dont l'une appartient au propriétaire du fonds, l'autre au Fifc ou au Seigneur Haut-Justicier, & la troifieme à celui qui le trouve. Chopin, livre 2. du Domaine, tit. 5. nomb. 11.

Il y a néanmoins un cas auquel celui qui a trouvé un tréfor dans le fonds d'autrui, n'y peut rien prétendre ; fçavoir, quand de deffein prémédité il a fouillé dans le fonds d'autrui, à fon infçu & fans fon confentement ; & alors le tréfor fe partage entre le propriétaire du fonds, & le Fifc ou le Seigneur Haut-Justicier dans l'étendue de la Seigneurie duquel le tréfor a été trouvé ; parce qu'on ne favorife pas le deffein de celui qui, par un défir de s'enrichir, fouille dans le fonds d'autrui fans fon ordre & fans fa participation. *Inventor hoc cafu nihil ex thefauro confequitur, quia non licet data opera in alieno fundo thefaurum quærere. Leg. unic. cod. de thefaur.*

Si pendant la main mife, ou la faifie féodale faite par le Seigneur d'un fief tenu & mouvant de lui, faute d'homme, droits & devoirs non faits & non payés, il est trouvé un tréfor, la part du propriétaire n'appartient point au Seigneur féodal ; parce que pendant la faifie & nonobstant icelle, le Vaffal est le véritable propriétaire du fief, quoiqu'il en perde les fruits jufqu'à ce qu'il ait fatisfait à ce à quoi la nature des fiefs l'engage.

Voyez M. Charles Dumoulin, fur l'article 37. de l'ancienne Coutume de Paris, aujourd'hui le 55. glofe 10. nomb. 48.

Il en feroit de même fi le Seigneur, après la foi & hommage de fon Vaffal, eût choifi le revenu d'une année pour fon relief, parce que les tréfors ne font pas *in fructu*.

C'est auffi la raifon pour laquelle un ufufruitier n'en peut profiter, pas même en ufufruit. *Fructuarius nihil habet in thefauro invento in fundo, quia*

thefaurus nullo modo est fructus fundi, nec naturalis, nec civilis, nec est pars aliqua fundi, fed est prorfus feparata, nihil cum fundo habens commune. M. Charles Dumoulin fur la Coutume de Paris, tit. 1. §. 1. glofe 1. nomb. 60.

Il faut dire la même chofe de celui qui jouit d'un fonds par engagement, & de tous ceux qui ne font pas véritables & incommutables propriétaires, *re & effectu.*

Il réfulte de ce principe, qu'un mari ne peut retenir le tréfor trouvé dans le fonds dotal, parce qu'il n'en est pas propriétaire véritable & à perpétuité. *Leg. 7. §. fi fundum, ff. folut. matrim.* Cependant, parce qu'il a *dominium fictum & ad tempus*, il jouira du tréfor tant que le mariage durera, à la charge d'en faire la reftitution à fa femme ou à fes héritiers.

En pays coutumier, le mari retient le tréfor à caufe de la Communauté, & non pas *ratione fundi*, d'Argentré, fur l'article 5. de la Coutume de Bretagne ; fi bien qu'après la diffolution de la Communauté, il doit être regardé comme un effet d'icelle.

A l'égard de l'acquéreur d'un héritage à faculté de réméré, il profite du tréfor qui est trouvé dans cet héritage ; *quia verum est talem emptorem dominum effe, ideoque thefaurum vindicare potest, nec redempto fundo ad reftitutionem thefauri tenetur.* D'Argentré, article 51.

Si le tréfor est trouvé dans un chemin qui n'appartient ni à celui qui a trouvé le tréfor, ni à aucun autre Particulier, fi c'est dans un grand chemin, c'est-à-dire, un chemin royal, la moitié en appartiendra au Roi, & l'autre à l'inventeur ; parce que les grands chemins appartiennent au Roi. L'Hommeau en fes Maximes, liv. 1. chap. 18. le Bret en fes Décifions, part. 2. liv. 2. décifion 4. Bacquet, Traité des Droits de Justice, chapitre 32. Mais cette décifion ne doit avoir lieu que quand le tréfor a été trouvé par hazard dans un chemin royal ; car fi c'étoit *data ad hoc opera*, il appartiendroit au Roi pour le tout. *Leg. 11. cod. de thefaur.*

A l'égard du tréfor qui est trouvé dans un chemin de traverfe, il doit être partagé entre celui qui l'aura trouvé, & le Seigneur Haut-Justicier.

Le tréfor trouvé dans un lieu faint ou dans un lieu religieux, tel qu'un cimetiere, appartient entiérement à celui qui l'a trouvé, fuivant la derniere Jurifprudence Romaine, §. 39. *Inft. de rer. divif.*

Le Parlement de Paris l'adjugeoit anciennement à l'Eglife, fans que l'inventeur, le Seigneur Haut-Justicier, ni même le Roi, y puiffent rien prétendre.

Bacquet, au traité des Droits de Justice, chap. 32. nomb. 28. 29. & 30. prétend qu'il fe doit partager entre l'Eglife & celui qui l'a trouvé, *fortuito, & non data opera ;* & que le Roi, auffi bien que le Seigneur Haut-Justicier, en doivent être entiérement exclus, parce qu'ils n'ont aucun droit dans les lieux faints & réligieux.

J'eftime cependant que le Seigneur feroit bien fondé de prétendre fa part dans le tréfor trouvé dans l'Eglife, d'autant qu'il n'eft pas vrai que fa Juftice ne s'étende pas fur l'Eglife ; comme nous avòns dit fur l'art. 167. de la Coutume de Paris, glofe 2. nomb. 21.

A l'égard du tréfor qui eft trouvé dans un lieu abandonné, il doit en appartenir moitié à l'inventeur, & moitié au Seigneur Haut-Jufticier, dans les Coutumes qui accordent aux Seigneurs Hauts-Jufticiers les épaves & biens vacans.

Dans celles qui ne les leur accordent pas le tréfor trouvé dans l'étendue de la haute Juftice d'un Seigneur, dans un lieu vacant & abandonné, la moitié en appartient au Roi, & l'autre moitié à l'inventeur, à l'exclufion du Seigneur Haut - Jufticier ; *quia quæ in nullius bonis funt, & quæ dominum affertoremque nullum habent*, cenfentur effe *Principes*, comme dit Faber fur le §. 39. *Inftit. de rer. divif.* Il nous refte trois obfervations à faire. I°. Qu'un tréfor trouvé par art magique, appartient tout entier au Roi ou au Seigneur Haut-Jufticier ; en forte que celui qui l'a trouvé n'y a aucune part.

II°. Que celui qui a trouvé un tréfor dans un fonds appartenant à autrui, & qui n'en a pas donné avis au propriétaire & au Seigneur, quand il eft découvert, il eft privé de fa part dans le tréfor ; & le Roi, le Seigneur Haut-Jufticier & le Propriétaire peuvent agir contre lui criminellement.

III°. Qu'un mercenaire ou un domeftique qui a trouvé un tréfor dans le fonds de fon maître, n'y a aucun droit.

Voyez ce que nous avons dit au fujet des tréfors, fur le §. 39. du titre premier du Livre fecond des Inftitutes, & fur l'article 167. de la Coutume de Paris, & ce que nous en avons dit ci, *verbo* Juftice haute, moyenne & baffe. *Voyez* auffi Papon, livre 13. titre 7. Expilly, plaidoyer 37. le Traité des Domaines du Roi & des Seigneurs particuliers, par Berthelot chapitre 34. Charondas, Réponfe livre 3. chapitre 20. la Peyrere, *verbo* Tréfor ; Chopin, au fecond livre de fon traité des Domaines de France, titre 5. art. 11. le Bret liv. 5. décifion 4. le Grand fur l'article 178. de la Coutume de Troyes ; Bouchel. *verbo* Tréfor ; Goffan fur les articles 9. & 10. de la Coutume d'Artois ; & Bacquet en fon Traité des Droits de Juftice, chapitre 32.

T R É S O R ROYAL, qu'on appelloit l'Epargne fous François I. eft le lieu où fe portent tous les deniers qui, toutes les charges acquittées, reviennent au Roi de toutes les recettes générales ; fermes, parties cafuelles, & tous autres deniers qui entrent dans les coffres du Roi.

T R É S O R I E R S DE FRANCE ; font des Officiers d'un Bureau établi dans chaque Généralité, où l'on examine les états de Finance, & les comptes par un bref état.

Ils ont leur Bureau dans chaque Province ou Généralité, compofé d'un certain nombre de Préfidens & Confeillers. *Voyez* Généralités.

Il y a un Arrêt du Confeil d'Etat du Roi du 11. Août 1705. qui confirme les Tréforiers de France dans la poffeffion de connoître feuls de toutes les demandes & conteftations concernant les biens ac-

quis à Sa Majefté par confifcation, aubaine, bâtardife ou-deshérence ; avec défenfes aux Officiers des Baillages d'en connoître, fous quelque prétexte que ce foit. Cet-Arrêt ordonne auffi que tous les deniers & effets en provenans, feront remis au Receveur général des Domaines de la Généralité.

Dans la Généralité de Paris, les Tréforiers de France n'ont point de Jurifdiction contentieufe dans leur Bureau, elle appartient à la Chambre du Tréfor ; mais dans les autres Provinces qui ne font pas dans le reffort de la chambre du Tréfor, la Jurifdiction contentieufe touchant le Domaine appartient aux Tréforiers de France.

Voyez ci-deffus Chambre du Tréfor. *Voyez* auffi Henrys tome 1. liv. 2. chap. 4. queft. 14. & 60.

T R I A G E, fe dit en termes d'Eaux & Forêts, de certains buiffons ou quartiers de forêts qui en font la divifion.

Ce terme vient de celui de *tiers*, parce qu'ordinairement dans les bois communaux les Seigneurs ont pour leur part un tiers, & les habitans les deux autres tiers.

Les Officiers de la maîtrife font tenus de faire fouvent la vifite des forêts, de garde en garde, & de triage en triage.

Par la derniere Ordonnance, les Seigneurs qui ont leur triage, c'eft-à-dire, leur part, ne peuvent rien prétendre dans les communaux des habitans. *Voyez* l'Ordonnance des Eaux & Forêts, titre 25. art. 4. 6. 7, & 8.

T R I B U N A L, fignifie le Siege où les Juges rendent la Juftice. Ce terme fe dit auffi du Corps des Juges & de leur Jurifdiction.

TRIBUNAL DE L'UNIVERSITÉ DE PARIS, eft une Jurifdiction compofée des Doyens des trois Facultés fupérieures ; fçavoir, Théologie, Droit & Médecine, & des Procureurs des quatre Nations qui compofent la Faculté des Arts ; le Recteur de l'Univerfité eft à leur tête.

Il y a auffi dans cette Jurifdiction un Syndic, qui eft le cenfeur public, dont les fonctions font femblables à celles de Procureur du Roi dans les Jurifdictions royales, un Greffier. Les Appariteurs font les Bedaux de l'Univerfité.

Ce Tribunal connoît en premiere inftance de toutes les conteftations qui furviennent entre les Principaux, Régens des Colleges & Suppôts de l'Univerfité, touchant l'Ordre de la difcipline & l'exécution des Statuts, tant généraux que particuliers. Les appellations de fes Sentences fe relevent au Parlement.

Cela eft fondé fur l'art. 20. de l'Appendice des Statuts de la Faculté des Arts donnés par Henri IV. en 1600. enregiftrés en la Cour le 25. Septembre de la même année : fur les Lettres patentes en forme d'Edit, données par Louis XIV. au mois de Septembre 1661. & fur de pareilles Lettres de Louis XV. du mois de Février 1722. regiftrées le 15. Avril de la même année.

T R I B U T. Ce terme, qui vient du mot latin *Tributum*, fignifie une contribution que les Souverains levent fur leurs fujets par capitation, pour foutenir les dépenfes de l'Etat.

Le tribut differe de l'impôt en ce que le tribut fe leve fur les perfonnes *tributimque à fingulis familiarum capitibus exigitur*: au lieu que l'impôt ne fe leve que fur les marchandifes. *Voyez* Vectigal.

Anciennement à Rome les tributs & autres levées de deniers fe repartiffoient fur les trente-cinq Tributs dans lefquelles étoient divifés les Citoyens Romains ; enfuite les tributs furent départis fur les cent quatre-vingt-treize Centuries dans lefquelles les habitans de Rome furent divifés ; & quant au-dehors de la ville de Rome, les tributs étoient levés & départis par Jurifdictions.

De même en ce Royaume, le Peuple ayant été divifé en Elections, puis fous-divifé en Paroiffes, les tailles & autres tributs ont toujours été départis & levés fur icelles : d'où eft venu ce Brocard, que la taille fuit le clocher ; c'eft-à-dire, que perfonne ne peut être diftrait, ni fe diftraire, de fa Paroiffe, pour payer à part & féparément la taille.

La raifon eft, que l'enceinte & les confins des Paroiffes & des autres territoires étant de droit public, & ayant été limités & réglés par autorité publique, on n'y peut rien innover que par une femblable autorité, c'eft-à-dire, par Lettres patentes du Prince duement vérifiées.

T R I E N N A L, fignifie un exercice qui dure trois ans. La plûpart des Réguliers ont des Supérieurs triennaux ; ils en élifent d'autres au bout de trois ans.

T R I E N N A L, fe dit auffi des Charges qui ne s'exercent que de trois années l'une, & des Titulaires qui en font pourvus.

T R O I S BRIEFS JOURS. *Voyez* Ajournement.

T R O N C, fignifie la fouche & l'eftoc dont on eft defcendu.

T R O U B L E, c'eft-à-dire inquiétation. *Voyez* Inquiétation.

T R O U B L E EN MATIERE DE POSSESSION, donne lieu à la complainte dans l'an & jour, lorfque celui qui eft en poffeffion d'un héritage, ou droit réel, ou d'univerfalité de meubles, eft troublé en fa poffeffion.

Le trouble fe fait contre une poffeffion ou de fait, ou par paroles : de fait, quand par voie de fait quelqu'un fait enlever les fruits d'un fonds que nous poffédons : par paroles, quand quelqu'un fe qualifie poffeffeur d'un fonds ou d'un droit que nous poffédons.

T R O U B L E, (TEMS DE) empêche la prefcription de courir, à caufe de l'impoffibilité d'agir dans un tems de trouble & de défordres, & de l'appréhenfion dans laquelle on eft alors, que les titres dont on fe voudroit fervir ne foient volés par les chemins, ou perdus d'une autre maniere.

T R O U S S E A U, font les lits, draps, robes, habits, hardes, linge, vaiffelle, & autres menus meubles que les peres & meres ou autres, donnent par préfent de mariage à leurs fils, filles, ou autres parens ou amis. *Voyez* ce qui en eft dit dans le Recueil alphabétique de M. Bretonnier, où il en eft parlé, *verbo* Coffre.

T R O U V A I L L E. Ce terme, en parlant des

Coutumes de la mer, fignifie la part qui appartient à ceux qui ont trouvé ou fauvé de la marchandife perdue.

T U

T U R B E, fignifie troupe, nombre de perfonnes, *voyez* Enquête par turbe.

T U R C I E S ET LEVÉES, eft un vieux mot qui fignifie les digues que l'on entretient au long de la mer ou des rivieres, aux dépens des deniers d'octroi ou d'autres à ce affectés. Il eft fur-tout ufité pour les digues qui font le long de la Loire, dont un nommé Turci donna le deffein : ce qui a fait donner à ces digues & autres femblables le nom de *Turcies*. Il y a deux Intendans de turcies & levées, dont un demeure à Tours. Il y a auffi dans cette même Ville un Ingenieur de turcies & levées.

T U R P I T U D E, fe dit de tout ce qui fe fait contre la Juftice, contre la pudeur & contre l'honnêteté. Il n'y a point d'action en Juftice pour demander le falaire de chofe où il y a de la turpitude ; *quia fcilicet audiendus non eft propriam allegans turpitudinem : unde qui aliquid dedit ob turpem caufam illud repetere non poteft, nifi eo cafu quo verfatur folius accipientis turpitudo. Voyez* ce que j'ai dit dans mes Paratitles du Digefte, fur le titre *de conditione ob turpem vel injuftam caufam.*

T U T E L L E, eft l'autorité que les Loix donnent aux tuteurs, pour défendre ceux qui par la foibleffe de leur âge ne peuvent pas fe défendre eux-mêmes, ni prendre le foin de leurs affaires.

Quoiqu'on ne puiffe contraindre perfonne à prendre foin des biens d'autrui, néanmoins comme la tutelle & la curatelle font reputées charges publiques, celui qui eft nommé tuteur ou curateur, peut être contraint d'accepter cette charge, & ne peut s'en exempter qu'en vertu de quelque caufe légitime. Sur quoi *voyez* ce que j'ai dit dans ma Traduction des Inftitutes, liv. 1. tit. 25.

En pays de Droit écrit, il y a trois efpeces de tutelle ; fçavoir, la tutelle teftamentaire, la tutelle légitime & la tutelle dative.

La tutelle teftamentaire eft celle qui eft déférée à quelqu'un dans un teftament par celui qui a droit de donner des tuteurs.

Le droit de donner des tuteurs confifte dans la puiffance paternelle : d'où il s'enfuit qu'il n'y a que le pere & l'aïeul paternel qui puiffent donner des tuteurs à leurs enfans, au cas qu'ils les aient dans leur puiffance ; & comme la tutelle, de quelque nature qu'elle foit, prend fin avenant la puberté de celui qui eft en tutelle, il s'enfuit qu'on ne peut donner des tuteurs qu'à ceux qui ne font pas encore puberes.

La tutelle légitime eft celle qui eft déférée au plus proche parent des enfans, au défaut de la tutelle teftamentaire.

Le frere des pupilles, quand il eft majeur de 25. ans, eft appellé par la Loi à la tutelle de fes freres ou l'oncle à la tutelle de fes neveux, quand il eft le plus proche parent, pourvû que la mere des pupilles foit décédée ; quand elle eft en vie, la tutelle de fes enfans lui appartient préférablement à tout

autre , pourvû qu'il n'y ait rien à redire à ſa conduite , & qu'elle ne ſe remarié point ; car les ſecondes
nôces font perdre à la mere la tutelle de ſes enfans.

La tutelle dative eſt celle qui eſt déféré par le
magiſtrat , au défaut de la tutelle teſtamentaire &
de la tutelle légitime.

C'eſt le Juge du domicile des pupilles qui defere
cette tutelle , & il ne péut la donner qu'à ceux qui
font demeurans dans le lieu où les biens des pupilles font fitués.

Dans la France coutumiere , la tutelle dative eſt
feule en uſage , & les tutelles teſtamentaires &
légitimes n'y font point reçues , ſi ce n'eſt en
quelques Coutumes qui admettent les teſtamentaires , deſquelles il faut ſuivre la diſpoſition ;
mais dans les autres , la tutelle ſe defere par le Juge du lieu où le pere des mineurs avoit ſon dernier
domicile.

Mais lorſque le pere ou la mere ont nommé un
tuteur à leur fils par leur teſtament, on ne le refuſe
gueres en Juſtice ; & quand le pere & la mere
font vivans, s'ils veulent accepter la tutelle de leurs
enfans , ils font ordinairement préférés à tous leurs
autres parens.

Il en eſt de même dans les Pays de Droit écrit du
reſſort du Parlement de Paris. Henrys tome 2. liv.
4. queſt. 15.

Voyez touchant les tutelles & les curatelles , ce
que nous avons dit ſur le titre 13. & les ſuivans du
premier Livre des Inſtitutes ; & ce qui eſt de la
tutelle & des tuteurs dans le Recueil alphabétique
de M. Bretonnier. Nous allons ſeulement expliquer
la procédure qui ſe fait pour faire nommer un
tuteur.

Pour y parvenir , il faut que quelqu'un des proches préſente Requête au Juge ordinaire , afin qu'il
permette d'aſſembler les parens , pour élire au mineur un tuteur & un ſubrogé tuteur. En conſéquence de cette Requête repondue par le Juge , on aſſigne les parens qui doivent au moins être au nombre de ſept , tant du côté paternel , que du côté
maternel ; & au défaut des parens , on prend des
voiſins ou amis.

Sur cette aſſignation , les parens qui comparoiſ-
fent en l'Hôtel du Juge , après avoir prêté ſerment
de nommer celui qu'ils jugeront le plus propre &
le plus capable de gérer la tutelle , nomment un
tuteur que le Juge approuve , en conſéquence d'u-
ne Requête que les parens lui préſentent , à l'effet
de faire homologuer leur avis portant nomination
d'un tuteur.

Il faut cependant remarquer que quand il s'agit
d'élire un tuteur , les parens peuvent ſigner une procuration pardevant Notaires , contenant leur avis.
En conſéquence de cette nomination , le Juge doit
rendre une Sentence qui homologue leur avis , & ordonne que celui que les parens ont nommé ſera &
demeurera tuteur ou curateur, & qu'il acceptera la
charge pardevant lui.

Le Juge dans ſon procès verbal doit faire mention du nombre des enfans mineurs , de leur âge,
de leurs noms , ſurnoms , & des dégrès de parenté
des parens qui donnent leur avis ; & il ne doit jamais admettre aucune femme à nommer aux tutelles & curatelles , ſi ce n'eſt la mere & l'aïeule des
mineurs.

Lorſque les biens des mineurs font conſidérables,
& qu'ils font fitués en différentes Provinces , on peut
leur nommer pluſieurs tuteurs , pour avoir l'adminiſtration des biens qu'on déſigne à chacun , & on
leur fixe des appointemens convenables.

Si le tuteur nommé a été préſent lors de la nomination , la tutelle demeure à ſes riſques du jour
qu'il a été nommé ; mais ſi cette nomination a
été faite en ſon abſence , il n'eſt reſponſable de la
tutelle que du jour que la nomination lui a été
ſignifiée.

Cette ſignification doit être faite par celui qui a
convoqué l'aſſemblée des parens pour l'élection
d'un tuteur.

En ſignifiant au tuteur nommé l'acte de ſa nomination , il le doit ſommer d'accepter la tutelle ; ſinon que la tutelle courra à ſes riſques , périls &
fortunes , avec aſſignation pour le voir ordonner
ainſi.

Mais s'il refuſoit d'accepter la tutelle , il faudroit pourſuivre l'Audience où le Juge doit admettre ou rejetter ſes excuſes.

Si ſans y avoir égard le Juge le condamne d'accepter la tutelle , il peut en appeller ; mais il eſt
obligé de l'adminiſtrer pendant l'appel ; ſinon elle
courra à ſes riſques , périls & fortunes.

Il nous reſte à faire ici quelques obſervations
importantes ſur ce qui regarde la matiere des tutelles.

La premiere eſt , que quoique dans les pays de
Droit écrit la tutelle teſtamentaire ait lieu , & que
ſuivant le Droit Romain, le tuteur teſtamentaire
ſoit préféré à tout autre , ſans avoir beſoin d'être
confirmé par le Juge ; néanmoins cela ne s'obſerve
pas exactement dans le pays de Droit écrit du reſſort du Parlement de Paris : car 1°. le tuteur teſtamentaire n'y eſt pas toujours préféré à celui qui eſt
élu par les parens , s'il y a quelque juſte cauſe pour
cela , ſuivant un Arrêt du 8. Juillet 1587. rapporté par Louet , lettre T , chap. 2. En ſecond lieu ,
le tuteur teſtamentaire y doit être confirmé par le
Juge ſur un avis des parens , parce que dans ces
Provinces les tutelles font mixtes, c'eſt-à-dire , qu'elles ne font ni pures teſtamentaires , ni pures dati-
ves. Henrys , tom. 2. liv. 4. queſt. 15.

La deuxieme obſervation eſt , que dans les pays
de Droit écrit le tuteur , excepté celui qui eſt donné par teſtament , eſt obligé de donner bonne &
ſuffiſante caution ; & que ſi le tuteur a diſſipé les
biens du mineur , & qu'il ſoit inſolvable , le mineur
a ſon recours contre la caution , & puis contre les
parens qui ont donné leur avis , & enfin ſubſidiairement contre le Juge qui a nommé le tuteur ;
mais cela n'eſt point obſervé dans le pays de Droit
écrit du reſſort du Parlement de Paris , pour ce
qui eſt des parens qui ont donné leur avis , car ils
n'y font point reſponſables de l'inſolvabilité du tuteur ; comme il a été jugé par Arrêt du 16. Juillet
1640. rapporté par Brodeau ſur Louet , lettre T ,
chap. 1. nomb. 5. A l'égard de ce qui ſe pratique
à ce

à ce fujet dans le pays coutumier, il faut remarquer que dans la plûpart de nos Coutumes les tuteurs ne font point obligés de donner caution; & que les parens qui ont donné leur avis, ni le Juge qui a nommé le tuteur, ne font point refponfables de l'adminiftration du tuteur. *Voyez* Caution du tuteur.

La troifieme obfervation eft, qu'en Normandie, Brétagne & Dauphiné, les parens affignés font ce qu'ils peuvent pour fe difpenfer de donner leur avis, quand il s'agit de nommer un tuteur ou un curateur à une perfonne que l'on fait interdire. Ceux qui les ont nommés font dans ces pays-là garants & refponfables de leur adminiftration, & cela fubfidiairement, & folidairement en cas d'infolvabilité les uns des autres. Il eft vrai que fi le tuteur lors de la nomination étoit notoirement folvable, les parens qui l'auroient nommé ne feroient point tenus de fon infolvabilité qui feroit furvenue depuis, parce qu'ils ne peuvent en ce cas être foupçonnés de dol ni de fraude.

C'eft pour cette raifon que lorfqu'il y a des parens plus proches aux mineurs que ceux qui ont été affignés, ceux-ci ne manquent pas de s'excufer, & de demander que ceux qui font les plus proches foient affignés, pour donner leur avis fur la nomination du tuteur, & être en conféquence refponfables de fon adminiftration.

En pays de Droit écrit, la tutelle finit de la part du pupille à l'âge de quatorze ans pour les mâles, & de douze pour les filles; mais en ce point nos Coutumes font différentes: les unes font conformes au Droit Romain; il y en a d'autres où la tutelle finit à vingt ans; la plus grande partie eft à cet égard conforme à la Coutume de Paris, où la tutelle dure jufqu'à vingt-cinq ans: elle finit auffi par le mariage, & par des lettres d'émancipation, qui s'accordent aux mineurs quand ils ont atteint l'âge de dix fept à dix huit ans.

Mais de quelque maniere que la tutelle finiffe, avant l'âge de vingt-cinq ans, le mineur eft toujours réputé mineur; c'eft pourquoi il ne peut aliéner ni hypothéquer fes immeubles fans être affifté de fon curateur. Il ne peut pas non plus efter en Jugement, à moins qu'il ne foit émancipé par le mariage, & qu'il ne s'agiffe que de la perception de fes revenus.

La tutelle finit de la part du tuteur par fa mort, par fa mauvaife adminiftration. La mere & l'aïeule ceffent d'être tutrices lorfqu'elles fe remarient. Celui qu'elles époufent eft ordinairement nommé tuteur, quand il eft folvable; il eft même refponfable en fon nom de la tutelle, quand la mere ou l'aïeule qu'il a époufé n'a pas fait nommer un autre tuteur à fes enfans.

Après que la tutelle eft finie, le tuteur doit rendre compte à fes mineurs, comme nous l'avons dit, *verbo* Compte de tutelle. Nous allons préfentement parler des tuteurs, de leur adminiftration, de leur autorité, & de l'obligation que produit la tutelle entre le tuteur & celui dont la tutelle lui eft confiée.

TUTEUR, eft une perfonne prépofée pour avoir foin de la perfonne d'un pupille ou d'un mineur, & de l'adminiftration de fes biens: *Tutor enim defenfor eft, ficque appellatur à tuendo, quia perfonæ principaliter datur, rebus verò per confequentias.*

Comme le tuteur eft principalement donné pour avoir foin de la perfonne, on n'en donne ordinairement qu'un; mais quand les mineurs ont des biens fitués en différentes Provinces, on leur en peut donner plufieurs, l'un pour les biens d'une telle Province, & l'autre pour ceux d'une autre Province; & alors chaque tuteur n'eft tenu que de la geftion des biens qu'il a adminiftrés; mais fi plufieurs tuteurs avoient été nommés fans que par l'acte de tutelle leurs fonctions euffent été divifées, chacun d'eux feroit tenu folidairement, tant pour raifon des biens qu'il auroit adminiftrés, que pour ce qui auroit été régi par fon curateur.

Lorfqu'il n'y a qu'un feul tuteur, & que la tutelle eft difficile à gérer, foit par la qualité, foit par la quantité des biens du mineur, on permet au tuteur de fe faire foulager par un homme d'affaires, auquel on donne des appointemens qui font réglés par les parens du mineur.

Il y a quelques perfonnes qui font incapables d'être tuteurs. I°. Les Réligieux, parce qu'ils font morts au monde. II°. Les mineurs de vingt-cinq ans & les interdits, foit pour démence, foit pour caufe de diffipation, parce qu'ils ont eux-mêmes befoin de défenfeurs. III°. Les femmes, qui à caufe de la foibleffe de leur fexe, font incapables de toutes charges publiques, *tutela enim eft munus quafi publicum.* Il faut néanmoins excepter les meres & les aïeules, qui peuvent être admifes à la tutelle de leurs enfans; ce qui ne leur eft pas refufé quand elles le demandent, à moins qu'il n'y ait des fortes raifons pour les exclure.

Suivant les difpofitions du Droit Romain, il eft défendu aux créanciers & aux débiteurs des pupilles d'accepter leur tutelle, fans avoir préalablement fait la déclaration de leur créance ou de leur dette.

Ainfi en pays de Droit écrit, le tuteur nommé qui fe trouve créancier du pupille, ou avoir des prétentions à démêler avec lui, doit le déclarer fous peine d'être déchu de fes droits & prétentions, comme il eft porté en la Novelle 94; & cela pour obvier aux inconvéniens qui pourroient arriver, en ce qu'un tuteur pourroit détourner les titres & fervироient à la défenfe du mineur. Mais ce foupçon ne tombe point fur les meres & les aïeules; ni fur les tuteurs teftamentaires; c'eft pourquoi ces perfonnes font difpenfées de la rigueur de cette Loi, *voyez* Henrys, liv. 4. chap. 6. queft. 37 & 129.

En pays coutumier, on ne fait pas de difficulté de donner la tutelle ou curatelle des mineurs à ceux qui font leurs créanciers ou leurs débiteurs, par la raifon que les tuteurs font obligés de faire un inventaire en préfence d'un légitime contradicteur, qui eft un fubrogé tuteur; ainfi on ne préfume pas que le tuteur ou le curateur puiffe facilement détourner les pieces & inftrumens qui concernent fa dette ou fa créance envers les pupilles & les mineurs.

Il y a des personnes qui peuvent s'excuser de la tutelle, mais qui pourroient être tuteurs s'ils y consentoient; comme ceux qui ont cinq enfans, les Conseillers des Cours souveraines, ceux qui sont chargés de trois tutelles, ceux qui sont dans les Ordres sacrés, &c. *Voyez* ma Traduction des Institutes, sur le tit. 25. du premier Livre.

Après avoir donné ces principes généraux sur ce qui regarde les tuteurs, il convient de parler maintenant de leur administration & de leur autorité.

Le tuteur est obligé à deux choses avant que de s'immiscer dans l'administration des biens du mineur.

La premiere est, de prêter serment de bien & fidélement administrer la tutelle; le subrogé tuteur est aussi obligé de prêter un pareil serment.

La seconde chose, c'est de faire faire un bon & loyal inventaire des titres & papiers du mineur & de ses effets. Les tuteurs & curateurs, avant que de s'immiscer dans l'administration des biens des mineurs, sont donc obligés de faire inventaire de leurs biens, titres & papiers.

Le tuteur ne se doit pas contenter de faire inventorier les meubles; il faut qu'il en fasse faire l'estimation par gens connoissans.

Si le tuteur avoit omis de faire faire un inventaire, le Juge permettroit au mineur de faire informer; c'est-à-dire, qu'il pourra faire entendre des témoins qui déposeront que, suivant le bruit commun, le pere ou autre parent auquel le mineur aura succédé, avoit une telle quantité de biens; & sur l'information, le Juge peut déférer le serment au mineur, jusqu'à une certaine quantité.

Après que l'inventaire est fait, le tuteur doit faire procéder à la vente des meubles à l'encan par un Officier public, qui les adjuge au plus offrant & dernier enchérisseur.

Mais on en conserve quelquefois une partie, quand le mineur approche de sa majorité, ou quand il y a de certains meubles précieux qui lui convient de conserver; ce qui dépend des circonstances, & de l'état des affaires du mineur.

Le tuteur qui n'auroit pas fait vendre les meubles du mineur, n'en seroit pas quitte pour payer le prix de l'estimation portée par l'inventaire, parce qu'ils sont souvent prisés au-dessous de leur juste valeur. Il doit outre cela payer la crue. *Voyez* Crue.

Six mois après la vente des meubles, le tuteur doit employer les deniers qui lui restent en acquisitions d'héritages, ou en contrats de constitutions; comme aussi les principaux des rentes dont il est forcé de recevoir le rachat, & même les deniers revenans bons de ses épargnes, lorsque, suivant les facultés du mineur, ils forment un capital assez considérable pour les placer. En un mot, le tuteur qui garde des deniers oisifs entre ses mains plus de six mois, est obligé d'en payer les intérêts au mineur, comme nous l'avons dit, *verbo* Deniers pupillaires.

Le tuteur doit administrer les biens de son mineur avec la même diligence qu'un bon pere de famille veille à ses propres intérêts; il est de son devoir de poursuivre exactement les débiteurs de son mineur, veiller à ce qu'ils ne deviennent pas insolvables par sa négligence, leur faire payer régulierement les arrérages, & faire ce qu'il convient pour que leurs biens ne soient pas vendu par décret sans y former opposition.

En un mot, le tuteur est responsable de sa faute, même legere; & par conséquent il doit avoir autant de précaution pour ce qui concerne les affaires de son mineur, que pour ce qui le regarde lui-même.

A l'égard de l'aliénation des immeubles de son mineur, il doit y observer toutes les conditions que nous avons marquées, *verbo* aliénation.

Il doit aussi ne rien faire de son chef, quand il s'agit de chose importante; mais il faut qu'il y procede en vertu d'un avis de parens, pour se mettre à couvert de toute recherche.

Par exemple, quand il s'agit de placer des deniers appartenans à son mineur, il doit en faire l'emploi en vertu d'un avis de parens, comme nous avons dit, *verbo* Deniers pupillaires.

Cet avis est aussi très-utile, lorsque le tuteur est obligé de diminuer considérablement le prix des anciens baux; lorsqu'il y a des réparations à faire dans les maisons ou dans les fermes de son mineur, & principalement quand il s'agit de soutenir au nom du mineur des procès, soit en demandant, soit en défendant.

Pour ce qui regarde l'action qui provient de l'administration de tutelle, *voyez* ce que j'en ai dit, *verbo* Administration. A l'égard de ce qui concerne son éducation, *voyez verbo* Education.

Enfin, pour ce qui est de l'autorité du tuteur, *voyez* ce que j'en ai dit dans ma Traduction des Institutes, au titre 21. du premier livre.

Suivant la disposition du Droit, l'hypotheque entre le tuteur & le pupille est réciproque, & par conséquent du même jour, c'est-à-dire, du jour de la tutelle. Les Parlemens de Droit écrit & celui de Normandie suivent cette disposition.

Autrefois celui de Paris la suivoit aussi, suivant un Arrêt du 11. Décembre 1604. rapporté par Louet, Lettre H, chap. 23. mais depuis la Jurisprudence a changé, & dans ce Parlement l'on ne donne aujourd'hui l'hypotheque au tuteur, que du jour de la clôture de son compte.

Les transactions qu'un mineur devenu majeur fait avec son tuteur sur la gestion de la tutelle, peuvent être cassées, pour peu que le mineur ait été lezé; & il peut revenir contre dans les dix ans depuis sa majorité, à moins que le compte n'ait été examiné, & que toutes les pieces justificatives n'aient été remises entre les mains du mineur. Louet & son Commentateur, lettre T, chap. 3.

Dans les Parlemens de Toulouse, Grenoble & Rouen, les mineurs peuvent se faire relever pendant trente ans des actes qu'ils ont passé avec leurs tuteurs, *non visis tabulis.* Henrys, tome 2. liv. 4. question 74. Basnage sur l'article 5. de la Coutume de Normandie.

Toutes difpofitions entre-vifs ou teftamentaires, faites par des mineurs à leurs tuteurs ou curateurs, font prohibées & de nul effet, comme il eft déclaré en l'article 131. de l'Ordonnance de 1539.

Un tuteur peut époufer celle qui a été fous fa tutelle, ou le fils du tuteur peut époufer fa pupille de fon pere, après que le compte de tutelle aura été rendu en préfence d'un légitime contradicteur, pourvû que ce foit du confentement des plus proches parens de la pupille, & que le mariage foit contracté fuivant les formalités requifes.

Il n'y a qu'au Parlement de Touloufe où les tuteurs ne peuvent pas époufer leurs mineures, ni les marier à leurs enfans : en forte que le tuteur qui auroit époufé fa pupille, ou qui l'auroit mariée à fon fils, feroit puni, en ce qu'il ne pourroit fuccéder à fes enfans ou petits enfans ; comme il a été jugé par Arrêt du 20. Mai 1637. rapporté par Dolive, liv. 3. chap. 2. *Voyez* le recueil alphabétique de M. Bretonnier.

TUTEUR HONORAIRE, eft celui qui eft donné à un mineur qui eft de qualité, pour avoir foin de fon éducation ; & comme le tuteur onéraire eft plutôt un homme d'affaires qu'un véritable tuteur, on lui donne ordinairement des appointemens, qui font réglés par l'avis des parens, & qu'il emploie dans fon compte.

Le tuteur honoraire n'adminiftre donc pas les biens du mineur par lui-même ; c'eft le tuteur onéraire qui en a tout le foin, & c'eft lui feul qui rend le compte de tutelle.

A l'égard des actes que le mineur paffe, il fuffit qu'il foit autorifé par l'un des deux. Mais le tuteur onéraire ne manque prefque jamais de faire paroître le nom du tuteur honoraire dans tous les actes ; à quoi néanmoins il n'eft point obligé, fi ce n'eft à l'égard du mariage du mineur, où le confentement du tuteur honoraire prévaut à celui du tuteur onéraire.

En pays de Droit écrit, conformément à la difpofition des Loix Romaines, les tuteurs honoraires font tenus fubfidiairement de l'infolvabilité des tuteurs onéraires, pour le reliqua du compte de tutelle.

Mais dans les pays de Coutumes, & même dans les pays de Droit écrit du reffort du Parlement de Paris, le tuteur honoraire n'eft point aujourd'hui tenu de l'infolvabilité du tuteur onéraire ; attendu qu'il n'a foin que de l'éducation du mineur, & qu'il n'eft point chargé de l'adminiftration de fes biens. *Voyez* le Recueil alphabétique de M. Bretonnier.

TUTRICE. La tutelle en France, comme chez les Romains, eft une charge réputée publique, qui par conféquent ne peut point être exercée par des femmes.

Il faut excepter la mere & l'aïeule, qui peuvent être tutrices de leurs enfans, fuivant l'Authentique. *Sacramentum*, cod. *quando mulier tutelæ offic. fung. pot.* & même la mere, par l'ufage ordinaire de la France, eft préférée à tous autres, pourvû qu'il n'y ait rien à redire à fa conduite.

Mais toute autre femme ne peut être admife à cette charge. Ainfi, par Arrêt du Parlement de Touloufe du 23. Juillet 1629. rapporté par Dolive, liv. 1. chap. 33. il a été jugé qu'une belle-mere, qu'un pere avoit dans fon teftament nommée tutrice à fes enfans d'un premier lit, ne pouvoit pas être admife à leur tutelle.

Cette diftinction particuliere n'eft accordée à la mere & à l'aïeule, que par un privilege fpécial, fondé fur l'affection que la mere & l'aïeule ont coutume d'avoir pour leurs enfans.

Ce privilege ne peut donc pas être étendu à une autre femme par la volonté d'un particulier ; enforte même que le Juge ne pourroit pas confirmer cette difpofition, comme étant contraire aux Loix & à l'intérêt des pupilles.

Néanmoins le beau-pere peut être tuteur du fils de fa femme, comme il a été jugé par Arrêt du Parlement de Paris, rendu le 18. Décembre 1565. rapporté par Chenu, queft. 18.

Quoique les meres & les aïeules foient admifes à la tutelle de leurs enfans, fans qu'on leur puiffe contefter s'il n'y a caufe légitime, toutefois elles ne font pas obligées de la prendre, & peuvent la refufer.

Mais quand la mere a accepté la tutelle de fes enfans, elle ne peut plus s'en décharger, à moins qu'elle ne convole en fecondes nôces, auquel cas elle perd la tutelle de fes enfans, mais non pas le droit de veiller à leur éducation.

La mere qui fe remarie fans avoir fait pourvoir de tuteur à fes enfans, ni rendu compte, eft privée de la fucceffion de fes enfans, foit qu'elle lui arrive *ab inteftat*, ou par droit de fubftitution, fi fon fils décéde en pupillarité ; & fi elle n'eft pas folvable, les biens du mari font obligés pour le reliqua de la tutelle. Cambolas, liv. 4. chap. 46. & liv. 5. chap. 31.

Nous avons deux Loix qui décident que les biens de celui qui époufe une femme tutrice de fes enfans, font foumis à l'hypotheque tacite des mineurs pour le payement du reliqua, même pour la geftion faite auparavant le mariage. C'eft la Loi 2. verf. *Sed*, cod. *quand. mul. tut. off. fung. pot.* & la Loi 5. cod. *in quib. cauf. pign. vel hypot. tut. cont.*

M. Henrys, dans fon dixieme plaidoyé, établit pour maxime, que celui qui a époufé une tutrice, doit être condamné par corps au payement du reliqua, parce qu'il eft véritablement réputé tuteur & par conféquent fujet aux mêmes charges que les tuteurs.

Mais à l'égard de la mere tutrice, elle ne peut pas pour raifon de ce, être condamnée par corps ; & la demande qu'en feroit un fils contre fon pere ou fa mere qui auroit adminiftré la tutelle, pafferoit avec raifon pour abfurde, & cauferoit de l'indignation.

La veuve qui vit impudiquement pendant fa viduité, perd la tutelle de fes enfans. Coquille fur la Coutume de Nivernois, chapitre 27. des Donations.

La mere qui convole en secondes nôces, perd la tutelle de ses enfans, quoique son mari décede peu après *durante adhuc tutela*, elle ne peut pas la reprendre après l'avoir perdue, *ob neglectam prioris mariti memoriam, spretumque maternum erga liberos amorem*; d'autant que s'étant remariée, elle est présumée ne pas veiller comme elle devroit à l'intérêt de ses enfans. Boërius, décisions 124. & 286. Guy-Pape, décision 539. Papon liv. 15. tit.

5. Arrêt 27. Taisand sur la Coutume de Bourgogne tit. 6. art. 9. nomb. 1.

Cependant le pere qui contracte un second mariage, ne perd pas pour cela la tutelle de ses enfans.

Au reste, quand la mere ou l'aïeule est tutrice de ses enfans mineurs, on lui donne un subrogé tuteur, pour veiller à la confection de l'inventaire, & empêcher qu'il ne s'y passe rien de préjudiciable aux mineurs.

V

V A

VACANCE, est le défaut de Titulaire en une Charge, ou en un Bénéfice.

VACANS, *voyez* Biens vacans.

VACATIONS. Ce terme se prend pour les salaires qui se payent aux Officiers de Justice, comme aux Commissaires, Procureurs, Notaires, Sergens, Greffiers & autres dans les levées des scellés ou inventaires, & dans les descentes sur les lieux, & autres affaires des Particuliers, esquelles sont dûes vacations à ceux qui les font, à raison du tems qu'ils y ont employé.

VACATIONS DE JUGES, sont les droits qui leur sont attribués par heures, pour vacquer au Jugement des procès qui se jugent de grands ou de petits Commissaires.

Elles doivent être consignées par les Parties, avant que les Juges procedent au Jugement de l'affaire qui est de Commissaires; parce que les Juges, quand ils jugent de grands ou de petits Commissaires, vacquent à des heures extraordinaires pour l'intérêt des Parties.

Voyez l'Edit du mois d'Août 1669. avec les remarques de Bornier.

VACATIONS DES JURÉS-EXPERTS, sont les droits qui leur sont attribués, pour travailler à quelque visite & estimation en fait de bâtimens.

Il y a un acte de notoriété du 23. Juin 1692. qui porte, que lorsque les Experts emploient la journée, elle se compte pour deux vacations; sçavoir le matin depuis huit heures jusqu'à onze; & depuis deux heures de relevée jusqu'à cinq; en sorte qu'il y ait toujours trois heures au moins pour chaque vacation. *Voyez* ce que j'ai dit ci-dessus, *verbo* Experts.

VACATIONS ou VACANCES, est le tems pendant lequel on ne plaide point dans une Juridiction, si ce n'est dans la Chambre des Vacations, laquelle est principalement établie pour les matieres provisoires, & autres qui demandent expédition & célerité.

Elle ne dure au Parlement de Paris, que depuis le 9. Septembre jusqu'au 27. Octobre, veille de S. Simon Saint Jude; de sorte que depuis ce jour

V A

jusqu'à la rentrée de la Saint Martin tout cesse au Palais.

Les vacations du Châtelet commencent au premier Lundi d'après la Notre Dame de Septembre, & finissent le Lundi avant la Saint Simon Saint Jude; de sorte que les vacations du Châtelet ne durent que six semaines, pendant lequel tems l'on ne plaide point au Présidial.

Pendant la premiere quinzaine, on ne plaide au Parc civil pour les affaires provisoires, les Mercredis & Samedis; & les deux autres quinzaines, les Vendredis & Samedis.

Pendant les Vacations du Châtelet, l'Audience de la Chambre civile & de la Chambre criminelle se tient les mercredis à midi jusqu'à deux heures.

VAGABONDS, sont gens oisifs, fainéans, sans métier & vacation, gens abandonnés qui courent le pays, sans avoir aucun domicile certain; gens sans aveu, c'est-à-dire, qui n'ayant ni feu ni lieu assuré, ne sont connus & avoués de personnes: *homines illi telluris sunt inutile pondus, & fruges consumere nati.*

Comme ils n'ont aucun domicile certain où ils habitent, quoiqu'ils aient le domicile de leur origine, on les appelle *errones*, gens sans retraite, sans foi, sans maison, *fine lare, fine fide.*

Ces sortes de gens peuvent être arrêtés par-tout où on les trouve, & punis des crimes dont ils seront convaincus; & quand ils ne seroient accusés d'autre crime que de celui d'être vagabonds, ils pourront néanmoins être condamnés à quelque peine.

Les Loix ne confondent point ces gueux dont la mendicité a sa source dans la fainéantise, avec les mendians invalides ou extrêmement âgés qui ne mendient que parce qu'ils y sont forcés. Elles regardent les premiers avec horreur; & bien loin de leur accorder aucune protection, elles leur refusent toute sorte de retraite.

Mais pour les pauvres qui ne mendient que parce qu'ils y sont forcés, elles les regardent avec pitié comme une portion de ceux qui font partie du Peuple, & dont le témoignage ne doit point être rejetté.

M. Charles Dumoulin fur le titre *de teſtibus* au Code, dit qu'il falloit rejetter le témoignage de ces mendians errans & vagabons qui promenent par tout leur miſere & leur fainéantiſe ; mais non pas le témoigage de ceux qui ne ſont pas de ce caractere, & qui ne mendient pas par lâcheté & par libertinage, mais uniquement parce qu'ils y ſont forcés.

Ainſi on doit les mettre au nombre des autres hommes, & avoir pitié de leur miſere, ſoit par des aumônes, ſoit par une retraite dans les maiſons deſtinées à cet uſage. Voici ce qu'en dit l'Empereur Juſtinien dans ſa Novelle 80. chap. 5. *Læſos autem aut læſas corpore, aut canitie graves, hos ſine moleſtia, eſſe jubemus in hac noſtra civitate, piè agere volentibus adſcribendos.*

Le ſoin de veiller à ce que font les vagabonds & gens ſans aveu, regarde dans les Villes les Officiers de Police, & à la campagne les Prévôts des Maréchaux.

Suivant l'article 9. du titre 2. de l'Ordonnance de 1667. les aſſignations qui leur ſont données, doivent être faites ſur un ſeul cri public, au principal marché du lieu de l'établiſſement du Siege où l'aſſignation ſera donnée ſans aucune perquiſition ; & ſera l'exploit paraphé par le Juge des lieux ſans frais.

Ces ſortes de gens ont coutume de cauſer des troubles & des ſéditions. Comme il eſt dangéreux de les avoir, ils peuvent être arrêtés dans les lieux où ils ſe trouvent, & ſi perſonne ne veut répondre pour eux, ils peuvent être détenus priſonniers juſqu'à ce qu'ils aient fait connoître la raiſon qui les fait ſéjourner dans le lieu où ils ont été pris.

On les appelle gibier de Prévôt, parce que les Prévôts des Maréchaux, connoiſſent en dernier reſſort des crimes qu'ils commettent, même dans les Villes où les Prévôts des Maréchaux ont leur réſidence. *Voyez* Prévôts des Maréchaux.

On trouve dans le Dictionnaire de M. Brillon, pluſieurs Déclarations & Ordonnances faites pour empêcher que ces ſortes de gens demeurent dans les Villes, ou ſe retirent à la campagne dans des Châteaux.

VALETS que leurs Maîtreſſes épouſent, *voyez* Mariage inégal.

VAINE PASTURE *voyez* Pâturage.

VALIDATION, eſt un terme de la Chambre des Comptes, qui ſe dit des Lettres de la Chancellerie qu'on obtient pour faire valoir un compte.

VALIDATION DE CRIÉES, eſt l'autoriſation qui s'en fait par Lettres obtenues en Chancellerie.

Pour entendre ce que c'eſt, il faut ſçavoir que dans les Coutumes de Vitry, Château Tiery, & dans quelques autres, lorſqu'il eſt queſtion de certifier des criées, il eſt d'uſage de prendre ſoigneuſement garde ſi toutes les ſignifications en ont été faites, parlant à la partie ſaiſie : & cette formalité eſt tellement de rigueur qu'il faut, pour en ouvrir le défaut, avoir indiſpenſablement recours à des Lettres de Chancellerie, qu'on nomme Let-tres de validation ou d'autoriſation de criées, auſquelles un pourſuivant eſt aſſujetti pour la validité de ſa procédure.

L'adreſſe de ces Lettres eſt toujours faite au Juge du Siege où les criées ſon pendantes. Sa Majeſté lui mande par ces Lettres, que s'il lui appert que les criées aient été bien & dûement faites & certifiées ſelon la coutume & Siege des lieux, & qu'il n'y ait dans les exploits que le manque d'avoir parlé à la perſonne du ſaiſi, qu'elles aient été certifiées à la charge d'obtenir leſdites lettres d'autoriſation, il paſſe outre à la vente & adjudication des choſes ſaiſies, & faſſe au ſurplus aux parties bonne & briéve juſtice.

VALUE, eſt la ſomme qu'une choſe vaut ; & la plus value eſt la ſomme qu'une choſe vaut au delà de la priſée qui en a été faite. Sur quoi il faut remarquer que la crue d'un inventaire tient lieu de plus value.

VARECH, eſt une herbe qui croît en mer ſur des roches, & que la mer arrache en montant & jette ſur ſes bords. Il eſt défendu de couper cette herbe la nuit, & hors le temps preſcrits pour cela.

Mais en Normandie, on appelle de ce nom généralement tout ce que la mer jette ſur ſes bords, ſoit de ſon crû, ſoit qu'il vienne de bris & naufrage.

Dans cette Province, les droits que les Seigneurs des fiefs voiſins de la mer prétendent ſur les effets qu'elle pouſſe ſur ſon rivage, ſont appellés droits de varech.

Si le propriétaire des choſes que la mer a jettée à terre les réclame dans l'an & jour elles lui ſont rendues ; mais s'il laiſſe paſſer ce temps ſans les avoir réclamées, elles appartiennent au Seigneur féodal ou au Roi.

Toutes ſortes de varechs n'appartiennent pas au Seigneur ; il y en a qui appartiennent au Roi à ſon excluſion, comme l'or & l'argent monnoyés, ou en maſſe qui excede vingt livres.

Item, les chevaux de ſervices, francs chiens, oiſeaux, ivoire, corail, pierreries, écarlate, verd-de-gris, & les peaux zibelines qui ne ſont pas encore appropriées à aucun uſage d'hommes.

Item, les trouſſeaux de draps entiers, lits & tous les draps de ſon entiers.

Enfin tout le poiſſon royal qui vient en terre ſans aide d'hommes ; en quoi n'eſt compriſe la baleine.

A l'exception de ce que nous venons de remarquer toutes les autres choſes que la mer jette ſur ſes bords, appartiennent au Seigneur du fief.

Voyez l'Auteur de l'Eſprit de la Coutume de Normandie, titre 23. les Commentateurs de cette Coutume ſur les articles 596. & 601. de l'Ordonnance de la Marine, titre 10. du livre 4.

VARIER, ſignifie ſe contredire, changer de ſentiment ou de réponſe. Le Patron laïc peut varier, c'eſt-à-dire, préſenter au Collateur pluſieurs perſonnes entre leſquelles il ſera libre audit Collateur de conférer le Bénéfice vacant à celui qu'il voudra : mais le Patron Eccléſiaſtique ne peut point varier ; *quia variatio turpis est in Patrono Ec-clesiastico.*

Suivant les sentimens de tous les Criminalistes, les variations sont de très-forts argumens contre les accusés, comme je l'ai dit *verbo* Contradiction.

Les témoins qui varient, rendent leurs dépositions suspectes. Sur quoi il faut remarquer qu'en matiere criminelle les témoins ne peuvent varier en leurs dépositions après leur recollement.

VASSAL, est celui qui est propriétaire d'un fief, & il se dit à l'égard du Seigneur duquel le fief releve; car un vassal peut être un Seigneur dominant à l'égard des fiefs qui relevent de celui dont il est propriétaire. *Voyez* ce qui est dit de l'étimologie de ce terme dans le Dictionnaire de Trevoux.

Le vassal est tenu de faire la foi & hommage à son Seigneur, envers lequel il est encore tenu de certains droits, charges & rédévances.

Mais dès que le vassal cesse d'être possesseur du fief, l'obligation de fidélité qu'il a promise à son Seigneur au tems de sa reception & investiture, se trouve éteinte, aussi-bien que ces qualités de vassal & de Seigneur.

Touchant les droits & devoirs que les vassaux doivent à leurs Seigneurs, *voyez* Seigneur, & le premier titre de la Coutume de Paris.

VASSAL DE PLEIN FIEF, est celui qui est à pur & sans moyen, ou comme dit la Coutume de Normandie, qui tient au Seigneur *un à un*, & *non par moyen.*

VASSELAGE, se prend quelquefois pour la foi & hommage que le vassal rend à son Seigneur; mais en général ce terme signifie une servitude ou dépendance envers un Seigneur Supérieur. On distinguoit autrefois entre le vasselage lige & le vasselage simple. Celui qui appartenoit au Roi, étoit appellé vasselage lige, & emportoit une obligation de la part du vassal de servir son Seigneur à la guerre envers tous & contre tous; & par cette raison il ne pouvoit appartenir qu'au Roi. On appelloit vasselage simple celui qui appartenoit à des Particuliers, la féodalité toujours réservée au Roi. *Voyez* ce qui est dit sur ce mot dans le Dictionnaire de Trevoux.

VASSELAGE ACTIF. Ce terme qui se trouve dans l'article 14. du titre 12. de la Coutume de Berri signifie le droit de féudalité qui appartient au Seigneur sur son vassal.

VAVASSEUR, se dit d'un arriere-vassal qui tient du fief d'un Seigneur qui releve d'un autre, d'où l'on a formé vavasserie, qui est la qualité d'un fief tenu par un Vavasseur.

V E

VECTIGAL, est un mot latin qui signifie l'impôt qui est imposé sur les marchandises & denrées qui se transportent d'un lieu dans un autre.

Cet impôt est appellé *vectigal; quia solvitur ratione mercium quæ vehuntur.*

Voyez Tribut.

V E I

VEILLER, signifie avoir soin de ses affaires ; ce qui fait qu'on en est favorisé par le Droit, suivant cette maxime, qui dit que *jura vigilantibus profunt.* Il faut veiller pour empêcher qu'on ne fasse vendre par décret des biens qui nous sont hypothéqués. On dit aussi, *tandis que le vassal dort, le Seigneur veille*, & que le vassal veille quand le Seigneur dort : pour dire que quand le vassal néglige de porter la foi & hommage, le Seigneur saisit le fief, & fait les fruits siens. *Voyez* ce que j'ai dit sur l'article 61. de la Coutume de Paris.

VELLEIEN, est un décret du Senat Romain, par lequel les femmes ne peuvent pas s'obliger valablement pour d'autres ; ensorte que si elles se sont chargées de quelque obligation contractée par une autre personne, comme servant de caution ou autrement, elles ne peuvent être valablement poursuivies pour raison de telle obligation.

Les motifs de ce Senatusconsulte sont expliqués dans la loi premiere au Code, *ad Senatusconf. Velleïan.* Les termes en sont remarquables : *Non sicut moribus civilia officia adempta sunt fæminis, & pleraque ipso jure non valent ; ita multo magis adimendum eis suit id officium, in quo non sola opera, nudumque ministerium earum versaretur, sed etiam periculum rei familiaris.*

L'effet du Senatusconsulte est de rendre absolument nulle l'obligation d'une femme qui s'oblige pour une autre ; de maniere toutefois que si par l'intercession de la femme l'ancienne obligation du débiteur a été éteinte, comme par une novation ou transport d'obligation, le créancier est rétabli dans ses droits à l'encontre de son débiteur. A plus forte raison, lorsque par l'intercession de la femme l'ancienne obligation du débiteur n'a pas été détruite & éteinte, le créancier est en droit de s'en servir contre lui quand il voudra.

Ce Senatusconsulte a été long-temps observé dans toute la France. Mais sous Henry IV. par un Edit du mois d'Août 1606. sa disposition fut abrogée. Quoique cet Edit fut général pour tout le Royaume, il ne fut néanmoins enregistré qu'au Parlement de Paris. Depuis cet enregistrement, les femmes ont pû s'obliger valablement pour d'autres, sans renoncer au bénéfice du Senatusconsulte Velleïen, & à l'Authentique *Si qua mulier*, tant dans le pays du Droit écrit que coutumier du ressort du Parlement de Paris, à l'exception néanmoins des Coutumes qui ont des dispositions contraires.

La raison est, que cet Edit ne déroge qu'à la disposition du Droit, & non à celle des Coutumes.

Voyez ce que j'ai dit sur l'article 334. de la Coutume de Paris.

Au Parlement de Dijon, cet Edit a été observé depuis qu'il y fut enregistré le 7. Août 1609. En Brétagne par une Déclaration de 1683. & le Senatusconsulte Velleïen a été abrogé.

Voyez la remarque de M. Hevin sur Frain, chap. 140. *in addit.*

Ce Senatusconsulte est en usage dans tous les

Parlemens du Droit écrit ; mais il s'y pratique différemment.

Il faut obferver que l'Edit de Henry IV. de 1606, a fimplement abrogé le Senatufconfulte Velleïen ; mais il ne permettoit pas aux femmes d'obliger & hypothéquer leurs biens dotaux : cela ne leur a été permis que par la déclaration de 1664, voyez le Commentateur d'Henry, tome 1, livre 4, queftion 8.

Une femme peut renoncer au Senatufconfulte Velleïen, comme nous avons dit verbo Renonciation. Mais quoiqu'une femme n'y ait pas renoncé, il y a de cas où elle eft valablement obligée, & où le privilege de ce Senatufconfulte n'a pas lieu.

Les plus remarquables font, 1°. fi une femme a fervi de caution à deffein de tromper le créancier. Leg. 2, 5. fed. ita. ff. ad Senatufconf. Velleïan.

II°. Si elle s'eft obligée pour un autre, en forte que l'utilité de cette obligation la regarde. Leg. 13, ff. eod. D'où il s'enfuit qu'une femme qui s'eft obligée pour faire fortir fon mari de prifon, ne pourra s'aider du Velleïen. Guy-Coquille en fon Commentaire de la Coutume de Nivernois, article 10, du titre des Droits appartenans à gens mariés.

III°. Si elle emprunte de l'argent avec quelqu'un conjointement & folidairement pour employer en une chofe commune, comme à faire rétablir un édifice commun ; en ce cas elle ne pourra pas fe fervir du bénéfice de ce Senatufconfulte, quoiqu'elle foit pourfuivie folidairement pour le tout. Leg. 17, §. 2, ff. eod.

IV. Si après deux ans de l'interceffion, elle s'eft encore obligée, & a donné des gages au créancier au nom d'un autre que de fon mari. Leg. 22, od. eod.

Touchant le Senatufconfulte Velleïen, voyez le Dictionnaire de M. Brillon, verbo Femme, nomb. 6, & fuiv. & verbo Velleïen. Voyez auffi le Recueil alphabétique de M. Bretonnier, verbo Femme ; & Henrys, liv. 4, queft. 8.

VENAL, fignifie ce qui s'achete. Ainfi par Offices venaux, on entend ceux qu'on ne peut acquérir qu'à prix d'argent. Ce qui fait le plus grand relief de ces fortes de Charges, c'eft le mérite de ceux qui en font titulaires, & la maniere dont ils en acquittent.

VENDANGES ou RECOLTE DE VIN. Ce terme fignifie la faifon où l'on recueille & preffure le raifin pour en faire du vin.

Il faut qu'il y ait une Ordonnance du Juge avec publication, pour que l'on puiffe commencer les vendanges.

Cette publication doit être précédées d'une information faite par experts fur la commodité ou incommodité de l'avancement ou retardement des vendanges. Maynard, livre 8, chap. 24, rapporte un Arrêt du Parlement de Touloufe qui l'a jugé ainfi en 1561.

Tout Particulier ayant vignes eft fujet au Ban des vendanges ; de même que les Villageois enfor. qu'il ne peut pas vendanger plûtôt qu'eux. Bou-

vot, tome 2, verbo Droit feigneuriaux, queft. 3.

Il faut excepter le cas où un Particulier juftifieroit avoir un privilege de vendanger le jour même que le Seigneur. Salvaing, de l'ufage des Fiefs, chapitre. 39.

Le droit de publier les vendanges eft de la Haute-Juftice, & n'appartient point au moyen Jufticier. Voyez l'Auteur des Obfervations fur Henrys, tom. 1, liv. 3, chap. 3.

L'Official ne peut pas connoître d'une contravention faite aux défenfes de vendanger un jour de Dimanche ; & quand cela eft arrivé, on a jugé qu'il y avoit lieu à l'appel comme d'abus. Bouvot, tome 2, verbo Appellation, queftion 44.

VENDEUR, fignifie celui qui vend une chofe de quelque nature qu'elle foit. Il eft garant de fes faits & promeffes.

Voyez Garantie en fait de vente. Voyez auffi Eviction.

Vendeur, fe dit auffi de celui qui conftitue fur lui une rente, qui vend un revenu certain à un autre ; quoique ce devroit être au contraire celui qui fournit l'argent, qui aliene le fonds de fon argent, qui devroit être appellé vendeur.

Enfin, vendeur fe dit de certains Officiers créés pour ce qui regarde les ventes. Tels font les Huiffiers-Prifeurs du Châtelet, qui fe difent Jurés-Prifeurs, Crieurs & vendeurs de meubles. Tels font auffi les Jurés Vendeurs de vin, de marée, de volailles, qui reçoivent l'argent de ces denrées de ceux qui les achetent, & qui en répondent aux Marchands.

VENDIQUER, fe prend pour réclamer un meuble, ou une chofe mobiliaire. Voyez réclamer, Revendication, Action réelle.

VENDIQUER, fe dit encore du Seigneur haut jufticier qui vendique fon fujet, lequel a été appellé pardevant le Juge d'une autre Juftice que la fienne, foit royale ou feigneuriale. Et alors vendiquer eft faire la réclamation de fon fujet par le Procureur de fa Juridiction, à ce qu'il foit renvoyé pardevant le Juge du Seigneur qui le requiert.

VENDRE EN BLOC, fignifie vendre un total des chofes fongibiles pour un tel prix, fans aucune confidération du poids, du nombre & de la mefure ; comme quand on vend généralement tout le bled qui eft dans un grenier.

Cela s'appelle en Droit, vendere averfis oculis, auquel cas la vente eft parfaite, dès que l'on eft convenu du prix ; & le bled ainfi vendu eft au péril de l'acheteur.

Voyez ma Traduction des Inftitutes fur le §. 3. du titre 24. du troifième livre.

VENGER LA MORT D'UN DEFUNT, eft pourfuivre ceux que l'on affaffiné. Cette obligation regarde fes héritiers. Legi 2. fi de his qui ut indign. Et quand ils ont négligé de s'acquitter de ce devoir, ils font privés de fa fucceffion, à moins que leur extrême pauvreté ne les excufe. Ainfi jugé par Arrêt du 30. Juillet 1650. rapporté dans le Journal des Audiences.

Voyez cependant ce que j'ai dit ci-deffus, en

parlant de l'homicide volontaire.

Celui qui pourſuit la vengeance de la mort du défunt dont il eſt héritier préſomptif, ne fait pas acte d'hériter, quoiqu'il obtienne condamnation contre celui qui eſt convaincu d'avoir commis ſon aſſaſſinat ; *quia talis actio non ad rem familiæ, ſed ad vindictam pertinet.* Voyez M. le Prêtre, cent. 1. chap. 11.

VENIAT, eſt un terme latin qui ſignifie une Ordonnance d'un Juge ſupérieur & ſouverain, qui mande ſon Juge inférieur, pour lui venir rendre raiſon du Jugement qu'il a rendu, ou de la conduite qu'il a tenue dans quelque affaire. Un *veniat* eſt certainement plus doux qu'un ajournement perſonnel.

Il n'y a que les Juges ſouverains qui puiſſent ordonner des *veniat* aux Juges leurs inférieurs. Ainſi jugé par Arrêt du 7 Septembre 1737, dont nous avons fait mention, *verbo* Avocat général.

VENIN, voyez Poiſon.

VENTE. *Voyez* Achat, & ce que j'ai dit ci-deſſus lettre G, en parlant de la garantie en fait de vente, & ma Traduction des Inſtitutes ſur le titre 24 du troiſieme livre. *Voyez* auſſi le conſeil 30 de Dumoulin, où il eſt parlé de la promeſſe de vendre.

Enfin, *voyez* les Inſtitutes de Loyſel, livre 3. titre 4.

VENTE D'UNE CHOSE SANS JOUR ET SANS TERME, eſt celle qui ſe fait dans la vue d'être payé du prix inceſſamment & ſans délai.

Cette vente conſerve toujours au propriétaire de la choſe par lui livrée, la propriété. D'où il s'enſuit,

I°. Que ſi elle eſt ſaiſie par le créancier de l'acheteur, la diſpoſition de l'article 178 de la Coutume de Paris, qui donne la préférence ſur les meubles au premier ſaiſiſſant & exécutant, n'a point lieu à ſon égard ; & qu'en cas de déconfiture, le vendeur n'eſt point tenu de venir à contribution au ſol la livre avec les autres créanciers ſaiſiſſans & oppoſans, ſuivant l'article 179 ; mais qu'il doit être préféré à tout créancier.

II°. Que ſi l'acheteur s'en eſt déſaiſi, le vendeur peut la pourſuivre, en quelque lieu & à quelque titre qu'elle ſe trouve tranſportée, pour être payé du prix qu'il l'a vendue, & même pour la recouvrer, & en demeurer ſaiſi juſqu'à ce qu'il ſoit payé.

La raiſon eſt, que la tradition de la choſe vendue ſans jour & ſans terme, n'en a point tranſféré la propriété en la perſonne de l'acheteur ; mais qu'elle eſt toujours demeurée pardevers celui qui l'a vendue, dans l'eſpérance d'en recevoir le prix inceſſamment.

Voyez ce que j'ai dit dans ma Traduction des Inſtitutes, ſur le §. 41. du premier titre du ſecond livre ; & ce que j'ai dit ſur l'article 176 de la Coutume de Paris, où je prouve que quoique cet article ne parle que de choſe mobiliaire, cependant par la derniere Juriſprudence ſa diſpoſition a lieu pour les immeubles.

VENTE FAITE A CRÉDIT ET A TERME,

ME, ne donne ſuivant le Droit Romain, aucun privilege au vendeur ſur la choſe qu'il a ainſi vendue, §. 41. *inſtitutionibus de rerum diviſione ; ubi ſi venditor fidem emptoris ſecutus eſt, ſtatim res ſit emptoris.*

Mais la Coutume de Paris en l'article 177, n'a pas ſuivi cette diſpoſition du Droit Romain, & a trouvé qu'il étoit plus équitable d'y contrevenir, en donnant préférence au vendeur ſur la choſe vendue à terme pour le prix de la vente, afin que les créanciers de l'acheteur ne profitent pas de ſon bien à ſon préjudice.

Cependant il faut obſerver qu'il y a une très-grande différence entre la vente faite ſans jour & ſans terme, & celle qui eſt faite à crédit, ſuivant les termes dans leſquels les articles 176 & 177 de notre Coutume ſont conçus.

La vente faite ſans jour & ſans terme donne droit au vendeur de revendiquer ſa choſe, & de la pourſuivre en quelque main qu'elle ait paſſé, & en quelque lieu qu'elle ait été tranſportée, de ſorte qu'il la peut revendiquer contre l'acquéreur de bonne foi, quoiqu'elle ait paſſé par pluſieurs mains, ou contre un créancier de bonne foi, à qui elle auroit été donnée en gage.

Au contraire, la vente étant faite à crédit & à terme, le vendeur n'a que le droit de préférence ſur les créanciers de l'acheteur, qui auroient ſaiſi la choſe ainſi vendue, pour être payé du prix qu'il l'auroit vendue ; mais il n'a pas le droit de revendication & de ſuite, parce qu'il n'en eſt plus le propriétaire, s'étant fié à la foi de l'acheteur. *Res abiit in creditum* ; & par ce moyen le vendeur eſt devenu ſimple créancier de la ſomme qui lui eſt dûe, ſur laquelle il a droit de préférence, mais non pas l'action réelle contre l'acquéreur de bonne foi.

Ainſi, ſuivant l'article 177 de la Coutume de Paris, il faut que la choſe vendue à terme ſoit en la poſſeſſion de l'acheteur, & non ès mains d'un tiers acquéreur, pour que le vendeur puiſſe exercer deſſus ſon privilege. Cet article a paru ſi équitable, qu'il a été étendu aux autres Coutumes qui n'ont point de diſpoſition contraire. *Voyez* ce que j'ai dit ſur cet article.

VENTE D'HÉRITAGE, ſe doit faire avec une déſignation du corps de l'héritage vendu ; & pour le conſtater, on en exprime les tenans & aboutiſſans. Ce qui eſt requis d'une néceſſité abſolue dans les ventes qui ſe font par décret.

Cette déſignation eſt requiſe, afin que l'acheteur ſoit certain de ce qu'il achete, & en connoiſſe la ſituation & l'étendue.

VENTE A FACULTÉ DE RACHAT. *Voyez* Réméré.

VENTE D'OFFICE, eſt plutôt une compoſition qu'une véritable vente, parce que cette compoſition étant faite, & le prix étant payé ou conſigné, il faut la réſignation ou demiſſion du titulaire, la proviſion du collateur pour en être pourvu.

La raiſon eſt, ſelon Loyſeau, qu'un Office ne peut par un commerce entierement libre, être transféré

transféré directement & immédiatement d'une personne en une autre, par vente ou transport suivi de tradition, ou acte équipolent, ainsi que les autres biens corporels ou incorporels ; mais il faut qu'il passe par les mains du collateur, sans les provisions duquel l'Office ne peut être possédé par celui qui en a traité.

De ce que nous venons de dire il s'ensuit, que la composition d'un Office, ne donne pas droit en l'Office, mais seulement droit à l'Office. Cela est si vrai, que celui qui a une procuration irrévocable de son vendeur pour le résigner en sa faveur, où un acte exprès de résignation, n'a point encore de droit en l'Office, jusqu'à ce que la résignation soit admise par le collateur, & les provisions expédiées à son profit.

Comme jusqu'à ce que les provisions soient expédiées, l'office reste toujours in bonis du résignant, il peut être saisi pour les créanciers ; il peut être aussi confisqué pour ses malversations ; & enfin il peut être par lui résigné en faveur d'un autre, au cas qu'il prévienne par effet son premier résignataire.

Mais les provisions pures & simples étant expédiées & scellées, donnent droit en l'Office au résignataire ; en sorte qu'il ne peut plus le perdre par le fait, ni par les dettes du résignant. La raison est, que le résignataire en étant pourvu, le résignant en est entièrement dépossédé, & le collateur n'a plus droit d'en pourvoir un autre que le résignataire, jusqu'à ce que l'Office soit vacant.

Voyez Provisions en fait d'Offices. Voyez aussi Garantie en fait d'Offices.

VENTE D'OFFICE FAIT QUE CELUI QUI EN ÉTOIT POURVU PEUT ETRE CONTRAINT DE RACHETER LES RENTES PAR LUI CRÉÉES POUR L'ACQUISITION DUDIT OFFICE. La raison est, que le gage du créancier de la rente est aliénée ; & cela auroit lieu, quand même le nouvel acquéreur de la rente auroit acquis l'Office à la charge de ladite rente, & qu'il offrit de passer titre nouvel de reconnoissance d'icelle, par la raison qu'on ne peut pas obliger un créancier de prendre un débiteur pour un autre qui pourroit être moins solvable, ou être moins agréable au créancier. Il faut excepter le cas où le fils seroit pourvu de l'Office de son pere ; quia pater & filius una eademque persona censentur : & cela, quand même le fils ne seroit pas héritier de son pere, & qu'il fut pourvu de l'Office de son pere à titre de donataire ou de légataire ; comme il a été jugé par Arrêt rendu à l'Audience de la Grand'Chambre le 12. Août 1707.

Mais quand la rente a été créée avant que le débiteur eût acquis l'Office, comme en ce cas le créancier ne peut pas dire que son gage a été aliéné, il seroit mal fondé à demander le remboursement de la rente sur le fondement de la vente de l'Office.

Il faut dire la même chose, quoique lors de la constitution de la rente le débiteur fût pourvu de l'office, si après la vente d'icelui, il a des immeubles suffisans pour répondre de la sûreté de la rente, & des autres dettes hypothécaires qu'il peut devoir.

VENTE D'UNE SUCCESSION. Toutes les choses qui sont dans le commerce, tombent dans le contrat de vente, corporelles ou incorporelles, il n'importe : ainsi les successions & les actions qui sont droits incorporels, peuvent être vendues.

Quand nous disons qu'une succession peut être vendue, cela ne se doit entendre que de la succession d'un défunt, & non pas de celle d'un homme vivant, vû qu'il n'y a point d'héritier d'un homme vivant. Viventis non est hæreditas ; & præterea pactum de hæreditate viventis corvinam sollicitudinem inducere posset mortis alienæ. C'est pourquoi tous pactes concernant une succession non échue, sont réprouvés, comme étant autant d'occasions & de sujets de souhaiter la mort de celui des biens duquel on a traité avec son présomptif héritier ; comme nous avons dit ci-dessus, verbo Stipulation contre les bonnes mœurs.

A l'égard de la vente d'une succession échue, celui qui l'a vendue, est obligé de céder ses droits, mais non pas de transférer en la personne de l'acheteur la propriété de chaque chose de la succession ; parce qu'il n'a pas vendu chaque partie de la succession comme propriétaire d'icelle, mais comme héritier & représentant la personne du défunt ; c'est pourquoi il suffit qu'on ne lui en dispute point la qualité. Leg. 7. & seq. ff. de hæred. vel act. vend. & leg. 1. cod. de evict.

L'effet de la vente d'une succession échue, est que le gain & la perte des biens héréditaires passent en la personne de l'acheteur. C'est aussi la raison pour laquelle le vendeur est tenu de lui rendre tout ce qu'il a tiré de la succession, & lui céder toutes les actions qu'il peut avoir pour la poursuite des biens héréditaires. Leg. 1. §. 3. & leg 2. ff. de hæred. vel act. vend. Autrement l'acheteur ne s'en pourroit servir, vû que la vente de la succession ne fait pas perdre au vendeur sa qualité d'héritier. Leg. 7. §. 10. ff. de minorib. Leg. 88. ff. de hæredib. instit.

Le vendeur peut donc être poursuivi par les créanciers de la succession, quelque accord qu'il en ait passé ; parce qu'il ne peut pas changer, ni ôter le droit des créanciers de la succession, ou des légataires, sans leur consentement, ni transférer en une autre personne l'obligation personnelle dont il s'est volontairement chargé par l'addition de l'hérédité.

Il faut dire aussi que les créanciers ou légataires du défunt ne peuvent pas poursuivre l'acheteur de la succession, s'il n'y consent. La raison est, qu'il ne leur est en aucune façon obligé, ni par contrat, ni quasi contrat, ni par quelqu'autre maniere que ce soit. Leg. 2. cod. de hæred. vel act. vend.

Mais comme l'acheteur d'une succession est au lieu & place de l'héritier, tout l'émolument qui en peut provenir doit lui appartenir ; & en cela on considére la quantité des biens héréditaires, non pas du jour de la vente de la succession, mais du jour de la mort du défunt. Ainsi l'héritier est obligé de lui faire raison de tout ce qu'il en a perçu, & de toute la perte qu'il a causée dans les effets de l'héritier par son dol ou par sa faute.

L'acheteur au contraire eſt tenu de payer & rembourſer tous les frais faits par le vendeur, avant ou après la vente de l'hérédité, à l'occaſion de la ſucceſſion, comme les frais funéraires. *Leg. 2. ff. de hæred, vel act. vend.*

Pour que la vente d'une hérédité ſoit valable, il faut qu'il y ait une hérédité, & que cette hérédité appartienne au vendeur. *Leg. 1. 7. 8. & 9. ff. eod.* mais telle qu'elle ſoit, il n'importe; & le vendeur n'eſt jamais tenu de l'éviction. *Leg. 2. in princ. leg .14. §. 1. ff. eod.* La raiſon eſt que les choſes qui ont été évincées ſont de la ſucceſſion, ou n'en ſont pas : au premier cas, elles ne peuvent pas être évincées ; au ſecond cas elles ne ſont pas partie de la ſucceſſion.

Enfin il faut remarquer, que quand même il ne ſe trouveroit aucune choſe dans une ſucceſſion qui auroit été vendue, celui qui l'auroit achetée, ne pourroit pas demander aucune diminution du prix dont il ſeroit convenu. *Ratio eſt, quia hæreditas nomen juris eſt, atque adeò ſine ullo corpore juris habet intellectum.*

Charondas liv. 8. rep. 75. rapporte deux Arrêts du Parlement de Paris, l'un du 29. Mars 1580. & l'autre du 30. Avril 1584. qui ont jugé qu'en vente d'hérédité, de tout le droit qu'on y peut prétendre, il n'y a pas lieu à la reſtitution pour cauſe de lézion d'outre moitié du juſte prix.

Ces Arrêts avoient été précédés de deux Arrêts ſemblables, rapportés par Papon dans ſon recueil, livre 16. titre 3. nomb. 18. parce que la Loi 2. cod. de reſcind. vendit. ne peut pas avoir lieu *in re incerta, tanquam in jactu retis, & in hæreditate vendita.*

Touchant la vente d'une hérédité, *voyez* M. le Prêtre, cent. 3. chap. 94. ce que nous allons dire ſur l'article ſuivant vers la fin ; & l'Arrêt du 7. Décembre 1666. rapporté dans le Journal du Palais.

VENTE D'ACTIONS. ſe peut faire de toutes ſortes d'actions, tant réelles que perſonnelles, pourvû que ce ſoit avant conteſtation en cauſe. C'eſt la diſpoſition du Droit Romain, contenue en la Loi ſeconde, au Code, tit. de litigioſ. Mais parmi nous, chacun peut vendre ſes droits, dettes, noms & actions, ſoit qu'elles ſoient portées en Juſtice ou non.

La vente d'une dette ſe peut faire par le créancier, à l'inſçu & ſans le conſentement du débiteur. *Leg. 17. ff. de hæred. vel act. vend. leg. 3. cod. eod. leg. 1. cod. de novation.* Dans cette vente, le vendeur n'eſt pas obligé de garantir le débiteur ſolvable ; il ſuffit qu'il prouve & juſtifie qu'il eſt ſon débiteur, & qu'il lui doit la dette qu'il a vendue. *Leg. 4. leg. 23. ff. de hæred. vel act. vend. leg. 3. & ult. cod. eod.*

Il s'enſuit de-là que ſi le débiteur devient inſolvable, ou que le ceſſionnaire perde le procès qu'il aura intenté en vertu de l'action qui lui aura été cédée, il n'a aucun recours pour ſes dédommagemens, & pour ſa perte de la dette, contre ſon cédant, ni pour la reſtitution du prix qu'il lui en a donné. *Leg. 4. leg. 23. ff. de hæred. vel act. vend. leg. ult. cod. ead.*

Il faut excepter le cas où celui qui auroit vendu une dette ſe ſeroit obligé à la garantie par une clauſe expreſſe ; ou bien, ſi ſans aucune garantie il avoit vendu & tranſporté une dette d'un débiteur qui au temps de la ceſſion étoit déchu de ſes biens, & fût dès-lors eſtimé inſolvable. *Vide Mornacium ad leg. 5. ff. eod.*

Suivant la diſpoſition du Droit Romain, l'acheteur d'un droit litigieux, ne peut pas exiger plus du débiteur dont il a acheté la dette, qu'il n'en a payé au vendeur, *juxta leg. per diverſas & leg. ab Anaſtaſio, cod. mandati.* Mais parmi nous, la diſpoſition de ces Loix n'a lieu, & un débiteur n'eſt par reçu à demander la ſubrogation pour ceſſions & tranſports faits des dettes dont il eſt tenu, comme nous avons dit, en parlant des tranſports de droits litigieux.

Il faut excepter les ceſſions & tranſports de droits ſucceſſifs faits par un des cohéritiers à un étranger, ſoit que ces droits ſoient litigieux ou non ; car en ce cas les autres cohéritiers ſont bien fondés à demander la ſubrogation en rembourſant ; parce qu'il eſt de l'intérêt de ces cohéritiers de ne rien avoir à démêler avec un étranger qui voudroit pénétrer les ſecrets de leur famille dont il n'eſt point, & avoir occaſion de vexer & moleſter par les procès les véritables héritiers du défunt, ſous prétexte des droits ſucceſſifs qu'il auroit achetés à bon marché d'un de leurs cohéritiers.

VENTE d'un bien ſaiſi, faite par celui qui en eſt propriétaire n'eſt pas valable. *Voyez* ce que j'ai dit ſur le mot Saiſie.

VENTE PUBLIQUE, eſt celle qui ſe fait par autorité de Juſtice ; c'eſt-à-dire, à l'encant, à l'égard des meubles, & par décret à l'égard des immeubles, avec toutes les formalités requiſes.

Ceux à qui les biens vendus par autorité de Juſtice appartiennent, ne peuvent plus revenir contre une telle vente. Comme ces ſortes de ventes ſe font ſous l'autorité de la Juſtice, elles donnent un droit ferme & ſtable à ceux à qui les biens ont été ainſi adjugés. *Legitimè facta venditio autoritate publica, nulla poteſt ratione reſcindi.*

Touchant la vente publique des immeubles, *voyez* Adjudication, Saiſie réelle, & le Traité de la vente des immeubles de M. d'Héricourt.

VENTE PUBLIQUE DE MEUBLES, eſt une vente qui ſe fait publiquement par un Huiſſier ou Sergent, en conſéquence d'une ſaiſie de meuble, ou en vertu d'une permiſſion du Juge.

Il y en a deux ſortes ; ſçavoir, la vente forcée & la vente volontaire.

La vente forcée eſt celle qui ſe fait des meubles ſaiſis dans le plus prochain marché public, aux jours & heures ordinaires, par le Sergent qui a fait la ſaiſie, & qui eſt tenu de ſignifier auparavant à la perſonne ou au domicile du débiteur, le jour & l'heure de la vente, à ce qu'il ait à faire trouver des enchériſſeurs, ſi bon lui ſemble.

Il faut Iº. qu'il y ait au moins huit jours francs entre l'exécution & la vente.

IIº. Pour que la vente ſoit réputée ſérieuſe, il faut

qu'il y ait un déplacement ; c'eſt-à-dire, que les meubles aient été mis hors de la poſſeſſion du débiteur, & ſans fraude.

La vente volontaire eſt celle qui ſe fait en public par un Sergent, au lieu, place & heure que veut choiſir celui qui pourſuit la vente de ſes meubles qui ne ſont point ſaiſis, & qu'il veut vendre de ſon bon gré.

Pour y parvenir, il faut qu'il préſente Requête à cet effet à Monſieur le Lieutenant civil, pour en obtenir la permiſſion. On expoſe la cauſe pour laquelle on veut faire la vente, & on attache à la Requête un mémoire des choſes qui doivent être vendues. L'huiſſier procède à la vente, en vertu de la permiſſion que Monſieur le Lieutenant civil met au bas de cette Requête.

Touchant la vente publique de meubles, voyez Saiſie & exécution.

VENTE PAR DÉCRET, eſt celle qui ſe fait d'un immeuble par autorité publique, en conſéquence d'une ſaiſie réelle, ſuivie de toutes les formalités requiſes pour parvenir à l'adjudication par décret. Voyez Décret.

VENTES. Voyez Lods & Ventes.

VENTES RECELÉES ET NON NOTIFIÉES, ſont celles qui n'ont pas été notifiées au Seigneur cenſier dans les vingt jours de l'acquiſition, par l'exhibition du contrat ; pour raiſon de quoi il lui eſt dû amende.

Voyez Notifier. Voyez auſſi ce que j'ai dit ſur l'article 77. de la Coutume de Paris.

VENTES DÉGUISÉES ET COUVERTES, ſont celles qui ſont cachées ſous un autre titre, afin de frauder les droits ſeigneuriaux.

La Coutume d'Angoumois donne deux exemples de ces ſortes de ventes ; le premier en l'article 17. des biens donnés en aſſiette de rente générale ; le deuxieme en l'article 74. de l'échange avec retour d'argent. Ces contrats ſont cenſés ventes, & ſujets aux droits du Seigneur.

Aujourd'hui même les droits ſeigneuriaux ſont dûs pour échange, quoiqu'il n'y ait point de retour d'argent, comme j'ai dit, verbo Lods & ventes.

VENTE A L'AMIABLE D'UN HÉRITAGE SAISI RÉELLEMENT, eſt un expédient dont ſe ſervent des créanciers bien aviſés, pour éviter que les biens de leur débiteur ſoient conſommés en frais.

Au lieu de faire les pourſuites qui ſe pratiquent pour parvenir à une adjudication en Juſtice, les créanciers conſentent à une vente volontaire des fonds ſaiſis, avec une délégation ſur le prix en faveur des créanciers, dont les ſaiſies & les oppoſitions ſe convertiſſent en ſaiſies & arrêts entre les mains de l'acquéreur.

VENTE D'UNE MESME CHOSE étant faite à différentes perſonnes & en différens temps. Celui des deux acheteurs qui a été mis en poſſeſſion, eſt toujours préféré à l'autre, quant à la propriété de la choſe vendue.

C'eſt la déciſion de la Loi quoties duob. cod. de rei pactionib. qui eſt admiſe parmi nous : cette Loi décide que de deux acheteurs ou donataires d'une même choſe, celui-là eſt préféré en la propriété, qui ſe trouve le premier mis en poſſeſſion, quoique ſon contrat ſoit d'une date poſtérieure. La raiſon eſt, qu'un contrat donne bien jus ad rem, mais il ne donne pas jus in re ; ſi quidem rerum dominia non pactionibus, ſed traditionibus duntaxat transferuntur. Voyez M. Louet, lettre V. ſommaire 1.

Il faut remarquer à ce ſujet, que ſi deux acheteurs, l'un avoit été d'abord mis en poſſeſſion, en vertu de la tradition qui ſe fait par la retention d'uſufruit, & que l'autre enſuite ait été mis en poſſeſſion réelle & actuelle, la poſſeſſion réelle, quoique poſtérieure, l'emporteroit ſur l'autre. Ainſi jugé au Parlement de Touloufe, par Arrêt du 23. Février 1768. rapporté par M. Catelan, livre 5. chapitre 28.

VENTE DE MARCHANDISE A PERTE DE FINANCE, eſt celle qui ſe fait à crédit & à un prix exceſſif de quelque marchandiſe, que l'on fait racheter par une perſonne interpoſée, à très-bas prix, comme à un tiers de perte.

Voici comme cela ſe fait. Une perſonne, au lieu de prêter de l'argent à une autre qui en a beſoin, lui vend des marchandiſes à un très-haut prix, & les lui fait racheter à très-bas prix par une perſonne interpoſée.

Cela eſt uſuraire, & défendu par l'Ordonnance d'Orléans, article 141. & par l'Ordonnance de Blois, article 202. mais cela ne laiſſe pas de ſe pratiquer encore tous les jours.

VENTILATION, eſt l'eſtimation des biens qui ſont en commun pour en faire le partage.

VENTILATION, ſe dit auſſi de l'eſtimation particuliere d'une choſe vendue, conjointement avec une autre pour un même prix.

Quand par un même contrat on a vendu deux ou pluſieurs héritages, & que l'un d'eux eſt ſujet à retrait, pour ſçavoir le prix que le retrayant doit rembourſer à l'acquéreur, il faut faire l'eſtimation de l'héritage ſujet à retrait, non pas eu égard à ſa propre valeur, mais eu égard aux héritages compris dans la vente, & à la valeur particuliere de chacun d'eux, & à la totalité du prix ; c'eſt ce qu'en Pratique nous appellons ventilation. Elle a pareillement lieu, lorſque quelqu'un a acquis unico pretio pluſieurs héritages mouvans de différens Seigneurs, pour fixer les droits dûs à chaque Seigneur. Dans ce cas elle doit être faite aux frais de l'acquéreur, qui doit s'imputer de n'avoir pas fixé le prix de chaque héritage en particulier.

La ventilation a encore lieu lorſqu'on fait eſtimer ſéparément un fonds & la ſuperficie, eu égard à la valeur du total, & au prix qu'il eſt vendu & adjugé.

Cela eſt néceſſaire, lorſqu'il ſe trouve des créanciers privilégiés ſur le fonds, & d'autres ſur la ſuperficie ; ce qui arrive quand le vendeur du fonds n'a pas été payé, ſoit en tout ou en partie, & que l'acquéreur a fait bâtir des deniers empruntés à cet effet, ou que les frais des bâtimens ſont dûs aux entrepreneurs ou aux ouvriers.

VENTRE, fignifie un pofthume. Sur quoi il faut remarquer, I°. que *qui funt in utero, pro jam natis habentur, quoties de eorum commodis & utilitate agitur.* II°. Qu'on leur donne un curateur. *Voyez* Curateur.

VERBAL. Ce terme s'applique à une promeffe de bouche dont il n'y a point de preuve par écrit, mais il s'applique à plufieurs actes dont j'ai donné l'explication. Ainfi *voyez* Appellation verbale, Offre verbale, Preuve teftimoniale, Procès verbal, Requête verbale.

VERBALISER, fignifie former des conteftations devant un Juge commis pour en être inférées dans un procès verbal, & en être fait rapport au Siege.

VERCHERE. Ce vieux terme de Coutume ufité encore en Auvergne, fignifie un fonds donné en dot à une fille.

VERDERIE, eft une étendue de bois & de pays, qui eft commife à la garde & Jurifdiction d'un Verdier.

VERDIER, eft un Officier des Eaux & Forêts, dont les fonctions ont été différentes felon les tems & les lieux.

Il a été auffi appellé Gruyer, Segrayer, Maître Sergent & Garde marteau.

Ce mot vient du Latin *Viridarius*, dont Ulpien s'eft fervi pour fignifier le Garde d'un verger.

Aujourd'hui verdier eft un Officier établi pour commander aux gardes d'une forêt éloignée des Maîtrifes, qui en doit faire la vifite de quinzaine en quinzaine.

Il y a une Jurifdiction pour les moindres délits qui s'étendent jufqu'à foixante fols d'amende.

Voyez ce qu'a dit Bornier de ces Officiers de Forêts, fur l'article 6. du tit. 10. de l'Ordonnance de 1670.

VERGE, eft une petite baguette que les Sergens & Huiffiers portoient autrefois, & dont ils touchoient ceux aufquels ils fignifioient quelque exploit, en figne d'autorité & de contrainte. C'eft de-là qu'il y a encore au Châtelet des Huiffiers qu'on appelle Sergens à verge. Préfentement il n'y a plus que les Huiffiers-Audienciers qui portent de ces petites Baguettes, lefquelles font fort courtes, & dont ils frappent fur les bancs & murailles, pour annoncer la fin de l'Audience, & pour faire faire paffage aux Magiftrats qu'ils conduifent. *Voyez* ce qui eft dit fur ce mot dans le Dictionnaire de Trevoux.

VERGES, eft le fupplice des femmes de mauvaife vie, de celles qui débauchent les autres, des coupeurs de bourfe & autres délinquants. Leurs Sentences portent, qu'ils *feront battus & fuftigés nuds de verges par les carrefours de la Ville, & attachés au cul d'une charette.*

VERIFICATEUR, eft celui qui eft nommé en Juftice pour examiner fi une écriture eft vraie ou fauffe. Les Maîtres Ecrivains font Jurés-Vérificateurs des écritures & fignatures. On nomme des Banquiers pour en être vérificateurs des fignatures en Cour de Rome. Enfin on nomme des Antiquaires pour vérificateurs des anciens titres.

VERIFICATION, fignifie l'enrégiftrement qui fe fait dans les Cours fouveraines des Edits & Déclarations du Roi.

Les Edits concernant le Domaine & les Finances ordinaires, doivent être vérifiées en la Cour de Parlement & en la Chambre des Comptes; & ceux qui concernent les Finances extraordinaires, doivent être vérifiés en la Chambre des Comptes & en la Cour des Aides.

Suivant la Novelle 66. de Juftinien, les nouvelles Ordonnances doivent être obfervées deux mois après leur publication & infinuation. Mais en France elles doivent être obfervées du jour de leur publication.

Voyez les articles 4. & fuivans du premier tit. 3. de l'Ordonnance de 1667. avec les Remarques de Bornier.

VERIFICATION D'ECRITURES, eft l'examen d'une écriture privée dont on doute, ou d'une piece contre laquelle il y a infcription de faux, pour fçavoir fi elle eft vraie ou fauffe.

Quand il s'agit de quelque acte fur lequel une Partie fe fonde, & que l'autre Partie foutient faux ou falfifié, la Cour en ce cas ordonne que la vérification en fera faite par comparaifon d'écritures par des Maîtres Ecrivains, pour fur leur rapport être ordonné ce que de raifon; autrement la Cour ne peut pas fçavoir fi véritablement l'acte eft faux ou non.

La vérification d'une écriture privée fe peut faire de trois manieres. I°. Par témoins, quoiqu'ils ne foient qu'au nombre de deux qui dépofent avoir été préfens, lorfque la chofe a été faite, écrite & fignée en leur préfence par celui du fait de qui il s'agit; pour lors cette preuve oculaire eft fuffifante. II°. Par la dépofition des témoins, qui affirment que c'eft fon écriture, & qu'ils lui en ont vû écrire de femblable. III°. Par comparaifon d'écritures, qui fe fait par des Experts.

La vérification fe fait toujours pardevant le Juge où le procès principal eft pendant par des Experts Ecrivains ou Greffiers, fur des pieces de comparaifon dont les Parties conviennent; & pour convenir d'Experts & de pieces, l'une des Parties doit donner à l'autre affignation au premier jour à cet effet.

Si l'une des Parties ne comparoît point ou ne veut point nommer d'Experts, ni donner de pieces de comparaifon, la vérification fe fait par les Experts que l'autre Partie nomme, & par ceux qui font nommés par le Juge, pour & au lieu de la Partie refufante ou défaillante.

Touchant la reconnoiffance des pieces & la vérification d'écritures privées, *voyez* l'Ordonnance de 1670. tit. 14. article 10. & la déclaration donnée à Verfailles au mois de Décembre 1684. régiftrée en la Cour le 22. Janvier 1685. *Voyez* auffi le Traité de la comparaifon d'écritures, par Mr. le Vayer, Maître des Requêtes, le Traité de la preuve par Témoins de M. d'Anti, chap. 5. part. 2. & le Traité fait par Bligny, imprimé à Paris en 1708.

A l'égard de ceux qui nieront leur feing appofé

en leurs promeſſes, après que la vérification en aura été faite, ils doivent être condamnés au double des ſommes portées, & en de groſſes amendes envers le Roi & la partie, ainſi qu'il eſt porté en l'article 93. de l'Ordonnance de Villers-Cotterets, en l'article 8. de celle de Rouſſillon, & en la ſuſdite Déclaration du mois de Décembre 1684.

Au reſte dans le ſecond tome des Cauſes célebres, page 25. il eſt dit que le Jugement des Experts eſt conjectural, incertain, & peut ſervir de paſſeport au menſonge auſſi-bien qu'à la vérité.

V E R I F I E R, ſignifie examiner ſi une écriture eſt vraie ou fauſſe, & en faire rapport en Juſtice.

Ce terme ſignifie auſſi prouver la vérité d'un fait par enquête ou par information. Sur quoi il faut remarquer que la permiſſion de vérifier en matiere civile eſt toujours reſpective.

V E R R E D O R M A N T. *Voyez* Fer maillé, lettre F.

VERSET, eſt la partie d'un chapitre, d'une ſection ou d'un paragraphe ſubdiviſé en pluſieurs petits articles.

V E R S O, eſt la page qu'on trouve quand on a tourné le feuillet. Il eſt oppoſé au *recto*, qui eſt la page qui ſe préſente d'abord.

VERTE MOUTE, eſt un droit qui eſt dû en Normandie au Seigneur, quand le ſujet eſt tenant en grange hors du fief. *Voyez* Terrien, livre 5. chap. 3. & Baſnage ſur l'article 210. de la Coutume de Normandie.

VEST. Pour entendre ce que ſignifient ces termes, *veſt & déveſt*, il faut ſçavoir que dans quelques-unes de nos Coutumes, celui qui veut tranſporter à un tiers un héritage tenu en cenſive, eſt tenu de s'en déveſtir & démettre entre les mains du Seigneur, au profit de l'acquéreur, lequel eſt obligé d'aller au Seigneur pour en recevoir de lui la poſſeſſion: c'eſt ce qu'on appelle deveſt & déſaiſine, veſt & ſaiſine.

Ainſi deveſt n'eſt autre choſe que la permiſſion que le propriétaire d'un héritage donne en préſence du Seigneur, ou du Juge foncier, à l'acquéreur dudit héritage, d'entrer en la poſſeſſion d'icelui, dont il déclare ſe démettre en rompant un petit bâton en préſence de témoins.

Voyez Paſquier en ſes Recherches, liv. 8. ch. 58. Saiſine ou veſt eſt un acte ſolemnel fait par le ſeigneur foncier, ou ſa Juſtice, par la tradition d'un petit bâton qu'il donne en préſence de témoins à l'acquéreur d'un héritage tenu en roture; par le moyen de quoi cet acquéreur acquiert droit de propriété & poſſeſſion en l'héritage par lui acquis.

Dans quelques-unes de ces Coutumes, le deveſt & le veſt ſe pratiquent non-ſeulement dans les ventes & aliénations des héritages, mais encore dans les ſimples engagemens & obligations des héritages; car les Seigneurs y ont fait extenſion de ce droit, & ont introduit que le débiteur qui voudroit hypothéquer ſon héritage pour quelques dettes que ce fût, ſeroit obligé de le rapporter en leurs mains par déſaiſine, afin que la ſaiſine en fût

donnée au créancier pour ſûreté de ſa dette. Et ainſi dans ces Coutumes il n'y a point d'hypotheque ſans nantiſſement. *Voyez* Nantiſſement, & ce qui eſt dit de veſt & de deveſt dans le Dictionnaire de M. Brillon.

VESTIR, ſignifie mettre en poſſeſſion un acquéreur d'un fief ou d'un héritage; d'où ſont venus les mots de veſt, adveſt & deveſt, advertir, deſaveſtir, veſture & deſaveſture, qui ſe trouvent dans nos Coutumes. *Voyez* ce qui eſt dit ſur le mot de veſtir dans le Dictionnaire de Trevoux.

V E T E R A N S, étoient chez les Romains les Soldats émérites, qui après avoir ſervi vingt années étoient exempts de toutes fonctions militaires, & jouiſſoient néanmoins de certains privileges très-conſidérables.

Ce terme de la Milice Romaine a été parmi nous employé pour ſignifier les Officiers qui ayant exercé vingt ans une Charge, s'en ſont défaits, & jouiſſent de certains honneurs & privileges qui leur ſont attribués en conſéquence des ſervices qu'ils ont rendus.

Les Conſeillers vétérans ont voix & ſéance aux Audiences; mais ils n'ont pas droit d'aſſiſter au Jugement des procès par écrit.

Un Secrétaire du Roi qui eſt vétéran, acquiert à ſes enfans le droit de la Nobleſſe.

Mais pour jouir des privileges, droits & honneurs accordés aux vétérans, il faut que les Officiers qui ſe défont de leurs Charges, après les avoir poſſédées l'eſpace de vingt ans, obtiennent des Lettres de vétérance. L'Edit du mois d'Août 1669. le porte expreſſément.

Les ſervices des Officiers qui ſe ſont diſtingués dans des emplois honorables, & qui ont des privileges ont toujours été récompenſés par nos Rois, qui leur ont accordé des ſurvivances pour leurs enfans, ou des Lettres de vétérance qui conſervent aux peres pendant leur vie, tous les honneurs & tous les privileges attachés à l'Office qu'ils ont exercés pendant vingt ans.

VEUF, eſt celui dont la femme a paſſé de cette vie en l'autre.

V E U V A G E, ſignifie l'état des perſonnes qui ont perdu leur femme ou leur mari; ce qui ne peut arriver que par la mort naturelle de l'un des conjoints.

Ainſi la mort civile de l'un des conjoints ne cauſe pas le veuvage, ni l'abſence de l'un d'eux quelque longue qu'elle ſoit. *Voyez* Abſent.

VEUVE, eſt celle dont le mari a paſſé de cette vie en l'autre, & qui pendant ſon veuvage jouit de tous les privileges qu'avoit ſon mari.

Une veuve a trois mois de délai pour faire inventaire, & quarante jours pour délibérer ſi elle acceptera la communauté, ou ſi elle y renoncera.

On ne peut procéder extraordinairement contre une veuve, pour raiſon de récélé.

Les héritiers du mari ne peuvent pas, après le décès d'icelui, intenter l'accuſation d'adultere contre la veuve; parce que le mari ayant négligé de former cette accuſation contre ſa femme, eſt cenſé lui avoir pardonné. Mais quand cette accuſation a été commencée par le mari, ses héritiers après sa mort peuvent la reprendre, pour faire décheoir la veuve de son douaire & de ses conventions matrimoniales.

Les héritiers du mari peuvent aussi alléguer par forme d'exception, que la femme a vécu impudiquement pendant l'an de son deuil, & que *peccavit contra cineres mariti*, pour la faire décheoir du douaire & de ses conventions matrimoniales, *voyez* ce que j'ai dit à ce sujet, *verbo* Deuil, & *verbo* Secondes noces.

Une veuve mineure ne peut contracter un second mariage sans le consentement de son pere.

La veuve à qui son mari a laissé des héritages à la charge de demeurer veuve, les perd si elle se remarie ; en sorte qu'ils retournent aux héritiers du défunt. *Voyez* le Dictionnaire de M. Brillon, tom. 6. pag. 852. nomb. 20.

VEXATION, est le dommage qu'on souffre par les chicanes de quelqu'un.

VEXIN-LE-FRANÇOIS, est un lieu situé dans l'étendue de la Coutume de Paris, où les fiefs relevent de toutes mains ; c'est-à-dire, que pour les fiefs qui se reglent selon l'usage de Vexin-le-François, il est dû relief à toutes mutations qui arrivent de la part du vassal, même en ligne directe.

La Coutume du Vexin, dont la Coutume de Paris fait mention dans les articles 3. 4. & 33. n'est pas une coutume séparée & distincte de celle de Paris ; mais un certain usage particulier, qui dépend des anciens titres & investitures des fiefs faites par les Seigneurs : ce qui fait voir que les droits particuliers ne sont pas abrogés par les Coutumes publiques & générales.

Cet usage particulier du Vexin le-François déroge à la Coutume de Paris. Iº. En ce que dans les fiefs dans lesquels il est observé, le quint n'est jamais dû, quoique la mutation soit causée pour vente ou acte équipolent à la vente. IIº. En ce que le relief est dû à toutes mutations, même en directe.

Comme le droit du Vexin-le-François est extraordinaire, odieux & exorbitant, & que celui qui prétend un droit extraordinaire est obligé de le justifier, le Seigneur qui prétend qu'un fief releve du sien se regle suivant le Vexin-le-François, est tenu de le prouver par bons titres & actes de possession immémoriale, au cas que le vassal soutienne le contraire. Dumoulin sur cet article, glos. 6. nomb. 1.

Ce même Auteur en cet endroit tire de ce principe cette conséquence, que si le vassal qui dénie que son fief se regle suivant le Vexin, succombe, il n'encourt point la confiscation ou commise de son fief.

La raison est qu'il ne désavoue point son Seigneur ni la mouvance ; mais il conteste seulement la qualité de son fief, & le droit extraordinaire que le Seigneur prétend avoir dessus.

Mais on demande si pour prouver qu'un fief fût réglé suivant le Vexin-le-François, il suffiroit au Seigneur de prouver qu'il est situé entre plusieurs autres qui suivent cette Coutume ?

Il faut dire que non, parce que le Vexin-le-François n'est pas renfermé dans de certaines bornes, dans lesquelles toutes les terres se reglent à l'égard des fiefs suivant l'usage du Vexin : ainsi les fiefs du Vexin ne sont tels, qu'autant que le Seigneur qui les prétend tels le prouve, attendu que le lieu de leur situation ne détermine rien à cet égard, & qu'ils sont situés en différens endroits où il s'en trouve qui sont régis par la Coutume de Paris.

Voyez ce que j'ai dit sur l'article 3. de la Coutume de Paris, avec les Observations de M. le Camus. *Voyez* aussi Brodeau sur le même article, & le Glossaire du Droit François, *verbo* Fiefs qui se gouvernent selon l'usage du Vexin-le-François.

V I

VIAGE, signifie usufruit. *Viager*, signifie ce qui ne dure que pendant la vie.

VIAIRE, dans l'article 33. de la Coutume de Chaumont, signifie pension viagere.

VICAIRE, est celui qui est comme Lieutenant d'un autre, qui tient sa place, & qui en son absence fait ses fonctions sous son autorité.

VICAIRE en matiere féodale, est l'homme vivant & mourant, que les Gens de main-morte sont obligés de donner au Seigneur féodal, pour faire sa foi & hommage, & à la mutation duquel le droit de fief est dû. *Voyez* Homme vivant & mourant.

VICE d'une chose vendue. Pour savoir quand le vendeur en est tenu, *voyez* Redhibitoire.

VICE-AMIRAL, est un Officier général qui commande les Vaisseaux de guerre à la place de l'Amiral.

VICE-BAILLIF, est un Officier qui tient la place du Prévôt des Maréchaux, & qui prend connoissance des causes criminelles contre les voleurs, faux monnoyeurs, vagabons & gens sans aveu.

Les Vice-Baillifs ou Vice-Sénéchaux ont été établis dans certains lieux, pour avoir pareil pouvoir & jurisdiction que les Prévôts qui sont à la suite de Messieurs les Maréchaux de France : c'est pourquoi on appelle ces Vice-Baillifs ou Vice-Sénéchaux, Prévôts provinciaux ou subsidiaires, comme étant créés *in subsidium* des autres.

VICE-GERENT, est un Juge ecclésiastique qui tient la place de l'Official dans le ressort d'un Parlement où s'étend le Diocese d'un Evêque dont le Siege épiscopal est dans un autre Parlement.

VICE-SENECHAL, est le Lieutenant du Sénéchal, soit de celui de l'épée, soit de celui de robe, & il a la même fonction que le Vice-Baillif.

VICOMTE, est le propriétaire d'une Terre ou Seigneurie érigée sous le titre du Vicomté, *voyez* le Dictionnaire de Trévoux.

VICOMTE EN NORMANDIE ET EN QUEL-

QUES AUTRES LIEUX, eſt un Officier de Robe qui exerce la Juſtice d'une Seigneurie, ſoit qu'elle ait titre de Vicomté, ou non.

Voyez le Gloſſaire du Droit François, *verbo* Vicomte ; & Paſquier en ſes Recherches, liv. 2. chap. 14.

VICOMTÉ, eſt le titre d'une Seigneurie qui releve du Roi médiatement ou immédiatement ; ou d'un Comte, lequel eſt relevant de la Couronne.

Ce terme ſe dit auſſi de l'étendue du reſſort & de la Juriſdiction du Vicomté & même du Siege de la Juſtice. C'eſt particuliérement en Normandie que les enclaves des Juriſdictions ſont diſtingués par Vicomtés.

VIDAME, eſt un titre de Seigneurie qu'on donne à quelques Gentilshommes qui relevent de l'Evêché, comme le Vidame de Chartres, d'Amiens & autres.

Les Vidames étoient autrefois Juges & Défenſeurs du temporel de l'Egliſe, lorſque les Evêques avoient uniquement ſoin du ſpirituel. Depuis la Vidamie a été faite Dignité féodale tenue de l'Egliſe.

Ainſi les Eccléſiaſtiques, de leurs Vidames & Juges, ont fait des Vaſſaux, comme les Rois en ont fait de leurs Comtes. Ce terme vient de *Vicarius,* ou de *Vicedominus. Voyez* ce qui en eſt dit dans le Dictionnaire de Trevoux.

VIDIMUS DE LETTRES, ſe dit en quelques endroits pour ſignifier une copie collationnée par Notaire, Secrétaire, Greffier, ou par atteſtation de Juges.

VIDUITÉ, eſt l'état de veuvage. Sur quoi il faut remarquer, I°. Qu'une femme ne doit point ſe remarier dans la premiere année de ſon veuvage, comme je l'ai dit, *verbo* Deuil. II°. Que la veuve peut être tutrice de ſes enfans tant qu'elle reſtera en viduité, comme je l'ai dit, *verbo* Tutrice. III°. Qu'en Normandie un mari jouit par droit de viduité de tous les biens de ſa femme morte, lorſqu'il a eu d'elle un enfant né vif ; mais lorſqu'il ſe remarie, il n'a l'uſufruit que du tiers des biens de ſa femme. IV°. Qu'une donation mutuelle, à la charge de garder viduité par le ſurvivant, eſt valable. *Voyez* le Dictionnaire de Mr. Brillon, tom. 6. pag. 852. nomb. 10.

En pays de Droit écrit, l'année ou droit de viduité eſt établi en faveur de la femme ſurvivante : il conſiſte en une ſomme d'argent qu'on lui adjuge, tant pour les intérêts de ſa dot mobiliaire, que pour les alimens qui lui ſont dûs, aux dépens de la ſucceſſion de ſon mari, pendant l'année du Deuil.

VIE CIVILE. L'état des perſonnes ne conſiſte pas ſeulement à jouir de la liberté naturelle, mais encore à jouir de tous les droits qui ſont attribués aux ſeuls citoyens.

Ainſi, par vie civile, on entend la faculté de jouir de tous les avantages qui ſont accordés aux citoyens par les Loix de l'Etat, & en quoi conſiſte cette liberté que l'on nomme liberté civile.

Ces avantages ſont de pouvoir intenter des actions en Juſtice, d'être capable de ſuccéder, & de pouvoir diſpoſer par teſtament de ſes biens ; en un mot, d'être capable des effets civils.

Ceux qui en ſont incapables, ſont morts civilement, *habentur pro mortuis ;* parce qu'ils ne participent aux droits des François, non plus que s'ils étoient morts véritablement. *Voyez* Mort civile. *Voyez* Recouvrement de la vie civile.

VIENNENT OU SOIENT PARTIES APPELLÉES. Ces deux manieres de répondre des Requêtes préſentées aux Chambres où l'on plaide, ſont bien différentes.

Quand l'inſtance eſt liée avec la partie contre laquelle on baille la Requête, on fait mettre *viennent ;* quand elle n'eſt pas liée, c'eſt-à-dire, quand elle n'eſt pas commencée, on fait mettre *ſoit Partie appellée.*

Par exemple, Jacques en vertu de ſon committimus a fait aſſigner Pierre aux Requêtes du Palais ; ſur l'aſſignation Pierre a comparu : la procédure en cet état, Pierre ou Jacques préſente une Requête en la Chambre ; ſur cette Requête il faudra mettre *viennent.*

Suppoſé que ſur cette Requête il intervienne Sentence, & que Jacques qui l'a obtenue contre Pierre, demande par une Requête que cette Sentence ſoit déclarée exécutoire contre Jean ; parce que Pierre & Jean auroient un intérêt commun, on ne pourra mettre que *ſoit Partie appellée* ſur cette Requête préſentée contre Jean, parce que Jean n'a point été en cauſe. Il faut dire la même choſe des Requêtes préſentées aux Cours Souveraines, & ſur leſquelles intervient Arrêt.

Les *viennent* ſe mettent non-ſeulement dans les incidens quand il y a Procureur, mais auſſi pour des matieres proviſoires & qui requierent célérité, quoiqu'il n'y ait point de Procureur, pourvû que les Parties, ou du moins le défendeur ſoit domicilié dans la Ville ou en la Juriſdiction.

Par exemple pour avoir main-levée d'une ſaiſie & exécution, pour être reçu appellant, & cependant main levée, on fait mettre un *viennent ;* & la Requête enſuite eſt ſignifiée à celui au nom de qui la ſaiſie a été faite.

Après trois jours francs, à compter du jour de la ſignification de la Requête ſur laquelle il y aura *viennent,* on peut obtenir Sentence ou Arrêt, après avoir préalablement fait ſignifier un avenir pour plaider ſur ladite Requête ; mais en conſéquence des Requêtes ſur leſquelles il y aura *ſoient Parties appellées,* on ne peut obtenir Sentence ou Arrêt qu'après que les délais, qui ſont les mêmes que ceux des aſſignations, ſeront expirés.

Les Préſidens, les Conſeillers, & même les Greffiers des Chambres, peuvent mettre *viennent* ou *ſoit Partie appellée,* ſur leſdites Requêtes.

VIENTRAGE, eſt un droit ſeigneurial qui ſe leve ſur les vins & autres breuvages, comme les droits de chantelage, de forage & d'afforage.

VIF-GAGE. *Voyez* Mort-gage.

VIGUIER, eſt en quelque Pays le premier Juge royal, autrement appellé Prévôt ordinaire, Châtelain, Garde de la Prévôté, Vicomté, qui ſont tous Juges de même pouvoir

Ce mot vient de *Vicarius*. C'étoit en effet le Vicaire, ou Lieutenant des Comtes, ou Gouverneurs des Villes, qui rendoient autrefois eux-mêmes la Justice.

Le Viguier connoît de toutes les matieres en premiere instance entre roturiers, excepté certains cas réservés aux Sénéchaux & Baillifs. L'appel de ses Sentences se releve devant le Baillif ou Sénéchal. *Voyez* Pasquier en ses recherches, liv. 2. chap. 14. le Traité de la Police, tom. 1. livre 1. titre 6. chap. 2. le quatrieme chapitre du Traité du Reglement, par la Rocheflavin ; Escorbiac, titre 9. Filleau, part. 2. tit. 5. & Boniface, tom. 1. liv. 1. tit. 9.

VILAIN. *Voyez* Roturier.

VILLAGE, est un hameau qui n'est point fermé de murs, qui sert d'habitation à des paysans.

VILLE, est un lieu qui fait l'habitation d'un peuple nombreux, un assemblage de plusieurs maisons disposées par rues & renfermées d'une clôture commune, qui est ordinairement de murs & fossés.

On appelle aussi la Ville, le Corps des Officiers qui régissent la Police de la Ville, & qui tiennent le Conseil de Ville, c'est-à-dire, le Prévôt des Marchands & les Echevins.

VILLE MÉTROPOLITAINE, est celle où est le Siege d'un Primat ou d'un Archevêque.

VILLE ÉPISCOPALE, est celle où est le Siege d'un Evêque.

VILLES D'ARRETS, sont des Villes dont les Bourgeois & habitans, par privilege spécial accordé par les Rois de France, peuvent saisir & arrêter les hardes & choses appartenantes à leurs débiteurs forains, trouvées en icelles, encore qu'ils ne soient fondés sur aucune obligation ou cédule.

Telle est la Ville de Paris, suivant l'article 173. de cette Coutume. Ce privilege lui fut accordé par Louis-le-Gros, en l'année 1134. la vingt-septieme de son regne. Il consiste en ce que le Bourgeois de Paris peut faire saisir par gagerie, sans titre ni cédule, les hardes & marchandises des forains ; mais ce privilege ne lui donne en cela aucune préférence sur les deniers provenans de leur vente, que celle de la Coutume, c'est-à-dire, du premier saisissant. Ainsi lorsqu'il y a plusieurs oppositions, & qu'on allégue la discution, alors il y a lieu à la contribution ; ou bien le Juge ordonne que le Bourgeois de Paris qui a fait saisir, sera tenu de donner caution de rapporter, en cas que la contribution doive avoir lieu.

Mais le forain dont les effets ont été ainsi arrêtés, doit en avoir main-levée en élisant domicile à Paris, & en donnant bonne & suffisante caution. Enfin, si les défenses qu'il propose sont valables, le Prévôt de Paris doit le renvoyer pardevant son Juge.

Plusieurs autres Villes ont le même privilege, comme Bourges, titre des Exécutions, article pénultieme & dernier ; Bretagne, article 702. Melun, article 331. Orléans, article 442. & Reims, article 407.

Ce n'est pas la Coutume qui accorde ce privilege ; il faut qu'on en ait une concession constatée par des Lettres-Patentes du Souverain.

Ce privilege n'est pas borné dans quelques Villes à pouvoir arrêter les hardes & choses appartenantes à leurs débiteurs qui sont forains ; mais il s'étend au droit de pouvoir faire arrêter leurs personnes, & les tenir prisonniers jusqu'à ce qu'ils ayent payé ce qu'ils doivent aux Bourgeois & Habitans de ces Villes, qui sont pour cette raison appellées Villes d'arrêts des personnes des débiteurs. Telle est la Ville de Reims.

Quoique ces débiteurs ne pussent être ailleurs contraignables par corps pour telles dettes, néanmoins les Forains qui sont débiteurs des habitans de ces Villes, quand ils sont pour raison de ce constitué prisonniers, ne peuvent avoir main-levée de leurs personnes, qu'en payant réellement & actuellement la dette ; ou en cas de contestation de la dette, en donnant bonne & suffisante caution pardevant le Juge par l'autorité duquel ils ont été arrêtés, de subir Jurisdiction par devant lui, & payer le jugé, tant en principal que dépens.

Mais ces Coutumes où il est permis d'arrêter les Forains, ne s'entendent qu'au cas qu'il y ait un instrument authentique, ou cédule reconnue ; s'il n'y a qu'écriture privée, l'emprisonnement ne pourra pas être valablement fait en conséquence. *Voyez* Forains. *Voyez* aussi le Glossaire du Droit François, lettre A, page 67. & ce que j'ai dit sur l'article 173. de la Coutume de Paris, & sur l'article suivant.

VILLES FRANCHES, sont les Villes capitales du Royaume, dont les habitans sont exempts de toute taille. Comme ces Villes sont les principales colonnes du Royaume, il est bien juste de les distinguer des autres par quelque privilege & quelque immunité.

Il est même permis aux habitans de ces Villes de faire valoir leurs terres par leurs mains, & de les faire labourer par leurs serviteurs domestiques, sans être pour ce sujet contribuables aux tailles des Paroisses où sont situés leurs héritages.

VILLENAGE, se dit des rentes, héritages ou possessions non nobles.

TENIR EN VILLENAGE, c'est tenir des héritages à la charge de rendre à son Seigneur les services que lui doivent les vilains ou roturiers, comme de charier ses fumiers, ou faire d'autres corvées.

VIMAIRE, vieux terme de Coutume, qui vient du mot latin *vis major*, signifie force majeure. Ce terme est encore aujourd'hui en usage dans les Eaux & Forêts où l'on dit, que la vimaire est quand on peut voir cinq arbres chûs tout d'une vue.

M. Dargou s'est servi de ce terme, liv. 3. chap. 27. en parlant de la stérilité causée par cas fortuit. » Mais, dit-il, si la clause du bail porte expressé- » ment qu'on ne pourra demander diminution » pour toute sorte de vimaires, prévûs & non » prévûs, alors il la faut suivre à la lettre ; par- » ce qu'il est à présumer que le propriétaire a » diminué le prix courant du bail, en considéra-

» tion

» tion de ce que le fermier a bien voulu s'en-
» gager à une obligation auffi dure & auffi extraor-
» dinaire.

A cette raifon il faut ajouter, que *contractus vires
capiunt ex conventione contrahentium.*

VIN DE MARCHÉ, appellé pot de vin, eft un
par-deffus qu'on donne au-delà de la fomme principale du marché conclu, & qu'on ftipule quelquefois pour en faire partie. *Voyez* Pot de-vin.

Loyfel, livre 3. tit. 4. art. 14. dit que vin de marché n'entre point en compte du prix, pour en
prendre droit de vente, à moins qu'il ne fût fort
exceffif.

C'eft auffi l'avis de M. Charles Dumoulin, fur le
§. 24. de l'ancienne Coutume de Paris, notes 2. &
3. de Charondas fur l'art. 56. de la Nouvelle.

La Coutume de Chaumont, art. 37. & celle de
Vitry, art. 49. ont des difpofitions contraires; &
Pithou fur l'art: 52. de celle de Troyes, tient que
le vin du marché fait partie du prix, & qu'il en eft
dû lots & ventes.

Voyez Billecard fur l'article 125. de la Coutume
de Châlons; la Lande, fur l'article 1. de la Coutume d'Orléans, page 5. col. 2. vers le milieu; &
Brodeau, fur l'article 76. de la Coutume de Paris,
nomb. 16.

VIN DE MESSAGER, eft un droit qui appartient à
la Partie qui a obtenu gain de caufe, & qui demeure hors la Jurifdiction où il lui a fallu plaider.
Ce droit eft ainfi appellé, parce qu'avant que les
Poftes fuffent établies, c'étoit un droit qui fe donnoit pour rembourfer ce qu'on avoit payé à un
homme qu'on avoit été obligé d'envoyer fur les
lieux, foit pour charger un Procureur, foit pour
faire quelqu'autre chofe néceffaire pour l'inftruction
d'une affaire.

Aujourd'hui il fe donne pour tenir lieu de rembourfement des ports de lettres qu'une Partie a reçues de fon Procureur, ou des ports de lettres &
papiers qu'elle a été obligée d'envoyer à fon Procureur, & dont elle lui doit tenir compte.

Ce droit fe donne, I°. Pour charger un Procureur
de la défenfe de fa caufe; & il eft à raifon de trois
livres, quand le délai de l'affignation eft à un mois
ou au-deffous; & de fix livres, quand l'affignation
eft donnée à fix femaines ou plus.

II°. Il fe donne fur tous les actes dont il eft néceffaire qu'un Procureur inftruife fon client.

III°. Sur tous les actes où il faut débourfer de
l'argent, comme pour configner l'amende, pour
payer les honoraires des Avocats, lever les Sentences & Arrêts.

IV°. Pour charger un Avocat, foit que la caufe
foit plaidée par défaut ou contradictoirement.

V°. Pour donner avis que l'affaire eft appointée.

VI°. Pour faire juger une affaire appointée lorfqu'elle eft en état.

Tous ces vins de Meffagers fe reglent fur le pied
de cinq fols, de quinze fols, ou de trente fols; à
l'exception,

I°. De celui qui fe donne pour charger un Procureur de la défenfe de fa caufe, que nous avons
Tome II.

dit être de trois livres ou de fix livres, felon les
délais de l'affignation.

II°. A l'exception de celui qui fe donne pour faire plaider ou juger définitivement, lequel eft double de celui qui fe donne pour charger un Procureur
de la défenfe de fa caufe.

VINAGE, fignifie un droit que les Seigneurs
prennent fur le vin.

Ce terme fignifie auffi le droit qu'ils prennent
fur les marchandifes & bétail paffant pays.

Voyez le Gloffaire du Droit François fous ce mot,
& le Dictionnaire de Trévoux, *verbo* Vin.

VINDICTE PUPLIQUE, eft la pourfuite de la
punition des crimes. Elle ne réfide en France qu'en
la perfonne des Gens du Roi. Ce font les feuls
qui peuvent conclure à une peine afflictive contre ceux qui ont commis quelque crime. Les Particuliers qui ont été endommagés, ne peuvent que
dénoncer les criminels, ou fe porter Parties civiles. *Voyez* Accufateur.

Les Gens du Roi, en la perfonne defquels réfide
la pourfuite des crimes, ne font pas obligés d'en
faire la pourfuite, lorfque la Partie civile néglige
de pourfuivre l'affaire qui lui a été faite, ou qu'elle
en a été fatisfaite, pourvu que le crime ne foit
pas attroce & capital; car s'il eft permis aux Particuliers de fouffrir les injures qu'on leur fait, & fi
les Juges s'en peuvent taire comme eux, il n'en
eft pas de même des crimes graves qui violent
les Loix, qui troublent le repos commun, bleffent trop ouvertement la juftice & l'autorité du
Souverain, qu'il lui doit fervir d'appui. Auffi
Tibere difoit qu'il pouvoit bien remettre les injures qui lui avoient été faites, comme étant un
Particulier; mais qu'il ne pouvoit remettre celles
qui étoient faites à l'Etat.

La diffimulation des Juges à l'égard de ces crimes
énormes, n'eft pas moins honteufe à ceux qui en
font coupables, qu'elle eft préjudiciable au Public,
& au Souverain qui en eft l'appui: c'eft plutôt
une lâcheté qu'une retenue, parce que pour en
épargner un feul par crainte ou par faveur, ils en
perdent plufieurs; & qu'au lieu que le châtiment
d'une violence publique en arrêteroit d'autres,
l'impunité qu'ils favorifent par leur filence, eft
caufe qu'il fe commet de pareils crimes & même de
plus grands.

VINGTAIN, eft un droit en vertu duquel
le Seigneur fondé en titre prend la vingtieme partie des fruits qui croiffent en fa terre, ou de quelques efpeces de fruits feulement, felon les conventions.

Ce droit eft réel, c'eft-à-dire, dû par les fonds
mêmes; ou perfonnel, c'eft-à-dire, dû par les fujets à leur Seigneur, pour conftruire & maintenir
à fes dépens les murailles du Bourg ou de l'enclos
du Château, pour leur fûreté & la confervation
de leurs meubles moyennant la vingtieme partie
des bleds ou du vin qu'ils recueillent, qu'ils font
obligés de lui donner. *Voyez* le Gloffaire du Droit
François, *verbo* Vingtieme, & *verbo* Vingtain.

VIOL, eft un raviffement d'honneur que l'on fait
à une fille ou à une femme, en lui arrachant par vio-

lence des faveurs que la vertu, la bienféance, & une pudeur naturelle ou politique refufent. Cette brutale & malheureufe concupifcence, qui détruit la raifon & porte l'homme à ravir l'honneur d'une fille ou d'une femme, eft un crime qui fait horreur, & qui a été avec raifon dans toutes les Nations jugé digne de mort, & même quelquefois accompagné de cruels tourmens.

Julius Capitolinus en la vie d'Opilius Macrinus, vingt-troifieme Empereur Romain, dit que cet Empereur punit févérement deux Soldats qui avoient violé une femme. Il les fit mettre chacun dans le ventre d'un bœuf, leurs corps étoient clos & coufu; la tête feule des coupables paffoit, afin qu'on pût les voir, les entendre parler & déplorer leur mifere, pendant qu'ils étoient rongés & dévorés par les vers que la pourriture des bœufs engendroit.

Ce crime eft capital, & quand il eft commis par un Eccléfiaftique, c'eft un cas privilégié. Ainfi par Arrêt rendu au Parlement de Touloufe le 27. Mars 1662. Un Curé accufé d'avoir voulu forcer une de fes paroiffiennes, & de lui avoir mis un mouchoir à la bouche, fut débouté de fa demande en renvoi pardevant le Juge d'Eglife. Albert, lettre C, art. 2.

Moins la fille violée eft âgée, plus celui qui l'a forcée eft criminel. Auffi le nommé Vital Bargoin, qui avoit forcé une fille qui n'avoit pas accompli fa quatrieme année, fut condamné à la roue par le Juge Mage de Valence, & ce Jugement fut confirmé au Parlement de Grenoble le dernier Août 1636. Voyez Chorier, Jurifprudence de Guy-Pape, page 270. Baffet, tome 1. liv. 6. pag. 130.

Ce que nous avons dit ci-deffus, que le viol eft un crime capital, ne fe doit entendre que quand il eft commis envers femme ou fille d'honneur qui n'ont rien fur leur compte. Ainfi la peine de mort ne pourroit être prononcée à l'encontre de celui qui auroit forcé une femme de mauvaife vie, quand même elle n'auroit commerce qu'avec un feul homme. Voyez Papon, livre 22. titre 8.

Au refte, une femme violée conçoit avec la même facilité, & auffi-tôt que fi elle y avoit donné fon confentement. Ainfi jugé au Parlement de Touloufe, fuivant un rapport de Médecins: *Qui retulerunt poffe quidem voluntatem cogi ; fed non naturam , quæ femel irritata jungi voluptate fervefcit , rationis & voluntatis fenfum amittens.* La Rocheflavin, liv. 3. lettre R, tit. 2. art. 1.

VIOLENCE, fignifie la force & la tyrannie dont on ufe envers quelqu'un, pour ufurper fon bien, ou pour lui faire faire quelque chofe contre fon gré.

Toute violence capable de jetter de la terreur dans une ame intrépide, eft un jufte fujet de fe faire reftituer contre les actes que l'on auroit été forcé de paffer contre fon gré, & uniquement par la crainte des maux dont on étoit menacé; comme la crainte de la mort, des chaînes & des prifons, & la crainte de la perte de tous fes biens.

Voyez Crainte ; car nous avons expliqué fous ce mot, de quelle maniere il faut fe pourvoir pour fe

faire reftituer contre les actes que la violence nous a fait paffer contre nôtre volonté.

A l'égard de la poffeffion dont on auroit été déjetté par violence, on peut fe pourvoir par complainte ou par réïntégrande, pour fe faire réïntégrer dans ladite poffeffion. Voyez Complainte. Voyez Réïntégrande.

On diftingue de deux fortes de violence ; favoir, la violence publique & la violence privée.

La violence publique eft celle qui bleffe le droit public, & qui fe commet avec armes. Voyez ce que j'ai dit ci-deffus, verbo Force publique. Chez les Romains, elle étoit punie de la déportation & de la confifcation de tous les biens, & quelquefois auffi de plus grande peine.

La violence privée eft celle qui bleffe le droit privé, & qui fe commet fans armes. Chez les Romains, elle étoit punie de la relégation & de la perte du tiers des biens.

Parmi nous, la violence publique eft punie de mort, & la privée de peine arbitraire, fuivant les circonftances.

Voyez ce que j'ai dit fur le §. 8. du dernier titre des Inftitutes.

VIRER LES PARTIES, eft une maniere de s'acquitter fans rien débourfer, en faifant une compenfation de ce qui eft dû par une perfonne à une autre. Ainfi quand un Marchand donne en payement à un autre un billet ou une lettre de change, on appelle cette opération virement, parce que l'on change de débiteur & de créancier.

Cette facilité de s'acquitter fans bourfe délier, fe pratique en plufieurs endroits, & particuliérement à Lyon pendant les payemens des quatre Foires. Voyez Confervateurs des priviléges des Foires de Lyon.

Par exemple, Jacques doit à Pierre mille écus; Pierre eft créancier de Paul, & Paul l'eft de Jacques. Après qu'entre eux ils font demeurés d'accord, Jacques rapporte fur fon livre le payement fait en ces termes : *Paul doit pour Pierre mille écus* ; moyennant quoi tous trois s'acquittent.

Cet exemple eft en trois perfonnes feulement ; mais le nombre en eft fouvent plus grand, & va quelquefois jufqu'à dix ou douze, ufant toujours de la même regle.

VIRILE. Voyez Portion virile.

VIRILITÉ, fignifie l'âge viril qui commence à vingt-cinq ans, & finit à cinquante, comme nous avons dit, verbo Age.

VISA, eft un acte qui confirme ou vérifie les Lettres fur lefquelles il intervient.

Les Juges mettent au bas des Lettres qui leur font adreffées, ou qu'on veut exécuter dans leur reffort, le vifa pour marquer la vérification d'icelles.

Il y a plufieurs Lettres de Commiffions qui ne peuvent être exécutées fur le vifa, ou Lettres de Tréforiers de France.

Monfieur le Chancelier écrit de fa main le vifa au bas des Edits & Lettres-Patentes, avant qu'on le fcelle.

VISER , fignifie mettre un *vifa* au bas d'un acte , après l'avoir examiné.

VISER LA FEUILLE , eft approuver ce que le Greffier a écrit fur la feuille où font rédigés les Jugemens rendus à l'Audience.

L'Ordonnance de 1667. en l'article 5. du titre 26. veut que celui qui a préfidé , voye à l'iffue de l'Audience , ou dans le même jour , ce que le Greffier a rédigé , & figne le plumitif , & paraphe chaque Sentence , Jugement ou Arrêt : ainfi qu'il eft prefcrit par l'article 5. de l'Ordonnance de 1667. *Voyez* fur cet article ce qu'a dit Bornier. Nous remarquerons feulement ici qu'un Greffier ne peut pas délivrer un Arrêt, qu'après que le Préfident aura figné la feuille.

Dans les Cours , on appelle *Plumitif* la feuille fur laquelle le Greffier écrit les Arrêts : d'où vient *vifer la feuille* ; parce que celui qui a préfidé , met *Vû* à chaque Arrêt. Dans les autres Jurifdictions ; on appelle cette feuille *Regiftre des Audiences*.

VISITE, eft l'examen de quelques ouvrages ou autre chofe , qui fe fait par des Experts en conféquence d'un Jugement qui l'ordonne.

Les Juges n'ordonnent de vifite , que lorfqu'il s'agit d'une queftion de fait , qui peut être éclaircie par le réfultat des perfonnes expérimentées dans la chofe ; comme quand il s'agit de fçavoir fi des ouvrages de maçonnerie , charpenterie , peinture , &c. ont été bien faits , ou fi des étoffes font bien façonnées , ou enfin quand il s'agit d'eftimer un dommage fouffert par un délit , ou quafi-délit.

Pofons , par exemple , que j'aie commandé à un Menufier un ouvrage de deux cens livres , & que je prétende que l'ouvrage qu'il a fait eft défectueux , il faut que le Juge avant faire droit aux Parties , ordonne que l'ouvrage en queftion fera vû & vifité par experts & gens à ce connoiffans , dont les Parties doivent convenir.

Les Jugemens qui ordonnent des vifites , doivent faire mention des faits fur lefquels les Experts doivent faire leur rapport, du Juge devant lequel les Parties doivent comparoître pour nommer des Experts , & du délai qu'on leur donne pour cela.

En cas d'abfence de l'une des Parties , le Juge nomme d'office un Expert pour le defaillant ; comme il eft dit en l'article 8. du titre 21. de l'Ordonnance de 1667.

Avant que les Experts procedent à la vifite , le Juge leur marque le jour & l'heure pour comparoître devant lui , & faire le ferment ; ce qu'ils feront tenus de faire fur la premiere affignation ; & dans le même tems fera mis entre leurs mains le Jugement qui aura ordonné la vifite : après quoi, ils y vaqueront inceffamment.

Suivant l'article 185. de la Coutume de Paris , ils doivent , en procédant à la vifite , faire rédiger & même figner leur rapport fur le lieu.

La vifite achevée , ils donnent leur rapport en minute au Commiffaire , pour être attaché à fon procès-verbal , & tranfcrit dans la groffe en même cahier ; comme il eft dit en l'article 12. du tit. 21. de l'Ordonnance de 1667.

Il faut excepter les rapports qui fe font à Paris , où il y a des Greffiers appellés Clercs de l'Ecritoire , qui font commis pour rédiger tous procès-verbaux de vifite , prifée , eftimation , &c. qui en gardent des minutes , & en délivrent des groffes aux Parties. *Voyez* Experts , rapport d'Experts , Vacations d'Experts.

VISITE EN MATIERE CRIMINELLE , eft celle que le Juge ordonne être faite par des Chirurgiens, en cas de bleffures , en conféquence de la Requête qui lui eft préfentée à cet effet par celui qui a été bleffé , à l'effet de lui adjuger une provifion fur le rapport qui fera fait par les Chirurgiens nommés par le Juge. *Voyez* Provifion en matiere criminelle.

VISITE POUR RAISON D'IMPUISSANCE , eft la preuve ordinaire dont l'Eglife s'eft toujours fervie pour vérifier l'impuiffance du mari , pour raifon de laquelle fa femme prétend faire déclarer nul fon mariage. S'il a été un tems où le congrés a été en ufage , il n'étoit fondé ni fur les Loix , ni fur les Canons ; au contraire , le congrés renverfe l'ordre ancien qu'ils avoient établi pour éclaircir la vérité dans ces occafions. Enfin comme c'étoit un abus plutôt qu'un ufage ; c'eft avec raifon qu'il a été défendu par Arrêt du Parlement de Paris du 18. Février 1667. dont nous avons parlé *verbo* Congrés.

A l'égard de la vifite dont nous parlons ici , il eft vrai que tous les Peres de l'Eglife blâment fort cet ufage , comme honteux & fujet à de grandes erreurs ; mais ils conviennent qu'on peut y avoir recours dans une néceffité abfolue.

Voyez Impuiffance.

VISITE DES EGLISES , doit être faite par les Evêques & Archevêques , & par les Archidiacres, pour raifon de quoi il leur eft dû un droit qui eft appellé *Procuratio*. Je me réferve à traiter cette matiere dans le Dictionnaire de Droit canonique , que je dois mettre fous preffe dans peu.

VITRIC , eft un mot qui n'eft guéres ufité en notre langue. Il vient du mot latin *Vitricus* , qui fignifie le fecond mari de ma mere , qui eft mon beau-pere.

ULTRAMONTAINS , font ceux qui demeurent *ultra montes* , pour défigner les habitans des terres fujettes à la domination du Pape.

U N

UNDE VIR ET UXOR. *Voyez* Succeffion , *unde vir & uxor*.

UNION. On appelle contrat d'union , un contrat qui fe fait entre les créanciers d'un homme obéré de dettes , par lequel ils s'uniffent pour agir de concert , à l'effet de parvenir au recouvrement de leur dû , & d'empêcher que les biens de leur débiteur ne fe confomment en frais par la multiplicité & contrariété des procédures.

Par ce même contrat , les créanciers nomment des Directeurs auxquels ils donnent pouvoir de faire toutes pourfuites & diligences néceffaires pour la confervation de leurs droits , & pour leur intérêt commun ; confentant que tout ce qui aura été fait par ces Directeurs , ait fon plein & entier effet & vaille comme s'il avoit été faits par tous les créanciers du débiteur. Par ce même contrat , les créanciers confentent qu'il foit procédé à une vente volontaire des biens de leur débiteur.

Les créanciers ne peuvent point faire de contrat d'union , lorfque le Roi y a intérêt , & qu'il eft créancier du débiteur ; il faut alors procéder toujours à une vente forcée & judiciaire de fes effets.

L'homologation des contrats d'union ne fe peut point faire à Paris par devant les Juge & Confuls ; il faut qu'elle fe faffe au Châtelet , ou autre Jurifdiction. Ainfi jugé par Arrêt du 27. Mars 1702.

U N I R. *Voyez* Réunir.

UNIVERSALITÉ DE MEUBLES , eft le droit qu'on y a pour le tout , ou pour une portion par quotité ; car une portion de quotité fait un tout & une universalité.

Tous les meubles d'un défunt appartiennent à titre univerfel à celui ou à ceux qui font fes héritiers mobiliers.

Celui qui fuccede à l'universalité des meubles d'un défunt, eft à cet égard héritier d'un patrimoine particulier , & eft comme le tenu des dettes, *pro rata emolumenti* , avec les héritiers des propres.

Une donation de l'universalité des meubles , eft fujette à infinuation ; mais la donation des meubles particuliers n'y eft pas fujette.

La complainte n'a lieu en chofe mobiliaire particuliere , mais bien pour universalité de meubles , comme en fucceffion mobiliaire. Art. 97. de la Coutume de Paris.

U N I V E R S I T É , eft un corps compofé de plufieurs Compagnies ; c'eft pourquoi l'on appelle de ce nom les Corps qui font compofés de plufieurs facultés. Ainfi les Univerfités font les Séminaires où l'on éleve la jeuneffe , pour en former des Miniftres capables de gouverner l'Eglife & l'Etat & d'adminiftrer la Juftice.

Les Univerfités ont des Profeffeurs qui enfeignent les fciences dont ils font profeffion , & donnent des certificats d'études & des degrés.

Il y a vingt-quatre Univerfités en France ; & plufieurs , comme celle de Paris , font compofées des quatre Facultés ; fçavoir , de celle de Théologie , de celle de Droit , de celle de Médecine , & de celle des Arts.

Il y a d'autres Univerfités qui ne font établies que pour enfeigner quelques-unes de ces fciences.

Celle de Paris eft une des premieres & des plus illuftres ; auffi nos Rois ont-ils coutume de l'appeller leur fille aînée.

Son Chef eft appellé Recteur , qui préfide au Tribunal de l'Univerfité ; & il a pour Confeillers les Doyens de trois Facultés fupérieures , & les quatre Procureurs des quatre Nations qui compofent la Faculté des Arts. Le Procureur-Syndic y affifte comme Partie publique , avec le Greffier & le Receveur.

Ce Tribunal fe tient chez le Recteur le premier Samedi de chaque mois. L'appel des Sentences

qui s'y rendent , fe releve au Parlement.

Dans les affaires que peut avoir l'Univerfité en Corps , elle a fes caufes commifes en premiere inftance à la Grand' Chambre.

Les Particuliers du Corps qui font en exercice , ou qui ont acquis la qualité de Vétérans , ont leurs caufes commifes par devant le Prévôt de Paris , comme Juges - Confervateurs des Priviléges royaux de l'Univerfité. *Voyez* Lettres de gardesgardiennes.

Il faut remarquer , 1º. Que les Univerfités & Ecoles publiques ne peuvent être établies en France fans l'autorité & le confentement du Roi. Preuves des libertés , tome 2. chapitre 37.

IIº. Qu'une Univerfité eft un Corps mixte , & par conféquent le droit de patronage qui lui appartient eft mixte. *Cùm enim Academiæ , Univerfitates , ex Collegiis ecclefiafticis & laïcis conftent , mixta funt corpora , proinde eorum bona.*

V O

VOCAL. En matiere d'élection ou de délibération, on appelle vocaux ceux qui ont droit de donner leur voix & leur fuffrage.

V Œ U , eft une promeffe faite à Dieu d'une bonne œuvre , à laquelle on n'eft point obligé, comme d'un jeûne , d'une aumône , d'un pelerinage. Il eft libre de ne pas faire de vœux ; mais quand on les a faits , on eft tenu de les exécuter. Ainfi ce qui n'étoit dans fon principe qu'un pur effet de la volonté , devient en conféquence de cette promeffe faite à Dieu , un engagement irrévocable , à moins qu'il n'y en ait une difpenfe accordée par le Supérieur.

Les vœux font fimples ou folemnels. Le vœu fimple eft celui qui fe fait en particulier & fans aucune folemnité. Le vœu folemnel eft celui qu'on fait en recevant les Ordres facrés , ou en faifant profeffion dans un Monaftere approuvé par l'Eglife & par le Souverain.

Je traiterai cette matiere plus amplement dans mon Dictionnaire de Droit canonique.

V O I E , fignifie chemin , paffage. Il y en a de deux fortes ; favoir , les voies publiques qui appartiennent au Public , & les voies particulieres qui font des droits qui appartiennent à des Particuliers à titre de fervitude. *Voyez* ce que j'en ai dit au titre 3. du livre 2. des Inftitutes.

V O I E S DE FAIT , font défendues , quand même celui qui s'en ferviroit pourroit avoir raifon ; parce qu'il n'eft pas permis à qui que ce foit de fe faire juftice.

Il eft loifible à tous les habitans du Royaume d'agir par les voyes de droit , & de demander juftice ; mais il n'eft permis à perfonne de fe la faire.

Le Roi même la demande par fes Procureurs ; il préfente des Requêtes , donne des affignations ; ce qui marque qu'il n'eft permis à perfonne de fe la rendre , quand même il auroit titre , & qu'il feroit fondé en droit & en raifon. D'ailleurs , s'il étoit permis de fe faire juftice , on feroit tous les jours aux épées & aux couteaux les uns contre les autres.

Les duels comme étant très-préjudiciables à l'Etat , ont été défendus par Saint Louis & par ses Succeſſeurs. Mais Louis XIV. en les défendant , a par ſon Edit du mois de Juin 1643. fourni aux perſonnes de qualité un moyen de ſe venger des inſultes qui leur ſeront faites , ſans haſarder leur propre·vie , comme elles faiſoient auparavant : & ce grand Roi a auſſi par ce moyen ôté toute occaſion aux voies de fait.

Voici les neuf premiers articles de cet Edit, qui ont été faits à ce ſujet.

» Article I°. Que ceux qui s'eſtimeront offenſés » en leur réputation , ſeront tenus d'en porter leur » plainte à ſa perſonne ou à Meſſieurs les Maré » chaux de France , afin que l'injure qu'ils auront » reçue ſoit réparée de telle ſorte , qu'ils en » ſoient pleinement ſatisfaits en leur honneur.

» II°. Que ceux qui ſeront demeurans dans les » Provinces , s'adreſſeront aux Gouverneurs & » Lieutenans généraux de Sa Majeſté , qui déci » deront auſſi-tôt les différens , ſi faire ſe peut ; ſi » non en avertiront Sa Majeſté , pour enſuite fai » re exécuter ſes Ordres & Commandemens ſur » ce ſujet.

III°. Que celui qui aura offenſé , ſera tenu de » comparoir lorſqu'il lui aura été crdonné ; & à » faute de ce faire , après que le commandement » lui en aura été ſignifié par deux fois à ſa perſonne » ou à ſon domicile , avec la plainte de l'offenſé , il » ſera ajourné à trois briefs jours ; & ne paroiſſant » point , il ſera ſuſpendu de ſon honneur , déclaré » incapable de porter les armes , & renvoyé aux » Cours de Parlement, pour être puni comme ré » fractaires aux Ordonnances.

» IV°. Il eſt enjoint aux Maréchaux de France , » que ſur l'avis qu'ils auront des différens ſurve » nus entre perſonnes qui font profeſſion des ar » mes , ils mandent aux Parties de comparoir de » vant eux , leur faiſant défenſes d'en venir au » combat ; & enſuite en connoiſſance de cauſe , » ils ordonnent une ſatisfaction ſi avantageuſe à » l'offenſé , qu'il ait ſujet d'en demeurer content » & ſatisfait.

» V°. Que ſi l'injure eſt jugée par leſdits Sieurs » Maréchaux , toucher à l'honneur de l'offenſé , » l'offenſant ſoit privé pour ſix ans de ſes Charges , » Offices & Penſions , ſans y pouvoir être retabli » qu'après ce tems , & après avoir ſatisfait à la » maniere qu'il a été ordonné.

» VI°. Que ſi l'offenſant n'a ni charge ni penſion , » il ſoit privé pendant ſix ans du tiers de ſon reve » nu , & ce tiers appliqué à l'Hôpital royal ; & s'il » n'a point de revenu , il tienne priſon deux ans » entiers.

» VII°. Qu'en cas que les offenſans refuſent de » ſubir les Jugemens deſd. Srs. Maréchaux de Fran » ce , auſquels eſt attribué l'autorité de juger & » décider abſolument tous différends concernant » le point d'honneur : ils faſſent arrêter par leurs » Prévôts, & retenir en priſon les refractaires , juſ » qu'à ce qu'ils ayent ſatisfait & obéi ; & outre ces » peines , pourront encore être condamnés en des » amendes , déclarés déchus des priviléges de no » bleſſe , & impoſés en la taille comme roturiers.

» VIII°. Que les offenſés ou prétendans l'être , » qui ne voudront s'adreſſer auſdits Sieurs Maré » chaux de France , ou aux Gouverneurs des Pro » vinces , & appelleront au combat ceux par qui » ils croyent avoir été offenſés , ſeront déchus de » pouvoir jamais obtenir la réparation de l'of » fenſe qu'ils prétendent avoir reçue ; ſeront pri » vés de toutes les Charges , Offices , Penſions & » autres graces qu'ils tiendront de Sa Majeſté , ſans » eſpérance de les recouvrer jamais ; ſeront bannis » pour trois ans hors du Royaume , & la moitié » de leurs biens confiſqués , & les Châteaux & » Maiſons ſeigneuriales qu'ils poſſedent , raſées , » & les foſſés comblés.

» IX°. Que ceux qui ſeront appellés en duel, en » donneront avis à Sa Majeſté , auſd. Sieurs Ma » réchaux de France , ou aux gouverneurs des » Provinces ; au moyen de quoi toutes les Char » ges , Offices & Penſions des appellans , leur ſont » adjugés ; Sa Majeſté déclarant qu'elle tiendra » toujours le refus de ſe battre , pour preuve cer » taine d'une valeur bien conduite , & digne des » emplois , aux plus honorables & plus impor » tantes Charges dans les guerres.

Il faut joindre à tout ceci ce que j'ai dit, *verbo* Point d'honneur.

VOIRIE , ſignifie une place à la campagne , qu'un Seigneur qui a le droit de voirie eſt obligé de donner au Public, pour y porter les immondices qui ſe trouvent dans l'étendue de la Seigneurie.

VOISINS , ſont ceux qui habitent en des lieux proches les uns des autres. On le dit auſſi des lieux & des héritages qui ſe joignent.

La raiſon naturelle nous inſpire de ne rien faire qui puiſſe nuire à nos voiſins. *Itaque artem exercere etiam in domo propria , ſatore cujus vicini circumveniantur , non licet , ut ait Franc. Marc. tom. 1. quæſt. 23. & tom. 2. quæſt. 483.*

Les Boulangers ne peuvent pas ſe ſervir dans leurs maiſons de moulins à bluter farine , à cauſe de l'incommodité qu'en recevroient ſes voiſins. Soefve , tom. 1. cent. 4. chap. 42.

Par Arrêt du Parlement de Paris de l'année 1605. il fut enjoint à un Maréchal demeurant rue de Jouy , qui incommodoit ſes voiſins , & empêchoit la voie publique , de contenir ſes ſerviteurs en toute modeſtie , à peine de 60. liv. pariſis, & de punition corporelle , s'il y écheoit. Corbin , Suite de Patronage , chap. 198.

Les Forgerons & Maréchaux ferrans peuvent être contraints de régler les heures de leur travail de jour & de nuit ; & les propriétaires des maiſons voiſines peuvent demander qu'ils ne puiſſent faire bâtir des fourneaux qu'au milieu de leurs boutiques , ſans les appuyer aux murs mitoyens. *Voyez* un Arrêt du Parlement de Provence du 30. Janvier 1670. rapporté par Boniface , tome 1. de la ſuite de ſes Arrêts , liv. 4. tit. 18. chap. 1.

Touchant les engagemens reciproques de ceux qui ſont propriétaires ou poſſeſſeurs des héritages qui ſe joignent , *voyez* ce que j'en ai dit ci-deſſus , *verbo* Arbres ; & ce qui en eſt dit dans les Loix civiles , liv. 2. tit. 6.

VOITURIERS PAR TERRE ET PAR EAU, font, de même que les Cabaretiers & Hôteliers, refponfables de ceux du miniftere de qui ils fe fervent, ou qu'ils reçoivent chez eux pour y demeurer, ou qu'il y a de leur faute de garder chez eux des gens pour y demeurer ou pour y fervir, fans connoître leurs mœurs, comme il eft porté dans le titre du Digefte : *Nautæ, Caupones, Stabularii, ut recepta reftituant.* Ainfi ils font abfolument refponfables de toutes les pertes de hardes & de marchandifes qui fe font chez eux, à moins qu'elles ne foient arrivées par cas fortuit, ou par des paffans.

Les Meffagers & Voituriers ne font donc pas refponfables des vols qui leur auroient été faits fur les chemins, pourvû qu'ils euffent été faits de jours & entre deux foleils, fuivant les Reglemens qui ont été faits fur ce fujet.

Les Cochers & Meffagers ne font pas tenu de la perte qui arrivent par les chemins de l'argent dont ils font porteurs, s'ils ne font chargés par leurs Regiftres, & qu'il ne leur ait été baillé par compte. Auffi le titre *Nautæ, Caupones, Stabularii, ut recepta reftituant*, montre qu'ils ne font tenus que *ex recepto.* D'ailleurs, il y a un Réglement particulier qui porte, que les Cochers & Meffagers auront pour livre de l'argent qu'ils portent d'un lieu à un autre, tant de fols, & qu'ils feront refponfables de la perte qui en arrivera, en étant chargés par leurs Regiftres : d'où il refulte à *contrario* qu'ils n'en font point tenus, s'ils n'en ont été chargés, payés au droit attribué pour le port.

Il y a dans le Journal des audiences un Arrêt du Parlement de Paris, rendu le 5. Janvier 1627. qui l'a jugé ainfi.

Par autre Arrêt du 30. Mai 1656. rapporté dans le même Journal, il a été jugé qu'un Voiturier par eau eft obligé de repréfenter les ballots & bahuts qui lui ont été baillés à porter, bien qu'il n'en fût chargé par aucun Regiftre, & qu'il n'eût accoutumé d'en avoir ; & qu'en ce cas la preuve par témoins auroit lieu, même pour fomme excédant cent livres, attendu qu'il s'agit ici d'un maléfice. Le même Arrêt enjoint à ce Voiturier d'avoir bon & fidéle regiftre. *Voyez* ce que j'ai dit des Voituriers dans ma Traduction des Inftitutes, fur le paragraphe dernier du premier titre du quatrieme Livre, où j'ai marqué en quoi notre Jurifprudence différe à cet égard de celle qui avoit été introduite par le Droit Romain.

VOIX en fait d'affaire qui fe décident par les Compagnies, fignifie fuffrage.

Les affaires qui fe doivent terminer par le nombre des fuffrages, fe décident à la pluralité des voix, & une feule de plus fuffit pour l'emporter fur l'autre.

Dans plufieurs Compagnies, celui qui préfide n'a pas la liberté de prendre tel parti qu'il veut, dès qu'il y a une voix de plus d'un côté que d'un autre. Quand fon tour vient d'opiner, il faut qu'il fe joigne au plus grand nombre, & conclue pour : de forte qu'il ne lui eft pas loifible de fe ranger de l'autre côté, & par ce moyen partager les fuffrages,

ou conclure pour le parti pour lequel il eft.

Dans d'autres Compagnies, celui qui préfide n'eft pas obligé de conclure à la pluralité ; il peut, en donnant fon fuffrage pour le moindre nombre, caufer l'égalité de part & d'autre ; & en cas de partage, avoir la voix conclufive & prépondérante.

Les jeunes Officiers qui font reçus par difpenfes d'âge, n'ont point de voix délibérative, fi ce n'eft dans les affaires qu'ils rapportent.

Cela leur a été permis par la Déclaration du 20. Mai 1713. qui eft dans le fecond tome des nouveaux Reglemens pour l'adminiftration de la Juftice.

Cela leur a été accordé afin de les accoutumer de bonne heure au travail, & les empêcher de fe diffiper en les mettant dans la néceffité d'examiner & de difcuter tout un procès pour en rendre compte ; & comme ils ont tout le temps qu'ils jugent à propos pour refléchir au rapport qu'ils en doivent faire, il n'y a pas lieu de craindre qu'ils y donnent leurs fuffrages legerement & au hazard, comme on pourroit l'appréhender dans les affaires dont ils ne feroient pas rapporteurs, & où il faudroit qu'ils opinaffent fur le champ.

VOIX DELIBERATIVE. Avoir voix délibérative dans une affemblée, fe dit de ceux qui ont droit d'y dire leur avis, lequel eft compté parmi les fuffrages.

VOIX DE CEUX QUI SONT PARENS. Dans les Cours & Jurifdictions, quand les parens ont été admis par difpenfe aux Charges de Judicature, leurs voix ne font comptées que pour une, fi ce n'eft qu'ils fe trouvent de différens avis.

Voyez ci-deffus Parenté en fait de Charge de Judicature.

VOIX MI-PARTIES. *Voyez* Partage d'opinions.

VOIX ACTIVE, fe dit dans les élections de celui qui a droit d'élire ; & on dit qu'un homme a voix active & paffive lorfqu'il a droit de donner fa voix pour l'élection, & qu'il peut être élu.

VOIX DU PEUPLE, n'eft pas fufpecte, & les Juges y doivent avoir égard, quand elle n'eft pas fufcitée par une cabale : & qu'elle eft confondue avec celle des honnêtes gens ; ce font-là les deux points qui la font appeller voix divine. *Vox populi, vox Dei eft. Voyez* Commune renommée.

VOL, eft un larcin qui eft fait avec violence : néanmoins vol & larcin fe prennent quelquefois indifféremment pour toute forte de larcin.

Ceux qui font convaincus de larcin ou vol fait clandeftinement & fans violence, non qualifié, c'eft-à-dire non accompagné de circonftances aggravantes, doivent être punis pour la première fois du fouet.

Ceux qui font derechef convaincus de vol, après avoir été repris de Juftice par raifon de larcin non qualifié, doivent être pendus, quand même la chofe volée feroit de peu de valeur.

Cependant on ne les condamne ordinairement qu'au fouet & à la fleur de lis, qu'on ne leur applique que fur les épaules. Auffi le mal n'eft pas plutôt paſſé , qu'ils ſont auſſi effrontés qu'aupara-vant. *Voyez* ce que j'ai dit ſur le titre 2. du qua-trieme livre des Inſtitutes.

VOL. QUALIFIÉ , eſt celui qui eſt accompagné des circonſtances qui en augmentent l'énormité , & par conſéquent la peine.

Les circonſtances ſe tirent du lieu où le vol eſt fait , ou de la qualité de la choſe volée , ou de la qualité de celui qui l'a commis , ou enfin par rap-port à la maniere dont il eſt fait.

VOL QUALIFIÉ PAR RAPPORT AU LIEU OU IL EST COMMIS, eſt celui qui eſt commis dans les Egliſes , dans les Maiſons royales, & dans les Cours & Juriſdictions pendant le temps de l'Au-dience.

A l'égard du vol commis dans les Egliſes, il doit être puni de mort, à cauſe qu'il eſt accom-pagné de ſacrilége ; car c'en eſt un que de violer un lieu ſi reſpectable.

Les auteurs coupables & complices de vols & du larcin commis dans les Maiſons royales, doivent être punis de mort. *Voyez* la Déclaration du 15. Janvier 1677. & celle du 11. Septembre 1706.

La peine de mort doit être pareillement encou-rue par tous ceux qui ſont convaincus d'avoir volé dans quelque Auditoire , dans le temps que la Juſ-tice s'y rendoit.

Cependant cette peine eſt quelquefois modifiée. Ainſi par Arrêt du 29. Août 1733. un malheureux ayant été ſurpris volant un mouchoir dans la Grand'Chambre du Parlement de Paris , l'Au-dience tenant , n'a été condamné qu'à faire amende honorable , à être marqué de trois lettres G. A. L. & aux Galeres pour trois ans.

VOL qualifié par rapport à la qualité des choſes volées , eſt celui qui eſt fait de choſes , à la conſervation deſquelles le public eſt inté-reſſé.

Telles ſont , Iº. les ornemens des Egliſes , & les choſes qui ſervent au Service divin. Ceux qui ſont convaincus de les avoir volées , doivent être con-damnés d'être pendus. A l'égard des Calices & des Vaſes ſacrés , ceux qui ſont aſſez téméraires & aſſez impies pour les voler doivent être condam-nés à faire amende honorable devant la porte de l'Egliſe dont ils auront dérobé les Vaſes ſacrés , & y avoir le poing coupé , & enſuite être pendus, & leur corps jettés au feu ; à moins que l'atrocité de leur crime ne méritât d'être punie de plus grande peine ; c'eſt-à-dire d'être brulés vifs.

IIº. Les charues, ſocs, harnois, herſes, draps au lavoir , linges au ſoleil , chevaux & beſtiaux qui ſont au pâturage dans un pré ſous la foi publique , qui ſont choſes à la garde deſquelles on ne peut pas continuellement veiller, ſont cenſées être ſous la protection de la Juſtice. Ce vol eſt facile à faire ; mais il doit être puni grievement, ſuivant la valeur de la choſe volée , & les circonſtances.

Il y a encore un vol qui eſt qualifié par rapport à la qualité des choſes volées , & qui, quoiqu'il dût être puni très-grievement, demeure le plus ſouvent impuni. Ce vol appellé peculat, eſt celui qui ſe fait des Finances qui appartiennent au Prince , ou qui ſe levent ſur le public. Ceux qui commettent ce crime avec adreſſe s'enrichiſ-ſent impunement aux dépens du pauvre peuple. C'eſt ce qui a fait dire à Caton : *Privatarum rerum fures in compedibus vitam agunt , publi-carum autem in auro & purpura conſpicui palam incedunt magno cum apparatu.* Comme la peine de ce crime ne s'étend pas toujours au dernier ſupplice , il faut voir Papon , livre 22. titre 2. où il l'explique doctement, & fait voir la différence des peines que l'on fait ſouffrir à ceux qui en ſont convaincus , & ſe ſert pour cette différence de belles autorités du Droit. *Voyez* Peculat.

VOL qualifié par rapport à la qualité de celui qui le commet, eſt celui qui eſt fait par un domeſtique à ſon Maître.

Ce crime doit être d'autant plus ſéverement pu-ni , qu'il eſt difficile de l'empêcher & de ſe précau-tionner contre ; attendu que la vie & les biens des Maîtres ſont néceſſairement confiés aux domeſ-tiques.

Auſſi tout vol fait par un domeſtique à ſon Maî-tre , doit être punis de mort quand même la choſe volée ſeroit peu conſidérable ; car tout ce qui appartient au Maître , eſt pour ainſi dire ſacré par rapport à ſes domeſtiques, qui ſont obligés de veiller à la conſervation de ſa perſonne & de ſes biens.

VOL qualifié par rapport à la maniere dont il eſt commis , eſt celui qui eſt fait par force & par violence ou avec effraction.

Ceux qui ſont convaincus d'avoir volé par force & par violence ſur les grands chemins en cam-pagne ou dans la Ville, de nuit ou de jour , ſont condamnés à être rompus vifs ; & à plus forte rai-ſon quand ils ont joint le meurtre au vol.

Ceux qui ſont convaincus d'être entrés dans les maiſons & d'y avoir volé avec effraction, ou par le moyen des roſſignols ou de fauſſes clefs doivent être condamnés d'être pendus.

Cela s'obſerve pareillement à l'égard de ceux qui ſans effraction ſont entrés dans une maiſon à main armée pour voler quelqu'un en l'intimidant & menaçant de lui ôter la vie, quand même le vol n'auroit pas été entiérement conſommé , ſoit par l'arrivée de perſonnes qui ſeroient ſurvenues , ou autrement.

VOL DU CHAPON eſt un arpent de terre que le fils aîné prend avec le principal manoir ou hôtel noble , par préciput & avantage pour ſon droit d'aîneſſe.

Cet arpent eſt appellé dans l'article 8. de l'an-cienne Coutume de Paris , vol du chapon , comme qui diroit autant de terre qu'un chapon en pour-roit parcourir en volant.

Il eſt néanmoins eſtimé différemment ſuivant les lieux , comme l'a remarqué Ragueau , *verbo* Vol du chapon.

VOLET , eſt un petit colombier bourgeois & domeſtique, où l'on nourrit des pigeons, qui n'a qu'une petite ouverture , qu'on ferme avec un ais.

Il n'eſt permis qu'aux Seigneurs d'avoir des co-lombiers à pied. Mais on ſouffre qu'un Bourgeo

ait un volet, fi ce n'eft dans les Coutumes qui défendent toutes fortes de colombiers. *Voyez* ci-deffus Colombier.

VOYAGE, eft un droit accordé à la Partie,
qui a affirmé en perfonne au Greffe de la Jurifdiction
où le procès eft pendant, être venu exprès pour charger un Procureur de fon affaire, foit pour apporter
l'exploit ou pour produire, foit pour faire juger.

Les voyages pour charger Procureur ne fe taxent que pour homme de cheval, à raifon de 3. livres 15. fols; & pour faire juger ils fe taxent fuivant la qualité des perfonnes, à l'exception des
Princes, Ducs & Pairs, Maréchaux de France,
quand il s'agit de leurs droits hors Paris, lefquels
ne font taxés que pour un Ecuyer feulement, à
raifon de 7. liv. 10. fols par jour.

Dans les Parlemens & autres Jurifdictions, il
n'y a de féjour, mais feulement un jour par dix
lieues pour venir, & pareil délai pour retourner.
Quand le voyage eft affirmé pour charger un Procureur, il n'y a qu'un jour de féjour; pour produire, trois; & pour faire juger, quatre.

Si le procès eft jugé de grands Commiffaires, il
y en a outre les quatre, encore deux pour chaque
vacation.

Il ne peut y avoir dans une inftance plus de trois
voyages, à moins qu'il n'y ait des demandes principales jointes; auquel cas eft taxé un fecond voyage pour produire, lorfqu'il y a une diftance de fix
mois du premier produit.

L'on donne un voyage d'homme de cheval pour
faire faire les criées, pour retirer & faire certifier
dans l'ordre qui fe fait en conféquence des deniers
provenans de l'adjudication.

Il n'eft taxé qu'un feul voyage d'homme de cheval au pourfuivant, pour produire, & pour faire
juger fuivant fa qualité, fans qu'il puiffe prétendre de féjour que pour dix vacations, outre les
quatre jours ordinaires, quelque nombre qu'il y
en ait.

En matiere criminelle, il y a pareillement
voyage d'homme de cheval pour faire informer &
décreter, pour l'interrogatoire, pour la confrontation avec le féjour tant qu'elle aura duré. Outre
les quatre jours de féjour aux crimes capitaux où
la partie eft préfente, le voyage eft taxé fuivant la
qualité, de même que pour faire juger, fans qu'il
en puiffe être taxé pour donner conclufions civiles,
ou défenfes, & produire.

L'accufé a les mêmes voyages, lorfque l'accufateur eft condamné aux dépens.

Les voyages & féjours ne pourront être employés ni taxés, s'ils n'ont été véritablement faits,
& dûs être faits, & que celui qui en demandera
la taxe, ne faffe apparoir d'un acte fait au Greffe
de la Jurifdiction en laquelle le procès fera pendant, lequel contiendra fon affirmation qu'il a
fait exprès le voyage pour le fait du procès, &
que l'acte n'ait été fignifié au Procureur de la Partie
auffi-tôt qu'il aura été paffé, & le féjour ne pourra
être compté que du jour de la fignification; comme
il eft dit en l'article 14. du tit. 31. de l'Ordonnance
de 1667.

Dans les Parlemens & Jurifdictions où le féjour
ne fe taxe point, mais feulement un voyage quand
il eft affirmé; ce voyage fe taxe à raifon de dix liv.
par jour pour venir, & pareil délai pour retourner;
& pour apporter les plaids un jour de féjour; &
pour produire, trois jours.

Ces deux premiers voyages fe taxent comme
homme de cheval, c'eft-à-dire, trois livres quinze
fols par jour, fans diftinction de qualité des perfonnes; excepté aux Artifans des Villes où il n'y a
point de Jurande, auxquels n'eft taxé que voyage
d'homme de pied, à raifon de trente fols par jour.

On donne un troifieme voyage pour faire juger,
qui fe taxe fuivant la qualité des perfonnes, & qui
eft de quatre jours de féjour.

Si le procès eft vû de grands Commiffaires, fera
ajouté deux jours de féjour pour chaque vacation;
& aux caufes plaidées pendant plufieurs Audiences, fera pareillement ajouté aux quatre jours de
féjour deux jours pour chaque Audience.

Arrêt du Parlement du 10. Avril 1691. *portant
Réglement général fur les voyages & féjours.* Vû
par la Cour l'Arrêt d'icelle en forme de Réglement du 26. Août 1665. conclufions du Procureur général du Roi: oui le rapport de Me. Etienne Daurat, Confeiller, la matiere mife en délibération. Ladite Cour a ordonné & ordonne, que les
voyages & féjours ne feront taxés, s'ils n'ont été
véritablement faits & dûs être faits, & s'ils n'ont
été affirmés par un acte au Greffe de la Jurifdiction où le procès eft pendant; que les femmes pourront venir pour la pourfuite des affaires de leurs
maris, les enfans pour leurs peres & meres, & les
gendres pour leurs beaux peres & leurs belles-me-
res, fans qu'ils ayent befoin de procuration, en
faifant leur affirmation au Greffe; ainfi que le mari le pourra faire dans le procès où la femme fera
feule Partie; que les enfans ne pourront être envoyés, ni faire leur affirmation pour leurs pere
mere & leurs ayeuls, s'ils ne font au-deffus de l'âge
de vingt ans; que quoique les affirmations foient
faites par les enfans ayant l'âge au-deffus de vingt
ans, leurs voyages ne feront taxés que de leur
qualité perfonnelle, fans néanmoins qu'ils puiffent être taxés à une fomme plus forte que celle
qui feroit accordée à la perfonne qui les envoye,
même à la femme qui viendra pour fon mari, ou
au gendre qui viendra pour fon beau-pere ou fa
belle-mere; que pour les voyages & féjours d'un
autre envoyé, de quelque qualité qu'il foit, ne fera
taxé que pour homme de cheval; qu'il ne fera taxé
auxdits envoyés, aucuns voyages, fi la procuration n'a été par eux acceptée lors de la paffation
d'icelle; que fi la Partie, ou celui qui fera chargé
de fa procuration, font en même temps plufieurs
affirmations pour différentes affaires, leurs voyages & féjours ne feront taxés que pour moitié,
quand il fe trouvera en même temps deux affirmations, & à proportion quand il y en aura un
plus grand nombre; lefquels voyages feront réglés
à dix lieues par jour, & fe taxeront ainfi qu'il enfuit; fçavoir:

A un Cardinal, vingt livres.

A

A un Archevêque , quinze livres.

A un Evêque , dix livres.

A un Abbé , fept livres dix fols.

Aux Prieurs , Doyens , Prévôts & Archidiacres des Eglifes Cathédrales , fix livres.

Aux Chanoines & aux Curés , cinq livres.

Aux Prêtres & Religieux qui viendront par Acte capitulaire , trois livres quinze fols.

Que les voyages ne feront taxés aux Princes , Ducs & Pairs, Maréchaux de France, quand il s'agit de leurs droits hors de Paris, pour charger un Procureur & produire , que pour un homme de cheval ; & pour faire juger que pour un Ecuyer feulement.

Aux chevaliers des deux Ordres du Roi , douze livres dix fols.

Aux Marquis & Comtes , dix livres.

Aux Barons , neuf livres.

Au Chevalier & à l'Ecuyer fans autre titre , fept livres dix fols.

Aux Officiers du Roi & des Maifons royales , fuivant leurs qualités.

Aux Gardes du Corps , Gendarmes , Moufque-taires , Chevaux-Légers , pendant le temps de leur exercice , fera taxé du lieu de la Cornette , en fai-fant le voyage avec congé , fept livres dix fols.

Quand ils ne feront à la Cornette , ou qu'ils fe-ront véterans , il leur fera taxé de leur domicile , même fomme.

Au Prévôt des Maréchaux , fept livres dix fols.

Au Lieutenant , fix livres.

Au Greffier , trois livres quinze fols.

Aux Lieutenans des Siéges particuliers , Affef-feurs , Avocats & Procureurs du Roi efdits Siéges, fix livres.

Au Grand Maître des eaux & Forêts , neuf livres.

Aux Maîtres particuliers , Lieutenans , Avocats , Procureurs du Roi efdites Maîtrifes , fix livres.

Au Greffier , trois livres quinze fols.

Aux Préfidens des Elections , fix livres.

Aux Elus , Avocats , & Procureurs du Roi , 4. liv.

Au Greffier , trois livres quinze fols.

Aux Grenetiers , Contrôleurs , Avocats , Procu-reurs du Roi , Greffiers & Officiers des Greniers à fel , trois livres quinze fols.

Aux Secrétaires du Roi , Gardes des Rolles , Au-dienciers & Tréforiers du Sceau , fept livres dix fols.

Aux Référendaires , Chauffe-cire , & Huiffiers en la Chancellerie , trois livres quinze fols.

Aux Receveurs généraux des Finances , Tréfo-riers ordinaires des Guerres & de la Maifon du Roi, fix livres.

Aux Tréforiers provinciaux , Commiffaires des Guerres , Contrôleurs des Domaines , Payeurs des Gages , Receveurs des Confignations , Rece-veurs des Tailles , Commiffaires aux Saifies réelles, quatre livres.

Aux Capitaines , fept livres dix fols.

Aux Lieutenans , Enfeignes & Capitaines ap-pointés , fix livres cinq fols.

Aux Préfidens des Cours fouveraines , 15. liv.

Aux Confeillers defdites Cours fouveraines , dix livres.

Tome II.

Aux gens du Roi defdites Cours , dix livres.

Aux Greffiers en Chef , fept livres dix fols.

Aux Avocats exerçans auxdites Cours , fix livres,

Aux Procureurs defdites Cours , cinq livres.

Aux Officiers des Chambres des Comptes , fera taxé comme aux Cours fouveraines , à l'exception des Correcteurs & Auditeurs qui ne feront taxés que pour fix livres.

Aux Tréforiers de France , Avocats & Procu-reurs du Roi efdits Bureaux , fept livres dix fols.

Au Greffier , quatre livres.

Au Lieutenant général d'un Siege où il y a Pré-fidial , fept livres dix fols.

Aux Préfidens des Sieges préfidiaux , fept livres dix fols.

Aux Lieutenans particuliers & criminels , Con-feillers , Avocats & Procureurs du Roi auxdits Sie-ges , fix livres.

Aux Lieutenans généraux des Bailliages & Sie-ges royaux , reffortiffans nuement en la Cour , fix livres.

Aux Lieutenans particuliers , Confeillers , Avo-cats, Procureurs du Roi auxdits Bailliages , cent fols.

Aux Officiers des Prévôtés royales non reffortif-fantes en la Cour , quatre livres.

Aux Avocats plaidans aux Sieges reffortiffans en la Cour , quatre livres.

Aux Procureurs , Greffiers , Notaires , trois livres quinze fols.

A tous Marchands , Orfevres , Horlogers , Tein-turiers , Apoticaires , Barbiers , Cordonniers , Ma-réchaux , Tailleurs , Menuifiers , Serruriers , Maîtres Charpentiers , Maçons , Couvreurs , de Villes ca-pitales des Provinces , & autres où il y a Jurande , & Laboureurs , fera taxé pour voyage d'homme à cheval , trois livres quinze fols.

Et à ceux des autres Villes , enfemble aux Save-tiers , Porte-faix , Vignerons , même aux Meûniers qui ne feront propriétaires des moulins qu'ils occu-pent , fera taxé feulement pour voyage d'homme à pied , trente fols.

Qu'il fera taxé pour apporter l'exploit , & char-ger un Procureur , voyage pour homme de cheval, de la diftance du domicile de la Partie , à raifon de dix lieues par jour , & un jour de féjour.

Qu'il fera pareillement taxé voyage pour produire d'homme de cheval , de trois jours de fé-jour , fans qu'il en puiffe être taxé fur les incidens : & où il fe trouvera des demandes principales jointes , fera taxé un fecond voyage pour produi-re , lorfqu'il fe trouvera une diftance de fix mois du premier produit , fans que pendant tout le cours du procès il puiffe être taxé plus de deux voyages pour produire.

Qu'il fera taxé voyage pour faire juger , fi le Jugement eft définitif , fuivant la qualité , avec quatre jours de féjour ; & en cas que le procès fe trouve jugé des grands Commiffaires , fera encore donné deux jours de féjour pour chacune vacation.

Que les voyages ne feront taxés que pour un homme de cheval aux affaires interloquées , ou appointées au Confeil fur la plaidoirie ; & quand elles auront été plaidées pendant plufieurs Audiences, fera ajouté aux quatre jours de féjour , deux jours pour chaque Audience, fans qu'il foit taxé aucun autre voyage pour produire.

Qu'il fera taxé voyage pour obtenir les Lettres en forme de Requête civile , & confulter avec trois jours de féjour , fans qu'il puiffe être taxé au défendeur plus de fix livres, pour le Meffager, lorfque la Requête civile fera fignée à fon Procureur ; & lorfqu'il y aura affignation, pourra employer fon voyage , s'il eft affirmé pour charger un Procureur.

Qu'il fera taxé voyage d'homme de cheval pour faire enquête , avec quatre jours de féjour , ou plus grand s'il y échoit.

Qu'il ne fera taxé voyage que pour homme de cheval aux defcentes , avec le féjour, fuivant les vacations de procès-verbal.

Comme auffi voyage d'homme de cheval pour former l'infcription de faux, de deux jours de féjour, fans qu'il puiffe être taxé qu'un vin de Meffager, pour faire juger les moyens de faux ; & fera encore taxé voyage pour convenir des pieces de comparaifon , tant au demandeur qu'au défendeur, avec quatre jours de féjour. Et s'il y a décret , & que l'inftruction ait fon cours, les autres voyages feront taxés, comme ils font ci-après employés fur le criminel.

Que pour la préfentation & affirmation du compte , le voyage ne fera taxé que pour homme de cheval , avec quatre jours de féjour ; & n'aura la Partie pour produire qu'un vin de Meffager, & à l'oyant ne fera taxé que pour voyage pour produire.

Qu'il fera taxé voyage d'homme de cheval pour dreffer la demande en dommages, intérêts , ou demande libellée en exécution d'Arrêts, reprendre un procès par l'héritier , & pareillement au défendeur , lorfqu'il fera affigné un an après l'Arrêt.

Que fur les demandes en peremption , les voyages ne feront taxés pour produire & faire juger que pour homme de cheval.

Que pareillement fur les folles affignations , défertions & incompetences, & en toutes autres affaires qui feront renvoyées pour être réglées à l'expédient , ou terminées par l'avis des Avocats & Procureurs, les voyages où il en échoira , ne feront taxés que pour homme de cheval , même fur les appellations de taxe & exécutoires de dépens.

Que pour faire informer & décreter , fera taxé voyage pour homme de cheval.

De même pour l'interrogatoire , auffi voyage d'homme de cheval.

Pour la confrontation avec le féjour pendant qu'elle aura duré , outre les quatre jours ordinaires.

Et aux crimes capitaux où la Partie fera préfente, le voyage fera taxé fuivant la qualité, de même que pour faire juger , fans qu'il puiffe être taxé de voyage pour donner les conclufions civiles, ou défenfes , & produire.

Qu'il fera taxé voyage à l'accufé décreté d'ajournement perfonnel , ou d'affigné pour être oui pour l'interrogatoire , fuivant fa qualité.

De même au recollement & à la confrontation , & pour le Jugement définitif, avec les féjours ordinaires.

Que les frais de garde des prifonniers , foit aux Commiffaires , Huiffiers ou autres Officiers qui s'en chargent , même le féjour de ceux à qui la Ville eft donnée pour prifon , (feront reputés compris aux dommages & intérêts qui feront adjugés ; & n'entreront en dépens que les gîtes & géolages feulement.

Qu'il fera taxé voyage d'homme de cheval, pour charger un Sergent de faire les criées.

Autre voyage d'homme de cheval , pour retirer les criées & faire certifier.

Qu'il ne fera point taxé de voyage pour les publications de l'enchere de quarantaine.

Qu'il n'en fera point pareillement taxé pour faire procéder à l'adjudication, mais feulement un vin de Meffager de quinze livres, qui feront portées par l'adjudicataire.

Qu'il ne fera taxé au pourfuivant qu'un feul voyage pour produire dans l'ordre pour homme de cheval ; & pour faire juger, aura fuivant fa qualité , fans qu'il puiffe prétendre de féjour que pour dix vacations, outre les quatre jours ordinaires , quelque nombre qu'il y en ait.

Que dans les inftances d'oppofition à fin de charge & de diftraire , il ne fera taxé au pourfuivant qu'un feul voyage pour faire juger d'homme de cheval feulement.

Que dans les inftances jugées fur appointemens à mettre , de quelque qualité qu'elles foient , ne fera taxé aucun voyage, mais vin de Meffager feulement, à l'arbitrage de celui qui fera la taxe , dont le plus fort ne pourra excéder dix livres.

Que les vins de Meffager pour le port de l'exploit, quand il n'y aura point d'affirmation de voyage , feront taxés pour les affignations données au mois & au-deffous, trois livres.

A fix femaines & à deux mois, fix livres.

Que les Evêques ayant Abbayes, plaidans pour les droits de leurs abbayes, n'auront voyages que comme Abbés, ainfi que les Abbés qui plaident pour des Prieurés , fans en pouvoir prétendre de plus éloignés que du lieu du Bénéfice qui fait la conteftation.

Que les Maires des Villes, Prévôts des Marchands, Echevins , quand ils viendront pour les affaires de la Ville, feront taxés à raifon de cent fols par jour.

Que les Meffagers ordinaires ayant procès, n'auront , de deux voyages qui feront affirmés , qu'un feul ; & les vins de Meffager de même.

Que s'il y a plufieurs plaidans en communauté , foit aucuns fuivans la Cour, ou demeurans en cette Ville , & les autres de Villes éloignées, fera taxé de deux voyages l'un , pour le plus éloigné & le plus qualifié.

Comme auffi fi plufieurs occupans en matiere civile par même Procureur, ayant adjudication de dépens, font plufieurs affirmations , ne feront taxés que les voyages ordinaires au plus qualifié ou éloigné , qui fe partageront entre ceux qui auront affirmé. fans qu'ils puiffent être multipliés contre le condamné.

Que les voyages feront de même taxés en matiere criminelle pour les accusateurs, & aux accusés qui seront renvoyés chacun en particulier, lorsqu'ils seront obligés d'être présens en personne.

Qu'aux affaires évoquées des Cours souveraines & renvoyées, les voyages & séjours se taxeront comme ils auroient été aux lieux dont l'évocation est ordonnée jusqu'au jour d'icelle, & depuis comme on a accoutumé de les taxer en la Cour.

Que les voyages de femmes seront taxés de la même qualité qu'à leurs maris, sans qu'il y soit ajouté d'homme de pied, qu'à celles seulement dont les maris ne sont taxés que pour homme de cheval.

Qu'il ne sera taxé que les voyages ordinaires & ci-devant marqués, quoiqu'il y ait plusieurs affirmations ; mais lorsqu'il y en aura une pour faire juger, le procès étant en état, le voyage entrera en taxe, encore que l'Arrêt intervienne après, quelque intervalle de temps qu'il y ait.

Que les séjours aux procès jugés des grands Commissaires, ne seront taxés [en conformité de l'Ordonnance] que du jour de la signification de l'acte d'affirmation.

Qu'il ne sera taxé voyage ni vin de Messager, pour payer épices d'un Arrêt, les dépens compensés.

Que quand les dépens de la cause d'appel seront compensés, lorsqu'il y aura que ceux de la cause principale à taxer, il ne sera point taxé de voyage de la qualité pour faire juger, attendu qu'il fait partie des dépens compensés ; & sera seulement taxé le voyage d'homme de cheval, pour lever l'Arrêt.

Qu'il ne sera aussi taxé voyage pour faire taxer les dépens, & que le vin de Messager sera réglé suivant l'assistance, pourvû qu'elle n'excede quinze livres.

Que quand les Arrêts portent condamnation de partie de dépens, même compensés en quelques chefs, & les autres reservés ; pourvû qu'il y ait condamnation de quelque portion des autres, les épices se taxeront pour le tout, s'il n'y a arrêté contraire sur la minute & Registre de la Chambre où l'Arrêt sera rendu. Fait en Parlement le dixiéme Avril 1691. Collationné. Signé DU TILLET.

Lû & publié à la Communauté des Avocats & Procureurs de la Cour, ce 21 Mai 1691 par moi Greffier d'icelle Communauté, soussigné. Signé, T U A U L T.

VOYER, est un Officier qui a soin des rues & voyes publiques, & qui en cette qualité a inspection sur les saillies, auvents & avenues. Il donne des alignemens pour empêcher qu'on n'entreprenne sur la voye publique, & fait étayer les maisons qui menacent ruine, afin d'empêcher qu'elles ne causent du dommage en tombant.

Ce terme vient de *via* ; ainsi on appelle Voyer, celui qui a une inspection & une intendance sur les chemins : *Curator viarum : quia vias munit.*

Il y avoit autrefois un grand Voyer de France, mais sa Charge a fini du temps de Louis XIII. Aujourd'hui les Tréforiers de France, sur-tout à Paris prétendent être Grands Voyers.

Ils en font la fonction, & ont soin des grands chemins, des voyes publiques, du pavé, tant de la Ville que de la campagne. L'Office de Voyer est exercé ailleurs par le Procureur du Roi, ou autre à qui ce droit est accordé.

VOYER, se dit aussi du Seigneur Voyer qui a Justice & Seigneurie sur les chemins, & qui a droit d'exiger le droit de péage pour leur entretien.

VOYERIE, est un droit d'inspection sur les chemins, tours, remparts, portes, édifices, alignemens, ponts, levées, cloaques, fontaines, maisons, réparations d'Eglises. Ce droit consiste aussi à prendre le soin de la réfection du pavé, de l'apposition & établissement des auvents, enseignes, goutieres & autres.

On distingue deux sortes de voyeries, la grande & la petite. La grande est la police de l'inspection des grands chemins & des rues, du pavé & des bâtimens. Elle consiste quant à l'exercice à donner les alignemens des rues, voyes & grands chemins, à pourvoir aux périls éminens des bâtimens, & à faire démolir tout ce qui est fait & construit au préjudice des Edits & Déclarations, & à empêcher les contraventions qui se pourroient faire au contraire à cet égard. La petite voyerie consiste à avoir soin de la réfection du pavé, de l'apposition & établissement des auvents, enseignes, goutieres & autres.

Les Tréforiers de France ont la connoissance de la grande & de la petite voyerie de la Ville, des Fauxbourgs, & de la Généralité de Paris.

Leurs Jugemens sur le fait de la voyerie sont sans appel ; & c'est pour cela qu'ils sont mis au rang des Cours souveraines.

Il y a un Traité du droit de Voyerie par M. Mellier, où je renvoye ceux qui voudront avoir une plus ample connoissance de cette matiere. C'est un *in-douze* qui a été donné au Public en 1709.

VOYERIE, dans plusieurs Coutumes, se prend aussi pour la Jurisdiction d'un Village exercée par le Voyer. Et dans ce sens, la grande voyerie signifie la moyenne Justice ; & la basse ou simple Voyerie, signifie la basse Justice & fonciere.

U S

US, est un vieux terme qui ne se dit qu'avec le mot de Coutume, avec lequel il a beaucoup de relation ; car Us n'est autre chose que la maniere ordinaire d'agir qui a passé en force de Loi.

Dans les contrats portant aliénation, on insere ordinairement cette clause, *pour en jouir & disposer suivant les Us & Coutumes des lieux* ; ce qui se met ainsi, afin d'éviter la longueur des clauses qu'il faudroit déduire en particulier.

Les Us & Coutumes ne sont autres choses que les maximes générales d'une Province ou d'une Jurisdiction, dont les Juges rendent raison par des actes de notoriété.

Il est nécessaire que ces maximes soient autorisées de plusieurs Jugemens ; autrement elles ne seroient pas admises & reçues comme Loi.

US ET COUTUMES DE LA MER, sont des maximes & usages dont on se sert sur la Mer, dans le Commerce & dans la navigation, pour en régler, les différends & la police. Les trois Arrêtés qui en furent faits en différens tems & en différens lieux, ont servi de modéle pour faire les Ordonnances & Réglemens de la Marine, tant en France qu'en Espagne, sur lesquels on a reglé depuis les contrats maritimes & la Jurisdiction maritime. *Voyez* ce qui en est dit dans le Dictionnaire de Trevoux.

USAGE. Les Romains appelloient Coutume ce que nous appellons usage, qui paroît être la même chose que nos Us & Coutumes. Ainsi parmi nous, usage est le Droit François non écrit, qui s'est introduit imperceptiblement par le tacite consentement des peuples, & qui par une longue habitude s'est acquis la force & l'autorité de la Loi.

Les Coutumes, au contraire, sont comprises aujourd'hui sous le nom de Droit François écrit, puisqu'elles sont rédigées par écrit par autorité publique. *Voyez* Coutumes. *Voyez* aussi ce que j'ai dit sur le paragraphe 9. du second titre du premier livre des Institutes de Justinien.

Nous observerons seulement ici, que l'usage n'obtient force de Loi, qu'après le choc de contradiction, pour ainsi dire; car il faut que, *judicio contradictorio confirmata sit tritura fori.*

Aussi rien ne donne mieux le dernier sceau à un usage, que de prouver qu'il est autorisé par une suite d'Arrêts qui y sont entiérement conformes, ou qu'il est si ancien qu'on n'en peut pas marquer l'origine. Dans ce dernier cas, les Loix, sans rougir de s'y soumettre, avouent qu'un tel usage doit l'emporter sur elle; parce qu'il n'a eu besoin, pour subsister, que d'être gravé dans le cœur des hommes.

USAGES contraires à l'honnêteté & aux bonnes Mœurs, sont ceux qui ont été reçus, ou par l'usurpation que des Seigneurs ont anciennement faites de certains droits ridicules impertinens, ou par un zéle indiscret & absurde, que quelques personnes ont eu de donner à leurs Supérieurs des marques éclatantes, mais outrées, de leur soumission envers eux.

Mais comme dans la suite on a reconnu l'absurdité de ces sortes d'usages, ont été défendus par les Ordonnances de nos Rois, & rejetté par plusieurs Arrêts, & avec beaucoup de raison. *Mala enim consuetudo, non minùs quàm perniciosa corruptela, abjicienda est & vitanda, can. 2. dist. 8. quod contra bonos mores esse dignoscitur, omninò abolendum esse sancimus Novellâ Justiniani 134.*

Voyez Belordeau en ses observations forenses, lettre C, article 43.

USAGE, en tant que ce terme est pris pour une servitude personnelle, est un droit personnel de prendre sur les fruits d'un bien appartenant à autrui, autant qu'il en faut à l'usager pour ses besoins.

Ce droit étant personnel, ne se peut ni donner, ni vendre, ni louer. Ce droit étant borné aux besoins de l'usager, il n'est pas si plein ni si étendu que l'usufruit. *Voyez* ce que j'ai dit sur le titre 5. du second livre des Institutes. *Voyez* aussi les Loix civiles, tom. 1. liv. 1. tit. 11. sect. 2. Despeisses, tome 1. seconde partie, tit. 1. article 2.

USAGE en fait de procès, se dit, I°. du droit qu'on a de couper du bois, ou de mener paître ses bestiaux dans des bois ou forêts du Roi ou des particuliers, seulement pour ses besoins, & nécessités; c'est-à-dire pour se chauffer, ou réparer sa maison & ses harnois.

II°. Usages au pluriel se dit des bois, des pâturages, des broussailles, des terres vaines & vagues qui appartiennent à des Communautés, où chaque Particulier peut mener ses bestiaux, ou prendre du bois pour son usage.

USAGER, est celui qui a droit d'usage dans des pâtures.

Usager se dit aussi de celui qui a droit d'usage dans les bois.

Il est enjoint par les Ordonnances aux Usagers, d'avertir les Propriétaires ou Verdiers, avant que d'abbattre les bois dont ils ont besoin pour leur usage pour éviter les entreprises & les dégats qu'ils pourroient faire.

Ainsi les habitans qui ont droit d'usage de bois & forêts, n'en peuvent user à discrétion, quoique ce soit pour leurs affaires; mais ils doivent avertir le Forestier, & lui faire marquer les arbres dont ils auront besoin; & s'il n'y satisfait, ils peuvent en couper sans fraude.

Il faut encore remarquer, I°. qu'il est défendu aux pauvres gens de vendre leurs usages à gens puissans & riches. II°. Que les Usagers ne peuvent prendre les arbres abbattus par les orages.

USANCE, se prend quelquefois pour l'usage & la jouissance de quelque chose, mais ordinairement il signifie le terme de trente jours, qui est accordé pour payer les Lettres de change tirées sur l'Angleterre, la Hollande, l'Allemagne, l'Espagne & le Portugal, ou qui sont tirées de ce pays sur un Négociant de France. Une Lettre à usance, c'est-à-dire payable un mois après sa date : à double usance, c'est-à-dire deux mois. En Espagne & en Portugal, l'usance est de deux mois; & deux usances font quatre mois. *Voyez* le parfait Négociant de Savary, tome 1. livre 3. chapitre 5. *Voyez* Change. *Voyez* aussi ce qui en est dit par Bornier sur l'article 5. du tit. 5. de l'Ordonnance de 1673. & le Dictionnaire de Trevoux, *verbo* Usance.

Comme usance se prend quelquefois pour l'usage & jouissance de quelque chose, la Coutume d'Angoumois, article 6. appelle ancienne usance la prescription de très-long-tems.

USANS DE LEURS DROITS, sont ceux qui sont majeurs de 25. ans, comme en l'article 292. de la Coutume de Paris, ou qui sont émancipés, soit par émancipations obtenues par Lettres du Prince, ou par celle qui est causée par le mariage, en sorte néanmoins que ceux qui sont émancipés par l'une ou l'autre maniere, ne sont réputés usans de leurs droits, que pour ce qui regarde l'administration de leurs biens, & non pour vendre, engager, ou aliéner leurs immeubles tant qu'ils sont en minorité. Art. 239. de la Coutume de Paris.

USER DE MAIN MISE, signifie frapper. On le dit aussi d'une saisie réelle.

USTENSILES D'HÔTEL, sont ceux qui servent

journellement dans une maifon , comme font les bancs., efcabelles , tables , uftenfiles de cuifine , lits & autres chofes femblables énoncées dans la Somme rurale de Boutellier , liv. 1. tit. 74.

Ils font réputés meubles quand ils fe peuvent tranfporter fans fraction ni déterioration , parce qu'alors il n'y a aucune caufe qui les puiffe faire réputer immeubles contre leur propre nature.

Mais quand ils font attachés à fer & à clou , ou fcellés en plâtre,& mis pour perpétuelle demeure, de maniere qu'ils ne peuvent être tranfportés ailleurs fans déterioration , ils font réputés immeubles ; parce qu'étant incorporés à la maifon , ils font cenfés en faire partie.

Les uftenfiles d'Hôtel font encore réputés immeubles , quoiqu'ils ne foient pas attachés à fer & à clou à la maifon , lorfqu'ils y ont été mis pour perpétuelle demeure ; parce que la deftination du pere de famille peut d'un meuble faire un immeuble , ou au moins le faire réputer immeuble, pour être reglé comme tel dans fa fucceffion, & en plufieurs autres cas.

Ainfi l'artillerie, les canons & autres armes deftinées pour la défenfe d'un Château , & les paremens, les ornemens & les livres qui fervent à la Chappelle du Château, font réputés immeubles par la feule deftination du pere de famille. Ea enim quæ perpetui ufûs caufâ in ædificiis funt, conftat effe ædificii : quæ verò ad præfens , non effe ædificii. Leg. 17. §. 7. & feq. ff. de actionib. empti & venditi.

Voyez ce que j'ai dit fur l'art. 90. de la Coutume de Paris , nomb. 1.

USUCAPION , eft l'acquifition de la propriété d'une chofe qui fe fait par le moyen de la poffeffion continuée fans interruption , pendant le tems requis par la Loi.

La prefcription , au contraire , n'étoit autrefois chez les Romains qu'une fin de non-recevoir , & une défenfe particuliere , en vertu de laquelle le poffeffeur qui avoit prefcrit , étoit maintenu en fa poffeffion avec une pleine & entiere fûreté contre l'action réelle du propriétaire , & contre tous droits d'hypotheque.

Il y avoit fuivant l'ancien Droit Romain , plufieurs différences confidérables entre l'ufucapion & la prefcription , que j'ai rapportées au commencement du fixieme titre du fecond livre des Inftitutes de Juftinien.

Mais depuis que cet Empereur eut transformé l'ufucapion en la prefcription , ces mots ne fignifient plus qu'une même chofe. Il eft cependant à remarquer que le terme d'ufucapion eft plus fouvent employé dans le Droit nouveau, pour fignifier les chofes corporelles ; & celui de prefcription pour les chofes incorporelles , & pour les moyens de s'acquitter d'obligations , actions , fervitudes & autres droits femblables.

Parmi nous , l'on fe fert peu du terme d'ufucapion ; celui de prefcription eft plus François : ainfi nous nous en fervons pour fignifier non-feulement un moyen de s'affranchir d'une dette , d'une fervitude , ou de quelqu'autre droit incorporel par le laps de tems ; mais auffi pour fignifier un moyen d'acquérir la propriété d'une chofe corporelle ; par le moyen d'une poffeffion continuée fans interruption pendant le tems requis par la Loi. Voyez Prefcription.

USUFRUIT , eft le droit de jouir d'une chofe appartenante à autrui , fans en diminuer la fubftance. L'ufage & l'ufufruit different , en ce que l'ufufruitier fait tous les fruits fiens de la chofe en laquelle il a l'ufufruit ; mais celui qui n'a que l'ufage d'une chofe , n'en peut recevoir qu'autant qu'il en a befoin pour lui & pour fa famille.

Voyez ma Traduction des Inftitutes,tit. 4. & 5. du fecond livre. Voyez auffi les Loix civiles , tom. 1. tit. 11. Defpeiffes , tom. 1. partie 2. tit. 1. Nous ferons feulement ici les obfervations fuivantes.

L'ufufruit d'un héritage étant un droit inhérent à un immeuble , eft confidéré comme un véritable immeuble. D'où il s'enfuit , que fi celui qui eft ufufruitier a des créanciers , un d'eux peut faifir réellement l'ufufruit que fon débiteur a fur un immeuble. Enfuite l'on porte la faifie réelle chez le Commiffaire établi par icelle pour l'enregiftrer , & faire procéder au bail judiciaire de la jouiffance de l'héritage , ou bien pour recevoir les revenus de l'ufufruit , s'ils ne confiftoient qu'en rentes.

On ne fait point de criées d'un ufufruit; on donne affignation au faifi pour en voir ordonner la vente ; & après que les délais font échus , & que la procédure ordinaire a été obfervée , on obtient Sentence , portant que l'ufufruit fera vendu & adjugé à la Barre de la Cour , pardevant celui de Meffieurs qui fera commis.

Cette vente ne fe fait qu'après trois publications & affiches qui doivent être faites & appofées aux lieux & endroits ordinaires & accoutumés : & comme l'affiche eft le fondement de l'adjudication , il faut qu'elle foit bien circonftanciée.

Après les trois publications faites de quinzaine en quinzaine , on fait une enchere qui met le prix à l'ufufruit qui doit être adjugé ; & l'on y marque, comme on doit l'avoir fait dans les affiches , que l'adjudicataire jouira de l'ufufruit , aux charges dont l'ufufruit eft chargé , comme font les réparations locatives, les cens , rentes , corvées & autres qui doivent être exprimées , s'il y en a ; & auffi à la charge que le pourfuivant fera rembourfé par préférence aux créanciers de frais de la faifie réelle, & de ceux qu'il conviendra faire jufqu'à l'adjudication , foit par l'adjudicataire , ou fur les deniers provenans du prix.

Enfin , le jour de l'adjudication venu , l'ufufruit eft adjugé à la Barre de la Cour , au plus offrant & dernier enchériffeur.

Les confifcations des biens meubles & immeubles fitués dans une haute-Juftice , le droit de bâtardife & de deshérence , appartiennent à l'ufufruitier en pleine propriété , à l'exclufion du propriétaire ; en forte que l'ufufruitier n'eft pas tenu de les lui reftituer l'ufufruit fini.

En effet , les biens confifqués font les fruits de la Jurifdiction , & le propriétaire du fief n'en a jamais eu la propriété. Ainfi le propriétaire ne peut pas fe plaindre que la propriété de la chofe ne lui foit pas rendue telle qu'elle étoit au tems de la conftitution de l'ufufruit, puifque la chofe confifquée n'en faifoit point partie par lors.

Barthole fur la Loi derniere, *ff. foluto matrimonio*, eft de cet avis, & rapporte par exemple que les confifcations & amendes en conféquence de la Terre & Seigneurie donnée en dot par la femme à fon mari, appartiennent au mari comme fruits civils de la Jurifdiction, & ne fe rendent point après la diffolution du mariage.

Voyez Charondas fur l'art. 183. *in fine* de la Coutume de Paris, & au premier livre de fes Pandectes, chap. 22. & Brodeau fur le même article de la Coutume de Paris, nomb. 24.

Pour fimple ufufruit, ne font dûs aucuns profits ni émolumens de fiefs, ni aucuns droits feigneuriaux. *Cum verum laudimiorum fubjectum fit fundus, ufufructus autem prout eft formalis & abftractus à proprietate, nec fundus fit, nec fundus para, nec ejus caufa manu mutetur, nec vaffallus alius aut effe incipiat, aut prior definat, jura dominica locum non habent in ufufructus venditione.*

Voyez Henrys, tome. 1. liv. 3. chap. 3. queft. 21.

En pays de droit écrit, le legs de l'ufufruit d'un héritage fait par un mari à fa femme pour lui tenir lieu de dot, n'emporte pas la propriété de ce domaine, & après la mort de la femme il doit retourner aux héritiers du mari. *Voyez* Henrys, tome 2. liv. 5. queftion 15.

Le pere ne peut pas fe départir au profit de fes enfans, & au préjudice de fes créanciers, d'un ufufruit qui lui appartient en vertu de la difpofition de l'homme; mais il le peut lorfque l'ufufruit lui appartient en vertu de la Loi. *Voyez* le Commentateur d'Henrys, tome 2. liv. 5. queft. 54.

En pays de Droit écrit, la regle eft que le pere qui a fes enfans en fa Puiffance, jouit pendant fa vie de l'ufufruit de leurs biens; mais que cette regle fouffre quelques exceptions. *Voyez* le même Auteur, tome 2. liv. 4. queft. 13.

USUFRUIT D'UNE FOREST, donne la jouiffance du mort bois, confiftant en coudre, genêt, houx, genievre, bourdaine, aulne, faule, tremble & autres appellés mort bois, parce qu'ils ne portent point de fruits.

Cet ufufruit donne auffi la jouiffance du bois mort en cime & racine, quand il n'eft pas propre à ouvrage, & encore la jouiffance des bois abbatus par les vents, pourvû toutefois que l'ufufruitier s'en ferve à fon ufage fans les vendre. *Leg. 2. de ufufr. Voyez* l'article 29. de l'Ordonnance d'Orléans.

USURE, eft ce que le créancier donne à fon créancier pour le profit de ce qui lui a prêté, fans diminution du principal; en forte que le créancier puiffe pourfuivre fon débiteur, pour répéter le fort principal quand il voudra.

On diftingue trois fortes d'ufures; fçavoir, la lucratoire, la punitoire & la compenfatoire. L'ufure lucratoire, eft celle qui eft promife au créancier en pur gain de prêt qu'il a fait. L'ufure punitoire eft la peine du retardement que fait le débiteur de payer une dette. L'ufure compenfatoire,

eft celle qui tient lieu au créancier de dédommagement par rapport au gain qu'il manque à faire, ou à la perte qu'il fouffre faute de payement de la part de fon débiteur.

L'ufure lucratoire eft abfolument défendue parmi nous. Les Ordonnances de nos Rois ont en cela fuivi la difpofition du Droit canonique, qui défend ces fortes d'ufures, quoiqu'elles fuffent permifes par le Droit Romain, quand elles n'étoient pas exceffives, qu'elles ne paffoient pas les bornes que les Loix Romaines y mettoient.

L'ufure compenfatoire eft permife parmi nous, d'autant qu'elle tient lieu de dommages & intérêts. Par exemple les intérêts des deniers qui ont été promis en dot, font dûs au mari à compter du jour du mariage, à caufe que dès ce jour-là eft chargé de la dépenfe & de l'entretien du ménage. Pareillement l'acquéreur du fonds qui n'en a pas payé le prix, doit naturellement les intérêts de ce même fonds, fans qu'on ait befoin de faire des commandemens, ni d'obtenir de condamnation contre lui, à caufe qu'ils viennent en compenfation de la jouiffance du fonds, dont le vendeur eft privé depuis la tradition qu'il en a faite à l'acquéreur.

L'ufure punitoire n'eft pas défendue parmi nous; les Juges y condamnent par forme de dédommagement, lorfque le demandeur affigne fon débiteur à lui payer ce qu'il lui doit, avec les intérêts de la fomme dûe; en ce cas les Juges condamnent aux intérêts, lefquels font dûs (à compter du jour de la demande fuivie d'une condamnation) non comme un profit pour le créancier, mais bien comme un dédommagement de la perte que lui a caufé le retard du débiteur.

Quoiqu'il ne foit pas permis de ftipuler des intérêts de l'argent qu'on a prêté, cela néanmoins eft permis au cas de l'aliénation de l'argent prêté; ce qui fe fait dans les rentes conftituées. Celui qui donne une fomme d'argent à la charge que celui qui la reçoit lui en payera les arrérages aux taux du Roi, c'eft-à-dire au denier vingt, comme pour 20000. livres par chacun an, il aliene ces 20000. livres; en forte qu'il n'eft plus en fon pouvoir de les répéter de fon débiteur tant qu'il lui en payera la rente, fçavoir 1000. livres chaque année; mais il dépend feulement du débiteur de fe décharger de telle rente pour l'avenir, en rendant à fon créancier le fort principal de la rente, c'eft-à-dire, la fomme pour laquelle il s'eft obligé de payer à fon créancier une telle fomme par chaque année.

L'ufure ne fe prefcrit point. Ainfi jugé par Arrêt du 7. Juillet 1707. La Cour entérina les Lettres de refcifion prifes par l'héritier du débiteur le 17. Avril 1706. contre le confentement par lui donné en 1647. à l'effet de paffer une Sentence de condamnation d'intérêt non précédée d'exploit qui en fît la demande. Cinquante-quatre ans après, cette Sentence qui avoit été rendue le 29. Octobre 1647. nonobftant ce confentement & autres actes approbatifs la Cour ordonna que les intérêts feroient payés fur le principal. La même chofe a été depuis jugée par Arrêt du 23. Juillet 1713.

L'ufure lucratoire a été réprouvée dans tous les

tems, comme une chofe odieufe & très-pernicieufe à l'Etat : auffi a.t.elle toujours été regardée comme le poifon le plus dangereux à la fociété civile.

Par l'Ordonnance de S. Louis de l'année 1254. il eft défendu aux Chrétiens & aux Juifs d'exercer aucune ufure.

Par celle de Charles IX. de l'année 1560. les ufuriers doivent être condamnés à la reftitution, & punis corporellement.

Par celle d'Henry III. de l'année 1579. article 202. les ufuriers doivent être condamnés pour la premiere fois à faire amende honorable, à un banniffement, & à une amende, & pour la feconde fois au gibet.

Touchant l'ufure. Voyez ce que nous en avons dit dans la Science parfaite des Notaires, où nous avons traité cette matiere fort au long.

USURE MARITIME, eft celle qui a lieu pour prêt d'argent fait à celui qui va faire des voyages de long cours, & négocier au delà des mers : c'eft pourquoi cet argent eft appellé pecunia trajectitia. Il eft parlé de cette ufure dans les titres du Digefte & du Code de nautico fœnore.

Il étoit permis chez les Romains de ftipuler dans ce cas des intérêts légitimes, mais tels qu'il plaifoit aux Parties ; & parmi nous, quoique toutes ftipulations d'intérêts pour prêt d'argent, foient prohibées, elles font permifes lorfqu'elles fe font pour le trafic & marchandifes fur mer ; & ces intérêts peuvent, de même que chez les Romains, être auffi forts qu'il plaît aux Parties.

Comme dans ces fortes de contrats, que l'on appelle prêts aux groffes avantures, le créancier prend fur lui tous les périls qui peuvent arriver ; en forte que le vaiffeau faifant naufrage, & l'argent étant perdu, il perd le droit de l'exiger de fon débiteur, ces intérêts extraordinaires font le prix & la récompenfe du péril auquel s'expofe volontairement le créancier, contre la nature du prêt mutuel. Ainfi un tel contrat eft moins un prêt qu'une fociété, dans laquelle chacun rifque à perdre ou à gagner ; & il eft jufte que le créancier, qui prend fur lui le péril de l'argent qu'il prête, en puiffe tirer un avantage confidérable & extraordinaire, & participe au gain que fon débiteur fait à l'occafion de l'argent qu'il lui a prêté, lorfque le vaiffeau revient fans faire naufrage.

USURPATEUR, eft un injufte poffeffeur du bien d'autrui, qui s'en eft emparé par violence.

On appelle auffi ufurpateur, le Seigneur qui fait enclore les héritages de fes Vaffaux dans fon parc, auquel cas il eft tenu de payer le triple de l'eftimation ; comme il a été jugé par Arrêt du 15. Mars 1643. rapporté dans le premier tome du Journal des Audiences, livre 5. chap. 10. Voyez l'Ordonnance de Philippe-le-bel de 1303. & la Loi 13. au Digefte communia prædiorum.

Depuis, la queftion a été décidée autrement aux Requêtes du Palais, entre Monfieur de Bechamel de Nointel, & le nommé Benoift. Monfieur de Bechamel avoit fait offre d'une fomme qui n'équipolloit pas le double de la valeur des terres qu'il avoit enclavées dans fon parc. Ses offres ont été déclarées bonnes & valables par Sentence rendue en la premiere des Requêtes du Palais, le 27. Janvier 1711. & par Arrêt du ... de la même année, cette Sentence a été confirmée.

USURPATEURS DE NOBLESSE, font ceux qui fans être Nobles en prennent le titre & la qualité dans les actes qu'ils paffent, & qui par cette voie s'attribuent les prérogatives & les exemptions des Nobles. Voyez ci-deffus Nobleffe.

C'eft une ufurpation condamnable, que de fe faire honneur de la qualité de Noble quand on ne l'a pas ; & celui qui en eft convaincu, fubit les peines établies par les Ordonnances contre les ufurpateurs de nobleffe. Cette pourfuite fe fait à la Cour des Aydes où par le Jugement qui intervient fur la conviction du titre de nobleffe ufurpé fans titre légitime, il eft fait défenfes à celui qui fe l'étoit donné, de prendre à l'avenir les qualités de Chevalier, Ecuyers ou autres annexées à la nobleffe ; & il eft ordonné qu'elles feront rayées & biffées fur tous les actes où elles auront été employées, & que le timbre appofé à fes armes fera rompu & brifé ; & pour avoir pris & ufurpé la qualité de Noble, on le condamne à une amende confidérable, fuivant les Edits & Déclarations du Roi, & aux dépens de l'inftance, avec injonction aux Afféeurs & collecteurs des tailles de l'y impofer comme roturier.

Autrefois l'amende qui étoit encourue pour avoir ufurpé le titre de Noble, étoit de deux mille livres ; mais les nouvelles Ordonnances prononcent une amende plus forte.

Voyez l'Ordonnance d'Orléans, article 110. celle de Blois, article 257. l'Edit de Blois. du mois de Mars 1583. article 1. celui de 1600. article 25. & celui de 1634. article 3. vérifié en la Cour des Aydes, au fujet des Tailles.

USURPATION, eft une fimple poffeffion de fait, fans aucun titre légitime : c'eft une jouiffance injufte & frauduleufe d'une chofe, ou d'un droit dont on s'eft emparé de mauvaife foi par violence ou par artifice, au préjudice du Public ou des Particuliers ; & c'eft dans ce fens là que le nom d'ufurpateur eft toujours un nom très-odieux.

La peine de ce délit dépend des circonftances.

USURPATION DES DROITS DE SOUVERAINETÉ, a été faite autrefois, fous la feconde Race de nos Rois, par plufieurs grands Seigneurs, comme nous l'avons dit ci-deffus en parlant des droits feigneuriaux exhorbitans.

U T

UTERIN. Voyez Frere.

V U

VU. Le vû d'une Sentence ou d'un Arrêt rendu fur productions des Parties, eft l'énumération des pieces par elles produites, qui fe fait après les qualités des Parties, lefquelles pieces ont fervi à la décifion du procès.

Dans les Jugemens d'Audience, il n'y a point de vû, mais feulement les qualités des Parties, & le difpofitif. A l'égard des Jugemens qui commencent par vû la Requête, ce font des Jugemens donnés fur Requête, qui ne font point contradictoires, & qui par conféquent ne font aucun préjugé.

VUE. En fait de lettres de change, on dit qu'une Lettre eft payable à vûe, ou à huit jours de vû, c'eſt-à-dire auſſi-tôt qu'elle ſera préſentée par le porteur, ou huit jours après.

VUES. Touchant les vûes qu'on eſt en droit de faire ſur les héritages voiſins, il faut diſtinguer ſi le mur où l'on fait des vûes eſt mitoyen ou s'il ne l'eſt pas.

S'il eſt mitoyen, on ne peut faire aucune vûe ſans le conſentement du voiſin.

Si le mur n'eſt pas mitoyen, & qu'il ſoit à ſix pieds de diſtance de l'héritage voiſin, on peut faire telles vûes que l'on veut.

Mais s'il n'y a que deux pieds, l'on ne peut faire que des vûes biaiſes.

Enfin, s'il y a moins de deux pieds, il faut ſe contenter des vûes à fer maillé ou à verre dormant.

Voyez ce que j'ai dit ſur l'article 199. & ſuiv. de la Coutume de Paris.

VUES ET MONTRÉES. Voyez Déſignation, & ce que dit Bornier ſur le dernier article du titre 9. de l'Ordonnance de 1667.

VUES ET MONTRÉES. Pluſieurs Coutumes parlent des vûes & montrées, c'eſt-à-dire la vûe d'un héritage que le demandeur faiſoit au défendeur : ſicque litigantes in rem præſentem veniebant, in prædium de quo litigabatur, ſimul profecti. Pour en faire la vûe & démonſtration, & afin que le Juge en put aſſeoir ſon Jugement avec plus de certitude & de connoiſſance de cauſe, le défendeur étant certifié de quel héritage il étoit queſtion, & quelle en étoit la conſiſtance & l'étendue.

Mais comme on y parvient aiſément par les deſ-

centes ſur les lieux, ces vues & montrées ont été abrogées par l'article 5. du tit. 9. de l'Ordonnance de 1667. De plus, l'article 3. du même titre porte, que ceux qui feront demande des cenſives par action, ou de la propriété de quelque héritage, rente foncière, charge réelle ou hypothèque, ſeront tenus, à peine de nullité, de déclarer par leur premier exploit le Bourg, Village ou Hameau, le terroir & la contrée où l'héritage eſt ſitué, ſa conſiſtance, ſes nouveaux tenans & aboutiſſans du côté du Septentrion, Midi, Orient & Occident, ſa nature au tems de l'exploit, ſi c'eſt terre labourable, prés, bois, vignes ou d'autre qualité ; en ſorte que le défendeur ne puiſſe ignorer pour quel héritage il eſt aſſigné. Voyez Henrys & ſon Commentateur, liv. 3. chap. 4. queſt. 18.

VUIDER SES MAINS, ſignifie delaiſſer ou remettre quelque choſe entre les mains d'un autre.

On dit que les Gens de main morte peuvent être contraints de vuider leurs mains des héritages non amortis.

On dit auſſi qu'un dépoſitaire vuide ſes mains des deniers qu'il a, quand il les remet entre les mains de qui il eſt ordonné.

VUIDER LES LIEUX, ſignifie ſortir d'une maiſon & autres bâtimens, cour, jardin & dépendances.

On dit, en parlant d'un fermier ou locataire, qu'il ſera tenu de vuider les lieux, pour dire qu'il ſera tenu d'en ſortir, & en laiſſer la libre jouiſſance au propriétaire, locataire, ou autre qui y doit entrer.

Y

YVRESSE, n'excuſe pas d'un homicide, ni de quelqu'autre crime, d'autant que celui qui eſt yvre eſt à la vérité privé de ſens & de connoiſſance ; mais comme il en eſt privé par ſa faute, il n'eſt point excuſable : nulla vini culpa eſt, ſed culpa bibentis. L'yvreſſe étant, ſelon S. Baſile, la mere de l'impudence, & judicii totius obtenebratio, eſt une choſe trop odieuſe pour obtenir quelque faveur. Qui à demone obſidentur, diſoit le même S. Baſile, illi ſunt miſeratione digni ; at ebrii quamvis eadem perpatiantur ; nulla tamen miſericordia digni judicantur, eo quod ſponte ſua cum demone contendant.

Cependant le Juge peut condamner les coupables à une moindre peine, ſuivant les circonſtances ; mais les délits qu'ils commettent dans l'yvreſſe ne doivent jamais demeurer impunis.

Nous liſons même dans Plutarque que Pitacus fit une Loi, par laquelle ſi quelqu'un s'étant enyvré venoit à faire quelque faute, il étoit puni plus ſéverement que s'il avoit manqué n'étant pas yvre.

Pour éviter les inconvéniens qui proviennent de

l'intempérance, il faut ſe repréſenter ſans ceſſe que la ſobriété eſt la mere de toutes les autres vertus qui conſerve la force de notre jugement, qui entretient notre mémoire en ſa vigueur, & qui nous rend capables de garder le dépôt du ſecret ; enfin c'eſt elle qui eſt le principe des bonnes actions.

Continentia, inquit Sanctus Ambroſius, facit ſobrium abſtinentem, moderatum, pudicum. Hæc virtus, ſi in animo habitat, libidinem frænat, affectus temperat, deſideria ſancta multiplicat, vitioſa caſtigat, omnia intra nos confuſa ordinat, ſcientias inſerit, mentemque placida tranquillitate componit.

Si nous devons eſpérer tant de biens de l'abſtinence, quels malheurs ne devons-nous pas appréhender de l'intempérance, qui étant ſœur & compagne de l'oiſiveté, eſt auſſi comme elle la mere de tous les vices. Auſſi on ne peut pas voir un homme yvré ſans frémir : raiſon qui détermina les Lacédémoniens à faire enyvrer ſouvent leurs eſclaves, pour faire horreur de l'yvrognerie à leurs enfans.

www.ingramcontent.com/pod-product-compliance
Lightning Source LLC
Chambersburg PA
CBHW031542210326

41599CB00015B/1978